Deutschlands Fußball-Länderspiele

Eine Dokumentation 1908 – 1989

Zusammenstellung und Bearbeitung
Raphael Keppel

Sport- und Spiel-Verlag

Fotos:
GFA
Hadamzik
Horstmüller
Neubert
Sven Simon
Werek

Verwendetes Material aus:
Kicker
Der Fußball
Fußballwoche
Sportillustrierte
Sportmagazin
Rasensport

Zulieferer von statistischem Material und Helfer
bei Planung und Zusammenstellung:
Ulrich Fuhrmann
Raschke Archiv
Gunnar Keppel
Stefan Keppel
Karl-Heinz Schröder
Ilka Knierim
Brigitte Keppel
Thomas Keppel

Umschlaggestaltung: Studio Laeis, Köln
Titelfoto: Lorenz Baader

Lektorat: Heinz Zimmer
Layout: Rudolf Capelli

Druck: Druckerei J.P. Bachem GmbH & Co. KG, Köln

1. Auflage 1989

Copyright © 1989 Sport- und Spiel-Verlag Edgar Hitzel GmbH, Krankenhausstr. 119, 5030 Hürth, und Raphael Keppel, German Football Archiv, Postfach 1268, 6442 Rotenburg. Das vorliegende Werk ist in allen seinen Teilen urheberrechtlich geschützt. Jede Verwertung, auch auszugsweise, ist ohne schriftliche Zustimmung des Verlags unzulässig und strafbar. Dies gilt insbesondere für Vervielfältigungen und die Einspeicherung und Verarbeitung in elektronischen Systemen.

ISBN: 3-9802172-4-8

Vorwort

Die Geschichte der deutschen Nationalmannschaft ist eine der faszinierendsten, die es im Weltfußball gibt. Jahrzehntelang war die Mannschaft trotz Achtungserfolgen international immer wieder gescheitert, weil innerhalb des D.F.B. und seiner Verbände Streitigkeiten um die Aufstellungen an der Tagesordnung waren. Ende der 20er Jahre brachte Reichstrainer Prof. Dr. Otto Nerz erstmals System in den Aufbau der Nationalmannschaft. Höhepunkt des damit verbundenen Aufschwungs war der 3. Platz bei der WM 1934. Dann mischten sich die Nazis ein und wollten die Popularität des Fußballs für ihre Zwecke mißbrauchen. Das ging mit dem frühen Ausscheiden bei Olympia 1936 und der WM 1938 völlig schief. Inzwischen hatte der neue Reichstrainer Sepp Herberger mit der „Breslauer Elf" die erste ganz große Nationalmannschaft geschaffen, die nur deshalb bei der WM 1938 scheiterte, weil Herberger auf Weisung der Nazis kurz vor der WM - ungeachtet der spielerischen Harmonie - 5 Österreicher einbauen mußte: Nach dem Anschluß unseres südlichen Nachbarn sollte Einigkeit demonstriert werden. Als die Fußball-Nationalmannschaft von den Nazis in Ruhe gelassen wurde, hatte Herberger Anfang der 40er Jahre wieder eine große Mannschaft zusammen, die vom Krieg zerstört wurde.

Nach dem Krieg begann der Neuaufbau mit dem „Wunder von Bern". Von da an galt der deutsche Fußball etwas, wenn er auch bei der WM in Chile noch einmal enttäuschte. Mit Einführung der Bundesliga ging es dann steil aufwärts bis hin zum zweiten WM-Titel 1974. Und im Moment ist Teamchef Franz Beckenbauer dabei, wieder eine große Nationalmannschaft aufzubauen, wie das WM-Qualifikationsspiel in Rotterdam gezeigt hat. Schon jetzt gehört die deutsche Nationalmannschaft zu den erfolgreichsten der Welt:

Weltmeister: 1954, 1974
Vizeweltmeister: 1966, 1982, 1986
WM - Dritter: 1934, 1970
WM - Vierter: 1958
WM - Viertelfinale: 1962, 1978
WM - Achtelfinale: 1938
keine Teilnahme: 1930, 1950
Europameister: 1972, 1980
Vize-Europameister: 1976
EM - Endrunde: 1984, 1988
Qualifikation: 1968
keine Teilnahme: 1960, 1964

Die Geschichte dieser Erfolge finden Sie im vorliegenden Buch, in dem auch viele Details beschrieben sind. Neben einer Unzahl bisher nirgendwo dokumentierter Fakten umfaßt dieses Buch auch zwei besondere „Leckerbissen": Die Aufstellungen aller 553 Länderspielgegner und die Aufgebote vor den Länderspielen. Die Idee, alle Aufgebote in den Vorbericht mit aufzunehmen, verdanke ich meinem Freund Berthold Erb. Das war zwar eine unglaublich große Mehrarbeit, wodurch dieses Buch erst drei Monate nach dem eigentlichen Termin fertiggestellt werden konnte. Aber es hat riesige Freude gemacht, diese Fakten zu suchen und so festzustellen, wer schon mal an der Schwelle der Nationalelf stand, ohne schließlich den Sprung zu schaffen.

Verzichten mussten wir im Anhang auf die Amateur-Länderspiele und die Junioren-Länderspiele der U23 und U21; sie hätten den Rahmen dieses Buches endgültig gesprengt. Aber das holen wir nach in unserem „Deutschen Fußball-Jahrbuch".

Und nun wünsche ich Ihnen viel Freude beim Lesen dieses Buches.

Herzlichst

Raphael Keppel
(German Football Archiv)

Anmerkungen

Aus den ersten Jahren sind nicht immer die Torminuten überliefert und deshalb wurden nur die Torschützen angegeben.
Bis 1929 sind die Berichte als Fließtext verfaßt. Ab 1930 lagen uns die Zeitangaben für die einzelnen Szenen vollständig vor, so daß die Berichte nach Minuten, in denen etwas passiert ist, strukturiert sind.
Aufgebote vor einem Länderspiel sind nur dann genannt, wenn die Namen gesichert sind.
Gesamtbilanzen finden Sie am Ende folgender Spieljahre: 1913/14, 1923/24, 1927/28, 1933/34, 1937/38, 1942/43, 1953/54 und dann alle 4 Jahre nach der WM und 1988/89.
Die jährliche „Rangliste der besten Nationalspieler" ist nicht willkürlich, sondern nach den tatsächlich überlieferten Leistungen erstellt. Bis etwa 1929 nach den Hinweisen über schlechte und gute Szenen. Von 1930 bis Anfang der 80er Jahre nach den Kriterien verschiedener Zeitungen, die z.B. mit gut oder schwach beurteilt haben und in den letzten Jahren nach den gegebenen Noten in verschiedenen Zeitungen, wobei sowohl die Häufigkeit von guten Noten, als auch besonders gute Noten berücksichtigt wurden.
Anfang der 70er Jahre wurden international die gelben Karten eingeführt, anfangs jedoch ohne Folgen in Form von Sperren. Deshalb wurden sie auch nicht immer in den Berichten erwähnt und fehlen teilweise.
Im Statistik-Teil benutzten wir die üblichen Abkürzungen und Darstellungsformen.
Sollten Sie Fehler entdecken, schreiben Sie bitte an die Redaktion German Football Archiv, Postfach 1268, 6442 Rotenburg, und nennen Sie die Seite und die betreffende Stelle. Allen Lesern, die uns namentlich bekannt sind, senden wir dann zu gegebener Zeit die Korrekturen.

Titelbild: Fußball-Europameisterschaft 1988, BR Deutschland – Dänemark 2:0

Inhalt

9	Die Ur-Länderspiele 1898 – 1901	293	1964/65
		298	1965/66
11	1907/08	315	1966/67
13	1908/09	319	1967/68
15	1909/10	325	1968/69
17	1910/11		
21	1911/12	331	1969/70
27	1912/13	343	1970/71
31	1913/14	349	1971/72
		361	1972/73
35	1920/21	365	1973/74
39	1921/22	383	1974/75
41	1922/23	387	1975/76
43	1923/24	394	1976/77
47	1924/25	400	1977/78
51	1925/26	414	1978/79
53	1926/27		
55	1927/28	420	1979/80
61	1928/29	431	1980/81
		438	1981/82
65	1929/30	453	1982/83
69	1930/31	458	1983/84
73	1931/32	466	1984/85
77	1932/33	473	1985/86
81	1933/34	485	1986/87
91	1934/35	489	1987/88
99	1935/36	502	1988/89
109	1936/37		
121	1937/38	Anhang	
135	1938/39		
143	1939/40	A 1	Die 50 Länderspielgegner in der Übersicht
151	1940/41		
159	1941/42	A 4	Alle A-Nationalspieler und ihre Einsätze
167	1942/43		
		A 11	Rangliste der Vereine mit mehr als 50 Berufungen
175	1945 - 1947	A 12	Alle Torschützen der A-Länderspiele
176	1947 - 1949		
178	1949/50	A 13	Jubiläen und Serien
179	1950/51		Bilanz aller Nationaltrainer (Verantwortlichen)
183	1951/52		
189	1952/53		Wer stand im Aufgebot und wurde nie Nationalspieler
193	1953/54		
217	1954/55	A 14	Die Bilanz der B-Länderspiele
223	1955/56	A 16	Die zu B-Länderspielen berufenen Spieler
231	1956/57		
239	1957/58	A 18	Die Spieler der regionalen Auswahlspiele
255	1958/59		
261	1959/60	A 21	Die Fußball-Länderspiele des Saarlandes
267	1960/61		
272	1961/62	A 23	Alle Schiedsrichter der deutschen A-Länderspiele
283	1962/63	A 24	Die Fußball-Weltmeisterschaften
287	1963/64	A 31	Die Fußball-Olympiaturniere
		A 33	Die Fußball-Europameisterschaften

Bilanz der sieben inoffiziellen Länderspiele:
7 Spiele: 2 Siege, 5 Niederlagen, 13:53 Tore

Die meisten Spiele:
1.	Dr.Ivo Schricker	7	Spiele
2.	Jestram	6	"
3.	Wünsch	4	"
	E.Schricker	4	"
	Gruschwitz	4	"
6.	Kralle	3	"
	Westendarp	3	"
	Wetzler	3	"
	Zierold	3	"
	F.Langer	3	"
	Zinser	3	"
12.	Friese	2	"
	Bensemann	2	"
	O.Baudach	2	"
	Willer	2	"
	Bock	2	"
	W.Langer	2	"
	Dr.Kothes	2	"
	Link	2	"
	Lüdecke	2	"
	Thanner	2	"
	R.Müller	2	"
	Heck	2	"
	F.Müller	2	"
24.	Eichelmann	1	Spiel
	Jüngling	1	"
	Gasse	1	"
	Baier	1	"
	Schuon	1	"
	Rickmers	1	"
	Hüttl	1	"
	Friedl	1	"

In den 7 Spielen wurden 32 Spieler eingesetzt. Von allen kam nur der Berliner Torhüter Eichelmann später zu offiziellen Länderspielen.

Als beste Mannschaft galt damals:
Lüdecke (BFC Preußen Berlin); E.Schricker (ASC Berlin), Kralle (Viktoria 89); Dr.Ivo Schricker (ASV Berlin), Wünsch (Viktoria 89), Hunder (Viktoria 89); Bock (Fort. Berlin), Zierold (Germania 88), Jestram (Britannia), Zinser (Karlsruher FV), Gruschwitz (Viktoria 89).

Zu den besten dieser Zeit, deren Namen häufig in Städte- und Auswahlspielen auftauchten, gehörten auch Eichelmann (Germania 88), Friese (Germania Hamburg) im Tor; Westendarp (ASC Berlin), Gasse (Fortuna Berlin) und Heinrich Riso I (VfB Leipzig) in der Verteidigung; Bensemann (Straßburger FV), Arthur Hiller II (1.FC Pforzheim) und Thanner (Britannia Berlin) in der Läuferreihe; sowie die Stürmer: O.Baudach (Viktoria 89), Paul Matthes (Viktoria 96 Magdeburg), Link, Rickmers, Ruzek, Wetzler (alle Karlsruher FV)

Erfolgreichster Torschütze der 7 Auswahlspiele war Jestram (Britannia), der vermutlich 7 der 13 deutschen Tore in 6 Spielen schoß. Er galt in den Jahren um die Jahrhundertwende als der absolut beste deutsche Fußballspieler vor Dr.Ivo Schricker.

Die 7 Ur-Länderspiele 1898-1901

Noch bevor am 28.1.1900 der Deutsche Fußball-Bund (DFB) gegründet wurde, kam es zu Auswahlspielen deutscher Mannschaften, die teilweise als Ur-Länderspiele geführt werden. Walther Bensemann ist untrennbar mit dem internationalen Beginn des deutschen Fußballs verbunden. Er war es, der schon damals erkannte, daß nur internationale Vergleiche das Niveau heben konnten. Am 12.12.1898 kam es in Paris auf dem schmalen White durch Vermittlung von Walther Bensemann zum ersten inoffiziellen Länderspiel.

12.12.1898 in Paris / Bècon-les-Bruyères / White-Rovers

Frankreich - Deutschland 0:7 (0:3)

SR: ?, Zuschauer: 580

Deutschland: Friese (Germania Hamburg); Westendarp (Akad. SC Berlin), Kralle (Viktoria 89); E.Schricker (Akad. SC Berlin), Wünsch (Viktoria 89), Bensemann (Straßburger FV); O.Baudach (Viktoria 89), Ivo Schricker (Akad. SC Berlin), Willer, Jestram (beide Britannia Berlin), Wetzler (Karlsruher FV)

Bericht: Obwohl in der französischen Elf neun (!) Engländer standen, was für die Zeit vor der Jahrhundertwende nicht ungewöhnlich war, beherrschte die deutsche Auswahl ihren Gegner nach Belieben. Die Franzosen waren sehr überrascht, daß eine Mannschaft ohne Engländer technisch so guten Fußball spielte, und sie applaudierten lebhaft. Der Berliner Jestram soll 4 Tore erzielt haben.

Welch ein wichtiges Spiel diese Begegnung für den jungen Fußball in Deutschland war, ist daran zu erkennen, daß sofort nach Berlin telegraphiert wurde. Ein Telegramm an „Seine Majestät den deutschen Kaiser in Potsdam". Darin hieß es u. a.: „Untertänigst unterbreiten die Vertreter der maßgebenden Vereine des deutschen Fußballsports Berlin die gehorsamste Mitteilung, daß heute in Paris zum ersten Male eine aus allen deutschen Gauen zusammengesetzte Fußballmannschaft über einen hervorragenden französischen Fußballverein einen Sieg von 7:0 Malen errungen hat. ...".

Außerdem wurde das Ergebnis in das Verbandslokal „Weißen Mohren" in der Belle-Alliance-Straße übermittelt, wo es überschäumenden Jubel auslöste.

❖

Einen Tag später, am Montag, dem 13.12.1898, kam es auf dem gleichen Platz zum zweiten vereinbarten Spiel:

Frankreich - Deutschland 1:2 (0:1)

SR: ?, Zuschauer: 300

Deutschland: Friese (Germania Hamburg); Westendarp (Akad. SC Berlin), Kralle (Viktoria 89); Ivo Schricker (Akad. SC Berlin), Wünsch (Viktoria 89), E.Schricker (Akad. SC Berlin); O.Baudach (Viktoria 89), Willer, Jestram (beide Britannia Berlin), Bensemann (Straßburger FV), Wetzler (Karlsruher FV)

Bericht: Die französische Auswahl spielte mit 8 neuen, frischen Spielern. Die deutsche Mannschaft wirkte dagegen sehr müde, nachdem sie am Vorabend einen ausgedehnten Montmartre-Bummel bis 1 Uhr nachts unternommen hatte. Es reichte dennoch zu einem verdienten 2:1 Sieg.

Walther Bensemann wollte mehr, nämlich die Vergleiche mit dem großen Lehrmeister England. Fast ein Jahr nach den beiden ersten Spielen setzte er sich gegen den Willen des süddeutschen Verbandes durch. Der Berliner Verband übernahm die Spiele, aber

Walther Bensemann mußte 2000 Goldmark für die Engländer aufbringen. Er lieh sich das Geld, im Vorgriff auf eine zu erwartende Erbschaft seiner Tante, bei der Mutter von Ivo Schricker. So kam es zu den ersten Vergleichen mit England.

23.11.1899 (Donnerstag) in Berlin, Kurfürstendamm-Rennbahn (Athletiksportplatz)

Deutschland - England 2:13

SR: ? , Zuschauer: 1.500

Deutschland: Eichelmann (Germania 88 Berlin); Kralle (Viktoria 89), Gasse (Fortuna Berlin); Ivo Schricker (Akad. SC Berlin), Wünsch (Viktoria 89), E.Schricker (Akad. SC Berlin); Bock (Fortuna Berlin), Zierold (Germania 88), Wetzler (Akad. SC Berlin), Jestram (Britannia), Gruschwitz (Viktoria 89)

Bericht: Leider fehlten die süddeutschen Spieler, die nicht in Berlin studierten. Aber auch sie hätten kaum die zweistellige Niederlage verhindern können. Auffallendster Spieler in der deutschen Auswahl war erneut Jestram, der ein Tor schoß und als vollkommenster Spieler galt. Er war ein technisch guter Verteidiger und als Torwart sogar Extraklasse.

❖

24.11.1899

Am Vormittag des nächsten Tages gab es auf dem gleichen Platz das zweite Spiel.

Deutschland - England 2:10

SR: ? , Zuschauer: 512 (543 Goldmark Einnahme !)

Deutschland: W.Langer (Karlsruher FV); Westendarp (Akad. SC Berlin), Dr.Kohts (Straßburger FV, z. Zt. Akad. SC Berlin); Ivo Schricker (Akad. SC Berlin), Wünsch (Viktoria 89), Thanner (Britannia); Link (Frankonia + Karlsruher FV), Zierold (Germania 88), Bock (Fortuna Berlin), Jestram (Britannia), Gruschwitz (Viktoria 89)

Tore für Deutschland: Bock, Jestram

Bericht: Die deutsche Mannschaft spielte wesentlich besser als am Vortag und verlor zu hoch.

Vier Tage später kam es zum dritten Vergleich mit der englischen Auswahl.

28.11.1899 in Karlsruhe

Deutschland - England 0:7

SR: ? , Zuschauer: 5.000

Deutschland: W.Langer (Karlsruher FC); Dr.Koths (Straßb. FV / Akademischer SC), E.Schricker (Akad. SC Berlin); Baier (Phönix Karlsruhe), Ivo Schricker (Akad. SC Berlin), Schuon (Karlsr. FV); F.Langer, Rickmers, Zinser (alle Karlsr. FV), Zierold (Germania Berlin), Link (Karlsr. FV)

Bericht: Trotz strömenden Regens waren an diesem Werktag 5.000 Zuschauer gekommen. Sie sahen eine wesentlich stärkere deutsche Elf als vier Tage zuvor, beim 2:10 , obwohl mit Ruzek und Wetzler 2 Stürmer des KFV fehlten.

Nach Gründung des D.F.B. hatten die Verantwortlichen viel zu tun, um den deutschen Fußball zu ordnen. Inzwischen bemühten sich Walther Bensemann und der inzwischen zum Doktor promovierte Ivo Schricker um weitere internationale Begegnungen. Zuerst fuhr 1901 eine verstärkte Berliner Elf per Schiff nach England. Der Pioniergeist war bewundernswert. Lediglich mit einem Pappkarton, der nur die Fußballschuhe enthielt, traf Eichelmann am Berliner Treffpunkt ein. Fünf Spiele trug die Auswahl aus, davon 4 Spiele gegen Profimannschaften.

❖

1907/08

Bilanz 1907/08
3 Spiele: 3 Niederlagen, 6:13 Tore
Zuschauer insgesamt: 16.000
In den 3 Länderspielen wurden 24 Spieler eingesetzt.

Die eingesetzten Spieler der Saison:

Arthur Hiller II	3	Spiele
Hans Weymar	3	"
Willy Baumgärtner	3	"
Fritz Förderer	2	"
Eugen Kipp	2	"
Paul Eichelmann	2	"
Fritz Baumgarten	1	Spiel
Walter Hempel	1	"
Ernst Jordan	1	"
Karl Ludwig	1	"
Gustav Hensel	1	"
Fritz Becker	1	"
Otto Hanschick	1	"
Paul Fischer	1	"
Walter Poppe	1	"
Adolf Gehrts	1	"
Arno Neumann	1	"
Paul Matthes	1	"
Heinrich Riso I	1	"
Willi Tänzer	1	"
Ernst Poetsch	1	"
Hans Schmidt	1	"
Hermann Garrn (Ehlers)	1	"
Adolf Jäger	1	"

Die 6 Tore schossen:

Fritz Becker	2	Tore
Fritz Förderer	2	"
Eugen Kipp	1	Tor
Adolf Jäger	1	"

Rangliste der besten Nationalspieler des Jahres
1. Fritz Förderer (Karlsruher FV)
2. Arthur Hiller II (1.FC Pforzheim)
3. Paul Eichelmann (Union 92 Berlin)
4. Eugen Kipp (Spfr.Stuttgart)
5. Hans Weymar (Viktoria Hamburg)
6. Adolf Jäger (Altonaer FC 93)
7. Fritz Becker (Kickers Frankfurt)

Mannschaftsführer waren:
A.Hiller II (2 x), Kipp (1 x)
1 Elfmeter für Deutschland,
verwandelt durch Förderer
1 Elfmeter gegen Deutschland,
verwandelt durch Dlabac (Österreich)

Links: Die deutsche Nationalmannschaft vor ihrem 1. Länderspiel.

Am 5.4.1908 war es endlich soweit. Zum erstenmal trat offiziell eine deutsche Fußballnationalmannschaft zu einem Länderspiel an.

Vorbericht zum 1. Länderspiel: Im Vorfeld des ersten Länderspiels gab es bereits Streitigkeiten um die Aufstellung. Schließlich einigte man sich auf 11 Spieler aus allen Teilen Deutschlands, wo bereits geordnet Fußball gespielt wurde. Die eingeladenen Spieler mußten das Fahrgeld selbst bezahlen und bekamen vor dem Spiel beim „Kleiderappell" ihre Ausrüstung. Rückennummern gab es noch nicht. Die 4.000 Zuschauer galten als Sensation, resultierten jedoch daraus, daß viele Damen im Stadion waren, von denen jede 1 Tafel Schokolade bekam.

5.4.1908 in Basel
Schweiz - Deutschland 5:3 (3:1)

SR: H.P.Devitte (Enland), Zuschauer: 4.000
Schweiz: Dr.Dreyfuß; Henneberg I, Hug; Strauß, Megroz, Lehmann; Rubli, Dr.Pfeiffer, Kämpfer, Isenegger, Kobelt
Deutschland: Baumgarten -1 (Germania Berlin); Hempel -1 (Spfr. Leipzig), Jordan -1 (Kricket Vikt. Magdeburg); K.Ludwig -1 (VfL Köln 99), A.Hiller II -1 (1.FC Pforzh.), Weymar -1 (Vikt. Hamburg); Hensel -1 (FV Kassel), Förderer -1 (Karlsruher (FV), Kipp -1 (Spfr. Stuttgart), Becker -1 (Kickers Frankf.), Baumgärtner -1 (SV Düsseldorf 04). Mannschaftskapitän: Hiller II
Tore: Kämpfer (2), Dr.Pfeiffer (2), Hug (1) - Becker (2), Förderer (1)
Beste Spieler: Dr.Dreyfuß, Isenegger, Kämpfer - A.Hiller II, Förderer, Becker
Bericht: Die deutsche Mannschaft hatte den besseren Start. In der 5. Minute kam der Ball von Hempel, über Weymar, zum Rechtsaußen Hensel. Der lief etwa 20 Meter, flankte in die Mitte, wo Förderer den Ball Richtung Tor verlängerte. Der Schuß wäre knapp vorbeigegangen und auch Torhüter Dreyfuß sah das. Niemand rechnete mit der Schnelligkeit von Fritz Becker, der den Ball doch noch zum 0:1 ins Tor lenken konnte, dem ersten Länderspieltor in der Geschichte der deutschen Nationalmannschaft. Als nach 20 Minuten ein kräftiger Gewitterregen niederging, zogen die Schweizer auf 3:1 davon.

Nach dem Seitenwechsel war das Spiel wieder ausgeglichen. Die Verständigungsschwierigkeiten in der deutschen Abwehr gaben schließlich den Ausschlag für den verdienten Schweizer Sieg. Ein Tor von Dr.Pfeiffer wurde von Verteidiger Jordan abgefälscht und wird heute noch teilweise als Eigentor geführt. Sowohl beim Schweizerischen, als auch beim Deutschen Fußball-Bund wird das Tor nicht als Eigentor gewertet. Übrigens leitete Schiedsrichter Devitte das Spiel in einem blauen Anzug und mit schwarzem, steifem Hut. Mit Baumgärtner stand der jüngste Nationalspieler aller Zeiten in der deutschen Elf. Er war 17 Jahre und 4 Monate alt.

Vorbericht zum 2. Länderspiel: Viel zu früh lud man sich mit England den Lehrmeister des Fußballs nach Berlin ein. Eigentlich ist es überraschend, daß dieses und viele weitere Spiele gegen England bis 1930 als offizielle Länderspiele geführt werden. Denn tatsächlich traten die Engländer mit einer kompletten Amateurmannschaft an. Erst 1930, bei dem denkwürdigen 3:3 in Berlin, schickten die Briten erstmals ihre Profis und führen auch erst ab 1930 die Länderspiele mit Deutschland in ihren Annalen. Vom D.F.B. und den Verantwortlichen aus den Landesverbänden wurden auch diesmal die Spieler am grünen Tisch ausgesucht. Je mächtiger ein Landesverband war, desto mehr Spieler konnte er unterbringen. Fahrtkosten und Unterkunft für die 11 Spieler wurden ab jetzt vom D.F.B. bezahlt, aber für die Verpflegung und alles andere mußten die Spieler selbst aufkommen.

20.4.1908 in Berlin-Mariendorf / Viktoriaplatz

Deutschland - England (Amateure) 1:5 (0:1)

SR: P.Neumann (Deutschland), Zuschauer: 7.000
Deutschland: Eichelmann -1 (Union 92); Hantschick -1 (Union 92), P.Fischer -1 (Viktoria 89); Poppe -1 (E. Braunsch.), A.Hiller II -2 (1.FC Pforzheim), Weymar -2 (Vikt. Hamburg); Gehrts -1 (Viktoria 89), Neumann -1 (Desdener SC), Förderer -2 (Karlsruher FV), Matthes -1 (Vikt. 96 Magdeburg), Baumgärtner -2 (SV Düsseldorf 04). Mannschaftskapitän: Hiller II.
England: Proud; Corbett, H.Smith; Lintott, Chapman, Hawkes; Berry, Stapley, Woodward, Purnell, Hardman
Tore: Förderer (1) / Woodward (4), Hardmann (1)
Beste Spieler: Eichelmann, Förderer, A.Hiller II - Woodward, Chapman, Hardman
Bericht: Zum zweiten Mal führte Arthur Hiller II die deutsche Fußball-Nationalelf als Spielführer an. Im Mittelpunkt stand jedoch schon bald der kleine Torhüter Eichelmann, der bis zur Pause mit seinen Glanzparaden einen höheren Rückstand verhinderte. Nach dem Seitenwechsel hatte die deutsche Elf ihre beste Phase. Förderer erzielte per Elfmeter den Ausgleich und traf mehrfach Pfosten und Latte. Dann jedoch setzte sich die bessere Kondition durch. Der englische Mittelstürmer, einer der elegantesten Techniker aller Zeiten, Vivian Woodward, war von dem ausgezeichneten Hiller II nicht mehr zu halten und so wurde es doch noch eine hohe Niederlage. Übrigens: 9 der 11 Engländer gewannen einige Monate später überlegen die Olympische Goldmedaille.

❖

Vorbericht zum 3. Länderspiel: Zehn der 11 Spieler trafen am Abend in Wien ein. Arthur Hiller II, der „Käpten", mußte als erster dort sein und die Spieler in Empfang nehmen. Der Hamburger Weymer traf sogar erst eine Stunde vor Spielbeginn in Wien ein. Die österreichische Nationalelf setzte sich aus Wiener und Prager Spielern zusammen.

7.6.1908 in Wien

Österreich - Deutschland 3:2 (3:2)

SR: Simmons (England), Zuschauer: 5.000
Österreich: J.Kaltenbrunner; Eipeldauer, Retschury; Knöll, Kurpiel, Dlabac; Hussak, Kubik, Studnicka, Fischera, Andres
Deutschland: Eichelmann -2 (Union 92); H.Riso I -1 (VfB Leipzig), Tänzer -1 (Berliner BC); Poetsch -1 (Union 92), A.Hiller II -3 (1.FC Pforzheim), Weymar -3 (Vikt. Hamburg); Hans Schmidt -1 (Germania Berlin), Garrn 1 (Vikt. Hamburg), Kipp -2 (Spfr. Stuttgart), Jäger -1 (Altona 93), Baumgärtner -3 (SV Düsseldorf 04). Mannschaftskapitän: Kipp
Tore: Dlabac (Handelfmeter), Studnicka, Andres / Kipp (1), Jäger (1)
Beste Spieler: Kipp, Eichelmann, Jäger - Fischera, Kurpiel, Studnicka
Bericht: Zum erstenmal stand die deutsche Nationalmannschaft dicht vor einem Sieg. Eugen Kipp brachte sie mit einem Weitschuß in Führung, die per Handelfmeter ausgeglichen wurde, bevor Adolf Jäger, ebenfalls mit einem Weitschuß, die erneute Führung erzielte. In der Schlußphase der ersten Halbzeit kam Österreich durch Unstimmigkeiten in der deutschen Abwehr zum Ausgleich und zur Halbzeitführung.

Auch nach der Pause war die deutsche Elf besser, obwohl ihr vorher eine hohe Niederlage prophezeit worden war. Auf tiefem Boden fehlte ihr jedoch das Glück. Mit Kurpiel, dem wohl besten Mittelläufer seiner Zeit, sowie Fischera und Studnicka hatten die Österreicher bereits einige Stars in ihrer Mannschaft. In der deutschen Mannschaft waren neben dem großartigen Eichelmann, sowie Kipp und Arthur Hiller II, 7 Neulinge. Mit Adolf Jäger war einer darunter, der in den nächsten Jahren zum Star im deutschen Fußball wurde.

1908/09

Bilanz 1908/1909
3 Spiele: 1 Sieg, 1 Unentschieden, 1 Niederlage, 4:12 Tore
Zuschauer insgesamt: 28.000
In den 3 Länderspielen wurden 29 Spieler eingesetzt, davon waren 20 Neulinge.

Die Spieler der Saison:

Adolf Werner	2	Spiele
Camillo Ugi	2	"
Dr.Josef Glaser	2	"
Paul Hunder	2	"
Arthur Hiller II	1	Spiel
Fritz Förderer	1	"
Eugen Kipp	1	"
Willy Baumgärtner	1	"
Otto Hantschick	1	"
Heinrich Riso I	1	"
Ernst Poetsch	1	"
Hermann Garrn (Ehlers)	1	"
Adolf Jäger	1	"
Erich Massini	1	"
Erich Albrecht	1	"
Helmut Röpnack	1	"
Herbert Hirth	1	"
Edwin Dutton	1	"
Leopold Richter	1	"
Willi Worpitzky	1	"
Richard Queck	1	"
Fritz Schulz	1	"
Eberhardt Illmer	1	"
Otto Nicodemus	1	"
Robert Neumaier	1	"
Karl Burger	1	"
Hermann Schweikert	1	"
Otto Löble	1	"
Emil Oberle	1	"

Die Tore der Saison:

Willi Worpitzky	2	Tore
Camillo Ugi	1	Tor
Eugen Kipp	1	"

Mannschaftsführer waren:
Dr.Josef Glaser (2 x), Camillo Ugi (1 x)

Rangliste der besten Nationalspieler des Jahres:
1. Adolf Werner (Holstein Kiel)
2. Paul Hunder (Viktoria 89)
3. Eugen Kipp (Spfr.Stuttgart)
4. Dr.Josef Glaser (Freiburger FC)
5. Fritz Förderer (Karlsruher FV)
6. Adolf Jäger (Altonaer FC 93)
7. Helmut Röpnack (Viktoria 89)
8. Willi Worpitzky (Viktoria 89)
9. Emil Oberle (Phönix Karlsruhe)
10. Arthur Hiller II (1.FC Pforzheim)

Vorbericht zum 4. Länderspiel: Das erste Länderspiel der neuen Saison stand unter einem schlechten Stern. Dem ewigen Streit um die Aufstellung fielen alle Karlsruher Spieler zum Opfer. Es wurde auf Klassespieler wie Förderer, Breunig, Fuchs, Hirsch, Hollstein (alle K.FV) und Wegele, Oberle, O.Reiser, Baier (Phönix Karlsr.) verzichtet. Kurz vor der Abfahrt mußten sogar noch schnell 2 Verteidiger gesucht werden. Die Schiffsüberfahrt, auf unruhiger See, tat ein übriges. Eine seekranke deutsche Mannschaft mußte am nächsten Tag in Oxford gegen Englands Amateure antreten.

18.3.1909 in Oxford

England (Amateure) - Deutschland 9:0 (5:0)

SR: Kyle (England), Zuschauer: 6.000

England: Bailey; Corbett, H.Smith; Hunt, Chapman, Hawkes; Berry, Dunning, Hoare, Porter, Davies

Deutschland: „Adsch" Werner -1 (H. Kiel); Hantschick -2 (Union 92), Massini -1 (BVC Preußen); Ugi -1 (VfB Leipzig), Dr.Glaser -1 (Freib. FC), Hunder -1 (Viktoria 89); Albrecht -1 (Wacker Leipzig), Garrn -2 (Vikt. Hamburg), Jäger -2 (Altona 93), Röpnack -1 (Viktoria 89), Baumgärtner -4 (SV Düsseldorf 04). Mannschaftskapitän: Dr.Glaser

Tore: - / -

Beste Spieler: Hoare, Berry, Chapman - „Adsch" Werner, Röpnack, Jäger

Bericht: Mit 7 Neulingen und vielen Seekranken unter den elf Spielern ging die deutsche Mannschaft hoffnungslos unter. Bereits in den ersten 45 Minuten wäre ein zweistelliges Ergebnis möglich gewesen, wenn der Kieler Werner nicht so großartig gehalten hätte. Die deutsche Elf besaß nur eine gute Torgelegenheit. Torhüter Bailey hatte bei einem harten Schuß von Röpnack allergrößte Mühe.

Wie in der ersten Halbzeit war Adolf Werner der überragende Spieler. Die Engländer verzweifelten trotz 4 weiterer Treffer an seinen Paraden. Für die deutsche Mannschaft gab es kaum Torgelegenheiten. Adolf Jäger hatte einmal Pech, als sein Schuß nur den Pfosten traf.

Diese Elf erzielte am 4.4.1909 mit 1:0 in Karlsruhe gegen die Schweiz den ersten Länderspielsieg.

Vorbericht zum 5. und 6. Länderspiel: Einige Verwirrung stiftete die Ansetzung der beiden nächsten Länderspiele, die an ein und demselben Tag stattfanden. Während viel von mangelnder Organisation und Koordination beim D.F.B. gesprochen wurde, mutmaßten viele, daß die Doppelansetzung gezielt herbeigeführt wurde, um dem Streit um die Aufstellung aus dem Wege zu gehen. So konnten 22 statt 11 Spieler berufen werden. Gegen Ungarn wurde ein norddeutsches und gegen die Schweiz ein süddeutsches Aufgebot nominiert. Daß diese Zusammenstellung von Spielern, die sich kannten und teilweise in Vereinen und Auswahlmannschaften zusammen spielten, von Vorteil war, sollten die beiden Länderspiele zeigen. Es fehlte Jäger, weil Altona gleichzeitig ein Punktspiel austragen mußte.

4.4.1909 in Budapest

Ungarn - Deutschland 3:3 (2:2)

SR: H.Meisl (Österreich), Zuschauer: 15.000

Ungarn: Domonkos; Rumbold, Szendrö; Biro, Brödy, Gorszky; Sebestyen, Krempels, Korody, Schlosser, Borbas

Deutschland: Ad.Werner -2 (H. Kiel); Hirth -1 (Hertha BSC), H.Riso I -2 (VfB Leipzig); Poetsch -2 (Union 92), Ugi -2 (VfB Leipzig), Hunder -2 (Viktoria 89); Dutton -1 (BFC Preußen), Richter -1 (VfB Leipzig), Worpitzky -1 (Viktoria 89), Queck -1 (E.Braunsch.), Schulz -1 (Hertha BSC). Mannschaftskapitän: Ugi

Tore: Borbas, Schlosser, Sebestyen / Worpitzky (2), Ugi (1)

Beste Spieler: Imre Schosser, Biro, Korody - Ugi, Ad.Werner, Worpitzky

Bericht: So gut hatte man noch keine deutsche Nationalelf spielen sehen. Das Spielverständnis war hervorragend und die Kombinationen flüssig. Die Ungarn spielten zwar schneller und gingen dreimal in Führung, aber die geschlossenere Mannschaftsleistung zeigte die deutsche Elf. Besonders positiv fiel Mannschaftsführer Ugi auf. Er glänzte in der damals üblichen Mittelläuferrolle (dem späteren Mittelfeldregisseur). Für beide Worpitzky-Tore gab er die Vorlagen und schoß selbst sogar das 3:3.

4.4.1909 in Karlsruhe

Deutschland - Schweiz 1:0 (1:0)

SR: Sohn (Deutschland), Zuschauer: 7.000

Deutschland: Illmer -1 (Straßburger FV); Nicodemus -1 (SV Wiesbaden), Neumaier -1 (Phönix Karlsr.); Burger -1 (SpVgg Fürth), Dr.Glaser -2 (Freib. FC), A.Hiller II -4 (1.FC Pforzheim); Schweikert -1 (1.FC Pforzh.), Förderer -3 (Karlsr. FV), Löble -1 (Stuttg. K.), Kipp -3 (Spfr. Stuttg.), Oberle -1 (Phönix Karlsr.). Mannschaftskapitän: Dr.Glaser

Schweiz: Ochsner; Henry Müller, Glaser; Neuweiler, Rubli, Kihm; Schneider, Hasler, Staub I, Lang, Fehlmann

Tor: 1:0 Kipp (38.)

Beste Spieler: Dr.Glaser, Kipp, Förderer - Ochsner, H.Müller, Schneider

Bericht: Im sechsten Länderspiel gelang der deutschen Elf der erste und völlig verdiente 1:0 Sieg. Über weite Strecken waren die Deutschen feldüberlegen. Dr.Glaser und Hiller II machten Druck und die beiden schnellen Außenstürmer waren selten zu bremsen. Der lange Stuttgarter Mittelstürmer Löble riß immer wieder Löcher in die Verteidigung der Schweizer Abwehr; Förderer und Kipp wirbelten am und im Strafraum. Immer wieder gab es kritische Momente für den guten Torhüter Ochsner. In der 38. Minute glückte Kipp, aus 4 Metern Entfernung, der einzige Treffer des Spiels und damit der erste deutsche Länderspielerfolg.

1909/10

Bilanz 1909/10
3 Spiele: 1 Sieg, 2 Niederlagen, 5:9 Tore
Zuschauer: 24.000
In den 3 Länderspielen wurden 30 Spieler eingesetzt, davon waren 20 Neulinge.

Die Spieler der Saison:

Walter Hempel	2	Spiele
Eugen Kipp	2	"
Karl Wegele	2	"
Ludwig Philipp	2	"
Adolf Gehrts	1	Spiel
Ernst Poetsch	1	"
Camillo Ugi	1	"
Dr.Josef Glaser	1	"
Paul Hunder	1	"
Robert Neumaier	1	"
Karl Burger	1	"
Otto Löble	1	"
Hans Riso II	1	"
Paul Kühnle	1	"
Wilhelm Trautmann	1	"
Marius Hiller III	1	"
Christian Schmidt	1	"
Ernst Hollstein	1	"
Max Breunig	1	"
Gustav Unfried	1	"
Willi Fick	1	"
Robert Faas	1	"
Alfred Berghausen	1	"
Lothar Budzinski	1	"
Max Gablonsky	1	"
Christian Schilling	1	"
Peco Bauwens	1	"
Otto Reislant	1	"
Adalbert (Friedrich) Bert	1	"
Andreas Breynk	1	"

Die Tore der Saison:

Eugen Kipp	3	Tore
Marius Hiller III	1	Tor
Willi Fick	1	"

Mannschaftsführer waren:

Paul Hunder	1	mal
Christian Schmidt	1	"
Dr.Josef Glaser	1	"

1 Elfmeter für Deutschland,
  verschossen durch Breunig (gegen Holland)

1 Eigentor gegen Deutschland:
  Breunig gegen Holland

Rangliste der besten Nationalspieler des Jahres
1. Eugen Kipp (Stuttgarter Kickers)
2. Max Breunig (Karlsruher FV)
3. Dr.Josef Glaser (Freiburger FC)
4. Paul Hunder (Viktoria 89 Berlin)
5. Karl Wegele (Phönix Karlsruhe)
6. Camillo Ugi (VfB Leipzig)
7. Otto Löble (Stuttgarter Kickers)
8. Walter Hempel (Spfr. Leipzig)
9. Ludwig Philipp (1.FC Nürnberg)
10. Karl Burger (SpVgg Fürth)

Vorbericht zum 7. Länderspiel: Auch im siebten Länderspiel gab es einige Absagen und Streitereien um die Aufstellung. Einer der Besten, Adolf Jäger, mußte zum Militärdienst und war deshalb 3 Jahre (!) lang für die Nationalelf unabkömmlich. So mußten erneut 6 Neulinge berufen werden. Darunter waren zwei, deren Brüder bereits das Nationaltrikot getragen hatten, Hans Riso II und Marius Hiller III. Nicht weniger als 7 der besten Spieler fehlten: „Adsch" Werner, Ugi, Dr.Glaser, Förderer, Hiller II, Breunig und Jäger.

3.4.1910 in Basel

Schweiz - Deutschland 2:3 (1:1)

SR: Devitte (England), Zuschauer: 5.000
Schweiz: Flückiger; Müller, Kihm; Günthardt, Stelzer, Baierle; Weiss, Bürgin, Sydler II, Renand, Collet
Deutschland: H.Riso II -1 (Wacker Leipzig); Hempel -2 (Spfr. Leipzig), Kühnle -1 (Stuttg. K.); Burger -2 (SpVgg Fürth), Trautmann -1 (Vikt. Mannheim), Hunder -3 (Viktoria 89); Wegele -1 (Phönix Karlsr.), M.Hiller III -1 (1.FC Pforzh.), Löble -2 (Stuttg. K.), Kipp -4 (Spfr. Stuttg.), Philipp -1 (1.FC Nürnberg). Mannschaftskapitän: Hunder
Tore: Müller, Renand / Kipp (2), Hiller III
Beste Spieler: Sydler II, Flückiger - Löble, Kipp, Wegele
Bericht: Im siebten Länderspiel kam die deutsche Elf zum ersten und verdienten Auswärtssieg. Dabei war die Abwehr keineswegs sattelfest. Dafür spielte die fünfer Sturmreihe großartig. Die 3 Neulinge ergänzten sich gut mit Löble und Kipp. Löble war der überragende Sturmdirigent; von Kipp und Philipp hatte man den Eindruck, als spielten sie schon immer zusammen. Eine besondere Bereicherung war Wegele auf dem rechten Flügel. Seine enge Ballführung, Dribblings, der schnelle Antritt und die angeschnittenen Flanken begeisterten. Die deutsche Mannschaft spielte meist überlegen und in der 85. Minute erzielte Kipp den Siegtreffer.

Vorbericht zum 8. Länderspiel: Auch zum zweiten Länderspiel der Saison wurde auf einige Stammspieler verzichtet. So kamen mit Christian Schmidt, Hollstein, Breunig, Unfried und Fick erneut 5 Neulinge zu Länderspielehren. Mit Max Breunig, dem Mittelläufer und damit Spielmacher, kam einer der besten deutschen Fußballer aller Zeiten zu seinem ersten Länderspiel. Der 1,97 Meter-Mann schlug lange Pässe zentimetergenau und hatte nicht nur eine erstklassige Technik, sondern vor allem die notwendige Übersicht. Selbst englische Profivereine versuchten ihn jahrelang mit lukrativen Verträgen auf die Insel zu locken.

24.4.1910 in Arnheim

Holland - Deutschland 4:2 (2:2)

SR: J.T.Howcroft (England), Zuschauer: 15.000
Holland: Beeuwkes; Heijting, Otten; Bosschart, de Korver, Hörburger; Welcker, Lutjens, Francken, Thomee, Keßler
Deutschland: Chr.Schmidt -1 (Concordia 95 Berlin); Hempel -3 (Spfr. Leipzig), Hollstein -1 (Karlsruher FV); Poetsch -3 (Union 92 Berlin), Breunig -1 (Karlsr. FV), Unfried -1 (Preußen Berlin); Wegele -2 (Phönix Karlsr.), Gehrts -2 (Vikt. Hamburg), Fick -1 (H. Kiel), Kipp -5 (Spfr. Stuttgart), Philipp -2 (1.FC Nürnberg). Mannschaftskapitän: Ugi
Tore: Thomee (2), Lutjens und ein Eigentor von Breunig / Fick, Kipp

Beste Spieler: de Korver, Francken, Thomee - Kipp, Breunig

Bericht: Die Länderspielserie gegen Holland begann an einem regnerischen Sonntag mit einer unglücklichen Niederlage. Der Kieler Fick hatte die deutsche Elf in Führung gebracht. Trotz Verständigungsschwierigkeiten wäre in der Folgezeit ein höheres Ergebnis möglich gewesen, statt dessen fiel der Ausgleich. Kipp brachte die deutsche Mannschaft erneut in Führung, aber dann lief alles schief. Ausgerechnet Max Breunig verschoß in seinem ersten Länderspiel einen Elfmeter und der deutschen Abwehr unterlief ihr erstes Eigentor.

❖

Vorbericht zum 9. Länderspiel: Wie wenig die Planung beim Abschluß von Länderspielen eine Rolle spielte, zeigte sich in der Ansetzung des Spiels gegen Belgien. Einen Tag zuvor fand das Endspiel um die deutsche Meisterschaft statt; und somit fehlten die Spieler der beiden Endspielteilnehmer Karlsruher FV und Holstein Kiel. Im Ausland und besonders auf dem europäischen Kontinent wurde dem deutschen Fußball bereits eine Spitzenstellung bescheinigt, aber die mangelnde Organisation und Streitigkeiten brachten die Nationalelf um den verdienten Lohn. Das Belgien-Spiel bildete dabei den Höhepunkt. Die besten Fußballer fehlten wieder einmal und es gab keine Vorbereitung. Erst eine Stunde vor Spielbeginn traf man sich; aber es waren nur 7 Spieler da und kein Offizieller. Man stelle sich nur mal vor, daß wenige Minuten vor Spielbeginn 4 Spieler und ein Ersatzspieler aus dem Publikum ausgesucht werden mußten. So kamen der spätere Präsident des D.F.B und internationale Schiedsrichter Dr.Peco Bauwens sowie die Duisburger Schilling, Berghausen, Budzinski und Breynk zu unerwarteten Länderspielen.

16.5.1910 in Duisburg

Deutschland - Belgien 0:3 (0:1)

SR: H.J.Willing (Holland), Zuschauer: 4.000

Deutschland: Faas -1 (1.FC Pforzh.); Neumaier -2 (Phönix Karlsr.), Berghausen -1 (Preußen Duisb.), Ugi -3 (VfB Leipzig), Dr.Glaser -3 (Freib. FC), Budzinski -1 (Duisb. SV); Gablonsky -1 (Bayern München), Schilling -1 (Duisb. SV), Bauwens -1 (VfL Köln 99), Reislant -1 (Wacker Leipzig), Bert -1 (VfB Leipzig)

Eingewechselt: ab 45. Breynk -1 (Preußen Duisburg) für Bauwens.

Mannschaftskapitän: Dr.Glaser

Belgien: M.Feye; Joux, Andrieu; Verbrugge, Vertongen, Bauwens; Reuse, Van Stacegham, De Veen, L.Saeys, Van Boxtaele

Tore: 0:1 Saeys (20.), 0:2 Saeys (48.), 0:3 Van Stacegham (75.)

Beste Spieler: Dr.Glaser, Ugi, Bert - L.Saeys, Verbrugge, De Veen

Bericht: Nur mit viel Glück entging die deutsche Mannschaft einer noch katastrophaleren Niederlage. Belgiens Elf war ständig überlegen und hätte sogar zweistellig gewinnen können. Die deutsche Nationalelf hatte ihren absoluten Tiefstand erreicht.

❖

1910/11

Bilanz 1910/11
5 Spiele: 2 Siege, 1 Unentschieden, 2 Niederlagen, 14:10 Tore
Zuschauer: 38.000
In den 5 Länderspielen wurden 29 Spieler eingesetzt, davon waren 13 Neulinge.

Die Spieler der Saison:

Adolf Werner	5	Spiele
Karl Burger	4	"
Camillo Ugi	4	"
Eugen Kipp	3	"
Willi Worpitzky	3	"
Karl Hanssen	3	"
Hermann Neiße	3	"
Walter Hempel	2	"
Fritz Förderer	2	"
Paul Hunder	2	"
Ernst Hollstein	2	"
Max Breunig	2	"
Gottfried Fuchs	2	"
Walter Fischer	2	"
Ernst Möller	2	"
Hans Weymar	1	Spiel
Richard Queck	1	"
Paul Kühnle	1	"
Marius Hiller III	1	"
Max Gablonsky	1	"
Christian Schilling	1	"
Otto Bülte	1	"
Robert Hense	1	"
Otto Reiser	1	"
Otto Dumke	1	"
Rudolf Droz	1	"
Willy Krauß	1	"
Josef Umbach	1	"
Hermann Wiggers	1	"

Die Tore der Saison:

Fritz Förderer	3	Tore
Otto Dumke	3	"
Gottfried Fuchs	2	"
Eugen Kipp	2	"
Ernst Möller	2	"
Max Breunig	1	Tor
Richard Queck	1	"

Mannschaftsführer waren:

Camillo Ugi	2	mal
Max Breunig	2	"

1 Elfmeter für Deutschland,
verwandelt durch Breunig (gegen die Schweiz)

1 Elfmeter gegen Deutschland,
verschossen durch einen Schweden

Rangliste der besten Nationalspieler des Jahres
1. Camillo Ugi (VfB Leipzig)
2. Adolf Werner (Holstein Kiel / Viktoria Hamburg)
3. Eugen Kipp (Spfr. Stuttgart)
4. Fritz Förderer (Karlsruher FV)
5. Max Breunig (Karlsruher FV)
6. Ernst Möller (Holstein Kiel)
7. Karl Burger (SpVgg Fürth)
8. Otto Dumke (Viktoria 89 Berlin)
9. Walter Hempel (Spfr. Leipzig)
10. Willy Worpitzky (Viktoria 89)

Vorbericht zum 10. Länderspiel: Zum erste Mal wurde ein Länderspiel in den Herbst und damit in die Anfangszeit der neuen Saison gelegt. Erneut war Holland der Gegner, gegen den man sechs Monate zuvor mit 2:4 in Arnheim verloren hatte. Mit Kleve bekam eine nur 18.000 Einwohner zählende Stadt das Spiel zugeteilt, diese bedankte sich mit der hohen Zuschauerzahl. Die deutsche Mannschaft wurde erneut nach Machtkriterien aufgestellt, so daß von 3 - 4 Ausnahmen abgesehen, eine zweit- oder gar drittklassige Nationalelf auflief. Der Süden verzichtete sogar ganz auf die Abstellung von Spielern.

16.10.1910 in Kleve

Deutschland - Holland 1:2 (0:1)

SR: H.Istace (Belgien), Zuschauer: 10.000

Deutschland: Ad.Werner -3 (Vikt. Hamburg); Neiße -1 (TV Eimsbüttel), Hense -1 (Kölner BC); Ugi -4 (VfB Leipzig), Bülte -1 (E. Braunschweig), Weymar -4 (Vikt. Hamburg); Hanssen -1 (Altona 93), Schilling -2 (Duisburger SV), Worpitzky -2 (Viktoria 89), Umbach -1 (SC Mönchengladbach), Queck -2 (E. Braunschweig). Mannschaftskapitän: Chr. Schmidt

Holland: Beeuwkes; van Leijden, de Wolff; Boerdam, de Korver, van Dijk; Welcker, Lutjens, Francken, Thomee, van Berckel
Tore: Queck / Thomee, van Berckel
Beste Spieler: Ugi, Ad.Werner - de Korver, Beeuwkes, Thomee
Bericht: Ohne die süddeutschen Klassespieler und ohne jede Vorbereitung wurde erneut ein Länderspiel unnötig verloren. Obwohl bekannt war, daß im Westen die Spielkultur hinter dem Süden und Osten weit zurückking, standen 3 Spieler in der Elf. Und der Norden, auch nicht viel stärker als der Westen, stellte 6 Spieler. Mit dieser Mannschaft konnte kein großes Spiel aufkommen oder gar ein Sieg erzielt werden. Die Elf aus Holland harmonierte viel besser und konnte immer wieder von dem schwachen Spielverständnis der Deutschen profitieren. Ein 4 oder gar 5:1 wäre möglich gewesen. Aber erneut zeigte „Adsch" Werner, daß er in Deutschland als Torhüter konkurrenzlos war.

Vorbericht zum 11. Länderspiel: Zum ersten Länderspiel des Jahres 1911, nach großer Kritik an der Organisation und dem Aufstellungsmodus der Nationalelf, wurde erstmals eine Blockbildung der derzeit besten deutschen Mannschaft, dem K. FV, vorgenommen. Keine schwere Entscheidung, denn nach den letzten blamablen Vorstellungen fand das Spiel gegen die Schweiz in Stuttgart statt; dort gab es auch genügend Ersatzspieler, falls jemand ausfallen würde. Lediglich „Adsch" Werner (H. Kiel), Krauß (SV Jena) und Walter Fischer (Duisburger SV) kamen nicht aus dem Süden.

26.3.1911 in Stuttgart (Degerloch)

Deutschland - Schweiz 6:2 (2:0)

SR: H.Istace (Belgien), Zuschauer: 7.000

Deutschland: Ad.Werner -4 (Viktoria Hamburg); Kühnle -2 (Stuttg. K.), Hollstein -2 (Karlsr. FV); Bürger -3 (Fürth), Breunig -2 (Karlsr. FV), Krauß -1 (SV Jena); Gablonsky -2 (Bayern München), Förderer -4, Fuchs -1 (beide Karlsr. FV), Kipp -6 (Spfr. Stuttg.), W.Fischer -1 (Duisb. SV).

Mannschaftskapitän: Breunig

Schweiz: Flückiger; Müller, Würsten; Ehrbar, Rubli II, Henneberg II; Weiss, Kaiser, Wyss I, Renand, Collet

Tore: 1:0 Breunig (Elfmeter), 2:0 Fuchs, 2:1 Weiss, 2:2 Collet, 3:2 Fuchs, 4:2 und 5:2 Förderer, 6:2 Kipp

Beste Spieler: Breunig, Förderer, Kipp, Fuchs, Ad.Werner - Flückiger, Weiss, Wyss I

Bericht: Die deutsche Elf kam zu einem sensationell hohen Sieg, der auch international große Beachtung fand. Allerdings war sie keineswegs um vier Tore besser. Trotz einer 2:0 Pausenführung war das Spiel bis zur Halbzeit ziemlich ausgeglichen. Mit „Adsch" Werner stand jedoch erneut ein Klassetorhüter zwischen den Pfosten.

In den zweiten 45 Minuten wurde die deutsche Mannschaft immer stärker. Vor allem der Innensturm, Förderer - Fuchs - Kipp, war nicht zu bremsen. Beide Flügelstürmer leisteten gute Vorarbeit und die Abwehr ließ sich auch durch 2 Gegentore nicht aus der Ruhe bringen. In der letzten halben Stunde beherrschte Breunig das Mittelfeld, das Kombinationsspiel lief sehr flüssig. Trotz starkem Schneetreiben sahen die Zuschauer das bis dahin beste deutsche Länderspiel.

❖

Vorbericht zum 12. Länderspiel: Drei Wochen nach dem hohen Sieg gegen die Schweiz gab es erneut ein Länderspiel gegen England. Die Spieler des Karlsruher FV standen leider nicht zur Verfügung und so mußte erneut die ganze Mannschaft umgebaut werden. Aus der siegreichen Elf gegen die Schweiz blieben nur 3 Spieler übrig.

14.11.1911 in Berlin-Mariendorf (Union-Platz)

Deutschland - England (Amateure) 2:2 (2:1)

SR: H.J.Willing (Holland), Zuschauer: 10.000

Deutschland: Ad.Werner -5 (Vikt. Hamburg); Neiße -2 (TV Eimsbüttel), Hempel -4 (Spfr. Leipzig); Burger -4 (Fürth), Ugi -5 (VfB Leipzig), Hunder -4 (Viktoria 89); Hanssen -2 (Altona 93), K.Hiller III -2 (1.FC Pforzheim), Worpitzky -3 (Viktoria 89), Kipp -7 (Spfr. Stuttg.), Möller -1 (H. Kiel)

England: Brebner; Cuthbert, Knight; Littleworth, Monk, Dines; Berry, Steer, Webb, Hoare, Wright

Tore: 1:0 und 2:0 Möller / -

Beste Spieler: Kipp, Möller, Burger, Ugi, Worpitzky, Hempel - Brebner, Littleworth, Berry

Bericht: Im 12. Länderspiel vollbrachte die deutsche Mannschaft, gut ein Jahr vor den Olympischen Spielen, eine Sensation. Englands Amateure, die haushoher Favorit waren und stärker als alle europäischen Ländermannschaften galten, standen in Berlin gegen die „zweite Garnitur" der deutschen Nationalmannschaft am Rande einer Niederlage. Durch zwei Direktschüsse des kometenhaft aufgestiegenen Kielers Möller führte die deutsche Elf bereits mit 2:0. Die Engländer hatten es nur ihrem ausgezeichneten Torhüter Brebner zu verdanken, daß keine weiteren Tore gegen sie fielen.

Ausgerechnet dem ansonsten zuverlässigen „Adsch" Werner im Tor unterlief beim 2:1 ein Fehler, als er eine Flanke über die Fin-

Links:
Am 14.4.1911 schaffte diese Nationalelf das sensationelle 2:2 gegen England in Berlin, v.l.: Hanssen, Kipp, Burger, Hiller III, Neiße, Ugi, Hunder, Möller, Worpitzky, Hempel und vorne „Adsch" Werner, der Klassetorhüter.

Rechts:
Einer der wenigen großen Siege der deutschen Nationalmannschaft wurde am 18.6.1911 in Stockholm mit 4:2 gegen Schweden erzielt. Die Elf v.l.: Kipp, Burger, Worpitzky, Hunder, Begleiter Gauß, Dumke, Möller, Ugi, Droz und sitzend: Wiggers, Werner, Hempel.

gerspitzen rutschen ließ. Bis Mitte der zweiten Halbzeit konnte die deutsche Mannschaft das Spiel ausgeglichen gestalten und hatte mehrfach die Torchance zum 3:1. Aber Brebner hielt weiterhin alles, selbst die härtesten Schüsse. In der Schlußphase hatten die Engländer die bessere Kondition, sie spielten abwechslungsreicher, mit kurzen und langen Pässen in verwirrendem Zick-Zack-Spiel. Der Ausgleich war nicht mehr zu verhindern.

Das Unentschieden wurde wie ein Sieg gefeiert und löste europaweit ein großes Echo aus. Auch für die konservative Presse wurde Fußball mit dieser Leistung „hoffähig". Beim D.F.B. erkannte man endlich, wie gut der deutsche Fußball international war. Wenn auch nicht regional ausgewogen, sondern nach der Klasse der Spieler und mit Blockbildung (wie im Spiel gegen die Schweiz) ausgewählt wurde. Einer der wichtigsten Beschlüsse des D.F.B.-Spielausschusses für die Entwicklung der Nationalelf war deshalb, daß in Zukunft Beobachter zu den Wettkampfspielen um den Kronprinzenpokal (später unter dem Namen Länderpokal) entsandt wurden. In diesen Mannschaften spielten die Besten der einzelnen Regionen. Wer ab jetzt in solch einem Spiel besonders auffiel, wurde bei nächster Gelegenheit nochmals beobachtet und konnte bei einer weiteren guten Leistung mit einer Berufung in die Nationalmannschaft rechnen. Damit wurde der Grundstein für eine starke Nationalelf gelegt.

❖

Vorbericht zum 13. Länderspiel: In den 10 Tagen, zwischen dem England- und Belgien-Spiel, blieb keine Zeit der Beobachtung. Weitgehend wurde auf die Spieler der beiden letzten erfolgreichen Länderspiele zurückgegriffen. Lediglich die Berliner fielen wegen Punktespiele aus. Umso unverständlicher, daß auf dem starken linken Flügel auf Kipp und Möller verzichtet wurde. Erstmals wurde jedoch ein Ersatzmann nominiert, der Name ist leider nicht überliefert.

23.4.1911 in Lüttich

Belgien - Deutschland 2:1 (1:0)

SR: J.P. Schumacher (England), Zuschauer: 5.000
Belgien: Leroy; Hubin, Andrieu; Raermaekers, Nys, van Hoorden; J.Bouttiau, van Houtte, Six, L.Saeys, Paternoster

Deutschland: Ad.Werner -6 (Vikt. Hamburg); Neiße -3 (TV Eimsbüttel), Hollstein -3 (Karlsr. FV); Burger -5 (Fürth), Breunig -3 (Karlsr. FV), Ugi -6 (VfB Leipzig); Hanssen -3 (Altona 93), Förderer -5, Fuchs -2 (beide Karlsr. FV), O.Reiser -1 (Phönix Karlsr.), W.Fischer -2 (Duisb. SV). Mannschaftskapitän: Breunig

Tore: 1:0 van Houtte, 1:1 Förderer, 2:1 L.Saeys

Beste Spieler: Leroy, van Houtte, Andrieu - Breunig, Burger, Ugi, Förderer

Bericht: Die deutsche Nationalelf verschenkte einen weiteren Sieg. Sowohl technisch, als auch vom Spielverständnis her, knüpfte sie an die Leistungen der beiden Länderspiele zuvor an. Belgien war eindeutig schwächer und hatte nur wenige Torgelegenheiten. Fast ständig lag die deutsche Elf im Angriff. Es wurde faszinierend schön gespielt, aber, außer einmal Förderer, überboten sich die deutschen Stürmer im Auslassen der vielen Tormöglichkeiten. Die größte Chance, beim Stande von 1:1, verstolperte Fuchs freistehend vor Torhüter Leroy. In der Schlußphase traf Saeys zum 2:1 für Belgien.

❖

Vorbericht zum 14. Länderspiel: Zum Länderspiel in Stockholm wurden Konsequenzen aus der Belgien-Niederlage gezogen. Der gesamte Sturm wurde ausgetauscht, Kipp und Möller zurückgeholt und Berlins rechter Flügel aufgeboten. Für den beruflich verhinderten Breunig rückte Ugi auf den Mittelläuferposten und Hunder wurde wieder linker Läufer. Mit Wiggers, Droz und Dumke standen 3 Neulinge in der Mannschaft, die durch gute Leistungen in regionalen Spielen aufgefallen waren.

18.6.1911 in Stockholm
Schweden - Deutschland 2:4 (2:2)

SR: C.Buchwald (Dänemark), Zuschauer: 6.000
Schweden: O.Bengtsson; Sandlund, Levin; Wicksell, G.Frykman, Öberg; Mührberg, Ekberg, K.Gustafsson, Appelgren, Ansen

Deutschland: Ad.Werner -7 (H.Kiel); Wiggers -1 (Vikt. Hamburg), Hempel -5 (Spfr. Leipzig); Burger -6 (Fürth), Ugi -7 (VfB Leipzig), Hunder -5 (Viktoria 89); Dumke -1 (Viktoria 89), Droz -1 (BFC Preußen), Worpitzky -4 (Viktoria 89), Kipp -8 (Spfr. Stuttg.), Möller -2 (H. Kiel). Mannschaftskapitän: Ugi

Tore: 0:1 Dumke (13.), 1:1 Gustafsson (28.), 2:1 Gustafsson (29.), 2:2 Dumke (44.), 2:3 Kipp (54.), 2:4 Dumke (83.)

Beste Spieler: K.Gustafsson - Dumke, Ugi, Kipp, Ad.Werner

Bericht: Von Beginn an bot die deutsche Elf ein flüssiges Kombinationsspiel und hatte in Dumke einen quicklebendigen Rechtsaußen, der es immer wieder verstand, sich mit seiner engen Ballführung an seinem Bewacher vorbeizuschieben. Sein 1:0 entstand aus einer solchen Situation. Etwas überraschend dann der Ausgleich und die schwedische Führung, innerhalb von 2 Minuten. Etwa 10 Minuten brauchte die deutsche Mannschaft, um sich davon zu erholen. Dann war sie wieder überlegen und kam abermals durch Dumke noch zum verdienten 2:2 vor der Pause.

Nach dem Seitenwechsel war das Spiel ausgeglichen. Eugen Kipp erzielte mit einem harten Schuß in die lange Ecke die deutsche Führung. Schweden hatte mehrfach die Chance zum Unentschieden und vergab sogar einen Foulelfmeter, bevor Dumke aus abseitsverdächtiger Position zum 2:4 einschoß.

Mit diesem Sieg wurde 1910/11 erstmals ein ausgeglichenes Punkte- und positives Torkonto erreicht, was einwandfrei auf die neuen Kriterien zur Aufstellung der Nationalmannschaft zurückzuführen war.

❖

1911/12

Bilanz 1911/12
9 Spiele: 2 Siege, 2 Unentschieden, 5 Niederlagen, 32:27 Tore
Zuschauer: 83.600
In den 9 Länderspielen wurden 37 Spieler eingesetzt, davon waren 14 Neulinge.

Die Spieler der Saison:

Walter Hempel	6	Spiele
Adolf Werner	6	"
Camillo Ugi	6	"
Karl Wegele	6	"
Helmut Röpnack	5	"
Karl Burger	5	"
Fritz Förderer	4	"
Eugen Kipp	4	"
Willi Worpitzky	4	"
Emil Oberle	4	"
Julius Hirsch	4	"
Adolf Jäger	3	"
Paul Hunder	3	"
Ernst Hollstein	3	"
Max Breunig	3	"
Gottfried Fuchs	3	"
Ernst Möller	3	"
Georg Krogmann	3	"
Dr. Josef Glaser	2	"
Max Gablonsky	2	"
Otto Thiel	2	"
Hermann Bosch	2	"
Albert Weber	2	"
Robert Neumaier	1	Spiel
Otto Löble	1	"
Marius Hiller III	1	"
Willy Krauß	1	"
Otto Dumke	1	"
Walter Sorkale	1	"
Paul Kugler	1	"
Walter Borck	1	"
Theo Koenen	1	"
Willi Knesebeck	1	"
Wilhelm Gros	1	"
Heinrich Mechling	1	"
Hans Reese	1	"
Karl Uhle	1	"

Die Tore der Saison:

Gottfried Fuchs	11	Tore
Fritz Förderer	5	"
Julius Hirsch	4	"
Willi Worpitzky	3	"
Ernst Möller	2	"
Eugen Kipp	2	"
Adolf Jäger	2	"
Heinrich Mechling	1	Tor
Emil Oberle	1	"
Karl Burger	1	"

Mannschaftsführer waren:

Camillo Ugi	4	mal
Max Breunig	3	"
Adolf Jäger	1	"
Dr. Josef Glaser	1	"

2 Elfmeter gegen Deutschland,
  beide verwandelt durch Schlosser (Ungarn), Weiss (Schweiz)

1 Eigentor gegen Deutschland,
  durch Breunig gegen Holland

Rangliste der besten Nationalspieler des Jahres:
1. Max Breunig (Karlsruher FV)
2. Karl Wegele (Phönix Karlsruhe)
3. Fritz Förderer (Karlsruher FV)
4. Eugen Kipp (Spfr. Stuttgart)
5. Adolf Jäger (Altona 93)
6. Willi Worpitzky (Viktoria 89)
7. Gottfried Fuchs (Karlsruher FV)
8. Emil Oberle (Phönix Karlsruhe)
9. Dr. Josef Glaser (Freiburger FC)
10. Helmut Röpnack (Viktoria 89)

Vorbericht zum 15. Länderspiel: Zum ersten Mal stand eine Begegnung mit dem südlichen Nachbarn auf deutschem Boden im Länderspielkalender. Die Siegeschancen waren nicht gering, denn die Spieler vom Meister Rapid Wien fehlten bei Österreich. Allerdings wurde die deutsche Nationalelf wieder zufällig zusammengewürfelt. Es kamen Spieler nach Dresden, die durch gute Leistungen aufgefallen waren, aber elf gute Spieler ergeben noch keine Mannschaft, wenn es an Harmonie und Abstimmung fehlt.

9.10.1911 in Dresden

Deutschland - Österreich 1:2 (0:2)

SR: H.J. Willing (Holland), Zuschauer: 8.000
Deutschland: Ad.Werner -8 (H. Kiel); Röpnack -2 (Viktoria 89), Hempel -6 (Spfr. Leipzig); Burger -7 (Fürth), Breunig -4 (Karlsr. FV), Hunder -6 (Viktoria 89); Gablonsky -3 (Bayern München), M.Hiller III -3 (1.FC Pforzh.), Worpitzky -5 (Viktoria 89), Kipp -9 (Spfr. Stuttg.), Möller -3 (H. Kiel). Mannschaftskapitän: Breunig
Österreich: V.Müller; Popovich, F.Tekusch; Cimera, J.Swatosch I, K.Tekusch; R.(Little)Kohn, Schmieger, J.Schwarz II, Neumann, Spindler
Tore: Worpitzky / Neumann, Schmieger
Beste Spieler: Breunig, Ad.Werner, Worpitzky - Popovich, Schmieger, F.Tekusch, K.Tekusch
Bericht: Die österreichische Elf zeigte sich gegenüber dem ersten Spiel, 1908 in Wien, stark verbessert. Vor allem konditionell waren sie der deutschen Elf klar überlegen. Nur Breunig und Worpitzky konnten mithalten. Und erneut war es der Glanzleistung von „Adsch" Werner zu verdanken, daß die Niederlage mit 1:2 noch gering ausfiel. Vor allem Schmieger machte mit der deutschen Abwehr was er wollte. Ein 5 oder 6:1 wäre gut möglich gewesen.

Vorbericht zum 16. Länderspiel: Gegen Schweden wurden mit Sorkale und Kugler zwei Neulinge berufen. Breunig mußte aus beruflichen Gründen absagen, während die Nichtnominierung von Worpitzky unverständlich war.

29.10.1911 in Hamburg - Viktoria-Platz/Hohe Luft-Sportpark

Deutschland - Schweden 1:3 (0:2)

SR: H.J. Willing (Holland), Zuschauer: 9.000
Deutschland: Ad.Werner -9 (H. Kiel); Burger -8 (Fürth), Hempel -7 (Spfr. Leipzig); Sorkale -1 (BFC Preußen), Ugi -8 (VfB Leipzig), Hunder -7 (Viktoria 89); Gablonsky -4 (Bayern München), Dumke -2 (Viktoria 89), Jäger -3 (Altona 93), P.Kugler -1 (Viktoria 89), Möller -4 (H. Kiel). Mannschaftskapitän: Ugi
Schweden: J.Börjesson; Malm, Levin; Wicksell, K.Nilsson, J.Olsson; Myhrberg, Appelgren, E.Börjesson, Ekroth, Ansen
Tore: 0:1 E.Börjesson (15.), 0:2 E.Börjesson (35.), 0:3 J.Olsson (60.), 1:3 Möller (81.)
Beste Spieler: Jäger, Möller - E.Börjesson, Wicksell, J.Olsson
Bericht: Gegen die wesentlich schwächer eingeschätzten Schweden enttäuschte die deutsche Elf maßlos. Erneut war die Abwehr äußerst schwach und auch „Adsch" Werner hatte keinen guten Tag. Im Feld spielte die deutsche Elf zwar gut mit, aber aus der Abwehr heraus gab es immer wieder Fehlpässe, die es den Schweden leicht machten.

Vorbericht zum 17. Länderspiel: Zum dritten Länderspiel der Saison wurden mit Bork, Koenen, Knesebeck und Thiel gleich 4 Neulinge berufen. Völlig unverständlich, daß man erneut Klassespieler wie Breunig und Jäger nicht berücksichtigte. Es wurde auch nach wie vor darauf verzichtet, durch gemeinsames Training eine Einheit zu schaffen, um zu sichten, welche Spieler zueinander paßten. Die Ungarn wurden keineswegs stärker eingeschätzt, hatten jedoch mit Biro, Borbas und allen voran dem begnadeten Talent Imre Schlosser, der später auch viele Jahre in Deutschland aktiv war, Fußballgrößen, die ein Spiel allein entscheiden konnten.

17.12.1911 in München (MTV-Platz an der Marbachstraße)

Deutschland - Ungarn 1:4 (0:2)

SR: Hugo Meisl (Österreich), Zuschauer: 4.000
Deutschland: Bork -1 (MTV München); Hempel -8 (Spfr. Leipzig), Koenen -1 (Bonner FV); Ugi -9 (VfB Leipzig), Knesebeck -1 (Viktoria 89), Hunder -8 (Viktoria 89); Wegele -3 (Phönix Karlsr.), Förderer -6 (Karlsr. FV), Worpitzky -6 (Viktoria 89), Hirsch -1 (Karlsr. FV), Thiel -1 (BFC Preußen). Mannschaftskapitän: Ugi
Ungarn: Domonkos; Rumbold, Csüdör; Biro, Hlavay, Player; Sebestyen, Bodnar, Schlosser, Hertesz, Borbas
Tore: Worpitzky / Schlosser 2, Sebestyen, Bodnar
Beste Spieler: Wegele, Knesebeck, Hempel - Schlosser, Biro, Kertesz
Bericht: Im letzten Länderspiel vor dem Olympiajahr 1912 enttäuschte die deutsche Nationalelf erneut mit der dritten Niederlage hintereinander. Dabei war Ungarn keineswegs stärker. In der deutschen Elf gab es jedoch viele Mißverständnisse und Förderer kam absolut nicht mit der Spielweise von Mittelstürmer Worpitzky zurecht. In allen Mannschaftsteilen fehlte es am Verständnis untereinander, so daß es trotz ausgeglichenem Spielverlauf zu einer hohen Niederlage kam.

Vorbericht zum 18. Länderspiel: Nach vermeintlich leichten Gegnern hatte die deutsche Nationalelf, in Zwolle, im ersten Spiel des Olympiajahres, mit Holland zugleich den Olympia-Bronzemedailliengewinner von 1908 zum Gegner. In den beiden vorangegangenen Länderspielen hatte es gegen die Holländer 2 Niederlagen gegeben. Bei der deutschen Mannschaft wurde im Hinblick auf das olympische Fußballturnier getestet. Nachdem der Karlsruher FV zum Jahresende die Berliner Spitzenmannschaft Viktoria 89 mit 6:0 auseinandergenommen hatte, wurden für Zwolle 6 K.FV-Spieler, sowie die beiden Flügelstürmer von Phönix Karlsruhe nominiert. Der einzige Neuling war der linke Läufer Gros vom K.FV. Bei ihrer Ankunft, und auch vor dem Spiel, schlug der deutschen Mannschaft eine unglaublich große Sympathiewelle entgegen. Zum ersten Mal zeigte sich der deutschen Elf, wie viel ihr Sport zum Frieden und zur Verbindung der Völker beitragen konnte.

24.3.1912 in Zwolle

Holland - Deutschland 5:5 (2:3)

SR: J.T. Howcroft (England), Zuschauer: 18.000
Holland: Göbel; Feith, Heijning; Fortgens, de Korver, Arn.Hörnburger; v.Breda Kolff, Vos, Thomée, H.Francken, van Berckel
Deutschland: Ad.Werner -10 (H. Kiel); Röpnack -3 (Viktoria 89), Hollstein -4 (K. FV); Burger -9 (Fürth), Breunig -5 (K. FV), Gros -1 (K. FV); Wegele -4 (Phönix Karlsr.), Förderer -7, Fuchs -3, Hirsch -2 (alle K. FV), Oberle -2 (Phönix Karlsr.). Mannschaftskapitän: Breunig

Tore: 1:0 H.Francken (4.), 1:1 Fuchs (16.), 1:2 und 1:3 Hirsch (24., 31.), 2:3 Thomée (40.), 3:3 Thomée (46.), 4:3 H.Francken (54.), 5:3 Breunig (62. Eigentor), 5:4, 5:5 Hirsch (70., 77.)
Beste Spieler: Hirsch, Förderer, Breunig, Fuchs, Oberle, Wegele - Göbel, de Korver, Thomée, Francken
Bericht: 18.000 bejubelten die deutsche Mannschaft, als sie im Stadion einlief und 20 (!) Fotografen (so viele gab es bei einem Spiel auf deutschen Plätzen noch nie) richteten ihre Kameras auf die deutsche Elf. Dann wurde das beste Spiel einer deutschen Nationalmannschaft vor Ausbruch des 1. Weltkrieges angepfiffen. Bei beiden Mannschaften lief es von Beginn an flüssig. Immer wieder bekamen deutsche Spieler für ihre gelungenen Pässe und Aktionen Beifall auf offener Szene. Trotz des frühen Rückstandes waren sie bald dominierend. Angetrieben von Mittelläufer Breunig wirbelte der K.FV-Innensturm ein ums andere Mal die holländische Abwehr durcheinander. Und umso häufiger Breunig die beiden Phönix-Flügelstürmer einsetzte, umso mehr Torgelgenheiten boten sich. Nach dem Ausgleich von Fuchs brachten zwei brilliante und schnell vorgetragene Angriffe über Oberle, die 2:1 und 3:1 Führung durch Hirsch. Nur langsam kamen die Holländer zum eigenen Spielaufbau und zu Torchancen. Eine davon führte zum 2:3.

Nach dem Seitenwechsel stürmten die Holländer, zumal ihnen bereits nach 14 Sekunden (!) der Ausgleich gelang. Die deutsche Elf konnte sich kaum noch befreien; ausgerechnet der sonst zuverlässigste deutsche Spieler, Torhüter „Adsch" Werner, hatte nicht seinen besten Tag. Zu allem Unglück unterlief Breunig erneut gegen Holland ein Eigentor; beim Stande von 5:3 schien das Spiel entschieden. Doch wieder war es Breunig, der die deutsche Elf mitriß und nach vorne trieb. Hirsch war der Schütze zum Anschlußtreffer, und von da an spielte nur noch die deutsche Elf. Traumhaft schöne Kombinationen über die schnellen und trickreichen Wegele und Oberle brachten eine Torchance nach der anderen. Eine führte durch Hirsch zum Ausgleich. Ansonsten wuchs Torhüter Göbel über sich hinaus. Nur mit viel Glück entging Holland einer Niederlage.

Bemerkenswert, daß nach diesem Spiel nicht nur alle vom Deutschen und Karlsruher Fußball schwärmten, sondern sich europaweit die Trainingsmethoden des Engländers Townley beim Karlsruher FV durchsetzten, bei dem Leichtathletik-Übungen zum alltäglichen Fußballtraining gehörten.

Vorbericht zum 19. Länderspiel: Zum Länderspiel in Budapest mußte auf die Spieler des Karlsruher FV verzichtet werden. Dies war einerseits bedauerlich, daß die erfolgreiche Mannschaft von Zwolle nicht weiter zusammenspielen konnte, andererseits bot sich die Gelegenheit, im Hinblick auf das Olympische Fußballturnier, anderen Spielern eine Bewährungsprobe zu geben. Lediglich der Kieler Krogmann war Neuling in der Elf.

12.4.1912 in Budapest

Ungarn - Deutschland 4:4 (1:4)

SR: Hugo Meisl (Österreich), Zuschauer: 35.000
Ungarn: Domonkos; Payer, Csüdör; Biro, Brody, D.Takacs; Sebestyen, Bodnar, Korody, Schlosser, Borbas
Deutschland: Ad.Werner -11 (H. Kiel); Röpnack -4 (Viktoria 89), Hempel -9 (Spfr. Leipzig); Krogmann -1 (H. Kiel), Ugi -10 (VfB Leipzig), Krauß -2 (SV Jena); Wegele -5 (Phönix Karlsr.), Jäger -4 (Altona 93), Worpitzky -7 (Viktoria 89), Kipp -10 (Spfr. Stuttg.), Möller -5 (H. Kiel). Mannschaftskapitän: Jäger
Tore: 1:0 Bodnar, 1:1 Möller, 1:2 Kipp, 1:3 Worpitzky, 1:4 Jäger, 2:4 Bodnar, 3:4 Bodnar, 4:4 Schlosser (90. Handelfmeter)
Beste Spieler: Schlosser, Biro, Korody, Borbas - Jäger, Kipp, Möller, Wegele

Zum ersten Mal gegen Holland nicht verloren. Die Elf, die in Zwolle 5:5 spielte, v.l.: Gros, Breunig, Burger, Hollstein, Röpnack, Werner und sitzend: Wegele, Wunderlich, Fuchs, Hirsch, Oberle.

Im letzten Testspiel vor dem olympischen Fußballturnier traf die deutsche Elf auf die Schweiz; v.l.: Weber, Burger, Kipp, Ugi, Löble, Oberle, Hempel, Wegele, Glaser, Mechling, Neumaier.

Bericht: Nach dem Spiel gegen Holland, vor der Rekordzuschauerzahl von 35.000, zeigte auch die zweite deutsche Garnitur 45 Minuten lang Klassefußball. Wie schon im Holland-Spiel, trumpfte die deutsche Elf nach einem schnellen Rückstand groß auf. Von Adolf Jäger geführt, wirbelte der deutsche Sturm die ungarische Abwehr durcheinander, kam innerhalb 13 Minuten von einem 0:1 Rückstand zu einer 3:1 Führung und sah nach dem 4:1 zur Halbzeit wie der sichere Sieger aus.

Nach dem Seitenwechsel baute die deutsche Elf konditionell stark ab. Die Ungarn wurden immer überlegener, aber „Adsch" Werner im Tor und seine beiden Verteidiger kämpften großartig. Bis eine Minute vor Schluß stand es noch 3:4, da sprang der Ball Röpnack an den Arm. Schiedsrichter Meisl ließ weiterspielen, aber die Ungarn zerrten ihn zum Linienrichter, worauf Meisl seine Entscheidung änderte. Imre Schlosser verwandelte in letzter Sekunde zum Ausgleich.

❖

Vorbericht zum 20. Länderspiel: Zum letzten Olympiatest trat die deutsche Mannschaft in St. Gallen gegen die Schweiz an, die nicht am Olympischen Fußballturnier teilnahm. Letztmalig konnten Spieler erprobt werden. Einzige Neulinge waren Mechling vom Freiburger FC und Torhüter Albert Weber von Vorwärts Berlin. Außerdem wurden mit Neumaier und Dr. Glaser frühere Nationalspieler wieder nominiert. Die Spieler der besten deutschen Vereinsmannschaft, Karlsruher FV, fehlten jedoch wieder.

5.5.1912 in St. Gallen

Schweiz - Deutschland 1:2 (1:2)

SR: H.P.Devitte (England), Zuschauer: 5.000
Schweiz: Dr.Dreyfuss; Müller, Fehlmann; Diem, Dr.Kaltenbach, Thalmann; Weiss, Märki, Sydler II, Sydler III, Collet
Deutschland: Alb.Weber -1 (Vorwärts Berlin); Hempel -10 (Spfr. Leipzig), Neumaier -3 (Phönix Karlsr.); Burger -10 (Fürth), Dr.Glaser -4 (Freib. FC), Ugi -11 (VfB Leipzig); Wegele -6 (Phönix Karlsr.); Mechling -1 (Freib. FC), Löble -3 (Stuttg. K.), Kipp -11 (Spfr. Stuttg.), Oberle -3 (Phönix Karlsr.). Mannschaftskapitän: Dr.Glaser
Tore: 0:1 Kipp (4.), 0:2 Mechling (7.), 1:2 Weiss (39. Handelfmeter)
Beste Spieler: Dr.Dreyfuss, Dr.Kaltenbach, Weiss - Kipp, Alb.Weber, Oberle, Dr.Glaser
Bericht: Der deutschen Elf genügten ein furioser Start und eine ansonsten durchschnittliche Vorstellung. Der junge Albert Weber und Routinier Dr. Josef Glaser erspielten sich mit ihren guten Leistungen die Olympiateilnahme. Nach den zwei schnellen Toren war aber auch viel Leerlauf im deutschen Spiel. Mechling (trotz seines Tores) und Löble brachten nicht die erwartete Form. Dagegen stand die Abwehr ausgezeichnet. Der einzige Gegentreffer kam erneut durch einen Handelfmeter zustande. Diesmal war der Ball Neumaier an den Arm gesprungen. Gegen den flach geschossenen Ball hatte Weber keine Abwehrmöglichkeit.

❖

Vorbericht zum Olympischen Fußballturnier:
Olympia sollte für Deutschlands Fußball-Nationalmannschaft zum ersten großen internationalen Vergleich werden. Mit 11 von 15 in Europa Fußballsport betreibenden Nationen, waren alle großen Gegner anwesend. Hoher Favorit waren Englands Amateure. Für die Silbermedaille kam eigentlich nur Dänemark in Frage. Die Bronzemedaille war dagegen völlig offen. Gastgeber Schweden, Holland, Österreich, Ungarn und Deutschland wurden etwa gleich stark eingeschätzt. Nur Außenseiter waren die erst am Entwicklungsanfang stehenden Finnland, Norwegen, Italien und Rußland.

Eine Besonderheit lag darin, daß erstmals der Bundesspielausschuß des D.F.B. die alleinige Vollmacht für die Nominierung des Aufgebotes und die Aufstellungen zu den Spielen hatte. Und zum erstenmal standen mit 2 kompletten Mannschaften auch genügend Ersatzspieler zur Verfügung. Das Aufgebot:

Tor: Adolf Werner (H. Kiel), Albert Weber (Vorwärts Berlin)
Verteidiger: Röpnack (Viktoria 89), Hempel (Spfr. Leipzig), Hollstein (Karlsr. FV), Reese (H. Kiel)
Läufer: Breunig, Bosch (beide K. FV), Burger (SpVgg Fürth), Dr.Glaser (Freiburger FC), Ugi (VfB Leipzig), Krogmann (Holstein Kiel)
Stürmer: Förderer, Fuchs, Hirsch (alle K.FV), Wegele, Oberle (beide Phönix Karlsr.), Jäger (Alton 93), Worpitzky (Viktoria 89), Kipp (Spfr. Stuttgart), Thiel (BFC Preußen Berlin), Uhle (VfB Leipzig)

Mit Reese, Bosch und Uhle standen 3 Spieler im Aufgebot, die noch kein Länderspiel hatten. Ansonsten war es der bewährte Spielerstamm. Erstmals hatte man in Schweden nun auch die Möglichkeit des gemeinsamen Trainings und damit einen Vergleich der einzelnen Spieler. So rechnete man sich in Deutschland durchaus Chancen auf die Bronzemedaille aus.

❖

Vorbericht zum 21. Länderspiel: Österreich war der erste Gegner der deutschen Elf. Gespannt war man auf die Aufstellung, die dann auch einige Überraschungen bot. Neuling Bosch vom K. FV und der andere Außenläufer Krogmann (H. Kiel) wurden für das Spiel nominiert. Auch mit Torhüter Albert Weber für „Adsch" Werner konnte man nicht unbedingt rechnen. Dagegen war der Innensturm mit Jäger, Worpitzky und Kipp keine große Überraschung, obwohl viele lieber den K. FV-Innensturm gesehen hätten. Die Nominierung des K. FV-halblinken Hirsch als Linksaußen, für Oberle, schien eine Konzessionsentscheidung gegenüber den K. FV-Stürmern zu sein. Den Österreichern ging es nicht viel besser. Sie entschieden sich letztlich für einen Block vom D.F.C. Prag mit Torhüter Noll, den Verteidigern Graubart und Kurpiel, Läufer Cimera und Stürmer Merz.

29.6.1912 in Stockholm (Olympia-Vorrunde)
Österreich - Deutschland 5:1 (0:1)

SR: H.J.Willing (Holland), Zuschauer: 2.000
Österreich: Noll; Graubart, Kurpiel; Brandstätter, Braunsteiner, Cimera; Hussak, Merz, Studnicka, Al.Müller, Neubauer
Deutschland: Alb.Weber -2 (Vorwärts Berlin); Röpnack -5 (Viktoria 89), Hollstein -5 (K. FV); Krogmann -2 (H. Kiel), Breunig -6 (K. FV), Bosch -1 (K. FV); Wegele -7 (Phönix Karlsr.), Jäger -5 (Altona 93), Worpitzky -8 (Viktoria 89), Kipp -12 (Spfr. Stuttg.), Hirsch -3 (K. FV). Mannschaftskapitän: Breunig
Tore: 0:1 Jäger (35.), 1:1 Studnicka, 2:1 Merz, 3:1 Cimera, 4:1 Merz, 5:1 Neubauer
Beste Spieler: Cimera, Merz, Kurpiel - Breunig, Weber, Worpitzky

Bericht: Das Spiel zweier Anwärter auf die Bronzemedaille begann für die deutsche Elf hoffnungsvoll. Die Kombinationen liefen gut. Max Breunig, unterstützt vom jungen Bosch, trieb immer wieder die Stürmer nach vorn. Ein Tor war längst überfällig, als er dann in der 35. Minute blendend Worpitzky einsetzte, der flankte in die Mitte, worauf Jäger die Führung erzielte. Die deutsche Mannschaft blieb spielbestimmend und hatte sich die Pausenführung verdient.

Nach dem Seitenwechsel drückte Österreich und brachte leider auch große Härte ins Spiel. Im Gedränge vor dem deutschen Tor stürzte Albert Weber in der 52. Minute gegen den Pfosten und blieb liegen. Mit kaltem Wasser wurde er wieder frisch gemacht. Doch Weber war nicht mehr fit, reagierte gar nicht, als binnen 3 Minuten zwei Tore für Österreich fielen und brach dann erneut zusammen. Er wurde mit einer schweren Gehirnerschütterung von 2 Mitspielern vom Platz getragen. Nun mußten die Österreicher entscheiden, ob ein neuer Torwart eingesetzt werden durfte. Sie verweigerten es und legten damit einen Grundstein für die über Jahrzehnte andauernde „Fußball-Feindschaft" beider Nationen. Mittelstürmer Worpitzky mußte ins Tor. Er war natürlich nicht so gut wie Albert Weber und fehlte jetzt ja auch in der Sturmmitte. Österreich kam jetzt leicht zu weiteren Toren und die deutsche Mannschaft war im Kampf um die Medaillen bereits ausgeschieden.

❖

Diese Mannschaft erzielte den einzigen deutschen Sieg beim Olympiaturnier in Stockholm, aber gleichzeitig mit 16:0 über Rußland den höchsten Sieg in der deutschen Länderspielgeschichte; v.l.: Burger, Reese, Fuchs, Thiel, Hempel, Werner, Förderer, Oberle, Uhle, Glaser und Ugi.

Vorbericht zum 22. Länderspiel: Die deutsche Mannschaft mußte nun, in der Trostrunde des Olympischen Fußballturniers, gegen Rußland antreten, das nur knapp mit 1:2 gegen Finnland gescheitert war. Die Russen waren alle hochgewachsene, athletische Spieler im Dienste des Zaren. Sie waren mit einem Schiff nach Stockholm gekommen, auf dem lebten sie auch während der Spiele. Am Abend vor dem Spiel luden sie die deutsche Vertretung zu Krimsekt, Kaviar, Wodka und Balalaika-Musik ein und feierten friedlich mit ihrem Gegner. So großzügig, aber auch äußerst fair, zeigten sie sich beim Spiel am nächsten Tag. Da keine Medaille mehr zu gewinnen war, wurde von deutscher Seite eine komplett neue Mannschaft für das Spiel gegen Rußland aufgeboten. Die 11 Spieler des Österreich-Spiels ließ man pausieren.

1.7.1912 in Stockholm (Olympia-Trostrunde)

Rußland - Deutschland 0:16 (0:7)

SR: *C.Groothoff (Holland)*, Zuschauer: 600

Rußland: Faworski; Rimscha, Sokolow; Uwerski, Chromow, Akimow; S.Filipow, Schitarew, Butusow, A.Filipow, Smirnow

Deutschland: Ad.Werner -12 (H. Kiel); Reese -1 (H. Kiel), Hempel -11 (Spfr. Leipzig); Burger -11 (Fürth), Dr.Glaser -5 (Freib. FC), Ugi -12 (VfB Leipzig); Uhle -1 (VfB Leipzig), Förderer -8, Fuchs -4 (beide K. FV), Oberle -4 (Phönix Karlsr.), Thiel -2 (BFC Preußen). Mannschaftskapitän: Ugi

Tore: Fuchs (10), Förderer (4), Oberle, Burger / -

Beste Spieler: Förderer, Fuchs, Dr.Glaser - keiner bei Rußland

Bericht: Mit dem 16:0 (!) stellten die deutsche Nationalelf und auch Gottfried Fuchs mit seinen 10 (!) Toren in einem Länderspiel zwei noch heute gültige Weltrekorde auf. Im Nachhinein wurde das Ergebnis oft damit begründet, daß Rußlands Fußball unterentwickelt und so diese Niederlage durchaus verständlich war. Dies trifft jedoch nicht zu. In Rußland wurden bereits seit Jahren Pokalwettbewerbe ausgetragen und gegen Finnland hatten sie im ersten Spiel nur knapp mit 1:2 verloren. Augenzeugen berichteten, daß das Spiel vom Verlauf her nur 3:0, 4:0 oder allerhöchstens 5:0 ausgegangen wäre. Es kam jedoch dazu, daß Förderer und vor allem Fuchs einen Supertag hatten, an dem ihnen alles gelang; und 13 der 16 Tore fielen binnen jeweils 10 Minuten der ersten und zweiten Halbzeit, als die Russen eine Schwächeperiode hatten. Vielleicht war daran auch der viele Wodka und Krimsekt schuld. Jedenfalls war die deutsche Elf um 5 Tore besser. Die Verteidigung hatte wenig zu tun, die Läufer stürmten mit und beide Flügelstürmer sollen nur durchschnittliche Leistungen gezeigt haben.

Vorbericht zum 23. Länderspiel: Gegen Ungarn sollte mit einem Sieg das Endspiel der Trostrunde erreicht werden. Es gab jedoch Aufstellungssorgen. Albert Weber hatte sich im Training verletzt, Adolf Werner humpelte ebenfalls, mußte aber spielen. Ebenso schlimm traf es die Läuferreihe, wo Breunig, Dr. Glaser und Burger ausfielen. Da die Leistung von Krogmann schon im Österreich-Spiel hinter der der anderen zurückblieb, lag hier die Schwäche des deutschen Spiels. Im Sturm gab man dem Karlsruher-Angriff den Vorzug, zumal der Innensturm mit Jäger, Worpitzky und Kipp wegen Verletzungen nicht in dieser Besetzung hätte spielen können.

3.7.1912 in Stockholm (Olympia-Trostrunde)

Ungarn - Deutschland 3:1 (2:0)

SR: *C.Groothoff (Holland)*, Zuschauer: 2.000

Ungarn: Domonkos; Rumbold, Payer; A.Vago, Koloman, Blum; Sebestyen, Bodnar, Fekete, Schlosser, Borbas

Deutschland: Ad.Werner -13 (H. Kiel); Röpnack -6 (Viktoria 89), Hollstein -6 (K. FV); Krogmann -3 (H. Kiel), Ugi -13 (VfB Leipzig), Bosch -2 (K. FV); Wegele -8 (Phönix Karlsr.), Förderer -9, Fuchs -5, Hirsch -4 (alle K. FV), Oberle -5 (Phönix Karlsr.). Mannschaftskapitän: Ugi

Tore: 1:0 Schlosser (5.), 2:0 Schlosser (31.), 2:1 Förderer (50.), 3:1 Schlosser (83.)

Beste Spieler: Schlosser, Sebestyen, Koloman - Röpnack, Förderer, Ugi

Bericht: Im Spiel um den Einzug in das „Kleine Finale" begann die deutsche Elf gut. Der Karlsruher Sturm ergänzte sich, aber ein Mißgeschick brachte den Rückstand. Röpnack rempelte Borbas, dessen Schuß im Tor landete. Schiedsrichter Groothoff hatte jedoch zuvor bereits das Foul gepfiffen. Noch bevor sich die deutsche Verteidigung formieren konnte, wurde der Freistoß durch einen Direktschuß über den viel zu weit vor dem Tor stehenden „Adsch" Werner zum 1:0 verwandelt. Auch nach der Führung blieb die deutsche Mannschaft überlegen. Die Ungarn warteten nur auf einen der vielen Abspielfehler der deutschen Abwehr oder des humpelnden Torhüters Werner. Ein solcher Fehler führte zum 2:0 Pausenstand.

Nach Wiederanpfiff konnte Krogmann nur noch humpelnd weiterspielen. Der Karlsruher Sturm entfachte jedoch immer wieder Angriffe, und Förderer erzielte nach Vorarbeit von Wegele den Anschlußtreffer. Nur vorübergehend konnten die Ungarn das Spiel ausgeglichen gestalten. Ausgerechnet Torjäger Fuchs vergab etwa 20 Minuten vor dem Abpfiff die größte Ausgleichschance. Erst in der 83. Minute führte ein erneuter Abspielfehler zur endgültigen Entscheidung.

Die Ungarn wurden, im anschließenden Trostrundenfinale, mit 3:1 Sieger über Österreich. Die deutsche Mannschaft fuhr enttäuscht nach Hause. „Adsch" Werner, Reese, Hempel, Hollstein, Krogmann, Burger, Dr.Glaser, Uhle und Thiel wurden nie wieder in die Nationalelf berufen, und Oberle, der beste Linksaußen seiner Zeit wanderte zum Bau der Bagdad-Bahn in die Türkei aus. So endete für die deutsche Mannschaft die Olympiasaison, in 9 Spielen mit nur 2 Siegen und ohne Medaille, enttäuschend.

1912/13

Bilanz 1912/13
4 Spiele: 4 Niederlagen, 4:11 Tore
Zuschauer: 42.000
In den 4 Länderspielen wurden 27 Spieler eingesetzt, davon waren 9 Neulinge.

Die Spieler der Saison:

Kurt Diemer	4	Spiele
Karl Wegele	4	"
Eugen Kipp	4	"
Hermann Bosch	3	"
Adolf Jäger	3	"
Ernst Möller	2	"
Camillo Ugi	2	"
Helmut Röpnack	2	"
Christian Schmidt	2	"
Albert Weber	1	Spiel
Willi Knesebeck	1	"
Willi Worpitzky	1	"
Karl Wolter	1	"
Ludwig Hofmeister	1	"
Max Breunig	1	"
Fritz Förderer	1	"
Arthur Gäbelein	1	"
Otto Völker	1	"
Otto Jungtow	1	"
Eduard „Edy" Pendorf	1	"
Otto Löble	1	"
Walter Fischer	1	"
Paul Kugler	1	"
Hans „Bumbas" Schmidt	1	"
Heinrich Mechling	1	"
Fritz Fürst	1	"
Julius Hirsch	1	"

Die Tore der Saison:

Adolf Jäger	3	Tore
Eugon Kipp	1	Tor

Mannschaftsführer waren:

Camillo Ugi	1	mal
Max Breunig	1	"
Adolf Jäger	1	"
Eugen Kipp	1	"

2 Elfmeter für Deutschland,
verwandelt durch Jäger (gegen Dänemark)
verschossen durch Breunig (gegen Holland)

Rangliste der besten Nationalspieler des Jahres
1. Adolf Jäger (Altonaer FC 93)
2. Helmut Röpnack (Viktoria 89 Berlin)
3. Karl Wegele (Phönix Karlsruhe)
4. Eugen Kipp (Spfr. Stuttgart)
5. Kurt Diemer (Britannia 92 Berlin)
6. Max Breunig (Karlsruher FV)
7. Willi Worpitzky (Viktoria 89 Berlin)
8. Walter Fischer (Duisburger SV)
9. Hermann Bosch (Karlsruher FV)
10. Ernst Möller (Holstein Kiel)
    Camillo Ugi (VfB Leipzig/Spfr. Breslau)

Vorbericht zum 24. Länderspiel: Nach dem enttäuschenden Olympiajahr wurde allgemein ein Neuaufbau erwartet. Doch erster Gegner war Dänemark, Silbermedailliengewinner und beste Ländermannschaft auf dem Kontinent in der Zeit vor dem 1. Weltkrieg. Die vermeintlich beste deutsche Mannschaft wurde aufgeboten mit den Neulingen Diemer (Britannia Berlin) und Wolter (Vorwärts Berlin). Der famose Linksaußen Möller (H.Kiel) wurde erstmals als Verteidiger für die Nationalelf nominiert, während auf den Innensturm vom Karlsruher FV verzichtet wurde. In der Organisation hatte sich nichts geändert. Jeder Spieler reiste alleine an und traf sich mit den Mannschaftkameraden am Abend vor dem Spiel in Kopenhagen.

6.10.1912 in Kopenhagen

Dänemark - Deutschland 3:1 (1:0)

SR: H.J.Willing (Holland), Zuschauer: 7.000
Dänemark: S.Hansen; Castella, Brysting; E.Jörgensen, Middelboe, Berth; Oskar Nielsen, Alf Olsen, Anthon Olsen, Chr.Morville, Wolfhagen
Deutschland: Alb.Weber -3 (Vorwärts Berlin); Diemer -1 (Britannia Berlin), Möller -6 (H. Kiel); Ugi -14 (VfB Leipzig), Knesebeck -2 (Viktoria 89), Bosch -3 (K. FV); Wegele -9 (Phönix Karlsr.), Jäger -6 (Altona 93), Worpitzky -9 (Viktoria 89), Kipp -13 (Spfr. Stuttg.), Wolter -1 (Vorwärts Berlin). Mannschaftskapitän: Ugi
Tore: 1:0, 2:0 Middelboe, 3:0 Alf Olsen, 3:1 Jäger (Elfmeter)
Beste Spieler: Middelboe, Wolfhagen, Alf Olsen - Diemer, Jäger, Worpitzky
Bericht: Ein Spiel, das aus deutscher Sicht nicht alle Erwartungen erfüllte. Von Beginn an spielte Dänemark zu überlegen. Die deutsche Elf hatte in der Abwehr Schwerstarbeit zu leisten. Mit Bravour hielt sie lange Zeit das 0:0, bis kurz vor der Halbzeit der 2-Meter-Riese und Weltklassemittelläufer Middelboe, aus 30 Metern Entfernung traf.

Nach dem Seitenwechsel hatte die deutsche Mannschaft ihre beste Phase. Schiedsrichter Willing erkannte einen Treffer von Viktoria-Torjäger Worpitzky nicht an und kurz darauf traf der Mittelstürmer nur die Latte. Dann dominierten wieder die Dänen und kamen zu zwei weiteren Treffern, bevor Jäger, per Elfmeter, der Ehrentreffer gelang.

Vorbericht zum 25. Länderspiel: Für das Jubiläumsspiel gegen Bronzemedaillengewinner Holland wurden mit dem Berliner Röpnack, den beiden Karlsruhern Breunig und Förderer, 3 Olympiateilnehmer in die Mannschaft zurückgeholt. Hinzu kamen die Neulinge Hofmeister (Bayern München) und Gäbelein (Halle). Ansonsten waren 6 Spieler des Dänemark-Spiels noch dabei. Holland hatte sein Olympiateam aufgeboten. Nur Haak und H.Francken waren in Stockholm nicht dabei gewesen.

17.11.1912 in Leipzig

Deutschland - Holland 2:3 (1:1)

SR: E.Herzog (Ungarn), Zuschauer: 10.000
Deutschland: Hofmeister -1 (Bayern München); Röpnack -7 (Viktoria 89), Diemer -2 (Britannia Berlin); Ugi -15 (Spfr. Breslau), Breunig -7 (K. FV), Bosch -4 (K. FV); Wegele -10 (Phönix Karlsr.), Förderer -10 (K. FV), Jäger -7 (Altona 93), Kipp -14 (Spfr. Stuttg.), Gäbelein -1 (Hohenzollern Halle).
Mannschaftskapitän: Breunig

Der 3:0-Sieger, die englischen Amateure.

Auf dem Viktoriaplatz in Berlin traf die deutsche Nationalmannschaft erneut auf Olympiasieger England und verlor mit folgender Elf:
v.l.: Edy, Möller, Wegele, Diemer, Völker, Kipp, Jäger, Chr.Schmidt, Jungtow, Löble, W.Fischer

Adolf Jäger (Altona 93) spielte 16 Jahre in der Nationalmannschaft.

Oberle (Phönix Karlsruhe)

Kipp (Spfr. Stuttgart)

Max Breunig, Mittelläufer des Karlsruher FV und der Nationalmannschaft, war der Spielmacher.

Otto „Tull", Harder (HSV) war mit 14 Toren in 15 Länderspielen einer der ersten berühmten Torjäger.

Löble (Stuttgarter Kickers)

Holland: Göbel; Wijnveldt, Boumann; Bosschart, de Korver, D.Lotsy; v.Breda Kolff, J.Haak, H.Francken, Vos, Bouvy

Tore: 0:1 J.Haak, 1:1 Jäger, 1:2 H.Francken, 2:2 Jäger, 2:3 H.Francken

Beste Spieler: Röpnack, Breunig, Jäger - de Korver, H.Francken, Göbel

Bericht: Endlich wieder ein gutes Spiel der deutschen Nationalelf. Von Beginn an spielte sie überlegen und ließ sich auch nicht durch den zweimaligen Rückstand aus der Ruhe bringen. Zweimal glich Jäger aus, aber dann fehlte das nötige Glück. Erneut verschoß Max Breunig in einem Länderspiel einen Elfmeter. Und schließlich traf der Stuttgarter Kipp nur den Pfosten. Letztlich ging der Sieg der Holländer, aufgrund der besseren Harmonie und Geschlossenheit, in Ordnung. Nach dem Spiel kam es in Deutschland erstmalig zu Zuschauerausschreitungen, als einige Schiedsrichter Herzog wegen Benachteiligung der deutschen Elf angriffen. Die deutschen Spieler zeigten sich vorbildlich in ihrer Haltung und schützten den Schiedsrichter.

❖

Vorbericht zum 26. Länderspiel: Nach dem Silber- und Bronzenmedaillengewinner stand, im ersten Länderspiel 1913, der Goldmedaillengewinner England auf dem Plan. Zwar waren nur noch 4 Spieler aus der Mannschaft dabei,die Olympiasieger wurde, aber Englands Amateure galten noch immer als die Stärksten von allen anderen Mannschaften in Europa. In die deutsche Elf wurden mit Chr.Schmidt, Löble und Fischer 3 Spieler berufen, die schon länger nicht mehr im Nationaltrikot gespielt hatten. Hinzu kamen 3 Neulinge, die eine komplette neue Läuferreihe stellten.

12.3.1913 in Berlin
Deutschland - England   0:3 (0:2)

SR: H.J. Willing (Holland), Zuschauer: 17.000

Deutschland: Chr.Schmidt -2 (Stuttg. K.); Diemer -3 (Britannia Berlin), Möller -7 (H. Kiel); Völker -1 (BFC Preußen), Edy Pendorf -1 (VfB Leipzig), Jungtow -1 (Hertha BSC); Wegele -11 (Phönix Karlsr.), Jäger -8 (Altona 93), Löble -4 (Stuttg. K.), Kipp -15 (Spfr. Stuttg.), W.Fischer -3 (Duisb. SV). Mannschaftskapitän: Jäger

England: Brebner; Ansell, Knight; Writher, Dines, Veitch; Shipway, Sanders, Woodward, Douglas, Callendar

Tore: 0:1 Douglas (22.), 0:2 Woodward (43.), 0:3 Douglas (70.)

Beste Spieler: Kipp, Wegele, W.Fischer, Jäger - Woodward, Brebner, Douglas, Veitch

Bericht: Die deutsche Mannschaft begann vor der neuen Rekordkulisse von 17.000 Zuschauern großartig. Die drei hoch gewachsenen Innenstürmer Jäger, Löble und Kipp wurden von den Flügeln hervorragend bedient und heizten Brebner ein. Es war kaum zu glauben, die deutsche Elf war feldüberlegen und hatte immer wieder gute Torgelegenheiten; aber Brebner hielt großartig. Doch daß es sich nur um eine optische Überlegenheit handelte, bewiesen die Engländer bei ihren schnellen Kontern. Von Woodward gelenkt, war das Sturmspiel der Briten viel zu schnell für den deutschen Zeitlupenfußball. Alle drei Tore waren ein Produkt solch schneller Angriffe. Die deutschen Stürmer konnten dagegen die besten Torchancen nicht verwerten. Insgesamt hatte die deutsche Elf, für ihre Verhältnisse, sehr stark gespielt und bei den Zuschauern einen guten Eindruck hinterlassen.

❖

Vorbericht zum 27. Länderspiel: Zum letzten Saison-Länderspiel wurde ziemlich planlos eine Mannschaft zusammengestellt. Lediglich Torhüter und Verteidigung,sowie 2 Stürmer aus den vergangenen Spielen wurden erneut nominiert.

Mit dem Neuling Hans „Bumbas" Schmidt aus Fürth hatte man allerdings einen Glücksgriff getan. Er sollte zu einer der größten Spielerpersönlichkeiten des deutschen Fußballs werden. Neben ihm stand, mit Bayern-Mittelstürmer Fürst, ein weiterer Neuling in der Mannschaft. Die 11 Spieler kamen aus 9 Vereinen, wodurch kaum ein geschlossenes Mannschaftsspiel zu erwarten war.

Im übrigen war viel Bewegung in die deutsche Fußballandschaft gekommen. Der Aufstieg der Region Fürth/Nürnberg, und der Abstieg von Berlin/Karlsruhe, wurde immer sichtbarer. Dieses verunsicherte die Offiziellen bei der Nominierung der Spieler.Aber auch die Spieler erkannten die Zeichen der Zeit. Der K. FV-Innenstürmer Hirsch wechselte zur SpVgg Fürth, Chr. Schmidt von Berlin zu den Stuttgarter Kickers und auch Kipp verließ bald die Spfr. Stuttgart, um beim großen Nachbarn zu spielen.

18.5.1913 in Freiburg
Deutschland - Schweiz 1:2 (1:2)

SR: C.Barette (Frankreich), Zuschauer: 8.000

Deutschland: Chr. Schmidt -3 (Stuttg. K.); Röpnack -8 (Viktoria 89), Diemer -4 (Britannia Berlin); Bosch -5 (K. FV), P.Kugler -2 (Viktoria 89), H.Schmidt -1 (SpVgg Fürth); Wegele -12 (Phönix Karlsr.), Mechling -2 (Freib. FC), Fürst -1 (Bayern München), Kipp -16 (Spfr. Stuttg.), Hirsch -5 (SpVgg Fürth). Mannschaftskapitän: Kipp

Schweiz: Bieri; Duriaux, Fehlmann; Wüthrich, Adamina, Albicker; Wydler, Märki, Keller, Siegrist, Collet

Tore: Märki, Collet / Kipp

Beste Spieler: Röpnack, Kipp, Wegele - Collet, Fehlmann, Märki

Bericht: In Freiburg bekamen die Zuschauer ein nur sehr mäßiges Spiel zu sehen. Beide Mannschaften wirkten zerfahren und ohne Spielverständnis. Zur Halbzeit stand das Endergebnis bereits fest. Nach dem Seitenwechsel boten Wegele, Kipp und Hirsch große Einzelleistungen, die jedoch durch fehlenden Zusammenhang ohne Erfolg blieben.

Insgesamt brachte die Saison 1912/13 in 4 Spielen 4 Niederlagen. Ganz so schlecht, wie es dargestellt wurde, war die deutsche Nationalelf deshalb jedoch nicht. Immerhin waren 3 der 4 Gegner die olympischen Medaillengewinner und damit die damals besten Mannschaften der Welt.

❖

Bilanz 1913/1914
3 Spiele: 1 Unentschieden, 2 Niederlagen, 7:14 Tore
Zuschauer: 46.500
In den 3 Länderspielen wurden 20 Spieler eingesetzt, davon waren 9 Neulinge

Die Spieler der Saison:

Josef Schümmelfelder	3	Spiele
Karl Wegele	3	"
Adolf Jäger	3	"
Johannes Schneider	2	"
Helmut Röpnack	2	"
Ernst Möller	2	"
Eugen Kipp	2	"
Max Breunig	2	"
Julius Hirsch	2	"
Walter Fischer	2	"
Fritz Förderer	1	Spiel
Gottfried Fuchs	1	"
Karl Zilgas	1	"
Ludwig Hofmeister	1	"
Dr. Willy Völker	1	"
Ernst Rokosch	1	"
Heinz Ludewig	1	"
Albert Bollmann	1	"
Otto Harder	1	"
Richard Queck	1	"

Die Tore der Saison:

Adolf Jäger	2	Tore
Karl Wegele	2	"
Gottfried Fuchs	1	Tor
Otto Harder	1	"
Richard Queck	1	"

Mannschaftsführer waren:

Max Breunig	1	mal
Helmut Röpnack	1	"
Adolf Jäger	1	"

Rangliste der besten Nationalspieler des Jahres
1. Karl Wegele (Phönix Karlsruhe)
2. Max Breunig (1. FC Pforzheim)
3. Otto „Tull" Harder (Hamburger FC 88/HSV)
4. Eugen Kipp (Stuttgarter Kickers)
5. Adolf Jäger (Altonaer FC 93)
6. Gottfried Fuchs (Karlsruher FV)
7. Helmut Röpnack (Viktoria 89 Berlin)
8. Ernst Möller (Holstein Kiel)
9. Julius Hirsch (SpVgg Fürth)
10. Josef Schümmelfeder (Bonner FV)

1913/14

Vorbericht zum 28. Länderspiel: Silbermedaillengewinner Dänemark kam zum Gegenbesuch nach Hamburg. In die deutsche Mannschaft wurden mit Johannes Schneider vom neuen Deutschen Meister VfB Leipzig und mit dem damals besten westdeutschen Spieler, Josef Schümmelfelder (Bonner FV), zwei Neulinge berufen. Ansonsten wurden bewährte Spieler aufgeboten. Der Stuttgarter Kipp spielte erstmals in der Nationalelf Läufer, und für Fritz Förderer sollte es das letzte Länderspiel seiner Karriere werden.

26.10.1913 in Hamburg

Deutschland - Dänemark 1:4 (1:3)

SR: H.J. Willing (Holland), Zuschauer: 15.000
Deutschland: J.Schneider -1 (VfB Leipzig); Röpnack -9 (Viktoria 89), Möller -8 (H. Kiel); Kipp -17 (Stuttg. K.), Breunig -8 (1.FC Pforzh.), Schümmelfelder -1 (Bonner FV); Wegele -13 (Phönix Karlsr.), Förderer -11 (K. FV), Jäger -9 (Altona 93), Hirsch -6 (Fürth), W.Fischer -4 (Duisb. SV). Mannschaftskapitän: Breunig
Dänemark: S.Hansen; Castella, Brysting; Lykke, Middelboe, Berth; Oskar Nielsen, Knudsen, Poul Nilsen, Anthon Olssen, Wofhagen
Tore: 0:1, 0:2, 0:3 Poul Nilsen (4., 8., 31.), 1:3 Jäger (45.), 1:4 Poul Nilsen (68.)
Beste Spieler: Breunig, Wegele, Röpnack, Möller - Middelboe, Poul Nilsen, Sophus Hansen, Wolfhagen
Bericht: Die wohl beste deutsche Nationalelf war in Hamburg bei strömendem Regen angetreten. Die ersten 10 Minuten wurden etwas verschlafen, aber dann spielte die deutsche Elf groß auf. Selten hat man vor dem 1. Weltkrieg eine deutsche Nationalelf so harmonisch erlebt. Als Jäger kurz vor dem Pausenpfiff den Ehrentreffer erzielte, war die Führung der Dänen schon schmeichelhaft.

Zwar lagen die Gäste häufiger im Angriff, aber die deutsche Verteidigung stand ausgezeichnet. Zudem erwies sich die Rücknahme von Kipp in die Läuferreihe als großer Vorteil. Zusammen mit dem Neu-Pforzheimer Breunig kurbelte er das Sturmspiel an. In manchen Situationen fehlte nur ein bißchen Glück zu weiteren Treffern. Auch in den zweiten 45 Minuten hielt die deutsche Elf gut mit, ohne jedoch gewinnen zu können. Denn die Dänen beherrschten bereits das Freistellen und Freilaufen, sie waren taktisch besser. Ihr Sieg fiel mit 4:1 allerdings zu hoch aus.

Vorbericht zum 29. Länderspiel: Im D.F.B.-Bundesausschuß setzten sich diejenigen durch, die nach dem guten Spiel gegen Dänemark auf diesen Stamm aufbauen wollten. So gab es erstmals nur zwei Veränderungen nach einem Spiel. Für Fritz Förderer, der sich das Schienbein gebrochen hatte, spielte sein Klubkamerad Gottfried Fuchs. Für den verhinderten Duisburger Fischer stürmte am linken Flügel der einzige Neuling, Karl Zilgas von Viktoria Hamburg.

23.11.1913 in Antwerpen

Belgien - Deutschland 6:2 (4:0)

SR: H.A. Meerum Terwogt (Holland), Zuschauer: 6.500
Belgien: Leroy; Ch.Chabier, Hubin; J.Thys, Bossaert, Decoster; Musch, Wertz, Brébart, Van Cant, Hebdin
Deutschland: J.Schneider -2 (VfB Leipzig); Röpnack -10 (Viktoria 89), Möller -9 (H. Kiel); Kipp -18 (Stuttg. K.), Breunig -9 (1.FC

Pforzheim), Schümmelfelder -2 (Bonner FV); Wegele -14 (Phönix Karlsr.), Jäger -10 (Altona 93), Fuchs -6 (K. FV), Hirsch -7 (Fürth), Zilgas -1 (Vikt. Hamburg). Mannschaftskapitän: Röpnack

Tore: 1:0 Brebart, 2:0, 3:0 Van Cant, 4:0 Brebart, 4:1 Wegele, 5:1 Brebart, 5:2 Fuchs, 6:2 Van Cant

Beste Spieler: Bossaert, Brebart, Van Cant - Kipp, Fuchs

Bericht: Im sechsten Spiel nach dem olympischen Fußballturnier gab es die sechste Niederlage. Von Beginn an lief bei der deutschen Elf nicht viel zusammen, und das Pech kam auch wieder dazu. Wegele, eine der Stützen in der deutschen Mannschaft, verletzte sich nach wenigen Minuten. Für Torhüter „Hannes" Schneider wurde das Spiel zum Fiasko. Bei dem Brillenträger waren bei ständigem Regen die Gläser beschlagen, wodurch gleich 3 haltbare Treffer in den ersten 45 Minuten gegen Deutschland fielen.

Im Sturm hatte Adolf Jäger trotz seiner Klasse Schwierigkeiten zwischen den Karlsruhern. Es war kein Verständnis untereinander vorhanden. Nachdem dem humpelnden Wegele das 1:4 gelungen war, wurde das Spiel der deutschen Mannschaft etwas besser und kurz darauf verfehlte Jäger, der bereits in der 4. Minute die Latte getroffen hatte, nur knapp das Tor. Die deutsche Mannschaft konnte das Spiel durch gute Einzelleistungen mehr und mehr ausgeglichen gestalten. Außer einem weiteren Treffer durch Deutschlands Rekordtorschützen Gottfried Fuchs blieb der Erfolg jedoch aus.

Vorbericht zum 30. Länderspiel: Nach dem blamablen 2:6 in Antwerpen wurde zu Beginn des Jahres 1914 endlich über die Anstellung eines hauptamtlichen Trainers beim D.F.B. diskutiert. Die anderen europäischen Länder waren bereits dabei, in Taktik und Spielverständnis weit zu enteilen. Die reine Beobachtung von Länderspielkandidaten in Auswahlspielen hatte nicht zum Erfolg geführt. Es fehlten Lehrgänge mit gemeinsamem Training unter fachgerechter Anleitung. Zum Länderspiel gegen Holland wurde noch kein Trainer verpflichtet und danach verhinderte der 1. Weltkrieg weitere sportliche Betätigung. Neben einigen bewährten Spielern wurden gegen Holland gleich 5 Neulinge berufen, von denen einer, Otto „Tull" Harder vom Hamburger FC 88, dem Vorläufer des berühmten Hamburger SV, zu einem der weltbesten Mittelstürmer wurde.

5.4.1914 in Amsterdam

Holland - Deutschland 4:4 (1:0)

SR: J.T. Howcroft (England), Zuschauer: 25.000

Holland: Göbel; Wijnveldt, Bouman; Boutmy, D.Lotsy, Bosschart; Noorduijn, Buitenweg, Kessler, Vos, Buwalda

Deutschland: Hofmeister -2 (Stuttg. K.); Dr.W.Völker -1 (VfB Leipzig), Rokosch -1 (SpVgg Leipzig); Bollmann -1 (SW Essen), Ludewig -1 (Duisb. SV), Schümmelfelder -3 (Bonner FV); Wegele -15 (Phönix Karlsr.), Jäger -11 (Altona 93), Harder -1 (H. FC 88), Queck -3 (Eintr. Braunschweig), W.Fischer -5 (Duisb. SV). Mannschaftskapitän: Jäger

Tore: Buitenweg (2), D.Lotsy, Vos - Queck, Jäger, Harder, Wegele

Beste Spieler: Wijnveldt, Buitenweg, Vos - Harder, Jäger, Wegele

Bericht: Das letzte Vorkriegsländerspiel gegen Holland entwickelte sich, wie beim 5:5 zwei Jahre zuvor, zu einem echten Krimi. In der ersten Halbzeit hatte die deutsche Elf Schwierigkeiten, sich zu finden. Die westdeutsche Läuferreihe brachte nicht genügend Druck nach vorne.

Nach dem Seitenwechsel wurde es dramatisch. Zuerst erzielte Queck den Ausgleich. Der Angriff, mit dem überragenden Jäger und dem Neuling Harder, wurde immer stärker und schoß aus allen Lagen. Nach einer Stunde Spielzeit hatten die beiden auf 3:1 erhöht. Leider blieb die deutsche Abwehr aber unsicher, so daß die Holländer binnen 7 Minuten 3 Tore erzielen konnten und mit 4:3 führten. Als niemand mehr damit rechnete, erzielte der brilliante Rechtsaußen Wegele, Sekunden vor dem Abpfiff, den verdienten Ausgleich.

Gesamtbilanz 1908 - 1914
30 Spiele: 6 Siege, 5 Unentschieden, 19 Niederlagen, 72:96 Tore
Heim: 13 Spiele: 2 Siege, 1 Unentschieden, 10 Niederlagen, 18:35 Tore
Auswärts: 17 Spiele: 4 Siege, 4 Unentschieden, 9 Niederlagen, 54:61 Tore
Zuschauer insgesamt: 278.100, Heim: 116.000, Auswärts: 162.100

Die meisten Länderspiele:
1. Eugen Kipp (Spfr. Stuttgart/Kickers Stuttgart) 18 Spiele
2. Camillo Ugi (VfB Leipzig/Spfr.Breslau) 15 "
   Karl Wegele (Phönix Karlsruhe) 15 "
4. Adolf Werner (H.Kiel/Vikt.Hamb.) 13 "
5. Karl Burger (SpVgg Fürth) 11 "
   Walter Hempel (Spfr. Leipzig) 11 "
   Fritz Förderer (Karlsruher FV) 11 "
   Adolf Jäger (Altonaer FC 93) 11 "
9. Helmut Röpnack (Viktoria 89) 10 "
10. Willi Worpitzky (Viktoria 89) 9 "
    Max Breunig (Karlsruher FV/1.FC Pforzh.) 9 "
    Ernst Möller (Holstein Kiel) 9 "

Die meisten Tore:
1. Gottfried Fuchs (Karlsruher FV) 14 Tore
2. Fritz Förderer (Karlsruher FV) 10 "
   Eugen Kipp (Spfr. Stuttgart/Kickers Stuttg.) 10 "
4. Adolf Jäger (Altonaer FC 93) 8 "
5. Willi Worpitzky (Viktoria 89) 5 "
6. Ernst Möller (Holstein Kiel) 4 "
   Julius Hirsch (Karlsruher FV/SpVgg Fürth) 4 "
8. Otto Dumke (Viktoria 89) 3 "
9. Fritz Becker (Kickers Frankfurt) 2 "
   Richard Queck (Eintr. Braunschweig) 2 "
   Karl Wegele (Phönix Karlsruhe) 2 "
12. Camillo Ugi, Marius Hiller III, Willi Fick, Max Breunig, Heinrich Mechling, Emil Oberle, Karl Burger und Otto Harder je 1 Tor

Am häufigsten Mannschaftsführer waren:
1. Camillo Ugi 9 mal
2. Max Breunig 7 "
3. Dr.Josef Glaser 4 "
4. Adolf Jäger 3 "
5. Arthur Hiller II 2 "
   Eugen Kipp 2 "
7. Paul Hunder 1 "
   Christian Schmidt 1 "
   Helmut Röpnack 1 "

Nationalspieler des Jahres:
1907/08 Förderer (K. FV)
1908/09 Ad.Werner (H. Kiel)
1909/10 Kipp (Spfr. Stuttgart)
1910/11 Ugi (VfB Leipzig)
1911/12 Breunig (K. FV)
1912/13 Jäger (Altona 93)
1913/14 Wegele (Phönix Karlsr.)

5 Elfmeter für Deutschland:
3 Elfmeter verwandelt durch Förderer (1908 gegen England), Breunig (1911 gegen die Schweiz), Jäger (1913 gegen Dänemark)
2 Elfmeter verschossen, beide durch Breunig (beide gegen Holland 1910/1913)

4 Elfmeter gegen Deutschland:
3 Elfmeter verwandelt durch Dlabac (Österreich) 1908, Schlosser (Ungarn) 1912, Weiss (Schweiz) 1912
1 Elfmeter verschossen durch Schweden 1911

2 Eigentore gegen Deutschland,
durch Breunig gegen Holland (1910) und Breunig gegen Holland (1912)

Nach 30 Länderspielen war die Fortsetzung durch den 1. Weltkrieg unterbrochen. Die Bilanz war alles andere als positiv. Trotzdem sollte nicht vergessen werden, daß in der Regel nur die stärksten Gegner ausgesucht wurden. Zweitklassige Länder wie Norwegen, Finnland, Italien und Frankreich waren nie Gegner der deutschen Mannschaft. Allerdings gab es auch keine Zweifel, daß durch große Fehler eine bessere Bilanz versäumt wurde. Außer zu den Olympischen Spielen 1912, gab es nie ein gemeinsames Training. Es wurden immer nur 11 Spieler am „grünen Tisch" ausgewählt und jeder Spieler für sich auf die Reise geschickt. Noch nicht einmal Ersatzspieler wurden benannt. Häufig lernten sich die Spieler erst am Spielort kennen. Während in anderen Ländern schon unter Anweisung von Trainern verschiedene Taktiken und Spielzüge ausprobiert wurden, war in Deutschland fast alles dem Zufall überlassen.

Sechs Jahre lang gab es keine Länderspiele mehr. Nach dem Krieg bekam die deutsche Mannschaft ein ganz neues Gesicht. Nur 6 Spieler kamen erneut zum Einsatz: Hans „Bumbas" Schmidt, Otto „Tull" Harder, Karl Wolter, Josef Schümmelfelder, „Edy" Pendorf und der große Adolf Jäger. Andere Spieler waren inzwischen zu alt oder sie waren im Krieg gefallen. Folgende Nationalspieler lebten 1920 nicht mehr:

Hermann Bosch (Karlsruher FV), geb. 10.3.1891, † 16.7.1916
Otto Dumke (Viktoria 89 Berlin), geb. 29.4.1887, † 4.8.1912
Paul Eichelmann (Union 92 Berlin), geb. 11.10.1879, † 7.9.1910
Willy Fick (Holstein Kiel), geb. 17.2.1891, † 5.9.1915
Wilhelm Gros (Karlsruher FV), geb. 6.7.1892, † 13.9.1917
Karl Hanssen (Altonaer FC 93), geb. 24.6.1889, † 13.9.1916
Georg Krogmann (Holstein Kiel), geb. 4.9.1886, † 19.1.1915
Erich Massini (Preußen Berlin), geb. 13.9.1889, † 26.7.1915
Ernst Möller (Holstein Kiel), geb. 19.8.1991, † 18.11.1916
Christian Schmidt (Kickers Stuttgart/Germania Concordia Berlin), geb. 9.6.1988, † 19.3.1917
Hans Schmidt (Germania 89 Berlin), geb. 2.11.1887, † 9.7.1916
Johannes Schneider (VfB Leipzig), geb. 5.8.1887, † 8.9.1914
Fritz Schulz (Hertha BSC Berlin), geb. 9.11.1886, † 5.3.1918
Gustav Unfried (Preußen Berlin), geb. 24.3.1889, † 13.9.1917
Karl Zilgas (Victoria Hamburg), geb. 2.3.1892, † 17.6.1917

1920/21

Bilanz 1920/21
5 Spiele: 1 Sieg, 1 Unentschieden, 3 Niederlagen 7:13 Tore
Zuschauer: 120.000
In 5 Länderspielen wurden 30 Spieler eingesetzt, davon waren 25 Neulinge.

Die Spieler der Saison:

Carl Riegel	4	Spiele
Heiner Stuhlfauth	4	"
Adolf Jäger	4	"
Karl Tewes	4	"
Otto Harder	3	"
Arthur Mohns	3	"
Leonhard Seiderer	3	"
Georg Wunderlich	3	"
Georg Schneider	3	"
Hans Sutor	2	"
Luitpold Popp	2	"
Josef Schümmelfelder	2	"
Adolf Höschle	1	Spiel
Hans „Bumbas" Schmidt	1	"
Karl Wolter	1	"
Hans Kalb	1	"
Hans Lohneis	1	"
Hans Hagen	1	"
Theodor Lohrmann	1	"
Walter Krause	1	"
Leo Fiederer	1	"
Paul Forell	1	"
Walter Fritzsche	1	"
Heinrich Träg	1	"
Henry Müller	1	"
Arthur Marohn	1	"
Karl Höger	1	"
Fritz Schnürle	1	"
Emil Gröner	1	"
Anton Kreß	1	"

Die Tore der Saison:

Adolf Jäger	2	Tore
Leonhard Seiderer	2	"
Hans Sutor	1	Tor
Luitpold Popp	1	"
Heinrich Träg	1	"

Mannschaftsführer waren:

Adolf Jäger	4	mal
Karl Tewes	1	"

1 Elfmeter für Deutschland,
verwandelt durch Jäger (gegen Ungarn)

1 Elfmeter gegen Deutschland,
verwandelt durch Kuthan (Österreich)

Rangliste der besten Nationalspieler des Jahres
1. Karl Tewes (Viktoria 89 Berlin)
2. Otto „Tull" Harder (HSV)
3. Carl Riegel (1.FC Nürnberg)
4. Hans Sutor (1.FC Nürnberg)
5. Heiner Stuhlfauth (1.FC Nürnberg)
6. Adolf Jäger (Altona 93)
7. Theodor „Teddy" Lohrmann (SpVgg Fürth)
8. Leonhard „Loni" Seiderer (SpVgg Fürth)
9. Hans Kalb (1.FC Nürnberg)
10. Henry Müller (Viktoria Hamburg)

Vorbericht zum 31. Länderspiel: Nach über 6 Jahren Pause kam es gegen die Schweiz wieder zu einem Länderspiel. Dies ging nicht ohne internationale Streitigkeiten ab. England hatte den FIFA-Ausschluß von „Deutschland als Kriegsschuldigen" gefordert und war selbst ausgetreten, als es hierfür keine Mehrheit fand. In der Westschweiz wehrte man sich ebenfalls gegen das Deutschland-Länderspiel. Dieser französischsprechende Teil untersagte seinen Spielern die Teilnahme. Merkt, von Servette Genf, spielte trotzdem und wurde dafür vom Verein ausgeschlossen. So waren es in den ersten 2 Jahren nur neutrale oder ehemals verbündete Länder, die gegen Deutschland antraten.

In Deutschland war die Freude groß. Endlich wieder eine Nationalmannschaft, und alle waren gespannt auf die Besetzung. Es war fast selbstverständlich, daß der größte Teil aus der neuen Hochburg Nürnberg/Fürth kam. Die beiden hatten sich gerade im Endspiel um die erste Deutsche Fußballmeisterschaft nach dem Kriege gegenübergestanden, und der „Club" gewann mit 2:0. Mit Hans „Bumbas" Schmidt, Otto „Tull" Harder, Adolf Jäger und Karl Wolter wurden 4 Spieler nominiert, die bereits vor dem Krieg zu Länderspielen gekommen waren. Ansonsten wurden vom D.F.B. die gleichen Fehler gemacht wie vor dem Krieg. Keine gemeinsame Vorbereitung, kein Trainer und keine Ersatzspieler.

27.6.1920 in Zürich

Schweiz - Deutschland 4:1 (2:0)

SR: L.Balint (Ungarn), Zuschauer: 15.000
Schweiz: Grunauer; Funk I, Gottenkien; Kaltenbach, Schmiedlin, Pollitz; Bürgin, Merkt, Afflerbach, Meyer, Ramseyer
Deutschland: Stuhlfauth -1 (1.FC Nürnberg); Höschle -1 (Stuttg. K.), G.Schneider -1 (Bayern München); H.Schmidt -2 (1860 Fürth), Kalb -1, Riegel -1 (beide 1.FC Nürnberg); Wunderlich -1 (1860 Fürth), Harder -2 (HSV), Jäger -12 (Altona 93), Seiderer -1 (SpVgg Fürth), Wolter -2 (Vorwärts Berlin). Mannschaftskapitän: Jäger
Tore: 1:0 Meyer (20.), 2:0 Meyer (35.), 3:0 Afflerbach (49.), 4:0 Merkt (69.), 4:1 Jäger (77.)
Beste Spieler: Schmiedlin, Meyer, Bürgin, Ramseyer - Jäger, Harder, Kalb
Bericht: Vor dem Spiel wurden die deutschen Spieler vom D.F.B. immer wieder ermahnt, daß es hier nicht um einen Sieg gehe, sondern um die Aufnahme des internationalen Sports. Fairneß über alles, nur ja keine Fouls, keine Härte und kein Risiko. Unter diesem Gesichtspunkt war die deutsche Favoritenrolle wenig wert. Von Beginn an wurde deutlich, daß die deutschen Spieler jedem Zweikampf aus dem Weg gingen und so gab es 90 Minuten lang kaum Körperberührungen mit Spielern der Schweiz. Dennoch spielte die deutsche Elf einen schönen Kombinationsfußball und wäre nach 7 Minuten durch einen guten Jäger-Kopfball fast in Führung gegangen.

Nach etwa einer Viertelstunde wurde die Schweiz stärker, durch den größeren Kampfgeist.

Da die deutschen Spieler den Zweikämpfen aus dem Weg gingen, bekam die Schweiz bei guten Kombinationen ein Übergewicht. Die deutsche Abwehr konnte nur ungenaue Pässe abfangen. Nach einer genauen Flanke von Bürgin erzielte Meyer das 1:0. In der Folgezeit war die deutsche Elf wieder überlegen. Grunauer mußte einige Male glänzend retten. In der 29. Minute war jedoch auch er machtlos, als er einen scharfen Schuß von Riegel vor die Füße von Harder faustete. Der schoß hart und flach, aber der Ball sprang vom Innenpfosten zurück ins Feld. Bei einem der wenigen Gegenstöße konnte Meyer erneut auf Flanke von Bürgin zum 2:0 verwandeln.

Auch nach dem Seitenwechsel war das Spiel insgesamt ausgeglichen. Das Pech der Deutschen war das Glück der Schweizer. Obwohl der deutsche Sturm mehr Chancen hatte als auf der Gegenseite, stand es nach 69 Minuten 4:0. Zu diesem Zeitpunkt hätte das Spiel auch 4:4 stehen können. Erst in der 77. Minute gelang Jäger der Ehrentreffer, indem er seinen Gegenspieler umspielte und flach in die Ecke schoß. Bis zum Schlußpfiff hatte die deutsche Elf noch mehrere Torgelegenheiten, aber es blieb beim 4:1. Die deutsche Mannschaft hatte zwar klar verloren, aber mit ihrem Auftreten auch Sympathien gewonnen.

❖

Vorbericht zum 32. Länderspiel: Wie nie zuvor wurde in der Öffentlichkeit über die deutsche Aufstellung diskutiert. Nach dem guten Spiel in Zürich gab es keinen Anlaß zu gravierenden Änderungen. Der seit Saisonbeginn gut spielende Berliner Mohns sollte in die Verteidigung rücken. Für den Nürnberger Kalb, der als einziger gegen die Anweisung der Zurückhaltung gegen die Schweiz gewettert hatte, spielte erstmals der 34-jährige Tewes von Viktoria 89. Für „Bumbas" Schmidt kam der Fürther Hagen in die Mannschaft. Und auf Linksaußen stürmte erstmals der Nürnberger Sutor. Schließlich mußte noch kurzfristig der Fürther Lohneis für Schneider in die Verteidigung berufen werden.

26.9.1920 in Wien
Österreich - Deutschland 3:2 (0:0)

SR: L.Fehery (Ungarn), Zuschauer: 20.000
Österreich: Pacista; Beer, A.Popovich; O.Fuchs, Baar, Nitsch; Seidl, F.Swatosch, Kuthan, Hansl, G.Wieser
Deutschland: Stuhlfauth -2 (1.FC Nürnberg); Mohns -1 (Norden/Nordwest Berlin), Lohneis -1 (MTV Fürth); Hagen -2 (SpVgg Fürth), Tewes -1 (Viktoria 89), Riegel -2 (1.FC Nürnberg); Wunderlich -2 (1860 Fürth), Harder -3 (HSV), Jäger -13 (Altona 93), Seiderer -2 (SpVgg Fürth), Sutor -1 (1.FC Nürnberg). Mannschaftskapitän: Jäger
Tore: 0:1 Sutor (56.), 1:1 Swatosch (64.), 2:1 Swatosch (83.), 3:1 Swatosch (86.), 3:2 Seiderer (87.)
Beste Spieler: Swatosch, Popovich, Nitsch, Beer - Stuhlfauth, Riegel, Sutor, Seiderer
Bericht: Schon wieder ein großes Länderspiel und eine große Leistung der deutschen Elf. Anfangs überlegen, wurde das Spiel später ausgeglichener. Die größte Torgelegenheit hatte Adolf Jäger in der 7. Minute: allein vor Torwart Pacista, schoß er diesen an. Bis zur Halbzeit hätten auf beiden Seiten Tore fallen können.

Nach dem Seitenwechsel begann die deutsche Mannschaft erneut besser. Das Zusammenspiel klappte gut. Teilweise gab es traumhafte Kombinationen. Nach einer solchen zog Sutor auf Linksaußen auf und davon, kurvte nach innen und schoß aus halblinker Position unhaltbar ein. Die verdiente Führung. Österreich wollte den Ausgleich, drängte, aber jeder abgefangene Angriff brachte Gefahr für das Tor von Pacista. Auf Flanke von Seidl gelang Swatosch 8 Minuten nach der deutschen Führung der Ausgleich.

Die Zuschauer tobten vor Begeisterung. Ein packendes Spiel. Bereits im Mittelfeld wurde um jeden Ball gekämpft. Dann war Swatosch nach einem Steilpaß auf und davon, Stuhlfauth lief heraus und prallte mit Swatosch zusammen, aber der Ball rollte ins Tor, 2:1 für Österreich. Swatosch mußte außerhalb des Spielfeldes behandelt werden. Die deutsche Elf lag im Angriff und wollte den Ausgleich. Nach 3 Minuten kam Swatosch wieder, wurde Sekunden später angespielt und traf an dem machtlosen Stuhlfauth vorbei zum 3:1. Ein lupenreiner Hattrick des Stürmerstars. Der andere Star, Kuthan, kam dagegen nicht so zur Geltung wie gewohnt. Erfreulich, daß die deutsche Elf auch nach dem 3:1 nicht aufsteckte. Fast postwendend gelang Seiderer der Anschlußtreffer. 3 Tore in 5 Minuten. Die Zuschauer waren auf ihre Kosten gekommen und mußten sich eingestehen, daß mit Österreich nicht die bessere, sondern glücklichere Mannschaft gewonnen hatte.

❖

Vorbericht zum 33. Länderspiel: Zum ersten Heimspiel nach dem Krieg wurde die deutsche Mannschaft leider wieder völlig umgekrempelt. Daß der blondgelockte Frauenliebling „Teddy" Lohrmann (SpVgg Fürth), der große Konkurrent von Stuhlfauth um den Torhüterposten, mal erprobt werden sollte, war noch verständlich. Weniger jedoch, daß Seiderer und Sutor, die besten Stürmer des Österreich-Spiels, nicht nominiert wurden. Stattdessen wurden 5 Neulinge aufgeboten.

24.10.1920 in Berlin - Grunewald-Stadion
Deutschland - Ungarn 1:0 (1:0)

SR: J.Hirrle (Schweiz), Zuschauer: 35.000
Deutschland: Lohrmann -1 (SpVgg Fürth); G.Schneider -2 (Bayern München), Mohns -2 (Norden-Nordwest Berlin); Krause -1 (Vikt. Hamburg), Tewes -2 (Viktoria 89), Riegel -3 (1.FC Nürnberg); L.Fiederer -1 (SpVgg Fürth), Harder -4 (HSV), Jäger -14 (Altona 93), Popp -1 (1.FC Nürnberg), Forell -1 (1.FC Pforzheim). Mannschaftskapitän: Jäger
Ungarn: Zsak; Fogl II, Hungler II; Kertesz II, Zloch, Blum; Braun, Molnar, Orth, Eisenhoffer, Schlosser
Tor: 1:0 Jäger (22. Foulelfmeter)
Beste Spieler: Lohrmann, Harder, Tewes, Riegel - Fogl II, Zsak, Kertesz II, Schlosser
Bericht: Niemand wußte vorher so recht, wie stark die Ungarn sind. Ihren Sturm, mit Imre Schlosser und Orth, sowie dem 17-jährigen Talent Molnar, fürchtete man am meisten. Aber die deutsche Mannschaft übernahm nach dem Anpfiff die Initiative und war 10 Minuten lang überlegen. Erst dann machten sich die Ungarn frei und kamen ihrerseits zu gefährlichen Angriffen. Das Spiel war nun ausgeglichen und beide Torhüter zeigten großartige Leistungen. Nachdem dem gefährlichsten deutschen Stürmer „Tull" Harder in der 21. Minute im Strafraum die Beine weggezogen wurden, war Zsak machtlos. Gegen den plazierten Elfmeter von Jäger hatte er keine Chance. Das Spiel blieb spannend. Die Ungarn waren technisch besser, die deutsche Elf druckvoller. Beide Seiten hatten großartige Abwehrreihen und Klassetorhüter, die die besten Chancen vereitelten. Am Ende stand ein verdienter Sieg der deutschen Mannschaft.

❖

Vorbericht zum 34. Länderspiel: Außer Verteidiger Fritzsche (Vorwärts Berlin) und Heiner Träg (Nürnberg) waren keine Neulinge nominiert. Enttäuscht waren die Zuschauer in Dresden jedoch, daß weder Jäger, noch Harder nominiert wurden, sondern ein rein Nürnberg/Fürther Sturm. Stuhlfauth erhielt im Tor den Vorzug vor Lohrmann.

5.5.1921 in Dresden - Neustadt-Stadion
Deutschland - Österreich 3:3 (2:1)

SR: W.Eymers (Holland), Zuschauer: 20.000
Deutschland: Stuhlfauth -3 (1.FC Nürnberg); Mohns -3 (Norden-Nordwest Berlin), Fritzsche -1 (Vorwärts Berlin); Riegel -4 (1.FC Nürnberg), Tewes -3 (Viktoria 89), Schümmelfelder -4 (Bonner FV), Wunderlich -3 (Helvetia Bockenheim), Popp -2 (1.FC Nürnberg), Seiderer -3 (SpVgg Fürth), Träg -1 , Sutor -2 (beide 1.FC Nürnberg). Mannschaftskapitän: Tewes
Österreich: Ostricek; Blum, A.Popovich; Kurz, K.Neubauer, Nietsch; Wondrak, Uridil, Kuthan, K.Kanhäuser, Eckl

Tore: 1:0 Popp (7.), 2:0 Träg (14.), 2:1 Kuthan (33. Handelfmeter), 3:1 Seiderer (58.), 3:2 Uridil (67.), 3:3 Wondrak (70.)

Beste Spieler: Sutor, Riegel, Tewes - Nietsch, Blum, Uridil

Bericht: Trotz großartigem Start der deutschen Elf wurde es nicht das erhoffte gute Spiel. Dabei begann es toll: der kleine, wieselflinke Sutor zog am linken Flügel auf und davon. Seine maßgerechte Flanke konnte sein Klubkamerad Popp ohne große Mühe zum 1:0 verwandeln. Bereits 7 Minuten später zeigte Heiner Träg, wo seine zu selten eingesetzte Klasse lag. Ohne Ansatz hämmerte er den Ball unhaltbar ins Netz. Leider wurde das Spiel der deutschen Mannschaft danach zunehmend schwächer. Der Ball wurde viel zu lange gehalten, insbesondere Träg zeigte seine große Schwäche, weil er zu viele Dribbelings verlor. Obwohl die Österreicher stärker wurden, konnten sie nicht überzeugen. Es war ihr drittes Auswahlspiel in elf Tagen und da fehlte die Kraft. In der 32. Minute schoß Wondrak einen Eckball, den Tewes gerade noch zu einer erneuten Ecke abwehren konnte. Wieder schoß Wondrak und der Ball prallte Popp beim Abwehrversuch an die Hand, Elfmeter. Kuthan lief an, schoß aber nicht plaziert und hart genug. Stuhlfauth bewegte sich jedoch viel zu langsam von der Linie, so daß der Ball, zur Überraschung aller, ins Tor ging.

Nach dem Seitenwechsel das gleiche Bild. Die deutsche Mannschaft war zwar ständig überlegen, aber von Sutor und Riegel abgesehen, viel zu langsam beim Spielaufbau und auch vor dem Tor von Ostricek. Dennoch fiel das 3:1. Mit einem Traumpaß schickte Riegel den Fürther Seiderer. Dessen Schuß konnte Torhüter Ostricek nur noch ins eigene Tor abfälschen. Das Spiel schien entschieden, aber Uridil glückte nach 67 Minuten der Anschlußtreffer. Es wurde noch einmal spannend.

Karl Höger und Sepp Herberger, der berühmte rechte Flügel des SV Waldhof Mannheim, Anfang der 20er Jahre.

Hans Hagen (SpVgg Fürth), der Allroundabwehrspieler.

Die deutschen Stürmer vergaben gute Torgelegenheiten und Schiedsrichter Eymers pfiff einige Male Abseits, obwohl es niemals Abseits war. Durch ein Mißverständnis zwischen Schümmelfelder und Stuhlfauth gelang Wondrak 3 Minuten nach dem Anschlußtreffer der Ausgleich. Erst danach wachte die deutsche Elf wieder auf. Aber der Innensturm war viel zu langsam, um die rasanten Flügelläufe von Sutor und Wunderlich zu vollenden. So hatte das Spiel zwei Gewinner, die gar nicht dabei waren, „Tull" Harder und Adolf Jäger.

❖

Vorbericht zum 35. Länderspiel: Ein unglücklicher Termin für ein Länderspiel, weil gleichzeitig die Endrunde um die deutsche Meisterschaft in ihrer entscheidenden Phase war. Das bot Gelegenheit zur Erprobung neuer Spieler. So wurden 6 Neulinge aufgeboten, wovon nur einer später zum Stammspieler wurde, Henry Müller von Viktoria Hamburg. Daß es eine schwache Besetzung war, war auch daran erkennbar, daß 6 der 11 Spieler ihr letztes Länderspiel bestritten und davon waren vier Neulinge.

5.6.1921 in Budapest - MTK Platz

Ungarn - Deutschland 3:0 (2:0)

SR: H. Retschury (Österreich), Zuschauer: 30.000

Ungarn: Platko; Mandl, Fogl II; Kertesz II, Guttmann, Blum; Braun, Molnar, Orth, Schlosser, Toth

Deutschland: Stuhlfauth -4 (1.FC Nürnberg); G.Schneider -3 (Bayern München), H.Müller -1 (Viktoria Hamburg); Marohn -1, Tewes -4 (beide Viktoria 89), Schümmelfelder -5 (Bonner FV); Höger -1 (SV Waldhof), Schnürle -1 (Germania Frankf.), Jäger -15 (Altona 93), Gröner -1 (SC Stuttg.), A.Kreß -1 (1.FC Pforzh.). Mannschaftskapitän: Jäger

Tore: 1:0 Schlosser (3.), 2:0 Guttmann (31.), 3:0 Braun (70.)

Beste Spieler: Schlosser, Orth, Platko, Fogl II - Tewes, H.Müller

Zwei große Konkurrenten um den Torhüterposten in der Nationalelf: Heiner Stuhlfauth (1. FC Nürnberg) und Theodor „Teddy" Lohrmann (SpVgg Fürth).

Tewes (Viktoria 89) war nach dem 1. Weltkrieg Stamm-Mittelläufer.

Bericht : Von den „großen" Vereinsmannschaften war nur Heiner Stuhlfauth dabei, trotz seiner schwachen Leistung im Österreich-Spiel. Leider verstanden es die 6 Neulinge nicht, ihre Chance zu nutzen. Von Anfang an waren die Ungarn überlegen und schossen ein schnelles Tor. Zwar wurde die deutsche Mannschaft nach einer Viertelstunde etwas besser und beschäftigte auch Platko im Magyaren-Tor, aber es gelangen nur wenige Spielzüge. Beide Flügelstürmer spielten äußerst schwach. So blieb der Innensturm auf sich alleine gestellt und hatte zudem noch Verständigungsschwierigkeiten. Der Sieg der Ungarn fiel mit 3:0 noch gering aus, und dieses war nur der aufopferungsvoll kämpfenden Abwehr, allen voran Tewes und Henry Müller, zu verdanken.

❖

Bilanz 1921/22
4 Spiele: 1 Sieg, 3 Unentschieden, 7:5 Tore
Zuschauer: 151.000
In 4 Länderspielen wurden 32 Spieler eingesetzt, davon waren 16 Spieler Neulinge.

Die Spieler der Saison:

Arthur Mohns	2	Spiele
Josef Müller	2	"
Karl Tewes	2	"
Hans Kalb	2	"
Willi Hutter	2	"
Theo „Teddy" Lohrmann	2	"
Eduard „Edy" Pendorf	2	"
Andreas „Resi" Franz	2	"
Henry Müller	2	"
Adolf Jäger	2	"
Heinrich Träg	2	"
Wolfgang Strobel	2	"
Willy Schwedler	1	Spiel
Alfred Au	1	"
Walter Krause	1	"
Karl Höger	1	"
Josef „Sepp" Herberger	1	"
Karl Wolter	1	"
Georg Wellhöfer	1	"
Hans Lang	1	"
Hans Hagen	1	"
Fritz Retter	1	"
Leonhard „Loni" Seiderer	1	"
Heinrich Altvater	1	"
Paul Mauch	1	"
Fritz Wetzel	1	"
Carl Riegel	1	"
Viktor Weißenbacher	1	"
Hans Sutor	1	"
Karl Flink	1	"
Hans „Bumbas" Schmidt	1	"
Franz Esser	1	"

Die Tore der Saison:

Josef Herberger	2	Tore
Andreas Franz	2	"
Hans Kalb	1	Tor
Viktor Weißenbacher	1	"
Adolf Jäger	1	"

Mannschaftsführer waren:

Adolf Jäger	2	mal
Karl Tewes	1	"
Leonhard Seiderer	1	"

1 Elfmeter für Deutschland,
 verschossen durch Kalb (gegen Österreich)

2 Elfmeter gegen Deutschland,
 2 Elfmeter verschossen durch Finnland, Neumann (Österreich)

Rangliste der besten Nationalspieler des Jahres
1. Andreas „Resi" Franz (SpVgg Fürth)
2. Karl Tewes (Viktoria 89 Berlin)
3. Hans Kalb (1.FC Nürnberg)
4. Josef Müller (SpVgg Fürth)
5. Heiner Träg (1.FC Nürnberg)
6. Theodor „Teddy" Lohmann (SpVgg Fürth)
7. Leonhard „Loni" Seiderer (SpVgg Fürth)
8. Josef „Sepp" Herberger (SV Waldhof Mannheim)
9. Fritz Wetzel (1.FC Pforzheim)
10. Hans „Bumbas" Schmidt (1.FC Nürnberg)

1921/22

Vorbericht zum 36. Länderspiel: Leider hatte sich beim D.F.B. wenig geändert. Wie vor dem 1. Weltkrieg wurde vom Spielausschuß die Mannschaft benannt. Keine Vorbereitung und keine Planung war erkennbar. Gegen Finnland wurden 5 Neulinge benannt, von denen nur Josef Müller (Phönix Ludwigshafen), in seiner späteren Fürther Zeit, zum Stammspieler wurde. Aus den letzten Spielen war nur Stammspieler Tewes übrig geblieben. Der Nürnberger Mittelläufer Kalb wurde als Mittelstürmer aufgeboten, neben ihm stürmte erstmals jener Sepp Herberger, der später als Trainer der deutschen Nationalelf Fußballgeschichte schreiben sollte.

18.9.1921 in Helsingfors

Finnland - Deutschland 3:3 (1:2)

SR: E.Albihn (Schweden), Zuschauer: 6.000
Finnland: Tammisalo; Englund, Wickström; Vihavainen, Soinio, H.Mantila; Thorn, Öhman, B.Mantila, Eklöf, Kelin
Deutschland: Schwedler -1 (VfB Pankow); Mohns -4 (Norden-Nordwest), J.Müller -1 (Phönix Ludwigsh.); Au -1 (VfR Pankow); Tewes -5 (Viktoria 89), Krause -2 (H.Kiel); Höger -2, Herberger -1 (beide SV Waldhof), Kalb -2 (1.FC Nürnberg), Hutter -1 (SV Waldhof), Wolter -3 (Vorwärts Berlin). Mannschaftskapitän: Tewes
Tore: 0:1 Herberger (5.), 0:2 Kalb (7.), 1:2 Eklöf (40.), 2:2 Thorn (49.), 2:3 Herberger (66.), 3:3 Öhman (80.)
Beste Spieler: H.Mantila, Eklöf, Öhman - Tewes, Herberger, J.Müller
Bericht: Gegen das zweitklassige Finnland sah die deutsche „Ersatzelf" lange wie der sichere Sieger aus. Zwei schnelle Tore durch den wendigen Herberger und den wuchtigen Kalb gaben die nötige Sicherheit. Die Berlin/Mannheimer Blockbildung, ergänzt durch einen Kieler und einen Nürnberger, bewährte sich. Doch das Glück war nicht mit dieser völlig unvorbereiteten Mannschaft. Schwedler, Berlins zur damaligen Zeit bester Torhüter, verletzte sich eine Hand und mußte das haltbare 2:2 hinnehmen. Die Finnen waren schließlich sogar dem Sieg nahe, aber konnten selbst einen Elfmeter nicht verwandeln (über das Tor geschossen).

❖

Vorbericht zum 37. Länderspiel: Eine zu früh abgeschlossene Spanienreise des 1. FC Nürnberg ließ keine Aufstellung der besten deutschen Elf zu diesem Zeitpunkt zu. Überraschend war jedoch, daß erneut auf die beiden starken Hamburger „Tull" Harder und Adolf Jäger verzichtet wurde. Stattdessen wurden 7 (!) Fürther berufen, die einen Block bildeten. Und erneut wurden mit Wellhöfer, Lang, Franz (alle SpVgg Fürth), Retter (Spfr. Stuttgart) und Altvater (Wacker München), 5 Neulinge berufen, von denen Lang und Frank zu weiteren Länderspielen kamen. Daß diese Aufstellung bereits am 10.3.1922 fest nominiert wurde, zeigt deutlich, daß die aktuelle Form einzelner Spieler sowie Verletzungen keine Rolle spielten.

26.3.1922 in Frankfurt / M. (Riederwald)

Deutschland - Schweiz 2:2 (2:0)

SR: W. Boas (Holland), Zuschauer: 40.000
Deutschland: Lohrmann -2; Wellhöfer -1, J.Müller -2; Lang -1 (alle SpVgg Fürth), „Edy" Pendorf -2 (VfB Leipzig), Hagen -2 (SpVgg Fürth); Retter -1 (Spfr. Stuttgart), Franz -1, Seiderer -4 (beide SpVgg Fürth), Hutter -2 (SV Waldhof), Altvater -1 (Wacker-München).
Mannschaftskapitän: Seiderer

Schweiz: Dessibourg; Siegrist, Gottenkieny; Probst, Schmiedlin, Osterwalder; Brand, Sturzenegger, Leiber, Merkt, Ramseyer

Tore: 1:0, 2:0 Franz (26., 34.), 2:1 Sturzenegger (70.), 2:2 Merkt (84.)

Beste Spieler: Franz, Seiderer, J.Müller - Gottenkieny, Siegrist, Schmiedlin

Bericht: Nach gutem Beginn mußte die deutsche Elf wieder einmal dafür bezahlen, daß keine Ersatzspieler nominiert waren, während auf Seiten der Schweiz gleich 4 Spieler auf der Ersatzbank Platz nahmen. Bereits nach 15 Minuten, das Spiel war ausgeglichen, ereignete sich etwas, was Torhüter Lohrmann nicht kannte. Er wurde von Schweizer Stürmern angerempelt, obwohl er den Ball hatte. In Deutschland war dieses Anrempeln den Stürmern untersagt, international aber durchaus üblich. Bisher hatte das jedoch keine Nationalelf so hart praktiziert, wie die Schweizer an Lohrmann. Der stürzte zu Boden und verletzte sich. Niemand riet dem blonden Lockenkopf, den Ball sofort nach Erhalt wieder abzuspielen, so daß er im Laufe des Spiels immer wieder gerempelt wurde und sich verletzte.

Vorerst lief es jedoch gut für die deutsche Elf. Der linke Flügel spielte zwar lahm, dafür aber der rechte Flügel umso stärker. Die deutsche Elf wurde von Minute zu Minute stärker und überlegener, die Torchancen häuften sich und in der 26. Minute war es geschehen. „Resi" Franz nahm eine Flanke von Retter auf und jagte den Ball unhaltbar ins Netz. Nach ein paar Minuten hatten sich die Schweizer von dem Schock erholt und drängten ihrerseits. Dann, mitten in diese Drangperiode, ein deutscher Konter. Ein herrlicher Paß von Seiderer in den Lauf von Franz. Der zog auf und davon; sein Schuß zischte am wie versteinert dastehenden Dessibourg vorbei ins Tor, zum 2:0.

Nach der Halbzeitpause griffen Leiber, Merkt und Ramseyer immer wieder Lohrmann an. Zwar wurde meistens Freistoß für Deutschland gepfiffen, aber Lohrmanns Verletzung verschlimmert sich immer mehr, bis er nach einer Faustabwehr im Getümmel in der 62. Minute den Platz verlassen mußte. Für ihn ging „Loni" Seiderer ins Tor. Nun war die Überlegenheit der deutschen Elf dahin. In der 70. Minute trat Ramseyer einen Freistoß direkt, Sturzenegger fälschte ab und Seiderer war zu klein, um den Ball noch zu erreichen. Nun sah die Schweiz ihre Siegchance und kam 6 Minuten vor dem Ende zum Ausgleich, als Seiderer an einer Flanke vorbeisprang. Zwar blieb es dabei, aber erneut hatte die deutsche Elf durch Pech und besonders durch Fehler, die im Vorfeld gemacht wurden, einen möglichen Sieg vertan.

❖

Vorbericht zum 38. Länderspiel: Kurzfristig mußten die vorgesehenen Stuhlfauth, Mohns und Popp ersetzt werden. Neben Neuling Strobel vom 1. FC Nürnberg, kamen so auch Mauch (Stuttg. K.), Wetzel und Weißenbacher (beide 1. FC Pforzheim) zu ihrem ersten Länderspiel. Keiner der 7 Fürther war mehr dabei. Dafür 5 Nürnberger und Altonas Torjäger Adolf Jäger. Kalb konnte endlich mal wieder als Mittelläufer in der Nationalelf spielen, aber bis zum Stammplatz sollte es noch etwas dauern.

23.4.1922 in Wien - Hohe Warte

Österreich - Deutschland 0:2 (0:0)

SR: F. Gerö (Ungarn), Zuschauer: 70.000

Österreich: Brazda; Beer, Blum; Plank, J.Brandstätter, Kurz; Wondrak, K.Kanhäuser, Kuthan, Neumann, Wessely

Deutschland: Mauch -1 (Stuttg. K.); „Edy" Pendorf -3 (VfB Leipzig), H.Müller -2 (Vikt. Hamburg); Wetzel -1 (1.FC Pforzh.), Kalb -3, Riegel -5; Strobel -1 (alle 1.FC Nürnb.), Weißenbacher -1 (1.FC Pforzheim), Jäger -16 (Altona 93), Träg -2, Sutor -3 (beide 1.FC Nürnberg). Mannschaftskapitän: Jäger

Tore: 0:1 Weißenbacher (69.), 0:2 Jäger (77.)

Beste Spieler: Blum, Kurz, Wondrak - Kalb, Wetzel, Mauch

Besonderheiten: Neumann für Österreich und Kalb für Deutschland verschießen je einen Elfmeter.

Bericht: Nach den vielen Ausfällen und 3 kurzfristigen Absagen gab man der deutschen „Rumpfelf" vor der Rekordkulisse von 70.000 (!) Zuschauern keine Chance gegen die seit 10 Spielen und über 2 Jahren unbesiegten Österreicher. Sie lagen auch von Beginn an im Angriff, aber Ersatztorhüter Mauch hielt großartig. Auch die beiden Pforzheimer Ersatzspieler erwiesen sich als überraschend stark, so daß Österreich trotz klarer Überlegenheit bis zur Pause ohne Treffer blieb.

In der zweiten Halbzeit wurde die deutsche Elf zusehends besser, aber nach wie vor lagen die besseren Torgelegenheiten bei den Österreichern. Nach 60 Minuten sprang der Ball Riegel an die Hand, Elfmeter. Österreichs Chance zur verdienten Führung, aber in diesem Spiel war das Glück mit den Deutschen. Neumanns Elfmeterschuß prallte von der Querlatte zurück ins Feld. Nur 3 Minuten später unterlief dem Österreicher Brandstätter das gleiche Mißgeschick wie Riegel. Diesmal hatte der sichere Elfmeterschütze Kalb aus Nürnberg die Chance, die Deutsche Elf in Führung zu bringen. Im Gegensatz zu seinen sonstigen harten Elfmeterschüssen schob Kalb den Ball am Tor vorbei. Es blieb beim 0:0. Erneut stürmte Österreich, aber ihre Aktionen wurden zusehends langsamer, während die deutschen Stürmer frischer wirkten. Eine Kombination von Träg und Jäger zum freistehenden, aber auch abseitsverdächtigen Weißenbacher, brachte das überraschende 1:0, weil der Schiedsrichter diese Abseitsstellung übersah. Noch einmal griffen die Österreicher an, um die drohende Niederlage zu verhindern. Bei einem Konter lief Brazda im falschen Moment aus seinem Tor und konnte dadurch einen eher harmlosen Roller von Jäger nicht mehr erreichen. Mit viel Glück gelang der deutschen Elf ein sensationeller Sieg.

❖

Vorbericht zum 39. Länderspiel: Eine spielstarke Elf sollte gegen Ungarn auf das Feld geführt werden. Aber es kam wieder einmal anders. Zum einen paßten die Spieler von ihrer Spielanlage her nicht unbedingt zusammen, zum anderen mußten kurzfristig die Stammspieler Hagen, Riegel und Sutor ersetzt werden. Für sie wurden „Bumbas" Schmidt (1.FC Nürnberg), sowie die beiden Neulinge Flink (Kölner BC) und Esser (Holstein Kiel) nachnominiert. Aber auch die Ungarn hatten Aufstellungsprobleme, sie traten mit einem ganz jungen Sturm und Torwart an.

1.7.1922 in Bochum

Deutschland - Ungarn 0:0

SR: Retschury (Österreich), Zuschauer: 35.000

Deutschland: Lohrmann -3 (SpVgg Fürth); H.Müller -3 (Vikt. Hamburg), Mohns -5 (Norden-Nordwest Berlin); Flink -1 (Kölner BC), Tewes -6 (Viktoria 89), H.Schmidt -3 (1.FC Nürnberg); Strobel -2 (1.FC Nürnberg), Franz -2 (SpVgg Fürth), Jäger -17 (Altona 93), Träg -3 (1.FC Nürnberg), Esser -1 (H. Kiel). Mannschaftskapitän: Jäger

Ungarn: Fehér: Fogl II, Fogl III; Kertesz II, Mandl, Blum; Paulusz, Schwarz, Molnar, Hierzer, Himmer

Beste Spieler: Träg, H.Schmidt, Lohrmann, Franz - Blum, Fogl II, Kertesz II, Fogl III

Bericht: Enttäuschte Zuschauer sahen ein schwaches Spiel der deutschen Mannschaft. Bei Tewes und Jäger zeigte sich, daß sie ihren Höhepunkt bereits überschritten hatten. Beide waren viel zu langsam, obwohl „Sommerfußball" geboten wurde. Flink und Esser fehlte die internationale Klasse, und beide Verteidiger hatten einen schlechten Tag. Die Ungarn lagen meistens im Angriff und hätten den Sieg verdient gehabt. Sie scheiterten jedoch an ihrer eigenen Schußkraft und Torhüter „Teddy" Lohrmann.

❖

1922/23

Bilanz 1922/23
4 Spiele: 1 Sieg, 1 Unentschieden, 2 Niederlagen, 4:6 Tore
Zuschauer: 80.000
In 4 Länderspielen wurden 26 Spieler eingesetzt, davon waren 12 Neulinge.

Die Spieler der Saison:

Hans Sutor	3	Spiele
Dr. Carl Zörner	3	"
Walter Risse	3	"
Henry Müller	3	"
Georg Wunderlich	2	"
Hans „Bumbas" Schmidt	2	"
Carl Hartmann	2	"
Ludwig Wieder	2	"
Hans Hagen	2	"
Ernst Eikhof	2	"
Carl Riegel	2	"
Otto Montag	2	"
Leonhard Seiderer	2	"
Andreas Franz	2	"
Heinrich Stuhlfauth	1	Spiel
Anton Kugler	1	"
Hans Lang	1	"
Heinrich Träg	1	"
Josef Müller	1	"
Erich Pohl	1	"
Walter Krause	1	"
Josef Lüke	1	"
Walter Claus-Oehler	1	"
Helmut Maneval	1	"
Hans Sobek	1	"
Luitpold Popp	1	"

Die Tore der Saison:

Carl Hartmann	2	Tore
Leonhard Seiderer	2	"

Mannschaftsführer waren:

Carl Riegel	2	mal
Heinrich Träg	1	"
Georg Wunderlich	1	"

Rangliste der besten Nationalspieler des Jahres
1. Leonhard „Loni" Seiderer (SpVgg Fürth)
2. Carl Riegel (1.FC Nürnberg)
3. Dr.Carl Zörner (VfL Köln 99)
4. Heiner Stuhlfauth (1.FC Nürnberg)
5. Hans Hagen (SpVgg Fürth)
6. Carl Hartmann (Union Potsdam)
7. Hans Sutor (1.FC Nürnberg)
8. Walter Krause (Holstein Kiel)
9. Ernst Eikhof (Viktoria Hamburg)
10. Henry Müller (Viktoria Hamburg)

Vorbericht zum 40. Länderspiel: Am Neujahrstag sollte es zum ersten Aufeinandertreffen mit Italien kommen. Noch war Italien keine Weltmacht im Fußball und die Deutschen siegesgewiß, weil sie endlich aus dem Vollen schöpfen konnten. Außer dem langen Hans Kalb (Beinbruch) vom Club aus Nürnberg, stand die vermeintlich stärkste deutsche Besetzung aus Nürnberg und Fürth zur Verfügung. Sowohl die Berliner, als auch die Hamburger wurden nur noch als zweite Wahl gesehen.

Das 1. Länderspiel gegen Italien 1923; v.l., stehend: Kugler, Stuhlfauth, Lang, Riegel, H.Schmidt, Sutor, Wunderlich, Träg; sitzend: J.Müller, Franz, Seiderer, Hagen.

1.1.1923 in Mailand

Italien - Deutschland 3:1 (0:0)

SR: E. Stutz (Schweiz), Zuschauer: 25.000

Italien: Trivellini; Caligaris, R.De Vecchi; Barbieri, Burlando, Aliberti; Migliavacca, Della Valla, Cevenini III, Santamaria, Bergamino I

Deutschland: Stuhlfauth -5 (1.FC Nürnberg); T.Kugler -1 (1.FC Nürnberg), J.Müller -3; Hagen -3, Lang -2 (alle SpVgg Fürth), H.Schmidt -4 (1.FC Nürnberg); Wunderlich -4 (Stuttg. K.), Franz -3, Seiderer -5 (beide SpVgg Fürth), Träg -4, Sutor -4 (beide 1.FC Nürnberg). Mannschaftskapitän: Träg

Tore: 0:1 Seiderer (72.), 1:1 Cevenini III (79.), 2:1 Santamaria (85.), 3:1 Migliavacca (88.)

Beste Spieler: Caligaris, De Vecchi, Trivellini - Stuhlfauth, Seiderer

Bericht: So siegessicher sich die deutsche Mannschaft vorher gab, so enttäuscht sollte sie werden. Niemand hatte vorher bedacht, daß Italien, nach dem Olympischen Fußballturnier, mit einer abschließenden 0:2 Niederlage gegen Spanien, in 9 Spielen unbesiegt geblieben war. Und unter ihren Gegnern waren, außer England und Dänemark, alle guten europäischen Mannschaften. Dennoch war es kein schwaches Länderspiel einer deutschen Elf. Italien spielte von Beginn an überlegen, aber im Angriff zu umständlich. Was trotzdem auf das deutsche Tor kam, wurde vom großartigen Stuhlfauth gehalten. Mit Fortdauer des Spiels rückte er immer mehr in den Mittelpunkt und schien unüberwindbar. Erst nach etwa einer Stunde wurde die deutsche Elf stärker und kam häufiger zum Torschuß. Aber auch Trivellini war ein guter Torhüter.

Das Spiel wurde ausgeglichener und der deutschen Elf gelang, was die Italiener 60 Minuten lang versäumt hatten: ein Tor. Lang paßte zum über die Mittellinie stürmenden Hagen, der spielte einen Gegner aus und legte Franz den Ball auf den Fuß. Inzwischen hatte sich Seiderer wunderschön freigelaufen, bekam den Ball und gegen seinen harten und plazierten Schuß kam Trivellini zu spät. Eine wunderschöne Fürther Kombination hatte das 1:0 gebracht. Totenstille herrschte im Stadion, nachdem die Zuschauer ihre Elf über 70 Minuten lang frenetisch angefeuert hatten. Nachdem die deutsche Mannschaft zunehmend stärker geworden war, glaubte nach diesem Treffer kaum noch einer an einen italienischen Sieg. Doch dann vertändelte Hagen den Ball gegen Cevenini III und damit begann der Untergang. Die eigentlich schon geschlagene italienische Elf wurde wieder angefeuert und nach vorne getrieben. Die deutsche Abwehr spielte nach dem Ausgleich, und erst recht nach dem 2:1, viel zu offen, so daß Italien noch zum verdienten Sieg kam.

❖

Vorbericht zum 41. Länderspiel: Erstmals nach Kriegsende war Holland wieder Gegner der deutschen Elf. Nach wie vor waren die Niederländer eine Klassemannschaft, die 1920 zum drittenmal Bronze beim Olympischen Fußballturnier errungen hatte. Statt gegen diese Mannschaft eine möglichst starke Elf aufzubieten, wurde beim D.F.B. wieder probiert. Nicht weniger als 8 Neulinge wurden berufen und auf Fürth/Nürnberg ebenso verzichtet, wie auf den besten deutschen Mittelstürmer, „Tull" Harder. Die spielstärkste Region Deutschlands, der Süden, war überhaupt nur durch die beiden Stuttgarter Flügelstürmer vertreten.

10.5.1923 in Hamburg - Hohe Luft
Deutschland - Holland 0:0

SR: A.Björklund (Schweden), Zuschauer: 15.000
Deutschland: Dr.Zörner -1 (VfL Köln 99); Risse -1 (SV Düsseldorf 99), H.Müller -4 (Vikt. Hamb.); Pohl -1 (Arm. Bielef.), Eikhof -1 (Vikt. Hamb.), Krause -3 (H. Kiel); Wunderlich -5 (Stuttg. K.), Lüke -1 (Turn Düsseld.), Hartmann -1 (Union Potsdam), Claus-Oehler -1 (Arm. Bielefeld), Maneval -1 (Stuttg. K.). Mannschaftskapitän: Wunderlich
Holland: de Boer; Denis, v.d.Kluft; Le Fevre, v.Linge, Jole; Groosjohan, Bieshaar, Heijnen, Addicks, Sigmond
Beste Spieler: Dr. Zörner, Krause, Eikhof - de Boer, v.d.Kluft, Denis
Bericht: Von Anfang an war es ein Spiel der Abwehrreihen. Beide Sturmreihen fanden selten ein Mittel gegen ihre Gegenspieler. Was dennoch auf die Tore kam, war sichere Beute der Torleute. Aufregung gab es nur bei einem guten Schuß von Krause, den de Boer vermutlich erst hinter der Linie, und im Nachfassen, halten konnte.

❖

Vorbericht zum 42. Länderspiel: Wie nicht anders zu erwarten, wurde die deutsche Elf vom D.F.B. Spielausschuß auf 6 Positionen neu besetzt. Vier davon aus Nürnberg und zwei aus Berlin. Insgesamt waren 3 Neulinge darunter: Wieder (1.FC Nürnberg), Montag (Norden-Nordwest) und „Hanne" Sobek (Alemannia 90). Letzterer sollte schon bald zum großen Berliner Fußballidol werden.

3.6.1923 in Basel
Schweiz - Deutschland 1:2 (0:1)

SR: G.Mauro (Italien), Zuschauer: 25.000
Schweiz: Pulver; Haag, Gottenkieny; Fässler, Schmiedlin, Pollitz; Sturzenegger, Pache, Afflerbach, Max Abegglen II, Katz
Deutschland: Dr.Zörner -2 (VfL Köln 99); Risse -2 (SV Düsseldorf 99), H.Müller -5 (Vikt. Hamb.); H.Schmidt -5 (1.FC Nürnberg), Eikhof -2 (Vikt. Hamb.), Riegel -6 (1.FC Nürnberg); Montag -1 (Norden-Nordwest), Sobek -1 (Alemannia 90), Hartmann -2 (Union Potsdam), Wieder -1, Sutor -5 (beide 1.FC Nürnberg). Mannschaftskapitän: Riegel
Tore: 0:1 Hartmann (3.), 0:2 Hartmann (71.), 1:2 Pache (86.)
Beste Spieler: Pache, Gottenkieny, Schmiedlin - Riegel, Hartmann, Sutor
Bericht: Besser konnte es nicht beginnen. Nach gut 2 Minuten flankte Montag in die Mitte. Der Ball sprang dem guten Torhüter Pulver unglücklich vor die Knie und prallte Hartmann vor die Füße. Der brauchte nur noch abzustauben. Dann kam die Schweiz. In der 9. Minute traf der aufsteigende Stern Max „Xam" Abegglen III nur die Latte. Zehn Minuten lang konnte sich die deutsche Abwehr nicht mehr befreien. Erst dann wurde das Spiel wieder ausgeglichener. In der 39. Minute traf Afflerbach die Latte und im Gegenzug hatte Hartmann das gleiche Pech. Keine Frage, die deutsche Mannschaft führte zur Halbzeit glücklich mit 1:0.

Nach dem Seitenwechsel wurde die deutsche Elf zusehends stärker und verdiente nun langsam die Führung. Aber es dauerte bis zur 71. Minute, als Sutor gleich 3 Schweizer aussteigen ließ und maßgerecht zu Hartmann passte. Gegen dessen halbhohen Schuß war Pulver machtlos. Auch in der Folgezeit blieb die deutsche Elf überlegen, obwohl dem besten Schweizer, Pache, noch der Ehrentreffer gelang.

❖

Vorbericht zum 43. Länderspiel: Nach dem Erfolg gegen die Schweiz wurde darauf verzichtet, die deutsche Elf wesentlich umzustellen. Lediglich der Nürnberger Popp und die beiden Fürther Franz und Seiderer wurden neu in die Mannschaft genommen. Schweden war inzwischen zu einer europäischen Spitzenmannschaft aufgestiegen und hatte in diesem Jahr gegen Österreich 4:2 gewonnen und gegen Englands Profis nur 2:4 verloren.

29.6.1923 in Stockholm
Schweden - Deutschland 2:1 (0:1)

SR: R.Smedvik (Norwegen), Zuschauer: 15.000
Schweden: S.Lindberg; V.Lund, H.Svensson; Klingström, Friberg, Erik Andersson; Wenzel, Harry Dahl, G.Olsson, Albin Dahl, Kock
Deutschland: Dr.Zörner -3 (VfL Köln 99); Risse -3 (SV Düsseldorf 99), H.Müller -6 (Vikt. Hamburg); Hagen -4 (SpVgg. Fürth), Popp -3, Riegel -7 (beide 1.FC Nürnberg); Montag -2 (Norden-Nordwest), Franz -4, Seiderer -6 (beide SpVgg Fürth), Wieder -2, Sutor -6 (beide 1.FC Nürnberg). Mannschaftskapitän: Riegel
Tore: 0:1 Seiderer (38.), 1:1 H.Dahl (47.), 2:1 A.Dahl (64.)
Beste Spieler: H.Dahl, Friberg, Wenzel - Seiderer, Hagen, Riegel
Bericht: Die Schweden erwiesen sich vom Anpfiff an als der erwartet schwere Gegner und drängten überlegen. Der deutschen Elf gelang vorne wenig, aber sie stand erneut in der Abwehr gut. Erst in den letzten 10 Minuten der ersten Halbzeit konnten sich die Deutschen etwas von diesem Druck befreien, erspielten sich ihrerseits Torgelegenheiten und kamen nach einer Ecke, geschossen von Montag, durch Kopfball von „Loni" Seiderer zur überraschenden Halbzeitführung.

Sofort nach Wiederbeginn verstärkten die Schweden ihren Druck und kamen durch einen unhaltbaren Schuß ihres Torjägers „Hakke" Dahl zum verdienten Ausgleich. Zwar blieb Schweden danach überlegen, aber die deutsche Elf spielte mit und hatte die besseren Torgelegenheiten. Ein zu kurzer Rückpaß von Risse entschied dann die Partie. Albin Dahl war eher am Ball als Dr.Zörner und schob das Leder ins leere Tor. Noch einmal drängte die deutsche Elf auf den Ausgleich, und der freistehende Wieder vergab die größte Chance des Spiels. An dem verdienten Sieg Schwedens gab es jedoch keine Zweifel.

❖

1923/24

Bilanz 1923/24
5 Spiele: 4 Siege, 1 Niederlage, 9:5 Tore
Zuschauer: 93.000
In 5 Länderspielen wurden 30 Spieler eingesetzt, davon waren 6 Neulinge.

Die Spieler der Saison:

Hans Sutor	4	Spiele
Heinrich Stuhlfauth	4	"
Hans „Bumbas" Schmidt	4	"
Hans Kalb	4	"
Walter Risse	3	"
Anton Kugler	3	"
Ludwig Wieder	3	"
Walter Krause	3	"
Rudolf Leip	2	"
Otto „Tull" Harder	2	"
Josef Müller	2	"
Hans Hagen	2	"
Karl Auer	2	"
Andreas Franz	2	"
Leonhard Seiderer	2	"
Dr. Carl Zörner	1	Spiel
Henry Müller	1	"
Ernst Eikhof	1	"
Erich Pohl	1	"
Josef Lüke	1	"
Carl Hartmann	1	"
Walter Claus-Oehler	1	"
Fritz Bache	1	"
Martin Reißmann	1	"
Heinrich Träg	1	"
Willy Ascherl	1	"
Wolfgang Strobel	1	"
Georg Hochgesang	1	"
Hans Lang	1	"

Die Tore der Saison:

Andreas Franz	3	Tore
Karl Auer	2	"
Walter Claus-Oehler	1	Tor
Otto „Tull" Harder	1	"
Hans Sutor	1	"
Ludwig Wiederer	1	"

Mannschaftsführer waren:

Heinrich Stuhlfauth	2	mal
Leonhard Seiderer	2	"
Ernst Eikhof	1	"

2 Elfmeter für Deutschland,
 1 Elfmeter verwandelt durch Franz (gegen Österreich)
 1 Elfmeter verschossen durch Lüke (gegen Finnland)

1 Eigentor gegen Deutschland,
 durch H. Müller (gegen Finnland)

Rangliste der besten Nationalspieler des Jahres
1. Hans „Bumbas" Schmidt (1.FC Nürnberg)
2. Hans Sutor (1.FC Nürnberg)
3. Hans Kalb (1.FC Nürnberg)
4. Heiner Stuhlfauth (1.FC Nürnberg)
5. Andreas „Resi" Franz (SpVgg Fürth)
6. Walter Risse (Hamburger SV)
7. Karl Auer (SpVgg Fürth)
8. Walter Krause (Holstein Kiel)
9. Anton Kugler (1.FC Nürnberg)
10. Ludwig Wieder (1.FC Nürnberg)

Vorbericht zum 44. Länderspiel: Während die Finnen bei ihrer Länderspielreise gegen Deutschland, Österreich und Ungarn mit 4 Ersatzspielern antraten, wurden auf deutscher Seite erneut nur 11 Spieler nominiert. Mit Leip, von Guts Muts Dresden, war ein Neuling darunter. Ansonsten gab es jedoch erneut viel Kritik an dem D.F.B.-Spielausschuß, daß er nur Wieder und Sutor aus Nürnberg und keinen Fürther nominiert hatte. Zu allem Unglück mußte schließlich sogar noch auf Wieder und Harder (HSV) kurzfristig verzichtet werden. Der zusammengewürfelte „Haufen" kam ohne Training zusammen und war in keiner Weise vorbereitet.

12.8.1923 in Dresden - Illgen-Kampfbahn

Deutschland - Finnland 1:2 (1:2)

SR: J. Mutters (Holland), Zuschauer: 20.000

Deutschland: Dr. Zörner -4 (VfL Köln 99); Risse -4 (SV Düsseldorf 99), H. Müller -7 (Vikt. Hamburg); Krause -4 (H. Kiel), Eikhof -3 (Vikt. Hamburg), Pohl -2 (VfL Köln 99); Leip -1 (Guts Muts Dresden), Lüke -2 (Turu Düsseldorf), Hartmann -3 (Union Potsdam), Claus-Oehler -2 (Arm. Bielefeld), Sutor -7 (1.FC Nürnberg). Mannschaftskapitän: Eikhof

Finnland: Tammisalo; England, Lydman; Laine, Soinio, H. Mantila; Moisio, Korma (Fallström), Eklöf, Linna, Kelin

Tore: 0:1 H. Müller (10. Eigentor), 0:2 Linna (27.), 1:2 Claus-Oehler (31.)

Beste Spieler: Sutor, Risse, Krause - Tammisalo, Soinio, England

Bericht: Von Beginn an war es ein Spiel auf das Tor der Finnen. Dort stand jedoch eine Abwehr, die im Kopfballspiel und Zweikampf ihren Gegenspielern in jeder Beziehung überlegen war. Lediglich vom kleinen Nürnberger Sutor ging ständig Gefahr aus. Aber selbst beste Vorlagen konnte der schwache Innensturm nicht verwerten. Die Finnen waren mit wenigen Angriffen effektiver, sie bedrängten nicht nur die deutschen Abwehrspieler, wenn diese den Ball führten, sondern waren auch sonst stets schneller. Aus einer solchen Bedrängnis heraus machte Henry Müller eine Rückgabe, unhaltbar für Dr. Zörner. Während Deutschland weiter stürmte, überliefen die Finnen bei ihrem 4. Konter die deutsche Abwehr und Linna verwandelte mit einem harten Schuß zum 2:0. Das einzige deutsche Tor fiel vier Minuten später, irregulär. Claus-Oehler köpfte nach einem Eckball ein, hatte sich jedoch dabei eindeutig aufgestützt. Trotz klarer Überlegenheit lag die deutsche Elf bei Halbzeit 1:2 zurück.

Nach dem Seitenwechsel das gleiche Bild. Die deutsche Mannschaft hoch überlegen, aber schlecht im Abschluß. Dann schien doch der Ausgleich zu fallen, als Sutor unwiderstehlich davonzog und im Strafraum von den Beinen geholt wurde. Doch Lüke schoß den fälligen Elfmeter in der 50. Minute über das Tor. Trotz klarer Torchancen und 9:1 Ecken wurde das Spiel verloren.

❖

Vorbericht zum 45. Länderspiel: Zum drittenmal hintereinander war eine skandinavische Mannschaft Länderspielgegner der deutschen Elf. Erstmals hieß der Gegner Norwegen. Auf beiden Seiten spielte ein Spieler des Deutschen Meisters HSV, hier Otto „Tull" Harder und sein Gegenspieler „Assi" Halvorsen. Vom D.F.B. Spielausschuß wurde endlich die Mannschaft gezielter zusammengestellt. Harder und einige Nürnberger kehrten in die Nationalelf zurück. Mit Bache (Wacker 04 Berlin) und Reißmann, der den rechten Flügel mit Leip (beide Guts Muts Dresden) bildete, waren 2 Neulinge nominiert. Der Rechtsaußenposten war in

1923 in Basel 2:1 gegen die Schweiz; v.l., stehend: Montag, Sobek, Hartmann, Nägele (Ersatz), Wieder, Roller (Ersatz), Sutor, H.Müller, J.Müller (Ersatz); sitzend: Eikhof, Risse, Dr.Zörner, Stuhlfauth (Ersatz), H.Schmidt, Riegel.

diesen Jahren die am schwächsten besetzte Position. Zwar waren mit Strobel (Nürnberg), Auer (Fürth), Leip (Dresden) und Montag (Berlin) gleich 4 gute Leute vorhanden, aber keiner war so beständig in seinen Leistungen, wie der kleine Sutor auf Linksaußen. Dafür setzte sich auf der zentralen Position des Mittelläufers nun endgültig Nürnbergs Riese, Hans Kalb, durch und an seiner Seite der bärenstarke Hans „Bumbas" Schmidt. Nach der blamablen Niederlage gegen Finnland sollte das Norwegen-Spiel ein Neuanfang werden.

4.11.1923 in Hamburg
Deutschland - Norwegen 1:0 (1:0)

SR: Th. van Zwieteren (Holland), Zuschauer: 15.000

Deutschland: Stuhlfauth -6 (1.FC Nürnberg); Risse -5 (SV Düsseldorf 99), Bache -1 (Wacker 04); H.Schmidt 6, Kalb -4 (beide 1.FC Nürnberg), Krause -5 (H. Kiel); Leip -2, Reißmann -1 (beide Guts Muts Dresden), Harder -5 (HSV), Wieder -3, Sutor -8 (beide 1. FC Nürnberg). Mannschaftskapitän: Stuhlfauth

Norwegen: H.Hofstad; M.Johansen, Goberg; Eika, Assi Halvorsen, G.Andersen; Wilhelms, Ström, B.Johnsen, Berstad, H.Lunde

Tor: 1:0 Harder (22.)

Beste Spieler: Kalb, H.Schmidt, Sutor - Halvorsen, Wilhelm, Hofstad

Bericht: Zwei grundverschiedene Systeme standen sich innerhalb der deutschen Mannschaft gegenüber. Einerseits die tonangebenden Nürnberger mit ihrer Technik und Taktik, andererseits die Kämpfer. Aber in den 90 Minuten wurde keine Mannschaft daraus. Die deutsche Elf spielte zwar ständig überlegen und beherrschte ihren Gegner dank der großartigen Läuferreihe, aber auf einen Stürmer wie Otto Harder ging keiner ein. So blieb der lang erwartete „Tull" Harder in der Nationalelf blaß, obwohl er im Anschluß an die vierte Ecke durch Sutor das goldene Tor schoß. Torhüter Hofstad hatte den Ball genau vor die Füße des am Strafraum lauernden Harder gefaustet, der sofort flach und unhaltbar abzog. Im weiteren Verlauf des Spiels fehlte die Bindung im deutschen Spiel und viele Torgelegenheiten gab es auf beiden Seiten nicht. Trotz des Sieges waren die Zuschauer enttäuscht.

❖

Luitpold Popp (1. FC Nürnberg): vom Verteidiger bis zum Stürmer konnte er alles spielen.

Vorbericht zum 46. Länderspiel: Gegen Österreich, unter ihrem Trainer Hugo Meisl, der später das legendäre Wunderteam führte, hatte die deutsche Mannschaft eine wesentlich schwerere Aufgabe zum Jahresbeginn 1924, als zuletzt gegen Norwegen. Als Konsequenz aus dem Spiel in Hamburg wurde für diesen Vergleich mit Österreich eine rein Nürnberg/Fürther Kombination aufgeboten, die beide das gleiche System spielten. Da Hugo Meisl im Begriff war, eine neue Mannschaft zu finden, wurden der deutschen Elf durchaus Siegchancen eingeräumt. Im übrigen war es für über 7 Jahre das letzte Spiel gegen Österreich, weil dort das Profitum eingeführt wurde und Österreich deshalb vom D.F.B. in offiziellen Spielen geschnitten wurde.

13.1.1924 in Nürnberg
Deutschland - Österreich 4:3 (3:0)

SR: Hebak (Tschechoslowakei), Zuschauer: 20.000

Deutschland: Stuhlfauth -7; T.Kugler -2 (beide 1.FC Nürnberg), J.Müller -4; Hagen -5 (beide Fürth), Kalb -5, H.Schmidt -7 (beide 1.FC Nürnberg); Auer -1, Franz -5, Seiderer -7 (alle SpVgg Fürth), Wieder -4, Sutor -9 (beide 1.FC Nürnberg). Mannschaftskapitän: Seiderer

Österreich: Aigner; Tandler, Blum; Kurz, Chrenka, K.Geyer; Seidl, Jiszda, J.Horvath, Swatosch, Wieser

Tore: 1:0 Auer (24.), 2:0 Franz (35.), 3:0 Franz (42. Handelfmeter), 3:1 Swatosch (67.), 4:1 Franz (72.), 4:2 Jiszda (79.), 4:3 Horvat (83.)

Beste Spieler: Franz, Kalb, H.Schmidt - Swatosch, Chrenka

Bericht: Auf einer dünnen Schneedecke fand die österreichische Elf sofort zu ihrem Spiel. Eine Viertelstunde lang beherrschten sie ihren Gegner, bei dem vorne nichts zusammenlief. Dann aber kam die deutsche Elf. Die Kombinationen liefen auf einmal flüssig. „Bumbas" Schmidt machte Druck nach vorn und in der 24. Minute war es passiert. Seiderer fing einen Abstoß von Aigner ab und spielte Wieder an. Der legte sich den Ball zu weit vor, hatte jedoch Glück, sofort wieder an den Ball zu kommen und schoß an die Latte. Der mitgelaufene Auer hatte keine Mühe, zum 1:0 zu vollenden. Die deutsche Elf spielte jetzt einen Klassefußball und beherrschte Österreich nach Belieben. Ein Angriff nach dem anderen rollte gegen das Tor von Aigner. Als in der 35. Minute durch Franz, nach schneller Drehung und auf Vorlage von Seiderer, das 2:0 fiel, hätten schon weitere Tore fallen können. Zeitweilig glich die österreichische Abwehr einem aufgescheuchten Hühnerhaufen, und in der 42. Minute stoppte Blum eine Flanke von Sutor mit beiden Händen. Den fälligen Elfmeter verwandelte „Resi" Franz in gewohnt sicherer Manier zum 3:0 Halbzeitstand.

Trotz des deutlichen Rückstandes war nach der Pause nichts von Resignation bei den Österreichern zu spüren. Sie erkämpften sich ein Übergewicht und ließen die deutschen Stürmer immer wieder ins Abseits laufen. In der 67. Minute verwandelte Swatosch eine Ecke direkt. Österreich drängte noch mehr, aber ein Konter brachte Franz in günstige Position, allein vor Aigner, der keine Abwehrchance hatte. Nun zweifelte niemand mehr an einem Sieg der deutschen Elf, doch es sollte sehr eng werden. In der 78. Minute konnte Heiner Stuhlfauth einen scharfen Schuß von Swatosch nicht festhalten und Jiszda gelang aus dem Gedränge heraus der zweite Treffer für Österreich.

Bei der deutschen Elf lief nun im Sturm nichts mehr, so daß die Österreicher immer wieder schnell vor dem deutschen Tor auftauchten. Nach einer Ecke schoß Chrenka an die Latte und Horvath verwandelte den zurückprallenden Ball zum Anschlußtreffer. Sieben Minuten lang, mit einigen guten Kontern für Deutschland, die aber durch falsche Abseitsentscheidungen zunichte gemacht wurden, mußten die Zuschauer noch zittern. Dann war das Spiel gewonnen.

❖

Vorbericht zum 47. Länderspiel: Vor dem Länderspiel in Amsterdam gab es den großen Krach zwischen Nürnberg und Fürth. Beide waren nicht nur miteinander zerstritten, sondern verfeindet. Dem D.F.B. gelang es zwar nach vielen Absagen aus beiden Lagern, daß sie doch zum Länderspiel antraten, sie fuhren jedoch in zwei getrennten Waggons. Es gab weder auf der Hin-, noch auf der Rückreise einen Wortwechsel zwischen den Spielern. Die Nürnberger beachteten die Fürther nicht und umgekehrt dasselbe. Bis auf Wieder und Sutor war die Elf vom Österreich-Spiel aufgeboten. Für die beiden fehlenden waren mit Träg und Ascherl ein Nürnberger und Fürther nominiert. Im übrigen waren mit Mauch (Stuttg. K.), Jäger (Altona 93) und Wieder (1.FC Nürnberg) erstmals auch 3 Ersatzspieler nominiert, die jedoch die Reise nicht mitmachten.

21.4.1924 in Amsterdam
Holland - Deutschland 0:1 (0:1)

SR: F. Herren (Schweiz), *Zuschauer:* 30.000

Holland: de Boer; Denis, Tetzner; Le Fevre, v.Linge, v.Krom; Groosjohan, Koonings, Pijl, Sigmond, de Natris

Deutschland: Stuhlfauth -8 (1.FC Nürnberg); J.Müller -5 (Fürth), T.Kugler -3 (1.FC Nürnberg); Hagen -6 (Fürth), Kalb -6,

Leonhard „Loni" Seiderer (SpVgg Fürth) gehörte zu den Großen der 20er Jahre.

H.Schmidt -8 (beide 1.FC Nürnberg); Auer -2, Franz -6, Seiderer -8 (alle Fürth), Träg -5 (1.FC Nürnberg), Ascherl -1 (SpVgg Fürth). Mannschaftskapitän: Seiderer

Tor: 0:1 Auer (26.)

Beste Spieler: Denis, de Natris, Groosjohan - H.Schmidt, Auer, Stuhlfauth

Bericht: Mit heftigem Ostwind im Rücken diktierten die Gastgeber vom Anpfiff an das Spiel. Die erste Torgelegenheit bot sich jedoch erst in der 20. Minute, als Groosjohan nur die Latte traf. Deutschlands Stürmer liefen ein ums andere Mal in die holländische Abseitsfalle. Insgesamt 30 (!) mal in den 90 Minuten. In der 26. Minute überlistete Träg diese Abseitsfalle, spielte Ascherl in den Lauf und dessen direkte Flanke verwandelte Auer mit dem Kopf. Bis zur Pause blieben die Holländer überlegen, weil der deutsche Angriff frühzeitig durch Abseits zum Erliegen kam.

Nach dem Seitenwechsel lief es besser bei der deutschen Elf. Sie bekam ein Übergewicht und hatte Chancen, das Ergebnis zu erhöhen. Erstaunlich, daß es trotz der Zerstrittenheit zwischen den Nürnbergern und Fürthern zu einem guten Zusammenspiel kam.

❖

3 Spieler des HSV, die in den 20er Jahren für die Nationalelf spielten: Beier, Blunk und Risse.

Vorbericht zum 48. Länderspiel: Es war eine neue Zeit des deutschen Fußballs gekommen. Drei Siege hintereinander hatte es noch nie gegeben. Trotzdem wurde immer lauter nach einem Alleinverantwortlichen, wie in Österreich Hugo Meisl, gerufen. Auch die Kritik am Nürnberg/Fürther Streit wurde immer größer und viele forderten den Verzicht auf Spieler mit solch unsportlichem Verhalten. Walter Bensemann, der wohl größte Pionier des deutschen Fußballs, vollbrachte dann das nicht für möglich gehaltene Kunststück, die beiden verfeindeten Seiten wieder zusammenzuführen. Er lud die Spieler beider Mannschaften, ohne daß die jeweils andere Seite davon wußte, in ein Nobelhotel ein. Dort saßen sie nun alle an einem Tisch und konnten sich nicht, in solch einer Umgebung, streiten. Nach einigen Vierteln Wein war Bensemanns List geglückt. Die Feindschaft war beendet.

Am Olympischen Fußballturnier durfte die deutsche Mannschaft auch diesmal nicht teilnehmen. Norwegen nahm ebenfalls nicht an Olympia teil, so daß die beiden ein Freundschaftsspiel austragen konnten. Diesmal wurde eine Nürnberger Mannschaft mit 3 Hamburgern, Harder und Risse (vormals Düsseldorf), sowie Lang (vormals Fürth) nominiert. Neu war auch, daß mit dem Kieler Krause ein Ersatzspieler die Reise mitmachte.

15.6.1924 in Oslo
Norwegen - Deutschland 0:2 (0:2)

SR: A.Björklund (Schweden), Zuschauer: 8.000
Norwegen: H.Hofstad; M.Johansen, Goberg; Berner, A.Lindberg, G.Andersen (Berntsen); M.Paulsen, H.Dahl, Thorstensen, Berstad, H.Lunde
Deutschland: Stuhlfauth -9 (1.FC Nürnberg); Risse -6 (HSV), T.Kugler -4 (1.FC Nürnberg); Lang -3 (HSV), Kalb -7, H.Schmidt -9; Strobel -3, Hochgesang -1 (alle 1.FC Nürnberg), Harder -6 (HSV), Wieder -5, Sutor -10 (beide 1.FC Nürnberg), ab 68. Krause -6 (H. Kiel). Mannschaftskapitän: Stuhlfauth
Tore: 0:1 Sutor (18.), 0:2 Wieder (36.)
Beste Spieler: Hofstad, M.Johansen - Stuhlfauth, Sutor, Lang
Bericht: Im fünften und letzten Spiel der Saison feierte die deutsche Elf ihren vierten Sieg. Dabei bot sie in der ersten Halbzeit ein ausgezeichnetes Spiel, das alle Erwartungen übertraf. Der Ball lief zügig in den eigenen Reihen und die Norweger kamen kaum in Ballbesitz. Beide Tore wurden nach brillantem technischen Können erzielt.

Nach dem Seitenwechsel änderte sich das Bild. Norwegen wurde überlegen, scheiterte jedoch immer wieder an dem überragenden Stuhlfauth. Mitte der zweiten Halbzeit verletzte sich Linksaußen Sutor und es bewährte sich, daß erstmals offiziell ein Ersatzspieler mitgenommen wurde. Der Kieler Krause konnte dabei mithelfen, die Abwehr zu verstärken. Auch in der zweiten Spielhälfte hatte die deutsche Elf trotz norwegischer Überlegenheit noch viele gute Torchancen, das Ergebnis auszubauen. Die größte Torgelegenheit für Norwegen vergab Thorstensen, der einen Freistoß aus 16 Metern an die Latte donnerte.

Gesamtbilanz 1908 - 1924
48 Spiele: 13 Siege, 10 Unentschieden, 25 Niederlagen, 99:125 Tore
Heim: 21 Spiele: 5 Siege, 5 Unentschieden, 11 Niederlagen, 30:45 Tore
Auswärts: 27 Spiele: 8 Siege, 5 Unentschieden, 14 Niederlagen, 69:80 Tore
Zuschauer insgesamt: 722.100
Heim: 316.000, Auswärts: 406.100

Die meisten Länderspiele:
1. Eugen Kipp (Spfr. Stuttg./Kick. Stuttg.) — 18 Spiele
2. Adolf Jäger (Altonaer FC 93) — 17 "
3. Camillo Ugi (VfB Leipzig/Spfr. Breslau) — 15 "
   Karl Wegele (Phönix Karlsruhe) — 15 "
5. Adolf Werner (H. Kiel/Vikt. Hamb.) — 13 "
6. Karl Burger (SpVgg Fürth) — 11 "
   Walter Hempel (Spfr. Leipzig) — 11 "
   Fritz Förderer (Karlsruher FV) — 11 "
9. Helmut Röpnack (Viktoria 89) — 10 "
   Hans Sutor (1.FC Nürnberg) — 10 "

Die meisten Tore:
1. Gottfried Fuchs (Karlsruher FV) — 14 Tore
2. Adolf Jäger (Altonaer FC 93) — 11 "
3. Fritz Förderer (Karlsruher FV) — 10 "
   Eugen Kipp (Spfr. Stuttg./Kick. Stuttg.) — 10 "
5. Willi Worpitzky (Viktoria 89) — 5 "
   Andreas Franz (SpVgg Fürth) — 5 "
7. Ernst Möller (Holstein Kiel) — 4 "
   Julius Hirsch (Karlsruher FV/SpVgg Fürth) — 4 "
   Leonhard Seiderer (SpVgg Fürth) — 4 "
10. Otto Dumke (Viktoria 89) — 3 "
11. Fritz Becker (Kickers Frankfurt) — 2 "
    Richard Queck (Eintr. Braunschweig) — 2 "
    Karl Wegele (Phönix Karlsruhe) — 2 "
    Josef Herberger (Waldhof Mannheim) — 2 "
    Carl Hartmann (Union Potsdam) — 2 "
    Otto „Tull" Harder (Hamburger SV) — 2 "
    Hans Sutor (1.FC Nürnberg) — 2 "

Am häufigsten Mannschaftsführer waren:
1. Camillo Ugi — 9 mal
   Adolf Jäger — 9 "
3. Max Breunig — 7 "
4. Dr.Josef Glaser — 4 "
5. Leonhard Seiderer — 3 "
6. Arthur Hiller III — 2 "
   Eugen Kipp — 2 "
   Karl Tewes — 2 "
   Carl Riegel — 2 "
   Heinrich Stuhlfauth — 2 "
11. Paul Hunder — 1 "
    Christian Schmidt — 1 "
    Helmut Röpnack — 1 "
    Heinrich Träg — 1 "
    Georg Wunderlich — 1 "
    Ernst Eikhof — 1 "

9 Elfmeter für Deutschland:
5 Elfmeter verwandelt durch Förderer (1908 gegen England), Breunig (1911 gegen die Schweiz), Jäger (1913 gegen Dänemark), Jäger (1921 gegen Ungarn), Franz (1924 gegen Österreich)
4 Elfmeter verschossen durch Breunig (1910 gegen Holland), Breunig (1913 gegen Holland), Kalb (1922 gegen Österreich), Lüke (1923 gegen Finnland)

7 Elfmeter gegen Deutschland:
4 Elfmeter verwandelt durch Dlabac (Österreich) 1908, Schlosser (Ungarn) 1912, Weiss (Schweiz) 1912, Kuthan (Österreich) 1921
3 Elfmeter verschossen durch Schweden 1911, Finnland 1922, Neumann (Österreich) 1922

3 Eigentore gegen Deutschland,
erzielt durch Breunig (1910 gegen Holland), Breunig (1912 gegen Holland), H.Müller (1924 gegen Finnland)

Nationalspieler des Jahres
1907/08 Förderer (KFV)
1908/09 Ad.Werner (H. Kiel)
1909/10 Kipp (Spfr. Stuttg.)
1910/11 Ugi (VfB Stuttg.)
1911/12 Breunig (KFV)
1912/13 Jäger (Altona 93)
1913/14 Wegele (Phönix Karlsr.)
1920/21 Tewes (Viktoria 89)
1921/22 Franz (SpVgg Fürth)
1922/23 Seiderer (SpVgg Fürth)
1923/24 H.Schmidt (1.FC Nürnberg)

1924/25

Bilanz 1924/25
7 Spiele: 1 Sieg, 1 Unentschieden, 5 Niederlagen, 9:16 Tore
Zuschauer: 170.000
in 7 Länderspielen wurden 44 Spieler eingesetzt, davon waren 21 Neulinge.

Die Spieler der Saison:

Paul Paulsen-Pömpner	6	Spiele
Hans Lang	5	"
Otto „Tull" Harder	4	"
Hermann Lux	3	"
Albert Beier	3	"
Josef Müller	3	"
Hans Hagen	3	"
Heinrich Stuhlfauth	3	"
Hans Kalb	3	"
Hans „Bumbas" Schmidt	3	"
Karl Höger	2	"
Andreas „Resi" Franz	2	"
Josef Herberger	2	"
Kurt Voß	2	"
Georg Ertl	2	"
August Werner	2	"
Emil Kutterer	2	"
Otto Martwig	2	"
Otto Montag	2	"
Karl Schulz	2	"
Hans Ruch	2	"
Werner Kuhnt	1	Spiel
Walter Risse	1	"
Fritz Bache	1	"
Albert Eschenlohr	1	"
Rudolf Leip	1	"
Carl Hartmann	1	"
Willi Kirsei	1	"
Georg Schumann	1	"
Luitpold Popp	1	"
Gustav Roller	1	"
Wolfgang Strobel	1	"
Georg Hochgesang	1	"
Ernst Bantle	1	"
Hans Sutor	1	"
Anton Kugler	1	"
Henry Müller	1	"
Hans Fleischmann	1	"
Kurt Meißner	1	"
Adolf Jäger	1	"
Karl Zolper	1	"
Hans Sobek	1	"
Max Niederbacher	1	"
Oskar Ritter	1	"
Adolf Jäger	1	"

Die Tore der Saison:

Otto „Tull" Harder	3	Tore
Paul Paulsen-Pömpner	3	"
Kurt Voß	2	"
Hans Ruch	1	Tor

Mannschaftsführer waren:

Otto „Tull" Harder	3	mal
Hans „Bumbas" Schmidt	1	"
Adolf Jäger	1	"
Hans Lang	1	"
Paul Paulsen-Pömpner	1	"

1 Elfmeter für Deutschland,
verwandelt durch Ruch (gegen Finnland)

1 Elfmeter gegen Deutschland,
verwandelt durch Kelin (Finnland)

Rangliste der besten Nationalspieler des Jahres
1. Paul Paulsen-Pömpner (VfB Leipzig)
2. Otto „Tull" Harder (Hamburger SV)
3. Heiner Stuhlfauth (1.FC Nürnberg)
4. Georg Ertl (Wacker München)
5. Josef Müller (SpVgg Fürth)
6. Albert Beier (Hamburger SV)
7. Karl Höger (VfR Mannheim)
8. Hans „Hanne" Sobek (Alemannia 90)
9. Hans Hagen (SpVgg Fürth)
10. Hans „Bumbas" Schmidt (1.FC Nürnberg)

Vorbericht zum 49. Länderspiel: Nach 4 Siegen in Folge begann die neue Saison schlecht. Die Nürnberg/Fürther „streikten" und so wurden 6 Neulinge in das Aufgebot berufen. Vier davon machten ihr erstes und letztes Länderspiel; insgesamt 7 Spieler der Mannschaft standen zum letztenmal in der Nationalelf. Auch die Schweden kamen nicht mit ihrer besten Mannschaft, sondern verzichteten auf die Spieler ihrer beiden Spitzenklubs wegen des entscheidenden Meisterschaftsspiels. Ein Vorteil war allerdings für die Schweden, daß sie mitten in der Saison standen, während in Deutschland der Ligafußball gerade erst wieder begonnen hatte.

31.8.1924 in Berlin

Deutschland - Schweden 1:4 (1:4)

SR: F.Herren (Schweiz), Zuschauer: 25.000
Deutschland: Kuhnt -1 (Norden-Nordwest); Risse -7 (HSV), Bache -2 (Wacker 04); Eschenlohr -1, Lux -1 (beide Tennis Borussia), Lang -4 (HSV); Leip -3 (Guts Muts Dresden), Hartmann -4 (Vikt. Hamburg), Harder -7 (HSV), Kirsei -1 (Hertha BSC), Paulsen-Pömpner -1 (VfB Leipzig), ab 72. Schumann -1 (Vorwärts Berlin).
Mannschaftskapitän: Harder
Schweden: S.Lindberg; Alfredsson, Persson; E.Johansson, G.Holmberg, E.Andersson; Wenzel, Rydberg, Malm, B.Carlsson, Th.Svensson
Tore: 0:1 Wenzel (19.), 1:1 Harder (28.), 1:2 Malm (80.), 1:3 Rydberg (81.), 1:4 Carlsson (89.)
Beste Spieler: Harder, Risse - Lindberg, Wenzel
Bericht: Vom Anpfiff weg übernahm der frischgebackene Olympiadritte die Initiative. Die erste große Torchance hatte jedoch die deutsche Elf, als Harder in eine Paulsen-Flanke sprang und der Kopfball nur knapp über die Latte strich. Das 1:0, als Wenzel den übernervösen Kuhnt auf dem falschen Fuß erwischte, war zu diesem Zeitpunkt bereits verdient. Auch nach dem Rückstand kam Deutschland kaum ins Spiel, bis Harder von der Mittellinie an mit einem Paß von Kirsei auf und davon zog und den Ball flach in die unterste Torecke jagte. Obwohl Schweden überlegen blieb, häuften sich bei Kontern die deutschen Torgelegenheiten, bis Paulsen sich verletzte. Er spielte zwar weiter, war aber nicht mehr im Vollbesitz seiner Kräfte.

Nach dem Seitenwechsel spielte er noch bis zur 72. Minute mit einem Kopfverband weiter, dann wurde der Berliner Schumann für ihn eingewechselt. Leider war Schumann wie Kuhnt, Leip, Eschenlohr und Bache ein Totalausfall. Dennoch hatte die deutsche Elf auch in der zweiten Halbzeit eine Reihe guter Chancen, die jedoch vom großartigen Lindberg vereitelt wurden. Zum Schluß brach die deutsche Elf dann restlos ein. Kuhnt hätte jedoch alle 3 Treffer verhindern können.

❖

Diese Elf erzielte den ersten Sieg gegen Holland 1924 mit 1:0; v.l., stehend: Blaschke (DFB), Kalb, Mauch, Franz, Stuhlfauth, Seiderer, J.Müller, Wieder, Kugler, Träg, H.Schmidt; vorne: Auer, Ascherl, Hagen.

Vorbericht zum 50. Länderspiel: Zum Jubiläumsländerspiel waren die Nürnberger wieder mit von der Partie und so hoffte man, Anschluß an die erfolgreiche Saison 1923/24 zu finden. Mit Roller (1.FC Pforzheim) und Bantle (Freiburger FC) waren zwei Neulinge neben der Hamburg/Nürnberger Kombination berufen. Auch gegen Ungarn wurde es nach Einführung des Professionalismus das vorläufig letzte Länderspiel.

21.9.1924 in Budapest - F.T.C. Platz
Ungarn - Deutschland 4:1 (2:0)

SR: H.Retschury (Österreich), Zuschauer: 40.000
Ungarn: Zsak (29. Fischer); Fogl II, Fogl III; Rokken, Nyül, Blum; Braun, Takacs, Orth, Szentmiklossy, Jenny
Deutschland: Stuhlfauth -10; Popp -4 (beide 1.FC Nürnberg), Roller -1 (1.FC Pforzheim); Lang -5 (HSV), Kalb 8, H.Schmidt -10; Strobel -4, Hochgesang -2 (alle 1.FC Nürnberg), Harder -8 (HSV), Bantle -1 (Freib. FC), Sutor -11 (1.FC Nürnberg). Mannschaftskapitän: Harder
Tore: 0.1 Szentmiklossy (34.), 0:2, 0:3 Takacs (41., 48.), 1:3 Harder (55.), 1:4 Takacs (77.)
Beste Spieler: Orth, Blum, Fakacs - Harder, H.Schmidt
Bericht: Erneut ein schwaches Länderspiel der deutschen Elf. Zwischen den Nürnbergern und dem Rest der Mannschaft kam nie ein gutes Zusammenspiel zustande; lediglich bei Harder und „Bumbas" Schmidt war Einsatz zu erkennen. Alle anderen versteckten sich fast vor ihren Gegnern, so daß die Ungarn über 90 Minuten die überlegene Mannschaft waren. Ein Alleingang von der Mittellinie aus führte durch den Hamburger Harder zum einzigen Treffer für die deutsche Mannschaft.

❖

Vorbericht zum 51. Länderspiel: Zum zweitenmal waren die Italiener Gegner der deutschen Mannschaft, die nach zwei 1:4 Niederlagen auf 8 Posten umbesetzt wurde. Erfreulich, daß auch Ersatzspieler nominiert wurden. Mit Höger, Fleischmann, Herberger und Meißner wurden 4 Stürmer des VfR Mannheim aufgeboten, von denen Fleischmann und Meißner Neulinge waren.

23.11.1924 in Duisburg
Deutschland - Italien 0:1 (0:0)

SR: Th. van Zwieteren (Holland), Zuschauer: 40.000
Deutschland: Stuhlfauth -11 (1.FC Nürnberg); J.Müller -7 (SpVgg Fürth), T.Kugler -5 (1.FC Nürnberg), ab 78. H.Müller -8 (Vikt. Hamburg); Hagen -7 (SpVgg Fürth), Kalb -9, H.Schmidt -11 (beide 1.FC Nürnberg); Höger -3, Fleischmann -1, Herberger -2 (alle VfR Mannheim), ab 67. Franz -7 (SpVgg Fürth), Meißner -1 (VfR Mannheim), Paulsen-Pömpner -2 (VfB Leipzig). Mannschaftskapitän: H.Schmidt
Italien: De Prà; Caligaris, De Vecchi; Barbieri, Burlando, Aliberti (Genovesi); Conti (Mattuteia), Della Valle (Bellini), Janni, Magnozzi, Levratto
Tor: 0:1 Janni (56.)
Beste Spieler: Höger, J.Müller, Stuhlfauth - Caligaris, De Vecchi, De Prà
Bericht: Zur Überraschung aller bot die deutsche Elf ein ausgezeichnetes Spiel. Der Mannheimer Angriff glänzte durch seine Technik und das flüssige Kombinationsspiel. Nur die großartige italienische Verteidigung konnte ein Tor verhindern. In der 12. Minute hatte De Pra jedoch viel Glück, als Herberger nur die Latte traf. Er fiel dabei so unglücklich auf den Arm, daß er vorübergehend ausscheiden und später ausgetaucht werden mußte.

Die Italiener blieben zwar stets gefährlich, aber die deutsche Elf war stärker. Ein Abseitstor ermöglichte den Italienern den Sieg. Schon Conti stand bei der Ballannahme im Abseits. Bei seiner Flanke zu Janni, der unhaltbar einköpfte, stand der Mittelstürmer gleich 3 - 4 Meter im Abseits, weshalb Hagen gar nicht angriff. Der Pfiff des Schiedsrichters blieb jedoch aus, daß Janni ungehindert köpfen konnte. Danach wurde die deutsche Elf noch überlegener und das Spiel der Italiener immer härter. Viele Fouls unterbrachen den Spielfluß der deutschen Elf und schließlich mußte auch Kugler ausgewechselt werden.

❖

Das Aufgebot für die Skandinavien-Reise 1925 mit Spielen gegen Schweden (0:1) und Finnland (5:3); v.l., hintere Reihe: Hofschneider (DFB), Voß, Beier, Werner, Lux, Kutterer, Lang, Ritter, Blaschke (DFB); mittlere Reihe: Martwig, Paulsen, Niederbacher, Montag; vorne: Ruch, Ertl, Rischer, H.Schulz.

Vorbericht zum 52. Länderspiel: Der Olympiazweite und inoffizielle Europameister, die Schweiz, war der letzte Gegner der deutschen Mannschaft 1924. Der D.F.B. - Spielausschuß hatte sich mit dem Altinternationalen Max Breunig einen Berater für dieses Spiel hinzugeholt, dessen Kompetenzen waren Vorläufer für den späteren Trainer. Vor allem hatte er die Aufgabe, die Mannschaft auf die neue internationale Abseitsregel umzustellen. Bis jetzt hatten beim Abspiel noch 3 gegnerische Spieler zwischen Angreifer und Tor stehen dürfen, von nun - wie auch heute noch gültig - nur noch 2 Spieler. Dies hatte zur Folge, daß Mittelläufer ihre Offensivposition verloren und vom Spielmacher zum Abwehrchef wurden. Mit dem Nürnberger Hans Kalb hatte die deutsche Nationalmannschaft den idealen Spieler dafür, der von Breunig gut auf die neue Rolle eingestellt wurde. Mit Albert Beier (HSV) holte Breunig zudem einen Neuling, der das moderne Verteidigerspiel der weiten Schläge auf die Flügel beherrschte. Und zum letztenmal stand der 38jährige Adolf Jäger in der Nationalelf, der damit zu seinem 18. Länderspiel kam und Rekordnationalspieler wurde.

14.12.1924 in Stuttgart - SC Platz
Deutschland - Schweiz 1:1 (0:1)

SR: J.Mutters (Holland), Zuschauer: 20.000
Deutschland: Stuhlfauth -12 (1.FC Nürnberg); Beier -1 (HSV), J.Müller -7 (SpVgg Fürth); Hagen -8 (SpVgg Fürth), Kalb -10, H.Schmidt -12 (beide 1.FC Nürnberg); Höger -4 (VfR Mannheim), Franz -8 (SpVgg Fürth), Jäger -18 (Altona 93), Harder -9 (HSV), Paulsen-Pömpner -3 (VfB Leipzig). Mannschaftskapitän: Jäger
Schweiz: Pulver; Schneebeli, Ramseyer; Oberhauser, Schmiedlin, Osterwalder; Weiler I, Pache, Dietrich, Abegglen II, W.Müller
Tore: 0:1 Dietrich (26.), 1:1 Harder (71.)
Beste Spieler: Stuhlfauth, Hagen, J.Müller, Beier - Oberhauser, Schmiedlin, Pache, Abegglen II
Bericht: In der ersten Halbzeit war die Schweiz die klar stärkere Elf, weil im deutschen Angriff nichts zusammenlief. Die deutsche Abwehr war allerdings bestens im Bilde und konnte nur einmal ausgespielt werden. Eine Flanke von Pache über die gesamte Abwehr hinweg, nahm der bei den Stuttgarter Kickers spielende Linksaußen W. Müller direkt. Stuhlfauth konnte mit einer Glanzparade großartig abwehren, war aber am Boden liegend gegen den Nachschuß von Dietrich machtlos.

Nach dem Seitenwechsel war die deutsche Mannschaft nicht wiederzuerkennen. Von der Läuferreihe angetrieben, lag sie fast ständig im Angriff, aber die Stürmer vergaben serienweise beste Torgelegenheiten, bis Harder endlich der Ausgleich gelang. Kurz darauf traf Abegglen II nur die Latte und in der 82. Minute hatte Franz das gleiche Pech. Ein in der Schlußphase gutes und hochdramatisches Spiel endete mit einem Unentschieden.

❖

Vorbericht zum 53. Länderspiel: Mit den Neulingen Zolper (CfR Köln) und Voss (Holstein Kiel), sowie einer auf 6 Positionen veränderten Mannschaft, mußte das Länderspiel bestritten werden, weil der 1.FC Nürnberg den D.F.B. „bestreikte". So stellten Fürth und der HSV das Gerippe der Mannschaft.

29.3.1925 in Amsterdam
Holland - Deutschland 2:1 (1:0)

SR: F. Herren (Schweiz), Zuschauer: 30.000
Holland: van der Meulen; Vermetten, van Dijke; Le Fèvre, Bul, Steeman; Gielens, Volkers, de Haas, Baar van Slangenburgh, de Natris
Deutschland: Zolper -1 (CfR Köln); Beier -2 (HSV), J.Müller -8 (SpVgg Fürth); Lang -6 (HSV), Lux -2 (Tennis Borussia), Hagen -9 (SpVgg Fürth); Voss -1 (H. Kiel), Sobek -2 (Alemannia 90), Herberger -3 (VfR Mannheim), Harder -10 (HSV), Paulsen-Pömpner -4 (VfB Leipzig). Mannschaftskapitän: Harder
Tore: 1:0 de Haas (41.), 2:0 Volkers (75.), 2:1 Voss (84.)
Beste Spieler: van Slangenburgh, Gielens - Sobek, Beier
Bericht: In einem enorm schnellen Spiel gab es von der ersten Minute an packende Torraumszenen. Die erste große Chance hatte Gielens, der in der 10. Minute nur die Latte traf. Nach etwa 20 Minuten begann die stärkste Phase der deutschen Elf, die

immer mehr drängte und 3-4 gute Torchancen nicht verwerten konnte. Pech hatte der brillante Berliner Techniker „Hanne" Sobek, der nacheinander und auf engstem Raum Vermetten, van Dijke und Steeman stehenließ und den Ball am herauslaufenden van Meulen vorbeischob. Der Pfosten rettete für die Holländer. Erst in den letzten Minuten der ersten Halbzeit konnten sich die Holländer befreien und kamen zu einem regelwidrigen Treffer, als de Haas (er gab es später beim Bankett zu), den Ball mit der Hand mitnahm.

Nach dem Seitenwechsel begann die deutsche Elf erneut stark. Voss traf nach 4 Minuten nur die Latte, Harder und Herberger vergaben in aussichtsreicher Position. Die deutsche Elf wurde immer überlegener und als alles mit dem Ausgleich rechnete, fiel das 2:0, als der unsichere Zolper nicht rechtzeitig eingriff. Zwar gelang der deutschen Elf nach Ecke von Paulsen durch einen Rückzieher von Voss noch der Anschlußtreffer, aber trotz drückender Überlegenheit war eine weitere unglückliche Niederlage perfekt.

❖

Vorbericht zum 54. Länderspiel: Zum Abschluß der Saison gab es eine Skandinavienreise mit einem Länderspiel in Schweden und einem in Finnland. Hierfür wurde ein 15 köpfiges Aufgebot nominiert.

Tor: Zolper (CfR Köln), Ertl (Wacker München)
Verteidigung: Beier (HSV), Aug.Werner (H.Kiel), Kutterer (Bayern München)
Läufer: Lang (HSV), Niederbacher (Stuttg. K.), Lux, Martwig (beide Tennis Borussia)
Stürmer: Voss, Ritter, K.Schulz (alle H. Kiel), Ruch (Hertha VSC), Montag (Norden-Nordwest Berlin), Paulsen-Pömpner (VfB Leipzig)

Nach den Absagen der Fürther und dem D.F.B.-Streit mit dem 1. FC Nürnberg, sowie einigen Absagen wegen Auslandsverpflichtungen ihrer Vereine, mußten allein 8 Neulinge berufen werden. Insgesamt war das Aufgebot fast eine B-Mannschaft. Sieben der 15 Spieler wurden nach der Reise auch nie wieder eingesetzt. Hoffnungslos ging die deutsche Mannschaft jedoch nicht in das erste Spiel, denn auf schwedischer Seite fehlten die Stockholmer Spieler.

21.6.1925 in Stockholm

Schweden - Deutschland 1:0 (1:0)

SR: L. Andersen (Dänemark), Zuschauer: 8.000
Schweden: S.Lindberg; Alfredsson, Krook; Ake Hansson, Rosen, V.Andersson; Wenzel, F.Johansson, Malm, Keller, Lundqvist
Deutschland: Ertl -1 (Wacker München); Beier -3 (HSV), ab 22. Aug.Werner -1 (H. Kiel), Kutterer -1 (Bayern München); Lang -7 (HSV), Niederbacher -1 (Stuttg. K.), Martwig -1 (Tennis Borussia); Ruch -1 (Hertha BSC), Montag -3 (Norden-Nordwest), K.Schulz -1, Ritter -1 (beide H. Kiel), Paulsen-Pömpner -5 (VfB Leipzig). Mannschaftskapitän: Beier
Tor: 1:0 F.Johansson (9.)
Beste Spieler: Keller, Wenzel, Malm - Ertl, Paulsen, Kutterer
Bericht: Die Schweden setzten die deutsche Elf sofort unter Druck und behielten während der gesamten 90 Minuten ein deutliches Übergewicht. Zum Glück stand die deutsche Verteidigung großartig und Torhüter Ertl wuchs über sich hinaus. Mindestens ein halbes Dutzend Torchancen verhinderte er. Nur einmal wurde Ertl überlistet, und zwar von seinem eigenen Verteidiger. In die Rückgabe lief Johanssen. Der Ball wäre auch ohne ihn unhaltbar ins Tor gegangen. Beier, der sonst eine gute Partie lieferte, mußte eine knappe Viertelstunde später, nach einem bösen Foul, ausscheiden. Der Kieler August Werner vertrat ihn ausgezeichnet. Leider waren Niederbacher, sowie der gesamte Innensturm ein glatter Ausfall, so daß die deutsche Elf das schwedische Tor nur selten gefährden konnte.

❖

Vorbericht zum 55. Länderspiel: Nach der Schweden-Niederlage wurden Lux und Voß neu in die Mannschaft genommen. Beide waren im März gegen Holland schon zum Einsatz gekommen. Auf finnischer Seite fehlten 3 gute Stürmer, so daß sich die deutsche „B-Vertretung" durchaus Siegchancen ausrechnen konnten.

26.6.1925 in Helsingfors

Finnland - Deutschland 3:5 (0:1)

SR: O.Benzer (Schweden), Zuschauer: 7.000
Finnland: Elevuo; Koskinen, Lydman; Närvänen, Soinio, Linna; Kanerva, Koponen, Eklöf, Korma, Kelin
Deutschland: Ertl -2 (Wacker München); Aug.Werner -2 (H. Kiel), Kutterer -2 (Bayern München); Lang -8 (HSV), Lux -3, Martwig -2 (beide Tennis Borussia); Voss -2 (H. Kiel), Montag -4 (Norden-Nordwest), K.Schulz -2 (H. Kiel), Paulsen-Pömpner -6 (VfB Leipzig), Ruch -2 (Hertha BSC). Mannschaftskapitän: Paulsen
Tore: 1:0 Koponen (23.), 2:0 Kelin (48. Handelfmeter), 2:1 Paulsen (49.), 2:2 Paulsen (54.), 2:3 Ruch (60. Handelfmeter), 2:4 Paulsen (71.), 3:4 Koponen (78.), 3:5 Voß (83.)
Beste Spieler: Soinio, Koponen - Paulsen,, Ertl
Bericht: Eine Halbzeit lang setzte der deutsche Innensturm das schwache Spiel gegen die Schweden fort. Nichts lief zusammen, und die besten Torgelegenheiten blieben ungenutzt. Die Finnen, keineswegs überragend, verstanden es wenigstens, aus ihren Chancen Tore zu machen.

Nach 48 Minuten schien das Spiel bereits entschieden, aber nun kam die große Zeit des deutschen Mannschaftsführers Paul Paulsen-Pömpner. Er wirbelte nicht nur die Finnen-Abwehr durcheinander, sondern schoß auch binnen 5 Minuten den Ausgleich. Erst jetzt fand die deutsche Elf zu ihrem Spiel, die Läuferreihe rückte auf, fing die Finnen frühzeitig ab und machte hinter dem Sturm Druck. Die Tore fielen zwangsläufig. Nach dem Anschlußtreffer der Finnen schien der greifbar nahe Sieg noch einmal gefährdet. Aber der Druck der deutschen Elf blieb stark und nach dem 5:3 gaben die Finnen sich geschlagen. Nach 6 Spielen ohne Sieg, ein versöhnlicher Ausklang einer total verkorksten Saison.

❖

1925/26

Bilanz 1925/26
3 Spiele: 2 Siege, 1 Unentschieden, 11:5 Tore
Zuschauer: 103.000
In 3 Länderspielen wurden 19 Spieler eingesetzt, davon waren 6 Neulinge.

Die Spieler der Saison:
Emil Kutterer	3	Spiele
Georg Köhler	3	"
Otto „Tull" Harder	3	"
Georg Ertl	2	"
Josef Müller	2	"
Hans Lang	2	"
Hans „Bumbas" Schmidt	2	"
Otto Martwig	2	"
Andreas Franz	2	"
Georg Hochgesang	2	"
Josef Pöttinger	2	"
Ludwig Hoffmann	2	"
Hans Sutor	1	Spiel
Ernst Nagelschmitz	1	"
Hans Schröder	1	"
Richard Gedlich	1	"
Heinrich Stuhlfauth	1	"
Luitpold Popp	1	"
Karl Auer	1	"

Die Tore der Saison:
Otto „Tull" Harder	7	Tore
Josef Pöttinger	3	"
Georg Hochgesang	1	Tor

Mannschaftsführer war:
Otto „Tull" Harder   3 mal

Rangliste der besten Nationalspieler des Jahres
1. Otto „Tull" Harder (Hamburger SV)
2. Josef Pöttinger (Bayern München)
3. Ludwig „Wiggerl" Hofmann (Bayern München)
4. Andreas „Resi" Franz (SpVgg Fürth)
5. Georg Ertl (Wacker München)
6. Georg Hochgesang (1.FC Nürnberg)
7. Emil Kutterer (Bayern München)
8. Hans „Bumbas" Schmidt (1.FC Nürnberg)
9. Hans Lang (Hamburger SV)
10. Georg Köhler (Dresdener SC)

Vorbericht zum 56. Länderspiel: Große Ratlosigkeit beim D.F.B.-Spielausschuß nach einer schwachen Saison. Streitigkeiten mit einigen Vereinen, oft aber auch nur die falsche Zusammenstellung der Mannschaft waren die Ursachen dafür, daß die deutsche Nationalelf international viel schlechter dastand, als sie wirklich war. Gegen die Schweiz sollte endlich wieder die beste deutsche Elf auflaufen, aber der Streit D.F.B. kontra Stuhlfauth dauerte noch an, und einige andere Spieler waren unabkömmlich. Dennoch wurde von den Namen her eine starke deutsche Elf aufgeboten, die mit dem Dresdener Mittelläufer Köhler einen Neuling dabei hatte. Die Schweiz befand sich ihrerseits im Umbruch. Aus der Olympiamannschaft, die Bronze gewonnen hatte, waren gut ein Jahr später nur noch 5 Spieler in der Mannschaft.

25.10.1925 in Basel

Schweiz - Deutschland 0:4 (0:2)

SR: E.Braun (Österreich), Zuschauer: 15.000
Schweiz: Pulver; Schneebeli, Ramseyer; Oberhauser, Osterwalder, Fässler; Ehrenbolger, Passello, O.Hürzeler, Mario Poretti, Schori
Deutschland: Ertl -3 (Wacker München); J.Müller -9 (Fürth), Kutterer -3 (Bayern München); Lang -9 (HSV), Köhler -1 (Dresdener SC), H.Schmidt -13 (1.FC Nürnberg); Martwig -3 (Tennis Borussia), Franz -9 (SpVgg Fürth), Harder -11 (HSV), Hochgesang -3, Sutor -12 (beide 1.FC Nürnberg). Mannschaftskapitän: Harder
Tore: 0:1, 0:1, 0:3 Harder (12., 42., 52.), 0:4 Hochgesang (74.)
Beste Spieler: Oberhauser, Ramseyer - Harder, Franz, Hochgesang, H.Schmidt, Lang
Bericht: Was die deutsche Elf in Basel bot, war schlicht und einfach Klasse. Fließende Kombinationen, druckvolles Spiel nach vorn und ein blindes Verständnis. Selten hatte man eine deutsche Nationalelf so gut und erfolgreich gesehen. Es gab keinen Ausfall, auf allen Posten war die Elf gut besetzt, der Innensturm überragte. Von Minute zu Minute steigerte sich die deutsche Elf und hatte in Harder einen eiskalten Vollstrecker. Als Hochgesang mit einem 20-Meter-Schuß nur die Latte traf, war Harder zum erstenmal zur

Wieder ein Sieg gegen Holland 1926 mit 4:2; v.l., stehend: Pöttinger, Schröder, Gedlich, Nagelschmitz, L.Hofmann, Lang, Köhler, Harder; vorn: J.Müller, Ertl, Kutterer.

Stelle. Auch in der Folgezeit blieb die deutsche Mannschaft überlegen, kam aber erst zum zweiten Treffer, als Harder kurz vor der Pause mit einem Paß von Franz auf und davon zog und sein harter Schuß aus spitzem Winkel unhaltbar ins Tor rauschte.

Auch nach dem Seitenwechsel brachte der schweizerische Sturm nichts zustande. Ihre anfängliche optische Überlegenheit endete vor dem deutschen Strafraum. Ganz anders dagegen der deutsche Angriff. Wieder bereitete der überragende Franz vor, und zum drittenmal vollendete Otto „Tull" Harder. Das Spiel war entschieden. Zwar traf Poretti noch die Latte des deutschen Tores, aber 5 Minuten später verwandelte Hochgesang eine Flanke von Martwig zum vierten deutschen Tor. Erst danach ließ die deutsche Mannschaft den Gastgebern ein bißchen mehr Raum für Kombinationen, ohne jedoch den Sieg zu gefährden.

❖

Vorbericht zum 57. Länderspiel: Der 4:0 Sieg in der Schweiz führte zu einer überschwenglichen Euphorie. 70.000 Menschen wollten in Düsseldorf das Länderspiel gegen Holland sehen. Und dies, obwohl nur 6 Spieler des 4:0 dabei waren. Die anderen 5 waren Neulinge, drei von ihnen kamen vom aufsteigenden FC Bayern München. Das war keineswegs überraschend, denn die Bayern wurden vom Engländer Bill Townley trainiert, der nicht nur einer der ganz Großen seines Faches war, sondern auch dem deutschen Fußball entscheidende Impulse gab. Er war es, der den Karlsruher FV und später die SpVgg Fürth zu absoluten Spitzen-Mannschaften machte. Bevor er viel später den Dresdener SC mit Richard Hofmann und Helmut Schön zur Spitze führte, brachte er jetzt die Münchener nach oben und formte die neuen Starstürmer Josef Pöttinger und Ludwig „Wiggerl" Hofmann.

18.4.1926 in Düsseldorf
Deutschland - Holland 4:2 (2:1)

SR: L.Andersen (Dänemark), Zuschauer: 63.000
Deutschland: Ertl -4 (Wacker München); J.Müller -10 (SpVgg Fürth), Kutterer -4 (Bayern München); Lang -10 (HSV), Köhler -2 (Dresdener SC), Nagelschmidt -1 (Bayern München); Schröder -1 (Tennis Borussia), Gedlich -1 (Dresdener SC), Harder -12 (HSV), Pöttinger -1, L.Hofmann -1 (beide Bayern München). Mannschaftskapitän: Harder
Holland: Quax; Denis, van Kol; Sandberg, Hassink, Krom; Gielens, Küchlin, Tap, Ruisch, Sigmond
Tore: 1:0 Pöttinger (17.), 1:1 Tap (21.), 2:1 Pöttinger (43.), 2:2 Küchlin (48.), 3:2 Harder (79.), 4:2 Pöttinger (85.)
Beste Spieler: Pöttinger, Ertl, Harder, L.Hofmann - Denis, Tap
Bericht: Chaos vor dem Spielbeginn. Die Polizei mußte Zuschauer vom Spielfeld drängen, weil viel zu viele Einlaß gefunden hatten. Mit fast einstündiger Verspätung konnte das Spiel angepfiffen werden. Und es wurde der Traumeinstand des Neulings Pöttinger. Er glänzte nicht nur durch seine ausgefeilte Technik, sondern auch durch das gute Zusammenspiel mit den anderen Stürmern. Nur ein paar Minuten war Hollands Elf gleichwertig. Nach Zuspiel von Gedlich konnte Pöttinger in der 17. Minute aus 8 Metern Entfernung flach und unhaltbar einschießen. Trotz des schnellen Ausgleichs blieb die deutsche Elf tonangebend und man hatte nie das Gefühl, daß sie diese Spiel verlieren könnte. Erneut schoß Pöttinger die Führung, als er kurz vor Quax mit dem Kopf am Ball war. In der letzten Viertelstunde hatte die deutsche Elf ihre stärkste Phase, spielte die Holländer in Grund und Boden und schoß 2 weitere Treffer.

❖

Vorbericht zum 58. Länderspiel: Mit Schweden erwartete die deutsche Nationalelf einen Gegner, der inzwischen zu den besten in Europa zählte. Allerdings kamen die Schweden nur mit einer verstärkten B-Elf nach Nürnberg. Der D.F.B.-Spielausschuß hatte 16 Spieler für diesen Länderkampf nominiert.
Tor: Stuhlfauth (1.FC Nürnberg), Ertl (Wacker München)
Verteidigung: Popp (1.FC Nürnberg), J.Müller (SpVgg Fürth), Kutterer (Bayern)
Läufer: Kalb, H.Schmidt (beide 1.FC Nürnberg), Köhler (Dresdener SC), Martwig (Tennis Borussia)
Stürmer: Hochgesang (1.FC Nürnberg), Scherm (ASV Nürnberg), Auer, Franz (beide SpVgg Fürth), Pöttingeer, L.Hofmann (Bayern München), Harder (HSV)
Der Streit zwischen D.F.B. und Heiner Stuhlfauth war damit endgültig beigelegt. Mit Scherm war nur ein Neuling im Aufgebot, aber gegenüber dem Holland-Sieg war die deutsche Elf auf 6 Posten mit anderen Spielern besetzt.

20.6.1926 in Nürnberg (Zabo)
Deutschland - Schweden 3:3 (3:2)

SR: L.Andersen (Dänemark), Zuschauer: 25.000 (ausverkauft)
Deutschland: Stuhlfauth -13; Popp -5 (beide 1.FC Nürnberg), Kutterer -5 (Bayern München); Martwig -4 (Tennis Borussia), Köhler -3 (Dresdener SC), H.Schmidt -14 (1.FC Nürnberg); Auer -2, Franz -10 (beide SpVgg Fürth), Harder -13 (HSV), Pöttinger -2, L.Hofmann -2 (beide Bayern). Mannschaftskapitän: Harder
Schweden: S.Lindberg; Alfredsson, Otto Carlsson; Wijk (T.Johansson), Rosen, Erik Andersson; Haglund, Gunnar Olsson, Brost, Hallbäck, Kroon
Tore: 1:0 Harder (21.), 1:1 Hallbäck (26.), 1:2 Olsson (34.), 2:2, 3:2 Harder (35., 43.), 3:3 Hallbäck (82.)
Beste Spieler: Pöttinger, L.Hofmann, Kutterer, Harder - Rosen, E.Andersson, S.Lindberg
Bericht: Die deutsche Elf machte dort weiter, wo sie gegen Holland aufgehört hatte. Ein Angriff nach dem anderen, aber viel Pech. Pöttingers Schuß krachte bereits in der 5. Minute an die Latte und Harder scheiterte nur knapp. Zwanzig Minuten lang drängte die deutsche Mannschaft Schweden zurück, dann ein Paß von Pöttinger zu Harder, der in unnachahmlicher Art davonzog und einschoß. Aber dann erkannten die Schweden ihre Chance. Der bereits verletzt ins Spiel geschickte Köhler war die wunde Stelle der deutschen Abwehr. Innerhalb von 8 Minuten gelang den Schweden so die Führung. Völlig unverständlich, daß der verletzte Köhler nicht durch Kalb ersetzt wurde. Zum Glück fingen der junge Martwig und Routinier „Bumbas" Schmidt frühzeitig die Angriffe der Schweden ab und verlagerten das Spiel in die Hälfte des Gegners. Nach glänzender Vorarbeit von Pöttinger gelang Otto „Tull" Harder der Ausgleich. Und kurz vor der Pause war es erneut der Hamburger, der nach glänzendem Spurt von „Wiggerl" Hofmann an der Außenlinie entlang und die von Pöttinger verlängerte Flanke zum Führungstor verwertete.

Nach dem Wechsel blieb die deutsche Elf überlegen. In der 50. Minute wurde ein einwandfreies Tor von Franz wegen falschem Abseitspfiff nicht gegeben. Langsam wurden die Schweden immer stärker und Köhler immer schwächer. Es war versäumt worden, ihn zur Halbzeit auszuwechseln. Nach der Pause war das Auswechseln nicht mehr erlaubt. Nun mußten die anderen 4 Abwehrspieler Schwerstarbeit leisten, bis schließlich doch der Ausgleich fiel. Allerdings verpaßte vor allem Harder die Chance, aus den vielen schnellen Kontern genügend Tore zu erzielen.

❖

1926/27

Bilanz 1926/27
2 Spiele: 1 Sieg, 1 Niederlage, 5:5 Tore
Zuschauer: 80.000
In 2 Länderspielen wurden 16 Spieler eingesetzt, davon waren 3 Neulinge.

Die Spieler der Saison:

Georg Ertl	2	Spiele
Emil Kutterer	2	"
Hans „Bumbas" Schmidt	2	"
Karl Scherm	2	"
Georg Hochgesang	2	"
Otto „Tull" Harder	2	"
Hans Geiger	2	"
Josef Müller	1	Spiel
Otto Martwig	1	"
Hans Kalb	1	"
Ludwig Wieder	1	"
Heinrich Träg	1	"
Albert Beier	1	"
Georg Köhler	1	"
Eduard Wolpers	1	"
Ludwig Hoffmann	1	"

Die Tore der Saison:

Otto „Tull" Harder	2	Tore
Ludwig Wieder	1	Tor
Karl Scherm	1	"
Georg Hochgesang	1	"

Mannschaftsführer war:
Otto „Tull" Harder 2 mal

Rangliste der besten Nationalspieler des Jahres
1. Georg Hochgesang (1.FC Nürnberg)
2. Josef Müller (SpVgg Fürth)
3. Emil Kutterer (Bayern München)
4. Georg Ertl (Wacker München)
5. Karl Scherm (ASN Nürnberg)

Vorbericht zum 59. Länderspiel: Mit dem Länderspiel in Amsterdam begann ein neues Kapitel in der deutschen Länderspielgeschichte. Nach über 12 Jahren Kritik am Auswahlverfahren für die Nationalmannschaft und der Forderung nach einem Trainer, wurde Prof. Dr. Otto Nerz, vorerst als Betreuer, vom D.F.B. dazu berufen. Die großen Erfolge des Engländers Townley beim K.FV, SpVgg Fürth und jetzt Bayern München, gaben den Ausschlag. Allerdings waren die Kompetenzen von Nerz vorerst sehr gering. Sie beschränkten sich auf die Betreuung. Bis auf Geiger (ASV Nürnberg) für Köhler, sowie Scherm, der bereits beim Schwedenspiel zum Aufgebot gehört hatte, gab es im deutschen Kader wenig Änderung. Lediglich die Nürnberger Wieder und Träg kamen noch einmal für den Münchener Flügel Pöttinger - L.Hofmann zu internationalen Ehren.

31.10.1926 in Amsterdam

Holland - Deutschland 2:3 (1:2)

SR: A.J. Prince Cox (England), Zuschauer: 40.000

Holland: van der Meulen; Denis, van Kol; Verlegh, Massy, van Heel; Elfering, Ruisch, Tap, Vis, van Gelder

Deutschland: Ertl -5 (Wacker München); J.Müller -11 (SpVgg Fürth), Kutterer -6 (Bayern München); Martwig -5 (Tennis Borussia), ab 70. Geiger -1 (ASV Nürnberg), Kalb -11, H.Schmidt -15 (beide 1.FC Nürnberg); Scherm -1 (ASV Nürnberg), Hochgesang -4 (1.FC Nürnberg), Harder -14 (HSV), Wieder- 6, Träg -6 (beide 1.FC Nürnberg). Mannschaftskapitän: Harder

Tore: 1:0 Tap (5.), 1:1 Wieder (32.), 1:2 Harder (43.), 1:3 Harder (85.), 2:3 Tap (90.)

Beste Spieler: Elfering, Tap, Denis - J.Müller, Kutterer, Ertl

Bericht: Die Holländer hatten ihre beste Elf mit den Stars Tap und van der Meulen aufgeboten. Sie ließen auch keinen Zweifel daran, daß sie dieses Spiel gewinnen wollten. Von Beginn an wurde die deutsche Mannschaft zurückgedrängt. Holland bestimmte das Spiel und ging frühzeitig in Führung. Erst nach einer halben Stunde fand sich die deutsche Elf, wurde gleichwertig und erzielte durch einen Prachtschuß von Wieder den Ausgleich. Mit einem seiner typischen Durchbrüche und einem harten Schuß am herauslaufenden van der Meulen vorbei, erzielte „Tull" Harder 3 Minuten vor der Halbzeit sogar die glückliche Führung.

Nach dem Seitenwechsel blieb das Spiel ausgeglichen. Auf beiden Seiten überragten die Abwehrreihen. „Bumbas" Schmidt kam nun endlich besser mit seinem schnellen Gegenspieler Elfering zurecht, wodurch Hollands Sturm nicht mehr so gefährlich war. Zwanzig Minuten vor Schluß wurde der angeschlagene Martwig ausgewechselt. Nun wurde die deutsche Elf noch stärker und kam in der 85. Minute zum 3:1, als Verlegh einen Harder-Schuß ins eigene Tor abfälschte. Das 2:3 in letzter Sekunde war nur noch eine Resultatverbesserung.

❖

Vorbericht zum 60. Länderspiel: Mit einer nur auf 4 Positionen veränderten Mannschaft trat die deutsche Elf gegen die Schweiz an. Es sollte für Hans „Bumbas" Schmidt, Otto „Tull" Harder, dem kleinen Karl Scherm und dem einzigen Neuling Eduard Wolpers (HSV), das letzte Länderspiel werden.

12.12.1926 in München (Grünwalder Straße)
Deutschland - Schweiz 2:3 (1:2)

SR: J.Mutters (Holland), Zuschauer: 40.000
Deutschland: Ertl -6 (Wacker München); Beier -4 (HSV), Kutterer -7 (Bayern München); Geiger -2 (ASV Nürnberg), Köhler -4 (Dresdener SC), H.Schmidt -16 (1.FC Nürnberg); Scherm -2 (ASV Nürnberg), Hochgesang -5 (1.FC Nürnberg), Harder -15 , Wolpers -1 (beide HSV), L.Hofmann -3 (Bayern München). Mannschaftskapitän: Harder

Schweiz: Pasche; Ramseyer, De Weck; Geser, van Arx, Neuenschwander; Tschirren, Brand, Weiler I, A.Poretti, Fink

Tore: 0:1 Brand (7.), 0:2 Weiler I (15.), 1:2 Hochgesang (44.), 2:2 Scherm (50.), 2:3 Fink (83.)

Beste Spieler: Hochgesang, Scherm - Weiler I, Ramseyer

Bericht: Eines der schwächsten Länderspiele der deutschen Nationalelf. Torhüter Ertl leistete sich vor heimischem Publikum einige gravierende Fehler. Verteidigung und Läuferreihe machten katastrophale Schnitzer und waren viel zu behäbig. Im Angriff bot nur die rechte Nürnberger Seite Normalform, Linksaußen Ludwig Hofmann wurde kaum mit ins Spiel einbezogen. Ihm fehlte Pöttinger an seiner Seite. Besonders schwach war Harder, dem überhaupt nichts gelang. Selbst seriöse Kritiker schrieben hinterher: „Harders Tull war eine Null". Die Schweizer stellten sich dagegen als homogene Mannschaft vor, schnell und mit Ideen. Das 3:2 drückte nicht die tatsächliche Überlegenheit aus.

❖

1927/28

Bilanz 1927/28
6 Spiele: 3 Siege, 1 Unentschieden, 2 Niederlagen, 17:13 Tore
Zuschauer: 200.000
In 6 Länderspielen wurden 33 Spieler eingesetzt, davon waren 21 Neulinge.

Die Spieler der Saison:

Richard Hofmann	6	Spiele
Josef Pöttinger	5	"
Ludwig Hofmann	5	"
Heinrich Stuhlfauth	4	"
Hans Kalb	4	"
Ludwig Leinberger	4	"
Georg Knöpfle	3	"
Ernst Albrecht	3	"
Josef Hornauer	3	"
Hans Brunke	2	"
Anton Kugler	2	"
Baptist Reinmann	2	"
Albert Beier	2	"
Heinrich Weber	2	"
Georg Ertl	1	Spiel
Eugen Kling	1	"
Hugo Mantel	1	"
Ernst Blum	1	"
Martin Hartmann	1	"
Richard Gedlich	1	"
Georg Frank	1	"
Georg Kießling	1	"
Emil Köpplinger	1	"
Otto Martwig	1	"
Georg Hochgesang	1	"
Wilhelm Falk	1	"
Josef Weber	1	"
Conrad Heidkamp	1	"
Ernst Kuzorra	1	"
Hans Wentorf	1	"
Josef Müller	1	"
Emil Kutterer	1	"
Rudolf Berthold	1	"

Die Tore der Saison:

Richard Hofmann	5	Tore
Josef Pöttinger	4	"
Georg Hochgesang	2	"
Josef Hornauer	2	"
Georg Kießling	1	Tor
Hans Kalb	1	"
Ludwig Hofmann	1	"
Ernst Albrecht	1	"

Mannschaftsführer waren:

Hans Kalb	4	mal
Ernst Blum	1	"
Josef Müller	1	"

1 Elfmeter gegen Deutschland,
verschossen durch Ramseyer (Schweiz)

2 Platzverweise gegen Deutschland:
Kalb (1928 gegen Uruguay)
R.Hofmann (1928 gegen Uruguay)

1 Platzverweis des Gegners:
Nasazzi (Uruguay 1928)

Rangliste der besten Nationalspieler des Jahres:
1. Richard Hofmann (Meerane)
2. Hans Kalb (1.FC Nürnberg)
3. Josef Pöttinger (Bayern München)
4. Heiner Stuhlfauth (1.FC Nürnberg)
5. Georg „Schorsch" Knöpfle (SpVgg Fürth)
6. Ludwig „Wiggerl" Hofmann (Bayern München)
7. Georg Kießling (SpVgg Fürth)
8. Georg Frank (SpVgg Fürth)
9. Ludwig Leinberger (SpVgg Fürth)
10. Georg Hochgesang (1.FC Nürnberg)

Vorbericht zum 61. Länderspiel: Fast 10 Monate vergingen bis zum nächsten Länderspiel. Die Gegner waren weniger geworden, weil überall das Profitum eingeführt wurde und der D.F.B. diese Länder boykottierte. Zudem plante Trainer-Betreuer Prof. Dr. Otto Nerz die Systemumstellung auf das WM-System. Bis jetzt hatte die deutsche Mannschaft so gespielt, daß 5 Stürmer angriffen, der Mittelläufer war der am weitesten vorne spielende Abwehrspieler, der die Aufbauarbeit leisten mußte; die Außenläufer deckten die gegnerischen Außenstürmer und die beiden Verteidiger die Halbstürmer. Beim WM-System decken die Verteidiger die Außenstürmer, der Mittelläufer ist als Stopper zwischen Läuferreihe und Verteidigung postiert; die beiden Außenläufer decken die gegnerischen Halbstürmer und bauen auf; die eigenen Halbstürmer sind als Verbinder etwas zurückgezogen und die beiden Außenstürmer, sowie der Mittelstürmer bilden die Sturmspitzen.

Für dieses WM-System waren neue Spielertypen nötig, die Nerz nur schwer finden konnte, weil in den Vereinen wie eh und je weitergespielt wurde. Die großen Vereine wehrten sich gegen das neue System. So sollte es noch sehr lange dauern, bis das WM-System in Deutschland den Durchbruch schaffte. Für den D.F.B. gab es vorerst andere Sorgen, denn zum Olympischen Fußballturnier 1928 in Amsterdam wurde Deutschland wieder zugelassen und nun mußte eine gute Mannschaft gefunden werden. Vier Vorbereitungsspiele waren angesetzt, in denen neue Spieler erprobt werden sollten. Zum ersten Spiel wurden gleich 9 (!) Neulinge berufen. Wie rigoros jetzt gesichtet wurde zeigt auch, daß 5 der 11 Spieler ihr letztes Länderspiel bestritten.

2.10.1927 in Kopenhagen

Dänemark - Deutschland 3:1 (1:1)

SR: R. Smedvik (Norwegen), Zuschauer: 30.000
Dänemark: Svend Jensen; Tarp, Christensen; Bendixen, Poul Jensen, Laursen; Henry Hansen, Rohde, Axel Hansen, Anthon Olsen, Ernst Nilsson
Deutschland: Ertl -7 (Wacker München); Brunke -1 (Tennis Borussia), Kling -1 (1860 München); Mantel -1 (Dresdener SC), Leinberger -1 (SpVgg Fürth), Blum -1 (VfB Stuttgart); Haftmann -1 (Dresdener SC), R.Hofmann -1 (Meerane 07), Gedlich -2 (Dresd. SC), Frank -1, Kießling -1 (beide SpVgg Fürth). Mannschaftskapitän: Blum
Tore: 1:0 Rohde (20.), 1:1 Kießling (44.), 2:1 Rohde (46.), 3:1 Henry Hansen (68.)
Beste Spieler: Tarp, Christensen, Rohde - R.Hofmann, Kießling, Frank
Bericht: Die deutsche „Probe-Elf" begann in Kopenhagen überraschend gut. Nach anfänglicher Ausgeglichenheit übernahm sie mehr und mehr die Initiative, aber im Sturm fehlte der Zusammenhang. Eine Vielzahl von Eckbällen konnte nicht verwertet werden und dann kam auch noch Pech hinzu, als der Schiedsrichter ein klares Handspiel von Tarp im 5-Meter-Raum übersah. Ausgerechnet Routinier Ertl unterlief dann ein Schrittfehler. Der Freistoß führte zum 1:0 für Dänemark. Der Ausgleich, kurz vor der Pause, durch einen sehenswerten Schuß von Kießling, war hochverdient.

Kaum war das Spiel wieder angepfiffen, unterlief Ertl ein weiterer schwerer Fehler. Statt eine Flanke hoch aus dem Strafraum zu fausten, faustete er flach vor die Füße des einschußbereiten Rohde. Erneut übernahm die deutsche Mannschaft die Initiative, aber die beiden Dresdener Haftmann und Gedlich waren glatte Ausfälle. Überzeugen konnten nur der junge Richard Hofmann und Georg Kießling, die stets gefährlich waren. Das war zuwenig, zumal sich Torhüter Ertl einen dritten schweren Fehler leistete, als er im falschen Moment herauslief und Henry Hansen den Ball ins leere Tor schieben konnte. Bis 5 Minuten vor dem Ende waren die Dänen klar überlegen, erst dann bäumte sich die deutsche Elf noch einmal auf, hatte aber Pech, als Frank nur die Latte traf.

❖

Vorbericht zum 62. Länderspiel: Die 3 schweren Schnitzer in Dänemark kosteten Torhüter Ertl die Länderspielkarriere. Für ihn wurde der Nürnberger Heiner Stuhlfauth wieder berufen. Auch Kalb, T.Kugler und Hochgesang kehrten in die Nationalelf zurück und mit Köpplinger und Reinmann gaben zwei Nürnberger ihr Debüt im Nationaldreß. Mit 6 Nürnbergern wurde erneut die Blockbildung erprobt. Außerdem standen je 2 Spieler von Tennis Borussia Berlin und Bayern München in der Mannschaft. Gespannt war man auf das Zusammenwirken des Technikers Pöttinger mit dem dynamischen Richard Hofmann aus Meerane, der gegen Dänemark ein gutes Spiel geliefert hatte. Ein Mann für die Zukunft war zweifellos der Fürther Leinberger, der gegen Dänemark ein gutes Spiel geboten hatte und am ehesten in der Lage war, die Stopperrolle des WM-Systems zu spielen. Gegen Norwegen bekam allerdings Hans Kalb den Vorzug.

Diese Elf schaffte nach einem 0:2 Rückstand noch einen 6:2 Sieg gegen Norwegen 1927; v.l.: R.Hoffmann, Martwig, Reinmann, Kalb, L.Hofmann, Brunke, Stuhlfauth, Hochgesang, Kugler, Pöttinger, Köpplinger.

23.10.1927 in Hamburg-Altona

Deutschland - Norwegen 6:2 (0:2)

SR: L. Andersen (Dänemark), Zuschauer: 40.000
Deutschland: Stuhlfauth -14 (1.FC Nürnberg); Brunke -2 (Tennis Borussia), T.Kugler -6; Köpplinger -1, Kalb -12 (alle 1.FC Nürnberg), Martwig -6 (Tennis Borussia); Reinmann -1, Hochgesang -6 (beide 1.FC Nürnberg), Pöttinger -3 (Bayern München), R.Hofmann -2 (Meerane 07), L.Hofmann -4 (Bayern München). Mannschaftskapitän: Kalb
Norwegen: G.Christensen; M.Johansen, I.Pedersen; J.Berner, A.Olsen, Kjos; O.Gundersen, G.Dahl, Berstad, E.Gundersen, H.Lunde
Tore: 0:1 G.Dahl (3.), 0:2 E.Gundersen (22.), 1:2 Hochgesang (55.), 2:2 Pöttinger (67.), 3:2 Pöttinger (69.), 4:2 Kalb (73.), 5:2 L.Hofmann (82.), 6:2 Hochgesang/Pöttinger (88.)
Beste Spieler: R.Hofmann, Kalb, Pöttinger - I.Pedersen, G.Christensen, M.Johansen
Bericht: Gegen das drittklassige Norwegen sollte endlich wieder ein eindrucksvoller Sieg errungen werden. Doch danach sah es lange Zeit nicht aus. In der 1. Minute lag der Ball zum erstenmal im Netz von Stuhlfauths Gehäuse, aber da war es noch Abseits. Kurz darauf hieß es dann aber doch 0:1 und auch danach fand die deutsche Elf nicht zu ihrem Spiel. Zwischen Abwehr und Angriff klaffte ein riesiges Loch. Zwar kämpften alle elf hervorragend, aber sie waren meist langsamer als ihre Gegenspieler. Nach einem Eckball gingen die Norweger sogar mit 2:0 in Führung, obwohl die deutsche Mannschaft mehr vom Spiel hatte. Nürnbergs Georg Hochgesang, der erneut viel zu langsam war, sollte zur Halbzeit ausgewechselt werden, aber Auswechslungen waren nicht vereinbart worden. Nun machte es sich aber bezahlt, daß mit Otto Nerz ein Betreuer, Trainer und Taktiker vorhanden war. Er beorderte den jungen Richard Hofmann hinter den Sturm zurück, um das Loch zwischen Läuferreihe und Angriff zu stopfen. Diese Maßnahme, ein Schritt zum WM-System, hatte durchschlagenden Erfolg.

Die deutsche Mannschaft beherrschte nun Feld und Gegner. Hans Kalb, in der ersten Halbzeit noch mit vielen Fehlern, fing fast jeden Angriff ab und Richard Hofmann verteilte die Bälle im Sturm. Es wurde ein Sturmwirbel mit vielen Toren. Hochgesang und Pöttinger zeigten ihren Torinstinkt. Zwar kam Norwegen noch einigemal gefährlich vor das deutsche Tor, aber nun stand auch die Abwehr sicher. Der Druck der deutschen Elf wurde immer größer. Selbst Kalb tauchte häufiger am gegnerischen Strafraum auf und erzielte mit einem herrlichen Schrägschuß das 4:2. Das sechste und letzte deutsche Tor geht als ein besonderes in die Annalen ein. Richard Hofmann spielte drei Gegenspieler aus und legte Pöttinger auf, dessen Schuß im Netz landete. Dennoch wird dieses Tor in allen Statistiken Georg Hochgesang gutgeschrieben. Nirgendwo ist festgehalten, ob Hochgesang den Ball überhaupt noch berührt oder gar abgefälscht hat.

❖

Vorbericht zum 63. Länderspiel: Mit Heidkamp (SV Düsseldorf 99), Szepan und Kuzorra (beide Schalke 04), sowie Falk und J.Weber (beide Wacker München) waren 5 Neulinge im Aufgebot, wovon 4 auch aufgestellt wurden. Ansonsten wurden 7 Spieler aus der siegreichen Norwegen-Elf nominiert.

20.11.1927 in Köln

Deutschland - Holland 2:2 (0:1)

SR: A.J. Prince Cox (England), Zuschauer: 50.000
Deutschland: Stuhlfauth -15 (1.FC Nürnberg); Falk -1 (Wacker München), T.Kugler -7 (1.FC Nürnberg), J.Weber -1 (Wacker München), Kalb -13 (1.FC Nürnberg), Heidkamp -1 (Düsseldorf 99); Reinmann -2 (1.FC Nürnberg), R.Hofmann -3 (Meerane), Pöttinger -4 (Bayern München), Kuzorra -1 (Schalke 04), L.Hofmann -5 (Bayern München). Mannschaftskapitän: Kalb
Holland: van der Meulen; Denis, van Kol; van Boxtel, Massy, Heel; Elfring, Ruisch (Smeets), Tap, Ghering, Weber
Tore: 0:1 Weber (38.), 1:1 Pöttinger (46.), 2:1 Pöttinger (70.), 2:2 Smeets (86.)
Beste Spieler: Kalb, Pöttinger, L.Hofmann - Denis, Elfring, van Kol
Bericht: Zwei gleichwertige Mannschaften standen sich von Beginn an gegenüber, wobei die Holländer stets gefährlicher waren, weil Heidkamp ähnliche Mühe mit dem quirligen Elfring hatte, wie „Bumbas" Schmidt ein Jahr zuvor. Nicht unverdient fiel in der 38. Minute die holländische Führung, als Falk unnötig zu Stuhlfauth zurückspielen wollte. Stuhlfauth rutschte aus und Linksaußen Weber konnte vollenden. Im deutschen Angriff fehlte der Druck, weil die beiden zurückgezogenen Halbstürmer Richard Hofmann und Ernst Kuzorra nicht schnell genug nachrückten.

Auch nach dem Seitenwechsel wurde das nicht wesentlich besser, obwohl Pöttinger gleich nach dem Wiederanpfiff einen abgewehrten Kuzorra-Schuß einschieben konnte. Das Spiel blieb ausgeglichen, aber ohne zwingende Torgelegenheiten. Erst in der 70. Minute, nach einer Kombination über Kuzorra, Pöttinger und L.Hofmann, konnte Pöttinger die Flanke seines Vereinskollegen zum 2:1 verwerten. Das Spiel schien entschieden, obwohl die Holländer jetzt drängten. Ein unachtsamer Moment von Heiner Stuhlfauth, der sich von einem Fernschuß des eingewechselten Smeets überraschen ließ, brachte dann doch noch den Ausgleich.

❖

Vorbericht zum 64. Länderspiel: Beim letzten Testspiel vor dem Olympischen Fußballturnier wurden nochmals 5 Neulinge erprobt. Wentorf (Altona 93) im Tor, Knöpfle (Fürth), Berthold (Dresdener SC), Ernst Albrecht (Fortuna Düsseldorf) und der junge Hornauer (1860 München). Ersatzspieler waren Stuhlfauth, Hagen, Nagelschmitz, Wunderlich und Kießling.

15.4.1928 in Bern

Schweiz - Deutschland 2:3 (0:1)

SR: S.F. Rous (England), Zuschauer: 20.000

Schweiz: Séchehaye; Facchinetti, Ramseyer; Baltensberg, Heinrich, Heine II; Tschirren, W.Jäggi, Passello, Abegglen II, Bailly

Deutschland: Wentorf -1 (Altona 93); J.Müller -12 (FV Würzburg 04), Kutterer -8 (Bayern München); Knöpfle -1, Leinberger -2 (beide SpVgg Fürth), Berthold -1 (Dresdener SC); E.Albrecht -1 (Fortuna Düsseldorf), Hornauer -1 (1860 München), Pöttinger -5 (Bayern München), R.Hofmann -4 (Meerane 07), L.Hofmann -6 (Bayern München). Mannschaftskapitän: J.Müller

Tore: 0:1 R.Hofmann (18.), 0:2 Pöttinger (47.), 0:3 E.Albrecht (61.), 1:3 W.Jäggi (80.), 2:3 W.Jäggi (82.)

Beste Spieler: Séchehaye, W.Jäggi, Bailly - Knöpfle, R.Hofmann, Pöttinger, Leinberger

Bericht: Von Beginn an ein packendes Spiel. Die Szenen wechselten ständig. In der 14. Minute krachte ein Hornauer Schuß an den Pfosten. Die deutsche Elf wurde stärker. In der 18. Minute war es dann soweit. Nach einer schnellen Kombination Albrecht, Hornauer und Pöttinger kam der Ball zu Richard Hofmann, der sofort unhaltbar abzog. Die deutsche Elf wurde besser und war einem zweiten Teffer näher, als die Schweizer dem ersten. Dann kam die 26. Minute. Knöpfle bedrängte Abegglen im Strafraum. Der fiel, und auf Reklamieren der Schweizer pfiff Rous Elfmeter. Den plaziert, aber schwach geschossenen Elfmeter von Ramseyer konnte Wentorf abwehren. Bis zur Halbzeit blieb es spannend, mit leichten Vorteilen für die deutsche Elf.

Nach Wiederanpfiff übernahm die deutsche Mannschaft gleich die Initiative, die durch das schnelle Nachsetzen von Pöttinger zum 2:0 führte. Fünf Minuten später traf erneut Pöttinger, aber auf Reklamation der Schweizer entschied Rous wieder anders, diesmal auf Handspiel gegen Deutschland. Nach weiteren guten Chancen fiel dann das 3:0. Pöttinger verlängerte eine Flanke seines Klubkameraden Ludwig Hofmann zu Albrecht, der den Ball volley und unhaltbar ins Netz schoß. Bis zur 72. Minute spielte die deutsche Elf großartig. Die Kombinationen liefen hervorragend und es boten sich noch mehrere Torgelegenheiten. Pöttinger traf jedoch nur die Latte und Séchehaye hielt fantastisch. Dann aber verletzte sich Ernst Albrecht und wurde gegen Kießling ausgetauscht. Die Schweizer protestierten und Kießling mußte den Platz wieder verlassen. Einige Minuten später kam Albrecht als Statist wieder. Die letzte Viertelstunde gehörte nun den Schweizern, die zu zwei schnellen Gegentreffern kamen. Dabei blieb es aber. Die deutsche Elf hatte verdient gewonnen.

❖

Vorbericht zum 65. Länderspiel: Im Hinblick auf das nun anstehende Olympische Fußballturnier wurden einige Testspiele gegen schottische und englische Profimannschaften durchgeführt. Die Aufstellungen der 3 letzten und für das Olympiaaufgebot entscheidenden Spiele lauteten:

1. in Leipzig: Gehlhaar; J.Müller, Beier; Knöpfle, Gruber, Heidkamp; E.Albrecht, Horn, Harder, R.Hofmann, L.Hofmann.

2. in Braunschweig: Wentorf; J.Müller, H.Weber; Nagelschmitz, Gruber, Leinberger; E.Albrecht, Horn, Pöttinger, Kuzorra, L.Hofmann.

3. in Dortmund: Wentorf; J.Müller, Beier; Knöpfle, Kalb, Leinberger; Reinmann, Hornauer, J.Schmitt, R.Hofmann, Kuzorra.

Olympiaturnier 1928, die deutsche Mannschaft vor dem ersten Spiel gegen die Schweiz (4:0); v.l., stehend: Beier, Hornauer, Kalb, Stuhlfauth, L.Hofmann, Leinberger, Weber, Pöttinger; vorne: Albrecht, Knöpfle, R.Hofmann.

Nach den insgesamt 5 Testspielen wurde das Aufgebot für Amsterdam nominiert:

Tor: Gehlhaar (Hertha BSC), Stuhlfauth (1.FC Nürnberg), Wentorf (Altona 93)

Verteidiger: Beier (HSV), Kutterer (Bayern München), J.Müller (FV Würzburg 04), H.Weber (Kurhessen Kassel)

Läufer: Gruber (Duisburger SV), Heidkamp (SC Düsseldorf 99), Kalb (1.FC Nürnberg), Knöpfle, Leinberger (beide SpVgg Fürth), Nagelschmitz (Bayern München)

Stürmer: E.Albrecht (Fort.Düsseldorf), L.Hofmann, Pöttinger (beide Bayern München), R.Hofmann (Meerane 07), Horn (HSV), Hornauer (1860 München), Kuzorra (Schalke 04), Reinmann, Josef Schmitt (beide 1.FC Nürnberg)

Dieses Aufgebot fand keineswegs nur Zustimmung in der Öffentlichkeit. Für viele Kritiker war es unverantwortlich, daß auf Routiniers wie Wieder, Träg, Hochgesang, „Bumbas" Schmidt (alle 1.FC Nürnberg) und „Tull" Harder (HSV) verzichtet wurde; andererseits aber mit Gehlhaar, H.Weber, Gruber, Horn und J.Schmitt gleich 5 Neulinge ohne Länderspielerfahrung berufen wurden. Mit Heini Weber spielte sogar einer der fünf bei Olympia. Die vier anderen kamen später zu Länderspielehren.

Am 28.5.28 war es endlich soweit. Zum erstenmal nach 1912 durfte Deutschland wieder an Olympischen Spielen teilnehmen. Erster Gegner war die Schweiz, die erst 6 Wochen vorher in Bern mit 2:3 gegen Deutschland verloren hatte. Bis auf Neuling H.Weber, für den alle J.Müller oder Kutterer erwartet hatten, spielte Deutschland in der vorhergesagten Aufstellung.

28.5.1928 in Amsterdam (Olympia-Vorrunde)

Schweiz - Deutschland 0:4 (0:2)

SR: W. Eymers (Holland), Zuschauer: 30.000

Schweiz: Séchehaye; Weiler I, Ramseyer; De Lavallaz, Pichler, Fässler; Fschirren, W.Jäggi, Dietrich, Abegglen II, Bailly

Deutschland: Stuhlfauth -16 (1.FC Nürnberg); Beier -5 (HSV), H.Weber -1 (Kurhessen Kassel); Knöpfle -2 (SpVgg Fürth), Kalb -14 (1.FC Nürnberg), Leinberger -3 (SpVgg Fürth); E.Albrecht -2 (Fort. Düsseldorf), Hornauer -2 (1860 München), Pöttinger -6 (Bayern), R.Hofmann -5 (Meerane), L.Hofmann -7 (Bayern). Mannschaftskapitän: Kalb

Tore: 0:1 R.Hofmann (17.), 0:2 Hornauer (42.), 0:3, 0:4 R.Hofmann (75., 87.)

Beste Spieler: Ramseyer - R.Hofmann, Stuhlfauth, Kalb, L.Hofmann

Bericht: 10.000 deutsche Schlachtenbummler waren nach Amsterdam gekommen, um das Spiel der deutschen Nationalelf zu sehen. Das Spiel begann sehr nervös. Eine Viertelstunde lang konnte sich keine Mannschaft eine klare Torchance herausarbeiten. Die deutsche Elf hatte im Feld allerdings deutliche Vorteile. Dann kam die 17. Minute. Ein Einwurf von Knöpfle kam zu Pöttinger, der Richard Hofmann in die Gasse schickte. Der lief noch drei Schritte und traf dann mit unheimlicher Wucht am machtlosen Séchehaye vorbei ins Tor. Die Schweizer drängten danach auf den Ausgleich, aber blieben meistens schon bei Kalb hängen, der immer wieder die Stürmer antrieb. Die Elf von Otto Nerz ließ sich nicht einschnüren, sondern blieb gefährlich. In der 32. Minute wäre fast das 2:0 gefallen, als Richard Hofmann aus spitzem Winkel das Leder an die Latte jagte. In der 42. Minute fiel der verdiente zweite Treffer. Ludwig „Wiggerl" Hofmann hatte sich an der Außenlinie schön durchgespielt und flach zu Pöttinger hereingegeben, der sofort zum völlig freistehenden Hornauer weiterleitete. Hornauer, bis dahin schwächster Stürmer, schob den Ball dem herausstürzenden Séchehaye seelenruhig durch die Beine zum 2:0.

Die 2. Halbzeit begann erneut sehr zerfahren. Auf beiden Seiten konnten kaum zwingende Angriffe registriert werden. Erst nach 20 Minuten wurde die deutsche Elf wieder überlegen und hatte die erste klare Torgelegenheit. Hornauer und Pöttinger verpaßten jedoch. Nach 70 Minuten wurde die Schweiz stärker. Sie wollte und mußte kommen, wenn sie nicht frühzeitig nach Hause fahren wollte. Die aufmerksame deutsche Deckung stand aber immer richtig und dann kam ein langer Paß von Kalb zu Richard Hofmann. Der zog auf und davon und gegen seinen harten Schuß hatte Séchehaye keine Abwehrchance. Wie in Bern stand es jetzt 3:0. Die deutsche Elf war der nächsten Runde sehr nahe und spielte weiter nach vorne. Nach wie vor hatte sie mehr und bessere Torgelegenheiten als ihre Gegner. Und in der 87. Minute wurden sie für das offensive Spiel ein viertes Mal belohnt. Ludwig Hofmann legte seinem Namensvetter den Ball in den Lauf und nach zwei, drei Schritten zog Richard Hofmann mit unheimlicher Wucht ab. Unhaltbar rauschte der Ball in die linke obere Ecke zum 4:0. Nach einem großen Spiel hatte die deutsche Mannschaft verdient gewonnen.

❖

Vorbericht zum 66. Länderspiel: Nach dem grandiosen Sieg über die Schweiz gab es für Prof. Dr. Otto Nerz keinen Anlaß, die Mannschaft für das nächste Spiel umzustellen. Somit spielte die deutsche Nationalelf zum erstenmal in ihrer Geschichte zweimal hintereinander mit der gleichen Aufstellung. Der Gegner war allerdings kein geringerer als der Titelverteidiger von 1924, Uruguay. Für die deutsche Elf und Delegation ein völlig unbekanntes Team, von dem man nur Großes gehört hatte. In der 1. Runde waren sie mit 2:0 der sichere Sieger über Gastgeber Holland.

3.6.1928 in Amsterdam (Olympia-Zwischenrunde)
Uruguay - Deutschland 4:1 (2:0)

SR: Youssef Mohammed (Ägypten), Zuschauer: 30.000
Uruguay: Mazali; Nasazzi, Aripse; Piriz, Fernandez, Gestido; Urdinaran, Castro, Pedrone, Cea, Campolo
Deutschland: Stuhlfauth -17 (1.FC Nürnberg); Beier -6 (HSV), H.Weber -2 (Kurhessen Kassel); Knöpfle -3 (SpVgg Fürth), Kalb -15 (1.FC Nürnberg), Leinberger -4 (SpVgg Fürth); E.Albrecht -3 (Fort. Düsseldorf), Hornauer -3 (1860 München), Pöttinger -7 (Bayern), R.Hofmann -6 (Meerane), L.Hofmann -8 (Bayern).
Mannschaftskapitän: Kalb
Tore: 1:0 Pedrone (36.), 2:0 Urdinaran (38.), 3:0 Castro (64.), 3:1 R.Hofmann (80.), 4:1 Pedrone (83.)

Beste Spieler: Gestido, Urdinaran, Pedrone - Stuhlfauth, Knöpfle
Besondere Vorkommnisse: Platzverweise für Kalb (37.), R.Hofmann (87.), Nasazzi (87.)
Bericht: Wieder waren mit Sonderzügen viele deutsche Schlachtenbummler angereist. Sie wurden von den Holländern nur belächelt, denn die wußten, was die deutsche Elf erwartete. Zuerst verursachte der große Gegner eine unverständliche Nervosität. Vier falsche Einwürfe in den ersten 5 Minuten waren deutlich sichtbare Zeichen. Nach 10 Minuten wurde das Spiel der deutschen Elf endlich ruhiger und besser, aber jetzt sahen sie sich einem Gegner gegenüber, mit dem sie nicht gerechnet hatten: Schiedsrichter Youssef Mohammed. Je besser die deutsche Elf kombinierte, desto unfairer wurden die Mittel der Urus. Und jedesmal pfiff der Schiedsrichter Freistoß für Uruguay.

Das Skandalspiel, eine der schwärzesten Stunden der deutschen Nationalelf, nahm seinen Lauf. Knöpfle und Leinberger wurden durch rücksichtsloses Foulspiel verletzt, der Schiedsrichter pfiff noch nicht einmal. Und wenn er mal pfiff, gab es ganz selten einen Freistoß für die deutsche Mannschaft, obwohl mindestens 80 % der Fouls von den Urus begangen wurden. In der 36. Minute dann endlich ein Fußball-Leckerbissen, als Pedrone mit dem Ball am Fuß durch die deutsche Abwehr spazierte und zum 1:0 einschoß. Leider war das nur ein Hoffnungsschimmer, denn der gleiche Spieler attackierte den langen Hans Kalb hinter dem Rücken des Schiedsrichters mit hinterlistigen Fouls. Eine Minute nach dem 1:0 praktizierte Pedrone erneut sein Foulspiel, sogar vor den Augen des Schiedsrichters. Kalb revanchierte sich und wurde vom Platz gestellt. Es war eine himmelschreiende Ungerechtigkeit, wie der Ägypter die deutsche Elf behandelte. Der fällige Freistoß wurde von Urdinaran zum 2:0 verwandelt. Die Urus machten so weiter und fanden auch beim Schiedsrichter genügend Unterstützung. Als Pöttinger, 2 Minuten vor der Halbzeit, nach herrlicher Vorarbeit von Ludwig Hofmann allein vor Mazali auftauchte, grätschte ihm Arispe rücksichtslos von hinten in die Beine, ohne den Ball zu treffen. Mohammed gab Freistoß für Uruguay.

Nach dem Seitenwechsel wurde es noch schlimmer. Die Urus spuckten und traten, wie sie wollten. Stuhlfauth, H.Weber, Knöpfle und Leinberger, der in der 2. Halbzeit für Kalb Mittelläufer spielte, waren bald nur noch Statisten und das 3:0 fiel zwangsläufig. Erst 10 Minuten vor dem Ende, als die Partie bereits entschieden war, wurde die Schiedsrichterleistung besser. Als Mazali zu lange mit dem Ball lief, gab es richtigerweise Freistoß für Deutschland, Richard Hofmann verwandelte. Drei Minuten später hatte Padrone allerdings wieder den alten Abstand hergestellt. Und in den Schlußminuten wurde auch noch Richard Hofmann vom Platz gestellt, nachdem er 87 Minuten lang mit bösen und unverschämten Fouls durch Nasazzi angegangen worden war und sich nun revanchierte. Nasazzi simulierte und ließ sich mit der Bahre vom Platz tragen, aber auch er erhielt ebenfalls einen Platzverweis.

Die Reaktionen waren sehr unterschiedlich. Viel Gehässigkeit aus dem Ausland gegenüber den Deutschen, aber ebenso umgekehrt. Am meisten hatte die olympische Idee gelitten. Und das Verhalten des D.F.B. war ebenfalls unverständlich. Kalb und Richard Hofmann wurden ein Jahr lang für Länderspiele gesperrt, während Uruguay im Endspiel bereits wieder Nasazzi einsetzte. Uruguay wurde schließlich im Wiederholungsspiel gegen Argentinien erneut Olympiasieger, aber ihren Glanz von 1924 hatten sie in Amsterdam verloren.

❖

Schweiz - Deutschland bei Olympia: Stuhlfauth faustete bei einem schweizerischen Angriff aus der Gefahrenzone.

Olympia, Schweiz - Deutschland: Diesmal kann der schweizerische Torhüter Sechelhaye vor Hornauer klären.

Die deutsche Elf vor dem Spiel gegen den Olympiasieger von 1924, Uruguay (1:4).

Schiedsrichter Youssef Mohammed, der ägyptische Skandalschiedsrichter, bei der Seitenwahl vor dem Spiel Uruguay - Deutschland.

Torhüter Mazzali (Uruguay) rettete vor Pöttinger.

Stuhlfauth und Beier wehren gegen einen Angreifer aus Uruguay ab.

Das 1:0 für Uruguay. Torhüter Stuhlfauth war machtlos. Am Ende stand es 4:1 für den alten und neuen Olympiasieger.

Gesamtbilanz 1908 - 1928
66 Spiele: 20 Siege, 13 Unentschieden, 33 Niederlagen, 141:164 Tore
Heim: 29 Spiele: 7 Siege, 8 Unentschieden, 14 Niederlagen, 49:63 Tore
Auswärts: 37 Spiele: 13 Siege, 5 Unentschieden, 19 Niederlagen, 92:101 Tore
Zuschauer insgesamt: 1.275.100
Heim: 619.000, Auswärts: 656.100

Die meisten Länderspiele:
1. Eugen Kipp (Spfr. Stuttgart/K. Stuttg.) 18 Spiele
   Adolf Jäger (Altonaer FC 93) 18 "
3. Heinrich Stuhlfauth (1.FC Nürnberg) 17 "
4. Hans „Bumbas" Schmidt (1860 Fürth/ SpVggFürth/1.FC Nürnberg) 16 "
5. Camillo Ugi (VfB Leipzig/Spfr. Breslau) 15 "
   Karl Wegele (Phönix Karlsruhe) 15 "
   Otto „Tull" Harder (HSV) 15 "
   Hans Kalb (1.FC Nürnberg) 15 "
9. Adolf Werner (Holst. Kiel/Vikt. Hamburg) 13 "
10. Hans Sutor (1.FC Nürnberg) 12 "
    Josef Müller (Phönix Ludwigsh./ SpVgg Fürth/FV 04 Würzburg) 12 "
12. Karl Burger (SpVgg Fürth) 11 "
    Walter Hempel (Spfr. Leipzig) 11 "
    Fritz Förderer (Karlsruher FV) 11 "
15. Helmut Röpnack (Viktoria 89) 10 "
    Andreas Franz (SpVgg Fürth) 10 "
    Hans Lang (SpVgg Fürth/HSV) 10 "

Die meisten Tore:
1. Gottfried Fuchs (Karlsruher FV) 14 Tore
   Otto „Tull" Harder (HSV) 14 "
3. Adolf Jäger (Altonaer FC 93) 11 "
4. Fritz Förderer (Karlsruher FV) 10 "
   Eugen Kipp (Spfr. Stuttg./K. Stuttg.) 10 "
6. Josef Pöttinger (Bayern München) 7 "
7. Willi Worpitzky (Viktoria 89) 5 "
   Andreas Franz (SpVgg Fürth) 5 "
   Richard Hofmann (Meerane 07) 5 "
10. Ernst Möller (Holstein Kiel) 4 "
    Julius Hirsch (Karlsr.FV/SpVgg Fürth) 4 "
    Leonhard Seiderer (SpVgg Fürth) 4 "
    Georg Hochgesang (1.FC Nürnberg) 4 "
14. Otto Dumke (Viktoria 89) 3 "
    Paul Paulsen-Pömpner (VfB Leipzig) 3 "

Am häufigsten Mannschaftsführer waren:
1. Adolf Jäger 10 mal
2. Camillo Ugi 9 "
3. Otto „Tull" Harder 8 "
4. Max Breunig 7 "
5. Dr.Josef Glaser 4 "
   Hans Kalb 4 "
7. Leonhard Seiderer 3 "
8. Arthur Hiller II 2 "
   Eugen Kipp 2 "
   Karl Tewes 2 "
   Carl Riegel 2 "
   Heinrich Stuhlfauth 2 "
13. Paul Hunder, Christian Schmidt, Helmut Röpnack, Heinrich Träg, Ernst Eikhof, Hans "Bumbas" Schmidt, Hans Lang, Paul Paulsen (Pömpner), Ernst Blum, Josef Müller je 1 "

Nationalspieler des Jahres:
1907/08 Förderer (K. FV)
1908/09 Ad.Werner (H. Kiel)
1909/10 Kipp (Spfr. Stuttg.)
1910/11 Ugi (VfB Leipzig)
1911/12 Breunig (K. FV)
1912/13 Jäger (Altona)
1913/14 Wegele (Phönix Karlsruhe)
1920/21 Tewes (Viktoria 89)
1921/22 Franz (SpVgg Fürth)
1922/23 Seiderer (SpVgg Fürth)
1923/24 H.Schmidt (1.FC Nürnberg)
1924/25 Paulsen (VfB Leipzig)
1925/26 Harder (HSV)
1926/27 Hochgesang (1.FC Nürnberg)
1927/28 R.Hofmann (Meerane)

10 Elfmeter für Deutschland:
6 Elfmeter verwandelt durch Förderer (1908 gegen England), Breunig (1911 gegen die Schweiz), Jäger (1913 gegen Dänemark), Jäger (1921 gegen Ungarn), Franz (1924 gegen Österreich), Ruch (1925 gegen Finnland)
4 Elfmeter verschossen:
durch Breunig (1910 gegen Holland), Breunig (1913 gegen Holland), Kalb (1922 gegen Österreich), Lüke (1923 gegen Finnland)
9 Elfmeter gegen Deutschland:
5 Elfmeter verwandelt durch Dlubac (Österreich) 1908, Schlosser (Ungarn) 1912, Weiss (Schweiz) 1912, Kuthan (Österreich) 1921, Kelin (Finnland) 1925
4 Elfmeter verschossen durch Schweden 1911, Finnland 1922, Neumann (Österreich) 1922, Ramseyer (Schweiz) 1928
3 Eigentore gegen Deutschland,
erzielt durch Breunig (1910 und 1912 gegen Holland), H.Müller (1924 gegen Finnland)
Platzverweise gegen Deutschland:
Kalb (1928 gegen Uruguay), R.Hoffmann (1928 gegen Uruguay)
Platzverweis Gegner:
Nasazzi (Uruguay) 1928

1928/29

Bilanz 1928/29
7 Spiele: 5 Siege, 1 Unentschieden, 1 Niederlage, 17:6 Tore
Zuschauer: 251.000
In 7 Länderspielen wurden 30 Spieler eingesetzt, davon waren 7 Neulinge.

Die Spieler der Saison:

Georg Knöpfle	6	Spiele
Ludwig Hofmann	6	"
Ludwig Leinberger	5	"
Josef Pöttinger	5	"
Heinrich Weber	5	"
Conrad Heidkamp	4	"
Ernst Albrecht	4	"
Hans Sobek	4	"
Hans Geiger	4	"
Heinrich Stuhlfauth	3	"
Albert Beier	3	"
Franz Schütz	3	"
Josef Schmitt	2	"
Ernst Kuzorra	2	"
Baptist Reinmann	2	"
Richard Hofmann	2	"
Georg Frank	2	"
Franz Horn	2	"
Willibald Kreß	2	"
Hans Wentorf	1	Spiel
Henry Müller	1	"
Walter Risse	1	"
Willi Winkler	1	"
Georg Kießling	1	"
Paul Gehlhaar	1	"
Georg Köhler	1	"
Josef Hornauer	1	"
Hans Brunke	1	"
Hans Gruber	1	"
Hans Ruch	1	"

Die Tore der Saison:

Georg Frank	5	Tore
Richard Hofmann	3	"
Hans Sobek	2	"
Conrad Heidkamp	1	Tor
Ludwig Hofmann	1	"
Josef Schmitt	1	"
Ernst Kuzorra	1	"
Josef Pöttinger	1	"
Josef Hornauer	1	"
Hans Ruch	1	"

Mannschaftsführer waren:

Heinrich Stuhlfauth	3	mal
Albert Beier	2	"
Josef Pöttinger	1	"
Ludwig Hofmann	1	"

1 Elfmeter gegen Deutschland:
verwandelt durch Lundahl (Schweden)

Rangliste der besten Nationalspieler des Jahres
1. Heiner Stuhlfauth (1.FC Nürnberg)
2. Ludwig „Wiggerl" Hofmann (Bayern München)
3. Georg Knöpfle (FSV Frankfurt)
4. Conrad Heidkamp (Bayern München)
5. Ludwig Leinberger (SpVgg Fürth)
6. Richard Hofmann (Dresdener SC)
7. Albert Beier (Hamburger SV)
8. Georg Köhler (Dresdener SC)
9. Georg Frank (SpVgg Fürth)
10. Heini Weber (Kurhessen Kassel)

Vorbericht zum 67. Länderspiel: Das unrühmliche Olympiaende war noch nicht vergessen, als für September die Nordlandreise mit 2 Spielen geplant wurde. Es hatte sich einiges geändert. Kalb und R.Hofmann waren für 1 Jahr gesperrt. Hans Kalb kehrte auch nie wieder in die Nationalelf zurück. Viele Stars der letzten Jahre machten nie wieder ein Länderspiel: Harder, Wolpers (HSV), H.Schmidt, Popp, T.Kugler, Hochgesang, Träg, Wieder (alle 1.FC Nürnberg), Scherm (ASV Nürnberg), J.Müller, Auer, Franz (SpVgg Fürth), Ertl (Wacker München) und Kutterer (Bayern München). Die große Zeit von Nürnberg/Fürth in der Nationalmannschaft ging zu Ende. Eine Woche vor der Reise in den Norden kam Dänemark als Gast nach Nürnberg. Die bisherige Bilanz gegen die Dänen war eindeutig: 3 Spiele, 3 Niederlagen und 3:10 Tore. Eine junge Mannschaft, mit den Neulingen Horn (HSV) und J.Schmitt (1.FC Nürnberg), sollte einen Neuanfang machen. Die Dänen mußten 3 Stammspieler (Verteidiger Tarp und die Läufer Bendixn und Poul Jensen) ersetzen, und in der deutschen Elf fehlten Kalb, R.Hofmann und Mittelstürmer Winkler von Wormatia Worms, der als bester Stürmer Süddeutschlands galt.

16.9.1928 in Nürnberg (Zabo)

Deutschland - Dänemark 2:1 (0:1)

SR: P.Ruoff (Schweiz), Zuschauer: 50.000
Deutschland: Wentorf -2 (Altona 93); Beier -7 (HSV), H.Weber -3 (Kurhessen Kassel); Knöpfle -4 (FSV Frankf.), Leinberger -5 (SpVgg Fürth), Heidkamp -2 (Bayern München); Reinmann -3 (1.FC Nürnberg), Horn -1 (HSV), J.Schmitt -1 (1.FC Nürnberg), Pöttinger -8, L.Hofmann -9 (beide Bayern München). Mannschaftskapitän: Beier

Dänemark: Niels Hansen; Holm, Havn; Zölck, Kay Madsen, Laursen; Henry Hansen, Svend Hansen, Jörgensen, Petersen, Stoltz

Tore: 0:1 Laursen (10.), 1:1 Heidkamp (58.), 2:1 L.Hofmann (68.)
Beste Spieler: Beier, L.Hofmann, Wentorf - Havn, Niels Hansen

Bericht: Die deutsche Mannschaft begann schwungvoll und gut. Bereits in den ersten Minuten ergaben sich gute Einschußmöglichkeiten. Doch es sollte nicht sein. Hansen hielt hervorragend, einige Bälle strichen knapp am Tor vorbei, und in der 7. Minute traf Schmitt nur die Latte. Dann kam die kalte Dusche zum 0:1, als Heini Weber einen Ball am Strafraum verstolperte. Das war ein Schock. Eine Viertelstunde lang beherrschten die Dänen das Spiel, bis der deutsche Sturm wieder drängte. Doch Pöttinger und Josef „Seppl" Schmitt vergaben erneut Torchancen. Erst ein verdeckter Schuß des bis dahin sehr schwach spielenden Ex-Düsseldorfers Heidkamp aus 25 Metern, brachte in der 2. Halbzeit den längst verdienten Ausgleich. Aus einem Gewühl heraus, als niemand so recht wußte, wo der Ball ist, schoß „Wiggerl" Hofmann aus 6 Metern dann sogar die Führung. Erst danach kamen die Dänen besser ins Spiel. Auf beiden Seiten gab es noch einige gute Torgelegenheiten, die jedoch ungenutzt blieben. Die deutsche Elf kam somit zum ersten Sieg über die Dänen.

❖

Vorbericht zum 68. Länderspiel: Der nunmehr als Reichstrainer tätige Prof. Otto Nerz berief für das erste Spiel seiner Nordland-Reise 14 Spieler.
Tor: Stuhlfauth (1.FC Nürnberg), Zolper (CfR Köln)
Verteidiger: Henry Müller (Viktoria Hamburg), Risse (HSV)
Läufer: Leinberger (SpVgg Fürth), Heidkamp (Bayern München), Knöpfle (FSV Frankfurt), Flick (H.Kiel)

Stürmer: Hornauer, J.Schmitt (beide 1.FC Nürnberg), Kießling (SpVgg Fürth), E.Albrecht (Fort. Düsseldorf), Winkler (Wormatia Worms), Kuzorra (Schalke 04)

Einziger Neuling war der Wormser Winkler, dessen Einsatz auch außer Frage stand.

23.9.1928 in Oslo - Ullevaal Stadion

Norwegen - Deutschland (0:2)

SR: L.Andersen (Dänemark), Zuschauer: 16.000

Norwegen: G.Christensen; E.Lunde (26. Ellingsrud), I.Pedersen; A.Johansen, Berner, Thorstensen; R.Danielsen, K.Pedersen, Moe, Börresen, Berg-Johannesen

Deutschland: Stuhlfauth -18 (1.FC Nürnberg); H.Müller -9 (Vikt. Hamburg), Risse -8 (HSV); Knöpfle -5 (FSV Frankf.), Leinberger -6 (Fürth), Heidkamp -3 (Bayern); E.Albrecht -4 (Fort. Düsseld.), Winkler -1 (W. Worms), J.Schmitt -2 (1.FC Nürnberg), Kuzorra -2 (Schalke), Kießling -2 (Fürth). Mannschaftskapitän: Stuhlfauth

Tore: 0:1 J.Schmitt (17.), 0:2 Kuzorra (62.)

Beste Spieler: Berner, Christensen - Stuhlfauth, Heidkamp, J.Schmitt

Bericht: Trotz des verdienten Sieges war es keine besondere Leistung der deutschen Elf. Lediglich in der ersten Halbzeit klappte das Zusammenspiel einigermaßen und es gab eine Reihe von Torchancen. Kuzorra traf noch die Latte und Winkler den Pfosten. In der zweiten Halbzeit wurden die Norweger stärker und konnten das Spiel ausgeglichen gestalten. Beide Seiten versäumten es, mehr Tore zu erzielen. 6:9 (Halbzeit 0:5) Ecken geben den Spielverlauf wieder.

❖

Vorbericht zum 69. Länderspiel: Die 5 Nürnberg/Fürther konnten die weitere Reise nicht mitmachen. Für sie waren Gehlhaar (Hertha BSC), Beier (HSV), H.Weber (Kurhessen Kassel), „Hanne" Sobek (Hertha BSC) und die Münchener Pöttinger und L.Hofmann nach Stockholm bestellt worden. Aus dem jetzt 15-köpfigen Kader wurde die Aufstellung für das Schwedenspiel benannt.

30.9.1928 in Stockholm

Schweden - Deutschland 2:0 (1:0)

SR: S.Hansen (Dänemark), Zuschauer: 18.000

Schweden: Rydberg; Alfredsson, Zackaroff; Ake Hansson, Rosen, T.Johansson; Brommesson, Gunnar Olsson, Lundahl, Keller, Kroon

Deutschland: Gelhaar -1 (Hertha BSC); Beier -8 (HSV), H.Weber -4 (Kurhessen Kassel); Knöpfle -6 (FSV Frankf.), Köhler -5 (Dresd. SC), Heidkamp -4 (Bayern); E.Albrecht -5 (Fort. Düsseldorf), Sobek -3 (Hertha BSC), Pöttinger -9 (Bayern), Kuzorra -3 (Schalke), L.Hofmann -10 (Bayern). Mannschaftskapitän: Beier

Tore: 1:0 Lundahl (45. Handelfmeter), 2:0 G.Olsson (85.)

Beste Spieler: Rydberg, Johansson, Lundahl - Köhler, Gehlhaar, Knöpfle, Heidkamp

Bericht: So nahe an einem Sieg war die deutsche Elf in Stockholm seit dem 4:2 von 1911 nicht mehr. Mit Ausnahme der beiden Verteidiger, die mit den schwedischen Halbstürmern größte Mühe hatten, bot die deutsche Elf eine gute Leistung und war fast ständig überlegen. 13:5 Ecken sprachen ebenso eine deutliche Sprache, wie 3 Pfostenschüsse (2. Pöttinger, 38. Pöttinger, 54. Albrecht). Was dennoch auf das Schweden-Tor kam, hielt der großartige Rydberg. Ein Handelfmeter, als der Ball Beier an den Arm sprang, verhalf den Schweden zur glücklichen Halbzeitführung. Und in der 85. Minute hatten sie abermals das Glück, welches der deutschen Elf in diesem Spiel so sehr fehlte, als Olsson aus dem Gewühl am 5 Meter Raum schneller am Ball war als Torhüter Gelhaar.

Vorbericht zum 70. Länderspiel: Mit den Frankfurtern Kreß und F.Schütz waren 2 Neulinge aufgeboten, die auch zum Einsatz kamen. Die Nürnberger Stuhlfauth und Hornauer hatten kurzfristig absagen müssen, und die Verletzungen anderer Spieler führte zur Aufstellung der beiden Frankfurter.

10.2.1929 in Mannheim

Deutschland - Schweiz 7:1 (3:0)

SR: L.Andersen (Dänemark), Zuschauer: 35.000

Deutschland: Kreß -1 (Rot-Weiß Frankfurt); F.Schütz -1 (Eintr. Frankfurt), H.Weber -5 (Kurhessen Kassel), Geiger -3 (1.FC Nürnberg), Leinberger -7 (SpVgg Fürth), Knöpfle -7 (FSV Frankf.); Reinmann -4 (1.FC Nürnberg), Sobek -4 (Hertha BSC), Pöttinger -10 (Bayern), Frank -2 (SpVgg Fürth), L.Hofmann -11 (Bayern). Mannschaftskapitän: Pöttinger

Schweiz: Sèchehaye; Weiler I, Ramseyer; De Lavallaz, Vögeli, Galler; Fässler, Abegglen III, Bielser, Abegglen II, Grimm

Tore: 1:0 Frank (8.), 2:0 Sobek (23.), 3:0 Frank (45.), 4:0 Pöttinger (57.), 5:0 Frank (61.), 6:0 Frank (72.), 6:1 Xam Abegglen II (73.), 7:1 Sobek (83.)

Beste Spieler: L.Hofmann, Frank, Pöttinger, Leinberger - Trello Abegglen III, Fässler, Weiler I

Bericht: Nach der unglücklichen Niederlage in Stockholm wollte die deutsche Elf gegen den Nachbarn einiges gut machen. Man stellte sich das wesentlich schwerer vor, als es schließlich wurde. Von Beginn an spielte die deutsche Elf klar überlegen. Harmonie und Zusammenspiel klappten hervorragend, besonders im Sturm. Immer wieder wurde die schweizerische Abwehr ausgespielt und endlich wurden auch die Torchancen konsequent genutzt. Pöttinger dirigierte seinen Sturm glänzend und machte ein herrliches Kopfballtor. Der Fürther „Allan" Frank profitierte vom Klassespiel des „Wiggerl" Hofmann, der mit seinen Gegenspielern machte, was er wollte. Seine Flanken bereiteten den Schweizern ständiges Kopfzerbrechen. Der einzige Gegentreffer fiel nach einem unnötigen Handspiel des ansonsten guten Leinberger. Weilers Freistoß köpfte Max (Xam) Abegglen II unhaltbar ins Tor.

❖

Vorbericht zum 71. Länderspiel: Mit Italien war eine europäische Spitzenmannschaft nächster Gegner der deutschen Mannschaft. Mitte April benannte der D.F.B.-Bundesausschuß das Aufgebot für Turin

Tor: Stuhlfauth (1.FC Nürnberg), Kreß (Rot-Weiß Frankfurt)

Verteidiger: Beier (HSV), H.Weber (Kurhessen Kassel), Armbruster (FSV Frankfurt)

Läufer: Geiger (1.FC Nürnberg), Leinberger (SpVgg Fürth), Knöpfle (FSV Frankfurt), Heidkamp (Bayern München)

Stürmer: Reinmann, Hornauer, J.Schmitt (alle 1.FC Nürnberg), Frank (SpVgg Fürth), Pöttinger, L.Hofmann (Bayern München)

Für Reinmann, der sich verletzte, wurde Ernst Albrecht (Fortuna Düsseldorf) nachnominiert. Mit dem Frankfurter Armbruster stand erstmals ein Spieler im Aufgebot, der nie zu einem Länderspiel kam.

28.4.1929 in Turin

Italien - Deutschland 1:2 (1:1)

SR: E. Gray (England), Zuschauer: 30.000

Italien: Combi; Rosetta, Allemandi; Pietroboni, Sgarbi, Pitto; Conti, Della Valle, Schiavio (20. Busini III), Rosetti, Cevenini III (8. Rivolta)

Deutschland: Stuhlfauth -19 (1.FC Nürnberg); Beier -9 (HSV), H.Weber -6 (Kurhessen Kassel); Geiger -4 (1.FC Nürnb.), Leinberger -8 (Fürth), Knöpfle -8 (FSV); E.Albrecht -6 (Fort. Düsseld.), Hornauer -4 (1.FC Nürnberg), Pöttinger -11 (Bayern), Frank -3 (Fürth), L.Hofmann -12 (Bayern).

Mannschaftskapitän: Stuhlfauth
Tore: 1:0 Rosetti (6.), 1:1 Hornauer (12.), 1:2 Frank (80.)
Beste Spieler: Della Valla, Rosetta - Stuhlfauth, Knöpfle, Leinberger

Ludwig Leinberger (Fürth) und Hans Kalb (Nürnberg), zwei Weltklassemittelläufer der 20er Jahre.

„Hanne" Sobek, das Berliner Fußballidol.

Richard „König" Hofmann (Meerane 07 und Dresdener SC), einer der besten deutschen Fußballer aller Zeiten.

Heiner Stuhlfauth (1. FC Nürnberg), ein Weltklassetorhüter und Jugendidol.

Ludwig „Wiggerl" Hofmann (Bayern München), ein brillanter Linksaußen der Nationalelf.

Bericht: In Turin wartete auf die deutsche Elf die Hölle. Unter ohrenbetäubendem Lärm brandete ein Angriff nach dem anderen gegen die deutsche Abwehrmauer, in der Heiner Stuhlfauth das Spiel seines Lebens machte. Der Nürnberger hielt gleich eine ganze Reihe von sogenannten unhaltbaren Schüsse und wurde nachher auch von der internationalen Presse als bester Torhüter der Welt bezeichnet. Für die deutsche Elf machte sich erstmals das WM-System positiv bemerkbar. Leinberger spielte die zurückgezogene Stopperrolle großartig und Hornauer/Frank glänzten im Mittelfeld. Ihre Gegenspieler waren dadurch soweit aufgerückt, daß sie bei den beiden entscheidenden Kontern, erst über „Wiggerl" Hofmann und beim zweiten Tor über Ernst Albrecht, nicht schnell genug zurückkamen, um die Tore der beiden deutschen Halbstürmer zu verhindern. Dennoch war es ein sehr glücklicher Sieg, weil Italien ständig überlegen war.

❖

Vorbericht zum 72. Länderspiel: Gegen Schottland war der jetzt beim Dresdener SC spielende Richard Hofmann nach seiner Sperre wieder im Aufgebot. Und als Entgegenkommen an den Ausrichter des Länderspiels waren auch Brunke (Tennis Borussia), Sobek und Ruch (beide Hertha BSC) wieder in die Elf zurückgekehrt. Einziger echter Neuling war der Duisburger Gruber. Für viele Kritiker war es sehr bedauerlich, daß die zuletzt so erfolgreiche deutsche Mannschaft nun wieder auseinandergerissen, bzw. durch 6 andere Spieler verändert wurde. Andererseits war der deutsche Fußball in seiner Entwicklung soweit, daß von einigen Leistungsträgern abgesehen, jede Position zwei- oder gar dreimal gleich gut besetzt werden konnte. Mit den Schotten kam nun die nach England beste Fußballnation nach Berlin. Zwar fehlten in ihrer Aufstellung einige ganz große Stars, wie H.K.Gallacher (Newcastle United) und Alex James (Preston North End), die als Profis in England spielten, aber alle Stars der schottischen Profiliga waren dabei.

1.6.1929 in Berlin (Grunewaldstadion)
Deutschland - Schottland 1:1 (0:0)

SR: O.Olssen (Schweden), Zuschauer: 50.000
Deutschland: Stuhlfauth -20 (1.FC Nürnberg); F.Schütz -2 (Eintr. Frankf.), Brunke -3 (Tennis Borussia); Geiger -5 (1.FC Nürnberg), Gruber -1 (Duisburger SV), Heidkamp -5 (Bayern); Ruch -3, Sobek -5 (beide Hertha BSC), Pöttinger -12 (Bayern), R.Hofmann -7 (Dresdener SC), L.Hofmann -13 (Bayern). Mannschaftskapitän: Stuhlfauth
Schottland: McLaren; Gray, Crapnell; H.Morton, Imrie, T.Craig; Nisbet, Cheyne, McCrae, Rankin, Fleming
Tore: 1:0 Ruch (49.), 1:1 McCrae (87.)
Beste Spieler: Stuhlfauth, L.Hofmann - Crapnell, Imrie, Gray
Bericht: Technik gegen Kampf war von der ersten bis zur letzten Minute bestimmend. Die Schotten brillierten mit ihrer Technik, waren jedoch im Strafraum der deutschen Elf wenig effektvoll. Hier wurde das Fehlen der Torjäger Gallacher und James ganz deutlich. Die deutsche Elf kämpfte großartig, aber der Gegner ließ das sonst flüssige Kombinationsspiel nur selten zu. So spielte sich das Geschehen der ersten Halbzeit überwiegend außerhalb der Strafräume ab. Ein Tor hatten beide Mannschaften nicht verdient.

Nach dem Seitenwechsel wurde das Spiel der deutschen Elf wesentlich druckvoller und bereits nach 4 Minuten setzte Sobek seinen Mannschaftskameraden Ruch von Hertha BSC mit einem herrlichen Steilpaß ein. Ruch zog auf und davon und ließ McLaren im schottischen Tor keine Chance. Von nun an bestimmte die Mannschaft von Otto Nerz das Geschehen. Vor dem Tor waren die deutschen Stürmer jedoch zu unentschlossen oder schossen schlecht. Der Sieg wäre jedoch verdient gewesen. Aber 3 Minuten vor Spielende kam die kalte Dusche, als den Schotten im Endspurt der nicht mehr erwartete Ausgleich gelang. Dennoch war das Unentschieden ein weiterer Achtungserfolg nach dem Sieg in Turin. Die deutsche Mannschaft gehörte jetzt zur europäischen Spitze.

❖

Vorbericht zum 73. Länderspiel: Mit Gegner Schweden stand das dritte schwere Länderspiel hintereinander auf dem Programm. Aufstellungssorgen gab es für Prof. Dr. Otto Nerz nicht. Lediglich der neue Rekordnationalspieler Heiner Stuhlfauth fehlte. Für ihn sollte erneut Willibald Kreß das Tor hüten. Außerdem boten sich Umstellungen an. H.Weber, Leinberger, Knöpfle und E.Albrecht kehrten in den Kader zurück. Nur die Mittelstürmerposition war umstritten. Der zuletzt erfolglose Pöttinger wurde durch den Hamburger Torjäger Horn ersetzt.

23.6.1929 in Köln - Müngersdorf
Deutschland - Schweden 3:0 (1:0)

SR: E. Braun (Österreich), Zuschauer: 52.000
Deutschland: W.Kreß -2 (RW Frankfurt); F.Schütz -3 (Eintr. Frankf.), H.Weber -7 (Kurhessen Kassel); Geiger -6 (1.FC Nürnberg), Leinberger -9 (SpVgg Fürth), Knöpfle -9 (FSV Frankf.); E.Albrecht -7 (Fort. Düsseldorf), Sobek -6 (Hertha BSC), Horn -2 (HSV), R.Hofmann -8 (D. SC), L.Hofmann -14 (Bayern). Mannschaftskapitän: L.Hofmann
Schweden: Ragnar; F.Andersson, Krook; Helgesson, Rosen, Billing; John Nilsson, Rydell, Kaufeldt, Dahl, Engdahl
Tore: 1:0, 2:0, 3:0 R.Hofmann (27., 65., 85.)
Beste Spieler: R.Hofmann, L.Hofmann, H.Weber - Rydell, Kaufeldt
Bericht: Rekordkulisse in Deutschland bei einem Länderspiel, und die Schweden waren in stärkster Besetzung gekommen. Nur Torhüter Lindberg fehlte. Diese starke Schweden-Elf geriet jedoch von der 1. Minute an unter Druck und Torhüter Ragnar brauchte viel Glück. Richard Hofmann glänzte vor allem im Spielaufbau und als Schütze. In der 12. Minute rettete noch der Pfosten für den geschlagenen Schweden-Torhüter, aber in der 27. Minute traf „König" Richard Hofmann aus 20 Metern genau. Keine 5 Minuten später das gleiche. Erneut schoß der Dresdener aus 20 Metern Entfernung unhaltbar ins Tor. Schiedsrichter Braun entschied völlig unverständlich auf Abseits, obwohl kein anderer deutscher Spieler eingriff. Doch die deutsche Elf stürmte unermüdlich weiter. Meistens kamen die Angriffe über links, von den beiden Hofmanns. Der rechte Flügel und Mittelstürmer Horn blieben schwach.

Nach dem Seitenwechsel ein unverändertes Bild. Und erneut traf R.Hofmann ins Tor, und Schiedsrichter Braun verweigerte den Treffer, wofür er sich ein gellendes Pfeifkonzert gefallen lassen mußte. Die Schweden kamen überhaupt nicht mehr aus ihrer Hälfte. In der 65. Minute fiel durch einen direkten Freistoß von R.Hofmann das längst verdiente 2:0. Der Anstoß der Schweden wurde sofort abgefangen und erneut traf der Dresdener zum fünftenmal, aber zum drittenmal wurde das Tor nicht gegeben, wegen Abseitsstellung des völlig unbeteiligten Sobek. Das Energiewunder R.Hofmann lief weiter auf Hochtouren, so als wäre nichts geschehen. Fast jeder Angriff lief über ihn, und wenn er selber einmal abschloß, war Alarmstufe eins für das Schweden-Tor.

Die Schweden kamen immer seltener vor das Tor von Kreß, der einen geruhsamen Nachmittag verbrachte, während sein Gegenüber Ragnar viel Glück brauchte, um keine weiteren Treffer hinnehmen zu müssen. In der 85. Minute nützte ihm jedoch auch das Glück nichts mehr. Der Dresdener Torjäger lief in einen Paß von Albrecht und jagte den Ball aus vollem Lauf flach in die linke Ecke. Mit dem hochverdienten 3:0 beendete die deutsche Nationalmannschaft ihre bis dahin beste und erfolgreichste Saison.

❖

1929/30

Bilanz 1929/30
4 Spiele: 2 Siege, 1 Unentschieden, 1 Niederlage, 12:5 Tore
Zuschauer: 140.000
In 4 Länderspielen wurden 28 Spieler eingesetzt, davon waren 10 Neulinge.

Die Spieler der Saison:

Hans Hagen	3	Spiele
Ludwig Leinberger	3	"
Richard Hofmann	3	"
Conrad Heidkamp	3	"
Fritz Szepan	2	"
August Sackenheim	2	"
Ernst Albrecht	2	"
Georg Knöpfle	2	"
Hugo Mantel	2	"
Josef Pöttinger	2	"
Ludwig Hoffmann	2	"
Hans Stubb	2	"
Josef Bergmaier	2	"
Willibald Kreß	2	"
Franz Schütz	2	"
Ernst Kuzorra	2	"
Alfred Huber	1	Spiel
Wilhelm Blunk	1	"
Hermann Flick	1	"
Karl Schulz	1	"
Willi Völker	1	"
Albert Beier	1	"
Franz Horn	1	"
Heinrich Stuhlfauth	1	"
Heini Weber	1	"
Georg Frank	1	"
Heinrich Hergert	1	"

Die Tore der Saison:

Richard Hofmann	6	Tore
Ernst Kuzorra	3	"
August Sackenheimer	2	"
Fritz Szepan	1	Tor

Mannschaftsführer waren:

Hans Hagen	1	mal
Heinrich Stuhlfauth	1	"
Ludwig Leinberger	1	"
Ludwig Hofmann	1	"

1 Elfmeter gegen Deutschland,
  verschossen durch Orsi (Italien)
Eigentore: keine

Rangliste der besten Nationalspieler des Jahres
1. Richard Hofmann (Dresdener SC)
2. Ludwig Leinberger (SpVgg. Fürth)
3. Hans Hagen (SpVgg. Fürth)
4. Josef Bergmaier (Bayern München)
5. Ludwig Hofmann (Bayern München)
6. Willibald Kreß (Rot-Weiß Frankfurt)
7. Ernst Kuzorra (FC Schalke 04)
8. Fritz Szepan (FC Schalke 04)
9. August Sackenheim (Guts Muths Dresden)
10. Hans Stubb (Eintracht Frankfurt)

Vorbericht zum 74. Länderspiel: Für das erste Saisonländerspiel wurden 6 Neulinge benannt. Blunk (HSV), Flick (Duisburg 99), Karl Schulz (Viktoria 89), Willi Völker (Hertha BSC), Szepan (Schalke 04) und Sackenheim (Guts Muths Dresden). Außerdem war der alte Haudegen Hagen (SpVgg Fürth) wieder in die Nationalmannschaft zurückgekehrt. Trotz dieser großen Umstellung erwartete man allgemein einen klaren deutschen Sieg. Denn die Finnen hatten erst kurz zuvor ein Länderspiel gegen Dänemark mit 0:8 verloren.

20.10.1929 in Hamburg Altona
Deutschland - Finnland 4:0 (0:0)

SR: B.H.Bech (Norwegen), Zuschauer: 20.000
Deutschland: Blunk -1 (HSV); Beier -10 (HSV), Hagen -10 (SpVgg Fürth); Flick -1 (DSV), K.Schulz -1 (Viktoria 89), W.Völker -1 (Hertha BSC); E.Albrecht -8 (Fort. Düsseld.), Szepan -1 (Schalke 04), Horn -3 (HSV), R.Hofmann -9 (DSC), Sackenheim -1 (Guts Muths Dresden). Mannschaftskapitän: Hagen
Finnland: Holmberg; Koskinen, Karjagin; Viinioksa, Larvo, Oksanen; Äström, Kanerva, Saario, Kuhlberg, Suontausta
Tore: 1:0 Szepan (52.), 2:0 Sackenheim (61.), 3:0 R.Hofmann (70.), 4:0 Sackenheim (81.)
Beste Spieler: Hagen, Sackenheim - Holmberg
Bericht: Beide Mannschaften begannen äußerst schwach. Zwar spielte die deutsche Elf ständig überlegen, aber alles blieb zusammenhanglos. Kaum einmal lief der Ball über mehrere Stationen. An der Strafraumgrenze waren alle Stürmer viel zu unentschlossen, so daß die finnische Abwehr ein leichtes Spiel hatte. Nach einer enttäuschenden ersten Halbzeit begleiteten Pfiffe die Spieler in die Kabinen.

Nach der Pause schienen wenigstens die Finnen das Spiel wenden zu wollen. Schiedsrichter Bech aus Norwegen versagte ihnen jedoch in der 47. Minute ein reguläres Tor. Er gab unverständlicherweise Abseits, als Blunk einen Ball fallen ließ und ein finnischer Stürmer ihn über die Linie schob. In der 52. Minute hatte die deutsche Mannschaft Glück. Als Szepan und ein finnischer Verteidiger zusammenprallten, rollte der Ball in das leere Tor. Deutschland führte mit 1:0. Nun endlich kam die deutsche Mannschaft ins Spiel. Angriff auf Angriff rollte gegen das finnische Tor, und endlich trafen die deutschen Stürmer auch. Sackenheim erhöhte auf 2:0, Richard Hofmann auf 3:0 und erneut Sackenheim zum 4:0 Endstand. Es war zum Schluß zwar ein deutlicher, aber glanzloser Sieg.

❖

Vorbericht zum 75. Länderspiel: In Frankfurt sollte die Revanche für das sensationelle 2:1 von Turin stattfinden. Im deutschen Aufgebot standen:
  Tor: Stuhlfauth, Kreß
  Verteidiger: Hagen, H.Weber, Brunke
  Läufer: Knöpfle, Leinberger, Heidkamp, Mantel, Armbruster
  Stürmer: Albrecht, Szepan, Pöttinger, Frank, L.Hofmann, Josef Schmitt, Kuzorra

Es fehlten Richard Hofmann (nach einem Unfall) und Hornauer. Aus dem Aufgebot hatte lediglich Armbruster noch kein Länderspiel. Dafür standen gleich 6 Spieler in der Mannschaft, die bereits 10 und mehr Länderspiele hatten, was damals sehr viel war.

2.3.1930 in Frankfurt/M.

Deutschland - Italien 0:2 (0:0)

SR: Ruoff (Schweiz), Zuschauer: 45.000
Deutschland: Stuhlfauth -21 (1.FC Nürnberg); Hagen -11 (SpVgg. Fürth), H.Weber -8 (Kurhessen Kassel); Knöpfle -10 (FSV Frankf.), ab 29. Mantel -2 (Eintr. Frankf.), Leinberger -10 (SpVgg. Fürth), Heidkamp -6 (Bayern München); E.Albrecht -9 (Fort. Düssel.), Szepan -2 (Schalke 04), Pöttinger -13 (Bayern München), Frank -4 (SpVgg. Fürth), L.Hofmann -15 (Bayern München). Mannschaftskapitän: Stuhlfauth
Italien: Combi; Rosetta, Caligaris; Barbieri, Ferraris IV, Pitto; Costantino, Baloncieri, Meazza, Magnozzi, Orsi
Tore: 0:1 Baloncieri (53.), 0:2 Meazza (75.)
Beste Spieler: Leinberger, L.Hofmann, Szepan - Combi, Meazza, Caligaris
Bericht: Von Beginn an dominierte die deutsche Mannschaft und überzeugte durch ihr gutes und schnelles Spiel.

5. Minute: Nach einer schlecht geschossenen Ecke traf Leinberger aus dem Hinterhalt nur den Pfosten. 10. Minute: Nur mit großer Mühe konnte Combi einen 20-Meter-Schuß von Leinberger halten. Die deutsche Mannschaft war im Feld klar überlegen. 14. Minute: Meazza vergab die erste italienische Chance. Sein Kopfball ging neben das Tor. 16. Minute: Von der Strafraumgrenze aus traf Meazza nur den Pfosten.

24. Minute: Vier-, fünfmal mußte Combi großartig reagieren, um einen Rückstand der Italiener zu verhindern. Bei einem der wenigen Konter konnte Hagen nur noch mit der Hand vor Orsi retten. Elfmeter für Italien! Orsi führte selbst aus, aber sein Schuß ging über das Gehäuse von Stuhlfauth.

28. Minute: Nach einer Verletzung mußte Knöpfle ausscheiden; für ihn spielte Mantel von Eintracht Frankfurt. 41. Minute: Die Italiener wurden stärker. Baloncieri schoß am herausgelaufenen Stuhlfauth vorbei, aber er traf auch das leere Tor nicht.

51. Minute: Auch nach dem Seitenwechsel blieb die deutsche Elf überlegen. Frank vergab die größte Torgelegenheit,alleine vor Combi konnte er den Ball nicht im Tor unterbringen. 53. Minute: Nach einem Freistoß von Ferraris konnte Baloncieri ungehindert zum 0:1 unter die Latte einköpfen. 59. Minute: Rosetta konnte eine Ecke von Ludwig Hofmann gerade noch auf der Linie abwehren. 75. Minute: Bei einem der wenigen italienischen Konter über Magnozzi schoß Meazza den Ball direkt und flach in die untere Ecke. Stuhlfauth war machtlos. 77. Minute: Nach einem herrlichen Schuß von Frank konnte Torhüter Combi den Ball nur an den Pfosten lenken. Das gesamte Spielgeschehen verlagerte sich nun in den italienischen Strafraum.

86. Minute: Trotz ständiger Angriffe und guter Torgelegenheiten wollte kein Tor für die deutsche Elf fallen. Die technisch und kämpferisch bessere deutsche Mannschaft verlor nach einem schnellen und rasanten Spiel gegen die taktisch besser eingestellten Italiener.

❖

Vorbericht zum 76. Länderspiel: Bei der unglücklichen Niederlage gegen Italien absolvierten Frank und Stuhlfauth ihr letztes Länderspiel. Willibald Kreß von Rot-Weiß Frankfurt wurde nun der neue Stammtorhüter. Im Aufgebot für das Länderspiel gegen die Schweiz standen 4 Neulinge. Verteidiger Stubb (Eintracht Frankfurt), Läufer Herget (FK Pirmasens), Rechtsaußen Bergmaier (Bayern München) und Linksaußen Alfred Huber (FV Rastatt).

Tor: W.Kreß, Gehlhaar
Verteidiger: Schütz, Stubb, Hagen
Läufer: Knöpfle, Herget, Leinberger, Heidkamp
Stürmer: Bergmaier, Sackenheim, Kuzorra, R.Hofmann, L.Hofmann, A.Huber

Mit Leinberger und Hagen standen nur zwei Spieler aus der Nürnberg-Fürther Fußballhochburg im Aufgebot.

4.5.1930 in Zürich

Schweiz - Deutschland 0:5 (0:4)

SR: S.F.Rous (England), Zuschauer: 25.000
Schweiz: Pasche (ab 28. Feuz); Weiler I, Ramseyer; De Lavallaz, Spiller, Regamey; Stelzer, Baumeister, Romberg, A.Lehmann, Grassi
Deutschland: W.Kreß -3 (RW Frankf.); Schütz -4, Stubb -1 (beide Eintracht Frankfurt) ab 70. Hagen -12 (Fürth); Herget -1 (Pirmasens), Leinberger -11 (Fürth), Heidkamp -7 (Bayern München); Bergmaier -1 (Bayern München), Sackenheim -2 (Guts Muths Dresden), Kuzorra -4 (Schalke 04), R.Hofmann -10 (DSC), A.Huber -1 (FV Rastatt). Mannschaftskapitän: Leinberger
Tore: 0:1 R.Hofmann (8.), 0:2 Kuzorra (38.), 0:3 R.Hofmann (40.), 0:4, 0:5 Kuzorra (41., 76.)
Beste Spieler: Ramseyer - R.Hofmann, Kuzorra, Bergmaier
Bericht: Die inzwischen zur europäischen Spitze gehörende deutsche Mannschaft übernahm vom Anpfiff an die Initiative. In den ersten Minuten verfing sich der deutsche Sturm immer wieder in der sicheren Schweizer Abwehr. 8. Minute: Nach einem Sprint von Bergmaier auf dem rechten Flügel wanderte der Ball über Kuzorra zu Richard Hofmann. Der lief noch zwei, drei Schritte und ließ dann einen seiner gefürchteten knallharten Schüsse los. Obwohl Torhüter Pasche an den Ball kam, war er nicht in der Lage ihn festzuhalten. Die deutsche Elf führte 1:0.

15. Minute: Die Schweiz kam überhaupt nicht in die deutsche Hälfte. Kuzorra prüfte Torhüter Pasche mit einem scharfen Schuß. 17. Minute: Zum erstenmal kamen die Schweizer gefährlich vor das deutsche Tor. Einen Eckball konnte Kreß jedoch mühelos abfangen. 28. Minute: Der Fuß von Linksaußen Huber traf Torhüter Pasches Finger. Der schweizerische Torwart mußte ausscheiden. Für ihn kam Feuz ins Tor.

38. Minute: Die Überlegenheit der deutschen Mannschaft wurde immer größer. Ganz unerwartet jagte Kuzorra einen Ball aus 25 Metern ins obere Toreck zum 2:0. 40. Minute: Nach einer herrlichen Kombination von Huber, Kuzorra und Richard Hofmann, zog der Dresdener aus 18 Metern ab, zum 3:0 ins schweizerische Tor. 41. Minute: Als Höhepunkt dieser dramatischen Minuten legte Sackenheim den Ball Kuzorra maßgerecht vor, und der Schalker schoß nach einigen Schritten unhaltbar zum 4:0 ein.

50. Minute: Auch nach dem Seitenwechsel war von einem Schweizer Sturm nichts zu sehen. Die deutsche Elf blieb klar überlegen. 60. Minute: Es war ein Spiel auf ein Tor. Nur ganz selten gelang es den Schweizern, die Mittellinie zu überschreiten. 70. Minute: Für den verletzten Stubb kam Hagen zu seinem 12. Länderspiel. 76. Minute: Endlich konnte die deutsche Elf auch wieder eine der vielen Torchancen verwerten. Erneut war es Kuzorra der aus dem Hinterhalt überraschend zum 5:0 einschoß.

80. Minute: Das 6:0 schien unumgänglich als Hofmann den herauslaufenden Feuz umspielte,aber Weiler konnte in letzter Not klären. 90. Minute: Obwohl sich die Schweizer in den letzten 5 Minuten um das Ehrentor bemühten, blieb es beim verdieten 5:0 für die deutsche Mannschaft.

❖

Vorbericht zum 77. Länderspiel: Zum Abschluß der Saison gab es auch gleichzeitig den Höhepunkt. Nur 6 Tage nach dem Spiel gegen die Schweiz kam der Fußballehrmeister England nach Berlin. Erstmals sollte es auch ein wirklicher Ländervergleich werden, denn die Engländer kamen mit ihren Profis. Folgende Spieler wurden nominiert:

Tor: Kreß, Gehlhaar
Verteidiger: Stubb, Brunke, Schütz
Läufer: Mantel, Leinberger, Heidkamp, Müller
Sturm: Bergmaier, Pöttinger, L.Hofmann, Kuzorra, Szepan, Appel, R.Hofmann

„Ossi" Rohr (Bayern München) war einer der erfolgreichsten Torjäger in den dreißiger Jahren.

Andreas Munkert (1.FC Nürnberg), galt als einer der besten Verteidiger zu Beginn der dreißiger Jahre.

Mit Ernst Müller (Hertha BSC) und Appel (Berliner SV 92) standen zwei Neulinge im deutschen Aufgebot. Wie wichtig dem D.F.B. dieses Länderspiel war, erkannte man daran, daß damals nicht und wie sonst üblich, die einheimischen Spieler den Vorzug bekamen. Die Berliner Brunke, Müller und Appel kamen nicht zum Einsatz. Trainer Otto Nerz hatte das Beste aufgeboten, was Deutschland zu bieten hatte. Und auch England war mit der besten Mannschaft nach Berlin gekommen.

10.5.1930 in Berlin
Deutschland - England 3:3 (1:2)

SR: Mutters (Holland), Zuschauer: 50.000
Deutschland: Kreß -4 (R.W. Frankf.); Schütz -5, Stubb -2 (beide Eintr.Frankf.); Heidkamp -8 (Bayern München), Leinberger -12 (SpVgg Fürth), Mantel -3 (Eintr. Frankf.); Bergmaier -2 (Bayern München), Pöttinger -14 (Bayern München), Kuzorra -5 (Schalke 04), R.Hofmann -11 (DSC), L.Hofmann -16 (Bayern München). Mannschaftskapitän: L. Hofmann
England: Hibbs; Goodell, Blenkinsop; Strange, Webster, Marsden; Crooks, Jack, Watson, Bradford, Rimmer
Tore: 0:1 Bradford (8.), 1:1 R.Hofmann (21.), 1:2 Bradford (31.), 2:2 R.Hofmann (49.), 3:2 R.Hofmann (60.), 3:3 Jack (83.)
Beste Spieler: R.Hofmann, W.Kreß, Stubb, Heidkamp, Bergmaier - Hibbs, Crooks, Bradford, Jack, Rimmer
Bericht: Vor 50.000 erwartungsvollen Zuschauern gewann Spielführer Ludwig Hofmann die Seitenwahl. 2. Minute: Bereits der erste Angriff der deutschen Elf führte zu einem bedauerlichen Unfall. Im englischen Strafraum stießen Goodell und Marsden zusammen. Marsden spielte zwar noch bis zur 50. Minute weiter, mußte dann jedoch mit einer Halswirbelverletzung ausscheiden, die ihn zum Ende seiner Spielerlaufbahn zwang.

7. Minute: Nach einer Rechtsflanke von Crooks konnte Kreß zwar abwehren, aber im Nachschuß war er geschlagen. Auf der Linie rettete Stubb im letzten Moment. 8. Minute: Der englische Innensturm spielte sich mit schnellem Kurzpaßspiel durch die deutsche Abwehr. Mit einem harten Schuß schloß Bradford den Angriff zum 0:1 für England ab. 15. Minute: Bradford hatte den herausstürzenden Kreß umspielt, kam dabei aber ins Straucheln, so daß er das leere Tor nicht traf. 16. Minute: Leinberger verschuldete den ersten Freistoß. Bradford vergab jedoch allein vor dem Tor.

21. Minute: Die englische Elf war überlegen, aber auch die deutsche Mannschaft hatte ihre Torgelegenheiten. Als Torhüter Hibbs die Sicht versperrt war, schoß Richard Hofmann aus günstiger Position flach ins Tor. Deutschland hatte ausgeglichen. 27. Minute: Die Engländer drängten auf eine erneute Führung. Ständige Angriffe gegen das von Willi Kreß ausgezeichnet gehütete Tor drängten die deutsche Mannschaft minutenlang in den eigenen Strafraum zurück. 31. Minute: Nach einem herrlichen Solo, bei dem er gleich 3 seiner Gegenspieler stehen ließ, schoß Bradford von der Strafraumgrenze aus zum 1:2 für England ein. 33. Minute: Einen Freistoß von Crooks verpaßte Kreß, aber zum Glück ging der Ball auch am Tor vorbei.

40. Minute: Immer wieder setzte sich der englische Innensturm mit seiner großartigen Technik durch. Unterstützt wurden sie von den beiden Außenstürmern Crooks und Rimmer, deren Flanken maßgeschneidert für Kopfballspezialist Jack in den Strafraum kamen.

46. Minute: Die Führung der Engländer zur Pause ging zweifellos in Ordnung. Mit Wiederbeginn machte die deutsche Mannschaft mächtig Tempo. 59. Minute: Nach Flanke von Bergmaier verpaßte Richard Hofmann die Chance zum Torschuß, der Ball blieb jedoch vor seinen Füßen liegen. Noch bevor ein englischer Abwehrspieler eingreifen konnte, erfaßte er die Situation und schob den Ball an Hibbs vorbei ins englische Tor zum 2:2. 60. Minute: Die deutsche Mannschaft war zweifellos stärker geworden. Allerdings blieben die Engländer sowohl technisch als auch taktisch überlegen. Vor allem den Glanzleistungen von Torhüter Kreß hatte es die deutsche Elf zu verdanken, daß es nach wie vor unentschieden stand.

61. Minute: Von den 50.000 Zuschauern und deren „Hofmann!"-Rufen angefeuert, zog der stämmige Dresdener auf und davon. Hibbs stürzte aus seinem Tor heraus, aber Hofmann lenkte den Ball mit fabelhafter Ruhe und Gelassenheit an ihm vorbei ins Netz. Es stand sensationell 3:2 für die deutsche Elf, und das Stadion tobte.

69. Minute: Rechtsaußen Bergmaier ließ seine Gegner einfach stehen und flankte über die Abwehr hinweg zu Ludwig Hofmann. Der nahm den Ball aus der Luft und schoß direkt auf das englische Tor. Leider eine Handbreit zu hoch. Dies hätte die 4:2-Führung sein können. 76. Minute: Noch einmal hatte die deutsche Elf eine Chance die Führung auszubauen. Hibbs konnte nur in allerletzter Sekunde den Flachschuß von Bergmaier um den Pfosten drehen. 80. Minute: Obwohl die englische Elf seit der 50. Minute nur noch mit 10 Mann spielte, wurde sie nun klar überlegen. Der deutschen Elf blieben nur noch vereinzelte Konter. Ohne eine Weltklasseleistung von Kreß im Tor wäre längst der Ausgleich gefallen.

83. Minute: Eine Flanke von Crooks köpfte Spezialist Jack im Fallen zum 3:3 ein. 90. Minute: Sieben Minuten lang kämpften die Engländer noch um den Führungstreffer. Der deutschen Abwehr gelang es, das verdiente 3:3 nach einem großartigen Spiel über die Zeit zu retten.

Trotz der Niederlage gegen Italien ging erneut ein gutes Jahr der deutschen Nationalmannschaft zu Ende. Sie hatte sich nicht nur zu einer Einheit gefunden, sondern war auch technisch und taktisch zu einer europäischen Spitzenmannschaft geworden.

❖

Bilanz 1930/31
8 Spiele: 1 Sieg, 4 Unentschieden, 3 Niederlagen, 12:20 Tore
Zuschauer: 280.000
In 8 Länderspielen wurden 39 Spieler eingesetzt, davon waren 20 Neulinge.

Die Spieler der Saison:

Richard Hofmann	6	Spiele
Willibald Kreß	5	"
Georg Knöpfle	5	"
Josef Bergmaier	4	"
Erich Kauer	4	"
Heinrich Weber	4	"
Ludwig Leinberger	4	"
Hans Sobek	4	"
Reinhold Münzenberg	4	"
Hans Brunke	3	"
Heinrich Hergert	3	"
Karl Hohmann	3	"
Ernst Albrecht	3	"
Ludwig Lachner	3	"
Johann Ludwig	3	"
Hans Stubb	2	"
Wilhelm Straßburger	2	"
Franz Schütz	2	"
Ludwig Hofmann	2	"
Friedrich Müller	2	"
Heinz Emmerich	2	"
Werner Widmayer	2	"
August Sackenheim	2	"
Ludwig Wenz	1	Spiel
Hugo Mantel	1	"
Willi Kund	1	"
Theodor Burkhardt	1	"
Conrad Heidkamp	1	"
Hans Jakob	1	"
Josef Wendl	1	"
Richard Hanke	1	"
Sigmund Haringer	1	"
Hans Welker	1	"
Erich Schröder	1	"
Kurt Stössel	1	"
Karl Schlösser	1	"
Paul Gelhaar	1	"
Albert Beier	1	"
Ernst Müller	1	"

Tore der Saison:

Richard Hofmann	2	Tore
Johann Ludwig	2	"
Ludwig Hofmann	2	"
Karl Hohmann	1	Tor
Willi Kund	1	"
Ludwig Lachner	1	"
Richard Hanke	1	"
Josef Bergmaier	1	"
Karl Schlösser	1	"

Mannschaftsführer waren:

Richard Hofmann	4	mal
Ludwig Leinberger	2	"
Heinrich Weber	2	"

1 Elfmeter gegen Deutschland,
verwandelt durch Christophersen (Dänemark)
1 Eigentor gegen Deutschland,
durch Münzenberg (gegen Frankreich)

Rangliste der besten Nationalspieler des Jahres:
1. Willibald Kreß (Rot-Weiß Frankfurt)
2. Richard Hofmann (Dresdener SC)
3. Georg Knöpfle (FSV Frankfurt)
4. Erich Kauer (Tennis Borussia)
5. Karl Hohmann (FfL Benrath)
6. Ernst Albrecht (Fortuna Düsseldorf)
7. Hans Stubb (Eintracht Frankfurt)
   Franz Schütz (Eintracht Frankfurt)
9. Ludwig Hofmann (Bayern München)
10. Heinz Emmerich (Tennis Borussia)
    Hans Jakob (Jahn Regensburg)

1930/31

Vorbericht zum 78. Länderspiel: Nach zwei großen Jahren, wo auch wieder gegen Länder gespielt wurde, in denen der Profifußball herrschte, gehörte die deutsche Nationalmannschaft zur Weltspitze. Um so unverständlicher war es, daß diese Mannschaft auseinandergerissen wurde. Zum ersten Länderspiel der Saison, gegen Dänemark, wurden gleich 5 Neulinge berufen. Münzenberg (Alemannia Aachen) und Hohmann (VfL Benrath) sollten später einmal zwei ganz Große des deutschen Fußballs werden. Nach den riesigen Erfolgen, vor allem dem 3:3 von Berlin gegen England, konnte diese neue Mannschaft die Erwartungen einfach nicht erfüllen.

7.9.1930 in Kopenhagen

Dänemark - Deutschland 6:3 (3:2)

SR: O.Olssen (Schweden), Zuschauer: 20.000
Dänemark: S.Jensen; Tarp, Christophersen; Zölck, P.Jensen, S.Johansen; H.Hansen, Kleven, P.Jörgensen, Uldaler, E.Nilsson
Deutschland: Wenz -1 (ASV Nürnberg); Brunke -4 (Tennis Borussia), Stubb -3 (Eintr. Frankf.); Hergert -2 (FK Pirmasens), Münzenberg -1 (Alem. Aachen), Mantel -4 (Eintr. Frankf.); Straßburger -1 (Duisb. SV), Sobek -7 (Hertha BSC), Hohmann -1 (VfL Benrath), R.Hofmann -12 (DSC), Kund -1 (1.FC Nürnberg). Mannschaftskapitän: R.Hofmann
Tore: 1:0 Kleven (2.), 2:0 Jörgensen (14.), 2:1 R.Hofmann (25.), 3:1 E.Nilsson (27.), 3:2 Kund (37.), 4:2 Christophersen (55. Handelfmeter), 5:2 Jörgensen (60.), 5:3 Hohmann (68.), 6:3 Jörgensen (90.)
Beste Spieler: Jörgensen, E.Nielsson, S.Jensen - R.Hofmann, Hohmann
Bericht: 20.000 Zuschauer waren in das Fußballstadion von Kopenhagen gekommen, um die deutsche Elf zu sehen. 2. Minute: Bereits der erste Angriff der Dänen führte zu einem Tor. Zum Glück hatte Schiedsrichter Olssen vorher ein Foul von Brunke gepfiffen. Den Freistoß hob Nielsson in den Strafraum. Sowohl Torhüter Wenz als auch Verteidiger Stubb verpaßten die Flanke, so daß Kleven ungehindert einköpfen konnte. Bereits nach 90 Sekunden das 1:0 für Dänemark.

14. Minute: Auf Flanke von Henry Hansen konnte Paul Jörgensen ungehindert einköpfen. Torhüter Wenz sah bei diesem 2:0 nicht gut aus. 20. Minute: Die deutsche Elf hatte offensichtlich den Schock überwunden und kam wieder besser ins Spiel. 25. Minute: Nach Freistoß von Straßburger köpfte Richard Hofmann zum 2:1 Anschlußtreffer ein. 27. Minute: Bei einer Flanke von Rechtsaußen H.Hansen kam Wenz erneut nicht aus seinem Tor, so daß Ernst Nilsson keine Mühe hatte, den Ball zwischen die Pfosten zu setzen. 37. Minute: Nach Vorarbeit von Hohmann und Hofmann hatte Kund keine Schwierigkeiten, den Ball zum 3:2 im Dänentor unterzubringen.

50. Minute: Die deutsche Elf spielte in der zweiten Halbzeit wesentlich druckvoller. Der Ausgleich lag in der Luft. 55. Minute: Als Stubb in letzter Sekunde durch Handspiel ein weiteres Tor der Dänen verhinderte, gab es Elfmeter. Sicher verwandelte Christophersen zum 4:2 für Dänemark. 58. Minute: Ein weiterer schwerer Fehler von Torhüter Wenz führte durch Jörgensen zum 5:2. Leider gab es erschreckende Schwächen in der Abwehr, vor allem bei Torhüter Wenz. 68. Minute: Am deutschen Sturm lag es nicht, denn Hohmann konnte den Ball zum 5:3 ins Tor spitzeln. 71. Minute: Die deutsche Elf drängte auf den Anschlußtreffer. Eine Ecke nach der anderen mußten die Dänen abwehren. 80. Minute: Der Anschlußtreffer wollte einfach nicht fallen. Mit viel Glück überstanden die Dänen die ständigen Angriffe der deutschen Mannschaft. 90. Minute: Bei einem der wenigen Konter gelang Jörgensen in den letzten Sekunden sogar noch das 6:3.

❖

Vorbericht zum 79. Länderspiel: Drei Wochen nach der bitteren 3:6-Niederlage in Kopenhagen war Ungarn unser nächster Gegner. Nach dem Debakel gegen Dänemark wurden mit Torhüter Kreß sowie Leinberger und Ludwig Hofmann 3 wichtige Stützen wieder in die Nationalmannschaft berufen. Allerdings waren 3 Neulinge dabei, die sich auf Lehrgängen von Trainer Otto Nerz empfohlen hatten.

28.9.1930 in Dresden
Deutschland - Ungarn 5:3 (0:3)

SR: L.Anderssen (Dänemark), Zuschauer: 50.000
Deutschland: Kreß -5 (R.W. Frankf.); Schütz -6 (Eintr. Frankf.), Burkhardt -1 (Germ. Brötzingen); Hergert -3 (FK Pirmasens), Leinberger -13 (SpVgg. Fürth), Heidkamp -9 (Bayern München);E.Albrecht -10 (Fort. Düsseld.), Lachner -1 (1860 München), Ludwig -1 (Holstein Kiel), R.Hofmann -13 (DSC), L.Hofmann -17 (Bayern München). Mannschaftskapitän: R. Hofmann
Ungarn: Amsel (Aknai); Mandi, Koranyi I; Lyka, Kleber, Berkessy; Ströck, Takacs II, Turay, Baratky, Titkos
Tore: 0:1, 0:2, 0:3 Takacs (29., 35., 40.), 1:3 R.Hofmann (59.), 2:3 L.Hofmann (61.), 3:3 Ludwig (73.), 4:3 Lachner (78.), 5:3 L.Hofmann (86.)
Beste Spieler: R.Hofmann, L.Hofmann, Lachner - Takacs, Titkos
Bericht: Beide Mannschaften begannen nervös. Es kam kein flüssiges Spiel zustande. 10. Minute: Mit einem unverhofft harten Schuß traf Albrecht nur die Latte. 20. Minute: Der Angriffselan der deutschen Mannschaft ließ langsam nach. Die Ungarn hatten zusehends mehr vom Spiel.
29. Minute: Der halbrechte Takacs spielte sich brillant durch die deutsche Abwehr und schoß unhaltbar für Torhüter Kreß zum 1:0 ein. 35. Minute: Nach einem Fehlschlag von Burkhardt zog Takacs mit dem Ball davon und schob ihn am herausgelaufenen Kreß vorbei ins leere Tor zum 2:0 für Ungarn. 40. Minute: Die Ungarn blieben auch nach dem 2:0 klar überlegen.Der Ball wurde zu Takacs in den freien Raum gespielt;der nutzte diese Chance und schoß am herausstürzenden Kreß vorbei zum 3:0 ein. Durch einen echten Hattrick von Takacs führten die Ungarn bis zur Pause. Das Publikum war sehr enttäuscht von der deutschen Elf.
51. Minute: Nach dem Seitenwechsel drängte die deutsche Mannschaft unaufhörlich, obwohl sich Mittelstürmer Ludwig verletzte und nur noch als Linksaußen mitwirken konnte. 59. Minute: Der überragende Richard Hofmann, Dirigent und Torjäger in einem, schoß aus 12 Metern Entfernung das erste Tor für Deutschland. 61. Minute: Der Beifall der deutschen Zuschauer war noch nicht verrauscht, da nahm Linksaußen Ludwig Hofmann eine Flanke von Albrecht direkt und traf ins äußerste obere Eck zum 3:2. 72. Minute: Die deutsche Mannschaft blieb hoch überlegen. Lachner nutzte eine riesige Chance nicht, als er den Ball aus 5 Metern Entfernung über die Latte setzte.
73. Minute: Der verletzte Ludwig erzielte mit einem unheimlich harten Schuß aus 17 Meter Entfernung,der im linken oberen Torwinkel landete, das 3:3. 78. Minute: Die deutsche Elf spielte wie entfesselt. Gleich 3 deutsche Stürmer sprangen in eine Rechtsflanke. Lachner erwischte den Ball mit dem Kopf, und es stand 4:3 für Deutschland. 86. Minute: Der Sturmwirbel der deutschen Mannschaft in der zweiten Halbzeit wurde zum fünftenmal belohnt. Aus 4 Metern Entfernung verwandelte Ludwig Hofmann einen abgeprallten Ball zum 5:3.

❖

Vorbericht zum 80. Länderspiel: Auch im 3. Saisonländerspiel wurde wieder experimentiert. Mit Jakob, Kauer, Wendl und Hanke standen gleich 4 Neulinge im Aufgebot. Sie sollten auch alle zum Einsatz kommen.

2.11.1930 in Breslau
Deutschland - Norwegen 1:1 (0:0)

SR: Boekmann (Holland), Zuschauer: 40.000
Deutschland: Jakob -1 (Jahn Regensb.); H.Weber -9 (Kurhessen Kassel), Stubb -4 (Eintr. Frankf.); Kauer -1 (Tennis Borussia), Münzenberg -2 (Alem. Aachen), Wendl -1 (1860 München); E.Albrecht -11 (Fort. Düsseld.), Lachner -2 (1860 München), Hohmann -2 (VfL Benrath) ab 46. Hanke -1 (FV Breslau), R.Hofmann -14 (DSC), Straßburger -2 (D.SV). Mannschaftskapitän: R. Hofmann
Norwegen: Fosdahl; Berstad, Johansen; Kjos, A.Olsen, Berner, O.Gundersen, Kongsvik, Juve, Börresen, A.Nielsen
Tore: 1:0 Hanke (55.), 1:1 A.Nielsen (72.)
Beste Spieler: Jakob, Stubb - Kjos, A.Nielsen
Bericht: Die deutsche Mannschaft begann sehr zerfahren. Weder innerhalb des Angriffes noch zwischen Abwehr und Angriff gab es einen Zusammenhang. Jeder spielte nur für sich und übersah seine Nebenleute. Es war nur dem Neuling Jakob im deutschen Tor zu verdanken, daß es bis zur Halbzeitpause beim 0:0 blieb. Er war der einzige Glanzpunkt in einer ansonsten sehr schwachen deutschen Elf. Nach dem Seitenwechsel kam der Breslauer Hanke vor heimischem Publikum für den verletzten Hohmann zu seinem ersten Länderspieleinsatz.
50. Minute: Nach der Pause begann die deutsche Mannschaft schwungvoller. Ein gutes Zusammenspiel kam allerdings nie zustande. 55. Minute: Nachdem Jakob durch seine Glanzparaden einen Rückstand der deutschen Mannschaft verhindert hatte, kam es zum überraschenden 1:0 für Deutschland. Eine verunglückte Flanke von Straßburger konnte Albrecht gerade noch erlaufen, er paßte zurück auf den Elfmeterpunkt, wo Hanke stand und zum 1:0 einschoß.
65. Minute: Die Norweger spürten, daß die deutsche Mannschaft an diesem Tag zu packen war. Mehrfach mußten die Verteidiger Weber und Stubb in allerhöchster Not retten. 72. Minute: Einen scharfen Schuß von Nilsen konnte Jakob abwehren, aber der Nachschuß war für den am Boden liegenden Torhüter nicht mehr zu halten. 90. Minute: Zwar blieb die deutsche Mannschaft überlegen und erzielte 9 zu 3 Ecken, weitere Torchancen konnten jedoch nicht erspielt werden. Nach äußerst schwachem Spiel endete die Partie 1:1.

❖

Vorbericht zum 81. Länderspiel: Das Länderspiel gegen Frankreich wurde als Prestige-Duell gesehen und deshalb auch erstmalig wieder ein starkes Aufgebot berufen.
Tor: Kreß, Jakob
Verteidiger: Schütz, Stubb, Weber
Läufer: Hergert, Leinberger, Wendl, Münzenberg
Stürmer: Ludwig, Welker, Bergmaier, Haringer, L.Hofmann, Hohmann, R.Hofmann, F.Müller
Später wurde noch Knöpfle (FSV Frankfurt) nachnominiert. Mit Welker und Haringer von Bayern München standen 2 Neulinge im Aufgebot.

15.3.1931 in Paris - Colombes
Frankreich - Deutschland 1:0 (1:0)

SR: T.Crew (England), Zuschauer: 55.000
Frankreich: Thépot; Anatol, Mattler; Finot, Kaucsar, Hornus; Monsallier, Delfour, Rohlton, L.Laurent (Korb), Langiller
Deutschland: Kreß -6 (R.W. Frankf.); Schütz -7 (Eintr. Frankf.), H.Weber -10 (Kurhessen Kassel); Münzenberg -3 (Alem. Aachen), Leinberger -14 (SpVgg. Fürth), Knöpfle -11 (FSV Frankf.); Bergmaier -3 (Bayern München), Haringer -1 (Bayern München), Hergert -4 (FK Pirmasens), R.Hofmann -15 (DSC), L.Hofmann -18 (Bayern München), ab 31. Welker -1 (Bayern München). Mannschaftskapitän: R.Hofmann

Tor: 1:0 Münzenberg (13. Eigentor)
Beste Spieler: Langiller, Mattler - Knöpfle, Schütz
Bericht: Die deutsche Elf wurde vor dem Spiel in Paris als Favorit gehandelt. Selbst die Franzosen glaubten nicht an einen Sieg ihrer Mannschaft. 3. Minute: Der erste gefährliche Schuß auf das französische Tor kam, wie kaum anders zu erwarten, von Richard Hofmann. Der Ball strich jedoch knapp vorbei. 10. Minute: Nach anfänglicher Überlegenheit der deutschen Elf übernahm immer mehr Frankreich die Initiative. Die deutsche Abwehr leistete sich einen Schnitzer nach dem anderen. 13. Minute: Höhepunkt des Durcheinanders der deutschen Abwehr: Münzenberg gab unüberlegt einen Ball hoch zurück zum Nationalhüter. Vom Wind getragen, flog der Ball über Torhüter Kreß hinweg ins Tor. 1:0 für Frankreich durch ein Eigentor.

21. Minute: Nach weiteren krassen Abwehrfehlern stand ein französischer Stürmer ganz alleine vor Kreß, doch er konnte diese hundertprozentige Torchance nicht nutzen. 25. Minute: Erste große Chance für die deutsche Mannschaft, doch Haringers fulminanter Schuß landete am Pfosten. 30. Minute: Für den verletzten L.Hofmann auf Linksaußen kam sein Vereinskamerad Welker ins Spiel. 45. Minute: Angriff auf Angriff rollte gegen das Tor von Willibald Kreß. Die deutsche Abwehr war ein einziger Torso und überstand nur mit viel Glück die Zeit bis zur Pause. Wären die französischen Innenstürmer so gut gewesen wie ihre Außen, vor allem Langiller, hätte es 4 oder gar 5:0 stehen können.

60. Minute: Nach glänzender Vorarbeit von Bergmaier vergab Haringer die einzige Torchance der deutschen Mannschaft in der zweiten Halbzeit. Ansonsten spielten nur die Franzosen. Hätten sie an diesem Tag nur einen guten Torjäger gehabt, wäre ein zweistelliger Sieg gegen die deutsche Mannschaft möglich gewesen, so überlegen waren sie. 90. Minute: Bis zum Abpfiff fand die deutsche Mannschaft nie zu ihrem Spiel. Alle, selbst Richard Hofmann, wirkten behäbig. Selbst Pässe auf kurzem Raum kamen nicht an, und alle Schüsse auf das französische Tor gingen weit daneben. So blieb es bis zum Schluß beim hochverdienten Sieg für Frankreich. Eine bittere Niederlage, die jedoch in das schlechte Bild der Saison 1930/31 paßte.

❖

Vorbericht zum 82. Länderspiel: Nicht das 0:1, sondern die Art und Weise wie die deutsche Elf in Paris verloren hatte, hinterließ bei Trainer Otto Nerz und Fachleuten Kopfschütteln. Sicherlich war es ein taktischer Fehler, Läufer Hergert in Paris als Mittelstürmer spielen zu lassen. Doch das erklärt keineswegs das zusammenhanglose und unsichere Spiel der deutschen Elf. Für die Begegnung gegen Holland wurden mit Schröder, Stössel, Schlösser und Müller 4 Neulinge berufen. Es mußte jedoch bezweifelt werden, daß diese Mannschaft besser, bzw. erfolgreicher sein konnte. In diesem Fall blieb Trainer Otto Nerz jedoch keine andere Möglichkeit, weil andere Spieler, die in Betracht kamen, wegen Meisterschaftsspielen nicht zur Verfügung standen.

Tor: Kreß, Pesch
Verteidiger: Schröder, Weber, Emmerich
Läufer: Kauer, Münzenberg, Knöpfle, Stössel
Stürmer: E.Albrecht, Lachner, Sackenheim, Schlösser, R.Hofmann, F.Müller

26.4.1931 in Amsterdam

Holland - Deutschland 1:1 (1:0)

SR: Bergquist (Schweden), Zuschauer: 40.000
Holland: v.d.Meulen; v.Run, v.Kol; Paauwe, Anderiesen, v.Heel; Adam, Tap, Lagendaal, v.d.Heijden, v.Nellen
Deutschland: Kreß -7 (R.W. Frankf.); Schröder -1 (VfR Köln), H.Weber -11 (Kurhessen Kassel); Stössel -1 (DSC), Kauer -2 (Tennis Borussia), Knöpfle -12 (FSV Frankf.); E.Albrecht -12 (Fort. Düsseld.), Lachner -3 (1860 München), Schlösser -1 (DSC), R.Hofmann -16 (DSC), F.Müller -1 (DSC). Mannschaftskapitän: H. Weber
Tore: 1:0 Tap (22.), 1:1 F.Müller (49.)
Beste Spieler: Tap, Langedaal, v.d.Meulen - Kreß, Albrecht
Bericht: Nach den zwei großen Jahren war die deutsche Mannschaft wieder in die Mittelmäßigkeit gerutscht. Die Holländer rechneten sich deshalb gegen die deutsche Rumpfmannschaft auch einen Sieg aus. 9. Minute: Überraschend übernahm die deutsche Mannschaft vom Anpfiff an die Initiative. Sie zeigte ein schönes, technisch sauberes Flachpaßspiel. Was jedoch fehlte, war der Druck. 11. Minute: Nach Kopfball von Schlösser bot sich Müller vom Dresdener SC die erste große Torchance. Er konnte sie leider nicht nutzen. 18. Minute: Zum erstenmal kamen die Holländer gefährlich vor das Tor von Kreß. Der angelte in höchster Not das Leder aus dem Dreieck. Es folgte eine große Drangperiode der Holländer. 22. Minute: Nach mehreren Rettungstaten von Kreß war es soweit. Im Nachschuß, über den am Boden liegenden Kreß hinweg, traf Tap zum 1:0 für Holland.

45. Minute: Im weiteren Verlauf wankte das Spiel hin und her. Besonders erfreulich war die Kampfbereitschaft der deutschen Mannschaft. Es fehlten jedoch auf beiden Seiten die zwingenden Torchancen. 49. Minute: Einen scharfen Schuß von Müller konnte v.d.Meulen nur abwehren. Schlösser war zur Stelle und konnte ungehindert einschießen. 65. Minute: Der Ausgleichstreffer der deutschen Mannschaft beflügelte leider nur Holland. Ein Angriff nach dem anderen rollte auf das Tor von Kreß, der einen ganz großen Tag hatte. 90. Minute: Zwar gelangen der deutschen Mannschaft immer wieder Entlastungsangriffe, aber die Holländer blieben überlegen und hatten auch die klareren Torchancen.

❖

Vorbericht zum 83. Länderspiel: In Österreich war gerade das „Wunderteam" geboren. Mit 5:0 hatten sie Schottland geradezu deklassiert. Jeder wußte, daß dieser Gegner in Berlin eine ganz schwere Aufgabe war. Für das erste Spiel nach vielen Jahren gegen die Österreicher berief Trainer Nerz folgendes Aufgebot:

Tor: Kreß, Gehlhaar
Verteidiger: Beier, Weber, Krause
Läufer: Knöpfle, Münzenberg, E.Müller, Brink, Köhler
Stürmer: Bergmaier, R.Hofmann, Sobek, Ludwig, Hohmann, F.Müller, Helmchen

Mit Gehlhaar, Krause, E.Müller, Brink und Sobek waren 5 Berliner im Aufgebot. E.Müller, Brink, Köhler und Helmchen waren Neulinge. Sowohl der Berliner Brink als auch Helmchen aus Chemnitz kamen nie zu einem Länderspiel.

24.5.1931 in Berlin

Deutschland - Österreich 0:6 (0:3)

SR: O.Olssen (Schweden), Zuschauer: 40.000
Deutschland: Gehlhaar -2 (Hertha BSC); Beier -11 (HSV), H.Weber -12 (Kurhessen Kassel); Knöpfle -13 (FSV Frankf.), Münzenberg -4 (Alem. Aachen), E.Müller -1 (Hertha BSC); Bergmaier -4 (Bayern München), Sobek -8 (Hertha BSC), Hohmann -3 (VfL Benrath), R.Hofmann -17 (DSC), F.Müller -2 (DSC). Mannschaftskapitän: H.Weber
Österreich: Hiden; Schramseis, Blum; Braun, Smistik, Gall; Zischek, Gschweidl, Sindelar, Schall, A.Vogel
Tore: 0:1 Schall (6.), 0:2 Vogel (27.), l0.3 Schall (32.), 0:4 Zischek (65.), 0:5 Schall (70.), 0:6 Gschweidl (88.)
Beste Spieler: R.Hofmann - Zischek, Schall, Hiden, A.Vogel, Smistik, Sindelar
Bericht: Nur die Optimisten konnten einen Sieg der deutschen Elf gegen Österreich erwarten. Von Beginn an übernahmen die Spieler aus Wien die Initiative. 5. Minute: Es begann verheißungsvoll. Nach einer Ecke für Deutschland legte Hohmann Münzenberg den Ball zurecht. Dessen wuchtiger Schuß prallte vom

Pfosten zurück. Bereits im Gegenzug begann das Unglück für die deutsche Mannschaft. 6. Minute: Der technisch hervorragende Sindelar legte Schall den Ball maßgerecht vor, der umspielte Beier und schoß flach ins rechte untere Eck. Es stand 0:1.

7. Minute: Der österreichische Sturm spielte wie aus einem Guß. Ein herrlicher Schuß von Gschweidl sauste an die Latte und der Nachschuß von Zischek verfehlte nur knapp sein Ziel. 27. Minute: Die deutsche Abwehr fiel immer mehr auseinander. Plötzlich stand Vogel ganz frei vor Torhüter Gehlhaar; er konnte in Ruhe abwarten, bis sich der deutsche Torhüter in eine Ecke bewegte, und schoß dann in die andere zum 2:0 ein. 32. Minute: Einen Freistoß von Smistik konnte Schall ungehindert am deutschen Torhüter vorbei zum 3:0 einköpfen. 45. Minute: Die Österreicher beherrschten das Spiel, wie sie wollten. Für die deutsche Mannschaft bot sich nicht eine zwingende Torchance. Nur mit viel Glück blieb es bis zur Halbzeit beim 0:3.

57. Minute: Nach dem Seitenwechsel beherrschte überraschend die deutsche Mannschaft das Spiel. Die Österreicher zogen sich in ihre Hälfte zurück und überließen dem deutschen Angriff die Initiative. Um so gefährlicher waren ihre gelegentlichen Konter. Mit einer tollkühnen Parade konnte Gehlhaar in letzter Sekunde vor dem heranbrausenden Schall retten. 60. Minute: Die Österreicher hatten es in dieser Phase nur ihrem Weltklassetorhüter Hiden zu verdanken, daß nicht ein Tor für die deutsche Mannschaft fiel. Einmal mußte Hiden sich sogar vom Sanitäter behandeln lassen, nachdem er einen Schuß von Richard Hofmann gehalten hatte. Es war bekannt, daß niemand so hart schoß wie der Dresdner.

65. Minute: Nach 20 Minuten übernahmen die Österreicher wieder das Kommando. Zischek lief in einen Steilpaß und hatte keine Schwierigkeiten, den Ball zum 4:0 im deutschen Tor unterzubringen. 70. Minute: Die traumhaften Kombinationen der Wiener liefen wieder. Die deutsche Abwehr war nie in der Lage, sie ernsthaft zu stören. Auf Vorlage von Gschweidl konnte Schall leicht zum 5:0 ins Tor einschieben. 79. Minute: R.Hofmann setzte zu einem seiner gefürchteten Schüsse an, aber wieder faustete Hiden den Ball ins Feld zurück. Mit einem anderen Torhüter hätten die Österreicher mindestens zwei, drei Treffer von Hofmann hinnehmen müssen.

86. Minute: Der Lenker und Denker des österreichischen Sturms, Sindelar, schickte Schall in die Gasse; doch der Abseitspfiff des Schiedsrichters verhinderte den sechsten Treffer. 88. Minute: Nach einem Eckball von Vogel war Torhüter Gehlhaar nicht auf der Höhe, er ließ den Ball fallen. Gschweidl hatte keine Schwierigkeiten den Ball im leeren Tor unterzubringen. Die deutsche Mannschaft hatte von den Wienern eine Lehrstunde bekommen. Zwar war der Sieg mit 6:0 zu hoch ausgefallen, aber die Österreicher spielten eine Klasse besser.

❖

Vorbericht zum 84. Länderspiel: Nach dem 0:6 gegen Österreich herrschte Ratlosigkeit bei Otto Nerz und dem D.F.B. Der Ruf nach den talentierten Schalkern wurde immer lauter. Und was vor allem von den Journalisten kritisiert wurde, war die Einmischung des D.F.B.-Bundesvorstandes bei der Nominierung der Aufgebote. So hatten die ungeliebten Schalker keine Chance. Für die Nordlandreise, mit Spielen gegen Schweden und Norwegen, wurden folgende Spieler berufen:

Tor: Kreß, Jakob
Verteidiger: Emmerich, Brunke, Wendl
Läufer: Kauer, Hergert, Leinberger, Knöpfle
Stürmer: Bergmaier, Sobek, Horn, Ludwig, Hohmann, Widmayer, Sackenheim

Mit Emmerich und Widmayer standen wieder 2 Neulinge im Aufgebot, die auch zu ihrem ersten Länderspiel kamen.

17.6.1931 in Stockholm
Schweden - Deutschland 0:0

SR: J.Langenus (Belgien), Zuschauer: 15.000
Schweden: Rydberg; Samuelsson, Johannsson; Liljebörn, Rosen, Andersson; Nielsson, Persson, Kaufeldt, Dahl, Kroon
Deutschland: W.Kreß -8 (R.W. Frankf.); Emmerich -1, Brunke -5 (beide Tennis Borussia); Kauer -3 (Tennis Borussia), Leinberger -15 (SpVgg. Fürth), Knöpfle -14 (FSV Frankf.); Bergmaier -5 (Bayern München), Sobek -9 (Hertha BSC), Ludwig -2 (H. Kiel), Widmayer -1 (H. Kiel), Sackenheim -3 (Guts Muths Dresden). Mannschaftskapitän: Leinberger.
Tore: keine
Beste Spieler: Rydberg, Rosen - Kreß, Kauer
Bericht: Nach der peinlichen Niederlage gegen Österreich schien die deutsche Mannschaft in Stockholm nur daran interessiert zu sein, nicht zu verlieren. Von Beginn an war Sicherheit höchstes Gebot. Und da auch die Schweden seit Monaten in der Kritik standen, unternahmen auch sie sehr wenig. So wurde Sommerfußball gespielt.

❖

Vorbericht zum 85. Länderspiel: Obwohl 5 Auswechselspieler bereit standen, wurde gegen Norwegen die gleiche Elf nominiert. Das 0:0 hatte trotz einiger krasser Abwehrfehler die Hoffnung geweckt, daß mit dieser Abwehr in Oslo ein Sieg möglich sein könnte.

21.6.1931 in Oslo
Norwegen - Deutschland 2:2 (1:1)

SR: Eklind (Schweden), Zuschauer: 20.000
Norwegen: H.Johansen; Berstad (B.Larsen), Goberg; Kjos, A.Olsen, R.Johannesen; O.Gundersen, Moe, Juve, Börresen, Wallenborg
Deutschland: W.Kreß -9 (R.W. Frankf.); Emmerich -2, Brunke -6 (beide Tennis Borussia); Kauer -4 (Tennis Borussia), Leinberger -16 (SpVgg. Fürth), Knöpfle -15 (FSV Frankf.); Bergmaier -6 (Bayern München), Sobek -10 (Hertha BSC), Ludwig -3, Widmayer -2 (beide (H. Kiel), Sackenheim -4 (Guts Muths Dresden). Mannschaftskapitän: Leinberger
Tore: 0:1 Bermaier (1.), 1:1 Moe (12.), 1:2 Ludwig (60.), 2:2 Moe (63.)
Beste Spieler: Moe, A.Olsen - W.Kreß, Emmerich
Bericht: Die deutsche Mannschaft begann furios. Ludwig schickte Bergmaier, der dribbelte, umspielte zwei Gegner und kurvte nach innen. Noch ehe Torhüter Johansen eingreifen konnte hing der Ball im Netz. Die überraschende 1:0-Führung für die deutsche Mannschaft in der 1. Minute.

25. Minute: Beim Herauslaufen verwirkte Kreß einen Freistoß, der zum Ausgleichstor durch Moe führte. 45. Minute: Die deutsche Mannschaft hatte mehr vom Spiel, ohne jedoch zwingende Torchancen zu erspielen.

50. Minute: Nach dem Seitenwechsel vergaben Ludwig, Sackenheim und Sobek innerhalb von 5 Minuten drei aussichtsreiche Chancen. 60. Minute: Über Sobek und Sackenheim kam der Ball zu Ludwig, der sofort einschoß und Deutschland die Führung brachte. 63. Minute: Bereits der zweite Angriff nach dem deutschen Führungstor brachte erneut den Ausgleich. Aus kurzer Entfernung konnte Moe eine Flanke ins deutsche Tor drücken.

75. Minute: Nach dem Ausgleichstreffer verflachte das Spiel zusehends. Den Einheimischen boten sich zwar mehr Torgelegenheiten, jedoch konnten sie diese nicht nutzen. 87. Minute: Zum letztenmal hatte die deutsche Elf die Gelegenheit zum Siegtreffer, doch der Schiedsrichter verweigerte der Mannschaft einen Elfmeter, nachdem Ludwig im Strafraum gefoult wurde. So blieb es beim verdienten 2:2.

❖

1931/32

Bilanz 1931/32
4 Spiele: 3 Siege, 1 Niederlage, 10:8 Tore
Zuschauer 134.000
In 4 Spielen wurden 22 Spieler eingesetzt, davon waren 8 Neulinge.

Die Spieler der Saison:

Richard Hofmann	4	Spiele
Ludwig Leinberger	4	"
Georg Knöpfle	4	"
Ernst Kuzorra	4	"
Willibald Kreß	3	"
Franz Schütz	3	"
Hans Stubb	3	"
Rudolf Gramlich	3	"
Stanislaus Kobierski	3	"
Kurt Langenbein	1	Spiel
Oskar Rohr	1	"
Willi Kund	1	"
Leonhard Weiß	1	"
Heinz Emmerich	1	"
Hans Brunke	1	"
Erich Kauer	1	"
Josef Hornauer	1	"
Hans Tibulski	1	"
Fritz Szepan	1	"
Hans Jakob	1	"
Erich Fischer	1	"
Willi Rutz	1	"

Die Tore der Saison:

Richard Hofmann	8	Tore
Ernst Kuzorra	1	Tor
Willi Rutz	1	"

Mannschaftsführer war:
Ludwig Leinberger 4 mal

1 Elfmeter für Deutschland,
verwandelt durch Richard Hofmann (gegen die Schweiz)

Rangliste der besten Nationalspieler des Jahres:
1. Stanislaus Kobierski (Fortuna Düsseldorf)
2. Richard Hofmann (Dresdener SC)
3. Ludwig Leinberger (SpVgg. Fürth)
4. Rudolf Gramlich (Eintracht Frankfurt)
5. Willibald Kreß (Rot-Weiß Frankfurt)
6. Georg Knöpfle (FSV Frankfurt)
7. Heinz Emmerich (Tennis Borussia)
8. Hans Jakob (Jahn Regensburg)

Vorbericht zum 86. Länderspiel: Für das schwere Spiel in Wien benannte der Spielausschuß unter der Leitung von Otto Nerz 15 Spieler. Darunter die Neulinge Munkert (1.FC Nürnberg) und den 19-jährigen Janes (Fortuna Düsseldorf). Zwar kam Janes noch nicht zum Einsatz, aber mit dieser Berufung begann seine große internationale Karriere.
Tor: Kreß, Jakob
Verteidiger: Emmerich, Stubb, Munkert, Brunke
Läufer: Kauer, Leinberger, Knöpfle, Janes
Stürmer: Albrecht, Lachner, Kuzorra, R.Hofmann, J.Schmitt, Kund, Weiß, Hohmann

Gegenüber der Nordlandreise wurde der ganze Sturm neu besetzt, während die Abwehr weitgehend identisch war. So wollte man versuchen, ein ähnliches Debakel wie das 0:6 von Berlin zu verhindern.

13.9.1931 in Wien

Österreich - Deutschland 5:0 (2:0)

SR: O.Olssen (Schweden), Zuschauer: 50.000
Österreich: Hiden; Rainer, Blum; Mock, Smistik, Gall; Zischek, Gschweidl, Sindelar, Schall, A.Vogel
Deutschland: W.Kreß -10 (R.W. Frankf.); Emmerich -3, Brunke -7 (beide Tennis Borussia); Kauer -5 (Tennis Borussia), Leinberger -17 (SpVgg. Fürth), Knöpfle -16 (FSV Frankf.); Weiß -1 (1.FC Nürnberg), Hornauer -5 (1.FC Nürnb.), Kuzorra -6 (Schalke 04), R.Hofmann -18 (DSC), Kund -2 (1.FC Nürnberg). Mannschaftskapitän: Leinberger
Tore: 1:0 Sindelar (2.), 2:0 Schall (41.), 3:0 Gschweidl (64.), 4:0 Sindelar (69.), 5:0 Sindelar (76.)
Beste Spieler: Sindelar, Zischek, Vogel, Mock, Rainer - Emmerich, Kreß

Bericht: Mit dem neu formierten, zweifellos stärkeren Sturm erhoffte sich die deutsche Elf ein gutes Abschneiden in Wien. Doch die ersten Minuten machten alle guten Vorsätze zunichte. 1. Minute: Zischek ließ Knöpfle stehen, und Torhüter Kreß hatte große Mühe seinen Schuß zu halten.

2. Minute: Gschweidl schickte Zischek steil, der flankte in die Mitte, wo Sindelar den Ball gefühlvoll über Kreß ins Tor schlenzte. 1:0 für Österreich.

12. Minute: Die Österreicher beherrschen mit ihrem technisch perfekten und durchdachten Spiel, wie schon in Berlin, die deutsche Elf. Nach einem herrlichem Paß in die Gasse hob Vogel den Ball über Torhüter Kreß, aber auch über die Latte. 20. Minute: Gschweidl kam durch geschicktes Täuschen von Schall in den Besitz des Balles, umspielte zwei Deutsche, passierte auch den herausgelaufenen Kreß, aber im Augenblick, wo er den Ball einschieben wollte, sauste Emmerich dazwischen und klärte. 22. Minute: Erneut boten sich dem österreichischen Halbrechten zwei schöne Gelegenheiten, den Vorsprung zu erhöhen. Er schob den Ball aber beide Male am deutschen Tor vorbei. 41. Minute: Nach klarer Überlegenheit fiel das zweite Tor. Wieder leistete Rechtsaußen Zischek mit einer schönen Flanke hervorragende Vorarbeit. Diese konnte Kreß nur mühsam ablenken, aber direkt vor die Füße von Schall. Der konnte ungehindert zum 2:0 einschießen.

48. Minute: Die einzige und echte Chance im ganzen Spiel für die deutsche Mannschaft. Richard Hofmanns Schuß prallte jedoch von der Latte zurück ins Feld. 60. Minute: Der Druck der Österreicher wurde immer größer. Sie erhöhten das Eckenverhältnis auf 7:3. 64. Minute: Sindelar legte dem in Stellung gelaufenen Gschweidl den Ball vor. Ein Schritt, und schon saß der Ball im deutschen Tor.

69. Minute: Vogel zog eine Ecke weit über die deutsche Abwehr hinweg zu Zischek, der direkt in die Mitte zu dem freistehenden Sindelar paßte. Dieser hatte keine Mühe, das Leder im rechten unteren Eck unterzubringen. 76. Minute: Nach herrlichem Flankenlauf von Linksaußen Vogel kam der Ball in die Mitte zu Sindelar, der zum drittenmal keine Mühe hatte und zum 5:0 einschoß. Torhüter Kreß war gegen diesen Schuß an den Innenpfosten machtlos. 88. Minute: Nach dem fünften Tor schaltete Österreich einen Gang zurück. Trotzdem blieben sie stets die gefährlichere Mannschaft. Mit einem wuchtigen Schuß traf Mock sogar noch einmal die Latte, sonst hätte es wieder wie in Berlin 0:6 geheißen. Erneut lagen zwei Klassen Unterschied zwischen beiden Nationen. Österreich gewann auch in dieser Höhe völlig verdient.

❖

Vorbericht zum 87. Länderspiel: In 7 Länderspielen war die deutsche Elf jetzt ohne Sieg. Der Klassenunterschied zu Ländern wie Österreich, wo die Stars alle Profis waren, konnte nicht mehr übersehen werden. So wurde der Ruf nach dem Fußballprofitum immer lauter. Dieses Thema war für den D.F.B. jedoch indiskutabel. Dafür wurde gegen Dänemark aber der Ruf nach den Schalkern und jungen Talenten erhört. Szepan, Kuzorra und Hans Tibulski wurden für das Länderspiel ebenso berufen, wie die beiden jungen Düsseldorfer Janes und Kobierski sowie Außenläufer Gramlich. Der Fürther Mittelläufer wurde in der Abwehr von 5 Frankfurtern aus 3 Frankfurter Vereinen umrahmt. Das sollte der deutschen Abwehr den nötigen Halt geben.

27.9.1931 in Hannover
Deutschland - Dänemark 4:2 (3:2)

SR: A.Miesz (Österreich), Zuschauer: 30.000
Deutschland: W.Kreß -11 (R.W. Frankf.); Schütz -8, Stubb -5 (beide Eintr. Frankf.); Gramlich -1 (Eintr. Frankf.), Leinberger -18 (SpVgg. Fürth), Knöpfle -17 (FSV Frankf.); H.Tibulski -1 Szepan -3, Kuzorra -7 (alle Schalke 04), R.Hofmann -19 (DSC), Kobierski -1 (Fort. Düsseld.). Mannschaftskapitän: Leinberger
Dänemark: S.Jensen; Tarp, E.H.Hansen (V.Laursen); Zölck, Sören Jensen, Lasthein; Henry Hansen, Rohde, P.Jörgensen, Uldaler, E.Nielsson
Tore: 0:1 E.Nielsson (3.), 1:1 Kuzorra (19.), 1:2 Jörgensen (31.), 2:2, 3:2, 4:2 R.Hofmann (41., 45., 78.)
Beste Spieler: R.Hofmann, Gramlich, Kobierski, Kreß - E.Nielsen, Svend Jensen
Bericht: Die deutsche Mannschaft, mit dem Frankfurter Abwehrblock und den drei Schalker Stürmern, hatte sich viel vorgenommen. 3. Minute: Bereits in der Anfangsphase mußte die deutsche Elf wieder einmal einen Schock überwinden. Eine Flanke von Ernst Nielsson senkte sich über die deutsche Abwehr und Torhüter Kreß hinweg gegen den Innenpfosten und prallte von dort ins Netz zum 0:1. 15. Minute: Schon bald zeigte sich, daß diese Abwehr recht stabil war. Immer wieder liefen sich die Dänen in der deutschen Abwehrkette fest.

19. Minute: Endlich kam auch einmal der Angriff gefährlich vor das dänische Tor. Richard Hofmann spielte Kuzorra frei und der ließ Jensen auf kürzeste Entfernung mit seinem harten Schuß keine Chance. Nun wurde nicht nur schön, sondern auch druckvoller gespielt. 31. Minute: Nach Ecke von Herny Hansen war Kreß die Sicht versperrt, so daß Jörgensen für Dänemark das 2:1 erzielen konnte.

35. Minute: Die deutsche Elf wurde immer stärker. Einen Freistoß von Richard Hofmann konnte Jensen nur mit großer Mühe abwehren. Der Nachschuß von Kuzorra wurde zur Ecke abgefälscht. 41. Minute: Von Richard Hofmann und Szepan dirigiert, lief das Angriffsspiel der deutschen Mannschaft immer flüssiger. Mit einem Direktschuß, der als Aufsetzer kam, traf Richard Hofmann zum Ausgleich. 43. Minute: Viel Glück für die Dänen, als ein scharfer Schuß des Dresdners krachend an die Querlatte knallte. 45. Minute: Die haushohe Überlegenheit der deutschen Elf wurde belohnt. Diesmal zielte Hofmann besser. Sein Schuß aus 20 Metern Entfernung landete mit ungeheurer Wucht im oberen Torwinkel.

60. Minute: Nach der Pause schleppte sich das Spiel dahin. Zwar kombinierte der deutsche Angriff weiterhin schön, aber nicht effektiv. Es fehlte der letzte Druck. 71. Minute: Zum drittenmal vergab Szepan alleine vor Torhüter Jensen eine große Torgelegenheit. Der Schalker Spielmacher hätte, genau wie sein Vereinskamerad Kuzorra, an diesem Tag drei, vier Tore machen müssen. 75. Minute: Trotz der knappen Führung hatte man nie das Gefühl, daß die deutsche Elf dieses Spiel noch verlieren konnte. Die Abwehr um Torhüter Kreß stand so sicher, daß die Dänen keine einzige Torchance mehr hatten.

78. Minute: Nachdem die dänische Abwehr den Ball nicht aus dem Strafraum bekam, hämmerte Richard Hofmann mit einem seiner sehenswerten Schüsse den Ball zum 4:2 Endstand ins Tor. 89. Minute: Nach einem rasanten Lauf an der Außenlinie traf der junge Linksaußen Kobierski nur den Außenpfosten. Das war die letzte Torgelegenheit. Zum erstenmal nach langer Zeit hatte eine deutsche Nationalelf wieder überzeugt.

❖

Vorbericht zum 88. Länderspiel: Nach dem guten Länderspiel gegen Dänemark wurden keine großen Veränderungen vorgenommen. Lediglich für die beiden schwachen Schalker Fritz Szepan und Hans Tibulski wurden Kurt Langenbein (VfR Mannheim) und der 19-jährige „Ossi" Rohr (Bayern München), der gefürchtete rechte Flügel des Südens, berufen.

6.3.1932 in Leipzig
Deutschland - Schweiz 2:0 (1:0)

SR: Boekmann (Holland), Zuschauer: 50.000
Deutschland: W.Kreß -12 (R.W. Frankf.); Schütz -9, Stubb -6 (beide Eintr. Frankf.); Gramlich -2 (Eintr. Frankf.), Leinberger -19 (SpVgg. Fürth), Knöpfle -18 (FSV Frankf.); Langenbein -1 (VfR Mannheim), Rohr -1 (Bayern München), Kuzorra -8 (Schalke 04), R.Hofmann -20 (DSC), Kobierski -2 (Fortuna Düsseldorf). Mannschaftskapitän: Leinberger
Schweiz: Séchehaye; Minelli, Weiler I; Hintermann, O.Imhoff, Gilardoni; Kramer III, A.Abegglen III, Frigerio, Ducommun, Jaeck
Tore: 1:0 R.Hofmann (40. Handelfmeter), 2:0 R.Hofmann (83.)
Beste Spieler: Leinberger, Knöpfle, Gramlich - Séchehaye, Minelli, Weiler I
Bericht: Nach dem Dänenspiel sollte die junge deutsche Mannschaft beweisen, daß sie steigerungsfähig war. Dafür war die Schweiz genau der richtige Prüfstein. 9. Minute: Von Beginn an spielte die deutsche Mannschaft flüssig und überlegen. Nur Richard Hofmann hielt den Ball zu lange und vergab damit die eine oder andere gute Torgelegenheit in den ersten Minuten. 10. Minute: So schön der deutsche Sturm auch bis zum Strafraum kombinierte, gefährlich wurde er für die gute Schweizer Verteidigung selten. Gefahr kam für das Gehäuse der Schweizer nur dann auf, wenn die überragende deutsche Läuferreihe aufrückte. Nach einer Viertelstunde zischte Leinbergers Schuß nur knapp über die Latte.

19. Minute: Riesiges Glück für die Schweizer. Eine Flanke von Kobierski schoß Kuzorra direkt, Séchehaye wehrte im Fallen kurz ab. Nachschuß von Rohr, wieder wehrte Séchehaye den Ball ab; erneuter Nachschuß von Kuzorra, und zum drittenmal konnte der Schweizer Torhüter meisterlich halten, bevor der beste deutsche Stürmer, Linksaußen Kobierski, den Ball über die Latte jagte.

38. Minute: Schiedsrichter Boekmann übersah ein Handspiel von Verteidiger Minelli. 40. Minute: Erneut konnte Minelli nur mit

Ernst Kuzorra war der erste große Schalker im Nationaldreß.

Richard Malik (Beuthen 09) war Liebling der Fußballfans in Oberschlesien.

der Hand eine Kobierski-Flanke abwehren. Den fälligen Handelfmeter verwandelte Richard Hofmann sicher.

65. Minute: In der zweiten Halbzeit spielten die Schweizer 20 Minuten lang überlegen. Sie konnten sich jedoch nie entscheidend gegen die deutsche Verteidigung durchsetzen. 69. Minute: Die deutsche Mannschaft hatte die Initiative wieder übernommen. Séchehaye wehrte mit einer Glanzparade einen Schuß von Richard Hofmann und den Nachschuß von Kuzorra ab. 73. Minute: Nach schnellen Kontern bot sich den Schweizern mehrfach die Ausgleichschance. Kramer und Abegglen scheiterten jedoch an Torhüter Kreß. 83. Minute: Kuzorra lief mit dem Ball, paßte quer zu Hofmann, und dieser schoß aus 20 Metern direkt so wuchtig und scharf in die rechte obere Ecke, daß Séchehaye nur noch das Nachsehen hatte. Ein tolles, vielumjubeltes Tor.

85. Minute: Nach schönem Steilpaß von Gramlich tauchte Kuzorra frei vor Séchehaye auf. Aus spitzem Winkel konnte er den Weltklassetorhüter nicht überwinden. 89. Minute: Die letzte Torchance für die deutsche Mannschaft vergab Linksaußen Kobierski überhaßtet. Es blieb beim verdienten 2:0-Erfolg.

❖

Vorbericht zum 89. Länderspiel: Erfreulicherweise beschritt der D.F.B. seinen Weg weiter, am Großteil der Mannschaft festzuhalten und junge Spieler in den Kreis der Nationalelf zu berufen. Für das Finnlandspiel wurden mit Buchloh, E.Fischer und Rutz 3 neue Talente berufen:

Tor: Jakob, Buchloh
Verteidiger: Schütz, Stubb, Appel
Läufer: Gramlich, Leinberger, Köpfle, Haringer
Stürmer: R.Hofmann, Kobierski, Kuzorra, Rutz, E.Fischer

Nicht dabei war Torhüter Kreß, der vereinsintern von Rot-Weiß Frankfurt für ein halbes Jahr gesperrt wurde. Damit hatten die Verantwortlichen in Frankfurt selbst dafür gesorgt, daß Willibald Kreß den Verein in Richtung Dresden verließ.

1.7.1932 in Helsingfors
Finnland - Deutschland 1:4 (1:1)

SR: J.Anderssen (Schweden), Zuschauer: 4.000
Finnland: Halme; Leskiner, Oksanen; Viinioksa, Larvo, Näväner; Äström, Koponen, Grönlund, Strömsten, Lintamo
Deutschland: Jakob -2 (Jahn Regensb.); Schütz -10, Stubb -7 (beide Eintr. Frankf.); Gramlich -3 (Eintr. Frankf.), Leinberger -20 (SpVgg Fürth), Knöpfle -19 (FSV Frankf.); E.Fischer -1 (1.FC Pforzheim), R.Hofmann -21 (DSC), Rutz -1 (VfB Stuttg.), Kuzorra -9 (Schalke 04), Kobierski -3 (Fort. Düsseldorf). Mannschaftskapitän: Leinberger
Tore: 0:1 R.Hofmann (5.), 1:1 Äström (14.), 1:2 Rutz (77.), 1:3 R.Hofmann (80.), 1:4 R.Hofmann (81.)
Beste Spieler: Äström, Grönlund - Kobierski, Jakob, R.Hofmann, Knöpfle
Bericht: Zum Abschluß der Saison begann die deutsche Mannschaft gut. 3. Minute: Einen Freistoß von Hofmann konnte Halme im finnischen Tor gerade noch abwehren. 5. Minute: Die deutsche Mannschaft drängte auf den Führungstreffer. Nacheinander scheiterten Kuzorra, Kobierski und Fischer. Dann kam der Ball zu Richard Hofmann und schon hieß es 1:0. 14. Minute: Der erste Angriff der Finnen führte zum Ausgleich. Äström, Finnlands gefährlichster Stürmer, leitete den schnellen Gegenangriff ein und verwertete schließlich die Flanke von Grönlund. 28. Minute: Ein Freistoß aus 30 Metern, von Richard Hofmann, knallte gegen die Latte.

49. Minute: Nach dem Seitenwechsel waren die Finnen erstaunlich stark. Zweimal hintereinander mußte Torhüter Jakob großartig parieren. 58. Minute: Einen herrlichen Schuß von Lintamo fischte Jakob aus dem Winkel. 59. Minute: Jakob hatte das Glück des Tüchtigen. Ein knallharter Schuß aus dem Hinterhalt landete an der Latte. 71. Minute: Endlich kam die deutsche Elf wieder vor das finnische Tor. Jetzt rettete der Pfosten nach einem Kuzorra-Schuß für den geschlagenen Halme. 77. Minute: Auf Flanke von Kobierski konnte Rutz zum deutschen Führungstreffer einköpfen.

79. Minute: Ein harter Schuß von Kobierski knallte gegen den Pfosten.

80. Minute: Wieder war es Richard Hofmann, der von der Strafraumgrenze aus mit einem unhaltbaren Schuß zum 3:1 einschoß. 81. Minute: Die Finnen hatten das Spiel verloren gegeben. Ungehindert konnte Richard Hoffmann aus 12 Meter Entfernung zum 4:1 einschießen. 90. Minute: Nach einer insgesamt mäßigen Leistung gewann die deutsche Elf mit 4:1 noch ziemlich hoch.

❖

1932/33

Bilanz 1932/33
5 Spiele: 1 Sieg, 1 Unentschieden, 3 Niederlagen, 9:13 Tore
Zuschauer: 172.000
In 5 Spielen wurden 28 Spieler eingesetzt, davon waren 10 Neulinge.

Die Spieler der Saison:

Stanislaus Kobierski	5	Spiele
Hans Jakob	4	"
Georg Knöpfle	4	"
Ludwig Leinberger	4	"
Richard Hofmann	4	"
Sigmund Haringer	3	"
Oskar Rohr	3	"
Josef Wendl	3	"
Hans Stubb	2	"
Josef Bergmaier	2	"
Franz Krumm	2	"
Ernst Albrecht	2	"
Ludwig Lachner	2	"
Richard Malik	2	"
Fritz Buchloh	2	"
Rudolf Gramlich	2	"
Richard Oehm	1	Spiel
Lorenz Huber	1	"
Paul Janes	1	"
Karl Joppich	1	"
Franz Schütz	1	"
Carl-Heinz Mahlmann	1	"
Willi Wigold	1	"
Ernst Kuzorra	1	"
Heinrich Hergert	1	"
Hugo Mantel	1	"
Erich Fischer	1	"
Willi Lindner	1	"

Tore der Saison:

Oskar Rohr	5	Tore
Franz Krumm	1	Tor
Stanislaus Kobierski	1	"
Ludwig Lachner	1	"
Richard Malik	1	"

Mannschaftsführer waren:

Ludwig Leinberger	4	mal
Heinrich Hergert	1	"

1 Eigentor gegen Deutschland,
  durch Stubb (gegen Schweden)

Rangliste der besten Nationalspieler des Jahres:
1. Oskar „Ossi" Rohr (Bayern München)
2. Sigmund „Sigi" Haringer (Bayern München)
3. Stanislaus „Tau" Kobierski (Fortuna Düsseldorf)
4. Hans Jakob (Jahn Regensburg)
5. Georg Knöpfle (FSV Frankfurt)
6. Josef Wendl (1860 München)
7. Ernst Kuzorra (FC Schalke 04)
8. Rudi Gramlich (Eintracht Frankfurt)

Vorbericht zum 90. Länderspiel: Nach dem versöhnlichen Saisonende mit 3 Siegen, sollte die deutsche Nationalmannschaft gegen Schweden keine großen Veränderungen erfahren. Neulinge waren nur Außenläufer Oehm (1.FC Nürnberg) und Halbrechts Krumm (Bayern München). Der frischgebackene Deutsche Meister Bayern München stellte damit den ganzen rechten Flügel.

25.9.1932 in Nürnberg
Deutschland - Schweden 4:3 (3:1)

SR: Barlassina (Italien), Zuschauer: 30.000

Deutschland: Jakob -3 (Jahn Regensb.); Haringer -2 (Bayern München), Stubb -8 (Eintr. Frankf.), Knöpfle -20 (FSV Frankf.), Leinberger -21 (SpVgg Fürth), Oehm -1 (1.FC Nürnberg); Bergmaier -7, Krumm -1, Rohr -2 (alle Bayern München), R.Hofmann -22 (DSC), Kobierski -4 (Fort. Düsseld.). Mannschaftskapitän: Leinberger

Schweden: Jonasson; Lager, Andersson; Johnson, Carlund, Sjögren; Svensson, Kempe, Lundahl, Persson, Nilsson

Tore: 1:0 Rohr (10.), 2:0 Kobierski (17.), 2:1 Lundahl (20.), 3:1 Krumm (41.), 3:2 Kempe (46.), 4:2 Rohr (64.), 4:3 Stubb (66. Eigentor)

Beste Spieler: Kobierski, Haringer, Rohr - Lundahl, Nilsson, Kempe

Bericht: Die deutsche Mannschaft begann sehr stark. Schon in den ersten Minuten setzte sie die Schweden unter Druck. 10. Minute: Linksaußen Kobierski flankte in die Mitte, wo dem aufgeregten Torhüter Jonasson der Ball aus den Händen rutschte. Rohr war zur Stelle und schoß ihn seelenruhig zum 1:0 für die deutsche Mannschaft ins Netz.

13. Minute: Nach einer Steilvorlage von Krumm kurvte Bergmaier allein auf das Tor der Schweden zu. Mit einer Glanztat verhinderte Jonasson einen weiteren Treffer. 17. Minute: Das Kombinationsspiel der deutschen Mannschaft lief hervorragend. Nach einem Steilpaß auf dem linken Flügel kam der Ball über Richard Hofmann zu Kobierski und dieser schoß unhaltbar in die lange Ecke. 2:0 für die deutsche Mannschaft.

20. Minute: Die Schweden beschränkten sich auf das Kontern. Einer dieser Konter führte zum Anschlußtreffer. Nilsson tauchte alleine vor Torhüter Jakobs auf. Der hielt großartig. Der Nachschuß von Nilsson ging an die Latte; dann aber war Lundahl zur Stelle, um den Ball einzudrücken.

30. Minute: Das Spiel war jetzt ausgeglichen. Im Spielaufbau der deutschen Mannschaft schlichen sich immer mehr Abspielfehler ein. 41. Minute: Nach einer Traumkombination des Bayernflügels, Rohr zu Bergmaier, weiter steil auf Krumm, schoß der aus 5 Metern ein.

46. Minute: Die deutsche Abwehr schien mit ihren Gedanken noch in der Pause zu sein, als Kempe nach einer Vorlage Lundahls davonzog und zum 3:2 verkürzte. 55. Minute: Erneut führte das Tor der Schweden dazu, daß die deutsche Mannschaft verunsichert wurde. Der Zusammenhang zwischen Läuferreihe und Sturm fehlte völlig. Nur Einzelleistungen, vor allem von Kobierski, brachten Gefahr vor das schwedische Tor. 64. Minute: Es war auch eine famose Kobierski-Flanke, die zum Tor führte: Rohr nahm den Ball mit dem linken Fuß an und schoß mit dem rechten aus 12 Meter Entfernung ins obere Tordreieck. 66. Minute: Das vierte Tor hatte neuen Auftrieb gegeben. Das Zuspiel der deutschen Mannschaft wurde zusehends besser. Da passierte das Unglück. Einen Schuß von Stürmer Persson fälschte der schwächste deutsche Verteidiger, Stubb, ins eigene Tor ab. 80. Minute: Nach ihrem dritten Tor hatten die Schweden ihre beste Phase. Zweimal hielt Jakob Schüsse von Lundahl und Svensson großartig.

90. Minute: Erst in den letzten 10 Minuten machte sich die deutsche Mannschaft von dem Druck der Schweden frei. Hofmann und Rohr hätten das Ergebnis sogar noch höher schrauben können.

❖

Vorbericht zum 91. Länderspiel: Für das schwere Spiel in Budapest mußte die Elf wegen der Vereinsverpflichtung von Bayern München auf einigen Posten umgebaut werden. Mit Huber (K.FV), Joppich (Hoyerswerda) und Malik (Beuthen) standen 3 Neulinge im deutschen Aufgebot. Wie Janes (Fort. Düsseldorf), der bereits einige Male im Aufgebot stand, kamen alle zu Länderspielen.

Tor: Jakob, Buchloh
Verteidiger: Schütz, Wendl, Huber
Läufer: Gramlich, Leinberger, Knöpfle, Joppich
Stürmer: Albrecht, Lachner, Malik, R.Hofmann, Kobierski, Fischer

30.10.1932 in Budapest

Ungarn - Deutschland 2:1 (1:0)

SR: Carraro (Italien), Zuschauer: 12.000
Ungarn: Hada; Koranyi I, Biro; Borsanyi, Sarosi I (Baratky), Lazar; Koranyi II, Avar, Turay, Toldi, Deri
Deutschland: Jakob -4 (Jahn Regensb.); L.Huber -1 (Karlsr. FV), Wendl -2 (1860 München); Janes -1 (Fort. Düsseld.), Leinberger -22 (SpVgg Fürth), ab 28. Joppich -1 (SV Hoyerswerda), Knöpfle -21 (FSV Frankf.); E.Albrecht -13 (Fort. Düsseld.), Lachner -4 (1860 München), Malik -1 (Beuthen 09), R.Hofmann -23 (DSC), Kobierski -5 (Fort. Düsseld.). Mannschaftskapitän: Leinberger
Tore: 1:0 Deri (8.), 1:1 Malik (71.), 2:1 Turay (77.)
Beste Spieler: Biro, Lazar, Toldi - Knöpfle, Jakob, Wendl
Bericht: Neben den erfahrenen Spielern Leinberger, Knöpfle, Albrecht und Richard Hofmann spielte eine junge deutsche Elf in Budapest. Daß diese Mannschaft es schwer haben würde, stand von vornherein fest. 5. Minute: Der haushohe Favorit Ungarn bestimmte bereits in den ersten Minuten das Spiel. Die deutsche Abwehr hatte Schwerstarbeit zu leisten. 8. Minute: Auf Vorlage von Rechtsaußen Koranyi konnte der freistehende Deri mit einem satten Schuß Jakob überwinden. Der erwartete Rekordsieg der Ungarn schien sich anzubahnen. 15. Minute: Dem Schlesier Malik bot sich die ganz große Ausgleichschance. Sein scharfer Schuß strich jedoch knapp über die Latte.

21. Minute: Nach einem plazierten Schuß von Toldi konnte Jakob nur mit einer Glanzparade ein weiteres Gegentor verhindern. 28. Minute: Hinkend verließ der verletzte Leinberger den Platz, ebenso Ungarns Sarosi. Nach 5 Minuten kam Leinberger zurück. 45. Minute: Die Ungarn brillierten durch ihre großartige Technik, die deutsche Mannschaft durch ihre Kampfkraft. Das Spiel blieb ausgeglichen.

49. Minute: Wieder war es Jakob, der einen Schuß von Toldi meisterhaft hielt. 57. Minute: Die ganz große Chance für Torjäger Malik. Statt selbst zu schießen, wollte er abgeben, und damit war die Chance vergeben. 70. Minute: Inzwischen hatte sich die deutsche Mannschaft sogar eine Überlegenheit erspielt. Die Ungarn mußten um ihre Führung bangen. 71. Minute: Nach guter Vorarbeit legte Lachner den Ball Malik einschußgerecht vor. Diesmal traf der Innenstürmer aus Beuthen mit einem knallharten Schuß. Die deutsche Elf hatte sensationell ausgeglichen.

75. Minute: Die Ungarn schnürten die Deutschen jetzt in ihrer eigenen Hälfte ein. Immer wieder stand Jakob mit Paraden im Mittelpunkt. 77. Minute: Durch einen harten Schuß von Turay aus 14 Meter Entfernung gingen die Ungarn erneut in Führung. 83. Minute: Erneut eine Ausgleichschance für die deutsche Mannschaft. Lachner dribbelte sich hervorragend frei, zögerte aber zu lange mit dem Schuß. 88. Minute: Endlich wieder ein knallharter Schuß von Richard Hofmann, aber er hatte kein Glück. Sein 25. Jubiläumstor wollte nicht fallen. 90. Minute: Es blieb beim 2:1 für Ungarn. Die junge deutsche Mannschaft hatte jedoch kämpferisch voll überzeugt.

❖

Vorbericht zum 92. Länderspiel: Die gute Leistung der deutschen Elf in Budapest hatte Hoffnungen geweckt. Nach einigen Absagen stand jedoch fest, daß sich wieder einmal größere Umstellungen nicht vermeiden ließen. Die Neulinge Buchloh aus Mülheim, vom VFB Speldorf, Mahlmann (HSV) und Wigold (Fortuna Düsseldorf) kamen zu ihrem ersten Länderspiel.

4.12.1932 in Düsseldorf

Deutschland - Holland 0:2 (0:2)

SR: O.Olssen (Schweden), Zuschauer: 50.000
Deutschland: Buchloh -1 (VfB Speldorf); Schütz -11, Stubb -9 (beide Eintr. Frankf.); Mahlmann -1 (HSV), Leinberger -23 (SpVgg Fürth), Knöpfle -22 (FSV Frankf.); E.Albrecht -14, Wigold -1 (beide Fort. Düsseld.), Kuzorra -10 (Schalke 04), R.Hofmann -24 (DSC), Kobierski -6 (Fort. Düsseld.). Mannschaftskapitän: Leinberger
Holland: v.d.Meulen; Weber, v.Run; Pellikaan, Anderiesen, v.Heel; Nagels, Adam, v.d.Broek, Bonsema, v.Nellen
Tore: 0:1, 0:2 Adam (38., 41.)
Beste Spieler: Kuzorra - Adam, v.d.Meulen, v.Heel
Bericht: Obwohl die deutsche Mannschaft gegenüber dem Ungarnspiel auf 6 Positionen verändert in Düsseldorf auflief, war sie klarer Favorit gegen den Nachbarn aus Holland. 3. Minute: Die drei Düsseldorfer Stürmer Albrecht, Wigold und Kobierski begannen vor heimischem Publikum gleich furios. Eine Flanke von Kobierski verfehlte Albrecht nur knapp. 7. Minute: Bei den Holländern fiel vor allem der technisch brillante Adam auf. Er war kaum zu halten, und seine Schüsse bereiteten Buchloh große Schwierigkeiten.

20. Minute: Das Spiel verlor zunehmend an Niveau. Auf beiden Seiten häuften sich die Fehlpässe und es gab kaum gute Torgelegenheiten. 22. Minute: Kuzorra spielte als einziger deutscher Stürmer in Normalform. Innerhalb von einer Minute hatte er zweimal das Führungstor auf dem Fuß. Beim erstenmal strich der Ball knapp über das Tor; den zweiten Schuß, aus 20 Metern, donnerte er an die Latte.

25. Minute: Hollands Mittelstürmer v.d.Broek tauchte allein vor Buchloh auf, aber aus 4 Metern Entfernung schoß er 5 Meter am Tor vorbei. Das Spiel hatte alles andere als Klasse. 38. Minute: V.d.Broek bediente seinen Rechtsaußen Nagels, und dessen samtweiche Flanke köpfte Adam vor dem unschlüssigen Buchloh in die kurze Ecke. 1:0 für Holland.

41. Minute: Als zwei holländische Stürmer frei vor dem Tor von Buchloh standen, konnte Stubb in letzter Sekunde zur Ecke retten. Die Ecke kam auf den Elfmeterpunkt, die deutsche Abwehr brachte den Ball nicht weg, und Adam schoß aus dem Gedränge zum 2:0 für Holland ein. 44. Minute: Wieder war die deutsche Abwehr nicht im Bilde. Doch v.d.Broek legte sich den Ball zu weit vor, so daß Buchloh ihn halten konnte.

90. Minute: Zwar wurde das Spiel der deutschen Mannschaft in den zweiten 45 Minuten etwas besser, aber es fehlte weiterhin der Zusammenhang. Deutschlands Torjäger Nummer eins, Richard Hofmann, wurde gnadenlos ausgepfiffen. Seine Leistung an diesem Tage war, wie bei vielen anderen Spielern, indiskutabel. Außer einem weiteren Pfostenschuß von Kuzorra, konnte die deutsche Elf keine echte Torchance herausspielen. Der Sieg der Holländer ging deshalb voll in Ordnung.

❖

1932 verlor Deutschland überraschend 0:2 gegen Holland; v.l.: Kobierski, Stubb, Albrecht, Wigold, Knöpfle, R.Hofmann, Leinberger, Mahlmann, Schütz, Kuzorra, Buchloh.

1933 trennten sich Deutschland und Frankreich in Berlin 3:3; v.l. stehend: Rohr, Lindner, Fischer, Hergert, R.Gramlich, Mantel, Lachner, Kobierski; vorne: Haringer, Jakob, Wendl.

Vorbericht zum 93. Länderspiel: Am Neujahrstag 1933 stand in Italien ein ganz schweres Spiel auf dem Programm. Nach der peinlichen Niederlage gegen Holland waren endlich wieder alle Stars zur Verfügung. Auf den Dresdner Torjäger Richard Hofmann, der sich zweifellos in einem Formtief befand, konnte deshalb verzichtet werden. Vor allem die Münchener sollten der deutschen Elf mehr Zusammenhang geben.

1.1.1933 in Bologna

Italien - Deutschland 3:1 (2:1)

SR: Baert (Belgien), Zuschauer: 25.000

Italien: Gianni; Monzeglio, F.Gasperi; Pizziolo, L.Monti (ab 38. Colombari), Bertolini; Constantino, Meazza, Schiavio, G.Ferrari, Orsi

Deutschland: Jakob -5 (Jahn Regensburg), ab 55. Buchloh -2 (VfB Speldorf); Haringer -3 (Bayern München), Wendl -3 (1860 München); Gramlich -4 (Eintr. Frankf.), Leinberger -24 (SpVgg Fürth), Knöpfle -23 (FSV Frankf.); Bergmaier -8, Krumm -2, Rohr -3 (alle Bayern München), Malik -2 (Beuthen), Kobierski -7 (Fort. Düssel.). Mannschaftskapitän: Leinberger

Tore: 0:1 Rohr (4.), 1:1 Maezza (27.), 2:1 Constantino (30.), 3:1 Schiavio (58.)

Beste Spieler: Schiavio, Orsi, Monzeglio, Ferrari - Haringer, Gramlich

Bericht: Die deutsche Nationalelf war international nicht mehr viel wert. Nur 25.000 Zuschauer waren nach Bologna gekommen. Sie erwarteten einen hohen Sieg ihrer inzwischen international hoch eingeschätzten Nationalelf. 4. Minute: Offensichtlich war die italienische Abwehr noch gar nicht richtig bei der Sache, als Kobierski mit einer Vorlage von Knöpfle davonzog. Seine herrliche Flanke aus vollem Lauf nahm Rohr aus 15 Metern direkt und donnerte den Ball unter die Latte zum 1:0 für Deutschland. Erstaunt standen die italienischen Spieler und die Zuschauer so da, als wären sie gerade aus dem Tiefschlaf erwacht. 10. Minute: Noch immer kamen die Italiener nicht ins Spiel. Aus 8 Metern Entfernung prüfte Bergmaier Torhüter Gianni.

9. Minute: Die erste Torgelegenheit für die Italiener. Einen Freistoß von der 16-Meter-Grenze verlängerte Constantino mit dem Kopf, aber Wendl konnte zur Ecke klären. 15. Minute: Die Italiener wurden besser. Orsi, Meazza und Schiavio bedrängten das deutsche Tor. Im letzten Augenblick konnte Jakob klären. 25. Minute: Das Spiel verlagerte sich immer mehr in die deutsche Hälfte. 27. Minute: Erneuter Eckball für die Italiener; Wendl klärte mit dem Kopf und Haringer rettete noch 4 Meter vor Jakob, da schob Schiavio zum freistehenden Meazza, dessen unhaltbarer Flachschuß im deutschen Tor landete. 1:1, der Ausgleich.

30. Minute: Der italienische Angriff kombinierte mit einer traumhaften Sicherheit. Die deutsche Abwehr wurde regelrecht ausgespielt, so daß Schiavio völlig frei stand. Zwei deutsche Abwehrspieler stürzten auf ihn zu. Der Mittelstürmer behielt die Nerven, paßte zu dem freistehenden Constantino, der mit einem satten Schuß unter die Querlatte das 2:1 erzielte. 38. Minute: Bei einem Zusammenprall von Malik und Monti mußte der italienische Mittelläufer draußen bleiben. Für ihn kam Colombari.

55. Minute: Dem Spiel fehlte ganz offensichtlich der Glanz. Zwar mühte sich die deutsche Mannschaft, aber gegen die italienischen Techniker blieben sie immer zweiter Sieger. 58. Minute: Eine der traumhaft schönen Kombinationen des italienischen Angriffs schloß Schiavio mit einem schrägen Schuß ins lange äußere Eck zum 3:1 ab. Das Spiel war entschieden.

70. Minute: Von den italienischen Stürmern wurden die deutschen Deckungsspieler hin und her gehetzt. Es gab kaum Zeit, Luft zu holen. Buchloh, der in der 55. Minute für den angeschlagenen Jakob in das deutsche Tor kam, konnte sich mehrfach auszeichnen. 90. Minute: Nicht ein einziges Mal gelang es der deutschen Mannschaft in der zweiten Halbzeit, in den Strafraum der Italiener einzudringen. Die italienische Verteidigung beherrschte den deutschen Angriff. Schmerzlich wurde Richard Hofmann vermißt, den Kritiker frühzeitig abgeschrieben hatten. Die deutsche Nationalelf hatte keine Chance, das Spiel zu gewinnen.

❖

Vorbericht zum 94. Länderspiel: In Deutschland hatte sich einiges geändert, die Nazis waren an der Macht. Sie duldeten keine Mißerfolge, wie etwa die Niederlage gegen Italien, und mischten sich überall ein.Sie waren gegen den Profifußball und auch gegen Spieler, die nicht offenkundig für den Nationalsozialismus eintraten. So endete aus den verschiedensten Gründen die Karriere von über einem Dutzend der besten deutschen Spieler. Darunter Leinberger, Knöpfle, Schütz, Rohr, Bergmaier, Hergert und Richard Hofmann. Besonders schmerzhaft war der Verlust von „König" Richard, der nach dem Frankreichspiel nie wieder berufen wurde, obwohl er noch ein Jahrzehnt zu den besten deutschen Stürmern zählte und mit dem DSC Meisterschaften und Pokalsiege holte. Sechs der 12 Spieler aus dem Frankreichspiel, darunter der Neuling Lindner (Eintr. Frankf.), spielten zum letztenmal im Nationaldreß.

19.3.1933 in Berlin

Deutschland - Frankreich 3:3 (2:1)

SR: T.Crew (England), Zuschauer: 55.000
Deutschland: Jakob -6 (Jahn Regensb.); Haringer -4 (Bayern München), Wendl -4 (1860 München); Gramlich -5 (Eintr. Frankf.), Hergert -5 (FK Pirmasens), Mantel -5 (Eintr. Frankf.); E.Fischer -2 (1.FC Pforzh.), Lachner -5 (1860 München), Rohr -4 (Bayern München), Lindner -1 (Eintr. Frankf.), ab 40. R.Hofmann -25 (DSC), Kobierski -8 (Fort. Düsseld.). Mannschaftskapitän: Hergert
Frankreich: Defossé; Vandooren (ab 10. Chardar), Mattler; Chantrel, Kaucsar, Delfour; Libarati, Gérard, J.Nicolas, Rio, Langiller
Tore: 0:1 Rio (22.), 1:1 Rohr (28.), 2:1 Rohr (45.), 3:1 Lachner (65.), 3:2, 3:3 Gérard (80., 83.)
Beste Spieler: Rohr, Jakob, Kobierski, Haringer - J.Nicolas, Langiller, Chantrel
Bericht: Von der Machtübernahme der Nazis geprägt, kam es vor der neuen Rekordkulisse von 55.000 Zuschauern in Berlin zum zweiten Aufeinandertreffen mit Frankreich. Nur 5 Spieler aus dem Italienspiel waren noch dabei. Die neu formierte deutsche Mannschaft hatte in der Anfangsphase einige Schwierigkeiten. 6. Minute: Die erste Torgelegenheit bot sich Mittelstürmer Rohr, aber sein Schuß ging über das Tor. 9. Minute: Nachdem Wendl über den Ball schlug, bot sich dem jungen Mittelstürmer Nicolas die erste große Torchance. Mit einem tollen Reflex verhinderte Jakob ein Tor.

10. Minute: Nach einem Zusammenprall mit Lindner mußte Vandooren frühzeitig ausscheiden. 11. Minute: Nach einem knallharten Schuß von Rechtsaußen Fischer jubelte die Menge. Auf Protest der Franzosen konnte sich Schiedsrichter Crew davon überzeugen, daß der Ball durch das Außennetz ins Tor gegangen war. Kein Tor!

20. Minute: Die Franzosen beherrschten die Abseitsfalle und ließen die deutschen Stürmer immer wieder hineinlaufen. Erneut schoß Fischer aus halbrechter Position knallhart. Der Torschrei auf den Lippen der Zuschauer erstarrte. Der Ball flog vom Innenpfosten weit ins Feld zurück. 22. Minute: Einen haltbaren, aber verdeckten Schuß sah Jakob zu spät. Zur Verblüffung aller stand es 1:0 für Frankreich. 28. Minute: Nach herrlichem Paß von Mantel gewann Rohr das Laufduell gegen Chantrel. Noch bevor der von der Seite kommende Mattler eingreifen konnte, jagte Rohr den Ball aus 20 Metern Entfernung unter die Latte. Ein tolles Tor zum Ausgleich. 31. Minute: Nach einem großartigen Flankenlauf von Kobierski nahm der Pforzheimer Rechtsaußen den Ball direkt und knallte ihn nur Zentimeter über die Latte.

38. Minute: Drei Ecken hintereinander brachten der deutschen Mannschaft nichts ein. 40. Minute: Ohne ersichtlichen Grund wurde Lindner vom Platz genommen. Für ihn kam, mit großem Beifall begrüßt, Richard Hofmann. 43. Minute: Zum drittenmal stand Kobierski im Abseits. Die Zuschauer pfiffen. 45. Minute: Nach einer Vorlage von Mantel spielte Richard Hofmann direkt weiter zu Rohr. Und erneut schlug ein scharfer Schuß von Rohr unter die Querlatte ein. Deutschland führte mit dem Halbzeitpfiff 2:1.

47. Minute: Die Franzosen im Glück: ein ausgezeichneter Schuß des überragenden Rohr knallte an die Latte. Das anschließende Handspiel eines französischen Abwehrspielers übersah Schiedsrichter Crew. 65. Minute: Die deutsche Mannschaft drängte weiter auf einen Treffer. Als Torhüter Defossé den Ball von der Strafraumgrenze aus abschlagen wollte, wurde er von Rohr und Lachner behindert. Er verlor den Ball, und so konnte Lachner mit einem Rückzieher über den Torhüter hinweg ins leere Tor treffen. Das Spiel schien mit 3:1 entschieden.

68. Minute: Zum erstenmal kam Richard Hofmann frei zum Schuß. Einer seiner gefürchteten, knallharten Linksschüsse pfiff nur knapp am Tor vorbei. 80. Minute: Ganz überraschend fiel der Anschlußtreffer durch Gérard. 83. Minute: Noch ehe sich die deutsche Mannschaft richtig versah, stand es 3:3. Erneut war es Gérard, der per Kopfball Jakob bezwang. Die Mannschaft von Otto Nerz war zu sorglos und zu siegessicher gewesen. 90. Minute: Ganz offensichtlich verunsichert, zog sich die deutsche Mannschaft in den letzten 7 Minuten völlig zurück. Auf beiden Seiten gab es keine Torgelegenheiten mehr. Es blieb beim 3:3.

❖

Bilanz 1933/34
10 Spiele: 8 Siege, 1 Unentschieden, 1 Niederlage 36:13 Tore
Zuschauer: 232.000
In 10 Spielen wurden 34 Spieler eingesetzt, davon waren 18 Neulinge.

Die Spieler der Saison:
Karl Hohmann	7	Spiele
Stanislaus Kobierski	7	"
Sigmund Haringer	7	"
Ernst Lehner	7	"
Paul Janes	6	"
Willi Busch	5	"
Jakob Bender	5	"
Josef Rasselnberg	5	"
Edmund Conen	5	"
Fritz Szepan	5	"
Willibald Kreß	4	"
Paul Zielinski	4	"
Otto Siffling	4	"
Fritz Buchloh	3	"
Eduard Hundt	3	"
Ernst Albrecht	3	"
Willi Wigold	3	"
Hans Jakob	3	"
Rudolf Gramlich	3	"
Ludwig Lachner	3	"
Theo Breuer	2	"
Ludwig Goldbrunner	2	"
Matthias Heidemann	2	"
Richard Oehm	2	"
Rudolf Noack	2	"
Josef Wendl	1	Spiel
Fritz Eiberle	1	"
Emil Krause	1	"
Hans Appel	1	"
Max Schäfer	1	"
Hans Stubb	1	"
Karl Politz	1	"
Hans Schwartz	1	"
Reinhold Münzenberg	1	"

Die Tore der Saison:
Karl Hohmann	10	Tore
Josef Rasselnberg	6	"
Edmund Conen	5	"
Ernst Albrecht	3	"
Willi Wigold	3	"
Stanislaus Kobierski	2	"
Ernst Lehner	2	"
Ludwig Lachner	2	"
Hans Stubb	1	Tor
Rudolf Noack	1	"
Otto Siffling	1	"

Mannschaftsführer waren:
Fritz Szepan	4	mal
Ernst Albrecht	3	"
Rudolf Gramlich	2	"
Stanislaus Kobierski	1	"

1 Elfmeter gegen Deutschland,
verwandelt durch Polgar (Ungarn)

Rangliste der besten Nationalspieler des Jahres:
1. Fritz Szepan (FC Schalke 04)
2. Ernst Lehner (Schwaben Augsburg)
3. Karl Hohmann (VfL Benrath)
4. Edmund Conen (FV Saarbrücken)
5. Josef Rasselnberger (VfL Benrath)
6. Stanislaus Kobierski (Fortuna Düsseldorf)
7. Paul Janes (Fortuna Düsseldorf)
8. Paul Zielinski (Union Hamborn)
9. Willi Busch (Duisburg 48/99)
10. Sigmund Haringer (Bayern München)
    Ludwig Lachner (1860 München)

1933/34

Vorbericht zum 95. Länderspiel: Die Weltmeisterschaftssaison begann, und auch die deutsche Nationalmannschaft wollte in Italien dabei sein. Daß Deutschland die Qualifikation schaffen würde, stand außer Frage. Denn die deutsche Elf war mit Frankreich und Luxemburg in einer Gruppe, wovon sich 2 Mannschaften qualifizieren konnten.

Mit dem ersten Saisonländerspiel in Duisburg gegen Belgien sollte der Neuaufbau beginnen. Belgien war, wie Deutschland, damals nur zweitklassig, so daß nicht unbedingt von einer Niederlage ausgegangen wurde. Besonders wichtig war es, daß Reichstrainer Otto Nerz vor dem Spiel das Aufgebot zu einem Lehrgang einladen konnte.

Tor: Buchloh, Jakob
Verteidiger: Haringer, Busch, Hundt
Läufer: Janes, Bender, Breuer, Gramlich
Stürmer: Albrecht, Kobierski, Wigold, Szepan, Kuzorra, Hohmann, Rasselnberg

Mit Busch (Duisburg 99), Hundt (SW Essen), Bender, Breuer (beide Fort. Düsseldorf) und Rasselnberg (VfL Benrath) standen 5 Neulinge im Aufgebot, die auch alle zum Einsatz kamen. Die Elf, die schließlich in Duisburg einlief, war mit insgesamt 29 Länderspielen die unerfahrenste nach dem 1. Weltkrieg.

22.10.1933 in Duisburg

Deutschland - Belgien 8:1 (2:0)

SR: O.Olssen (Schweden), Zuschauer: 30.000
Deutschland: Buchloh -3 (VfB Speldorf); Busch -1 (Duisb. 99), Hundt -1 (SW Essen); Janes -2, Bender -1, Breuer -1 (alle Fort. Düsseld.); Albrecht -15, Wigold -2 (beide Fort. Düsseld.), Hohmann -4, Rasselnberg -1 (beide VfL Benrath), Kobierski -9 (Fortuna Düsseldorf). Mannschaftskapitän: E.Albrecht
Belgien: Baert; H. De Deken, Smellinckx; Van Ingelhem, Hellemans, De Clercq; Torfs, Voorhoof, Lamoot, A.Saeys, Weydisch
Tore: 1:0 Rasselnberg (20.), 2:0 Hohmann (29.), 3:0 Wigold (47.), 4:0 Hohmann (49.), 5:0 Albrecht (54.), 6:0 Wigold (56.), 7:0 Hohmann (72.), 8:0 Kobierski (87.), 8:1 Lamoot (90.)
Beste Spieler: Kobierski, Hohmann, Rasselnberg, Hundt, Busch, Janes - Voorhoof
Bericht: 6 Spieler vom Deutschen Meister Fortuna Düsseldorf bildeten das Gerippe der Mannschaft. Sie sollten im Auftaktspiel der WM-Saison der neu formierten deutschen Nationalmannschaft den nötigen Zusammenhalt geben. Erstmals war es eine rein westdeutsche Auswahl, die zum neuen Hoffnungsträger wurde. 1. Minute: Sofort nach dem Anstoß kamen die Belgier zum erstenmal gefährlich vor das deutsche Tor. Zum Glück ging der Schuß von Torfs drüber. 5. Minute: Der vierte deutsche Angriff wurde zum drittenmal wegen Abseitsstellung abgepfiffen. 18. Minute: Voorhoof, der mit Abstand beste Stürmer der Belgier, brachte Gefahr vor das deutsche Tor. Busch und Hundt waren jedoch ausgezeichnete Verteidiger, die immer wieder rechtzeitig dazwischenfahren konnten.

20. Minute: Überraschend das deutsche Führungstor. Ein herrlicher Paß von Hohmann in den freien Raum zu seinem Vereinskameraden Rasselnberg, dieser vollstreckte mit einem unhaltbaren Schuß. 25. Minute: Buchloh parierte zuerst einen Eckball und dann einen flachen, harten Schuß von Torfs. 29. Minute: Auf Flanke von Kobierski war Hohmann schneller als sein Gegenspieler und drückte den Ball ins Tor. 2:0 für die deutsche Elf.

34. Minute: Erneut kam Kobierski gefährlich vor das belgische Tor, umspielte den herauslaufenden Torwart und schoß aus spitzem Winkel. In letzter Sekunde konnte Smellinckx auf der

Linie retten. 37. Minute: Nur mit großer Mühe konnte Torhüter Beart eine Flanke von Kobierski fangen. Die deutschen Spieler reklamierten, denn alle hatten den Ball weit hinter der Torlinie gesehen. Schiedsrichter Olssen verweigerte jedoch den Treffer. 41. Minute: Ein wuchtiger Schuß von Hohmann knallte an die Latte. 44. Minute: Die letzte Möglichkeit vor der Pause hatten die Belgier. Ein geschickt von Hellemans über die deutsche Mauer gehobener Freistoß knallte Torfs hoch über das Tor. 47. Minute: Große Chance für Albrecht: Torhüter Beart wehrte ab, aber im Nachschuß war Wigold erfolgreich. 3:0 für die deutsche Mannschaft!

49. Minute: Die deutsche Mannschaft hatte offensichtlich begriffen, wie sie die belgische Abwehr am besten ausspielen konnte. Über die beiden schnellen Düsseldorfer Außenstürmer wurden immer wieder durch Steilpässe gefährliche Situationen geschaffen. Einen solchen Angriff verwandelte Hohmann zum 4:0. 54. Minute: Mit ihrem schnellen Spiel über die Flügel verwirrten die deutschen Stürmer die belgische Abwehr vollends. Rechtsaußen Albrecht narrte seinen Gegenspieler, und sein herrlicher Schuß in die lange Ecke traf den Innenpfosten und von dort ging der Ball ins Tor. 5:0 für Deutschland!

56. Minute: Nach glänzender Vorarbeit von Linksaußen Kobierski hatte Wigold keine Mühe, das halbe Dutzend vollzumachen. 65. Minute: Zum erstenmal in der zweiten Halbzeit kamen die Belgier gefährlich vor das deutsche Tor. Busch nahm jedoch Mittelstürmer Lamoot den Ball vom Fuß. 72. Minute: Gegen das schnelle, steile Spiel der deutschen Mannschaft fanden die Belgier nie ein Gegenmittel. Nach herrlicher Kombination von Hohmann und Kobierski sahen die Zuschauer das schönste Tor des Tages. Der Benrather hob den Ball über den herauslaufenden Braet hinweg und lenkte ihn dann mühelos ins Netz. Ein technisches Kabinettstückchen.

75. Minute: Nach 3 Toren und mit dem nötigen Selbstvertrauen ausgestattet, wurde Hohmann zum gefährlichsten Angreifer. Nur mit Mühe und Not konnte Torhüter Braet einige seiner Prachtschüsse abwehren. 85. Minute: Nach einem Schuß in den Unterleib mußte der neue Torjäger, Hohmann, verletzt ausscheiden. 87. Minute: Nach einem rasanten Alleingang kam auch Kobierski, der beste deutsche Stürmer, zu seinem Tor. 8:0 für die deutsche Mannschaft!

90. Minute: 30 Sekunden vor dem Abpfiff führte eine Unaufmerksamkeit in der deutschen Abwehr zum Ehrentreffer der Belgier durch Lamoot. Zum erstenmal seit langer Zeit hatten die Zuschauer wieder eine überzeugende Leistung einer deutschen Nationalmannschaft gesehen.

❖

Vorbericht zum 96. Länderspiel: Auch der nächste Gegner der deutschen Elf, Norwegen, war nur zweitklassig. Deshalb sollte sich die Mannschaft von Duisburg weiter einspielen. Selten genug hatte eine deutsche Nationalelf die Chance bekommen, zweimal hintereinander in der gleichen Formation zu spielen.

5.11.1933 in Magdeburg

Deutschland - Norwegen 2:2 (2:0)

SR: *van Moorsel (Holland), Zuschauer: 40.000*
Deutschland: Buchloh -4 (VfB Speldorf); Hundt -2 (SW Essen), Busch -2 (Duisburg 99); Janes -3, Bender -2, Breuer -2 (alle Fort. Düsseld.); E.Albrecht -16, Wigold -3 (beide Fort. Düsseld.), Hohmann -5, Rasselnberg -2 (beide VfL Benrath), Kobierski -10 (Fortuna Düsseldorf). Mannschaftskapitän: E.Albrecht
Norwegen: Johansen; Juve, Eriksen; Kjos, Bretteville, B.Lund; A.Kvammen, R.Kvammen, Hval, Börresen, O.Gundersen
Tore: 1:0 *Albrecht (8.),* 2:0 *Hohmann (33.),* 2:1 *A.Kvammen (64.),* 2:2 *Juve (67.)*
Beste Spieler: Janes, Rasselnberg, Hohmann - Juve, A.Kvammen, Börresen

Bericht: Mit großen Erwartungen waren 40.000 in das Magdeburger Fußballstadion gekommen, nachdem die deutsche Mannschaft gegen Belgien ein so großes Spiel gezeigt hatte. 5. Minute: Die deutsche Elf machte dort weiter, wo sie gegen Belgien aufgehört hatte. Mit schnellen, steilen Angriffen brachte sie die Norweger ein ums andere Mal in Verlegenheit.

8. Minute: Hart bedrängt flankte Rasselberg in die Mitte, wo Johansen zu spät aus seinem Tor kam, um den heranstürmenden Albrecht am Torschuß zu hindern. 1:0 für die deutsche Elf. 16. Minute: Zum erstenmal kamen die Norweger durch ihren Halblinken Börresen gefährlich vor das deutsche Tor.

25. Minute: Die deutsche Mannschaft spielte klar überlegen, hatte allerdings in der Abwehr große Lücken. Diese brachten immer wieder gefährliche Situationen vor das Tor von Buchloh, weil die norwegischen Stürmer meistens schneller waren als ihre Gegenspieler. 33. Minute: Einen Fehler von Eriksen nutzte Hohmann entschlossen; sein scharfer Schuß prallte vom Innenpfosten ins Tor. 43. Minute: Die deutsche Mannschaft blieb klar spielbestimmend. Nur der Pfiff von Schiedsrichter van Moorsel gegen die Vorteilsregel verhinderte einen weiteren deutschen Treffer. Den fälligen Freistoß setzte Janes aus fast 30 Metern an die Latte. Überraschend pfiff der holländische Schiedsrichter 2 1/2 Minuten zu früh zur Pause ab.

50. Minute: Auch in der zweiten Halbzeit drängte die deutsche Mannschaft weiter. Doch es fehlten die klaren Torgelegenheiten. Offensichtlich hatten sich die Norweger gut auf das steile Spiel der deutschen Mannschaft eingestellt. Sie verteidigten mit sechs, sieben Mann, um dann über schnelle Vorstöße ihrerseits gefährlich zu kontern. 64. Minute: Bei einem dieser schnellen Gegenstöße passierte es. Eine Flanke von Linksaußen O.Gundersen konnte der völlig frei stehende Rechtsaußen A.Kvammen zum Anschlußtor an Torhüter Buchloh vorbeischieben. 68. Minute: Kurz vor der Strafraumgrenze wehrte Hundt einen Ball mit den Händen ab. Aus dem Hintergrund kam der erfahrene Juve. Er drehte den Freistoß geschickt um die deutsche Mauer in die freie Ecke zum 2:2 Ausgleich.

75. Minute: Die junge deutsche Mannschaft stürmte unentwegt weiter. Doch die Abwehr der Norweger hatte sich inzwischen auf diese Spielweise eingestellt. Dennoch gab es eine ganze Reihe guter Torgelegenheiten, die ungenutzt blieben. 90. Minute: Noch einmal stockte den Zuschauern der Atem, als Rechtsaußen A.Kvammen in letzter Sekunde allein auf das deutsche Tor zustürmte. Sein Schuß landete jedoch am Außennetz. Der erwartete Aufschwung der deutschen Nationalmannschaft hatte einen Rückschlag erlitten. Es hatte sich gezeigt, daß eine Mannschaft mit einer sehr guten Abwehr, wie die der Norweger, dem ungestümen Anrennen der deutschen Elf durchaus gewachsen war.

❖

Vorbericht zum 97. Länderspiel: Obwohl die deutsche Nationalelf gegen Norwegen keineswegs schwach gespielt hatte, wurde in der Reihe der Testspiele für die Begegnung mit der Schweiz ein fast komplett neues Aufgebot berufen. Nur Hohmann und Rasselberg aus Benrath wurden erneut nominiert. Neben ihnen kam aus dem Westen nur noch Linksaußen Heidemann (Bonner FV). Alle anderen Spieler waren aus dem Süden. Darunter die Neulinge Goldbrunner (Bayern München), Lehner (Schwaben Augsburg) und Eiberle (1860 München). Für Goldbrunner und Lehner war es der Anfang einer großen Karriere.

19.11.1933 in Zürich

Schweiz - Deutschland 0:2 (0:0)

SR: *Barlassiona (Italien), Zuschauer: 30.000*
Schweiz: Huber; Minelli, Weiler I; Hufschmid, Gilardoni, Binder; Müller, Hochstrasser, Kielholz, Abegglen II, Rochat

Deutschland: Jakob -7 (Jahn Regensb.); Haringer -5 (Bayern München), Wendl -5 (1860 München); Gramlich -6 (Eintr. Frankf.), Goldbrunner -1 (Bayern München), Eiberle -1 (1860 München); Lehner -1 (Schwaben Augsb.), Lachner -6 (1860 München), Hohmann -6, Rasselnberg -3 (beide VfL Benrath), Heidemann -1 (Bonner FV). Mannschaftskapitän: Gramlich
Tore: 0:1 Hohmann (72.), 0:2 Lachner (85.)
Beste Spieler: Huber, Minelli, Weiler I - Lachner, Lehner, Goldbrunner
Bericht: Von Beginn an überzeugte die neuformierte deutsche Mannschaft. Sie beherrschte Spiel und Gegner fast in jeder Phase. 15. Minute: Drei, vier aussichtsreiche Torchancen konnte der überragende Schweizer Torhüter Huber zunichte machen. 16. Minute: Der zusammengewürfelte deutsche Angriff, aus dem Süden und Westen, harmonierte hervorragend. Neuling Lehner fiel durch seine Schnelligkeit und die genauen Flanken auf. 18. Minute: Ein herrlicher 20-Meter-Schuß von Lachner konnte von Huber gerade noch zur Ecke abgewehrt werden. 19. Minute: Bei einem der wenigen Gegenangriffe der Schweiz konnte Haringer nur in letzter Sekunde vor Rochat retten. 45. Minute: Der Druck der deutschen Mannschaft wurde immer stärker. Mit Glanzparaden wuchs Torhüter Huber über sich hinaus und vereitelte einen Rückstand.

60. Minute: Auch nach einer Stunde Spielzeit hatte sich das Bild nicht geändert. Unentwegt stürmte die deutsche Mannschaft, scheiterte aber immer wieder am schweizerischen Torhüter. Da auch die deutsche Abwehr sehr gut stand, hatten die Schweizer ihrerseits kaum Chancen, zu einem Tor zu kommen. 70. Minute: Langsam kam auch die Schweiz besser ins Spiel. Mehrfach tauchten Kielholz und Abegglen II gefährlich vor dem deutschen Tor auf. Durch eine ausgezeichnete Stopperleistung verhinderte Neuling Goldbrunner einen Gegentreffer.

72. Minute: Durch das offensive Spiel der Schweizer Mannschaft hatten Deutschlands Stürmer endlich mehr Platz. Bei einem schnellen Gegenstoß paßte Heidemann im richtigen Augenblick zu Hohmann, der mit einem satten Schuß Torhüter Huber keine Chance ließ. Der längst fällige und verdiente Führungstreffer für die deutsche Mannschaft.

77. Minute: Inzwischen war das Spiel völlig offen geworden. Auch die Schweizer drängten jetzt. Immer wieder zeichneten sich Goldbrunner, Gramlich und Haringer in der Abwehr durch hervorragende Leistungen aus.

85. Minute: Wieder kam ein Paß von Heidemann; Hohmann ließ ihn durch zu Lachner, der sofort abzog. Wahrscheinlich hätte Huber diesen Ball gehalten, aber zum Unglück der Schweizer wurde er von Hufschmid unhaltbar ins eigene Netz abgefälscht. Die deutsche Mannschaft hatte nach einem starken Spiel verdient mit 2:0 gewonnen.

❖

Vorbericht zum 98. Länderspiel: Zum letzten Testspiel des Jahres in Berlin gegen Polen wurden die beiden Berliner Krause und Appel als Neulinge berufen. Außerdem war Kobierski, nach der nicht überzeugenden Leistung von Heidemann, wieder dabei. Schließlich wurden die beiden besten Düsseldorfer Läufer, Janes und Bender, wieder in die Mannschaft eingebaut.

3.12.1933 in Berlin - Poststadion
Deutschland - Polen 1:0 (0:0)

SR: O.Olssen (Schweden), Zuschauer: 35.000
Deutschland: Jakob -8 (Jahn Regensb.); Haringer -6 (Bayern München), Krause -1 (Hertha BSC); Janes -4, Bender -3 (beide Fort. Düssel.), Appel -1 (Berliner SV 92); Lehner -2 (Schwaben Augsburg), Lachner -7 (1860 München), Hohmann -7, Rasselnberg -4 (beide VfL Benrath), Kobierski -11 (Fort. Düssel.). Mannschaftskapitän: Kobierski

Polen: Albanski; Martyna, Bulanow II; Kotlarczyk II, Kotlarczyk I, Mysiak; Urban, Matyas II, Nawrot, Pazurek I, Wodarz
Tor: 1:0 Rasselnberg (90.)
Beste Spieler: Haringer, Jakob - Albanski, Nawrot
Bericht: Der erste internationale Vergleich mit den noch unerfahrenen Polen sollte in Berlin zu einem Festival werden. Von der Besetzung her garantierte zumindest der deutsche Sturm viele Tore. Es begann auch sehr verheißungsvoll. 10. Minute: Bereits mehrere Male waren die deutschen Stürmer gefährlich vor dem von Albanski hervorragend gehüteten Tor aufgetaucht. Fang- und stellungssicher hatte Albanski jedoch alle Torgelegenheiten zunichte gemacht. 15. Minute: Der erste Angriff der Polen zeigte auch gleich die Gefährlichkeit ihrer Sturmreihe. Mittelstürmer Nawrots scharfer Schuß konnte nur mit Mühe von Jakob aus der oberen Torecke gefaustet werden. Die nachfolgende Ecke brachte allergrößte Gefahr. Wieder mußte Jakob einen scharfen Schuß von Nawrot halten.

20. Minute: Auf der Gegenseite drehte Albanski gerade noch einen satten Schuß von Kobierski um den Pfosten. 45. Minute: Überraschend blieb das Spiel bis zur Halbzeit ausgeglichen. Die Polen versteckten sich nicht, und sie hatten genauso viele Torgelegenheiten, wie auf der anderen Seite die Stürmer der deutschen Elf.

50. Minute: Bei einem raffinierten Schuß von Rasselnberg konnte Albanski im letzten Augenblick retten. 58. Minute: Die Polen wurden immer stärker. Aus 4 Metern Entfernung jagte Urban einen Ball nur ganz knapp über das deutsche Tor. 70. Minute: Die Angriffe der deutschen Mannschaft wurden immer seltener. Längst hatten sich die Polen durch ihr druckvolles Spiel einen Führungstreffer verdient. 75. Minute: Ein scharfer Schuß von Urban knallte gegen den Pfosten. 85. Minute: Inzwischen waren die deutsche Elf und die Zuschauer froh, daß es noch 0:0 stand. Längst wäre ein Sieg der Polen mit 2:0 oder 3:0 verdient gewesen. An einen deutschen Sieg glaubte keiner mehr. Vielmehr hoffte man, das 0:0 über die Zeit zu bringen.

88. Minute: Noch einmal bot sich den Polen die Chance zum Führungstreffer. Diesmal kam Urban von der rechten Seite alleine auf Torhüter Jakob zu. Aber auch er konnte den Ball nicht im deutschen Tor unterbringen. 90. Minute: Als schon ein Teil der enttäuschten Zuschauer abgewandert war, fiel doch noch das unerwartete, aber keineswegs verdiente Führungstor für die deutsche Mannschaft. Nach einem schwachen Abstoß von Torhüter Albanski kam der Ball von Appel über Lachner zu Rasselnberg, der umspielte Bulanow und Martyna, und schoß dann am herausstürzenden Albanski zum deutschen Siegestreffer ein.

❖

Vorbericht zum 99. Länderspiel: Das erste Länderspiel des Jahres 1934 war die letzte Gelegenheit für einen Test. Eigentlich hätte die Stammelf nach den 4 Spielen zum Jahresende feststehen sollen. Das Länderspiel gegen Polen wurde jedoch zu einem weiteren Rückschlag, so daß gegen die starken Ungarn wieder ausprobiert wurde, zumal auch gute Ersatzspieler für das WM-Turnier erforderlich waren.

Gute Torhüter hatten wir, Jakob und Buchloh. Als dritter sollte gegen Ungarn der frühere Frankfurter und Neu-Dresdner Willibald Kreß erprobt werden. In der Verteidigung hatte nur Siggi Haringer seinen Stammplatz. Dasselbe galt für Gramlich in der Läuferreihe. Und im Sturm waren mit Lehner, Hohmann und Kobierski schon 3 Plätze vergeben. Gegen Ungarn waren also noch Experimente erforderlich. Mit Schäfer (1860 München) und Conen, dem vielgerühmten Mittelstürmer des FV Saarbrücken, sowie Noack und Politz (beide HSV) wurden 4 Neulinge berufen.

14.1.1934 in Frankfurt
Deutschland - Ungarn 3:1 (1:1)

SR: Baert (Belgien), Zuschauer: 38.000
Deutschland: W.Kreß -13 (DSC); Haringer -7 (Bayern München), ab 33. Schäfer -1 (1860 München), Stubb -10 (Eintr. Frankf.); Gramlich -7 (Eintr. Frankf.), Goldbrunner -2 (Bayern München), Oehm -2 (1.FC Nürnberg); Lehner -3 (Schwaben Augsburg), Lachner -8 (1860 München), Conen -1 (FV Saarbr.), Noack -1, Politz -1 (beide HSV). Mannschaftskapitän: Gramlich
Ungarn: Hada; Sternberg, Biro; Seres, Gy.Szücs, Szalay; Fenyvesi, Vincze, Polgar, Toldi, Titkos (22. Törös)
Tore: 1:0 Lachner (17.), 1:1 Polgar (30. Foulelfmeter), 2:1 Stubb (55.), 3:1 Conen (80.)
Beste Spieler: Conen, Noack, Kreß - Hada, Toldi
Bericht: Im letzten Spiel vor der WM-Qualifikation gegen Luxemburg waren die Zuschauer sehr gespannt auf die deutsche Elf. Ganz besonders natürlich auf den neu formierten linken Flügel mit Mittelstürmer Conen aus Saarbrücken und den beiden Hamburgern. 1. Minute: Die deutsche Mannschaft hatte Anstoß. Sofort stürmte sie über den linken Flügel los und konnte erst durch ein Foul an Politz, dicht vor der Strafraumgrenze, aufgehalten werden. Der Freistoß brachte nichts ein. 5. Minute: Die Ungarn kamen gefährlich vor das deutsche Tor, aber Biros Schuß ging über den Kasten. 7. Minute: Die größte Chance der Ungarn in der ersten Halbzeit: Titkos steuerte alleine auf Torhüter Kreß zu, sein satter Schuß landete am Außennetz. 8. Minute: Titkos verletzte sich und mußte vorübergehend ausscheiden.

15. Minute: Die deutsche Mannschaft hatte die Initiative ergriffen. Allerdings fehlten die zwingenden Torchancen. 17. Minute: Mehrere Schüsse von Lehner und Noack landeten in der Abwehr der Ungarn. Was sich schon Minuten lang andeutete wurde Wirklichkeit. Nach guter Vorarbeit von Politz und einem Paß in die Mitte war Lachner zur Stelle. Die verzweifelten Abwehrversuche der beiden ungarischen Verteidiger kamen zu spät. 18. Minute: Nach dem Tor kam Titkos humpelnd wieder. 22. Minute: Offensichtlich ging es bei Titkos nicht mehr. Für ihn wurde Törös eingewechselt. Nach schöner Flanke von Törös vergab Toldi eine gute Gelegenheit. 28. Minute: Die deutsche Mannschaft gab weiterhin den Ton an. Hada im ungarischen Tor konnte nur mit größter Mühe Schüsse von Conen und Lachner halten. 30. Minute: Ganz unnötig fing Haringer eine Flanke mit der Hand ab, dafür konnte es nur Elfmeter geben. Polgar schoß nicht scharf genug, aber plaziert. Zwar berührte Kreß noch den Ball, aber es stand 1:1.

33. Minute: Der an der Schulter verletzte Haringer verließ den Platz. Kurz darauf kam für ihn Schäfer von 1860 München zu seinem ersten Länderspiel.

39. Minute: Die größte Chance des ganzen Spiels bot sich Lachner. Hada war bereits geschlagen, und Lachners Schuß rollte Richtung Tor. In höchster Not rettete Biro kurz vor der Linie. 43. Minute: Die deutsche Mannschaft war nun eindeutig überlegen. Mehrere gute Torgelegenheiten boten sich für den druckvollen Sturm. Großartige Leistungen von Hada verhinderten einen weiteren Treffer. Das 7:1 Eckenverhältnis zur Halbzeit drückte die Überlegenheit der deutschen Elf aus.

48. Minute: Teufelskerl Hada wehrte einen tollen Schuß von Edmund Conen zur achten Ecke ab. 53. Minute: Mit Kabinettstückchen glänzte der Hamburger Noack. Daß er es verstand, seine glänzende Technik auch effektiv zu nutzen, zeigte er mit einem herrlichen Schuß, den Hada gerade noch abwehren konnte.

55. Minute: Ganz überraschend fiel ein seltenes Tor. Verteidiger Stubb legte sich den Ball an der Mittellinie vor, nahm einen mächtigen Anlauf und schoß mit ganzer Kraft. Der Ball flog hoch über die gesamte ungarische Abwehr und Torhüter Hada hinweg, und landete zur Überraschung aller im Tor. 62. Minute: Der immer besser ins Spiel gekommene neue deutsche Mittelstürmer Edmund Conen traf nur den Pfosten. 69. Minute: Erneut hatte Conen Pech, als sein Schuß an die Latte sauste. 75. Minute: Inzwischen hatte die deutsche Mannschaft unzählige Chancen gehabt. Immer wieder rettete Hada in höchster Not.

80. Minute: Eine Flanke von Politz lenkte Conen in Richtung ungarisches Tor. Hada konnte abwehren, aber der Ball kam erneut zu Politz, der sofort wieder flankte. Conen hechtete in den halbhohen Ball und verwandelte per Kopf zum 3:1. 90. Minute: Auch in den letzten 10 Minute blieb die deutsche Mannschaft klar überlegen. In dieser Deutlichkeit hatte niemand einen Sieg der deutschen Elf erwartet. Sie war für das WM-Qualifikationsspiel gerüstet.

❖

Vorbericht zum 100. Länderspiel: Das Jubiläumsspiel war auch gleichzeitig das WM-Qualifikationsspiel. Der Modus wollte es so, daß nur ein Sieg über Luxemburg erforderlich war, um sich für das Endturnier in Italien zu qualifizieren. Allerdings spielte das Ergebnis insofern eine Rolle, daß die Höhe des Sieges darüber entschied, ob Deutschland gesetzt oder zugelost wurde. Für das WM-Qualifaktionsspiel berief Reichstrainer Otto Nerz:

Tor: Buchloh, Kreß
Verteidiger: Haringer, Hundt, Schwartz
Läufer: Janes, Szepan, Gramlich, Oehm
Stürmer: Albrecht, Wigold, Kobierski, Suchy, Billen, Rasselnberg, Hohmann

Suchy und Billen (beide Hamborn 07) sowie Schwartz (Victoria Hamburg) waren neu im Aufgebot. Für die zentrale Position des Mittelläufers holte Nerz den Schalker Fritz Szepan in die Nationalelf zurück. Überraschend war, daß Noack und Conen nach ihren glänzenden Leistungen gegen Ungarn nicht dabei waren. Sie hatten sich allerdings damals bereits die Fahrkarten nach Italien erspielt. Gegen Luxemburg bekamen die Düsseldorfer - Benrather nochmals eine Chance.

11.3.1934 in Luxemburg (WM-Qualifikationsspiel)
Luxemburg - Deutschland 1:9 (1:5)

SR: de Wolf (Holland), Zuschauer: 18.000
Luxemburg: Loesch; Reiners, Majerus; J.Fischer, Kiefer, Kremer; Walthener, M.Becker, Mengel, Geib, Speicher
Deutschland: Buchloh -5 (VfB Speldorf); Hundt -3 (SW Essen), Haringer -8 (Bayern München); Janes -5 (Fort. Düsseld.), Szepan -4 (Schalke 04), Oehm -3 (1.FC Nürnberg); E.Albrecht -17, Wigold -4 (beide Fort. Düsseld.), Hohmann -8, Rasselnberg -5 (VfL Benrath), Kobierski -12 (Fort. Düsseld.). Mannschaftskapitän: E.Albrecht
Tore: 0:1 Rasselnberg (2.), 0:2 Wigold (12.), 0:3 Albrecht (24.), 1:3 Mengel (27.), 1:4 Hohmann (30.), 1:5 Rasselnberg (35.), 1:6 Hohmann (52.), 1:7 Hohmann (53.), 1:8 Rasselnberg (57.), 1:9 Rasselnberg (89.)
Beste Spieler: Mengel, Majerus - Hohmann, Rasselnberg, Szepan
Bericht: Die fünf torhungrigen Düsseldorfer von der Fortuna und dem VfL Benrath sollten die notwendigen Tore schießen. Zudem war es die letzte Gelegenheit für diese Stürmer, sich für den WM-Kader zu qualifizieren. 1. Minute: Vom Anstoßkreis weg stürmte die deutsche Mannschaft auf das Tor der Luxemburger. Auf Flanke von Albrecht feuerte Rasselnberg einen scharfen Schuß nur Zentimeter über die Latte. 2. Minute: Nach einer Vorlage von Hohmann konnte Albrecht erneut in die Mitte flanken. Wieder stand Rasselnberg richtig, nahm den Ball direkt aus der Luft, und hämmerte ihn unter die Latte. 1:0 für die deutsche Elf.

12. Minute: Der erste echte Angriff der Luxemburger über Linksaußen Speicher brachte höchste Gefahr. Direkt im Gegenzug spielten sich Kobierski und Hohmann am linken Flügel durch. Der Ball kam zu Wigold, der sich drehte und unhaltbar einschoß.

2:0 für die deutsche Elf. 19. Minute: Bei einem Alleingang ließ Mittelstürmer Hohmann fast die gesamte luxemburgische Abwehr hinter sich. Pech, daß sein schöner Schuß an die Latte sauste. 24. Minute: Nach wunderbarer Zusammenarbeit der gesamten deutschen Sturmreihe konnte Albrecht ungehindert zum 3:0 einschießen.

27. Minute: Überraschend übernahmen jetzt die Luxemburger die Initiative. Sie drängten auf ihr erstes Tor. In einem unbewachten Augenblick gelang dies auch Mittelstürmer Mengel mit einem plazierten Schuß. 30. Minute: Die Abwehrspieler Luxemburgs waren den deutschen Stürmern nicht gewachsen. Hohmann spazierte durch die gesamte Abwehr, täuschte auch noch den sich ihm entgegenwerfenden Torhüter, und es stand 4:1.

35. Minute: Eine Flanke von Albrecht, die Rasselnberg, waagerecht in der Luft liegend, direkt in das gegnerische Tor jagte, bedeutete das 5:1.

45. Minute: Bei ihren wenigen Angriffen blieben die Luxemburger stets gefährlich. In letzter Sekunde konnte Haringer kurz vor dem Halbzeitpfiff auf der Torlinie retten. 50. Minute: Der Druck der deutschen Mannschaft wurde immer größer. Selbst die Außenläufer rückten mit auf, und man spürte, daß sie unbedingt höher gewinnen wollten. 52. Minute: Nach schönem Paß von Kobierski in den freien Raum hatte Hohmann keine Mühe den Ball am herausstürzenden Torhüter Loesch vorbei ins Tor zu lenken.

53. Minute: Nach traumhaftem Doppelpaß Hohmann - Wigold stand der Benrather erneut allein vor Torhüter Loesch und schob den Ball zum 7:1 ins Tor. 57. Minute: Wigold und Hohmann spielten sich mit ihrem Doppelpaßspiel durch die Abwehr der Luxemburger. Der freistehende Rasselnberg hatte keine Mühe mehr das achte Tor zu erzielen.

75. Minute: Die Spieler aus Luxemburg hatten offensichtlich keine Kraft mehr, dem deutschen Sturmwirbel etwas entgegenzusetzen. Zwar boten sich der deutschen Mannschaft nach wie vor viele Torgelegenheiten, aber sie blieben ungenutzt. 87. Minute: Die deutsche Elf schraubte das Eckenverhältnis auf 10 zu 2.

89. Minute: Zum versöhnlichen Abschluß zog Rasselnberg mit dem Ball von der Mittellinie auf und davon, umspielte zwei Gegner und schoß das neunte Tor. 90. Minute: Von der letzten halben Stunde abgesehen hatte die deutsche Mannschaft voll überzeugt und den erhofften hohen Sieg erzielt.

❖

Vorbericht zur Weltmeisterschaft:

In den letzten Wochen vor der WM erreichte Trainer Otto Nerz eine Hiobsbotschaft nach der anderen. Zuerst verletzte sich Torjäger Rasselnberg am Knie so schwer, daß er für mehrere Monate ausfiel. Die Alternative für den Benrather, der Schalker Kuzorra, verletzte sich eine Woche später ebenfalls.

Anfang April gab es in Duisburg-Wedau den ersten Vorbereitungslehrgang. Dabei spielte die D.F.B.-Auswahl gegen eine Hamborner Kombination. Im D.F.B.-Team standen:

Kath (Vict. Hamburg); Schwartz (Vict. Hamburg), Busch (Duisb. 99); Wurzer (Ulm 94), Bender (Fortuna Düsseld.), Gloede (HSV); Schmidt (ASV Nürnb.), Helmchen (PSV Chemnitz), Fricke (Hannover 96), Noack (HSV), Kobierski (Fortuna Düsseld.)

In der zweiten Halbzeit spielte der Sturm mit: Schmidt, Conen (FV Saarbr.), Noack, Linken (Tura Düsseld.) und Kobierski. Nicht die D.F.B.-Auswahl, sondern einige Hamborner konnten beim 4:3 für die Duisburger überzeugen. Otto Nerz konnte sich für den nächsten Lehrgang die Namen Zielinski, Rodzinski, Billen, Suchy und Jürissen notieren.

Der 2. Lehrgang, Mitte April, wurde mit dem Spiel Fortuna Düsseldorf (verstärkt) gegen die D.F.B.-Auswahl abgeschlossen. Erneut fehlten die Spieler aus Dresden, Nürnberg, Schalke, Benrath und Waldhof die noch an der Endrunde um die Deutsche Meisterschaft teilnahmen.

Fortuna Düsseldorf (verstärkt) - D.F.B.-Auswahl 0:1

Fortuna Düsseldorf: Pesch; Nachtigall, Janes; Mehl, Bender, Breuer; Albrecht, Wigold, Hochgesang, Steinhausen (Eller), Kobierski

D.F.B.-Auswahl: Jakob (Jahn Regensb.); Schwartz (Vict. Hamb.), Busch (Duisb. 99); Zielinski (Union Hamborn), Münzenberg (Aachen), Rodzinski (Hamborn 07); Framke (Berlin), Billen (Hamborn 07), Conen (FV Saarbr.), Halex (Berlin), Heidemann (Bonner FV)

Tor: Abgefälschter Schuß von Conen

Neben den eingesetzten Spielern nahmen außerdem an dem Lehrgang teil: Kath (Vict. Hamb.), Schulz (Hannover 96), Wurzer (Ulm), Schmidt (ASV Nürnberg), Helmchen (Chemnitz) und Becher (Jahn Regensburg).

Anfang Mai wurde die Auslosung der WM-Spiele vorgenommen. Deutschlands erster Gegner hieß Belgien, und bei einem Sieg konnte der nächste Gegner nur Argentinien oder Schweden sein. Alle waren sich einig, es hätte viel schlimmer kommen können. Gleichzeitig wurden zum letzten Lehrgang vom 7.-19.5.1934 insgesamt 38 Spieler berufen. Es sollten 4 Spiele gegen die englische Profimannschaft Derby County ausgetragen werden, bevor das endgültige, reduzierte Aufgebot für die WM in Italien benannt wurde.

Das Aufgebot der 38 Spieler:

Tor: Jakob (Jahn Regensburg), Kreß (Dresdener SC), Buchloh (VfB Speldorf)

Verteidiger: Hundt (Schwarz-Weiß Essen), Haringer (Bayern München), Stührk (TV Eimsbüttel), Dienert (VfB Mühlburg), Busch (Duisburg 99), Schwartz (Victoria Hamburg), Schäfer (1860 München)

Läufer: Janes, Bender (beide Fortuna Düsseldorf), Zielinski (Union Hamborn), Gramlich (Eintracht Frankfurt), Gloede (HSV), Oehm (1.FC Nürnberg), Streb (Wacker München), Goldbrunner (Bayern München), Szepan (Schalke 04), Münzenberg (Alemannia Aachen), Rodzinski (Hamborn 07)

Stürmer: Billen (Hamborn 07), E.Albrecht, Wigold, Kobierski (alle Fortuna Düsseldorf), Lehner (Schwaben Augsburg), Lachner (1860 München), Krumm (Bayern München), Conen (FV Saarbrücken), Langenbein (VfR Mannheim), Hohmann (VfL Benrath), Rohwedder (TV Eimsbüttel), Siffling (SV Waldhof), Noack, Politz (beide Hamburger SV), Malik (Beuthen 09), Kuzorra (Schalke 04), Heidemann (Bonner FV). Später wurde noch nachträglich als Läufer eingeladen: Appel (Berliner SV 92)

1. Spiel gegen Derby County, in Frankfurt (Zuschauer: 30.000) 5:2

D.F.B.-Auswahl: Jakob; Haringer, Busch; Janes, Münzenberg, Gramlich; Lehner, Siffling, Conen, Noack, Politz

2. Spiel gegen Derby County, in Köln (Zuschauer: 25.000) 5:0 (2:0)

D.F.B.-Auswahl: Jakob; Hundt, Busch; Janes, Bender, Zielinski; E.Albrecht, Malik, Conen, Noack, Kobierski

Derby County: Kirby; Webb, Colin; Micholas, Barker, Yesson; Bowden, Groves, Bowers, Ramage, Randall

Tore: 1:0 Kobierski (13.), 2:0 E.Albrecht (20.), 3:0 Kobierski (59.), 4:0 E.Albrecht (78.), 5:0 Noack (85.)

3. Spiel gegen Derby County, in Düsseldorf 0:1 (0:1)

D.F.B.-Auswahl: Kreß; Haringer, Schwartz; Janes, Szepan, Streb; Lehner, Hohmann, Conen, Siffling, Kobierski

Tor: 0:1 Wildman (15.)

4. Spiel gegen Derby County, in Dortmund 1:1 (1:0)

D.F.B.-Auswahl: Kreß; Haringer, Schwartz; Appel, Szepan, Zielinski; Lehner, Hohmann, Conen, Siffling, Kobierski

Tore: 1:0 Hohmann (15.), 1:1 Crooks (61.)

Nach diesen 4 Spielen wurde das endgültige 18-köpfige Aufgebot benannt:

Tor:

Hans Jakob (geb. 16.6.1908), 8 Lsp.,

Willibald Kreß (geb. 13.11.1906), 13 Lsp.,

Verteidiger:
Wilhelm Busch (geb. 4.1.1908), 3 Lsp.,
Sigismund Haringer (geb. 9.12.1909), 9 Lsp.,
Hans Schwartz (geb. 1.3.1913), ohne Lsp.,
Läufer:
Jakob Bender (geb. 23.3.1910), 3 Lsp.,
Rudolf Gramlich (geb. 6.6.1908), 7 Lsp.,
Paul Janes (geb. 11.11.1912), 5 Lsp.,
Fritz Szepan (geb. 2.9.1907), 4 Lsp.,
Paul Zielinski (geb. 20.11.1911), ohne Lsp.,
Stürmer:
Ernst Albrecht (geb. 12.11.1907), 17 Lsp.,
Edmund Conen (geb. 10.11.1914), 1 Lsp.,
Matthias Heidemann (geb. 7.3.1912), 1 Lsp.,
Karl Hohmann (geb. 18.6.1908), 8 Lsp.,
Stanislaus Kobierski (geb. 15.11.1910), 12 Lsp.,
Ernst Lehner (geb. 7.11.1912), 3 Lsp.,
Rudolf Noack (geb. 30.3.1913), 1 Lsp.,
Otto Siffling (geb. 3.8.19.12), ohne Lsp.,

Neben diesen 18 standen noch auf Abruf bereit: Buchloh, Dienert, Streb und Münzenberg.

Eine unglaublich junge und unerfahrene Mannschaft. Der Jüngste war Conen mit 19 Jahren, der Älteste Kreß mit 27 Jahren.

❖

Vorbericht zum 101. Länderspiel: Mit dem Verlauf der Vorbereitungen war Reichstrainer Otto Nerz vollauf zufrieden. In den Spielen gegen die Profis hatte sich bereits eine Stammformation herausgebildet. Die einzigen unsicheren Posten waren eigentlich nur die Außenläufer. Nur 2 von 3, Gramlich, Janes oder Zielinski konnten spielen. Gegen Belgien bekamen die beiden Westdeutschen den Vorzug. Aufgrund der hervorragenden Leistungen im Vorbereitungslehrgang wurden somit alle 3 Neulinge im deutschen Aufgebot für das erste Spiel nominiert.

27.5.1934 in Florenz (WM-Vorrunde)

Belgien - Deutschland 2:5 (2:1)

SR: F.Mattea (Italien), Zuschauer: 8.000

Belgien: Vandewijer; Smellinckx, Joacim; Peeraer, Welkenhuysen, Claessens; De Vries, Voorhoof, Capelle, Grimonprez, Heremans

Deutschland: Kreß -14 (DSC); Haringer -9 (Bayern München), Schwartz -1 (Victoria Hamburg); Janes -6 (Fort. Düsseld.), Szepan -5 (Schalke 04), Zielinski -1 (Union Hamborn); Lehner -4 (Schwaben Augsb.), Hohmann -9 (VfL Benrath), Conen -2 (FV Saarbr.), Siffling -1 (SV Waldhof), Kobierski -13 (Fort. Düsseld.). Mannschaftskapitän: Szepan

Tore: 0:1 Kobierski (27.), 1:1 Voorhoof (32.), 2:1 Voorhoof (45.), 2:2 Siffling (48.), 2:3 Conen (66.), 2:4 Conen (69.), 2:5 Conen (85.)

Beste Spieler: Voorhoof, Capelle, Smellinckx - Kobierski, Lehner, Conen, Zielinski

Bericht: Die größte Sorge von Reichstrainer Otto Nerz war, daß seine Mannschaft im ersten WM-Spiel die Belgier unterschätzen könnte. Denn ein halbes Jahr zuvor hatte die deutsche Mannschaft diese Belgier in Duisburg mit 8:1 besiegt. Eine noch nie dagewesene Vorbereitung von 4 Wochen war jedoch die beste Voraussetzung, um die erste Hürde zu nehmen.

1. Minute: Unter den Anfeuerungsrufen der Schlachtenbummler hatte die deutsche Mannschaft Anstoß. Sofort zog Rechtsaußen Lehner mit dem Ball auf und davon, umspielte einen Läufer und einen Verteidiger, und schoß wuchtig auf das belgische Tor. Torhüter Vandewijer faustete den Ball weit ins Feld zurück. 5. Minute: Aus dem Gedränge heraus spielte sich Mittelstürmer Capelle frei und hatte nur noch Torhüter Kreß vor sich. Er lupfte den Ball über den herauslaufenden Torhüter hinweg, aber Gott sei Dank auch über die Latte. 8. Minute: Endlich war wieder die deutsche Mannschaft im Angriff. Nacheinander jagten Lehner und Janes den Ball nur knapp über das belgische Gehäuse.

15. Minute: Die Belgier hatten mehr vom Spiel. Innerhalb der deutschen Mannschaft fehlte weiterhin der Zusammenhang. 21. Minute: Erneut bot sich den viel ruhiger spielenden Belgiern eine gute Torgelegenheit, aber sie schossen sehr schlecht. 25. Minute: Linksaußen Heremans bot sich die ganz große Torchance. Im letzten Moment sprang Haringer in den Schuß und verhinderte die Führung der Belgier.

27. Minute: Die deutschen Angriffe wurden zu langsam aufgebaut. Als Kobierski aus Strafraumnähe flanken wollte, waren alle deutschen Spieler gedeckt. Kurz entschlossen schoß er aus spitzem Winkel selbst aufs Tor. Damit hatte niemand gerechnet, auch Torhüter Vandewijer nicht, denn zur Überraschung aller schlug der Ball in die kurze Ecke ein. Das völlig überraschende 1:0 für die deutsche Elf. 30. Minute: Der Beifall der deutschen Zuschauer war gerade verrauscht, da umspielte der brillante Techniker Voorhoof die deutschen Abwehrspieler wie Fahnenstangen. Zum Glück war sein Schuß zu unplaziert, sonst wäre der Ausgleich fällig gewesen.

32. Minute: Einige unnötige Kopfbälle innerhalb des deutschen Strafraums, statt den Ball aus der Gefahrenzone zu schlagen, fiel das 1:1. Voorhoof sprang in einen Ball und hatte dann keine Mühe, ihn im Tor unterzubringen. Eine bodenlose Leichtsinnigkeit hatte zum Ausgleich geführt. 35. Minute: Endlich wieder ein Angriff der deutschen Mannschaft, den Lehner mit einem Prachtschuß abschloß, aber Belgiens Torhüter Vandewijer hielt eben so prachtvoll.

43. Minute: Die deutschen Zuschauer waren verzweifelt. In der Abwehr wurde weiterhin leichtsinnig gespielt, und der Angriff kam nur selten richtig in Fahrt. Die Belgier blieben stets gefährlich.

45. Minute: Wieder war es Linksaußen Hermeans, der sich gut durchspielen konnte. Er flankte weich in die Mitte, wo Voorhoof völlig frei stand und wunderbar einköpfte. Wenige Sekunden vor dem Halbzeitpfiff das 2:1 für Belgien.

47. Minute: Die deutschen Schlachtenbummler hofften darauf, daß die deutsche Elf ihre Form aus der Vorbereitungszeit wiederfinden würde. 48. Minute: Endlich wurde bei der deutschen Mannschaft schneller gespielt. Lehner brach auf dem rechten Flügel durch, flankte wunderschön in die Mitte, wo Siffling den Ball erwischte und halb im Fallen zum 2:2 einlenkte. Ein schneller Ausgleich, das war wichtig. 60. Minute: Erneut drängten die Belgier auf den Führungstreffer, aber es wurde ihnen nicht mehr so leicht gemacht. Zumindest kämpferisch überzeugte jetzt die deutsche Elf. 64. Minute: Immer wieder waren es die beiden Außenstürmer Kobierski und Lehner, die für Gefahr vor dem belgischen Tor sorgten. Einen Freistoß von Lehner, nach einem Foul an ihm selbst, konnte der belgische Torhüter nur abklatschen. Hohmann war zur Stelle und köpfte den Ball knapp neben das Tor. 66. Minute: Erneut stürmte Kobierski vom linken Flügel in den belgischen Strafraum. Sein Schuß schien bereits hinter der Torlinie zu sein; doch Conen war zur Stelle, um den abgewehrten Ball über die Linie zu bringen und damit alle Zweifel zu beseitigen. Die deutsche Mannschaft führte unverdient mit 3:2.

69. Minute: Offensichtlich waren die Belgier mit ihrer Kraft am Ende. Nach einem weiteren Sololauf von Kobierski und einer ebenso schönen Flanke zum freistehenden Conen, stand es 4:2. Gegen den harten Schuß war der belgische Torhüter machtlos. 80. Minute: Als Hohmann im Strafraum von hinten die Beine weggezogen wurden, blieb der fällige Elfmeter-Pfiff aus. 85. Minute: Das schönste Tor des Tages: Conen nahm den Ball, mit dem Rücken zum belgischen Tor stehend, in der Luft an, drehte sich blitzschnell und schoß mit unheimlicher Wucht unter die Latte. Das ging so schnell, daß kaum jemand dieses Tor sah. Letzte Zweifel am Sieg der deutschen Elf waren beseitigt. Nach einer hervorragenden letzten halben Stunde hatte sich die deutsche Elf diesen Sieg doch noch verdient.

❖

Rudi Noack (HSV) war ein Supertechniker

Edmund „Ed" Conen (FV Saarbrücken). Sein Stern ging bei der WM 1934 auf

Rechts: Prof. Dr. Otto Nerz war erster Trainer der Nationalmannschaft und Lehrmeister von Sepp Herberger

Vor dem Halbfinalspiel gegen die Tschechoslowakei (1:3): Rudi Gramlich, Schiedsrichter Jan Langenus und Frantisek Planicka

Hans Jakob von Jahn Regensburg im Tor der deutschen Nationalelf

3 Nationalspieler vom deutschen Meister 1932 Bayern München: Haringer, Goldbrunner, Siemetsreiter

Vorbericht zum 102. Länderspiel: Schon 4 Tage nach dem 5:2 gegen Belgien war das nächste WM-Spiel fällig. Das K.O.-System zwang dazu, daß man sich keinen einzigen Ausrutscher leisten konnte. Dementsprechend war jedes Spiel ein Endspiel um alles oder nichts, was viel Kraft kostete. Aber die letzte halbe Stunde im Spiel gegen Belgien hatte gezeigt, daß die deutsche Mannschaft nach dem 4-wöchigen Lehrgang konditionell topfit war. Es stand allerdings auch außer Zweifel, daß die Partie gegen Schweden wesentlich schwerer würde. Die Skandinavier hatten sensationell gegen Argentinien, einem der großen WM-Favoriten, mit 3:2 gewonnen. Katastrophale Abwehrfehler, wie gegen Belgien, durfte sich die deutsche Mannschaft nicht nochmal erlauben. Deshalb nahm Reichstrainer Otto Nerz auch die beiden schwächsten Abwehrspieler, Schwartz und Janes, aus der Mannschaft. Für Schwartz sollte der Duisburger Busch verteidigen, und für Janes kam der Frankfurter Gramlich als Antreiber.

31.5.1934 in Mailand (WM-Zwischenrunde)

Schweden - Deutschland 1:2 (0:0)

SR: Barlassina (Italien), Zuschauer: 12.000
Schweden: Rydberg; S.Andersson, Axelsson; E.Andersson, Rosen, R.Carlsson; Kroon, Keller, Jonasson, Gustavsson, Dunker
Deutschland: Kreß -15 (DSC); Haringer -10 (Bayern München), Busch -3 (Duisburg 99); Gramlich -8 (Eintr. Frankf.), Szepan -6 (Schalke 04), Zielinski -2 (Union Hamborn); Lehner -5 (Schwaben Augsb.), Hohmann -10 (VfL Benrath), Conen -3 (FV Saarbr.), Siffling -2 (SV Waldhof), Kobierski -14 (Fort. Düsseld.). Mannschaftskapitän: Szepan
Tore: 0:1, 0:2 Hohmann (60., 63.), 1:2 Kroon (80.)
Beste Spieler: Rydberg, Rosen, Keller - Szepan, Hohmann, Gramlich, Busch
Bericht: Erneut war das Zuschauerinteresse sehr gering. Nur die Schlachtenbummler aus Schweden und Deutschland machten sich im Stadion lauthals bemerkbar. 5. Minute: Es fing für die deutsche Elf nicht schlecht an. Innerhalb von 100 Sekunden vergaben Kobierski, Lehner und Hohmann drei aussichtsreiche Torgelegenheiten. 10. Minute: Leider blieben die ersten Minuten nur ein Strohfeuer. Die Schweden kamen immer besser ins Spiel, ohne jedoch das Tor von Kreß ernsthaft zu gefährden. Auf beiden Seiten war wenig Zusammenhang festzustellen. Überall herrschte Nervosität und Vorsicht. 20. Minute: Im Feld waren die Schweden klar überlegen. Am deutschen Strafraum war jedoch die Überlegenheit vorbei, denn dort stand Fritz Szepan, der einen ganz großen Tag hatte. Alle Bälle, die in die Mitte kamen, waren nicht nur eine sichere Beute des Schalkers, sondern er verstand es auch ausgezeichnet, mit weiten Schlägen die deutschen Stürmer in gute Positionen zu bringen.

25. Minute: Nach einem knallharten Schuß von Conen konnte Rydberg seine Klasse unter Beweis stellen. 41. Minute: Längst war das Spiel ausgeglichen. Die deutsche Mannschaft hatte jedoch wesentlich bessere Torgelegenheiten. 43. Minute: Nach Vorlage von Conen hatte Hohmann die größte Torchance für die deutsche Mannschaft, aber er zögerte zu lange.

48. Minute: Das Spiel glich sehr der ersten Begegnung gegen Belgien. Je mehr die Kraft der Schweden nachließ, umso besser wurde die konditionell starke deutsche Mannschaft. 51. Minute: Einen von Lehner herrlich angeschnittenen Schuß konnte Torhüter Rydberg gerade noch zur Ecke abwehren. 60. Minute: Ein Freistoß von Gramlich schwebte auf den Elfmeterpunkt, wo ein ganzes Knäuel von Spielern um das Leder kämpfte. Der Ball tropfte herunter, genau vor die Füße von Hohmann. Der hatte keine Mühe, an Rydberg vorbei zum 1:0 ins Tor zu schießen.

63. Minute: Ein klassischer Konter von Gramlich über Conen, der Hohmann steil in die Gasse schickte. Mit blitzschnellem Antritt war Hohmann um Bruchteile einer Sekunde schneller am Ball als der herausstürzende schwedische Torhüter Rydberg. Sein Schuß landete am Innenpfosten und sprang von dort ins Tor.

Riesiger Jubel unter dem deutschen Anhang. Das 2:0 war eine Vorentscheidung. 64. Minute: Hohmann war bei seinem Torschuß mit Torhüter Rydberg zusammengeprallt und hatte sich verletzt. Er mußte vorrübergehend ausscheiden. 70. Minute: Offensichtlich fehlte den Schweden jetzt die Kraft, um sich gegen die drohende Niederlage aufzubäumen. Die deutsche Mannschaft blieb klar überlegen und hatte binnen einer Minute zwei große Torchancen durch Hohmann und Conen. 80. Minute: Bei einem Konter der Schweden schlief die gesamte deutsche Abwehr, einschließlich Torhüter Willibald Kreß. Rechtsaußen Kroon hatte keine Mühe, zum 1:2 zu verkürzen. Nun drängten die Schweden ihrerseits auf den Ausgleich.

90. Minute: Trotz dieser Überlegenheit bestand selten ernsthaft eine Gefahr für das deutsche Tor. Im Gegenteil, die deutschen Stürmer waren bei ihren Kontern wesentlich gefährlicher. Die Schweden hatten es lediglich ihrem Weltklassetorhüter Rydberg zu verdanken, daß sie nicht weitere Tore hinnehmen mußten.

❖

Vorbericht zum 103. Länderspiel: Erneut hatte die gute Kondition der deutschen Mannschaft ein Spiel entschieden. Mit dem Sieg gegen die Schweden hatte die Elf von Prof. Otto Nerz bereits mehr erreicht, als man vorher annehmen konnte. Und nun war die Tschechoslowakei unser Gegner. Wie die deutsche Nationalelf, so hatten sich die Tschechoslowaken bisher auch schwer getan, obwohl sie mit Rumänien (2:1) und der Schweiz (3:2) relativ leichte Gegner ausschalteten.

3.6.1934 in Rom (WM-Halbfinale)

Tschechoslowakei - Deutschland 3:1 (1:0)

SR: Barlassina (Italien), Zuschauer: 12.000
Tschechoslowakei: Planicka; Burger, Ctyroki; Kostalek, Cambal, Krcil; Junek, F.Svoboda, Sobotka, O.Nejedly, Puc
Deutschland: Kreß -16 (DSC); Haringer -11 (Bayern München), Busch -5 (Duisb. 99); Zielinski -3 (Union Hamborn), Szepan -7 (Schalke 04), Bender -4 (Fort. Düsseld.); Lehner -6 (Schwaben Augsb.), Siffling -3 (SV Waldhof), Conen -4 (FV Saarbr.), Noack -2 (HSV), Kobierski -15 (Fort. Düsseld.). Mannschaftskapitän: Szepan
Tore: 1:0 Nejedly (21.), 1:1 Noack (58.), 2:1, 3:1 Nejedly (71., 81.)
Beste Spieler: Planicka, Nejedly, Kostalek - Lehner, Szepan
Bericht: Nur drei Tage nach dem Zwischenrundenspiel mußte bereits das Halbfinale ausgetragen werden. Die deutsche Mannschaft hatte jedoch nichts mehr zu verlieren, denn das Erreichen des Halbfinales war schon mehr, als man vorher erwartet hatte. 5. Minute: Erneut begann die deutsche Elf sehr hektisch und nervös. Mit Ruhe und Übersicht übernahmen die Tschechoslowaken die Initiative. 7. Minute: Zum zweitenmal hintereinander konnte Kobierski einen Ball nicht unter Kontrolle bringen. Die sich anbahnende Torchance war dahin.

10. Minute: Immer mehr stellte sich heraus, daß Kobierski gegen den rechten tschechischen Läufer Kostalek keine Chance hatte. 20. Minute: Nach herrlichem Paß von Noack tauchte Kobierski alleine vor Torhüter Planicka auf. Aus 6 Metern Entfernung hielt Planicka den flachen und scharf geschossenen Ball fabelhaft. 21. Minute: Hart bedrängt konnte Rechtsaußen Junek von der Außenlinie in die Mitte flanken. Sowohl Torhüter Kreß als auch Zielinski und Nejedly sprangen nach dem Ball. Der tschechische Fußballkünstler war zuerst mit dem Kopf dran und köpfte über die gesamte deutsche Abwehr hinweg ins leere Tor. 1:0 für die Tschechoslowaken.

25. Minute: Die deutsche Elf drängte auf den Ausgleich. Planicka konnte nur mit größter Mühe einen scharfen Schuß von Conen abwehren. 38. Minute: Der tschechische Verteidiger Ctyroky verhinderte zum zweitenmal durch ein absichtliches

Handspiel einen deutschen Steilangriff. Abermals wurde er vom Schiedsrichter dafür nicht verwarnt. 43. Minute: Trotz guter Torgelegenheiten gelang der deutschen Mannschaft kein Treffer.

47. Minute: Einen 20-Meter-Schuß des Halblinken Nejedly konnte Kreß nur mit Mühe abwehren. 50. Minute: Im deutschen Sturm vermißte man an allen Ecken und Enden Karli Hohmann. Niemand war da, der den deutschen Angriff zu mehr Schwung mitriß. 55. Minute: Nach einem weiteren schweren Fehler von Verteidiger Haringer, der nie mit dem schnellen und wendigen Linksaußen Puc zurechtkam, hatte Nejedly freie Schußbahn. Zum Glück sprang der Ball an die Latte. 58. Minute: Trotzdem blieb die deutsche Mannschaft überlegen. Auf wunderbare Vorlage von Siffling kam Noack ungehindert zum Schuß. Der Ball ging so hart und plaziert ins rechte obere Eck, daß selbst Planicka keine Chance mehr hatte. 60. Minute: Die deutsche Mannschaft drängte unentwegt weiter, und nur Glanzleistungen vom tschechischen Torhüter verhinderten einen weiteren Treffer.

71. Minute: Einen Freistoß von Linksaußen Puc ließ Torhüter Kreß überraschend fallen, der wendige Nejedly war zur Stelle und köpfte abermals ins deutsche Tor. Das war ein harter Schlag für die deutsche Mannschaft, die dem Führungstreffer so nah war und nun durch einen krassen Torwartfehler in Rückstand geriet. 80. Minute: Offensichtlich hatte die deutsche Elf nicht mehr die Kraft, das Blatt noch zu wenden. Beflügelt von dem Führungstreffer wurden die Tschechoslowaken immer stärker. 81. Minute: Der Treffer hatte Torhüter Kreß demoralisiert. Einen Schuß von Nejedly, von der Strafraumgrenze aus, ließ er durch die Hände gleiten zum 3:1 für die Tschechoslowakei. Das Spiel war entschieden.

90. Minute: Trotz des 1:3-Rückstandes wäre sogar noch ein Unentschieden möglich gewesen, aber sowohl Kobierski als auch Siffling vergaben mehrfach in aussichtsreicher Position, oder Torhüter Planicka hielt in gewohnt sicherer Manier. So wurde das überlegen geführte Halbfinalspiel durch zwei krasse Torwartfehler verloren.

❖

Vorbericht zum 104. Länderspiel: Nach der unglücklichen Niederlage gegen die Tschechoslowakei war die Stimmung innerhalb der deutschen Mannschaft auf dem Nullpunkt. Kreß, Haringer und Kobierski, sonst zuverlässige Stützen, hatten ausgerechnet im Halbfinale versagt. Das Finale war so greifbar nahe gewesen. Nun sollte wenigstens gegen Österreich der dritte Platz errungen werden. Das ehemalige „Wunderteam" hatte seinen Höhepunkt überschritten, und bei unseren Nachbarn war die Enttäuschung über das Ausscheiden im Halbfinale viel größer als bei uns. Denn die Österreicher gehörten zu den ganz heißen Titelfavoriten.

Für dieses Spiel wurde die deutsche Elf auf einigen Posten umgestellt. Der auf Abruf nominierte Münzenberg spielte Mittelläufer. So wurde für Szepan die Position des keineswegs überzeugenden Noack frei. Kreß wurde durch Jakob, Haringer durch Janes und Kobierski durch Heidemann ersetzt. So sollte wenigstens der 3. Platz erreicht werden.

7.6.1934 in Neapel (WM-Spiel um Platz 3)
Österreich - Deutschland 2:3 (1:3)

SR: Carraro (Italien), Zuschauer: 9.000
Österreich: Platzer; Cisar, Sesta; Wagner, Smistik, Urbanek; Zischek, Braun, Bican, Horvath, Viertel.
Deutschland: Jakob -9 (Jahn Regensb.); Janes -7 (Fort. Düsseld.), Busch -5 (Duisb. 99); Zielinski -4 (Union Hamborn), Münzenberg -5 (Alem. Aachen), Bender -5 (Fort. Düsseld.); Lehner -7 (Schwaben Augsb.), Siffling -4 (Waldhof), Conen -5 (FV Saarbr.), Szepan -8 (Schalke 04), Heidemann -2 (Werder Bremen). Mannschaftskapitän: Szepan

Tore: 0:1 Lehner (25. Sek.), 0:2 Conen (29.), 1:2 Horvath (30.), 1:3 Lehner (42.), 2:3 Sesta (55.)
Beste Spieler: Zischek, Horvath - Szepan, Lehner, Conen, Zielinski

Bericht: Nach dem 0:5 und 0:6 gegen das österreichische „Wunderteam" 1931 hatte die deutsche Mannschaft großen Respekt vor ihren Nachbarn. Die Nominierung von Szepan auf Halblinks war ein deutliches Zeichen dafür. Denn Szepan hatte die Aufgabe, vierter Läufer zu spielen.

1. Minute: Es begann, wie es nicht besser für die deutsche Elf beginnen konnte. Die Österreicher hatten Anstoß, aber der erste Angriffsversuch blieb sofort an Szepan hängen. Der schickte mit einem Steilpaß Heidemann, der aus vollem Lauf knallhart auf das österreichische Tor schoß; Torhüter Platzer wehrte ab, aber Rechtsaußen Lehner war nachgerückt, um zur Verblüffung aller nach 25 Sekunden ins Tor zu schießen. 6. Minute: Die deutsche Mannschaft spielte so weiter, wie sie begonnen hatte. Mit einem Reflex konnte Torhüter Platzer auf der Linie einen Schuß von Conen parieren.

8. Minute: Die Österreicher kamen überhaupt nicht zur Besinnung. Ein Pfundsschuß von Szepan konnte der österreichische Torhüter gerade noch abwehren, aber bei dem Nachschuß von Siffling war er machtlos. Pech nur, daß der Ball von der Unterkante der Latte ins Feld zurücksprang. 20. Minute: Die deutsche Mannschaft spielte mit einem unglaublichen Elan. Die Sturmreihe war nicht zu bremsen. 22. Minute: Die österreichischen Stürmer kamen noch nicht einmal bis an den deutschen Strafraum, so gut stand die Abwehr. 29. Minute: Eine Flanke von Heidemann nahm Conen direkt aus der Luft und hämmerte ihn unhaltbar zum 2:0 unter die Latte.

30. Minute: Auf Flanke von Rechtsaußen Zischek konnte Horvath an Torhüter Jakob vorbei zum 1:2 einlenken. Statt 4 oder 5:1 stand es immer noch 2:1. 27. Minute: Zum erstenmal kamen die Österreicher wirklich gefährlich vor das deutsche Tor. In letzter Sekunde konnte der herausstürzende Jakob Rechtsaußen Zischek den Ball vom Fuß nehmen. 40. Minute: Langsam kamen die Österreicher besser ins Spiel, ohne jedoch das deutsche Tor ernsthaft zu gefährden. 42. Minute: Nach Doppelpaß zwischen Lehner und Conen konnte dieser trotz starker Bedrängnis durch Verteidiger Sesta im Fallen den Ball noch mit dem linken Fuß auf das Tor schießen. Der Ball drehte sich wunderbar in den Innenpfosten und sprang von dort ins Tor. 3:1 für die deutsche Elf.

43. Minute: Der deutsche Sturm spielte wie entfesselt. Lehner konnte im Strafraum nur unfair vom Ball getrennt werden, aber der Pfiff des Schiedsrichters blieb aus. 45. Minute: Conen war alleine in den Strafraum eingedrungen und das vierte Tor schien unvermeidbar, als ihm von hinten die Beine weggezogen wurden. Erneut blieb der Pfiff des schwachen Schiedsrichters Carraro aus.

53. Minute: Die österreichischen Abwehrspieler konnten sich oft nur durch versteckte Fouls wehren. Und immer wieder wurden die deutschen Stürmer umgesäbelt, ohne daß Schiesrichter Carraro reagierte. 55. Minute: Ganz unverhofft schoß Verteidiger Sesta aus über 30 Metern. Jakob war die Sicht versperrt, so daß es plötzlich nur noch 2:3 hieß.

65. Minute: 10 Minuten lang standen jetzt nur die Österreicher im Angriff. Die deutsche Abwehr hatte Schwerstarbeit zu leisten und erledigte diese Aufgabe großartig. Den Österreichern bot sich nur noch eine gute Chance, aber der Schuß von Horvath landete am Pfosten. 70. Minute: Immer häufiger waren die Pfiffe der deutschen Zuschauer gegen Schiedsrichter Carraro zu hören. Zur Überraschung aller, selbst der Österreicher, pfiff er nach einem bösen Foul von Bican an Szepan Freistoß für Österreich. 78. Minute: Die Regelauslegung des italienischen Schiedsrichters nahm groteske Formen an. Er pfiff Abseits, obwohl noch zwei österreichische Abwehrspieler 10 Meter näher zum eigenen Tor standen als Heidemann. 80. Minute: Genau am Elfmeterpunkt wurde Conen von Sesta umgemäht. Als der Schiedsrichter angerannt kam, ließ sich Sesta spektakulär fallen und krümmte sich, als

hätte er Schmerzen. Völlig unverständlich verlegte Schiedsrichter Carraro den fälligen Elfmeter vor die Strafraumgrenze, so daß es nur Freistoß gab.

85. Minute: Obwohl die Österreicher in dem italienischen Schiedsrichter einen 12. Mann hatten, gelang es ihnen nicht mehr, die deutsche Abwehr zu überwinden. Bis zum Abpfiff des Spiels kamen sie gar nicht mehr in den deutschen Strafraum. Die deutsche Mannschaft hatte hochverdient mit 3:2 den dritten Platz bei der Weltmeisterschaft errungen.

❖

Am häufigsten Mannschaftsführer waren:
1. Ludwig Leinberger — 11 mal
2. Adolf Jäger — 10 "
3. Camillollgi — 9 "
4. Otto „Tull" Harder — 8 "
5. Max Breunig — 7 "
6. Heinrich Stuhlfauth — 6 "
7. Dr.Josef Glaser — 4 "
   Hans Kalb — 4 "
   Richard Hofmann — 4 "
   Fritz Szepan — 4 "
11. Leonard Seiderer — 3 "
    Ernst Albrecht — 3 "
13. Athur Hiller II — 2 "
    Eugen Kipp — 2 "
    Karl Tewes — 2 "
    Carl Riegel — 2 "
    Albert Beier — 2 "
    Ludwig Hofmann — 2 "
    Rudolf Gramlich — 2 "
    Heinrich Weber — 2 "

Die deutsche Nationalmannschaft zu Beginn der WM 1934 in Italien, vor dem 5:2 Sieg gegen Belgien; v.l.: Haringer, Hohmann, Kreß, Siffling, Zielinski, Schwartz, Conen, Kobierski, Janes, Lehner, Szepan

Gesamtbilanz 1908 - 1934
104 Spiele: 40 Siege, 21 Unentschieden, 43 Niederlagen, 237:229 Tore
Heim: 48 Spiele, 18 Siege, 13 Unentschieden, 17 Niederlagen, 102:95 Tore
Auswärts:56 Spiele, 22 Siege, 8 Unentschieden, 26 Niederlagen, 135:134 Tore

Zuschauer insgesamt: 2.484.100
Heim: 1.409.000, Auswärts: 1.075.100

Die meisten Länderspiele:
1. Richard Hofmann (Meerane 07 6, Dresd. SC 19) — 25 Spiele
2. Ludwig Leinberger (SpVgg Fürth) — 24 "
3. Georg Knöpfle (FSV Frankfurt) — 23 "
4. Heinrich Stuhlfauth (1.FC Nürnberg) — 21 "
5. Eugen Kipp (Spfr. Stuttgart 16, Kickers Stuttgart 2) — 18 "
   Adolf Jäger (Altona 93) — 18 "
   Ludwig Hofmann (FC Bayern München) — 18 "
   Fritz Szepan (FC Schalke 04) — 18 "
9. Ernst Albrecht (Fortuna Düsseldorf) — 17 "
10. Hans „Bumbas" Schmidt (1860 Fürth 1, SpVgg Fürth 1, 1.FC Nürnberg 14) — 16 "
    Willibald Kreß (RW Frankfurt 12, Dresdener SC 4) — 16 "
12. Camillo Ugi (VfB Leipzig 14, Sportfreunde Breslau 1) — 15 "
    Karl Wegele (Phönix Karlsruhe) — 15 "
    Otto „Tull" Harder (Hamburger SC) — 15 "
    Hans Kalb (1.FC Nünberg) — 15 "
    Stanislaus Kobierski (Fort. Düsseldorf) — 15 "

Die meisten Tore:
1. Richard Hofmann (Dresdener SC) — 24 Tore
2. Gottfried Fuchs (Karlsruher FV) — 14 "
   Otto „Tull"Harder (Hamburger SV) — 14 "
4. Adolf Jäger (Altonaer FC 93) — 11 "
   Karl Hohmann (VfL Benrath) — 11 "
6. Fritz Förderer (Karlsruher FV) — 10 "
   Eugen Kipp (Sportfreunde Stuttgart, Kickers Stuttgart) — 10 "
8. Josef Pöttinger (FC Bayern München) — 8 "
9. Josef Rasselberg (VfL Benrath) — 6 "
10. Ernst Kuzorra (FC Schalke 04) — 5 "
    Willi Worpitzki (Viktoria 89) — 5 "
    Andreas Franz (SpVgg Fürth) — 5 "
    Georg Frank (SpVgg Fürth) — 5 "
    Edmund Conen (FV Saarbrücken, Kickers Stuttgart) — 5 "
    Oskar Rohr (Bayern München) — 5 "

11 Elfmeter für Deutschland:
7 Elfmeter verwandelt durch Förderer (1908 gegen England), Breunig (1911 gegen die Schweiz), Jäger (1913 gegen Dänemark), Jäger (1921 gegen Ungarn), Franz (1924 gegen Österreich), Ruch (1925 gegen Finnland), Hofmann (1932 gegen die Schweiz)

4 Elfmeter verschossen durch Breunig (1910 gegen Holland), Breunig (1913 gegen Holland), Kalb (1922 gegen Österreich), Lüke (1924 gegen Finnland)

13 Elfmeter gegen Deutschland:
8 Elfmeter verwandelt durch: Dlubac (Österreich) 1908, Schlosser (Ungarn) 1912, Weiss (Schweiz) 1912, Kuthan (Österreich) 1921, Kelin (Finnland) 1925, Landahl (Schweden) 1929, Christophersen (Dänemark) 1930, Polgar (Ungarn) 1934

5 Elfmeter verschossen durch: Schweden 1911, Finnland 1922, Neumann (Österreich) 1922, Ramseyer (Schweiz) 1928, Orsi (Italien) 1930

5 Eigentore gegen Deutschland,
erzielt durch Breuning (1910 und 1912 gegen Holland), H.Müller (1924 gegen Finnland), Münzberg (1931 gegen Frankreich) und Stubb (1932 gegen Schweden)

Platzverweise gegen Deutschland:
Kalb (1928 gegen Uruguay), R.Hofmann (1928 gegen Uruguay)

Platzverweis Gegner: Nasazzi (1928 Uruguay)

Nationalspieler des Jahres
1907/08 Förderer (K. FV)
1908/09 Ad.Werner (H. Kiel)
1909/10 Kipp (Spfr. Stuttgart)
1910/11 Ugi (VfB Leipzig)
1911/12 Breuning (Karlsruher FV)
1912/13 Jäger (Altona / 93)
1913/14 Wegele (Phönix Karlsruhe)
1920/21 Tewes (Viktoria 89)
1921/22 Franz (SpVgg Fürth)
1922/23 Seiderer (SpVgg Fürth)
1923/24 H.Schmidt (1.FC Nürnberg)
1924/25 Paulsen (VfL Leipzig)
1925/26 Harder (Hamburger SV)
1926/27 Hochgesang (1.FC Nürnberg)
1927/28 R.Hofmann (Meerane)
1928/29 R.Hofmann (Dresdener SC)
1929/30 R.Hofmann (Dresdener SC)
1930/31 W.Kreß (Rot-Weiß Frankfurt)
1931/32 Kobierski (Fortuna Düsseldorf)
1932/33 O.Rohr (Bayern München)
1933/34 Szepan (FC Schalke 04)

1934/35

Bilanz 1934/35
11 Spiele: 8 Siege, 1 Unentschieden, 2 Niederlagen, 34:16 Tore
Zuschauer: 444.000
In 11 Spielen wurden 26 Spieler eingesetzt, davon waren 7 Neulinge.

Die Spieler der Saison:
Ernst Lehner	11	Spiele
Paul Janes	9	"
Paul Zielinski	8	"
Otto Siffling	8	"
Rudolf Gramlich	8	"
Fritz Buchloh	7	"
Josef Fath	7	"
Edmund Conen	7	"
Willy Busch	6	"
Reinhold Münzenberg	6	"
Karl Hohmann	5	"
Ludwig Goldbrunner	5	"
Otto Rohwedder	4	"
Stanislaus Kobierski	4	"
Hans Jakob	4	"
August Lenz	4	"
Willi Tiefel	4	"
Jakob Bender	4	"
Fritz Szepan	2	"
Erwin Stührk	2	"
Ludwig Damminger	2	"
Hans Schwartz	1	"
Hans Appel	1	"
Andreas Munkert	1	"
Werner Schulz	1	"
Josef Rasselnberg	1	"

Tore der Saison:
Ernst Lehner	5	Tore
Josef Fath	5	"
Edmund Conen	5	"
August Lenz	5	"
Karl Hohmann	4	"
Ludwig Damminger	4	"
Otto Rohwedder	2	"
Stanislaus Kobierski	2	"
Otto Siffling	1	Tor
Fritz Szepan	1	"

Mannschaftskapitän waren:
R. Gramlich	6	mal
Szepan	2	"
Goldbrunner	1	"
Buchloh	1	"
Münzenberg	1	"

1 Elfmeter für Deutschland,
  verwandelt durch Lehner (gegen Polen)

1 Elfmeter gegen Deutschland,
  verschossen durch Sobotka (Tschechoslowakei)

Rangliste der besten Nationalspieler des Jahres:
1. Ernst Lehner (Schwaben Augsburg)
2. Otto Siffling (SV Waldhof)
3. Karl Hohmann (VfL Benrath)
4. Rudi Gramlich (Eintracht Frankfurt)
5. Josef Fath (Wormatia Worms)
6. Reinhold Münzenberg (Alem. Aachen)
7. Paul Zielinski (Union Hamborn)
   Edmund Conen (FV Saarbrücken)
9. Hans Jakob (Jahn Regensburg)
   Ludwig Goldbrunner (Bayern München)

Vorbericht zum 105. Länderspiel: Drei Monate nach dem Erfolg bei der WM in Italien begann die neue Länderspielsaison, die 11 Spiele brachte. Der WM-Dritte Deutschland war mit seiner jungen erfolgreichen Mannschaft ein gefragter Gegner. Das gute Abschneiden erforderte dieses Mal auch keinen Neuaufbau. Der Grundstock der Nationalelf stand. Lediglich Willibald Kreß wurde nach seinen beiden verhängnisvollen Fehlern im Halbfinalspiel gegen die Tschechoslowakei nicht mehr berufen.

Im Aufgebot für das Länderspiel gegen Polen standen mit Torhüter Dr. Kramer (Holstein Kiel) und „Seppl" Fath (Wormatia Worms) nur 2 Neulinge. Dr. Kramer kam nie zu einem Länderspiel.
  Tor: Buchloh, Dr. Kramer
  Verteidiger: Janes, Busch
  Läufer: Zielinski, Münzenberg, Bender, Oehm
  Stürmer: Lehner, Siffling, Hohmann, Szepan, Fath, Langenbein.
Im Aufgebot fehlten Conen und Kobierski wegen schwacher Form.

9.9.1934 in Warschau

Polen - Deutschland 2:5 (1:1)

SR: O.Olssen (Schweden), Zuschauer: 30.000
Polen: Fontowicz; Martyna, J.Bulanow II, J.Kotlarczyk II, J.Kotlarczyk I, Mysiak; Riesner, K.Pazurek I, Nawrot (ab 40. Ciszewski), Willimowski, Wodarz
Deutschland: Buchloh -6 (VfB Speldorf); Janes -8 (Fort. Düsseld.), Busch -6 (Duisb. 99); Zielinski -5 (Union Hamborn), Münzenberg -6 (Alem. Aachen), Bender -6 (Fort. Düsseld.); Lehner -8 (Schwaben Augsb.), Siffling -5 (SV Waldhof), Hohmann -11 (VfL Benrath), Szepan -9 (Schalke 04), Fath -1 (Worm. Worms). Mannschaftskapitän: Szepan
  Tore: 0:1 Lehner (14.), 1:1 Willimowski (30.), 2:1 Pazurek (48.), 2:2 Hohmann (70.), 2:3 Siffling (77.), 2:4 Lehner (80. Handelfmeter), 2:5 Szepan (84.)
Beste Spieler: Willimowski, Wodarz, Martyna - Lehner, Szepan, Fath
Bericht: Ein halbes Jahr vor der Weltmeisterschaft hatte es noch den überraschend knappen 1:0-Sieg gegen die Polen in Berlin gegeben. Auch ohne Conen, aber sonst mit allen Stars, wollte der WM-Dritte in Warschau zeigen was er wirklich konnte.

3. Minute: Durch Pazurek hatten die Polen die erste Torgelegenheit des Spiels, aber Münzenberg konnte in letzter Sekunde retten. 7. Minute: Die deutsche Mannschaft wurde überlegen. Angetrieben von der Läuferreihe hatte Szepan die erste Möglichkeit, aber sein Schuß strich knapp über die Latte. 12. Minute: Die polnische Mannschaft kam gar nicht mehr aus ihrer Hälfte heraus. Das Sturmspiel der deutschen Elf lief flüssig, aber es fehlte der krönende Torschuß. 14. Minute: Linksaußen Fath erlief sich einen scheinbar aussichtslosen Ball und flankte sofort in die Mitte. Torhüter Fontowicz konnte den Ball nicht festhalten und Rechtsaußen Lehner war zur Stelle, um zum 1:0 für die deutsche Mannschaft einzuschießen.

17. Minute: Das Spiel der deutschen Elf lief jetzt hervorragend. Nach traumhaften Kombinationen traf Lehner mit einem knallharten Schuß nur den Pfosten. 23. Minute: Nach langer Zeit tauchten die Polen mal wieder im deutschen Strafraum auf, wo Janes gerade noch vor Pazurek zur Ecke klären konnte. 30. Minute: Bei einem Konter der Polen spielte Wodarz den Ball Janes durch die Beine. Der Ball kam in die Mitte, von dort schoß ihn Willimowski über den Pfosten zum Ausgleich ins Tor. Es war ein halbes Eigentor, denn Buchloh hatte den Ball noch in den Rücken bekommen.

35. Minute: Immer wieder brachten schnelle Gegenstöße über Riesner und Wodarz, gelenkt von dem alles überragenden Willimowski, die deutsche Abwehr in Schwierigkeiten. 40. Minute: Der verletzte Nawrot mußte ausscheiden. Die deutsche Mannschaft blieb zwar überlegen, aber die Konter der Polen waren stets gefährlich.

48. Minute: Als Münzenberg einmal nicht aufpaßte, bekam Pazurek einen Steilpaß. Sofort war er mit einem schnellen Antritt auf und davon. In seinen mächtigen Schuß warf sich Buchloh vergebens. Sensationell führte Polen 2:1.

55. Minute: Nach dem Führungstreffer dominierten die Polen. Nun blieben der deutschen Mannschaft nur die Konter. 65. Minute: Nach der starken Viertelstunde der Polen kam die deutsche Mannschaft langsam wieder besser ins Spiel. 70. Minute: Ähnlich wie beim ersten deutschen Tor spurtete Fath an der Linie lang und flankte in die Mitte, wo Lehner dem Benrather Hohmann den Ball maßgerecht vorlegte. Sein unhaltbarer Schuß saß im Tor, zum 2:2.

77. Minute: Den herrlichen Paß von Szepan vollendete Siffling mit einem unheimlich scharfen Schuß. 3:2 für die deutsche Elf. Wie so oft zeigte sich die gute Kondition der Deutschen. 80. Minute: Nach einer Flanke von Fath wehrte Verteidiger Bulanow den Ball mit der Hand in letzter Sekunde vor den deutschen Stürmern ab. Den fälligen Elfmeter verwandelte Lehner zum 4:2.

84. Minute: Die Polen hatten jetzt nicht mehr die Kraft, sich gegen die konditionell gute deutsche Mannschaft zu wehren. Szepan hatte keine Schwierigkeiten, sich den Ball zurecht zu legen und unhaltbar ins Tor zu schießen. Trotz einer ansprechenden Leistung der deutschen Elf fiel das Ergebnis mit 5:2 zu hoch aus.

❖

Vorbericht zum 106. Länderspiel: Trotz des klaren Sieges hatte die deutsche Elf in Warschau nicht überzeugen können. Aber die Mannschaft war noch jung, so daß sie vor allem mehr Erfahrung brauchte. Für das nächste Länderspiel in Kopenhagen berief der Spielausschuß 4 Neulinge.

Tor: Buchloh, Kath
Verteidiger: Janes, Schwartz, Stührk
Läufer: Gramlich, Münzenberg, Zielinski, W.Schulz
Stürmer: Lehner, Hohmann, Conen, Szepan, Fath, Rohwedder

Von den Neulingen kam Kath (St.Georg Hamburg) nie zu einem Länderspiel. Stährk (TV Eimsbüttel) und W.Schulz (Arminia Hannover) mußten noch etwas warten. Dagegen hatte Rohwedder vom TV Eimsbüttel Glück, weil Conen nach Verletzungen noch nicht wieder der Alte war.

7.10.1934 in Kopenhagen
Dänemark - Deutschland 2:5 (0:1)

SR: Bäckström (Schweden), Zuschauer: 30.000
Dänemark: Svend Jensen; Tarp, Laursen; Ernst Nielsen, Skjelmose, Oskar Jörgensen; Hans Christensen, Carl Ludsten, Pauli Jörgensen, Uldaler, Stoltz
Deutschland: Buchloh -7 (VfB Speldorf); Janes -9 (Fort. Düsseld.), Schwartz -2 (Vikt. Hamburg); Gramlich -9 (Eintr. Frankf.), Münzenberg -7 (Alem. Aachen), Zielinski -6 (Union Hamborn); Lehner -9 (Schwaben Augsb.), Hohmann -12 (VfL Benrath), Rohwedder -1 (TV Eimsbüttel), Szepan -10 (Schalke 04), Fath -2 (W. Worms). Mannschaftskapitän: Szepan
Tore: 0:1 Fath (44.), 1:1 Lundsten (55.), 1:2 Fath (61.), 1:3 Rohwedder (64.), 2:3 Stoltz (72.), 2:4 Hohmann (85.), 2:5 Fath (88.)
Beste Spieler: Skjelmose, Pauli Jörgensen, Uldaler - Fath, Schwartz, Szepan, Buchloh
Bericht: Nachdem der Däne Tarp die Seitenwahl gewann, hatte die deutsche Mannschaft Anstoß, spielte aber gegen die Sonne und gegen den Wind. 1. Minute: Den ersten Angriff der Dänen, über ihren Neuling Rechtsaußen Christensen, konnte Buchloh nur mit Mühe abwehren. 10. Minute: Die deutsche Mannschaft war im Ballbesitz. Sie spielte das typische Schalker Kreiselspiel, dirigiert von Szepan. Allerdings fehlte jeglicher Druck auf das dänische Tor. 15. Minute: Von zwei Kontern abgesehen war die deutsche Mannschaft haushoch überlegen. Technisch hervorragend und im Zuspiel sicher, beherrschte sie ihren Gegner. 35. Minute: Langsam wurden die Dänen stärker. Die deutsche Mannschaft blieb zwar überlegen, aber die Dänen hatten die besseren Torgelegenheiten.

44. Minute: Nachdem auf beiden Seiten der Druck fehlte und die deutschen Stürmer wieder einmal nur den Ball vor dem Strafraum hin und her schoben, schoß ganz unverhofft Linksaußen Fath mit einen satten Rechtsschuß ins lange Eck zum 1:0 ein.

50. Minute: Die deutsche Mannschaft spielte leider auch nach der Pause zu langsam. 55. Minute: Nach schönem Durchspiel von Jörgensen hatte Lundsten keine Schwierigkeiten zum Ausgleich einzuschießen. 59. Minute: Jetzt waren die Dänen im Feld klar überlegen. Sie drängten die deutsche Mannschaft in den eigenen Strafraum zurück. 61. Minute: Ein Konter der deutschen Mannschaft: Mit einem Steilpaß von Rohwedder zog Fath auf und davon. Zwei Verfolger konnten den schnellen Linksaußen nicht einholen. Von der Strafraumgrenze aus schoß er ansatzlos aus dem Fußgelenk und schon zappelte der Ball im Netz. Die deutsche Mannschaft führte 2:1.

64. Minute: Steilangriff der deutschen Mannschaft. Links und rechts vom ballführenden Rohwedder liefen Hohmann und Szepan, gedeckt von zwei dänischen Abwehrspielern. Keiner griff den Hamburger an, so daß er ungehindert zum 3:1 einschießen konnte. Eine kleine Offensive der Dänen hatte der deutschen Mannschaft Platz zum kontern verschafft, den sie eiskalt ausnutzte. 72. Minute: Nach einem schönen Paß tauchte Linksaußen Stoltz alleine vor Torhüter Buchloh auf. Er schob den Ball plaziert an dem herausstürzenden deutschen Torhüter vorbei ins lange Eck. Nur noch 3:2 für die deutsche Mannschaft. 85. Minute: Nach einer herrlichen Vorlage von Lehner erzielte Hohmann das 4:2.

88. Minute: Erneut wurde Fath, diesmal von Hohmann, freigespielt. Der kleine, stämmige Wormser lief noch zwei, drei Schritte und dann schlug sein knallharter Schuß im dänischen Tor ein. Die deutsche Mannschaft hatte, dank der größeren Kraftreserven, wieder einmal in der letzten halben Stunde ein Spiel hoch gewonnen.

❖

Vorbericht zum 107. Länderspiel: Zum erstenmal nach dem guten Abschneiden bei der WM in Italien stellte sich die deutsche Nationalmannschaft ihrem Publikum vor. Gegner war wieder einmal die Schweiz.

Reichstrainer Otto Nerz, mit seinen beiden Assistenten Oßwald und Leinberger, nutzte die letzte Woche vor dem Länderspiel zu einem Lehrgang, wozu folgende Spieler eingeladen wurden:

Tor: Buchloh (Speldorf), Fink (Bayern München), Edelmann (SV Waldhof)
Verteidiger: Stührk (Eimsbüttel), Schwartz (Vict. Hamb.), Busch (Duisburg 99), Konrad (1.FC Kaiserslautern), Lippert (Gießen), Munkert (1.FC Nürnb.)
Läufer: Gramlich (Eintr. Frankf.), Münzenberg (Aachen), Rohde (Eimsbüttel), Wiesner (ASV Nürnberg), Heermann (SV Waldhof), Goldbrunner (Bayern München)
Stürmer: Lehner (Schwaben Augsb.), Siffling (Waldhof), Conen (FV Saarbr.), Rohwedder (Eimsbüttel), Berner (Berl. SV 92), Förschler (Feuerbach), Panse (Eimsbüttel), Bauer (Burghausen am Inn), Friedel (1.FC Nürnberg), Becher (Spvgg.Fürth), Heim (Post SV Würzburg), Dommel (BC Augsburg), Fath (Worms)

So konnten einige Neulinge die Luft der Nationalmannschaft schnuppern, ohne jedoch Aussichten auf einen Einsatz zu haben.

Die deutsche Mannschaft, die 4:0 gegen die Schweiz in Stuttgart gewann; v.l., stehend: Goldbrunner, Appel, Busch, Stührk, Rohwedder, Buchloh, Gramlich, Siffling; vorn: Conen, Lehner, Kobierski

Dem zuletzt nicht überzeugenden Janes wurde eine Ruhepause gegönnt. Die Hamburger Verteidigung sollte spielen, aber da sich Schwartz verletzte, kam Busch zum Einsatz. Ebenso kurzfristig, wegen einer Verletzung von Münzenberg, kam Goldbrunner in die Mannschaft. Und schließlich war Fath nach einer längeren Verletzung noch nicht wieder fit, so daß der Düsseldorfer Kobierski für den linken Flügel nachnominiert wurde.

27.1.1935 in Stuttgart
Deutschland - Schweiz 4:0 (2:0)

SR: Ledercq (Frankreich), Zuschauer: 60.000
Deutschland: Buchloh -8 (VfB Speldorf); Stührk -1 (TV Eimsbüttel), Busch -7 (Duisb. 99); Gramlich -10 (Eintr. Frankf.), Goldbrunner -3 (Bayern München), Appel -2 (Berliner SV 92); Lehner -10 (Schwaben Augsb.), Siffling -6 (SV Waldhof), Conen -6 (FV Saarbrücken), Rohwedder -2 (TV Eimsbüttel), Kobierski -16 (Fort. Düsseld.). Mannschaftskapitän: Goldbrunner
Schweiz: Bizzozzero; Minelli, Weiler I; Guinchard, Jaccard, Lörtscher; Amado, A.Poretti, Frigerio, Abegglen II, Jaeck
Tore: 1:0, 2:0, 3:0 Conen (29., 42., 50.), 4:0 Lehner (73.)
Beste Spieler: Conen, Stührk, Lehner, Buchloh - Amado, Minelli, Jaccard
Bericht: Vor neuer Rekordkulisse von 60.000 Zuschauern gewann der Schweizer Verteidiger Minelli die Platzwahl. Die deutsche Elf hatte Anstoß. 5. Minute: Nach einem Foul an Lehner an der Strafraumgrenze kam es zur ersten kritischen Situation vor dem schweizerischen Tor. Bizzozzero konnte mit einer Glanzparade vor Conen retten. 15. Minute: Die Hintermannschaft der Eidgenossen stand unter starkem Druck. Die vierte deutsche Ecke ergab gleich drei, vier Nachschußmöglichkeiten, bei denen die Schweiz viel Glück hatte. 25. Minute: Nach einer schönen Flanke von Kobierski vergab Siffling eine hundertprozentige Torgelegenheit. 29. Minute: Wieder eine Flanke von Kobierski; Conen hob den Ball über Bizzozzeros Hände hinweg ins Netz. 1:0 für Deutschland durch den bis dahin nicht überzeugenden Saarbrücker. 35. Minute: Zum wiederholten Male mußte Buchloh einen gefährlichen Schuß des besten Schweizer Stürmers, Amado, halten. 42. Minute: Die achte Ecke für die deutsche Mannschaft wurde von Kobierski hereingebracht, und Conen konnte aus 3 Meter Entfernung sicher einlenken. Das überlegene Spiel der deutschen Mannschaft führte zur verdienten 2:0 Halbzeitführung.

46. Minute: Gleich der erste Angriff der Schweizer brachte eine große Torchance, doch Poretti köpfte knapp neben das Tor. 50. Minute: Die deutsche Nationalelf hatte wieder die Initiative ergriffen, und erneut war es Conen, der mit seinem scharfen Schuß zum drittenmal das Ziel traf. 70. Minute: Nach dem 0:3 warf die Schweiz alles nach vorn. 20 Minuten lang beherrschen sie das Spiel, ohne jedoch zu zwingenden Torgelegenheiten zu kommen. 73. Minute: Bei einem Konter zog Lehner in seiner unwiderstehlichen Art von der Mittellinie aus auf und davon. Gegen seinen Flachschuß zum 4:0 war kein Kraut gewachsen. 82. Minute: Kobierski verletzte Verteidiger Minelli so schwer, daß dieser hinausgetragen werden mußte. 90. Minute: Erneut hatte die deutsche Mannschaft eine gute Leistung gezeigt, aber das Ergebnis war etwas zu hoch ausgefallen.

❖

Vorbericht zum 108. Länderspiel: Obwohl die deutsche Mannschaft nach der WM 3 Siege errungen und 14:4 Tore erzielt hatte, konnte man nicht ganz zufrieden sein. Vor allem in der Abwehr gab es immer wieder große Lücken, die stärkere Gegner konsequent genutzt hätten.

Für das nächste Länderspiel in Amsterdam gegen Holland gab es im Aufgebot kaum Änderungen. Die beiden Fortunen Janes und Bender kehrten in die Mannschaft zurück. Als Neulinge wurden Jürissen (RWO) und Linken (Tura Düsseldorf) eingeladen. Linken sollte zu den Spielern gehören, die nie zu einem Länderspieleinsatz kamen.

Tor: Buchloh, Jürissen
Verteidiger: Stührk, Busch, Janes
Läufer: Gramlich, Münzenberg, Zielinski, Bender
Stürmer: Lehner, Hohmann, Conen, Rohwedder, Kobierski, Linken

17.2.1935 in Amsterdam
Holland - Deutschland 2:3 (0:2)

SR: O.Olssen (Schweden), Zuschauer: 38.000
Holland: Halle; v.Diepenbeck, v.Run; Paauwe, Anderiesen, v.Heel; Wels, Vente (ab 39. Drok), Bakhuys, Smit, v.Gelder

Deutschland: Buchloh -9 (VfB Speldorf); Stührk -2 (TV Eimsbüttel), Busch -8 (Duisburg 99); Gramlich -11 (Eintr. Frankf.), Münzenberg -8 (Alem. Aachen), Zielinski -7 (Union Hamborn), ab 25. Janes -10 (Fort. Düsseld.); Lehner -11 (Schwaben Augsb.), Hohmann -13 (VfL Benrath), Conen -7 (FV Saarbr.), Rohwedder -3 (TV Eimsbüttel), Kobierski -17 (Fort. Düsseld.). Mannschaftskapitän: Gramlich

Tore: 0:1 Conen (2.), 0:2 Kobierski (9.), 1:2 Bakhuys (50.), 2:2 Smit (54.), 2:3 Hohmann (83.)

Beste Spieler: Bakhuys, Smit, van Run - Münzenberg, Hohmann, Gramlich

Bericht: Über 6.000 deutsche Schlachtenbummler hatten die deutsche Nationalmannschaft nach Amsterdam begleitet, um einen weiteren Sieg zu sehen. Sie kamen auch gleich auf ihre Kosten. 2. Minute: Der erste Angriff der Holländer wurde durch Stührk per Kopfball abgefangen. Gramlich bekam den Ball, spielte steil in den freien Raum, wo sich Conen gegen zwei Abwehrspieler durchsetzte und zum 1:0 einschoß.

7. Minute: Nach klarer Überlegenheit der deutschen Mannschaft kamen die Holländer zu ihrem ersten gefährlichen Angriff. Van Gelder scheiterte aber an Buchloh. 9. Minute: Nach dieser Klasseleistung von Buchloh schaltete die deutsche Mannschaft sofort auf Angriff über. Rohwedder schob den Ball wundervoll in die Gasse zu Kobierski, der um einen Tick schneller am Ball war als Torhüter Halle, es stand 2:0.

15. Minute: Nach dem zweiten Tor spielte die deutsche Mannschaft einen traumhaften Fußball. Das Urteil der Fachleute war einstimmig, das war erstklassig. Nur mit Mühe und Not konnten die Holländer in dieser Phase das dritte Tor vermeiden. 25. Minute: Die Holländer hatten sich etwas von dem Schock erholt, ohne jedoch die deutsche Mannschaft ernsthaft gefährden zu können. Für den verletzten Zielinski kam Janes ins Spiel. 35. Minute: Pech für Hohmann. Er stoppte eine Flanke von Lehner mit der Brust und schoß sofort. Sein Schuß zischte über die Latte. 45. Minute: Die Zuschauer hatten ein spannendes und hochklassiges Spiel gesehen, in dem die deutsche Mannschaft teilweise sogar Weltklassefußball gezeigt hatte.

50. Minute: Die Holländer warfen nach dem Wiederanpfiff alles nach vorn. Auf Zuspiel von van Gelder erzielte Bakhuys den Anschlußtreffer. 54. Minute: Die weiterhin druckvollen Angriffe der Holländer wurden belohnt. Gegen den Schuß des freihstehenden Smit war Torhüter Buchloh machtlos. 65. Minute: Auch nach dem Ausgleich drängten die Holländer weiter. Nur langsam kam auch die deutsche Mannschaft wieder besser ins Spiel. 70. Minute: Nach langer Zeit endlich wieder eine Chance für die deutsche Mannschaft. Halle konnte den scharfen Schuß von Lehner gerade noch ins Feld zurückfausten.

75. Minute: Eine angeschnittene Flanke von Wels landete an der Latte. Glück für die deutsche Mannschaft. 83. Minute: Nach schönem Zuspiel von Conen schoß Hohmann an dem herauseilenden Halle vorbei ins Netz zum 3:2. 85. Minute: Buchloh tauchte in die bedrohliche Ecke und hielt einen scharfen, flachen Schuß von Bakhuys. 86. Minute: Erneut Hohmann. Seinen knallharten Schuß konnte Halle gerade noch an den Pfosten lenken. 90. Minute: Ein tolles Spiel ging zu Ende, das die deutsche Nationalelf durch ihre hervorragende konditionelle Leistung mit 3:2 gewann.

❖

Vorbericht zum 109. Länderspiel: Nach der WM war Frankreich der erste echte Prüfstein für die deutsche Mannschaft. Die Franzosen hatten gerade erst gegen Weltmeister Italien unglücklich mit 1:2 verloren. In den beiden ersten Länderspielen gegen Deutschland hatten sie in Paris 1:0 gewonnen und in Berlin 3:3 gespielt.

Bei diesem wichtigen Länderspiel waren keine Neulinge in der Mannschaft. Mit Torhüter Jakob kehrte ein alter Bekannter nach guten Leistungen ins Aufgebot zurück.

Tor: Buchloh, Jakob
Verteidiger: Janes, Busch, Schwarz
Läufer: Gramlich, Münzenberg, Appel, Zielinski
Stürmer: Lehner, Hohmann, Conen, Rohwedder, Siffling, Kobierski

17.3.1935 in Paris
Frankreich - Deutschland 1:3 (0:1)

SR: Beart (Belgien), Zuschauer: 45.000

Frankreich: Thepot; Vandooren, Mattler; Gabrillargues, Verriest, Delfour; Aston, Beck, Nicolas, Duhart, Nuic (ab 37. Cesember)

Deutschland: Jakob -10 (Jahn Regensb.); Janes -11 (Fort. Düsseld.), Busch -9 (Duisburg 99); Gramlich -12 (Eintr. Frankf.), Münzenburg -9 (Alem. Aachen), Zielinski -8 (Union Hamborn); Lehner -12 (Schwaben Augsb.), Hohmann -14 (VfL Benrath), Conen -8 (FV Saarbr.), Siffling -7 (SV Waldhof), Kobierski -18 (Fort. Düsseld.). Mannschaftskapitän: Gramlich

Tore: 0:1 Lehner (36.), 0:2 Kobierski (51.), 1:2 Duhart (61.), 1:3 Hohmann (88.)

Beste Spieler: Aston, Duhart - Hohmann, Gramlich, Conen, Lehner, Siffling

Bericht: Das Beste, was der deutsche Fußball damals zu bieten hatte, lief in Paris ein. Im dritten Spiel gegen die Franzosen sollte unbedingt der erste Sieg erzielt werden. 2. Minute: Die erste gefährliche Situation vor dem deutschen Tor konnte Zielinski klären. 4. Minute: Nach Fehler von Janes lief Nuic auf das deutsche Tor zu. Seinen satten Schuß von der Strafraumgrenze konnte Torhüter Jakob gerade noch zur ersten Ecke für Frankreich abwehren.

8. Minute: Der erste gute Angriff der deutschen Mannschaft führte auch gleich zu einer Torchance für Kobierski. Sein Schuß pfiff nur knapp über die Latte. 15. Minute: Die deutsche Mannschaft wurde zusehends stärker. Ein Schuß von Conen krachte an die Latte.

22. Minute: Glück für die deutsche Mannschaft, als Münzenberg den Ball mit der Hand zur Ecke ablenkt. Der Schiedsrichter hatte es nicht gesehen. 33. Minute: Die deutsche Mannschaft beherrschte inzwischen das Spiel. Einen Schuß von Hohmann hielt Thepot meisterlich.

36. Minute: Verwirrendes deutsches Angriffsspiel. Nach einem Steilpaß von Kobierski zog Conen davon, flankte in die Mitte, wo Lehner stand; der konnte trotz starker Bedrängnis den Ball ins rechte obere Toreck zirkeln. Die verdiente Führung für die deutsche Mannschaft.

48. Minute: Die deutsche Mannschaft spielte so weiter wie vor der Pause. Den deutschen Stürmern fehlte nur noch die Entschlossenheit vor dem gegnerischen Tor. 51. Minute: Eine scharf hereingebrachte Flanke von Conen konnte Torhüter Thepot nicht festhalten. Der mitgelaufene Kobierski hatte keine Mühe, den Ball zum 2:0 im Tor der Franzosen unterzubringen.

58. Minute: Nach dem zweiten deutschen Treffer warfen die Franzosen alles nach vorn. Die deutsche Abwehr hatte Schwerstarbeit zu leisten. 60. Minute: Der Halbrechte Beck hatte nach guter Vorlage von Aston die große Chance zum Tor. Pech für die Franzosen, der Ball sprang vom Pfosten an die Latte und zurück ins Feld. 61. Minute: Jakob lief bei einer hohen Flanke zu früh aus seinem Tor. Duhart hatte keine Mühe den Ball ins leere Tor zu köpfen.

70. Minute: Überraschend konnte sich die deutsche Mannschaft nach dem französischen Anschlußtor befreien. Nur um Zentimeter strich ein Schuß von Lehner am Pfosten vorbei. 80. Minute: Auch gegen Frankreich hatte die deutsche Mannschaft wieder die bessere Kondition. Je länger das Spiel dauerte, desto überlegener wurde sie. 88. Minute: Nach einer Vorlage von Conen flankte Lehner den Ball auf den Elfmeterpunkt, wo Hohmann herangebraust kam und ihn wunderbar mit dem Kopf erwischte. Wuchtig und unhaltbar landete der Ball im französischen Netz.

Die deutsche Mannschaft hatte gewonnen und mit diesem Sieg bewiesen, daß sie nach wie vor europäische Spitze war.

❖

Vorbericht zum 110. Länderspiel: Nach dem Frankreich-Spiel war die Aufgabe gegen Belgien nicht ganz so schwer. Wegen der Endrunde um die Deutsche Meisterschaft mußten ein paar Neulinge eingesetzt werden, die im Hinblick auf das Olympische Fußballturnier den Kader erweitern sollten.

Tor: Jakob, Jürissen
Verteidiger: Munkert, Busch, Konrad
Läufer: Gramlich, Goldbrunner, W.Schulz, Lippert
Stürmer: Lehner, Siffling, Lenz, Damminger, Fath, Reinmann

Torhüter Jürissen (RWO), Munkert (1.FC Nürnberg), Konrad (jetzt Eintr. Frankfurt), W.Schulz (Arminia Hannover), Lippert (Gießen 1900), Lenz (BVB), Damminger (Karlsr. FV) und Reinmann (Germania Ilmenau) waren die Neulinge. Die meisten hatten schon einmal im Aufgebot gestanden. Vier der Neulinge, Munkert, W.Schulz, Lenz und Damminger, kamen gegen Belgien zu ihrem ersten Länderspiel. Jürissen mußte noch etwas warten. Dagegen schafften Konrad, Lippert und Reinmann nicht mehr den Sprung in die Nationalelf.

28.4.1935 in Brüssel
Belgien - Deutschland 1:6 (1:2)

SR: *van Moorsel (Holland), Zuschauer: 30.000*
Belgien: Badjon (ab 43. Christiaens); Paverick, Smellinckx; Dalem, Stijnen, Claessens; v.Caelenberghe, Voorhoof, Capelle (35. Mondele), Isemborgs, Van Beeck
Deutschland: Jakob -11 (Jahn Regensb.); Munkert -1 (1.FC Nürnb.), Busch -10 (Duisb. 99); Gramlich -13 (Eintr. Frankf.), Goldbrunner -4 (Bayern München), W.Schulz -1 (Arminia Hannover); Lehner -13 (Schwaben Augsb.), Siffling -8 (SV Waldhof), Lenz -1 (BVB), Damminger -1 (Karlsr. FV), Fath -3 (Worm. Worms). Mannschaftskapitän: Gramlich
Tore: 1:0 Isemborgs (35 Sek.), 1:1 Fath (2.), 1:2 Lenz (33.), 1:3 Lenz (67.), 1:4 Damminger (72.), 1:5 Fath (75.), 1:6 Damminger (85.)
Beste Spieler: Voorhoof, Capelle, Smellinckx, Isemborgs - Siffling, Jakob, Fath, Lenz
Bericht: Nach dem 1:1 in der Vorwoche zwischen Belgien und Frankreich war die deutsche Mannschaft gewarnt. Auch als Favorit durften sie die Belgier nicht unterschätzen. 1. Minute: Vom Anstoß weg kamen die Belgier vor das deutsche Tor, wo Isemborgs von der Strafraumgrenze aus unhaltbar für Jakob einschoß. Nach 35 Sekunden die sensationelle Führung.

2. Minute: Nach einem Freistoß stand plötzlich Fath alleine vor Torhüter Badjou. Kaltblütig erzielte der kleine Wormser den Ausgleich. Ein furioser Auftakt!

15. Minute: Die deutsche Mannschaft tat sich schwer. Die Belgier beherrschten Spiel und Gegner. 18. Minute: Durch rechtzeitiges Herauslaufen konnte Jakob gerade noch den belgischen Mittelstürmer Capelle am Torschuß hintern. Nur langsam kam die deutsche Mannschaft besser ins Spiel. 33. Minute: Ganz überraschend schoß Lenz aus fast unmöglichem Winkel das 2:1 für die deutsche Elf.

45. Minute: Nach dem Führungstreffer konnte sie das Spiel endlich ausgeglichener gestalten.

55. Minute: Ständig liefen die deutschen Stürmer in die belgische Abseitsfalle. Dadurch kamen die Belgier in Ballbesitz und konnten den Druck auf das deutsche Tor verstärken. 65. Minute: Torhüter Jakob wurde immer mehr zum Held des Spiels. Fast jede Minute mußte er einen gefährlichen Ball der Belgier halten. Die 2:1 Führung der deutschen Elf war inzwischen mehr als glücklich.

67. Minute: Auf Vorlage von Damminger erzielte Lenz mit einem satten Schuß in die rechte untere Ecke das 3:1. Der Spielverlauf war auf den Kopf gestellt. 72. Minute: Die deutsche Elf wurde erst jetzt stärker. Die Kraft der Belgier ließ im gleichen Maße nach. Fast ungehindert schlug ein Pfundsschuß von Damminger unter die Latte ein.

73. Minute: Caelenberghe traf ins leere deutsche Tor, aber der Schiedsrichter hatte vorher wegen Foulspiels abgepfiffen. 75. Minute: Wie schon viele Mannschaften vorher, brachen jetzt auch die Belgier völlig ein. Nach einem Alleingang konnte Fath mit einem unhaltbaren Schuß das 5:1 markieren.

85. Minute: Mit einem Steilpaß wurde erneut die völlig aufgerückte belgische Abwehr überspielt. Damminger hatte keine Mühe, mit einem plazierten Schuß das 6:1 zu erzielen. 90. Minute: Durch gutes Konterspiel hatte die deutsche Mannschaft gegen eine überlegene belgische Elf viel zu hoch gewonnen.

❖

Vorbericht zum 111. Länderpiel: Für die beiden Spiele gegen Irland und Spanien, innerhalb 5 Tagen, wurde die Meisterschaftsendrunde unterbrochen.

Tor: Jakob, Buchloh
Verteidiger: Janes, Busch, Tiefel
Läufer: Zielinski, Goldbrunner, Münzenberg, Gramlich, Bender
Stürmer: Lehner, Hohmann, Conen, Siffling, Lenz, Damminger, Rasselnberg, Fath

Neuling Tiefel (Eintracht Frankfurt) kam zu seinem ersten Länderspieleinsatz.

8.5.1935 in Dortmund
Deutschland - Irland 3:1 (1:1)

SR: *Krist (Tschechoslowakei), Zuschauer: 35.000*
Deutschland: Buchloh -10 (VfB Speldorf); Janes -12 (Fort. Düsseld.), Tiefel -1 (Eintr. Frankf.); Zielinski -9 (Union Hamborn), Goldbrunner -5 (Bayern München), Bender -7 (Fort. Düsseld.); Lehner -14 (Schwaben Augsb.), Siffling -9 (SV Waldhof), Lenz -2 (BVB), Damminger -2 (Karlsr. FV), Fath -4 (Wormatia Worms). Mannschaftskapitän: Buchloh
Irland: J.Fooley; Gaskins, L.Dunne; P.O'Kane, C.Lennon, Hutchinson; P.Ellis, Pat.Moore, A.Rigby, Joe Donnelly, Monaghan
Tore: 0:1 Gaskins (19.), 1:1 Damminger (32.), 2:1 Damminger (47.), 3:1 Lehner (88.)
Beste Spieler: Lehner, Goldbrunner, Siffling - Moore, Fooley, Gaskins
Bericht: 9 Profis und 2 Amateure standen in der Mannschaft Irlands. Daß es die deutsche Mannschaft dagegen nicht leicht haben würde, stand bereits vor dem Anpfiff fest.

15. Minute: Beide Abwehrreihen beherrschten in der ersten Viertelstunde das Spiel und ließen keine guten Torchancen zu. 17. Minute: Torhüter Buchloh warf sich dem einschußbereiten Moore entgegen und konnte eine brenzlige Situation klären. 19. Minute: Ein weiter Freistoß von der Mittellinie, geschossen durch Gaskins, flog hoch in den deutschen Strafraum, wo sich Torhüter Jakob und zwei seiner Abwehrspieler gegenseitig behinderten. Zur Überraschung aller flog der Ball zum 1:0 ins Netz.

26. Minute: Lenz vergab freistehend die Möglichkeit zum Ausgleich. 32. Minute: Ein Freistoß von Lehner landete auf der Latte, sprang ins Feld zurück, wo Damminger zur Stelle war, um das 1:1 zu schießen. 45. Minute: Trotz Überlegenheit gelang der deutschen Mannschaft bis zum Pausenpfiff kein weiterer Treffer.

47. Minute: Erneut war es Lehner, der gute Vorarbeit leistete und den Ball maßgerecht zu Damminger spielte, der keine Mühe hatte, den ausgezeichneten Torhüter Fooley zum zweitenmal zu bezwingen. 60. Minute: Die deutsche Mannschaft hatte jetzt ein klares Übergewicht, aber die Konter der Iren waren stets gefährlich. Vor allem ihr Halbrechter Moore imponierte. 80. Minute: Erstaunlicherweise hatten nicht die Profis aus Irland, sondern wieder einmal die deutschen Spieler wesentlich mehr Kraftreser-

ven. Irland hatte es nur seiner ausgezeichneten Abwehr und Torhüter Fooley zu verdanken, daß aus dem 2:1 nicht längst ein 3 oder 4:1 geworden war.

88. Minute: Einen Alleingang von der Mittellinie aus schloß der beste deutsche Spieler, Lehner, mit einem knallharten Schuß ab. Der Ball sprang unter die Latte und von dort ins Tor. Ein in jeder Weise verdienter 3:1-Sieg der deutschen Mannschaft.

❖

Vorbericht zum 112. Länderspiel: Spanien zählte damals zweifellos zu den besten Teams in Europa. Seit der WM hatte die deutsche Mannschaft in 7 Spielen 7 Siege und ein Torverhältnis von 29:9 erzielt. Eine traumhafte Bilanz.

12.5.1935 in Köln

Deutschland - Spanien 1:2 (1:2)

SR: Langenus (Belgien), Zuschauer: 74.000
Deutschland: Buchloh -11 (VfB Speldorf); Janes -13 (Fort. Düsseld.), Busch -11 (Duisburg 99); Gramlich -14 (Eintr. Frankf.), Münzenberg -10 (Alem. Aachen), Bender -8 (Fort. Düsseld.); Lehner -15 (Schwaben Augsb.), Hohmann -15 (VfL Benrath), Conen -9 (FV Saarbr.), Rasselnberg -6 (VfL Benrath), Fath -5 (Wormatia Worms). Mannschaftskapitän: Gramlich
Spanien: Eizaguirre; Zabalo, Quincoces; Cillauren, Muguerza, Lecue; Vantolra, Iraragorri, Langara, L.Regueiro, Goristiza
Tore: 1:0 Conen (11.), 1:1, 1:2 Langara (29., 45.)
Beste Spieler: Gramlich, Hohmann - Quincoces, Zabalo, Langara, Vantolra
Bericht: Festtagsstimmung in Köln. Mit 74.000 Zuschauern eine neue Rekordkulisse bei einem Länderspiel. 3. Minute: Die deutsche Mannschaft begann furios und hatte durch Fath die erste Torgelegenheit, die jedoch nichts einbrachte. 6. Minute: Sie beherrschte das Spiel und hätte bereits zum zweitenmal durch Fath in Führung gehen können.

11. Minute: Mit einem Alleingang von der Mittellinie aus setzte sich Conen gegen zwei Verteidiger durch. An dem herausstürzenden Eizaguirre vorbei, schob er den Ball an den Innenpfosten, der von da aus ins Tor sprang zum 1:0 für die deutsche Mannschaft. 25. Minute: Überraschend war von den Spaniern fast nichts zu sehen. Ein Angriff nach dem anderen rollte auf das Tor von Eizaguirre. Es fehlte nur noch ein bißchen Glück, dann mußte das zweite Tor für die deutsche Mannschaft fallen. 29. Minute: Ganz überraschend der Ausgleich nach einem Konter und Foul von Münzenberg. Noch im Fallen schoß Langara unhaltbar zum 1:1 ein.

45. Minute: Nach dem Ausgleichstreffer wurden die Spanier von Minute zu Minute stärker. Wenige Sekunden vor dem Halbzeitpfiff setzte sich Rechtsaußen Vantolra durch und schoß sehr hart; Buchloh konnte den Ball nicht festhalten, und Mittelstürmer Langara war erneut zur Stelle, um zum 2:1 abzustauben.

90. Minute: Die zweite Halbzeit war ein einziger Sturmlauf der deutschen Mannschaft. Mit zunehmender Spieldauer zogen sich die Spanier immer mehr an den eigenen Strafraum zurück. An der Mittellinie standen nur noch Vantolra, Langara und Goristiza, in der letzten Viertelstunde sogar nur noch zwei der drei Stürmer. Gegen die dichte Abwehrkette fand die deutsche Mannschaft kein Mittel. Obwohl sie auch in diesem Spiel wieder die wesentlich größeren Kraftreserven hatte, verstanden es die Spanier hervorragend ihr Tor abzuschirmen. Die deutsche Mannschaft erlebte das Gegenstück zum Belgienspiel: Sie hatte klar überlegen gespielt, aber die Spanier gewannen.

❖

Vorbericht zum 113. Länderspiel: Ausgerechnet vor der WM-Revanche gegen die Tschechoslowakei hatte die deutsche Nationalmannschaft einen Dämpfer bekommen. Die Spanier hatten aufgezeigt woran es fehlte. In Technik und Cleverneß war sie der deutschen Elf um einiges voraus gewesen.

Neben den Verlierern von Köln wurden deshalb gegen die Tschechoslowaken mit Jakob, Tiefel, Goldbrunner, Zielinski, Lenz und Siffling erfahrene und dynamische Spieler ins Aufgebot zurückgeholt. Gegen den WM-Zweiten sollte unbedingt gewonnen werden.

26.5.1935 in Dresden

Deutschland - Tschechoslowakei 2:1 (1:0)

SR: Langenus (Belgien), Zuschauer: 61.000
Deutschland: Jakob -12 (Jahn Regensb.); Janes -14 (Fort. Düsseld.), Tiefel -2 (Eintr. Frankf.); Gramlich -15 (Eintr. Frankf.), Goldbrunner -6 (Bayern München), Zielinski -10 (Union Hamborn); Lehner -16 (Schwaben Augsb.), Lenz -3 (BVB), Conen -10 (FV Saarbr.), Siffling -10 (SV Waldhof), Fath -6 (Wormatia Worms). Mannschaftskapitän: Gramlich
Tschechoslowakei: Planicka (ab 62. Klenovec); Kostalek, Ctyroky; Vodicka, Boucek, Srbek; V.Hruska, O.Nejedly (ab 35. Faczinek), Sobotka, V.Kopecky, Puc
Tore: 1:0 Lenz (30.), 1:1 Hruska (51.), 2:1 Lenz (55.)
Beste Spieler: Siffling, Goldbrunner, Lenz, Lehner - Puc, Boucek, Kobecky, Planicka
Bericht: 120.000 Zuschauer wollten das Spiel des WM-Zweiten gegen den WM-Dritten sehen. Die Kapazität des Stadions reichte jedoch nur für die Hälfte der Interessenten. Es war auch gleichzeitig ein Spiel zweier grundverschiedener Systeme. Das kraftvolle Spiel der deutschen Mannschaft mit Steilpässen gegen das technisch brillante Kurzpaßspiel der Tschechoslowaken. Die deutsche Mannschaft spielte zu Beginn unheimlich schnell, jeder Spieler war ständig in Bewegung.

5. Minute: Der Dortmunder Lenz verfehlte nur ganz knapp das Tor der Tschechoslowakei. 15. Minute: Zwar fehlten auf beiden Seiten die zwingenden Torgelenheiten, aber es war zweifellos eine hochklassige Partie. Der Waldhöfer Siffling wurde immer mehr zur spielbestimmenden Figur. Immer zurückhängend, sah er jede Lücke und setzte die deutschen Stürmer mit traumhaften Pässen gut in Szene.

25. Minute: Ein trauriger Zwischenfall trübte die Freude am Spiel. Nach einer vergebenen Chance von Linksaußen Fath passierte es: Auf der überfüllten Westkurve wurde der Druck von oben so stark, daß unten mehrere hundert Zuschauer stürzten. Sanitäter mußten einige dutzend Menschen, vor allem Kinder, behandeln.

30. Minute: Nach wunderbarem Zuspiel von Conen in den freien Raum konnte Lenz ungehindert seine Torjägerqualitäten unter Beweis stellen. Torhüter Planicka war ohne Chance. 35. Minute: Der tschechische Supertechniker Nejedly mußte humpelnd den Platz verlassen. Für ihn kam Faczinek. 41. Minute: Gegen den völlig frei stehenden Fath rettete Planicka mit einer Glanzparade.

48. Minute: Nach Vorlage von Sobotka vergab Kopecky die erste große Torgelegenheit für die Tschechoslowaken. 50. Minute: Eine gute Torchance für die deutsche Mannschaft; Planicka konnte jedoch den Schuß von Conen halten. 51. Minute: Nach herrlichem Flankenlauf von Linksaußen Puc und schöner Hereingabe über die gesamte deutsche Abwehr hinweg hatte Rechtsaußen Hruska keine Probleme zum 1:1 einzuköpfen.

55. Minute: Fath war nach herrlichem Steilpaß von Siffling alleine durch. Er lief auf Torhüter Planicka zu, der ihm entgegenstürzte. Sie prallten zusammen, der Ball sprang in die Mitte. Noch bevor Planicka wieder in seinem Tor war, schoß Lenz unhaltbar

zum 2:1 für die deutsche Mannschaft ein. 62. Minute: Erneut zog Fath mit einem Steilpaß von Siffling auf und davon und kollidierte mit Torhüter Planicka, der danach verletzt ausscheiden mußte. 65. Minute: Wie schon beim Ausgleichstreffer der Tschechoslowaken flankte Puc erneut über die gesamte deutsche Abwehr hinweg, aber dieses Mal verfehlte Rechtsaußen Hruska mit seinem Kopfball das deutsche Tor.

73. Minute: Puc, nach dem Ausscheiden von Nejedly mit Abstand der beste Stürmer der Tschechoslowakei, konnte abermals von der deutschen Abwehr nicht gehalten werden. Tiefel zog ihm im letzten Augenblick die Beine weg, so daß Schiedsrichter Langenus nur auf den Elfmeterpunkt zeigen konnte. Der tschechische Mittelstürmer hatte keine Nerven, sein schwacher Schuß war für Torhüter Jakob leichte Beute. 80. Minute: Nach Steilpaß von Fath hatte Conen die ganz große Chance auf 3:1 zu erhöhen, aber er vergab sie. 89. Minute: Noch einmal Aufregung vor dem deutschen Tor, nach einem Freistoß von Srbek. Den angeschnittenen Ball konnte Jakob gerade noch mit den Fingerspitzen über die Latte lenken. Der deutschen Nationalmannschaft war ein beachtlicher Sieg gelungen.

❖

Vorbericht zum 114. Länderspiel: Zum Ende einer großen Saison gab es noch eine Nordlandreise mit den Spielen gegen Norwegen und Schweden. Dieses Mal verzichtete man beim D.F.B. darauf, Talente mitzunehmen; die erfolgreiche Mannschaft sollte die Saison abrunden. Im Aufgebot für die Spiele in Skandinavien standen:

Tor: Jakob, Buchloh
Verteidiger: Janes, Tiefel, Busch
Läufer: Gramlich, Goldbrunner, Münzenberg, Zielinski, Bender
Stürmer: Lehner, Lenz, Conen, Siffling, Rohwedder, Fath, Kobierski

Zum erweiterten Kreis gehörten lediglich noch Hohmann und Rasselnberg (beide VfL Benrath) und der Regisseur des Deutschen Meisters 1935, Fritz Szepan (Schalke 04). Die große Zeit der Schalker sollte aber noch kommen.

27.6.1935 in Oslo

Norwegen - Deutschland 1:1 (0:0)

SR: Flisberg (Schweden), Zuschauer: 20.000
Norwegen: H.Johansen; N.Eriksen, Holmsen; Henriksen, Juve, Bretteville; S.Hansen, R.Kvammen, Hoel, W.Danielsen, Hval
Deutschland: Jakob -13 (Jahn Regensb.); Janes -15 (Fort. Düsseld.), Tiefel -3 (Eintr. Frankf.); Gramlich -16 (Eintr. Frankf.), Goldbrunner -7 (Bayern München), Zielinski -11 (Union Hamborn); Lehner -17 (Schwaben Augsb.), Lenz -4 (BVB), Conen -11 (FV Saarbr.), Siffling -11 (SV Waldhof), Fath -7 (Wormatia Worms). Mannschaftskapitän: Gramlich
Tore: 0:1 Lenz (56.), 1:1 Hoel (64.)
Beste Spieler: Henriksen, Kvammen - Zielinski, Jakob
Bericht: Der norwegische Spielführer Juve gewann die Seitenwahl, die deutsche Mannschaft hatte Anstoß. 2. Minute: Das Spiel der deutschen Elf lief gut. Nach Kopfballvorlage von Conen verfehlte Seppl Fath nur ganz knapp das Tor der Norweger. 4. Minute: Der erste gefährliche Angriff der Norweger, mit dem Jakob, der in die tiefstehende Sonne schauen mußte, viel Mühe hatte. 8. Minute: Nach Steilpaß von Siffling hatte Edmund Conen die erste große Torgelegenheit. Er wurde jedoch stark bedrängt, so daß kein richtiger Schuß zustande kam. 11. Minute: Innerhalb einer Minute gleich zwei gefährliche Angriffe der deutschen Mannschaft mit Chancen für Lenz und Conen, die beide von Johansen vereitelt wurden. 25. Minute: 5 Minuten lang entfachten die Norweger vor dem deutschen Tor viel Unruhe. Mehrfach hatten sie die besten Einschußmöglichkeiten, die aber nicht genutzt wurden.

45. Minute: Die letzten 20 Minuten der ersten Halbzeit konnten die Norweger ausgeglichen gestalten. Allerdings besaß die deutsche Mannschaft die wesentlich besseren Torgelegenheiten, aber an diesem Tag fehlte ihnen das Glück. Zudem hatten Lehner und Conen einen ausgesprochen schlechten Tag.

50. Minute: Nach einem Freistoß von Zielinski hatte Conen die ganz große Chance zum 1:0. Freistehend jagte er den Ball an die Latte und den Nachschuß sogar über das Tor. 52. Minute: Linksaußen Hval lief ganz allein auf Torhüter Jakob zu, der im richtigen Augenblick aus seinem Tor heraus kam und das Schlimmste verhinderte. 56. Minute: Durch eine Energieleistung von Mittelstürmer Lenz, der sich zweimal den Ball zurückerkämpfte und dann mit einem plazierten Schuß das norwegische Tor traf, ging die deutsche Mannschaft 1:0 in Führung.

64. Minute: Bei einer Vorlage von Henriksen schlug Goldbrunner über den Ball. Der kleine Mittelstürmer Hoel stand frei und schoß sofort an Jakob vorbei zum 1:1 ein. 83. Minute: Es gab wohl selten ein Spiel, in dem die deutsche Mannschaft so viele Torgelegenheiten ausließ. An diesem Tag wäre leicht ein zweistelliges Ergebnis möglich gewesen. 87. Minute: Bei einem Konter der Norweger machte Goldbrunner noch einmal einen katastrophalen Fehler. Erneut hatte Mittelstürmer Hoel die Chance zum Tor, vergab aber überhastet. 90. Minute: Vom Spielverlauf und den Torchancen her, hätte die deutsche Mannschaft mindestens mit vier, fünf Toren Unterschied gewinnen müssen. Da aber selbst größte Torgelegenheiten, die normalerweise für zwei oder drei Siege gereicht hätten, nicht genutzt wurden, endete das Spiel mit 1:1.

❖

Vorbericht zum 115. Länderspiel: Das Norwegen-Spiel hatte deutlich gemacht, daß die deutsche Nationalmannschaft völlig ausgebrannt war. Das vom Nationalteam praktizierte Steil- und Tempospiel, vor allem auf die Kraft aufgebaut, hatte zu viel Energie gekostet. Immerhin war die deutsche Mannschaft eine reine Amateurelf, wo jeder seinen Beruf hatte und lediglich mal für den Fußball freigestellt wurde. Wegen dieses hohen Energie- und Konzentrationsverlustes wurden gegen Schweden alle Spieler eingesetzt, die sich gegen Norwegen ausruhen konnten.

30.6.1935 in Stockholm

Schweden - Deutschland 3:1 (1:0)

SR: Ulrich (Dänemark), Zuschauer: 21.000
Schweden: Bergquist; Axelsson, S.Andersson; Berg, Essmann, E.Andersson; R.Carlsson, E.Persson, S.Jonasson, K.E.Grahn, Hallman
Deutschland: Buchloh -12 (VfB Speldorf); Janes -16 (Fort. Düsseld.), Tiefel -4 (Eintr. Frankf.); Zielinski -12 (Union Hamborn), Münzenberg -11 (Alem. Aachen), Bender -9 (Fort. Düsseld.); Lehner -18 (Schwaben Augsb.), Siffling -12 (SV Waldhof), Conen -12 (FV Saarbr.), Rohwedder -4 (TV Eimsbüttel), Kobierski -19 (Fort. Düsseld.). Mannschaftskapitän: Münzenberg
Tore: 1:0, 2:0 Hallmann (29., 50.), 3:0 S.Jonasson (60.), 3:1 Rohwedder (68.)
Beste Spieler: Bergquist, Hallmann, Axelsson - Münzenberg, Zielinski
Bericht: Bereits vor dem Spiel stand fest, daß die ausgelaugte deutsche Mannschaft es sehr schwer haben würde. Die Schweden machten auch von Anfang an Druck. 2. Minute: Einen gefährlichen Schuß von Jonasson konnte Tiefel gerade noch auf der Linie wegköpfen. 15. Minute: Nach den ersten drei Minuten hatte die deutsche Mannschaft die Initiative übernommen. Sie lag fast ständig im Angriff, aber Fehlpässe an der Strafraumgrenze machten die besten Möglichkeiten zunichte. 21. Minute: Einen gefährlich angeschnittenen Freistoß konnte Torhüter Buchloh in letzter Sekunde retten. 24. Minute: Nach einem Konter von

Hallman und anschließender Flanke über die gesamte deutsche Abwehr hinweg, köpfte Carlsson den Ball an die Latte. 29. Minute: Nach einer Ecke erzielte Linksaußen Hallman aus einem Spielerknäuel heraus das 1:0 für Schweden.

45. Minute: In der letzten Viertelstunde der ersten Halbzeit hatte die deutsche Mannschaft mindestens 10 gute Torgelegenheiten! Es war zum Verzweifeln, wie kläglich diese vergeben wurden. So stand es 1:0 für Schweden, obwohl die deutsche Mannschaft klar überlegen war.

50. Minute: Nach einem Freistoß ließ Hallman mit einem schönen Trick Janes ins Leere laufen und traf mit seinem Drehschuß genau in den Torwinkel zum 2:0 für Schweden.

54. Minute: Torhüter Bergquist, der mit Abstand beste schwedische Spieler, verhinderte mit zwei Glanzparaden den deutschen Anschlußtreffer. 60. Minute: Auch der dritte Treffer gegen die deutsche Mannschaft entstand aus einer Standardsituation heraus. Jonasson sprang genau im richtigen Moment in eine von Carlsson getretene Ecke und köpfte zum 3:0 ein.

68. Minute: Nach einem vom Schiedsrichter aberkannten Abseitstreffer der Schweden, kam die deutsche Mannschaft im Gegenzug durch einen knallharten Schuß von Rohwedder, der knapp am Innenpfosten vorbei im Tor einschlug, zum einzigen Treffer. 90. Minute: Auch in der letzten halben Stunde war die deutsche Mannschaft überlegen. Sie konnte jedoch den mit einer fantastischen Reaktion ausgestatteten Torhüter Bergquist nicht mehr bezwingen. Trotz überlegen geführtem Spiel verlor die deutsche Mannschaft, weil es die Schweden verstanden hatten, ihre wenigen Torgelegenheiten zu nutzen.

❖

Das deutsche Aufgebot vor der Nordlandreise 1935; v.l., hintere Reihe: Buchloh, Rohwedder, Reichstrainer Otto Nerz, Tiefel, ein deutscher Gesandter, Jakob, Siffling; mittlere Reihe: Münzenberg, R.Gramlich, Zielinski, Bender, Kobierski, Janes, Conen, Lenz; vorne: Fath, Lehner, Goldbrunner, Busch

1935/36

Bilanz 1935/36
11 Spiele: 9 Siege, 0 Unentschieden, 2 Niederlagen, 31:12 Tore
Zuschauer: 406.000
In 11 Spielen wurden 47 Spieler eingesetzt, davon waren 22 Neulinge.

Die Spieler der Saison:
Reinhold Münzenberg	7	Spiele
Ludwig Goldbrunner	6	"
Ernst Lehner	6	"
Fritz Szepan	6	"
Rudolf Gramlich	5	"
Hans Jakob	5	"
Otto Siffling	5	"
Paul Janes	5	"
August Lenz	5	"
Josef Fath	4	"
Karl Hohmann	4	"
Wilhelm Simetsreiter	4	"
Hermann Gramlich	3	"
Josef Rasselnberg	3	"
Sigmund Haringer	3	"
Willi Tiefel	3	"
Fritz Buchloh	3	"
Albin Kitzinger	3	"
Andreas Munkert	3	"
Edmund Conen	2	"
Paul Zielinski	2	"
Werner Schulz	2	"
Edmund Malecki	2	"
Willy Jürissen	2	"
Paul Mathies	2	"
Wilhelm Sold	2	"
Franz Elbern	2	"
Rudolf Gellesch	2	"
Heinrich Sonnrein	2	"
Adolf Urban	2	"
Willi Busch	1	Spiel
Günter Stephan	1	"
Willi Fricke	1	"
Walter Günther	1	"
Heinz Werner	1	"
Fritz Deike	1	"
Albert Sukop	1	"
Ludwig Damminger	1	"
Erwin Stührk	1	"
Fritz Ruchay	1	"
Hans Appel	1	"
Kurt Langenbein	1	"
Herbert Panse	1	"
Otto Böckle	1	"
Mathias Heidemann	1	"
Heinz Warnke	1	"
Ernst Pörtgen	1	"

Tore der Saison:
Wilhelm Simetsreiter	5	Tore
Ernst Lehner	5	"
Edmund Conen	4	"
August Lenz	3	"
Josef Rasselnberg	2	"
Josef Fath	2	"
Karl Hohmann	2	"
Walter Günther	1	Tor
Edmund Malecki	1	"
Ludwig Damminger	1	"
Kurt Langenbein	1	"
Herbert Panse	1	"
Ernst Pörtgen	1	"
Albin Kitzinger	1	"
Adolf Urban	1	"

Mannschaftsführer waren:
Fritz Szepan	6	mal
Karl Hohmann	2	"
Willi Busch	1	"
Rudolf Gramlich	1	"
Willi Tiefel	1	"

Rangliste der Nationalspieler des Jahres:
1. Reinhold Münzenberg (Alemannia Aachen)
2. Fritz Szepan (FC Schalke 04)
3. Ludwig Goldbrunner (Bayern München)
4. Hans Jakob (Jahn Regensburg)
5. Josef Rasselnberg (VfL Benrath)
6. Hermann Gramlich (Villingen)
   Albin Kitzinger (FC Schweinfurt 05)
8. Wilhelm Simetsreiter (Bayern München)
   Otto Siffling (SV Waldhof)
   August Lenz (BV Borussia Dortmund)
   Ernst Lehner (Schwaben Augsburg)

Vorbericht zum 116. und 117. Länderspiel: Für die Olympiasaison wurde mit aller Sorgfalt vorgeplant. Zuerst mußte gegen 7 zweit- und drittklassige Fußballnationen gespielt werden. In diesen Spielen sollten möglichst alle Talente erprobt werden. Zum Abschluß waren dann 4 schwere Auswärtsspiele gegen England, Spanien, Portugal und Ungarn vorgesehen, wo sich die beste Mannschaft für das Olympische Fußballturnier einspielen sollte.

Ein Novum war es, daß gleich zweimal jeweils 2 Länderspiele an einem Tag ausgetragen wurden, um auch möglichst viele Spieler zu testen. So begann die Saison am 18.8. mit 2 Spielen, in München gegen Finnland und in Luxemburg. Ein 2-wöchiger Lehrgang in Duisburg-Wedau ging den Länderspielen voraus. 60 (!) Kandidaten hatte Reichstrainer Nerz auf dem Lehrgang getestet, wovon er dann folgende Spieler für die beiden Länderspiele nominierte:

Tor: Jakob, Buchloh, Jürisen, Ittel

Verteidiger: Janes, Tiefel, Munkert, Busch, Eufinger, H.Gramlich

Läufer: R.Gramlich, Goldbrunner, Zielinski, W.Schulz, Bender, Sold, Deike, Stephan, O.Tibulski, Rasselnberg, Seitz

Stürmer: Lehner, Siffling, Conen, Szepan, Fath, Lenz, Hohmann, Heidemann, Pörtgen, Pickartz, Elbern, Fricke, Gellesch, Urban, Günther, Graf, Schlawitzki

Während gegen Finnland quasi eine A-Elf spielte, kamen gegen Luxemburg Jürissen, H.Gramlich, Sold, Stephan, Elbern, Gellesch, Fricke, Urban, Günther, also 9 Neulinge zum Einsatz. Aus dem Aufgebot wurden Eufinger (Hanau), Seitz (Kornwestheim), Pickartz (VfL Benrath), Graf (Turu Düsseldorf), Schlawitzki und Ittel nie Nationalspieler.

18.8.1935 in München

Deutschland - Finnland 6:0 (3:0)

SR: Pfitzner (Tschechoslowakei), Zuschauer: 35.000
Deutschland: Jakob -14 (Jahn Regensb.); Janes -17 (Fort.Düsseld.), Munkert -2 (1.FC Nürnberg); R.Gramlich -17 (Eintr. Frankf.), Goldbrunner -8 (Bayern München), W.Schulz -2 (Arm. Hannover); Lehner -19 (Schwaben Augsb.), Siffling -13 (SV Waldhof), Conen -13 (FV Saarbrücken), Szepan -11 (Schalke 04), Fath -8 (Wormatia Worms). Mannschaftskapitän: Szepan

Finnland: Rinne; F.Karjagin, Oksanen; Viinioksa, Malmgren, Leo Karjagin; Kaponen, Weckström (ab 40. Kekkonen), Larvo, Grönlund, Salin

Tore: 1:0, 2:0 Lehner (3., 30.), 3:0 Conen (43.), 4:0 Conen (46.), 5:0 Lehner (56.), 6:0 Conen (75.)

Beste Spieler: Lehner, Conen, Goldbrunner - Viinioksa, Koponen

Bericht: Die großen Erfolge von Schalke 04, die zum zweitenmal unter ihrem Regisseur Szepan Deutscher Fußballmeister geworden waren, veranlaßten Reichstrainer Otto Nerz, den Schalker Spielmacher wieder in die Nationalmannschaft zurückzuholen. Er sollte das deutsche Spiel lenken und effektiver gestalten.

3. Minute: In halblinker Position hatte sich Siffling durchgespielt, flankte überraschend nach rechts, wo Ernst Lehner stand, der freistehend über die finnische Abwehr hinweg zum 1:0 für Deutschland ins Tor traf. 8. Minute: Nur um Millimeter sauste ein Schuß von Linksaußen Salin am Pfosten des deutschen Tores vorbei. 9. Minute: Einen herrlichen Schuß von Fath konnte Torhüter Rinne nur in letzter Sekunde abwehren.

30. Minute: Nach einem traumhaften Paß von Szepan in den freien Raum hatte Lehner keine Mühe den Ball plaziert zum 2:0 für die deutsche Mannschaft einzuschießen. 36. Minute: Nach einer finnischen Ecke kam die deutsche Elf steil aus der Abwehr

heraus. Im Abschluß haperte es jedoch weiter, denn Conens Schuß aus günstiger Position ging am Tor vorbei. 43. Minute: Nach Vorarbeit von Siffling und Lehner gelang Conen das 3:0.

46. Minute: Bereits der erste Angriff der deutschen Mannschaft nach Wiederanpfiff brachte die 4:0-Führung, der Schuß von Conen schien haltbar. 50. Minute: Immer wieder sah man von den einzelnen deutschen Spielern eine glänzende Technik und Schnelligkeit, aber keinen Blick für den besser postierten Mitspieler. Trotz des deutlichen 4:0 konnte man nicht mit der Elf von Otto Nerz zufrieden sein. Auch wenn sie 4 Tore gegen den allerdings sehr schwachen Gegner geschossen hatte. 56. Minute: Nach schönem Doppelpaßspiel Conen-Lehner, stand der Augsburger völlig frei und konnte das 5:0 erzielen.

75. Minute: Den Schlußpunkt in dem keineswegs überzeugenden Spiel setzte Conen mit einem Alleingang. Er ließ alle Gegner stehen, die sich ihm in den Weg stellten, und traf unhaltbar zum 6:0. Trotz dieses klaren Erfolges fand die deutsche Mannschaft nie zu ihrem Spiel.

❖

18.8.1935 in Luxemburg

Luxemburg - Deutschland 0:1 (0:1)

SR: Baert (Belgien), Zuschauer: 16.000
Luxemburg: Hoscheid; Mousel, Majerus; Fischer, Bommertz, Theis; Schmit, M.Becker, Wantz, Mengel, Touba
Deutschland: Jürissen -1 (RWO); Busch -12 (Duisburg 99), H.Gramlich -1 (Villingen); Zielinski -13 (Union Hamborn), Sold -1 (FV Saarbr.), Stephan -1 (SW Essen); Elbern -1 (SV Beuel), Gellesch -1 (Schalke 04), Fricke -1 (Arm. Hannover), Urban -1 (Schalke 04), Günther -1 (Duisb. 99). Mannschaftskapitän: Busch
Tor: 1:0 Günther (43.)
Beste Spieler: Mousel, Hoscheid - H.Gramlich, Sold
Bericht: Die Nachwuchself in Luxemburg wurde von Sepp Herberger betreut.

3. Minute: Die erste große Chance für die deutsche Mannschaft bot sich Rechtsaußen Elbern, die er jedoch nicht nutzen konnte. 15. Minute: Für 10 Minuten hatten die Luxemburger das Spiel ausgeglichen gestalten können. 16. Minute: Die einzige echte Torchance der Luxemburger konnte Mittelstürmer Wantz nicht verwerten.

30. Minute: Die deutsche Mannschaft machte zu wenig Druck und auch gute Torgelegenheiten konnten nicht genutzt werden. 43. Minute: Nach herrlichem Paß von Gellesch stand Linksaußen Günther völlig frei und konnte mit einem harten und plazierten Schuß das 1:0 erzielen. Es sollte das einzige Tor des Spiels werden.

60. Minute: Die erste Viertelstunde der zweiten Halbzeit wurde von den Luxemburgern bestimmt, ohne jedoch zu klaren Torgelegenheiten zu kommen.

90. Minute: Für den Rest des Spiels bestimmte wieder die deutsche Mannschaft das Geschehen. Es blieb jedoch nicht verborgen, daß der überwiegende Teil der Mannschaft noch nicht reif für größere Aufgaben war.

❖

Vorbericht zum 118. Länderspiel: Eine Woche nach dem Doppelländerspiel war Rumänien in Erfurt der nächste Gegner. Das Aufgebot:
Tor: Buchloh, Kath
Verteidiger: Münzenberg, H.Gramlich, Warnke
Läufer: Werner, Deike, Kitzinger, Böttger
Stürmer: Malecki, Lenz, Hohmann, Rasselnberg, Simetsreiter, Reinmann

Die Läuferreihe Werner, Deike und Kitzinger sowie der Außensturm Malecki und Simetsreiter sollten zu ihrem ersten Länderspiel kommen. Dagegen blieben alle Ersatzspieler, Kath (Vict. Hamburg), Warnke (Komet Bremen), Böttger (Merseburg) und Reinmann (Ilmenau), ohne jeden Länderspieleinsatz.

25.8.1935 in Erfurt

Deutschland - Rumänien 4:2 (1:1)

SR: van Moorsel (Holland), Zuschauer: 35.000
Deutschland: Buchloh -13 (VfB Speldorf); Münzenberg -12 (Alem. Aachen), H.Gramlich -2 (Villingen); Werner -1 (SV Jena), Deike -1 (Hannover 96), Kitzinger -1 (Schweinfurt 05); Malecki -1 (Hannover 96), Lenz -5 (BVB), Hohmann -16 (VfL Benrath), Rasselnberg -7 (VfL Benrath), Simetsreiter -1 (Bayern München). Mannschaftskapitän: Hohmann
Rumänien: Bugariu; Chiroiu (R.Bürger), Albu; Barbulescu, Steinbach, Deheleanu; Szillard, Beke, Baratky, Vilcov (Ciolac), Dobay
Tore: 1:0 Rasselnberg (21. Sek.), 1:1 Vilcov (15.), 2:1 Lenz (72.), 2:2 Vilcov (77.), 3:2 Simetsreiter (78.), 4:2 Hohmann (80.)
Beste Spieler: Kitzinger, Rasselnberg, H.Gramlich - Vilcov, Albu
Bericht: Mit 5 Neulingen und einigen erfahrenen Spielern wurde gegen das zweitklassige Rumänien getestet.

1. Minute: Vom Anstoß weg wanderte der Ball über 7 Stationen zu Hohmann, der wunderbar den freigelaufenen Rasselnberg anspielte. Mit einem unheimlich scharfen Schuß erzielte Rasselnberg bereits nach 21 Sekunden das 1:0. 3. Minute: Einen gefährlichen Freistoß des rumänischen Halblinken konnte Buchloh gerade noch abwehren. 4. Minute: Erneut war es Vilcov, der nach einem Freistoß mit einem Kopfball nur knapp das deutsche Tor verfehlte.

11. Minute: Ein knallharter Schuß von Rasselnberg donnerte gegen die Latte. Die deutsche Mannschaft hatte das Spiel inzwischen fest im Griff. Teilweise wurde großartig kombiniert und es wurden gute Torchancen herausgespielt. 15. Minute: Einer der stets gefährlichen Konter der Rumänen führte zum Ausgleichstreffer. Gegen den scharfen Schuß von Vilcov hatte Torhüter Buchloh keine Abwehrchance. 18. Minute: Nach ausgezeichneter Vorarbeit von Rasselnberg, der drei Gegner stehen ließ und auf den rechten Flügel zu Malecki flankte, vergab Hohmann, auf Vorlage des Hannoveraners, die Chance zur erneuten Führung. Sein Schuß ging nur knapp über den Kasten.

31. Minute: Nach einem verunglückten Abschlag hatte Lenz die Führung auf dem Fuß, aber er vergab sie. 35. Minute: Immer wieder Rasselnberg! Sein Schuß strich nur ganz knapp am Pfosten vorbei. 36. Minute: Der rumänische Sturmführer Baratky glänzte mit seiner Technik. Er hatte allerdings Pech, daß sein Schuß knapp das Tor verfehlte. 37. Minute: Einen Schuß von Hohmann konnte ein Verteidiger für den geschlagenen Torhüter auf der Linie abwehren. 43. Minute: Ein herrlicher Flugkopfball von Lenz strich nur knapp über die Latte.

60. Minute: In der zweiten Halbzeit wurde das Spiel immer ausgeglichener. Zwar hatte die deutsche Mannschaft weiterhin die besseren Torchancen, aber Lenz und vor allem Malecki ließen sie serienweise aus. 68. Minute: In letzter Sekunde konnte Gramlich einen gefährlichen rumänischen Angriff zur Ecke abwehren. 69. Minute: Nachdem gerade Lenz in aussichtsreicher Position verstolpert hatte, bot sich Linksaußen Dobay auf der anderen Seite die Chance zum Führungstor. Buchloh war jedoch zur Stelle und verhinderte Schlimmeres. 72. Minute: Nach einer abgewehrten Ecke sah Kitzinger das Loch in der rumänischen Abwehr. Der schöne Paß war maßgerecht für Lenz, der direkt zum 2:1 einschoß.

77. Minute: Nachdem Buchloh seinen einzigen Fehler beging und eine Flanke unterlief, hatte Halblinks Vilcov keine Mühe zum Ausgleich einzuschießen. 78. Minute: Sofort nach dem Anstoß schickte Hohmann Linksaußen Simetsreiter in die Gasse. Ein schöner Schuß des Münchner Linksaußens stellte wieder den alten Abstand her. 80. Minute: Nach Flanke von Malecki lenkte Lenz den Ball direkt weiter zu Hohmann; der nahm den Ball aus

Diese deutsche Nationalmannschaft gewann 4:2 in Erfurt gegen Rumänien; v.l.: Hohmann, Buchloh, Rasselnberg, Münzenberg, Deike, Siemetsreiter, Werner, Lenz, Kitzinger, Malecki, R.Gramlich

der Luft an und jagte ihn ohne lange zu fackeln ins gegnerische Tor. Mit 4:2 war die Entscheidung gefallen. 90. Minute: Die Rumänen hatten nicht mehr die Kraft, dem Spiel noch eine Wende zu geben.

❖

Vorbericht zum 119. und 120. Länderspiel: Nach 3 Testspielen mit 3 Siegen gab es nur wenige neue Erkenntnisse. Die erfreulichste: die deutsche Nationalmannschaft hatte 3 Klassetorhüter. Jeder verfügte über besondere Fähigkeiten. Jakob war mit hohen Bällen kaum zu schlagen, und Buchloh selten bei flachen Bällen. Jürissen zeichnete sich durch seine tollen Reflexe aus. Auf alle 3 war Verlaß. Ansonsten waren nur Hermann Gramlich (Villingen) und Albin Kitzinger (Schweinfurt) besonders aufgefallen.

Für den 15.9. waren erneut 2 Test-Länderspiele angesetzt. Das Aufgebot für das schwerere Spiel in Breslau gegen Polen lautete:

Tor: Jakob, Bauer
Verteidiger: Haringer, H.Gramlich, Koppa
Läufer: R.Gramlich, Goldbrunner, Kitzinger, Rose
Stürmer: Lehner, Lenz, Conen, Siffling, Fath, Schön, Framke

Von den Neulingen kamen Bauer (Breslau), Framke (Blau-Weiß 90) und Koppa (Gleiwitz) nie zu einem Länderspiel, während Rose (VfB Leipzig) und Schön (Dresdener SC) erst 1937 zu ihrem ersten Einsatz kamen.

Für das Länderspiel gegen Estland in Stettin wurden aufgeboten:

Tor: Sonnrein, Kutz
Verteidiger: Münzenberg, Tiefel, H.Müller
Läufer: Sukop, Mathies, W.Schulz, Warnken
Stürmer: Malecki, Hohmann, Damminger, Rasselnberg, Simetsreiter, Goede

Von den Neulingen kam Warnken (Bremen) einen Monat später zu einem Länderspiel, während Kutz und Müller (beide SC Stettin) ohne blieben. Bei Goede (B.SV 92) dauerte es sogar bis 1939.

15.9.1935 in Breslau

Deutschand - Polen 1:0 (1:0)

SR: O.Olssen (Schweden), Zuschauer: 45.000
Deutschland: Jakob -15 (Jahn Regensb.); Haringer -12 (Bayern München), H.Gramlich -3 (Villingen); R.Gramlich -18 (Eintracht Frankf.), Goldbrunner -9 (Bayern München), Zielinski -14 (FV Saarbr.); Lehner -20 (Schwaben Augsburg), Lenz -6 (Borussia Dortmund), Conen -14 (FV Saarbrücken), Siffling -14 (SV Waldhof), Fath -9 (Wormatia Worms). Mannschaftskapitän: R.Gramlich
Polen: Albanski; Martyna, Doniec; J.Kotlarzyk II, Wasiewicz, Dytko; R.Piec I, Giemza, F.Scherfke II, Artur Wozniak, W.Kisielinski II

Tor: 1:0 Conen (34.)
Beste Spieler: R.Gramlich, Siffling - Albanski, Martyna
Bericht: Vor allem sollte sich die deutsche Sturmreihe bewähren, nachdem die Stürmer in den vergangenen Spielen zu viele Torgelegenheiten ausgelassen hatten.

1. Minute: Gramlich mußte seinen Gegenspieler ziehen lassen, dessen Schuß nur ganz knapp das deutsche Tor verfehlte. 3. Minute: Nach schöner Kombination Zielinski-Lehner-Lenz konnte Albanski den scharfen Schuß des Dortmunders halten. 7. Minute: Mit einem technischen Kabinettstückchen erspielte sich Linksaußen Fath von Worms eine Torgelegenheit. Er klemmte den Ball zwischen die Hacken, sprang hoch und hob den Ball über sich und den Gegner hinweg, so daß er freie Bahn hatte. Im letzten Augenblick konnte ein polnischer Abwehrspieler retten.

12. Minute: Einen wuchtigen Freistoß von Lehner konnte Albanski halten. 15. Minute: Es war auffallend, daß der hochgelobte Verteidiger Gramlich sowie Haringer ausgesprochen schwach spielten. Auf der Gegenseite waren die polnischen Verteidiger die stärksten Spieler ihrer Mannschaft. 20. Minute: Mit einem Steilpaß lief Linksaußen Fath alleine auf das polnische Tor zu an dem herausstürzenden Albanski vorbei; das Tor schien unvermeidlich, aber Martyna konnte kurz vor der Linie klären.

34. Minute: Nach einem Steilpaß von Siffling flankte Fath sofort in die Mitte, wo Conen den Ball aus der Luft direkt nahm und unter die Latte schmetterte. Das verdiente Führungstor gegen die abwehrstarken Polen. 45. Minute: Erneut hatte die deutsche Mannschaft wunderschönen Fußball gespielt. Jeder einzelne Stürmer hatte mit technischen Kunststückchen geglänzt und sich Beifall auf offener Szene geholt. Was wieder einmal fehlte, war die effektive Ausnutzung der Torchancen.

55. Minute: Bereits in den ersten 10 Minuten der zweiten Halbzeit hatte die deutsche Mannschaft 5 hundertprozentige Torchancen, die alle nicht genutzt wurden. 75. Minute: Obwohl sich das ganze Spielgeschehen fast nur in die polnische Hälfte verlagerte, rannte sich der deutsche Sturm immer wieder an der polnischen Abwehr fest. Wenn doch einmal ein Ball durchkam, hielt der ausgezeichnete Torhüter Albanski.

90. Minute: Alle weiteren Bemühungen der deutschen Mannschaft blieben vergebens. In den letzen 10 Minuten hatten sogar die Polen noch die eine oder andere Gelegenheit zum Ausgleich. Erneut waren alle enttäuscht vom deutschen Angriff.

❖

15.9.1935 in Stettin

Deutschland - Estland 5:0 (2:0)

SR: Malmström (Schweden), Zuschauer: 15.000
Deutschland: Sonnrein -1 (FC Haunau 93); Münzenberg -13 (Alem. Aachen), Tiefel -5 (Eintr. Frankf.); Sukop -1 (Eintr. Braunschweig), Mathies (Preußen Danzig), W.Schulz -3 (Arm. Hannover); Malecki -2 (Hannover 96), Hohmann -17 (VfL Benrath), Damminger -3 (Karlsr.FV), Rasselnberg -8 (VfL Benrath), Simetsreiter -2 (Bayern München)
Mannschaftskapitän: Hohmann
Estland: Tipner; Einmann, Neeris; Saar, Sillak, Vallkenpert, Uukkivi, Kippar, Kuremaa, Lasner, Tsutsolow

Tore: 1:0 Malecki (3.), 2:0 Simetsreiter (33.), 3:0 Rasselnberg (46.), 4:0 Simetsreiter (65.), 5:0 Damminger (81.)
Beste Spieler: Rasselnberg, Malecki, Simetsreiter - Tipner, Neeris

Bericht: Daß Estland kein echter Prüfstein war, sondern lediglich dazu dienen konnte, weitere Spieler zu testen, war bereits vor dem Spiel jedem klar.

3. Minute: Bereits der erste gefährliche Angriff der deutschen Mannschaft brachte die Führung. Als Damminger und Verteidiger Einmann eine Flanke von Rasselnberg verpaßten, war Malecki aus 5 Metern Entfernung zur Stelle, um mit dem linken Fuß einzuschießen. 5. Minute: Innerhalb von zwei Minuten mußte der überragende Spieler Estlands, Torhüter Tipner, viermal gefährliche Angriffe der deutschen Mannschaft abfangen. 6. Minute: Der erste Angriff Estlands wurde von Tiefel beendet.

30. Minute: Die größte Chance bis dahin vergab Linksaußen Simetsreiter. 33. Minute: Als Folge der drückenden Überlegenheit der deutschen Mannschaft fiel das 2:0. Nach einem herrlichen Schuß von Simetsreiter, den Torhüter Tipner nur abwehren konnte, köpfte der Münchner Linksaußen den Ball hoch über Tipner hinweg ins Tor. 41. Minute: Der beste deutsche Stürmer, Rasselnberg, hatte viel Pech als Tipner einen scharfen Schuß von ihm gerade noch über die Latte lenken konnte.

46. Minute: Es waren erst 50 Sekunden in der zweiten Halbzeit gespielt, als Rasselnberg nach Kopfballvorlage von Damminger noch einige Schritte lief, um dann unhaltbar hoch in die linke Ecke zu schießen. 65. Minute: Nach dem klaren 3:0-Vorsprung ließ der Druck der deutschen Mannschaft ein wenig nach. Nach Flanke von Malecki konnte Simetsreiter den Ball leicht an Tipner vorbeischieben. 4:0 für die deutsche Elf. 70. Minute: Endlich konnte sich auch einmal der sehr sichere Torhüter Sonnrein auszeichnen. Einen 20-Meter-Schuß von Sillak holte er genau aus dem Winkel.

80. Minute: Die Estländer waren mit ihrer Kraft sichtlich am Ende und kamen kaum noch über die Mittellinie. 81. Minute: Erneut war es Malecki, der in die Mitte flankte, wo Damminger den Ball geschickt an Torhüter Tipner vorbei in die rechte untere Ecke schob.

90. Minute: Nur mit viel Glück überstanden die Estländer die letzten 10 Minuten ohne weitere Treffer. Alle deutschen Spieler, auch die Neulinge, verdienten sich durch ihr zuverlässiges Spiel gute Noten.

❖

Vorbericht zum 121. Länderspiel: Zum Testspiel gegen Lettland wurden nur 3 echte Neulinge aufgeboten: Ruchay, vom einheimischen Klub Prussia Samland-Königsberg, Panse, der Nebenspieler von Rohwedder bei Eimsbüttel, sowie Bökle vom VfB Stuttgart. Dazu wurden mit Stührk, Langenbein und Heidemann nochmals Spieler getestet, die bereits früher schon einmal zu Länderspielen gekommen waren. Alle 6 bestritten in diesem Spiel ihr letztes Länderspiel.

13.10.1935 in Königsberg

Deutschland - Lettland 3:0 (1:0)

SR: *Rutkowski (Polen), Zuschauer: 14.000*
Deutschland: Jürissen -2 (RWO); Stührk -3 (TV Eimsbüttel), Tiefel -6 (Eintr. Frankf.); Ruchay -1 (Prussia Samland), Mathies -2 (Preußen Danzig), Appel -3 (Berliner SV 92); Langenbein -2 (VfR Mannheim), Lenz -7 (BVB), Panse -1 (TV Eimsbüttel), Bökle -1 (VfB Stuttg.), Heidemann -3 (Werder Bremen). Mannschaftskapitän: Tiefel
Lettland: Lazdinsch; Lauks, Slavischens; Ausinsch, Kronlauks, Lidmanis; Wihtol, Petersons, Skintsch, Scheibel, Rositis
Tore: 1:0 Lenz (8.), 2:0 Pense (58.), 3:0 Langenbein (63.)
Beste Spieler: Jürissen, Lenz, Tiefel - Lazdinsch, Rositis, Lauks
Bericht: Alles andere als ein hoher Sieg für die deutsche Mannschaft wäre eine Überraschung gewesen.

8. Minute: Nach einem Eckball bekam Lenz den Ball genau vor die Füße, und zog sofort ab. Unhaltbar schlug das Leder unter die Latte ein. 1:0 für die deutsche Elf. 32. Minute: Erneut wußte Panse alleine vor Torhüter Lazdinsch den Ball nicht im Tor unterzubringen. Inzwischen waren die Letten gleichwertig. 45. Minute: Die Leistungen der deutschen Mannschaft waren enttäuschend. Lediglich Jürissen, Tiefel und vor allem Lenz konnten überzeugen. Es fehlte jedoch jeglicher Zusammenhalt in der deutschen Elf.

55. Minute: Ganz offensichtlich hatte es in der Halbzeitpause eine Standpauke für die deutsche Mannschaft gegeben, denn jetzt wurde viel zügiger gespielt und es war ein guter Wille erkennbar. 58. Minute: Ausgerechnet dem schwächsten deutschen Stürmer, Panse vom TV Eimsbüttel, gelang das 2:0 mit einem keineswegs scharfen, aber plazierten Schuß in die untere linke Ecke. 61. Minute: Nach einem Freistoß von Heidemann wartete Lenz zu lange mit dem Torschuß, so daß die Chance vorbei war. 63. Minute: Nach schönem Zusammenspiel des gesamten deutschen Sturms schoß Langenbein mit einem Heber über den zu weit vor seinem Tor postierten Lazdinsch zum 3:0 ins Netz.

❖

Vorbericht zum 122. Länderspiel: Langsam wurde es ernst. Für das Länderspiel des Jahres, in London gegen England, sollte sich die deutsche Abwehr noch einspielen können. Warnken (Komet Bremen) und Pörtgen (Schalke 04) bekamen als letzte Testspieler vor dem Olympischen Fußballturnier die Chance, sich in die Nationalelf zu spielen. Dagegen kamen Rose (VfB Leipzig) und Framke (Blau-Weiß 90 Berling) erneut nicht zum Einsatz.
Tor: Buchloh, Sonnrein
Verteidiger: Münzenberg, Haringer, Rose
Läufer: Werner, Gramlich, Goldbrunner, Warnken
Stürmer: Lehner, Siffling, Pörtgen, Szepan, Simetsreiter, Framke

Mit dem Schalker Spielmacher Fritz Szepan hatte Reichstrainer Otto Nerz sich jenen Spieler in sein Aufgebot zurückgeholt, der es wie kein anderer verstand, den Ball zu halten und damit einen Vorsprung zu sichern. Im Hinblick auf das Olympische Fußballturnier war das ganz wichtig.

20.10.1935 in Leipzig

Deutschland - Bulgarien 4:2 (2:0)

SR: *Ivancsics (Ungarn), Zuschauer: 29.000*
Deutschland: Buchloh -14 (VfB Speldorf); Münzenberg -14 (Alem. Aachen), Haringer -13 (Bayern München); R.Gramlich -19 (Eintr. Frankf.), Goldbrunner -10 (Bayern München), Warnken -1 (Komet Bremen); Lehner -21 (Schwaben Augsburg), Siffling -15 (SV Waldhof), Pörtgen -1, Szepan -12 (beide Schalke 04), Simetsreiter -3 (Bayern München). Mannschaftskapitän: Szepan
Bulgarien: Maznikov; Gikov, Mischalov; Minkovski, Rafailov, Gabrovski; Patschedschiev, Stoitschkov, Lozanov, Peschev, Pantschev
Tore: 1:0 Simetsreiter (29.), 2:0 Lehner (30.), 2:1 Patschedschiev (53.), 2:2 Pantschev (63.), 3:2 Simetsreiter (68.), 4:2 Pörtgen (73.)
Beste Spieler: Haringer, Simetsreiter, Siffling - Stoitschkov, Pantschev
Bericht: Die für Leipzig geringe Zuschauerzahl war etwas enttäuschend, aber aufgrund der schwachen Leistungen der deutschen Mannschaft in den letzten Spielen und auch wegen des eisigen Ostwindes, der an diesem Tag herrschte, verständlich. Die knapp 30.000 erwarteten von der deutschen Mannschaft eine Wiedergutmachung.

4. Minute: Nach Kopfballvorlage von Siffling hatte der Schalker Mittelstürmer Pörtgen seine erste Torgelegenheit. Sein Schuß kam schön dicht an den Pfosten, aber Maznikov im bulgarischen Tor reagierte blitzschnell. 10. Minute: Die deutsche Mannschaft hatte das Spiel klar in der Hand, kombinierte schön und ließ die Bulgaren kaum an den Ball kommen. 20. Minute: Inzwischen waren die Bulgaren besser ins Spiel gekommen und brachten die deutsche Abwehr in einige Verlegenheit. Die größeren Torchan-

cen lagen jedoch weiterhin auf Seiten der deutschen Stürmer. Statt jedoch im richtigen Augenblick zu schießen, wurde immer wieder der Nebenmann gesucht. Mittelstürmer Conen fehlte an allen Ecken und Enden.

29. Minute: Endlich wurde ein Angriff des gesamten deutschen Sturms erfolgreich abgeschlossen. Siffling und Szepan spielten Lehner mit einem schönen Doppelpaß frei, der flankte; Pörtgen täuschte an und ließ den Ball durchlaufen; Simetsreiter stand völlig frei, um zum 1:0 einzuschießen. 30. Minute: Die deutsche Mannschaft fing den Anstoß der Bulgaren sofort ab, und erneut kam Simetsreiter nach Vorarbeit des gesamten Sturms zum freien Schuß. Zwar konnte Torhüter Maznikov den Ball abwehren, aber Lehner war zur Stelle um zum 2:0 einzuschießen. Mit diesem Doppelschlag waren die Bulgaren erstmal demoralisiert. 45. Minute: Nach dem 2:0 wurde wieder im alten Trott quer und zurück gespielt. Selbst die deutsche Abwehr wurde jetzt leichtsinnig und ermöglichte so den Bulgaren die eine oder andere Torgelegenheit.

53. Minute: Nach einem herrlichen Schuß vom Halbrechten Stoitschkov, den Buchloh nur abklatschen konnte, war Patschedschiev zur Stelle und schoß das Anschlußtor. Die Abwehr hatte die Quittung für ihr leichtsinniges Spiel bekommen. 60. Minute: Die deutsche Mannschaft fand überhaupt nicht mehr zu ihrem Spiel zurück. Alles blieb nur Stückwerk und endete vor dem Strafraum der Bulgaren. 63. Minute: Nach einem Konter über den rechten Flügel und einer weiten Flanke auf den völlig freistehenden Linksaußen Patschev, stand es nur noch 2:2. 68. Minute: Nachdem die deutsche Mannschaft völlig einzubrechen drohte, fiel ganz überraschend das 3:2. Eine hohe Flanke von Lehner über die gesamte bulgarische Abwehr hinweg nahm Linksaußen Simetsreiter direkt und donnerte den Ball mit unheimlicher Wucht ins bulgarische Tor. Dieser Treffer kam genau zur richtigen Zeit.

72. Minute: Endlich lief das Spiel der deutschen Mannschaft. Die Bulgaren hatten keine Kraft mehr gegen die jetzt stürmischen, schnell vorgetragenen und direkten Angriffe der deutschen Elf. 73. Minute: Eine Meisterleistung von Siffling ging dem vierten Tor voraus. Mit schnellem Antritt umspielte er gleich vier Bulgaren und flankte von der Torauslinie aus zurück zum freistehenden Pörtgen, der den Ball mit der Brust zum 4:2 ins Tor lenkte. 74. Minute: Nach schöner Kombination Szepan-Pörtgen-Simetsreiter, hob der Linksaußen den Ball nur ganz knapp über die Latte. Im deutschen Spiel, vor allem im Sturm lief es jetzt. 78. Minute: Den alleine durchstürmenden Lehner konnten die Bulgaren nur noch im Strafraum zu Fall bringen. Der Schiedsrichter drückte jedoch beide Augen zu.

90. Minute: Zumindest in den letzten 20 Minute hatte die deutsche Mannschaft gezeigt, daß sie ihr erfolgreiches Sturmspiel noch beherrschte. Es war insgesamt ein hochverdienter Sieg, aber zufrieden konnte man mit den Leistungen noch nicht sein.

❖

Vorbericht zum 123. Länderspiel: 2 Wochen vor dem wichtigsten Länderspiel des Jahres lud Reichstrainer Otto Nerz 28 Spieler zum Lehrgang nach Berlin ein:

Tor: Jakob, Buchloh, Jürissen, Thiele

Verteidiger: Haringer, Münzenberg, Tiefel, Krause, H.Gramlich

Läufer: Janes, Gramlich, Goldbrunner, Zielinski, Kitzinger, Appel, Bien

Stürmer: Lehner, Szepan, Siffling, Pörtgen, Hohmann, Rasselnberg, Lenz, Framke, Paul, Fath, Simetsreiter, Kobierski

Mit Thiele (Nowawes 03), Emil Krause (Hertha BSC), Appel (BSV 92), Bien und Framke (beide Blau-Weiß 90) waren 5 Berliner dabei. Davon waren Thiele, Bien und Framke ebenso noch ohne Länderspiel wie der Dessauer Paul. Keinem von den 4 gelang je der Sprung ins Nationalteam.

Hapgood (England), Schiedsrichter Olsson und Fritz Szepan vor dem Länderspiel England - Deutschland (0:3) in London 1935

Am Buß- und Bettag gab es noch ein Testspiel zwischen A- und B-Auswahl, wobei die Mannschaften gemischt wurden. Auffallendste Spieler beim 4:3 vor 50.000 (!) Zuschauern im Poststadion waren Rasselnberg und Paul. Dann konnte die Reise nach England losgehen.

4.12.1935 in London

England - Deutschland 3:0 (1:0)

SR: O.Olssen (Schweden), Zuschauer: 50.000

England: Hibbs; Male, Hapgood; Crayston, Barker, Bray; Metthews, H.S.Carter, Camsell, Westwood, Bastin

Deutschland: Jakob -16 (Jahn Regensb.); Haringer -14 (Bayern München), Münzenberg -15 (Alem. Aachen); Janes -18 (Fort. Düsseld.), Goldbrunner -11 (Bayern München), R.Gramlich -20 (Eintr. Frankf.); Lehner -22 (Schwaben Augsb.), Szepan -13 (Schalke 04), Hohmann -18, Rasselnberg -9 (beide VfL Benrath), Fath -10 (Worm. Worms). Mannschaftskapitän: Szepan

Tore: 1:0, 2:0 Camsell (42., 66.), 3:0 Bastin (69.)

Beste Spieler: Bastin, Carter, Hapgood, Westwood, Male - Jakob, Münzenberg, Szepan

Bericht: Für Deutschland, ganz besonders für die Nazis, war dieses Spiel gegen die Engländer ein Prestige-Duell. Es hatte die denkbar beste Vorbereitung gegeben und in London stand die damals beste deutsche Elf auf dem Feld.

2. Minute: Linksaußen Bastin zog die deutsche Abwehr auf sich, um dann weit auf die rechte Seite hinaus zu flanken, wo Carter einen Kopfball an das Außennetz setzte. 5. Minute: Die Engländer beherrschten das Flügelspiel. Eine Flanke von Rechtsaußen Metthews köpfte Camsell nur ganz knapp über das Tor. 10. Minute: Es fiel auf, daß die Engländer wesentlich schneller spielten als die deutsche Mannschaft und auch den Ball besser beherrschten. Es gab kaum einen Fehlpaß, und jeder war perfekt in der Ballannahme. 15. Minute: Das falsche System wurde immer deutlicher. Es wurde nur mit drei Sturmspitzen, Lehner,

Hohmann und Fath, gespielt. Sowohl Szepan als auch Rasselnberg gingen weit zurück und verstärkten die Abwehr.

34. Minute: Es war festzustellen, daß die deutsche Mannschaft immer nur dann zur Ruhe kam, wenn Szepan den Ball hatte. Er verstand es, den Ball wunderbar abzuschirmen und Ruhe ins Spiel zu bringen. 38. Minute: Bei den wenigen deutschen Kontern vermißte man schmerzlich Ed Conen. Weder Lehner noch Hohmann oder Fath trauten sich, gegen die englische Abwehr auch einmal etwas auf eigene Faust zu unternehmen. 39. Minute: Innerhalb von 30 Sekunden konnte sich Torhüter Jakob zweimal glänzend auszeichnen, als zuerst Camsell und kurz darauf Carter Prachtschüsse auf das deutsche Tor knallten. Direkt im Gegenzug der einzige Eckball für die deutsche Elf durch das konsequente Nachsetzen von Lehner. Den Eckball köpfte Rasselnberg knapp neben den Pfosten. 42. Minute: Camsell zog mit einem Steilpaß auf und davon, hart bedrängt von Goldbrunner konnte er den Ball jedoch an dem herausstürzenden Torhüter Jakob zum 1:0 ins Tor spitzeln.

45. Minute: Die erste Halbzeit war für die deutsche Elf ein Lehrspiel gewesen. Die Briten hatten gezeigt, wo die Mängel der deutschen Mannschaft lagen. Deren Abwehrspieler deckten die deutschen Stürmer konsequent, waren jederzeit schnell und hatten ein hervorragendes Stellungsspiel. Das Mittelfeld wurde immer wieder sehr schnell überbrückt durch steile, genaue Pässe auf die Flügel. Von dort kamen die allerschönsten Flanken, meistens angeschnitten, in den deutschen Strafraum. Auch die englischen Stürmer waren ihren Gegenspielern meist um einen Schritt voraus. Lediglich Jakob, Münzenberg und Szepan konnten bei den Engländern mithalten.

49. Minute: Endlich traute sich die deutsche Mannschaft mehr zu. Auf Flanke von Fath und einem knallharten Direktschuß von Hohmann hatte Torhüter Hibbs größte Mühe. 50. Minute: Nach schönem Paß auf Lehner schoß der plaziert in die lange Ecke. Aber der Schiedsrichter hatte vorher zu Recht auf Abseits entschieden.

65. Minute: Überraschend konnte die deutsche Mannschaft 20 Minuten lang mithalten. Sie gestaltete nicht nur das Spiel ausgeglichener, sondern rückte auf und versuchte ihrerseits zu einem Treffer zu kommen. Damit lief sie genau der englischen Mannschaft in die Falle. 66. Minute: Die Engländer hatten jetzt bei ihren Angriffen wesentlich mehr Platz, den sie auch konsequent nutzten. Nach einem schönen Lauf an der Außenlinie entlang, flankte Bastin genau in den Lauf des Mittelstürmers Camsell, der um Bruchteile einer Sekunde vor Jakob und Haringer am Ball war und zum 2:0 einköpfte. 69. Minute: Immer noch versuchten die deutschen Amateure mit dem offensiven Spiel der englischen Profis mitzuhalten. Das ging schief. Nach einem Doppelpaß zwischen Camsell und Bastin stand der Linksaußen völlig frei und schoß kaltblütig in die lange Ecke. Jakob hatte nicht die Spur einer Chance. Es stand 3:0 für England.

71. Minute: Gleich zweimal innerhalb von einer Minute vergab die deutsche Mannschaft die Möglichkeit zu einem Tor. Zuerst traf Hohmann nur das Außennetz, dann wehrte Hibbs mit großer Mühe einen gefährlichen Drehschuß von Lehner ab. 73. Minute: Ganz überraschend schoß Mittelläufer Barker von der Mittellinie aus flach und knallhart auf das deutsche Tor. Die gesamte deutsche Abwehr einschließlich Torhüter Jakob waren völlig überrascht. Zum Glück landete der Ball am Pfosten. 74. Minute: Einen Schuß von Lehner konnte Hapgood gerade noch abwehren, den Nachschuß meisterte Torhüter Hibbs. 77. Minute: Aus dem Hinterhalt heraus kam ein scharfer Schuß von Janes, den Hibbs ebenfalls meistern konnte. 80. Minute: Nach dem dritten Tor überließen die Engländer ganz offensichtlich der deutschen Mannschaft das Mittelfeld. Dadurch boten sich ihr viel mehr Konterchancen, wovon eine ja auch zum 3:0 geführt hatte.

90. Minute: Die deutsche Mannschaft hatte in London kämpferisch ein großes Spiel geliefert. In der zweiten Halbzeit war sie sogar die überlegene Mannschaft. Allerdings hatte das Spiel keine Zweifel daran gelassen, daß die Profifußballer in jeder Beziehung den Amateuren voraus waren.

❖

Vorbericht zum 124. Länderspiel: Eine Reise zur iberischen Halbinsel mit 2 Spielen gegen Spanien und Portugal war der Anfang des Olympiajahres. Für die Reise wurden 16 Spieler nominiert:

Tor: Jakob, Buchloh
Verteidiger: Haringer, Münzenberg, Teifel, Munkert
Läufer: Janes, Goldbrunner, R.Gramlich, Kitzinger
Stürmer: Lehner, Hohmann, Lenz, Szepan, Fath, Simetsreiter, Siffling

Schon am Aufgebot war zu erkennen, daß nicht nur die Gegner ernst genommen wurden, sondern daß die Zeit des Experimentierens vorbei war. Zudem hatte die deutsche Elf nach dem 1:2 von Köln noch eine alte Rechnung gegen die Spanier offen. Mit dieser Niederlage hatte die so erfolgreiche Zeit der deutschen WM-Elf endete.

Die deutsche Elf vor dem großen 2:1 in Barcelona 1935 gegen Spanien; v.l., stehend: Siffling, Münzenberg, Janes, Munkert, Goldbrunner, Gramlich, Szepan, Lehner; vorne: Fath, Jakob, Lenz

23.2.1936 in Barcelona
Spanien - Deutschland 1:2 (1:1)

SR: Langenus (Belgien), Zuschauer: 40.000
Spanien: Zamora; Zabalo, Aedo; Bertolin (ab 45. P.Regueiro), Muguerza (ab 33. Soler), Lecue; Vantolra, L.Regueiro, Langara, Iraragorri, Emilin
Deutschland: Jakob -17 (Jahn Regensb.); Münzenberg -16 (Alem. Aachen), Munkert -3 (1.FC Nürnberg); Janes -19 (Fort. Düsseld.), Goldbrunner -12 (Bayern München), R.Gramlich -21 (Eintr. Frankf.); Lehner -23 (Schwaben Augsb.), Siffling -16 (Waldhof), Lenz -8 (BVB), Szepan -14 (Schalke 04), Fath -11 (Wormatia Worms). Mannschaftskapitän: Szepan
Tore: 0:1 Fath (15.), 1:1 L.Regueiro (34.), 1:2 Fath (68.)
Beste Spieler: Zamora, Langara, Vantolra - Jakob, Münzenberg, Lenz, Goldbrunner
Bericht: Nach dem Englandspiel war die deutsche Mannschaft wieder einmal nicht der Favorit in einem Länderspiel. Allerdings hatte sie sich, nach der Niederlage im Mai des Vorjahres gegen die Spanier, für dieses Spiel in Barcelona viel vorgenommen.

5. Minute: Die Spanier hatten sich schneller gefunden als die deutsche Mannschaft. Am auffallendsten war, daß kaum ein Paß der Deutschen beim Nebenmann ankam. In jeder Phase waren die Spanier spritziger. 7. Minute: Die Wende, als Lenz plötzlich ganz frei vor Torhüter Zamora auftauchte und mit einem herrlichen Schuß nur die Latte traf. 12. Minute: Der Lattenschuß hatte der deutschen Mannschaft Mut gemacht. Die Spanier, offensichtlich verunsichert, zogen sich mehr zurück. 15. Minute: Nach einer Viertelstunde wurde die deutsche Mannschaft für ihren Offensivgeist belohnt. Nach herrlichem Steilpaß von Siffling zog Linksaußen Fath davon, umspielte seinen spanischen Gegenspieler und bevor Torhüter Zamora seine Arme hochreißen konnte, zappelte der Ball bereits im Netz.

20. Minute: Nach dem Rückstand wurden die Spanier zunehmend stärker. Mehrfach strichen gefährliche Schüsse nur knapp am Tor vorbei oder über den Kasten von Torhüter Jakob. 27. Minute: Es war stets ein abwechslungsreiches und aufregendes Spiel mit wechselnden Torchancen auf beiden Seiten. 28. Minute: Innerhalb von einer Minute scheiterte Mittelstürmer Langara gleich zweimal an der deutschen Abwehr. 29. Minute: Nach gefühlvoller Flanke von Lehner stand Fritz Szepan an der Strafraumgrenze frei. Sein Schuß war unhaltbar, aber die Latte rettete für den geschlagenen Zamora. 31. Minute: Erneut lehrte Fath den spanischen Torhüter das Fürchten. Diesmal hatte er jedoch die Arme schnell genug oben, um den knallharten Schuß über das Tor zu lenken. 34. Minute: Der gerade neu eingewechselte Soler flankte in die Mitte, wo Langara und Goldbrunner verpaßten und Regueiro zur Stelle war um unhaltbar am deutschen Torhüter Jakob vorbei ins Tor zu schießen. 1:1 Ausgleich.

40. Minute: In letzter Sekunde warf sich Jakob dem heranstürmenden Langara vor die Füße, sonst wäre der Führungstreffer der Spanier fällig gewesen. 43. Minute: Einen knallharten Schuß aus dem Fußgelenk vom Dortmunder Lenz konnte Torhüter Zamora gerade noch über die Latte lenken. 44. Minute: Die Spanier nahmen die Gelegenheit wahr, um kurz vor der Pause noch einen zweiten Spieler auszuwechseln, denn die Vereinbarung war, daß nur bis zur Halbzeit ausgewechselt werden durfte. 45. Minute: Noch einmal verhinderte Torhüter Jakob mit einer Glanzparade nach einem Kopfball von Langara einen Rückstand.

68. Minute: Der an diesem Tag unglücklich spielende Linksaußen Fath hatte diesmal seinen großen Auftritt. Wie beim ersten Treffer zog er mit einer Vorlage von Szepan auf und davon, umkurvte seinen Gegenspieler und ließ Torhüter Zamora keine Chance. Es stand 2:1 für die deutsche Mannschaft. 75. Minute: Noch einmal rafften sich die Spanier auf, um wenigstens den Ausgleich zu erzielen. Mittelstürmer Langara vergab jedoch in aussichtsreicher Position. 80. Minute: Der Angriffselan der Spanier war von der deutschen Abwehr abgefangen worden. Die deutsche Mannschaft hatte das Spiel wieder im Griff.

90. Minute: Wie in den meisten Länderspielen hatten auch die Spanier nicht die Kraftreserven wie die deutsche Mannschaft. Dadurch konnten sie in den letzten 10 Minuten den Sieg der deutschen Elf nicht mehr gefährden.

❖

Vorbericht zum 125. Länderspiel: Nur 4 Tage nach dem sensationellen 2:1 in Barcelona spielte die deutsche Elf in Lissabon. Um den Kräfteverschleiß so gering wie möglich zu halten, wurden im Spiel gegen Portugal alle gesunden Ersatzspieler eingesetzt.

27.2.1936 in Lissabon
Portugal - Deutschland 1:3 (0:1)

SR: Escartin (Spanien), Zuschauer: 25.000
Portugal: dos Reis (ab 54. Reis); Simoes, Teixeira; Albino, Araujo, Pereira; Mourao, Silva, Soeira, Sousa, Nounes (ab 44. Valadas)
Deutschland: Buchloh -15 (VfB Speldorf), ab 56. Jakob -18 (Jahn Regensb.); Münzenberg -17 (Alem. Aachen), Tiefel -7 (Eintr. Frankf.); Janes -20 (Fort. Düsseld.), Goldbrunner -13 (Bayern München), Kitzinger -2 (Schweinfurt 05); Lehner -24 (Schwaben Augsburg), Hohmann -19 (VfL Benrath), Siffling -17 (SV Waldhof), Szepan -15 (Schalke), Simetsreiter -4 (Bayern München). Mannschaftskapitän: Szepan
Tore: 0:1 Hohmann (20.), 0:2 Kitzinger (48.), 0:3 Lehner (52.), 1:3 Silva (64.)
Beste Spieler: Sousa, Silva - Münzenberg, Szepan, Goldbrunner
Bericht: Die Portugiesen begannen druckvoll und überlegen.

2. Minute: Den ersten Angriff der Portugiesen konnte Münzenberg abwehren. 5. Minute: Der seit Wochen überragende Münzenberg mußte erneut in brenzliger Situation klären. 7. Minute: Die erste gute Torgelegenheit nach schönem Zusammenspiel Siffling-Hohmann-Simetsreiter vergab der Münchener Linksaußen durch einen Schuß ans Außennetz. 8. Minute: Nach Eckball von Lehner köpfte Szepan nur knapp über das Tor der Portugiesen.

16. Minute: Als Buchloh einmal zu spät aus seinem Tor kam, schien es passiert zu sein. Zum Glück für die deutsche Mannschaft verfehlte Halbrechts Silva knapp das Tor. 20. Minute: Mit drei Zügen war die deutsche Mannschaft im Strafraum der Portugiesen. Szepan flankte zu Simetsreiter, und der Münchener köpfte den Ball direkt in die Mitte, wo Hohmann in den Ball lief und aus vollem Lauf zum 1:0 einschoß. Ein wundervolles, unvergeßliches Tor des Benrathers. 25. Minute: Nach dem deutschen Führungstreffer drängten die Portugiesen mit aller Macht auf den Ausgleich. Innerhalb von 5 Minuten mußte Torhüter Buchloh gleich dreimal in letzter Sekunde aus seinem Kasten herauseilen, um vor einem portugiesischen Stürmer zu retten.

33. Minute: Immer wieder war es Fritz Szepan, der als Lenker und Denker das Spiel der deutschen Mannschaft dirigierte. Nach einem herrlichen Paß in den freien Raum und anschließender Flanke von Simetsreiter flog Hohmann in den Ball hinein. Pech für ihn, daß der Flugkopfball knapp neben dem Pfosten landete. 39. Minute: Großes Glück für die deutsche Mannschaft, als Linksaußen Nounes völlig frei zum Schuß kam, aber der Ball an den Pfosten knallte. 40. Minute: Innerhalb von einer Minute zwei weitere große Chancen durch Linksaußen Nounes und Mittelstürmer Soeira. 45. Minute: In einem ausgeglichenen Spiel führte die deutsche Mannschaft verdient mit 1:0.

46. Minute: Nach der sechsten Ecke für Portugal verfehlte Sousa per Kopfball nur ganz knapp das deutsche Tor. 48. Minute: Die zweite Ecke für die deutsche Elf brachte den zweiten Treffer.

In den Eckball von Simetsreiter lief Kitzinger und köpfte haarscharf am Pfosten vorbei ins Tor.

52. Minute: Szepan konnte sich gegen zwei Abwehrspieler durchsetzen und sein herrlicher Paß zum freigelaufenen Lehner bedeutete das 3:0. Der Augsburger zog knallhart ab und ließ dem portugiesischen Torhüter keine Chance. 56. Minute: Nach einem Zusammenprall von Buchloh und Mittelstürmer Soeira mußte der Speldorfer ausscheiden. Für ihn kam Jakob ins Tor.

64. Minute: Bei einem Konter stand der Halbrechte Silva plötzlich völlig frei vor Jakob und ließ ihm mit seinem Schuß keine Chance. Nur noch 3:1 für Deutschland. 80. Minute: Von Minute zu Minute nahm die Kraft der Portugiesen ab. Die deutsche Mannschaft hatte es jetzt nicht mehr schwer, das Spiel wieder zu beherrschen.

90. Minute: In den letzten 10 Minute gab es noch eine Reihe von großartigen Chancen für die deutsche Mannschaft, die jedoch alle ungenutzt blieben. Alleine Linksaußen Simetsreiter hatte noch 4 hunderprozentige Torchancen. So blieb es beim verdienten 3:1-Erfolg für die deutsche Mannschaft.

❖

Vorbericht zum 126. Länderspiel: Fast 5 Monate vor dem Olympischen Fußballturnier wurde in Budapest das letzte Länderspiel ausgetragen. Noch einmal sollte eine westdeutsch-orientierte Mannschaft erprobt werden. Im Aufgebot standen:

Tor: Jürissen, Sonnrein
Verteidiger: Janes, Münzenberg, Munkert
Läufer: Sold, Kitzinger, R.Gramlich, Rasselnberg
Stürmer: Lenz, Gellesch, Szepan, Urban, Elbern

Da die Ungarn mit allen Assen in stärkster Formation spielten, waren sie ein echter Prüfstein für die junge deutsche Mannschaft. Große Siegchancen wurden der deutschen Elf zwar nicht eingeräumt, aber das Ergebnis war auch zweitrangig.

15.3.1936 in Budapest

Ungarn - Deutschland 3:2 (1:1)

SR: Krist (Tschechoslowakei), Zuschauer: 35.000
Ungarn: Szabo; Vago, Biro; Sebes, Turay, Dudas; Cseh II, Kardos (ab 42. Sztancsik), Sarosi I, Toldi, Titkos
Deutschland: Sonnrein -2 (FC Hanau 93); Münzenberg -18 (Alem. Aachen), Munkert -4 (1.FC Nürnberg); Janes -21 (Fort. Düsseld.), Sold -2 (FV Saarbr.), Kitzinger -3 (Schweinfurt 05); Elbern -2 (SV Beuel), Gellesch -2 (Schalke 04), Lenz -9 (BVB), Szepan -16, Urban -2 (beide Schalke 04). Mannschaftskapitän: Szepan
Tore: 1:0 Titkos (15.), 1:1 Urban (32.), 1:2 Lenz (48.), 2:2 Cseh II (53.), 3:2 Dr.Sarosi (83.)
Beste Spieler: Titkos, Toldi, Turay, Dr.Sarosi - Szepan, Janes, Kitzinger
Bericht: Ein rein westdeutscher Sturm mit 3 Spielern von Schalke 04 sollte in diesem Spiel vor allem seine Qualitäten des Toreschießens beweisen. Noch immer suchte Reichstrainer Dr.Otto Nerz nach neuen Torjägern.

1. Minute: Die Ungarn fingen sofort den ersten deutschen Angriff ab und kamen gefährlich vor das deutsche Tor. Einen scharfen Schuß von Toldi konnte Sonnrein noch abwehren, aber gegen den Nachschuß von Kardos wäre er machtlos gewesen. Zum Glück jagte der Halbrechte den Ball über das deutsche Tor. 12. Minute: Die Ungarn legten ein höllisches Tempo vor. Bei der deutschen Mannschaft wollte es absolut nicht laufen. 15. Minute: Nachdem die Ungarn gerade durch Titkos und Toldi zwei große Torgelegenheiten ausgelassen hatten, fiel doch das 1:0. Linksaußen Titkos bekam am Elfmeterpunkt den Ball, drehte sich blitzschnell und schoß flach und unhaltbar ins deutsche Tor. 20. Minute: Nur sehr langsam kam die deutsche Mannschaft besser ins Spiel. Es war vor allem Fritz Szepan, der nicht nur den Druck der Ungarn als zweiter Mittelläufer abfing, sondern immer wieder mit herrlichen Pässen den deutschen Angriff in Szene setzte.

32. Minute: Erneut war es Szepan, der mit einem herrlichen Steilpaß seinen Klubkameraden Urban freispielte. Der Linksaußen lief mit dem Ball noch ein paar Schritte und schob ihn dann am herauslaufenden ungarischen Torhüter Szabo vorbei zum 1:1 ins Netz. 35. Minute: Die deutsche Elf hatte inzwischen zu ihrem Spiel gefunden. Ohne die ständigen Unsicherheiten vom Hanauer Torhüter Sonnrein hätte man um die deutsche Mannschaft überhaupt keine Angst haben müssen. 41. Minute: Erneut konnte Sonnrein nach einer Flanke den Ball nicht festhalten. Zum Glück stand Münzenberg auf der Linie und köpfte den Schuß von Toldi über das Tor. 45. Minute: Zur Halbzeit konnte man mit dem Spiel der deutschen Mannschaft recht zufrieden sein. Sie hatte sich nach anfänglichen Schwierigkeiten gefunden und war den Ungarn in jeder Beziehung gleichwertig.

48. Minute: Die deutsche Mannschaft hatte einen blendenden Start in die zweite Halbzeit. August Lenz konnte freistehend zum 2:1 einschießen. 51. Minute: Bei einem herrlichen Schuß von Elbern rettete die Latte für den schon geschlagenen ungarischen Torhüter. 53. Minute: Bei einem Preßschlag zwischen Munkert und Cseh hatte der Ungar Glück, daß ihm der Ball erneut vor die Füße sprang, und er schoß sofort knallhart. Noch bevor Sonnrein reagieren konnte, zappelte der Ball in den Maschen. Ausgleich für die Ungarn.

70. Minute: Erfreulicherweise brach die deutsche Mannschaft im Hexenkessel von Budapest auch nach dem Ausgleichtor nicht ein. Im Gegenteil, sie überraschte weiter durch ihr gut überlegtes und schnelles Spiel. Es fehlte nur das Glück, sonst wäre ein erneuter Führungstreffer möglich gewesen. 83. Minute: In der Schlußphase wurde der Druck der ungarischen Mannschaft immer größer und führte 7 Minuten vor dem Ende zum Erfolg. Nach Flanke von Titkos drückte Mittelstürmer Dr.Sarosi den Ball zum vielumjubelten Siegestreffer ins Tor.

90. Minute: An dem verdienten Sieg der Ungarn war nichts zu rütteln. Die junge deutsche Mannschaft hatte jedoch hervorragende Ansätze gezeigt.

❖

Vorbericht zum Olympischen Fußballturnier:
Während sich alle anderen Nationen mit Länderspielen auf das Olympische Fußballturnier vorbereiteten, passierte in Deutschland erstmal 1 1/2 Monate nichts. Da Profis an Olympia nicht teilnehmen durften, rechnete man in Deutschland mit einer Medaille, ja sogar mit Gold. Kritiker warnten jedoch sowohl vor der Überheblichkeit, als auch vor der Art der Vorbereitung. Die 5 Monate ohne internationalen Ländervergleich konnten auch durch Lehrgänge, Übungs- und Testspiele gegen eine englische Profimannschaft nicht ausgeglichen werden. Es war jedoch Strategie der Verantwortlichen, weder vor dem Olympischen Fußballturnier die wahre Spielstärke zu zeigen, noch wollte man mit eventuellen Niederlagen der deutschen Elf die Gegner „aufbauen".

Anfang Mai wurde der erste Lehrgang durchgeführt, dem 5 Spiele gegen die englische Profimannschaft FC Everton folgten.

9.5.1936 in Hamburg (20.000 Zuschauer)
Deutschland-Auswahl - FC Everton 0:3 (0:2)
Kath (Hamburg); Bender (Geisweid), Tiefel (BSV 92); Bernard (VfR Schweinfurt), Rose (Leipzig), Kitzinger (Schweinfurt 05); Malecki (Hannover 96), Kurzke (Polizei Hamburg), Gauchel (Tus Neuendorf), Becher (SpVgg Fürth), Simetsreiter (Bayern München)

In der Reserve standen: Warning, Holdt, Schwarz und Rullich (alle Hamburg)

Der FC Everton spielte mit: King; Jacson, Jones; Britton, Gee, Mercer; Leyfield, White, Bell, Stevensen, Gillick

Tore: Leyfield, Bell (2)

13.5.1936 in Duisburg (25.000 Zuschauer)
Deutschland-Auswahl - FC Everton 4:1 (0:1)

Buchloh (Speldorf); Münzenberg (Aachen), Klaas (Brachbach); Mehl (Fort. Düsseld.), Sold (SV Saarbr.), Zielinski (Union Hamborn); Paul (Dessau), Hohmann (Benrath), Gauchel (Tus Neuendorf), Lenz (BVB), Simetsreiter (Bayern München)

In Reserve standen: Jürissen (RWO, Bender (Fort. Düsseld.), Günther (Duisburg 99), Schlawitzki (Bremen)

Tore: 0:1 Britton (Handelfmeter), 1:1, 2:1 Lenz (76., 80.), 3:1 Simetsreiter (84.), 4:1 Gauchel (88.)

16.5.1936 in Frankfurt (15.000 Zuschauer)
Deutschland-Auswahl - FC Everton 1:3 (0:1)

Jürissen (RWO); Ditgens (Mönchengladbach), Tiefel (BSV 92); Gramlich (Eintr. Frankfurt), Sold (FV Saarbr.), Moll (Bayern München); Paul (Dessau), Lenz (BVB), Becher (SpVgg Fürth), Gauchel (Tus Neuend.), Simetsreiter (Bayern München)

In Reserve standen: Ittel (Frankenthal), Haringer (Wacker München), Lippert (Giessen), Schmidt (Eintr. Frankf.), Rasselnberg (Benrath)

Der FC Everton spielte mit: Sagar; Jones, Jackson; Britton, White, Mercer; Geldard, Cunliffe, Bell, Stevenson, Gillick

Tore: 0:1 Gillick (43.), 0:2 Culiffe (70.), 0:3 Gillick (75.), 1:3 Gauchel (87.)

21.5.1936 in Stuttgart (30.000 Zuschaue)
Deutschland-Auswahl - FC Everton 4:2 (3:0)

Jakob (Jahn Regensb.); Ditgens (Mönchengladbach), Münzenberg (Aachen); Moll, Goldbrunner (beide Bayern München), R.Gramlich (Eintr. Frankf.); Elbern (SV Bonn-Beuel), Eckert (Wormatia Worms), Siffling (SV Waldhof), Urban (Schalke 04), Fath (Worm. Worms)

Der FC Everton spielte mit: Sagar; Jackson, Jones; Mercer, White, Archer; Leyfield, Cunliffe, Bell, Stevenson, Gillick

Tore: Fath (2), Elbern (2) - Cunliffe (2)

24.5.1936 in Nürnberg (25.000 Zuschauer)
Deutschland-Auswahl - FC Everton 1:1

Jakob (Jahn Regensburg); Münzenberg (Aachen), Munkert (1.FC Nürnberg); Mehl (Fort. Düsseld.), Goldbrunner (Bayern München), Bernard (VfR Schweinfurt); Gußner (1.FC Nürnberg), Eckert (Worms), Gauchel (Neuendorf), Siffling (Waldhof), Urban (Schalke 04)

Das waren die ganzen Vorbereitungsspiele. Der Rest bestand aus einem 3-wöchigen Lehrgang im Juli. Kritiker mahnten schon vor dem ersten Spiel, daß auf zu viele erfahrene Spieler verzichtet worden war. Fritz Szepan durfte wegen einer früheren Verurteilung als Berufsspieler nicht eingesetzt werden, aber es blieb unverständlich, warum auf erfahrene Spieler wie Conen, Rasselnberg, Kobierski, Fath, Zielinski usw. verzichtet wurde.

Mitte Juli 1936 wurde das endgültige 22-köpfige Aufgebot bekanntgegeben:

Tor: Jakob, Buchloh, Jürissen
Verteidiger: Münzenberg, Munkert, Ditgens
Läufer: Janes, R.Gramlich, Goldbrunner, Sold, Mehl, Bernard
Stürmer: Lehner, Elbern, Lenz, Hohmann, Gellesch, Gauchel, Urban, Siffling, Simetsreiter, Eckert

Mit Ditgens (Mönchengladbach), Mehl (Fort.Düsseldorf), Bernard (VfR Schweinfurt), Gauchel (Tus Neuendorf) und Eckert (Wormatia Worms) standen 5 Spieler ohne jegliche internationale Erfahrung und ohne ein Länderspiel im Aufgebot.

Einen, oder genauer gesagt, den entscheidenden Fehler machte jedoch der Reichstrainer vor dem Turnier. Den ständigen Druck spürend, drillte er die Auswahlspieler 3 Wochen lang wie Soldaten. Die Spieler waren danach nicht nur ausgelaugt, sondern viele mußten Verletzungen mit sich herumschleppen.

Und schließlich konnte man Prof.Dr.Otto Nerz den Vorwurf nicht ersparen, daß er vieles mit sich machen ließ, was später, unter wesentlich schwierigeren politischen Umständen, ein Sepp Herberger nicht mit sich machen ließ. Nach so vielen gravierenden Fehlern von allen Seiten, von Politik, D.F.B. und Trainer, und bei so enormem Erwartungsdruck, war es unmöglich, bei dem Olympischen Fußballturnier Erfolg zu haben.

❖

Vorbericht zum 127. Länderspiel: Wohl in Erinnerung an die erfolgreiche WM 1934, wo eine Nationalelf mit unerfahrenen Spielern den bisher größten Erfolg einer deutschen Nationalelf feierte, wurden für das erste Spiel des Olympischen Fußballturniers gegen Luxemburg 4 Neulinge aufgeboten. Aber die Zeiten hatten sich geändert, und die Vorbereitungen 1934 waren um ein vielfaches besser gewesen als 1936.

4.8.1936 in Berlin (Olympia-Vorrunde)

Deutschland - Luxemburg 9:0 (2:0)

SR: v.Hertzka (Ungarn), Zuschauer: 12.000

Deutschland: Buchloh -16 (VfB Speldorf); Münzenberg -19 (Alem. Aachen), Ditgens -1 (Bor. Mönchengladb.); Mehl -1 (Fort. Düsseld.), Goldbrunner -14 (Bayern München), Bernard -1 (VfR Schweinfurt); Elbern -3 (SV Beuel), Gauchel -1 (Tus Neuendorf), Hohmann -20 (VfL Benrath), Urban -3 (Schalke 04), Simetsreiter -5 (Bayern München). Mannschaftskapitän: Münzenberg

Luxemburg: Hoscheid; Mousel, Majerus; Kiever, Frisch, Fischer; Stammet, Mengel, Mart, Geib, Kemp

Tore: 1:0 Urban (16.), 2:0 Simetsreiter (31.), 3:0 Simetsreiter (48.), 4:0 Gauchel (50.), 5:0 Urban (52.), 6:0 Simetsreiter (74.), 7:0 Urban (75.), 8:0 Elbern (76.), 9:0 Gauchel (90.)

Beste Spieler: Münzenberg, Gauchel, Urban, Goldbrunner - Frisch, Mengel

Seppl Fath (Wormatia Worms) war Mitte der 30er Jahre einer der besten deutschen Linksaußen

Bericht: Das Los hatte der deutschen Mannschaft für das Vorrundenspiel eine leichte Aufgabe gebracht. Luxemburg kam ihr gerade gelegen, um sich für den weiteren Turnierverlauf einzuspielen.
15. Minute: Die Zuschauer staunten nach einer Viertelstunde nicht schlecht. Nicht die hoch favorisierte deutsche Mannschaft bestimmte das Spiel, sondern die Luxemburger bestürmten das deutsche Tor. Von der deutschen Elf war fast nichts zu sehen. Zum Glück stand wenigstens die Abwehr gut. 16. Minute: Ganz überraschend die Führung für die deutsche Mannschaft, als Urban einen deutschen Konter erfolgreich abschloß.
30. Minute: Nur langsam war die deutsche Mannschaft besser ins Spiel gekommen, aber nach wie vor war die Führung gegen das aufopferungsvoll kämpfende Luxemburger Team glücklich. 31. Minute: Nach schöner Vorarbeit von Rechtsaußen Elbern und Hohmann konnte Linksaußen Simetsreiter zum 2:0 einschießen. 45. Minute: Obwohl das Spiel der deutschen Mannschaft von Minute zu Minute besser gelaufen war, konnte niemand seine Enttäuschung verbergen. So schön die Elf auch kombinierte, gegen einen starken Gegner hätten sie am Ende dieser ersten Halbzeit mit drei, vier Toren Rückstand zurückgelegen. Nur den überragenden Münzenberg und Goldbrunner war es zu verdanken, daß es zu 0 stand.
48. Minute: Die Luxemburger hatten nach der Pause da weiter gemacht, wo sie vor der Halbzeit aufgehört hatten. Doch zum drittenmal wurden sie bei eigener Überlegenheit von einem Tor der deutschen Mannschaft überrascht, als Simetsreiter per Kopfball aus 12 Metern das 3:0 erzielte. Damit war die Moral der elf Spieler aus dem Fürstentum gebrochen. 50. Minute: Jetzt lief das Spiel der deutschen Mannschaft und sie hatte weiter Glück. Aus 22 Metern traf ein Gauchel-Schuß genau ins Tordreieck, 4:0. 52. Minute: Ein wunderschönes Kopfballtor von Urban brachte das 5:0 für die deutsche Mannschaft. Innerhalb von 5 Minuten waren drei Tore gefallen, denen die völlig verausgabte Luxemburger Mannschaft nichts mehr entgegenzusetzen hatte.
60. Minute: Nun spielte die deutsche Elf einen traumhaft schönen Fußball. Kaum ein Luxemburger war noch in der Lage die Angriffe des deutschen Sturms ernsthaft zu gefährden. Ohne Gegenwehr hatten es Gauchel und Urban leicht, ihre Mitspieler in günstige Schußpositionen zu bringen. 74. Minute: Nachdem eine Vielzahl von guten Torchancen ausgelassen wurde, fielen diesmal innerhalb von 4 Minuten erneut 5 deutsche Tore. Eines schöner als das andere.
90. Minute: Fast mit dem Abpfiff erzielte nochmals Gauchel mit einem seiner sehenswerten Schüsse das 9:0. Das viel zu hohe Ergebnis täuschte jedoch darüber hinweg, daß Luxemburg eine Halbzeit lang nicht nur das Spiel bestimmte, sondern daß auch das Glück auf Seiten der deutschen Elf gestanden hatte.

❖

Vorbericht zum 128. Länderspiel: Das 9:0 über Luxemburg blendete alle Verantwortlichen und Fans der deutschen Nationalmannschaft und machte sie zum Alleinfavoriten für die Goldmedaille, zumal die Auslosung für das deutsche Team sehr glücklich war. Zuerst den Zwerg Luxemburg, im Viertelfinale gegen Norwegen, gegen das Deutschland noch nie verloren hatte, und bei einem Sieg, woran natürlich niemand zweifelte, das Halbfinale voraussichtlich gegen die italienischen Amateure. Die einzige offene Frage war, wer würde gegen die deutsche Mannschaft im Finale stehen.

Reichstrainer Prof.Dr.Otto Nerz wußte natürlich, daß Norwegen keineswegs ein leichter Gegner war. Er wollte seine stärkste Formation auf das Feld schicken. Welche 11 waren aber die Besten? Paul Janes fiel mit einem Muskelriß aus. Lenz war nach seiner Verletzung noch nicht wieder fit, und bei den Jungen wußte niemand, wie sie das Spiel gegen Luxemburg körperlich verkraftet hatten.

Wie später zu hören war, konnte sich Nerz mit seiner Vorstellung der elf Spieler für das Norwegen-Spiel nicht durchsetzen. Angeblich hatte der Machtapparat im Hintergrund die Schonung der besten Spieler für die beiden letzten Spiele gefordert und durchgesetzt. In Anbetracht der tatsächlichen Aufstellung gegen Norwegen konnte dies jedoch allenfalls für Hohmann, Munkert und Gauchel zutreffen. Alle anderen hätten kaum eine Verstärkung sein können.

7.8.1936 in Berlin - Poststadion (Olympia-Zwischenrunde)

Deutschland - Norwegen 0:2 (0:1)

SR: Dr.Barton (England), Zuschauer: 55.000
Deutschland: Jakob -19 (Jahn Regensb.); Münzenberg -20 (Alem. Aachen), Ditgens -2 (Mönchenglb.); R.Gramlich -22 (Eintr. Frankf.), Goldbrunner -15 (Bayern München), Bernard -2 (VfR Schweinfurt); Lehner -25 (Schwaben Augsb.), Siffling -18 (SV Waldhof), Lenz -10 (BVB), Urban -4 (Schalke 04), Simetsreiter -6 (Bayern München). Mannschaftskapitän: R.Gramlich
Norwegen: H.Johansen; N.Eriksen, Ö.Holmsen; Ulleberg, Juve, Holmberg; Frantzen, R.Kvammen, Martinsen, Isaksen, Brustad
Tore: 0:1, 0:2 Isaksen (6., 85.)
Beste Spieler: keiner - R.Kvammen, Isaksen
Bericht: Eine euphorische Menge und die gesamte politische Prominenz, einschließlich Hitler, waren in Erwartung eines großen Sieges der deutschen Mannschaft im Poststadion.
6. Minute: Die deutsche Elf hatte sich noch nicht gefunden, da passierte das, wovor man am meisten Angst hatte. Einen Konter der Norweger schloß Isaksen unhaltbar zum 1:0 ab.
45. Minute: Zuschauer und Spieler waren zur Halbzeitpause fassungslos. Die deutsche Mannschaft hatte gespielt, als hätte jeder Spieler ein paar Kilo Blei in den Schuhen. Jeder Norweger war seinem deutschen Gegenspieler hoch überlegen gewesen, vor allem in der Spritzigkeit. In der deutschen Mannschaft war nichts zusammengelaufen. Kaum ein Paß kam beim Nebenmann an, fast jedes Kopfballduell wurde verloren und die einzige Torchance wurde durch Lenz kläglich vergeben. Der psychische Druck war zu groß.
80. Minute: Wer gedacht hatte, daß sich das Spiel der deutschen Mannschaft in der zweiten Halbzeit ändern würde, sah sich bitter enttäuscht. Außer einer erneut vergebenen guten Torgelegenheit von Lenz, konnte die deutsche Mannschaft nicht mehr gefährlich vor dem norwegischen Tor auftauchen. Die Norweger, schnell und konditionsstark, hetzten die müden deutschen Abwehrspieler über das Feld. 81. Minute: Für die letzten 10 Minuten schickte Otto Nerz die gesamte Mannschaft nach vorne. Der Ausgleich sollte erzwungen werden. 85. Minute: Das riesige Loch in der deutschen Abwehr nutzte erneut Isaksen bei einem der schnellen Konterangriffe zum 2:0 für Norwegen. Das Spiel war endgültig entschieden.
90. Minute: Eine der kläglichsten Vorstellungen der deutschen Fußballnationalmannschaft ging zu Ende. Die Gründe für die Niederlage lagen auf der Hand. Erstens war die deutsche Mannschaft körperlich am Ende; zweitens war sie psychisch dem öffentlichen Druck nicht gewachsen; drittens hatte sie mit den beiden Neulingen Ditgens und Bernard zwei Schwachpunkte in ihrer Mannschaft, die noch weit hinter das sowieso schon schlechte Niveau der anderen Spieler zurückfielen, und viertens war die Taktik völlig falsch. Immer wieder wurde gegen die großgewachsenen norwegischen Abwehrspieler hoch gespielt, statt den Ball flach zu halten und es damit der norwegischen Abwehr schwerer zu machen.

Mit diesem Ausscheiden beim Olympischen Fußballturnier war der Fußballsport im Ansehen der Nationalsozialisten drastisch gesunken. Für den Fußballsport in Deutschland sollte sich das als Segen erweisen.

Bilanz 1936/37
16 Spiele: 10 Siege, 3 Unentschieden, 3 Niederlagen, 47:20 Tore
Zuschauer: 583.000
In 16 Spielen wurden 51 Spieler eingesetzt, davon waren 20 Neulinge.

Die Spieler der Saison:

Reinhold Münzenberg	14	Spiele
Ludwig Goldbrunner	12	"
Hans Jakob	11	"
Albin Kitzinger	11	"
Otto Siffling	9	"
Adolf Urban	8	"
Ernst Lehner	8	"
Fritz Szepan	8	"
Karl Hohmann	7	"
Paul Janes	7	"
Rudolf Gellesch	7	"
Franz Elbern	6	"
Andreas Kupfer	5	"
Andreas Munkert	4	"
August Lenz	4	"
Josef Rodzinski	3	"
Walter Günther	3	"
Josef Gauchel	3	"
Wilhelm Simetsreiter	3	"
Heinz Ditgens	2	"
Robert Bernard	2	"
Fritz Buchloh	2	"
Paul Mehl	2	"
Stanislaus Kobierski	2	"
Edmund Malecki	2	"
Ernst Pörtgen	2	"
Karl Striebinger	2	"
Willy Jürissen	2	"
Erwin Schädler	2	"
Wilhelm Sold	2	"
Rudolf Gramlich	1	Spiel
Georg Euler	1	"
Willi Busch	1	"
Helmut Sievert	1	"
Otto Tibulski	1	"
Hans Rohde	1	"
Paul Zielinski	1	"
Matthias Billen	1	"
Ernst Kuzorra	1	"
Georg Friedel	1	"
Georg Köhl	1	"
Hans Appel	1	"
Werner Klaas	1	"
Sigmund Haringer	1	"
Otto Rohwedder	1	"
Willi Billmann	1	"
Jakob Eckert	1	"
Rudolf Noack	1	"
Kurt Welsch	1	"
Ludwig Männer	1	"
Hans Berndt	1	"

Tore der Saison:

Otto Siffling	8	Tore
Adolf Urban	7	"
Ernst Lehner	5	"
Ernst Pörtgen	4	"
Wilhelm Simetsreiter	3	"
Karl Hohmann	3	"
Josef Gauchel	2	"
Franz Elbern	2	"
Ernst Kuzorra	2	"
Karl Striebinger	2	"
Fritz Szepan	2	"
Hans Berndt	2	"
August Lenz	1	Tor
Albin Kitzinger	1	"
Walter Günther	1	"
Stanislaus Kobierski	1	"
Edmund Malecki	1	"

Mannschaftsführer waren:

Fritz Szepan	8	mal
Reinhold Münzenberg	4	"
Karl Hohmann	2	"
Rudolf Gramlich	1	"
Willi Busch	1	"

1 Elfmeter gegen Deutschland:
verwandelt durch Davies (Irland)

Rangliste der besten Nationalspieler des Jahres
1. Albin Kitzinger (FC Schweinfurt 05)
   Paul Janes (Fortuna Düsseldorf)
3. Andreas Kupfer (FC Schweinfurt 05)
4. Otto Siffling (SV Waldhof)
5. Hans Jakob (Jahn Regensburg)
6. Fritz Szepan (FC Schalke 04)
7. Reinhold Münzenberg (Alem. Aachen)
8. Karl Hohmann (VfL Benrath)
9. Ludwig Goldbrunner (Bayern München)
   Ernst Lehner (Schwaben Augsburg)
   Adolf Urban (Schalke 04)

3 Stützen der Nationalmannschaft aus Frankfurt: Schütz (Eintracht), Willibald Kreß (Rot-Weiß) und Stubb (Eintracht)

1936/37

Vorbericht zum 129. Länderspiel: Nach dem Reinfall bei Olympia herrschte Katerstimmung. Es mußte ein Schuldiger gefunden werden und das war auch damals schon der Trainer. Zum Glück hatte das Interesse der Nazis am Fußball stark nachgelassen (damit konnten sie keinen Ruhm ernten), so daß Otto Nerz nicht gefeuert wurde. Ihm wurde gleichrangig sein Schüler Seppl Herberger zur Seite gestellt, was sich erst viel später als ausgesprochener Glücksfall erweisen sollte. Denn so hatte Herberger die Möglichkeit, in seine Aufgabe hineinzuwachsen und mußte nicht befürchten, nach Rückschlägen abgesetzt zu werden.

Gegen Polen in Warschau saß nur Herberger auf der Bank, denn zu diesem Zeitpunkt war noch nicht geklärt, wie es mit der Verantwortlichkeit für die deutsche Nationalmannschaft weiterging. Herberger hatte mit Euler (Köln-Sülz 07) und Rodzinski (Hamborn 07) zwei Neulinge in der Elf. Er holte auch den Schweinfurter Kitzinger zurück, aber seine beste Entscheidung war sicherlich, Janes und Münzenberg zusammen in die Verteidigung zu stellen. Sie gaben der deutschen Abwehr den nötigen Halt.

13.9.1936 in Warschau

Polen - Deutschland 1:1 (0:1)

SR: Eklöw (Schweden), Zuschauer: 40.000
Polen: Albanski; Szczepaniak, Martyna; Kotlarczyk II, Wasiewicz, Dytko; Piec I, Matyas II, Scherfke II, God, Wodarz
Deutschland: Buchloh -17 (Speldorf); Janes -22 (Fort. Düsseld.), Münzenberg -21 (Alem. Aachen); Mehl -2 (Fort. Düsseld.), Rodzinski -1 (Hamborn 07), Kitzinger -4 (Schweinfurt 05); Elbern -4 (SV Beuel), Gauchel -2 (TuS Neuendorf), Hohmann -21 (Benrath), Euler -1 (Köln-Sülz), Günther -2 (Duisburg 99).
Mannschaftskapitän: Münzenberg
Tore: 0:1 Hohmann (20.), 1:1 Wodarz (75.)
Beste Spieler: Albanski, Wodarz, Martyna - Münzenberg, Hohmann, Kitzinger, Janes

Bericht: Nach der Pleite beim Olympischen Fußballturnier konnte es nur besser werden. In Warschau sollte es zum Neuanfang kommen.

2. Minute: Gleich der erste Angriff der deutschen Mannschaft war vielversprechend. Der Ball lief flüssig von Hohmann über Gauchel zu Elbern, dessen Vorlage Hohmann nur ganz knapp über das Tor schoß. 4. Minute: Das war eine ganz andere deutsche Nationalmannschaft als beim Olympiaturnier. Jeder einzelne Spieler war hervorragend eingestellt und es wurde offensiv nach vorn gespielt. 10. Minute: Der Olympia-Vierte Polen versteckte sich keineswegs. Nur der großartigen Abwehrarbeit von Janes und Münzenberg war es zu verdanken, daß die ganz großen Torgelegenheiten für die Polen ausblieben.

20. Minute: Nachdem Rechtsaußen Elbern kurz vor der Strafraumgrenze gefoult wurde, gab es Freistoß für die deutsche Mannschaft. Der Freistoß kam in die Mitte, wo Euler Hohmann freispielte, der mit seinem flachen Schuß dicht neben den Pfosten zum 1:0 einschoß. 26. Minute: Alles was der deutschen Mannschaft fehlte, war ein bißchen Glück, sonst wären weitere Tore möglich gewesen.

45. Minute: Nach einer sowohl spielerisch als auch kämpferisch überzeugenden Leistung führte die deutsche Mannschaft zur Pause mit 1:0. Obwohl die Polen keineswegs schwach waren, war die Führung der deutschen Elf aufgrund der Überlegenheit verdient.

75. Minute: Nachdem die deutsche Mannschaft auch in der zweiten Halbzeit das Spiel beherrschte, fiel ganz überraschend der Ausgleich durch Wodarz.

90. Minute: Lediglich in der letzten Viertelstunde konnten die Polen die deutsche Mannschaft ernsthaft in Gefahr bringen. In dieser Phase brauchte sie das Glück, das ihr allerdings vorher 75 Minuten lang gefehlt hatte, um die Partie frühzeitig entscheiden zu können. Das 1:1 konnte durchaus als guter Neubeginn bezeichnet werden.

❖

Vorbericht zum 130. Länderspiel: An den Vorbereitungen zum Länderspiel in Prag gegen die Tschechoslowakei nahm Prof.Dr.Otto Nerz wieder teil. Noch hatte sich sein Schicksal nicht entschieden. Für das schwere Spiel gegen die Profis wurden nur 14 Spieler aufgeboten:
Tor: Jakob, Sonnrein
Verteidiger: Münzenberg, Munkert
Läufer: Rodzinski, Goldbrunner, Kitzinger, Szepan
Stürmer: Elbern, Siffling, Lenz, Gellesch, Urban, Kobierski
Keine Neulinge in der Mannschaft, aber mit dem Düsseldorfer Linksaußen Kobierski kehrte nach über einem Jahr ein altbekannter und bewährter Spieler zurück.

27.9.1936 in Prag
Tschechoslowakei - Deutschland 1:2 (1:0)

SR: O.Olssen (Schweden), Zuschauer: 42.000
Tschechoslowakei: Planicka; Burgr, Ctyroky; V.Bouska, Boucek, O.Kvapil; Faczinek, Cech, Sobotka, O.Nejedly, Rulc
Deutschland: Jakob -20 (Jahn Regensb.); Münzenberg -22 (Alem. Aachen), Munkert -5 (1.FC Nürnberg); Rodzinski -2 (Hamborn 07), Goldbrunner -16 (Bayern München), Kitzinger -5 (Schweinfurt 05); Elbern -5 (SV Beuel), Gellesch -3 (Schalke 04), Siffling -19 (SV Waldhof), Lenz -11 (BVB), Kobierski -20 (Fort. Düsseld.). Mannschaftskapitän: Münzenberg
Tore: 1:0 Cech (36.), 1:1 Elbern (59.), 1:2 Siffling (78.)
Beste Spieler: Planicka, Rulc, Burgr - Kitzinger, Siffling, Goldbrunner, Münzenberg, Jakob

August Lenz, Torjäger von Borussia Dortmund

Bericht: Leider mußte die deutsche Mannschaft in letzter Minute auf Spielmacher Fritz Szepan verzichten. Aber auch mit Szepan wäre sie in Prag nur krasser Außenseiter gewesen; sie hatte nichts zu verlieren.

5. Minute: Die deutsche Elf begann in Prag großartig. Es wurde flüssig und schnell gespielt, jedes Abspiel war gut überlegt. Dadurch hatten die Tschechoslowaken bereits in den ersten Minuten zwei gefährliche Situationen zu überstehen. 7. Minute: In letzter Sekunde konnte Planicka vor dem heranstürzenden Lenz retten. Planicka verletzte sich dabei, konnte jedoch nach kurzer Spielunterbrechung weiterspielen. 9. Minute: Nach der ersten Ecke für die Tschechoslowaken konnte Kitzinger eine gefährliche Situation bereinigen. 10. Minute: Wieder fischte Weltklassetorhüter Planicka einen herrlichen Kopfball von Siffling aus dem unteren Toreck. 12. Minute: Nach einer erneuten Ecke für die Tschechoslowaken konnte Münzenberg auf der Linie klären.

36. Minute: Nach einem Einwurf spielte Nejedly wunderbar den Halbrechten frei, der keine Mühe mehr hatte, den Ball im deutschen Tor unterzubringen. 38. Minute: Mit einer tollen Parade, nach einem herrlichen Kopfball von Elbern, verhinderte Torhüter Planicka den Ausgleich.

40. Minute: Zum wiederholten Male war es der ausgezeichnete Kitzinger, der einen aussichtsreichen Angriff der Tschechoslowaken beendete. 45. Minute: Noch einmal hatte die deutsche Mannschaft die Chance zum Ausgleich, als Gellesch und Siffling freistehend verpaßten. Kobierskis anschließender Schuß strich nur knapp über die Torlatte. Trotz des Rückstandes hatte die deutsche Mannschaft in der ersten Halbzeit nicht enttäuscht. Im Gegenteil, es machte Freude, dieser Elf zuzusehen, die mit einem lupenreinen WM-System, also mit Gellesch und Siffling als Halbstürmer zurückgezogen, operierte.

55. Minute: Mit schnellem Kurzpaßspiel entfachten die Tschechen in der zweiten Halbzeit großen Druck auf das deutsche Tor. Es zeigte sich jedoch in dieser Phase, daß die deutsche Abwehr

äußerst stabil war. 57. Minute: Nach einem knallharten Schuß von Linksaußen Rulc konnte sich Torhüter Jakob erneut auszeichnen. Dann löste sich die deutsche Mannschaft langsam wieder aus der Umklammerung. 59. Minute: Genau im richtigen Augeblick lief Elbern in einen Rückpaß eines tschechoslowakischen Verteidigers. Er war mit seinem Kopf eine Idee schneller am Ball als Torhüter Planicka und köpfte über diesen hinweg zum umjubelten 1:1.

65. Minute: Von Minute zu Minute kam die deutsche Mannschaft besser ins Spiel. Vor allem Siffling, durch die Unterstützung von Gellesch, lenkte im Mittelfeld das Spiel der deutschen Mannschaft. Sein Gegenspieler V.Bouska bekam ihn nie in den Griff. 68. Minute: Die zunehmende Überlegenheit der deutschen Mannschaft zeigte sich auch in immer besseren Torgelegenheiten. Innerhalb von einer Minute vergaben Gellesch und Kobierski aussichtsreiche Torchancen. 69. Minute: Ein satter Schuß von Elbern landete leider am Außennetz. 70. Minute: Die tschechischen Stürmer verzweifelten immer mehr an Goldbrunner, Kitzinger und Münzenberg, die Torhüter Jakob viel Arbeit abnahmen. Obwohl die tschechische Mannschaft im Feld gleichwertig war, hatte die deutsche Mannschaft die besseren Torgelegenheiten.

78. Minute: In der Mitte der tschechoslowakischen Spielhälfte erkämpfte sich Siffling den Ball und schickte sofort steil Linksaußen Kobierski. Der lief noch ein paar Schritte, wartete bis Siffling mit aufgerückt war, paßte dann flach in die Mitte, wo Siffling völlig freistand und mit einem knallharten Schuß Torhüter Planicka bezwang. Die deutsche Mannschaft führte sensationell 2:1. 85. Minute: Obwohl die Tschechoslowaken alles unternahmen, um den Ausgleich zu erzielen, blieb die deutsche Mannschaft gleichwertig. Auf beiden Seiten dominierten in dieser Phase die starken Abwehrreihen.

90. Minute: Die Sensation der viel geschmähten deutschen Mannschaft war perfekt. Sie hatte in Prag mit einer taktischen Meisterleistung verdient 2:1 gewonnen.

❖

Vorbericht zum 131. Länderspiel: Was niemand für möglich gehalten hatte, wurde Wirklichkeit, ein Sieg in Prag. Und dieser Sieg war es letztlich, der den „Kopf" von Prof.Dr.Nerz rettete. Von da an konnte er in Ruhe mit Seppl Herberger zusammenarbeiten.

Während Nerz in Prag weilte, betreute Herberger die deutsche Nationalelf in Krefeld gegen Luxemburg. Hier sollten vor allem Neulinge und einige bewährte Spieler der Vergangenheit neu erprobt werden. Neben den routinierten Spielern Busch, Zielinski und Kuzorra wurden 4 Neulinge eingesetzt: Otto Tibulski (Schalke 04), Sievert (Hannover 96), Billen (VfL Osnabrück) und Rohde (TV Eimsbüttel).

27.9.1936 in Krefeld
Deutschland - Luxemburg 7:2 (3:2)

SR: Dr.van Moorsel (Holland), Zuschauer: 18.000
Deutschland: Jürissen -3 (RWO); Busch -13 (Duisburg 99), Sievert -1 (Hannover 96); O.Tibulski -1 (Schalke 04), Rohde -1 (TV Eimsbüttel), Zielinski -15 (Union Hamborn); Malecki -3 (Hannover 96), Billen -1 (VfL Osnabrück), Pörtgen -2, Kuzorra -11 (beide Schalke 04), Günther -3 (Duisburg 99). Mannschaftskapitän: Busch

Luxemburg: Hoscheid; Rouster, Victor; Schmit, Kiefer, Touba (ab 55. Rosa); Bauler, Mengel, J.Kremer I, Mart, Kemp

Tore: 1:0 Kuzorra (8.), 1:1 Kemp (10.), 2:1 Malecki (21.), 2:2 Kemp (23.), 3:2 Pörtgen (44.), 4:2, 5:2 Pörtgen (52., 53.), 6:2 Günther (70.), 7:2 Kuzorra (80.)

Beste Spieler: Tibulski, Billen, Kuzorra - Hoscheid, Rouster
Bericht: Zur Freude der Zuschauer spielte der lange Zeit verbannte Kuzorra erstmals wieder in der deutschen Fußballnationalmannschaft. Zwar war er inzwischen in die Jahre gekommen, und es konnte sicherlich in Zukunft nicht mehr auf ihn aufgebaut werden, aber nach seinen großen Leistungen hatte er schon längst wieder einen Einsatz in der Nationalelf verdient. Sepp Herberger ermöglichte das, was jahrelang nicht möglich gewesen war. Da es in diesem Spiel lediglich darum ging, die jungen Spieler einzugewöhnen und somit festzustellen, wie weit sie in ihrer Entwicklung waren, war Kuzorra der ideale Mann dafür.

8. Minute: Die Zuschauer hatten ihre Freude an dem Sturmwirbel der deutschen Mannschaft. Bereits in den ersten Minuten hatten sie dreimal Latte und Pfosten getroffen, bevor Haudegen Kuzorra es allen vormachte und plaziert zum 1:0 einschoß. 10. Minute: Nach einer Ecke knallte Linksaußen Kemp den Ball unhaltbar zum Ausgleich ins deutsche Tor. 15. Minute: Unentwegt stürmte die deutsche Mannschaft, aber die Abwehr rückte viel zu weit auf. Dadurch ergaben sich immer wieder ausgezeichnete Kontermöglichkeiten für die Luxemburger Kemp, Kremer und Bauler.

21. Minute: Die deutsche Mannschaft spielte nicht nur schön, sondern kämpfte auch um jeden Ball; wie etwa Billen, der sich einen Ball angelte, Günther auf die Reise schickte und dessen flache Hereingabe vollendete Malecki zum 2:1. 23. Minute: Als Sievert seinen Gegenspieler Kemp frei zum Schuß kommen ließ, war es erneut passiert. Mit dem 2:2-Ausgleich stellten die Luxemburger den Spielverlauf auf den Kopf. 30. Minute: Aus kürzester Distanz traf Pörtgen nur die Latte.

40. Minute: Das Spiel der deutschen Mannschaft wurde zunehmend schlechter. Dies lag weniger am recht gut kombinierenden Sturm, sondern vielmehr an der unsicheren Verteidigung. Sie war nicht nur immer zu weit aufgerückt, sondern kaum einmal kam ein Paß zum eigenen Spieler. 44. Minute: Nachdem die Luxemburger verletzungsbedingt vorübergehend nur 9 Spieler auf dem Feld hatten, gelang dem Schalker Mittelstürmer noch kurz vor dem Halbzeitpfiff die 3:2-Führung.

50. Minute: Bereits nach einer guten halben Stunde hatte Herberger von der Seitenlinie aus die Abwehr ermahnt. Offensichtlich hatte er den Spielern in der Halbzeit klargemacht, wie man spielen sollte, denn jetzt endlich blieben die Verteidiger dort, wo sie hingehörten. Gleich lief das Spiel auch wesentlich besser, denn jetzt brauchte sich Otto Tibulski, der Antreiber vom FC Schalke 04, nicht mehr um die großen Löcher in der deutschen Abwehr zu kümmern, sondern konnte den Angriff ankurbeln. 52. Minute: Jetzt lief das Spiel der deutschen Mannschaft traumhaft. Nach einer Abwehrparade von Torhüter Hohscheid war Pörtgen zur Stelle und schoß aus unmöglichem Winkel zum 4:2 ins Tor. 53. Minute: Der Beifall war noch nicht verklungen, da nahm Pörtgen eine Flanke von Malecki direkt aus der Luft und knallte den Ball unhaltbar unter die Latte. Das Spiel war entschieden, und jetzt zauberte die deutsche Mannschaft.

70. Minute: Durch großen kämpferischen Einsatz konnte das Luxemburger Team weitere Treffer verhindern. Nach einem Traumpaß des früheren Hamborners Billen, mußten sie jedoch das 6:2 durch Linksaußen Günther hinnehmen. Das Spiel war jetzt nur noch eine Spielerei, bei der alle deutschen Stürmer versuchten, dem großartigen Kämpfer Billen den Ball so vorzulegen, damit er sich auch in die Liste der Torschützen einreihen konnte. Doch mit den Torschüssen hatte Billen an diesem Tag kein Glück.

80. Minute: Den Schlußpunkt setzte derjenige, der auch den Anfang gemacht hatte. Erneut auf einen herrlichen Paß von Billen freigespielt, schoß Kuzorra zum 7:2 ein.

❖

Vorbericht zum 132. Länderspiel: Nach dem Spiel in Prag wartete in Glasgow eine ganz schwere Aufgabe auf die deutsche Mannschaft. Für die Reise auf die britischen Inseln, mit den Spielen gegen Schottland und Irland, wurde folgendes Aufgebot benannt:

Tor: Jakob, Sonnrein
Verteidiger: Münzenberg, Munkert, Janes
Läufer: Rodzinski, Goldbrunner, Sold, Kitzinger
Stürmer: Elbern, Lehner, Hohmann, Siffling, Kobierski, Gellesch, Szepan, Urban

Mit diesem Aufgebot hatte man, von Conen abgesehen, wieder den Kern der WM-Mannschaft des Jahres 1934 zusammen, ergänzt durch die jungen Kitzinger, Elbern, Gellesch und Urban. Die Spieler von 1934 waren inzwischen um 2 Jahre reifer geworden und konnten viel mehr, als sie zeigen durften. Einige verloren nur ihren Stammplatz, weil sie während der Testspiel-Phase außer Form waren oder die knüppelharte Vorbereitung für das Olympische Fußballturnier nicht durchstanden. Jetzt kehrten sie unter Sepp Herberger zurück. Daß sie ohne Vorbereitung noch keine einheitliche Mannschaft sein konnten, wußte Herberger. Ihm ging es auch erstmal nur darum, den Spielern wieder Selbstvertrauen zu geben und dann um diesen Kern herum eine neue Mannschaft aufzubauen.

14.10.1936 in Glasgow / Ibrox-Park
Schottland - Deutschland 2:0 (0:0)

SR: Nattras (England), Zuschauer: 60.000
Schottland: Dawson; Anderson, Cummings; Massie, Simpson, G.Brown; Delaney, T.Walker, Armstrong, McPhail, Duncan
Deutschland: Jakob -21 (Jahn Regensb.); Münzenberg -23 (Alem. Aachen), Munkert -6 (1.FC Nürnberg); Janes -23 (Fort. Düsseld.), Goldbrunner -17 (Bayern München), Kitzinger -6 (Schweinfurt 05); Elbern -6 (SV Beuel), Gellesch -4 (Schalke 04), Siffling -20 (SV Waldhof), Szepan -17, Urban -5 (beide Schalke 04). Mannschaftskapitän: Szepan
Tore: 1:0, 2:0 Delaney (66., 83.)
Beste Spieler: Delaney, Duncan, Dawson - Szepan, Jakob, Janes
Bericht: Die Schotten waren in diesem Spiel haushoher Favorit, aber die deutsche Mannschaft begann nicht nur großartig, sondern man konnte sie aufgrund der Spielanlage für Schotten halten.
2. Minute: Nach wunderschönem Zuspiel von Siffling in den freien Raum zog Urban auf und davon, flankte in die Mitte, wo Gellesch nur noch den Ball ins Tor zu drücken brauchte. Der Linienrichter zeigte jedoch mit der Fahne Abseits an, obwohl sich eigentlich alle darüber einig waren, daß dies zumindestens eine zweifelhafte Entscheidung war. Pech für Deutschland, das Tor wurde annulliert. 4. Minute: In letzter Sekunde konnte Kitzinger gerade noch seinen Gegenspieler Walker am Torschuß hindern. 8. Minute: Ein herrlicher Schuß von McPhail landete nur knapp neben dem Tor.
30. Minute: Die Zuschauer kamen aus dem Staunen überhaupt nicht mehr heraus. Innerhalb von einer Viertelstunde waren die Schotten nur zweimal vor dem deutschen Tor aufgetaucht, während die deutsche Mannschaft drei gute Torgelegenheiten hatte. 32. Minute: Gleich zweimal hintereinander hatte Elbern die Führung auf dem Fuß. Beide Male hielt Torhüter Dawson großartig. 35. Minute: Pech für Fritz Szepan, der zwei Verteidiger aussteigen ließ, aber sein Schuß ging knapp am Pfosten vorbei. 37. Minute: Ein herrlicher Schuß von Urban zischte über die Latte. 38. Minute: Bei einem schottischen Konter bot sich Delaney die ganz große Chance, aber Kitzinger konnte in letzter Sekunde zur Ecke abwehren. Die restlichen Minuten bis zur Halbzeit gehörten wieder klar der deutschen Mannschaft.
45. Minute: Kaum einer konnte es zur Halbzeit fassen. Seit Jahren hatte es nicht mehr eine so spielerisch und taktisch starke deutsche Mannschaft gegeben.
55. Minute: Das Spiel war nach wie vor unheimlich schnell und hatte hohes Niveau. Auch die Schotten konnten sich in der zweiten Halbzeit besser in Szene setzen, so daß das Spiel hin und her wankte. Herrliche Szenen vor beiden Toren begeisterten die Zuschauer.
59. Minute: Die Schotten waren einfach nicht in der Lage, die Kreise von Szepan einzuengen. Nach einem herrlichen Paß des Schalkers zog Rechtsaußen Elbern davon, umkurvte einen Verteidiger und paßte in die Mitte zum völlig freistehenden Siffling, leider vergab der diese große Chance zur Führung. 62. Minute: Auf der linken Seite wurde Urban genauso wie kurz zuvor Elbern herrlich in Szene gesetzt, aber auch der Schalker Linksaußen verfehlte knapp das Tor. 66. Minute: Ein blitzschneller Konter der Schotten wurde der deutschen Mannschaft zum Verhängnis. McPhail sah den freistehenden Delaney, schickte ihn mit einer Steilvorlage, der Rechtsaußen schoß, Jakob wehrte ab, aber dann konnte Delaney den Ball zur glücklichen 1:0-Führung für Schottland ins leere Tor schießen. 68. Minute: Die Schotten wurden jetzt wesentlich stärker. Innerhalb von einer Minute mußte Torhüter Jakob zweimal in höchster Not retten. 70. Minute: Die deutsche Mannschaft befreite sich wieder von dem Druck. Nach einem Eckball von Elbern köpfte Szepan knapp unter die Latte, aber im letzten Augeblick hatte Torhüter Dawson die Hand dazwischen.
80. Minute: Nach dem unheimlich schnellen Spiel fehlte der deutschen Mannschaft in der letzten Viertelstunde die Kraft. Die Schotten glänzten jetzt durch ihre Technik mit Kabinettstückchen. In dieser Phase bewahrte Torhüter Jakob mit seinen ausgezeichneten Reaktionen die deutsche Mannschaft vor einem höheren Rückstand. 83. Minute: Schließlich gelang den Schotten doch noch das 2:0, als erneut Deaney zur Stelle war.
90. Minute: Die letzten 7 Minuten überstand die deutsche Mannschaft durch eine hervorragende Abwehrarbeit ohne weiteres Gegentor. Nach dem gesamten Spielverlauf hatte sie in Glasgow sogar ein Unentschieden verdient.

❖

Vorbericht zum 133. Länderspiel: Nach der Klassevorstellung in Glasgow wurde die deutsche Mannschaft von der Auslandspresse wie der Sieger gefeiert. „Deutschland zeigte den Schotten, wie Fußball gespielt wird, vergaß nur das Toreschießen" war eine typische Schlagzeile. Für Nerz und Herberger war jedoch viel wichtiger, was sie an neuen Erkenntnissen mitnahmen. Die wichtigsten waren, daß Szepan der uneingeschränkte, ideale Spielmacher war, und daß die Helden der WM 1934 nichts verlernt hatten.
Um die Spieler 3 Tage nach dem Schottlandspiel nicht zu überfordern, wurden für das Irland-Spiel in Dublin 4 Spieler ausgewechselt. Auch hier war es wieder wichtiger, Erkenntnisse zu sammeln, als ein gutes Ergebnis zu erzielen.

17.10.1936 in Dublin
Irland - Deutschland 5:2 (2:2)

SR: W.Webb (Schottland), Zuschauer: 30.000
Irland: Foley; O'Neill, Gorman; O'Reilly, Turner, N.Connolly; Ellis, Joe Donnelly, T.Davis, Pat.Moore, Geoghegan
Deutschland: Jakob -22 (Jahn Regensb.); Münzenberg -24 (Alem. Aachen), Munkert -7 (1.FC Nürnberg); Rodzinski -3 (Hamborn 07), Goldbrunner -18 (Bayern München), Kitzinger -7 (Schweinfurt 05); Lehner -26 (Schwaben Augsburg), Siffling -21 (Waldhof), Hohmann -22 (VfL Benrath), Szepan -18 (Schalke 04), Kobierski -21 (Fort. Düsseld.). Mannschaftskapitän: Szepan
Tore: 1:0 Donnelly (25.), 1:1 Kobierski (25.), 1:2 Szepan (32.), 2:2 Davies (35. Foulelfmeter), 3:2 Geoghegan (59.), 4:2 Ellis (71.), 5:2 Davies (76.)
Beste Spieler: Foley, Pat.Moore, Turner - Szepan, Hohmann
Bericht: Schon kurz nach dem Anpfiff sah man sehr deutlich, daß der deutschen Mannschaft noch das schwere Spiel gegen Schottland in den Knochen steckte. Das schnelle Spiel der Iren machte der deutschen Mannschaft schwer zu schaffen. Der Halblinke Moore traf nur ganz knapp am linken Pfosten vorbei.

13. Minute: Nach herrlicher Flanke von Kobierski verpaßten Lehner und Hohmann eine günstige Gelegenheit zum Führungstreffer. 20. Minute: Nur durch ein absichtliches Handspiel konnte Irlands Linksverteidiger Gorman einen aussichtsreichen Angriff aufhalten. Die deutsche Mannschaft hatte sich inzwischen gefunden und konnte das Spiel ausgeglichen gestalten.

25. Minute: Nachdem gleich mehrere Abwehrfehler vorausgegangen waren, konnte Donnelly aus 5 Metern Entfernung das 1:0 für Irland erzielen. Vom Anstoß weg kam die deutsche Mannschaft über den rechten Flügel, Lehner flankte, der Ball wurde zu kurz abgewehrt und Kobierski war zur Stelle, um den Ausgleich zu erzielen. Alles innerhalb von einer Minute. 27. Minute: Der Treffer zum Ausgleich hatte der deutschen Mannschaft gutgetan. Sie wurde jetzt wesentlich agiler. Einen Schuß von Kobierski konnte Foley gerade noch halten. 28. Minute: Erneut konnte sich Torhüter Foley auszeichnen, als er einen schnellen Schuß von Hohmann hielt. 32. Minute: Die deutsche Elf wurde für ihre druckvolle Spielweise belohnt. Einen abgewehrten Kobierski-Schuß legte Siffling seinem Mannschaftskapitän Szepan maßgerecht vor. Gegen dessen Schuß war alles Können von Foley machtlos. 35. Minute: Als der überhart spielende Davies wieder einmal mit Goldbrunner im Zweikampf stand, fielen beide, und der Schiedsrichter gab einen zweifelhaften Elfmeter. Davies selbst verwandelte zum Ausgleich.

45. Minute: Auch wenn das Spiel der deutschen Mannschaft bei weitem nicht so gut lief wie in Glasgow, so hatte sie sich im Laufe der ersten Halbzeit doch ständig gesteigert, und schließlich sogar den Gegner beherrscht. Das 2:2 zur Halbzeit war für die Iren schmeichelhaft.

48. Minute: Riesiges Glück für die Mannen aus Irland, als Foley einen Ball nicht festhalten konnte, und Szepan sofort aufs Tor schoß. In letzter Sekunde rettete ein Verteidiger auf der Linie. 57. Minute: Noch einmal eine große Chance für die deutsche Mannschaft, als Kobierski, von der linken Seite hereinstürmend, einen herrlichen Schuß losließ, der jedoch knapp über die Latte strich. 59. Minute: Die Iren hatten mehr Glück, nach einem Gewühl im Strafraum schoß unverhofft der Linksaußen zum Führungstreffer ein. Während die Kraft der deutschen Mannschaft nach nunmehr fast einer Stunde Spielzeit ständig nachließ, wurde das Spiel der Iren unverständlicherweise immer schärfer und härter. Goldbrunner humpelte bereits seit einiger Zeit, und immer wieder wurde Torhüter Jakob angegangen.

71. Minute: Nachdem die deutsche Mannschaft kurz zuvor bei einem Konter die erneute Ausgleichschance vergab, war es passiert. Ein Schuß von Rechtsaußen Ellis wurde von Münzenberg so unglücklich abgefälscht, daß Jakob keine Chance mehr hatte den Ball zu bekommen - 4:2 für Irland. 76. Minute: Torhüter Jakob, sonst fehlerlos, berechnete einen Aufsetzer falsch. Der Ball prallte von seiner Brust aus zurück, und schon war Mittelstürmer Davies da und trat rücksichtslos zwar den Ball ins Tor, aber auch in Torhüter Jakob hinein. Minuten lang mußte Jakob behandelt werden.

90. Minute: Nach dem großartigen Spiel in Glasgow konnte man eigentlich nur von der Leistung der deutschen Mannschaft enttäuscht sein. Allerdings durfte nicht außer acht gelassen werden, daß das Spiel gegen die Schotten unglaublich viel Kraft gekostet hatte. Zudem war die deutsche Mannschaft keineswegs um 3 Tore schlechter, sondern hatte eher ein Unentschieden verdient. Neben der fehlenden Kraft war es vor allem auch die Härte, mit der Irland alles versuchte, um zum Sieg zu kommen. Insgesamt hatten beide Spiele, zusammengenommen, viele neue Erkenntnisse gebracht.

❖

Vorbericht zum 134. Länderspiel: Zum Abschluß des Jahres hatte die deutsche Nationalmannschaft im Berliner Olympiastadion den Weltmeister und Olympiasieger Italien zu Gast. Nach den beiden Spielen gegen die Profis aus Schottland und Irland eine weitere Steigerung. Wenn es eine neue Standortbestimmung geben konnte, dann gegen die Profis aus Italien. Nerz und Herberger verzichteten auch bewußt darauf, ein Aufgebot zu benennen. Das Spiel in Glasgow hatte ihnen gezeigt, daß sie auf dem richtigen Weg waren. Die Elf von Glasgow sollte auch gegen den Weltmeister spielen. Bereits vor dem Spiel war das Stadion mit 100.000 Zuschauern ausverkauft. Es war die höchste Zuschauerzahl bei einem Fußballspiel auf dem Kontinent, und erstmals war Josef „Seppl" Herberger offiziell der Chef.

15.11.1936 in Berlin / Olympiastadion
Deutschland - Italien 2:2 (2:1)

SR: Eklow (Schweden), Zuschauer: 100.000

Deutschland: Jakob -23 (Jahn Regensb.); Münzenberg -25 (Alem. Aachen), Munkert -8 (1.FC Nürnberg); Janes -24 (Fort. Düsseld.), Goldbrunner -19 (Bayern München), Kitzinger -8 (Schweinfurt 05); Elbern -7 (SV Beuel), Gellesch -5 (Schalke 04), Siffling -22 (SV Waldhof), Szepan -19, Urban -6 (beide Schalke 04). Mannschaftskapitän: Szepan

Italien: Olivieri; Monzegliao, Allemandi; Serantoni, Andreolo, Varglien II; Pasinati, Perazzolo, Piola, G.Ferrari, Colaussi

Tore: 0:1 Colaussi (2.), 1:1, 2:1 Siffling (35., 40.), 2:2 Colaussi (56.)

Beste Spieler: Siffling, Kitzinger, Szepan - Olivieri, Piola, G.Ferrari

Bericht: Nachdem zwei Angriffe der deutschen Mannschaft wirkungslos verpufft waren, kamen die Italiener über Rechtsaußen Pasinati zu ihrem ersten Angriff. Ein leichtsinniger Fehler von Munkert ermöglichte es Pasinati in die Mitte zu flanken, wo Colaussi mit dem Kopf schneller am Ball war als der herausstürzende Jakob. Ein völlig unnötiges 0:1 gleich zu Beginn.

5. Minute: Nach dem Tor war vorerst nichts mehr von den Italienern zu sehen. Statt dessen hatte Urban die Ausgleichschance, vergab sie jedoch. 7. Minute: Nach einem Foul an Siffling, kurz vor der Strafraumgrenze, brachte der nachfolgende Freistoß große Gefahr für das italienische Tor. Der Nachschuß von Szepan konnte Olivieri nur mit großer Mühe meistern. 10. Minute: Eine herrliche Kombination Gellesch - Siffling - Urban brachte den Schalker erneut in günstige Schußposition. Als sich der Linksaußen den Ball zum Torschuß zurechtlegte, war Olivieri um den Bruchteil einer Sekunde schneller am Ball. 15. Minute: Es war ein wechselvolles Spiel mit ständigen Torraumszenen. 16. Minute: Elbern zögerte zu lange mit dem Torschuß, kurz darauf auch Urban, und schließlich Gellesch. Im Gegenzug mußte sich Jakob mächtig strecken, um einen knallharten Schuß von Piola zur Ecke abzuwehren.

30. Minute: In der zweiten Viertelstunde übernahmen die Italiener immer mehr die Initiative und hatten auch gute Gelegenheiten zu einem weiteren Tor. 35. Minute: Ein schöner Paß von Kitzinger in den Strafraum zu Szepan, der stoppte den Ball, um ihn dann maßgerecht Siffling vorzulegen. Der lief noch zwei, drei Schritte, und schob dann am herauslaufenden Torhüter Olivieri kaltblütig vorbei ins rechte Toreck. 1:1, das Stadion tobte. 38. Minute: Die deutsche Mannschaft griff nun stürmisch an. Man spürte die zunehmende Nervosität der italienischen Abwehr. 40. Minute: Nach überlegtem Paß von Szepan in die Gasse, konnte Linksaußen Urban alleine auf Torhüter Olivier zusteuernd, nur durch ein grobes Foul gebremst werden. Schiedsrichter Eklöw pfiff sofort, legte aber zur Überraschung aller den Ball vor die Strafraumgrenze. Das war eine glatte Fehlentscheidung. Noch in derselben Minute war es aber soweit, ein Traumpaß von Kitzinger konnte sich Siffling am Elfmeterpunkt erlaufen. Er schoß aus vollem Lauf an dem verdutzten Olivieri vorbei zum 2:1 für Deutschland ins Netz.

55. Minute: Die deutsche Elf hatte erstaunlich an Sicherheit gewonnen. Die ersten 10 Minuten der zweiten Halbzeit erinnerten an Glasgow. Immer öfter wußten sich die italienischen Verteidiger nur mit Fouls zu retten. 56. Minute: Dann die kalte Dusche, als

Münzenberg und Piola zusammenstießen. Unglücklicherweise kam der Ball genau vor die Füße von Colaussi, der Münzenberg umspielte und flach und scharf auf das deutsche Tor schoß. Der Ball rutschte unter dem Körper von Jakob durch ins leere Tor. Es stand wieder Unentschieden.

75. Minute: Das Spiel ging hin und her. Es hatte insgesamt ein hohes Niveau, war sehr schnell und jederzeit spannend. Nur die ganz großen Torchancen fehlten auf beiden Seiten. 80. Minute: Die Italiener beherrschten jetzt mehr und mehr das Spiel, aber die deutschen Konter waren immer gefährlich. 83. Minute: Nach Steilvorlage von Kitzinger war Rechtsaußen Elbern auf und davon. Jeder der 100.000 Zuschauer sah den Ball schon im Netz, als Elbern 10 Meter vor dem Tor von hinten unfair gelegt wurde. Der Pfiff von Schiedsrichter Eklöw blieb jedoch aus, woran auch die lauten Proteste des Publikums nichts ändern konnten.

90. Minute: Nach dem großen Spiel in Schottland hatte die deutsche Fußballnationalmannschaft einen weiteren internationalen Achtungserfolg errungen.

❖

Vorbericht zum 135. Länderspiel: Das Unentschieden gegen Italien hatte die deutsche Elf endgültig wieder dahin gebracht, wo sie aufgrund ihrer Spielstärke hingehörte, in die Spitze der besten Mannschaften des Kontinents. Nun war Holland in Düsseldorf der nächste Prüfstein. Nerz und Herberger mußten im Hinblick auf die WM 1938 neue Spieler erproben. Der Kern der Mannschaft, mit Jakob, Münzenberg, Janes, Goldbrunner, Kitzinger, Siffling, Szepan und Hohmann stand. Daneben einige Spieler, die zum engeren Kreis gehörten, darunter Gellesch, Elbern, Lehner, Urban, Kobierski, Rodzinski und Munkert. Es mußten also noch Spieler erprobt werden, um den Kader zu ergänzen. Gegen Holland waren das Friedel (1.FC Nürnberg) und der Duisburger Linksaußen Günther. Daraus ging schon hervor, daß Herberger seine Vorstellung durchgesetzt hatte, den Kern der Mannschaft zu belassen und nur vereinzelt Spieler in dieser Mannschaft zu erproben.

31.1.1937 in Düsseldorf

Deutschland - Holland 2:2 (1:1)

SR: Leclercq (Frankreich), Zuschauer: 60.000
Deutschland: Jakob -24 (Jahn Regensb.); Janes -25 (Fort. Düssel.), Münzenberg -26 (Alem. Aachen); Gellesch -6 (Schalke 04), Goldbrunner -20 (Bayern München), Kitzinger -9 (Schweinfurt 05); Lehner -27 (Schwaben Augsburg), Hohmann -23 (VfL Benrath), Friedel -1 (1.FC Nürnberg), Szepan -20 (Schalke 04), Günther -4 (Duisburg 99). Mannschaftskapitän: Szepan
Holland: Halle; Wilders, Caldenhove; Paauwe, Anderiesen, van Heel; Wels, van Spaandonck, Bakhuys, Heetjans, van Nellen
Tore: 1:0 Lehner (26.), 1:1 van Spaandonck (40.), 2:1 Lehner (75.), 2:2 v.Spaandonck (90.)
Beste Spieler: Janes, Gellesch, Lehner - Paauwe, Bakhuys, van Heel
Bericht: Nachdem Fritz Szepan die Seitenwahl gewonnen hatte, mußten die Holländer gegen die Sonne spielen.

3. Minute: Trotz der schlechteren Bedingungen in der ersten Halbzeit begannen die Holländer großartig. Minutenlang standen sie nur in der deutschen Hälfte und machten Druck auf das Tor von Torwart Jakob.

10. Minute: Die deutsche Mannschaft spielte unverständlicherweise sehr nervös. Sie kam überhaupt nicht bis zum Strafraum der Holländer. Mehrfach hatte sie großes Glück, daß Jakob und seine Vorderleute in letzter Sekunde klären konnten. Dann nahm Szepan das Spiel in die Hand. 13. Minute: Plötzlich lief es bei der deutschen Mannschaft, die Pässe kamen an und es wurde endlich flotter gespielt. Was jedoch nach wie vor fehlte, war das schnelle Überbrücken des Mittelfeldes. 14. Minute: Einen wunderschönen Schuß von Szepan konnte Torhüter Halle gerade noch wegfausten. 15. Minute: Seit 5 Minuten waren die Holländer gar nicht mehr aus ihrer Hälfte herausgekommen. Was jetzt in der deutschen Mannschaft fehlte, war ein Mittelstürmer wie Conen, denn jeder hatte Hemmungen zu schießen. 18. Minute: Bei einem schnellen Konter über van Nellen, der in die Mitte flankte, hatte Torhüter Jakob allergrößte Mühe den Kopfball von Bakhuys zu halten.

22. Minute: Erneut brachte ein gefährlicher Konter über Linksaußen van Nellen große Gefahr für das deutsche Tor. Zum Glück lief Jakob genau im richtigen Augenblick aus seinem Kasten heraus und fischte dem Holländer das Leder von den Füßen. 26. Minute: Nach einem herrlichen Schuß von Günther an die Latte war Lehner zur Stelle, um den abprallenden Ball ins Tor zu köpfen. Die deutsche Elf führte 1:0. 35. Minute: Das Spiel wurde ausgeglichener, mit leichten Vorteilen für die deutsche Mannschaft. 36. Minute: Pech für den unglücklich spielenden Hohmann, sein toller Schuß landete an der Latte.

40. Minute: Torhüter Jakob verpaßte eine Flanke von Rechtsaußen Wels. Sofort erfaßte der freistehende Linksaußen van Nellen die Situation, schoß aufs Tor und bevor ein deutscher Spieler abwehren konnte war van Spaandonck zur Stelle, um den Ball über die Linie zu drücken.

50. Minute: Das Spiel blieb auch in der zweiten Halbzeit spannend. Nach schöner Vorarbeit von Lehner hatte Friedel die ganz große Chance zum Führungstreffer, zögerte aber zu lange und spielte dann ab. Die gute Gelegenheit war dahin. 55. Minute: Die Überlegenheit der deutschen Mannschaft wurde immer größer. Nacheinander vergaben Lehner und der völlig freistehende Friedel den Führungstreffer. 60. Minute: Nach einer Stunde Spielzeit zeigte sich sehr deutlich, was der deutschen Mannschaft am meisten fehlte, ein Torjäger. Szepan spielte wunderbar Günther frei, der hatte eine hervorragende Schußposition, gab aber zurück zu Szepan. Auch Szepan stand nun völlig frei, gab aber weiter zu Friedel, der ebenfalls freistand und nicht schoß, sondern zu Hohmann weiterpaßte, dessen schwacher Schuß war dann kein Problem für Torhüter Halle. Es war einfach nicht zu fassen, wieviele Torgelegenheiten die deutschen Stürmer ausließen.

67. Minute: Nach herrlicher Flanke von Lehner hechtete Hohmann in den Ball. Leider landete der wunderschöne Kopfball knapp neben dem Pfosten. 73. Minute: Die Holländer tauchten nur noch mit gelegentlichen Kontern vor dem deutschen Tor auf, waren dann aber stets sehr gefährlich. 75. Minute: Nach einem Spurt über 30-40 Meter kurvte Lehner in die Mitte und schoß mit dem linken Fuß flach und plaziert ins äußerste Eck zum 2:1 ein.

80. Minute: Das Spiel der deutschen Mannschaft lief nach dem Führungstreffer noch besser, aber erneut wurden die besten Torgelegenheiten ausgelassen. 82. Minute: Die Holländer warfen jetzt alles nach vorn. Unglücklich trat Mittelstürmer Backhuys mit dem Fuß in das Gesicht von Goldbrunner, der ausscheiden mußte. 85. Minute: Als Lehner bei einem Konter davonzog, schien die endgültige Entscheidung zu fallen, aber leider legte er sich den Ball zu weit vor. 86. Minute: Nur eine Minute später die gleiche Gelegenheit für Linksaußen Günther; er hatte aber nicht die Nerven, an dem herausstürzenden holländischen Torwart vorbei das Tor zu treffen.

90. Minute: Nach Flanke von Wels sprang van Spaandonck am höchsten. Sein Kopfball ging über die gesamte deutsche Abwehr hinweg zum Ausgleich ins Tor. Ein schon sicherer Sieg wurde doch noch verloren.

❖

Vorbericht zum 136. Länderspiel: Mit Frankreich kam eine weitere große Fußballnation nach Stuttgart. Für Nerz und Herberger war dies wieder eine Gelegenheit, ihre Stammformation zu ergänzen. Für die nicht überzeugenden Hohmann, Friedel und Günther, die im Holland-Spiel gleich serienweise gute Torchancen ausgelassen hatten, kamen Siffling, Lenz und Urban in die Mannschaft zurück. Um aber auch weiteren Talenten eine Chance zu geben, wurde unter Führung des erfahren Kalli Hohmann für den gleichen Tag ein Spiel in Luxemburg angesetzt. So wurde die Einheit des Stammkaders gewahrt und die Talente hatten trotzdem ihre Bewährungschance.

21.3.1937 in Stuttgart
Deutschland - Frankreich 4:0 (2:0)

SR: Barlassina (Italien), Zuschauer: 72.000
Deutschland: Jakob -25 (Jahn Regensb.); Janes -26 (Fort. Düsseld.), Münzenberg -27 (Alem. Aachen); Gellesch -7 (Schalke 04), Goldbrunner -21 (Bayern München), Kitzinger -10 (Schweinfurt 05); Lehner -28 (Schwaben Augsb.), Siffling -23 (SV Waldhof), Lenz -12 (BVB), Szepan -21 (Schalke 04), Urban -7 (Schalke 04). Mannschaftskapitän: Szepan
Frankreich: Di Lorto; Dupuis, Diagne; Payen, Bourbotte, Delfour; Bigot, Rio, Nicolas, Ignace, F.Keller
Tore: 1:0 Lehner (26.), 2:0 Urban (31.), 3:0 Urban (76.), 4:0 Lenz (87.)
Beste Spieler: Janes, Szepan, Jakob, Münzenberg - Bourbotte, Nicolas, F.Keller
Bericht: Zum viertenmal war der Nachbar Frankreich Gegner der deutschen Fußballnationalmannschaft. Die Rivalität beider Länder ging über den Sport hinaus, so daß es in diesem Spiel um mehr ging, als nur um einen Sieg in einem Fußballspiel. Zum Glück sahen die 22 Spieler die Begegnung unter rein sportlichen Gesichtspunkten, die beste Grundlage für ein gutes Spiel.

15. Minute: In der ersten Viertelstunde taktierten beide Mannschaften sehr vorsichtig. Offensichtlich hatten beide Mannschaften großen Respekt voreinander. 20. Minute: Die deutsche Elf fand zuerst zu ihrem Spiel. Janes in der Abwehr sowie Szepan als Sturmdirigend brachten der deutschen Mannschaft von Minute zu Minute eine große Überlegenheit. 22. Minute: Die erste große Chance für die deutsche Mannschaft, als Szepan Di Lorto aus seinem Tor rauslockte und herrlich in die Mitte flankte, wo Urban und Lehner jedoch leichtsinnig vergaben. 26. Minute: Die druckvollen Angriffe der deutschen Mannschaft wurden belohnt. Szepan schickte Urban mit einem Steilpaß auf die Reise, der flach und unheimlich scharf in die Mitte flankte. Lehner war einen Tick schneller am Ball als Di Lorto, wurde vom Torhüter festgehalten, ließ sich aber nicht daran hindern, den Ball über die Linie zu drücken. 1:0 für die deutsche Mannschaft, hochverdient.

31. Minute: Die Elf von Herberger drängte auch nach dem Führungstor weiter und wurde dafür auch belohnt. Wieder bereitete Szepan vor, indem er Diagne aussteigen ließ und wunderbar zum völlig freistehenden Linksaußen Urban paßte. Der hatte keine Mühe zum 2:0 einzuschießen. 33. Minute: Der Dortmunder Lenz hatte die ganz große Chance auf 3:0 zu erhöhen, als Di Lorto den Ball fallen ließ. Lenz spielte jedoch an diesem Tag sehr unglücklich und traf auch in diesem Fall nur das Außennetz.

45. Minute: Nachdem die deutsche Mannschaft das Spiel klar beherrscht hatte, ging sie verdientermaßen mit 2:0 in die Halbzeitpause.

60. Minute: In der zweiten Halbzeit hatte das Spiel ein völlig anderes Bild. Jetzt waren es die Franzosen, die ständig gegen das deutsche Tor rannten und wiederholt gute Torchancen hatten. 62. Minute: Der Halbrechte Rio kam frei zum Schuß, aber das Glück stand der deutschen Mannschaft zur Seite, denn der Ball ging an den Pfosten. 66. Minute: Nach einigen Glanzparaden von Jakob brauchte auch er wieder das Glück bei einem Schuß von Linksaußen Keller, der an den Pfosten knallte. 68. Minute: Dem Dortmunder Lenz bot sich die ganz große Gelegenheit, jetzt alles klar zu machen. Als sein ansonsten sehr guter Gegenspieler Bourbotte eine Flanke nicht erreichte, stand Lenz völlig allein vor Torhüter Di Lorto. Statt den Ball überlegt in die Ecke zu schieben, schoß er mit aller Wucht den Torhüter an.

75. Minute: Seit einer halben Stunde drängten nun unaufhörlich die Franzosen. Inzwischen hatten sie sich sogar ein Unentschieden verdient. Der deutschen Mannschaft blieben nur vereinzelte Konter. 76. Minute: Nach einem Eckball von Lehner verlängerte Siffling mit dem Kopf an den hinteren Pfosten, wo Urban in den Ball hineingrätschte und keine Mühe hatte ihn zum 3:0 über die Linie zu drücken. Das Spiel war entschieden. 78. Minute: Nach erneuter, herrlicher Vorarbeit von Szepan mit einem Traumpaß auf Lenz, verfehlte der Dortmunder mit seinem satten Schuß das Tor. 80. Minute: Die Franzosen hatten an diesem Tag kein Glück. Ein Schuß von Nicolas sprang vom Pfosten zurück ins Feld. Zum drittenmal hatte der Pfosten für die deutsche Mannschaft gerettet.

87. Minute: Erst in den Schlußminuten ließ die Kraft der Franzosen nach und ermöglichte der deutschen Mannschaft weitere Torgelegenheiten, von denen Lenz, auf Vorlage von Szepan, eine zum 4:0 nutzte. Er hatte das Glück, das den Franzosen gefehlt hatte, denn auch sein Schuß ging an den Pfosten, aber von dort ins Tor. Die deutsche Mannschaft hatte glücklich, aber nicht unverdient gewonnen.

❖

Vorbericht zum 137. Länderspiel: Fünf Neulinge standen in der Mannschaft. Dazu einige Spieler mit wenigen Länderspieleinsätzen, die eine weitere Bewährungschance bekamen. Der Benrather Hohmann, im Spiel gegen Holland unglücklich spielend, wurde von Herberger beauftragt, die junge und unerfahrene Mannschaft zu führen.

21.3.1937 in Luxemburg
Luxemburg - Deutschland 2:3 (0:1)

SR: Wunderlin (Schweiz), Zuschauer: 12.000
Luxemburg: Hoscheid; A.Majerus, V.Majerus; Dumont, M.Becker, Wantz; Stamet, Mengel, Mart, Bommertz, Kemp
Deutschland: Köhl -1 (1.FC Nürnberg); Appel -4 (BSV 92), Klaas -1 (SV Koblenz); Kupfer -1 (Schweinfurt 05), Sold -3 (FV Saarbr.), Schädler -1 (FV Ulm); Malecki -4 (Hannover 96), Gauchel -3 (Tus Neuend.), Pörtgen -3 (Schalke 04), Hohmann -24 (Benrath), Striebinger -1 (VfR Mannheim). Mannschaftskapitän: Hohmann
Tore: 0:1 Pörtgen (7.), 0:2, 0:3 Striebinger (59., 68.), 1:3 Stamet (76.), 2:3 Kemp (77.)
Beste Spieler: Kemp, Hoscheid - Kupfer, Sold, Schädler
Bericht: Ziel dieses Länderspieles war es, den einen oder anderen Spieler nochmals genau beobachten zu können.

5. Minute: Bereits in den ersten 5 Minuten war der deutsche Angriff das Prunkstück. Er spielte ideenreich, schnell und mit guter Technik. 7. Minute: Die logische Folge der ständigen Angriffe der deutschen Mannschaft war das 1:0 durch den Schalker Mittelstürmer Pörtgen. 15. Minute: Bereits nach einer Viertelstunde war es jedoch mit der Herrlichkeit der deutschen Mannschaft vorbei. Die Luxemburger kamen nun immer wieder gefährlich vor das deutsche Tor, wo die beiden Verteidiger ein ums andere Mal versagten.

45. Minute: Im weiteren Verlauf der ersten Halbzeit war die deutsche Mannschaft zwar leicht überlegen, konnte sich aber nur selten entscheidend durchsetzen.

55. Minute: Auch nach dem Seitenwechsel lief in der deutschen Elf nicht viel zusammen. Lediglich die Läuferreihe brachte überdurchschnittliche Leistungen und verhinderte damit Schlimmeres. 59. Minute: Bei einem der wenigen Konter der deutschen Mannschaft hatte Striebinger keine Mühe zum 2:0 einzuschießen.

68. Minute: Nach Vorarbeit von Malecki, der aus spitzem Winkel scharf auf das Tor von Hoscheid schoß, war erneut Striebinger zur Stelle, um den abgewehrten Ball über die Torlinie zu drücken. Die deutsche Mannschaft führte unverdient hoch mit 3:0 Toren. 76. Minute: Endlich wurden die Luxemburger für ihre Be-

mühungen belohnt. Rechtsaußen Stamet vollendete mit einem schönen Schuß seinen Alleingang. 77. Minute: Nur eine Minute später verpaßte erneut die deutsche Abwehr einen Flankenball. Kemp war zur Stelle und überlistete den herausstürzenden Köhl, der Anschlußtreffer.

85. Minute: Erst nach dem zweiten Tor von Luxemburg wurde die deutsche Mannschaft wieder stärker. Jetzt boten sich auch wieder gute Torgelegenheiten, und die deutsche Elf erzielte sogar noch zwei weitere Tore, die jedoch unverständlicherweise annulliert wurden.

90. Minute: Nach einem schwachen Länderspiel hatte die deutsche Mannschaft mit 3:2 gewonnen. Die wichtigste Erkenntnis des Spieles war, daß sich die komplette Läuferreihe für größere Aufgaben empfohlen hatte.

❖

Vorbericht zum 138. Länderspiel: Nach dem Doppelländerspiel gegen Frankreich und Luxemburg konnte man beim D.F.B. zufrieden sein. Die Stammelf war weiter gefestigt, und aus dem Luxemburg-Spiel hatten sich Kupfer, Sold, Schädler, Gauchel und Striebinger empfohlen. Bereits gegen Belgien bot sich für 2 von ihnen eine Gelegenheit, weil die Schalker und Düsseldorfer wegen der Teilnahme an der Endrunde zur Deutschen Meisterschaft nicht zur Verfügung standen. Sold, Schädler und Gauchel mußten vorerst noch warten, weil ihre Positionen bereits durch Stammspieler besetzt waren. Kupfer, der in Luxemburg besonders auffiel, spielte für Gellesch und Striebinger für Urban. Da sich in Luxemburg kein Verteidiger empfohlen hatte, bekam Haringer für den fehlenden Janes noch einmal eine Chance. Und schließlich kam Rohwedder für Szepan zum Einsatz.

25.4.1937 in Hannover

Deutschland - Belgien 1:0 (1:0)

SR: Jewell (England), Zuschauer: 60.000
Deutschland: Jakob -26 (Jahn Regensb.); Haringer -15 (Wacker München), Münzenberg -28 (Alem. Aachen); Kupfer -2 (Schweinfurt 05), Goldbrunner -22 (Bayern München), Kitzinger -11 (Schweinfurt 05); Lehner -29 (Schwaben Augsb.), Rohweder -5 (TV Eimsbüttel), Lenz -13 (BVB), Hohmann -25 (VfL Benrath), Striebinger -22 (VfR Mannheim). Mannschaftskapitän: Münzenberg
Belgien: Badjou; Paverick, Joacim; Dalem, Stijnen, De Winter; Buyle, Lamoot, R.Braine, Isemborgs, Vanden Eynde
Tor: 1:0 Hohmann (17.)
Beste Spieler: Kitzinger, Kupfer, Münzenberg, Jakob - Braine, V.d.Eynde, Joacim
Bericht: Es war zwar nicht die beste deutsche Nationalelf, aber trotzdem eine gute Mannschaft, die in Hannover den Belgiern gegenüberstand.

10. Minute: Zur Freude der Zuschauer spielte die deutsche Mannschaft von Beginn an konzentriert, flüssig und zwingend. Ein Angriff nach dem anderen rollte auf das Tor von Badjou. Die Belgier hatten dem nichts entgegenzusetzen, kamen nicht einmal in den deutschen Strafraum.

15. Minute: Die deutsche Elf spielte unheimlich offensiv. Nach einer Ecke von Lehner köpfte Außenläufer Kitzinger nur knapp über das Tor. 16. Minute: Erneut eine große Chance, aber Rohwedder zögerte zu lange mit seinem Schuß. 17. Minute: Der routinierte Hohmann erkannte rechtzeitig, daß ein belgischer Verteidiger zurückspielen wollte. Er lief genau im richtigen Moment los, erreichte den Ball vor dem belgischen Mittelläufer, und ließ Torhüter Badjou bei seinem Schuß an den Innenpfosten keine Chance. Deutschland führte endlich 1:0. 19. Minute: Die deutsche Mannschaft drängte weiter. Ein Schuß von Striebinger strich nur knapp über die Latte. 22. Minute: Ein knallharter Schuß von Lehner rasierte den Außenpfosten. 25. Minute: Der erste gefährliche Angriff der Belgier über ihren Superstar Raimond Braine. Der abschließende Schuß von vanden Eynde wurde abgewehrt.

50. Minute: Die Belgier wurden nach dem Seitenwechsel zusehends stärker. Einen knallharten Schuß Isemborgs konnte Jakob gerade noch an die Latte lenken. 60. Minute: Vor allem auf der linken Seite waren die Belgier sehr stark, weil Haringer mit vanden Eynde nicht fertig wurde. Zudem hatte natürlich Goldbrunner mit einem Weltklassespieler wie Braine allergrößte Mühe. Ganz ausschalten konnte man diesen Stürmer nicht.

70. Minute: Pech für Linksaußen Striebinger, der aus 25 Meter Entfernung einen herrlichen Schuß auf das belgische Tor abfeuerte. Im letzten Augenblick fischte Badjou den Ball aus dem Winkel. 72. Minute: Die größte Torchance der zweiten Halbzeit bot sich Mittelstürmer Lenz. Freistehend zögerte der Dortmunder jedoch viel zu lange, so daß Verteidiger Joacim dazwischengehen konnte. 80. Minute: Noch einmal rafften sich die Belgier auf, um eventuell doch noch den Ausgleich zu erzielen. Wieder konnte man feststellen, daß die überragende deutsche Läuferreihe nicht zu überwinden war.

90. Minute: Ohne überzeugen zu können, gewann die deutsche Mannschaft doch verdient mit 1:0 gegen Belgien.

❖

Vorbericht zum 139. Länderspiel: Mit seinen beiden blendenden Länderspielen gegen Luxemburg und Belgien hatte sich der Schweinfurter Kupfer in die Nationalmannschaft gespielt. Bereits nach 2 Länderspielen gehörte er zum festen Stamm. Gegen die Schweiz erhielt der Hamburger Supertechniker Noack eine weitere Chance. Auch er hatte zum WM-Aufgebot 1934 gehört und brachte Woche für Woche exzellente Leistungen beim HSV. Er war wohl der beste deutsche Techniker Deutschlands vor dem 2. Weltkrieg. Der begnadete Star hatte nur einen, allerdings großen, Fehler, er konnte nicht kämpfen.

Für den angeschlagenen Paul Janes wurde Neuling Billmann (1.FC Nürnberg) in der Verteidigung aufgeboten. Viel schwerer hatte es der andere Neuling, Eckert, der Torjäger von Wormatia Worms. Seit den Glanzzeiten von Edmund Conen in der 34er WM-Mannschaft suchte man vergeblich nach einem neuen Torjäger.

2.5.1937 in Zürich

Schweiz - Deutschland 0:1 (0:0)

SR: Baert (Belgien), Zuschauer: 33.000
Schweiz: Bizzozzero; Minelli, Lehmann; Springer, Vernati, Lörtscher; Bickel, P.Aeby, Karcher, Abegglen II, G.Aeby
Deutschland: Jakob -27 (Jahn Regensb.); Billmann -1 (1.FC Nürnberg), Münzenberg -29 (Alem. Aachen); Kupfer -3 (Schweinfurt 05), Goldbrunner -23 (Bayern München), Kitzinger -12 (Schweinfurt 05); Lehner -30 (Schwaben Augsb.), Szepan -22 (Schalke 04), Eckert -1 (Wormatia Worms), Noack -3 (HSV), Urban -8 (Schalke 04). Mannschaftskapitän: Szepan
Tor: 0:1 Kitzinger (67.)
Beste Spieler: Minelli, Lehmann, Bickel - Kitzinger, Kupfer, Goldbrunner, Jakob
Bericht: Zum 20. Male standen sich die Schweiz und Deutschland gegenüber. Xam Abegglen II gewann die Platzwahl gegen Fritz Szepan. Die deutsche Mannschaft hatte Anstoß.

20. Minute: Bis zu diesem Zeitpunkt war es kein gutes, aber interessantes Spiel. Die deutsche Mannschaft war durch die größere Schnelligkeit leicht überlegen, konnte jedoch genauso wenig wie die Schweiz zwingende Torchancen erspielen. 27. Minute: Die erste Torchance des ganzen Spiels überhaupt. Nach einem Eckball und der Abwehr von Torhüter Jakob wurde der Nachschuß von Rechtsaußen Bickel gerade noch von Münzenberg auf der Linie abgewehrt.

35. Minute: Dem Wormser Eckert bot sich die ganz große Chance zum Führungstor für die deutsche Mannschaft. Nach

einer Flanke von Urban stand er völlig frei, aber statt zu schießen, gab er den Ball zurück an Noack, und damit war die Chance vorbei. 40. Minute: Bezeichnend für die Schwäche des deutschen Angriffs war der Schuß von Kupfer aus 25 Metern, den Torhüter Bizzozzero gerade noch über die Latte lenken konnte.

45. Minute: Obwohl es nur ganz wenige Torgelegenheiten auf beiden Seiten gab, war es ein schnelles und technisch gutes Spiel. Beide Sturmreihen waren für die starken Abwehrspieler zu schwach. Die Schwachstellen in der deutschen Mannschaft waren Billmann, Noack und der Totalausfall Eckert.

50. Minute: Nach starkem Beginn der deutschen Mannschaft verflachte das Spiel immer mehr. 65. Minute: Erst 20 Minuten nach Wiederbeginn wurde das Spiel wieder etwas besser. 67. Minute: Das, was dem Spiel gefehlt hatte, ein Tor, fiel im Anschluß an eine Ecke. Zweimal hatten die Schweizer Nachschüsse abgewehrt, dann gab Szepan überlegt zu Kitzinger, der von der 16-Meter-Linie aus unhaltbar ins schweizerische Tor traf. Der beste Mann auf dem Feld hatte die deutsche Führung geschossen.

70. Minute: Jetzt lief endlich das Spiel der deutschen Mannschaft. Nacheinander vergaben Lehner und Eckert in aussichtsreicher Position. 78. Minute: Erneut war es Lehner, der nach einer Flanke von Urban eine ganz große Chance zum 2:0 hatte. Leider verfehlte er aus wenigen Metern das Tor. 80. Minute: Noch einmal großes Glück für die Schweiz, als Kupfer seinem Mannschaftskameraden Kitzinger den Ball maßgerecht vorlegte und dessen Schuß krachend am Pfosten landete.

90. Minute: In den letzten 10 Minuten hatte die Schweiz keine Kraft mehr, um sich gegen den deutschen Druck zu wehren. So blieb es bei dem mühsam erkämpften, aber verdienten 1:0.

❖

Vorbericht zum 140. Länderspiel: Zwischen den beiden Länderspielen gegen die Schweiz und Dänemark wurden Lehrgänge mit 3 Spielen gegen die englische Profimannschaft Manchester City angesetzt.

6.5.1937 in Duisburg (30.000)
Deutschland-Auswahl - Manchester City 0:0
H.Klodt (Schalke 04); Janes (Fort. Düsseld.), W.Schulz (Arm. Hannover); Gellesch (Schalke 04), Sold (FV Saarbr.), Heermann (SV Waldhof); Elbern (SV Beuel), Siffling (SV Waldhof), Eckert (Wormatia Worms), Szepan, Urban (beide Schalke)
Manchester: Swift; Dale, Barkas; Percival, Marshall, Bray; Toseland, Herd, Tilson, Doherty, Brook

8.5.1937 in Wuppertal (25.000)
Deutschland-Auswahl - Manchester City 1:1 (0:0)
Jürissen (RWO), Welsch (Bor. Neunk.), Haringer (Wacker München); Männer (Hannover 96), Rohde (TV Eimsbüttel), Bergmann (VfB Königsberg); Malecki (Hannover 96), Rohwedder (TV Eimsbüttel), Berndt (Tennis Borussia), Hohmann (VfL Benrath), Gärtner (Olympia Lorsch)
Manchester: Swift; Dale, Barkas; Percival, Marshall, Bray; Toseland, Herd, Tilson, Doherty, Brook
Tore: 0:1 Tilson (62.), 1:1 Haringer (63. direkter Freistoß)

12.5.1937 in Schweinfurt (18.000)
Deutschland-Auswahl - Manchester City 2:3 (2:2)
Sonnrein (Hanau 93); Billmann (1.FC Nürnberg), Hein (Dresdensia Dresden); Kupfer (FC Schweinfurt 05), Bernard (VfR Schweinfurt), Kitzinger (FC Schweinfurt 05); Paul (Dessau 05), A.Schmidt (Eintr. Frankf.), Hänel (BC Hartha), Rühr (Schweinfurt 05), Striebinger (VfR Mannheim)
Manchester: Swift; Clar, Dale; Percival, Nielson, Bray; Toseland, Doherty, Tilson, Rodger, Brook
Tore: 1:0 Hänel (12.), 2:0 Paul (18.), 2:1 Brook (24.), 2:2 Percival (29.), 2:3 Toseland (55.)

Bevor noch weitere Testspiele gegen die englischen Profis durchgeführt wurden, fand das Länderspiel gegen Dänemark in Breslau statt. Die Dänen kamen mit der Empfehlung, seit über einem Jahr unbesiegt zu sein. Unter anderem hatten sie Schweden und den Olympia-Vierten Polen geschlagen; und in Oslo gegen die starken Norweger, die kurz zuvor Deutschland aus dem Olympischen Fußballturnier geworfen hatten, unentschieden gespielt.

16.5.1937 in Breslau

Deutschland - Dänemark 8:0 (4:0)

SR: A.Krist (Tschechoslowakei), Zuschauer: 40.000
Deutschland: Jakob -28 (Jahn Regensb.); Janes -27 (Fort. Düsseld.), Münzenberg -30 (Alem. Aachen); Kupfer -4 (Schweinfurt 05), Goldbrunner -24 (Bayern München), Kitzinger -13 (Schweinfurt 05); Lehner -31 (Schwaben Augsb.), Gellesch -8 (Schalke 04), Siffling -24 (SV Waldhof), Szepan -23, Urban -9 (beide Schalke 04). Mannschaftskapitän: Szepan
Dänemark: Svend Jensen; Paul L.Hansen, O.Jörgensen; Carl Larsen, Henry Nielsen, Toft-Jensen; Söbirk, Kleven, Pauli Jörgensen, Uldaler, Thielsen
Tore: 1:0 Lehner (7.), 2:0, 3:0, 4:0, 5:0, 6:0 Siffling (33., 40., 44., 48., 65.), 7:0 Urban (70.), 8:0 Szepan (78.)
Beste Spieler: Siffling, Janes, Lehner, Urban, Kupfer - Pauli Jörgensen
Bericht: Endlich war es so weit; die auf dem Papier stärkste deutsche Nationalmannschaft konnte in Breslau gegen Dänemark auflaufen. Eigentlich gab es nur eine strittige Position, die des Mittelstürmers. Aber es gab in Deutschland damals keinen besseren als Otto Siffling.

5. Minute: Bereits vom Anpfiff weg erinnerte die deutsche Mannschaft in ihrer ganzen Spielweise an das Spiel in Glasgow gegen Schottland. Traumhaft sicher liefen die Kombinationen, und jeder Spieler war ständig in Bewegung. Die Dänen waren noch nicht einmal im deutschen Strafraum gewesen. 7. Minute: Nach einem Kitzinger-Paß zog Linksaußen Urban auf und davon, flankte sofort in die Mitte, wo Lehner den Ball direkt mit dem linken Fuß ins Tor jagte. Die deutsche Mannschaft war mit dem 1:0 für ihr Klassespiel belohnt worden.

12. Minute: Ein Freistoß von Lehner zischte mit unheimlicher Wucht dicht am dänischen Tor vorbei. 13. Minute: Im letzten Augenblick konnte Torhüter Jensen vor Gellesch und Lehner retten. 17. Minute: Pauli Jörgensen blieb an Münzenberg hängen. Es fiel auf, daß die Dänen im Angriff keine Chance hatten, an ihren Gegenspielern vorbeizukommen. Die deutsche Abwehr stand unheimlich sicher.

25. Minute: Bei jedem Angriff bestach die deutsche Mannschaft durch neue Varianten und Ideen. Traumwandlerisch sicher verstanden sich alle Spieler untereinander. 26. Minute: In letzter Sekunde konnte Torhüter Jensen einen scharfen Schuß von Siffling halten. 28. Minute: Der erste Schuß auf das deutsche Tor war zwar plaziert, konnte aber Jakob nicht in Schwierigkeiten bringen.

30. Minute: Mit einer Traumkombination Siffling - Lehner - Siffling wurde Fritz Szepan freigespielt. Ein Tor kam nur deshalb nicht zustande, weil Urban genau in den Schuß von Szepan lief - schade! 31. Minute: Der zweite Angriff der Dänen wurde von Pauli Jörgensen mit einem Schuß am Tor vorbei abgeschlossen. 33. Minute: Nach einer Ecke von Lehner und Vorlage von Kupfer drehte sich Siffling blitzschnell, und schon schlug der Ball zum 2:0 im dänischen Tor ein. 35. Minute: Nur 2 Minuten nach dem zweiten deutschen Treffer hatte Lehner die große Chance zum dritten Tor. Völlig freistehend sauste sein Ball knapp am Torpfosten vorbei.

40. Minute: Nach einem Steilpaß von Janes zog Rechtsaußen Lehner auf und davon, flankte aus vollem Lauf in die Mitte, wo der mitgelaufene Siffling den Ball knallhart ins Tor köpfte. 3:0 für

die deutsche Mannschaft. 44. Minute: Nach einem herrlichen Paß von Kupfer in den freien Raum zog Mittelstürmer Siffling alleine davon, umspielte auch noch Torhüter Jensen, der ihm fast den Ball von den Füßen weggenommen hätte, und schob zum 4:0 ein. Ein echter Hattrick des Waldhöfers. 45. Minute: Unmittelbar nach dem 4:0 pfiff Schiedsrichter Krist zur Halbzeit. Die Zuschauer hatten ein fantastisches Spiel der deutschen Mannschaft gesehen. Aus einer überragenden Abwehr heraus, die die nötige Sicherheit gab, spielte der Sturm einen traumhaften Angriffsfußball.

48. Minute: Die deutsche Mannschaft machte nach der Halbzeit gleich dort weiter, wo sie vorher aufgehört hatte. Nach einem Steilpaß von Janes zog wieder der Waldhöfer Siffling davon und ließ Torhüter Jensen keine Chance, 5:0 für Deutschland. 49. Minute: Innerhalb von einer Minute wurden gleich zwei große Torchancen durch Urban und Lehner vergeben. 50. Minute: Erneut war es Siffling der Urban steil schickte. Der Schalker Linksaußen flankte quer über das ganze Feld zu Rechtsaußen Lehner, der den Ball aus der Luft nahm, aber leider nur das Außennetz traf.

60. Minute: 10 Minuten lang schien es, als wenn die Kräfte der deutschen Mannschaft erlahmen würden. Doch so sehr sich die Dänen auch mühten, die Läuferreihe und Verteidigung der deutschen Mannschaft stand so gut, daß Jakob nicht einen schweren Ball zu halten hatte. 63. Minute: Nach der kurzen Verschnaufpause spielte erneut nur die deutsche Mannschaft. Im dänischen Strafraum gab es turbulente Szenen. Zweimal hintereinander mußte Verteidiger Hansen für den geschlagenen Torhüter Jensen auf der Linie retten. 65. Minute: Ein schulmäßiger Angriff der deutschen Elf, nachdem Münzenberg Pauli Jörgensen gestoppt hatte. Der Aachener paßte zu Kitzinger, die Vorlage ging weiter an Gellesch und Szepan, der auf dem Elfmeterpunkt freistand. Überlegt schob Szepan den Ball maßgerecht vor die Füße von Siffling, der aus vollem Lauf an dem herausstürzenden Jensen vorbei zum 6:0 einschoß.

70. Minute: Gerade noch waren die Dänen vor dem deutschen Tor, da kam schon wieder einer dieser unglaublich schnellen Steilangriffe der deutschen Mannschaft. Kitzinger schickte Urban mit einer Steilvorlage auf die Reise. Aus 20 Meter Entfernung zog der Schalker Linksaußen plötzlich ab. Wie ein Strich rauschte der Ball in die obere Ecke. 7:0 für die deutsche Mannschaft! 78. Minute: Die Dänen hatten dem deutschen Sturmwirbel nichts mehr entgegenzusetzen. Auf Vorlage von Siffling schlenzte Fritz Szepan den Ball zum 8:0 ins dänische Tor.

90. Minute: Mit strahlenden Augen verließen die Zuschauer, die Manschaft sowie Prof.Dr.Otto Nerz und Sepp Herberger den Platz in Breslau. Sie alle hatten die Elf der Zukunft gesehen.

Stunden, Tage, ja sogar Jahrzehnte später wurde noch danach gefragt, wie diese Leistung so plötzlich möglich war. Denn an diesem Tag wurde die sogenannte „Breslauer Elf" geboren. Die Antwort war jedoch gar nicht so schwierig. Bereits in Glasgow hatte die deutsche Nationalmannschaft ähnlich gespielt, nur vorne hatte der Erfolg gefehlt. Um diesen zu ermöglichen, hatte Sepp Herberger einen genialen Schachzug angewandt. Er ließ den Waldhöfer Otto Siffling zurückhängenden Mittelstürmer spielen und die beiden Halbstürmer aufrücken. So gab es eine ganz neue Verteilung innerhalb der Mannschaft. Die beiden Außenläufer Kupfer und Kitzinger drängten nach vorn, sobald die deutsche Mannschaft im Ballbesitz war. Fritz Szepan hatte die Aufgabe, gegebenenfalls in der Abwehr auszuhelfen, aber sonst zwischen Mittellinie und Angriffsspitze zu pendeln. Otto Siffling wurde zum Sturmdirigenten und Torjäger umfunktioniert. Er hing zurück, lockte damit den gegnerischen Stopper aus der Abwehr und verteilte die Bälle auf die Flügel. Die aufgerissene Deckung des Gegners ermöglichte es ihm dadurch,blitzschnell in den freien Raum vorzustoßen. Die Erfolgsbilanz waren 5 Tore gegen die ansonsten starken Dänen.

❖

Vorbericht zum 141. Länderspiel: Nach dem grandiosen 8:0 Sieg gegen Dänemark standen 2 Spiele gegen Manchester City auf dem Programm. Auch in diesen beiden Spielen wurde das in England längst übliche Rochieren (= die Positionen wechseln) der Stürmer praktiziert. Obwohl nicht der beste deutsche Sturm vertreten war, zeigte sich, daß selbst Profis, die dieses System kannten, große Mühe damit hatten.

19.5.1937 in Berlin (35.000)
Deutschland-Auswahl - Manchester City 3:2 (1:2)
Buchloh (VfB Speldorf); Welsch (Bor. Neunk.), Münzenberg (Alem. Aachen); Appel (Berl. SV 92), Sold (FV Saarbr.), Zielinski (Union Hamborn); Elbern (SV Beuel), Siffling (SV Waldhof), Berndt (Tennis Borussia), Hohmann (VfL Benrath), Striebinger (VfR Mannheim)
Manchester: Swift; Clarke, Dale; Percival, Marshall, Bray; Toseland, Doherty, Rodger, Herd, Brook
Tore: 1:0 Striebinger (3.), 1:1 Toseland (15.), 1:2 Brook (20.), 2:2 Striebinger (62.), 3:2 Hohmann (77.)

22.5.1937 in Stuttgart (25.000)
Deutschland-Auswahl - Manchester City 3:2 (3:0)
Jürissen (RWO); Janes (Fortuna Düsseld.), Jansen; Bernard (VfR Schweinfurt), Goldbrunner (Bayern München), Schädler (FV Ulm); Malecki (Hannover 96), Helmchen (PSV Chemnitz), Hänel (BC Hartha), Rohwedder (TV Eimsbüttel), Simetsreiter (Bayern München)
Manchester City: Swift; Clarke, Dale; Percival, Marshall, Rogers; Toseland, Herd, Rodger, Doherty, Brook
Tore: 1:0, 2:0, 3:0 Simetsreiter (10., 21., 43.), 3:1 und 3:2 für Manchester (70., 81.)

Daß sich große Leistungen in Testspielen bei Herberger auszahlten, erfuhren einige Spieler 4 Wochen später. Gegen Lettland wurden mit Welsch, Männer und Berndt 3 Neulinge berufen, und mit Jürissen, Sold, Schädler, Elbern und Simetsreiter erhielten 4 schon einmal erprobte Spieler eine Chance. Als Stütze wurden Münzenberg für die Abwehr sowie Siffling und Hohmann im Sturm aufgestellt. Die Sieger von Breslau (mit Ausnahme von Münzenberg) und der Nürnberger Billmann mußten in Riga zusehen und sich für das 4 Tage später stattfindende Länderspiel gegen Finnland schonen. Das war nämlich das erste WM-Qualifikationsspiel.

25.6.1937 in Riga

Lettland - Deutschland 1:3 (1:2)

SR: Krist (Tschechoslowakei), Zuschauer: 10.000
Lettland: Bebris; Slawischens, Laumanis; Stankus, Westermann, Lidmanis; Raisters, Wanags, Rohsitis, Scheibels, Kaneps
Deutschland: Jürissen -4 (RWO); Welsch -1 (Bor. Neunk.), Münzenberg -31 (Alem. Aachen); Männer -1 (Hannover 96), Sold -4 (FV Saarbr.), Schädler -2 (FV Ulm); Elbern -8 (SV Beuel), Siffling -25 (SV Waldhof), Berndt -1 (Tennis Borussia), Hohmann -26 (VfL Benrath), Simetsreiter -7 (Bayern München). Mannschaftskapitän: Hohmann
Tore: 0:1 Hohmann (10.), 1:1 Raisters (15.), 1:2, 1:3 Berndt (33., 59.)
Beste Spieler: Bebris, Scheibels, Raisters - Siffling, Jürissen, Berndt, Hohmann
Bericht: Nur einer von denen, die in den Spielen gegen Manchester City überzeugt hatten, fehlte in diesem Spiel, Erich Hänel vom sächsischen Verein BC Hartha. Ihm sollte noch eine Pause gegönnt werden. Stattdessen spielte der Berliner Torjäger „Hanne" Berndt. Mit ihm als Sturmführer standen in Riga 5 Stürmer auf dem Feld, die alle wegen ihrer vielen Tore berühmt und gefürchtet waren.

5. Minute: Die 5 deutschen Stürmer machten von der ersten Sekunde an ihrem Namen alle Ehre. Sie spielten, ständig in Bewe-

Die Geburtsstunde der „Breslauer Elf" vor dem 8:0 gegen Dänemark 1938; v.l.: Szepan, Jakob, Gellesch, Lehner, Münzenberg, Goldbrunner, Janes, Siffling, Urban, Kupfer, Kitzinger

gung, sehr schnell und schoßen aus allen Lagen. 6. Minute: Auf Vorlage von Berndt krachte Hohmanns Schuß an die Latte. 7. Minute: Nach erneut schöner, schneller Kombination über 5 Stationen, strich der Schuß von Elbern nur Millimeter am Pfosten vorbei. 9. Minute: Nach schönem Spiel in den freien Raum durch Siffling, konnte sich Torhüter Bebris nach einem prachtvollen Schuß von Hohmann erstmals auszeichnen.

10. Minute: Nach Flanke von Simetsreiter legte Siffling mit dem Kopf den Ball für Hohmann maßgerecht vor. Der Benrather lief noch zwei Schritte, und donnerte den Ball unhaltbar zum 1:0 für die deutsche Mannschaft ins Netz. 12. Minute: Die deutsche Elf spielte, als wären es die Elf aus dem Breslauer Spiel. Auf Flanke von Elbern jagte Berndt den Ball direkt aus der Luft, knapp über die Latte. 13. Minute: Zum erstenmal kamen die Letten gefährlich vor das deutsche Tor. Jürissen konnte nur mit einer blitzschnellen Reaktion den Ausgleich verhindern. 14. Minute: Gleich zweimal, kurz hintereinander, konnte sich Torhüter Bebris auszeichnen, als er Schüsse von Hohmann und Siffling hielt. 15. Minute: Rechtsaußen Raisters zog mit einer Steivorlage ab, umspielte Münzenberg, und schoß ins lange Eck zum Ausgleich. 17. Minute: Glück für die deutsche Mannschaft, als Wanags nur ganz knapp das deutsche Tor verfehlt.

25. Minute: Nach dem Ausgleich der Letten wurde immer deutlicher, welcher Unterschied zwischen der „Breslauer Elf" und der gegen Lettland bestand. Diese Mannschaft wurde immer unsicherer, und oft mußten Siffling und Hohmann im eigenen Strafraum aushelfen. 33. Minute: Während die Letten ihre Torchancen nicht nutzen konnten, zeigte auf der anderen Seite Berndt seine Torjägerqualitäten. Auf Vorlage von Siffling schoß er zum 2:1 ein.

49. Minute: Es hatte den Anschein, als wollte die deutsche Nationalmannschaft an die Leistungen der ersten 15 Minuten anknüpfen. Hohmann hatte erneut Pech, als er mit einem satten Schuß nur den Pfosten traf. 59. Minute: Nur in letzter Sekunde konnte Torhüter Jürissen eine gefährliche Flanke von Kaneps ins Feld zurückfausten. Die deutsche Mannschaft fand durch die Kampfkraft der Letten nicht zu ihrem Spiel. 60. Minute: Durch eine tolle Einzelleistung von „Hanne" Berndt, gelang mitten in der Drangperiode Lettlands der dritte deutsche Treffer. Berndt lief mit dem Ball aus der deutschen Hälfte im Alleingang auf das Tor von Bibris zu. Wie man es von einem Torjäger erwartete, spielte er sich durch die lettische Abwehr hindurch, und knallte aus 25 Meter Entfernung unhaltbar ins äußerste oberste Eck.

90. Minute: Bis zum Schlußpfiff waren die Letten dem zweiten Tor sehr nahe. Die deutsche Mannschaft hatte nach großartigem Beginn schließlich doch ziemlich versagt. Der schwache Verteidiger Welsch machte sein erstes und letztes Länderspiel. Und ohne, daß man es jetzt schon ahnte, hatten die beiden keineswegs schwachen Elbern und Hohmann auch ihr letztes Länderspiel für Deutschland gespielt. Mit Kali Hohmann vom VfL Benrath ging die Zeit eines der größten deutschen Stürmer der Nationalmannschaft zu Ende.

❖

Vorbericht zum 142. Länderspiel: So langsam rückte die WM 1938 in Frankreich ins Blickfeld. Die deutsche Nationalelf wurde in Gruppe 1, gemeinsam mit Schweden, Finnland und Estland, gelost. Die beiden Gruppenersten qualifizierten sich automatisch für die Endrunde. Es gab noch kein Hin- und Rückspiel, sondern die deutsche Mannschaft mußte entsprechend dem Los in Finnland sowie zu Hause gegen Estland und Schweden antreten.

Nach dem Triumph über Dänemark war die deutsche Mannschaft klarer Anwärter auf einen der ersten beiden Plätze. Nerz und Herberger gingen kein Risiko ein und schickten die „Breslauer Elf" in Helsinki auf den Platz. Übrigens waren die Kompetenzen für die Nationalmannschaft inzwischen auch formal geklärt. Sepp Herberger war nunmehr allein Reichstrainer, Prof. Dr. Otto Nerz war offizieller Berater, eine Funktion, die dem heutigen Manager bei Bundesligaclubs ähnlich war. Die fruchtbare Zusammenarbeit, die zur „Breslauer Elf" geführt hatte, ging also weiter. In späteren Jahren wurde diese Klassemannschaft oft dem einen oder anderen von beiden zugeschrieben, überwiegend Nerz. Tatsächlich war es aber eine fruchtbare Zusammenarbeit von Lehrer und Schüler. Nerz hatte 10 der 11 Spieler in die Nationalelf geführt und ihre gute Harmonie erkannt. Sepp Herberger hatte Kupfer hinzugeholt, Janes und Münzenberg als ideales Verteidigerpaar geformt. Und schließlich verwirklichte er seine Idee des zurückhängenden Sturmführers und Torjägers in einer Person mit Otto Siffling. Viel später sollte er mit dem genialen Fritz Walter diese Rolle noch besser besetzen und damit eine noch brillantere Mannschaft formen, als diese „Breslauer Elf", die sich jetzt anschickte, die erste WM-Qualifaktionshürde zu nehmen.

29.6.1937 in Helsinki (WM-Qualifikation)
Finnland - Deutschland 0:2 (0:1)

SR: Dr.Remke (Dänemark), Zuschauer: 6.000
Finnland: Halme; Karjagin, Lindbäck; Lathi, Oksanen, Kilpi; Taipale, Weckström, Larvo, Grönlund, Lintamo (Lindgren)
Deutschland: Jakob -29 (Jahn Regensb.); Janes -28 (Fort. Düssel.), Münzenberg -32 (Alem. Aachen); Kupfer -5 (Schweinfurt 05), Goldbrunner -25 (Bayern München), Kitzinger -14 (Schweinfurt 05); Lehner -32 (Schwaben Augsb.), Gellesch -9 (Schalke 04), Siffling -26 (SV Waldhof), Szepan -24, Urban -10 (beide Schalke 04). Mannschaftskapitän: Szepan
Tore: 0:1 Lehner (6.), 0:2 Urban (60.)
Beste Spieler: Halme, Taipale - Kupfer, Janes, Urban, Kitzinger

Bericht: Nur 6.000 Zuschauer konnten diesem WM-Qualifikationsspiel beiwohnen, weil sich das Stadion im Umbau befand und deshalb auf einem Nebenplatz gespielt werden mußte.

5. Minute: Die deutsche Elf spielte so weiter, wie sie in Breslau aufgehört hatte. Alle Spieler waren in Bewegung, der Ball lief schnell und bereits die ersten Schüsse bedeuteten für Finnlands Torhüter Halme größte Gefahr. 6. Minute: Von Urban lief der Ball über Siffling und Gellesch an der 16-Meter-Linie entlang zu Rechtsaußen Lehner, der mit einem satten Schuß in die linke Ecke das 1:0 für Deutschland erzielte.

10. Minute: Einen Kopfball von Szepan konnte der linke finnische Verteidiger gerade noch von der Linie köpfen. 12. Minute: Nach plaziertem Schuß von Lehner konnte sich Halme erneut auszeichnen. Der finnische Torhüter war Klasse. 15. Minute: Erster großer Abwehrfehler von Münzenberg, als er über den Ball schlug. Für Rechtsaußen Taipale die große Chance zum Ausgleich, aber sein Schuß ging über das Tor. 20. Minute: Die deutsche Mannschaft spielte wirklich genauso schön wie in Breslau, allerdings vergab sie zu viele gute Torgelegenheiten.

40. Minute: Eine Viertelstunde lang leistete sich die deutsche Elf eine Schwächeperiode. Allerdings stand auch in dieser Phase die deutsche Abwehr um Torhüter Jakob ausgezeichnet. 45. Minute: In den letzten fünf Minuten der ersten Halbzeit nahm die deutsche Mannschaft das Spiel wieder in die Hand und hatte die Finnen besser im Griff.

46. Minute: Nach Wiederbeginn faßte die deutsche Elf auch sofort wieder Fuß. Ein herrlicher Schuß von Siffling strich nur ganz knapp über die Latte. 55. Minute: Immer wieder versuchten die Finnen, sich vor dem deutschen Tor in gute Schußposition zu bringen. Doch so sehr sie sich auch bemühten, ihre linke Seite war durch Kupfer und Janes völlig kaltgestellt, und in der Mitte stand „Lutte" Goldbrunner unerschütterlich. 59. Minute: Es war schon schön anzusehen und zeigte die ganze Klasse dieser Mannschaft, wie sie sich vom Druck der Finnen befreite. Kupfer und Kitzinger trieben den Sturm immer wieder nach vorn und entlasteten somit die Abwehr.

60. Minute: Das Spiel der deutschen Mannschaft lief. Ein finnischer Verteidiger konnte einen dieser Angriffe nur noch mit der Hand abwehren. Den scharf geschossenen Freistoß von Szepan lenkte Torhüter Halme zur Ecke, die nichts einbrachte. Der anschließende Abstoß wurde jedoch sofort abgefangen und Siffling schickte mit seinem traumhaften Paß in den freien Raum Linksaußen Urban auf die Reise. Der Schalker nahm in seiner typischen Art aus vollem Lauf Maß und traf genau ins lange äußerste Eck. Das Spiel stand 2:0 für Deutschland und war entschieden. 65. Minute: Zum letztenmal hatten die Finnen die Gelegenheit, doch noch durch ein Tor heranzukommen. Als Goldbrunner eine Flanke verpaßte, stand Lintamo völlig frei. Er umspielte den heranstürzenden Janes, schoß, Jakob wehrte ab, und schließlich rettete Goldbrunner mit einem befreienden Schlag aus dem Getümmel heraus. 72. Minute: Die deutsche Mannschaft spielte jetzt wieder einen traumhaften Fußball, hatte aber im Abschluß Pech. 85. Minute: Es war nur noch ein Spiel auf ein Tor. Die beiden deutschen Verteidiger und Goldbrunner waren an der Mittellinie postiert, die beiden Außenläufer spielten in der finnischen Hälfte mit. Die Finnen hatten es nur ihrem überragenden Torhüter Halme zu verdanken, daß sie keine weiteren Gegentreffer hinnehmen mußten.

90. Minute: Die deutsche Mannschaft gewann nach klar überlegen geführtem Spiel verdient mit 2:0 Toren. Eigentlich war nur zu bemängeln, daß sie aus der Vielzahl guter Torgelegenheiten nur 2 Treffer erzielte.

❖

Bilanz 1937/38
10 Spiele: 4 Siege, 4 Unentschieden, 2 Niederlagen, 23:16 Tore
Zuschauer: 534.025
In 10 Spielen wurden 41 Spieler eingesetzt, davon waren 17 Neulinge.

Die Spieler der Saison:

Ernst Lehner	9	Spiele
Paul Janes	8	"
Reinhold Münzenberg	7	"
Ludwig Goldbrunner	7	"
Fritz Szepan	7	"
Andreas Kupfer	7	"
Hans Jakob	6	"
Rudolf Gellesch	6	"
Otto Siffling	5	"
Albin Kitzinger	5	"
Josef Gauchel	4	"
Adolf Urban	3	"
Hans Berndt	2	"
Erwin Schädler	2	"
Wilhelm Sold	2	"
Josef Fath	2	"
Hans Pesser	2	"
Rudolf Raftl	2	"
Wilhelm Hahnemann	2	"
Walter Rose	1	Spiel
Wilhelm Simetsreiter	1	"
Helmut Schön	1	"
Willy Jürissen	1	"
Karl Striebinger	1	"
Willi Billmann	1	"
Hans Mengel	1	"
Ernst Kuzorra	1	"
Hans Klodt	1	"
Werner Schulz	1	"
Heinz Ditgens	1	"
Walter Berg	1	"
Paul Winkler	1	"
August Lenz	1	"
Hans Heibach	1	"
Friedel Holz	1	"
Willibald Schmaus	1	"
Hans Mock	1	"
Jakob Streitle	1	"
Stefan Skoumal	1	"
Josef Stroh	1	"
Leopold Neumer	1	"

Tore der Saison:

Otto Siffling	7	Tore
Josef Gauchel	6	"
Ernst Lehner	2	"
Helmut Schön	2	"
Fritz Szepan	2	"
Rudolf Gellesch	1	Tor
Hans Pesser	1	"
Wilhelm Hahnemann	1	"

Mannschaftsführer waren:

Fritz Szepan	7	mal
Reinhold Münzenberg	1	"
Wilhelm Sold	1	"
Hans Mock	1	"

1 Elfmeter für Deutschland,
verwandelt durch Gauchel (gegen Luxemburg)

1 Eigentor des Gegners,
durch Lörtscher (Schweiz)

1 Platzverweis gegen Deutschland,
für Pesser (gegen die Schweiz)

Rangliste der besten Nationalspieler:
1. Andreas Kupfer (FC Schweinfurt 05)
2. Fritz Szepan (FC Schalke 04)
3. Ernst Lehner (Schwaben Augsburg)
4. Paul Janes (Fortuna Düsseldorf)
5. Albin Kitzinger (FC Schweinfurt 05)
6. Rudolf Raftl (SC Rapid Wien)
   Willi Hahnemann (Admira Wien)
8. Otto Siffling (SV Waldhof)
   Helmut Schön (Dresdener SC)
   Hans Pesser (SC Rapid Wien)

1937/38

Vorbericht zum 143. Länderspiel: Als Vorbereitung auf das WM-Qualifikationsspiel gegen Estland wurde am 15.8.1937 ein Auswahlspiel der Nationalmannschaft gegen eine SA-Auswahl ausgetragen.

Deutschland-Auswahl - SA 2:2 (2:2)
Deutschland: Buchloh (VfB Speldorf); Welsch (Bor. Neunk.), Janes (Fort. Düsseld.); Rose (SpVgg Leipzig), Goldbrunner (Bayern München), Schädler (FV Ulm); Elbern (SV Beuel), Eckert (W. Worms), Berndt (TeBe), Szepan (Schalke 04), Fath (W. Worms)
SA: Jürissen, Gipka, Münzenberg; Lindemann, Krönung, Zielinski; Schneider II, Gauchel, Lenz, Berg, Winter
Tore: 1:0 Eckert (25.), 2:0 Berndt (33.), 2:1 Winter (37.), 2:2 Schneider II (41.)

Nachdem die Schweinfurter sowie einige andere Spieler wegen Pflichtspielen oder Militärdienst nicht zur Verfügung standen, bekamen Schädler, Gauchel, Berndt, Simetsreiter und der Neuling Rose gegen Estland eine Chance. Das Aufgebot:
Tor: Jakob, Steffen (Danzig)
Verteidiger: Janes, Münzenberg, Mathies (Danzig)
Läufer: Rose, Goldbrunner, Schädler, Goede (MSV Allenstein)
Stürmer: Lehner, Gauchel, Berndt, Szepan, Simetsreiter

29.8.1937 in Königsberg (WM-Qualifikation)
Deutschland - Estland 4:1 (0:1)

SR: Pfitzner (Tschechoslowakei), Zuschauer: 12.000
Deutschland: Jakob -30 (Jahn Regensb.); Janes -29 (Fort. Düsseld.), Münzenberg -33 (Alem. Aachen); Rose -1 (SpVgg Leipzig), Goldbrunner -26 (Bayern München), Schädler -3 (FV Ulm); Lehner -33 (Schwaben Augsb.), Gauchel -4 (Tus Neuend.), Berndt -2 (Tennis Borussia), Szepan -25 (Schalke 04), Simetsreiter -8 (Bayern München). Mannschaftskapitän: Szepan
Estland: Tipner; Tep, Neeris; Murr, Parbo, Sillak; Siimenson, Kaljo, Kuremaa, Weidemann, Uukivi
Tore: 0:1 Siimenson (32.), 1:1 Lehner (50.), 1:2 Gauchel (53.), 1:3 Lehner (65.), 1:4 Gauchel (86.)
Beste Spieler: Lehner, Szepan, Janes - Siimenson, Kuremaa
Bericht: Auch ohne 5 Spieler der „Breslauer Elf" galt die deutsche Mannschaft als haushoher Favorit.

5. Minute: Die ersten starken Minuten der deutschen Mannschaft waren nur ein Strohfeuer. Mit ihren schnellen, steilen Kontern brachte Estland immer wieder Gefahr vor das deutsche Tor. 15. Minute: Die erste große Gelegenheit für die deutsche Mannschaft als Mittelstürmer Berndt alleine durchbrach, drei Gegner umspielte, aber sein Schuß strich knapp neben den Pfosten. 20. Minuten: Das Spiel der deutschen Mannschaft blieb zerfahren, während Estland weiter durch gute, zügige Angriffe gefallen konnte.

30. Minute: Erst langsam kam die deutsche Mannschaft besser ins Spiel, aber sowohl Simetsreiter als auch Lehner und Gauchel schossen schlecht. 32. Minute: Ein schneller Konter von Estland über den linken Flügel; ein herrlicher Flügelwechsel auf die rechte Seite und Siimenson konnte erfolgreich und unhaltbar zum 1:0 vollenden. 35. Minute: Nur in letzter Sekunde konnte Torhüter Jakob durch eine Glanzparade ein weiteres Tor für Estland verhindern.

50. Minute: Auch wenn das Zusammenspiel innerhalb der deutschen Mannschaft nach wie vor nicht lief, war der Druck nach der Pause doch enorm groß. Ein Eckball von Lehner, den Torhüter Tipner nur noch hinter der Linie fangen konnte, bedeutete den Ausgleich. 53. Minute: Eine Ecke von Lehner verwandelte Gauchel mit dem Kopf zum 2:1 für die deutsche Mannschaft.

Erneut mußte eine Standardsituation für ein Tor herhalten. 60. Minute: Mit der letzten Kraft bäumten sich noch einmal die Estländer auf. Zweimal wurde Torhüter Jakob noch geprüft. 65. Minute: Die Abwehr um Torhüter Tipner stand jetzt unter andauerndem Druck und konnte oft gerade nur noch zur Ecke abwehren. Eine dieser Eckbälle verwandelte Lehner direkt zum 3:1 für die deutsche Mannschaft.

85. Minute: In der letzten halben Stunde hatten die Estländer keine Kraft mehr, um dem deutschen Angriffswirbel etwas entgegenzusetzen. Nun endlich lief es auch ausgezeichnet im deutschen Spiel, aber es fehlte der krönende Abschluß. Vier-fünf weitere Tore hätten fallen müssen. 86. Minute: Nachdem die deutschen Zuschauer in Sprechchören weitere Treffer gefordert hatten, gelang 4 Minuten vor dem Ende dem Neuendorfer Gauchel per Kopfball das 4:1. Wie schon beim zweiten deutschen Treffer war die Vorlage eine Ecke von Lehner.

90. Minute: Insgesamt konnte man keineswegs mit dem Spiel der deutschen Elf zufrieden sein. Sie hatte sich gegen das aufopferungsvoll kämpfende Estland sehr, sehr schwer getan und erneut viel zu viele Torgelegenheiten ausgelassen. Das wichtigste war jedoch, daß mit diesem Sieg die WM-Qualifikation geschafft wurde.

❖

Vorbericht zum 144. Länderspiel: Nach gut einem Jahr kam es zur Revanche gegen den Olympia-Dritten Norwegen. Erneut war Berlin der Austragungsort. Die Norweger kamen mit 8 Spielern jener Mannschaft, die damals Deutschland sensationell aus dem Olympischen Fußballturnier geworfen hatte. Und die Norweger kamen mit der Empfehlung, gerade erst Schweden und Irland besiegt zu haben. Bevor es soweit war, wurde jedoch wieder ausprobiert, um das Zusammenspiel innerhalb der Mannschaft zu fördern. Siffling mußte schließlich kurzfristig absagen, und außer den Schalkern, die ein Pflichtspiel hatten, wurde die „Breslauer Elf" aufgeboten.

Deutschland-Auswahl - Gau Brandenburg 3:2 (1:0)
Deutschl.: Jakob (Jahn Regensb.); Janes (Fort. Düsseld.), Münzenberg (Alem. Aachen); Kupfer (Schweinfurt), Goldbrunner (Bayern München), Kitzinger (Schweinfurt); Lehner (Schwaben Augsb.), Helmchen (PSV Chemnitz), Lenz (BVB), Hohmann (Benrath), Fath (Worms)
Brandenburg: Schwarz; Appel, Krause; Raddatz, Boßmann, Buchmann; Ballendat, Sobek, Berndt, Hallex, Hahn
Tore: 1:0 Lenz (13.), 2:0 Helmchen (52.), 2:1 Raddatz (62.), 3:1 Helmchen (66.), 3:2 Raddatz (84. Elfmeter)

24.10.1937 in Berlin
Deutschland - Norwegen 3:0 (2:0)

SR: Snope (England), Zuschauer: 100.000
Deutschland: Jakob -31 (Jahn Regensb.); Janes -30 (Fort. Düsseld.), Münzenberg -34 (Alem. Aachen); Kupfer -6 (Schweinfurt 05), Goldbrunner -27 (Bayern München), Kitzinger -15 (Schweinfurt 05); Lehner -34 (Schwaben Augsb.), Gellesch -10 (Schalke 04), Siffling -27 (SV Waldhof), Szepan -26, Urban -11 (beide Schalke 04). Mannschaftskapitän: Szepan
Norwegen: Nordby; R.Johannesen, Ö.Holmsen; Ulleberg, N.Eriksen, R.Holmberg; O.Frantzen, R.Kvammen, A.Martinsen, M.Isaksen, Hval
Tore: 1:0, 2:0, 3:0 Siffling (19., 29., 67.)
Beste Spieler: Lehner, Siffling, Kupfer, Szepan, Kitzinger - Kvammen, Nordby
Bericht: Im ausverkauften Berliner Olympiastadion fand das Spiel des Jahres statt. Trotz der glanzvollen Bilanz für die „Breslauer Elf", in 10 Spielen ohne Niederlage, war die deutsche Mannschaft keineswegs favorisiert. Denn die Norweger hatten gegen Schweden und Irland ganz überzeugend gewonnen.

5. Minute: Die deutsche Elf ließ vom Anpfiff weg erkennen, daß sie dieses Spiel unbedingt gewinnen wollte, es lief traumhaft. Alle Stürmer wechselten ständig ihre Positionen, und die beiden Schweinfurter Außenläufer machten Druck. 6. Minute: Ein Pfundschuß von Kupfer aus 30 Meter Entfernung pfiff nur ganz knapp über die Latte. 9. Minute: Es war eine wahre Freude, dieser deutschen Nationalmannschaft zuzusehen. Siffling schickte Gellesch in die Gasse, der am herausgelaufenen Torwart vorbei leider nur den Pfosten traf. Den abgeprallten Ball nahm Urban direkt und donnerte ihn gegen den anderen Pfosten.

15. Minute: Gegen den deutschen Sturmwirbel waren die Norweger machtlos. Lediglich ein paar Befreiungsschläge verschafften ihnen vorübergehend Luft. Das erste Tor war nur eine Frage der Zeit. 19. Minute: Nach einer traumhaften Kombination zwischen Gellesch, Kitzinger und Urban, flankte der sofort halbhoch in die Mitte, wo Mittelstürmer Siffling in den Ball sprang und ihn unhaltbar ins Tor lenkte. Das hochverdiente 1:0 für die deutsche Elf war gefallen.

25. Minute: Der deutsche Sturm begeisterte. Immer wieder irrten die norwegischen Abwehrspieler im Strafraum herum, ohne den deutschen Angriffsfluß stoppen zu können. Bereits zu diesem Zeitpunkt hätte es 4 oder 5:0 heißen können. 29. Minute: Ein herrlicher Flankenlauf von Lehner an der Außenlinie entlang leitete das 2:0 ein. Wieder war es Siffling, der den halbhohen Ball gefühlvoll über den herausstürzenden Torhüter Nordby hinweg einschoß. 32. Minute: Ein herrlicher Schuß von Kupfer ging nur Millimeter über die Latte.

50. Minute: In den ersten 5 Minuten der zweiten Halbzeit drängten die Norweger auf den Anschlußtreffer. Die enorm starke deutsche Abwehr fing ihre Angriffe an der Strafraumgrenze ab. 51. Minute: Alles, was den Norwegern blieb, waren Distanzschüsse, aber damit war Torhüter Jakob nicht zu bezwingen. 55. Minute: Nach 10 Minuten der zweiten Halbzeit war es mit der norwegischen Offensive vorbei. Zwar konnten die Norweger jetzt besser mithalten als in der ersten Halbzeit, aber die deutsche Mannschaft blieb klar überlegen.

60. Minute: Zwei kernige Distanzschüsse von Martinsen und Linksaußen Hval verlangten nochmal Jakobs ganzes Können. 61. Minute: Im Gegenzug bot sich Urban die ganz große Gelegenheit zum 3:0. Von Siffling glänzend freigespielt, brachte er den Ball alleine vor Torhüter Nordby nicht im Tor unter. 67. Minute: Bei jedem deutschen Angriff schien ein Tor in der Luft zu liegen. Nach glänzender Vorarbeit von Szepan und Gellesch war es dann auch so weit. Erneut war Otto Siffling zur Stelle, um den Ball direkt mit einer derartigen Wucht ins Tor zu knallen, daß Tohüter Nordby überhaupt nicht mehr reagieren konnte. Das Spiel war mit dem 3:0 entschieden.

70. Minute: Erneut eine Traumkombination, die Lehner mit einem krachenden Schuß an den Pfosten abschloß. 72. Minute: Wieder mußte der Pfosten retten, als Szepan, Gellesch und Urban die Vorarbeit für den Kopfball des Waldhöfers Otto Siffling leisteten. Zum viertenmal hatte der Pfosten für Norwegen gerettet. 74. Minute: Die große Chance für Fritz Szepan, der den Ball gefühlvoll über Nordby hob, aber auch knapp am Pfosten vorbei.

90. Minute: In der letzten Viertelstunde spielte die deutsche Mannschaft mit der norwegischen Elf Katz und Maus. Die Norweger kamen kaum noch an den Ball und die deutsche Mannschaft hätte mit mehr Druck wesentlich höher gewinnen können. Aber auch so war die Olympia-Revanche geglückt.

❖

Vorbericht zum 145. Länderspiel: Nachdem Schweden und Deutschland sich durch ihre Siege über Finnland (Schweden gewann 4:0) und Estland (7:2 für Schweden) bereits für die WM qualifiziert hatten, war das Spiel in Hamburg ohne Bedeutung. Die Schweden nutzten dieses Spiel als Test und hatten nur einen

Die „Breslauer Elf", erstmals mit Helmut Schön, vor dem 5:0 gegen Schweden; v.l.: Szepan, Jakob, Schön, Gellesch, Münzenberg, Goldbrunner, Lehner, Janes, Siffling, Urban, Kupfer

Stammspieler, Grahn, dabei. Die deutsche Mannschaft wollte erneut mit der „Breslauer Elf" antreten, um die traumhafte 13:0 Bilanz gegen die skandinavischen Länder (8:0 gegen Dänemark, 2:0 gegen Finnland, 3:0 gegen Norwegen) immer in der gleichen Aufstellung abzurunden. Zu einem Vorbereitungsspiel der „Breslauer Elf" gegen eine Reichself im Rahmen der „Winterhilfe" wurden folgende Spieler nach Frankfurt eingeladen:

Tor: Jakob, Jürissen, H.Klodt
Verteidiger: Janes, Münzenberg, Billmann, Welsch, Klaas
Läufer: Kupfer, Goldbrunner, Kitzinger, Carl, Sold, Kuckertz, R.Gramlich
Stürmer: Lehner, Gellesch, Siffling Szepan, Urban, Than, Schön, Höffmann, Wirsching, Fath, Gauchel
Neulinge waren: Carl (E.Braunschweig), Kuckertz (Köln), Than (Dresden), Wirsching (Frankfurt)

Zur Überraschung aller hinterließen die Stars nicht den besten Eindruck, obwohl sie gut spielten, sondern der Bruder des DSC-Mittelläufers Schön, der 22jährige Helmut Schön. Weder Kitzinger noch Goldbrunner konnten den jungen Supertechniker bremsen. Da sich Kitzinger in diesem Spiel verletzte, schlug unerwartet die Stunde des Dresdners, der damit seine große Karriere begann.

21.11.1937 in Hamburg (WM-Qualifikationsspiel)
Deutschland - Schweden 5:0 (2:0)

SR: Pfitzner (Tschechoslowakei), Zuschauer: 55.000
Deutschland: Jakob -32 (Jahn Regensb.); Janes -31 (Fort. Düsseld.), Münzenberg -35 (Alem. Aachen); Kupfer -7 (Schweinfurt 05), Goldbrunner -28 (Bayern München), Gellesch -11 (Schalke 04); Lehner -35 (Schwaben Augsb.), Schön -1 (Dresdener SC), Siffling -28 (SV Waldhof), Szepan -27, Urban -12 (beide Schalke 04).
Mannschaftskapitän: Szepan
Schweden: Bergquist; Eriksson, Johansson; Flodin, S.Nilsson, K.E.Grahn; Martensson, Carlsson, Askerlund, Nyberg, Bergström, Ä.Andersson
Tore: 1:0 Siffling (2.), 2:0 Szepan (8.), 3:0 Schön (48.), 4:0 Siffling (57.), 5:0 Schön (63.)
Beste Spieler: Schön, Szepan, Janes, Siffling - Bergquist
Bericht: Da die deutsche Mannschaft seit Monaten Weltklasse-Fußball zeigte und die Schweden nur mit ihrer zweiten Garnitur antraten, gab es bereits vor Anpfiff des Spiels keine Zweifel über den Sieger. Die Frage war nur, wie hoch würde der Sieg ausfallen, und wie würde sich der Neuling Schön in der Nationalmannschaft zurechtfinden.

1. Minute: Der erste Angriff der deutschen Mannschaft war toll, der zweite traumhaft. Münzenberg nahm Linksaußen Andersson den Ball ab, spielte zu Szepan weiter, der steil in den freien Raum spielte, wo Helmut Schön den Ball stoppte und dann mit Vehemenz gegen den Pfosten knallte. Den Nachschuß von Siffling konnte der herausstürzende Torhüter Bergquist gerade noch zur Ecke abwehren. 2. Minute: Eckball durch Urban, den Bergquist nicht weit genug wegfausten konnte, Lehner gab direkt zu Schön und der legte maßgerecht für Siffling vor. Der Waldhöfer schoß plaziert ins schwedische Tor. 1:0 für die deutsche Mannschaft, ein Musterstart. 3. Minute: Kupfer jagte aus 25 Metern einen Ball nur ganz knapp über die Latte. 5. Minute: Als Jakob einen Flankenball nicht festhalten konnte, wurde es erstmals gefährlich für das deutsche Tor, aber Janes konnte klären. 7. Minute: Nach herrlichem Steilpaß von Helmut Schön zog Rechtsaußen Lehner davon. Sein Prachtschuß strich am herauslaufenden Torhüter, aber leider auch an der langen Torecke vorbei. 8. Minute: Auch die Schweden waren nicht in der Lage, die deutsche Mannschaft und ihren Angriffswirbel zu stoppen. Nach einer herrlichen Flanke von Lehner legte Siffling den Ball maßgerecht Szepan vor. Aus halblinker Position schoß der Mannschaftsführer unhaltbar ins lange Eck. Es waren noch nicht einmal 10 Minuten gespielt und die deutsche Mannschaft führte bereits 2:0. 11. Minute: Mit einer Glanzleistung, nach einem herrlichen Schuß von Urban, verhinderte Torhüter Bergquist das 3:0.

20. Minute: Der Neuling Schön begeisterte die Zuschauer durch sein trickreiches Können. Er ließ, wendig und schnell, gleich 3 Gegenspieler durch Körpertäuschungen ins Leere laufen. Seinen knallharten Schuß konnte Bergquist nur zur Ecke abwehren. 21. Minute: Nach einem Eckball von Urban köpfte Schön auf das schwedische Tor, wo Bergquist erneut nur zur Ecke abwehren konnte. Sofort wiederholte sich das gleiche Spiel. Die Kopfballstärke des langen Dresdners war fantastisch. Die Befürchtung, daß er ein Fremdkörper in der Mannschaft sein könnte, widerlegte er selbst bereits in den ersten 20 Minuten. Man hatte das Gefühl, daß Schön bereits ewig in dieser Mannschaft spielte. 25. Minute: Die Schweden wurden stärker. Nur mit größter Mühe konnte Torhüter Jakob einen Schuß von Bergström über die Latte lenken.

40. Minute: Eine Viertelstunde lang konnten die Schweden das Spiel ausgeglichen gestalten und hatten sogar einige, wenn auch nicht überragende, Torgelegenheiten. 45. Minute: In den letzten 5

Minuten der ersten Halbzeit bestimmte wieder die deutsche Mannschaft klar das Spiel. Die Schweden hatten es nur ihrem großartigen Torhüter Bergquist zu verdanken, daß es zur Pause nur 2:0 stand.

48. Minute: Wieder griff die deutsche Mannschaft an. Einen Paß von Siffling verwandelte Neuling Schön mit unheimlicher Wucht zum 3:0.

57. Minute: Die zweite Halbzeit war erst 12 Minuten alt, aber die Schweden waren nur zweimal bis an den deutschen Strafraum gekommen. Nachdem Szepan den Ball gegenüber Torhüter Bergquist mit seinem Körper hervorragend abgedeckt hatte und Siffling maßgerecht vorlegte, hieß es 4:0 für die deutsche Mannschaft. 60. Minute: Schulmäßig trug die deutsche Mannschaft einen Angriff nach dem anderen vor. Die Schweden irrten in ihrem Strafraum umher, ohne den deutschen Angriffswirbel stoppen zu können. 63. Minute: Inzwischen hatten die Schweden ihre beiden Halbstürmer in den Strafraum zurückgezogen. Auf Flanke von Urban gelang es jedoch Helmut Schön, auf engstem Raum mehrere Spieler aussteigen zu lassen, und plaziert zum 5:0 ins Tor zu schießen. Es war eine technische Meisterleistung. 70. Minute: Die Schweden hatten längst keine Kraft mehr, dem ständigen Rochieren der deutschen Stürmer zu folgen. Der Gegenspieler von Lehner war weit entfernt, als der Rechtsaußen aus halblinker Position einen Schuß nur knapp neben den Pfosten setzte. Diese verwirrenden Positionswechsel und Kombinationen waren es, die den deutschen Angriff seit Breslau so gefährlich machten.

90. Minute: Die deutsche Mannschaft begnügte sich in den letzten 20 Minute damit, mit herrlichen Kombinationen und technischen Kabinettstückchen zu glänzen. Die Zuschauer hatten ihre helle Freude an diesen Spielchen. Nach haushoher Überlegenheit gewann die deutsche Mannschaft hochverdient mit 5:0.

❖

Vorbericht zum 146. Länderspiel: Fünf Monate vor der WM in Frankreich begannen mit dem Spiel gegen die Schweiz die Vorbereitungen. So sehr man es bedauern mag, in der Nationalmannschaft mußten neue Spieler erprobt werden, um bei Verletzungen gleichwertigen Ersatz zu haben. Deshalb wurde im Aufgebot auf einige Stammspieler verzichtet.

Tor: Jürissen, H.Klodt
Verteidiger: Janes, Münzenberg, Ditgens
Läufer: Kupfer, Sold, Gellesch, Schädler
Stürmer: Lehner, Urban, Szepan, Siffling, Striebinger, Heibach
Mit Hans Klodt (Schalke 04) und Heibach (Fortuna Düsseldorf) standen 2 Neulinge im Aufgebot, die jedoch noch nicht zum Einsatz kamen.

6.2.1938 in Köln
Deutschland - Schweiz 1:1 (0:1)

SR: Rudd (England), Zuschauer: 78.000

Deutschland: Jürissen -5 (RWO); Janes -32 (Fort. Düsseld.), Münzenberg -36 (Alem. Aachen); Kupfer -8 (Schweinfurt 05), Sold -5 (FV Saarbr.), Gellesch -12 (Schalke 04); Lehner -36 (Schwaben Augsb.), Urban -13 (Schalke 04), Siffling -29 (SV Waldhof), Szepan -28 (Schalke 04), Striebinger -3 (VfR Mannheim). Mannschaftskapitän: Szepan

Schweiz: Huber: Minelli, Lehmann; Springer, Vernati, Lörtscher; Bickel, Wagner, Amado, Walaschek, G.Aeby

Tore: 0:1 G.Aeby (38.), 1:1 Szepan (74.)

Beste Spieler: Kupfer, Szepan, Münzenberg - Minelli, Vernati, Lörtscher

Bericht: Zwei Dinge waren an diesem Länderspiel besonders reizvoll. Erstens, wie würde die deutsche Elf mit einer so abwehrstarken Mannschaft zurechtkommen, und zweitens, wie würde das Spiel der unvollständigen „Breslauer Elf" laufen.

15. Minute: Leider war von Beginn an zu spüren, daß es im deutschen Angriff nicht lief. Zwar konnte sich auch die Schweiz gegen die starke deutsche Abwehr nicht entscheidend durchsetzen, aber umgekehrt war es genauso.

30. Minute: Der erste gefährliche Schuß auf das Schweizer Tor, abgefeuert von Urban, strich nur Zentimeter am Torwinkel vorbei. 35. Minute: Weiterhin beherrschten beide Abwehrreihen das Spielgeschehen. 38. Minute: Da Torhüter Jürissen in die tiefstehende Sonne schauen mußte, verfehlte er einen Kopfball von Aeby, der setzte nach und konnte im Fallen den Ball zum 1:0 für die Schweiz über die Linie drücken. 41. Minute: Als Jürissen, erneut durch die Sonne geblendet, eine Flanke verpaßte, hatte Linksaußen Aeby die Chance zu einem Tor. Zum Glück für die deutsche Mannschaft verfehlte er das deutsche Gehäuse.

45. Minute: Die schwache Angriffsleistung der deutschen Mannschaft mit dem Totalausfall von Linksaußen Striebinger hatte den Schweizern die überraschende 1:0 Halbzeitführung beschert.

55. Minute: In der zweiten Halbzeit änderte sich von Minute zu Minute das Bild. Im deutschen Angriff lief es immer besser, aber die erste Chance durch Siffling landete am Außennetz. 65. Minute: Obwohl die deutsche Mannschaft nun klar überlegen war, pfiff das Publikum sie erbarmungslos aus, als sie mehrere gute Torgelegenheiten ausließ.

70. Minute: Mit einem herrlichen Kopfball traf Siffling nur das Lattenkreuz. Trotz dieser schönen Aktion und der klaren deutschen Überlegenheit lief es im Angriff nicht. Striebinger drängte viel zu sehr in die Mitte, so daß die Linksaußenposition nie besetzt war und viele Bälle ins Seitenaus gingen. 74. Minute: Nach herrlicher Flanke von Lehner nahm Szepan Maß und traf halbhoch und unhaltbar ins Tor von Huber. Endlich der langersehnte Ausgleich.

90. Minute: Trotz ständigem Druck der deutschen Mannschaft in der zweiten Halbzeit und 7:0 Ecken blieb es beim 1:1. Die Schweizer verstanden es ausgezeichnet mit 9 Spielern im und am eigenen Strafraum zu verteidigen. Sepp Herberger und Otto Nerz mußten erfahren, daß es für die elf Breslauer keinen Ersatz gab. Lediglich ein Spieler wie Helmut Schön vom Dresdener SC hätte an diesem Tag und in dieser Mannschaft das Blatt wenden können.

❖

Vorbericht zum 147. Länderspiel: Anfang März war es soweit, die WM wurde ausgelost. Gesetzt wurden: Weltmeister Italien, Deutschland, Österreich, Ungarn, Tschechoslowakei, Frankreich, Brasilien und Argentinien. Der deutschen Mannschaft wurde der Sieger aus der Begegnung Schweiz - Portugal zugelost, der zu diesem Zeitpunkt noch nicht feststand. Das war ein sehr schweres Los. Für die deutsche Mannschaft hieß die Devise, bei dem Doppelländerspiel am 20.3. gegen Ungarn und Luxemburg die Elf von Breslau zu ergänzen. Denn der einzige, der auf Anhieb den Sprung in diese Mannschaft geschafft hatte, der Dresdner Helmut Schön, fiel nach einer schweren Knieverletzung für die WM aus.

Gegen die Ungarn sollte wieder die „Breslauer Elf" auflaufen, aber leichte Verletzungen erforderten erneut Umstellungen. So rückten Billmann, Mengel, Berndt, Fath und sogar nochmal Kuzorra in die Mannschaft. Mengel (Turu Düsseldorf) kam zu seinem ersten und einzigen Länderspiel, während der andere Neuling, Moll (Bayern München), nie bei einem Länderspiel eingesetzt wurde.

Albin Kitzinger (FC Schweinfurt 05) war einer derjenigen, der für Druck nach vorn in der „Breslauer Elf" sorgte

Helmut Schön (Dresdener SC) kam Ende 1937 neu in die „Breslauer Elf" und schlug voll ein

„Anderl" Kupfer (FC Schweinfurt 05), wie Kitzinger druckvoll und mit toller Kondition

Otto Siffling (SV Waldhof), Sturmführer und Torjäger der „Breslauer Elf"

Ernst Lehner (Schwaben Augsburg) war über 1 Jahrzehnt Stamm-Rechtsaußen der Nationalmannschaft

Die Verteidigung der „Breslauer Elf", Janes (Fortuna Düsseldorf) und Münzenberg (Alemannia Aachen)

20.3.1938 in Nürnberg
Deutschland - Ungarn 1:1 (1:0)

SR: *Langenus (Belgien)*, Zuschauer: 50.000
Deutschland: Jakob -33 (Jahn Regensb.); Billmann -2 (1.FC Nürnberg), Münzenberg -37 (Alem. Aachen); Kitzinger -16 (Schweinfurt 05), Goldbrunner -29 (Bayern München), Mengel -1 (Turu Düsseldorf); Lehner -37 (Schwaben Augsb.), Siffling -30 (SV Waldhof), Berndt -3 (TeBe), Kuzorra -12 (Schalke 04), Fath -12 (Wormatia Worms). Mannschaftskapitän: Münzenberg
Ungarn: Hada; Koranyi I, Biro; Pazmandy, Balogh II, Balogh I; Pusztai, Zsengeller, Kisalagi, Toldi, F.Horvath
Tore: 1:0 Siffling (29.), 1:1 Toldi (49.)
Beste Spieler: Kitzinger, Fath, Lehner - Toldi, Zsengeller, Biro
Bericht: Drei Monate vor Beginn der Weltmeisterschaft in Frankreich nutzten beide Mannschaften die Gelegenheit, noch einige Spieler auszuprobieren.

5. Minute: Die deutsche Mannschaft startete vielversprechend. Linksaußen Fath wurde zweimal durch Siffling und Kuzorra in günstige Schußposition gebracht. Seine Schüsse gingen jedoch beide Male knapp am Tor vorbei. 10. Minute: 5 Minuten lang setzten die Ungarn die deutsche Mannschaft stark unter Druck. Länderspielneuling Mengel hatte große Mühe mit dem technischen Klassespieler Zsengeller. Gleich dreimal konnte sich Jakob bei gefährlichen Schüssen von Zsengeller und Toldi auszeichnen. 11. Minute: Im letzten Augenblick konnte Münzenberg mit dem Kopf auf der Torlinie klären. 15. Minute: Erneut prüfte Fath mit einem saftigen Schuß Torhüter Hada.

25. Minute: Nachdem die Ungarn 20 Minuten lang ein Übergewicht hatten, wurde jetzt die deutsche Mannschaft immer stärker. 29. Minute: In einen Torschuß von Kitzinger lief Siffling und fälschte den Ball genau in die entgegengesetzte Ecke ab zum vielumjubelten 1:0. 30. Minute: Ein knallharter Schuß von Linksaußen Fath verfehlte nur ganz knapp das Tor. 31. Minute: Nur mit größter Mühe konnte Torhüter Hada einen knallharten Schuß von Kuzorra meistern. 36. Minute: Der erste gefährliche Angriff der Ungarn nach dem deutschen Führungstor führte zu einem Freistoß, den Toldi mit großer Wucht an die Latte donnerte. Glück für die deutsche Mannschaft, das hätte der Ausgleich sein können.

40. Minute: Nach herrlicher Vorarbeit von Fath, der den Torhüter aus seinem Kasten lockte und in die Mitte paßte, vergab Mittelstürmer Berndt aus 12 Meter Entfernung, frei vor dem leeren Tor. 45. Minute: Obwohl es nicht so gut in der deutschen Mannschaft lief wie bei der „Breslauer Elf", konnte man doch recht zufrieden sein. Was fehlte, war die Sicherheit und Schnelligkeit in den Kombinationen.

47. Minute: Nach herrlichem Steilpaß von Siffling zog Linksaußen Fath erneut ab. Sein knallharter Schuß krachte vom Pfosten zurück ins Feld. 49. Minute: Nach einer Flanke von Rechtsaußen Pusztai nahm Toldi den Ball direkt aus der Luft und schmetterte ihn ins deutsche Tor. Der überraschende Ausgleich für Ungarn. 51. Minute: Diesmal war es Rechtsaußen Lehner, der aus wenigen Metern Entfernung das Tor verfehlte. 75. Minute: Zur Überraschung der Zuschauer wurden die Ungarn mit zunehmender Spieldauer immer stärker. Einen Schuß von Zsengeller konnte Jakob gerade noch abwehren.

89. Minute: Erst in den allerletzten Minuten kam die deutsche Mannschaft besser ins Spiel, und hatte noch einmal durch Siffling, auf Vorlage von Lehner, die ganz große Chance zum Siegtreffer. Leider landete der Ball auf dem Tornetz. Schade um den wundervollen Heber. In einem ausgeglichenen Spiel hatten die Ungarn einen verdienten Punkt mit nach Hause genommen.

❖

Vorbericht zum 148. Länderspiel: Während in Nürnberg die erste Garnitur spielte, war Luxemburg zum wiederholtenmal Prüfstein für die Berwerber um die freien WM-Plätze. Mit Klodt, Winkler, Berg, Heibach und Holz standen 5 Neulinge in der deutschen Elf. Für insgesamt 8 der 11 Spieler war es das erste Länderspiel. Für W.Schulz, Ditgens, Berg, Schädler, Winkler, Heibach, Holz und für den Dortmunder Torjäger August Lenz, der 10 Jahre später sogar noch Torschützenkönig in der Oberliga West wurde, war es auch das letzte Länderspiel. So mancher dieser 8 Spieler hätte sicherlich noch das eine oder andere Länderspiel gemacht, wenn der politische Einfluß - der Anschluß Österreichs und der 2. Weltkrieg - nicht gewesen wären.

20.3.1938 in Wuppertal
Deutschland - Luxemburg 2:1 (1:0)

SR: *Wüthrich (Schweiz)*, Zuschauer: 20.000
Deutschland: H.Klodt -1 (Schalke 04); W.Schulz -4 (Arminia Hannover), Ditgens -3 (Bor. M'gladbach); Berg -1 (Schalke 04), Sold -6 (FV Saarbr.), Schädler -4 (FV Ulm); Winkler -1 (SW Essen), Gauchel -5 (Tus Neuend.), Lenz -14 (BVB), Heibach -1 (Fort. Düsseld.), Holz -1 (Duisburg 99). Mannschaftskapitän: Sold
Luxemburg: Hoscheid; Mousel, V.Majerus; Dumont, Rosa, Hemmen; Stamet, Libar, Mart, Gales, Kemp
Tore: 1:0 Gauchel (6. Handelfmeter), 1:1 Libar (73.), 2:1 Gauchel (75.)
Beste Spieler: H.Klodt, Winkler - Hoscheid, Mousel
Bericht: Die deutsche Mannschaft begann vor allem durch Winkler und Gauchel furios.

6. Minute: Der deutsche Angriffswirbel verflachte bereits, als einem Luxemburger im Strafraum ein Handspiel unterlief und Schiedsrichter Wüthrich nicht anders konnte, als auf den Elfmeterpunkt zu zeigen. Gauchel ließ sich die Chance nicht entgehen und schoß zum 1:0 ein.

45. Minute: Obwohl die deutsche Mannschaft in den letzten 10 Minuten der ersten Halbzeit endlich druckvoller spielte, scheiterte sie immer wieder an Torhüter Hoscheid, weil die Schüsse nicht plaziert genug waren.

55. Minute: Auch nach dem Seitenwechsel wollte keine Stimmung aufkommen. Den ersten gefährlichen Schuß der zweiten Halbzeit hatte Torhüter Klodt zu meistern.

68. Minute: Mittelstürmer Mart vergab, alleine vor Klodt stehend, die große Chance zum Ausgleich für Luxemburg. 73. Minute: Die Luxemburger wurden für ihr aufopferungsvolles Spiel belohnt. Der Halbrechte Libar konnte eine Kopfballvorlage von Gales zum 1:1-Ausgleich eindrücken. Torhüter Klodt war durch die tiefstehende Sonne geblendet. 74. Minute: Aus unerfindlichen Gründen verweigerte der Schiedsrichter ein herrliches Kopfballtor von Heibach. 75. Minute: Der kleine Düsseldorfer wurde immer stärker und konnte kurz vor dem Strafraum nur durch ein Foul gebremst werden. Den Freistoß schoß Gauchel direkt und mit einer solchen Wucht ins luxemburgische Tor, daß man den Ball kaum sehen konnte. Die deutsche Elf führte wieder 2:1.

90. Minute: In der letzten Viertelstunde beherrschte die deutsche Mannschaft schließlich ihren Gegner, ohne jedoch überzeugen zu können. Ein farbloser Sieg, der nur wenig neue Erkenntnisse brachte.

❖

Vorbericht zum inoffiziellen Länderspiel gegen Österreich:
Mit dem Einmarsch Hitlers in Österreich änderte sich schlagartig alles, auch im Hinblick auf die WM in Frankreich. Österreich existierte als Staat nicht mehr und konnte somit auch nicht an der Weltmeisterschaft teilnehmen. Unüberlegt jubelten die breite Masse und viele Presseorgane, daß nunmehr aus beiden Ländern zusammen eine Supermannschaft entstehen und auch spielen könnte. Sachliche Kritiker mahnten vor jeglichem Optimismus, weil beide Länder völlig verschiedene Systeme spielten und es unmöglich war, innerhalb der verbleibenden 3 Monate bis zum WM-

Beginn die Spieler der einen oder anderen Mannschaft umzustellen. Jede Mannschaft für sich hätte gute Chancen bei der WM gehabt, aber zusammen?

Kurzfristig wurde für den 3.4.1938 in Wien ein „Länderspiel" angesetzt. Zum letztenmal durfte Österreich, allerdings nur inoffiziell, mit ihrer Nationalmannschaft gegen Deutschland antreten. In der deutschen Elf fehlten nur Siffling, Szepan und Urban aus der „Breslauer Elf", während Österreich alle Stars zur Verfügung hatte.

Der Schöpfer der „Breslauer Elf", Sepp Herberger (rechts) und sein verlängerter Arm auf dem Spielfeld, der Regisseur Fritz Szepan (Schalke)

3.4.1938 in Wien (Inoffizielles Länderspiel)
Österreich - Deutschland 2:0 (0:0)

SR: Birlem (Deutschland), Zuschauer: 58.000
Österreich: Platzer (Admira Wien); Sesta (Austria Wien), Schmaus (Vienna Wien); F.Wagner I (Rapid Wien), Mock (Austria Wien), Skoumal (Rapid Wien); Hahnemann (Admira Wien), Stroh, Sindelar (beide Austria Wien), Binder, Pesser (beide Rapid Wien)

Deutschland: Jakob (Jahn Regensb.); Janes (Fort. Düsseld.), Münzenberg (Alem. Aachen); Kupfer (Schweinfurt 05), Goldbrunner (Bayern München), Kitzinger (Schweinfurt 05); Lehner (Schwaben Augsb.), Gellesch (Schalke 04), Berndt (TeBe), Gauchel (Tus Neuend.), Fath (Worms). Mannschaftskapitän: Münzenberg
Tore: 1:0 Sindelar (63.), 2:0 Sesta (71.)
Beste Spieler: Sindelar, Binder, Sesta - Kitzinger, Janes, Lehner
Bericht: Alles war wie bei jedem Länderspiel, nur die Nationalhymnen fehlten. Sindelar gewann die Platzwahl, und so mußte die deutsche Mannschaft in der ersten Halbzeit gegen die Sonne und gegen den Wind spielen.

5. Minute: Die deutsche Mannschaft hatte den eindeutig besseren Start. Lehner und Berndt vergaben jedoch in aussichtsreichen Positionen den Führungstreffer. 10. Minute: Von Minute zu Minute wurde Österreich stärker und beherrschte schon bald Spiel und Gegner.

3 Schalker Stützen und Nationalspieler: Stürmer Adolf Urban,...

...Mittelläufer Ötte Tibulski...

...und Torhüter Hans Klodt

40. Minute: Pech für Österreich, als Hahnemann aus 15 Meter Entfernung einen Ball an die Latte donnerte. 45. Minute: Nur mit viel Glück überstand die deutsche Mannschaft die ersten 45 Minuten ohne Gegentreffer. Obwohl sie teilweise recht schön kombinierte, konnte sie sich nur selten von dem Druck der Österreicher befreien.

50. Minute: Nach einer erneuten Offensive der Österreicher mit zwei ganz großen Torgelegenheiten, die wieder ungenutzt blieben, kam endlich die deutsche Mannschaft besser ins Spiel. 62. Minute: Gerade hatte sich die deutsche Mannschaft gefunden und minutenlang das österreichische Tor bestürmt, da kam die kalte Dusche. Statt den Ball wegzuschlagen, ließ ihn sich Goldbrunner im Strafraum von Stroh abnehmen, Stroh paßte sofort zu Binder, der direkt abzog. Der Schuß knallte gegen die Latte und sprag genau vor die Füße von Sindelar, der den Ball unerreichbar für Jakob ins lange Eck hob.

71. Minute: Daß es 1:0 für Österreich stand, war der deutschen Mannschaft nicht anzumerken. Im Gegenteil, sie blieb weiter tonangebend bis zum nächsten Konter. Ein als Steilvorlage gedachter Schuß von Sesta kam in den deutschen Strafraum, der herausgelaufene Jakob wollte den Ball ins Feld zurückfausten. Dabei merkte er zu spät, daß der starke Wind den Ball immer länger werden ließ, so daß der Regensburger schon zu weit aus seinem Tor war. Der Ball flog über die gesamte deutsche Abwehr hinweg zum 2:0 ins Tor.

90. Minute: In der letzten Viertelstunde konnte die deutsche Mannschaft das Spiel wieder ausgeglichen gestalten, ohne jedoch zu ganz großen Torgelegenheiten zu kommen. Zwar hatte die deutsche Abwehr wieder recht gut gestanden, aber im Sturm war vor allem das Fehlen von Siffling und Szepan deutlich spürbar. Dagegen hatte Österreich nicht nur eine stabile Abwehr, sondern einen technisch brillanten und druckvollen Sturm, der letztlich auch das Spiel entschied.

❖

Vorbericht zum 149. Länderspiel: Zum Testspiel gegen Portugal berief Sepp Herberger seine „Breslauer Elf". Nur Fath mußte auf Linksaußen für den verletzten Urban spielen. Noch war kein Österreicher dabei, was Herberger damit begründete, daß er sie erst beobachten müßte. Es war jedoch kein Geheimnis, daß der Reichstrainer am liebsten ohne die Österreicher gespielt hätte. Nicht, weil er sie nicht für gut genug hielt, sondern weil Österreich das technisch perfekte, hohe Spiel liebte, während die deutsche Mannschaft das druckvolle Flachpaßspiel bevorzugte. Zudem spielten die Österreicher mit einem vorgezogenen Mittelläufer, die deutsche Mannschaft jedoch ein lupenreines WM-System.

Der besondere Reiz in diesem Spiel lag darin, daß noch die Entscheidung in der WM-Qualifikation Schweiz - Portugal ausstand. Nachdem die deutsche Mannschaft 10 Wochen zuvor gegen die Schweiz gespielt hatte, konnte sie nun den anderen möglichen Gegner für das 1. WM-Spiel studieren.

24.4.1938 in Frankfurt
Deutschland - Portugal 1:1 (0:1)

SR: Barlassina (Italien), Zuschauer: 54.000
Deutschland: Jakob -34 (Jahn Regensb.); Janes -33 (Fort. Düsseld.), Münzenberg -38 (Alem. Aachen), Kupfer -9 (Schweinfurt 05), Goldbrunner -30 (Bayern München), Kitzinger -17 (Schweinfurt 05); Lehner -38 (Schwaben Augsb.), Gellesch -13 (Schalke 04), Siffling -31 (SV Waldhof), Szepan -29 (Schalke 04), Fath -13 (Wormatia Worms). Mannschaftskapitän: Szepan
Portugal: Azevedo; Simoes, Teixeira; Amaro, Albania, Pereira; Mourao, Soeiro, Peiroteo, Sousa, Cruz
Tore: 0:1 Sousa (18.), 1:1 Siffling (75.)
Beste Spieler: Jakob, Kitzinger - Peiroteo, Sousa, Teixeira

Bericht: Die Zuschauer waren voller Erwartung, um die nur auf einer Position veränderte „Breslauer Elf" zu sehen.

15. Minute: Über die Technik und Schnelligkeit der Portugiesen staunten die Fachleute und Laien nicht schlecht. In der ersten Viertelstunde beherrschten sie klar das Spiel und ließen nur zwei Angriffe der deutschen Mannschaft zu. Mehrfach mußte Torhüter Jakob in letzter Sekunde vor den schnellen portugiesischen Stürmern retten. 16. Minute: Zum erstenmal kam die deutsche Mannschaft gefährlich vor das Tor der Portugiesen. Szepan spielte wunderschön Siffling frei, aber dessen Schuß strich knapp am Pfosten vorbei. 18. Minute: Nach mehreren guten Torchancen fiel das längst überfällige 0:1. Als Jakob einen Ball zu kurz abwehrte war Sousa zur Stelle und schoß flach ein.

22. Minute: Rauschender Beifall für Mittelstürmer Peiroteo, der mit einem herrlichen Rückzieher nur ganz knapp das deutsche Tor verfehlte. 35. Minute: Endlich wurde die deutsche Mannschaft wesentlich besser und hatte drei große Torgelegenheiten durch Szepan, Kitzinger und Gellesch.

45. Minute: Die Portugiesen führten zur Halbzeit verdientermaßen mit 1:0. Lediglich die letzten 10 Minuten gaben Anlaß zur Hoffnung, daß das Spiel der deutschen Mannschaft besser würde.

70. Minute: Je länger das Spiel dauerte, desto besser wurde die deutsche Elf. Was jedoch wieder einmal fehlte, war die konsequente Ausnutzung der vielen Torgelegenheiten. 75. Minute: Nach Flanke von Fath schlug ein portugiesischer Abwehrspieler über den Ball. Am schnellsten reagierte wieder einmal der ansonsten glücklos spielende Siffling. Er fackelte nicht lange und schoß unhaltbar zum Ausgleich ein. 80. Minute: Nach dem Ausgleich berannten wieder die Portugiesen das deutsche Tor. Goldbrunner mußte für den geschlagenen Jakob auf der Linie retten. 85. Minute: Noch einmal mußte Torhüter Jakob sein ganzes Können aufbringen, um einen herrlich angeschnittenen Schuß von Linksaußen Cruz aus dem Tor zu fausten.

90. Minute: Mit dem glücklichen 1:1 kam die deutsche Nationalmannschaft noch einmal davon. Alle fragten sich natürlich, was mit der „Breslauer Elf" los war. Die Antwort war ganz einfach und doch unverständlich. Mehrere Spieler der deutschen Mannschaft waren so kurz vor der Weltmeisterschaft zur Grundausbildung beim Militär eingezogen worden. Bei einem Spieler wie Kupfer, der von seiner Kraft und Dynamik lebte, war das besonders zu spüren. In der letzten halben Stunde trabte er nur noch kraftlos über das Feld. Die Nazis, die auch im Sport Erfolge und internationales Ansehen brauchten, schadeten sich damit selbst.

❖

Vorbericht zum 150. Länderspiel: Zum Jubiläumsländerspiel und als letzten Länderspieltest vor der WM hatte die deutsche Mannschaft den denkbar schwersten Gegner im Fußball, England. Eine Woche zuvor lud Herberger ein 38-köpfiges Aufgebot nach Duisburg, aus dem auch die 22 WM-Teilnehmer ausgewählt werden sollten.

Tor: Jakob (Jahn Regensb.), Buchloh (vorübergehend Berlin), Raftl (Rapid), H.Klodt (Schalke 04)

Rechte Verteidiger: Janes (Fort. Düsseld.), Andritz (Austria), Billmann (1.FC Nürnb.), Welsch (Bor. Neunk.)

Linke Verteidiger: Münzenberg (Alem. Aachen), Schmaus (Vienna), Streitle (Bayern München), Müsch (Troisdorf)

Rechte Läufer: Kupfer (Schweinfurt), F.Wagner (Rapid Wien), Rohde (TV Eimsbüttel)

Mittelläufer: Goldbrunner (Bayern München), Mock (Austria), Sold (FV Saarbr.), Pekarek (Wacker Wien)

Linke Läufer: Kitzinger (Schweinfurt), Skoumal (Rapid Wien), Joksch (Austria Wien)

Rechtsaußen: Lehner (Schwaben Augsb.), Hahnemann (Admira), Malecki (Hannover 96)

Halbrechts: Gellesch (Schalke 04), Stroh (Austria Wien), Gauchel (Tus Neuendorf)

Mittelstürmer: Siffling (SV Waldhof), Jerusalem (Austria), Berndt (TeBe), Epp (Wiener SC), Lenz (BVB)

Halblinks: Szepan (Schalke 04), Neumer (Austria), Binder (Rapid)

Linksaußen: Fath (Worms), Pesser (Rapid)

Andritz und Epp mußten kurzfristig wegen schwerer Verletzungen absagen. Und auch vier ganz große dieser Zeit fehlten: Urban (Schalke 04) und Schön (Dresdener SC), sowie aus Österreich Sesta und Sindelar (beide Austria Wien). Für Herberger war es selbstverständlich, gegen England die „Breslauer Elf" auf das Feld zu schicken. Lediglich der durch die Verletzung von Urban vakante Posten wurde mit einem Wiener, Pesser (SC Rapid), besetzt.

Eine Woche vor dem Spiel gab es noch ein Testspiel der Kursteilnehmer in Düsseldorf vor 25.000 Zuschauern, in dem die Teilnehmer gegeneinander spielten.

Schwarz-Weiße-Elf gegen Grün-Weiße-Elf 2:2 (0:2)

SW: Jakob; Rudi (TV Eimsbüttel), Streitle; Kupfer, Goldbrunner (ab 45. Joksch), Kitzinger; Lehner, Stroh, Siffling, Gauchel, Pesser

GW: Raftl; Sold, Schmaus; F.Wagner, Mock, Skoumal; Hahnemann, Lenz, Binder, Jerusalem, Neumer

Tore: 0:1 Neumer (29.), 0:2 Lenz (40.), 1:2 Gauchel (67.), 2:2 Pesser (70.)

Nach dem Spiel wurde für den leicht angeschlagenen Siffling der Koblenzer Gauchel für das Englandspiel nominiert.

14.5.1938 in Berlin
Deutschland - England 3:6 (2:4)

SR: Langenus (Belgien), Zuschauer: 105.000

Deutschland: Jakob -35 (Jahn Regensb.); Janes -34 (Fort. Düsseld.), Münzenberg -39 (Alem. Aachen); Kupfer -10 (Schweinfurt 05), Goldbrunner -31 (Bayern München), Kitzinger -18 (Schweinfurt 05); Lehner -39 (Schwaben Augsb.), Gellesch -14 (Schalke 04), Gauchel -6 (Tus Neuend.), Szepan -30 (Schalke 04), Pesser -1 (Rapid Wien). Mannschaftskapitän: Szepan

England: Woodley; Sproston, Hapgood; Willingham, Young, Welsh; Matthews, Robinson, Broome, Goulden, Bastin

Tore: 0:1 Bastin (16.), 1:1 Gellesch (20.), 1:2 Robinson (26.), 1:3 Broome (28.), 1:4 Matthews (42.), 2:4 Gauchel (44.), 2:5 Robinson (49.), 3:5 Pesser (77.), 3:6 Goulden (80.)

Beste Spieler: Pesser, Goldbrunner - Matthews, Broome, Bastin, Hapgood

Bericht: In Berlin sah man die bis dahin größte Zuschauerkulisse auf dem europäischen Kontinent. Die Engländer hatten, mit Ausnahme von Broome, auf alle Spieler von Aston Villa verzichtet, weil Aston Villa am 15., 18. und 22. Mai Testgegner der deutschen Mannschaft war.

5. Minute: Die ersten Minuten waren auf beiden Seiten nur ein Abtasten. Keine der beiden Sturmreihen konnte sich entscheidend gegen die Abwehr der anderen durchsetzen.

15. Minute: Zwei Torgelegenheiten der Engländer waren die einzige Ausbeute der ersten Viertelstunde. Das Spiel hatte nach wie vor auf beiden Seiten keine Klasse. Die Engländer waren immer dann gefährlich, wenn sie über ihre beiden Flügelstürmer Matthews und Bastin kamen. 16. Minute: Nachdem Matthews seinen Gegenspieler Münzenberg ausgespielt und wunderbar in die Mitte geflankt hatte, vollendete Bastin, in der Luft liegend, zum 1:0 für England. Ein Klassetor, wie man es nur ganz selten zu sehen bekam. 20. Minute: Nach einem herrlich hereingegebenen Eckball von Pesser, legte Szepan seinem Mannschaftskameraden Gellesch den Ball vor. Ohne zu fackeln jagte der Schalker den Ball zum Ausgleich ins Netz. Die beiden Tore taten dem Spiel ganz offensichtlich gut, denn jetzt wurde es zusehends besser.

26. Minute: Mit einem Flügelwechsel, von Matthews über Goulden zu Bastin, riß die englische Elf die gesamte deutsche Abwehr auseinander. Ein kurzer Antritt von Bastin, durch den er seinen Gegenspieler Janes abschütteln und ungehindert in die Mitte flanken konnte, bedeutete das 2:1. Denn dort stand Robinson völlig frei und konnte sich die Ecke aussuchen. 28. Minute: Die deutsche Mannschaft hatte sich von diesem Gegentor noch nicht erholt, da fiel bereits das nächste. Nach hoher Flanke von Goulden in den deutschen Strafraum verpaßte Janes, von der Sonne geblendet, den Ball, und Mittelstürmer Broome hatte keine Probleme, das dritte Tor für die Engländer zu erzielen. 30. Minute: Die englischen Stürmer machten mit der deutschen Abwehr was sie wollten. Vor allem Rechtsaußen Matthews ließ den Aachener Münzenberg wie einen Anfänger aussehen. 32. Minute: Endlich wieder ein zügiger deutscher Angriff; nach Vorlage von Szepan, kam Lehners Paß zu Gauchel. Der Mittelstürmer blieb jedoch an Hapgood hängen. 33. Minute: Noch einmal eine Torchance für die deutsche Mannschaft, als Szepan frei zum Schuß kam, aber leider nicht richtig traf.

42. Minute: Wieder einmal ließ Rechtsaußen Matthews Münzenberg einfach stehen, steuerte alleine auf das Tor von Jakob zu und jagte dem Regensburger einen scharfen Schuß unhaltbar ins Tor. 4:1 für England. 44. Minute: Erneut war es ein Eckball von Pesser, der den zweiten Treffer für die deutsche Mannschaft bedeutete. Mittelstürmer Gauchel war mit der Brust kurz vor Torhüter Woodley am Ball und drückte ihn über die Linie. Die Engländer führten zur Halbzeit verdientermaßen mit 4:2 Toren.

48. Minute: Die deutsche Mannschaft begann nach dem Seitenwechsel gut. Vor allem wenn sie über links spielte, über den Wiener Pesser, wurde es für die Engländer gefährlich. Ein scharfer Schuß des Linksaußen traf leider nur das Außennetz. 49. Minute: Wieder leistete Rechtsaußen Matthews hervorragende Vorarbeit, als er seinen Nebenspieler freispielte. Robinson hatte keine Mühe, zum 5:2 für England einzuschieben. 54. Minute: Im letzten Augenblick konnte Mittelstürmer Broome von Münzenberg und Jakob gestoppt werden.

60. Minute: Nach einem herrlichen Lehner-Schuß hatten die Engländer Glück, weil der Ball nur ganz knapp das Tor verfehlte. 62. Minute: Nach einem Zusammenprall zwischen Pesser und Sproston, mußte Pesser vorübergehend verletzt ausscheiden. 66. Minute: Nach einem Durchbruch des unglaublich schnellen Broome, konnte Jakob gerade noch gegen den alleine vor ihm auftauchenden Mittelstürmer retten.

70. Minute: Seit nunmehr 10 Minuten war die deutsche Mannschaft klar überlegen. Endlich sah man variationsreiche Kombinationen, ständige Positionswechsel und ein gutes Zusammenspiel. Nur der Abschluß fehlte. 77. Minute: Die deutsche Mannschaft wurde für ihr immer besser werdendes Spiel belohnt. Eine Flanke von Lehner verlängerte Gauchel zu Linksaußen Pesser, der ohne zu zögern das Leder in die Maschen schlug. Nur noch 3:5 gegen die deutsche Mannschaft. 80. Minute: Als hätten die Engländer vorher nicht richtig gespielt, zogen sie sofort das Tempo an und erzielten auch das 6:3. Es war ein herrlicher Schuß vom Halblinken Goulden, der Torhüter Jakob die Hände wegriß. Die letzten kleinen Hoffnungen der deutschen Mannschaft waren dahin.

90. Minute: Mit 6:3 hatte die englische Mannschaft verdient gewonnen, weil die deutsche Abwehr nie in der Lage war, die Stürmer der Engländer zu halten. Bezeichnenderweise waren alle 5 Stürmer der Engländer an den 6 Toren beteiligt.

❖

Vorbericht zur 3. Fußball-Weltmeisterschaft:
Nach der hohen und deprimierenden Niederlage gegen England wurden Stimmen laut, die mehr Österreicher in der deutschen Elf sehen wollten. Pesser, und mit Abstand Goldbrunner, waren die einzigen Spieler, die bei den englischen Profis mithalten konnten. Es wurde immer deutlicher, daß Herberger nicht die beste Mannschaft, sondern die besten elf Spieler, je zur Hälfte aus Deutschland und Österreich, aufstellen mußte.

Vorerst standen jedoch die 3 Testspiele gegen Aston Villa im Vordergrund. Für das erste Spiel war bereits eine Woche vorher festgelegt worden, daß die Mannschaft aus Österreichern bestehen sollte.

15.5.1937 in Berlin (30.000)
Deutschland-Auswahl - Aston Villa 2:3 (1:1)
Raftl; Streitle, Schmaus; F.Wagner, Mock, Skoumal; Hahnemann, Stroh, Binder, Jerusalem, Neumer
Aston Villa: Biddlestone; Callaghan, Cummings; Massie, Allen, Iversen; Broome, Haycock, Shell, Starling, Houghton
Tore: 0:1 Broome (9.), 1:1 Binder (40.), 1:2 Shell (71.), 1:3 Broome (78.), 2:3 Hahnemann (89.)
Kurzbericht: In einem sehr harten Spiel waren die Engländer klar überlegen. In der „Wiener Elf", in der nur Streitle (Bayern München) als Nicht-Österreicher spielte, fehlte häufiger der Zusammenhang. Nur hin und wieder lief das Spiel flüssig, und dann wurde die Auswahl auch gefährlich.

18.5.1937 in Düsseldorf (60.000)
Deutschland-Auswahl - Aston Villa 2:1 (2:1)
Raftl; Janes, Streitle; Wagner, Mock, Kitzinger; Hahnemann, Gellesch, Gauchel, Szepan, Pesser
Aston Villa: Biddlestone; Callaghan, Cummings; Massie, Allen, Iversen; Shell, Haycock, Broome, Starling, Houghton
Tore: 0:1 Houghton, 1:1 Gauchel, 2:1 Pesser
Kurzbericht: In einem spannenden und ausgeglichenen Spiel gewann die deutsche Auswahl nicht unverdient. Gegenüber dem 1. Spiel war bei der deutschen Mannschaft eine deutliche Steigerung erkennbar.

22.5.1937 in Stuttgart (35.000)
Deutschland-Auswahl - Aston Villa 1:2 (0:2)
Jakob; Münzenberg, Schmaus; Kupfer, Goldbrunner, Skoumal; Lehner, Stroh, Lenz, Hahnemann, Neumer
Aston Villa: Carey; Callaghan, Cummings; Massie, Allen, Iversen; Kerr, Haycock, Pritty, Starling, Houghton
Tore: 0:1 Iversen, 0:2 Houghton (Foulelfmeter), 1:2 Lenz (74.)
Kurzbericht: Die deutsche Auswahl blieb weit hinter den Leistungen des Düsseldorfer Spiels zurück. Aston Villa, das mit 3 Ersatzspielern antrat, hatte keine große Mühe, das Spiel zu gewinnen.

Während die deutsche Mannschaft das letzte Mal gegen Aston Villa spielte, kam die Nachricht des Tages aus Zürich. Eine Woche nach dem 6:3 in Berlin gegen Deutschland verlor die englische Nationalelf in Zürich mit 1:2 gegen die Schweiz; Deutschlands erster Gegner bei der Weltmeisterschaft. Was sich schon im Februar beim 1:1 in Köln zwischen Deutschland und der Schweiz andeutete, war nun klar geworden; die Schweiz hatte zweifellos eine der besten Mannschaften der Welt. Für die Experten war die zusammengewürfelte deutsche Mannschaft Außenseiter. Nur die oberflächlichen Betrachter und die politisch motivierten Optimisten machten die „Großdeutsche" Mannschaft zum WM-Favoriten. Wie schon in der Politik, drückte sich nun auch grundloser Größenwahn im Sport aus.

Nach den Testspielen gab Sepp Herberger sein 22-köpfiges Aufgebot bekannt:

Tor:
Jakob (Jahn Regensburg) - 35 Länderspiele für Deutschland, 29 Jahre
Raftl (Rapid Wien) - 6 Länderspiele für Österreich, 27 Jahre
Buchloh (Hertha BSC) - 17 für D., 28 Jahre
Verteidiger:
Janes (Fortuna Düsseldorf) - 34 für D., 26 Jahre
Münzenberg (Alemannia Aachen) - 39 für D., 30 Jahre
Streitle (Bayern München) - Ö, 21 Jahre
Schmaus (Vienna Wien) - 15 für Ö., 26 Jahre
Läufer:
Kupfer (FC Schweinfurt 05) - 10 für D., 24 Jahre
Goldbrunner (Bayern München) - 31 für D., 30 Jahre
Kitzinger (FC Schweinfurt 05) - 18 für D., 26 Jahre
F.Wagner I (Rapid Wien) - 18 für Ö., 26 Jahre
Mock (Austria Wien) - 12 für Ö., 31 Jahre
Skoumal (Rapid Wien) - 4 für Ö., 37 Jahre
Stürmer:
Lehner (Schwaben Augsburg) - 39 für D., 25 Jahre
Gellesch (FC Schalke 04) - 14 für D., 24 Jahre
Siffling (SV Waldhof) - 31 für D., 25 Jahre
Szepan (FC Schalke 04) - 30 für D., 30 Jahre
Pesser (Rapid Wien) - 8 für Ö. und 1 für D., 26 Jahre
Hahnemann (Admira Wien) - 10 für Ö., 25 Jahre
Stroh (Austria Wien) - 10 für Ö., 25 Jahre
Gauchel (Tus Neuendorf) - 6 für D., 21 Jahre
Neumer (Austria Wien) - 2 für Ö., 19 Jahre

Es war eine gute Mischung aus erfahrenen und jungen Spielern. Überrascht war man eigentlich nur, daß Sesta und Binder fehlten, während Lenz durch seine schwachen Leistungen beim Lehrgang und Testspiel gestrichen werden mußte. Seppl Fath, von Wormatia Worms, wurde schließlich ein Opfer des Anschlusses von Österreich, denn die Österreicher hatten mit Pesser und Neumer auch hervorragende Linksaußen; und das war der einzige Posten, wo mit Urban ein Spieler der „Breslauer Elf" wegen Verletzung fehlte. Für Lenz und Fath war es der Abschied von der Nationalmannschaft.

❖

Vorbericht zum 151. Länderspiel: Zweifellos hatte die deutsche Mannschaft von allen 8 gesetzten Teams mit der Schweiz als Gegner die schwierigste Aufgabe. Dazu kam das Problem, zwei grundverschiedene Systeme zu vereinen. Auf 3 Positionen war Herberger durchaus bereit die „Breslauer Elf" zu verändern. Für die zuletzt nicht sehr sicher spielenden Jakob und Münzenberg hatte er mit den Wienern Raftl und Schmaus echte Alternativen, und Linksaußen Pesser war nach dem Fehlen von Urban sowieso nicht umstritten. Vom Reichstrainer wurde jedoch verlangt, die „großdeutsche" Mannschaft als Einheit mit 5 Österreichern zu präsentieren, so daß er Goldbrunner für Mock, und Szepan, dem die Kraft nach den schweren Endrundenspielen fehlte, für Hahnemann opferte.

4.6.1938 in Paris (WM-Vorrundenspiel)
Schweiz - Deutschland 1:1 (1:1, 1:1) n.V.

SR: Langenus (Belgien), Zuschauer: 40.000
Schweiz: Huber; Minelli, Lehmann; Springer, Vernati, Lörtscher; Amado, Abegglen II, Bickel, Walaschek, G.Aeby
Deutschland: Raftl -1 (Rapid Wien); Janes -35 (Fort. Düsseld.), Schmaus -1 (Vienna Wien); Kupfer -11 (Schweinfurt 05), Mock -1 (Austria Wien), Kitzinger -19 (Schweinfurt 05); Lehner -40 (Schwaben Augsb.), Gellesch -15 (Schalke 04), Gauchel -7 (Tus Neuendorf), Hahnemann -1 (Admira Wien), Pesser -2 (Rapid Wien).
Mannschaftskapitän: Mock
Tore: 0:1 Gauchel (29.), 1:1 Trello Abegglen III (43.)

Franz „Bimbo" Binder (Rapid Wien), einer der erfolgreichsten Torjäger aller Zeiten, traf als Österreicher auch für Deutschland

Mock (Deutschland), Schiedsrichter Langenus (Belgien) und Minelli (Italien) vor dem WM-Spiel 1938 in Paris, Schweiz - Deutschland, 1:1 nach Verlängerung

Linksaußen Hans Pesser von Rapid Wien (rechts) war der erste Österreicher in der deutschen Nationalmannschaft

Willi Hahnemann (Admira Wien) war der erfolgreichste Österreicher in Herbergers Elf

Beste Spieler: Bickel, Amado, Abegglen III - Kupfer, Hahnemann, Raftl, Janes

Platzverweis für Pesser (118.)

Bericht: Die ersten Minuten verliefen auf beiden Seiten unruhig und hektisch.

7. Minute: Nachdem Amado bereits das dritte Mal an Verteidiger Schmaus vorbeigezogen war und geflankt hatte, bot sich erstmals eine große Chance für die Schweiz. Der Ball kam zu Bickel, der Mock aussteigen ließ und mit einem herrlichen 20-Meter-Schuß Raftl prüfte. 10. Minute: Dank des druckvollen Spiels der beiden Schweinfurter Außenläufer hatte sich die deutsche Mannschaft inzwischen ein Übergewicht erspielt.

20. Minute: Trotz leichter Überlegenheit der deutschen Mannschaft gehörte auch die zweite Torchance des Spiels den Schweizern. Einen herrlichen, knallharten Schuß von Bickel konnte Torhüter Raftl nur mit Mühe halten. 27. Minute: Erneut schoß Bickel mit unheimlicher Wucht auf das deutsche Tor. Raftl fiel mitsamt dem Ball über die Linie, unmittelbar neben den Pfosten, aber außerhalb des Tores. Wäre der Ball aufs Tor gekommen, hätte es jetzt 1:0 für die Schweiz gestanden. 29. Minute: Die erste richtige Torchance für die deutsche Mannschaft brachte auch gleich einen Treffer. Nach einem herrlichem Steilpaß von Kitzinger auf Pesser flankte der Linksaußen sofort flach in die Mitte, wo Gauchel in den Ball lief und unhaltbar einschoß. Nach den vergebenen Chancen der Schweizer zweifellos eine glückliche 1:0-Führung für die deutsche Elf. 31. Minute: Die Gefahr für das deutsche Tor ging grundsätzlich von Amado aus, den der viel zu langsame und steife Schmaus nie halten konnte. Zweimal rettete Raftl großartig gegen scharfe Schüsse von Amado und Bickel. 35. Minute: Nach der kurzen Schweizer Offensive übernahm wieder die deutsche Mannschaft das Kommando. Selbst der überragende Spieler im Mittelfeld, Kupfer, schoß gefährlich auf das Tor der Schweizer, wo Huber nur mit größter Mühe abwehren konnte.

41. Minute: Ein herrlicher geschlenzter Ball von Hahnemann verfehlte nur ganz knapp den Pfosten des langen Ecks. Sein hervorragender Schuß wäre nach der klaren Überlegenheit der deutschen Mannschaft die verdiente 2:0-Führung gewesen. 43. Minute: Die deutsche Mannschaft war dem 2:0 näher, als die Schweizer dem Ausgleich; da passierte das Unglück. Erneut konnte Verteidiger Schmaus Amado nicht halten. Zwar war Mock zur Stelle und konnte abwehren, aber genau vor die Füße von Amado, der sofort in die Mitte flankte. Dort stand Trello Abegglen III völlig frei und konnte sich bei seinem Kopfball die Ecke aussuchen. Es stand nur noch 1:1 und das kurz vor der Halbzeit.

50. Minute: Nach Wiederbeginn spielte die deutsche Mannschaft sofort nach vorn. Vor allem der Szepan-Ersatz Willi Hahnemann glänzte durch seine brillante Technik und durch genaues Zuspiel. Ein wunderbarer Paß von ihm hätte fast die Führung für die deutsche Mannschaft bedeutet, aber der aufgerückte Mock knallte den Ball leider nur an die Latte.

60. Minute: Auch wenn es innerhalb der deutschen Mannschaft viele Mißverständnisse gab, hatte Reichstrainer Sepp Herberger doch gute Arbeit geleistet. Immer wieder kam die deutsche Mannschaft gefährlich vor das schweizerische Tor, nur wurde leider zu hoch geschossen. 61. Minute: Das Spiel schien entschieden, als Minelli den immer besser werdenden Hahnemann im Strafraum von den Beinen holte. Völlig unverständlich legte Schiedsrichter Langenus den Ball auf die 16-Meter-Linie und gab nur Freistoß.

80. Minute: In 5 sehr starken Minuten setzten die Schweizer die deutsche Mannschaft unter Druck. Mehrfach konnte sich Torhüter Raftl durch Glanzparaden auszeichnen und einen Rückstand verhindern. Dennoch wäre auch eine Führung für die deutsche Mannschaft möglich gewesen, aber nach dem nicht gegebenen Elfmeter stiegen die Schweizer Abwehrspieler nur noch mit der nicht regelgerechten Härte ein. Sobald die deutschen Stürmer, vor allem Hahnemann, bei einem Konter durch waren, wurden ihnen rücksichtslos die Beine weggezogen. So waren erst gar keine guten Torgelegenheiten möglich.

90. Minute: In den letzten 10 Minuten der regulären Spielzeit hatte die deutsche Mannschaft wieder ein klares Übergewicht, aber vor allem Lehner vergab aus günstiger Position gute Torgelegenheiten. Das 1:1 Unentschieden erforderte eine Verlängerung.

95. Minute: Die erste große Torchance in der Verlängerung hatte Gauchel, als er knapp vor Huber an den Ball kam, aber auch knapp neben den Pfosten zielte. 96. Minute: Ohne Einwirkung des Gegners verletzte sich Kitzinger bei einem Schußversuch so schwer, daß er ausscheiden mußte. 102. Minute: Der verletzte Kitzinger kam wieder, konnte allerdings nur noch humpelnd als Statist auf Rechtsaußen mitwirken. 103. Minute: Erneut foulte Minelli Hahnemann, als dieser sich anschickte alleine durchzugehen. 104. Minute: In drei sehr starken Minuten hatten die Schweizer mehrfach Gelegenheit zum Führungstreffer. Zweimal konnte Torhüter Raftl großartig abwehren und beim drittenmal stand Kupfer auf der Linie, um den Ball über die Latte zu köpfen. 105. Minute: Bei einem schnellen Konter zu dem ungedeckten, verletzten Kitzinger hatte noch einmal die deutsche Mannschaft die Chance zum Führungstor, denn Torhüter Huber verfehlte die Flanke von Kitzinger. Leider hatte Linksaußen Pesser mit diesem Fehler des schweizerischen Torhüters nicht gerechnet. Anschließend wurden erneut die Seiten gewechselt.

115. Minute: 10 Minute lang in der letzten Halbzeit der Verlängerung ging das Spiel hin und her, mit Torchancen auf beiden Seiten. 116. Minute: Gleich zweimal hintereinander großes Pech für die deutsche Mannschaft; als Janes, und anschließend Lehner im Nachschuß ihren eigenen Mittelstürmer Gauchel trafen. Gegen diese plazierten Schüsse wäre Torhüter Huber wahrscheinlich machtlos gewesen. 118. Minute: Als Linksaußen Pesser erneut an Minelli vorbeizog und gefoult wurde, sprang er auf und revanchierte sich am Schweizer Verteidiger. Pesser wurde sofort vom Platz gestellt. So richtig diese Entscheidung war, Minelli hätte bereits während der regulären Spielzeit für seine vielen Fouls vom Platz geschickt werden müssen. 120. Minute: Nach einem dramatischen Spiel gab es auch in der Verlängerung keine Entscheidung. Die deutsche Mannschaft hatte den möglichen Sieg verpaßt und mußte 5 Tage später ein Wiederholungsspiel gegen die Schweiz bestreiten.

❖

Vorbericht zum 152. Länderspiel: Was sollte Reichstrainer Sepp Herberger nun machen? Durch das K.O.-System mußte gegen die Schweiz gewonnen werden, um unter die ersten 8 zu gelangen. Auch jetzt war es wieder eine sehr schwere Entscheidung, die richtige Elf aufzubieten. Sollte weitgehend die doch überraschend stark spielende Elf des ersten Spiels wieder auflaufen oder sollten frische Kräfte eingesetzt werden? Einiges ergab sich von selbst. Durch den Platzverweis von Pesser spielte Neumer Linksaußen. Der viel zu offen spielende Mock, der Bickel jeden Spielraum gelassen hatte, wurde durch Goldbrunner ersetzt. Und der unbewegliche Schmaus mußte dem wendigen Länderspielneuling Streitle Platz machen. Damit waren jedoch nur noch 3 Österreicher in der Mannschaft, und Herberger wollte auch unbedingt seinen Regisseur Szepan und den Waldhöfer Siffling in der Elf haben. Das war natürlich nicht möglich. So setzte er Skoumal für den verletzten Kitzinger ein und „opferte" Gauchel für den Wiener Stroh. Um schließlich wenigstens Szepan aufbieten zu können, mußte Gellesch, dem im ersten Spiel die notwendige Kraft fehlte, weichen.

Somit gab es eine auf 6 Positionen veränderte deutsche Elf. Sie war zwar nicht aufeinander eingespielt, aber dafür auf 6 Positionen frischer als ihre Gegenspieler.

9.6.1938 in Paris (WM-Vorrunde, Wiederholungsspiel)
Schweiz - Deutschland 4:2 (1:2)

SR: Eklind (Schweden), Zuschauer: 20.025
Schweiz: Huber; Minelli, Lehmann; Springer, Vernati, Lörtscher; Amado, Abegglen III, Bickel, Walaschek, G.Aeby

Deutschland: Raftl -2 (Rapid Wien); Janes -36 (Fortuna Düsseld.), Streitle -1 (Bayern München); Kupfer -12 (Schweinfurt 05), Goldbrunner -32 (Bayern München), Skoumal -1 (Rapid Wien); Lehner -41 (Schwaben Augsb.), Stroh -1 (Austria Wien), Hahnemann -2 (Admira Wien), Szepan -31 (Schalke 04), Neumer -1 (Austria Wien). Mannschaftskapitän: Szepan

Tore: 0:1 Hahnemann (8.), 0:2 Lörtscher (15. Eigentor), 1:2 Walaschek (41.), 2:2 Bickel (64.), 3:2, 4:2 Trello Abegglen III (75., 78.)

Beste Spieler: Abegglen III, Amado, Springer - Raftl, Hahnemann, Kupfer

Bericht: Zur Überraschung aller trat die Schweiz mit genau derselben Elf an, die 5 Tage zuvor das Unentschieden gegen die deutsche Mannschaft erreicht hatte. Selbst Experten stritten darum, ob dies ein Vor- oder Nachteil war.

5. Minute: In den ersten Minuten sah alles danach aus, als habe es sich für die Schweiz gelohnt, mit der gleichen Mannschaft anzutreten. Sie war klar überlegen. 7. Minute: Erst ganz langsam wurde die deutsche Mannschaft besser. Szepan brachte Ruhe ins Spiel und die deutschen Stürmer in günstige Schußpositionen. 8. Minute: Nach einer schönen Kombination Stroh-Hahnemann-Szepan konnte Torhüter Huber gerade noch einen guten Schuß von Szepan wegfausten. Der Ball landete bei Lehner, der zum freistehenden Hahnemann weitergab und der zögerte keinen Augenblick mit dem Torschuß. Huber war machtlos gegen das 1:0 für Deutschland.

10. Minute: Gleich zweimal innerhalb von einer Minute verfehlte Szepan mit herrlichen, angeschnittenen Schüssen nur ganz knapp das Schweizer Gehäuse. 12. Minute: Nach einem Zusammenstoß zwischen Goldbrunner und Abegglen, pfiff das Publikum die deutsche Mannschaft gnadenlos aus. Es war ganz offensichtlich, daß die Franzosen hinter der Schweiz standen. 15. Minute: Ein Foul von Minelli an Szepan, dicht an der Strafraumgrenze, führte zum Freistoß. Szepan schob den Freistoß zu Linksaußen Neumer, der umspielte Springer und zog sofort ab. Der tolle Schuß knallte an die Latte, sprang zurück zu Lörtscher, der nur noch hilflos mit ansehen konnte, wie der Ball von seinem Körper zum 2:0 ins eigene Tor sprang. Das war ein Anfang nach Maß für die deutsche Mannschaft. 17. Minute: Ein herrlicher, knallharter Schuß von Walaschek konnte von Torhüter Raftl nur mit großer Mühe abgewehrt werden. 20. Minute: Als Torhüter Raftl schon geschlagen war, rettete Verteidiger Streitle kurz vor der Torlinie.

40. Minute: Die deutsche Mannschaft beherrschte nicht nur klar den Gegner, sondern zeigte vorne im Angriff Ansätze der „Breslauer Elf". Leider haperte es nur mit dem Abschluß. Dafür stand jedoch die Abwehr ausgezeichnet, weil Streitle mit Amado und Goldbrunner mit Bickel wesentlich besser fertig wurden, als im ersten Spiel Schmaus und Mock. 41. Minute: Der technisch beste deutsche Abwehrspieler, Skoumal von Rapid Wien, war dennoch der schwächste aller 5 Abwehrspieler, weil er seinen Gegenspieler Abegglen viel zu viel Spielraum ließ. Abegglen war es auch, der Zeit hatte, mit einer Steilvorlage Walaschek freizuspielen, so daß dieser unhaltbar zum 1:2 ins Tor einschießen konnte. 44. Minute: Bei einem klaren Foul von Linksaußen Aeby an Goldbrunner, verletzte sich der Schweizer Linksaußen selbst so sehr, daß er ausscheiden mußte. Goldbrunner konnte vorerst nur humpelnd weiterspielen. Die nicht objektiven Zuschauer pfiffen nun erneut die deutsche Mannschaft aus.

50. Minute: Auch nach dem Seitenwechsel war Linksaußen Aeby bei den Schweizern nicht dabei. Mit 10 Spielern wurden sie sogleich wieder in die Defensive gedrängt, weil die deutsche Mannschaft mächtig Druck machte. Leider schossen Lehner und Stroh sehr schlecht. 55. Minute: Der erste Konter der Schweiz in der zweiten Halbzeit brachte gleich große Gefahr für das deutsche Tor, als Amado aus vollem Lauf nach herrlicher Vorarbeit von Bickel nur das Außennetz traf.

60. Minute: Linksaußen Aeby kam wieder ins Spiel zurück, allerdings als Mittelstürmer. 62. Minute: Die endgültige Entscheidung für die deutsche Mannschaft schien unaufhaltsam, als Neumer davon zog. Ohne eine Chance, noch an den Ball zu kommen, rannte Springer den Linksaußen im Strafraum um. Während sich Springer auf der Erde wälzte, stand Neumer humpelnd auf, wovon der Schiedsrichter offensichtlich so beeindruckt war, daß der fällige Elfmeterpfiff ausblieb. Zum zweitenmal war die deutsche Mannschaft in den beiden Spielen gegen die Schweiz um einen hundertprozentigen Elfmeter gebracht worden. 64. Minute: Während sich die deutsche Mannschaft noch über diese Fehlentscheidung aufregte, starteten die Schweizer blitzschnell einen Gegenangriff. Die Flanke von Aeby wehrte Torhüter Raftl viel zu kurz ab, direkt vor die Füße von Bickel, der keine Mühe hatte, zum Ausgleich einzuschieben. Die deutsche Mannschaft hatte, statt sich auf das Spiel zu konzentrieren, leichtfertig die Führung vergeben. 68. Minute: Zum Glück fing sie sich wieder sehr schnell, auch wenn die Schweiz jetzt stärker wurde. Eine gute Konterchance für Hahnemann wurde durch Minelli dadurch unterbunden, daß er ihn einfach festhielt. Der Freistoß von Stroh sauste am Tor vorbei.

75. Minute: Die Benachteiligung der deutschen Mannschaft durch Schiedsrichter Eklind fand ihren Höhepunkt, als Linksaußen Aeby in klarer Abseitsstellung den Ball annahm, der Schiedsrichter aber nicht auf das Signal des Linienrichters achtete, sondern das Spiel weiter laufen ließ. Die Flanke kam in die Mitte zum völlig freistehenden Abegglen, der ungehindert zum 3:2 für die Schweiz einschießen konnte. 78. Minute: Sofort vom Anstoß weg machte die deutsche Mannschaft wieder Druck. 8 Schweizer formierten sich jedoch am und im Strafraum zu einer massiven Abwehr und schlugen die Bälle weit hinaus in die Hälfte der deutschen Mannschaft. Einen solchen weiten Schlag konnten die Schweizer zu einem Konter nutzen, den erneut Abegglen erfolgreich abschloß. Der Ball prallte von Goldbrunner so unglücklich ab, daß Raftl machtlos war. 80. Minute: Die deutsche Mannschaft warf nun alles nach vorn, stellte Lehner in den Innensturm, und Stroh spielte Mittelstürmer. 84. Minute: Als Stroh dicht an der Strafraumgrenze zum Torschuß ansetzte, wurde er von Minelli einfach umgestoßen. Der Freistoß brachte nichts ein. 86. Minute: Einen aussichtsreichen Angriff der deutschen Mannschaft wehrte Lörtscher dicht an der Strafraumgrenze mit den Händen ab. Auch der folgende Freistoß brachte nichts ein. 88. Minute: Schiedsrichter Eklind übersah ein ganz klares Handspiel im 16-Meter-Raum der Schweizer.

90. Minute: Die deutsche Mannschaft hatte in der zweiten Halbzeit einen sicher geglaubten Sieg noch aus der Hand gegeben. So sehr man auch mit den schlechten Schiedsrichterleistungen und dem teilweise unfairen Spiel der Schweizer hadern konnte, die deutsche Mannschaft hatte trotzdem alle Möglichkeiten gehabt, das Spiel zu entscheiden. Die Weltmeisterschaft war für die deutsche Mannschaft bereits in der ersten Runde vorbei, und es hatte sich gezeigt, daß elf Klassespieler noch lange keine gute Mannschaft waren.

❖

Gesamtbilanz 1908-1938
152 Spiele: 71 Siege, 29 Unentschieden, 52 Niederlagen, 372:293 Tore
Heim: 74 Spiele: 36 Siege, 18 Unentschieden, 20 Niederlagen, 188:122 Tore
Auswärts: 78 Spiele: 35 Siege, 11 Unentschieden, 32 Niederlagen, 184:171 Tore
Zuschauer insgesamt: 4.451.125
Heim: 2.703.000, Auswärts: 1.748.125

Die meisten Länderspiele:
1. Ernst Lehner (Schwaben Augsburg) 41 Spiele
2. Reinhold Münzenberg (Alemannia Aachen) 39 "
3. Paul Janes (Fortuna Düsseldorf) 36 "
4. Hans Jakob (Jahn Regensburg) 35 "
5. Ludwig Goldbrunner (Bayern München) 32 "
6. Otto Siffling (SV Waldhof) 31 "
   Fritz Szepan (Schalke 04) 31 "
8. Karl Hohmann (VfL Benrath) 26 "
9. Richard Hofmann (Meerane 6, Dresd. SC 19) 25 "
10. Ludwig Leinberger (Spvgg. Fürth) 24 "
11. Georg Knöpfle (FSV Frankfurt) 23 "
12. Heinrich Stuhlfauth (1.FC Nürnberg) 21 "
    Stanislaus Kobierski (Fortuna Düsseldorf 21 "
14. Albin Kitzinger (Schweinfurt 05) 19 "
15. Eugen Kipp (Spfr. Stuttg. 16, K. Stuttg. 2) 18 "
    Adolf Jäger (Altona 93) 18 "
    Ludwig Hofmann (FC Bayern München) 18 "

Die meisten Tore:
1. Richard Hofmann (Dresdener SC) 24 Tore
2. Karl Hohmann (VfL Benrath) 20 "
3. Ernst Lehner (Schwaben Augsburg) 19 "
4. Otto Siffling (SV Waldhof) 17 "
5. Gottfried Fuchs (Karlsruher FV) 14 "
   Otto Harder (Hamburger SV) 14 "
   Edmund Conen (FV Saarbr., Kick. Stuttg.) 14 "
8. Adolf Jäger (Altona 93) 11 "
9. Fritz Förderer (Karlsruher FV) 10 "
   Eugen Kipp (Spfr. Stuttg., Kick. Stuttg.) 10 "
11. August Lenz (Borussia Dortmund) 9 "
12. Josef Pöttinger (Bayern München) 8 "
    Josef Rasselnberg (VfL Benrath) 8 "
    Wilhelm Simetsreiter (Bayern München) 8 "
    Adolf Urban (Schalke 04) 8 "
    Josef Gauchel (TuS Neuendorf) 8 "

Am häufigsten Mannschaftsführer waren:
1. Fritz Szepan 27 mal
2. Ludwig Leinberger 11 "
3. Adolf Jäger 10 "
   Rudolf Gramlich 10 "
5. Camillo Ugi 9 "
6. Otto Harder 8 "
7. Max Breunig 7 "
8. Heinrich Stuhlfauth 6 "
   Reinhold Münzenberg 6 "
10. Dr.Josef Glaser 4 "
    Hans Kalb 4 "
    Richard Hofmann 4 "
    Karl Hohmann 4 "
14. Leonhard Seiderer 3 "
    Ernst Albrecht 3 "

13 Elfmeter für Deutschland:
9 Elfmeter verwandelt durch: Förderer (1908 geg. England), Breunig (1911 geg. die Schweiz), Jäger (1913 geg. Dänemark), Jäger (1921 geg. Ungarn), Franz (1924 geg. Österreich), Ruch (1925 geg. Finnland), R.Hofmann (1932 geg. die Schweiz), Lehner (1934 geg. Polen), Gauchel (1938 geg. Luxemburg)
4 Elfmeter verschossen durch: Breunig (1910 geg. Holland), Breunig (1913 geg. Holland), Kalb (1922 geg. Österreich), Lüke (1923 geg. Finnland)

15 Elfmeter gegen Deutschland:
9 Elfmeter verwandelt durch: Dlabac (1908 Österreich), Schlosser (1912 Ungarn), Weiss (1912 Schweiz), Kuthan (1921 Österreich), Kelin (1925 Finnland), Landahl (1929 Schweden), Christophersen (1930 Dänemark), Polgar (1934 Ungarn), Davies (1936 Irland)
6 Elfmeter verschossen durch: (1911 Schweden), (1922 Finnland), Neumann (1922 Österreich), Ramseyer (1928 Schweiz), Orsi (1930 Italien), Sobotka (1935 Tschechoslowakei)

15 Eigentore gegen Deutschland:
erzielt durch Breunig (1910 geg. Holland), Breunig (1912 geg. Holland), H.Müller (1924 geg. Finnland), Münzenberg (1931 geg. Frankreich), Stubb (1932 geg. Schweden)

1 Eigentor des Gegners:
erzielt durch Lörtscher (1938 Schweiz)

3 Platzverweise Deutschland:
Kalb (1928 geg. Uruguay), R.Hofmann (1928 geg. Uruguay), Pesser (1938 geg. die Schweiz)

1 Platzverweis Gegner:
Nasazzi (1928 Uruguay)

Nationalspieler des Jahres:
1907/08 Fritz Förderer (Karlsruher FV)
1908/09 Adolf „Adsch" Werner (Holstein Kiel)
1909/10 Eugen Kipp (Spfr. Stuttgart)
1910/11 Camillo Ugi (VfB Leipzig)
1911/12 Max Breunig (Karlsruher FV)
1912/13 Adolf Jäger (Altonaer FC 93)
1913/14 Karl Wegele (Phönix Karlsruhe)
1920/21 Karl Tewes (Viktoria 89 Berlin)
1921/22 Andreas „Resi" Franz (Spvgg. Fürth)
1922/23 Leonhard „Loni" Seiderer (Spvgg. Fürth)
1923/24 Hans „Bumbas" Schmidt (1.FC Nürnberg)
1924/25 Paul Paulsen-Pömpner (VfB Leipzig)
1925/26 Otto „Tull" Harder (Hamburger SV)
1926/27 Georg Hochgesang (1.FC Nürnberg)
1927/28 „König" Richard Hofmann (Meerane 07)
1928/29 Heiner Stuhlfauth (1.FC Nürnberg)
1929/30 „König" Richard Hofmann (Dresdener SC)
1930/31 Willibald Kreß (Rot-Weiß Frankfurt)
1931/32 Stanislaus „Tau" Kobierski (Fortuna Düsseldorf)
1932/33 Oskar „Ossi" Rohr (Bayern München)
1933/34 Fritz Szepan (FC Schalke 04)
1934/35 Ernst Lehner (Schwaben Augsburg)
1935/36 Reinhold Münzenberg (Alemannia Aachen)
1936/37 Albin Kitzinger (FC Schweinfurt 05)
1937/38 Andreas „Anderl" Kupfer (FC Schweinfurt 05)

1938/39

Bilanz 1938/39
10 Spiele: 7 Siege, 1 Unentschieden, 2 Niederlagen, 27:11 Tore
Zuschauer: 371.100
In 10 Spielen wurden 41 Spieler eingesetzt, davon waren 15 Neulinge

Die Spieler der Saison:

Wilhelm Hahnemann	7	Spiele
Paul Janes	7	"
Helmut Schön	6	"
Andreas Kupfer	6	"
Albin Kitzinger	6	"
Josef Gauchel	6	"
Hans Rohde	5	"
Ernst Lehner	5	"
Willi Arlt	5	"
Ludwig Goldbrunner	4	"
Willibald Schmaus	4	"
Jakob Streitle	4	"
Josef Stroh	3	"
Hans Pesser	3	"
Hans Biallas	3	"
Hans Klodt	3	"
Peter Platzer	2	"
Reinhold Münzenberg	2	"
Hans Jakob	2	"
Rudolf Gellesch	2	"
Adolf Urban	2	"
Ludwig Männer	2	"
Erich Hänel	2	"
Reinhard Schaletzki	2	"
Rudolf Raftl	1	Spiel
Hans Appel	1	"
Franz Wagner	1	"
Hans Mock	1	"
Stefan Skoumal	1	"
Franz Binder	1	"
Otto Tibulski	1	"
Heinz Flotho	1	"
Franz Immig	1	"
Alfred Picard	1	"
Edmund Malecki	1	"
Ludwig Pöhler	1	"
Hans Fiederer	1	"
Edmund Conen	1	"
Erwin Deyhle	1	"
Alfons Moog	1	"
Johannes Jakobs	1	"

Tore der Saison:

Helmut Schön	6	Tore
Josef Gauchel	4	"
Paul Janes	3	"
Wilhelm Hahnemann	2	"
Adolf Urban	2	"
Ernst Lehner	2	"
Josef Stroh	1	Tor
Hans Pesser	1	"
Franz Binder	1	"
Hans Biallas	1	"
Erich Hänel	1	"
Edmund Conen	1	"
Reinhard Schaletzki	1	"

Mannschaftsführer waren:

Paul Janes	6	mal
Reinhold Münzenberg	2	"
Hans Mock	1	"
Ludwig Goldbrunner	1	"

1 Elfmeter gegen Deutschland:
verwandelt durch Stijnen (Belgien)

1 Eigentor gegen Deutschland:
durch H. Klodt (gegen Jugoslawien)

1 Eigentor des Gegners:
durch Albu (Rumänien)

Rangliste der besten Nationalspieler des Jahres
1. Paul Janes (Fortuna Düsseldorf)
2. Andreas Kupfer (FC Schweinfurt 05)
3. Helmut Schön (Dresdener SC)
4. Jakob Streitle (Bayern München)
5. Willy Hahnemann (Admira Wien)
6. Reinhard Schaletzki (Vorwärts Rsp. Gleiwitz)
7. Hans Klodt (FC Schalke 04)
8. Hans Rohde (TV Eimsbüttel)
9. Hans Biallas (Duisburg 48/99)
10. Hans Jakob (Jahn Regensburg)

Vorbericht zum 153. Länderspiel: Nach der verkorksten WM hatte Reichstrainer Sepp Herberger Zeit, eine neue Mannschaft mit einem einheitlichen Spielsystem aufzubauen. Das vermeintlich nächste Großereignis, das Olympische Fußballturnier 1940 in Helsinki, sollte eine andere deutsche Mannschaft erleben. Zwar verhinderte der 2. Weltkrieg die Durchführung der Olympiade 1940, aber das wußte zu diesem Zeitpunkt noch niemand.

Für das erste Länderspiel der Saison bereitete sich die Nationalmannschaft Anfang September in Berlin vor. Herberger ließ die A-Auswahl gegen die B-Auswahl antreten.

5.9.1938 in Berlin (25.000)
Deutschland A - Deutschland B 1:1
A: Raftl; Janes, Streitle; Gellesch, Mock, Kitzinger; Lehner, Hahnemann, Stroh, Schön, Pesser
B: Jakob; Münzenberg, Appel; Jakobs, Goldbrunner, Männer; Malecki, Pöhler, Gauchel, Wirsching, Wilde
Tore: 0:1 Gauchel (37.), 1:1 Stroh (80. Handelfmeter)

Kurzbericht: Obwohl die A-Auswahl den besseren Fußball zeigte, konnte sie sich gegen die kämpferisch stärkere B-Auswahl nicht entscheidend durchsetzen. Die 3 Neulinge, Pöhler (Hannover 96), Wirsching (Eintr. Frankf.) und Wilde (Tennis Borussia) wußten zu gefallen. Bester Spieler auf dem Platz war jedoch Torhüter Jakob, der zwei Dutzend schärfster Schüsse, besonders von Schön und Pesser, mit Glanzparaden meisterte. Zudem fielen in der B-Elf Münzenberg, Gauchel und Goldbrunner durch hervorragende Leistungen auf, was ihnen eine Berufung für das Polen-Spiel einbrachte.

18.9.1938 in Chemnitz

Deutschland - Polen 4:1 (1:0)

SR: Wüthrich (Schweiz), Zuschauer: 60.000
Deutschland: Jakob -36 (Jahn Regensb.); Janes -37 (Fort. Düsseld.), Münzenberg -40 (Alem. Aachen); Kupfer -13 (Schweinfurt 05), Goldbrunner -33 (Bayern München), Kitzinger -20 (Schweinfurt 05); Hahnemann -3 (Admira Wien), Stroh -2 (Austria Wien), Gauchel -8 (Tus Neuend.), Schön -2 (Dresdener SC), Pesser -3 (Rapid Wien). Mannschaftskapitän: Münzenberg
Polen: Madejski; Szczepaniak, Galecki; Gora, Nytz, Dytko; Piec I, Piontek, Peterek, Willimowski, Wodarz
Tore: 1:0 Gauchel (35.), 1:1 Peterek (50.), 3:1 Gauchel (59.), 4:1 Gauchel (62.)
Beste Spieler: Schön, Kupfer, Hahnemann, Janes - Willimowski
Bericht: Nach der Weltmeisterschaft wurde nicht mehr danach gefragt, ob auch genügend Österreicher in der deutschen Mannschaft standen. Jetzt konnte Sepp Herberger frei auswählen, wen er im Nationalteam haben wollte. Dementsprechend war man gespannt, wie sich die von ihm formierte Mannschaft im ersten Länderspiel der neuen Saison schlagen würde.

10. Minute: Die deutsche Mannschaft begann sehr schwerfällig. Die Abwehr hatte große Schwierigkeiten gegen die schnellen polnischen Stürmer, und im Sturm klappte das Zusammenspiel überhaupt nicht. So verstrichen die ersten 10 Minuten ohne nennenswerte Ereignisse. 15. Minute: Von Minute zu Minute steigerte sich insbesondere Helmut Schön, dirigierte immer besser den Angriff und hatte zündende Ideen. Noch gingen die anderen Stürmer nicht darauf ein, aber das Spiel wurde zusehends besser. 17. Minute: Nach herrlichem Paß von Schön stand Mittelstürmer Gauchel frei am Elfmeterpunkt, jagte den Ball aber knapp neben den Pfosten.

25. Minute: Auf polnischer Seite spielte Willimowski die gleiche Rolle, wie in der deutschen Mannschaft Schön. Auch er war Dirigent des Angriffs und gleichzeitig sehr torgefährlich.

35. Minute: Endlich wurden die Bemühungen des deutschen Sturms belohnt. Von Helmut Schön gut angespielt, drehte sich der Koblenzer Gauchel und konnte noch im Fallen das 1:0 schießen.

37. Minute: Ein kapitaler Schuß von Kitzinger donnerte gegen die Latte des polnischen Gehäuses.

45. Minute: Trotz klarer Überlegenheit und nach und nach immer besserem Spiel führte die deutsche Mannschaft nur mit 1:0.

48. Minute: Nach dem Seitenwechsel begannen die Polen furios, setzten das deutsche Tor unter Druck, und Torhüter Jakob konnte sich gleich zweimal hintereinander auszeichnen. 50. Minute: Nach einer Flanke von Piec I verfehlte Goldbrunner, geblendet von der tiefstehenden Sonne, den Ball. Mittelstürmer Peterek ließ sich die Chance zum Ausgleich nicht entgehen. 52. Minute: Der deutschen Elf merkte man diesen Gegentreffer überhaupt nicht an. Im Gegenteil, sie spielte noch schöner und zielstrebiger als vor der Halbzeit. Der überragende Akteur, Helmut Schön, nahm an der 16-Meter-Linie den Paß von Stroh direkt und donnerte den Ball in den Winkel. Die deutsche Mannschaft führte schon zwei Minuten nach dem Ausgleich wieder mit 2:1. 55. Minute: Die deutsche Mannschaft spielte jetzt wie entfesselt. Die Schnelligkeit und Sicherheit erinnerte unwillkürlich an die „Breslauer Elf". 59. Minute: Auf Vorlage von Helmut Schön konnte erneut Gauchel unhaltbar den dritten Treffer erzielen. 62. Minute: Ein Schuß von Stroh landete an der Latte und sprang zurück zu Pesser, der sofort für Gauchel auflegte, und dessen Schuß landete unhaltbar zum 4:1 für die deutsche Mannschaft im Tor der Polen.

90. Minute: Erst in den letzten 10 Minuten ließ die Kraft der deutschen Mannschaft nach und die Polen konnten besser mithalten. Das Tor von Jakob war nur noch einmal ernsthaft gefährdet, als Willimowski frei zum Schuß kam, aber sein Schuß knapp neben den Pfosten ging. Die deutsche Mannschaft hatte mit einer ausgezeichneten Leistung das neue Spieljahr begonnen.

❖

Vorbericht zum 154. Länderspiel: Es war schon vorher geplant, eine Woche nach dem Polen-Spiel auf der Balkanreise in Bukarest eine weitgehend neue Mannschaft aufzustellen, um möglichst viele Spieler zu erproben. Diesmal bot Herberger 8 Österreicher und 3 Deutsche auf. Von der Elf des Polen-Spiels wurden nur die Stürmer Hahnemann, Stroh, Schön und Pesser erneut eingesetzt. Rechtsaußen Biallas kam als Neuling zu seinem ersten Länderspiel. Der Rapid-Außenläufer Franz Wagner, bereits österreichischer Nationalspieler, kam zu seinem ersten Länderspiel für Deutschland. Alle anderen jungen Spieler sollten erst am 2. Oktober im inoffiziellen Länderspiel gegen Bulgarien zum Einsatz kommen. Hierfür hatte Herberger viele junge Talente mitgenommen:

Tor: Raftl, Remmert

Verteidiger: Appel, Schmaus, Billmann, Kubus

Läufer: F.Wagner I, Mock, Skoumal, Rohde, O.Tibulski, Männer

Stürmer: Biallas, Hahnemann, Stroh, Schön, Pesser, Malecki, Weyer, Gauchel, Fiederer, Arlt

Als Neulinge standen im Aufgebot: Remmert (Köln), Kubus (Gleiwitz), Weyer (Köln), Fiederer (Fürth) und Arlt (Riesa). Von den 5 wurden nur Fiederer und Arlt Nationalspieler.

25.9.1938 in Bukarest
Rumänien - Deutschland 1:4 (0:1)

SR: Popovich (Jugoslawien), Zuschauer: 30.000
Rumänien: M.David; Sfera, Albu; Cossini, Gain, Demetrovici, C.Orza, Ploesteanu, Baratky, Bodola, Dobay

Deutschland: Raftl -3 (Rapid Wien); Appel -5 (B.SV 92), Schmaus -2 (Vienna Wien); F.Wagner I -1 (Rapid Wien), Mock -2 (Austria Wien), Skoumal -2 (Rapid Wien); Biallas -1 (Duisburg 48/99), Hahnemann -4 (Admira Wien), Stroh -3 (Austria Wien), Schön -3 (D.SC), Pesser -4 (Rapid Wien). Mannschaftskapitän: Mock

Tore: 0:1 Schön (13.), 0:2 Stroh (51.), 0:3 Albu (55. Eigentor), 0:4 Pesser (76.), 1:4 Orza (80.)

Beste Spieler: Dobay, Orza, Albu - Schön, Raftl, Biallas

Bericht: Zur Überraschung, auch der eigenen Zuschauer, übernahmen die Rumänen vom Anpfiff weg die Initiative. Immer wieder kamen sie gefährlich vor das Tor von Raftl, der sich mehrfach mit glänzenden Paraden auszeichnen konnte. Nur mit viel Glück überstand die deutsche Mannschaft diese Anfangsphase ohne Gegentor.

12. Minute: Ein herrlicher Schuß von Helmut Schön, den Torhüter David unter sich begraben konnte, leitete die deutsche Offensive ein. 13. Minute: Erneut war es Helmut Schön, der ohne zu zögern den für Sekunden freiliegenden Ball ins Tor der Rumänen donnerte. Ganz überraschend führte die deutsche Mannschaft mit 1:0. 15. Minute: Die vierte oder fünfte gute Torgelegenheit für Rumänien vergab Baratky, indem er vom Elfmeterpunkt aus über das deutsche Tor schoß. 17. Minute: Noch einmal großes Glück für die deutsche Mannschaft, als der scharfe Schuß von Bodola von der Latte zurück ins Feld sprang.

30. Minute: Nach einer halben Stunde war die deutsche Mannschaft endlich gleichwertig, aber nach wie vor wurde viel zu langsam gespielt. Alle guten Ansätze des überragenden Helmut Schön erstickten in dem ständigen Ballhalten von Stroh. 35. Minute: Inzwischen lag die deutsche Elf fast nur noch im Angriff und die Rumänen brauchten einiges Glück, um kein weiteres Gegentor hinzunehmen. 36. Minute: Ein Konter der Rumänen brachte höchste Gefahr für das deutsche Tor. Skoumal konnte nur zur Ecke klären, die erneut Gefahr brachte und erst durch Schön auf der Linie abgewehrt werden konnte. Dieser Helmut Schön war überall zu finden, er half hinten aus, dirigierte den Angriff und spielte in der vordersten Spitze. Er war zweifellos eines der größten deutschen Fußballtalente, die es je gegeben hat.

50. Minute: Es war deutlich zu spüren, daß die Rumänen nach dem Seitenwechsel alles versuchten, um den Ausgleich zu schaffen. 51. Minute: Ein herrlicher Flachschuß von Stroh brachte unverhofft die 2:0-Führung für die deutsche Mannschaft. 55. Minute: Die Rumänen warfen jetzt alles nach vorn, um den Anschlußtreffer zu erzielen. Ein schneller Konter über Linksaußen Pesser brachte dann jedoch die Entscheidung. Sein Flankenball kam zum völlig feistehenden Biallas, der sofort schoß. Verteidiger Albu versuchte den Treffer zu verhindern, wehrte ihn dabei jedoch so unglücklich ab, daß er als Eigentor im Netz von Torhüter David landete. Mit 3:0 für die deutsche Mannschaft war das Spiel entschieden.

65. Minute: Langsam ließ die Kraft der Rumänen nach und die deutsche Mannschaft wurde immer stärker. Einen knallharten Schuß von Hahnemann konnte David gerade noch zur Ecke abwehren. 76. Minute: Nun konnte der Wiener Stroh seine wahre Stärke zeigen, als er beide Verteidiger und auch noch den Torhüter ausspielte. Mit einem Pfundsschuß wollte er seine Galavorstellung krönen, traf aber nur den Pfosten des leeren Tores. Zum Glück war Pesser zur Stelle, um zum 4:0 einzudrücken.

80. Minute: Erst jetzt fiel der längst fällige und verdiente Treffer für die Rumänen. Nach einer schönen Kombination schoß Orza am herauseilenden Raftl vorbei zum 4:1 . 88. Minute: Nach drückender Überlegenheit der deutschen Mannschaft gelang den

*1939 gewann diese deutsche Elf ihr Länderspiel gegen Belgien 4:1;
v.l., stehend: Schön, Goldbrunner, Arlt, Rohde, Binder, Lehner,
Streitle, Schmaus; vorne: Hahnemann, Platzer, Gellesch*

Rumänen noch einmal ein gefährlicher Konter, den Ploesteanu mit einem herrlichen Schuß an den Pfosten abschloß.

90. Minute: Die deutsche Mannschaft hatte zwar verdient, aber zu hoch gewonnen.

❖

Eine Woche nach dem Rumänienspiel wurde in Sofia noch ein inoffizielles Länderspiel gegen Bulgarien ausgetragen.

2.10.1938 in Sofia (15.000)
Bulgarien - Deutschland 1:3 (1:1)
Deutschland: Remmert; Billmann, Kubus; Rohde, Otto Tibulski, Männer; Malecki, Weyer, Gauchel, Fiederer, Arlt
Tore: 0:1 Fiederer (26.), 1:1 Angeloff (35.), 1:2 Gauchel (57.), 1:3 Malecki (75)
Beste Spieler: Fiederer, Arlt, Otto Tibulski, Rohde
Kurzbericht: In der ersten Halbzeit hatte die junge deutsche Mannschaft einige Schwierigkeiten mit den wendigen Bulgaren. Dank einer Klasseleistung von Fiederer, der immer wieder mit bestechender Technik, gutem Auge und blendenden Ideen die deutschen Angriffe antrieb, bekam die deutsche Elf ein klares Übergewicht. Der nach Fiederer beste deutsche Stürmer, Arlt, traf in der 85. Minute mit einem herrlichen Schuß nur den Pfosten.

❖

Vorbericht zum 155. Länderspiel: Nach 4 Monaten Pause fand das nächste Länderspiel gegen Belgien statt. Reichstrainer Sepp Herberger hatte 3 Neulinge in die Elf für Brüssel berufen, wovon jedoch eigentlich nur einer, nämlich Arlt (SV Riesa), sein erstes Länderspiel machte. Platzer (Admira Wien) und Binder (SC Rapid Wien) hatten bereits 30 bzw. 15 Länderspiele für Österreich absolviert. Neben den beiden standen mit Schmaus und Hahnemann noch 2 weitere Wiener in der deutschen Elf.

29.1.1939 in Brüssel
Belgien - Deutschland 1:4 (1:2)

SR: Eklöw (Schweden), Zuschauer: 70.000
Belgien: De Raedt; Paverick, Van Calenberg; Dalem, Stijnen, Henry; Winnepenninckx, Voorhoof, Isemborgs, R.Braine, Buyle
Deutschland: Platzer -1 (Admira Wien); Streitle -2 (Bayern München), Schmaus -3 (Vienna Wien); Rohde -2 (TV Eimsbüttel), Goldbrunner -34 (Bayern München), Gellesch -16 (Schalke 04); Lehner -42 (Schwaben Augsb.), Hahnemann -5 (Admira Wien), Binder -1 (Rapid Wien), Schön -4 (DSC), Arlt -1 (SV Riesa). Mannschaftskapitän: Goldbrunner
Tore: 0:1 Binder (12.), 0:2 Schön (18.), 1:2 Stijnen (43. Handelfmeter), 1:3 Lehner (65.), 1:4 Hahnemann (90.)

Beste Spieler: Brainer, Stijnen, De Raedt - Streitle, Binder, Schön
Bericht: Nachdem Spielführer Goldbrunner die Seitenwahl gewonnen hatte, stießen die Belgier vor der Rekordkulisse von 70.000 Zuschauern im Heysel-Stadion an.

1. Minute: Gleich der erste Angriff der Belgier konnte nur durch das rechtzeitige Herauslaufen von Platzer unterbunden werden. 3. Minute: Die zweite große Torgelegenheit für die Belgier, als Voorhoof den herauslaufenden Platzer umspielte und auf das leere Tor schoß. In letzter Sekunde holte Schmaus den Ball vor der Torlinie weg. 4. Minute: Ganz offensichtlich war die deutsche Abwehr überhaupt noch nicht im Bilde, denn gegen Rechtsaußen Winnepenninckx mußte Platzer auch ein drittesmal aus seinem Tor stürzen und diesmal mit Fußabwehr im letzten Augenblick klären. 5. Minute: Erneut war Torhüter Platzer der Retter in höchster Not, als er zuerst einen scharfen Schuß von Braine parierte und dessen Nachschuß aus nächster Distanz gerade noch mit dem Fuß abwehren konnte. Viel, viel Glück für die deutsche Mannschaft in den ersten fünf Minuten.

10. Minute: Die deutsche Abwehr kam überhaupt nicht mit dem quirligen Weltklassespieler R.Braine zurecht. Er konnte im Mittelfeld schalten und walten wie er wollte und tauchte immer wieder gefährlich vor dem deutschen Gehäuse auf. 12. Minute: Mitten in die belgische Drangperiode die überraschende Führung für die deutsche Mannschaft, als Arlt herrlich flankte und Lehner und Schön den Ball zum freistehenden Mittelstürmer „Bimbo" Binder weiterleiteten. Gegen dessen knallharten Schuß war Torhüter de Readt machtlos. 15. Minute: Der Treffer hatte der deutschen Mannschaft ganz offensichtlich Auftrieb gegeben, denn endlich lief auch das Sturmspiel. 18. Minute: Nach wunderschönem Zusammenspiel des jungen linken Flügels Schön-Arlt, flankte der Linksaußen maßgerecht für den langen Dresdner. Mit einem Hechtsprung köpfte er den Ball hart wie einen Schuß unhaltbar ins belgische Tor zum 2:0 für die deutsche Elf. 20. Minute: Gleich zweimal innerhalb von einer Minute verfehlte Braine mit seinen Schüssen nur ganz knapp das deutsche Tor.

30. Minute: Ganz unverhofft kam Hahnemann frei und unbehindert zum Schuß, aber der Ball ging hoch über das Tor. Obwohl das Spiel jetzt ausgeglichen war, gab es kaum noch Torgelegenheiten für die Belgier, weil sich die deutsche Abwehr mittlerweile auf die gegnerischen Stürmer eingestellt hatten.

43. Minute: Ein trauriger Zwischenfall führte kurz vor der Pause noch zum belgischen Anschlußtreffer. Nachdem Voorhoof und Schmaus bei einem Kopfballduell mit den Köpfen aneinandergeknallt waren und wankend das Spielfeld verlassen mußten, gab der Schiedsrichter Hochball. Der Ball kam zum kleinen Linksaußen Buyle, als Platzer den Ball verpaßte, und Buyle hatte damit freie Schußbahn. Gellesch blieb auf der Linie nichts anderes übrig, als den Ball mit der Hand zu halten. Den fälligen Elfmeter schoß Stijnen zwar nicht plaziert, aber mit einer solchen Wucht, daß Platzer machtlos war.

46. Minute: Zur zweiten Halbzeit kam Schmaus wieder, aber bei den Belgiern fehlte weiterhin Voorhoof. Da keine Auswechselungen vereinbart waren, mußten die Belgier die zweite Halbzeit mit 10 Spielern auskommen. 50. Minute: Verteidiger Schmaus wurde unglücklich von Isemborgs am Kopf getroffen und mußte erneut das Spielfeld verlassen. Erst nach 5 Minute konnte er wieder mitspielen.

60. Minute: 10 Minuten lang war das Spiel der deutschen Mannschaft durch diese Unterbrechungen und Zwischenfälle sichtlich gestört. Dann begann das Spiel wieder hervorragend zu laufen. 65. Minute: Nach einer Flanke des ausgezeichneten Linksaußen Arlt konnten weder der belgische Torhüter noch Binder den Ball unter Kontrolle bringen. Er rollte langsam auf die Torlinie zu und Lehner reagierte schneller als die belgischen Abwehrspieler, um zum 3:1 einzudrücken. Nach einem guten Spiel hatten die Belgier jetzt nicht mehr die Kraft sich gegen die Niederlage aufzubäumen.

85. Minute: Gegen 10 Belgier hatte es jetzt die deutsche Mannschaft leicht, ein flüssiges Kombinationsspiel aufzuziehen und immer wieder zu guten Torgelegenheiten zu kommen. Wie schon so oft wurden sie jedoch leichtfertig vergeben.

90. Minute: Fast mit dem Schlußpfiff konnte Hahnemann auf schönem Zuspiel von Binder doch noch das 4:1 markieren. Gegen seinen knallharten Schuß war der belgische Torhüter machtlos. Die deutsche Mannschaft hatte nach teilweise sehr gutem Spiel gegen eine starke belgische Mannschaft verdient, aber zu hoch gewonnen.

❖

Vorbericht zum 156. Länderspiel: Nach Jakob, Raftl und Platzer wurde der Schalker Hans Klodt als vierter Torhüter ausprobiert. Die beiden Schweinfurter Kupfer und Kitzinger sollten an der Seite des Schalkers Otto Tibulski spielen. Goldbrunner, Schön, Lehner und Arlt wurden trotz ausgezeichneter Leistungen eine Pause gegönnt. Dafür waren Gauchel und nach seiner Verletzung erstmals wieder der Schalker Urban dabei. Herberger war gezwungen so zu handeln, weil er zweigleisig fahren mußte. Für das Olympische Fußballturnier waren ehemalige Profis nicht zugelassen. Da Österreich vor dem Anschluß an Deutschland eine Profiliga hatte, kamen für das Olympiateam allenfalls ganz junge österreichische Talente in Frage. Die ehemaligen Profis waren jedoch so stark, daß einige von ihnen wiederum zur allererste Wahl gehörten. Deshalb war es aber erforderlich, immer wieder Spieler an den Kreis heranzuführen, der zur Olympiade durfte.

26.2.1939 in Berlin

Deutschland - Jugoslawien 3:2 (1:2)

SR: Rutkowski (Polen), Zuschauer: 65.000
Deutschland: H.Klodt -2 (Schalke 04); Janes -38 (Fort. Düsseld.), Streitle -3 (Bayern München); Kupfer -14 (Schweinfurt 05), Otto Tibulski -2 (Schalke 04), Kitzinger -21 (Schweinfurt 05); Biallas -2 (Duisburg 48/99), Stroh -4 (Austria Wien), Gauchel -9 (Tus Neuendorf), Hahnemann -6 (Admira Wien), Urban -14 (Schalke 04). Mannschaftskapitän: Janes
Jugoslawien: Glazer; Higl, Dubac; Lehner, Stevovic, Kokotovic; Sipos, Vujadinovic, Velfl, A.Petrovic, Perlic
Tore: 0:1 Petrovic (27.), 1:1 Urban (36.), 1:2 Klodt (38. Eigentor), 2:2 Janes (55.), 3:2 Biallas (71.)
Beste Spieler: Kupfer, Streitle, Janes - Glazer, Lehner, Velfl
Bericht: Zum erstenmal waren die Jugoslawen Länderspielpartner der deutschen Mannschaft. Bis zu diesem Zeitpunkt wußte man nur sehr wenig über den Fußball, der dort gespielt wurde.

3. Minute: Die deutsche Mannschaft hatte einen sehr guten Start, setzte die Jugoslawen unter Druck und die erste Torchance vergab Hahnemann nur knapp. 5. Minute: Während in den Anfangsminuten auf deutscher Seite besonders Streitle durch sein gutes Spiel auffiel, war es auf jugoslawischer Seite der Namensvetter des deutschen Rechtsaußen, Lehner. Besonders das hervorragende Kopfballspiel des rechten jugoslawischen Läufers beeindruckte das Publikum. 7. Minute: Nach einem herrlichen Schuß von Gauchel und einer ebenso guten Parade von Glazer hatte Hahnemann im Nachschuß die Chance zum Führungstreffer. Doch der Admira-Stürmer zögerte zu lange und vergab sie damit. 10. Minute: Langsam wurden die Jugoslawen immer besser und konnten gleich zweimal innerhalb einer Minute das deutsche Tor gefährden. Einmal rettete Torhüter Klodt, beim nächstenmal war es Streitle, der den Ball kurz vor der Linie wegschlug.

25. Minute: Die deutsche Mannschaft hatte zweifellos mehr vom Spiel, vergab aber mehrfach die Chance zum Führungstreffer. 27. Minute: Bei einem jugoslawischen Konter kam es ganz überraschend zum Führungstreffer, als Torhüter Klodt einen Schuß von Petrovic nicht festhalten konnte und der Ball über die Linie rollte zum 0:1.

35. Minute: Das Führungstor hatte die Jugoslawen beflügelt, teilweise waren sie jetzt sogar der deutschen Mannschaft überlegen. 36. Minute: Nach einem herrlichen Kopfball von Urban, den Glazer gerade noch wegfausten konnte, erwischte Hahnemann den Ball und legte ihn Urban maßgerecht vor. Der Schalker schoß mit unheimlicher Wucht und unhaltbar ins lange Eck zum 1:1 Ausgleich. 38. Minute: Die Jugoslawen reagierten sofort, kamen ihrerseits erneut zum Führungstreffer, als Velfl und Klodt gleichzeitig nach dem Ball gingen, Velfl den Ball Bruchteile von Sekunden vor Klodt erwischte, diesen anschoß, von wo aus der Ball unhaltbar zum 2:1 ins Netz ging. Erneut hatten die Jugoslawen die Führung erzielt.

50. Minute: Die deutsche Mannschaft begann nach dem Seitenwechsel stürmisch und druckvoll. Ein herrlicher Schuß von Hahnemann flog nur Zentimeter am Pfosten vorbei. 55. Minute: Immer häufiger konnten sich die jugoslawischen Abwehrspieler nur noch mit Fouls helfen. Ein Freistoß, dicht an der 16-Meter-Linie, schoß der Düsseldorfer Spezialist für solche Aufgaben, Paul Janes, unhaltbar zum 2:2 ein.

65. Minute: 5 Minuten lang bäumten sich die Jugoslawen noch einmal auf. Die beiden Torchancen durch Sipos konnte jedoch Klodt durch schöne Reaktionen verhindern. 68. Minute: Willi Hahnemann klebte an diesem Tag das Pech an den Füßen, erneut traf er aus günstiger Position nur Millimeter über die Latte. 71. Minute: Die Jugoslawen hatten dem deutschen Druck inzwischen nichts mehr entgegenzusetzen. Einen herrlichen Schuß von Biallas zum 3:2 Führungstreffer konnten sie nicht verhindern. 75. Minute: In dieser Schlußphase hatten die Jugoslawen unheimliches Glück. Ein knallharter Schuß von Stroh sauste an die Latte.

90. Minute: Nach schwerem Kampf in der ersten Halbzeit und deutlicher Überlegenheit in der zweiten gewann die deutsche Mannschaft hochverdient mit 3:2.

❖

Vorbericht zum 157. Länderspiel: Die erste echte Bewährungsprobe nach der WM war das Spiel gegen den alten und neuen Weltmeister Italien in Florenz. Herberger lud dazu folgende 14 Spieler ein:
Tor: Platzer, Jakob
Verteidiger: Janes, Schmaus, Streitle
Läufer: Kupfer, Goldbrunner, Kitzinger, Gellesch
Stürmer: Lehner, Hahnemann, Gauchel, Schön, Pesser

Das war das Stärkste, was der deutsche Fußball damals zu bieten hatte. Daß Spieler wie Binder und Stroh fehlten, lag an ihrer Unbeständigkeit. Und ein Spieler wie Münzenberg hatte seinen Leistungshöhepunkt überschritten. Er wurde noch einmal zur Führung der Nachwuchsmannschaft berufen, die zur gleichen Zeit in Differdingen gegen Luxemburg spielte.

26.3.1939 in Florenz
Italien - Deutschland 3:2 (2:1)

SR: *Beart (Belgien), Zuschauer: 35.000*
Italien: A.Olivieri; Foni, Rava; Genta, Andreolo, Locatelli; Biavati, Sansone, Piola, Meazza, Colaussi
Deutschland: Platzer -2 (Admira Wien); Janes -39 (Fort. Düsseld.), Schmaus -4 (Vianna Wien); Kupfer -15 (Schweinfurt 05), Goldbrunner -35 (Bayern München), Kitzinger -22 (Schweinfurt 05); Lehner -43 (Schwaben Augsb.), Hahnemann -7 (Admira Wien), Gauchel -10 (Tus Neuendorf), Schön -5 (DSC), Pesser -5 (Rapid Wien). Mannschaftskapitän: Janes
Tore: 1:0 Piola (9.), 1:1 Hahnemann (28.), 2:1 Biavati (35.), 3:1 Piola (47.), 3:2 Janes (80.)
Beste Spieler: Piola, Andreolo, Biavati, Foni - Hahnemann, Janes, Kupfer
Bericht: Mit 4 Wienern, von denen Hahnemann und Pesser inzwischen zur Stammannschaft gehörten, wollte Herberger gegen den Weltmeister die tatsächliche Stärke der deutschen Mannschaft erproben.

3. Minute: Die erste gefährliche Situation entstand vor dem deutschen Tor, als der italienische Mittelläufer Andreolo aus 35 Meter Entfernung mit unheimlicher Wucht knapp am deutschen Tor vorbeischoß. 5. Minute: Nachdem Goldbrunner den schnellen Piola nur festhalten konnte, zischte Andreolos Freistoß nur knapp am deutschen Gehäuse vorbei. 7. Minute: Zum erstenmal kam die deutsche Mannschaft vor das italienische Tor, aber nicht durch einen schönen Spielzug, sondern einen Alleingang von Hahnemann, dessen Schuß Olivieri halten konnte. 9. Minute: Nach ständigem Druck der Italiener fiel das Tor, das schon in der Luft lag. Und was für ein Tor war es! Piola nahm, mit dem Rücken zum deutschen Tor stehend, in etwa 10 Meter Entfernung den Ball auf und machte einen herrlichen Rückzieher, der unhaltbar ins deutsche Tor ging.

25. Minute: Endlich fand auch die deutsche Mannschaft besser zu ihrem Spiel. Vor allem Hahnemann brachte mit seinen scharfen Schüssen Unsicherheit in die italienische Abwehr. 27. Minute: Nach einem herrlichen italienischen Angriff lief Meazza in die Flanke und köpfte wunderbar auf das deutsche Tor, wo Platzer jedoch halten konnte. 28. Minute: Nach schönem Spielzug der deutschen Mannschaft aus der Abwehr heraus, von Schmaus über Kupfer, schickte dieser Hahnemann mit einem herrlichen Paß in den freien Raum. Der Admira-Star fackelte nicht lange, sondern knallte den Ball am herauseilenden Olivieri vorbei ins lange Eck zum 1:1 Ausgleich.

33. Minute: Sofort nach dem Ausgleichstreffer zogen die Italiener wieder das Tempo an, machten Druck und waren klar überlegen. 35. Minute: Nach einem Mißverständnis zwischen Goldbrunner und Kitzinger konnte Rechtsaußen Biavati allein mit dem Ball auf und davon ziehen. Sein keineswegs scharfer, aber sehr plazierter Schuß landete in der langen Ecke und war für Torhüter Platzer nicht erreichbar. 40. Minute: Viel Glück für die Italiener, als ein Prachtschuß von Hahnemann an die Latte knallte.

45. Minute: Nach guten Leistungen führte die italienische Elf zur Halbzeit verdientermaßen mit 2:1 Toren.

46. Minute: Die deutsche Mannschaft begann gut. Ein Schuß von Kitzinger strich nur ganz knapp über die Latte. 47. Minute: Als Kitzinger einen Augenblick nicht auf Sansone aufpaßte, schickte der mit einem herrlichen Steilpaß seinen Mittelstürmer Piola. Der Torjäger lief alleine auf Torhüter Platzer zu und ließ ihm mit einem 10-Meter-Schuß keine Chance. 50. Minute: Unglücklicherweise zog sich Rechtsaußen Lehner eine Zerrung zu und mußte ausscheiden. Mit 10 Mann war gegen diese italienische Mannschaft nichts mehr zu machen.

60. Minute: Lehner kam zwar wieder auf den Platz, konnte aber nur noch als Statist mitwirken. 62. Minute: Viel Glück für die deutsche Mannschaft, als Rechtsaußen Biavati einen herrlichen Schuß an den Pfosten setzte.

80. Minute: Inzwischen hatte die deutsche Mannschaft nur noch einen Ein-Mann-Sturm. Denn Lehner konnte nicht mehr, Gauchel und Pesser kamen nicht richtig in Fahrt und Helmut Schön hatte einen rabenschwarzen Tag, an dem nichts lief. So war Hahnemann der einzige gefährliche Stürmer, der 10 Minuten vor dem Ende direkt an der Strafraumgrenze nur noch durch ein Foul gehalten werden konnte. Wie schon gegen Jugoslawien legte sich Janes den Ball zurecht, und sein knallharter Schuß landete wieder im gegnerischen Tor. Erneut hatte der Düsseldorfer Freistoßexperte zugeschlagen.

90. Minute: Nach dem Anschlußtreffer gehörte das Spiel der deutschen Mannschaft. Kupfer und Kitzinger drängten wie in alten Zeiten den Sturm nach vorn, schossen selbst gefährlich und setzten die Stürmer schön ein. Gegen die massive italienische Abwehr konnte der Ausgleich jedoch nicht mehr geschafft werden. Die Italiener gewannen verdient mit 3:2.

❖

Vorbericht zum 158. Länderspiel: Erneut wurde Luxemburg als Länderspielgegner für die deutschen Nachwuchstalente auserwählt. Hier tauchten einige Spieler im Aufgebot auf, die noch ein Jahrzehnt später zu den Größten der ersten Oberligajahre zählten.

Tor: Flotho (VfL Osnabrück), Abromeit (Duisburg)
Verteidiger: Münzenberg (Alem. Aachen), Immig (Karlsr. FV)
Läufer: Rohde (TV Eimsb.), Picard (SSV Ulm), Männer, Jakobs (beide Hannover 96)
Stürmer: Malecki, Pöhler (beide Hannover 96), Hänel (BC Hartha), Fiederer (Fürth), Arlt (Riesa), Urban (Schalke 04)

Von diesen Spielern kam nur der Duisburger Abromeit nie zu einem Länderspiel. Gegen Luxemburg machten 6 der 11 Spieler ihr erstes Länderspiel und 3 der 6 sowie Malecki und Münzenberg ihr letztes.

26.3.1939 in Differdingen
Luxemburg - Deutschland 2:1 (1:1)

SR: *Charlier (Belgien), Zuschauer: 7.000*
Luxemburg: Hoscheid; Dumont, Remy; Bernard, M.Becker, J.Fischer; Everard, Libar, Mart, Geib, Kemp
Deutschland: Flotho -1 (VfL Osnabrück); Münzenberg -41 (Alem. Aachen), Immig -1 (Karlsruher FV); Rohde -3 (TV Eimsbüttel), Picard -1 (SSV Ulm), Männer -2 (Hannover 96); Malecki -5 (Hannover 96), Pöhler -1 (Hannover 96), Hänel -1 (BC Hartha), Fiederer -1 (Spvgg. Fürth), Arlt -2 (SV Riesa). Mannschaftskapitän: Münzenberg
Tore: 0:1 Hänel (1.), 1:1, 2:1 Mart (20., 87.)
Beste Spieler: Hoscheid, Mart, M.Becker - Flotho, Rohde
Bericht: Junge Spieler, die sich bereits in Lehrgängen und Probespielen bewährt hatten, bekamen gegen Luxemburg ihre Chance. Vor allem der linke Flügel Hänel-Fiederer-Arlt wurde bereits als Nationalsturm der Zukunft gesehen. Gleich der erste deutsche Angriff über Pöhler und Malecki war schwungvoll. Pöhler setzte seinen Klubkameraden so gut ein, daß Malecki alleine auf das Tor von Hoscheid zulief, und kurz vor der Strafraumgrenze nur durch ein Foul gebremst werden konnte. Den fälligen Freistoß schoß Hänel direkt und unhaltbar zum 1:0 ein.

15. Minute: Nach dem deutschen Führungstreffer spielten nur noch die Luxemburger und vergaben drei hundertprozentige Torgelegenheiten. Es zeigte sich, daß der Ulmer Picard als Mittelläufer viel zu langsam gegen die schnellen und wendigen Luxemburger Stürmer war. 18. Minute: Nachdem Malecki zum zweitenmal hintereinander freistehend nicht das Tor getroffen hatte, mußte der Luxemburger Linksaußen Kemp verletzt ausscheiden. 20. Minute: Mit 10 Mann schaffte Mittelstürmer Mart den Ausgleich, als er aus dem Gewühl heraus auf das deutsche Tor schoß, und Flotho die Sicht versperrt war.

60. Minute: Nach der Pause schien es so, als wollte die deutsche Mannschaft, wie schon in vielen vergangenen Spielen, das Spiel für sich entscheiden. Nachdem jedoch Torhüter Hoscheid mit Glanzparaden einige gute deutsche Torgelegenheiten zunichte gemacht hatte, kamen auch die Luxemburger wieder besser ins Spiel.

80. Minute: Zur Überraschung aller Zuschauer bestimmten nun wieder die Luxemburger das Spiel. Nur einige sagenhafte Reflexe des besten deutschen Spielers, Torhüter Flotho, verhinderten einen Rückstand der deutschen Mannschaft. 87. Minute: Verzweifelt kämpfte die luxemburgische Mannschaft mit der letzten Kraft um ihren ersten Sieg gegen Deutschland. Ein 20-Meter-Schuß von Mittelstürmer Mart konnte auch Torhüter Flotho nicht mehr halten. Der Ball paßte ganz genau in den Winkel. Die Luxemburger hatten gezeigt, daß sie inzwischen nicht mehr nur ein Partner für Deutschlands Nachwuchs waren.

❖

Vorbericht zum 159. Länderspiel: Als Vorbereitung für das nächste Länderspiel gegen Irland ließ Herberger dreimal eine Deutschland-Auswahl gegen Böhmen-Mähren antreten. Die größte Überraschung in der Auswahl für das 2. Spiel war die Rückkehr von Ed Conen, der jetzt bei den Stuttgarter Kickers spielte. Fast 4 Jahre war er durch psychische Probleme in der Versenkung verschwunden und hatte 2 Jahre überhaupt nicht mehr Fußball gespielt. Nach einer langsamen Aufbauphase war er inzwischen wieder so gut, daß die Berufung berechtigt war.

15.5.1939 in Berlin (40.000)
Deutschland-Auswahl - Böhmen-Mähren 3:3 (1:1)
Jakob (Regensb.); Müsch (Troisdorf), Streitle (Bayern München); Rohde (TV Eimsbüttel), Heermann (SV Waldhof), Männer (Hannover 96); Lehner (Schwaben Augsburg), Gellesch (Schalke 04), Schmeißer (Dessau), Hänel (Hartha), Urban (Schalke 04)
Böhmen-Mähren: Boksay; Burgr, Ctyroki; Kostalek, Boucek, Kolsky; Riha, Senecky, Bican, Kopecky, Nejedly (eingewechselt Vacek)
Tore: 1:0 Schmeißer (31.), 1:1 Bican (35.), 1:2 Kopecky (53.), 2:2 Gellesch (59.), 3:2 Urban (65.), 3:3 Senecky (81.)

Inoffizielles Länderspiel
18.5.1939 in Stuttgart (25.000)
Deutschland-Auswahl - Böhmen-Mähren 1:1 (1:0)
Deyhle (Stuttg. K.); Müsch (Troisdorf), Streitle (Bayern München); Kupfer (Schweinfurt), Jakobs (Hannover 96), Kitzinger (Schweinfurt 05); Biallas (Duisburg 48/99), Hahnemann (Admira Wien), ab 45. Baumann (Leipzig), Conen (Stuttg. K.), ab 33. Hänel (BC Hartha), Gauchel (Tus Neuend.), Arlt (SV Riesa)
Böhmen: Vechet; Burgr, Ctyroki; Kostalek, Boucek (ab 25. Nozir), Kolsky; Horak, Vanek, Bican, Nejedly, Vytlacil
Tore: 1:0 Hänel (40.), 1:1 Bican (68.)
Bericht: Nachdem die Nazis einen Teil der Tschechoslowakei, nämlich Böhmen-Mähren, annektiert hatten, galt Böhmen-Mähren als eigener Staat. Da die meisten guten Nationalspieler der Tschechoslowakei aus Böhmen-Mähren kamen, war die Mannschaft, die sich in Stuttgart vorstellte, fast identisch mit der früheren Nationalmannschaft der Tschechoslowakei. Also eine sehr, sehr schwere Aufgabe für die junge deutsche Mannschaft. Doch von Beginn an staunten die Zuschauer nicht schlecht. Die deutsche Mannschaft spielte so schnell, wie man sie noch nie gesehen hatte. Hahnemann, Conen und Gauchel verstanden sich blendend. Angetrieben von den beiden Klasseaußenläufern Kupfer und Kitzinger spielte die deutsche Mannschaft ständig überlegen und war technisch hervorragend. Niemand vermißte Janes und Schön, die kurzfristig absagen mußten. 30 Minuten lang zauberte die deutsche Elf, wie man es nie zuvor in einem Länderspiel gesehen hatte. Conen, der wegen des bevorstehenden Meisterschaftsspiels drei Tage später bereits nach 33 Minuten ausschied, war der gefeierte Star. Er kam in die Nationalmannschaft zurück und schon gab es kein Mittelstürmerproblem mehr, das es seit seinem Abtritt 1935 fortwährend gegeben hatte. Auch nachdem Conen den Platz verlassen hatte, lief das Spiel der deutschen Mannschaft hervorragend, weil sich der junge Sachse Hänel glänzend in die Mannschaft einfügte. Der Höhepunkt seiner guten Leistung war das 1:0 in der 40. Minute. Erst nach der Pause, als mit Hahnemann der zweite Weltklassestürmer ausschied, kam auch die Mannschaft von Böhmen-Mähren besser ins Spiel, und zauberte ihrerseits mit den Klassestürmern Bican und Nejedly. Da Mittelläufer Jakobs nie mit Bican fertig wurde, kam Böhmen-Mähren auch zum verdienten Ausgleich. Insgesamt hatten die 25.000 Zuschauer eines der besten Spiele der Deutschland-Auswahl gesehen.

21.5.1939 in Wien (20.000)
Deutschland-Auswahl - Böhmen-Mähren 7:1 (5:1)
Platzer (Admira); Sesta (Austria), Schmaus (Vienna); F.Wagner I, Hofstätter, Skoumal (alle Rapid); Hanreiter (Admira), Schors, Binder, Safarik, Pesser (alle Rapid), ab 45. Reitermaier (Wacker Wien)
Böhmen-Mähren: Boksay; Burgr, Ctyroky; Kostalek, Boucek, Kolsky; Riha, Senecky, Bican, Nejedly, Vytlacil
Tore: 1:0 Hanreiter (3.), 1:1 Senecky (6.), 2:1 Binder (25.), 3:1 Pesser (32.), 4:1 Schors (35.), 5:1 Binder (45.), 6:1, 7:1 Reitermaier (58., 73.)
Kurzbericht: Gestützt auf dem Rapid-Block stellte sich die deutsche Auswahl aus Österreich als Einheit vor. Bei dem 3. Spiel in 6 Tagen wirkten die Spieler aus Böhmen-Mähren müde und konnten nur eine halbe Stunde mithalten. Nach dem Seitenwechsel ließen die „Wiener" etwas nach, ohne jedoch das Spiel aus der Hand zu geben. Das hohe Ergebnis war nicht nur eine Folge der Müdigkeit bei den „Pragern", sondern hatte seine Ursache auch im Wetter. Von der 1. bis zur 85. Minute (da wurde das Spiel viel zu spät abgebrochen) tobte ein Gewitter über dem Stadion, öffnete dem Zufall Tür und Tor und machte das Spiel zu einer Wasserschlacht. Als der Schiedsrichter endlich ein Einsehen hatte, standen die Spieler bereits knöcheltief im Wasser. Neben dem überragenden Sesta gefiel in der 2. Halbzeit besonders der 20-jährige Reitermaier.

Im bisher einzigen Spiel gegen Irland hatte die deutsche Elf 1936 in Dublin mit 1:5 verloren. Von der damaligen deutschen Elf waren Jakob, Kitzinger und Lehner auch diesesmal wieder dabei. Irland kam mit der Empfehlung, eine Woche zuvor in Ungarn gegen den Vizeweltmeister Unentschieden gespielt zu haben.

Nach den Testspielen gegen Böhmen-Mähren berief Herberger die denkbar beste Elf. Lediglich auf Ed Conen verzichtete er noch, weil der sonst 3 wichtige Spiele innerhalb von 5 Tagen hätte machen müssen. Dafür waren Janes und Schön wieder dabei, und als Überraschung spielte der Hamburger Rohde Mittelläufer.

23.5.1939 in Bremen
Deutschland - Irland 1:1 (1:0)

SR: Dr.Remke (Dänemark), Zuschauer: 35.000
Deutschland: Jakob -37 (Jahn Regensb.); Janes -40 (Fort. Düsseld.), Streitle -4 (Bayern München); Kupfer -16 (Schweinfurt 05), Rohde -4 (TV Eimsbüttel), Kitzinger -23 (Schweinfurt 05); Lehner -44 (Schwaben Augsb.), Hahnemann -8 (Admira), Gauchel -11 (Tus Neuend.), Schön -6 (DSC), Arlt -3 (SV Riesa). Mannschaftskapitän: Janes
Irland: Mc Kenzie; W.O'Neill, Hoy; O'Reilly, O'Mahoney, Weir; J.Caray, O'Flanagan, J.Dunne, P.Bradshaw, W.Fallon
Tore: 1:0 Schön (39.), 1:1 Bradshaw (68.)

Beste Spieler: Janes, Jakob, Streitle - Bradshaw, J.Caray

Bericht: Irland war genau der richtige Gegner für eine deutsche Mannschaft, die von der Aufstellung her schon ganz auf das Olympische Fußballturnier in Helsinki ausgerichtet war. Alle elf Spieler waren auch berechtigt an Olympia teilzunehmen.

15. Minute: Die deutsche Mannschaft spielte von Beginn an offensiv und einen technisch hervorragenden Fußball. Es war eine Freude anzusehen, wie der Innensturm die Abwehrspieler Irlands vorführte. Immer wieder bekamen die Spieler, ganz besonders Helmut Schön, Beifall auf offener Szene. Was die deutschen Stürmer nur vergaßen, war das Toreschießen.

30. Minute: Langsam war es schon zum Verzweifeln, zu sehen, wie schön die deutsche Mannschaft spielte, aber der entscheidende Torschuß fehlte. 39. Minute: Nach einer schönen Kombination Kitzinger über Gauchel zu Helmut Schön zeigte sich der Dresdner endlich auch von seiner anderen Seite, schoß sofort beherzt, und schon hieß es 1:0 für die deutsche Mannschaft.

45. Minute: In den letzten 10 Minute der ersten Halbzeit beherrschten bereits die Iren das Spiel. So schön das Spiel des deutschen Innensturms auch war, es war nicht effektiv. Beide Flügelstürmer wurden sträflich vernachlässigt und durch das ständige zu-lange-Ball-halten, besonders von Schön, liefen die deutschen Stürmer immer wieder in die Abseitsfalle Irlands.

60. Minute: Nach dem Seitenwechsel war der Glanz des deutschen Angriffs dahin. Nun bestimmten eindeutig die Iren das Spiel, vergaben aber ebenso wie der deutsche Angriff in den ersten 30 Minute viele gute Torgelegenheiten. 68. Minute: Der längst verdiente Ausgleich gelang dem Torschützenkönig der irischen Liga, Bradshaw.

90. Minute: In der zweiten Halbzeit zeigte Irland, was es wirklich konnte. Die deutsche Mannschaft hatte kaum noch Torgelegenheiten, der Angriff versagte völlig, und nur durch eine hervorragende Abwehrarbeit konnte eine Niederlage verhindert werden.

❖

Vorbericht zum 160. Länderspiel: Einen Tag nach der Begegnung mit Irland spielte eine deutsche Nachwuchself noch ein Spiel gegen Böhmen-Mähren.

24.5.1939 in Dortmund (15.000)
Deutschland-Auswahl - Böhmen-Mähren 2:2 (1:1)
H.Klodt (Schalke 04); Müsch (Troisdorf), Immig (Karlsr. FV); Wollenschläger (Gera), Nossek (VR Gleiwitz), ab 45. O.Tibulski (Schalke 04), Schädler (SSV Ulm); Engelbracht (Berlin), Gellesch (Schalke 04), Lenz (BVB), Schaletzki (VR Gleiwitz), Urban (Schalke 04)

Zum Abschluß der Saison wurde eine Nordlandreise geplant mit Spiele gegen Norwegen und Dänemark und gesondert gegen Estland. Nach den Erkenntnissen aus dem Länderspiel gegen Irland und den 4 Testspielen gegen Böhmen-Mähren, benannte Herberger sein Aufgebot. Erwartungsgemäß wurden Conen (Stuttgarter Kickers) und der Neuling Schaletzki (Vorwärts Rasensport Gleiwitz) nach ihren guten Leistungen berufen.

Tor: Klodt, Raftl
Verteidiger: Janes, Streitle, Schmaus
Läufer: Kupfer, Goldbrunner, Kitzinger, Rohde
Stürmer: Lehner, Hahnemann, Conen, Gauchel, Schön, Schaletzki, Gellesch, Urban, Biallas, Arlt

22.6.1939 in Oslo
Norwegen - Deutschland 0:4 (0:1)

SR: Ekling (Schweden)
Norwegen: Nordby; Johannesen, Holmsen; Henriksen, Eriksen, Gundersen; Arnesen, R.Kvammen, Martinsen, O.Frantzen, Brustad

Deutschland: H.Klodt -3 (Schalke 04); Janes -41 (Fort. Düsseld.), Schmaus -5 (Vianna Wien); Kupfer -17 (Schweinfurt 05), Goldbrunner -36 (Bayern München), Kitzinger -24 (Schweinfurt 05); Lehner -45 (Schwaben Augsb.), Gellesch -17 (Schalke 04), Schön -7 (DSC), Schaletzki -1 (Gleiwitz), Urban -15 (Schalke 04).
Mannschaftskapitän: Janes

Tore: 0:1 Urban (14.), 0:2 Janes (57.), 0:3, 0:4 Schön (59., 70.)

Beste Spieler: Kvammen, Gundersen - Kupfer, Janes, Schön, Schaletzki

Bericht: Neuer Rekord in Oslo. Fast 30.000 Zuschauer wollten die deutsche Mannschaft sehen. Herberger hatte auf seine bewährte, stabile Abwehr gesetzt und einen neuen linken Flügel aufgestellt.

5. Minute: In den ersten Minuten war das Spiel nur ein Abtasten. Der auffallendste Spieler war der norwegische Weltklassestürmer Kvammen, der jedoch den Ball zu lange hielt und es damit der deutschen Abwehr leicht machte. 6. Minute: Zum erstenmal spielte der deutsche Sturm schnell und direkt. Sofort rief das große Gefahr vor dem norwegischen Tor hervor. Gleich zweimal mußte Nordby mit Glanzparaden nach einem Schuß von Lehner und Kopfball von Schön klären. 8. Minute: Während die deutsche Mannschaft jetzt ständig im Angriff lag, kamen die Norweger zu ihrem ersten gefährlichen Konter, den Brustad mit einem Schuß abschloß, der an Torhüter Klodt, aber auch am Tor vorbeiging.

10. Minute: Erneut mußte Torhüter Nordby nach einem herrlichen Kopfball von Schön klären. 14. Minute: Nach schönem Flügelwechsel von Schaletzki zu Rechtsaußen Lehner, flankte der in die Mitte, wo Urban zur Stelle war und zum 1:0 für die deutsche Mannschaft einschoß. 16. Minute: Ein herrlicher, angeschnittener Ball von Lehner wurde von Torhüter Nordby gerade noch zur Ecke abgewehrt.

38. Minute: Eine Glanzparade von Klodt, nach einem ebenso schönen Schuß von Rechtsaußen Arnesen, beendete die 20-minütige Drangperiode der Norweger.

45. Minute: Die letzen 5 Minuten der ersten Halbzeit hatten wieder der deutschen Mannschaft gehört. Die ganz großen Torchancen blieben jedoch aus. Insgesamt fehlte noch die richtige Harmonie und der Druck nach vorn.

57. Minute: Nach nervösem Beginn in der zweiten Halbzeit kam die deutsche Mannschaft wieder besser ins Spiel. Bei einem Alleingangversuch wurde Helmut Schön 3 Meter vor der 16-Meter-Linie festgehalten. Den fälligen Freistoß verwandelte der Düsseldorfer Spezialist Paul Janes unhaltbar zum 2:0. 59. Minute: Schon zwei Minuten später war es wieder passiert. Nach schönem Steilpaß von Schaletzki konnte sich Schön gegen beide Verteidiger und Torhüter Nordby durchsetzen und im Fallen zum 3:0 einschieben. Dieser Doppelschlag war eine Vorentscheidung.

70. Minute: Nach dem dritten Treffer beherrschte die deutsche Mannschaft den Gegner. Ein herrlicher Steilpaß von Schaletzki zu Urban brachte die endgültige Entscheidung. Der Schalker Linksaußen flankte wunderbar in die Mitte, wo Helmut Schön stand und sich mit dem Kopf die Ecke aussuchen konnte.

90. Minute: Erst nach dem vierten Treffer ließ die deutsche Mannschaft etwas nach, und die Norweger kamen besser ins Spiel, ohne jedoch das deutsche Tor ernsthaft zu gefährden. Gegen Norwegen gewann die deutsche Mannschaft verdient, aber zu hoch.

❖

Vorbericht zum 161. Länderspiel: Gegen die Dänen wollte Herberger eine andere Mannschaft aufbieten, obwohl in Norwegen teilweise guter Fußball geboten wurde. Er mußte jedoch im Hinblick auf das Olympische Fußballturnier 1940 in Helsinki eine gute Mannschaft mit 22 Spielern haben. Deshalb beließ er nur Klodt, Janes und die Schweinfurter in der Elf. Zum erstenmal nach 4 Jahren stand Conen wieder in der Nationalelf. Und noch immer wurde er für den besten deutschen Mittelstürmer gehalten, auf dessen Tore das deutsche Fußballvolk hoffte, denn die Dänen wollten Revanche für das 0:8 in Breslau, der Geburtsstunde der damals berühmtesten deutschen Nationalelf.

25.6.1939 in Kopenhagen

Dänemark - Deutschland 0:2 (0:1)

SR: Johansen (Norwegen), Zuschauer: 30.000
Dänemark: E.Sörensen; Paul L.Hansen, Willy Larsson; Sigfred Jensen, Oskar Jörgensen, Arne Sörensen; Söbirk, Kaj Hansen, Pauli Jörgensen, W.Christensen, Thielsen
Deutschland: H.Klodt -4 (Schalke 04); Janes -42 (Fort.Düsseld.), Streitle -5 (Bayern München); Kupfer -18 (Schweinfurt 05), Rohde -5 (TV Eimsbüttel), Kitzinger -25 (Schweinfurt 05); Biallas -3 (Duisburg 48/99), Hahnemann -9 (Admira Wien), Conen -15 (Stuttg.K.), Gauchel -12 (Tus Neuend.), Arlt -4 (SV Riesa). Mannschaftskapitän: Janes
Tore: 0:1 Gauchel (7.), 0:2 Conen (76.)
Beste Spieler: O.Jörgensen, E.Sörensen, Pauli Jörgensen - Klodt, Kupfer, Janes
Bericht: Daß die Dänen sich gegen die deutsche Mannschaft viel vorgenommen hatten, war gleich in den ersten Minuten zu sehen, in denen sie furios begannen und die deutsche Abwehr unter Druck setzten.

4. Minute: Gleich der erste Angriff der deutschen Mannschaft brachte auch große Gefahr für das Tor von Sörensen. Gleich zwei gefährliche Schüsse von Hahnemann mußte er abwehren. Beim zweitenmal sogar erst im Nachfassen, Zentimeter vor der Linie. 6. Minute: Das deutsche Sturmspiel lief jetzt sehr gut. Conen fing einen Abschlag ab, legte den Ball wunderbar Gauchel vor, aber der Halblinke zielte knapp am Tor vorbei. 7. Minute: Erneut war es der zurückhängende Mittelstürmer Conen, der durch gute Vorarbeit Gauchel in Schußposition brachte. Diesmal hatte Gauchel die Nerven, um am herausstürzenden dänischen Torhüter vorbei den Ball zum 1:0 für die deutsche Mannschaft ins Netz zu schieben. 10. Minute: Die Dänen machten jetzt noch mehr Druck als in den ersten Minuten. Immer wieder stand Torhüter Klodt im Mittelpunkt, faustete und hechtete und verhinderte den Ausgleich.

20. Minute: Auf Vorlage von Gauchel hatte zum erstenmal Conen eine gute Torgelegenheit, aber zwei Verteidiger und der herauslaufende Sörensen konnten ihn gemeinsam hindern. 25. Minute: Der Pechvogel des Tages war Hahnemann. Er spielte schön und druckvoll, aber mit den Torschüssen hatte er ausgesprochenes Pech. Ein wunderbarer Heber über Torhüter Sörensen hinweg, der ein Tor wert gewesen wäre, landete auf dem Netz. 32. Minute: Das Spiel wurde immer ausgeglichener, aber die größeren Torgelegenheiten lagen auf Seiten der deutschen Mannschaft. Linksaußen Arlt, der von Hahnemann und Conen schön freigespielt wurde, konnte Torhüter Sörensen nicht bezwingen.

45. Minute: In den letzten Minute der ersten Halbzeit hatten noch einmal die Dänen mächtig Druck gemacht. Erneut zeigte sich jedoch die Stabilität der deutschen Abwehr.

76. Minute: Endlich einmal gelang es der deutschen Abwehr auch, etwas für die Offensive zu tun. Ein weiter Schlag in die gegnerische Hälfte ermöglichte Mittelstürmer Conen, seinen gefürchteten Antritt zu beweisen. Er zog mit dem Ball auf und davon, umkurvte Torhüter Sörensen und schoß den Ball ins dänische Tor, bevor die beiden Verteidiger eingreifen konnten. Das war Conen wie man ihn kannte und liebte.

90. Minute: Was die Dänen noch in den lezten 10 Minuten zeigten, war schon beeindruckend. Sie hatten nicht nur den Willen, sondern auch die Kraft bis zum Schlußpfiff gegen das deutsche Tor anzurennen. Es war nur der stabilen deutschen Abwehr, sowie der erstklassigen Leistung von Torhüter Klodt zu verdanken, daß die deutsche Mannschaft nach einem von den Dänen insgesamt überlegen geführten Spiel mit 2:0 als Sieger das Feld verließ.

Vorbericht zum 162. Länderspiel: Während die deutsche Nationalmannschaft in Dänemark spielte, trat das ehemalige Österreich als Ostmark gegen die Schweiz an.

Schweiz - Ostmark 0:0
SR: Mattea (Italien), Zuschauer: 8.000
Schweiz: Schlegel; Minelli, Lehmann; Springer, Andreoli, Bichsel; Bickel, Spagnoli, Amado, Montarfani, Roschat
Ostmark: Raftl; Thaler, Schmaus; Wagner I, Hofstätter, Skoumal; Hanreiter, Schors, Binder, Kaburek, Pesser

Eine Woche nach dem Dänen-Spiel fuhr Herberger mit einer Nachwuchs-Elf noch nach Tallin. Gestützt von den „Alten" Janes, Lehner und Gauchel machten Deyhle, Moog und Jakobs ihr erstes Länderspiel.

29.6.1939 in Tallin

Estland - Deutschland 0:2 (0:1)

SR: Jürgens (Lettland), Zuschauer: 10.000
Estland: Tipner; Tep, Neeris; Silger, Parbo, Piisang; Siimenson, Uukivi, Kuremaa, Weidemann, Kaljo
Deutschland: Deyhle -1 (Stuttg. K.); Janes -43 (Fort. Düsseld.), Moog -1 (VfL Köln 99); Jakobs -1 (Hannover 96), Rohde -6 (TV Eimsbüttel), Männer -3 (Hannover 96); Lehner -46 (Schwaben Augsb.), Schaletzki -2 (Vorwärts Rsp. Gleiwitz), Hänel -2 (BC Hartha), Gauchel -13 (Tus Neuend.), Arlt -5 (SV Riesa). Mannschaftskapitän: Janes
Tore: 0:1 Lehner (34.), 0:2 Schaletzki (60.)
Beste Spieler: Tipner, Kuremaa - Janes, Schaletzki
Bericht: Erstaunlicherweise begann die deutsche Mannschaft wieder sehr nervös.

5. Minute: Als sie sich anschickte, das Spiel zu bestimmen, kam ganz überraschend ein Steilpaß auf Mittelstürmer Kuremaa, der allein auf Torhüter Deyhle zusteuerte. Rechtzeitig schoß der Mittelstürmer von Estland, als ihm Deyhle entgegenstürzte. Er hatte jedoch Pech, denn sein Schuß streifte den Außenpfosten.

15. Minute: Noch lief das Spiel der deutschen Mannschaft nicht gut. Erst jetzt bekam Torhüter Tipner den ersten gefährlichen Schuß zu halten. Schaletzki hatte sich den Ball erkämpft, und direkt aus 20 Meter Entfernung abgezogen. 19. Minute: Gleich zweimal hintereinander konnte sich Torhüter Deyhle auf deutscher Seite bewähren. Zwei Schüsse von Kuremaa und Piisang meisterte er sicher.

33. Minute: Bei einem Freistoß von Janes verhinderte Tipner jedoch mit einer prachtvollen Parade einen Rückstand für Estland. 34. Minute: Endlich führte die Überlegenheit der deutschen Mannschaft auch zu einem Treffer. In eine herrliche Flanke von Arlt lief Lehner und köpfte den Ball unhaltbar ins lange Eck.

45. Minute: Auch im weiteren Verlauf der ersten Halbzeit blieb die deutsche Mannschaft überlegen, konnte jedoch nicht die stets gefährlichen Konter der Estländer verhindern.

55. Minute: In der zweiten Halbzeit kam Estland ein bißchen besser ins Spiel, ohne jedoch das Spiel in die Hand zu bekommen. 60. Minute: Als Folge der ständigen deutschen Überlegenheit fiel das 2:0. Erneut war es eine Flanke von Arlt, die Schaletzki wunderbar im Sprung mit dem Kopf nahm und an dem verdutzten Tipner vorbei eindrückte. 63. Minute: Innerhalb von 3 Minuten hätte die deutsche Elf weitere Tore erzielen können. Jedoch Hänel und Gauchel vergaben freistehend die besten Möglichkeiten. 65. Minute: Nun hatten auch die Estländer ihr Erfolgserlebnis, aber Schiedsrichter Jürgens konnte das Tor nicht geben, weil gleich drei Stürmer von Estland im Abseits standen.

90. Minute: Es war zwar kein berauschendes Spiel, aber die deutsche Mannschaft hatte mit 2:0 verdient gesiegt. Und was für Herberger viel wichtiger war, er hatte weitere neue Erkenntnisse gewonnen.

Bilanz 1939/40
11 Spiele: 5 Siege, 2 Unentschieden, 4 Niederlagen, 34:26 Tore
Zuschauer: 448.000
In 11 Spielen wurden 46 Spieler eingesetzt, davon waren 17 Neulinge

Die Spieler der Saison:

Ernst Lehner	9	Spiele
Paul Janes	9	"
Andreas Kupfer	8	"
Albin Kitzinger	8	"
Willi Billmann	7	"
Franz Binder	6	"
Hans Pesser	5	"
Helmut Schön	4	"
Edmund Conen	4	"
Hans Klodt	4	"
Adolf Urban	4	"
Hans Rohde	4	"
Wilhelm Hahnemann	4	"
Fritz Szepan	3	"
Wilhelm Sold	3	"
Rudolf Raftl	3	"
Willi Arlt	3	"
Rudolf Gellesch	2	"
Willibald Schmaus	2	"
Josef Gauchel	2	"
Hans Fiederer	2	"
Willy Jürissen	1	Spiel
Franz Immig	1	"
Otto Marischka	1	"
Ernst Sabeditsch	1	"
Josef Pekarek	1	"
Max Merkel	1	"
Franz Hofer	1	"
Ernst Reitermaier	1	"
Matthias Kaburek	1	"
Ludwig Gärtner	1	"
Hans Jakob	1	"
Ludwig Goldbrunner	1	"
Ludwig Männer	1	"
Helmut Jahn	1	"
Richard Kubus	1	"
Erich Goede	1	"
Erich Hänel	1	"
Franz Hanreiter	1	"
Johann Hofstätter	1	"
Stefan Skoumal	1	"
Alexander Martinek	1	"
Alfons Moog	1	"
Kurt Krüger	1	"
Ernst Plener	1	"
Fritz Walter	1	"

Tore der Saison:

Franz Binder	9	Tore
Helmut Schön	4	"
Ernst Lehner	4	"
Hans Fiederer	3	"
Fritz Walter	3	"
Fritz Szepan	2	"
Edmund Conen	2	"
Wilhelm Hahnemann	2	"
Ernst Plener	2	"
Adolf Urban	1	Tor
Paul Janes	1	"
Josef Gauchel	1	"

Mannschaftsführer waren:

Paul Janes	6	mal
Fritz Szepan	3	"
Franz Binder	1	"
Ernst Lehner	1	"

2 Elfmeter für Deutschland:
verwandelt durch Janes (gegen Böhmen-Mähren) und Binder (gegen Italien)

1 Elfmeter gegen Deutschland:
verwandelt durch Demaria (Italien)

Rangliste der besten Nationalspieler
1. Franz Binder (SC Rapid Wien)
2. Ernst Lehner (Schwaben Augsburg)
3. Paul Janes (Fortuna Düsseldorf)
4. Andreas Kupfer (FC Schweinfurt 05)
5. Wilhelm Sold (FV Saarbrücken)
6. Willy Hahnemann (Admira Wien)
7. Hans Klodt (FC Schalke 04)
8. Hans Fiederer (SpVgg Fürth)
9. Edmund Conen (Stuttgarter Kickers)
    Helmut Schön (Dresdener SC)

1939/40

Vorbericht zum 163. Länderspiel: Zum Beginn der Olympiasaison wurden wieder 2 Länderspiele an einem Tag angesetzt. In Stockholm sollten gegen Schweden spielen:

Klodt; Janes, Moog; Kupfer, Rohde, Kitzinger; Lehner Gellesch, Conen, Schön, Urban.

Wenige Tage vorher wurde das Länderspiel ebenso annulliert, wie vorher die Länderspiele gegen Holland und Frankreich. Es kam nun immer häufiger vor, daß vor allem westliche Länder keine Spiele mehr mit Mannschaften des Nazi-Regimes abschlossen. Der FC Everton, der für die deutsche Nationalmannschaft im Hinblick auf das Olympische Fußballturnier Testgegner sein sollte, trat von seinem Vertrag zurück. Es wurde immer deutlicher, daß internationale Wettbewerbe kaum noch möglich waren.

Es blieb für den 27.8.1939 nur das Länderspiel gegen die Slowakei, für das eine verstärkte Wiener Auswahl vorgesehen war.

27.8.1939 in Preßburg

Slowakei - Deutschland 2:0 (2:0)

SR: Popovich (Jugoslawien), Zuschauer: 17.000
Slowakei: Reimann; Vanek, Kostka, Kovacs, Dr.Chodak, Hudec; Solcek, Ferenyi, Arpas, Luknar, Vyxocky
Deutschland: Jürissen -6 (RWO); Immig -2 (Karlsr. FV), Marischka -1 (Admira Wien); Sabeditsch -1 (Vienna Wien), Pekarek -1 (Wacker Wien), Merkel -1 (Wiener SK); Hofer -1 (Rapid Wien), Reitermaier -1 (Wacker Wien), Binder -2, Kaburek -1 (beide Rapid Wien), Gärtner -1 (Olym. Lorsch). Mannschaftskapitän: Binder
Tore: 1:0 Arpas (20.), 2:0 Luknar (35.)
Beste Spieler: Kovacs, Luknar, Arpas - Marischka, Gärtner
Bericht: Von Beginn an war die Mannschaft der Slowakei der deutschen Mannschaft überlegen. Die Wiener spielten sich nach ihrem beliebten Scheiberl-System den Ball zu, gewannen dabei nur wenig Raum und waren für die Slowaken viel zu langsam. Dennoch hatte der Halblinke Kaburek die erste gute Torgelegenheit des Spiels. Er verfehlte jedoch aus günstiger Position das Tor von Reimann. Nach einer Flanke von Solcek kamen die Slowaken in der 20. Minute verdientermaßen durch Arpas zum Führungstreffer, der unhaltbar für Jürissen einschoß.

Bis zur Halbzeit hatte die deutsche Elf nur noch eine gute Torgelegenheit durch Mittelstürmer Reitermaier, die Torhüter Reimann jedoch glänzend parierte. Erst nach dem 2:0 durch Luknar, der nach einem Steilpaß Millimeter vor Jürissen an den Ball kam und ihn ins Tor schlenzte, kam die deutsche Mannschaft besser ins Spiel. Die Partie blieb jedoch bis zum Schlußpfiff ausgeglichen, ohne nennenswerte Torgelegenheiten auf beiden Seiten. Mit ihrer starken, kämpferischen Einstellung und dem schnelleren Spiel, hatte sich die Slowakei den 2:0 Sieg redlich verdient. Die deutsche Mannschaft hatte in allen Belangen enttäuscht.

❖

Vorbericht zum 164. Länderspiel: Nach der schwachen Vorstellung der deutschen Mannschaft in Preßburg war erneut ein Experiment gescheitert. Aus der Elf gegen die Slowakei kamen auch nur Binder und Gärtner zu weiteren Länderspielen.

Gegen Ungarn lud Herberger wieder seine bewährte Stammformation ein. Zwar konnten einige nicht, weil sie in der militärischen Ausbildung standen, aber das Aufgebot konnte sich sehen lassen.
Tor: Jakob, Raftl
Verteidiger: Janes, Schmaus, Moog
Läufer: Kupfer, Goldbrunner, Kitzinger, Männer

Stürmer: Lehner, Szepan, Kalwitzki, Schön, Pesser, Gellesch

Mit Kalwitzki, dem Schalker Torjäger, der ein paar Wochen zuvor 5 Tore im Endspiel um die Deutsche Meisterschaft gegen Admira Wien erzielt hatte, stand ein Neuling im Aufgebot, der jedoch nie zu einem Länderspiel kam. Außerdem holte Herberger den überragenden Schalker Regisseur, den inzwischen 32-jährigen Fritz Szepan, nach über einem Jahr wieder in die Nationalelf zurück.

24.9.1939 in Budapest

Ungarn - Deutschland 5:1 (2:1)

SR: Dattilo (Italien), Zuschauer: 30.000

Ungarn: Toth; Pakozdi, Biro; Baroti, Sarosi III, Szalay II; Kincses, Dr.Sarosi, Zsengeller, Dudas, Gyetvai

Deutschland: Jakob -38 (Jahn Regensb.); Janes -44 (Fort. Düsseld.), Schmaus -5 (Vienna Wien); Kupfer -19 (Schweinfurt 05), Goldbrunner -37 (Bayern München), Kitzinger -26 (Schweinfurt 05); Lehner -47 (Schwaben Augsb.), Gellesch -18 (Schalke 04), Schön -8 (DSC), Szepan -32 (Schalke 04), Pesser -6 (Rapid Wien). Mannschaftskapitän: Szepan

Tore: 1:0 Kincsis (5.), 2:0 Zsengeller (7.), 2:1 Lehner (38.), 3:1, 4:1 Zsengeller (51., 73.), 5:1 Dudas (79.)

Beste Spieler: Zsengeller, Gyetvai, Dr.Sarosi - Lehner, Goldbrunner, Schön

Bericht: Die Ungarn begannen sehr vorsichtig und die deutsche Mannschaft sehr zerfahren, so daß sich in den ersten 4 Minuten nichts Nennenswertes tat.

5. Minute: Ganz überraschend stand nach einem Einwurf Rechtsaußen Kincsis frei und schoß unhaltbar zum 1:0 für Ungarn ein. 7. Minute: Als hätte der deutschen Mannschaft dieser Rückstand gefehlt, um richtig in Fahrt zu kommen, drängte sie jetzt ständig auf den Ausgleich. Dann jedoch kam der Konter über Linksaußen Gyetvai, der Janes stehen ließ und in die Mitte flankte, wo Zsengeller keine Schwierigkeiten hatte, das 2:0 für die Ungarn zu schießen. 12. Minute: Die erste große Torgelegenheit für die deutsche Mannschaft konnte Torhüter Toth nach einem herrlichen Schuß von Schön vereiteln. 13. Minute: Erneut verhinderte eine Glanzparade des ungarischen Torhüters den Anschlußtreffer der deutschen Mannschaft, als Helmut Schön einen Freistoß von Kitzinger direkt aus der Luft nahm und auf das Tor donnerte. 25. Minute: Inzwischen war die Führung für Ungarn mehr als glücklich, denn ständig drängte die deutsche Mannschaft auf den Anschlußtreffer. Es fehlte jedoch ein wenig das Glück bei den Schüssen. Zudem war der junge Torhüter Toth ein erstklassiger Mann. 27. Minute: Einen herrlichen Schuß von Gellesch konnte der ungarische Torhüter gerade noch zur Ecke abwehren. 30. Minute: Nach wundervollem Zusammenspiel zwischen Szepan und Gellesch, spielte Szepan seinen Mannschaftskameraden am Elfmeterpunkt frei. Gellesch zog sofort ab, und selbst der ungarische Torhüter war machtlos. Doch der Ball knallte gegen den Pfosten, und den Nachschuß konnte Toth erneut durch seine großartige Reaktion abwehren. Pech für die deutsche Mannschaft. 33. Minute: Bei ihren wenigen Kontern waren die Ungarn keineswegs ungefährlich. Im Gegenteil, sie hatten oft bessere Torgelegenheiten als die deutsche Mannschaft. 35. Minute: Ein erneuter Konter der Ungarn wurde mit einem Schuß von Dudas abgeschlossen, der von der Latte zurück ins Feld sprang. 38. Minute: Endlich der längst verdiente Anschlußtreffer. Nach schönem Zusammenspiel Gellesch, Schön und Lehner stand der Rechtsaußen in der Nähe des Elfmeterpunktes völlig frei und schob den Ball behutsam an Torhüter Toth vorbei zum Anschlußtreffer. Es war der 400. Treffer der deutschen Nationalmannschaft.

51. Minute: Gleich nach Wiederbeginn übernahmen die Ungarn die Initiative, schnürten die deutsche Mannschaft ein und kamen nach einem unglücklichen Abpraller eines deutschen Abwehrspielers durch Zsengeller zum 3:1.

60. Minute: Offensichtlich hatten die Ungarn die größeren Kraftreserven, denn sie blieben auch nach dem dritten Treffer weiterhin offensiv. Dr.Sarosi traf mit einem herrlichen 25-Meter-Schuß nur die Latte des deutschen Tores.

70. Minute: 10 Minuten lang konnte jetzt die deutsche Mannschaft das Spiel bestimmen, aber alle deutschen Stürmer scheiterten immer wieder am ungarischen Torhüter. 71. Minute: Im Gegensatz zur deutschen Elf verstanden es die Ungarn, bei Überlegenheit der deutschen Mannschaft ihre Konter geschickt einzusetzen. Gleich zweimal binnen einer Minute mußte Torhüter Jakob gegen Dr.Sarosi und Zsengeller in letzter Not retten. 73. Minute: Erneut war es der kleine Linksaußen der Ungarn, der Paul Janes versetzte und herrlich in die Mitte flankte, wo Zsengeller keine Probleme hatte, den Ball im deutschen Tor unterzubringen. 79. Minute: Das Spiel der deutschen Mannschaft wurde immer schwächer, während sich Ungarns Stürmer, allen voran der großartige Techniker Zsengeller, eine Torchance nach der anderen erspielten. Zwar konnte Jakob einen herrlichen Alleingang von Zsengeller gerade noch abwehren, aber Dudas war zur Stelle und schoß zum 5:1 für Ungarn ein.

90. Minute: Nach dem fünften Treffer ließen auch die Ungarn etwas nach. Das Spiel war jedoch entschieden, weil der deutschen Mannschaft die Kraft fehlte, um das Blatt noch zu wenden, bzw. das Ergebnis besser zu gestalten.

❖

Vorbericht zum 165. Länderspiel: Inzwischen hatte sich durch die Politik einiges geändert. Mit dem Polen-Feldzug war der 2. Weltkrieg ausgebrochen. Jedem nüchtern denkenden Menschen war damit klar, daß nicht nur die Menschlichkeit, sondern auch der Sport verlieren würden. Für einen Realisten wie Sepp Herberger war klar, daß damit keine Olympischen Spiele 1940 stattfinden würden. Bis zur endgültigen Absage mußte er jedoch die Vorbereitungen weiterführen, als habe sich nichts verändert. So mußte er auch weiterhin auf den Schalker Szepan bauen, dessen Routine unentbehrlich war.

Tor: H.Klodt, Jakob
Verteidiger: Janes, Billmann, Moog
Läufer: Kupfer, Sold, Kitzinger, Gellesch
Stürmer: Lehner, Schön, Conen, Szepan, Urban, Kalwitzki

Mit diesem Aufgebot startete Herberger seine Balkanreise nach Zagreb und Sofia zu den beiden Länderspielen gegen Jugoslawien und Bulgarien.

15.10.1939 in Zagreb

Jugoslawien - Deutschland 1:5 (0:1)

SR: Barlassina (Italien), Zuschauer: 21.000

Jugoslawien: Glazer; Belosevic, J.Matosic; Manola, Jazbinsek, Lehner; Medaric, Hitrec, Lesnik, Antolkovic, Perlic

Deutschland: H.Klodt -5 (Schalke 04); Janes -45 (Fort. Düsseld.), Billmann -3 (1.FC Nürnberg); Kupfer -20 (Schweinfurt 05), Sold -7 (1.FC Nürnberg), Kitzinger -27 (Schweinfurt 05); Lehner -48 (Schwaben Augsb.), Schön -9 (DSC), Conen -16 (Stuttg. K.), Szepan -33, Urban -16 (beide Schalke 04). Mannschaftskapitän: Szepan

Tore: 0:1 Schön (9.), 0:2 Szepan (63.), 0:3 Schön (66.), 0:4 Schön (72.), 0:5 Szepan (78.), 1:5 Antolkovic (87.)

Beste Spieler: Lehner, Hitrec - Sold, Szepan, H.Klodt, Janes, Schön, Conen

Bericht: Die Jugoslawen begannen sehr temperamentvoll, aber es zeigte sich bereits in den ersten Minuten, daß die deutsche Abwehr sicher stand.

9. Minute: Nach der ersten jugoslawischen Drangperiode wurde die deutsche Mannschaft immer besser. Ein ganz überraschender Schuß von Helmut Schön aus fast 25 Meter Entfernung sank hinter den von der Sonne geblendeten jugoslawischen Tor-

hüter Glazer ins Tor. Die überraschende 1:0 Führung für die deutsche Mannschaft. 15. Minute: Die Jugoslawen konnten das Spiel nach wie vor ausgeglichen gestalten, aber die deutsche Abwehr, allen voran Sold und Janes, stand großartig. Was dennoch durchkam, war eine sichere Beute des großartigen Hans Klodt im deutschen Tor.

30. Minute: Nach einer viertelstündigen Drangperiode der Jugoslawen, in der sich alle deutschen Abwehrspieler und Torhüter Klodt auszeichnen konnten, kam die deutsche Mannschaft endlich besser ins Spiel. Von Szepan hervorragend dirigiert, übernahm nun mehr und mehr der deutsche Angriff die Initiative. 33. Minute: Nur durch das rechtzeitige Herauslaufen von Torhüter Glazer verhinderte noch soeben einen schon fast sicheren Treffer von Conen. 35. Minute: Nach einem herrlichen Schuß von Lehner konnte sich Torhüter Glazer auszeichnen.

45. Minute: Die letzten 5 Minuten der ersten Halbzeit gehörten wieder den Jugoslawen. Den glücklichen 1:0 Halbzeitstand hatte die deutsche Mannschaft vor allem ihrem Torhüter Klodt, sowie der hervorragenden Abwehr zu verdanken.

60. Minute: In der ersten Viertelstunde der zweiten Halbzeit kam die deutsche Mannschaft zu keiner einzigen Torgelegenheit. Immer wieder stürmten die Jugoslawen auf das deutsche Tor, scheiterten aber an der hervorragenden Abwehr und Klodt. Was dem jugoslawischen Angriff fehlte, war ein Dirigent wie Szepan mit den entsprechenden Ideen. 63. Minute: Auf einmal lief das Spiel der deutschen Mannschaft, als sich Conen aus Mittelstürmerposition wieder etwas zurückzog und seinen Mitspielern den Weg zum Tor freimachte. Ein herrlicher Paß an den eigentlichen Spielmacher Szepan, der am Elfmeterpunkt stand, führte dann zum 2:0. Szepans Schuß landete am Pfosten, aber er konnte den abprallenden Ball mit dem Kopf zum 2:0 im jugoslawischen Tor unterbringen. 66. Minute: Nach dem zweiten Treffer wollte die deutsche Mannschaft unbedingt die frühzeitige Entscheidung und schnürte die Jugoslawen im eigenen Strafraum ein. Auf Paß von Szepan erzielte Helmut Schön das 3:0. Das war eine Vorentscheidung.

72. Minute: Ernst Lehner überspielte am rechten Flügel drei Gegner und flankte herrlich in die Mitte, wo Helmut Schön keine Mühe hatte, den Ball zum 4:0 im Gehäuse von Glazer unterzubringen. 78. Minute: Das Angriffsspiel der deutschen Mannschaft lief jetzt traumhaft sicher und war von den müden Jugoslawen nicht mehr aufzuhalten. Ständig wechselten die deutschen Stürmer ihre Positionen und spielten die jugoslawische Abwehr aus. Mittelstürmer Conen, der überall zu finden war, flankte aus Rechtsaußen-Position wunderbar in die Mitte zum freistehenden Szepan, der unbedrängt ins äußerste Eck einköpfen konnte.

87. Minute: Ein Leichtsinnsfehler in der deutschen Abwehr führte schließlich noch zum jugoslawischen Ehrentreffer. Aber auch dieses Tor konnte nichts mehr daran ändern, daß die deutsche Mannschaft ein gutes Spiel gezeigt und verdient gewonnen hatte.

❖

Vorbericht zum 166. Länderspiel: Nach der überragenden Abwehrleistung der deutschen Elf in Zagreb ging Herberger davon aus, die richtige Mannschaft gefunden zu haben. In Sofia sollte sich die Formation deshalb weiter einspielen. Im Angriff war jedoch eine leichte Veränderung erforderlich, weil der 3-fache Torschütze Schön angeschlagen war. Für ihn kam Gellesch in die Mannschaft. Damit spielten 2 1/2 Jahre nach der Geburt der „Breslauer Elf" 7 Spieler der damaligen Mannschaft wieder zusammen im Nationaldreß. Nur Klodt, Billmann, Sold und Conen gehörten nicht dazu.

22.10.1939 in Sofia
Bulgarien - Deutschland 1:2 (0:2)

SR: Stefanowitsch (Jugoslawien), Zuschauer: 20.000
Bulgarien: Maznikov; St.Ormandschiev, Makanov; L.Petrov, Nedjalkov, Stamboljev; L.Angelov, Lozanov, J.Stojanov (ab 45. Milev), Belokapov, V.Jordanov

Deutschland: H.Klodt -6 (Schalke 04); Janes -46 (Fort. Düsseld.), Billmann -4 (1.FC Nürnberg); Kupfer -21 (Schweinfurt 05), Sold -8 (1.FC Nürnberg), Kitzinger -28 (Schweinfurt 05); Lehner -49 (Schwaben Augsb.), Gellesch -19 (Schalke 04), Conen -17 (Stuttg. K.); Szepan -34, Urban -17 (beide Schalke 04). Mannschaftskapitän: Szepan

Tore: 0:1 Urban (21.), 0:2 Conen (39.), 1:2 Jordanov (72.)

Beste Spieler: Jordanov, Mokanov, Lozanov - Sold, Conen, Billmann

Bericht: Nach einer kurzen Anfangsoffensive der Bulgaren übernahm die deutsche Mannschaft die Initiative und beherrschte den Gegner.

17. Minute: Ein herrlicher, knallharter Schuß von Szepan strich nur knapp über die Latte. 18. Minute: Gleich zwei dicke Torchancen für die deutsche Mannschaft hintereinander, als Torhüter Maznikov zuerst einen Kopfball von Gellesch und dann den Nachschuß von Conen großartig hielt. 21. Minute: Einen abgewehrten Ball nahm Linksaußen „Allan" Urban direkt und knallte ihn unhaltbar zum 1:0 für die deutsche Mannschaft ins Tor.

30. Minute: Nach dem Führungstor spielte die deutsche Mannschaft klar überlegen, wirbelte die bulgarische Abwehr durcheinander und hatte einige gute Torgelegenheiten, die jedoch ungenutzt blieben. Die Bulgaren kamen nur mit vereinzelten Kontern, aber dann gefährlich, vor das deutsche Tor. 39. Minute: Linksaußen Urban flankte flach in die Mitte, wo Gellesch den Ball antäuschte und für den hinter ihm postierten Conen durchließ, der dann unhaltbar abzog. Die deutsche Mannschaft führte 2:0.

45. Minute: Nach dem zweiten Treffer kamen die Bulgaren überhaupt nicht mehr aus ihrer Hälfte heraus. Der deutsche Angriff spielte wie in den besten Tagen, Szepan als Mittelstürmer, mal Urban als Rechtsaußen, Conen als Linksaußen oder Lehner als Mittelstürmer. Die Bulgaren hatten diesem ständigen Positionswechsel nichts entgegenzusetzen und konnten froh sein, zur Pause mit nur 0:2 zurückzuliegen.

60. Minute: Nach dem Seitenwechsel wurden die Bulgaren zusehends stärker, ohne jedoch eine Überlegenheit zu erzielen. Das Spiel wankte hin und her. 62. Minute: Erst jetzt kamen die Bulgaren zu ihrer ersten Torgelegenheit der zweiten Halbzeit. Ihr bester Stürmer, Linksaußen Jordanov, zielte nur Zentimeter am langen Eck vorbei.

70. Minute: Die deutsche Mannschaft kam nur noch sporadisch nach vorn, weil die Bulgaren jetzt klar überlegen waren und auf das Tempo drückten. 72. Minute: Der schnelle Lozanov war alleine durchgebrochen, schoß aber den herausstürzenden Klodt an, von wo der Ball genau vor die Füße von Jordanov sprang, der keine Mühe hatte, zum 2:1 einzuschieben. 75. Minute: Die deutsche Abwehr hatte nun Schwerstarbeit zu leisten, denn im Angriff fehlte die Kraft zu weiteren Vorstößen. Der tiefe Sandboden hatte der deutschen Mannschaft sehr zugesetzt. 85. Minute: 10 Minuten lang stürmten die Bulgaren nun auf das deutsche Tor, wo sich vor allem Sold als Mittelläufer mit einer hervorragenden Leistung auszeichnete und weitere Tore verhinderte.

90. Minute: Erst in den letzten 5 Minuten des Spiels konnte sich die deutsche Mannschaft aus der Umklammerung befreien, weil vor allem Conen den Ball im Mittelfeld geschickt hielt, und seine Stürmer gekonnt einsetzte. Zu klaren Torchancen kam es jedoch nicht mehr, so daß die deutsche Mannschaft mit 2:1 zwar glücklich, aber auch verdient gewann.

❖

Vorbericht zum 167. Länderspiel: Zum ersten Länderspiel nach Kriegsbeginn und auf deutschem Boden hatte Herberger wieder weitgehend das Aufgebot der Balkanreise berufen.

Tor: Jakob, Raftl
Verteidiger: Janes, Billmann, Moog
Läufer: Kupfer, Sold, Männer, Kitzinger
Stürmer: Lehner, Schön, Binder, Conen, Pesser, Urban

Auf der Fahrt nach Breslau mußte Conen kurzfristig wegen einer Blutvergiftung absagen. Für ihn wurde noch Arlt nachnominiert, der auch zum Einsatz kam, weil Pesser nicht ganz gesund war.

12.11.1939 in Breslau

Deutschland - Böhmen-Mähren 4:4 (2:4)

SR: Popovich (Jugoslawien), Zuschauer: 35.000
Deutschland: Raftl -4 (Rapid Wien); Janes -47 (Fort. Düsseld.), Billmann -5 (1.FC Nürnberg); Kupfer -22 (Schweinfurt 05), Sold -9 (1.FC Nürnberg), Männer -4 (Hannover 96); Lehner -50 (Schwaben Augsb.), Schön -10 (DSC), Binder -3 (Rapid Wien), Urban -18 (Schalke), Arlt -6 (SV Riesa). Mannschaftskapitän: Janes
Böhmen-Mähren: Burkert; Burgr, Stumpf; Smeikal, Boucek, Kolsky; Riha, Ludl, Bican, Kopecky, Puc
Tore: 0:1 Bican (6.), 0:2 Puc (8.), 0:3 Bican (13.), 1:3, 2:3 Binder (30., 35.), 2:4 Bican (40.), 3:4 Binder (53.), 4:4 Janes (85. Foulelfmeter)
Beste Spieler: Binder, Kupfer, Lehner - Riha, Bican, Ludl
Bericht: Vor dem Spiel wurde auf deutscher Seite Lehner für sein 50. und auf Seiten der Tschechen Puc für sein 60. Länderspiel geehrt.

5. Minute: Die ersten Minuten zwischen beiden Mannschaften war nur ein Abtasten, dann aber kamen die Tschechen. 6. Minute: Nach herrlichem Zusammenspiel zwischen Riha und Ludl, flankte der Rechtsaußen in die Mitte, wo Bican zur Stelle war und unhaltbar zum 1:0 einköpfte. 7. Minute: Die Tschechen spielten wie aus einem Guß. Auch sie besaßen die Fähigkeit, innerhalb des Angriffs ständig die Positionen zu wechseln und damit jede Abwehr durcheinander zu wirbeln. 8. Minute: Erneut konnte Rechtsaußen Riha nicht gehalten werden, der mit einer präzisen Flanke Linksaußen Puc bediente, gegen dessen Schuß Torhüter Raftl machtlos war. Die deutsche Mannschaft lag überraschend 0:2 zurück.

10. Minute: Immer wieder kamen die Tschechen mit schönen Kombinationen vor das deutsche Tor und brachten höchste Gefahr. Schüsse von Ludl, Riha und Kopecky strichen nur ganz knapp am deutschen Gehäuse vorbei. 13. Minute: Rechtsaußen Riha blieb die spielbestimmende Persönlichkeit. Er ließ in einem wahren Slalomlauf mehrere deutsche Abwehrspieler stehen und gab rechtzeitig vor dem heranstürzenden Janes ab, zu seinem Mittelstürmer Bican, der Torhüter Raftl keine Chance ließ. Gegen den knallharten Schuß war jeder Torwart machtlos. Nach nur 13 Minuten bereits 3:0 für die Tschechen. 15. Minute: Die deutsche Mannschaft schien einem Fiasko entgegenzugehen, denn sie fand einfach kein Mittel sich gegen diesen Angriffssturm zu wehren. Einen herrlichen 25-Meter-Schuß von Kopecky konnte Raftl gerade noch an die Latte lenken.

20. Minute: Erst langsam, nach einer Viertelstunde, fand sich die deutsche Mannschaft besser zurecht und griff ihrerseits an.

30. Minute: Endlich wurde die deutsche Mannschaft für ihre Bemühungen belohnt, als Lehner mit einem Steilpaß Mittelstürmer Binder schickte, der mit großen Schritten seinen Gegenspieler stehen ließ und unhaltbar zum 3:1 einlenkte. 32. Minute: Bei einem Konter der Tschechen, erneut über Riha, hatte Mittelstürmer Bican die große Gelegenheit zum vierten Treffer, aber Torhüter Raftl wehrte mit einer Glanzparade ab. 35. Minute: Nach einer Flanke von Arlt über die gesamte tschechische Abwehr hinweg, konnte Lehner den Ball Mittelstürmer Binder maßgerecht vor die Füße legen, der keine Mühe hatte, auf 2:3 zu verkürzen.

38. Minute: Erst in letzter Sekunde konnte Kupfer gegen Rechtsaußen Riha klären, nachdem er Männer und Billmann erneut entwischte. 40. Minute: Nach Flanke von Riha nahm Bican den Ball an, umspielte kaltblütig Mittelläufer Sold und jagte dann das Leder zum 4:2 ins Netz. Zur Halbzeit führten die Tschechen völlig verdient mit 4:2 Toren.

53. Minute: Nach dem Seitenwechsel begann die deutsche Mannschaft sehr stark und drückte auf den Anschlußtreffer. Eine Flanke von Lehner nahm der lange Mittelstürmer „Bimbo" Binder mit dem Kopf und vollendete zum 3:4.

70. Minute: Gegen eine immer stärker werdende deutsche Nationalmannschaft hatten die Tschechen in der zweiten Halbzeit überhaupt keine Torchancen mehr. Die deutschen Abwehrspieler hatten jetzt ihre Gegenspieler im Griff, und Kupfer drückte auf das Tempo. Ständig lag die deutsche Mannschaft im Angriff, aber selbst gute Torgelegenheiten konnten von Schön, der gleich drei davon hatte, nicht genutzt werden. 75. Minute: Nach einer Verletzung mußte Urban für 5 Minuten außerhalb des Spielfeldes behandelt werden. 80. Minute: Selbst mit 10 Spielern drängte die deutsche Mannschaft auf den Ausgleich, konnte sich jedoch nicht gegen die vielbeinige tschechische Abwehr entscheidend durchsetzen. 85. Minute: Nun endlich wurde die deutsche Mannschaft für ihr druckvolles Spiel belohnt. Als Mittelstürmer Binder im Strafraum zu Fall gebracht wurde, gab es den fälligen Elfmeter; den ließ sich Janes nicht entgehen. Ruhig und sicher verwandelte er zum verdienten Ausgleich.

90. Minute: Breslau hatte erneut ein großes Fußballspiel mit 8 Toren gesehen; in der ersten Halbzeit eine traumhaft sicher und schön spielende tschechische Mannschaft, und in der zweiten Halbzeit eine kämpferisch starke deutsche Mannschaft, die sich damit das Unentschieden verdient hatte.

❖

Vorbericht zum 168. Länderspiel: Erneut stand mit Deutschland - Italien das „Länderspiel des Jahres" auf dem Programm. Herberger hatte für einen Kurzlehrgang die besten Spieler eingeladen.

Tor: Klodt, Raftl, Jakob
Verteidiger: Janes, Billmann, Streitle, Schmaus
Läufer: Kupfer, Rohde, Sold, Goldbrunner, Kitzinger, Gellesch, Männer
Stürmer: Lehner, Hahnemann, Schön, Szepan, Conen, Binder, Urban, Pesser, Arlt

Wie jetzt im Krieg immer häufiger, konnten eine Reihe Spieler nicht kommen, weil sie als Soldat an der Front kämpften. So endete fast unbemerkt die Karriere des besten deutschen Spielmachers vor dem 2. Weltkrieg, Fritz Szepan.

Aber auch die Italiener hatten große Sorgen. Rava, Foni, Locatelli, Andreolo, Meazza und schließlich auch noch Piola konnten wegen Verletzungen nicht spielen. Damit waren die Italiener so geschwächt, daß Deutschland der Favorit war.

26.11.1939 in Berlin

Deutschland - Italien 5:2 (2:2)

SR: Escartin (Spanien), Zuschauer: 70.000
Deutschland: Raftl -5 (Rapid Wien); Janes -48 (Fort. Düsseld.), Billmann -6 (1.FC Nürnberg); Kupfer -23 (Schweinfurt 05), Rohde -7 (TV Eimsbüttel), Kitzinger -29 (Schweinfurt 05); Lehner -51 (Schwaben Augsb.), Hahnemann -10 (Admira Wien), Conen -18 (Stuttg. K.), Binder -4 (Rapid Wien), Pesser -7 (Rapid Wien). Mannschaftskapitän: Janes
Italien: A.Olivieri; S.Marchi, Sardelli; Genta, Battistoni, Perazzolo; G.Neri, Demaria, Boffi, Scarabello, Colaussi
Tore: 0:1 G.Neri (16.), 1:1 Binder (21.), 1:2 Demaria (30. Handelfmeter), 2:2 Binder (36.), 3:2 Lehner (67.), 4:2 Conen (70.), 5:2 Binder (85. Handelfmeter)

Beste Spieler: Binder, Janes, Lehner - A.Olivieri, Colaussi
Bericht: Obwohl das Olympiastadion ausverkauft war, kamen wegen Dauerregen nur 70.000 Zuschauer.

5. Minute: Die Italiener kamen trotz 6-fachem Ersatz wesentlich besser ins Spiel als die deutsche Mannschaft. Aber auch sie hatten mit den widrigen Witterungsbedingungen zu kämpfen. Manchmal blieb der Ball ganz plötzlich in einer Pfütze liegen, oder er wurde auf dem nassen Rasen sehr schnell.

10. Minute: Trotz der italienischen Überlegenheit fehlte es an Torchancen. In der Mitte wurden ganz offensichtlich Meazza und Piola vermißt. 12. Minute: Endlich kam auch die deutsche Mannschaft besser ins Spiel. Einen scharf hereingeschossenen Eckball von Lehner konnte Torhüter Olivieri gerade noch abwehren. 14. Minute: Rechtsaußen Lehner kam auf dem schwierigen Boden am besten zurecht. Immer wieder versetzte er seinen Gegenspieler und konnte nur durch Fouls gestoppt werden. 16. Minute: Mitten in die deutsche Überlegenheit platzte ein Konter der Italiener über Linksaußen Colaussi, der aus 15 Meter Entfernung ins lange Eck schoß. Gerade hatte sich die deutsche Mannschaft gefunden, da lag sie 0:1 zurück.

22. Minute: Wieder war es Lehner, der sich durchspielte und in die Mitte flankte, wo „Bimbo" Binder herangestürmt kam und unhaltbar zum Ausgleich flach in die Ecke schoß. 25. Minute: Auch nach dem 1:1 blieb die deutsche Mannschaft überlegen, kombinierte schön und setzte die italienische Abwehr unter Druck. 28. Minute: Einer der gefährlichen italienischen Konter über Colaussi zwang Raftl zu einer Glanzparade. 29. Minute: Gleich im Gegenzug kam Ed Conen nur um Zentimeter gegen Torhüter Olivieri zu spät.

30. Minute: Ein Konter der Italiener führte überraschend zum 1:2, als Billmann im Strafraum ein Handspiel unterlief. Den fälligen Elfmeter schoß Demaria nicht hart, aber plaziert zum 2:1 ins Netz. 32. Minute: Nach einem tollen Solo wurde Conen dicht an der Strafraumgrenze gefoult. Den fälligen Freistoß jagte Janes, mit der von ihm gewohnten Wucht, auf das Tor von Olivieri, der nur zur Ecke abwehren konnte. 33. Minute: Die deutsche Mannschaft belagerte nun das Tor der Italiener. Pesser, Binder und Hahnemann scheiterten immer wieder an dem Weltklassetorhüter Olivieri. 36. Minute: Ein Rückpaß vom Sardelli blieb in einer Wasserpfütze hängen. Mittelstürmer Binder reagierte am schnellsten und war kurz vor Olivieri am Ball; er umspielte den Torwart und schoß ins leere Tor zum erneuten Ausgleich ein.

45. Minute: Nach dem deutschen Ausgleichstreffer gab es bis zum Pausenpfiff keine weiteren Torgelegenheiten auf beiden Seiten.

65. Minute: Inzwischen hatte sich die deutsche Mannschaft wieder gefangen und bestimmte erneut das Spielgeschehen. 67. Minute: Einen Einwurf von Kitzinger gab Conen wieder dem Schweinfurter zurück, so daß Kitzinger auf die rechte Seite flanken konnte und damit die Abwehr öffnete. Rechtsaußen Lehner sprintete in den Ball und köpfte wuchtig und unhaltbar ins lange Eck zur 3:2 Führung. 70. Minute: Auch nach dem Führungstreffer setzte die deutsche Mannschaft die Italiener ständig unter Druck. Ein knallharter Schuß von Conen sauste wie ein Strich an Olivieri vorbei ins Netz zum 4:2 für die deutsche Mannschaft.

80. Minute: So sehr sich die Italiener auch bemühten, die deutsche Abwehr stand sicher und ließ überhaupt keine Chancen mehr zu. Spätestens vor dem deutschen Strafraum war Endstation. 85. Minute: Wie in der ersten Halbzeit Billmann, unterlief jetzt einem italienischen Abwehrspieler im Strafraum ein Handspiel. Den fälligen Elfmeter jagte „Bimbo" Binder in seiner gewohnten Manier ins Tor. Der Ball war wieder so hart geschossen, daß man kaum seine Flugbahn verfolgen konnte.

90. Minute: Nach langer Zeit hatte die deutsche Mannschaft endlich einmal wieder gegen den zweifachen Weltmeister gewonnen. Allerdings durfte man bei diesem Sieg nicht vergessen, daß fast die gesamte Weltmeistermannschaft bei den Italienern fehlte.

Colaussi (Italien), Schiedsrichter Escartin (Spanien) und Janes (Deutschland) vor dem großen Sieg der deutschen Elf mit 5:2 über Italien

Vorbericht zum 169. Länderspiel: Für das letzte Länderspiel des Jahres gab Herberger wieder einigen Talenten die Chance, denn nach der Absage der Olympischen Winterspiele in Garmisch-Partenkirchen war allen klar, daß es auch keine Sommerspiele geben würde. Sepp Herberger mußte zwar immer noch, für alle Fälle, darauf hinarbeiten, aber so langsam konnte er an die Zeit nach dem Krieg denken. Allerdings war damals absolut nicht vorhersehbar, daß dieser Krieg noch viele Jahre dauern sollte.

In der deutschen Elf standen mit Jahn, Kubus und Goede gleich 3 Neulinge. Vor allem der junge Berliner Torhüter galt als ganz großes Talent und als der Nationaltorwart der Zukunft. Außer dem Wiener Stürmertalent Reitermaier, der wegen Verletzung absagen mußte, konnte Herberger alle Talente einsetzen.

3.12.1939 in Chemnitz

Deutschland - Slowakei 3:1 (0:0)

SR: Dr.Remke (Kopenhagen), Zuschauer: 30.000
Deutschland: Jahn -1 (Berl. SV 92); Billmann -7 (1.FC Nürnberg), Kubus -1 (VR Gleiwitz); Goede -1 (Berl. SV 92), Rohde -8 (TV Eimsbüttel), Kitzinger -30 (Schweinfurt 05); Lehner -52 (Schwaben Augsb.), Schön -11 (DSC), Hänel -3 (BC Hartha), Fiederer -2 (Spvgg. Fürth), Arlt -7 (SV Riesa). Mannschaftkapitän: Lehner
Slowakei: Reimann; Vanek, Kostka; Porubsky, Chodak, Biro; Bolcek, Földes, Ferenyi, Luknar, Arpas
Tore: 0:1 Luknar (63.), 1:1 Fiederer (65.), 2:1 Schön (66.), 3:1 Lehner (79.)
Beste Spieler: Fiederer, Arlt, Lehner - Luknar, Reimann
Bericht: Gegen die fußballerisch zweitklassige Slowakei hatte Sepp Herberger 6 Nachwuchskräfte aufgeboten. Zu Beginn des Spiels waren diese jungen Spieler sehr nervös.

8. Minute: Die erste gute Torgelegenheit bot sich dem gefährlichsten slowakischen Stürmer Luknar. Der Halblinke verfehlte mit seinem Schuß jedoch knapp das deutsche Tor. 10. Minute: Erneut war es Luknar, der vor dem deutschen Tor für Gefahr sorgte und erst in letzter Sekunde durch das rechtzeitige Herauslaufen von Jahn am Torschuß gehindert wurde.

45. Minute: Ganz offensichtlich war es auch für die deutsche Mannschaft nicht so einfach, so viele neue Spieler zu integrieren. Selbst die Stammspieler Billmann, Rohde, Kitzinger, Lehner und Schön fanden untereinander keine richtige Bindung. Das 0:0 zur Pause ging deshalb auch voll in Ordnung.

60. Minute: Nach 5 starken Minuten der Slowaken, übernahm die deutsche Mannschaft wieder die Initiative. Erneut war jedoch eine eklatante Abschlußschwäche bei den deutschen Stürmern feststellbar. Besonders Helmut Schön wurde vor fast heimischem Publikum in Chemnitz gnadenlos ausgepfiffen und mußte sich „Schön raus"-Rufe gefallen lassen. 63. Minute: Ganz plötzlich kamen die Slowaken über einen Konter von Luknar überraschend zur Führung. Torhüter Jahn war gegen diesen Schuß machtlos. 65. Minute: Der Halblinke der Spvgg. Fürth, Fiederer, wurde für seine gute Leistung belohnt. Nach einer Vorlage von Helmut Schön zu Lehner, flankte dieser, und Fiederer verwandelte direkt und unhaltbar. 66. Minute: Nachdem der eben geschmähte Schön bereits die Vorarbeit zum Ausgleich geleistet hatte, kam es für den Dresdner jetzt noch besser. Nach Flanke von Linksaußen Arlt an die Latte war Schön zur Stelle und köpfte unhaltbar zum Führungstreffer für die deutsche Mannschaft ein. Innerhalb von 3 Minuten war aus einem 0:0 eine 2:1 Führung für die deutsche Mannschaft geworden.

75. Minute: Nach dem Rückstand wurde die Slowakei zusehends stärker und drückte auf das Tor von Jahn. Der Berliner hatte mehrfach gute Gelegenheit, sich auszuzeichnen und sein Talent unter Beweis zu stellen. 79. Minute: 13 Minuten lang hatten die Slowaken jetzt gestürmt, ohne daß die deutsche Mannschaft auch nur einmal in den Strafraum der Slowakei kam. Gleich der erste Konter führte zum dritten Treffer für die deutsche Mannschaft, als wieder Schön per Kopf den Ball für Lehner vorlegte und dieser direkt vom Strafraumeck aus zum 3:1 einschoß. Damit war das Spiel entschieden.

85. Minute: Die deutsche Mannschaft beherrschte nun das Spiel und den Gegner. Ein herrlicher Schuß von Arlt, der einfach kein Glück in der Nationalmannschaft hatte, knallte gegen die Latte und noch in der gleichen Spielminute zischte ein Kitzinger-Schuß nur knapp über das Gehäuse von Reimann. Nach keineswegs überzeugender Leistung gewann die deutsche Mannschaft jedoch verdient mit 3:1.

❖

Vorbericht zum 170. Länderspiel: Im ersten langen Kriegswinter wurden keine Länderspiele ausgetragen. Die Nationalspieler lagen fast alle an der Front. So hatte Sepp Herberger Zeit, sich um den Nachwuchs zu kümmern. 42 Spieler konnten seiner Einladung folgen, und da viele von ihnen nach dem Krieg Spielerpersönlichkeiten in den Oberligen wurden, einige sogar Nationalspieler, soll hier der Kader wiedergegeben werden:

Tor: Eduard Schaffer (Karlsbad -geb.1921), Hans Richter (Frankfurt -1921)

Verteidiger: Otto Müsch (Troisdorf -1917), Willi Bayer (Waldhof -1921), Alfons Moog (Köln -1915), Georg Pröll (Fürth -1918)

Läufer: Friedrich Nowak (Essen -1919), Bernhard Füller (Schalke -1921), Adolf Schmidt (Frankfurt -1919), Walter Dzur (Dresden -1919), Ernst Rupieta (Hamborn -1919), Fritz Klacl (Wien -1919), Gottfried Sälzler (Neckarau -1921), Fritz Blieska (Holzminden -1915), Hans Jung (Berlin -1920), Fritz Deike (Hannover -1915), Oskar Brückner (Nürnberg -1919), Ludwig Männer (Hannover -1912)

Stürmer: Rudolf Reinhardt (Frankenthal -1919), Hans Biallas (Duisburg -1918), Hermann Eppenhof (Schalke -1919), August Bertz (Essen -1920), Albert Wirsching (Frankfurt -1920), Bernhard Rudzinski (Bochum -1919), Reinhold Fanz (Waldhof -1921), Josef Erb (Waldhof -1921), August Gottschalk (Essen -1921), Joachim Forner (Leipzig -1921), Georg Lechner (Augsburg -1918), Herbert Burdenski (Schalke -1922), Albert Liesen (Hamborn -1921), Gerhard Graf (Berlin -1921), Paul Matzkowski (Herne -1920), Joachim Bauchriwitz (Hamborn -1922), Heinz Staguhn (Königsberg -1921), Hans Fiederer (Fürth -1921), Günter Baumann (Leipzig -1921), Willi Weyer (Köln -1918), Otto Schwarz (Mannheim -1921), Karl Barufka (Schalke -1921), Willi Arlt (Riesa -1919), Josef Arens (Essen -1921)

Für das erste Länderspiel des Jahres berief Herberger für den Donnerstag vor dem Spiel 15 Spieler nach Berlin:
Tor: Klodt, Jahn
Verteidiger: Janes, Billmann
Läufer: Kupfer, Rohde, Sold, Kitzinger
Stürmer: Lehner, Gauchel, Conen, Urban, Baumann, Binder, Pesser

Einziger Neuling war Günter Baumann (VfB Leipzig), der jedoch nie Nationalspieler wurde.

7.4.1940 in Berlin

Deutschland - Ungarn 2:2 (2:2)

SR: Beart (Belgien), Zuschauer: 90.000
Deutschland: H.Klodt -7 (Schalke 04); Janes -49 (Fort. Düsseld.), Billmann -8 (1.FC Nürnberg); Kupfer -24 (Schweinfurt 05), Rohde -9 (TV Eimsbüttel), Kitzinger -31 (Schweinfurt 05); Lehner -53 (Schwaben Augsb.), Gauchel -14 (Tus Neuend.), Conen -19 (Stuttg. K.), Binder -5, Pesser -8 (beide Rapid Wien). Mannschaftskapitän: Szepan

Ungarn: Csikos; Pakozdi, Sarosi III, Biro, Kiraly, Balogh I; Kincses, Sütö, Toldi, G.Toth, Kalocsay

Tore: 1:0 Gauchel (2.), 1:1 Toldi (3.), 2:1 Binder (25.), 2:2 Sarosi III (44.)

Beste Spieler: Lehner, Janes, Kupfer, Binder - Toldi, Csikos, Sarosi III

Bericht: Während die deutsche Mannschaft mit dem besten Aufgebot antreten konnte, fehlten bei den Ungarn die beiden Stürmerstars Dr.Sarosi und Zsengeller.

2. Minute: Nach vorsichtigem Beginn beider Mannschaften fiel überraschend das 1:0 für die deutsche Elf. Linksaußen Pesser hatte wunderbar in die Mitte geflankt, wo Gauchel den Ball direkt aus der Luft nahm und zum 1:0 ins Tor jagte. 3. Minute: Bereits im Gegenzug der Ausgleich, als Toldi sich durchsetzen konnte und Torhüter Klodt keine Chance ließ. 10. Minute: Nach den beiden schnellen Toren war das Spiel ausgeglichen. Die erste gute Chance hatte wieder die deutsche Mannschaft, aber der herrliche Schuß von Conen strich nur knapp am Lattenkreuz vorbei.

20. Minute: Mit Bela Sarosi III hatten sich die Ungarn eine besondere Variante einfallen lassen. Der Verteidiger spielte meistens im Mittelfeld und machte den nötigen Druck. Auch seine Schüsse, von denen einer nach 20 Minuten knapp über die Latte strich, waren stets gefährlich. 25. Minute: Nach einem schönen Paß von Gauchel zog „Bimbo" Binder mit großen Schritten davon. Niemand war in der Lage, den langen Wiener einzuholen. Ruhig und plaziert setzte Binder den Ball am ungarischen Torhüter vorbei zum 2:1 für die deutsche Mannschaft ins Netz. Die Ungarn protestierten heftig wegen angeblicher Abseitsstellung, die zumindest im Rahmen des Möglichen lag. 28. Minute: Der Sieg der deutschen Mannschaft schien gesichert, als Linksaußen Pesser nach einer schönen Vorlage von Gauchel aus halblinker Position unheimlich hart abzog. Der Ball schlug dicht neben dem Pfosten im ungarischen Gehäuse ein, sprang aber im gleichen Augeblick wieder heraus. Der Schiedsrichter sah das nicht, er nahm an,daß der Ball an den Pfosten ging. So wurde ein einwandfreies Tor nicht anerkannt. 33. Minute: Immer wieder war es Paul Janes, der mit aufrückte und gefährlich auf das ungarische Tor schoß.

44. Minute: Ganz überraschend der Ausgleich, als wieder einmal Sarosi III nach vorn an den deutschen Strafraum spazier-

te, ohne daß sich jemand für ihn verantwortlich fühlte. Bei seinem satten 20-Meter-Schuß war Torhüter Klodt die Sicht versperrt. Zur Halbzeit ein glückliches 2:2 für die Ungarn.

55. Minute: In der zweiten Halbzeit zeigten sich die Ungarn in der Abwehr als unüberwindlich. Was dennoch durchkam hielt der großartige Torhüter Csikos. 58. Minute: Ein herrlicher, knallharter Schuß von Binder wurde vom ungarischen Torhüter über die Latte gedreht.

90. Minute: Alles in allem war es ein verdientes 2:2 von zwei kämpferisch starken Mannschaften.

❖

Vorbericht zum 171. Länderspiel: Eine Woche nach dem Spiel in Berlin war Wien Schauplatz des nächsten Länderspiels. Erwartungsgemäß hatte Herberger hierfür überwiegend Wiener eingeladen.

Tor: Raftl, Zöhrer
Verteidiger: Janes, Schmaus
Läufer: Hanreiter, Hofstätter, Mock, Skoumal
Stürmer: Lehner, Hahnemann, Reitermaier, Conen, Binder, Pesser

Einziger Neuling Zöhrer (Austria Wien), der jedoch nicht eingesetzt wurde und auch später zu keinem Länderspiel kam.

14.4.1940 in Wien

Deutschland - Jugoslawien 1:2 (0:2)

SR: Dattilo (Italien), Zuschauer: 50.000
Deutschland: Raftl -6 (Rapid Wien); Janes -50 (Fort. Düsseld.), Schmaus -7 (Vianna Wien); Hanreiter -1 (Admira Wien), Hofstätter -1, Skoumal -3 (beide Rapid Wien); Lehner -54 (Schwaben Augsb.), Hahnemann -11 (Admira Wien), Binder -6 (Rapid Wien), Gauchel -15 (TuS Neuendorf), Pesser -9 (Rapid Wien). Mannschaftskapitän: Janes
Jugoslawien: Glazer; Stojiljkovic, Dubac; Manola, P.Dragicevic, Lehner; Glisovic, Valjarevic, Velfl, Vujadinovic, M.Nikolic
Tore: 0:1 Glisovic (21.), 0:2 Velfl (33.), 1:2 Lehner (67.)
Beste Spieler: Hahnemann, Janes - Velfl, Glazer, Glisovic
Bericht: Vor Spielbeginn wurde Paul Janes für sein 50. Länderspiel geehrt. Er war damit nach Lehner (54) der zweite deutsche Nationalspieler mit 50 und mehr Länderspielen.

6. Minute: Nach einem Zusammenstoß zwischen Verteidiger Schmaus und Valjarevic mußte der deutsche Verteidiger für 5 Minute ausscheiden und dann einige Zeit als Linksaußen mitwirken, bevor er sich wieder erholt hatte und als Verteidiger weiterspielen konnte.

15. Minute: Erst nach einer Viertelstunde hatte die deutsche Mannschaft die erste Torgelegenheit durch Gauchel, der jedoch zu lange zögerte und damit die Chance vergab. 21. Minute: Besser machten es die Jugoslawen bei ihrer ersten Torchance. Auf Flanke von Linksaußen Nikolic war Glisovic zur Stelle und schoß zum 0:1 ein. 22. Minute: Gleich der zweite Angriff der Jugoslawen hätte zu einem weiteren Tor führen können, aber Nikolic schoß nach einem schnellen Konter den Ball knapp am deutschen Tor vorbei.

33. Minute: Bei einem Mißverständnis zwischen Schmaus und Skoumal reagierte Mittelstürmer Velfl am schnellsten, schnappte sich den Ball und ließ Torhüter Raftl mit einem plazierten Schuß keine Chance. Die deutsche Mannschaft lag sensationell 0:2 zurück. 39. Minute: Kurz darauf erneut Glück, als Velfl und Nikolic, nach schöner Flanke von Glisovic, verpaßten.

50. Minute: Nach schönem Steilpaß von Velfl hatte Rechtsaußen Glisovic die große Chance zum dritten Treffer, aber sein Schuß flog über das deutsche Tor. 55. Minute: Nach guter Flanke von Lehner über die gesamte jugoslawische Abwehr kam der Halbrechte Hahnemann frei zum Schuß. Pech für ihn, daß noch ein Verteidiger auf der Linie stand und den Ball wegköpfen konnte. 57. Minute: Wieder eine gute Torgelegenheit für die deutsche Mann-

schaft, als Rechtsaußen Lehner in eine Flanke hineinlief und den Ball wuchtig auf das Tor köpfte. Mit einer Glanzparade verhinderte Glazer den ersten deutschen Treffer. 65. Minute: Die erste jugoslawische Torgelegenheit in der zweiten Halbzeit vergab Velfl, der ganz überraschend einen abgefälschten Ball vor die Füße bekam. 67. Minute: Nach einem schönen Sololauf von Pesser an der Außenlinie entlang und anschließender Flanke, war Lehner zur Stelle und schoß zum 2:1 ein.

90. Minute: Trotz weiterhin klarer Überlegenheit der deutschen Mannschaft in der zweiten Halbzeit blieb es bei der überraschenden 1:2 Niederlage. Den Jugoslawen war es mit Geschick und Glück gelungen, ihr Tor abzuriegeln.

❖

Vorbericht zum 172. Länderspiel: Gegen Ende der Saison gab es nochmal einen Höhepunkt mit dem Länderspiel in Mailand gegen Weltmeister Italien. Nach dem 2:5 in Berlin hatte Italien mit Rava, Foni, Biavati und Piola, 4 Weltmeister dabei, die in Berlin gefehlt hatten. Sepp Herberger berief zu diesem Spiel:

Tor: Raftl, Klodt
Verteidiger: Janes, Billmann
Läufer: Kupfer, Rohde, Sold, Kitzinger
Stürmer: Lehner, Hahnemann, Conen, Gauchel, Binder, Pesser, Urban

Nur Ed Conen mußte absagen, ansonsten hatte Herberger die freie Wahl. Nach seinem guten Spiel gegen Jugoslawien rückte erwartungsgemäß Hahnemann für den fehlenden Conen in die Mannschaft und Urban für den schwachen Gauchel. Sonst war es dieselbe Elf wie gegen Ungarn.

5.5.1940 in Mailand

Italien - Deutschland 3:2 (2:1)

SR: Ivancsics (Ungarn), Zuschauer: 50.000
Italien: A.Olivieri; Foni, Rava; Depetrini, Olmi, Campatelli; Biavati, Piola, Bertoni I, Trevisan, Colaussi
Deutschland: H.Klodt -8 (Schalke 04); Janes -51 (Fort.Düsseld.), Billmann -9 (1.FC Nürnberg); Kupfer -25 (Schweinfurt 05), Rohde -10 (TV Eimsbüttel), Kitzinger -32 (Schweinfurt 05); Lehner -55 (Schwaben Augsb.), Hahnemann -12 (Admira Wien), Binder -7 (Rapid Wien), Urban -19 (Schalke 04), Pesser -10 (Rapid Wien). Mannschaftskapitän: Janes
Tore: 1:0 Colaussi (17.), 2:0 Bertoni (25.), 2:1, 2:2 Binder (28., 51.), 3:2 Biavati (59.)
Beste Spieler: Piola, Biavati, Olivieri - Klodt, Binder, Kupfer
Bericht: Daß es die deutsche Mannschaft gegen dieses italienische Team wesentlich schwerer haben würde als beim 5:2 in Berlin, wurde bereits in den ersten Minuten deutlich.

5. Minute: Nach dem ersten Ansturm der Italiener hatte die deutsche Elf ihre erste Torgelegenheit, aber der Flachschuß von Hahnemann strich knapp am Pfosten vorbei. 6. Minute: Im Gegenzug die erste Torgelegenheit für die Italiener, als ihr Superstar Piola nacheinander Urban, Kitzinger und Rohde stehenließ, aber auch am Tor vorbeizielte.

10. Mintue: Erneut eine große Chance für die Italiener, die klar das Spiel bestimmten, als Linksaußen Colaussi aus günstiger Position über die Latte zielte. 14. Minute: Eine weite Flanke in den deutschen Strafraum verlängerte Mittelstürmer Bertoni mit dem Kopf, allerdings auch über das Tor. 15. Minute: Obwohl die italienische Mannschaft klar überlegen war, boten sich auch der deutschen Elf Torgelegenheiten. Nach Eckball von Lehner zog Außenläufer Kitzinger von der Strafraumgrenze ab. Olivieri warf sich vergeblich, aber der Ball prallte vom Pfosten zurück in die Hände des Torhüters. Glück für die Italiener, aber eine Führung für die deutsche Mannschaft war auch nicht verdient. 17. Minute: Wieder hatte sich Rechtsaußen Biavati gegen Billmann durchgesetzt und lief allein auf Torhüter Klodt zu. Der deutsche Torhüter

konnte den Schuß von Biavati abwehren, allerdings erneut vor dessen Füße und der paßte sofort zum völlig freistehenden Colaussi, der keine Mühe hatte, zum 1:0 für Italien einzuschieben.

25. Minute: Auch nach dem Rückstand fand sich die deutsche Mannschaft nicht zurecht. Nach Vorarbeit von Linksaußen Colaussi konnte Mittelstürmer Bertoni den Ball in günstiger Position annehmen, ließ Mittelläufer Rohde aussteigen und schoß unhaltbar zum 2:0 ein. 28. Minute: Keine 3 Minuten später zeigte Mittelstürmer Binder seine Qualität, indem er sich gegen 3 Abwehrspieler durchsetzen konnte und noch im Fallen den Ball am herausstürzenden Olivieri vorbei zum 1:2 ins Tor lenkte. Die deutsche Mannschaft hatte wieder Hoffnung und fand nun auch besser zu ihrem Spiel.

45. Minute: In der letzten Viertelstunde der ersten Halbzeit hatte die deutsche Mannschaft klar den Gegner beherrscht. Mit ein bißchen Glück wäre sogar der Ausgleich möglich gewesen.

50. Minute: In der zweiten Halbzeit begannen die Italiener erneut sehr stark und schnürten die deutsche Mannschaft ein. 51. Minute: Der erste Konter der deutschen Mannschaft brachte dann überraschend den Ausgleich, als Lehner den Ball in die Gasse spielte und Binder mit großen Schritten seine Gegenspieler hinter sich ließ. Mit der von ihm gewohnten Sicherheit knallte er den Ball unhaltbar zum 2:2 ins Netz. 59. Minute: Nach dem Ausgleich konnte die deutsche Mannschaft das Spiel wieder offen gestalten, aber eine Unachtsamkeit von Billmann brachte sie erneut in Rückstand. Der Nürnberger konnte seinen Gegenspieler Biavati wieder einmal nicht halten, der Rechtsaußen spurtete allein auf Torhüter Klodt zu und ließ diesem mit seinem herrlichen Schuß in die lange Ecke keine Chance. Italien führte wieder.

70. Minute: Nach der Führung zogen die Italiener ihre Halbstürmer zurück. Gegen die nun verstärkte Abwehr taten sich die deutschen Stürmer sehr schwer. Es zeigte sich auch, daß die 3 italienischen Stürmer Biavati, Piola und Colaussi wesentlich gefährlicher waren als die 5 deutschen Angreifer.

85. Minute: Einen der berühmten Rückzieher von Piola konnte Torhüter Klodt gerade noch abwehren. 87. Minute: Nach einem Freistoß von Piola mußte Torhüter Klodt erneut sein ganzes Können aufbieten um den Ball wegzufausten.

89. Minute: Zum Abschluß des Spiels zwang Colaussi mit einem knallharten Schuß Torhüter Klodt zu einer prachtvollen Parade. Dann war das Spiel aus, und die Italiener hatten verdient mit 3:2 gewonnen.

❖

Vorbericht zum 173. Länderspiel: Mit dem 14.7.1940 begann in Deutschland gleich in mehrfacher Hinsicht eine neue Fußballepoche. Zum ersten war Olympia endgültig gescheitert, womit nach dem damaligen Verständnis auch 1-2 Jahre lang, also mindestens bis zur WM 1942, keine internationalen Turniere bevorstanden. Reichstrainer Herberger hatte also 2 Jahre Zeit eine neue Mannschaft aufzubauen, die die Nachfolge der „Breslauer Elf" antreten sollte. Die Zeit der „Großen", Jakob, Münzenberg, Goldbrunner, Szepan, Raftl, Pesser usw., ging damit zu Ende. Zweitens fielen die Spieler von Rapid Wien, Schalke 04 und Dresdener SC wegen der Halbfinalspiele um die Deutsche Meisterschaft aus. Dadurch konnte Herberger gegen die Rumänen junge Talente erproben, die durch ihre ungezwungene, fast kindlich-spielerische Art alle Fußballfans entzückten und in der Öffentlichkeit den Boden für den Neuaufbau ebneten. Und drittens stand in diesem „Juniorenaufgebot" jener erst 19-jährige Fritz Walter, der in Deutschland noch Fußballgeschichte schreiben sollte.

Tor: Martinek (Wacker Wien), Jahn (BSV 92), Flotho (VfL Osnabrück)

Verteidiger: Janes (Fort. Düsseld.), Moog (VfL Köln 99), Pfänder (1.FC Nürnberg)

Läufer: Kupfer, Kitzinger (beide Schweinfurt 05), Krüger, Zwolanowski (beide Fort. Düsseld.)

Stürmer: Plener (VR Gleiwitz), Hahnemann (Admira Wien), Baumann (VfB Leipzig), F.Walter (1.FC Kaisersl.), Fiederer (Spvgg. Fürth), Arlt (SV Riesa)

Mit Martinek, Pfänder, Krüger, Zwolanowski, Plener, Baumann und Fritz Walter standen gleich 7 Spieler ohne einen Länderspieleinsatz im Aufgebot. Vier von ihnen, Martinek, Krüger, Plener und Fritz Walter, kamen gegen Rumänien erstmals zum Einsatz, und Zwolanowski folgte ihnen später. Im übrigen begann das Spiel mit 20 Minuten Verspätung, weil Fritz Walter beim Mittagsschlaf verschlafen hatte und mit der Straßenbahn hinterher fahren mußte.

14.7.1940 in Frankfurt
Deutschland - Rumänien 9:3 (4:0)

SR: Scorzoni (Italien), Zuschauer: 35.000

Deutschland: Martinek -1 (Wacker Wien); Janes -52 (Fort. Düsseld.), Moog -2 (VfL Köln 99); Kupfer -26 (Schweinfurt 05), Krüger -1 (Fort. Düsseld.), Kitzinger -33 (Schweinfurt 05); Plener -1 (VR Gleiwitz), Hahnemann -13 (Admira Wien), F.Walter -1 (1.FC Kaisersl.), Fiederer -3 (Spvgg. Fürth), Arlt -8 (SV Riesa). Mannschaftskapitän: Janes

Rumänien: David; Slivatz, Lengeriu; Moldaveanu, Juhasz, Lupas; Drza, Ploesteanu, Baratki, Reuter, Bogdan

Tore: 1:0 Plener (16.), 2:0, 3:0 Hahnemann (19., 28.), 4:0 F.Walter (33.), 4:1 Baratki (53.), 5:1 Fiederer (58.), 6:1 Plener (59.), 7:1 Fiederer (62.), 7:2 Ploesteanu (70.), 8:2 F.Walter (76.), 8:3 Baratki (79.), 9:3 (81.)

Beste Spieler: F.Walter, Hahnemann, Kupfer, Fiederer, Kitzinger - Baratki

Bericht: Die Rumänen kamen mit der Empfehlung nach Frankfurt, gerade erst gegen den Weltmeister Italien nur knapp mit 1:2 verloren zu haben. Jedem war deshalb klar, daß es die junge deutsche Mannschaft schwer haben würde.

15. Minute: Von der ersten Minute an wirbelte der deutsche Angriff, unterstützt von den Außenläufern Kupfer und Kitzinger, die rumänische Abwehr durcheinander. Der ständige Stellungswechsel, die hervorragende Technik und das direkte Spiel verwirrten die Rumänen von Minute zu Minute mehr. Dieser junge deutsche Angriff mit dem Routinier Hahnemann und vier 19-jährigen zauberte, daß es eine wahre Freude war. 16. Minute: Nach Steilpaß auf Plener eröffnete der Gleiwitzer den Torreigen. 19. Minute: Das schnelle deutsche Spiel brachte immer wieder einen Stürmer in günstige Schußposition. Als Hahnemann das 2:0 markierte, standen gleich 3 weitere Angreifer völlig frei.

28. Minute: Erneut war es der Wiener, der mit einem herrlichen Schuß zum 3:0 vollendete. 33. Minute: Der junge Fritz Walter, der immer mehr in die Rolle des Regisseurs schlüpfte, zeigte auch seine Schußqualitäten, als er zum 4:0 vollendete.

45. Minute: Die Zuschauer verabschiedeten die deutsche Mannschaft mit anhaltendem, stürmischem Beifall in die Pause.

53. Minute: Auch nach dem Seitenwechsel spielte die deutsche Mannschaft so glanzvoll weiter, wie sie aufgehört hatte. Daran konnte auch der Treffer zum 1:4 nach einem rumänischen Konter nichts ändern. 58. Minute: Diesmal war es Fiederer, der nach schöner Vorlage von Fritz Walter zum 5:1 einschießen konnte. 59. Minute: Gleich der nächste Angriff führte durch Rechtsaußen Plener zum 6:1. 62. Minute: Erneut war es der Fürther Fiederer, der einen Angriff aus dem Lehrbuch erfolgreich zum 7:1 abschloß.

70. Minute: Das 7:2 der Rumänen war allenfalls noch ein Schönheitsfehler. 76. Minute: Der unermüdliche Fritz Walter erhöhte auf 8:2. 79. Minute: Noch einmal gelang den Rumänen bei einem Konter ein weiteres Tor.

81. Minute: Der deutsche Sturmführer Fritz Walter, der noch besser spielte als Conen zu seiner besten Zeit, setzte mit dem 9. Treffer den Schlußpunkt. Nach einem überragenden Spiel der deutschen Mannschaft gewann sie auch in dieser Höhe verdient.

1940/41

Bilanz 1940/41
11 Spiele: 8 Siege, 1 Unentschieden, 2 Niederlagen, 45:13 Tore
Zuschauer: 403.000
In 11 Spielen wurden 38 Spieler eingesetzt, davon waren 12 Neulinge.

Die Spieler der Saison:
Fritz Walter	10	Spiele
Andreas Kupfer	9	"
Hans Klodt	8	"
Albin Kitzinger	8	"
Paul Janes	8	"
Wilhelm Hahnemann	7	"
Hans Rohde	6	"
Ernst Lehner	6	"
Alfons Moog	5	"
Edmund Conen	4	"
Helmut Schön	4	"
Stanislaus Kobierski	4	"
Franz Hanreiter	4	"
Jakob Streitle	3	"
Helmut Jahn	3	"
Walter Dzur	2	"
Ludwig Goldbrunner	2	"
Felix Zwolanowski	2	"
Willi Arlt	2	"
Hans Pesser	2	"
Karl Miller	2	"
Franz Binder	2	"
Hans Fiederer	2	"
Ernst Willimowski	2	"
Helmut Schneider	1	Spiel
Ernst Plener	1	"
Ludwig Männer	1	"
Hermann Eppenhoff	1	"
Franz Jellinek	1	"
Ludwig Durek	1	"
Franz Hammerl	1	"
Albert Sing	1	"
Ludwig Gärtner	1	"
Willi Billmann	1	"
Karl Sesta	1	"
Willibald Schmaus	1	"
Hans Urbanek	1	"
Hans Mock	1	"

Tore der Saison:
Wilhelm Hahnemann	10	Tore
Edmund Conen	8	"
Fritz Walter	7	"
Helmut Schön	5	"
Ernst Lehner	4	"
Stanislaus Kobierski	3	"
Ernst Willimowski	3	"
Willi Arlt	1	Tor
Ludwig Durek	1	"
Andreas Kupfer	1	"
Ludwig Gärtner	1	"
Paul Janes	1	"

Mannschaftsführer waren:
Paul Janes	8	mal
Albin Kitzinger	1	"
Ludwig Goldbrunner	1	"
Wilhelm Hahnemann	1	"

3 Elfmeter für Deutschland:
verwandelt durch Conen (gegen Bulgarien), Janes (gegen Ungarn), Lehner (gegen Kroatien)

1 Elfmeter gegen Deutschland:
verschossen durch Walaschek (Schweiz)

1 Eigentor gegen Deutschland:
durch Rohde (gegen die Schweiz)

Rangliste der Nationalspieler des Jahres:
1. Fritz Walter (Kaiserslautern)
2. Andreas Kupfer (FC Schweinfurt 05)
3. Paul Janes (Fortuna Düsseldorf)
4. Edmund Conen (Stuttgarter Kickers)
5. Wilhelm Hahnemann (Admira Wien)
6. Helmut Schön (Dresdener SC)
7. Hans Klodt (FC Schalke 04)
8. Albin Kitzinger (FC Schweinfurt 05)
9. Ernst Willimowski (PSV Chemnitz)
  Stanislaus Kobierski (Fortuna Düsseldorf)

Vorbericht zum 174. Länderspiel: Nach der großartigen Leistung gegen Rumänien hatte Herberger freie Hand, weitere Talente zu erproben und an den jungen Spielern festzuhalten. Als erstes führte er im August in Wien einen Lehrgang mit jungen Spielern durch. Daran nahmen u. a. teil: Martinek (Wacker), Fellner, Fitz, Kaspirek (alle Rapid), Huber, Probst, Riegler (alle Austria), Brinek (Wacker), Jellinek (Wiener SK), Decker (Vianna) und Melchior (Villach). Alles Spieler, die in Deutschland und ab 1945 in Österreich noch eine große Karriere vor sich hatten.

Bevor jedoch einige von ihnen im Nationalkader auftauchten, hatte Herberger für das Spiel gegen Finnland andere „Neue" im Aufgebot.
Tor: H.Klodt, Jahn
Verteidiger: Schneider, Moog, Richter
Läufer: Kupfer, Dzur, Kitzinger
Stürmer: Plener, Hahnemann, F.Walter, Conen, Arlt, Baumann

Mit Helmut Schneider (SV Waldhof), Lothar Richter (BC Chemnitz) und Walter Dzur (Dresdener SC), standen 3 Neulinge und erneut Baumann (jetzt Stendal) im Aufgebot. Schneider und Dzur debütierten gegen Finnland. Außerdem spielten 7 Spieler des Rumänienspiels sowie Hans Klodt und Ed Conen mit, die sich durch besondere Leistungen empfohlen hatten.

1.9.1940 in Leipzig

Deutschland - Finnland 13:0 (8:0)

SR: Dr.Remke (Dänemark), Zuschauer: 35.000

Deutschland: H.Klodt -9 (Schalke 04); H.Schneider -1 (SV Waldhof), Moog -3 (VfL Köln 99); Kupfer -27 (Schweinfurt 05), Dzur -1 (DSC), Kitzinger -34 (Schweinfurt 05); Plener -2 (VR Gleiwitz), Hahnemann -14 (Admira Wien), F.Walter -2 (1.FC Kaisersl.), Conen -20 (Stuttg. K.), Arlt -9 (SV Riesa). Mannschaftskapitän: Kitzinger

Finnland: Sarnola; T.Asikainen, Karjagin; Heinonen, Lathi, V.Asikainen; Weckström, Granström, Karhu, Teräs, Lehtinen

Tore: 1:0 Hahnemann (7.), 2:0 Conen (8.), 3:0 F.Walter (11.), 4:0 Conen (16.), 5:0, 6:0 Hahnemann (19., 28.), 7:0 Conen (32.), 8:0 Hahnemann (44.), 9:0 Conen (47.), 10:0 Hahnemann (49.), 11:0 Arlt (62.), 12:0 F.Walter (68.), 13:0 Hahnemann (82.)

Beste Spieler: F.Walter, Hahnemann, Conen, Kupfer, Kitzinger
- keiner

Bericht: Von der ersten Minute an machte die deutsche Mannschaft dort weiter, wo sie gegen Rumänien aufgehört hatte. Dabei zeigte sich Conen im Angriff noch als weitere Verstärkung.

7. Minute: Nach Steilvorlage von Fritz Walter stand Hahnemann am Elfmeterpunkt völlig frei und konnte sich die Ecke zum 1:0 aussuchen. 8. Minute: Gleich nach Wiederanstoß wurde der Ball abgefangen und erneut war es Fritz Walter, der einen wunderschönen Angriff einleitete, auf Hahnemann flankte, dessen Schuß Torhüter Sarnola abwehren konnte, aber nur vor die Füße von Conen, der unhaltbar zum 2:0 einschoß. 11. Minute: Das Sturmspiel der deutschen Mannschaft lief traumhaft sicher und schön. Einen herrlichen Paß von Conen nahm Fritz Walter am Elfmeterpunkt mit dem Rücken zum Tor auf, ließ zwei Abwehrspieler mit geschickter Körpertäuschung stehen und schoß unhaltbar zum 3:0 ein.

16. Minute: Auf schönem Paß von Kitzinger stand Ed Conen frei und schoß unhaltbar dicht neben dem Pfosten zum 4:0 ein. 19. Minute: Der deutsche Sturm spielte wie entfesselt. Wie beim ersten Tor schickte Fritz Walter seinen Mannschaftskameraden Hahnemann, der erneut mit einem satten Schuß dem finnischen Torhüter keine Chance ließ. Nach 19 Minuten bereits 5:0 für die deutsche Mannschaft.

25. Minute: Der erste gefährliche Schuß auf das deutsche Tor, vom Linksaußen Lehtinen, konnte Klodt ohne größere Schwierigkeiten halten. Und dann war schon wieder die deutsche Mannschaft im Angriff; angetrieben von Kupfer und Kitzinger, wirbelte der deutsche Innensturm die finnische Abwehr nach allen Regeln der Kunst durcheinander. Leider fielen die beiden deutschen Außenstürmer etwas ab. 28. Minute: Ein raffinierter Schlenzer vom freistehenden Hahnemann machte dann das halbe Dutzend voll. 32. Minute: Als Plener in günstiger Position den Ball verlor, war Conen zur Stelle, um sich den Ball wiederzuholen und mit einem mächtigen Schuß zum 7:0 einzudonnern.

44. Minute: Diesmal war es auf der anderen Seite Arlt, der den Ball verlor, und Hahnemann zur Stelle war, um sich das Leder zu erkämpfen und dann mit dem Ball bis ins Tor zu spazieren. Zur Pause führte die deutsche Mannschaft sensatioinell hoch mit 8:0 Toren.

47. Minute: Auch nach dem Seitenwechsel kamen die Finnen nicht aus ihrer Hälfte heraus. Conen gelang der 9. deutsche Treffer. 49. Minute: Nach schöner Vorarbeit von Fritz Walter und Ed Conen bekam Willi Hahnemann den Ball maßgerecht in den Lauf gespielt, und ohne zu stocken jagte er das Leder zum 10:0 ins finnische Gehäuse.

62. Minute: Als sich die deutsche Mannschaft eine viertelstündige Verschnaufpause gönnte, sah man endlich auch von den beiden deutschen Außenstürmern ein schönes Spiel. Rechtsaußen Plener setzte sich gegen seinen Gegenspieler durch, flanke in die Mitte, wo Arlt direkt aus der Luft zum 11:0 verwandelte. 68. Minute: Inzwischen brachte der deutsche Sturm die finnische Abwehr wieder durcheinander. Nach Vorlage von Kupfer zu Hahnemann und dessen Paß in den freien Raum machte Fritz Walter mit einem knallharten Schuß das Dutzend voll.

82. Minute: Trotz bester Torgelegenheiten war der deutsche Sturm fast eine Viertelstunde lang leer ausgegangen, bevor Hahnemann mit seinem 6. Treffer den Endstand herstellte.

90. Minute: In Leipzig hatten die Zuschauer eines der besten deutschen Länderspiele überhaupt und den zweithöchsten Sieg in der Länderspielgeschichte gesehen. Viel wesentlicher als das Ergebnis war jedoch die Art und Weise, wie der Sieg erspielt wurde. Bei den vielen hervorragenden jungen Talenten konnte man nur bedauern, daß es damals keine internationalen Turniere gab.

❖

Vorbericht zum 175. Länderspiel: Gegen die Slowakei setzte Herberger seine Experimente mit jungen Spielern, geführt von einigen Erfahrenen, fort. Diesmal standen mit Jellinek (Wiener SK) und Durek (FC Wien) 2 Spieler am linken Flügel, die beim Lehrgang in Wien besonders aufgefallen waren. Außerdem der kleine Zwolanowski (Fortuna Düsseldorf), der seit Monaten in Hochform war, und der schnelle und technisch hervorragende Schalker Rechtsaußen Eppenhoff. Dafür mußten vom Kern der neuen Mannschaft die beiden Schweinfurter Außenläufer und Fritz Walter pausieren.

15.9.1940 in Preßburg

Slowakei - Deutschland 0:1 (0:0)

SR: Scarpi (Italien), Zuschauer: 15.000
Slowakei: Reimann; Vanek, Rado; Kovacs, Porubsky, Chodak; Bolcek, Bielek, Földes, Arpas, Luknar.
Deutschland: Jahn -2 (Berl. SV 92); Janes -53 (Fort. Düsseld.), Moog -4 (VfL Köln 99); Zwolanowski -1 (Fort. Düsseld.), Dzur -2 (DSC), Männer -5 (Hannover 96); Eppenhoff -1 (Schalke 04), Hahnemann -15 (Admira Wien), Conen -21 (Stuttg. K.), Jellinek -1 (Wiener SK), Durek -1 (FC Wien). Mannschaftskapitän: Janes
Tor: 0:1 Durek (78.)
Beste Spieler: Rado, Reimann, Luknar - Janes, Jahn, Conen

Bericht: Daß die Reise nach Preßburg kein Spaziergang war, hatte die deutsche Mannschaft schon ein Jahr zuvor erfahren müssen, als sie in Preßburg 0:2 verlor.

3. Minute: Diese Slowaken waren aus anderem Holz geschnitzt, als die Finnen. Sie hatten die erste klare Torchance durch Földes, der Torhüter Jahn zu einer Glanzparade zwang. 5. Minute: Nach Vorarbeit von Hahnemann und Conen bot sich dem schnellen Rechtsaußen Eppenhoff die erste Torgelegenheit für die deutsche Mannschaft. Der Schalker scheiterte jedoch an dem großartigen Torhüter Reimann. 7. Minute: Erneut eine Torgelegenheit für die Slowaken, als Linksaußen Luknar frei zum Schuß kam, aber knapp am deutschen Tor vorbeizielte.

20. Minute: Endlich fand sich die deutsche Mannschaft etwas besser zurecht, ohne jedoch auch nur annähernd den Spielfluß der beiden letzten Länderspiele zu erreichen.

60. Minute: Nach dem Seitenwechsel wurden die Slowaken noch stärker. Die deutsche Abwehr hatte Schwerstarbeit zu leisten, wobei sich besonders Janes hervortat.

75. Minute: Zwar gelang es der deutschen Mannschaft immer wieder das Spiel ausgeglichen zu gestalten, aber die zwingenden Torchancen blieben aus. 78. Minute: Um so überraschender die deutsche Führung. Neuling Durek zeigte, worin seine besondere Stärke lag. Ein herrlicher, knallharter Schuß war für Torhüter Reimann unhaltbar und bedeutete den Siegtreffer.

90. Minute: Wie schon früher die Tschechoslowakei, so war auch die Slowakei für die deutsche Mannschaft ein schwer zu spielender Gegner. Das 1:0 war schmeichelhaft und glücklich. Herberger erkannte, daß nicht jedes Talent ein Fritz Walter war.

❖

Vorbericht zum 176. Länderspiel: Gegen Ungarn hatte Herberger die Qual der Wahl. Er zog diesmal Klodt dem Talent Jahn vor. Der Waldhöfer Schneider hatte Pech, daß die Standardverteidiger Janes und Moog zur Stelle waren. Und der für ihn vorgesehene Mittelläuferposten wurde dann doch dem erfahrenen Goldbrunner übertragen. Als Außenläufer waren natürlich die beiden Schweinfurter wieder dabei. Und im Angriff, wo immer noch keine überzeugenden Flügelstürmer unter den jungen Spielern aufgetaucht waren, kehrten mit dem Ex-Augsburger Lehner und dem Wiener Pesser zwei erfahrene Spieler zurück, die den neuen Innensturm unterstützen sollten.

6.10.1940 in Budapest

Ungarn - Deutschland 2:2 (1:1)

SR: Dattilo (Italien), Zuschauer: 36.000
Ungarn: Boldizsar; Pakozdi, Polgar; Posa, Lazar, Sarosi III; Kincses, Dr.Sarosi, Finta, Kiszely, Gyetvai
Deutschland: H.Klodt -10 (Schalke 04); Janes -54 (Fort. Düsseld.), Moog -5 (VfL Köln 99); Kupfer -28 (Schweinfurt 05), Goldbrunner -38 (Bayern München), Kitzinger -35 (Schweinfurt 05); Lehner -56 (Blau-Weiß 90), Hahnemann -16 (Admira Wien), F.Walter -3 (1.FC Kaisersl.), Conen -22 (Stuttg. K.), Pesser -11 (Rapid Wien). Mannschaftskapitän: Janes
Tore: 0:1 Lehner (24.), 1:1 Kiszely (31.), 1:2 Hahnemann (56.), 2:2 Kincses (60.)
Beste Spieler: Dr.Sarosi, Kincses, Kiszely - Kupfer, F.Walter, Janes

Bericht: Bei den Ungarn fehlten nur Toldi und Zsengeller aus dem Stamm der Mannschaft; wie gleich zu Beginn festzustellen war, war dies jedoch keine wesentliche Schwächung.

3. Minute: Das Spiel hatte vom Anpfiff an Klasse. Ohne langes Abtasten ging es auf beiden Seiten sofort zur Sache. 4. Minute: Die erste Torgelegenheit für die deutsche Mannschaft, als Pesser flankte und Fritz Walter den Ball herrlich aus der Luft annahm, ihn sich zurechtlegte und mit einem tollen Schuß nur knapp das Tor der Ungarn verfehlte. 6. Minute: Auf der anderen Seite hatte

Dr. Sarosi die Chance, die Ungarn in Führung zu bringen. Sein Schuß blieb jedoch in der deutschen Abwehr hängen.

16. Minute: Erneut hatten die Ungarn eine große Torgelegenheit als Halblinks Kiszely frei zum Schuß kam, aber das deutsche Tor verfehlte. 24. Minute: Nach einem Alleingang von Lehner, bei dem er zwei ungarische Abwehrspieler hinter sich ließ, knallte der Rechtsaußen ganz überraschend, auch für den ungarischen Torhüter, zum 1:0 in die kurze Ecke. 29. Minute: Auch in den 5 Minuten nach dem Führungstreffer hatte die deutsche Elf mehrere Torgelegenheiten durch Lehner, Hahnemann und Walter. 31. Minute: Ganz überraschend dann der Ausgleich für die Ungarn, als Torhüter Klodt eine Flanke von Gyetvai verfehlte und Kiszely ins leere Tor köpfen konnte.

44. Minute: Noch zweimal Glück für die Ungarn kurz vor der Halbzeitpause, als zuerst Hahnemann, nach schöner Vorlage von Fritz Walter, zu lange mit dem Schuß zögerte und der anschließende Eckball von Fritz Walter nur ganz knapp über das Ungarntor geköpft wurde. Mit einem für die Ungarn schmeichelhaften 1:1 ging es in die Pause.

50. Minute: In den ersten Minuten der zweiten Halbzeit drängten die Ungarn auf den Führungstreffer, doch da hatte sich die deutsche Mannschaft bereits gefunden und war, wie schon überwiegend in der ersten Halbzeit, überlegen. 56. Minute: Mit einem herrlichen Steilpaß von Conen zog Halbrechts Hahnemann davon, schüttelte die Verteidiger ab und schob gefühlvoll an dem herausstürzenden ungarischen Torhüter vorbei zum 2:1 ins Netz.

60. Minute: Nur 4 Minuten hielt die deutsche Führung, da wurde Rechtsaußen Kincses von Finta mit einem Absatzkick bedient. Gegen den Prachtschuß des Rechtsaußen war Torhüter Klodt machtlos. 70. Minute: Pech für die deutsche Mannschaft, als Pesser so scharf schoß, daß der ungarische Torhüter den Ball nicht festhalten konnte und der Linksaußen den Nachschuß ins Tor setzte. Nach Reklamation der Ungarn bei Schieds- und Linienrichter wurde das Tor wegen Abseits nicht gegeben, obwohl der Ball vom Gegner gekommen war.

90. Minute: Nachdem Lehner und Finta noch je eine große Torgelegenheit vergeben hatten, endete das Spiel 2:2. Noch nie war eine deutsche Nationalmannschaft in Budapest einem Sieg so nahe wie an diesem Tag.

❖

Vorbericht zum 177. Länderspiel: Der nächste Gegner der deutschen Nationalmannschaft war Bulgarien, gegen das Deutschland ein Jahr zuvor mit 7 Spielern der „Breslauer Elf" in Sofia mühsam mit 2:1 gewonnen hatte. Sepp Herberger vertraute trotzdem seiner Mischung aus erfahrenen und ganz jungen Spielern und hatte sogar wieder 5 Neulinge im Aufgebot.

Tor: H.Klodt, Fink
Verteidiger: Streitle, Moog
Läufer: Kupfer, Goldbrunner, Bayerer, Hammerl
Stürmer: Lehner, F.Walter, Conen, Sing, Gärtner, Erb

Zwei der Neulinge, Franz Hammerl und Albert Sing, wurden gegen Bulgarien eingesetzt. Rudolf Fink (Bayern München), Georg Bayerer (1860 München) und Josef Erb (SV Waldhof) wurden nie Nationalspieler. Ludwig „Lutte" Goldbrunner machte in München sein 39. und letztes Länderspiel. Nach dem durch Krankheit früh verstorbenen Otto Siffling sowie Jakob, Münzenberg und Szepan war er der 5. Nationalspieler der „Breslauer Elf", dessen internationale Karriere zu Ende ging.

20.10.1940 in München
Deutschland - Bulgarien 7:3 (3:2)

SR: Kiss (Ungarn), Zuschauer: 32.000
Deutschland: H.Klodt -11 (Schalke 04); Streitle -6 (Bayern München), Moog -6 (VfL Köln); Kupfer -29 (Schweinfurt 05), Goldbrunner -39 (Bayern München), Hammerl -1 (SV Post München); Lehner -57 (Blau-Weiß 90), F.Walter -4 (1.FC Kaisersl.), Conen -23 (Stuttg. K.), Sing -1 (Stuttg. K.), Gärtner -2 (Olympia Lorsch). Mannschaftskapitän: Goldbrunner

Bulgarien: Antonov; Zografov (ab 54. Kitanov), Radev; L.Petrov, Stefanov, Stamboljev; Milev, L.Angelov, Nikolaev, Belokapov, Chr.Evtimov

Tore: 1:0 Gärtner (12.), 2:0 Kupfer (17.), 3:0 Conen (19. Handelfmeter), 3:1, 3:2 Evtimov (20., 36.), 4:2, 5:2, 6:2 Conen (60., 63., 74.), 6:3 Milev (75.), 7:3 Lehner (77.)

Beste Spieler: Conen, Kupfer, F.Walter - Evtimov

Bericht: Bereits in den ersten Minuten knüpfte die deutsche Mannschaft an die guten Leistungen der Spiele gegen Finnland und Rumänien an.

5. Minute: Ein herrlicher knallharter Conen-Schuß konnte von Torhüter Antonov gerade noch zur Ecke abgewehrt werden. 10. Minute: Der wieder sehr agile Fritz Walter köpfte nur knapp über das Gehäuse der Bulgaren.

12. Minute: Nach herrlichem Steilpaß von Fritz Walter zog Linksaußen Gärtner davon und schoß knallhart zum 1:0 ins lange Eck. 17. Minute: Auch nach dem Führungstreffer drängte die deutsche Mannschaft stürmisch weiter. Eine Flanke von Linksaußen Gärtner nahm Kupfer aus gut 25 Meter Entfernung direkt und knallte ihn mit unheimlicher Wucht zum 2:0 ins bulgarische Tor. 19. Minute: Nach einem ansehlichen Trick von Fritz Walter, mit dem er gleich vier Bulgaren aussteigen ließ, und anschließendem Steilpaß auf Gärtner, war es erneut passiert. Stamboljev wehrte im Strafraum mit der Hand ab und den fälligen Elfmeter schoß Conen ruhig und überlegt ins untere Eck. 20. Minute: Direkt im Gegenzug konnte Linksaußen Evtimov, nach Flanke von Milev, auf 1:3 verkürzen.

30. Minute: Obwohl die deutsche Mannschaft immer noch klar überlegen war, hatten die Bulgaren bei ihren Konterchancen gute Torgelegenheiten, weil die linke deutsche Abwehrseite mit Moog, Goldbrunner und Hammerl nie die Klasse der anderen erreichte. 36. Minute: Nachdem Torhüter Klodt gerade noch einen Schuß von Nikolaev abwehren konnte, war erneut Evtimov zur Stelle und erzielte das 2:3.

45. Minute: Nach den ersten starken 20 Minuten hatte die deutsche Elf, vor allem durch die Unsicherheiten in der Abwehr, den Faden verloren.

60. Minute: Nachdem es auch in der ersten Viertelstunde der zweiten Halbzeit nicht so recht laufen wollte, fiel überraschend durch einen knallharten Schuß von Ed Conen das 4:2. 63. Minute: Der Stuttgarter Mittelstürmer war nun nicht mehr zu halten; nach Zuspiel am Elfmeterpunkt fackelte er nicht lange und donnerte den Ball erneut unhaltbar ins bulgarische Tor.

74. Minute: Nach einem Alleingang von Conen schaffte der Stuttgarter in der 74. Minute das 6:2 und damit innerhalb von 14 Minuten einen echten Hattrick. 75. Minute: Erneut konterten die Bulgaren, als Milev in einen zu kurzen Rückpaß von Goldbrunner lief und Torhüter Klodt keine Chance ließ. 77. Minute: Das in dieser Phase völlig offen geführte Spiel beider Mannschaften nutzte Rechtsaußen Lehner zu einem Alleingang, den er mit einem unhaltbaren Schuß ins lange Eck zum 7:3 abschloß.

90. Minute: Das hohe Ergebnis von 7:3 konnte nicht darüber hinwegtäuschen, daß es innerhalb der deutschen Mannschaft viel Leerlauf und auf der linken Abwehrseite viele Schwächen gegeben hatte.

❖

Vorbericht zum 178. Länderspiel: Ein ganz schweres Spiel stand der deutschen Mannschaft in Zagreb gegen Jugoslawien bevor. Diesesmal verzichtete Herberger auf Experimente und nahm seinen Stammkader mit.

Tor: H.Klodt, Jakob
Verteidiger: Janes, Streitle, Moog
Läufer: Kupfer, Rohde, Kitzinger
Stürmer: Lehner, Zwolanowski, Conen, F.Walter, Fiederer, Arlt

Kurz vor Spielbeginn mußte die ursprünglich vorgesehene Formation noch wegen einer Fußverletzung von Conen geändert werden. Für ihn kam Zwolanowski in die Elf.

3.11.1940 in Zagreb
Jugoslawien - Deutschland 2:0 (1:0)

SR: Scarpi (Italien), Zuschauer: 17.000
Jugoslawien: Glazer; Brozovic, Dubac; Danic, Jazbinsek, Lehner; Cimermancic, Valjarevic, V.Bozovic, Vujadinovic, Matekalo
Deutschland: H.Klodt -12 (Schalke 04); Janes -55 (Fort. Düsseld.), Streitle -7 (Bayern München); Kupfer -30 (Schweinfurt 05), Rohde -11 (TV Eimsbüttel), Kitzinger -36 (Schweinfurt 05); Lehner -58 (Blau-Weiß 90), Zwolanowski -2 (Fort. Düsseld.), F.Walter -5 (1.FC Kaisersl.), Fiederer -4 (SpVgg Fürth), Arlt -10 (SV Riesa). Mannschaftskapitän: Janes
Tore: 1:0 Bozovic (44.), 2:0 Cimermancic (63.)
Beste Spieler: Glazer, Bozovic, Lehner - Kupfer, Kitzinger, Janes
Bericht: Die Jugoslawen begannen furios, setzten die deutsche Abwehr unter Druck und hatten bereits in diesen Anfangsminuten zwei gute Torgelegenheiten.
15. Minute: Nachdem die deutsche Mannschaft sich gefangen und 10 Minuten das Spiel bestimmt hatte, übernahmen erneut die Jugoslawen die Initiative. 29. Minute: Nach einem versehentlichen Handspiel von Kupfer mußte sich Torhüter Klodt das erste Mal richtig strecken, um einen Gegentreffer zu verhindern.
44. Minute: Eine Tendelei von Fiederer im Mittelfeld brachte noch unerwartet die Pausenführung für die Jugoslawen. Der Ball kam sofort zum Rechtsaußen Cimermancic, der flankte und als sich Klodt und Janes uneinig waren, fegte Bozovic dazwischen und schoß zum viel umjubelten und verdienten 1:0 ein.
51. Minute: Gerade hatte Klodt noch einen knallharten Schuß von Bozovic abwehren müssen, da kam auch endlich wieder die deutsche Elf gefährlich vor das jugoslawische Tor. Pech für Fritz Walter, daß sein herrlicher Schuß nur die Latte streifte. 60. Minute: Die deutsche Mannschaft fand zusehends besser zu ihrem Spiel. Immer häufiger tauchte sie vor dem jugoslawischen Tor auf und brachte die Abwehr durcheinander. 63. Minute: Als die deutsche Abwehr immer mehr aufgerückt war, kam der verhängnisvolle Konter; über Mittelstürmer Bozovic zu Matekalo und dessen Schuß konnte Klodt nur noch genau vor die Füße von Cimermancic abwehren, der sich diese Chance nicht entgehen ließ.
90. Minute: Nach dem 2:0 der Jugoslawen spielte nur noch die deutsche Mannschaft, das Eckenverhältnis wandelte sich von 2:7 auf 7:7, aber Tore wollten einfach keine fallen. So gewannen die Jugoslawen verdient gegen eine zu spät aufgewachte deutsche Mannschaft.

❖

Vorbericht zum 179. Länderspiel: Für das letzte Länderspiel des Jahres 1940 nahm Herberger keine wesentlichen Veränderungen vor. Die einzigen Neulinge waren Haas (Wilhelmshaven) und Richard Dörfel (HSV). Für beide wurde der Traum vom Nationalspieler niemals wahr.
Tor: Jahn, Haas
Verteidiger: Janes, Moog, R.Dörfel
Läufer: Kupfer, Kitzinger, Rohde, Zwolanowski
Stürmer: Lehner, F.Walter, Conen, Schön, Binder, Pesser
Der immer wieder von einer Knieverletzung geplagte Helmut Schön kehrte nach fast einem Jahr in die Nationalmannschaft zurück. Für Linksaußen Pesser, dem ersten Österreicher in der Nationalelf, war es das letzte Länderspiel.

17.11.1940 in Hamburg
Deutschland - Dänemark 1:0 (0:0)

SR: Ahlfors (Finnland), Zuschauer: 28.000
Deutschland: Jahn -3 (BSV 92); Janes -56 (Fort. Düsseld.), Moog -7 (VfL Köln 99); Kupfer -31 (Schweinfurt 05), Rohde -12 (TV Eimsbüttel), Kitzinger -37 (Schweinfurt 05); Lehner -59 (Blau-Weiß 90), F.Walter -6 (1.FC Kaisersl.), Binder -8 (Rapid Wien), Schön -12 (DSC), Pesser -12 (Rapid Wien). Mannschaftskapitän: Janes
Dänemark: E.Sörensen; Paul L.Hansen, Glümer; Bresling, E.Johansen, A.Sörensen; Friedmann, W.Christensen, Knudsen, Mathiesen, Iversen
Tor: 1:0 Schön (62.)
Beste Spieler: Janes, Rohde, Pesser - Friedmann, Hansen, E.Johansen
Bericht: Daß es gegen die Dänen nie wieder so leicht werden würde wie beim 8:0 in Breslau, war eigentlich jedem vorher klar. Wie schwer sich jedoch die deutsche Mannschaft tat, zeigte sich nach 45 Minuten.
45. Minute: Zwar hatte die deutsche Mannschaft 8:4 Ecken erzielt, aber kaum zwingende Torgelegenheiten. Nicht nur, daß die Dänen in der Abwehr hervorragend standen, im deutschen Innensturm spielten Binder und Schön viel zu langsam, so daß der Halbrechte Fritz Walter allein auf weiter Flur stand. Er konnte noch so oft in günstige Position laufen, Binder und Schön warteten immer mit dem Abspiel viel zu lange. Zudem hatten auch die Außenläufer Kupfer und Kitzinger nicht ihren besten Tag. Ihr Zuspiel war fast immer ungenau oder zu hoch und konnte so von den langen Kerlen in der dänischen Abwehr abgefangen werden.
55. Minute: Nach der deutschen Anfangsoffensive in den zweiten 45 Minuten verflachte das Spiel erneut. Die Schüsse der Dänen auf das deutsche Tor waren wesentlich gefährlicher als umgekehrt. 62. Minute: Ganz überraschend die deutsche Führung, als Lehner, wie früher, am rechten Flügel durchmarschierte, wunderbar in die Mitte flankte, wo Fritz Walter den Ball mit dem Kopf maßgerecht Helmut Schön vor die Füße legte, der flach und unhaltbar zum 1:0 einschoß. Erst jetzt bekam das Spiel Farbe.
70. Minute: Nach einem Handspiel des äußerst schwachen Verteidigers Moog schoß Friedmann den Freistoß. Wie eine Bogenlampe flog der Ball über Torhüter Jahn hinweg, aber zum Glück stand Janes auf der Linie. 71. Minute: Erneut Glück für die deutsche Mannschaft, als Iversen einen Ball direkt nahm und voll draufhielt. Der Ball klatschte an den Pfosten und sprang ins Feld zurück. 88. Minute: Als die Dänen alles auf eine Karte setzten, bot sich „Bimbo" Binder noch einmal eine gute Torchance, als er alleine durchging, seinen Gegenspieler abschüttelte und den Ball gefühlvoll über den herausstürzenden Torhüter Sörensen hinweghob. Pech für den Wiener, daß der Ball an die Latte ging.
90. Minute: Etwas glücklich, aber nicht unverdient hatte die deutsche Mannschaft mit 1:0 gewonnen. Mit der Leistung konnten jedoch weder die Spieler noch Sepp Herberger zufrieden sein.

❖

Vorbericht zum 180. Länderspiel: Nach dem langen Kriegswinter 1940/41 erwachte Anfang März wieder das internationale Fußballeben in Deutschland. Zum ersten Länderspiel gegen den alten Rivalen Schweiz baute Herberger auf seine Stammelf. Überraschend, aber aufgrund herausragender Leistungen durchaus verdient, tauchten der Schalker Gellesch und Linksaußen Kobierski (Fortuna Düsseldorf) nach fast 5 Jahren wieder in der Nationalmannschaft auf. Kobierski hatte sich zuletzt als Gastspieler des PSV Berlin durch seine hervorragende Leistung beim Städtespiel Mailand - Berlin empfohlen.
Tor: H.Klodt, Jahn
Verteidiger: Janes, Streitle, Kolb
Läufer: Kupfer, Kitzinger, Rohde, Gellesch
Stürmer: Hanreiter, Hahnemann, Conen, F.Walter, Kobierski

Einziger Neuling war Kolb von Eintracht Frankfurt, der jedoch in seiner Laufbahn ohne Länderspiel blieb. Zwei Tage vor dem Spiel kam dann noch die betrübliche Nachrichten, daß Jahn, Conen und eventuell sogar Fritz Walter ausfallen würden. Herberger nominierte deshalb Deyhle (Stuttgarter Kickers), Helmut Schön (Dresdener SC) und erstmals Ernst Willimowski (PSV Chemnitz) nach. Mit dem deutschstämmigen Polen Willimowski kam nach den Österreichern ein weiterer Spieler in die deutsche Nationalelf, der bereits für ein anderes Land gespielt hatte. Gegen die Schweiz kam der ehemalige polnische Torjäger (22 Länderspiele, 21 Tore) jedoch nicht zum Einsatz. Erst wenn man berücksichtigte, daß Willimowski in der zweit- oder gar drittklassigen polnischen Nationalelf so viele Tore erzielt hatte, konnte man ermessen, welch guter Torjäger er war.

9.3.1941 in Stuttgart
Deutschland - Schweiz 4:2 (1:1)

SR: Scorzoni (Italien), Zuschauer: 60.000
Deutschland: H.Klodt -13 (Schalke 04); Janes -57 (Fort. Düsseld.), Streitle -8 (Bayern München); Kupfer -32 (Schweinfurt 05), Rohde -13 (TV Eimsbüttel), Kitzinger -38 (Schweinfurt 05); Hanreiter -2 (Admira Wien), Hahnemann -17 (Admira Wien), F.Walter -7 (1.FC Kaisersl.), Schön -13 (DSC), Kobierski -22 (Fort. Düsseld.). Mannschaftskapitän: Janes
Schweiz: Ballabio; Stelzer, Lehmann; P.Aeby, Andreoli, Buchoux; Bickel, Amado, Monnard, Walaschek, G.Aeby
Tore: 1:0 Schön (12.), 1:1 Monnard (22.), 2:1 Schön (46.), 3:1 Kobierski (49.), 4:1 F.Walter (52.), 4:2 Rohde (87. Eigentor)
Beste Spieler: Schön, Kupfer, Hahnemann, H.Klodt, F.Walter - Monnard, Ballabio, Amado
Bericht: Nach längerer Pause nahm die Schweiz wieder ihren Länderspielbetrieb auf. Man konnte gespannt sein, wie sich die neue Mannschaft schlagen würde.

8. Minute: Die ersten Minuten waren auf beiden Seiten ein vorsichtiges Abtasten ohne zwingende Torgelegenheiten. Erst jetzt gab es, nach Vorarbeit von Kitzinger, Kobierski, Fritz Walter und Hahnemann, die erste Chance für Rechtsaußen Hanreiter, die jedoch ungenutzt blieb. 9. Minute: Nach einer Maßvorlage von Schön hatte Fritz Walter die zweite gute Torgelegenheit, aber sein Schuß ging knapp über die Latte. 12. Minute: Nach einer Ecke von Hanreiter bekam Fritz Walter den Ball 6 Meter vor dem Tor auf den Fuß. Statt eines Versuchs, durch die vielbeinige Abwehr das Tor zu treffen, legte er maßgerecht dem heranspurtenden Schön den Ball vor, der zum 1:0 für die deutsche Mannschaft einschieben konnte. Eine tolle Leistung der beiden Supertechniker im deutschen Sturm. 13. Minute: Viel Glück für die Schweiz, als der großartige Torhüter Ballabio gerade noch einen herrlichen Schuß von Hanreiter wegfausten konnte. 16. Minute: Als Linksaußen George Aeby wieder einmal Paul Janes stehen ließ, wußte der sich nur noch durch ein Foul zu helfen. An der Berechtigung des folgenden Elfmeters gab es nichts zu zweifeln. Zum Glück für die deutsche Mannschaft ging der Schuß von Walaschek knapp am Pfosten vorbei. Glück für die deutsche Mannschaft im doppelten Sinne, denn eigentlich hätte der Elfmeter wiederholt werden müssen, weil Torhüter Klodt sich regelwidrig schon während des Anlaufs von Walaschek von der Linie bewegt hatte.

22. Minute: Die Schweizer ließen sich von diesem Mißgeschick jedoch nicht irritieren. Sie spielten weiterhin mit und kamen zum verdienten Ausgleich durch Monnard, der Rohde aussteigen ließ, und den Ball am herausstürzenden Klodt vorbei zum Ausgleich ins deutsche Tor spitzelte. 28. Minute: Glück für die deutsche Mannschaft, als Monnard mit einem herrlichen Paß Amado schickte und der auch sicher verwandelte. Der Schiedsrichter erkannte auf Abseits, obwohl diese Entscheidung zweifelhaft war.

45. Minute: Die restliche Viertelstunde der ersten Halbzeit gehörte wieder ganz der deutschen Mannschaft, die stürmisch drängte, traumhaft kombinierte und die Schweizer Abwehr gehörig durcheinander wirbelte. Eine Führung für die deutsche Elf wäre zur Halbzeit durchaus verdient gewesen.

46. Minute: Die deutsche Mannschaft hatte Anstoß zur zweiten Halbzeit; man spielte zurück zu Kitzinger, der weiter zu Kupfer und der zu Fritz Walter. Fritz Walter sah Schön in die Gasse laufen, schickte ihn mit einem wunderschönen Paß, und der Dresdner erzielte das 2:1, ohne daß ein Schweizer Spieler den Ball berührt hatte. 49. Minute: Die Schweizer hatten sich noch nicht von dem Rückstand erholt, da griff die deutsche Mannschaft schon wieder stürmisch an. Nach Zuspiel von Hahnemann flankte Hanreiter in die Mitte, wo Schön den Ball geschickt zu Kobierski durchlaufen ließ. Der versetzte seinen Gegenspieler Aeby und schoß aus fast unmöglichem Winkel wuchtig und unhaltbar zum 3:1 ein. 52. Minute: Nachdem die Schweizer bange Minuten überstanden hatten und ihrerseits zum Angriff übergingen, kam eiskalt der Konter. Wieder war es Helmut Schön, der den jungen Fritz Walter mit einem Steilpaß schickte. Fritz Walter war schneller als sein Gegenspieler Stelzer und verwandelte entschlossen aus vollem Lauf zum 4:1.

67. Minute: Beinahe hätte Fritz Walter eine Rückgabe von Buchoux noch erlaufen. Aber auch wenn dies nicht klappte, so war es doch wunderbar anzusehen, wie der junge Pfälzer seine Technik einsetzte.

85. Minute: Die Schweizer Elf hatte dem Wirbel der deutschen Mannschaft nichts mehr entgegenzusetzen. Zwar blieben weitere Tore aus, aber die Zuschauer kamen durch das technisch hochklassige Spiel trotzdem auf ihre Kosten. 87. Minute: Als Rohde, von Monnard bedrängt, zu Torhüter Klodt zurückspielen wollte, traf er zum Entsetzen des Torhüters ins eigene Tor. Dieses Eigentor war jedoch nur noch eine Ergebniskorrektur des Spiels, das mit 4:2 hochverdient von der deutschen Mannschaft gewonnen wurde.

❖

Vorbericht zum 181. Länderspiel: Für die zweite März- und erste Aprilwoche hatte Herberger sich viel vorgenommen. Er wollte möglichst alle Talente und seinen erweiterten Kreis auf Lehrgängen in Berlin sehen. Der erste für die Talente, vom 17.-21.3.1941, umfasste 64 Spieler, die eingeladen wurden:

Tor: Martinek (Wien), Schönbeck (Berlin), Kowalkowski (Eimsbüttel), Grothe (Berlin), Birkner (Dresden), Schaffer (Karlsbad), Kronsbein (Marten)

Verteidiger: Schäfer (Riesa), Eschenbeck (Erfurt), Hinz (Schalke), Stahl (Hamburg), Christ (Heppenheim), Pfänder (Nürnberg), Jakob (Mannheim), Metzner (Kassel), Krause (Königsberg)

Läufer: God (Schwientochlowitz), Manja II (Eimsbüttel), Rößler (Frankenthal), Lingnau (Königsberg), Michalski (Dortmund), Heilig (Frankfurt), Burdenski (Schalke), Hammerl (München), Spundflasche (Hamburg), Hausmann (Berlin), Thomas (Beuel), Zänger (Grießheim), Füller (Schalke), Kemmerer (Mülheim a.M.)

Mittelläufer: Kindl (Stuttgart), Richt (Stuttgart), Kiow (Stettin), Dirow (Saarbrücken), Emberger (Frankenthal)

Außenstürmer: Biallas (Saarbrücken), Bild (Neunkirchen), Reinhardt (Frankenthal), Bertz (Essen), Sauer (Königsberg), Staudinger (München), Woitkowiak (Hamburg), Günther (Oberhausen), Kucharski (Wien), Fischer (Nürnberg)

Innenstürmer: Jellinek (Wien), Baumann (Hannover), Tregel (Dortmund), Berg (Köln), Bockhorst (Köln), Reitermaier (Wien), Krückeberg (München), Habitzl (Wien), Gräbsch (Jena), Gottschalk (RWE), Erb (Waldhof), Manja I (Eimsbüttel), Picard (Hausen), Deltz (Hamburg), Stehlik (Reichenberg), Bahlbach (Oberbieber), Gebulla (Schwientochlowitz), L.Kronnenbitter (Stuttgart), Fiederer (Fürth)

Einer der größten Siege der neuen Nationalelf war das 7:0 gegen Ungarn 1941 in Köln; v.l.: Kitzinger, Kobierski, Kupfer, Fritz Walter, Hanreiter, Hahnemann, Rohde, Miller, Schön, H.Klodt, Janes

In diesem Aufgebot waren nicht nur ein paar bereits bewährte Gauligaspieler, sondern die meisten der 64 Spieler wurden später Spitzenspieler in den deutschen Oberligen und der österreichischen Staatsliga.

Vom 24.-29.3.1941 lud Herberger seinen erweiterten Kreis von 31 Spielern ein.

Tor: H.Klodt (Schalke), Jahn (BSV 92), Haas (Wilhelmshaven)

Verteidiger: Janes (Fort. Düsseld.), Streitle (Bayern München), R.Dörfel (HSV), Miller (St.Pauli), Kolb (Eintr. Frankf.), Pröll (Spvgg. Fürth)

Läufer: Kupfer, Kitzinger (beide Schweinfurt 05), Gellesch (Schalke 04), Schubert (Planitzer SC), Pohl (DSC), Wagner (Rapid Wien), Probst (Wien), Rohde (Eimsbüttel), Krüger (Fort. Düsseld.), Schneider (SV Waldhof)

Stürmer: Lehner (Blau-Weiß 90), Eppenhoff (Schalke 04), Hahnemann (Admira), Stroh (Austria), Conen (Stuttg. K.), Willimoski (Chemnitz), F.Walter (1.FC Kaisersl.), Schön (DSC), Binder (Rapid), Kobierski (Fort. Düsseld.), Pesser (Rapid), Gärtner (Olympia Lorsch)

Und schließlich folgte noch ein Lehrgang für Soldaten, die Herberger seit Kriegsbeginn nicht mehr in Pflichtspielen beobachten konnte:

Tor: Warning, Flotho, Deyhle, Kellner, Zimmer, Scheithe

Verteidiger: Richter, Billmann, Kubus, Moog, Dzur

Läufer: Wollenschläger, Jakobs, Zwolanowski, Fendt, Schädler, Männer, Berg, Joksch, Reinhardt, Sold, Tibulski, Kennemann, Pliska

Stürmer: Biallas, Vogt, Plener, Decker, Pöhler, Bars, Hänel, Joraschkowitz, Seitz, Höffmann, Machate, Schaletzki, Klingler, Gauchel, Arlt, Sing, Neiße

Nach diesen 3 Lehrgängen stand das Länderspiel gegen Ungarn in Köln an. Bei den Ungarn fehlte lediglich Dr.Sarosi, während Herberger alle gewünschten Spieler zur Verfügung hatte.

Tor: H.Klodt, Jahn

Verteidiger: Janes, Streitle, Miller

Läufer: Kupfer, Kitzinger, Gellesch, Rohde

Stürmer: Hanreiter, Hahnemann, F.Walter, Schön, Kobierski, Willimowski

Einziger Neuling war Miller (St.Pauli), der als Gastspieler beim Dresdener SC spielte. Der Hamburger kam zu seinem ersten Länderspiel, während Willimowski noch immer darauf warten mußte.

6.4.1941 in Köln

Deutschland - Ungarn 7:0 (3:0)

SR: Escartin (Spanien), Zuschauer: 70.000

Deutschland: H.Klodt -14 (Schalke 04); Janes -58 (Fort. Düsseld.), Miller -1 (St.Pauli); Kupfer -33 (Schweinfurt 05), Rohde -14 (TV Eimsbüttel), Kitzinger -39 (Schweinfurt 05); Hanreiter -3, Hahnemann -18 (beide Admira Wien), F.Walter -8 (1.FC Kaisersl.), Schön -14 (DSC), Kobierski -23 (Fortuna Düsseld.). Mannschaftskapitän: Janes

Ungarn: Csikos; Koranyi I, Polgar; Kispeter, Sarosi III, Lazar; Kincses, Zsengeller, Füzi II, Bodola, Gyetvai

Tore: 1:0 Janes (25. Foulelfmeter), 2:0 F.Walter (27.), 3:0 Kobierski (35.), 4:0 Hahnemann (51.), 5:0 Schön (62.), 6:0 Hahnemann (65.), 7:0 Schön (82.)

Beste Spieler: F.Walter, Schön, Hahnemann, Kobierski - keiner

Bericht: Die deutsche Mannschaft spielte respektlos, glänzte durch traumhafte Kombinationen und bestimmte von der ersten Minute an das Spielgeschehen.

6. Minute: Fritz Walter setzte sich gegen seinen Gegenspieler Kispeter energisch durch und traf nur um Zentimeter am Pfosten des ungarischen Gehäuses vorbei. 15. Minute: Der erste ungarische Angriff, inmitten der deutschen Offensive, endete beim gut postierten Torhüter Klodt.

24. Minute: Der zaubernde deutsche Innensturm stürzte die ungarische Abwehr von einer Verlegenheit in die andere. 25. Minute: Erneut war der quirlige Fritz Walter von der ungarischen Abwehr nicht zu halten. Als er sich durchgesetzt hatte und zum entscheidenden Torschuß ausholte, säbelte Verteidiger Polgar ihm die Beine weg. Der ausgezeichnete Schiedsrichter Escartin konnte nur noch auf den Elfmeterpunkt zeigen. Paul Janes legte sich das Leder zurecht und donnerte den Ball mit Vehemenz in das ungarische Tor zum hochverdienten 1:0. 27. Minute: Die Ungarn konnten sich auch nach diesem Führungstreffer nicht befreien. Wieder war es Fritz Walter, der sich gegen die ungarische Abwehr durchsetzte und unhaltbar zum 2:0 einschoß.

35. Minute: Der Sturmwirbel des deutschen Angriffs nahm kein Ende. Als Hahnemann den völlig freistehenden Kobierski anspielte, war es erneut geschehen. Der scharf geschossene Aufsetzer ging unter Torhüter Csikos hinweg zum 3:0 ins Tor. 36. Minute: Zum zweitenmal tauchten die Ungarn im deutschen Strafraum auf. Torhüter Klodt hatte keine Probleme mit einem Schuß von Zsengeller.

45. Minute: Die deutsche Mannschaft hatte eine Halbzeit lang begeistert. Mit dem 0:3 Rückstand waren die Ungarn noch gut bedient. Er hätte auch wesentlich höher sein können.

51. Minute: Auch nach dem Seitenwechsel spielte die deutsche Mannschaft mit dem gleichen Elan weiter. Eine Flanke von Linksaußen Kobierski nahm Hahnemann direkt aus der Luft und voll mit dem Spann; schon hieß es 4:0 für die deutsche Elf. 55. Minute: Nach einem Foul an Helmut Schön, direkt an der Strafraumgrenze, kam der Spezialist Janes nach vorne. Sein knallharter Schuß strich über die Abwehrmauer, aber leider auch knapp über das Tor hinweg.

60. Minute: Auch nach einer Stunde war festzustellen, daß die Ungarn kein Mittel gegen den deutschen Innensturm fanden. Hahnemann, Fritz Walter und Schön wechselten ständig die Positionen. Mal spielte der eine, dann der andere in der Sturmspitze, um wenige Sekunden später wieder zurückhängend als Regisseur zu agieren. 62. Minute: Das schönste Tor des Tages kam erneut auf

Flanke von Kobierski zustande. Helmut Schön nahm den Ball 10 Meter vor dem Tor direkt aus der Luft als Rückzieher. Unhaltbar schlug der Ball im ungarischen Tor ein. 65. Minute: Einen Alleingang von Hahnemann schloß der Wiener erfolgreich zum 6:0 ab.

74. Minute: Noch einmal großes Glück für die Ungarn, als Fritz Walter mit einem Sololauf die halbe ungarische Abwehr und Torhüter Csikos stehen ließ, aber zum Schluß nicht mehr die Kraft aufbrachte, zum 7. Tor einzuschießen. 82. Minute: Was Fritz Walter nicht gelang, vollendete Helmut Schön, als er nach einem ebenfalls technisch brillanten Angriff den Schlußpunkt setzte.

90. Minute: Selten hatte eine deutsche Nationalmannschaft einen Gegner, vor allem einen so routinierten Gegner, derart klar beherrscht. Dieses 7:0, aber auch die Art und Weise, wie der Sieg erspielt wurde, ließ selbst ein vom Krieg erschüttertes Europa aufhorchen. Es gab keine Zweifel, daß Sepp Herberger mit seiner neuen Mannschaft und seinem System auf dem richtigen Weg war.

❖

Vorbericht zum 182. Länderspiel: Nach dem grandiosen Sieg von Köln änderte Herberger nichts. Er hielt den Kader zusammen und ließ dieselben 11 Spieler in Bern einlaufen, wo sie sich gegen die Schweizer Abwehrkünstler bewähren sollten.

20.4.1941 in Bern

Schweiz - Deutschland 2:1 (1:1)

SR: Scorzoni (Italien)
Schweiz: Ballabio; Minelli, Lehmann; Guinchard, Andreoli, Winkler; Eggimann, Amado, Monnard, Fornara II, G.Aeby
Deutschland: H.Klodt -15 (Schalke 04); Janes -59 (Fort. Düsseld.), Miller -2 (St. Pauli); Kupfer -34 (Schweinfurt 05), Rohde -15 (TV Eimsbüttel), Kitzinger -40 (Schweinfurt 05); Hanreiter -4, Hahnemann -19 (beide Admira Wien), F.Walter -9 (1.FC Kaisersl.), Schön -15 (DSC), Kobierski -24 (Fort. Düsseld.). Mannschaftskapitän: Janes
Tore: 0:1 Hahnemann (32.), 1:1 Monnard (41.), 2:1 Amado (77.)
Beste Spieler: Monnard, Ballabio, Amado - F.Walter, Kupfer, Kobierski
Bericht: Nach der 2:4 Niederlage wenige Wochen zuvor hatte die Schweiz ihre Abwehr wieder mit Minelli verstärkt.

5. Minute: Gleich in den ersten Minuten war das Spiel spannend, als Hahnemann eine gute Chance vergab und im Gegenzug Mittelstürmer Monnard mit einem schönen Kopfball nur knapp das deutsche Tor verfehlte. 12. Minute: Mitten in die deutsche Offensive kam der erste gefährliche Konter der Schweiz durch Monnard. Er hatte nur noch Torhüter Klodt vor sich, der aber in der richtigen Sekunde herauslief und klären konnte. 32. Minute: Nach einer guten halben Stunde druckvollen Spiels wurde die deutsche Mannschaft belohnt. Fritz Walter legte Hahnemann den Ball maßgerecht vor. Der Wiener schoß aus etwa 22 Metern hart, plaziert und für Torhüter Ballabio unhaltbar ins Netz.

41. Minute: Trotz klarer Überlegenheit der deutschen Mannschaft mußte sie bei einem erneuten Konter den Ausgleich durch Monnard hinnehmen.

60. Minute: Nach nunmehr einer Stunde Spielzeit hatte die Schweiz ein unglaubliches Glück, daß sie nicht längst mit zwei, drei oder gar vier Toren im Rückstand lag. Sie hatte es nur ihrem ausgezeichneten Torhüter Ballabio zu verdanken, daß keine weiteren Tore gegen die Schweiz gefallen waren.

72. Minute: Erneut großes Glück für die Schweiz, als ein Schuß von Fritz Walter nur Millimeter am schweizerischen Tor vorbeiging. Nach wie vor war die deutsche Mannschaft klar überlegen, ohne jedoch den großen Druck, wie gegen die Ungarn, entfachen zu können. Dies lag vor allem daran, daß Helmut Schön im deutschen Innensturm an diesem Tag nicht seine gewohnte Form mitbrachte. 77. Minute: Das Glück war an diesem Tag gegen die deutsche Mannschaft, als den Schweizern bei ihrer vierten Torchance der zweite Treffer gelang.

90. Minute: Bis zum Abpfiff des Spiels beherrschte die deutsche Mannschaft überlegen die Schweizer. Gegen die nun verstärkte Abwehr fand der Ball nicht mehr den Weg ins Tor. Es hatte sich gezeigt, daß der deutschen Mannschaft bei allem technischen Können die Erfahrung fehlte, mit solchen Gegnern fertig zu werden.

❖

Vorbericht zum 183. Länderspiel: Für Bukarest, dem „Rückspiel" für die 3:9 Niederlage in Frankfurt gegen Rumänien, mußte Herberger einige Veränderungen vornehmen, um der deutschen Elf mehr Routine geben zu können. Mit Billmann, Lehner und Binder kehrten einige erfahrene Spieler in das Aufgebot zurück.
Tor: H.Klodt, Deyhle
Verteidiger: Janes, Billmann, Immig
Läufer: Kupfer, Rohde, Kitzinger
Stürmer: Lehner, Binder, F.Walter, Schön, Sing, Kobierski
Wegen Verletzungen fehlten Conen, Hahnemann, Deyhle und Schön. Herberger berief deshalb nachträglich Torhüter Raftl und Willimowski. In Bukarest schlug dann auch endlich die Stunde für den deutschstämmigen Polen, ein Torjäger, wie ihn Deutschland nur einmal später in Gerd Müller wiederbekommen sollte. Der hagere Mittelstürmer aus Chemnitz war eigentlich viel zu langsam, hatte aber jenen Torinstinkt, der ihn immer dahin führte, wo sich Torgelegenheiten boten. Wäre nicht der 2. Weltkrieg gewesen, und hätte es schon damals eine Fernsehvermarktung gegeben, Ernst Willimowski wäre ähnlich gefeiert worden wie später Gerd Müller.

1.6.1941 in Bukarest

Rumänien - Deutschland 1:4 (0:3)

SR: Bizic (Slowakei), Zuschauer: 40.000
Rumänien: Pavlovici; Sfera, Lengheriu; Cossim, Simatoc, Moldoveanu; Bindea, Ploesteanu, Niculescu, Marian, Bogdan
Deutschland: H.Klodt -16 (Schalke 04); Janes -60 (Fort. Düsseld.), Billmann -10 (1.FC Nürnberg); Kupfer -35 (Schweinfurt 05), Rohde -16 (TV Eimsbüttel), Kitzinger -41 (Schweinfurt 05); Lehner -60 (Blau-Weiß 90), F.Walter -10 (1.FC Kaisersl.), Binder -9 (Rapid Wien), Willimowski -1 (PSV Chemnitz), Kobierski -25 (Fort. Düsseld.). Mannschaftskapitän: Janes
Tore: 0:1 Willimowski (3.), 0:2 F.Walter (26.), 0:3 Kobierski (31.), 0:4 Willimowski (67.), 1:4 Niculescu (88.)
Beste Spieler: Bindea, Niculescu, Bogdan - H.Klodt, Willimowski, Kupfer, F.Walter
Bericht: Vor dem Spiel gab es gleich mehrere Ehrungen. Billmann und Fritz Walter trugen zum 10. Mal das Nationaltrikot, Kobierski zum 25. Mal, und Janes und Lehner, die beiden Rekordnationalspieler, spielten zum 60. Mal für die deutsche Nationalmannschaft. Und schließlich leitete Sepp Herberger zum 50. Mal die deutsche Nationalmannschaft.

3. Minute: Einen weiteren Rekord fügte Ernst Willimowski noch hinzu. Er war gerade 3 Minuten deutscher Nationalspieler, da stellte er schon seine Torqualitäten unter Beweis, als er eine Flanke von Lehner im rumänischen Tor unterbrachte. 12. Minute: Trotz der schnellen Führung war es nicht die deutsche Mannschaft, die das Spiel beherrschte, sondern die Rumänen griffen ständig an. Einen gefährlichen Schuß aus dem Hinterhalt konnte der lange Torhüter Klodt gerade noch zur Ecke abwehren. 13. Minute: Erneut großes Glück für die deutsche Mannschaft, als der Ball auf der Latte tanzte und dann ins Aus sprang.

23. Minute: Zum drittenmal vergaben die Rumänen eine gute Ausgleichschance. 26. Minute: Nach schönem Zusammenspiel von Kobierski und Lehner gab der Rechtsaußen zum freistehen-

den Fritz Walter, der mit einer Körpertäuschung seine Gegenspieler ins Leere laufen ließ und unhaltbar zum 2:0 einschoß. Der Spielverlauf war auf den Kopf gestellt. 27. Minute: Glück für die Rumänen, als Schiedsrichter Bizic bei einem weiteren Tor von Willimowski auf Abseits entschied, obwohl der Chemnitzer nie und nimmer im Abseits stand. Wie noch häufiger in diesem Spiel zeigten sich die beiden rumänischen Linienrichter als parteiisch, oder sie waren in der Abseitsregel unkundig. 31. Minute: Nach einer schönen Kombination zwischen Lehner und Binder war es erneut Willimowski, der ohne eine Sekunde zu zögern auf das rumänische Tor schoß. Torhüter Pavlovici konnte nur abwehren, aber genau vor die Füße von Kobierski, der keine Mühe hatte zum 3:0 einzuschieben.

45. Minute: Von den Spielanteilen her hätte das Ergebnis genau andersrum lauten müssen. Die Stärke der deutschen Mannschaft lag vor allem in der souveränen Abwehr und in der optimalen Ausnutzung der Torgelegenheiten. Insofern war die Führung der deutschen Mannschaft nicht unverdient.

60. Minute: In den zweiten 45. Minuten kam die deutsche Mannschaft zusehends besser ins Spiel. Der neu formierte Innensturm hatte zweifellos nicht den technischen Glanz der vergangenen Spiele. Dafür allerdings vorne einen Torjäger, der immer, wenn es nach Tor roch, zur Stelle war. 67. Minute: Auf Flanke von Binder in den Strafraum war erneut Willimowski zur Stelle und köpfte unhaltbar zum 4:0 ein. Die Rumänen konnten es kaum fassen, daß sie diesen, in den Kombinationen der deutschen Mannschaft kaum mit einbezogenen Torjäger im entscheidenden Augenblick nicht unter Kontrolle kriegen konnten. 70. Minute: Ein herrlicher Schuß von Binder knallte an die Torlatte und der zurückprallende Ball wurde von Willimowski ins Tor der Rumänen geköpft. Der Treffer wurde erneut wegen angeblicher Abseitsstellung aberkannt. 78. Minute: Wieder verhinderte ein nicht nachvollziehbarer Abseitspfiff des Schiedsrichters einen Treffer von Willimowski.

88. Minute: Erst in den letzten 10 Minuten mußte die deutsche Mannschaft dem Tempo und der Hitze Tribut zollen. Auf Vorlage von Bogdan gelang Niculescu der längst verdiente Ehrentreffer. Obwohl die Rumänen das Spiel über weite Strecken bestimmt hatten, war der Sieg der deutschen Mannschaft nicht unverdient. Sie hatte endlich jene Cleverness gezeigt, die im Spiel gegen die Schweiz gefehlt hatte.

❖

Vorbericht zum 184. Länderspiel: Aus Sicht des Fußballsports war die Teilung Jugoslawiens in Serbien und Kroatien eines der traurigsten Kapitel des 2. Weltkrieges. Damit war eine der spielstärksten Ländermannschaften zerschlagen. Kroatien, das den Löwenanteil an der jugoslawischen Elf gestellt hatte, war nächster Gegner der deutschen Mannschaft in Wien. Sepp Herberger nominierte zur Abwechselung mal wieder ein Österreich-orientiertes Aufgebot:
Tor: Raftl, H.Klodt
Verteidiger: Sesta, Schmaus
Läufer: F.Wagner I, Urbanek, Mock, Hanreiter
Stürmer: Lehner, Binder, Hahnemann, F.Walter, Willimowski, Conen, Pesser

Da Schalke 04 und Rapid Wien das Endspiel um die Deutsche Fußballmeisterschaft erreichten, das eine Woche später ausgetragen werden sollte, verzichtete Herberger kurzfristig auf die Spieler der beiden Vereine. Für Raftl, H.Klodt, F.Wagner I, Binder und Pesser, sowie für den erneut verletzten Conen, nominierte Herberger 7 Spieler nach: Jahn, Fiederer, Janes und die Dresdner, Miller, Schubert, Pohl und Dzur.

Zu ihrem ersten Länderspiel kamen Sesta (Austria Wien) und Urbanek (Admira Wien). Die Dresdner Pohl und Schubert waren somit die einzigen im deutschen Kader, die noch ohne Länderspiel blieben.

15.6.1941 in Wien
Deutschland - Kroatien 5:1 (1:1)

SR: Miesz (Deutschland/Wien), weil Wüthrich (Schweiz) nicht erschien, Zuschauer: 39.000

Deutschland: Jahn -4 (BSV 92); Sesta -1 (Austria Wien), Schmaus -8 (Vienna Wien); Urbanek -1 (Admira Wien), Mock -3 (Austria Wien), Hanreiter -5 (Admira Wien); Lehner -61 (Blau-Weiß 90), Hahnemann -20 (Admira Wien), F.Walter -11 (1.FC Kaisersl.), Willimowski -2 (PSV Chemnitz), Fiederer -5 (SpVgg Fürth). Mannschaftskapitän: Hahnemann

Kroatien: Glazer; Brosovic, Dubac; Djanic, Jacbinsec, Kokotovic; Cimermancic, Velfl, Kacijan, Pogacnik, Plese

Tore: 0:1 Velfl (16.), 1:1 Lehner (30.), 2:1 Lehner (50. Foulelfmeter), 3:1 F.Walter (66.), 4:1 Willimowski (69.), 5:1 F.Walter (80.)

Beste Spieler: F.Walter, Lehner, Willimowski - Glazer, Cimermancic

Bericht: Die Kroaten hatten außer ihrem Star Lehner, dem Namensvetter vom deutschen Ernst Lehner, die vermeintlich beste Elf aufgeboten.

12. Minute: Die erste gute Torgelegenheit des Spiels hatte der Halbrechte Hahnemann, nach Flanke von Lehner, als Torhüter Glazer den Ball verfehlte. Der Kopfball Hahnemanns ging jedoch neben das leere Tor. 16. Minute: Während die deutsche Mannschaft immer besser in Schwung kam und das Spiel kontrollierte, erwischte sie ein eiskalter Konter der Kroaten. Linksaußen Plese hatte mit einem harten Schuß Torhüter Jahn zur Faustabwehr gezwungen, die Velfl aufnahm und direkt zum 1:0 verwandelte.

30. Minute: Nach ihrem Führungstor konnten die Kroaten das Spiel ausgeglichen gestalten. Nun aber war es die deutsche Mannschaft, die zu ihrem verdienten Torerfolg kam, als Willimowski an der Strafraumgrenze gefoult wurde. Den Freistoß verwandelte Lehner mit einem knallharten Schuß ins obere lange Eck.

44. Minute: Noch einmal hatte die deutsche Mannschaft nach guter Vorarbeit von Willimowski eine Chance zum Führungstreffer. Nur durch eine Glanzparade konnte Torhüter Glazer den gefühlvollen Schlenzer von Fritz Walter meistern.

50. Minute: Die Elf von Sepp Herberger begann die zweite Halbzeit sehr schwungvoll. Als Urbanek mit einem Steilpaß Fritz Walter schickte, war es geschehen. Der Mann aus Kaiserslautern lief mit seinem ungeheuren Antritt allen davon. Selbst ohne Ball konnten die Kroaten ihn nicht einholen. In letzter Sekunde grätschten sie im Strafraum in seine Beine, und der fällige Elfmeterpfiff des Schiedsrichters konnte nicht ausbleiben. Rechtsaußen Lehner legte sich den Ball zurecht und traf plaziert und unhaltbar in die linke untere Torecke. 58. Minute: Nach einem präzisen Flankenball von Lehner zeigte Fritz Walter sein besonderes technisches Können, als er waagerecht in der Luft liegend den Ball direkt nahm und mit unerhörter Wucht auf das Tor von Glazer jagte. Mit einem Reflex konnte der kroatische Torhüter retten.

66. Minute: Nach einer Flanke von Fiederer stieg Fritz Walter schulmäßig hoch und köpfte den Ball genau in den oberen Winkel zum 3:1 für die deutsche Mannschaft. 69. Minute: Als Fiederer einen Ball verlor, erkämpfte ihn sich Willimowski und schoß aus etwa 16 Meter Entfernung unhaltbar zum 4:1 ein.

77. Minute: Zum drittenmal innerhalb von 2 Minuten hatte der Wiener Hahnemann Pech, daß Torhüter Glazer mit einer Glanzparade ein schon fast sicher geglaubtes Tor verhinderte. 80. Minute: Auf Vorlage von Willimowski erzielte noch einmal Fritz Walter ein Tor zum 5:1.

90. Minute: Nach den Anfangsschwierigkeiten der ersten Halbzeit hatte sich die deutsche Mannschaft doch gefunden und verdient gewonnen. Das war nicht nur ein guter Saisonabschluß, sondern das Erfreulichste an dieser Saison war, daß sich viele junge Spieler in den Vordergrund gedrängt hatten und bereits das neue Bild der deutschen Nationalmannschaft prägten.

❖

1941/42

Bilanz 1941/42
9 Spiele: 5 Siege, 2 Unentschieden, 2 Niederlagen, 25:11 Tore
Zuschauer: 317.138
In 9 Spielen wurden 38 Spieler eingesetzt, davon waren 8 Neulinge.

Die Spieler der Saison:

Fritz Walter	8	Spiele
Helmut Jahn	8	"
Paul Janes	6	"
Karl Miller	6	"
Hans Rohde	5	"
Edmund Conen	5	"
Ludwig Durek	5	"
Karl Decker	5	"
Wilhelm Hahnemann	3	"
Helmut Schubert	3	"
Albin Kitzinger	3	"
Andreas Kupfer	3	"
Albert Sing	3	"
Ernst Willimowski	2	"
Herbert Pohl	2	"
Franz Riegler	2	"
Hermann Eppenhoff	2	"
Karl Sesta	2	"
Willibald Schmaus	2	"
Franz Wagner	2	"
Hans Mock	2	"
Franz Hanreiter	2	"
Friedrich Dörfel	2	"
Herbert Burdenski	2	"
Hans Klodt	1	Spiel
Willi Billmann	1	"
Ernst Lehner	1	"
Helmut Schön	1	"
Ludwig Gärtner	1	"
Lothar Richter	1	"
Walter Dzur	1	"
Rudolf Gellesch	1	"
Stanislaus Kobierski	1	"
Hans Fiederer	1	"
Willy Fitz	1	"
Wilhelm Sold	1	"
Josef Gauchel	1	"
Willi Arlt	1	"

Tore der Saison:

Karl Decker	5	Tore
Fritz Walter	4	"
Hermann Eppenhoff	3	"
Ernst Willimowski	3	"
Edmund Conen	2	"
Ernst Lehner	1	Tor
Wilhelm Hahnemann	1	"
Ludwig Durek	1	"
Paul Janes	1	"
Albert Sing	1	"
Friedrich Dörfel	1	"
Willi Arlt	1	"

Mannschaftsführer waren:

Paul Janes	6	mal
Hans Mock	2	"
Rudolf Gellesch	1	"

2 Elfmeter gegen Deutschland:
verwandelt durch Campos (Spanien), Nagymarosi (Ungarn)

1 Eigentor für Deutschland:
durch Brozovic (Kroatien)

Rangliste der Nationalspieler des Jahres
1. Fritz Walter (1.FC Kaiserslautern)
2. Hans Rohde (TV Eimsbüttel)
3. Karl Decker (Vienna Wien)
4. Edmund Conen (Suttgarter Kickers)
   Ludwig Durek (FC Wien)
6. Andreas Kupfer (FC Schweinfurt 05)
7. Helmut Jahn (Berliner SV 92)
8. Albert Sing (Stuttgarter Kickers)
9. Ernst Willimowski (PSV Chemnitz)
   Franz Riegler (Rapid Wien)

Vorbericht zum 185. Länderspiel: Ein langer Kriegssommer ging zu Ende, als Herberger wieder einmal zu Länderspielen einladen konnte. Inzwischen wußte jeder, daß der Krieg noch lange nicht zu Ende war. An eine Weltmeisterschaft 1942 war nicht zu denken, so daß Herberger noch weiter in die Zukunft planen mußte. Für Spieler wie Binder, Kobierski, Sesta, Schmaus, Wagner, Mock oder Conen ging deshalb die internationale Karriere zu Ende.

Vorerst standen jedoch noch alle für das Doppelländerspiel gegen Schweden und Finnland, am 5.10.1941, zur Verfügung.

Im Länderspiel gegen die Schweden spielten mit Hans Klodt, Billmann und Helmut Schön 3 weitere große Spieler des deutschen Fußballs zum letztenmal. Verletzungen und der Krieg machten bis Ende 1942 weitere Einsätze nicht möglich. Als die deutsche Elf 1950 wieder beginnen durfte, war es für sie zu spät.

5.10.1941 in Stockholm

Schweden - Deutschland 4:2 (2:1)

SR: Laursen (Dänemark), Zuschauer: 40.000
Schweden: Bergquist; H.Nilsson, Gustafsson (Leander); Erik Persson, Emannelsson, H.-E.Grahn; Martensson, E.Holmqvist, O.Holmqvist, Henry Carlsson, Ä.Andersson
Deutschland: H.Klodt -17 (Schalke 04); Janes -61 (Fort. Düsseld.), Billmann -11 (1.FC Nürnberg); Kupfer -36 (Schweinfurt 05), Rohde -17 (TV Eimsbüttel), Kitzinger -42 (Schweinfurt 05); Lehner -62 (Blau-Weiß 90), Hahnemann -21 (Admira Wien), F.Walter -12 (1.FC Kaisersl.), Schön -16 (DSC), Gärtner -3 (Olympia Lorsch). Mannschaftskapitän: Janes
Tore: 1:0 Carlsson (24.), 2:0 Martensson (30.), 2:1 Lehner (31.), 3:1 Carlsson (50.), 4:1 Carlsson (81.), 4:2 F.Walter (88.)
Beste Spieler: Carlsson, E.Holmqvist, Andersson - F.Walter, Kupfer, Lehner
Bericht: Die deutsche Mannschaft begann in Stockholm großartig. Bereits in den ersten Minuten sah man traumhafte Kombinationen des deutschen Angriffs, und die deutsche Abwehr stand sehr sicher.

5. Minute: Nach einem schönen Trick von Fritz Walter kam Hahnemann freistehend zum Schuß, verfehlte jedoch ganz knapp das Tor. 7. Minute: Erneut bot sich der deutschen Mannschaft eine Chance, aber Hahnemanns Kopfball ging knapp neben den Pfosten. 15. Minute: Nach einer Viertelstunde mußte man allerdings enttäuscht feststellen, daß der linke deutsche Flügel mit Schön und Gärtner sehr schwach spielte, und die deutschen Verteidiger mit den schnellen schwedischen Außenstürmern große Schwierigkeiten hatten.

22. Minute: Einem schönen Angriff über den gesamten deutschen Sturm fehlte leider der schöne Abschluß. 23. Minute: Die deutsche Abwehr kam immer mehr in Bedrängnis. Erik Holmqvist hatte mit einem Schuß Pech, daß der Ball krachend gegen die Latte flog. 24. Minute: Nachdem Torhüter Klodt eine Flanke von Rechtsaußen Martensson zu kurz abwehrte, kam der kleine (Gervais) Carlsson ungehindert an den Ball und konnte zum 1:0 für die Schweden einschießen.

30. Minute: Nach dem Führungstreffer wurden die Schweden noch stärker und schnürten die deutsche Mannschaft teilweise am eigenen Strafraum ein. Eine Flanke von Andersson, die Klodt nicht zu fassen bekam, flog genau in den Lauf von Martensson, der sich die Chance zum 2:0 nicht entgehen ließ. 31. Minute: Die deutsche Mannschaft konterte sofort. Ein herrlicher Paß von Fritz Walter in den freien Raum erlief Lehner, ließ zwei Abwehrspieler stehen und erzielte mit einem satten Schuß aus vollem Lauf den Anschlußtreffer. 32. Minute: Der Wiener Hahnemann hatte frei-

stehend aus 7 Meter Entfernung die große Chance zum Ausgleich, aber er ließ sie erneut aus.

45. Minute: Noch zweimal hatte die deutsche Mannschaft bis zur Pause, durch Hahnemann und Gärtner, die Chance zum Ausgleich. Leider verfehlten beide das Ziel. So führten die Schweden zur Halbzeit verdient mit 2:1 Toren.

50. Minute: Nach der Halbzeit spielte die deutsche Mannschaft wie entfesselt. Von Kitzinger und Kupfer angekurbelt machte der deutsche Angriff ständigen Druck, erzielte Ecke auf Ecke, aber ein Tor wollte einfach nicht fallen. Ein steiler Paß auf den Flügel leitete dann jedoch den Konter ein, der den Schweden durch einen 18-Meter-Schuß von Carlsson die überraschende 3:1 Führung brachte. 65. Minute: Nachdem die deutsche Mannschaft in der zweiten Halbzeit 20 Minuten lang das Spiel bestimmt hatte, ließ ihre Kondition zusehends nach. 66. Minute: Eine der dramatischsten Szenen des ganzen Spiels, als ein hoher Flankenball mehrfach auf der Latte tänzelte, dann vor dem Tor heruntersprang, aber von Erik Holmqvist über, statt in das leere Tor geköpft wurde.

81. Minute: Obwohl sich die deutsche Mannschaft in der letzten Viertelstunde etwas vom Druck der Schweden befreien konnte, mußte sie einen weiteren Treffer hinnehmen. Ein herrlicher Flachschuß von Carlsson aus 15 Metern traf genau den Innenpfosten und flog von dort ins Tor. 88. Minute: Erst in den Schlußminuten gelang auch der deutschen Mannschaft durch einen Konter ein weiterer Treffer. Kupfer schickte Rechtsaußen Lehner auf die Reise, der nach einem rasanten Lauf an der Außenlinie entlang wunderbar in die Mitte flankte, wo der mitgelaufene Fritz Walter per Kopf auf 2:4 verkürzte. Zwei hervorragende Mannschaften hatten sich ein dramatisches und hochklassiges Spiel geliefert, in dem die Schweden verdienter Sieger waren. Es zeigte sich zwar, daß die deutsche Fußballnationalmannschaft zur europäischen Spitze gehörte, aber keineswegs die überragende Mannschaft gewesen war.

❖

Vorbericht zum 186. Länderspiel: Gegen Finnland wurden 4 Neulinge aufgeboten: Richter (BC Chemnitz), Burdenski (Schalke 04), Pohl und Schubert (beide DSC). Ohne daß es damals jemand ahnte, war es das Abschiedsspiel für „Tau" Kobierski, einem der besten Linksaußen, die Deutschland je hatte. Für ihn sollte noch eine schwere Zeit in langer russischer Kriegsgefangenschaft kommen. Und mit dem Schalker Gellesch spielte ein weiterer Spieler der „Breslauer Elf" zum letztenmal im Nationaltrikot.

5.10.1941 in Helsinki

Finnland - Deutschland 0:6 (0:2)

SR: Eklind (Schweden), Zuschauer: 7.138
Finnland: Sarnola; Karjagin, J.Oksanen; Virtanen, Pyy, Asikeinen; Salo, Weckström, Lehtonen, V.Peltonen, Salin.
Deutschland: Jahn -5 (BSV 92); Richter -1 (Chemnitzer BC), Miller -3 (FC St. Pauli); Pohl -1, Dzur -3, Schubert -1 (alle DSC); Burdenski -1, Gellesch -20, Eppenhoff -2 (alle Schalke 04), Willimowski -3 (PSV Chemnitz), Kobierski -26 (Fortuna Düsseldorf). Mannschaftskapitän: Gellesch

Tore: 0:1 Eppenhoff (28.), 0:2 Willimowski (43.), 0:3, 0:4 Eppenhoff (58., 63.), 0:5, 0:6 Willimowski (70., 83.)
Beste Spieler: Sarnola, Weckström - Willimowski, Gellesch, Pohl, Schubert, Eppenhoff
Bericht: Die deutsche Mannschaft hatte in den ersten Minuten überraschend viel Mühe mit den abwehrstarken Finnen, die es auch geschickt verstanden, mit gefährlichen Kontern das Tor von Jahn unter Druck zu setzen.

15. Minute: Erst langsam kam sie besser ins Spiel, spielte ideenreicher und hatte erste Torgelegenheiten. 28. Minute: Nach schönem Doppelpaß der drei Schalker auf dem rechten Flügel war das 1:0 fällig. Der schnelle Eppenhoff ließ Torhüter Sarnola keine Chance. 43. Minute: Trotz deutlicher Überlegenheit dauerte es bis kurz vor der Halbzeit, als der nächste Treffer fiel. Diesmal war es Willimowski, der vorher ahnte, wohin der Ball kommen würde.

58. Minute: Ein Konter, den Eppenhoff erfolgreich abschließen konnte, ließ die Finnen resignieren. Nach diesem 3:0 spielte nur noch die deutsche Mannschaft. 63. Minute: Erneut war es der gefährliche Rechtsaußen, und Mittelstürmer Hermann Eppenhoff, der eine zügige Kombination der Schalker am rechten Flügel zum 4:0 abschloß. 70. Minute: Die deutsche Mannschaft beherrschte jetzt Spiel und Gegner. Die beiden Dresdner Außenläufer drängten den deutschen Sturm immer wieder nach vorn und glänzten mit geschickten Zuspielen. Als Torhüter Sarnola einen Ball nicht festhalten konnte, war Abstauber Willimowski zur Stelle und schoß zum 5:0 ein.

83. Minute: Dem nun folgenden deutschen Sturmwirbel hatten die Finnen nichts mehr entgegenzusetzen, so daß Willimowski auch zum drittenmal erfolgreich sein konnte. Von der jeweils ersten Viertelstunde beider Halbzeiten abgesehen, waren die Finnen kein ernster Gegner und auch kein echter Prüfstein für die deutsche Mannschaft.

❖

Vorbericht zum 187. Länderspiel: Vor dem Länderspiel gegen Dänemark konnte Reichstrainer Sepp Herberger endlich mal wieder einen Lehrgang durchführen. Er lud dazu 19 Spieler ein:
Tor: H.Klodt, Jahn
Verteidiger: Janes, Billmann, Miller, Hempel
Läufer: Kupfer, Rohde, Dzur, Pohl, Schubert
Stürmer: Hahnemann, Conen, Eppenhoff, F.Walter, Schön, Willimowski, Fiederer, Carstens

Mit Hempel, Pohl, Schubert, Schön, Carstens und dem St.Paulianer Gastspieler Miller, standen 7 Spieler des Dresdener SC im Aufgebot. Darunter die beiden Neulinge Hempel und Carstens, die jedoch nie Nationalspieler wurden.

16.11.1941 in Dresden

Deutschland - Dänemark 1:1 (1:0)

SR: Eklind (Schweden), Zuschauer: 45.000
Deutschland: Jahn -6 (BSV 92); Janes -62 (Fort. Düsseld.), Miller -4 (St. Pauli); Kupfer -37 (Schweinfurt 05), Rohde -18 (TV Eimsbüttel), Schubert -2 (DSC); Hahnemann -22 (Admira Wien), F.Walter -13 (1.FC Kaisersl.), Conen -24 (Stuttg. K.), Willimowski -4 (PSV Chemnitz), Fiederer -6 (SpVgg Fürth). Mannschaftskapitän: Janes
Dänemark: E.Sörensen; Paul L.Hansen, A.Sörensen; W.Christensen, O.Jörgensen, Frederiksen; Kaj Hansen, Plöger, Söbrik, B.Mathiesen, Iversen

Tore: 1:0 Hahnemann (38.), 1:1 Kaj Hansen (56.)
Beste Spieler: Rohde, F.Walter, Conen - E.Sörensen, P.L.Hansen, W.Christensen
Bericht: Die deutsche Mannschaft begann in Dresden sehr verheißungsvoll, schnürte die Dänen in ihrem Strafraum ein und hatte auch bald erste gute Torgelegenheiten.

3. Minute: Mit einem herrlichen Schuß konnte Conen Torhüter Sörensen schlagen, aber auf der Linie stand Verteidiger Hansen und klärte die kritische Situation.

11. Minute: Ein Direktschuß von Hahnemann, auf Zuspiel von Rohde, konnte Torhüter Sörensen gerade noch zur Ecke abwehren. 15. Minute: Die erste Torgelegenheit für die Dänen durch Mittelstürmer Söbrik konnte Torhüter Jahn vereiteln.

38. Minute: Nach schöner Vorarbeit von Conen und Fritz Walter spielte der Kaiserslauterer den Ball Hahnemann maßgerecht vor die Füße, der unhaltbar zum 1:0 einschoß. 44. Minute: Gleich zweimal mußte Torhüter Sörensen, nach einem Freistoß von Conen und einem herrlichen Schuß von Fritz Walter, Däne-

*Helmut Schön (DSC) erzielte das einzige Tor 1940 gegen Dänemark.
Der „Lange" war ein Supertechniker, Spielmacher und Torjäger*

mark vor einem höheren Rückstand bewahren. Die deutsche Mannschaft führte zur Halbzeit hochverdient mit 1:0.

56. Minute: Auch in den ersten 10 Minuten der zweiten Halbzeit hatte die deutsche Mannschaft das Spiel einwandfrei beherrscht. Um so überraschender kam der Konter über Plöger, der in die Mitte flankte, wo Jahn zwar vor Kaj Hansen am Ball war, ihn aber nicht festhalten konnte. Der Däne hatte keine Mühe zum Ausgleich einzuschieben. 60. Minute: Die deutsche Mannschaft wollte nach dem überraschenden Ausgleichstreffer unbedingt die erneute Führung, hatte aber Pech, als ein 20-Meter-Schuß von Fritz Walter nur an die Latte ging. 62. Minute: Das Glück war wirklich nicht mit der deutschen Mannschaft, denn auch Hahnemann traf nur die Latte des dänischen Tores.

90. Minute: Bis zum Schlußpfiff kämpfte die deutsche Mannschaft mit ganzer Kraft um den Sieg. Die Dänen hatten dem nur wenig entgegenzusetzen, überstanden jedoch mit Glück und Können die deutsche Drangperiode.

❖

Vorbericht zum 188. Länderspiel: Zum letzten Länderspiel des Jahres lud Herberger 15 Spieler zu einem Kurzlehrgang nach Breslau ein:

Tor: Jahn, Kronsbein
Verteidiger: Janes, Miller, Hempel
Läufer: Pohl, Rohde, Schubert, Burdenski
Stürmer: Riegler, Hahnemann, Conen, F.Walter, Durek, Decker

Mit dem westfälischen Auswahltorhüter Kronsbein (Marthen) sowie Riegler (Austria Wien) und Decker (Vienna Wien) standen 3 Neulinge im Aufgebot. Riegler durfte gegen die Slowakei spielen, Decker mußte noch warten und bei Kronsbein reichte es nie zu einem Länderspiel.

Willi Hahnemann, der erfolgreichste Österreicher in der deutschen Elf (23 Länderspiele/16 Tore), absolvierte sein letztes Länderspiel. Nicht, weil ihm die nötige Klasse fehlte, sondern weil die Kriegswirren es immer schwerer machten, die Nationalspieler zusammen zu bekommen. Sie waren in ganz Europa verstreut, irgendwo an der Front, ohne Training usw. Die Meisterschaften wurden mehr und mehr zur Farce, und in die Nationalmannschaft stießen immer mehr junge Spieler. Da ein Kriegsende nicht abzusehen war, blieb Herberger nur eine längerfristige Planung. Daß nun immer mehr Größen des deutschen Fußballs ihr letztes Länderspiel absolvierten, lag nur daran, daß acht Jahre lang (Ende 1942 bis Ende 1950) kein Länderspiel mehr stattfinden konnte, und danach waren die meisten Spieler bereits zu alt.

7.12.1941 in Breslau

Deutschland - Slowakei 4:0 (3:0)

SR: Kroner (Rumänien), Zuschauer: 20.000

Deutschland: Jahn -7 (BSV 92); Janes -63 (Fort. Düsseld.), Miller -5 (St. Pauli); Pohl -2 (DSC), Rohde -19 (TV Eimsbüttel), Schubert -3 (DSC); Riegler -1 (Austria Wien), Hahnemann -23 (Admira Wien), Conen -25 (Stuttg. K.), F.Walter -14 (1.FC Kaisersl.), Durek -2 (FC Wien). Mannschaftskapitän: Janes

Slowakei: Reimann; Vanek, Ujvari; Rado, Porubsky, Biro; Bolcek, Földes, Arpas, Kuchar, Visocky

Tore: 1:0 F.Walter (6.), 2:0 Durek (9.), 3:0, 4:0 Conen (27., 62)

Beste Spieler: F.Walter, Riegler, Rohde, Conen - Rado, Reimann, Kuchar

Bericht: Vom Anpfiff an zauberte die deutsche Mannschaft und setzte die Slowakei gewaltig unter Druck.

6. Minute: Riegler dribbelte sich am rechten Flügel frei, flankte wunderbar maßgerecht auf den Kopf von Fritz Walter, der mit einem plazierten Kopfball Torhüter Reimann keine Chance ließ. Eine schnelle und verdiente Führung für die deutsche Mannschaft. 9. Minute: Das gleiche Bild wie beim 1:0, nur diesmal köpfte Linksaußen Durek plaziert zum 2:0 ein.

15. Minute: Der gesamte deutsche Angriff und die beiden antreibenden Dresdner Außenläufer spielten glänzenden Fußball. Riegler hatte zwei große Torgelegenheiten, scheiterte aber an Torhüter Reimann. 17. Minute: Als Hahnemann mehrere Abwehrspieler der Slowakei und auch noch Torhüter Reimann umspielte, schien das 3:0 sicher. Hahnemann wollte mit dem Ball ins Tor laufen und vergab so diese hundertprozentige Torchance.

27. Minute: Durch ein herrliches Kombinationsspiel schloß die deutsche Mannschaft ihre Überlegenheit mit einem weiteren Treffer ab. Pohl zu Riegler, Riegler flankte in die Mitte zu Conen, der zu Fritz Walter weiterleitete, und sofort kam der Paß zu Conen zurück, der jetzt völlig frei stand und aus 12 Meter Entfernung wuchtig und flach zum 3:0 einschoß.

48. Minute: Mit Beginn der zweiten Halbzeit warfen die Slowaken alles nach vorn. Gleich zweimal innerhalb einer Minute konnte Torhüter Jahn durch glänzende Reaktionen ein Tor der Slowaken verhindern. 53. Minute: Inmitten der slowakischen Offensive platze ein Alleingang von Fritz Walter, den er mit einem herrlichen Flachschuß abschloß, aber Torhüter Reimann reagierte großartig. 55. Minute: Die schnellen deutschen Konter waren stets gefährlich. Riegler hatte die große Chance allein vor Torhüter Reimann zum 4:0 einzuschießen, vergab jedoch die gute Möglichkeit. 58. Minute: Ein Schuß vom Halblinken Kuchar verfehlte nur ganz knapp das deutsche Tor. Dann übernahm endlich wieder die deutsche Mannschaft die Initiative.

62. Minute: Nach einem schnellen Konter über Rechtsaußen Riedler wehrte Torhüter Reimann zu kurz ab, Conen war zur Stelle und schoß unhaltbar zum 4:0 ein. 65. Minute: Ein 25-Meter-Schuß von Pohl konnte der slowakische Torwart erst im Nachfassen halten. 77. Minute: Noch einmal drängten die Slowaken die deutsche Mannschaft zurück. Bei einem Konter schoß Fritz Walter ein herrliches Tor, was jedoch wegen einer vorherigen Regelwidrigkeit von Conen nicht gegeben wurde.

90. Minute: In den letzten 10 Minuten war die deutsche Mannschaft wieder hoch überlegen und hätte durchaus noch ein paar Tore mehr erzielen können. Die Slowaken hatten es nur ihrem ausgezeichneten Torhüter Reimann zu verdanken, daß es beim 4:0 blieb.

❖

Vorbericht zum 189. Länderspiel: In den beiden ersten Länderspielen 1942 versuchte Herberger nochmals mit einem „Wiener Block" neue Spieler für die Nationalelf zu finden. Deshalb nominierte er für das Länderspiel in Agram folgendes Aufgebot:

Tor: Jahn, Ploc
Verteidiger: Sesta, Schmaus, Purtz
Läufer: F.Wagner I, Mock, Hanreiter, Urbanek
Stürmer: Riegler, Decker, Hahnemann, F.Walter, Conen, Durek

Der technisch brillante Karl Decker kam zu seinem ersten Länderspiel. Torhüter Ploc (Vienna Wien) und Purtz (Wiener SK) waren Neulinge und wurden nie Nationalspieler.

18.1.1942 in Agram

Kroatien - Deutschland 0:2 (0:1)

SR: Maler (Slowakei), Zuschauer: 20.000

Kroatien: Glazer; Brozovic, Dubac; Pukzec, Jacbinsec, Kokotovic; Cimermancic, Velfl, Pavlicic (ab 45. Lesnic), Antolkovic, Plese

Deutschland: Jahn -8 (BSV 92); Sesta -2 (Austria), Schmaus -9 (Vienna); F.Wagner I -2 (Rapid), Mock -5 (Austria), Hanreiter -6 (Admira); Riegler -2 (Austria), Decker -1 (Vienna), Conen -26 (Stuttg. K.), F.Walter -15 (1.FC Kaisersl.), Durek -3 (FC Wien). Mannschaftskapitän: Mock

Tore: 0:1 Brozovic (44. Eigentor), 0:2 Decker (70.)

Beste Spieler: Glazer, Velfl, Kokotovic - Jahn, Decker, F.Walter

Bericht: Von der ersten Minute an stand die deutsche Mannschaft unter dem andauernden Druck der Kroaten.

10. Minute: Der erste Angriff der deutschen Mannschaft endete mit einem Kopfball von Decker, den Glazer ohne Schwierigkeiten halten konnte.

30. Minute: Nach einer halben Stunde waren die Kroaten immer noch klar überlegen. Ohne einige Glanzparaden von Torhüter Jahn hätte die deutsche Mannschaft bereits zu diesem Zeitpunkt mit 2 oder 3 Toren in Rückstand gelegen. 33. Minute: Der erste schöne Angriff der deutschen Elf bis zu diesem Zeitpunkt leitete auch die Wende ein. Immer häufiger kam sie jetzt vor das kroatische Tor und hatte ihrerseits Torgelegenheiten durch Fritz Walter und Decker. Als Höhepunkt seiner Weltklasseleistung hielt Jahn einen Schuß von Antolkovic aus 5 Meter Entfernung durch eine fantastische Reaktion.

44. Minute: Das Glück war an diesem Tag nicht mit den Kroaten. Eine verunglückte Flanke von Riegler wollte Brozovic abwehren, jagte den Ball aber unhaltbar ins eigene Tor. Die deutsche Mannschaft führte zur Halbzeit glücklich mit 1:0.

65. Minute: Der technisch brillante deutsche Innensturm Decker-Conen-Walter wirbelte nun so, wie man sich das bereits von Anfang an erhofft hatte. Jetzt zeigten sich auch die enormen Schwächen in der kroatischen Abwehr, die mit diesen 3 Spielern nie fertig wurde. 70. Minute: Nach einer wunderschönen Kombination von Walter über Conen und Decker zu Riegler, fiel die endgültige Entscheidung. Der Unglücksrabe Brozovic wehrte die Flanke von Riegler genau vor die Füße von Decker ab, der mit einem flachen Schuß aus 14 Metern zum 2:0 vollendete. 74. Minute: Noch einmal jubelte die deutsche Mannschaft, als erneut Decker mit einem herrlichen Kopfball ins kroatische Tor traf. Der Schiedsrichter hatte jedoch unmittelbar vorher Abseits gepfiffen.

90. Minute: In der letzten halben Stunde hatte die deutsche Mannschaft das Spiel klar kontrolliert und hätte sogar noch höher gewinnen können. Insgesamt war das 2:0 jedoch schon schmeichelhaft. Wichtigste Erkenntnis für Sepp Herberger war, daß er mit dem Wiener Decker einen neuen Innenstürmer hatte, der sich hervorragend mit Fritz Walter verstand.

❖

Vorbericht zum 190. Länderspiel: Mit demselben Aufgebot wie gegen Kroatien trat die deutsche Nationalmannschaft 2 Wochen später gegen die Schweiz an. Nur Eppenhoff kam für den verletzten Conen neu in die Elf und Fitz für Riegler. Diesmal hatten also die Wiener die Möglichkeit, sich gegen die schweizerischen Abwehrkünstler zu bewähren.

1.2.1942 in Wien
Deutschland - Schweiz 1:2 (0:0)

SR: Scarpi (Italien), Zuschauer: 35.000

Deutschland: Jahn -9 (BSV 92); Sesta -3 (Austria), Schmaus -10 (Vienna); F.Wagner I -3 (Rapid), Mock -5 (Austria), Hanreiter -7 (Admira); Fitz -1 (Rapid), Decker -2 (Vienna), Eppenhoff -3 (Schalke 04), F.Walter -16 (1.FC Kaisersl.), Durek -4 (FC Wien). Mannschaftskapitän: Mock

Schweiz: Ballabio; Minelli, Lehmann; Springer, Vernati, Rikkenbach; Bickel, Amado, Monnard, Walaschek, Kappenberger

Tore: 1:0 Decker (71.), 1:1, 1:2 Kappenberger (72., 88.)

Beste Spieler: Durek, F.Wagner I - Ballabio, Vernati, Kappenberger

Bericht: Das Spiel begann, wie schon viele Spiele zwischen Deutschland und der Schweiz begonnen hatten. Von der ersten Minute an war die deutsche Mannschaft klar überlegen, scheiterte jedoch immer wieder an der erfahrenen und kompromißlosen Abwehr.

45. Minute: Eine Halbzeit lang hatte die deutsche Elf unentwegt das Schweizer Tor gestürmt, jedoch blieb der längst verdiente Führungstreffer aus. Immer wieder war ein Bein der Schweizer Abwehrspieler dazwischen, oder Torhüter Ballabio hielt großartig. Natürlich gehörte zu dieser Taktik der Schweizer auch großes Glück, denn mehrere herrliche Schüsse strichen nur knapp neben oder über das Tor.

52. Minute: Die deutsche Mannschaft spielte auch nach dem Seitenwechsel druckvoll weiter. Ein herrlicher Schuß von Decker streifte die Latte.

65. Minute: So traumhaft auch die deutsche Mannschaft kombinierte, immer wieder war am oder im Strafraum Endstation. 71. Minute: Der erlösende und längst überfällige Führungstreffer der deutschen Elf nach einer herrlichen Kombination von Mock zu Fritz Walter, Decker, Eppenhoff, Fitz und zurück zu Decker, der den Ball nur noch ins Tor verlängern brauchte. 72. Minute: Der Beifall war noch nicht verrauscht, da brach Bickel durch, schoß knallhart, so daß Jahn nur abwehren konnte. Linksaußen Kappenberger war zur Stelle und hob den Ball gefühlvoll zum Ausgleich ins Tor. Nur 60 Sekunden nach der Führung war der Spielstand wieder ausgeglichen.

85. Minute: Auch der Ausgleichstreffer konnte nicht verhindern, daß die deutsche Mannschaft weiter unentwegt stürmte. Das Glück, das sie in Agram gegen Kroatien hatte, fehlte ihr in diesem Spiel. Trotz klarer Überlegenheit wollte einfach nicht der Siegtreffer fallen. Und es kam sogar noch schlimmer. 88. Minute: Als Vernati zwei Gegenspieler stehenließ und Kappenberger mit einem schönen Paß in den freien Raum in günstige Schußposition brachte, war es passiert. Torhüter Jahn lief im falschen Moment aus seinem Tor, und der Schweizer Linksaußen hatte die Nerven, um überlegt am deutschen Torhüter vorbei ins lange Eck zu schieben. Der Spielverlauf war auf den Kopf gestellt. Trotz haushoher Überlegenheit hatte die deutsche Mannschaft 1:2 verloren.

❖

Vorbericht zum 191. Länderspiel: Vor dem Länderspiel gegen Spanien konnte Herberger wieder zu einem Lehrgang ins Bergische Land einladen. Fast alle Spieler, mit denen der Reichstrainer die ungewisse Zukunft plante, konnten teilnehmen:

Tor: Jahn, Deyhle, Flotho
Verteidiger: Janes, Immig, Miller, Welsch
Läufer: Kitzinger, Rohde, Sing, Schmeißer, Bayerer, Gauchel
Stürmer: F.Dörfel, Decker, Conen, F.Walter, Durek, Urban, Schaletzki, Arlt, Willimowski, Gräbsch, Pöhler, Malecki

Zwei Probespiele gegen den Niederrhein und eine Kölner Auswahl waren die abschließenden Höhepunkte des Lehrgangs.

in Duisburg (6.000)
Deutschland-Auswahl - Niederrhein 2:3 (1:2)

Flotho (ab 45. Deyhle); Miller (ab 45. Janes), Welsch (ab 45. Immig); Sing (ab 45. Schmeißer), Gauchel (ab 45. Rohde), Bayerer (ab 45. Sing); Malecki (ab 45. Durek), Pöhler (ab 45. Decker), Gräbsch (ab 45. F.Walter), Schaletzki (ab 45. Willimowski), Urban (ab 45. Arlt)

Niederrhein: Briddigkeit (Tus Helene Essen); Nolden (Meidericher SV), Duch (Hamborn 07); Bütterich (Hamborn 07), Scholz (RW Oberh.), Czaika (Fort. Düsseld.), ab 45. Wimmer (VfL Benrath); Engelbracht (Kronenberg), ab 45. Winkler (SW Essen), Bauchowitz (Hamborn 07), ab 45. Rosenbauer (Duisburg 48/99), Hoffmann (Duisburg), Groß (RW Oberh.), Pickartz (Fort. Düsseld.)

Tore: 0:1, 0:2 Groß (11., 18.), 1:2 Malecki (43.), 1:3 Pickartz (50.), 2:3 Willimowski (52.)

in Wuppertal (10.000) - ein 100 Minuten Spiel -
Deutschland-Auswahl - Kölner Auswahl 9:1 (3:1)

Deyhle; Janes, Immig; Schmeißer, Rohde, Sing; F.Dörfel, Decker, Conen, ab 60. Willimowski, F.Walter, Durek

Köln: Steffen; Papprath, E.Moog; Zuback, Reich, Jäger; Anfang, Kuckertz, Leinen, Held, Becker

Tore: 1:0 Conen (30.), 2:0 Reich (32. Eigentor), 3:0 F.Walter (44.), 3:1 Leinen (47.), 4:1 F.Walter (51.), 5:1 F.Dörfel (52.), 6:1 Durek (55.), 7:1 F.Walter (65.), 8:1 Willimowski (79.), 9:1 F.Walter (95.)

Nach dem hervorragenden Eindruck beim Lehrgang kam „Frido" Dörfel gegen Spanien zu seinem ersten Länderspiel.

12.4.1942 in Berlin
Deutschland - Spanien 1:1 (0:0)

SR: Barlassina (Italien), Zuschauer: 80.000
Deutschland: Jahn -10 (BSV 92); Janes -64 (Fort. Düsseld.), Miller -6 (St.Pauli); Kitzinger -43 (Schweinfurt 05), Rohde -20 (TV Eimsbüttel), Sing -2 (Stuttg. K.); F.Dörfel -1 (HSV), Decker -3 (Vienna), Conen -27 (Stuttg. K.), F.Walter -17 (1.FC Kaisersl.), Durek -5 (FC Wien). Mannschaftskapitän: Janes
Spanien: Martorell; Teruel, Juan Ramon; Gabilondo, German, Mateo; Epi, J.Alonso (43. Arencibia), Mundo (43. M.Martin), F.Campos, Emilin
Tore: 1:0 Decker (58.), 1:1 Campos (76. Handelfmeter)
Beste Spieler: Decker, Rohde, Durek - Martorell, German, Teruel
Bericht: Nach dem spanischen Bürgerkrieg 1936 war es um die spanische Nationalmannschaft still geworden. Nun kam sie mit einer neu formierten Elf nach Berlin.

5. Minute: Die Spanier begannen schwungvoller, konnten sich jedoch gegen die starke deutsche Abwehr nicht durchsetzen. 6. Minute: Endlich auch ein guter deutscher Angriff, eingeleitet von Conen zu Friedrich Dörfel, der mit einem herrlichen Schuß leider nur die Latte des spanischen Gehäuses traf.

17. Minute: Das Spiel war nach diesem ersten Schreckschuß von Dörfel offener geworden. Nacheinander vergaben Durek, Walter und Conen gute Torgelegenheiten für die deutsche Mannschaft. 20. Minute: Gleich zweimal hintereinander hatte die deutsche Mannschaft Glück, als zuerst Miller auf der Linie rettete und im Anschluß daran Torhüter Jahn mit einer Prachtparade ein schon sicher geglaubtes Tor der Spanier verhinderte.

31. Minute: Erneut eine gute Torgelegenheit für die deutsche Mannschaft, aber statt selbst aus günstiger Position zu schießen, gab Fritz Walter noch einmal zu Conen ab und da war es zu spät.

45. Minute: Trotz der torlosen ersten Halbzeit hatten die Zuschauer ein hochklassiges Spiel zweier gleichstarker Mannschaften gesehen. Das Spiel hatte alles, was man sich wünschen konnte. Technik, hervorragendes Zusammenspiel und Schnelligkeit. Was fehlte waren lediglich die Tore.

52. Minute: Die deutsche Mannschaft begann die zweite Halbzeit wesentlich stärker als die Spanier. Eine günstige Torgelegenheit für Fritz Walter konnte jedoch erneut nicht genutzt werden. Aber jetzt lief endlich das deutsche Sturmspiel auf Hochtouren. 57. Minute: Die Spanier kamen immer mehr beim Druck der deutschen Mannschaft ins Wanken. Ein herrlicher Kopfball von Dörfel konnte gerade noch von Torhüter Martorell gehalten werden. 58. Minute: Der Wiener Decker trieb den Ball in Richtung Tor. Niemand griff ihn an und als jeder mit einem Abspiel rechnete, zog er aus 18 Meter Enfernung ab. Der Ball landete unhaltbar für den verblüfften spanischen Torhüter zum 1:0 für Deutschland im Netz. 61. Minute: Obwohl die deutsche Mannschaft auch nach dem Führungstor klar überlegen war, blieben die gelegentlichen Konter der Spanier sehr gefährlich. Nur mit einer faszinierenden Parade verhinderte Torhüter Jahn den Ausgleich.

76. Minute: In den letzten 20 Minuten wurden die Spanier zusehends stärker und eine knappe Viertelstunde vor Schluß dafür belohnt. Als Torhüter Jahn schon geschlagen war, blieb Rohde nur die Abwehr mit der Hand. Den fälligen Elfmeter verwandelte Campos unhaltbar und sicher.

90. Minute: Die letzten 10 Minuten brachten wieder eine leichte Überlegenheit der deutschen Mannschaft. Es fielen jedoch keine weiteren Tore. Alles in allem war das Unentschieden gerecht. Die Spanier konnten mit der Leistung ihrer neuen Mannschaft zufrieden sein und die Zuschauer hatten ein hochklassiges, technisch schönes Spiel gesehen.

❖

Vorbericht zum 192. Länderspiel: Die spielerisch gute Leistung der deutschen Mannschaft gegen Spanien veranlaßte Herberger für das schwere Spiel in Budapest dieselbe Elf aufzubieten. Was damals niemand ahnte, es war das letzte Länderspiel des 44-fachen Nationalspielers Kitzinger und des besten deutschen Mittelstürmers vor dem 2. Weltkrieg, Edmund Conen. Ebenso trugen die beiden jungen Außenstürmer, F.Dörfel und Durek, nie wieder das Nationaltrikot.

Die Ungarn konnten auf heimischem Boden, wie Herberger, eine zukunftsorientierte Elf mit den damals besten Spielern aufstellen.

3.5.1942 in Budapest
Ungarn - Deutschland 3:5 (3:1)

SR: Barlassina (Italien), Zuschauer: 40.000
Ungarn: Toth; Balogh II, Szücs; Biro, Nagymarosi, Dudas; Kincses, Zsengeller, Tihanyi II, Bodola, Gyetvai
Deutschland: Jahn -11 (BSV 92); Janes -65 (Fort. Düsseld.), Miller -7 (St. Pauli); Kitzinger -44 (Schweinfurt 05), Rohde -21 (TV Eimsbüttel), Sing -3 (Stuttg. K.); F.Dörfel -2 (HSV), Decker -4 (Vienna), Conen -28 (Stuttg. K.), F.Walter -18 (1.FC Kaisersl.), Durek -6 (FC Wien). Mannschaftskapitän: Janes
Tore: 0:1 F.Walter (15.), 1:1 Nagymarosi (16. Handelfmeter), 2:1 Sengeller (29.), 3:1 Tihanyi (45.), 3:2 Janes (58.), 3:3 F.Walter (65.), 3:4 F.Dörfel (70.), 3:5 Sing (90.)
Beste Spieler: Toth, Biro, Zsengeller - Rohde, F.Walter, Conen, Sing
Bericht: Ungarn gegen Deutschland, das waren schon immer besondere Länderspiele, die stets hochklassigen Fußball und Dramatik versprachen. Wie stark die Ungarn vor allem zu Hause waren, zeigte die Bilanz der deutschen Mannschaft. Noch nie hatte sie auf ungarischem Boden gewinnen können.

5. Minute: Die deutsche Mannschaft war noch nicht einmal in den ungarischen Strafraum gekommen, so sehr wurde sie eingeschnürt. Gleich zweimal hatte Torhüter Jahn auf der Linie Schüsse aus nächster Nähe parieren müssen. 6. Minute: Der erste deutsche Angriff vor das Tor der Ungarn brachte auch gleich Gefahr. Eine Flanke von Durek hätte Biro fast ins eigene Tor geköpft.

10. Minute: Nach der Anfangsoffensive der Ungarn konnte die deutsche Mannschaft zusehends das Spiel ausgeglichener gestalten. 15. Minute: Ein schneller Gegenzug der deutschen Mannschaft über Decker, der Fritz Walter in den freien Raum schickte, und schon war es passiert. Der Pfälzer dribbelte und schoß dann aus 8 Metern unhaltbar ins ungarische Tor. 16. Minute: Sofort griffen die Ungarn wieder vehement an. Pech für die deutsche Mannschaft, daß Rohde bei einem Abwehrversuch auf den Ball fiel und ihn dabei versehentlich mit den Händen stoppte. Den fälligen Elfmeter verwandelte Nagymarosi sicher.

21. Minute: Die deutsche Mannschaft stand jetzt wieder schwer unter Druck. Innerhalb einer Minute mußte Jahn mit großartigen Paraden zwei Gewaltschüsse von Bodola und Zsengeller halten. 29. Minute: Nach einer knappen halben Stunde war es aber doch passiert. Ein Freistoß, hoch über die deutsche Abwehr hinweg, nahm der Klassetechniker Zsengeller direkt aus der Luft und schmetterte ihn zum 2:1 für Ungarn ins Tor.

40. Minute: Der einzige deutsche Entlastungsangriff bis in den ungarischen Strafraum hätte fast zum Ausgleich geführt, aber Decker kam einen Schritt zu spät. 45. Minute: In letzter Sekunde

Hans Rohde (TV Eimsbüttel) war ein zuverlässiger Mittelläufer in der erfolgreichen „Kriegs-Nationalelf"

„Ed" Conen (Stuttgarter Kickers) kehrte nach vielen Jahren in die Nationalelf zurück und war eine der Stützen der „Kriegs-Nationalelf"

Ernst Willimowski (PSV Chemnitz), der Gerd Müller der 40er Jahre, war Torjäger für Polen und Deutschland

Fritz Walter (1.FC Kaiserslautern), das Genie der „Kriegs-Nationalelf". Er war seiner Zeit als Fußballspieler weit voraus

August Klingler (FV Daxlanden), das andere Supertalent neben Fritz Walter, fiel 1943 an der Ostfront

vor dem Halzeitpfiff wurden die Ungarn für ihre nie ermüdenden Angriffe belohnt. Aus kürzester Entfernung konnte Mittelstürmer Tihanyi Torhüter Jahn zum drittenmal überwinden. Es gab keine Zweifel, daß die 3:1 Führung der Ungarn zur Halbzeit vollauf verdient war. Die deutsche Mannschaft mußte jetzt fürchten, ähnlich hoch unter die Räder zu kommen, wie es den Ungarn ein Jahr zuvor mit 0:7 in Köln ergangen war.

55. Minute: Bereits die ersten 10 Minuten der zweiten Halbzeit machten deutlich, daß die Ungarn sich in der ersten Halbzeit verausgabt hatten. Trotz einiger gefährlicher Konter war die deutsche Mannschaft jetzt überlegen und das Zusammenspiel klappte immer besser. 58. Minute: Nach einem Foul an Decker gab es direkten Freistoß für die deutsche Mannschaft aus 18 Meter Entfernung. Paul Janes, der Spezialist für solche Aufgaben, entdeckte die wenigen Zentimeter, die er brauchte, um den Ball an der Abwehrmauer vorbei ins rechte untere Eck zu schießen. Der Anschlußtreffer war gelungen, und jetzt konnte man durchaus noch mehr von der deutschen Mannschaft erwarten.

65. Minute: Eine traumhafte Kombination der deutschen Elf wurde zum Höhepunkt des Spiels. Der Ball wanderte im Direktspiel von Kitzinger zu Decker, Decker zu Conen, Conen zu Walter, Walter zurück zu Conen, der sich gegen zwei Gegner durchsetzte und vor dem herausstürzenden Toth den Ball zur Seite spielte, wo Fritz Walter völlig frei mit dem Ball bis ins Tor laufen konnte. Es waren atemberaubende Kombinationen, wie man sie nur ganz selten zu sehen bekam. 68. Minute: Mittelstürmer Conen hatte die große Gelegenheit, die deutsche Mannschaft in Führung zu bringen, als er allein auf Torhüter Toth zulief, aber an diesen den Ball verlor.

70. Minute: Der deutsche Angriff war jetzt nicht mehr zu halten. Nach herrlichem Steilpaß von Conen zog Rechtsaußen Dörfel auf und davon und ließ Torhüter Toth aus 10 Meter Entfernung keine Chance. Deutschland führte 4:3! 75. Minute: Mit letzter Kraft bäumten sich die Ungarn gegen die Heimniederlage auf. 85. Minute: Nach mehrfachen Glanzparaden von Jahn und hervorragender Abwehrarbeit von Mittelläufer Rohde ließ endlich der starke Druck der Ungarn nach.

90. Minute: Als jeden Moment mit dem Abpfiff des Spiels zu rechnen war, spielten sich auf der linken Seite Sing, Durek und Fritz Walter durch. Die weit aufgerückten ungarischen Abwehrspieler fehlten bei diesem schnellen Gegenangriff, so daß Sing allein auf Torhüter Toth zulief und diesem mit einem plazierten, angeschnittenen Ball keine Chance ließ. Mit dem 5:3, dem 500. deutschen Länderspieltor, war die erste ungarische Heimniederlage gegen eine deutsche Nationalelf perfekt.

❖

Vorbericht zum 193. Länderspiel: Zum letzten Saisonländerspiel in Sofia gab Herberger einigen „Reservisten" eine erneute Gelegenheit sich zu bewähren. Sold, Burdenski, Gauchel und Arlt bekamen nach mehreren verletzungs- und kriegsbedingten Absagen eine Chance. Dafür konnte nach über einem halben Jahr erstmals wieder Kupfer dabei sein. Überraschend war allerdings, daß Herberger Willimowski nicht einsetzte, was der Reichstrainer damit begründete, daß der Neu-Münchener auf dem tiefen Sandboden zu langsam war.

19.7.1942 in Sofia
Bulgarien - Deutschland 0:3 (0:3)

SR: Moler (Slowakei), Zuschauer: 30.000
Bulgarien: Talev; Zografov, Vidov; Kaltschev, Nedjalkov (ab 22. B.Simeonov), Stamboljev; Jordanov, Jankov, Milev, Atanaskov, K.Simeonov

Deutschland: Jahn -12 (BSV 92); Janes -66 (Fort. Düsseld.), Miller -8 (St. Pauli); Kupfer -38 (Schweinfurt 05), Sold -10 (Tennis Borussia), Sing -4 (Stuttg. K.); Burdenski -2 (Schalke 04), Decker -5 (Vienna), F.Walter -19 (1.FC Kaisersl.), Gauchel -16 (Tus Neuendorf), Arlt -11 (SV Riesa). Mannschaftskapitän: Janes
Tore: 0:1 Decker (1.), 0:2 Arlt (31.), 0:3 Decker (42.)
Beste Spieler: Stamboljev, Talev - F.Walter, Decker, Kupfer, Sing
Bericht: Die Bulgaren hatten Anstoß, aber Fritz Walter fing den Ball sofort ab. In seiner typischen, leichtfüßigen Art stürmte er nach vorn, sah Decker in die Gasse laufen und spielte ihm den Ball in den freien Raum, genau vor die Füße. Decker lief noch einige Meter mit dem Ball und ließ dann Torhüter Talev keine Chance. Bereits nach 40 Sekunden das 1:0 für die deutsche Mannschaft.

15. Minute: Nach dem deutschen Führungstor bestimmten die Bulgaren mit großem Kraftaufwand das Spiel. Sie konnten jedoch nicht einmal das Tor von Jahn ernsthaft gefährden.

22. Minute: Inzwischen hatte die deutsche Mannschaft das Spiel wieder an sich gerissen, Fritz Walter glänzte mit seiner exzellenten Regie und nur dem schwächeren deutschen linken Flügel hatten es die Bulgaren zu verdanken, daß kein weiterer Treffer fiel. 24. Minute: Die Bulgaren hatten ausgewechselt, weil keiner ihrer Abwehrspieler mit Fritz Walter fertig wurde. Der neue Mann Simeonov mußte allerdings auch sofort erfahren, daß dieser deutsche Wirbelwind nicht zu halten war. Ein Prachtschuß von Fritz Walter knallte an den Pfosten. 25. Minute: Ein herrlicher Kopfball vom bis dahin sträflich vernachlässigten Burdenski strich nur knapp über das bulgarische Gehäuse.

30. Minute: Die erste gute Gelegenheit der Bulgaren vergab Mittelstürmer Milev, als sein knallharter Schuß einen halben Meter am Tor vorbeistrich. 31. Minute: Endlich einmal lief es auch besser am linken deutschen Flügel, als Gauchel wunderbar Linksaußen Arlt in die Gasse schickte und der aus 18 Meter Entfernung flach ins lange untere Eck schoß. Die deutsche Mannschaft führte 2:0. 35. Minute: Erneut bot sich Linksaußen Arlt eine sehr große Chance, als der Abstoß von Talev total mißglückte und Arlt das Leder gefühlvoll über den Torhüter, aber auch über das leere Tor hinweghob.

42. Minute: Wieder war es die hervorragende Vorarbeit von Fritz Walter, die zu einem Tor führte. Er spielte Decker den Ball maßgerecht in den freien Raum, und der Wiener hob den Ball eiskalt über den herausstürzenden Talev hinweg zum 3:0 Halbzeitstand.

50. Minute: Schon kurz nach Wiederbeginn war erkennbar, daß Herberger sich nicht von der starken zweiten Halbzeit der Bulgaren überraschen lassen wollte. Er nahm Gauchel und Fritz Walter etwas zurück, so daß die Abwehr verstärkt war und die Bulgaren nicht zu ihrem Spiel fanden.

90. Minute: Der kluge Taktiker Herberger hatte richtig gehandelt. So sehr sich die Bulgaren in der zweiten Halbzeit auch bemühten, gegen die gute deutsche Abwehr konnten sie sich nicht entscheidend durchsetzen. Zwar fehlte somit auch im deutschen Angriff der nötige Schwung für weitere Treffer, aber das Spiel wurde mit 3:0 sicher und verdient gewonnen.

❖

Bilanz 1942/43
5 Spiele: 4 Siege, 0 Unentschieden, 1 Niederlage, 24:9 Tore
Zuschauer: 242.000
In 5 Spielen wurden 15 Spieler eingesetzt, davon waren 2 Neulinge.

Die Spieler der Saison:
Helmut Jahn	5	Spiele
Paul Janes	5	"
Andreas Kupfer	5	"
Albert Sing	5	"
Fritz Walter	5	"
August Klingler	5	"
Karl Miller	4	"
Ernst Willimowski	4	"
Hans Rohde	4	"
Ernst Lehner	3	"
Karl Decker	3	"
Wilhelm Sold	2	"
Adolf Urban	2	"
Edmund Adamkiewicz	2	"
Herbert Burdenski	1	Spiel

Tore der Saison:
Ernst Willimowski	7	Tore
August Klingler	6	"
Fritz Walter	5	"
Karl Decker	3	"
Herbert Burdenski	1	Tor
Paul Janes	1	"
Edmund Adamkiewicz	1	"

Mannschaftsführer war:
Paul Janes   5   mal

Rangliste der Nationalspieler des Jahres
1. Fritz Walter (1.FC Kaiserslautern)
   August Klingler (FV Daxlanden)
3. Paul Janes (Fortuna Düsseldorf)
4. Andreas Kupfer (FC Schweinfurt 05)
5. Ernst Willimowski (1860 München)
   Hans Rohde (TV Eimsbüttel)
7. Karl Decker (Vienna Wien)
8. Helmut Jahn (Berliner SV 92)
   Albert Sing (Stuttgarter Kickers)
10. Ernst Lehner (Schwaben Augsburg)
    Edmund Adamkiewicz (Hamburger SV)

1942/43

Vorbericht zum 194. Länderspiel: Sommer 1942, der Krieg bewegte sich langsam aber sicher auf Deutschland zu. Erstmals konnte man auf ein Ende des Krieges hoffen, aber er sollte noch drei mörderische Jahre dauern. Fußball konnte zwar immer noch gespielt werden, aber es wurde jeden Tag schwerer, weil die Luftangriffe zunahmen.

Sepp Herberger, durch und durch Realist, konnte nach der ausgefallenen WM 1942 für die Nachkriegszeit planen. Für das Länderspiel gegen Rumänien gelang ihm mit dem 22-jährigen August Klingler (FV Daxlanden) der zweite Glücksgriff nach Fritz Walter. Der brillante Techniker und Torschütze wird noch heute als der talentierteste Linksaußen bezeichnet, den Deutschland je hatte. Sein märchenhafter Aufstieg in der Nationalelf (5 Spiele/6 Tore) versprach eine große Karriere. Doch am 23.10.1943 wurde er ein Opfer des wahnwitzigen Krieges.

Für das Spiel gegen Rumänien vertraute Herberger weitgehend der Elf von Sofia. Lediglich der schwache linke Flügel wurde mit Willimowski und Klingler durch zwei Torjäger erster Klasse ersetzt.

16.8.1942 in Beuthen

Deutschland - Rumänien 7:0 (1:0)

SR: Moler (Slowakei), Zuschauer: 55.000

Deutschland: Jahn -13 (BSV 92); Janes -67 (Fort. Düsseld.), Miller -9 (St. Pauli); Kupfer -39 (Schweinfurt 05), Sold -11 (Tennis Borussia), Sing -5 (Stuttgarter K.); Burdenski -3 (Schalke 04), Decker -6 (Vienna Wien), F.Walter -20 (1.FC Kaisersl.), Willimowski -5 (TSV München 1860), Klingler -1 (FV Daxlanden). Mannschaftskapitän: Janes

Rumänien: Pavlovici; Felecan, Negrescu; Simatoc, Niculescu, Wetzer; Moldoveanu, S.Bindea, Marian, Constantinescu, T.Iordache, Bogdan

Tore: 1:0 Burdenski (43.), 2:0, 3:0 F.Walter (49., 56.), 4:0 Klingler (62.), 5:0 Decker (76.), 6:0 F.Walter (80.), 7:0 Willimowski (86.)

Beste Spieler: F.Walter, Klingler, Decker, Kupfer - keiner

Bericht: Vor 55.000 Zuschauern in Oberschlesien deutete nichts darauf hin, daß hier ein Länderspiel besonderer Art stattfinden sollte.

3. Minute: Die Rumänen begannen sehr forsch, und Janes mußte bereits auf der Linie klären. 7. Minute: Zum erstenmal war der Neuling Klingler am Ball, der gleich mit Vehemenz seinen Gegnern davonjagte und einen tollen Schuß abfeuerte, den Torhüter Pavlovici gerade noch halten konnte. 10. Minute: Die erste Chance für Torjäger Willimowski, der hier ja fast zu Hause war. Doch auch sein Schuß strich über den Kasten der Rumänen. 12. Minute: Nocheinmal ließ Willimowski eine gute Gelegenheit aus.

20. Minute: Die einzige große Torgelegenheit für die Rumänen hatte der Halbrechte Marian, der eine Vorlage von Bogdan nicht verwerten konnte. Danach wieder nur das Spiel auf ein Tor, aber wie so oft verhedderte sich das Spiel bereits im Mittelfeld. 27. Minute: Erneut war es der Neuling Klingler, der an seinen Gegenspielern spielend vorbeizog und für Gefahr vor dem rumänischen Tor sorgte. Burdenski verpaßte jedoch die schöne Flanke.

35. Minute: Ein toller Vorstoß von Fritz Walter konnte nur durch ein absichtliches Handspiel aufgehalten werden. 43. Minute: Dann endlich war es wieder einmal Fritz Walter, der mit einem Steilpaß von Sing auf und davon zog, gleich zwei Gegenspieler aussteigen ließ und dann auch noch Torhüter Pavlovici. Sein Schuß wurde jedoch auf der Linie abgewehrt, aber Burdenski hatte aufgepaßt und schmetterte den Ball unhaltbar zum 1:0 in die Maschen. 45. Minute: Bis zur Halbzeit konnte man trotz der klaren Überlegenheit der deutschen Mannschaft keineswegs zu-

frieden sein, weil der Ball zu lange gehalten und wieder einmal schlecht geschossen wurde.

49. Minute: In der Halbzeit hatte Sepp Herberger den Spielern einen eindringlichen Vortrag gehalten, und das bekamen die Rumänen sofort nach dem Seitenwechsel zu spüren. Willimowski hatte hervorragend Fritz Walter freigespielt, der unhaltbar zum 2:0 einschoß. 56. Minute: Erneut war es Fritz Walter, der mit seinem schnellen Antritt durch die rumänische Abwehr kam und unhaltbar zum 3:0 einschoß. Jetzt lief das Spiel endlich so traumhaft, wie sich Herberger das wünschte. Kein Spieler hielt lange den Ball, sondern meistens wurde direkt und sogar steil abgespielt. 62. Minute: Auf Zuspiel von Fritz Walter nahm der Neuling Klingler Maß und jagte den Ball zum 4:0 ins Netz. Jetzt machte es richtig Freude dieser Nationalmannschaft zuzusehen, die immer wieder die rumänische Abwehr durcheinanderschüttelte.

76. Minute: Erneut war es Fritz Walter, der hervorragend Decker freispielte, und der Wiener ließ mit seinem knallharten Schuß dem rumänischen Torhüter keine Chance. 80. Minute: Fritz Walter selbst erzielte dann das 6:0, als er seinen Gegner überspielte und sicher in die Ecke schob. 86. Minute: Schließlich konnte sich auch noch Willimowski als Torschütze einreihen, nachdem auch Decker die Löcher in der rumänischen Abwehr erkannt hatte und in den freien Raum vorlegte. Mit dem Spiel der deutschen Mannschaft in der zweiten Halbzeit hatte eine neue hoffnungsvolle Ära begonnen.

❖

Vorbericht zum 195. Länderspiel: Die schwerste Aufgabe für die deutsche Nationalmannschaft war Schweden. Die Schweden, vom 2. Weltkrieg kaum berührt, hatten eine erfahrene Mannschaft mit einem ganz jungen Innensturm, der nach dem Krieg zum berühmtesten der Welt wurde - Gren, Nordahl und Carlsson.

Als Vorbereitung für das Schwedenspiel lud Herberger nach Oberschlesien seinen ganzen Stamm ein. Lediglich F.Dörfel und Riegler, die beiden Rechtsaußen, waren kriegsbedingt nicht dabei.

Tor: Jahn, Flotho
Verteidiger: Janes, Miller, Immig, Kolb
Läufer: Kupfer, Sold, Sing, Rohde, Voigtmann, Bergmann, Pliska
Stürmer: Lehner, Herrmann, Decker, F.Walter, Willimowski, Klingler, Urban, Gauchel, Schaletzki

Mit Voigtmann (Planitz) und Herrmann (Chemnitz) waren die einzigen Neulinge im Aufgebot. Allerdings waren Kolb, Bergmann und Pliska auch noch ohne Länderspiel. Während des Lehrgangs wurden 3 Probespiele ausgetragen.

6.9.1942 in Bismarckhütte (40.000)
Deutschland-Auswahl - Germania Königshütte 12:0 (4:0)
Auswahl: Flotho; Kolb, Rohde; Kupfer, Sold, Sing; Voigtmann, Herrmann, F.Walter, Klingler, Urban
Tore: F.Walter (6), Klingler (3), Urban (2), Kupfer

11.9.1942 in Gleiwitz (28.000)
Deutschland-Auswahl - Vorwärts Rasensport Gleiwitz (verstärkt) 9:0 (3:0)
Auswahl (1. Halbzeit): Flotho; Immig, Miller; Bergmann, Rohde, Pliska; Herrmann, Schaletzki, Gauchel, Klingler, Sing
Tore: Gauchel, Klingler, Herrmann
Auswahl (2. Halbzeit): Jahn; Janes, Miller; Kupfer, Sold, Rohde; Lehner, Decker, F.Walter, Klingler, Sing
Tore: Decker (3), F.Walter (2), Lehner

12.9.1942 in Hindenburg (15.000)
Deutschland-Auswahl - Oberschlesien-Auswahl 14:1 (3:1)
Auswahl: Jahn; Janes, Miller; Kupfer, Sold, Rohde; Lehner, Decker, F.Walter, Klingler, Sing
Tore: F.Walter (6), Decker (4), Klingler (3), Kupfer / Baum

Damit war die deutsche Mannschaft gut eingespielt und vorbereitet. Die Aufstellung ergab sich schon aus dem letzten überzeugenden Probespiel. Es war das letzte Kriegsländerspiel in Berlin.

20.9.1942 in Berlin

Deutschland - Schweden 2:3 (2:2)

SR: Laursen (Dänemark), Zuschauer: 90.000
Deutschland: Jahn -14 (BSV 92); Janes -68 (Fort. Düsseld.), Miller -10 (St. Pauli); Kupfer -40 (Schweinfurt 05), Sold -12 (Tennis Borussia), Rohde -22 (TV Eimsbüttel); Lehner -63 (Blau-Weiß 90), Decker -7 (Vienna), F.Walter -21 (1.FC Kaisersl.), Sing -6 (Stuttg. K.), Klingler -2 (FV Daxlanden). Mannschaftskapitän: Janes
Schweden: Bergquist; H.Nilsson, Leander; E.Persson, Emanuelsson, K.-E.Grahn; Martensson, Gren, G.Nordahl, Henry Carlsson, Nyberg (E.Holmqvist)
Tore: 0:1 Nyberg (7.), 1:1 Lehner (13.), 2:1 Klingler (39.), 2:2 Carlsson (40.), 2:3 Martensson (71.)
Beste Spieler: Klingler, Kupfer, Janes - Emanuelsson, Carlsson, Gren
Bericht: Bereits in den ersten Minuten machten die Schweden deutlich, daß sie ein anderer Gegner als die Rumänen waren. Nicht die deutsche Mannschaft lag im Angriff, sondern die Schweden machten Druck.

7. Minute: Als Miller Rechtsaußen Martensson nicht halten konnte, war es auch bereits passiert. Seine wunderbare Flanke kam in die Mitte zu Linksaußen Nyberg, der den Ball gefühlvoll zum 0:1 über die Linie schob. 10. Minute: Selbst Fritz Walter war an diesem Tag sehr nervös und vergab eine gute Torgelegenheit, indem er freistehend über den Ball trat. 12. Minute: Dann schien aber doch der Ausgleich fällig zu sein, als Fritz Walter mit einem herrlichen Steilpaß Linksaußen Klingler auf die Reise schickte, der zwei Schweden stehen ließ und mit einem knallharten Schuß nur die Latte traf. 13. Minute: Die Schweden hatten den Ball noch nicht aus ihrer Hälfte herausbekommen, da war es Rechtsaußen Lehner, der mit einem Solo und abschließendem Schuß aus 14 Metern unhaltbar ins lange Eck traf. Das Berliner Olympia-Stadion tobte vor Begeisterung. 17. Minute: Glück für die deutsche Mannschaft, als der wuchtige schwedische Mittelstürmer Gunnar Nordahl nur um Millimeter am Pfosten vorbeizielte.

35. Minute: Inzwischen hatte die deutsche Mannschaft die Initiative übernommen und setzte die Schweden unter Druck. Gleich vier Schüsse von Lehner, Klingler, Fritz Walter und Decker mußte die Abwehr abblocken. In diesen Minuten fehlte der deutschen Mannschaft das Glück. 39. Minute: Einer der Höhepunkte des Spieles war das 2:1 durch Klingler, der an der Mittellinie von Rohde den Ball erhielt und in einem unwiderstehlichen Alleingang davon zog. Drei Schweden warfen sich ihm nach und nach in den Weg, aber keiner konnte dieses Solo aufhalten. Und als Krönung jagte der Linksaußen den Ball mit Vehemenz zum 2:1 in die Maschen. 40. Minute: Gleich im Gegenzug leitete Carlsson den erneuten Ausgleich ein, als er Rechtsaußen Martensson in den freien Raum schickte und der den Ball halbhoch und knallhart auf das deutsche Tor donnerte. Torhüter Jahn kam zwar mit den Fingern noch an den Ball und konnte ihn an den Pfosten lenken, aber Carlsson war mitgelaufen und schob den Ball zum 2:2 ins deutsche Netz.

45. Minute: Bis zur Pause hatten die Zuschauer ein begeisterndes Fußballspiel zweier Klasse-Mannschaften gesehen, die sich nichts schenkten, aber auch spielerisch sehr viel zu bieten hatten.

60. Minute: Auch in der ersten Viertelstunde der zweiten Halbzeit war die deutsche Mannschaft sehr stark, sogar feldüberlegen. Umso gefährlicher kamen jedoch die schwedischen Konter, als Carlsson nach einer Stunde die gesamte deutsche Abwehr überwand und sogar noch gefühlvoll über Torhüter Jahn hob. Zum Glück für die deutsche Mannschaft landete der Heber an der Querlatte. 66. Minute: Noch einmal hatte die deutsche Mann-

schaft Glück, als ein Prachtschuß von Gunnar Nordahl an die Latte des Gehäuses von Jahn klatschte. 71. Minute: Dann aber war es doch so weit; auf Vorlage von Nordahl konnte sich Martensson in Mittelstürmerposition gegen Rohde und Miller durchsetzen und schoß unhaltbar ins obere Tordreieck zum 2:3 ein.

90. Minute: So sehr sich auch die deutsche Mannschaft bis zum Schlußpfiff mühte, gegen diese starken Schweden gelang ihnen der Ausgleich nicht mehr.

❖

Vorbericht zum 196. Länderspiel:
Nach den Schweden war erneut die Schweiz Gegner der deutschen Elf. Die beiden letzten Begegnungen hatte die Schweiz mit je 2:1 gewonnen und in Bern würde es mindestens genauso schwer werden wie bei dem Heimspiel in Berlin gegen Schweden. Herberger berief für dieses Spiel folgendes Aufgebot:

Tor: Jahn, Deyhle
Verteidiger: Janes, Miller, Kolb
Läufer: Rohde, Sing, Kupfer, Voigtmann
Stürmer: Lehner, Adamkiewicz, F.Walter, Krückeberg, Willimowski, Klingler

Aus der Stammformation fehlten nur Sold, der gegen Schweden nicht überzeugen konnte, und Decker, der am Vorsonntag beim Punktspiel von Vienna Wien des Feldes verwiesen wurde. Mit Kolb (Eintr. Frankfurt), Voigtmann (SC Planitz), Adamkiewicz (HSV) und Krückeberg (1860 München) standen 4 Spieler ohne Länderspiel im Aufgebot. Von diesen 4 wurde nur Adamkiewicz noch Nationalspieler.

Eine Woche vor dem Spiel in der Schweiz ließ Herberger eine Auswahl des Lehrganges gegen die Stuttgarter Kickers antreten.

11.10.1942 in Ludwigsburg (8.000)
Deutschland-Auswahl - Stuttgarter Kickers 7:0 (4:0)
Auswahl: Jahn; Janes, Miller; Kupfer, Rohde, Voigtmann; Lehner (ab 45. Adamkiewicz), (ab 64. Lehner), F.Walter, Krückeberg (ab 64. Adamkiewicz), Willimowski, Klingler
Tore: 1:0 Willimowski, 2:0 F.Walter, 3:0, 4:0 Krückeberg, 5:0 F.Walter (60.), 6:0 Adamkiewicz, 7:0 F.Walter

Albert Sing, der Spielmacher der Stuttgarter Kickers und Torhüter Deyhle spielten natürlich auf Seiten der Stuttgarter mit. Die beiden Neulinge im Sturm, Adamkiewicz und Krückeberg, konnten nicht ganz die Erwartungen des Reichstrainers erfüllen, so daß er zum Länderspiel noch den Schalker Urban nachkommen ließ und mit bereits bewährten Spielern antrat.

18.10.1942 in Bern
Schweiz - Deutschland 3:5 (2:3)

SR: Escartin (Spanien), Zuschauer: 35.000
Schweiz: Ballabio; Minelli, Weiler II; Springer, Vernati, Rickenbach; Bickel, Amado, Monnard, Walaschek, Kappenberger
Deutschland: Jahn -15 (BSV 92); Janes -69 (Fort. Düsseld.), Miller -11 (St. Pauli); Kupfer -41 (Schweinfurt 05), Rohde -23 (TV Eimsbüttel), Sing -7 (Stuttg. K.); Lehner -64 (Blau-Weiß 90), F.Walter -22 (1.FC Kaisersl.), Willimowski -6 (1860 München), Klingler -3 (FV Daxlanden), Urban -20 (Schalke 04). Mannschaftskapitän: Janes
Tore: 0:1 Willimowski (10.), 1:1 Bickel (17.), 1:2 Willimowski (31.), 2:2 Amado (23.), 2:3 Willimowski (43.), 2:4 Willimowski (57.), 3:4 Kappenberger (65.), 3:5 F.Walter (80.)
Beste Spieler: Bickel, Monnard, Ballabio - Willimowski, Rohde, F.Walter, Kupfer
Bericht: Auch gegen die Eidgenossen spielte Herberger mit seiner neuen Mannschaft offensiv und forderte endlich einmal wieder einen Sieg in Bern gegen die Abwehrkünstler aus der Schweiz. Dementsprechend druckvoll begann die deutsche Mannschaft.

10. Minute: Der deutsche Führungstreffer fiel bereits früh, als Willimowski einen Abschlag von Jahn aufnahm, sich an Minelli vorbeischob und auch Torhüter Ballabio keine Chance ließ. 12. Minute: Gleich noch eine gute Chance für die deutsche Mannschaft, als Willimowski den Ball herrlich in den freien Raum spielte, aber Klingler nicht gestartet war. 14. Minute: Nun hatten auch die Schweizer ihre erste Torgelegenheit, aber Amado konnte die Vorlage von Bickel nicht verwerten. 17. Minute: Nach einem Mißverständnis in der deutschen Abwehr kam Bickel freistehend zum Ausgleichstreffer. Nach dem 1:1 übernahmen überraschend die Schweizer die Initiative und drängten die deutsche Mannschaft zurück. Janes und Rohde mußten zweimal kurz vor der Linie mit Kopfabwehr klären.

27. Minute: Noch einmal eine ganz große Chance für die Schweiz, als Walaschek frei zum Kopfball kam, aber das deutsche Tor verfehlte. Erst nach dieser 10-minütigen Drangperiode konnte sich die deutsche Mannschaft aus der Umklammerung befreien und ihrerseits wieder das traumhaft schöne Sturmspiel zeigen. 31. Minute: Fritz Walter nahm einen Freistoß von Kupfer auf und legte den Ball maßgerecht Willimowski vor, der aber nicht schoß, sondern durch zwei Abwehrspieler hindurchstieß und Torhüter Ballabio keine Chance ließ. 33. Minute: Die Freude bei der deutschen Mannschaft war noch nicht verebbt, da glichen die Schweizer in dieser dramatischen Phase erneut aus. Bickel knallte einen Freistoß in die Mauer, wo jedoch auch Monnard stand, der zurück zu Walaschek spielte, und der hob den Ball gefühlvoll über die Mauer. Amado sprang in den Ball und erzielte mit einem Flugkopfball das 2:2. 38. Minute: Diesmal ließ die deutsche Mannschaft sich jedoch nicht wieder einschnüren, sondern drängte weiter. Ein Tor von Willimowski konnte wegen Abseitsstellung nicht anerkannt werden.

43. Minute: Ein Eckball von Fritz Walter brachte dann die erneute Führung für die deutsche Mannschaft, weil Willimowski am langen Eck stand und den Ball, der über die gesamte Schweizer Abwehr hinweg flog, per Kopf zum 2:3 einnickte. Zur Halbzeit waren die Zuschauer voll auf ihre Kosten gekommen und hatten ein hochklassiges Spiel gesehen.

46. Minute: Die Schweizer begannen nach dem Seitenwechsel gleich druckvoll, und Jahn hatte größte Mühe einen Kopfball von Amado um den Pfosten zu drehen. 52. Minute: Die ersten stürmischen Angriffe der Schweizer waren überstanden, und jetzt war auch die deutsche Mannschaft wieder am Zug. Ein herrlicher Direktschuß von Lehner sauste jedoch an das Außennetz. 57. Minute: Ein toller Alleingang von Willimowski brachte dann die Vorentscheidung. Leichtfüßig zog er an zwei Schweizern vorbei und schoß aus halbrechter Position zum 4:2 ein. Die Schweizer wurden jetzt zwangsläufig offensiver, aber von Fritz Walter dirigiert, hatte die deutsche Mannschaft immer wieder hervorragende Konterchancen. Nach 60 Minuten stand das Eckenverhältnis bereits 7:1 für Deutschland.

65. Minute: Bei einem Freistoß für die Schweiz unterlief Torhüter Jahn sein einziger Fehler, als er aus dem Tor lief, der junge Kappenberger jedoch vor ihm am Ball war und das Leder gefühlvoll in das leere Tor hob. 66. Minute: Wieder Glück für die deutsche Mannschaft, als Bickel nur das Außennetz traf. 72. Minute: Das Spiel ging jetzt hin und her, und auf beiden Seiten konnten Tore fallen. Fritz Walter hatte auf Vorlage von Lehner die ganz große Chance, doch Torhüter Ballabio hielt in hervorragender Manier.

80. Minute: Dann aber war es eben dieser Fritz Walter, der die Entscheidung herbeiführte. 35 Meter vor dem Tor erhielt er den Ball, lief noch ein paar Meter und jagte das Leder dann flach in die äußerste untere Ecke zum viel umjubelten 5:3. 83. Minute: Die deutschen Stürmer hatten jetzt viel Platz, weil die Schweizer alles nach vorn warfen. Fritz Walter hätte den sechsten Treffer erzielen können, drehte den Ball aber am leeren Tor vorbei. 86. Minute: Noch einmal hatte Fritz Walter eine gute Torgelegenheit, aber sein Schuß strich knapp über die Latte.

90. Minute: Nach dramatischem Kampf hatte die deutsche Mannschaft endlich einmal wieder in der Schweiz gewonnen. Dank der traumhaft guten Kombinationen im Angriff wurden fünf Tore erzielt, was in den vergangenen Jahren gegen diese Schweizer Abwehr nie gelungen war.

❖

Vorbericht zum 197. Länderspiel: Als Vorbereitung für das Länderspiel gegen Kroatien ließ Herberger seine Elf gegen den Nachwuchs von Württemberg spielen.

25.10.1942 in Ludwigsburg (8.000)
Deutschland-Auswahl - Württemberg-Nachwuchs 7:2 (3:0)
Auswahl: Deyhle; Janes, Miller; Kraft, Rohde, Sing; Lehner, F.Walter, Adamkiewicz, Schaletzki, Klingler
Württemberg: Turek (Ulm); Fauser (Reutlingen), Seibold (Aalen); Vogel (Spfr. Stuttg.), Bertele (Ulm), S.Kronenbitter (Spfr. Stuttg.); Schondorfer (Böckingen), Langjahr (Stuttg. SC), K.Kronenbitter (Spfr. Stuttg.), Bitzer (Reutlingen), Maser (Ludwigsburg)
Tore: 1:0 Adamkiewicz (28.), 2:0 F.Walter (36.), 3:0 Schaletzki (42.), 3:1, 3:2 K.Kronenbitter (50., 61.), 4:2 Schaletzki (72.), 5:2, 6:2 F.Walter (85., 87.), 7:2 Klingler (90.)

Die Nationalelf mußte in diesem Probespiel auf die fehlenden Jahn, Kupfer, Urban und Willimowski verzichten. Einziger Neuling im Aufgebot war Kraft (VfB Stuttgart), der jedoch nicht mehr Nationalspieler wurde. Zwei Spieler überragten bei diesem Testspiel: Bei dem Württemberg-Nachwuchs der 23-jährige Torhüter Turek, der hier wohl die ersten Pluspunkte im Notizbuch von Sepp Herberger sammelte, die der Anfang seiner späteren großen Karriere in der Nationalmannschaft waren. Herberger bedauerte später, daß Turek zur Halbzeit gegen Würster (Feuerbach) ausgewechselt wurde, denn Turek hatte die Nationalspieler mit phantastischen Reaktionen zur Verzweiflung gebracht.

Auf der anderen Seite war wieder einmal Fritz Walter der überragende Spieler. Es ist heute kaum noch nachvollziehbar, daß der „Lauterer" damals als fast 22-jähriger seiner Zeit weit voraus war. Das so häufig zitierte Wort von „Herbergers Lieblingsschüler" hatte einen menschlichen und fußballerischen Hintergrund. Fritz Walter war stets Mensch und seine sportlich-faire Einstellung einzigartig. Sein fußballerisches Können war eine ganze Klasse besser als das seiner Mitspieler in der Nationalelf. Er hatte die beste Technik, gab kämpferisch immer alles und war ein genialer Denker und Lenker, schon in seinen jungen Jahren. Seine Einfälle und Ideen auf dem Fußballfeld waren faszinierend und übertrafen alles, was es bis dahin auf den Fußballplätzen der Welt zu sehen gegeben hatte. Er war schon Anfang der 40er Jahre einer der besten Spieler der Welt.

Nach dem Ludwigsburger Lehrgang wartete Herberger mit einer Überraschung auf. Er brachte mit Adamkiewicz den erwarteten Neuling, aber nicht wie angenommen als Stürmer, sondern neben Janes als Verteidiger. Zwar war bekannt, daß der Hamburger auch diese Position souverän beherrschte, aber in der Nationalelf hatte man ihn dort nicht erwartet.

1.11.1942 in Stuttgart
Deutschland - Kroatien 5:1 (2:0)

SR: Palasti (Ungarn), Zuschauer: 50.000
Deutschland: Jahn -16 (BSV 92); Janes -70 (Fort. Düsseld.), Adamkiewicz -1 (HSV); Kupfer -42 (Schweinfurt 05), Rohde -24 (TV Eimsbüttel), Sing -8 (Stuttg. K.); Lehner -65 (Schwaben Augsburg), F.Walter -23 (1.FC Kaisersl.), Willimowski -7 (1860 München), Urban -21 (Schalke 04), Klingler -4 (Daxlanden). Mannschaftskapitän: Janes
Kroatien: Glazer; Brozovic, Dubac; Pukzec, Pavlicic, Cajkovski; Plese, Velfl, Kacijan, Koceje, Kokotovic

Tore: 1:0 Janes (20.), 2:0 F.Walter (42.), 3:0 Willimowski (58.), 4:0 Willimowski (69.), 4:1 Velfl (75.), 5:1 Klingler (86.)
Beste Spieler: F.Walter, Klingler, Rohde, Janes, Willimowski - Glazer, Pavlicic, Velfl
Bericht: Gegen Kroatien hatte Sepp Herberger wieder Klingler auf Linksaußen gestellt, nachdem sich im Spiel gegen die Schweiz gezeigt hatte, daß er auf Halblinks bei weitem nicht die Wirkung hatte, während Urban durchaus Halbstürmer spielen konnte.

15. Minute: Die Kroaten zeigten sich in der ersten Viertelstunde überraschend stark. Zwar hatte die deutsche Mannschaft mehr vom Spiel, scheiterte jedoch immer wieder am großartigen Torhüter Glazer. 16. Minute: Klingler, der sich am linken Flügel wieder einmal entscheidend durchsetzte, traf leider nur das Außennetz. 20. Minute: Ein Freistoß brachte dann jedoch die verdiente Führung, als Janes den Ball unheimlich scharf ins rechte obere Tordreieck jagte. Für Torhüter Glazer gab es hier nichts zu halten. 35. Minute: Noch einmal eine Glanztat von Torhüter Glazer, der einen Direktschuß von Lehner meisterhaft parierte.

42. Minute: Ein traumhafter Angriff der deutschen Mannschaft, von Janes ausgehend, über Urban und Lehner zu Willimowski, der gefühlvoll in die Mitte flankte, brachte die 2:0 Führung; Fritz Walter war mitgelaufen und hatte das Leder per Kopf unhaltbar im kroatischen Tor untergebracht.

50. Minute: So sehr sich auch die Kroaten gegen die ständigen Angriffe der deutschen Mannschaft stemmten, der Druck wurde immer größer und der Spielfluß immer besser. Wieder war es Klingler, der mit einem herrlich Schuß nur knapp das Ziel verfehlte. 58. Minute: Das 3:0 gegen die anstürmenden Kroaten war ein Musterbeispiel hoher Fußballkunst. Fritz Walter war zurückgeeilt, sicherte den Ball und setzte sofort Klingler ein, der auf Lehner weiterspielte, und dessen Flanke in die Mitte nahm Willimowski direkt zum 3:0 auf. 60. Minute: Das 4:0 wäre schon hier fällig gewesen, wenn nicht Fritz Walter kurz vor der Strafraumgrenze die Beine weggezogen worden wären. 67. Minute: Mit einer Glanzparade verhinderte Torhüter Jahn nach einem Kopfball von Velfl den ersten kroatischen Treffer. 69. Minute: Mit einem Steilpaß von Janes zog Klingler davon, spielte den Ball maßgerecht in die Gasse zum freigelaufenen Willimowski, und der Torjäger ließ sich diese Chance nicht nehmen. Das 4:0 war eine Vorentscheidung.

75. Minute: Die deutsche Mannschaft hatte den Gegner jetzt klar im Griff, spielte jedoch auch sehr offensiv, so daß Velfl bei einem Konter keine Mühe hatte, den Ball an Torhüter Jahn vorbei zum 1:4 einzuspitzeln. Danach spielte nur noch die deutsche Mannschaft. 86. Minute: In seiner unnachahmlichen Art schüttelte Fritz Walter zwei Gegenspieler ab und paßte den Ball maßgerecht zu Klingler, der mit seinem knallharten Schuß ins lange Eck für den Endstand sorgte.

90. Minute: Nach erbitterter Gegenwehr hatten die Kroaten zum Schluß doch klar mit 5:1 gegen eine erneut spielerisch überzeugende Nationalmannschaft verloren.

❖

Vorbericht zum 198. Länderspiel: Der Krieg spitzte sich immer mehr zu, aber niemand hätte im November 1942 gedacht, daß das Spiel gegen die Slowakei für acht Jahre das letzte Länderspiel sein würde. Sepp Herberger hatte noch einmal seinen damaligen Stamm um sich versammelt. Auch Decker von Vienna Wien war wieder dabei. Sie alle, bis auf Kupfer und Fritz Walter, machten ihr letztes Länderspiel. Lehner und Urban hatten bereits gegen Kroatien zum letztenmal das Nationaltrikot getragen.

22.11.1942 in Pressburg
Slowakei - Deutschland 2:5 (0:2)

SR: Bazant (Kroatien), Zuschauer: 12.000
Solwakei: Reimann; Vanek, Rado (ab 46. Daucek); Bielek, Porubsky, Kovacs II; Beles, Malantinsky, Biro, Arpas, Luknar
Deutschland: Jahn -17 (BSV 92); Janes -71 (Fort. Düsseld.), Miller -12 (St. Pauli); Kupfer -43 (Schweinfurt 05), Rohde -25 (TV Eimsbüttel), Sing -9 (Stuttg. K.); Adamkiewicz -2 (HSV), Decker -8 (Vienna Wien), Willimowski -8 (1860 München), F.Walter -24 (1.FC Kaisersl.), Klingler -5 (Daxlanden). Mannschaftskapitän: Janes
Tore: 0:1, 0:2, 0:3 Klingler (1., 44., 46.), 1:3 Luknar (49.), 2:3 Biro (59.), 2:4 Adamkiewicz (62.), 2:5 Decker (83.)
Beste Spieler: Reimann, Arpas, Porubsky - Janes, F.Walter, Klingler
Bericht: In Pressburg begann die deutsche Mannschaft furios. Als Spielführer Vanek bereits in den ersten Sekunden den Ball nicht weg bekam, ging Klingler dazwischen und schoß scharf und unhaltbar zum 1:0 für die deutsche Mannschaft ein.

3. Minute: Erneut war es Klingler, der mit einem tollen Schuß fast das 2:0 erzielt hätte, aber eine Glanzparade von Torhüter Reimann verhinderte dies. 5. Minute: Wieder konnte sich Torhüter Reimann auszeichnen, als er einen Freistoß von Janes aus dem Tordreieck fischte. 6. Minute: Jetzt hatte die deutsche Mannschaft Glück, als Biro allein vor Jahn auftauchte, den Ball auch am deutschen Torhüter vorbeibrachte, jedoch auch knapp am Tor vorbeischoß.

20. Minute: Ein Kabinettstückchen von Fritz Walter, der den Ball in der Luft an seinem Gegenspieler Bielek vorbei jonglierte und herrlich unter die Latte schoß; das wäre ein Treffer wert gewesen, aber Teufelskerl Reimann hatte wieder die Fäuste dazwischen. 27. Minute: Während die Slowaken drängten, aber kaum zu Torgelegenheiten kamen, war jeder deutscher Konter stets gefährlich. Auch bei einem herrlichen Schuß von Walter konnte Reimann mit einer Glanzparade abwehren. 32. Minute: Der nächste Konter der deutschen Mannschaft über Klingler hätte das zweite Tor sein müssen, aber statt abzuspielen, schoß der Linksaußen selbst, und prompt am langen Eck vorbei.

44. Minute: Kurz vor der Halbzeit war es dann aber doch so weit. Nach mehrfachem herrlichen Doppelpaß zwischen den beiden jungen Wunderstürmern Fritz Walter und Klingler, bei dem die Slowaken überhaupt keine Chance hatten, an den Ball zu kommen, war es passiert. Klingler wollte nach rechts zu Adamkiewicz flanken, aber der Ball rutschte ihm über den Außenrist und flog über Torhüter Reimann hinweg, der zu weit vor seinem Tor stand, zum 2:0 in die Maschen. Damit hatte die deutsche Mannschaft doch noch die verdiente 2:0 Führung erzielt.

46. Minute: Klingler machte dort weiter, wo er unmittelbar vor der Halbzeit aufgehört hatte. Ein Flankenball von Adamkiewicz stoppte er dreizehn Meter vor dem Tor und schoß dann mit ganzer Kraft zum 3:0 für die deutsche Mannschaft ein.

49. Minute: Die Slowaken warfen jetzt alles nach vorn und hatten Glück, als Jahn aus seinem Tor herauslief, um den heranstürmenden Luknar zu bremsen. Durch einen Preßschlag flog der Ball unglücklich über den deutschen Torhüter hinweg zum 1:3 in das leere Tor. 50. Minute: Glück für die Slowaken im Gegenzug, als Willimowski in seiner unwiderstehlichen Art alles umspielte, was sich ihm in den Weg stellte, und auch nach Fouls immer weiter vorwärts kam und schließlich den Ball durch Reimanns Beine in das leere Tor schob. Aber unglücklicherweise hatte der kroatische Schiedsrichter Bazant Sekunden vorher wegen Foulspiel abgepfiffen. 57. Minute: Die Slowaken waren längst dazu übergegangen, den offenen Schlagabtausch zu suchen. Es interessierte sie in dieser Phase wenig, wieviel Freiheit die deutschen Stürmer hatten, sondern sie boten ihrem Publikum die totale Offensive. 59. Minute: Als Rohde einen Flankenball verpaßte, war Biro zur Stelle und ließ mit einem knallharten Schuß dem herausstürzenden Jahn keine Chance. Jetzt wurde es wieder spannend. 62. Minute: Obwohl die Slowaken nach dem Anschlußtreffer alles nach vorne warfen, behielt die deutsche Elf die Nerven. Ein Konter über Fritz Walter, der Adamkiewicz in den freien Raum schickte, bedeutete das 4:2. 67. Minute: Luknar konnte gerade noch von Sing gestoppt werden. 68. Minute: Einen scharf geschossenen Eckball von Adamkiewicz konnte Torhüter Reimann gerade noch an die Latte lenken.

76. Minute: Torhüter Reimann meisterte einen herrlichen Schuß von Fritz Walter, nachdem dieser 3 Solwaken ausgespielt hatte. 77. Minute: Vanek rettete nach einem Decker-Schuß auf der Linie. 83. Minute: Nach weiter Flanke von „Anderl" Kupfer zu Klingler fiel die endgültige Entscheidung. Klingler flankte maßgerecht zu Fritz Walter, der per Kopf zum völlig freistehenden Decker weiterleitete. Der Wiener brauchte den Ball lediglich noch über die Linie zu drücken.

90. Minute: Nach einer starken halben Stunde gewann die deutsche Nationalmannschaft ihr letztes Spiel vor 1945 verdient, aber zu hoch mit 5:2.

❖

Gesamtbilanz 1908 - 1943
198 Spiele: 100 Siege, 35 Unentschieden, 63 Niederlagen, 527:363 Tore
Heim: 96 Spiele: 50 Siege, 23 Unentschieden, 23 Niederlagen, 278:154 Tore
Auswärts: 102 Spiele: 50 Siege, 12 Unentschieden, 40 Niederlagen, 249:209 Tore
Zuschauer insgesamt: 6.232.363
Heim: 3.803.000, Auswärts: 2.422.363

Die meisten Länderspiele:
1.	Paul Janes (Fortuna Düsseldorf)	71	Spiele
2.	Ernst Lehner (Schwaben Augsburg)	65	"
3.	Albin Kitzinger (Schweinfurt 05)	44	"
4.	Andreas Kupfer (Schweinfurt 05)	43	"
5.	Reinhold Münzenberg (Alemannia Aachen)	41	"
6.	Ludwig Goldbrunner (Bayern München)	39	"
7.	Hans Jakob (Jahn Regensburg)	38	"
8.	Fritz Szepan (Schalke 04)	34	"
9.	Otto Siffling (SV Waldhof)	31	"
10.	Edmund Conen (FV Saarbr., K. Stuttgart)	28	"
11.	Karl Hohmann (VfL Benrath)	26	"
	Stanislaus Kobierski (Fort. Düsseldorf)	26	"
13.	Richard Hofmann (Meerane 07, Dresdener SC)	25	"
14.	Ludwig Leinberger (SpVgg Fürth)	24	"
	Fritz Walter (1.FC Kaiserslautern)	24	"

Die meisten Tore:
1.	Ernst Lehner (Schwaben Augsburg)	30	Tore
2.	Edmund Conen (SV Saarbrücken, K. Stuttg.)	27	"
3.	Richard Hofmann (Meerane 07, Dresdener SC)	24	"
4.	Karl Hohmann (VfL Benrath)	20	"
5.	Fritz Walter (1.FC Kaiserslautern)	19	"
6.	Otto Siffling (SV Waldhof)	17	"
	Helmut Schön (Dresdener SC)	17	"
8.	Wilhelm Hahnemann (Admira Wien)	16	"
9.	Gottfried Fuchs (Karlsruher FV)	14	"
	Otto Harder (Hamburger SV)	14	"
11.	Josef Gauchel (TuS Neuendorf)	13	"
	Ernst Willimowski (PSV Chemnitz, 1860)	13	"
13.	Adolf Jäger (Altona 93)	11	"
	Adolf Urban (Schalke 04)	11	"
15.	Fritz Förderer (Karlsruher FV)	10	"
	Eugen Kipp (Spfr. Stuttg., K. Stuttg.)	10	"
	Franz Binder (Rapid Wien)	10	"

Am häufigsten Mannschaftsführer waren:
1.	Paul Janes	31	mal
2.	Fritz Szepan	30	"
3.	Ludwig Leinberger	11	"
4.	Adolf Jäger	10	"
	Rudolf Gramlich	10	"
6.	Camillo Ugi	9	"
7.	Otto Harder	8	"
	Reinhold Münzenberg	8	"
9.	Max Breunig	7	"
10.	Heinrich Stuhlfauth	6	"
11.	Dr.Josef Glaser	4	"
	Hans Kalb	4	"
	Richard Hofmann	4	"
	Karl Hohmann	4	"
	Hans Mock	4	"

18 Elfmeter für Deutschland:
14 Elfmeter verwandelt durch: Förderer (1908 gegen England), Breunig (1911 gegen die Schweiz), Jäger (1913 gegen Dänemark), Jäger (1921 gegen Ungarn), Franz (1924 gegen Österreich), Ruch (1925 gegen Finnland), Hofmann (1932 gegen die Schweiz), Lehner (1934 gegen Polen), Gauchel (1938 gegen Luxemburg), Janes (1939 gegen Böhmen-Mähren), Binder (1939 gegen Italien), Conen (1940 gegen Bulgarien), Janes (1941 gegen Ungarn), Lehner (1941 gegen Kroatien)
4 Elfmeter verschossen durch: Breunig (1910 gegen Holland), Breunig (1913 gegen Holland), Kalb (1922 gegen Österreich), Lüke (1923 gegen Finnland)

20 Elfmeter gegen Deutschland:
13 Elfmeter verwandelt durch: Dlubac (1908 Österreich), Schlosser (1912 Ungarn), Weiss (1912 Schweiz), Kuthan (1921 Österreich), Kelin (1925 Finnland), Landahl (1929 Schweden), Christophersen (1930 Dänemark), Polgar (1934 Ungarn), Davies (1936 Irland), Stijnen (1939 Belgien), Demaria (1939 Italien), Campos (1942 Spanien), Nagymarosi (1942 Ungarn)
7 Elfmeter verschossen durch: (1911 Schweden), (1922 Finnland), Neumann (1922 Österreich), Ramseyer (1928 Schweiz), Orsi (1930 Italien), Sobotka (1935 Tschechoslowakei), Walaschek (1941 Schweiz)

7 Eigentore gegen Deutschland:
erzielt durch: Breunig (1910 und 1912 gegen Holland), H.Müller (1924 gegen Finnland), Münzenberg (1931 gegen Frankreich), Stubb (1932 gegen Schweden), Klodt (1939 gegen Jugoslawien), Rohde (1941 gegen die Schweiz)

3 Eigentore für Deutschland:
erzielt durch: Lörtscher (1938 Schweiz), Albu (1938 Rumänien), Brozovic (1942 Kroatien)

3 Platzverweise Deutschland:
Kalb (1928 gegen Uruguay), R.Hofmann (1928 gegen Uruguay), Pesser (1938 gegen die Schweiz)

1 Platzverweis Gegner:
Nasazzi (1928 Uruguay)

Nationalspieler des Jahres
1907/08 Förderer (Karlsruher FV)
1908/09 Ad.Werner (Holstein Kiel)
1909/10 Kipp (Spfr. Stuttgart)
1910/11 Ugi (VfB Leipzig)
1911/12 Breunig (Karlsruher FV)
1912/13 Jäger (Altona 93)
1913/14 Wegele (Phönix Karlsruhe)
1920/21 Tewes (Viktoria 89)
1921/22 Franz (SpVgg Fürth)
1922/23 Seiderer (SpVgg Fürth)
1923/24 H.Schmidt (1.FC Nürnberg)
1924/25 Paulsen (VfB Leipzig)
1925/26 Harder (Hamburger SV)
1926/27 Hochgesang (1.FC Nürnberg)
1927/28 R.Hofmann (Meerane 07)
1928/29 Stuhlfauth (1.FC Nürnberg)
1929/30 R.Hofmann (Dresdener SC)
1930/31 W.Kreß (Rot-Weiß Frankfurt)
1931/32 Kobierski (Fortuna Düsseldorf)
1932/33 Rohr (Bayern München)
1933/34 Szepan (FC Schalke 04)
1934/35 Ernst Lehner (Schwaben Augsburg)
1935/36 Reinhold Münzenberg (Alemannia Aachen)
1936/37 Albin Kitzinger (FC Schweinfurt 05)
1937/38 Andreas Kupfer (FC Schweinfurt 05)
1938/39 Paul Janes (Fortuna Düsseldorf)
1939/40 Franz Binder (SC Rapid Wien)
1940/41 Fritz Walter (1.FC Kaiserslautern)
1941/42 Fritz Walter (1.FC Kaiserslautern)
1942/43 Fritz Walter (1.FC Kaiserslautern)
August Klingler (FV Daxlanden)

Bericht zur Situation nach dem letzten Kriegsländerspiel

Nach dem 100. Länderspielsieg, gegen die Slowakei, dachte niemand daran, daß nun eine längere Länderspielpause eintreten könnte. Für 1943 waren bereits 4 Länderspiele, allerdings noch ohne Termin, geplant. Gegen Schweden, Spanien, Italien und zu Hause gegen Ungarn. Wenige Wochen später sah alles anders aus. Für 1943 wurden 4 Länderspiele gegen Spanien, Rumänien, Bulgarien und die Slowakei abgeschlossen. Gleichzeitig wurde aber auch die Auflösung der bisherigen Nationalelf und die Abkommandierung an die Front angeordnet. Reichstrainer Sepp Herberger sollte aus den Spielern eine neue Elf formen, die aus verschiedenen Gründen nicht an die Front brauchte. Das war das endgültige Ende einer der hoffnungsvollsten deutschen Ländermannschaften.

Am 8.2.1943 begann mit einem Lehrgang in Frankfurt der Neuaufbau. Herberger hatte folgende Spieler eingeladen:

Tor: Flotho (Osnabrück), Schönbeck (TeBe)

Verteidiger: Streitle (Bayern), Müller (Bonn-Beuel), Seibold (VfB Aalen), Adamkiewicz (HSV), Welsch (Bor. Neunk.)

Läufer: Böttgen (FSV Frankf.), Dziarstek (Augsburg), Wollenschläger (Weimar), Pliska (Holzminden), Otterbach (Stuttg. K.), S.Kronenbitter (Spfr. Stuttgart), Sälzler (Neckarau), Klees (Homburg), Voigtmann (Planitz), Kitzinger (Schweinfurt)

Stürmer: Morlock (1.FC Nürnberg), Danner (VfR Mannh.), Sump, Kühl (beide St.Pauli), Preschle (Neckarau), Hänel (Hartha), Günther (RWO), Schaletzki (Gleiwitz), Schmeißer (Dessau), Leibenguth (Neunkirchen), Gauchel (TuS Neuend.), Hetzel (Hamborn), Otto Otterbach (VfB Aalen), Klingler (Daxlanden)

Aus Herbergers Nationalmannschaft waren nur Adamkiewicz und Klingler übrig geblieben. Außerdem waren noch die Nationalspieler Flotho, Streitle, Welsch, Kitzinger, Hänel, Günther, Schaletzki und Gauchel dabei. Erwartungsgemäß hinterließen diese 10 Internationalen auch den stärksten Eindruck, obwohl mit Danner der erfolgreichste gesamtdeutsche Torjäger dabei war. Von allen Neulingen hinterließ der erst 17-jährige Morlock vom „Club" einen besonders guten Eindruck. Am 14.2.43 absolvierte eine Auswahl dieses Lehrganges ein Probespiel gegen Hessen-Nassau, in dem der verletzte Klingler fehlte.

in Frankfurt-Riederwald (8.000)
Deutschland-Auswahl - Hessen-Nassau 4:0 (1:0)

Auswahl (1.Halbzeit): Schönbeck; Adamkiewicz, Seibold; S.Kronenbitter, Pliska, Kitzinger; Otto Otterbach, Gauchel, Schaletzki, Leibenguth, Schmeißer

Auswahl (2.Halbzeit): Flotho; Welsch, Streitle; Voigtmann, Pliska, Kitzinger; Otto Otterbach, Morlock, Hänel, Gauchel, Danner

Hessen: Platzel (Kickers Offenb.); Knappeck, Herchenhan (RW Frankf.); Böttgen (FSV), Eufinger, Welter (beide RW Frankfurt), (ab 46. Weber (FSV); Kircher (RW Frankf.), (ab 46. Roell (FSV), Kaiser (Kickers Offenb.), Schuchardt (FSV), Kleiber (Eintr. Frankf.), Opper (Rödelheim)

Tore: 1:0 Schmeißer, 2:0 Hänel, 3:0 Otterbach, 4:0 Hänel

Damit endete die Geschichte der deutschen Nationalmannschaft für lange Zeit. Ein paarmal, 1943 und 1944, konnte Herberger noch regionale Nachwuchslehrgänge durchführen. Die bereits abgeschlossenen Länderspiele fanden nicht mehr statt, weil mit der Devise des „totalen Krieges" keine Zeit mehr für den internationalen Fußball blieb.

Eine Rangliste des deutschen Fußballs Anfang 1943 in der „Fußballwoche" gibt den Leistungsstand wieder. Die hier genannten 12 Besten auf jeder Position entsprechen weitgehend dem tatsächlichen Stand.

Rangliste des deutschen Fußballs

Torwart:
1. Jahn (Berlin), 2. H.Klodt (Schalke), 3. Flotho (Osnabrück), 4. Jürissen (Oberhausen), 5. Ploc (Wien), 6. Kowalkowski (Eimsbüttel), 7. Deyhle (Stuttgart), 8. Leidenberger (München), 9. Schönbeck (Berlin), 10. Musil (Wien), 11. Thiele (Berlin), 12. Langhammer (Falkenau)

Rechter Verteidiger:
1. Janes (Düsseldorf), 2. Sesta (Wien), 3. Immig (Karlsruhe), 4. Haringer (München), 5. Kaller (Wien), 6. Duch (Hamborn), 7. Kolb (Frankfurt), 8. Dziarstek (Augsburg), 9. Hempel (Dresden), 10. Pledl (München), 11. Appel (Berlin), 12. Bortoli (Wien)

Linker Verteidiger:
1. Schmaus (Wien), 2. Streitle (München), 3. Miller (Hamburg), 4. Billmann (Nürnberg), 5. Adamkiewicz (Hamburg), 6. Marischka (Wien), 7. Moog (Köln), 8. Purz (Wien), 9. Thaler (Wien), 10. Rodzinski (Hamborn), 11. Fritschi (Stuttgart), 12. Krause (Berlin)

Rechter Läufer:
1. Kupfer (Schweinfurt), 2. Wagner (Wien), 3. Hanreiter (Wien), 4. Burdenski (Schalke), 5. Pohl (Dresden), 6. Voigtmann (Plauen), 7. Gellesch (Schalke), 8. E.Seeler (Hamburg), 9. Füller (Schalke), 10. Uebelein (Nürnberg), 11. Schmeißer (Dessau), 12. Werner (Jena)

Mittelläufer:
1. Rohde (Eimsbüttel), 2. Sold (Saarbrücken), 3. Goldbrunner (München), 4. Mock (Wien), 5. Bayerer (München), 6. Tibulski (Schalke), 7. Gernhart (Wien), 8. Schneider (Mannheim), 9. Richter (Chemnitz), 10. Klacl (Wien), 11. Eufinger (Frankfurt), 12. Gehlert (Dessau)

Linker Läufer:
1. Kitzinger (Schweinfurt), 2. Sing (Stuttgart), 3. Schubert (Dresden), 4. Männer (Hannover), 5. Bergmann (Eimsbüttel), 6. Berg (Schalke), 7. Wollenschläger (Gera), 8. Skoumal (Wien), 9. Zwolanowski (Düsseldorf), 10. Bernard (Schweinfurt), 11. Goede (Berlin), 12. Heidkamp (München)

Rechtsaußen:
1. Lehner (Augsburg), 2. Riegler (Wien), 3. Malecki (Hannover), 4. Gärtner (Lorch), 5. Biallas (Duisburg), 6. F.Dörfel (Hamburg), 7. Holeschofski (Wien), 8. Kugler (Dresden), 9. Melkonian (Hamburg), 10. Fitz (Wien), 11. Kalwitzki (Schalke), 12. Winkler (Essen)

Halbrechts:
1. Hahnemann (Wien), 2. Decker (Wien), 3. Gauchel (Neuendorf), 4. Stroh (Wien), 5. Heibach (Düsseldorf), 6. Pöhler (Hannover), 7. Schaffer (Dresden), 8. Trenkel (Dessau), 9. Janda (München), 10. Kuzorra (Schalke), 11. Burger (München), 12. Matzkowski (Herne)

Mittelstürmer:
1. F.Walter (Kaiserslautern), 2. Conen (Stuttgart), 3. Hänel (Hartha), 4. Krückeberg (München), 5. Eppenhoff (Schalke), 6. Piontek (Königshütte), 7. Stoiber (Wien), 8. Erb (Mannheim), 9. Graf (Berlin), 10. Vetter (München), 11. Lenz (Dortmund), 12. Fischer (Wien)

Halblinks:
1. Willimowski (München), 2. Schön (Dresden), 3. Jerusalem (Wien), 4. Fiederer (Fürth), 5. Noack (Hamburg), 6. Szepan (Schalke), 7. Heißerer (Straßburg), 8. Schaletzki (Breslau), 9. R.Hofmann (Dresden), 10. Aurednik (Wien), 11. Nowotny (Offenbach), 12. Safarik (Wien)

Linksaußen:
1. Klingler (Daxlanden), 2. Durek (Wien), 3. Arlt (Riesa), 4. Schmidhuber (München), 5. Urban (Schalke), 6. Pesser (Wien), 7. Neumer (Wien), 8. Kerbach (Wien), 9. Carstens (Hamburg), 10. Arens (Essen), 11. Staab (Offenbach), 12. Kucharski (Wien)

1945/46

Bericht zur ersten Nachkriegssaison
Nachdem am 8. Mai 1945 der 2. Weltkrieg endlich zu Ende war, wurde erst langsam auch das Ausmaß im Fußball deutlich. Viele Nationalspieler der vergangenen, aber auch der letzten Länderspieljahre starben durch diesen schrecklichen Krieg. In der nachstehenden Liste sind alle Nationalspieler aufgeführt, die sowohl direkt (gefallen) als auch indirekt (an den Folgen von Verwundungen oder Krankheiten an der Front und nach dem Krieg sowie in Kriegsgefangenschaft) im 2. Weltkrieg ihr Leben lassen mußten:

Arlt, Willi (SV Riesa), *27.10.1919, †27.7.1947
Auer, Karl (SpVgg. Fürth), *12.8.1898, †21.2.1945
Berg, Walter (Schalke 04), *21.4.1916, †12.5.1949
Bergmaier, Josef (Bayern München), *5.3.1909, †5.3.1943
Claus-Oehler, Walter (Arminia Bielefeld), *7.5.1897, †8.11.1941
Eckert, Jakob (Wormatia Worms), *19.6.1916, †5.6.1940
Fiederer, Leo (SpVgg. Fürth), *4.4.1897, †1949
Fischer, Paul (Viktoria 89 Berlin), *6.9.1882, †6.2.1941
Flick, Hermann (Duisburg 99), *22.11.1905, †19.1.1944
Frank, Georg (SpVgg. Fürth), *14.12.1907, †15.11.1944
Gehrts, Adolf (Victoria Hamburg), *30.10.1886, †17.1.1943
Gramlich, Hermann (Villingen 08), *24.4.1913, †5.3.1942
Hartmann, Carl (Union Potsdam 3, Victoria Hamburg 1) *8.2.1894, †24.6.1943
Hempel, Walter (Sportfreunde Leipzig), *12.8.1887, †10.2.1940
Hergert, Heinrich (FK Pirmasens), *21.2.1940, †18.9.1949
Hiller, Arthur (1.FC Pforzheim), *3.10.1881, †14.8.1941
Hirsch, Julius (Karlsruher FV 4, SpVgg. Fürth 3), *7.4.1892 †6.5.1941
Holz, Friedel (Duisburg 99), *21.2.1920, †9.4.1941
Jäger, Adolf (Altona 93), *31.3.1889, †21.11.1944
Jakobs, Johannes (Hannover 96), *1.7.1917, †24.8.1942
Jellinek, Franz (Wiener SC), *10.7.1922, †20.5.1944
Kalb, Hans (1.FC Nürnberg), *3.8.1899, †5.4.1945
Klaas, Werner (SV Koblenz), *10.5.1914, †25.3.1945
Klingler, August (FV Daxlanden), *27.1.1920, †23.10.1943
Köhl, Georg (1.FC Nürnberg), *19.11.1910, †15.1.1944
Krumm, Franz (Bayern München), *16.10.1909, 19.3.1943
Lang, Hans (SpVgg. Fürth 2, HSV 8), *8.2.1899, †25.4.1943
Leinberger, Ludwig (SpVgg. Fürth), *21.5.1903, †3.3.1943
Lindner, Willi (Eintracht Frankfurt), *27.6.1910, †5.3.1944
Malik, Richard (Beuthen 09), *19.12.1909, †20.1.1945
Mantel, Hugo (Eintracht Frankfurt), *14.5.1919, †3.7.1942
Martinek, Alexander (Wacker Wien), *25.4.1919, †8.7.1944
Mengel, Hans (Turu Düsseldorf), *6.2.1917, †8.3.1941
Richter, Leopold (VfB Leipzig), *22.5.1885, †3.8.1941
Riegler, Franz (Austria Wien), *30.8.1915, †19.12.1944
Schwedler, Willi (VfB Pankow), *4.8.1894, †26.3.1945
Seiderer, Leonhard (SpVgg. Fürth), *1.11.1895, †3.7.1940
Sievert, Helmut (Hannover 96), *12.5.1914, †19.5.1945
Sonnrein, Heinrich (Hanau 93), *28.3.1911, †23.3.1944
Sorkale, Walter (Preußen Berlin), *17.1.1890, †19.4.1945
Strobel, Wolfgang (1.FC Nürnberg), *17.10.1896, †19.4.1945
Stührk, Erwin (Eimsbüttel), *4.7.1910, †13.11.1942
Tiefel, Willi (Eintr. Frankf.), *14.7.1911, †23.9.1941
Urban, Adolf (Schalke 04), *19.1.1914, †23.5.1943
Völker, Otto (Preußen Berlin, *2.3.1893, †16.8.1945
Völker, Willi (Hertha BSC Berlin), *13.10.1906, †6.4.1945
Widmayer, Werner (Holstein Kiel), *17.5.1909, †14.6.1942
Wigold, Willi (Fort. Düsseldorf), *10.12.1909, †8.12.1943
Zörner Dr., Carl (SC 99 Köln), *18.6.1897, †8.11.1941

Schon bald nach Kriegsende wurde fast überall in Deutschland wieder Fußball gespielt, teilweise sogar schon in Oberligen. Höhepunkte der Saison waren jedoch 2 regionale Auswahlspiele, die in den ersten Nachkriegsjahren eine Art Ersatz für Länderspiele wurden.

24.3.1946 in Stuttgart
Süd - West 3:0
SR: Sackenreuther (Nürnberg), Zuschauer: 45.000
Süd: Schmid (VfB Stuttg.); Schneider (Waldhof), Streitle (Bayern München); Kupfer (Schweinfurt 05), Kennemann (1.FC Nürnberg), Kitzinger (Schweinfurt 05); Lehner (Schwaben Augsb.), Morlock (1.FC Nürnberg), Schlienz (VfB Stuttg.), F.Walter (1.FC Kaisersl.), Barufka (VfB Stuttg.)
West: Turek (Duisburg 48/99); Hinz, Schweißfurt; Burdenski, Tibulski (alle FC Schalke 04), Schneider (VfL Bochum); Biallas (Duisburg 48/99), Szepan (Schalke 04), Rachuba (SpVgg. Erkenschwick), Kuzorra (Schalke 04), ab 70. Ludorf (SpVgg. Erkenschwick), Schröter (Duisburg)
Tore: Morlock (2), F.Walter

30.6.1946 in Köln
West - Süd 3:4 (1:2)
SR: Davison (England), Zuschauer: 64.000
West: Jürissen (RW Oberhausen); Janes (Fort. Düsseld.), A.Moog (VfL 99 Köln); Hinz, Tibulski (beide Schalke 04), Michallek (BVB), ab 46. Günther (RW Oberhausen); Dokter (RWE), Gawliczek (Schalke 04), Hetzel (Meidericher SV), Gauchel (TuS Neuendorf), Schmidt (Preußen Dellbrück)
Süd: Schmid (VfB Stuttg.); Schneider (Waldhof), Streitle (Bayern München); Kupfer (Schweinfurt 05), Dziarstek (Schwaben Augsburg), ab 16. Gebhardt (1.FC Nürnberg), Kitzinger (Schweinfurt 05); Binkert (Phönix Karlsruhe), Morlock (1.FC Nürnberg), Schlienz (VfB Stuttg.), Lechner (Schaben Augsburg), Barufka (VfB Stuttg.)
Tore: Hetzel, Tibulski, Günther - Lechner (2), Morlock, Barufka

❖

1946/47

Trotz der harten Kriegsfolgen lebte der Fußball in Deutschland schnell wieder auf. Die Oberliga Süd hatte keine 6 Monate nach Kriegsende bereits 1945/46 das 1. Spieljahr durchgeführt. In anderen Regionen war Fußball durch die jeweilige Besatzungsmacht nur dezentral auf Bezirksebene möglich. Viel schlimmer sah es aber für die Nationalmannschaft aus. Die Hoffnung, nach dem Krieg wieder eine deutsche Elf zu sehen, wurde Jahr für Jahr enttäuscht. Zu groß war der Schmerz bei all den Ländern, die nur unter großen Opfern die Zeit des Nazi-Regimes beenden konnten.

In der Öffentlichkeit nicht diskutiert und kaum nachvollziehbar, liefen jedoch Vorbereitungen für den Tag X. Der ehemalige Reichstrainer Sepp Herberger zog kreuz und quer durch Deutschland und beobachtete Nationalspieler und Talente. Besonders angetan war er bereits zu diesem Zeitpunkt vom 1.FC Kaiserslautern, wo unter der Regie von Fritz Walter exakt der schnelle und verwirrende Angriffsfußball gespielt wurde, wie ihn die deutsche Nationalmannschaft in den Kriegsjahren spielte. Es kam deshalb nicht von ungefähr, daß einige „Lauterer" schon dick unterstrichen im Notizbuch von Herberger standen. Noch war es jedoch nicht möglich, das theoretische Aufgebot in der Praxis und damit auf Lehrgängen zu erproben. Zudem war alles viel schwerer als man sich das heute vorstellt. Innerhalb der Jugend hatte der Krieg eine große Lücke hinterlassen. Nicht umsonst wurden die Oberligen von Spielerpersönlichkeiten der Vergangenheit geprägt.

Spieler im Alter von weit über 30 und sogar 40 Jahren waren keine Seltenheit. Hinzu kam, daß fast täglich neue Meldungen über Spieler kamen, die in Kriegsgefangenschaft oder an den Folgen des Krieges starben, schwere Krankheiten bekamen und ihre Karriere beenden mußten.

❖

1947/48

Ein erster Anfang für eine neue Zeit waren Trainerlehrgänge in Köln für die Schulung junger Talente. Beim ersten Lehrgang ab 3.11.1947 gab Herberger zum erstenmal nach dem Krieg bekannt, wer zu seinem Lehrgangsaufgebot für ein Länderspiel zählen würde. Die 39 Spieler:

Torhüter: Jahn (Kickers Stuttg.), Warning (HSV), Turek (Ulm 46), Herkenrath (Dellbrück), Jürissen (RW Oberhausen)

Rechter Verteidiger: Streitle (Bayern München), Janes (Fort. Düssel.)

Linker Verteidiger: Holdt (HSV), Seibold (Bayern München), Dehm (FSV Frankfurt)

Rechter Läufer: Kupfer (Schweinfurt 05), Michallek (Borussia Dortmund), Dargaschewski (Schalke 04), Möbus (Ohligs), Gawliczek (Meidericher)

Mittelläufer: Tibuslki (Schalke 04), Schneider (Mainz 04), Kennemann (1.FC Nürnberg)

Linker Läufer: Sing (Kickers Stuttg.), Gebhardt (1.FC Nürnberg), Ohles (Hamborn 07), Steigleder (Fort. Düssel.)

Rechtsaußen: B.Klodt II (Schalke 04), Adamkiewicz (HSV), Herbolsheimer (1.FC Nürnberg), Lehner (Vikt. Aschaffenburg)

Halbrechts: Morlock (1.FC Nürnberg), Boller (HSV), Schreiner (Kickers Offenbach)

Mittelstürmer: Ottmar Walter (1.FC Kaiserslautern), Gottschalk (RW Essen), Schlienz (VfB Stuttg.), Pöschl (1.FC Nürnberg)

Halblinks: Fritz Walter (1.FC Kaiserslautern), Spundflasche (HSV), Leibenguth (Bor. Neunkirchen), Ludwig Janda (1860 München)

Linksaußen: Barufka (VfB Stuttg.), Warth (TuS Koblenz-Neuendorf), Schmidt (Preußen Dellbrück)

Mit Jahn, Jürissen, Janes, Streitle, Kupfer, Otto Tibulski, Sing, Lehner, Adamkiewicz und Fritz Walter waren noch 10 Nationalspieler dabei, die vermutlich auch alle noch Länderspiele mitgemacht hätten, wenn es damals möglich gewesen wäre.

Ab Frühjahr 1948 gab es jedoch erneut die Möglichkeit, die besten Spieler Deutschlands zu testen, in „repräsentativen" oder regionalen Auswahlspielen wie sie bereits 1946 stattfanden. Sepp Herberger nutzte die Gelegenheit, um für diese Auswahlspiele seine Kandidaten zu begutachten.

4.4.1948 in Köln
West - Nord 3:0 (1:0)
SR: Fink (Frankfurt), Zuschauer: 60.000
West: Mierzowski (Preußen Münster); Janes (Fort. Düssel.), Hinz (TuS Lübbecke); Gawliczek (Meidericher SV), Tibulski, Dargaschewski (beide FC Schalke); Dokter (RW Essen), Günther (RW Oberhausen), Gottschalk (RW Essen), Rachuba (SpVgg Erkenschwick), Winkler (FC Schalke 04)

Nord: Alm (Victoria Hamburg); Holdt (HSV), Hempel (St.Pauli); Werner (HSV), Dzur, Appel (beide St.Pauli); Adamkiewicz (HSV), Schaffer (St.Pauli), Trenkel, Spundflasche, Ebeling (alle HSV)

Tore: 1:0 Gottschalk (3.), 2:0 Tibulski (65. Foulelfmeter), 3:0 Dokter (77.)

Für das nächste Auswahlspiel wurden bereits vorher die Aufgebote wie für einen Nationalmannschafts-Lehrgang geplant und benannt. Ohne die Hamburger mußte Nordwest auskommen, und im Süden durften die Spieler der französischen Besatzungszone, also u. a. aus Kaiserslautern, nicht mitwirken.

Nordwest
Tor: Flotho (VfL Osnabrück), Herkenrath (Preußen Dellbrück)
Verteidiger: Janes (Fort. Düssel.), Hinz (Schalke 04)
Läufer: Michallek (BVB), Liese (Eintr. Braunsch.), O.Tibulski, Dargaschewski (beide Schalke 04), Wientjes (Verden)
Stürmer: Rohrberg (Eintr. Braunsch.), Rachuba (Erkensch.), Gottschalk (RWE), Simon (Rhenania Würselen), Gawliczek (Meidericher SV), Schmidt (Preußen Dellbrück)

Süd
Tor: Jahn (Stuttg. Kick.), Turek (TSG Ulm)
Verteidiger: Streitle (Bayern), Siegel (Waldhof), Kolb (Eintr. Frankf.)
Läufer: Kupfer (Schweinfurt 05), Kennemann, Gebhardt (beide 1.FC Nürnberg), Hammerl (1860 München), Gärtner (Eintr. Frankf.), Stürmer: Morlock, Pöschl (beide 1.FC Nürnberg), Hädelt (Bayern), Schlienz, Binkert (beide VfB Stuttg.), Conen (Stuttg. Kick.), R.Herrmann II (FSV Frankf.)

19.5.1948 in Frankfurt
Süd - Nordwest 2:1 (2:1)
SR: Dr.Bauwens (Köln), Zuschauer: 50.000
Süd: Jahn (Stuttg. Kick.); Streitle (Bayern München), Siegel (Waldhof); Kupfer (Schweinfurt 05), Kennemann, Gebhardt (beide 1.FC Nürnberg); Hädelt (Bayern München), Binkert (VfB Stuttg.), Pöschl (1.FC Nürnberg), ab 83. Kircher (FSV Frankf.), Schlienz (VfB Stuttg.), Herrmann (FSV Frankf.)

Nordwest: Flotho (VfL Osnabrück); Janes (Fort. Düssel.), Hinz (TuS Lübbecke); Liese (Eintr. Braunsch.), Tibulski, Dargaschewski (beide Schalke 04), ab 45. Michallek (BVB); Rohrberg (Eintr. Braunsch.), Wientjes (SV Verden), Gottschalk (RW Essen), Gawliczek (Meidericher SV), Schmidt (Preußen Dellbrück). Rachuba (Erkenschwick) und Simon (Würselen) traten abwechselnd für die verletzten Gottschalk und Gawliczek ein.
Tore: 1:0 Pöschl (1.), 1:1 Gottschalk (3.), 2:1 Pöschl (21.)

Nach diesem Auswahlspiel standen andere Fußballereignisse im Mittelpunkt. Im Juli wurde die erste Deutsche Meisterschaft nach dem 2. Weltkrieg ausgetragen. Der 1.FC Nürnberg gewann 2:1 gegen die noch zu unerfahrene Mannschaft vom 1.FC Kaiserslautern. Im August wurde in London das Olympische Fußballturnier ausgetragen. Schweden, mit dem berühmten Innensturm Gren, Nordahl und Liedholm, wurde mit 3:1 über Jugoslawien Olympiasieger. Dänemark nach dem 5:3 über Englands Amateure Dritter. Die Stars der beiden skandinavischen Teams wurden in den folgenden Jahren von italienischen Vereinen aufgekauft. Dadurch wurden die zweifellos starken Nationalmannschaften von Schweden und Dänemark immer mehr geschwächt, weil sie es ablehnten Auslandsprofis aufzustellen.

❖

1948/49

Auch in dieser Saison war noch nicht an Länderspiele zu denken. Lediglich auf Städteebene gab es internationale Vergleiche. Sonst mußte man sich wieder mit Auswahlspielen begnügen. Für das erste der 3 Spiele in dieser Saison, zwischen Süd und Nord, wurden folgende Spieler benannt:

Süd
Tor: Turek (Ulm 46), Niemann (1.FC Nürnberg)
Verteidiger: Streitle (Bayern München), Knoll (1.FC Nürnberg), Siegel (Waldhof)

Läufer: Moll (Bayern München), Kennemann (1.FC Nürnberg), Kupfer (Schweinfurt 05), Hammerl (1860 München)
Stürmer: Läpple, Barufka (beide VfB Stuttg.), Morlock, Pöschl, Winterstein (alle 1.FC Nürnberg), Platzer (BC Augsburg)
Später wurden die Stürmer Schmidt (Eintr. Frankf.) und Weber (Kickers Offenb.) nachnominiert.
Nord:
Tor: Flotho (VfL Osnabrück), Warning (HSV)
Verteidiger: Hempel (St. Pauli), Holdt, Reinhardt (beide HSV)
Läufer: Stender, Dzur, Appel (alle St.Pauli), Gleixner (VfL Osnab.), E.Seeler (HSV)
Stürmer: Rohrberg, Hagenacker (beide Eintr. Braunsch.), Adamkiewicz, Spundflasche (beide HSV), Arens (VfL Osnabrück), Schaffer, Michael (beide St.Pauli)

17.10.1948 in Nürnberg
Süd - Nord 1:1 (1:1)
SR: Ullmann (Wuppertal), Zuschauer: 42.000
Süd: Turek (Ulm 46); Siegel (Waldhof), Knoll (1.FC Nürnberg); Kupfer (Schweinfurt 05), Kennemann (1.FC Nürnberg), Barufka (VfB Stuttg.); Läpple (VfB Stuttg.), Morlock, Pöschl (beide 1.FC Nürnberg), Platzer (BC Augsburg), ab 46. Adolf Schmidt (Eintr. Frankf.), Weber (Kickers Offenbach)
Nord: Flotho (VfL Osnabrück); Holdt (HSV), Hempel (St. Pauli); Gleixner (VfL Osnabrück), ab 46. E.Seeler, Reinhardt (beide HSV), Appel (St. Pauli); Adamkiewicz (HSV), Schaffer (St. Pauli), Arens (VfL Osnabrück), Spundflasche (HSV), Michael (St. Pauli)
Tore: 0:1 Michael (27.), 1:1 Weber (29.)

Im Januar und Februar 1949 zeigten sich immer mehr Staaten dazu bereit, Deutschland wieder in die internationalen Verbände aufzunehmen. Aber trotz Unterstützung der USA, Schweiz, Österreichs und Italiens gab es auch noch massive Widerstände. So blieben die regionalen Auswahlspiele die Höhepunkte des Jahres. Ende Februar wurden die Aufgebote für Nord gegen Süd benannt.

Nord
Tor: Flotho (VfL Osnabrück), Warning (HSV)
Verteidiger: Holdt (HSV), Appel (St. Pauli), Naab (Eintr. Braunschweig)
Läufer: Stender (St. Pauli), Adamkiewicz (HSV), Schmeißer (HSV), Gleixner (VfL Osnab.)
Stürmer: Rohrberg, Hagenacker (beide Eintr. Braunsch.), Gerritzen (VfB Oldenburg), Vetter (VfL Osnabrück), Gernhardt (Werder Bremen), Spundflasche, Trenkel, Ebeling (alle HSV), Schaffer, Beck (beide St. Pauli)

Eine Woche später wurde das Aufgebot, aufgrund der Leistungen, überraschend stark geändert:
Tor: Warning, Flotho
Verteidiger: Holdt, Appel, Hempel (St. Pauli), Fiening (VfL Osnabrück)
Läufer: Stender, Adamkiewicz, Schmeißer, Gleixner, Reinhardt (HSV), Dzur (St. Pauli), Gehmlich (VfL Osnabrück)
Stürmer: Spundflasche, Trenkel, Rohrberg, Hagenacker, Gernhardt, Arens (VfL Osnabrück)
Süd:
Tor: Turek (Ulm 46), Schepper (Kick. Offenb.)
Verteidiger: Streitle (Bayern München), Knoll (1.FC Nürnberg), Siegel (Waldhof)
Läufer: Hammerl (1860 München), Nowotny (Kick. Offenb.), Baumann (Stuttg. Kick.), Gebhardt (1.FC Nürnberg), Adolf Schmidt (Kick. Offenb.)
Stürmer: Hädelt, Bachl (beide Bayern München), Platzer (BC Augsburg), Morlock (1.FC Nürnberg), Lipponer (SV Waldhof), Buhtz, Weber (beide Kick. Offenb.), Barufka (VfB Stuttg.).
Später wurde noch Dehm (FSV Frankf.), für Siegel nachnominiert.

13.3.1949 in Hannover
Nord - Süd 1:0 (0:0)
SR: Kaplan (Hamm), Zuschauer: 40.000
Nord: Flotho (VfL Osnabrück); Appel, Hempel; Stender, Dzur (alle FC St. Pauli), Schmeißer (HSV); Rohrberg, Hagenacker (beide Eintr. Braunsch.), Gernhardt (Werder Bremen), Spundflasche, Trenkel (beide HSV)
Süd: Turek (TSG Ulm 46); Streitle (Bayern München), Knoll (1.FC Nürnberg); Adolf Schmidt (Kick. Offenb.), Baumann (Stuttg. Kick.), Gebhardt (1.FC Nürnberg); Hädelt (Bayern München), Morlock (1.FC Nürnberg), Platzer (BC Augsburg), Buhtz, Weber (beide Kick. Offenb.)
Tor: 1:0 Spundflasche (59.)

Für das nächste „kleine Länderspiel", Nord gegen West, hatte Sepp Herberger, nach wie vor nur inoffiziell im Amt, das Training und die Betreuung des Westens übernommen. Die Aufgebote:
Nord:
Tor: Flotho, Warning
Verteidigung: Holdt; Appel, Hempel, Fiening
Läufer: Stender, Schmeißer, Gleixner, Reinhardt, Dzur
Stürmer: Rohrberg, Spundflasche (beide HSV), Zimmermann (St.Pauli), Hinsch (Concordia), Hangenacker, Gernhardt, Rath (alle Werder Bremen)
West
Tor: Mierzowski (Preußen Münster), Jürissen (RWO)
Verteidigung: Janes, Borkenhagen (beide Fort. Düsseld.), Halfen (BVB)
Läufer: Krüger (Fort. Düsseld.), Mebus (VfL Benrath), Matzkowski (Schalke 04), Schanko (BVB)
Stürmer: Mauritz (Fort. Düsseld.), Kelbassa, Klodt (beide STV Horst), Gottschalk (RWE), Wientjes (RWE), Preißler (BVB), Gawliczek (Meidericher SV)

8.5.1949 in Bremen
Nord - West 1:1 (0:0)
SR: Pennig (Mannheim), Zuschauer: 40.000
Nord: Flotho (VfL Osnabrück); Appel, Hempel; Stender, Dzur (alle FC St. Pauli), Schmeißer (HSV); Rohrberg (HSV), Hagenacker, Gernhardt (beide Werder Bremen), Spundflasche (HSV), Rath (Werder Bremen)
West: Mierzowski (Preußen Münster); Janes, Borkenhagen (beide Fort. Düsseld.); Mebus (VfL Benrath), Matzkowski (Schalke 04), Schanko (BVB); Mauritz (Fort. Düsseld.), Wientjes (RW Essen), Gottschalk (RW Essen), ab 40. Preißler (BVB), Gawliczek (Meidericher SV), Klodt (STV Horst Emscher)
Tore: 0:1 Preißler (47.), 1:1 Hagenacker (87.)

Mehr Beachtung als dieses Spiel fand ein Beschluß der FIFA-Tagung an diesem ersten Maiwochenende in Amsterdam. Danach war es wieder allen FIFA-Mitgliedern gestattet, auf Vereinsebene Spiele mit deutschen Mannschaften auszutragen. Der Weg zurück in den internationalen Fußball war geebnet. Außerdem wurde der Beschluß des DFA (Deutscher Fußball Ausschuß) begrüßt, mit der Konstituierung des ersten Deutschen Bundestages und der Gründung der Bundesrepublik Deutschland den D.F.A. aufzulösen bzw. wieder offiziell als D.F.B. (Deutscher Fußball-Bund) aufzutreten. Der FIFA-Beschluß löste enorme Aktivitäten aus. Während die Endrunde um die Deutsche Fußballmeisterschaft anlief, hatten die anderen Vereine bereits Gäste aus Österreich, der Schweiz und Spanien. Es gab eine Fülle von internationalen Begegnungen, so daß ein Spiel zwischen „Herberger-Kursisten" und dem 1.FC Kaiserslautern kaum Beachtung fand.

4.7.1947 in Köln
1.FC Kaiserslautern - Herberger-Kursisten 3:1 (1:1)
SR: *Dr.Bauwens (Köln), Zuschauer: 6.000*
1.FC Ka.: Adam, ab 45. Herkenrath (Preußen Dellbrück); Huppert, Kohlmeyer; E.Liebrich I, W.Liebrich II, Klee; Grewenig, Fritz Walter, Basler, O.Walter, Christmann
Kursisten: Kreß; Burdenski, Rochow; Wendtlandt, Klötzer, Weisweiler; Kirchberg, Gawliczek, Job (ab 30. Kelbassa), Weyer, Kelbassa (ab 30. Schmitz)
Tore: 1:0 F.Walter, 1:1 Kirchberg, 2:1 Basler, 3:1 E.Liebrich I

So ging eine Saison zu Ende, die den deutschen Fußball einen großen Schritt nach vorn brachte. Wenn nichts Unvorhersehbares mehr passierte, war 1950 auf dem nächsten FIFA-Kongreß mit der Wiederzulassung von Länderspielen zu rechnen.

❖

1949/50

Die neue Fußballsaison begann euphorisch. Während Herberger sich als stiller Beobachter auf den Oberligaspielplätzen nach zukünftigen Nationalspielern umsah, präsentierte ihm die deutsche Presse jede Woche eine neue Elf und forderte jede Woche einen neuen Spieler in die neue Nationalelf, die es noch gar nicht gab und noch nicht geben durfte.

Der erste große Vergleich von Anwärtern für die Nationalelf brachte das Auswahlspiel Süd gegen Nord, wozu folgende Aufgebote benannt wurden:
Süd
Tor: Schmid (VfB Stuttg.), Turek (Ulm 46)
Verteidiger: Streitle (Bayern München), Knoll (1.FC Nürnberg), Pledl (1860)
Läufer: Hammerl (1860 München), Kennemann, Baumann (beide 1.FC Nürnberg), Gebhardt (1.FC Nürnberg), Gottinger (SpVgg Fürth)
Stürmer: Hoffmann, Brenske, Schade (alle SpVgg Fürth), Morlock (1.FC Nürnberg), Barufka (VfB Stuttg.), de la Vigne (VfR Mannheim), Schmidhuber, L.Janda (beide 1860 München)
Streitle mußte wegen Verletzung verzichten.
Nord
Tor: Warning (HSV), Ilic (Werder Bremen)
Verteidiger: Appel, Hempel (beide St. Pauli)
Läufer: Stender, Dzur (beide St. Pauli), Posipal (HSV), Klötzer (Werder Bremen)
Stürmer: Adamkiewicz, Trenkel, Spundflasche (alle HSV), Hagenacker (Werder Bremen), Boller, Beck (beide St. Pauli), Manja I (TV Eimsbüttel)

2.10.1949 in München
Süd - Nord 2:2 (1:1)
SR: *Trompetter (Köln), Zuschauer: 40.000*
Süd: Schmid (VfB Stuttg.); Pledl (1860 München), Knoll (1.FC Nürnberg); Hammerl (1860 München), Kennemann, ab 46. Baumann (beide 1.FC Nürnberg), Gebhardt (1.FC Nürnberg), ab 46. Gottinger (SpVgg Fürth); Pöschl (1.FC Nürnberg), Brenske, Schade (beide SpVgg Fürth), Janda (1860 München), Barufka (VfB Stuttg.)
Nord: Warning (HSV); Appel, Hempel; Stender, Dzur, ab 46. Boller (alle FC St. Pauli), Posipal; Adamkiewicz (beide HSV), Hagenacker (Werder Bremen), Manja I (Eimsbüttel), Spundflasche (HSV), Beck (St. Pauli)
Tore: 1:0 Schade (5.), 1:1 Adamkiewicz (35.), 2:1 Schade (70.), 2:2 Boller (71.)

Keine 4 Wochen später, Ende Oktober, war Sepp Herberger als Bundestrainer im Amt und damit wieder Alleinverantwortlicher für die Nationalmannschaft. Seine erste Handlung: Er berief den ersten Nachkriegslehrgang für den Aufbau der Nationalmannschaft vom 14.-19.11.1949 nach Duisburg.
Torhüter: Rau (Borussia Dortmund), Groth (SpVgg Fürth), Schönbeck (Berlin), Turek (TSG Ulm)
Verteidiger: Burdenski (Werder Bremen), Picard (Kickers Offenbach), Streitle (Bayern München), Knoll (1.FC Nürnberg), Adamkiewicz (HSV), Basler (1.FC Kaiserslautern)
Läufer: Schanko (Borussia Dortmund), Posipal (HSV), Stender (St. Pauli), Mebus (VfL Benrath), Matzkowski (Schalke 04), Kupfer (Schweinfurt 05), Gottinger (SpVgg Fürth), Bergner (1.FC Nürnberg), Klötzer (Werder Bremen)
Stürmer: Preißler, H.Erdmann I (Borussia Dortmund), Wientjes (RW Essen), Kelbassa (STV Horst Emscher), Fritz und Otmar Walter (1.FC Kaiserslautern), Schäfer (1.FC Köln), Unkelbach (TuS Neuendorf), Schade (SpVgg Fürth), Morlock, Pöschl (1.FC Nürnberg), Gerritzen (VfB Oldenburg), Barufka, Blessing (VfB Stuttg.), de la Vigne (VfR Mannheim), Klodt (STV Horst Emscher)

Blessing und Barufka konnten die Einladung nicht annehmen, da ihnen der Vorsitzende des VfB Stuttgart die Teilnahme untersagte. So begannen auch gleich die ersten Schwierigkeiten zwischen Vereins- und Nationalmannschaftsinteressen, die in späteren Jahren immer wieder auftauchen sollten.

Herberger betonte zum Abschluß des Lehrganges, daß aus diesem Kader die Nationalelf aufgestellt worden wäre, wenn in den nächsten Tagen ein Länderspiel angestanden hätte. Von den Lehrgangsteilnehmern waren Adamkiewicz, Burdenski, Streitle, Kupfer und Fritz Walter Nationalspieler. Turek, Schanko, Posipal, Mebus, Preißler, Wientjes, Ottmar Walter, Schäfer, Schade, Morlock, Gerritzen, Kelbassa, Barufka und B.Klodt sollten später noch Nationalspieler werden. Nur die restlichen 16 Spieler, und damit noch nicht einmal die Hälfte aller eingeladenen Spieler, wurden nie in die Nationalelf berufen. Der neue Bundestrainer hatte also gute Vorarbeit geleistet, daß 19 Kandidaten später auch Nationalspieler wurden oder bereits waren.

Im Winter wurde es etwas ruhiger um die Nationalelf. Sepp Herberger führte nur kleine, regionale Lehrgänge durch und warnte immer wieder vor den euphorischen Erwartungen. Einige Jahre würde es, wie der Bundestrainer sagte, schon dauern, bevor die deutsche Elf wieder die alte Spielstärke erreiche. Und jetzt war auch Zeit zum Neuaufbau, denn spätestens im Frühjahr 1950 war auch den letzten Optimisten klar, daß die immer noch erhoffte WM-Teilnahme in Brasilien nicht zugelassen würde. Nach Olympia 1948 nun das zweite Fußballgroßereignis ohne Beteiligung der BR Deutschland. Der nächste internationale Wettbewerb war die WM 1954 in der Schweiz, denn an Olympia 1952 war die deutsche Fußballelite durch das Vertragsspielerstatut (also Halbprofis) ab 1949/50 nicht mehr zugelassen. Erstes Zusammentreffen war das Auswahlspiel West gegen Nord.

14.5.1950 in Köln
West - Nord 3:4 (0:0)
SR: *Schmetzer (Mannheim), Zuschauer: 38.000*
West: Herkenrath (Preußen Dellbrück); Matzkowski, ab 46. Matzek (beide Schalke 04), Weisweiler (1.FC Köln); Michallek (BVB), Koschmieder (BVB), ab 46. Rupieta (Hamborn 07), Röhrig (Zündorf); B.Klodt (STV Horst Emscher), Preißler (BVB), Klug (Sterkrade 06/07), Zaro (RW Essen), ab 46. Schmidt (Preußen Dellbrück), Schäfer (1.FC Köln)
Nord: Ilic; Burdenski (beide Werder Bremen), Hempel (St. Pauli); Gleixner, Meyer, Haferkamp (alle VfL Osnabrück); Gerritzen (VfB Oldenburg), Hagenacker (Werder Bremen), Schröder (Bremen 1860), Uppenkamp (Hannover 96), ab 46. Preuße (Werder Bremen), Ihns (Eimsbüttel)
Tore: 0:1, 0:2 Schröder (49., 61), 1:2 Klodt (63.), 1:3 Ihns (69.), 1:4 Schröder (71.), 2:4 Preißler (75.), 3:4 Klug (79.)

Nach diesem Spiel blieb es wieder einige Wochen still um eine neue Nationalelf. Der VfB Stuttgart wurde Deutscher Fußballmeister und dann begann in Brasilien die 4. WM. Während dieser WM tagte die FIFA am 27.6.1950 in Rio auf Antrag der Schweiz zur Wiederzulassung des D.F.B. in die FIFA. Zwar wurde eine Entscheidung auf den 23./24.9.1950 in Brüssel verschoben, aber ab sofort waren inoffizielle Spiele wieder möglich.

❖

Bilanz 1950/51
3 Spiele: 2 Siege, 0 Unentschieden, 1 Niederlage, 5:4 Tore
Zuschauer: 239.000
In 3 Spielen wuden 21 Spieler eingesetzt, davon waren 17 Spieler Neulinge.

Die Spieler der Saison:

Anton Turek	3	Spiele
Jakob Streitle	3	"
Josef Röhrig	3	"
Herbert Burdenski	2	"
Gunter Baumann	2	"
Karl Barufka	2	"
Bernhard Klodt	2	"
Ottmar Walter	2	"
Richard Herrmann	2	"
Felix Gerritzen	2	"
Fritz Walter	2	"
Horst Schade	2	"
Andreas Kupfer	1	Spiel
Max Morlock	1	"
Fritz Balogh	1	"
Paul Mebus	1	"
Werner Kohlmeyer	1	"
Josef Posipal	1	"
Werner Liebrich	1	"
Hans Haferkamp	1	"
Erich Schanko	1	"

Tore der Saison:

Herbert Burdenski	1	Tor
Ottmar Walter	1	"
Felix Gerritzen	1	"
Fritz Walter	1	"
Hans Haferkamp	1	"

Mannschaftsführer waren:

Fitz Walter	2	mal
Andreas Kupfer	1	"

1 Elfmeter für Deutschland,
verwandelt durch Burdenski gegen die Schweiz

1 Elfmeter gegen Deutschland,
verwandelt durch Bocquet (Schweiz)

Rangliste der Nationalspieler des Jahres:
1. Anton „Toni" Turek (Fortuna Düsseldorf)
2. Jakob „Jackl" Streitle (Bayern München)
3. Gunther Baumann (1.FC Nürnberg)
4. Ottmar Walter (1.FC Kaiserslautern)
   Fritz Walter (1.FC Kaiserlautern)
6. Andreas „Anderl" Kupfer (FC Schweinfurt 05)
   Hans Haferkamp (VfL Osnabrück)

1950/51

Nach einigen Lehrgängen mit Nachwuchstalenten hatte Herberger Anfang August 1950 erstmals wieder seine aktuellen Kandidaten für das neue Nationalteam in Duisburg zusammen.

Tor: Schmid (VfB Stuttg.), Herkenrath (Preußen Dellbrück), Flotho (STV Horst), Wilhelm (Wuppertaler SV)

Verteidiger: Matzkowski (Schalke 04), Plawky (SpVgg. Fürth), Brockmann (RWE), Picard (Kickers Offenbach), Burdenski (Werder Bremen)

Läufer: Schreiner (Kickers Offenbach), Streitle (Bayern München), Schanko (BVB), Mebus (VfL Benrath), W.Liebrich (1.FC Kaisersl.), Barufka (VfB Stuttg.), Michallek (BVB), A.Kupfer (Schweinfurt 05), Röhrig (1.FC Köln)

Stürmer: Hofmann, Schade (beide SpVgg Fürth), Langlotz, de la Vigne (beide VfR Mannheim), F.Walter, O.Walter (beide 1.FC Kaisersl.), B.Klodt (Schalke 04), Islacker (Rheydter SV), Buhtz (VfB Mühlburg), Morlock (1.FC Nürnberg), Blessing (VfB Stuttgart), Klug (Sterkrade), Schäfer (1.FC Köln)

Sepp Herberger war mit dem Verlauf sehr zufrieden. Nur die Besetzung der Außenstürmerposten war schwach und bereitete dem Bundestrainer Sorgen. Dagegen hinterließen die Innenstürmer mit Morlock, O.Walter, F.Walter sowie Islacker, Schade und Buhtz einen besonders guten und torgefährlichen Eindruck. Damit war für einen anderen begnadeten Denker und Lenker die Länderspielkarriere schon vorbei, bevor sie begann, für den 2-Zentner-Mann August Gottschalk. Sein fast ständiges Übergewicht hatte ihn um die Lehrgangsteilnahme und damit wohl um eine internationale Berufung gebracht. Denn am 23.9.1950 wurde der D.F.B. mit allen Rechten und Pflichten wieder in die FIFA aufgenommen, und noch am gleichen Tag wurde das 1. Nachkriegsländerspiel mit dem größten und engagiertesten Kämpfer für diesen Beschluß, der Schweiz, vereinbart. Genau 8 Wochen blieben Herberger, um sich zu entscheiden, welche Elf das erste Nachkriegsländerspiel bestreiten sollte.

Nach dem FIFA-Beschluß und der Festlegung des Spiels gegen die Schweiz am 22.11.1950 in Stuttgart brach eine Lawine hervor. Hundertausende wollten Eintrittskarten, und fast alle Zeitungen beteiligten sich Woche für Woche an der Zensurengebung für die vermeintlichen neuen und alten Nationalspieler. Wer einmal gut spielte war fast schon Stammspieler, und ständig wurden Gerüchte aus dem Herberger-Umfeld gemeldet, die restlos aus der Luft gegriffen waren. Denn der Bundestrainer hielt sich geschlossen.

Erste echte Hinweise und der letzte große Test waren die regionalen Auswahlspiele Südwest gegen Süd am 11.11.1950 und Süd gegen West am 12.11.1950.

11.11.1950 in Ludwigshafen
Südwest - Süd 2:2 (1:1)
SR: Faist (Duisburg), Zuschauer: 60.000
Südwest: Jahn; Voigtmann (beide TuS Neuendorf), Kohlmeyer (1.FC Kaiserslautern); Miltz (TuS Neuendorf), W.Liebrich (1.FC Kaiserslautern), Laag (FK Pirmasens); Lipponer (Phönix Ludwigshafen), F.Walter, ab 22. Wettig, O.Walter (alle 1.FC Kaiserslautern), Blankenberger, Müller (beide Wormatia Worms)
Süd: Fischer (1.FC Nürnberg); Retter (VfB Stuttg.), Plawky (SpVgg Fürth); Kupfer (Schweinfurt), Keuerleber (VfR Mannheim), Baumann (1.FC Nürnberg); Läpple (VfB Stuttg.), Balogh (VfL Neckarau), Langlotz (VfR Mannheim), Baitinger (VfB Stuttg.), de la Vigne (VfR Mannheim)
Tore: 0:1 Balogh (26.), 1:1 Lipponer (27.), 1:2 Langlotz (51.), 2:2 Lipponer (73.)

12.11.1950 in Frankfurt
Süd - West 5:4 (0:2)

SR: Dusch (Kaiserslautern), Zuschauer: 25.000

Süd: Höger; Knoll (beide SpVgg Fürth), Picard (Kick. Offenb.); Dannenmeier (VfB Mühlburg), ab 46. Schreiner (Kick. Offenb.), Gärtner (VfB Mühlburg), Barufka (VfB Stuttg.); Kaufhold (Kick. Offenb.), Morlock (1.FC Nürnberg), Schade (SpVgg. Fürth), Herrmann (FSV Frankf.), Blessing (VfB Stuttg.)

West: Turek (Fort. Düsseld.), ab 55. Mierzowski (Preußen Münster); Lesch (Preußen Münster), Graf (1.FC Köln); Mebus (VfL Benrath), Matzkowski (Schalke 04), ab 46. Krüger (Fort. Düsseld.), Röhrig (1.FC Köln); Gerritzen, Preißler (beide Preußen Münster), Hetzel (Meidericher SV), Schäfer (1.FC Köln), Klodt (Schalke 04)

Tore: 0:1 Schäfer (6.), 0:2 Hetzel (23.), 0:3 Gerritzen (51.), 1:3 Blessing (58.), 2:3 Morlock (64.), 3:3 Gärtner (67. Elfmeter), 4:3 Herrmann (75.), 4:4 B.Klodt (86.), 5:4 Morlock (89.)

❖

Vorbericht zum 199. Länderspiel: Auf den Tag genau 8 Jahre nach dem letzten Länderspiel sollte das erste Nachkriegsländerspiel stattfinden. Hierfür benannte Bundestrainer Sepp Herberger folgendes Aufgebot:

Tor: Turek (Fort. Düsseld.), Fischer (1.FC Nürnberg)

Verteidiger: Burdenski (Werder Bremen), Streitle (Bayern München), Picard (Kick. Offenb.)

Läufer: Kupfer (Schweinfurt 05), Baumann (1.FC Nürnberg), Barufka (VfB Stuttg.), Röhrig (1.FC Köln)

Stürmer: B.Klodt (Schalke 04), Balogh (VfL Neckarau), O.Walter, F.Walter (beide 1.FC Kaisersl.), R.Herrmann (FSV Frankf.), Morlock (1.FC Nürnberg), Blessing (VfB Stuttg.), Schade (SpVgg Fürth)

Außer Burdenski, Streitle, Kupfer, Picard und Fritz Walter waren alle Neulinge, von denen Fischer und Blessing nie Nationalspieler wurden. Die größte Überraschung im Aufgebot war der 29-jährige Fritz Balogh aus der Slowakei, der in den Vorwochen in seinem Verein und in den Auswahlspielen einen glänzenden Eindruck hinterlassen hatte. Er spielte auch tatsächlich gegen die Schweiz, aber es war auch sein letztes Länderspiel, denn er kam einige Wochen später bei einem Unfall ums Leben.

Daß mit der Schweiz eine Mannschaft unser Gegner war, die zur 1. Klasse in Europa zählte, hatte die WM in Brasilien gezeigt. Gegen den WM-Ausrichter und späteren WM-Zweiten Brasilien hatte die Schweiz mit ihrem Abwehrriegel ein Unentschieden erreicht und gegen Mexiko 2:1 gewonnen. Lediglich die Niederlage gegen Jugoslawien verhinderte ein noch besseres Ergebnis. Diese Schweizer Nationalelf war also ein echter Prüfstein, zumal deutsche Nationalmannschaften fast immer Schwierigkeiten mit ihren südlichen Nachbarn hatten.

22.11.1950 in Stuttgart

BR Deutschland - Schweiz 1:0 (1:0)

SR: Ellis (England), Zuschauer: 115.000

BRD: Turek -1 (Fort. Düsseld.); Burdenski -4 (Werder Bremen), Streitle -9 (Bayern München); Kupfer -44 (Schweinfurt 05), Baumann -1 (1.FC Nürnberg), Barufka -1 (VfB Stuttg.), ab 90. Röhrig -1 (1.FC Köln); B.Klodt -1 (Schalke 04), Morlock -1 (1.FC Nürnberg), O.Walter -1 (1.FC Kaisersl.), Balogh -1 (VfL Neckarau), R.Herrmann -1 (FSV Frankf.). Mannschaftskapitän: Kupfer

Schweiz: Hug; Neury, Bocquet; Kernen, Eggimann, Casali I; Antenen, Bickel, Friedländer, ab 89. Meyer II, Bader, Fatton

Tor: 1:0 Burdenski (42. Handelfmeter)

Beste Spieler: Turek, O.Walter, Kupfer - Eggimann, Bickel, Fatton

Bericht: Mit 115.000 hatte das erste Nachkriegsländerspiel die höchste Zuschauerzahl, die jemals bei einem Länderspiel auf deutschem Boden erreicht wurde. Das Interesse war unendlich groß, auch wenn die deutsche Mannschaft auf den verletzten Fritz Walter und den erkrankten Schade verzichten mußte. Ein unbeschreiblicher Jubel begleitete die beiden Mannschaften auf das Spielfeld. Zuerst wurde die Nationalhymne der Schweiz gespielt, dann gab es eine Gedenkminute statt einer Hymne für die deutsche Mannschaft. In Todesstille wurde den Opfern des Dritten Reiches gedacht. Dann aber wuchs die Spannung. Bickel gewann die Seitenwahl gegen Kupfer, und Deutschland hatte Anstoß.

1. Minute: Der Anstoß von Ottmar Walter zu Balogh brachte gleich Gefahr für das Schweizer Tor. Der Neckarauer lief mit dem Ball, umspielte zwei Gegenspieler und schoß aus gut 25 Meter Entfernung knapp am Gehäuse von Torhüter Hug vorbei. 4. Minute: Erster gefährlicher Angriff der Schweiz, doch der Schuß von Bader konnte abgeblockt werden. Eine schöne Flanke vom Schalker Klodt köpfte Ottmar Walter in der 9. Minute über das Schweizer Tor. Ein 25-Meter-Schuß von Morlock ging nur knapp am Schweizer Gehäuse vorbei.

13. Minute: Ein knallharter Fatton-Schuß zischte nur knapp am deutschen Tor vorbei, und nach gut 20 Minuten ein gefährlicher Schuß von Kernen, der Torhüter Turek keine Mühe bereitete. 26. Minute: Die ganz große Torgelegenheit für den Mannheimer Balogh, als er nach Vorlage von Ottmar Walter freistehend zum Schuß kam. Auf der Gegenseite eine gute Torchance für Antenen, der jedoch nur das Außennetz traf. 28. Minute: In letzter Sekunde konnte Toni Turek die Schweizer Führung dadurch verhindern, indem er sich Eggimann vor die Füße warf. 36. Minute: Nach einer verunglückten schweizerischen Abwehr war es erneut Balogh, der eine Möglichkeit hatte. Torhüter Hug kam jedoch rechtzeitig aus seinem Kasten heraus und warf sich Balogh vor die Füße.

41. Minute: Zum drittenmal hatte Balogh die ganz große Chance, die deutsche Mannschaft in Führung zu bringen. Er zögerte jedoch viel zu lange, so daß Bocquet ihm den Ball abnehmen konnte. 42. Minute: Die 5. Ecke für die deutschen Mannschaft gab Herrmann mustergültig in den Strafraum. Ottmar Walter sprang am höchsten und köpfte wuchtig dicht unter die Latte. Verteidiger Bocquet hatte keine Chance mehr, den Ball mit dem Kopf zu erreichen und riß automatisch die Hände in die Höhe, womit er ein sicheres Tor verhinderte. Der Pfiff des ausgezeichneten Schiedsrichters Ellis mußte kommen, und er kam auch. Das war die Chance zum 1:0. Es sah so aus, als würde sich keiner der deutschen Spieler trauen, diesen Elfmeter zu schießen, als Burdenski nach vorn gelaufen kam, sich den Ball zurechtlegte und mit unheimlicher Wucht in die linke obere Ecke donnerte. Die deutsche Mannschaft führte verdient mit 1:0.

45. Minute: Mit der ersten Halbzeit dieser neuen Nationalmannschaft konnte man durchaus zufrieden sein. Sie war sogar leicht überlegen gegen die favorisierten Schweizer.

49. Minute: Der gefährlichste deutsche Stürmer, Ottmar Walter, prüfte Torhüter Hug mit einem knallharten Schuß ins rechte obere Eck, den der Torhüter nur mit Mühe abwehren konnte.

90. Minute: Barufka auf deutscher Seite mußte das Spielfeld nach einem Zusammenprall verlassen. Für ihn kam in den letzten 60 Sekunden der Kölner Röhrig zu seinem ersten Länderspiel. Dann war das Spiel aus. Die deutsche Mannschaft hatte sehr gute Ansätze gezeigt, war insgesamt leicht überlegen und hatte somit auch verdient gewonnen. Der Anfang für eine neue Zeit war damit gemacht.

❖

Vorbericht zum 200. Länderspiel: Nach der Länderspiel-Winterpause stand für April das Jubiläumsspiel an. Zum Dank an die Schweizer wurde es in Zürich als Rückspiel angesetzt. Vorher gab es jedoch noch 2 regionale Auswahlspiele.

Diese Mannschaft startete nach dem 2. Weltkrieg, am 22.11.1950, mit 1:0 gegen die Schweiz in Stuttgart; v.l.: Streitle, Balogh, Barufka, Herrmann, Baumann, Morlock, B.Klodt, O.Walter, Burdenski, Turek, Kupfer

18.3.1951 in Hamburg
Nord - Süd 2:4 (0:2)
SR: Kormannshaus (Gohfeld), Zuschauer: 30.000
Nord: Peper (Holstein Kiel); Burdenski (Werder Bremen), Boller (FC St. Pauli); Haferkamp (VfL Osnabrück), Posipal, Spundflasche (beide HSV); Müller (Göttingen 05), Gunkel (Göttingen 05), ab 46. Oettler (VfL Osnabrück), Schröder (Bremen 1860), Woitkowiak (HSV), Ihns (Eimsbüttel)
Süd: Skudlarek (SV Waldhof); M.Fischer (VfB Mühlburg), Picard (Kick. Offenb.); Rendler (SV Waldhof), Oles (ASV Durlach), Trenkel (VfB Mühlburg); Platzer, Schlump (beide BC Augsburg), vorübergehend Stiefvater (VfR Mannheim), Lipponer (SV Waldhof), Buhtz, Kunkel (beide VfB Mühlburg)
Tore: 0:1 Kunkel (3.), 0:2 Lipponer (36.), 0:3, 0:4 Buhtz (58., 69.), 1:4 Woitkowiak (72.), 2:4 Schröder (89.)

18.3.1951 in Duisburg
West - Süd 0:4 (0:0)
SR: Burmeister (Hamburg), Zuschauer: 40.000
West: Kisker (Hamborn 07); Hinz (RW Essen), Göbel (RW Essen), ab 46. Komorowski (SpVgg. Erkenschwick); Michallek (BVB), Wewers (RW Essen), Schanko (BVB); Gerritzen, Rachuba (beide Preußen Münster), Güttgemanns (Rheydter SV), Kasperski (BVB), Klodt (Schalke 04), ab 46. Erdmann (BVB)
Süd: Schaffer (1.FC Nürnb.); Knoll, Plawky (beide SpVgg. Fürth); Bergner, Baumann, Ucko; Herbolsheimer, Morlock (alle 1.FC Nürnb.), Schade, Appis (beide SpVgg. Fürth), Kallenborn (1.FC Nürnb.)
Tore: 0:1 Schade (48.), 0:2 Kallenborn (55.), 0:3 Herbolsheimer (60.), 0:4 Appis (86.)

Vom 2.-6.4. zog Herberger in Duisburg einen gemischten Kader aus alt und jung zusammen. Mitten in den Lehrgang war ein inoffizielles Länderspiel gegen das selbständige Saarland angesetzt. Herberger stand folgendes Aufgebot zur Verfügung:
Tor: Herkenrath (Dellbrück), Peper (H. Kiel), Rado (FSV Frankf.), Schaffer (1.FC Nürnb.)
Verteidiger: Hinz (RWE), Retter (VfB Stuttg.), Brichta (Erkensch.), Juskowiak (Wuppertal), Brandmaier (München), Kohlmeyer (1.FC Kaisersl.), M.Fischer (Mühlburg)
Läufer: Mebus (Benrath), Bergner (1.FC Nürnb.), Wewers (RWE), Posipal (HSV), Röhrig (1.FC Köln), Haferkamp (VfL Osnabr.), B.Oles (Durlach)
Stürmer: Schröder (Bremen 1860), Gerritzen (Münster), Hofmann, Bauer, Schade (alle Fürth), Kaufhold (Kick. Offenb.), Erb (Altona), F.Walter (1.FC Kaisersl.), Buhtz (Mühlburg), Schäfer (1.FC Köln), Blessing (VfB Stuttg.)

4.4.1951 in Essen (inoffizielles Länderspiel)
BR Deutschland - Saarland 7:1 (2:1)
SR: Schmetzer (Mannheim), Zuschauer: 30.000
BRD: Herkenrath; Hinz, Juskowiak; Mebus, Wewers, Haferkamp; Gerritzen, Röhrig, Schade, F.Walter (in der 2. Halbzeit vorübergehend Schröder), Schäfer (ab 75. Kohlmeyer)
Saarland: Strempel (ab 74. Brachmann); Biewer, Puff (ab 40. Keck); Philippi (ab 40. Puff), Momber, Wilhelm; Follmann (ab 85. Otto), Martin, Binkert, Leibenguth, Schirra
Tore: 1:0 Schade (12.), 1:1 Binkert (24.), 2:1 Gerritzen (38.), 3:1 Mebus (58.), 4:1 Gerritzen (62.), 5:1 F.Walter (67.), 6:1 Gerritzen (71.), 7:1 Schade (77.)

Das Klassespiel des Oldenburgers „Fiffi" Gerritzen, in Diensten von Preußen Münster, brachte ihm eine Einladung ins Länderspielaufgebot.
Dort standen mit Mebus (VfL Benrath), Schade (SpVgg Fürth), Herkenrath (Preußen Dellbrück), Kohlmeyer (1.FC Kaiserslautern) und Posipal (HSV), 5 weitere Spieler ohne Länderspiel im Kader, die alle noch Nationalspieler werden sollten.
Tor: Turek, Herkenrath
Verteidiger: Burdenski, Streitle, Kohlmeyer
Läufer: Röhrig, Baumann, Barufka, Mebus, Posipal
Stürmer: Gerritzen, Morlock, O.Walter, F.Walter, B.Klodt, Schade
Von den „Alten" war Anderl Kupfer nicht mehr dabei. Und Burdenski sollte in diesem Spiel zum letztenmal das Nationaltrikot tragen. Dafür war Fritz Walter aber wieder dabei, zusammen mit Streitle der letzte Nationalspieler aus der Vorkriegsära.

15.4.1951 in Zürich

Schweiz - BR Deutschland 2:3 (1:1)

SR: Ellis (England), Zuschauer: 34.000
Schweiz: Stuber; Quinche, Bocquet; Lanz, Eggimann, Bardel; Antenen, Bickel, Friedländer, Bader, Fatton (Ballamann)
BRD: Turek -2 (Fort. Düsseld.); Burdenski -5 (Werder Bremen), Streitle -10 (Bayern München); Mebus -1 (VfL Benrath), Baumann -2 (1.FC Nürnberg), Barufka -2 (VfB Stuttg.); Gerritzen -1 (Preußen Münster), Röhrig -2 (1.FC Köln), O.Walter -2, F.Walter -25 (beide 1.FC Kaisersl.), B.Klodt -2 (Schalke 04), ab 70. Schade -1 (SpVgg Fürth)
Tore: 1:0 Fatton (8.), 1:1 O.Walter (42.), 1:2 Gerritzen (50.), 1:3 F.Walter (54.), 2:3 Bocquet (55. Foulelfmeter)
Mannschaftskapitän: F.Walter
Beste Spieler: Fatton, Bickel, Bocquet - Baumann, F.Walter, Turek
Bericht: Die Schweiz hatte gegenüber dem Länderspiel ein halbes Jahr zuvor 4 neue Abwehrspieler eingesetzt. Der Angriff spielte allerdings in gleicher Besetzung und bestimmte sofort nach dem Anstoß das Spiel.
2. Minute: Eine scharfe, flache Flanke von Linksaußen Fatton fegte durch den deutschen Strafraum, aber kein Innenstürmer war mitgelaufen. 7. Minute: Nach herrlicher Steilvorlage von Bickel zog Linksaußen Fatton davon, umspielte Burdenski, aber seinen Schuß konnte Turek meistern. 8. Minute: Erneut war es Bickel, der Gefahr vor das deutsche Tor brachte, als er von rechtsaußen hoch nach innen flankte. Turek stolperte, so daß Linksaußen Fatton keine Mühe hatte, mit einem sehenswerten Scherenschlag das 1:0 für die Schweiz zu erzielen.

20. Minute: Im deutschen Spiel lief nur wenig zusammen. Fast jeder Angriff scheiterte bereits vor dem Strafraum.

30. Minute: Noch immer war die Schweiz überlegen. 36. Minute: Nach einer guten halben Stunde wurde Fritz Walter langsam besser, übernahm mehr und mehr die Initiative und setzte die Stürmer vorbildlich ein. 38. Minute: Nach herrlichem Paß von Fritz Walter in den freien Raum hatte Linksaußen Klodt nur noch Torhüter Stuber vor sich, brachte den Ball jedoch nicht an dem herausstürzenden Torhüter vorbei. 41. Minute: Erneut eine ganz große Torgelegenheit für den Schalker Linksaußen, aber Stuber verkürzte den Winkel und konnte den Ball zur Ecke abwehren. 42. Minute: Den fälligen Eckball schoß Fritz Walter maßgerecht auf den Kopf seines Bruders, der mit einem seiner gefürchteten harten Kopfstöße ins rechte obere Eck zum 1:1 verwandelte.

45. Minute: Erst nach dem Ausgleichstreffer lief das deutsche Spiel hervorragend, aber das Unentschieden zur Pause war sehr glücklich.

47. Minute: Gleich zu Beginn eine gute deutsche Torchance, als sich Klodt linksaußen gegen Lanz durchsetzen konnte und schulmäßig in die Mitte flankte, wo Ottmar Walter höher sprang als Torhüter Stuber. Leider verfehlte der Kopfball nur ganz knapp das schweizerische Tor.

50. Minute: Eine traumhafte Kombination von Barufka über Fritz Walter, Ottmar Walter, Klodt und wieder zu Fritz Walter brachte die erneute deutsche Führung. Der Spielmacher flankte nämlich hervorragend in den Strafraum, wo Gerritzen aus halblinker Position im Fallen mit dem linken Fuß aus ungefähr 8 Metern ins linke Toreck schießen konnte. 54. Minute: Jetzt lief das Spiel der deutschen Mannschaft ausgezeichnet, und noch bevor sich die Schweizer richtig von dem Rückstand erholt hatten, zog Fritz Walter von der Strafraumgrenze aus ab. Der Schuß zischte in 30 Zentimeter Höhe wie ein Strich in die lange Ecke des Schweizer Gehäuses. Die deutsche Mannschaft führte in Zürich 3:1. 55. Minute: Sofort folgte die kalte Dusche, als Burdenski im Strafraum Bader umstieß. Schiedsrichter Ellis zeigte auf den Elfmeterpunkt. Lässig, fast aus dem Stand, schob Verteidiger Bocquet den Ball unhaltbar ins untere Eck zum 2:3. 58. Minute: Großes Glück für die deutsche Mannschaft, als Linksaußen Fatton den Ball gefühlvoll über die deutschen Abwehrspieler und Turek hinweg hob, aber nur die Querlatte traf.

70. Minute: Für den verletzten Berni Klodt kam der junge Dresdner Schade, in Diensten der Spielvereinigung Fürth, und führte sich auch gleich gut ein. Sein herrlicher Schuß strich nur knapp über die Latte.

90. Minute: Mit Glück und Geschick überstand die deutsche Mannschaft die letzten 10 drangvollen Minuten der Schweiz. Zum Schluß mußte das Ergebnis als glücklich bezeichnet werden.

❖

Vorbericht zum 201. Länderspiel: Das 3. Nachkriegsländerspiel wurde nach Berlin vergeben und Gegner waren die Türken. Sie wurden etwa so stark wie die deutsche Elf eingeschätzt. Herberger benannte für dieses Spiel folgendes Aufgebot:

Tor: Turek (Fort. Düsseld.), Herkenrath (Preußen Dellbrück), Steinbeck (TB Berlin)

Verteidiger: Streitle (Bayern München), Kohlmeyer (1.FC Kaisersl.), Juskowiak (Wuppertaler SV), Podratz (TB Berlin)

Läufer: Posipal (HSV), W.Liebrich II (1.FC Kaisersl.), Baumann (1.FC Nürnberg), Mebus (VfL Benrath), Haferkamp (VfL Osnabrück), Röhrig (1.FC Köln)

Stürmer: Gerritzen (Preußen Münster), Hofmann (SpVgg. Fürth), Morlock (1.FC Nürnberg), F.Walter, O.Walter (beide 1.FC Kaisersl.), Schade (SpVgg Fürth), R.Herrmann (FSV Frankf.)

Eine Woche vor dem Länderspiel gab es noch einige Ausfälle. Herkenrath, Juskowiak, Baumann, Mebus und Ottmar Walter fielen aus. Dafür wurden nachnominiert: Schaffer (1.FC Nürnb.) für das Tor, Hoffmann (SC Cronenberg) als Verteidiger und Junik (TB Berlin) als Läufer. Sie blieben jedoch ohne Länderspiel. Dagegen kamen Kohlmeyer, Posipal, Liebrich, Haferkamp und Schanko zu ihrem ersten Länderspieleinsatz.

17.6.1951 in Berlin
BR Deutschland - Türkei 1:2 (0:1)

SR: Carpani (Italien), Zuschauer: 90.000
BRD: Turek -3 (Fort. Düsseld.); Streitle -11 (Bayern München), Kohlmeyer -1 (1.FC Kaisersl.); Posipal -1 (HSV), Liebrich -1 (1.FC Kaisersl.), Haferkamp -1 (VfL Osnabrück); Gerritzen -2 (Preußen Münster), F.Walter -26 (1.FC Kaisersl.), Schade -2 (SpVgg Fürth), Röhrig -3 (1.FC Köln), ab 65. Schanko -1 (BVB), R.Herrmann -2 (FSV Frankf.). Mannschaftskapitän: F.Walter

Türkei: Turgay; Naci, Mujdat; Esref, A.Ihsan, Huseyin (M.Ali); Erol, Recep, Gündüz (ab 45. Muzaffer), Lefter, Faruk

Tore: 0:1 Recep (5.), 1:1 Haferkamp (75.), 1:2 Muzaffer (85.)
Beste Spieler: Streitle, Haferkamp - Turgay, Recep

Bericht: Die deutsche Mannschaft begann sehr schwach. Vor allem die neu formierte Abwehr hatte mit den kleinen, wendigen und trickreichen türkischen Stürmern größte Mühe.

5. Minute: Als der türkische Halbrechte Recep mit einer Steilvorlage geschickt wurde, waren Kohlmeyer und Haferkamp nicht im Bilde. Der viel schneller reagierende Türke zog auf und davon und schoß unhaltbar flach in die äußerste lange Ecke zum 1:0 für die Türkei ein. 8. Minute: Erster deutscher Angriff gegen das türkische Tor, aber Fritz Walter vergab im Nachschuß eine gute Gelegenheit. 14. Minute: Auch Gerritzen traf aus guter Position nicht das türkische Tor. Einen scharfen Schuß von Recep, 3 Minuten später, konnte Turek halten.

20. Minute: Erneut hatte Fritz Walter eine Chance zum Ausgleich, doch sein Schuß strich knapp am Pfosten vorbei. 27. Minute: Zum erstenmal im ganzen Spiel gab es eine schöne Kombination des deutschen Angriffs, der jedoch mit einem schwachen Schuß von Gerritzen, in die Arme von Torhüter Turgay schlecht abgeschlossen wurde.

44. Minute: Nochmal zwei gute Torchancen für die deutsche Mannschaft vor der Pause. Beim erstenmal traf Schade auch ins Tor, stand jedoch Abseits. Und beim zweitenmal konnte Torhüter Turgay den scharfen Schuß über die Latte lenken.

57. Minute: Obwohl die deutsche Mannschaft in der zweiten Halbzeit hoch überlegen spielte, boten sich den Türken die besseren Torgelegenheiten. Als Turek einen harten Schuß nicht halten konnte, war Lefter zur Stelle und donnerte den Ball mit unheimlicher Wucht an den Pfosten. 60. Minute: Einen indirekten Freistoß verwandelte Schade direkt, so daß das Tor nicht anerkannt werden konnte. Die Überlegenheit der deutschen Mannschaft wurde von Minute zu Minute größer. Endlich lief das Spiel auch wesentlich besser, aber das Pech blieb den deutschen Stürmern an den Füßen kleben. Was dennoch auf das türkische Tor kam, war eine sichere Beute des 19-jährigen Talents Turgay.

75. Minute: Mit der Einwechselung von Schanko für den verletzen Röhrig bekam der deutsche Angriff noch mehr Druck, weil Haferkamp jetzt in halblinker Position spielte. Der Osnabrücker war es auch, der auf Vorlage von Fritz Walter den vielumjubelten Ausgleich schoß. 77. Minute: Pech für Linksaußen Richard Herrmann, daß ein toller Schuß von ihm nur die Außenkante des Pfostens traf. 85. Minute: Der einzige Angriff der Türken in der letzten halben Stunde des Spiels brachte prompt den erneuten Führungstreffer, als Muzaffer viel zu spät angegriffen wurde und aus 5 Meter Entfernung unhaltbar ins Netz schießen konnte.

90. Minute: Obwohl sich die deutsche Mannschaft verzweifelt gegen die Niederlage wehrte und noch gute Torchancen herausspielte, sollte der Ausgleich nicht mehr fallen. Ein klar überlegen geführtes, aber auch nicht besonders starkes Länderspiel der deutschen Mannschaft war mit 1:2 verloren.

1951/52

Bilanz 1951/52
6 Spiele: 5 Siege, 0 Unentschieden, 1 Niederlage, 16:1 Tore
Zuschauer: 253.000
In 6 Spielen wurden 29 Spieler eingesetzt, davon waren 13 Spieler Neulinge.

Die Spieler der Saison:

Erich Schanko	6	Spiele
Josef Posipal	5	"
Paul Mebus	4	"
Fritz Walter	4	"
Jakob Streitle	4	"
Werner Kohlmeyer	4	"
Max Morlock	3	"
Hans Haferkamp	3	"
Richard Herrmann	3	"
Karl Adam	3	"
Bernhard Termath	3	"
Georg Stollenwerk	3	"
Anton Turek	2	"
Felix Gerritzen	2	"
Alfred Preißler	2	"
Helmut Rahn	2	"
Hans Bauer	2	"
Willi Schröder	2	"
Erich Retter	2	"
Bernhard Klodt	2	"
Karl Barufka	1	Spiel
Karl Bögelein	1	"
Erich Juskowiak	1	"
Heinz Wewers	1	"
Clemens Wientjes	1	"
Hans Zeitler	1	"
Kurt Ehrmann	1	"
Josef Röhrig	1	"
Ottmar Walter	1	"

Tore der Saison:

Max Morlock	4	Tore
Bernhard Termath	3	"
Georg Stollenwerk	2	"
Hans Haferkamp	1	Tor
Fritz Walter	1	"
Helmut Rahn	1	"
Bernhard Klodt	1	"
Hans Zeitler	1	"
Josef Posipal	1	"
Ottmar Walter	1	"

Mannschaftsführer waren:

Fritz Walter	4	mal
Josef Posipal	1	"
Jakob Streitle	1	"

1 Elfmeter gegen Deutschland,
verschossen durch Mond (Luxemburg)

1 Eigentor gegen Deutschland,
durch Posipal (gegen Irland)

Rangliste der besten Nationalspieler des Jahres:
1. Josef „Jupp" Posipal (Hamburger SV)
2. Fritz Walter (1.FC Kaiserslautern)
   Erich Schanko (Borussia Dortmund)
4. Jakob „Jackl" Streitle (Bayern München)
   Werner Kohlmeyer (1.FC Kaiserslautern)
6. Karl Adam (Tus Neuendorf)
7. Paul Mebus (1.FC Köln)
8. Helmut Rahn (Rot-Weiß Essen)
   Erich Retter (VfB Stuttgart)
   Bernhard „Berni" Termath (Rot-Weiß Essen)

Vorbericht zum 202. Länderspiel: Ein heilsamer Schock für die neuformierte deutsche Elf war die überraschende Heimniederlage gegen die Türkei. Spätestens nach diesem Spiel war allen klar, was Herberger schon immer gesagt hatte, die deutsche Nationalelf gehörte noch nicht zur europäischen Spitzenklasse. Das nächste Länderspiel gegen den alten Erzrivalen Österreich bot eine gute Gelegenheit, dem hohen Ziel einer Spitzenmannschaft etwas näher zu kommen. Für diese Begegnung nominierte der Bundestrainer folgendes Aufgebot:

Tor: Turek, Adam
Verteidiger: Streitle, Kohlmeyer, Retter
Läufer: Mebus, Posipal, Schanko, Haferkamp
Stürmer: Gerritzen, Preißler, Morlock, F.Walter, Barufka, R.Herrmann

Von den Stammspielern fehlte nur noch der verletzte Ottmar Walter. Adam (Tus Neuendorf) und Retter (VfB Stuttgart) waren die einzigen Spieler ohne Länderspiel. Beide sollten aber später noch Nationalspieler werden. In der österreichischen Nationalmannschaft war inzwischen auch eine Verjüngung vollzogen worden. Die großen Stars wie Decker, Hahnemann und Binder, die im Krieg auch für Deutschland gespielt hatten, waren nicht mehr dabei und wurden auch nicht vermißt. Mit Siegen über Schottland, Italien und Ungarn hatte Österreich bewiesen, daß es zu den großen Fußballnationen Europas zählte.

23.9.1951 in Wien

Österreich - BR Deutschland 0:2 (0:0)

SR: Evans (England), Zuschauer: 60.000
Österreich: Musil; Kowanz, Happel; Hanappi, Ocwirk, Schleger; Melchior, T.Wagner, Dienst (ab 70. Habitzl), Stojaspal, Probst
BRD: Turek -4 (Fort. Düsseld.); Streitle -12 (Bayern München), Kohlmeyer -2 (1.FC Kaisersl.); Mebus -2 (1.FC Köln), Posipal -2 (HSV), Schanko -2 (BVB); Gerritzen -3 (Preußen Münsten), ab 70. Haferkamp -2 (VfL Osnabrück), Preißler -1 (Preußen Münster), Morlock -2 (1.FC Nürnberg), F.Walter -27 (1.FC Kaisersl.), Barufka -3 (VfB Stuttg.), ab 63. R.Herrmann -3 (FSV Frankf.). Mannschaftskapitän: F.Walter
Tore: 0:1 Morlock (55.), 0:2 Haferkamp (87.)
Beste Spieler: Kowanz, Hanappi, Stojaspal - Streitle, Mebus, Posipal, F.Walter
Bericht: Österreich begann mit stürmischen Angriffen und setzte die deutsche Abwehr gleich unter Druck.

4. Minute: Der erste deutsche Angriff hätte auch bereits zum Tor führen können, als Gerritzen vorbildlich auf seinen Vereinskameraden Preißler flankte und dessen Kopfball nur ganz knapp am Tor vorbeistrich. 10. Minute: Nach einem Eckball von Melchior verfehlte Stojaspal mit seinem Direktschuß nur ganz knapp das deutsche Tor. 15. Minute: Nach ausgeglichenem Spiel hatte die deutsche Mannschaft großes Glück, als ein Kopfball von Stojaspal auf der Linie von Schanko in letzter Sekunde weggeköpft werden konnte.

46. Minute: Wieder lag die Führung für die deutsche Mannschaft in der Luft, als Preißler freistehend zum Schuß kam. Torhüter Musil konnte jedoch mit einer fantastischen Parade in letzter Sekunde reagieren. 55. Minute: Einer der gefürchteten deutschen Eckbälle, diesmal nicht von Fritz Walter, sondern von Gerritzen getreten, brachte die überraschende Führung für die deutsche Mannschaft. Musil konnte den Ball nur ganz leicht abwehren, aber direkt zu Morlock, der den Ball mit der Brust über die Linie drückte. 58. Minute: Glück für Österreich, als Gerritzen 3 Gegenspieler stehen ließ und im Strafraum von Happel zu Fall gebracht wurde. Der Elfmeterpfiff blieb jedoch aus.

68. Minute: Obwohl sich Österreich bemühte, den Ausgleich zu schaffen, war die deutsche Mannschaft stets überlegen. Zwei Minuten später kam für den verletzten Gerritzen der Osnabrücker Haferkamp ins Spiel, während die Österreicher ihren enttäuschenden Mittelstürmer Dienst herausnahmen und dafür Habitzl brachten. 72. Minute: Habitzl war sofort gefährlich durchgebrochen, aber sein Schuß landete am Außennetz. Kurz darauf ging ein Habitzl-Schuß aus 8 Meter Entfernung nur knapp neben den Pfosten. Nun machten die Österreicher endlich Druck, aber Turek stand jeder Zeit sicher.

87. Minute: Als die Kräfte der Österreicher langsam erlahmten, schlug die deutsche Mannschaft noch einmal zu. Statt aus günstiger Position selbst zu schießen, sah Preißler den heranlaufenden Haferkamp, spielte ihm den Ball in den Lauf und der Osnabrücker hatte keine Mühe, ins leere Tor zu schieben. Mit 2:0 hatte die deutsche Mannschaft in Wien verdient gewonnen.

❖

Vorbericht zum 203. Länderspiel: Zwischen dem sensationellen Sieg in Österreich und dem Spiel in Dublin gab es wieder 2 regionale Auswahlspiele, bei denen Bundestrainer Sepp Herberger seine Kandidaten beobachten konnte.

13.10.1951 in Stuttgart
Süd - Südwest 3:2 (0:2)
SR: Zimmermann (Göttingen), Zuschauer: 35.000
Süd: Bögelein; Retter (beide VfB Stuttgart), Knoll (SpVgg. Fürth); Schlienz (VfB Stuttg.), Baumann (1.FC Nürnberg), Barufka (VfB Stuttg.); Hoffmann (SpVgg. Fürth), Morlock (1.FC Nürnberg), Schade (SpVgg. Fürth), Herrmann (FSV Frankfurt), Blessing (VfB Stuttg.)
Südwest: Adam (TuS Neuendorf); Mechnig (Wormatia Worms), Kohlmeyer (1.FC Kaisersl.); Miltz (TuS Neuendorf), W.Liebrich (1.FC Kaisersl.), Laag (FK Pirmasens); Grewenig (FK Pirmasens), Blankenberger (Wormatia Worms), F.Walter (1.FC Kaisersl.), Voigtmann, ab 71. Unkelbach, Warth (alle TuS Neuendorf), ab 68. Schneider (Eintr. Trier)
Tore: 0:1 Grewenig (19.), 0:2 F.Walter (23.), 1:2 Morlock (62.), 2:2 Morlock (84.), 3:2 Schade (85.)

14.10.1951 in Kiel
Nord - West 2:2 (1:2)
SR: Reinhardt (Stuttgart), Zuschauer: 26.000
Nord: Schönbeck (St.Pauli); Morgner (Holstein Kiel), Oettler (VfL Osnabrück); Posipal (HSV), ab 46. Grunewald (Holstein Kiel), Dzur (St.Pauli), Heyduck (Arminia Hannover); Krüger (HSV), Boller (St.Pauli), ab 46. Harden (HSV), Schnieke (Bremer SV), ab 46. Hänel (Bremer SV), Haferkamp (VfL Osnabrück), ab 46. Knobloch (Holstein Kiel), Nienhaus (VfL Osnabrück).
West: Herkenrath (1.FC Köln), ab 46. Kisker (Hamborn 07); Lesch (Preußen Münster), ab 8. Mikuda (BVB), Graf (1.FC Köln); Michallek (BVB), Dongmann (Hamborn 07), Schanko (BVB), ab 46. Schmidt (MSV); Gerritzen (Preußen Münster), ab 46. B.Klodt (Schalke 04), Preißler (Preußen Münster), ab 46. Islacker (Rheydter SV), Hetzel (Meidericher SV), Rachuba, Lammers (beide Preußen Münster).
Tore: 0:1 Hetzel (16.), 0:2 Rachuba (24.), 1:2 Boller (42.), 2:2 Krüger (62.)

Herberger flog danach mit dem gleichen Aufgebot nach Dublin, das 3 Wochen zuvor nach Wien gereist war. Die einzige Änderung in der Aufstellung war Richard Herrmann, der diesmal von Anfang an für Barufka auf Linksaußen stürmte.

17.10.1951 in Dublin
Irland - BR Deutschland 3:2 (2:0)

SR: Ling (England), Zuschauer: 31.000
Irland: Kiernan; Fallon, Aherne; Moroney, Burke, Farell; Ringstead, Fitzsimmons, Glynn, Ryan, Eglington
BRD: Turek -5 (Fort. Düsseld.); Streitle -13 (Bayern München), Kohlmeyer -3 (1.FC Kaisersl.); Mebus -3 (1.FC Köln), Posipal -3 (HSV), Schanko -3 (BVB); Gerritzen -4, Preißler -2 (beide Preußen Münster), Morlock -3 (1.FC Nürnberg), F.Walter -28 (1.FC Kaisersl.), R.Herrmann -4 (FSV Frankf.)
Tore: 1:0 Posipal (9. Eigentor), 2:0 Fitzsimmons (39.), 2:1 Morlock (62.), 2:2 F.Walter (75.), 3:2 Glynn (84.). Mannschaftskapitän: F.Walter
Beste Spieler: Fitzsimmons, Glynn, Kiernan - F.Walter, Schanko, Kohlmeyer
Bericht: Irland, mit 9 Profis aus der englischen Liga, spielte von Beginn an den typischen Kampffußball der britischen Inseln. Mit diesem völlig anderen System, als es Österreich spielte, hatte die deutsche Mannschaft allergrößte Mühe.

9. Minute: Ein unnötiges Mißverständnis zwischen Posipal und Turek führte zur 1:0 Führung für Irland. Posipal war klar eher am Ball als sein Gegenspieler Glynn. Turek war schon aus seinem Tor herausgelaufen, und so senkte sich der Ball über den deutschen Torhüter hinweg ins leere Tor. 15. Minute: Minutenlang war die deutsche Mannschaft ziemlich durcheinander, brachte keine vernünftigen Spielzüge mehr zustande und ließ jeden Zusammenhang vermissen. 19. Minute: Endlich eine Torgelegenheit für die deutsche Elf, nach einem Maßeckball von Fritz Walter, den Preißler jedoch knapp am Tor vorbeiköpfte.

36. Minute: Langsam hatte sich die deutsche Mannschaft gefunden, da leistete sich Verteidiger Fallon ein böses Foul gegen Fritz Walter, als er mit beiden Beinen in den deutschen Mannschaftsführer sprang. 39. Minute: Als sich Fritz Walter, von Herberger und einem Masseur gestützt, in die Kabine schleppte, fiel das 2:0 für Irland. Der kleine Fitzsimmons dribbelte sich durch die deutsche Abwehrreihe und schoß aus 20 Metern unhaltbar ins obere Toreck.

45. Minute: Noch einmal großes Glück für die deutsche Mannschaft, als ein herrlicher Schuß von Fitzsimmons an die Unterkante der Latte und zurück ins Feld sprang.

46. Minute: Nach dem Seitenwechsel war auch Fritz Walter wieder dabei, und nun konnte man die deutsche Mannschaft in Hochform erleben.

60. Minute: Eine Viertelstunde lang hatte Torhüter Turek keinen einzigen Ball zu halten, so überlegen spielte die deutsche Mannschaft. Das Zusammenspiel klappte ausgezeichnet wie in besten Zeiten, und Fritz Walter führte meisterhaft Regie aus dem Hintergrund. 62. Minute: Dann wurden die Deutschen auch für ihre überlegene Spielweise belohnt. Nach traumhaftem Zuspiel von Fritz Walter konnte Morlock aus halblinker Position unhaltbar zum 1:2 verkürzen.

75. Minute: Selbst eine halbe Stunde nach Wiederbeginn beherrschte die deutsche Mannschaft immer noch ganz klar die Iren. Fritz Walter krönte die Klasseleistung dieser deutschen Elf mit einem Direktschuß auf Flanke von Gerritzen, den Torhüter Kiernan erst sah, als der Ball bereits aus dem Netz zurückgesprungen war.

83. Minute: Man konnte nun schon damit rechnen, daß die deutsche Mannschaft sogar noch zum Siegtreffer kommen würde, da schlugen die Iren mit einem Konter eiskalt zurück. Zwar konnte Turek gegen den alleine vor ihm stehenden Glynn abwehren, aber gegen den Nachschuß war er machtlos. Nach diesem Tor war in Dublin die Hölle los. Über 1.000 Zuschauer stürmten auf das Spielfeld, umjubelten ihre Mannschaft und versuchten von den deutschen Spielern Autogramme zu bekommen. Erst nach 3 Minuten konnte das Spiel fortgesetzt werden. 89. Minute: Die deutsche Mannschaft warf jetzt alles nach vorn, und noch einmal

hatte Irland bange Minuten zu überstehen. Einen Schuß von Fritz Walter konnte Torhüter Kiernan gerade noch um den Pfosten lenken.

90. Minute: Ein Eckball von Gerritzen brachte dann doch noch den hochverdienten Ausgleich, als sich vier Deutsche nach dem Ball streckten und Streitle unhaltbar einköpfte. Schiedsrichter Ling zeigte zur Mitte und dann in Richtung Kabine. Die deutschen Spieler rissen jubelnd die Arme hoch, um jedoch kurz darauf enttäuscht die Köpfe hängen zu lassen. Schiedsrichter Ling gab diesen Ausgleichstreffer nicht mehr, sondern hatte das Spiel vorher abgepfiffen, obwohl er mindestens 3 Minuten nachspielen lassen mußte. Selbst die britische Presse äußerte sich nach dem Spiel unzufrieden über diese Entscheidung ihres Schiedsrichters. Die deutsche Mannschaft hatte mit einer Klasseleistung in der zweiten Halbzeit zwar nicht mehr das Spiel gewinnen können, aber die 2:3 Niederlage war zweifellos ein moralischer Sieg.

❖

Vorbericht zum 204. Länderspiel: Der schwere Gang nach Istanbul zum Rückspiel gegen die Türken sollte ein weiterer Test werden. Obwohl sich die deutsche Mannschaft inzwischen bewährt hatte, konnte Herberger nicht zufrieden sein. Denn die Mannschaft war mit 28,5 Jahren Durchschnitt zu alt für die WM 1954 in der Schweiz. Es mußten noch junge Spieler hinzukommen. Außerdem war das Flügelproblem nach wie vor ungelöst. Gerritzen, Herrmann und Klodt waren zwar alles erstklassige Techniker, aber es fehlte ihnen an Tordrang. So verwunderte es nicht, daß der Bundestrainer die beiden Essener Torjäger Helmut Rahn und Berni Termath für das Spiel in Istanbul berief.

Tor: Adam, Bögelein
Verteidiger: Streitle, Kohlmeyer, Bauer
Läufer: Mebus, Posipal, Schanko, Röhrig
Stürmer: Rahn, Morlock, F.Walter, Haferkamp, Termath, Stollenwerk

Mit Adam (TuS Neuendorf), Bögelein (VfB Stuttgart), Bauer (Bayern München), Rahn und Termath (beide Rot-Weiß Essen), sowie dem Amateurnationalspieler Stollenwerk (Düren 99) standen gleich 6 Spieler ohne Länderspiel im Aufgebot. Neben den beiden Essenern kam auch Torhüter Adam zu seinem ersten Länderspiel. Herberger hatte bewußt auf Turek verzichtet, weil auch Adam Erfahrungen sammeln sollte.

21.11.1951 in Istanbul

Türkei - BR Deutschland 0:2 (0:0)

SR: Ellis (England), Zuschauer: 30.000
Türkei: Turgay; Naci, Mujdat; Esref, A.Ihsan, M.Ali; Erol, Recep, Muhtar, Muzaffer (Fahrettin), Sükrü
BRD: Adam -1 (TuS Neuend.); Streitle -14 (Bayern München), Kohlmeyer -4 (1.FC Kaisersl.); Mebus -4 (1.FC Köln), Posipal -4 (HSV), Schanko -4 (BVB); Rahn -1 (RWE), Morlock -4 (1.FC Nürnberg), F.Walter -29 (1.FC Kaisersl.), Haferkamp -3 (VfL Osnabrück), Termath -1 (RWE). Mannschaftskapitän: F.Walter
Tore: 0:1, 0:2 Morlock (56., 60.)
Beste Spieler: Turgay, Naci, Esref - Posipal, Rahn, Mebus, F.Walter
Bericht: Die Türken begannen furios. Sie schienen die deutsche Abwehr überrennen zu wollen, aber die Mannen um Posipal standen ausgezeichnet.

10. Minute: Langsam fand die deutsche Mannschaft zu ihrem Spiel. Meist waren es Fritz Walter und der sich immer wieder freilaufende Neuling Rahn, die für Gefahr vor dem Tor von Turgay sorgten. 11. Minute: Einen überraschenden Schuß von Morlock konnte Torhüter Turgay nicht festhalten. Zu seinem Glück rutschte der Ball nicht nur durch seine Hände, sondern auch am Torpfosten vorbei zur Ecke. Den Eckball schloß Linksaußen Termath mit einem akrobatischen Fallrückzieher ab. 15. Minute: Die bis dahin größte Torchance hatte Fritz Walter, doch er schoß überhastet vorbei. Trotz klarer Überlegenheit wollte der deutschen Mannschaft kein Tor gelingen. 22. Minute: Glück für die deutsche Elf, als Posipal nach einem türkischen Konter in letzter Sekunde rettete, aber dabei fast ein Eigentor erzielt hätte. Vier Minuten später gelang es Fritz Walter selbst aus kürzester Entfernung nicht, den türkischen Torhüter zu überwinden. Und ein herrlicher Kopfball von Termath verfehlte nur um Zentimeter das türkische Tor.

45. Minute: Bis zum Halbzeitpfiff blieb die deutsche Mannschaft klar überlegen, und die Türken kamen 20 Minuten lang überhaupt nicht mehr vor das deutsche Tor. So sicher die deutsche Abwehr auch spielte und so glänzend der deutsche Sturm auch kombinierte, es fehlten nach wie vor die Tore.

50. Minute: Gleich mit Beginn der zweiten Halbzeit übernahm die deutsche Mannschaft wieder die Initiative und beherrschte ihren Gegner. Morlock verfehlte mit einem herrlichen Schuß nur knapp das Tor von Turgay. Zwei Minuten später war es erneut Morlock, mit dessen Schuß Torhüter Turgay allergrößte Mühe hatte. 54. Minute: Mit einem unwiderstehlichen Antritt zog Rechtsaußen Rahn an zwei, drei Gegenspielern vorbei und schoß mit unheimlicher Wucht ins obere Dreieck. Nur die Fingerspitzen von Turgay verhinderten den längst überfälligen Führungstreffer für die deutsche Mannschaft. 55. Minute: Der Essener Neuling ließ zum wiederholten Mal die türkischen Abwehrspieler wie Fahnenstangen hinter sich, flankte bildschön in die Mitte, wo jedoch Fritz Walter das Tor nicht traf. 56. Minute: Nach Vorlage von Termath schoß Morlock aus fast unmöglichem Winkel mit einem raffinierten Schlenzer über Torhüter Turgay hinweg zum 1:0 für die deutsche Mannschaft ein. 57. Minute: Die Türken kamen jetzt überhaupt nicht mehr aus ihrer Hälfte heraus. Der deutsche Sturm spielte Fußball wie aus dem Lehrbuch. 60. Minute: Ein herrlicher Steilpaß von Fritz Walter über die gesamte türkische Abwehr hinweg brachte die Entscheidung. Morlock war im richtigen Augenblick gestartet und schoß aus 6 Meter Entfernung unhaltbar ins Tor. Selbst der katzengewandte Turgay hatte hierbei keine Abwehrchance.

90. Minute: Auch nach der 2:0 Führung beherrschte die deutsche Mannschaft klar ihren Gegner. Sie zeigte das mit Abstand beste Spiel seit dem Kriege. Aus einer stabilen Abwehr heraus wurde immer wieder der Angriff angekurbelt, in dem ähnlich gut gezaubert wurde, wie in den letzten Kriegsländerspielen. Vor allem mit dem Essener Rahn war die Mannschaft um ein vielfaches stärker geworden.

❖

Vorbericht zum 205. Länderspiel: Nach dem Türken-Spiel sollte zum Ausklang des Jahres der deutsche Nachwuchs gegen Luxemburg eine Chance erhalten. Herberger berief deshalb für das Länderspiel in Essen 11 Neulinge, von denen 6 zu ihrem ersten Spiel kamen.

Tor: Bögelein, Adam
Verteidiger: Streitle, Juskowak, Hoffmann, Bauer
Läufer: Mebus, Wewers, Schanko, Röhrig, Sommerlatt, Wientjes, Gommans
Stürmer: Rahn, Stollenwerk, Schröder, F.Walter, Termath, Schäfer, B.Klodt

Bögelein, Juskowiak, Bauer, Wewers, Stollenwerk und Schröder kamen zu ihrem ersten Länderspiel. Hoffmann (Cronenberg), Sommerlatt (Phönix Karlsruhe) und Gommans (Schwarz-Weiß Essen) kamen nie zu einem Länderspiel, während Wientjes (RWE) und Schäfer (1.FC Köln) noch etwas warten mußten.

Eine Woche vor dem Spiel wurden Sommerlatt, Gommans, Streitle, Wientjes und Schäfer wegen Verletzungen wieder gestrichen. Klug von Sterkrade, der auch nie zu einem Länderspiel kam, wurde nachnominiert.

23.12.1951 in Essen
BR Deutschland - Luxemburg 4:1 (1:0)

SR: Baert (Belgien), Zuschauer: 40.000
BRD: Bögelein -1 (VfB Stuttg.); Juskowiak -1 (RWO), Bauer -1 (Bayern München); Mebus -5 (1.FC Köln), Wewers -1 (RWE), Schanko -5 (BVB); Rahn -2 (RWE), Stollenwerk -1 (Düren 99), Schröder -1 (Bremen 1860), F.Walter -30 (1.FC Kaisersl.), Termath -2 (RWE). Mannschaftskapitän: F.Walter
Luxemburg: Lahure; C.Wagener, Mond; Mertl, Feller, Bettinger; F.Müller, Nürenberg, Roller, Rewenig, Back
Tore: 1:0 Termath (14.), 2:0 Stollenwerk (54.), 3:0 Termath (63.), 4:0 Rahn (68.), 4:1 Müller (84.)
Beste Spieler: Schanko, F.Walter, Termath - Lahure, Feller, Rewenig
Bericht: Am Essener Uhlenkrug, der Spielstätte vom ETB Schwarz-Weiß Essen, begann die deutsche Mannschaft furios gegen den Fußballzwerg Luxemburg.

10. Minute: Nach schöner Vorarbeit von Stollenwerk zielte der Bremer Schröder nur ganz knapp über das Tor, und 2 Minuten später zischte ein knallharter Schuß von Helmut Rahn am Pfosten vorbei. Keine 60 Sekunden darauf klatschte ein Kopfball von Termath gegen die Latte. Glück für Luxemburg. 14. Minute: Nach herrlicher Flanke von Fritz Walter nahm Linksaußen Termath Maß. Sein Schuß landete unhaltbar im Tor von Lahure zum hochverdienten 1:0.

50. Minute: Nach dem Seitenwechsel übernahm Fritz Walter die Initiative. Sofort lief das Spiel der deutschen Mannschaft wesentlich flüssiger und druckvoller. 54. Minute: Nach einem knallharten Rahn-Schuß, den Torhüter Lahure abwehren konnte, war Stollenwerk zur Stelle um zum 2:0 einzudrücken.

60. Minute: Die deutsche Mannschaft ließ nun nicht locker. Ein Angriff nach dem anderen rollte auf das Tor von Lahure, der sich mit glanzvollen Paraden auszeichnen konnte. Vor allem der linke deutsche Flügel Fritz Walter - Termath war in keiner Phase von der luxemburgischen Abwehr zu halten. 63. Minute: Eine Kopfballvorlage von Stollenwerk jagte Termath zum 3:0 ins Netz. Drei Minuten später vergab Müller die große Chance zum Ehrentreffer für die Luxemburger bei einem schnellen Konter. 68. Minute: Eine Vorlage von Schröder nahm der Essener Rahn direkt und schoß unhaltbar zum 4:0 ein.

77. Minute: Zum zweitenmal bot sich den Luxemburgern eine gute Torgelegenheit bei einem schnellen Konter. Verteidiger Bauer rettete jedoch auf der Linie. 80. Minute: Nachdem Helmut Rahn Torhüter Lahure über die Linie gedrückt hatte, schoß Fritz Walter in das leere Tor. Schiedsrichter Baert konnte diesen Treffer natürlich nicht anerkennen.

87. Minute: 3 Minuten vor dem Ende glückte den Luxemburgern doch noch der Ehrentreffer, als Juskowiak, Wewers und Bauer nicht konsequent angriffen.

❖

Vorbericht zum 206. Länderspiel: Auch zum zweiten Nachkriegsländerspiel gegen Luxemburg gab Herberger wieder dem Nachwuchs eine Chance, und hierbei vor allen den Amateuren.
Tor: Adam, Schönbeck
Verteidiger: Hoffmann, Bauer, Brandmaier
Läufer: Mebus, Posipal, Schanko, Retter
Stürmer: Mauritz, Stollenwerk, Zeitler, Schröder, Ehrmann, Klug
Eine ganze Reihe von Spielern stand erstmals im Aufgebot: Schönbeck (St.Pauli), Brandmaier (Bayern München), Mauritz (Fort. Düsseld.), Zeitler (VfB Bayreuth) und Ehrmann (Karlsruher FV). Ohne Länderspiel waren auch Hoffmann (Cronenberg), Retter (VfB Stuttgart) und Klug (Sterkrade).

Retter, Zeitler, Ehrmann und der nachnominierte Wientjes (RWE) kamen gegen Luxemburg zu ihrem ersten Länderspiel.

Von den anderen konnte später nur noch Mauritz das Nationaltrikot überziehen, der sich kurz vor dem Luxemburg-Spiel verletzte und für den Berni Klodt (Schalke 04) und Haferkamp (VfL Osnabrück) nachnominiert wurden. Ansonsten spielte der komplette Sturm der Olympia-Amateurmannschaft.

20.4.1952 in Luxemburg
Luxemburg - BR Deutschland 0:3 (0:1)

SR: Bauwens (Belgien), Zuschauer: 17.000
Luxemburg: Lahure; C.Wagner, Mond; Finckinger, Feller, Rewenig, F.Müller, Roller, Gales, Nürenberg, Dahm
BRD: Adam -2 (TuS Neuend.); Retter -1 (VfB Stuttg.), Bauer -2 (Bayern München); Wientjes -1 (RWE), ab 65. Haferkamp -4 (VfL Osnabrück), Posipal -5 (HSV), Schanko -6 (BVB); B.Klodt -3 (Schalke 04), Stollenwerk -2 (Düren 99), Zeitler -1 (VfB Bayreuth), Schröder -2 (1860 Bremen), Ehrmann -1 (K.FV). Mannschaftskapitän: Posipal
Tore: 0:1 Stollenwerk (9.), 0:2 Zeitler (60.), 0:3 B.Klodt (88.)
Beste Spieler: Lahure, Rewenig - Adam, Retter, Posipal, Schanko
Bericht: Die Luxemburger begannen vor heimischen Publikum furios und hatten bereits in den ersten 2 Minuten zwei gute Torgelegenheiten durch Nürenberg und Gales.

4. Minute: Die erste Torgelegenheit der deutschen Mannschaft ergab sich aus einem Eckball, den Ehrmann von links mit so viel Effet schoß, daß nur die Rettungstat von Verteidiger Mond auf der Linie ein Tor durch eine direkt verwandelte Ecke verhinderte. 9. Minute: Nach ausgeglichenem Spielverlauf fiel überraschend die deutsche Führung, als Mittelläufer Feller ausrutschte und Stollenwerk bei der Flanke von Klodt völlig frei stand. Der Dürener hatte keine Schwierigkeiten, den Ball unhaltbar zum 1:0 ins Tor zu donnern.

45. Minute: Erst in den letzten 5 Minuten hatte die deutsche Mannschaft mehr vom Spiel. Ehrmann hob einen Ball über den Torhüter, aber auch über die Latte hinweg; und kurz darauf gab es nach Foul von Mond an Schröder im Strafraum einen indirekten Freistoß, den Verteidiger Wagner für den bereits geschlagenen Torhüter Lahure auf der Linie rettete. Der Nachschuß von Wientjes pfiff nur knapp am linken Torpfosten vorbei.

60. Minute: Eine Viertelstunde lang plätscherte das Spiel so dahin, dann war es Zeitler, der nach Vorarbeit von Ehrmann und Stollenwerk das 2:0 erzielte. Die gesamte luxemburgische Abwehr hatte geschlafen. 65. Minute: Nach der 2:0 Führung übernahmen vollends die Luxemburger die Initiative. Zu allem Überfluß verletzte sich auch noch der beste deutsche Aufbauspieler. Wientjes mußte durch Haferkamp ersetzt werden. 66. Minute: Der Osnabrücker, gerade neu in die Mannschaft gekommen, hatte Pech, daß ihm der Ball an die Hand sprang. Der fällige Elfmeter war die große Chance der Luxemburger zum Anschlußtreffer. Verteidiger Mond hatte jedoch nicht die Nerven und schob den Ball am Torpfosten vorbei.

75. Minute: Die Luxemburger schnürten die deutsche Mannschaft danach völlig ein, fanden aber keine Lücken in der gut gestaffelten deutschen Abwehr. 77. Minute: Der Karlsruher Ehrmann mußte vorübergehend verletzt ausscheiden. Er konnte auch nicht ersetzt werden, weil nur die Auswechselung eines Torhüters und eines Feldspielers vereinbart war.

88. Minute: Erst langsam erlahmten die Kräfte der Luxemburger, und die Konter der deutschen Mannschaft wurden immer gefährlicher. Ein Alleingang von Rechtsaußen Klodt, den er aus kurzer Entfernung mit scharfem Schuß zum 3:0 abschloß, war dann die endgültige Entscheidung.

❖

„Adi" Preißler (Preußen Münster und Borussia Dortmund) war einer der Stars der frühen 50er Jahre

Röhrig (1.FC Köln), links, und Retter (VfB Stuttgart), waren Stammspieler in den ersten Jahren des Wiederbeginns

Vorbericht zum 207. Länderspiel: Während die deutsche Nationalmannschaft in Luxemburg gewann, standen sich in einem weiteren regionalen Auswahlspiel Berlin und der Süden gegenüber.

20.4.1952 in Berlin
Berlin - Süd 1:2 (1:0)
SR: Herden (Hamburg), Zuschauer: 35.000
Berlin: Birkner (Hertha BSC); Bernhardt (Spandauer SV), ab 46. Gaulke (Viktoria 89), Strehlow (Union 06); Jonas (Viktoria 89), Stelter, Sendritzki (beide Union 06); Wenske (Hertha BSC), Neuendorf (Blau-Weiß), ab 46. G.Schulz (Union 06), Ritter (Spandauer SV), Horter (Viktoria 89), H.Schulz (Union 06)
Süd: Bögelein (VfB Stuttgart); Streitle (Bayern München), Knoll (1.FC Nürnberg), ab 46. Merz (Schweinfurt 05); Bergner (1.FC Nürnberg), Schlienz, Barufka (beide VfB Stuttgart); Kaufhold (Kickers Offenbach), S.Kronenbitter (Stuttgarter Kickers), Buhtz (VfB Mühlburg), Pfaff (Eintracht Frankfurt), ab 46. Ucko (1.FC Nürnberg), Herrmann (FSV Frankfurt)
Tore: 1:0 Ritter (9.), 1:1 Stelter (57. Eigentor), 1:2 S.Kronenbitter (88.)

Das letzte Saisonländerspiel gegen Irland sollte 2 Wochen später in Köln stattfinden. Nach langer Verletzung war erstmals auch wieder Ottmar Walter dabei, von dem sich Sepp Herberger mehr Durchschlagskraft erhoffte.
Tor: Adam, Schönbeck
Verteidiger: Retter, Kohlmeyer, Bauer
Läufer: Posipal, Streitle, Schanko, Röhrig
Stürmer: Rahn, B.Klodt, Stollenwerk, Schröder, O.Walter, F.Walter, R.Herrmann, Termath

Außer Ersatztorhüter Schönbeck waren inzwischen alle Nationalspieler. Eigentlich wollte Herberger in dieser Begegnung mit seiner damals besten Elf spielen, aber eine Verletzung von Fritz Walter sowie Formschwankungen bei Turek und Morlock machten dies unmöglich. Außerdem opferte Herberger den wuchtigen Rahn. Mit Berni Klodt auf Rechtsaußen wollte er das Spielerische fördern und hatte bei dem Individualisten Rahn auch die psychologische Seite im Hinterkopf. Der begnadete Fußballer Rahn, machmal zu eigensinnig, sollte frühzeitig erfahren, daß er nicht ohne harte Arbeit den Rechtsaußenposten bekam.

4.5.1952 in Köln
BR Deutschland - Irland 3:0 (1:0)
SR: Ellis (England), Zuschauer: 75.000
BRD: Adam -3 (TuS Neuend.); Retter -2 (VfB Stuttg.), Kohlmeyer -5 (1.FC Kaisersl.); Posipal -6 (HSV), Streitle -15 (Bayern München), Schanko -7 (BVB); B.Klodt -4 (Schalke 04), Röhrig -4 (1.FC Köln), O.Walter -3 (1.FC Kaisersl.), R.Herrmann -5 (FSV Frankf.), ab 43. Stollenwerk -3 (Düren 99), Termath -3 (RWE).
Mannschaftskapitän: Streitle
Irland: Kiernan; Fallon, Aherne; Gannon, Martin, Farrell; Ringstead, Fitzsimmons, Gibbons, Ryan, Eglington
Tore: 1:0 Posipal (31.), 2:0 O.Walter (77.), 3:0 Termath (88.)
Beste Spieler: Posipal, Kohlmeyer, Streitle, Schanko - Martin, Eglington
Bericht: Von der ersten Minute an entwickelte sich ein abwechslungsreiches Spiel, mit leichten Vorteilen für die deutsche Mannschaft.

19. Minute: Gefahr für das deutsche Tor, als Gibbons sich durchsetzte, aber Schiedsrichter Ellis hatte abgepfiffen, bevor der Mittelstürmer ins deutsche Tor traf. 21. Minute: Glück für die deutsche Mannschaft, daß Adam im richtigen Augenblick aus seinem Gehäuse kam und sich dem halbrechten Fitzsimmons vor die Füße warf. 31. Minute: Obwohl es nach dem guten Start nicht mehr so richtig bei der deutschen Mannschaft lief, gelang ihr überraschend durch den aufgerückten Posipal der Führungstreffer. Ohne lange zu fackeln zog der Hamburger aus 20 Meter Entfernung ab, und der Schuß landete unhaltbar für Torhüter Kiernan im Tor.

43. Minute: Beide Seiten verstanden es nicht, die starken Abwehrreihen zu knacken. Nach einem Zusammenprall mit Fallon mußte Richard Herrmann durch den jungen Dürener Stollenwerk ersetzt werden. Zur Halbzeit führte die deutsche Mannschaft knapp - aber nicht unverdient - mit 1:0.

50. Minute: Auch nach dem Seitenwechsel, jetzt noch druckvoller, übernahm Posipal den Aufbau des deutschen Spiels. Immer wieder trieb er die Stürmer nach vorn, brachte sie in günstige Positionen und schoß selbst gefährlich auf das Tor von Kiernan. 66. Minute: Nach einem klaren Foul im Strafraum von Aherne an Ottmar Walter verweigerte Schiedsrichter Ellis den fälligen Elfmeter.

70. Minute: Noch einmal großes Glück für Irland, als Aherne einen Schuß von Ottmar Walter mit der Hand im Strafraum stoppte. Erneut gab Ellis keinen Elfmeter. Kurz darauf hatte die deutsche Mannschaft gleich zweimal großes Glück, als jeweils Retter für den schon geschlagenen Torhüter Adam klären konnte. 74. Minute: Ottmar Walter steigerte sich von Minute zu Minute und wurde nun zusehends zum Sturmführer. Seine Schüsse bereiteten Torhüter Kiernan größte Mühe. 76. Minute: Ein herrlicher Schuß von Ottmar Walter zischte über den Rasen und konnte gerade noch von Kiernan abgewehrt werden. Eine Minute später war es erneut ein knallharter Schuß von Ottmar Walter aus etwa 25 Meter Entfernung, der diesmal flach und plaziert inm rechten unteren Eck einschlug. Torhüter Kiernan war machtlos und die deutsche Mannschaft führte 2:0. 80. Minute: Die deutsche Elf war jetzt nicht mehr zu bremsen. Nur mit großer Mühe konnten die Iren weitere Gegentreffer verhindern.

88. Minute: Eine Flanke von rechts nahm der kleine Essener Berni Termath direkt und sein Schuß landete wie ein Strich in den Maschen hinter Torhüter Kiernan. Mit 3:0 hatte die deutsche Mannschaft, dank einer großartigen zweiten Halbzeit, auch in dieser Höhe verdient gewonnen.

❖

1952/53

Bilanz 1952/53
5 Spiele: 2 Siege, 2 Unentschieden, 1 Niederlage, 11:8 Tore
Zuschauer: 355.000
In 5 Spielen wurden 20 Spieler eingesetzt, davon waren 5 Spieler Neulinge

Die Spieler der Saison:

Anton Turek	5	Spiele
Erich Retter	5	"
Josef Posipal	5	"
Erich Schanko	5	"
Ottmar Walter	5	"
Fritz Walter	5	"
Helmut Rahn	4	"
Werner Kohlmeyer	4	"
Horst Eckel	4	"
Max Morlock	4	"
Bernhard Termath	3	"
Hans Schäfer	2	"
Kurt Borkenhagen	1	Spiel
Werner Liebrich	1	"
Clemens Wientjes	1	"
Georg Stollenwerk	1	"
Bernhard Klodt	1	"
Karl-Heinz Metzner	1	"
Gerhard Harpers	1	"
Josef Röhrig	1	"

Die Tore der Saison:

Ottmar Walter	3	Tore
Hans Schäfer	2	"
Fritz Walter	2	"
Max Morlock	2	"
Helmut Rahn	1	Tor
Bernhard Termath	1	"

Mannschaftsführer waren:
Fritz Walter 5 mal

2 Elfmeter gegen Deutschland,
verwandelt durch Bobek (Jugoslawien) und Cesar (Spanien)

Rangliste der Nationalspieler des Jahres:
1. Josef „Jupp" Posipal (Hamburger SV)
   Fritz Walter (1.FC Kaiserslautern)
3. Erich Schanko (Borussia Dortmund)
4. Anton „Toni" Turek (Fortuna Düsseldorf)
   Horst Eckel (1.FC Kaiserslautern)
6. Ottmar Walter (1.FC Kaiserslautern)
   Werner Kohlmeyer (1.FC Kaiserslautern)
8. Werner Liebrich (1.FC Kaiserslautern)
   Hans Schäfer (1.FC Köln)
   Erich Retter (VfB Stuttgart)

Vorbericht zum 208. Länderspiel: Eine besonders schwere Aufgabe erwartete die deutsche Mannschaft in Paris. Bei diesem Spiel mußte leider auf die beiden angeschlagenen Verteidiger Streitle und Kohlmeyer verzichtet werden, so daß die gewohnt gute Abwehrsicherheit gefährdet war.
Tor: Turek, Bögelein
Verteidigung: Retter, Borkenhagen, Bauer
Läufer: Posipal, W.Liebrich II, Schanko, Wientjes
Stürmer: Rahn, B.Klodt, Stollenwerk, O.Walter, F.Walter, Termath

Nach einem Formtief mit fast einjähriger Abwesenheit von der Nationalmannschaft war erstmals wieder Toni Turek dabei. Aus Düsseldorf kam auch der einzige Neuling im Aufgebot, Borkenhagen. Durch die Verletzungssorgen bei den Verteidigern kam er auch gleich zu seinem ersten und einzigen Länderspiel.

5.10.1952 in Paris

Frankreich - BR Deutschland 3:1 (1:1)

SR: Evans (England), Zuschauer: 60.000
Frankreich: Ruminski; Gianessi, Marche; Penverne, Jonquet, Bonifaci; Ujlaki, Cisowski, Kopa, Strappe, Deladeriere
BRD: Turek -6 (Fort. Düsseld.); Retter -3 (VfB Stuttg.), Borkenhagen -1 (Fort. Düsseld.); Posipal -7 (HSV), Liebrich -2 (1.FC Kaisersl.), Schanko -8 (BVB); Rahn -3, Wientjes -2 (beide RWE), O.Walter -4 (1.FC Kaisersl.), ab 31. Stollenwerk -4 (Düren 99), F.Walter -31 (1.FC Kaisersl.), Termath -4 (RWE). Mannschaftskapitän: F.Walter
Tore: 1:0 Ujlaki (4.), 1:1 O.Walter (16.), 2:1 Cisowski (81.), 3:1 Strappe (89.)
Beste Spieler: Kopa, Ujlaki, Jonquet, Penverne - Liebrich, Turek, Posipal
Bericht: Das auffallendste Merkmal beider Mannschaften war, daß die deutsche Mannschaft ein Durchschnittsalter von fast 30 Jahren hatte und daß die französische Elf im Schnitt 5 Jahre jünger war. Schwungvoll übernahmen die Franzosen auch sogleich die Initiative.

3. Minute: Nur mit viel Glück hatte die deutsche Mannschaft die ersten Minuten überstanden, als Retter, Posipal und Borkenhagen gefährliche Situationen klären mußten. 4. Minute: Nach einer Flanke von Strappe verfehlte Turek den Ball und Ujlaki hatte keine Schwierigkeiten zum 1:0 für Frankreich einzuschießen.

11. Minute: Die deutsche Mannschaft kam überhaupt nicht ins Spiel. Sie hatte sogar Glück, daß ein Schuß von Cisowski nur knapp am Pfosten vorbeiging. 16. Minute: Ganz überraschend der Ausgleich für die deutsche Mannschaft, als sich Linksaußen Termath gegen zwei Abwehrspieler durchsetzte und vorbildlich in die Mitte flankte, wo Ottmar Walter aus 16 Meter Entfernung mit einem knallharten Schuß in die linke obere Ecke traf.

21. Minute: Durch eine glänzende Abwehr von Liebrich konnte die deutsche Mannschaft zum wiederholten Mal einen Treffer für Frankreich verhindern. Immer wieder stand Torhüter Turek im Mittelpunkt und mußte gefährliche Schüsse meistern. Wie schon 3 Minuten zuvor glänzte Turek mit reaktionsschnellen Paraden gegen Schüsse von Ujlaki. 28. Minute: Ottmar Walter humpelte nach einem Zusammenprall vom Platz, kam zwar 3 Minuten später wieder, mußte aber dann doch gegen Stollenwerk

1952 spielten die ehemaligen Kriegsgegner Frankreich und Deutschland in Paris (3:1). Fritz Walter und Jonquet beim Wimpeltausch

ausgetauscht werden. Damit war dem deutschen Sturm der gefährlichste Angreifer genommen.

45. Minute: Nur mit viel Glück überstand die deutsche Mannschaft die erste Halbzeit ohne weitere Gegentreffer.Ein 2:1 oder 3:1 für die Franzosen wäre zweifellos verdient gewesen. Andererseits hatte sich die deutsche Abwehr hervorragend bewährt.

65. Minute: Erneut eine große Torgelegenheit für die Franzosen, aber Kopa verfehlte knapp das Tor. Die deutsche Mannschaft fand nach wie vor überhaupt nicht zu ihrem Spiel und kam nur selten über die Mittellinie. Die Franzosen verzweifelten, denn was Torhüter Turek nicht hielt, ging knapp daneben oder man traf nur die Latte. 81. Minute: Endlich wurden die Franzosen für ihre Bemühungen belohnt, als Liebrich zu kurz abwehrte und Cisowski unhaltbar für Turek zum 2:1 einschoß.

89. Minute: In letzter Sekunde konnte Liebrich auf der Torlinie das sicher scheinende 3:1 verhindern, aber in der 90. Minute, als Liebrich einen Eckball verpaßte, war es geschehen. Strappe schoß unhaltbar zum 3:1 für Frankreich ein. Für die deutsche Mannschaft war das Spiel damit endgültig verloren. Während des ganzen Spiels hatte sie nie versucht sich freizuspielen, sondern immer eine defensive Haltung bewahrt. Es zeigte sich nicht nur, daß die deutsche Mannschaft gealtert und damit nicht spritzig genug war, sondern daß sie auch jetzt nach dem Krieg keine Spielertypen für ein rein defensives Spiel hatte. Sie war und blieb eine Mannschaft, die nur im Vorwärtsspiel Spitzenklasse war.

❖

Vorbericht zum 209. Länderspiel: Nach der Pariser Niederlage mußte Herberger in der deutschen Presse erstmals herbe Kritik über sich ergehen lassen. Sowohl die Taktik als auch die Überalterung der Mannschaft waren die häufigsten Angriffspunkte. Auch für den Bundestrainer war die Überalterung ein ernstes Problem. So nahm er für das Augsburger Länderspiel gegen die Schweiz 2 junge Spieler ins Aufgebot, die sich durch konstant gute Leistungen wochenlang empfohlen hatten. Der Kölner Linksaußen Hans Schäfer, 24 Jahre, und der gerade erst 20-jährige Horst Eckel vom 1.FC Kaiserslautern.

Tor: Turek, Bögelein
Verteidiger: Retter, Kohlmeyer, Streitle
Läufer: Eckel, Posipal, Schanko
Stürmer: B.Klodt, Morlock, O.Walter, F.Walter, Röhrig, Schäfer

9.11.1952 in Augsburg

BR Deutschland - Schweiz 5:1 (2:0)

SR: Orlandini (Italien), Zuschauer: 64.000
BRD: Turek -7 (Fort. Düsseld.); Retter -4 (VfB Stuttg.), Kohlmeyer -6 (1.FC Kaisersl.); Eckel -1 (1.FC Kaisersl.), Posipal -8 (HSV), Schanko -9 (BVB); B.Klodt -5 (Schalke 04), Morlock -5 (1.FC Nürnberg), O.Walter -5, F.Walter -32 (beide 1.FC Kaisersl.), Schäfer -1 (1.FC Köln). Mannschaftskapitän: F.Walter
Schweiz: Jucker; Frosio, Bocquet; Neukom, Eggimann, Casali I; R.Ballamann, Bader, Hügi II, Friedländer, Fatton
Tore: 1:0 Morlock (20.), 2:0 O.Walter (29.), 2:1 Friedländer (55.), 3:1 Schäfer (56.), 4:1 F.Walter (65.), 5:1 Schäfer (72.)
Beste Spieler: F.Walter, O.Walter, Schanko, Eckel, Schäfer - Casali, Eggimann
Bericht: Im überfüllten Rosenau-Stadion begann die deutsche Mannschaft furios.

16. Minute: Als Posipal ausrutschte, hatte die Schweiz die erste gute Torchance durch Hügi, der jedoch 2 Meter neben das deutsche Tor schoß. 20. Minute: Endlich wurde die deutsche Elf für ihr traumhaft sicheres und druckvolles Angriffsspiel belohnt. Eine Flanke von Ottmar Walter, die sein Bruder Fritz verpaßte, kam genau vor die Füße von Morlock, der nicht lange fackelte und unhaltbar zum 1:0 einschoß. 26. Minute: Die Schweizer fanden auch weiterhin kein Gegenmittel gegen die schnellen deutschen Angriffe. Ein gefährlicher Schäfer-Schuß traf leider nur das Außennetz. 29. Minute: Nach schönem Paß von Morlock war Ottmar Walter Sekunden vor Torhüter Jucker am Ball, spielte den Schweizer Torhüter aus und schoß aus spitzem, fast aussichtslosem Winkel zum 2:0 für die deutsche Mannschaft ins Tor.

45. Minute: Zwar kam die Schweiz nach dem 2:0 etwas besser ins Spiel, wurde aber bis zum Halbzeitpfiff klar von der deutschen Mannschaft beherrscht. Das 2:0 war hoch verdient.

50. Minute: Nach dem Seitenwechsel wurden die Schweizer zusehends stärker, hatten auch gleich zwei gute Torgelegenheiten, die jeweils von Posipal vereitelt wurden. 55. Minute: Als sich die deutsche Mannschaft gerade wieder vom Druck der Schweizer befreite, kam der eiskalte Konter über Linksaußen Fatton, dessen Flanke Friedländer nur noch einzuköpfen brauchte. Turek war unverständlicherweise auf der Linie kleben geblieben. 56. Minute: Die deutsche Mannschaft antwortete sofort mit einer Vorlage von Fritz Walter an Morlock, der hoch zum Linksaußen Schäfer flankte, und der Kölner Linksaußen zog mit links ab. Der Ball schlug unhaltbar unter der Latte von Torhüter Jucker ein. 62. Minute: So sehr die Schweizer auch kämpften, die deutsche Mannschaft hatte sich wieder gefunden und bestimmte das Spiel. Ein herrlicher Schuß von Fritz Walter, direkt aus der Luft genommen, strich nur Zentimeter am Tor der Schweiz vorbei. 65. Minute: Das schönste Tor des Tages gelang dem besten Spieler auf dem Platz. Der deutsche Mannschaftsführer Fritz Walter erkannte, daß Torhüter Jucker zu weit vor seinem Tor stand, nahm Maß und zirkelte den Ball über den verdutzten Torhüter hinweg zum 4:1 ins Netz.

72. Minute: Ein weiteres Mal wurde die deutsche Mannschaft für ihr traumhaftes Kombinationsspiel belohnt. Ein Schuß von Max Morlock krachte gegen die Latte und Schäfer war zur Stelle, um den Ball einzunicken. 83. Minute: Mit weiten Pässen und ständigen Flügelwechseln riß die deutsche Mannschaft immer wieder die Schweizer Abwehr auseinander. So sehr auch jeder einzelne in der Schweizer Abwehr kämpfte, gegen diesen Sturmwirbel fanden sie kein Gegenmittel. Der Nürnberger Max Morlock hatte erneut Pech, als sein kerniger Schuß nur die Latte traf. 87. Minute: Noch einmal hatte die Schweiz die Gelegenheit zur Resultatsverbesserung, aber der Schuß aus dem Hinterhalt landete am Pfosten des deutschen Tores.

90. Minute: Nach einem glanzvollen Spiel hatte die deutsche Mannschaft auch in dieser Höhe verdient gewonnen.

❖

Vorbericht zum 210. Länderspiel: Um den Stamm der Nationalelf zu erweitern, lud Herberger fast 100 junge Spieler zum Lehrgang Mitte November. Zwei Auswahlspiele bildeten den Abschluß.

23.11.1952 in Homburg/Saar
Saar-Auswahl - D.F.B.-Auswahl 3:4 (1:3)
SR: van der Meer (Holland), Zuschauer: 26.000
Saar: Strempel; Schussig, Puff; Berg, Biewer, Philippi; Otto, Martin, Binkert, Siedl, Schirra
D.F.B.: Bögelein; Mirsberger, ab 46. Jenatschek (Münster), Bauer; Miltz, Streitle, Metzner; Müller (1:FC Köln), Baitinger, Schröder, Röhrig, Schäfer
Tore: 0:1 Schäfer (8.), 1:1 Schirra (24.), 1:2 Miltz (36.), 1:3 Schäfer (44.), 1:4 Schröder (47.), 2:4 Binkert (60.), 3:4 Jenatschek (83. Eigentor)
Beste Spieler: Puff, Philippi, Siedl - Mirsberger, Bauer, Metzner, Schröder, Schäfer

24.11.1952 in Berlin
Berlin - D.F.B.-Auswahl 1:4 (1:2)
SR: Wershoven (Euskirchen), Zuschauer: 30.000
Berlin: Riethof (Viktoria); Deinert (Tennis Borussia), Strehlow (Union); Hoffmann, Gaulke (beide Viktoria), Seidel (Union);

Nocht (Viktoria), Michelbach (Wacker 04), Ritter (Spandauer SV), Graf (Tennis Borussia), Wax (Union)

D.F.B.: Strzalka (Spand. SV); Eberle (Ulm 46), Podratz (Union Berl.); Sommerlatt (Mühlburg), Junik (Tennis Borussia), Schreiner (Offenbacher Kickers); Wenske (Tennis Borussia), Ziegeler (Spandauer SV), Zeitler (VfB Bayreuth), Weber, Preisendörfer (beide Kickers Offenbach)

Tore: 1:0 Ritter (17.), 1:1 Ziegeler (18.), 1:2 Zeitler (30.), 1:3 Sommerlatt (54.), 1:4 Zeitler (72.)

Für das schwere Länderspiel gegen die starken Jugoslawen, die zur absoluten europäischen Spitzenklasse gehörten, nominierte Sepp Herberger neben seinem Stamm auch einige Überraschungen.

Tor: Turek, Bögelein
Verteidiger: Retter, Kohlmeyer, Bauer
Läufer: Eckel, Posipal, Schanko, Metzner, Herb.Schäfer
Stürmer: Rahn, Termath, Klodt, Morlock, O.Walter, F.Walter

Während der verletzte Linksaußen des 1.FC Köln, Hans Schäfer, fehlte, waren die beiden Essener Rahn und Termath wieder dabei. Die größte Überraschung waren jedoch die beiden Neulinge in der Läuferreihe, Herbert Schäfer (Spfr. Siegen), der Mittelläufer der Amateurnationalelf, und Metzner (Hessen Kassel), den Herberger bereits 10 Jahre zuvor, mitten im Krieg, als 16-jährigen zu einem Lehrgang eingeladen hatte. Beide sollten später noch Nationalspieler werden.

21.12.1952 in Ludwigshafen
BR Deutschland - Jugoslawien 3:2 (2:2)

SR: Ellis (England), Zuschauer: 75.000
BRD: Turek -8 (Fort. Düsseld.); Retter -5 (VfB Stuttg.), Kohlmeyer -7 (1.FC Kaisersl.); Eckel -2 (1.FC Kaisersl.), Posipal -9 (HSV), Schanko -10 (BVB); Rahn -4 (RWE), Morlock -6 (1.FC Nürnberg), O.Walter -6, F.Walter -33 (beide 1.FC Kaisersl.), Termath -5 (RWE). Mannschaftskapitän: F.Walter
Jugoslawien: Beara; B.Stankovic, B.Belin; Z.Cajkovski, I.Horvat, Boskov; Herceq, Ognjanov, Vukas, Bobek, Zebec
Tore: 1:0 F.Walter (2.), 1:1 Cajkovski (39.), 1:2 Bobek (40. Handelfmeter), 2:2 Morlock (43.), 3:2 Rahn (70.)
Beste Spieler: Eckel, F.Walter, Schanko - Cajkovski, Beara, Bobek
Bericht: Die Jugoslawen kamen mit der Empfehlung nach Ludwigshafen, in 12 Länderspielen nur zweimal gegen Ungarn verloren zu haben. Der Olympiazweite war die zweitstärkste Mannschaft Europas.

2. Minute: Ein herrliches Solo von Horst Eckel, der 3 Gegenspieler stehen ließ, leitete die überraschende 1:0 Führung für die deutsche Mannschaft nach gerade 90 Sekunden ein. Der Ball wurde abgewehrt; es gab einen Einwurf, den Termath schnell zu Fritz Walter ausführte. Mit einer geschickten Körpertäuschung ließ Fritz Walter Horvat ins Leere rutschen, hatte freie Bahn und schob den Ball gefühlvoll an Torhüter Beara vorbei zum 1:0 ins Netz.

30. Minute: Glück für die deutsche Mannschaft, als Turek mit einer Blitzreaktion gerade noch einen Schuß von Cajkovski an die Latte lenken konnte. 39. Minute: Einen von Posipal abgewehrten Ball erwischte der jugoslawische Spielmacher Cajkovski an der Strafraumgrenze und zog sofort ab. Unhaltbar schlug das Leder im Tor von Turek zum Ausgleich ein. Dank des technisch hervorragenden und druckvollen Spiels hatten die Jugoslawen den verdienten Ausgleich erzielt. 40. Minute: Die Jugoslawen drängten sofort weiter, und als Herceq eher am Ball war als Turek, schien das 2:1 unvermeidbar. Den Kopfball konnte Verteidiger Kohlmeyer nur noch auf der Linie mit der Hand abwehren. Den fälligen Elfmeter schoß Bobek unhaltbar zum 2:1 ein. 43. Minute: Die deutsche Mannschaft drängte nun stürmisch auf den Ausgleich. Ein Eckball von Fritz Walter leitete Termath mit der Hacke weiter zu Morlock, der den Ball direkt aus der Luft unhalbar zum Ausgleich einschoß. Riesenjubel der 75.000 Zuschauer in Ludwigshafen. Zur Halbzeit stand die Partie verdientermaßen 2:2.

60. Minute: Die erste Viertelstunde der zweiten Halbzeit ergab zwar leichte Vorteile für die deutsche Mannschaft, aber auch die Jugoslawen spielten weiterhin ausgezeichnet. Das Spiel hatte Klasse und Rasse. Wenn der Essener Rahn nicht so oft eigensinnig versucht hätte zum Ziel zu kommen, wäre vielleicht die eine oder andere Torgelegenheit mehr möglich gewesen. So jedoch war es zwar ein spannendes und hochklassiges Spiel, aber die zwingenden Torchancen fehlten.

70. Minute: Der ständige Druck der deutschen Mannschaft hatte die Jugoslawen offensichtlich ermüdet, denn nun bekam Herbergers Elf ein klares Übergewicht. Der verdiente Siegtreffer fiel dann auch auf Vorlage von Fritz Walter. Der Essener Helmut Rahn zeigte nun seine wahre Stärke, indem er mit blitzschnellem Antritt seine Gegenspieler stehen ließ und aus 14 Meter Entfernung mit dem linken Fuß knallhart und flach in die untere Ecke neben dem Pfosten einschoß. Das war die Stärke des jungen Rechtsaußen, die Herberger so an ihm schätzte.

90. Minute: So sehr sich die Jugoslawen in den letzten 20 Minuten noch bemühten, die deutsche Mannschaft konnte das Spiel ausgeglichen gestalten und gewann verdient mit 3:2 Toren.

❖

Vorbericht zum 211. Länderspiel: Mit dem Aufgebot des Jugoslawien-Spiels flog Sepp Herberger nach Madrid zur nächsten schweren Aufgabe, diesmal gegen die spanischen Profis. Der Bundestrainer schenkte der siegreichen Elf von Ludwigshafen auch für Madrid das Vertrauen.

28.12.1952 in Madrid
Spanien - BR Deutschland 2:2 (1:2)

SR: Orlandini (Italien), Zuschauer: 80.000
Spanien: I.Eizaguirre; Navarro (ab 27. Campanal), Biosca; Seguer, Ramoni, Puchades; Basora, Joseito, Cesar, Molowny, Gainza
BRD: Turek -9 (Fort. Düsseld.); Retter -6 (VfB Stuttg.), Kohlmeyer -8 (1.FC Kaisersl.); Eckel -3 (1.FC Kaisersl.), Posipal -10 (HSV), Schanko -11 (BVB); Rahn -5 (RWE), Morlock -7 (1.FC Nürnberg), O.Walter -7 (1.FC Kaisersl.), ab 27. Metzner -1 (Hessen Kassel), F.Walter -34 (1.FC Kaisersl.), Termath -6 (RWE). Mannschaftskapitän: F.Walter
Tore: 0:1 O.Walter (7.), 1:1 Gainza (25.), 1:2 Termath (30.), 2:2 Cesar (69. Handelfmeter)
Beste Spieler: Gainza, Basora, Puchades - Posipal, Schanko, F.Walter
Bericht: Bei den Spaniern hatte es schon Kopfschütteln ausgelöst, daß die deutschen Nationalspieler für ihre Länderspiele keinen einzigen Pfennig bekamen. Umso größer wurde das Kopfschütteln, als die deutsche Mannschaft von Anfang an so spielte wie gegen Jugoslawien.

5.-7. Minute: Ein tolles Solo von Eckel über 50 Meter, bei dem er gleich mehrere Spanier stehen ließ, brachte dem jungen Lauterer Beifall auf offener Szene. Offensichtlich störte es die deutsche Mannschaft überhaupt nicht, daß 80.000 mit südländischem Temperament ihre Mannschaft unterstützten. Eine herrliche Flanke von Linksaußen Termath nahm Ottmar Walter direkt und jagte den Ball unhaltbar in die Maschen des Gehäuses von Eizaguirre.

20. Minute: Nach dem deutschen Führungstreffer wurden die Spanier zusehends stärker, wirbelten die deutsche Abwehr durcheinander, aber diese verlor nie die Übersicht. 25. Minute: Vor allem die spanischen Außenstürmer Basora und Gainza machten der deutschen Mannschaft schwer zu schaffen. Sie waren es auch, die den Ausgleich erzielten, als Basora mustergültig über die deutsche Abwehr hinweg flankte und Linksaußen Gainza unhaltbar zum

Ausgleich einköpfte. 27. Minute: Pech für die deutsche Mannschaft, als Navarro und Ottmar Walter bei einem Kopfballduell zusammenstießen. Beide mußten ausscheiden und ersetzt werden. So kam der Kasseler Metzner zu seinem ersten Länderspieleinsatz. Fritz Walter übernahm jetzt die Position des Mittelstürmers.

30. Minute: Der Neuling hatte gleich einen guten Einstand, als er herrlich flankte, Morlock verpaßte, aber Termath in den Ball rutschte und zum 2:1 für Deutschland eindrückte. 32. Minute: Einer der gefürchteten Rahn-Schüsse streifte nur den Pfosten. Bis zur Halbzeit verdiente sich die deutsche Mannschaft durch überlegtes und druckvolles Spiel die 2:1 Halbzeitführung.

61. Minute: Trotz leichter Überlegenheit der deutschen Mannschaft hatten auch die Spanier gute Torgelegenheiten. Toni Turek bewies jedoch, daß er ein erstklassiges Stellungsspiel hatte. 69. Minute: Die deutsche Manschaft hatte in diesem hochklassigen Spiel die Spanier immer besser im Griff, da passierte Eckel das Mißgeschick, daß ihm der Ball an die Hand sprang. Den fälligen Elfmeter verwandelte Mittelstürmer Cesar zum Ausgleich.

90. Minute: Bis zum Schluß blieb es ein spannendes Spiel. In den letzten 20 Minuten hatten die Spanier zwar mehr vom Spiel, aber die Torchancen waren verteilt. In letzter Minute vergab Termath sogar noch die Möglichkeit zum dritten Treffer für die deutsche Mannschaft. So blieb es beim für die Spanier glücklichen 2:2. Die deutsche Mannschaft hatte ein weiteres Mal bewiesen, daß sie Klasse besaß.

❖

Vorbericht zum 212. Länderspiel: Mitte Februar wurden die WM-Qualifikationsgruppen ausgelost. Die BR Deutschland kam mit dem ehemaligen Angstgegner Norwegen und dem seit 1950 selbständigen Saarland in eine Gruppe. Alle mussten in einem Hin- und Rückspiel gegeneinander antreten, und nur der Gruppenerste qualifizierte sich für das Endturnier in der Schweiz.

Vor der WM-Auslosung gaben 2 regionale Auswahlspiele wieder Aufschluß darüber, wie die Nationalspieler über den Winter gekommen waren.

1.2.1953 in Düsseldorf
West - Südwest 3:5 (1:3)
SR: Bronkhorst (Holland), Zuschauer: 35.000
West: Turek (Fortuna Düsseldorf); Post (Rheydter SV), Jenatschek (Preußen Münster), ab 78. Zwickhofer (Schalke 04); Schlebrowski (BVB), ab 65. Schulz (Preußen Münster), Gommans, Wulf (beide Schwarz-Weiß Essen); Klodt (Schalke 04), Preißler (BVB), Hetzel (Meidericher SV), Rachuba (Preußen Münster), Flügel (BVB)
Südwest: Adam; Unkelbach (beide TuS Neuendorf), Kohlmeyer (1.FC Kaiserl.); Eckel, W.Liebrich (beide 1.FC Kaiserl.), Miltz (TuS Neuendorf); Scheffler, ab 46. Wanger, F.Walter (alle 1.FC Kaisersl.), Voigtmann, Schmutzler, Warth (alle TuS Neuend.)
Tore: 0:1 Scheffler (3.), 0:2 Schmutzler (21.), 1:2 Rachuba (39.), 1:3 Scheffler (44.), 2:3 Flügel (46.), 2:4 Wanger (52.), 3:4 Hetzel (74.), 3:5 Schmutzler (76.)

1.2.1953 in Saarbrücken
Saar - West 0:7 (0:2)
Saar: Borcherding (SV Saar 05), später Jirasek (Bor. Neunkirchen); Puff, Keck; Philippi, Momber (alle 1.FC Saarbrücken), Fottner (SV Saar 05); Otto, Martin, Binkert (alle 1.FC Saarbrücken), Siedl (Bor. Neunkirchen), Balzert (1.FC Saarbrücken), ab 74. Urnau
West: Kwiatkowski (BVB); Juskowiak (RW Oberhausen), Kempchen (STV Horst Emscher); Eppenhoff (Schalke 04), Gawliczek (1.FC Köln), Schmidt (Meidericher SV); Müller, Kern (beide Fort. Düsseld.), Kasperski, Niepieklo (beide BVB), Schäfer (1.FC Köln)
Tore: 0:1 Niepieklo (24.), 0:2 Kasperski (28.), 0:3 Schäfer (47.), 0:4 Kasperski (56.), 0:5 Kern (59.), 0:6 Kern (69.), 0:7 Niepieklo (82.)

Eine Woche vor dem Österreich-Spiel in Köln gab Sepp Herberger sein Aufgebot bekannt. Aus den letzten Spielen fehlte nur Termath. Dafür war Schäfer vom 1.FC Köln wieder dabei.
Tor: Turek, Adam
Verteidiger: Retter, Kohlmeyer, Juskowiak
Läufer: Eckel, Posipal, Schanko, Metzner
Stürmer: Rahn, Morlock, O.Walter, F.Walter, Schäfer, B.Klodt
Später wurden Harpers (SV Sodingen), als Neuling, und Röhrig (Köln) nachnominiert.

22.3.1953 in Köln
BR Deutschland - Österreich 0:0

SR: Bauwens (Belgien), Zuschauer: 76.000
BRD: Turek -10 (Fort. Düsseld.); Retter -7 (VfB Stuttg.), Kohlmeyer -9 (1.FC Kaisersl.); Eckel -4 (1.FC Kaisersl.), ab 88. Harpers -1 (SV Sodingen), Posipal -11 (HSV), Schanko -12 (BVB); Rahn -6 (RWE), Morlock -8 (1.FC Nürnberg), O.Walter -8 (1.FC Kaisersl.), ab 43. Röhrig -5 (1.FC Köln), F.Walter -35 (1.FC Kaisersl.), Schäfer -2 (1.FC Köln). Mannschaftskapitän: F.Walter

Österreich: Schweda; Stotz, Kollmann; Hanappi, Brinek (ab 49. Koller); Kominek, T.Wagner, Huber, Stojaspal, Gollnhuber

Beste Spieler: Posipal, Turek, Kohlmeye, Retter - Ocwirk, Hanappi, Schweda

Bericht: Vom Anpfiff weg übernahmen überraschend die Österreicher die Initiative des Spiels, diktierten das Tempo und zeigten das bessere Zusammenspiel.

30. Minute: Nach einer halben Stunde mußten die Zuschauer enttäuscht feststellen, daß der deutsche Angriff seinen Schwung aus den beiden Spielen gegen Jugoslawien und Spanien verloren hatte. Der gerade wieder genesene Ottmar Walter spielte völlig kraftlos, und im Zusammenspiel wurden fast nur Fehlpässe produziert. 37. Minute: Ganz großes Glück für die deutsche Mannschaft, als Wagner aus 11 Meter Entfernung frei zum Schuß kam, aber den Ball an die Latte donnerte.

43. Minute: Als Röhrig für Ottmar Walter ins Spiel kam, lief es endlich ein bißchen besser im Angriff. Gleich 3 gute Torgelegenheiten vergaben die deutschen Stürmer in den letzten Minuten vor der Halbzeit. Sowohl Schäfer als auch Fritz Walter und Rahn zielten erneut sehr schlecht. Die deutsche Mannschaft hatte jedoch auch keine Führung verdient.

47. Minute: Nach der Pause sah es so aus, als wollte die deutsche Elf die Österreicher überrennen. Nur mit größtem Einsatz konnte Schweda einen knallharten Schuß von Rahn abwehren. 54. Minute: Jetzt kamen auch die Österreicher wieder und hatten in Wagner eine hundertprozentige Torchance, als er allein vor Turek auftauchte. Der Düsseldorfer konnte gerade noch mit den Fingerspitzen zur Ecke lenken.

80. Minute: Die großen Torgelegenheiten auf beiden Seiten ließen mit zunehmender Spieldauer nach. Das Spiel blieb zwar spannend, ausgeglichen und keineswegs schwach, aber beide Sturmreihen konnten sich nie entscheidend durchsetzen. Nach maßgerechter Flanke von Rahn und ebenso schönem Kopfball Morlocks in das Tor von Schweda brach ein verfrühter Jubelsturm der 70.000 aus. Schiedsrichter Bauwens mußte den Treffer annullieren, weil die Flanke im Flug bereits die Grundlinie überschritten hatte.

90. Minute: Obwohl die Zuschauer kein schlechtes Spiel gesehen hatten, gingen sie doch enttäuscht nach Hause; weil es beide Mannschaften versäumt hatten, aus der Vielzahl von Torgelegenheiten, vor allem in der ersten Halbzeit, ein Tor zu erzielen. Das Unentschieden entsprach jedoch den Leistungen beider Mannschaften.

❖

1953/54

Bilanz 1953/54
11 Spiele: 9 Siege, 1 Unentschieden, 1 Niederlage, 42:20 Tore
Zuschauer: 541.000
In 11 Spielen wurden 26 Spieler eingesetzt, davon waren 7 Spieler Neulinge

Die Spieler der Saison:

Horst Eckel	10	Spiele
Josef Posipal	10	"
Max Morlock	10	"
Fritz Walter	10	"
Anton Turek	9	"
Werner Kohlmeyer	9	"
Ottmar Walter	9	"
Hans Schäfer	9	"
Helmut Rahn	8	"
Karl Mai	8	"
Erich Retter	5	"
Werner Liebrich	5	"
Fritz Laband	4	"
Richard Herrmann	3	"
Bernhard Klodt	3	"
Erich Schanko	2	"
Alfred Pfaff	2	"
Hans Bauer	2	"
Herbert Erhardt	1	Spiel
Richard Gottinger	1	"
Horst Schade	1	"
Karl-Heinz Metzner	1	"
Josef Röhrig	1	"
Heinz Kubsch	1	"
Heinz Kwiatkowski	1	"
Paul Mebus	1	"

Tore der Saison:

Max Morlock	13	Tore
Hans Schäfer	7	"
Fritz Walter	7	"
Ottmar Walter	5	"
Helmut Rahn	5	"
Horst Schade	1	Tor
Bernhard Klodt	1	"
Alfred Pfaff	1	"
Richard Herrmann	1	"

Mannschaftsführer waren:

Fritz Walter	10	mal
Josef Posipal	1	"

2 Elfmeter für Deutschland,
verwandelt durch F.Walter (beide gegen Österreich)

1 Elfmeter gegen Deutschland,
verwandelt durch Martin (Saarland)

1 Eigentor für Deutschland,
durch Horvat (Jugoslawien)

Rangliste der besten Nationalspieler des Jahres:
1. Fritz Walter (1.FC Kaiserslautern)
2. Josef „Jupp" Posipal (Hamburger SV)
3. Werner Liebrich (1.FC Kaiserslautern)
4. Ottmar Walter (1.FC Kaiserslautern)
5. Erich Retter (VfB Stuttgart)
   Helmut „Boss" Rahn (Rot-Weiß Essen)
   Anton „Toni" Turek (Fortuna Düsseldorf)
   Hans Schäfer (1.FC Köln)
   Max Morlock (1.FC Nürnberg)
10. Karl Mai (SpVgg. Fürth)
    Horst Eckel (1.FC Kaiserslautern)
12. Werner Kohlmeyer (1.FC Kaiserslautern)
    Erich Schanko (Borussia Dortmund)
    Bernhard „Berni" Klodt (FC Schalke 04)

Vorbericht zum 213. Länderspiel: Während der Endrunde um die Deutsche Meisterschaft im Mai führte Herberger in Regensburg, Berlin und Düsseldorf Lehrgänge mit Testspielen gegen die britische Profimannschaft Bolton Wanderers durch. Wie bereits vor dem 2. Weltkrieg sollten die Spieler an die harten Wettkampfbedingungen gewöhnt werden.

in Regensburg
D.F.B.-Auswahl - Bolton Wanderers 2:2 (1:0)
SR: Wyssling (Schweiz), Zuschauer: 19.000
D.F.B.: Klemm (Wiesbaden); Rößling (Waldhof), Bauer (Bayern München); Sommerlatt (Mühlburg), Messmann (Amberg), Semmelmann (Bayreuth); Zeitler (VfB Bayreuth), Stollenwerk (Düren 99), Kreß (Horas Fulda), Derwall (Alemannia Aachen), Herrmann (FSV Frankfurt)
Bolton: Hanson; Hartle, G.Higgins; Wheeler, T.Higgins, McIlwain; Pilling, Moir, Hassall, Gubbins, Langton
Tore: 1:0 Kreß (35.), 1:1 Moir (66.), 1:2 Moir (80. Elfmeter), 2:2 Kreß (82.)

in Berlin
D.F.B.-Auswahl - Bolton Wanderers 2:0 (1:0)
SR: Finn Braathen (Oslo), Zuschauer: 30.000
D.F.B.: Klemm (Wiesbaden); Rößling (Waldhof), Niebel (FSV Frankfurt); Harpers (Sodingen), Herb.Schäfer (Spfr. Siegen), Semmelmann (Bayreuth); Gerritzen (Preußen Münster), Metzner (Hessen Kassel), Schröder (Bremen 1860), Wozniakowski (Eintr. Braunschweig), Herrmann (FSV Frankfurt)
Bolton: Hanson; Ball, Banks; Wheeler, Higgins, Neill; Holden, Parry, Moir, Hasall, Langton
Tore: 1:0 Harpers (14.), 2:0 Wozniakowski

in Düsseldorf
D.F.B.-Auswahl - Bolton Wanderers 3:3 (1:1)
SR: Andersen (Dänemark), Zuschauer: 21.000
D.F.B.: Klemm (Wiesbaden); Rößling (Waldhof), Bauer (Bayern München); Harpers (Sodingen), Herb.Schäfer (Spfr. Siegen), Semmelmann (Bayreuth); Gerritzen (Münster), Metzner (Hessen Kassel), Schröder (Bremen 1860), Wozniakowski (Eintracht Braunschweig), Herrmann (FSV Frankfurt)
Bolton: Hanson; Ball, G.Higgins; Wheeler, T.Higgins, Neill; Pilling, Moir, Hassall, McIlwaine, Langton
Tore: 1:0 Schröder (6.), 1:1 Moir (30.), 2:1 Gerritzen (61.), 2:2 Rößling (72. Eigentor), 2:3 Moir (77. Elfmeter), 3:3 Schröder (88.)

Obwohl wegen der Endrunde viele Stars beim Lehrgang fehlten, war Herberger zufrieden, denn es hatten sich einige Spieler für den Kreis der Nationalelf empfohlen. Zum Abschluß des Lehrgangs wurden Anfang Juni noch 2 Spiele gegen deutsche Auswahlmannschaften ausgetragen.

4.6.1953 in Augsburg
D.F.B.-Auswahl - Süddeutschland 3:5 (3:1)
SR: Dusch (Kaiserslautern), Zuschauer: 23.000
D.F.B.: Schmidt (Sodingen), ab 52. Klemm (Wiesbaden); Rößling (Waldhof), Niebel (FSV Frankfurt); Harpers (Sodingen), Herb.Schäfer (Siegen), Semmelmann (Bayreuth); Gerritzen (Preußen Münster), Maier (Holstein Kiel), ab 25. Derwall (Aachen), Schröder (Bremen 1860), Wozniakowski (Eintr. Braunschweig), H.Schäfer (1.FC Köln)
Süd: Strauß (1860 München); Erhardt (SpVgg. Fürth), Bauer (Bayern München); Bergner (1.FC Nürnberg), Sommer (1860 München), Gottinger (SpVgg Fürth); Hoffmann (SpVgg Fürth), Morlock (1.FC Nürnberg), Lipponer (Waldhof), Bießinger (BC

Augsburg), ab 46. Budion (Vikt. Aschaffenb.), Herrmann (FSV Frankfurt), ab 46. Staab (Vikt. Aschaffenb.)

Tore: 1:0 Wozniakowski (19.), 1:1 Lipponer (30.), 2:1 Harpers (35.), 3:1 Schröder (36.), 3:2 Hoffmann (57.), 3:3 Semmelmann (63. Eigentor), 3:4 Staab (68.), 3:5 Lipponer (83.)

6.6.1953 in Berlin
Berlin - D.F.B.-Auswahl 2:4 (1:2)
SR: Herden (Hamburg), Zuschauer: 20.000
Berlin: Lessel (Alemannia); Deinert (Tennis Borussia), Gierczewski (Viktoria 89); Müller (BSV 92), Köhna (Tennis Borussia), Jonas (Viktoria 89); Ritter (Spandauer SV), Herrmann (Minerva 93), Graf (Tennis Borussia), Horter (Viktoria 89), Boelk (Wacker)
D.F.B.: Klemm (Wiesbaden); Rößling (Waldhof), Bauer (Bayern München); Harpers (Sodingen), Herb.Schäfer (Spfr. Siegen), Semmelmann (Bayreuth); Gerritzen (Preußen Münster), Bauer (SpVgg Fürth), Zeitler (Bayreuth), Metzner (Hessen Kassel), Hellwig (Arminia Bielefeld)
Tore: 1:0 Ritter (6.), 1:1 Hellwig (22.), 2:1 Zeitler (37.), 3:1 Stollenwerk (57.), 3:2 Müller (58.), 4:2 Zeitler (68.)

Nach der Sommerpause rief Sepp Herberger bereits Anfang August sein Aufgebot für das 1. WM-Qualifikationsspiel in die Sportschule Malente in Schleswig-Holstein zusammen.
Tor: Turek, Adam, Henig, Klemm
Verteidigung: Retter, Kohlmeyer, Bauer, Erhardt
Läufer: Eckel, Posipal, Schanko, Herb.Schäfer, Gottinger, Metzner
Stürmer: Rahn, Morlock, O.Walter, F.Walter, Hans Schäfer, B.Klodt, Röhrig, Pfaff

Mit Henig, Pfaff (beide Eintr. Frankf.), Klemm (FSV Frankfurt) sowie Erhardt und Gottinger (beide Spvgg.Fürth) standen 5 Neulinge im Aufgebot, von denen Gottinger, Pfaff und Erhardt Nationalspieler werden sollten. Gegen Angstgegner Norwegen schickte Herberger seine stärkste Elf ins Spiel.

19.8.1953 in Oslo (WM-Qualifikation)
Norwegen - BR Deutschland 1:1 (1:1)

SR: Aussum (Holland), Zuschauer: 36.000
Norwegen: A.Hansen; O.Hansen, H.Boye Karlsen; T.Olsen, T.Svenssen, Hernes; Thoresen, Hennum, Dybward, Kristiansen, L.Olsen
BRD: Turek -11 (Fort. Düsseld.); Retter -8 (VfB Stuttg.), Kohlmeyer -10 (1.FC Kaisersl.); Eckel -5 (1.FC Kaisersl.), Posipal -12 (HSV), Schanko -13 (BVB); Rahn -7 (RWE), Morlock -9 (1.FC Nürnberg), O.Walter -9, F.Walter -36 (beide 1.FC Kaisersl.), Schäfer -3 (1.FC Köln), ab 42. Pfaff -1 (Eintr. Frankf.)
Tore: 1:0 Hennum (41.), 1:1 F.Walter (44.)
Beste Spieler: A.Hansen, T.Svenssen - Schanko, Retter, Posipal
Bericht: Das 0:2 bei den Olympischen Spielen 1936 in Berlin war noch nicht vergessen. Noch immer hatte die deutsche Mannschaft großen Respekt vor den Norwegern.
2. Minute: Erste überhastete Angriffe zeigten die große Nervosität der deutschen Mannschaft. Selbst Helmut Rahn schlug über den Ball. Der erste gefährliche Schuß von Schanko zischte über die Latte. 10. Minute: Die Norweger waren der erwartet starke Gegner. Ihre erste Torgelegenheit, ein Freistoß, verfehlte jedoch das deutsche Tor. Nur mit einer tollkühnen Parade konnte Turek, 3 Minuten später, einen Schuß vom Halblinken Kristiansen halten.

21. Minute: Und noch eine gute Torgelegenheit für die Norweger durch Rechtsaußen Hennum, der in letzter Sekunde von Kohlmeyer gebremst wurde. 32. Minute: Eine Riesenchance für die Norweger durch Mittelstürmer Dybward, der allein vor Turek den Ball nur knapp über die Latte schoß. Nach über einer halben Stunde war die deutsche Mannschaft noch immer nicht ins Spiel gekommen. 34. Minute: Endlich auch wieder eine gute Torgelegenheit für die deutsche Elf, doch Morlock köpfte die Rahn-Ecke über das Tor. Kurz darauf Riesenjubel bei den Norwegern, als Hennum ins deutsche Tor traf, der Schiedsrichter hatte jedoch vorher klar Abseits gepfiffen.

41. Minute: Eine unglückliche Abwehr als letzte Rettung von Kohlmeyer brachte die Norweger überraschend in Führung. Hennum ließ sich die Torgelegenheit nicht entgehen.44. Minute: Noch vor der Pause, der psychologisch so wichtige Ausgleichstreffer durch Fritz Walter, der nach einer kurzen Drehung den Ball unhaltbar in die linke Ecke schoß. Zur Halbzeit stand es verdientermaßen 1:1.

46. Minute: Nach dem Seitenwechsel begann die deutsche Mannschaft sehr schwungvoll. Einen herrlichen Schuß von Ottmar Walter aus 20 Metern konnte Torhüter Hansen gerade noch abwehren. Nach einer schönen Kombination zwischen Morlock, Rahn, Morlock und Fritz Walter, konnte die norwegische Abwehr nur in höchster Not retten.

48. Minute: Im Gegenzug hatten noch einmal die Norweger die Chance zum Führungstreffer, doch der Kopfball von Dybward strich knapp am Pfosten vorbei.53. Minute: Zum erstenmal konnte sich der Frankfurter Pfaff, der für den verletzten Schäfer ins Spiel gekommen war, gut in Szene setzen. Jedoch auch sein Schuß wurde eine sichere Beute von Torhüter Hansen. Die deutsche Mannschaft war nun hoch überlegen, mußte jedoch stets bangen, wenn die Norweger mit ihren schnellen Kontern kamen. 63. Minute: Nach einem Zusammeprall mit Posipal mußte Mittelstürmer Dybward verletzt ausscheiden. Da nach der Pause nicht mehr ausgewechselt werden durfte, mußten die Norweger mit 10 Spielern weitermachen. Danach stürmte nur noch die deutsche Mannschaft.

90. Minute: Es war kaum zu glauben, was dieser so hochgerühmte deutsche Sturm alles an Torchancen vergab. Serienweise strichen die Bälle um Zentimeter am Pfosten oder an der Latte vorbei. Was dennoch auf das Tor der Norweger kam, konnte von ihrem besten Spieler, Torhüter Hansen, mit Glanzparaden gehalten werden. Fast die gesamte deutsche Mannschaft belagerte in den letzten Minuten das Tor der Norweger, die alle Spieler in den eigenen Strafraum zurückgezogen hatten. So überstand unser Angstgegner auch dieses Spiel ohne Niederlage.

❖

Vorbericht zum 214. Länderspiel: Nach dem Unentschieden in Oslo wurden in der gesamten deutschen Presse Konsequenzen, vornehmlich im Angriff, gefordert. Ein Testspiel gegen die Schweiz, weder als A- noch B-Länderspiel offiziell geführt, sollte neue Aufschlüsse geben.

Testspiel
2.9.1953 in Konstanz (22.000)
D.F.B.-Auswahl - Schweiz-Auswahl 2:0 (1:0)
D.F.B.: Henig (Eintr. Frankf.); W.Liebrich (1.FC Kaisersl), Erhardt (SpVgg. Fürth); Bergner (1.FC Nürnberg), Herb.Schäfer (Spfr. Siegen), Gottinger (SpVgg Fürth), ab 46. Semmelmann (Bayreuth); B.Klodt (Schalke 04), ab 45. Lipponer (SV Waldhof), Morlock (1.FC Nürnberg), Schade (1.FC Nürnberg), Pfaff (Eintr. Frankf.), Hellwig (Arm. Bielef.), ab 45. Budion (Vikt. Aschaffenburg)
Schweiz: Eich; Zehnder, Flückiger; Häuptli, Casali I, Bigler; Bickel, Eggimann, Antennen, Meier, Fatton
Tore: 1:0 Klodt (30.), 2:0 Bigler (63. Eigentor)

Dieses Spiel gab dem Bundestrainer eine ganze Reihe neuer Erkenntnisse. Vor allem die beiden Fürther Erhardt und Gottinger lieferten eine Klassepartie. Das wurde belohnt. Bereits 4 Wochen vor dem nächsten WM-Qualifikationsspiel gegen das Saarland nannte Herberger sein Aufgebot.

Tor: Turek, Bögelein, Herkenrath, Henig
Verteidiger: Retter, Erhardt, Kohlmeyer
Läufer: Eckel, W.Liebrich II, Posipal, Gottinger, Metzner
Stürmer: Lipponer, Morlock, O.Walter, F.Walter, Schäfer, Rahn, Hellwig, Schade, Pfaff

Es war Unruhe eingekehrt. Turek war wegen seiner Unbeweglichkeit umstritten und bekam gleich 3 Konkurrenten. Ein besonderes Problem war jedoch, daß der 1.FC Kaiserslautern und damit der Stamm der Nationalelf völlig außer Tritt war. In der relativ schwachen Oberliga Südwest fehlte die sonstige Überlegenheit und ein Freundschaftsspiel bei Austria Wien wurde sensationell mit 2:9 verloren.

Eine Woche vor dem Spiel wurden Henig, Kohlmeyer, O.Walter und Hellwig gestrichen. Dafür kamen Bauer, Mai, Schanko und R.Herrmann neu in das Aufgebot. Herkenrath (RWE), Erhardt, Gottinger, Mai (alle Spielvereinigung Fürth) und Lipponer (SV Waldhof) waren ohne Länderspiel. Der Waldhöfer wurde als einziger nie A-Nationalspieler.

Die neue Unsicherheit um die Aufstellung der deutschen Mannschaft gab dem Auswahlspiel West gegen Nord, einen Tag vor dem Länderspiel, eine besondere Bedeutung.

10.10.1953 in Dortmund

West - Nord 2:0 (0:0)
SR: Pennig (Mannheim), Zuschauer: 30.000
West: Kwiatkowski (BVB); Juskowiak (Fort. Düsseld.), Köchling (RWE); Eppenhoff (Schalke 04), Pohnke (Preußen Münster), Schanko (BVB); Gerritzen (Preußen Münster), Preißler (BVB), Kasperski (Schwarz-Weiß Essen), ab 46. Kelbassa (STV Horst), Niepieklo (BVB), ab 46. Sahm (STV Horst), Flügel (BVB)
Nord: Peper (Holstein Kiel); Geruschke (Hannover 96), Laband (HSV); Müller (Hannover 96), Burdenski (Werder Bremen), Heyduck (Arminia Hannover); Wewetzer (Hannover 96), Schlegel (HSV), Tkotz (Hannover 96), Heitkamp (St.Pauli), Beck (St.Pauli), 46. Lang (Bremerhaven 93)
Tore: 1:0 Kelbassa (52.), 2:0 Gerritzen (67.)

Kwiatkowski, Juskowiak, Gerritzen, Kelbassa und Laband empfahlen sich mit ausgezeichneten Leistungen für die umstrittenen Positionen in der Nationalelf. Soweit sie nicht bereits Nationalspieler waren, sollten sie es später noch werden.

11.10.1953 in Stuttgart (WM-Qualifikationsspiel)

BR Deutschland - Saarland 3:0 (1:0)

SR: van der Meer (Holland), Zuschauer: 55.000
BRD: Turek -12 (Fort. Düsseld.); Retter -9 (VfB Stuttg.), Erhardt -1 (SpVgg Fürth); Mai -1 (SpVgg Fürth), Posipal -13 (HSV), Gottinger -1 (SpVgg Fürth), ab 38. Eckel -6 (1.FC Kaisersl.); Rahn -8 (RWE), Morlock -10 (1.FC Nürnberg), Schade -3 (1.FC Nürnberg), Metzner -2 (Hessen Kassel), Schäfer -4 (1.FC Köln). Mannschaftskapitän: Posipal
Saarland: Strempel; Biewer, Puff; Berg, Momber, Philippi; Otto, Martin, Balzert, Clemens, Siedl
Tore: 1:0, 2:0 Morlock (13., 51.), 3:0 Schade (71.)
Beste Spieler: Posipal, Mai - Clemens, Momber, Philippi, Balzert
Bericht: Ob es der große Druck der Öffentlichkeit war oder ob Herberger den Spielern aus Kaiserslautern einen Denkzettel verpassen wollte, jedenfalls verzichtete der Bundestrainer sensationell auf alle Spieler des 1.FC Kaiserslautern. Das Saarland, vom ehemaligen Dresdner Helmut Schön trainiert, mußte auf seinen Star Binkert verzichten. Daß es dennoch schwer für die deutsche Mannschaft werden würde, war spätestens nach dem Sieg des Saarlandes in Oslo klar.

5. Minute: Bereits in den ersten Minuten wurde deutlich, daß das kleine Saarland eine starke Elf hatte. Philippi, Balzert und Clemens beherrschten das Mittelfeld und ließen die deutsche

Das kleine Saarland hatte als eigenständiger Fußballverband eine starke Mannschaft, die 1953 im WM-Qualifikationsspiel sensationell 3:2 in Oslo gewann und erst an Deutschland scheiterte; stehend v.l: Philippi, Otto, Momber, Schirra, Martin, Binkert, Clemens; vorne v.l.: Keck, Puff, Strempel, Siedl

Mannschaft kaum ins Spiel kommen. 9. Minute: Die erste große Torgelegenheit für das Saarland, nachdem der quirlige Linksaußen Siedl seinen Gegenspieler Retter stehen ließ, Erhardt abwehrte und Posipal den Nachschuß erst kurz vor der Linie mit einem Rückzieher abwehren konnte. 13. Minute: Etwas überraschend die deutsche Führung, als Schade mit einem Paß in den freien Raum Morlock in die Gasse schickte, der umspielte Torhüter Strempel und schoß zum 1:0 ein.

30. Minute: Nach einer halben Stunde machte sich beim Publikum langsam Unmut breit. Zwar war die deutsche Mannschaft inzwischen überlegen, konnte jedoch kein Kapital daraus schlagen. 34.-38. Minute: Glück für die deutsche Mannschaft, als Martin mit seinem Schuß nur knapp das deutsche Tor verfehlte. Noch einmal Glück für Turek, daß ein knallharter Schuß von Martin am Außennetz landete. Für den verletzten Gottinger kam doch noch ein Spieler von Kaiserslautern, Horst Eckel, ins Spiel.

51. Minute: Nach dem Seitenwechsel begann die deutsche Mannschaft druckvoller und hatte nun auch Glück. Ein Freistoß von Eckel köpfte Morlock gefährlich auf das Tor von Strempel. Strempel konnte nur kurz abwehren, der Ball kam genau wieder vor die Füße von Morlock, der keine Mühe hatte zum 2:0 einzuschießen. 53. Minute: Nach einem herrlichen Steilpaß von Eckel über 50 Meter blieben - wie so oft - Metzner, Morlock und Schade stehen, statt in den freien Raum zu laufen. 57. Minute: Der Fürther Mai übernahm immer mehr die Initiative und trieb den deutschen Angriff nach vorn. Ein herrlicher Paß zu Rahn und ein ebenso schöner Schuß leiteten die deutsche Offensive ein.

61. Minute: Pech für das Saarland, daß sich Berg so schwer verletzte und nicht mehr mitspielen konnte. Mit 10 Spielern mußte das Saarland weitermachen, weil nur bis zur Pause ausgewechselt werden durfte. 67. Minute: Die Torgelegenheiten für die deutsche Mannschaft häuften sich nun. Nach Steilvorlage von Morlock kam Schade gegenüber dem herausstürzenden Strempel um den Bruchteil einer Sekunde zu spät.

70. Minute: Erneut mußte Torhüter Strempel nach einem Morlock-Schuß in letzter Sekunde retten und dann brachte ein herrlicher Alleingang von Rahn die Entscheidung. Der wegen seiner Eigensinnigkeit viel kritisierte Essener zeigte wieder seine Stärke, indem er Verteidiger Puff überspielte und nach einem tollen Solo knallhart auf das Tor von Strempel schoß. Der konnte den Ball nur abwehren, und Schade war zur Stelle, um zum 3:0 ins Tor einzulenken. 75. Minute: Nach einem Schuß von Schäfer konnte Biewer nur in letzter Sekunde auf der Linie abwehren, auch noch den Nachschuß. 80. Minute: Endlich mal ein herrlicher Schuß von Mittelstürmer Schade, der nur knapp am Tor vorbeistrich.

❖

Vorbericht zum 215. Länderspiel: Nach dem Stuttgarter Spiel wurde die Kritik noch lauter. Von Mai abgesehen, hatten die „Neuen" in der Mannschaft nicht überzeugt; Gottinger, Schade und Metzner sogar enttäuscht. Vor allem der Angriff stand trotz 3 Toren in der Kritik. Selbst Morlock hatte nicht überzeugt. Schäfer war ein Totalausfall, und die Ablösung des viel zu eigensinnigen Rahn wurde schon lange gefordert. Am auffallendsten war jedoch, daß kein Stürmer in der Lage war, die Lenker- und Denkerrolle zu übernehmen. Ohne Fritz Walter ging nach wie vor nichts.

Ende Oktober, also wieder 4 Wochen vor dem nächsten Länderspiel, gab Herberger sein Aufgebot bekannt.

Tor: Turek, Herkenrath, Bögelein
Verteidigung: Retter, Kohlmeyer, Bauer
Läufer: Eckel, Metzner, Posipal, Schanko, Mai, Mebus, Wewers
Stürmer: Rahn, Lipponer, Morlock, O.Walter, F.Walter, Schade, R.Herrmann, Schäfer, Termath

Termath (RWE) und Schade (1.FC Nürnberg) mußten eine Woche vorher wegen Verletzung gestrichen werden. Röhrig und Erhardt wurden nachnominiert. Aus diesen 22 Spielern berief Herberger schließlich 16, die nach Hamburg kamen. Die anderen standen in der B-Elf und auf Abruf bereit.

Tor: Turek, Herkenrath
Verteidigung: Retter, Kohlmeyer, Bauer
Läufer: Eckel, Posipal, Schanko, Mai, Metzner
Stürmer: Rahn, Morlock, O.Walter, F.Walter, R.Herrmann, Lipponer

Außer Lipponer waren alle Nationalspieler und es zeichnete sich ab, daß Herberger auf seine bewährte Mannschaft zurückgriff, die 1 Jahr zuvor große Spiele gegen die Schweiz, Jugoslawien und Spanien gezeigt hatte. Mit dieser erfahrenen Mannschaft sollte der unbedingt erforderliche Sieg erzielt werden. Der Stand in der WM-Qualifikationsgruppe 1:

1. BR Deutschland (3-1 Pkt./4:1 Tore)
2. Saarland (3-3 Pkt./3:5 Tore)
3. Norwegen (2-4 Pkt./3:4 Tore)
Norwegen - Saarland 2:3
Norwegen - BR Deutschland 1:1
BR Deutschland - Saarland 2:0
Saarland - Norwegen 0:0

22.11.1953 in Hamburg (WM-Qualifikation)
BR Deutschland - Norwegen 5:1 (1:1)

SR: Luty (England), Zuschauer: 76.000
BRD: Turek -13 (Fort. Düsseld.); Retter -10 (VfB Stuttg.), Kohlmeyer -11 (1.FC Kaisersl.); Eckel -7 (1.FC Kaisersl.), Posipal -14 (HSV), Mai -2 (SpVgg. Fürth); Rahn -9 (RWE), Morlock -11 (1.FC Nürnberg), O.Walter -10, F.Walter -37 (beide 1.FC Kaisersl.), R.Herrmann -6 (FSV Frankfurt). Mannschaftskapitän: F.Walter
Norwegen: A.Hansen; O.Hansen, H.Boye Karlsen (ab 27. E.Holmberg); T.Olsen, T.Svenssen, Hernes; Fossli, Thoresen, Dybwad, H.Nordahl, Hvidsten
Tore: 0:1 H.Nordahl (22.), 1:1 Morlock (26.), 2:1 Morlock (63.), 3:1 O.Walter (69.), 4:1 F.Walter (80.), 5:1 Rahn (86.)
Beste Spieler: Posipal, F.Walter, O.Walter, Retter, Morlock - Svensson, A.Hansen
Bericht: Große Spannung vor dem Spiel gegen die Abwehrkünstler aus Norwegen. Entsprechend nervös, aber druckvoll startete die deutsche Mannschaft.

20. Minute: Trotz deutscher Überlegenheit kamen die Norweger immer wieder gefährlich vor das deutsche Tor. Selbst die deutschen Verteidiger waren mit aufgerückt. Ein Schuß von Kohlmeyer aus 20 Meter Entfernung ging jedoch 1 Meter am Tor vorbei. 22. Minute: Die Norweger führten ganz schnell den Abstoß aus und nun fehlte Kohlmeyer hinten. Sein Gegenspieler Fossli stand völlig frei. Posipal mußte aus der Deckung heraus, um den Norweger anzugreifen, der sofort zum völlig freistehenden Nordahl flankte, und schon war es passiert. Mit einem satten Schuß ließ der norwegische Halblinke Torhüter Turek keine Chance. Norwegen führte sensationell 1:0. 26. Minute: Es war förmlich zu spüren, daß die deutsche Mannschaft unbedingt den Ausgleich wollte. Auf Vorlage von Rahn kam Fritz Walter zu einer mustergültigen Flanke, in die Morlock sprang und mit einem kraftvollen Kopfstoß den Ausgleich erzielte.

45. Minute: Trotz drückender Überlegenheit und immer besser werdenden Kombinationen gelang es der deutschen Mannschaft bis zu Pause nicht, den Führungstreffer zu erzielen.

46. Minute: Herbergers Elf machte dort weiter, wo sie vor der Halbzeit aufgehört hatte. Eine Flanke von Rahn auf Ottmar Walter köpfte dieser plaziert auf das norwegische Tor. Teufelskerl Hansen, der den deutschen schon in Oslo größte Schwierigkeiten bereitet hatte, war noch mit den Fingerspitzen am Ball und konnte diese gute Torgelegenheit zunichte machen.

55. Minute: Erneut Pech für Morlock, daß Torhüter Hansen einen Kopfball von dem Nürnberger in letzter Sekunde auf der Linie abwehren konnte. 60. Minute: Nach einer Stunde Spielzeit brauchte man, trotz des immer noch nur 1:1 stehenden Spiels, keine Angst mehr um die deutsche Mannschaft haben. Das Sturmspiel lief jetzt traumhaft sicher, schnell und druckvoll. Tore konnten nur noch eine Frage der Zeit sein. 63. Minute: Ottmar Walter dribbelte sich bis zur Torlinie durch, paßte dann hervorragend zurück, wo Morlock zur Stelle war und hart und unhaltbar zum 2:1 einschoß. 66. Minute: Als Morlock nach einem Zusammenstoß mit Torhüter Hasbjörn Hansen verletzt ausscheiden mußte, schien der deutsche Sieg noch einmal gefährdet. Aber da schlug die große Stunde von Ottmar Walter. Mit dem Ball am Fuß zog er auf und davon und jagte den Ball flach in die äußerste untere Ecke. Mit 10 Spielern hatte die deutsche Mannschaft das 3:1 erzielt. 72. Minute: Morlock kam zwar wieder, konnte jedoch nur noch als Statist am Flügel mitwirken.

80. Minute: Die deutsche Mannschaft wurde immer stärker und überlegener. Eine Ecke von Rahn, mit dem Kopf von Ottmar Walter und Herrmann zu Fritz Walter verlängert, brachte die endgültige Entscheidung. Der deutsche Mannschaftskapitän nahm den Ball direkt und schmetterte ihn mit einer Vehemenz ins norwegische Tor, daß Torhüter Hansen überhaupt keine Reaktion zeigen konnte. 86. Minute: Die Norweger wußten, daß sie das Spiel nicht mehr gewinnen konnten. Nach schönem Zusammenspiel zwischen Ottmar Walter und Mai legte der Fürther dem Rechtsaußen Rahn den Ball maßgerecht vor. Der Essener zog sofort ab und traf unhaltbar zum fünften deutschen Treffer.

90. Minute: Nach langer Zeit hatten die Zuschauer wieder einmal eine überzeugende Leistung der deutschen Mannschaft gesehen, die nie aufsteckte. Die wichtigste Erkenntnis dieses Spiels war, daß diese Mannschaft nicht nur wunderbar harmonierte, sondern daß sie auch nie aufhörte zu kämpfen.

❖

Vorbericht zum 216. Länderspiel: Nach dem überzeugenden 5:1 gegen Norwegen wurden die Kritiker wesentlich leiser. Ein Unentschieden in Saarbrücken gegen das Saarland würde der deutschen Elf reichen. Vom 23.-25.2.1954 zog Bundestrainer Sepp Herberger 29 Spieler in Frankfurt zu einem Kurzlehrgang zusammen.

Tor: Herkenrath, Kubsch, Geißler
Verteidigung: Kohlmeyer, Bauer, Deinert, Laband
Läufer: Eckel, Hutfles, Metzner, Bergner, Posipal, Mai, Gottinger, W.Liebrich II, Harpers, Pfeiffer, Brüggen

Stürmer: Rahn, Morlock, F.Walter, Schade, Pfaff, Weilbächer, O.Laszig, B.Klodt, Röhrig, H.Schäfer, R.Herrmann

Mit Geißler (Fürth), Deinert (Tennis Borussia), Laband (HSV), Hutfles (Hessen Kassel), Bergner (1.FC Nürnberg), Pfeiffer (Alem. Aachen), Brüggen (St.Pauli), Weilbächer (Eintr. Frankf.) und Otto Laszig (Schalke 04), standen 9 Neulinge im Aufgebot, von denen Laband, Pfeiffer, und Weilbächer später noch zu Länderspielen kommen sollten.

Ende Februar hatten viele Anwärter für die Nationalmannschaft wieder Gelegenheit in 2 regionalen Auswahlspielen ihr Können unter Beweis zu stellen.

28.2.1954 in Berlin

Berlin - West 1:5 (0:3)

SR: Eix (Emden), Zuschauer: 35.000

Berlin: Strzalka (Spandauer SV), ab 40. Böhnke (Minerva 93); Deinert, Hähnert (beide Tennis Borussia); Jonas (Viktoria 89), Strehlow (Union 06), ab 30. Schmidt (Viktoria 89), Janzon (Minerva 93); Niedzwiadek (Viktoria 89), Graf (Tennis Borussia), Paul (BSV 92), Herrmann (Minerva 93) vorübergehend Lingen (Hertha Zehlendorf), Tauchert (Blau-Weiß)

West: Turek; Hoffmann (beide Fort. Düsseld.), Mikuda (Schwarz-Weiß Essen); Harpers (SV Sodingen), Pohnke (Preußen Münster), Schanko (BVB); Gerritzen (Preußen Münster), Islacker (Rot-Weiß Essen), Kelbassa, Sahm (beide STV Horst), Schulz (Bayer Leverkusen)

Tore: 0:1 Gerritzen (22.), 0:2 Gerritzen (44.), 0:3 Islacker (45.), 0:4 Sahm (48.), 0:5 Islacker (56.), 1:5 Niedzwiadek (72. Foulelfmeter)

28.2.1954 in Hamburg

Nord - Südwest 2:4 (1:0)

SR: Heckel (Essen), Zuschauer: 35.000

Nord: Krämer (Hannover 96); Morgner (Holstein Kiel), Laband (HSV); Lang (Bremerhaven 93), Posipal (HSV), Brüggen (St. Pauli); Haase (Werder Bremen), Woziakowski (Eintr. Braunsch.), ab 85. Eccarius (Arminia Hannover), Erb, Spundflasche (beide Altonaer FC 93), Patzig (VfB Lübeck)

Südwest: Kubsch (FK Pirmasens); Unkelbach (TuS Neuendorf), Kohlmeyer; Eckel (beide 1.FC Kaisersl.), Laag (FK Pirmasens), Miltz; Warth, Schmutzler (alle TuS Neuendorf), O.Walter, F.Walter (beide 1.FC Kaisersl.), Albert (Tura Ludwigshafen), ab 31. Basler (1.FC Kaisersl.)

Tore: 1:0 Haase (25.), 1:1 O.Walter (46.), 1:2 Krämer (63. Eigentor), 1:3 F.Walter (67.), 2:3 Haase (85.), 2:4 O.Walter (86.)

Als weit vorausschauender Mann gab Sepp Herberger Anfang März 1954 einen 54-köpfigen Kader bekannt, der sich intensiv auf eine eventuelle Nominierung vorbereiten sollte. So erreichte Herberger, daß jeder dieser Spieler dafür lebte, seine beste Leistung zu bringen und im richtigen Augenblick fit zu sein.

Tor: Turek -13 (Fort. Düsseld.), Herkenrath -0 (RWE), Kubsch -0 (FK Pirmasens), Kwiatkowski -0 (BVB), Klemm -0 (FSV Frankf.), Geißler -0 (SpVgg Fürth)

Rechter Verteidiger: Retter -10 (VfB Stuttg.), Deinert -0 (TeBe), Bauer -2 (Bayern München), Ertel -0 (FK Pirmasens)

Linker Verteidiger: Kohlmeyer -10 (1.FC Kaisersl.), Laband -0 (HSV), Erhardt -1 (Fürth)

Rechter Läufer: Eckel -7 (1.FC Kaisersl.), Metzner -2 (Hessen Kassel), Lang -0 (Bremerhaven), Pfeiffer -0 (Alem. Aachen), Mebus -5 (1.FC Köln), Bergner -0 (1.FC Nürnberg), Brüggen -0 (St. Pauli)

Mittelläufer: Posipal -14 (HSV), Liebrich -2 (1.FC Kaisersl.), Hutfles -0 (Hessen Kassel), Meinke -0 (HSV), Wewers -1 (RWE)

Linker Läufer: Mai -2 (Fürth), Harpers -1 (Sodingen), Gottinger -1 (SpVgg Fürth), Schanko -13 (BVB), Lang -0 (Schweinfurt 05)

Rechtsaußen: Rahn -9 (RWE), B.Klodt -5 (Schalke 04), Ernst -0 (TSV Straubing), Kaufhold -0 (Kick. Offenb.), Siegel -0 (VfR Mannheim)

Halbrechts: Morlock -11 (1.FC Nürnberg), Laszig -0 (Schalke 04), Weilbächer -1 (Eintr. Frankf.), Krauß -0 (Kick. Offenb.), Schweinberger -0 (1.FC Nürnberg)

Mittelstürmer: O.Walter -10 (1.FC Kaisersl.), Schade -3 (1.FC Nürnberg), Biesinger -0 (BC Augsburg), Kreß -1 (Eintr. Frankf.)

Halblinks: F.Walter -37 (1.FC Kaisersl.), Röhrig -5 (1.FC Köln), Pfaff -1 (Eintr. Frankf.), Wade -0 (Kickers Offenb.), Islacker -0 (RWE), Lettl -0 (Bayern München)

Linksaußen: Herrmann -6 (FSV Frankf.), Schäfer -4 (1.FC Köln), Termath -6 (RWE)

Drei Wochen vor dem entscheidenden WM-Qualifikationsspiel gegen das Saarland wurde ein 23-köpfiges Aufgebot benannt.

Tor: Turek, Herkenrath

Verteidiger: Retter, Bauer, Kohlmeyer, Laband

Läufer: Eckel, Metzner, Mebus, Posipal, W.Liebrich II, Mai, Schanko

Stürmer: Rahn, Klodt, Morlock, O.Walter, Schade, F.Walter, Röhrig, Schäfer, Pfaff, R.Herrmann

Aus diesem Aufgebot wurden schließlich Bauer, Eckel, Metzner, Mebus, Klodt, Schade und Pfaff gestrichen. Mit Herkenrath und Laband waren also nur 2 Spieler ohne Länderspiel dabei.

28.3.1954 in Saarbrücken (WM-Qualifikakion)

Saarland - BR Deutschland 1:3 (0:1)

SR: Bronkhorst (Holland), Zuschauer: 53.000

Saarland: Strempel; Biewer, Keck; Clemens, Momber, Philippi; Otto, Martin, Binkert, Siedl, Schirra

BRD: Turek -14 (Fort. Düsseld.); Retter -11 (VfB Stuttg.), Kohlmeyer -12 (1.FC Kaisersl.); Posipal -15 (HSV), Liebrich -3 (1.FC Kaisersl.), Schanko -14 (BVB); Rahn -10 (RWE), Morlock -12 (1.FC Nürnb.), F.Walter -38, ab 31. O.Walter -11 (beide 1.FC Kaisersl.), Röhrig -6, Schäfer -5 (beide 1.FC Köln). Mannschaftskapitän: Fritz Walter

Tore: 0:1 Morlock (37.), 0:2 Morlock (51.), 1:2 Martin (67. Handelfmeter), 1:3 Schäfer (83.)

Beste Spieler: Keck, Clemens, Philippi, Momber - Retter, Liebrich, Schäfer

Bericht: Völlig überraschend hatte Herberger, nicht wie erwartet den linken Flügel mit Ottmar Walter, Fritz Walter und Richard Herrmann nominiert, sondern Fritz Walter spielte Mittelstürmer, und der linke Flügel wurde von Röhrig und Schäfer besetzt. Nach zuletzt schwachen Leistungen bekamen also noch einmal die beiden Kölner eine Chance.

2. Minute: Die deutsche Mannschaft begann in Saarbrücken sehr temperamentvoll. Ein Schuß von Morlock strich nur ganz knapp über die Latte. 5. Minute: Die zweite Torgelegenheit für die deutsche Elf hatte Schäfer. Seinen Schuß hielt Torhüter Strempel großartig. 7. Minute: Der erste Angriff der Saarländer lief über Rechtsaußen Otto, den Kohlmeyer überhaupt nicht in den Griff bekam. Zum Glück stand Liebrich in der Mitte ausgezeichnet.

10. Minute: Viel Glück für die deutsche Mannschaft, als Kohlmeyer zu Turek zurückspielen wollte, aber genau in die andere Ecke zielte, wo Turek nur mit einem Hechtsprung noch gerade den Ball bekam. 11. Minute: Die Saarländer hatten in Kohlmeyer und Schanko auf der linken deutschen Abwehrseite die Schwachstelle endeckt. Immer wieder kamen Otto, Martin und der dynamische Binkert gefährlich vor das deutsche Tor, wo Liebrich und Posipal retten mußten. 13. Minute: Nochmal viel Glück für die deutsche Mannschaft, als Kohlmeyer mit einer Reflexbewegung mit der Hand zum Ball ging. Der Elfmeterpfiff, über den sich niemand hätte beschweren können, blieb jedoch aus. 17. Minute: Das kleine Saarland hatte die deutsche Mannschaft immer besser im Griff. In einem tollen Sturmwirbel spielten sie sich eine Chance nach der anderen heraus. Unverständlich, daß Schiedsrichter

Bronkhorst ein herrliches Tor von Martin, dessen knallharter Schuß unhaltbar an Turek vorbei ins Netz flog, annullierte. Angeblich hatte Martin vorher Abseits gestanden, aber der Linienrichter hatte nicht seine Fahne gehoben.

30. Minute: Langsam hatte die deutsche Mannschaft das Spiel wieder ausgeglichener gestalten können, aber gefährlicher waren die Saarländer. Nachdem sich Fritz Walter verletzt hatte, kam nun für ihn sein Bruder Ottmar. 37. Minute: Biewer konnte nach einem Eckball nur mühsam auf der Linie, auf Kosten einer weiteren Ecke klären. Die Saarländer bekamen die zweite Ecke nicht aus ihrem Strafraum heraus, Morlock war zur Stelle und drückte das Leder zum 1:0 über die Linie. Für die insgesamt besseren Saarländer war dieses Tor bitter.

46. Minute: In der Halbzeit hatte Herberger umgestellt. Er nahm Röhrig zurück in die Läuferreihe und Posipal auf Halblinks, um den Angriff anzukurbeln.

51. Minute: Als die Saarländer alles bedingungslos auf eine Karte setzten, aber auch kopflos stürmten, fiel die Vorentscheidung. Auf Flanke von Ottmar Walter war Morlock zur Stelle und drehte den Ball unhaltbar in die lange Ecke. 2:0 für die deutsche Mannschaft, obwohl die Saarländer insgesamt überlegen gewesen waren. 55. Minute: Nachdem soeben ein Kopfballtor von Ottmar Walter wegen regelwidriger Behinderung an Torhüter Strempel annulliert wurde, mußte Philippi auf Seiten der Saarländer verletzt ausscheiden. Mit 10 Spielern bestand natürlich keine Chance mehr, das Spiel noch zu gewinnen. 67. Minute: Nach haushoher Überlegenheit der deutschen Mannschaft passierte Schanko das Mißgeschick, daß er den Ball im Strafraum mit der Hand berührte. Den fälligen Elfmeter knallte Martin unhaltbar zum Anschlußtreffer ein.

80. Minute: Noch einmal bäumten sich die Saarländer gegen die drohende Niederlage auf. Die deutsche Mannschaft hatte jedoch inzwischen ihre Sicherheit gefunden, ließ die Saarländer anrennen, um ihrerseits wesentlich gefährlicher vor Torhüter Strempel aufzutauchen. 83. Minute: Ein Konter über den besten deutschen Stürmer, Hans Schäfer, führte dann zur endgültigen Entscheidung. Mit einem satten Schuß ins lange Eck ließ er Torhüter Strempel keine Chance.

90. Minute: Mit 3 Siegen und einem Unentschieden hatte die deutsche Mannschaft die WM-Qualifikation geschafft. Für die Saarländer war es bitter, daß sie auch im zweiten Spiel gegen die deutsche Mannschaft fast die ganze zweite Halbzeit nur mit 10 Spielern weitermachen konnte. Trotzdem hatten sie bei diesem letzten Spiel aufgrund der Spielanteile und der großen kämpferischen Leistung ein Unentschieden verdient.

❖

Vorbericht zum 217. Länderspiel: Die Gruppenspiele waren erfolgreich abgeschlossen und die BR Deutschland WM-Teilnehmer. Da gab es zuerst einmal Ärger darüber, wer in der WM-Gruppe 2 gesetzt wird. Bei dem geplanten System war das nämlich von großer Bedeutung, weil die beiden Gesetzten gegen eine der beiden ungesetzten Mannschaften spielen mußte und im Falle eines Sieges gegen die andere Ungesetzte antreten mußte. Mit 2 Siegen konnte man so schon im Viertelfinale sein. Die FIFA hatte schon vorzeitig Ungarn und Spanien gesetzt, aber nicht einkalkuliert, daß die Türkei die gleiche Punktzahl wie Spanien in der Qualifikationsgruppe 6 erreichte und im Endscheidungsspiel 2:2 nach Verlängerung spielte. Das Los entschied dann für die Türkei, und Spanien war sensationell draußen. Die deutsche Mannschaft wurde allgemein viel stärker eingeschätzt als die Türken, aber die FIFA blieb bei ihrer Entscheidung. Damit stand fest, daß die deutsche Nationalelf im ersten Spiel auf die Türkei treffen würde und im zweiten gegen den großen WM-Favoriten Ungarn - statt gegen den Fußballzwerg Südkorea - spielen mußte.

Das Spiel gegen das Saarland hatte aufgezeigt, wo die Probleme in der deutschen Mannschaft lagen. Turek hatte inzwischen ebenso seinen Posten sicher wie Retter, Posipal, Morlock, Ottmar und Fritz Walter. Am umstrittensten war Kohlmeyer. Für ihn sollten Posipal oder Liebrich zum Verteidiger umgeschult werden. Linksaußen Schäfer hatte gegen das Saarland überzeugt und war in dieser Form unbestritten die Nr.1. Hinter ihm standen Richard Herrmann und Berni Termath bereit. Und schließlich war da Rechtsaußen Helmut Rahn, an dem Herberger trotz dessen Eigensinnigkeit festhielt.

Für die beiden letzten Länderspiele der A- und B-Elf gegen die Schweiz berief der Bundestrainer 32 Spieler.

Tor: Herkenrath, Kubsch, Geißler

Verteidigung: Retter, W.Liebrich II, Deinert, Kohlmeyer, Erhardt, Laband, Bauer

Läufer: Eckel, Harpers, Mebus, Posipal, Hutfles, Metzner, Herb.Schäfer, Mai, Röhrig, Gottinger

Stürmer: B.Klodt, Rahn, Morlock, Weilbächer, Berti Kraus, O.Walter, F.Walter, Biesinger, Pfaff, Schäfer, R.Herrmann, Termath

Wegen Vereinsspiele fehlten Turek und Schanko. Für das B-Team wurden noch Kwiatkowski (BVB), Meinke (HSV), Wade (Kickers Offenb.) und Gerritzen (Preußen Münster) nachnominiert. Im A-Team kamen Kubsch (FK Pirmasens) und Laband (Hamburger SV) zu ihrem ersten Länderspiel. Somit waren Herkenrath (RWE), Geißler (SpVgg. Fürth), Deinert (Tennis Borussia), Hutfles (Hessen Kassel), Herbert Schäfer (Spfr. Siegen), Weilbächer (Eintr. Frankf.), Berti Kraus (Kickers Offenbach) und Biesinger (BC Augsburg) ohne Länderspiel. Bis auf Geißler, Deinert und Hutfles wurden jedoch alle Nationalspieler.

25.4.1954 in Bern

Schweiz - BR Deutschland 3:5 (0:4)

SR: Griffiths (Wales), Zuschauer: 50.000

Schweiz: Stuber (ab 29. Eich); Fesselet, Bocquet; Kernen, Eggimann (ab 70. Zappia), Casali I; Antenen, Vonlanthen II, E.Meier, R.Ballamann, Fatton

BRD: Kubsch -1 (FK Pirmasens); Retter -12 (VfB Stuttg.), ab 13. Kohlmeyer -13 (1.FC Kaisersl.), Laband -1 (HSV); Eckel -8 (1.FC Kaisersl.), Posipal -16 (HSV), Mai -3 (SpVgg. Fürth); R.Herrmann -7 (FSV Frankf.), ab 66. B.Klodt -6 (Schalke 04), Morlock -13 (1.FC Nürnberg), O.Walter -12, F.Walter -39 (beide 1.FC Kaisersl.), Schäfer -6 (1.FC Köln). Mannschaftskapitän: F.Walter

Tore: 0:1 Schäfer (5.), 0:2 F.Walter (16.), 0:3 Morlock (30.), 0:4 Schäfer (31.), 1:4 Fatton (57.), 2:4 Ballamann (71.), 2:5 F.Walter (85.), 3:5 Kernen (86.)

Beste Spieler: Kernen, Fatton, Bocquet - F.Walter, Posipal, O.Walter, Schäfer

Bericht: Das Berner Wankdorfstadion, das gut zwei Monate später Ort des Endspiels um die Weltmeisterschaft werden sollte, erlebte die Generalprobe der Schweiz und Deutschlands.

2. Minute: Die Schweizer begannen stürmisch, wie man es von den Eidgenossen überhaupt nicht kannte. Gleich dreimal mußte Posipal in höchster Not retten. 5. Minute: Erster Konter der deutschen Mannschaft über Eckel zum völlig freistehenden Schäfer, der noch ein paar Schritte lief und dann den Ball unter die Latte donnerte. Die deutsche Mannschaft führte mit dem Mittel, das sonst immer von der Schweiz angewandt wurde, mit 1:0. 6. Minute: Fast im zweiten Angriff das zweite Tor, aber Eggimann konnte kurz vor der Linie retten.

12. Minute: Die Schweizer stürmten unentwegt weiter, hatten aber Pech, als ein herrlicher Schuß von Meier an den Pfosten knallte. Aber dann, nach einem Zusammenprall zwischen Fatton und Retter, mußte der deutsche Verteidiger ausscheiden und Kohlmeyer kam ins Spiel. 16. Minute: Die deutsche Mannschaft hatte bange Minuten zu überstehen, aber die Abwehr stand nach wie vor hervorragend. Nachdem Ottmar Walter 18 Meter vor dem Schweizer Gehäuse gefoult wurde, legte sich Fritz Walter den Ball zurecht und zirkelte den Freistoß um die Schweizer Mauer herum zum 2:0 ins Tor. Der Spielverlauf war auf den Kopf gestellt.

25. Minute: Nach dem zweiten Treffer übernahm die deutsche Mannschaft die Initiative. Jetzt kombinierte sie so flüssig und sicher, machte so viel Druck, daß die Schweizer nur noch in der Abwehr stehend verteidigen konnten. 29. Minute: Für den verletzten Torhüter Stuber kam bei der Schweiz Eich zwischen die Pfosten. Die deutsche Mannschaft war nun in ihrem Angriffsschwung nicht mehr zu halten. Eine herrliche Flanke von Fritz Walter köpfte Morlock unhaltbar zum 3:0 ein. 31. Minute: Eine Flanke von Rechtsaußen Herrmann nahm Linksaußen Hans Schäfer vorbildlich an und knallte den Ball zum zweitenmal unhaltbar unter die Latte. Nach einer guten halben Stunde führte die deutsche Mannschaft sensationell mit 4:0.

45. Minute: Bis zur Halbzeit ließ sich Herbergers Elf nicht mehr das Spiel aus den Händen nehmen. Sie dominierte klar und beherrschte ihren Gegner.

55. Minute: Nach dem Seitenwechsel wurde die Schweiz zunehmend stärker. Sie konnte das Spiel jetzt nicht nur ausgeglichen gestalten, sondern spielte druckvoller mit den besseren Torchancen. 57. Minute: Nach herrlichem Doppelpaß zwischen Fatton und Ballamann schloß der Linksaußen mit einem unhaltbaren Schuß zum 1:4 ab. 66. Minute: Ein offener Schlagabtausch mit den besseren Torgelegenheiten für die Schweiz kennzeichnete das Spiel. Für den verletzten Herrmann kam der Schalker Klodt auf Rechtsaußen ins Spiel. 70. Minute: Die Schweizer wechselten noch einmal aus, um mehr Druck auf das deutsche Tor ausüben zu können. Nachdem sie binnen 2 Minuten drei gute Torgelegenheiten vergeben hatten, gelang Ballamann mit einem wunderschönen Heber über Torhüter Kubsch hinweg das 2:4.

80. Minute: Der deutsche Angriff rannte sich jetzt zunehmend an dem stabilen Schweizer Riegel fest, aber auch die deutsche Abwehr stand sicher. 85. Minute: Ein herrlicher Fritz Walter-Schuß aus 25 Meter Entfernung bedeutete die endgültige Entscheidung. Der Ball schlug unhaltbar für Eich im Schweizer Gehäuse ein.

86. Minute: Ein ähnlich guter Schuß von Kernen stellte das 3:5 Endergebnis her. Insgesamt war es ein offenes und jederzeit spannendes Spiel, das jedoch noch einige Wünsche offen ließ. Der Sieg der deutschen Mannschaft war glücklich, aber nicht unverdient.

❖

Vorbericht zur 4. Fußball-Weltmeisterschaft: Anfang Mai war es soweit, der D.F.B. meldete die 40 Spieler an die FIFA, aus denen später die endgültigen 22 Teilnehmer ausgewählt werden sollten.

Torhüter: Turek (Fort. Düsseldorf), Kwiatkowski (Bor. Dortmund), Kubsch (FK Pirmasens), Herkenrath (RW Essen), Geißler (SpVgg Fürth)

Rechte Verteidiger: Retter (VfB Stuttgart), Bauer (Bayern München), Deinert (TeBe Berlin), Ertel (FK Pirmasens)

Linke Verteidiger: Laband (HSV), Kohlmeyer (1.FC Kaiserslautern), Erhardt (SpVgg Fürth)

Rechte Läufer: Eckel (1.FC Kaiserslautern), Harpers (Sodingen), Mebus (1.FC Köln), Pfeiffer (Alemannia Aachen)

Mittelläufer: Posipal (HSV), Liebrich (1.FC Kaiserslautern), Baumann (1.FC Nürnberg), Herb.Schäfer (Spfr. Siegen)

Linke Läufer: Mai (SpVgg Fürth), Röhrig (1.FC Köln), Metzner (Hessen Kassel), Gottinger (SpVgg Fürth)

Rechtsaußen: Rahn (RWE Essen), Klodt (Schalke 04), Gerritzen (Preußen Münster)

Halbrechte: Morlock (1.FC Nürnberg), Weilbächer (Eintr. Frankfurt)

Mittelstürmer: Ottmar Walter (1.FC Kaiserslautern), Biesinger (BC Augsburg), Schade (1.FC Nürnberg), Zeitler (VfB Bayreuth), Traub (KSC)

Halblinke: Fritz Walter (1.Fc Kaiserslautern), Pfaff (Eintr. Frankfurt), Wade (Kickers Offenbach), Waldner (VfB Stuttgart)

Linksaußen: R.Herrmann (Eintr. Frankfurt), H.Schäfer (1.FC Köln)

Ein paar Überraschungen bot das Aufgebot. So vermißte man Torhüter Adam und die beiden Dortmunder Schanko und Preißler. Noch überraschender war die Nominierung von Ertel, Baumann, Traub und Waldner. Den ersten Ausfall gab es bereits einige Tage nach der Nominierung der 40 Spieler: Erich Retter. Seine Knieverletzung aus dem Berner Länderspiel erwies sich als so schwerwiegend, daß er wochenlang ausfiel und nicht mehr für die WM in Frage kam. Ein herber Schlag für den Stuttgarter und für Sepp Herberger, denn Retter gehörte zu den 7 bis 8 Spielern, die ihren Stammplatz sicher hatten.

12.5.1954 in Düsseldorf (30.000)
Deutschland-Auswahl - Britisch Home Army 8:0 (5:0)
Kubsch; Posipal, Bauer; Metzner, Herb.Schäfer, Harpers; B.Klodt, Morlock, Biesinger, Pfaff, R.Herrmann
Tore: 1:0 R.Herrmann (4.), 2:0 Morlock (14.), 3:0 Biesinger (33.), 4:0 B.Klodt (40.), 5:0 Morlock (44.), 6:0 R.Herrmann (49.), 7:0 Pfaff (52.), 8:0 Morlock (66.)

Nach dem Endspiel um die Deutsche Meisterschaft kamen alle 39 Spieler (außer Retter) in München Grünwald zusammen. Hier mußte die endgültige Entscheidung über die Belegung der 22 WM-Plätze fallen. Nur wenige fehlten anfangs. Darunter die Spieler aus Kaiserslautern, die nach der sensationellen 1:5 Endspielniederlage in der Kritik standen. Nur Werner Liebrich, der als einziger der 5 Nationalspieler keinen Stammplatz hatte, konnte im Endspiel überzeugen. Doch Herberger hielt bei aller Kritik an den Pfälzern fest. Er wußte nur zu gut, was er an ihnen hatte und daß die Spieler jetzt vor allem Ruhe und Erholung brauchten.

Am 3.6.1954 gab Bundestrainer Sepp Herberger sein WM-Aufgebot mit Nummern bekannt:
1. Toni Turek (Fort. Düsseld.) 14 Länderspiele, 35 Jahre
2. Fritz Laband (HSV) 1 Lsp., 29 Jahre
3. Werner Kohlmeyer (1.FC Kaisersl.) 13 Lsp, 30 Jahre
4. Hans Bauer (Bayern München) 2 Lsp, 27 Jahre
5. Herbert Erhardt (SpVgg. Fürth) Lsp, 24 Jahre
6. Horst Eckel (1.FC Kaisersl.) 8 Lsp, 22 Jahre
7. Jupp Posipal (HSV) 16 Lsp, 27 Jahre
8. Karl Mai (SpVgg. Fürth) 3 Lsp, 26 Jahre
9. Pau Mebus (1.FC Köln) 5 Lsp, 34 Jahre
10. Werner Liebrich (1.FC Kaisersl.) 3 Lsp, 27 Jahre
11. Karl-Heinz Metzner (Hessen Kassel) 2 Lsp, 31 Jahre
12. Helmut Rahn (RWE) 10 Lsp, 25 Jahre
13. Max Morlock (1.FC Nürnberg) 13 Lsp, 29 Jahre
14. Berni Klodt (FC Schalke 04) 6 Lsp, 27 Jahre
15. Ottmar Walter (1.FC Kaisersl.) 12 Lsp, 30 Jahre
16. Fritz Walter (1.FC Kaisersl.) 39 Lsp, 33 Jahre
17. Richard Herrmann (FSV Frankfurt) 7 Lsp, 31 Jahre
18. Ulrich Biesinger (BC Augsburg) 0 Lsp, 21 Jahre
19. Alfred Pfaff (Eintr. Frankfurt) 1 Lsp, 28 Jahre
20. Hans Schäfer (1.FC Köln) 6 Lsp, 26 Jahre
21. Heinz Kubsch (FK Pirmasens) 1 Lsp, 23 Jahre
22. Heini Kwiatkowski (BVB) 0 Lsp, 28 Jahre

Mit 27,86 Jahren, also fast 28 Jahren im Durchschnitt, war das deutsche Aufgebot das älteste bei der WM. Mit Kwiatkowski und dem jüngsten Spieler, Biesinger, standen 2 Spieler im Aufgebot, die nur B-Länderspielerfahrung hatten. Insgesamt wurde Herbergers Auswahl für gut befunden, auch wenn die Nichtberücksichtigung von Herkenrath (RWE), Harpers (SV Sodingen), Schanko (BVB), Gerritzen (Preußen Münster) und Schade (1.FC Nürnberg) auf Kritik stieß. Pech hatten neben Retter auch Röhrig (1.FC Köln) und Baumann (1.FC Nürnberg), die ebenfalls wegen Verletzung keine Berücksichtigung fanden.

Eine Woche vor dem ersten Spiel reiste die deutsche Delegation nach Spiez, ihrem Quartier in der Schweiz.

Herberger (oben links) mit seinem Aufgebot für die WM 1954 in der Schweiz

Vorbericht zum 218. Länderspiel: Durch das paradoxe Ausscheidungssystem wurde es der deutschen Mannschaft nicht leicht gemacht. Während den Türken ein Unentschieden gegen Deutschland und ein Sieg über Südkorea reichte, um in das Viertelfinale zu ziehen, benötigte die deutsche Mannschaft einen Sieg über die Türkei und ein Unentschieden gegen Ungarn; oder 2 Siege gegen die Türkei, bei einer Niederlage gegen Ungarn. Von einem Sieg gegen den WM-Favoriten ging auch Herberger nicht aus. Was er jedoch seiner Mannschaft zutraute, wurde aus folgender Aussage deutlich: „Für die 6 Spiele brauchen wir alle 22 Akteure gesund," soll der „Chef" gesagt haben. Das heißt, er plante bereits eine Niederlage gegen Ungarn und ein Wiederholungsspiel gegen die Türkei ein. Aber nicht nur das, sondern auch einen Viertelfinalsieg (vermutlich gegen Jugoslawien), denn 6 Spiele konnten nur die ersten Vier bestreiten.

Unter dem Motto „Das nächste Spiel ist immer das schwerste" ließ Herberger sich jedoch auf keine Diskussionen über das Ungarn-Spiel ein. Zuerst einmal mußte die Türkei bezwungen werden, und welch ein schwer zu spielender Gegner die Türken waren, hatte die deutsche Mannschaft 1951 bei der 1:2-Niederlage in Berlin erfahren müssen.

Aufstellungssorgen hatte Herberger nicht. Nach dem Ausfall von Retter mußte Kohlmeyer Stammspieler bleiben. Der Hamburger Laband wurde neuer Rechter Verteidiger. Die andere umstrittene Position war der Rechsaußenposten. Hier fand Herberger große Unterstützung, den mannschaftsdienlichen Klodt statt den eigensinnigen Rahn aufzustellen.

17.6.1954 in Bern (WM-Vorrunde)

Türkei - BR Deutschland 1:4 (1:1)

SR: da Costa (Portunga), Zuschauer: 35.000

Türkei: Turgay; Ridvan, Basri; Mustafa, Cetin, Rober; Erol, Suat, Feridun, Burhan, Lefter

BRD: Turek -15 (Fort. Düsseld.); Laband -2 (HSV), Kohlmeyer -14 (1.FC Kaisersl.); Eckel -9 (1.FC Kaisersl.), Posipal -17 (HSV), Mai -4 (SpVgg Fürth); B.Klodt -7 (Schalke 04), Morlock -14 (1.FC Nürnberg), O.Walter -13, F.Walter -40 (beide 1.FC Kaisersl.), Schäfer -7 (1.FC Köln). Mannschaftskapitän: F.Walter

Tore: 1:0 Suat (3.), 1:1 Schäfer (13.), 1:2 B.Klodt (52.), 1:3 O.Walter (60.), 1:4 Morlock (84.)

Beste Spieler: Suat, Ridvan, Turgay - F.Walter, Klodt, Mai, Laband, Morlock

Bericht: Dramatischer Auftakt in Bern!

3. Minute: Überfallmäßig berannten die Türken sofort das deutsche Tor. Suat ließ Kohlmeyer stehen, schob Mai den Ball durch die Beine und umkurvte Posipal, bevor er mit einem flachen plazierten Schuß Toni Turek keine Chance ließ. Die deutsche Mannschaft lag überraschend 0:1 zurück.

10. Minute: Herbergers Elf war aber keineswegs geschockt, sondern griff nach dem Rückstand stürmisch an. Das schöne Zusammenspiel des Angriffs ließ hoffen. Dennoch saß der deutschen Mannschaft die Angst im Nacken, denn nun mußte sie zwei Treffer erzielen, weil ein Unentschieden voraussichtlich das Aus bedeutet hätte. 13. Minute: Zum Glück fiel relativ früh der Aus-

*Der „Chef", Sepp Herberger (rechts), und sein Lenker und Denker im Spiel, Fritz Walter.
Bei Spaziergängen wurde die Strategie für die WM-Spiele diskutiert*

Das 1. WM-Spiel wurde mit 4:1 gegen die Türkei gewonnen, v.l.: Fritz Walter, Turek, Eckel, Laband, Posipal, Ottmar Walter, Klodt, Kohlmeyer, Schäfer, Mai, Morlock

Fritz Walter (links) und Turgay tauschen die Wimpel

Nach der schnellen türkischen Führung erzielte Hans Schäfer den Ausgleich

gleich. Klodt hatte zu Fritz Walter gespielt und der verlängerte direkt in die Gasse zum freilaufenden Schäfer. Der lief noch ein paar Schritte und ließ dann mit einem satten Schuß ins lange Eck Torhüter Turgay keine Chance. Das Spiel war wieder offen. 15. Minute: Wie beim Ausgleich schickte Fritz Walter mit einem direkten Paß seinen Bruder Ottmar Walter, der jedoch nicht die Nerven hatte, bereits nach einer Viertelstunde die Führung zu erzielen.

30. Minute: Nach einer halben Stunde hatte sich die deutsche Mannschaft eine klare Überlegenheit erspielt, aber noch immer stand es 1:1 Unentschieden. 39. Minute: Erneut Pech für die deutsche Mannschaft, als Ottmar Walter eine Sekunde zu früh in einen herrlichen Steilpaß von Fritz Walter startete. Sein Tor mußte zurecht wegen Abseits annulliert werden.

50. Minute: Nach dem Seitenwechsel bauten die Türken sichtbar einen Sperriegel in der Abwehr auf. Ihre Taktik war offensichtlich: Hinten wollten sie keinen weiteren Treffer zulassen und vorne auf einige Konter ihrer schnellen Stürmer hoffen. 52. Minute: Die Türken kamen einmal wieder nach vorn, wurden jedoch rechtzeitig vor dem Strafraum gestoppt, und nun zeigte die deutsche Mannschaft ihr modernes, schnelles Spiel. Sofort wurde auf Angriff umgeschaltet, Fritz Walter gesucht, der sofort zu Ottmar Walter weiterpaßte und der schickte steil den Rechtsaußen Berni Klodt. Der Schalker zog auf und davon. Er war schnell genug, um die beiden türkischen Abwehrspieler hinter ihm nicht näher kommen zu lassen und er behielt die Nerven, um aus 8 Meter Entfernung am herausstürzenden Turgay vorbei zum 2:1 ins Netz zu schießen. 55. Minute: Bereits 3 Minuten später die große Gelegenheit zum entscheidenden dritten Treffer, als Fritz Walter mit einem tollen Solo vier Türken stehen ließ und maßgerecht zu Morlock schob. Der Nürnberger wurde am Elfmeterpunkt klar gelegt, aber der Pfiff des Schiedsrichters blieb aus.

60. Minute: Erneut war Fritz Walter der Initiator eines schulmäßigen Angriffs, indem er Morlock auf die Reise schickte, der fast aus der Linksaußenposition mustergültig über die gesamte türkische Abwehr und Torhüter Turgay hinweg zum völlig freistehenden Ottmar Walter flankte, der nur noch den Kopf hinzuhalten brauchte. Das 3:1 für die deutsche Mannschaft war eine Vorentscheidung. 74. Minute: So sehr sich die Türken auch mühten, sie fanden kein Mittel gegen die schnell und direktspielende deutsche Mannschaft. Ein herrliches Solo von Klodt mit einem Rückpaß auf Fritz Walter hätte bereits das 4:1 bedeuten müssen. Fritz Walter jedoch schoß so schwach auf das leere Tor, daß Turgay im Zurücklaufen noch kurz vor der Linie in den Ball hechten konnte. 84. Minute: Den Schlußpunkt setzte Morlock, als ihm diesmal Ottmar Walter mit einer Flanke vom linken Flügel den Ball maßgerecht auf den Kopf zirkelte.

90. Minute: Die deutsche Mannschaft hatte hoch verdient mit 4:1 gewonnen und den ersten wichtigen Schritt bei dieser WM erfolgreich getan.

❖

Vorbericht zum 219. Länderspiel: Mit dem Sieg über die Türken war das erste Ziel erreicht. Um nun das Viertelfinale zu erreichen, mußte gegen Ungarn ein Unentschieden erreicht werden oder es wäre ein Entscheidungsspiel gegen die Türkei notwendig gewesen.

Was in diesen Tagen in Herberger vorging, wurde erst viel später bekannt. Er wußte, daß er eine sehr starke Mannschaft hatte und auch die seit 4 Jahren unbesiegten Ungarn verwundbar waren. Sein genialer Plan war es, den Ungarn in diesem Vorrundenspiel nicht die wahre Stärke der deutschen Mannschaft zu zeigen, sondern seinerseits die Ungarn zu studieren und einiges auszuprobieren. Denn sein Ziel, an das er selbst auch glaubte, war es, diese Ungarn im Endspiel wiederzutreffen. Er kalkulierte also eine klare Niederlage mit vielen Ersatzspielern ein, um sich dann über ein Entscheidungsspiel gegen die Türken für das Viertelfinale zu qualifizieren.

Nun war es aber keineswegs so, daß er einfach die 11 schwächsten Spieler nominierte, sondern jeder der elf wurde gezielt ausgesucht und mit einer Aufgabe betraut. Da war zuerst einmal Liebrich, den Herberger für seinen besten Manndecker hielt, und den er gegen den offensiven Spielmacher Puskas ausprobieren wollte. Der junge Horst Eckel sollte die Kreise des zurückgezogen spielenden Mittelstürmers Hidegkuti stören. Auf Rechtsaußen wollte er testen, wie Dribbelkönig Rahn gegen die offensive ungarische Abwehr zur Geltung kam. Und schließlich war da die für viele unverständliche Entscheidung, Fritz Walter in einem so unwichtigen Spiel einzusetzen. Gerade das war aber für Herberger besonders wichtig, denn Fritz Walter mußte im Spiel erproben können, wie die ungarische Abwehr zu überwinden war. So hatte jeder eine spezielle Aufgabe und das Ergebnis spielte keine Rolle. Ja, Herberger wünschte sich insgeheim sogar einen deutlichen Ungarn-Sieg, damit sich die Magyaren in Sicherheit wägten. Leidtragender war der Länderspiel-Neuling Torhüter Kwiatkowski.

20.6.1954 in Basel (WM-Vorrundenspiel)
Ungarn - BR Deutschland 8:3 (3:1)

SR: *Ling (England)*, Zuschauer: *65.000*
Ungarn: Grosics, Buzanszky, Lantos; Bozsik, Lorant, Zakarias; Toth II, Kocsis, Hidegkuti, Puskas, Czibor
BRD: Kwiatkowski -1 (BVB); Bauer -3 (Bayern München), Kohlmeyer -15 (1.FC Kaisersl.); Posipal -18 (HSV), Liebrich -4 (1.FC Kaisersl.), Mebus -6 (1.FC Köln); Rahn -11 (RWE), Eckel -10, F.Walter -41 (beide 1.FC Kaisersl.), Pfaff -2 (Eintr. Frankf.), R.Herrmann -8 (FSV Frankf.). Mannschaftskapitän: F.Walter
Tore: 1:0 Kocsis (3.), 2:0 Puskas (17.), 3:0 Kocsis (21.), 3:1 Pfaff (26.), 4:1 Hidegkuti (53.), 5:1 Hidegkuti (55.), 6:1 Kocsis (68.), 7:1 Toth II (74.), 7:2 Rahn (78.), 8:2 Kocsis (79.), 8:3 R.Herrmann (83.)
Beste Spieler: Bozsik, Puskas, Kocsis, Hidegkuti - Rahn, Liebrich, Eckel
Bericht: Im ersten Spiel hatten die Ungarn erwartungsgemäß klar mit 9:0 gegen Südkorea gewonnen. Auch gegen die deutsche Mannschaft zeigten sie von Anfang an, daß es für sie keinen Zweifel über den Sieger und damit ihr Vordrängen ins Viertelfinale gab.
1. Minute: Überraschend guter Start der deutschen Mannschaft, als ein knallharter Rahn-Schuß nur Zentimeter am kurzen Eck vorbeirauschte. 3. Minute: Erster Eckball für die Ungarn, den Toth schön gezirkelt auf den Elfmeterpunkt brachte, wo Kwiatkowski den Ball nicht festhalten konnte, und Torjäger Kocsis das Leder zum 1:0 ins deutsche Tor jagte. 7. Minute: Bereits nach wenigen Minuten hatte Fritz Walter die Schwachstelle der ungarischen Abwehr erkannt, indem er abwechselnd die deutschen Außenstürmer ins Spiel brachte. Die erste Ecke für die deutsche Mannschaft brachte jedoch nichts ein.
14. Minute: Wieder war es Fritz Walter, der Linksaußen Herrmann mit einem Steilpaß schickte, der sofort in die Mitte flankte, wo Pfaff zur Stelle war und den Ball - leider aus Abseitsstellung - unhaltbar ins Netz schmetterte. Es blieb also beim 1:0 für Ungarn. 17. Minute: Puskas lockte die deutsche Abwehr ein wenig aus dem Strafraum heraus, aber statt wie von den Gegenspielern erwartet, spielte er nicht ab, sondern setzte selbst einen Flachschuß unhaltbar für Kwiatkowski zum 2:0 ins Netz.
21. Minute: So sehr sich auch die deutsche Mannschaft bemühte, sie wurde bereits im Mittelfeld vom überragenden Bozsik abgefangen. In einem schönen Zusammenspiel Puskas-Kocsis-Puskas schob der ungarische Mannschaftskapitän den Ball durch die Beine von Liebrich wieder zu Kocsis, der zum 3:0 vollenden konnte. 24. Minute: Immer wieder schickte Fritz Walter seine beiden Außenstürmer Rahn und Herrmann. Ein knallharter Rahn-Schuß konnte von Grosics nur im letzten Augenblick gehalten werden. 26. Minute: Ein Mißverständnis zwischen Torhüter Grosics und Zakarias nutzte Pfaff konsequent aus und schob den Ball plaziert am Torhüter vorbei zum 1:3 ins Netz.

30. Minute: Inzwischen konnte die deutsche Mannschaft überraschend gut mithalten. Offensichtlich legten die Ungarn eine Atempause ein und hätten fast das 2:3 durch Pfaff kassieren müssen. 35. Minute: Nun kamen die Ungarn wieder auf Hochtouren, angetrieben von den beiden Außenläufern erspielten sie sich eine Torchance nach der anderen. Zum Glück für die deutsche Mannschaft gingen die meisten Schüsse neben das Tor. 40. Minute: Nach Steilvorlage von Czibor schoß auch der Halbrechte Kocsis ein Abseitstor, das nicht anerkannt werden konnte.

45. Minute: Innerhalb der letzten 5 Minuten konnten die Ungarn noch vier gute Torgelegenheiten verzeichnen, wovon Läufer Bozsik aus 6 Meter Entfernung in letzter Sekunde die größte Möglichkeit vergab. Es blieb beim schmeichelhaften 1:3 Rückstand für die deutsche Mannschaft.

53. Minute: Nachdem die deutsche Mannschaft wieder unerhörtes Glück hatte, war es doch passiert. Diesmal traf Mittelstürmer Hidegkuti flach ins lange Eck zum hochverdienten 4:1. 55. Minute: Die Ungarn dachten überhaupt nicht daran, nun zurückzuschalten, sondern wollten eine weitere Anzahl Tore an ihre unglaubliche Siegesserie heften. Hidegkuti ließ Kohlmeyer stehen und schoß zum 5:1 ein.

60. Minute: Zum Glück für die deutsche Mannschaft schossen die Ungarn nicht besonders gut, sonst wäre bereits nach einer Stunde ein zweistelliges Ergebnis möglich gewesen. 61. Minute: Pech für Puskas, daß der hart spielende Liebrich ihn zum drittenmal foulte und der ungarische Fußballmajor verletzt ausscheiden mußte. Aber auch die Ungarn waren nicht zimperlich in ihrem Einsatz, so daß Mebus vorübergehend verletzt ausscheiden mußte und schließlich nur noch als Statist auf Rechtsaußen mitwirken konnte. 67. Minute: Zum erstenmal kam die deutsche Mannschaft nach dem Seitenwechsel gefährlich vor das ungarische Tor, aber Torhüter Grosics konnte mit einer großartigen Parade halten. Aber eine Minute später war es wieder Torjäger Kocsis, der unhaltbar für Kwiatkowski zum 6:1 einschob.

74. Minute: Das Spiel war längst entschieden, als Rechtsaußen Toth den Ball zum 7:1 unter die Latte des Gehäuses von Kwiatkowski jagte. 78. Minute: Der große Auftritt des Helmut Rahn, als er den weit aus seinem Tor und Strafraum herausgelaufenen Grosics den Ball abnahm, noch ein paar Schritte lief und dann gefühlvoll über die gesamte Abwehr und den zurücklaufenden Grosics hinweg aus 22 Meter Entfernung den Ball ins Tor hob. Ein eigentlich völlig untypisches Rahn-Tor. Dennoch war es das schönste Tor des Tages. 79. Minute: Die Ungarn antworteten sofort. Linksaußen Czibor flankte maßgerecht zum Halbrechten Grosics, der den Ball ungehindert zum 8:2 ins Netz jagte. 83. Minute: Während die Ungarn vehement stürmten, um das Ergebnis noch zweistellig zu gestalten, konterte Fritz Walter mit Überlegung die ungarische Abwehr aus. Sein Paß kam herrlich in den Lauf von Herrmann, der Loránt stehen ließ und auch noch Torhüter Grosics umspielte, bevor er ins leere Tor zum 8:3 einschob.

90. Minute: In den letzten 7 Minuten gaben sich auch die Ungarn bei der großen Hitze keine Mühe mehr, das Ergebnis zu verbessern. Mit 8:3 hatten sie nicht nur sehr hoch gewonnen, sondern eine Demonstration ihres Klassefußballs gegeben, dem die deutsche Mannschaft nicht viel entgegenzusetzen hatte. Für Herberger war jedoch allein wichtig, daß er die Spielweise der Ungarn, die 80 Minuten lang voll offensiv gespielt hatten, studieren konnte. Er wußte jetzt woran er war und was erforderlich war, um diese ungarische Mannschaft zu besiegen.

❖

Vorbericht zum 220. Länderspiel: Das Ungarn-Spiel war erstmal großer Gesprächsstoff. Wer die Taktik von Herberger nicht verstand, kritisierte die Änderung der Mannschaft auf 8 Positionen und damit die Niederlage, die zu einem weiteren Spiel gegen die Türken führte. Woher sollten die deutschen Spieler als Vertragsspiel mit festem Beruf die Kraft nehmen, noch ein zusätzliches Spiel zu bestreiten? Für Sepp Herberger war das jedoch der einzig richtige Weg, zumal er damit auch den schwer zu spielenden südamerikanischen Mannschaften aus dem Weg gehen konnte. Und er hatte für ein eventuelles Finale gegen Ungarn unschätzbare Erfahrungen sammeln können. So hatte sich gezeigt, daß der Weltklassestopper Posipal überhaupt nicht mit Puskas zurecht kam, während Liebrich den ungarischen Star recht gut beherrschte. Und ebenso wichtig war die Erfahrung, daß Fritz Walter mit seinem schnellen und steilen Direktspiel in den Lauf der Außenstürmer spielend die ungarische Abwehr aufreißen konnte. Es war kaum auszudenken, wie viele Tore ein deutscher Sturm mit Morlock, Ottmar Walter und Hans Schäfer gegen diese ungarische Abwehr schießen konnte.

Im zweiten Spiel gegen die Türkei sollte der Sturm wieder die Möglichkeit haben sich einzuschießen. Der Bundestrainer schickte fast die gleiche Mannschaft auf das Feld, die im 1. Spiel 4:1 gewonnen hatte. Lediglich Kohlmeyer gönnte er nach dem schweren Ungarn-Spiel eine Pause und ließ Bauer dafür spielen. Nur daß Rahn nach dem guten Spiel gegen Ungarn nicht zum Einsatz kam, verwunderte etwas. Aber Herbergers Erklärung war plausibel, daß er gegen die Türkei einen guten Mannschaftsspieler brauchte, wie Berni Klodt es bereits beim 4:1 gewesen war.

23.6.1954 in Zürich (WM-Vorrunden-Endscheidungsspiel)
Türkei - BR Deutschland 2:7 (1:3)

SR: Vincenti (Frankreich), Zuschauer: 20.000
Türkei: Sükrü; Ridvan, Basri; Naci, Cetin, Rober; Erol, Lefter, Necmi, Mustafa, Coskun
BRD: Turek -16 (Fort. Düsseld.); Laband -3 (HSV), Bauer -4 (Bayern München); Eckel -11 (1.FC Kaisersl.), Posipal -19 (HSV), Mai -5 (SpVgg. Fürth); B.Klodt -8 (Schalke 04), Morlock -15 (1.FC Nürnberg), O.Walter -14, F.Walter -42 (beide 1.FC Kaisersl.), Schäfer -8 (1.FC Köln). Mannschaftskapitän: F.Walter
Tore: 0:1 O.Walter (7.), 0:2 Schäfer (10.), 1:2 Mustafa (22.), 1:3 Morlock (31.), 1:4 Morlock (61.), 1:5 F.Walter (62.), 1:6 Morlock (76.), 1:7 Schäfer (79.), 2:7 Lefter (82.)
Beste Spieler: Lefter, Mustafa - F.Walter, Schäfer, Morlock, Eckel, O.Walter
Bericht: Wie schon im ersten Spiel begannen die Türken furios und versuchten erneut, die deutsche Abwehr zu überraschen.

7. Minute: Im Gegensatz zum ersten Spiel war die deutsche Mannschaft diesmal auf der Hut vor den überfallartigen Angriffen der Türken. Sie übernahm ihrerseits die Initiative und in der 7. Minute war es passiert. Linksaußen Schäfer hatte seinen Gegenspieler Ridvan umkurvt und wunderbar in die Mitte geflankt, wo Ottmar Walter zur Stelle war und den Ball über die Linie drückte. 8. Minute: Gleich die nächste Torgelegenheit durch Max Morlock, der den Ball jedoch hoch über das Tor schoß. 10. Minute: Diesmal bereitete Morlock mustergültig mit einem Paß zu Schäfer vor, der Kölner lief noch zwei drei Schritte mit dem Ball und knallte dann unhaltbar zum 2:0 ein. 11. Minute: Die deutsche Mannschaft spielte die Türken regelrecht an die Wand. Erneut war es Schäfer, der spielend an den türkischen Abwehrspielern vorbeizog und einen herrlichen Schuß ansetzte, der nur Millimeter am Tor von Sükrü vorbeizischte.

17. Minute: Der Anschlußtreffer der Türken schien unvermeidbar, als Lefter unhaltbar einschoß. Der Schiedsrichter wollte das Tor geben, aber der Linienrichter hatte seine Fahne gehoben und so wurde das Tor wegen Abseits annulliert. 20. Minute: Die deutsche Mannschaft ließ sich von den wenigen gefährlichen Kontern der Türken nicht aus der Fassung bringen. Ein herrlicher Schuß von Linksaußen Schäfer knallte gegen die Latte. 22. Minute: Auf eine Flanke von Coskun gelang Mustafa per Kopfball der 2:1 Anschlußtreffer. So gut wie die deutsche Mannschaft an diesem Tag spielte, brauchte man jedoch trotzdem keine Angst um sie zu haben. Zwei Minuten später erneutes Glück für die Türken, als Torhüter Sükrü einen Schuß von Morlock gerade noch an die Latte lenken konnte.

31. Minute: Nach einer guten halben Stunde gelang Morlock nach einem schönen Heber von Ottmar Walter bereits das 3:1. Gegen den Schuß mit dem linken Fuß war der türkische Torhüter machtlos.

45. Minute: Abgesehen von Klodt und Laband, die im ersten Spiel gegen die Türkei so überragend waren, spielte die deutsche Mannschaft wie aus einem Guß. Das 3:1 zur Pause war zweifellos verdient, weil die deutsche Mannschaft sehr schnell und vor allem direkt spielte. Dagegen fanden die Türken kein Mittel.

61. Minute: Die endgültige Entscheidung in diesem Spiel wurde erneut durch Fritz Walter herbeigeführt, der von Rechtsaußen maßgerecht in die Mitte flankte, wo Morlock mit dem Ball zusammen zum 4:1 ins Tor stürzte. 62. Minute: Gleich der nächste Angriff führte zu einem weiteren Treffer für die prachtvoll aufspielende deutsche Mannschaft, als Ottmar Walter zwei Gegenspieler stehen ließ und genau auf Fritz Walter weiterleitete, der aus 16 Meter Entfernung flach und unhaltbar einschoß. Das war das Ende der türkischen Hoffnungen, denn in ihrem dritten Spiel innerhalb von 6 Tagen hatten sie nicht mehr die Kraft, sich gegen die drohende Niederlage aufzubäumen. Bei der deutschen Mann-

Die 7:2-Sieger von Zürich; v.l.: Fritz Walter, Turek, Eckel, Laband, Posipal, Ottmar Walter, Klodt, Mai, Schäfer, Bauer, Morlock

schaft hatten ja lediglich 3 Spieler im Spiel gegen Ungarn mitgewirkt. 66. Minute: Es war jetzt ein traumhaft schöner Fußball, den die deutsche Mannschaft den Zuschauern bot. Berni Klodt vergab in aussichtsreicher Position sogar das 6:1.

76. Minute: Als logische Folge des guten deutschen Spiels erzielte Morlock mit einem halbhohen, plazierten Schuß das 6:1. Die Türken hatten inzwischen aufgesteckt, zumal ihr Spieler Cetin sich verletzt hatte und in der zweiten Halbzeit nur noch als Statist mitwirken konnte. 79. Minute: Erneut war es der überragende Regisseur Fritz Walter, der gleich vier Türken stehen ließ und maßgerecht in die Mitte flankte, wo Schäfer freistehend den Ball zum 7:1 über die Linie drücken konnte. Der 16-Meter-Schuß von Lefter zum 7:2, 3 Minuten später, war nur noch eine Schönheitskorrektur.

90. Minute: In einem grandiosen Spiel hatte die deutsche Mannschaft die Türkei auch in dieser Höhe verdient mit 7:2 besiegt. Von einigen Abwehrschwächen abgesehen hatte sie voll überzeugt. Vor allem auf den deutschen Angriff war Verlaß.

❖

Vorbericht zum 221. Länderspiel: Das erste Ziel der deutschen Nationalelf war erreicht, sie stand im Viertelfinale. Nächster Gegner waren die Jugoslawen, die sich vor der WM das klare Ziel gesteckt hatten, Weltmeister zu werden. Und ihnen, den Jugoslawen, traute man von den europäischen Mannschaften noch am ehesten zu, die Ungarn zu besiegen. Aber Herbergers Elf hatte bereits 1952 beim 3:2-Sieg in Ludwigshafen bewiesen, daß sie die Jugoslawen besiegen konnte.

Überhaupt hatte sich Herbergers Taktieren als richtig hausgestellt. Das Endspiel war für die deutsche Mannschaft keine Utopie mehr.

Wer aber sollte nun gegen Jugoslawien spielen? Daß der Individualist Rahn für Klodt in die Mannschaft kam, stand bereits fest. Nur die Abwehr hatte gegen den jugoslawischen Weltklassesturm Probleme. Vor allem Posipal war bei dieser WM noch nicht auf der Höhe. So entschloß sich Sepp Herberger, Liebrich wieder als Stopper aufzustellen, Posipal eine Pause zu gönnen, und für Bauer war wieder Kohlmeyer dabei. Gegen die auf Angriff spielenden Jugoslawen kam es besonders darauf an, daß die Abwehr stand.

27.6.1954 in Genf (WM-Viertelfinale)
Jugoslawien - BR Deutschland 0:2 (0:1)

SR: Zsolt (Ungarn), Zuschauer: 30.000
Jugoslawien: Beara; Stankovic, Crnkovic; Cajkovski, Horvat, Boskov; Milutinovic, Bobek, Mitic, Vukas, Zebec
BRD: Turek -17 (Fort. Düsseld.); Laband -4 (HSV), Kohlmeyer -16 (1.FC Kaisersl.); Eckel -12 (1.FC Kaisersl.), Liebrich -5 (1.FC Kaisersl.), Mai -6 (SpVgg. Fürth); Rahn -12 (RWE), Morlock -16 (1.FC Nürnberg), O.Walter -15, F.Walter -43 (beide 1.FC Kaisersl.), Schäfer -9 (1.FC Köln). Mannschaftskapitän: F.Walter
Tore: 0:1 Horvat (10. Eigentor), 0:2 Rahn (86.)
Beste Spieler: Cajkovski, Vukas, Boskov - F.Walter, Turek, Liebrich, Kohlmeyer

Bericht: Beide Mannschaften begannen äußerst vorsichtig. Sie wußten, daß eine Niederlage das Aus bedeutete, und jede hatte vor der anderen Mannschaft Respekt.

10. Minute: Für die deutsche Elf hätte es nicht besser kommen können. Bei einer Flanke in den jugoslawischen Strafraum reckten sich viele Spieler hoch zum Ball; und bedrängt köpfte Horvat den Ball ins eigene Tor, zum 0:1. 14. Minute: Die Jugoslawen drückten nun mächtig aufs Tempo, aber der deutschen Mannschaft blieben ihre gefährlichen Konter. Einen Freistoß von Fritz Walter, um die Mauer herum, konnte Beara nur mit größter Mühe meistern. 15. Minute: Viel Glück für die deutsche Mannschaft, als der beste jugoslawische Stürmer Vukas nur die Latte traf, und Turek mit einer Blitzreaktion den Nachschuß von Bobek aus der Ecke fischte.

45. Minute: Außer vier, fünf guten Ansätzen bei Kontern, konnte der deutsche Angriff die Abwehr nicht entlasten. Im Gegenteil, Morlock und Fritz Walter mußten mehr in der Abwehr als im Sturm spielen, um den Ausgleich zu verhindern. Nur mit viel Glück überstand die deutsche Mannschaft die 45 Minuten bis zur Pause ohne Gegentreffer.

55. Minute: Auch die ersten 10 Minuten der zweiten Halbzeit gehörten ganz klar den Jugoslawen, die jedoch immer wieder an der dicht gestaffelten und gut postierten deutschen Abwehr hängen blieben. Ein aussichtsreicher Konter wurde verhindert, weil sich Rahn verzettelte. 57. Minute: Ein erneuter Gegenangriff der deutschen Mannschaft, bei dem Schäfer an der Strafraumgrenze gelegt wurde. Der Freistoß von Ottmar Walter ging weit über das Tor.

Im Viertelfinale war Jugoslawien der Gegner

72. Minute: Ein glänzendes Solo von Helmut Rahn, der vier jugoslawische Abwehrspieler stehen ließ, schien die endgültige Entscheidung zu bringen. Im letzten Augenblick war jedoch Stankovic zur Stelle und konnte klären. 75. Minute: Einer der gefürchteten knallharten Rahn-Schüsse machte Beara schwer zu schaffen. Und 3 Minuten später war es erneut der Essener Rechtsaußen, der einen Schuß wie einen Strich auf das Tor von Beara donnerte, der nur zur Ecke abwehren konnte.

80. Minute: Ein klein wenig konnte sich die deutsche Mannschaft vom Druck der Jugoslawen befreien. Ihre Konterangriffe waren jetzt gefährlicher als die jugoslawische Offensive. 85. Minute: Ein historischer Augenblick im deutschen Fußball. Sepp Herberger ging an die Seitenlinie, schlug die rechte Faust in die Hand und rief zu „Boß" Rahn: „Helmut, wo bleibt Dein Tor?!" Der Essener Rechtsaußen hatte nämlich Herberger an diesem Tag ein Tor versprochen, weil er bisher jedesmal gegen Torhüter Beara mindestens einen Treffer erzielt hatte.

86. Minute: Ein herrlicher Seitenwechsel von Schäfer zu Rahn, der lief noch ein paar Schritte, legte sich den Ball maßgerecht vor, und ein knallharter Schuß in die äußerste linke Torecke bedeutete das 2:0 für die deutsche Mannschaft. Beara war machtlos gegen diesen unhaltbaren Schuß. Das Spiel war endgültig entschieden. Mit einer taktischen Meisterleistung hatte Herbergers Elf das Halbfinale erreicht.

❖

Vorbericht zum 222. Länderspiel: Sepp Herberger und seiner Mannschaft war die Sensation gelungen, sie standen im Halbfinale, wo Österreich nach dem dramatischen 7:5 über die Schweiz der nächste Gegner war. Auch Ungarn, mit 4:2 gegen Brasilien, und Weltmeister Uruguay, ebenfalls mit 4:2 gegen England, hatten das Halbfinale erreicht. Für Herberger war alles nach Plan gelaufen, und er wußte nur zu gut, daß seine Mannschaft jetzt auch das erhoffte Endspiel erreichen konnte.

Wieder blieben nur 3 Tage Ruhepause, in denen der Bundestrainer seine Spieler auf das Halbfinale vorbereitete. Nach der glanzvollen Partie gegen Jugoslawien war Liebrich als Stopper nicht mehr aus der Mannschaft wegzudenken. Wo aber sollte jetzt der Hamburger Posipal spielen, der sich mit glänzenden Leistungen im Training empfahl. Weder ein Läufer- noch ein Stürmerposten, die Posipal bereits erfolgreich bekleidet hatte, waren frei. Einziger Schwachpunkt in der deutschen Mannschaft war die Verteidigung, wo sich allerdings Kohlmeyer gegen Jugoslawien gewaltig gesteigert hatte. Gerade im Hinblick auf das Endspiel gegen Ungarn, und daran dachte Herberger schon (!), war jedoch eine

Die Mannschaften betreten zum Halbfinalspiel den Platz. Links führt Ocwirk die Österreicher und rechts Fritz Walter die Deutschen an

stabile Verteidigung spielentscheidend. So entschloß er sich, den Hamburger gegen Österreich als Verteidiger auszuprobieren, weil „so ein Weltklasseabwehrspieler alles spielen können muß".

30.6.1954 in Basel (WM-Halbfinale)

Österreich - BR Deutschland 1:6 (0:1)

SR: Orlandini (Italien), Zuschauer: 56.000
Österreich: Zeman; Happel, Hanappi; Koller, Ocwirk, Schleger; Körner I, T.Wagner, Stojaspal, Probst, Körner II
BRD: Turek -18 (Fort. Düsseld.); Posipal -20 (HSV), Kohlmeyer -17 (1.FC Kaisersl.); Eckel -13, Liebrich -6 (beide 1.FC Kaisersl.), Mai -7 (SpVgg. Fürth); Rahn -13 (RWE), Morlock -17 (1.FC Nürnberg), O.Walter -16, F.Walter -44 (beide 1.FC Kaisersl.), Schäfer -10 (1.FC Köln). Mannschaftskapitän: F.Walter

Tore: 0:1 Schäfer (33.), 0:2 Morlock (47.), 1:2 Probst (52.), 1:3 F.Walter (57. Foulelfmeter), 1:4 O.Walter (61.), 1:5 F.Walter (65. Foulelfmeter), 1:6 O.Walter (87.)

Beste Spieler: Probst, Hanappi - F.Walter, Liebrich, Posipal, O.Walter

Die Mannschaft Österreichs, die im Halbfinale mit 1:6 unterging

Bericht: Zum 13. Mal standen sich die beiden alten Rivalen gegenüber. 20 Jahre zuvor hatte die deutsche Nationalmannschaft bei der Weltmeisterschaft in Italien das Spiel um Platz 3 mit 3:1 gegen Österreich gewonnen. Nun ging es um den Einzug in das WM-Finale von Bern.

1. Minute: Spannender Beginn in Basel, als die Österreicher gleich in der ersten Minute an Turek und im Nachschuß an Kohlmeyer scheiterten. Dann setzte sich Ottmar Walter am linken Flügel durch, und seinen knallharten Schuß konnte Torhüter Zeman gerade noch abwehren.

20. Minute: Wieder Gefahr für das deutsche Tor, als Probst einen gefährlichen Schuß über die Querlatte des deutschen Tores setzte. 22. Minute: Zum erstenmal umkurvte Rahn seinen Gegenspieler Happel und ließ einen seiner gefürchteten harten Schüsse auf das österreichische Gehäuse los. 24. Minute: Nur in letzter Sekunde konnte Liebrich Probst abblocken. Zwei Minuten darauf erneut eine gute Torgelegenheit für die deutsche Mannschaft, als Zeman einen Eckball von Fritz Walter verpaßte, und Schäfer auf das leere Tor schoß. In letzter Sekunde konnte Koller auf der Linie für den geschlagenen Torhüter retten.

33. Minute: Die deutschen Angriffe wurden zusehends besser und druckvoller. Ottmar Walter kam gegen Torhüter Zeman nur einen Schritt zu spät. Vom rechten Flügel her flankte Fritz Walter in die Mitte zum völlig freistehenden Schäfer, der den Ball gefühlvoll zum 1:0 im österreichischen Tor unterbrachte.

45. Minute: Überraschend, aber nicht unverdient, lag die deutsche Mannschaft nach 45 Minuten mit 1:0 in Führung.

47. Minute: Eine der gefürchteten Eckbälle von Fritz Walter nahm der Nürnberger Morlock auf, setzte sich gegen zwei Österreicher durch und erzielte mit knallhartem Schuß das 2:0.

52. Minute: Nur 5 Minuten nach dem zweiten deutschen Treffer gelang Probst, nach einem Fehler von Turek, der Anschlußtreffer. 56. Minute: Nun warfen die Österreicher alles nach vorn, wodurch der deutschen Mannschaft Platz zum Kontern blieb. Als Linksaußen Hans Schäfer auf und davon war und nur noch regelwidrig im Strafraum von den Beinen geholt wurde, konnte Schiedsrichter Orlandini nur auf den Elfmeterpunkt zeigen. 57. Minute: Ganz ruhig und eiskalt schob Fritz Walter den Elfmeter in die äußerste untere Ecke. Torhüter Zeman war getäuscht und flog in die andere Ecke. Die deutsche Mannschaft führte 3:1. 58. Minute: Wieder Glück für die Österreicher, als ein Fritz-Walter-Schuß nur Zentimeter über die Latte flog.

61. Minute: Erneuter Eckball für die deutsche Mannschaft, den Fritz Walter genau auf den Kopf von Ottmar Walter zirkelte. Unhaltbar schlug der Kopfball von Ottmar Walter zum 4:1 im österreichischen Tor ein. 65. Minute: Die deutsche Mannschaft spielte jetzt wie im Rausch. Jedes Zuspiel klappte, es war ständig Bewegung im Spiel und es wurde Druck ausgeübt. Als Helmut Rahn alles stehen ließ und auch noch Torhüter Zeman umkurvte, konnte dieser den Rechtsaußen nur noch an den Beinen festhalten, um ein weiteres Tor zu verhindern. Erneut lief Fritz Walter zum Elfmeter an und schob den Ball seelenruhig diesmal in die andere Ecke. Mit 5:1 war das Spiel endgültig entschieden.

75. Minute: Nach dem 1:5 resignierten die Österreicher. Sie hatten während des ganzes Spiels nie eine Chance, sich entscheidend gegen die deutsche Abwehr durchzusetzen, und der deutsche Angriff war wesentlich schneller und direkter in seinen Kombinationen. Zeitweilig spielte die deutsche Elf mit ihrem Gegner Katz und Maus.

87. Minute: Auf Vorlage von Schäfer erzielte Ottmar Walter sogar noch das 6:1. Mit diesem Schlußpunkt erreichte der deutsche Fußball einen nie erwarteten Höhepunkt.

❖

Vorbericht zum 223. Länderspiel: Mit dem Einzug in das WM-Finale hatte die deutsche Nationalelf ihren größten Triumph gefeiert. Als Außenseiter zur WM gefahren, hatte sie mehr erreicht, als man erhoffen konnte. Sicherlich war auch etwas Glück dabei, aber letztlich war es eine taktische Meisterleistung Herbergers, die deutsche Mannschaft über ein Entscheidungsspiel auf den „leichteren" Weg zu bringen mit den Gegnern Jugoslawien und Österreich.

Nun also war die deutsche Elf sensationell im Finale gegen Ungarn. Ehrenvoll gegen das unbesiegbare Ungarn abschneiden, daß war die Hoffnung in der breiten Öffentlichkeit. An einen Sieg gegen die seit 4 Jahren unbesiegten Ungarn zu glauben, wagten nur wenige. Einer der wenigen war Herberger, der dieses Spiel bereits beim 3:8 in der Vorrunde geplant hatte. Und die 14 Tage zwischen beiden Spielen hatten für den Bundestrainer gearbeitet. Die Abwehr um Liebrich stand jetzt. Posipal hatte als Verteidiger gegen Österreich ein ganz großes Spiel gemacht und der Angriff lief auf Hochtouren. Zudem hatte der große Regisseur, Denker und Lenker Fritz Walter beim 3:8 das Abwehrverhalten der Ungarn gut studiert, und es hatte sich gezeigt, wie verwundbar die immer offensiven Ungarn waren, wenn schnell über die Flügel gespielt wurde.

Ein weiterer Vorteil war die Siegesgewißheit der Ungarn. Sie hatten mit Brasilien und Uruguay die beiden schwersten Gegner ausgebootet. Uruguay zwar erst mit 4:2 nach Verlängerung, aber ohne ihren Regisseur Puskas, der durch Liebrich beim 3:8 verletzt worden war. Im Endspiel war er nun wieder dabei, und wirklich ernst nahmen die Ungarn die deutsche Mannschaft nicht. Eigentlich war dieses Endspiel für sie nur noch eine lästige Pflichtaufgabe, bevor sie den Weltpokal in Empfang nehmen konnten. Die Überlegenheit seit 4 Jahren und das 8:3 aus der Vorrunde machte sie nur noch sicherer.

Finale der WM 1954: Der siegesgewohnte Puskas führt die Ungarn an und der konzentrierte Fritz Walter die deutsche Elf

Der haushohe Favorit Ungarn; v.l.: Puskas, Grosics, Lorant, Hidegkuti, Pozsik, Lantos, Zakarias, Buzanski, Toth I, Kocsis, Czibor

4.7.1954 in Bern (WM-Finale)

Ungarn - BR Deutschland 2:3 (2:2)

SR: Ling (England), Zuschauer: 65.000
Ungarn: Grosics; Buzanszky, Lantos; Bozsik, Lorant, Zakarias; Czibor, Kocsis, Hidegkuti, Puskas, M.Toth
BRD: Turek -19 (Fort. Düsseld.); Posipal -21 (HSV), Kohlmeyer -18 (1.FC Kaisersl.); Eckel -14, Liebrich -7 (beide 1.FC Kaisersl.), Mai -8 (SpVgg. Fürth); Rahn -14 (RWE), Morlock -18 (1.FC Nürnberg), O.Walter -17, F.Walter -45 (beide 1.FC Kaisersl.), Schäfer -11 (1.FC Köln). Mannschaftskapitän: F.Walter
Tore: 1:0 Puskas (6.), 2:0 Czibor (8.), 2:1 Morlock (10.), 2:2 Rahn (19.), 2:3 Rahn (85.).
Beste Spieler: Hidegkuti, Puskas, Bozsik, Czibor - F.Walter, Turek, Liebrich, Rahn
Bericht: Am Tage des Endspiels war eine wahre Völkerwanderung mit Autos und Sonderzügen aus Deutschland nach Bern gekommen. Ca. 20.000 deutsche Schlachtenbummler wollten ihrer Mannschaft gegen den haushohen Favoriten den Rücken stärken. Für die deutsche Elf gab es in diesem Endspiel nichts zu verlieren. Sie hatte viel mehr erreicht, als vorher je erwartet worden war, und war gegen die Ungarn krasser Außenseiter.
2. Minute: Überraschend guter Anfang der deutschen Mannschaft, als Fritz Walter den Ball wunderschön auf den Kopf von Max Morlock zirkelte, dessen knallharter Kopfball nur knapp über das Tor strich. Die erste gute Torgelegenheit für die deutsche Mannschaft. 3. Minute: Auch die zweite Chance des Spiels gehörte der deutschen Mannschaft, als Schäfer frei zum Schuß kam und der Ball ebenfalls nur ganz knapp am Pfosten vorbeistrich. Gegen diesen Schuß wäre Torhüter Grosics machtlos gewesen. 6. Minute: Im ersten ungarischen Angriffswirbel ging die deutsche Abwehr gleich unter. Liebrich konnte einen Schuß von Kocsis nur genau vor die Füße von Puskas abwehren, der unhaltbar zum 1:0 einschoß. 8. Minute: Die deutsche Mannschaft hatte sich noch nicht von dem Schock erholt, da behinderten sich Kohlmeyer und Torhüter Turek bei der Ballannahme. Turek ließ den Ball durch die Hände rutschen und Czibor war zur Stelle, um zum 2:0 einzuschießen. Für die Ungarn war alles nach Plan gelaufen. Für die meisten Zuschauer war das Spiel damit bereits entschieden. Es ging nur noch darum, wie hoch die Magyaren gewinnen würden. 10. Minute: Die Ungarn drängten jetzt energisch auf den dritten Treffer, da kam der Konter, eingeleitet durch Fritz Walter zu Rahn. Der Rechtsaußen tankte sich auf der linken Seite durch und gab eine flache, scharf geschossene Flanke in die Mitte. Ein Ungar wehrte den Ball noch leicht ab, aber das Bein von Max Morlock wurde immer länger, so daß er den Ball noch mit der Fußspitze an Torhüter Grosics vorbeispitzeln konnte. Nach 10 Minuten hatte die deutsche Mannschaft den Anschlußtreffer erzielt.

15. Minute: Die Ungarn bestimmten weiterhin das Spielgeschehen. Glück für die deutsche Mannschaft, als Czibor alleinstehend vor Turek den Ball knapp am Pfosten vorbeischoß. 18. Minute: Auch die deutsche Mannschaft war bei ihren Gegenstößen gefährlich. Lantos konnte gegen Morlock gerade noch zur Ecke abwehren. Die Ecke von Fritz Walter auf den kurzen Pfosten wurde erneut zur Ecke abgewehrt. 19. Minute: Die zweite Ecke von Fritz Walter zog über die gesamte ungarische Abwehr hinweg. Weder Torhüter Grosics noch Ottmar Walter und Hans Schäfer kamen an den Ball, der senkte sich maßgerecht vor Helmut Rahn. Rahn nahm ihn direkt und schoß ihn flach zum 2:2-Ausgleich ein. Ein unbeschreiblicher Jubel bei den deutschen Schlachtenbummlern. Damit hatten die Ungarn nie und nimmer gerechnet und warfen jetzt alles nach vorn.
22. Minute: Nur in letzter Sekunde konnte Turek einen Kopfball von Kocsis abwehren. 23. Minute: Aus 3 Meter Entfernung brachte Hidegkuti den Ball nicht bei Turek unter. Blitzschnell hatte der Düsseldorfer seine Hände nach oben gerissen und konnte abwehren. 25. Minute: Die deutsche Mannschaft stand unter Druck und hatte viel Glück, als Hidegkuti mit einem tollen Schuß nur den Pfosten traf.
40. Minute: Herbergers Elf kam kaum zu Entlastungsangriffen. Im Gegenteil mußten Morlock und Fritz Walter weit zurückgezogen die Abwehr unterstützen. 45. Minute: Erst in den letzten 5 Minuten der ersten Halbzeit konnte sich die deutsche Mannschaft etwas aus der Umklammerung der Ungarn befreien und ihrerseits Angriffe aufziehen. Allerdings ohne große Torchancen. Zur Halbzeit hatte die deutsche Mannschaft ein glückliches Unentschieden erreicht.
50. Minute: Nach Wiederanpfiff begannen die Ungarn sofort mit stürmischen Angriffen. Der deutschen Mannschaft blieb kaum Zeit zum Luftholen. 51. Minute: Zum erstenmal bewegte sich die deutsche Mannschaft über die Mittellinie, tat dies jedoch langsam und bedächtig, um möglichst lange im Ballbesitz zu bleiben und die Abwehr zu entlasten. 53. Minute: Viel Glück für die deutsche Mannschaft, als Kohlmeyer zweimal auf der Linie für den geschlagenen Torhüter Turek retten mußte. 56. Minute: Der Druck der Ungarn wurde immer stärker. Ein Kopfball von Kocsis traf nur die Querlatte. An den Reaktionen der ungarischen Stürmer war zu erkennen, daß sie fast verzweifelten. Wenn nicht Turek hielt oder Kohlmeyer auf der Linie rettete, waren Pfosten und Latte im Weg.

60. Minute: Endlich ließ der Druck der Ungarn ein wenig nach. Die deutsche Mannschaft wurde zusehends stärker. 69. Minute: Es ergaben sich auch wieder Torgelegenheiten für die deutsche Mannschaft, als Rahn eine Fritz-Walter-Ecke aufnahm und auf das Tor von Grosics schoß. Nur mit letzter Kraft konnte der ungarische Torhüter den Ball abwehren und damit das 2:3 verhindern.

Außenseiter Deutschland; v.l.: Fritz Walter, Turek, Eckel, Rahn, O. Walter, Liebrich, Posipal, Schäfer, Kohlmeyer, Mai, Morlock

Wimpeltausch der beiden Kapitäne

74. Minute: Durch Czibor hatten die Ungarn eine weitere Torgelegenheit, aber Turek hatte rechtzeitig reagiert. 78. Minute: Erneut eine gefährliche Situation für die deutsche Mannschaft, aber Toth traf nur das Außennetz. 80. Minute: Als der Druck der Ungarn wieder sehr stark wurde, verletzte sich Turek am Kopf. Nach kurzer Behandlung konnte er jedoch weiterspielen. 81. Minute: Eine weitere Ecke von Fritz Walter konnte Ottmar Walter mit dem Kopf weiterlenken, aber Buzanszky war rechtzeitig dazwischen. 85. Minute: Je mehr die ungarische Abwehr aufrückte, umso größer wurden die deutschen Konterchancen. Nachdem sich Morlock und Schäfer auf der linken Seite durchgespielt hatten und Schäfer in die Mitte flankte, war Rahn zur Stelle, dribbelte noch ein paar Meter und schoß dann mit dem linken Fuß knallhart und flach unten in die äußerste Ecke. Verzweifelt warf sich Torhüter Grosics, kam jedoch nicht mehr an den Ball, der genau neben dem Pfosten im ungarischen Tor einschlug. 5 Minuten vor Spielende führte die deutsche Mannschaft sensationell 3:2 gegen Ungarn. 86. Minute: Glück für die deutsche Mannschaft, daß Puskas bei einem Paß von Czibor zu früh startete und somit sein Tor wegen Abseitsstellung nicht anerkannt wurde. 88. Minute: Verzweifelt warfen die Ungarn alles nach vorne, um die drohende Niederlage zu verhindern. Doch die deutsche Abwehr stand nach wie vor großartig. 89. Minute: Noch einmal hatten die Ungarn durch Kocsis, der unheimlich scharf auf das Tor von Turek schoß, eine gute Torgelegenheit. Der Düsseldorfer Schlußmann hatte jedoch auch in dieser Endphase hervorragende Reflexe.

90. Minute: Der Schlußpfiff von Schiedsrichter Ling beendete die Sensation, die als eine der größten in die Fußballgeschichte eingehen sollte. Nach 4 Jahren war Ungarn, ausgerechnet im Endspiel, erstmals besiegt. Niemand konnte es so richtig fassen, auch die Ungarn nicht. Teilweise benahmen sie sich ihren deutschen Gegenspielern gegenüber unsportlich. Fritz Walter erhielt aus der Hand des greisen FIFA-Präsidenten Jules Rimet den nach ihm benannten Weltcup. Lange Zeit blieb selbst für die Fachwelt dieser Erfolg der deutschen Mannschaft kaum zu erklären. Zwar hatte sie den leichteren Weg als die Ungarn gehabt, hatten auch sicherlich die bessere Taktik, aber letztlich war wohl auch mitentscheidend, daß die Ungarn nach 8 Minuten des Spiels 2:0 führten und so, trotz des schnellen Anschlußtreffers und Ausgleichs, davon ausgehen konnten, daß sie mit der deutschen Mannschaft ein leichtes Spiel hatten. Für den deutschen Fußball sollte dieser Erfolg für lange Zeit der größte bleiben.

Eine Ecke von Fritz Walter, über die ungarische Abwehr hinweg, leitete den Ausgleich ein. Rahn steht bereits in „Lauerstellung"

Es ist passiert: Rahn nimmt den Eckball direkt und verwandelt flach zum 2:2

Die deutsche Mannschaft liegt erwartungsgemäß schnell mit 0:2 im Rückstand. Eine scharfe Hereingabe von Rahn verwandelt Morlock zum 1:2

Grosics wirft sich verzweifelt, aber vergebens. Deutschland führt 3:2

5 Minuten vor dem Ende die Entscheidung: Ein knallharter Linksschuß von Rahn

Fritz Walter erhält von dem 80-jährigen Gründer der Weltmeisterschaft, Jules Rimet, den Weltpokal

Auf den Schultern werden die Spieler vom Platz getragen; Horst Eckel (links) und Fritz Walter (mit dem Weltpokal)

*Die Sensation ist perfekt.
Die deutschen Spieler jubeln nach
dem Schlußpfiff*

*Der Kapitän kehrt nach der Pokal-
übergabe zu seinen Mitspielern
zurück*

*Das Bild für die Fotografen: Die er-
schöpften, aber glücklichen Sieger;
stehend v.l.: Herberger, Fritz Walter,
Helmut Rahn, Jupp Posipal, Horst
Eckel, Werner Liebrich, Ottmar
Walter, Hans Schäfer, Max Morlock
und unten: Karl Mai, Toni Turek und
Werner Kohlmeyer*

Weltmeister Toni Turek (Fortuna Düsseldorf), 35 Jahre

Weltmeister Jupp Posipal (Hamburger SV), 27 Jahre

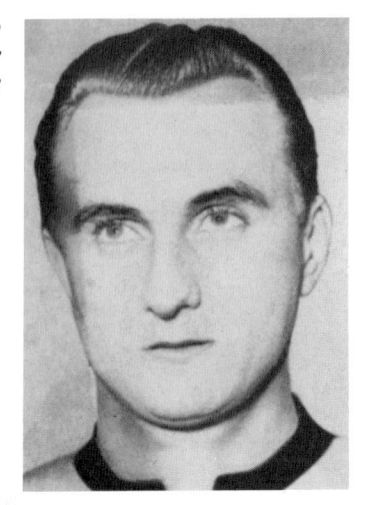

Weltmeister Sepp Herberger, der Bundestrainer, 58 Jahre

Weltmeister Werner Kohlmeyer (1.FC Kaiserslautern), 30 Jahre

Weltmeister Horst Eckel (1.FC Kaiserslautern), 22 Jahre

*Weltmeister Werner Liebrich
(1.FC Kaiserslautern), 27 Jahre*

*Weltmeister Karl Mai
(Spielvereinigung Fürth),
25 Jahre*

*Weltmeister Helmut Rahn
(Rot-Weiß Essen), 24 Jahre*

*Weltmeister Fritz Walter
(1.FC Kaiserslautern),
33 Jahre*

*Weltmeister Hans Schäfer
(1.FC Köln), 26 Jahre*

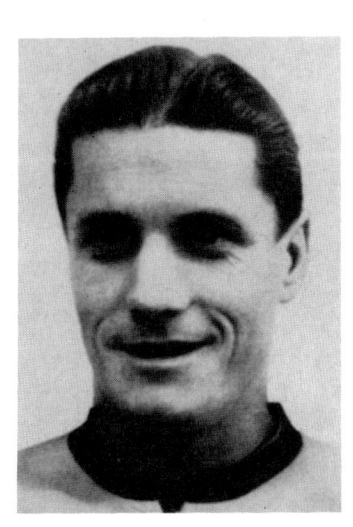

*Weltmeister Max Morlock
(1.FC Nürnberg), 29 Jahre*

*Weltmeister Ottmar Walter
(1.FC Kaiserslautern), 30 Jahre*

Gesamtbilanz 1908 - 1954
223 Spiele: 118 Siege, 38 Unentschieden, 67 Niederlagen, 601:399 Tore
Heim 105 Spiele: 57 Siege, 24 Unentschieden, 24 Niederlagen, 303:161 Tore
Auswärts 118 Spiele: 61 Siege, 14 Unentschieden, 43 Niederlagen, 298:238 Tore
Zuschauer insgesamt: 7.620.363, Heim: 4.469.000, Auswärts: 3.144.363

Die meisten Länderspiele:
1. Paul Janes (Fortuna Düsseldorf) — 71 Spiele
2. Ernst Lehner (Schwaben Augsburg) — 65 "
3. Fritz Walter (1.FC Kaiserslautern) — 45 "
4. Albin Kitzinger (Schweinfurt 05) — 44 "
   Andreas Kupfer (Schweinfurt 05) — 44 "
6. Reinhold Münzenberger (Alemannia Aachen) — 41 "
7. Ludwig Goldbrunner (Bayern München) — 39 "
8. Hans Jakob (Jahn Regensburg) — 38 "
9. Fritz Szepan (Schalke 04) — 34 "
10. Otto Siffling (SV Waldhof) — 31 "
11. Edmund Conen (Saarbr. 14, K.Stuttg. 14) — 28 "
12. Karl Hohmann (VfL Benrath) — 26 "
    Stanislaus Kobierski (Fort. Düsseldorf) — 26 "
14. Richard Hofmann (Meerane 07 6, Dresd. SC 19) — 25 "
15. Ludwig Leinberger (SpVgg. Fürth) — 24 "

Die meisten Tore:
1. Ernst Lehner (Schwaben Augsburg) — 30 Tore
   Fritz Walter (1.FC Kaiserslautern) — 30 "
3. Edmund Conen (Saarbr., K. Stuttg.) — 27 "
4. Richard Hofmann (Meerane 07, Dresd. SC) — 24 "
5. Karl Hohmann (VfL Benrath) — 20 "
6. Max Morlock (1.FC Nürnberg) — 19 "
7. Otto Siffling (SV Waldhof) — 17 "
   Helmut Schön (Dresdener SC) — 17 "
9. Wilhelm Hahnemann (Admira Wien) — 16 "
10. Gottfried Fuchs (Karlsruher FV) — 14 "
    Otto Harder (Hamburger SV) — 14 "
12. Josef Gauchel (TuS Neuendorf) — 13 "
    Ernst Willimowski (Chemn., 1860 München) — 13 "
14. Adolf Jäger (Altona 93) — 11 "
    Adolf Urban (Schalke 04) — 11 "

Die häufigsten Mannschaftsführer waren:
1. Paul Janes — 31 mal
2. Fitz Szepan — 30 "
3. Fritz Walter — 21 "
4. Ludwig Leinberger — 11 "
5. Adolf Jäger — 10 "
   Rudolf Gramlich — 10 "
6. Camillo Ugi — 9 "
8. Otto Harder — 8 "
   Reinhold Münzenberg — 8 "
10. Max Breunig — 7 "
11. Heinrich Stuhlfauth — 6 "
12. Dr. Josef Glaser — 4 "
    Hans Kalb — 4 "
    Richard Hofmann — 4 "
    Karl Hohmann — 4 "
    Hans Mock — 4 "

21 Elfmeter für Deutschland:
17 Elfmeter verwandelt durch Förderer (1908 gegen England), Breunig (1911 gegen die Schweiz), Jäger (1913 gegen Dänemark), Jäger (1921 gegen Ungarn), Franz (1924 gegen Österreich), Ruch (1925 gegen Finnland), R.Hofmann (1932 gegen die Schweiz), Lehner (1934 gegen Polen), Gauchel (1938 gegen Luxemburg), Janes (1939 gegen Böhmen-Mähren), Binder (1939 gegen Italien), Conen (1940 gegen Bulgarien), Janes (1941 gegen Ungarn), Lehner (1941 Kroatien), Burdenski (1950 gegen die Schweiz), F.Walter (1954 gegen Österreich), F.Walter (1954 gegen Österreich)

4 Elfmeter verschossen
durch Breunig (1910 gegen Holland), Breunig (1913 gegen Holland), Kalb (1922 gegen Österreich), Lüke (1923 gegen Finnland)

25 Elfmeter gegen Deutschland:
17 Elfmeter verwandelt durch Dlabac (1908 Österreich), Schlosser (1912 Ungarn), Weiss (1912 Schweiz), Kuthan (1921 Österreich), Kelin (1925 Finnland), Lundahl (1929 Schweden), Christophersen (1930 Dänemark), Polgar (1934 Ungarn), Davies (1936 Irland), Stijnen (1939 Belgien), Demaria (1939 Italien), Campos (1942 Spanien), Nagymarosi (1942 Ungarn), Bocquet (1951 Schweiz), Bobek (1952 Jugoslawien), Cesar (1952 Spanien), Martin (1954 Saarland)
8 Elfmeter verschossen durch (1911 Schweden), (1922 Finnland), Neumann (1922 Österreich), Ramseyer (1928 Schweiz), Orsi (1930 Italien), Sobotka (1935 Tschechoslowakei), Walaschek (1941 Schweiz), Mond (1951 Luxemburg)

8 Eigentore gegen Deutschland,
erzielt durch Lörtscher (1938 Schweiz), Albu (1938 Rumänien), Grozovic (1942 Kroatien), Horvat (1954 Jugoslawien)

Platzverweise gegen Deutschland:
Kalb (1928 gegen Uruguay), R.Hofmann (1928 gegen Uruguay), Pesser (1938 gegen die Schweiz)

Platzverweis Gegener: Nasazzi (1928 Uruguay)

Die Nationalspieler des Jahres
1907/08 Förderer (Karlsruher FV)
1908/09 Ad.Werner (Holstein Kiel)
1909/10 Kipp (Spfr. Stuttgart)
1910/11 Ugi (VfB Leipzig)
1911/12 Breunig (Karlsruher FV)
1912/13 Jäger (Altona 93)
1913/14 Wegele (Phönix Karlsruhe)
1920/21 Tewes (Viktoria 89)
1921/22 Franz (SpVgg. Fürth)
1922/23 Seiderer (SpVgg. Fürth)
1923/24 H.Schmidt (1.FC Nürnberg)
1924/25 Paulsen (VfB Leipzig)
1925/26 Harder (Hamburger SV)
1926/27 Hochgesang (1.FC Nürnberg)
1927/28 R.Hofmann (Meerane 07)
1928/29 Stuhlfauth (1.FC Nürnberg)
1929/30 R.Hofmann (Dresdener SC)
1930/31 W.Kreß (Rot-Weiß Frankfurt)
1931/32 Kobierski (Fortuna Düsseldorf)
1932/33 Rohr (Bayern München)
1933/34 Szepen (FC Schalke 04)
1934/35 Ernst Lehner (Schwaben Augsburg)
1935/36 Reinhold Münzenberg (Alemannia Aachen)
1936/37 Albin Kitzinger (FC Schweinfurt 05)
1937/38 Andreas Kupfer (FC Schweinfurt 05)
1938/39 Paul Janes (Fortuna Düsseldorf)
1939/40 Franz Binder (SC Rapid Wien)
1940/41 Fritz Walter (1.FC Kaiserslautern)
1941/42 Fritz Walter (1.FC Kaiserslautern)
1942/43 Fritz Walter (1.FC Kaiserslautern)
August Klingler (FV Daxlanden)
1950/51 Toni Turek (Fortuna Düsseldorf)
1951/52 Jupp Posipal (Hamburger SV)
1952/53 Jupp Posipal (Hamburger SV)
Fritz Walter (1.FC Kaiserslautern)
1953/54 Fritz Walter (1.FC Kaiserslautern)

Bilanz 1954/55
6 Spiele: 2 Siege, 0 Unentschieden, 4 Niederlagen, 8:11 Tore
Zuschauer: 458.000
In 6 Spielen wurden 34 Spieler eingesetzt, davon waren 15 Spieler Neulinge

Die Spieler der Saison:

Josef Posipal	5	Spiele
Herbert Erhardt	5	"
Werner Liebrich	4	"
Fritz Herkenrath	4	"
Werner Kohlmeyer	4	"
Karl Mai	4	"
Bernhardt Klodt	3	"
Uwe Seeler	3	"
Gerhard Harpers	3	"
Erwin Waldner	3	"
Ottmar Walter	2	"
Josef Derwall	2	"
Helmut Rahn	2	"
Max Morlock	2	"
Erich Juskowiak	2	"
Ulrich Biesinger	2	"
Hans Schäfer	2	"
Anton Turek	1	Spiel
Klaus Stürmer	1	"
Franz Islacker	1	"
Bernhard Termath	1	"
Gerhard Kaufhold	1	"
Michael Pfeiffer	1	"
Alfred Beck	1	"
Jakob Miltz	1	"
Richard Kreß	1	"
Alfred Pfaff	1	"
Fritz Walter	1	"
Heinz Kubsch	1	"
Erich Retter	1	"
Robert Schlienz	1	"
Rudolf Hoffmann	1	"
Hans Weilbächer	1	"
Josef Röhrig	1	"

Tore der Saison:

Erich Juskowiak	2	Tore
Klaus Stürmer	1	Tor
Alfred Beck	1	"
Herbert Erhardt	1	"
Alfred Pfaff	1	"
Karl Mai	1	"
Erwin Waldner	1	"

Mannschaftsführer waren:

Josef Posipal	4	mal
Fritz Walter	1	"
Josef Röhrig	1	"

1 Elfmeter für Deutschland,
verwandelt durch Juskowiak (gegen Italien)

Rangliste der besten Nationalspieler des Jahres:
1. Fritz Herkenrath (Rot-Weiß Essen)
2. Herbert Erhardt (SpVgg. Fürth)
3. Karl Mai (SpVgg. Fürth)
4. Josef „Jupp" Posipal (Hamburger SV)
5. Uwe Seeler (Hamburger SV)
   Werner Liebrich (1.FC Kaiserslautern)
7. Klaus Stürmer (Hamburger SV)
   Fritz Walter (1.FC Kaiserslautern)
   Erich Juskowiak (Fortuna Düsseldorf)
   Hans Schäfer (1.FC Köln)

1954/55

Vorbericht zum 224. Länderspiel: Die WM in der Schweiz mit dem sensationellen Ausgang war vorbei. Erster Gegner in der neuen Saison war Belgien in Brüssel. Hierfür berief Herberger folgendes Aufgebot:
  Tor: Turek, Herkenrath
  Verteidigung: Erhardt, Bauer, Kohlmeyer
  Läufer: Posipal, Liebrich, Mai, Metzner
  Stürmer: Rahn, Klodt, Morlock, O.Walter, F.Walter, Schäfer, Pfaff, R.Herrmann, Stürmer, Biesinger

Nur einer aus der Weltmeistermannschaft fehlte, Horst Eckel, der sich einen Beinbruch zugezogen hatte. Aber es blieb nicht bei diesem Ausfall. Hans Schäfer mußte wegen Knieprobleme absagen, und Fritz Walter bat wegen seines schlechten Gesundheitszustandes um Nichtberücksichtigung. Zudem sollte mit dem Essener Herkenrath ein neuer Torwart erprobt werden, weil die Karriere des 35-jährigen Turek langsam zu Ende ging. Neben Herkenrath wurde mit Biesinger ein weiterer Neuling eingesetzt, so daß nur der 19-jährige Klaus Stürmer (HSV) im Aufgebot ohne Länderspiel war.

26.9.1954 in Brüssel

Belgien - BR Deutschland 2:0 (1:0)

SR: Bronkhorst (Holland), Zuschauer: 70.000
Belgien: Gernaey (ab 24. Geerts); Dries, Van Brandt; Huysmans, Carre, Mees; Lemberechts, Anoul, R.Coppens, Houf, Mermans
BRD: Herkenrath -1 (RWE); Erhardt -2 (SpVgg. Fürth), Kohlmeyer -19 (1.FC Kaisersl.); Posipal -22 HSV, Liebrich -8 (1.FC Kaisersl.), Mai -9 (SpVgg. Fürth); Rahn -15 (RWE), Morlock -19 (1.FC Nürnberg), O.Walter -18 (1.FC Kaisersl.), Biesinger -1 (BC Augsburg), B.Klodt -9 (Schalke 04). Mannschaftskapitän: Posipal
Tore: 1:0 Coppens (7.), 2:0 Anoul (53.)
Beste Spieler: Coppens, Huysmans, Lemberechts - Herkenrath, Posipal
Bericht: Im ersten Spiel nach der WM begann der neue Weltmeister gut. Einige verheißungsvolle Angriffe ließen hoffen.

7. Minute: Eine kalte Dusche für die deutsche Mannschaft, als Coppens sich gegen Liebrich durchsetzte, Herkenrath umspielte und den Ball ins leere Tor schob. 11. Minute: Der Führungstreffer hatte den Belgiern Auftrieb gegeben. Ein schöner Schuß von Lemberechts konnte von Herkenrath, der einen sicheren Eindruck hinterließ, gut gehalten werden. 13. Minute: Nur im letzten Augenblick konnte Herkenrath durch rechtzeitiges Herauslaufen einen Schuß von Anoul abwehren. Kurz darauf war es wieder der Essener Torhüter, der die deutsche Mannschaft durch eine tolle Reaktion vor einem weiteren Gegentreffer bewahrte.

17. Minute: Die erste gute Torgelenheit für die deutsche Mannschaft hatte Jupp Posipal, als er aus 20 Meter Entfernung einen knallharten Schuß an den Pfosten donnerte. Den Nachschuß von Berni Klodt angelte sich Torhüter Gernaey. Und 3 Minuten später fegte ein herrlicher Schuß des belgischen Läufers Huysmans nur knapp über die Latte hinweg. 24. Minute: Im letzten Augenblick konnte Belgiens Schlußmann Gernaey Helmut Rahn an einem Torschuß hindern. Der Torhüter verletzte sich dabei so schwer, daß er ausgewechselt werden mußte.

44. Minute: Noch einmal eine gute Torgelegenheit für die deutsche Mannschaft, als Klodt auf der linken Seite durchlief und allein vor Torhüter Geerts auftauchte. Der Schalker zögerte jedoch so lange, bis 3 Abwehrspieler zurück waren und ihm den Ball abnehmen konnten. Zur Halbzeit führten die Belgier hochverdient mit 1:0. Vom Weltmeister Deutschland war nichts zu sehen. Der Angriff war eine einzige Katastrophe und die Abwehr wackelte, mit Ausnahme von Herkenrath und Posipal, bedenklich.

50. Minute: Die ersten Minuten der zweiten Halbzeit sahen für die deutsche Mannschaft verheißungsvoll aus. Morlock und Rahn prüften Torhüter Geerts mit gefährlichen Schüssen. 53. Minute: Nach der Anfangsoffensive baute die deutsche Mannschaft wieder enorm ab. Die Belgier kamen ihrerseits und wurden viel zu spät angegriffen. Lemberechts, der gefährliche Rechtsaußen, konnte fast machen, was er wollte. Kohlmeyer war selten in der Lage, ihn zu stoppen. Als Lemberechts wieder nicht angegriffen wurde, gab er einen schönen Rückpaß zu Anoul, der unhaltbar zum 2:0 einschoß. Torhüter Herkenrath war machtlos gegen diesen knallharten Schuß.

90. Minute: Was nach diesem 2:0 kam, war kaum noch der Rede wert. Die deutsche Mannschaft wirkte hilflos und konnte sich selbst gegen eine nachlassende belgische Mannschaft nie gut in Szene setzen. Im Gegenteil rannte sie sich immer wieder an der belgischen Deckung fest, während die Belgier bei ihren Vorstößen spielend durch die deutsche Abwehr spazierten. Letzlich war es nur ein Verdienst von Herkenrath, daß die deutsche Mannschaft nicht noch höher unterlag. Es zeigte sich, daß ohne Spielmacher Fritz Walter keine Linie im deutschen Spiel war. Außerdem waren, von Posipal abgesehen, alle Weltmeister völlig außer Form.

❖

Vorbericht zum 225. Länderspiel: Die indiskutable Leistung der deutschen Mannschaft in Brüssel hatte nachdenklich gemacht. Durch den Krieg und den schnellen Aufbau einer Mannschaft für die WM in der Schweiz klaffte jetzt eine große Lücke zur Jugend. Bundestrainer Sepp Herberger wußte, daß er nun ganz von vorne anfangen mußte. Nur auf einen, Fritz Walter, wollte er nicht verzichten. Gerade Fritz Walter wollte jedoch aus der Nationalmannschaft zurücktreten. Für das Länderspiel gegen Frankreich erteilte er Herberger eine erneute Absage. Dem Bundestrainer blieb keine andere Wahl, als einige neue, junge Spieler einzusetzen und ansonsten seinen „Weltmeistern" eine weitere Chance zu geben.

Tor: Turek, Herkenrath
Verteidigung: Posipal, Kohlmeyer, Erhardt
Läufer: Metzner, Liebrich, Mai, Pfeiffer, Schicks
Stürmer: B.Klodt, Morlock, O.Walter, Islacker, Termath, Stürmer, U.Seeler

Nach den verletzten Weltmeistern Eckel und Schäfer fiel auch der Essener Rahn wegen Verletzung aus. Dafür waren mit Pfeiffer (Alem. Aachen), Schicks (Bor. Mönchengladbach), Islacker (RWE), Stürmer und Uwe Seeler (beide HSV) 5 junge Talente im Aufgebot. Von ihnen blieb nur Schicks ohne Länderspiel. Eine Überraschung war die Nominierung des 17-jährigen Uwe Seeler, der beim UEFA-Juniorenturnier mit seinen Toren für Furore gesorgt hatte. Daß Deutschland in ihm eines der größten Talente des deutschen Fußballs hatte, war bereits in seinen jungen Jahren erkennbar. Jetzt, gegen Frankreich, begann seine einzigartige Karriere.

16.10.1954 in Hannover

BR Deutschland - Frankreich 1:3 (0:2)

SR: Griffiths (Wales), Zuschauer: 86.000
BRD: Turek -20 (Fort. Düsseld.); Erhardt -3 (SpVgg. Fürth), Kohlmeyer -20 (1.FC Kaisersl.); Posipal -23 (HSV), Liebrich -9 (1.FC Kaisersl.), Mai -10 (SpVgg. Fürth); B.Klodt -10 (Schalke 04), Stürmer -1 (HSV), O.Walter -19 (1.FC Kaisersl.), Islacker -1, Termath -7 (beide RWE), ab 22. U.Seeler -1 (HSV). Mannschaftskapitän: Posipal

Frankreich: Remetter; Kaelbel, Marche; Mahjoub, Jonquet, Louis; Grillet, Dereuddre, Kopa, Ben Barek (ab 27. J.Foix), Vincent

Tore: 0:1 Foix (33.), 0:2 Vincent (35.), 0:3 Foix (55.), 1:3 Stürmer (75.)

Beste Spieler: U.Seeler, Stürmer, Posipal - Kopa, Jonquet, Foix
Bericht: Überraschend guter Start der deutschen Mannschaft, als bereits nach wenigen Minuten zwei gute Torchancen heraussprangen.

7. Minute: Die größte Chance bis dahin hatte Posipal, dessen Schuß erst auf der Linie geklärt werden konnte. Die deutsche Mannschaft spielte schnell, was den Franzosen sehr zu schaffen machte. 10. Minute: Leider stand ausgerechnet die Weltmeisterabwehr, in der nur Eckel fehlte, sehr wackelig und gab somit den Franzosen die Gelegenheit immer besser ins Spiel zu kommen. 11. Minute: Nur in letzter Sekunde konnte Kohlmeyer für den geschlagenen Turek, mit dem Kopf auf der Linie klären. Eine tolle Parade von Turek gegen Linksaußen Vincent verhinderte eine Minute später die französische Führung. Und 4 Minuten später mußte linksaußen Termath verletzt ausscheiden und draußen behandelt werden.

22. Minute: Nach einem erneuten Versuch mußte Termath endgültig den Platz verlassen und wurde durch den 17-jährigen Uwe Seeler ersetzt. Ottmar Walter spielte jetzt Linksaußen und Uwe Seeler Mittelstürmer. 27. Minute: Für den verletzten Ben Barek kam auf französischer Seite Foix neu ins Spiel. Das ganze Spiel war in dieser Phase ziemlich zerfahren. Zwingende Torgelegenheiten waren nicht zu verzeichnen. 33. Minute: Ein katastrophaler Abwehrfehler von Kohlmeyer, der den Ball viel zu kurz zu Turek zurückspielte, führte zum 1:0 für die französische Mannschaft, als Foix dazwischenlief, Turek umspielte und den Ball ins leere Tor schlug. 35. Minute: Die deutsche Mannschaft hatte sich von dem Schock des 0:1 noch nicht erholt, da war Vincent zur Stelle und markierte bereits das 2:0 für Frankreich, als die deutsche Abwehr den Ball einfach nicht aus dem Strafraum bekam.

50. Minute: Nach dem Seitenwechsel war die deutsche Mannschaft kaum wiederzuerkennen. Vor allem der junge Uwe Seeler riß den Angriff mit, wirbelte immer wieder die französische Abwehr durcheinander und schoß aus allen Lagen. Mehrfach mußte Torhüter Remetter in höchster Not retten. 55. Minute: Unglücklich fiel bei einem französischen Konter durch Foix das 3:0. Erneut hatte Verteidiger Kohlmeyer durch sein Zögern das Tor verschuldet.

75. Minute: Endlich wurde die deutsche Mannschaft für ihr druckvolles Spiel in der zweiten Halbzeit belohnt, als Posipal den Ball maßgerecht zu Stürmer schob, der noch ein paar Schritte lief und dann aus 18 Meter Entfernung knallhart und unhaltbar ins lange Eck donnerte. 78. Minute: Es war jetzt eine wahre Freude, dem Angriffswirbel der Deutschen zuzusehen, in dem die beiden jungen Hamburger Seeler und Stürmer zu einer großen Form aufliefen. 80. Minute: Erneut hatte sich Uwe Seeler gegen zwei Abwehrspieler durchgesetzt und wollte auch Torhüter Remetter umkurven. Der französische Torhüter hielt ihn fest, aber der Pfiff von Schiedsrichter Griffiths blieb aus. Ein ganz klarer Elfmeter wurde der deutschen Mannschaft verweigert. 82. Minute: Noch einmal Glück für die Franzosen, als ein Handspiel im Strafraum von Schiedsrichter Griffiths nicht gepfiffen wurde.

90. Minute: Trotz der 1:3 Niederlage hatte das Spiel viele neue, positive Erkenntnisse gebracht. Vor allem die beiden jungen Hamburger, Stürmer und Seeler, hatten durch ihre Spielweise Anlaß zur Hoffnung gegeben. Langsam konnte man sich damit vertraut machen, daß die Zeit der Weltmeister zu Ende ging und neue Spieler nachrückten.

❖

Vorbericht zum 226. Länderspiel: Trotz der Niederlage gegen Frankreich hatte es verheißungsvolle Ansätze gegeben. Doch da traf die deutsche Mannschaft ein schwerer Schlag. Hepatitis, im Voksmund auch Gelbsucht genannt, eine ansteckende Krankheit, hatten sich offensichtlich die Spieler des WM-Aufgebots in der Schweiz geholt. Die ersten waren Rahn, Morlock, Fritz Walter und Kubsch, die ins Krankenhaus mußten und 3 bis 6 Monate ausfielen. Die anderen sollten bald folgen, und das ausgerechnet vor dem schweren Spiel in London gegen England. Um erst einmal zu sichten, berief Herberger vom 22.-29.11.1954 40 Spieler in die Sportschule Grünberg.

Tor: Herkenrath, Kwiatkowski, Kubsch
Verteidigung: Juskowiak, Kohlmeyer, Erhardt, Bauer, Niebel, Deinert
Läufer: Wewers, Pawlak, Harpers, Schicks, Liebrich, Gottinger, Mai, Bergner, Hoffmann, Metzner, Posipal
Stürmer: Vordenbäumen, Islacker, Termath, Zerres, B.Klodt, Demski, Wechselberger, Derwall, Röhrig, Schäfer, Pfeiffer, Miltz, Biesinger, Zeitler, Waldner, Kreß, Pfaff, Kaufhold, Uwe Seeler, Stürmer

Da es wieder einige verletzungsbedingte Ausfälle gab, wurde noch Engelbert „Berti" Kraus nachnominiert.

Aus diesem Lehrgang wählte Herberger sein Aufgebot für London:
Tor: Herkenrath, Kubsch
Verteidigung: Posipal, Kohlmeyer, Erhardt
Läufer: Liebrich, Harpers, Miltz, Pfeiffer
Stürmer: Kaufhold, Waldner, Uwe Seeler, Derwall, Beck, Kraus

Nur noch 3 Spieler der Weltmeisterschaftself waren im Aufgebot. Lediglich Toni Turek, der gegen Frankreich sein letztes Länderspiel absolvierte, hatte in Herkenrath einen gleichwertigen Nachfolger. Ansonsten gab es große Lücken und Herberger blieb keine andere Wahl, als mit jungen Spielern neu anzufangen. So hatte der gesamte Sturm erst 1 Länderspiel, das von Uwe Seeler gegen Frankreich, zu verzeichnen. Auffallend war jedoch auch Herbergers Hang, reifere Spieler den jungen vorzuziehen. Statt Waldner und Kraus ließ er lieber die beiden 29-jährigen Pfeiffer und Beck spielen, die ebenso zu ihrem ersten Länderspiel kamen wie Kaufhold und Derwall. Die 3 anderen ohne Länderspiel, Miltz, Kraus und Waldner, wurden auch bald Nationalspieler.

1.12.1954 in London

England - BR Deutschland 3:1 (1:0)

SR: Orlandini (Italien), Zuschauer: 100.000
England: Williams; Staniforth, R.Byrne; Phillips, Wright, Slater; Matthews, Bentley, R.Allen, Shackleton, Finney
BRD: Herkenrath -2 (RWE); Posipal -24 (HSV), Kohlmeyer -21 (1.FC Kaisersl.); Erhardt -4 (SpVgg. Fürth), Liebrich -10 (1.FC Kaisersl.), Harpers -2 (SV Sodingen); Kaufhold -1 (Kickers Offenb.), Pfeiffer -1 (Alem. Aachen), Uwe Seeler -2 (HSV), Derwall -1 (Fort. Düsseld.), Beck -1 (St.Pauli). Mannschaftskapitän: Posipal
Tore: 1:0 Bentley (28.), 2:0 Allen (48.), 2:1 Beck (77.), 3:1 Shackleton (79.)
Beste Spieler: Matthews, Finney, Phillips - Herkenrath, Liebrich, Erhardt
Bericht: Furioser Auftakt des neuformierten deutschen Sturms im Wembley-Stadion. Gleich den ersten Angriff schloß Uwe Seeler mit einem knallharten Schuß ab, den Torhüter Williams nur mit größter Mühe meistern konnte.

6. Minute: Die erste große Chance für die Engländer vergab Finney, als er an Torhüter Herkenrath scheiterte. Auch die zweite Chance für England vergab 2 Minuten später erneut Finney, als er knapp über das Tor köpfte. 17. Minute: Wieder war der dynamische Uwe Seeler durch und zwang Torhüter Williams zu einer Glanzparade.

25. Minute: Überraschend fanden die Engländer kein Mittel, um die deutsche Abwehr zu überwinden. Zwar konnte die deutsche Mannschaft spielerisch nicht überzeugen, aber kämpferisch spielte sie großartig und verdiente sich bis zu diesem Zeitpunkt das Unentschieden. 28. Minute: Auf Flanke von Rechtsaußen Matthews köpfte Bentley zum 1:0 für England ein. Etwas überraschend und unglücklich, der Rückstand für die deutsche Mannschaft zu diesem Zeitpunkt. 29. Minute: Schon eine Minute später hatte Pfeiffer die große Chance zum Ausgleich, zögerte jedoch so lange, bis Mittelläufer Wright dazwischenfahren konnte. 32. Minute: Noch eine gute Torgelegenheit für die deutsche Mannschaft, diesmal durch Linksaußen Beck. Auch der Hamburger zögerte viel zu lange und wehmütig dachte man an den Weltmeisterschaftssturm zurück. Außer dem kraftvollen und dynamischen Uwe Seeler brachte keiner der fünf Stürmer auch nur annähernd eine internationale Leistung. 35. Minute: Großes Glück für die deutsche Mannschaft, als Stanley Matthews, fast 40 Jahre alt, Kohlmeyer auf und davon lief, wunderschön nach innen flankte, wo Allen in den Ball lief und ihn aus der Luft ganz knapp über das deutsche Tor jagte. Ein wunderschöner Spielzug, der ein Tor verdient gehabt hätte.

48. Minute: Die Engländer hatten auch den besseren Start in die zweite Halbzeit. Als Herkenrath einen scharf geschossenen Schuß von Finney nur abwehren konnte, war Allen zur Stelle, um ins leere Tor zum 2:0 für England einzuschieben.

70. Minute: Nach dem zweiten englischen Treffer war die deutsche Abwehr eingeschnürt. Liebrich stand wie in der Weltmeisterschaft als Turm in der Schlacht. 71. Minute: Die erste Torchance der deutschen Mannschaft in der zweiten Halbzeit hatte Derwall, der eine Pfeiffer-Vorlage direkt aus der Luft nahm, aber Williams war zur Stelle. 76. Minute: Zum wiederholten Male mußte der beste deutsche Spieler, Torhüter Herkenrath, in letzter Sekunde retten. Mit Glanzparaden, bei denen er Kopf und Kragen riskierte, warf sich der Torhüter in das Getümmel oder vor die Füße der englischen Stürmer. 77. Minute: Überraschend dann der Anschlußtreffer für die deutsche Mannschaft, als Uwe Seeler Billy Wright umspielte und zum freistehenden Beck paßte. Der Hamburger hatte keine Schwierigkeiten, den Ball zum 1:2 ins Tor zu jagen. 79. Minute: Nun wollte es die deutsche Mannschaft noch einmal wissen, aber die Engländer konterten eiskalt. Der Halblinke Shackleton lockte Herkenrath aus seinem Tor heraus und schoß überlegt zum 3:1 ein. Dank der starken deutschen Abwehr blieb es beim 1:3, das für die Engländer vollauf verdient war.

❖

Vorbericht zum 227. Länderspiel: Bereits 18 Tage nach dem England-Spiel stand die Begegnung gegen Portugal auf dem Programm. Hierfür berief Herberger folgendes Aufgebot:
Tor: Herkenrath, Kwiatkowski
Verteidigung: Posipal, Juskowiak, Bauer
Läufer: Erhardt, Liebrich, Harpers, Schreiner
Stürmer: B.Klodt, Miltz, Kreß, Derwall, Pfaff, Waldner

Aus diesem Aufgebot waren Schreiner (Kickers Offenbach), Miltz (Tus Neuendorf), Kreß (Eintr. Frankfurt) und Waldner (VfB Stuttgart) noch ohne Länderspiel. Außer Schreiner wurden alle gegen Portugal eingesetzt. Schreiner blieb in seiner Karriere ohne Länderspiel. Erwartungsgemäß wurde ein neuer Sturm aufgestellt. Nur Derwall, der große Techniker, war wieder dabei, während der gerade 18-jährige Uwe Seeler nicht „verheizt" werden sollte.

19.12.1954 in Lissabon

Portugal - BR Deutschland 0:3 (0:1)

SR: van der Meer (Holland), Zuschauer: 70.000
Portugal: Gomes (ab 74. Barrigana); Caldeiro, Carvalho; Pedroto, Passos, Cayado; Baptista, Vasques, Matateu, Travassos, Albano (ab 30. Bentes)
BRD: Herkenrath -3 (RWE); Posipal -25 (HSV), Juskowiak -2 (Fort. Düsseld.); Erhardt -5 (SpVgg. Fürth), Liebrich -11 (1.FC Kaisersl.), Harpers -3 (SV Sodingen); B.Klodt -11 (Schalke 04), Miltz -1 (Tus Neuendorf), Kreß -1 (Eintr. Frankf.), ab 77. Waldner -1 (VfB Stuttg.), Derwall -2 (Alem. Aachen), Pfaff -2 (Eintr. Frankf.). Mannschaftskapitän: Posipal
Tore: 0:1 Erhardt (7.), 0:2 Pfaff (55.), 0:3 Juskowiak (74.)

Beste Spieler: Matateu, Travassos, Carvalho - Herkenrath, Juskowiak, Erhardt

Bericht: Nur mit 2 Weltmeistern, Posipal und Liebrich, spielte die deutsche Mannschaft in Lissabon und begann gut. Bereits in den ersten Minuten hätten Pfaff und Kreß das Tor treffen können.

7. Minute: Ein Eckball von Pfaff kam zurück an die Strafraumgrenze zu Erhardt, der überraschend zum 1:0 für die deutsche Elf einschoß. Endlich lag die deutsche Mannschaft wieder einmal in Führung. 16. Minute: Glück für die deutsche Mannschaft, als Matateu Juskowiak stehen ließ und nur Zentimeter am Pfosten vorbei schoß.

47. Minute: Großes Glück für die deutsche Mannschaft, als ein scharfer Schuß von Vasques an den Torpfosten donnerte. Erneut vergaben die Portugiesen 6 Minuten später eine gute Torgelegenheit, als Matateu nur das Außennetz traf.

55. Minute: Mitten in die Drangperiode der Portugiesen kam der deutsche Konter. Ein abgefälschter Schuß von Berni Klodt landete genau vor Alfred Pfaff, der unhaltbar zum 2:0 einschoß. 58. Minute: Die Portugiesen drängten stürmisch weiter, aber selbst aus 5 Meter Entfernung konnte Matateu den fantastisch haltenden Herkenrath nicht überwinden. 60. Minute: Als Bentes Posipal überlaufen hatte, verfehlte auch er nur um Zentimeter das deutsche Tor. Zwei Minuten später erneut eine große Torgelegenheit für Matateu, aber zum wiederholten Male scheiterte er an Herkenrath. 65. Minute: Als Herkenrath dann doch geschlagen schien, stand Posipal auf der Linie und schlug den Ball aus dem Tor heraus. Nach wie vor stürmten die Portugiesen gegen das deutsche Tor, aber die Abwehr stand hervorragend, nur der deutsche Angriff war schwach und konnte sich nur selten gut in Szene setzen. Bezeichnend für die deutsche Sturmschwäche war 4 Minuten später das dritte Tor: Nach einem Freistoß donnerte Verteidiger Juskowiak aus 25 Meter Entfernung den Ball unhaltbar zum 3:0 für die deutsche Mannschaft ins Netz. Von drei deutschen Toren gingen zwei Treffer auf das Konto der Abwehrspieler. Der Spielverlauf war auf den Kopf gestellt.

90. Minute: In einem eher schwachen Länderspiel siegte die deutsche Mannschaft zwar mit 3:0 Toren, hatte aber eigentlich schlechter gespielt, als bei den Niederlagen gegen Frankreich und England.

❖

Vorbericht zum 228. Länderspiel: Für das erste Länderspiel des Jahres 1955 war Italien in Stuttgart Gegner der deutschen Mannschaft. Zum Lehrgang vom 14.-18.3.1955 in Karlsruhe konnte Herberger endlich wieder auf seine „Weltmeister" zurückgreifen. Bis auf Ottmar Walter hatten alle die Gelbsucht gut überstanden, so daß nur er und Turek, der in Herkenrath einen großartigen Nachfolger gefunden hatte, fehlten.

Tor: Herkenrath, Kubsch, Loy
Verteidiger: Retter, Juskowiak, Posipal, Kohlmeyer
Läufer: Erhardt, Eckel, Liebrich, Mai, Harpers, Schreiner, Hoffmann
Stürmer: Rahn, Morlock, Uwe Seeler, Fritz Walter, Schäfer, Waldner, Kraus, Röhrig, Kaufhold, Stürmer

Die zweifellos größte Überraschung: Fritz Walter, der eigentlich zurücktreten wollte und auch gerade erst die Gelbsucht überstanden hatte, war wieder dabei. Und auch Erich Retter (VfB Stuttgart), der sich als Stammspieler in der Nationalmannschaft kurz vor der WM verletzte und so um seine WM-Chance kam, war wieder im Aufgebot.

Eine Woche vor dem Spiel gab Herberger sein endgültiges Aufgebot bekannt. Auf Liebrich (Muskelfaserriß) sowie Eckel und Ottmar Walter (Gelbsucht) mußte der Bundestrainer verzichten. Aber immerhin waren wieder 7 Weltmeister im Aufgebot und davon 4 Stürmer, die so sehr gefehlt hatten.

Tor: Herkenrath, Kubsch
Verteidiger: Kohlmeyer, Juskowiak, Baureis
Läufer: Mai, Posipal, Harpers, Erhardt, Röhrig
Stürmer: Rahn, Morlock, Uwe Seeler, Fritz Walter, Schäfer, Waldner, Stürmer

Einziger Neuling war Baureis (Karlsruher SC), der nie A-Nationalspieler wurde.

30.3.1955 in Stuttgart

BR Deutschland - Italien 1:2 (1:2)

SR: Zsolt (Ungarn), Zuschauer: 82.000

BRD: Herkenrath -4 (RWE); Juskowiak -3 (Fort. Düsseld.), Kohlmeyer -22 (1.FC Kaisersl.); Mai -11 (SpVgg. Fürth), Posipal -26 (HSV), Harpers -4 (SV Sodingen); Rahn -16 (RWE), ab 45. Waldner -2 (VfB Stuttg.), Morlock -20 (1.FC Nürnberg), Uwe Seeler -3 (HSV), F.Walter -46 (1.FC Kaisersl.), Schäfer -12 (1.FC Köln). Mannschaftskapitän: F.Walter

Italien: G.Viola; Magnini, Giacomazzi; Chiapella, R.Ferrario, Moltrasio; Pandolfini, Menegotti, C.Galli, Pivatelli, Frignani

Tore: 0:1 Frignani (9.), 1:1 Juskowiak (29. Handelfmeter), 1:2 Pivatelli (40.)

Beste Spieler: Mai, F.Walter, Schäfer - Galli, Moltrasio, Frignani

Bericht: Über 80.000 Zuschauer waren ins Stuttgarter Neckarstadion gekommen, um wenigstens 7 Spieler der Weltmeisterelf von Bern spielen zu sehen.

3. Minute: Die deutsche Mannschaft begann, als spielte sie noch in der Schweiz um die Weltmeisterschaft. Eine herrliche Kombination von Mai über Rahn zu Uwe Seeler, dessen Flanke leitete Fritz Walter mit dem Kopf weiter zu Schäfer, der ihm den Ball maßgerecht zurücklegte. Der deutsche Spielmacher nahm ihn direkt und knallte ihn haarscharf am Lattenkreuz vorbei. Schade für die deutsche Mannschaft, denn nach wenigen Minuten solch ein Tor hätte sicherlich gut getan. 9. Minute: Die kalte Dusche für die deutsche Mannschaft, als die Abwehr schlief und Galli seinen Linksaußen steil schicken konnte: Der herausstürzende Herkenrath hatte keine Chance, den Ball zu halten. 15. Minute: Trotz des Rückstandes war die deutsche Mannschaft überlegen. Es war eine Freude diesem Sturm zuzusehen, der flüssig, druckvoll und schnell operierte. Einen herrlichen Rahn-Schuß konnte Viola gerade noch halten.

20. Minute: Nach einem tollen Spurt von Uwe Seeler über 50 Meter mit herrlicher Flanke in den Strafraum war leider kein

Stürmer schnell genug mitgekommen, sonst wäre der Ausgleich fällig gewesen. 29. Minute: Endlich wurde der deutsche Angriff für sein schönes Spiel belohnt, als Morlock auf Flanke von Fritz Walter auf das italienische Tor schoß, Verteidiger Magnini jedoch die Hände zur Hilfe nahm, um ein Tor zu verhindern. Den fälligen Elfmeter verwandelte Juskowiak eiskalt zum Ausgleich.

40. Minute: Als die deutsche Mannschaft drauf und dran war, den Führungstreffer zu erzielen, erwischte sie erneut ein Konter, vorbereitet von Galli, der Pivatelli den Ball in den freien Raum spielte und der junge Mittelstürmer hatte die Nerven, um abzuwarten, bis sich Herkenrath ihm entgegenwarf. Er hob den Ball gefühlvoll über den deutschen Torhüter hinweg zum 2:1 ins Netz. 45. Minute: Zwar hatte die deutsche Elf nicht gut gespielt, aber endlich war wieder etwas von einem Sturmspiel zu sehen gewesen. Die 2:1 Führung der Italiener zur Halbzeit war mehr als glücklich.

60. Minute: Verzweifelt bäumte sich die deutsche Mannschaft gegen die drohende Niederlage auf. Fritz Walter spielte wie zu seinen besten Zeiten. Er war vorne, im Mittelfeld und hinten zu finden, inszenierte schöne Angriffe und servierte beste Torgelegenheiten. Nach Vorarbeit von Fritz Walter hatte Viola größte Mühe mit einem 25-Meter-Schuß von Uwe Seeler. 63. Minute: Einen herrlichen Volleyschuß von Hans Schäfer begeisterte das Publikum. Aber der deutschen Mannschaft fehlte in dieser Phase das Glück. 65. Minute: Der Stuttgarter Waldner, der in der zweiten Halbzeit für den noch durch die Gelbsucht geschwächten Rahn ins Spiel gekommen war, vergab ebenfalls auf Vorlage von Fritz Walter eine gute Torgelegenheit.

70. Minute: Langsam wurden die Italiener immer stärker, und bei der deutschen Mannschaft machte sich der Kräfteverschleiß durch die lange Krankheitszeit bemerkbar. Alle Spieler, die an Gelbsucht erkrankt gewesen waren, bauten jetzt stark ab.

❖

Vorbericht zum 229. Länderspiel: Das Spiel gegen Italien hatte ein weiteres Mal bestätigt, daß nach Turek nun auch die internationale Karriere von Kohlmeyer zu Ende ging. Ihm fehlte die Spritzigkeit und Schnelligkeit. Das Länderspiel gegen Irland bot die Gelegenheit neue Spieler auszuprobieren, weil gleichzeitig die Endrunde um die Deutsche Meisterschaft lief und somit die Spieler aus Kaiserslautern, von Rot-Weiß Essen, dem HSV, SV Sodingen und Kickers Offenbach ausfielen.

Tor: Kubsch, Turek
Verteidigung: Retter, Erhardt, Juskowiak
Läufer: Schlienz, Hoffmann, Mai, Link
Stürmer: Waldner, Weilbächer, Biesinger, Röhrig, Schäfer, Haase, Buchenau

Nach einem halben Jahr stand noch einmal Turek im Aufgebot, allerdings nur als Ersatzmann. Freude herrschte über die Nominierung von Robert Schlienz. Der einstige Torjäger des VfB Stuttgart (1945/46 erzielte er den Rekord von 45 Treffern in der Oberliga Süd) galt als eines der größten Talente des deutschen Fußballs, bevor er 1948 bei einem Unfall seinen linken Arm verlor. Nie aufsteckend kam er wieder, schoß viele und entscheidende Tore für den VfB, wurde der große Lenker in der Stuttgarter Abwehr und im Aufbau und hatte entscheidenden Anteil daran, daß der VfB 1950 und 1952 Deutscher Meister und 1954 Pokalsieger wurde.

Nun holte Herberger den 31-jährigen als Neuling in die Mannschaft, um eine Führungspersönlichkeit dabeizuhaben. Mit Weilbächer (Eintracht Frankfurt) und Rudi Hoffmann (Viktoria Aschaffenburg), der bereits an den beiden letzten Lehrgängen der Nationalelf teilgenommen hatte, standen noch 2 weitere Neulinge in der deutschen Elf. Nur Link (1860 München), Haase (Werder Bremen) und Buchenau (FSV Frankfurt) wurden nie Nationalspieler.

28.5.1955 in Hamburg

BR Deutschland - Irland 2:1 (1:0)

SR: van der Meer (Holland), Zuschauer: 50.000
BRD: Kubsch -2 (FK Pirmasens); Retter -13 (VfB Stuttg.), Erhardt -6 (SpVgg. Fürth); Schlienz -1 (VfB Stuttg.), R.Hoffmann -1 (Vikt. Aschaffenb.), Mai -12 (SpVgg. Fürth); Waldner -3 (VfB Stuttg.), Weilbächer -1 (Eintr. Frankf.), Biesinger -2 (BC Augsburg), Röhrig -7, Schäfer -13 (beide 1.FC Köln)
Irland: O'Neill; Donovan, Lawlor; Ganneon, Martin, Farrell; Cavin, Cummins, Fallon, Fitzsimmons, Eglington
Tore: 1:0 Waldner (13.), 2:0 Mai (63.), 2:1 Fitzsimmons (67.)
Beste Spieler: Röhrig, Erhardt, Mai - Eglington, Fitzsimmons, O'Neill

Bericht: Die deutsche Ersatzmannschaft begann mit schnellem und direktem Spiel. Es war eine Freude dieser Mannschaft zuzusehen, die sich nicht nur kämpferisch mühte, sondern auch schöne spielerische Akzente setzte.

11. Minute: Die erste deutsche Torgelegenheit hatte der Frankfurter Weilbächer, der einen Waldner-Paß knapp am linken Pfosten vorbeischoß. 13. Minute: Bereits frühzeitig wurde die deutsche Mannschaft für ihr schwungvolles Spiel belohnt. Eine halbhohe Flanke von Röhrig setzte Waldner mit einem Absatzkick in die kurze Ecke zum 1:0. Riesiger Jubel unter den 50.000 Zuschauern bei diesem herrlichen Treffer.

41. Minute: Der Ausgleich schien unvermeidbar, als Fitzsimmons nur noch Torhüter Kubsch vor sich hatte, aber im letzten Augenblick war der Fuß von Schlienz dazwischen, der den Ball zu Kubsch zurückschlenzte. Nach schönem Spiel der deutschen Mannschaft führte sie verdient mit 1:0 zur Halbzeit.

49. Minute: Auch in der zweiten Halbzeit begann die deutsche Elf offensiv. Biesinger übersah den völlig freistehenden Schäfer und schoß stattdessen selbst aus ungünstiger Position, so daß Torhüter O'Neill abwehren konnte.

58. Minute: Glück für Torhüter Kubsch, als er beim Herauslaufen stolperte, aber gerade noch den Ball an sich reißen konnte. 63. Minute: Ein schlechtes Zuspiel innerhalb der irische n Abwehr brachte das 2:0 für die deutsche Mannschaft. Mai lief in den Ball hinein und ließ Torhüter O'Neill aus 8 Meter Entfernung mit einem wuchtigen Schuß keine Chance. 2:0 für die deutsche Mannschaft. 67. Minute: Pech für Robert Schlienz, als ihm ein Ball vom Fuß sprang und Fitzsimmons und Cavin vor Torhüter Kubsch an den Ball kamen. Fitzsimmons hatte keine Mühe, ihn in die Ecke, unhaltbar für Kubsch, einzuschieben.

80. Minute: So sehr sich auch die Iren bemühten, die deutsche Abwehr stand auch nach dem Anschlußtreffer sicher, und der Angriff machte weiterhin Druck. 86. Minute: Die letze Torgelegenheit für Irland scheiterte erneut am Einsatz von Schlienz. Die größte Chance des Spiels hatte dann noch einmal Waldner, der jedoch viel zu früh und überhastet schoß, statt noch einige Schritte zu laufen, denn er hatte nur noch Torhüter O'Neill vor sich.

90. Minute: Zwar hatten die Zuschauer kein hochklassiges Spiel gesehen, aber diese deutsche Ersatzmannschaft hatte gezeigt, daß weiterhin guter Fußball gespielt wurde und für die Zukunft keine Sorge bestand.

❖

1955/56

Bilanz 1955/56
8 Spiele: 2 Siege, 1 Unentschieden, 5 Niederlagen, 13:16 Tore
Zuschauer: 512.000
In 8 Spielen wurden 31 Spieler eingesetzt, davon waren 7 Spieler Neulinge

Die Spieler der Saison:
Fritz Herkenrath	6	Spiele
Fritz Walter	6	"
Erich Juskowiak	6	"
Horst Eckel	6	"
Josef Posipal	5	"
Josef Röhrig	5	"
Hans Schäfer	5	"
Werner Liebrich	4	"
Erwin Waldner	4	"
Willi Schröder	4	"
Max Morlock	3	"
Karl Mai	3	"
Ulrich Biesinger	3	"
Heinz Wewers	3	"
Alfred Pfaff	3	"
Gerhard Harpers	2	"
Engelbert Kraus	2	"
Helmut Rahn	2	"
Ottmar Walter	2	"
Robert Schlienz	2	"
Bernhard Klodt	2	"
Günter Sawitzki	2	"
Herbert Erhardt	2	"
Herbert Dörner	2	"
Georg Stolenwerk	1	Spiel
Uwe Seeler	1	"
Erich Retter	1	"
Erich Bäumler	1	"
Theo Schönhöft	1	"
Heinz Vollmar	1	"

Tore der Saison:
Fritz Walter	3	Tore
Josef Röhrig	2	"
Ulrich Biesinger	2	"
Hans Schäfer	1	Tor
Max Morlock	1	"
Erich Bäumler	1	"
Theo Schönhöft	1	"
Willi Schröder	1	"

Mannschaftsführer waren:
Fritz Walter	6	mal
Alfred Pfaff	2	"

1 Eigentor gegen Deutschland,
 durch Mai (gegen Italien)

1 Eigentor für Deutschland,
 durch van der Hart (Holland)

Rangliste der Nationalspieler des Jahres
1. Fritz Herkenrath (Rot-Weiß Essen)
   Fritz Walter (1.FC Kaiserslautern)
3. Werner Liebrich (1.FC Kaiserslautern)
4. Horst Eckel (1.FC Kaiserslautern)
5. Erich Juskowiak (Fortuna Düsseldorf)
   Karl Mai (SpVgg Fürth)
   Herbert Dörner (1.FC Köln)
8. Jupp Posipal (Hamburger SV)
   Jupp Röhrig (1.FC Köln)
   Alfred Pfaff (Eintracht Frankfurt)
   Robert Schlienz (VfB Stuttgart)

Vorbericht zum 230.Länderspiel: Zur neuen Saison lud Bundestrainer Sepp Herberger bereits frühzeitig, am 11.7.1955, nach Grünberg zu einem Lehrgang ein. Die frühen Vorbereitungen waren notwendig, weil bereits am 21.8. das erste Länderspiel der Saison, gegen die Sowjetunion in Moskau, stattfand.

Tor: Herkenrath, Kubsch

Verteidigung: Posipal, Erhardt, Retter, Juskowiak

Läufer: Eckel, Liebrich, Mai, Harpes, Hoffmann, Link, Semmelmann

Stürmer: Rahn, Morlock, F.Walter, Röhrig, Schäfer, Waldner, Kraus, Buchenau, Biesinger, Haase

Letzte große Tests für die Nationalspieler waren nach langer Zeit wieder regionale Auswahlspiele.

7.8.1955 in Hamburg
Nord - Süd 4:3 (1:1)
SR: Treichel (Berlin), Zuschauer: 45.000
Nord: Krämer (Hannover 96); Lanband, Posipal, ab 63. Klepacz (alle HSV); Lang (Bremerhaven 93), Bothe (Hannover 96), Meinke (HSV); Sanmann (Concordia Hamburg), ab 46. Klepacz, ab 63. Erb (Altonaer FC 93), Stürmer, U.Seeler (beide HSV), Schröder, Haase (beide Werder Bremen)
Süd: Bögelein; Retter (beide VfB Stuttg.), Merz (FC Schweinfurt 05); Schlienz (VfB Stuttg.), Hoffmann (Viktoria Aschaffenb.), Mai (SpVgg Fürth); Kraus (Kickers Offenb.), Morlock (1.FC Nürnberg), Buchenau (FSV Frankf.), Biesinger (BC Augsburg), Waldner (VfB Stuttg.)
Tore: 0:1 Morlock (42.), 1:1 U.Seeler (43.), 2:1 Stürmer (61.), 3:1 Schröder (72.), 3:2 Morlock (78.), 3:3 Morlock (85.), 4:3 U.Seeler (86.)

13.8.1955 in Hannover
Nord - Südwest 5:3 (2:1)
SR: Wershoven (Euskirchen), Zuschauer: 65.000
Nord: Krämer (Hannover 96); Lanband, Klepacz (beide HSV); Lang (Bremerhaven 93), Bothe (Hannover 96), Meinke (HSV); Erb (Altonaer FC 93), ab 80. Heyduck (Arminia Hannover), Stürmer, U.Seeler (beide HSV), ab 75. Spundflasche (Altonaer FC 93), Schröder, Haase (beide Werder Bremen)
Südwest: Hölz; Basler (beide 1.FC Kaisersl.), Ertel (FK Pirmasens); Eckel, W.Liebrich (beide 1.FC Kaisersl.), Miltz (TuS Neuendorf); Dächert (Phönix Ludwigshafen), ab 46. Schroer, F.Walter, O.Walter (alle 1.FC Kaisersl.), Demski (FK Pirmasens), Albert (Tura Ludwigshafen), ab 46. Voigtmann (TuS Neuendorf)
Tore: 0:1 Albert (7.), 1:1 U.Seeler (30.), 2:1 U.Seeler (44.), 3:1 Haase (76.), 4:1 Stürmer (77.), 4:2 F.Walter (78.), 5:2 Schröder (85.), 5:3 Voigtmann (90.)

In diesen Auswahlspielen konnten besonders die Stürmer Max Morlock, Uwe Seeler, Fritz Walter und Willi Schröder glänzen. Außer Uwe Seeler gehörten sie auch alle zum Aufgebot für das Länderspiel in Moskau.

Tor: Herkenrath, Kwiatkowski

Verteidigung: Juskowiak, Retter, Posipal

Läufer: Eckel, Liebrich, Mai, Harpers, Hoffmann

Stürmer: Rahn, F.Walter, Morlock, Röhrig, Schäfer, Schröder

Nachdem Turek und Kohlmeyer nicht mehr zum Stamm der Nationalelf gehörten, fehlten nur die beiden Mittelstürmer Ottmar Walter und Uwe Seeler. Ansonsten hatte Herberger seine besten Spieler für das schwere Spiel in Moskau beisammen. Die Sowjetunion war erst seit 1952 international aufgetreten und in wenigen Jahren zu einer der stärksten Mannschaften Europas aufgestiegen. Somit war sie auch für die deutsche Nationalelf ein echter Prüfstein. Von den 9 Länderspielen, die die UdSSR bisher

Ein historischer Augenblick: Im August 1955 spielte die deutsche Nationalelf in Moskau. Der Weltmeister wurde herzlich empfangen; v.l.: Morlock, Schäfer, Juskowiak, Röhrig, Posipal, Liebrich, Rahn, Harpers, Eckel, Herkenrath, Fritz Walter und Sepp Herberger

Fritz Walter und Igor Netto bei der Begrüßung und Wimpeltausch

ausgetragen hatte, hatte sie nur gegen Jugoslawien mit 1:3 verloren. Demgegenüber standen Ergebnisse wie das 7:0 und 6:0 gegen Schweden und ein 1:1 gegen Ungarn.

21.8.1955 in Moskau
Sowjetunion - BR Deutschland 3:2 (1:1)

SR: Ling (England), Zuschauer: 80.000

UdSSR: Jaschin; Porchunov, Ogonjkow; Maslonkin, Baschaschkin, Netto; Tatuschin, Isajew (ab 70. Kuznetzow), Parschin, Salnikow, Iljin

BRD: Herkenrath -5 (RWE); Juskowiak -4 (Fort. Düsseld.), Posipal -27 (HSV); Eckel -15, Liebrich -12 (beide 1.FC Kaisersl.), Harpers -5 (SV Sodingen); Rahn -17 (RWE), F.Walter -47 (1.FC Kaisersl.), Morlock -21 (1.FC Nürnberg), ab 73. Schröder -3 (Werder Bremen), Röhrig -8, Schäfer -14 (beide 1.FC Köln). Mannschaftskapitän: F.Walter

Tore: 1:0 Tatuschin (16.), 1:1 F.Walter (29.), 1:2 Schäfer (53.), 2:2 Maskonkin (70.), 3:2 Iljin (74.)

Beste Spieler: Tatuschin, Iljin, Maslonkin - Herkenrath, Liebrich, F.Walter, Röhrig

Bericht: Nicht nur sportlich, sondern auch politisch hatte dieses Spiel eine besondere Bedeutung. Kaum eine Sportveranstaltung hatte so sehr die Möglichkeit, die Folgen des Krieges durch Freundschaften zu überwinden. Entsprechend herzlich war auf beiden Seiten die Atmosphäre, und es wurde stets fair gespielt.

12. Minute: In den ersten 10 Minuten hatten beide Mannschaften vorsichtig taktiert und abwartend gespielt. Der erste Warnschuß kam von Rechtsaußen Tatuschin, dessen Schuß nur knapp am Gehäuse von Herkenrath vorbeizischte. 16. Minute: Als Posipal einen Moment gegen Tatuschin zögerte, war es passiert. Aus 7 Meter Entfernung schoß der sowjetische Rechtsaußen unhaltbar ins Lattenkreuz zum 1:0 ein.

21. Minute: Endlich kam auch die deutsche Mannschaft gut ins Spiel. Die erste Torgelegenheit hatte Röhrig, dessen Schuß jedoch auch knapp das sowjetische Tor verfehlte. 25. Minute: Das Spiel der deutschen Mannschaft wurde immer besser, hatte viele überraschende Züge und war für die sowjetische Abwehr meistens zu schnell. Einen Schuß von Eckel konnte Jaschin erst im Nachschuß fassen. 29. Minute: Über Horst Eckel und Röhrig kam der Ball zu Fritz Walter, der Ogonjkow aussteigen ließ und den Ball unhaltbar für Jaschin ins Tor zirkelte. Der verdiente Ausgleich für die deutsche Mannschaft war nach einer knappen halben Stunde geschafft. Und 4 Minuten später war es erneut der sehr agile Fritz Walter, der aus 30 Metern mit unglaublicher Wucht schoß und nur ganz knapp das Tor von Jaschin verfehlte.

43. Minute: Viel Glück für die Sowjetunion, als Harpers einen Freistoß von Röhrig direkt nahm und Jaschin schon geschlagen war. Porchunov stand jedoch auf der Linie und konnte zur Ecke klären. Zur Halbzeit konnte man mit der Leistung der deutschen Mannschaft noch nicht ganz zufrieden sein, aber sie war während der 45 Minute zusehends stärker geworden.

53. Minute: Auch nach der Halbzeit war eine ständige Steigerung bei der deutschen Mannschaft festzustellen. In eine herrliche, fließende Kombination setzte Fritz Walter Röhrig ein, der dem heranstürmenden Schäfer in den Lauf spielte, und der Kölner Linksaußen drehte den Ball aus fast unmöglichem Winkel in das sowjetische Tor zur 2:1 Führung.

59. Minute: Mit technischen Kabinettstückchen spielten Schäfer, Röhrig und Fritz Walter die gesamte russische Abwehr aus, wurden aber vor dem entscheidenden Torschuß wegen Abseits zurückgepfiffen. 60. Minute: Nur in letzter Sekunde konnte Torhüter Jaschin, der 40 Meter aus seinem Tor herausgelaufen war, vor dem heranstürmenden Rahn retten. Im Gegenzug konnte sich zum erstenmal in der zweiten Halbzeit Herkenrath mit einer Glanzparade auszeichnen. 67. Minute: Erneut war Helmut Rahn seinen Gegenspielern davongelaufen und schob flach an Jaschin vorbei ins Tor. Erst sehr spät pfiff Schiedsrichter Ling wegen angeblichem Abseits. 70. Minute: Mit zunehmender Spieldauer wurde die Sowjetunion immer stärker und kam durch einen tollen 16-Meter-Schuß von Maslonkin zum Ausgleich. Der wunderschöne Ball landete unhaltbar bei Herkenrath im Netz. 74. Minute: Pech für die deutsche Mannschaft, als eine Kopfballabwehr Juskowiaks auf der Linie zu kurz und damit direkt vor die Füße von Iljin fiel, der den Ball mit Vehemenz unter die Latte jagte. Binnen 4 Minuten hatte die Sowjetunion aus einem 1:2 ein 3:2 gemacht. Der eingewechselte Schröder hatte 2 Minuten später eine große Chance zum erneuten Ausgleich, aber Jaschin zeigte eine hervorragende Reaktion.

90. Minute: In den letzten 10 Minuten fehlte der deutschen Mannschaft wieder einmal die Kraft, um sich gegen die Niederlage aufzubäumen. Das Erfreulichste war jedoch, daß sie das erste Mal seit dem WM-Spiel wieder durch hervorragendes Zusammenspiel, großartige Technik und Schnelligkeit überzeugt hatte. Für die Sowjetunion war es ein glücklicher Sieg.

❖

Vorbericht zum 231.Länderspiel: Mit Jugoslawien bekam die deutsche Nationalelf erstmals einen Gegner, dem sie bei der WM begegnet war. Die Jugoslawen wollten Revanche für die Genfer 0:2 Niederlage im Viertelfinale. Wie bei der deutschen Elf hatte sich auch bei den Jugoslawen einiges geändert. Nur noch 6 Spieler standen in der Mannschaft, die auch in Genf dabei waren. Sepp Herberger hatte wieder 8 Weltmeister dabei. Darunter Ottmar Walter, der die schwere Zeit der Krankheit und Verletzungen überstanden hatte.

Tor: Herkenrath
Verteidigung: Retter, Posipal, Juskowiak, Höfer
Läufer: Eckel, Liebrich, Erhardt, Röhrig, Harpers
Stürmer: Rahn, Morlock, O.Walter, F.Walter, Schäfer, Waldner, Kraus

Der Ersatztorhüter sollte erst nach dem B-Länderspiel hinzugezogen werden und für die Verteidigung wurde noch Karl Schmidt nachnominiert. Er kam ebenso zu seinem ersten Länderspiel wie der andere Neuling, Berti Kraus. Aus dem erhofften Einsatz des kompletten Weltmeistersturms wurde schließlich auch nichts, weil Rahn nicht ganz fit war.

25.9.1955 in Belgrad

Jugoslawien - BR Deutschland 3:1 (2:0)

SR: Zsolt (Ungarn), Zuschauer: 56.000
Jugoslawien: Beara; Belin, M.Zekovic; D.Krstic, I.Horvat, Boskov; Rajkov (ab 69. Ognjanov), Milutinovic, Vukas, Veselinovic, Vidosevic
BRD: Herkenrath -6 (RWE), K.Schmidt -1 (1.FC Kaisersl.), Posipal -28 (HSV); Eckel -16, Liebrich -13 (beide 1.FC Kaisersl.), Röhrig -9 (1.FC Köln); Waldner -4 (VfB Stuttg.), ab 74. Kraus -1 (Kickers Offenb.), Morlock -22 (1.FC Nürnberg), O.Walter -20, F.Walter -48 (beide 1.FC Kaisersl.), Schäfer -15 (1.FC Köln). Mannschaftskapitän: F.Walter

Tore: 1:0 Milutinovic (31.), 2:0 Rajkov (36.), 3:0 Veselinovic (83.), 3:1 Morlock (89.)
Beste Spieler: Boskov, Beara, Vukas, Zekovic - Röhrig, Liebrich, Posipal

Bericht: Beide Mannschaften hatten einen gehörigen Respekt voreinander, wie die ersten, vorsichtigen Minuten, zeigten.

8. Minute: Die erste gute Torgelegenheit des Spiels hatten die Jugoslawen, als Veselinovic knallhart schoß und Herkenrath ebenso glänzend parierte. Das 1:0 für die Jugoslawen schien dann fällig, als Veselinovic 2 Minuten später ins Tor traf. Schiedsrichter Zsolt hatte jedoch vorher Abseits gepfiffen. 11. Minute: Der erste glänzende Spielzug der deutschen Mannschaft führte auch gleich zu einer tollen Chance für Ottmar Walter, der mit einem Prachtschuß die Querlatte traf. Viel Glück für die Jugoslawen.

30. Minute: Nach einer halben Stunde war das Spiel noch ziemlich ausgeglichen. Auf beiden Seiten fehlten jedoch die klaren Torgelegenheiten. 31. Minute: Zuerst Glück für die deutsche Mannschaft, als Veselinovic an den Pfosten donnerte, aber dann war Milutinovic zur Stelle und ließ sich die Chance zum 1:0 für Jugoslawien nicht entgehen. 36. Minute: Nach dem Führungstreffer machten die Jugoslawen noch mehr Druck. Sie waren nun klar überlegen und erzielten als logische Folge daraus einen weiteren Treffer durch Rajkov, gegen den Herkenrath machtlos war.

41. Minute: Eine Freistoßchance konnte Fritz Walter nicht nutzen. Der Ball blieb in der Abwehr der Jugoslawen hängen. Und einen knallharten Schuß von Rajkov konnte Herkenrath 2 Minuten später nur durch zweimaliges Nachfassen halten. 44. Minute: Noch einmal erging es dem deutschen Torhüter so, als ein scharf geschossener Milutinovic-Ball auf sein Gehäuse kam. Zur Halbzeit stand es zweifellos verdient 2:0 für die Jugoslawen.

47. Minute: Die deutschen Zuschauer jubelten zu früh, als Morlock nach einer Fritz-Walter-Flanke den Ball wunderschön ins jugoslawische Netz köpfte. Schiedsrichter Zsolt erkannte den Treffer jedoch wegen Abseitsstellung nicht an. 51. Minute: Milutinovic überlief die deutsche Abwehr und Torhüter Herkenrath und schoß ins Tor ein. Zum Glück hatte Schiedsrichter Zsolt vorher gesehen, daß Milutinovic den Ball mit der Hand mitgenommen hatte.

70. Minute: So sehr sich die deutsche Mannschaft auch bemühte, auch in der zweiten Halbzeit stand sie fast ständig unter

Druck. Dem Angriff fehlte der nötige Nachschub aus der Abwehr heraus, die mit ihren Aufgaben völlig überlastet waren. Zwei Minuten später hatte die deutsche Mannschaft zum zweitenmal Pech, als Röhrig aus 25 Meter Entfernung nur den Pfosten traf.

83. Minute: Als die deutsche Elf noch einmal alles versuchte, um den Anschlußtreffer zu erzielen, war es passiert. Einen weiten Paß in den freien Raum erlief sich Veselinovic, der den Ball lässig über den herauseilenden Herkenrath hinweg zum 3:0 für Jugoslawien ins Tor schlenzte. 89. Minute: Mehr als ein Trostpflaster konnte der Kopfball von Morlock, nach einer typischen Fritz-Walter-Ecke nicht sein. Die deutsche Mannschaft hatte trotz zwei Abseitstoren und 3 Lattenschüssen insgesamt verdient mit 1:3 verloren.

❖

Vorbericht zum 232. Länderspiel: Eine Woche vor dem Norwegen-Spiel lud Herberger zu einem Lehrgang nach Karlsruhe ein. Er verzichtete dabei bewußt auf Rahn, Morlock und Ottmar Walter, die nach Verletzungen noch nicht wieder voll auf der Höhe waren.

Tor: Herkenrath, Kwiatkowski
Verteidiger: Posipal, K.Schmidt, Sandmann
Läufer: Eckel, Liebrich, Mai, Harpers, R.Hoffmann
Stürmer: Kraus, Waldner, Fritz Walter, Biesinger, Uwe Seeler, Stürmer, Röhrig, Schäfer, Schröder, Haase, Nocht

Die große Anzahl der Stürmer zeigte, wo Sepp Herberger sein Schwergewicht sah. Auch wenn für ihn schon vorher feststand, daß er die beiden jungen Hamburger Uwe Seeler und Klaus Stürmer nicht einsetzte, so war ihm doch wichtig, beide so oft wie möglich im Kreis der Nationalelf zu haben. Aus dem Lehrgang wurden 16 Spieler für das Länderspiel gegen Norwegen ausgesucht. Nicht dabei waren Sandmann, Uwe Seeler, Stürmer, Haase und Nocht (nach langer Zeit wieder ein Berliner Stürmer, von Viktoria 89). Für die Verteidigung wurde Kaniber (Kickers Würzburg) nachnominiert, der jedoch nie zu einem A-Länderspiel kam.

16.11.1955 in Karlsruhe

BR Deutschland - Norwegen 2:0 (2:0)

SR: Seipelt (Österreich), Zuschauer: 50.000
BRD: Herkenrath -7 (RWE); Posipal -29 (HSV), K.Schmidt -2 (1.FC Kaisersl.); Eckel -17, Liebrich -14 (beide 1.FC Kaisersl.), Harpers -6 (SV Sodingen); Kraus -2 (Kickers Offenb.), F.Walter -49 (1.FC Kaisersl.), Biesinger -3 (BC Augsburg), ab 80. Schröder -4 (Werder Bremen), Röhrig -10 (1.FC Köln), Waldner -5 (VfB Stuttg.). Mannschaftskapitän: F.Walter
Norwegen: A.Hansen; Bakker, Falch; Hernes, Svenssen, Gundersen; P.Knudsen, Legernes, Dybwad, K.Kristiansen, Kure
Tore: 1:0 F.Walter (24.), 2:0 Röhrig (27.)
Beste Spieler: Eckel, Herkenrath, F.Walter - A.Hansen, Svenssen, Dybwad
Bericht: In den ersten Minuten konnte man davon ausgehen, daß es ein abwechselungsreiches und schönes Spiel geben würde.

2.-6. Minute: Torhüter Hansen faustete eine scharfe Flanke von Kraus über die Latte. Zum erstenmal mußte sich Herkenrath mächtig strecken, nachdem der Halbrechte Legernes einen schönen Schuß auf das deutsche Tor geknallt hatte. Nach Flanke von Waldner konnte Torhüter Hansen den plazierten Kopfball von Biesinger halten. Und ein Waldner-Schuß strich nur knapp über das norwegische Gehäuse. 9. Minute: Viel Glück für die deutsche Mannschaft, als Dybwad Liebrich ausgespielt hatte und den Ball gefühlvoll über Herkenrath hob. Zum Glück für die deutsche Mannschaft landete der Ball auf der Torlatte. Die deutsche Abwehr war keinesfalls sicher. Im Gegenteil bekam Herkenrath viele gefährliche Schüsse zu halten.

24. Minute: Endlich die deutsche Führung. Einen hart geschossenen Ball von Röhrig konnte Torhüter Hansen nur kurz abwehren und Fritz Walter war zur Stelle, um den Ball sicher im norwegischen Tor einzuschießen. 27. Minute: Ein herrlicher Schuß von Biesinger sauste an die Latte, und den zurückprallenden Ball drückte Röhrig mit dem Kopf zum 2:0 über die Linie. Binnen 3 Minuten hatte sich die deutsche Mannschaft mit 2:0 in Führung geschossen.

37. Minute: Nach den beiden Treffern hatte die deutsche Elf mehr und mehr die Initiative übernommen und nun durch Berti Kraus eine weitere gute Torgelegenheit, die der junge Offenbacher jedoch vergab. Und noch einmal konnte Herkenrath 2 Minuten später, mit einer glänzenden Leistung, bei einem Fernschuß sein Können zeigen. 45. Minute: Ohne zu überzeugen, führte die deutsche Mannschaft zur Pause verdient mit 2:0 Toren.

61. Minute: Nach gutem Wiederbeginn der deutschen Mannschaft verflachte das Spiel immer mehr. Berti Kraus konnte nach gut einer Stunde selbst freistehend vor Hansen den Ball nicht im Tor unterbringen. 72. Minute: Nur mit Pech verpaßte Fritz Walter eine herrliche Waldner-Flanke kurz vor der Torlinie.

90. Minute: In den letzten 20 Minuten des Spiels lief bei der deutschen Mannschaft gar nichts mehr zusammen. Es wurde weder steil noch schnell gespielt, sondern meistens klein klein, quer und zurück. Auch wenn die Norweger keine Chance hatten, das Spiel zu gewinnen, so war die Leistung der deutschen Mannschaft doch enttäuschend.

❖

Vorbericht zum 233. Länderspiel: Rom war als Austragungsort des Länderspiels gegen Italien letzte Station des Jahres 1955. Und zum erstenmal standen wieder 9 Weltmeister im Aufgebot, von denen 7 zum Einsatz kamen. Schon deshalb wurde das Spiel mit besonderer Spannung erwartet.

Tor: Herkenrath, Kwiatkowski
Verteidigung: K.Schmidt, Juskowiak, Posipal
Läufer: Liebrich, Eckel, Harpers, Mai
Stürmer: Rahn, Morlock, O.Walter, F.Walter, Schäfer, Stollenwerk, Röhrig, R.Herrmann

Morlock und R.Herrmann mußten kurz vorher aus dem Aufgebot gestrichen werden. Schließlich brachte auch Ottmar Walter nicht die Form mit, die für seine Aufstellung nötig gewesen wäre. So waren „nur" 7 Weltmeister gegen den großen Rivalen dabei.

18.12.1955 in Rom

Italien - BR Deutschland 2:1 (1:0)

SR: Ellis (England), Zuschauer: 100.000
Italien: G.Viola; Magnini, Cervato; Chiappella, F.Rosetta, Segato; Boniperti, Montico, Virgili, Pivatelli (ab 46. Burini), Frignani
BRD: Herkenrath -8 (RWE); Posipal -30 (HSV), ab 18. Juskowiak -5 (Fort. Düsseld.), K.Schmidt -3 (1.FC Kaisersl.); Eckel -18, Liebrich -15 (beide 1.FC Kaisersl.), Mai -13 (Spvgg. Fürth); Rahn -18 (RWE), F.Walter -50 (1.FC Kaisersl.), Stollenwerk -5, Röhrig -11, Schäfer -16 (alle 1.FC Köln). Mannschaftskapitän: F.Walter
Tore: 1:0 Mai (38. Eigentor), 2:0 Boniperti (83.), 2:1 Röhrig (88.)
Beste Spieler: Boniperti, Rosetta, Chiapella - Herkenrath, Liebrich, F.Walter
Bericht: Auch wenn Italien damals nicht zur absoluten Spitze Europas zählte, wurde dieses alte Duell zweier großer Fußballnationen mit Spannung erwartet.

1. Minute: Guter Auftakt für die deutsche Mannschaft, die anstieß und gleich durch einen Linksschuß von Rahn die erste Torchance hatte. Viola konnte jedoch halten.

10. Minute: Das Spielgeschehen wechselte von einem Tor zum anderen, aber zwingende Torchancen blieben aus. In der 14. Minute hatte Virgili die erste ganz große Chance des Spiels, der eine Vorlage von Boniperti direkt nahm und an den Pfosten donnerte. 18. Minute: Pech für die deutsche Mannschaft, daß sich der

großartig spielende Posipal verletzte und durch Juskowiak ersetzt werden mußte. Sofort danach konnte Herkenrath nur mit einer Glanzparade einen 30-Meter-Schuß von Verteidiger Cervato aus dem Winkel fausten. 23. Minute: Nach über 10 Minuten wieder der erste gefährliche deutsche Angriff, aber Schäfers Schuß auf das kurze Eck verfehlte knapp das Tor.

31. Minute: Eine gute Konterchance für die deutsche Mannschaft verhinderte Rosetta, indem er den für ihn sonst nicht mehr erreichbaren Ball mit der Hand aufhielt. Schade, denn Helmut Rahn wäre mit dem Ball auf und davon gewesen. 38. Minute: Ganz großes Pech für die deutsche Mannschaft, als Chiappella schoß, Mai seinen Fuß dazwischen bekam und den Ball somit unhaltbar für Herkenrath ins eigene Tor abfälschte. Überraschend, aber nicht unverdient führten die Italiener 1:0.

50. Minute: Nach schönem Spielzug der deutschen Mannschaft vergab Rahn völlig freistehend aus günstiger Position. 59. Minute: Glück für die Italiener, als Stollenwerk allein vor Viola den italienischen Torhüter anschoß. Drei Minuten später noch eine gute Torgelegenheit für Stollenwerk, als ihn Fritz Walter mit einer Maßvorlage in die Gasse schickte. Erneut konnte der Kölner jedoch nicht Torhüter Viola überwinden. 63. Minute: Die deutsche Mannschaft wurde zusehends stärker. Einen 40-Meter-Paß von Fritz Walter nahm Linksaußen Schäfer auf, aber auch sein Schuß landete am Außennetz. Und erneut vergab die deutsche Mannschaft eine Minute später eine gute Chance, weil im Strafraum zu langsam gespielt wurde.

75. Minute: Das große Problem der deutschen Elf, vor allem in der zweiten Halbzeit: sie spielte einfach zu langsam und zu unentschlossen. Sowohl Röhrig als auch Stollenwerk nutzten die gute Vorarbeit von Fritz Walter nicht, sondern zögerten so lange, bis die Chance vorbei war.

83. Minute: Und noch einmal eine gute deutsche Torgelegenheit, aber Schäfers Bogenschuß aus dem Hinterhalt landete leider nur auf dem Netz. Im Gegenzug dann die Vorentscheidung, als zwei unglückliche Abpraller schließlich Boniperti alleine vor den Torhüter brachten, wo er keine Mühe hatte zum 2:0 einzuschieben. 86. Minute: Zwei großartige Paraden von Herkenrath gegen Virgili und im Nachschuß gegen Boniperti verhinderten den dritten italienischen Treffer. 88. Minute: Endlich hatte auch die deutsche Mannschaft Glück. Nach Fritz Walters Steilpaß war Röhrig allein im Strafraum und hatte keine Mühe, Torhüter Viola zu überwinden.

90. Minute: Zum wiederholten Male hatte die deutsche Mannschaft in Italien unglücklich verloren. Zwar hatte sie sich die Niederlage durch das zu langsame Spiel selbst zuzuschreiben, aber auch die Italiener waren an diesem Tag nicht stärker. Ein Unentschieden hätte dem Spielverlauf entsprochen.

❖

Vorbericht zum 234.Länderspiel: Die ausbleibenden Erfolge nach dem WM-Titel und der öffentliche Druck veranlaßten Bundestrainer Sepp Herberger zu einer neuen Maßnahme. Ab 1956 sollten regelmäßig Trainingsspiele der Nationalmannschaft gegen die stärksten Vereinsmannschaften ausgetragen werden. Für die beiden ersten Spiele und das darauffolgende Länderspiel gegen Holland benannte er folgendes Aufgebot:

Torwart: Kwiatkowski (BVB), Loy (Eintr. Frankf.), Krämer (Hannover 96), Kubsch (FK Pirmasens), Schnoor (HSV)

Verteidiger: Erhardt (Spvgg. Fürth), Juskowiak (Fort. Düsseld.), Kaniber (Kickers Würzburg), Höfer (Eintr. Frankf.), Sattler (Kickers Offenb.), Weskamp (Duisburger SV), Sandmann (BVB), Vigna (Fort. Düsseld.), Josten (Duisburger SV), Konopczinski (SV Sodingen)

Läufer: K.Hoffmann (Fort. Düsseld.), R.Hoffmann (Vikt. Aschaffenb.), Dörner (1.FC Köln), Schmidt (1.FC Kaisersl.), Schlienz (VfB Stuttg.), Harpers (SV Sodingen), Schwall (FV Daxlanden), Gerdau (Heider SV), Szymanniak (Wuppertaler SV)

Stürmer: Klodt (Schalke 04), Stollenwerk (1.FC Köln), Morlock (1.FC Nürnberg), O.Meyer (VfR Mannheim), Pfaff (Eintr. Frankf.), Termath (Karlsruher SC), Kraus (Kickers Offenb.), Waldner (VfB Stuttg.), Biesinger (BC Augsburg), Neuschäfer (Vikt. Aschaffenb.), Herrmann (FSV Frankf.), Geise (Bremerhaven 93), Stürmer, Seeler (beide HSV), Schröder, Haase (beide Werder Bremen), Kaufhold (Kickers Offenb.), Laumann (VfR Mannheim), Nocht (Viktoria 89)

Auf die Nominierung einiger Stammspieler, Posipal, Liebrich, Eckel, Mai, Rahn, O.Walter, F.Walter und Röhrig, verzichtete Herberger, weil sie sowieso schon stark beansprucht waren und gegebenenfalls ohne Lehrgang hinzugezogen werden konnten.

22.2.1956 in Hamburg
Hamburger SV - D.F.B.-Auswahl 1:4 (0:4)
SR: Assmussen (Flensburg), Zuschauer: 28.000
HSV: Schnoor; Schemel, Laband; Meinke, Posipal, Liese; D.Seeler, Stürmer, Uwe Seeler, Schlegel, Klepacz
D.F.B.: Kwiatkowski; Koll, Erhardt; Nuber, Schlienz, Dörner; Kaufhold, Kraus, Ötti Meyer, Laumann, Schäfer
D.FB (2. Halbzeit): Krämer; Erhardt, Sandmann; Schlienz, R.Hoffmann, Schwall; Kaufhold, Neuschäfer, Kraus, Schröder, Haase
Tore: 0:1 Schäfer (7.), 0:2 Kraus (16.), 0:2 O.Meyer (40.), 0:4 Schäfer (44.), 1:4 Uwe Seeler (64.)
Beste Spieler: Posipal, Uwe Seeler, Liese - O.Meyer, Schäfer, Dörner, Laumann

7.3.1956 in Homburg
Saarland - D.F.B.-Auswahl 1:4 (1:1)
SR: Dusch (Kaiserslautern), Zuschauer: 20.000
Saar: Borcherding (Saar 05); Dinger (Saar 05), Puff (1.FC Saarbr.); Clemens, Monter (beide Saar 05), Lauck Bor. Neunk.); Siedl, Martin, Krieger (alle 1.FC Saarbrücken), Altmeyer (Saar 05), Vollmar (St. Ingbert)
D.F.B. (1. Halbzeit): Herkenrath; Juskowiak, Sandmann; Erhardt, Wewers, Grewer; B.Klodt, Derwall, Ötti Meyer, Laumann, Termath
D.F.B. (2. Halbzeit): Kubsch; Juskowiak, Wewers; Schlienz, R.Hoffmann, Erhardt; B.Klodt, Miltz, Neuschäfer, Laumann, Termath
Tore: 0:1 Klodt (12.), 1:1 Lauck (31.), 1:2 Schlienz (61.), 1:3, 1:4 Neuschäfer (64., 67.)
Beste Spieler: Siedl, Lauck - Schlienz, Neuschäfer, Laumann, Erhardt

Nach diesen Testspielen berief Herberger 17 Spieler für das Länderspiel gegen Holland. Die große Überraschung war das Fehlen von Liebrich, Mai, Rahn, Morlock, Ottmar Walter und dem damals erfolgreichsten deutschen Torjäger Ötti Meyer. Der Osnabrücker, in Diensten des VfR Mannheim, hatte im Testspiel gegen den HSV einen hervorragenden Eindruck hinterlassen. Unverständlicherweise blieb er, einer der größten deutschen Torjäger der 50er Jahre, ohne Länderspiel, obwohl gerade Torjäger in diesen Jahren der Nationalelf fehlten.

Tor: Herkenrath, Kwiatkowski
Verteidigung: Posipal, Retter, Juskowiak
Läufer: Eckel, Schlienz, R.Hoffmann, K.Schmidt
Stürmer: B.Klodt, Waldner, Uwe Seeler, Fritz Walter, Neuschäfer, Laumann, Röhrig, Schäfer

Bezeichnend für die Ratlosigkeit Herbergers war, daß nach 2 Testspielen mit guten Ansätzen nur 2 Neulinge berufen wurden, wovon Laumann nie Nationalspieler wurde, Neuschäfer erst später. Andererseits fehlten eine Reihe Weltmeister, aber Ersatz wurde wieder unter den Alten, wie Retter, Schlienz und Röhrig, gesucht. Es war schon paradox, daß der einarmige Schlienz, zweifellos eine der größten deutschen Fußballpersönlichkeiten, wieder in die Nationalelf rückte, weil er einfach einer der Besten war. Hier beging Herberger zweifellos Fehler, als er für den momentanen

Erfolg 30-jährige berief, statt jungen Spielern internationale Erfahrung zu geben.

14.3.1956 in Düsseldorf

BR Deutschland - Holland 1:2 (0:0)

SR: Leafe (England), Zuschauer: 65.000
BRD: Herkenrath -9 (RWE); Posipal -31 (HSV), Juskowiak -6 (Fort. Düsseld.); Eckel -19 (1.FC Kaisersl.), Schlienz -2 (VfB St.), K.Schmidt -4 (1.FC Kaisersl.); B.Klodt -12 (Schalke 04), F.Walter -51 (1.FC Kaisersl.), Uwe Seeler -4 (HSV), ab 73. Waldner -6 (VfB Stuttg.), Röhrig -12, Schäfer -17 (beide 1.FC Köln). Mannschaftskapitän: F.Walter
Holland: de Munck; Wiersma, Kuijs; Notemans, van der Hart, Klaassens; Appel, Bosselaar, Koopal, Lenstra, Timmermans (ab 55. Clavan)
Tore: 0:1, 0:2 Lenstra (52., 74.), 1:2 v.d.Hart (77. Eigentor)
Beste Spieler: Schlienz, Eckel, Posipal - Lenstra, Appel, de Munck
Bericht: Trotz der vergangenen Enttäuschungen hofften die deutschen Zuschauer, endlich wieder Leistungen wie bei der WM in der Schweiz zu sehen.

5. Minute: Es begann recht gut für die deutsche Mannschaft, als Schäfer nach Vorarbeit von Fritz Walter und Uwe Seeler die erste Torchance hatte. Sein angeschnittener Schuß verfehlte jedoch knapp das Ziel. 7. Minute: Daß die Holländer nicht unterschätzt werden durften, zeigte ein toller Schuß von Appel, der nur den Pfosten traf. 8. Minute: Noch einmal Glück für die deutsche Mannschaft, als der gefährlichste Stürmer der Holländer, Lenstra, nur um Millimeter am deutschen Tor vorbeizielte.

15. Minute: Während die Holländer ein schönes, flüssiges und schnelles Kombinationsspiel zeigten und den ganzen Raum des Spielfeldes ausnutzten, war bei der deutschen Mannschaft vieles dem Zufall überlassen. Es lief kaum etwas zusammen, und so war es auch nur Zufall, daß Uwe Seeler plötzlich 8 Meter vor dem Tor von de Munck frei zum Schuß kam. Bezeichnend, daß der Hamburger Mittelstürmer ausrutschte und diese große Torchance vertan war.19. Minute: Ein herrlicher Schuß von Appel konnte nur durch eine Glanzparade von Herkenrath gehalten werden. Und binnen zweier weiterer Minuten mußte Robert Schlienz zweimal in höchster Not vor dem deutschen Tor retten.

44. Minute: Die letzten Minuten der ersten Halbzeit gehörten noch einmal der deutschen Mannschaft. Röhrigs Schuß pfiff nur knapp am Pfosten vorbei. 45. Minute: Auch Fritz Walter hatte noch einmal eine gute Torgelegenheit, aber auch er zielte am Gehäuse von de Munck vorbei. Zur Halbzeit hatte die deutsche Mannschaft ein glückliches 0:0 erreicht.

52. Minute: Nach gutem Beginn der zweiten Halbzeit kam für die deutsche Mannschaft der überraschende Rückstand. Einen Konter nutzte Lenstra entschlossen zum 1:0 für Holland. 60. Minute: Die Enttäuschung der deutschen Zuschauer wurde immer größer, als Uwe Seeler aus 5 Meter Entfernung noch am Tor vorbeizielte. Kurz darauf mußte der Hamburger humpelnd das Spielfeld verlassen.

74. Minute: Zwar war die deutsche Mannschaft jetzt klar überlegen, aber kaum einmal kam sie in den Strafraum der Holländer. Sie fand mit ihrem viel zu langsamen und ideenlosen Spiel kein Mittel, sich entscheidend durchzusetzen. Nach einem schnellen Konter und einer zu kurzen Faustabwehr von Herkenrath war erneut Lenstra zur Stelle und donnerte den Ball zum 2:0 für die Holländer ins Netz. 77. Minute: Bezeichnend für die Sturmschwäche der deutschen Mannschaft war der Anschlußtreffer, als ein Klodt-Schuß, der klar das Tor verfehlt hätte, von Mittelläufer van der Hart ins eigene Tor abgefälscht wurde. Auch die restlichen 13 Minuten bis zum Spielende waren kaum noch der Rede wert.

❖

Vorbericht zum 235.Länderspiel: Nach der blamablen 1:2-Heimniederlage gegen das zweitklassige Holland wuchs die Kritik an Herberger. Ihm wurde nicht zu unrecht vorgeworfen, zu sehr an den alten Spielern festzuhalten und Talente zu vernachlässigen. Der Bundestrainer, als Dickschädel bekannt, störte sich daran jedoch wenig. Zum Lehrgang in Duisburg, mit einem Testspiel gegen Rot-Weiß Essen, berief er wieder alle seine Altstars.
Tor: Kwiatkowski
Verteidigung: Posipal, Juskowiak, Retter
Läufer: Eckel, Liebrich, Mai, Schlienz, K.Schmidt
Stürmer: B.Klodt, Morlock, O.Walter, F.Walter, Schäfer, Röhrig
Wegen einiger Verletzungen wurden noch Waldner, R.Herrmann und Landerer nachträglich berufen.

25.4.1956 in Essen (Uhlenkrug)
Rot-Weiß Essen - D.F.B.-Auswahl 1:3 (1:1)
SR: Treichel (Berlin), Zuschauer: 20.000
RWE: Herkenrath; Jänisch, Köchling; Jahnel (Abromeit), Wewers, Grewer; Wöske, Vordenbäumen, Seemann, Ekner, Rahn
D.F.B.: Kwiatkowski; Posipal, Juskowiak; Eckel, Landerer (Retter), Mai; B.Klodt (Waldner), Morlock, O.Walter, Pfaff, R.Herrmann
Tore: 1:0 Rahn (14.), 1:1 Juskowiak (16. Foulelfmeter), 1:2 O.Walter (72.), 1:3 Eckel (80.)
Beste Spieler: Rahn, Grewer, Ekner - Posipal

Eigentlich hätte Herberger nach diesem Spiel wissen müssen, daß die Zeit der „Alten" vorbei war. Teilweise wurde die D.F.B.-Auswahl regelrecht an die Wand gespielt und hatte viel Glück. Letzte Sichtungsmöglichkeit für Herberger war ein Lehrgang der Kandidaten für das Englandspiel vom 14.-19.5. in Karlsruhe-Schöneck. Erwartungsgemäß stützte sich der Bundestrainer auf seine „Alten".
Tor: Herkenrath, Kubsch
Verteidigung: Posipal, Juskowiak, Retter, K.Schmidt
Läufer: Schlienz, Wewers, Mai, Liebrich, Erhardt
Stürmer: Rahn, Morlock, O.Walter, F.Walter, Schäfer, Pfaff, Waldner, Schröder
Kein einziger Neuling im Aufgebot und nur wenige junge Spieler, von denen nur Waldner zum Einsatz kam.

26.5.1956 in Berlin

BR Deutschland - England 1:3 (0:1)

SR: Zsolt (Ungarn), Zuschauer: 95.000
BRD: Herkenrath -10 (RWE); Retter -14 (VfB Stuttg.), Juskowiak -7 (Fort. Düsseld.); Schlienz -3 (VfB Stuttg.), Wewers -2 (RWE), Mai -14 (Spvgg. Fürth); Waldner -7 (VfB Stuttg.), Morlock -23 (1.FC Nürnberg), ab 40. Pfaff -4 (Eintr. Frankf.), O.Walter -21, F.Walter -52 (beide 1.FC Kaisersl.), Schäfer -18 (1.FC Köln). Mannschaftskapitän: F.Walter
England: R.Matthews; Hall, R.Byrne; Clayton, Wright, Edwards; Astall, Haynes, T.Taylor, Wilshaw, Grainger
Tore: 0:1 Edwards (26.), 0:2 Grainger (63.), 0:3 Haynes (69.), 1:3 F.Walter (85.)
Beste Spieler: F.Walter, Mai, Juskowiak - Edwards, Wright, T.Taylor, Clayton
Bericht: Zur Freude der Zuschauer begann die deutsche Mannschaft großartig und hatte bereits bei ihrem ersten Angriff durch Waldner eine gute Torgelegenheit. Nur der schnellen Reaktion von Torhüter Matthews hatten es die Engländer zu verdanken, daß es beim 0:0 blieb.

20. Minute: Auch wenn das Spiel der Engländer reifer wirkte, konnte die deutsche Mannschaft durchaus mitspielen. Auf Vorlage von Fritz Walter hatte erneut Waldner eine gute Torgelegenheit, die jedoch Torhüter Matthews vereitelte.26. Minute: Ganz unerwartet dann der englische Führungstreffer, durch den

18-jährigen Edwards, der wieder einmal druckvoll vor dem deutschen Tor auftauchte und einen knallharten Schuß aus 22 Metern plaziert ins linke Eck setzte.

36. Minute: Von Minute zu Minute wurde die deutsche Mannschaft stärker. Einen genau gezirkelten Eckball von Fritz Walter, auf den Kopf von Ottmar Walter, hätte der Ausgleich sein müssen. Aber erneut zeigte Torhüter Matthews eine Blitzreaktion und lenkte den Ball mit den Fingerspitzen über die Latte. 39. Minute: Und noch eine ganz große Torgelegenheit für die deutsche Mannschaft, als Fritz Walter steil seinen Bruder Ottmar schickte, der maßgerecht am herausstürzenden Matthews vorbei zu Morlock schob, der wie im WM-Finale gegen Ungarn mit einem verzweifelten Spreizschritt noch an den Ball kam, aber ihn leider über das Tor löffelte. Morlock verletzte sich bei dieser Aktion und mußte durch Pfaff ersetzt werden.

60. Minute: Nach dem Seitenwechsel änderte sich das Bild, die Engländer wurden stärker und setzten die deutsche Mannschaft unter Druck. 63. Minute: Als Verteidiger Retter wieder einmal Linksaußen Grainger nicht halten konnte, ließ der Engländer Torhüter Herkenrath keine Chance mehr bei seinem plazierten Schuß in die lange Ecke. Die englische Mannschaft führte mit 2:0. 69. Minute: Die endgültige Entscheidung brachte ein Freistoß, nachdem Mittelstürmer Taylor erneut von Wewers nur durch Foulspiel gebremst werden konnte. Der Ball kam zum Halbrechten Haynes, der aus 10 Meter Entfernung mit einem flachen Schuß ins äußerste Eck Torhüter Herkenrath keine Chance ließ. So sehr sich die deutsche Mannschaft auch bemühte, das Spiel war jetzt verloren.

85. Minute: Die beiden einzigen echten Kämpfer in der deutschen Mannschaft, Mai und Fritz Walter, hatten dann entscheidenden Anteil an dem deutschen Ehrentreffer. Auf Zuruf von Fritz Walter spielte ihn Mai steil an, Fritz Walter ließ jedoch zum günstiger postierten Schäfer durchlaufen, der dann maßgerecht in die Mitte flankte, wo Fritz Walter im Fallen den Ball ins Tor schoß.

90. Minute: Zwar hatte die deutsche Mannschaft gute Ansätze gezeigt und in der ersten Halbzeit durchaus die Chance, eine Führung gegen England zu erzielen, aber es gab keine Zweifel mehr, daß die große Zeit einiger Weltmeister vorbei war.

❖

Vorbericht zum 236.Länderspiel: Zwar fiel es Herberger schwer zu erkennen, daß kein Spieler jünger und besser wird und einige Weltmeister ihre Leistungshöhe weit überschritten hatten. Es waren immer weniger „Berner", die er noch berufen konnte, weil sie selbst im Verein nicht mehr ihre frühere Leistung bringen konnten. Der langsame Abstieg des VfB Stuttgart und des 1.FC Kaiserslautern als ehemalige Topmannschaften ihrer Oberligen war unverkennbar. So kam es zwangsläufig dazu, daß nach und nach die „Alten" nicht mehr dabei waren. Röhrig hatte schon gegen Holland sein letztes Spiel absolviert; und Retter, Schlienz und Ottmar Walter wurden nach dem England-Spiel nicht mehr aufgestellt. Bald sollten ihnen Liebrich, Posipal, Pfaff und Fritz Walter (für lange Zeit) folgen.

Für das nächste Länderspiel in Oslo gegen Norwegen blieb Herberger mal wieder keine andere Wahl als Neue auszuprobieren, weil gleichzeitig die Endrunde um die Deutsche Meisterschaft lief.

Tor: Sawitzki, Posinski, Görtz
Verteidigung: Erhardt, Juskowiak, Höfer, Rudolph
Läufer: Dörner, Szymaniak, Wewers, Mai, Harpers
Stürmer: Bäumler, Waldner, Schröder, Biesinger, Pfaff, Schäfer, Schönhöft

Das letzte Länderspiel des Saarlands am 6.6.1956 in Amsterdam; stehend v.l.: Siedl, Clemens, Vollmar, Martin, Krieger, Binkert und Trainer Helmut Schön; vorne v.l.: Lauck, Puff, Borcherding, Philippi, Keck

Da waren also gleich 9 Neulinge im Aufgebot. Sawitzki, Dörner, Bäumler und Schönhöft kamen gegen Norwegen zu ihrem ersten Länderspiel, Szymaniak (Wuppertaler SV) sollte ihnen später folgen und nur Posinski (Tasmannia Berlin), Görtz (Düsseld. 99), Höfer (Eintr. Frankf.) und Rudolph (Berliner SV 92) blieben ohne A-Länderspiel.

13.6.1956 in Oslo

Norwegen - BR Deutschland 1:3 (1:1)

SR: van der Meer (Holland), Zuschauer: 35.000
Norwegen: A.Hansen; Bakker, Falch; Legernes, Svenssen, Hernes; Kotte, Dybwad, Sandengen, Kristiansen, T.Nilsen
BRD: Sawitzki -1 (SV Sodingen); Erhardt -7 (SpVgg Fürth), Juskowiak -8 (Fort. Düssel.); Dörner -1 (1.FC Köln), Wewers -3 (RWE), Mai -15 (SpVgg Fürth); Bäumler -1 (Eintr. Frankf.), Schröder -5 (Werder Bremen), Biesinger -4 (BC Augsburg), Pfaff -5 (Eintr. Frankf.), Schönhöft -1 (VfL Osnabrück). Mannschaftskapitän: Pfaff
Tore: 1:0 Dybwad (17.), 1:1 Schönhöft (28.), 1:2 Bäumler (46.), 1:3 Biesinger (55.)
Beste Spieler: Svensson, Kotte, Dybwad - Juskowiak, Dörner, Mai, Pfaff, Biesinger
Bericht: Mit 4 Neulingen, aber nur einem Weltmeister, dem Fürther Mai, hatte die deutsche Mannschaft endlich das lange von der Öffentlichkeit geforderte neue Gesicht.

4. Minute: Die erste gute Torgelegenheit ergab sich für Alfred Pfaff, als er nach einem Mißverständnis zwischen Torhüter Hansen und Mittelläufer Svenssen unverhofft in Ballbesitz kam, leider jedoch am Tor vorbei schoß.

10. Minute: Die neuformierte junge deutsche Mannschaft hatte zwar noch einige Anpassungsschwierigkeiten, aber es war schön, ihr zuzusehen. Schröder knallte aus 20 Meter Entfernung scharf aufs Tor und prüfte Torhüter Hansen. 14. Minute: Ein herrlich angeschnittener Schuß von Pfaff verfehlte nur um Handbrei-

te den Pfosten des norwegischen Gehäuses. 17. Minute: Nach einer Ecke, die sowohl Sawitzki als auch Juskowiak verpaßten, konnte Dybwad zum überraschenden 1:0 für Norwegen einköpfen. Diesen Rückstand hatte die deutsche Mannschaft nicht verdient.

25. Minute: Ein herrlicher Aufsetzer von Dörner aus 22 Meter Entfernung leitete eine neue deutsche Offensive ein. 28. Minute: Als sich der Bremer Schröder wieder einmal gut durchsetzte und zum freistehenden Schönhöft zurückspielte, war es passiert. Der herrliche Direktschuß des Osnabrückers schlug unhaltbar bei Hansen im Tor ein. Der längst verdiente Ausgleich war durch die gute Moral der jungen deutschen Mannschaft mehr als verdient.

45. Minute: Die wenigen deutschen Schlachtenbummler hatten ihre Freude an der frei aufspielenden neuen Elf.

46. Minute: Die deutsche Mannschaft machte da weiter, wo sie vor der Halbzeit aufgehört hatte. Nach schöner Vorarbeit von Schönhöft zu Biesinger hätte der Mittelstürmer schießen können, sah aber den besser postierten Bäumler, der entschlossen zum 2:1 einknallte.

50. Minute: Den Norwegern blieben nur vereinzelte Konter, die jedoch so manches Mal für Gefahr sorgten. Ein herrlicher Schuß von Linksaußen Kotte zischte nur knapp am deutschen Tor vorbei. 55. Minute: Wie sonst Fritz Walter, bereitete der Frankfurter Pfaff mustergültig das 3:1 vor. Er ließ dabei zwei Gegenspieler stehen und bediente Biesinger mit einer Maßvorlage. Der Augsburger war nicht mehr zu bremsen und lenkte an Hansen vorbei ins lange Eck. Und Glück für die deutsche Mannschaft, als Sandengen 3 Minuten danach freistehend über das deutsche Tor schoß.

75. Minute: Eine Viertelstunde lang berannten die Norweger das deutsche Tor, blieben jedoch immer wieder in der sicheren Abwehr, aus der besonders Juskowiak hervorragte, hängen. Dann war der Angriffselan der Norweger gestoppt.

90. Minute: In den letzten 15 Minuten war die deutsche Mannschaft wieder sichtbar stärker und hatte keine Schwierigkeiten, den 3:1 Sieg zu sichern. Auch wenn noch vieles im argen lag, hatte die junge deutsche Nationalmannschaft Anlaß zur Hoffnung gegeben.

❖

Vorbericht zum 237. Länderspiel: Was niemand für möglich hielt, machte Herberger wahr. Für das schwere Spiel in Stockholm stützte sich der Bundestrainer auf das Gerippe der Norwegenelf.
Tor: Sawitzki, Görtz
Verteidigung: Erhardt, Juskowiak, Posipal, Höfer
Läufer: Dörner, Wewers, Mai, Eckel
Stürmer: B.Klodt, Schröder, Biesinger, Pfaff, Vollmar, F.Walter, Bäumler, Waldner

Mit Vollmar vom 1.FC Saarbrücken stand ein Neuling im Aufgebot. Allerdings nicht ganz, denn Vollmar hatte bereits 4 Länderspiele für das Saarland gemacht und dabei auch 4 Tore erzielt. Das Saarland war bekanntlich bis kurz vor dem Schweden-Spiel ein eigenständiges Land, als Folge des Krieges. Die Länderspiele zwischen 1950 und 1956 sind gesondert vermerkt. Heinz Vollmar war nach Wiedereingliederung des Saarlandes in die BR Deutschland der erste Spieler, der auch für die BRD spielte. Siedl und Ringel sollten ihm später folgen.

Überrascht war man nicht nur in Schweden, sondern auch in Deutschland, daß Herberger in Stockholm mit Posipal und Fritz Walter 2 bewährte Weltmeister auf der Bank sitzen ließ. Und auch Horst Eckel wäre es so ergangen, wenn nicht Mai hätte absagen müssen, weil seine Frau schwer erkrankt war. Der Bundestrainer hatte also ernst gemacht und als Gerippe die deutsche B-Mannschaft genommen, die in Spanien ein ganz großes Spiel gezeigt hatte. In Oslo hatte sich diese Elf bewährt, und jetzt durfte sie in Stockholm spielen. Von nun an mußten die Weltmeister um einen Platz in der neuen Mannschaft kämpfen.

30.6.1956 in Stockholm
Schweden - BR Deutschland 2:2 (2:0)

SR: Schippers (Holland), Zuschauer: 31.000
Schweden: Arvidsson; Ä.Johansson, Axbom; S.O.Svensson, B.Gustavsson, Parling; Berndtsson, Löfgren, Sylve Bengtsson, Tillberg, G.Sandberg

BRD: Sawitzki -2 (SV Sodingen); Erhardt -8 (SpVgg Fürth), Juskowiak -9 (Fort. Düsseld.), Eckel -20 (1.FC Kaisersl.), Wewers -4 (RWE), Dörner -2 (1.FC Köln); B.Klodt -13 (Schalke 04), Schröder -6 (Werder Bremen), Biesinger -5 (BC Augsburg), Pfaff -6 (Eintr. Frankfurt), Vollmar -1 (SV St.Ingbert). Mannschaftskapitän: Pfaff

Tore: 1:0 Sandberg (7.), 2:0 Bengtsson (11.), 2:1 Schröder (51.), 2:2 Biesinger (62.)

Beste Spieler: Bengtsson, Gustavsson, Parling - Pfaff, Dörner, Biesinger, Wewers

Bericht: Auch die Schweden befanden sich noch im Neuaufbau, weil sie ständig ihre besten Spieler an die italienische oder französische Profiliga verloren. Jetzt wollten sie eine schlagkräftige Mannschaft für die bevorstehende Weltmeisterschaft im eigenen Lande aufbauen und begannen furios.

6. Minute: Mit einer spektakulären Direktannahme erzielte Linksaußen Sandberg die schnelle Führung für die Schweden. Fast ebenso schön war der Schuß von Alfred Pfaff 2 Minuten später auf der Gegenseite, aber Torhüter Arvidsson konnte in letzter Sekunde für seine Elf den Ausgleich verhindern.

26. Minute: Die deutsche Elf war immer noch nicht mit dem tiefen, vom Regen aufgeweichten Boden zurechtgekommen, da drohte bereits neue Gefahr. Ein herrlicher Schuß von Tillberg traf nur die Unterkante der Latte, sonst wäre das 3:0 fällig gewesen. 29. Minute: Die deutsche Mannschaft wurde nun zusehends stärker. Auf Flanke von Berni Klodt köpfte Pfaff nur ganz knapp neben das Tor. Zwei Minuten später noch einmal eine gute Torgelegenheit für Pfaff, dessen angeschnittener Ball jedoch Arvidsson mit einem tollen Hechtsprung halten konnte.

45. Minute: Im weiteren Verlauf bis zum Halbzeitpfiff konnte die deutsche Mannschaft das Spiel ausgeglichen gestalten.

50. Minute: Nach dem Seitenwechsel griff die deutsche Mannschaft erneut stürmisch an und versuchte den Anschlußtreffer zu erzielen. Mittlerweile hatte sie bereits ein Eckenverhältnis von 9:2 zu verzeichnen. 51. Minute: Endlich wurde sie für ihr aufopferungsvolles Spiel belohnt. Nach Vorarbeit von Pfaff und Klodt schloß Willi Schröder mit einem knallharten Schuß zum Anschlußtreffer ab. 58. Minute: Die deutsche Mannschaft drängte energisch auf den Ausgleich. Nach einer tollen Sololeistung von Biesinger konnte Arvidsson nur mit einer Blitzreaktion retten. Die schwedische Abwehr kam jetzt überhaupt nicht mehr zur Ruhe. Ein herrlicher Kopfball von Biesinger verfehlte nur ganz knapp das schwedische Gehäuse. 62. Minute: Endlich war es geschafft. Mit der Dynamik eines Mittelstürmers tankte sich Biesinger durch die schwedische Abwehr und schob den Ball elegant ins lange Eck zum 2:2 Ausgleich ein. Die junge deutsche Mannschaft hatte gezeigt, welche Kraft und Willensstärke in ihr steckte.

70. Minute: Glück für die Schweden, als Biesinger die schwedische Deckung geschickt aussteigen ließ, aber den Ball nicht im Tor unterbringen konnte. 75. Minute: Nach der tollen Drangperiode der deutschen Mannschaft kamen auch die Schweden wieder gefährlich vor das deutsche Tor. Glück hatte Torhüter Sawitzki, als Sandberg mit einem Kopfball nur den Pfosten traf. 80. Minute: Der besonders auffallende Neuling Vollmar versetzte gleich 3 schwedische Gegenspieler und schoß dann knallhart auf das schwedische Tor. Nur mit tollen Reflexen konnte Arvidsson einen sicheren Treffer verhindern.

90. Minute: Nach Barcelona, Oslo und jetzt Stockholm hatte sich die neue Mannschaft etabliert.

❖

1956/57

Bilanz 1956/57
7 Spiele: 3 Siege, 0 Unentschieden, 4 Niederlagen, 12:15 Tore
Zuschauer: 478.000
In 7 Spielen wurden 33 Spieler eingesetzt, davon waren 10 Spieler Neulinge

Die Spieler der Saison:

Erich Juskowiak	7	Spiele
Heinz Vollmar	5	"
Willi Schröder	5	"
Horst Szymaniak	5	"
Heinz Wewers	5	"
Hans Schäfer	4	"
Karl Schmidt	4	"
Herbert Erhardt	4	"
Helmut Rahn	4	"
Horst Eckel	3	"
Erwin Waldner	3	"
Fritz Walter	2	"
Karl Mai	2	"
Heinz Kwiatkowski	2	"
Elwin Schlebrowski	2	"
Fritz Herkenrath	2	"
Engelbert Kraus	2	"
Alfred Kelbassa	2	"
Hans Tilkowski	2	"
Alfred Schmidt	2	"
Gerhard Siedl	2	"
Josef Posipal	1	Spiel
Ulrich Biesinger	1	"
Heinz Kubsch	1	"
Werner Liebrich	1	"
Hans Neuschäfer	1	"
Alfred Pfaff	1	"
Max Morlock	1	"
Jakob Miltz	1	"
Willi Köchling	1	"
Rolf Geiger	1	"
Willi Gerdau	1	"
Georg Stollenwerk	1	"

Tore der Saison:

Willi Schröder	2	Tore
Helmut Rahn	2	"
Gerhard Siedl	2	"
Hans Neuschäfer	1	Tor
Heinz Vollmar	1	"
Heinz Wewers	1	"
Alfred Kelbassa	1	"
Engelbert Kraus	1	"
Alfred Schmidt	1	"

Mannschaftsführer waren:

Fritz Walter	2	mal
Helmut Rahn	2	"
Max Morlock	1	"
Erich Juskowiak	1	"
Hans Schäfer	1	"

2 Elfmeter gegen Deutschland,
verwandelt durch Cantwell (Irland), Wagner Österreich

Rangliste der Nationalspieler
1. Erich Juskowiak (Fortuna Düsseldorf)
2. Horst Szymaniak (Wuppertaler SV)
3. Heinz Wewers (Rot-Weiß Essen)
4. Willi Schröder (Werder Bremen)
5. Helmut Rahn (Rot-Weiß Essen)
   Karl Schmidt (1.FC Kaiserslautern)
7. Fritz Herkenrath (Rot-Weiß Essen)
   Karl Mai (Spvgg. Fürth)
   Alfred „Freddy" Kelbassa (Borussia Dortmund)
   Engelbert „Berti" Kraus (Kickers Offenbach)

Vorbericht zum 238. Länderspiel: Auch in dieser neuen Saison war die Sowjetunion erster Gegner der deutschen Nationalelf. Vorher gab es jedoch ein umfangreiches Vorbereitungsprogramm mit Testspielen gegen Nürnberg/Fürth, den 1. FC Köln und 1. FC Kaiserslautern. Dazwischen das Auswahlspiel Nord gegen West, so daß wieder viele Sichtungsmöglichkeiten blieben.

1.8.1956 in Nürnberg
Kombination 1. FC Nürnberg/ SpVgg Fürth - D.F.B.-Auswahl 1:4 (0:1)
SR: Schmetzer (Mannheim), Zuschauer: 55.000
1.FC N./Fürth: Schaffer (1.FC N.); Erhardt, Koch; Mai (alle Fürth), Knoll (1.FC N.), Gottinger (Fürth); Schmid (1.FC N.), ab 45. Schmidt (SpVgg Fürth), Morlock, Glomb, Müller (alle 1.FC N.), Landleiter (SpVgg Fürth)
D.F.B.: Görtz (Düsseldorf 99); Posipal (HSV), Juskowiak (Fort. Düsseld.); Eckel (1.FC Kaisersl.), Wewers (RWE), Dörner (1.FC Köln); Waldner (VfB Stuttg.), Schröder (Werder Bremen), Biesinger (BC Augsburg), Vollmar (St.Ingbert)
Tore: 0:1 Waldner (16.), 0:2 Biesinger (48.), 0:3 Pfaff (51.), 0:4 Vollmar (59.), 1:4 Schmidt (68.)
Beste Spieler: Erhardt, Mai - Pfaff, Dörner, Schröder, Görtz

8.8.1956 in Köln
1. FC Köln - D.F.B.-Auswahl 3:2 (1:2)
SR: Schreiber (Eschweiler), Zuschauer: 50.000
Köln: Klemm; Stollenwerk (Goffard), Breuer; Röhrig, Hirche, Dörner; Pfeiffer, H.Sturm, Cajkovski (Müller), Nordmann, Schäfer
D.F.B.: Görtz (Düsseldorf 99); Erhardt (SpVgg Fürth), ab 7. Koll (DSV), Juskowiak (Fortuna Düsseldorf); Eckel (1.FC Kaisersl.), Hesse (KSC), Mai (SpVgg Fürth); Waldner (VfB Stuttg.), Schröder (Werder Bremen), Bäumler, ab 75. Cyliax (Westf. Herne), Pfaff (Eintr. Frankf.), Vollmar (St. Ingbert), ab 60. Gramminger (Fort. Düsseldorf)
Tore: 0:1 Schröder (14.), 1:1 Schäfer (24.), 1:2 Vollmar (35.), 2:2 Sturm (62.), 3:2 Pfeiffer (77.)
Beste Spieler: Dörner, H.Sturm - Juskowiak, Schröder, Vollmar

11.8.1956 in Hannover
Nord - West 4:3 (1:2)
SR: Treichel (Berlin), Zuschauer: 52.000
Nord: Ilic (Werder Bremen); Wedemeyer (Göttingen 05), ab 46. Geruschke (Hannover 96), Laband (Werder Bremen); Lang (Bremerhaven 93), Bothe, Hundertmark; Wewetzer (alle Hannover 96), Dehn (Blankenese), ab 46. Schicks (Hannover 96), U.Seeler (Hamburger SV), Schröder (Werder Bremen), Schönhöft (VfL Osnabrück)
West: Orzessek (Schalke 04); Gommans (SW Essen), Köchling (RW Essen); Graetsch (SpVgg Herten), Wewers, Grewer (beide RWE); Klodt (FC Schalke 04), O.Laszig (FC Schalke 04), ab 46. Vordenbäumen, Seemann (beide RW Essen), Jagielski (Schalke 04), ab 46. Fottner, Rahn (beide RW Essen)
Tore: 0:1 Rahn (10.), 1:1 Schönhöft (37.), 1:2 Jagielski (38.), 2:2, 3:2 Schönhöft (57., 64.), 4:2 Uwe Seeler (72.), 4:3 Klodt (87.)

15.8.1956 in Ludwigshafen
1. FC Kaiserslautern - D.F.B.-Auswahl 2:1 (1:1)
SR: Pennig (Ruchheim), Zuschauer: 50.000
1.FC Kaisersl.: Hölz; Basler, K.Schmidt; Mangold, Eckel (Kohlmeyer), Bauer; Schroer, F.Walter, O.Walter (Eckel), Wenzel, Wodarczik, (Wanger)
D.F.B.: Görtz; Stollenwerk, Juskowiak; Mai, Wewers, Dörner; Waldner (Rahn), Schröder, Biesinger, Pfaff, Vollmar
Tore: 1:0 Wenzel (17.), 1:1 Biesinger (20.), 2:1 Eckel (54.)

Beste Spieler: F.Walter, Eckel, K.Schmidt, Hölz - Stollenwerk, Rahn

Die Testspiele brachten Herberger viele neue Erkenntnisse. Die wichtigsten, Eckel, F.Walter und Rahn waren wieder in guter Form, und Stollenwerk überraschte als starker Abwehrspieler. Außerdem die Erkenntnis, daß der Elf von Oslo und Stockholm noch einiges fehlte, um internationale Aufgaben wie die WM zu bestehen.

Für den 3. - 7.9.1956 berief Herberger 39 Spieler für das A- und B-Länderspiel zum Lehrgang nach Duisburg:

Tor: Herkenrath, Kwiatkowski, Kubsch, Wilhelm (Wuppert. SV)

Verteidiger: Juskowiak, Posipal, Erhardt, Stollenwerk, K.Schmidt, Keck (1.FC Saarbr.)

Läufer: Eckel, Dörner, Mai, Schlienz, Wewers, Szymaniak (Wuppertaler SV), Hesse (KSC), Bracht (BVB), Schönknecht (MSV)

Stürmer: Waldner, Rahn, Schröder, Biesinger, Uwe Seeler, Fritz Walter, Pfaff, Klodt, Vollmar, Schäfer, Bäumler, Stürmer, Termath, Sommerlatt (KSC), Nuber (Kick. Offenbach), Haase (WSV), Pfeiffer (Alem. Aachen)

Nach diesem Lehrgang berief Herberger sein Aufgebot für das Spiel gegen die Sowjetunion. Im groben blieb der Stamm von Oslo und Stockholm zusammen.

Tor: Herkenrath, Wilhelm
Verteidigung: Juskowiak, K.Schmidt, Posipal
Läufer: Eckel, Wewers, Erhardt, Szymaniak
Stürmer: Waldner, Fritz Walter, Schröder, Biesinger, Pfaff, Vollmar, Schäfer

Mit Posipal, Eckel, Fritz Walter und Schäfer waren wieder 4 Weltmeister dabei. Einziger Neuling war Wilhelm (Wuppertaler SV), der jedoch nie zu einem A-Länderspiel kam.

15.9.1956 in Hannover

BR Deutschland - Sowjetunion 1:2 (1:2)

SR: Ellis (England), Zuschauer: 86.000

BRD: Herkenrath -11 (RWE); K.Schmidt -5 (1.FC Kaisersl.), Juskowiak -10 (Fort. Düsseld.); Eckel -21 (1.FC Kaisersl.), Posipal -32 (HSV), Erhardt -9 (SpVgg Fürth); Waldner -8 (VfB Stuttgart), Schröder - 7 (Werder Bremen), Biesinger - 6 (BC Augsburg), ab 52. Schäfer -19 (1.FC Köln), F.Walter -53 (1.FC Kaisersl.), Vollmar -2 (St. Ingbert). Mannschaftskapitän: F.Walter

UdSSR: Jaschin; Tischtschenko, Ogonkow; Maslonkin, Baschaschkin, Netto; Tatuschin, Iwanow, Strelzow, Salnikow, Iljin (ab 64. Moser)

Tore: 0:1 Strelzow (3.), 1:1 Schröder (5.), 1:2 Iwanow (36.)

Beste Spieler: K.Schmidt, Herkenrath, Waldner, F.Walter - Netto, Strelzow, Tatuschin, Baschaschkin

Bericht: Die starke sowjetische Mannschaft sollte zum echten Maßstab für den Leistungsstand der deutschen Mannschaft werden.

1. Minute: Nur durch weites Herauslaufen aus seinem Strafraum konnte Jaschin vor dem heranstürzenden Biesinger retten. Die deutsche Mannschaft spielte weiter toll auf. Im letzten Augenblick konnte Jaschin, durch das rechtzeitige Herauslaufen und Verkürzen des Winkels, einen tollen Schuß von Waldner meistern. 3. Minute: Der erste Konter der Sowjetunion saß sofort. Strelzow, der junge Mittelstürmer, lief Juskowiak auf und davon und schob flach am herausstürzenden Herkenrath vorbei ins lange Eck zum 1:0. Pech für die deutsche Mannschaft, die so schwungvoll begonnen hatte. 5. Minute: Von der Mittellinie aus stürmte Rechtsaußen Waldner in unwiderstehlicher Art davon, flankte scharf nach innen, wo Jaschin den Ball nicht festhalten konnte; Schröder war zur Stelle, um den Ball überlegt zum Ausgleich einzuschieben. Riesiger Jubel in Hannover.

24. Minute: Nach guter Vorarbeit von Fritz Walter kam Biesinger frei zum Schuß, aber Jaschin konnte halten. Aus Abseitsstellung schoß Strelzow im Gegenzug ins Tor von Herkenrath. Der Treffer konnte jedoch nicht gegeben werden. 29. Minute: Erneut war es Rechtsaußen Waldner, der einen großen Tag hatte und Jaschin prüfte. Der gefährlichste Stürmer der Sowjetunion, Strelzow, zog einen Ball beim nächsten Angriff gefühlvoll über Torhüter Herkenrath auf die Querlatte. Glück für die deutsche Mannschaft. Und noch einmal war Strelzow 60 Sekunden später gefährlich vor dem deutschen Tor, aber Herkenrath nahm ihm den Ball von den Füßen.

35. Minute: Pech für die deutsche Mannschaft, als Jaschin mit einem tollen Sprung einen herrlichen Fritz-Walter-Kopfball noch aus dem Tor holte. Als Tatuschin im Gegenzug erneut Juskowiak davonlief, war es passiert. Einen herrlichen Flachschuß konnte Herkenrath gerade noch abwehren, aber da standen zwei sowjetische Stürmer in der Mitte völlig frei, und Iwanow brauchte den Ball nur noch über die Linie zu schieben. Obwohl die deutsche Mannschaft das bessere Spiel gezeigt hatte, lag sie 1:2 zurück. 38. Minute: Die Sowjetunion wurde jetzt zusehends stärker. Ein herrlicher Volley-Schuß von Tatuschin landete am Außennetz. 42. Minute: Bis weit ins Feld mußte Torhüter Jaschin aus seinem Tor heraus, als Fritz Walter einen herrlichen Steilpaß auf Waldner schickte. Der sowjetische Torhüter war eher am Ball.

45. Minute: Die deutsche Mannschaft hatte gegen dieses Weltklasse-Team eine ausgezeichnete Leistung gezeigt und lag unglücklich, aber nur 1:2 zurück. In der zweiten Halbzeit war noch alles möglich.

47. Minute: Die erste gute Torgelegenheit der zweiten 45 Minuten hatte Biesinger, der jedoch Pech hatte, als ihm ein sowjetischer Abwehrspieler vor die Füße fiel. Und ein herrlicher Netto-Schuß, 2 Minuten später, konnte gerade noch von Herkenrath abgewehrt werden. 52. Minute: Um noch mehr Druck zu machen, brachte Herberger mit Schäfer einen weiteren Weltmeister für Biesinger.

62. Minute: Eine Abseitsstellung von Vollmar verhinderte eine gute Torgelegenheit der deutschen Mannschaft. Vier Minuten darauf zischte ein schöner, scharf geschossener Ball von Tatuschin nur knapp über das deutsche Tor. Das Spiel blieb spannend. Einen Waldner-Schuß, nach Vorlage von Fritz Walter, konnte Jaschin gerade noch halten. 75. Minute: Großes Glück für die deutsche Mannschaft, als Herkenrath dem allein vor ihm auftauchenden Strelzow die Beine wegzog. Schiedsrichter Ellis drückte beide Augen zu, statt den fälligen Elfmeter zu geben. 77. Minute: Ein herrlicher Waldner-Schuß zischte nur knapp über das Tor von Jaschin. Und 3 Minuten später eine ganz große Torgelegenheit für die deutsche Mannschaft, als sich Vollmar am linken Flügel durchspielte und in die Mitte flankte. In letzter Sekunde konnte Baschaschkin vor zwei freistehenden, deutschen Stürmern mit der Stiefelspitze abwehren.

90. Minute: Die Zuschauer hatten ein dramatisches und gutes Spiel gesehen. Die deutsche Elf hatte bewiesen, daß sie auf dem besten Weg war, erneut eine große Mannschaft zu werden. Sowohl die alten, als auch die jungen Spieler hatten überzeugt.

❖

Vorbericht zum 239.Länderspiel: Als Vorbereitung auf das Doppelländerspiel gegen die Schweiz und Irland innerhalb von 4 Tagen ließ Herberger in einem Testspiel seine Kandidaten gegen Eintracht Frankfurt antreten. Folgendes Aufgebot hatte Herberger nach Frankfurt eingeladen:

Tor: Herkenrath, Kubsch, Tilkowski (Westf. Herne)

Verteidigung: K.Schmidt, Juskowiak, Erhardt, Linka (Sodingen)

Läufer: Eckel, Posipal, Mai, Szymaniak (Wuppertaler SV), Hesse (KSC), Nuber (K. Offenbach), Graetsch (Herten)

Stürmer: Waldner, Stürmer, Uwe Seeler, Fritz Walter, Biesinger, Schröder, Vollmar, Schäfer

3.11.1956 in Frankfurt
Eintracht Frankfurt - D.F.B.-Auswahl 0:1 (0:0)
SR: Dusch (Kaiserslautern), Zuschauer: 20.000
Eintracht: Loy (Rothuber); Kudraß, Höfer; Weilbächer, Wloka, Bechtold; Bäumler, Schymik, Feigenspan, Pfaff (Wehner), Meier
D.F.B.: Tilkowski; Linka, K.Schmidt; Szymaniak, Graetsch, K.Schmidt; Vollmar, Stürmer, Uwe Seeler, Schröder, Schäfer
Tor: 0:1 Schäfer (33.)
Beste Spieler: Höfer, Pfaff - Szymaniak, Tilkowski, K.Schmidt, Juskowiak

Im Aufgebot für das Länderspiel gegen die Schweiz tauchten überraschend 5 Weltmeister auf. Hätte Posipal nicht einen Zehenbruch gehabt, es wären sogar 6 geworden.
Tor: Herkenrath, Kubsch
Verteidigung: Erhardt, K.Schmidt, Juskowiak
Läufer: Eckel, Liebrich, Mai, Szymaniak
Stürmer: Vollmar, Fritz Walter, Schröder, Pfaff, Schäfer, Neuschäfer
Neben den 5 Weltmeistern kamen als Neulinge erstmals Neuschäfer (Fort. Düsseldorf) und Szymaniak (Wuppertaler SV) zum Einsatz. Mit Horst Szymaniak begann eine weitere große internationale Karriere eines deutschen Fußballstars.

21.11.1956 in Frankfurt
BR Deutschland - Schweiz 1:3 (1:2)

SR: Seipelt (Österreich), Zuschauer: 80.000
BRD: Kubsch -3 (FK Pirmasens); K.Schmidt -6 (1.FC Kaisersl.), Juskowiak -11 (Fort. Düsseld.); Eckel -22 (1.FC Kaisersl.), Liebrich -16 (1.FC Kaisersl.), Szymaniak -1 (Wuppertaler SV), ab 65. Mai -16 (SpVgg Fürth); Vollmar -3 (St.Ingbert), F.Walter -54 (1.FC Kaisersl.), Neuschäfer -1 (Fort. Düsseld.), Pfaff -7 (Eintr. Frankf.), Schäfer -20 (1.FC Köln). Mannschaftskapitän: F.Walter
Schweiz: Parlier; Kernen, Koch; Thüler, Frosio, D.Müller; Antenen, R.Ballamann, Hügi II, E.Meier, Riva
Tore: 0:1 Riva (21.), 0:2 Hügi II (25.), 1:2 Neuschäfer (34.), 1:3 Ballemann (62.)
Beste Spieler: Juskowiak - E.Meier, Frosio, Riva, Kernen
Bericht: Ein guter Start der deutschen Mannschaft ließ bereits in den ersten Minuten große Hoffnungen aufkommen.
9. Minute: Die erste gefährliche Situation für die deutsche Abwehr, als sich Meier durchsetzen konnte und nur knapp am leeren deutschen Tor vorbeischoß.
21. Minute: Trotz klarer Feldüberlegenheit konnte die deutsche Mannschaft keine zwingenden Chancen erspielen. Die Schweizer waren bei ihren Kontern wesentlich gefährlicher und kamen deshalb nicht unverdient zum 1:0, als Riva seinen Gegenspieler Schmidt aussteigen ließ und nach Doppelpaß mit Antenen allein vor Torhüter Kubsch das 1:0 markierte. 25. Minute: Erneut ein Konter der Schweizer, der zum 2:0 führte, als Liebrich zwar noch einen Hügi-Schuß vor der Torlinie mit dem Kopf abwehren konnte, aber im Nachschuß war der Schweizer Mittelstürmer erfolgreich mit einem knallharten Schuß ins Netz. 34. Minute: Nach dem zweiten Treffer für die Schweiz war das Spiel der deutschen Mannschaft völlig zerfahren. Umso überraschender kam der Anschlußtreffer, als Neuschäfer auf Vorlage von Pfaff unhaltbar einschoß.
45. Minute: Im weiteren Verlauf bis zur Halbzeit griff die deutsche Mannschaft stürmisch an, ihr Spiel blieb jedoch kopflos und ohne Ideen. Selbst Fritz Walter ging völlig unter.
50. Minute: Die ganz große Chance für die Schweiz, das Ergebnis auf 3:1 zu erhöhen, vergab Ballamann, als er allein vor Torhüter Kubsch auch diesen noch umspielen wollte, statt ins leere Tor zu schmettern. 60. Minute: Überraschend wurde jetzt die Schweiz immer stärker, versetzte ein ums andere Mal die deutsche Abwehr, in der vor allem Schmidt und Liebrich ihre Gegenspieler nie in den Griff bekamen, aber noch fehlte der entscheidende Treffer. 62. Minute: Dann jedoch war es soweit. Als Ballamann Juskowiak und Eckel stehen ließ und alle mit einer Flanke rechneten, schoß der Schweizer unheimlich hart und plaziert zum 3:1 für die Eidgenossen ein.
90. Minute: Obwohl Herberger noch Mai für Szymaniak brachte, wurde das Spiel der deutschen Mannschaft nicht besser. Im Gegenteil, die Schweiz war dem 4. Treffer näher, als die deutsche Mannschaft dem zweiten. Nach einer restlos enttäuschenden Leistung wurde die deutsche Elf mit Pfiffen verabschiedet und hatte wieder einen schweren Rückschlag erlitten.

❖

Vorbericht zum 240.Länderspiel: Herbergers Rückgriff auf seine alten Spieler war zu einem erneuten Rückschritt geworden. Was sollte der Bundestrainer jetzt machen? Waldner, Bäumler, Biesinger, Szymaniak und Neuschäfer hatten sich verletzt oder waren wegen Pflichtspielen nicht einsetzbar. Erneut mußte Herberger für das kurzfristig anstehende Spiel in Dublin improvisieren, und wiederum holte er „Altstars", nur andere als in Frankfurt, nämlich aus der erfolgreichen B-Elf, die in der Schweiz gewonnen hatte.
Tor: Kwiatkowski, Kubsch
Verteidigung: Erhardt, Juskowiak, K.Schmidt
Läufer: Stollenwerk, Wewers, Mai, Schlebrowski
Stürmer: Morlock, Rahn, Miltz, Schäfer, Vollmar, Eckel
Einziger Neuling war Schlebrowski aus der Meisterelf von Borussia Dortmund, der in Dublin auch zum Einsatz kam.

25.11.1956 in Dublin
Irland - BR Deutschland 3:0 (0:0)

SR: Murdock (England), Zuschauer: 40.000
Irland: Kelly; S.Dunne, Cantwell; T.Dunne, Mackey, Nolan; McCann, Payton, Curtis, Fitzsimmons, Haverty
BRD: Kwiatkowski -2 (BVB); Erhardt -10 (SpVgg. Fürth), Juskowiak -12 (Fort. Düsseld.); Schlebrowski -1 (BVB), Wewers -5 (RWE), Mai -17 (SpVgg. Fürth); Rahn -19 (RWE), Morlock -24 (1.FC Nürnberg), Miltz -2 (TuS Neuendorf), Schäfer -21 (1.FC Köln), ab 10. Eckel -23 (1.FC Kaisersl.), Vollmar -4 (St.Ingbert). Mannschaftskapitän: Morlock
Tore: 1:0 Cantwell (63. Foulelfmeter), 2:0 Haverty (87.), 3:0 McCann (89.)
Beste Spieler: Kelly, Haverty, McCann - Mai, Wewers, Miltz
Bericht: Von der ersten Minute an stürmten die Irländer auf das deutsche Tor und versetzten die deutsche Abwehr in Panik. Wie schon gegen die Schweiz war innerhalb des deutschen Spiels kein System erkennbar.
40. Minute: Je länger das Spiel dauerte, umso besser wurde die deutsche Mannschaft. Die Abwehr um Wewers, Juskowiak und Mai stand immer sicherer und ließ den Iren kaum noch Spielraum.
45. Minute: Auch wenn die ganz zwingenden Torchancen fehlten, so hatte die deutsche Mannschaft doch mehr vom Spiel, und das 0:0 zur Halbzeit war für Irland glücklich.
63. Minute: Auch die zweite Halbzeit begann Irland stürmisch, aber die deutsche Mannschaft behielt einen klaren Kopf. Dann jedoch das Unglück, als sich Curtis im Strafraum fallen ließ und Schiedsrichter Murdock überraschend auf den Elfmeterpunkt zeigte. Die heftigen Reklamationen von Morlock und Wewers nutzten nichts, Cantwell verwandelte eiskalt zum 1:0. 67. Minute: Jetzt zeigte die deutsche Mannschaft ihre Kampfmoral, stürmte und erspielte sich Torgelegenheiten. Pech für Karl Mai, dessen knallharter Schuß nur den Pfosten traf. 75. Minute: Torhüter Kelly hatte jetzt Schwerstarbeit zu leisten. Endlich spielte der deutsche Angriff schwungvoll, aber mit den plazierten Torschüssen haperte

es nach wie vor. Die größte Chance des Spiels hatte Linksaußen Vollmar, der jedoch allein vor Torhüter Kelly nicht die Nerven besaß, an diesem vorbei ins Tor zu schießen.

87. Minute: Die deutsche Mannschaft kämpfte verbissen um den Ausgleich, hatte klare Feldvorteile und war einem Tor sehr nahe, als erneut ein Konter zum 2:0 führte. Allein vor Torhüter Kwiatkowski ließ Linksaußen Haverty dem Dortmunder Schlußmann keine Chance. 89. Minute: Auch ein weiterer Konter von Irland führte noch zu einem Treffer, als McCann mit seiner Schnelligkeit die deutsche Abwehr stehenließ und mit einem Flachschuß Kwiatkowski überwinden konnte.

90. Minute: Obwohl die deutsche Mannschaft mehr vom Spiel gehabt hatte, lag sie am Ende mit 0:3 Toren zurück. Zwar waren wieder gute Ansätze zu sehen, aber nach wie vor fehlte die klare Linie.

❖

Vorbericht zum 241. Länderspiel: Tiefe Enttäuschung herrschte in der deutschen Öffentlichkeit nach den beiden Niederlagen. Seit der WM in der Schweiz hatte die deutsche Nationalmannschaft nicht mehr überzeugen können, also seit 2 1/2 Jahren. Seit Ende der 40er Jahre lief schon die Diskussion über die Einführung der Bundesliga und des Profifußballs. Während in fast allen Ländern Profis oder Staatsamateure den ganzen Tag für den Fußball leben konnten, mußten die deutschen Spieler ihrem Beruf nachgehen und an ihre Zukunft denken. Da der Profifußball in Deutschland aber noch lange nicht durchsetzbar war, mußte Herberger mit dem zufrieden sein, was möglich war. Im Hinblick auf die Weltmeisterschaft in Schweden blieb ihm nun keine andere Möglichkeit, als ohne die „Alten" aufzubauen, weil die ohne Profibedingungen keine Chance hatten, ihre Form durch größeren Trainingsaufwand zu halten. So war im Aufgebot für das Belgien-Spiel erstmals kein Spieler aus der Weltmeisterelf.

Tor: Tilkowski, Kwiatkowski
Verteidigung: K.Schmidt, Juskowiak, Erhardt
Läufer: Schlebrowski, Wewers, Graetsch, Szymaniak
Stürmer: Waldner, Peters, Schröder, Biesinger, Neuschäfer, Geiger, Laumann, Vollmar

Mit Graetsch (SpVgg. Herten), Peters (BVB), Geiger (Stuttgarter Kickers) und Laumann (VfR Mannheim) standen 4 Neulinge im Aufgebot, von denen Peters und Geiger Nationalspieler werden sollten. Da mit Karl Schmidt, Laumann, Neuschäfer und Biesinger noch 4 Spieler wegen Verletzungen und Verpflichtungen aus dem Aufgebot herausfielen, wurden Köchling (RWE), Kelbassa (BVB) und Semmelmann (SpVgg. Bayreuth) nachnominiert, von denen die beiden ersten überraschend gegen Belgien zum Einsatz kamen, während Semmelmann ohne Länderspiel blieb.

23.12.1956 in Köln

BR Deutschland - Belgien 4:1 (2:1)

SR: Bronkhorst (Holland), Zuschauer: 65.000
BRD: Kwiatkowski -3 (BVB); Juskowiak -13 (Fort. Düsseldorf), Köchling -1 (RWE); Schlebrowski -2 (BVB), Wewers -6 (RWE), Szymaniak -2 (Wuppertaler SV); Waldner -9 (VfB Stuttgart), Geiger -1 (Stuttg. K.), Kelbassa -1 (BVB), Schröder -8 (Werder Bremen), Vollmar -5 (St. Ingbert). Mannschaftskapitän: Juskowiak
Belgien: Dresen; Diricx, Dries; Mees, Van Kerkhoven, Maertens; Orlans, Vanderwilt, R.Coppens, Houf, Moyson
Tore: 1:0 Schröder (28.), 1:1 Moyson (38.), 2:1 Vollmar (42.), 3:1 Kelbassa (60.), 4:1 Wewers (82.)
Beste Spieler: Szymaniak, Kelbassa, Vollmar, Wewers, Geiger, Schröder - Orlans, Moyson
Bericht: In der international unerfahrenen deutschen Mannschaft war Juskowiak mit 13 Länderspielen der einzige Spieler, der über 10 Länderspiele hatte. Zur Freude der Zuschauer sorgte diese Mannschaft bereits in den ersten Minuten für Stimmung im Stadion.

4. Minute: Bereits drei Torgelegenheiten hatte die deutsche Mannschaft in den ersten Minuten, wo jedesmal nur der berühmte Millimeter fehlte, und ein Tor wäre möglich gewesen.

6. Minute: Der erste gefährliche Schuß von Schröder sauste knapp am Tor von Dresen vorbei. Eine noch größere Torgelegenheit hatte Vollmar 4 Minuten später, als ihm Kelbassa den Ball maßgerecht auf den Kopf flankte, aber der Saarländer köpfte einen Meter am Tor vorbei. 13. Minute: Die erste Torchance für Belgien durch einen Flachschuß von Houf konnte Kwiatkowski um den Pfosten drehen. Ein Abseits-Kopfballtreffer von Kelbassa auf der anderen Seite konnte nicht anerkannt werden. Und knapp 5 Minuten später Pech für Rechtsaußen Waldner, daß er bei seinem Schuß ausrutschte und der Ball somit am Tor vorbeiging.

22. Minute: Es war eine wahre Freude, der druckvollen deutschen Mannschaft zuzusehen, die aus allen Lagen schoß. Nur mit größter Anstrengung konnte Torhüter Dresen einen Schuß von Kelbassa zur Ecke abwehren. Nach hervorragender Vorarbeit von Szymaniak, der immer mehr zum Spielmacher wurde, und schönem Flankenwechsel am belgischen Strafraum, hatte Kelbassa 60 Sekunden später die größte Chance bis dahin in diesem Spiel. Für den bereits geschlagenen Torhüter Dresen rettete ein Verteidiger auf der Linie. 28. Minute: Endlich wurde das druckvolle Spiel der deutschen Mannschaft belohnt, als Waldner flach in die Mitte flankte, wo Schröder den Ball direkt annahm und hoch und unhaltbar ins belgische Gehäuse einschoß. 29. Minute: Viel Glück für Belgien, als Geiger mit einem Traumpaß Vollmar auf die Reise schickte, der allein auf Torhüter Dresen zusteuerte, aber am Arm festgehalten wurde. Ein belgischer Spieler legte den Ball sofort auf den Elfmeterpunkt, doch überraschend gab Schiedsrichter Bronkhorst Eckball.

38. Minute: Als Kwiatkowski eine Flanke von Rechtsaußen Orlans verpaßte, war es passiert. Juskowiak schaute tatenlos zu, als Moyson ungehindert ins leere Tor einköpfte. 42. Minute: Die deutsche Mannschaft ließ sich von diesem überraschenden Ausgleich nicht aus ihrem Konzept bringen. Erneut war es Geiger, der sich durch seinen kämpferischen Einsatz den Ball holte, Kelbassa einsetzte, der dem freilaufenden Vollmar den Ball maßgerecht zuspielte. Vollmar lief noch ein paar Schritte und ließ dann dem herausstürzenden Dresen keine Chance. Die deutsche Mannschaft führte wieder mit 2:1. Noch einmal großes Glück für Belgien, als Kelbassa eine Waldner-Ecke wunderschön in die untere Torecke drückte, wo jedoch Verteidiger Dries den Ball von der Linie schlagen konnte.

45. Minute: Zur Halbzeit konnte man mit dem Spiel der deutschen Mannschaft recht zufrieden sein. Sie hatte nicht nur durch ihren kämpferischen Einsatz geglänzt, sondern auch spielerisch und ideenreich den Gegner beherrscht.

55. Minute: Bei einem ihrer wenigen Gegenstöße hatten die Belgier erneut eine große Ausgleichschance, als Vanderwilt acht Meter vor dem deutschen Tor frei zum Schuß kam, aber knapp am linken Pfosten vorbeizielte. 57. Minute: Der Essener Wewers hatte sich bei einem Spagat verletzt und da nicht mehr ausgetauscht werden durfte, mußte die deutsche Mannschaft erstmal mit 10 Spielern weiterspielen. 60. Minute: In dieser schweren Phase hatte die deutsche Elf die Moral, weiterhin anzugreifen. Ein herrlicher 25-Meter-Schuß von Kelbassa schlug unhaltbar neben dem Pfosten zum 3:1 ein. Danach kam Wewers wieder ins Spiel, jedoch nur noch als Statist im Angriff.

75. Minute: Zehn Minuten lang drängten die Belgier jetzt energisch auf den Anschlußtreffer. Die deutsche Abwehr, in der jetzt Geiger für den angeschlagenen Wewers spielte, bewährte sich jedoch großartig. 78. Minute: Glück für die deutsche Mannschaft, als Juskowiak im Strafraum Coppens foulte, aber auch in diesem Fall der Elfmeterpfiff von Schiedsrichter Bronkhorst ausblieb. 82. Minute: Ein schneller Konter der deutschen Mannschaft, von Szymaniak ausgehend, über Kelbassa und Waldner brachte die end-

gültige Entscheidung. Der Stuttgarter flankte aus vollem Lauf, und der angeschlagene Wewers köpfte halbhoch und unhaltbar zum 4:1 ins belgische Tor.

90. Minute: Von allen Seiten wurde die deutsche Mannschaft für diesen großartigen Sieg beglückwünscht.

❖

Vorbericht zum 242.Länderspiel: Nach dem Sieg über Belgien herrschte große Freude im deutschen Lager. Mit Szymaniak, Geiger und Kelbassa waren 3 neue Stützen gefunden, und endlich hatte die Nationalelf wieder zielstrebig gespielt. Vor der internationalen Winterpause fand noch ein regionales Auswahlspiel statt, bei dem sich wieder Spieler für die Nationalelf empfehlen konnten.

30.12.1956 in Ludwigshafen
Südwest - Süd 3:1 (2:0)
SR: Jakobi (Mannheim), Zuschauer: 18.000
Südwest: Butscheidt (Eintracht Trier); Mechnig (Wormatia Worms), K.Schmidt; Eckel (beide 1.FC Kaisersl.), Sorger (TuS Neuendorf), Kempf (Phönix Ludwigshafen); Schroer, Wenzel (beide 1.FC Kaisersl.), Miltz (TuS Neuendorf) ab 40. Mohrs (TuS Neuendorf), ab 46. Seib (VfR Kaisersl.), Hölzemann (TuS Neuendorf), Müller (Wormatia Worms)
West: Kwiatkowski (Borussia Dortmund); Schumacher (Preußen Dellbrück), Barwenczik (SpVgg. Herten); Schlebrowski (Borussia Dortmund), Graetsch (SpVgg. Herten), Szymaniak (Wuppertaler SV) ab 20. Sahm (STV Horst); Peters (Borussia Dortmund), ab 78. Küchmeister (SpVgg. Herten), A.Schmidt, Kelbassa (beide Borussia Dortmund), Pfeiffer (Alemannia Aachen), ab 60. Nolden I (Meidericher SV), Roßbach (Alemannia Aachen)
Tore: 1:0 Wenzel (25.), 2:0 Schroer (37.), 3:0 Hölzemann (76.), 3:1 A.Schmidt (89.)

Als Vorbereitung für die Länderspiele im Frühjahr berief Herberger 43 Spieler zu einem Lehrgang nach Duisburg vom 18.2. - 2.3.1957. Mit Horst Eckel war nur ein Weltmeister dabei, aber es fehlten auch einige Spieler aus beruflichen Gründen oder wegen Verletzungen.
Tor: Tilkowski (Westfalia Herne), Schnoor (HSV), Görtz (Düsseldorf 99)
Verteidigung: K.Schmidt (1.FC Kaisersl.), Erhardt (SpVgg Fürth), Gerdau (Heider SV), Zastrau (RWE), Dimmel (KSC), Barwenczik (SpVgg Herten)
Läufer: Eckel (1.FC Kaiserslautern), Szymaniak (Wuppertaler SV), Fangmann (Freiburg), Jagielski, Borutta (beide Schalke 04), Kiefer (WSV), Graetsch (SpVgg Herten), Hesse (KSC), Metzger (Wacker München), Nuber (Kickers Offenbach), Kreißel (1.FC Nürnberg), Wieczorek (MSV)
Stürmer: Waldner (VfB Stuttgart), Stürmer, Uwe Seeler (beide HSV), Geiger (Kickers Stuttgart), Schröder (Werder Bremen), Vollmar (St. Ingbert), Biesinger (BC Augsburg), Laumann (VfR Mannheim), Peters, Kapitulski, A.Schmidt (alle BVB), Kraus (K. Offenb.), Müller, Schmidt (beide 1.FC Nürnberg), Auernhammer (1860 München), Praxl (VfB Stuttgart), Dehn (Blankenese), Cieslarczyk, Cyliax (beide SV Sodingen), Pfeiffer, Hans Sturm (beide 1.FC Köln), Bohnes (MSV)

Der Schwerpunkt lag eindeutig bei den vielen jungen Talenten. Aber Herberger vergaß auch die Älteren nie, wenn sie Leistungen brachten. Als er z.B. mit eigenen Augen beobachten konnte, daß sein großes Sorgenkind Rahn in Essen jeden Tag zusätzlich trainierte und nach seinen vielen privaten Ausrutschern, vor allem mit dem Alkohol, auf dem besten Weg zu neuen Höchstleistungen war, lud der Bundestrainer ihn nachträglich nach Duisburg ein. Neben Rahn wurden auch andere Spieler noch nachträglich eingeladen, wie das große Talent aus Sodingen, Marx.

Einige der Nationalmannschaftskandidaten konnten sich eine Woche vor dem Länderspiel gegen Österreich nochmals in einem regionalen Auswahlspiel bewähren.

3.3.1957 in Bochum
West - Berlin 3:1 (1:0)
SR: Schwarzmann (Hilter), Zuschauer: 32.000
West: Tilkowski; Pyka (beide Westfalia Herne), Coenen (Alemannia Aachen); Burkhardt (Westfalia Herne), Graetsch (SpVgg. Herten), Pawlak (VfL Bochum); Gerritzen (Preußen Münster), Preißler (Borussia Dortmund) ab 46. Bergmeier (VfL Bochum), Kelbassa (Borussia Dortmund), A.Schmidt (Borussia Dortmund) ab 46. Cieslarczyk (SV Sodingen), Kapitulski (Borussia Dortmund)
Berlin: Posinski (Tasmania); Schimmöller (Hertha BSC) ab 46. Kuley (Viktoria 89), Strehlow (Viktoria 89); Kuley, ab 46. Jonas (Viktoria 89), Schüler (Hertha BSC), Schmidt (Viktoria 89); Lange (Hertha BSC) ab 73. Schwedeck (Spandauer SV), Schulz (Blau-Weiß), Knöfel (Spandauer SV), Jonas, ab 46. Faeder (Hertha BSC), Nocht Viktoria 89)
Tore: 1:0 Kelbassa (27.), 2:0, 3:0 Bergmeier (67., 68.), 3:1 Faeder (83.)

Das Aufgebot für das Länderspiel gegen Österreich umfaßte 16 Spieler, darunter die Neulinge Jagielski und Borutta (beide Schalke 04) sowie Alfred „Aki" Schmidt, ein 21-jähriges Talent von Borussia Dortmund, der auch als einziger dieser drei den Sprung in die Nationalmannschaft schaffte. Ohne Länderspiel war auch Tilkowski (Westf.Herne).
Tor: Herkenrath, Tilkowski
Verteidiger: Juskowiak, K.Schmidt, Erhardt
Läufer: Szymaniak, Wewers, Jagielski, Borutta
Stürmer: Rahn, Waldner, Uwe Seeler, Schröder, Vollmar, Schäfer, A.Schmidt
Da Uwe Seeler kurzfristig wegen Verletzung absagen mußte, wurde nachträglich Berti Kraus berufen. Er und Rahn hatten sich vorher beim B-Spiel besonders ausgezeichnet.

10.3.1957 in Wien

Österreich - BR Deutschland 2:3 (0:2)

SR: Bronkhorst (Holland), Zuschauer: 67.000
Österreich: Engelmeier; Puschnik, F.Swoboda; Koller, Kollmann, Barschandt; Halla (ab 56. Dr.Schleger), T.Wagner, Buzek, P.Kozlicek (ab 45. E.Hof), Haummer
BRD: Herkenrath -12 (RWE); Juskowiak -14 (Fort. Düsseld.), K.Schmidt -7 (1.FC Kaisersl.); Szymaniak -3 (WSV), Wewers -7 (RWE), Erhardt -11 (Fürth); Rahn -20 (RWE), Schröder -9 (Werder Bremen), Kraus -3 (K. Offenbach), Schäfer -22 (1.FC Köln), Vollmar -6 (St.Ingbert), ab 78. Waldner -10 (VfB Stuttg.). Mannschaftskapitän: Schäfer
Tore: 0:1 Rahn (25.), 0:2 Kraus (34.), 1:2 T.Wagner (58. Foulelfmeter), 1:3 Rahn (69.), 2:3 Buzek (74.)
Beste Spieler: Wagner, Koller, Buzek - Kraus, Schröder, Erhardt, Rahn
Bericht: Beide Mannschaften, die sich ja aus vielen Länderspielen kannten, begannen sehr vorsichtig. Zum erstenmal kamen die Österreicher und kurz darauf die deutsche Mannschaft in der 9. Minute gefährlich vor das gegnerische Tor.

25. Minute: Als die deutsche Mannschaft immer besser zu ihrem Spiel fand und vor allem Rechtsaußen Rahn kaum zu halten war, war es passiert: Nach schönem Paß von Schröder nahm Rahn Maß und donnerte mit einer Vehemenz den Ball zum 1:0 ins Netz, daß Engelmeier kaum reagieren konnte. 26. Minute: Die deutsche Mannschaft spielte jetzt wie entfesselt. Aus günstiger Mittelstürmerposition traf Vollmar, jedoch neben das Tor.

34. Minute: Als logische Folge des drangvollen deutschen Angriffspiels fiel das 2:0. Rahn und Vollmar hatten vorbereitet, und Kraus vollstreckte mit dem linken Fuß. 37. Minute: Die nächste gute Torgelegenheit für Vollmar, aber Torhüter Engelmeier war auf dem Posten. Zur Halbzeit konnte man im deutschen Lager mit der Leistung zufrieden sein. Verdientermaßen führte die deutsche Mannschaft 2:0.

51. Minute: Nach dem Seitenwechsel beherrschte sie klar das Spiel. Mit etwas Glück wären bereits in den ersten sechs Minuten zwei weitere Tore möglich gewesen. 58. Minute: Nach einem Foul von Erhardt am durchgebrochenen Buzek pfiff Schiedsrichter Bronkhorst Elfmeter. Wagner schlenzte den Ball unhaltbar für Herkenrath zum 1:2 ins Netz.

68. Minute: Nach dem Anschlußtreffer drängte Österreich energisch auf den Ausgleich. Zehn Minuten lang kam die deutsche Mannschaft kaum aus ihrer Hälfte heraus. Als Swoboda im Gegenzug Kraus 20 Meter vor dem Tor foulte, gab es direkten Freistoß für die deutsche Mannschaft. Rahn legte sich den Ball zurecht und alle erwarteten nun einen seiner gefürchteten Schüsse. Stattdessen jedoch lief der Essener an und hob den Ball gefühlvoll zum 3:1 ins Netz. Riesenfreude unter den deutschen Schlachtenbummlern, die dem Rechtsaußen dieses Tor gönnten. 72. Minute: Erneut große Gefahr für das österreichische Tor, als Engelmeier nur mit Mühe einen Schuß von Kraus meistern konnte. Und ein herrlicher 25-Meter-Schuß von Rahn konnte von Engelmeier gerade noch abgefangen werden. Mitten in diese erneute deutsche Drangperiode konterten die Österreicher. Nach einer Maßvorlage von Wagner war Buzek alleine durch und ließ dem zu spät herauslaufenden Herkenrath keine Chance. Der Ball landete flach in der äußersten langen Ecke. 78. Minute: Ein herrlicher Schuß von Schäfer verfehlte nur ganz knapp das Ziel.

90. Minute: Nach einer großen kämpferischen Leistung hatte die deutsche Mannschaft verdient mit 3:2 in Wien gewonnen. Nun konnte man von einer neuen deutschen Mannschaft mit einer guten Moral sprechen.

❖

Vorbericht zum 243. Länderspiel: Nach den beiden erfolgreichen Spielen gegen Belgien und Österreich war Kontinuität angesagt. Die siegreiche Elf von Wien, mit Ausnahme des eingewechselten Waldner, stand auch im Aufgebot für das Länderspiel in Amsterdam gegen Holland.
Tor: Herkenrath, Tilkowski
Verteidigung: Juskowiak, K.Schmidt, Erhardt
Läufer: Szymaniak, Wewers, Borutta, Semmelmann
Stürmer: Rahn, Schröder, Kraus, Schäfer, Vollmar, A.Schmidt, Siedl
Zastrau (RWE) kam noch nachträglich für Semmelmann ins Aufgebot.

Herberger zeigte Mut. Mit Tilkowski (Westfalia Herne), Alfred Schmidt (BVB) und Siedl (Karlsruher SC) stellte er drei der fünf Neulinge auf. Nur Borutta und Semmelmann kamen weder in Amsterdam noch später zum Einsatz in der A-Elf. Allerdings war Gerhard Siedl eigentlich ein international erfahrener Spieler, denn er hatte bereits 16 Länderspiele für das Saarland absolviert.

3.4.1957 in Amsterdam
Holland - BR Deutschland 1:2 (0:1)

SR: Leafe (England), Zuschauer: 64.000
Holland: de Munck; Wiersma, Kuijs; Notersmans, von der Hart, Klaassens; Bosselaar (ab 50. Clavan), Wilkes, Appel, Timmermans, C.van der Gijp
BRD: Tilkowski -1 (Westf. Herne); Juskowiak -15 (Fort. Düsseld.), K.Schmidt -8 (1.FC Kaisersl.); Erhardt -12 (SpVgg. Fürth), Wewers -8 (RWE), Szymaniak -4 (WSV); Rahn -21 (RWE), Schröder -10 (Werder Bremen), Kraus -4 (Kickers Offenb.), A.Schmidt -1 (BVB), Siedl -1 (KSC). Mannschaftskapitän: Rahn
Tore: 0:1 Siedl (33.), 1:1 Wilkes (65.), 1:2 A.Schmidt (76.)
Beste Spieler: Notermans, Wilkes - Juskowiak, Szymaniak, Wewers, Tilkowski, Rahn, Siedl

Bericht: Mit drei Neulingen durfte man nach den zwei guten Länderspielen gespannt sein, ob es mit der deutschen Mannschaft weiter aufwärts ging.

4. Minute: Die erste gute Aktion, als Rahn hart bedrängt in die Mitte flankte, wo Schröder den Ball aufnahm und aus 20 Meter Entfernung knapp am Tor vorbeischoß.

11. Minute: Gute Reaktion des Neulings im deutschen Tor, als ein Ball tückisch aufsetzte und fast unter der Latte eingeschlagen hätte. Zwei Minuten später zum erstenmal Glück für die Holländer, als ein Ball von Kraus an den Pfosten ging. Und zum zweitenmal mußte Tilkowski in der 19. Minute eingreifen, als Timmermans gefährlich schoß.

30. Minute: Nach wunderschönem Zuspiel von Siedl jagte Schröder den Ball volley auf das Tor von de Munck, der nur abklatschen konnte, aber im Nachfassen den Ball sicher hatte. Auf der Gegenseite bewährte sich erneut der Herner Tilkowski im Tor, als ein Aufsetzer von Appel einzuschlagen drohte. 33. Minute: Als Mittelläufer van der Hart zu de Munck zurückspielen wollte, hatte Linksaußen Siedl aufgepaßt. Er spritzte dazwischen und ließ Torhüter de Munck bei seinem verzweifelten Rettungsversuch keine Chance. Die deutsche Mannschaft führte hochverdient mit 1:0. 35. Minute: Riesiges Glück für die Holländer, als Siedl sehr schön erkannte, daß de Munck vor seinem Tor stand und den Ball gefühlvoll über den Torhüter hinweghob. In letzter Sekunde konnte de Munck den Ball noch über das Tor lenken.

41. Minute: Helmut Rahn, der vorbildlich und mannschaftsdienlich spielte, setzte mustergültig Siedl ein, der zum wiederholten Mal Torhüter de Munck prüfte. 44. Minute: Gefahr für das deutsche Tor, als Appel frei zum Kopfball kam, der jedoch über die Latte ging. Zur Halbzeit führte die deutsche Mannschaft und hatte alle Kritiker überzeugt.

65. Minute: Einer der wenigen Konter der Holländer führte überraschend zum Ausgleich, als Juskowiak eine Flanke von Timmermans verpaßte und Wilkes aus dem Gewühl heraus halbhoch und unhaltbar zum Ausgleich einschoß. 69. Minute: Die deutsche Mannschaft spielte erfreulicherweise weiter offensiv und machte auch nicht den Eindruck, als wäre sie geschockt. Rahn prüfte mit einem tollen Schuß de Munck, der sich zum wiederholten Mal auszeichnen konnte. 71. Minute: Nach einer genau gezirkelten Ecke von Siedl war Aki Schmidt vor de Munck mit dem Kopf am Ball und das 2:1 schien unvermeidbar. Zum Glück für die Holländer stand jedoch van der Hart auf der Linie und köpfte den Ball aus dem leeren Tor heraus. 76. Minute: Spielmacher Schröder entdeckte in der holländischen Abwehr eine Lücke und sah, daß der junge Dortmunder Schmidt startete. Sofort kam der Paß und Aki Schmidt war völlig frei vor de Munck, schoß sofort, de Munck wehrte ab, aber der Ball kam genau vor die Füße von Schmidt zurück, der im Fallen noch ins leere Tor schoß. Die deutsche Mannschaft hatte die längst überfällige Führung zurückerobert.

90. Minute: Bis zum Schlußpfiff wußte die deutsche Mannschaft weiter zu gefallen. Es war eine Freude ihr zuzusehen und eine weitere Steigerung gegenüber dem Österreich-Spiel festzustellen. Vor allem mit den neuen Spielern hatte Herberger sein noch zahlenmäßig dürftiges Aufgebot um weitere zuverlässige Spieler erweitert.

❖

Vorbericht zum 244. Länderspiel: Für das letzte Saison-Länderspiel hatte die deutsche Nationalmannschaft mit Schottland einen besonders schweren Gegner in Stuttgart zu Gast. Das vorläufige Aufgebot umfaßte neben den bewährten Kräften der letzten Länderspiele auch wieder einige Talente.

Tor: Tilkowski, Görtz (Düsseldorf 99)
Verteidiger: Juskowiak, Erhardt, Gerdau (Heider SV), Keck (1.FC Saarbrücken)
Läufer: Szymaniak, Wewers, Mai, Semmelmann, Borutta
Stürmer: Rahn, Schröder, Geiger, Kraus, Kelbassa, Siedl, Biesinger, A.Schmidt, Vollmar, Hans Schäfer, Preisendörfer (K. Offenbach)

Mit Görtz, Gerdau, Keck, Semmelmann, Borutta und Preisendörfer waren 6 Spieler ohne Länderspiel, und nur Gerdau schaffte den Sprung zu einem A-Länderspiel gegen Schottland. Das endgültige Aufgebot lautete:

Tor: Tilkowski, Görtz
Verteidiger: Gerdau, Juskowiak, Stollenwerk
Läufer: Erhardt, Wewers, Szymaniak, Siedl
Stürmer: Rahn, Schröder, Kelbassa, A.Schmidt, Schäfer, Geiger

22.5.1957 in Stuttgart
BR Deutschland - Schottland 1:3 (0:2)

SR: Dienst (Schweiz), Zuschauer: 76.000
BRD: Tilkowski -2 (Westf. Herne); Gerdau -1 (Heider SV), Juskowiak -16 (Fort. Düsseldorf); Stollenwerk -6 (1.FC Köln), Wewers -9 (RWE), Szymaniak -5 (WSV); Rahn -22 (RWE), Schröder -11 (Werder Bremen), Kelbassa -2 (BVB), A.Schmidt -2 (BVB), Siedl -2 (KSC). Mannschaftskapitän: Rahn
Schottland: Younger; Caldow, Hewie; McColl, Evans, Docherty; Scott, Collins, Mudie, Baird, Ring
Tore: 0:1 Collins (21.), 0:2 Mudie (34.), 0:3 Collins (56.), 1:3 Siedl (70.)
Beste Spieler: Schröder, Juskowiak, Szymaniak - Younger, Docherty, Collins, Mudie
Bericht: Vor den britischen Profis hatte die deutsche Mannschaft von Beginn an viel Respekt. Aber auch die Schotten begannen vorsichtig und abwartend, so daß sich eine Viertelstunde lang fast nichts tat.

15. Minute: Die erste gefährliche Situation vor dem schottischen Tor entstand aus einer Kopfballrückgabe von Docherty, an die fast noch Siedl herangekommen wäre. 18. Minute: Eine glanzvolle Parade von Torhüter Younger nach tollem Schuß aus 8 Meter Entfernung von „Aki" Schmidt verhinderte die deutsche Führung. 21. Minute: Ganz überraschend die schottische Führung, als sich Wewers und Gerdau gegenseitig behinderten, Szymaniak ausrutschte und Collins schnell genug zur Stelle war, um unhaltbar aus 6 Meter Entfernung einzuschießen.

30. Minute: Viel Glück für die deutsche Mannschaft, als ein Freistoß von Baird an die Querlatte des deutschen Tores krachte. 34. Minute: Als Ring und Mudie in schönem Doppelpaßspiel nacheinander Gerdau, Stollenwerk und Wewers ausspielten, war es erneut geschehen. An dem herausstürzenden Tilkowski vorbei schob Ring den Ball zu Mudie, der keine Mühe hatte das Leder im leeren Tor unterzubringen. 37. Minute: Durch eine blitzschnelle Reaktion verhinderte Tilkowski nach einem Kopfball von Mudie einen weiteren Gegentreffer.

45. Minute: Obwohl die deutsche Mannschaft streckenweise gut mitgespielt hatte, fehlte der nötige Druck im Sturm. Die Halbzeitführung der Schotten ging deshalb in Ordnung.

56. Minute: Collins gelang mitten in der deutschen Drangperiode ein Glücksschuß, der genau im oberen Dreieck zum 0:3 einschlug. 61. Minute: Nach einer schönen Kombination zwischen Kelbassa und Schröder nahm Kelbassa den Ball direkt aus der Luft und schmetterte ihn in das obere Toreck. In letzter Sekunde hatte Torhüter Younger eine Faust dazwischen und wehrte zur Ecke ab. Die deutsche Mannschaft hatte an diesem Tag kein Glück.

71. Minute: Endlich wurde die deutsche Mannschaft mit einer wundervollen Kombination für ihr starkes, kämpferisches Spiel belohnt. Von Schröder kam der Ball über Kelbassa zu Siedl, der mit einer Körpertäuschung Stopper Evans und Caldow stehen ließ und unhaltbar zum 1:3 einschoß. Fast wäre Siedl 60 Sekunden danach ein weiterer Treffer gelungen, als er eine Flanke von Rahn im Fallen nur knapp über die Querlatte setzte. 76. Minute: Noch einmal großes Glück für die Schotten, als Kelbassa mit einer Steilvorlage von Rahn auf und davon war, aber Younger durch geschicktes Herauslaufen den Winkel verkürzte.

90. Minute: Alle Mühen der zweiten Halbzeit blieben erfolglos. Nach drei großartigen Siegen mußte sich die deutsche Mannschaft den Schotten beugen. Ein Rückschlag war das deshalb jedoch nicht, denn die Mannschaft befand sich noch im Aufbau für die Weltmeisterschaft im folgenden Jahr.

❖

1957/58

Bilanz 1957/58
11 Spiele: 6 Siege, 2 Unentschieden, 3 Niederlagen, 20:17 Tore
Zuschauer: 537.000
In 11 Spielen wurden 27 Spieler eingesetzt, davon waren 6 Spieler Neulinge

Die Spieler der Saison:
Herbert Erhardt	11	Spiele
Hans Schäfer	11	"
Horst Szymaniak	10	"
Erich Juskowiak	9	"
Fritz Herkenrath	8	"
Horst Eckel	8	"
Georg Stollenwerk	8	"
Alfred Schmidt	7	"
Fritz Walter	7	"
Helmut Rahn	6	"
Bernhard Klodt	5	"
Uwe Seeler	5	"
Hans Cieslarczyk	5	"
Alfred Kelbassa	4	"
Heinz Wewers	3	"
Karl-Heinz Schnellinger	3	"
Günter Sawitzki	2	"
Erwin Waldner	2	"
Hans Sturm	2	"
Karl Schmidt	1	Spiel
Karl Mai	1	"
Herbert Schäfer	1	"
Wolfgang Peters	1	"
Willi Schröder	1	"
Heinz Vollmar	1	"
Bernhard Steffen	1	"
Heinz Kwiatkowski	1	"

Tore der Saison:
Helmut Rahn	6	Tore
Hans Schäfer	4	"
Hans Cieslarczyk	3	"
Alfred Schmidt	2	"
Uwe Seeler	2	"
Alfred Kelbassa	1	Tor
Bernhard Klodt	1	"

Mannschaftsführer war:
Hans Schäfer 11 mal

2 Elfmeter gegen Deutschland,
verwandelt durch Dvorak (CSSR), Kopa (Frankreich)

1 Eigentor für Deutschland,
durch Stacho (CSSR)

1 Eigentor gegen Deutschland,
durch Erhardt (gegen die CSSR)

1 Platzverweis gegen Deutschland,
durch Juskowiak (gegen Schweden)

Rangliste der Nationalspieler des Jahres
1. Horst Szymaniak (Wuppertaler SV)
2. Herbert Erhardt (SpVgg Fürth)
3. Georg Stollenwerk (1.FC Köln)
4. Erich Juskowiak (Fortuna Düsseldorf)
5. Helmut Rahn (Rot-Weiß Essen)
6. Fritz Walter (1.FC Kaiserslautern)
7. Horst Eckel (1.FC Kaiserslautern)
8. Uwe Seeler (Hamburger SV)
9. Hans Schäfer (1.FC Köln)
   Hans Sturm (1.FC Köln)

Vorbericht zum 245.Länderspiel: Bis zum nächsten Länderspiel lagen 6 Monate, in denen Bundestrainer Sepp Herberger seinen Kandidaten und Talenten in Testspielen eine Bewährungschance gab.

20.6.1957 in Schweinfurt
A-Auswahl - B-Auswahl 9:2 (2:0)
SR: Kandlbinder (Regensburg), Zuschauer: 20.000
A: Tilkowski (Westfalia Herne); Zastrau (RWE), Juskowiak (Fortuna Düsseldorf), ab 45. Gehling (Schweinfurt 05); Sturm (1.FC Köln), Graetsch (SpVgg Herten), Szymaniak (Wuppertaler SV), ab 45. Schrader (Arm. Hannover); Rahn (RWE), Morlock (1.FC Nürnberg), Schröder (Werder Bremen), Börstler, Auenhammer (beide 1860 München)
B: Sawitzki (VfB Stuttg.), ab 45. Ewert (Turu Düsseld.); Mechnig (Wormatia Worms), Keck (1.FC Saarbrücken); Eckel, Liebrich (beide Kaisersl.), Semmelmann (SV Bayreuth); Siedl (Bayern München), ab 45. Cieslarcyk (SpVgg Sodingen), Hahn (Bayern München), ab 45. Müller (Duisburg), Buchenau (FSV Frankf.), Zägel (1.FC Saarbrücken), ab 45. Marx (Sodingen), Vollmar (St.Ingbert), ab 45. Aumeier (Schweinfurt 05)
Tore: 1:0 Börstler (11.), 2:0 Sturm (24.), 3:0 Börstler (54.), 4:0 Morlock (65.), 5:0 Morlock (71.), 5:1 Zägel (73.), 6:1 Schröder (74.), 7:1 Schröder (78.), 7:2 Aumeier (84.), 8:2 Auernhammer (86.), 9:2 Morlock (89.)

26.6.1957 in Berlin
Berlin - D.F.B.-Auswahl 1:4 (1:3)
SR: Machenbach (Solingen), Zuschauer: 38.000
Berlin: Mehlmann; Kuhley, Strehlow, Jonas (alle Viktoria 89), Schüler (Hertha BSC), Eder (TeBe); Schunack (Alem. 90), ab 55. Schwedeck (SSV), Knöfel (SSV), Schulz (Blau-Weiß 90), Faeder (Hertha BSC), Kaiser (Union 06), ab 55. Lucke (Blau-Weiß 90)
D.F.B.: Sawitzki, ab 45. Ewert; Zastrau, Juskowiak; Eckel, Graetsch, Stollenwerk; Rahn, Sturm, Schröder, Schäfer, Vollmar
Umstellungen: 45. Auernhammer für Vollmar, A.Schmidt (BVB) für Graetsch, 50. Vollmar für Sturm, 70. Graetsch für Juskowiak
Tore: 0:1 Vollmar (12.), 0:2 Juskowiak (16.), 1:2 Faeder (30.), 1:3 Vollmar (43.), 1:4 Rahn (82.)

Auswahlspiel
29.6.1957 in Karlsruhe
Süd - Nord 2:2 (2:2)
SR: Baumgärtel (Hagen), Zuschauer: 7.000
Süd: Sawitzki (VfB Stuttg.); Gehling (Schweinfurt 05), Höfer (Eintr. Frankf.); Mai (Spvgg. Fürth), Hesse (Karlsruher SC), ab 46. Schultheis (Kickers Offenb.), Semmelmann (Spvgg. Bayreuth); Siedl (Karlsruher SC), ab 46. Nothnick (Kickers Offenb.), Sommerlatt (Karlsruher SC), ab 70. Wade (Kickers Offenb.), Buchenau (FSV Frankf.), Börstler (1860 München), Aumeier (Schweinfurt 05)
Nord: Schnoor; Posipal (beide HSV), Lesch (Eintr. Nordhorn); Schmuck (Holstein Kiel), Sommerfeld (St.Pauli), Meinke; Krug (beide HSV), Ehlers (Holstein Kiel), U.Seeler (HSV), Schröder (Werder Bremen), Reuter (HSV)
Umstellungen: ab 46. Meinke und Lang (Bremerhaven 93) Verteidiger; Werner (HSV), linker Läufer; Trede (Holstein Kiel) für Ehlers; ab 70. Gronau (Concordia) für Trede
Tore: 1:0 Aumeier (15.), 1:1 Uwe Seeler (31.), 1:2 Uwe Seeler (32.), 2:2 Buchenau (41. Elfmeter)

Für den 22.-28.7.1957 setzte Herberger in München den ersten WM-Lehrgang an, zu dem er 34 Spieler einlud.
Tor: Tilkowski (Westf. Herne), Sawitzki (VfB Stuttg.), Ewert (1.FC Köln), Görtz (Fort. Düsseld.)

Verteidiger: Juskowiak (Fort. Düsseld.), Schmidt (1.FC Kaisersl.), Zastrau (RWE), Sandmann (BVB), Keck (1.FC Saarbrücken), Schnellinger (Düren 99)

Läufer: Eckel (1.FC Kaisersl.), Sturm (1.FC Köln), Herbert Schäfer (Spfr. Siegen), Graetsch (SpVgg Herten), Gerdau (Heider SV), Szymaniak (Wuppertaler SV), Borutta, Jagielski (beide Schalke 04), Mai (SpVgg Fürth)

Stürmer: Rahn (RWE), Peters, A.Schmidt (beide BVB), Waldner (VfB Stuttg.), Evers (VfL Benrath), Schröder (Werder Bremen), Bergmeier (VfL Bochum), Biesinger (BC Augsburg), Kraus (Offenb. Kickers), Uwe Seeler (HSV), Zägel (1.FC Saarbücken), Vollmar (SV St.Ingbert), Börstler, Auernhammer (beide Müchen 1860), Hans Schäfer (1.FC Köln)

Zwar konnten nicht alle der Einladung folgen, aber Herberger bezeichnete diesen ersten WM-Lehrgang als vollen Erfolg. Aber es gab nicht nur positive Nachrichten. Kurz nach dem Lehrgang kam die Hiobsbotschaft aus Essen. Helmut Rahn hatte sich nicht nur wieder dem Alkohol zugewandt und fehlte häufiger beim Training, nun war ihm auch der Führerschein entzogen worden und es lief eine Anzeige wegen Widerstands gegen die Staatsgewalt. Der D.F.B. war es leid, sperrte ihn für die Nationalelf und strich ihn aus dem Kandidatenkreis für die WM. Rahns internationale Karriere schien endgültig beendet. Einer der begnadetsten Fußballer, die Deutschland je hatte, war wieder einmal gescheitert. Nicht, wie immer wieder behauptet wurde, wegen falscher Freunde, sondern wegen einer fehlenden Persönlichkeitsentwicklung. Offenbar war Sepp Herberger der einzige „Psychologe" im deutschen Fußball, der es verstand, solch schwierige Menschen zu führen. Als Bundestrainer konnte er jedoch nicht jeden Tag in Essen sein.

Für den 4.9.1957 wurde ein weiteres Testspiel zwischen einer A- und B-Elf nach Hannover vergeben. Hierfür berief der Bundestrainer das folgende vorläufige Aufgebot.

Tor: Tilkowksi (Westf. Herne), Sawitzki (VfB Stuttg.), Ewert (1.FC Köln), Görtz (Fort. Düsseld.)

Verteidiger: Juskowiak (Fort. Düsseld.), Sandmann (BVB), Erhardt (SpVgg Fürth), Schmidt (1.FC Kaisersl.), Keck (1.FC Saarbrücken), Schnellinger (Düren 99)

Auzßenläufer: Eckel (1.FC Kaisersl.), Szymaniak (Wuppertaler SV), Mai (SpVgg Fürth), Borutta, Jagielski (beide Schalke 04), Sturm (1.FC Köln)

Mittelläufer: Koll (Duisburger SV), Herbert Schäfer (Spfr. Siegen), Graetsch (SpVgg Herten), Gerdau (Heider SV), Stollenwerk (1.FC Köln), Horst (Schalke 04)

Stürmer: Peters (BVB), Waldner (VfB Stuttg.), Hans Schäfer (1.FC Köln), Vollmar (SV St.Ingbert), Nazarenus (Offenb. Kickers), Soja (Schalke 04), Schröder (Werder Bremen), Koelbl (1860 München), Morlock (1.FC Nürnberg), Biesinger (BC Augsburg), Kraus (Offenb. Kickers), A.Schmidt (BVB), Zägel (1.FC Saarbrükken), Backhaus (VfL Bochum)

Rolf Geiger, damals eines der größten deutschen Stürmertalente, war nicht mit dabei. Er war gesperrt, weil im Zusammenhang mit seinem Vereinswechsel zum VfB Stuttgart die Zahlung hoher Handgelder aufgedeckt worden war.

4.9.1957 in Hannover

A-Auswahl - B-Auswahl 5:3 (2:2)
SR: Sturm (Hannover), Zuschauer: 36.000
A: Tilkowski; Juskowiak, Sandmann; Eckel, Horst, Szymaniak; Peters, Soya, Schröder, H.Schäfer, Vollmar
B: Sawitzki (Schnoor); Erhardt, K.Schmidt; Borutta, Herb.Schäfer, Mai; Waldner, Morlock, Kölbl, A.Schmidt, Backhaus
Tore: 0:1 Kölbl (30.), 1:1 Hans Schäfer (35.), 1:2 Kölbl (38.), 2:2 Soya (45.), 3:2, 4:2 Hans Schäfer (49., 75.), 4:3 Borutta (83.), 5:3 Soya (89.)

Beste Spieler: Szymaniak, Schäfer, Soya - Erhardt, Mai, Morlock

In diesen Monaten spielten sich immer mehr große Talente in den Vordergrund, so daß die Auswahl für Herberger zusehends leichter wurde. Torhüterprobleme gab es inzwischen überhaupt keine mehr, weil mit Tilkowski, Herkenrath, Sawitzki und Kwiatkowski gleich 4 Klasseleute vorhanden waren. Auch gute Verteidiger gab es genug, aber nur Juskowiak hatte einen Stammplatz. Ähnlich war es bei den Außenläufern, wo Szymaniak inzwischen einen Stammplatz hatte. Gesucht wurde vor allem ein Mittelläufer, und im Sturm gab es trotz riesiger Auswahl keinen Stammplatz. Im nächsten Testspiel konnten sich wieder Spieler bewähren.

31.10.1957 in Düsseldorf

A-Auswahl - B-Auswahl 2:3 (0:1)
SR: Skubal (Hamburg), Zuschauer: 29.000
A: Tilkowski; K.Schmidt, Juskowiak; Erhardt, Schnellinger (ab 45. Herb.Schäfer), Szymaniak; Waldner, Schröder, Kölbl (ab 45. Benning), Soya, Vollmar
B: Sawitzki (ab 45. Kwiatkowski); Stollenwerk, Konopczynski (SV Sodingen); Eckel, Herb.Schäfer (ab 45. Schnellinger), Mai; Peters, Morlock, Kelbassa, A.Schmidt, Cieslarczyk
Tore: 0:1 Kelbassa (6.), 1:1 Vollmar (56.), 1:2 Cieslarczyk (58.), 2:2 Soya (64.), 2:3 A.Schmidt (88.)

Beste Spieler: Juskowiak, Erhardt, Tilkowski - Cieslarczyk, A.Schmidt, Eckel, Kelbassa

Damit war die erste Phase der WM-Vorbereitung abgeschlossen, in der Bundestrainer Sepp Herberger 87 Spieler in Lehrgängen und Testspielen erprobt hatte. Nun standen noch 5 schwere Länderspiele bis zur WM auf dem Programm. Vor dem nächsten Spiel gegen Schweden fand jedoch noch ein regionales Auswahlspiel statt, wo ausschließlich Spieler mitwirkten, die nicht zum Aufgebot für das nächste Länderspiel gegen Schweden gehörten.

17.11.1957 in Ludwigshafen

Südwest - Süd 3:2 (1:0)
SR: Loser (Essen), Zuschauer: 30.000
Südwest: Butscheidt (Eintr. Trier); Mechnig (Wormatia Worms), ab 46. Foitzik (Eintr. Trier), Späth (1.FC Kaisersl.); Clemens (SV Saar 05), ab 46. Weber, Laag, Schmitt (alle FK Pirmasens); Kraft (Tura Ludwigshafen), ab 46. Wenzel, F.Walter, O.Walter (alle 1.FC Kaisersl.), Kapitulski, Schroer (beide FK Pirmasens)
Süd: Loy (Eintr. Frankf.); Retter (VfB Stuttg.), Höfer (Eintr. Frankf.), ab 46. Baureis (Karlsruher SC); Zenger (1.FC Nürnberg), ab 46. Nuber (Kickers Offenb.), Blessing, Simon (beide VfB Stuttg.); Kreß (Eintr. Frankf.), Müller (1.FC Nürnberg), Kraus (Kickers Offenb.), Biesinger (BC Augsburg), Auernhammer (1860 München)
Tore: 1:0 Ottmar Walter (18.), 1:1 Kreß (57.), 2:1 Wenzel (63.), 2:2 Kraus (75.), 3:2 Ottmar Walter (89.)

Für das Schweden-Spiel hatte Herberger folgendes Aufgebot berufen:

Tor: Sawitzki, Herkenrath
Verteidiger: Erhardt, Stollenwerk, K.Schmidt
Läufer: Eckel, Mai, Herb.Schäfer, Szymaniak
Stürmer: Peters, A.Schmidt, Kelbassa, Schröder, Hans Schäfer, B.Klodt, Cieslarczyk

Mit Herbert Schäfer (Spfr. Siegen), Peters (Borussia Dortmund) und Cieslarczyk (SV Sodingen) standen 3 Spieler ohne Länderspiel im Aufgebot, die jedoch noch alle Nationalspieler wurden. Aus dem letzten Länderspiel, ein halbes Jahr zuvor, fehlten mit Tilkowski, Gerdau, Juskowiak, Wewers, Rahn und Siedl gleich 6 Spieler. Die Lehrgänge und Testspiele hatten also einiges verändert.

20.11.1957 in Hamburg
BR Deutschland - Schweden 1:0 (1:0)

SR: Zsolt (Ungarn), Zuschauer: 76.000
BRD: Sawitzki -3 (VfB Stuttgart); Erhardt -13 (Spvgg. Fürth), K.Schmidt -9 (1.FC Kaisersl.); Mai -18 (Spvgg. Fürth), Herb.Schäfer -1 (Spfr. Siegen), Szymaniak -6 (WSV); Peters -1, A.Schmidt -3, Kelbassa -3 (alle BVB), Schröder -12 (Werder Bremen), Hans Schäfer -23 (1.FC Köln), ab 74. B.Klodt -14 (Schalke 04). Mannschaftskapitän: Hans Schäfer
Schweden: K.Svensson; Bergmark, Öberg; R.Börjenson, Clarin, Parling; S.Bengtsson, Gren, Simonsson, J.Ekström, G.Sandberg
Tor: 1:0 A.Schmidt (17.)
Beste Spieler: Erhardt, Sawitzki - Svensson, Gren
Bericht: Nach der halbjährigen Länderspielpause begann nun die Endphase vor der Weltmeisterschaft in Schweden. Deutschland, als amtierender Weltmeister, und Schweden, als Veranstalter, waren automatisch für die Weltmeisterschaft qualifiziert. Für beide war dieses Länderspiel in Hamburg deshalb auch nur ein Testspiel auf dem Weg zur WM.

4. Minute: Nach dem Ballgeschiebe der ersten Minuten hatte Hans Schäfer die erste Torgelegenheit, als er eine Flanke von Peters im Hechtsprung mit dem Kopf auf das schwedische Gehäuse zirkelte. Nur mit einer Blitzreaktion konnte Torhüter Svensson abwehren. Auf der Gegenseite war Sawitzki bei seinen ersten Ballkontakten überraschend unsicher. Und wieder eine Minute später zischte ein Flachschuß von Schröder am Pfosten des schwedischen Tores vorbei.

17. Minute: Nach einem schönen Paß von Schröder in den freien Raum, war A.Schmidt zur Stelle und schob den Ball gefühlvoll am herausstürzenden Svensson vorbei zum 1:0 ins Netz.

35. Minute: Trotz der deutschen Führung lief es nicht so recht. Schwedens „Fußballprofessor" Gunnar Gren, spielte sich im Stil von Fritz Walter durch die gesamte deutsche Abwehr und konnte erst in letzter Sekunde gestoppt werden. Zur Halbzeit führte die deutsche Mannschaft glücklich mit 1:0.

71. Minute: Die größte Tat von Torhüter Sawitzki, als er Ekströms Schuß aus 4 Meter Entfernung zur Ecke lenken konnte. Noch einmal rettete Erhardt, 120 Sekunden später, vor dem einschußbereiten Ekström. 74. Minute: Die erste gute Torgelegenheit der deutschen Mannschaft in der zweiten Halbzeit, durch einen knallharten Schuß von Schröder, machte Torhüter Svensson zunichte. 79. Minute: Auf Flanke des eingewechselten Klodt hatte noch einmal Schröder eine gute Chance, doch sein Direktschuß ging wieder einmal am Tor vorbei.

90. Minute: Zwar hatte die deutsche Mannschaft erneut ein Spiel gewonnen, aber es war ein glücklicher Sieg und die Leistung keineswegs überzeugend. Herberger hatte bis zur WM noch viel Arbeit.

❖

Vorbericht zum 246.Länderspiel: Nach über 3 Jahren kam es in Hannover zur WM-Revanche gegen Ungarn. Inzwischen hatte die politische Lage im Osten jedoch die große Mannschaft Ungarns auseinandergerissen. Nur Torhüter Grosics, Bozsik und Hidegkuti waren übrig geblieben. Die anderen Stars von einst, allen voran Puskas, Kocsis und Czibor, spielten inzwischen bei ausländischen Vereinen als Profis. Auch in der deutschen Mannschaft hatte sich viel verändert. Aus der Weltmeistermannschaft gehörten nur noch 5 Spieler zum Kreis der WM-Fahrer, Eckel, Mai, Morlock, Schäfer und neuerdings auch Fritz Walter. Der Lieblingsschüler von Herberger hatte sich durch hervorragende Leistungen im Verein und beim Auswahlspiel Südwest gegen Süd im November geradezu aufgedrängt.
Tor: Herkenrath, Kwiatkowski
Verteidiger: Erhardt, Juskowiak, Stollenwerk
Läufer: Eckel, Wewers, Szymaniak, Jäger
Stürmer: Peters: A.Schmidt, Kelbassa, Schäfer, B.Klodt, Fritz Walter, Schröder
Da Peters und Klodt nach den letzten Punktspielen wegen Verletzungen absagen mußten, wurden Vollmar und Cieslarczyk nachnominiert.

22.12.1957 in Hannover
BR Deutschland - Ungarn 1:0 (1:0)

SR: Martens (Holland), Zuschauer: 85.000
BRD: Herkenrath -13 (RWE); Erhardt -14 (SpVgg Fürth), ab 51. Stollenwerk -7 (1.FC Köln), Juskowiak -17 (Fort. Düsseld.); Eckel -24 (1.FC Kaisersl.), Wewers -10 (RWE), Szymaniak -7 (Wuppertaler SV); Cieslarczyk -1 (SV Sodingen), A.Schmidt -4, Kelbassa -4 (beide BVB), Schäfer -24 (1.FC Köln), Vollmar -7 (SV St. Ingbert). Mannschaftskapitän: Schäfer
Ungarn: Grosics; Matrai, Sarosi; Bozsik, Sipos, Berendi; Sandor, Csordas, Machos, Hidegkuti (61. Bundzsack), Lenkei
Tor: 1:0 Kelbassa (19.)
Beste Spieler: Szymaniak, Juskowiak, Eckel, Herkenrath - Grosics, Lenkei
Bericht: Zwei große Länder mit Fußball-Vergangenheit, die sich im denkwürdigen Berner Endspiel 1954 gegenübergestanden hatten, spielten jetzt mit zwei fast neuen Mannschaften gegeneinander. Respekt war auf beiden Seiten da, und es dauerte 10 Minuten, bis sich die Mannschaften gefunden hatten.

12. Minute: Die erste große Torchance für die deutsche Mannschaft hatte Schäfer, der den Angriff selbst vorbereitet hatte und mit einem flachen Schuß am Tor vorbei abschloß. Gleich die nächste gute Torgelegenheit durch Cieslarczyk, dessen Kopfball jedoch ebenfalls am Tor vorbeiging. 19. Minute: Die Ungarn kamen gegen die immer stärker werdende deutsche Mannschaft überhaupt nicht ins Spiel. Ein ähnlicher Spielzug wie beim Schweden-Spiel führte zum 1:0, als A.Schmidt wunderbar in die Gasse für Kelbassa schob, der den herausstürzenden Torhüter Grosics keine Chance ließ.

24. Minute: Die deutsche Mannschaft spielte nach dem Führungstreffer wie entfesselt. Ein herrlicher, knallharter Kelbassa-Schuß aus 22 Meter Entfernung zischte knapp am Pfosten vorbei. 26. Minute: Zum erstenmal kamen die Ungarn bedrohlich vor das deutsche Tor und sogleich hatte die deutsche Mannschaft Glück, als ein Kopfball von Lenkei an die Latte sprang.

38. Minute: Nach zwei, drei Minuten war der ungarische Angriffsschwung bereits wieder vorbei und es spielte nur noch die deutsche Mannschaft. Das war etwas ganz anderes, als im Länderspiel zuvor gegen Schweden. Fließende Kombinationen, schnelles Spiel und viele Ideen zeichneten das gesamte deutsche Spiel aus, wobei sich Szymaniak als Lenker und Denker besonders hervortat. 43. Minute: Noch einmal Glück für die Ungarn, als Kelbassa nur um eine hundertstel Sekunde zu spät kam. Zur Halbzeit führte die deutsche Mannschaft hochverdient mit 1:0. Von den gefürchteten Ungarn waren die 85.000 Zuschauer doch merklich enttäuscht.

70. Minute: 10 Minuten lang konnten die Ungarn das Spiel überlegen gestalten, drängten und machten Druck, aber die deutsche Abwehr stand. 75. Minute: Wieder versuchten die Ungarn mit aller Kraft, den Ausgleich zu erzielen. Einen Kopfball von Csordas konnte Stollenwerk auf der Linie retten.

82. Minute: Ein herrlicher Schuß von A.Schmidt konnte Torhüter Grosics gerade noch über die Latte lenken. In den letzten 10 Minuten hatten die Ungarn nichts mehr zu bestellen. Die deutsche Mannschaft drängte und kontrollierte das Spiel. Mit 1:0 waren die Ungarn nach dem Spielverlauf noch gut bedient. Bei der deutschen Mannschaft war ein deutlicher Aufwärtstrend erkennbar.

❖

Vorbericht zum 247. Länderspiel: Wie vor jedem großen Ereignis, wurden auch 1958 wieder unzählige Namen im Zusammenhang mit dem WM-Aufgebot gehandelt. Das trat nur vorübergehend in den Hintergrund, als 2 Ereignisse die Fußball-Weltöffentlichkeit bewegten. Am 6.2.1958 verunglückte auf dem Münchener Flughafen die Maschine mit der kompletten Mannschaft von Manchester United. Nur wenige überlebten den Absturz, die englische Nationalmannschaft war praktisch halbiert.

Am 8.2.1958 wurden dann in Stockholm die WM-Gruppen und Spielpaarungen ausgelost. Die BR Deutschland hatte mit Argentinien, Nordirland und der Tschechoslowakei ein sehr schweres Los gezogen. Es gab keinen leichten Gegner in dieser Gruppe und mit Argentinien war sogar der WM-Favorit Nr. 1 dabei. Leicht wurde es dem Weltmeister also wirklich nicht gemacht, seinen Titel zu verteidigen.

Für das erste Länderspiel des Jahres 1958 berief Herberger sein vorläufiges Aufgebot zum 27.2. in die Sportschule Hennef. Der Bundestrainer hatte also 5 Tage Zeit, seine Mannschaft auf die schwere Aufgabe in Brüssel vozubereiten.

Tor: Herkenrath, Sawitzki
Verteidiger: Erhardt, Juskowiak, Stollenwerk
Läufer: Eckel, Wewers, Szymaniak, Borutta, Nuber
Stürmer: Peters, A.Schmidt, Kelbassa, Soya, B.Klodt, Uwe Seeler, Schäfer

Kurzfristig wurden Waldner und Fritz Walter ins Aufgebot genommen und Peters, Uwe Seeler und die Neulinge Borutta und Nuber für die Juniorenelf abgestellt. Damit blieb der Schalker Soya einziger Neuling, der jedoch nie A-Nationalspieler wurde.

2.3.1958 in Brüssel

Belgien - BR Deutschland 0:2 (0:1)

SR: Leafe (England), Zuschauer: 65.000
Belgien: Leysen; Dirix, Thellin; Mees, Carré, Mathonet; Jurion, Vliers, R.Coppens, Vandenberg (ab 35. Lippens), R.Orlans
BRD: Herkenrath -14 (RWE); Erhardt -15 (SpVgg Fürth), Juskowiak -18 (Fort. Düsseld.); Eckel -25 (1.FC Kaisersl.), Wewers -11 (RWE), Szymaniak -8 (Wuppertaler SV); Waldner -11 (VfB Stuttg.), A.Schmidt -5, Kelbassa -5 (beide BVB), Schäfer -25 (1.FC Köln), B.Klodt -15 (Schalke 04). Mannschaftskapitän: Schäfer
Tore: 0:1 Schäfer (25.), 0:2 A.Schmidt (60.)
Beste Spieler: Coppens, Mathonet - Szymaniak, Herkenrath, Schäfer, Juskowiak
Bericht: Überraschend begann die deutsche Mannschaft in Brüssel sehr schwach, ließ den Belgiern viel Spielraum und vorne lief wenig zusammen.

3. Minute: Ein Schuß von Coppens strich nur ganz knapp am kurzen Eck vorbei. Das war ein erster Warnschuß für die deutsche Mannschaft. 6. Minute: Noch mehr Glück für die deutsche Mannschaft, als Coppens aus 25 Metern abzog und der zu weit vor dem Tor postierte Herkenrath den Ball nicht erreichen konnte. Die Latte rettete für die deutsche Mannschaft. Zwei Minuten später erneut ein schöner Schuß von Coppens, den Herkenrath zur Ecke abwehren konnte. Erst danach kam die deutsche Elf zum erstenmal vor das belgische Tor, aber A.Schmidt zielte zu hoch.

13. Minute: Die gefährlichen Momente für die deutsche Abwehr wollten kein Ende nehmen. Nur durch das frühzeitige Herauslaufen von Herkenrath konnte Coppens den Ball nicht im deutschen Tor unterbringen. 15. Minute: Endlich mal wieder ein schöner Schuß von Schäfer auf das belgische Tor, den jedoch Torhüter Leysen halten konnte.

21. Minute: Die deutsche Abwehr konnte einfach nicht den gefährlichen Coppens stoppen. Erst Herkenrath war für den belgischen Mittelstürmer wieder Endstation. Der einzige deutsche Stürmer, der gefährlich schoß, war Hans Schäfer, aber sein 18-Meter-Schuß in der 23. Minute ging neben das Tor. 25. Minute: Ganz überraschend der deutsche Führungstreffer, als Szymaniak den Ball Schäfer in die Gasse spielte, der ohne zu fackeln unter die Querlatte donnerte. Der Spielverlauf war auf den Kopf gestellt. Obwohl bei der deutschen Mannschaft im Angriff nichts lief, führte sie jetzt mit 1:0.

52. Minute: Von Minute zu Minute wurde Horst Szymaniak die spielbestimmende Persönlichkeit auf dem Feld. Alles, was er machte, hatte Hand und Fuß, und in der zweiten Halbzeit gelang ihm auch alles. Damit wurde das Spiel der deutschen Mannschaft auch zusehends besser, aber nach wie vor lief es im deutschen Sturm nicht. 54. Minute: Nach einem Querpaß von Waldner kam sogar Szymaniak zum Torschuß. Nur knapp verfehlte er das Gehäuse von Leysen. 59. Minute: Die erste Chance der Belgier in der zweiten Halbzeit war ein Kopfball von Vliers, der jedoch neben das Tor ging. Nach schönem Doppelpaß zwischen Kelbassa und Schäfer im Gegenzug spielte der Kölner dem jungen A.Schmidt maßgerecht den Ball vor die Füße. Mit einem genau plazierten Schuß in die äußerste Ecke traf der Dortmunder zum 2:0.

90. Minute: Von der letzten Viertelstunde abgesehen, hatten die Belgier über weite Strecken das Spiel bestimmt, aber mit 0:2 verloren. So sicher die deutsche Abwehr auch stand (sie hatte jetzt bereits zum drittenmal zu 0 gespielt), so schwach war doch der deutsche Angriff.

❖

Vorbericht zum 248. Länderspiel: Bundestrainer Sepp Herberger konnte einfach nicht mit dem Spiel der Sturmreihe zufrieden sein. In der Abwehr gab es zwar auch noch Unsicherheiten, aber im Angriff ging nichts zusammen. Die Torerfolge der beiden letzten Länderspiele waren eher Einzelaktionen. Dabei gab es in Deutschland eine ganze Reihe von Klassestürmern. Ein kompletter Spitzensturm, Rahn-Walter-Seeler-Geiger-Siedl, wurde aus den verschiedensten Gründen nicht aufgeboten. Dabei stand es außer Frage, daß diese 5 wesentlich durchschlagskräftiger waren, als der Brüsseler Angriff. Herberger hatte 3 dieser 5 aber keineswegs abgeschrieben. Vor jedem weiteren Test- oder Länderspiel wollte er sich Rahn im Verein ansehen und nur dann einen anderen Rechtsaußen nominieren, wenn er Rahn noch nicht für gut genug hielt. Eiskalt setzte Herberger dem Essener dann mit Waldner, Klodt, Steffen, Peters und Cieslarczyk einen Rechtsaußen nach dem anderen vor die Nase und Rahns Training wurde immer intensiver, bis er schließlich die Weltklasse erreichte, die er eigentlich immer hätte sein können. Noch war es aber nicht soweit.

Für das Frankfurter Länderspiel gegen Spanien berief Herberger ein 19-köpfiges Aufgebot, daß schon fast WM-Konturen hatte.

Tor: Herkenrath (RWE), Sawitzki (VfB Stuttg.), Tilkowski (Westf. Herne)
Verteidiger: Erhardt (Spvgg. Fürth), Stollenwerk (1.FC Köln), Juskowiak (Fort. Düsseld.), Späth (1.FC Kaisersl.)
Läufer: Eckel (1.FC Kaisersl.), Sturm (1.FC Köln), Wewers (RWE), Szymaniak (Wuppertaler SV)
Stürmer: Klodt (Schalke 04), Waldner (VfB Stuttg.), Alfred Schmidt (BVB), Soya (Schalke 04), Kelbassa (BVB), Fritz Walter (1.FC Kaisersl.), Schäfer (1.FC Köln), Cieslarczyk (SV Sodingen)

Mit Späth, Sturm und Soya standen 3 Spieler im Aufgebot, die noch kein Länderspiel hatten. Nur Hans „Hansi" Sturm gelang der Sprung, und das sogar noch kurz vor der WM. Gegen die Spanier mußte er noch auf der Bank sitzen, aber dafür war erstmals Fritz Walter wieder dabei. Herberger stellte ihn als Mittelstürmer auf, wo er wie bei den Spaniern di Stefano, zurückhängend den Angriff lenken sollte. Und schließlich ließ sich der Bundestrainer für die Abwehr noch etwas besonderes einfallen. Für den ungelenken Wewers ließ er erstmals Erhardt Stopper spielen und beorderte dafür Stollenwerk neu in die Verteidigung.

19.3.1958 in Frankfurt

BR Deutschland - Spanien 2:0 (1:0)

SR: Ellis (England), Zuschauer: 81.000

BRD: Herkenrath -15 (RWE); Stollenwerk -8 (1.FC Köln), Juskowiak -19 (Fort. Düsseldorf); Eckel -26 (1.FC Kaisersl.), Erhardt -16 (SpVgg Fürth), Szymaniak -9 (Wuppertaler SV); B.Klodt -16 (Schalke 04), A.Schmidt -6 (BVB), Fritz Walter -55 (1.FC Kaisersl.), Schäfer -26 (1.FC Köln), Cieslarczyk -2 (SV Sodingen). Mannschaftskapitän: Schäfer

Spanien: Carmelo; Quincoces, Callejo; Santisteban, Garay, Gensana; Miguel, Kubala, di Stefano, Suarez, Collar

Tore: 1:0 B.Klodt (45.), 2:0 Cieslarczyk (47.)

Beste Spieler: Szymaniak, Erhardt, Juskowiak, Cieslarczyk - Kubala, Suarez

Bericht: Das Spiel gegen die Spanier galt zweifellos als Höhepunkt der Vorbereitungsländerspiele zur Fußball-Weltmeisterschaft. Auch wenn es bekannt war, daß die spanische Nationalmannschaft nie die Stärke der Vereine erreicht hatte, war sie doch ein schwer zu spielender Gegner, der den Südamerikanern glich.

2. Minute: Schon früh die erste deutsche Kombination, die Cieslarczyk mit einem tollen Schuß abschloß, der jedoch von Carmelo gehalten wurde. Zwei Minuten später zum erstenmal großes Glück für die deutsche Mannschaft, als Suarez frei zum Schuß kam, der Ball aber knapp am Tor vorbeizischte. 8. Minute: Mit seiner technischen Brillanz und Leichtigkeit zog di Stefano an 4 deutschen Abwehrspielern vorbei, paßte maßgerecht zu Suarez, der einen herrlichen Schuß an die Latte des deutschen Tores setzte. Viel Glück auch diesmal für die deutsche Elf.

21. Minute: So lange dauerte es, bis sich der deutschen Mannschaft die erste Torgelegenheit eröffnete. Nach Eckball von Fritz Walter setzte A.Schmidt jedoch seinen Schuß zu hoch an. 25. Minute: Der überragende Akteur auf dem Spielfeld, Horst Szymaniak, versuchte immer wieder vergeblich, das deutsche Sturmspiel anzukurbeln. Es gab im Angriff zu viel Leerlauf. 26. Minute: Ein herrlicher Schuß vom Weltklassestürmer di Stefano konnte Torhüter Herkenrath nur abklatschen. Miguel war zur Stelle, feuerte den Ball jedoch über den Kasten. 33. Minute: Endlich einmal ein beherzter Schuß von A.Schmidt, aber wieder strich der Ball knapp über das Tor.

45. Minute: Ein zügiger Angriff der deutschen Mannschaft, wie meistens von Szymaniak ausgehend, über Schäfer, Fritz Walter, zu Cieslarczyk, der die Flanke gefühlvoll nach innen hob. Fritz Walter lenkte den Ball weiter zu Schmidt, dessen Schuß Camelo gerade noch abwehren konnte, Klodt war zur Stelle, um mit dem Kopf das 1:0 zu erzielen. Eine zweifellos glückliche Führung der deutschen Mannschaft zur Halbzeit. 46. Minute: Mit einem schönen Paß von Fritz Walter zog Cieslarczyk unwiderstehlich auf und davon, ließ Garay und Quincoces stehen und schoß aus 10 Meter Entfernung unhaltbar für Carmelo zum 2:0 ein. Das war ein Start nach Maß.

49. Minute: Die größte spanische Torchance vergab Miguel, als di Stefano ihn hervorragend freigespielt hatte, aber der Rechtsaußen aus 8 Meter Entfernung halbhoch danebenschoß. 53. Minute: Das deutsche Sturmspiel lief jetzt hervorragend. Von hinten durch Szymaniak angekurbelt, zog Fritz Walter vorne die Fäden und verstand es immer wieder, seine Mitspieler hervorragend einzusetzen. Ein herrlicher Schäfer-Schuß konnte von Carmelo gerade noch gehalten werden. Zwei Minuten später zielte Schäfer knapp neben das spanische Gehäuse. 58. Minute: Die deutsche Mannschaft schoß jetzt aus allen Lagen. Einen Schuß von Cieslarczyk konnte Carmelo meistern, A.Schmidt zielte wieder einen Meter zu hoch.

72. Minute: Der schönste Schuß des Tages kam von Hans Schäfer, der mustergültig von Fritz Walter angespielt wurde und den Ball direkt auf das Tor donnerte. Mit einer Glanzparade hielt Carmelo den Ball. Auf der Gegenseite eine große Chance für di Stefano, als er allein vor Herkenrath auftauchte, diesen aber nicht überwinden konnte.

90. Minute: Erst in der zweiten Halbzeit hatte sich die deutsche Mannschaft durch ihr hervorragendes, schnelles Spiel den Sieg verdient. Als direkt und ideenreich kombiniert wurde, Steilpässe mit Doppelpässen wechselten, fanden die Spanier kein Mittel mehr, den deutschen Angriff zu stoppen. Zwar hatte die erste Halbzeit auch die Schwächen der deutschen Mannschaft aufgedeckt, aber Herberger war jetzt auf dem richtigen Weg für die WM in Schweden.

❖

Vorbericht zum 249.Länderspiel: Die neue Abwehrformation mit Erhardt als Mittelläufer hatte sich hervorragend bewährt. Die Abwehr stand jetzt und es wurden nur noch einige Ergänzungen gesucht. Anders lag die Sache im Sturm. Es gab den eleganten Techniker Aki Schmidt, den Spielmacher Fritz Walter und den dynamischen Schäfer. Mit seiner guten Leistung gegen Spanien war Cieslarczyk aber der einzige Reißer im Sturm. Rahn und Geiger waren kurz vor dem Spanien-Spiel, natürlich mit der Hilfe von Herberger, begnadigt worden. Rahn wurde auch prompt von Herberger für die B-Elf nominiert, die gegen eine Schweizer A-Elf antrat.

26.3.1958 in Basel

Schweizer-Auswahl - Deutsche B-Auswahl 1:2 (1:1)

SR: Mourat (Frankreich), Zuschauer: 35.000

Schweizer Auswahl: Elsner (ab 45. Schneider); Kernen, Weber; Grobety, Schneiter, Neuenberger; Chiesa, Antenen (Eschmann), Rey, Ballamann, Riva

Deutsche Auswahl: Sawitzki (VfB Stuttg.); Stollenwerk (1.FC Köln), ab 45. Zastrau (RWE), Späth (1.FC Kaisersl.); Sturm (1.FC Köln), ab 45. Nuber (K. Offenb.), Schüler (Hertha BSC), Schnellinger (Düren 99); Rahn (RWE), Steffen (Fort. Düsseld.), Biesinger (BC Augsburg), Soya (Schalke 04), ab 45. Kreß (Eintr. Frankf.), Cieslarczyk (Sodingen), ab 45. Waldner (VfB Stuttg.)

Tore: 0:1 Rahn (23.), 1:1 Riva (34.), 1:2 Biesinger (68.)

Beste deutsche Spieler: Rahn, Schnellinger, Steffen

Nach diesem Spiel konnte sich Herberger beruhigt auf die eigene Schulter klopfen. Helmut Rahn war in Hochform. Nur der 18-jährige Schnellinger und der 20-jährige Steffen konnten eine ähnlich gute Leistung bringen. Statt jedoch Rahn jetzt für das Spiel gegen die Tschechoslowakei zu nominieren, ließ er den Essener Rechtsaußen weiter zappeln, ja setzte sogar noch einen obendrauf, indem er Schnellinger und Steffen ins Aufgebot berief. Rahn verzweifelte und war dicht davor aufzugeben, aber Herberger konnte nicht anders, um den leichtlebigen Rahn bis zum Abschlußlehrgang im vollen Training zu halten. Rahn konnte sich nur damit trösten, daß er am selben Tag mit RWE ein Pflichtspiel hatte.

Tor: Sawitzki, Tilkowski

Verteidiger: Stollenwerk, Juskowiak, Schnellinger, Späth

Stürmer: Klodt, A.Schmidt, F.Walter, Schäfer, Cieslarczyk, Steffen, Kelbassa, Soya, Waldner

Späth, Szymaniak, Soya und Kelbassa verletzten sich noch kurz vorher, so daß Herberger mit 15 Spielern nach Prag fuhr.

2.4.1958 in Prag

Tschechoslowakei - BR Deutschland 3:2 (1:1)

SR: Latyschew (Sowjetunion), Zuschauer: 50.000

Tschechoslowakei: Stacho; Hertl, Novak; Pluskal, Cadek, Masopust; Hovorka, Moravcik, Dvorak, Molnar, Zikan

BRD: Sawitzki -4 (VfB Stuttg.); Erhardt -17 (SpVgg Fürth), Juskowiak -20 (Fort. Düssel.); Eckel -27 (1.FC Kaisersl.), A.Schmidt -

7 (BVB), ab 63. Waldner -12 (VfB Stuttg.), Schnellinger -1 (Düren 99); Steffen -1 (Fort. Düsseld.), Sturm -1 (1.FC Köln), F.Walter -56 (1.FC Kaisersl.), Schäfer -27 (1.FC Köln), Cieslarczyk -3 (SV Sodingen). Mannschaftskapitän: Schäfer

Tore: 1:0 Zikan (9.), 1:1 Cieslarczyk (41.), 1:2 Stacho (48. Eigentor), 2:2 Erhardt (69. Eigentor), 3:2 Molnar (80.)

Beste Spieler: Dvorak, Zikan, Pluskal, Masopust - F.Walter, Schnellinger, Sturm

Bericht: 3 Spieler, nämlich Schnellinger, Steffen und Sturm, gaben an diesem Tag ihr Debüt in der Nationalelf. Es gab keine Zweifel, daß Herberger hier noch nicht seine Karten aufdecken wollte, weil die Tschechoslowaken auch bei den WM-Gruppenspielen Gegner der deutschen Mannschaft waren.

1. Minute: Die deutsche Mannschaft hatte sofort Glück, als ein knallharter Schuß von Dvorak so eben noch von Sawitzki gehalten werden konnte. Erneut mußte Sawitzki, 4 Minuten später, bei einem gefährlichen Schuß von Dvorak in lezter Sekunde abwehren. 8. Minute: Der erste Schuß der deutschen Stürmer auf das tschechische Tor kam von Cieslarczyk, ging jedoch knapp über die Latte. 9. Minute: Zikan, der Neuling in der tschechischen Mannschaft, setzte sich am rechten Flügel entscheidend durch und ließ Sawitzki mit einem flachen Schuß ins lange Eck keine Chance. Die deutsche Mannschaft lag frühzeitig 0:1 hinten.

41. Minute: Längst hatte sich die deutsche Mannschaft gefunden und das Spiel ausgeglichen gestaltet, als ihr auch der verdiente Ausgleich gelang. Nicht hart, aber sehr plaziert, schoß Cieslarczyk ins lange Eck. Mit dem gerechten Unentschieden ging es in die Pause.

48. Minute: Eines der kuriosesten Tore in der Länderspielgeschichte unterlief Torhüter Stacho nach einem herrlichen Solo von Fritz Walter und mit einem ebenso schönen Schuß. Als Abschluß hatte der tschechische Torhüter großartig pariert. Er wollte den Ball nun abschlagen und tippte ihn dabei auf den Boden. Der Ball sprang weg, genau auf die Hacke seines Mittelläufers Cadek und von dort über den verdutzten Torhüter hinweg zum 2:1 für die deutsche Mannschaft ins eigene Netz. Nach dem Rückstand setzten die Tschechen alles auf eine Karte, aber noch hielt die deutsche Abwehr stand.

69. Minute: Gerade hatte Hans Schäfer ein wunderschönes Tor erzielt, aber der Schiedsrichter vorher auf Handspiel entschieden, da gelang den Tschechoslowaken der Ausgleich. Ein herrlicher Schuß von Zikan wurde von Erhardt so unglücklich abgefälscht, daß der Ball für Torhüter Sawitzki nicht mehr erreichbar war.

80. Minute: Schließlich wurden die Tschechoslowaken für ihre stürmischen Bemühungen doch noch belohnt. Zwar konnte Sawitzki einen Schuß aus dem Hinterhalt abwehren, aber Molnar war zur Stelle, um im Nachschuß das 3:2 in die Maschen zu setzen.

❖

Vorbericht zur 6. Fußball-Weltmeisterschaft: Mitte April gab Herberger seine Liste des 40-köpfigen Aufgebotes bekannt, aus dem die 22 Schweden-Fahrer ausgewählt werden mußten.

Torhüter:
Herkenrath (RWE), 29 Jahre, 15 Länderspiele
Sawitzki (VfB Stuttg.), 25 Jahre, 4 Länderspiele
Tilkowski (Westf. Herne), 22 Jahre, 2 Länderspiele
Kwiatkowski (BVB), 31 Jahre, 3 Länderspiele
Rechte Verteidiger:
Erhardt (SpVgg Fürth), 27 Jahre, 17 Länderspiele
Stollenwerk (1.FC Köln), 27 Jahre, 8 Länderspiele
Zastrau (RWE), 24 Jahre, ohne Länderspiel
Jäger (Fort. Düsseld.), 22 Jahre, ohne Länderspiel
Linker Verteidiger:
Juskowiak (Fort. Düsseld.), 31 Jahre, 20 Länderspiele
Schnellinger (Düren 99), 19 Jahre, 1 Länderspiel
K.Schmidt (1.FC Kaisersl.), 26 Jahre, 9 Länderspiele
Keck (1.FC Saarbrücken), 27 Jahre, ohne Länderspiel
Rechte Läufer:
Eckel (1.FC Kaisersl.), 26 Jahre, 27 Länderspiele
Sturm (1.FC Köln), 23 Jahre, 1 Länderspiel
Borutta (Schalke 04), 22 Jahre, ohne Länderspiel
Lang (Bremerhaven 93), 33 Jahre, ohne Länderpsiel
Stopper:
Wewers (RWE), 30 Jahre, 11 Länderspiele
Liebrich (1.FC Kaisersl.), 31 Jahre, 16 Länderspiele
Schüler (Hertha BSC), 23 Jahre, ohne Länderspiel
R.Hoffmann (VfB Stuttg.), 23 Jahre, 1 Länderspiel
Linker Läufer:
Szymaniak (Wuppertaler SV), 23 Jahre, 9 Länderspiele
Mai (SpVgg Fürth), 29 Jahre, 18 Länderspiele
Mühlenbock (1.FC Köln), 22 Jahre, ohne Länderspiel
Graetsch (SpVgg Herten), 21 Jahre, ohne Länderspiel
Rechtsaußen:
Rahn (RWE), 27 Jahre, 22 Länderspiele
Peters (BVB), 29 Jahre, 1 Länderspiel
Steffen (Fort. Düsseld.), 20 Jahre, 1 Länderspiel
Halbrechte:
A.Schmidt (BVB), 22 Jahre, 7 Länderspiele
Schröder (Werder Bremen), 29 Jahre, 12 Länderspiele
Soya (Schalke 04), 22 Jahre, ohne Länderspiel
Mittelstürmer:
Kelbassa (BVB), 33 Jahre, 5 Länderspiele
Fritz Walter (1.FC Kaisersl.), 37 Jahre, 56 Länderspiele
Uwe Seeler (HSV), 21 Jahre, 4 Länderspiele
Biesinger (BC Augsb.), 24 Jahre, 6 Länderspiele
Halblinke:
Schäfer (1.FC Köln), 30 Jahre, 27 Länderspiele
Marx (SV Sodingen), 23 Jahre, ohne Länderspiel
Kreß (Eintr. Frankf.), 33 Jahre, 1 Länderspiel
Linksaußen:
Cieslarczyk (SV Sodingen), 21 Jahre, 3 Länderspiele
Klodt (Schalke 04), 31 Jahre, 16 Länderspiele
Scheidt (Preußen Münster), 29 Jahre, ohne Länderspiel

In diesem Aufgebot waren noch 6 Spieler der Berner Weltmeisterelf. Nur Turek, Posipal, Kohlmeyer, Ottmar Walter und - etwas überraschend - Morlock fehlten. Dafür war aber der starke Liebrich wieder dabei.

Während die Spieler aus Kaiserslautern, Köln, Schalke, Hamburg und Karlsruhe in der Endrunde um die Deutsche Meisterschaft spielten, ließ Herberger eine A- und B-Elf in Kassel gegeneinander antreten.

23.4.1958 in Kassel

A-Auswahl - B-Auswahl 1:1 (1:1)
SR: Sparring (Kassel), Zuschauer: 35.000
A: Herkenrath; Erhardt (ab 45 Mai), Juskowiak; Nuber, Schnellinger, Szymaniak (ab 72. Graetsch), Rahn, A.Schmidt, Kelbassa (ab 45. Marx), Schröder, Cieslarczyk
B: Tilkowski (ab 45. Sawitzki); Zastrau, Konopczinsky; Weilbächer, R.Hoffmann, Lang; Hohmann, Pfeiffer, Biesinger, Pörschke (ab 72. Matischak), Scheidt
Tore: 1:0 Rahn (30.), 1:1 Hohmann (40.)

Während Uwe Seeler mit seinem Torinstinkt in der Endrunde glänzte, taten sich seine Mitkonkurrenten in den Vorbereitungsspielen sehr schwer. Von Ausnahmen abgesehen, waren es die bewährten Kräfte, die sich besonders hervortaten. Nur in Essen gab es eine Ausnahme und die hieß Helmut Haller. Der 18-jährige Spielmacher der Juniorenelf stellte alle Stars in den Schatten, narrte Juskowiak und schoß mit einer Glanzleistung ein Prachttor gegen Herkenrath. Es war der Anfang einer großen Karriere.

Der WM-Kader für Schweden 1958 beim Abschlußlehrgang in München-Grünwald; stehend v.l.: Klodt, Sturm, Tilkowski, Szymaniak, Fritz Walter, Eckel, Sawitzki, Lang, Kelbassa, Uwe Seeler, Liebrich, Erhardt, Helmut Schön, Masseur Etzold, Kwiatkowski, Peters; vorne v.l.: Bundestrainer Herberger, Herkenrath, Steffen, Juskowiak, Zastrau, Wewers, A.Schmidt, Rahn, Stollenwerk, Schnellinger (es fehlt Hans Schäfer)

29.4.1958 in Essen (28.000)
A-Auswahl - Junioren 2:2 (1:1)
A: Herkenrath; Erhardt, Juskowiak; Schnellinger (ab 45. Lang), R.Hoffmann (ab 45. Wewers), Szymaniak (ab 45. Mai); Rahn, F.Walter, Biesinger (ab 45. Schröder), A.Schmidt, Cieslarczyk
Junioren: Kwiatkowski; Zastrau (ab 45. Köchling), Konopczinsky; Graetsch, Horst, Schneider; Matischak, Marquardt (ab 45. Sauer), Koelbl, Haller, Marx
Tore: 0:1 Marquardt (22.), 1:1 Cieslarczyk (30.), 1:" Haller (50.), 2:2 A.Schmidt (83.)

Regionales Auswahlspiel
30.4.1958 in Berlin
Berlin - Saar 1:2 (0:1)
SR: Machenbach (Solingen), Zuschauer: 7.800
Berlin: Mehlmann; Strehlow (beide Viktoria 89), Rudolph (Berliner SV 92); Kuley (Viktoria 89), Schüler (Hertha BSC), Jonas (Viktoria 89); Gralow (Berliner SV 92), Knöfel (Spandauer SV), Pörschke (Minerva 93), Krüger (Berliner SV 92), Nocht (Viktoria 89)
Saar: Rosenbaum (Saar 05); Frisch (Bor. Neunkirchen), Philippi (1.FC Saarbrücken); Clemens (Saar 05), Prauß (1.FC Saarbrücken), ab 63 Klein (Saar 05), Rohe; Keresztes, Martin, Binkert (alle 1.FC Saarbrücken), Ringel (Bor. Neunkirchen), Albert (1.FC Saarbrücken)
Tore: Krüger - Albert (2)

1.5.1958 in Luxemburg (8.000)
Luxemburg - Deutschland B 4:1 (1:0)
Luxemburg: Steffen; Brenner, Brosius; Heinen, Mond, Konter; Letsch, Jann, Dimmer, Kettel (Kapitän), Schaack
B: Sawitzki; Zastrau, Keck; Mai, R.Hoffmann (Weilbächer), Lang; Kreß, Pfeiffer (Kapitän), Biesinger, Schröder, Scheidt (Hohmann)
Tore: 1:0 Dimmer (44.), 2:0 Jann (61.), 3:0 Dimmer (64.), 4:0 Kettel (79.), 4:1 Biesinger (82.)

Nach den Probespielen wurde es ernst. Sepp Herberger berief 25 der 40 Kandidaten zum WM-Lehrgang, vom 12. bis zum 24.5.1958 in die Sportschule München-Grünwald.
Tor: Herkenrath, Kwiatkowski, Sawitzki, Tilkowski
Verteidiger: Erhardt, Juskowiak, Schnellinger, Stollenwerk, Zastrau
Läufer: Eckel, Liebrich, Wewers, R.Hoffmann, Lang, Szymaniak
Stürmer: Rahn, Peters, Steffen, Fritz Walter, Sturm, Kelbassa, Uwe Seeler, Schäfer, A.Schmidt, Cieslarczyk, B.Klodt
Etwas überraschend fehlten Karl Schmidt, Mai und Schröder. Mit Karl Mai war ein weiterer Weltmeister von Bern nicht mehr dabei. Die 25 mußten sich in Grünwald schwer quälen und schließlich noch 2 Testspiele überstehen.

20.5.1958
WM-Kandidaten - Bayern München (Amateure) 2:2
(gespielt wurde 2 x 35 Minuten)
Tilkowski; R.Hoffmann, Erhardt; Sturm, Liebrich, Schnellinger; Peters, A.Schmidt, Kelbassa, F.Walter, Rahn
Tore: A.Schmidt (2)

22.5.1958
WM-Kandidaten - TSG Pasing 11:1
Herkenrath; Erhardt, Juskowiak; Eckel, Wewers (ab 45. Liebrich), Szymaniak (ab 45. Schnellinger); Stollenwerk (ab 45. Peters), Sturm, Uwe Seeler, Fritz Walter, Rahn
Tore: u. a. Rahn (4)

Am 23.5.1958 war es dann soweit. Bundestrainer Sepp Herberger teilte den Spielern mit, welche 17 nach Schweden fuhren und wer zu den 5 gehörte, die auf Abruf in Deutschland bereit stehen mußten.
1. Herkenrath, Fritz (Rot-Weiß Essen), geb. 9.9.28
2. Erhardt, Herberg (Spvgg.Fürth), geb. 6.7.30
3. Juskowiak, Erich (Fortuna Düsseldorf), geb. 7.9.26
4. Eckel, Horst (1.FC Kaiserslautern), geb. 8.2.32

5. Wewers, Heinz (Rot-Weiß Essen), geb. 27.7.27
6. Szymaniak, Horst (Wuppertaler SV), geb. 29.8.34
7. Stollenwerk, Georg (1.FC Köln), geb. 19.12.30
8. Rahn, Helmut (Rot-Weiß Essen), geb. 16.8.29
9. Walter, Fritz (1.FC Kaiserslautern), geb. 21.10.20
10. Schmidt, Alfred (Borussia Dortmund), geb. 5.9.35
11. Schäfer, Hans (1.FC Köln), geb. 19.10.27
12. Seeler, Uwe (Hamburger SV), geb. 5.11.36
13. Klodt, Berni (FC Schalke 04), geb. 26.10.26
15. Kelbassa, Alfred (Borussia Dortmund), geb. 21.4.1925
16. Sturm, Hans (1.FC Köln), geb. 5.9.35
17. Schnellinger, Karl-Heinz (Düren 99), geb. 31.3.39
22. Kwiatkowski, Heini (Borussia Dortmund), geb. 16.7.26
Nachnominiert wurde:
14. Cieslarczyk, Hans (SV Sodingen), geb. 3.5.37
Auf Abruf standen bereit:
18. Hoffmann, Rudi (VfB Stuttgart)
19. Peters, Hans-Otto (Borussia Dortmund)
20. Nuber, Hermann (Kickers Offenbach)
21. Sawitzki, Günther (VfB Stuttgart)

❖

Vorbericht zum 250.Länderspiel: Erster WM-Gegner der deutschen Mannschaft war ausgerechnet der WM-Favorit Argentinien. Eine schwere, kaum lösbare Aufgabe. Nur Herberger tönte schon vorher, er wisse, wie man die Argentinier packen könnte.

8.6.1958 in Malmö (WM-Vorrunde)
Argentinien - BR Deutschland 1:3 (1:2)

SR: Leafe (England), Zuschauer: 31.000
Argentinien: Carrizo; Dellacha, Vairo; Lombardo, Rossi, Veracka; Corbatta, Prado, Menendez, Rojas, Cruz
BRD: Herkenrath -16 (RWE); Stollenwerk -9 (1.FC Köln), Juskowiak -21 (Fort. Düsseld.); Eckel -28 (1.FC Kaisersl.), Erhardt -18 (SpVgg Fürth), Szymaniak -10 (Wuppertaler SV); Rahn -23 (RWE), F.Walter -57 (1.FC Kaisersl.), Uwe Seeler -5 (HSV), A.Schmidt -8 (BVB), Schäfer -28 (1.FC Köln). Mannschaftskapitän: Schäfer
Tore: 1:0 Corbatta (3.), 1:1 Rahn (32.), 1:2 Uwe Seeler (42.), 1:3 Rahn (79.)
Beste Spieler: Menendez, Rojas - Stollenwerk, Erhardt, Eckel, Uwe Seeler, Juskowiak, Herkenrath, Rahn
Bericht: Endlich war es soweit! Mit dem Jubiläumsspiel gegen Argentinien begann die Fußball-Weltmeisterschaft. Dellacha hatte die Platzwahl gewonnen, und Deutschland hatte Anstoß.
3. Minute: Noch bevor sich die deutsche Elf richtig gefunden hatte, schien ihr WM-Traum schon ausgeträumt. Eine Steilvorlage von Rossi auf Rechtsaußen Corbatta, keiner war zur Stelle, so daß Corbatta den Ball aus spitzem Winkel hoch in die lange Ecke jagte. Fassungslos sahen sich die deutschen Spieler an. Nach 3 Minuten lagen sie bereits 1:0 gegen den WM-Favoriten zurück. Der Gegenangriff über Uwe Seeler brachte gleich Gefahr für das Tor von Carrizo, der gerade noch mit einer Faust abwehren konnte. 7. Minute: Offensichtlich hatte die deutsche Mannschaft das schnelle Gegentor gut überstanden, denn ein Angriff nach dem anderen rollte auf das argentinische Tor. Einen Schuß von Rahn, den Uwe Seeler geschickt verlängerte, konnte Carrizo erst im Nachfassen halten. 10. Minute: Erneut war es Uwe Seeler, der sich mit einer Fritz-Walter-Vorlage durchtankte und aus 25 Metern auf das argentinische Gehäuse knallte. Carrizo konnte noch zur Ecke abwehren.
16. Minute: Nach einem Foul von Varacka an Uwe Seeler schoß Juskowiak den Freistoß an der Mauer vorbei, aber Carrizo konnte sicher halten. 19. Minute: Aki Schmidt erkämpfte sich den Ball, spielte Rahn an, der ein Solo riskierte und aus 20 Meter Entfernung abzog. Leider knapp vorbei.
25. Minute: Nach einem Foul an Rahn und folgendem Freistoß konnte Torhüter Carrizo nur in letzter Sekunde gegen Seeler retten. 29. Minute: Minutenlang kombinierten die Argentinier vor und im deutschen Strafraum, bis schließlich Menendez über das deutsche Tor schoß.
31. Minute: Eine der gefährlichen Fritz-Walter-Ecken wäre fast im Tor gelandet. Nur mit Mühe konnte Carrizo den Ball gerade noch über die Latte lenken. Den folgenden Eckball bekam Aki Schmidt, aber sein Schuß wurde von Vairo abgewehrt. 32. Minute: Fritz Walter erkannte die günstige Position von Helmut Rahn, legte ihm den Ball vor und der Essener stürmte in seiner typischen Art los. Kurz vor der Strafraumgrenze hämmerte er den Ball mit einer solchen Wucht auf das Tor von Carrizo, daß der, obwohl noch mit der Hand am Ball, diesen nicht mehr halten konnte. Oben in den Winkel schlug der Ball zum Ausgleich ein. Riesenjubel unter den deutschen Fans. Die deutsche Mannschaft hatte für ihr angriffsfreudiges Spiel den verdienten Ausgleich erzielt.
42. Minute: Ein herrlicher Flankenwechsel von Rahn zu Schäfer über das ganze Feld leitete das 2:1 für die deutsche Mannschaft ein: Schäfer paßte zurück zu Schmidt, der sofort auf das argentinische Tor schoß. Der Ball rutschte ihm aber über den Spann und wäre mit Sicherheit am Tor vorbeigegangen. Da aber war Uwe Seeler mit seinem typischen Torinstinkt zu Stelle, ging dazwischen und lenkte den Ball unhaltbar für Torhüter Carrizo zum 2:1 für die deutsche Mannschaft ins Netz. 43. Minute: Zum wiederholten Male konnte sich Verteidiger Dellacha nur mit einem Foul gegen Uwe Seeler wehren.
49. Minute: Fast jeder deutscher Angriff wurde durch ein Foul der Argentinier drastisch beendet. Nur Rahn verstand es immer wieder, sich selbst gegen Foulversuche durchzusetzen. Ein herrlicher Schuß von ihm aus spitzem Winkel konnte von Lombardo gerade noch zur Ecke abgewehrt werden. 50. Minute: Die Ecke von Rahn köpfte Schäfer als Aufsetzer auf das argentinische Tor. Leider war der Kopfstoß so hart, daß der Ball über das Tor sprang. 55. Minute: Ein Schuß von Prado knallte vom Pfosten ins Aus. Noch einmal hatte die deutsche Mannschaft viel Glück gehabt. 57. Minute: Die Argentinier waren jetzt am Drücker. Cruz schoß aus 4 Meter Entfernung über das deutsche Tor. 58. Minute: Als sich Uwe Seeler erneut durchgesetzt hatte und auch schon Carrizo umspielte, war Varacka zur Stelle und konnte im letzten Augenblick klären.
70. Minute: Als Schmidt draußen an der Außenlinie behandelt wurde, hatte die deutsche Mannschaft noch zweimal großes Glück. Beim erstenmal war es eine Glanzparade von Herkenrath, der einen gefährlichen Cruz-Schuß zur Ecke abwehrte. Im Anschluß an den Eckball klärte Stollenwerk mit dem Kopf auf der Linie. 78. Minute: Eine ganz große Gelegenheit bot sich Horst Eckel, als er mit in den Strafraum der Argentinier vordrang und von niemandem bewacht wurde. Aus 5 Meter Entfernung schoß er jedoch am leeren Tor vorbei. 79. Minute: Mehrere deutsche Spieler waren jetzt angeschlagen, darunter auch Fritz Walter. Dennoch sah er Helmut Rahn günstig stehen, schob ihm den Ball maßgerecht zu, und dann kam wieder der große Auftritt des Essener Dribbelkönigs. Er ließ Varacka und Vairo stehen und donnerte den Ball aus 30 Meter Entfernung in das kurze Eck. Wieder war Torhüter Carrizo machtlos. Das war die endgültige Entscheidung. 85. Minute: Noch einmal mußte sich Fritz Herkenrath mächtig strecken, um einen Cruz-Schuß wegzufausten.
90. Minute: Nach einem schweren Spiel hatte die deutsche Mannschaft den WM-Favoriten besiegt. Auch wenn noch nicht alles nach Wunsch gelaufen war, so ging der Sieg aufgrund der großen kämpferischen Leistung voll in Ordnung.

❖

Vorbericht zum 251.Länderspiel: Das Spiel gegen Argentinien hinterließ eine lange Verletztenliste. Allein 3 Spieler, Horst Eckel, Fritz Walter und Hans Schäfer, hatte der argentinische Star Rossi auf dem Gewissen. Bei Eckel war die Verletzung sogar so schwer, daß er beim nächsten Spiel gegen die Tschechoslowakei nicht dabei sein konnte. Da auch Aki Schmidt nicht zur Verfügung stand, mußte Herberger 2 neue Spieler einbauen. In der Läuferreihe gab er dem jungen Schnellinger den Vorzug. Im Angriff rückte Hans Schäfer auf halblinks, und Berni Klodt kam als Linksaußen neu in die Mannschaft. Zu weiteren Änderungen gab es nach dem guten Spiel gegen Argentinien keinen Anlaß. Nachdem die Tschechoslowakei unglücklich gegen Nordirland mit 0:1 verloren hatte, konnte sich die deutsche Mannschaft vorstellen, was sie erwartete. Die Tschechoslowaken mußten unbedingt gewinnen, wenn sie noch eine Chance haben wollten. Und was sie konnten, hatten sie nicht nur kurz vor der WM beim 3:2 gegen die deutsche Nationalelf gezeigt, sondern auch gegen Nordirland, wo sie nur am Weltklassetorhüter Harry Gregg gescheitert waren.

11.6.1958 in Hälsingborg (WM-Vorrunde)
Tschechoslowakei - BR Deutschland 2:2 (2:0)

SR: Ellis (England), Zuschauer: 25.000
Tschechoslowakei: B.Dolejsi; G.Mraz, L.Novak; Pluskal, Popluhar, Masopust; Hovorka, M.Dvorak, Molnar, Feureisl, Zikan
BRD: Herkenrath -17 (RWE); Stollenwerk -10 (1.FC Köln), Juskowiak -22 (Fort. Düsseld.); Schnellinger -2 (Düren 99), Erhardt -19 (SpVgg Fürth), Szymaniak -11 (Wuppertaler SV); Rahn -24 (RWE), F.Walter -58 (1.FC Kaisersl.), Uwe Seeler -6 (HSV), Schäfer -29 (1.FC Köln), B.Klodt -17 (Schalke 04). Mannschaftskapitän: Schäfer
Tore: 1:0 Dvorak (25. Foulelfmeter), 2:0 Hovorka (42.), 2:1 Schäfer (59.), 2:2 Rahn (72.)
Beste Spieler: Dolejsi, Dvorak, Masopust - Szymaniak, U.Seeler, Stollenwerk, Juskowiak, Schäfer, F.Walter
Bericht: Die deutsche Mannschaft spielte von der ersten Minute an einen traumhaft schönen Fußball und ließ die Tschechoslowaken überhaupt nicht ins Spiel kommen.

8. Minute: Schon hier hätte das 1:0 fallen müssen, als Uwe Seeler einen herrlichen Schuß auf das Tor der Tschechoslowaken abfeuerte, aber Torhüter Dolejsi mit einer Glanzparade in die bedrohte Ecke tauchte.

16. Minute: Fritz Walter nahm einen zu kurz abgewehrten Ball mit dem Kopf und setzte aus 12 Meter Entfernung einen mächtigen Kopfball über die gesamte Abwehr hinweg. Das 1:0 schien unvermeidbar, aber in letzter Sekunde gelang es Popluhar im Zurücklaufen den Ball noch über die Latte zu köpfen. 18. Minute: Schon wieder Glück für die Tschechoslowakei, als der quicklebendige Uwe Seeler seine Gegenspieler versetzte und knallhart auf das Tor schoß. Wieder hatte Dolejsi viel Glück, daß ihm der Ball aus den Händen, aber auch neben das Tor rutschte. 20. Minute: Die Tschechoslowaken konnten sich wirklich nicht beschweren. Die Glücksgöttin Fortuna war mit ihnen, als Hans Schäfer einen Ball wunderbar schnitt, aber knapp am Tor vorbeizirkelte. 25. Minute: Dann aber passierte das, was das ganze Konzept durcheinander brachte. Ein einziger Konter reichte, um die Tschechen in Führung zu bringen. Dabei war der Konter eigentlich schon gestoppt. Doch Mittelläufer Erhardt passierte das Mißgeschick, daß er zu kurz zu Herkenrath zurückspielte, Feureisl dazwischenging, den Ball auch bekam und um Herkenrath herumkurvte. Verzweifelt streckte sich der Essener Torhüter nach dem Ball, bekam dabei aber nur den Fuß von Feureisl in die Hand, der sofort fiel. Ob es von Herkenrath mit Absicht war oder nicht, es war ein klares Foul und Schiedsrichter Ellis konnte nur auf den Elfmeterpunkt zeigen. Dvorak ließ sich diese Chance nicht entgehen, sondern schoß unhaltbar für Herkenrath ein.

30. Minute: Der Gegentreffer hatte ganz offensichtlich einen Bruch in der deutschen Mannschaft hervorgerufen. Jetzt lief fast nichts mehr zusammen und die Tschechoslowaken übernahmen vollends die Initiative. 36. Minute: Nur noch gelegentliche Konter der deutschen Mannschaft brachten Gefahr. Ein herrlicher Rahn-Schuß zischte knapp neben dem Pfosten vorbei.

40. Minute: Noch einmal hatte die deutsche Mannschaft eine Chance zum Ausgleich, als Fritz Walter einen Freistoß, schön abgezirkelt, an die Latte jagte. 42. Minute: Doch dann war es wieder passiert: Rechtsaußen Hovorka hatte sich freie Bahn verschafft und schoß knallhart auf das Tor von Herkenrath, der zwar abwehren konnte, aber gegen den Nachschuß des tschechischen Rechtsaußen war er machtlos. Die deutsche Mannschaft lag sensationell mit 0:2 hinten.

45. Minute: In der Pause hatte Herberger Schwerstarbeit zu leisten, um seine Spieler wieder aufzurichten. 20 Minuten lang hatten sie die Tschechen an die Wand gespielt und dann das unglückliche 0:1 hinnehmen müssen.

50. Minute: Die ersten Minuten der zweiten Halbzeit gehörten noch den Tschechen, dann kam Herbergers Elf. In einem einzigen Sturmlauf berannte sie das Tor von Dolejsi. Es hagelte nur so Schüsse von Seeler, Klodt, Rahn und Schäfer auf das tschechoslowakische Tor. Immer wieder konnte sich ihr Torhüter mit Glanzparaden auszeichnen.

55. Minute: Die Tschechoslowaken hatten fast ihre ganze Mannschaft am und im eigenen Strafraum zurückgezogen, um das 2:0 zu halten. Die deutschen Schlachtenbummler unterstützten lautstark die stürmischen Angriffe. Der neue Fußball-Schlachtruf, „Uwe, Uwe, Uwe" wurde geboren, weil der Hamburger Mittelstürmer unglaublich rackerte und immer wieder für höchste Gefahr vor dem tschechoslowakischen Tor sorgte. 59. Minute: Endlich wurde die deutsche Mannschaft für ihr aufopferungsvolles Spiel belohnt. Bei einem Eckball von Helmut Rahn stieg Uwe Seeler wieder einmal am höchsten und köpfte auf das Tschechentor. Dolejsi bekam den Ball zwar noch zu fassen, fiel jedoch mit ihm hinter die Linie. Beim Aufstehen lief er genau vor den mit angelegtem Arm vor ihm stehenden Schäfer, fiel erneut - und diesmal deutlich hinter die Linie in sein Tor. Schiedsrichter Ellis erkannte sofort auf Tor. Mit einem Treffer, der ab den siebziger Jahren nicht mehr denkbar gewesen wäre, damals allerdings regelgerecht war, war die deutsche Mannschaft zu ihrem Anschlußtreffer gekommen. Alle Proteste der Tschechenspieler nutzten nichts. Schiedsrichter Ellis ließ sich nicht beirren.

65. Minute: In Helsingborg war jetzt die Hölle los. Fanatisch angefeuert von den deutschen Schlachtenbummlern lenkte Szymaniak aus dem Mittelfeld heraus das deutsche Spiel. Wie entfesselt stürmten die Fünferreihe und nur unglaubliches Pech verhinderten den Ausgleich. 72. Minute: Es war zum Verzweifeln, mit welchem Glück die Tschechoslowaken ihr Tor verteidigten. Doch dann sollte noch der längst überfällige Ausgleich fallen. Einen Freistoß von Fritz Walter zu Szymaniak leitete den zweiten Treffer ein. Der Wuppertaler lief noch einige Schritte und servierte Rahn den Ball maßgerecht auf den linken Fuß. Aus 18 Meter Entfernung fackelte der Essener nicht lange, sondern knallte den Ball mit einer für ihn typischen Art flach ins äußerste lange Eck zum Ausgleich.

90. Minute: Ein schweres Stück Arbeit war getan. Wichtigste Erkenntnis war, daß diese Mannschaft es verstand, bis zum Umfallen zu kämpfen und dabei nicht ihre spielerische Linie zu verlieren.

❖

Vorbericht zum 252.Länderspiel: Nach dem Unentschieden gegen die Tschechoslowakei stand die deutsche Mannschaft bereits mit einem Bein im Viertelfinale. Mit 3-1 Punkten führte sie die Gruppe 1 an vor Argentinien, 2-2 Punkte, das mit 3:1 gegen Nordirland gewonnen hatte; Nordirland ebenfalls 2-2 Punkte und die Tschechoslowakei mit 1-3 Punkten. Der deutschen Mannschaft reichte sogar ein Unentschieden, um zumindestens als Gruppenzweiter in das Viertelfinale zu gelangen. Ein Unentschieden gegen die starke britische Mannschaft war aber nicht so einfach, zumal in ihrem Tor mit Harry Gregg der wohl beste Torwart der Welt stand. Aber, so gab Herberger zu bedenken, wir haben Helmut Rahn und Uwe Seeler. Jene beiden Spieler nannte er, die er geschickt an dieses Weltturnier herangeführt hatte und die förmlich explodierten. Uwe Seeler hatte schon nach 2 Spielen den Durchbruch zur Weltklasse geschafft und Rahn war dies nach schweren Jahren erneut gelungen.

Gegen Nordirland war der genesene Horst Eckel wieder dabei. Schnellinger, dessen große Zeit einer traumhaften Karriere noch kommen sollte, mußte wieder den Platz freimachen, obwohl er keineswegs gegen die Tschechoslowakei enttäuscht hatte. Der Angriff spielte nach seiner überzeugenden Leistung in der gleichen Formation.

15.6.1958 in Malmö (WM-Vorrunde)

Nordirland - Deutschland 2:2 (1:1)

SR: Campos (Portugal), Zuschauer: 28.000
Nordirland: Gregg; Keith, McMichael; Blanchflower, Cunningham, Peacock; Bingham, Cush, Casey, McIlroy, McParland
BRD: Herkenrath -18 (RWE); Stollenwerk -11 (1.FC Köln), Juskowiak -23 (Fort. Düsseld.); Eckel -29 (1.FC Kaisersl.), Erhardt -20 (SpVgg Fürth), Szymaniak -12 (Wuppertaler SV); Rahn -25 (RWE), F.Walter -59 (1.FC Kaisersl.), Uwe Seeler -7 (HSV), Schäfer -30 (1.FC Köln), B.Klodt -18 (Schalke 04). Mannschaftskapitän: Schäfer
Tore: 1:0 McParland (19.), 1:1 Rahn (21.), 2:1 McParland (60.), 2:2 Uwe Seeler (78.)
Beste Spieler: Gregg, McParland, Bingham - Eckel, Erhardt, Uwe Seeler, Rahn, Szymaniak
Bericht: Erneut hatte die deutsche Mannschaft das Pech, daß ihr Gegner unbedingt gewinnen mußte, wenn er noch eine Chance haben wollte, das Viertelfinale zu erreichen.

4. Minute: Erster guter Angriff der deutschen Mannschaft durch eine Einzelleistung von Helmut Rahn, der drei Abwehrspieler der Nordiren stehen ließ und dann knapp über das Tor von Harry Gregg schoß. 6. Minute: Zum erstenmal konnte sich Uwe Seeler durch die Abwehr tanken und aus 10 Metern knallhart schießen. Da wurde jedem klar, wie schwer es an diesem Tag war, Tore zu erzielen, denn mit einer Blitzreaktion hielt Gregg den Ball sicher. Keine 60 Sekunden später das gleiche Bild. Wieder spielte sich der kraftvolle Uwe Seeler durch, aber wieder konnte Gregg halten. Diesmal allerdings erst im Nachfassen.

11. Minute: Erneut eine gute Torgelegenheit für die deutsche Mannschaft, als Rahn seinen Gegenspieler McMichael ausspielte und zum völlig freistehenden Klodt flankte. Der Schalker schoß jedoch neben das Tor. 14. Minute: Und immer wieder Helmut Rahn. Aus 25 Meter Entfernung feuerte er einen seiner gefürchteten Schüsse ab, der nur ganz knapp über das Tor von Harry Gregg strich. Die deutsche Mannschaft spielte wieder wie aus einem Guß. In letzter Sekunde konnte Verteidiger Keith Hans Schäfer den Ball vom Fuß spitzeln.

19. Minute: Der zweite Schuß der Nordiren auf das deutsche Tor führte zum ersten Treffer. Herkenrath hatte einen plazierten Schuß von Cush abwehren können, aber Bingham flankte sofort über die Abwehr hinweg zum völlig freistehenden McParland, der nur noch ins leere Tor zu schießen brauchte. Wieder lag die deutsche Mannschaft zurück, und wieder, nachdem sie den Gegner klar beherrscht hatte. 21. Minute: Die Nordiren rückten jetzt auf und versuchten einen weiteren Treffer und damit vielleicht schon eine Vorentscheidung zu erzwingen. Uwe Seeler erkannte die günstige Gelegenheit, spielte Rahn in den Lauf, und der war in seiner unnachahmlichen Art nicht mehr einzuholen. Harry Gregg kam aus seinem Tor herausgestürzt, und jetzt zeigte Rahn wieder eine andere Spezialität wie schon 1954 bei dem 3:8 gegen Ungarn. Gefühlvoll hob er den Ball über den nordirischen Torhüter hinweg ins äußerste obere Eck zum 1:1 Ausgleich. Ein Traumtor, wie man es Rahn mit diesem unheimlich harten Schuß kaum zutraute. 22.

Minute: Die deutsche Mannschaft ließ jetzt nicht locker. Nach einem schönen Steilpaß von Szymaniak in die Gasse war Uwe Seeler erneut völlig frei vor Gregg. Aus 8 Meter Entfernung brachte er jedoch den Ball nicht an dem nordirischen Teufelskerl vorbei. 25. Minute: Wieder war es Rahn, der nur auf Kosten einer Ecke gebremst werden konnte. Den Eckball zirkelte er genau auf den Kopf von Uwe Seeler, doch Torhüter Gregg stand goldrichtig. 28. Minute: Zur Abwechselung kamen auch wieder die Nordiren vor das deutsche Tor, aber Herkenrath hatte aufgepaßt und hielt den scharfen Flachschuß von Cush sicher.

53. Minute: Nach Wiederanpfiff konnten die Nordiren eine Zeitlang das Spiel ausgeglichen gestalten, aber dann brauchten sie wieder unglaublich viel Glück, als gleich dreimal auf der Torlinie gerettet werden mußte. Es war zum Verzweifeln, der entscheidende Treffer wollte nicht fallen. 55. Minute: Der Führungstreffer schien unvermeidbar, als erneut Gregg schneller am Ball war als Uwe Seeler.

59. Minute: Torhüter Gregg hatte jetzt wieder minutenlang Schwerstarbeit zu leisten, weil die deutschen Stürmer aus allen Lagen schossen und auch gut trafen. Ein herrlicher Fallrückzieher von Uwe Seeler schloß diese Serie ab und hätte ein Tor verdient gehabt. Völlig unerwartet kam dann wieder die kalte Dusche. Einen Eckball von Bingham nahm McParland direkt aus der Luft und schmetterte den Ball unhaltbar zum 2:1 ins Netz. 61. Minute: Die deutsche Mannschaft antwortete sofort. Nach schönem Anspiel von Fritz Walter schoß Uwe Seeler direkt, aber erneut war Gregg mit einem tollen Hechtsprung zur Stelle. 62. Minute: Als Fritz Walter mustergültig Schäfer freispielte, schien es doch zu passieren. Gregg kam aus seinem Kasten herausgestürzt, und der Kölner hob den Ball gefühlvoll über den nordirischen Torhüter, aber leider auch über das Tor hinweg. Die Nordiren kamen überhaupt nicht mehr dazu, Luft zu holen. Aus 25 Metern knallte Fritz Walter den Ball nur Zentimeter am Pfosten vorbei. 66. Minute: Zu früh jubelten die deutschen Zuschauer, als Gregg und Schäfer eine Rahn-Ecke verpaßten und Fritz Walter den Ball ins Tor beförderte hatte. Schiedsrichter Campos gab wegen Behinderung des Torwarts Freistoß für Nordirland.

78. Minute: Die Zeit lief der deutschen Mannschaft jetzt davon. Die Nordiren nutzten jede Gelegenheit, um Zeit zu schinden. Dann aber war es doch passiert: Klodt spielte den Ball zurück zu Schäfer, der Uwe Seeler günstig am Strafraum stehen sah und sofort abspielte. Der Hamburger feuerte aus 22 Metern direkt und unhaltbar oben in den Winkel. Selbst ein Harry Gregg war gegen diesen Schuß machtlos. 85. Minute: Nach dem deutschen Ausgleichstreffer mußte Nordirland zwangsläufig wieder kommen, denn ein Unentschieden würde ihnen voraussichtlich nichts nützen. 86. Minute: Noch einmal großes Glück für die deutsche Mannschaft, als Herkenrath einen Freistoß verfehlte und McParland über das leere Tor köpfte. Und noch einmal verfehlte Fritz Herkenrath eine hohe Flanke, aber Mittelstürmer Casey schoß am Tor vorbei.

90. Minute: Trotz klarer Überlegenheit hatte die deutsche Mannschaft schließlich doch glücklich ein Unentschieden erreicht. Als Gruppenerster hatte sie damit ungeschlagen das Viertelfinale erreicht.

❖

Vorbericht zum 253.Länderspiel: Das Viertelfinale war erreicht, und wie schon 1954, war erneut Jugoslawien unser Gegner unter den letzten Acht. Zweifellos eine Spitzenmannschaft, die noch einige Stars von 1954 dabei hatte. Wie Deutschland, war auch Jugoslawien mit einem Sieg (3:2 gegen Frankreich) und zwei Unentschieden (1:1 gegen Schottland und 3:3 gegen Paraguay) ins Viertelfinale gekommen.

Aus taktischen Gründen nahm Bundestrainer Sepp Herberger Aki Schmidt für Berni Klodt in die Mannschaft, der nicht voll auf der Höhe war. Und gegen die Jugoslawen war ein ähnlich schwe-

Durch ein 1:0 über Jugoslawien im Viertelfinale war die deutsche Mannschaft unter die letzten großen 4 gekommen. Nach dem Spiel freuen sich v.l.: Torschütze Rahn, Schäfer, Juskowiak, Erhardt, Aki Schmidt, Stollenwerk, Fritz Walter und Uwe Seeler

res Spiel zu erwarten wie 4 Jahre zuvor. Die Veränderung im Sturm beinhaltete schon, daß gegebenenfalls ein weiterer Stürmer in die Abwehr zurückgezogen werden konnte.

19.6.1958 in Malmö (WM-Viertelfinale)

Jugoslawien - BR Deutschland 0:1 (0:1)

SR: Wyssling (Schweiz), Zuschauer: 26.000
Jugoslawien: Krivokuca; Sijakovic, Crnkovic; Boskov, Zebec, Krstic; Petakovic, Ognjanovic, M.Milutinovic, Veselinovic, Rajkov
BRD: Herkenrath -19 (RWE); Stollenwerk -12 (1.FC Köln), Juskowiak -24 (Fort. Düsseld.); Eckel -30 (1.FC Kaisersl.), Erhardt -21 (SpVgg Fürth), Szymaniak -13 (Wuppertaler SV); Rahn -26 (RWE), F.Walter -60 (1.FC Kaisersl.), Uwe Seeler -8 (HSV), A.Schmidt -9 (BVB), Schäfer -31 (1.FC Köln). Mannschaftskapitän: Schäfer
Tor: 0:1 Rahn (12.)
Beste Spieler: Zebec, Boskov, Krstic - Rahn, Erhardt, Stollenwerk, Szymaniak, Juskowiak
Bericht: Nach der verlorenen Platzwahl mußte die deutsche Mannschaft gegen die Sonne und gegen den tückischen Wind spielen.

2. Minute: Bereits zu Beginn große Gefahr für das deutsche Tor, als Rechtsaußen Petakovic allein auf Torhüter Herkenrath zusteuerte. Der Essener Schlußmann lief jedoch im rechten Augenblick heraus und verkürzte so den Winkel. Bei dem Zusammenstoß verletzte sich der jugoslawische Rechtsaußen, konnte aber bald weiterspielen. 5. Minute: Nun lief auch der deutsche Angriff. Eine Maßflanke von Fritz Walter verlängerte Schäfer, aber der Ball strich knapp am leeren Tor vorbei. 7. Minute: Von der Sonne geblendet, hatte Herkenrath größte Mühe mit einem Fernschuß von Zebec, den er gerade noch über die Latte lenken konnte. Obwohl die jugoslawische Mannschaft im Mittelfeld überlegen spielte, war die deutsche Elf wesentlich gefährlicher.

12. Minute: Helmut Rahn, der Schrecken der Jugoslawen, kam wieder mit dem Ball am Fuß in volle Fahrt. Er kurvte um 3 Jugoslawen herum und war dabei bis einen Meter an die Torauslinie gekommen. Jeder rechnete jetzt mit einem Rückpaß, auch Torhüter Krivokuca, aber da kannte er den unberechenbaren Rechtsaußen der deutschen Nationalmannschaft nicht. Aus diesem spitzen, unmöglichen Winkel knallte er den Ball flach und mit unheimlicher Wucht ins Tor. So etwas konnte wirklich nur Rahn. Die deutsche Mannschaft war wie 1954 frühzeitig mit 1:0 in Führung gegangen, und jetzt mußten die Jugoslawen kommen. 15. Minute: Zum erstenmal bei dieser Weltmeisterschaft lag die deutsche Mannschaft in Führung und sie ließ sich jetzt keineswegs zurückdrängen wie 4 Jahre zuvor. Es blieb ein offenes Spiel mit Vorteilen für die Jugoslawen im Mittelfeld, aber den besseren Torgelegenheiten auf deutscher Seite.

20. Minute: Die technisch brillanten Jugoslawen zauberten in der deutschen Hälfte, aber es fehlte der Druck und der Zug zum Tor wie bei den deutschen Stürmern. 24. Minute: Ein herrlicher Schäfer-Schuß, knallhart aus dem Fußgelenk, konnte von Krivokuca gerade noch zur Ecke abgewehrt werden.

50. Minute: Die gute deutsche Anfangsoffensive in den zweiten 45 Minuten schloß Schäfer mit einem zu schwachen Schuß ab. Dann kamen langsam die Jugoslawen und drängten auf den Ausgleich.

87. Minute: In den letzten 10 Minuten war die deutsche Mannschaft fast völlig eingeschnürt und kam kaum noch über die Mittellinie. Erst Rahn war es wieder, der auf seine typische Art für Luft

Gunnar Gren (links) und Hans Schäfer bei der Begrüßung

Im Spiel war es mit den Freundlichkeiten vorbei. Juskowiak ließ sich zu einer Tätlichkeit hinreißen und wurde vom Platz gestellt. Fritz Walter (links) und Hans Schäfer (rechts) trösten ihn

sorgte. Mit dem Ball am Fuß ließ er seine Gegner wieder reihenweise stehen und hatte dann auch die Kraft, einen seiner gefürchteten Schüsse auf das Tor von Krivokuca zu jagen. Die deutschen Schlachtenbummler hatten den Torschrei schon auf den Lippen, aber krachend knallte der Schuß an den Pfosten. Viel Glück für die Jugoslawen.

90. Minute: Das Ziel der deutschen Mannschaft, unter die letzten 4 zu kommen, war erreicht. Mit einer taktischen Glanzleistung hatte sie verdient gewonnen, obwohl die Jugoslawen mehr vom Spiel hatten.

❖

Vorbericht zum 254. Länderspiel: Spätestens nach dem Jugoslawien-Spiel war klar, daß die Mannschaft von 1958 mindestens so gut war wie die von 1954.

Mit dem Einzug in das Halbfinale hatte die deutsche Nationalmannschaft mehr erreicht, als man ihr vorher zugetraut hatte. Daß es jetzt aber ganz schwer werden würde, stand außer Frage, denn nächster Gegner war das gastgebende Land, Schweden. Der Heimvorteil konnte hier schon entscheiden.

Die 5 Tage zwischen den beiden Spielen nutzte Herberger zur Ruhe und um die Mannschaft taktisch einzustellen. Er wußte, daß seine Elf hoffnungslos unterging, wenn sie sich verstecken würde. Sie mußte mitspielen und wie gegen Jugoslawien ihre Chance suchen. Deshalb nahm er Schmidt wieder aus der Mannschaft, beorderte Schäfer auf Halblinks und brachte mit Cieslarczyk einen neuen, frischen und dynamischen Linksaußen. Jetzt hatte die deutsche Mannschaft nichts mehr zu verlieren, denn niemand konnte davon ausgehen, daß sie ausgerechnet gegen Schweden gewinnt.

24.6.1958 in Göteborg (WM-Halbfinale)
Schweden - BR Deutschland 3:1 (1:1)

SR: Zsolt (Ungarn), Zuschauer: 50.000
Schweden: Svensson; Bergmark, Axbom; Börjesson, Gustavsson, Parling; Hamrin, Gren, Simonsson, Liedholm, Skoglund
BRD: Herkenrath -20 (RWE); Stollenwerk -13 (1.FC Köln), Juskowiak -25 (Fort. Düsseld.); Eckel -31 (1.FC Kaisersl.), Erhardt -22 (SpVgg Fürth), Szymaniak -14 (Wuppertaler SV); Rahn -27 (RWE), Fritz Walter -61 (1.FC Kaisersl.), Uwe Seeler -9 (HSV), Schäfer -32 (1.FC Köln), Cieslarczyk -4 (Sodingen). Mannschaftskapitän: Schäfer
Tore: 0:1 Schäfer (24.), 1:1 Skoglund (33.), 2:1 Gren (81.), 3:1 Hamrin (87.)
Beste Spieler: Gren, Börjesson, Liedholm, Hamrin - F.Walter, Stollenwerk, Herkenrath, Erhardt
Bericht: Schon lange vor Spielbeginn begannen Einpeitscher damit, das Publikum aufzuputschen. Erwähnens- und bedenkenswert, weil hier ein Feindbild vom Gegner aufgebaut wurde. Die Deutschen boten aufgrund ihrer geschichtlichen Vergangenheit und als Weltmeister für die fanatischen Zuschauer Anlaß genug. Daß dieses Umfeld auch das Spiel nicht positiv beeinflussen konnte, war bereits in den ersten Minuten zu spüren.

2. Minute: Mit ihren Italien-Profis Hamrin, Liedholm und Skoglund im Sturm berannten die Schweden sofort das deutsche Tor. 5. Minute: Als Herkenrath beim Herauslaufen den Ball verfehlte, schien das 1:0 unvermeidbar, aber Simonsson zögerte zu lange, so daß Juskowiak in letzter Sekunde retten konnte. 12. Minute: Schon nach so kurzer Zeit hatte die deutsche Mannschaft die 6. Ecke hinnehmen müssen.

20. Minute: Der Druck der Schweden hielt noch immer an. Kaum einmal kam die deutsche Mannschaft über die Mittellinie hinaus und immer wieder mußten Abwehrbeine retten. Endlich dann ein zügiger deutscher Angriff im Gegenzug, aber Verteidiger Bergmark konnte in letzter Sekunde vor Fritz Walter klären. Und noch ein guter deutscher Angriff, den Uwe Seeler mit einem

herrlichen Schuß knapp über das Gehäuse von Svensson abschloß. 24. Minute: Uwe Seeler raste hinter einer Vorlage von Cieslarczyk her und erreichte den Ball auch tatsächlich noch kurz vor der Grundlinie. Sofort flankte er in die Mitte, wo Hans Schäfer mitgelaufen war, der die Flanke annahm und mit aller Kraft in das Tor von Svensson schoß. Die deutsche Mannschaft hatte mit einem der wenigen Konter die Führung geschafft.

30. Minute: Der Führungstreffer gab sichtbar Auftrieb. Herbergers Elf konnte das Spiel jetzt ausgeglichener gestalten und kam immer häufiger gefährlich vor das schwedische Gehäuse. 31. Minute: Viel Glück für die Schweden, als Helmut Rahn in aussichtsreicher Schußposition im Strafraum klar gefoult wurde, aber Schiedsrichter Zsolt ließ weiterspielen. Der ungarische Schiedsrichter sollte ab jetzt eine unrühmliche Rolle spielen, denn er ließ die zunehmenden Fouls der Schweden durchgehen, pfiff aber jedes Foul eines deutschen Spielers. 33. Minute: Vorläufiger Höhepunkt der schwachen Schiedsrichterleistung war das Übersehen eines Handspiels von Skoglund. Der Linksaußen nahm den Ball mit der Hand und während die deutschen Spieler reklamierten, überwandt er mit einem Linksschuß Torhüter Herkenrath zum 1:1.

46. Minute: Großartiger Start der deutschen Mannschaft, als Uwe Seeler in eine Rahn-Flanke stürmte und sein herrlicher Schuß nur Millimeter am Torpfosten vorbeiflog. Das war die ganz große Chance zum 2:1.

52. Minute: Erneut konnten die deutschen Schlachtenbummler auf ein Tor hoffen, als Uwe Seeler allein durch war, aber erbarmungslos von hinten gefoult wurde. Auch diese Foul, in Höhe des Strafraums, hätte einen Elfmeter zur Folge haben können. Schiedsrichter Zsolt ließ jedoch weiterspielen. 56. Minute: Endlich bekam die deutsche Mannschaft einen Freistoß. Aus 20 Meter Entfernung donnerte Rahn den Ball auf das Tor, wo Svensson sich mächtig strecken mußte, um das Leder zu halten. 59. Minute: Die Vorentscheidung im Hexenkessel von Göteborg bahnte sich an, als Juskowiak Hamrin stoppte und dieser liegend den Düsseldorfer Verteidiger in die Beine trat. In einer Affekthandlung trat Juskowiak zurück und nun war Schiedsrichter Zsolt zur Stelle, um Juskowiak vom Platz zu stellen. Das Stadion tobte und Juskowiak verstand die Welt nicht mehr. Während Hamrin ungeschoren davonkam, mußte der deutsche Verteidiger in die Kabine. Alle Proteste von Juskowiak, Schäfer und Fritz Walter nutzten nichts. Zsolt bielb bei seiner Entscheidung. Zweifellos gab es daran auch nichts zu rütteln, nur hätte der zuerst tretende Hamrin ebenfalls vom Feld gemußt.

75. Minute: Cieslarczyk war für Juskowiak in die Verteidigung zurückgegangen und so hielten 10 deutsche Spieler nach wie vor das Unentschieden gegen die Schweden. Dann aber wurde es ganz schwer, als Fritz Walter im Mittelfeld vom linken Läufer der Schweden, Parling, schwer gefoult wurde. Fritz Walter mußte vom Platz getragen werden und nun waren es nur noch 9 Spieler, die sich gegen die Schweden wehren konnten.

80. Minute: Humpelnd kam Fritz Walter zwar wieder auf das Spielfeld, war aber natürlich keine vollwertige Kraft mehr. 81. Minute: Ein unglücklicher Abpraller landete genau vor den Füßen von Gunnar Gren, der den Ball mit unheimlicher Wucht genau in den Torwinkel donnerte. Die Schweden führten 2:1 und nun war die deutsche Mannschaft geschlagen. 87. Minute: Verzweifelt bäumte sich die deutsche Elf gegen die drohende Niederlage auf, stürmte mit ihren verbliebenen gesunden Spielern, um vielleicht doch noch den Ausgleich zu erzielen. Der Konter von Rechtsaußen Hamrin, der aus spitzem Winkel das 3:1 schoß, war dann jedoch die endgültige Entscheidung, aber auch ohne Bedeutung. Die Mannschaft mußte zum Schluß alles probieren, denn ein 1:2 bedeutete ebenfalls das Ausscheiden.

90. Minute: Nach einer großen kämpferischen Leistung hatte die deutsche Mannschaft allerdings verdient mit 1:3 verloren. Die Schweden waren klar besser und hätten eigentlich ihre vielen Fouls und Mätzchen nicht nötig gehabt. Für die deutsche Mannschaft war es dennoch eine bittere Stunde, denn mit dem aufgeputschten Publikum, dem parteiischen Schiedsrichter Zsolt, den vielen Fouls der Schweden und dem eigenen Pech bei den wenigen Torschüssen hatten zu viele widrige Umstände das Spiel beeinflußt.

❖

Vorbericht zum 255.Länderspiel: Das Spiel gegen die Schweden hatte in der Öffentlichkeit die Emotionen in Wallungen gebracht. Aber alles Wenn und Aber nützte nichts mehr, die deutsche Elf spielte nur noch um Platz 3. Und jeder, der sich nichts vormachte, mußte anerkennen, daß sich die Schweden durch ihre klare Überlegenheit auch in der ersten Stunde gegen 11 gesunde deutsche Spieler, den Sieg verdient hatten. Dennoch waren viele Spieler niedergeschlagen, denn mit ein wenig Glück hätte auch die deutsche Mannschaft das Endspiel erreichen können. Vielleicht hätte sie dort sogar besser gegen den neuen Weltmeister Brasilien ausgesehen, aber Weltmeister wären sie kaum geworden. Die südamerikanischen Ballartisten setzten neue Maßstäbe im Weltfußball mit ihrem unerhört schnellen und traumhaft sicheren Fußball.

Der deutschen Mannschaft blieb das Spiel um Platz 3 gegen Frankreich. Nach der Enttäuschung gegen Schweden konnte und wollte Sepp Herberger von seinen Stammspielern keine neuerliche Höchstleistung erwarten. Juskowiak war sowieso gesperrt und Fritz Walter verletzt. Als Dank an die Reservisten ließ er deshalb alle spielen, die bei dieser WM noch nicht zum Einsatz gekommen waren: Kwiatkowski, Wewers, Sturm und Kelbassa.

Die 3 gefürchteten deutschen Stürmer bei der WM 1958, v.l.: Fritz Walter, Helmut Rahn, Uwe Seeler

28.6.1958 in Göteborg (WM-Spiel um Platz 3)
Frankreich - BR Deutschland 6:3 (3:1)

SR: Brozzi (Argentinien), Zuschauer: 20.000
Frankreich: Abbes; Kaelbel, Lerond; Penverne, Lafont, Marcel; Wisnieski, Duis, Kopa, Fontaine, Vincent
BRD: Kwiatkowski -4 (BVB); Stollenwerk -14 (1.FC Köln), Erhardt -23 (SpVgg Fürth); Schnellinger -3 (Düren 99), Wewers -12 (RWE), Szymaniak -15 (Wuppertaler SV); Rahn -28 (RWE); Sturm -2 (1.FC Köln), Kelbassa -6 (BVB), Schäfer -33 (1.FC Köln), Cieslarczyk -5 (SV Sodingen). Mannschaftskapitän: Schäfer
Tore: 1:0 Fontaine (15.), 1:1 Cieslarczyk (17.), 2:1 Kopa (27. Foulelfmeter), 3:1 Fontaine (36.), 4:1 Duis (51.), 4:2 Rahn (53.), 5:2 Fontaine (77.), 5:3 Schäfer (63.), 6:3 Fontaine (89.)
Beste Spieler: Kopa, Fontaine, Duis - Stollenwerk, Szymaniak, Sturm, Rahn
Bericht: Die deutsche Ersatzmannschaft begann gegen die ehrgeizigen Franzosen großartig. Bereits in den ersten Minuten hatten sie mehrfach vorbildlich die französische Abwehr ausgespielt, leider aber zu hoch geschossen.

4. Minute: Nur durch eine Glanzparade von Torhüter Abbes führte ein toller Schuß des jungen Hansi Sturm nicht zum Führungstreffer. Auf der Gegenseite mußte Kwiatkowski genauso glanzvoll halten, um ein Tor durch Fontaine zu verhindern. 6. Minute: Das Glück war in der Endphase der Weltmeisterschaft nicht mehr mit der deutschen Mannschaft. Als Kelbassa eine Cieslarczyk-Flanke auf das französische Tor köpfte, Torhüter Abbes den Ball durch die Hände ins Tor gleiten ließ, ohne von irgendeinem Spieler berührt worden zu sein, erkannte Schiedsrichter Brozzi den Treffer unverständlicherweise nicht an.

15. Minute: Nach einer Viertelstunde hatte die deutsche Mannschaft das Spiel klar in der Hand und es sah nicht so aus, als könnten die Franzosen Torhüter Kwiatkowski gefährlich werden. Einer der wenigen Konter stellte dann jedoch den Spielverlauf auf den Kopf, als Kopa geschickt Wewers aus der Abwehr lockte und den Ball für den schnellen Fontaine in den freien Raum spielte. Kwiatkowski war zum erstenmal machtlos. 17. Minute: Die deutsche Mannschaft ließ sich davon nicht beirren, sondern hatte ihrerseits Chancen. Einen Schuß von Hansi Sturm aus 6 Meter Entfernung konnte Abbes zwar noch abwehren, aber beim nächsten Angriff war er gegen einen 13 Meter-Schuß von Cieslarczyk, den er unhaltbar in den Kasten jagte, machtlos.

Penverne, der französische Kapitän (links), und Hans Schäfer bei der Begrüßung

27. Minute: Immer noch war die deutsche Mannschaft spielbestimmend, als wieder einer dieser gefährlichen französischen Konter die deutsche Abwehr aufriß. Nach Kopa-Vorlage zog Erhardt dem wieselflinken Fontaine von hinten die Beine weg und Schiedsrichter Brozzi konnte nur auf Elfmeter pfeifen. Kopa, der mit richtigem Namen Kopaschewski hieß und polnischer Abstammung war, ließ sich die Elfmeterchance nicht entgehen. 36. Minute: Nach einem Eckball konnte Kwiatkowski den Ball nur kurz abwehren und erneut war Fontaine zur Stelle, um den Ball zum 3:1 im deutschen Tor unterzubringen. Trotz klarer Überlegenheit lag die deutsche Mannschaft nun mit 1:3 zurück.

51. Minute: Die deutsche Elf begann die zweite Halbzeit wie die erste, wurde aber erneut ausgekontert, als Duis mit einer Vorlage von Fontaine davonzog, Szymaniak überspielte und Tor-

Trotz guten Spiels verlor diese „Ersatzmannschaft" das Spiel um Platz 3 gegen Frankreich mit 3:6; v.l.: Schäfer, Kwiatkowski, Wewers, Sturm, Schnellinger, Szymaniak, Kelbassa, Cieslarczyk, Rahn, Erhardt, Stollenwerk

Hans Schäfer (1.FC Köln) war schon 1954 Weltmeister, 1958 und 1962 Kapitän der Nationalelf

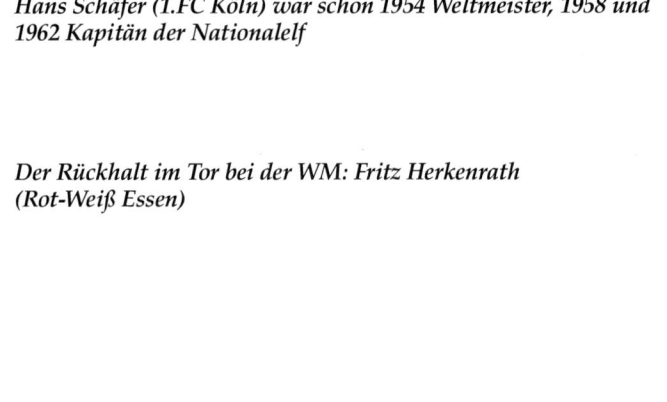

Der Rückhalt im Tor bei der WM: Fritz Herkenrath (Rot-Weiß Essen)

hüter Kwiatkowski keine Chance ließ. 53. Minute: Erst ein herrliches Solo von Helmut Rahn, der Lerond und Lafont einfach stehen ließ und den Ball knallhart unter die Latte setzte, gestaltete das Ergebnis wieder etwas erträglicher.

70. Minute: Es war einfach toll, mit welchem Elan die deutsche Mannschaft trotz des unglücklichen Rückstandes weiterstürmte und sich auch gute Torgelegenheiten erspielte. Ein Foul an Cieslarczyk im Strafraum wurde leider nicht geahndet, so daß wieder eine Torchance ausblieb. 75. Minute: Erst langsam ließ die Kraft der deutschen Mannschaft nach. Gegen die schnellen französischen Angriffe wurde die wackelige Abwehr immer hilfloser. Nur durch eine Glanzparade von Kwiatkowski gegen den allein anstürmenden Wisnieski konnte ein weiterer Treffer verhindert werden. 76. Minute: Noch einmal mußte Kwiatkowski gegen den völlig frei vor ihm auftauchenden Duis aus 7 Meter Entfernung retten. Als Fontaine dann wieder einmal Erhardt und Schnellinger hatte stehen lassen, war es passiert. Dieser eiskalte Torjäger ließ Kwiatkowski keine Chance. Die Franzosen führten mit 5:2. 83. Minute: Nach herrlicher Vorarbeit von Rahn gelang Schäfer noch einmal ein Treffer für die deutsche Mannschaft.

89. Minute: Schließlich konnte der französische Torjäger nach schöner Vorarbeit von Kopa durch die deutsche Abwehr spazieren und sogar noch das 6:3 erzielen. So klar sich dieses Ergebnis anhörte, vom Spielverlauf her hätte die deutsche Mannschaft dieses Spiel sogar gewinnen müssen. Dennoch, die Weltmeisterschaft war vorbei und die deutsche Mannschaft hatte wesentlich mehr gezeigt, als Kritiker vorher erwartet hatten. Und zweifellos war das Erreichen des 4. Platzes eine große Leistung.

Gesamtbilanz 1908-1958
255 Spiele: 131 Siege, 41 Unentschieden, 83 Niederlagen, 654:458 Tore
Heim: 118 Spiele: 63 Siege, 24 Unentschieden, 31 Niederlagen, 322:181 Tore
Auswärts: 137 Spiele: 68 Siege, 17 Unentschieden, 52 Niederlagen, 332:277 Tore
Zuschauer insgesamt: 9.598.363, Heim: 5.446.000, Auswärts: 4.152.363

Die meisten Länderspiele:
1. Paul Janes (Fortuna Düsseldorf) — 71 Spiele
2. Ernst Lehner (Sch. Augsb. 55, BW Berlin 10) — 65 "
3. Fritz Walter (1.FC Kaiserslautern) — 61 "
4. Albin Kitzinger (Schweinfurt 05) — 44 "
   Andreas Kupfer (Schweinfurt 05) — 44 "
6. Reinhold Münzenberg (Alemannia Aachen) — 41 "
7. Ludwig Goldbrunner (Bayern München) — 39 "
8. Hans Jakob (Jahn Regensburg) — 38 "
9. Fritz Szepan (Schalke 04) — 34 "
10. Hans Schäfer (1.FC Köln) — 33 "
11. Josef Posipal (Hamburger SV) — 32 "
12. Otto Siffling (SV Waldhof) — 31 "
    Horst Eckel (1.FC Kaiserslautern) — 31 "
14. Edmund Conen (FV Saarbr. 14, K. Stuttg 14) — 28 "
    Helmut Rahn (Rot-Weiß Essen) — 28 "

Die meisten Tore:
1. Fritz Walter (1.FC Kaiserslautern) — 33 Tore
2. Ernst Lehner (Sch. Augsburg, BW Berlin) — 30 "
3. Edmund Conen (FV Saarbr., K. Stuttgart) — 27 "
4. Richard Hofmann (Meerane 07, Dresdener SC) — 24 "
5. Karl Hohmann (VfL Benrath) — 20 "
   Max Morlock (1.FC Nürnberg) — 20 "
7. Otto Siffling (SV Waldhof) — 17 "
   Helmut Schön (Dresdener SC) — 17 "
9. Wilhelm Hahnemann (Admira Wien) — 16 "
10. Helmut Rahn (Rot-Weiß Essen) — 15 "
11. Gottfried Fuchs (Karlsruher FV) — 14 "
    Otto Harder (Hamburger SV) — 14 "
    Hans Schäfer (1.FC Köln) — 14 "
14. Josef Gauchel (TuS Neuendorf) — 13 "
    Ernst Willimowski (Chemnitz, München 1860) — 13 "

Die häufigsten Mannschaftsführer waren:
1. Paul Janes — 31 mal
2. Fritz Szepan — 30 "
   Fritz Walter — 30 "
4. Hans Schäfer — 12 "
5. Ludwig Leinberger — 11 "
6. Adolf Jäger — 10 "
   Rudolf Gramlich — 10 "
8. Camillo Ugi — 9 "
9. Otto Harder — 8 "
   Reinhold Münzenberg — 8 "
11. Max Breunig — 7 "
12. Heinrich Stuhlfauth — 6 "
    Josef Posipal — 6 "
14. Dr.Josef Glaser — 4 "
    Hans Kalb — 4 "
    Richard Hofmann — 4 "
    Karl Hohmann — 4 "
    Hans Mock — 4 "

22 Elfmeter für Deutschland:
18 Elfmeter verwandelt durch
Förderer (1908 geg. England), Breunig (1911 geg. die Schweiz), Jäger (1913 geg. Dänemark), Jäger (1921 geg. Ungarn), Franz (1924 geg. Österreich), Ruch (1925 geg. Finnland), R.Hofmann (1932 geg. die Schweiz), Lehner (1934 geg. Polen), Gauchel (1938 geg. Luxemburg), Janes (1939 geg. Bömen-Mähren), Binder (1939 geg. Italien), Conen (1940 geg. Bulgarien), Janes (1941 geg. Ungarn), Lehner (1941 geg. Kroatien), Burdenski (1950 gegen die Schweiz), F.Walter (1954 geg. Österreich), F.Walter (1954 geg. Österreich), Juskowiak (1955 geg. Italien)

4 Elfmeter verschossen
durch Breunig (1910 geg. Holland), Breunig (1913 geg. Holland), Kalb (1922 geg. Österreich), Lüke (1923 geg. Finnland)

29 Elfmeter gegen Deutschland:
21 Elfmeter verwandelt durch
Dlabac (1908 Österreich), Schlosser (1912 Ungarn), Weiss (1912 Schweiz), Kothan (1921 Österreich), Kelin (1925 Finnland), Landahl (1929 Schweden), Christophersen (1930 Dänemark), Polgar (1934 Ungarn), Davies (1936 Irland), Stijne (1939 Belgien), Demaria (1939 Italien), Campos (1942 Spanien), Nagymarosi (1942 Ungarn), Bacquet (1951 Schweiz), Bobek (1952 Jugoslawien), Cesar (1952 Spanien), Martin (1954 Saarland), Cantwell (1956 Irland), Wagner (1957 Österreich)Dvorak (1958 Tschechoslowakei), Kopa (1958 Frankreich)

8 Elfmeter verschossen
(1911 Schweden), (1922 Finnland), Neumann (1922 Österreich), Ramseyer (1928 Schweiz), Orsi (1930 Italien), Sobotka (1935 Tschechoslowakei), Walaschek (1941 Schweiz), Mond (1951 Luxemburg)

10 Eigentore gegen Deutschland:
erzielt durch, Breunig (1910 geg. Holland), Breunig (1912 geg. Holland), H.Müller (1924 geg. Finnland), Münzenberg (1931 geg. Frankreich), Stubb (1932 geg. Schweden), Klodt (1939 geg. Jugoslawien), Rohde (1941 geg. Schweiz), Posipal (1951 geg. Irland), Mai (1955 geg. Italien), Erhardt (1958 geg. Tschechoslowakei)

6 Eigentore für Deutschland,
erzielt durch, Lörtscher (1938 Schweiz), Albu (1938 Rumänien), Brozovic (1942 Kroatien), Horvat (1954 Jugoslawien), van der Hart (1956 Holland), Stacho (1958 Tschechoslowakei)

4 Platzverweise Deutschland:
Kalb (1928 geg. Uruguay), R.Hofmann (1928 geg. Uruguay), Pesser (1938 geg. die Schweiz), Juskowiak (1958 geg. Schweden)

1 Platzverweis Gegner:
Nasazzi (1928 Uruguay)

Nationalspieler des Jahres:
1907/08 Fritz Förderer (Karlsruher FV)
1908/09 Adolf „Adsch" Werner (Holstein Kiel)
1909/10 Eugen Kipp (Spfr. Stuttgart)
1910/11 Camillo Ugi (VfB Leipzig)
1911/12 Max Breunig (Karlsruher FV)
1912/13 Adolf Jäger (Altonaer FC 93)
1913/14 Karl Wegele (Phönix Karlsruhe)
1920/21 Karl Tewes (Viktoria 89 Berlin)
1921/22 Andreas „Resi" Franz (SpVgg Fürth)
1922/23 Leonhard „Loni" Seiderer (Spvgg. Fürth)
1923/24 Hans „Bumbas" Schmidt (1.FC Nürnberg)
1924/25 Paul Paulsen-Pömpner (VfB Leipzig)
1925/26 Otto „Tull" Harder (Hamburger SV)
1926/27 Georg Hochgesang (1.FC Nürnberg)
1927/28 „König" Richard Hofmann (Meerane 07)
1928/29 Heiner Stuhlfauth (1.FC Nürnberg)
1929/30 „König" Richard Hofmann (Dresdener SC)
1930/31 Willibald Kreß (Rot-Weiß Frankfurt)
1931/32 Stanislaus „Tau" Kobierski (Fortuna Düsseldorf)
1932/33 Oskar „Ossi" Rohr (Bayern München)
1933/34 Fritz Szepan (FC Schalke 04)
1934/35 Ernst Lehner (Schwaben Augsburg)
1935/36 Reinhold Münzenberg (Alemannia Aachen)
1936/37 Albin Kitzinger (FC Schweinfurt 05)
1937/38 Andreas „Anderl" Kupfer (FC Schweinfurt 05)
1938/39 Paul Janes (Fortuna Düsseldorf)
1939/40 Franz Binder (SC Rapid Wien)
1940/41 Fritz Walter (1.FC Kaiserslautern)
1941/42 Fritz Walter (1.FC Kaiserslautern)
1942/43 Fritz Walter (1.FC Kaiserslautern)
August Klingler (FV Daxlanden)
1950/51 Anton „Toni" Turek (Fortuna Düsseldorf)
1951/52 Josef „Jupp" Posipal (Hamburger SV)
1952/53 Josef „Jupp" Posipal (Hamburger SV)
Fritz Walter (1.FC Kaiserslautern)
1953/54 Fritz Walter (1.FC Kaiserslautern)
1954/55 Fritz Herkenrath (Rot-Weiß Essen)
1955/56 Fritz Herkenrath (Rot-Weiß Essen)
Fritz Walter (1.FC Kaiserslautern)
1956/57 Erich Juskowiak (Fortuna Düsseldorf)
1957/58 Horst Szymaniak (Wuppertaler SV)

1958/59

Bilanz 1958/59
7 Spiele: 1 Sieg, 4 Unentschieden, 2 Niederlagen, 12:11 Tore
Zuschauer: 445.000
In 7 Spielen wurden 34 Spieler eingesetzt, davon waren 12 Spieler Neulinge

Die Spieler der Saison:

Helmut Rahn	6	Spiele
Herbert Erhardt	6	"
Uwe Seeler	5	"
Horst Szymaniak	5	"
Helmut Haller	5	"
Alfred Schmidt	5	"
Georg Stollenwerk	4	"
Karl-Heinz Schnellinger	4	"
Rolf Geiger	4	"
Hans Tilkowski	3	"
Helmut Benthaus	3	"
Erich Juskowiak	3	"
Günter Sawitzki	3	"
Karl Mai	3	"
Hans Cieslarczyk	2	"
Max Morlock	2	"
Theo Klöckner	2	"
Fritz Herkenrath	1	Spiel
Günter Jäger	1	"
Engelbert Kraus	1	"
Hans Bauer	1	"
Horst Eckel	1	"
Helmut Kapitulski	1	"
Erwin Waldner	1	"
Walter Zastrau	1	"
Heinz Kördel	1	"
Alfred Pyka	1	"
Ulrich Biesinger	1	"
Karl Ringel	1	"
Helmut Faeder	1	"
Hans Schäfer	1	"
Matthias Mauritz	1	"
Bernhard Klodt	1	"
Erwin Stein	1	"

Tore der Saison:

Helmut Rahn	4	Tore
Uwe Seeler	4	"
Erwin Waldner	1	Tor
Max Morlock	1	"
Erich Juskowiak	1	"
Erwin Stein	1	"

Mannschaftsführer waren:

Helmut Rahn	6	mal
Herbert Erhardt	1	"

1 Elfmeter für Deutschland,
verwandelt durch Juskowiak

2 Elfmeter gegen Deutschland,
verwandelt durch Duis (Frankreich) und Alla (Ägypten)

Rangliste der besten Nationalspieler:
1. Helmut „Boß" Rahn (Rot-Weiß Essen)
2. Herbert Erhardt (SpVgg Fürth)
3. Horst Szymaniak (Wuppertaler SV)
4. Uwe Seeler (Hamburger SV)
5. Erich Juskowiak (Fortuna Düsseldorf)
6. Hans Tilkowski (Westfalia Herne)
7. Georg Stollenwerk (1.FC Köln)
8. Günter Sawitzki (VfB Stuttgart)
    Helmut Haller (BC Augsburg)
    Alfred „Aki" Schmidt (Borussia Dortmund)

Vorbericht zum 256. Länderspiel: Die Weltmeisterschaft war vorbei, und mit dem 37-jährigen Fritz Walter nahm der bis dahin beste deutsche Fußballer seinen endgültigen Abschied von der Nationalelf. Mit Szymaniak war auch ein neuer Denker und Lenker da, der schon in Schweden weitgehend das Spiel gemacht hatte. Zwar hatte der Wuppertaler einige Züge wie Helmut Rahn, was den Umgang mit ihm nicht leicht machte, aber da waren auch noch andere Talente, die nach vorn drängten. Bei den Vorbereitungsspielen zur WM hatte Sepp Herberger bereits einen Fritz-Walter-Nachfolger gesichtet. Es war jener 19-jährige Augsburger Helmut Haller, der, im Juniorenteam spielend, die Abwehr von Herbergers A-Elf gehörig an der Nase herumgeführt hatte.

Als Vorbereitung zum ersten Saisonländerspiel ließ der Bundestrainer ein Testspiel seiner Elf gegen Fortuna Düsseldorf austragen.

10.9.1958 in Düsseldorf
Fortuna Düsseldorf - A-Auswahl 2:1 (1:1)
SR: Thier (Gelsenkirchen), Zuschauer: 40.000
Fortuna: Klose; Rick, Bayer; Mauritz, Jäger, K.Hoffmann; Steffen, Wolframm, Janzen, Derwall, Wöske
A: Tilkowski (Westfalia Herne); Stollenwerk (1.FC Köln), Juskowiak (Fortuna Düsseldorf); Werner (HSV), Erhardt (SpVgg Fürth), Nuber (Kickers Offenbach); Grosser, Hahn (Bayern München), Uwe Seeler (HSV), A.Schmidt (BVB), Rahn (RWE); 2. Halbzeit, Haller (BC Augsburg) für Nuber
Tore: 1:0 Wolframm (17.), 1:1 Rahn (37.), 2:1 Wolframm (88.)

Nach einigen verletzungsbedingten und beruflichen Absagen berief Herberger für das Spiel in Kopenhagen:
Tor: Herkenrath, Klose
Verteidiger: Stollenwerk, Juskowiak
Läufer: Erhardt, Szymaniak, Jäger, Kördel
Stürmer: Berti Kraus, Haller, Uwe Seeler, Aki Schmidt, Rahn, Geiger, Cieslarczyk

Im Aufgebot standen mit Klose (Fort. Düsseldorf), Jäger (Fort. Düsseldorf), Kördel (Schalke 04) und Haller (BC Augsburg) 4 Neulinge, von denen Jäger und Haller gegen Dänemark zum ersten Länderspiel kamen (für Jäger war es auch das letzte) und Kördel folgte den beiden ein paar Wochen später. Nur Klose wurde kein Nationalspieler.

24.9.1958 in Kopenhagen
Dänemark - BR Deutschland 1:1 (0:1)

SR: Fencl (Tschechoslowakei), Zuschauer: 45.000
Dänemark: From, E.L.Larsen, V.Nielsen; Bent Hansen, H.Chr.Nielsen, Lohse; Poul Pedersen, Machon, Enoksen, John Danielsen, Jörn Sörensen
BRD: Herkenrath -21 (RWE); Stollenwerk -15 (1.FC Köln), Juskowiak -26 (Fort. Düsseld.); Erhardt -24 (SpVgg Fürth), Jäger -1 (Fort. Düsseld.), Szymaniak -16 (Wuppertaler SV); Kraus -5 (K. Offenbach), Haller -1 (BC Augsburg), ab 80. Cieslarczyk -6 (BVB), Uwe Seeler -10 (HSV), A.Schmidt -10 (BVB), Rahn -29 (RWE).
Mannschaftskapitän: Rahn
Tore: 0:1 Rahn (32.), 1:1 Enoksen (60.)
Beste Spieler: Bent Jensen, From - Rahn, Erhardt
Bericht: Die deutsche Mannschaft begann in Kopenhagen gut, konnte teilweise sogar an die Leistungen der WM anschließen.

4. Minute: Furioser Auftakt, als ein knallharter Rahn-Schuß nur knapp am Pfosten vorbeizischte. Zwei Minuten später mußte diesmal Larsen auf der Linie für seinen geschlagenen Torwart bei einem erneuten Rahn-Schuß klären. 9. Minute: Einen Eckball von

Rahn köpfte Uwe Seeler auf die Latte. Die Dänen hatten wirklich viel Glück in der Anfangsphase. Eine Minute später mußte Torhüter From zweimal nachfassen, als Rahn aus 25 Metern geschossen hatte. Und noch einmal fegte ein Rahn-Schuß nur knapp am Pfosten vorbei. Der Rechtsaußen sprühte nur so vor Ergeiz und Spiellaune.

17. Minute: Ein herrlicher Volleyschuß des Dortmunders Schmidt fegte nur knapp über die Latte. 28. Minute: Erneut kam Rahn durch einen Paß von Schmidt zum Einsatz. Verteidiger Larsen konnte jedoch in letzter Sekunde abwehren. 32. Minute: Als Uwe Seeler einen Zweikampf gegen Nielsen gewann, war es passiert. Seine Flanke erreichte Rahn gerade noch mit dem Kopf und lenkte den Ball direkt ins Tor. 1:0 für Deutschland durch einen Kopfball von Rahn, was man auch nicht alle Tage sah.

43. Minute: Nach dem Führungstreffer kamen die Dänen wenigstens etwas besser ins Spiel, aber erst jetzt wurde es für Herkenrath gefährlich, als Stollenwerk auf der Linie retten mußte. 44. Minute: Mit einer Blitzreaktion verhinderte Herkenrath kurz vor der Pause den Ausgleich. Die deutsche Mannschaft führte nach der Pause verdient mit 1:0 nach klar überlegen geführtem Spiel.

50. Minute: Auch die zweite Halbzeit begann mit schönen, zwingenden Spielzügen der deutschen Mannschaft. Rahn, Haller und Seeler zeichneten sich hierbei besonders aus.

55. Minute: Nun kamen auch die Dänen wieder besser ins Spiel. Einen knallharten Schuß aus dem Rückraum konnte Herkenrath jedoch meisterhaft klären. Zum Glück für die deutsche Mannschaft schoß Sörensen 60 Sekunden später nach einer schönen Flanke hoch über das deutsche Tor. 58. Minute: Noch einmal zeigte sich, daß die deutsche Abwehr nicht sattelfest war, als Enoksen frei zum Kopfball kam, aber das Tor verfehlte. 60. Minute: Jetzt war es vorbei mit dem Glück, als Enoksen erneut frei zum Kopfball kam und den Ausgleichstreffer markierte. Von Mittelläufer Jäger, dem Gegenspieler von Enoksen, war wieder weit und breit nichts zu sehen. 65. Minute: Die dänische Abwehr stand jetzt wesentlich besser und die deutschen Stürmer machten es ihr leicht, weil vor dem Strafraum zu lange gezögert wurde.

70. Minute: Immer wieder blitzte das technische Können des jungen Helmut Haller auf, wenn er zwei, drei Dänen spielend stehen ließ und seine Schüsse gefährlich auf das Tor von From schlenzte.

❖

Vorbericht zum 257. Länderspiel: Schon 4 Monate nach der WM trafen Frankreich und Deutschland, die beiden Gegner um Platz 3, wieder aufeinander. Diesmal allerdings unter anderen Vorzeichen, mit der damals stärksten deutschen Besetzung.

Vom 20.-24.10.1958 lud Herberger seine Länderspielkandidaten zu einem Kurzlehrgang nach Frankfurt ein.

Tor: Herkenrath, Tilkowski, Sawitzki
Verteidiger: Stollenwerk, Juskowiak, Overdiek
Läufer: Sturm, Erhardt, Szymaniak, Kördel, R.Hoffmann
Stürmer: Rahn, Geiger, Uwe Seeler, Aki Schmidt, Hans Schäfer, Haller, Cieslarczyk, Fendel

Overdiek (Westfalia Herne) und Fendel (1.FC Köln) waren die einzigen Neulinge bei diesem Kurzlehrgang. Zum Länderspiel wurde keiner von beiden in das Aufgebot genommen.

Tor: Tilkowski, Sawitzki
Verteidiger: Stollenwerk, Bauer, Barwenczik
Läufer: Kördel, Erhardt, Szymaniak, R.Hoffmann
Stürmer: Rahn, Geiger, Uwe Seeler, Aki Schmidt, Cieslarczyk, Haller

26.10.1958 in Paris
Frankreich - BR Deutschland 2:2 (1:1)

SR: Ellis (England), Zuschauer: 60.000
Frankreich: Colonna (30. Abbes); Kaelbel, Lerond; Penverne, Lafont, Marcel; Delarderiere, Duis, Fontaine, Piantoni (42. Cisowski), Vincent
BRD: Tilkowski -3 (Westf. Herne); Stollenwerk -16 (1.FC Köln), Bauer -5 (Bayern München); A.Schmidt -11 (BVB), Erhardt -25 (SpVgg Fürth), Szymaniak -17 (Wuppertaler SV); Rahn -30 (RWE), Haller -2 (BC Augsburg), Uwe Seeler -11 (HSV), Geiger -2 (VfB Stuttg.), Cieslarczyk -7 (BVB). Mannschaftskapitän: Rahn
Tore: 0:1 Rahn (13.), 1:1 Deladeriere (23.), 2:1 Duis (69. Handelfmeter), 2:2 Uwe Seeler (79.)
Beste Spieler: Abbes, Penverne, Piantoni - Rahn, Erhardt, Stollenwerk, Szymaniak
Bericht: Bei der deutschen Mannschaft war von Beginn an zu spüren, daß sie den Franzosen zeigen wollte, daß das 3:6 bei der WM kein Maßstab gewesen war.

5. Minute: Erste gefährliche Situation vor dem deutschen Tor, als Delarderiere schoß, aber Tilkowski richtig stand. 4 Minuten danach kam der gefürchtete Torjäger Just Fontaine zum erstenmal an Erhardt vorbei, aber Tilkowski hielt mit einer glänzenden Parade. Im Gegenzug großes Glück für die Franzosen, als ein knallharter Rahn-Schuß nur knapp am Tor vorbeizischte.

13. Minute: Nach schönem Zusammenspiel mit Uwe Seeler kam einer der gefürchteten, aber herrlich anzusehenden Alleingänge Helmut Rahns, der seine Gegenspieler reihenweise stehen ließ und aus 20 Metern unhaltbar für Colonna einschoß. 14. Minute: Großartige Tilkowski-Parade gegenüber dem freistehenden Piantoni. Mit seiner brillanten Technik verschaffte sich Helmut Haller im Gegenzug Raum für einen wunderschönen Schuß, der leider an die Latte knallte. 18. Minute: Es war eine Menge los in Paris, als erst Fontaine knapp daneben knallte und kurz darauf Piantoni Erhardt entwischt war, sein Schuß aber nur knapp über die Latte strich.

23. Minute: Durch einen Fehlpaß von Cieslarczyk erreichte Deladeriere vor Szymaniak den Ball, schoß sofort aus spitzem Winkel aufs Tor, wo Tilkowski den Ball zwar fing, aber im Nachfassen die Torlinie überschritten hatte. Ein unglücklicher Ausgleichstreffer gegen die deutsche Mannschaft. 34. Minute: Nach einem verunglückten Tilkowski-Abstoß hatte der französische Torjäger Fontaine erneut eine Chance, aber sein Schuß ging neben den Pfosten.

49. Minute: Glück für deutsche Mannschaft, als sich Fontaine entscheidend gegen Bauer durchsetzten konnte und freie Bahn hatte. Sein herrlicher Schuß wurde von einer noch besseren Parade von Tilkowski zunichte gemacht.

54. Minute: Auf der Gegenseite konnte sich Torhüter Abbes genauso auszeichnen, als Rahn frei zum Schuß kam und der Torschrei den deutschen Schlachtenbummlern schon auf den Lippen lag. Einen herrlich geschossenen Freistoß von Deladeriere konnte Tilkowski gerade noch zur Ecke abwehren. 60. Minute: Nach einem Fehler von Szymaniak konnte sich Tilkowski erneut mit einer Glanzparade auszeichnen, als er sich rechtzeitig vor die Füße von Fontaine warf. 69. Minute: Als Tilkowski schon geschlagen war, blieb Stollenwerk auf der Linie nur die Rettung mit der Hand, sonst wäre der Kopfball von Cisowski mit Sicherheit im Tor gelandet. Den fälligen Elfmeter verwandelte Duis sicher zum 2:1.

76. Minute: Erneut konnten sich die Franzosen bei ihrem Torhüter bedanken, als sich Haller, Geiger und Seeler auf engstem Raum durchgespielt hatten und der Hamburger mit einem herrlichen Schuß auf das französische Tor abschloß. 79. Minute: Endlich der verdiente Ausgleich, als sich Geiger dreimal hintereinander den Ball zurückkämpfte und dann maßgerecht zu Uwe Seeler vorlegte. Der Hamburger ließ sich die Chance nicht entgehen. 85. Minute: Noch einmal Glück für die Franzosen, als Lerond

einen knallharten Schuß von Rahn nur um Millimeter am eigenen Tor vorbei abfälschte.

90. Minute: Durch eine großartige kämpferische Leistung hatte sich die deutsche Mannschaft in Paris das Unentschieden vollauf verdient.

❖

Vorbericht zum 258. Länderspiel: Das Unentschieden in Paris war eine deutliche Leistungssteigerung gegenüber dem Spiel in Kopenhagen. Leider war Sepp Herberger gegen eine Beteiligung der deutschen Nationalelf am Europacup der Länder, dem Vorläufer der Europameisterschaft. Zu gerne hätte man diese Mannschaft in Spielen mit Wettberwerbscharakter gesehen. So war Österreich der nächste Gegner auf freundschaftlicher Ebene. Für dieses Länderspiel in Berlin berief der Bundestrainer folgendes Aufgebot:

Tor: Herkenrath, Tilkowski, Sawitzki
Verteidiger: Stollenwerk, Schnellinger, Zastrau
Läufer: A.Schmidt, Erhardt, Szymaniak, Eckel, Benthaus
Stürmer: Rahn, Haller, Uwe Seeler, Geiger, Schäfer, Faeder

Für den angeschlagenen Schäfer wurden noch Kapitulski und Knöfel aufgeboten. Damit waren 5 Spieler ohne Länderspiel im Aufgebot: Zastrau (Rot-Weiß Essen), Benthaus (Westf. Herne), Faeder (Hertha BSC), Kapitulski (FK Pirmasens) und Knöfel (Spandauer SV). Kapitulski wurde gegen Österreich erstmals eingesetzt, Zastrau, Benthaus und Faeder wurden bald darauf Nationalspieler, so daß nur Knöfel ohne Berufung blieb.

19.11.1958 in Berlin

BR Deutschland - Österreich 2:2 (1:1)

SR: Fencl (Tschechoslowakei), Zuschauer: 85.000

BRD: Tilkowski -4 (Westf. Herne); Stollenwerk -17, Schnellinger -4 (beide 1.FC Köln); Eckel -32 (1.FC Kaisersl.), Erhardt -26 (SpVgg Fürth), Szymaniak -18 (Wuppertaler SV); Rahn -31 (RWE), Haller -3 (BC Augsburg), Uwe Seeler -12 (HSV), A.Schmidt -12 (BVB), Kapitulski -1 (FK Pirmasens). Mannschaftskapitän: Rahn

Österreich: Engelmeier; Oslansky, Hasenkopf; Hanappi, Kollmann, Koller; Horak, Knoll, Buzek, E.Hof (ab 71. P.Reiter), Skerlan

Tore: 1:0 Rahn (16.), 1:1 Horak (42.), 1:2 Knoll (61.), 2:2 Rahn (89.)

Beste Spieler: Rahn, Tilkowski, Szymaniak - Engelmeier, Buzek, Koller

Bericht: Furioser Auftakt, als Linksaußen Skerlan bereits in der ersten Minute aus 8 Meter Entfernung nur die Latte des deutschen Tores traf. Die deutsche Mannschaft kam nur schwer ins Spiel und hatte Glück, daß ein Schuß von Koller nur knapp am Tor vorbeiflog. Tilkowski hätte hier keine Chance gehabt.

11. Minute: Zum erstenmal mußte sich Torhüter Engelmeier strecken, als Uwe Seeler mit seiner ganzen Dynamik auf das Tor schoß. Auch den Nachschuß hielt der österreichische Schlußmann. 14. Minute: Nachdem Tilkowski eine Ecke verfehlt hatte, war Schnellinger auf der Linie Retter in höchster Not, bei einem Kopfball von Buzek. Nach einer Viertelstunde das erste gefährliche Solo von Rahn, der seine Gegenspieler umkurvte und erst mit seinem Schuß an Engelmeier scheiterte. Eine Minute später sah das jedoch schon anders aus. Nach einer schönen Kombination zwischen Szymaniak, Schmidt und Kapitulski kam der Ball zum Rechtsaußen, der mit einem unhaltbaren Aufsetzer Engelmeier bezwang. Die deutsche Mannschaft führte mit 1:0.

41. Minute: Das jederzeit spannende Spiel erlebte einen weiteren Höhepunkt, als erneut Rahn zu einem Solo startete, kein Österreicher ihn aufhalten konnte und er dann aus 25 Metern einen krachenden Schuß an die Unterkante der Latte setzte. Im Gegenzug setzte sich Buzek gegen Stollenwerk durch und schickte Horak mit einem Paß in den freien Raum, der keine Mühe hatte, den Ball direkt an Tilkowski vorbei zum Ausgleich ins Tor zu befördern. 45. Minute: Obwohl die Österreicher im Feld gleichwertig waren, konnten sie doch mit dem Unentschieden hoch zufrieden sein, weil die deutsche Mannschaft die wesentlich besseren Torgelegenheiten hatte.

52. Minute: Auch nach dem Seitenwechsel blieb das Spiel spannend. Ein Schuß von Oslansky strich nur knapp am Pfosten von Tilkowski vorbei. Der hervorragend harmonierende rechte Flügel Rahn, Haller und Uwe Seeler hatte sich im Gegenzug erneut durchgespielt und der Essener Rechtsaußen geschossen. Engelmeier war wieder Retter in letzter Not. 56. Minute: Wieder war es der rechte deutsche Flügel, der einen Angriff einleitete und abschloß. Engelmeier stand jedoch goldrichtig. 60. Minute: Noch einmal prüfte Rahn Engelmeier, der den Ball erst im Nachfassen halten konnte. Mitten in diese deutsche Drangperiode erzielten die Österreicher den Führungstreffer. Der quicklebendige Buzek setzte nach Doppelpaß mit Hof seinen Halbrechten Knoll mustergültig ein, der aus 12 Meter Entfernung sicher verwandelte. Trotz dieses Rückstandes bestimmte die deutsche Mannschaft weiter das Spiel.

73. Minute: Torhüter Engelmeier wurde immer mehr zum Held der Österreicher, als er mit einer tollen Flugparade einen Schmidt-Schuß zunichte machte. 80. Minute: Die Österreicher zogen sich jetzt völlig zurück und versuchten, den Vorsprung über die Zeit zu retten.

89. Minute: In letzter Minute wurde die deutsche Mannschaft doch noch für ihr überlegen geführtes Spiel belohnt. Eine hohe Flanke von Eckel nahm der Essener Rechtsaußen direkt aus der Luft und knallte den Ball unhaltbar ein. Wieder einmal war Rahn der Spielgewinner. Nach der starken zweiten Halbzeit hätte die deutsche Mannschaft sogar einen Sieg verdient gehabt.

❖

Vorbericht zum 259. Länderspiel: Für das Bulgarien-Spiel hatte Herberger einige Sorgen. Szymaniak war mit einem Beinbruch außer Gefecht gesetzt, und Rot-Weiß Essen wollte Rahn wegen einer seit längerem geplanten Spanien-Reise nicht freigeben. Vorsorglich berief Herberger für einen Kurzlehrgang am 17.12.1958 mit 23 Spielern ein großes Aufgebot.

Tor: Sawitzki (VfB Stuttg.), Tilkowski (Westf. Herne), Groh (Vikt. Aschaffenb.)
Verteidiger: Stollenwerk (1.FC Köln), Zastrau (RWE), Schnellinger (1.FC Köln), Schultheis (Offenb. Kickers)
Läufer: Eckel (1.FC Kaisersl.), Kördel (Schalke 04), Erhardt (SpVgg Fürth), Pyka (Westf. Herne), Benthaus (Westf. Herne)
Stürmer: Rahn (RWE), Waldner (VfB Stuttg.), Koslowski (Schalke 04), Haller (BC Augsb.), Schmitt (VfR Mannheim), Morlock (1.FC Nürnberg), Uwe Seeler (HSV), Schröder (Werder Bremen), Schmidt (BVB), Geiger (VfB Stuttg.), Schäfer (1.FC Köln)

Sensationell tauchten mit Morlock und Schröder 2 Altstars in dem Aufgebot auf. Mit Groh, Schultheis, Pyka, Koslowski und Schmitt gehörten aber auch 5 Neulinge dazu, die noch nie zu einem Aufgebot gehört hatten. Das endgültige Aufgebot sah dann jedoch noch anders aus.:

Tor: Tilkowski, Sawitzki
Verteidigerr: Stollenwerk, Schnellinger, Zastrau
Läufer: A.Schmidt, Erhardt, Benthaus, Kördel, Pyka
Stürmer: Waldner, Haller, Uwe Seeler, Geiger, Rahn, Klöckner, Biesinger und nachnominiert Morlock und Mai für den verhinderten Aki Schmidt.

Echte Neulinge waren also Pyka (Westfalia Herne) und Klöckner (Schwarz-Weiß Essen). Außerdem waren Zastrau und Kördel noch ohne Länderspiel. Alle wurden A-Nationalspieler.

21.12.1958 in Augsburg
BR Deutschland - Bulgarien 3:0 (1:0)

SR: Seipelt (Österreich), Zuschauer: 60.000
BRD: Sawitzki -5 (VfB Stuttg.); Stollenwerk -18, Schnellinger -5 (beide 1.FC Köln); Mai -19 (Bayern München), Erhardt -27 (SpVgg Fürth), Benthaus -1 (Westf. Herne); Waldner -13, Geiger -3 (beide VfB Stuttg.), Uwe Seeler -13 (HSV), Haller -4 (BC Augsburg), ab 46. Morlock -25 (1.FC Nürnberg), Rahn -32 (RWE). Mannschaftskapitän: Rahn

Bulgarien: Partschanov; Rakarov, J.Dimitrov; Dr.Boschkov, Manalov, Kowatschev; Diev, G.Dimitrov, Panajotov, Kolev, Janev (ab 76. Debarski)

Tore: 1:0 Uwe Seeler (44.), 2:0 Waldner (51.), 3:0 Uwe Seeler (74.)

Beste Spieler: Uwe Seeler, Stollenwerk - Sawitzki, Diev, Rakarov

Bericht: Überraschend begannen die Bulgaren sehr stark. Bereits in der 1. Minute mußte Mai einen gefährlichen Angriff stoppen.

6. Minute: Der erste deutsche Angriff wurde von Mittelstürmer Manalov gestoppt. Zwei Minuten später eine gefährliche Situation für Sawitzki, als Diev Schnellinger überlief. Erhardt konnte in letzter Sekunde retten.

10. Minute: Zum erstenmal große Gefahr für das bulgarische Tor, als Haller den Ball für Rahn liegen ließ und der Essener Rechtsaußen nur knapp am Pfosten vorbeischoß. 14. Minute: Das Spielgeschehen wechselte weiter. Diev überlief erneut Schnellinger, legte sich aber den Ball zu weit vor. 21. Minute: Nach einem gelungenen Doppelpaß zwischen Geiger und Rahn wurde der Essener gefoult. Der Freistoß brachte jedoch nichts ein.

30. Minute: Nach einer halben Stunde die ersten Pfiffe der Zuschauer für das komplizierte und unkonzentrierte Spiel des deutschen Angriffs. Drei Minuten später kam endlich Stimmung auf. Ein herrlicher Waldner-Schuß zischte nur knapp am Tor vorbei. Noch in der gleichen Minute knallte Uwe Seeler einen Ball an die Latte. 36. Minute: Erst im Nachfassen konnte Sawitzki einen Schuß von Dimitrov halten. Die deutsche Mannschaft stürmte jetzt unentwegt und setzte die Bulgaren ständig unter Druck. Nach einem Eckball wurde das Spiel in der 43. Minute erneut durch ein Foul an Rahn unterbrochen. Den Freistoß wehrte Torhüter Partschanov zur Ecke ab. Der Eckball brachte dann endlich das lang ersehnte 1:0, als Uwe Seeler knallhart und zielsicher ins Tor traf. Zur Halbzeit hatte sich die deutsche Elf doch noch die Führung erkämpft.

50. Minute: Auch nach dem Seitenwechsel stürmte die deutsche Mannschaft weiter. Nach herrlicher Flanke von Rahn war es soweit. Morlock, der für Haller eingewechselt worden war, köpfte maßgerecht vor Waldners Füße, der im Fallen das 2:0 für die deutsche Mannschaft erzielte. 53. Minute: Schnellinger, der allergrößte Schwierigkeiten mit Diev hatte, beschwor immer wieder große Gefahr für die deutsche Mannschaft herauf. Die bulgarische Mannschaft drängte jetzt, und die deutsche Abwehr hatte Schwerstarbeit zu leisten.

74. Minute: Ein toller Alleingang von Uwe Seeler, der sich den Ball im Mittelfeld erkämpfte, bedeutete die Entscheidung. Selbst durch ein Foul von Dimitrov ließ sich der Hamburger nicht aufhalten und schoß aus 18 Meter Entfernung hoch oben in die äußerste Ecke. Ein herrliches Tor, das 3:0 für die deutsche Elf.

83. Minute: Noch einmal Gefahr für das deutsche Tor, aber Sawitzki konnte einen Freistoß von Rakarov im Nachfassen halten. Die letzte bulgarische Chance vergab Diev 3 Minuten später, dessen Schuß knapp über das deutsche Tor flog.

❖

Vorbericht zum 260. Länderspiel: Zum Abschluß des Jahres stand eine „exotische" Länderspielreise nach Ägypten mit einem offiziellen Länderspiel und einem Auswahlspiel auf dem Programm. Hierfür wählte Herberger ein 16-köpfiges Aufgebot aus, das insgesamt aber nur einer B-Elf entsprach, weil viele Stars verständlicherweise über die Weihnachtsfeiertage lieber bei der Familie bleiben wollten. Es war also eine Chance für die Nachwuchskräfte.

Tor: Tilkowski, Ewert
Verteidiger: Zastrau, Schnellinger, Giesemann
Läufer: Mai, Pyka, Benthaus, Kördel
Stürmer: Rahn, Morlock, Biesinger, Haller, Klöckner, Ringel, Faeder

28.12.1959 in Kairo
Ägypten - BR Deutschland 2:1 (1:1)

SR: Lo Bello (Italien), Zuschauer: 30.000
Ägypten: Abdel Gelil; Jaken, El Dali; Fanagili, Alla, Kupf; Rafat, El Dizwi, Aleh Selim, Hamdia, Zaid (ab 46. Salem)

BRD: Tilkowski -5 (Westf. Herne); Zastrau -1 (RW Essen), Schnellinger -6 (1.FC Köln); Mai -20 (Bayern München), ab 46. Kördel -1 (Schalke 04), Pyka -1, Benthaus -2 (beide Westf. Herne); Rahn -33 (RW Essen), Morlock -26 (1.FC Nürnberg), Biesinger -7 (BC Augsburg), ab 62. Ringel -1 (Bor. Neunkirchen), Faeder -1 (Hertha BSC), Klöckner -1 (SW Essen). Mannschaftskapitän: Rahn

Tore: 1:0 Alla (26. Foulelfmeter), 1:1 Morlock (36.), 2:1 Aleh Selim (50.)

Beste Spieler: Abdel Gelil, Alla, Aleh Selim - Faeder, Tilkowski, Rahn, Pyka

Bericht: Die deutsche Mannschaft wurde in Kairo mit viel Beifall begrüßt. Dann aber begann das Spiel, und die deutsche Elf hatte mit den widrigen Umständen zu kämpfen, einem heißen Sommer am Ende des Jahres.

4. Minute: Dennoch begann das Spiel ganz gut mit einer Torchance für die deutsche Mannschaft, doch Biesinger, zu unkonzentriert, konnte den Freistoß von Mai nicht verwandeln.

12. Minute: Rahn führte die erste Ecke für Deutschland aus. Er hob den Ball in den Strafraum zu Feader, dessen Schuß jedoch über die Latte flog. 15. Minute: Trotz einiger guter Angriffe der deutschen Mannschaft waren die Ägypter klar stärker. Als hätten die deutschen Spieler Blei in den Schuhen, war jeder einzelne langsamer als sein Gegenspieler. Nur Rahn schien das Wetter überhaupt nichts auszumachen. Aus 30 Meter Entfernung kam einer seiner gefürchteten Schüsse, den Ägyptens Torhüter gerade noch halten konnte. 18. Minute: Auffallendster Spieler neben Rahn war in dieser Phase der erste Berliner Nationalspieler nach dem Kriege, Helmut Faeder, der mit seiner Technik brillierte. 24. Minute: Die bis dahin größte Chance für die deutsche Mannschaft, als sich Morlock und Biesinger durchdribbelten, aber Morlock dann zu lange mit dem Torschuß zögerte. Ein schöner Schuß von Faeder strich im nächsten Angriff nur knapp über die Latte. 26. Minute: Als Pyka und Schnellinger den Halbrechten El Dizwi zu hart angingen, pfiff Schiedsrichter Lo Bello Elfmeter. Alla ließ sich die Chance nicht entgehen.

36. Minute: Dann ein Freistoß, den Mai zu Rahn spielte und dieser zog geschickt zwei, drei Gegenspieler auf sich. Mustergültig spielte der Essener Rechtsaußen dann den Ball zu Morlock, der halbhoch und unhaltbar zum Ausgleich einschießen konnte. 38. Minute: Als Rahn wieder einmal nur durch Foulspiel gebremst werden konnte, schoß er den Freistoß selbst mit großer Wucht nur knapp am Torkreuz vorbei. Zwei Minuten später noch einmal großes Pech für die deutsche Mannschaft, als Morlock einen Biesinger Paß an den Pfosten donnerte.

50. Minute: Zastraus neuer Gegenspieler Salem ließ den Essener stehen, flankte schulmäßig und Tilkowski konnte gerade noch mit der Faust abwehren. Der Ball kam jedoch genau dem ägyptischen Mittelstürmer vor die Füße, und der ließ Tilkowski mit einem scharfen Schuß aus 14 Meter Entfernung keine Chance.

65. Minute: Erst nach 20 Minuten der zweiten Halbzeit kam die deutsche Mannschaft wieder vor das Tor der Ägypter. Rahns

schöner Schuß konnte jedoch vom ägyptischen Torhüter mit einer Glanzparade abgewehrt werden. Ein Rahn-Freistoß in der folgenden Minute machte dem ägyptischen Torhüter große Probleme, denn, obwohl er den Ball bekam, wäre er fast mit ihm hinter die Linie gefallen. 67. Minute: Großes Glück für die deutsche Mannschaft, als Benthaus den Ball vertendelte und plötzlich zwei Ägypter allein vor Tilkowski auftauchten. Sie spielten den deutschen Torhüter traumhaft aus, aber statt ins leere Tor zu schieben, wurde der Ball über die Latte geschossen. 71. Minute: Durch Initiative von Faeder gab es endlich wieder eine gelungene deutsche Kombination, die der Berliner mit einem Schuß aus vollem Lauf abschloß.

82. Minute: Die letzte große Ausgleichschance für die deutsche Mannschaft, als sich erneut der Berliner Faeder hervorragend durchspielte, und knallhart auf das Tor schoß. Der ägyptische Torhüter konnte nur abklatschen, genau vor die Füße von Klöckner, der diese Riesenchance jedoch überhastet vergab. Schade, die deutsche Mannschaft hatte aufgrund ihrer kämpferischen Leistung ein Unentschieden verdient gehabt. So blieb es jedoch beim 2:1-Sieg für die Ägypter.

Nach der Niederlage konnte sich die deutsche Mannschaft erstmal 3 Tage an das Klima gewöhnen und dann lief es auch wesentlich besser. Die Ägypter wußten schon, warum sie zuerst das offizielle Länderspiel wollten.

1.1.1959 in Kairo

Ägyptische Auswahl - Deutsche Auswahl 1:2 (1:1)
SR: Mohammed Helmi (Ägypten), Zuschauer: 18.000
Ägyptische Auswahl: Schaman; Jaken, Tarek; Samir Kupt, Schakhaby, Said Kupt; El Gohari, Hamdi, Fanagili, Scharschar, Zaid
Deutsche Auswahl: Tilkowski; Zastrau, Giesemann; Mai, Pyka, Benthaus; Rahn, Morlock, Biesinger, Ringel (ab 24. Faeder), Klöckner
Tore: 0:1 Ringel (10.), 1:1 Fanagili (18.), 1:2 Morlock (78.)

❖

Vorbericht zum 261. Länderspiel: Der erste Höhepunkt des Jahres war das regionale Auswahlspiel Nord gegen Süd, wo Bundestrainer Sepp Herberger wieder viele seiner Kandidaten beobachten konnte.

12.4.1959 in Hannover

Nord - Süd 1:2 (1:1)
SR: Treichel (Berlin), Zuschauer: 65.000
Nord: Krämer (Hannover 96); Lang (Bremerhaven 93), ab 62. Piechowiak (HSV), Giesemann (VfL Wolfsburg); Werner, Meinke, Dieter Seeler (alle HSV); Schütz, Schröder (beide Werder Bremen), Uwe Seeler, ab 36. Krug, Stürmer (alle HSV), Bornemann (Holstein Kiel)
Süd: Sawitzki (VfB Stuttg.); Gehling (Schweinfurt 05), Höfer (Eintr. Frankf.), ab 46. Seibold (VfB Stuttg.); Mai (Bayern München), Erhardt (SpVgg Fürth), ab 67. Höfer, Weilbächer (Eintr. Frankf.); Weise, Geiger (beide VfB Stuttg.), Biesinger (BC Augsburg), Haller (BC Augsburg), ab 46. Praxl (VfB Stuttg.), Auernhammer (1860 München)
Tore: 0:1 Weise (24.), 1:1 Schütz (43.), 1:2 Weise (73.)

Erst spät im Jahr stand das erste Länderspiel 1959 an. Mit Schottland war es zugleich ein äußerst schwerer Gegner in Glasgow. Als Vorbereitung berief der Bundestrainer 22 Spieler vom 27.4. bis zum 1.5.59 in die Sportschule Wedau.

Tor: Sawitzki, Tilkowski, Herkenrath, Ewert
Verteidiger: Stollenwerk, Schnellinger, Juskowiak, Giesemann
Läufer: W.Schulz, Erhardt, Szymaniak, Pyka, Benthaus, Parzl
Stürmer: Rahn, Geiger, Haller, Stein, Uwe Seeler, Aki Schmidt, Klöckner, Höher

Neben Giesemann, der schon die Ägypten-Reise mitgemacht, aber noch kein Länderspiel hatte, waren 5 Neulinge im Aufgebot: Ewert (1.FC Köln), Willi Schulz (Union Günnigfeld), Parzl (TSV Straubing), Stein (Spvgg. Griesheim 02) und Höher (Bayer Leverkusen). Bis auf Ewert alles Amateur-Nationalspieler, die Herberger gerne mit Berufungen in die A-Elf belohnen wollte. Ewert, Stein und Willi Schulz sollten auch noch Nationalspieler werden, wovon Schulz sogar einer der Großen des deutschen Fußballs wurde. Noch war es jedoch zu früh für ihn. Im Aufgebot für das Schottland-Spiel fanden nur Ewert, Höher und Giesemann Berücksichtigung. Die beiden letzteren auch nur, weil Haller und Stollenwerk fehlten.

Tor: Sawitzki, Ewert
Verteidiger: Juskowiak, Schnellinger, Giesemann
Läufer: Benthaus, Erhardt, Szymaniak, Pyka
Stürmer: Rahn, Geiger, Uwe Seeler, Aki Schmidt, Hans Schäfer, Höher

Bundestrainer Sepp Herberger ging kein Risiko ein, sondern schickte im Hampton Park in Glasgow seine beste Elf auf das Feld.

6.5.1959 in Glasgow
Schottland - BR Deutschland 3:2 (3:2)

SR: Ellis (England), Zuschauer: 104.000
Schottland: Farm; McKay, Caldow; Mackay, Evans, McCann; Leggat, White, St.John, Collins, Weir
BRD: Sawitzki -6 (VfB Stuttg.); Juskowiak -27 (Fort. Düsseld.), Schnellinger -7 (1.FC Köln); Benthaus -3 (Westf. Herne), Erhardt -28 (SpVgg Fürth), Szymaniak -19 (Wuppertaler SV); Rahn -34 (RWE), Geiger -4 (VfB Stuttg.), Uwe Seeler -14 (HSV), A.Schmidt -13 (BVB), Schäfer -34 (1.FC Köln). Mannschaftskapitän: Rahn
Tore: 1:0 White (1.), 2:0 Weir (7.), 2:1 Uwe Seeler (14.), 3:1 Leggat (23.), 3:2 Juskowiak (37. Handelfmeter)
Beste Spieler: Leggat, Mackay, Mc Kay - Uwe Seeler, Juskowiak, Erhardt, Rahn

Bericht: Das mit Spannung erwartete Duell gegen Schottland begann im Hampton Park hochdramatisch. Als Aki Schmidt einen Ball falsch berechnete, war es schon in der 1. Minute passiert. White legte sich den Ball mit dem Kopf vor, lief noch ein paar Schritte und schlug Sawitzki dann mit einem flachen Schuß zum 1:0. 5. Minute: Zum erstenmal überhaupt kam die deutsche Mannschaft bei dem ständigen schottischen Druck vor das Tor von Farm. Uwe Seeler hatte jedoch mit seinem Schuß kein Glück. Die deutsche Mannschaft schien sich gerade zu fangen, da war es schon wieder passiert. Sawitzki unterlief eine Flanke, und Weir war zur Stelle, um ohne Schwierigkeiten das 2:0 zu erzielen.

14. Minute: Was sich bereits anbahnte, wurde Wirklichkeit. Von der Mittellinie aus startete Uwe Seeler zu einem Alleingang, spielte seinen Gegenspieler Evans den Ball durch die Beine und ließ sich auch durch Caldow nicht den Ball abnehmen. Er hatte sogar noch die Nerven, die Reaktion des herausstürzenden Farm abzuwarten, um dann kaltblütig mit einem Flachschuß das 2:1 zu erzielen. Eine tolle Einzelleistung und der verdiente Anschlußtreffer.

23. Minute: Minutenlang kam die deutsche Mannschaft überhaupt nicht mehr über die Mittellinie. Die Schotten wollten unbedingt den dritten Treffer erzielen. Als Erhardt einen Eckball falsch berechnete und mit dem Kopf nicht mehr herankam, war es erneut passiert. Leggat lief in den Ball hinein und köpfte ihn unhaltbar an Torhüter Sawitzki vorbei. Wieder lag die deutsche Mannschaft mit 2 Toren hinten. 37. Minute: Inzwischen hatte sich die deutsche Elf wieder etwas erholt und konnte ihrerseits gefährliche Angriffe starten. Vor allem Rahn war es, der mit seinen Alleingängen immer wieder für Unruhe sorgte. Auch diesmal war er von den Schotten nicht zu bremsen, und als der Essener mit einem raffinierten Heber auch noch Caldow im Strafraum ausspielen wollte, nahm dieser die Hand zur Hilfe, um ein sicheres Tor zu verhindern. Schiedsrichter Ellis zeigte sofort auf den Elfmeterpunkt und gegen den knallharten Schuß von Juskowiak hatte auch der schottische Torhüter keine Chance.

45. Minute: Zur Halbzeit sah es für die deutsche Mannschaft mit 2:3 gar nicht einmal so schlecht aus. Die Führung der Schotten war zweifellos verdient, aber noch war nichts verloren.

46. Minute: Auch die zweiten 45 Minuten begannen dramatisch. St.John, der Neuling auf der Mittelstürmerposition, knallte den Ball an den Pfosten. Sawitzki hätte hier keine Chance gehabt.

64. Minute: Nach einer Stunde hatte sich die deutsche Mannschaft endlich etwas freigespielt und nun eröffnete sich ihr die größte Chance des ganzen Spiels. Wieder war es Rahn, der sowohl Caldow als auch den herbeieilenden Evans stehen ließ und mustergültig zu Schäfer flankte. Zwei Meter vor dem Tor wußte der Kölner offensichtlich nicht, ob er den Ball mit der Brust, dem Fuß oder dem Kopf im Tor unterbringen sollte und vergab leider kläglich diese traumhafte Torgelegenheit.

80. Minute: Die Schotten waren nach der guten Chance von Schäfer gewarnt und ließen bis 10 Minuten vor Schluß keine gute Torgelegenheit für die deutsche Mannschaft mehr zu. Erst jetzt kam wieder einer der gefürchteten Rahn-Schüsse auf das schottische Tor, aber Farm konnte den Ball halten.

89. Minute: In den letzten 10 Minuten noch einmal stürmische Angriffe der deutschen Mannschaft, und Aki Schmidt hatte auf Vorlage von Uwe Seeler sogar noch die Ausgleichschance. Leider verschoß er. Insgesamt hatten die Schotten aber verdient mit 3:2 gewonnen.

❖

Vorbericht zum 262. Länderspiel: Eines der leidigen Länderspiele während der Endrunde um die Deutsche Meisterschaft war jenes gegen Polen. Die Spieler aus Köln, Herne und Hamburg standen deshalb nicht zur Verfügung. Und als Herberger schließlich auch noch Klodt statt Rahn nominierte, war dem Spiel für die Zuschauer fast der ganze Reiz genommen.

Tor: Sawitzki, Herkenrath

Verteidiger: Mauritz, Juskowiak, Giesemann

Läufer: Mai, Erhardt, Szymaniak, Jäger

Stürmer: Klodt, Waldner, Morlock, Geiger, Stein, Haller, A.Schmidt, Klöckner

Acht Jahre nachdem er schon im Aufgebot gestanden hatte, war Mauritz wieder dabei und spielte. Giesemann (Bayern München) war erneut im Aufgebot, aber kam noch nicht zu seinem ersten Länderspiel. Der andere Neuling, Amateurnationalspieler Erwin Stein, war erstmals im Aufgebot und wurde auch später eingewechselt. Um diesen Mittelstürmer und Torjäger sollten schon bald die Gerüchte kursieren. An der Klasse Steins gab es keine Zweifel. Fast alle Oberligavereine waren hinter ihm her. Aber Herberger forderte von Stein weiterhin den Amateurstatus, weil er mit dem Griesheimer die Olympiaqualifikation schaffen wollte. Wenige Monate nach diesem Länderspiel unterschrieb Erwin Stein jedoch einen Vertrag bei Eintracht Frankfurt. Er wurde einer der ganz großen Mittelstürmer dieser Jahre, gelangte mit Eintracht Frankfurt in das berühmte Europacup-Finale (3:7 gegen Real Madrid) und hätte mit Sicherheit in die Nationalelf gehört. Vor Herberger fand er jedoch keine Gnade mehr.

20.5.1959 in Hamburg

BR Deutschland - Polen 1:1 (0:1)

SR: Campos (Portugal), Zuschauer: 61.000
BRD: Sawitzki -7 (VfB Stuttg.); Mauritz -1, Juskowiak -28 (beide Fortuna Düsseldorf); Mai -21 (Bayern München), Erhardt -29 (SpVgg Fürth), Szymaniak -20 (Wuppertaler SV); B.Klodt -19 (Schalke 04), ab 63. Stein -1 (Griesheim), Geiger -5 (VfB Stuttg.), Haller -5 (BC Augsburg), A.Schmidt -14 (BVB), Klöckner -2 (SW Essen). Mannschaftskapitän: Erhardt

Polen: Szykowiak; Florenski (ab 38. Korynt), Wozniak; Strzykalski, Szczepanski, Zientara; Pohl, Brychczy, Hachorek, Liberda, Baszkiewicz

Tore: 0:1 Baszkiewicz (30.), 1:1 Stein (81.)
Beste Spieler: Juskowiak, Szymaniak, Stein - Zientara, Liberda, Brychczy

Bericht: Die deutsche Mannschaft war haushoher Favorit gegen das drittklassige Polen, sollte sich aber schon bald wundern.
6. Minute: Erst jetzt die erste Torgelegenheit für die deutsche Mannschaft, als Haller maßgerecht zu Geiger flankte und der knapp über das Tor köpfte.

30. Minute: Nach einem Freistoß schickte Liberda seinen Linksaußen Baszkiewicz, der lockte Sawitzki aus seinem Tor und schob den Ball mühelos zum 0:1 ins Netz. Und 1 Minute später hatte die deutsche Mannschaft durch katastrophale Abwehrfehler erneut Glück. Nur weil die Polen so schlecht schossen, konnten weitere Gegentreffer verhindert werden. Und schließlich hatten die Polen sogar noch großes Pech, als ihr Rechtsaußen Pohl in der 34. Minute einen Ball an den Pfosten setzte.

45. Minute: Mit einem gellenden Pfeifkonzert wurde die deutsche Mannschaft in die Kabinen geschickt.

53. Minute: Gefährliche Situation vor dem deutschen Tor. Erst beim Nachfassen außerhalb des Strafraums konnte Sawitzki den Ball halten. Polens Freistoß landete in der deutschen Mauer. Die Pfiffe im Volksparkstadion wurden immer lauter. Nichts, aber auch gar nichts lief an diesem Tag in der deutschen Mannschaft zusammen. Der Ruf von den Zuschauern nach Uwe Seeler wurde immer wieder unterbrochen von Rufen nach Erwin Stein.

63. Minute: Als sich Berni Klodt bei einem Kopfballduell verletzte, schlug die Stunde des Griesheimer Amateurs. Gleich die erste Aktion von Stein ließ die Zuschauer wieder hoffen. Aus spitzem Winkel donnerte er den Ball auf das polnische Tor, wo Szykowiak gerade noch zur Ecke lenken konnte. Erneut war es 3 Minuten später Erwin Stein mit einem tollen Schuß, der nur zur Ecke geklärt werden konnte. 75. Minute: Hervorragende Leistung durch Sawitzki, als er dem durchgebrochenen Hachorek den Ball vom Fuß nahm. Das war die große Chance für die Polen zum 2:0. 81. Minute: Seit Erwin Stein im Spiel war, gab es endlich so etwas wie ein Sturmspiel. Der Mittelstürmer der Amateur-Nationalmannschaft faßte sich ein Herz, und sein Verzweifelungsschuß landete im polnischen Tor. Szykowiak war durch Geiger so irritiert, daß er den Ball falsch berechnete.

89. Minute: Erhardt rettete in letzter Minute, als der polnische Halbrechte Mai aussteigen ließ und allein auf Torhüter Sawitzki zulief. Nach einem der schwächsten Länderspiele in der Geschichte der deutschen Nationalmannschaft hatte es noch ein glückliches Unentschieden gegeben.

❖

Bilanz 1959/60
7 Spiele: 4 Siege, 1 Unentschieden, 2 Niederlangen, 19:8 Tore
Zuschauer: 453.500
In 7 Spielen wurden 24 Spieler eingesetzt, davon waren 8 Spieler Neulinge

Die Spieler der Saison:

Herbert Erhardt	7	Spiele
Albert Brülls	7	"
Helmut Rahn	6	"
Uwe Seeler	6	"
Alfred Schmidt	6	"
Georg Stollenwerk	5	"
Horst Szymaniak	5	"
Gerhard Siedl	4	"
Helmut Benthaus	4	"
Hans Tilkowski	4	"
Erich Juskowiak	3	"
Karl-Heinz Schnellinger	3	"
Heinz Vollmar	3	"
Willi Schulz	3	"
Helmut Haller	3	"
Leo Wilden	2	"
Jürgen Schütz	2	"
Günter Sawitzki	2	"
Fritz Ewert	1	Spiel
Hans Sundermann	1	"
Willi Giesemann	1	"
Ferdinand Wenauer	1	"
Ingo Porges	1	"
Bernhard Steffen	1	"

Tore der Saison:

Uwe Seeler	7	Tore
Albert Brülls	3	"
Alfred Schmidt	3	"
Helmut Rahn	2	"
Erich Juskowiak	1	Tor
Heinz Vollmar	1	"
Gerhard Siedl	1	"
Helmut Haller	1	"

Mannschaftsführer war:

Herbert Erhardt 7 mal

1 Elfmeter für Deutschland,
verwandelt durch Juskowiak (gegen die Schweiz)

1 Elfmeter gegen Deutschland,
verwandelt durch Tichy (Ungarn)

Rangliste der besten Nationalspieler des Jahres:
1. Helmut „Boß" Rahn (1.FC Köln)
2. Karl-Heinz Schnellinger (1.FC Köln)
3. Horst Szymaniak (Karlsruher SC)
4. Uwe Seeler (Hamburger SV)
5. Alfred „Aki" Schmidt (Borussia Dortmund)
6. Helmut Haller (BC Augsburg)
7. Herbert Erhardt (SpVgg Fürth)
   Gerhard Siedl (Bayern München)
   Albert Brülls (Bor. Mönchengladbach)

1959/60

Vorbericht zum 263. Länderspiel: Als Eintracht Frankfurt und Kickers Offenbach sich für das Endspiel um die Deutsche Meisterschaft qualifiziert hatten, spielte eine Deutsche und Belgische Auswahl zum 50-jährigen Bestehen des Luxemburgischen Fußballverbandes in Luxemburg gegeneinander. Die Luxemburger waren leicht verstimmt darüber, daß der D.F.B. nur eine dritte Garnitur schickte. Aber in diesem Spiel begann der Stern von Albert Brülls zu leuchten, der wie Kurbjuhn, Willi Schulz und Wenauer bald Nationalspieler werden sollte.

13.6.1959 in Luxemburg
  Belgische Auswahl - Deutsche Auswahl 3:1 (0:0)
  SR: Blidgen (Luxemburg), Zuschauer: 2.500
  Belgische Auswahl: Smolders; Bogaerts, Goris; Sulone, Raskin, Janssens; Grote, Mallants, Ritzen, Lambert, Leenders
  Deutsche Auswahl: Kunter (Eintr. Wetzlar); Kurbjuhn (SV Buxdehude), Rausch (MSV); W.Schulz (Union Günnigfeld), Wenauer (1.FC Nürnberg), Kleinböhl (Opel Rüsselsheim); Höher (Bayer Leverkusen), Brülls (Bor. Möchengladb.), Stein (Griesheim 02), A.Schmidt (BVB), Klöckner (SW Essen)
  Tore: 1:0 Ritzen (54.), 2:0 Mallants (71.), 3:0 Leenders (72.), 3:1 Stein (74.)

Für das erste Saisonländerspiel in Bern gegen die Schweiz berief Bundestrainer Sepp Herberger sein vorläufiges A- und B-Aufgebot zu einem Lehrgang vom 28.9.-3.10.59 nach Schöneck bei Karlsruhe.
  Tor: Sawitzki (VfB Stuttg.), Tilkowski (Westf. Herne), Ewert (1.FC Köln)
  Verteidiger: Stollenwerk (1.FC Köln), Lutz (Eintr. Frankf.), Olk (Arm. Hannover), Juskowiak (Fort. Düsseld.), Schnellinger (1.FC Köln), Kurbjuhn (TSV Buxtehude)
  Läufer: Benthaus (Westf. Herne), Aki Schmidt (BVB), Stinka (Eintr. Frankf.), W.Schulz (Union Grünnigfeld), Erhardt (SpVgg Fürth), Pyka (Westf. Herne), Wenauer (1.FC Nürnberg), Neumann (1.FC Kaisersl.), Szymaniak (Karlsruher SC), Giesemann (Bayern München)
  Stürmer: Rahn (1.FC Köln), Kraus (Kickers Offenb.), Meier (1.FC Schwandorf), Brülls (Bor. Mönchengladb.), Lindner (Eintr. Frankf.), Uwe Seeler (HSV), Strehl (1.FC Nürnberg), Siedl (Bayern München), Pfaff (Eintr. Frankf.), Herrmann (Karlsruher SC), G.Dörfel (HSV), Albrecht (1.FC Nürnberg)
  Mit Lutz, Olk, Kurbjuhn, W.Schulz, Wenauer, Giesemann, Brülls, Strehl, G.Herrmann und G.Dörfel standen gleich 10 Spieler ohne Länderspiel (davon alle außer Giesemann und Schulz auch Neulinge) im Aufgebot, die noch Nationalspieler werden sollten. Unter Berücksichtigung, daß fast alle erfolgreiche Nationalspieler wurden, war dieses eines der besten Aufgebote von Neulingen, die es je im deutschen Fußball gegeben hatte. Nur Stinka, Meier, Lindner und Albrecht wurden aus diesem Aufgebot nie A-Nationalspieler.
  Das endgültige Aufgebot für das Schweiz-Spiel lautete:
  Tor: Tilkowski, Sawitzki
  Verteidiger: Stollenwerk, Juskowiak, Schnellinger
  Läufer: Benthaus, Erhardt, Szymaniak, A.Schmidt
  Stürmer: Rahn, Brülls, Uwe Seeler, Siedl, Vollmar, Berti Kraus

4.10.1959 in Bern

Schweiz - BR Deutschland 0:4 (0:1)

SR: Seipelt (Österreich), Zuschauer: 50.000
Schweiz: Elsener; Grobety, Leuenberger (ab. 43. Weber); Walker, Fesselet, Schneiter; Ballamann, Burger, Hügi, Meier, Allemann

BRD: Tilkowski -6 (Westf. Herne); Stollenwerk -19 (1.FC Köln), Juskowiak -29 (Fort. Düsseld.); Benthaus -4 (Westf. Herne), Erhardt -30 (SpVgg Fürth), Szymaniak -21 (Karlsruher SC); Rahn -35 (1.FC Köln), Uwe Seeler -15 (HSV), ab 76. A.Schmidt -15 (BVB), Brülls -1 (Bor. Mönchengladb.), Siedl -3 (Bayern München), Vollmar -8 (1.FC Saarbrücken). Mannschaftskapitän: Erhardt
Tore: 0:1 Vollmar (5.), 0:2 Brülls (73.), 0:3 Rahn (73.), 0:4 Juskowiak (74. Foulelfmeter.
Beste Spieler: Schneiter, Burger, Grobety - Szymaniak, Brülls, Benthaus, Stollenwerk

Bericht: Die deutsche Mannschaft kehrte an die Stätte ihres größten Triumphes, das Berner Wankdorfstadion, zurück. Als wären die Spieler von dem Geist der damaligen Mannschaft beseelt, spielten sie groß auf.

4. Minute: Nach einem Foul an Rahn schoß der Essener selbst diesen Freistoß, der knallhart wie ein Strich auf das Schweizer Tor kam und von Elsener gerade noch zur Ecke abgewehrt werden konnte. 5. Minute: Die Schweizer hatten sich von diesem Schock noch nicht erholt, da war es auch schon passiert. Nach einem Mißverständnis in der Abwehr stand plötzlich Vollmar ganz frei vor Torhüter Elsener und schob den Ball überlegt vorbei in die lange Ecke, 1:0 für die deutsche Mannschaft. 7. Minute: Der erste gefährliche Angriff der Schweizer, über Allemann, wurde von Stollenwerk an der Strafraumgrenze souverän gestoppt.

30. Minute: Die Schweizer konnten 2 Freistöße, kurz hintereinander verschuldet durch Erhardt, nicht nutzen. 38. Minute: Nach einem herrlichen Paßspiel der deutschen Mannschaft auf kürzestem Raum schoß Benthaus. Der Ball flog knapp am Tor vorbei. 40. Minute: Gefährliche Situation für Tilkowski, als er Meiers Flanke verpaßte. Doch er hatte Glück, Juskowiak stand richtig und wehrte ab.

50. Minute: Die deutsche Mannschaft hatte zur Halbzeit gewechselt, jetzt spielte Brülls Halbrechts und Uwe Seeler Mittelstürmer. Schon lief das Spiel wesentlich zügiger. Der Gladbacher wurde jetzt nicht mehr so eng markiert und nutzte sofort die erste Torgelegenheit mit einem tollen Aufsetzer, gegen den Elsener machtlos war. 54. Minute: Das Sturmspiel der deutschen Mannschaft wurde jetzt immer schneller und direkter. Erneut war es Brülls, der einen seiner gefürchteten Schüsse abfeuerte, der genau am Pfosten landete.

70. Minute: Die größte Chance der Schweizer vergab Linksaußen Allemann, als Tilkowski an seinen Schuß nicht herankam, aber Benthaus mit dem Kopf rettete. 73. Minute: Ein Traumpaß von Szymaniak in den freien Raum brachte Vollmar in ideale Schußposition. Der Saarländer schoß aus vollem Lauf, Torwart Elsener konnte nur abwehren und Rahn war zur Stelle, um unhaltbar ins Netz zu schießen. 74. Minute: Die deutsche Mannschaft spielte jetzt wie entfesselt. Bereits eine Minute nach dem 3:0 schien der vierte Treffer unvermeidbar, als Grobety Uwe Seeler im Strafraum foulte. Den fälligen Elfmeter verwandelte Juskowiak sicher zum 4:0.

90. Minute: Auch nach dem vierten Treffer blieb die deutsche Mannschaft klar überlegen, hatte noch einige gute Torgelegenheiten, die jedoch nicht genutzt wurden. Doch auch so wurde es mit 4:0 Toren ein großer Erfolg.

❖

Vorbericht zum 264. Länderspiel: Nach dem großen Sieg in der Schweiz war auch die internationale Presse voll des Lobes über die deutsche Mannschaft und nun war man auf das Spiel gegen Holland gespannt. Den Holländern wurde der damals beste Sturm Europas nachgesagt. Am gleichen Tag, als die deutsche Elf in Bern 4:0 gewann, besiegten die Holländer das starke Belgien in Rotterdam mit 9:1 (!) Toren. Das war Warnung genug für die deutsche Mannschaft, die Herberger in der gleichen Besetzung spielen lassen wollte wie gegen die Schweiz. Das vorläufige Aufgebot:

Tor: Tilkowski (Herne), Sawitzki (VfB Stuttg.), Ewert (Köln)

Verteidiger: Stollenwerk (Köln), Juskowiak (Düsseldorf), Schnellinger (Köln), Giesemann (Bayern München)

Läufer: Benthaus (Herne), Erhardt (Fürth), Szymaniak (Karlsruhe), W.Schulz (Union Günnigfeld), Pyka (Herne), Wenauer (Nürnberg)

Stürmer: Rahn (Köln), Brülls (Mönchengladb.), Uwe Seeler (Hamburg), G.Herrmann (Karlsruhe), Vollmar (Saarbrücken), Kraus (Offenbach), A.Schmidt (Dortmund), Siedl (Bayern München)

Mit Ewert, Giesemann, Schulz, Wenauer und Günther Herrmann waren 5 Spieler ohne Länderspiel. Im endgültigen Aufgebot waren alle außer Wenauer. Hinzu kam Christian Müller. Der Kölner Torjäger wurde im Gegensatz zu allen anderen jedoch nie Nationalspieler.

Tor: Tilkowski, Ewert
Verteidiger: Stollenwerk, Juskowiak, Schnellinger, Giesemann
Läufer: Benthaus, Erhardt, Szymaniak, W.Schulz, A.Schmidt
Stürmer: Rahn, Brülls, Uwe Seeler, Siedl, Vollmar, Chr.Müller, G.Herrmann

Als einziger Neuling kam der Kölner Ewert zum Einsatz. Überraschend ließ Herberger auch nicht den Sturm von Bern spielen, sondern stellte Aki Schmidt für Vollmar neu in den Angriff.

21.10.1959 in Köln

BR Deutschland - Holland 7:0 (2:0)

SR: Galba (CSR), Zuschauer: 62.000

BRD: Ewert -1; Stollenwert -20 (beide 1.FC Köln), Juskowiak -30 (Fort. Düsseld.); Benthaus -5 (Westf. Herne), Erhardt -31 (Spvgg. Fürth), Szymaniak -22 (Karlsruher SC); Rahn -36 (1.FC Köln), A.Schmidt -16 (BVB), Uwe Seeler -16 (HSV), Brülls -2 (Bor. Mönchengladb.), Siedl -4 (Bayern München). Mannschaftskapitän: Erhardt

Holland: Graafland; Kraay (ab 58. Brull), Kuys; Notermans, van der Hart, Klaassens; van der Kuil, Wilkes, van der Linden, van Wissen, Bouwmeester

Tore: 1:0 Brülls (15.), 2:0 A.Schmidt (31.), 3:0 Seeler (56.), 4:0 Seeler (65.), 5:0 A.Schmidt (79.), 6:0 Seeler (87.), 7:0 Siedll (90.)

Beste Spieler: Rahn, Szymaniak, Uwe Seeler, A.Schmidt, Juskowiak, Erhardt - keiner

Bericht: Ganz Europa blickte nach Köln, wo sich die beiden erfolgreichen Nationalmannschaften von Deutschland und Holland trafen. Und das Spiel begann sogleich nach den Vorstellungen der Zuschauer mit spannenden Torraumszenen in den ersten Minuten.

1. Minute: Nach schöner Kombination zwischen Seeler, Brülls, Szymaniak, wieder Brülls und Siedl, der schließlich einen wunderschönen Schuß auf das holländische Gehäuse losließ, war bereits Stimmung im Stadion. Noch in der gleichen Minute vergaben Benthaus und Brülls in günstiger Postition. 8. Minute: Nur in letzter Sekunde konnte Notermans durch einen Hechtsprung mit dem Kopf zur Ecke abwehren, als ein typischer Rahn-Schuß auf das holländische Tor kam.

11. Minute: Zum erstenmal mußte Ewert eingreifen, der reaktionsschnell einen gefährlichen Flachschuß von Wilkes zunichte machte. Glanzparade von Torhüter Graafland nach einem knallharten Schuß von Uwe Seeler auf der Gegenseite. 13. Minute: Wieder hatten die Holländer Glück, als Rahn zwei Gegenspieler überlief und schoß. Graafland konnte den Ball nur an die Querlatte lenken. Dann aber hatte Graafland keine Chance. Ähnlich wie beim Spiel gegen die Schweiz, landete der Aufsetzter von Brülls unhaltbar im Netz. 1:0 für die deutsche Mannschaft, bereits jetzt hochverdient. Die Holländer antworteten mit wütenden Angriffen und zweimal mußte Erhardt in letzter Sekunde vor Wilkes retten. 19. Minute: Noch einmal eine gute Torchance für die Holländer, aber van der Linden erreichte den Ball von Wilkes nicht mehr.

56. Minute: Seit den WM-Tagen in der Schweiz hatte man die deutsche Mannschaft nicht mehr so großartig spielen sehen. Die Holländer bekamen den Ball kaum noch aus dem Strafraum heraus, und bei einem dieser abgewehrten Bälle behielt Uwe Seeler die Nerven, hob den Ball mit dem linke Fuß, ähnlich wie zuvor Aki Schmidt, über die Köpfe der Spieler hinweg in die obere Torecke. Was für ein Spiel, was für ein Tor! 57. Minute: Wieder einmal konnte Rahn nur durch ein Foul gebremst werden. Den Freistoß von Schmidt verlängerte Uwe Seeler zu Brülls, der gab weiter zu Siedl und erst in letzter Sekunde konnte Kraay retten. Bei einem der wenigen holländischen Gegenstöße, 3 Minuten später, war Erhardt Retter in letzter Not.

65. Minute: Nachdem Graafland mit Fußabwehr kurz vor Uwe Seeler geklärt hatte, nahm Rahn den Ball aus 25 Meter Entfernung volley, schmetterte ihn halbhoch auf das holländische Tor, wo sich Uwe Seeler in den Schuß warf und zum 4:0 vollendete. 66. Minute: Siedl umspielte drei Holländer und paßte sehr schön zu Brülls, dessen Schuß gerade noch zur Ecke abgewehrt werden konnte.

70. Minute: Nach schöner Flanke von Uwe Seeler ließ sich Siedl die Chance nicht entgehen, aber Schiedsrichter Galba hatte Abseits gepfiffen. 79. Minute: Nach einem Eckball von Szymaniak und zu kurzer Abwehr von Brülls war Aki Schmidt zur Stelle und schoß zum 5:0 ein. Teilweise wußten sich die Holländer nur noch durch Fouls zu retten. Vor allem Uwe Seeler wurde von van der Hart immer wieder unfair genommen.

87. Minute: Die deutsche Mannschaft war jetzt nicht mehr aufzuhalten. Der schlechte Abschlag Graaflands wurde von Uwe Seeler gestoppt und knallhart zum 6:0 ins Netz gesetzt.

90. Minute: Als Brülls eine Flanke von Aki Schmidt verpaßte, schlug es zum 7. Mal bei den Holländern ein. Aus halblinker Position vollendete Siedl mit einem schönen Schuß in die lange Ecke. Die deutsche Mannschaft feierte einen Riesenerfolg, der auch in dieser Höhe verdient war.

❖

Vorbericht zum 265. Länderspiel: Wer diese deutsche Mannschaft in Köln gesehen hatte, konnte nur bedauern, daß Deutschland nicht am Europacup der Länder teilgenommen hatte. Damals brauchte Sepp Herbergers Mannschaft keinen Gegner in der Welt zu fürchten. Aber nun wurden die Gegner noch stärker. Kein Krimi-Autor hätte das Geschehen in Europa in diesen Wochen besser inszenieren können. Zuerst trafen mit Holland und der BR Deutschland zwei große Sieger aufeinander, und nun war Ungarn der nächste Gegner. Die Ungarn wiederum hatten gegen die Schweiz mit 8:0 gewonnen. Die beiden schußstärksten Nationen der Welt trafen in diesen Monaten in Budapest aufeinander.

Herbergers vorläufiges Aufgebot enthielt 4 Spieler ohne Länderspiel: Groh (Vitk. Aschaffenburg), Rausch (MSV), Wenauer (1.FC Nürnberg) und Chr.Müller (1.FC Köln).
Tor: Tilkowski, Sawitzki, Ewert, Groh
Verteidiger: Stollenwerk, Juskowiak, Schnellinger, Rausch
Läufer: Benthaus, Erhardt, Szymaniak, Pyka, Wenauer
Stürmer: Rahn, A.Schmidt, Uwe Seeler, Brülls, Siedl, Vollmar, Chr.Müller, Berti Kraus
Nach Budapest flogen schließlich:
Tor: Tilkowski, Sawitzki
Verteidiger: Stollenwerk, Juskowiak, Schnellinger
Läufer: Benthaus, Erhardt, Szymaniak, A.Schmidt
Stürmer: Rahn, Brülls, Uwe Seeler, Chr.Müller, Siedl, Vollmar
Einziger Spieler ohne Länderspiel war erneut Christian Müller. Obwohl der Kölner bis in die ersten Bundesligajahre hinein einer der erfolgreichsten Torjäger Deutschlands war, wurde er nie Nationalspieler, weil in Herbergers Mannschaft mit Uwe Seeler ein noch besserer stand.

8.11.1959 in Budapest
Ungarn - BR Deutschland 4:3 (1:0)
SR: Sar (UdSSR), Zuschauer: 90.000
Ungarn: Grosics; Matrai, Sarosi; Bundzsak, Sipos, Kotasz; Sandor, Göröcs (ab 70. Bozsik), Albert, Tichy, Szimcsak
BRD: Tilkowski -7 (Westf. Herne); Stollenwerk -21 (1.FC Köln), Juskowiak -31 (Fort. Düsseld.); Benthaus -6 (Westf. Herne), Erhardt -32 (SpVgg Fürth), Szymaniak -23 (Karlsruher SC); Rahn -37 (1.FC Köln), A.Schmidt -17 (BVB), Uwe Seeler -17 (HSV), Brülls -3 (Bor. Mönchengladb.), Siedl -5 (Bayern München). Mannschaftskapitän: Erhardt
Tore: 1:0 Tichy (13.), 2:0 Albert (47.), 3:0 Sandor (48.), 3:1 Seeler (72.), 4:1 Tichy (80. Foulelfmeter), 4:2 Seeler (82.), 4:3 Brülls (89.)
Beste Spieler: Tichy, Albert, Bundzsack, Göröcs - Siedl, Uwe Seeler, Aki Schmidt

Bericht: Binnen weniger Wochen waren beide Mannschaften zur absoluten Spitze in Europa aufgestiegen. Das mit großer Spannung erwartete Spiel hielt auch bereits in den ersten Minuten, was es versprochen hatte.

3. Minute: Schon gleich zu Anfang spannende Szenen vor dem deutschen Tor, doch nach Tichys Solo hielt Tilkowski den Ball. Sekunden später schoß Bundzsak knapp am Tor vorbei. Beim Gegenangriff rettete Grosics durch rechtzeitiges Herauslaufen gegen Brülls.

10. Minute: Ein schneller Konter der Ungarn hätte fast die Führung bedeutet. Zum Glück rollte der Schuß von Sandor am deutschen Tor vorbei. Zwei Minuten später erneut ein Abwehrfehler, diesmal von Stollenwerk. Hans Tilkowski kam jedoch rechtzeitig aus seinem Kasten heraus und konnte klären. 13. Minute: Die deutsche Abwehr war seltsamerweise nervös und fand einfach nicht zu ihrem Spiel. Die Quittung folgte sofort. Nach hervorragendem Kombinationsspiel zwischen Sandor, Göröcs, Albert und Tichy, schoß der ungarische Halblinke aus 3 Meter Entfernung unhaltbar für Tilkowski ein. Die Ungarn gingen verdient mit 1:0 in Führung.

Zur Halbzeit war die deutsche Mannschaft mit 1:0 noch gut bedient.

47. Minute: Die deutsche Mannschaft war offensichtlich noch gar nicht richtig wieder beim Spiel, da hieß es 2:0 für Ungarn. Albert ließ Benthaus, Stollenwerk und auch Erhardt stehen und schoß aus spitzem Winkel unhaltbar zum 2:0 ein. 48. Minute: Gleich beim nächsten ungarischen Angriff war es wieder passiert. Sandor ließ Juskowiak stehen und schoß aus vollem Lauf zum 3:0 für Ungarn ein. Bisher hatte man von dem Glanz der deutschen Mannschaft wie in der Schweiz und vor allem gegen Holland nichts gesehen. 56. Minute: Ein gefährlicher Schuß von Tichy strich nur knapp am deutschen Tor vorbei. Dann konnte sich der wieselflinke Sandor erneut auf Rechtsaußen durchsetzen, zur Mitte flanken, wo Tichy den Ball gefühlvoll mit dem Kopf über Erhardt hinweg zu Göröcs lenkte, der kraftvoll aufs deutsche Tor köpfte. Erst im Nachfassen konnte Tilkowski die Situation bereinigen.

72. Minute: Endlich konnte sich Rahn wieder einmal auf Rechtsaußen durchsetzen, flankte zur Mitte, wo Uwe Seeler bereitstand, um mit einem knallharten Schuß Grosics zu überwinden. Mit 1:3 sah das Ergebnis wenigstens etwas besser aus. 77. Minute: Viel Glück für Erhardt nach einem Foul an Sandor, daß ihn der russische Schiedsrichter nicht vom Platz stellte. Inzwischen hatte der Fürther nämlich mehrfach ungarische Stürmer unfair behandelt. 80. Minute: Als Juskowiak von Sandor ausgespielt wurde, zog dieser im Strafraum die Notbremse. Den fälligen und verdienten Elfmeter verwandelte Tichy sicher zum 4:1. 82. Minute: Im Gegenzug endlich wieder ein satter Schuß von Brülls, den Torhüter Grosics gerade noch zur Ecke abwehren konnte. Die Ecke von Siedl kam maßgerecht auf den Kopf von Uwe Seeler und es hieß nur noch 4:2.

89. Minute: Leider kam das deutsche Sturmspiel zu spät ins Rollen. Zum Abschluß gelang Brülls auf Vorlage von Uwe Seeler sogar noch das 4:3. Mehr war nicht drin, aber mehr hatte die deutsche Mannschaft auch nicht verdient.

❖

Vorbericht zum 266. Länderspiel: Nach der Niederlage in Budapest war die deutsche Mannschaft wieder auf dem Teppich. Vor allem die Art und Weise, wie die Ungarn das Spiel beherrschten, machte deutlich, daß in der Abwehr etwas geschehen mußte.

Vor dem nächsten Länderspiel bot ein regionales Auswahlspiel wieder die Möglichkeit, sich für die Nationalelf zu empfehlen.

18.11.1959 in Saarbrücken
Südwest - Süd 2:5 (1:1)
Südwest: Kubsch (FK Pirmasens); Emser (Bor. Neunkirchen), ab 46. Rohe, Roos (FK Pirmasens), Rohe (1.FC Saarbrücken), ab 46. Eckel (1.FC Kaisersl.), Lauck (Bor. Neunkirchen), Kasperski (1.FC Kaisersl.); Schroer (FK Pirmasens), Kraft (1.FC Kaisersl.), Seebach, Kapitulski (beide FK Pirmasens), May (Eintr. Trier), ab 46. Dächelt (Phönix Ludwigshafen)
Süd: Groh (Vikt. Aschaffenb.); Giesemann (Bayern München), Höfer (Eintr. Frankf.); Ruppenstein (Karlsruher SC), Lutz (Eintr. Frankf.), Szymaniak; Reitgaßl (beide Karlsruher SC), Waldner (VfB Stuttgart), Stein (Eintr. Frankf.), ab 46. Horn (Bayern Hof), Siedl (Bayern München), Auernhammer (1860 München), ab 70. Stein
Tore: 1:0 Schroer (27.), 1:1 Roos (31. Eigentor), 1:2 Horn (47.), 2:2 Schroer (66.), 2:3 Siedl (69.), 2:4, 2:5 Waldner (81., 90.)

Anfang Dezember gab Sepp Herberger sein vorläufiges Aufgebot für das Spiel gegen Jugoslawien bekannt. Mit Dieter Seeler (HSV), dem Bruder von Uwe, sowie Horn (Bayern Hof) und Rühl (Viktoria Köln) standen drei Neulinge im Aufgebot.
Tor: Sawitzki, Ewert, Groh
Verteidiger: Stollenwerk, Schnellinger, Olk
Läufer: W.Schulz, D.Seeler, Szymaniak, Erhardt, Wenauer
Stürmer: Rahn, A.Schmidt, Uwe Seeler, Brülls, Siedl, Vollmar, Rühl, G.Herrmann, Horn
Aus dem vorläufigen Aufgebot wurden schließlich Groh, D.Seeler, Horn und G.Herrmann gestrichen. Überraschend waren Benthaus und Juskowiak nicht dabei, so daß Willi Schulz sein 1. Länderspiel absolvierte, womit seine große Karriere begann.

20.12.1959 in Hannover
BR Deutschland - Jugoslawien 1:1 (0:1)

SR: *Martens (Holland), Zuschauer: 83.000*
BRD: Sawitzki -8 (VfB Stuttg.); Stollenwerk -22, Schnellinger -8 (beide 1.FC Köln); W.Schulz -1 (Union Günnigfeld), Erhardt -33 (SpVgg Fürth), Szymaniak -24 (Karlsruher SC); Rahn -38 (1.FC Köln), A.Schmidt -18 (BVB), Uwe Seeler -18 (HSV), Brülls -4 (Bor. Mönchengladb.), ab 6. Vollmar -9 (1.FC Saarbrücken), Siedl -6 (Bayern München). Mannschaftskapitän: Erhardt
Jugoslawien: Soskic; Durkovic, Jusufi; Miladinovic, Crnkovic (ab 46. Zanetic), Perusic; Lipusinovic, Sekularac, Mujic, Zebec, Pasic
Tore: 0:1 Mujic (5.), 1:1 A.Schmidt (72.)
Beste Spieler: Schnellinger, A.Schmidt, Szymaniak, Rahn - Soskic, Durkovic, Zebec
Bericht: Nach Ungarn war ein weiterer Rivale von 1954 und 1958 Gegner der deutschen Mannschaft. Von Anfang an war es ein hochdramatisches Spiel.
5. Minute: Als die deutsche Mannschaft eine Ecke nicht wegbekam, war Mujic zur Stelle und knallte den Ball unhaltbar für Sawitzki zum 1:0 ins Netz. Eine Minute später ein herber Verlust für die deutsche Mannschaft, als Brülls nach einem Zusammenprall mit Sekularac einen Wadenbeinbruch erlitt und ausscheiden mußte. Für ihn kam Vollmar ins Spiel.
10. Minute: Zebec ließ Stollenwerk stehen, flankte zu Pasic, der knallhart auf das Tor zielte. Sawitzki wehrte glänzend ab. Dann hatte sich die deutsche Mannschaft gefunden und kam immer besser ins Spiel. 17. Minute: Nach mehreren guten Torgelegenheiten wurde Uwe Seeler an der Strafraumgrenze gefoult. Den herrlichen Freistoß von Rahn konnte Torhüter Soskic halten. 20. Minute: Wieder eine Torchance für die deutsche Elf. Nach schöner Kombination von Vollmar, Siedl und Aki Schmidt mußte sich Soskic bei einem herrlichen Fallrückzieher von Uwe Seeler strecken.
40. Minute: Rahn und Seeler schossen aus allen Lagen, aber in Soskic hatten die Jugoslawen einen Klassetorhüter, der selbst unhaltbar scheinende Bälle noch aus dem Tor holte. 41. Minute: Pfostenschuß von Siedl, aber vorher war bereits Abseits gepfiffen. Mit viel Glück hatten die Jugoslawen bis zur Halbzeit ihr 1:0 verteidigt. Sie hatten es nur ihrem guten Torhüter Soskic zu verdanken, daß sie immer noch führten.
61. Minute: Nach einem gewagten Zweikampf mußte Erhardt verletzt ausscheiden. Die deutsche Mannschaft spielte mit 10 Mann weiter. 63. Minute: Offensichtlich wurden die deutschen Stürmer langsam nervös, denn Rahn, Schmidt und Siedl wollten jetzt so genau zielen, daß sie jedesmal knapp das Tor verfehlten. In der 67. Minute kam Erhardt humpelnd wieder ins Spiel zurück.
72. Minute: Nach der wohl 10. vergebenen Torchance wurde die deutsche Mannschaft doch noch belohnt. Uwe Seeler donnerte den Ball an den Pfosten und den zurückprallenden Ball konnte Schmidt überlegt ins Tor schießen.
90. Minute: Nach dem Ausgleich ließ auch die deutsche Mannschaft etwas nach. Der 70-minütige Sturmlauf und die vielen Fouls der Jugoslawen hatten enorme Kraft gekostet. So endete das Spiel mit 1:1 sehr glücklich für die Jugoslawen.

❖

Vorbericht zum 267. Länderspiel: Ein Vorbereitungslehrgang in Duisburg-Wedau, ab 17.2.1960, sollte Herberger Aufschluß darüber geben wie die Nationalspieler über den Winter gekommen waren und welche der Neuen, die sich in den Oberligen in den Vordergrund gespielt hatten, bereits reif für internationale Aufgaben waren.
Torhüter: Ewert (1.FC Köln), Tilkowski (Westf. Herne), Sawitzki (VfB Stuttg.)
Verteidiger: Stollenwerk, Schnellinger (beide 1.FC Köln), Rausch (Meidericher SV)
Läufer: Pyka (Westf. Herne), Biegel (SV Waldhof), Benthaus (Westf. Herne), Sundermann (Rot-Weiß Oberhausen), Erhardt (Spvgg. Fürth), Wenauer (1.FC Nürnb.), Szymaniak (Karlsruher SC), Schulz (Union Günnigfeld), Kleinböhl (Kickers Offenb.)
Stürmer: Jesner (Duisburger SV), Rahn (1.FC Köln), Schmidt (BVB), Geiger (VfB Stuttg.), Uwe Seeler (HSV), Schütz, Konietzka (beide BVB), Brülls (Bor. Mönchengladb.), Hornig (RWE), Klöckner (Schwarz-Weiß Essen)
Mit Rausch, Biegel, Sundermann, Wenauer, Kleinböhl, Jesner, Schütz, Konietzka und Hornig gab es eine Reihe neuer Gesichter ohne internationale Erfahrung. Rausch, Biegel, Kleinböhl und Jesner schafften von diesen neun nicht den großen Sprung.
Das erste Länderspiel des Jahres 1960 wurde gegen den Veranstalter der nächsten Weltmeisterschaft ausgetragen. Zum Vorbereitungslehrgang am 18.3.1960 lud Bundestrainer Sepp Herberger 20 Spieler nach Karlsruhe-Schöneck ein.
Tor: Tilkowski, Sawitzki, Ewert
Verteidiger: Stollenwerk, Schnellinger
Läufer: Szymaniak, Erhardt, W.Schulz, Wenauer, Benthaus, Wilden, Sundermann
Stürmer: Rahn, Haller, Uwe Seeler, Brülls, Geiger, A.Schmidt, Schütz, Hornig

Mit Wilden (1.FC Köln), Sundermann (RW Oberhausen), Schütz (BVB) und Hornig (RWE) tauchten 4 Neulinge auf. Alle sollten noch Nationalspieler werden. Bevor Sepp Herberger sein endgültiges Aufgebot für das Chile-Spiel bekanntgab, wollte er die beiden regionalen Auswahlspiele abwarten.

19.3.1960 in Frankfurt
Süd - West 0:2 (0:1)
SR: Ommerborn (Saarbrücken), Zuschauer: 45.000
Süd: Groh (Vikt. Aschaffenb.); Erhardt (SpVgg Fürth), Giesemann; Siedl (beide Bayern München), Wenauer (1.FC Nürnberg), Szymaniak, ab 46. Ruppenstein (beide Karlsruher SC); Kraus (Kickers Offenb.), Haller (BC Augsb.), Kölbl (1860 München), Geiger, ab 46. Waldner (beide VfB Stuttg.), Auernhammer (1860 München)
West: Tilkowski; Pyka (beide Westf. Herne), Schnellinger (1.FC Köln); Schulz (Union Gönnigfeld), Wilden (1.FC Köln), Benthaus (Westf. Herne); Rahn (1.FC Köln), Schütz (BVB), ab 46. Brülls, ab 83. Konietzka (BVB), Chr.Müller (1.FC Köln), A.Schmidt (BVB), Brülls (Bor. Mönchengladb.), ab 46. Jesner (Duisburger SV)
Tore: 0:1 A.Schmidt (10.), 0:2 Rahn (61.)

19.3.1960 in Ludwigshafen
Südwest - Nord 0:0
SR: Jakobi (Mannheim), Zuschauer: 16.000
Südwest: Kubsch (FK Pirmasens), ab 46. Butscheidt (Eintr. Trier); Roos (FK Pirmasens), K.Schmidt (1.FC Kaisersl.); Clemens, Paproth (beide Saar 05), Rohe (1.FC Saarbrücken); May (Eintr. Trier), ab 46. Schroer, Martin (1.FC Saarbrücken), Schroer, ab 46. Seebach, Kapitulski (alle FK Pirmasens)
Nord: Schnoor (HSV); Porges (St. Pauli), Kurbjuhn (SV Buxtehude); Werner (HSV), Schütz (Werder Bremen), D.Seeler (HSV); Osterhoff (St. Pauli), Schimeczek, Hänel, Schröder (alle Werder Bremen), G.Dörfel (HSV)

Nach den Auswahlspielen benannte Sepp Herberger sein endgültiges Aufgebot:
Tor: Tilkowski, Ewert
Verteidiger: Stollenwerk, Schnellinger
Läufer: Benthaus, W.Schulz, Erhardt, Wilden, Szymaniak, Sundermann
Stürmer: Rahn, Haller, Schütz, Uwe Seeler, A.Schmidt, Brülls, Hornig

23.3.1960 in Stuttgart
BR Deutschland - Chile 2:1 (0:1)

SR: Dienst (Schweiz), Zuschauer: 72.500
BRD: Tilkowski -8 (Westf. Herne); Stollenwerk -23, Schnellinger -9 (beide 1.FC Köln), Benthaus -7 (Westf. Herne), Erhardt -34 (Spvgg. Fürth), ab 40. Wilden -1 (1.FC Köln), Sundermann -1 (RW Oberhausen); Rahn -39 (1.FC Köln), Haller -6 (BC Augsb.), Uwe Seeler -19 (HSV), A.Schmidt -19 (BVB), ab 70. Schütz -1 (BVB), Brülls -5 (Bor. Mönchengladb.). Mannschaftskapitän: Erhardt
Chile: Coloma; Eyzaguirre, Navarro; Luco, Raul Sanchez, Rodriguez; Moreno, Fouilloux, Juan Soto (ab 85. Tobar), Leonel Sanchez (ab 83. Mario Soto), Musso
Tore: 0:1 Juan Soto (25.), 1:1 Haller (72.), 2:1 Seeler (75.)
Beste Spieler: Schnellinger, Rahn, Haller - Fouilloux, Eyzaguirre, Luco
Bericht: Nachdem die Franzosen mit 6:0 gegen Chile gewonnen hatten, wurde natürlich auch viel von der deutschen Mannschaft in Stuttgart erwartet. Doch inzwischen hatten sich die Südamerikaner besser akklimatisiert und begannen auch furios.
25. Minute: Nach einem Freistoß von Luco war es passiert. Juan Soto kam freistehend zum Kopfball, der unter die Latte einschlug. Tilkowski konnte den Ball erst hinter der Linie abwehren.

63. Minute: Immer wieder wurde die deutsche Mannschaft mit der südamerikanischen Art Fußball zu spielen, konfrontiert. Absichtliches Handspiel und Fouls gehörten offensichtlich dazu. Oft wurden dadurch gute Torgelegenheiten zunichte gemacht. 72. Minute: Ein herrliches Solo von Haller brachte der deutschen Mannschaft den längst verdienten Ausgleich. Sein wunderschön angeschnittener Schuß senkte sich über Torhüter Coloma hinweg in den äußersten Winkel. 75. Minute: Auf Vorlage von Brülls war Uwe Seeler völlig frei. Der Hamburger Mittelstürmer lief noch einige Schritte und schoß dann wuchtig zum 2:1 ein.
84. Minute: Noch einmal großes Glück für die Chilenen, als Uwe Seeler eine Haller-Flanke mit dem Kopf zu Rahn verlängerte, der den Ball von der Brust abtropfen ließ und sofort schoß. Leider zischte der Ball knapp neben den Pfosten.
90. Minute: Trotz einigem Leerlauf und vielen vergebenen Chancen gewann die deutsche Mannschaft hochverdient mit 2:1 gegen Chile.

❖

Vorbericht zum 268. Länderspiel: Mit Wilden und Schütz hatte Herberger 2 neue Stützen für die Nationalmannschaft gefunden. Für das nächste Länderspiel gegen Portugal verzichtete er auf weitere Experimente. Nur Amateur-Nationalspieler Otto Rehagel (Tus Helene Altenessen) war Neuling. A-Nationalspieler wurde Rehagel nie, aber in den 80er Jahren einer der großen Trainer
Tor: Tilkowski (Herne), Ewert (1.FC Köln), Sawitzki (VfB Stuttg.)
Verteidigung: Stollenwerk, Schnellinger (beide 1.FC Köln), Juskowiak (Fortuna), Rehagel (Helene Essen)
Läufer: Sundermann (Oberhausen), Benthaus (Herne), Wilden (1.FC Köln), Erhardt (Fürth), Szymaniak (KSC), W.Schulz (Günnigfeld)
Stürmer: Rahn (1.FC Köln), Kraus (Offenbach), Vollmar (1.FC Saarbr.), Schütz, Schmidt (beide BVB), Seeler (HSV), Haller (BC Augsb.), Geiger (VfB Stuttg.), Brülls (Mönchengladb.), Klöckner (Schwarz-Weiß Essen), Hornig (RWE)

Um weitere Talente ausprobieren zu können, ließ Herberger einen Tag vor dem Länderspel eine D.F.B.-Auswahl gegen eine süddeutsche Auswahl antreten. Dazu wurden folgende Spieler eingeladen:
D.F.B.-Auswahl:
Tor: Ewert (1.FC Köln), Sawitzki (VfB Stuttg.), Kunter (Eintr. Wetzlar)
Verteidiger: Rehagel (TuS Helene Essen), Olk (Arm. Hannover), Regh (Stotzheim)
Läufer: Werner (HSV), Tams (Flensburg), Karnhof (Schalke 04), Schütz (Werder Bremen), Biegel (Waldhof), W.Schulz (Union Günnigfeld), Sundermann (RW Oberhausen), Benthaus (Westfalia Herne)
Stürmer: Vollmar (1.FC Saarbrücken), Steffen (Fortuna Düsseldorf), Thielen, Ripkens (1.FC Köln), A.Schmidt (BVB), Schulz (Tasmania), Chr.Müller (1.FC Köln), Heiser (Hannover 96), Konietzka (BVB), Küppers (SW Essen), Schmitt (KSC), Klöckner (SW Essen)
Süddeutsche Auswahl:
Tor: Eglin (Stuttg. Kickers), Groh (Aschaffenburg)
Verteidiger: Derbfuß, Hilpert (1.FC Nürnberg), Höfig (Waldhof), Seibold (VfB Stuttg.)
Läufer: Ruppenstein (KSC), Eckel (1.FC Kaisersl.), Wenauer (1.FC Nürnberg), Gettinger (SpVgg Fürth)
Stürmer: Reitgaßl, Schmitt, T.Herrmann (KSC), Himmelmann (Gießen), Strehl (1.FC Nürnberg), Stein (Eintracht Frankfurt), Geiger (VfB Stuttg.), Horn (Bayern Hof), May (Trier)
Das endgültige Aufgebot für das Länderspiel gegen Portugal enthielt keine Überraschungen.
Tor: Tilkowski, Sawitzki
Verteidiger: Stollenwerk, Schnellinger, Erhardt

Läufer: W.Schulz, Benthaus, Wilden, Szymaniak
Stürmer: Rahn, Schütz, Uwe Seeler, Haller, Brülls, Klöckner

Das Spiel der Auswahlmannschaften
26.4.1960 in Karlsruhe
Südauswahl - D.F.B.-Auswahl 3:2 (1:1)
SR: Tschenscher (Mannheim), Zuschauer: 9.000
Südauswahl: Eglin (Stuttg. Kickers), ab 46. Groh (Aschaffenb.); Derbfuß, Hilpert (beide 1.FC Nürnberg); Ruppenstein (KSC), Wenauer (1.FC Nürnberg), Gettinger (SpVgg Fürth); Reitgaßl, Herrmann (beide KSC), ab 46. Sattler (Reutlingen), Strehl (1.FC Nürnberg), Schmitt (VfR Mannheim), Dulz (SSV Reutlingen)
D.F.B.-Auswahl: Ewert (1.FC Köln); Rehagel (TuS Helene Essen), ab 46. Giesemann (Bayern München), Regh (Stotzheim); Eckel (1.FC Kaisersl.), Schütz (Werder Bremen), Porges (FC St. Pauli); Rühl (Viktoria Köln), ab 46. May (Eintr. Trier), Ripkens (1.FC Köln), ab 46. Himmelmann (VfB Gießen), Horn (Bayern Hof), Konietzka (BVB), Schmidt (Horst Emscher)
Tore: 1:0 Schmidt (25.), 1:1, 1:2 Konietzka (28., 62.), 2:2, 3:2 Dulz (71., 80.)

27.4.1960 in Ludwigshafen
BR Deutschland - Portugal 2:1 (2:0)

SR: Howley (England), Zuschauer: 45.000
BRD: Tilkowski -9 (Westf. Herne); Erhardt -35 (Spvgg. Fürth), Schnellinger -10 (1.FC Köln); W.Schulz -2 (Union Günnigfeld), Wilden -2 (1.FC Köln), Szymaniak -25 (Wuppertaler SV); Rahn -40 (1.FC Köln), Schütz -2 (BVB), Uwe Seeler -20 (HSV), Haller -7 (BC Augsburg), Brülls -6 (Bor. Mönchengladb.). Mannschaftskapitän: Erhardt
Portugal: Acursio; Virgilio, Angelo; Mendes, Lucio, Julio; José Augusto, Matateu (ab 71. Hernani), Aguas, Coluna, Cavem
Tore: 1:0 Seeler (35.), 2:0 Rahn (61.), 2:1 Cavem (70.)
Beste Spieler: Rahn, Schnellinger, Uwe Seeler, Szymaniak - Acursio, Cavem, Aguas
Bericht: Gegen die Portugiesen erprobte Herberger eine neue Variante. Er nahm den jungen Kölner Mittelläufer Wilden ins Spiel und dafür spielte Erhardt Verteidiger, zusammen mit Schnellinger.
5. Minute: Die erste gute Torgelegenheit für die deutsche Mannschaft vergab Brülls, der nervös mit dem linken Fuß über den Ball schlug. 8. Minute: Glück für die deutsche Mannschaft, als ein gewaltiger Schuß von Cavem nur knapp über das deutsche Tor fegte. 10. Minute: Eine Glanzparade von Acursio verhinderte ein Tor für die deutsche Mannschaft nach schönem Schuß vom erfolgreichsten Torjäger dieser Saison, dem Dortmunder Schütz. 15. Minute: Nach einer Ecke zwei gute Torchancen für Seeler und Brülls. Beide Schüsse wurden von portugiesischen Verteidigern vor der Linie abgewehrt.
35. Minute: Endlich wurde die deutsche Mannschaft für ihr offensives, schnelles Spiel belohnt. Haller hatte Schütz wunderbar in die Gasse geschickt, der Dortmunder den Torhüter ausgespielt und noch im Fallen auf das Tor geschossen. Der Ball rollte gegen den Pfosten, aber Uwe Seeler war zur Stelle und stieß den Ball über die Linie. 37. Minute: Als der ansonsten gute portugiesische Torhüter eine Rahn-Flanke verpaßte, landete Uwe Seeler mit einem mächtigen Hechtsprung im Tor. Den Ball hatte er leider nur um Zentimeter verfehlt. 40. Minute: Nun hatte auch die deutsche Mannschaft Glück, als Schnellinger einen Kopfball von Coluna auf der Linie mit der Brust stoppte.
48. Minute: Nach der Halbzeit ging es bei der deutschen Mannschaft offensiv weiter. Acursio hielt einen Seeler-Schuß erst im Nachfassen.
58. Minute: Gleich zweimal hintereinander mußte Tilkowski nach einem Schuß von Matateu und Cavem durch Glanzparaden die Führung retten. 61. Minute: Das Spiel der deutschen Mannschaft wurde von Minute zu Minute besser. Als Rahn zwei Gegenspieler mühelos passierte, war es geschehen. Aus 16 Meter Entfernung kam Torhüter Acursio zwar an seinen knallharten Schuß, konnte ihn jedoch nur noch ins eigene Tor lenken. Die deutsche Mannschaft führte verdient mit 2:0. 70. Minute: Als der gefährliche Cavem erneut von seinem Gegenspieler Erhardt sträflich freigelassen wurde, gelang dem Portugiesen der Anschlußtreffer. Gegen den scharfen flachen Schuß hatte Tilkowski keine Chance.
90. Minute: In der letzten Viertelstunde kamen die Portugiesen bedrohlich auf, versuchten alles, um noch den Ausgleich zu erzielen. Jetzt stand die deutsche Abwehr sehr gut. Die einzige Torchance war ein Kopfballaufsetzer von Rechtsaußen Augusto, der knapp am Pfosten vorbeisprang. Insgesamt hatte die deutsche Mannschaft verdient mit 2:1 gewonnen.

❖

Vorbericht zum 269. Länderspiel: Kurz vor Beginn der Endrunde um die Deutsche Meisterschaft wurde das letzte Saisonländerspiel gegen Irland ausgetragen. Sepp Herberger verzichtete deshalb auf die Spieler des HSV, 1.FC Köln, Westfalia Herne und dem Karlsruher SC. Dafür erhielten einige Neulinge eine Chance.
Tor: Sawitzki, Herkenrath
Verteidiger: Giesemann, Erhardt, Olk
Läufer: W.Schulz, Wenauer, Sundermann, Porges
Stürmer: Rühl, Steffen, A.Schmidt, Schütz, Brülls, Haller, Vollmar
Mit Giesemann, Wenauer und Porges kamen 3 Neulinge zu ihrem ersten Länderspiel. Die beiden anderen Neulinge, Rühl und Olk, zwei Amateurnationalspieler, wurden nicht eingesetzt. Olk wurde jedoch ein Jahr später Nationalspieler.

11.5.1960 in Düsseldorf
BR Deutschland - Irland 0:1 (0:1)

SR: Ellis (England), Zuschauer: 51.000
BRD: Sawitzki -9 (VfB Stuttg.); Giesemann -1 (Bayern München), Erhardt -36 (SpVgg Fürth); Schulz -3 (Union Gönnigfeld), Wenauer -1 (1.FC Nürnberg), Porges -1 (FC St. Pauli); Steffen -2 (Fort. Düsseld.), A.Schmidt -20 (BVB), Brülls -7 (Bor. Mönchengladb.), Haller -8 (BC Augsburg), Vollmar -10 (1.FC Saarbrücken). Mannschaftskapitän: Erhardt
Irland: O'Dwyer; Dunne, Nolan; McGrath, Hurley, Saward; Fogarty, Peyton, Curtis, Cummins, Fagan
Tor: 0:1 Fagan (30.)
Beste Spieler: Haller, W.Schulz, Porges, Erhardt - O'Dwyer
Bericht: Durch eine herrliche Kombination zwischen Schmidt, Brülls und Haller hatte die deutsche Mannschaft eine gute Torchance, die Torhüter O'Dwyer jedoch vereitelte.
5. Minute: Wieder eine Gelegenheit für Haller. Er nahm eine Ecke wunderbar mit dem Kopf, aber der irische Torhüter hatte gerade noch die Finger dazwischen und lenkte den Ball über die Latte.
30. Minute: Nach den guten Anfangsszenen war das Spiel zusehends verflacht. Irland spielte ziemlich defensiv, um so überraschender kam bei einem der wenigen Konter der Führungstreffer zustande. 34. Minute: Ein schöner Schuß von Haller verfehlte nur um Zentimeter das Tor von O'Dwyer. Und in der 41. Minute klärte Verteidiger Dunne einen gefährlichen Schuß von Vollmar zur Ecke. Obwohl die deutsche Mannschaft im Feld klar überlegen gewesen war und gute Torgelegenheiten hatte, stand es zur Halbzeit 1:0 für Irland.
90. Minute: Trotz des ständigen Anrennens fand der deutsche Angriff keine Lücken in der sicher gestaffelten Abwehr Irlands. Die letzte Chance hatte Haller wenige Sekunden vor dem Abpfiff, als er nach einem tollen 50-Meter-Solo erneut an Torhüter O'Dwyer scheiterte. Durch kopfloses Anrennen hatte die deutsche Mannschaft überraschend mit 0:1 verloren.

1960/61

Bilanz 1960/61
7 Spiele: 5 Siege, 0 Unentschieden 2 Niederlagen, 17:9 Tore
Zuschauer: 345.000
In 7 Spielen wurden 21 Spieler eingesetzt, davon waren 6 Spieler Neulinge

Die Spieler der Saison

Herbert Erhardt	7	Spiele
Horst Szymaniak	7	"
Albert Brülls	7	"
Gert Dörfel	6	"
Hans Tilkowski	6	"
Karl-Heinz Schnellinger	6	"
Uwe Seeler	6	"
Friedel Lutz	5	"
Willi Giesemann	5	"
Richard Kreß	5	"
Helmut Haller	4	"
Leo Wilden	4	"
Günter Herrmann	4	"
Heinz Vollmar	2	"
Jürgen Werner	2	"
Willi Schulz	1	Spiel
Willy Reitgaßl	1	"
Joseph Marx	1	"
Fritz Ewert	1	"
Helmut Benthaus	1	"
Klaus Stürmer	1	"

Tore der Saison

Gerd Dörfel	6	Tore
Albert Brülls	3	"
Uwe Seeler	2	"
Willy Reitgaßl	1	Tor
Josef Marx	1	"
Helmut Haller	1	"
Heinz Vollmar	1	"
Günter Herrmann	1	"
Richard Kreß	1	"

Mannschaftsführer war:
Herbert Erhardt   7   mal

1 Elfmeter für Deutschland,
  verschossen durch Brülls (gegen Chile)

1 Elfmeter gegen Deutschland,
  verschossen durch Nestoridis (Griechenland)

Rangliste der Nationalspieler des Jahres:
1. Horst Szymaniak (Karlsruher SC)
2. Gert Dörfel „Charly" (Hamburger SV)
3. Uwe Seeler (Hamburger SV)
   Leo Wilden (1.FC Köln)
   Albert Brülls (Borussia Mönchengladbach)
6. Hans Tilkowski (Westfalia Herne)
   Friedel Lutz (Eintracht Frankfurt)
8. Herbert Erhardt (Spvgg. Fürth)
   Willi Giesemann (Bayern München)
   Karl-Heinz Schnellinger (1.FC Köln)

Vorbericht zum 270. Länderspiel: Nach dem Länderspiel der verpaßten Chancen gegen Irland stand schon vor Saisonbeginn in den Oberligen das 1. Länderspiel auf dem Programm. Das Spiel in Reykjavik gegen Island konnte nicht mehr als ein Trainingsspiel sein, denn die Isländer liefen der europäischen Spitze weit hinterher. Sepp Herberger wollte und mußte neu planen, um für die WM in Chile die richtige Mischung zu finden. Das große hintere Dreieck der WM in Schweden, Herkenrath, Stollenwerk und Juskowiak, waren inzwischen über 30 Jahre alt und kamen nicht mehr in Frage. Ihre internationale Karriere war zu Ende. Mit Tilkowski und Schnellinger waren bereits 2 Posten wieder gut besetzt. Viel härter traf Herberger die Entscheidung von Helmut Rahn, nach Holland zum SC Enschede zu wechseln. Für Rahn günstig, weil Enschede nicht zu weit von Essen entfernt lag und er konnte nochmal viel Geld verdienen. Bisher waren aber nie Auslandsprofis in die deutsche Nationalelf berufen worden.

Herberger nahm 7 Neulinge mit auf die Islandreise.
Tor: Tilkowski, Schnoor
Verteidigung: Lutz, Giesemann, Schnellinger
Läufer: W.Schulz, Erhardt, Kröpelin, Szymaniak, Porges, Benthaus
Stürmer: Reitgaßl, Brülls, Haller, Uwe Seeler, Gert Dörfel, Lindner, Marx

Lutz, Reitgaßl, G.Dörfel und Marx kamen in Reykjavik zu ihrem ersten Länderspiel. Für Marx und Reitgaßl war es auch das letzte. Die anderen 3, Schoor (HSV), Kröpelin (HSV) und Lindner (Eintr. Frankf.), blieben ohne Länderspiel.

3.8.1960 in Reykjavik

Island - BR Deutschland 0:5 (0:2)

SR: Wharton (Schottland), Zuschauer: 8.000
Island: Danielsson; Gunnlaugsson, Gudmannsson; Teitsson, Felixson, Gudjon Jonsson; Steinsen, Sveinn Jonsson, Beck, Oskarsson, Björnsson
BRD: Tilkowski -10 (Westf. Herne); Lutz -1 (Eintr. Frankf.), Schnellinger -11 (1.FC Köln); Schulz -4 (Schalke 04), Erhardt -37 (SpVgg Fürth), Szymaniak -26, Reitgaßl -1 (beide Karlsruher SC), Brülls -8 (Bor. Mönchengladb.), ab 57. Marx -1 (SV Sodingen), Uwe Seeler -21 (HSV), Haller -9 (BC Augsburg), G.Dörfel -1 (HSV).
Mannschaftskapitän: Erhardt
Tore: 0:1 Seeler (12.), 0:2 Dörfel (25.), 0:3 Dörfel (50.), 0:4 Reitgaßl (73.), 0:5 Marx (86.)
Beste Spieler: keiner - Szymaniak, Uwe Seeler, G.Dörfel, Erhardt, Brülls

Bericht: Viele Worte sollten um dieses Spiel nicht verloren werden, denn die Isländer, so tapfer sie auch kämpften, hatten vom Anpfiff an nicht die geringste Chance.

Nach vielen herrlichen Kombinationen schlug es in der 12. Minute zum erstenmal bei Torhüter Danielsson ein. Eine Meisterleistung von Brülls und Seeler im Duett schloß der Hamburger mit einem schönen Kopfballtor ab.

25. Minute: Bei ständiger Überlegenheit der deutschen Mannschaft dauerte es schon reichlich lange, bevor Haller auf 2:0 erhöhte.

50. Minute: Nach der Halbzeit hatten auch endlich einmal die Isländer zwei, drei Torgelegenheiten, doch Tilkowski stand sicher. Der erste Konter der deutschen Mannschaft führte dann auch gleich zum 3:0, als der blendend aufspielende Neuling „Charly" Dörfel mit dem Ball an der Grundlinie entlang alles stehen ließ und aus unmöglichem Winkel Torhüter Danielsson narrte.

73. Minute: Das deutsche Spiel lief in jeder Phase flüssig, schnell und direkt. Die Isländer hatten nur selten Gelegenheit zu

stören, kamen der deutschen Mannschaft jedoch auch durch ungenaues Decken entgegen. So stand Reitgaßl bei seinem Kopfballtreffer zum 4:0 völlig frei.

86. Minute: Der für den verletzten Albert Brülls eingewechselte Marx setzte ebenfalls mit einem Kopfball den Schlußpunkt des Spiels, das zwar wunderschön anzusehen war, aber natürlich auch kein Maßstab für die Leistungsstärke der deutschen Mannschaft war.

Im Anschluß an das Länderspiel trug die D.F.B.-Auswahl noch zwei Freundschaftsspiele gegen führende Vereinsmannschaften aus.

D.F.B.-Auswahl - Akranes 2:1 (2:0)
Schnoor; Lutz, Giesemann; Erhardt, Kröpelin, Porges, Reitgaßl (ab 46. Marx), Seeler (ab 46. Lindner), Szymaniak, Haller (ab 75. Benthaus), Dörfel

Tore: 1:0 Seeler (1.), 2:0 Seeler (38.), 2:1 Gunlaugsson (65. Freistoß)

D.F.B.-Auswahl - K.R.Reykjavik 10:0 (4:0)
Schnoor; Lutz, Giesemann (ab 46. Porges); Benthaus, Erhardt, Szymaniak, Marx (ab 46. Giesemann), Lindner, Seeler, Haller, Dörfel (ab 46. Marx)

Tore: 1:0 Benthaus (3.), 2:0 Dörfel (9.), 3:0 Lindner (25.), 4:0 Seeler (27.), 5:0 Lindner (47.), 6:0 Seeler (51.), 7:0 Seeler (59.), 8:0 Lindner (69.), 9:0 Seeler (82.), 10:0 Marx (83.)

❖

Vorbericht zum 271. Länderspiel: Die Vorbereitungen auf das 1. WM-Qualifikationsspiel begannen. Mit Griechenland und vor allem Nordirland hatte die deutsche Mannschaft kein leichtes Los gezogen. Erster Gegner war Nordirland in Belfast, wo die deutsche Mannschaft möglichst schon einen Punkt holen mußte. Zum Vorbereitungslehrgang, ab 10.10.1960 in Frankfurt, lud Herberger 17 Spieler ein:

Tor: Tilkowski, Sawitzki
Verteidiger: Giesemann, Lutz, Schnellinger
Läufer: W.Schulz, Benthaus, Erhardt, Wilden, Szymaniak
Stürmer: Kreß, Brülls, Uwe Seeler, Kurt Schulz, Haller, Gert Dörfel, Hans Schäfer

Mit Kurt Schulz (Tasmania 1900 Berlin) war ein Neuling dabei, der nie Nationalspieler wurde. Außerdem tauchte nach vielen Jahren erstmals wieder Richard Kreß auf. Der 35-jährige hatte in den Europacupspielen von Eintracht Frankfurt so gut gespielt, daß er die Rahn-Position einnehmen sollte. Auch die erneute Berufung des 33-jährigen Weltmeisters Hans Schäfer überraschte. Schließlich wurden mit Ewert und Günther Herrmann noch 2 Spieler nachnominiert. Das endgültige Aufgebot umfaßte dann 16 Spieler:

Tor: Tilkowski, Ewert
Verteidiger: Lutz, Giesemann, Schnellinger
Läufer: Benthaus, Erhardt, Wilden, Szymaniak
Stürmer: Kreß, Brülls, Uwe Seeler, Kurt Schulz, G.Herrmann, G.Dörfel, Vollmar

Günther Herrmann kam überraschend in diesem WM-Qualifikationsspiel zu seinem ersten Länderspieleinsatz.

26.10.1960 in Belfast (WM-Qualifikationsspiel)

Nordirland - BR Deutschland 3:4 (1:1)

SR: Horn (Holland), Zuschauer: 35.000

Nordirland: McClelland; Keith, Elder; Blanchflower, Forde, Peacock; Bingham, McIlroy, McAdams, Hill, McParland

BRD: Tilkowski -11 (Westf. Herne); Erhardt -38 (Spvgg. Fürth), Schnellinger -12 (1.FC Köln); Giesemann -2 (Bayern München), Wilden -3 (1.FC Köln), Szymaniak -27 (Karlsruher SC); Kreß -2 (Eintr. Frankf.), Brülls -9 (Bor. Mönchengladb.), Uwe Seeler -22 (HSV), G.Herrmann -1 (Karlsruher SC), G.Dörfel -2 (HSV). Mannschaftskapitän: Erhardt

Tore: 0:1 Brülls (8.), 1:1 McAdams (21.), 2:1 mcAdams (51.), 2:2 Seeler (53.), 2:3 Dörfel (55.), 2:4 Dörfel (80.), 3:4 McAdams (90.)

Beste Spieler: Bingham, Elder, McAdams - Szymaniak, Uwe Seeler, Brülls, G.Dörfel, Giesemann, Erhardt

Bericht: Das schwere WM-Vorrundenspiel in Schweden war der deutschen Mannschaft noch in guter Erinnerung. Zum Glück für die Deutschen konnte der Wundertorhüter Harry Gregg bei den Nordiren nicht eingesetzt werden.

1. Minute: Tilkowski mußte mit Faustabwehr gegen McIlroy retten. Fünf Minuten später klärte Giesemann mit dem Kopf nach gefährlichem Angriff über Bingham. 8. Minute: Mit drei blitzschnellen Zügen war die deutsche Mannschaft vor dem Tor der Nordiren. Einen abgeprallten Ball nahm Brülls direkt und jagte ihn flach und unhaltbar zum 1:0 für die deutsche Elf in die lange Ecke.

21. Minute: Auf Flanke von Bingham sprang McAdams höher als Wilden und Tilkowski. Sein Kopfball ging über die beiden Deutschen zum Ausgleich ins Tor. 34. Minute: Endlich wieder eine Chance für die deutsche Elf. McClelland konnte den scharfen Seeler-Schuß erst im Nachfassen halten. 120 Sekunden später fast ein Eigentor durch Wilden.

40. Minute: Nach Paß von Kreß strich ein Herrmann-Schuß nur knapp über die Latte. Und nach schönem Solo von Brülls und Vorlage von Dörfel verfehlte der Hamburger nur knapp das Tor. Zur Halbzeit hatte die deutsche Mannschaft mit Glück und Geschick, aber nicht unverdient ein Unentschieden erreicht.

51. Minute: Freistoß von Bingham. Erneut stieg McAdams höher als alle deutschen Abwehrspieler. Gegen seinen harten und plazierten Kopfstoß war Tilkowski machtlos. 2:1 für Nordirland. 53. Minute: Wieder führte ein schnelles Direktspiel von Szymaniak und Herrmann über Dörfel zu einem deutschen Tor. McClelland hatte bei dem flachen Schuß von Uwe Seeler keine Chance. 55. Minute: Das Spiel der deutschen Mannschaft lief jetzt großartig. Szymaniak war erneut Ausganspunkt eines gefährlichen Angriffs über Brülls und Kreß, der hoch über die nordirische Abwehr flankte, wo Dörfel stand und mit einem knallharten Direktschuß unter die Latte das 3:2 erzielte. 58. Minute: Giesemanns Kopfabwehr verhinderte ein fast sicheres Tor für Nordirland. Ein gutes und ausgeglichenes Spiel. Noch war nichts entschieden. Die Nordiren kämpften verzweifelt um den Ausgleich.

77. Minute: Nach Direktspiel von Szymaniak über Brülls und Kreß zu Uwe Seeler, traf der Mittelstürmer aus 25 Metern die Querlatte. Viel Glück für die Nordiren! 80. Minute: Herrmann schickte Dörfel in die Gasse. Der Linksaußen fackelte nicht lange, sondern schoß mit unheimlicher Wucht aus halblinker Position halbhoch in die lange Ecke. Deutschland führte sensationell 4:2. 85. Minute: Nach einem Solo über 40 Meter strich ein McParland-Schuß nur knapp über die Latte.

90. Minute: Auch das dritte Tor der Nordiren, nach Flanke von Bingham, konnte an dem Erfolg der deutschen Elf nichts mehr ändern. Der Ball wurde so unglücklich abgefälscht, daß ihn McAdams aus 6 Metern unter die Latte donnern konnte. Aber der Sieg war einer überzeugend spielenden deutschen Mannschaft nicht mehr zu nehmen, die damit die größte Hürde auf dem Weg zur Weltmeisterschaft in Chile bereits genommen hatte.

❖

Vorbericht zum 272. Länderspiel: Auch das nächste Spiel war ein Qualifikationsspiel zur Fußball-Weltmeisterschaft. Bundestrainer Sepp Herberger berief für diese Expedition, die nach Athen führte und auf dem Rückweg noch ein Freundschafts-Länderspiel gegen Bulgarien beinhaltete, folgendes Aufgebot:

Tor: Tilkowski, Ewert
Verteidiger: Lutz, Schnellinger, Rihm

Läufer: Giesemann, Benthaus, Erhardt, Szymaniak, Mühlhausen

Stürmer: Kreß, Haller, Brülls, Uwe Seeler, G.Herrmann, Vollmar, G.Dörfel

Mit Rihm (Karlsruher SC) und Mühlhausen (Bor. Mönchengladbach) standen 2 Neulinge im Aufgebot, die nie Nationalspieler wurden.

20.11.1960 in Athen (WM-Qualifikationsspiel)
Griechenland - BR Deutschland 0:3 (0:3)

SR: Erlich (Jugoslawien), Zuschauer: 27.000
Griechenland: Theodoridis; Anastassiades, Vassiliou; Polychroniuo, Loukanidis, Kamaras; Sideris, Ifantis, Nestoridis, Papaemmanouil, Theophanis
BRD: Tilkowski -12 (Westf. Herne); Lutz -2 (Eintr. Frankf.), Schnellinger -13 (1.FC Köln); Giesemann -3 (Bayern München), Erhardt -39 (Spvgg. Fürth), Szymaniak -28 (Karlsruher SC); Kreß -3 (Eintr. Frankf.), Haller -10 (BC Augsburg), Seeler -23 (HSV), Brülls -10 (Bor. Mönchengladb.), Dörfel -3 (HSV). Mannschaftskapitän: Erhardt
Tore: 0:1 Dörfel (8.), 0:2 Brülls (31.), 0:3 Haller (42.)
Beste Spieler: Ifantis, Nestoridis - Szymaniak, Tilkowski, Lutz, Giesemann
Bericht: Obwohl die deutsche Mannschaft von Beginn an überlegen war, wirkte sie doch sehr nervös.
1. Minute: Sofort nach dem Anstoß bot sich Uwe Seeler die erste Torchance, sein Schuß ging jedoch knapp am Pfosten vorbei. 8. Minute: Ein toller Schuß von „Charly" Dörfel aus spitzem Winkel bedeutete die frühe Führung für die deutsche Mannschaft. Erst jetzt legte sich langsam die Nervosität. 12. Minute: Die erste griechische Chance bereitete Torhüter Tilkowski keine großen Probleme. Der immer noch sehr schnelle Rechtsaußen Richard Kreß vergab seine erste gute Torgelegenheit nach 16 Minuten.
26. Minute: Die ganz große Chance für die Griechen, den Ausgleich zu erzielen, vergab Nestoridis. Szymaniak hatte unabsichtlich mit der Hand abgewehrt, worauf Schiedsrichter Erlich auf den Elfmeterpunkt zeigte. Mit einer Glanzparade konnte Torhüter Tilkowski den Flachschuß halten. 28. Minute: Nachdem Uwe Seeler mit seinem Gegenspieler Loukanidis bei einem Kopfballduell zusammengestoßen war, mußte der Hamburger draußen behandelt werden und kam dann mit einem Kopfverband wieder zurück. Da auch in WM-Qualifikationsspielen nicht mehr ausgewechselt werden durfte, mußte die deutsche Mannschaft so weiterspielen und Uwe Seeler sich zwangsläufig zurückhalten. 31. Minute: Zum richtigen Zeitpunkt fiel kurz darauf das 2:0 für die deutsche Mannschaft, als sich Dörfel und Uwe Seeler im Doppelpaß durchgespielt hatten und der Hamburger Linksaußen maßgerecht in die Mitte flankte, wo Brülls unhaltbar einschoß.
42. Minute: Das schönste Tor des Tages schoß Helmut Haller, indem er eine Flanke von Dörfel mit links direkt nahm und aus 8 Meter Entfernung unhaltbar verwandelte. Damit war das Spiel bereits zur Pause frühzeitig entschieden.
53. Minute: Nach dem Seitenwechsel wurden die Griechen zusehends stärker, aber Tilkowski stand sicher.
90. Minute: Mit 3:0 hatte die deutsche Mannschaft auch die zweite WM-Qualifikationshürde sicher genommen. An dem verdienten Sieg, auch in dieser Höhe, gab es nichts zu deuteln.

❖

Vorbericht zum 273. Länderspiel: In Bulgarien erhielt Ersatztorwart Ewert eine erneute Bewährungsmöglichkeit. Für den verletzten Uwe Seeler spielte Brülls Mittelstürmer und der Karlsruher Günther Herrmann kam neu in die Elf.

23.11.1960 in Sofia
Bulgarien - BR Deutschland 2:1 (0:1)

SR: Kowal (Polen), Zuschauer: 55.000
Bulgarien: Naidenov; Methodiev, Dimitrov; Largov, Manolov, Kowatschev; Abadschiev, Sokolov, Panajotov (ab 46. Diev), Jakimov, Kolev
BRD: Ewert -2 (1.FC Köln); Lutz -3 (Eintr. Frankf.), Schnellinger -14 (1.FC Köln); Giesemann -4 (Bayern München), Erhardt -40 (Spvgg. Fürth), Szymaniak -29 (Karlsruher SC), ab 81. Benthaus -8 (Westf. Herne); Kreß -4 (Eintr. Frankf.), ab 46. G.Dörfel -4 (HSV), Haller -11 (BC Augsb.), Brülls -11 (Bor.Mönchengladb.), G.Herrmann -2 (Karlsruher SC), Vollmar -11 (1.FC Saarbrücken). Mannschaftskapitän: Erhardt
Tore: 0:1 Vollmar (12.), 1:1 Kolev (71.), 2:1 Kolev (82.)
Beste Spieler: Kolev, Naidenov, Panajotov - Szymaniak, Schnellinger, Haller
Bericht: Furioser Auftakt der deutschen Mannschaft in Sofia, die die Bulgaren gleich einschnürte.
3. Minute: Ein herrlicher Schuß von Ersatzmittelstürmer Brülls, der leider nur die Latte traf. Vier Minuten später Glück für die deutsche Mannschaft, daß Panajotov neben das Tor köpfte. 10. Minute: Ganz großes Glück für die Bulgaren, als Vollmar auf Vorlage von Brülls nur knapp neben den Pfosten zielte. Und als 2 Minuten danach jeder mit einem Abspiel von Vollmar rechnete, schoß der aus 20 Meter Entfernung, aus dem Fußgelenk heraus unhaltbar zum 1:0 für die deutsche Mannschaft ein.
52. Minute: Turbulente Szenen im deutschen Strafraum, als Ewert zweimal prächtig abwehren konnte. Die deutsche Mannschaft war inzwischen klar in die Defensive gedrängt, aber immer wieder ergaben sich ausgezeichnete Konterchancen, die jedoch alle ungenutzt blieben.
70. Minute: Nur mit viel Glück hatte die deutsche Mannschaft die letzten 10 Minuten überstanden, als die Bulgaren unentwegt drängten aber schlecht schossen. Dann aber Pech für die deutsche Mannschaft, als Schiedsrichter Kowal Kolev aus klarer Abseitsstellung nicht zurückpfiff, und der Linksaußen unhaltbar zum 1:1 einschoß. Verdient war der Ausgleich allerdings schon lange.
80. Minute: Die Bulgaren ließen nicht locker, sondern versuchten jetzt auch noch den Siegtreffer zu erzielen. Als Ewert schon geschlagen war, schien das 2:1 auch fällig, aber auf der Linie stand Schnellinger und konnte retten. 82. Minute: Unter unbeschreiblichem Jubel der Zuschauer gelang den Bulgaren noch der verdiente Siegtreffer. Erneut war es Kolev, der nach einer verunglückten Abwehr zum 2:1 einschoß.
90. Minute: So sehr sich die deutsche Mannschaft auch in den letzten verbliebenen 8 Minuten noch mühte, der Ausgleich wollte ihr nicht mehr gelingen. Zum erstenmal hatten die Bulgaren ein Länderspiel gegen die deutsche Mannschaft gewonnen.

❖

Vorbericht zum 274. Länderspiel: Ein regionales Auswahlspiel bildete den Abschluß des erfolgreichen Jahres für die deutsche Nationalelf.

17.12.1960 in Hannover
Nord - West 1:1 (1:1)
SR: Kandlbinder (Regensburg), Zuschauer: 45.000
Nord: Schnoor; Krug, Kurbjuhn; Werner (alle HSV), Porges (St. Pauli), Dieter Seeler (HSV); Wilmovius (Werder Bremen), ab 46. Heiser (Hannover 96), Schröder, ab 46. Hänel, ab 66. Fischer, Schütz (alle Werder Bremen), Dehn, G.Dörfel (HSV)
West: Tilkowski (Westf. Herne); Flieger (Sodingen), Schnellinger (1.FC Köln); Sundermann (RW Oberhausen), Wilden (1.FC Köln), Benthaus (Westf. Herne); Steffen (Fort. Düsseld.), Trimhold (SW Essen), Schütz (BVB), ab 46. Berz (Schalke 04), Konietzka (BVB), ab 46. Gerhardt (Schalke 04), Marx (SV Sodingen)
Tore: 0:1 Konietzka (31.), 1:1 Flieger (44. Eigentor)

Als Vorbereitung auf das Länderspiel gegen Belgien berief Sepp Herberger 19 Spieler zu einem Kurzlehrgang, vom 28.2.-1.3.1961, nach Frankfurt.

Tor: Tilkowski (Westf. Herne), Schnoor (HSV), Ewert (1.FC Köln)

Verteidiger: Lutz (Eintr. Frankf.), Schnellinger (1.FC Köln)

Läufer: Giesemann (Bayern München), Sundermann (RW Oberhausen), Erhardt (Spvgg. Fürth), Wilden (1.FC Köln), Szymaniak (Karlsruher SC), Stinka (Eintr. Frankf.)

Stürmer: Vollmar (1.FC Saarbrücken), Brülls (Bor. Mönchengladb.), Schütz (BVB), Uwe Seeler (HSV), Haller (BC Augsburg), Herrmann (Karlsruher SC), Dörfel (HSV), Straschitz (Fort. Düsseld.)

Mit Schnoor, Stinka und Straschitz standen 3 Spieler ohne Länderspiel im Aufgebot, die auch nie A-Nationalspieler wurden. Nach diesem Lehrgang und den letzten Oberligaspielen gab Herberger sein endgültiges Aufgebot bekannt.

Tor: Tilkowski, Schnoor
Verteidiger: Lutz, Schnellinger
Läufer: Giesemann, Erhardt, Wilden, Szymaniak, Stinka
Stürmer: Vollmar, Haller, Uwe Seeler, G.Herrmann, Brülls, Straschitz, G.Dörfel

8.3.1961 in Frankfurt/Main
BR Deutschland - Belgien 1:0 (1:0)

SR: Gulde (Schweiz), Zuschauer: 65.000
BRD: Tilkowski -13 (Westf. Herne); Lutz -4 (Eintr. Frankf.), Schnellinger -15 (1.FC Köln), ab 18. Wilden -4 (1.FC Köln); Giesemann -5 (Bayern München), Erhardt -41 (SpVgg Fürth), Szymaniak -30 (Karlsruher SC); Vollmar -12 (1.FC Saarbrücken), Haller -12 (BC Augsburg), Uwe Seeler -24 (HSV), Brülls -12 (Bor. Mönchengladb.), G.Dörfel -5 (HSV). Mannschaftskapitän: Erhardt

Belgien: Delhasse; Heylens, Thellin; Hanon, Lejeune, Lippens; Goyvaerts, Jurion, van Himst, Vandenberg, Paeschen

Tor: 1:0 Dörfel (34.)

Beste Spieler: G.Dörfel, Wilden, van Himst, Lejeune, Hanon

Bericht: Obwohl die deutsche Mannschaft das Spiel gegen Belgien offensiv begann, kam lange kein flüssiges Zusammenspiel zustande.

18. Minute: Die einzige schildernswerte Szene der ersten 20 Minuten war das Ausscheiden von Schnellinger, der sich frühzeitig verletzt hatte. Sonst jedoch war das Spiel der deutschen Mannschaft verkrampft.

33. Minute: Längst wurde die deutsche Mannschaft für ihr unproduktives Spiel von den Zuschauerrängen mit Pfiffen bedacht, da fiel ganz überraschend der Führungstreffer. So zufällig das ganze Spiel der deutschen Mannschaft an diesem Tag wirkte, so zufällig kam es auch zu diesem Treffer: Belgiens Stopper hatte Uwe Seeler angeschossen, den scharf zurückprallenden Ball konnte Torhüter Delhasse nicht festhalten und „Charly" Dörfel war zur Stelle und schlenzte den Ball an den linken Innenpfosten, von wo aus er ins Netz prallte. Zwar wurde das deutsche Spiel nach diesem Treffer etwas besser, aber zur Halbzeit überwiegten die Pfiffe der Zuschauer, die bisher auch zu wenig gesehen hatten.

48. Minute: Nach der Pause begann die deutsche Mannschaft besser. Eine herrliche Flanke von Dörfel schoß Haller nur ganz knapp am Tor vorbei.

54. Minute: Endlich auch einmal ein Anlaß zum Beifall, als Uwe Seeler in eine herrliche 30-Meter-Flanke von Giesemann hechtete. 63. Minute: Ein schöner Alleingang von „Charly" Dörfel ließ wieder hoffen, doch sein Schuß strich knapp über das Tor.

90. Minute: Mit einem gellenden Pfeifkonzert wurde die deutsche Mannschaft von den übriggebliebenen Zuschauern in die Kabinen geschickt. Es war eines der schwächsten Länderspiele, die die deutsche Mannschaft bisher geboten hatte.

❖

Albert Brülls (Borussia Mönchengladbach), ein Vollblutstürmer, der 1959 in der Nationalelf groß herauskam

Vorbericht zum 275. Länderspiel: Bereits 18 Tage nach dem enttäuschenden Spiel gegen Belgien spielte die deutsche Mannschaft in Chile, dem Land der kommenden Weltmeisterschaft. Nicht mehr dabei war Vollmar, der gegen die Belgier eine miserable Vorstellung geboten hatte. Dafür war Kreß wieder für den Rechtsaußenposten nominiert worden. Auch er war nur eine Notlösung und der Ruf nach Helmut Rahn wurde immer lauter.

Das kleine Chile-Aufgebot bestand nur aus 14 Spielern, darunter 3 Spieler ohne Länderspielerfahrung, Schnoor, Werner (beide HSV) und Kurt Schulz (Tasmania Berlin). Nur Jürgen Werner wurde von diesen Dreien Nationalspieler.

Tor: Tilkowski, Schnoor
Verteidiger: Lutz, Erhardt
Läufer: Giesemann, Werner, Wilden, Szymaniak
Stürmer: Kreß, Brülls, Uwe Seeler, Kurt Schulz, G.Herrmann, Gert Dörfel

26.3.1961 in Santiago
Chile - BR Deutschland 3:1 (2:1)

SR: Praddaude (Argentinien), Zuschauer: 60.000
Chile: Escuti; Eyzaguirre, S.Navarro; Contreras, R.Sanchez, Rojas; Betta (ab 60. Moreno), Toro, Soto, L.Sanchez, Ramirez
BRD: Tilkowski -14 (Westf. Herne); Lutz -5 (Eintr. Frankf.), Erhardt -42 (SpVgg Fürth); Giesemann -6 (Bayern München), ab 65. Werner -1 (HSV), Wilden -5 (1.FC Köln), Szymaniak -31 (Karlsruher SC); Kreß -5 (Eintr. Frankf.), Brülls -13 (Bor. Mönchengladb.), Uwe Seeler -25 (HSV), G.Herrmann -3 (Karlsruher SC), G.Dörfel -6 (HSV). Mannschaftskapitän: Erhardt
Tore: 1:0 L.Sanchez (10.), 1:1 Herrmann (12.), 2:1 L.Sanchez (39.), 3:1 Rojas (78.)
Beste Spieler: Eyzaguirre, L.Sanchez, Escuti - Wilden, Lutz, Uwe Seeler
Bericht: Für Herberger war das Ergebnis in Santiago de Chile zweitrangig. Ihm ging es vielmehr darum, die Spieler mit der Atmosphäre und dem Klima in Südamerika vertraut zu machen.
10. Minute: Es fing nicht gut an für die deutsche Mannschaft. Schiedsrichter Praddaude hatte ein Foul von Lutz gesehen und verhängte einen direkten Freistoß. Aus 25 Meter Entfernung schoß L.Sanchez flach und knallhart durch die Mauer zum 1:0 ein. Tilkowski reagierte viel zu langsam, um den hart geschossenen Ball zu halten. 12. Minute: Erfreulicherweise ließ die deutsche Mannschaft nicht den Kopf hängen, sondern griff ihrerseits an. Rechtsaußen Kreß überlief seinen Gegenspieler und spielte von der Grundlinie aus glänzend zurück zu Herrmann, der ohne zu zögern zum 1:1 Ausgleich einschoß. Es war das 700. Länderspieltor der deutschen Nationalmannschaft. 17. Minute: Tilkowski wehrte einige Bälle gut ab und glich so seinen Fehler aus der 10. Minute wieder aus. Inzwischen spielte die deutsche Mannschaft gut mit. Seeler brachte durch einen herrlichen Rückzieher in der 22. Minute, der nur knapp über die Latte strich, wieder etwas Leben ins Spiel.
40. Minute: Wieder war Leonel Sanchez gut eingesetzt worden und deutlich schneller als Giesemann. Niemand konnte den Chilenen am Torschuß zum 2:1 hindern. 44. Minute: Uwe Seeler kam einen Schritt zu spät, um vielleicht doch noch vor der Halbzeit den Ausgleichstreffer zu erzielen.
65. Minute: Herberger nahm Giesemann aus dem Spiel und Jürgen Werner kam auf dessen Platz. Kurz nach dem Austausch kam mehr Druck ins deutsche Spiel. Szymaniaks herrlicher Steilpaß wurde von Herrmann direkt genommen, ging aber leider ganz knapp am Torpfosten vorbei. 68. Minute: Ein schwerer Fehler von Szymaniak hätte fast das 1:3 bedeutet, doch Tilkowski wehrte durch glänzende Fußabwehr ab.
70. Minute: Die größte Chance der zweiten Halbzeit für die deutsche Mannschaft, als Rojas Kreß im Strafraum foulte. Der Elfmeter wurde von Brülls geschossen, doch der hatte nicht die Nerven und schoß hoch über das Tor. 78. Minute: 12 Minuten vor dem Ende die endgültige Entscheidung. Nach herrlichem Doppelpaßspiel zwischen Rojas und Moreno fiel das 3:1 für Chile.
90. Minute: Unter Berücksichtigung der klimatischen Bedingungen bot die deutsche Mannschaft eine recht gute Leistung und hätte mit etwas Glück sogar Unentschieden spielen können.

❖

Vorbericht zum 276. Länderspiel: Das letzte Saisonländerspiel war auch das vorentscheidende in der WM-Qualifikation. Bei einem Sieg hatte die deutsche Nationalmannschaft die Fahrkarte zur WM in der Tasche. Für den einwöchigen Vorbereitungslehrgang vom 2.-9.5.1961 in Berlin lud Herberger 19 Spieler ein.

Tor: Tilkowski (Westf. Herne), Schnoor (HSV), Ewert (1.FC Köln)
Verteidiger: Erhardt (Spvgg. Fürth), Lutz (Eintr. Frankf.), Schnellinger (1.FC Köln)
Läufer: Werner (HSV), Giesemann (Bayern München), Wilden (1.FC Köln), Szymaniak (KSC), Stinka (Eintr. Frankf.)
Stürmer: Kreß (Eintr. Frankf.), Flachenecker (1.FC Nürnb.), Brülls (Bor. Mönchengladb.), Schulz (Tasmania), Uwe Seeler (HSV), Herrmann (KSC), Stürmer, Dörfel (beide HSV)
Der Nürnberger Flachenecker war der einzige echte Neuling im Aufgebot.

10.5.1961 in Berlin (WM-Qualifikationsspiel)
BR Deutschland - Nordirland 2:1 (1:0)

SR: Lindberg (Schweden), Zuschauer: 95.000
BRD: Tilkowski -15 (Westf. Herne); Erhardt -43 (Spvgg. Fürth), Schnellinger -16 (1.FC Köln); Werner -2 (HSV), Wilden -6 (1.FC Köln), Szymaniak -32 (Karlsruher SC); Kreß -6 (Eintr. Frankf.), G.Herrmann -4 (Karlsruher SC), Uwe Seeler -26, Stürmer -2 (beide HSV), Brülls -14 (Bor. Mönchengladb.). Mannschaftskapitän: Erhardt
Nordirland: McClelland; Keith, Elder; Blanchflower, Neill, Peacock; Bingham, Cush, McAdams, McIlroy, McParland
Tore: 1:0 Kreß (28.), 2:0 Brülls (58.), 2:1 McIlroy (69.)
Beste Spieler: Brülls, Kreß, Tilkowski, Wilden - McClelland, Cusch, McIlroy
Bericht: Nachdem die Nordiren eine Woche zuvor in Griechenland verloren hatten, war ihre Chance an der WM doch noch teilnehmen zu können, nur noch von theoretischer Bedeutung. Nur ein klarer Sieg in Berlin konnte sie noch hoffen lassen.
1. Minute: Von Beginn an merkte man, daß die Nordiren nichts unversucht lassen wollten, doch noch das Unmögliche möglich zu machen. Ein glänzender Kopfball von Cush war ein verheißungsvoller Auftakt. 5. Minute: Der erste gefährliche deutsche Angriff über Stürmer, Herrmann und Brülls wurde durch eine gute Parade von McClelland beendet. 10. Minute: Erneut mußte McClelland, diesmal nach einem guten Schuß von Uwe Seeler, halten. Nach 13 Minuten kam die deutsche Mannschaft immer besser ins Spiel. Erst im Nachfassen konnte der nordirische Torhüter einen knallharten Schuß von Brülls meistern.
28. Minute: Nach schönem Doppelpaß zwischen Herrmann und Seeler, der maßgerecht zu Kreß zurückpaßte, wurde die deutsche Mannschaft mit dem 1:0 belohnt.
45. Minute: Nach dem Führungstreffer kontrollierte die deutsche Mannschaft das Spiel. Zwar blieben zwingende Torchancen aus, aber auch den Nordiren wurden keine guten Einschußmöglichkeiten geboten.
55. Minute: So sehr Nordirland auch kämpfte, sie fanden kein Mittel gegen die spielerisch klar überlegene deutsche Mannschaft. Nach 10 Minuten der zweiten Halbzeit hatten sie es nur einer Glanzparade von McClelland zu verdanken, daß Herrmann nicht das 2:0 erzielen konnte. 60 Sekunden später strich ein wunderschöner Schuß von Klaus Stürmer leider nur knapp über die Querlatte. 58. Minute: Das Sturmspiel der deutschen Mannschaft lief jetzt hervorragend und die nordirische Abwehr fand kein Mittel gegen das schnelle Zusammenspiel. Kreß, Herrmann und Stürmer bereiteten das 2:0 vor, das Brülls aus 9 Meter Entfernung erzielte. 69. Minute: Es wurde noch einmal spannend, als McIlroy aus spitzem Winkel plötzlich und unerwartet das 2:1 erzielte. Jetzt bekam die deutsche Abwehr noch einige Arbeit, die sie jedoch souverän meisterte.
90. Minute: Mit einem glänzenden 2:1 Sieg der deutschen Mannschaft war die Qualifikation zur Weltmeisterschaft erreicht.

❖

Bilanz 1961/62
8 Spiele: 6 Siege, 1 Unentschieden, 1 Niederlage, 16:4 Tore
Zuschauer: 450.000
In 8 Spielen wurden 20 Spieler eingesetzt, davon waren 5 Spieler Neulinge

Die Spieler der Saison:
Willi Schulz	8	Spiele
Uwe Seeler	8	"
Albert Brülls	8	"
Hans Nowak	7	"
Karl-Heinz Schnellinger	7	"
Helmut Haller	7	"
Herbert Erhardt	6	"
Willi Giesemann	5	"
Wolfgang Fahrian	5	"
Horst Szymaniak	5	"
Hans Schäfer	5	"
Hans Tilkowski	3	"
Richard Kreß	3	"
Günter Herrmann	3	"
Ferdinand Wenauer	3	"
Willi Koslowski	2	"
Werner Olk	1	Spiel
Jürgen Kurbjuhn	1	"
Hans Sturm	1	"
Engelbert Kraus	1	"

Tore der Saison:
Uwe Seeler	7	Tore
Albert Brülls	3	"
Helmut Haller	2	"
Richard Kreß	1	Tor
Willi Koslowski	1	"
Hans Schäfer	1	"
Horst Szymaniak	1	"

Mannschaftsführer waren:
Hans Schäfer	4	mal
Herbert Erhardt	2	"
Uwe Seeler	2	"

1 Elfmeter für Deutschland,
  verwandelt durch Szymaniak (gegen Chile)

1 Eigentor gegen Deutschland,
  durch Giesemann (gegen Dänemark)

Rangliste der besten Nationalspieler des Jahres:
1. Karl-Heinz Schnellinger (1.FC Köln)
   Uwe Seeler (Hamburger SV)
3. Hans Nowak (Schalke 04)
4. Herbert Erhardt (Spvgg. Fürth)
   Willi Schulz (FC Schalke 04)
6. Helmut Haller (BC Augsburg)
7. Horst Szymaniak (CC Catania)
   Wolfgang Fahrian (TSG Ulm 46)
9. Albert Brülls (Bor. Mönchengladbach)

1961/62

Vorbericht zum 277. Länderspiel: Die Weltmeisterschaftssaison begann mit intensiven Vorbereitungen. Kernpunkt waren 8 Spiele der Nationalmannschaft gegen Vereinskombinationen und Auswahlmannschaften. Die ersten Probespiele fanden in Berlin und Wuppertal statt.

30.8.1961 in Berlin

Berlin - Nationalmannschaft 1:2 (0:1)
SR: Seekamp (Bremen), Zuschauer: 35.000
Berlin: Tillich (Hertha BSC), ab 46. Jann (Wacker 04); Deinert (Tennis Borussia), ab 46. Schmiege (Hertha BSC), Schimmöller; Zeiser, Dr.Schüler (alle Hertha BSC), Eder (Tennis Borussia); Neumann, Engler (beide Tasmania), Faeder, Steinert (beide Hertha BSC), ab 46. Pastoors (Viktoria 89), Rosenfeldt (Tasmania)
Nationalmannschaft: Tilkowski (Westf. Herne), ab 46. Ewert (1.FC Köln); Lutz (Eintr. Frankf.), ab 28. Giesemann (Bayern München), Schnellinger (1.FC Köln; W.Schulz (FC Schalke 04), Wenauer (1.FC Nürnb.), Erhardt (Spvgg. Fürth); Brülls (Bor. Mönchengladb.), G.Herrmann (Karlsruher SC), ab 46. Fritzsche (FK Pirmasens), Haller (BC Augsb.), Elfert (Arm. Hannover), ab 46. Hänel (Werder Bremen), Vollmar (1.FC Saarbr.), ab 67. Olk (Bayern München)
Tore: 0:1 Vollmar (42.), 0:2 Fritzsche (70.), 1:2 Faeder (80.)

6.9.1961 in Wuppertal

D.F.B.-Auswahl - Auswahl Luxemburg 3:0 (3:0)
SR: Malka (Herten), Zuschauer: 25.000
D.F.B.-Auswahl: Ewert (1.FC Köln), ab 46. Fahrian (TSG Ulm 46); Nowak (Schalke 04), Olk (Bayern München); W.Schulz (Schalke 04), Giesemann (Bayern München), ab 46. Steinmann (SW Essen), Lederer (SV Waldhof); Assmy (Schalke 04), K.Schulz (Wuppertaler SV), ab 80. Schütz (BVB), Fritzsche (FK Pirmasens), G.Herrmann (Karlsruher SC), ab 46. Haller (BC Augsb.), Lotz (Kick. Offenb.)
Luxemburg: Schmitt; Zambon, Hoffstetter; Schneider, Brenner, Konter; Schmid, May, Dimmer, Cirelli, Hoffmann
Tore: 1:0 K.Schulz (5.), 2:0 Herrmann (22.), 3:0 K.Schulz (26.)

Danach ernannte Herberger sein Aufgebot für das Länderspiel gegen Dänemark. Einzige Neulinge waren Olk, Ulsaß und Nowak.
Tor: Tilkowski (Westf. Herne), Ewert (1.FC Köln), Sawitzki (VfB Stuttg.)
Verteidiger: Lutz (Eintr. Frankf.), Nowak (Schalke 04), Schnellinger (1.FC Köln), Olk (Bayern München)
Läufer: W.Schulz (Schalke 04), Giesemann (Bayern München), Wilden (1.FC Köln), Erhardt (Spvgg. Fürth)
Stürmer: Kreß (Eintr. Frankf.), Ulsaß (Arm. Hannover), Herrmann (Karlsruher SC), K.Schulz (Wuppertaler SV), Seeler (HSV), Haller (BC Augsb.), Stürmer (HSV), Brülls (Bor. Mönchengladb.), Vollmar (1.FC Saarbr.)
Das endgültige Aufgebot umfaßte 17 Spieler und war doch stark verändert.
Tor: Tilkowski, Ewert
Verteidiger: Nowak, Olk, Schnellinger
Läufer: Willi Schulz, Wenauer, Giesemann, Stinka
Stürmer: Kreß, G.Herrmann, Uwe Seeler, Kurt Schulz, Strehl, Haller, Brülls, Vollmar
Neben Nowak und Olk war auch Strehl neu in das Aufgebot gekommen. Alle 3 sollten noch Nationalspieler werden, während die beiden anderen Spieler, Stinka und Kurt Scholz, ohne Länderspiel blieben.

20.9.1961 in Düsseldorf
BR Deutschland - Dänemark 5:1 (3:1)

SR: Martens (Holland), Zuschauer: 45.000
BRD: Tilkowski -16 (Westf. Herne); Nowak -1 (Schalke 04), Schnellinger -17 (1.FC Köln); W.Schulz -5 (Schalke 04), Wenauer -2 (1.FC Nürnberg), Giesemann -7 (Bayern München); Kreß -7 (Eintr. Frankf.), G.Herrmann -5 (Karlsruher SC), Uwe Seeler -27 (HSV), Haller -13 (BC Augsburg), Brülls -15 (Bor. Mönchengladb.). Mannschaftskapitän: Uwe Seeler
Dänemark: Gaardhöje; Hellbrandt, Jensen; Hansen, J.Madsen, Krogh; Pedersen, Danielsen (ab 46. Löfquist), O.Madsen, O.Sörensen, J.Sörensen
Tore: 1:0 Uwe Seeler (8.), 2:0 Brülls (12.), 3:0 Uwe Seeler (35.), 4:0 Uwe Seeler (50.), 5:0 Kreß (54.), 5:1 Giesemann (72. Eigentor)
Beste Spieler: Uwe Seeler, Brülls, Haller, Kreß - Gaardhöje
Bericht: Erstaunlicherweise spielten die Dänen in den ersten Minuten gut mit. Obwohl alles reine Amateure waren, brachten sie einige Male das Tor von Tilkowski in Gefahr.

8. Minute: Brülls konnte einen Freistoß von Kreß durch einen Rückzieher vor das Tor der Dänen bringen, wo Uwe Seeler per Kopf zum 1:0 ins Netz vollendete. Ein herrliches Tor, das zusehends Auftrieb gab. 12. Minute: Die deutsche Elf war jetzt klar überlegen. Brülls bekam einen herrlichen Paß vor die Füße und war nicht mehr aufzuhalten. Unwiderstehlich drang er in die dänische Abwehr ein, und gegen seinen satten Schuß war der dänische Torhüter Gaardhöje machtlos. 15. Minute: Wieder lief das Sturmspiel zwischen Kreß, Seeler und Haller glänzend. Torhüter Gaardhöje hielt großartig. Erneut konnte sich der dänische Torhüter kurz darauf bei einem Aufsetzer von Herrmann auszeichnen. 19. Minute: Die traumhaften Kombinationen des deutschen Angriffs waren eine Augenweide. Es machte Freude, sie stürmen und schießen zu sehen.

35. Minute: Inzwischen spielte die deutsche Mannschaft mit den Dänen Katz und Maus. Nach prächtiger Flanke von Brülls übersprang Mittelstürmer Uwe Seeler zum wiederholten Mal seinen Gegenspieler Madsen und köpfte in die lange Ecke zum 3:0 ein.

52. Minute: Wieder war es Uwe Seeler, der eine herrliche Flanke von Kreß mit dem Kopf unhaltbar zum 4:0 verwandelte.

54. Minute: Die Dänen ließen dem deutschen Angriff zu viel Raum, so daß er faszinierend kombinieren konnte. Kreß überlief ganz souverän 3 Dänen, spielte den Torwart aus und erzielte das 5:0. Was für eine glänzende Vorstellung des Frankfurter Rechtsaußen.

72. Minute: Etwas übermütig geworden, spielte die deutsche Mannschaft leichtsinniger und es kam zum Eigentor durch Giesemann. 77. Minute: Der Ehrentreffer hatte die Dänen noch einmal ein bißchen mobilisiert und nun bekam auch Tilkowski den einen oder anderen Schuß zu halten. 80. Minute: Nach einem herrlichen Schuß von O.Madsen war sogar eine Glanzparade von Tilkowski notwendig, um einen weiteren Treffer zu verhindern.

90. Minute: An dem schönen Spiel der deutschen Mannschaft war zweifellos nichts auszusetzen. Allerdings mußte man das hohe Ergebnis in Relation zu dem Gegner sehen, der zwar tapfer kämpfte, aber nicht über die Mittel verfügte, um ein ernsthafter Gegner zu sein.

❖

Vorbericht zum 278. Länderspiel: Schon 2 Wochen nach dem Spiel gegen Dänemark war Polen in Warschau Gegner der deutschen Mannschaft. Hier mußte Herbergers Elf nun zeigen, ob sie an die gute Leistung des Dänen-Spiels anknüpfen konnte. Mit 16 Spielern fuhr der Bundestrainer nach Warschau.

Tor: Tilkowski, Ewert
Verteidiger: Nowak, Schnellinger, Olk
Läufer: W.Schulz, Erhardt, Wenauer, Giesemann
Stürmer: Kreß, Vollmar, G.Herrmann, Uwe Seeler, Haller, Brülls

8.10.1961 in Warschau
Polen - BR Deutschland 0:2 (0:1)

SR: Galba (Tschechoslowakei), Zuschauer: 25.000
Polen: Szymkowiak; Szczepanski, Wozniak; Strzykalski, Oslizlo, Grzegorczyk; Wilczek, Brychcy, Pohl, Liberda (ab 70. Musialek), Lentner
BRD: Tilkowski -17 (Westf. Herne); Nowak -2 (Schalke 04), Erhardt -44 (SpVgg Fürth); W.Schulz -6 (Schalke 04), Wenauer -3 (1.FC Nürnberg), Giesemann -8; Olk -1 (beide Bayern München), ab 46. Kreß -8 (Eintr. Frankf.), G.Herrmann -6 (Karlsruher SC), Uwe Seeler -28 (HSV), Haller -14 (BC Augsburg), Brülls -16 (Bor. Mönchengladb.). Mannschaftskapitän: Erhardt
Tore: 0:1 Brülls (19.), 0:2 Haller (64.)
Beste Spieler: keiner - Haller, Nowak, G.Herrmann, Schulz, Uwe Seeler
Bericht: Ein politischer Eklat sorgte schon vor dem Spiel dafür, daß die gesamte deutsche Presse nicht mit nach Warschau fuhr. Die polnische Regierung hatte einigen Journalisten die Einreise verweigert, worauf sich die gesamten Pressevertreter darauf verständigten, nicht nach Warschau zu reisen. Erbost war man über den D.F.B., der trotzdem mit der gesamten Delegation nach Warschau flog und das Länderspiel austrug. Im Länderspiel selbst bot dafür die deutsche Mannschaft eine Galavorstellung.

19. Minute: Mit einem tollen Angriffswirbel hatte die deutsche Elf vom Anpfiff an die Polen überhaupt nicht ins Spiel kommen lassen. Als Brülls aus kurzer Distanz eine Ecke verwandelte, war das der längst überfällige Führungstreffer.

45. Minute: Auch ohne den nach Italien abgewanderten Szymaniak trieb die deutsche Läuferreihe den Angriff immer wieder nach vorn, wobei der Innensturm fantastisch zauberte. Die beiden technisch brillanten Halbstürmer Herrmann und Haller hatten das Spiel jederzeit im Griff.

64. Minute: Auch in der zweiten Halbzeit spielte die deutsche Mannschaft hoch überlegen. Einen herrlichen Alleingang von Haller, der sich erfolgreich gegen 3 Gegenspieler durchsetzte, schloß der Augsburger mit einem schön angeschnittenen Schuß zum 2:0 ab.

❖

Vorbericht zum 279. Länderspiel: Lange nicht mehr hatte man eine so glanzvoll spielende deutsche Nationalelf gesehen wie gegen Dänemark und Polen. Wenn eine solche Leistung auch gegen stärkere Mannschaften möglich wäre, konnte man der nächsten WM gelassen entgegensehen.

Das letzte WM-Qualifikationsspiel gegen Griechenland war ohne Bedeutung. Ein echter Prüfstein waren die Griechen auch nicht, so deß es nur darum ging, die Mannschaft weiter einzuspielen.

Tor: Tilkowski, Ewert, Fahrian
Verteidiger: Nowak, Schnellinger, Olk
Läufer: W.Schulz, Erhardt, Wenauer, Porges, Giesemann, Reisch
Stürmer: Kreß, Vollmar, G.Herrmann, Ipta, Uwe Seeler, Stein, Haller, Brülls, G.Dörfel

Mit Fahrian (TSG Ulm 46), Reisch (1.FC Nürnberg) und Ipta (Schalke 04) waren 3 Neulinge im Aufgebot, von denen Fahrian und Reisch noch Nationalspieler werden sollten.

22.10.1961 in Augsburg (WM-Qualifikationsspiel)
BR Deutschland - Griechenland 2:1 (2:0)

Nilsen (Norwegen), Zuschauer: 50.000
BRD: Tilkowski -18 (Westf. Herne); Nowak -3 (Schalke 04), Schnellinger -18 (1.FC Köln); W.Schulz -7 (Schalke 04), Erhardt -45 (SpVgg Fürth), Giesemann -9 (Bayern München); Kreß -9 (Eintr. Frankf.), G.Herrmann -7 (Karlsruher SC), Uwe Seeler -29 (HSV), Haller -15 (BC Augsburg), Brülls -17 (Bor. Mönchengladb.). Mannschaftskapitän: Erhardt
Griechenland: Voutsaras; Kamaras, Vassiliou; Polychroniou, Stetanakos, Papoulidis; Mastrakoulis, Papaemmanouil, Domazos, Vassiliadis, Posidon
Tore: 1:0 Seeler (6.), 2:0 Seeler (27.), 2:1 Papaemmanouil (58.)
Beste Spieler: Uwe Seeler, Nowak, Giesemann - Voutsaras, Papaemmanouil
Bericht: Auch gegen die Griechen begann die deutsche Mannschaft furios und hatte in den ersten zwei Minuten zwei gute Torgelegenheiten durch Haller und Brülls. Beide Male konnte der griechische Torhüter im letzten Augenblick klären.

4. Minute: Auch die Griechen waren gegen das schnelle Kombinationsspiel des deutschen Angriffs machtlos. Nur mit einer Glanzparade konnte Torhüter Voutsaras einen Schuß von Uwe Seeler halten. In der 6. Minute, nach schönem Paß von Kreß in den freien Raum, ließ sich Uwe Seeler die Chance nicht entgehen. Die frühe 1:0-Führung der deutschen Mannschaft ließ hoffen.

26. Minute: Zum erstenmal wurde es bedrohlich für das deutsche Tor, als Domazos an Erhardt vorbei zog und plaziert in die Ecke schoß. Tilkowski konnte jedoch souverän halten. 27. Minute: Mit einem schnellen Konter riß die deutsche Mannschaft die griechische Abwehr auseinander. Auf Flanke von Brülls verwandelte Uwe Seeler zum 2:0 für die deutsche Mannschaft.

58. Minute: Trotz klarer Überlegenheit der Deutschen in der zweiten Halbzeit und guter Torchancen, die jedoch vergeben wurden, schlichen sich immer mehr Leichtsinnigkeitsfehler ein. Ein wuchtiger 30-Meter-Schuß von Papaemmanouil schlug überraschend zum 2:1 im Tor von Tilkowski ein. Die Griechen wurden jetzt offensiver und versuchten, den Ausgleich zu erzielen.

71. Minute: Weitere gute Torchancen der deutschen Mannschaft wurden von Herrmann, Haller, Seeler und Kreß nicht verwertet.

90. Minute: Bis zum Schlußpfiff blieb die deutsche Mannschaft klar dominierend und hätte mindestens ein halbes Dutzend Tore erzielen müssen. Die eklatante Abschlußschwäche der deutschen Stürmer kam gerade in diesem Spiel besonders zum Vorschein.

❖

Vorbericht zur 7. Fußball-Weltmeisterschaft: Die WM in Chile rückte immer näher und Bundestrainer Sepp Herberger hatte seine Stammelf gefunden. Tilkowski im Tor war ebenso unumstritten wie das neue Verteidigerpaar. Gleich 3 gute Mittelläufer mit Erhardt, Wilden und Wenauer standen zur Verfügung. Bei den Außenläufern sollte mit Szymaniak erstmals ein deutscher Auslandsprofi eingesetzt werden. Zudem standen mit Willi Schulz und Giesemann zwei weitere zuverlässige Kräfte zur Verfügung. Auch bei den Stürmern, in den letzten Länderspielen das Glanzstück, gab es nur auf Rechtsaußen Probleme. Hier ging man davon aus, daß Herberger rechtzeitig Helmut Rahn zurückholen würde. Damit hätte die deutsche Mannschaft wohl eine der stärksten Sturmreihen der Welt gehabt.

Zuerst einmal stand jedoch eine ganze Reihe von Probespielen auf dem Programm. Erster Gegner der Nationalmannschaft war der Karlsruher SC.

8.11.1961 in Karlsruhe
Karlsruher SC - Nationalmannschaft 1:3 (0:3)
SR: Fischer (Augsburg), Zuschauer: 15.000
Karlsruher SC: Paul; Dimmel, Klaussner; Ruppenstein, Rihm (Witlatschil), Schwall; Marx (Reitgaßl), Herrmann, Wischnowski, Saida, Witlatschil (Nauheimer)
Nationalmannschaft: Tilkowski (Westf. Herne), ab 46. Fahrian (Ulm 46); Lutz (Eintr. Frankfurt), Olk (Bayern München); Sturm (1.FC Köln), Wenauer (1.FC Nürnberg), Schnellinger (1.FC Köln), ab 46. Reisch (1.FC Nürnberg); Thielen (beide 1.FC Köln), Haller (BC Augsburg), Kraus (Kick. Offenb.), Brülls (Bor. Mönchengladb.), Vollmar (1.FC Saarbrücken), ab 46. Schämer (Eintr. Frankfurt)
ab 46.: Fahrian (Ulm 46) für Vollmar, Reisch (1.FC Nürnberg) linker Läufer, Schämer (Eintr. Frankf.) für Vollmar
Tore: 0:1 Vollmar (9.), 0:2 Haller (25. Elfmeter), 0:3 Kraus (40.)

13.12.1961 in Hamburg
Hamburger SV - Nationalmannschaft 4:3 (0:3)
SR: Baumgärtel (Hagen), Zuschauer: 65.000
HSV: Schnoor; Piechowiak, Kurbjuhn; Krug, Meinke, Dieter Seeler; Neisner, Dehn, Uwe Seeler, Wulf (Bähre), Dörfel
Nationalmannschaft: Tilkowski (Westf. Herne); Lutz (Eintr. Frankf.), Nowak; Schulz (beide Schalke 04), Wilden, Schnellinger (beide 1.FC Köln), ab 46. Olk (Bayern München); Thielen (1.FC Köln), Haller (BC Augsburg), Kraus (Kick. Offenb.), ab 46. Stein (Eintr. Frankf.), Herrmann (Karlsruher SC), Vollmar (1.FC Saarbrücken)
Tore: 0:1 Herrmann (5.), 0:2 Kraus (16.), 0:3 Haller (18.), 1:3 Uwe Seeler (60.), 2:3 Uwe Seeler (61.), 3:3 Uwe Seeler (75.), 4:3 Neisner (88.)

3.1.1962 in München
Bayern München/BC Augsburg - Nationalmannschaft 2:3 (1:1)
SR: Kreitlein (Stuttgart), Zuschauer: 25.000
Bayern/BCA: Oeltjendiers; Ostner, Olk; Borutta, Miller, Giesemann; Trimhold (SW Essen als Gastspieler), ab 46. Kraus (Kickers Offenbach), Ammer, Haller, ab 46. Herrmann (KSC), Grosser, Späth
Nationalmannschaft: Tilkowski (Westf. Herne); Lutz (Eintr. Frankf.), Kurbjuhn (HSV); W.Schulz (Schalke 04), Wilden, Schnellinger (beide 1.FC Köln), Kraus (Kick. Offenb.), Herrmann (Karlsruher SC), Uwe Seeler (HSV), Brülls (Bor. Mönchengladb.), G.Dörfel (HSV)
ab 46. spielte folgende Formation: Tilkowski, ab 72. Fahrian (Ulm 46); Lutz, Schnellinger; Steinmann (SW Essen), Wenauer (1.FC Nürnberg), Erhardt (SpVgg Fürth); Trimhold, Haller, U.Seeler, Brülls, G.Dörfel
Tore: 0:1 Herrmann (22.), 1:1 Ammer (40.), 1:2 Haller (52.), 2:2 Ostner (72. Elfmeter), 2:3 Haller (76.)

31.1.1962 in Gelsenkirchen
FC Schalke 04/Westf.Herne - Nationalmannschaft 2:4 (0:2)
SR: Schörnich (Düsseldorf), Zuschauer: 40.000
Schalke/Westfalia: Tilkowski; Nowak (Kellermann), Overdieck; W.Schulz, Horst, Pyka; Kuster (Assmy), Hesse, Koslowski, Luttrop, Gerhardt
Nationalmannschaft: Sawitzki (VfB Stuttgart); Kurbjuhn (HSV), Olk (Bayern München); Erhardt (SpVgg Fürth), Wilden (1.FC Köln), ab 46. Steinmann (SW Essen), Schnellinger (1.FC Köln); Kraus (Kick. Offenb.), Haller (BC Augsburg), Uwe Seeler (HSV), Brülls (Bor. Mönchengladb.), G.Dörfel (HSV), ab 63. Vollmar (1.FC Saarbrücken)
Tore: 0:1 Haller (5.), 0:2 G.Dörfel (40.), 1:2 Hesse (53.), 2:2 Luttrop (70.), 2:3 Haller (86.), 2:4 Uwe Seeler (90.)

Mitte Januar war in Santiago die WM-Gruppeneinteilung vorgenommen worden. Die deutsche Nationalmannschaft mußte zuerst gegen Italien, dann gegen die Schweiz und zum Abschluß gegen Gastgeber Chile spielen. Eine keineswegs leichte Gruppe. Gegen die abwehrstarken Italiener und Schweizer hatte sich die deutsche Mannschaft schon immer schwer getan und wie schwer es gegen die Gastgeber war, hatte sie erst ein paar Monate zuvor beim 1:3 in Santiago erfahren.

Zum Abschluß der Probespiele spielte die Nationalmannschaft in Köln und hier überraschte der Weltmeister von 1954 und Kapitän bei der WM 1958, Hans Schäfer, mit einer Glanzleistung als Regisseur.

14.2.1962 in Köln
1.FC Köln/Bor.Mönchengladbach - Nationalmannschaft 2:3 (0:0)

SR: Hackforth (Kierspe), Zuschauer: 27.500

1.FC Köln/Bor. Mönchengladb.: Ewert (ab 78. Dresbach); Habig, Pott; Sturm, Wilden, Schnellinger; Thielen, Schäfer, Stollenwerk (ab 46. Regh), Mülhausen (ab 75. Breuer), Chr.Müller

Nationalmannschaft: Fahrian (TSG Ulm 46); Nowak (Schalke 04), Kurbjuhn (HSV); Schulz (Schalke 04), Steinmann (SW Essen), Erhardt (SpVgg Fürth); Kraus (Kick. Offenb.), G.Herrmann (Karlsruher SC), Koslowski (Schalke 04), Brülls (Bor. Mönchengladb.), Vollmar (1.FC Saarbrücken)

Formation nach der Pause: Fahrian; Kurbjuhn, Höfer (Eintr. Frankf.); Nowak, Steinmann, Giesemann (Bayern München); Trimhold (SW Essen), G.Herrmann, Koslowski, Brülls, G.Dörfel (HSV)

Tore: 0:1 Brülls (50.), 0:2 Brülls (51.), 1:2 Regh (61.), 2:2 Regh (61.), 2:3 Giesemann (68.)

In 2 regionalen Auswahlspielen gab es für einige Spieler eine weitere Chance, sich für die Nationalelf zu empfehlen.

3.3.1962 in Dortmund
West - Süd 3:5 (2:2)

SR: Seekamp (Bremen), Zuschauer: 30.000

West: Tilkowski (Westf. Herne); Steinmann (SW Essen), Rausch (Meidericher SV); Sturm (1.FC Köln), Horst (Schalke 04), Nolden (Meidericher SV); Trimhold (SW Essen), ab 63. Peters (Bayer Leverkusen), Krämer (Meidericher SV), Koslowski (Schalke 04), Konietzka, Cyliax (beide BVB)

Süd: Sawitzki (VfB Stuttg.), ab 46. Fahrian (Ulm 46); Lutz (Eintr. Frankf.), ab 2. Giesemann (Bayern München), Höfer (Eintr. Frankf.); Erhardt (SpVgg Fürth), Wenauer (1.FC Nürnberg), Giesemann (Bayern München), ab 2. Reisch (1.FC Nürnberg); Geiger (VfB Stuttg.), Haller (BC Augsburg), Strehl (1.FC Nürnberg), G.Herrmann (Karlsruher SC), Schämer (Eintr. Frankf.)

Tore: 0:1 Schämer (7.), 0:2 Strehl (21.), 1:2 Koslowski (25.), 2:2 Koslowski (39.), 2:3 Höfer (64.), 2:4 Strehl (84.), 2:5 Geiger (87.)

4.3.1962 in Wuppertal
West - Berlin 3:2 (2:0)

SR: Ott (Rheinbrohl), Zuschauer: 5.000

West: Traska (RW Oberhausen); Flieger (Sodingen), Bockisch (Preußen Münster); Sauer (Wuppertaler SV), Grätsch (Spvgg. Herten), Luttrop (Westf. Herne); Rühl (Vikt. Köln), Tönges (Wuppertal), Rummel (SW Essen), ab 46. Koslowski (Schalke 04), Augustat (Wuppertaler SV), ab 46. Krämer (Meidericher SV), Peters (Bayer Leverkusen)

Berlin: Jann (Wacker 04); Deinert (Tennis Borussia), Schimmöller (Hertha BSC); Becker (Tasmania), Dr.Schüler (Hertha), Eder (Tennis Borussia); Engler (Tasmania), ab 46. Groß (Hertha), Bruske (Tennis Borussia), Rosenfeldt (Tasmania), Faeder (Hertha), Foit (Tennis Borussia), ab 46. Zeiser (Hertha)

Tore: 1:0 Schimmöller (12. Eigentor), 2:0 Rühl (21.), 3:0 Peters (60.), 3:1 Faeder (62.), 3:2 Rosenfeldt (87.)

Das letzte in der Reihe der Probespiele war die Begegnung der A- und B-Auswahl in Saarbrücken mit vorherigem Lehrgang. Hierzug waren eingeladen:

Tor: Sawitzki, Fahrian, Kirsch

Verteidiger: Nowak, Schnellinger, Kurbjuhn, Rausch, Neumann

Läufer: W.Schulz, Wilden, Erhardt, H.Sturm, Wenauer, Steinmann, Theo Hoffmann, Reisch

Stürmer: Geiger, Koslowski, May, Berti Kraus, Haller, Trimhold, W.Krämer, Strehl, Chr.Müller, Brülls, G.Herrmann, Hans Schäfer, Vollmar

Nur Uwe Seeler fehlte wegen Verletzung und überraschend auch Tilkowski. Mit Hansi Sturm, Geiger und Weltmeister Hans Schäfer tauchten 3 frühere Nationalspieler wieder auf. Es heißt sogar, daß Sepp Herberger sich darum bemüht haben soll, Fritz Walter, inzwischen 41-jährig, wieder zu aktivieren. Dies drückt natürlich auch eine gewisse Unsicherheit aus, obwohl die Nationalmannschaft begeisternde Spiele gezeigt hatte.

Während der Probespiele kamen auch eine ganze Reihe Neulinge in die engere Auswahl. Kurbjuhn (HSV), Rausch (MSV), Neumann (1.FC Kaisersl.) in der Verteidigung. Steinmann (SW Essen), Theo Hoffmann (VfB Stuttg.) und Reisch (1.FC Nürnb.) für die Läuferreihe. Und im Sturm waren Koslowski (Schalke 04), May (Bor.Neunkirchen), Werner Krämer (MSV), Strehl (1.FC Nürnb.), und Chr.Müller (1.FC Köln) ohne Länderspiel.

21.3.1962 in Saarbrücken
D.F.B.-Auswahl A - D.F.B.-Auswahl B 5:4 (3:2)

SR: Dusch (Kaiserslautern), Zuschauer: 40.000

A: Sawitzki (VfB Stutg.); Neumann (1.FC Kaisersl.), Schnellinger (1.FC Köln); Erhardt (SpVgg Fürth), ab 37. Chr.Müller, Steinmann (SW Essen), ab 31. Leist (Bor. Neunkirchen), W.Schulz (Schalke 04); Geiger (VfB Stuttg.), Haller (BC Augsb.), Koslowski (Schalke 04), Brülls (Bor. Mönchengladb.), Herrmann (Karlsruher SC)

Formation nach der Pause: Sawitzki; Neumann, Schnellinger; W.Schulz, Wenauer, Brülls; Geiger, Haller, Koslowski, Schäfer, Chr.Müller

B: Fahrian (Ulm 46); Nowak (Schalke 04), Kurbjuhn (HSV); Hoffmann (VfB Stuttg.), Wenauer (1.FC Nürnb.), Sturm (1.FC Köln); May (Bor. Neunkirchen), Trimhold (SW Essen), Strehl (1.FC Nürnb.), Schäfer (1.FC Köln), Vollmar (1.FC Saarbr.)

Formation nach der Pause: Fahrian; Nowak, Kurbjuhn; Hoffmann, Leist, Sturm; May, Strehl, Trimhold, Herrmann, Vollmar

Tore: 0:1 Vollmar (5.), 1:1 Koslowski (13.), 1:2 Schulz (35. Eigentor), 2:2 Geiger (43.), 3:2 Hoffmann (45. Eigentor), 4:2 Schäfer (62.), 4:3 Strehl (53.), 4:4 Sturm (74. Elfmeter), 5:4 Haller (80. Elfmeter)

Auch im letzten Probespiel trat deutlich hervor, wo die größten Probleme der deutschen Mannschaft lagen. Trotz Erhardt, Wenauer, Wilden und Steinmann, jeder mit besonderen Fähigkeiten, die aber nur zusammen einen Weltklassestopper ergaben, fehlte der ideale Mann. Und auf Rechtsaußen, wo ständig erfolglos experimentiert wurde, fehlte es am Ärgsten. Koslowski, Berti Kraus und May waren nur Durchschnittsspieler im Hinblick auf internationale Aufgaben. Völlig unverständlich blieb die Herberger-Entscheidung, nicht den 32-jährigen Rahn auszuprobieren. In Holland bekam der Rechtsaußen glänzende Kritiken, entschied gerade in diesen Monaten der Erprobung manches Spiel allein und sprühte vor Ehrgeiz. Sepp Herberger ließ ihn aber links liegen, was dem Bundestrainer auch im Nachhinein als großer Fehler angelastet wurde.

❖

Vorbericht zum 280. Länderspiel: Fast ein halbes Jahr war seit dem letzten Länderspiel vergangen. Fachleute schüttelten den Kopf, wie Spiele der Nationalelf gegen Vereinsmannschaften der Oberligen die internationalen Vergleiche ersetzen sollten. Kritik und Warnungen vor dem bösen Erwachen waren nicht selten.

Mit Uruguay hatte sich die deutsche Nationalmannschaft als letzten Gegner vor der Weltmeisterschaft eine unbequeme Elf ausgesucht. Die „Urus" hatten zwar die WM-Qualifikation nur mit Mühe über Bolivien geschafft, galten aber immer noch als eine der stärksten Nationalmannschaften der Welt. Zu diesem Spiel berief Herberger nach Hamburg:

Tor: Fahrian, Tilkowski, Sawitzki
Verteidiger: Nowak, Schnellinger, Olk, Kurbjuhn
Läufer: W.Schulz, Giesemann, Erhardt, Wenauer, Wilden, Szymaniak, H.Sturm
Stürmer: Koslowski, Berti Kraus, Geiger, Haller, G.Herrmann, Uwe Seeler, Brülls, H.Schäfer

Mit Fahrian, Kurbjuhn und Koslowski waren 3 Neulinge im Aufgebot, die gegen Uruguay ihr erstes Länderspiel machten. Und mit Hans Schäfer, bereits 1954 und 1958 bei der Weltmeisterschaft Stammspieler, kehrte nach 3 Jahren ein Altstar zurück.

11.4.1962 in Hamburg

BR Deutschland - Uruguay 3:0 (1:0)

SR: Horn (Holland), Zuschauer: 71.000
BRD: Fahrian -1 (TSG Ulm 46); Schnellinger -19 (1.FC Köln), Kurbjuhn -1 (HSV); W.Schulz -8 (Schalke 04), Wenauer -4 (1.FC Nürnberg), Szymaniak -33 (CC Catania); Koslowski -1 (Schalke 04), Haller -16 (BC Augsburg), Uwe Seeler -30 (HSV), Brülls -18 (Bor. Mönchengladb.), Schäfer -35 (1.FC Köln). Mannschaftskapitän: Uwe Seeler
Uruguay: Sosa; E.Gonzalez, P.Cubilla; N.Gonzalvez, Troche, Majewski; L.Cubilla, Silva (ab 46. Sasia), Cabrera (ab 75. Lancon), Roche (ab 25. Douksas), Escalada
Tore: 1:0 Haller (25.), 2:0 Schäfer (53.), 3:0 Koslowski (75.)
Beste Spieler: Fahrian, W.Schulz, Szymaniak, Schäfer, Schnellinger - Sosa, Cabrera, Troche
Bericht: Dieses Spiel war der letzte Test für die Fußball-Weltmeisterschaft. Beide Mannschaften begannen vorsichtig, so daß sich in der ersten Viertelstunde kaum Nennenswertes ereignete.

16. Minute: Eine raffinierte Seeler-Flanke konnte Torhüter Sosa gerade noch mit den Fingerspitzen über die Latte lenken. Als hätte das Spiel dieses Warnsignal gebraucht, wurde es jetzt von Minute zu Minute besser.

25. Minute: Erster Höhepunkt war ein fantastisches Solo von Helmut Haller, der zwei Gegenspieler stehen ließ und den Ball gefühlvoll am herausstürzenden Sosa vorbei zum 1:0 für Deutschland ins Netz schlenzte. 30. Minute: Die Uruguayer fielen nur durch vermehrtes Foulspiel auf. Ihr erster gefährlicher Angriff konnte durch das rechtzeitige Herauslaufen von Fahrian unterbunden werden. 36. Minute: Die nächste große Torchance für die deutsche Mannschaft bot sich Brülls, als er herrlich von Uwe Seeler angespielt wurde, aber aus 8 Meter Entfernung nicht verwandeln konnte.

53. Minute: Viel Glück für die „Urus", als nach einer Ecke von Koslowski eine Kopfballstafette von Seeler über Haller zu Schäfer kam, der mit einem plazierten Kopfball nur die Latte traf. Noch in derselben Minute war es dann aber so weit. Der glänzend aufspielende Schäfer nahm eine Flanke von Brülls auf und schmetterte den Ball flach und unhaltbar zum 2:0 ins Tor. 57. Minute: Die Uruguayer wurden jetzt zusehends stärker. Mit einer tollkühnen Faustabwehr rettete Fahrian ein fast sicher scheinendes Tor. Noch einmal Glück für die deutsche Mannschaft 3 Minuten später, als Kurbjuhn den Ball von der Linie wegschlug. 66. Minute: Als Mittelstürmer Cabrera seinen Gegenspieler Wenauer zum wiederholten Male aussteigen ließ, schien der Anschlußtreffer unvermeidbar. Erneut zeigte sich jedoch der Neuling im deutschen Tor mit einer fantastischen Reaktion als Herr der Lage.

70. Minute: Langsam konnte sich die deutsche Mannschaft von dem Druck der Südamerikaner wieder befreien. In Sosa hatten aber auch sie einen hervorragenden Torhüter, der seinen Strafraum beherrschte. 71. Minute: Wieder konnte Fahrian im Tor der deutschen Mannschaft glänzen, als Escalada allein auf ihn zulief, aber erneut den Ball nicht an den reaktionsschnellen deutschen Torhüter vorbeibringen konnte. 75. Minute: Hans Schäfer zeigte eine erstaunliche Kondition und Übersicht. Selbst jetzt in der Schlußphase ließ er seinen Gegner spielend stehen, flankte maßgerecht zu Koslowski, der den Ball mit der Brust stoppte und direkt flach und unhaltbar zum 3:0 einschoß. 77. Minute: Zum letztenmal mußte Fahrian mit einer Glanzparade gegen Uruguays Angriff retten.

90. Minute: Gegen einen unbequemen Gegner gewann die deutsche Mannschaft ihr letztes Länderspiel vor der Weltmeisterschaft zwar verdient, aber zu hoch mit 3:0.

❖

Vorbericht zum 281. Länderspiel: Nach dem Länderspiel gegen Uruguay gab der D.F.B. sein 40er Aufgebot für das WM-Turnier bekannt, aus dem bis zum 22.5.1962 das endgültige Aufgebot von 22 Spielern ausgesucht werden mußte.

Torhüter:
Wolfgang Fahrian (TSG Ulm 46), 20 J., 1 Lsp.
Hans Tilkowski (Westfalia Herne), 26 J., 18 Lsp.
Günter Sawitzki (VfB Stuttgart), 29 J., 9 Lsp.
Fritz Ewert (1.FC Köln), 25 J., 2 Lsp.
Horst Kirsch (Borussia Neunkirchen), 22 J., ohne Lsp.
Günter Bernard (1.FC Schweinfurt 05), 21 J., ohne Lsp.
Verteidiger:
Karl-Heinz Schnellinger (1.FC Köln), 23 J., 19 Lsp.
Jürgen Kurbjuhn (Hamburger SV), 21 J., 1 Lsp.
Hans Nowak (FC Schalke 04), 24 J., 3 Lsp.
Werner Olk (Bayern München), 24 J., 1 Lsp.
Friedel Rausch (Meidericher SV), 22 J., ohne Lsp.
Hermann Höfer (Eintr. Frankf.), 27 J., ohne Lsp.
Läufer:
Willi Schulz (FC Schalke 04), 23 J., 8 Lsp.
Leo Wilden (1.FC Köln), 25 J., 6 Lsp.
Horst Szymaniak (CC Catania), 27 J., 33 Lsp.
Herbert Erhardt (Spvgg. Fürth), 31 J., 45 Lsp.
Ferdinand Wenauer (1.FC Nürnberg), 22 J., 9 Lsp.
Willi Giesemann (Bayern München), 24 J., 9 Lsp.
Hans Sturm (1.FC Köln), 26 J., 2 Lsp.
Jürgen Werner (Hamburger SV), 26 J., 2 Lsp.
Egon Horst (FC Schalke 04), 23 J., ohne Lsp.
Stefan Reisch (1.FC Nürnberg), 20 J., ohne Lsp.
Heinz Steinmann (Schwarz-Weiß Essen), 24 J., ohne Lsp.
Ingo Porges (FC St.Pauli Hamburg), 23 J., 1 Lsp.
Stürmer:
Willi Koslowski (FC Schalke 04), 25 J., 1 Lsp.
Helmut Haller (BC Augsburg), 22 J., 16 Lsp.
Uwe Seeler (Hamburger SV), 25 J., 30 Lsp.
Albert Brülls (Borussia Mönchengladbach), 25 J., 18 Lsp.
Hans Schäfer (1.FC Köln), 34 J., 35 Lsp.
Rolf Geiger (VfB Stuttgart), 27 J., 5 Lsp.
Engelbert Kraus (Kickers Offenbach), 27 J., 5 Lsp.
Günther Herrmann (Karlsruher SC), 22 J., 7 Lsp.
Heinz Strehl (1.FC Nürnberg), 23 J., ohne Lsp.
Horst Trimhold (Schwarz-Weiß Essen), 21 J., ohne Lsp.
Erwin Stein (Eintracht Frankfrut), 26 J., 1 Lsp.
Werner Ipta (FC Schalke 04), 20 J., ohne Lsp.
Christian Müller (1.FC Köln), 23 J., ohne Lsp.
Richard Kreß (Eintracht Frankfurt), 37 J., 9 Lsp.
Gert Dörfel (Hamburger SV), 22 J., 6 Lsp.
Heinz Vollmar (1.FC Saarbrücken), 26 J., 12 Lsp.

Das Aufgebot für die WM in Chile 1962, stehend v.l.: Kraus, Tilkowski, Sawitzki, Schnellinger, Haller, Werner, Fahrian, Kurbjuhn, Sturm, Strehl, Masseur Deuser, Schulz, Szymaniak; sitzend v.l.: Nowak, Uwe Seeler, Koslowski, G.Herrmann, Brülls, Bundestrainer Herberger, Schäfer, Wilden, Erhardt, Giesemann, Vollmar

Noch nie war ein Aufgebot so umstritten wie zu dieser WM. Vor allem die Nichtberücksichtigung des Dortmunder Innensturms Aki Schmidt, Jürgen Schütz und Timo Konietzka sowie das Fehlen Helmut Rahns stieß auf Unverständnis.

Positiv war, daß Herberger unter den 40 nur dort Hoffnung verbreitete, wo sie angebracht war, indem er zum Vorbereitungslehrgang vom 30.4.-11.5.1962 in Karlsruhe-Schöneck nur 24 Spieler einlud. Der 25., Rolf Geiger (VfB Stuttgart), gab Herberger einen Korb.

Tor: Tilkowski, Fahrian, Sawitzki

Verteidiger: Nowak, Schnellinger, Kurbjuhn, Olk

Läufer: W.Schulz, Werner, H.Sturm, Erhardt, Wenauer, Wilden, Szymaniak, Giesemann

Stürmer: Koslowski, Berti Kraus, Haller, Uwe Seeler, Strehl, Brülls, G.Herrmann, H.Schäfer, Vollmar

Danach ernannte Bundestrainer Sepp Herberger sein 22-köpfiges WM-Aufgebot, mit den Rückennummern:

1 Tilkowski, 2 Erhardt, 3 Schnellinger, 4 W.Schulz, 5 Wilden, 6 Szymaniak, 7 Koslowski, 8 Haller, 9 U.Seeler, 10 Brülls, 11 Schäfer, 12 Nowak, 13 Kurbjuhn, 14 Werner, 15 Giesemann, 16 H.Sturm, 17 Berti Kraus, 18 G.Herrmann, 19 Strehl, 20 Vollmar, 21 Sawitzki, 22 Fahrian

Zum 1. WM-Gruppenspiel hatte Herberger 2 Überraschungen parat. Der junge Fahrian wurde fast sensationell für das Tor aufgeboten und Hansi Sturm war taktischer Rechtsaußen, der die Abwehr verstärken sollte.

Die Italiener traten erwartungsgemäß mit ihren beiden eingebürgerten Südamerikanern an. Sivori, Europas Fußballer des Jahres, war bereits argentinischer Nationalspieler und Altafini hatte bei der WM 1958 unter dem Namen Mazzola noch für Brasilien gestürmt.

31.5.1962 in Santiago (WM-Vorrunde)

Italien - BR Deutschland 0:0

SR: Davidson (Schottland), Zuschauer: 65.000

Italien: Buffon; Losi, Robotti; Salvadore, Maldini, Radice; Ferrini, Rivera, Altafini, Sivori, Menichelli

BRD: Fahrian -2 (TSG Ulm 46); Nowak -4 (Schalke 04), Schnellinger -20 (1.FC Köln); W.Schulz -9 (Schalke 04), Erhardt -46 (SpVgg Fürth), Szymaniak -34 (CC Catania); H.Sturm -3 (1.FC Köln), Haller -17 (BC Augsburg), Uwe Seeler -31 (HSV), Schäfer -36 (1.FC Köln), Brülls -19 (Bor. Mönchengladb.). Mannschaftskapitän: Schäfer

Beste Spieler: Salvadore, Buffon, Maldini - Schnellinger, Erhardt, W.Schulz

Bericht: Bereits in den ersten Minuten etwickelte sich ein spannendes Spiel, bei dem die deutsche Mannschaft leichte Vorteile hatte.

6. Minute: Die erste ganz große Chance für die deutsche Mannschaft, als Uwe Seeler Brülls einsetzte, der den Ball auch an Torhüter Buffon vorbeibrachte, aber Maldini rettete vor der Linie zur Ecke. 8. Minute: Ebenso großes Glück für die deutsche Mannschaft, als Rivera aus 12 Meter Entfernung schoß, Fahrian den Ball nicht festhalten konnte und Sivori nur haarscharf am Pfosten vorbeischoß. 12. Minute: Nur durch ein Foul an Uwe Seeler konnten die Italiener eine weitere Torgelegenheit verhindern. Den Freistoß schoß Seeler selbst, zuerst in die Mauer, dann hob er den Abpraller geschickt über die Abwehr hinweg, aber leider ging der Ball an die Latte. 13. Minute: Von Minute zu Minute wurde die deutsche Mannschaft besser und die Italiener wehrten sich zunehmend durch Fouls. Eine günstige Torgelegenheit für die deutsche Mannschaft wurde sogar mit der Hand im Strafraum verhindert, was Schiedsrichter Davidson jedoch nicht ahndete.

18. Minute: Ganz plötzlich tauchte der italienische Verteidiger Robotti am deutschen Strafraum auf und schoß nur haarscharf am Pfosten vorbei. 21. Minute: Erneut großes Glück für die Italiener, als ein schöner Uwe Seeler-Kopfball nur ganz knapp am Pfosten vorbeiging.

30. Minute: Nach einer halben Stunde hatte die deutsche Mannschaft ein Übergewicht. 38. Minute: Mit Davidson war offensichtlich ein Schiedsrichter mit der Leitung des Spieles beauftragt, der diesem nicht gewachsen war. Ein ganz klares Foul an Haller, der im Strafraum festgehalten wurde, ahndete der Schiedsrichter ebenfalls nicht.

45. Minute: Die immer wieder guten Ansätze der deutschen Mannschaft mit schnellen und zügigen Kombinationen wurden zunehmend von Fouls der Italiener unterbunden. In den ersten 45 Minuten hatte es ca. 30 italienische Fouls und 10 Fouls der deutschen Spieler gegeben. Unter diesen ständigen Unterbrechungen litt das Spiel sehr.

79. Minute: Die größte italienische Möglichkeit nach der Halbzeit hatte Rivera, der frei zum Kopfball kam, aber um Zentimeter das Tor verfehlte.

90. Minute: Nach knüppelhartem Spiel, das die Italiener lediglich in der letzten halben Stunde bestimmten, endete das Spiel 0:0. Ein Sieg wäre für die deutsche Mannschaft durchaus möglich gewesen, aber unverständlicherweise hatte Herberger in der zweiten Halbzeit seine Mannschaft mehr und mehr zurückgezogen.

Vorbericht zum 282. Länderspiel: Nach dem Italien-Spiel gab es viele Verletzungen. Kaum ein Spieler war ohne Blessuren davongekommen. Zum zweiten Gruppenspiel gegen die Schweiz waren jedoch alle wieder fit. So gab es nur die erwartete Veränderung, Koslowski für Hansi Sturm auf Rechtsaußen. Gegen die Schweizer mußte offensiv gespielt werden, um deutlich gewinnen zu können.

3.6.1962 in Santiago (WM-Vorrunde)

Schweiz - BR Deutschland 1:2 (0:1)

SR: Horn (Holland), Zuschauer: 62.000
Schweiz: Elsener; Schneiter, Tachella; Grobety, Wüthrich, Weber; Antenen, Vonlanthen, Allemann, Eschmann, Dürr
BRD: Fahrian -3 (TSG Ulm 46); Nowak -5 (Schalke 04), Schnellinger -21 (1.FC Köln); W.Schulz -10 (Schalke 04), Erhardt -47 (SpVgg Fürth), Szymaniak -35 (CC Catania); Koslowski -2 (Schalke 04), Haller -18 (BC Augsburg), Uwe Seeler -32 (HSV), Schäfer -37 (1.FC Köln), Brülls -20 (Bor. Mönchengladb.). Mannschaftskapitän: Schäfer

Tore: 0:1 Brülls (45.), 0:2 Uwe Seeler (60.), 1:2 Schneiter (73.)
Beste Spieler: Elsener, Schneiter, Wüthrich - Schnellinger, Nowak, Erhardt, Fahrian
Bericht: Nach der Niederlage gegen Chile hatte die Schweiz in diesem Spiel gegen Deutschland die letzte Chance, sich doch noch für das Viertelfinale zu qualifizieren. Nur ein Sieg konnte

Die deutsche Elf vor dem WM-Spiel 1962 gegen die Schweiz; stehend v.l.: Schulz, Koslowski, Uwe Seeler, Haller, Szymaniak, Schnellinger; vorne v.l.: Brülls, Nowak, Schäfer, Fahrian, Erhardt

Mit 2:0 über Gastgeber Chile gewann diese deutsche Elf ihr letztes Gruppenspiel; stehend v.l.: Schulz, Uwe Seeler, Giesemann, Szymaniak, Schnellinger; vorne v.l.: Brülls, Kraus, Nowak, Schäfer, Fahrian, Erhardt

ihnen weiterhelfen. Dementsprechend kämpften sie vom Anpfiff an um jeden einzelnen Ball und machten der deutschen Mannschaft das Leben schwer.

13. Minute: Der berühmte Schweizer Riegel hatte noch nicht eine zwingende Torgelegenheit für die deutsche Mannschaft zugelassen. Immer wieder warfen sich die Schweizer aufopferungsvoll in die Schußbahn der deutschen Stürmer. Zum wiederholten Male versuchte Uwe Seeler per Kopf zum Torerfolg zu kommen, aber Elsner stand gut. 17. Minute: Endlich einmal kam Uwe Seeler frei zum Schuß, aber das Leder strich knapp über die Latte.

41. Minute: Nach einem Foul von Vonlanthen mußte Schnellinger verletzt ausscheiden.

45. Minute: Ganz überraschend kam Sekunden vor dem Halbzeitpfiff der Führungstreffer für die deutsche Mannschaft, als Brülls aus 18 Meter Entfernung Torhüter Elsner keine Chance ließ. Die erwartet starke Abwehr der Schweizer hatte es der deutschen Mannschaft sehr schwer gemacht, aber nach diesem 1:0 konnte man für die zweite Halbzeit hoffen, weil nun die Schweizer ihrerseits kommen mußten.

51. Minute: Schnellinger war nach dem Seitenwechsel wieder dabei, so daß die deutsche Mannschaft vollzählig war. Die erste Torgelegenheit hatte Koslowski, der jedoch nahe an der Strafraumgrenze gefoult wurde. Der indirekte Freistoß brachte nichts ein.

59. Minute: Fast 10 Minuten lang waren die Schweizer jetzt sogar im Feld überlegen, versuchten alles, um den Ausgleich zu erzielen, aber scheiterten immer wieder an der glänzenden deutschen Abwehr. 60. Minute: Der deutsche Angriff hatte jetzt den Platz, den er brauchte. Ein herrlicher Paß von Schäfer in den freien Raum zu Uwe Seeler, bedeutete das 2:0. Gegen den knallharten Schuß hatte Torhüter Elsner erneut keine Chance. 68. Minute: Wieder schoß Uwe Seeler, aber der Ball flog knapp am Tor vorbei. Das 2:0 hatte der deutschen Mannschaft so viel Sicherheit gegeben, daß sie jetzt wieder das Spiel kontrollierte und Torchancen herausspielte. Koslowski traf mit einem herrlichen Schuß nur den Pfosten. 73. Minute: Als Torhüter Fahrian zu kurz abwehrte, war Schneiter zur Stelle und köpfte unhaltbar unter die Latte. Für die aufopferungsvoll kämpfende Schweizer Mannschaft war das der verdiente Anschlußtreffer.

90. Minute: Mit dem 2:1 Sieg hatte die deutsche Mannschaft ihr Soll erfüllt. Allerdings war es ein glanzloser und schwererkämpfter Sieg, der eher nachdenklich machte, als optimistisch.

❖

Vorbericht zum 283. Länderspiel: Viele Frangen blieben nach dem Spiel gegen die Schweiz offen. Der Angriff, vor der WM Prunkstück der deutschen Mannschaft konnte sich gegen den Schweizer „Riegel" nie entscheidend durchsetzen. Und nun war WM-Gastgeber Chile nächster Gegner der deutschen Elf. Durch 2 Siege gegen die Schweiz und Italien hatten sich die Chilenen bereits für das Viertelfinale qualifiziert und konnten somit befreit aufspielen. Die deutsche Mannschaft mußte dagegen unbedingt einen Punkt holen, um das Viertelfinale zu erreichen. Der „alte Fuchs" Herberger ließ sich zum Erreichen dieses Ziels etwas einfallen. Er nahm den schwachen rechten Flügel Koslowski-Haller aus der Mannschaft und stellte dafür Berti Kraus und Szymaniak neu in den Sturm, während Giesemann den Posten von Szymaniak einnahm. Also deutlich eine auf die Defensive orientierte Spielweise.

6.6.1962 in Santiago (WM-Vorrunde)
Chile - BR Deutschland 0:2 (0:1)

SR: Davidson (Schottland), Zuschauer: 68.000
Chile: Escuti; Eyzaguirre, Navarro; Contreras, Raul Sanchez, Rojas; Ramirez, Moreno, Landa, Tobar, Leonel Sanchez
BRD: Fahrian -4 (TSG Ulm 46); Nowak -6 (Schalke 04), Schnellinger -22 (1.FC Köln); W.Schulz -11 (Schalke 04), Erhardt -48 (SpVgg Fürth), Giesemann -10 (Bayern München); Kraus -6 (Kickers Offenb.), Szymaniak -36 (CC Catania), Uwe Seeler -33 (HSV), Schäfer -38 (1.FC Köln), Brülls -21 (Bor. Mönchengladb.). Mannschaftskapitän: H.Schäfer

Tore: 0:1 Szymaniak (21. Fouelfmeter), 0:2 Uwe Seeler (82.)
Beste Spieler: Rojas, Eyzaguirre, Contreras, Navarro - Erhardt, Schnellinger, Szymaniak, Uwe Seeler
Bericht: Fast erwartungsgemäß begann die deutsche Mannschaft sehr vorsichtig und überließ den Chilenen das Mittelfeld.

14. Minute: Erst jetzt hatte Fahrian den ersten Schuß aus dem Hinterhalt zu halten. Eine Minute später Glück für die deutsche Mannschaft, als Tobar nur knapp am Tor vorbeizielte. 16. Minute: Nach einer Ecke bot sich Schäfer die erste Torgelegenheit für die deutsche Mannschaft, doch er köpfte am Pfosten vorbei.

20. Minute: Eine tolle Konterchance für die deutsche Mannschaft, als Seeler, Schäfer und Brülls nur noch zwei Chilenen vor sich hatten, aber der Ball wurde durch ein Mißverständnis verloren. 21. Minute: Als Uwe Seeler alleine durch war, wurde er im Strafraum von Contreras umgestoßen und Schiedsrichter Davidson zeigte sofort auf den Elfmeterpunkt. Szymaniak ließ Torhüter Escuti keine Chance. Der Ball zischte flach, dicht am Pfosten vorbei, ins Netz der Chilenen.

45. Minute: Bis zum Halbzeitpfiff rannten die Chilenen gegen das deutsche Tor, schossen aber häufig daneben oder drüber, und was dennoch auf den Kasten von Fahrian kam, hielt der deutsche Torhüter. Die wenigen deutschen Konter waren mehr als kläglich und brachten nicht eine einzige Torchance. Mit viel Glück führte die deutsche Mannschaft 1:0.

55. Minute: Auch nach dem Seitenwechsel ein unverändertes Bild. Die Chilenen waren klar überlegen, vergaben aber Torchancen reihenweise.

75. Minute: Nur mit unglaublichem Glück hatte die deutsche Mannschaft gegen die haushoch überlegenen Chilenen die 75 Minuten ohne Gegentreffer überstanden. Immer wieder war ein Bein oder der Kopf von Nowak, Schnellinger, Schulz, Erhardt, Giesemann und Szymaniak dazwischen. Was dennoch auf das Tor von Fahrian kam, konnte der deutsche Torhüter reaktionsschnell halten. 78. Minute: Das Glück blieb der deutschen Mannschaft hold, als Landa aus 18 Meter Entfernung nur die Latte traf. Noch in der gleichen Minute flog ein Kopfball von Moreno nur ganz knapp am Tor vorbei. 82. Minute: Völlig unerwartet wurde die deutsche Mannschaft noch für ihre Defensivhaltung belohnt. Der erste gefährliche Konter der zweiten Halbzeit (!) über Schulz und Brülls brachte die 2:0 Führung. Der Gladbacher flankte mustergültig auf den Kopf von Uwe Seeler, der Torhüter Escuti keine Chance ließ. Das war die endgültige Entscheidung und das Vorrücken der deutschen Mannschaft in das Viertelfinale.

88. Minute: Herbergers Elf verteidigte jetzt mit 10 Spielern. Hans Schäfer rettete auf der Linie für den schon geschlagenen Fahrian. Mit Antifußball und unglaublichem Glück gewann die deutsche Mannschaft ihr letztes Vorrundenspiel mit 2:0.

❖

Vorbericht zum 284. Länderspiel: Wie schon 1954 in der Schweiz und 1958 in Schweden war Jugoslawien im Viertelfinale Gegner der deutschen Mannschaft. Daß die Jugoslawen kein unüberwindliches Hindernis waren, aber auch kein leichter Gegner, war aus vielen Länderspielen bekannt. Möglich war alles, aber unverständlich blieb, daß Herberger erneut auf eine Defensivtaktik setzte. Nicht erst das Spiel gegen Chile, in dem die deutsche Elf viel Glück hatte, hatte gezeigt, daß der deutschen Mannschaft diese Spielweise nicht lag. Die Erfolge 1954 und 1958 waren auch Erfolge des offensiven Spiels.

Einzige Änderung in der deutschen Elf war die Hereinnahme von Haller für Berti Kraus, der als dritter Rechtsaußen im dritten Spiel nicht die gewünschte Leistung bringen konnte. Nun mußte Brülls als vierter Rechtsaußen Notnagel spielen. Es war einer der schwersten Fehler in Herbergers Zeit als Bundestrainer, daß er nicht versucht hat, einen Rahn in Bestform zu bringen und mit nach Chile zu nehmen. Besonders ein Stürmer seines Typs hatte in allen 3 Spielen gefehlt.

10.6.1962 in Santiago (WM-Viertelfinale)
Jugoslawien - BR Deutschland 1:0 (0:0)

SR: Yamasaki (Peru), Zuschauer: 64.000
Jugoslawien: Soskic; Durkovic, Jusufi; Radakovic, Markovic, Popovic; Kovacevic, Sekularac, Jerkovic, Galic, Skoblar
BRD: Fahrian -5 (TSG Ulm 46); Nowak -7 (Schalke 04), Schnellinger -23 (1.FC Köln); W.Schulz -12 (Schalke 04), Erhardt -49 (SpVgg Fürth), Giesemann -11 (Bayern München); Brülls -22 (Bor. Mönchengladb.), Haller -19 (BC Augsburg), Uwe Seeler -34 (HSV), Szymaniak -37 (CC Catania), Schäfer -39 (1.FC Köln). Mannschaftskapitän: Schäfer

Tor: 1:0 Radakovic (86.)
Beste Spieler: Soskic, Galic, Radakovic - Schnellinger, Nowak, Uwe Seeler
Bericht: Zum drittenmal hintereinander standen sich im Viertelfinale der Weltmeisterschaft Jugoslawien und Deutschland gegenüber. Trotz des großen Respekts, den die beiden Mannschaften voreinander hatten, begann das Spiel furios.

1. Minute: Bereits eine ganz große Chance für die Jugoslawen, als Jerkovic, selbst überrascht, aus 6 Meter Entfernung frei zum Schuß kam, aber Fahrian blitzschnell reagierte. Im Gegenzug gleich die erste Torgelegenheit für die deutsche Mannschaft, als Uwe Seeler nach Paß von Haller einen tollen Schuß auf das jugoslawische Tor losließ, aber der Ball flog krachend an den Pfosten und zurück ins Feld.

32. Minute: Erst eine halbe Stunde nach dem ersten gefährlichen Angriff gelang der deutschen Mannschaft ein zweiter, der jedoch mit einem zu schwachen Schuß von Schäfer ohne Folgen blieb. 38. Minute: Mehr Probleme hatte Torhüter Soskic schon mit einem Kopfball Uwe Seelers, aber letztlich zeigte sich der jugoslawische Torhüter als ausgezeichneter Schlußmann.

45. Minute: Da beide Mannschaften vorsichtig operierten, blieben weitere, ganz große Torgelegenheiten aus. Insgesamt hatten die Jugoslawen jedoch mehr vom Spiel, aber ebensowenig eine Führung verdient wie die deutsche Mannschaft.

49. Minute: Durch einen Zusammenprall zwischen Seeler und Radakovic verletzte sich der rechte Läufer der Jugoslawen am Kopf. Er mußte mit einem Kopfverband weiterspielen.

70. Minute: Endlich wieder ein deutscher Entlastungsangriff, der mit einer Flanke von Uwe Seeler auf den Kopf von Haller endete, aber Torhüter Soskic hatte keine Probleme mit dem schwachen Kopfball. 75. Minute: Auf Flanke von Schnellinger köpfte Uwe Seeler auf das Tor der Jugoslawen, aber erneut hielt Soskic sicher.

83. Minute: Noch einmal eine gute Torgelegenheit für die deutsche Mannschaft, als Schnellinger einen Freistoß direkt auf das Tor von Soskic donnerte, der den Ball erst im Nachfassen nur Millimeter vor der Torlinie erreichte. 86. Minute: Als der gefährlichste jugoslawische Stürmer Galic zum wiederholten Male Schulz davonlief, war es passiert. Fast von der Torauslinie paßte er zurück in den Strafraum, wo Außenläufer Radakovic in den Ball ging und aus vollem Lauf unhaltbar in den Winkel traf. Die Jugoslawen führten nicht unverdient mit 1:0.

90. Minute: In den letzten 4 Minuten ließen sich die Jugoslawen durch geschicktes Ballhalten diesen Vorsprung nicht mehr nehmen. Nach zweimaligem Scheitern an der deutschen Mannschaft in einem Viertelfinale, hatten sie es im dritten Anlauf endlich geschafft. Für die deutsche Mannschaft war es ein bitteres Ausscheiden. Sepp Herberger, der Bundestrainer, mußte sich den Vorwurf gefallen lassen, daß er seine Mannschaft mit vielen Offensivqualitäten zu defensiv eingestellt hatte.

Nach dem Ausscheiden reiste die deutsche Nationalmannschaft sofort nach New York ab, wo sie ein Auswahlspiel gegen den Deutsch-Amerikanischen Fußball-Bund austrug. Damit war die Saison beendet.

17.6.1962 in New York (7.000)
DAFB-Auswahl - D.F.B.-Auswahl 2:7 (2:4)
D.F.B.: Sawitzki; Nowak, Kurbjuhn; Erhardt, Wilden, Sturm; Koslowski (Kraus), Strehl, Uwe Seeler (Haller), G.Herrmann (Brülls), Vollmar

Tore: 1:0 Fister (4.), 1:1 Strehl (9.), 1:2 Vollmar (21.), 2:2 Panaguilis (28.), 2:3, 2:4 Strehl (34., 40.), 2:5 Brülls (67.), 2:6 Strehl (72.), 2:7 Kraus (79.)

❖

Gesamtbilanz 1908-1962
284 Spiele: 147 Siege, 47 Unentschieden, 90 Niederlagen, 718:490 Tore
Heim: 131 Spiele: 72 Siege, 27 Unentschieden, 32 Niederlagen, 353:191 Tore
Auswärts: 153 Spiele: 75 Siege, 20 Unentschieden, 58 Niederlagen, 365:299 Tore
Zuschauer insgesamt: 11.291.863, Heim: 6.291.500, Auswärts: 5.000.363

Die meisten Länderspiele:
1. Paul Janes (Fortuna Düsseldorf) — 71 Spiele
2. Ernst Lehner (Sch. Augsb. 55, BW Berlin 10) — 65 "
3. Fritz Walter (1.FC Kaiserslautern) — 61 "
4. Herbert Erhardt (SpVgg Fürth) — 49 "
5. Albin Kitzinger (Schweinfurt 05) — 44 "
   Andreas Kupfer (Schweinfurt 05) — 44 "
7. Reinhold Münzenberg (Alemannia Aachen) — 41 "
8. Helmut Rahn (RW Essen 34, 1.FC Köln 6) — 40 "
9. Ludwig Goldbrunner (Bayern München) — 39 "
   Hans Schäfer (1.FC Köln) — 39 "
11. Hans Jakob (Jahn Regensburg) — 38 "
12. Horst Szymaniak (WSV 20, KSC 12, Catania 5) — 37 "
13. Fritz Szepan (Schalke 04) — 34 "
    Uwe Seeler (Hamburger SV) — 34 "
15. Josef Posipal (Hamburger SV) — 32 "
    Horst Eckel (1.FC Kaiserslautern) — 32 "

Die meisten Tore:
1. Fritz Walter (1.FC Kaiserslautern) — 33 Tore
2. Ernst Lehner (Sch. Augsburg, BW Berlin) — 30 "
3. Edmund Conen (FV Saarbr., K. Stuttgart) — 27 "
4. Richard Hofmann (Meerane 07, Dresdener SC) — 24 "
5. Uwe Seeler (Hamburger SV) — 22 "
6. Max Morlock (1.FC Nürnberg) — 21 "
   Helmut Rahn (Rot-Weiß Essen, 1.FC Köln) — 21 "
8. Karl Hohmann (VfL Benrath) — 20 "
9. Otto Siffling (SV Waldhof) — 17 "
   Helmut Schön (Dresdener SC) — 17 "
11. Wilhelm Hahnemann (Admira Wien) — 16 "
12. Hans Schäfer (1.FC Köln) — 15 "
11. Gottfried Fuchs (Karlsruher FV) — 14 "
    Otto Harder (Hamburger SV) — 14 "
15. Josef Gauchel (TuS Neuendorf) — 13 "
    Ernst Willimowski (Chemnitz, München 1860) — 13 "

Die häufigsten Mannschaftsführer waren:
1. Paul Janes — 31 mal
2. Fritz Szepan — 30 "
   Fritz Walter — 30 "
4. Herbert Erhardt — 17 "
5. Hans Schäfer — 16 "
6. Ludwig Leinberger — 11 "
7. Adolf Jäger — 10 "
   Rudolf Gramlich — 10 "
9. Camillo Ugi — 9 "
10. Otto Harder — 8 "
    Reinhold Münzenberg — 8 "
    Helmut Rahn — 8 "
13. Max Breunig — 7 "
14. Heinrich Stuhlfauth — 6 "
    Josef Posipal — 6 "

26 Elfmeter für Deutschland:
21 Elfmeter verwandelt durch Förderer (1908 geg. England), Breunig (1911 geg. die Schweiz), Jäger (1913 geg. Dänemark), Jäger (1921 geg. Ungarn), Franz (1924 geg. Österreich), Ruch (1925 geg. Finnland), R.Hofmann (1932 geg. die Schweiz), Lehner (1934 geg. Polen), Gauchel (1938 geg. Luxemburg), Janes (1939 geg. Bömen-Mähren), Binder (1939 geg. Italien), Conen (1940 geg. Bulgarien), Janes (1941 geg. Ungarn), Lehner (1941 geg. Kroatien), Burdenski (1950 gegen die Schweiz), F.Walter (1954 geg. Österreich), F.Walter (1954 geg. Österreich), Juskowiak (1955 geg. Italien), Juskowiak (1958 geg. Schottland), Juskowiak (1959 geg. die Schweiz), Szymaniak (1962 geg. Chile)

5 Elfmeter verschossen durch Breunig (1910 geg. Holland), Breunig (1913 geg. Holland), Kalb (1922 geg. Österreich), Lüke (1923 geg. Finnland), Brülls (1961 geg. Chile)

33 Elfmeter gegen Deutschland:
24 Elfmeter verwandelt durch Dlabac (1908 Österreich), Schlosser (1912 Ungarn), Weiss (1912 Schweiz), Kuthan (1921 Österreich), Kelin (1925 Finnland), Lundahl (1929 Schweden), Christophersen (1930 Dänemark), Polgar (1934 Ungarn), Davies (1936 Irland), Stijne (1939 Belgien), Demaria (1939 Italien), Campos (1941 Spanien), Nagymarosi (1942 Ungarn), Bocquet (1951 Schweiz), Bobek (1952 Jugoslawien), Cesar (1952 Spanien), Martin (1954 Saarland), Cantwell (1956 Irland), Wagner (1957 Österreich), Dvorak (1958 Tschechoslowakei), Kopa (1958 Frankreich), Duis (1958 Frankreich), Alla (1958 Ägypten), Tichy (1959 Ungarn)

9 Elfmeter verschossen durch (1911 Schweden), (1922 Finnland), Neumann (1922 Österreich), Ramseyer (1928 Schweiz), Orsi (1930 Italien), Sobotka (1935 Tschechoslowakei), Walaschek (1941 Schweiz), Mond (1951 Luxemburg), Nestoridis (1960 Griechenland)

11 Eigentore gegen Deutschland,
erzielt durch, Breunig (1910 geg. Holland), Breunig (1912 geg. Holland), H.Müller (1924 geg. Finnland), Münzenberg (1931 geg. Frankreich), Stubb (1932 geg. Schweden), Klodt (1939 geg. Jugoslawien), Rohde (1941 geg. Schweiz), Posipal (1951 geg. Irland), Mai (1955 geg. Italien), Erhardt (1958 geg. Tschechoslowakei), Giesemann (1961 geg. Dänemark)

6 Eigentore für Deutschland:
erzielt durch, Lörtscher (1938 Schweiz), Albu (1938 Rumänien), Brozovic (1942 Kroatien), Horvat (1954 Jugoslawien), van der Hart (1956 Holland), Stacho (1958 Tschechoslowakei)

4 Platzverweise Deutschland:
Kalb (1928 geg. Uruguay), R.Hofmann (1928 geg. Uruguay), Pesser (1938 geg. die Schweiz), Juskowiak (1958 geg. Schweden)

1 Platzverweis Gegner:
Nasazzi (1928 Uruguay)

Nationalspieler des Jahres:
1907/08 Fritz Förderer (Karlsruher FV)
1908/09 Adolf „Adsch" Werner (Holstein Kiel)
1909/10 Eugen Kipp (Spfr. Stuttgart)
1910/11 Camillo Ugi (VfB Leipzig)
1911/12 Max Breunig (Karlsruher FV)
1912/13 Adolf Jäger (Altonaer FC 93)
1913/14 Karl Wegele (Phönix Karlsruhe)
1920/21 Karl Tewes (Viktoria 89 Berlin)
1921/22 Andreas „Resi" Franz (Spvgg. Fürth)
1922/23 Leonhard „Loni" Seiderer (Spvgg. Fürth)
1923/24 Hans „Bumbas" Schmidt (1.FC Nürnberg)
1924/25 Paul Paulsen-Pömpner (VfB Leipzig)
1925/26 Otto „Tull" Harder (Hamburger SV)
1926/27 Georg Hochgesang (1.FC Nürnberg)
1927/28 „König" Richard Hofmann (Meerane 07)
1928/29 Heiner Stuhlfauth (1.FC Nürnberg)
1929/30 „König" Richard Hofmann (Dresdener SC)
1930/31 Willibald Kreß (Rot-Weiß Frankfurt)
1931/32 Stanislaus „Tau" Kobierski (Fortuna Düsseldorf)
1932/33 Oskar „Ossi" Rohr (Bayern München)
1933/34 Fritz Szepan (FC Schalke 04)
1934/35 Ernst Lehner (Schwaben Augsburg)
1935/36 Reinhold Münzenberg (Alemannia Aachen)
1936/37 Albin Kitzinger (FC Schweinfurt 05)
1937/38 Andreas „Anderl" Kupfer (FC Schweinfurt 05)
1938/39 Paul Janes (Fortuna Düsseldorf)
1939/40 Franz Binder (SC Rapid Wien)
1940/41 Fritz Walter (1.FC Kaiserslautern)
1941/42 Fritz Walter (1.FC Kaiserslautern)
1942/43 Fritz Walter (1.FC Kaiserslautern)
    August Klingler (FV Daxlanden)
1950/51 Anton „Toni" Turek (Fortuna Düsseldorf)
1951/52 Josef „Jupp" Posipal (Hamburger SV)
1952/53 Josef „Jupp" Posipal (Hamburger SV)
    Fritz Walter (1.FC Kaiserslautern)
1953/54 Fritz Walter (1.FC Kaiserslautern)
1954/55 Fritz Herkenrath (Rot-Weiß Essen)
1955/56 Fritz Herkenrath (Rot-Weiß Essen)
    Fritz Walter (1.FC Kaiserslautern)
1956/57 Erich Juskowiak (Fortuna Düsseldorf)
1957/58 Horst Szymaniak (Wuppertaler SV)
1958/59 Helmut „Boß" Rahn (Rot-Weiß Essen)
1959/60 Helmut „Boß" Rahn (1.FC Köln)
1960/61 Horst Szymaniak (Karlsruher SC)
1961/62 Karl-Heinz Schnellinger (1.FC Köln)
    Uwe Seeler (Hamburger SV)

1962/63

Bilanz 1962/63
4 Spiele: 2 Siege, 1 Unentschieden, 1 Niederlage, 11:7 Tore
Zuschauer: 257.000
In 4 Spielen wurden 22 Spieler eingesetzt, davon waren 10 Spieler Neulinge

Die Spieler der Saison:
Karl-Heinz Schnellinger	4	Spiele
Leo Wilden	4	"
Jürgen Schütz	4	"
Stefan Reisch	3	"
Wolfgang Fahrian	3	"
Willi Schulz	3	"
Heinz Strehl	3	"
Friedhelm Konietzka	3	"
Uwe Seeler	3	"
Engelbert Kraus	2	"
Günter Bernard	2	"
Hans Nowak	2	"
Jürgen Werner	2	"
Alfred Heiß	2	"
Herbert Erhardt	1	Spiel
Horst Trimhold	1	"
Willi Koslowski	1	"
Fritz Pott	1	"
Heinz Steinmann	1	"
Wolfgang Solz	1	"
Hans Küppers	1	"
Gert Dörfel	1	"

Tore der Saison:
Heinz Strehl	3	Tore
Jürgen Schütz	2	"
Jürgen Werner	2	"
Freidhelm Konietzka	1	Tor
Heinz Steinmann	1	"
Engelbert Kraus	1	"
Hans Küppers	1	"

Mannschaftsführer waren:
Uwe Seeler	3	mal
Herbert Erhardt	1	"

1 Elfmeter für Deutschland,
verwandelt durch Werner (gegen Brasilien)

Rangliste der besten Nationalspieler des Jahres:
1. Uwe Seeler (Hamburger SV)
2. Karl-Heinz Schnellinger (1.FC Köln)
3. Leo Wilden (1.FC Köln)
4. Heinz Strehl (1.FC Nürnberg)
5. Willi Schulz (FC Schalke 04)
6. Hans Nowak (FC Schalke 04)
   Jürgen Werner (Hamburger SV)
   Jürgen Schütz (Borussia Dortmund)

Vorbericht zum 285. Länderspiel: Nach der WM begann im deutschen Fußball der große Ausverkauf. Brülls, Haller und Geiger folgten Szymaniak und Waldner nach Italien. Da Schäfer endgültig seine internationale Karriere beendete und der Rechtsaußenposten sowieso nicht fest besetzt war, blieb Uwe Seeler als letzter des Nationalmannschaftssturms übrig. An dem Hamburger bissen sich die Großklubs aus Spanien und Italien die Zähne aus. Obwohl ihm Traumgagen geboten wurden, blieb Uwe Seeler beim HSV.

Erst jetzt, am 28./29.7.1962, fast 15 Jahre nach den ersten Bundesligadiskussionen, entschied sich der D.F.B.-Bundestag für die Einführung der Bundesliga ab der Saison 1963/64. Letzlich war das Abschneiden der Nationalelf in Chile und vor allem das Abwandern der Stars ausschlaggebend für die längst überfällige Reform und für die Einführung des Profifußballs in der Bundesrepublik Deutschland.

Das Länderspiel der Saison war ausgerechnet in Zagreb gegen jene Jugoslawen, die 3 Monate zuvor die deutsche Mannschaft bei der WM ausgeschaltet hatten. Da Uwe Seeler verletzt war, mußte Sepp Herberger einen völlig neuen Sturm aufbieten.

Tor: Fahrian, Traska
Verteidiger: Erhardt, Schnellinger
Läufer: Schulz, Wilden, Giesemann, Reisch
Stürmer: Koslowski, Trimhold, Schütz, Kreß, Strehl, Konietzka, Berti Kraus

Mit Traska (RW Oberhausen), Reisch (1.FC Nürnberg), Trimhold (SW Essen), Strehl (1.FC Nürnberg) und Konietzka (BVB) standen 5 Neulinge im Aufgebot, die bis auf Traska alle Nationalspieler wurden und sogar schon in Zagreb zum Einsatz kamen.

30.9.1962 in Zagreb

Jugoslawien - BR Deutschland 2:3 (1:2)

SR: Rigato (Italien), Zuschauer: 63.000
Jugoslawien: Soskic; Durkovic (ab 62. Svinjarevic), Jusufi; Ivos, Markovic, Brncic (ab 29. Matus); Takac, Zambata, Jerkovic, Galic, Samardzic
BRD: Fahrian -6 (TSG Ulm 46); Erhardt -50 (Bayern München), Schnellinger -24 (1.FC Köln); W.Schulz -13 (Schalke 04), Wilden -7 (1.FC Köln), Reisch -1 (1.FC Nürnberg); Trimhold -1 (SW Essen), ab 77. Koslowski -3 (Schalke 04), Schütz -3 (BVB), Strehl -1 (1.FC Nürnberg), Konietzka -1 (BVB), Kraus -7 (Kickers Offenb.). Mannschaftskapitän: Erhardt
Tore: 1:0 Galic (10.), 1:1 Strehl (23.), 1:2 Strehl (27.), 1:3 Strehl (62.), 2:3 Galic (73.)
Beste Spieler: Takac, Galic, Durkovic - Strehl, W.Schulz, Wilden
Bericht: Im Gegensatz zum Spiel in Santiago bemühte sich die deutsche Mannschaft von Beginn an mitzuspielen, statt sich in die Abwehr zu stellen.

10. Minute: Nach einer Ecke und mehreren Abwehrversuchen war Galic zur Stelle und schoß halbhoch unhaltbar ins Tor. Die Jugoslawen blieben überlegen, aber die Konter der deutschen Mannschaft waren stets gefährlich.

23. Minute: Nach schönem Paß von Reisch legte Schütz dem besser postierten Strehl den Ball maßgerecht vor. Gegen den flachen und plazierten Schuß zum 1:1-Ausgleich war Torhüter Soskic machtlos. 27. Minute: Fast dieselbe Situation wie beim Ausgleich. Erneut sah Schütz den besser postierten Strehl, der erneut flach ins jugoslawische Tor traf. Die Jugoslawen waren überlegen, aber die deutsche Elf führte 2:1. Nach einem Handspiel von Reisch vergab Takac 2 Minuten später die Freistoßchance.

48. Minute: Reisch verursachte mit einer riskanten Rückgabe eine Ecke für Jugoslawien. Fahrian verpaßte die Ecke, aber Schulz konnte klären.

62. Minute: Strehl wurde trotz seiner 2 Tore von der jugoslawischen Abwehr sträflich alleingelassen. Nach einem Paß von Kraus hatte er erneut freie Bahn und ließ mit wuchtigem Flachschuß dem jugoslawischen Torhüter keine Chance. 73. Minute: Aus stark abseitsverdächtiger Position erzielte Galic den Anschlußtreffer.

90. Minute: Alle Bemühungen der Jugoslawen, noch den Ausgleich zu erzielen, blieben erfolglos. Die sichere deutsche Abwehr brachte den knappen Sieg über die Zeit. Das war ein guter Auftakt in die neue Saison.

❖

Vorbericht zum 286. Länderspiel: Nach dem erfolgreichen Versuch mit den jungen Spielern in Zagreb ging Herberger diesen Weg weiter. Zwangsläufig holte er auch „Charly" Dörfel vom HSV in die Nationalmannschaft zurück, denn er war der einzige gute Flügelstürmer von internationalem Format in Deutschland. Das vorläufige Aufgebot:

Tor: Fahrian (Ulm 46), Sawitzki (VfB Stuttgart), Bernard (Schweinfurt 05), Traska (RW Oberhausen)

Verteidiger: Nowak (Schalke 04), Pott, Schnellinger (beide 1.FC Köln), Olk (Bayern München)

Läufer: W.Schulz (Schalke 04), Werner (HSV), Wilden (1.FC Köln), Erhardt (Bayern München), Reisch (1.FC Nürnb.), Steinmann (SW Essen)

Stürmer: Kraus (Kickers Offenb.), Koslowski (Schalke 04), Schütz (BVB), Küppers (München 1860), U.Seeler (HSV), Strehl (1.FC Nürnb.), Konietzka (BVB), Solz (Eintr. Frankf.), G.Dörfel (HSV)

Mit Bernard, Traska, Pott, Steinmann, Küppers und Solz standen gleich 6 Spieler ohne Länderspiel im Aufgebot, von denen alle außer Traska Nationalspieler wurden. Die 5 waren auch im endgültigen Aufgebot und nur Küppers mußte noch auf sein erstes Länderspiel warten.

Tor: Fahrian, Bernard
Verteidiger: Pott, Schnellinger
Läufer: W.Schulz, Wilden, Reisch, Steinmann
Stürmer: Berti Kraus, Schütz, Strehl, Uwe Seeler, Konietzka, Küppers, Solz

In diesem Aufgebot war kein Spieler älter als 25 Jahre. Es war damit eine der jüngsten deutschen Mannschaften, die viele Hoffnungen weckte.

24.10.1962 in Stuttgart

BR Deutschland - Frankreich 2:2 (0:2)

SR: Seipelt (Österreich), Zuschauer: 75.000
BRD: Fahrian -7 (TSG Ulm 46), ab 46. Bernard -1 (Schweinfurt 05); Pott -1, Schnellinger -25 (beide 1.FC Köln); W.Schulz -14 (Schalke 04), ab 43. Steinmann -1 (SW Essen), Wilden -8 (1.FC Köln), Reisch -2 (1.FC Nürnberg); Uwe Seeler -35 (HSV), Schütz -4 (BVB), Strehl -2 (1.FC Nürnberg), Konietzka -2 (BVB), Solz -1 (Eintr. Frankf.). Mannschaftskapitän: Uwe Seeler
Frankreich: Lamia; Wendling, Rodzik; Maryan, Lerond, Ferrier; Robuschi, Bonnel, Goujon, Stako, Sauvage
Tore: 0:1 Stako (25.), 0:2 Goujon (32.), 1:2 Konietzka (46.), 2:2 Steinmann (82.)
Beste Spieler: Uwe Seeler, Schnellinger, Steinmann - Lerond, Bonnel, Sauvage

Bericht: Die deutsche Mannschaft begann im Stuttgarter Neckarstadion sehr stark. In den ersten 15 Minuten spielte sich fast das ganze Geschehen nur in der Hälfte der Franzosen ab.

23. Minute: Nach einem Duett Schütz - Konietzka landete zwar der Ball im Tor, aber vorher hatte Schiedsrichter Seipelt Abseits gepfiffen. 25. Minute: Ein Konter der Franzosen erwischte die deutsche Mannschaft eiskalt, als Stako leicht an dem ausrutschenden Reisch vorbeikam und aus 15 Meter Entfernung am herauslaufenden Fahrian vorbei zum 0:1 einschoß. 30. Minute: Immer wieder lief die deutsche Mannschaft in die geschickt gestaffelte französische Abseitsfalle. Nach einer halben Stunde mußte auch der Konietzka-Treffer, nach schöner Vorlage von Schütz, wegen Abseitsstellung aberkannt werden. 32. Minute: Nach Flanke von Souvage sprang Goujon höher als Wilden. Gegen den plazierten Kopfball hatte Fahrian keine Chance. Mit drei, vier Angriffen hatten die Franzosen trotz drückender Überlegenheit der deutschen Mannschaft eine 2:0 Führung herausgespielt. 37. Minute: Die deutsche Elf spielte glücklos.

44. Minute: Für den schwer angeschlagenen Willi Schulz kam Steinmann ins Spiel. Sogleich bot sich eine große Chance für Schütz, nach Kopfballvorlage von Uwe Seeler, aber Torhüter Lamia hielt großartig. Zur Halbzeit lag die deutsche Mannschaft unglücklich mit 0:2 hinten.

46. Minute: Für den unsicheren Fahrian war Bernard ins Spiel gekommen. Und die deutsche Mannschaft hatte auch gleich das Glück, zum Anschlußtreffer durch Konietzka zu kommen, als die Franzosen Handspiel reklamierten.

58. Minute: Der Anschlußtreffer hatte der deutschen Elf neuen Schwung gegeben. Einen scharfen Schuß von Uwe Seeler konnte Lamia gerade noch abwehren. 62. Minute: Uwe Seeler scheiterte erneut mit einem Kopfball an Lamia.

82. Minute: Schütz schob den Ball quer zu Steinmann, der ihn von der Strafraumlinie aus direkt flach ins Netz schoß. Die deutsche Mannschaft wurde doch noch für ihr angriffsfreudiges Spiel mit dem 2:2-Ausgleich belohnt.

❖

Vorbericht zum 287. Länderspiel: Für das nächste Länderspiel gegen die Schweiz wurde mit einem Kurzlehrgang und Übungsspiel eine gute Vorbereitung getroffen. Sepp Herberger mußte eine neue Mannschaft, vor allem einen neuen Sturm, aufbauen, um international Schritt halten zu können. Für den Lehrgang berief er deshalb mit 36 Spielern ein sehr großes Aufgebot.

Tor: Fahrian (Ulm 46), Bernard (Schweinfurt 05), Manglitz (Bayer Leverkusen), Kirsch (Bor. Neunkirchen)

Verteidiger: Nowak (Schalke 04), Lutz (Eintr. Frankf.), Walter (VfB Stuttg.), Schnellinger, Pott (beide 1.FC Köln)

Läufer: Werner (HSV), W.Schmidt (Eintr. Braunschweig), Hoffmann (VfB Suttg.), Lorenz (Werder Bremen), Wilden (1.FC Köln), Erhardt (Bayern München), Steinmann (SW Essen), Landerer (Eintr. Frankf.), W.Schulz (Schalke 04), Reisch (1.FC Nürnb.), Witt (St.Pauli)

Stürmer: Kraus (Kickers Offenb.), Thielen (1.FC Köln), Libuda (Schalke 04), Schütz (BVB), Küppers (1860 München), Trimhold (SW Essen), Ipta (Schalke 04), Uwe Seeler (HSV), Strehl (1.FC Nürnb.), Konietzka (BVB), Solz (Eintr. Frankf.), Elfert (Arm. Hannover), G.Dörfel (HSV), Görts (Bayer Leverk.), Heiß (1860 München), Greif (Holst. Kiel)

Mit Manglitz, Kirsch, Walter, W.Schmidt, Theo Hoffmann, Max Lorenz, Witt, Landerer, Thielen, Libuda, Küppers, Ipta, Elfert, Görts, Heiß und Greif, waren 16 Spieler ohne Länderspielerfahrung im Aufgebot. Davon sollten nur 5, Manglitz, Lorenz, Thielen, Küppers und Heiß Nationalspieler werden.

12.12.1962 in Dortmund
   Nationalmannschaft - Junioren-Auswahl 4:4 (2:3)
   SR: Leidag (Dortmund), Zuschauer: 36.000
   Nationalmannschaft: Fahrian (TSG Ulm 46), ab 46. Bernard (Schweinfurt 05); Nowak (Schalke 04), Schnellinger (1.FC Köln), ab 46. Pott (1.FC Köln); W.Schulz (Schalke 04), ab 35. Sundermann (Vikt. Köln), Wilden (1.FC Köln), Sturm (BVB); Thielen (1.FC Köln), Schütz (BVB), U.Seeler (HSV), ab 70. Solz (Eintr. Frankf.), Konietzka (BVB), Görts (Bayer Leverkusen)
   Junioren-Auswahl: Manglitz (Bayer Leverkusen); Pott (1.FC Köln), ab 46. Piontek (Werder Bremen), Rausch (Schalke 04); Lorenz (Werder Bremen), Landerer (Eintr. Frankf.), Reisch (1.FC Nürnberg), Kraus (Kickers Offenb.), Trimhold (SW Essen), Strehl (1.FC Nürnberg), ab 74. Elfert (Arm. Hannover), Küppers, Heiss (beide 1860 München)
   Tore: 1:0 Konietzka (30.), 2:0 Konietzka (34.), 2:1 Strehl (36.), 2:2 Trimhold (40.), 2:3 Trimhold (42.), 3:3 Seeler (48.), 4:3 Schütz (49.), 4:4 Strehl (70.)

Einen hervorragenden Eindruck hinterließ Jürgen Werner bei diesem Übungsspiel. Er wurde dafür ebenso mit der Berufung in das A-Aufgebot belohnt, wie Küppers, Heiß, Lorenz und W.Sturm.

Tor: Bernard, Fahrian
Verteidiger: Nowak, Pott, Schnellinger
Läufer: W.Schulz, Wilden, Werner, Reisch, W.Sturm
Stürmer: Kraus, Trimhold, Schütz, Uwe Seeler, Strehl, Konietzka, Küppers, Heiß
Mit Küppers und Heiß (beide 1860 München) erprobte Herberger im 3. Länderspiel nach der WM bereits den 9. und 10. Neuling.

23.12.1962 in Karlsruhe

BR Deutschland - Schweiz 5:1 (2:1)

SR: Roomer (Holland), Zuschauer: 48.000
BRD: Bernard -2 (Schweinfurt 05); Nowak -8 (Schalke 04), Schnellinger -26 (1.FC Köln); Werner -3 (HSV), Wilden -9 (1.FC Köln), Reisch -3 (1.FC Nürnberg); Kraus -8 (Kickers Offenb.), Schütz -5 (BVB), Uwe Seeler -36 (HSV), Küppers -1, Heiß -1 (beide 1860 München). Mannschaftskapitän: Seeler
Schweiz: Elsener (ab 46. Ansermet); Brodmann, Tacchella; Grobety, Schneiter, Weber; Brizzi, Kuhn, Dürr, Hosp (ab 57. Meyer), Allemann
   Tore: 0:1 Brodmann (12.), 1:1 Kraus (32.), 2:1 Werner (36.), 3:1 Schütz (47.), 4:1 Schütz (77.), 5:1 Küppers (79.)
Beste Spieler: Uwe Seeler, Nowak, Wilden, Werner, Schütz - Grobety, Schneiter, Dürr
Bericht: Bereits in den ersten 10 Minuten übernahm die deutsche Mannschaft klar die Initiative, aber noch fehlten die zwingenden Chancen.
   12. Minute: Brodmann schoß einen Freistoß aus 30 Meter Entfernung flach neben den Pfosten ins Netz. Die Schweiz führte überraschend mit 1:0.
   25. Minute: Erst langsam erholte sich die deutsche Mannschaft von dem Schock des 0:1. Dann jedoch lief das Spiel wieder. Eine sehenswerte Vorlage von Küppers zu Schütz, der aus der Drehung den Ball nur knapp über das Tor hob.
   32. Minute: Nach Vorlage von Uwe Seeler zu Berti Kraus zog der Offenbacher aus Abseits verdächtiger Postion auf und davon. Er umspielte Elsener und hatte keine Mühe den Ball zum Ausgleich einzudrücken. 35. Minute: Die siebte Ecke für die deutsche Mannschaft konnte Schneiter zwar wegköpfen, aber genau vor die Füße von Werner, der den Ball direkt nahm und unhaltbar ins lange Eck zum 2:1 wuchtete. 40. Minute: Uwe Seeler hatte den Ball wunderschön über Brodmann hinweggezogen, da bremste der Schweizer Verteidiger ihn mit einem bösen Ellbogencheck. Uwe Seeler blieb benommen liegen, konnte jedoch später weiterspielen. Bis zur Halbzeit führte die deutsche Mannschaft verdient mit 2:1, aber noch fehlte im Angriff der nötige Druck.
   47. Minute: Auf wunderschönem Zuspiel von Uwe Seeler in den freien Raum hatte Schütz keine Schwierigkeiten mehr, aus 5 Meter Entfernung unhaltbar zum 3:1 einzuschießen. 52. Minute: Große Chance für die Schweiz zum Anschlußtreffer, doch Bernard fing mit einer prächtigen Parade den schon im Tor gesehenen Kopfball.
   66. Minute: Uwe Seeler gewann den Zweikampf mit Grobety, spielte Schneiter aus, traf aber leider nur den Pfosten. Eine wunderschöne Aktion des Hamburger Mittelstürmers. 77. Minute: Eine Flanke von Schnellinger nahm Schütz mit dem Kopf und verwandelte sicher zum 4:1. 79. Minute: Wieder ein schulmäßiger Angriff des deutschen Sturms, der jetzt auf Hochtouren lief. Als Uwe Seeler nach Flanke von Kraus ein Fallrückzieher mißlang, sprang der Ball genau vor die Füße von Küppers, der sofort abzog und das Leder unhaltbar ins kurze Eck donnerte. Mit 5:1 war das Spiel endgültig entschieden.

❖

Vorbericht zum 288. Länderspiel: Immer mehr warf die bevorstehende Bundesliga ihre Schatten voraus. Um noch in die Bundesliga zu kommen, wurde in den Spitzenvereinen zunehmend unter Profibedingungen trainiert. Die Nationalelf mußte zwangsläufig zurückstecken. Sie bekam dafür ihr lang ersehntes Spiel gegen den zweifachen Weltmeister Brasilien, der eine Europatournee machte. Nach Schwierigkeiten mit der Klimaumstellung schafften die Brasilianer erst im dritten Spiel in Paris den ersten Sieg, bevor sie nach Hamburg kamen. Sepp Herbergers Aufgebot für das Spiel des Jahres lautete:
Tor: Fahrian, Bernard
Verteidiger: Nowak, Schnellinger, Kurbjuhn
Läufer: Werner, Wilden, W.Schulz, Reisch, Landerer, Lorenz
Stürmer: Heiß, Görts, Schütz, Uwe Seeler, Strehl, Konietzka, Gert Dörfel
Landerer (Eintr. Frankf.), Lorenz (Werder Bremen) und Görts (Bayer Leverkusen), waren noch ohne Länderspiel. Nur Max Lorenz sollte von den dreien auch Nationalspieler werden.

5.5.1963 in Hamburg

BR Deutschland - Brasilien 1:2 (1:0)

SR: Dienst (Schweiz), Zuschauer: 71.000
BRD: Fahrian -8 (TSG Ulm 46); Nowak -9 (Schalke 04), Schnellinger -27 (1.FC Köln); W.Schulz -15 (Schalke 04), Wilden -10 (1.FC Köln), Werner -4 (HSV); Heiß -2 (1860 München), Schütz -6 (BVB), U.Seeler -37 (HSV), Konietzka -3 (BVB), ab 46. Strehl -3 (1.FC Nürnberg), G.Dörfel -7 (HSV). Mannschaftskapitän: Seeler
Brasilien: Gylmar; Lima, Rildo; Zito, Eduardo, Dias; Dorval, Mengalvio, Coutinho, Pelé, Pepe
   Tore: 1:0 Werner (45. Foulelfmeter), 1:1 Coutinho (69.), 1:2 Pelé (72.)
Beste Spieler: Schnellinger, Uwe Seeler, Wilden - Gylmar, Pelé, Pepe, Zito
Bericht: Mit der Rückkehr von „Charly" Dörfel in die Nationalmannschaft hatte die deutsche Mannschaft endlich wieder einen richtigen Außenstürmer. Das machte sich gleich von der ersten Minute an bemerkbar, indem das Spiel wieder viel weiträumiger lief und so auch die brasilianische Abwehr in Schwierigkeiten gebracht werden konnte.

7. Minute: Zum erstenmal das Duell Pelé gegen Schulz, bei dem der Weltklassespieler den Ball gefühlvoll über den Schalker hinweghob, der jedoch im Fallen zur Ecke lenken konnte. 11. Minute: Mit einer Glanzleistung spielte sich Dörfel am linken Flügel frei und flankte millimetergenau auf Uwe Seeler, der mit einem Hechtsprung nur knapp am Tor vorbeiköpfte. 14. Minute: Nach einem Foul von Schulz an Zito, schoß der kleine Außenläufer den Freistoß mit Vehemenz auf das deutsche Tor. Fahrian konnte den Ball erst im Nachfassen sichern. 17. Minute: Der erste Schuß von Pelé auf das deutsche Tor zischte knapp am Pfosten vorbei. Ein wunderschöner Angriff der deutschen Mannschaft endete 2 Minuten später leider damit, daß ein Zuspiel auf Dörfel etwas zu steil war.

28. Minute: Ein knallharter Schuß aus 16 Metern, von Rechtsaußen Heiß abgefeuert, zwang Torhüter Gylmar zu einer Glanzparade. 31. Minute: Erneut war es Linksaußen Dörfel, der 3 Brasilianer austeigen ließ und dann wundervoll in die Mitte flankte, wo Schütz den Ball jedoch einige Meter über das Tor jagte. 35. Minute: Die größte Tat von Fahrian in der ersten Halbzeit, als er einen knallharten Schuß von Linksaußen Pepe erst im Nachfassen sichern konnte. 36. Minute: Großes Glück für die Brasilianer, als Jürgen Schütz mit einem schulmäßigen Kopfball nur den Pfosten traf.

45. Minute: Als Konietzka im Strafraum gefoult wurde, ergab sich für die deutsche Mannschaft die große Chance zum Führungstreffer durch einen Elfmeter. Der Hamburger Werner legte sich den Ball seelenruhig zurecht und hatte auch die Nerven, überlegt zum 1:0 für die deutsche Mannschaft zu verwandeln. Damit führte Herbergers Elf zur Halbzeit überraschend mit 1:0.

46. Minute: Die zweite Halbzeit begann für die deutsche Mannschaft verheißungsvoll. Eine schön angeschnittene Flanke von Heiß konnte Torhüter Gylmar nur abklatschen, aber leider war keiner schnell genug zur Stelle.

50. Minute: Noch einmal ganz großes Glück für die Brasilianer, als Schütz zu Seeler flankte, der mit dem Absatz zu Strehl verlängerte. Dessen halbhoher Scharfschuß ging nur um Zentimeter am Tor vorbei. Der brasilianische Torhüter Gylmar wäre an diesen Ball nie herangekommen.

69. Minute: Mit schnellem Antritt zog Mittelstürmer Coutinho an Wilden vorbei und schoß mit dem linken Fuß flach und unhaltbar zum 1:1 für Brasilien ein. 70. Minute: Der Ausgleichstreffer hatte den Brasilianern Auftrieb gegeben. Sie drängten jetzt mächtig, und Fahrian konnte nur mit einem tollkühnen Hechtsprung einen Kopfball von Mittelstürmer Coutinho abwehren. 72. Minute: Als keiner damit rechnete, schlug der weltbeste Spieler, Pelé, zu. Aus gut 25 Meter Entfernung jagte er einen Ball mit einer solchen Vehemenz unter die Latte, daß Fahrian kaum reagieren konnte.

90. Minute: Nach dem Führungstreffer begnügte sich der Weltmeister damit, das Spiel zu kontrollieren und den Ball in den eigenen Reihen zu halten. So sehr sich die deutsche Mannschaft auch mühte, gegen so viel Routine und Cleverneß kamen sie nicht mehr zum Zug. Trotz des 1:2 brauchte jedoch keiner unglücklich zu sein, denn die deutsche Mannschaft war nicht nur gleichwertig, sondern streckenweise sogar überlegen.

❖

1963/64

Bilanz 1963/64
7 Spiele: 3 Siege, 1 Unentschieden, 3 Niederlagen, 17:12 Tore
Zuschauer: 225.056
In 7 Spielen wurden 31 Spieler eingesetzt, davon waren 10 Spieler Neulinge

Die Spieler der Saison:

Stefan Reisch	6	Spiele
Reinhard Libuda	6	"
Willi Schulz	6	"
Wolfgang Overath	6	"
Leo Wilden	5	"
Hans Nowak	5	"
Alfred Schmidt	5	"
Werner Krämer	4	"
Uwe Seeler	4	"
Friedhelm Konietzka	4	"
Jürgen Kurbjuhn	5	"
Gert Dörfel	3	"
Hans Tilkowski	3	"
Wolfgang Weber	3	"
Rolf Geiger	3	"
Fritz Ewert	2	"
Klaus Gerwien	2	"
Diethelm Ferner	2	"
Wolfgang Fahrian	2	"
Fritz Pott	2	"
Friedel Lutz	2	"
Günter Sawitzki	1	Spiel
Karl-Heinz Thielen	1	"
Wolfgang Solz	1	"
Rudolf Steiner	1	"
Horst Szymaniak	1	"
Willi Giesemann	1	"
Wilhelm Sturm	1	"
Theo Redder	1	"
Klaus-Dieter Sieloff	1	"
Engelbert Kraus	1	"

Tore der Saison

Uwe Seeler	7	Tore
Friedhelm Konietzka	2	"
Alfred Schmidt	2	"
Rolf Geiger	2	"
Gert Dörfel	1	Tor
Werner Krämer	1	"
Wolfgang Overath	1	"
Engelbert Kraus	1	"

Mannschaftsführer waren:

Uwe Seeler	4	mal
Alfred Schmidt	3	"

1 Elfmeter für Deutschland,
   verwandelt durch Uwe Seeler (gegen die Türkei)

1 Elfmeter für deutschland,
   verschossen durch Krämer (gegen Algerien)

Rangliste der besten Nationalspieler des Jahres:
1. Uwe Seeler (Hamburger SV)
2. Werner „Eia" Krämer (Meidericher SV)
3. Wolfgang Overath (1.FC Köln)
4. Wolfgang Weber (1.FC Köln)
5. Gert „Charly" Dörfel (Hamburger SV)
6. Willi Schulz (FC Schalke 04)
7. Reinhard „Stan" Libuda (FC Schalke 04)
   Alfred „Aki" Schmidt (Borussia Dortmund)
9. Leo Wilden (1.FC Köln)
   Jürgen Kurbjuhn (Hamburger SV)

Vorbericht zum 289. Länderspiel: Mit Beginn der Bundesliga wurden schlagartig ganz andere Vergleiche der Spieler möglich. Zwar hatte der deutsche Fußball mit Schnellinger und Schütz zwei weitere Stars an italienische Profivereine verloren, aber bereits in den ersten Wochen tauchten serienweise neue Fußballsterne am Bundesligahimmel auf. Spieler wie Manglitz, Steiner, Heiß, Küppers, Libuda, Werner Krämer und vor allem der junge Wolfgang Overath prägten die ersten Bundesligaspiele. Und auch einige Alte konnten bei dieser Leistungsdichte ihr wahres Können zeigen. Die beiden Weltmeister Hans Schäfer (1.FC Köln) und Helmut Rahn (Meidericher SV) konnten noch einmal vor großen Kulissen glänzen und Geld verdienen. Ein anderer, der Dortmunder Aki Schmidt, schaffte sogar wieder den Sprung in Herbergers Aufgebot für das Länderspiel gegen die Türkei.

Tor: Fahrian (Ulm 46), Manglitz (Meidericher SV)
Verteidiger: Nowak (Schalke 04), Kurbjuhn (HSV), Pott (1.FC Köln), Steiner (München 1860)
Läufer: W.Schulz (Schalke 04), Wilden (1.FC Köln), Reisch (1.FC Nürnberg), Graetsch (SpVgg Herten)
Stürmer: Heiß (München 1860), Krämer (Meidericher SV), Küppers (München 1860), U.Seeler (HSV), A.Schmidt (BVB), Overath (1.FC Köln), Konietzka (BVB), G.Dörfel (HSV), Görts (Bayer Leverkusen)

Im endgültigen Aufgebot waren dann 4 Neulinge, Steiner (1860 München), Libuda (Schalke 04), Krämer (MSV) und Overath (1.FC Köln). Alle wurden Nationalspieler, die 3 letzten sogar große Stars, und für Overath begann eine traumhafte internationale Karriere, an deren Abschluß der Gewinn der Weltmeisterschaft stand.

Tor: Fahrian, Ewert
Verteidiger: Nowak, Pott, Olk, Steiner
Läufer: W.Schulz, Wilden, Reisch, A.Schmidt
Stürmer: Libuda, W.Krämer, Uwe Seeler, Konietzka, Overath, Küppers, Gert Dörfel

28.9.1963 in Frankfurt

BR Deutschland - Türkei 3:0 (0:0)

SR: Rigato (Italien), Zuschauer: 47.000
BRD: Fahrian -9 (TSG Ulm 46); Nowak -10 (Schalke 04), Pott -2 (1.FC Köln); W.Schulz -16 (Schalke 04), Wilden -11 (1.FC Köln), A.Schmidt -21 (BVB), ab 46. Reisch -4 (1.FC Nürnberg); Libuda -1 (Schalke 04), Krämer -1 (Meidericher SV), Uwe Seeler -38 (HSV), Konietzka -3 (BVB), ab 69. Overath -1 (1.FC Köln), G.Dörfel -8 (HSV). Mannschaftskapitän: Uwe Seeler
Türkei: Turgay; Candemir, Süreya; Seref, Sabahattin, Kaya; Tarik (ab 70. Aydin), Suat, Senol, Birol, Ugur
Tore: 1:0 Seeler (52.), 2:0 Seeler (53.), 3:0 Seeler (66. Foulelfmeter)
Beste Spieler: Uwe Seeler, Willi Schulz, Krämer, Wilden, Overath - Tarik
Bericht: Lange Zeit fiel es der deutschen Mannschaft sehr schwer, ins Spiel zu kommen. Die Türken verteidigten geschickt und machten die Räume eng, während in der deutschen Mannschaft zu wenig über die Flügel gespielt wurde.

23. Minute: Lange hatte es gedauert, bevor die deutsche Mannschaft zu ihrer ersten zwingenden Torgelegenheit kam, als Uwe Seeler am Boden liegend über Torhüter Turgay hinweg leider nur die Latte traf. Schon zwei Minuten später traf Senol mit einem tollen Schuß den Pfosten des Gehäuses von Fahrian.

45. Minute: Zur Halbzeit waren die Zuschauer keineswegs mit dem Spiel der deutschen Mannschaft zufrieden, so daß die Pfiffe überwogen.

46. Minute: Sofort nach dem Seitenwechsel wurde es besser. Die deutsche Mannschaft machte jetzt mehr Druck und der Neuling Werner Krämer dirigierte immer besser das Sturmspiel.

52. Minute: Zwangsläufig führte der starke Druck der deutschen Mannschaft zum Führungstreffer. Nach Vorarbeit von Krämer und herrlicher Flanke von Libuda, lief Uwe Seeler in den Ball hinein und es stand 1:0 für die deutsche Mannschaft. 53. Minute: Erneut war Krämer der Ausgangspunkt für ein deutsches Tor. Seine Flanke konnte weder Uwe Seeler noch sein Gegenspieler unter Kontrolle bringen, aber am Boden liegend reagierte Uwe Seeler auf seine typische Art am schnellsten und schoß zum 2:0 ein. Von Minute zu Minute lief jetzt das Spiel der deutschen Mannschaft besser. Ständig wurde variiert zwischen Steilpässen und schönem Doppelpaßspiel. Meistens wurde der Ball direkt oder zumindest schnell weitergespielt, so daß die türkische Abwehr kaum Zeit, hatte sich zu formieren.

66. Minute: Auch am dritten Tor war der Duisburger „Eia" Krämer beteiligt. Als er Kaya überspielt hatte, zog dieser ihm im Strafraum die Beine weg und Uwe Seeler schoß den fälligen Elfmeter plaziert zum 3:0 ein. Ein echter Hattrick für Uwe Seeler, aber auch ein echter Hattrick an Vorbereitungen für den Spieler des MSV. 69. Minute: Für den nicht überzeugenden Konietzka kam Overath vom 1.FC Köln ins Spiel. Das Riesentalent zeigte gleich bei den ersten Ballberührungen sein technisches Können, sein Auge für das schnelle Spiel und wie sicher er selbst Steilpässe über 50 Meter beherrschte. Die Zuschauer wurden immer wieder zu Beifallsstürmen hingerissen.

90. Minute: Obwohl weitere Torerfolge ausblieben, wurde die deutsche Mannschaft mit viel Beifall verabschiedet. Lange hatte man eine deutsche Nationalmannschaft nicht mehr so effektiv und schön spielen sehen wie in der zweiten Halbzeit. Das war modernster Fußball in Vollendung, der viel für die Zukunft hoffen ließ.

❖

Vorbericht zum 290. Länderspiel: Ein besonders schweres Spiel erwartete die junge deutsche Mannschaft in Stockholm gegen Schweden. Sepp Herberger berief hierfür weitgehend das Aufgebot des Türkei-Spiels.

Tor: Ewert, Sawitzki
Verteidiger: Lutz, Nowak, Kurbjuhn
Läufer: W.Schulz, Wilden, A.Schmidt, Giesemann
Stürmer: Libuda, Krämer, Uwe Seeler, Overath, Konitzka, G.Dörfel

Neulinge standen diesmal nicht im Aufgebot, aber es gab Torwartprobleme. Fahrian hatte einige Schwächen und wurde als Regionalligaspieler auch nicht so gefordert wie die Bundesligaprofis. Tikowski, der eigentlich beste deutsche Torhüter, wollte unter Herberger nicht mehr spielen, weil der zur WM in Chile dem jungen Fahrian den Vorzug gegeben hatte. Blieben nur Ewert und Sawitzki, die einige Schwächen hatten und nicht erste Wahl waren.

3.11.1963 in Stockholm
Schweden - BR Deutschland 2:1 (0:0)

SR: Horn (Holland), Zuschauer: 10.000
Schweden: Arvidsson; Rosander, Wing; Bergmark, Johansson, Mild; Berndtsson, Öberg, Simonsson, Bild, Backmann
BRD: Sawitzki -10 (VfB Stuttg.); Nowak -11 (Schalke 04), Kurbjuhn -2 (HSV); W.Schulz -17 (Schalke 04), Wilden -12 (1.FC Köln), Reisch -5 (1.FC Nürnberg); Libuda -2 (Schalke 04), Krämer -2 (Meidericher SV), Uwe Seeler -39 (HSV), Overath -2 (1.FC Köln), G.Dörfel -9 (HSV). Mannschaftskapitän: Uwe Seeler
Tore: 1:0 Simonsson (49.), 1:1 Dörfel (54.), 2:1 Bild (80.)
Beste Spieler: Bergmark, Bild, Simonssen - G.Dörfel, Overath, Uwe Seeler, Krämer
Bericht: Die deutsche Mannschaft ging gleich in die Offensive und erzielte bereits in der ersten Minute nach einem schönen Schuß von Krämer, der nur knapp am Tor vorbeizielte, die erste Torchance.

45. Minute: Bis zur Halbzeit konnte keine der beiden Mannschaften weitere Torchancen herausspielen. Auch im Feld war das Spiel ausgeglichen, so daß das 0:0 dem Spielverlauf entsprach.

49. Minute: Als sich Bild an Willi Schulz vorbeischlängelte und dann schön zur Mitte flankte, stand Sawitzki im falschen Eck. Simonsson hatte keine Mühe, den Ball ins Tor zu heben. Die Schweden führten 1:0. 54. Minute: Die deutsche Mannschaft antwortete auf den Rückstand mit einem eigenen Treffer. Nach einem Uwe-Seeler-Paß flankte Libuda maßgerecht in die Mitte, wo Dörfel, von zwei Schweden umringt, den Ball raffiniert an allen vorbei ins Netz schlenzte. Der 1:1-Ausgleichstreffer machte das Spiel wieder völlig offen. 60. Minute: Mit einer tollen Parade verhinderte Sawitzki nach einem scharfen Schuß von Simonsson die erneute schwedische Führung.

70. Minute: Das Spiel der deutschen Mannschaft lief zusehends besser. Nach einer tollen direkten Kombination Krämer, Libuda, Uwe Seeler und zu Dörfel, schoß der Hamburger Linksaußen prachtvoll auf das schwedische Tor, wo jedoch Arvidsson glänzend parierte. 71. Minute: Ein schneller Konter der Schweden mit einem Prachtschuß von Bergmark bereitete Sawitzki größte Schwierigkeiten. Erst im zweiten Zupacken konnte er den Ball, der auf der Linie entlang tänzelte, unter sich begraben. 73. Minute: Erneut war es der schußfreudige „Charly" Dörfel, der Torhüter Arvidsson auf die Probe stellte. Dörfel, immer wieder von Overath glänzend in Szene gesetzt, ging 4 Minuten später auf eigene Faust durch, aber sein Schuß ging neben das Tor.

80. Minute: Pech für die deutsche Mannschaft, daß ausgerechnet in ihrer besten Phase der Führungstreffer für die Schweden fiel, als Wilden nicht aufpaßte und der Halblinke Bild auf Zuspiel von Simonsson aus 18 Meter Entfernung abzog. Sawitzki reagierte zu spät und konnte den hohen Ball nicht mehr erreichen. Die Schweden führten verdient mit 2:1 Toren. 85. Minute: Bei ihren wenigen Gegenstößen blieben die Schweden stets gefährlich. Als Schulz Bild nicht halten konnte, hatte er Glück, daß der Schuß am Tor vorbeizischte. 86. Minute: Noch einmal zog Dörfel mit einem Overath-Paß auf und davon, aber stark bedrängt, war der Schuß zu ungenau. Obwohl die deutsche Mannschaft mindestens gleichwertig war, verlor sie in Schweden mit 1:2.

❖

Vorbericht zum 291. Länderspiel: Zum Abschluß des Jahres, als die Bundesliga ruhte, gab es wie schon 1958/59 eine exotische Länderspielreise nach Afrika. Diesmal mit 2 Spielen in Marokko und Algerien, aber mit dem Stamm der Mannschaft. Nur auf Uwe Seeler, wegen einer Verletzung, und Fahrian, wegen eines Punktspiels, mußte verzichtet werden. Dafür war aber überraschend Tilkowski wieder dabei.

Tor: Ewert, Tilkowski
Verteidiger: Nowak, Kurbjuhn, Lutz
Läufer: W.Schulz, Wilden, Reisch, Weber
Stürmer: Libuda, A.Schmidt, Krämer, Overath, Konietzka, Ferner, Gerwien

Mit Wolfgang Weber (1.FC Köln), Ferner (Werder Bremen) und Gerwien (Eintr. Braunschweig) standen 3 Neulinge im Aufgebot, von denen Ferner und Gerwien auf der Afrikareise zu Nationalspielern wurden, während Weber seine große internationale Karriere erst ein paar Monate später begann.

29.12.1963 in Casablanca
Marokko - BR Deutschland 1:4 (1:2)

SR: Gardeazabal (Spanien), Zuschauer: 15.000
Marokko: Labied; Bettache, Abdesslem; Idriss, Ammar, Tibari; Sadni, Mahjoub, Mohamed, Baba (ab 70. Raiss), Ali
BRD: Ewert -3 (1.FC Köln); Nowak -12 (Schalke 04), Kurbjuhn -3 (HSV); W.Schulz -18 (Schalke 04), Wilden -13 (1.FC Köln), ab 57.

Overath -3 (1.FC Köln), Reisch -6 (1.FC Nürnb.); Libuda -3 (Schalke 04), Krämer -3 (Meidericher SV), A.Schmidt -22, Konietzka -5 (beide BVB), Gerwien -1 (Eintr. Braunschweig), ab 78. Ferner -1 (Werder Bremen). Mannschaftskapitän: A.Schmidt

Tore: 0:1 Konietzka (14.), 1:1 Ali (27.), 1:2 Schmidt (28.), 1:3 Krämer (57.), 1:4 Konietzka (88.)

Beste Spieler: keiner - Krämer, A.Schmidt, Konietzka, Overath

Bericht: Die deutsche Mannschaft begann in Casablanca mit schönem und zügigem Spiel. Vor allem Schmidt, Krämer und Konietzka ergänzten sich prima und sorgten ständig für Gefahr vor dem marokkanischen Tor.

7. Minute: Bei einem 18-Meter-Schuß von Willi Schulz hatte Torhüter Labied zum erstenmal Mühe. In der 14. Minute vergaben Krämer und Gerwien weitere gute Torgelegenheiten. 15. Minute: Ein Freistoß von Krämer brachte dann die erhoffte Führung. Der Ball knallte genau an die Latte, aber der mitgelaufene Konietzka hob den abprallenden Ball gefühlvoll mit dem Kopf über den marokkanischen Torhüter hinweg zum 1:0 für die deutsche Mannschaft ins Netz. Nun beherrschte die deutsche Elf mit Schulz, Reisch und Aki Schmidt klar das Mittelfeld.

27. Minute: Ganz überraschend der marokkanische Ausgleich nach einem Freistoß, den Ali einköpfte. Gleich im Gegenzug erzielte die deutsche Mannschaft den erneuten Führungstreffer, als Krämer einen Freistoß maßgerecht zu Aki Schmidt spielte, der nicht angegriffen wurde und seelenruhig zum 2:1 einschießen konnte. 34. Minute: Auch die Marokkaner hatten bei ihren schnellen Kontern Chancen, alle Stürmer schossen jedoch sehr schlecht.

52. Minute: In den ersten sieben Minuten der zweiten Halbzeit drängten die Marokkaner mächtig auf den Ausgleich, dann aber verletzte sich Wilden am Auge, und Overath kam in die Mannschaft. Schulz spielte jetzt Mittelläufer, „Aki" Schmidt rechter Läufer, und Overath ging in die Spitze. Sogleich lief das Sturmspiel der deutschen Mannschaft wesentlich besser. 57. Minute: Über Overath kam der Ball zu Gerwien, der maßgerecht in die Mitte flankte, wo Krämer den Ball gefühlvoll über Torhüter Labied hinweg zum 3:1 ins Netz hob.

70. Minute: Die deutsche Mannschaft hatte jetzt zunehmend mit der großen Hitze und dem steinharten Boden zu kämpfen. Wenn ein Ball erstmal aufsprang, nahm er oft eine völlig andere Richtung, so daß vor allem die Abwehrspieler höllisch aufpassen mußten. 74. Minute: Aufregende Ereignisse vor dem deutschen Tor, als einmal Ewert in letzter Sekunde klären konnte und kurz danach Kurbjuhn durch Kopfball die Situation bereinigte.

88. Minute: Die deutsche Mannschaft beschränkte sich immer mehr darauf, das Spiel zu kontrollieren. Das 4:1 durch Konietzka war nur noch der i-Punkt auf einer insgesamt taktisch guten Leistung unter ungewohnten klimatischen Bedingungen.

❖

Vorbericht zum 292. Länderspiel: Für das zweite Spiel auf afrikanischem Boden bot Herberger erneut die Elf auf, die in Casablanca begonnen hatte. Nur Lutz spielte für Nowak in der Verteidigung.

1.1.1964 in Algier

Algerien - BR Deutschland 2:0 (2:0)

SR: Bahri (Tunesien), Zuschauer: 17.000

Algerien: Boubekeur; Messaoudi, Zitoun; Ahmed, Zitouni, Soukhane; Bourras (76. Boudene), Mekhloufi, Oudjani, Mahi, Amara

BRD: Ewert -4 (1.FC Kö.) ab 46. Tilkowski -19 (Bor. Dortmund); Lutz -6 (Eintr. Frankf.), Kurbjuhn -4 (HSV); W.Schulz -19 (Schalke 04), Wilden -14 (1.FC Kö.), Reisch -7 (1.FC Nürnb.); Libuda -4 (Schalke 04) ab 70. Ferner -2 (Werder Bremen), Krämer -4 (Meidericher SV), A.Schmidt -23 (Bor. Dortmund), ab 46. Overath -4 (1.FC Köln), Konietzka -6 (Bor. Dortmund), Gerwien -2 (Eintr. Braunschweig). Mannschaftskapitän: A.Schmidt

Tore: 1:0 Mahi (8.), 2:0 Oudjani (30.)

Beste Spieler: Mekhloufi, Mahi, Oudjani, Boubekeur - Krämer, Kurbjuhn, Lutz

Bericht: Von der ersten Minute an zeigten die Algerier, daß sie nicht nur eine Klasse besser waren als die Marokkaner, sondern auch taktisch viel drauf hatten. Dennoch sah es zunächst gar nicht schlecht für die deutsche Mannschaft aus.

3. Minute: Die erste große Chance für die deutsche Mannschaft hatte Libuda, der jedoch so unglücklich abspielte, daß ein algerisches Bein klären konnte. 5. Minute: Erneut dribbelte der Schalker Rechtsaußen an mehreren Gegenspielern vorbei. Im Stil von Helmut Rahn flankte er maßgerecht in die Mitte, wo jedoch Konietzka den Ball verpaßte. 8. Minute: Der beste algerische Spieler, Spielmacher Mekhloufi, leitete mit einem herrlichen Paß in den freien Raum die Führung ein. Mahi war schneller als Schulz und schob den Ball am herauslaufenden Ewert vorbei zum 1:0 ins Netz. Vor allem der algerische Innensturm, der durchweg bei französischen Profiklubs spielte, machte der deutschen Abwehr schwer zu schaffen.

30. Minute: Erneut war es Mekhloufi, der einen Ausrutscher von Kurbjuhn nutzte, um maßgerecht zu Oudjani zu passen, der wie beim ersten Treffer durch Mahi keine Schwierigkeiten hatte, den Ball zum 2:0 im deutschen Gehäuse unterzubringen.

41. Minute: Eine weitere gute Torchance der deutschen Mannschaft, als „Aki" Schmidt eine Flanke von Krämer in die lange Ecke köpfte, aber Torhüter Boubekeur hervorragend reagierte. 44. Minute: Nachdem Gerwien seinem Gegenspieler den Ball durch die Beine gespielt hatte, bot sich ihm die letzte Chance vor der Halbzeit. Der schöne Schuß ging jedoch an das Außennetz. Es gab keine Zweifel, daß die algerische Halbzeitführung verdient war, weil die deutsche Mannschaft viel zu langsam spielte.

46. Minute: Herberger reagierte mit der Einwechslung von Overath und Tilkowski auf die schwachen Leistungen der deutschen Mannschaft. Gleich beim ersten Eingreifen mußte sich Tilkowski mächtig strecken, um den tollen Schuß von Mahi zu halten.

51. Minute: Als Gerwien im Strafraum klar zu Fall gebracht wurde, blieb der Elfmeterpfiff aus. 55. Minute: Der erste Overath-Schuß bereitete Torhüter Boubekeur gleich Schwierigkeiten, aber im zweiten Nachfassen hatte er den Ball. 57. Minute: Zum wiederholten Male ließ das schnelle algerische Innentrio die deutsche Abwehr wie Anfänger aussehen. Nur in letzter Sekunde konnte Reisch gegen den einschußbereiten Mekhloufi retten. 60. Minute: Erneut wurde Gerwien im Strafraum zu Fall gebracht, als er allein auf das algerische Tor zusteuerte. Diesmal konnte Schiedsrichter Bahri nicht anders, als auf den Elfmeterpunkt zu zeigen. Doch so gut Krämer an diesem Tag auch spielte, er hatte nicht die Nerven gegen den viel zu früh aus seinem Tor herauslaufenden Boubekeur, den Anschlußtreffer zu erzielen. Unverständlich, daß der Schiedsrichter den Elfmeter nicht wiederholen ließ, obwohl der algerische Torhüter bei seiner Abwehrparade bereits fast an der Fünfmeterlinie stand.

90. Minute: Obwohl die deutsche Mannschaft in der letzten Viertelstunde noch einmal alles nach vorne warf, fand sie kein Mittel gegen die vielbeinige Abwehr der Algerier. Mit Geschick und Glück verteidigten die Algerier ihren nicht unverdienten 2:0-Sieg.

❖

Vorbericht zum 293. Länderspiel: Anfang Februar wurden die Qualifikationsgruppen zur WM 1966 in England ausgelost. Dabei erwischte es die deutsche Mannschaft ganz schlimm. Zypern und Schweden waren die Gegner. Ausgerechnet die Schweden, die 1963 kein Länderspiel verloren und sogar in Moskau mit 1:0 gegen die Sowjetunion gewonnen hatten. Auch die deutsche Mannschaft hatte bei ihrem 1:2 in Stockholm zu den Verlierern gezählt.

Für Helmut Schön, der nun bald Sepp Herberger als Bundestrainer ablösen sollte, war das gleich eine sehr schwere Aufgabe.

Jetzt hieß es, schnellstmöglich die Stammformation zu finden. Sepp Herberger scheute auch nicht den Weg nach Italien, um dort mit den Vereinen wegen der Freigabe von Szymaniak, Haller, Schütz, Brülls und Schnellinger zu verhandeln. Überall kam man dem Bundestrainer entgegen, solange sich nicht die deutschen Länderspiele mit Meisterschaftsspielen der italienischen Liga überschnitten.

Für das Länderspiel gegen die Tschechoslowakei stand noch kein Auslandsprofi im Aufgebot. Nur Rolf Geiger, der aus Italien zum VfB Stuttgart zurückgekehrt war, wurde nach großartigen Leistungen in der Bundesliga von Herberger berufen.

Tor: Fahrian, Ewert
Verteidiger: Nowak, Pott, Kurbjuhn
Läufer: Giesemann, Wilden, Weber, W.Schulz, Reisch
Stürmer: Thielen, Libuda, Trimhold, Geiger, Uwe Seeler, Overath, Solz

Wegen einer Verletzung fehlte der neue Spielmacher „Eia" Krämer. Geiger sollte die Rolle des Duisburgers gegen den Vizeweltmeister übernehmen.

29.4.1964 in Ludwigshafen

BR Deutschland - Tschechoslowakei 3:4 (1:3)

SR: Hannet (Belgien), Zuschauer: 60.000
BRD: Fahrian -10 (TSG Ulm 1846); Nowak -13 (Schalke 04), Pott -3 (1.FC Köln), W.Schulz -20 (Schalke 04) ab 71. Reisch -8 (1.FC Nürnberg), Wilden -15, Weber -1; Thielen -1 (alle 1.FC Köln), Geiger -6 (VfB Stuttg.), Uwe Seeler -40 (HSV), Overath -5 (1.FC Köln), Solz -2 (Eintr. Frankf.) ab 46. Libuda -5 (Schalke 04). Mannschaftskapitän: Uwe Seeler
Tschechoslowakei: Schroif; Lala, Bomba (35. Tichy); Pluskal, Popluhar, Geleta; Pospichal, Mraz, Kvasnak (70. Scherer), Masopust, Masny
Tore: 1:0 Seeler (2.), 1:1 Pospichal (22.), 1:2 Mraz (27.), 1:3 Mraz (40.), 2:3 Geiger (55.), 2:4 Scherer (86.), 3:4 Seeler (89.)
Beste Spieler: Uwe Seeler, Weber, Libuda - Masopust, Kvasnak, Mraz, Pluskal
Bericht: Mit zwei Neulingen, Weber und Thielen vom 1. FC Köln, trat die deutsche Mannschaft gegen den Vize-Weltmeister an.

2. Minute: Herbergers Elf hatte einen großartigen Start, als Overath den Ball maßgerecht in den Lauf von Uwe Seeler spielte, der noch einige Schritte lief, und dann aus 18 Meter Entfernung flach an den Innenpfosten schoß, von wo aus der Ball zum 1:0 für die deutsche Mannschaft ins Netz sprang. Dem glanzvollen Auftakt folgten viele Mißverständnisse und mangelndes Zusammenspiel in der deutschen Mannschaft. Vor allem die Abwehr wackelte.

22. Minute: Mit einem bildschönen Konter schafften die Tschechoslowaken den Ausgleich. Mraz flankte auf die linke Seite zum völlig freistehenden Masopust, der zu Pospichal weiterspielte und gegen dessen flachen Schuß zeigte Fahrian überhaupt keine Reaktion. 27. Minute: Die deutsche Mannschaft drängte zwar auf den Ausgleich, wurde aber von den Tschechoslowaken klassisch ausgekontert. Kvasnak gab aus dem Mittelfeld einen 40-Meter Steilpaß zum sofort startenden Mraz, der am Elfmeterpunkt vor Weber an den Ball kam und im Fallen zum 2:1 einschoß. 30. Minute: Kurz hintereinander wurden Uwe Seeler und Bomba verletzt, der Tschechoslowake mußte ausscheiden, während Uwe Seeler humpelnd weiterspielte.

40. Minute: Wieder wurde die deutsche Mannschaft von einem Konter eiskalt erwischt, als Kvasnak steil in den Strafraum spielte, wo Mraz den Ball annahm und Fahrian umspielte. Locker schob er den Ball zum 3:1 in das leere Tor. 45. Minute: Zwar war die deutsche Mannschaft im Feld überlegen, aber sie lag trotzdem im Rückstand, weil die Tschechoslowaken wesentlich gefährlicher waren.

53. Minute: Die erste Torgelegenheit der zweiten Halbzeit hatte erneut Mraz, der völlig frei zum Kopfball kam, jedoch über das Tor köpfte. 55. Minute: Als Torhüter Schroif eine Flanke von Thielen nur kurz abwehren konnte, nahm Rechtsaußen Libuda den Ball direkt aus der Drehung, der Ball wurde abgefälscht und kam genau vor die Füße von Geiger. Der hatte Zeit, sich das Leder auf den anderen Fuß zu legen und dann aus 6 Meter Entfernung unhaltbar zum 2:3 einzuschießen. Die deutsche Mannschaft wurde jetzt zusehends stärker.

86. Minute: Masny hatte sich am linken Flügel durchgespielt, flankte zur Mitte, wo Scherer stand und aus 15 Meter Entfernung Torhüter Fahrian keine Chance ließ. Damit war das Spiel endgültig entschieden. 89. Minute: Als Torhüter Schroif einen Schuß von Thielen nur kurz abwehren konnte, kam die deutsche Mannschaft sogar noch zu ihrem dritten Treffer, weil Uwe Seeler am schnellsten reagierte und den Ball mit Vehemenz ins Netz schmetterte. An der Niederlage änderte diese Ergebniskorrektur jedoch nichts mehr.

❖

Vorbericht zum 294. Länderspiel: Nach dem Spiel gegen die Tschechoslowakei war für die schwach spielenden Fahrian, Pott, Wilden und Solz die Länderspielkarriere vorbei. Sepp Herberger, der große Taktiker, der mit der deutschen Nationalmannschaft 1954 den Weltmeistertitel errang, betreute „seine" Mannschaft gegen Schottland in Deutschland nach über 25 Jahren das letzte Mal. Der frühere Nationalspieler, Trainer des Saarlandes und jetzige Assistent Helmut Schön sollte dann das Amt des Bundestrainers übernehmen.

Zum Schottland-Spiel bot Sepp Herberger noch einmal alles auf, was er für das beste im deutschen Fußball hielt. Selbst Szymaniak konnte er aus Italien loseisen, so daß nur Haller, Brülls und Schnellinger fehlten.

Tor: Tilkowski, Manglitz
Verteidiger: Nowak, Höttges, Steiner
Läufer: Weber, W.Sturm, Sieloff, Giesemann, Szymaniak, Reisch
Stürmer: Berti Kraus, Libuda, Geiger, A.Schmidt, Uwe Seeler, Overath, G.Dörfel

Mit Höttges (Werder Bremen) und Sieloff (VfB Stuttgart) hatte Sepp Herberger zum Abschied noch 2 Neulinge im Aufgebot, deren große internationale Karriere erst begann. Auch Manglitz (MSV) und Steiner (1860 München) waren noch ohne Länderspiel. Steiner durfte gegen Schottland das erste Mal spielen.

13.5.1964 in Hannover

BR Deutschland - Schottland 2:2 (2:0)

SR: Poulsen (Dänemark), Zuschauer: 65.000
BRD: Tilkowski -20 (BVB); Nowak -14 (Schalke 04), Steiner -1 (1860 München); Szymaniak -38 (Internazionale Mailand), Giesemann -12 (HSV), Weber -2 (1.FC Köln); Libuda -6 (Schalke 04), A.Schmidt -24 (BVB) ab 30. Reisch -9 (1.FC Nürnberg), Uwe Seeler -41 (HSV), Geiger -7 (VfB Stuttg.), G.Dörfel -10 (HSV). Mannschaftskapitän: Uwe Seeler
Schottland: Cruickshank; Hamilton (40. Holt), Kennedy; Greig, McNeill, Baxter; Henderson, White, Gilzean, Law, Wilson
Tore: 1:0 Seeler (32.), 2:0 Seeler (33.), 1:2 Gilzean (66.), 2:2 Gilzean (85.)
Beste Spieler: G.Dörfel, Uwe Seeler, Szymaniak, Weber - Baxter, Gilzean, Cruickshank
Bericht: Vor Spielbeginn gab es reichlich Ehrungen für den ausscheidenden Bundestrainer Sepp Herberger. Dann aber ging es los und beide Mannschaften glänzten von der ersten Minute an mit herrlichen Spielzügen.

Abschied von Sepp Herberger 1964. Zum Ende seiner Tätigkeit als Bundestrainer bekam er vom D.F.B. eine Nachbildung des Weltpokals

Zum letzten Mal betreute Sepp Herberger in der BR Deutschland die Nationalelf gegen Schottland; v.l.: Uwe Seeler, Tilkowski, Weber, A.Schmidt, Szymaniak, Nowak, Giesemann, Libuda, Steiner, Geiger, G.Dörfel

2. Minute: Glanzvoller Start des Hamburger Linksaußen Dörfel, der auf und davon zog, wunderschön in die Mitte flankte, wo Uwe Seeler zwar den Ball verpaßte, aber Libuda direkt schoß. Leider ballerte der Schalker den Ball in die zweite Etage.

32. Minute: Nachdem Geiger den Ball wundervoll in die Gasse hob, wurde die deutsche Mannschaft für ihr angriffsfreudiges Spiel belohnt. Uwe Seeler spurtete in den Ball und schoß unhaltbar zum 1:0 ein. Die Schotten hatten sich von dem Treffer noch nicht erholt, da wiederholte sich fast das gleiche Spiel. Diesmal spielte Szymaniak in den freien Raum und wieder startete Uwe Seeler im richtigen Augenblick und donnerte den Ball unhaltbar zum 2:0 ins Netz. 37. Minute: Als keiner den schottischen Außenläufer Baxter angriff, kam der frei zum Schuß, traf aber nur das Außennetz.

40. Minute: Dem schottischen Trainer blieb nichts anderes übrig, als Hamilton vom Feld zu holen, der gegen Dörfel nicht die Spur einer Chance hatte. Zur Halbzeit lag die deutsche Mannschaft verdientermaßen mit 2:0 in Führung.

48. Minute: Erneut waren es Dörfel und Seeler, die prächtig harmonierten. Noch in der gleichen Minute strich ein scharfer Dörfel-Schuß nur knapp am Tor vorbei. 51. Minute: Nun kamen die Schotten von Minute zu Minute stärker auf. Bei einem raffinierten Baxter-Heber mußte Torhüter Tilkowski zweimal zupacken.

67. Minute: Der schottische Anschlußtreffer bahnte sich bereits minutenlang durch den starken Druck an. Bei einer Flanke von Wilson sprang Mittelstürmer Gilzean höher als Tilkowski und köpfte den Ball in das verlassene Tor. Obwohl die Schotten weiter überlegen spielten, konnte sich die deutsche Mannschaft wenigstens etwas aus der Umklammerung befreien und kam auch ihrerseits in den schottischen Strafraum.

85. Minute: Ein unnötiges Dribbeling von Giesemann am eigenen Strafraum brachte doch noch den Ausgleich. Er ließ sich den Ball von Baxter abnehmen, der sofort Gilzean in den freien Raum schickte, und der Mittelstürmer spitzelte den Ball an Tilkowski vorbei zum 2:2 ins Netz.

90. Minute: Nach einem hochklassigen und zeitweise dramatischen Spiel gelang es der deutschen Mannschaft wieder nicht, die Schotten zu besiegen. Aber auch das 2:2 zum Abschied von Sepp Herberger war ein großer Erfolg.

❖

Vorbericht zum 295. Länderspiel: In Helsinki saß Sepp Herberger zum letztenmal gemeinsam mit Helmut Schön auf der Bank. Im Aufgebot fehlte der verletzte Uwe Seeler.
Tor: Tilkowski, Scheid
Verteidiger: Lutz, Steiner, Redder
Läufer: W.Schulz, Sieloff, Weber, W.Sturm
Stürmer: Berti Kraus, Geiger, A.Schmidt, Konietzka, Overath, Heiß, Löhr

Noch einmal hatte Herberger Neulinge dabei. Scheid (Westfalia Herne) wurde nie Nationalspieler; Redder und Sturm (beide BVB) machten gegen Finnland ihr erstes und einziges Länderspiel; für Sieloff war das Finnland-Spiel der Anfang vieler internationaler Einsätze, und Löhr (Spfr. Saarbrücken) mußte bis zu seinem 1. Länderspiel noch warten, bis er in der Bundesliga für den 1. FC Köln spielte.

7.6.1964 in Helsinki
Finnland - BR Deutschland 1:4 (1:3)

SR: Liedberg (Schweden), Zuschauer: 11.056
Finnland: Gröndahl; Mäkipää, Kanerva; Syrijävaara, Holmquist, Heinonen; Mäkelä (46. Hyvärinen), Rytkönen, Kankkonen, Routsalainen, Peltonen

BRD: Tilkowski -21 (BVB); Lutz -7 (Eintr. Frankf.), ab 78. W.Sturm -1 (BVB), Redder -1 (BVB); W.Schulz -21 (Schalke 04), Sieloff -1 (VfB Stuttg.), Weber -3 (1.FC Köln); Kraus -9 (1860), Geiger -8 (VfB Stuttg.), A.Schmidt -25, Konietzka -7 (beide BVB), Overath -6 (1.FC Köln). Mannschaftskapitän: A.Schmidt

Tore: 0:1 Geiger (13.), 1:1 Peltonen (24.), 1:2 Overath (36.), 1:3 Schmidt (39.), 1:4 Kraus (71.)

Beste Spieler: Peltonen - Overath, Sieloff, Weber, W.Schulz

Bericht: Die deutsche Mannschaft begann in dem Abschiedsspiel für Sepp Herberger großartig. Von der ersten Minute an wurde die finnische Abwehr durcheinandergewirbelt, und schöne Angriffe über die Flügel rissen riesige Löcher in die finnische Abwehr.

10. Minute: Nach schönem Zusammenspiel von Overath und Konietzka schoß der Dortmunder Halblinke nur knapp über das Tor. Zwei Minuten später spurtete Geiger in eine Steilvorlage von Sieloff und schoß hart und plaziert aus 14 Meter Entfernung unhaltbar ins obere Eck zum 1:0 für die deutsche Mannschaft.

20. Minute: Auch nach dem Führungstreffer ließ sich die deutsche Mannschaft das Spiel nicht aus der Hand nehmen. Selbst die Abwehrspieler rückten immer wieder mit auf, und Redder und Schulz zielten nur ganz knapp über die Latte und unten neben den Pfosten. 24. Minute: Bei einem Konter über Peltonen fiel überraschend der Ausgleich. Der Linksaußen spielte sich an Lutz vorbei und schoß aus 18 Meter Entfernung unhaltbar für Tilkowski das 1:1. 26. Minute: Die Finnen wurden jetzt überraschend offensiv, und fast wäre Peltonen ein weiterer Treffer gelungen, als er erneut seinen Gegenspieler stehenließ, aber diesmal ganz knapp am Pfosten vorbeizielte. Nach einer halben Stunde wurde die deutsche Mannschaft zunehmend stärker. Vor allem der junge Overath dirigierte das Spiel und schoß aus jeder Lage.

36. Minute: Nach einer Abwehr von Torhüter Gröndahl wurde der Kölner für sein tolles Spiel belohnt. Er nahm den abgewehrten Ball direkt und knallte ihn aus 16 Metern unhaltbar unter die Latte. Die deutsche Mannschaft führte mit 2:1. 39. Minute: Einer der schönsten Spielzüge des ganzen Spiels, erneut von Overath ausgehend, über Konietzka, schloß „Aki" Schmidt mit einem direkten Schuß zum 3:1 ab.

45. Minute: Von einer kurzen Schwächeperiode abgesehen, hatte die deutsche Mannschaft ihren Gegner klar beherrscht und führte verdient mit 3:1.

54. Minute: Bei ihren wenigen gefährlichen Kontern hätten auch die Finnen weitere Tore erzielen können. Gleich zweimal hintereinander mußte Tilkowski sein ganzes Können aufbieten, um den Anschlußtreffer zu verhindern. 60. Minute: Eine ganz große Torgelegenheit hatte noch einmal Berti Kraus, der auch Torhüter Gröndahl überwunden hatte, aber Verteidiger Kanerva stand auf der Linie und schlug den Ball ins Feld zurück. 71. Minute: Endlich hatte auch Kraus Glück, als er einen Querpaß von Geiger direkt nahm und aus 20 Meter Entfernung zum 4:1 traf.

90. Minute: Die Finnen kamen bis zum Schlußpfiff nicht einmal mehr vor das deutsche Tor. Im Gegensatz dazu hatte die deutsche Mannschaft noch eine Vielzahl an Chancen, um das Ergebnis wesentlich höher zu gestalten. Der Dortmunder Konietzka hatte jedoch einen ausgesprochen schlechten Tag und vergab selbst größte Torgelegenheiten. Dennoch war es ein überzeugender deutscher Sieg und für Herberger der 100. Länderspielsieg zum Ende seiner Zeit als Bundestrainer.

Bilanz 1964/65
6 Spiele: 2 Siege, 2 Unentschieden, 2 Niederlagen, 8:5 Tore
Zuschauer: 430.000
In 6 Spielen wurden 30 Spieler eingesetzt, davon waren 10 Spieler Neulinge

Die Spieler der Saison:

Hans Tilkowski	5	Spiele
Wolfgang Overath	5	"
Horst-Dieter Höttges	5	"
Klaus-Dieter Sieloff	5	"
Josef Piontek	4	"
Willi Schulz	4	"
Max Lorenz	4	"
Heinz Hornig	3	"
Alfred Heiß	3	"
Hans Küppers	3	"
Walter Rodekamp	3	"
Wolfgang Weber	2	"
Rudolf Brunnenmeier	2	"
Manfred Manglitz	2	"
Bernd Patzke	2	"
Friedhelm Konietzka	2	"
Heinz Steinmann	2	"
Willi Giesemann	2	"
Werner Krämer	2	"
Hans Nowak	1	Spiel
Karl-Heinz Schnellinger	1	"
Horst Szymaniak	1	"
Helmut Haller	1	"
Uwe Seeler	1	"
Gert Dörfel	1	"
Lothar Ulsaß	1	"
Heinz Strehl	1	"
Karl-Heinz Thielen	1	"
Hans Rebele	1	"
Reinhard Libuda	1	"

Die Tore der Saison:

Klaus-Dieter Sieloff	3	Tore
Wolfgang Overath	2	"
Rudolf Brunnenmeier	1	Tor
Heinz Strehl	1	"
Walter Rodekamp	1	"

Mannschaftsführer waren:

Willi Schulz	4	mal
Uwe Seeler	1	"
Rudolf Brunnenmeier	1	"

2 Elfmeter für Deutschland,
verwandelt durch Sieloff (gegen Italien) und Sieloff (gegen Zypern)

1 Elfmeter gegen Deutschland,
verschossen durch Rinaldo (Brasilien)

1 Platzverweis des Gegners,
für Burgnich (Italien)

Rangliste der besten Nationalspieler:
1. Klaus-Dieter Sieloff (VfB Stuttgart)
   Willi Schulz (FC Schalke 04)
3. Hans Tilkowski (Borussia Dortmund)
4. Horst-Dieter Höttges (Werder Bremen)
   Max Lorenz (Werder Bremen)
6. Wolfgang Weber (1.FC Köln)
   Heinz Hornig (1.FC Köln)
   Wolfgang Overath (1.FC Köln)
9. Hans „Hennes" Küppers (1860 München)
   Rudi Brunnenmeier (1860 München)

1964/65

Vorbericht zum 296. Länderspiel: Mit der Übernahme des Amtes als Bundestrainer durch Helmut Schön begann eine neue Ära. Leicht hatte es der neue Bundestrainer nicht, denn gleich sein erstes Spiel als Verantwortlicher war das WM-Qualifikationsspiel in Berlin gegen Schweden. Um sich ein besseres Bild von seinen Kandidaten zu machen, setzte Helmut Schön 2 Probespiele mit Kurzlehrgängen an.

15.9.1964 in Augsburg
Nationalelf - Südauswahl 1:1 (0:0)
SR: Siebert (Mannheim), Zuschauer: 55.000
Nationalelf: Tilkowski (BVB), ab. 80. Fahrian (Hertha BSC); Eisele (VfB Stuttg.), ab 46. Schimmöller (Hertha BSC), Patzke (1860 München); W.Schulz (Schalke 04), Sieloff (VfB Stuttg.), ab 46. Giesemann (HSV), Weber (1.FC Köln); Krämer (MSV), Geiger (VfB Stuttg.), Seeler (HSV), Trimhold (Eintr. Frankf.), Netzer (Bor. Mönchengladb.)
Südauswahl: Maier (Bayern München), ab 46. Paul (KSC); Höfer (Eintr. Frankf.), ab 72. Leupold (1.FC Nürnberg), Steiner; Luttrop (beide 1860 München), Landerer (Eintr. Frankf.), Reisch (1.FC Nürnberg); Greif (1.FC Nürnberg), Küppers, Brunnenmeier, Grosser, Heiß (1860 München)
Tore: 1:0 Krämer (50.), 1:1 Grosser (74.)

6.10.1964 in Düsseldorf
Nationalelf - Sheffield Wednesday 0:0
SR: Guinnard (Schweiz), Zuschauer: 35.000
Nationalelf: Tilkowski (BVB); Patzke (1860 München), Steiner (1860 München), ab 46. Schimmöller (Hertha BSC); Weber (1.FC Köln), ab 27. Sieloff (VfB Stuttg.), Giesemann (Bayern München), Reisch (1.FC Nürnberg); Brunnenmeier (1860 München), Geiger (VfB Stuttg.), ab 76. Ulsaß (Eintr. Braunsch.), Uwe Seeler (HSV), ab 46. Strehl (1.FC Nürnberg), Overath (1.FC Köln), Heiß (1860 München)
Sheffield: Springett; Hill, Megson; Eustace, Mobley, Young; Finney, Quinn, Wilkinson, Fantham, Dobson

Mitte Oktober berief Helmut Schön sein vorläufiges 19-köpfiges Aufgebot. Dabei waren auch 3 „Italiener", Schnellinger, Szymaniak und Haller.
Torhüter: Tilkowski (BVB), Fahrian (Hertha BSC)
Verteidiger: Nowak (Schalke), Patzke (1860 München), Schnellinger (AS Rom), Schimmöller (Hertha BSC)
Läufer: Szymaniak (FC Varese), W.Schulz (Schalke), Giesemann (HSV), Sieloff (VfB Stuttg.), Weber (1.FC Köln), Reisch (1.FC Nürnberg)
Stürmer: Brunnenmeier (1860 München), Ulsaß (Eintracht Braunschweig), Haller (FC Bologna), Krämer (Meidericher SV), U.Seeler (HSV), Strehl (1.FC Nürnberg), Overath (1.FC Köln), G.Dörfel (Hamburger SV)
Mit Patzke, Schimmöller, Brunnenmeier und Ulsaß standen 4 Neulinge im Aufgebot, von denen der Münchener Torjäger gegen Schweden erstmals das Nationaltrikot trug. Patzke und Ulsaß folgten ihm später.

4.11.1964 in Berlin (WM-Qualifikation)
BR Deutschland - Schweden 1:1 (1:0)
SR: Dienst (Schweiz), Zuschauer: 74.000
BRD: Tilkowski -22 (BVB); Nowak -15 (Schalke 04), Schnellinger -28 (AS Rom); Szymaniak -39 (FC Varese), Giesemann -13 (HSV), Weber -4 (1.FC Köln); Brunnenmeier -1 (1860 München),

Haller -20 (AC Bologna), Uwe Seeler -42 (HSV), Overath -7 (1.FC Köln), G.Dörfel -11 (HSV). Mannschaftskapitän: Uwe Seeler

Schweden: Arvidsson; Rosander, Wing; Jonsson, Bergmark, Mild; Andersson, Simonsson, Martinsson, Hamrin, Lindskog

Tore: 1:0 Brunnenmeier (24.), 1:1 Hamrin (86.)

Beste Spieler: Schnellinger, Haller, Brunnenmeier, Weber - Bergmark, Arvidsson, Mild

Bericht: Daß es in diesem Spiel um sehr viel ging, konnte man bereits in den ersten Minuten feststellen, als selbst die Routiniers auf beiden Seiten nervös wirkten.

5. Minute: Verteidiger Wing stürmte mit, gab zu Simonsson weiter, der jedoch den Ball trotz schöner Direktabnahme neben das Tor setzte. 9. Minute: Szymaniak riskierte einen Schuß aus dem Hinterhalt, der leider zwei Meter am Tor vorbeiging. 60 Sekunden später viel Glück für die Schweden, daß Schiedsrichter Dienst ein Handspiel von Verteidiger Wing im Strafraum übersah. Hallers Proteste waren vergeblich.

24. Minute: Ein herrlicher Freistoß von Overath, den er gefühlvoll, aber mit Effet in den Strafraum flankte, brachte das Führungstor. Im Stil von Uwe Seeler sprang Brunnenmeier in die Flanke und köpfte unhaltbar zum 1:0 für die deutsche Mannschaft ein. 29. Minute: Als Verteidiger Bergmark Haller im Strafraum klar foulte, blieb erneut der Schiedsrichterpfiff aus.

36. Minute: Ein Angriff nach dem anderen rollte auf das schwedische Tor. Die deutsche Mannschaft kombinierte traumhaft sicher und spielte einen wunderschönen Fußball. Was fehlte, waren weitere Tore. 40. Minute: Teilweise standen elf Schweden im eigenen Strafraum, um die ständig überlegene deutsche Mannschaft zu bremsen. Mit viel Glück überstanden die Sknadinavier die ersten 45 Minuten ohne weiteren Treffer.

51. Minute: Wieder war es Overath, der den Ball maßgerecht zu Uwe Seeler paßte, der mit einem Spreizschritt Torhüter Arvidsson überwand. Leider wurde das Tor wegen Abseits nicht gegeben.

75. Minute: Die deutsche Mannschaft hatte einfach Pech. Mit einem tollen Schuß, direkt aus der Luft genommen, zielte Uwe Seeler nur knapp über das schwedische Tor. 78. Minute: Noch einmal konnten sich die Schweden bei ihrem Torhüter bedanken, als der einen prächtigen Schuß von Brunnenmeier aus dem Winkel fischte.

86. Minute: Als Simonsson eine Flanke von Andersson verpaßte, war der wieselflinke Hamrin zur Stelle und ließ Torhüter Tilkowski per Kopf keine Chance. Vier Minuten vor dem Ende mußte die deutsche Mannschaft den unglücklichen Ausgleich hinnehmen.

❖

Vorbericht zum 297. Länderspiel: Mit einem Testspiel gegen Chelsea London überprüfte Helmut Schön die Form seiner Kandidaten nach dem Winter.

17.2.1965 in Duisburg

DFB-Auswahl - Chelsea London 0:1 (0:0)

SR: Schulenburg (Hamburg), Zuschauer: 30.000

DFB-Auswahl: Tilkowski (Bor. Dortmund); Piontek (Werder), Patzke (1860); Beckenbauer (Bayern München), Sieloff (VfB Stuttg.), Höttges (Werder); Brunnenmeier (1860), Strehl (1.FC Nürnberg), Krämer (MSV), U.Seeler (HSV), Rodekamp (Hannover 96)

Sturmformation 2. Halbzeit: Gerwien (Braunschweig), Rodekamp, Krämer, Uwe Seeler, Libuda (Schalke 04)

Chelsea: Bonetti; Hinton, Harris; Hollins, Mortimore, Boyle; Murray, Graham, Bridges, Venables, Tambling

Tor: 0:1 Bridges (82.)

Mit Piontek, Patzke, Beckenbauer, Höttges und Rodekamp setzte der Bundestrainer 5 Neulinge ein. Niemand ahnte damals, daß mit dem 19-jährigen Franz Beckenbauer einer der größten Fußballer aller Zeiten seine Karriere begann. Und dieses Testspiel hatte noch eine Besonderheit. Zum erstenmal spielte die deutsche Nationalelf ein anderes als das WM-System, nämlich ein lupenreines 4-2-4 System, mit Beckenbauer und Krämer im Mittelfeld. Trotz der Niederlage sah der Bundestrainer so gute Ansätze für diese Spielweise, daß er auch im Länderspiel gegen Italien daran festhalten wollte. Das Aufgebot für den Lehrgang vom 8. - 13.3.65 lautete:

Tor: Tilkowski (Bor. Dortmund), Manglitz (MSV)

Verteidiger: Piontek (Werder Bremen), Patzke (1860 München), Höttges (Werder Bremen), Giesemann (Hamburger SV)

Läufer: Steinmann (Werder Bremen), Sieloff (VfB Stuttgart), Weber (1.FC Köln), Beckenbauer (Bayern München)

Stürmer: Brunnenmeier (1860 München), Zebrowski, Ferner (beide Werder Bremen), Küppers (1860 München), Strehl (1.FC Nürnberg), Konietzka (Bor.Dortmund), Krämer (MSV), Overath, Hornig (beide 1.FC Köln), Rodekamp (Hannover 96)

Mit Manglitz, Piontek, Patzke, Höttges, Beckenbauer, Zebrowski, Hornig und Rodekamp hatte Schön gleich 8 Spieler ohne Länderspiel im Aufgebot. Fünf von ihnen, Piontek, Patzke, Höttges, Hornig und Manglitz sollten bereits gegen Italien zum ersten Einsatz kommen, Rodekamp und Beckenbauer folgten später, so daß nur Zebrowski ohne Länderspiel blieb. Ein harter Schlag war es für Helmut Schön, daß sich Uwe Seeler schwer verletzte und er mindestens ein halbes Jahr auf ihn verzichten mußte.

13.3.1965 in Hamburg

BR Deutschland - Italien 1:1 (1:0)

Michaelsen (Dänemark), Zuschauer: 70.000, Rot: Burgnich (67.)

BRD: Tilkowski -23 (BVB) ab 57. Manglitz -1 (MSV); Piontek -1 (Werder Bremen), Patzke -1 (1860); Höttges -1 (Werder Bremen) ab 32. Steinmann -2 (Werder Bremen), Sieloff -2 (VfB Stuttg.), Weber -5 (1.FC Köln); Heiß -3, Küppers -2, Brunnenmeier -2 (alle 1860 München), Konietzka -8 (Bor. Dortmund), Hornig -1 (1.FC Köln). Mannschaftskapitän: Brunnenmeier

Italien: Negri (46. Albertosi); Malatrasi, Burgnich; Rosato, Guarneri, Picchi; Orlando, Bulgarelli, Mazzola, Rivera, Pascutti (46. Corso)

Tore: 1:0 Sieloff (39. Handelfmeter), 1:1 Mazzola (76.)

Beste Spieler: Weber, Höttges, Sieloff, Hornig, Küppers - Mazzola, Rivera

Bericht: Mit einer ganz jungen Mannschaft begann Helmut Schön den Neuaufbau. Die elf Spieler, die in Hamburg einliefen, hatten zusammen noch keine 40 Spiele, wovon allein Tilkowski 23 Länderspiele verzeichnete. Umso überraschter war man, daß diese deutsche Mannschaft vom Anpfiff an ein tolles Spiel gegen die Italiener bot.

8. Minute: Die erste gute Torgelegenheit für die deutsche Mannschaft, nachdem Heiß quer über die ganze Abwehr zum Linksaußen Hornig flankte, der den Ball direkt aus der Luft nahm und auf das italienische Tor schmetterte. Negri konnte den Ball gerade noch mit einem sagenhaften Reflex über die Latte lenken.

14. Minute: Sooft sich auch der international bewährte Sturm der Italiener durchspielen wollte, immer wieder blieben die Ballkünstler an der deutschen Abwehr hängen.

31. Minute: Nach einer halben Stunde hatte die deutsche Mannschaft die Italiener fest in der Hand. Immer häufiger griffen die Südeuropäer zu Fouls, um den Schwung des deutschen Spiels zu stören. Bei Verteidiger Höttges war es so schlimm, daß er vom Platz getragen werden mußte und für ihn Steinmann ins Spiel

kam. 38. Minute: Als Negri einen Brunnenmeier Schuß nur mit Mühe abwehren konnte, war Küppers zur Stelle und hob den Ball gefühlvoll über den italienischen Torhüter ins linke obere Toreck, wo Picchi den Ball nur mit den Händen aufhalten konnte. Schiedsrichter Michaelsen zeigte sofort auf den Elfmeterpunkt. Küppers selbst legte sich den Ball zurecht, traf jedoch nur den Pfosten. Schiedsrichter Michaelsen hatte aufgepaßt und gesehen, daß sich Torhüter Negri viel zu früh bewegt hatte und ließ den Elfmeter wiederholen. Diesmal führte Sieloff aus und verwandelte sicher zum 1:0.

45. Minute: Mit viel Beifall wurde die deutsche Mannschaft in die Halbzeit entlassen, denn sie hatte entgegen allen Prognosen ein Klasse-Spiel geliefert. 46. Minute: Als die Italiener wieder den Rasen betraten, wurden sie von einem gellenden Pfeifkonzert empfangen. Durch ihre vielen Fouls hatten sie sich die Sympathien der Zuschauer verscherzt.

56. Minute: Auch nach dem Seitenwechsel spielten die Italiener weiterhin sehr hart. Zwar konnten sie sich jetzt auch Feldvorteile erspielen, aber bei einer guten Torchance zog Orlando gegen Torhüter Tilkowski voll durch und verletzte diesen so schwer, daß Manglitz für den Dortmunder ins Tor mußte. 67. Minute: Inzwischen hatte sich die deutsche Mannschaft von dem Druck der Italiener wieder befreit und spielte erneut einen schönen direkten Fußball, der den Italienern größte Schwierigkeiten bereitete. Die Italiener, völlig hilflos gegenüber diesem deutschen Direktspiel, foulten weiterhin auf brutale Art und Weise. Als Burgnich Steinmann regelrecht niederrannte, kannte Schiedsrichter Michaelsen kein Pardon mehr und schickte den italienischen Verteidiger in die Kabine.

70. Minute: Ein Angriff nach dem anderen rollte auf das Tor der Italiener, und nur mit viel Glück wurden weitere Gegentreffer verhindert. 75. Minute: Nun bekam die deutsche Mannschaft jene Taktik zu spüren, mit der Inter Mailand bereits den Europa-Cup gewonnen hatte. Mit einem blitzschnellen Konter über Corso und maßgerechter Flanke zu Mazzola erzielte Italien den Ausgleich. Völlig unverdient wurden sie für ihre destruktive und brutale Spielweise belohnt.

❖

Vorbericht zum 298. Länderspiel: Ohne die durch den Europacup überlasteten Stürmer von 1860 München trat Helmut Schön zum 2. WM-Qualifikationsspiel an. Das Motto hieß: Tore schießen, denn die Torquote konnte eventuell den Ausschlag geben, wer zur Weltmeisterschaft nach England fährt. Das Aufgebot:

Tor: Manglitz, Schumacher
Verteidiger: Piontek, Patzke, Höttges
Läufer: W.Schulz, Steinmann, Sieloff, Lorenz
Stürmer: Ulsaß, Konietzka, Strehl, Overath, Hornig
sowie nur als Ersatz: Heiß, Küppers, Brunnenmeier

Neben den beiden Neulingen Lorenz (Werder Bremen) und Ulsaß (Eintracht Braunschweig), die beide zum Einsatz kamen, stand auch ein Toni Schumacher vom 1. FC Köln als Neuling im Aufgebot. Es war aber nicht jener Harald „Toni" Schumacher, der in den 70er und 80er Jahren lange Zeit das Tor des 1. FC Köln und der Nationalmannschaft hütete. Der Toni Schumacher von 1965 wurde nie Nationalspieler.

24.4.1965 in Karlsruhe (WM-Qualifikation)
BR Deutschland - Zypern 5:0 (3:0)

Mootz (Luxemburg), Zuschauer: 41.000
BRD: Manglitz -2 (Meiderischer SV); Höttges -2 (Werder Bremen), Patzke -2 (1860 München); W.Schulz -22 (Schalke 04), Sieloff -3 (VfB Stuttg.), Lorenz -1 (Werder Bremen); Ulsaß -1 (Eintr. Braunschweig), Konietzka -9 (Bor. Dortmund), Strehl -4 (1.FC Nürnberg), Overath -8, Hornig -2 (beide 1.FC Köln). Mannschaftskapitän: W.Schulz

Zypern: Eleftheriades; Jacovou, Pieris; Tsoukkas, Panayiotou, Orfanides; Kantzillieris, Assiotis, Papadopoulos, Crystallis, Stylianou

Tore: 1:0 Sieloff (16. Foulelfmeter), 2:0 Overath (22.), 3:0 Sieloff (35.), 4:0 Strehl (69.), 5:0 Overath (85.)
Beste Spieler: Overath, Schulz, Sieloff, Hornig, Lorenz, Höttges - keiner
Bericht: Vom Anstoß weg kannte die deutsche Mannschaft nur die eine Richtung: auf das Tor der Zyprioten. Das einzige Ziel dieses WM-Qualifikationsspiels war es, möglichst viele Tore zu erzielen.

16. Minute: Mit einem herrlichen Schuß traf der Kölner Linksaußen Hornig nur die Latte. Das Glück schien den Zyprioten weiter hold, als Konietzka 60 Sekunden später völlig freistehend den Ball nicht voll traf. 19. Minute: Dann war es aber doch soweit, als Orfanides Ulsaß im Strafraum legte, und Sieloff den Elfmeter zum 1:0 eiskalt ins Netz donnerte. 22. Minute: Die deutsche Mannschaft ließ den Zyprioten keine ruhige Minute, sondern drängte unentwegt. Mit einem herrlichen Schuß von Overath fiel bereits das 2:0.

32. Minute: Erneut vergab Konietzka eine gute Torgelegenheit. Und dann mußte Patzke, der sich schon vorher verletzt hatte, endgültig vom Platz getragen werden. Die deutsche Mannschaft konnte ab jetzt nur mit 10 Spielern weiterspielen und nahm Lorenz zurück in die Verteidigung. 36. Minute: Overath war jetzt überall zu finden. Er füllte sowohl die Läufer- als auch die Halbstürmerposition aus. Ein herrlicher Schuß aus 25 Metern war allerdings zu hoch angesetzt. 38. Minute: Einen Freistoß aus gut 20 Metern schoß Sieloff gefühlvoll und trotzdem so hart über die Mauer, daß Torhüter Eleftheriades machtlos war.

43. Minute: So sehr die Abwehrspieler und vor allem die Läuferreihe glänzte, so schwach waren die Angreifer im Ausnutzen der unzähligen Torgelegenheiten. Selbst aus drei Meter Entfernung brachte Konietzka den Ball nicht über die Torlinie. Zur Halbzeit hätte die deutsche Mannschaft mindestens das halbe Dutzend voll machen müssen, mußte sich so jedoch mit dem 3:0 begnügen.

46. Minute: Auch nach dem Seitenwechsel mußte die deutsche Mannschaft ohne Patzke auskommen, der mit einem Nasen- und Wadenbeinbruch nicht mehr zur Verfügung stand. 53. Minute: Obwohl die deutsche Mannschaft weiterhin klar überlegen spielte, fehlten die krönenden Torschüsse. Aus der deutlichen technischen und spielerischen Überlegenheit wurde einfach kein Kapital geschlagen, sondern alles endete in Schönspielerei ohne jeden Effekt. 69. Minute: Endlich einmal wurde wieder konzentriert gespielt, als Mittelstürmer Strehl in eine Flanke von Hornig hechtete und das 4:0 erzielte.

75. Minute: Immer wieder konnte sich der zypriotische Torhüter auszeichnen, weil den Schüssen und Kopfbällen der deutschen Stürmer die letzte Präzision fehlte. 77. Minute: Der Unmut der Zuschauer richtete sich vor allem gegen Konietzka, der alleine hätte an diesem Tag fünf Tore hätte erzielen können, aber auch aus vier Meter Entfernung wieder nicht das Tor traf. 85. Minute: Erneut war es eine Flanke von Linksaußen Hornig, die den nächsten deutschen Treffer einleitete. Strehl köpfte an die Latte, und Overath war zur Stelle, um den abprallenden Ball ins Tor zu schieben.

90. Minute: Ein Spiel, das zumindest zweistellig hätte ausgehen müssen, wurde nur mit 5:0 von der deutschen Mannschaft gewonnen. Im Angriff wurden sowohl Uwe Seeler, den die Zuschauer mit lautstarken „Uwe, Uwe"-Rufen herbeiwünschten, als auch die Stürmer von 1860 München schmerzlich vermißt.

❖

Vorbericht zum 299. Länderspiel: Mit Konietzka und Strehl hatten sich zwei weitere Nationalspieler der Vergangenheit aus der Mannschaft gespielt. Aus dem WM-Aufgebot von Chile und dem Neuaufbau 1962/63 war inzwischen nur Tilkowski übriggeblieben. Uwe Seeler war nach wie vor schwer verletzt und die Italienprofis Schnellinger, Szymaniak, Haller und Brülls standen nicht zur Verfügung. Die junge deutsche Mannschaft mußte jetzt vor allem Erfahrung sammeln, und da kam ein so schwerer Gegner wie England gerade recht. Für das Nürnberger Länderspiel berief Helmut Schön:

Tor: Tilkowski, Manglitz
Verteidiger: Piontek, Höttges, Lorenz
Läufer: W.Schulz, Sieloff, Steinmann, Wenauer
Stürmer: Thielen, Heiß, Krämer, Brunnenmeier, Strehl, Rodekamp, Overath, Hornig

Einziger Neuling war Mittelstürmer Rodekamp von Hannover 96, der auch zum Einsatz kam.

12.5.1965 in Nürnberg

BR Deutschland - England 0:1 (0:1)

SR: Zsolt (Ungarn), Zuschauer: 65.000
BRD: Tilkowski -24 (BVB); Piontek -2, Höttges -3 (beide Werder Bremen); W.Schulz -23 (Schalke 04), Sieloff -4 (VfB Stuttg.), Lorenz -2 (Werder Bremen), ab 42. Steinmann -3 (Werder Bremen); Thielen -2 (1.FC Köln), Krämer -5 (Meidericher SV), Rodekamp -1 (Hannover 96), Overath -9, Hornig -3 (beide 1.FC Köln). Mannschaftskapitän: W.Schulz
England: Banks; Cohen, Wilson; Flowers, J.Charlton, Moore; Paine, Ball, Jones, Eastham, Temple
Tor: 1:0 Paine (36.)
Beste Spieler: Schulz, Sieloff, Lorenz, Tilkowski - J.Charlton, Temple, Moore
Bericht: Von der ersten Minute an war Spannung im Spiel. Rodekamp wagte den ersten Torschuß in der 5. Minute, leider ging der Ball daneben. Im Gegenzug war der schnelle Temple durch, paßte zu Jones, und als dieser sich zum Torschuß entschloß, hatte die deutsche Mannschaft Glück, weil Alan Ball im Abseits stand.

27. Minute: Nur durch gelegentliche Konter konnten die Engländer das deutsche Tor gefährden. Zum Glück standen jedoch Schulz und Sieloff ausgezeichnet. 30. Minute: Eine große Chance vergab Linksaußen Temple, als er am Elfmeterpunkt in den Rasen trat, anstatt den Ball zu treffen. 36. Minute: Ein typischer englischer Angriff brachte dann doch die Führung. Über Linksaußen Temple, der bis an die Außenlinie spurtete, und dann maßgerecht in die Mitte flankte, kamen die Engländer durch Paine, der aus 8 Metern mit unheimlicher Wucht ins deutsche Tor schoß, zum Führungstreffer.

40. Minute: Das Spiel war jetzt völlig offen. Nur durch rechtzeitiges Herauslaufen konnte Tilkowski eine gute Chance für Jones zunichte machen. 42. Minute: Für den verletzten Lorenz kam sein Mannschaftskamarad von Werder Bremen, Steinmann, ins Spiel. Zur Halbzeit führten die Engländer glücklich mit 1:0.

53. Minute: Nach dem Seitenwechsel spielte die deutsche Mannschaft noch druckvoller. Höttges wurde von Paine von den Beinen geholt, das erste grobe Foul im ganzen Spiel. 60. Minute: Willi Schulz mußte am Spielfeldrand behandelt werden, kam aber nach zwei Minuten mit verbundenem, rechten Knöchel wieder. Die deutsche Mannschaft war nach wie vor klar überlegen, scheiterte jedoch immer wieder an der guten englischen Deckung. 64. Minute: Großer Jubel im Stadion, als Thielen ins englische Tor traf. Der Treffer wurde jedoch zu Recht annulliert, weil Thielen die Hand zur Hilfe genommen hatte. Langsam befreiten sich die Engländer immer mehr, und sogar Läufer Moore prüfte Tilkowski.

90. Minute: In den letzten 20 Minuten konnten die Briten durch viele gefährliche Konter das Spiel offen gestalten. Dennoch war die deutsche Mannschaft insgesamt wesentlich besser und hätte sogar einen Sieg verdient gehabt. Die Cleverneß der Engländer hatte jedoch gereicht, um trotzdem mit 1:0 zu gewinnen.

❖

Vorbericht zum 300. Länderspiel: Das Jubiläumsspiel trug die deutsche Nationalmannschaft bei den befreundeten Schweizern aus. Es war aber nicht irgendein Spaziergang, denn die Schweiz hatte eine starke Mannschaft, die auf dem Weg war, sich für die WM in England zu qualifizieren. Helmut Schön berief deshalb auch sein stärkstes Aufgebot und hatte mit Rebele (1860 München) nur einen Neuling dabei, der auch gegen die Schweiz zum Einsatz kam.

Tor: Tilkowski, Manglitz
Verteidiger: Piontek, Höttges, Giesemann
Läufer: W.Schulz, Sieloff, Lorenz, Steinmann
Stürmer: Heiß, Küppers, Rodekamp, Ferner, Krämer, Overath, Thielen, Libuda, Rebele

26.5.1965 in Basel

Schweiz - BR Deutschland 0:1 (0:1)

SR: Bueno (Spanien), Zuschauer: 40.000
Schweiz: Elsener (ab 46. Prosperi); Fuhrer, Stierli; Kuhn, Schneiter (ab 82. Leimgruber), Tacchella; Allemann, Vuilleumier (ab 46. Schnyder), Branna, Wüthrich, Schindelholz (ab 46. Quentin)
BRD: Tilkowski -25 (BVB); Piontek -3, Höttges -4 (beide Werder Bremen); W.Schulz -24 (Schalke 04), Sieloff -5 (VfB Stuttg.), Lorenz -3 (Werder Bremen); Heiß -4, Küppers -3 (beide 1860 München), Rodekamp -2 (Hannover 96), Overath -10 (1.FC Köln), Rebele -1 (1860 München). Mannschaftskapitän: W.Schulz
Tor: 0:1 Rodekamp (43.)
Beste Spieler: Elsener, Wüthrich, Tacchella - W.Schulz, Sieloff, Lorenz, Tilkowski
Bericht: Die deutsche Mannschaft begann in Basel schwungvoll und mit viel Elan. Von der ersten Minute an lief das Spiel flüssig, so, daß man einiges erwarten konnte.

5. Minute: Der immer wieder weit aufrückende Lorenz schoß nur ganz knapp über das Schweizer Tor. 7. Minute: Erneut war es ein scharfer Schuß von Lorenz, der knapp am Gehäuse von Elsener vorbeizischte.

40. Minute: Bei einem Fernschuß aus dem Hinterhalt hatte Torhüter Tilkowski größte Mühe, den Ball unter Kontrolle zu bekommen. Inzwischen war die Schweiz wesentlich stärker geworden und konnte das Spiel ausgeglichen gestalten. 43. Minute: Um so härter traf die Schweizer die deutsche Führung. Eine Ecke, fein angeschnitten von Küppers, kam genau auf den Kopf von Rodekamp, der unhaltbar über Torhüter Elsener hinweg in die lange Ecke köpfte. Die deutsche Mannschaft führte mit 1:0.

55. Minute: Die Schweizer begannen die zweite Halbzeit sehr stark und setzten die deutsche Mannschaft unter Druck. Für die Elf von Helmut Schön war jetzt Platz zum Kontern da, aber zwei gute Chancen konnte Rodekamp innerhalb einer Minute nicht nutzen.

90. Minute: Außer ein paar Scharfschüssen von Rodekamp geschah nichts mehr. Die Schweizer hatten nicht mehr die Kraft, dem Spiel noch eine Wende zu geben und die deutsche Mannschaft begnügte sich mit dem 1:0-Sieg.

❖

Vorbericht zum 301. Länderspiel: Zum Abschluß der Saison stand eine Brasilienreise, der Gegenbesuch für das Länderspiel 1963 in Hamburg, auf dem Programm. Ein Länderspiel gegen Brasilien und ein Auswahlspiel in Recife. Helmut Schön nahm 18 Spieler mit auf diese Reise.

Tor: Tilkowski, Manglitz
Verteidiger: Piontek, Höttges, Nowak, Giesemann
Läufer: Steinmann, Lorenz, Sieloff, Weber, W.Schulz
Stürmer: Thielen, Libuda, Krämer, Rodekamp, Overath, Küppers, Heiß

Neulinge waren diesmal nicht im deutschen Aufgebot. Bei den Brasilianern spielten mit Djalma Santos, Bellini, Orlando, Garrincha und Pele noch 5 Weltmeister von 1958 und 1962.

6.6.1965 in Rio de Janeiro
Brasilien - BR Deutschland 2:0 (1:0)

SR: Riveros (Peru), Zuschauer: 140.000
Brasilien: Manga; Djalma Santos, Orlando, Bellini, Rildo; Dudu, Ademir; Garrincha (ab 62. Celio, ab 80. Jairzinho), Flavio, Pele, Rinaldo
BRD: Tilkowski -26 (BVB); Piontek -4, Höttges -5 (beide Werder Bremen), ab 46. Giesemann (HSV); W.Schulz -25 (Schalke 04), Sieloff -6 (VfB Stuttg.), Lorenz -4 (Werder Bremen); Heiß -5 (1860 München), Krämer -6 (Meidericher SV), Rodekamp -3 (Hannover 96), Overath -11 (1.FC Köln), ab 46. Küppers -4 (1860 München), Libuda -7 (Schalke 04). Mannschaftskapitän: W.Schulz
Tore: 1:0 Flavio (26.), 2:0 Pele (90.)
Beste Spieler: Bellini, Ademir, Pele, Rinaldo, Garrincha - Tilkowski, Sieloff, Höttges
Bericht: Von Beginn an stand die deutsche Mannschaft beim Weltmeister unter Druck. Nur gelegentliche Konter sorgten hin und wieder für Gefahr vor dem brasilianischen Tor.

5. Minute: Zum erstenmal mußte Willi Schulz den weltbesten Spieler, Pele, ziehen lassen. Zum Glück ging sein Schuß klar über das Tor von Tilkowski.

12. Minute: Wieder spielte Pele Schulz aus, aber Tilkowski wehrte ab. Und eine Minute später meisterte Tilkowski noch einmal souverän einen Pele-Schuß. 14. Minute: Tilkowski kam kaum zur Ruhe. Jetzt mußte er einen Rinaldo-Schuß über die Latte lenken. Im nächsten Angriff hielt er reaktionsgewandt einen Kopfball von Pele. Die Zuschauer waren aus dem Häuschen, weil ihre Mannschaft die deutsche Elf ständig einschnürte. Erst langsam konnte sich die deutsche Mannschaft ein wenig Luft verschaffen.

24. Minute: Auch mit einem 20-Meter-Schuß von Ademir da Guia war Tilkowski nicht zu schlagen. Aber als Lorenz 120 Sekunden später einen Freistoß verschuldete, war es so weit. Flavio erzielte per Kopf die längst verdiente 1:0 Führung für den Weltmeister. Tilkowski wurde immer mehr zum Held des Spiels, als er kurz darauf erneut Flavio den Ball vom Fuß nahm.

40. Minute: Eine ganz große Chance bot sich noch Dudu, aber im letzten Augenblick wurde er von Piontek und Sieloff gestoppt. 44. Minute: Zum letztenmal vor der Pause griff Tilkowski ein und rettete der deutschen Mannschaft das Halbzeitergebnis. Insgesamt war die deutsche Mannschaft kaum aus der Abwehr herausgekommen, und die Führung der Brasilianer war hochverdient.

60. Minute: Die erste gute Torgelegenheit für die deutsche Mannschaft erst nach einer Stunde durch Krämer, der sich jedoch allein vor Manga den Ball zu weit vorlegte. 64. Minute: Pele hatte offensichtlich nicht seinen besten Tag, denn nachdem er schon Willi Schulz verletzt hatte, traf er jetzt auch unglücklich Lorenz.

76. Minute: Nach langer Zeit des Leerlaufs schreckte ein 22-Meter-Freistoß von Garrincha die deutsche Abwehr wieder auf. Nur durch eine Glanzparade konnte Tilkowski das 0:2 verhindern. 77. Minute: Pech für Piontek, als ihm im Strafraum ein Handspiel unterlief. Tilkowski krönte jedoch seine Klasseleistung, als er Rinaldos plazierten Elfmeter meisterte. Damit war er endgültig der Held des Tages. 83. Minute: Noch einmal großes Glück für die deutsche Mannschaft, als Ademir da Guia nur den Pfosten traf. 88. Minute: Der Höhepunkt des Pechs, das an diesem Tag Pele verfolgte, war ein Zweikampf mit Giesemann, bei dem sich der deutsche das Wadenbein brach. Pele hatte hier sehr leichtsinnig eine Verletzung des Hamburgers in Kauf genommen.

90. Minute: Dennoch gab es für den brasilianischen Star ein gutes Ende, als er einen Freistoß direkt mit dem Außenrist ins linke obere Eck zum 2:0 verwandelte.

Bilanz 1965/66
15 Spiele: 12 Siege, 1 Unentschieden, 2 Niederlagen, 40:11 Tore
Zuschauer: 753.000
In 15 Spielen wurden 29 Spieler eingesetzt, davon waren 8 Spieler Neulinge

Die Spieler der Saison
Franz Beckenbauer	14	Spiele
Horst Höttges	13	"
Wolfgang Weber	13	"
Hans Tilkowski	12	"
Willi Schulz	12	"
Uwe Seeler	12	"
Wolfgang Overath	11	"
Siegfried Held	10	"
Karl-Heinz Schnellinger	9	"
Helmut Haller	7	"
Werner Krämer	6	"
Friedel Lutz	5	"
Lothar Emmerich	5	"
Horst Szymaniak	4	"
Heinz Hornig	4	"
Rudolf Brunnenmeier	3	"
Günter Netzer	3	"
Max Lorenz	3	"
Alfred Heiß	3	"
Jürgen Grabowski	3	"
Albert Brülls	3	"
Klaus-Dieter Sieloff	2	"
Peter Grosser	2	"
Josef Piontek	2	"
Günter Bernard	2	"
Lothar Ulsaß	2	"
Rudolf Nafziger	1	Spiel
Josef Maier	1	"
Jürgen Kurbjuhn	1	"

Die Tore der Saison:
Uwe Seeler	7	Tore
Franz Beckenbauer	7	"
Helmut Haller	7	"
Lothar Ulsaß	3	"
Wolfgang Overath	3	"
Rudolf Brunnenmeier	2	"
Werner Krämer	2	"
Alfred Heiß	2	"
Lothar Emmerich	2	"
Klaus-Dieter Sieloff	1	Tor
Horst Szymaniak	1	"
Siegfried Held	1	"
Wolfgang Weber	1	"

Mannschaftsführer waren:
Uwe Seeler	12	mal
Horst Szymaniak	2	"
Hans Tilkowski	1	"

2 Elfmeter für Deutschland,
verwandelt durch Sieloff (gegen Österreich) und Haller (gegen die Schweiz)

1 Eigentor des Gegners,
durch Panayotou (Zypern)

4 Platzverweise der Gegner,
für Albrecht (Argentinien), Troche und Silva (beide Uruguay), Tschislenko (UdSSR)

Rangliste der besten Nationalspieler des Jahres:
1. Franz Beckenbauer (Bayern München)
2. Wolfgang Weber (1.FC Köln)
3. Uwe Seeler (Hamburger SV)
4. Willi Schulz (Hamburger SV)
5. Wolfgang Overath (1.FC Köln)
6. Helmut Haller (FC Bologna)
   Hans Tilkowski (Borussia Dortmund)
   Karl-Heinz Schnellinger (AC Mailand)
9. Horst-Dieter Höttges (Werder Bremen)

1965/66

Vorbericht zum 302. Länderspiel: Die Weltmeisterschaftssaison begann gleich mit dem wichtigsten Spiel, der WM-Qualifikation in Stockholm gegen Schweden. Eine Niederlage hätte bereits das frühzeitige Aus bedeutet, ein Unentschieden schob die Entscheidung auf.

Als Vorbereitung ließ Helmut Schön seine Kandidaten wieder gegen die englische Profimannschaft von Chelsea London spielen.

17.8.1965 in Essen
Nationalelf - Chelsea London 3:2 (0:2)
SR: Malka (Herten), Zuschauer: 40.000
Nationalelf: Tilkowski (BVB), ab 46. Manglitz (Meiderischer SV); Lutz (Eintr. Frankf.), Lorenz (Werder Bremen); Beckenbauer (Bayern München), ab 46. Szymaniak (Tasmania), Sieloff (VfB Stuttg.), später: Beckenbauer, Weber (1.FC Köln); Libuda (BVB), Uwe Seeler (HSV); ab 46. Krämer (Meiderischer SV), Rodekamp (Hannover 96), Grosser (München 1860), Heiß (München 1860)
Chelsea: Bonetti; Shellito, McCreadie; Hollins, Hinton, Karris; Boyle, McCallogh, Bridges, Venables, Tambling
Tore: 0:1 Bridge (8.), 0:2 McCallogh (25.), 1:2 Heiß (57.), 2:2 Rodekamp (65.), 3:2 Szymaniak (89. Foulelfmeter)

Besonders taten sich Beckenbauer und Grosser als Spielmacher im Mittelfeld hervor. Sie wurden auch beide in das 22-köpfige, vorläufige Aufgebot für das Schwedenspiel berufen.
Tor: Tilkowski, Manglitz, Bernard
Abwehr: Piontek, Höttges, Schnellinger, Weber, Lorenz, Sieloff, W.Schulz
Mittelfeld: Beckenbauer, Szymaniak, Krämer, Overath
Angriff: Heiß, Brunnenmeier, Grosser, Ulsaß, Uwe Seeler, Konietzka, Hornig
Bernard (Werder Bremen), Beckenbauer (Bayern München) und Peter Grosser (1860 München) waren die einzigen Spieler im Aufgebot ohne Länderspiel. Überraschend wurden Beckenbauer und Grosser in diesem wichtigen WM-Qualifikationsspiel als Neulinge eingesetzt. Torhüter Bernard wurde einige Monate später Nationalspieler. Zum Abschlußlehrgang, der nur noch 16 Spieler umfaßte, war Bernard nicht mehr dabei.
Tor: Tilkowski, Manglitz
Abwehr: Höttges, Schnellinger, Lorenz, W.Schulz, Weber
Mittelfeld: Beckenbauer, Szymaniak, Krämer
Angriff: Heiß, Brunnenmeier, Ulsaß, Uwe Seeler, Grosser
Während die Schweden mit 5 Auslandsprofis spielten, hatte bei der deutschen Mannschaft lediglich Schnellinger eine Freigabe erhalten. Dafür waren aber Szymaniak, der gerade in die Bundesliga zu Tasmania Berlin zurückgekehrt war, und der lange verletzte Uwe Seeler wieder dabei. Drei erfahrene Stützen, die die unerfahrene Mannschaft führen sollten.

26.9.1965 in Stockholm (WM-Qualifikation)

Schweden - BR Deutschland 1:2 (1:1)

SR: Dagnall (England), Zuschauer: 53.000
Schweden: Arvidsson; J.Karlsson, Wing; Bergmark, A.Johansson, Mild; Hamrin, Jonsson, Grahn, Bild, Persson
BRD: Tilkowski -27 (BVB); Höttges -6 (Werder Bremen), Sieloff -7 (VfB Stuttg.), W.Schulz -26 (HSV), Schnellinger -29 (AC Mailand); Beckenbauer -1 (Bayern München), Szymaniak -40 (Tasmania Berlin); Brunnenmeier -3 (1860 München), Grosser -1 (1860 München), Uwe Seeler -43 (HSV), Krämer -7 (Meiderischer SV).
Mannschaftskapitän: Uwe Seeler
Tore: 1:0 Jonsson (44.), 1:1 Krämer (45.), 1:2 Seeler (54.)

Beste Spieler: Bergmark, Wing - Schnellinger, Beckenbauer, Höttges

Bericht: Prickelnde Spannung herrschte vor dem vorentscheidenden WM-Qualifikationsspiel in Stockholm. Beide Mannschaften mußten gewinnen, wenn sie die Fahrkarte nach England in der Tasche haben wollten. Entsprechend nervös begann das Spiel.

12. Minute: Zum erstenmal kamen die Schweden gefährlich in die deutsche Hälfte und zu einem Freistoß. Szymaniak konnte jedoch abblocken. 14. Minute: Der Neuling in der Mannschaft, Beckenbauer, trumpfte von der ersten Minute an auf. Er spielte, als hätte er schon 30 und mehr Länderspiele auf dem Buckel. Sein schöner Paß in den freien Raum zu Krämer, konnte der Duisburger nicht nutzen.

44. Minute: Nun passierte genau das, wovor die deutsche Mannschaft die meiste Angst hatte. Einen Freistoß von Persson über die gesamte deutsche Abwehr hinweg verpaßte auch Torhüter Tilkowski. Das Leder kam genau auf den Kopf von Grahn. Der köpfte in die Mitte, wo Jonsson den Ball nur noch einschieben brauchte. Die Schweden führten mit 1:0 und jetzt mußte die deutsche Mannschaft kommen. 45. Minute: Es war fantastisch, wie die deutsche Mannschaft diesen Rückstand verkraftete. Einen weiten Schlag von Schnellinger verlängerte Uwe Seeler mit dem Kopf zu Brunnenmeier, der sofort auf das schwedische Gehäuse knallte. Arvidsson konnte den Ball nicht festhalten und Krämer war zur Stelle, um zum Ausgleich abzustauben. Dramatischer konnte es gar nicht zugehen. Nach 43 farblosen Minuten zwei Tore innerhalb von 100 Sekunden. Für die deutsche Mannschaft war der 1:1-Ausgleich zur Halbzeit in einem psychologisch wichtigen Augenblick gefallen.

48. Minute: Nach Wiederbeginn wurde die deutsche Mannschaft überraschend offensiv. Sofort kam die schwedische Abwehr ins Schwimmen, als Uwe Seeler steil zu Brunnenmeier spielte, der nur um eine 10tel Sekunde gegen Torhüter Arvidsson zu spät kam. 54. Minute: Das deutsche Spiel lief jetzt hervorragend. Der andere Neuling im deutschen Spiel, Grosser, setzte sich mit einem Slalom am rechten Flügel durch und flankte im richtigen Augenblick in den 5-Meter-Raum. Dort zeigte sich die Qualität von Uwe Seeler, der am schnellsten reagierte und in den Ball hineinrutschte. Flach und unhaltbar passierte der Ball Torhüter Arvidsson und landete zur 2:1-Führung im Netz.

66. Minute: Noch einmal eine große Schrecksekunde für die deutsche Mannschaft, als Tilkowski bei einem schwedischen Konter mit einer fantastischen Reaktion den Ausgleich verhinderte. 70. Minute: Langsam stellte sich die deutsche Mannschaft immer mehr darauf ein, den Ball zu halten. Nur der kaltschnäuzige Beckenbauer spielte druckvoll nach vorn.

Uwe Seeler und der schwedische Kapitän Bergmark bei der Begrüßung vor dem 2:1

90. Minute: Jubelnd lagen sich die deutschen Spieler in den Armen. Mit einer souveränen Leistung in der zweiten Halbzeit hatten sie das Unmögliche möglich gemacht. Mit dem Sieg in Schweden war der deutschen Mannschaft die Qualifikation für die Weltmeisterschaft nicht mehr zu nehmen.

❖

Vorbericht zum 303. Länderspiel: Ab jetzt begann die Vorbereitung zur WM, obwohl noch das Spiel in Zypern ausstand. Allerdings war das nur eine Formsache, weil der deutschen Mannschaft ein Unentschieden reichte und die sogenannten Kleinen damals noch nicht so leistungsstark waren wie in späteren Jahren. Was die deutsche Mannschaft so sicher machte, war das neue 4-2-4 System, das Helmut Schön nach dem Chelsea-Testspiel endgültig durchsetzte, weil er dafür mit Spieler wie Szymaniak, Overath, Krämer, Grosser, Küppers und vor allen Franz Beckenbauer, die idealen Spielertypen hatte. Alles Regisseure, die aus der zweiten Reihe den Blick hatten, um ein Spiel gestalten und somit entscheiden zu können.

In Stuttgart waren die Österreicher erster Prüfstein für die deutsche Mannschaft. Der „Italiener" Schnellinger konnte bei diesem Freundschaftsspiel nicht dabei sein, und Uwe Seeler wollte nach seiner schweren Verletzung erst wieder in Tritt kommen.

Die deutsche Nationalelf vor ihrem 2:1-Sieg beim entscheidenden WM-Qualifikationsspiel in Stockholm gegen Schweden; v.l.: Höttges, Krämer, Grosser, Szymaniak, Brunnenmeier, Sieloff, Schulz, Beckenbauer (in seinem 1. Länderspiel), Schnellinger, Tilkowski, Uwe Seeler

Mit Nafziger und Netzer, die auch beide zum Einsatz kamen, hatte Schön 2 Neulinge im Team. Damit begann nach Overath und Beckenbauer auch die dritte große internationale Karriere von deutschen Spielmachern. Wie die beiden anderen, sollte Netzer einer der genialen Denker und Lenker im deutschen Fußball werden.

Tor: Tilkowski, Bernard
Abwehr: Höttges, Lorenz, Patzke, W.Schulz, Sieloff, Weber
Mittelfeld: Beckenbauer, Szymaniak, Netzer
Angriff: Nafziger, Ulsaß, Grosser, Brunnenmeier, Krämer

9.10.1965 in Stuttgart

BR Deutschland - Österreich 4:1 (1:1)

SR: Dienst (Schweiz), Zuschauer: 74.000
BRD: Tilkowski -28 (BVB); Höttges -7 (Werder Bremen), Sieloff -8 (VfB Stuttg.), Weber -6 (1.FC Köln), Lorenz -5 (Werder Bremen); Beckenbauer -2 (Bayern München), Netzer -1 (Borussia Mönchengladbach); Nafziger -1 (Bayern München), Ulsaß -2 (Eintr. Braunschweig), Brunnenmeier -4 (1860 München), Krämer -8 (Meidericher SV). Mannschaftskapitän: Tilkowski
Österreich: Fraydl; Pumm, Binder, Frank, Ludescher; Hasil, Ullmann; Hirnschrodt (ab 24. Viehböck, ab 78. Köglberger), Buzek, Flögel, Macek
Tore: 0:1 Buzek (23.), 1:1 Sieloff (33. Foulelfmeter), 2:1 Ulsaß (66.), 3:1 Ulsaß (66.), 4:1 Ulsaß (81.)
Beste Spieler: Netzer, Beckenbauer, Weber, Ulsaß - Fraydl, Buzek
Bericht: Nach der Qualifikation für die Weltmeisterschaft begann die deutsche Mannschaft ihr erstes Vorbereitungsspiel äußerst schwach.

15. Minute: Schon in der ersten Viertelstunde hatte Tilkowski mit seinen blitzschnellen Reaktionen dreimal die deutsche Mannschaft vor einem Rückstand bewahrt. Buzek und Flögel wirbelten die deutsche Abwehr immer wieder durcheinander.

20. Minute: Langsam aber sicher wurde das Spiel der deutschen Mannschaft besser, als Beckenbauer und Netzer die Zügel in die Hand nahmen. Beckenbauer gefiel durch seine kraftvollen Dribblings sowie sein Doppelpaßspiel, während Netzer durch seine elegante Ballführung und durch herrliche Steilpässe glänzte. Schon bald stürzten sie die österreichische Abwehr von einer Verlegenheit in die andere. 23. Minute: Ein schneller Konter der Österreicher brachte dann unverhofft die Führung der Gäste, als Buzek von Sieloff unbewacht zum 0:1 einköpfen konnte. 33. Minute: Als Ulsaß zwei Gegner umspielt hatte und von Frank im Strafraum von den Beinen geholt wurde, konnte Schiedsrichter Dienst nur auf den Elfmeterpunkt zeigen. Sieloff wuchtete den Ball mit der gewohnten Sicherheit zum 1:1 ins Netz.

45. Minute: Bis zur Halbzeit spielte die deutsche Mannschaft jetzt klar überlegen, aber die Sturmspitzen Nafziger, Ulsaß, Brunnenmeier und Krämer hatten kein Glück. Das 1:1 zur Pause war für Österreich schmeichelhaft.

46. Minute: Nach der Pause übernahm Weber die Bewachung von Buzek und ließ den Wiener nicht mehr zum Zuge kommen. Somit bekam die Abwehr die nötige Sicherheit und Österreich im Sturm keinen Stich mehr. Der Erfolg stellte sich auch gleich ein. Einen Freistoß von Netzer verwandelte Ulsaß sicher zum 2:1.

60. Minute: Das Spiel der deutschen Mannschaft war jetzt eine Augenweide. Sie ließ den Ball laufen, sprintete überlegt in den freien Raum, und jeder Spieler war jederzeit anspielbereit. Die österreichische Abwehr wurde gehetzt und durch das deutsche Tempospiel zermürbt. 65. Minute: Es war der große Auftritt des Lothar Ulsaß, als er zwei Österreicher stehen ließ und dann nach Doppelpaß mit Beckenbauer zum 3:1 einschoß. Diesem deutschen Sturmwirbel hatten die Österreicher nichts mehr entgegenzusetzen.

81. Minute: Auch das 4:1 konnten sie nicht verhindern, als Brunnenmeier in eine Rückgabe spritzte und den Ball zum völlig ungedeckten Ulsaß schob. Seelenruhig vollstreckte der Braunschweiger zum 4:1, einem lupenreinen Hattrick.

90. Minute: Eines der glanzvollsten Länderspiele der letzten Jahre hatten die 74.000 Zuschauer im Stuttgarter Neckar-Stadion gesehen. Mit Netzer war zudem ein neuer Spielmacher hinzugekommen, der sich mit Beckenbauer ideal ergänzte.

❖

Vorbericht zum 304. Länderspiel: Zum letzten WM-Qualifikationsspiel in Zypern holte Helmut Schön mit Heiß und Hornig wieder 2 echte Flügelstürmer in das Aufgebot zurück.
Tor: Tilkowski, Bernard
Abwehrspieler: Piontek, Höttges, Lutz, Lorenz, Beckenbauer, Weber
Mittelfeld: Szymaniak, Netzer, Krämer
Angriff: Heiß, Grosser, Ulsaß, Brunnenmeier, Hornig
Mit einer offensiv eingestellten Mannschaft fuhr Helmut Schön nach Nikosia. Das ganze Spiel sollte nur auf das Toreschießen ausgerichtet werden.

14.11.1965 in Nikosia (WM-Qualifikation)

Zypern - BR Deutschland 0:6 (0:2)

SR: Francesconi (Italien), Zuschauer: 6.000
Zypern: Eleftheriadis; Iacovou, Gatos; Tsoukkas, Panayotou, Orphanides; Grossos, Antoniades, Papadopoulos, Crystallis, Stylianou
BRD: Tilkowski -29 (BVB); Piontek -5 (Werder Bremen), Beckenbauer -3 (Bayern München), Weber -7 (1.FC Köln), Höttges -8 (Werder Bremen); Szymaniak -41 (Tasmania Berlin), Netzer -2 (Bor. Mönchengladbach); Heiß -6, Brunnenmeier (beide 1860 München), Krämer -9 (Meidericher SV), Hornig -4 (1.FC Köln). Mannschaftskapitän: Szymaniak
Tore: 0:1 Heiß (30.), 0:2 Krämer (32.), 0:3 Szymaniak (57.), 0:4 Brunnenmeier (82.), 0:5 Panayotou (87. Eigentor), 0:6 Brunnenmeier (88.)
Beste Spieler: keiner - Szymaniak, Krämer, Weber
Bericht: Die deutsche Mannschaft begann da, wo sie in Stuttgart gegen Österreich aufgehört hatte. Bereits nach 3 Spielminuten hatten Krämer und Heiß die ersten guten Torchancen vergeben. Auch Mittelstürmer Brunnenmeier wollte kein Tor gelingen. Sein Kopfball war viel zu unplaziert und landete in den Armen von Torhüter Eleftheriadis.

23. Minute: Ein toller Lattenknaller von Heiß läutete die Drangperiode der deutschen Mannschaft ein. 30. Minute: Das aufopferungsvolle Abwehrspiel der Zyprioten bekam nach einer halben Stunde den ersten Dämpfer. Nach schönem Paß von Krämer donnerte Heiß den Ball zum 1:0 ins Netz. Schon zwei Minuten später bedankte sich Heiß bei Krämer, indem er diesem den Ball maßgerecht vorlegte und der Duisburger zum 2:0 einschießen konnte. 35. Minute: Nun kam auch Beckenbauer immer häufiger nach vorn und sorgte für weiteren Druck. Der junge Münchener übernahm mit Szymaniak und Krämer die Gestaltung des deutschen Spiels, da Netzer nicht seinen besten Tag hatte.

57. Minute: Nach der Halbzeit war es Szymaniak, der seine Klasseleistung mit dem 3:0 krönte. Er sorgte auch dafür, daß jetzt zunehmend die Flügel eingesetzt wurden und damit die Zahl der Torchancen ständig zunahm.

82. Minute: Endlich hatte auch einmal Brunnenmeier Glück, der vier, fünf gute Torchancen vergeben hatte und einmal nur den Pfosten traf. 8 Minuten vor Schluß gelang ihm nun mit dem 4:0 doch ein Treffer. 87. Minute: Als logische Konsequenz aus dem druckvollen deutschen Spiel unterlief dem zypriotischen Mittelläufer ein klassisches Eigentor. 88. Minute: Den Schlußpunkt setzte erneut Brunnenmeier mit einem herzhaften Schuß. Für die

deutsche Mannschaft war dieses letzte Qualifikationsspiel nicht mehr als ein besseres Training. Die Zyprioten waren kein Maßstab und allenfalls konnte man bei der deutschen Mannschaft bemängeln, daß sie nicht zweistellig gewonnen hatte.

❖

Vorbericht zum 305. Länderspiel: Am Donnerstag, den 6.1.1966 wurden die WM-Gruppen ausgelost. Die Gruppengegner der deutschen Mannschaft waren die Schweiz, Argentinien und Spanien. Ein keineswegs leichtes Los, denn Spanien und Argentinien wurden mindestens genauso stark eingeschätzt wie die BRD.

Die Vorbereitungen zu dieser WM begannen schon früh. Noch vor dem ersten Länderspiel spielte die deutsche Mannschaft in einem Testspiel gegen Dukla Prag.

25.1.1966 in Saarbrücken
Nationalmannschaft - Dukla Prag 0:2 (0:1)
SR: Jakobi (Sandhausen), Zuschauer: 45.000
Nationalmannschaft: Tilkowski (BVB); Lutz (Eintr. Frankf.), ab 63. Patzke (1860 München), Höttges (Werder Bremen); Beckenbauer (Bayern München), ab 46. Lorenz (Werder Bremen), Weber (1.FC Köln), Szymaniak (Tasmania Berlin); Libuda (BVB), Krämer (Meidericher SV), Held (BVB), Netzer (Bor. Mönchengladbach), ab 46. Beckenbauer, Hornig (1.FC Köln)
Dukla Prag: Viktor; Dvorak, Cadek; Lasislav Novak, Ivan Novak, Geleta; Strunc, Knebort, Masopust, Roedr, Vacenovski (ab 70. Jelinak)
Tore: 0:1 Masopust (33.), 0:2 Vacenovski (56.)

Die denkbar schwerste Aufgabe überhaupt, in London gegen den Gastgeber der kommenden Weltmeisterschaft, stellte sich zum Jahresbeginn. Helmut Schön berief für dieses Spiel:
Tor: Tilkowski, Bernard
Abwehrspieler: Lutz, Patzke, W.Schulz, Weber, Sieloff, Höttges
Mittelfeld: Beckenbauer, Szymaniak, Netzer, Lorenz
Angriff: Heiß, Krämer, Held, Hornig
„Siggi" Held (BVB) war der einzige Neuling, für den mit diesem Englandspiel eine große internationale Karriere begann.

23.2.1966 in London
England - BR Deutschland 1:0 (1:0)

SR: Roomer (Holland), Zuschauer: 75.000
England: Banks; Cohen, J.Charlton, Moore, Newton (ab 42. Wilson); Hunter, Stiles, R.Charlton; Ball, Hunt, Hurst
BRD: Tilkowski -30 (BVB); Lutz -8 (Eintr. Frankf.), W.Schulz -27 (HSV), Weber -8 (1.FC Köln), Lorenz -6 (Werder Bremen); Beckenbauer -4 (Bayern München), Szymaniak -42 (Tasmania Berlin); Krämer -10 (Meidericher SV), Held -1 (BVB), Netzer -3 (Bor. Mönchengladb.), Hornig -5 (1.FC Köln), ab 44. Heiß -7 (1860 München). Mannschaftskapitän: Szymaniak
Tor: 1:0 Stiles (41.)
Beste Spieler: J.Charlton, Moore, Bobby Charlton - Weber, Lorenz, W.Schulz
Bericht: Noch nie hatte die deutsche Mannschaft gegen England gewonnen und auch im Wembley-Stadion war kaum davon auszugehen. Der besondere Reiz in der Partie lag darin, daß sich beide Mannschaften mitten in der Vorbereitung für die Weltmeisterschaft befanden.

5. Minute: In den ersten Minuten startete die deutsche Mannschaft zwei, drei gute Angriffe, aber es war niemand in der Mitte, der die Musterflanken verwertete. 7. Minute: Zum erstenmal tauchten die Engländer vor dem deutschen Tor auf. Den knallharten Schuß von Hurst konnte Tilkowski erst im Nachfassen sichern. Nach einer Viertelstunde hatte sich die deutsche Mannschaft überraschend ein Übergewicht im Mittelfeld erspielt, aber vor dem englischen Strafraum scheiterte sie immer wieder an der stabilen Deckung der Briten.

41. Minute: Ein verhängnisvoller Fehler der deutschen Abwehr führte dann zum 1:0 für die Engländer. Bei einer Flanke von Conen blieb die gesamte Abwehr stehen, weil sie Abseits reklamierte. Stiles hatte keine Mühe, den Ball zum 1:0 im deutschen Tor unterzubringen. Auch wenn dies aus abseitsverdächtiger Position geschah, die deutschen Abwehrspieler hätten in jedem Fall nachsetzen müssen, so lange der Schiedsrichter nicht gepfiffen hatte. Zur Halbzeit führten die Engländer verdient mit 1:0.

90. Minute: Während der ganzen zweiten Halbzeit konnte die deutsche Mannschaft das Spiel nicht nur ausgeglichen gestalten, sondern war teilweise sogar überlegen. Dennoch war die spielerische Leistung unbefriedigend. Zwar blieb es unverständlich, warum Schiedsrichter Roomer einen Treffer von Heiß annullierte, aber der Sieg der englischen Mannschaft war nicht unverdient.

❖

Vorbericht zum 306. Länderspiel: Holland war der zweite Gegner in der Serie von 6 Länderspielen als Vorbereitung auf das WM-Turnier. Für das Spiel in Rotterdam berief Bundestrainer Helmut Schön zu einem Kurzlehrgang nach Duisburg:
Tor: Tilkowski, Bernard, Maier
Abwehr: Höttges, Lutz, W.Schulz, Weber, Lorenz
Mittelfeld: Beckenbauer, Overath, Ferner, Krämer
Angriff, Libuda, Brülls, Uwe Seeler, Held, Emmerich, Brenninger, Ulsaß

Nach Held wurde jetzt auch der andere Dortmunder Stürmerstar, Lothar Emmerich, in die Nationalelf berufen. Der andere Neuling, Brenninger (Bayern München), mußte dagegen noch etwas warten, bis er das Nationaltrikot überziehen konnte. Wieder mit dabei war Uwe Seeler und der „Italien-Legionär" Brülls.

23.3.1966 in Rotterdam
Holland - BR Deutschland 2:4 (1:3)

SR: Dagnall (England), Zuschauer: 63.000
Holland: Pieter Graafland; Pijs, Israel, Schrijvers, Veldhoen; Fransen, Muller; Swart, Nuninga, van der Kuylen, Moulijn
BRD: Bernard -3; Höttges -9 (beide Werder Bremen), W.Schulz -28 (HSV), Weber -9 (1.FC Köln), Lorenz -7 (Werder Bremen); Beckenbauer -5 (Bayern München), Overath -12 (1.FC Köln); Brülls -23 (AC Brescia), Uwe Seeler -44 (HSV), Held -2, Emmerich -1 (beide BVB). Mannschaftskapitän: Uwe Seeler
Tore: 0:1 Seeler (7.), 0:2 Emmerich (16.), 1:2 Swart (27.), 1:3 Beckenbauer (39.), 2:3 Nuninga (47.), 2:4 Beckenbauer (50.)
Beste Spieler: Moulijn, Israel, Muller - Beckenbauer, Held, Overath, Uwe Seeler
Bericht: Von der ersten Minute an schnürte die deutsche Mannschaft die Holländer in ihrer eigenen Hälfte ein. Vor allem Siggi Held glänzte mit herrlichen Flankenläufen.

7. Minute: Nach dem ersten kläglichen Angriffsversuch der Holländer fiel bereits das 0:1. Einen krassen holländischen Abwehrfehler nutzte Uwe Seeler und schoß aus 25 Metern in die rechte untere Ecke.

16. Minute: Ein Musterangriff der deutschen Mannschaft bedeutete das 2:0. Mit einem herrlichen Steilpaß über 30 Meter schickte Beckenbauer Siggi Held, der unwiderstehlich am Flügel entlangzog und maßgerecht zu seinem Mannschaftskameraden Emmerich flankte, der in den Ball hineinflog und unhaltbar an Torhüter Graafland vorbei zum 2:0 einköpfte.

27. Minute: Bereits der erste holländische Konter brachte dann überraschend den Anschlußtreffer, als Rechtsaußen Swart eine Flanke aus vollem Lauf an Bernard vorbeiknallte. Ein paar Minuten lang hatten die Holländer jetzt sogar ein Übergewicht, aber schon bald drängte das deutsche Mittelfeld die Holländer erneut zurück.

39. Minute: Eine Musterkombination zwischen Beckenbauer und Overath brachte dann doch das 3:1. Der Kölner kämpfte sich durch und setzte dann mustergültig Beckenbauer ein, der elegant Torhüter Graafland ausspielte und zum 3:1 einschob. 45. Minute: Zur Halbzeit führte die deutsche Mannschaft hoch verdient mit 3:1 und hatte vor allem durch ihr technisch brillantes und direktes Spiel geglänzt.

46. Minute: Mit einer Schrecksekunde begann das Spiel für die deutsche Mannschaft, als Weber seinen Gegenspieler Nuninga im Strafraum hart nahm, aber der Pfiff des Schiedsrichters ausblieb. Gleich der nächste Angriff belohnte jedoch die Holländer, als Linksaußen Moulijn mustergültig flankte und Nuninga den Ball mit dem Kopf unhaltbar für Bernard ins Tor abfälschte.

50. Minute: Die deutsche Mannschaft spielte weiter, als wäre der Treffer für die Holländer gar nicht gefallen. Eine Vorlage von Lorenz nutzte Beckenbauer mit einem trockenen Flachschuß ins äußerste Eck zum 4:2. 60. Minute: Als Emmerich sich einmal sehr schön durchgespielt hatte, kam sein Rückpaß um Millimeter zu weit nach hinten, so daß Brülls den Ball nicht mehr erreichen konnte.

❖

Vorbericht zum 307. Länderspiel: Noch vor dem nächsten Länderspiel ließ Helmut Schön ein Testspiel gegen eine Ungarn-Auswahl durchführen.

23.4.1966 in Bremen

D.F.B.-Auswahl - Ungarn-Auswahl 1:0 (0:0)
SR: Schulenburg (Hamburg), Zuschauer: 25.000
D.F.B.: Bernard; Piontek, Lutz (42. Giesemann), Paul, Höttges; Trimhold, Ulsaß; Libuda (45. Heiß), Uwe Seeler, Held, Emmerich
Ungarn: Gelei; Bakos, Nagy, Orban, Juhasz; Göröcs, Dunai; Bene, Tichy, Rakosi, Korsos
Tor: 1:0 Emmerich (81.)
Einziger Neuling war Wolfgang Paul (BVB) und bester Spieler Höttges.

Für die Reise nach Irland und Nordirland nominierte Bundestrainer Helmut Schön 19 Spieler. Darunter mit Torhüter Maier (Bayern München) und Grabowski (Eintr. Frankf.) 2 Neulinge, die auch zum Einsatz kommen sollten. Erstmals seit 1964 wieder dabei, der „italienische" Star Helmut Haller.

Tor: Bernard, Maier
Abwehr: Lutz, Piontek, W.Schulz, Weber, Giesemann, Höttges, Kurbjuhn
Mittelfeld: Beckenbauer, Trimhold, Overath
Angriff, Heiß, Grabowski, Haller, Ulsaß, Uwe Seeler, Grosser, Hornig

Gleich im Spiel gegen Irland kamen Maier und Grabowski, für die damit eine große internationale Karriere begann, zu ihrem 1. Länderspiel. Die WM in England kam zwar für beide noch zu früh, aber danach wurden sie bald Stammspieler und sogar 1974 Weltmeister.

4.5.1966 in Dublin

Irland - BR Deutschland 0:4 (0:2)

SR: Mullen (Schottland), Zuschauer: 20.000
Irland: Dunne; Foley (ab 10. Keogh), Strahan; McGrath, Hurley, Henessy; O'Neill, Treacy, Gilbert, Dunphy, Haverty
BRD: Maier -1 (Bayern München); Lutz -9 (Eintr. Frankf.), W.Schulz -29 (HSV), Höttges -10 (Werder Bremen), Kurbjuhn -5 (HSV); Beckenbauer -6 (Bayern München), Haller -21 (FC Bologna); Grabowski -1 (Eintr. Frankf.), Uwe Seeler -45 (HSV), Overath -13, Hornig -6 (beide 1.FC Köln). Mannschaftskapitän: Uwe Seeler
Tore: 0:1 Haller (5.), 0:2 Beckenbauer (18.), 0:3 Overath (57.), 0:4 Overath (74.)

Beste Spieler: keiner - Haller, Beckenbauer, Overath, Höttges
Bericht: Nach Einführung der Bundesliga und der Umstellung des Systems auf 4-2-4, erlebte der deutsche Fußball einen ungeahnten Aufschwung. Während Borussia Dortmund im Europapokal der Pokalsieger mit 2:1 nach Verlängerung gegen Liverpool gewann, feierte die Nationalmannschaft mit ihrem brillanten Spiel Sieg um Sieg. In Dublin hatte sie allerdings noch nie gewonnen, so daß das Spiel gegen Irland mit besonderer Spannung erwartet wurde.

5. Minute: Furioser Auftakt für die deutsche Mannschaft, als Hornig am linken Flügel zwei Iren ausspielte und steil an Haller gab. Der deutsche Star in italienischen Diensten umspielte Torhüter Dunne und schoß zum 1:0 ein. Obwohl die Iren im weiteren Verlauf des Spiels auf ihre typische Art erbittert kämpften, fanden sie kein Mittel gegen die Spielfreude der deutschen Elf. Beckenbauer und Haller bestimmten das Tempo und kontrollierten das Spiel.

18. Minute: Nach schönem Doppelpaß zwischen Beckenbauer und Uwe Seeler schoß der Münchener erneut ein für ihn typisches Tor, als er sofort abzog und flach ins unterste Eck zum 2:0 traf.

45. Minute: Die deutsche Mannschaft blieb bis zum Halbzeitpfiff klar überlegen und verstand es immer wieder, mit ihrer ausgefeilten Technik und der Übersicht die kämpfenden Iren auszuspielen.

57. Minute: Auch nach dem Seitenwechsel änderte sich das Bild nicht. Eine glanzvolle deutsche Mannschaft beherrschte den Gegner und kam auch endlich wieder zu Toren. Nach wunderschönem Paß von Haller, den er genau in den Lauf von Overath spielte, schoß der Kölner mit dem linken Fuß flach ein.

74. Minute: Auch den Schlußpunkt setzte Overath nach brillanter Vorarbeit von Haller, der den Kölner wunderbar in den freien Raum geschickt hatte, von wo aus Overath mit einem Flachschuß durch die Beine des irischen Torhüters das 4:0 erzielte.

90. Minute: Nach einer glanzvollen Vorstellung der deutschen Mannschaft hatte sie auch in dieser Höhe verdient gewonnnen. Der erste Sieg gegen Irland in Dublin, nachdem sich die deutsche Mannschaft sonst immer sehr schwer gegen die Iren getan hatte.

❖

Vorbericht zum 308. Länderspiel: Nach dem grandiosen Spiel in Dublin mußte Helmut Schön zur weiteren Erprobung die Mannschaft auseinanderreißen. Bernard kam ins Tor, obwohl Sepp Maier gut gehalten hatte, weil der Bremer als 2. Mann hinter Tilkowski Länderspielerfahrung sammeln sollte. Grabowski, der andere Neuling, hatte ebenfalls gut gespielt und wurde auch gegen Nordirland nominiert. Eine neue Chance erhielten Lutz, Grosser und Heiß.

7.5.1966 in Belfast

Nordirland - BR Deutschland 0:2 (0:1)

SR: Philips (Schottland), Zuschauer: 22.000
Nordirland: Jennings; Magill, Parke; Harvey, Napier, Neill; Welsh, Crossan, Wilson, Dougan, McKinney
BRD: Bernard -4 (Werder Bremen); Lutz -10 (Eintr. Frankf,) W.Schulz -30 (HSV), Weber -10 (1.FC Köln), Höttges -11 (Werder Bremen), ab 46. Piontek -6 (Werder Bremen); Beckenbauer -7 (Bayern München), Overath -14 (1.FC Köln); Grabowski -2 (Eintr. Frankf.), Uwe Seeler -46 (HSV), Grosser -2, Heiß -8 (beide 1860 München). Mannschaftskapitän: Uwe Seeler
Tore: 0:1 Seeler (21.), 0:2 Heiß (57.)
Beste Spieler: Jennings, Neill - Beckenbauer, W.Schulz, Heiß, Lutz
Bericht: Die deutsche Mannschaft machte gegen Nordirland dort weiter, wo sie in Dublin aufgehört hatte. Von Anfang an drängte sie auf das Tor von Jennings. Nach herrlichem Doppelpaß

mit Grosser, schoß Grabowski nach 3 Minuten knapp am Tor vorbei.

21. Minute: Bei einem Solo wurde Heiß von Parke von den Beinen geholt. Den anschließenden, von Beckenbauer getretenen Freistoß nahm Uwe Seeler direkt an und zirkelte den Ball ins lange Eck zum 1:0 für die deutsche Mannschaft. 26. Minute: Obwohl von Willi Schulz stark bedrängt, kam Wilson zum Schuß. Der knallhart geschossene Ball zischte nur knapp am deutschen Tor vorbei. 36. Minute: Einen herrlichen Paß von Grosser in den freien Raum verfehlte Uwe Seeler nur um Millimeter.

47. Minute: Einen Seeler-Steilpaß nahm Heiß am Elfmeterpunkt volley und jagte ihn ganz knapp am Tor von Jennings vorbei. 57. Minute: Einen herrlich hereingegebenen Eckball von Grabowski knallte Heiß mit Direktschuß zum 2:0 in die Maschen. 68. Minute: Der schön freigespielte Uwe Seeler scheiterte mit seinem Schuß aus 5 Metern am aufmerksamen und reaktionsschnellen Pat Jennings.

81. Minute: Nach einem herrlichen Solo paßte Overath zu Heiß, der nur den Fuß hinzuhalten brauchte. Stattdessen aber drosch der Münchener den Ball weit über das Tor.

90. Minute: Bei einem Fernschuß von Heiß rettete Neill für seinen schon geschlagenen Torwart auf der Linie. So blieb es beim verdienten Sieg der deutschen Mannschaft, die jedoch im Angriff enttäuschte. Trotz guter Torchancen lief das Spiel bei weitem nicht so schnell und flüssig wie 3 Tage zuvor in Dublin.

❖

Vorbericht zum 309. Länderspiel: Ende Mai meldete der D.F.B. der FIFA die Liste mit jenen 40 Namen, aus denen letztendlich das 22-köpfige Aufgebot 10 Tage vor Beginn der WM gemeldet werden mußte

Tor:
Tilkowski, Hans (Borussia Dortmund), 12.7.1035 - 30 Lsp.
Bernard, Günter (Werder Bremen), 4.11.1939 - 4 Lsp.
Maier, Josef (Bayern München), 28.2.1944 - 1 Lsp.
Manglitz, Manfred (Meidericher SV), 8.3.1940, 2 Lsp.
Sawitzki, Günter (VfB Stuttgart), 22.1.1932 - 10 Lsp.
Abwehr:
Schnellinger, Karl-Heinz (AC Mailand), 31.3.1939 - 29 Lsp.
Höttges, Horst-Dieter (Werder Bremen), 10.9.1943 - 11 Lsp.
Weber, Wolfgang (1.FC Köln), 26.6.1944 - 10 Lsp.
Schulz, Willi (Hamburger SV), 4.10.1938 - 30 Lsp.
Lutz, Friedel (Eintracht Frankfurt), 21.1.1939 - 10 Lsp.
Lorenz, Max (Werder Bremen), 19.8.1939 - 7 Lsp.
Patzke, Bernd (1860 München), 14.3.1943 -2 Lsp.
Paul, Wolfgang (Borussia Dortmund), 25.1.1940 - 0 Lsp.
Piontek, Josef (Werder Bremen), 5.3.1940 - 6 Lsp.
Sieloff, Klaus-Dieter (VfB Stuttgart), 27.2.1942 - 8 Lsp.
Kurbjuhn, Jürgen (Hamburger SV), 26.7.1940 - 5 Lsp.
Steinmann, Heinz (Werder Bremen), 1.2.1938 - 3 Lsp.
Heidemann, Hartmut (Meidericher SV), 5.6.1941 - 0 Lsp.
Mittelfeld:
Beckenbauer, Franz (Bayern München), 11.0.1945, 7 Lsp.
Haller, Helmut (AC Bologna), 21.7.1939 - 21 Lsp.
Overath, Wolfgang (1.FC Köln), 29.9.1943 - 14 Lsp.
Szymaniak, Horst (Tasmania Berlin), 29.8.1934 - 42 Lsp.
Trimhold, Horst (Eintracht Frankfurt), 4.2.1941 - 1 Lsp.
Netzer, Günter (Bor. Mönchengladbach), 14.9.1944 - 3 Lsp.
Ferner, Diethelm (Werder Bremen), 13.7.1941 - 2 Lsp.
Angriff:
Grabowski, Jürgen (Eintracht Frankfurt), 7.7.1944 - 2 Lsp.
Seeler, Uwe (Hamburger SV), 5.11.1936 - 46 Lsp.
Held, Siegfried (Borussia Dortmund), 7.8.1942 - 2 Lsp.
Emmerich, Lothar (Borussia Dortmund), 29.11.1941 -1 Lsp.
Hornig, Heinz (1.FC Köln), 28.9.1937 - 6 Lsp.
Krämer, Werner (Meidericher SV), 23.1.1940 - 10 Lsp.
Brülls, Albert (AC Brescia), 26.3.1937 - 23 Lsp.
Libuda, Reinhard (Borussia Dortmund), 10.10.1943 - 7 Lsp.
Ulsaß, Lothar (Eintracht Braunschweig), 9.9.1940 - 2 Lsp.
Grosser, Peter (1860 München), 28.9.1938 - 2 Lsp.
Heiß, Alfred (1860 München), 5.12.1940 - 8 Lsp.
Brunnenmeier, Rudolf (1860 München), 11.2.1941 - 5 Lsp.
Brenninger, Dieter (Bayern München), 16.2.1944 - 0 Lsp.
Konietzka, Friedhelm (1860 München), 2.8.1939 - 9 Lsp.
Rupp, Bernd (Bor. Mönchengladbach), 24.2.1942 - 0 Lsp.

Im nächsten Vorbereitungsländerspiel gegen Rumänien waren mit Schnellinger (AC Mailand) und Brülls (AC Brescia) wieder 2 Italien-Legionäre dabei.

Tor: Tilkowski, Bernard
Abwehr: Lutz, Höttges, Weber, Sieloff, Schnellinger, Patzke
Mittelfeld: Szymaniak, Ulsaß, Overath
Angriff: Brülls, Grabowski, Uwe Seeler, Held, Emmerich, Hornig

Auch in diesem Spiel ging es Helmut Schön darum, einige Spieler und Varianten zu erproben.

1.6.1966 in Ludwigshafen

BR Deutschland - Rumänien 1:0 (0:0)

SR: Mayer (Österreich), Zuschauer: 60.000
BRD: Tilkowski -31 (BVB); Lutz -11 (Eintr. Frankf.), Weber -11 (1.FC Köln), Höttges -12 (Werder Bremen), Schnellinger -30 (AC Mailand); Szymaniak -43 (Tasmania Berlin), Overath -15 (1.FC Köln); Grabowski -3 (Eintr. Frankf.), ab 78. Held -3 (BVB), Ulsaß -3 (Eintr. Braunschweig), Uwe Seeler -47 (HSV), Hornig -7 (1.FC Köln). Mannschaftskapitän: Uwe Seeler
Rumänien: Ionescu; Popa, Halmageanu (ab 70. John Nunweiler), Dan, Mocanu; Gergheli, Dobrin; Pircalab, Dridea, Badea, Avram

Tor: 1:0 Seeler (70.)
Beste Spieler: Schnellinger, Uwe Seeler, Tilkowski - Ionescu, Halmageanu, Dridea
Bericht: Die deutsche Mannschaft begann mit schnellen, stürmischen Angriffen über die Flügel und ließ die Rumänen erst gar nicht ins Spiel kommen.

20. Minute: Im Mittelfeld wußten die Rumänen durchaus zu gefallen, aber vor dem deutschen Strafraum war fast immer Endstation. Die erste große Torgelegenheit für die Rumänen kam im Gegenzug zustande, als Weber eine hohe Flanke falsch berechnete und Badea und Dridea im Zusammenspiel alleine vor Tilkowski zum Schuß kamen. Der Dortmunder hatte geschickt den Winkel verkürzt und so einen Rückstand verhindert.

45. Minute: Zur Halbzeit wurde die deutsche Mannschaft mit einem gellenden Pfeifkonzert verabschiedet. Nach den vielen guten Leistungen der letzten Monate hatte man von dieser Elf mehr erwartet.

50. Minute: Nach dem Seitenwechsel wollte überhaupt nichts mehr in der deutschen Elf klappen. Die Pfiffe nahmen zu und jeder Angriff der Rumänen wurde beklatscht. 54. Minute: Nach fast 10 Minuten die erste Torchance für die deutsche Mannschaft, aber der rumänische Torhüter konnte den gefährlichen Schuß von Ulsaß meistern. 58. Minute: Höhepunkt der rumänischen Offensive war eine Riesenchance für Badea, der sie jedoch nicht nutzen konnte.

72. Minute: Als Grabowski an der Strafraumlinie gefoult wurde, war es passiert. Höttges hob den Freistoß gefühlvoll über die Mauer, Ulsaß köpfte, und noch im Fallen schoß Uwe Seeler zum 1:0 ein. Erst jetzt lief das Spiel der deutschen Mannschaft auf Hochtouren. Gleich eine Minute nach dem Treffer eine große Chance für Hornig, als er eine Grabowski-Flanke nur knapp verfehlte.

90. Minute: Bis zum Abpfiff beherrschte die deutsche Mannschaft jetzt ihren Gegner, konnte aber nach wie vor nicht überzeugen. Der 1:0-Sieg war jedoch nicht unverdient.

Vorbericht zum 310. Länderspiel: Ein Auswahlspiel gegen Österreich-B war nächste Station in den Vorbereitungen von Helmut Schön während eines Lehrgangs in Grünwald.

18.6.1966 in Augsburg
Nationalmannschaft - Österreich B 4:0 (2:0)
SR: Tschenscher (Mannheim), Zuschauer: 30.000
BRD: Maier; Höttges, W.Schulz, Weber, Schnellinger; Beckenbauer, Haller; Brülls (20. Krämer), Uwe Seeler, Held, Emmerich
Österreich B: Hodschar; Kordesch, Wahl, Binder, Fröhlich; Schilcher, Eingenstiller; Rebering, Latzke (70. Fleischhacker), Hiesel, Weidinger
Tore: 1:0 Brülls (15.), 2:0, 3:0 Held (24., 64.), 4:0 Haller (65.)

Für das letzte Länderspiel vor der WM berief Helmut Schön 27 Spieler nach Barsinghausen, womit im groben bereits der WM-Kader abgesteckt war.
Tor: Tilkowski, Bernard, Maier
Abwehr: Lutz, Höttges, W.Schulz, Weber, Sieloff, Paul, Lorenz, Schnellinger, Patzke
Mittelfeld: Beckenbauer, Haller, Overath, Grosser, Szymaniak, Krämer
Angriff: Grabowski, Krämer, Ulsaß, Uwe Seeler, Brunnenmeier, Held, Brülls, Emmerich, Hornig
Diejenigen Spieler, die nicht gegen Jugoslawien dabei sein sollten, ließ Helmut Schön in einem Probespiel gegen Arminia Hannover antreten.

21.6.1966 in Hannover
D.F.B.-Aufgebot - Arminia Hannover 4:3 (4:0)
Tilkowski (Maier); Lutz, Paul, Sieloff, Patzke; Lorenz, Szymaniak; Grabowski, Ulsaß, Emmerich, Hornig
Tore: Emmerich (2), Grabowski, Lorenz/ Hansing (3)

23.6.1966 in Hannover

BR Deutschland - Jugoslawien 2:0 (1:0)

SR: Lööw (Schweden), Zuschauer: 74.000
BRD: Tilkowski -32 (BVB); Höttges -13 (Werder Bremen), W.Schulz -31 (HSV), Weber -12 (1.FC Köln), Schnellinger -31 (AC Mailand); Beckenbauer -8 (Bayern München), Haller -22 (FC Bologna); Krämer -11 (Meidericher SV), Uwe Seeler -48 (HSV), Overath -16 (1.FC Köln), Held -4 (BVB). Mannschaftskapitän: Uwe Seeler
Jugoslawien: Pantelic; Kuci, Jevtic, Vasovic, Sekeres; Gugleta, Melic; Samarzic, Zambata (ab 43. Musovic), Lamza, Skoblar
Tore: 1:0 Overath (32.), 2:0 Seeler (76.)
Beste Spieler: W.Schulz, Uwe Seeler, Weber, Tilkwoski, Haller - Pantelic, Skoblar
Bericht: Im allerletzten Vorbereitungsländerspiel im Niedersachsenstadion kam es weniger auf das Ergebnis an. Vor allem sollte im Sturm getestet werden, ob es mit Linksaußen Held schwungvoller und besser laufen würde.
32. Minute: Von Beginn an war die deutsche Mannschaft stärker als ihre Gegner, aber die Jugoslawen, nach dem Ausscheiden in der WM-Qualifikation mit einer ganz neuen und jungen Mannschaft, machten es der deutschen Elf nicht leicht. Auch wenn sie sich letztlich nie entscheidend durchsetzen konnten, brachten sie die deutsche Abwehr in einige Schwierigkeiten. Das Mittelfeld, mit Beckenbauer und Haller, wurde eng markiert und konnte sich nicht so glanzvoll wie in vorangegangenen Spielen in Szene setzen. Dafür lief es im Angriff besser als gegen Nordirland und Rumänien. Selbst die Notlösung, Krämer für den verletzten Brülls auf Rechtsaußen, war kein Reinfall. Der Duisburger leistete die entscheidende Vorarbeit für den schönen 1:0-Treffer durch Overath.
76. Minute: Zu selten blitzte bei der deutschen Mannschaft das Steilspiel auf, mit dem sie in vielen Länderspielen die gegnerische Abwehr aufgerissen hatten. Eine Viertelstunde vor Schluß war es so ein Steilpaß von Overath, der den Weg zum 2:0 öffnete. Uwe Seeler war schneller als sein Gegenspieler Vasovic und schoß unhaltbar an Torhüter Pantelic vorbei zum 2:0 ein.
90. Minute: Die Jugoslawen waren der erwartet starke Gegner, der vor allem versuchte, das schnelle und direkte Spiel der deutschen Mannschaft zu zerstören. Daß es der deutschen Elf trotzdem immer wieder gelang, Breschen in die gegnerische Abwehr zu schlagen und mit 2:0 zu gewinnen, zeigte Helmut Schön, daß auch gegen so schwer zu spielende Gegner die Moral stimmte.

❖

Vorbericht zur 8. Fußball-Weltmeisterschaft: Die Vorbereitungsspiele waren zu Ende. Ab 1.7.1966 hatte Helmut Schön seine 22 WM-Fahrer in der Sportschule Malente in Schleswig-Holstein um sich versammelt.
  1. Tilkowski, Hans (Borussia Dortmund), 12.7.1935, 32 Lsp.
  2. Höttges,Horst-Dieter (Werder Bremen),10.9.1943, 13 Lsp.
  3. Schnellinger,Karl-Heinz (AC Mailand),31.3.1939, 31 Lsp.
  4. Beckenbauer, Franz (Bayern München), 11.9.1945, 8 Lsp.
  5. Schulz, Willi (Hamburger SV), 4.10.1938, 31 Lsp.
  6. Weber, Wolfgang (1.FC Köln), 26.6.1944, 12 Lsp.
  7. Brülls, Albert (AC Brescia), 26.3.1937, 23 Lsp.
  8. Haller, Helmut (FC Bologna), 21.7.1939, 22 Lsp.
  9. Seeler, Uwe (Hamburger SV), 5.11.1936, 48 Lsp.
  10. Held, Siegfried (Borussia Dortmund), 7.8.1942, 4 Lsp.
  11. Emmerich, Lothar (Bor.Dortmund), 29.11.1941, 1 Lsp.
  12. Overath, Wolfgang (1.FC Köln), 29.9.1943, 16 Lsp.
  13. Hornig, Heinz (1.FC Köln), 28.9.1937, 7 Lsp.
  14. Lutz, Friedel (Eintr.Frankfurt), 21.1.1939, 11 Lsp.
  15. Patzke, Wolfgang (München 1860), 14.3.1943, 2 Lsp.
  16. Lorenz, Max (Werder Bremen), 19.8.1939, 7 Lsp.
  17. Paul, Wolfgang (Borussia Dortmund), 25.1.1940, 0 Lsp.
  18. Sieloff, Klaus-Dieter (VfB Stuttg.), 27.2.1942, 8 Lsp.
  19. Krämer, Werner (Meidericher SV), 23.1.1940, 11 Lsp.
  20. Grabowski, Jürgen (Eintr.Frankfurt), 7.7.1944, 3 Lsp.
  21. Bernard, Günther (Werder Bremen), 4.11.1939, 4 Lsp.
  22. Maier, Josef (Bayern München), 28.2.1944, 1 Lsp.
Die schwerste Entscheidung für den Bundestrainer waren die drei Absagen an Ulsaß, Grosser und vor allem an Szymaniak, dem es Helmut Schön ersparen wollte, in England nur zuschauen zu müssen.

Das 22-köpfige Aufgebot trainierte 7 Tage in Malente. Zum Abschluß gab es noch ein kleines Trainingsspiel gegen eine Schleswig-Holstein Auswahl, wo alle Spieler bis auf Torhüter Maier zum Einsatz kamen.
Nationalmannschaft - Schleswig-Holstein Auswahl 18:0 (10:0)
1. Halbzeit: Tilkowski; Höttges, W.Schulz, Weber, Schnellinger; Beckenbauer, Haller; Brülls, Uwe Seeler, Overath (40. Grabowski), Held
2. Halbzeit: Bernard; Lutz, Paul, Sieloff, Patzke; Lorenz, Grabowski; Brülls, Krämer, Hornig, Emmerich
Wie schon 1962 blieb ein Posten ungenügend besetzt. Seit den Zeiten von Helmut Rahn gab es hier keine Nachfolger. Die junge Hoffnung Libuda war zu schwankend in seiner Leistung gewesen, so daß nur die Notlösung mit Brülls oder einem taktischen Rechtsaußen blieb. Dies mußte sich von Spiel zu Spiel in England entscheiden.

❖

Vorbericht zum 311. Länderspiel: Am 8.7.1966 traf die deutsche Mannschaft in ihrem Quartier in England ein. Es blieben noch 4 Tage Vorbereitung bis zum ersten Spiel gegen die Schweiz. Da alle Spieler gesund und in hervorragender Form waren, bot Helmut Schön im ersten Spiel seine beste Elf auf. Da das Auswechseln von verletzten Spielern nicht erlaubt war, wurden auch keine Ersatzspieler benannt.

12.7.1966 in Sheffield (WM-Vorrunde)

Schweiz - BR Deutschland 0:5 (0:3)

SR: Philips (Schottland), Zuschauer: 36.000
Schweiz: Elsener; Grobety, Schneiter, Taccella, Fuhrer; Bäni, Dürr; Odermatt, Künzli, Hosp, Schindelholz
BRD: Tilkowski -33 (BVB); Höttges -14 (Werder Bremen), W.Schulz -32 (HSV), Weber -13 (1.FC Köln), Schnellinger -32 (AC Mailand); Beckenbauer -9 (Bayern München), Haller -23 (FC Bologna); Brülls -24 (AC Brescia), Uwe Seeler -49 (HSV), Overath -17 (1.FC Köln), Held -5 (BVB). Mannschaftskapitän: Uwe Seeler
Tore: 0:1 Held (15.), 0:2 Haller (21.), 0:3, 0:4 Beckenbauer (40., 54.), 0:5 Haller (77. Foulelfmeter)
Beste Spieler: Dürr, Hosp - Beckenbauer, Held, W.Schulz, Overath, Haller
Bericht: Die deutsche Mannschaft begann in ihrem ersten WM-Spiel überaus nervös. Es dauerte fast eine Viertelstunde, bevor das Zusammenspiel zwischen Mittelfeld und Angriffsspitzen klappte.

7. Minute: Die erste gute Torgelegenheit hatten die Schweizer durch Künzli, dessen Kraftschuß Tilkowski mit einer glänzenden Parade abwehren konnte. 14. Minute: Der erste zwingende Angriff der deutschen Mannschaft führte auch gleich zum 1:0. Held hatte sich am linken Flügel durchgespielt und Schneiter angeschossen, der Ball prallte zu Uwe Seeler, der erneut nur den Schweizer traf, aber jetzt war Held zur Stelle und drückte aus kurzer Entfernung zum vielumjubelten 1:0 ein.

21. Minute: Nach dem Führungstreffer lief das Spiel der deutschen Mannschaft von Minute zu Minute besser. Mit einem Steilpaß von Overath zog Haller auf und davon, zog an Schneiter vorbei und ließ auch dem herauslaufenden Torhüter Elsener keine Chance. Eine technische Meisterleistung des früheren Augsburgers. Dieses 2:0 war auch gleichzeitig das 100. Länderspieltor gegen die Schweizer. 25. Minute: Die deutsche Mannschaft spielte jetzt hoch überlegen und hatte immer wieder gute Torgelegenheiten. Die besten vergaben jedoch Uwe Seeler und Franz Beckenbauer.

40. Minute: Nachdem die deutsche Mannschaft 10 Minuten lang in ihrem druckvollen Spiel nachgelassen hatte und die Schweizer besser ins Spiel gekommen waren, drehte sie in den letzten 5 Minuten wieder auf. Nach herrlichem Doppelpaß zwischen Beckenbauer und Uwe Seeler schloß der junge Münchener diese herrliche Kombination mit einem satten Rechtsschuß ins untere Eck zum 3:0 ab.

47. Minute: Nach dem Seitenwechsel spielte die deutsche Mannschaft ihren traumhaft schönen Fußball weiter. Die Schweizer hatten es nur Schiedsrichter Philips zu verdanken, daß nicht schon jetzt das 4:0 fiel, als Grobety Linksaußen Held im Strafraum klar foulte, der Unparteiische jedoch weiterspielen ließ. 54. Minute: Das Klassespiel der deutschen Mannschaft erinnerte an allerbeste Tage wie 1954 in Bern. Nie konnten die aufopferungsvoll kämpfenden Schweizer das flüssige deutsche Spiel ernsthaft stören. Der brillante Techniker Beckenbauer setzte sich spielerisch gegen zwei schweizerische Abwehrspieler durch und gegen seinen Schuß war Torhüter Elsener erneut machtlos. 59. Minute: Viel Glück hatten die Schweizer, als Overath mit einem tollen Schuß aus 18 Metern nur die Latte traf. Der herrliche Schuß wäre das fünfte Tor wert gewesen.

70. Minute: Die Zuschauer konnten sich weiterhin an dem schönen Spiel der deutschen Mannschaft erfreuen. Pech hatte Siggi Held, als er freistehend vor Torhüter Elsener nur knapp das Tor verfehlte. Einer der wenigen Konter der Schweiz hätte in der 73. Minute fast das Ehrentor gebracht. Der herrliche Schuß von Dürr landete jedoch am Lattenkreuz. 75. Minute: Nur eine Glanzparade von Torhüter Elsener verhinderte eine Viertelstunde vor Schluß den fünften deutschen Treffer, als Beckenbauer aus 22 Metern Entfernung einen tollen Schuß auf das Schweizer Gehäuse jagte. 76. Minute: Als Tacchella Uwe Seeler nicht halten konnte, sondern zwangsläufig Foul spielte, entschied Schiedsrichter Philips völlig zu Recht auf Elfmeter. Haller schoß den Strafstoß plaziert und hart in die rechte untere Ecke, wo Torhüter Elsener nie und nimmer drankommen konnte.

85. Minute: Erst in den letzten Minuten und im Gefühl des sicheren Sieges ließ die deutsche Mannschaft den Schweizern mehr Spielraum. Nach einem schönen Schuß von Hosp mußte sich Tilkowski mächtig strecken. Und noch einmal hatte die deutsche Mannschaft Glück, als erneut Hosp frei zum Schuß kam und den Pfosten des deutschen Tores traf.

90. Minute: Die Mannschaft von Helmut Schön hatte den WM-Auftakt mit einem glanzvollen 5:0-Sieg begonnen. Die Weltpresse war voll des Lobes für diese Spitzenleistung.

❖

Vorbericht zum 312. Länderspiel: Nächster Gegner der deutschen Mannschaft war Argentinien, das 2:1 gegen Spanien gewonnen hatte. Nun also trafen die beiden Favoriten aufeinander, wobei der Sieger sich schon für das Viertelfinale qualifizieren konnte. Nach dem Motto, daß man eine siegreiche Elf nicht auseinanderreißen soll, ließ Helmut Schön die 11 Sieger gegen die Schweiz auch gegen Argentinien antreten.

16.7.1966 in Birmingham (WM-Vorrunde)

Argentinien - BR Deutschland 0:0

SR: Zecevic (Jugoslawien), Zuschauer: 47.000
Argentinien: Roma; Ferreiro, Perfumo, Albrecht, Marzolini; Solari, Rattin, Gonzales; Onega, Artime, Mas
BRD: Tilkowski -34 (BVB); Höttges -15 (Werder Bremen), W.Schulz -33 (HSV), Weber -14 (1.FC Köln), Schnellinger -33 (AC Mailand); Beckenbauer -10 (Bayern München), Haller -24 (FC Bologna); Brülls -25 (AC Brescia), Uwe Seeler -50 (HSV), Overath -18 (1.FC Köln), Held -6 (BVB). Mannschaftskapitän: Uwe Seeler
Beste Spieler: Artime, Perfumo - Weber, Höttges, Haller, Uwe Seeler
Bericht: Daß beide Mannschaften einen gehörigen Respekt voreinander hatten, war besonders in den ersten Minuten zu sehen. Es war nicht mehr als ein beiderseitiges Abtasten.

7. Minute: Mit einem Steilpaß schickte Overath Held auf die Reise, doch dessen Schuß wurde zur Ecke abgewehrt, die nichts einbrachte. 12. Minute: Als Artime nach einem Solo zum Torschuß ansetzte, konnte ihm Weber im letzten Moment den Ball vom Fuß spitzeln. Langsam bekam das Spiel Farbe. Die erste ganz große Torchance für die deutsche Mannschaft entwickelte sich nach einer schönen Flanke von Höttges in den argentinischen Strafraum, wo Haller und zwei Gegenspieler nach dem Ball sprangen. Rattin kam mit dem Kopf am höchsten und köpfte den Ball an die eigene Torlatte. Beinahe das 1:0 für die deutsche Mannschaft. 17. Minute: Nach kleinen Fouls kam es jetzt zum ersten groben Foul durch Albrecht, der den durchgebrochenen Haller von hinten einfach umriß. Mit beiden Armen hatte er den Mittelfeldspieler der deutschen Mannschaft einen Meter vor der Strafraumlinie zu Boden gerissen.

38. Minute: Eine ganz unglückliche Entscheidung des Schiedsrichters, als Brülls von Gonzales böse gefoult wurde, den Ball aber doch noch zu Held schicken konnte, der allein auf das argentini-

sche Tor zulief. Den Vorteil mißachtend, pfiff der Schiedsrichter Freistoß für die deutsche Mannschaft. 39. Minute: Noch einmal Glück für die Argentinier, als diesmal Abwehrspieler Albrecht in Bedrängnis den Ball an die eigene Latte köpfte. 42. Minute: Mit letztem Einsatz rettete Höttges bei einem Schuß von Rattin, indem er sich in die Flugbahn des Balles warf. Zur Halbzeit hatten die Argentinier mit viel Glück und leider auch vielen Fouls das 0:0 gerettet.

50. Minute: Nach der Pause wurden der Regen stärker und die Fouls der Argentinier immer brutaler. Im Vorbeigehen rammte Rattin, im Rücken des Schiedsrichters, Verteidiger Höttges das Knie in den Leib. 59. Minute: Eine scharf hereingegebene Flanke von Brülls köpfte Seeler im Hechtsprung auf das Tor. Mit fantastischer Reaktion konnte Roma den Ball gerade noch abwehren. 64. Minute: Höhepunkt des unfairen Spiels der Argentinier, als Weber sich herrlich durch die argentinische Abwehr spielte und schließlich brutal von Albrecht niedergestreckt wurde. Der Argentinier warf sich zu Boden und spielte den Schwerverletzten. Die Geste von Schiedsrichter Zecevic war jedoch eindeutig: aufstehen und vom Platz. Die Argentinier wollten es nicht wahrhaben, selbst Trainer Lorenzo kam auf den Platz und bedrängte den Schiedsrichter. Erst nach 4 Minuten konnte das Spiel fortgesetzt werden.

77. Minute: Eine Flanke von Brülls konnte Uwe Seeler mit dem Kopf über Torhüter Roma hinweg verlängern, aber bevor der Ball die Linie überschritten hatte, wurde er mit einem Rückzieher von Perfumo noch aus dem Tor geschlagen.

90. Minute: Die letzten 10 Minuten waren die Argentinier nur noch darauf bedacht, den Ball in den eigenen Reihen zu halten und das 0:0 über die Zeit zu retten. Beim Abpfiff von Schiedsrichter Zecevic rissen die Südamerikaner die Arme hoch und feierten das 0:0 wie einen Sieg. Trotz des verlorenen Punktes hatte die deutsche Mannschaft vor allem kämpferisch, aber auch durch ihre sportliche Haltung, überzeugt. Die Argentinier dagegen hatten sich viele Sympathien verscherzt.

❖

Vorbericht zum 313. Länderspiel: Für das letzte Gruppenspiel hatte die deutsche Mannschaft gegenüber den Spaniern einen großen Vorteil, ihr reichte ein Unentschieden zum Einzug in das Viertelfinale. Dafür aber drückten Helmut Schön große Sorgen, denn eine Reihe deutscher Spieler waren angeschlagen. Am schlimmsten hatte es Brülls erwischt, der auf keinen Fall spielen konnte. Haller hätte zwar spielen können, aber der Bundestrainer wollte kein Risiko eingehen und Haller für die weiteren schweren Aufgaben schonen. So rückte Overath für den „Italiener" ins Mittelfeld und der Angriff wurde mit dem taktischen Rechtsaußen „Eia" Krämer, Uwe Seeler, Sigi Held und Lothar Emmerich besetzt.

20.7.1966 in Birmingham (WM-Vorrunde)
Spanien - BR Deutschland 1:2 (1:1)

SR: Marques (Brasilien), Zuschauer: 46.000
Spanien: Iribar; Sanchiz, Gallego, Zoco, Reija; Glaria, Fuste; Amancio, Adelardo, Marcelino, Lapetra

BRD: Tilkowski -35 (BVB); Höttges -16 (Werder Bremen), W.Schulz -34 (HSV), Weber -15 (1.FC Köln), Schnellinger -34 (AC Mailand); Beckenbauer -11 (Bayern München), Overath -19 (1.FC Köln); Krämer -12 (Meidericher SV), Uwe Seeler -51 (HSV), Held -7, Emmerich -2 (beide BVB). Mannschaftskapitän: Uwe Seeler

Tore: 1:0 Fuste (24.), 1:1 Emmerich (39.), 1:2 Seeler (84.)
Beste Spieler: Iribar, Zoco, Fuste - W.Schulz, Weber, Uwe Seeler, Tilkowski

Bericht: Mit druckvollem Spiel versuchten die Spanier von der ersten Minute an zu einem schnellen Tor zu kommen. Die deutsche Mannschaft konnte nur verteidigen und kam in der ersten Viertelstunde zu keinem einzigen zusammenhängenden Angriff.

24. Minute: Nach zwei, drei verheißungsvollen Angriffen fiel in dieser Phase überraschend die spanische Führung, als Fuste den Ball gefühlvoll über Tilkowski hinweg zum 1:0 ins Netz hob. Damit war der ganze Plan der deutschen Mannschaft durchkreuzt, denn jetzt mußte sie kommen. 26. Minute: Fast der Ausgleich für die deutsche Elf, nach einem Freistoß von Uwe Seeler, doch Held konnte die Chance nicht nutzen. Die Spanier blieben bei ihren Kontern stets gefährlich. Ein Amancio-Kopfball strich 2 Minuten später nur knapp am deutschen Tor vorbei.

39. Minute: Als niemand damit rechnete, geschah das Unmögliche. Einen Meter von der Torauslinie entfernt, hämmerte Emmerich aus diesem unmöglichen Winkel den Ball mit einer solchen Vehemenz in das spanische Tor, daß es niemand fassen konnte. Ein sagenhafter Treffer, wie er nur alle paar Jahre erzielt wird und in Deutschland seit den Zeiten von Helmut Rahn nicht mehr gesehen wurde. 40. Minute: Beckenbauer hatte noch vor der Halbzeit die große Chance, auf 2:1 zu erhöhen, aber sein knallharter Schuß landete genau in den Armen von Iribar. Zur Halbzeit stand das Spiel verdientermaßen 1:1 Unentschieden.

47. Minute: Erwartungsgemäß begannen die Spanier sofort wieder stürmisch, denn ein Unentschieden nützte ihnen nichts. Das bot der deutschen Mannschaft Konterchancen, die Uwe Seeler hervorragend nutzte, aber im Strafraum von den Beinen geholt wurde. Der eigentlich fällige Elfmeterpfiff von Schiedsrichter Marques blieb jedoch aus.

55. Minute: Die Spanier griffen jetzt vermehrt zu unerlaubten Mitteln, rissen die deutschen Spieler zu Boden oder hielten sie am Trikot fest. Aber auch mit diesen vielen Fouls konnten sie die stabile deutsche Deckung nicht durchbrechen. 59. Minute: Nachdem Krämer einen Overath-Paß verfehlt hatte, kamen die Spanier innerhalb von einer Minute zu zwei guten Torchancen, aber Tilkowski war im Bilde. 61. Minute: Die Überlegenheit der Spanier wurde jetzt ständig stärker. Kaum noch einmal kam die deutsche Mannschaft aus der eigenen Hälfte heraus. Wenn sich jedoch eine solche Konterchance bot wie nach gut einer Stunde Krämer, dann wurden die deutschen Spieler mit Fouls an Torchancen gehindert.

80. Minute: Nach dem Sturmlauf der Spanier gelang der deutschen Mannschaft endlich wieder ein guter Konter, als Iribar einen Held-Schuß nur in letzter Sekunde zur Ecke abwehren konnte. 83. Minute: Die Spanier mußten mit zunehmender Spieldauer ihre Abwehr immer mehr lockern, denn nur ein Sieg konnte ihnen weiterhelfen. 84. Minute: Der jetzt reichlich vorhandene Platz zum Kontern wurde dann endlich durch Held genutzt, der maßgerecht zum völlig freistehenden Uwe Seeler flankte, der sich diese einmalige Chance nicht entgehen ließ. Kaltblütig verwandelte er zum 2:1 und damit war die deutsche Mannschaft im Viertelfinale.

❖

Vorbericht zum 314. Länderspiel: Die Vorrunde war für die deutsche Mannschaft ohne Niederlage als Gruppenerster überstanden. Mit dem Gegner hatte sie allerdings kein Glück. Nach Argentinien und Spanien bekam sie jetzt die dritte Mannschaft als Gegner, die durch ihre Härte und ihr Foulspiel aufgefallen war, Uruguay. Wieder, wie gegen Argentinien, hatten auch gegen Spanien viele Spieler Verletzungen davongetragen. Dennoch waren letztlich alle, außer Brülls, einsetzbar. Das schwache Angriffsspiel der deutschen Elf gegen Spanien hatte jedoch zur Folge, daß Haller wieder für Krämer in die Mannschaft kam. Haller rückte aber nicht ins Mittelfeld, sondern auf den rechten Flügel. Bundestrainer Helmut Schön überließ seinen beiden Jungstars Beckenbauer und Overath die Regie im Mittelfeld.

23.7.1966 in Sheffield (WM-Viertelfinale)
Uruguay - BR Deutschland 0:4 (0:1)

SR: Finney (England), Zuschauer: 41.000
Uruguay: Mazurkiewicz; Troche; Ubinas, Goncalvez, Manicera, Caetano; Cortes, Rocha; Salva, Silva, Perez
BRD: Tilkowski -36 (BVB); Höttges -17 (Werder Bremen), W.Schulz -35 (HSV), Weber -16 (1.FC Köln), Schnellinger -35 (AC Mailand); Beckenbauer -12 (Bayern München), Overath -20 (1.FC Köln); Haller -25 (FC Bologna), Uwe Seeler -52 (HSV), Held -8, Emmerich -3 (beide BVB). Mannschaftskapitän: Uwe Seeler
Tore: 0:1 Haller (12.), 0:2 Beckenbauer (70.), 0:3 Uwe Seeler (75.), 0:4 Haller (82.)
Beste Spieler: Mazurkiewicz - Schulz, Weber, Tilkowski, Uwe Seeler, Overath
Bericht: Das Spiel begann mit einem furiosen Start der Uruguayer. In der 3. Minute prallte ein Fernschuß von Cortes vom Lattenkreuz ab.
4. Minute: Als sich Tilkowski auf den Ball warf, zog Mittelstürmer Silva durch und traf den deutschen Torhüter voll am Kopf. Erst nach einer kurzen Behandlung konnte Tilkowski weiterspielen. Und 60 Sekunden später köpfte Schnellinger für den geschlagenen Tilkowski einen Schuß von Rocha aus dem Tordreieck.
11. Minute: Die deutsche Mannschaft stand ständig unter Druck und konnte sich nur mit gelegentlichen Kontern Luft verschaffen. Inmitten dieser Drangperiode der „Urus" fiel das 1:0 für Deutschland. In halblinker Position zog Held mit dem Ball davon, umspielte zwei Gegner und schoß scharf und flach auf das Tor. In diesen Scharfschuß grätschte Haller hinein und lenkte den Ball an dem getäuschten und überraschten Torhüter Mazurkiewicz vorbei in die äußerste Ecke. Die überraschende Führung für die deutsche Mannschaft. 15. Minute: Bei einem Salva-Schuß mußte Tilkowski sein ganzes Können aufbieten, um den Ball aus dem Dreieck zu angeln. 20. Minute: Bei einer unglücklichen Rückgabe von Schulz mußte sich Tilkowski gewaltig strecken, um den Ball noch vor der Torlinie zu erwischen.
35. Minute: Langsam befreite sich die deutsche Elf vom Druck der Uruguayer und allmählich gelangen auch erfolgversprechende Gegenstöße. 38. Minute: Als der schnelle Held bei einem Solo Goncalvez umkurven wollte, säbelte der ihn einfach um. Das Spiel der Uruguayer wurde immer härter, Perez trat gegen Haller nach. 40. Minute: Nach einem Doppelpaß mit Haller schoß der aufgerückte Höttges aus der Drehung auf das Tor. Torhüter Mazurkiewicz hatte größte Mühe, den Ball zu halten. 44. Minute: Als Weber vorstürmte, war es erneut Silva, der den Deutschen einfach umsäbelte. Trotz der Feldüberlegenheit der Uruguayer führte die deutsche Mannschaft zur Halbzeit mit 1:0. Unverdient war diese Führung schon deshalb nicht, weil die deutschen Stürmer bei gefährlichen Kontern regelmäßig durch Foulspiel um gute Torgelegenheiten gebracht wurden.
50. Minute: Der erste Höhepunkt der brutalen Fouls geschah hinter dem Rücken von Schiedsrichter Finney. Mannschaftskapitän Troche schlug Emmerich in den Unterleib. Zum Glück hatte der ägyptische Linienrichter Candil den Vorfall gesehen und meldete ihn Schiedsrichter Finney, der Troche sofort des Feldes verwies. Es dauerte Minuten, bis Troche endlich den Platz verließ. 55. Minute: Bei einem tollen Solo wurde Haller von Silva böse gefoult. Schiedsrichter Finney schickte auch ihn in die Kabine. Aber auch Silva weigerte sich und mußte schließlich von der Polizei vom Platz geholt werden!
65. Minute: Nach herrlicher Vorarbeit von Held vergab Uwe Seeler die große Chance zum 2:0. 70. Minute: Einen herrlichen Doppelpaß mit Seeler schloß der junge Beckenbauer mit einem tollen Tor zum 2:0 ab. Der Widerstand der Uruguayer war jetzt endgültig gebrochen. 75. Minute: Uwe Seeler nahm einen Flankenball direkt aus der Luft und jagte das Leder unhaltbar zum 3:0 in die Maschen. 82. Minute: Eine Unaufmerksamkeit in der Abwehr der Uruguayer nutzte Haller und erzielte das 4:0.

90. Minute: In den letzten Sekunden fast noch das 5:0, aber aus aussichtsreicher Position schoß Haller den Ball knapp über das Tor. Ein Sieg der deutschen Elf, der erst klar erzielt wurde, als die „Urus" nur noch 9 Mann auf dem Feld hatten. Diesen Nachteil hatten sie sich jedoch durch ihre Unsportlichkeit selbst zuzuschreiben.

❖

Vorbericht zum 315. Länderspiel: Trotz des klaren 4:0 war der Sieg gegen Uruguay schwer erkämpft. Und wieder waren viele Verletzte zu beklagen. Diesmal blieben nur 2 Tage bis zum Halbfinalspiel gegen die Sowjetunion, die im Viertelfinale die Ungarn ausgeschaltet hatten. Eine sehr schwere Aufgabe, denn die sowjetische Mannschaft war läuferisch und konditionell allen anderen überlegen.
Durch die vielen angeschlagenen Spieler stand Helmut Schön vor schweren Entscheidungen. Für Höttges, der in den 3 letzten Spielen jeweils schwer gefoult worden war, sprang Lutz ein. Die anderen konnten wieder weitgehend hergestellt werden. Trotzdem gab es bezüglich des Angriffs Probleme, weil der Sturm noch nicht zu seiner Frühjahrsform zurückgefunden hatte.

25.7.1966 in Liverpool (WM-Halbfinale)
Sowjetunion - BR Deutschland 1:2 (0:1)

SR: Lo Bello (Italien), Zuschauer: 39.000
Sowjetunion: Jaschin; Ponomarjew, Schesternjew, Woronin, Danilow; Sabo, Chusainow; Tschislenko, Banischewski, Malofejew, Parkujan
BRD: Tilkowski -37 (BVB); Lutz -12 (Eintr. Frankf.), W.Schulz -36 (HSV), Weber -17 (1.FC Köln), Schnellinger -36 (AC Mailand); Beckenbauer -13 (Bayern München), Overath -21 (1.FC Köln); Haller -26 (FC Bologna), Uwe Seeler -53 (HSV), Held -9, Emmerich -4 (beide BVB). Mannschaftskapitän: Uwe Seeler
Tore: 0:1 Haller (43.), 0:2 Beckenbauer (68.), 1:2 Parkujan (88.)
Beste Spieler: Schesternjew, Jaschin - Beckenbauer, Weber, Overath, Uwe Seeler
Bericht: Daß es in diesem Spiel um den Einzug in das Finale ging, konnte man besonders in den ersten 10 Minuten spüren. Beide Mannschaften agierten sehr vorsichtig und wollten nicht viel riskieren.
11. Minute: Die erste gute Chance ergab sich für die deutsche Mannschaft, als Uwe Seeler mit einem kraftvollen Sprint die sowjetische Abwehr auseinanderriß und nur um ein Haar das Tor verfehlte. 18. Minute: Die Unsicherheit der UdSSR-Abwehr zeigte sich auch in Fouls wie das von Woronin an Emmerich, wofür der sowjetische Spielführer verwarnt wurde. 19. Minute: Als Beckenbauer zu einem unwiderstehlichen Alleingang ansetzte, alles, was sich ihm in den Weg stellte, überlief, zog Woronin kurz vor der Strafraumgrenze die Notbremse. Ein fast hundertprozentiger Torerfolg wurde unterbunden. Woronin wurde das zweite Mal von Schiedsrichter Lo Bello verwarnt. 25. Minute: Ohne daß die deutsche Mannschaft ständig das Tor der Sowjetunion belagerte, war sie doch klar besser. Sie ließ die Sowjetunion geschickt kommen, fing die Bälle frühzeitig ab und spielte dann steil und schnell nach vorn. Uwe Seeler hätte in dieser Minute gleich zweimal ein Tor machen müssen. Noch fehlte jedoch der deutschen Mannschaft das Glück.
38. Minute: Nach Weber fiel auch Schnellinger durch ein Foul gegen die schnellen sowjetischen Stürmer auf. Den Freistoß und nachfolgenden Schuß von Tschislenko hielt Tilkowski großartig. 43. Minute: Kurz vor der Pause wurde die deutsche Mannschaft für ihr überlegenes Spiel belohnt. Eine Flanke von Schnellinger nahm Haller auf und schob den Ball am herausstürzenden Jaschin vorbei zum 1:0 ins Netz. 44. Minute: Nach langem Zusehen war jetzt auch die Geduld von Schiedsrichter Lo Bello am Ende, als Tschislenko, ohne eine Chance, den Ball zu erreichen, Helmut

Haller umsäbelte. Der italienische Schiedsrichter stellte Tschislenko sofort vom Platz. Zur Halbzeit führte die deutsche Mannschaft verdient mit 1:0.

50. Minute: Erwartungsgemäß spielten die Sowjets nach der Halbzeit wesentlich offensiver. Dadurch boten sich hervorragende Konterchancen, wovon Siggi Held eine der größten vergab. Und 3 Minuten später war es erneut der ansonsten so sichere Schütze Held, der den 2:0-Vorsprung verschenkte.

60. Minute: Immer, wenn Beckenbauer mit nach vorn kam (und der hatte jetzt wesentlich mehr Platz, weil die Sowjetunion nur noch mit 10 Spielern weiterspielen konnte), wurde es gefährlich vor dem sowjetischen Tor. Es roch förmlich nach dem 2:0. 66. Minute: Endlich einmal schoß auch Emmerich wieder scharf auf das Tor. Aber auch seinen Schuß konnte Jaschin mit einer Glanzparade zur Ecke abwehren. 68. Minute: Einen zu kurz abgewehrten Eckball nahm der aus dem Mittelfeld anstürmende Beckenbauer direkt und jagte das Leder genau in den oberen Winkel. Torhüter Jaschin hatte nicht die Spur einer Chance, diesen Ball zu halten. Die deutsche Mannschaft führte 2:0 und das war praktisch gegen die dezimierte sowjetische Mannschaft der Sieg.

88. Minute: Die deutschen Zuschauer feierten schon den Sieg, da kamen die Sowjets doch noch zum Anschlußtreffer. Als Parkujan Torhüter Tilkowski klar unterlief und der Pfiff des nicht immer sicheren Schiedsrichter Lo Bello ausblieb, war der Ball zum 1:2 im Netz.

90. Minute: Noch einmal mußte die deutsche Mannschaft zittern, als erneut Parkujan, diesmal per Kopf, für Gefahr vor dem deutschen Tor sorgte. Zum Glück ging sein Kopfstoß einen halben Meter über den Kasten von Tilkowski. Das Spiel war für die deutsche Mannschaft endgültig gewonnen und sie hatte nach 1954 das zweite Mal das Endspiel um die Fußball-Weltmeisterschaft erreicht.

❖

Vorbericht zum 316. Länderspiel: Der deutschen Mannschaft war tatsächlich gelungen, was sich viele von ihr erhofft hatten, sie war im Endspiel. Daß sie es hier aber wesentlich schwerer hatte als 1954 war schon deshalb klar, weil sie gegen Gastgeber England das Finale bestreiten mußte. Ausgerechnet gegen England, gegen das eine deutsche Nationalelf noch nie gewonnen hatte, weder in Deutschland noch in England. Hinzu kam, daß die Engländer in über 100 Jahren ganze dreimal gegen kontinentale Gegner in England verloren hatten.

Es gab auch keine Zweifel, daß diese deutsche Mannschaft von der Qualität her, vom spielerischen, kämpferischen und taktischen Verständnis in der Lage war, Weltmeister zu werden. Vielleicht wurden aber von der Aufstellung her Fehler gemacht, die spielentscheidend waren. So konnte sich Helmut Schön auch für das Endspiel nicht entschließen, den im Halbfinale erneut schwachen Emmerich aus der Mannschaft zu nehmen und mit Brülls - Haller - Seeler - Held den wohl durchschlagkräftigsten Angriff aufzubieten. Als dritten und größten Fehler bei dieser WM warfen Kritiker dem Bundestrainer vor, daß er den jungen Beckenbauer als Deckungsspieler auf den englischen Spielmacher und Denker Bobby Charlton ansetzte. Nicht, daß jemand Beckenbauer diese Aufgabe nicht zutraute, sondern ein Fehler deshalb, weil der Münchener durch die Deckungsaufgabe für die Offensive verlorenging, wo er gerade gegen die Sowjetunion der spielentscheidende Mann gewesen war.

30.7.1966 in London (WM-Finale)
England - BR Deutschland
4:2 (2:2, 1:1) n.V.

SR: Dienst (Schweiz), Zuschauer: 97.000
England: Banks; Cohen, J.Charlton, Moore, Wilson; Stiles, Bobby Charlton, Peters; Ball, Hunt, Hurst

BRD: Tilkowski -38 (BVB); Höttges -18 (Werder Bremen), W.Schulz -37 (HSV), Weber -18 (1.FC Köln), Schnellinger -37 (AC Mailand); Beckenbauer -14 (Bayern München), Overath -22 (1.FC Köln); Haller -27 (FC Bologna), Uwe Seeler -54 (HSV), Held -10, Emmerich -5 (beide BVB). Mannschaftskapitän: Uwe Seeler

Tore: 0:1 Haller (12.), 1:1 Hurst (17.), 2:1 Peters (78.), 2:2 Weber (90.), 3:2 Hurst (100.), 4:2 Hurst (120.)

Beste Spieler: Moore, Peters, Hurst, Ball - Weber, Overath, Beckenbauer, Uwe Seeler

Bericht: Zum zweitenmal stand die deutsche Fußballnationalmannschaft in einem Weltmeisterschafts-Endspiel. Das Wembley-Stadion war mit 97.000 Zuschauern restlos ausverkauft, als die beiden Mannschaften auf das Spielfeld liefen. Bobby Moore gewann die Wahl gegen Uwe Seeler. Pünktlich pfiff Schiedsrichter Dienst das Spiel um 15.00 Uhr an.

7. Minute: Beide Mannschaften begannen sehr vorsichtig, jede hatte vor dem Gegner gehörigen Respekt. Die erste Torchance hatte die deutsche Mannschaft, als Uwe Seeler aus 18 Metern abfeuerte und der Ball von Verteidiger Cohen zur Ecke abprallte. 8. Minute: Im Gegenzug ging Stürmer Hurst Tilkowski in der Luft unfair an, was Schiedsrichter Dienst sofort abpfiff. Nach kurzer Behandlung konnte Tilkowski weiterspielen. 10. Minute: Zum erstenmal mußte sich der deutsche Torhüter bei einem Flachschuß von Peters strecken. 12. Minute: Der sensationelle Führungstreffer für die deutsche Mannschaft, als sich Held an der linken Seite durchkämpfte und den Ball schön nach innen zog. Die Kopfballabwehr von Wilson landete genau vor Haller, der sofort zwischen Jacky Charlton und Bobby Moore hindurch zum 1:0 einschoß. Torhüter Banks, der in der kurzen Ecke stand, hatte keine Chance, an den Ball zu kommen. 17. Minute: Ganz unverhofft, und vor allem unnötig, fiel dann der Ausgleich: Moore hob einen Freistoß über die deutsche Abwehr hinweg zu dem völlig freistehenden Hurst, der den Ball unbedrängt ins deutsche Tor köpfen konnte.

24. Minute: Eine Held-Flanke köpfte Uwe Seeler, der wieder vorbildlich kämpfte, kraftvoll auf das englische Tor, doch Banks war auf dem Posten. 32. Minute: Nach einer Flanke konnte Tilkowski einen Hurst-Kopfball gerade noch wegklatschen. Den Abpraller jagte Ball am Tor vorbei. 38. Minute: Nach einem Overath-Schuß kam der Abpraller zu Emmerich, der aus spitzem Winkel sofort schoß. Mit einer Glanzparade wehrte Torhüter Banks den Ball ab. 42. Minute: Tilkowskis größte Tat, als er einen knallharten Schuß von Hunt aus kürzester Entfernung wegfaustete. Im Gegenzug hatte Uwe Seeler den Ball aus 25 Meter Entfernung auf das englische Tor gejagt. Mit einer Glanzparade konnte Banks den Ball gerade noch über die Latte drücken.

45. Minute: Zur Halbzeit stand das Endspiel verdientermaßen 1:1 Unentschieden. Beide Mannschaften hatten gut gespielt und hätten weitere Tor erzielen können.

55. Minute: Die Szenen vor den beiden Toren wechselten dauernd. Gerade noch hatte Hurst einen seiner gefürchteten Kopfbälle knapp neben das deutsche Tor gesetzt, da hob Beckenbauer einen Freistoß, nach Foul von Moore an Seeler, gefühlvoll in den freien Raum. Uwe Seeler schoß sofort, aber reaktionsschnell konnte Banks abwehren. 63. Minute: Bei einer Wilson-Flanke faustete Tilkowski den Ball vor die Füße von Hunt, der knallte das Leder jedoch knapp neben das Tor. Im Gegenzug versetzte Held am linken Flügel drei Engländer. Seine Maßflanke nahm Beckenbauer volley, doch der Ball wurde abgewehrt.

Uwe Seeler und der englische Kapitän Bobby Moore bei der Begrüßung vor dem WM-Finale 1966 im Wembley-Stadion

Schnellinger jubelt und Torschütze Weber hat schon abgedreht. Eine Minute vor Ende der regulären Spielzeit hat die deutsche Elf zum 2:2 ausgeglichen

Das Tor, das keines war und deshalb Fußballgeschichte schrieb: Ball und Schatten sind fast verbunden. Der Ball hatte die Linie nicht überschritten, aber Schiedsrichter Dienst gab nach Befragung des Linienrichters das Tor zum 3:2 für England in der Verlängerung

72. Minute: Ein herrlicher Schuß von Bobby Charlton zischte nur ganz knapp am deutschen Tor vorbei. Die Enländer erspielten sich langsam ein Übergewicht. 75. Minute: Ein herrlicher Schrägschuß von Held landete leider am Außennetz. 78. Minute: Nach einer Ecke von Ball rutsche Höttges der Ball ab und stieg als Kerze gerade hoch in den Himmel. Der Ball fiel direkt vor die Füße von Peters, der sich die Möglichkeit nicht entgehen ließ und am machtlosen Tilkowski vorbei zum 2:1 einschoß. 85. Minute: Die deutsche Mannschaft warf jetzt alles nach vorn. Einen Heber von Emmerich köpfte Uwe Seeler nur um Zentimeter am Tor vorbei.

90. Minute: Mit einem fantastischen Endspurt stürmte die gesamte deutsche Mannschaft, um doch noch das Unmögliche möglich zu machen. Ein Freistoß für die deutsche Mannschaft war die letzte Chance, doch noch den Ausgleich zu erzielen. Emmerich schoß, die englische Abwehr konnte den Ball nicht wegbekommen, so daß Emmerich noch einmal zum Schuß kam. Der Ball prallte von Schnellingers Rücken genau vor die Füße von Weber, und der Kölner spitzelte den Ball buchstäblich in letzter Sekunde zum 2:2 ins Netz. Die deutsche Mannschaft hatte sensationell die Verlängerung erreicht.

91. Minute: Gleich in der ersten Minute der Verlängerung mußte Tilkowski einen gefährlichen Schuß von Ball über die Latte lenken. 93. Minute: Auch einen Charlton-Flachschuß konnte der Dortmunder Torhüter mit glänzender Reaktion abwehren. 99. Minute: Nach einem schönen Solo flankte Held von der Grundlinie in die Mitte, wo Uwe Seeler den Ball nur knapp verpaßte. 100. Minute: Es sollte die dramatischste und umstrittenste Minute in einem Fußball-Weltmeisterschafts-Endspiel werden. Wieder flankte der kleine Ball zu Hurst, der von Schulz sträflich alleingelassen wurde. Ein toller Kopfball des englischen Torjägers wuchtete gegen die Latte, sprang runter auf die Torlinie und aus dem Tor heraus. Weber war zur Stelle und köpfte den Ball hoch über das deutsche Tor ins Aus. Die Engländer reklamierten sofort Tor. Schiedsrichter Dienst wollte zuerst weiterspielen lassen, befragte dann jedoch den sowjetischen Linienrichter Bachramow. Der entschied auf Tor, und Schiedsrichter Dienst schloß sich dieser Auffassung an. Die deutsche Mannschaft nahm diese Fehlentscheidung in unglaublich sportlich-fairer Art hin, obwohl der Ball nicht im Tor gewesen war.

105. Minute: Nach dem letzten Seitenwechsel warf die deutsche Mannschaft noch einmal alles nach vorn. 113. Minute: Nach schönem Solo schoß Held leider etwas zu hoch. Und auf Flanke von Siggi Held konnte Uwe Seeler im nächsten Angriff nur eine Ecke herausholen, die nichts einbrachte. 116. Minute: Der erste Konter für die Engländer wurde durch Bobby Charlton vergeben, der am Tor vorbeidonnerte.

120. Minute: Als alles mit dem Schlußpfiff rechnete und bereits Zuschauer und Betreuer auf dem Feld waren, lief Hurst bei einem Konter mit dem Ball auf und davon. Keiner der deutschen Abwehrspieler, die weit aufgerückt waren, konnte ihn mehr erreichen. Aus 16 Metern donnerte er den Ball unhaltbar für Tilkowski zum 4:2 ins Tor. Die Weltmeisterschaft war endgültig zugunsten der Engländer entschieden. Es gab auch zweifellos niemanden, der den Engländern nicht den Sieg gegönnt hätte. Traurig war nur, daß sowohl das 3:2, als auch das 4:2 regelwidrige Tore waren. Obwohl noch Jahrzehnte später über das dritte Tor gestritten wurde, zeigten später Filmaufnahmen, daß der Ball nicht, wie es die Regel vorschreibt, die Linie mit vollem Umfang überschritten hatte. Bei dem 4:2 schließlich hätte Schiedsrichter Dienst unbedingt abpfeifen müssen, als mehrere Zuschauer auf dem Spielfeld waren. Auch hier ließen die Regeln keine andere Entscheidung zu, zumal die deutsche Abwehr dadurch völlig irritiert war. Das änderte jedoch nichts daran, daß die Engländer ein würdiger Weltmeister waren.

Der Kapitän Uwe Seeler nach der Endspiel-Niederlage im Londoner Wembley-Stadion. Mit etwas mehr Glück wären er und die 10 anderen Nachfolger der Berner Weltmeister geworden

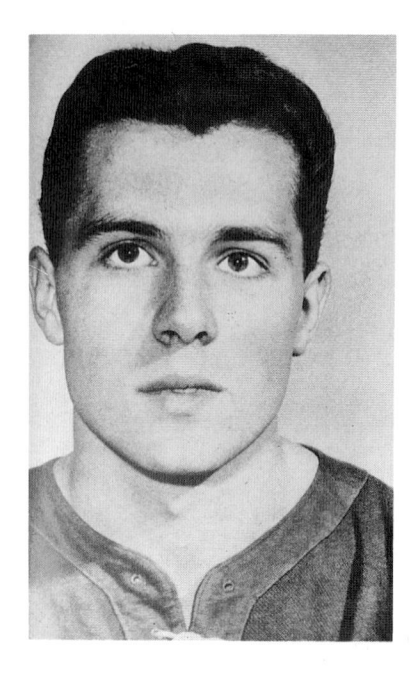

Die 11 Vize-Weltmeister, die im Finale unglücklich verloren: Franz Beckenbauer (Bayern München), 20 Jahre

Helmut Haller (AC Bologna), 26 Jahre

Wolfgang Overath (1.FC Köln), 22 Jahre

Karl-Heinz Schnellinger (AC Mailand), 27 Jahre

Wolfgang Weber (1.FC Köln), 22 Jahre

Willi Schulz (Hamburger SV), 27 Jahre

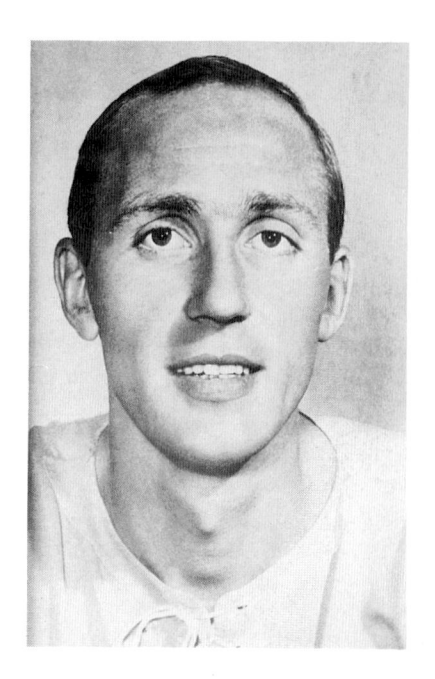

Hans Tilkowski (Borussia Dortmund), 30 Jahre

Siggi Held (Borussia Dortmund), 23 Jahre

Uwe Seeler (Hamburger SV) 29 Jahre

Helmut Schön, der Nachfolger von Sepp Herberger als Bundestrainer, feierte bei der WM 1966 in England große Erfolge mit seiner Mannschaft und wurde Vize-Weltmeister

Lothar Emmerich (Borussia Dortmund), 24 Jahre

Horst-Dieter Höttges (Werder Bremen), 22 Jahre

Gesamtbilanz 1908-1966
316 Spiele: 166 Siege, 52 Unentschieden, 98 Niederlagen, 794:525 Tore
Heim: 144 Spiele: 78 Siege, 31 Unentschieden, 35 Niederlagen, 383:206 Tore
Auswärts: 172 Spiele: 88 Siege, 21 Unentschieden, 63 Niederlangen, 411:319 Tore
Zuschauer insgesamt: 12.956.919, Heim: 7.115.500, Auswärts: 5.841.419

Die meisten Länderspiele:
1. Paul Janes (Fortuna Düsseldorf) — 71 Spiele
2. Ernst Lehner (Sch. Augs. 55, BW Berlin 10) — 65 "
3. Fritz Walter (1.FC Kaiserslautern) — 61 "
4. Uwe Seeler (Hamburger SV) — 54 "
5. Herbert Erhardt (SpVgg Fürth 49, Bayern München 1) — 50 "
6. Albin Kitzinger (Schweinfurt 05) — 44 "
   Andreas Kupfer (Schweinfurt 05) — 44 "
8. Horst Szymaniak (Wuppertaler SV 20, Karlsruher SC 12, CC Catania 5, Inter Mailand 1, FC Varese 1, Tasmania Berl. 4) — 43 "
9. Reinhold Münzenberg (Alemannia Aachen) — 41 "
10. Helmut Rahn (RW Essen 34, 1.FC Köln 6) — 40 "
11. Ludwig Goldbrunner (Bayern München) — 39 "
    Hans Schäfer (1.FC Köln) — 39 "
13. Hans Jakob (Jahn Regensburg) — 38 "
    Hans Tilkowski (Westf. Herne 18, BVB 20) — 38 "
15. Willi Schulz (Union Günnigfeld 3, Schalke 04 22, Hamburger SV 12) — 37 "
16. Karl-Heinz Schnellinger (Düren 99 2, 1.FC Köln 24, AS Rom 1, AC Mailand 9) — 36 "

Die meisten Tore:
1. Uwe Seeler (Hamburger SV) — 36 Tore
2. Fritz Walter (1.FC Kaiserslautern) — 33 "
3. Ernst Lehner (Schw. Augsb., BW Berlin) — 30 "
4. Edmund Conen (FV Saarbr., Kickers Stuttg.) — 27 "
5. Richard Hofmann (Meerane 07, Dresdener SC) — 24 "
6. Max Morlock (1.FC Nürnberg) — 21 "
   Helmut Rahn (Rot-Weiß Essen, 1.FC Köln) — 21 "
8. Karl Hohmann (VfL Benrath) — 20 "
9. Otto Siffling (SV Waldhof) — 17 "
   Helmut Schön (Dresdener SC) — 17 "
11. Wilhelm Hahnemann (Admira Wien) — 16 "
12. Hans Schäfer (1.FC Köln) — 15 "
13. Gottfried Fuchs (Karlsruher FV) — 14 "
    Otto Harder (Hamburger SV) — 14 "
15. Josef Gauchel (TuS Neuendorf) — 13 "
    Ernst Willimowski (Chemnitz, 1860 München) — 13 "

Die häufigsten Mannschaftsführer waren:
1. Paul Janes — 31 mal
2. Fritz Szepan — 30 "
   Fritz Walter — 30 "
4. Uwe Seeler — 22 "
5. Herbert Erhardt — 18 "
6. Hans Schäfer — 16 "
7. Ludwig Leinberger — 11 "
8. Adolf Jäger — 10 "
   Rudolf Gramlich — 10 "
10. Camillo Ugi — 9 "
11. Otto Harder — 8 "
    Reinhold Münzenberg — 8 "
    Helmut Rahn — 8 "
14. Max Breunig — 7 "
15. Heinrich Stuhlfauth — 6 "
    Josef Posipal — 6 "

33 Elfmeter für Deutschland:
27 Elfmeter verwandelt durch
Förderer (1908 geg. England), Breunig (1911 geg. die Schweiz), Jäger (1913 geg. Dänemark), Jäger (1921 geg. Ungarn), Franz (1924 geg. Österreich), Ruch (1925 geg. Finnland), R.Hofmann (1932 geg. die Schweiz), Lehner (1934 geg. Polen), Gauchel (1938 geg. Luxemburg), Janes (1939 geg. Bömen-Mähren), Binder (1939 geg. Italien), Conen (1940 geg. Bulgarien), Janes (1941 geg. Ungarn), Lehner (1941 geg. Kroatien), Burdenski (1950 gegen die Schweiz), F.Walter (1954 geg. Österreich), F.Walter (1954 geg. Österreich), Juskowiak (1955 geg. Italien), Juskowiak (1959 geg. Schottland), Juskowiak (1959 geg. die Schweiz), Szymaniak (1962 geg. Chile), Werner (1963 geg. Brasilien), Seeler (1963 geg. Türkei), Sieloff (1965 geg. Italien), Sieloff (1965 geg. Zypern), Sieloff 1965 (geg. Österreich), Haller (1966 geg. die Schweiz)

6 Elfmeter verschossen durch
Breunig (1910 geg. Holland), Breunig (1913 geg. Holland), Kalb (1922 geg. Österreich), Lüke (1923 geg. Finnland), Brülls (1961 geg. Chile), Krämer (1964 geg. Algerien)

34 Elfmeter gegen Deutschland:
24 Elfmeter verwandelt durch,
Dlabac (1908 Österreich), Schlosser (1912 Ungarn), Weiss (1912 Schweiz), Kuthan (1921 Österreich), Kelin (1925 Finnland), Lundahl (1929 Schweden), Christophersen (1930 Dänemark), Polgar (1934 Ungarn), Davies (1936 Irland), Stijnen (1939 Belgien), Demaria (1939 Italien), Campos (1942 Spanien), Nagymarosi (1942 Ungarn), Bacquet (1951 Schweiz), Bobek (1952 Jugoslawien), Cesar (1952 Spanien), Martin (1954 Saarland), Cantwell (1956 Irland), Wagner (1957 Österreich), Dvorak (1958 Tschechoslowakei), Kopa (1958 Frankreich), Duis (1958 Frankreich), Alla (1958 Ägypten), Tichy (1959 Ungarn)

10 Elfmeter verschossen durch
(1911 Schweden), (1922 Finnland), Neumann (1922 Österreich), Ramseyer (1928 Schweiz), Orsi (1930 Italien), Sobotka (1935 Tschechoslowakei), Walaschek (1941 Schweiz), Mond (1951 Luxemburg), Nestoridis (1960 Griechenland), Rinaldo (1965 Brasilien)

11 Eigentore gegen Deutschland:
erzielt durch, Breunig (1910 geg. Holland), Breunig (1912 geg. Holland), H.Müller (1924 geg. Finnland), Münzenberg (1931 geg. Frankreich), Stubb (1932 geg. Schweden), Klodt (1939 geg. Jugoslawien), Rohde (1941 geg. Schweiz), Posipal (1951 geg. Irland), Mai (1955 geg. Italien), Erhardt (1958 geg. Tschechoslowakei), Giesemann (1961 geg. Dänemark)

7 Eigentore für Deutschland:
erzielt durch, Lörtscher (1938 Schweiz), Albu (1938 Rumänien), Brozovic (1942 Kroatien), Horvat (1954 Jugoslawien), van der Hart (1956 Holland), Stacho (1958 Tschechoslowakei), Panayotou (1965 Zypern)

4 Platzverweise Deutschland:
Kalb (1928 geg. Uruguay), R.Hofmann (1928 geg. Uruguay), Pesser (1938 geg. die Schweiz), Juskowiak (1958 geg. Schweden)

6 Platzverweise der Gegner:
Nasazzi (1928 Uruguay), Burgnich (1965 Italien), Albrecht (1966 Argentinien), Troche (1966 Uruguay), Silva (1966 Uruguay), Tschislenko (1966 Sowjetunion)

Nationalspieler des Jahres:
1907/08 Fritz Förderer (Karlsruher FV)
1908/09 Adolf „Adsch" Werner (Holstein Kiel)
1909/10 Eugen Kipp (Spfr. Stuttgart)
1910/11 Camillo Ugi (VfB Leipzig)
1911/12 Max Breunig (Karlsruher FV)
1912/13 Adolf Jäger (Altonaer FC 93)
1913/14 Karl Wegele (Phönix Karlsruhe)
1920/21 Karl Tewes (Viktoria 89 Berlin)
1921/22 Andreas „Resi" Franz (Spvgg. Fürth)
1922/23 Leonhard „Loni" Seiderer (Spvgg. Fürth)
1923/24 Hans „Bumbas" Schmidt (1.FC Nürnberg)
1924/25 Paul Paulsen-Pömpner (VfB Leipzig)
1925/26 Otto „Tull" Harder (Hamburger SV)
1926/27 Georg Hochgesang (1.FC Nürnberg)
1927/28 „König" Richard Hofmann (Meerane 07)
1928/29 Heiner Stuhlfauth (1.FC Nürnberg)
1929/30 „König" Richard Hofmann (Dresdener SC)
1930/31 Willibald Kreß (Rot-Weiß Frankfurt)
1931/32 Stanislaus „Tau" Kobierski (Fortuna Düsseldorf)
1932/33 Oskar „Ossi" Rohr (Bayern München)
1933/34 Fritz Szepan (FC Schalke 04)
1934/35 Ernst Lehner (Schwaben Augsburg)
1935/36 Reinhold Münzenberg (Alemannia Aachen)
1936/37 Albin Kitzinger (FC Schweinfurt 05)
1937/38 Andreas „Anderl" Kupfer (FC Schweinfurt 05)
1938/39 Paul Janes (Fortuna Düsseldorf)
1939/40 Franz Binder (SC Rapid Wien)
1940/41 Fritz Walter (1.FC Kaiserslautern)
1941/42 Fritz Walter (1.FC Kaiserslautern)
1942/43 Fritz Walter (1.FC Kaiserslautern)
   August Klingler (FV Daxlanden)
1950/51 Anton „Toni" Turek (Fortuna Düsseldorf)
1951/52 Josef „Jupp" Posipal (Hamburger SV)
1952/53 Josef „Jupp" Posipal (Hamburger SV)
   Fritz Walter (1.FC Kaiserslautern)
1953/54 Fritz Walter (1.FC Kaiserslautern)
1954/55 Fritz Herkenrath (Rot-Weiß Essen)
1955/56 Fritz Herkenrath (Rot-Weiß Essen)
   Fritz Walter (1.FC Kaiserslautern)
1956/57 Erich Juskowiak (Fortuna Düsseldorf)
1957/58 Horst Szymaniak (Wuppertaler SV)
1958/59 Helmut „Boß" Rahn (Rot-Weiß Essen)
1959/60 Helmut „Boß" Rahn (1.FC Köln)
1960/61 Horst Szymaniak (Karlsruher SC)
1961/62 Karl-Heinz Schnellinger (1.FC Köln)
   Uwe Seeler (Hamburger SV)
1962/63 Uwe Seeler (Hamburger SV)
1963/64 Uwe Seeler (Hamburger SV)
1964/65 Klaus-Dieter Sieloff (VfB Stuttgart)
   Willi Schulz (FC Schalke 04)
1965/66 Franz Beckenbauer (Bayern München)

Bilanz 1966/67
6 Spiele: 5 Siege, 0 Unentschieden, 1 Niederlage, 17:2 Tore
Zuschauer: 263.000
In 6 Spielen wurden 26 Spieler eingesetzt, davon waren 10 Spieler Neulinge.

Die Spieler der Saison:
Willi Schulz	6	Spiele
Wolfgang Overath	6	"
Horst-Dieter Höttges	5	"
Wolfgang Weber	4	"
Josef Maier	4	"
Franz Beckenbauer	4	"
Bernd Patzke	4	"
Johannes Löhr	4	"
Lothar Ulsaß	3	"
Gerhard Müller	3	"
Siegfried Held	3	"
Klaus Fichtel	3	"
Hartmut Heidemann	2	"
Günter Netzer	2	"
Günter Herrmann	2	"
Josef Heynckes	2	"
Bernd Dörfel	2	"
Hans Küppers	2	"
Jürgen Grabowski	1	Spiel
Bernd Rupp	1	"
Uwe Seeler	1	"
Horst Wolter	1	"
Klaus Zaczyk	1	"
Werner Krämer	1	"
Hans Tilkowski	1	"
Hans-Hubert Vogts	1	"

Die Tore der Saison:
Lothar Ulsaß	4	Tore
Gerhard Müller	4	"
Johannes Löhr	3	"
Josef Heynckes	2	"
Hans Küppers	1	Tor
Bernd Rupp	1	"
Uwe Seeler	1	"
Klaus Zaczyk	1	"

Mannschaftsführer waren:
Willi Schulz	5	mal
Uwe Seeler	1	"

1 Elfmeter für Deutschland,
verschossen durch Höttges (gegen Bulgarien)

1 Elfmeter für Deutschland,
verwandelt durch G.Müller (gegen Albanien)

Rangliste der besten Nationalspieler des Jahres
1. Wolfgang Overath (1.FC Köln)
2. Willi Schulz (Hamburger SV)
3. Wolfgang Weber (1.FC Köln)
4. Franz Beckenbauer (Bayern München)
5. Siegfried „Siggi" Held (Borussia Dortmund)
6. Gerd Müller (Bayern München)
7. Horst-Dieter Höttges (Werder Bremen)
8. Johannes „Hannes" Löhr (1.FC Köln)
   Josef „Sepp" Maier (Bayern München)

1966/67

Vorbericht zum 317. Länderspiel: Die WM war zu Ende, und immer noch wurde in Deutschland über das dritte Tor der Engländer diskutiert. Bundestrainer Helmut Schön hatte jedoch andere Sorgen. Er mußte in möglichst kurzer Zeit seine Mannschaft wieder in Hochform bringen, denn ein Land wie die BR Deutschland konnte sich nicht länger von der immer attraktiver werdenden Europameisterschaft fernhalten. Bereits 1960 und 1964 wurde sie unter dem Namen „Europacup der Länder" ohne deutsche Beteiligung ausgetragen. Nun war die deutsche Mannschaft erstmals dabei und mit Jugoslawien und Albanien in eine Gruppe ausgelost worden.

Zum ersten Saisonländerspiel fielen gleich 6 Spieler aus. Die beiden Italienprofis Schnellinger und Haller sowie Tilkowski, Held und Emmerich. Besonders schmerzlich war das Fehlen des verletzten Beckenbauer. Helmut Schön nutzte die Gelegenheit, aus der scheinbar nie versiegenden Quelle Bundesliga neue Spieler einzuladen.

Tor: Maier, Wolter
Abwehr: Lutz, Heidemann, W.Schulz, Weber, Höttges
Mittelfeld: Küppers, Overath, Netzer
Angriff: Grabowski, Ulsaß, Uwe Seeler, Gerd Müller, Rupp

Mit Wolter (Eintr. Braunschweig), Heidemann (MSV), Gerd Müller (Bayern München) und Rupp (Bor. Mönchengladbach) waren nicht nur 4 Neulinge in der Mannschaft, die alle noch Nationalspieler werden sollten, sondern mit Maier, Netzer, Grabowski und Ulsaß standen weitere unerfahrene Spieler im Aufgebot. Nur am Rande fand die Berücksichtigung von Gerd Müller Beachtung. Daß hier die erfolgreichste Karriere eines deutschen Torjägers begann, hätte damals niemand außer dem Bayern-Trainer Cajkovski geglaubt, der schon 1965 in seinem gebrochenen Deutsch ankündigte: „Kleines dickes Müller wird bestes Torjäger von Welt."

12.10.1966 in Ankara

Türkei - BR Deutschland 0:2 (0:1)

SR: Romantschev (Bulgarien), Zuschauer: 44.000
Türkei: Turgay; Talat, Yilmaz, Ercan, Fehmi; Ayhan, Seref, Nevsat; Ergin (ab 66. Turan), Fevsi, Ayfer (ab 30. Ugur)
BRD: Maier -2 (Bayern München); Heidemann -1 (MSV Duisburg), Weber -18 (1.FC Köln), W.Schulz -38 (HSV), Höttges -19 (Werder Bremen); Küppers -5 (1860 München), Overath -23 (1.FC Köln); Grabowski -4 (Eintr. Frankf.), Müller -1 (Bayern München), Netzer -4, Rupp -1 (beide Bor. Mönchengladbach). Mannschaftskapitän: W.Schulz

Tore: 0:1 Küppers (9.), 0:2 Rupp (85.)
Beste Spieler: Yilmaz, Seref - Weber, W.Schulz, Höttges, Overath

Bericht: Daß die Türkei nur noch drittklassig war, konnte man bereits in den ersten 10 Minuten feststellen. Sie war nie in der Lage, die deutsche Mannschaft ernsthaft zu gefährden.

9. Minute: Die frühe Führung gab der neuformierten deutschen Mannschaft die nötige Sicherheit. Als Torhüter Turgay, der für sein 50. Länderspiel geehrt wurde, die Sicht versperrt war, zirkelte Küppers nach einem krassen Abwehrfehler einen Flachschuß ins lange Eck. Auch danach spielte nur noch die deutsche Mannschaft.

35. Minute: Die größte Torchance der ersten Halbzeit hatte Rupp nach einer Grabowski-Flanke, aber aus 3 Metern schoß der Gladbacher hoch über das Tor. 45. Minute: In den letzten 5 Minuten der ersten Halbzeit hatte die deutsche Mannschaft ihre beste Phase. Das Spiel lief flüssig und direkt, so daß 5 Minuten lang kein einziger türkischer Spieler an den Ball kam. Daß jedoch die Vielzahl an Torgelegenheiten nicht genutzt werden konnte, sprach nicht unbedingt für dieses Zusammenspiel.

80. Minute: Auch in der zweiten Halbzeit hatte Torhüter Maier außer einigen Flankenbällen nichts zu tun. Schulz, Weber, Höttges und Overath fingen die türkischen Angriffe schon weit vor dem Strafraum ab. Dafür fehlte es jedoch vorne, weil im Mittelfeld zu langsam gespielt wurde. Erst als Helmut Schön Overath weiter nach vorne beorderte, kam Druck ins Spiel. 81. Minute: Der Kölner Spielmacher war es auch, der mit einem fantastischen Schuß, nach herrlichem Doppelpaß mit Müller, die Querlatte traf. 85. Minute: Sehr spät fiel auch das längst überfällige 2:0, nachdem Verteidiger Talat eine Grabowski-Flanke falsch berechnete und Rupp völlig freistehend das 2:0 markieren konnte.

❖

Vorbericht zum 318. Länderspiel: Vor dem Länderspiel gegen Norwegen ließ Helmut Schön seine Spieler zu einem Kurzlehrgang nach Berlin kommen, wo noch ein Testspiel gegen eine Berliner Auswahl stattfinden sollte. Der Bundestrainer lud 17 Spieler ein:

Tor: Maier, Wolter
Abwehr: Heidemann, Piontek, W.Schulz, Sieloff, Weber, Höttges
Mittelfeld: Beckenbauer, Overath, Ferner
Angriff: Bernd Dörfel, Grabowski, Ulsaß, Uwe Seeler, Held, Rupp

Mit Bernd Dörfel, dem Bruder von Gert „Charly" Dörfel, stand ein Neuling im Aufgebot, der auch Nationalspieler wurde. Nachnominiert wurde außerdem der Neuling Walter Schmidt (Eintr. Braunschweig), der jedoch kein A-Nationalspieler wurde.

Viel mehr Beachtung fand jedoch, daß neben den beiden verhinderten Italienprofis, Schnellinger und Haller, aus der WM-Endspielaufstellung auch Tilkowski und Emmerich fehlten. Daß Helmut Schön für die Zukunft nicht mehr auf den fast 32-jährigen Torhüter baute, sondern den 22-jährigen Sepp Maier als Nummer 1 haben wollte, war verständlich, zumal der Münchener beste Voraussetzungen für einen Klassetorhüter mitbrachte. Bei Emmerich schien es schon eher so, als könne ihm der Bundestrainer die schwachen Vorstellungen bei der WM nicht verzeihen. Jedenfalls trugen Emmerich, Lutz und Brülls aus dem WM-Kader nie wieder das Nationaltrikot, während Tilkowski noch ein Länderspielabschiedsgeschenk in seiner Wahlheimat Dortmund bekommen sollte.

15.11.1966 in Berlin

Stadtauswahl Berlin - Nationalelf 0:1 (0:0)
Berlin: Roloff (Tasmania); Eder, Sangulin (beide Hertha BSC); Meißel (Tasmania), Damjanoff (TB), Groß, Ipta (beide Hertha BSC); Lunenburg (TB), Altendorf, Krampitz, Kis (alle Hertha BSC)
Im Laufe der zweiten Halbzeit: Sühnholz (Hertha Zehlendorf) für Ipta, Frati (Rapide Wedding) für Kis
Nationalelf: Maier (Bayern München); Heidemann (Meiderich), Schulz (HSV), Weber (Köln), ab 37. Sieloff (VfB Stuttg.), Piontek (Werder), ab 46. W.Schmidt (Eintracht Braunschweig); Beckenbauer (Bayern München), Overath (Köln), B.Dörfel (HSV), Ulsaß (Eintracht Braunschweig), Uwe Seeler (HSV), Held (BVB), ab 46. Rupp (M'gladbach)
Tor: 0:1 Uwe Seeler (63.)

19.11.1966 in Köln

BR Deutschland - Norwegen 3:0 (2:0)

SR: Aalbrecht (Holland), Zuschauer: 38.000
BRD: Maier -3 (Bayern München); Heidemann -2 (MSV Duisburg), W.Schulz -39 (HSV), Weber -20 (1.FC Köln), Höttges -20 (Werder Bremen); Beckenbauer -15 (Bayern München), Overath -24 (1.FC Köln); B.Dörfel -1 (HSV), Ulsaß -4 (Eintr. Braunschw.), Uwe Seeler -55 (HSV), Held -11 (BVB). Mannschaftskapitän: Uwe Seeler

Norwegen: Kaspersen; Johansen, Thorsen, Stakset, Mathisen; Bornö, Pedersen; Kristoffersen, Berg, Nilsen, Hasund
Tore: 1:0 Seeler (42.), 2:0 Ulsaß (44.), 3:0 Ulsaß (78.)
Beste Spieler: Beckenbauer, Overath, B.Dörfel, Uwe Seeler - Kaspersen, Hasund
Bericht: Die Norweger begannen im schwach besuchten Müngersdorfer-Stadion überraschend kraftvoll.

3. Minute: Bei einem Solo ließ Nielsen Heidemann und Schulz aussteigen und bediente den freistehenden Kristoffersen, der jedoch die günstige Torchance vergab. 22. Minute: Die größte norwegische Chance hatte Hasund, der einen gefühlvollen Freistoß von Pedersen aufnahm, aber den Ball alleinstehend an Maier nicht vorbeibringen konnte.

30. Minute: Nach einem schönen Doppelpaß zwischen Overath und Ulsaß schloß der Kölner mit einem knallharten Schuß ab, der jedoch um Zentimeter am Tor vorbeistrich. 42. Minute: Inzwischen hatte die deutsche Mannschaft die Norweger gut im Griff. Als Dörfel gefoult wurde, trat Held den Freistoß in den Strafraum, wo Uwe Seeler am höchsten stieg und den Ball mit dem Kopf zum 1:0 in die Maschen setzte. 44. Minute: Mit herrlichem Kurzpaßspiel versetzten Seeler und Held die norwegische Abwehr. Dann kam eine gefährliche Flanke von Held auf den Kopf von Ulsaß, der den Ball über den herausgestürzten Torhüter hinweg zum 2:0 ins norwegische Gehäuse setzte. Zur Halbzeit führte die deutsche Mannschaft standesgemäß mit 2:0.

52. Minute: Einen Ulsaß-Kopfball konnte Johansen nur auf der Linie retten. Zwei Minuten später bekam endlich auch einmal wieder Sepp Maier etwas zu halten, als Berg einen schönen Volleyschuß abfeuerte. 63. Minute: Einer der schönsten Angriffe des ganzen Spieles wurde wieder von Overath eingeleitet, der sich den Ball am eigenen Strafraum holte und nach vielen Kombinationen Dörfel einsetzte. Der Hamburger Rechtsaußen flankte wie aus dem Lehrbuch und Uwe Seeler nahm den Ball direkt aus der Luft. Leider genau in die Arme des norwegischen Torhüters. Mit viel Mühe konnte kurz darauf Kaspersen einen Weitschuß von Beckenbauer aus dem Winkel fischen. 78. Minute: Wieder einmal zog Beckenbauer bei einem Solo auf und davon. Aus vollem Lauf schoß er aufs Tor. Wie ein Strich knallte der Ball an die Latte, sprang zurück in den Strafraum, genau vor die Füße von Ulsaß, der das Leder zum 3:0 ins Tor schob.

85. Minute: Die letzte Torgelegenheit hatte Bernd Dörfel, aber sein Flachschuß zischte am Pfosten vorbei. In den letzten Minuten begnügte sich die deutsche Mannschaft damit, den Ball in den eigenen Reihen zu halten.

❖

Vorbericht zum 319. Länderspiel: Für das erste Länderspiel 1967 gegen Marokko gab Helmut Schön wieder vielen Talenten eine Chance. Im Aufgebot standen gleich 6 Spieler, die noch nie in der Nationalelf gespielt hatten: Wolter (Eintr. Braunschweig), Fichtel (Schalke 04), Vogts, Heynckes (beide Bor. Mönchengladbach), Löhr (1.FC Köln) und Zaczyk (Karlsruher SC). Alle wurden Nationalspieler, außer Vogts sogar alle schon gegen Marokko. Die Stunde für Berti Vogts schlug erst ein paar Monate später, aber dafür wurde dieser körperlich „Kleine" von allen 6 der „Größte".

Tor: Maier, Wolter
Abwehr: Patzke, Vogts, W.Schulz, Weber, Fichtel, Höttges
Mittelfeld: Beckenbauer, Overath, G.Herrmann, Zaczyk
Angriff: Ulsaß, Heynckes, Held, Löhr

Mit Maier und Weber mußten 2 Stammspieler zuschauen, um den Neuen eine Chance zu geben. Wieder in die Nationalmannschaft zurückgekehrt war der frühere Karlsruher Günther Herrmann, der durch gute Leistungen bei Schalke nach über 6 Jahren noch zweimal das Nationaltrikot überstreifen konnte.

22.2.1967 in Karlsruhe
BR Deutschland - Marokko 5:1 (2:0)

SR: De Marchi (Italien), Zuschauer: 33.000
BRD: Wolter -1 (Eintr. Braunschweig); Patzke -3 (1860 München), W.Schulz -40 (HSV), Fichtel -1 (Schalke 04), Höttges -21 (Werder Bremen); Beckenbauer -16 (Bayern München), Overath -25 (1.FC Köln), ab 57. Löhr -1 (1.FC Köln); G.Herrmann -8 (Schalke 04), Ulsaß -5 (Eintr. Braunschweig), ab 46. Zaczyk -1 (Karlsruher SC), Heynckes -1 (Bor. Mönchengladbach), Held -12 (BVB). Mannschaftskapitän: W.Schulz

Marokko: Allal; Abdellah, Fadili; Hattab, Ammar, Moulay Driss (ab 46. Slimane); Ghiadi, Hajami (ab 46. Maaroufi), Bouassa, Bamous (ab 46. Said), Faras (ab 72. Bamous)

Tore: 1:0 Ulsaß (8.), 2:0 Ulsaß (10.), 2:1 Bouassa (51.), 3:1 Zaczyk (53.), 4:1 Heynckes (55.), 5:1 Löhr (68.)

Beste Spieler: Held, Overath, Heynckes, Beckenbauer - keiner

Bericht: Von der ersten Minute an spielte die deutsche Mannschaft klar überlegen und es war nur eine Frage der Zeit, wann die Tore fallen würden.

8. Minute: Eine Flanke des sehr agilen Siggi Held köpfte Ulsaß unhaltbar zum 1:0 für die deutsche Mannschaft ein. Als hätten die beiden nie etwas anderes gemacht, flankte Held schon 2 Minuten später erneut maßgerecht auf den Kopf von Ulsaß, der das Leder zum 2:0 für die deutsche Mannschaft ins Netz köpfte.

19. Minute: Das Spiel lief nach dem zweiten Treffer noch flüssiger. Einen schönen Paß von Neuling Heynckes nahm Overath direkt, aber der marokkanische Torhüter konnte zur Ecke abwehren. In den letzten 10 Minuten der ersten Halbzeit ließ der Druck auf das marokkanische Tor etwas nach.

46. Minute: Nach dem Seitenwechsel machte die deutsche Mannschaft sofort wieder Dampf. Als Torhüter Allal eine Herrmann-Flanke unterlief, hatte er Glück, daß der Ball dicht am Tor vorbeidrehte. 48. Minute: Die erste Chance für die Marokkaner durch Ghiadi machte Torhüter Wolter durch rechtzeitiges Herauslaufen zunichte. 51. Minute: Ganz überraschend der Anschlußtreffer für die Marokkaner, als Torhüter Wolter mit einer Flanke rechnete und bereits so weit vor seinem Tor stand, daß Bouassa den Ball unter die Latte zum Anschlußtreffer für Marokko schießen konnte. 53. Minute: Die deutsche Mannschaft ließ sich durch diesen Gegentreffer nicht irritieren, sondern verstärkte jetzt ihren Druck auf das marokkanische Tor. Sofort war nach Held-Flanke ein weiterer Treffer durch den eingewechselten Neuling Zaczyk fällig. 55. Minute: Das schönste Tor des Tages gelang dem Neuling Heynckes, der einen Fallrückzieher unhaltbar zum 4:1 verwandelte.

64. Minute: Der andere eingewechselte Neuling, Löhr, war noch nicht lange im Spiel, da mußte sich Torhüter Allal nach einem knallharten Schuß bereits mächtig strecken, um ein Tor zu verhindern. 66. Minute: Als Günther Herrmann im Strafraum klar gefoult wurde, blieb der Schiedsrichterpfiff aus. 68. Minute: Im überlegenen deutschen Angriffswirbel kam auch Neuling Löhr zu seinem ersten Länderspieltreffer. Die deutsche Mannschaft führte jetzt klar mit 5:1 und spielte wie aus dem Lehrbuch. 71. Minute: Pech für Siggi Held, der zu 3 Toren die Flanken gegeben hatte, als ein toller Schuß von ihm nur Zentimeter am Tor vorbei strich. Für die deutsche Mannschaft war es nicht mehr als ein Trainingsspiel, bei dem einige Neulinge erstmals Länderspielerfahrung sammeln konnten.

❖

Vorbericht zum 320. Länderspiel: Für das Länderspiel gegen Bulgarien mußten Uwe Seeler, Gerd Müller, Bernd Dörfel und Franz Beckenbauer wegen Krankheit und Verletzung absagen. So bekamen wieder einige unerfahrene Spieler eine Chance. Auf Neulinge verzichtete der Bundestrainer allerdings.

Tor: Maier, Wolter
Abwehr: Patzke, Vogts, W.Schulz, Weber, Fichtel, Höttges
Mittelfeld: Krämer, Overath, Netzer
Angriff: G.Herrmann, Ulsaß, Heynckes, Löhr

Einziger Spieler ohne Länderspiel, aber bereits das 2. Mal im Aufgebot, war Vogts (Bor. Mönchengladbach)

22.3.1967 in Hannover
BR Deutschland - Bulgarien 1:0 (0:0)

SR: Machin (Frankreich), Zuschauer: 68.000
BRD: Maier -4 (Bayern München); Patzke -4 (1860 München), Weber -21 (1.FC Köln), W.Schulz -41 (HSV), ab 46. Fichtel -2 (Schalke 04), Höttges -22 (Werder Bremen); Overath -26 (1.FC Köln), Netzer -5 (Bor. Mönchengladb.); Krämer -13 (MSV Duisburg), G.Herrmann -9 (Schalke 04), Heynckes -2 (Bor. Mönchengladb.), Löhr -2 (1.FC Köln). Mannschaftskapitän: W.Schulz

Bulgarien: Simeonov; Schalamanov, Dimitrov, Gaganelov, Jetchev; Penjev, Jekov; Bonev, Asparuchov, Jakimov, Dermendjev

Tore: 1:0 Heynckes (82.)

Beste Spieler: Overath, Weber, Maier, Patzke - Simeonov, Bonev, Asparuchov

Bericht: Die Bulgaren begannen in Hannover überraschend stark und hatten in den ersten 10 Minuten ein leichtes Übergewicht im Mittelfeld. Vor allem Stürmer Bonev konnte von der deutschen Abwehr nur schwer gehalten werden.

14. Minute: Der erste schöne Angriff der deutschen Mannschaft, über Netzer zu Krämer, wurde von dem Duisburger zu unkonzentriert abgeschlossen. Danach gab es erneut viel Leerlauf im deutschen Angriff. 25. Minute: Endlich kam die deutsche Elf wieder besser ins Spiel, weil Rechtsverteidiger Patzke ohne Gegenspieler war und mächtig für Druck sorgte.

30. Minute: Bei ihren Kontern waren die Bulgaren jedoch gefährlicher als die deutsche Mannschaft. Höttges konnte nur in letzter Sekunde vor Asparuchov zur Ecke abwehren. 32. Minute: Gegenangriff der deutschen Mannschaft, der jedoch durch ein Foul an Heynckes gebremst wurde. Den Freistoß schoß Höttges in die Mauer. Und 5 Minuten später war zum erstenmal Heynckes alleine durch, aber sein Schuß ging weit über das Tor.

45. Minute: Bis zur Halbzeit hatte man von der deutschen Mannschaft nicht viel gesehen. Das Zusammenspiel klappte nicht und im Angriff wurde unkonzentriert geschossen.

49. Minute: Auch nach dem Seitenwechsel begannen die Bulgaren mit gefährlichen Angriffen. Nach einem Freistoß verpaßte Asparuchov mit einem Kopfball nur ganz knapp das deutsche Tor. 51. Minute: Mitten in die Drangperiode der Bulgaren konnte man zum erstenmal einen begeisternden Angriff über Krämer und Netzer sehen, der mit einem knallharten Schuß von Krämer an der Latte endete. Der Nachschuß von Netzer wurde von Simeonov mit einer großartigen Reaktion gehalten.

75. Minute: Erst langsam setzten sich Overath und Netzer im Mittelfeld immer mehr durch. Ein herrlicher Schuß von Netzer konnte von Torhüter Simeonov nur in letzter Sekunde abgewehrt werden. Viel Glück in dieser Phase für die Bulgaren. 82. Minute: Immer wieder war es jetzt Overath, der dem deutschen Angriffspiel Impulse gab. Ein herrlicher Steilpaß des Kölners leitete dann auch die Entscheidung ein. Der Ball flog hoch in den bulgarischen Strafraum, wo Netzer höher als seine Gegner sprang und den Ball maßgerecht zu Heynckes köpfte, der ihn nur noch zum 1:0 über die Linie zu drücken brauchte.

88. Minute: Das insgesamt sehr schlechte Spiel der deutschen Mannschaft erreichte seinen Höhepunkt, als Herrmann im Strafraum gefoult wurde. Den fälligen Elfmeter schoß Höttges so unplaziert, daß Torhüter Simeonov halten konnte. Mit einem gellenden Pfeifkonzert wurde die deutsche Mannschaft verabschiedet.

❖

Vorbericht zum 321. Länderspiel: Gegen Albanien stand für die deutsche Mannschaft das erste Qualifikationsspiel zur Europameisterschaft bevor. Nur Held und Krämer fehlten wegen eines

Leistungstiefs, beziehungsweise wegen Verletzung. Sonst waren alle dabei, bis auf die Italienprofis.
Tor: Maier, Tilkowski
Abwehr: Patzke, Heidemann, W.Schulz, Weber, Fichtel, Höttges
Mittelfeld: Beckenbauer, Overath, Küppers
Angriff: B.Dörfel, Ulsaß, Gerd Müller, Uwe Seeler, Heynckes, Löhr

Uwe Seeler mußte schließlich auch wegen einer Verletzung absagen, so daß der Torschützenkönig der Bundesliga, Gerd Müller, eine neue Chance bekam. Im Tor stand zum letztenmal Hans Tilkowski, der 10 Jahre lang zu den besten Torhütern und zur Nationalelf gehört hatte.

8.4.1967 in Dortmund (EM-Qualifikation)
BR Deutschland - Albanien 6:0 (2:0)

SR: Hirviniemi (Finnland), Zuschauer: 32.000
BRD: Tilkowski -39 (BVB); Patzke -5 (1860 München), W.Schulz -42 (HSV), Weber -22 (1.FC Köln), Höttges -23 (Werder Bremen); Beckenbauer -17 (Bayern München), Overath -27 (1.FC Köln); B.Dörfel -2 (HSV), Ulsaß -6 (Entr. Braunschweig), G.Müller -2 (Bayern München), Löhr -3 (1.FC Köln). Mannschaftskapitän: W.Schulz
Albanien: Janku; Frasheri, Mema, Rogami, Vaso; Kazanzhi, Bizi; Xhacka, Hyka, Pano, Ishka
Tore: 1:0 Müller (6.), 2:0 Müller (25.), 3:0 Müller (73.), 4:0 Löhr (77.), 5:0 Löhr (79.), 6:0 Müller (85. Foulelfmeter)
Beste Spieler: Overath, Gerd Müller, Löhr, W.Schulz, Weber - Xhacka, Pano
Bericht: Von der ersten Minute an begann die deutsche Mannschaft sehr druckvoll. Angetrieben von Beckenbauer und Overath waren die Tore eigentlich nur eine Frage der Zeit.

5. Minute: Nach einem Foul an Overath folgte eine Freistoßvariante der deutschen Elf. Beckenbauer lief an, ließ aber den Ball für Ulsaß liegen, der mit einem tollen Schuß den Pfosten traf. 6. Minute: Beim zweiten Versuch klappte es aber bereits. Nach einer Flanke auf den Elfmeterpunkt war Gerd Müller zur Stelle und ließ Torhüter Janku aus 8 Metern keine Chance. 10. Minute: Die ganz große Konterchance für die Albaner, als drei Stürmer nur Schulz und Höttges gegenüberstanden. Als sich endlich einer zum Schuß entschloß, konnte Höttges mit dem Kopf retten. 17. Minute: Die deutsche Abwehr war bei den schnellen albanischen Kontern überhaupt nicht im Bilde. Erneut war es Xhacka, der vor dem deutschen Tor frei zum Kopfball kam, aber den Ball nur über das Tor lenkte.

25. Minute: Mit einem Flankenwechsel rissen Löhr und Dörfel die albanische Abwehr auseinander. Dörfels Maßflanke zu dem freistehenden Gerd Müller, der sofort aus der Drehung schoß, bedeutete das 2:0 für die deutsche Elf.

38. Minute: Die dritte große Konterchance für die Albaner machte Torhüter Tilkowski mit einer Glanzparade zunichte.

50. Minute: In den zweiten 45 Minuten war es nur noch ein Spiel auf ein Tor. Vor allem Löhr zeichnete sich durch viel Elan aus. Mit seinen schönen Flanken konnten die anderen Stürmer jedoch oft nichts anfangen.

68. Minute: Nach vielen vergebenen Chancen hatte Beckenbauer Pech, als er aus 20 Meter Entfernung nur die Latte traf. 73. Minute: Erneut war es der als zu unbeweglich abqualifizierte Gerd Müller, der einen Flankenball von Bernd Dörfel direkt nahm und zum 3:0 in das Tor donnerte. 77. Minute: Nach herrlichem Steilpaß von Overath zog Linksaußen Löhr auf und davon und jagte den Ball aus 18 Meter Entfernung zum 4:0 ins Netz. Das 5:0 zwei Minuten später, erneut durch Löhr, war ein Geschenk von Torhüter Janku, der den scharfen Schuß über die Linie gleiten ließ.

85. Minute: Den Schlußpunkt setzte Gerd Müller, als Dörfel im Strafraum von den Beinen geholt wurde. Hoch und sicher verwandelte der Münchener Torjäger den Elfmeter zum 6:0 Endstand. Abgesehen von den vielen vergebenen Chancen hatte die deutsche Mannschaft ein schnelles und direktes Spiel gezeigt.

❖

Vorbericht zum 322. Länderspiel: Nach dem leichten Spiel gegen Albanien stand der deutschen Mannschaft in Belgrad das schwerste Qualifikationsspiel bevor. Nach wie vor fehlte Uwe Seeler, und Höttges fiel wegen einer Verletzung aus.
Tor: Maier, Tilkowski
Abwehr: Patzke, Heidemann, W.Schulz, Weber, Fichtel, Vogts
Mittelfeld: Beckenbauer, Haller, Overath, Küppers
Angriff: B.Dörfel, Gerd Müller, Held, Löhr

Zum erstenmal seit der WM in England war wieder Helmut Haller im Aufgebot. Wegen einer Verletzung konnte er jedoch letztlich nicht eingesetzt werden. Dagegen begann die Länderspielkarriere von Vogts, der den verletzten Höttges vertrat. Und schließlich mußte Fichtel den angeschlagenen Weber ersetzen.

3.5.1967 in Belgrad (EM-Qualifikation)
Jugoslawien - BR Deutschland 1:0 (0:0)

SR: de Mendibil (Spanien), Zuschauer: 48.000
Jugoslawien: Pantelic; Fazlagic, Rasovic, Holcer, Jusufi; Brncic, Becejac; Melic, Hasanagic, Skoblar, Djajic
BRD: Maier -5 (Bayern München); Patzke -6 (1860 München), W.Schulz -43 (HSV), Fichtel -3 (Schalke 04), Vogts -1 (Bor. Mönchengladb.); Beckenbauer -18 (Bayern München), Küppers -6 (1860 München), Overath -28 (1.FC Köln); Held -13 (BVB), G.Müller -3 (Bayern München), Löhr -4 (1.FC Köln). Mannschaftskapitän: W.Schulz
Tor: 1:0 Skoblar (63.)
Beste Spieler: Djajic, Melic, Becejac, Jusufi - W.Schulz, Overath, Vogts
Bericht: Die Verletzungen von Höttges, Weber, Haller und Uwe Seeler machten einige Umstellungen in der deutschen Mannschaft notwendig. Interessant war vor allem, daß Helmut Schön erstmals mit einem 4-3-3 System antrat. Beckenbauer, Overath und Küppers spielten im Mittelfeld, wobei der junge Beckenbauer sich defensiv orientieren sollte. Wie wichtig das war, zeigte sich bereits in den ersten Minuten, als die Jugoslawen druckvoll stürmten.

6. Minute: Der erste Konter der deutschen Mannschaft durch Löhr brachte auch gleich Gefahr. Sein herrlicher Schuß landete leider am Außennetz. 11. Minute: Während die Jugoslawen stürmten, aber zu keiner klaren Torgelegenheit kamen, waren die deutschen Konter stets gefährlich. Nach einem schönen Doppelpaß zwischen Beckenbauer, Müller und Löhr verkürzte Torhüter Pantelic rechtzeitig den Winkel, so daß Müller den Ball nicht im Tor unterbringen konnte. Wenn Beckenbauer mit nach vorne kam, war die jugoslawische Abwehr gleich in Schwierigkeiten.

45. Minute: Dank der aufopferungsvollen Arbeit von Vogts, Fichtel und Schulz, die immer wieder gefährliche Angriffe der Jugoslawen abblockten, hielt die deutsche Mannschaft bis zur Halbzeit ein schmeichelhaftes 0:0.

63. Minute: Nach gut einer Stunde wurden die Jugoslawen endlich belohnt, als Skoblar bei einer Melic-Flanke höher als Meier sprang und den Ball ins Netz köpfte. Erst jetzt spielte die deutsche Mannschaft offensiver und brachte die gefährlichen Stürmer besser ins Spiel. 74. Minute: Die größte Chance der deutschen Mannschaft nach einem herrlichen Doppelpaßspiel zwischen Beckenbauer und Küppers und anschließender Flanke von Beckenbauer zu Müller, der jedoch voll mit Torhüter Pantelic zusammenstieß. Verletzt mußte der Münchener Torjäger vom Platz geführt werden. Damit war der deutschen Mannschaft die Gefährlichkeit genommen.

90. Minute: Gegen die schwache deutsche Elf hatten die Jugoslawen verdient mit 1:0 gewonnen. Unverständlich blieb, warum Helmut Schön die deutsche Mannschaft über eine Stunde lang defensiv spielen ließ, obwohl ihr dieses Spiel überhaupt nicht lag.

1967/68

Bilanz 1967/68
9 Spiele: 5 Siege, 3 Unentschieden, 1 Niederlage, 15:6 Tore
Zuschauer: 448.000
In 9 Spielen wurden 31 Spieler eingesetzt, davon waren 10 Spieler Neulinge.

Die Spieler der Saison:

Wolfgang Weber	8	Spiele
Johannes Löhr	7	"
Wolfgang Overath	7	"
Willi Schulz	6	"
Horst-Dieter Höttges	6	"
Franz Beckenbauer	6	"
Horst Wolter	6	"
Hans-Hubert Vogts	6	"
Klaus Fichtel	5	"
Bernd Patzke	4	"
Uwe Seeler	4	"
Günter Netzer	4	"
Hans Siemensmeyer	3	"
Josef Maier	3	"
Siegfried Held	3	"
Horst Köppel	3	"
Georg Volkert	3	"
Gerhard Müller	2	"
Reinhard Libuda	2	"
Herbert Laumen	2	"
Willi Neuberger	2	"
Max Lorenz	2	"
Ludwig Müller	2	"
Bernd Dörfel	2	"
Franz Roth	1	Spiel
Hans Küppers	1	"
Peter Meyer	1	"
Erich Maas	1	"
Hartmut Heidemann	1	"
Günter Bernard	1	"
Joachim Bäse	1	"

Die Tore der Saison:

Hans Siemensmeyer	2	Tore
Gerhard Müller	2	"
Georg Volkert	2	"
Wolfgang Overath	2	"
Reinhard Libuda	1	Tor
Uwe Seeler	1	"
Johannes Löhr	1	"
Herbert Laumen	1	"
Franz Beckenbauer	1	"
Siegfried Held	1	"
Bernd Dörfel	1	"

Mannschaftsführer waren:

Uwe Seeler	4	mal
Wolfgang Overath	3	"
Willi Schulz	2	"

1 Platzverweis für den Gegner,
für Peri (Frankreich)

Rangliste der besten Nationalspieler des Jahres
1. Franz Beckenbauer (Bayern München)
2. Willi Schulz (Hamburger SV)
   Wolfgang Weber (1.FC Köln)
   Berti Vogts (Borussia Mönchengladbach)
5. Wolfgang Overath (1.FC Köln)
   Horst-Dieter Höttges (Werder Bremen)
7. Günther Netzer (Borussia Mönchengladbach)
8. Hannes Löhr (1.FC Köln)
9. Sepp Maier (Bayern München)
   Hans Siemensmeyer (Hannover 96)

Vorbericht zum 323. Länderspiel: Gegen Jugoslawien hatte sich Gerd Müller den Arm gebrochen. Für diesen unersetzlichen Torjäger wurde die berühmt gewordene Ledermanschette erfunden, um nicht auf die Dienste des Mittestürmers verzichten zu müssen. Im ersten Länderspiel der Saison war der Münchener allerdings noch nicht von Anfang an dabei. Uwe Seeler kehrte als Mittelstürmer zurück und auch Höttges und Weber waren wieder dabei.

Tor: Maier, Wolter
Abwehr: Vogts, Patzke, W.Schulz, Weber, Fichtel, Höttges
Mittelfeld: Beckebauer, Overath, Siemensmeyer
Angriff: Libuda, Uwe Seeler, Gerd Müller, Löhr, Görts

Siemensmeyer (Hannover 96) und Görts (Werder Bremen) standen als Neulinge im Aufgebot. Siemensmeyer absolvierte in Berlin sein erstes von 3 Länderspielen, während Görts nie Nationalspieler wurde.

27.9.1967 in Berlin

BR Deutschland - Frankreich 5:1 (1:0)

SR: Monti (Italien), Zuschauer: 80.000

BRD: Maier -6 (Bayern München); Patzke -7 (1860 München), W.Schulz -44 (HSV), Weber -23 (1.FC Köln), Höttges -24 (Werder Bremen); Beckenbauer -19 (Bayern München), ab 67. Gerd Müller (Bayern München), Siemensmeyer -1 (Hannover 96), Overath -29 (1.FC Köln); Libuda -8 (BVB), Uwe Seeler -56 (HSV), Löhr -5 (1.FC Köln). Mannschaftskapitän: Uwe Seeler

Frankreich: Aubour; Djorkaeff, Quittet, Bosquier, Baeza; Gress, Péri, Simon (ab 69. Robin); Gondet, Di Nallo, Loubet

Tore: 1:0 Libuda (28.), 2:0 Siemensmeyer (47.), 3:0 Siemensmeyer (58.), 4:0 Müller (74.), 5:0 Overath (75.), 5:1 Bosquier (83.)

Beste Spieler: Overath, Siemensmeyer, Weber, Libuda, Bekkenbauer - Bosquier, Di Nallo

Bericht: Mit zwei echten Flügelstürmern, Libuda und Löhr, begann die deutsche Mannschaft gleich druckvoll gegen die Franzosen.

6. Minute: Dennoch ging die erste Gefahr von den Franzosen aus, als Di Nallo einen Konter mit einem Schuß knapp neben das Tor von Maier abschloß.

27. Minute: So langsam hatte sich die deutsche Abwehr auf die schnellen Konter der Franzosen eingestellt und jetzt kam auch der Angriff besser ins Spiel. Nach einer Löhr-Flanke schoß Uwe Seeler fallend nur knapp neben das Tor. 28. Minute: Erneut ein guter Angriff der deutschen Elf. Seeler köpfte den Ball zu Libuda, der im Stil von Helmut Rahn in den Strafraum eindrang und unhaltbar zum 1:0 einschoß. Solch einen Rechtsaußen hatte Helmut Schön - und vor ihm schon Sepp Herberger - jahrelang gesucht. 32. Minute: Bei einem Foul an Siemensmeyer blieb der Elfmeterpfiff von Schiedsrichter Monti aus.

43. Minute: Nach einem schweren Foul an Beckenbauer wurde Péri kurz vor der Halbzeit vom Platz gestellt. Zwar hatte sich die deutsche Mannschaft den 1:0-Pausenvorsprung verdient, aber erst die letzten 20 Minuten der ersten Halbzeit hatte sie auch gut gespielt.

47. Minute: Eine herrliche Kombination zwischen Beckenbauer, Seeler und Siemensmeyer führte schon kurz nach der Halbzeit zum 2:0. Der Neuling aus Hannover hatte den schönen Steilpaß von Uwe Seeler flach und unhaltbar ins Netz geschossen. 58. Minute: Wieder war es Siemensmeyer, der von drei Gegenspielern gestört wurde, aber geschickt den Ball über ihre Köpfe hinweg und auch über den verdutzten Aubour zum 3:0 ins Netz hob. Gegen die dezimierten Franzosen war das bereits die vorzeitige Entscheidung. Im Gefühl des sicheren Sieges spielte die deutsche Mannschaft jetzt glänzend auf.

74. Minute: Torjäger Gerd Müller war noch keine 10 Minuten im Spiel, da zeigte er erneut seine Qualitäten. Mit einem tollen Antritt verschaffte er sich den nötigen Raum und schoß dann unhaltbar zum 4:0 ein. 75. Minute: Schon der nächste Angriff der deutschen Mannschaft brachte das 5:0. Ein raffiniert angeschnittener und trotzdem hart geschossener Freistoß von Overath war für den französischen Torhüter nicht zu halten.

83. Minute: Nach der klaren Führung wurde die deutsche Abwehr etwas leichtsinnig und gestattete den Franzosen bei ihrem letzten Gegenangriff den Ehrentreffer durch Bosquier. 90. Minute: Insgesamt hatte die deutsche Mannschaft nach anfänglichen Schwierigkeiten endlich wieder ein begeisterndes Angriffsspiel gezeigt.

❖

Vorbericht zum 324. Länderspiel: Nach der gelungenen Generalprobe gegen Frankreich stand das vorentscheidende Europameisterschaftsqualifikationsspiel gegen Jugoslawien an. Nur ein Sieg für die deutsche Mannschaft konnte ein vorzeitiges Scheitern verhindern. Der D.F.B. meldete der UEFA 10 Tage vor dem Spiel sein 22-köpfiges Aufgebot.

Tor: Sepp Maier (Bayern München), Horst Wolter (Eintracht Braunschweig), Günter Bernard (Werder Bremen)

Abwehr: Bernd Patzke (1860 München), Hartmut Heidemann (MSV Duisburg), Willi Schulz (Hamburger SV), Wolfgang Weber (1.FC Köln), Klaus Fichtel (Schalke 04), Horst-Dieter Höttges (Werder Bremen), Berti Vogts (Borussia Mönchengladbach)

Mittelfeld: Hans Siemensmeyer (Hannover 96), Franz Roth (Bayern München), Franz Beckenbauer (Bayern München), Wolfgang Overath (1.FC Köln), Günther Netzer (Borussia Mönchengladbach)

Angriff: Reinhold Libuda (Borussia Dortmund), Horst Köppel (VfB Stuttgart), Uwe Seeler (Hamburger SV), Gerd Müller (Bayern München), Walter Rodekamp (Hannover 96), Hannes Löhr (1.FC Köln), Werner Görts (Werder Bremen)

Eine Woche vor dem Spiel wurden Bernard, Heidemann, Netzer, Köppel, Görts und Rodekamp gestrichen. Die anderen wurden nach Malente zum Lehrgang eingeladen. Einziger Neuling war noch Roth. Und „Bulle" Roth kam überraschend zum Einsatz, als sich Beckenbauer kurz vor dem Spiel verletzte.

7.10.1967 in Hamburg (EM-Qualifikation)
BR Deutschland - Jugoslawien 3:1 (1:0)

SR: Lo Bello (Italien), Zuschauer: 71.000
BRD: Maier -7 (Bayern München); Patzke -8 (München 1860), W.Schulz -45 (HSV), Weber -24 (1.FC Köln), Höttges -25 (Werder Bremen); Roth -1 (Bayern München), Siemensmeyer -2 (Hannover 96), Overath -30 (1.FC Köln); Uwe Seeler -57 (HSV), G.Müller -5 (Bayern München), Löhr -6 (1.FC Köln). Mannschaftskapitän: Uwe Seeler

Jugoslawien: Pantelic; Fazlagic, Rasovic, Holcer, Brncic; Becejac, Osim, Nesticki; Zambata, Skoblar, Dzajic

Tore: 1:0 Löhr (11.), 1:1 Zambata (46.), 2:1 Müller (71.), 3:1 Seeler (87.)

Beste Spieler: Höttges, W.Schulz, Löhr - Skoblar, Dzajic, Osim

Bericht: Ein dramatischer Auftakt im Volksparkstadion, als nach 30 Sekunden der linke jugoslawische Verteidiger für seinen bereits geschlagenen Torhüter einen Schuß von Uwe Seeler auf der Linie abwehren mußte.

5. Minute: Die Jugoslawen versteckten sich keineswegs, sondern versuchten auch ihrerseits zu Toren zu kommen. Becejac köpfte eine Flanke von links knapp über das deutsche Tor. 11. Minute: Die deutsche Mannschaft stürmte und war überlegen. Nach Doppelpaßspiel mit Müller zog Löhr mit links ab und der angeschnittene Ball landete zum 1:0 im Netz.

25. Minute: Nur vorübergehend konnten die Jugoslawen das deutsche Tor bedrohen. Dann hatte sich die Abwehr wieder gefangen und war Herr der Lage.

46. Minute: Mit einer kalten Dusche für die deutsche Elf begann die zweite Halbzeit. Direkt vom Anstoß weg setzte sich Linksaußen Dzajic an der Außenlinie durch, flankte scharf herein, Maier konnte den Ball nur abklatschen und Zambata war zur Stelle, um zum 1:1 einzuschießen. 48. Minute: Die deutsche Mannschaft mußte jetzt kommen, und kam auch. Bei einem Müller-Kopfball konnte Torhüter Pantelic noch soeben den Ball um den Pfosten herumlenken. 50. Minute: Wieder war Pantelic um Sekunden vor Gerd Müller am Ball. Und 60 Sekunden später konnte sich der jugoslawische Torhüter erneut durch rechtzeitiges Herauslaufen auszeichnen. Er hatte Uwe Seeler so sehr den Winkel verkürzt, daß es kein Durchkommen mehr gab. Und die vorläufig letzte Chance war ein Freistoß von Siemensmeyer, der nur haarscharf am Pfosten vorbeisauste.

71. Minute: Inzwischen hatten sich die Jugoslawen freigespielt, als die deutsche Mannschaft zu einem Konter ansetzte. Roth wurde gefoult, und den Freistoß zirkelte Patzke in die Mitte, wo Gerd Müller mit einem tollen Flugkopfball das 2:1 für die deutsche Mannschaft erzielte. 78. Minute: Eigentlich fiel hier schon die Vorentscheidung, als Pantelic einen tollen Overath-Schuß abklatschte und Müller zur Stelle war und den Ball ins Tor schob. Aus völlig unverständlichen Gründen gab Schiedsrichter Lo Bello das Tor wegen Abseits nicht. Da der Ball vom Gegner gekommen war, konnte es überhaupt kein Abseits sein.

86. Minute: Die endgültige Entscheidung war Uwe Seeler vorbehalten, als er nach Doppelpaß mit Löhr dessen wunderbare Flanke unhaltbar mit dem Kopf verwandelte. Nach schwerem Kampf und nur streckenweise gutem Spiel gewann die deutsche Mannschaft mit 3:1 und hatte jetzt alle Chancen, das Viertelfinale der Europameisterschaft zu erreichen.

❖

Vorbericht zum 325. Länderspiel: Während Jugoslawien gegen Albanien mit 4:0 gewann und damit nur noch Chancen auf den Gruppensieg hatte, wenn die deutsche Mannschaft im letzten Spiel in Albanien nicht gewinnen würde, berief Helmut Schön sein Aufgebot für das Länderspiel in Bukarest gegen Rumänien.

Tor: Maier, Wolter

Abwehr: Vogts, Heidemann, W.Schulz, Weber, Fichtel, Bäse, Höttges, Patzke

Mittelfeld: Beckenbauer, Overath, Netzer, Siemensmeyer

Angriff: Libuda, Heiß, Ulsaß, Uwe Seeler, Gerd Müller, Löhr

Mit Bäse (Eintracht Braunschweig) hatte das Aufgebot einen Neuling, der später auch Nationalspieler wurde. Helmut Schön trat mit der stärksten zur Verfügung stehenden Elf an. Also wieder mit Beckenbauer, aber ohne den verletzten Gerd Müller. Außerdem stand Horst Wolter statt Sepp Maier im Tor, weil der Braunschweiger als Nr. 2 Erfahrung sammeln sollte.

22.11.1967 in Bukarest
Rumänien - BR Deutschland 1:0 (0:0)

SR: Mayer (Österreich), Zuschauer: 43.000
Rumänien: Haidu; Satmareanu, Nicolae, Dan Coe, Mocanu; Ghergely, Koszka; Pircalab, Dobrin (ab 5. Constantin), Ionescu, Kallo

BRD: Wolter -2 (Eintr. Braunschweig); Patzke -9 (München 1860), Weber -25 (1.FC Köln), W.Schulz -46 (HSV), Vogts -2 (Bor. Mönchengladb.); Beckenbauer -20 (Bayern München), Siemensmeyer -3 (Hannover 96), Overath -31 (1.FC Köln); Libuda -9 (BVB), Uwe Seeler -58 (HSV), Löhr -7 (1.FC Köln). Mannschaftskapitän: Uwe Seeler

Tor: 1:0 Ghergely (83.)

Beste Spieler: Ionescu, Ghergely, Dan Coe, Pircalab - Weber

Bericht: Die deutsche Mannschaft tat sich in Bukarest von Anfang an sehr schwer gegen die konsequent deckenden Rumänen.

45. Minute: Zur Halbzeit konnte die deutsche Mannschaft froh sein, daß die Rumänen schlecht zielten.

47. Minute: Die Rumänen zeigten gleich zu Anfang der zweiten Halbzeit, daß sie das Tempo noch erhöhen konnten. Ihr bester Mann, Ionescu, schoß knapp am Tor vorbei. 53. Minute: Endlich ein vielversprechender Schuß von Löhr, den Rumäniens Torhüter gerade noch zur Ecke abwehren konnte, die jedoch nichts einbrachte.

69. Minute: Nach gut einer Stunde Spielzeit verstärkte sich der Druck der Rumänen auf das deutsche Tor. Wolter hatte immer wieder Glück, daß es den Rumänen an Treffsicherheit fehlte. 75. Minute: Noch einmal hatte die deutsche Mannschaft riesiges Glück, als ein herrlicher Kopfball von Ionescu an den Querbalken ging. 83. Minute: Nach langem, deutlich überlegenem Spiel der Rumänen schoß Ghergely das längst verdiente 1:0. Wolter hatte einen Freistoß an die Latte gelenkt und der rumänische Mittelfeldstar war zur Stelle, um den Ball über die Linie zu drücken.

90. Minute: Nach einem miserablen Spiel der deutschen Mannschaft, in dem sie nie zu einer Linie fand, gewannen die Rumänen hoch verdient mit 1:0.

❖

Vorbericht zum 326. Länderspiel: Nach der schwachen Vorstellung der deutschen Elf in Bukarest hatte es Helmut Schön nicht leicht, die richtige Elf für Tirana zu finden. Daß er bei der Auswahl der Mannschaft für das letzte und entscheidende EM-Qualifikationsspiel den schwersten Fehler seiner Trainerkarriere machte, weil er auf die formschwachen Münchener Maier, Beckenbauer und Gerd Müller sowie auf Uwe Seeler verzichtete, konnte bei der Auswahl noch keiner ahnen.

Tor: Wolter, Manglitz
Abwehr: Patzke, Vogts, W.Schulz, Weber, Fichtel, Höttges
Mittelfeld: Küppers, Netzer, Overath
Angriff: Libuda, Meyer, Held, Löhr, Volkert

Mit Volkert (1.FC Nünrberg) und Peter Meyer (Bor. Mönchengladbach) waren 2 Neulinge im Aufgebot, von denen Meyer schon gegen Albanien, Volkert erst später Nationalspieler wurde. Daß Helmut Schön eine gute Mannschaft hatte, stand außer Frage, und auch die Nominierung von Peter Meyer in den Angriff war gerechtfertigt. Der Gladbacher Torjäger hatte in der laufenden Bundesligasaison 19 Tore in 17 Spielen geschossen und war ein typischer Brecher, wie man ihn gegen das Abwehrbollwerk der Albaner brauchte. Deshalb aber auf ein Genie wie Beckenbauer und Abstauber Gerd Müller zu verzichten, war unverständlich und wurde später sicherlich auch von Helmut Schön bereut. Ein Sieg, egal wie knapp, war alles, was der große Favorit Deutschland bei dem Fußballzwerg Albanien benötigte.

17.12.1967 in Tirana (EM-Qualifikation)

Albanien - Deutschland 0:0

SR: Marschall (Österreich), Zuschauer: 28.000
Albanien: Dinega; Ginali, Jorgagi, Vaso, Ragami; Shlaku, Pano; Mema, Zhega, Kazanzhi, Bizi
BRD: Wolter -3 (Eintr. Braunschweig); Patzke -10 (München 1860), W.Schulz -47 (HSV), Weber -26 (1.FC Köln), Höttges -26 (Werder Bremen); Overath -32 (1.FC Köln), Netzer -6 (Bor. Mönchengladb.); Held -14 (BVB), Küppers -7 (München 1860), Meyer -1 (Bor. Mönchengladbach), Löhr -8 (1.FC Köln). Mannschaftskapitän: W.Schulz
Beste Spieler: Dinega, Ginali, Mema - W.Schulz, Netzer, P.Meyer
Bericht: Eigentlich war dieses Spiel gegen Albanien für alle nur eine Formsache. Niemand zweifelte ernsthaft an einem Sieg der deutschen Mannschaft, auch Helmut Schön nicht, obwohl er ständig beteuerte, daß dieses Spiel noch nicht gewonnen sei. Vom Anpfiff an war die deutsche Mannschaft dann auch klar überlegen, hatte jedoch enorme Schwierigkeiten mit dem holprigen Boden.

25. Minute: Nach einem gezirkelten Freistoß von Overath vergab Löhr freistehend vor dem albanischen Gehäuse. 30. Minute: Peter Meyer, der unzufrieden mit den schlechten Vorlagen war, holte sich den Ball am eigenen Strafraum und setzte zu einem einzigen Sturmlauf an. Mit einem herrlichen Schuß hätte er fast Torhüter Dinega überwunden.

46. Minute: Da nicht ausgewechselt werde durfte, kamen die Albaner nach dem Seitenwechsel nur noch mit 10 Spielern wieder, weil sich Verteidiger Vaso in der 40. Minute bei einem Zusammenprall verletzt hatte. Alles erwartete jetzt die große deutsche Offensive gegen 10 Albaner.

51. Minute: Inzwischen war Vaso humpelnd wieder ins Spiel gekommen, konnte aber nur noch als Statist mitwirken. Die erste Torgelegenheit der zweiten Halbzeit vergab Höttges, der eine Flanke von Held bekam, aber sein Schuß zischte knapp am Tor vorbei.

87. Minute: Endlich kam der längst überfällige erste Steilpaß für den schnellen Meyer, aber Albaniens Torhüter war um Sekunden schneller und warf sich dem Deutschen vor die Füße.

90. Minute: Die Sensation von Tirana war perfekt. Mit dem 0:0 war die deutsche Mannschaft bei ihrer ersten Teilnahme an der Europameisterschaft bereits in der Qualifikation ausgeschieden. Trotz klarer Überlegenheit hatte sie es nie verstanden, die stabile albanische Abwehr auseinanderzureißen.

❖

Vorbericht zum 327. Länderspiel: Das Scheitern in der EM-Qualifikation war ein schwerer Schock für den deutschen Fußball. Es war das erste und vorläufig letzte Mal, daß die deutsche Nationalmannschaft eine Qualifikation nicht überstand. So oft in der Zeit nach dem 0:0 in Tirana noch über dieses Spiel diskutiert wurde, zwei Dinge wurden immer übersehen: Erstens war die Zeit der Drittklassigkeit bei den „Kleinen", zumindest vor heimischem Publikum, vorbei. Das 0:0 war zweifellos kein schlechtes Ergebnis gegen diese starken Albaner, es reichte nur nicht, um Gruppensieger zu werden. Zweitens wurden zwar im Spiel selbst viele Fehler von der deutschen Elf gemacht, aber der Hauptfehler passierte schon vorher, als Helmut Schön glaubte auf Maier, Bekkenbauer, Müller und Seeler verzichten zu können.

Durch das Ausscheiden in der Europameisterschaft begann mit dem ersten Länderspiel des Jahres 1968 bereits die Vorbereitung für die WM 1970 in Mexiko. Mit Österreich, Schottland und Zypern hatte die deutsche Mannschaft ein schweres Los gezogen. Nur eines der vier Länder konnte sich qualifizieren.

Als Vorbereitung auf das Länderspiel gegen Belgien berief Helmut Schön seine Kandidaten nach Essen, um zwei Auswahlmannschaften gegen Rot-Weiß Essen und Schwarz-Weiß Essen spielen zu lassen.

24.1.1968 in Essen
Rot-Weiß Essen - D.F.B.-Auswahl A 2:5 (2:2)
SR: Weyland (Oberhausen), Zuschauer:
RWE: Ross (ab 46. Bockholt); Fetting; Steinig, Glinka, Stauvermann, Kik; Dörre, Weinberg; Littek (ab 68. Neisen), Pröpper, Lippens
D.F.B.: Wolter (ab 46. Maier); Leupold, Höttges (ab 28. Neuberger), Bäse, Vogts; Beckenbauer, Weber (ab 23. Roth); Görts, G.Müller, Löhr, Volkert
Tore: 0:1 Löhr (4.), 0:2 Görts, 1:2 Dörre (32.), 2:2 Pröpper (44.), 2:3 Beckenbauer (46.), 2:4 Löhr (81.), 2:5 Löhr (89.)

Schwarz-Weiß Essen - D.F.B.-Auswahl B 0:5 (0:3)
SR: Hillebrandt (Essen), Zuschauer: 22.000
SWE: Müller (ab 46. Merchel); Stoffmehl, Kracht (ab 46. Nieswandt), Hülsmann, G.Leufgen; Bredenfeld, Ressemann (ab 46. Kasperski); K.Leufgen (ab 58. Klee); Walitza (ab 58. Klein), Bauerkämper, Semelka (ab 58. Kohl)

D.F.B.: Manglitz; Heidemann, Kurrat, Bella, Schämer (ab 46. Assauer); Netzer, Siemensmeyer; Wimmer, Laumen (ab 46. Heynckes), Ulsaß (ab 46. Dietrich), Maas
Tore: 0:1 Laumen (11.), 0:2 Maas (15.), 0:3 Netzer (40.), 0:4 Maas (77.), 0:5 Netzer (78.)

Die Proben verliefen nicht nur positiv, trotz der klaren Ergebnisse. Auswahl A hatte mit RWE größte Mühe, und Auswahl B hatte nur einem überragenden Günther Netzer den deutlichen Sieg zu verdanken.

Erwartungsgemäß tauchte Netzer nach seiner Galavorstellung in Essen und hervorragenden Leistungen in der Bundesliga wieder im Aufgebot der Nationalmannschaft auf. Dagegen fehlte der Pechvogel der Saison, Peter Meyer. Zuerst der tolle Saisonstart mit 19 Toren, dann das Pech von Tirana und schließlich erlitt der sympathische Torjäger einen schweren Beinbruch, der das Ende seiner Karriere bedeutete.

Tor: Maier, Wolter
Abwehr: Vogts, Heidemann, W.Schulz, Weber, Fichtel, Höttges
Mittelfeld: Beckenbauer, Netzer, Neuberger
Angriff: Köppel, Laumen, Löhr, Volkert, Maas

Gleich 5 Neulinge hatte Helmut Schön in seinem Aufgebot. Köppel, Laumen, Volkert und Maas kamen bereits gegen Belgien zu ihrem ersten Länderspiel, Neuberger (BVB) folgte später. Diesmal, bei einem Freundschaftsspiel, verzichtete der Bundestrainer im Angriff auf die erfahrenen Spieler, um einigen Talenten eine Chance zu geben.

6.3.1968 in Brüssel

Belgien - BR Deutschland 1:3 (0:3)

SR: Scheurer (Schweiz), Zuschauer: 10.000
Belgien: Boone; Heylens, Stassart (ab 46. Hanon), Plaskie, Cornelis; Van Moer, Dewalque; Thio, Devrindt, van Himst, Puis
BRD: Maier -8 (Bayern München); Vogts -3 (Bor. Mönchengladb.), W.Schulz -48 (HSV), Fichtel -4 (Schalke 04), Höttges -27 (Werder Bremen); Beckenbauer -21 (Bayern München), Netzer -7 (Bor. Mönchengladb.); Köppel -1 (VfB Stuttg.), Laumen -1 (Bor. Mönchengladb.), Löhr -9 (1.FC Köln), Volkert -1 (1.FC Nürnberg), ab 78. Maas -1 (Eintr. Braunschweig). Mannschaftskapitän: W.Schulz
Tore: 0:1, 0:2 Volkert (3., 21.), 0:3 Laumen (24.), 1:3 Devrindt (79.)
Beste Spieler: van Moer, van Himst - Netzer, Maier, Volkert, Laumen, Köppel
Bericht: Nach gutem Start erwischte die Belgier schon bald der erste deutsche Konter. 3. Minute: Als Köppel nach einem tollen Solo nur durch ein Foul gebremst werden konnte und er den Freistoß maßgerecht zu Volkert zirkelte, war es passiert. Der Nürnberger Neuling legte sich den Ball nur ganz kurz vor und schoß dann hart und plaziert aus 12 Meter Entfernung zum 1:0 in die lange Ecke.

21. Minute: Auch nach dem deutschen Führungstreffer bestimmten die Belgier klar das Spiel. Ihre Angriffe blieben jedoch immer wieder an der guten deutschen Deckung hängen. So war die deutsche Mannschaft mit ihren Kontern wesentlich gefährlicher. Vor allem Netzer zeichnete sich aus, indem er den Ball immer dann hielt, wenn Ruhe einkehren mußte, aber sonst mit herrlichen Steilpässen die Stürmer einsetzte. Ein solcher Steilpaß war es auch, der zum 2:0 führte, als er seinen Vereinskameraden Laumen auf die Reise schickte und dieser mit einer glänzenden Übersicht zu Volkert verlängerte. Der Nürnberger Linksaußen nahm erneut seine Chance eiskalt wahr. 24. Minute: Wie geschickt Netzer spielte, bewies auch der dritte Treffer, bei dem er Volkert mit einem Steilpaß einsetzte, der sofort in die Mitte flankte, wo Laumen seinen Torinstinkt bewies und zum 3:0 einschoß.

43. Minute: Kurz vor der Halbzeit hatten die Belgier sogar noch einmal riesiges Glück, als erneut ein Konterangriff über Netzer die belgische Abwehr auseinanderriß. Der knallharte Schuß von Löhr prallte aber leider am Pfosten ab. 45. Minute: Dank des taktisch klugen Spiels der deutschen Mannschaft war die Halbzeitführung nicht unverdient. Sie war allerdings auch der guten Leistung der deutschen Abwehr und den zwei, drei Glanzparaden von Sepp Maier zu verdanken.

60. Minute: Nach dem Seitenwechsel war es eine Freude der deutschen Mannschaft zuzusehen. Nun spielte sie nicht mehr das Konterspiel der ersten Halbzeit, sondern gestaltete ihrerseits das Spiel. Immer wieder wurde die belgische Abwehr durch traumhaft schöne Kombinationen ausgespielt, so daß sich weitere Torchancen ergaben, die jedoch nicht genutzt werden konnten. 63. Minute: Die größte Chance der zweiten Halbzeit vergab Löhr, weil er zu überhastet schoß. Dann übernahmen die Belgier wieder die Initiative. Nur durch ein rechtzeitiges Herauslaufen konnte Maier eine sehr gute Torgelegenheit der Belgier zunichte machen. 79. Minute: Den schon längst verdienten Ehrentreffer für die Belgier erzielte Devrindt nach einem klugen Paß in den freien Raum von Spielmacher van Himst.

90. Minute: Auch der junge überzeugende Köppel am rechten Flügel hätte sogar noch ein Tor schießen können, vergab aber auch zu überhastet. So gewann die deutsche Mannschaft nach einem taktisch klugen Spiel und einer spielerischen Klasseleistung verdient mit 3:1 Toren.

❖

Vorbericht zum 328. Länderspiel: Nach der überzeugenden Leistung in Brüssel berief Helmut Schön die erfolgreiche Elf auch in sein vorläufiges Aufgebot für das Länderspiel in Basel gegen die Schweiz.

Tor: Maier, Wolter
Abwehr: Vogts, Heidemann, W.Schulz, Weber, Fichtel, Höttges
Mittelfeld: Beckenbauer, Netzer, Overath, Neuberger
Angriff: Köppel, Gerwien, Laumen, Uwe Seeler, Gerd Müller, Bründl, Löhr, Volkert

Aus diesem Aufgebot wurden mit Höttges, Overath und Gerd Müller 3 ganz prominente Stars sowie der einzige Neuling, Bründl (1860), gestrichen.

17.4.1968 in Basel

Schweiz - BR Deutschland 0:0

SR: d'Agostini (Italien), Zuschauer: 55.000
Schweiz: Grob; Pfirter, Tacchella, Michaud, Ramseier; Odermatt, Kuhn, Fuhrer; Künzli, Blättler, Quentin
BRD: Wolter -4 (Eintr. Braunschweig); Heidemann -3 (MSV Duisburg), W.Schulz -49 (HSV), Weber -27 (1.FC Köln), Vogts -4 (Bor. Mönchengladbach); Beckenbauer -22 (Bayern München), Netzer -8 (Bor. Mönchengladbach); Köppel -2 (VfB Stuttg.), Uwe Seeler -59 (HSV), Löhr -10 (1.FC Köln), Volkert -2 (1.FC Nürnberg). Mannschaftskapitän: Uwe Seeler
Beste Spieler: Grob, Odermatt, Quentin - Beckenbauer, Vogts, Löhr, Weber, W.Schulz
Bericht: Beide Mannschaften wirkten bereits in den ersten Minuten sehr nervös und brachten keine Linie in ihr Spiel. Zum erstenmal mußte Wolter nach einem scharfen Schuß von Odermatt in der 8. Minute mit einer Glanzparade halten. 11. Minute: Selbst in der deutschen Abwehr stimmte etwas nicht, denn immer wieder kamen die Schweizer zu guten Schußpositionen. Viel Glück hatte Wolter, als ein Quentin-Schuß an den Innenpfosten prallte, aber ins Feld zurücksprang.

46. Minute: Zur zweiten Halbzeit starteten die Schweizer stark. Ein gefährlicher Schuß Odermatts landete am Pfosten. 60. Minute: Eine gute Chance für Volkert wurde durch ein Foul, dicht an der Strafraumgrenze, verhindert. Erst nach einigen Minuten konnte der Nürnberger Linksaußen weiterspielen.

63. Minute: Nach glänzendem Doppelpaß zwischen Netzer und Beckenbauer schoß der Mönchengladbacher nur knapp am

Tor vorbei. Drei Minuten später hatte die deutsche Mannschaft durch Löhr eine weitere gute Torchance, aber es fehlte der krönende Abschluß. 77. Minute: Viel Glück für die Schweizer, als Michaud Weber im Strafraum foulte, aber Schiedsrichter d'Agostini weiterspielen ließ.

88. Minute: Die letzte Torchance des Spiels hatte die deutsche Mannschaft, als Köppel nach einer Ecke von Netzer nur den Pfosten traf. Insgesamt entsprach das Unentschieden aber dem Spielverlauf. Erschreckend war wieder einmal, daß der deutsche Sturm völlig versagte.

❖

Vorbericht zum 329. Länderspiel: Eine weitere schwere Aufgabe wartete in Cardiff auf die deutsche Mannschaft. Dennoch wollte Helmut Schön verständlicherweise Neulingen eine Chance geben und Varianten erproben. Er verzichtete deshalb auf die im Europapokal stark beanspruchten Münchener und Hamburger.
Tor: Wolter, Bernard
Verteidiger: Vogts, Heidemann, Bäse, Fichtel, Weber, Höttges
Mittelfeld: Netzer, Overath, Neuberger
Angriff: Köppel, Gerwien, Laumen, Held, Löhr

8.5.1968 in Cardiff

Wales - BR Deutschland 1:1 (1:1)

SR: Lindberg (Schweden), Zuschauer: 8.000
Wales: Millington; Thomas, Powell, England, Green; Hole, Durban; Rees, Wyn Davies, Ron Davies, Jones
BRD: Wolter -5 (Eintr. Braunschw.), ab 25. Bernard -5 (Werder Bremen); Vogts -5 (Bor. Mönchengladb.), Fichtel -5 (Schalke 04), Bäse -1 (Eintr. Braunschw.), Höttges -28 (Werder Bremen); Neuberger -1 (BVB), Weber -28, Overath -33 (beide 1.FC Köln), ab 50. Netzer -9 (Bor. Mönchengladb.); Laumen -2 (Bor. Mönchengladb.), Held -15 (BVB), Köppel -3 (VfB Stuttg.). Mannschaftskapitän: Overath
Tore: 0:1 Overath (11.), 1:1 Ron Davies (26.)
Beste Spieler: England, R.Davies, W.Davies - Höttges, Vogts
Bericht: Das Spiel begann müde und schleppte sich 10 Minuten lang so dahin. 11. Minute: Der erste gute Angriff der deutschen Mannschaft führte auch gleich zur 1:0 Führung. Weber und Laumen leisteten die Vorarbeit und Overath, der erstmals Kapitän war, spielte sich schön an zwei Gegenspielern vorbei und schoß unhaltbar ins Netz. 16. Minute: Gleich zweimal innerhalb einer Minute mußte Wolter eingreifen, als er zuerst eine Ecke von Rees abwehrte und kurz darauf einen Kopfball von Durban.

24. Minute: Bei einem riskanten Einsatz hatte Wolter sich und Vogts verletzt. Während Vogts weiterspielen konnte, mußte Wolter dem Bremer Bernard Platz machen. 26. Minute: Als Rees in den deutschen Strafraum flankte und Ron Davies höher als Vogts sprang, war es passiert. Der plazierte Kopfball landete unhaltbar für Torhüter Bernard zum 1:1-Ausgleich im Netz.

50. Minute: Nach dem Seitenwechsel begannen die Waliser mit großem Druck. Die deutsche Abwehr stand jedoch sehr sicher. Nach einem schnellen Konter hatte Laumen keine 60 Sekunden später seine erste Torgelegenheit, aber der schöne Schuß zischte Zentimeter über das walisische Tor hinweg.

70. Minute: Auch durch die Hereinnahme von Netzer hatte sich nichts Wesentliches im Spiel der deutschen Mannschaft geändert. Die besseren Torgelegenheiten lagen nach wie vor bei den Walisern, aber Torhüter Bernard war immer auf dem Posten.

85. Minute: Je näher es dem Spielende entgegenging, umso stärker wurde die deutsche Mannschaft. Bei einem Köppel-Schuß hatte Torhüter Millington größte Mühe. 87. Minute: Der Höhepunkt der deutschen Offensive kam leider zu spät. Ein toller Vogts-Schuß konnte von Millington nur abgewehrt werden und prallte genau vor die Füße von Held, der den Nachschuß mit Vehemenz an die Latte donnerte. Obwohl die deutsche Mannschaft keine überragende Leistung gebracht hatte, war das Unentschieden bei der kampfstarken britischen Mannschaft ein Achtungserfolg.

❖

Vorbericht zum 330. Länderspiel: Nach Abschluß der Bundesligasaison gab es für die deutschen Zuschauer noch zwei Leckerbissen. Die deutsche Nationalmannschaft hatte die beiden Weltklassemannschaften zu Gast, gegen die sie noch nie gewonnen hatte. Das erste Spiel, gegen England, hatte zudem den Reiz, daß es die erste Begegnung der beiden Länder nach dem Londoner WM-Finale war. Während die Engländer noch 9 ihrer Weltmeister im Aufgebot hatten, standen im deutschen Team nur noch 5 Spieler, die Vizeweltmeister geworden waren.
Tor: Wolter, Maier
Abwehr: Vogts, W.Schulz, Weber, Fichtel, L.Müller, Lorenz
Mittelfeld: Beckenbauer, Overath, Netzer
Angriff: Köppel, B.Dörfel, Uwe Seeler, Löhr, Volkert
Der Nürnberger Ludwig Müller war einziger Neuling im deutschen Aufgebot und er kam auch zu seinem ersten Länderspiel.

1.6.1968 in Hannover

BR Deutschland - England 1:0 (0:0)

SR: van Ravens (Holland), Zuschauer: 80.000
BRD: Wolter -6 (Eintr. Braunschweig); Vogts -6 (Bor. Mönchengladb.), L.Müller -1 (1.FC Nürnberg), Fichtel -7 (Schalke 04), Lorenz -8 (Werder Bremen); Beckenbauer -23 (Bayern München), Weber -29, Overath -34 (beide 1.FC Köln); B.Dörfel -3 (HSV), Löhr -11 (1.FC Köln), Volkert -3 (1.FC Nürnberg). Mannschaftskapitän: Overath
England: Banks; Newton, Labone, Moore, West, Knowsles; Ball, Hurst, Hunter; Bell, Summerbee, Thompson
Tor: 1:0 Beckenbauer (82.)
Beste Spieler: Lorenz, Beckenbauer, L.Müller - Banks, Ball
Bericht: Obwohl die deutsche Mannschaft derzeit nicht in bester Form war, wurde das Länderspiel gegen den Weltmeister England mit Spannung erwartet. Von den ersten Minuten an war die deutsche Mannschaft überlegen.

13. Minute: Erst als sich Weber bei einem Einsatz gegen Labone verletzte, war die Drangperiode der deutschen Mannschaft vorbei. 29. Minute: Ein toller Sololauf von Bernd Dörfel, der knallhart mit dem linken Fuß nur knapp das englische Tor verfehlte, brachte wieder etwas mehr Schwung ins Spiel.

43. Minute: Zwar war die deutsche Mannschaft jetzt wieder überlegen, aber zunehmend unterbanden die englischen Abwehrspieler den Spielfluß durch Fouls. Erst ein herrlicher Beckenbauer-Schuß, der nur ganz knapp über die Latte zischte, brachte wieder Stimmung. Zur Halbzeit war das Spiel der beiden Endspielteilnehmer der letzten WM eine große Enttäuschung.

50. Minute: Mit einer Offensive der deutschen Mannschaft begann die zweite Halbzeit, aber erneut wurde jeder Angriff durch Fouls unterbunden. Schiedsrichter van Ravens versäumte es in dieser Phase, durch härteres Einschreiten weitere Fouls zu verhindern. 55. Minute: Bundesligatorschützenkönig Löhr vergab nach einer Mustervorlage von Overath kläglich die große Führungschance.

75. Minute: Eine Viertelstunde vor Schluß wurden die Sprechchöre „aufhören, aufhören" vom enttäuschten Publikum unüberhörbar. Ihr Unmut richtete sich vor allem gegen Franz Beckenbauer, der selbst leicht erreichbare Bälle nicht erlaufen wollte.

83. Minute: Ausgerechnet Beckenbauer war es dann, der mit einer Energieleistung zwei Engländer stehenließ und aus 18 Meter Entfernung flach und unhaltbar, von Labone noch leicht abgefälscht, zum alles entscheidenden 1:0 ins englische Tor schoß.

89. Minute: Endlich lief das Spiel der deutschen Mannschaft besser und die Engländer hatten in den letzten 8 Minuten keine Chance mehr, das Unentschieden zu erreichen. Im Gegenteil konnte Torhüter Banks nach einem Gewaltschuß von Volkert nur mit größter Mühe das 0:2 verhindern. Durch den historischen Treffer von Beckenbauer gewann die deutsche Mannschaft trotz schwachen Spiels verdient mit 1:0. Das war der erste Sieg in der langen Geschichte der Länderspiele gegen England.

❖

Vorbericht zum 331. Länderspiel: Trotz schwacher Leistung hatte die deutsche Nationalelf erstmals gegen England gewonnen, was eigentlich Auftrieb geben mußte. Helmut Schön stützte sich deshalb 15 Tage später gegen Brasilien auf den Stamm der Elf von Hannover. Das vorläufige Aufgebot:
Tor: Wolter, Rynio
Abwehr: Vogts, Heidemann, Weber, Fichtel, L.Müller, Lorenz, Höttges
Mittelfeld: Beckenbauer, Overath, Flohe
Angriff: B.Dörfel, Köppel, Held, Löhr, Neuberger, Volkert
Rynio (KSC) und Flohe (1.FC Köln) waren Neulinge im Aufgebot. Der Karlsruher wurde nie Nationalspieler und Flohe mußte noch einige Zeit bis zu seiner ersten Berufung warten.

16.6.1968 in Stuttgart
BR Deutschland - Brasilien 2:1 (1:0)

SR: Lööw (Schweden), Zuschauer: 75.000
BRD: Wolter -7 (Eintr. Braunschw.); Vogts - 7 (Bor. Mönchengladb.), L.Müller -2 (1.FC Nürnberg), Fichtel -8 (Schalke 04), Lorenz -9 (Werder Bremen), ab 84. Höttges -29 (Werder Bremen); Beckenbauer -24 (Bayern München), Weber -30, Overath -35 (beide 1.FC Köln); B.Dörfel -4 (HSV), Held -16, Neuberger -2 (beide BVB). Mannschaftskapitän: Overath
Brasilien: Claudio; Carlos Alberto, Joel, Jurandir, Sadi (ab 37. Rildo); Denilson, Gerson; Paulo Borges, Jairzinho (ab 60. Cesar), Tostao, Edu
Tore: 1:0 Held (8.), 2:0 B.Dörfel (56.), 2:1 Tostao (57.)
Beste Spieler: Overath, Beckenbauer, Held, Vogts - Claudio, Carlos Alberto
Bericht: Die deutsche Mannschaft begann gegen den zweifachen Weltmeister schwungvoll. Aus 25 Meter Entfernung verfehlte Lorenz mit einem kapitalen Schuß in der 3. Minute nur knapp das brasilianische Tor.

8. Minute: Als Denilson einen Flankenball von Dörfel abwehrte, dann jedoch tendelte, war Held zur Stelle, angelte sich den Ball und schoß aus kurzer Entfernung zum 1:0 unter die Latte. 12. Minute: Das druckvolle Spiel der deutschen Mannschaft hielt unvermindert an. Nach einer Flanke von Held jagte Beckenbauer den Ball volley am linken Pfosten vorbei. 15. Minute: Die erste Chance für die Brasilianer, nach einer Ecke, konnte Wolter mit einer Glanzparade zunichte machen. Nach einer halben Stunde hatten die Brasilianer wieder Glück und Beckenbauer wieder Pech: Mit einem herrlichen, sehenswerten Flugkopfball traf der Münchener nur den Pfosten. Die Brasilianer standen weiterhin unter Dauerdruck. Verteidiger Sadi mußte in der nächsten Minute auf der Torlinie, nach einem schönen Schuß von Dörfel, für seinen bereits geschlagenen Torhüter retten. Und ein überraschender Alleingang von Verteidiger Vogts in der 37. Minute hätte fast zum Erfolg geführt.

44. Minute: Nur mit einer Glanzparade konnte Torhüter Claudio einen knallharten Schuß von Overath aus 25 Metern zur Ecke abwehren. Zur Halbzeit führte die deutsche Mannschaft gegen den zweifachen Weltmeister hoch verdient mit 1:0.

49. Minute: Auch zur zweiten Halbzeit beherrschte die deutsche Mannschaft sofort wieder das Spiel. Die Brasilianer hatten es erneut nur einer glänzenden Reaktion von Torhüter Claudio zu verdanken, daß nicht bereits frühzeitig das 2:0 fiel.

54. Minute: Überraschend hatten die Brasilianer dem schnellen deutschen Sturmspiel nichts entgegenzusetzen. Pechvogel Franz Beckenbauer jagte einen fantastischen Schuß nur knapp am Lattenkreuz vorbei. 56. Minute: Als Overath einen Paß von Held maßgerecht zu Dörfel verlängerte, war es passiert. Mit einem wunderschön geschlenzten Schuß drehte Dörfel den Ball unhaltbar in die lange Ecke zum 2:0 für die deutsche Mannschaft. In direktem Gegenzug flankte Edu den Ball hoch in den deutschen Strafraum. Weber unterschätzte die Flanke und so konnte Tostao zum 2:1 einköpfen.

69. Minute: Auch der Gegentreffer schockte die deutsche Mannschaft nicht. Sie spielte weiterhin einen schönen, schnellen Fußball.

88. Minute: Die letzte Chance des Spiels hatte Neuberger, der einen raffiniert angeschnittenen Overath-Freistoß knapp neben den Pfosten köpfte. Der erste Sieg über Brasilien war der deutschen Mannschaft nicht mehr zu nehmen. Vor allem hatte sie, im Gegensatz zum ersten Sieg über England, diesmal durch ein glanzvolles Spiel hochverdient mit 2:1 gewonnen.

❖

1968/69

Bilanz 1968/69
10 Spiele: 4 Siege, 5 Unentschieden, 1 Niederlage, 22:7 Tore
Zuschauer: 525.000
In 10 Spielen wurden 28 Spieler eingesetzt, davon waren 4 Spieler Neulinge.

Die Spieler der Saison:

Hans-Hubert Vogts	10	Spiele
Bernd Dörfel	9	"
Willi Schulz	9	"
Siegfried Held	9	"
Josef Maier	8	"
Max Lorenz	8	"
Franz Beckenbauer	8	"
Wolfgang Overath	8	"
Bernd Patzke	8	"
Gerhard Müller	7	"
Horst-Dieter Höttges	5	"
Günter Netzer	4	"
Klaus Gerwien	4	"
Lothar Ulsaß	4	"
Herbert Wimmer	4	"
Wolfgang Weber	3	"
Horst Wolter	3	"
Georg Volkert	3	"
Ludwig Müller	3	"
Michael Bella	2	"
Reinhard Libuda	2	"
Helmut Haller	2	"
Klaus Fichtel	1	Spiel
Rainer Ohlhauser	1	"
Hans Rebele	1	"
Karl-Heinz Schnellinger	1	"
Josef Heynckes	1	"
Dieter Brenninger	1	"

Die Tore der Saison:

Gerhard Müller	9	Tore
Wolfgang Overath	4	"
Siegfried Held	2	"
Helmut Haller	2	"
Klaus Gerwien	1	Tor
Lothar Ulsaß	1	"
Max Lorenz	1	"
Horst-Dieter Höttges	1	"

Mannschaftsführer waren:

Willi Schulz	9	mal
Wolfgang Overath	1	"

1 Eigentor des Gegners,
 durch Eigenstiller (Österreich)

1 Platzverweis gegen Deutschland,
 für Netzer (gegen Chile)

1 Platzverweis für den Gegner,
 für Reinoso (Chile)

Rangliste der besten Nationalspieler des Jahres
1. „Kaiser" Franz Beckenbauer (Bayern München)
2. Hans-Hubert „Berti" Vogts (Borussia Mönchengladbach)
3. Gerd Müller (Bayern München)
4. Willi Schulz (Hamburger SV)
5. Günther Netzer (Borussia Mönchengladbach)
6. Max Lorenz (Werder Bremen)
 Wolfgang Overath (1.FC Köln)
8. Wolfgang Weber (1.FC Köln)
9. Helmut Haller (Juventus Turin)
 Josef „Sepp" Maier (Bayern München)

Vorbericht zum 332. Länderspiel: Vom 25.-27. August zog Helmut Schön seine Kandidaten als erste Vorbereitung auf die WM-Qualifikation zusammen.
 Tor: Wolter, Maier
 Abwehr: Vogts, Heidemann, W.Schulz, Weber, L.Müller, Höttges, Lorenz, Patzke
 Mittelfeld: Beckenbauer, Overath, Netzer, Flohe
 Angriff: B.Dörfel, Laumen, Held, Neuberger
 Zwei der eingelandenen, Fichtel (wegen Verletzung) und Ulsaß (beruflich verhindert), mußten absagen. Erstaunlich, daß bei der Sturmmisere weder Uwe Seeler noch Gerd Müller, Löhr oder Volkert eingeladen wurden. Gerd Müller war der einzige zusätzliche Stürmer im Aufgebot gegen Frankreich, nachdem Ulsaß abgesagt hatte.
 Tor: Wolter, Maier
 Abwehr: Vogts, W.Schulz, Weber, L.Müller, Höttges, Lorenz, Fichtel
 Mittelfeld: Beckenbauer, Overath, Netzer
 Angriff: B.Dörfel, Gerd Müller, Held, Neuberger
 Im Aufgebot waren keine Neulinge. Bemerkenswert war, daß im folgenden Spiel erstmals offiziell ein 4-3-3 System, also nur noch mit 3 Stürmern und stattdessen auch mit 3 Mittelfeldspielern gespielt wurde. Dabei war das Mittelfeld auch noch aufgeteilt in 2 offensive und einen defensiven Spieler.

25.9.1968 in Marseille

Frankreich - BR Deutschland 1:1 (0:0)

SR: Mendibil (Spanien), Zuschauer: 30.000
Frankreich: Carnus; Djorkaeff, Mitoraj, Bosquier, Baeza; Betta, Jacquet; Blanchet (ab 30. Loubet), Revelli, Szepaniak, Beretta
BRD: Maier -9 (Bayern München); Vogts -8 (Bor. Mönchengladb.), W.Schulz -50 (HSV), Fichtel -9 (Schalke 04), Lorenz -10 (Werder Bremen); Beckenbauer -25 (Bayern München), Overath -36 (1.FC Köln), L.Müller -3 (1.FC Nürnberg), ab 46. Netzer -10 (Bor. Mönchengladb.), B.Dörfel -5 (Eintr. Braunschw.), G.Müller -6 (Bayern München), Held -17 (BVB). Mannschaftskapitän: W.Schulz
Tore: 1:0 Bosquier (71.), 1:1 Overath (87.)
Beste Spieler: Szepaniak, Carnus, Bosquier - Beckenbauer, Vogts, Maier
Bericht: Die erste Viertelstunde verlief ohne besondere Ereignisse. Die französische Mannschaft hatte ein leichtes Übergewicht.
 17. Minute: Endlich ein vielversprechender Angriff der deutschen Mannschaft, doch Gerd Müllers Schuß aus der Drehung hatte nicht genügend Fahrt. Verteidiger Bosquier konnte ohne Mühe abwehren.
 38. Minute: Blanchet mußte nach einem Foul von L.Müller den Platz verlassen. Für ihn kam Loubet ins Spiel. Und kurz vor der Halbzeit fast das 1:0 für Frankreich nach einem schweren Abwehrfehler von Ludwig Müller. Die deutsche Mannschaft hatte es nur der tollen Reaktion von Maier zu verdanken, daß sie nicht in Rückstand geriet. Trotz leichter Überlegenheit der französischen Mannschaft stand das Spiel verdientermaßen Unentschieden, weil die deutsche Mannschaft die besseren Torgelegenheiten hatte.
 47. Minute: Mit dem Einsatz von Günther Netzer nach dem Seitenwechsel wurde das Spiel der deutschen Mannschaft besser. Endlich wurde schneller und steiler gespielt, so daß die Franzosen zwangsläufig defensiver spielen mußten. 55. Minute: Torhüter Maier hatte Glück, als ein gefährlicher Schuß von Betta knapp am Tor vorbeiflog. 62. Minute: Nur durch das rechtzeitige Herauslau-

fen konnte Torhüter Carnus eine gute Torchance von Gerd Müller zunichte machen.

71. Minute: Nach einer 10-minütigen Drangperiode wurde die französische Mannschaft belohnt. Bosquier erreichte Loubets plazierte Flanke und verwandelte unhaltbar zum 1:0 für Frankreich. 75. Minute: Die deutsche Abwehr war jetzt sichtbar nervös, ein Fehlpaß von Schulz brachte das Tor von Sepp Maier in Gefahr. 80. Minute: Die Franzosen hatten nach wie vor ein Übergewicht im Mittelfeld, aber dank Overath und Netzer wurden die Konter der deutschen Mannschaft von Minute zu Minute gefährlicher.

87. Minute: Erst in den letzten Minuten griff die deutsche Mannschaft mit fünf, sechs Spielern an. Overath gelang aus einem Gewühl heraus ein knallharter Schuß, der unhaltbar zum 1:1 im Netz landete. Nach einem recht schwachen Spiel gelang der deutschen Mannschaft ein glückliches Unentschieden.

❖

Vorbericht zum 333. Länderspiel: Das erste WM-Qualifikationsspiel gegen den Erzrivalen in Wien sollte der erste Schritt zur WM in Mexico werden. Bundestrainer Helmut Schön bot sein bestes Aufgebot auf.
Tor: Maier, Wolter
Abwehr: Vogts, W.Schulz, Weber, Fichtel, Höttges, Lorenz
Mittelfeld: Beckenbauer, Overath, Netzer, Wimmer
Angriff: B.Dörfel, Ulsaß, Gerd Müller, Held, Neuberger

Mit Herbert „Hacki" Wimmer (Borussia Mönchengladbach) stand ein Neuling im Aufgebot, dessen Länderspielkarriere jedoch erst im nächsten Spiel begann. In Wien paßte der Gladbacher noch nicht in das Defensivkonzept von Helmut Schön, der mit Willi Schulz als Ausputzer einen letzten Mann hinter der 4er Abwehrkette stellte und Netzer allein das Mittelfeld überließ.

13.10.1968 in Wien (WM-Qualifikation)
Österreich - BR Deutschland 0:2 (0:1)

SR: Ecksztain (Polen), Zuschauer: 71.000
Österreich: Harreither; Pumm, Sturmberger, Eigenstiller, Fak; Hasil, Starek; Fritsch, Köglberger, Ettmayer, Metzler
BRD: Maier -10 (Bayern München); W.Schulz -51 (HSV); Vogts -9 (Bor. Mönchengladb.), Beckenbauer -26 (Bayern München), Weber -30 (1.FC Köln), Höttges -29 (Werder Bremen); Netzer -11 (Bor. Mönchengladb.); B.Dörfel -6, Ulsaß -6 (beide Eintr. Braunschw.), G.Müller -7 (Bayern München), Held -18 (BVB). Mannschaftskapitän: W.Schulz
Tore: 0:1 Müller (16.), 0:2 Eigenstiller (49. Eigentor)
Beste Spieler: Pumm, Hasil, Fritsch - Netzer, W.Schulz, Vogts, Weber, Höttges
Bericht: Die Österreicher begannen das Spiel druckvoll und überlegen, aber konnten in den ersten Minuten keine Torchance erspielen.

16. Minute: Ganz überraschend fiel der Führungstreffer für die deutsche Mannschaft, als Netzer mit einem Steilpaß Gerd Müller einsetzte, der Eigenstiller und Sturmberger auf engstem Raum aussteigen ließ und mit seinem eher harmlosen Schuß Torhüter Harreither überwand. Dieses Tor ging ganz klar auf die Kappe des österreichischen Torhüters, der den Ball über seinen Arm ins Tor rollen ließ. 23. Minute: Glück für die deutsche Mannschaft, als ein scharfer Schuß von Hasil nur knapp das Tor verfehlte. Und nach einer halben Stunde hatte die deutsche Mannschaft gleich zweimal Glück, als Fritsch in aussichtsreicher Position vergab und 3 Minuten später mit einem Freistoß an Sepp Maier scheiterte.

45. Minute: Wenige Sekunden vor Schluß war es noch einmal Fritsch, der diesmal völlig freistehend das Tor von Sepp Maier verfehlte. Zur Halbzeit führte die deutsche Mannschaft glücklich mit 1:0.

47. Minute: Die Österreicher drängten, aber die erste Torchance hatte die deutsche Mannschaft, als Netzer mit einem Steilpaß Dörfel auf die Reise schickte, dessen Schuß nur ganz knapp am Gehäuse von Harreither vorbeizischte. 49. Minute: Als die deutsche Mannschaft zum zweiten Konter nach der Pause ansetzte, kam ihr Eigenstiller zur Hilfe. Der Verteidiger rettete vor Held, aber seine hohe Rückgabe war für Torhüter Harreither nicht haltbar. Durch dieses Eigentor führte die deutsche Mannschaft mit 2:0. 56. Minute: Einen Freistoß von Pumm konnte der sichere Torhüter Maier problemlos halten.

70. Minute: Ulsaß nahm einen Flankenball volley und Torhüter Harreither mußte sein ganzes Können aufbieten, um den Gewaltschuß abzuwehren. 80. Minute: Inzwischen beherrschte die deutsche Mannschaft Spiel und Gegner. Netzer, der Regisseur, verfehlte mit einem tollen Schuß nur ganz knapp das Ziel.

90. Minute: Mit Ausnahme eines Pfostenschusses von Ettmayer gehörte die letzte Viertelstunde klar der deutschen Mannschaft.

❖

Vorbericht zum 334. Länderspiel: Nach dem Sieg in Wien stand die vermeintlich leichteste Aufgabe in der WM-Qualifikation in Zypern bevor. Aber es war noch kein Jahr her, da war die deutsche Mannschaft am „Fußballzwerg" Albanien gescheitert und in der Leistungsstärke gab es kaum einen Unterschied zu Zypern.

Vom 17.-20.11.1968 hatte Bundestrainer Helmut Schön sein Aufgebot zu einem Lehrgang in Karlsruhe-Schöneck geladen.
Tor: Maier, Wolter
Abwehr: Vogts, W.Schulz, Weber, Höttges, Patzke, Fichtel
Mittelfeld: Wimmer, Overath, Lorenz
Angriff: B.Dörfel, Gerwien, Zaczyk, Gerd Müller, Held

Das größte Handikap war das Fehlen von Beckenbauer und Netzer wegen Verletzungen. Dadurch kam „Hacki" Wimmer zu seinem ersten Länderspiel. Bemerkenswert war, daß Ersatzspieler jetzt eine neue Bedeutung bekommen hatten, weil 2 Feldspieler und 1 Torwart auch in WM-Qualifikationsspielen ausgewechselt werden durften.

23.11.1068 in Nikosia (WM-Qualifikation)
Zypern - BR Deutschland 0:1 (0:0)

SR: Pirvu (Rumänien), Zuschauer: 6.000
Zypern: Alkiviadis; Iakovu, Koureas, Panajotou, Theodorou; Stephanou, Pacos; Kounidis (ab 46. Kantzilleris), Marcou, Mellis (ab 57. Avranidis), Stylianou
BRD: Wolter -8 (Eintr. Braunschw.); Vogts -10 (Bor. Mönchengladb.), W.Schulz -52 (HSV), ab 46 Patzke -11 (München 1860), Weber -31 (1.FC Köln), Höttges -30 (Werder Bremen), ab 67. Gerwien -3 (Eintr. Braunschw.); Wimmer -1 (Bor. Mönchengladb.), Overath -37 (1.FC Köln), Lorenz -11 (Werder Bremen); B.Dörfel -7 (Eintr. Braunschw.), G.Müller -8 (Bayern München), Held -19 (BVB). Mannschaftskapitän: W.Schulz
Tor: 0:1 Müller (90.)
Beste Spieler: Alkiviadis, Panajotou - Weber, Höttges, W.Schulz, Wimmer
Bericht: Erwartungsgemäß tat sich die deutsche Mannschaft in den ersten Minuten gegen die defensiven Zyprioten sehr schwer, ihren Rhythmus zu finden.

12. Minute: Die erste echte Torchance für die deutsche Mannschaft hatte Neuling Wimmer nach einem tollen Solo, aber sein Schuß strich knapp am Tor vorbei. 17. Minute: Die nächste gute Torgelegenheit hatte Lorenz, aber auch er verfehlte das Tor. Und zum erstenmal hatten die Zyprioten auch Glück, als im nächsten Angriff ein Fallrückzieher von Dörfel an den Pfosten trudelte.

41. Minute: Noch einmal hatte die deutsche Mannschaft eine ganz große Chance, als Müller den Pfosten traf und Overath den zurückprallenden Ball aus 2 Meter Entfernung hoch über das Tor jagte.

55. Minute: Die erste Torgelegenheit nach dem Seitenwechsel hatte Dörfel, dessen knallharter Schuß jedoch der zypriotische Torhüter halten konnte. 66. Minute: Aus vollem Lauf zog Wimmer ab. Der Ball ging jedoch über das Tor. So sehr sich die deutsche Mannschaft auch mühte, in der Folgezeit wurden die Torchancen immer geringer.

88. Minute: Ein toller Overath-Schuß aus kurzer Distanz strich knapp am Tor vorbei. Die Zyprioten versuchten bereits seit Minuten, Zeit zu schinden. Schiedsrichter Pirvu zeigte ihnen jedoch deutlich an, daß er dafür nachspielen lassen würde.

90. Minute: Was Overath zwei Minuten zuvor nicht gelungen war, schaffte Gerd Müller in der Nachspielzeit. Freistehend schoß er aus 6 Meter Entfernung das erlösende 1:0. Noch einmal war die deutsche Mannschaft davongekommen. Der Münchener Torjäger hatte damit bereits zum zweitenmal hintereinander ein entscheidendes Tor geschossen und damit seine Position als Mittelstürmer der Nationalmannschaft gefestigt.

❖

Vorbericht zum 335. Länderspiel: Zum Jahresende war eine große Südamerikareise mit 3 Länderspielen geplant. Mit seinem besten Aufgebot wollte Helmut Schön die Spieler an südamerikanische und damit Mexiko-ähnliche Bedingungen gewöhnen. Der letzte Bundesligaspieltag vor der Winterpause machte seine Pläne jedoch zunichte, denn Höttges und Gerd Müller flogen vom Platz und durften entsprechend einer internen D.F.B.-Regelung auch nicht in der Nationalmannschaft spielen. So fuhr der Bundestrainer mit folgendem 18-köpfigen Aufgebot nach Südamerika:
Tor: Maier, Wolter
Abwehr: Vogts, W.Schulz, Weber, Lorenz, Bella, Patzke
Mittelfeld: Beckenbauer, Netzer, Wimmer, Overath
Angriff: B.Dörfel, Ulsaß, Held, Volkert, Gerwien, Ohlhauser
Mit Bella und Ohlhauser standen 2 Neulinge im Aufgebot, die auch beide auf der Südamerikareise zum Einsatz kamen. Im 1. Spiel gegen Brasilien ließ Helmut Schön seine stärkste Elf auflaufen.

14.12.1968 in Rio de Janeiro
Brasilien - BR Deutschland 2:2 (2:0)

SR: Zsolt (Ungarn), Zuschauer: 70.000
Brasilien: Picasso; Jurandir, Dias, Everaldo, Carlos Alberto; Rivelino, Gerson (ab 77. Ze Carlos); Edu, Tostao (77. Direceu), Lopez, Pele, Paulo Cesar (68. Nado)
BRD: Maier -11; Beckenbauer -27 (beide Bayern München); Vogts -11 (Bor. Mönchengladb.), W.Schulz -53 (HSV), Weber -33 (1.FC Köln), ab 26 Lorenz -12 (Werder Bremen), Patzke -12 (1860 München); Overath -28 (1.FC Köln), ab 75. Wimmer -2 (Bor. Mönchengladb.), Netzer -12 (Bor. Mönchengladb.); B.Dörfel -8 (Eintr. Braunschw.), Held -20 (BVB), Volkert -4 (1.FC Nürnberg), ab 46 Gerwien -4 (Eintr. Braunschw.). Mannschaftskapitän: W.Schulz
Tore: 1:0, 2:0 Edu (30., 37.), 2:1 Held (48.), 2:2 Gerwien (70.)
Beste Spieler: Pele, Dias, Edu - Beckenbauer, Netzer, Held, Vogts, Lorenz
Bericht: Nach einem furiosen Auftakt der Brasilianer, als Tostao nur ganz knapp eine Pele-Flanke verpaßte, plätscherte das Spiel eine ganze Weile so dahin. Rechtsaußen Dörfel gab in der 12. Minute den ersten Schuß auf das brasilianische Tor ab, bei dem Picasso zweimal nachfassen mußte.

22. Minute: Die Brasilianer blieben überlegen, aber Torchancen waren rar. Erst Pele zwang Sepp Maier mit einem Fallrückzieher zu einer Glanzparade. 30. Minute: Genau nach einer halben Stunde hatte die deutsche Mannschaft die erste ganz große Torgelegenheit, aber Siggi Held schoß freistehend aus 8 Meter Entfernung am Tor vorbei. Direkt im Gegenzug fiel das 1:0 für die Brasilianer, als Pele einen Freistoß antäuschte, aber Edu schoß. Aus 20 Metern donnerte der Rechtsaußen den Ball unhaltbar für Maier ins deutsche Tor. 37. Minute: Durch eine Lücke in der deutschen Abwehr schoß Tostao knallhart auf das Tor von Sepp Maier, der den Ball nur abklatschen konnte und erneut war Edu zur Stelle, der keine Mühe hatte, aus kurzer Entfernung zum 2:0 einzuschießen.

48. Minute: Nach dem Seitenwechsel übernahm die deutsche Mannschaft überraschend die Initiative. Sogleich hatte sie auch Erfolg. Bernd Dörfel ging an der Außenlinie auf und davon, flankte aus vollem Lauf, und Siggi Held köpfte aus 7 Metern unhaltbar zum Anschlußtreffer ein. Zwei Minuten später schon fast der Ausgleich, als der erstmals als Libero eingesetzte Beckenbauer zu einem Sturmlauf ansetzte und Dias gerade noch zur Ecke abwehren konnte.

60. Minute: Die deutsche Mannschaft war gegenüber der ersten Halbzeit nicht wiederzuerkennen. Sie hatte nun ein klares Übergewicht und schnürte die Brasilianer teilweise sogar am eigenen Strafraum ein. 61. Minute: Bei einem Konter hatte die deutsche Mannschaft allerdings Glück, als Schiedsrichter Zsolt den Brasilianern nach klarem Foul von Schulz an Pele den fälligen Elfmeter versagte. 70. Minute: Immer wieder kamen die Brasilianer schwer ins Schwimmen, wenn Beckenbauer mit nach vorne stieß und ohne Gegenspieler war. Den Glanzpunkt jedoch setzte Gerwien, als er einen wunderschönen Fallrückzieher artistisch zum 2:2-Ausgleich ins brasilianische Tor setzte. 7 Minuten vor dem Ende hatte Gerwien sogar noch das 3:2 auf dem Fuß, doch er knallte knapp neben das Tor. Auch die deutsche Mannschaft brauchte im Gegenzug noch einmal Glück und vor allem das Können von Maier, als Pele aus 6 Meter Entfernung frei zum Schuß kam, der Münchener Torhüter jedoch mit dem Fuß abwehren konnte.

90. Minute: Mit einer tollen Leistungssteigerung in der zweiten Halbzeit hatte die deutsche Mannschaft ein verdientes 2:2 gegen Brasilien erreicht.

❖

Vorbericht zum 336. Länderspiel: Gegen Brasilien hatte Beckenbauer zum erstenmal in der Nationalmannschaft den letzten Mann gespielt. Aber nicht wie Schulz, als Ausputzer, sondern wie bei Bayern als Libero. Auch im Spiel gegen Chile durfte der Münchener seine Lieblingsrolle spielen. Leider mußte er wegen einer Magenverstimmung frühzeitig ausscheiden, wodurch Neuling Bella zu seinem 1. Länderspiel kam. Der andere Neuling, Ohlhauser, spielte bereits von Anfang an.

18.12.1968 in Santiago
Chile - BR Deutschland 2:1 (0:1)

SR: Robles (Chile), Zuschauer: 50.000
Chile: Juam Olivares; Rodriguez, Cruz, Angulo, Arias; Reinoso, Hodge; Araya, Adolfo Olivares (ab 68. Torres), Lara, Fouilloux
BRD: Wolter -9 (Eintr. Braunschw.); Vogts -12 (Bor. Mönchengladb.), Beckenbauer -28 (Bayern München), ab 26. Bella -1 (MSV Duisburg), W.Schulz -54 (HSV), Patzke -13 (München 1860); Netzer -13 (Bor. Mönchengladb.), Lorenz -13 (Werder Bremen); Wimmer -3 (Bor. Mönchengladb.), Ohlhauser -1 (Bayern München), Ulsaß -8 (Eintr. Braunschw.), ab 46 Overath -39 (1.FC Köln), Gerwien -5, ab 82. B.Dörfel -9 (beide Eintr. Braunschw.). Mannschaftskapitän: W.Schulz
Tore: 0:1 Ulsaß (8.), 1:1 Araya (60.), 2:1 Fouilloux (81.)
Beste Spieler: keiner - Beckenbauer, Netzer, Vogts
Bericht: Die deutsche Mannschaft begann in Santiago überraschend selbstbewußt und schnell. Bereits in den ersten Minuten stürmte Beckenbauer mehrfach schwungvoll mit nach vorn und setzte seinen Vereinskameraden Ohlhauser in Szene.

6. Minute: Nach einem tollen Alleingang von Beckenbauer hatte Ohlhauser die erste Torchance, der Münchener Neuling

vergab sie jedoch überhastet. Zwei Minuten später, als Torhüter Olivares einen Hinterhaltschuß fallen ließ, war Ulsaß zur Stelle und schoß zum 1:0 für die deutsche Mannschaft ein. 15. Minute: Die große Chance zum 2:0 vergab Ohlhauser, nachdem er schön freigespielt wurde und auch sofort schoß. Mit einer Blitzreaktion konnte Torhüter Olivares gerade noch das Tor verhindern.

26. Minute: Nachdem die deutsche Mannschaft ihren Gegner klar beherrscht hatte, begann das Unglück. Zuerst mußte Beckenbauer ausscheiden, und dann kam es zu der verhängnisvollen Fehlentscheidung von Schiedsrichter Robles. Bei einem Zweikampf zwischen Araya und Netzer hatte der Gladbacher den chilenischen Stürmer versehentlich gefoult. Daraufhin lief Reinoso auf Netzer zu und schlug ihm ins Gesicht. Schiedsrichter Robles blieb keine andere Wahl als Reinoso vom Platz zu stellen. Es gab riesige Tumulte und sogar die Polizei war auf dem Spielfeld. Da offensichtlich keine Ordnung herzustellen war, entschloß sich der chilenische Schiedsrichter 3 Minuten später, Günther Netzer vom Platz zu stellen. Erst da wurde es wieder ruhiger und das Spiel konnte weitergehen. Ohne Beckenbauer und Netzer war die deutsche Mannschaft jedoch nur noch die Hälfte wert.

90. Minute: Am Ende stand es durch zwei Tore von Araya und Fouilloux 2:1 für Chile. Das Spiel muß jedoch als Skandalspiel in die Annalen der Länderspiele eingehen. Nicht nur, daß die Chilenen ihren eigenen Schiedsrichter einsetzten, sondern dieser tat auch alles dafür, daß die Nationalmannschaft von Chile gewann. Er hatte ständig seine Landsleute bevorzugt und pfiff aussichtsreiche Torgelegenheiten der deutschen Mannschaft wegen angeblicher Abseitsstellung zurück. Zumindestens zweimal traf dies mit Sicherheit zu und beide Male wäre Ohlhauser alleine durchgewesen. Für Spieler und Mannschaftsleitung war dies eine bittere Erfahrung.

❖

Vorbericht zum 337. Länderspiel: Das Skandalspiel in Chile hatte Folgen. Netzer war gesperrt und eine Reihe von Spieler hatten Verletzungen davongetragen. Zum letzten Spiel der Südamerikareise beim Veranstalter der nächsten WM, Mexiko, waren bis auf Willi Schulz aber alle wieder hergestellt. So war es unumstritten, daß Beckenbauer auch zum drittenmal auf dieser Reise Libero spielte.

22.12.1968 in Mexiko City

Mexiko - BR Deutschland 0:0

SR: Robles (Guatemala), Zuschauer: 40.000
Mexiko: Mota; Vantolra, Pena, Nunez, Perez; Gonzales, Diaz, Horacio; Borja, Cisneros (ab 58. Moralez), Padilla
BRD: Maier -12 (Bayern München); Vogts -13 (Bor. Mönchengladb.), Patzke -14 (München 1860), Beckenbauer -29 (Bayern München), Bella -2 (MSV Duisburg); Lorenz -14 (Werder Bremen), Ulsaß -9 (Eintr. Braunschw.); Overath -40 (1.FC Köln), ab 71. Wimmer -4 (Bor. Mönchengladb.); B.Dörfel -10 (Eintr. Braunschweig), Held -21 (BVB), Gerwien -6 (Eintr. Braunschw.), ab 79. Volkert -5 (1.FC Nürnberg). Mannschaftskapitän: Overath
Beste Spieler: Vantolra, Pena - Beckenbauer, Lorenz
Bericht: Bereits in den ersten Minuten wurde die deutsche Mannschaft total in die Defensive gedrängt. Beckenbauer hatte die Möglichkeit, nun auch seine Deckungsqualitäten als Libero zu beweisen.

45. Minute: Zur Halbzeit konnte die deutsche Mannschaft froh sein, daß die Mexikaner so schlecht schossen. Aufgrund ihrer klaren Überlegenheit wäre eine 2 oder 3:0 Führung völlig verdient gewesen.

90. Minute: Es blieb bis zum Schluß ein überlegen geführtes Spiel der Mexikaner, jedoch ohne wesentliche Höhepunkte. Die deutsche Abwehr, mit Beckenbauer im Zentrum, beherrschte die mexikanische Sturmreihe sicher. Im Mittelfeld schuftete Overath, ohne jedoch dem Spiel die entscheidende Richtung zu geben. Dank ihrer läuferischen Qualitäten waren Lorenz und Held die offensiven Aktivposten. Zu ganz großen Torgelegenheiten reichte es jedoch nicht.

❖

Vorbericht zum 338. Länderspiel: Gegen Wales hatte Bundestrainer Helmut Schön zum letztenmal vor 3 weiteren WM-Qualifikationsspielen die Möglichkeit, zu testen. Deshalb holte er auch mit „Stan" Libuda und Rebele 2 Außenstürmer zurück.
Tor: Wolter, Maier
Abwehr: Vogts, Höttges, Patzke, Lorenz, Fichtel, W.Schulz, L.Müller
Mittelfeld: B.Dörfel, Ulsaß, Beckenbauer
Angriff: Libuda, Gerd Müller, Held, Rebele
Gegen die Waliser sollte vor allem im Hinblick auf das WM-Qualifikationsspiel gegen Schottland geprobt werden, denn alle britischen Mannschaften spielten ein ähnliches System. Pech für Schön, daß nach Netzer auch noch Beckenbauer kurzfristig ausfiel.

26.3.1969 in Frankfurt

BR Deutschland - Wales 1:1 (0:1)

SR: Lo Bello (Italien), Zuschauer: 40.000
BRD: Maier -13 (Bayern München); Vogts -14 (Bor. Mönchengladb.), W.Schulz -55 (HSV), Patzke -15 (München 1860), Höttges -32 (Werder Bremen); Ulsaß -10 (Eintr. Braunschweig), ab 74. L.Müller -4 (1.FC Nürnberg), Lorenz -15 (Werder Bremen); Libuda -10 (Schalke 04), G.Müller -9 (Bayern München), Held -22 (BVB), Rebele -2 (München 1860), ab 46. B.Dörfel -11 (Eintr. Braunschw.). Mannschaftskapitän: W.Schulz
Wales: Sprake; Thomas, Henessey, Hole, Derrett; Powell, Davies; Jones, Durban, Toshack, Rees
Tore: 0:1 Jones (34.), 1:1 Müller (90.)
Beste Spieler: Gerd Müller - Powell, Davies, Jones
Bericht: Durch die Ausfälle von Netzer und Beckenbauer war Helmut Schön gezwungen, mit einem Ersatzmittelfeld anzutreten. Als Generalprobe für das WM-Qualifikationsspiel gegen Schottland war das nicht gut, aber im Hinblick darauf, daß die Denker und Lenker im Mittelfeld auch einmal bei einem wichtigen Spiel fehlen könnten, bot dieses Spiel eine gute Probe.

15. Minute: Nach recht gutem Start mit effektivem Flügelspiel über Libuda und Rebele baute die deutsche Mannschaft zusehends ab. Aus der Defensive kommend versuchte sie, zu kontern, kam jedoch kaum vor das walisische Tor.

34. Minute: Das schnelle und steile Spiel der Waliser wurde mit dem längst überfälligen Führungstreffer durch Jones gekrönt. Wie so oft war die gesamte deutsche Abwehr nicht im Bilde. Selbst Willi Schulz und Torhüter Sepp Maier ließen sich von der Nervosität anstecken.

45. Minute: Zur Halbzeit waren die Zuschauer in Frankfurt maßlos enttäuscht und pfiffen die deutsche Elf gnadenlos aus.

65. Minute: Auch nach dem Seitenwechsel änderte sich nichts am Spiel der deutschen Mannschaft. Die Rufe nach Beckenbauer und Netzer wurden von Minute zu Minute lauter.

90. Minute: In der Nachspielzeit wurde die deutsche Mannschaft sogar noch für ihr unproduktives Spiel belohnt. Der einzige zwingende Angriff führte doch noch zum Ausgleich, als Held den Ball wunderschön per Kopf auf Gerd Müller zurücklegte, der keine Mühe hatte, den Ball über die Linie zu bringen. Insgesamt war es eine maßlos enttäuschende Generalprobe für das schwere Spiel in Glasgow.

❖

Vorbericht zum 339. Länderspiel: Die total mißlungene Generalprobe in Frankfurt machte es erforderlich, daß Helmut Schön auch wieder auf Overath zurückgriff. Zwar war der Kölner nicht gut in Form, aber durch Netzers Verletzung und dem Mittelfeldversagen gegen Wales benötigte der Bundestrainer einen weiteren Strategen. Nur mit einem sehr starken Aufgebot konnte die Mannschaft in Glasgow bestehen. Deshalb holte er auch die beiden Italien-Profis Schnellinger und Haller wieder zurück.

Tor: Wolter, Maier
Abwehr: Vogts, W.Schulz, Weber, Schnellinger, Lorenz, Höttges, Patzke
Mittelfeld: Haller, Beckenbauer, Overath
Angriff: B.Dörfel, Gerd Müller, Heynckes, Held

Außer Wolfgang Weber, der nach seiner Knieoperation noch nicht wieder fit war, konnte Helmut Schön sich das Beste aus diesem Aufgebot aussuchen.

16.4.1969 in Glasgow (WM-Qualifikation)
Schottland - BR Deutschland 1:1 (0:1)

SR: Gardeazabal (Spanien), Zuschauer: 110.000
Schottland: Lawrence; Gemmel, McKinnon, Greig, McCreadie; Bremner, Murdoch; Johnstone, Law, Gilzean, Lennox (ab 64. Cooke)
BRD: Wolter -10 (Eintr. Braunschw.), ab 46. Maier -14 (Bayern München); Patzke -16 (München 1860), W.Schulz -56 (HSV), Schnellinger -38 (AC Mailand), Vogts -15 (Bor. Mönchengladb.); Haller -28 (Juventus Turin), Beckenbauer -30 (Bayern München), Overath -41 (1.FC Köln), ab 79. Lorenz -16 (Werder Bremen); B.Dörfel -12 (Eintr. Braunschw.), G.Müller -10 (Bayern München), Held -23 (BVB). Mannschaftskapitän: W.Schulz
Tore: 0:1 Müller (38.), 1:1 Murdoch (85.)
Beste Spieler: Bremner, Johnstone, Murdoch - Haller, Beckenbauer, Gerd Müller, W.Schulz
Bericht: Mit großer Spannung wurde das WM-Qualifikationsspiel in Glasgow erwartet. Noch nie hatte die deutsche Mannschaft gegen Schottland gewonnen, aber ihr Ziel mußte es sein, einen Punkt von der britischen Insel mitzunehmen.

Nach einer Viertelstunde hatte die deutsche Mannschaft den ersten starken Druck der Schotten gut überstanden. Das glänzende deutsche Mittelfeld mit dem überragenden Haller verstand es jetzt immer besser, den Ball geschickt zu halten und die Schotten aus dem Rhythmus zu bringen.

38. Minute: Der Höhepunkt der taktischen Meisterleistung der deutschen Mannschaft war ein Freistoß von Beckenbauer, den er gefühlvoll zu seinem Vereinskameraden Müller hob. Müller spielte seinen Gegenspieler McKinnon den Ball durch die Beine, war sofort an ihm vorbei und schoß flach und unhaltbar zum 1:0 ein, bevor Gemmel und McKinnon eingreifen konnten.

45. Minute: Bis zur Halbzeit spielten die Schotten unglaublich schnell und druckvoll weiter, ohne jedoch zum entscheidenden Torschuß zu kommen. Selbst im Kopfballspiel kamen die deutschen Abwehrspieler immer besser mit ihren Gegenspielern zurecht.

65. Minute: Auch nach dem Seitenwechsel brandete Angriff auf Angriff gegen die deutsche Abwehr, die wie ein Fels stand. So wie sich schon Wolter in der ersten Halbzeit auszeichnen konnte, war es jetzt der Münchener Maier. Mit zunehmender Spieldauer bekam die deutsche Mannschaft jedoch immer mehr Sicherheit, was vor allem dem überragenden Mittelfeld zu verdanken war. Haller und Beckenbauer sorgten dafür, daß der Ball minutenlang im Mittelfeld gehalten wurde und selbst Müller beteiligte sich daran mit Bravour. 80. Minute: Eine Viertelstunde lang hatte die deutsche Mannschaft mit diesem System die Schotten fest im Griff. Alles was in dieser Phase fehlte, war der Druck nach vorn zum entscheidenden zweiten Tor. In den letzen 10 Minuten warfen die Schotten noch einmal alles nach vorn und die deutsche Abwehr hatte bange Minuten zu überstehen. Dann aber passierte es doch: Murdoch war der Schütze zum verdienten Ausgleich.

90. Minute: Aufgrund ihrer hervorragenden taktischen Einstellung hatte sich die deutsche Mannschaft gegen die blind anrennenden Schotten das Unentschieden verdient. Ein wichtiger Schritt auf dem Weg zur Weltmeisterschaft nach Mexiko war getan.

❖

Vorbericht zum 340. Länderspiel: Nach dem Unentschieden in Glasgow und vor allem wegen der guten Leistung konnte man dem nächsten WM-Qualifikationsspiel gegen Österreich etwas hoffungsvoller entgegensehen. Zwar fehlten die beiden Italien-Profis und immer noch Günther Netzer, aber sonst hatte Helmut Schön sein bestes Aufgebot zur Verfügung.

Tor: Maier, Nigbur
Abwehr: Vogts, Patzke, W.Schulz, Weber, L.Müller, Höttges
Mittelfeld: Beckenbauer, Overath, Lorenz
Angriff: B.Dörfel, Gerd Müller, Held, Heynckes, Volkert, Brenninger

Mit Nigbur (Schalke 04) und Dieter „Mucki" Brenninger (Bayern München) standen 2 Neulinge im Aufgebot. Der Münchener kam gegen Österreich zu seinem ersten und letzten Länderspiel. Norbert Nigbur mußte noch etwas warten, bis er 1974 Nationalspieler wurde.

10.5.1969 in Nürnberg (WM-Qualifikation)
BR Deutschland - Österreich 1:0 (0:0)

SR: Fiala (CSSR), Zuschauer: 70.000
BRD: Maier -15 (Bayern München); Höttges -33 (Werder Bremen), Patzke -17 (München 1860), W.Schulz -57 (HSV), Vogts -16 (Bor. Mönchengladb.); Beckenbauer -31 (Bayern München), Overath -42 (1.FC Köln); B.Dörfel -13 (Eintr. Braunschw.), G.Müller -11 (Bayern München), Held -24 (BVB), ab 77. Heynckes -3 (Hannover 96), Brenninger -1 (Bayern München), ab 66. Volkert -6 (1.FC Nürnberg). Mannschaftskapitän: W.Schulz
Österreich: Fraydl; Pumm, Eigenstiller, Fak, Sturmberger; Starek, Ettmayer, Hof; Köglberger (ab 46. Kreuz), Siber, Redl
Tor: 1:0 Müller (88.)
Beste Spieler: Beckenbauer, Overath, Vogts, W.Schulz, Maier - Starek, Hof, Redl
Bericht: Gegen Österreich konnte der deutschen Mannschaft keine vorsichtige Taktik helfen. Die einzige Möglichkeit war das Spiel auf Sieg, um im Kampf um die Fahrkarte nach Mexiko nicht weiteren Boden zu verlieren.

7. Minute: Nach einem schönen Freistoß von Beckenbauer donnerte Patzke den Ball an das Lattenkreuz. Viel Glück bereits in diesen ersten Minuten für Österreich. 10. Minute: Die Österreicher waren noch gar nicht über die Mittellinie gekommen, da bot sich der deutschen Mannschaft bereits die nächste Torchance, aber Dörfel vergab sie aus spitzem Winkel.

28. Minute: Sepp Maier hatte riesiges Glück, als ein knallharter Starek-Schuß aus 18 Meter Entfernung vom Pfosten ins Feld zurückprallte. 32. Minute: Auch für die Österreicher rettete noch einmal der Pfosten, als Brenninger nach einem Steilpaß von Overath mit einem tollen Linksschuß nur das Holz traf. 37. Minute: Bei ihren wenigen Angriffen blieben die Österreicher gefährlich. Köglberger spitzelte den Ball nur um Haaresbreite am Pfosten vorbei.

53. Minute: Auch nach dem Seitenwechsel änderte sich das Bild nicht. Die erste große Chance hatten die Österreicher durch den völlig freistehenden Starek, aber für den geschlagenen Maier konnte Schulz vor der Linie klären.

79. Minute: In den zweiten 45 Minuten wurde das Spiel immer mehr zu einer großen Enttäuschung. Obwohl die deutsche Mannschaft das Spiel beherrschte, fehlten die klaren Torgelegenheiten. Erst jetzt kam durch den frisch hereingekommenen Heynckes etwas mehr Druck ins Spiel. Sein Linksschuß sauste knapp am Tor vorbei. 84. Minute: Der mit aufgerückte Willi Schulz hatte gleich zweimal die Chance zum Führungstreffer, schoß jedoch viel zu unüberlegt. 88. Minute: Zum Schluß waren das Glück und der Torinstinkt von Gerd Müller wieder einmal mit der deutschen Mannschaft. Einen Freistoß von Volkert konnte Heynckes noch im Liegen an Müller weiterleiten, der den Ball über zwei Österreicher hinweghob und dann vor seinem Bewacher Hof zum Kopfball kam, gegen den Torhüter Fraydl machtlos war. Zum drittenmal hatte der Münchener Torjäger die deutsche Mannschaft in den letzten Minuten eines WM-Qualifikationsspiels vor drohendem Punktverlust bewahrt.

❖

Vorbericht zum 341. Länderspiel: Zum Saisonausklang stand noch das WM-Qualifikationsspiel gegen Zypern in Essen auf dem Programm. Bekanntlich waren die „Fußballzwerge" auswärts schwach. An einem deutlichen Sieg der deutschen Mannschaft gab es keine Zweifel. Aber deutlich allein reichte nicht, denn Schottland hatte 5:0 und 8:0 gegen Zypern gewonnen und hatte damit 16:2 Tore gegenüber 5:1 der deutschen Mannschaft. Da das Torverhältnis entscheidend sein konnte, wenn auch das Rückspiel der deutschen Mannschaft gegen Schottland unentschieden endete und die Schotten das letzte Spiel in Österreich gewinnen würden, mußte gegen die Zyprioten ein hoher, zweistelliger Sieg erzielt werden. Das bereitete Helmut Schön große Sorgen, denn in den 9 Länderspielen der Saison hatte seine Mannschaft 6 mal einen, 1 mal keinen und 2 mal zwei Treffer erzielt, worunter sogar noch 1 Eigentor war. Er mußte sein Aufgebot also voll offensiv ausrichten und holte deshalb auch wieder Haller aus Italien.

Tor: Maier, Rynio
Abwehrspieler: Vogts, W.Schulz, L.Müller, Patzke, Höttges
Mittelfeld: Haller, Beckenbauer, Overath, Lorenz
Angriff: Libuda, B.Dörfel, Gerd Müller, Held, Volkert
Einziger Neuling war Torhüter Rynio (1.FC Nürnberg), der jedoch nie Nationalspieler wurde. Dabei war auch wieder Libuda, der wie Held die Aufgabe bekam, konsequent am Flügel zu bleiben und Torjäger Müller mit Flanken zu versorgen. Denn Helmut Schön mußte vor allem auf seinen Torjäger bauen, der in seinen bisherigen 11 Länderspielen 11 Tore erzielt hatte.

21.5.1969 in Essen (WM-Qualifikation)
BR Deutschland - Zypern 12:0 (7:0)

SR: Colling (Luxemburg), Zuschauer: 38.000
BRD: Maier -16 (Bayern München); Vogts -17 (Bor. Mönchengladb.), W.Schulz -58 (HSV), Lorenz -17 (Werder Bremen), ab 75. Patzke -18 (München 1860), Höttges -34 (Werder Bremen), ab 84. L.Müller -5 (1.FC Nürnberg); Haller -29 (Juventus Turin), Beckenbauer -32 (Bayern München), Overath -43 (1.FC Köln); Libuda -11 (Schalke 04), G.Müller -12 (Bayern München), Held -25 (BVB). Mannschaftskapitän: W.Schulz

Zypern: Alkiviadis; Martakas, Sarakis (ab 18. Kavazis); Sotirakis, Koureas, Stefanis; Fokis, Melis; Kettenis (ab 46. Vassiliades), Krystallis, Stylianou

Tore: 1:0 Müller (3.), 2:0 Overath (5.), 3:0 Overath (12.), 4:0 Haller (17.), 5:0 Lorenz (39.), 6:0 Held (42.), 7:0 Müller (44.), 8:0 Haller (46.), 9:0 Müller (48.), 10:0 Höttges (50.), 11:0 Overath (63.), 12:0 Müller (85.)
Beste Spieler: Overath, Beckenbauer, Lorenz, G.Müller, Haller - keiner
Bericht: Von der ersten Minute an spielte die deutsche Mannschaft, als ginge es um den Weltmeistertitel. Selten hatte man sie in den vergangenen Jahren so engagiert gesehen. Der von Helmut Schön geforderte Torreigen wurde bereits in der 3. Minute durch Torjäger Gerd Müller eingeleitet, der eine herrliche Libuda-Flanke einköpfte. Nach Doppelpaß mit Lorenz schob Overath den Ball 2 Minuten später überlegt zum 2:0 ein.

12. Minute: Allein vor Torhüter Alkiviadis schoß Haller nicht aus spitzem Winkel, sondern gab gefühlvoll nach innen, wo Overath vollenden konnte. Von Lorenz steil geschickt, vollendete Haller 5 Minuten später technisch brillant zum 4:0.

39. Minute: Obwohl die deutsche Mannschaft in den 22 Minuten nach dem vierten Treffer weiterhin druckvoll spielte, fielen keine weiteren Tore, weil zu sehr durch die Mitte gespielt wurde. Erst jetzt war es Lorenz, der den zypriotischen Torhüter mit einem Kopfballaufsetzer zum 5:0 bezwang. Und 3 Minuten danach bedeutete ein knallharter Schuß von Siggi Held in das kurze Eck das 6:0. 44. Minute: Als der zypriotische Torhüter mit einer Glanzparade einen Held-Schuß an die Latte gelenkt hatte, war erneut Gerd Müller zur Stelle und schoß zur 7:0-Halbzeitführung ein. Die Zuschauer hatten bis jetzt ein begeisterndes Spiel der deutschen Mannschaft gesehen, die keineswegs mit Kraft agierte, sondern mit brillanter Technik den Gegner ausgespielt hatte.

46. Minute: Die deutsche Mannschaft machte auch nach dem Seitenwechsel dort weiter, wo sie aufgehört hatte. Einen Steilpaß von Overath verwandelte Haller unhaltbar zum 8:0. 48. Minute: Nach Flanke von Overath war es wieder der Münchener Torjäger, der per Kopf auf 9:0 erhöhte. Ein schönes Zuspiel von Overath nahm Höttges 120 Sekunden später direkt und schoß unhaltbar zum 10:0 ein.

63. Minute: Erneut waren die Zyprioten machtlos, als Müller scharf aufs zypriotische Tor schoß, Alkiviadis abwehren konnte, aber Overath zur Stelle war und das 11:0 markierte.

85. Minute: Immer wieder wurde das Publikum zu Beifallsstürmen hingerissen. Allerdings wurde in dieser Phase Rechtsaußen Libuda sträflich vernachlässigt, so daß erneut zu oft durch die Mitte gespielt wurde. Erst jetzt, 5 Minuten vor dem Ende, war es erneut Müller, der per Kopfball das Dutzend voll machte. Die deutsche Mannschaft hatte damit den erhofften hohen Sieg erzielt, hätte jedoch bei voller Konzentration sogar das Rekordergebnis von 16:0, das 1912 gegen Rußland erzielt worden war, überbieten können. In der WM-Qualifikation hatte sie jedoch jetzt die besten Voraussetzungen, um die Ausscheidungen zu überstehen. Die Schotten mußten jetzt bei ihrem Rückspiel in Hamburg auf Sieg spielen, während der deutschen Mannschaft auch ein Unentschieden reichte.

❖

1969/70

Bilanz 1969/70
13 Spiele: 9 Siege, 2 Unentschieden, 2 Niederlagen, 26:17 Tore
Zuschauer: 607.000
In 13 Spielen wurden 27 Spieler eingesetzt, davon waren 2 Spieler Neulinge

Die Spieler der Saison:

Hans-Hubert Vogts	13	Spiele
Gerhard Müller	13	"
Uwe Seeler	12	"
Wolfgang Overath	12	"
Franz Beckenbauer	11	"
Horst-Dieter Höttges	9	"
Klaus Fichtel	9	"
Reinhard Libuda	9	"
Willi Schulz	8	"
Josef Maier	8	"
Jürgen Grabowski	8	"
Karl-Heinz Schnellinger	8	"
Johannes Löhr	8	"
Wolfgang Weber	6	"
Siegfried Held	5	"
Helmut Haller	4	"
Bernd Patzke	4	"
Horst Wolter	3	"
Bernd Dörfel	2	"
Erich Maas	2	"
Manfred Manglitz	2	"
Max Lorenz	2	"
Ludwig Müller	1	Spiel
Günther Netzer	1	"
Klaus-Dieter Sieloff	1	"
Franz Roth	1	"
Peter Dietrich	1	"

Die Tore der Saison:

Gerhard Müller	12	Tore
Uwe Seeler	5	"
Reinhard Libuda	2	"
Wolfgang Overath	2	"
Bernd Dörfel	1	Tor
Klaus Fichtel	1	"
Johannes Löhr	1	"
Franz Beckenbauer	1	"
Karl-Heinz Schnellinger	1	"

Mannschaftsführer waren:

Uwe Seeler	12	mal
Wolfgang Overath	1	"

1 Elfmeter für Deutschland,
 verwandelt durch Müller (gegen Bulgarien)

1 Platzverweis für den Gegner,
 für Gemmel (Schottland)

Rangliste der besten Nationalspieler des Jahres:
1. „Kaiser" Franz Beckenbauer (Bayern München)
2. Berti Vogts (Borussia Mönchengladbach)
   Uwe Seeler (Hamburger SV)
4. Wolfgang Overath (1.FC Köln)
5. Gerd Müller (Bayern München)
6. Reinhard „Stan" Libuda (FC Schalke 04)
   Josef „Sepp" Maier (Bayern München)
8. Horst-Dieter Höttges (Werder Bremen)
9. Willi Schulz (Hamburger SV)
   Wolfgang Weber (1.FC Köln)
   Jürgen Grabowsi (Eintracht Frankfurt)
   Hannes Löhr (1.FC Köln)
   Siegfried Held (Borussia Dortmund)

Vorbericht zum 342. Länderspiel: Als Vorbereitung für das letzte und entscheidende WM-Qualifikationsspiel gegen Schottland machte Helmut Schön mit seiner Mannschaft eine Reise nach Wien und Sofia. Für 10 Tage hatte er seinen engsten Kreis von Spielern um sich. Und was am erfreulichsten war, Uwe Seeler war nach seinen vielen Verletzungen wieder topfit und kehrte in das Aufgebot zurück.

Tor: Maier, Wolter
Abwehr: Vogts, W.Schulz, Fichtel, Weber, L.Müller, Höttges
Mittelfeld: Beckenbauer, Overath, Lorenz
Angriff: Libuda, B.Dörfel, Gerd Müller, Uwe Seeler, Held, Maas

Erich Maas (Eintracht Braunschweig) war einziger Neuling, der auch auf der Reise zu seinem 1. Länderspiel kam. Uwe Seeler bestritt gegen Österreich bereits sein 60. Länderspiel, wo Helmut Schön ihn erstmals, entgegen aller Warnung, zur Unterstützung von Gerd Müller, aber leicht zurückgezogen, nominierte.

21.9.1969 in Wien

Österreich - BR Deutschland 1:1 (1:1)

SR: Lo Bello (Italien), Zuschauer: 28.000
Österreich: Fuchsbichler; Gebhardt, Sturmberger, Hof, Pumm; Schmidradner, Flögel (ab 48. Geyer), Ettmayer; Parits, Pirkner, Redl

BRD: Wolter -11 (Eintr. Braunschw.); Höttges -35 (Werder Bremen), Weber -33 (1.FC Köln), ab 46. Fichtel -10 (Schalke 04), W.Schulz -59 (HSV), Vogts -18 (Bor. Mönchengladb.); Overath -44 (1.FC Köln), Beckenbauer -33 (Bayern München); B.Dörfel -14 (Eintr. Braunschw.), ab 77. Libuda -12 (Schalke 04), Uwe Seeler -60 (HSV), G.Müller -13 (Bayern München), Held -26 (BVB). Mannschaftskapitän: Uwe Seeler

Tore: 1:0 Pirkner (7.), 1:1 Müller (16.)
Beste Spieler: Pumm, Ettmayer, Pirkner - W.Schulz, Wolter, Höttges

Bericht: Sofort mit dem Anpfiff begann die Offensive der Österreicher, die die deutsche Mannschaft unter Druck setzten.

7. Minute: Nachdem Weber seinem Gegenspieler Pirkner zu viel Freiraum gelassen hatte, war es bereits nach wenigen Minuten passiert. Ein herrlicher Kopfballaufsetzer von Pirkner bezwang Wolter zum 1:0 für Österreich.

16. Minute: Mitten in die Offensive der Österreicher konterte die deutsche Mannschaft eiskalt. Nach einem Flügellauf flankte Held genau zu Müller, der sich die Gelegenheit nicht nehmen ließ und unhaltbar zum 1:1 vollendete. 20. Minute: Der Ausgleichstreffer hatte der deutschen Mannschaft sichtlich mehr Selbstvertrauen gegeben. Sie übernahm jetzt die Initiative und bestimmte das Spiel. Der einzige Fehler war, daß fast nur über links gespielt wurde, während Bernd Dörfel auf der rechten Seite verkümmerte. Damit vergab die deutsche Mannschaft die mögliche Pausenführung.

48. Minute: In der zweiten Halbzeit war vom Glanz der deutschen Mannschaft nichts mehr zu sehen. Jetzt drängten die Österreicher unaufhörlich und hatten durch Ettmayer die erste große Chance. Der Ball zischte nur Millimeter am Pfosten vorbei und wäre für Torhüter Wolter nie zu halten gewesen. 51. Minute: Noch einmal hatten die Österreicher eine ganz große Torchance, als Redl Willi Schulz ausspielte, aber ebenso knapp am Tor vorbeizielte.

❖

Vorbericht zum 343. Länderspiel: Nach der schwachen Vorstellung gegen Österreich hatte Helmut Schön keine großen Alternativen. Lediglich Linksaußen Maas bekam eine Chance. Ansonsten mußte die Mannschaft beweisen, daß Wien nur ein Ausrutscher war.

24.9.1969 in Sofia

Bulgarien - BR Deutschland 0:1 (0:1)

SR: Talaz (Türkei), Zuschauer: 60.000
Bulgarien: Simeonov; Schalamanov, Ivkov, Davidov, Gaganelov; Penev, Jakimov (ab 76. Jekov); Dermendjiev, Bonev, Asparuchov, Kotzev (ab 46. Mitkov)
BRD: Maier -17 (Bayern München); Höttges -36 (Werder Bremen), W.Schulz -60 (HSV), ab 46. L.Müller -6 (Bor. Mönchengladb.), Fichtel -11 (Schalke 04), Vogts -19 (Bor. Mönchengladb.), Beckenbauer -34 (Bayern München), Overath -45 (1.FC Köln); B.Dörfel -15 (Eintr. Braunschw.), G.Müller -14 (Bayern München), Uwe Seeler -61 (HSV), Maas -2 (Eintr. Braunschw.). Mannschaftskapitän: Uwe Seeler
Tor: 0:1 Dörfel (12.)
Beste Spieler: Davidov, Penev, Asparuchov - Beckenbauer, Vogts, Maier
Bericht: Die Bulgaren begannen erwartungsgemäß sehr stark gegen die deutsche Mannschaft, und es schien nur eine Frage der Zeit, bis ihnen der erste Treffer gelingen würde.
7. Minute: Viel Glück für die deutsche Mannschaft, als Vogts auf der Linie stand und für den bereits geschlagenen Sepp Maier rettete. 11. Minute: Beckenbauer, der erstmals wieder Libero spielte, konnte innerhalb von einer Minute gleich dreimal sein Können zeigen. Jedesmal lag ein Tor für die Bulgaren in der Luft. 12. Minute: Aus diesem Druck der Bulgaren heraus entstand der beste deutsche Konter, von Beckenbauer ausgehend zu Overath, der mit einem herrlichen Steilpaß Bernd Dörfel schickte, und der Braunschweiger hatte noch die Nerven, Torhüter Simeonov auszuspielen und den Ball zum 1:0 ins leere Tor zu schieben. Ein klassischer Konter, wie er schöner nicht sein konnte, hatte die deutsche Mannschaft in Führung gebracht.
38. Minute: Jetzt war die deutsche Mannschaft endlich besser ins Spiel gekommen, bis Kotzev die nächste Großchance hatte. Zum Glück paßte Berti Vogts gut auf und bereinigte die Situation in letzter Sekunde.
90. Minute: Auch in der zweiten Halbzeit wußte die deutsche Mannschaft gut zu gefallen. Zwar waren die Bulgaren überlegen, aber die von Beckenbauer organisierte Abwehr stand hervorragend. Hinzu kam, daß der Münchener Libero es immer wieder ausgezeichnet verstand, aus der Abwehr heraus für die Offensive Impulse zu geben. Einige Male tauchte er sogar selbst vor dem bulgarischen Tor auf, hatte jedoch Pech mit seinen Schüssen. Weniger gut verlief der erneute Versuch mit Gerd Müller und Uwe Seeler, so daß die Kritiker wieder voreilig von einem gescheiterten Unterfangen sprachen.

❖

Vorbericht zum 344. Länderspiel: Eine Woche vor dem alles entscheidenden WM-Qualifikationsspiel war das Aufgebot von Helmut Schön in der Sportschule Malente versammelt. Wieder mit dabei waren auch Uwe Seeler und der Italien-Profi Helmut Haller.
Tor: Maier, Wolter
Abwehr: Beckenbauer, Vogts, W.Schulz, Fichtel, Höttges, Patzke
Mittelfeld: Haller, Overath, Netzer, Lorenz
Angriff: B.Dörfel, Libuda, Uwe Seeler, Gerd Müller, Held, Maas
Neulinge waren verständlicherweise keine im Aufgebot, aber erstmals nach fast einem Jahr war wieder Netzer dabei.

22.10.1969 in Hamburg (WM-Qualifikation)

BR Deutschland - Schottland 3:2 (1:1)

SR: Droz (Schweiz), Zuschauer: 72.000
BRD: Maier -18 (Bayern München); W.Schulz -61 (HSV); Höttges -37 (Werder Bremen), Beckenbauer -35 (Bayern München), Vogts -20 (Bor. Mönchengladb.); Fichtel -12 (Schalke 04), Overath -46 (1.FC Köln), Haller -30 (Juventus Turin); Libuda -13 (Schalke 04), Uwe Seeler -62 (HSV), G.Müller -15 (Bayern München). Mannschaftskapitän: Uwe Seeler
Schottland: Herriot; Greig, McKinnon, McNeil, Gemmel; Bremner, Cormack; Johnstone, Stein, Gilzean, Gray
Tore: 0:1 Johnstone (3.), 1:1 Fichtel (38.), 2:1 Müller (60.), 2:2 Gilzean (62.), 3:2 Libuda (79.)
Beste Spieler: Beckenbauer, Haller, Libuda, G.Müller, Uwe Seeler - Bremner, Johnstone, Gray, Stein
Bericht: Hochspannung vor dem letzten WM-Qualifikationsspiel der deutschen Mannschaft in Hamburg gegen Schottland. Helmut Schön hatte sich wieder für den Schalker Rechtsaußen Libuda sowie Ausputzer Willi Schulz entschieden. Beckenbauer spielte dafür nicht Libero, aber eine sehr defensive Rolle.
3. Minute: Es begann nicht gut für die deutsche Mannschaft. Einen 20-Meter-Knaller von Gray konnte Sepp Maier nicht festhalten und Johnstone war blitzartig zur Stelle, um zum 1:0 einzuschießen.
12. Minute: Die deutsche Mannschaft brauchte einige Minuten, um sich von dem Schock des 0:1 zu erholen. Dann jedoch kam sie wieder. Nach einem Foul an Uwe Seeler schlenzte Beckenbauer den Ball raffiniert um die schottische Mauer herum zu Haller. Der Italien-Profi hatte aber Pech und traf nur den Pfosten. 17. Minute: Als ein verdeckter Schuß Maier überraschte, war Schulz zur Stelle, um zur Ecke zu klären. Acht Minuten später ein schöner Uwe-Seeler-Kopfball, der Torhüter Herriot nicht überraschen konnte.
34. Minute: Nach einer Bilderbuchkombination Vogts-Beckenbauer, Seeler mit dem Kopf zu Gerd Müller, donnerte der Münchener Torjäger den Ball über den Kasten. 38. Minute: Nach einer Ecke von Libuda flankte Haller an die Strafraumgrenze, wo Fichtel stand und den Ball mit einem herrlich angeschnittenen Schuß zum 1:1 in das schottische Tor setzte.
45. Minute: Bis zur Halbzeit hatten die Zuschauer ein dramatisches Spiel gesehen, in dem die Schotten sogar leichte Vorteile hatten.
47. Minute: Auch nach dem Seitenwechsel hielt die Spannung unvermindert an. Einen Aufsetzter von Gray konnte Maier gerade noch halten. 48. Minute: Torhüter Herriot war nur einen Schritt schneller am Ball als Uwe Seeler, um den Steilpaß aufzunehmen und noch einmal konnte der schottische Torhüter kurz darauf durch sein rechtzeitiges Herauslaufen eine gute Chance für Haller zunichte machen.
54. Minute: Glück für die deutsche Mannschaft, als ein herrlich abgezirkelter Schuß von Gilzean auf der Querlatte landete. 58. Minute: So langsam haderten die Schotten mit dem Schicksal, denn ein knallharter Schuß von Bremner aus 18 Meter Entfernung donnerte an die Latte des Tores von Sepp Maier. An diesen Schuß wäre der Münchener Torhüter nie herangekommen. 60. Minute: Völlig überraschend dann die 2:1-Führung der deutschen Mannschaft, als Beckenbauer einen Ball zu Uwe Seeler schlenzte, der per Kopf zu Gerd Müller verlängerte. Blitzschnell drehte sich der Torjäger und schoß mit dem linken Fuß zum 2:1 ein. Nur 3 Minuten später brachte eine herrliche Flanke über die gesamte deutsche Abwehr hinweg den Ausgleich. Gilzean war völlig frei und köpfte unhaltbar ins untere Eck.
79. Minute: Die Schotten hatten inzwischen ein klares Übergewicht, drängten ständig und versuchten den Siegtreffer zu erzielen. Da jedoch kam die Sternstunde des so umstrittenen Rechtsaußen Libuda. Unnachahmlich zog er mit einem Steilpaß

von der Mittellinie aus auf und davon. Verzweifelt versuchten ihn die schottischen Abwehrspieler einzuholen. Der Schalker war jedoch so schnell, daß selbst ein Versuch von Gemmel, dem Schalker nur noch in die Beine zu treten, fehlschlug. Aus 15 Metern zog Libuda dann ganz plötzlich ab und jagte den Ball mit einer unglaublichen Wucht über den schottischen Torhüter hinweg ins Netz. Das Stadion tobte vor Begeisterung. 85. Minute: Noch einmal versuchten die Schotten mit aller Macht den Ausgleich zu erzielen, verloren aber zunehmend die Nerven. Ein Foul reihte sich an das andere und als Gemmel auch noch Haller brutal umstieß, wurde er sofort vom Platz gestellt.

90. Minute: Nach einem an Spannung kaum zu überbietenden Fußball-Krimi hatte die deutsche Mannschaft dank ihrer besseren Nerven gegen die insgesamt überlegene schottische Mannschaft mit 3:2 gewonnen. Damit hatte sie endgültig die Qualifikation zur nächsten Weltmeisterschaft in Mexiko geschafft.

❖

Vorbericht zum 345. Länderspiel: Nach dem Sieg über Schottland konnte Helmut Schön in Ruhe für die nächste WM planen. Jeglicher Druck war erstmal von ihm und der Mannschaft genommen. In Kurzlehrgängen hielt er den Kontakt zu seinen Spielern und überprüfte die Form. Schon Mitte Februar wurde es dann ernst in den Vorbereitungen. Spanien war in Sevilla Gegner der deutschen Mannschaft. Dazu berief er folgendes Aufgebot:

Tor: Maier, Manglitz
Abwehr: Vots, Beckenbauer, W.Schulz, Schnellinger, Fichtel, Höttges, Weber
Mittelfeld: Haller, Netzer, Overath, Neuberger
Angriff: Libuda, Gerd Müller, Uwe Seeler, Grabowski

Beide Italien-Profis waren also wieder dabei und auch die beiden Mittelfeldstars Netzer und Overath, so daß Helmut Schön aus dem Vollen schöpfen konnte. Kurzfristig fielen dann jedoch mit Beckenbauer und Overath 2 Schlüsselspieler aus.

11.2.1970 in Sevilla

Spanien - BR Deutschland 2:0 (2:0)

SR: Vigliani (Frankreich), Zuschauer: 35.000
Spanien: Iribar; Sol (ab 85. Melo), Costas, Gallego, Eladio; Lora, Uriarte; Amancio, Arieta, Garate (70. Grosso), Rojo
BRD: Manglitz -3 (1.FC Köln); Vogts -21 (Bor. Mönchengladb.), Weber -34 (1.FC Köln), W.Schulz -62 (HSV), Schnellinger -39 (AC Mailand); Netzer -14 (Bor. Mönchengladb.), Haller -31 (Juventus Turin); Libuda -14 (Schalke 04), Uwe Seeler -63 (HSV), G.Müller -16 (Bayern München), Grabowski -5 (Eintr. Frankfurt). Mannschaftskapitän: Uwe Seeler
Tore: 1:0, 2:0 Arieta (17., 41.)
Beste Spieler: Amancio, Iribar, Arieta, Sol - Weber, Vogts
Bericht: Die deutsche Mannschaft begann in Sevilla durch schnelles und steiles Spiel verheißungsvoll.

14. Minute: Dennoch dauerte es fast eine Viertelstunde, bevor die Elf von Helmut Schön die erste Torgelegenheit hatte, nachdem Netzer und Vogts wunderbar vorbereiteten und der kleine Gladbacher Verteidiger mit einem knallharten Schuß abschloß. Die Spanier hatten es nur einer Blitzreaktion von Torhüter Iribar zu verdanken, daß hier nicht der Führungstreffer für die deutsche Mannschaft gefallen war. 17. Minute: Als Schnellinger Amancio nicht stoppen konnte und ihn am Arm festhielt, gab es Freistoß. Mit einem Trick, bei dem die Spanier die deutsche Mauer umliefen, kam Arieta völlig frei zum Schuß und ließ Torhüter Manglitz keine Chance. Danach wurde das Spiel der deutschen Mannschaft zusehends zerfahrener.

41. Minute: Nach dem spanischen Führungstreffer lief bei der deutschen Mannschaft nichts mehr zusammen. Lediglich in der Abwehr überzeugten Vogts und Weber und waren immer wieder die Bremsstationen bei den überfallartigen Angriffen der Spanier.

Dagegen wirkte Schulz sehr unsicher und Schnellinger hatte einen rabenschwarzen Tag. In dieser Minute spielte er erneut sehr leichtsinnig und zu kurz zurück, so daß sein schneller Gegenspieler Amancio an den Ball kam und zu Arieta weiterleiten konnte, der keine Mühe hatte das 2:0 für Spanien zu erzielen. Von der ersten Viertelstunde abgesehen, war das Spiel der deutschen Mannschaft bis zur Pause eine einzige Enttäuschung. Vor allem die beiden Italien-Profis enttäuschten maßlos.

60. Minute: Auch nach dem Seitenwechsel wurde das Spiel der deutschen Mannschaft nicht besser. Immer wieder hielt Haller den Ball entschieden zu lang und verhinderte damit schnelle Gegenangriffe. Netzer war zwar jetzt im Mittelfeld wesentlich aktiver, aber keiner der Stürmer ging auf seine Steilpässe ein.

90. Minute: Mit den schnellen, überfallartigen Angriffen der Spanier sowie deren Vorchecking war die deutsche Mannschaft absolut nicht zurechtgekommen und hatte verdient mit 0:2 verloren.

❖

Vorbericht zum 346. Länderspiel: Die Enttäuschung über die Niederlage und besonders über das schwache Spiel der deutschen Mannschaft war groß. Unverständlich war jedoch, daß Bundestrainer Helmut Schön mit seiner Kritik an die Presse ging und dort Günther Netzer zum Sündenbock stempelte. Der geniale Spielmacher hatte sicherlich kein gutes Spiel gemacht, aber es gab eine Reihe von Spielern, die wesentlich schlechter gespielt hatten, und darunter war auch Haller, der ständig den Spielfluß aufgehalten hatte. Verständlicherweise wehrte sich Netzer gegen die Art und Weise der inhaltlichen Kritik, und so hatte die deutsche Mannschaft ihren ersten öffentlichen Krach vor der WM. Im Aufgebot gegen Rumänien war der blonde Gladbacher Spielmacher nicht dabei.

Tor: Maier, Manglitz
Abwehr: Vogts, Beckenbauer, Sieloff, Schnellinger, Höttges, Weber
Mittelfeld: Haller, Overath, Lorenz, Roth
Angriff: Grabowski, Gerd Müller, Löhr, Maas

Überraschend verzichtete Bundestrainer Schön auch auf Willi Schulz, Uwe Seeler und „Stan" Libuda. Dafür war man auf die neue Variante in der Abwehr mit Beckenbauer als Libero und Schnellinger als Vorstopper sehr gespannt.

8.4.1970 in Stuttgart

BR Deutschland - Rumänien 1:1 (1:1)

SR: Emsberger (Ungarn), Zuschauer: 37.000
BRD: Maier -19 (Bayern München); Beckenbauer -36 (Bayern München); Vogts -22 (Bor. Mönchengladb.), Schnellinger -40 (AC Mailand), Höttges -38 (Werder Bremen); Weber -35 (1.FC Köln), ab 84. Sieloff -9 (Bor. Mönchengladb.), Haller -32 (Juventus Turin), ab 60. Lorenz -18 (Eintr. Braunschw.), Overath -47 (1.FC Köln); Grabowski -6 (Eintr. Frankf.), G.Müller -17 (Bayern München), Maas -3 (Eintr. Braunschw.), ab 46. Roth -2 (Bayern München). Mannschaftskapitän: Overath
Rumänien: Raducanu; Satmareanu, Lubescu, Dinu, Mocanu; Dimitru, Dobrin (ab 77. Ghergheli); Neagu, Nunweiler, Dumitrache, Lucescu (ab 79. Dembrovski)
Tore: 0:1 Neagu (20.), 1:1 Overath (33.)
Beste Spieler: Vogts, Höttges, Beckenbauer - Dobrin, Satmareanu, Dinu
Bericht: Obwohl die Rumänen nicht mit ihrer stärksten Mannschaft angetreten waren, machten sie von Beginn an der deutschen Elf schwer zu schaffen. Zwar waren immer wieder gute Ansätze zu sehen, aber oft wurde der Ball zu lange gehalten und Rechtsaußen Grabowski, der ein hervorragendes Stellungsspiel hatte, immer wieder übersehen.

20. Minute: Bereits recht frühzeitig bekam die deutsche Mannschaft die Quittung für das schlechte Kombinationsspiel. Ein schneller Gegenzug der Rumänen über wenige Stationen reichte, daß Neagu eine Flanke zur 1:0 Führung vollenden konnte. Gegen den herrlichen Kopfball war Torhüter Maier machtlos.

33. Minute: Einer der wenigen Höhepunkte im Spiel der deutschen Mannschaft, als Overath abzog und Dumitrache den Ball unglücklich zum 1:1 ins eigene Netz abfälschte. 42. Minute: Kurz vor der Pause hatte der ständig vernachlässigte Grabowski Pech, als sein Kraftschuß an den Außenpfosten sauste. Zur Halbzeit gab es in Stuttgart gellende Pfiffe für das schwache Spiel der deutschen Mannschaft.

90. Minute: In den zweiten 45. Minuten tat sich fast gar nichts mehr. Die Rumänen beschränkten sich auf gelegentliche Konter, die oft gefährlicher waren, als das Angriffsspiel der deutschen Mannschaft. Bei der Elf von Helmut Schön kam kaum noch ein flüssiges Zusammenspiel zustande, und die wenigen aussichtsreichen Torgelegenheiten wurden kläglich vergeben. Nach dem Spiel in Sevilla hatten viele gefordert, daß Netzer und Uwe Seeler aus der Elf mußten. Jetzt waren beide nicht dabeigewesen, und trotzdem war vor heimischem Publikum gegen einen wesentlich schwächeren Gegner auch nur ein Unentschieden herausgekommen.

❖

Vorbericht zum 347. Länderspiel und zur 9. Fußball-Weltmeisterschaft

Am 23.4.1970 nannte der D.F.B. der FIFA seine Liste mit 40 Namen, aus der später 22 Spieler für die WM gemeldet wurden.
Torhüter:
Maier, Josef (28.2.1944), Bayern München, 19 Lsp.
Manglitz, Manfred (8.3.1940), 1.FC Köln, 3 Lsp.
Wolter, Horst (8.6.1942), Eintr. Braunschweig, 11 Lsp.
Nigbur, Norbert (8.5.1948), FC Schalke 04, 0 Lsp.
Groß, Volkmar (31.1.1948), Hertha BSC Berlin, 0 Lsp.
Abwehrspieler:
Beckenbauer, Franz (11.9.1945), Bayern München, 36 Lsp.
Höttges, H.-Dieter (10.9.1943), Werder Bremen, 38 Lsp.
Lorenz, Max (19.8.1939), Eintr. Braunschweig, 18 Lsp.
Schulz, Willi (4.10.1938), Hamburger SV, 62 Lsp.
Vogts, H.-Hubert (30.12.1946), Bor. Mönchengladbach, 22 Lsp.
Weber, Wolfgang (26.6.1944), 1.FC Köln, 36 Lsp.
Schnellinger, K.-Heinz (31.3.1939), AC Mailand, 40 Lsp.
Sieloff, K.-Dieter (17.2.1942), Bor. Mönchengladbach, 9 Lsp.
Patzke, Bernd (24.3.1943), Hertha BSC Berlin, 18 Lsp.
Müller, Ludwig (25.8.1941), Bor. Mönchengladbach, 6 Lsp.
Heidemann, Hartmut (5.6.1944), MSV Duisburg, 3 Lsp.
Fichtel, Klaus (19.11.1944), FC Schalke 04, 12 Lsp.
Bella, Michael (29.9.1945), MSV Duisburg, 2 Lsp.
Mittelfeld und Angriff:
Haller, Helmut (21.7.1939), Juventus Turin, 32 Lsp.
Netzer, Günter (14.9.1944), Bor. Mönchengladbach, 14 Lsp.
Overath, Wolfgang (29.9.1943), 1.FC Köln, 47 Lsp.
Dietrich, Peter (6.3.1944), Bor. Mönchengladbach, 0 Lsp.
Flohe, Heinz (28.1.1948), 1.FC Köln, 0 Lsp.
Neuberger, Willi (15.4.1946), Borussia Dortmund, 2 Lsp.
Roth, Franz (27.4.1944), Bayern München, 2 Lsp.
Wimmer, Herbert (9.11.1944), Bor. Mönchengladbach, 4 Lsp.
Zaczyk, Klaus (25.5.1945), Hamburger SV, 1 Lsp.
Seeler, Uwe (5.11.1936), Hamburger SV, 63 Lsp.
Müller, Gerhard (3.11.1945), Bayern München, 17 Lsp.
Löhr, Johannes (5.7.1942), 1.FC Köln, 11 Lsp.
Libuda, Reinhard (10.10.1943), FC Schalke 04, 14 Lsp.
Brenninger, Dieter (16.2.1944), Bayern München, 1 Lsp.
Dörfel, Bernd (18.12.1944), Eintr. Braunschweig, 15 Lsp.
Grabowski, Jürgen (7.7.1944), Eintracht Frankfurt, 6 Lsp.
Held, Siegfried (7.8.1942), Borussia Dortmund, 26 Lsp.
Heynckes, Josef (9.5.1945), Hannover 96, 3 Lsp.
Horr, Lorenz (27.9.1942), Hertha BSC Berlin, 0 Lsp.
Köppel, Horst (17.5.1948), Bor. Mönchengladbach, 3 Lsp.
Laumen, Herbert (11.8.1943), Bor. Mönchengladbach, 2 Lsp.
Maas, Erich (24.12.1940), Eintr. Braunschweig, 3 Lsp.

Aus diesem Aufgebot bestellte Helmut Schön 21 Spieler zum Abschlußlehrgang, vom 4.-14.5.1970 nach Malente.
Tor: Maier, Manglitz, Wolter
Abwehr: Vogts, W.Schulz, Weber, Sieloff, Fichtel, Höttges, Patzke
Mittelfeld: Beckenbauer, Netzer, Overath, Lorenz, Dietrich
Angriff: Grabowski, Libuda, Uwe Seeler, Gerd Müller, Held, Löhr

Es fehlten noch die beiden Italien-Profis Haller und Schnellinger. Sonst war es bereits der Kern des WM-Kaders. Aus dem Lehrgang heraus wurden auch die beiden letzten Vorbereitungs-Länderspiele vor der WM angegangen. Gegen Irland fehlten die Italien-Profis, aber der einzige Neuling im 21-köpfigen Aufgebot, Peter Dietrich, kam als Einwechselspieler zu seinem ersten Länderspiel.

9.5.1970 in Berlin

BR Deutschland - Irland 2:1 (1:0)

SR: Boström (Schweden), Zuschauer: 60.000
BRD: Wolter -12 (Eintr. Braunschweig); Patzke -19 (Hertha BSC), Weber -37 (1.FC Köln), W.Schulz -63 (HSV), Vogts -23 (Bor. Mönchengladb.); Grabowski -7 (Eintr. Frankf.), ab 46. Dietrich -1 (Bor. Mönchengladbach), Beckenbauer -37 (Bayern München), Overath -48 (1.FC Köln), ab 76. Held -27 (BVB), Uwe Seeler -64 (HSV), G.Müller -18 (Bayern München), Löhr -12 (1.FC Köln).
Mannschaftskapitän: Uwe Seeler
Irland: Kelly; Brennan, Hand, Dempsey, Carrol; Mulligan, Giles, Byrne; Conwey (ab 60. Dunphy), Givens (87. Tracy), Conroy
Tore: 1:0 Seeler (17.), 2:0 Löhr (82.), 2:1 Mulligan (86.)
Beste Spieler: Uwe Seeler - Mulligan, Giles, Conroy
Bericht: Nach den beiden schwachen Länderspielen gegen Spanien und Rumänien hoffte man auf eine deutliche Leistungssteigerung der deutschen Mannschaft gegen Irland. Es begann jedoch ganz anders. Gleich vom Anpfiff weg kamen die Iren nach vorn, Conroy flankte, Giles verlängerte mit dem Kopf und Malligan donnerte einen tollen Schuß an den Pfosten des deutschen Tores.

9. Minute: Die deutsche Mannschaft fand absolut nicht ihre Form, sondern war immer wieder durch gefährliche Konter gefährdet. Torhüter Wolter konnte nur soeben mit der Faust eine Flanke vor dem völlig freistehenden Conroy abwehren.

17. Minute: Als die Iren in ihrem Kampfgeist etwas nachließen, war es bereits passiert. Eine Ecke von Overath köpfte Uwe Seeler zum 1:0 für die deutsche Mannschaft ins Netz.

27. Minute: Erneut mußte man 10 Minuten warten, bevor die deutsche Mannschaft zur nächsten Torchance kam, die Torhüter Kelly vereitelte. 34. Minute: Und erneut war es Uwe Seeler, der mit einem spektakulären Fallrückzieher für Gefahr vor dem irischen Tor sorgte. 37. Minute: Uwe war der einzige, der nicht nur rackerte, sondern auch immer wieder schoß. Nach schönem Overath-Paß knallte er aus 18 Metern scharf auf das irische Tor, wo Kelly den Ball gerade noch um den Pfosten lenken konnte.

45. Minute: Die erste Halbzeit war erneut eine Enttäuschung. Nur Uwe Seeler, der vor dem Spiel bei seiner Namensnennung überraschend viele Pfiffe geerntet hatte, überzeugte in der ersten Halbzeit.

68. Minute: Nach sehr viel Leerlauf im deutschen Angriff war es erneut Uwe Seeler, der nach Flanke des eingewechselten Dietrich nur knapp am Pfosten vorbeiköpfte.

82. Minute: Längst wurde die deutsche Mannschaft wieder für ihr Spiel ausgepfiffen, als überraschend noch das 2:0 fiel. Bei

einem Schuß des eingewechselten Held war Löhr zur Stelle und hielt den Fuß dazwischen, so daß der Ball unhaltbar für Kelly in die andere Ecke abgefälscht wurde. 85. Minute: Die ganz große Torchance zum 3:0 hatte Gerd Müller, der allein vor Torhüter Kelly den Ball nicht im Tor unterbringen konnte. 86. Minute: Bereits im Gegenzug fiel der längst verdiente Anschlußtreffer für Irland, als Conroy sich am linken Flügel durchsetzen und unbehelligt flanken konnte, Mulligan zur Stelle war und unhaltbar aus 6 Metern einköpfte.

90. Minute: Nur mit viel Glück überstand die deutsche Mannschaft die letzten 4 Minuten, in denen die Iren noch einmal mächtig auf den Ausgleich drängten. Zum drittenmal hintereinander hatte die deutsche Nationalmannschaft maßlos enttäuscht.

❖

Vorbericht zum 348. Länderspiel und zur 9. Fußball-Weltmeisterschaft

Beim letzten Test gegen Jugoslawien änderte Helmut Schön die Elf von Berlin auf 5 Positionen. Schnellinger war inzwischen bei der Mannschaft und wurde eingesetzt. Dagegen spielte Netzer nach seiner langwierigen Verletzung noch immer nicht. Interessant war jedoch der Versuch, Schnellinger als Libero einzusetzen und Beckenbauer wieder mit Overath in das Mittelfeld zu stellen.

13.5.1970 in Hannover

BR Deutschland - Jugoslawien 1:0 (1:0)

SR: Scheurer (Schweiz), Zuschauer: 60.000

BRD: Manglitz -4 (1.FC Köln); Vogts -24 (Bor. Mönchengladb.), Schnellinger -41 (AC Mailand), Fichtel -13 (Schalke 04), Höttges -39 (Werder Bremen); Uwe Seeler -65 (HSV), Beckenbauer -38 (Bayern München), Overath -49 (1.FC Köln); Libuda -15 (Schalke 04), G.Müller -19 (Bayern München), Löhr -13 (1.FC Köln). Mannschaftskapitän: Uwe Seeler

Jugoslawien: Mutibaric; Tesan, Stepanovic, Holcer, Rajkovic; Dojcinovski, Jerkovic, Bukal; Petkovic, Bajevic, Dzaijc

Tor: 1:0 Seeler (10.)

Beste Spieler: Vogts, Höttges, Uwe Seeler - Bukal, Jerkovic

Bericht: Gegen die Jugoslawen begann das Spiel der deutschen Mannschaft wesentlich besser, als noch in den drei Spielen zuvor. Von der ersten Minute an wurde Druck gemacht und zunehmend klappte auch das Zusammenspiel besser.

10. Minute: Wie schon gegen Irland kam die deutsche Mannschaft durch einen Eckball von Overath und Kopfball von Uwe Seeler frühzeitig zur 1:0-Führung.

22. Minute: Auch die Jugoslawen versteckten sich keineswegs, sondern suchten ihrerseits die Chance zum Treffer. Bei einem herrlichen Flachschuß von Bukal hatte Torhüter Manglitz Glück, als er den Ball an den Pfosten lenken konnte.

73. Minute: In den ersten 25 Minuten der zweiten Halbzeit bot die deutsche Mannschaft leider wieder ein sehr schwaches Spiel. Zwar waren viele gute Ansätze zu sehen, aber meistens wurde das Spiel dadurch behindert, daß Overath immer nur Löhr, Beckenbauer immer nur Gerd Müller und Fichtel immer nur Libuda suchten. Das Zusammenspiel der Blöcke untereinander war dagegen recht schwach. Die beiden Münchener waren es schließlich, die noch einmal eine sehr gute Phase der deutschen Mannschaft einleiteten, als Beckenbauer auch einen Nachschuß im jugoslawischen Gehäuse unterbringen konnte. Pech war, daß Müller auf der Torlinie lag und somit Schiedsrichter Scheurer den Treffer wegen Abseits nicht anerkannte.

90. Minute: Trotz der deutlichen, vor allem spielerischen Leistungssteigerung gab es für Helmut Schön noch viel zu tun.

❖

Vorbericht zum 349. Länderspiel: Am 18.5.1970 flog Helmut Schön mit seinem Aufgebot von 22 Spielern nach Mexiko, wo noch 14 Tage Zeit blieb, um sich an die Temperaturen und die Höhenluft zu gewöhnen.

1 Sepp Maier (Bayern München)
2 Horst-Dieter Höttges (Werder Bremen)
3 Karl-Heinz Schnellinger (AC Mailand)
4 Franz Beckenbauer (Bayern München)
5 Willi Schulz (Hamburger SV)
6 Wolfgang Weber (1.FC Köln)
7 Berti Vogts (Bor. Mönchengladbach)
8 Helmut Haller (Juventus Turin)
9 Uwe Seeler (Hamburger SV)
10 Siegfried Held (Borussia Dortmund)
11 Klaus Fichtel (FC Schalke 04)
12 Wolfgang Overath (1.FC Köln)
13 Gerd Müller (Bayern München)
14 Reinhard Libuda (FC Schalke 04)
15 Wolfgang Patzke (Hertha BSC)
16 Max Lorenz (Eintracht Braunschweig)
17 Hannes Löhr (1.FC Köln)
18 Klaus-Dieter Sieloff (Bor. Mönchengladbach)
19 Peter Dietrich (Bor. Mönchengladbach)
20 Jürgen Grabowski (Eintracht Frankfurt)
21 Manfred Manglitz (1.FC Köln)
22 Horst Wolter (Eintr. Braunschweig)

Mit der Gruppenauslosung, darüber waren sich fast alle einig, hatte die deutsche Mannschaft Glück gehabt. Erster Gegner war Marokko, dann Bulgarien und schließlich Peru. Die Marokkaner wurden allenfalls mit einer guten deutschen Amateurelf auf eine Stufe gestellt, so daß bereits im ersten Spiel mit einem Rekordsieg gerechnet wurde, zumal Helmut Schön seine vermeintlich beste Elf auflaufen ließ. Entsprechend der internationalen Änderung kam bei dieser WM einer Neuerung besonderer Stellenwert zu, den Auswechselungen. Gute Ersatzspieler waren besonders wichtig. Dies galt vor allem für die europäischen Mannschaften, die die dünne Höhenluft nicht gewohnt waren.

3.6.1970 in Leon (WM-Vorrunde)

Marokko - BR Deutschland 1:2 (1:0)

SR: Ravens (Holland), Zuschauer: 8.000

Marokko: Allal; Abdallah, Mouley-Idriss, Slimani, Boujemaa; Maaroufi, Bamous (ab 72. Faras), Filali; Said, Houmane, Ghazouani (ab 55. Abdelkhader)

BRD: Maier -20 (Bayern München); Vogts -25 (Bor. Mönchengladb.), W.Schulz -64 (HSV), Fichtel -14 (Schalke 04), Höttges -40 (Werder Bremen), ab 74 Löhr -14 (1.FC Köln); Haller -33 (Juventus Turin), ab 46. Grabowski - 8 (Eintr. Frankf.), Beckenbauer -39 (Bayern München), Overath -50 (1.FC Köln); Uwe Seeler -66 (HSV), G.Müller -20 (Bayern München), Held -28 (BVB). Mannschaftskapitän: Uwe Seeler

Tore: 1:0 Houmane (21.), 1:1 Seeler (56.), 1:2 Müller (80.)

Beste Spieler: Maier, Vogts, Beckenbauer - Houmane, Allal, Bamous

Bericht: Bereits in den ersten Minuten lief das Spiel der deutschen Mannschaft nicht. Immer wieder rannte sie sich im Strafraum der Marokkaner fest.

20. Minute: Die Marokkaner hatten ganze zweimal auf das deutsche Tor geschossen, ohne jedoch eine Gefahr heraufzubeschwören. Dem gegenüber hatte die deutsche Mannschaft, ständig im Angriff liegend, oft schlecht geschossen. 21. Minute: Nun bekam die deutsche Mannschaft für ihr schlechtes Zusammenspiel die Quittung. Als Höttges leichtsinnig zum Torhüter zurückköpfen wollte, war Houmane dazwischen und zirkelte den Ball unhaltbar zum 1:0 unter die Latte. 24. Minute: Beim nächsten marokkanischen Konter wäre fast das 2:0 fällig gewesen, aber zum

Glück war wenigstens Sepp Maier in toller Form. 26. Minute: Und wieder waren es die Marokkaner, die gefährlich vor das deutsche Tor kamen, wo Schulz in allerletzter Sekunde retten mußte. 28. Minute: Endlich die erste klare Torchance für die deutsche Mannschaft, aber Müllers herrlicher Schuß ging an die Latte. Schade!

45. Minute: Eine maßlose enttäuschende deutsche Elf lag zur Pause sensationell mit 0:1 hinten. Ursache war unzweifelhaft, daß weder Haller noch Overath das Spiel in den Griff bekamen. Beide zögerten viel zu lange mit dem Abspiel und wenn, dann kam es nur selten zum eigenen Mitspieler.

46. Minute: Zur Halbzeit hatte Helmut Schön richtigerweise den jungen Grabowski für den total versagenden Haller neu in die Mannschaft genommen. 48. Minute: Der Frankfurter war es auch, der den ersten gefährlichen Schuß auf das marokkanische Tor abgab. Leider knapp drüber. 50. Minute: Die Marokkaner versteckten sich keineswegs, sondern kamen erstmals in der zweiten Halbzeit durch Bamous gefährlich vor das Tor von Maier, der retten konnte.

56. Minute: Der lang ersehnte Ausgleichstreffer nach einer harmlos aussehenden Situation, in der sich Grabowski, Held und Müller den Ball zuschoben: Müller legte für Uwe Seeler auf, und der eigentlich schwach geschossene Ball landete überraschend zum 1:1 im marokkanischen Tor. 64. Minute: Ein tolles Solo schloß Beckenbauer mit einem knallharten 20-Meter-Schuß ab, der nur Zentimeter am Tor vorbeizischte.

75. Minute: Helmut Schön setzte jetzt alles auf eine Karte, nahm Abwehrspieler Höttges heraus und brachte mit Löhr einen weiteren Stürmer. 80. Minute: Schon 5 Minuten später das erlösende 2:1. Grabowski leitete es mit einer schönen Flanke ein, Löhr köpfte an die Latte und dann war Gerd Müller zur Stelle, um den Ball per Kopf ins Tor zu nicken. 82. Minute: Jetzt zeigten die Marokkaner noch einmal, was in ihnen steckte. Meier mußte in höchster Not gegen Houmane retten, der Vogts davongelaufen war. 86. Minute: Noch einmal mußte Torhüter Maier bei einem herrlichen Schuß von Filali sein ganzes Können aufbieten, um den Ausgleich zu verhindern.

89. Minute: Und zum letztenmal hatte die deutsche Mannschaft Glück, als die Marokkaner in den letzten Sekunden knapp am deutschen Tor vorbeizielten. Die deutsche Mannschaft war noch einmal mit 2:1 davongekommen. Auffallend war, daß ihr bei diesem Sieg zugute kam, daß jetzt auch bei Weltmeisterschaften ausgewechselt werden durfte. Beide eingewechselten Spieler waren entscheidend an den Toren beteiligt.

❖

Bei der WM 1970 in Mexiko holte sich diese deutsche Elf den dritten Platz durch einen 1:0-Sieg über Uruguay. Von links: Seeler, Wolter, Schnellinger, Weber, Müller, Patzke, Held, Fichtel, Libuda, Overath und Vogts

Zwei, die angeblich nicht zusammenpaßten, aber dann in Mexiko Triumphe feierten: WM-Torschützenkönig Gerd Müller (links) und Uwe Seeler

Vorbericht zum 350. Länderspiel: Die deutsche Mannschaft hatte noch einmal Glück gehabt. Die fünfte schwache Vorstellung in Folge mußte jedoch Konsequenzen haben. Helmut Schön nahm Schulz, Haller und Held aus der Mannschaft und brachte dafür Schnellinger, Libuda und Löhr von Anfang an.

Für Bulgarien ging es nach der Niederlage gegen Peru bereits um alles oder nichts. Nur mit einem Sieg hatten sie noch eine Chance, das Viertelfinale zu erreichen.

7.6.1970 in Leon (WM-Vorrunde)
Bulgarien - BR Deutschland 2:5 (1:2)

SR: Mendibil (Spanien), Zuschauer: 9.000
Bulgarien: Simeonov; Gaydarski, Jetchev, Nikodimov, Gaganelov (ab 58. Schalamonov); Bonev, Penev; Kolev, Marachliev, Asparuchov, Dermendjiev (ab 46. Mitkov)
BRD: Maier -21 (Bayern München); Vogts -26 (Bor. Mönchengladb.), Schnellinger -42 (AC Mailand), Fichtel -15 (Schalke 04), Höttges -41 (Werder Bremen); Uwe Seeler -67 (HSV), Beckenbauer -40 (Bayern München), ab 73. Weber -38 (1.FC Köln), Overath -51 (1.FC Köln); Libuda -16 (Schalke 04), G.Müller -21 (Bayern München), Löhr -15 (1.FC Köln), ab 59. Grabowski -9 (Eintr. Frankfurt). Mannschaftskapitän: Uwe Seeler
Tore: 1:0 Nikodimov (11.), 1:1 Libuda (19.), 2:1 G.Müller (27.), 3:1 G.Müller (52. Foulelfmeter), 4:1 Uwe Seeler (70.), 5:1 G.Müller (88.), 5:2 Kolev (89.)
Beste Spieler: Bonev, Penev - Libuda, Overath, Gerd Müller, Beckenbauer, Uwe Seeler
Bericht: Im Gegensatz zum Marokko-Spiel begann die deutsche Mannschaft gegen Bulgarien ganz anders. Von der ersten Minute an machte sie vor allem über den rechten Flügel, Seeler und Libuda, starken Druck.

11. Minute: Völlig überraschend kam dann die 1:0 Führung für die Bulgaren, als Bonev einen Freistoß zum vorstürmenden Nikodimov schob, der unhaltbar an der Mauer vorbei ins Netz knallte. Wieder lag die deutsche Mannschaft 0:1 hinten, obwohl sie diesmal gut begonnen hatte. Trotz des Rückstandes hatte man nicht das Gefühl, daß sie dieses Spiel verlieren würde. Schon 8 Minuten nach dem Führungstreffer gelang ihr auch der Ausgleich. Libuda setzte sich am rechten Flügel mit einem tollen Solo durch und sein Flankenball senkte sich hoch über Simeonov ins Tor. Zwar kam der bulgarische Torhüter noch an den Ball, konnte ihn jedoch nicht mehr vor der Torlinie festhalten. 23. Minute: Nur einmal kamen die Bulgaren noch gefährlich vor das deutsche Tor, aber Sepp Maier reagierte großartig.

27. Minute: Erneut war es der glänzend aufgelegte Libuda, der sich mit einem Solo Platz für eine Flanke erkämpfte, die Gerd Müller unhaltbar zum 2:1 für die deutsche Mannschaft einschoß. 32. Minute: Nach schöner Vorarbeit von Overath kam Libuda aus halbrechter Position zum Schuß. Der knallharte Ball zischte knapp über die Latte.

43. Minute: Auch das Zusammenspiel zwischen Müller und Beckenbauer klappte jetzt wesentlich besser. Nach einem Doppelpaßspiel prüfte Beckenbauer den bulgarischen Torhüter. 45. Minute: Zwar war auch noch Leerlauf im Spiel der deutschen Mannschaft, aber der Unterschied zum Spiel gegen Marokko war wie Tag und Nacht.

51. Minute: Die deutsche Mannschaft drängte auch in der zweiten Halbzeit auf eine Vorentscheidung. Müller schoß eine Löhr-Vorlage auf das bulgarische Tor, hatte jedoch Pech. 52. Minute: Wie einst Helmut Rahn, wurde Libuda mehr und mehr zur spielbestimmenden Person im Sturm. Als er wieder einmal mit einem Alleingang an drei Gegenspielern vorbei war, blieb Verteidiger Jetchev keine andere Wahl, als ihm im Strafraum die Beine wegzuziehen. Den fälligen Elfmeter donnerte Müller ins Tor. Zwar war Simeonov, der sich viel zu früh bewegt hatte, mit den Fingerspitzen noch dran, aber der Schuß war so hart, daß er den Ball nicht halten konnte. Die deutsche Mannschaft führte 3:1. 57. Minute: Das Spiel der deutschen Elf wurde immer besser. Teilweise wurde sogar traumhaft schöner Fußball gespielt. Beckenbauer umspielte drei, vier Abwehrspieler wie Torstangen, aber seinen tollen Schuß konnte Simeonov mit einer Glanzparade abwehren. Den Nachschuß schoß Müller über das Tor.

70. Minute: Nach einem tollen Steilpaß von Overath fiel die endgültige Entscheidung. Müller sah den besser postierten Uwe Seeler, und der Hamburger sprang in die Vorlage des Münchener Torjägers und vollendete zum 4:1. 74. Minute: Fast das 5:1, als Uwe Seeler einen Paß von Overath nur um Zentimeter verfehlte. Und ein herrlicher Alleingang von Grabowski in der 81. Minute endete mit einer Glanzparade von Simeonov.

88. Minute: Kurz vor dem Ende das wohl schon 20. Foul an Libuda. Diesmal wurden die Bulgaren wieder dafür bestraft, weil Libuda den Freistoß maßgerecht auf den Kopf von Gerd Müller zirkelte, dessen plazierter Kopfball unhaltbar zum 5:1 einschlug. 89. Minute: Aus 25 Meter Entfernung kam Kolev mit einem fantastischen Schuß ins äußerste obere Eck noch zum zweiten bulgarischen Treffer. Insgesamt hatte die deutsche Mannschaft jedoch auch in dieser Höhe, mit 5:2, hoch verdient gewonnen. Endlich hatte sie das Spiel gezeigt, das man von ihr erwartet hatte.

❖

Vorbericht zum 351. Länderspiel: Mit dem Sieg über Bulgarien hatte die deutsche Mannschaft bereits das Viertelfinale erreicht. Im abschließenden Gruppenspiel gegen Peru, das ebenfalls beide Spiele gewonnen hatte, ging es um den Gruppensieg, der ein weiteres Spiel in Leon garantierte. Helmut Schön veränderte die erfolgreiche Mannschaft nicht, sondern begann genauso wie gegen Bulgarien.

10.6.1970 in Leon (WM-Vorrunde)
Peru - BR Deutschland 1:3 (1:3)

SR: Aguilar (Mexiko), Zuschauer: 15.000
Peru: Rubinos; P.Gonzales, de la Torre, Chumpitaz, Fuentes; Mifflin, Challe (ab 70. Cruzado); Sotil, Leon (ab 56. Ramirez), Cubillas, Gallardo
BRD: Maier -22 (Bayern München); Vogts -27 (Bor. Mönchengladb.), Schnellinger -43 (AC Mailand), Fichtel -16 (Schalke 04), Höttges -42 (Werder Bremen), ab 46. Patzke -20 (Hertha BSC); Uwe Seeler -68 (HSV), Beckenbauer -41 (Bayern München), Overath -52 (1.FC Köln); Libuda -17 (Schalke 04), ab 74. Grabowski -10 (Eintr. Frankfurt), G.Müller -22 (Bayern München), Löhr -16 (1.FC Köln). Mannschaftskapitän: Uwe Seeler
Tore: 1:0, 2:0, 3:0 Gerd Müller (20., 26., 38.), 3:1 Cubillas (43.)
Beste Spieler: Chumpitaz, Challe, Cubillas - Gerd Müller, Beckenbauer, Uwe Seeler, Overath
Bericht: Die deutsche Mannschaft machte dort weiter, wo sie gegen Bulgarien aufgehört hatte. Von Anfang an bestimmte sie das Spiel und ließ die Peruaner kaum zur Offensive kommen.

6. Minute: Das erste Libuda-Dribbling um zwei Gegenspieler herum, mit anschließender Flanke und schönem Kopfball von Müller, hätte bereits die Führung sein können. 8. Minute: Diesmal waren es Libuda und Vogts, die sich auf der rechten Seite durchsetzten. Torhüter Rubinos hatte bei dem Schrägschuß größte Mühe.

20. Minute: Das Spielgeschehen wechselte jetzt ständig von einem Tor zum anderen. Diesmal konnte sich Maier auszeichnen, als Chumpitaz einen verdeckten Schuß auf sein Tor knallte. Im Gegenzug dann das überraschende 1:0, als de la Torre eine Libuda-Flanke verpaßte und Müller völlig freistand. Der Münchener Torjäger ließ dem herausstürzenden Rubinos keine Chance, sondern spitzelte den Ball unhaltbar ins Netz. 26. Minute: Diesmal war es Löhr auf der linken Seite, der sich herrlich durchsetzte und maßgerecht in die Mitte flankte, wo es für Gerd Müller

nur noch Formsache war, den Ball zum 2:0 im Netz unterzubringen.

30. Minute: Obwohl die Peruaner gelegentlich vor das deutsche Tor kamen, spielte die deutsche Mannschaft jetzt groß auf. Nach einer Libuda-Flanke glänzte Uwe Seeler mit einem für ihn typischen Fallrückzieher. Der Ball ging nur ganz knapp über das Tor. 35. Minute: Galardo wurde in aussichtsreicher Position erst in letzter Sekunde von Maier und Schnellinger gebremst. Noch einmal war Schnellinger 60 Sekunden später als Libero letzte Rettung gegen Challe. 38. Minute: Auf der rechten Seite tankte sich Uwe Seeler durch und flankte wie aus dem Lehrbuch zum hochsteigenden Gerd Müller. Torhüter Rubinos kam zu spät und der Kopfball des Münchener Torjägers senkte sich zum 3:0 ins Netz. Das dritte Müller-Tor, ein echter Hattrick innerhalb von 18 Minuten und bereits sein 7. WM-Tor im dritten Spiel.

43. Minute: Pech für die deutsche Mannschaft, als ein Freistoß durch Cubillas von Schnellinger so unglücklich abgefälscht wurde, daß der Ball unhaltbar in die entgegengesetzte Ecke zum 3:1 ins Tor kullerte. Zur Halbzeit führte die deutsche Mannschaft hoch verdient mit 3:1 Toren. Wesentlicher war jedoch, daß sie durch eine Klasseleistung auch die letzten Kritiker überzeugt hatte.

63. Minute: Und wieder einer dieser gefährlichen Angriffe über Rechtsaußen Libuda, diesmal köpfte Uwe Seeler, und Torhüter Rubinos hatte größte Mühe, den Ball noch zu bekommen. 69. Minute: Bei einem der gefährlichen Konter der Peruaner über Cubillas konnte Sepp Maier durch das rechtzeitige Herauslaufen gerade noch retten.

76. Minute: Gleich zweimal innerhalb einer Minute mußte Torhüter Rubinos mit Glanzparaden Kopfbälle von Müller unschädlich machen. Die deutsche Mannschaft hatte die Drangperiode der Peruaner ohne weiteren Gegentreffer überstanden. Jetzt bestimmte sie wieder das Spiel. 80. Minute: Ein kerniger Schuß von Beckenbauer und toller Nachschuß von Grabowski konnte wieder nur durch eine Glanzparade vom peruanischen Torhüter abgewehrt werden. 85. Minute: Die letzte große Chance für Peru vergab Ramirez, als er allein vor Maier um Millimeter das deutsche Tor verfehlte.

90. Minute: Die letzte Offensive der Peruaner brachte nichts mehr ein. Aufgrund der großartigen ersten und der taktisch geschickten zweiten Halbzeit, hatte die deutsche Mannschaft verdient mit 3:1 gewonnen und war ungeschlagen in das Viertelfinale vorgedrungen.

❖

Vorbericht zum 352. Länderspiel: Was man nach den Vorbereitungsspielen kaum erwarten konnte, war eingetreten, die deutsche Mannschaft hatte sich während der WM in eine Klasseform gesteigert und war ohne Punktverlust und mit 10:4 Toren ins Viertelfinale vorgedrungen, wo England der nächste Gegner war. Ausgerechnet gegen England, gegen das die deutsche Mannschaft erst einmal, 1968, gesiegt hatte. Die Engländer waren zweifellos der Angstgegner der Deutschen, und die Endspielniederlage mit 2:4 nach Verlängerung, 1966 bei der WM in London, war noch in guter Erinnerung.

Helmut Schön vertraute zum drittenmal hintereinander der gleichen Aufstellung. Jetzt gab es kein Taktieren, denn der Verlierer würde ausscheiden. Nur ein Sieg konnte die deutsche Mannschaft ins Halbfinale bringen.

14.6.1970 in Leon (WM-Viertelfinale)
England - BR Deutschland 2:3 (2:2, 0:1) n.V.

SR: Coerezza (Argentinien), Zuschauer: 28.000
England: Bonetti; Newton, Labone, Moore, Cooper; Ball, B.Charlton (ab 68. Bell), Mullery, Peters (ab 79. Hunter); Lee, Hurst
BRD: Maier -23 (Bayern München); Vogts -28 (Bor. Mönchengladb.), Schnellinger -44 (AC Mailand), Fichtel -17 (Schalke 04), Höttges -43 (Werder Bremen), ab 46. W.Schulz -65 (HSV); Uwe Seeler -69 (HSV), Bekenbauer -42 (Bayern München), Overath -53 (1.FC Köln); Libuda -18 (Schalke 04), ab 56. Grabowski -11 (Eintr. Frankf.), G.Müller -23 (Bayern München), Löhr -17 (1.FC Köln). Mannschaftskapitän: Uwe Seeler
Tore: 1:0 Mullery (32.), 2:0 Peters (50.), 2:1 Beckenbauer (68.), 2:2 Uwe Seeler (82.), 2:3 Gerd Müller (108.)
Beste Spieler: Moore, Mullery, Bobby Charlton - Beckenbauer, Uwe Seeler, Gerd Müller
Bericht: 4 Jahre nach dem WM-Finale von 1966 trafen sich Bobby Moore und Uwe Seeler als Kapitäne der beiden Nationalmannschaften wieder. Bereits in den ersten Minuten war deutlich festzustellen, daß beide Mannschaften voreinander Respekt hatten.

10. Minute: Die erste erregende Szene sah fast nach Platzverweis aus, als Lee bei einem Flankenball seine Faust genau unter das Kinn von Maier setzte. Schiedsrichter Coerezza verwarnte ihn mit einer gelben Karte, die, wie die roten Karten für Platzverweis, auf dieser WM neu eingeführt wurden.

30. Minute: Die Engländer waren leicht überlegen, aber noch keine Mannschaft hatte eine zwingende Torchance erspielt. Trotzdem herrschte Hochspannung, teilweise Dramatik. 32. Minute: Was schon zu befürchten war, trat ein. Nach einem Flankenlauf von Newton war Mullery zur Stelle und knallte den Ball unhaltbar zum 1:0 für England ins Netz. Zum drittenmal bei dieser Weltmeisterschaft lag die deutsche Mannschaft mit 0:1 hinten.

45. Minute: So sehr sich die deutsche Elf auch bemühte, vor dem Strafraum der Engländer war fast immer Endstation. Das undurchdringliche Abwehrnetz konnte nur ganz selten durchbrochen werden.

50. Minute: Auch zu Beginn der zweiten Halbzeit fand die deutsche Mannschaft nicht ihren Rhythmus. Und dann war es erneut passiert: Eine Flanke von Hurst nahm Peters auf, schüttelte Vogts ab und schon hieß es 2:0 für England. Als hätten die deutschen Spieler Blei in den Schuhen, liefen sie den Engländern immer hinterher und kamen nicht ins Spiel. 55. Minute: Der eingewechselte Willi Schulz konnte gerade noch rechtzeitig vor Hurst retten. Beckenbauer war der einzige, der es immer wieder mit Weitschüssen versuchte, jedoch ohne Erfolg. Auch sein schöner Schuß aus 25 Metern beim nächsten Angriff ging 2 Meter am Tor vorbei.

68. Minute: Die deutsche Mannschaft spielte jetzt zwar überlegen, aber nach wie vor wollte nichts gelingen, bis Beckenbauer zu einem tollen Solo ansetzte, bei dem er Mullery aussteigen ließ und dann unhaltbar schräg zum 1:2 einschoß. Trotzdem konnte man sich kaum vorstellen, daß diese deutsche Mannschaft den Engländern noch den Sieg entreißen könne. Dann aber wurde bei den Briten ausgewechselt. Bobby Charlton ging erschöpft vom Platz und Bell kam neu in die Mannschaft. Auch wenn die Engländer vorerst noch die stärkere Mannschaft waren, war diese Auswechselung doch ein klarer Bruch.

77. Minute: Ein herrlicher Flugkopfball von Hurst sprang nur um Zentimeter am Pfosten vorbei. Die deutsche Mannschaft hatte noch einmal Glück gehabt. 78. Minute: Im Gegenzug hatte Müller bereits die Ausgleichschance, schoß jedoch Torhüter Bonetti in die Arme. Aber die deutsche Mannschaft kam jetzt und fand über den Kampf zum Spiel. 82. Minute: Als Schnellinger in den Strafraum

flankte, köpfte Uwe Seeler eines der fantastischsten Tore, die man sich vorstellen konnte: Mit dem Rücken zum Tor nahm er den Ball mit dem Hinterkopf und bevor Torhüter Bonetti reagieren konnte, hieß es 2:2. 84. Minute: Das 2:2 gab der deutschen Mannschaft unglaublichen Auftrieb. Beckenbauer kombinierte jetzt im Doppelpaß mit Müller und verfehlte nur ganz knapp das englische Gehäuse.

90. Minute: Trotz einiger guter Gelegenheiten für die deutsche Mannschaft blieb es nach Ablauf der 90 Minuten beim 2:2. Das Spiel mußte verlängert werden.

95. Minute: Die deutsche Mannschaft schien physisch stärker zu sein. Bei über 50 Grad in der Sonne war es fantastisch, was die 22 Akteure auf dem Feld noch leisteten. Bonetti konnte nur mit großer Mühe einen tollen Schuß von Beckenbauer über die Latte lenken. Mehrere Ecken für die deutsche Mannschaft folgten, brachten jedoch nichts ein.

105. Minute: Erneut mußten die Seiten gewechselt werden und die nächste Viertelstunde darüber entscheiden, wer in das Halbfinale einzog. 108. Minute: Als Grabowski seinen Gegenspieler Newton stehenließ und flankte, war es passiert. Löhr köpfte über Bonetti zu Müller, der den Ball zum 3:2 für die deutsche Mannschaft ins Netz spitzelte. 115. Minute: Noch einmal mobilisierten die Engländer ihre Kräfte, um doch noch den Ausgleich zu schaffen. Aus 14 Meter Entfernung verfehlte Ball jedoch das Tor. 119. Minute: Die letzte Chance für die Engländer war ein knallharter Schuß von Newton, den Maier jedoch sicher halten konnte.

120. Minute: Der Schlußpfiff nach zwei Stunden Spielzeit. Die deutsche Mannschaft hatte nach dem 0:2-Rückstand mit einer großartigen kämpferischen Leistung das Unmögliche möglich gemacht und doch noch mit 3:2 gewonnen.

❖

Vorbericht zum 353. Länderspiel: Nur 3 Tage nach dem kräftezehrenden 3:2 nach Verlängerung mußte die deutsche Mannschaft im Halbfinale gegen Italien um den Einzug ins Finale spielen. Helmut Schön gönnte den Spielern viel Ruhe, um den hohen Kräfteverschleiß wenigstens etwas auszugleichen. Dem Bundestrainer blieb auch keine andere Wahl, als diesmal eine andere Aufstellung beginnen zu lassen, weil bei einigen Spielern die Kraft fehlte. Schulz, Patzke und Grabowski spielten gegen Italien von Anfang an.

17.6.1970 in Mexiko City (WM-Halbfinale)
Italien - BR Deutschland 4:3 (1:1, 1:0) n.V.

SR: Yamasaki (Mexiko), Zuschauer: 110.000
Italien: Albertosi; Cera; Burgnich, Bertini, Rosato (ab 91. Poletti), Facchetti; Mazzola (ab 46. Rivera), de Sisti; Domenghini, Boninsegna, Riva
BRD: Maier -24 (Bayern München); Vogts -20 (Bor. Mönchengladb.), Schnellinger -45 (AC Mailand), W.Schulz -66 (HSV), Patzke -21 (Hertha BSC), ab 66 Held -29 (BVB); Uwe Seeler -70 (HSV), Beckenbauer -43 (Bayern München), Overath -54 (1.FC Köln); Grabowski -12 (Eintr. Frankfurt), G.Müller -24 (Bayern München), Löhr -18 (1.FC Köln), ab 52. Libuda -19 (Schalke 04). Mannschaftskapitän: Uwe Seeler
Tore: 1:0 Boninsegna (7.), 1:1 Schnellinger (90.), 1:2 Gerd Müller (95.), 2:2 Burgnich (99.), 3:2 Riva (104.), 3:3 Gerd Müller (109.), 4:3 Rivera (111.)
Beste Spieler: Albertosi, Burgnich, Faccetti, Rivera - Beckenbauer, Overath, Uwe Seeler
Bericht: Die deutsche Mannschaft begann das Spiel um den Einzug in das Finale sehr vorsichtig. Sie wollte nicht wieder frühzeitig in Rückstand geraten.

7. Minute: Es kam jedoch anders. Ein Abwehrfehler von Vogts eröffnete Boninsegna eine tolle Chance, die er sich mit einem unhaltbaren Schuß nicht entgehen ließ. Italien führte 1:0 und was das bedeutete, bei den Abwehrkünsten der Italiener, war bekannt.

17. Minute: Wovor die deutsche Mannschaft besonders Angst hatte, begann jetzt langsam. Beckenbauer wurde kurz vor dem Strafraum einfach umgesäbelt, ohne daß Schiedsrichter Yamasaki pfiff. 20. Minute: Als Beckenbauer wieder zu einem Solo ansetzte, wurde er von Mazzola gefoult. Eine Minute später endete eine schöne Kombination der deutschen Mannschaft, über Beckenbauer, Müller und Vogts, mit einem Foul an Vogts.

29. Minute: Die deutsche Mannschaft bestimmte inzwischen klar das Spiel. Müller hatte Pech, als ein herrlicher Schuß nur Zentimeter am Tor vorbeistrich. 33. Minute: Ein toller Grabowski-Schuß aus 25 Metern konnte Albertosi gerade noch über die Latte lenken. Auch Beckenbauer hatte 4 Minuten später Pech, als ihm Overath den Ball maßgerecht vor die Füße legte, der Schuß jedoch neben das Tor ging. 38. Minute: Ein schönes Grabowski-Dribbling, Paß zu Uwe Seeler, erneut durch ein Foul unterbunden: Riva wurde verwarnt.

41. Minute: Nach einer Patzke-Flanke ging der schöne Kopfball von Uwe Seler nur knapp neben das Tor. Und noch einmal Aufregung im deutschen Strafraum Sekunden vor Schluß, als Sepp Maier den Ball zu lange hielt und Schiedsrichter Yamasaki einen indirekten Freistoß für Italien pfiff. Zum Glück fanden die Italiener keine Lücke in der 10 Spieler starken deutschen Mauer.

62. Minute: Nachdem Rosato wieder einmal Gerd Müller umgesäbelt hatte, bekam Grabowski den Freistoß zugespielt, schoß jedoch aus 8 Metern am Tor vorbei. 64. Minute: Das Glück war mit den Italienern, als Grabowski zum freigelaufenen Overath paßte und dessen Schuß krachend gegen die Latte ging. Ein tolles Solo von Beckenbauer schien 60 Sekunden später endlich der Ausgleich zu sein, aber er wurde im Strafraum gelegt. Yamasaki gab jedoch nur indirekten Freistoß, der nichts einbrachte.

70. Minute: Nach einem herrlichen Overath-Solo konnte Facchetti nur noch auf der Linie retten. Uwe Seeler, der den Abpraller mit Sicherheit bekommen hätte, wurde im Strafraum einfach festgehalten, aber erneut blieb der Pfiff des Unparteiischen aus. 75. Minute: Nach einer Ecke wurde Uwe Seeler im Strafraum einfach umgestoßen, aber wieder pfiff Yamasaki nicht. So stürmte die deutsche Mannschaft unentwegt bis zur letzten Minute weiter, und als niemand mehr damit rechnete, passierte es doch.

90. Minute: Ausgerechnet Schnellinger, der Italien-Profi, rutschte in eine Flanke von Grabowski und erzielte in letzter Sekunde den 1:1-Ausgleich. Wieder mußte die deutsche Mannschaft in eine Verlängerung.

95. Minute: Die deutsche Elf spielte in der Verlängerung weiter, als würde sie noch im Rückstand liegen. Nach 5 Minuten wurde sie dafür belohnt. Wieder einmal war es Torjäger Gerd Müller, der den Bruchteil einer Sekunde schneller als seine Gegenspieler war und den Ball mit der Fußspitze zum 2:1 über die Linie drückte. 99. Minute: Die Italiener konterten eiskalt. Als Siggi Held zurückgeeilt war und einen Ball mit der Brust stoppen wollte, aber zu weit abtropfen ließ, war Burgnich zur Stelle und erwischte Torhüter Sepp Maier auf dem falschen Fuß. Erneut stand es Unentschieden.

104. Minute: Kurz vor dem Seitenwechsel spielte Italiens Torjäger Riva Schnellinger aus und bevor Vogts hinzukommen konnte, hatte der Italiener unhaltbar ins lange Eck geschossen. Italien führte wieder mit 3:2. Erneut wurden die Seiten gewechselt und die Dramatik nahm von Minute zu Minute zu. Immer wieder boten sich der deutschen Mannschaft gute Einschußmöglichkeiten, die häufig nur durch Fouls unterbunden wurden. Bei jedem anderen Schiedsrichter hätte es in diesem Spiel 3 Elfmeter für die deutsche Mannschaft gegeben, aber Herr Yamasaki meinte es gut mit den Italienern.

109. Minute: Noch einmal fand die deutsche Mannschaft die Kraft zum Ausgleich. Eine Flanke von Libuda köpfte Uwe Seeler auf das italienische Tor. Erneut war Gerd Müller zur Stelle, hechtete in den Ball, der genau in die entgegengesetzte Ecke sprang. Dadurch hatten Torhüter Albertosi und der auf der Linie postierte Rivera keine Chance mehr. Das Spiel war längst zu einem offenen Schlagabtausch geworden, bei dem kaum noch gedeckt, sondern nur noch auf Torerfolg gespielt wurde. 111. Minute: Bei der deutschen Mannschaft wurde bis zur totalen Erschöpfung gekämpft. Die Italiener begnügten sich weiterhin mit ihren allerdings sehr gefährlichen Kontern, wovon einer auch die Entscheidung brachte. Boninsegna war es wieder einmal, der seinen Gegenspielern entwischte und locker Willi Schulz überlief. Er flankte in die Mitte, wo Rivera mitgelaufen war und Sepp Maier auf dem falschen Fuß erwischte. Und damit war die deutsche Mannschaft besiegt.

120. Minute: Zwar gaben die 11 deutschen Spieler auf dem Rasen nie auf, aber sie hatten nicht mehr die Kraft, dem Spiel noch eine Wende zu geben. Sie hatte ja nicht nur die 120 Minuten des Englandspiels in den Knochen, sondern spielten nur mit 10 1/2 Mann, weil Beckenbauer Mitte der zweiten Halbzeit so übel gefoult worden war, daß er seinen Arm nur noch in einer Binde tragen konnte. Nach dem Spiel waren sich alle Experten darüber einig, daß Schiedsrichter Yamasaki einen entscheidenden Anteil am Sieg der Italiener hatte, weil er immer wieder deren Fouls durchgehen ließ und die schon angesprochenen drei klaren Elfmeter der deutschen Mannschaft verweigerte. Trotz der Niederlage gehörten der deutschen Mannschaft nach diesem Spiel die Sympathien in Mexiko. Daß die Italiener nur mit Glück ins Finale gekommen waren und ihnen die deutsche Mannschaft alles abverlangt hatte, zeigte schließlich das Enspiel, indem sie gegen Brasilien nach allen Regeln der Kunst ausgespielt wurden und mit 1:4 untergingen.

❖

Vorbericht zum 354. Länderspiel: Nach dem Ausscheiden im Halbfinale saß die Enttäuschung bei der deutschen Mannschaft sehr tief. Sie hatte im Mittelfeld und Angriff grandios gespielt und nur durch Pech, einer schlechten Schiedsrichterleistung sowie schwacher Abwehr unglücklich verloren. Es war jedoch nicht mehr zu ändern, und so spielte die deutsche Mannschaft um den 3. oder 4. Platz gegen Uruguay. Mit Wolter, Weber, Fichtel, Held und später Max Lorenz mußte Bundestrainer Helmut Schön frische Kräfte einbauen, zumal Beckenbauer durch die Verletzung nicht spielen konnte.

20.6.1970 in Mexiko City (WM-Spiel um Platz 3)
Uruguay - BR Deutschland 0:1 (0:1)

SR: Sbardella (Italien), Zuschauer: 85.000

Uruguay: Mazurkiewicz; Ubinas, Ancheta, Matosas, Mujica; Maneiro (ab 68. Sandoval), Castillo; Cubilla, Cortes, Fontes (ab 46. Esparrago), Morales

BRD: Wolter -13 (Eintr. Braunschw.); Patzke -22 (Hertha BSC), Weber -39 (1.FC Köln), Schnellinger -46 (AC Mailand), ab 46. Max Lorenz -19 (Eintr. Braunschw.), Vogts -30 (Bor. Mönchengladb.); Uwe Seeler -71 (HSV), Fichtel -18 (Schalke 04), Overath -55 (1.FC Köln); Libuda -20 (Schalke 04), ab 74 Löhr -19 (1.FC Köln), G.Müller -25 (Bayern München), Held -30 (BVB). Mannschaftskapitän: Uwe Seeler

Tor: 0:1 Overath (27.)

Beste Spieler: Mazurkiewicz, Ancheta, Cubilla - Overath, Vogts

Bericht: Die deutsche Mannschaft begann im Spiel um den dritten und vierten Platz gegen Uruguay großartig. Unwillkürlich wurde man an das Klassespiel gegen Italien erinnert, als Uwe Seeler bereits in den ersten Minuten mit einem hervorragenden Kopfball Pech hatte. Bald darauf setzte Overath mit einem herrlichen 20-Meter-Paß Müller ein, der freie Schußbahn hatte, aber am ausgezeichneten Torhüter Mazurkiewicz scheiterte.

27. Minute: Eine Traumkombination der deutschen Mannschaft leitete den einzigen Treffer ein. Von Libuda ausgehend, mit einer herrlichen Flanke zu Uwe Seeler, begann die schöne Vorarbeit. Der Hamburger verlängerte sofort mit dem Kopf zu Gerd Müller, der den Ball maßgerecht für Wolfgang Overath vorlegte. Ein knallharter Schuß des Kölner Spielmachers bezwang Mazurkiewicz das einzige Mal. Nach dieser guten ersten halben Stunde baute die deutsche Mannschaft jedoch zusehends ab und kam in immer größere Schwierigkeiten.

53. Minute: Obwohl die Südamerikaner gleich nach Wiederbeginn auf den Ausgleich drängten, brauchten sie auch noch etwas Glück, als Uwe Seeler mit einem tollen Schuß nur die Latte traf. 59. Minute: Daß die deutsche Mannschaft mehr konnte, als sie nun in der zweiten Halbzeit zeigte, blitzte zwischendurch immer wieder auf, wenn traumhafte Kombinationen die Uruguayer durcheinanderwirbelten. Overath, Libuda, Lorenz, Müller und Seeler zeigten bei einer solchen Kombination, mit einem tollen Schuß von Overath als Abschluß, den Mazukiewicz nur mit größter Mühe halten konnte, daß es ihnen nur an Kraft fehlte, um fortwährend ein solches Spiel aufzuziehen.

90. Minute: Was weiter in diesem Spiel passierte, sollte man zumindest aus Sicht der deutschen Mannschaft besser vergessen. Serienweise mußten Abwehrspieler für den sehr unsicheren Wolter auf der Linie retten. Cubilla köpfte einen Ball an den Pfosten und ansonsten half die Glücksgöttin Fortuna immer wieder der deutschen Mannschaft. Hätten die Urus nur ein klein wenig besser gezielt, sie hätten an diesem Nachmittag mit einem deutlichen Sieg WM-Dritter werden können. Denn mit einer nochmaligen Energieleistung der deutschen Elf war nach den Spielen gegen England und Italien kaum zu rechnen. Das Glück, das der deutschen Mannschaft so sehr gegen Italien gefehlt hatte, wurde in der zweiten Halbzeit dieses Spiels kübelweise über sie ausgeschüttet. So wurde sie schließlich doch noch für ihre großartigen Leistungen bei dieser Weltmeisterschaft belohnt.

Für einige Spieler ging damit ihre Karriere in der Nationalmannschaft zu Ende. Haller, Willi Schulz und Max Lorenz, die viele Jahre zu den Stützen der deutschen Nationalmannschaft gehört hatten, streiften nie wieder das Nationaltrikot über. Uwe Seeler, inzwischen 33 Jahre alt, bekam nach der Weltmeisterschaft im Spiel gegen Ungarn noch ein Abschiedsspiel, wodurch er mit 72 Länderspielen neuer deutscher Rekordnationalspieler wurde. Für Helmut Schön begann jetzt bereits die Vorbereitung für die Europameisterschaft 1972 und vor allem für die nächste Weltmeisterschaft 1974, die in Deutschland stattfinden sollte.

❖

Gesamtbilanz 1908-1970
354 Spiele: 189 Siege, 62 Unentschieden, 103 Niederlagen, 874:557 Tore
Heim: 159 Spiele: 91 Siege, 33 Unentschieden, 35 Niederlagen, 430:215 Tore
Auswärts: 195 Spiele: 98 Siege, 29 Unentschieden, 68 Niederlagen, 444:342 Tore

Zuschauer insgesamt: 14.799.919,
Heim: 7.969.500, Auswärts: 6.830.419

Die meisten Länderspiele:
1. Paul Janes (Fortuna Düsseldorf) 71 Spiele
   Uwe Seeler (Hamburger SV) 71 "
3. Willi Schulz (Union Günnigfeld 3, Schalke 04 22, Hamburger SV 41) 66 "
4. Ernst Lehner (Sch. Augs. 55, BW Berlin 10) 65 "
5. Fritz Walter (1.FC Kaiserslautern) 61 "
6. Wolfgang Overath (1.FC Köln) 55 "
7. Herbert Erhardt (Fürth 49, B.München 1) 50 "
8. Karl-Heinz Schnellinger (Düren 99 3, 1.FC Köln 24, AS Rom 1, AC Mailand 18) 46 "
9. Albin Kitzinger (Schweinfurt 05) 44 "
   Andreas Kupfer (Schweinfurt 05) 44 "
11. Horst Szymaniak (Wuppertaler SV 20, Karlsruher SC 12, CC Catania 5, Inter Mailand 1, FC Varese 1, Tasmania Berlin 4) 43 "
    Horst-Dieter Höttges (Werder Bremen) 43 "
    Franz Beckenbauer (Bayern München) 43 "
14. Reinhold Münzenberg (Alemannia Aachen) 41 "
15. Helmut Rahn (RW Essen 34, 1.FC Köln 6) 40 "

Die meisten Tore:
1. Uwe Seeler (Hamburger SV) 43 Tore
2. Fritz Walter (1.FC Kaiserslautern) 33 "
3. Ernst Lehner (Schw. Augsb., BW Berlin) 30 "
4. Edmund Conen (FV Saarbr., Kickers Stuttg.) 27 "
   Gerhard Müller (Bayern München) 27 "
6. Richard Hofmann (Meerane 07, Dresdener SC) 24 "
7. Max Morlock (1.FC Nürnberg) 21 "
   Helmut Rahn (Rot-Weiß Essen, 1.FC Köln) 21 "
9. Karl Hohmann (VfL Benrath) 20 "
10. Otto Siffling (SV Waldhof) 17 "
    Helmut Schön (Dresdener SC) 17 "
12. Wilhelm Hahnemann (Admira Wien) 16 "
13. Hans Schäfer (1.FC Köln) 15 "
14. Gottfried Fuchs (Karlsruher FV) 14 "
    Otto Harder (Hamburger SV) 14 "
    Wolfgang Overath (1.FC Köln) 14 "

Die häufigsten Mannschaftsführer waren:
1. Uwe Seeler 39 mal
2. Paul Janes 31 "
3. Fritz Szepan 30 "
   Fritz Walter 30 "
5. Willi Schulz 20 "
6. Herbert Erhardt 18 "
7. Hans Schäfer 16 "
8. Ludwig Leinberger 11 "
9. Adolf Jäger 10 "
   Rudolf Gramlich 10 "
11. Camillo Ugi 9 "
12. Otto Harder 8 "
    Reinhold Münzenberg 8 "
    Helmut Rahn 8 "
15. Max Breunig 7 "

36 Elfmeter für Deutschland:
29 Elfmeter verwandelt durch
Förderer (1908 geg. England), Breunig (1911 geg. die Schweiz), Jäger (1913 geg. Dänemark), Jäger (1921 geg. Ungarn), Franz (1924 geg. Österreich), Ruch (1925 geg. Finnland), R.Hofmann (1932 geg. die Schweiz), Lehner (1934 geg. Polen), Gauchel (1938 geg. Luxemburg), Janes (1939 geg. Bömen-Mähren), Binder (1939 geg. Italien), Conen (1940 geg. Bulgarien), Janes (1941 geg. Ungarn), Lehner (1941 geg. Kroatien), Burdenski (1950 gegen die Schweiz), F.Walter (1954 geg. Österreich), F.Walter (1954 geg. Österreich), Juskowiak (1955 geg. Italien), Juskowiak (1959 geg. Schottland), Juskowiak (1959 geg. die Schweiz), Szymaniak (1962 geg. Chile), Werner (1963 geg. Brasilien), Seeler (1963 geg. Türkei), Sieloff (1965 geg. Italien), Sieloff (1965 geg. Zypern), Sieloff 1965 (geg. Österreich), Haller (1966 geg. die Schweiz), G.Müller (1967 geg. Albanien), G.Müller (1970 geg. Bulgarien)

7 Elfmeter verschossen durch
Breunig (1910 geg. Holland), Breunig (1913 geg. Holland), Kalb (1922 geg. Österreich), Lüke (1923 geg. Finnland), Brülls (1961 geg. Chile), Krämer (1964 geg. Algerien), Höttges (1967 geg. Bulgarien)

34 Elfmeter gegen Deutschland:
24 Elfmeter verwandelt durch
Dlabac (1908 Österreich), Schlosser (1912 Ungarn), Weiss (1912 Schweiz), Kuthan (1921 Österreich), Kelin (1925 Finnland), Lundahl (1929 Schweden), Christophersen (1930 Dänemark), Polgar (1934 Ungarn), Davies (1936 Irland), Stijnen (1939 Belgien), Demaria (1939 Italien), Campos (1942 Spanien), Nagymarosi (1942 Ungarn), Bacquet (1951 Schweiz), Bobek (1952 Jugoslawien), Cesar (1952 Spanien), Martin (1954 Saarland), Cantwell (1956 Irland), Wagner (1957 Österreich), Dvorak (1958 Tschechoslowakei), Kopa (1958 Frankreich), Duis (1958 Frankreich), Alla (1958 Ägypten), Tichy (1959 Ungarn)

10 Elfmeter verschossen durch,
(1911 Schweden), (1922 Finnland), Neumann (1922 Österreich), Ramseyer (1928 Schweiz), Orsi (1930 Italien), Sobotka (1935 Tschechoslowakei), Walaschek (1941 Schweiz), Mond (1951 Luxemburg), Nestoridis (1960 Griechenland), Rinaldo (1965 Brasilien)

11 Eigentore gegen Deutschland,
erzielt durch, Breunig (1910 geg. Holland), Breunig (1912 geg. Holland), H.Müller (1924 geg. Finnland), Münzenberg (1931 geg. Frankreich), Stubb (1932 geg. Schweden), Klodt (1939 geg. Jugoslawien), Rohde (1941 geg. Schweiz), Posipal (1951 geg. Irland), Mai (1955 geg. Italien), Erhardt (1958 geg. die Tschechoslowakei), Giesemann (1961 geg. Dänemark)

8 Eigentore für Deutschland,
erzielt durch, Lörtscher (1938 Schweiz), Albu (1938 Rumänien), Brozovic (1942 Kroatien), Horvat (1954 Jugoslawien), van der Hart (1956 Holland), Stacho (1958 Tschechoslowakei), Panayotou (1965 Zypern), Eigenstiller (1968 Österreich)

5 Platzverweise Deutschland:
Kalb (1928 geg. Uruguay), R.Hofmann (1928 geg. Uruguay), Pesser (1938 geg. die Schweiz), Juskowiak (1958 geg. Schweden), Netzer (1968 geg. Chile)

9 Platzverweise der Gegner:
Nasazzi (1928 Uruguay), Burgnich (1965 Italien), Albrecht (1966 Argentinien), Troche (1966 Uruguay), Silva (1966 Uruguay), Tschislenko (1966 Sowjetunion), Peri (1967 Frankreich), Reinoso (1968 Chile), Gemmel (1969 Schottland)

Nationalspieler des Jahres:
1907/08 Fritz Förderer (Karlsruher FV)
1908/09 Adolf „Adsch" Werner (Holstein Kiel)
1909/10 Eugen Kipp (Spfr. Stuttgart)
1910/11 Camillo Ugi (VfB Leipzig)
1911/12 Max Breunig (Karlsruher FV)
1912/13 Adolf Jäger (Altonaer FC 93)
1913/14 Karl Wegele (Phönix Karlsruhe)
1920/21 Karl Tewes (Viktoria 89 Berlin)
1921/22 Andreas „Resi" Franz (Spvgg. Fürth)
1922/23 Leonhard „Loni" Seiderer (Spvgg. Fürth)
1923/24 Hans „Bumbas" Schmidt (1.FC Nürnberg)
1924/25 Paul Paulsen-Pömpner (VfB Leipzig)
1925/26 Otto „Tull" Harder (Hamburger SV)
1926/27 Georg Hochgesang (1.FC Nürnberg)
1927/28 „König" Richard Hofmann (Meerane 07)
1928/29 Heiner Stuhlfauth (1.FC Nürnberg)
1929/30 „König" Richard Hofmann (Dresdener SC)
1930/31 Willibald Kreß (Rot-Weiß Frankfurt)
1931/32 Stanislaus „Tau" Kobierski (Fortuna Düsseldorf)
1932/33 Oskar „Ossi" Rohr (Bayern München)
1933/34 Fritz Szepan (FC Schalke 04)
1934/35 Ernst Lehner (Schwaben Augsburg)
1935/36 Reinhold Münzenberg (Alemannia Aachen)
1936/37 Albin Kitzinger (FC Schweinfurt 05)
1937/38 Andreas „Anderl" Kupfer (FC Schweinfurt 05)
1938/39 Paul Janes (Fortuna Düsseldorf)
1939/40 Franz Binder (SC Rapid Wien)
1940/41 Fritz Walter (1.FC Kaiserslautern)
1941/42 Fritz Walter (1.FC Kaiserslautern)
1942/43 Fritz Walter (1.FC Kaiserslautern)
   August Klingler (FV Daxlanden)
1950/51 Anton „Toni" Turek (Fortuna Düsseldorf)
1951/52 Josef „Jupp" Posipal (Hamburger SV)
1952/53 Josef „Jupp" Posipal (Hamburger SV)
   Fritz Walter (1.FC Kaiserslautern)
1953/54 Fritz Walter (1.FC Kaiserslautern)
1954/55 Fritz Herkenrath (Rot-Weiß Essen)
1955/56 Fritz Herkenrath (Rot-Weiß Essen)
   Fritz Walter (1.FC Kaiserslautern)
1956/57 Erich Juskowiak (Fortuna Düsseldorf)
1957/58 Horst Szymaniak (Wuppertaler SV)
1958/59 Helmut „Boß" Rahn (Rot-Weiß Essen)
1959/60 Helmut „Boß" Rahn (1.FC Köln)
1960/61 Horst Szymaniak (Karlsruher SC)
1961/62 Karl-Heinz Schnellinger (1.FC Köln)
   Uwe Seeler (Hamburger SV)
1962/63 Uwe Seeler (Hamburger SV)
1963/64 Uwe Seeler (Hamburger SV)
1964/65 Klaus-Dieter Sieloff (VfB Stuttgart)
   Willi Schulz (FC Schalke 04)
1965/66 Franz Beckenbauer (Bayern München)
1966/67 Wolfgang Overath (1.FC Köln
1967/68 Franz Beckenbauer (Bayern München)
1968/69 Franz Beckenbauer (Bayern München)
1969/70 Franz Beckenbauer (Bayern München)

1970/71

Bilanz 1970/71
10 Spiele: 7 Siege, 1 Unentschieden, 2 Niederlagen, 23:8 Tore
Zuschauer: 423.000
In 10 Spielen wurden 28 Spieler eingesetzt, davon waren 6 Spieler Neulinge

Die Spieler der Saison:

Hans-Hubert Vogts	10	Spiele
Franz Beckenbauer	10	"
Jürgen Grabowski	10	"
Josef Maier	8	"
Josef Heynckes	8	"
Wolfgang Overath	8	"
Günther Netzer	8	"
Wolfgang Weber	7	"
Gerhard Müller	7	"
Klaus-Dieter Sieloff	5	"
Siegfried Held	5	"
Herbert Wimmer	5	"
Horst-Dieter Höttges	4	"
Reinhard Libuda	4	"
Georg Schwarzenbeck	4	"
Heinz Flohe	3	"
Horst Köppel	3	"
Klaus Fichtel	2	"
Franz Roth	2	"
Michael Bella	2	"
Bernd Patzke	2	"
Hartwig Bleidick	2	"
Uwe Seeler	1	Spiel
Johannes Löhr	1	"
Volkmar Groß	1	"
Karl-Heinz Schnellinger	1	"
Wolfgang Kleff	1	"
Paul Breitner	1	"

Die Tore der Saison:

Gerhard Müller	10	Tore
Günther Netzer	3	"
Franz Beckenbauer	3	"
Jürgen Grabowski	2	"
Klaus-Dieter Sieloff	1	Tor
Horst Köppel	1	"
Wolfgang Overath	1	"
Siegfried Held	1	"
Heinz Flohe	1	"

Mannschaftsführer waren:

Wolfgang Overath	8	mal
Uwe Seeler	1	"
Franz Beckenbauer	1	"

1 Elfmeter für Deutschland,
verwandelt durch Müller (gegen die Türkei)

Rangliste der besten Nationalspieler des Jahres:
1. Franz Beckenbauer (Bayern München)
   Günther Netzer (Borussia Mönchengladbach)
3. Berti Vogts (Borussia Mönchengladbach)
4. Jürgen Grabowski (Eintracht Frankfurt)
5. Horst-Dieter Höttges (Werder Bremen)
6. Gerd Müller (Bayern München)
7. Wolfgang Overath (1.FC Köln)
8. Hans-Dieter Sieloff (Borussia Mönchengladbach)
   Sepp Maier (Bayern München)

Vorbericht zum 355. Länderspiel: Die WM war gerade vorbei, da mußte Bundestrainer Helmut Schön sich bereits Gedanken um den nächsten Wettbewerb machen, die Europameisterschaft 1970-72. Die deutsche Mannschaft spielte in Gruppe 8, zusammen mit Polen, der Türkei und Albanien. Nur einer der Vier konnte das Viertelfinale erreichen. Keine leichte, aber eine lösbare Aufgabe.

Mit dem Freundschaftstreffen gegen Ungarn begann die Vorbereitung. Im wesentlichen stützte sich Helmut Schön auf seinen WM-Kader, nur Overath fehlte wegen einer Verletzung.

Tor: Maier, Nigbur
Abwehr: Vogts, Weber, Fichtel, Sieloff, Höttges, Patzke
Mittelfeld: Beckenbauer, Uwe Seeler, Flohe, Neuberger
Angriff: Grabowski, Libuda, Gerd Müller, Löhr, Held

Nigbur und Flohe waren die beiden einzigen Spieler im Aufgebot, die noch kein Länderspiel hatten. Während ihre internationale Karriere noch beginnen sollte, endete jetzt gegen Ungarn die von Uwe Seeler. Er trat ab als neuer Rekordnationalspieler mit 72 Einsätzen und als Rekordtorschütze mit 43 Toren.

9.9.1970 in Nürnberg

BR Deutschland - Ungarn 3:1 (2:1)

SR: Marschall (Österreich), Zuschauer: 70.000

BRD: Maier -25 (Bayern München); Vogts -31 (Bor. Mönchengladb.), Sieloff -10 (Bor. Mönchengladb.), Weber -40 (1.FC Köln), Höttges -44 (Werder Bremen); Beckenbauer -44 (Bayern München), Fichtel -19 (Schalke 04); Grabowski -13 (Eintr. Frankfurt), Uwe Seeler -72 (HSV), G.Müller -26 (Bayern München), Löhr -20 (1.FC Köln), ab 46. Libuda -21 (Schalke 04). Mannschaftskapitän: Uwe Seeler

Ungarn: Rothermel; Nosko, Pancics (ab 46. Meszöly), Konrad, Megyesi; Halmosi, Karsai; Fazekas, Kocsis, Bene, Kozma (ab 46. A.Dunai)

Tore: 1:0 Sieloff (11.), 2:0 Müller (22.), 2:1 Fazekas (32.), 3:1 Müller (53.)

Beste Spieler: Beckenbauer, G.Müller, Sieloff, Uwe Seeler, Grabowski - Bene, Fazekas

Bericht: Das Spiel war natürlich vom Abschied von Uwe Seeler geprägt. Er, der vor der WM in Mexiko noch so sehr umstritten war und dessen Verzicht gefordert wurde, weil es angeblich kein konstruktives Zusammengehen mit Müller gab, nahm nun Abschied von seiner großen Karriere. In Mexiko hatte er noch einmal einen Höhepunkt erlebt und zusammen mit Gerd Müller, wie es Helmut Schön immer vorhergesagt hatte, ein ideales Duo im Innensturm gebildet. Noch einmal spielten die beiden jetzt zusammen, wieder erfolgreich, auch wenn Uwe diesmal nicht ins Tor traf. Nun war er das letzte Mal dabei und brachte von Anfang an eine überzeugende Leistung, so wie die ganze deutsche Mannschaft an diesem Tag überzeugte.

Wie modern und offensiv die deutsche Mannschaft spielte, zeigte bereits die 11. Minute, als Beckenbauer hervorragend den vorstürmenden Sieloff einsetzte, der an Müller weiterpaßte. Der Münchener zog die ungarischen Abwehrspieler auf sich. Sieloff blieb nun keineswegs stehen, sonder lief in die Gasse und prompt kam von Müller per Hackentrick der Ball zurück. Mit einem satten Schuß, an dem Torhüter Rothermel nichts halten konnte, schoß Sieloff die deutsche Mannschaft mit 1:0 in Führung.

22. Minute: Die deutsche Elf spielte so weiter wie sie begonnen hatte. Nach Zuspiel von Fichtel traf Gerd Müller unhaltbar zum 2:0. 32. Minute: Der Gegentreffer von Fazekas, nach einer Bene-Ecke, per Kopf, war eigentlich nur eine Schönheitskorrektur. Insgesamt dominierte die deutsche Mannschaft klar und versäumte es lediglich, weitere Treffer zu erzielen.

45. Minute: Zur Halbzeit waren die Zuschauer restlos zufrieden. Sie hatten herrliche Kombinationen, schnelles und steiles Spiel und herzhafte Torschüsse gesehen.

53. Minute: Auch wenn Uwe Seeler selbst nicht zum Torerfolg kam, so konnte er doch wenigstens seinem Nachfolger Gerd Müller, mit einer herrlichen Flanke die Vorarbeit zum 3:1 bereiten.

74. Minute: Trotz einiger gelegentlicher Konter der Ungarn beherrschte die deutsche Mannschaft weiter das Spiel. Der überragende Beckenbauer schlug herrliche Pässe über 40, 50 Meter, zeigte geradezu sensationelle Doppelpässe mit Grabowski und Gerd Müller und schoß auch noch hervorragend. Er hatte eigentlich an diesem Tag nur das Pech, daß der Ball nicht ins Tor wollte. Der schönste seiner Schüsse kam nach Doppelpaß mit Gerd Müller zustande, als der knallharte Ball nur Millimeter über die Latte strich.

90. Minute: Am Ende konnte man die deutsche Mannschaft zu diesem Sieg nur beglückwünschen. Sie war auf dem besten Wege, ihre guten Leistungen von Mexiko fortzusetzen.

❖

Vorbericht zum 356. Länderspiel: Nach dem Sieg über Ungarn konnte die deutsche Mannschaft dem ersten EM-Qualifikationsspiel in Köln gegen die Türkei gelassen entgegensehen.

Tor: Maier, Wolter
Abwehr: Vogts, Bella, Sieloff, Weber, Höttges
Mittelfeld: Beckenbauer, Overath, Fichtel, Dietrich
Angriff: Libuda, Grabowski, Gerd Müller, Löhr, Held, Heynckes

Ohne Neulinge und ohne Risiko bot Helmut Schön seine beste Elf auf.

17.10.1970 in Köln (EM-Qualifikation)
BR Deutschland - Türkei 1:1 (1:1)

SR: Bonett (Malta), Zuschauer: 53.000
BRD: Maier -26 (Bayern München); Vogts -32 (Bor. Mönchengladb.), Sieloff -11 (Bor. Mönchengladb.), ab 66. Heynckes -4 (Bor. Mönchengladb.), Weber -41 (1.FC Köln), Höttges -45 (Werder Bremen); Beckenbauer -45 (Bayern München), Overath -56 (1.FC Köln), Fichtel -20 (Schalke 04); Libuda -22 (Schalke 04), G.Müller -27 (Bayern München), Grabowski 14 (Eintr. Frankfurt). Mannschaftskapitän: Wolfgang Overath
Türkei: Artuner; Aktuna, Eratli, Sipahi, Acuner; Sengül, Yavuz, Sarialioglu; Metin, Turan (ab 46. Senol), Konca
Tore: 0:1 Yavuz (16.), 1:1 Müller (36. Foulelfmeter)
Beste Spieler: Grabowski, Höttges, Beckenbauer - Artuner, Konca
Bericht: Auch gegen die Türkei begann die deutsche Mannschaft in den ersten Minuten verheißungsvoll. Mit einem tollen Solo am linken Flügel zog Grabowski in der 2. Minute unwiderstehlich Richtung türkisches Tor, flankte wundervoll, aber leider verpaßte Sieloff ganz knapp.

4. Minute: Als Overath Fichtel freispielte, hatte der die ganz große Gelegenheit zum 1:0, scheiterte jedoch am hervorragenden türkischen Torhüter Artuner.

11. Minute: Nach einer typischen Libuda-Flanke konnte der türkische Torhüter den Ball nicht festhalten, doch Gerd Müller kam um einen Schritt zu spät. 16. Minute: Ganz überraschend dann die 1:0-Führung der Türken nach einem schnellen Gegenstoß. Wie schon so oft in Mexiko, mußte die deutsche Mannschaft wieder einem Rückstand nachlaufen. Eine Minute später hatte die deutsche Mannschaft sogar noch Glück, als Turan Weber versetzte, die Chance jedoch nicht nutzen konnte.

21. Minute: Unverständlicherweise blieb der Schiedsrichterpfiff aus, als Grabowski im Strafraum klar zu Fall gebracht wurde.

36. Minute: Wieder war es Grabowski, der sich hervorragend am linken Flügel durchsetzte und zu Müller flankte. Der Torjäger setzte zum Torschuß an und wurde im gleichen Augenblick von Sipahi umgesäbelt. Diesmal mußte Schiedsrichter Bonett auf den Elfmeterpunkt zeigen. Mit einer schönen Täuschung und einem plazierten Schuß vollendete Gerd Müller zum 1:1-Ausgleich.

68. Minute: Der gerade eingewechselte Heynckes hatte die größte Chance des ganzen Spiels, als er sich kraftvoll durchsetzte, aber sein Schuß um wenige Zentimeter am Tor vorbeiging.

86. Minute: Wieder forderten die Zuschauer lautstark Elfmeter, als Heynckes im Strafraum zu Fall kam. Diesmal war jedoch die Schiedsrichterentscheidung richtig, weil der Gegenspieler von Heynckes den Ball gespielt hatte.

90. Minute: Nach Eckball von Libuda hatte noch einmal Müller die Chance, doch noch den Siegtreffer zu erzielen. Aber auch dieses Mal hatte der Münchener kein Glück. Trotz guter Leistungen hatte die deutsche Mannschaft bereits im ersten Europameisterschafts-Qualifikationsspiel einen Punkt verloren.

❖

Vorbericht zum 357. Länderspiel: Große Enttäuschung herrschte nach dem ersten Punktverlust in der EM-Qualifikation. Vor allem vorne fehlte ein Mann wie Uwe Seeler, der Gerd Müller unterstützte. Die Balkanreise mit 2 Spielen gegen Jugoslawien und Griechenland sollte Aufschluß darüber geben. Da Gerd Müller, der inzwischen mit „Bomber der Nation" tituliert wurde, sich kurzfristig verletzte, ergab sich eine ganz neue Situation. Der Gladbacher Heynckes sollte ihn vertreten und bekam damit eine gute Chance, zumal auch sein Vereinskamerad Güther Netzer wieder im Aufgebot war.

Tor: Maier, V.Groß
Abwehr: Vogts, Bella, Sieloff, Weber, Höttges
Mittelfeld: Beckenbauer, Overath, Netzer, Flohe, Roth
Angriff: Libuda, Heynckes, Grabowski, Held

Mit Volkmar Groß und Heinz Flohe standen 2 Spieler im Aufgebot, die gegen Griechenland zu ihrem ersten, Groß auch zu seinem letzten Länderspiel kamen.

18.11.1970 in Zagreb
Jugoslawien - BR Deutschland 2:0 (0:0)

SR: Vizhanyo (Ungarn), Zuschauer: 25.000
Jugoslawien: Dautbegovic; Rajkovic, Paunovic, Holcer, Stepanovic; Antonijevic, Piric, Bajevic (ab 46. Hlevnjak); Petkovic, Bukal, Dzajic
BRD: Maier -27 (Bayern München); Vogts -22 (Bor. Mönchengladb.), Weber -42 (1.FC Köln), Beckenbauer -46 (Bayern München), Höttges -46 (Werder Bremen); Roth -3 (Bayern München), Netzer -15 (Bor. Mönchengladb.), Overath -57 (1.FC Köln); Libuda -23 (Schalke 04), Heynckes -5 (Bor. Mönchengladb.), Held -31 (BVB), ab 67. Grabowski -15 (Eintr. Frankfurt). Mannschaftskapitän: Overath
Tore: 1:0 Bukal (57.), 2:0 Dzajic (87.)
Beste Spieler: Dzajic, Bukal, Holcer - Höttges, Vogts, Heynckes
Bericht: Die deutsche Elf begann in Zagreb sehr vorsichtig. Die Angst, erneut frühzeitig in Rückstand zu geraten war offensichtlich.

7. Minute: Ganz plötzlich zeigte Heynckes vorne seine Qualitäten, als er abzog und der Ball krachend am Pfosten landete. Leider war das die vorläufig letzte spannende Szene, die der deutsche Angriff den Zuschauern bieten konnte.

45. Minute: Zur Halbzeit war das Spiel der deutschen Mannschaft eine einzige Enttäuschung. Lediglich die Abwehr hatte durch konsequente Deckung einen Rückstand verhindert.

52. Minute: Die erste gute Torgelegenheit der deutschen Mannschaft in der zweiten Halbzeit ging erneut von Heynckes aus, der jedoch wieder kurz vor der Strafraumgrenze übel gefoult wurde. Auch dieser Freistoß brachte nichts ein. 57. Minute: Nach schöner Flanke von Linksauße Dzajic sprang Bukal am höchsten und köpfte unhaltbar zum längst verdienten Führungstreffer für die Jugoslawen zum 1:0 ein. Erst danach wurde die deutsche Mannschaft etwas offensiver, aber ihr fehlte vorne ein Gerd Müller.

86. Minute: Nach einem Pfosten- und einem Lattentreffer gelang der deutschen Mannschaft durch Roth noch ein Treffer, doch der wurde vom Schiedsrichter wegen Abseits nicht anerkannt. 3 Minuten vor dem Ende fiel dann sogar noch das 2:0, als Vogts nicht energisch in einen Paß von Bukal hineinging und Dzajic keine Mühe hatte, freistehend vor Maier einzuschießen. Nach einem insgesamt sehr schwachen Spiel gewannen die Jugoslawen verdient mit 2:0 gegen das enttäuschende deutsche Team.

❖

Vorbericht zum 358. Länderspiel: Trotz des Weltklasse-Mittelfeldes hatte die deutsche Mannschaft erneut in Zagreb enttäuscht. Es war deshalb nur logisch, daß Helmut Schön Beckenbauer wieder in das Mittelfeld nahm, zusammen mit Overath und Netzer. Sieloff rückte dafür auf die Libero-Position und Torhüter Groß kam absprachegemäß gegen die Griechen zu seinem ersten Länderspiel.

22.11.1970 in Athen-Piräus

Griechenland - BR Deutschland 1:3 (0:2)

SR: Bentu (Rumänien), Zuschauer: 40.000
Griechenland: Ikonomopoulos (ab 46 Christidis); Tomaras, Kamaras, Toskas, Stathopoulos; Eleftherakis, Domasos; Koudas, Papaioannu (ab 69. Kritikopoulos), Antoniadis (ab 46. Joutzos), Dedes
BRD: Groß -1 (Hertha BSC); Vogts -34 (Bor. Mönchengladb.), Sieloff -12 (Bor. Mönchengladb.), Bella -3 (MSV Duisburg), Höttges -47 (Werder Bremen); Beckenbauer -47 (Bayern München), Netzer -16 (Bor. Mönchengladb.), ab 79. Flohe -1 (1.FC Köln), Overath -58 (1.FC Köln), ab 35. Roth (Bayern München); Libuda -24 (Schalke 04), Heynckes -6 (Bor. Mönchengladb.), Grabowski -16 (Eintr. Frankf.). Mannschaftskapitän: Overath
Tore: 0:1 Netzer (30.), 0:2 Grabowski (42.), 1:2 Joutzos (52.), 1:3 Beckenbauer (74.)
Beste Spieler: Dedes, Domasos - Netzer, Beckenbauer, Grabowski, Höttges, Sieloff
Bericht: Die deutsche Mannschaft begann in Athen recht gut. Bereits in den ersten Minuten setzten sie die Griechen unter Druck, aber noch fehlten die klaren Torgelegenheiten. 11. Minute: Erst langsam wurden die Griechen offensiver und kamen ihrerseits zu Torchancen. Die größte Chance für die Griechen machte Torhüter Groß in der 17. Minute zunichte, der einen Kopfball von Dedes gerade noch auf der Torlinie mit dem Fuß abwehren konnte.

25. Minute: Noch eine gute Chance für die Griechen, aber den Schuß von Kudas aus 8 Meter Entfernung konnte Höttges gerade noch über das Tor lenken. 30. Minute: Nach 10 starken griechischen Minuten kam die deutsche Mannschaft endlich wieder besser ins Spiel. Eine Kombination zwischen Heynckes und Overath, der Netzer freispielte, brachte den Führungstreffer. Der Gladbacher Spielmacher setzte zu einem tollen Schuß aus 18 Metern an, der als Aufsetzer unhaltbar zum 1:0 ins griechische Tor einschlug. 36. Minute: Nachdem Overath wegen einer Verletzung ausscheiden mußte, wurde Netzer immer mehr zur spielbestimmenden Persönlichkeit. Leider waren die Griechen nicht zimperlich, so daß Netzer jetzt auch vorübergehend humpelte.

42. Minute: Als Netzer mit einem traumhaften Paß in den freien Raum Grabowski freispielte, war es erneut passiert. Der Frankfurter schoß den Ball eiskalt zum 2:0 für die deutsche Elf ins Netz. Zur Pause führte die deutsche Mannschaft verdient mit 2:0, weil sie schneller und besser kombinierte.

46. Minute: Eigentlich fing es wunderbar an, als Roth zu einem tollen Alleingang ansetzte, von den Griechen nicht zu halten war und den Ball ins Tor schoß. Leider änderte der Schiedsrichter seine Torentscheidung, da der Linienrichter ein Foul des kräftigen Roth gesehen haben wollte. 52. Minute: Als Torhüter Groß bei einer Flanke von Tomaras auf der Linie stehen blieb, kamen die Griechen durch Joutzos Kopfball zum Anschlußtreffer. Dadurch kam bei den Griechen noch einmal Hoffnung auf, und sie wurden offensiver.

71. Minute: Die ganz große Torchance für die Griechen hatte der Torschütze Joutzos, dessen Kopfball Groß mit einer fantastischen Reaktion über die Latte lenkte. 74. Minute: Die beiden noch im Spiel verbliebenen deutschen Spielmacher, Beckenbauer und Netzer, setzten dann zum eiskalten Konter an. Im herrlichen Doppelpaßspiel spielten sie sich schnell und zügig nach vorn, wo Beckenbauer mühelos durch die griechische Abwehr und um Torhüter Christidis herumkurvte und seelenruhig zum 3:1 ins Tor schieben konnte. Damit war das Spiel endgültig entschieden.

❖

Vorbericht zum 359. Länderspiel: Nach dem verhängnisvollen Unentschieden der deutschen Mannschaft 1967 in Tirana, waren die Albaner erneut in der EM-Qualifikation ihr Gegner. Die Angst im deutschen Lager war unübersehbar, zumal bereits in Köln gegen die Türken ein Punkt vergeben worden war. Helmut Schön scheute keine Mühe und holte sogar den 31-jährigen Routinier Schnellinger aus Italien in das Aufgebot.

Tor: Maier, V.Groß
Abwehr: Vogts, Bella, Schnellinger, Weber, Sieloff, Patzke
Mittelfeld: Beckenbauer, Netzer, Overath
Angriff: Grabowski, Libuda, Gerd Müller, Heynckes, Löhr
Nur Höttges fehlte aus der Stammformation. Ohne daß es zu diesem Zeitpunkt jemand ahnte, machte Karl-Heinz Schnellinger, der in 46 Länderspielen an 4 Weltmeisterschaften teilgenommen hatte, sein letztes Spiel im Nationaltrikot.

17.2.1971 in Tirana (EM-Qualifikation)

Albanien - BR Deutschland 0:1 (0:1)

SR: Betschirov (Bulgarien), Zuschauer: 27.000
Albanien: Dinella; Gjika, Chani, Kasuni, Dalles; Ragami, T.Vaso, Cheso; Bizi, Pano, Ziu
BRD: Maier -28 (Bayern München); Vogts -35 (Bor. Mönchengladb.), Schnellinger -47 (AC Mailand), Weber -43 (1.FC Köln), Patzke -23 (Hertha BSC), ab 67. Bella -4 (MSV Duisburg); Beckenbauer -48 (Bayern München), Overath -59 (1.FC Köln); Grabowski -17 (Eintr. Frankf.), Netzer -17 (Bor. Mönchengladb.), G.Müller -28 (Bayern München), Heynckes -7 (Bor. Mönchengladb.). Mannschaftskapitän: Overath
Tor: 0:1 Müller (38.)
Beste Spieler: Ragami, Pano - Vogts, Netzer, Grabowski
Bericht: Die deutsche Mannschaft machte diesmal in Tirana nicht den Fehler, die Albaner vom Anpfiff weg einzuschnüren. Im Gegenteil ließ sie geschickt auch den Albanern Spielraum, so daß deren Deckung nicht zu massiv war.

38. Minute: Als die mitgereisten deutschen Zuschauer schon unruhig wurden, kam ein indirekter Freistoß von Netzer direkt zu Müller, der ohne zu zögern den Ball direkt ins Netz knallte. Die Last, ein Tor schießen zu müssen, war damit von der deutschen Mannschaft genommen.

45. Minute: Auch nach dem Führungstreffer ging die deutsche Mannschaft nicht zur totalen Offensive über. Einige Male kamen sogar die Albaner bedrohlich vor das deutsche Tor, das jedoch durch die Abwehr gut abgeschirmt war.

84. Minute: Auch bei seiner dritten Chance vergab der ansonsten großartige Grabowski die Gelegenheit, seine gute Leistung mit einem Tor zu krönen. 88. Minute: Der letzte gute Angriff der deutschen Mannschaft ging von Beckenbauer aus. Aber auch er brachte nichts mehr ein, so daß das Spiel nach glanzlosen 90 Minuten mit 1:0 für die deutsche Mannschaft endete. Die Pflichtaufgabe, mehr war es nicht, wurde damit erfüllt.

❖

Vorbericht zum 360. Länderspiel: Ohne die beiden verletzten Höttges und Overath mußte die deutsche Mannschaft zum Rückspiel in die Türkei. Nach langer Zeit kehrten Köppel und Wimmer wieder ins Aufgebot und in die Elf zurück. Aufgrund der Tabellenführung in der Bundesliga war Gladbach somit durch 6 Spieler im Aufgebot vertreten. Bundestrainer Helmut Schön entschloß sich deshalb zur Blockbildung und somit zum attraktiven Angriffsfußball, wie ihn Borussia Mönchengladbach bevorzugte.

Tor: Maier, Groß
Abwehr: Vogts, Weber, Sieloff, Patzke, Bella
Mittelfeld: Beckenbauer, Netzer, Wimmer, Köppel, Flohe
Angriff: Grabowski, Libuda, Gerd Müller, Heynckes, Löhr

Der Bundestrainer übertrug Beckenbauer dessen Lieblingsposition als Libero und übernahm das komplette Mittelfeld von Gladbach. Durch die kurzfristigen Ausfälle von Bella und Löhr wurden Nogly (HSV), noch ohne Länderspiel, und Held nachnominiert.

25.4.1971 in Istanbul (EM-Qualifikation)
Türkei - BR Deutschland 0:3 (0:1)

SR: Kruaschwili (UdSSR), Zuschauer: 45.000
Türkei: Artuner; I.Mehmet (ab 61. Ertugrul), Muzaffer, Ercan, Alpasian; Ziya, Kamuran, Sanli; O.Mehmet (ab 72. Metin), Cemil, Ender
BRD: Maier -29 (Bayern München); Vogts -36 (Bor. Mönchengladb.), Weber -44 (1.FC Köln), Beckenbauer -49 (Bayern München), Patzke -24 (Herta BSC); Wimmer -5, Köppel -4 (beide Bor. Mönchengladb.), ab 77. Flohe -2 (1.FC Köln), Netzer -18 (Bor. Mönchengladb.); Grabowski -18 (Eintr. Frankf.), G.Müller -29 (Bayern München), Heynckes -8 (Bor. Mönchengladb.). Mannschaftskapitän: Beckenbauer
Tore: 0:1 Müller (43.), 0:2 Müller (47.), 0:3 Köppel (72.)
Beste Spieler: Ender - Netzer, Gerd Müller, Vogts, Wimmer, Köppel
Bericht: Die deutsche Mannschaft begann in Istanbul furios. Gleich von der ersten Minute an war die Gladbacher Mittelfeldachse voll auf Touren. Wimmer wurde in der 2. Minute von Netzer mit einem Steilpaß geschickt, doch er scheiterte am guten Torhüter Artuner.

8. Minute: Die erste gute Torgelegenheit für die Türken hatte Ziya, dessen gefährlicher Schuß nur knapp über das Tor von Sepp Maier strich.

28. Minute: Die Offensive der Türken hielt an. Mit einer fantastischen Fußabwehr konnte Sepp Maier noch einmal retten. 29. Minute: Nach der ersten türkischen Offensive übernahm wieder Günther Netzer die Regie im Mittelfeld. Jetzt wurde auch endlich wieder schnell und steil gespielt. Der blonde Spielmacher ging sogar selbst in die Spitze und schoß knallhart, nur Zentimeter am Tor vorbei.

43. Minute: Das Steilspiel des Gladbacher Mittelfeldes machte sich jetzt erstmals bezahlt. Das Laufwunder „Hacki" Wimmer zog auf und davon und flankte aus vollem Lauf nach innen, wo Gerd Müller den Ball direkt unter die Latte zum 1:0 für die deutsche Mannschaft jagte. 44. Minute: Noch einmal hatten die Türken Glück, als Heynckes klar im Strafraum gefoult wurde, aber der Pfiff des Schiedsrichters aus der Sowjetunion ausblieb.

47. Minute: Auch nach dem Seitenwechsel nahm die deutsche Mannschaft sofort wieder das Spiel in die Hand. Ein toller Sololauf von Grabowski leitete bereits die Vorentscheidung ein. Der türkische Torhüter konnte zwar den Schuß von Grabowski abwehren, aber wieder war Müller zur Stelle und köpfte direkt zum 2:0 ein.

72. Minute: Diesmal hatte sich Köppel schön durchgespielt und ideal zu Müller gepaßt, der jedoch diese große Chance nicht verwerten konnte. 73. Minute: Ein toller Direktschuß von Horst Köppel bedeutete das 3:0 und die endgültige Entscheidung. Vom objektiven türkischen Publikum bekam die deutsche Mannschaft viel Beifall.

90. Minute: Nach einer spielerisch voll überzeugenden Leistung gewann die deutsche Mannschaft auch in dieser Höhe verdient mit 3:0 gegen die Türkei und war damit in der Europameisterschafts-Qualifikation einen Schritt weitergekommen.

❖

Vorbericht zum 361. Länderspiel: Das zweite EM-Qualifikationsspiel gegen Albanien stand unter keinem guten Stern. Zwar war Overath wieder dabei, aber nach wie vor fehlte Höttges und Gerd Müller war gesperrt. So mußte die deutsche Mannschaft ohne ihren Torjäger auskommen.

Tor: Maier, Kleff
Abwehr: Vogts, Weber, Schwarzenbeck, Beckenbauer, Sieloff, Bleidick
Mittelfeld, Wimmer, Köppel, Netzer, Overath, Flohe
Angriff: Grabowski, Heynckes, Held, Bertl

Mit Kleff und Bleidick (beide Borussia Mönchengladbach), Schwarzenbeck (Bayern) sowie Bertl (Hannover 96), standen 4 Neulinge im Aufgebot, von denen nur Bertl ohne Länderspiel blieb. Die eigentliche Überraschung war jedoch, daß mit Kleff, Vogts, Sieloff, Bleidick, Wimmer, Köppel, Netzer und Heynckes gleich 8 Spieler von Bor. Mönchengladbach im Aufgebot standen, von denen 7 gegen Albanien zum Einsatz kamen. Das hatte es seit den großen Zeiten des 1.FC Nürnberg, Anfang der 20er Jahre, nicht mehr gegeben.

12.6.1971 in Karlsruhe (EM-Qualifikation)
BR Deutschland - Albanien 2:0 (2:0)

SR: Latsios (Griechenland), Zuschauer: 47.000
BRD: Maier -30 (Bayern München); Schwarzenbeck -1 (Bayern München), Sieloff -13 (Bor. Mönchengladb.), Beckenbauer -50 (Bayern München), Vogts -37 (Bor. Mönchengladb.), ab 90. Bleidick -1 (Bor. Mönchengladb.); Wimmer -6 (Bor. Mönchengladb.), Netzer -19 (Bor. Mönchengladb.); Grabowski -19 (Eintr.Frankf.), Overath -60 (1.FC Köln), ab 73. Held -32 (BVB), Köppel -5 (Bor. Mönchengladb.), Heynckes -9 (Bor. Mönchengladb.). Mannschaftskapitän: Overath
Albanien: Muhedini; Gjika, Berisha, Ziu, Chani; Ragami, Bizi, Sejdini; Balluka (ab 53. Vaso), Pano, Zheka
Tore: 1:0 Netzer (18.), 2:0 Grabowski (44.)
Beste Spieler: Netzer, Vogts, Beckenbauer - keiner
Bericht: Die deutsche Mannschaft ließ im Karlsruher Wildparkstadion von Anfang an keine Zweifel zu, wer den Platz als Sieger verlassen würde. Sofort machte sie Druck, bekam aber auch die Härte der Albaner zu spüren. Der glänzend startende Netzer wurde bereits in den ersten Minuten zweimal durch Fouls gebremst. Die erste Torchance hatte Wimmer in der 6. Minute, wurde aber unverständlicherweise durch Abseitspfiff gestoppt.

15. Minute: Ein Fernschuß von Sieloff strich nur ganz knapp am albanischen Gehäuse vorbei. Zwei Minuten später wurde

erneut der deutsche Angriffswirbel durch ein Foul an Heynckes gebremst. 18. Minute: Ein Raunen ging durch das Stadion, als Netzer, wie man es inzwischen schon von ihm kannte, fast streichelnd den Ball ideal zum Freistoß bereitlegte. Dann lief er an und zirkelte den Ball mit unglaublicher Wucht um die Mauer herum zum 1:0 für die deutsche Mannschaft ins Netz. 19. Minute: Und wieder wurde ein verheißungsvoller Angriff der deutschen Mannschaft durch mehrere Fouls in Folge gestoppt.

42. Minute: Erneut einer der traumhaften Gladbacher Angriffe, den Wimmer mit herrlichem Schuß abschloß, doch Muhedini konnte gerade noch halten. 44. Minute: Nach zwei vergeblichen Versuchen von Wimmer und Köppel fiel das längst fällige 2:0 durch Grabowski, der im dritten Versuch hoch ins lange Eck zum 2:0 schoß.

90. Minute: Bis zum Schlußpfiff kontrollierte die deutsche Mannschaft weiterhin klar das Spiel. Der Sieg war nie gefährdet, konnte jedoch nicht ausgebaut werden, weil zum einen zu sehr durch die Mitte gespielt wurde und andererseits alle Spieler etwas zurücksteckten. Es zeigte sich einmal mehr, daß die große Härte für den technisch brillanten Gladbacher Angriffsfußball Gift war.

❖

Vorbericht zum 362. Länderspiel: Zum Abschluß der Saison startete die deutsche Mannschaft eine Nordlandreise mit 3 Länderspielen in Skandinavien. Für Helmut Schön war das Ziel, die Mannschaft für die weiteren schweren Aufgaben der Europameisterschaft einzuspielen. Außerdem sollte der eine oder andere Neuling, der sich in der Bundesliga ausgezeichnet hatte, eine Chance erhalten.

Tor: Maier, Kleff
Abwehr: Vogts, Beckenbauer, Schwarzenbeck, Sieloff, Bleidick, Weber, Breitner
Mittelfeld: Netzer, Wimmer, Köppel, Overath, Flohe
Angriff: Grabowski, Gerd Müller, Held, Heynckes

Mit Kleff und Breitner standen 2 Neulinge im Aufgebot, die gegen Norwegen zu ihrem 1. Länderspiel kamen. Für den 19-jährigen Breitner war es der Beginn einer großen Karriere. Durch ihn wurde die Blockbildung in der Nationalmannschaft noch ausgeprägter. Im 18-köpfigen Aufgebot standen jetzt 8 Gladbacher, 5 Bayern, 3 Kölner sowie je 1 Frankfurter und Dortmunder.

22.6.1971 in Oslo

Norwegen - BR Deutschland 1:7 (0:3)

SR: Lööw (Schweden), Zuschauer: 27.000

Norwegen: Karlsen; Nilson (ab 42. Pettersen), Olafsen, Slinning; Bornö, Sandland, Fugset; Iversen, Sunde, Lund (78. Olssen)

BRD: Kleff -1 (Bor. Mönchengladb.); Breitner -1 (Bayern München), Beckenbauer -51 (Bayern München), ab 51. Bleidick -2 (Bor. Mönchengladb.), Schwarzenbeck -2 (Bayern München), Vogts -38 (Bor. Mönchengladb.), Overath -61 (1.FC Köln), Wimmer -7 (Bor. Mönchengladb.), ab 46. Sieloff -14 (Bor. Mönchengladb.), Netzer -20 (Bor. Mönchengladb.); Grabowski -20 (Eintr. Frankf.), G.Müller -30 (Bayern München), Held -33 (BVB). Mannschaftskapitän: Overath

Tore: 0:1 Overath (12.), 0:2 Müller (30.), 0:3 Beckenbauer (35.), 0:4, 0:5 Müller (47., 52.), 0:6 Held (67.), 0:7 Netzer (86.), 1:7 Iversen (88.)

Beste Spieler: Iversen - Beckenbauer, Vogts, Overath, Held

Bericht: Gegen die norwegischen Amateure sollte die deutsche Mannschaft Gelegenheit bekommen, sich besser aufeinander abzustimmen. Torjäger Müller, der noch gegen Albanien schmerzlich vermißt wurde, war wieder dabei; Beckenbauer spielte Libero und Wimmer, Netzer und Overath sollten im Mittelfeld die Fäden ziehen. Schon nach wenigen Minuten wurde deutlich, daß diese deutsche Mannschaft traumhaft zusammen spielte.

12. Minute: Nach herrlichem Flankenlauf von Held und weicher Flanke, konnte Overath mit einem ebenso schönen Schuß unter die Latte das 1:0 erzielen. Verzweifelt wehrten sich die Norweger in der folgenden Viertelstunde gegen das direkte und steile Spiel der deutschen Mannschaft. Immer wieder kam Beckenbauer mit nach vorn und dirigierte das deutsche Angriffsspiel. Die Ideen, die von „Kaiser" Franz, wie er inzwischen bezeichnet wurde, ausgingen, waren fast genial. Seine schnellen Doppelpässe mit Netzer und Overath schufen ständig neue Freiräume und seine Steilpässe setzten die Flügelstürmer ein.

30. Minute: Auf Zuspiel von Overath konnte Müller auf seine typische Art das 2:0 erzielen. 35. Minute: Ein Freistoß von Beckenbauer brachte bereits die frühzeitige Entscheidung, als er nicht wartete, bis sich die norwegische Mauer formiert hatte, sondern den Ball raffiniert zum 3:0 in das Tor zirkelte.

47. Minute: Auch nach dem Seitenwechsel war die deutsche Mannschaft nicht aufzuhalten. Im Gegenteil, je mehr die Kräfte der Norweger nachließen, umso stärker wurde die deutsche Elf. Nach erneuter Vorarbeit von Siggi Held war wieder Gerd Müller zur Stelle und erzielte das 4:0.

52. Minute: Ein schöner Steilpaß von Beckenbauer zu Müller bedeutete dann das 5:0. Danach wurde Beckenbauer mit viel Beifall vom Publikum verabschiedet. Er machte Platz für Bleidick, denn auch er sollte zum Einsatz kommen. Die 54 Minuten hatten jedoch gezeigt, daß der Münchener Libero auch in der Nationalmannschaft aus dieser Postion heraus das Spiel bestimmen konnte. Was aber für die Zukunft viel wichtiger war: die Erkenntnis, daß Günther Netzer immer dann hinten abschirmte, wenn Beckenbauer nach vorn stieß. Diese Variante, die Netzer zwar an diesem Tage nicht so gut aussehen ließ, war der Anfang einer technisch, spielerisch und taktisch so überlegenen Elf wie man es seit Anfang der 50er Jahre durch die Ungarn nicht mehr gesehen hatte. 68. Minute: nach schönem Zuspiel von Overath erzielte Siggi Held das 6:0. Der große Glanz des deutschen Spiels war nach dem Ausscheiden Beckenbauers nicht mehr vorhanden.

86. Minute: Nach vielen Fehlversuchen gelang auch Netzer noch sein verdientes Tor. 88. Minute: Durch ein wenig Nachlässigkeit in den letzten Minuten gelang Iversen wenigstens der verdiente Ehrentreffer für die Norweger, die durch ihre offene Spielweise der deutschen Mannschaft die taktischen Proben ermöglicht hatten.

❖

Vorbericht zum 363. Länderspiel: Das Norwegen-Spiel war natürlich kein Maßstab über die Leistungsstärke der deutschen Mannschaft. Aber es hatte einen wichtigen Zweck erfüllt und jetzt war dieses Team besser eingespielt. Für die wesentlich schwerere Aufgabe gegen Schweden eine ideale Voraussetzung. Helmut Schön nahm für dieses Spiel nur die beiden Neulinge Kleff und Breitner aus der Elf, obwohl beide gute Leistungen gezeigt hatten. Gegen Schweden baute er jedoch auf die erfahrenen Maier und Weber.

27.6.1971 in Göteborg

Schweden - BR Deutschland 1:0 (0:0)

SR: Wharton (Schottland), Zuschauer: 44.000

Schweden: Hellström; Hult, Kristensen, Nordqvist, Grip; Svensson, Bo.Larsson; Grahn, Kindvall, Eklund (ab 65. Lindmann), Persson

BRD: Maier -31 (Bayern München); Vogts -39 (Bor. Mönchengladb.), Weber -45 (1.FC Köln), Beckenbauer -52 (Bayern München), Schwarzenbeck -3 (Bayern München), Overath -62 (1.FC Köln), Wimmer -8 (Bor. Mönchengladb), Netzer -21 (Bor. Mönchengladb.); Grabowski -21 (Eintr. Frankf.), G.Müller -31 (Bayern München), Held -34 (BVB), ab 46. Heynckes -10 (Bor. Mönchengladb.). Mannschaftskapitän: Overath

Tor: 1:0 Kindvall (62.)

Beste Spieler: Hellström, Kindvall, Nordqvist - Netzer, Overath, Beckenbauer

Bericht: Leider stand das Spiel in Göteborg unter schlechten Vorzeichen, denn es hatte in Strömen geregnet und der Platz war knöcheltief. Dennoch überraschte die deutsche Mannschaft von der ersten Minute an durch ihr technisch brillantes Spiel. Wie bereits gegen Norwegen, zauberte das Mittelfeld, und Beckenbauer brachte immer wieder neue Ideen in den Angriff.

45. Minute: Das Pech der deutschen Mannschaft war an diesem Tag das Wetter. Die schönsten Doppelpässe blieben in den Wasserpfützen hängen und traumhafte Steilpässe wurden auf dem nassen Boden so schnell, daß sie nicht mehr erreicht werden konnten. 62. Minute: Die überraschende schwedische Führung erzielte Kindvall, nachdem er Wimmer und Beckenbauer hatte aussteigen lassen und den Ball genau ins äußerste Toreck zirkelte. Nach dem Führungstreffer zogen sich die Schweden mehr und mehr in ihre Hälfte zurück und machten die Räume für die deutsche Mannschaft eng.

90. Minute: Zwar hatte die deutsche Mannschaft am Ende mit 0:1 verloren, war aber dennoch die klar bessere Elf gewesen. Mit einem bißchen Glück und unter normalen Witterungsbedingungen wären die Schweden wohl kaum zu diesem glücklichen Sieg gekommen.

❖

Vorbericht zum 364. Länderspiel: Letzte Station der Nordlandreise war Dänemark, wo Bundestrainer Helmut Schön nur 3 Tage nach dem Spiel in Göteborg mit Flohe und Köppel 2 unverbrauchte Spieler brachte. Grabowski und Wimmer, die mit ihren langen Sprints auf dem tiefen Boden von Göteborg viel Kraft gelassen hatten, blieben dafür erstmal draußen.

30.6.1971 in Kopenhagen

Dänemark - BR Deutschland 1:3 (1:0)

SR: Boosten (Holland), Zuschauer: 45.000

Dänememark: Sörensen; J.Hansen, Berg, Arentoft, V.Jensen (ab 84. Toft); Björnmose, Christensen, Bjerre; Laudrup (ab 46. Pedersen), B.Jensen, Le Fevre

BRD: Maier -32 (Bayern München); Vogts -40 (Bor. Mönchengladb.), Beckenbauer -53 (Bayern München), Weber -46 (1.FC Köln), Schwarzenbeck -4 (Bayern München); Overath -63 (1.FC Köln), Flohe -3 (1.FC Köln), Netzer -22 (Bor. Mönchengladb.), ab 53. Heynckes -11 (Bor. Mönchengladb.); Köppel -6 (Bor. Mönchengladb.), ab 46. Grabowski -22 (Eintr. Frankf.), Held -35 (BVB), ab 77. Wimmer -9 (Bor. Mönchengladb.). Mannschaftskapitän: Overath

Tore: 1:0 Bjerre (13.), 1:1 Müller (72.), 1:2 Flohe (83.), 1:3 Beckenbauer (87.)

Beste Spieler: Le Fevre, J.Hansen, Bjerre, Björnmose - Beckenbauer, Maier, Schwarzenbeck

Bericht: Die Dänen spielten mit 7 Auslandsprofis und drängten die deutsche Mannschaft gleich zu Beginn in die Defensive.

8. Minute: Die erste Chance für die deutsche Mannschaft hatte Held, der jedoch aus sehr günstiger Position kläglich vergab. 13. Minute: Ein herrlicher Freistoßtrick von Laudrup, der den Ball über die deutsche Mauer zum völlig freistehenden Bjerre hob, brachte den Dänen die frühe 1:0 Führung.

30. Minute: Nach einer halben Stunde hatte die deutsche Mannschaft noch immer nicht ihren Rhythmus gefunden. Dennoch boten sich vereinzelt gute Torchancen, aber Köppel brachte freistehend den Ball nicht am herausstürmenden Sörensen vorbei ins Tor. 45. Minute: Nach den guten Leistungen in Oslo und Göteborg mußte man in Kopenhagen vom Spiel der deutschen Mannschaft restlos enttäuscht sein.

72. Minute: Erst 20 Minuten vor Schluß ließ langsam die Kraft der Dänen nach und die deutsche Mannschaft wurde zusehends stärker. Endlich nahm Beckenbauer das Spiel in die Hand, umspielte 2 Dänen und schoß knallhart auf das Tor. Sörensen konnte seinen Schuß nur abklatschen, Gerd Müller war zur Stelle und erzielte das 1:1. Nun endlich wurde wieder flüssig gespielt und schon ergaben sich auch einige Torgelegenheiten. 83. Minute: Ein überraschender Schuß von Flohe ins kurze Eck brachte das 2:1 für die deutsche Mannschaft.

87. Minute: Ein verdeckter Schuß von Beckenbauer, der durch Freund und Feind hindurchging und Torhüter Sörensen überraschte, brachte sogar noch das 3:1 für die deutsche Mannschaft. Von den letzten 20 Minuten abgesehen, war es eine sehr schwache Leistung der Elf von Helmut Schön, die nur mit viel Glück gewonnen hatte.

❖

Bilanz 1971/72
9 Spiele: 7 Siege, 2 Unentschieden, 0 Niederlagen, 22:4 Tore
Zuschauer: 650.000
In 9 Spielen wurden 24 Spieler eingesetzt, davon waren 5 Spieler Neulinge

Die Spieler der Saison:

Josef Maier	9	Spiele
Georg Schwarzenbeck	9	"
Franz Beckenbauer	9	"
Gerhard Müller	9	"
Günther Netzer	8	"
Herbert Wimmer	8	"
Josef Heynckes	7	"
Paul Breitner	7	"
Horst-Dieter Höttges	7	"
Ulrich Hoeneß	6	"
Jürgen Grabowski	5	"
Klaus Fichtel	3	"
Horst Köppel	3	"
Siegfried Held	3	"
Erwin Kremers	3	"
Wolfgang Weber	2	"
Reinhard Libuda	2	"
Heinz Flohe	2	"
Hans-Hubert Vogts	1	Spiel
Dieter Zembski	1	"
Arno Steffenhagen	1	"
Wolfgang Overath	1	"
Wolfgang Kleff	1	"
Rainer Bonhof	1	"

Die Tore der Saison:

Gerhard Müller	14	Tore
Günther Netzer	2	"
Ulrich Hoeneß	2	"
Horst Köppel	1	Tor
Jürgen Grabowski	1	"
Paul Breitner	1	"
Herbert Wimmer	1	"

Mannschaftsführer waren:

Franz Beckenbauer	8	mal
Wolfgang Overath	1	"

1 Elfmeter für Deutschland,
   verwandelt durch Netzer (gegen England)

Rangliste der besten Nationalspieler des Jahres:
1. Günther Netzer (Borussia Mönchengladbach)
   Franz Beckenbauer (Bayern München)
   Gerd Müller (Bayern München)
4. Paul Breitner (Bayern München)
5. Josef „Sepp" Maier (Bayern München)
   Herbert „Hacki" Wimmer (Borussia Mönchengladbach)
7. Uli Hoeneß (Bayern München)
8. Horst-Dieter Höttges (Werder Bremen)
   Georg „Katsche" Schwarzenbeck (Bayern München)
   Erwin Kremers (FC Schalke 04)

1971/72

Vorbericht zum 365. Länderspiel: Bereits früh in der Saison rief Bundestrainer Helmut Schön zum Lehrgang und Testländerspiel gegen Mexiko. Es war die letzte Chance, seine Spieler für die beiden schweren EM-Qualifikationsspiele gegen Polen zu testen. Mit Overath, Flohe und Höttges mußten gleich 3 Spieler, die zum engeren Kreis gehörten, wegen Verletzung absagen.

Tor: Maier, Kleff

Abwehr: Vogts, Beckenbauer, Weber, Schwarzenbeck, Zembski

Mittelfeld: Köppel, Fichtel, Netzer, Wimmer

Angriff: Grabowski, Libuda, Gerd Müller, Heynckes, Steffenhagen

Nach den guten Leistungen auf der Nordlandreise bestand der Stamm erneut aus Bayern München und Borussia Mönchengladbach. Die beiden Neulinge im Aufgebot, Zembski und Steffenhagen, die beide als Einwechselspieler zum ersten und einzigen Länderspieleinsatz kamen, waren allerdings nicht aus den beiden Hochburgen.

8.9.1971 in Hannover

BR Deutschland - Mexiko 5:0 (4:0)

SR: Lööw (Schweden), Zuschauer: 65.000

BRD: Maier -33 (Bayern München); Vogts -41 (Bor. Mönchengladbach), ab 46. Zembski -1 (Werder Bremen), Weber -47 (1.FC Köln), Beckenbauer -23 (Bayern München), Schwarzenbeck -5 (Bayern München); Köppel -7 (VfB Stuttgart) ab 64. Steffenhagen -1 (Hertha BSC), Fichtel -21 (Schalke 04), Netzer -23 (Bor. Mönchengladbach); Grabowski -23 (Eintr. Frankfurt), ab 64. Libuda -25 (Schalke 04), G.Müller -33 (Bayern München), Heynckes -12 (Bor. Mönchengladb.). Mannschaftskapitän: Beckenbauer

Mexiko: Calderon; Bermudez, Pena, Hernandez, Perez; Amuchastegui, ab 46. Estrada, Mungia, ab 17. Montes, Velarde; Rodriguez, Lopez, ab 46. Borja, Borbolla, ab 5. Alvarado

Tore: 1:0 Köppel (5.), 2:0, 3:0 Müller (12., 14.), 4:0 Netzer (44.), 5:0 Müller (55.)

Beste Spieler: Netzer, Beckenbauer, G.Müller - Calderon

Bericht: Die deutsche Mannschaft begann schwungvoll und setzte die Mexikaner sofort unter Druck. Aus 18 Metern schoß Netzer nach 3 Minuten freistehend auf das Tor, doch Calderon hielt.

5. Minute: Nach traumhaft schönem Paß von Beckenbauer erzielte Köppel mit plaziertem Schuß in die lange Ecke die frühe 1:0 Führung für die deutsche Mannschaft.

12. Minute: Das Spiel der deutschen Mannschaft lief weiterhin direkt und sicher. Ein Steilpaß von Netzer auf Heynckes leitete bereits das 2:0 ein. Die Flanke von Heynckes konnte Netzer zwar nicht unter Kontrolle bringen, aber Gerd Müller war wieder einmal zur Stelle und erzielte den zweiten deutschen Treffer. 14. Minute: Die Mexikaner hatten sich noch nicht vom 2:0 erholt, da spielte sich Grabowski auf dem rechten Flügel wundervoll durch und flankte in die Mitte, wo Gerd Müller den Ball volley aus der Luft nahm und unhaltbar zum 3:0 einschoß.

24. Minute: Das Spiel der deutschen Mannschaft lief fantastisch. Nach klugem Rückpaß von Netzer hätte Heynckes fast das 4:0 erzielt. 36. Minute: Nach Doppelpaß mit Müller knallte Heynckes einen tollen Schuß an den Pfosten. Und 6 Minuten später war es wieder Heynckes, der mit einem knallharten Schuß Calderon auf die Probe stellte. Der mexikanische Torhüter konnte den Ball gerade noch über die Latte lenken.

44. Minute: Aus 20 Metern zirkelte Netzer den Ball unhaltbar in den Winkel. Zur Halbzeit führte die deutsche Mannschaft auch

in dieser Höhe verdient mit 4:0. Sie hatte uneingeschränkt an die großartige Leistung gegen Norwegen angeknüpft.

52. Minute: Ein tolles Solo von Köppel mit einem herrlichen Schuß zum Abschluß konnte Torhüter Calderon gerade noch abwehren. Und gleich zweimal innerhalb der 53. Minute mußte der mexikanische Torhüter zuerst gegen Beckenbauer, dann gegen Gerd Müller in letzter Sekunde retten. 54. Minute: Wieder eine Glanzparade von Calderon, diesmal bei einem Beckenbauer-Schuß, nachdem dieser vorher durch die mexikanische Abwehr spaziert war. 55. Minute: Nach einem schönen Solo erzielte Gerd Müller das 5:0. Es war bereits sein dritter Treffer in diesem Spiel.

70. Minute: Die deutsche Mannschaft ließ es jetzt etwas langsamer angehen, beherrschte aber klar ihren Gegner.

90. Minute: Rodriguez vergab die Chance zum Ehrentreffer. Eine der glanzvollsten Vorstellungen der deutschen Mannschaft in diesen Jahren hatte zum überzeugenden 5:0-Sieg geführt. Mit mehr Druck wäre leicht ein zweistelliges Ergebnis möglich gewesen. Aber auch so konnte Helmut Schön voll und ganz zufrieden sein. Seine Mannschaft war für die beiden letzten EM-Qualifikationsspiele gerüstet.

❖

Vorbericht zum 366. Länderspiel: Selten konnte ein deutscher Nationaltrainer so zuversichtlich an ein Pflichtspiel herangehen wie Helmut Schön beim Polen-Spiel. Seine Mannschaft, mit den beiden großen Denkern und Lenkern Beckenbauer und Netzer, zeigte sich fast nur noch in Weltklasseform. Da fiel es kaum ins Gewicht, daß Vogts, Höttges und Overath wegen Verletzung im Aufgebot fehlten.

Tor: Maier, Kleff

Abwehr: Breitner, Beckenbauer, Weber, Schwarzenbeck, Zembski

Mittelfeld: Köppel, Wimmer, Netzer, Fichtel, Flohe

Angriff: Grabowski, Gerd Müller, Heynckes, Held

10.10.1971 in Warschau (EM-Qualifikation)
Polen - BR Deutschland 1:3 (1:1)

Polen: Tomaszewski; Musial, Oslizlo, Gorgon, Anczok; Szoltysik, Maszyk, Bula, ab 46. Kot; Banas, ab 60. Sadek, Lubanski, Gadocha

BRD: Maier -34 (Bayern München); Breitner -2 (Bayern München), Fichtel -22 (Schalke 04), Beckenbauer -55 (Bayern München), Schwarzenbeck -6 (Bayern München); Wimmer -10 (Bor. Mönchengladbach), Köppel -8 (VfB Stuttgart), Netzer -24 (Bor. Mönchengladb.); Grabowski -24 (Eintr. Frankfurt), G.Müller -34 (Bayern München), Heynckes -13 (Bor. Mönchengladb.). Mannschaftskapitän: Beckenbauer

Tore: 1:0 Gadocha (27.), 1:1, 1:2 G.Müller (29., 64.), 1:3 Grabowski (70.)

Beste Spieler: Lubanski, Maszyk, Gadocha - Netzer, Wimmer, G.Müller

Bericht: Schon in den ersten Minuten wurde deutlich, daß sich die polnische Elf gut auf das schnelle Spiel der deutschen Mannschaft eingestellt hatte. Außerdem machten sie selbst Druck nach vorn, so daß sie in der ersten Viertelstunde überlegen waren.

16. Minute: Nachdem Lubanski Fichtel ausgespielt hatte, konnte Sepp Maier dessen Schuß gerade noch zur Ecke abwehren, die aber nichts einbrachte.

24. Minute: Nach einem Fehler von Beckenbauer vergab Maszyk die sich ihm bietende Chance. Drei Minuten später sprintete Gadocha in einen unüberlegten und lässigen Rückpaß von Breitner und schoß den Ball an Meier vorbei zum 1:0 für Polen ein. Nun jedoch zeigte die deutsche Mannschaft was, in ihr steckte. 29. Minute: Günther Netzer hob den Ball von der Torauslinie über die gesamte Abwehr, einschließlich Torhüter Tomaszewski hinweg zu Gerd Müller, der mit einem prachtvollen Kopfball den 1:1-Ausgleich erzielte. 32. Minute: Ein gefährlich angeschnittener Eckball der Polen tanzte auf der Latte und brachte bange Sekunden. 34. Minute: Nachdem Wimmer zwei Gegenspieler stehenließ, spielte er zu Köppel, dessen Schuß jedoch knapp über das Tor ging.

43. Minute: Klaus Fichtel konnte gerade noch vor dem einschußbereiten Lubanski retten. Bei Halbzeit stand das Spiel verdientermaßen 1:1 Unentschieden. Mit zunehmender Spieldauer hatte sich jedoch gezeigt, daß die deutsche Mannschaft immer stärker wurde.

48. Minute: Nach dem Seitenwechsel starteten die Polen eine neue Offensive. Sepp Maier verhinderte mit einer Glanzparade den Führungstreffer nach einem Distanzschuß von Maszyk.

55. Minute: Maier wehrte einen Schuß von Gadocha mit toller Reaktion ab. Und dann kam das, worauf die deutschen Schlachtenbummler schon lange gewartet hatten: Netzer begann, die weit aufgerückte polnische Abwehr mit Steilpässen über 50 Meter total auszuspielen. 64. Minute: Ein solcher Steilpaß von Netzer in den Lauf von Heynckes bedeutete dann auch die Führung. Heynckes spurtete bis an die Torauslinie und flankte dann bildschön zurück zu Gerd Müller, der - wie könnte es anders sein - goldrichtig stand und den Ball zum 2:1 einschoß.

70. Minute: Die Polen mußten nun alles nach vorne werfen, konnten aber weder Netzer an seinen Steilpässen noch Wimmer an seinen unwiderstehlichen Vorstößen hindern. Der Gladbacher Dauerläufer war es auch, der den entscheidenden Angriff einleitete, zu Köppel paßte, der maßgerecht auf Grabowski legte. Bei dem plazierten Schuß des Frankfurter Rechtsaußen hatte Torhüter Tomaszewski keine Chance. Die deutsche Mannschaft führte mit 3:1 und hatte damit quasi das Spiel entschieden.

❖

Vorbericht zum 367. Länderspiel: Vor dem letzten Gruppenspiel gegen Polen in Hamburg, wo der deutschen Mannschaft bereits ein Unentschieden für den 1. Platz in ihrer Gruppe reichte, hatte Bundestrainer Helmut Schön Sorgen. Zwar waren Höttges und Overath wieder dabei, aber dafür fehlten Vogts und Netzer wegen Verletzungen im Aufgebot.

Tor: Maier, Kleff

Abwehr: Breitner, Höttges, Beckenbauer, Weber, Schwarzenbeck

Mittelfeld: Fichtel, Wimmer, Köppel, Overath

Angriff: Libuda, Gerd Müller, Grabowski, Uli Hoeneß

Nach Breitner tauchte mit Hoeneß auch das zweite Bayern-Jungtalent als Neuling in der Nationalelf auf. Gegen Polen kam er jedoch noch nicht zum Einsatz. Dagegen trugen Fichtel und Libuda zum letztenmal das Nationaltrikot. Wie bereits die Nationalspieler Patzke, Ulsaß und Lorenz wurde auch den beiden Schalkern die Mitwirkung am Bundesligaskandal nachgewiesen. Damit war ihre internationale Karriere zu Ende.

17.11.1971 in Hamburg (EM-Qualifikation)
BR Deutschland - Polen 0:0

SR: Mullen (Schottland), Zuschauer: 62.000

BRD: Maier -35 (Bayern München); Höttges -48 (Werder Bremen), Beckenbauer -56 (Bayern München), Weber -48 (1.FC Köln), Schwarzenbeck -7 (Bayern München); Wimmer -11 (Bor. Mönchengladb.), ab 74. Köppel -9 (VfB Stuttg.), Fichtel -23 (Schalke 04), Overath -64 (1.FC Köln); Libuda -26 (Schalke 04), G.Müller -35 (Bayern München), Grabowski -25 (Eintr. Frankfurt). Mannschaftskapitän: Overath

Polen: Szeja; Szymanowski, Ostafinski, Gorgon, Anczok, ab 68. Wyrobek; Blaut, Szoltysik, Deyna; Marks, Lubanski, Lato, ab 83. Bula

Beste Spieler: Beckenbauer - Gorgon, Deyna

Die spielerisch beste deutsche Nationalelf, die es je gab, der Europameister 1972; v.l.: Beckenbauer, Maier, Schwarzenbeck, Heynckes, Netzer, Wimmer, Gerd Müller, Höttges, Erwin Kremers, Breitner, Uli Hoeneß

Bericht: Bei Schnee, Regen und stürmischem Wind begannen die Polen, als würden sie zu Hause spielen. Sie hatten ja auch nichts mehr zu verlieren, sondern konnten nur noch gewinnen. Sepp Maier konnte nach 4 Minuten einen harten Schuß von Deyna gerade noch zur Ecke ablenken, die aber nichts einbrachte.

29. Minute: Lato schoß nach einer Ecke für sein Team aus günstiger Position nur Torhüter Sepp Maier an. Und bei einem Lubanski-Aufsetzer in der 35. Minute war Sepp Maier auf dem Posten. 39. Minute: Von drei Polen umringt schoß Gerd Müller aufs Tor, doch Szeja hatte mit dem Schuß kaum Probleme. Zur Halbzeit waren die deutschen Zuschauer von ihrer Mannschaft maßlos enttäuscht. Ideen kamen nur ins Spiel, wenn Beckenbauer Zeit und Raum fand, mit nach vorne zu gehen. An allen Ecken und Enden wurde Günther Netzer vermißt.

48. Minute: Nach einer zu kurzen Faustabwehr von Maier hatte Szoltysik die große Chance zum 0:1, doch sein harter Schuß ging genau in die Arme von Maier.

90. Minute: In der letzten Viertelstunde lief bei beiden Mannschaften nicht mehr viel zusammen. Es war das schwächste Spiel, das die deutsche Mannschaft seit langer Zeit gezeigt hatte. In der Abwehr gab es reihenweise Mißverständnisse, die die polnischen Stürmer jedoch nicht zu nutzen wußten. Auch in der Offensive gab es große Schwächen, weil aus dem Mittelfeld weder schnell noch steil gespielt wurde, so daß es kaum Torgelegenheiten gab. Zwar hatte die deutsche Mannschaft damit das Viertelfinale erreicht, aber dort konnte sie nur mit einer deutlichen Leistungssteigerung bestehen.

❖

Vorbericht zu 368. Länderspiel: Am 8.1.1972 wurde das EM-Viertelfinale ausgelost. Mit England zog die deutsche Mannschaft das denkbar schwerste Los. Einziger Vorteil war, daß das erste Spiel in London stattfand. Vor diesem Spiel hatte der Bundestrainer noch einmal die Chance, seine Kandidaten in Budapest gegen Ungarn zu testen. Wegen Verletzungen mußte er jedoch auf Vogts, Overath und Grabowski verzichten. Dafür waren mit Bonhof (Borussia Mönchengladbach) und Uli Hoeneß (Bayern München) zwei zwanzigjährige Neulinge im Aufgebot. Hoeneß kam gegen die Ungarn zu seinem 1. Länderspiel.

Tor: Maier, Kleff
Abwehr: Höttges, Beckenbauer, Schwarzenbeck, Breitner
Mittelfeld: Wimmer, Netzer, Köppel, Flohe, Bonhof
Angriff: Hoeneß, Gerd Müller, Heynckes, Held

Auch gegen Ungarn baute Helmut Schön auf die Blockbildung. Diesmal standen 6 Bayern und 3 Gladbacher in der Elf, die in Budapest einlief.

29.3.1972 in Budapest
Ungarn - BR Deutschland 0:2 (0:0)

SR: Lo Bello (Italien), Zuschauer: 50.000
Ungarn: Rothermel; Pancsics, Kovancs, Balint, P.Juhasz; Vidats, Szücs; Fazekas, Branikovits, ab 74. Bene, A. Dunai, Zambo
BRD: Maier -36 (Bayern München); Höttges -49 (Werder Bremen), Beckenbauer -57 (Bayern München), Schwarzenbeck -8 (Bayern München), Breitner -3 (Bayern München), Wimmer -12 (Bor. Mönchengladb.), Netzer -25 (Bor. Mönchengladb.), Flohe -4 (1.FC Köln); Hoeneß -1 (Bayern München), G.Müller -36 (Bayern München), Heynckes -14 (Bor. Mönchengladb.), ab 60. Held -36 (Kickers Offenbach). Mannschaftskapitän: Beckenbauer
Tore: 0:1 Breitner (70.), 0:2 Hoeneß (88.)
Beste Spieler: A.Dunai, Balint, Fazekas - Beckenbauer, Netzer, Breitner, Hoeneß
Bericht: Bereits in den ersten Minuten war deutlich zu spüren, daß dies wieder die andere, gute deutsche Nationalmannschaft war. Schon nach 10 Minuten hatte man das Gefühl, daß sie in Budapest gewinnen müßte.

40. Minute: Nach einem herrlich Doppelpaß zwischen Netzer und Müller ging der Schuß des Münchener Mittelstürmers nur Zentimeter am Tor vorbei. Zur Halbzeit konnten die Ungarn froh sein, daß es noch 0:0 stand. Zwar waren sie im Feld sogar überlegen, aber die deutsche Mannschaft spielte wesentlich effektiver und hatte die besseren Torgelegenheiten.

60. Minute: Nach dem Seitenwechsel machte die deutsche Mannschaft das einzig Richtige, indem sich das Mittelfeld weiter zurückzog und somit Räume für steile Angriffe öffnete. Vorerst führte das zwar nicht zum Erfolg, aber es war bereits im Ansatz zu sehen, welche Gefahren auf die ungarische Abwehr zukamen. Zuerst köpfte Dunai aus acht Meter Entfernung nur knapp über das deutsche Tor. 67. Minute: Siggi Held schloß einen Alleingang mit einem plazierten Schuß ab, der jedoch knapp über das Tor ging. Der junge, frech spielende Breitner bekam 3 Minuten danach an der Mittellinie den Ball, ließ drei ungarische Abwehrspieler stehen und schoß unhaltbar für Torhüter Rothermel zum 1:0 für die deutsche Mannschaft ein. Und kurz darauf verfehlte Gerd Müller das ungarische Tor nur ganz knapp.

85. Minute: Nur mit größter Mühe hatte die ungarische Abwehr 15 Minuten lang weitere deutsche Gegentreffer verhindern können. Immer wieder brachte Beckenbauer mit seinen Ideen und Netzer mit seinen Steilpässen das reinste Chaos in die ungarische Abwehr. 86. Minute: Beckenbauer donnerte den Ball von der Strafraumgrenze aus an den Pfosten, und Müller schoß den zurückprallenden Ball ins Tor. Wegen Abseitsstellung konnte Schiedsrichter Lo Bello diesen Treffer jedoch nicht anerkennen. 88. Minute: Müller schickte Uli Hoeneß steil, der stürmte in den Strafraum und schoß aus 13 Metern zum 0:2 ein. Durch ihr taktisch hervorragendes, schnelles und steiles Spiel hatte die deutsche Mannschaft trotz ungarischer Überlegenheit nicht unverdient gewonnen.

❖

Vorbericht zum 369. Länderspiel: Mit Breitner und Uli Hoeneß hatte Helmut Schön zwei neue Stars in seiner Mannschaft, die ideal zum Stil von Beckenbauer und Netzer paßten. Selbstverständlich standen sie auch im vorläufigen Aufgebot für das EM-Viertelfinalspiel in London.

Tor: Maier, Kleff
Abwehr: Höttges, Beckenbauer, Weber, Schnellinger, Schwarzenbeck, Breitner
Mittelfeld: Netzer, Wimmer, Köppel, Flohe, Neuberger
Angriff: Uli Hoeneß, Gerd Müller, Heynckes, Löhr, Held

Um die Abwehr zu stärken hatte Helmut Schön den Italien-Profi Schnellinger nominiert, ließ aber dann doch die Abwehr wie in Budapest spielen und verzichtete im endgültigen Aufgebot sogar auf Schnellinger.

Tor: Maier, Kleff
Abwehr: Höttges, Beckenbauer, Schwarzenbeck, Breitner, Bella
Mittelfeld: Wimmer, Netzer, Flohe, Bonhof
Angriff: Uli Hoeneß, Grabowski, Gerd Müller, Held, Heynckes

Lediglich in Mittelfeld und Angriff nahm Helmut Schön Veränderungen vor. Flohe und Heynckes blieben draußen und Grabowski und Held kamen neu in die Mannschaft. Der junge Hoeneß rückte ins Mittelfeld.

Günther Netzer, ein Weltklasse-Spieler seiner Zeit

29.4.1972 in London (EM-Viertelfinale)
England - BR Deutschland 1:3 (0:1)

SR: Heliet (Frankreich), Zuschauer: 100.000
England: Banks; Madeley, Hunter, Moore, Hughes; Bell, Ball, Peters; Lee, Chivers, Hurst, ab 57. Marsh
BRD: Maier -37 (Bayern München); Höttges -50 (Werder Bremen), Beckenbauer -58 (Bayern München), Schwarzenbeck -9 (Bayern München), Breitner -4 (Bayern München); Hoeneß -2 (Bayern München), Netzer -26 (Bor. Mönchengladbach), Wimmer -13 (Bor. Mönchengladb.); Grabowski -6 (Eintr. Frankfurt), G.Müller -37 (Bayern München), Held -37 (Kickers Offenbach). Mannschaftskapitän: Beckenbauer
Tore: 0:1 Hoeneß (26.), 1:1 Lee (77.), 1:2 Netzer (85. Foulelfmeter), 1:3 Müller (88.)
Beste Spieler: Banks, Peters - Beckenbauer, Netzer, Hoeneß, Breitner, Maier, Höttges, Held
Bericht: Die deutsche Mannschaft begann im Wembley-Stadion überraschend unsicher. Selbst Beckenbauer ließ sich davon anstecken, aber die Engländer brachten den Ball nicht im Tor unter.

14. Minute: Grabowski donnerte aus 20 Metern auf das Tor, doch Ball warf sich in seinen Schuß. Und in der 23. Minute verhinderte Torwart Banks, daß ein harter Distanzschuß von Beckenbauer die Torlinie passierte.

26. Minute: Gerd Müller spielte einen halbhohen Flankenball von Held zurück, Held sah den freistehenden Uli Hoeneß, schob den Ball rüber, und der donnerte zum 0:1 ein. Nach 15 starken Minuten wurde die deutsche Mannschaft für ihre offensive Spielweise belohnt. 30. Minute: Hurst kam frei zum Köpfen, aber Sepp Maier ließ sich nicht überlisten. Auch ein Schuß von Peters in der 40. Minute ging nur knapp über das deutsche Tor.

45. Minute: Zur Halbzeit führte die deutsche Mannschaft sensationell mit 1:0. Aufgrund des schnellen, direkten und steilen Spiels war diese Führung sogar verdient.

53. Minute: Viel Glück für die Engländer, als Müller allein auf Torhüter Banks zulief und im Strafraum von Hunter gefoult wurde. Der Pfiff des französischen Schiedsrichters blieb jedoch unverständlicherweise aus. Im Gegenzug klärte Paul Breitner vor dem einschußbereiten Lee. 62. Minute: Ein harter Schuß von Peters tanzte auf der Querlatte. Das war Glück für die deutsche Mannschaft. Und mit einem Hechtsprung verhinderte Sepp Maier 3 Minuten später, daß ein wuchtiger Kopfball von Peters in das Tor ging.

74. Minute: Noch einmal rettete Sepp Maier, als er sich Chivers vor die Füße warf. Und nachdem Maier eine Flanke verpaßt hatte, rettete Höttges eine Viertelstunde vor Schluß auf der Torlinie. 77. Minute: Ein Fehlpaß von Beckenbauer nutzte Bell und schoß auf das Tor. Maier konnte nur abprallen lassen und Lee schob den Ball zum verdienten Ausgleich ins Tor. Zwanzig Minuten lang hatte die deutsche Mannschaft den Briten das Feld überlassen und dafür die Quittung bekommen.

80. Minute: Nach dem Ausgleichstreffer war jedoch deutlich zu spüren, daß die deutsche Mannschaft sich nicht mit einem Unentschieden zufrieden geben wollte. Sie übernahm sofort wieder die Initiative und brachte die Engländer mit ihrem Steilspiel in Not. 84. Minute: Mit einem Steilpaß von Netzer zog Siggi Held auf und davon und konnte von Moore nur noch im Strafraum durch ein Foul am Torschuß gehindert werden. Diesmal pfiff der französische Unparteiische Elfmeter. 85. Minute: In seiner gewohnten Art und Weise legte sich Günther Netzer den Ball auf den Elfmeterpunkt. Von Pfiffen begleitet, lief er ruhig an und plazierte den Ball genau an den Innenpfosten. Obwohl Torhüter Banks in der richtigen Ecke war, konnte er den Ball unmöglich erreichen.

88. Minute: Siggi Held nahm Hughes den Ball ab, spielte zu Hoeneß, der sofort zu Müller weiterlenkte, und der Münchener Torjäger schoß durch eine Fünf-Mann-Abwehrkette zum 3:1 ins lange Eck. Nach einer spielerischen und taktischen Meisterleistung gewann die deutsche Mannschaft zum erstenmal und verdient im Londoner Wembley-Stadion. Es war eine der größten Sensationen in der Fußballgeschichte.

❖

Vorbericht zum 370. Länderspiel: Der Sieg von Wembley war noch Gesprächsstoff, als die Engländer zum Rückspiel nach Berlin kamen. Vor allem die Art und Weise, wie der Sieg erspielt wurde, überzeugte alle Experten. Trotz teilweiser Überlegenheit der Engländer hatte man nie das Gefühl, daß die deutsche Mannschaft das Spiel verlieren könnte. Jeder einzelne Spieler überzeugte, und insgesamt war es eine harmonische Einheit mit den beiden Denkern und Lenkern, Beckenbauer und Netzer, an der Spitze.

Es war natürlich selbstverständlich, daß die 11 Wembleysieger auch im Aufgebot für das Rückspiel standen.
Tor: Maier, Kleff
Abwehr: Höttges, Beckenbauer, Schwarzenbeck, Breitner, Schnellinger, Bella
Mittelfeld: Hoeneß, Netzer, Wimmer, Flohe
Angriff: Grabowski, Gerd Müller, Held, Heynckes
Helmut Schön wollte wieder die Elf von London auflaufen lassen, mußte jedoch kurzfristig auf den angeschlagenen Grabowski verzichten, für den Flohe neu in die Mannschaft kam.

13.5.1972 in Berlin (EM-Viertelfinale)
BR Deutschland - England 0:0

SR: Gugulovic (Jugoslawien), Zuschauer: 84.000
BRD: Maier -38 (Bayern München); Höttges -51 (Werder Bremen), Beckenbauer -59 (Bayern München), Schwarzenbeck -10 (Bayern München), Breitner -5 (Bayern München); Flohe -5 (1.FC Köln), Netzer -27 (Bor. Mönchengladb.), Wimmer -14 (Bor. Mönchengladb.); Hoeneß -3 (Bayern München), ab 70. Heynckes -15 (Bor. Mönchengladb.), G.Müller -38 (Bayern München), Held -38 (Kickers Offenbach). Mannschaftskapitän: Beckenbauer
England: Banks; Madeley, McFarland, Moore, Hughes; Storey, Ball, Hunter, (71. Peters) Bell; Chivers, Marsh, (60. Summerbee)
Beste Spieler: Netzer, Breitner, Höttges, Maier, Beckenbauer, Schwarzenbeck - Ball, Banks
Bericht: Während die Engländer von Beginn an versuchten, den 2-Tore-Rückstand aus dem Hinspiel aufzuholen, spielte die deutsche Mannschaft unbeirrt ihren schnellen und direkten Fußball.

7. Minute: Höttges rettete auf der Linie nach einem Chivers Kopfball. Ein von Netzer angeschnittener Freistoß, 2 Minuten später, ging knapp über die Latte des englischen Gehäuses. Und nach einem Paß von Ball ging der Schuß von Chivers in der 10. Minute am Tor vorbei. 18. Minute: Ein Schuß von Held, nach einem Paß von Schwarzenbeck, ging an die Lattenoberkante.

28. Minute: Die stärkste Zeit der Engländer mit tollen Schüssen auf das deutsche Tor brachte nichts ein, weil die deutsche Deckung um Beckenbauer hervorragend stand. 35. Minute: Ein tolles Solo von Netzer, der die englischen Spieler serienweise stehenließ, brachte viel Beifall auf offener Szene.

41. Minute: Erneut ein tolles Netzer Solo, das nur durch ein übles Foul von McFarland beendet wurde. Wieder hatte die deutsche Mannschaft in der ersten Halbzeit so gespielt, daß man keine Angst um sie haben brauchte. Zwar fehlten die klaren Torchancen, und die Engländer waren im Feld durchaus gleichwertig, aber sie hatten dem technisch brillanten deutschen Spiel nur Kampfkraft entgegenzusetzen.

56. Minute: Nach dem harten Spiel in den ersten 45 Minuten griffen die Engländer in der zweiten Halbzeit teilweise zu brutalen Fouls, um das Spiel der deutschen Mannschaft zu zerstören.

73. Minute: Als Breitner Bell im Strafraum umstieß, ließ der Schiedsrichter Gnade vor Recht ergehen.

80. Minute: Erneut ein böses Foul, diesmal von Storey an Heynckes, aber der Netzer-Freistoß traf diesmal nicht das Tor. 83. Minute: Storey, der schlimmste Übeltäter in der englischen Mannschaft, säbelte Netzer zum x-ten Male um. Es war sehr traurig, mit welchen Mitteln die Briten eine Niederlage in Berlin zu verhindern suchten. 84. Minute: Ball foulte absichtlich drei deutsche Spieler hintereinander, konnte damit jedoch auch nicht verhindern, daß seine Mannschaft völlig machtlos gegen die deutsche Elf blieb.

90. Minute: Trotz des 0:0 Unentschieden hatte die deutsche Mannschaft erneut durch eine Glanzleistung überzeugt. Daß nicht mehr dabei herauskam, lag an der brutalen Spielweise der Engländer, die offensichtlich nicht fair verlieren konnten. Sie konnten allerdings nicht verhindern, daß die deutsche Mannschaft damit das Halbfinale erreicht hatte.

❖

Vorbericht zum 371. Länderspiel: Die deutsche Mannschaft hatte neben Belgien, der Sowjetunion und schließlich Ungarn, das gegen Rumänien drei Spiele benötigte, das Halbfinale erreicht, das in Belgien ausgetragen wurde. Gegner um den Einzug ins Finale war Gastgeber Belgien, der sensationell Italien ausgebootet hatte. Vorher gab es jedoch noch ein Freundschaftsspiel in München gegen die Sowjetunion. Für dieses Spiel berief Bundestrainer Helmut Schön folgendes Aufgebot:

Tor: Maier, Kleff

Abwehr: Höttges, Beckenbauer, Schwarzenbeck, Breitner, Bella

Mittelfeld: Hoeneß, Netzer, Wimmer, Flohe, Bonhof, Köppel

Angriff: Grabowski, Gerd Müller, Heynckes, Erwin Kremers

Auf Italien-Profis konnte und wurde jetzt ganz verzichtet. Ebenso auf Overath, Vogts und Held, die außer Form waren. Dafür kamen die beiden Neulinge Erwin Kremers und Rainer Bonhof zu ihrem 1. Länderspiel.

26.5.1972 in München

BR Deutschland - Sowjetunion 4:1 (0:0)

SR: Marques (Brasilien), Zuschauer: 80.000
BRD: Maier -39 (Bayern München), ab 69. Kleff -2 (Bor. Mönchengladb.); Höttges -52 (Werder Bremen), ab 46. Bonhof -1 (Bor. Mönchengladb.), Beckenbauer -60 (Bayern München), Schwarzenbeck -11 (Bayern München), Breitner -6 (Bayern München); Wimmer -15 (Bor. Mönchengladb.), Netzer -28 (Bor. Mönchengladb.), Hoeneß -4 (Bayern München); Heynckes -16 (Bor. Mönchengladb.), G.Müller -39 (Bayern München), Erwin Kremers -1 (Schalke 04). Mannschaftskapitän: Beckenbauer
Sowjetunion: Rudakow; Dsodsuaschwili, Churtsilawa, Abramow, Istomin, ab 67. Watwijenko; Kolotow, Troschkin, Konkow, ab 57. Muntjan; Kopeikin, Banischefski, Kosinkewitsch
Tore: 1:0, 2:0, 3:0, 4:0 G.Müller (49., 52., 58., 65.), 4:1 Kolotow (73.)
Beste Spieler: Netzer, Beckenbauer, Gerd Müller, Breitner, E.Kremers - Konkow
Bericht: Bereits nach einer Viertelstunde war klar, daß die deutsche Mannschaft auch an diesem Tag nicht verlieren würde. Mit spielerischen Mitteln beherrschte sie das Feld und den Gegner.

45. Minute: Bis zur Halbzeit hatte die deutsche Mannschaft im Einweihungsspiel des Olympia-Stadions erneut durch eine glanzvolle Leistung überzeugt. Alles, was bisher fehlte, war der letzte Druck nach vorne. Das sollte jedoch in der zweiten Halbzeit anders werden.

49. Minute: Der Ball lief über Netzer, Beckenbauer und Heynckes zu Müller, der mit einer Körpertäuschung an seinem Gegenspieler vorbeiging und flach zum 1:0 in die lange Ecke einschoß. 52. Minute: Nach einem tollen Paß von Netzer startete Heynckes ein Solo über 30 Meter und schoß dann knallhart auf das Tor von Rudakow, der nur kurz abwehren konnte. Müller und Hoeneß waren zur Stelle, aber Gerd Müller beförderte den Ball zum 2:0 über die Linie. 58. Minute: Erneut war es Gerd Müller, der in einen Rückpaß von Istomin spurtete und auf 3:0 erhöhte. Innerhalb von nur 10 Minuten ein lupenreiner Hattrick des sagenhaften Torjägers. 65. Minute: Netzer ging mit dem Ball am Fuß über 40 Meter an allen Gegenspielern vorbei, einschließlich Torhüter Rudakow und schob den Ball maßgerecht zu Gerd Müller, der ihn zum 4:0 ins Tor drückte.

72. Minute: Banischefski ging an Schwarzenbeck vorbei, flankte, und Kolotow erzielte das 4:1. Das war nicht mehr als eine Schönheitskorrektur. 77. Minute: Torhüter Rudakow parierte vor Uli Hoeneß, der allein auf das Tor zulief. Nur in letzter Sekunde konnte Rudakow 3 Minuten später einen Kopfball von Müller zur Ecke fausten und Sepp Maier wehrte 5 Minuten vor dem Ende zweimal hintereinander gegen Banischefski ab. 88. Minute: Ein Schuß von Churtsilawa sprang von der Lattenunterkante deutlich vor der Torlinie wieder auf.

90. Minute: Die deutsche Mannschaft hatte mit einer Glanzvorstellung die sowjetische Elf auseinandergenommen. Erneut war es eines der traumhaften Spiele der deutschen Mannschaft, bei der jeder Spieler 90 Minuten lang in Bewegung war, der Ball immer flüssig lief, mal im Doppelpaß kurz und schnell, dann wieder durch hervorragende Steilpässe und schließlich auch mit einer brillanten Technik. Die beiden Debütanten fügten sich nahtlos in die Mannschaft ein und waren somit ein weiterer Gewinn. Die deutsche Mannschaft war jetzt bestens für die EM-Endrunde gerüstet.

Gerd Müller, erfolgreichster deutscher Torjäger, vollendete das, was andere vorbereiteten

*Franz Beckenbauer (rechts) und Günther Netzer. Sie waren die
Denker und Lenker dieser Superelf*

Herbert „Hacki" Wimmer (Borussia Mönchengladbach) war als Dauerrenner einer der großen Stützen der EM-Elf. Hier erzielt er das 2:0 gegen die UdSSR

Vorbericht zum 372. Länderspiel: Nun war es soweit, die deutsche Mannschaft reiste nach Belgien, um ihre Weltklasseform mit dem Europameistertitel zu krönen. Das Aufgebot für die beiden Spiele unterschied sich kaum von den vorherigen. Lediglich Vogts und Löhr kehrten zurück.

Tor: Maier, Kleff

Abwehr: Höttges, Beckenbauer, Schwarzenbeck, Breitner, Vogts, Bella

Mittelfeld: Uli Hoeneß, Netzer, Wimmer, Bonhof, Köppel

Angriff: Grabowski, Gerd Müller, Heynckes, Erwin Kremers, Löhr

Da alle Spieler gesund waren, ließ Helmut Schön in Antwerpen die 11 Spieler im Halbfinale gegen Belgien beginnen, die in München die Sowjetunion an die Wand gespielt hatten.

14.6.1972 in Antwerpen (EM-Halbfinale)

Belgien - BR Deutschland 1:2 (0:1)

SR: Mullen (Schottland), Zuschauer: 59.000
Belgien: Piot; Heylens, Vandendaele, Thissen, Dolmans; Verheyen, Dockx, Maertens, ab 68. Polleunis; Semmeling, Lambert, Van Himst

BRD: Maier -40 (Bayern München); Höttges -53 (Werder Bremen), Beckenbauer -61 (Bayern München), Schwarzenbeck -12 (Bayern München), Breitner -7 (Bayern München); Hoeneß -5 (Bayern München), ab 58. Grabowski -27 (Eintr. Frankfurt), Netzer -29 (Bor. Mönchengladb.), Wimmer -16 (Bor. Mönchengladb.); Heynckes -17 (Bor. Mönchengladb.), G.Müller -40 (Bayern München), E.Kremers -2 (Schalke 04). Mannschaftskapitän: Beckenbauer

Tore: 1:0, 2:0 G.Müller (24., 71.,), 2:1 Polleunis (83.)
Beste Spieler: Lambert, Piot - Netzer, Gerd Müller, Maier, Beckenbauer, Breitner, Wimmer, E.Kremers

Bericht: Das Spiel begann wie erwartet, die deutsche Mannschaft machte von Anfang an Druck und war den Belgiern technisch überlegen. Chancen gab es für beide Teams kaum. Die Belgier spielten jedoch recht unfair und Vandendaele erhielt zu Recht die gelbe Karte.

24. Minute: Nach wohl zehn vergeblichen Versuchen klappte es dann endlich. Beckenbauer spielte zu Netzer, der gefühlvoll in den Strafraum hob. Von drei Spielern und Torwart Piot umringt, sprang Gerd Müller am höchsten und köpfte den Ball in das verlassene Tor zum 1:0 für die deutsche Mannschaft ein.

30. Minute: Einen Van-Himst-Freistoß köpfte Semmeling in das Tor, doch Schiedsrichter Mullen gab den Treffer richtigerweise wegen Abseitsposition nicht. 34. Minute: Gerd Müller grätschte nur um Millimeter an einer Heynckes-Flanke vorbei. Beim nächsten Angriff verweigerte der schottische Schiedsrichter der deutschen Mannschaft einen Elfmeter, als Erwin Kremers klar im Strafraum von Heylens gelegt wurde.

48. Minute: Bei einem Schuß von Semmeling bewies Maier sein gutes Stellungsspiel. Noch einmal mußte Sepp Maier 5 Minuten später gegen Semmeling klären. Und Heylens harter Schuß wurde von Maier in der 55. Minute über das Tor gelenkt.

60. Minute: Piot meisterte einen Distanzschuß von Netzer. Und in der nächsten Minute mußte der belgische Torhüter einen Beckenbauer-Schuß aus dem unteren Eck fischen. 63. Minute: Ein 15-Meter-Schuß von Thissen wurde von Sepp Maier akrobatisch gemeistert.

71. Minute: Einen traumhaften Steilpaß von Netzer nahm Gerd Müller an, ging zwischen zwei Belgiern hindurch und lupfte den Ball über den herauslaufenden Piot zum 2:0 für die deutsche Mannschaft ins Netz. Einer der Traumangriffe der deutschen Mannschaft hatte zu einem Traumtor von Gerd Müller geführt.

83. Minute: In die deutsche Hintermannschaft schlichen sich immer mehr Nachlässigkeiten ein. Polleunis schoß den Ball aus der Drehung unhaltbar in das lange Eck zum 2:1 ein. 88. Minute: Der belgische Anschlußtreffer schien die deutsche Mannschaft überhaupt nicht zu stören. Im Gegenteil spielten sie ihr unheimlich gefährliches Spiel weiter. Grabowski ließ zwei Gegenspieler aussteigen, gab zu Müller und der weiter zu Heynckes. Leider vergab der Gladbacher die sich ihm bietende glänzende Torchance kläglich.

90. Minute: Nach einer Ecke vergab Vandendaele die letzte belgische Torchance, indem er neben den Kasten köpfte. Erneut gewann die deutsche Mannschaft mit einer souveränen Leistung und traf nun im Endspiel auf die Sowjetunion, die sich mit 1:0 gegen Ungarn durchgesetzt hatte.

❖

Vorbericht zum 373. Länderspiel: Die deutsche Mannschaft stand im Endspiel um die Europameisterschaft und erneut war die Sowjetunion Gegner, gegen die man drei Wochen zuvor mit 4:1 in München gewonnen hatte. Nun galt die deutsche Mannschaft als klarer Favorit und eigentlich konnte sie bei dem hohen spielerischen Niveau nur noch an den eigenen Nerven scheitern.

Helmut Schön konnte im Finale, wie schon in den beiden vorherigen Spielen, mit der gleichen Elf antreten.

18.6.1972 in Brüssel (EM-Finale)

Sowjetunion - BR Deutschland 0:3 (0:1)

SR: Marschall Österreich), Zuschauer: 50.000
Sowjetunion: Rudakow; Dsodsuaschwili, Churtsilawa, Kaplitschni, Istomin; Kolotow, Troschkin, Konkow, ab 46. Dolmatow; Baidatschni, Banischefski, ab 65. Kosinkewitsch, Onischenko

BRD: Maier -41 (Bayern München); Höttges -54 (Werder Bremen), Beckenbauer -62 (Bayern München), Schwarzenbeck -13 (Bayern München), Breitner -8 (Bayern München); Hoeneß -6 (Bayern München), Netzer -30 (Bor. Mönchengladb.), Wimmer -17 (Bor. Mönchegladb.); Heynckes -18 (Bor. Mönchengladb.), G.Müller -41 (Bayern München), E.Kremers -3 (Schalke 04). Mannschaftskapitän: Beckenbauer

Tore: 0:1 Müller (28.), 0:2 Wimmer (52.), 0:3 Müller (57.)
Beste Spieler: Beckenbauer, Netzer, Breitner, Gerd Müller, Wimmer, Schwarzenbeck - Onischenko

Bericht: Schon nach den ersten Minuten wurde deutlich, daß diese deutsche Mannschaft auch im Europameisterschaftsfinale nicht aufzuhalten war.

13. Minute: Nachdem Erwin Kremers zwei sowjetische Abwehrspieler hatte stehenlassen, flankte er in die Mitte, wo Hoeneß leider nur die Latte traf. 15. Minute: Heynckes und Netzer schossen nacheinander auf das sowjetische Tor, aber der Ball wollte einfach nicht hinein. 18. Minute: Als Kolotow allein vor Sepp Maier auftauchte, konnte sich der deutsche Torhüter zum erstenmal auszeichnen.

26. Minute: Günther Netzer lupfte einen Ball zu Hoeneß, doch dessen Weitschuß verfehlte das Ziel. Franz Beckenbauer spielte kurz darauf nach einem schönen Dribbling zu Netzer, dessen toller Schuß an die Latte donnerte. Jupp Heynckes Nachschuß konnte Rudakow nicht festhalten, und Gerd Müller stand wieder einmal goldrichtig, um zum 1:0 abzustauben. Er erzielte damit nicht nur die deutsche Führung, sondern auch sein 50. Tor im 41. Länderspiel. Dies war einsamer Rekord.

45. Minute: Zur Halbzeit führte die deutsche Mannschaft hochverdient mit 1:0. Nichts war von Angst oder Nervenflattern zu spüren. Sie beherrschte erneut ihren Gegner und bot den 50.000 Zuschauern ein glanzvolles Spiel.

52. Minute: Zu Beginn der 2. Halbzeit startete die sowjetische Mannschaft zu einer Offensive, konnte aber das deutsche Tor nicht einmal gefährden. Im Gegenteil schuf sie damit den Raum für Konter der deutschen Mannschaft. Heynckes schickte Wimmer steil, der aus 15 Metern knallhart abzog. Rudakow glitt

Der heutige Trainer von Bayern München, Jupp Heynckes (Borussia Mönchengladbach), gehörte zur EM-Elf

Gerd Müllers 50. Tor in 41 Länderspielen: die 1:0-Führung gegen die UdSSR im EM-Endspiel

der Ball aus den Händen und rollte gegen den Pfosten und von dort in das Tor zum 2:0 für die deutsche Mannschaft. 55. Minute: Der erste verheißungsvolle Angriff der Sowjetunion in der zweiten Halbzeit endete mit einem Kopfball von Banischefski, mit dem Sepp Maier keine Mühe hatte. 58. Minute: Auf engstem Raum setzte sich Gerd Müller erneut gegen seine Bewacher durch, nachdem er, hart bedrängt, einen Schwarzenbeck-Paß angenommen hatte, und schoß am erstarrten Rudakow vorbei zum 3:0 ein. Das war die vorzeitige Entscheidung und die Europameisterschaft für die deutsche Mannschaft.

69. Minute: Ein 20-Meter-Schuß von Churtsilawa traf nur die Latte des deutschen Tores. 8 Minuten später hielt Maier einen Distanzschuß, der erneut von Churtsilawa abgefeuert wurde. 79. Minute: Franz Beckenbauer setzte Heynckes gut in Szene, der sofort schoß. Mit einer Glanztat verhinderte Rudakow das vierte Tor.

90. Minute: Die letzten 10 Minuten ließ es die deutsche Mannschaft ruhig angehen, beschränkte sich darauf, den Ball in den eigenen Reihen zu halten und den Sieg sicher über die Zeit zu bringen. Selbst in dieser Phase war die Sowjetunion nicht in der Lage, das technisch gekonnte und sichere Spiel der deutschen Mannschaft ernsthaft zu stören. Der Schlußpfiff erlöste sie aus ihrer hoffnungslosen Lage. Die deutsche Nationalmannschaft war zum erstenmal Fußball-Europameister geworden.

Aber nicht nur der Titel selbst, sondern die Art und Weise, wie sie ihn errungen hatte, war das, was die Fachwelt verblüffte. Ohne Zweifel war sie damit die beste Mannschaft der Welt. Sie konnte technisch bei den besten Südamerikanern ebenso mithalten, wie kämpferisch bei den stärksten britischen Mannschaften. Zudem war sie jederzeit in der Lage, sich taktisch auf jedes Spielsystem einzustellen. Entscheidend für den Erfolg war jedoch, daß die deutsche Mannschaft etwas Neues bot, was es bisher im Weltfußball so nicht gegeben hatte: Jeder Spieler war ständig in Bewegung, und es wurde teilweise mit zehn Spielern verteidigt und auch angegriffen. Hinzu kam das schnelle direkte Spiel sowie der Wechsel zwischen Kurz- und Steilpässen, Doppelpässen und den ständig neuen Ideen. Keine Abwehr der Welt war in der Lage, diesem ständigen Rhythmuswechsel und Angriffswirbel standzuhalten. Das direkte Spiel gab auch kaum Gelegenheit, den Angriffsfluß zu stören. Somit war es auch eine Leistung der gesamten Mannschaft und jedes einzelnen Spielers. Zweifellos hatte die deutsche Mannschaft mit dieser Art des Fußballspielens einen Schritt in eine neue Zeit getan. Sie war all ihren Gegnern um einige Jahre voraus und beherrschte den Weltfußball. Seit der großen Zeit der Ungarn zwischen 1950 und 1954 hatte keine Nationalmannschaft mehr so überlegen gespielt und die Gegner beherrscht wie der neue Europameister.

❖

Bilanz 1972/73
6 Spiele: 3 Siege, 0 Unentschieden, 3 Niederlagen, 13:6 Tore
Zuschauer: 365.000
In 6 Spielen wurden 21 Spieler eingesetzt, davon waren 4 Spieler Neulinge

Die Spieler der Saison:

Paul Breitner	6	Spiele
Franz Beckenbauer	6	"
Erwin Kremers	6	"
Gerhard Müller	5	"
Wolfgang Overath	5	"
Georg Schwarzenbeck	4	"
Horst-Dieter Höttges	4	"
Josef Maier	4	"
Hans-Hubert Vogts	4	"
Josef Heynckes	4	"
Ulrich Hoeneß	4	"
Bernhard Cullmann	4	"
Heinz Flohe	4	"
Herbert Wimmer	2	"
Rainer Geye	2	"
Siegfried Held	2	"
Bernd Franke	2	"
Jürgen Grabowski	2	"
Hans-Josef Kapellmann	2	"
Günther Netzer	1	Spiel
Horst Köppel	1	"

Die Tore der Saison:

Gerhard Müller	6	Tore
Bernhard Cullmann	2	"
Günther Netzer	1	Tor
Josef Heynckes	1	"
Erwin Kremers	1	"
Franz Beckenbauer	1	"

Mannschaftsführer war:
Franz Beckenbauer 6 mal

1 Elfmeter für Deutschland,
 verwandelt durch Müller (gegen die CSSR)

1 Elfmeter für Deutschland,
 verschossen durch Müller (gegen Jugoslawien)

2 Elfmeter gegen Deutschland,
 verwandelt durch Brindisi (Argentinien) und Bajevic (Jugoslawien)

1 Eigentor des Gegners,
 durch Jordanov (Bulgarien)

Rangliste der besten Nationalspieler des Jahres:
1. Franz Beckenbauer (Bayern München)
   Gerd Müller (Bayern München)
3. Paul Breitner (Bayern München)
4. Wolfgang Overath (1.FC Köln)
5. Josef „Sepp" Maier (Bayern München)
   Berti Vogts (Borussia Mönchengladbach)
7. Horst-Dieter Höttges (Werder Bremen)
   Günther Netzer (Borussia Mönchengladbach)
9. Erwin Kremers (FC Schalke 04)
   Bernd Cullmann (1.FC Köln)

1972/73

Vorbericht zum 374. Länderspiel: Nach langer Pause gab es im November das erste Spiel des neuen Europameisters gegen die Schweiz. Alle Europameister standen im Aufgebot, und Vogts und Overath kehrten in den Kreis der Nationalelf zurück.

Tor: Maier, Franke
Abwehr: Höttges, Beckenbauer, Schwarzenbeck, Breitner, Vogts, Bella
Mittelfeld: Hoeneß, Netzer, Wimmer, Overath
Angriff: Heynckes, Gerd Müller, Erwin Kremers, Held, Grabowski, Geye

Franke (Eintracht Braunschweig) und Geye (Fortuna Düsseldorf) standen als Neulinge im Aufgebot. Während Franke noch einige Zeit auf seinen ersten Länderspieleinsatz warten mußte, wurde Geye bereits gegen die Schweiz eingewechselt.

15.11.1972 in Düsseldorf

BR Deutschland - Schweiz 5:1 (2:0)

SR: van der Kroft (Holland), Zuschauer: 70.000

BRD: Maier -42 (Bayern München); Höttges -55 (Werder Bremen), Beckenbauer -63, Schwarzenbeck -14, Breitner -9 (alle Bayern München); Wimmer -18 (Bor. Mönchengladb.), ab 46. Vogts -41, Netzer -31 (beide Bor. Mönchengladb.), Hoeneß -7 (Bayern München); Heynckes -19 (Bor. Mönchengladb.), G.Müller -42 (Bayern München), Erwin Kremers -4 (Schalke 04), ab 68. Geye -1 (Fort. Düsseldorf). Mannschaftskapitän: Beckenbauer

Schweiz: Prosperi; Ramseier, Mundschin, Guyot, Stierli, ab 46. Demarmels; Odermatt, Kuhn, Hasler; Balmer, Müller, Jeandupeux, ab 46. Künzli

Tore: 1:0, 2:0, 3:0 Müller (22., 30., 47.), 4:0 Netzer (52.), 5:0 Müller (77.), 5:1 Künzli (83.)

Beste Spieler: Gerd Müller, Netzer, Beckenbauer, Breitner - Ramseier, Prosperi

Bericht: Die deutsche Mannschaft begann im Düsseldorfer Rhein-Stadion, als stände sie noch mitten in der Europameisterschaft. Gleich der erste Angriff über Netzer brachte Wimmer in freie Schußposition, doch Wimmer verstolperte.

7. Minute: Ramseyer verpaßte einen herrlichen Beckenbauer-Steilpaß auf Kremers. Munschin blieb keine andere Wahl, als den Schalker Linksaußen festzuhalten, aber überraschend blieb der Schiedsrichterpfiff aus. 13. Minute: Einen 30-Meter-Querpaß von Netzer schoß Höttges direkt auf das Tor, doch der Ball strich knapp vorbei. Und nach einem Steilpaß von Netzer in der 21. Minute traf Kremers aus abseitsverdächtiger Position nur den Pfosten. 22. Minute: Ein herrlicher, direkter Spielzug aus der Abwehr heraus über Hoeneß und Breitner, der den Ball zu Wimmer auf den linken Flügel hinaus gab, leitete die Führung der deutschen Mannschaft ein. Bei Wimmers angeschnittener Flanke brauchte Gerd Müller nur noch den Fuß hinzuhalten, und es stand 1:0.

30. Minute: Nach einer Flanke von Heynckes reagierte Gerd Müller schneller als seine Gegenspieler und schoß den Ball zum 2:0 an Torhüter Prosperi vorbei. 40. Minute: Mit einer Glanzparade verhinderte Torhüter Prosperi nach einem tollen Beckenbauer-Schuß einen weiteren Treffer.Im nächsten Angriff ging Erwin Kremers auf dem linken Flügel allein durch, flankte in die Mitte, wo Gerd Müller um Zentimeter zu spät kam.

47. Minute: Mit Beginn der 2. Halbzeit wurde das Spiel der deutschen Mannschaft noch besser. Nach einer Hoeneß-Flanke war Gerd Müller zur Stelle und köpfte unhaltbar zum 3:0 in den Torwinkel.

52. Minute: Ein Tor, das wohl zu den schönsten zählt, was je auf der Welt erzielt wurde, zauberten Netzer und Müller zusam-

men: Wieder spielte die deutsche Mannschaft steil aus der Abwehr heraus. Netzer spielte Gerd Müller im Strafraum an, der per Hackentrick zum durchlaufenden Netzer zurückspielte, der den Ball mit Vehemenz aus fünf Meter Entfernung in das schweizerische Gehäuse jagte. Mit vollendeter Technik, Übersicht, Ideen und traumwandlerischer Sicherheit war dieses sagenhafte Tor zum 4:0 erzielt worden.

55. Minute: Zum erstenmal mußte Torhüter Sepp Maier nach einem Demarmels Schuß eingreifen. Die deutsche Mannschaft zauberte weiter. Nach einem Hoeneß - Müller Doppelpaß in der 59. Minute erzielte Heynckes einen weiteren Treffer, der jedoch wegen Abseitsstellung nicht anerkannt wurde.

78. Minute: Nachdem Geye eine Netzer Flanke verpaßt hatte, erzielte Gerd Müller mit einem 6-Meter-Schuß seinen 4. Treffer zum 5:0 für Deutschland. 5 Minuten danach Künzli, nachdem Maier einen Distanzschuß von Odermatt abprallen ließ, den Ehrentreffer.

90. Minute: Erneut hatte die deutsche Mannschaft mit ihrem direkten und schnellen Spiel einem Gegner nicht die Spur einer Chance gelassen. Und wiederum waren es Beckenbauer und Günther Netzer, die nicht nur durch ihre Technik und Übersicht glänzten, sondern es wie bei der Europa-Meisterschaft verstanden, wenn möglich gemeinsam anzukurbeln und wenn nötig abwechselnd nach hinten hin abzuschirmen. Leider war dies der krönende Abschluß einer großen Elf. Durch Verletzungen, vor allem bei Günther Netzer, sowie Formschwankungen sollte nie wieder eine deutsche Nationalmannschaft die Stärke dieser Europameisterelf erreichen.

❖

Vorbericht zum 375. Länderspiel: Das Jahr 1973 begann für die deutsche Nationalmannschaft nicht gut. Gleich zum 1. Länderspiel fehlten mit Günther Netzer und Gerd Müller zwei Leistungsträger wegen Verletzungen im Aufgebot.

Tor: Maier, Franke

Abwehr: Höttges, Beckenbauer, Schwarzenbeck, Breitner, Vogts

Mittelfeld: Uli Hoeneß, Overath, Wimmer, Cullmann

Angriff: Geye, Heynckes, Erwin Kremers, Köppel, Held

Bundestrainer Helmut Schön mußte durch die verletzungsbedingten Ausfälle zwangsläufig seine Europameisterelf umbauen. Overath übernahm die Position von Netzer und Heynckes die von Müller. Geye spielte für den nach innen gerückten Heynckes auf Rechtsaußen und Vogts kam für Hoeneß in die Mannschaft. Der Kölner Neuling Cullmann kam als Einwechselspieler zu seinem ersten Länderspiel.

14.2.1973 in München

BR Deutschland - Argentinien 2:3 (0:2)

SR: Lo Bello (Italien), Zuschauer: 55.000
BRD: Maier -43 (Bayern München); Höttges -56 (Werder Bremen), Beckenbauer -64 (Bayern München), Schwarzenbeck -15 (Bayern München), ab 46. Cullmann -1 (1.FC Köln), Vogts -42 (Bor. Mönchengladb.), Wimmer -19 (Bor. Mönchengladb.), Overath -65 (1.FC Köln), Breitner -10 (Bayern München); Geye -2 (Fort. Düsseld.), Heynckes -20 (Bor. Mönchengladb.), E.Kremers -5 (Schalke 04), ab 65. Held -39 (Kickers Offenbach). Mannschaftskapitän: Beckenbauer

Argentinien: Carnevali; Wolff, Bargas, Heredia, Rost; Telch, Brindisi, Alonso, ab 81. Babington; Chazarreta, Avallay, Ghiso

Tore: 0:1 Ghiso (4.), 0:2 Alonso (14.), 0:3 Brindisi (67. Foulelfmeter), 1:3 Heynckes (78.), 2:3 Cullmann (89.)

Beste Spieler: Beckenbauer - Brindisi, Carnevali, Wolff

Bericht: In den ersten Minuten sah es so aus, als wollte die deutsche Mannschaft an die großartigen Leistungen des vergangenen Jahres anknüpfen.

5. Minute: Noch klappte es mit dem Zusammenspiel bei der deutschen Mannschaft nicht, da gingen die Argentinier mit 1:0 in Führung. Brindisi hatte sich auf dem rechten Flügel durchgesetzt, konnte ungehindert flanken und Ghiso war zur Stelle, um mit dem linken Fuß zum 0:1 einzulenken. 14. Minute: Alonso setzte einen Freistoß unhaltbar für Maier über die deutsche Mauer hinweg zum 0:2 ins Tor. Die Argentinier spielten kompromißlos in der Abwehr und hatten mit Carnevali im Tor einen sicheren Rückhalt. Bei der deutschen Mannschaft lief dagegen überhaupt nichts zusammen.

43. Minute: Geye schoß knapp am argentinischen Gehäuse vorbei. Obwohl die Bemühungen innerhalb der deutschen Mannschaft erkennbar waren, war von dem Glanz des Jahres 1972 nichts mehr zu spüren. Beckenbauer bemühte sich zwar immer wieder, dem Angriff mit seinen Ideen neue Impulse zu geben, aber keiner dachte und handelte so schnell wie der Kapitän.

65. Minute: Die technisch sehr guten Argentinier nahmen den deutschen Stürmern den Ball regelrecht vom Fuß. Außerdem war Carnevali immer schneller am Ball, als die deutschen Angreifer. 67. Minute: Einen von Höttges verschuldeten Foulelfmeter verwandelte Brindisi sicher zum 3:0 für die Argentinier. Die Argentinier spielten immer frecher, und die Zuschauer forderten lautstark Gerd Müller und Günther Netzer. 78. Minute: Schon fast überraschend gelang Heynckes das 1:3. Zwei Minuten später verhinderte Sepp Maier mit einer Glanzparade den 4. argentinischen Treffer.

85. Minute: Carnevali lenkte einen herrlichen Heynckes-Kopfball über das Tor. Und der eingewechselte Cullmann verkürzte Sekunden vor dem Abpfiff per Kopf zum 2:3. Dieses Tor war jedoch nicht mehr als eine Ergebniskorrektur. Die 2:3 Niederlage für die deutsche Mannschaft war nicht nur vom Ergebnis her, sondern besonders aufgrund der Art und Weise, wie verloren wurde, eine Blamage.

❖

Vorbericht zum 376. Länderspiel: Nach der schwachen Vorstellung gegen Argentinien waren wenigstens Gerd Müller und Uli Hoeneß wieder im Aufgebot. Dagegen fehlten weiterhin der EM-Star Netzer und jetzt auch Wimmer.

Tor: Maier, Franke

Abwehr: Vogts, Beckenbauer, Schwarzenbeck, Breitner, Cullmann

Mittelfeld: Flohe, Overath, Uli Hoeneß, Bonhof, Köppel

Angriff: Heynckes, Gerd Müller, Erwin Kremers, Held

Bis auf 4 Spieler (Maier, Höttges, Wimmer und Netzer) bot Helmut Schön wieder seine Europameisterelf auf. Etwas überraschend kam die Nominierung von Franke im Tor, der somit zu seinem 1. Länderspiel kam.

28.3.1973 in Düsseldorf

BR Deutschland - Tschechoslowakei 3:0 (1:0)

SR: Keller (Schweiz), Zuschauer: 70.000
BRD: Franke -1 (Eintr. Braunschw.); Vogts -43 (Bor. Mönchengladb.), Schwarzenbeck -16 (Bayern München), Beckenbauer -65 (Bayern München), Breitner -11 (Bayern München); Flohe -6 (1.FC Köln), Overath -66 (1.FC Köln), Hoeneß -8 (Bayern München), ab 86. Cullmann -2 (1.FC Köln), Heynckes -21 (Bor. Mönchengladb.), G.Müller -43 (Bayern München), E.Kremers -6 (Schalke 04). Mannschaftskapitän: Beckenbauer

Tschechoslowakei: Keketi; Dobias, Zlocha, Samek, Hagara; Bicovsky (ab 88. Tomarek), Kuna, Adamec; B.Vesely, Jarkovsky, Gajdusek (ab 63. Kabat)

Tore: 1:0, 2:0 Müller (26., 68. Foulelfmeter), 3:0 E.Kremers (87.)

Beste Spieler: Gerd Müller, Beckenbauer, Breitner - Keketi, Adamec

Bericht: Die deutsche Mannschaft begann im Rheinstadion schwungvoll, hatte es jedoch schwer gegen die vielbeinige tschechische Abwehr.

26. Minute: Nach einem Foul von Kuna an Beckenbauer gab der Kapitän den Freistoß selbst in den Strafraum hinein, wo Gerd Müller zur Stelle war und zum 1:0 für die deutsche Elf verlängerte. 35. Minute: Erwin Kremers schoß nach einem herrlichen Alleingang, bei dem er 3 Tschechen stehenließ, weit über das Tor.

44. Minute: Die Tschechoslowaken kamen immer besser ins Spiel, weil ihnen zu viel Spielraum gelassen wurde. Nachdem Jarkovsky Schwarzenbeck, Beckenbauer und Overath verladen hatte, mußte Franke sein ganzes Können aufbieten, um den Ausgleich zu verhindern. Obwohl die Tschechen in den letzten 10 Minuten der ersten Halbzeit bedrohlich stärker geworden waren, war die 1:0-Pausenführung für die deutsche Mannschaft vollauf verdient.

65. Minute: Nach dem Seitenwechsel ging ein spürbarer Ruck durch die deutsche Mannschaft, die Chancen vergab oder an Torhüter Keketi scheiterte. Bei einem schnellen Konter vergab Hagara völlig freistehend die Ausgleichsmöglichkeit für die Tschechoslowaken. 67. Minute: Als Erwin Kremers im Strafraum von Kabat gelegt wurde, entschied Schiedsrichter Keller richtigerweise auf Elfmeter. Diese Chance ließ sich Gerd Müller nicht nehmen und erzielte das 2:0. 74. Minute: Flohe traf mit einem tollen Schuß nur das Außennetz. Und 5 Minuten später verhinderte Franke mit einer Glanzparade, daß ein 20-Meter-Schuß von Dobias ins Tor ging.

87. Minute: Einen Heynckes-Kopfball, auf Flanke von Overath, konnte Keketi nicht festhalten und den herabfallenden Ball drückte Erwin Kremers zum 3:0 über die Torlinie. Ohne an die glänzenden Vorstellungen des Europameisterschaftsjahres anzuknüpfen, gewann die deutsche Mannschaft doch verdient mit 3:0 gegen die Tschechoslowakei.

❖

Vorbericht zum 377. Länderspiel: Mit 2 Länderspielen in 3 Tagen testete Helmut Schön erstmals für die WM 1974 im eigenen Land. Da sich die deutsche Mannschaft als Gastgeber nicht qualifizieren mußte, blieben dem Bundestrainer nur solche Tests und hochkarätige Gegner. Diesmal waren Jugoslawien und Bulgarien die Doppelpartner, wobei Helmut Schön allerdings auf die im Europacup engagierten Gladbacher verzichten mußte.

Tor: Maier, Franke
Abwehr: Höttges, Beckenbauer, Schwarzenbeck, Breitner, Kapellmann
Mittelfeld: Flohe, Overath, Cullmann, Hoeneß, Köppel
Angriff: Grabowski, Gerd Müller, Held, Erwin Kremers
6 Bayern und 4 Kölner standen im Aufgebot. Eine andere Blockbildung also. Der Kölner Kapellmann war zudem Neuling und kam gegen Bulgarien zu seinem 1. Länderspiel.

9.5.1973 in München

BR Deutschland - Jugoslawien 0:1 (0:0)

SR: Buzek (Österreich), Zuschauer: 50.000
BRD: Maier -44 (Bayern München); Höttges -57 (Werder Bremen), Beckenbauer -66 (Bayern München), Schwarzenbeck -17 (Bayern München), Breitner -12 (Bayern München); Hoeneß -9 (Bayern München), Overath -67 (1.FC Köln), Flohe -7 (1.FC Köln); Grabowski -28 (Eintr. Frankf.), G.Müller -44 (Bayern München), Held -40 (Kickers Offenb.), ab 77. E.Kremers -7 (Schalke 04). Mannschaftskapitän: Beckenbauer

Jugoslawien: Maric; Stepanovic, Holcer, Katalinski, Bogicevic; Pavlovic, Acimovic; Petkovic, Karasi (ab 57. Jerkovic, ab 85. Bjekovic), Oblak

Tor: 0:1 Bajevic (76. Handelfmeter)
Beste Spieler: Maier, Beckenbauer, Overath - Maric, Oblak, Bajevic, Holcer, Katalinski

Bericht: Nur sehr schwerfällig kam die deutsche Nationalmannschaft im Münchener Olympiastadion ins Spiel. Nach der ersten Viertelstunde konnte man leider wieder nur feststellen, daß fast nichts im deutschen Spiel lief.

17. Minute: Sepp Maier mußte einen ersten harten Schuß von Oblak abwehren. Es gab kaum Chancen für die deutsche Mannschaft. Siggi Held schoß 120 Sekunden später einen Freistoß nur knapp über das Dreieck des jugoslawischen Tores. 26. Minute: Katalinski rettete, als Gerd Müller einen Eckball von Hoeneß mit der Hacke verlängerte. Und Torhüter Maric hatte bei einem 18-Meter-Flachschuß von Beckenbauer in der 35. Minute, nach Doppelpaß mit Flohe, größte Mühe. 39. Minute: Maric parierte einen Direktschuß von Overath mit großartiger Reaktion. Die jugoslawische Elf veranstaltete in den letzten Minuten ein regelrechtes Powerplay, wobei sie gleich mehrere Einschußmöglichkeiten hatte. Zur Halbzeit konnte die deutsche Mannschaft zufrieden sein, daß es noch 0:0 stand.

60. Minute: Auch nach dem Seitenwechsel war das Spiel der deutschen Mannschaft nur Stückwerk. Die Jugoslawen aber wurden immer stärker, zeigten lediglich Abschlußschwächen. Bei der einzigen echten deutschen Chance, einem 20-Meter-Schuß von Held, war Maric auf dem Posten.

76. Minute: Nach einem Handspiel von Schwarzenbeck im Strafraum donnerte Bajevic den fälligen Elfmeter zum 0:1 in die Maschen. 84. Minute: Höhepunkt der schwachen deutschen Vorstellung war ein Elfmeter von Gerd Müller, den er so schwach schoß, daß Maric parieren konnte. Im Gegenzug konnte Sepp Maier Bajevic den Ball gerade noch vom Fuß spitzeln.

90. Minute: Nach einem Drehschuß von Gerd Müller konnte Maric den Ball mit einer seiner fantastischen Reaktionen über die Querlatte lenken. Auch wenn man nicht übersehen konnte, daß sich die deutschen Spieler bemühten, so waren ihr doch die Jugoslawen technisch und taktisch klar überlegen und gewannen hochverdient mit 1:0.

❖

Vorbericht zum 378. Länderspiel: Nach der schwachen Vorstellung gegen Jugoslawien nahm Helmut Schön 4 Änderungen vor. Daß Franke im Tor spielen würde, war allerdings schon vor dem Jugoslawien-Spiel vereinbart. Cullmann kam für Schwarzenbeck und das Mittelfeld wurde mit Flohe, Overath und Länderspielneuling Kapellmann vom 1.FC Köln gestellt.

12.5.1973 in Hamburg

BR Deutschland - Bulgarien 3:0 (3:0)

SR: Jonsson (Schweden), Zuschauer: 45.000
BRD: Franke -2 (Eintr. Braunschw.); Höttges -58 (Werder Bremen), Cullmann -3 (1.FC Köln), Beckenbauer -67 (Bayern München), Breitner -13 (Bayern München); Kapellmann -1 (1.FC Köln), Overath -68 (1.FC Köln), Flohe -8 (1.FC Köln), ab 64. Köppel -10 (VfB Stuttgart); Grabowski -29 (Eintr. Frankf.), G.Müller -45 (Bayern München), E.Kremers -8 (Schalke 04). Mannschaftskapitän: Beckenbauer

Bulgarien: Jordanov (ab 46. Goranov); Zafirov, Ivkov, Penev, Aladjov; Stojanov, Kolev, Bonev; Vasilev, Michailov, Denev (ab 46. Dermendjiev)

Tore: 1:0 Beckenbauer (18.), 2:0 Cullmann (22.), 3:0 Jordanov (31. Eigentor)

Beste Spieler: Breitner, Höttges, Overath, Cullmann, E.Kremers - keiner

Bericht: Die deutsche Mannschaft begann im Hamburger Volksparkstadion gleich nervös und ermöglichte so Michailov die erste Torchance. Franke parierte jedoch sicher. Danach war allerdings lange nichts mehr von den Bulgaren zu sehen. Sie machten es der deutschen Mannschaft sehr leicht, ins Spiel zu kommen.

18. Minute: Kolev fälschte einen 25-Meter-Freistoß von Beckenbauer mit dem Kopf unglücklich ins eigene Tor zum 1:0 ab. 22. Minute: Endlich einmal ein gelungener Angriff der deutschen Mannschaft aus dem eigenen Strafraum heraus. Cullmann spielte zu Beckenbauer, erhielt den Ball an der Mittellinie wieder zurück und spielte direkt weiter zu Breitner. Niemand achtete auf den vorstoßenden Cullmann, und so konnte der ungehindert die Breitner-Flanke zum 2:0 einköpfen.

31. Minute: Beim 3:0 wäre Torhüter Jordanov am liebsten im Boden versunken, denn er hatte sich in der Richtung vertan und faustete den Eckball von Erwin Kremers ins eigene Tor. Daß die deutsche Mannschaft nicht mehr den besten Ruf bei ihrem Publikum hatte, wurde deutlich, als der Stadionsprecher Erwin Kremers als Torschützen nannte und ein riesiges Gelächter im Stadion ausbrach.

45. Minute: Trotz der 3:0-Halbzeitführung konnte man keineswegs mit dem Spiel der deutschen Mannschaft zufrieden sein. 2 Tore waren praktisch geschenkt und der einzige gute Angriff hatte auch zu einem Treffer geführt. Es lag lediglich an der Schwäche der Bulgaren, daß die deutsche Mannschaft noch einigermaßen gut aussah.

77. Minute: Aus etwa 22 Metern landete ein schöner Schuß des eingewechselten Köppel nur knapp neben dem bulgarischen Tor. 78. Minute: Erst ein schöner Breitner-Schuß schien zum Erfolg zu führen, konnte jedoch kurz vor der Linie von Goranov abgewehrt werden. 88. Minute: Ein harter Freistoß von Michailov traf nur die Latte. Die zweite Torgelegenheit der Bulgaren hätte fast zum ersten Treffer geführt.

90. Minute: Und noch einmal hatten die Bulgaren eine Torgelegenheit, als Dermendjiev allein vor Franke auftauchte, der deutsche Torhüter den Ball jedoch gerade noch an den Pfosten lenken konnte. Zwar gab es keine Zweifel daran, daß die deutsche Mannschaft verdient gewonnen hatte, aber dabei durfte man nicht vergessen, daß die Leistung der Bulgaren indiskutabel war.

❖

Vorbericht zum 379. Länderspiel: Nach dem Ende der Bundesligasaison mit einem überlegenen Meister Bayern München konnte Helmut Schön seine Spieler endlich wieder einmal zum Vorbereitungslehrgang für das Spiel gegen Weltmeister Brasilien holen. Alle Stars waren dabei, erstmals nach 7 Monaten auch Günther Netzer, dessen Absicht, zu Real Madrid zu wechseln, gerade publik wurde.

Tor: Maier, Kleff, Franke
Abwehr: Vogts, Höttges, Beckenbauer, Schwarzenbeck, Cullmann, Breitner
Mittelfeld: Hoeneß, Netzer, Overath, Flohe, Kapellmann
Angriff: Heynckes, Wunder, Gerd Müller, Erwin Kremers

Aus der Europameisterelf fehlte also nur noch Wimmer. Statt im wesentlichen auf diese Elf zu bauen, stellte der Bundestrainer nur Vogts und Heynckes von den Gladbachern auf, baute im Mittelfeld aber erneut auf die Kölner. Der Spielverlauf gegen Brasilien, aber auch das deutsche Pokalendspiel eine Woche später, sollten zeigen, daß es ein Fehler war, auf den neuen Star von Real Madrid zu verzichten. Selbst wenn er noch nicht wieder seine alte Form hatte, so war er doch gerade für Beckenbauer der ideale Partner, weil Netzer quasi als Libero dem Münchener den Rücken freihielt, wenn der nach vorne stürmte.

16.6.1973 in Berlin

BR Deutschland - Brasilien 0:1 (0:0)

SR: van Gemert (Holland), Zuschauer: 75.000

BRD: Maier -45 (Bayern München); Breitner -14 (Bayern München), Cullmann -4 (1.FC Köln), Beckenbauer -86 (Bayern München), Vogts -45 (Bor. Mönchengladb.); Hoeneß -10 (Bayern München), ab 60. Kapellmann -2 (1.FC Köln), Overath -69 (1.FC Köln), Flohe -9 (1.FC Köln); Heynckes -22 (Bor. Mönchengladb.), G.Müller -46 (Bayern München), E.Kremers -9 (Schalke 04). Mannschaftskapitän: Beckenbauer

Brasilien: Leao; Ze Maria, Pereira, Piazza, Marco Antonio; Rivelino, Clodoaldo, Paulo Cesar; Valdomiro, Jairzinho, Dirceu
Tore: 0:1 Dirceu (73.)
Beste Spieler: Vogts - Jairzinho

Bericht: Das Spiel des Weltmeisters gegen den Europameister im Berliner Olympiastadion begann eher zweitklassig.

9. Minute: Die erste Einschußmöglichkeit hatte Paul Breitner, der jedoch den Ball nicht richtig traf. 4 Minuten später wurde Müller im Strafraum gefoult, aber der Pfiff des holländischen Unparteiischen blieb aus.

30. Minute: Nach einer halben Stunde wurden die Pfiffe des Publikums immer lauter. Alles was sie zu sehen bekamen, war ein langweiliges Ballgeschiebe. Als 3 Minuten später Kremers und Overath elfmeterreif gefoult wurden, gab es wieder keinen Pfiff des Unparteiischen. 43. Minute: Auch als Rivelino im deutschen Strafraum klar von den Beinen geholt wurde, blieb Schiedsrichter van Gemert seiner Linie treu. Dafür aber pfiffen die Zuschauer um so mehr, als die beiden Mannschaften den Platz zur Halbzeit verließen.

49. Minute: Ein Beispiel für die brasilianische „Schußqualität" an diesem Tage war, daß Paulo Cesar völlig unbedrängt aus 20 Meter Entfernung die Eckfahne traf.

73. Minute: Dirceu ließ am linken Flügel Breitner stehen, strebte nach innen, verlud Cullmann und ließ auch Sepp Maier mit einem trockenen 16-Meter-Schuß unter die Latte keine Chance. Durch eine sehr schöne Einzelleistung des brasilianischen Linksaußen führte der Weltmeister mit 1:0. Erst jetzt wurde die deutsche Mannschaft zusehends stärker. 78. Minute: Gerd Müller grätschte in einen Ball hinein, aber mit einem tollen Reflex konnte Torhüter Leao seine Mannschaft vor dem Ausgleich bewahren. Und nach einem Foul an Kapellmann, knapp im Strafraum, blieb erneut der Pfiff des Schiedsrichters aus. 87. Minute: Und noch einmal hatten die Brasilianer viel Glück, als Linksaußen Kremers im Strafraum umgesäbelt wurde, der holländische Schiedsrichter jedoch weiterspielen ließ.

90. Minute: In den letzten 5 Minuten hatten die Brasilianer mit Glück und Geschick den knappen Vorsprung über die Zeit gerettet. Ihr Sieg war jedoch genauso unverdient wie er es für die deutsche Mannschaft gewesen wäre. Beide Teams spielten saft- und kraftlos und boten langweiligen Sommerfußball. Für die deutsche Mannschaft ging damit die Saison nach der Europameisterschaft mit einer miserabeln Bilanz zu Ende. 3 Siege standen 3 Niederlagen gegenüber. Und das bei 6 Heimspielen. Der Glanz des Europameisters war endgültig dahin.

❖

Bilanz 1973/74
17 Spiele: 13 Siege, 2 Unentschieden, 2 Niederlagen, 32:9 Tore
Zuschauer: 1.114.861
In 17 Spielen wurden 28 Spieler eingesetzt, davon waren 6 Spieler Neulinge

Die Spieler der Saison:

Franz Beckenbauer	17	Spiele
Ulrich Hoeneß	17	"
Gerhard Müller	16	"
Jürgen Grabowski	15	"
Georg Schwarzenbeck	13	"
Hans-Hubert Vogts	13	"
Paul Breitner	12	"
Wolfgang Overath	12	"
Josef Maier	12	"
Bernhard Cullmann	11	"
Bernd Hölzenbein	10	"
Josef Heynckes	8	"
Horst-Dieter Höttges	8	"
Heinz Flohe	8	"
Rainer Bonhof	7	"
Erwin Kremers	6	"
Herbert Wimmer	6	"
Wolfgang Weber	5	"
Helmut Kremers	5	"
Wolfgang Kleff	4	"
Günther Netzer	4	"
Dieter Herzog	4	"
Norbert Nigbur	2	"
Dietmar Danner	1	Spiel
Klaus Wunder	1	"
Horst Köppel	1	"
Hans Josef Kapellmann	1	"
Siegfried Held	1	"

Die Tore der Saison:

Gerhard Müller	11	Tore
Josef Heynckes	4	"
Paul Breitner	4	"
Erwin Kremers	2	"
Jürgen Grabowski	2	"
Ulrich Hoeneß	2	"
Wolfgang Overath	2	"
Wolfgang Weber	1	Tor
Bernd Hölzenbein	1	"
Herbert Wimmer	1	"
Bernhard Cullmann	1	"
Rainer Bonhof	1	"

Mannschaftsführer war:
Franz Beckenbauer   17 mal

4 Elfmeter für Deutschland,
verwandelt durch G.Müller (gegen Frankreich), Breitner (gegen Schottland), Hoeneß (gegen Schweden), Breitner (gegen Holland)

3 Elfmeter für Deutschland,
verschossen durch G.Müller (gegen Spanien), Grabowski (gegen Ungarn), Hoeneß (gegen Polen)

1 Elfmeter gegen Deutschland,
verwandelt durch Neeskens (Holland)

1 Elfmeter gegen Deutschand,
verschossen durch Bremner (Schottland)

1 Platzverweis für den Gegner,
für Caszely (Chile)

1973/74

Vorbericht zum 380. Länderspiel: Mit dem Spiel gegen die Sowjetunion in Moskau begann die neue Saison, an deren Ende die Weltmeisterschaft im eigenen Lande stand. Helmut Schön wußte, daß er bis dahin noch viel zu tun hatte, wenn er so erfolgreich wie 1972 sein wollte. Sein vorläufiges Aufgebot umfaßte alle wichtigen Kandidaten, außer dem zu Real Madrid abgewanderten Günther Netzer sowie den verletzten Vogts und Overath.

Tor: Maier, Franke, Kleff

Abwehr: Höttges, Beckenbauer, Schwarzenbeck, Breitner, Kapellmann, Cullmann

Mittelfeld: Wimmer, Danner, Köppel, Hoeneß, Flohe

Angriff: Heynckes, Grabowksi, Gerd Müller, Wunder, Erwin Kremers

Klaus Wunder war nach dem Brasilien-Spiel das 2. Mal im Aufgebot und kam in Moskau auch zu seinem einzigen Länderspiel als Einwechselspieler. Der andere Neuling, Danner, durfte bereits von Anfang an mitwirken. Von dem vorläufigen Aufgebot wurden Franke und Wimmer gestrichen.

5.9.1973 in Moskau

Sowjetunion - BR Deutschland 0:1 (0:0)

SR: Mladenovic (Jugoslawien), Zuschauer: 75.000

Sowjetunion: Pilguij; Dsodsuaschwili, Kaplitschni, Fomenko, Lowtschew; Kolotow (ab 70. Andrjassjan), Muntjan, Konkow (ab 64. Wassenin); Jewrujichin, Onischtschenko, Blochin

BRD: Kleff -3 (Bor. Mönchengladb.); Höttges -59 (Werder Bremen), Beckenbauer -69 (Bayern München), Schwarzenbeck -18 (Bayern München), Breitner -15 (Bayern München); Danner -1 (Bor. Mönchengladb.), Köppel -11 (Bor. Mönchengladb.), ab 46. Hoeneß -11 (Bayern München), Flohe -10 (1.FC Köln); Grabowski -30 (Eintr. Frankf.), ab 64. Wunder -1 (MSV Duisburg), G.Müller -47 (Bayern München), Heynckes -23 (Bor. Mönchengladb.), ab 58. E.Kremers -10 (Schalke 04). Mannschaftskapitän: Beckenbauer

Tor: 0:1 Müller (62.)

Beste Spieler: Kolotow, Muntjan, Blochin - Beckenbauer, G.Müller, E.Kremers, Hoeneß

Bericht: Bereits in den ersten Minuten stand die deutsche Mannschaft in Moskau stark unter Druck. Ein knallharter Schuß von Jewrujichin nach 2 Minuten fegte nur knapp über das deutsche Tor hinweg. Fünf Minuten später erneut eine gute Einschußmöglichkeit für die sowjetischen Stürmer, die jedoch nicht gut schossen.

22. Minute: Chance für die UdSSR, aber Blochin und Muntjan zögerten zu lange mit dem Torschuß. 28. Minute: Ohne Probleme hielt der sowjetische Torwart nach Vorlage von Köppel und Müller einen Linksschuß von Heynckes. Im Gegenzug klatschte Kleff einen Ball nur ab, aber Onischtschenko schoß im Nachschuß den deutschen Torhüter an. Und nachdem Blochin 60 Sekunden später Beckenbauer hatte aussteigen lassen, schoß er auf das Tor, aber Kleff konnte den Ball noch an den Pfosten lenken.

44. Minute: Nach einem Beckenbauer-Schuß hatte Torhüter Pilguij große Mühe, den Ball unter Kontrolle zu bringen.

55. Minute: Beide Mannschaften spielten auch nach der Halbzeit viel zu umständlich. So paßte zum Beispiel Grabowski, anstatt zu schießen, quer zu Heynckes, der dann verstolperte. 62. Minute: Zum Glück für die deutsche Mannschaft gab es einen Gerd Müller, der eine weiche Flanke von Erwin Kremers zum 1:0 einköpfte.

90. Minute: Mit viel Glück gewann die deutsche Mannschaft mit 1:0, weil die sowjetischen Stürmer bis zum Schlußpfiff weiterhin sehr umständlich spielten.

❖

Vorbericht zum 381. Länderspiel: WM-Bedingungen zu proben, war das Ziel von Helmut Schön für die beiden Länderspiele innerhalb von 3 Tagen gegen Österreich und Frankreich. Im Aufgebot für die beiden Spiele standen mit dem Zwillingsbruder von Erwin Kremers, Helmut Kremers (Schalke 04) und Hölzenbein (Eintracht Frankfurt) 2 Neulinge, die bereits gegen Österreich als Einwechselspieler zum 1. Länderspiel kamen.

Tor: Kleff, Franke
Abwehr: Kapellmann, Weber, Beckenbauer, Cullmann, Höttges, H.Kremers
Mittelfeld: Hoeneß, Flohe, Overath, Wimmer
Angriff: Grabowski, Gerd Müller, Wunder, Heynckes, E.Kremers

10.10.1973 in Hannover
BR Deutschland - Österreich 4:0 (2:0)

SR: Delcourt (Belgien), Zuschauer: 55.000
BRD: Kleff -4 (Bor. Mönchengladb.); Kapellmann -3 (Bayern München), ab 12. Helmut Kremers -1 (Schalke 04), Weber -49 (1.FC Köln), ab 69. Hölzenbein -1 (Eintr. Frankf.), Beckenbauer -70 (Bayern München), ab 46. Cullmann -5 (1.FC Köln), Höttges -60 (Werder Bremen); Hoeneß -12 (Bayern München), Overath -70 (1.FC Köln), Flohe -11 (1.FC Köln); Grabowski -31 (Eintr. Frankf.), G.Müller -48 (Bayern München), Erwin Kremers -11 (Schalke 04). Mannschaftskapitän: Beckenbauer
Österreich: Rettensteiner; Krieger (ab 69. Sara), Horvath, Schmidradner, Kriess; Kreuz, Hof, Hasil; Parits, Krankl, Stering (ab 87. Pirkner)
Tore: 1:0 Müller (29.), 2:0 Weber (45.), 3:0 Müller (50.), 4:0 E.Kremers (79.)
Beste Spieler: Gerd Müller, Kleff, Hoeneß, Grabowski, Hölzenbein - Kreuz, Rettensteiner
Bericht: Gleich in den Anfangsminuten wurde deutlich, daß in diesem Spiel mehr Pfeffer steckte. Als Stering nach einem weiten Paß in der 5. Minute allein vor dem deutschen Tor stand, rettete Kleff mit einer kühnen Parade. Auf der anderen Seite konnte sich Torhüter Rettensteiner auszeichnen, als er zweimal hintereinander Gerd Müller nicht zum Schuß kommen ließ.

18. Minute: Der günstig postierte Krankl verpaßte nur knapp eine Stering-Flanke. Auf der Gegenseite bekam Hof die gelbe Karte nach einem bösen Foul an Overath. Und dann wieder eine gute Torgelegenheit für die deutsche Mannschaft, aber Flohe schoß knapp am Tor vorbei.

26. Minute: Grabowski setzte sich im Strafraum durch und schoß auf die kurze Ecke, wo jedoch Rettensteiner rechtzeitig zur Stelle war. 29. Minute: Dann aber war auch der österreichische Torhüter machtlos, als Grabowski zu Hoeneß spielte und der sofort weiter zu Müller. Gerd Müller drehte sich geschickt um Schmidradner herum und schoß zum 1:0 ein. Ein typisches Müller-Tor. 34. Minute: Weber verhinderte per Kopfabwehr, daß eine gute Stering-Flanke Mittelstürmer Krankl erreichte.

42. Minute: Obwohl Kleff einen Freistoß nicht festhalten konnte, wußte Mittelstürmer Krankl daraus kein Kapital zu schlagen. 45. Minute: Nach einem Foul an Erwin Kremer zirkelte Overath den Ball genau auf den Fuß von Weber, der unhaltbar für den österreichischen Torhüter zum verdienten 2:0 Halbzeitstand einschoß.

47. Minute: Gelbe Karte für Krieger, nachdem er zum wiederholten Male den schnellen Erwin Kremers gefoult hatte. Und 3 Minuten später kam ein Overath-Freistoß weit hinaus auf Grabowski, der sofort auf den Kopf von Müller flankte, der sich mit einem wuchtigen Kopfstoß die Chance zum 3:0 nicht entgehen ließ. 53. Minute: Glück für die deutsche Mannschaft, als Krankl nur den Pfosten traf.

68. Minute: Von drei Spielern umringt und bedrängt, schoß Müller auf das Tor von Rettensteiner, der großartig parierte. Ein 18-Meter-Schuß des eingewechselten Hölzenbein streifte in der 71. Minute nur knapp am Gehäuse vorbei. Und nach einer herrlichen Freistoßflanke 2 Minuten später zirkelte Hoeneß den Ball nur Millimeter am Tor vorbei.

75. Minute: Flohe schloß einen Alleingang mit einem wunderschönen 16-Meter-Schuß ab, der jedoch auch knapp das Ziel verfehlte. 79. Minute: Müller verlängerte Flohes Paß zu Hoeneß, aber Erwin Kremers war da und donnerte zum 4:0 ein. 81. Minute: Kleff meisterte eindrucksvoll einen gefährlichen Freistoß. Und nach einem Doppelpaß zwischen Cullmann und Müller, 5 Minuten später, verhinderte erneut Torhüter Rettensteiner mit einer Glanzparade ein weiteres Tor.

89. Minute: Die letzte Chance für die Österreicher vergab Krankl, der allein vor dem deutschen Tor meterweit darüberschoß. Insgesamt konnte man nach langer Zeit endlich mal wieder mit der Leistung der deutschen Nationalmannschaft zufrieden sein.

❖

Vorbericht zum 382. Länderspiel: Nach dem überzeugenden Sieg gegen Österreich war Frankreich zweifellos ein stärkerer Gegner. Deshalb bot Bundestrainer Helmut Schön seine beste Elf auf.

Natürlich waren Maier, Vogts und Netzer deshalb nicht abgeschrieben. Durch Maiers Formschwäche war Kleff die Nummer 1, Vogts hatte nach seiner Verletzung noch nicht wieder die alte Form, und Netzer konnte erst nach der Freigabe durch Real Madrid getestet werden.

13.10.1973 in Gelsenkirchen
BR Deutschland - Frankreich 2:1 (0:0)

SR: Scheurer (Schweiz), Zuschauer: 70.400
BRD: Kleff -5 (Bor. Mönchengladb.), ab 46. Cullmann -6 (1.FC Köln), Weber -50 (1.FC Köln), Beckenbauer -71 (Bayern München), H.Kremers -2 (Schalke 04); Hoeneß -13 (Bayern München), Overath -71 (1.FC Köln), Flohe -12 (1.FC Köln); Grabowski -32 (Eintr. Frankf.), G.Müller -49 (Bayern München), Erwin Kremers -12 (Schalke 04). Mannschaftskapitän: Beckenbauer
Frankreich: Baratelli; Grava, Adams, Tresor, Repellini; Michel, Jouve; Loubet, Molitor (ab 65. Berdoll), Chiesa, Bereta
Tore: 1:0, 2:0 Müller (56., 59. Foulelfmeter), 2:1 Tresor (82.)
Beste Spieler: Gerd Müller, Kleff, Beckenbauer, Hoeneß, H.Kremers - Grava, Bereta
Bericht: Furioser Auftakt im neu erbauten Gelsenkirchener Parkstadion, als Helmut Kremers in der vierten Minute in den Strafraum eindrang und ihm von Adams die Beine weggezogen wurden. Unverständlicherweise blieb jedoch der Pfiff von Schiedsrichter Scheurer aus.

15. Minute: Overath stürmte nach einem schönen Grabowski-Paß allein auf Baratelli zu. Sein Schuß, mit dem schwächeren, rechten Fuß, zischte aber knapp am Tor vorbei. Vier Minuten später beförderte Tresor Müllers Kopfball nach einer Bogenflanke von Hoeneß aus der Gefahrenzone. 22. Minute: Loubet erhielt für ein Foul an Flohe die gelbe Karte. Einige Minuten später köpfte Höttges eine Loubet-Flanke nur knapp über das eigene Tor. Und im Gegenzug hielt Torhüter Baratelli einen Schuß von Erwin Kremers mit einer Klasseleistung.

55. Minute: Der eingewechselte Cullmann belebte das deutsche Spiel. Nach schönem Steilpaß auf Linksaußen wurde Erwin Kremers böse gefoult, wofür Grava die gelbe Karte erhielt. 56. Minute: Endlich der erlösende Treffer für die deutsche Mannschaft, als Hoeneß maßgerecht auf den Kopf von Gerd Müller flankte. Der Torjäger köpfte unhaltbar zum 1:0 ein. 59. Minute: Der von Beckenbauer in die Gasse geschickte Müller wurde von Adams gelegt. Diesmal gab Schiedsrichter Scheurer einen Elfmeter, den Müller sicher zum 2:0 verwandelte.

82. Minute: Ab der 70. Minute stürmte nur noch die französische Elf, die aber an Kleff scheiterte. Ein von Beckenbauer abgefälschter Distanzschuß von Tresor war für Torhüter Kleff unhaltbar. Die Franzosen hatten auf 1:2 verkürzt, aber dabei blieb es.

90. Minute: Die Franzosen waren der erwartet starke Gegner, gegen den die deutsche Mannschaft viel Mühe hatte. Ohne an die Leistungen des Spiels gegen Österreich anknüpfen zu können, war es doch ein verdienter Sieg.

❖

Vorbericht zum 383. Länderspiel: Eine besonders schwere Aufgabe wartete auf die deutsche Mannschaft in Glasgow. Gegen die Schotten waren Maier, Vogts und Netzer wieder dabei, dafür fehlte Overath im Aufgebot wegen Grippe.

Tor: Kleff, Maier
Abwehr: Vogts, Beckenbauer, Cullmann, Weber, Höttges
Mittelfeld: Hoeneß, Netzer, Wimmer, Flohe, Bonhof
Angriff: Grabowski, Heynckes, Gerd Müller, Held, E.Kremers, Hölzenbein

Die Hiobsbotschaft kam dann 4 Tage vor dem Spiel in Glasgow: Gerd Müller hatte sich beim Bundesligaspiel bei einem Zusammenprall mit Torhüter Kargus verletzt und mußte absagen. Das war vor allem für Günther Netzer schade, den man gerne wieder mit Müller zusammen gesehen hätte.

14.11.1973 in Glasgow

Schottland - BR Deutschland 1:1 (1:0)

SR: Taylor (England), Zuschauer: 90.000
Schottland: Harvey; Jardine, Holton, Connelly, McGrain; Bremner, Smith (ab 81. Lorimer), Hutchison; Morgan, Law (87. Jordan), Dalglish
BRD: Kleff -6 (Bor. Mönchengladb.), ab 46. Maier -46 (Bayern München), Vogts -46 (Bor. Mönchengladb.), Beckenbauer -72 (Bayern München), Weber -51 (1.FC Köln), Höttges -62 (Werder Bremen), Hoeneß -14 (Bayern München), Netzer -32 (Real Madrid); Wimmer -20 (Bor. Mönchengladb.), ab 75. Cullmann -7 (1.FC Köln); Grabowski -33 (Eintr. Frankf.), Held -41 (Kickers Offenb.), ab 75. Flohe - 13 (1.FC Köln), Erwin Kremers -13 (Schalke 04), ab 46. Heynckes -24 (Bor. Mönchengladb.). Mannschaftskapitän: Beckenbauer
Tore: 1:0 Holton (5.), 1:1 Hoeneß (81.)
Beste Spieler: Hutchison, Law, Bremner, Jardine - Maier, Höttges, Beckenbauer, Netzer
Bericht: Von der ersten Minute an stand die deutsche Mannschaft im Glasgower Hamptonpark unter Dauerdruck. In der 5. Minute brachte Holton einen Eckstoß völlig freistehend zum 1:0 im Netz von Kleff unter. Nach diesem schnellen Rückstand mußte man um die deutsche Mannschaft fürchten, aber es sollte sich schon bald herausstellen, daß sie gute Nerven hatte.

9. Minute: Nach einer Ballstafette zwischen Beckenbauer, Wimmer und Hoeneß zirkelte der Münchener den Ball knapp neben das Tor. Und nach einer Viertelstunde parierte Kleff gegen Hutchison und Bremner.

23. Minute: Law verlud Beckenbauer, paßte zu Morgan, aber Kleff hatte aufgepaßt. Dann viel Glück für die deutsche Mannschaft, daß Dalglish den Ball nicht richtig traf. Und 3 Minuten später ging auf der anderen Seite ein toller Netzer-Schuß nur ganz knapp am Gehäuse von Torhüter Harvey vorbei.

33. Minute: Smith schoß um Millimeter am deutschen Tor vorbei. Und in der 37. Minute fehlte der deutschen Mannschaft wieder das Glück, als ein 30-Meter-Schuß von Vogts nur knapp das Ziel verfehlte.

45. Minute: Kurz vor dem Pausenpfiff erhielt Weber die gelbe Karte, nachdem er Dalglish nur durch ein Foul hatte bremsen können. Zur Halbzeit führten die Schotten verdient mit 1:0, aber bei etwas mehr Schußglück der deutschen Elf hätte es durchaus auch Unentschieden stehen können.

50. Minute: Der neu eingewechselte Torhüter Maier hechtete nach dem Ball, bevor Bremner einschießen konnte. Schotten-Powerplay, aber Maier klärte immer wieder sicher.

56. Minute: Dennis Law ließ Weber aussteigen, flankte, aber Dalglishs Kopfball ging um Zentimeter am Tor vorbei. Nachdem Hutchison im nächsten Angriff 3 Deutsche hatte stehen lassen, rettete erneut Sepp Maier. 61. Minute: Nach einem knallharten 20-Meter-Schuß von Law konnte sich der Münchener Torhüter erneut mit einer Glanzparade auszeichnen. 65. Minute: Der schottische Torhüter Harvey hielt einen wunderschönen Freistoß von Günther Netzer. Dann erneut eine große Torchance für die Schotten, als Dennis Law nach einer Flanke Jardine nur knapp das Ziel verfehlte.

76. Minute: Als Beckenbauer im Strafraum Holton umstieß, schien die Niederlage der deutschen Mannschaft besiegelt. Sepp Maier fischte jedoch den Elfmeter von Bremner aus der Ecke. 81. Minute: Etwas glücklich dann der Ausgleich, als die deutsche Mannschaft endlich einmal schnell konterte. Eine Flanke von Flohe köpfte Uli Hoeneß völlig unbedrängt zum 1:1 ein. 82. Minute: Der gerade eingewechselte Lorimer nahm einen zu schwachen Abwurf von Maier auf, verfehlte jedoch mit seinem Schuß das deutsche Tor.

88. Minute: Auch die letzte Torgelegenheit des Spiels hatte Lorimer, doch er donnerte den Ball weit über das Tor von Sepp Maier. Damit hatte die deutsche Mannschaft mit einer taktisch und kämpferisch starken Leistung ein glückliches Unentschieden in Glasgow erreicht.

❖

Vorbericht zum 384. Länderspiel: Schon 10 Tage nach dem Spiel in Glasgow war Spanien in Stuttgart Gegner der deutschen Elf. Noch hatten die Spanier nicht die Fahrkarte zur WM, ihnen stand noch ein Entscheidungsspiel gegen Jugoslawien bevor. Im deutschen Aufgebot waren Overath und Müller wieder dabei, aber Netzer bekam keine Freigabe von Real Madrid.

Tor: Maier, Kleff
Abwehr: Vogts, Beckenbauer, Weber, Schwarzenbeck, Höttges
Mittelfeld: Hoeneß, Overath, Flohe, Cullmann, Bonhof
Angriff: Grabowski, Gerd Müller, Heynckes, Hölzenbein

Im Spiel gegen die Spanier gab es gleich 3 Jubilare zu beglückwünschen: Heynckes machte sein 25., Gerd Müller sein 50. Länderspiel und Franz Beckenbauer wurde mit 73 Länderspielen alleiniger Rekordnationalspieler.

24.11.1973 in Stuttgart

BR Deutschland - Spanien 2:1 (2:0)

SR: McKenzie (Schottland), Zuschauer: 70.000
BRD: Maier -47 (Bayern München); Vogts -47 (Bor. Mönchengladb.), Beckenbauer -73 (Bayern München), Weber -52 (1.FC Köln), ab 84. Schwarzenbeck -19 (Bayern München), Höttges -63 (Werder Bremen), ab 69. Bonhof -2 (Bor. Mönchengladb.); Cullmann -8 (1.FC Köln), Overath -72 (1.FC Köln), Hoeneß -15 (Bayern München), ab 68. Hölzenbein - 2 (Eintr. Frankfurt) Grabowski -34 (Eintr. Frankf.), G.Müller -50 (Bayern München), Heynckes -25 (Bor. Mönchengladb.). Mannschaftskapitän: Beckenbauer
Spanien: Deusto; Sol (ab 46. Capon), Benito, Costas (ab 46. Carlos), Uria; Marcial (ab 64. Roja I), Asensi, Pirri, Claramunt; Garate, Valdez
Tore: 1:0, 2:0 Heynckes (14., 38), 2:1 Claramunt (53.)
Beste Spieler: Beckenbauer, Hoeneß, Heynckes, Cullmann - Asensi, Pirri, Claramunt
Bericht: Zum Abschluß des Jahres 1973 hatte die deutsche Mannschaft noch einmal mit Spanien einen sehr unbequemen

Gegner, der bereits in den Anfangsminuten das Spiel der deutschen Elf frühzeitig störte.

12. Minute: Nach einem Beckenbauer-Freistoß schoß Hoeneß aus spitzem Winkel knapp über das Tor. Und 2 Minuten später Glück für die deutsche Mannschaft, als Overath Hoeneß anschoß, der jedoch im Ballbesitz blieb und sofort aus halblinker Position in die Mitte zu Heynckes flankte. Der Torjäger von Mönchengladbach schoß sofort mit dem Innenrist zum 1:0 ein. 18. Minute: Gerd Müller wurde im Strafraum klar von den Beinen geholt, doch der Pfiff des Unparteiischen blieb überraschend aus. Obwohl die deutsche Mannschaft überlegen und gut spielte, teilweise sogar Traumkombinationen bot, kamen die Spanier immer wieder zu gefährlichen Kontern.

38. Minute: Nach schönem Doppelpaß zwischen Grabowski und Müller flankte der Frankfurter Rechtsaußen zu Heynckes, der mit einem knallharten Linksschuß zum zweitenmal erfolgreich war. Die deutsche Mannschaft führte verdientermaßen mit 2:0. 44. Minute: Müller und Grabowski wurden zum x-tenmal am Trikot festgehalten, als sie ihren Gegenspielern entwischt waren.

53. Minute: Einen überraschenden 20-Meter-Schuß von Uria ließ Torhüter Maier zu weit abprallen, genau vor die Füße von Claramunt, der nach einer Täuschung an Maier vorbeiging und das 2:1 erzielte. Eigentlich hätte dieses Tor jedoch keine Anerkennung finden dürfen, weil Claramunt den Ball einwandfrei mit der Hand mitnahm.

62. Minute: Nach einem Doppelpaß zwischen Grabowski und Heynckes war Gerd Müller nicht in der Lage, allein vor dem spanischen Torhüter stehend an diesem vorbeizuschießen. 69. Minute: Erneut blieb der Schiedsrichterpfiff aus, als Müller im Strafraum einfach umgestoßen wurde. Nach schönem Paß von Vogts zog Grabowski auf und davon, aber seinen Schuß meisterte Torhüter Deusto mit einer Glanzparade.

90. Minute: Unter Berücksichtigung, daß Spanien ein schwer zu spielender Gegner war und mit vielen Fouls operierte, hatte die deutsche Mannschaft durchaus eine gute Leistung gebracht und auch verdient gewonnen.

❖

Vorbericht zum 385. Länderspiel: Am 4.1.1974 wurde die WM-Gruppeneinteilung ausgelost. Die BR Deutschland bekam Chile, Australien und die DDR als Gruppengegner. Abgesehen davon, daß diese Gruppe 1 die mit Abstand schwächste Gruppe war und die deutsche Mannschaft also wieder einmal das sprichwörtliche Glück auf ihrer Seite hatte, brachte diese Gruppeneinteilung das seit Jahren gewünschte Zusammentreffen der beiden deutschen Staaten. Was die DDR jahrelang verhindert hatte, schaffte das Los.

Helmut Schön begann das WM-Jahr wieder mit einer Doppelbelastung der Nationalmannschaft innerhalb von 3 Tagen. Mit 2 ganz schweren Spielen in Barcelona gegen Spanien und in Rom gegen Italien. Die Spanier waren zwar gerade im Entscheidungsspiel der WM-Qualifikation gegen Jugoslawien gescheitert, hatten aber bereits 3 Monate zuvor in Stuttgart bewiesen, welch unbequemer Gegner sie waren. Für die beiden schweren Spiele berief der Bundestrainer folgendes Aufgebot:

Tor: Maier, Kleff, Nigbur
Abwehr: Höttges, Vogts, Beckenbauer, Cullmann, Schwarzenbeck, Weber, Breitner, H.Kremers
Mittelfeld: Hoeneß, Overath, Flohe, Wimmer, Netzer
Angriff: Grabowski, Gerd Müller, Heynckes, Herzog

Der Einsatz des Spanien-Profis Günther Netzer war von vornherein auf das Italien-Spiel begrenzt. Dagegen sollten die beiden Neulinge, Nigbur und Herzog, in Barcelona zu ihrem 1. Länderspiel kommen.

23.2.1974 in Barcelona

Spanien - BR Deutschland 1:0 (1:0)

SR: Jursa (CSSR), Zuschauer: 17.000

Spanien: Iribar; Sol, Benito, Jesus Martinez (ab 63. Costas), Capon; Marcial, Asensi, Claramunt; Roberto Martinez (ab 86. Galan), Quini, Churuccu (ab 76. Rexach)

BRD: Nigbur -1 (Schalke 04); Vogts -48 (Bor. Mönchengladb.), ab 55. Breitner -16 (Bayern München), Weber -53 (1.FC Köln), Beckenbauer -74 (Bayern München), Höttges -64 (Werder Bremen); Hoeneß -16 (Bayern München), H.Kremers -3 (Schalke 04), ab 83. Wimmer -21 (Bor. Mönchengladb.), Overath -73 (1.FC Köln); Grabowski -35 (Eintr. Frankf.), ab 46. Heynckes -26 (Bor. Mönchengladb.), G.Müller -51 (Bayern München), Herzog -1 (Fortuna Düsseldorf). Mannschaftskapitän: Beckenbauer

Tor: 1:0 Asensi (20.)

Beste Spieler: Claramunt, Asensi, Marcial - Nigbur, Weber, Herzog

Bericht: Erwartungsgemäß begannen die Spanier in Barcelona nicht nur agressiv, sondern knüppelhart. Fast jeder vielversprechende Angriff der deutschen Mannschaft wurde durch Fouls unterbunden, die teilweise bis zur Brutalität gingen. Umso erfreulicher, daß die Spanier damit erst einmal keinen Erfolg hatten.

18. Minute: Nach einer herrlich zurückgezogenen Hoeneß-Flanke rauschte ein Weber-Schuß nur ganz knapp am Tor von Iribar vorbei. 20. Minute: Nach einer Ecke von Claramunt kamen die Spanier überraschend zum 1:0, als Asensi in den Ball lief und ihn direkt und ungehindert in die Maschen jagte. 28. Minute: Viel Glück hatten die Spanier, als Weber nach einem Doppelpaß mit Herzog einen knallharten Schuß an den Torpfosten donnerte. Erfreulicherweise ließ sich die deutsche Mannschaft trotz der Anhäufung von Fouls nicht aus der Ruhe bringen, sondern wurde zusehends stärker.

42. Minute: Nach einer Flanke von Herzog schien der Ausgleich unvermeidbar, als Gerd Müller blitzartig auf das Tor schoß. Abwehrspieler Capon konnte nur noch mit der Hand klären, so daß Schiedsrichter Jursa Elfmeter pfeifen mußte. 43. Minute: Während Gerd Müller zum Elfmeter anlief, liefen 3 Spanier mit ihm in den Strafraum, Iribar reagierte viel zu früh und konnte den halbhohen Schuß parieren. Die deutschen Spieler protestierten natürlich sofort, aber der tschechoslowakische Schiedsrichter ließ weiterspielen, nachdem Helmut Kremers auch schnell den Eckball ausgeführt hatte. Damit war der deutschen Mannschaft eine sichere Torchance genommen. Trotz des 0:1 Halbzeitrückstands konnte sie jedoch zufrieden sein, weil sie sowohl spielerisch als auch taktisch den Spaniern überlegen war.

70. Minute: Nach dem Seitenwechsel war das spanische Spiel nur noch eine Holzhackerei.

82. Minute: Nachdem Sol Helmut Kremers in den Leib getreten hatte, mußte der Schalker vom Platz getragen werden. Die deutsche Mannschaft hielt sich jetzt verständlicherweise noch mehr zurück, um nicht weitere gefährliche Verletzungen zu riskieren. 86. Minute: Bei einem Konter hatte Martinez die letzte Chance für die Spanier, donnerte jedoch freistehend vor Nigbur über das Tor. Zwar gewannen die Spanier das Spiel mit 1:0, aber der moralische Sieger war an diesem Tag einwandfrei die deutsche Mannschaft, die bis zum Abpfiff bei ihren fairen Mitteln blieb, mit denen sie den Spaniern auch klar überlegen war.

❖

Vorbericht zum 386. Länderspiel: Mit hinterhältigen Fouls hatten sich die Spanier einen Sieg erschlichen. Dennoch mußte man einige deutsche Spieler wie Beckenbauer und vor allem Overath hart kritisieren, weil sie sich „versteckten" und den anderen das Spiel überließen. Gegen Italien mußte dies anders werden, obwohl die Italiener wegen ihrer Härte ähnlich gefürchtet waren. Diesmal war aber wieder Günther Netzer dabei, auf dessen Einsatz man besonders gespannt war. Die beiden ausgezeichneten Neulinge, Nigbur und Herzog, mußten dagegen zuschauen, weil der Bundestrainer weiter testen wollte.

26.2.1974 in Rom
Italien - BR Deutschland 0:0

SR: Bucheli (Schweiz), Zuschauer: 90.000
Italien: Zoff; Spinosi, Morini, Wilson, Facchetti (ab 19. Sabadini); Mazzola, Benetti, Rivera, Capello (ab 87. Juliano); Chinaglia, Chiarugi
BRD: Maier -48 (Bayern München); Höttges -65 (Werder Bremen), ab 80. H.Kremers -4 (Schalke 04), Schwarzenbeck -20 (Bayern München), Beckenbauer -75 (Bayern München), Breitner -17 (Bayern München); Overath -74 (1.FC Köln), Cullmann -9 (1.FC Köln), Netzer -33 (Real Madrid); Hoeneß -17 (Bayern München), G.Müller -52 (Bayern München), Heynckes -27 (Bor. Mönchengladb.). Mannschaftskapitän: Beckenbauer
Beste Spieler: Wilson, Facchetti, Zoff - Beckenbauer, Maier, Breitner
Bericht: Das Spiel der beiden alten Rivalen in Rom begann sehr temperamentvoll. Nach wenigen Sekunden schoß Chiarugi nach einem Rivera-Freistoß den Ball nur knapp über das deutsche Tor, und ähnlich ging es kurz darauf Overath.
9. Minute: Auch Heynckes hatte kein Glück, sein Schuß war ebenfalls zu hoch angesetzt. Sepp Maier meisterte 5 Minuten später einen Chiarugi-Freistoß. Die Italiener hatten inzwischen ein klares Übergewicht und in der 19. Minute mußte Maier bei einem Schrägschuß von Mazzola erneut retten.
37. Minute: Nach viel Leerlauf hatte auch endlich die deutsche Mannschaft wieder eine Torgelegenheit und Torhüter Zoff hatte größte Mühe, einen Heynckes-Schuß im Nachfassen unter Kontrolle zu bringen. 40. Minute: Nach einer schönen Ballstafette zwischen Müller und Beckenbauer, der zu Schwarzenbeck paßte, zischte ein toller Schuß des Münchener Vorstoppers knapp am Tor vorbei. 44. Minute: Noch einmal war es Maier, der vor dem heranstürmenden Chinaglia rettete und damit Hauptpfeiler für das 0:0 zur Pause war. Mit ein bißchen Glück hätten die Italiener durchaus mit ein oder zwei Toren Vorsprung führen können.
52. Minute: Nach der Halbzeit wurde die deutsche Mannschaft zusehends stärker. Beckenbauer hob einen Freistoß auf den Fuß von Netzer, dessen toller Schuß von Torhüter Zoff gerade noch an die Latte gelenkt werden konnte. 55. Minute: Maier konnte einen halbhohen Schuß von Benetti abwehren und mit großartigen Reflexen den Nachschuß von Chiarugi zur Ecke abwehren, die nichts einbrachte. 60. Minute: Die deutsche Mannschaft hatte jetzt ihre stärkste Phase und schnürte die Italiener minutenlang ein. Bis zur 70. Minute hielt die klare Überlegenheit der deutschen Mannschaft an, dann jedoch flaute das Spiel zusehends ab.
90. Minute: Beide Teams waren offensichtlich mit dem 0:0 zufrieden und gingen so in den letzten 20 Minuten kein Risiko mehr ein. Die deutsche Mannschaft hatte sich durch ihr taktisch und kämpferisch gutes Spiel das 0:0 verdient.

❖

Vorbericht zum 387. Länderspiel: Nachdem die beiden Mittelfeldstars Netzer und Overath gegen Italien eine gute Partie geliefert hatten, allerdings ohne zu glänzen, konnte Helmut Schön für die WM etwas zuversichtlicher sein. Gegen Schottland in Frankfurt war Overath allerdings nicht im Aufgebot, weil der Bundestrainer dem stark beanspruchten Kölner eine Pause gönnen wollte.
Tor: Maier, Nigbur
Abwehr: Höttges, Vogts, Beckenbauer, Schwarzenbeck, Cullmann, Breitner
Mittelfeld: Hoeneß, Netzer, Bonhof, Wimmer, H.Kremers
Angriff: Grabowski, Hölzenbein, Gerd Müller, Heynckes, Herzog
Der Kreis der WM-Kandidaten wurde jetzt immer enger und Helmut Schön bekam sogar gegen die Schotten die unerwartete Gelegenheit, das Mittelfeld ohne einen der beiden großen Regisseure spielen zu lassen, weil sich Netzer kurzfristig verletzte.

27.3.1974 in Frankfurt
BR Deutschland - Schottland 2:1 (2:0)

SR: Schiller (Österreich), Zuschauer: 60.000
BRD: Maier -49 (Bayern München); Breitner -18 (Bayern München), Beckenbauer -76 (Bayern München), Schwarzenbeck -21 (Bayern München), Vogts -49 (Bor. Mönchengladb.); Hoeneß -18 (Bayern München), Cullmann -10 (1.FC Köln), Wimmer -22 (Bor. Mönchengladb.), Grabowski -36 (Eintr. Frankf.), G.Müller -53 (Bayern München), Herzog -2 (Fort. Düsseld.). Mannschaftskapitän: Beckenbauer
Schottland: Allan; Jardine, Stanton, Buchan, Schaedler; Burns (ab 59. Robinson), Hay, Dalglish; Morgan, Law (ab 59. Ford), Hutchinson
Tore: 1:0 Breitner (33. Foulelfmeter), 2:0 Grabowski (35.), 2:1 Dalglish (78.)
Beste Spieler: Beckenbauer, Breitner, Wimmer - Allan, Buchan, Dalglish
Bericht: Die deutsche Mannschaft begann im Frankfurter Waldstadion mit einem saloppen Ballgeschiebe, ohne jeden Druck nach vorn.
12. Minute: Der erste Schuß auf das schottische Tor kam von Beckenbauer, der sich jetzt zunehmend in die Offensive einschaltete und das Spiel dirigierte. Erneut war es im nächsten Angriff ein Distanz-Schuß, diesmal von Vogts, den Torhüter Allan zu halten hatte. 16. Minute: Nach einer schönen Rechtsflanke von Grabowski über Torhüter Allan hinweg köpfte Wimmer aus 5 Meter Entfernung gegen die Latte. Das Spiel der deutschen Mannschaft wurde jetzt zunehmend stärker. 23. Minute: Hoeneß schickte Herzog mit einem wunderschönen Steilpaß, der Düsseldorfer zog los, flankte vorbildlich, aber sowohl Müller als auch Hoeneß verpaßten die gute Möglichkeit.
32. Minute: Nach einer Dreierkombination zwischen Vogts, Herzog und Wimmer bis in den schottischen Strafraum hinein, wurde der Gladbacher Dauerrenner von den Beinen geholt. 33. Minute: Den fälligen Foulelfmeter verwandelte Paul Breitner lässig und plaziert zum 1:0 für die deutsche Mannschaft. 35. Minute: Hoeneß nutze einen Fehler von Stanton und spielte sofort zu Grabowski weiter, der den Ball an Torhüter Allan zum 2:0 vorbeischob.
59. Minute: Das Spiel der deutschen Mannschaft nahm teilweise traumhaft sichere Spielzüge an. Die Schotten wurden regelrecht vorgeführt. 60. Minute: Nach einem tollen 40-Meter-Paß von Beckenbauer, den Hoeneß annahm, verkürzte Torhüter Allan dem Münchener so sehr den Einschußwinkel, daß ihm der dritte Treffer versagt blieb. 67. Minute: Ein 20-Meter-Schuß von Beckenbauer verfehlte nur um Zentimeter das schottische Tor. Und als Gerd Müller eine knappe Viertelstunde vor Schluß von Buchan regelrecht umklammert wurde, blieb der Pfiff des ansonsten guten Schiedsrichters Schiller aus.
78. Minute: Während Cullmann und Beckenbauer Abseits reklamierten, verkürzte Dalglish auf 2:1. Dieses Tor gab den Schotten noch einmal mächtig Auftrieb und brachte die deutsche Mannschaft in Gefahr. 86. Minute: Die einzige Torgelegenheit der deutschen Mannschaft inmitten der Drangperiode der Schotten hatte Hoeneß, der von Gerd Müller schön freigespielt wurde, aber leider den Ball verzog.
90. Minute: Von den ersten und letzten 10 Minuten abgesehen, hatte die deutsche Mannschaft seit langem ihr bestes Spiel gezeigt. Der 2:1-Sieg war hochverdient, Helmut Schön war mit seinem Team auf dem richtigen Weg.

Vorbericht zum 388. Länderspiel: Vorletzter Gegner der deutschen Mannschaft im neuerbauten Dortmunder Westfalenstadion waren die Ungarn, die in der WM-Qualifikation an Schweden gescheitert waren. Im Aufgebot von Helmut Schön fehlten wieder beide Regisseure wegen Verletzungen.

Tor: Nigbur, Kleff, Maier

Abwehr: Vogts, Beckenbauer, Schwarzenbeck, Breitner, H.Kremers

Mittelfeld: Wimmer, Hoeneß, Cullmann, Flohe, Bonhof

Angriff: Grabowski, Hölzenbein, Gerd Müller, E.Kemers, Herzog

Beide Neulinge aus dem Spanien-Spiel, Nigbur und Herzog, wurden gegen die Ungarn ein weiteres Mal getestet.

17.4.1974 in Dortmund

BR Deutschland - Ungarn 5:0 (1:0)

SR: Schaut (Belgien), Zuschauer: 56.000

BRD: Nigbur -2 (Schalke 04); Vogts -50 (Bor. Mönchengladb.), Beckenbauer -77 (Bayern München), Schwarzenbeck -22 (Bayern München), ab 46. Bonhof -3 (Bor. Mönchengladb.), H.Kremers -5 (Schalke 04); Wimmer -23 (Bor. Mönchengladb.), ab 46. Hölzenbein -3 (Eintr. Frankf.), Hoeneß -19 (Bayern München), ab 70. Flohe -14 (1.FC Köln), Cullmann -11 (1.FC Köln); Grabowski -37 (Eintr. Frankf.), G.Müller -54 (Bayern München), E.Kremers -14 (Schalke 04). Mannschaftskapitän: Beckenbauer

Ungarn: Meszaros; Fabian, Balint, Horvath, Megyesi; Fazekas, Zambo (ab 61. Fekete), Juhasz (ab 70. Kovacs); Bene, Vidats, Mate (ab 46. Toth)

Tore: 1:0 Wimmer (11.), 2:0 Hölzenbein (54.), 3:0 E.Kremers (67.), 4:0, 5:0 Müller (74., 87.)

Beste Spieler: Gerd Müller, Hölzenbein, Bonhof, Hoeneß, Wimmer - Bene, Fazekas

Bericht: Die Ungarn begannen in Dortmund überraschend offensiv und igelten sich keineswegs ein. So kam schon in den ersten Minuten ein schönes Spiel zustande.

8. Minute: Nachdem der Ball über Wimmer, Hoeneß, Schwarzenbeck, Vogts und Grabowski gelaufen war, köpfte Müller die Flanke des Frankfurters knapp über das Tor. 10. Minute: Obwohl Grabowski einem Ungarn an die Hand schoß, pfiff der Schiedsrichter nicht. Während die Ungarn reklamierten, spielte Cullmann zu Wimmer zurück, dessen strammer Schuß landete im Netz des überraschten Meszaros. 13. Minute: Nachdem Bene Helmut Kremers hatte aussteigen lassen, parierte Nigbur den halbhohen Schuß mit einer Klasseleistung. Auf der Gegenseite mußte Torhüter Meszaros nach 24 Minuten einen Schuß von Helmut Kremers halten.

26. Minute: Gerd Müller nahm eine Flanke an, drehte sich blitzschnell und schoß unhaltbar ins ungarische Tor. Schiedsrichter Robert Schaut aus Belgien gab den Treffer jedoch wegen Handspiels nicht.

54. Minute: Nach der Halbzeit lief es bei der deutschen Mannschaft zunehmend besser. Eine Ecke von Bonhof köpfte Hölzenbein zum 2:0 für die deutsche Elf ins Netz. Torhüter Meszaros sah bei diesem Tor nicht gut aus. 58. Minute: Balint foulte Gerd Müller im Strafraum, aber der belgische Schiedsrichter war sehr großzügig. Als Balint jedoch 3 Minuten danach erneut Müller legte, mußte der belgische Schiedsrichter Elfmeter pfeifen. Diesmal versuchte sich Grabowski als Elfmeterschütze, scheiterte aber an Meszaros.

67. Minute: Nach einem Flankenlauf von Hoeneß konnte Erwin Kremers unbedrängt zum 3:0 verwandeln. Und Müller schob 7 Minuten später eine Grabowski-Vorlage nach 4 torlosen Länderspielen zum 4:0 in das Netz. 79. Minute: Balint klärte nach einem tollen Müller-Schuß auf der Linie für seinen geschlagenen Torwart. Das Spiel der deutschen Mannschaft lief traumhaft schön. Flohe traf mit einem herrlichen Schuß nur die Latte.

87. Minute: Den Schlußpunkt setzte Gerd Müller mit dem 5:0. Endlich einmal wieder hatte die deutsche Mannschaft flüssig, direkt und auch steil gespielt. Der Erfolg war nicht ausgeblieben und erstmals konnte man hoffen, daß die deutsche Mannschaft die Form der Europameisterschaft wiederbekommen würde.

❖

Vorbericht zum 389. Länderspiel: Im letzten Test-Länderspiel gegen Schweden in Hamburg hatte Helmut Schön alle Stars dabei und wollte zur Generalprobe auch seine beste Elf spielen lassen. Overath mußte jedoch absagen.

Tor: Maier, Nigbur, Kleff

Abwehr: Vogts, Beckenbauer, Schwarzenbeck, Breitner, H.Kremers, Höttges

Mittelfeld: Hoeneß, Netzer, Cullmann, Bonhof, Wimmer, Flohe

Angriff: Grabowski, Gerd Müller, Heynckes, E.Kremers, Hölzenbein, Herzog

Die 21 Spieler im Aufgebot und der fehlende Overath waren schon fast das spätere 22-köpfige WM-Aufgebot. Nur Erwin Kremers schaffte es nach seiner schwachen Leistung im Ungarn-Spiel nicht.

1.5.1974 in Hamburg

BR Deutschland - Schweden 2:0 (0:0)

SR: Kitabdjan (Frankreich), Zuschauer: 55.000

BRD: Maier -50 (Bayern München); Vogts -51 (Bor. Mönchengladb.), Beckenbauer -78 (Bayern München), Schwarzenbeck -23 (Bayern München), Breitner -19 (Bayern München); Cullmann -12 (1.FC Köln), ab 68. Hölzenbein -4 (Eintr. Frankf.), Netzer -34 (Real Madrid), Hoeneß -20 (Bayern München); Grabowski -38 (Eintr. Frankf.), G.Müller -55 (Bayern München), E.Kremers -15 (Schalke 04), ab 26. Heynckes -28 (Bor. Mönchengladb.), ab 78. Bonhof -4 (Bor. Mönchengladb.). Mannschaftskapitän: Beckenbauer

Schweden: Hellström (ab 46. Larsson, ab 88. Hellström); Olson (ab 68. Grip), Bo Larsson, Karlsson, Andersson; Tapper, Grahn, Kindvall (46. Paalsson); Ejderstedt (ab 75. Ahlström), Sandberg, Torstensson

Tore: 1:0, 2:0 Heynckes (51., 58.)

Beste Spieler: Hoeneß, Vogts, Maier, Heynckes - Torstensson, Kindvall, Hellström

Bericht: Die Schweden begannen in Hamburg überraschend stark und machten es der deutschen Mannschaft in den Anfangsminuten sehr schwer. Maier hielt nach 4 Minuten einen harten Schuß von Kindvall. Und dann Glück für die deutsche Mannschaft, als Torstensson in der 8. Minute nur das Außennetz traf.

13. Minute: Ein Beckenbauer-Freistoß, nach Foul an Müller, ging knapp über das Tor. Ein Ball von Hoeneß, 7 Minuten später, landete zwar im schwedischen Gehäuse, war jedoch durch das Außennetz ins Tor gekommen.

30. Minute: Nach einer halben Stunde war absolut noch nichts entschieden. Die Schweden konnten überraschend gut mithalten und machten es der deutschen Mannschaft sehr schwer. 33. Minute: Ein Freistoß von Beckenbauer verfehlte nur knapp das schwedische Tor. Der Weltklassetorhüter Hellström parierte einen glänzenden Schuß von Hoeneß. Und erneut scheiterte Hoeneß im nächsten Angriff an dem großartigen Hellström.

43. Minute: Der für Hellström eingewechselte Torhüter Larsson zeigte auch seine Klasse, als Günther Netzer einen Schuß auf das Tor donnerte.

51. Minute: Nach einer kurzen Ecke von Grabowski schoß Heynckes den Ball in den Strafraum, wo Hoeneß Torhüter Larsson so sehr irritierte, daß der Schuß von Heynckes zum 1:0 in die lange Ecke rollte.

58. Minute: Erneut war es Hoeneß, der diesmal mit einem schönen Paß in den freien Raum Heynckes schickte. Der lief noch

zwei Schritte und schoß dann unhaltbar zum 2:0 ein. 60. Minute: Maier fischte einen harten Schuß von Grahn aus dem Winkel. Erneut konnte sich der Torhüter von Bayern München in seinem 50. Länderspiel auszeichnen, als er einen Sandberg-Kopfball soeben am Tor vorbeilenkte.

90. Minute: In den letzten 10 Minuten hatten sich die Schweden mit der Niederlage abgefunden und die deutsche Mannschaft begnügte sich mit dem 2:0-Vorsprung. Insgesamt war es ein verdienter Sieg und vor allem eine glänzende zweite Halbzeit wie bereits gegen die Ungarn. Die deutsche Mannschaft war für die Weltmeisterschaft gerüstet.

❖

Vorbericht zur 10. Fußball-Weltmeisterschaft

Mit dem Spiel gegen Schweden endete die lange Serie von Länderspieltests. Die Frage war nun, wen Helmut Schön nominieren würde. Im 40er Aufgebot standen:
Torhüter:
Bernd Franke (Eintracht Braunschweig)
Wolfgang Kleff (Bor. Mönchengladbach)
Sepp Maier (Bayern München)
Norbert Nigbur (FC Schalke 04)
Werner Scholz (VfL Bochum)
Abwehr:
Franz Beckenbauer (Bayern München)
Rainer Bonhof (Bor. Mönchengladbach)
Paul Breitner (Bayern München)
Herbert Hein (1.FC Köln)
Peter Hidien (Hamburger SV)
Horst-Dieter Höttges (Werder Bremen)
Helmut Kremers (FC Schalke 04)
Georg Schwarzenbeck (Bayern München)
Ulrich Stielike (Bor. Mönchengladbach)
Berti Vogts (Bor. Mönchengladbach)
Wolfgang Weber (1.FC Köln)
Gerhard Zimmermann (Fortuna Köln)
Mittelfeld:
Bernd Cullmann (1.FC Köln)
Heinz Flohe (1.FC Köln)
Uli Hoeneß (Bayern München)
Bernd Hölzenbein (Eintr. Frankfurt)
Hans-Josef Kapellmann (Bayern München)
Horst Köppel (Bor. Mönchengladbach)
Karl-Heinz Körbel (Eintr. Frankfurt)
Günter Netzer (Real Madrid)
Wolfgang Overath (1.FC Köln)
Josef Pirrung (1.FC Kaiserslautern)
Franz Roth (Bayern München)
Wolfgang Seel (1.FC Kaiserslautern)
Herbert Wimmer (Bor. Mönchengladbach)
Angriff:
Rainer Geye (Fortuna Düsseldorf)
Jürgen Grabowski (Eintr. Frankfurt)
Siegfried Held (Kickers Offenbach)
Dieter Herzog (Fortuna Düsseldorf)
Josef Heynckes (Bor. Mönchengladbach)
Erwin Kremers (FC Schalke 04)
Gerd Müller (Bayern München)
Rudi Seliger (MSV Duisburg)
Klaus Wunder (MSV Duisburg)
Georg Volkert (Hamburger SV)

Einige Überraschungen waren zweifellos dabei, wie z. B. der Bochumer Torhüter Scholz. Er war einer von 9 Neulingen, die noch keine Länderspielerfahrung und kaum Aussichten auf eine Nominierung im 22er Aufgebot hatten.

Ab 29.5.1974 fand in der Sportschule Malente in Schleswig-Holstein der Abschlußlehrgang statt. Hierfür berief Helmut Schön 22 Kandidaten, die schließlich auch mit folgenden Rückennummern der FIFA gemeldet wurden.

1 Maier (Bayern München), 30 Jahre, 50 Länderspiele
2 Vogts (Bor. Mönchengladbach), 27 J., 51 Lsp.
3 Breitner (Bayern München), 22 J., 19 Lsp.
4 Schwarzenbeck (Bayern München), 26 J., 23 Lsp.
5 Beckenbauer (Bayern München), 28 J., 78 Lsp.
6 Höttges (Werder Bremen), 30 J., 65 Lsp.
7 Wimmer (Bor. Mönchengladbach), 29 J., 23 Lsp.
8 Cullmann (1.FC Köln), 24 J., 12 Lsp.
9 Grabowski (Eintracht Frankfurt), 29 J., 38 Lsp.
10 Netzer (Real Madrid), 29 J., 34 Lsp.
11 Heynckes (Bor. Mönchengladbach), 28 J., 28 Lsp.
12 Overath (1.FC Köln), 30 J., 72 Lsp.
13 Müller (Bayern München), 28 J., 55 Lsp
14 Hoeneß (Bayern München), 22 J., 20 Lsp.
15 Flohe (1.FC Köln), 26 J., 14 Lsp.
16 Bonhof (Bor. Mönchengladbach), 22 J., 4 Lsp
17 Hölzenbein (Eintracht Frankfurt), 28 J., 4 Lsp.
18 Herzog (Fortuna Düsseldorf), 27 J., 2 Lsp.
19 Kapellmann (Bayern München), 23 J., 3 Lsp.
20 Kremers, H. (Schalke 04), 25 J., 5 Lsp.
21 Nigbur (Schalke 04), 24 J., 2 Lsp.
22 Kleff (Bor. Mönchengladbach), 27 J., 6 Lsp.

Zwei Nominierungen bzw. Nichtberücksichtigungen erregten die Gemüter. Zum einen, daß Herzog dem erfahrenen Held und Erwin Kremers vorgezogen wurde, zum anderen, daß Helmut Kremers den Kölner Wolfgang Weber verdrängte. Vor allem die Nichtberücksichtigung von Weber, der fast immer bis zuletzt gute Länderspiele gemacht hatte, traf auf Unverständnis, zumal Helmut Schön ihn nur deshalb nicht mitnahm, weil Weber verletzungsanfällig war. Auch für den Kölner selbst war es eine bittere Enttäuschung und das Ende einer großen Karriere in der Nationalmannschaft.

Nach 7 Tagen harter Arbeit in Malente ließ Helmut Schön seine 22 Kandidaten in einem Testspiel gegen eine Schleswig-Holstein-Auswahl in 3 Dritteln spielen.

5.6.1974 in Malente
Nationalelf - Schleswig-Holstein 17:0 (5:0, 5:0, 7:0)
SR: Jensen (Schönkirchen bei Kiel), Zuschauer: 10.000
Erstes Drittel (30 Minuten): Maier; Vogts, Schwarzenbeck, Beckenbauer, Breitner; Hoeneß, Netzer, Wimmer; Grabowski, Müller, Heynckes
Tore: 1:0 Müller (5.), 2:0 Müller (16.), 3:0 Beckenbauer (23.), 4:0 Hoeneß (27.), 5:0 Müller (28.)
Zweites Drittel (35 Minuten): Nigbur; Höttges, Bonhof, Cullmann, Helmut Kremers; Flohe, Overath, Kapellmann; Grabowski, Hölzenbein, Herzog
Tore: 6:0 Hölzenbein (38.), 7:0 Hölzenbein (48.), 8:0 Grabowski (53.), 9:0 Overath (61.), 10:0 Bonhof (64.)
Drittes Drittel (25 Minuten): Kleff; Vogts, Schwarzenbeck, Beckenbauer, Breitner; Hoeneß, Netzer, Overath (ab 70. Flohe); Hölzenbein, Müller, Heynckes
Tore: 11:0 Overath (67.), 12:0 Netzer (72.), 13:0 Netzer (78.), 14:0 Müller (82.), 15:0 Müller (85. Foulelfmeter), 16:0 Flohe (87.), 17:0 Bekkenbauer (89.)

Nicht nur die Stars Beckenbauer, Netzer, Müller und Overath wußten zu überzeugen, sondern vor allem Hölzenbein und Bonhof hinterließen einen hervorragenden Eindruck. Insgesamt war Bundestrainer Helmut Schöm mit dem Verlauf des Lehrgangs und der Form seiner 22 Kandidaten sehr zufrieden. Die WM konnte beginnen.

❖

Vorbericht zum 390. Länderspiel: Nun war es soweit, die deutsche Mannschaft war Favorit auf den Titel im eigenen Land. Eine ungeheure Belastung, mit der sie fertig werden mußte. Zum Glück war die WM-Gruppe 1 nicht zu stark besetzt. Der erste Gegner, Chile, galt noch als stärkster Konkurrent. Helmut Schön entschloß sich, die erfolgreiche Elf aus dem Schwedenspiel in dieses erste Vorrundenspiel zu schicken, also ohne Netzer.

14.6.1974 in Berlin (WM-Vorrunde)

BR Deutschland - Chile 1:0 (1:0)

SR: Babacan (Türkei), Zuschauer: 84.000
BRD: Maier -51 (Bayern München); Vogts -52 (Bor. Mönchengladb.), Schwarzenbeck -24 (Bayern München), Beckenbauer -79 (Bayern München), Breitner -20 (Bayern München); Cullmann -13 (1.FC Köln), Overath -75 (1.FC Köln), ab 76. Hölzenbein -5 (Eintr. Frankf.), Hoeneß -21 (Bayern München); Grabowski -39 (Eintr. Frankf.), G.Müller -56 (Bayern München), Heynckes -29 (Bor. Mönchengladb.). Mannschaftskapitän: Beckenbauer
Chile: Vallejos; Garcia, Figueroa, Quintano, Arias; Valdes (ab 79. Veliz), Rodriguez (ab 85. Lara), Reinoso; Caszely, Ahumada, Paez
Tor: 1:0 Breitner (17.)
Beste Spieler: Breitner - Ahumada
Bericht: Voller Spannung hatten die Zuschauer im ausverkauften Berliner Olympiastadion auf den WM-Start der deutschen Mannschaft gewartet. Umso mehr waren sie enttäuscht, daß die deutsche Mannschaft nur sehr vorsichtig begann.

13. Minute: Nach wie vor war das Spiel beider Mannschaften ein Ballgeschiebe, ohne jeden Druck nach vorn. Nur kein Gegentor kassieren, schien offensichtlich die Devise. Zudem schien die deutsche Mannschaft Angst vor der Härte und den vielen Fouls der Chilenen zu haben. Bereits jetzt bekam Linksausen Caszely die erste gelbe Karte. 17. Minute: Ein tolles Solo von Breitner brachte dann die überraschende 1:0 Führung, als der Linksverteidiger von Bayern München aus 28 Metern einen knallharten Schuß in den Winkel jagte. Riesenjubel und Freude bei den deutschen Zuschauern und Spielern. Eigentlich hätte das Spiel jetzt offener werden müssen, aber die Chilenen dachten überhaupt nicht daran, ihre massierte Abwehr zu lockern.

45. Minute: Zur Halbzeit waren die Zuschauer trotz der 1:0-Führung bitter enttäuscht. Die Chilenen hatten sich weiter hinten eingeigelt, waren aber bei ihren wenigen Vorstößen über Ahumada und Caszely stets gefährlich. Vogts und Schwarzenbeck hatten größte Mühe, diese beiden Stürmer zu bremsen. Andererseits hatte die deutsche Mannschaft fast nichts dafür getan, um selbst zu Torgelegenheiten zu kommen.

47. Minute: Auch nach dem Seitenwechsel spielten die Chilenen viele Fouls. Reinoso war der nächste, der eine gelbe Karte bekam.

58. Minute: Auch Garcia bekam für seine ständigen Fouls gegen Jupp Heynckes die gelbe Karte. 68. Minute: Die Quittung für die fortwährenden Foulspiele bekam schließlich Caszely, als er von Vogts gefoult wurde und sich revanchierte. Nachdem er bereits die gelbe Karte bekommen hatte, zeigte ihm Schiedsrichter Babacan aus der Türkei die rote Karte. Das Spiel der deutschen Mannschaft wurde deshalb jedoch nicht besser.

80. Minute: Inzwischen mußte sich das Team von Helmut Schön fast ständig Pfeifkonzerte aus dem Publikum anhören. Es war zu offensichtlich, daß die deutsche Mannschaft nur noch darauf bedacht war, den 1:0-Vorsprung über die 90 Minuten zu bringen. Die Chilenen konnten und wollten mit ihren 10 Spielern nur noch mit dem 0:1 gut davonkommen, und die deutsche Mannschaft fand nie ein Mittel, die massive Abwehr aufzureißen.

90. Minute: Nach enttäuschenden 90 Minuten wurde die deutsche Mannschaft mit einem gellenden Pfeifkonzert in die Kabinen geschickt. Die Zuschauer waren maßlos enttäuscht von dieser Mannschaft, die ausgezogen war, um Weltmeister zu werden.

❖

Vorbericht zum 391. Länderspiel: Nach dem blamablen WM-Start rechneten alle mit einer Umstellung innerhalb der deutschen Mannschaft. Helmut Schön hielt jedoch an der Mannschaft fest und gab ihr eine neue Bewährungschance gegen Australien. Auch der viel kritisierte Overath war erneut dabei. Es wäre allerdings auch zu billig gewesen, ihm die Schuld an dem schlechten Spiel zu geben, wo doch mit Ausnahme von Breitner alle miserabel gespielt hatten.

18.6.1974 in Hamburg (WM-Vorrunde)

BR Deutschland - Australien 3:0 (2:0)

SR: Kamel (Ägypten), Zuschauer: 55.000
BRD: Maier -52 (Bayern München); Vogts -53 (Bor. Mönchengladb.), Schwarzenbeck -25 (Bayern München), Beckenbauer -80 (Bayern München), Breitner -21 (Bayern München); Hoeneß -22 (Bayern München), Cullmann -14 (1.FC Köln), ab 68. Wimmer -24 (Bor. Mönchengladb.), Overath -76 (1.FC Köln); Grabowski -40 (Eintr. Frankf.), G.Müller -57 (Bayern München), Heynckes -30 (Bor. Mönchengladb.), ab 46. Hölzenbein -6 (Eintr. Frankfurt). Mannschaftskapitän: Beckenbauer
Australien: Reilly; Utjensenovic, Wilson, Schaefer, Curran; Richards, Rooney, Mackay, Campbell (ab 46. Abonnyi); Buljevic (ab 61. Ollerton), Alston
Tore: 1:0 Overath (12.), 2:0 Cullmann (35.), 3:0 Müller (53.)
Beste Spieler: Overath, Vogts - Reilly
Bericht: Noch extremer als die Chilenen machten die Australier von Anpfiff an das, womit schon zu rechnen war, sie stellten sich hinten in die Abwehr und verteidigten mit 8 Mann. Die Frage war deshalb, wie lange die deutsche Mannschaft brauchen würde, um diesen dichten Abwehrriegel zu durchbrechen.

12. Minute: Nach einigen vergeblichen Versuchen war es soweit. Müller und Hoeneß hatten sich wunderschön im Doppelpaß durchgespielt und die australische Abwehr bekam den Ball nicht weit genug weg. Overath war zur Stelle und konnte aus 10 Meter Entfernung ungehindert abziehen. Der Ball sauste genau in den oberen Winkel und es stand 1:0 für die deutsche Mannschaft.

33. Minute: Immer wieder boten sich der deutschen Mannschaft gute Torchancen trotz der massierten Abwehr. Aber der Münchener Hoeneß hatte einen rabenschwarzen Tag und vergab auch seine vierte gute Torchance. 35. Minute: Nach einer Flanke von Hoeneß köpfte Cullmann unhaltbar in das linke untere Toreck zum 2:0 ein. Danach verflachte das deutsche Angriffsspiel zusehends und die Partie erinnerte in den letzten 10 Minuten der ersten Halbzeit stark an das Chile-Spiel.

50. Minute: Nach der Halbzeit kam Hölzenbein für Heynckes und brachte auch gleich frischen Wind ins Spiel. Leider wurde er viel zu selten aus dem Mittelfeld heraus angespielt. 53. Minute: Einen Eckball von Hoeneß köpfte Gerd Müller unhaltbar zum 3:0 ein. Das Spiel war damit vorzeitig entschieden und verflachte jetzt wieder zusehends.

83. Minute: Längst mußte sich die deutsche Mannschaft für ihr immer schwächer werdendes Spiel gellende Pfeifkonzerte gefallen lassen. Nachdem Beckenbauer das Publikum mit abwertenden Gesten provoziert hatte, wechselte es sogar endgültig auf die australische Seite über. 84. Minute: Schließlich hatte die deutsche Mannschaft sogar noch Glück, als ein Schuß von Abonnyi an den Pfosten des Gehäuses von Maier knallte. Der Ehrentreffer wäre den sympathischen Australiern zu gönnen gewesen.

90. Minute: Trotz des 3:0-Erfolges war das Publikum von der deutschen Mannschaft erneut bitter enttäuscht. Sie hatte nur so viel getan, wie sie unbedingt tun mußte. Mit dieser Spielweise war kaum an den Gewinn der Weltmeisterschaft zu denken.

❖

Vorbericht zum 392. Länderspiel: Das Erfreulichste nach dem zweiten Gruppenspiel war, daß die deutsche Nationalmannschaft bereits die Zwischenrunde erreicht hatte, weil sich Chile und die DDR 1:1 Unentschieden getrennt hatten. Ansonsten konnte auch Helmut Schön nicht mit dem Spiel gegen Australien zufrieden sein. Es gab lediglich erfreuliche Teilaspekte. Da war die gute Leistung des Wolfgang Overath, der wieder einmal bewies, welch ein guter Turnierspieler er war. Gegen Australien hatte er seine Leistung nicht nur gesteigert, er war auch der beste Mann auf dem Feld gewesen. Erfreulich war allerdings auch, daß trotz der schlechten Leistung 3 Tore erzielt wurden. Zumindestens war auch eine Leistungssteigerung gegenüber dem Chile-Spiel erkennbar, und das ließ für das Spiel gegen die DDR hoffen. Das lange erwartete Duell mit dem anderen Teil Deutschlands sollte ein vorläufiger Höhepunkt werden. Die DDR mußte wenigstens einen Punkt holen, und die Nationalelf von Helmut Schön konnte nicht nur unbeschwert aufspielen, sondern wollte gerade gegen die DDR gewinnen.

Enttäuschend war eigentlich nur für viele Kritiker, daß Helmut Schön auch nach dem 2. Spiel nicht zu großen Veränderungen bereit war. Er brachte lediglich Flohe für Heynckes, also einen vierten Mittelfeldspieler, statt einen weiteren Stürmer.

22.6.1974 in Hamburg (WM-Vorrunde)
BR Deutschland - DDR 0:1 (0:0)

SR: Ruiz (Uruguay), Zuschauer: 61.000

BRD: Maier -53 (Bayern München); Vogts -54 (Bor. Mönchengladb.), Beckenbauer -81 (Bayern München), Schwarzenbeck -26 (Bayern München), ab 68. Höttges -66 (Werder Bremen), Breitner -22 (Bayern München); Hoeneß -23 (Bayern München), Cullmann -15 (1.FC Köln), Overath -77 (1.FC Köln), ab 69. Netzer -35 (Real Madrid); Grabowski -41 (Eintr. Frankf.), G.Müller -58 (Bayern München), Flohe -15 (1.FC Köln). Mannschaftskapitän: Beckenbauer

DDR: Croy; Kische, Weise, Bransch, Wätzlich; Lauck, Irmscher (ab 65. Hamann), Kreische, Kurbjuweit; Sparwasser, Hoffmann

Tor: 0:1 Sparwasser (77.)

Beste Spieler: Beckenbauer, Vogts - Bransch, Lauck, Sparwasser

Bericht: Die Erwartungen vor dem Spiel gegen die DDR waren wohl größer als gegen jede andere Nation der Welt. Millionen von Zuschauern, im Stadion und an den Fernsehgeräten, wollten den triumphalen Sieg über den ungeliebten kommunistischen Staat erleben.

1. Minute: Noch bevor die deutsche Mannschaft ins Spiel kam, hätte sie fast zurückgelegen, als sich Schwarzenbeck einen kapitalen Fehler gegen Sparwasser erlaubte und Maier erst im Nachfassen das sicher scheinende 0:1 verhinderte.

Zur Halbzeit waren die Zuschauer wieder einmal maßlos von ihrer Mannschaft enttäuscht. Während die bundesdeutsche Mannschaft mit einem gnadenlosen Pfeifkonzert in die Kabinen geschickt wurde, folgte schon bald der lautstarke Ruf nach Günter Netzer.

65. Minute: Nach dem Seitenwechsel wurde das Spiel der deutschen Mannschaft noch schwächer. Sie fand überhaupt keinen Rhythmus, kaum ein Zuspiel klappte. Jeder Angriff blieb schon an der Strafraumgrenze in der von Bransch gut organisierten DDR-Abwehr hängen. 69. Minute: Nun endlich gab Helmut Schön dem Volksbegehren nach und wechselte Netzer für Overath ein. Es sah eher wie eine Verzweiflungsaktion aus, nachdem absolut nichts mehr im deutschen Spiel lief.

77. Minute: Auch Günter Netzer konnte es nicht ändern, daß die DDR eine günstige Gelegenheit nutzte, als Hamann mit einem Steilpaß Sparwasser schickte, der Höttges und Vogts ausspielte und auch Sepp Maier mit einem knallharten Schuß keine Chance ließ. Die DDR führte sensationell mit 1:0. Erst jetzt kam Beckenbauer aus seiner Abwehr heraus und versuchte immer wieder, Druck nach vorn zu machen. So sehr er sich auch bemühte, die DDR-Abwehr stand sicher und war lediglich noch bemüht den Ball aus dem eigenen Strafraum herauszubefördern.

90. Minute: Die Mannschaft der DDR war clever genug, den Vorsprung über die Zeit zu retten. Zum drittenmal hatte die bundesdeutsche Mannschaft bitter enttäuscht und nicht zu ihrem Spiel gefunden.

Noch viele Jahre später wurde darüber gerätselt wie dieses 0:1 der deutschen Mannschaft zustande gekommen war. Hatte Helmut Schön seine Mannschaft absichtlich hatte verlieren lassen? Nach dem neuen WM-Modus war es nämlich so, daß die beiden ersten der 4 Vorrunden-Gruppen je nach Plazierung auf zwei Gruppen aufgeteilt wurden, aus denen sich die beiden Sieger für das Finale qualifizierten. Durch die Niederlage gegen die DDR war die deutsche Mannschaft mit Jugoslawien, Schweden und Polen in der Gruppe B, während sie bei einem Sieg über die DDR als Gruppenerster in die Gruppe A gekommen wäre mit Holland, Argentinien und Brasilien. Helmut Schön bestritt jedoch immer, daß er dieses Spiel gegen die DDR habe verlieren wollen. Die Frage war damit zwar von dem Bundestrainer beantwortet, aber niemand weiß, ob in den Köpfen einiger spielbestimmender Nationalspieler nicht der Hintergedanke für die leichtere Gruppe B eine Rolle gespielt hatte.

❖

Vorbericht zum 393. Länderspiel: Nach der blamablen Vorstellung und 0:1-Niederlage gegen die DDR war der Krach in der deutschen Mannschaft vorprogrammiert. Vor allem Beckenbauer ergriff jetzt die Initiative und forderte personelle Konsequenzen in der Mannschaft. Für Höttges, der seinen Gegenspieler Sparwasser bei seinem Tor zum 0:1 hatte ziehen lassen, war die internationale Karriere zu Ende. Zwar blieb es bei der bewährten Abwehr, aber es gab drastische Veränderungen im offensiven Bereich. Mit Wimmer und Bonhof bekam Overath 2 neue Mittelfeldspieler an seine Seite, die bereit waren, zu laufen und zu kämpfen. Im Sturm bekam Gerd Müller mit Hölzenbein und Herzog 2 neue Flügelstürmer, die ihn mit Flanken versorgen sollten. Also 4 neue Spieler in Mittelfeld und Angriff, wo bei dieser WM bisher versagt wurde.

Erster Gegner in der Zwischenrunde waren die Jugoslawen, die sich gegen Brasilien, Schottland und Zaire als Gruppensieger durchgesetzt hatten. Ihr 9:0 gegen Zaire war nebenbei einer der höchsten WM-Siege. Wie stark diese jugoslawische Mannschaft war, hatte die deutsche erst 1 Jahr zuvor beim 0:1 in München erleben müssen. Und auch die Vergangenheit hatte immer wieder packende Duelle bei großen Veranstaltungen zwischen den beiden Nationalteams ergeben.

26.6.1974 in Düsseldorf (WM-Zwischenrunde)
BR Deutschland - Jugoslawien 2:0 (1:0)

SR: Marques (Brasilien), Zuschauer: 67.461

BRD: Maier -54 (Bayern München); Vogts -55 (Bor. Mönchengladb.), Beckenbauer -82 (Bayern München), Schwarzenbeck -27 (Bayern München), Breitner -23 (Bayern München); Wimmer -25 (Bor. Mönchengladb.), ab 66. Hoeneß -24 (Bayern München), Bonhof -5 (Bor. Mönchengladb.), Overath -78 (1.FC Köln); Hölzenbein -7 (Eintr. Frankf.), ab 73. Flohe -16 (1.FC Köln), G.Müller -59 (Bayern München), Herzog -3 (Fort. Düsseldorf). Mannschaftskapitän: Beckenbauer

Jugoslawien: Maric; Buljan, Muzinic, Katalinski, Hadziabdic; Oblak (ab 78. Jerkovic), Surjak, Acimovic; Popivoda, Karasi, Dzajic (ab 78. Petkovic)

Tore: 1:0 Breitner (38.), 2:0 Müller (77.)

Beste Spieler: Beckenbauer, Maier, Vogts, Wimmer, Breitner - Maric, Karasi, Buljan

Bericht: Nach den Umbesetzungen im Mittelfeld und im Angriff bei der deutschen Mannschaft war man im Düsseldorfer Rheinstadion gespannt darauf, was diese Elf zu leisten vermochte.

3. Minute: Nach einer Kombination zwischen Hölzenbein und Overath und einer verunglückten Kopfballabwehr der jugoslawischen Verteidigung, schoß Bonhof aus 8 Meter Entfernung nur ganz knapp am Tor vorbei. Das war ein guter Start der deutschen Mannschaft, die auch im weiteren Verlauf wesentlich besser als in den Spielen zuvor agierte, ohne jedoch zu überzeugen.

21. Minute: Nach einer Kombination zwischen Herzog und Bonhof schoß der Gladbacher auf das jugoslawische Gehäuse, wo Buljan gerade noch zur Ecke abwehren konnte. 25. Minute: Gelbe Karte für Overath wegen Meckerns nach einem Foul. Nach dem Freistoß strich Bonhofs Kopfball nur ganz knapp am jugoslawischen Tor vorbei.

38. Minute: Die Jugoslawen waren einem Dauer-Power der deutschen Mannschaft ausgesetzt. Nachdem Breitner von Wimmer den Ball bekam, nahm er aus 20 Metern Maß. Der Ball landete wie schon im Spiel gegen Chile im linken oberen Toreck und es stand 1:0 für die deutsche Mannschaft.

48. Minute: Nach dem Seitenwechsel wurden die Jugoslawen zusehends stärker. Zwangsläufig mußten sie jetzt offensiver spielen. 49. Minute: Nach einem Foul an Wimmer im Strafraum ließ der brasilianische Unparteiische die Vorteilsregel gelten, doch Torhüter Maric hatte bei dem Schuß von Müller keine Probleme.

66. Minute: Schwarzenbeck wurde im Strafraum nach einem Alleingang gelegt, aber Herr Marques ließ unverständlicherweise weiterspielen. 69. Minute: Gerd Müller brachte einen Bonhof-Rückpaß am 5-Meter-Raum nicht unter Kontrolle. Das wäre eine gute Chance gewesen. 77. Minute: Nach einem wunderschönen Steilpaß von Overath setzte sich Hoeneß auf der rechten Seite durch und flankte wie aus dem Lehrbuch in die Mitte, wo Gerd Müller im zweiten Versuch, bereits am Boden liegend, zum 2:0 ins jugoslawische Tor traf.

83. Minute: Maric hielt einen Müller-Schuß von der Strafraumgrenze. Überraschend hatten die Jugoslawen keine Kraft mehr, dem Spiel noch eine Wende zu geben.

90. Minute: Zum erstenmal bei dieser Weltmeisterschaft auf heimischem Boden hatte die deutsche Mannschaft voll und ganz überzeugt. Der Sieg ging auch in dieser Höhe in Ordnung. Der erste Schritt für das Erreichen des Finales war getan.

❖

Vorbericht zum 394. Länderspiel: Riesiger Jubel herrschte im deutschen Lager nach dem 2:0-Sieg über Jugoslawien. Die Umstellungen innerhalb der Mannschaft hatten sich gelohnt. Sowohl Wimmer und Bonhof im Mittelfeld als auch Hölzenbein und Herzog im Angriff sorgten für viel neuen Schwung. Es war selbstverständlich, daß Bundestrainer Helmut Schön diese Mannschaft auch gegen die Schweden auf das Feld schickte. Daß auch dieses 2. Zwischenrundenspiel sehr schwer werden würde, war klar: Die Schweden hatten nur ganz knapp mit 0:1 gegen Polen verloren und konnten nur noch mit einem Sieg über die deutsche Mannschaft das Finale oder das Spiel um den 3. Platz erreichen.

30.6.1974 in Düsseldorf (WM-Zwischenrunde)

BR Deutschland - Schweden 4:2 (0:1)

SR: Kasakow (Sowjetunion), Zuschauer: 68.000

BRD: Maier -55 (Bayern München); Vogts -56 (Bor. Mönchengladb.), Schwarzenbeck -28 (Bayern München) Beckenbauer -83 (Bayern München), Breitner -24 (Bayern München); Hoeneß -25 (Bayern München), Bonhof -6 (Bor. Mönchengladb.), Overath -79 (1.FC Köln); Hölzenbein -8 (Eintr. Frankf.), ab 81. Flohe -17 (1.FC Köln), G.Müller -60 (Bayern München), Herzog -4 (Fort. Düsseldorf), ab 66. Grabowski -42 (Eintr. Frankfurt). Mannschaftskapitän: Beckenbauer

Schweden: Hellström; Olsson, Nordqvist, Karlsson, Augustsson; Grahn, Larsson (ab 34. Eiderstedt), Tapper; Torstensson, Edström, Sandberg

Tore: 0:1 Edström (26.), 1:1 Overath (50.), 2:1 Bonhof (51.), 2:2 Sandberg (53.), 3:2 Grabowski (78.), 4:2 Hoeneß (89. Foulelfmeter)

Beste Spieler: Bonhof, Maier, Vogts, Beckenbauer, Overath, Hölzenbein - Hellström, Bo Larsson, Edström

Bericht: Bereits in den ersten Minuten machte die deutsche Mannschaft Druck auf das schwedische Tor. Es war deutlich festzustellen, daß sie dort weitermachte, wo sie gegen Jugoslawien aufgehört hatte.

15. Minute: Sepp Maier warf sich dem plötzlich auftauchenden Sandberg vor die Füße und bereinigte so die kritische Situation. Und ein harter und plazierter 30-Meter-Freistoß von Grahn wurde im nächsten Angriff von Maier gehalten. Bei ihrem schnellen und direkten Kombinationsspiel hatte die deutsche Mannschaft überraschend viele Chancen, die leider alle versiebt wurden.

26. Minute: Nachdem Schwarzenbeck den Ball Edström vor die Füße köpfte, fiel völlig überraschend die schwedische Führung. Edström nahm den Ball direkt und schoß unhaltbar zum 0:1 unter die Latte.

50. Minute: Nach dem Seitenwechsel trumpfte die deutsche Mannschaft noch mehr auf. Hoeneß trieb den Ball über das halbe Feld, spielte zu Müller, der das Leder sofort zu Overath schob, und der Kölner donnerte den Ball mit dem rechten Fuß unhaltbar ins rechte Toreck zum vielumjubelten Ausgleichstreffer. 51. Minute: Nach einem Müller-Paß zog Bonhof auf und davon. Seinen Schuß durch die Beine eines Schweden faustete Hellström gegen den Innenpfosten und von dort prallte der Ball ins Tor. Innerhalb von 100 Sekunden hatte die deutsche Mannschaft aus einem 0:1-Rückstand eine 2:1-Führung gemacht. 53. Minute: Die Freude bei der deutschen Mannschaft und den Zuschauern war noch nicht verebbt, da zog Vogts bei einer Flanke der Schweden den Kopf ein und überließ so dem hinter ihm stehenden Roland Sandberg völlig freien Raum, um den Ausgleich zu erzielen. Wieder war das Spiel völlig offen.

77. Minute: Die deutsche Mannschaft drückte immer mehr und spielte dabei auch einen wunderschönen Fußball. Allerdings öffnete sie dadurch ihre Abwehr so, daß die schwedischen Konter immer gefährlicher wurden. 78. Minute: Dann aber wurde der Offensiv-Geist belohnt. Der 12 Minuten zuvor eingewechselte Grabowski erzielte aus spitzem Winkel das 3:2 für die deutsche Mannschaft.

81. Minute: Die deutsche Elf spielte jetzt schon seit einiger Zeit den risikoreichen, aber auch traumhaft schön anzusehenden Angriffsfußball, den sich die Zuschauer immer gewünscht hatten. Mit einem knallharten Schuß traf Hölzenbein nur den Pfosten. Das Risiko für Konter der Schweden war jetzt natürlich besonders groß. 86. Minute: Hellström parierte glänzend gegen Gerd Müller. Zwei Minuten später brachten zwei Schweden Paul Breitner im Strafraum zu Fall. Schiedsrichter Kasakow hatte keine andere Wahl, als auf den Elfmeterpunkt zu zeigen. Uli Hoeneß verwandelte den Strafstoß sicher in das rechte obere Toreck zum 4:2. Damit war das Spiel nach 89 dramatischen Minuten für die deutsche Mannschaft entschieden. Zumindestens das Spiel um den dritten Platz hatte sie damit erreicht. Was allerdings viel wertvoller war, war die Erkenntnis, daß diese Mannschaft nicht nur kämpfen konnte, sonder auch spielerisch viel mehr drauf hatte, als sie in den Vorrunden-Spielen gezeigt hatte. So hatte sie sogar Chancen, das Endspiel zu erreichen.

❖

Vorbericht zum 395. Länderspiel: Wieder eine deutliche Leistungssteigerung bei der deutschen Mannschaft gegen Schweden. Jetzt durfte man auf das Finale hoffen, obwohl der schwerste Gegner noch ausstand. Auch die Polen hatten beide Spiele gewonnen und wie die deutsche Mannschaft 4:0 Punkte. Der einzige Vorteil für das Team von Helmut Schön lag im besseren Torverhältnis, so daß seiner Mannschaft ein Unentschieden für den Einzug ins Finale genügte.

In der 2. Halbzeit hatte sich für den Bundestrainer auch gezeigt, wie seine stärkste Formation aussah, nämlich mit den Frankfurtern Grabowski und Hölzenbein an den Flügeln. Deshalb war die Hereinnahme von Grabowski für Herzog auch die einzige Veränderung gegenüber der Anfangsaufstellung des Schweden-Spiels. Das inzwischen bewährte Mittelfeld und die sowieso starke Abwehr blieben unverändert. Vor allem die Abwehr war jetzt gegen die Polen besonders gefordert, denn der starke polnische Sturm mit dem WM-Torschützenkönig Lato hatte bereits 15 Tore in 5 Spielen erzielt.

3.7.1974 in Frankfurt (WM-Zwischenrunde)

BR Deutschland - Polen 1:0 (0:0)

SR: Linemayr (Österreich), Zuschauer: 62.000
BRD: Maier -56 (Bayern München); Vogts -57 (Bor. Mönchengladb.), Schwarzenbeck -29 (Bayern München) Beckenbauer -84 (Bayern München), Breitner -25 (Bayern München); Hoeneß -26 (Bayern München), Bonhof -7 (Bor. Mönchengladb.), Overath -80 (1.FC Köln); Grabowski -43 (Eintr. Frankfurt), G.Müller -61 (Bayern München), Hölzenbein -9 (Eintr. Frankfurt). Mannschaftskapitän: Beckenbauer
Polen: Tomaszewski; Szymanowski, Gorgon, Zmuda, Musial; Maszcyk (ab 79. Kmiecik), Deyna, Kasperczak (ab 79. Cmiekiwicz); Lato, Domarski, Gadocha
Tor: 1:0 Müller (75.)
Beste Spieler: Maier, Breitner, Hölzenbein, Beckenbauer, Overath, Grabowski - Tomaszewski, Gadocha, Deyna, Zmuda, Domarski
Bericht: Nach stundenlangen Regenfällen glich das Frankfurter Waldstadion einer Seenplatte. Lange Zeit mußte man bangen, ob das Spiel überhaupt angepfiffen würde. Schließlich war es aber doch soweit, mit 30minütiger Verspätung.

4. Minute: Die erste Torgelegenheit hatte die deutsche Mannschaft durch einen 18-Meter-Freistoß von Hoeneß, den Torhüter Tomaszewski glänzend meisterte. 8. Minute: Torhüter Sepp Maier konnte eine stark angeschnittene Gadocha-Flanke gerade noch knapp über das Tor lenken. Auf dem glitschigen und tiefen Boden zeigten die Polen ein überraschend gutes Spiel, das klar besser war als das der deutschen Elf.

20. Minute: Einen 25-Meter-Freistoß von Gadocha lenkte Sepp Maier mit einem tollen Hechtsprung um das Tor. Wieder mußte Maier 2 Minuten später eingreifen und einen Freistoß von Deyna parieren.

43. Minute: Die Polen hatten noch mehrmals die Chance zur 1:0 Führung, scheiterten jedoch jedesmal an dem glänzenden deutschen Torhüter. 44. Minute: Endlich konnte sich auch einmal Gerd Müller gut durchspielen, zog den Ball raffiniert an Gorgon vorbei, konnte sich dann jedoch nicht entscheidend gegen Szymanowski durchsetzen.

55. Minute: Hölzenbein wurde, nachdem er Szymanowski hatte aussteigen lassen, 10 Meter vor dem Tor von Zmuda gelegt. Schiedsrichter Linemayr zögerte keine Sekunde mit dem Elfmeterpfiff. Die Frage war, wer jetzt die Nerven hatte. Wieder lief Hoeneß an, aber mit einer Glanzparade verhinderte Tomaszewski die deutsche Führung. 56. Minute: Die deutsche Mannschaft war keineswegs geschockt, sondern jetzt voll da. Hölzenbein vergab allerdings freistehend aus 10 Meter Entfernung das 1:0.

63. Minute: Gardocha, neben Tomaszewski der überragende Pole, hatte wieder Pech, denn auch diesmal war Sepp Maier auf dem Posten. 69. Minute: Tomaszewski parierte einen Bonhof-Freistoß. Inzwischen war das Spiel völlig ausgeglichen und auch die deutsche Mannschaft drängte jetzt auf den Führungstreffer. Bonhof wurde, nachdem Hölzenbein ihm den Ball wunderschön in den Lauf gespielt hatte, von einem Polen angegriffen. Bei diesem Zweikampf rollte der Ball zu Müller, der ihn aus 9 Meter Entfernung unhaltbar in die linke untere Torecke schoß. Eine Viertelstunde vor Schluß der vielumjubelte Führungstreffer für die deutsche Mannschaft.

90. Minute: Nachdem Tomaszewski noch einen knallharten Overath-Schuß pariert hatte und es auch wieder zu regnen anfing, stürmten die Polen mit der ganzen Mannschaft. Nur den Glanzparaden von Sepp Maier hatte es die deutsche Mannschaft zu verdanken, daß es bis zum erlösenden Schlußpfiff beim 1:0 Erfolg blieb.

❖

Vorbericht zum 396. Länderspiel: Die deutsche Nationalmannschaft hatte ihr Ziel erreicht. Nach 1954 und 1966 stand sie zum 3. Mal in einem WM-Finale, wo Holland der Gegner war. Die Niederländer hatten sich geradezu sensationell mit 6:0 Punkten und 8:0 Toren gegen Argentinien, Brasilien und die DDR durchgesetzt. Zwar hatten die Holländer schon vorher zu den großen WM-Favoriten gezählt, aber die Deutlichkeit, mit der sie sich durchsetzten, zeigte ihre Stärke. Sie hatten mit Rep, Cruyff und Rensenbrink nicht nur einen brillanten Angriff, sondern auch die Abwehr war sehr stark. Von allen 16 Teilnehmern hatten sie den klar besten Eindruck bei dieser WM hinterlassen.

Für Bundestrainer Helmut Schön war es nicht einfach, seine Elf auf diesen Gegner einzustellen. Fest stand für ihn nur, daß er die Siegerelf von Frankfurt nicht auseinanderreißen wollte, zumal sie sich auch gegen die angriffsstarken Polen durchgesetzt hatte. Ein ähnlicher Spielverlauf war auch gegen Holland zu erwarten. Eigentlich gab es für die deutsche Mannschaft nur einen Weg zum Erfolg: sie mußte kämpfen. Spielerisch und technisch waren die Holländer zweifellos besser, obwohl die deutsche Elf auch hier keineswegs schwach war. Kämpferisch aber war sie stärker und hatte so durchaus Chancen, wenn sie taktisch diszipliniert spielte.

Franz Beckenbauer (rechts) und sein großer Gegenspieler, Johan Cruyff (Holland), vor dem Endspiel beim Wimpeltausch

7.7.1974 in München (WM-Endspiel)
BR Deutschland - Holland 2:1 (2:1)

SR: Taylor (England), Zuschauer: 79.000

BRD: Maier -57 (Bayern München); Vogts -58 (Bor. Mönchengladb.), Schwarzenbeck -30 (Bayern München) Beckenbauer -85 (Bayern München), Breitner -26 (Bayern München); Hoeneß -27 (Bayern München), Bonhof -8 (Bor. Mönchengladb.), Overath -81 (1.FC Köln); Grabowski -44 (Eintr. Frankfurt), G.Müller -62 (Bayern München), Hölzenbein -10 (Eintr. Frankfurt). Mannschaftskapitän: Beckenbauer

Holland: Jongbloed; Suurbier, Rijsbergen (ab 68. de Jong), Haan, Krol; Jansen, Neeskens, van Hanegem; Rep, Cruyff, Rensenbrink (ab 46. Rene v.d.Kerkhof)

Tore: 0:1 Neeskens (1. Foulelfmeter), 1:1 Breitner (25. Foulelfmeter), 2:1 Müller (43.)

Beste Spieler: Vogts, Maier, Beckenbauer, Hoeneß, Gerd Müller, Hölzenbein, Breitner - Cruyff, Rensenbrink, Neeskens, Haan, Krol, Jongbloed, van Hanegem (es waren 14 Spieler mit einer Weltklasseleistung!)

Bericht: Voller Spannung wurde das Endspiel der beiden mitteleuropäischen Nachbarn erwartet. Die Holländer hatten in der Vor- und Zwischenrunde so gut gespielt, daß es keinen eigentlichen Favoriten gab. Nun aber war es soweit, der Tag der Entscheidung. Den ersten Sieg trug Beckenbauer davon, als er die Seitenwahl gewann. Die Holländer hatten also Anstoß, den ihr Weltklassestürmer Cruyff ausführte. Der Ball wurde ein bißchen im Mittelfeld hin un her geschoben, dann startete Cruyff zu einem unwiderstehlichen Sprint, ließ Vogts stehen und konnte erst dicht an der Strafraumgrenze durch ein Foul von Uli Hoeneß gebremst werden. Schiedsrichter Taylorsah das Foul im 16-Meter-Raum und pfiff sofort Elfmeter. Welch ein Schock für die deutsche Mannschaft. Neeskens lief an und donnerte den Ball in gewohnter Weise unhaltbar zum 1:0 für die Holländer ins Netz.

4. Minute: Berti Vogts handelte sich eine gelbe Karte ein, als er den holländischen Starstürmer Cruyff mit einem Foul bremste.

15. Minute: Mit dem 1:0-Vorsprung im Rücken kontrollierten die Holländer in der ersten Viertelstunde klar das Spiel. 19. Minute: Das erste Foul von Rijsbergen an Gerd Müller führte zwar zu einem Freistoß, aber Bonhof konnte kein Kapital daraus schlagen. 25. Minute: Nachdem Bernd Hölzenbein in halblinker Postion zwei Holländer hatte aussteigen lassen und 10 Meter vor dem Tor von Jansen gefoult wurde, war der nächste Elfmeter fällig. Wer von den deutschen Spielern sollte jetzt diese schwere Verantwortung übernehmen? Der junge Paul Breitner schien die Nerven zu haben, legte sich den Ball ganz ruhig hin und schickte den holländischen Torhüter in die falsche Ecke. Plaziert und sicher wurde der Elfmeter zum Ausgleich verwandelt. Jetzt herrschte eine Riesenstimmung im Münchener Olympiastadion. 29. Minute: Begeistert angefeuert, ging die deutsche Mannschaft jetzt immer mehr zur Offensive über. Torhüter Jongbloed konnte in letzter Sekunde einen Schuß von Berti Vogts halten.

35. Minute: Nach einem Foul an Grabowski hatte die deutsche Mannschaft dicht an der Strafraumgrenze einen Freistoß, den Beckenbauer raffiniert über die holländische Mauer hob. Torhüter Jongbloed konnte jedoch parieren. Auf der Gegenseite eine Glanztat von Torhüter Sepp Maier, als Rechtsaußen Rep allein auf ihn zustürmte, er jedoch geschickt den Winkel verkürzte. 39. Minute: Jetzt erhielt auch der Holländer Neeskens die gelbe Karte. 43. Minute: Rainer Bonhof setzte sich am rechten Flügel energisch durch und flankte flach in die Mitte, wo Gerd Müller sich 8 Meter vor dem Tor den Ball angelte und durch 2 holländische Abwehrspieler hindurch auf die lange Ecke zielte. Der Ball war keineswegs hart geschossen, aber plaziert genug, so daß Torhüter Jongbloed

Die deutsche Nationalelf vor dem WM-Finale 1974 im Münchener Olympiastadion; v.l.: Franz Beckenbauer, Sepp Maier, Georg Schwarzenbeck, Rainer Bonhof, Bernd Hölzenbein, Jürgen Grabowski, Gerd Müller, Wolfgang Overath, Berti Vogts, Paul Breitner, Uli Hoeneß

Nach einem Foul an Cruyff verwandelte Neeskens den Elfmeter zum 1:0 für Holland

Nach schneller Drehung von Gerd Müller: das Siegtor im WM-Finale

Ein Foul von Neeskens an Hölzenbein. Die Holländer stürmten bedingungslos

nicht mehr an das Leder herankommen konnte. Ein einziger Aufschrei und Jubelsturm ging durch das Stadion. Die deutsche Mannschaft führte kurz vor der Halbzeit mit 2:1.

45. Minute: Johann Cruyff, der Weltstar der Holländer, erhielt nach dem Halbzeitpfiff von Schiedsrichter Taylor wegen Mekkerns die gelbe Karte. Er hatte sich darüber beklagt, daß Taylor den Elfmeter für die deutsche Mannschaft gepfiffen hatte. Insgesamt hatten die Zuschauer eine sehr spannende erste Halbzeit gesehen, in der die deutsche Mannschaft zweifellos mehr vom Spiel hatte und verdientermaßen mit 2:1 führte.

48. Minute: Nach einem angeschnittenen Hoeneß-Eckball köpfte Bonhof nur knapp am holländischen Tor vorbei. Das hätte das 3:1 und damit eine Vorentscheidung sein können.

51. Minute: Viel Glück für die deutsche Mannschaft, als Breitner auf der Linie für den bereits geschlagenen Maier mit dem Kopf rettete. 52. Minute: Diesmal konnte Maier mit einer Glanzparade einen Kopfball von van Hanegem abwehren. Die deutsche Mannschaft stand in diesen Minuten stark unter Druck, war sogar minutenlang am und im eigenen Strafraum eingeschnürt. 60. Minute: Der Druck der holländischen Mannschaft war so stark, daß man jede Minute mit dem Ausgleichstreffer rechnen mußte. Zum Glück standen jedoch Maier, Beckenbauer, Breitner und Vogts hervorragend in der Abwehr und blockten immer wieder die holländischen Stürmer ab. Kaum einmal kam die deutsche Mannschaft dazu, Luft zu holen und erst recht nicht zu eigenen gefährlichen Angriffen.

73. Minute: Nach wie vor ein holländisches Powerplay! Die deutsche Abwehr wackelte, aber sie fiel nicht. 74. Minute: Bei einem Konter rannte sich Hoeneß leider fest, anstatt rechtzeitig abzuspielen. Das wäre eine gute Konterchance gewesen, denn Grabowski war mitgelaufen und stand völlig frei. 75. Minute: Auch die holländischen Stars zeigten Nerven, denn Rechtsaußen Rep scheiterte wieder einmal völlig allein vor Sepp Maier.

83. Minute: Noch einmal hatte Hoeneß bei einem Entlastungsangriff das dritte deutsche Tor auf dem Fuß, aber Torhüter Jongbloed war rechtzeitig herausgekommen und um Bruchteile einer Sekunde eher am Ball als der Münchener. 84. Minute: Bereits der nächste deutsche Konter hätte eine Entscheidung bringen können, als Hölzenbein klar im Strafraum gefoult wurde, aber Schiedsrichter Taylor diesmal weiterspielen ließ. 85. Minute: Das Spiel wurde immer dramatischer. Neeskens verfehlte nur um Millimeter mit einem knallharten Schuß das deutsche Tor.

90. Minute: Noch einige verzweifelte Angriffe der Holländer, die jedoch wie schon die ganze zweite Halbzeit, an der deutschen Deckung mit dem überragenden Beckenbauer scheiterte. Aber auch diese Minuten überstand die deutsche Mannschaft, und dann kam der lang ersehnte Schlußpfiff.

Nach 1954 war Deutschland zum zweiten Male Fußball-Weltmeister geworden. Dieser zweite Titel hatte zwar nicht den Glanz wie 1954, zumal die Weltmeisterschaft diesmal auch gefordert und erwartet worden war, aber sie war nicht weniger hart erkämpft. Die Holländer hatten es der deutschen Mannschaft im Finale wahrlich nicht leicht gemacht, sondern waren insgesamt sogar die überlegene Mannschaft gewesen. Dies lag natürlich auch daran, daß sie in der zweiten Halbzeit bedingungslos stürmen mußten. Letztlich gewann die deutsche Mannschaft nur deshalb den Weltmeistertitel, weil sie kämpferisch stärker war, ein gutes Rezept gegen die starken Holländer gefunden hatte und schließlich auch, weil das Glück auf ihrer Seite war.

Während die 11 Spieler im Olympiastadion von den Zuschauern gefeiert wurden und Beckenbauer schließlich als Kapitän den Weltpokal für seine Mannschaft erhielt, braute sich bereits der Krach im D.F.B. zusammen. Bei den Vorbereitungen für die Siegesfeier wurde weniger an die Aktiven, vielmehr an die Offiziellen gedacht, die eigentlich wenig mit dem eigentlichen Spiel zu tun gehabt hatten. Noch nicht einmal an die Frauen der Spieler hatte man gedacht, und offensichtlich war ihr Mitfeiern auch nicht geplant, obwohl gerade sie wochenlang auf ihre Ehemänner und Freunde verzichten mußten. Spieler wie Gerd Müller ließen sich so etwas nicht gefallen und so kam es zum Mißklang, der schließlich dazu führte, daß der Münchener Torjäger auf dem Höhepunkt seiner Laufbahn seine Karriere als Nationalspieler beendete. Ein herber Schock, über den man sich erst später richtig klar werden sollte. Da zudem Grabowski und Overath mit diesem Finale ihre internationale Karriere beendeten, stand bereits frühzeitig fest, daß wieder einmal ein Neuaufbau erforderlich war.

❖

In der 2. Halbzeit kam die große Bewährungsprobe für Torhüter Sepp Maier, als die Holländer alles nach vorne warfen. Hier klärt er vor Neeskens

Berti Vogts, der Kämpfer, hier im Bild mit Cruyff

Franz Beckenbauer, der Kapitän

Wolfgang Overath gehörte zu den Stützen der Weltmeisterelf

Paul Breitner, der Außenverteidiger der WM-Elf, mit Druck nach vorn

Der größte Triumph für Helmut Schön: nach der Europameisterschaft auch der Weltmeistertitel 1974

Gesamtbilanz 1908-1974
396 Spiele: 219 Siege, 67 Unentschieden, 110 Niederlagen, 964:584 Tore
Heim: 185 Spiele: 110 Siege, 36 Unentschieden, 39 Niederlagen, 488:231 Tore
Auswärts: 211 Spiele, 109 Siege, 31 Unentschieden, 71 Niederlagen, 488:353 Tore
Zuschauer insgesamt: 17.352.780,
Heim: 9.638.361, Auswärts: 7.714.419

Die meisten Länderspiele:
1. Franz Beckenbauer (Bayern München) 85 Spiele
2. Wolfgang Overath (1.FC Köln) 81 "
3. Uwe Seeler (Hamburger SV) 72 "
4. Paul Janes (Fortuna Düsseldorf) 71 "
5. Willi Schulz (Union Günnigfeld 3, Schalke 04 22, Hamburger SV 41) 66 "
   Horst-Dieter Höttges (Werder Bremen) 66 "
7. Ernst Lehner (Sch. Augs. 55, BW Berlin 10) 65 "
8. Gerhard Müller (Bayern München) 62 "
9. Fritz Walter (1.FC Kaiserslautern) 61 "
10. Hans-Hubert Vogts (Bor. Mönchengladbach) 58 "
11. Josef Maier (Bayern München) 57 "
12. Wolfgang Weber (1.FC Köln) 53 "
13. Herbert Erhardt (SpVgg Fürth 49, Bayern München 1) 50 "
14. Karl-Heinz Schnellinger (Düren 99 3, 1.FC Köln 24, AS Rom 1, AC Mailand 19) 47 "
15. Albin Kitzinger (Schweinfurt 05) 44 "
    Andreas Kupfer (Schweinfurt 05) 44 "
    Jürgen Grabowski (Eintracht Frankfurt) 44 "

Die meisten Tore:
1. Gerhard Müller (Bayern München) 68 Tore
2. Uwe Seeler (Hamburger SV) 43 "
3. Fritz Walter (1.FC Kaiserslautern) 33 "
4. Ernst Lehner (Schwaben Augsburg, BW Berlin) 30 "
5. Edmund Conen (FV Saarbr., Kickers Stuttg.) 27 "
6. Richard Hofmann (Meerane 07, Dresdener SC) 24 "
7. Max Morlock (1.FC Nürnberg) 21 "
   Helmut Rahn (Rot-Weiß Essen, 1.FC Köln) 21 "
9. Karl Hohmann (VfL Benrath) 20 "
10. Otto Siffling (SV Waldhof) 17 "
    Helmut Schön (Dresdener SC) 17 "
    Wolfgang Overath (1.FC Köln) 17 "
13. Wilhelm Hahnemann (Admira Wien) 16 "
14. Hans Schäfer (1.FC Köln) 15 "
15. Gottfried Fuchs (Karlsruher FV) 14 "
    Otto Harder (Hamburger SV) 14 "

Die häufigsten Mannschaftsführer waren:
1. Uwe Seeler 40 mal
2. Franz Beckenbauer 32 "
3. Paul Janes 31 "
4. Fritz Szepan 30 "
   Fritz Walter 30 "
6. Willi Schulz 20 "
7. Herbert Erhardt 18 "
8. Hans Schäfer 16 "
9. Wolfgang Overath 14 "
10. Ludwig Leinberger 11 "
11. Adolf Jäger 10 "
    Rudolf Gramlich 10 "
13. Camillo Ugi 9 "
14. Otto Harder 8 "
    Reinhold Münzenberg 8 "
    Helmut Rahn 8 "

47 Elfmeter für Deutschland:
36 Elfmeter verwandelt durch,
Förderer (1908 geg. England), Breunig (1911 geg. die Schweiz), Jäger (1913 geg. Dänemark), Jäger (1921 geg. Ungarn), Franz (1924 geg. Österreich), Ruch (1925 geg. Finnland), R.Hofmann (1932 geg. die Schweiz), Lehner (1934 geg. Polen), Gauchel (1938 geg. Luxemburg), Janes (1939 geg. Bömen-Mähren), Binder (1939 geg. Italien), Conen (1940 geg. Bulgarien), Janes (1941 geg. Ungarn), Lehner (1941 geg. Kroatien), Burdenski (1950 gegen die Schweiz), F.Walter (1954 geg. Österreich), F.Walter (1954 geg. Österreich), Juskowiak (1955 geg. Italien), Juskowiak (1959 geg. Schottland), Juskowiak (1959 geg. die Schweiz), Szymaniak (1962 geg. Chile), Werner (1963 geg. Brasilien), Seeler (1963 geg. Türkei), Sieloff (1965 geg. Italien), Sieloff (1965 geg. Zypern), Sieloff 1965 (geg. Österreich), Haller (1966 geg. die Schweiz), G.Müller (1967 geg. Albanien), G.Müller (1970 geg. Bulgarien), G.Müller (1970 geg. Türkei), Netzer (1972 geg. England), G.Müller (1973 geg. Tschechoslowakei), G.Müller (1973 geg. Frankreich), Breitner (1974 geg. Schottland), Hoeneß (1974 geg. Schweden), Breitner (12974 geg. Holland)

11 Elfmeter verschossen durch
Breunig (1910 geg. Holland), Breunig (1913 geg. Holland), Kalb (1922 geg. Österreich), Lüke (1923 geg. Finnland), Brülls (1961 geg. Chile), Krämer (1964 geg. Algerien), Höttges (1967 geg. Bulgarien), G.Müller (1973 geg. Jugoslawien), G.Müller (1974 geg. Spanien), Grabowski (1974 geg. Ungarn), Hoeneß (1974 geg. Polen)

38 Elfmeter gegen Deutschland:
27 Elfmeter verwandelt durch
Dlabac (1908 Österreich), Schlosser (1912 Ungarn), Weiss (1912 Schweiz), Kuthan (1921 Österreich), Kelin (1925 Finnland), Lundahl (1929 Schweden), Christophersen (1930 Dänemark), Polgar (1934 Ungarn), Davies (1936 Irland), Stijnen (1939 Belgien), Demaria (1939 Italien), Campos (1942 Spanien), Nagymarosi (1942 Ungarn), Bacquet (1951 Schweiz), Bobek (1952 Jugoslawien), Cesar (1952 Spanien), Martin (1954 Saarland), Cantwell (1956 Irland), Wagner (1957 Österreich), Dvorak (1958 Tschechoslowakei), Kopa (1958 Frankreich), Duis (1958 Frankreich), Alla (1958 Ägypten), Tichy (1959 Ungarn), Brindisil (1973 Argentinien), Bajevic (1973 Jugoslawien), Neeskens (1974 Holland)

11 Elfmeter verschossen durch
(1911 Schweden), (1922 Finnland), Neumann (1922 Österreich), Ramseyer (1928 Schweiz), Orsi (1930 Italien), Sobotka (1935 Tschechoslowakei), Walaschek (1941 Schweiz), Mond (1951 Luxemburg), Nestoridis (1960 Griechenland), Rinaldo (1965 Brasilien), Bremner (1973 Schottland)

11 Eigentore gegen Deutschland,
erzielt durch, Breunig (1910 geg. Holland), Breunig (1912 geg. Holland), H.Müller (1924 geg. Finnland), Münzenberg (1931 geg. Frankreich), Stubb (1932 geg. Schweden), Klodt (1939 geg. Jugoslawien), Rohde (1941 geg. Schweiz), Posipal (1951 geg. Irland), Mai (1955 geg. Italien), Erhardt (1958 geg. Tschechoslowakei), Giesemann (1961 geg. Dänemark)

9 Eigentore für Deutschland,
erzielt durch, Lörtscher (1938 Schweiz), Albu (1938 Rumänien), Brozovic (1942 Kroatien), Horvat (1954 Jugoslawien), van der Hart (1956 Holland), Stacho (1958 Tschechoslowakei), Panayotou (1965 Zypern), Eigenstiller (1968 Österreich), Jordanov (1973 Bulgarien)

5 Platzverweise Deutschland:
Kalb (1928 geg. Uruguay), R.Hofmann (1928 geg. Uruguay), Pesser (1938 geg. die Schweiz), Juskowiak (1958 geg. Schweden), Netzer (1968 geg. Chile)

10 Platzverweise der Gegner:
Nasazzi (1928 Uruguay), Burgnich (1965 Italien), Albrecht (1966 Argentinien), Troche (1966 Uruguay), Silva (1966 Uruguay), Tschischlenko (1966 Sowjetunion), Peri (1967 Frankreich), Reinoso (1968 Chile), Gemmel (1969 Schottland), Caszely (1974 Chile)

Nationalspieler des Jahres:
1907/08 Fritz Förderer (Karlsruher FV)
1908/09 Adolf „Adsch" Werner (Holstein Kiel)
1909/10 Eugen Kipp (Spfr. Stuttgart)
1910/11 Camillo Ugi (VfB Leipzig)
1911/12 Max Breunig (Karlsruher FV)
1912/13 Adolf Jäger (Altonaer FC 93)
1913/14 Karl Wegele (Phönix Karlsruhe)
1920/21 Karl Tewes (Viktoria 89 Berlin)
1921/22 Andreas „Resi" Franz (Spvgg. Fürth)
1922/23 Leonhard „Loni" Seiderer (Spvgg. Fürth)
1923/24 Hans „Bumbas" Schmidt (1.FC Nürnberg)
1924/25 Paul Paulsen-Pömpner (VfB Leipzig)
1925/26 Otto „Tull" Harder (Hamburger SV)
1926/27 Georg Hochgesang (1.FC Nürnberg)
1927/28 „König" Richard Hofmann (Meerane 07)
1928/29 Heiner Stuhlfauth (1.FC Nürnberg)
1929/30 „König" Richard Hofmann (Dresdener SC)
1930/31 Willibald Kreß (Rot-Weiß Frankfurt)
1931/32 Stanislaus „Tau" Kobierski (Fortuna Düsseldorf)
1932/33 Oskar „Ossi" Rohr (Bayern München)
1933/34 Fritz Szepan (FC Schalke 04)
1934/35 Ernst Lehner (Schwaben Augsburg)
1935/36 Reinhold Münzenberg (Alemannia Aachen)
1936/37 Albin Kitzinger (FC Schweinfurt 05)
1937/38 Andreas „Anderl" Kupfer (FC Schweinfurt 05)
1938/39 Paul Janes (Fortuna Düsseldorf)
1939/40 Franz Binder (SC Rapid Wien)
1940/41 Fritz Walter (1.FC Kaiserslautern)
1941/42 Fritz Walter (1.FC Kaiserslautern)
1942/43 Fritz Walter (1.FC Kaiserslautern)
   August Klingler (FV Daxlanden)
1950/51 Anton „Toni" Turek (Fortuna Düsseldorf)
1951/52 Josef „Jupp" Posipal (Hamburger SV)
1952/53 Josef „Jupp" Posipal (Hamburger SV)
   Fritz Walter (1.FC Kaiserslautern)
1953/54 Fritz Walter (1.FC Kaiserslautern)
1954/55 Fritz Herkenrath (Rot-Weiß Essen)
1955/56 Fritz Herkenrath (Rot-Weiß Essen)
   Fritz Walter (1.FC Kaiserslautern)
1956/57 Erich Juskowiak (Fortuna Düsseldorf)
1957/58 Horst Szymaniak (Wuppertaler SV)
1958/59 Helmut „Boß" Rahn (Rot-Weiß Essen)
1959/60 Helmut „Boß" Rahn (1.FC Köln)
1960/61 Horst Szymaniak (Karlsruher SC)
1961/62 Karl-Heinz Schnellinger (1.FC Köln)
   Uwe Seeler (Hamburger SV)
1962/63 Uwe Seeler (Hamburger SV)
1963/64 Uwe Seeler (Hamburger SV)
1964/65 Klaus-Dieter Sieloff (VfB Stuttgart)
   Willi Schulz (FC Schalke 04)
1965/66 Franz Beckenbauer (Bayern München)
1966/67 Wolfgang Overath (1.FC Köln
1967/68 Franz Beckenbauer (Bayern München)
1968/69 Franz Beckenbauer (Bayern München)
1969/70 Franz Beckenbauer (Bayern München)
1970/71 Franz Beckenbauer (Bayern München)
   Günther Netzer (Borussia Mönchengladbach)
1971/72 Günther Netzer (Borussia Mönchengladbach)
   Franz Beckenbauer (Bayern München)
   Gerd Müller (Bayern München)
1972/73 Franz Beckenbauer (Bayern München)
   Gerd Müller (Bayern München)
1973/74 Franz Beckenbauer (Bayern München)

Bilanz 1974/75
6 Spiele: 2 Siege, 3 Unentschieden, 1 Niederlage, 7:7 Tore
Zuschauer: 307.000
In 6 Spielen wurden 28 Spieler eingesetzt, davon waren 10 Spieler Neulinge.

Die Spieler der Saison:

Hans-Hubert Vogts	6	Spiele
Franz Beckenbauer	6	"
Bernd Hölzenbein	6	"
Josef Maier	5	"
Bernhard Cullmann	5	"
Rainer Bonhof	5	"
Karl-Heinz Körbel	4	"
Helmut Kremers	3	"
Georg Schwarzenbeck	3	"
Ulrich Hoeneß	3	"
Josef Heynckes	3	"
Wolfgang Seel	3	"
Herbert Wimmer	3	"
Manfred Ritschel	3	"
Hans-Josef Kapellmann	2	"
Rainer Geye	2	"
Josef Pirrung	2	"
Erwin Kostedde	2	"
Heinz Flohe	2	"
Dieter Herzog	1	Spiel
Norbert Nigbur	1	"
Bernhard Dietz	1	"
Rudolf Seliger	1	"
Bernd Nickel	1	"
Paul Breitner	1	"
Günter Netzer	1	"
Uwe Kliemann	1	"
Erich Beer	1	"

Die Tore der Saison:

Bernhard Cullmann	3	Tore
Herbert Wimmer	2	"
Rainer Geye	1	Tor
Manfred Ritschel	1	"

Mannschaftsführer war:
Franz Beckenbauer   6 mal

1 Elfmeter gegen Deutschland,
 verwandelt durch Kolev (Bulgarien)

1 Elfmeter für Deutschland,
 verwandelt durch Ritschel (gegen Bulgarien)

Rangliste der besten Nationalspieler des Jahres:
1. Franz Beckenbauer (Bayern München)
2. Hans-Hubert „Berti" Vogts (Borussia Mönchengladbach)
3. Josef „Sepp" Maier (Bayern München)
4. Bernd Cullmann (1.FC Köln)
5. Herbert „Hacki" Wimmer (Borussia Mönchengladbach)
   Rainer Bonhof (Borussia Mönchengladbach)
   Bernd Hölzenbein (Eintracht Frankfurt)
8. Paul Breitner (Real Madrid)
   Günther Netzer (Real Madrid)

1974/75

Vorbericht zum 397. Länderspiel: Ein bißchen Wehmut blieb, weil sich mit Overath, Gerd Müller, Grabowski und Breitner 4 Weltmeister aus der Nationalelf zurückzogen. Für Overath, inzwischen über 30, war es der Höhepunkt gewesen. Gerd Müller wollte sich jetzt mehr seiner Familie widmen. Bei Grabowski war vielen zu Beginn der Saison noch nicht richtig klar, ob er wirklich für immer aufhören würde. Für Breitner wie Gerd Müller gab es soviel beim D.F.B. zu kritisieren, daß die Nationalelf erstmal kein Thema mehr für sie war. Breitner packte nach der WM seine Koffer und folgte Netzer zu Real Madrid. Damit stand fest, daß es die Weltmeisterelf nicht mehr geben würde. Es erging ihr so, wie vielen großen Mannschaften zuvor.

Mit dem Spiel gegen die Schweiz, schon früh in der Saison, begann eine neue Ära. Helmut Schön hatte jedoch wenig Zeit, denn die nächste EM-Qualifikation stand unmittelbar bevor. Mit Bulgarien, Griechenland und Malta als Gegner in der Gruppe 8 konnte sich die deutsche Mannschaft nicht beklagen. Das Losglück war erneut mit ihr. Zuerst aber wurde in der Schweiz gespielt, und dafür berief Bundestrainer Helmut Schön 15 Spieler:

Tor: Maier, Nigbur
Abwehr: Vogts, Schwarzenbeck, Beckenbauer, Kapellmann, H.Kremers
Mittelfeld: Hoeneß, Bonhof, Cullmann, Seel
Angriff: Geye, Pirrung, Hölzenbein, Herzog

Seel (Fortuna Düsseldorf) und Pirrung (1.FC Kaiserslautern) waren die einzigen Neulinge im deutschen Aufgebot und beide wurden auch Nationalspieler, Seel bereits als Einwechselspieler gegen die Schweiz.

4.9.1974 in Basel

Schweiz - BR Deutschland 1:2 (1:2)

SR: Schiller (Österreich), Zuschauer: 48.000
Schweiz: Burgener; Valentini, Guyot, Bizzini, Stierli; Kuhn, Meyer (ab 46. Rutschmann), Botteron (ab 76. Risi), Schneeberger; K.Müller, Jeandupeux

BRD: Maier -58 (Bayern München); Vogts -59 (Bor. Mönchengladb.), Schwarzebeck -31 (Bayern München), ab 78. Kapellmann -4 (Bayern München), Beckenbauer -86 (Bayern München), H.Kremers -6 (Schalke 04); Hoeneß -28 (Bayern München), Bonhof -9 (Bor. Mönchengladb.), Cullmann -16 (1.FC Köln); Geye -3 (Fort. Düsseldorf), Hölzenbein -11 (Eintr. Frankfurt), ab 46. Seel -1 (Fort. Düsseldorf), Herzog -5 (Fort. Düsseldorf). Mannschaftskapitän: Beckenbauer

Tore: 0:1 Cullmann (6.), 1:1 K.Müller (23.), 1:2 Geye (27.)
Beste Spieler: K.Müller, Jeandupeux - Beckenbauer, Bonhof, Cullmann, Maier

Bericht: Als frischgebackener Weltmeister begann die deutsche Mannschaft überlegen. Nach langem Paß von Beckenbauer auf Hoeneß in der 6. Minute, flankte dieser in die Mitte. Der ungedeckte Cullmann konnte zum 0:1 einköpfen. Das war ein guter Anfang. Im weiteren Verlauf blieb die deutsche Mannschaft klar überlegen. 13. Minute: Erster Angriff der Schweizer, der jedoch nichts einbrachte. Dann aber in der 21. Minute fast der Ausgleich für die Schweizer, als Kudi Müller nur den Pfosten traf. 100 Sekunden später war es jedoch soweit, mit einem spektakulären Rückzieher erzielte der Schweizer Müller den 1:1-Ausgleich. 27. Minute: Nach Flanke von Helmut Kremers konnte Geye trotz Behinderung zur erneuten Führung einköpfen. Die deutsche Mannschaft diktierte weiterhin das Spielgeschehen.

40. Minute: Glück für die deutsche Elf, als ein 25-Meter-Schuß von Kuhn an den Außenpfosten prallte. Bis zur Halbzeit war die deutsche Mannschaft klar überlegen und hätte sogar höher führen können.

56. Minute: Burgener hielt glänzend einen Bonhof-Freistoß. Und erneut war es der schweizerische Torhüter, der in der 68. Minute einen plazierten Freistoß von Bonhof in letzter Sekunde abwehrte.

72. Minute: Beckenbauer verpaßte mit seinem Schuß, nach Doppelpaß mit Geye, einen weiteren Treffer für die deutsche Mannschaft. Danach verflachte das Spiel leider zusehends und die deutsche Mannschaft schaukelte den Sieg nach Hause.

❖

Vorbericht zum 398. Länderspiel: Die Weltmeisterschaft war noch in frischer Erinnerung, da mußte Helmut Schön bereits an die Europameisterschaft denken. Erster Gegner war Griechenland in Piräus. Im vorläufigen Aufgebot nannte der Bundestrainer 20 Spieler.

Tor: Maier, Nigbur, Kargus

Abwehr: Beckenbauer, Vogts, Schwarzenbeck, H.Kremers, Körbel, Dietz

Mittelfeld: Cullmann, Wimmer, Hoeneß, Flohe, Kapellmann

Angriff: Hölzenbein, Geye, Heynckes, Held, Seel, Pirrung

Aus diesem Aufgebot wurden die Neulinge Kargus (HSV) und Körbel (Eintracht Frankfurt) sowie Flohe, der noch nicht wieder fit war, gestrichen. Einziger Neuling war damit Pirrung, der als Einwechselspieler zu seinem 1. Länderspiel kam.

20.11.1974 in Piräus (EM-Qualifikation)

Griechenland - BR Deutschland 2:2 (1:0)

SR: Rainea (Rumänien), Zuschauer: 22.000

Griechenland: Ikonomopoulos; Kyrastas, Siokos, Glezos (ab 62. Fyros), Iossifidis; Eleftherakis, Sarafis, Domazos; Tersanidis, M.Papaioannou (ab 63. Aslanidis), Delikaris

BRD: Maier -59 (Bayern München); Vogts -60 (Bor. Mönchengladb.), Schwarzenbeck -32 (Bayern München), Beckenbauer -87 (Bayern München), H.Kremers -7 (Schalke 04); Wimmer -26 (Bor. Mönchengladb.), Cullmann -17 (1.FC Köln), ab 78. Kapellmann -5 (Bayern München), Hoeneß -29 (Bayern München); Geye -4 (Fort. Düsseld.), Hölzenbein -12 (Eintr. Frankf.), Heynckes -31 (Bor. Mönchengladb.), ab 81 Pirrung -1 (1.FC Kaisersl.). Mannschaftskapitän: Beckenbauer

Tore: 0:1 Delikaris (13.), 1:1 Cullmann (51.), 1:2 Eleftherakis (70.), 2:2 Wimmer (83.)

Beste Spieler: Domazos, M.Papaioannou - Beckenbauer, Vogts

Bericht: Die deutsche Mannschaft begann in Piräus ausgezeichnet. Bereits nach wenigen Sekunden verfehlte Cullmann mit einem satten Schuß nur knapp das Tor.

9. Minute: Der erste Eckball für die deutsche Mannschaft, und kurz darauf der nächste, weil Iossifidis im letzten Augenblick einen knallharten Schuß von Hölzenbein ablenken konnte. 13. Minute: Steilpaß von Domazos, den Berti Vogts zur Ecke abwehrte. Den Eckball schoß Domazos selbst nach innen, über Torhüter Maier hinweg. Am hinteren Torpfosten drückte der ungedeckte Delikaris den Ball zum 1:0 für Griechenland ins Netz.

51. Minute: Nach einem Eckball für die deutsche Elf paßte Rainer Geye zu Cullmann, der aus 10 Metern das 1:1 erzielte. 56. Minute: Bei einem herrlichen Paß von Beckenbauer zu Heynckes behinderte der Schiedsrichter den Deutschen, so daß Heynckes diese Möglichkeit nicht nutzen konnte.

70. Minute: Nach einem langen Paß erzielte der völlig freistehende Eleftherakis das 2:1 für die Griechen. Danach stürmten die Griechen unentwegt, um die Entscheidung zu erzielen. Die deutsche Mannschaft wirkte in dieser Phase ziemlich kopflos. 77. Minute: Für den verletzen Cullmann kam Kapellmann ins Spiel. Und noch einmal wurde in der deutschen Mannschaft ausgewechselt, der Rechtsaußen von Kaiserslautern, Pirrung, kam zu seinem ersten Länderspieleinsatz. 83. Minute: Ein schneller Konter über Hölzenbein bewahrte die deutsche Mannschaft vor der drohenden Niederlage. Auf der linken Seite zog der Frankfurter auf und davon und seine herrliche Flanke köpfte Wimmer aus vollem Lauf zum 2:2 ein. Die Griechen konnten es kaum fassen, denn bis zu diesem Zeitpunkt waren sie dem dritten Tor näher, als die deutsche Mannschaft dem Ausgleich.

❖

Vorbericht zum 399. Länderspiel: Auch das 2. EM-Qualifikationsspiel war ein Auswärtsspiel. Diesmal beim „Fußballzwerg" Malta. Mit solchen Gegnern hatte die deutsche Mannschaft schon einige, und nicht nur gute Erfahrungen. Helmut Schön hatte es damals nicht leicht, weil er ständig neu probieren mußte, um die abgetretenen Weltmeister zu ersetzen. Dies galt ganz besonders für Gerd Müller, der als Torjäger ein Phänomen gewesen war. In einer Zeit, wo immer weniger Tore geschossen wurden, hatte er es geschafft, in 62 Länderspielen 68 Tore zu erzielen. Einen Nachfolger an diesem Super-Torjäger zu messen, war schon fast unfair.

Für das Spiel in La Valetta berief Helmut Schön ein 20-köpfiges, vorläufiges Aufgebot.

Tor: Maier, Nigbur, Franke

Abwehr: Vogts, Beckenbauer, Schwarzenbeck, H.Kremers, Dietz, Konopka, Körbel

Mittelfeld: Bonhof, Cullmann, Flohe, Danner, Bernd Nickel, Kapellmann

Angriff: Pirrung, Kostedde, Hölzenbein, Seliger

Nur Kapellmann wurde aus diesem Aufgebot gestrichen, so daß mit Dietz, Konopka, Körbel, Bernd Nickel, Kostedde und Seliger gleich 6 Neulinge im Aufgebot standen, wovon 5 (!) gegen Malta eingesetzt wurden. Lediglich Konopka mußte noch ein paar Jahre bis zu seinem 1. Länderspieleinsatz warten.

22.12.1974 in La Valetta (EM-Qualifikation)

Malta - BR Deutschland 0:1 (0:1)

SR: Emsberger (Ungarn), Zuschauer: 22.000

Malta: Debono; Borg, Holland, Darmanin, Vella; R.Xuereb, Vasallo, E.Aquilina (ab 50. R.Aquilina); Magro, Camilleri, Seychell

BRD: Nigbur -3 (Schalke 04); Vogts -61 (Bor. Mönchengladb.), Beckenbauer -88 (Bayern München), Körbel -1 (Eintr. Frankf.), Dietz -1 (MSV Duisburg); Bonhof -10 (Bor. Mönchengladb.), Flohe -18 (1.FC Köln), Cullmann -18 (1.FC Köln), ab 74. Seliger -1 (MSV Duisburg); Pirrung -2 (1.FC Kaisersl.), ab 46. Nickel -1 (Eintr. Frankf.), Kostedde -1 (Kickers Offenb.), Hölzenbein -13 (Eintr. Frankf.). Mannschaftskapitän: Beckenbauer

Tor: 0:1 Cullmann (44.)

Beste Spieler: Holland, Debono - Beckenbauer, Vogts, Körbel, Dietz, Cullmann

Bericht: Wie erwartet, übernahm der Weltmeister vom Anstoß an das Kommando, hatte aber mit dem knüppelharten Boden viel Mühe.

3. Minute: Ein Freistoß von Bonhof ging nur ganz knapp am Tor vorbei. Noch in der gleichen Minute vergab Hölzenbein eine Möglichkeit zum Führungstreffer, als er aus aussichtsreicher Position weit neben das Tor schoß.

44. Minute: Bei einem Freistoß von Bonhof faustete Torwart Debono zu Kostedde, der sofort auf das Tor köpfte, wo Verteidiger Darmanin auf der Linie rettete. Der Ball kam jedoch zu Cullmann, der ins kurze Eck zur 1:0-Führung für die deutsche Mannschaft einschoß.

52. Minute: Aus aussichtsreicher Position schoß der neu hereingekommene Nickel neben das Tor. 74. Minute: Für Cullmann wurde auch noch der Neuling Seliger eingewechselt. 79. Minute: Nach einem herrlichen Alleingang von Beckenbauer knallte sein ebenso schöner Schuß an den Pfosten. Das war Pech für den deutschen Kapitän. 83. Minute: Seliger erzielte ein Kopfballtor, das wegen Abseitsstellung nicht anerkannt wurde.

89. Minute: Kurz vor Schluß traf der dynamische Duisburger mit seinem Schuß nur den Kopf des Torwarts. So blieb es beim nicht überzeugenden, aber verdienten 1:0-Sieg der deutschen Mannschaft.

❖

Vorbericht zum 400. Länderspiel: Zum Jubiläumsspiel hatte sich der D.F.B. einen ganz dicken Brocken ausgesucht, England im Londoner Wembley-Stadion. Im vorläufigen Aufgebot standen mit Maier, Vogts, Beckenbauer, Schwarzenbeck, Uli Hoeneß, Bonhof und Hölzenbein 7 Weltmeister.

Tor: Maier, Nigbur

Abwehr: Vogts, Beckenbauer, Schwarzenbeck, Dietz, H.Kremers, Körbel

Mittelfeld: Bonhof, Cullmann, Wimmer, Hoeneß, Flohe

Angriff: Hölzenbein, Heynckes, Herzog, Kostedde, Ritschel, Seel

Ritschel (Kickers Offenbach) war der einzige Neuling, der gegen England zu seinem 1. Länderspiel kam. Aus dem vorläufigen Aufgebot wurden Hoeneß und Herzog noch gestrichen.

12.3.1975 in London

England - BR Deutschland 2:0 (1:0)

SR: Schaut (Belgien), Zuschauer: 100.000

England: Clemence; Whitworth, Watson, Todd, Gillard; Ball, Bell, Hudson; Channon, MacDonald, Keegan

BRD: Maier -60 (Bayern München); Bonhof -11 (Bor. Mönchengladb.), Beckenbauer -89 (Bayern München), Körbel -2 (Eintr. Frankf.), Vogts -62 (Bor. Mönchengladb.); Cullmann -19 (1.FC Köln), Flohe -19 (1.FC Köln), Wimmer -27 (Bor. Mönchengladb.), ab 46. Helmut Kremers -8 (Schalke 04); Ritschel -1 (Kickers Offenbach), Kostedde -2 (Kickers Offenbach), ab 70. Heynckes -32(Bor. Mönchengladb.), Hölzenbein -14 (Eintr. Frankfurt) Mannschaftskapitän: Beckenbauer

Tore: 1:0 Bell (26.), 2:0 MacDonald (66.)

Beste Spieler: Keegan, Ball, Bell, Watson, Channon - Beckenbauer, Hölzenbein

Bericht: Auf tiefem und rutschigem Boden begannen beide Mannschaften vorsichtig.

6. Minute: Erster Eckball für die deutsche Mannschaft, nachdem Flohe bei einem Dribbling gestoppt wurde. 14. Minute: Doppelpaß zwischen Todd und Channon, die nur mit Mühe von Körbel auf Kosten eines Eckballes gestoppt werden konnten. Die erste Chance für die deutsche Mannschaft im Gegenzug, als Bonhof auf Kostedde flankte, der jedoch wegrutschte.

26. Minute: Nach 10 Minuten Powerplay dann ein Foul von Cullmann an Hudson. Der Freistoß kam zu Bell, dessen Schuß von Körbel noch leicht abgefälscht wurde, so daß Sepp Maier machtlos war und den Ball passieren lassen mußte. 1:0 für England. 34. Minute: Bei einem Solo wurde Flohe durch ein Foul gebremst. Den Freistoß schoß Beckenbauer auf Kostedde, dessen Kopfball jedoch von Torhüter Clemence gehalten wurde.

44. Minute: MacDonald hatte nur noch Franz Beckenbauer gegen sich, schlenzte den Ball am deutschen Libero, aber auch am Tor vorbei. 45. Minute: Eine Bonhof-Flanke schossen sich die Engländer fast selbst ins Tor. Von den deutschen Stürmern war keiner zur Stelle, um diese Möglichkeit zu nutzen. Zur Halbzeit führten die Engländer verdient mit 1:0.

47. Minute: Hölzenbein konnte nur durch ein Foul gebremst werden. Der Freistoß brachte jedoch nichts ein. Auf der Gegenseite konnte Beckenbauer in letzter Sekunde den Ball vor dem freistehenden Channon im deutschen Strafraum erreichen.

53. Minute: Ein Weitschuß von Bell machte Sepp Maier große Mühe. Und 7 Minuten später ein toller Schuß des bulligen MacDonald, den Maier nur abklatschen konnte. Den Nachschuß brachte Bell knapp neben das Tor. Erneut war das eine ganz große Torgelegenheit für die Engländer. 66. Minute: Als Channon von der rechten Seiten in den deutschen Strafraum flankte und Sepp Maier sich verschätzte, war es passiert. MacDonald hatte keine Mühe, den Ball zum 2:0 für England ins Tor zu köpfen.

73. Minute: Nachdem Maier schon geschlagen war, rettete Vogts einen Hudson-Schuß auf der Torlinie. 79. Minute: Nach einem herrlichen Solo flankte Keegan zum völlig freistehenden Bell, dessen Schuß nur knapp am deutschen Tor vorbeizischte.

89. Minute: Bei einem Schuß von MacDonald rettete der Pfosten für den geschlagenen Maier. 90. Minute: Die deutsche Mannschaft verlor das Spiel, weil sie im Mittelfeld keine spielgestaltende Persönlichkeit hatte und der Angriff zu schwach war, um sich entscheidend durchzusetzen.

❖

Vorbericht zum 401. Länderspiel: Nach der kläglichen Vorstellung der deutschen Mannschaft in London wurde der Ruf nach spielbestimmenden Persönlichkeiten immer größer. Auch Helmut Schön wußte natürlich, daß ihm diese fehlten und so bemühte er sich für das wichtigste EM-Qualifikationsspiel in Bulgarien um die Freigabe von Breitner und Netzer. Beide standen dann auch im vorläufigen Aufgebot.

Tor: Maier, Kleff, Nigbur

Abwehr: Vogts, Beckenbauer, Schwarzeneck, Breitner, Körbel, Dietz

Mittelfeld: Hoeneß, Bonhof, Wimmer, Netzer, Cullmann

Angriff: Hölzenbein, Heynckes, E.Kremers, Seel, Dieter Müller, Ritschel

Nigbur, Wimmer und Erwin Kremers wurden aus diesem Aufgebot noch gestrichen. Dieter Müller (1.FC Köln), der neue Torjäger der Bundesliga, war einziger Neuling, konnte jedoch wegen einer Verletzung nicht eingesetzt werden. Dafür waren aber Breitner und Netzer dabei, von denen natürlich viel erwartet wurde.

27.4.1975 in Sofia (EM-Qualifikation)

Bulgarien - BR Deutschland 1:1 (0:0)

SR: Dubach (Schweiz), Zuschauer: 60.000

Bulgarien: Filipov; Zafirov, Marev, Rangelov, Evtimov; Kolev, Dimitrov, Panov; Alexandrov (ab 58. Sdravkov), Jeliaskov, Denev

BRD: Maier -61 (Bayern München), Vogts -63 (Bor. Mönchengladb.), Schwarzenbeck -33 (Bayern München), Beckenbauer -90 (Bayern München), Breitner -27 (Real Madrid); Hoeneß -30 (Bayern München), ab 74. Körbel -3 (Eintr. Frankf.), Netzer -36 (Real Madrid), Bonhof -12 (Bor. Mönchengladb.); Ritschel -2 (Kickers Offenbach), Seel -2 (Fort. Düsseldorf), Heynckes -33 (Bor. Mönchengladb.), ab 34. Hölzenbein -15 (Eintr. Frankf.). Mannschaftskapitän: Beckenbauer

Tore: 1:0 Kolev (71. Foulelfmeter), 1:1 Ritschel (75. Foulelfmeter)

Beste Spieler: Jeliaskov, Kolev, Rangelov - Breitner, Netzer, Maier, Vogts

Bericht: Die Bulgaren legten sofort ein hohes Tempo vor und hatten bereits in der dritten Minute die erste Torchance, als Denev nur um Millimeter an einer Flanke von Kolev vorbeirutschte.

8. Minute: Nach einem Foul gegen Ritschel zeigte der Schiedsrichter Verteidiger Rangelov die gelbe Karte. 13. Minute: Einen Freistoß von Netzer leitete Bonhof sofort zu Breitner weiter, der nach kurzem Dribbling mit einem plazierten Flachschuß nur

knapp am bulgarischen Torhüter scheiterte. Maier hielt auf der Gegenseite einen gefährlichen Schuß von Alexandrov.

23. Minute: Nach einem Ausrutscher von Marev erhielt Seel eine überraschende Konterchance. Sein Schuß wurde jedoch von Filipov abgewehrt. Im Gegenzug köpfte der völlig freistehende Jeliaskov knapp neben das deutsche Tor. 31. Minute: Bei Torschüssen von Bonhof, Seel und Heynckes retteten jeweils bulgarische Abwehrspieler, die sich ihren Schüssen entgegenwarfen. Kein Zweifel, die deutsche Mannschaft wurde zusehends besser. 34. Minute: Für den verletzten Heynckes kam Hölzenbein ins Spiel.

43. Minute: Nach einem Steilpaß von Ritschel schlenzte Seel den Ball am Torwart vorbei, doch Zafirov rettete im letzten Moment auf der Torlinie. Das hätte die deutsche Führung sein können. Zur Halbzeit konnte man mit dem Spiel der deutschen Mannschaft zufrieden sein. Die Abwehr stand sicher, und mit Netzer war im Mittelfeld auch endlich wieder Ordnung vorhanden. Leider fehlten dem Spanien-Profi jedoch im Angriff die Anspielstationen.

68. Minute: Dimitrov erhielt wegen Meckerns die gelbe Karte. Und 2 Minuten später, nach einem Fehler von Ritschel, kam Panov frei zum Schuß, Maier konnte jedoch abwehren. 71. Minute: Breitner dribbelte im eigenen Strafraum und verlor den Ball. Daraufhin attackierte er Denev von hinten, der fiel, und Schiedsrichter Dubach zeigte sofort auf den Elfmeterpunkt. Kolev ließ Torhüter Sepp Maier keine Chance und donnerte den Ball zum 1:0 für Bulgarien unter die Querlatte. 75. Minute: Breitner, jetzt immer offensiver, wurde bei einem Dribbling gefoult. Den fälligen Freistoß schlenzte Beckenbauer in den Strafraum zu Hölzenbein, der eingeklemmt und umgestoßen wurde. Erneut zeigte der schweizerische Schiedsrichter sofort auf den Elfmeterpunkt. Ganz sicher verwandelte Ritschel zum 1:1 Ausgleich.

❖

Vorbericht zum 402. Länderspiel: Auch ohne den großen Glanz hatte sich in Sofia gezeigt, wie wertvoll Breitner und Netzer für die deutsche Nationalelf sein konnten. Ihr Einbau in eine neue Europameisterschaftself war deshalb geplant. Vorerst war es aber noch nicht soweit. Die Länderspielsaison endete mit der Neuauflage des WM-Finales gegen Holland, wofür Helmut Schön folgendes Aufgebot berief:

Tor: Maier, Kleff
Abwehr: Beckenbauer, Vogts, Schwarzenbeck, Kliemann, Körbel
Mittelfeld: Bonhof, Wimmer, Netzer, Cullmann, Beer
Angriff: Ritschel, Seel, Hölzenbein, Herzog

Nach Paul Breitner mußte auch Günter Netzer wegen Verletzung absagen. Für ihn kam Danner von Borussia Mönchengladbach neu in das Aufgebot. Mit den beiden Berlinern Kliemann und Beer standen auch wieder 2 Neulinge im Aufgebot, die beide gegen Holland zum Einsatz kamen.

17.5.1975 in Frankfurt
BR Deutschland - Holland 1:1 (1:0)

SR: Hungerbühler (Schweiz), Zuschauer: 55.000
BRD: Maier -62 (Bayern München); Vogts -64 (Bor. Mönchengladb.), Beckenbauer -91 (Bayern München), Kliemann -1 (Hertha BSC), Bonhof -13 (Bor. Mönchengladb.); Körbel -4 (Eintr. Frankf.), Beer -1 (Hertha BSC), Wimmer -28 (Bor. Mönchengladb.), ab 70. Cullmann -20 (1.FC Köln); Ritschel -3 (Kickers Offenbach), Seel -3 (Fort. Düsseld.), Hölzenbein -16 (Eintr. Frankf.). Mannschaftskapitän: Beckenbauer
Holland: Schrijvers; Suurbier, Rijsbergen, van Kraay, Krol; Peters, Thijssen (ab 46. Overweg), van Hanegem; Rene van de Kerkhof, van der Kuylen, Zuidema (ab 46. Kist)
Tore: 1:0 Wimmer (7.), 1:1 van Hanegem (56.)

Beste Spieler: Wimmer, Beckenbauer, Kliemann - Rijsbergen, van Kraay

Bericht: Beide Mannschaften hatten im Frankfurter Waldstadion noch je 6 Spieler aus dem WM-Finale dabei. Zur Freude der Zuschauer begann die deutsche Mannschaft mit einem Blitzstart und klar überlegen.

7. Minute: Nach Steilpaß von Beckenbauer auf Seel, ließ der seinen Bewacher Rijsbergen stehen, lief bis zur Grundlinie und flankte genau auf den Kopf von Wimmer, der den Ball aus 10 Meter Entfernung unhaltbar zum 1:0 im holländischen Gehäuse unterbrachte. Ein Riesenjubel und eine tolle Stimmung nach diesem Treffer. 15. Minute: Die Holländer konnten sich in dieser ersten Viertelstunde nur auf das Zerstören des deutschen Spiels beschränken. Ein Angriff nach dem anderen rollte auf das Tor von Schrijvers, aber mit zunehmender Spieldauer blieb die deutsche Mannschaft immer frühzeitiger an der massierten Abwehr der Holländer hängen.

45. Minute: Nach 20 Minuten war es mit dem Glanz des deutschen Spiels vorbei. Zwar wurde weiterhin großartig gekämpft, aber es gab keine Lücken mehr, die weitere Torchancen zuließen.

55. Minute: Viel Glück für die Holländer, als Beckenbauer nach einem Solo durch ein Foul zu Fall gebracht wurde und Bonhof den fälligen Freistoß an den Pfosten setzte. 56. Minute: Vor dem eigenen Strafraum verlor Körbel den Ball bei einem Dribbling, den er dann nur durch ein Foul zurückerkämpfte. Den anschließenden Freistoß aus 20 Metern schoß van Hanegem über die deutsche Abwehrmauer genau ins äußerste Tordreieck.

64. Minute: Nach einer Flanke von Seel zögerte der freistehende Körbel so lange mit dem Schuß, bis sich die ausgespielte holländische Abwehr wieder formiert hatte. 65. Minute: Bei einem Kopfballaufsetzer von Kliemann rettete Libero van Kraay auf der Torlinie. Und 2 Minuten später flankte Wimmer zu Ritschel, dessen Kopfball jedoch nur den Pfosten traf. Erneut hatten die Holländer viel Glück. 72. Minute: Gleich zweimal rettete Maier in höchster Not bei Freistößen von van der Kuylen. Und nach einem Eckball, 10 Minuten vor dem Ende, köpfte van Hanegem den Ball um Zentimeter am Tor vorbei.

90. Minute: Obwohl die Holländer es gerade in der zweiten Halbzeit mit einer übergroßen Härte probierten, gelang ihnen die WM-Revanche nicht. Im Gegenteil hatte die deutsche Mannschaft endlich einmal wieder ein gutes Spiel gezeigt, in dem schnell, sicher und präzise kombiniert wurde. Mit etwas Glück hätte sie sogar als verdienter Sieger das Feld verlassen können. Es war lediglich ein hoffnungsvoller Ausklang nach einer schwachen Saison. Nur 2 Siege, 3 Unentschieden und eine Niederlage gegen teilweise zweitklassige Gegner war die ganze Ausbeute. Wie schwer sich Helmut Schön mit dem Neuaufbau tat, wurde auch daran deutlich, daß 10 Neulinge eingesetzt wurden und 8 Spieler ihr letztes Länderspiel machten.

❖

1975/76

Bilanz 1975/76
9 Spiele: 6 Siege, 2 Unentschieden, 1 Niederlage, 26:6 Tore
Zuschauer: 518.100
In 9 Spielen wurden 29 Spieler eingesetzt, davon waren 10 Spieler Neulinge.

Die Spieler der Saison:

Hans-Hubert Vogts	9	Spiele
Franz Beckenbauer	9	"
Erich Beer	9	"
Bernd Hölzenbein	9	"
Josef Maier	8	"
Georg Schwarzenbeck	8	"
Herbert Wimmer	8	"
Bernhard Dietz	7	"
Dietmar Danner	5	"
Rainer Bonhof	5	"
Ulrich Stielike	4	"
Josef Heynckes	4	"
Ronald Worm	3	"
Ulrich Hoeneß	3	"
Manfred Kaltz	2	"
Karl-Heinz Körbel	2	"
Peter Reichel	2	"
Bernhard Cullmann	2	"
Hans Bongartz	2	"
Dieter Müller	2	"
Heinz Flohe	2	"
Ferdinand Keller	1	Spiel
Wolfgang Seel	1	"
Bernd Gersdorff	1	"
Paul Breitner	1	"
Erwin Kostedde	1	"
Günter Netzer	1	"
Rudi Kargus	1	"
Klaus Toppmöller	1	"

Die Tore der Saison:

Josef Heynckes	6	Tore
Erich Beer	6	"
Ronald Worm	4	"
Dieter Müller	4	"
Bernd Hölzenbein	2	"
Hans-Hubert Vogts	1	Tor
Ulrich Hoeneß	1	"
Klaus Toppmöller	1	"
Heinz Flohe	1	"

Mannschaftsführer war:
Franz Beckenbauer 9 mal

1 Elfmeter für Deutschland,
    verschossen von Beckenbauer (gegen die Türkei)

1 Elfmeter für Deutschland,
    verwandelt durch Beer (gegen Malta)

Rangliste der besten Nationalspieler des Jahres:
1. Franz Beckenbauer (Bayern München)
2. Berti Vogts (Borussia Mönchengladbach)
3. Jupp Heynckes (Borussia Mönchengladbach)
   Uli Stielike (Borussia Mönchengladbach)
5. Josef „Sepp" Maier (Bayern München)
6. Erich Beer (Hertha BSC)
7. Rainer Bonhof (Borussia Mönchengladbach)
   Dieter Müller (1.FC Köln)
9. Uli Hoeneß (Bayern München)
   Heinz Flohe (1.FC Köln)

Vorbericht zum 403. Länderspiel: In Wien eröffnete die deutsche Nationalmannschaft mit einem Freundschaftstreffen die EM-Saison. Helmut Schön hatte wieder 5 Neulinge im Aufgebot, die sich in der Bundesliga durch gute Leistungen ausgezeichnet hatten.

Tor: Maier, Franke
Abwehr: Beckenbauer, Vogts, Schwarzenbeck, Körbel, Kaltz, Gerd Zimmermann
Mittelfeld: Wimmer, Stielike, Danner, Beer
Angriff: Hölzenbein, Geye, Seel, Gersdorff, Keller

Kaltz, Gersdorff, Stielike und Keller kamen als Neulinge zu ihrem ersten Länderspiel. Gerd Zimmermann (Fort. Düsseldorf) war dagegen der Pechvogel. Er verletzte sich und wurde auch später trotz guter Leistungen nie Nationalspieler.

3.9.1975 in Wien

Österreich - BR Deutschland 0:2 (0:0)

SR: Palotai (Ungarn), Zuschauer: 72.100
Österreich: Fr.Koncilia; Kriess (ab 59. Dementke), Obermayer, Pezzey, Strasser; Prohaska, Weigl, Jara, Hickersberger; Kreuz, Köglberger (ab 61. Stering)
BRD: Maier -63 (Bayern München); Kaltz -1 (HSV), Beckenbauer -92 (Bayern München), ab 46. Beer -2 (Hertha BSC), Schwarzenbeck -34 (Bayern München), ab 26. Danner -2 (Bor. Mönchengladb.), Vogts -65 (Bor. Mönchengladb.); Körbel -5 (Eintr. Frankf.), Wimmer -29 (Bor. Mönchengladb.), ab 70. Keller -1 (München 1860), Stielike -1 (Bor. Mönchengladb.); Seel -4 (Fort. Düsseld.), Gersdorff -1 (Eintr. Braunschw.), Hölzenbein -17 (Eintr. Frankf.). Mannschaftskapitän: Beckenbauer
Tore: 1:0, 2:0 Beer (50., 79.)
Beste Spieler: Jara - Stielike, Kaltz, Beer
Bericht: Die Österreicher begannen überlegen, konnten aber die deutsche Abwehr kaum in Schwierigkeiten bringen.

21. Minute: Hölzenbein schoß die erste Ecke für Deutschland, die Gersdorff verpaßte. 26. Minute: Der Gladbacher Danner kam für den verletzten Schwarzenbeck ins Spiel.

40. Minute: Wimmer paßte steil zu Gersdorff, der den Ball jedoch am langen Eck vorbeizog. 45. Minute: Bis zur Halbzeit konnte man keineswegs mit dem Spiel der deutschen Mannschaft zufrieden sein. Sie spielte zu langsam und hatte auch kaum Torgelegenheiten.

46. Minute: Zu Beginn der zweiten Halbzeit kam Beer für den verletzten Kapitän Beckenbauer ins Spiel. 48. Minute: Eine weite Flanke verpaßte der österreichische Verteidiger Kriess, freistehend vor Maier, nur um Millimeter. 50. Minute: Hölzenbein hatte Beer angespielt, der umdribbelte Prohaska und schoß mit Vehemenz ins kurze Eck. Die deutsche Mannschaft führte 1:0. 58. Minute: Pezzey foulte den aufs Tor stürmenden Gersdorff an der Strafraumgrenze, aber den Freistoß von Hölzenbein konnte Torhüter Koncilia mühelos halten.

70. Minute: Eine schöne Kombination über Beer und Gersdorff zu Hölzenbein hätte fast zu einem weiteren Treffer geführt, aber der Frankfurter verzog vom Elfmeterpunkt aus. 79. Minute: Einen weiten Flankenball von Hölzenbein erreichte Beer, der den Ball aus spitzem Winkel zum 2:0 für die deutsche Mannschaft ins lange Toreck schoß.

❖

Vorbericht zum 404. Länderspiel: Die EM-Qualifikation kam in ihre entscheidende Phase, Griechenland war in Düsseldorf Gast der deutschen Mannschaft, und Bundestrainer Helmut Schön hatte wieder Breitner und Netzer von Real Madrid zur Verfügung.
Tor: Maier, Kargus
Abwehr: Beckenbauer, Schwarzenbeck, Kaltz, Vogts, Dietz, Körbel
Mittelfeld: Breitner, Netzer, Beer, Stielike
Angriff: Heynckes, Hölzenbein, Geye, Kostede, Gersdorff
In diesem wichtigen Spiel verzichtete Helmut Schön auf Experimente, er baute auf erfahrene Spieler. Der junge Stielike mußte deshalb trotz seiner Glanzpartie gegen Österreich zuschauen.

11.10.1975 in Düsseldorf (EM-Qualifikation)

BR Deutschland - Griechenland 1:1 (0:0)

SR: Thomas (Wales), Zuschauer: 71.000
BRD: Maier -64 (Bayern München); Kaltz -2 (HSV), Beckenbauer -93 (Bayern München), Körbel -6 (Eintr. Frankf.), Vogts -66 (Bor. Mönchengladb.); Breitner -28 (Real Madrid), Netzer -37 (Real Madrid), Beer -3 (Hertha BSC), Hölzenbein -18 (Eintr. Frankf.), Kostedde -3 (Hertha BSC), Heynckes -34 (Bor. Mönchengladb.). Mannschaftskapitän: Beckenbauer
Griechenland: Kelesidis; Kyrastas, Synetopulos (ab 46. Apostolidis), Fyros, Pallas; Sarafis, Tersanidis, Koudas (ab 87. Aslanidis); Kritikopoulos, Papaionnaou, Delikaris
Tore: 1:0 Heynckes (68.), 1:1 Delikaris (78.)
Beste Spieler: Heynckes, Breitner, Netzer, Beer - Delikaris, Kelesidis
Bericht: Die deutsche Mannschaft begann in diesem vorentscheidenden EM-Qualifikationsspiel überraschend offensiv.

6. Minute: Nach einer schönen Flanke von Heynckes sprang Kostedde höher als sein Gegenspieler Fyros, köpfte den Ball jedoch über das griechische Tor. 10. Minute: Herrliches Direktspiel zwischen Heynckes, Kostedde, Netzer und noch einmal Heynckes, aber dessen Schuß konnte vom griechischen Torwart gehalten werden.

20. Minute: Nach einem Abwehrfehler von Beckenbauer hatte Papaionnaou die Chance zur Griechenführung. Doch mit einer tollen Parade rettete Sepp Maier.

41. Minute: Paß von Heynckes auf Beer, der erwischte aber den Ball nicht richtig und jagte ihn hoch über den Kasten. 43. Minute: Ein Tor für die deutsche Mannschaft durch Kostedde konnte zurecht wegen Abseitsstellung nicht gegeben werden. Bis zur Halbzeit hatte die deutsche Mannschaft druckvoll gespielt und zumindest teilweise schön kombiniert. Nur das längst überfällige Tor war nicht gefallen.

63. Minute: Torwart Kelesidis konnte im letzten Moment, nach einer Flanke von Netzer, vor Kostedde klären. Und Beer köpfte kurz darauf eine Flanke von Netzer direkt in die Arme des griechischen Torwarts. 67. Minute: Beckenbauer machte seinen zweiten großen Fehler, indem er über den Ball trat. Dadurch stand Koudas plötzlich allein vor Maier, den er umspielen wollte. Tollkühn warf sich der Münchener Torhüter im richtigen Augenblick vor die Füße des Griechen und rettete damit. 68. Minute: Beer paßte den Ball zu Breitner, der verlängerte in Richtung Heynckes, der den Ball geschickt über den herauslaufenden griechischen Torhüter hob. Der Ball sprang an den Innenpfosten und von dort zum 1:0 für die deutsche Mannschaft ins Tor.

78. Minute: Bei einem langen Paß von Delikaris glaubte die deutsche Abwehr, dieser wäre im Abseits. Doch Schiedsrichter Thomas ließ weiterspielen. Daraufhin stand der griechische Stürmer Torhüter Sepp Maier allein gegenüber und konnte ihn mit einem plazierten Schuß überwinden. Überraschend hatte die griechische Mannschaft 12 Minuten vor dem Ende ausgeglichen.

90. Minute: Die deutsche Mannschaft hatte nicht schlecht gespielt, mitunter lief der Ball sogar sehr gut von Mann zu Mann. Was fehlte, war der letzte Druck und die Ausnutzung der Torchancen. Nach 2 Unentschieden und einem Sieg war damit bereits der dritte Punkt in der EM-Qualifikation vergeben. Nun mußte die deutsche Mannschaft die beiden letzten Spiele gegen Bulgarien und Malta unbedingt gewinnen.

❖

Vorbericht zum 405. Länderspiel: Große Enttäuschung herrschte bei den Fans, und die Nationalelf mußte herbe Kritik der Medien über sich ergehen lassen. Ganz besonders wurden die beiden „Spanier" kritisiert und der Verzicht auf die „Auslandsprofis" gefordert. Ursache dafür war aber mehr die eigene Enttäuschung, als die Leistung von Breitner/Netzer, die in der schwachen deutschen Elf noch zu den Stärksten zählten. Aber gerade von ihnen hatte man Wunderdinge erwartet. So endete hier für einige Jahre der Einsatz von „Auslandsprofis" in der deutschen Nationalmannschaft. Für den inzwischen 31-jährigen Netzer war es damit das Ende seiner Karriere für Deutschland. Einer der größten Fußballer, die Deutschland hatte, oft in seiner Genialität verkannt und wirklich nicht vom Glück begünstigt, wurde wieder einmal geopfert. Dennoch blieb sein Name wie der von Beckenbauer und Gerd Müller untrennbar mit der spielerisch besten Mannschaft verbunden, die Deutschland je hatte, der Europameisterelf von 1972.

Zum vorletzten EM-Qualifikationsspiel gegen Bulgarien baute Helmut Schön wieder ganz auf Bundesligaspieler. Die beiden Gladbacher Wimmer und Stielike kehrten ins Mittelfed zurück. Das vorläufige Aufgebot:
Tor: Maier, Kargus, Kleff
Abwehr: Beckenbauer, Kaltz, Schwarzenbeck, Vogts, Dietz, Körbel, Reichel
Mittelfeld: Wimmer, Stielike, Danner, Cullmann, Bongartz
Angriff: Hölzenbein, Heynckes, Beer, E.Kremers, Pirrung
Aus diesem vorläufigen Aufgebot wurden Neuling Bongartz (Schalke 04) sowie Kleff, Kaltz und Körbel gestrichen. Einzige Neulinge waren somit noch Reichel (Eintr. Frankf.) und Kargus (HSV), die beide einen Monat später Nationalspieler werden sollten.

19.11.1975 in Stuttgart (EM-Qualifikation)

BR Deutschland - Bulgarien 1:0 (0:0)

SR: McKenzie (Schottland), Zuschauer: 71.000
BRD: Maier -65 (Bayern München); Vogts -67 (Bor. Mönchengladb.), Beckenbauer -94 (Bayern München), Schwarzenbeck -35 (Bayern München), Dietz -2 (MSV Duisburg); Wimmer -30 (Bor. Mönchengladb.), Danner -3 (Bor. Mönchengladb.), Stielike -2 (Bor. Mönchengladb.), Hölzenbein -19 (Eintr. Frankf.), Beer -4 (Hertha BSC), Heynckes -35 (Bor. Mönchengaldb.). Mannschaftskapitän: Beckenbauer
Bulgarien: Filipov; Zafirov, Ivkov, Angelov, Vassilev; Kolev (ab 72. Panov), Bonev, Rangelov; Alexandrov (ab 74. Voinov), Milanov, Zvetkov
Tor: 1:0 Heynckes (64.)
Beste Spieler: Beckenbauer, Stielike, Dietz, Vogts, Maier - Milanov, Filipov
Bericht: Die deutsche Mannschaft begann im Neckarstadion schwungvoll und gut, mußte jedoch auf die gefährlichen bulgarischen Konter achten.

5. Minute: Am linken Flügel umdribbelte Zvetkov Berti Vogts und flankte präzise in die Mitte zu Bonev, dessen Flachschuß konnte Beckenbauer abwehren. 9. Minute: Vassilev foulte Hölzenbein zum zweitenmal. Den Freistoß hob Beckenbauer über die bulgarische Mauer, Heynckes kam zunächst zu spät, wurde dann

erneut angespielt, stand jedoch im Abseits. 12. Minute: Nach einem herrlichen Doppelpaß zwischen Heynckes und Beckenbauer, der sehr spritzig wirkte und von der Strafraumgrenze aus sofort schoß, konnte der bulgarische Torhüter den Flachschuß nur mit den Fingerspitzen um den Pfosten drehen.

34. Minute: Nach einem Foul von Angelov an Beer schoß Beckenbauer den Freistoß knapp vorbei. 37. Minute: Milanov ließ Schwarzenbeck aussteigen und paßte zu Zvetkov, der den Ball jedoch aus 5 Metern über das deutsche Tor knallte. Da hatte die deutsche Mannschaft Glück. Und in der 40. Minute wehrte Maier einen Flachschuß von Alexandrov ab, als der aus 15 Metern abzog.

46. Minute: Auch nach dem Seitenwechsel spielte die deutsche Mannschaft druckvoll und mit zügigen Kombinationen weiter. Wie aus dem Fußballlehrbuch spielten Hölzenbein und Wimmer Schwarzenbeck frei, der aber aus 18 Metern über das Tor schoß.

54. Minute: Nach einem Musterpaß von Beer zu Danner konnte Vassilev in letzter Sekunde vor dem einschußbereiten Danner zur Ecke klären. 57. Minute: Mit einem Steilpaß schickte Beckenbauer Wimmer, der an drei Bulgaren vorbeizog, den Ball aber aus vollem Lauf nur knapp am langen Eck vorbeischoß. Ein wunderschöner Spielzug, bei dem nur die Krönung fehlte. 65. Minute: Von einem bulgarischen Abwehrfehler profitierte Schwarzenbeck und paßte den Ball zu dem in Mittestürmerposition stehenden Heynckes. Der löste sich blitzschnell von seinen Bewachern und ließ Torhüter Filipov mit einem Flachschuß aus 10 Metern keine Chance. Endlich war das längst verdiente 1:0 für die deutsche Mannschaft gefallen.

90. Minute: Wenn der Sieg mit 1:0 zahlenmäßig auch recht mäßig ausfiel, so hatte die deutsche Mannschaft nicht nur eines ihrer besten Spiele seit der WM gezeigt, sondern sie hatte auch einen entscheidenden Schritt zum Sieg in der EM-Qualifikation getan.

❖

Vorbericht zum 406. Länderspiel: Zum Abschluß des Jahres spielte die deutsche Nationalmannschaft noch in Istanbul gegen die Türkei. In diesem Freundschaftsspiel hatte Bundestrainer Helmut Schön wieder Gelegenheit zu testen. Das Bulgarien-Spiel hatte schon einige wertvolle Aufschlüsse gegeben. Neben Vogts war mit Dietz ein weiterer Klasseverteidiger gefunden und im Mittelfeld hatte sich erneut der 21-jährige Stielike als Riesentalent gezeigt. Wie einst Netzer hatte er durch die Absicherung nach hinten Beckenbauer wieder den Freiraum nach vorn gegeben. Nur im Angriff fehlte nach wie vor ein Torjäger. In einem Lehrgang, eine Woche vor dem Länderspiel, hatte Helmut Schön noch einmal Gelegenheit, erfolgreiche Torschützen zu testen.

Tor: Maier, Kargus
Abwehr: Vogts, Beckenbauer, Schwarzenbeck, Dietz, Reichel
Mittelfeld: Wimmer, Stielike, Danner, Bonhof, Cullmann
Angriff: Hölzenbein, Beer, Heynckes, Pirrung, Worm

Mit Kargus, Reichel und Worm standen 3 Spieler im Aufgebot, die noch kein Länderspiel hatten. Der junge Duisburger Worm stand sogar erstmals im Aufgebot. Alle 3 wurden in einem Testspiel eingesetzt.

17.12.1975 in Baden-Baden (7.500)
Nationalmannschaft - Südbaden (Amateure) 8:0 (6:0)
D.F.B.: Kargus; Reichel, Beckenbauer, Schwarzenbeck (46. Bonhof), Dietz; Wimmer (46. Cullmann), Danner, Stielike; Hölzenbein, Beer, Heynckes (46. Worm)
Tore: 1:0 Heynckes (13.), 2:0 Danner (16.), 3:0 Hölzenbein (31.), 4:0 Beckenbauer (33.), 5:0 Heynckes (40.), 6:0 Beckenbauer (42.), 7:0 Beer (83.), 8:0 Bonhof (89.)

Einen ausgezeichneten Eindruck hinterließen Beckenbauer und Wimmer. Von den Neuen wurde Kargus gegen die Türkei aufgestellt, und Reichel und Worm kamen als Einwechselspieler ebenfalls zu ihrem 1. Länderspiel.

20.12.1975 in Istanbul
Türkei - Deutschland 0:5 (0:2)

SR: Michelotti (Italien), Zuschauer: 25.000
Türkei: Rasim; Turgay, Esmail, Kadir, Sabahattin; Engin, Alpaslan (ab 63. Kaplakaslan), Fatih; Cemil, Gökmen (63. Ali), Ali Kemal
BRD: Kargus -1 (HSV); Vogts -68 (Bor. Mönchengladb.), Beckenbauer -95, Schwarzenbeck -36 (beide Bayern München), Dietz -3 (MSV Duisburg), ab 74. Reichel -1 (Eintr. Frankf.); Stielike -3 (Bor. Mönchengladb.), ab 46. Worm -1 (MSV Duisburg), Danner -4 (Bor. Mönchengladb.), Wimmer -31 (Bor. Mönchengladb.), ab 74. Bonhof -14 (Bor. Mönchengladb.); Hölzenbein -20 (Eintr. Frankf.), Beer -5 (Hertha BSC), Heynckes -36 (Bor. Mönchengladb.). Mannschaftskapitän: Beckenbauer

Tore: 0:1 Heynckes (18.), 0:2 Beer (25.), 0:3, 0:4 Worm (57., 65.), 0:5 Heynckes (77.)
Beste Spieler: Rasim, Cemil - Beckenbauer, Heynckes, Beer, Danner, Stielike
Bericht: Die deutsche Mannschaft begann auf dem Schlammboden in Istanbul sehr vorsichtig.

12. Minute: Den ersten Angriff der deutschen Elf schloß Beckenbauer mit einem Schuß auf das türkische Tor ab, das er jedoch nicht traf. 18. Minute: Auf der linken Seite konnte der stürmende Danner nur durch ein Foul gestoppt werden. Den Freistoß zirkelte der Gefoulte halbhoch vor das Tor, wo Heynckes den Ball direkt aus 8 Metern ins Netz schmetterte.

25. Minute: Mit einem Steilpaß bediente Danner den in der Sturmmitte lauernden Beer, der mit einem überlegten Schuß zum 2:0 für die deutsche Mannschaft einschoß. 35. Minute: Nach einem Solo von Engin konnte Kargus dessen Schuß ohne Mühe halten. Ein herrlicher Schuß von einem türkischen Stürmer ging 4 Minuten später nur ganz knapp am deutschen Tor vorbei. Und Sabahattin verfehlte mit einem Kopfball ebenso knapp das deutsche Tor.

45. Minute: Zur Halbzeit lag die deutsche Mannschaft verdientermaßen mit 2:0 in Führung. 40 Minuten lang hatte sie den Gegner kontrolliert und durch schnelles und direktes Spiel überzeugt.

57. Minute: Mittelstürmer Beer umspielte zwei Türken und schoß knallhart aus dem Fußgelenk. Torwart Rasim ließ den Ball durch die Arme rutschen, aber das Leder blieb wenige Zentimeter vor der Linie im Schlamm stecken. Worm, der erst zur zweiten Halbzeit als Neuling eingewechselt worden war, schaltete am schnellsten und staubte zum 0:3 ab.

65. Minute: Beer war im Strafraum nur noch durch ein Foul von Ali am Torschuß zu hindern. Den fälligen Elfmeter schoß Beckenbauer so schwach, daß Rasim abwehren konnte, aber Worm war reaktionsschnell zur Stelle und verwandelte zum 0:4. Ein Traumdebüt des Neulings. 77. Minute: Bei einer Kombination zwischen Hölzenbein, Worm und Heynckes wurde der Gladbacher an der Strafraumgrenze angespielt und schlenzte den Ball meisterhaft und raffiniert in den rechten Winkel zum 0:5. 78. Minute: Mustaffa, der freistehend vor dem Tor den Ball erhielt, rutschte im Schlamm aus und trat über den Ball.

90. Minute: Trotz der widrigen Platzverhältnisse hatte die deutsche Mannschaft in Istanbul ein begeisterndes Spiel gezeigt und ihre Überlegenheit in Tore umgesetzt. Nach zwei guten Länderspielen war die Mannschaft offensichtlich auf dem Weg, wieder Spitzenformat zu erlangen.

❖

Vorbericht zum 407. Länderspiel: Obwohl bei der deutschen Mannschaft in der EM-Qualifikation vieles schlecht gelaufen war, stand sie vor dem Gruppensieg. Ein Unentschieden gegen Malta in Dortmund hätte bereits gereicht. Nach dem großen Sieg in Istanbul, wo endlich wieder mehr Tore erzielt wurden, brauchte man für Dortmund nicht zu zittern, zumal „Fußballzwerg" Malta auswärts doch wesentlich schwächer war. Dennoch wurde Malta nicht unterschätzt. Bundestrainer Helmut Schön hatte seine Kandidaten für dieses Spiel ab 24.2.1976 in Duisburg-Kaiserau zusammengezogen.

Tor: Maier, Kargus
Abwehr: Vogts, Beckenbauer, Schwarzenbeck, Dietz, Reichel
Mittelfeld: Wimmer, Beer, Stielike, Cullmann, Bonhof
Angriff: Hölzenbein, Worm, Heynckes sowie Bongartz, der nach dem B-Spiel als einziger Neuling nachnominiert wurde und als Einwechselspieler zu seinem 1. Länderspiel kam.

28.2.1976 in Dortmund (EM-Qualifikation)
BR Deutschland - Malta 8:0 (4:0)

SR: Kuston (Polen), Zuschauer: 54.000
BRD: Maier -66 (Bayern München); Vogts -69 (Bor. Mönchengladb.), Beckenbauer -96 (Bayern München), Schwarzenbeck -37 (Bayern München), Dietz -4 (MSV Duisburg); Wimmer -32 (Bor. Mönchengladb.), ab 56. Bongartz -1 (Schalke 04), Beer -6 (Hertha BSC), Stielike -4 (Bor. Mönchengladb.), ab 46. Cullmann -21 (1.FC Köln); Hölzenbein -21 (Eintr. Frankf.), Worm -2 (MSV Duisburg), Heynckes -37 (Bor. Mönchengladb.). Mannschaftskapitän: Beckenbauer
Malta: Scibberas; Losco, Holland, Gouder, Farrugia; E.Aquilina, Vasallo, Fenech; Magro (ab 46. Seychell), R.Xuereb, Lo Porto (ab 25. R.Aquilina)
Tore: 1:0, 2:0 Worm (5., 27.), 3:0 Heynckes (34.), 4:0 Beer (41. Foulelfmeter), 5:0 Heynckes (58.), 6:0 Beer (77.), 7:0 Vogts (82.), 8:0 Hölzenbein (87.)
Beste Spieler: Beckenbauer, Beer, Dietz, Vogts, Heynckes - keiner
Bericht: Das letzte Spiel der EM-Qualifikation hatte gerade begonnen, da rollten bereits die ersten Angriffe der deutschen Elf auf das Malteser Tor. Nach einer herrlichen Flanke in der 2. Minute ging ein Kopfball von Worm nur knapp über das Tor. Und 120 Sekunden später konnte der Torhüter von Malta einen gefährlichen Schuß zur Ecke abwehren.

5. Minute: Die Führung für die deutsche Mannschaft: Als die Malteser den Ball nicht wegbekamen, sprang er Dietz vor die Füße, der direkt zu Worm weiterleitete, und schon hatte der Duisburger mit einem plazierten Schuß in die untere Torecke das 1:0 erzielt. Die deutsche Elf setzte nach, drückte auf das Tempo und schnürte die Malteser regelrecht ein.

10. Minute: Mit ihren Schüssen hatten die deutschen Stürmer Pech. Dietz, Beckenbauer, Vogts und Heynckes blieben in der vielbeinigen Abwehr der Malteser hängen. 18. Minute: Erster Angriff auf das deutsche Tor. Lo Porto prüfte Maier mit einem harmlosen Fernschuß, den dieser ohne Anstrengung halten konnte.

27. Minute: Hölzenbein flankte in die Mitte, wo der vor Ehrgeiz sprühende Worm den Ball schulmäßig mit dem Kopf nach unten drückte und zum 2:0 für die deutsche Mannschaft einköpfte. 35. Minute: Der stürmende Verteidiger Dietz paßte zu Worm, der sah Heynckes in Mittelstürmerpostion und flankte. Heynckes stoppte den Ball mit der Brust und jagte ihn dann direkt zum 3:0 ins Netz.

41. Minute: Nachdem der Torhüter von Malta Heynckes im Strafraum nur noch mit einem Foul am Torschuß hindern konnte, schoß Beer den fälligen Elfmeter zum 4:0 ein.

58. Minute: Auch nach dem Seitenwechsel wollte es zuerst nicht mit dem Toreschießen klappen. Erneut war es Dietz, der einen Treffer einleitete, indem er Heynckes nach Doppelpaß freispielte und der Gladbacher Linksaußen traf aus spitzem Winkel zum 5:0.

77. Minute: Beckenbauer, der großartig auftrumpfte und das Spiel der deutschen Mannschaft lenkte, legte den Ball für Beer in die Gasse, so daß der Berliner völlig freie Bahn hatte. Mit einem überlegten Schuß in die lange Ecke war das 6:0 fällig. 82. Minute: In seinem 69. Länderspiel glückte dem Gladbacher Berti Vogts das vielumjubelte erste Länderspieltor. In einen von Bongartz scharf vor das Tor getretenen Flankenball flog er mit dem Kopf hinein und setzte ihn mit Wucht in das obere Tordreieck. 87. Minute: Den Schlußstrich zog Hölzenbein nach einem Einwurf von Bongartz. Er überraschte den Malteser Torhüter mit einem 25-Meter-Aufsetzer zum 8:0 für die deutsche Elf.

90. Minute: Die Zuschauer in Dortmund waren voll auf ihre Kosten gekommen und die deutsche Mannschaft hatte sich nach dem Spiel in Istanbul wieder als sehr torhungrig gezeigt.

❖

Vorbericht zum 408. Länderspiel: Ohne Heynckes und Stielike mußte Helmut Schön zum ersten EM-Viertelfinalspiel nach Madrid reisen. Sonst hatte er jedoch sein zuletzt erfolgreiches Aufgebot wieder zum Kurzlehrgang vor diesem wichtigen Spiel zusammen.

Tor: Maier, Kargus
Abwehr: Vogts, Beckenbauer, Schwarzenbeck, Dietz, Reichel
Mittelfeld: Wimmer, Danner, Bonhof, Cullmann, Bongartz
Angriff: Beer, Worm, Hölzenbein, Toppmöller

Einziger Neuling war der in der Bundesliga erfolgreiche Torjäger Klaus Toppmöller (1.FC Kaiserslautern), der in Madrid jedoch noch kein Nationalspieler wurde.

24.4.1976 in Madrid (EM-Viertelfinale)
Spanien - BR Deutschland 1:1 (1:0)

SR: Taylor (England), Zuschauer: 45.000
Spanien: Iribar; Sol, Migueli (ab 83. Satrustegui), Benito, Capon; Villar, Del Bosque, Camacho; Quini (ab 83. Alabanda), Santillana, Churruca
BRD: Maier -67 (Bayern München); Vogts -70 (Bor. Mönchengladb.), Beckenbauer -97,Schwarzenbeck -38 (beide Bayern München), ab 46. Cullmann -22 (1.FC Köln), Dietz -5 (MSV Duisburg), ab 83. Reichel -2 (Eintr. Frankf.); Bonhof -15 (Bor. Mönchengladb.), Danner -5 (Bor. Mönchengladb.), Beer -7 (Hertha BSC), Wimmer -33 (Bor. Mönchengladb.); Hölzenbein -22 (Eintr. Frankf.), Worm -3 (MSV Duisburg). Mannschaftskapitän: Beckenbauer
Tore: 1:0 Santillana (21.), 1:1 Beer (60.)
Beste Spieler: Santillana, Benito, Del Bosque - Beckenbauer, Vogts, Maier
Bericht: Die Spanier begannen das Spiel mit ungeheurem Druck, der ihr Spiel brandgefährlich machte. Dagegen wirkte die deutsche Mannschaft übernervös.

21. Minute: Kopfballduell zwischen Santillana und Schwarzenbeck nach einer hohen Flanke. Der Spanier hatte das Glück, daß ihm der Ball vor die Füße fiel. Nach einem Schwenker um Beckenbauer herum, hatte er freie Bahn und schoß unhaltbar für Maier halbhoch zum 1:0 ein. Die deutsche Elf versuchte jetzt das Tempo zu steigern. 27. Minute: Der fast an der Außenlinie freigespielte Schwarzenbeck knallte den Ball nur knapp neben das spanische Tor.

39. Minute: Nach einem Foul an Del Bosque erhielt Dietz die gelbe Karte. 60 Sekunden später zog Hölzenbein mit einem herrlichen Steilpaß auf und davon, schoß jedoch aus 20 Metern dem spanischen Torhüter direkt in die Arme. 41. Minute: Noch einmal hatte Hölzenbein nach Flanke von Bonhof eine gute Torgelegenheit, die er jedoch mit einem Schuß über das Tor abschloß. 42. Minute: Nach einer Dreierkombination kam der spanische Mittelstürmer Quini zum Schuß, aber Sepp Maier war auf dem Posten.

48. Minute: Meisterhaft blockte Beckenbauer, der strahlender Mittelpunkt des deutschen Spiels war, Linksaußen Churruca ab, als der zum Torschuß ausholen wollte.

53. Minute: Fast die gleiche Situation wie beim 1:0 brachte erneut Gefahr vor das deutsche Tor. Eine weite Flanke über die Abwehr hinweg kam zu Santillana, der jedoch knapp am deutschen Tor vorbeischoß. 60. Minute: Hölzenbein, der jetzt auf dem linken Flügel spielte, schickte Beer in die Gasse, wo der Berliner aus 30 Metern überraschend abzog. Der Ball wurde immer länger und Torhüter Iribar streckte sich schließlich vergebens, weil das Leder genau in das obere Toreck paßte. Die deutsche Mannschaft hatte ausgeglichen. 67. Minute: Schrecksekunde in der deutschen Abwehr, als nach einer Unstimmigkeit Del Bosque frei zum Schuß kam, aber über das Tor traf.

78. Minute: Ein traumhafter Paß von Beer auf Bonhof, aber dessen harter Schuß konnte Iribar mit einer Glanzparade halten.

87. Minute: Mit einem Paß über 40 Meter bediente Vogts seinen Clubkameraden Bonhof, aber der zögerte einen Augenblick zu lange, so daß Sol Zeit hatte, den Ball aus der Gefahrenzone zu befördern. Es blieb beim schwer erkämpften 1:1, das der deutschen Mannschaft für das Rückspiel in München alle Möglichkeiten offen ließ.

❖

Vorbericht zum 409. Länderspiel: Zum Rückspiel gegen die Spanier war Stielike wieder dabei, und überraschend kehrte auch Uli Hoeneß in das vorläufige Aufgebot zurück.
Tor: Maier, Kargus
Abwehr: Vogts, Kaltz, Beckenbauer, Schwarzenbeck, Dietz
Mittelfeld: Wimmer, Stielike, Beer, Bonhof, Bongartz
Angriff: Hölzenbein, Hoeneß, Worm, Toppmöller
Für den angeschlagenen Worm rückte Dürnberger (Bayern München) nach, der ebenso wie Toppmöller noch ohne Länderspiel war. Durch den ebenfalls verletzungsbedingten Ausfall von Heynckes kamen Toppmöller und erstmals wieder Uli Hoeneß, der nach seiner Meniskusoperation wieder topfit war, neu in den Angriff. Damit standen 7 Spieler aus der Weltmeisterelf im Aufgebot und wurden auch aufgestellt.

22.5.1976 in München (EM-Viertelfinale)

BR Deutschland - Spanien 2:0 (2:0)

SR: Wurtz (Frankreich), Zuschauer: 75.000
BRD: Maier -68 (Bayern München); Vogts -71 (Bor. Mönchengladb.), Beckenbauer -98 (Bayern München), Schwarzenbeck -39 (Bayern München), Dietz -6 (MSV Duisburg); Wimmer -34 (Bor. Mönchengladb.), Bonhof -16 (Bor. Mönchengladb.), Beer -8 (Hertha BSC); Hoeneß -31 (Bayern München), Toppmöller -1 (1.FC Kaisersl.), Hölzenbein -23 (Eintr. Frankf.). Mannschaftskapitän: Beckenbauer
Spanien: Miguel Angel; Capon, Pirri, Sol (ab 18. Cortabarria), Camacho; Villar (ab 46. Ramos), Del Bosque, Asensi; Churruca, Santillana, Quini
Tore: 1:0 Hoeneß (17.), 2:0 Toppmöller (43.)
Beste Spieler: Hoeneß, Vogts, Beckenbauer, Bonhof - Miguel Angel, Pirri, Del Bosque
Bericht: Im Münchener Olympiastadion hatte die deutsche Mannschaft einen starken Beginn, während die Spanier versuchten, das Tempo zu drosseln.

2. Minute: Den ersten Torschuß des Spiels gab Verteidiger Vogts ab, der energisch und schwungvoll mitstürmte. Als er nach einem Steilpaß aus 16 Metern abzog, fehlten nur die berühmten Zentimeter. 8. Minute: Bei einem hohen Ball in den deutschen Strafraum verfehlte Kopfballspezialist Santillana nur knapp das deutsche Tor.

15. Minute: Glück für die deutsche Mannschaft! Der spanische Mittelstürmer Santillana flankte an dem herausstürzenden Maier vorbei auf das deutsche Tor, wo Quini das Kunststück fertig brachte, aus einem Meter Entfernung die Latte zu treffen. Bei diesen gefährlichen Kontern der Spanier mußte die deutsche Abwehr höllisch aufpassen. 17. Minute: Der offensive Vogts hatte Beer auf dem rechten Flügel angespielt, der sofort zum in der Mitte lauernden Hoeneß weiterspielte. Waagerecht in der Luft liegend nahm Hoeneß die halbhohe Flanke direkt und schoß den Ball zum 1:0 in die lange Ecke.

40. Minute: Nach einigem Leerlauf war es erneut Hoeneß, der ein glänzendes Comeback feierte. Mit einem Solo über das halbe Feld ließ er die gesamte spanische Abwehr aussteigen und donnerte den Ball aus spitzem Winkel an den Pfosten. Pech für die deutsche Mannschaft, denn das hätte bereits eine Vorentscheidung sein können. 43. Minute: Beer und Beckenbauer hatten sich im Doppelpaß bis zur Strafraumgrenze durchgespielt, wo Beckenbauer abzog. Torhüter Angel konnte den Ball nur abklatschen und Neuling Toppmöller staubte erfolgreich zum 2:0 ab. Der ständige Druck der deutschen Mannschaft hatte sich damit bezahlt gemacht.

64. Minute: Der am Strafraum freigespielte Asensi schoß sofort, aber mit einer tollen Fußabwehr konnte Sepp Maier diesen Flachschuß gerade noch abwehren.

89. Minute: Noch einmal hatten die Spanier eine Torgelegenheit, die Quini mit dem Kopf auch nutzte, aber das Tor wurde vom guten Schiedsrichter Wurtz wegen Abseitsstellung nicht anerkannt. Es blieb beim verdienten 2:0-Erfolg der deutschen Mannschaft, die damit die Finalrunde der Europameisterschaft erreicht hatte.

❖

Vorbericht zum 410. Länderspiel: Nach der guten Leistung gegenüber Spanien stand die deutsche Mannschaft unter den letzten 4 in der Europameisterschaftsendrunde in Jugoslawien. Und wieder einmal waren die Gastgeber in einem wichtigen Pflichtspiel Gegner der deutschen Mannschaft. Immer noch spielten auch bei den Jugoslawen einige Spieler mit, die bereits bei der WM in der BR Deutschland dabei waren.

Auch im deutschen Aufgebot waren wieder die 7 Weltmeister dabei.
Tor: Maier, Kargus
Abwehr: Vogts, Kaltz, Beckenbauer, Schwarzenbeck, Nogly, Dietz
Mittelfeld: Wimmer, Bonhof, Danner, Flohe, Bongartz
Angriff: Hoeneß, Beer, Dieter Müller, Worm, Hölzenbein
Wie die letzten 5 Länderspiele gezeigt hatten, hatte Helmut Schön damit wieder eine starke Nationalmannschaft zusammen. Mit Dieter Müller war auch erstmals wieder der gefährliche Kölner Torjäger dabei, der bisher durch Verletzungen immer wieder um eine Berufung in die Nationalelf gebracht wurde. Im Halbfinale gegen Jugoslawien mußte er auch erstmal zuschauen, aber als Einwechselspieler kam er dann doch noch zu seinem Debüt und lieferte ein traumhaftes Spiel.

17.6.1976 in Belgrad (EM-Halbfinale)

Jugoslawien - BR Deutschland 2:4 (2:0, 2:2) n. V.

SR: Delcourt (Belgien), Zuschauer: 70.000
Jugoslawien: Petrovic; Buljan, Katalinski, Zungul, Muzinic; Jerkovic Surjak, Oblak (ab 106. Vladic), Acimovic (ab 106. Perusovic); Popivoda, Dzajic
BRD: Maier -69 (Bayern München); Vogts -72 (Bor. Mönchengladb.), Beckenbauer -99 (Bayern München), Schwarzenbeck -40 (Bayern München), Dietz -7 (MSV Duisburg); Wimmer -35 (Bor. Mönchengladb.), ab 79. Dieter Müller -1 (1.FC Köln), Beer -9 (Hertha BSC); Bonhof -17 (Bor. Mönchengladb.), Danner -6 (Bor. Mönchengladb.), ab 46. Flohe -20 (1.FC Köln); Hoeneß -32 (Bayern München), Hölzenbein -24 (Eintr. Frankf.). Mannschaftskapitän: Beckenbauer

Tore: 1:0 *Popivoda (18.), 2:0 Dzajic (32.), 2:1 Flohe (65.), 2:2 D.Müller (80.), 2:3 D.Müller (115.), 2:4 D.Müller (118.)*

Beste Spieler: Katalinski, Oblak, Dzajic - Beckenbauer, D.Müller, Flohe

Bericht: Die Jugoslawen begannen vor heimischem Publikum gleich mit dem erwarteten Ansturm, setzten die deutsche Mannschaft unter Druck und versuchten eine frühzeitige Entscheidung herbeizuführen.

12. Minute: Die erste große Chance für die deutsche Mannschaft, als Beer in den Strafraum flankte, wo Hölzenbein über Torhüter Petrovic hinwegköpfte. Zum Glück für die Jugoslawen stand Buljan auf der Linie und schlug den Ball aus dem Tor. 18. Minute: Bei einem Solo wurde Bonhof gebremst. Den Ball schlug Oblak steil und weit in Richtung deutsches Tor, wo die aufgerückte deutsche Abwehr dem schnellen Popivoda nicht folgen konnte. Kaltschnäuzig schob der, in der Bundesliga bei Eintracht Braunschweig spielende Rechtsaußen, den Ball an Sepp Maier vorbei zum 1:0 für Jugoslawien. 20. Minute: Fast das 2:0 für die Jugoslawen, als Jerkovic in den Strafraum flankte und der Ball abgefälscht wurde. Nur mit großer Mühe konnte Sepp Maier abwehren.

32. Minute: Als Zungul vor das deutsche Tor flankte, war es erneut passiert. Maier hechtete, bekam den Ball aber nicht unter Kontrolle, so daß Dzajic keine Mühe hatte, zum 2:0 einzuschieben.

46. Minute: Nach dem Seitenwechsel kam Flohe für Danner ins Spiel, der auch gleich Druck nach vorne machte. Die deutsche Mannschaft mußte nun kommen, um vielleicht doch noch das Unmögliche möglich zu machen. 49. Minute: Die deutsche Offensive eröffnete den Jugoslawen natürlich hervorragende Konterchancen. Nach einem Fehlpaß von Vogts zog Dzajic auf und davon, flankte in die Mitte zum völlig freistehenden Jerkovic, der jedoch aus 10 Meter Entfernung nicht die Nerven hatte, den Ball im deutschen Tor unterzubringen.

56. Minute: Raffiniert schlenzte Flohe den Ball zu Bonhof, der den Ball direkt ins Tor schoß, aber der belgische Unparteiische hatte bereits Abseits gepfiffen. 65. Minute: Wimmer wühlte sich durch die Abwehr der Jugoslawen, paßte zu Flohe, der ohne zu zögern schoß. Wimmer fälschte den Ball noch leicht ab, so daß Torhüter Petrovic ohne Chance war. Die deutsche Mannschaft hatte auf 1:2 verkürzt.

79. Minute: Bundestrainer Helmut Schön hatte jetzt nichts mehr zu verlieren und brachte mit Dieter Müller für Wimmer einen weiteren Stürmer. 80. Minute: Wie richtig diese Einwechselung war, zeigte sich schon eine Minute später. Der Kölner Torjäger köpfte einen scharfen Bonhof-Eckball unhaltbar zum 2:2 in das jugoslawische Gehäuse. Die deutsche Elf hatte doch noch das Unentschieden erreicht.

88. Minute: Linksaußen Dzajic schoß einen unberechtigten Freistoß aus 20 Metern nur ganz knapp am Tor von Maier vorbei. 90. Minute: Schlußpfiff! Die deutsche Mannschaft hatte wenigstens schon einmal die Verlängerung geschafft.

100. Minute: Die erste gute Torgelegenheit hatten die Jugoslawen, als Zungul nach einem indirekten Freistoß durch die deutsche Abwehrmauer schoß und Sepp Maier mit einer Klasseparade einen erneuten Rückstand verhinderte. 101. Minute: Im Gegenzug wurde Bonhof steil geschickt, dessen Schuß von Torhüter Petrovic mit einer ebenso großartigen Leistung abgewehrt werden konnte.

105. Minute: Noch einmal wurden die Seiten gewechselt und langsam stellten sich die Zuschauer bereits auf ein Elfmeterschießen ein, das ganz neu bei internationalen Wettbewerben statt des bisherigen Losentscheids oder Wiederholungsspiels eingeführt worden war. 115. Minute: Inzwischen hatten die Kräfte auf beiden Seiten nachgelassen und es wurde auch nicht mehr konsequent genug gedeckt. Die deutschen Angreifer waren jedoch offensichtlich stärker als die Jugoslawen und nutzten die sich bietenden Torchancen. Hölzenbein schob den Ball zum mitgelaufenen Dieter Müller, der das Leder unhaltbar zum 2:3 unter die Latte setzte.

118. Minute: Die Jugoslawen warfen jetzt alles nach vorn, um die drohende Niederlage noch zu verhindern. Die deutsche Mannschaft hatte jedoch Dieter Müller, der ein Debüt feierte, von dem jeder Spieler nur träumen konnte. Einen Pfosten-Abpraller von Bonhof nahm er direkt und verwandelte mit seinem dritten Treffer eiskalt zum 2:4. Innerhalb von 40 Minuten hatte er 3 Tore in Folge für die deutsche Mannschaft geschossen und damit den Einzug ins Finale gesichert.

❖

Vorbericht zum 411. Länderspiel: Nach dem schwer erkämpften Sieg über Jugoslawien war überraschend die Tschechoslowakei nach ihrem 3:1-Sieg über Holland, ebenfalls in der Verlängerung erzielt, Finalgegner. Damit war auch klar, daß die CSSR eine ganz starke Mannschaft hatte, denn die Holländer waren klarer Favorit gewesen.

Helmut Schön, Maier, Beckenbauer, Schwarzenbeck, Wimmer und Hoeneß hatten nach dem Triumph 1972 nun zum 2. Mal die Möglichkeit, Europameister zu werden. Die gute Moral der Mannschaft, die aus einem 0:2 gegen Jugoslawien noch ein 4:2 gemacht hatte, konnte entscheidend sein.

20.6.1976 in Belgrad (EM-Finale)

Tschechoslowakei - BR Deutschland 2:2 (2:1, 2:2) n. V. - CSSR 5:3-Sieger im Elfmeterschießen

SR: Gonella (Italien), Zuschauer: 35.000

Tschechoslowakei: Viktor; Pivarnik, Ondrus, Capkovic, Gögh; Dobias (ab 93. Vesely), Panenka, Modr; Masny, Svehlik (ab 80. Jurkemin), Nehoda

BRD: Maier -70 (Bayern München); Vogts -73 (Bor. Mönchengladb.), Beckenbauer -100 (Bayern München), Schwarzenbeck -41 (Bayern München), Dietz -8 (MSV Duisburg); Wimmer -36 (Bor. Mönchengladb.), ab 46. Flohe -21 (1.FC Köln), Bonhof -18 (Bor. Mönchengladb.), Beer -10 (Hertha BSC), ab 80. Bongartz -2 (Schalke 04); Hoeneß -33 (Bayern München), Dieter Müller -2 (1.FC Köln), Hölzenbein -25 (Eintr. Frankf.). Mannschaftskapitän: Beckenbauer

Tore: 1:0 *Svehlik (8.), 2:0 Dobias (25.), 2:1 D.Müller (28.), 2:2 Hölzenbein (90.)*

Elfmeterschießen: 1:0 *Masny,* 1:1 *Bonhof,* 2:1 *Nehoda,* 2:2 *Flohe,* 3:2 *Ondrus,* 3:3 *Bongartz,* 4:3 *Jurkemin, Hoeneß verschießt,* 5:3 *Panenka*

Beste Spieler: Viktor, Panenka, Nehoda, Masny - Beckenbauer, Bonhof, Maier, D.Müller

Bericht: Beide Mannschaften begannen im Endspiel sehr vorsichtig. Keiner ging ein Risiko ein. Man versuchte, den Ball in den eigenen Reihen zu halten.

1. Minute: Nachdem die deutsche Mannschaft den Anstoß ausgeführt hatte, versuchte Beer sich auf der rechten Seite durchzutanken, wurde aber gestoppt. Sekunden später zog der an diesem Tag überragende Bonhof, der für enormen Druck sorgte, auf der linken Seite los. Seinen Schrägschuß konnte Torhüter Viktor mit einer schönen Parade halten. 5. Minute: Der erste Angriff der Tschechoslowaken kam über die linke Seite, wo Nehoda zum Schuß kam, aber auch Sepp Maier hielt sicher. 8. Minute: Ein katastrophaler Schnitzer des ansonsten sicheren Berti Vogts, als ihm ein Fehlpaß in Richtung Elfmeterpunkt unterlief, führte zum 1:0 für die CSSR. Den Schuß von Masny konnte Maier zwar noch parieren, aber im Nachschuß war Nehoda zur Stelle, flankte zum völlig frei stehenden Svehlik, der ungehindert ins Netz knallte. Erneut lag die deutsche Mannschaft in Rückstand.

13. Minute: Auf Rechtsaußen wurde Beer angespielt, dessen Schuß aus spitzem Winkel jedoch von Viktor gehalten werden

konnte. 14. Minute: Wieder eine Chance für die deutsche Mannschaft, als Bonhof von der Strafraumgrenze aus schoß, aber der Ball in der Abwehr hängen blieb.

21. Minute: Ein schönes Zusammenspiel im deutschen Sturm hätte erneut zu einem Treffer führen können. Der agile Müller paßte zurück zu Uli Hoeneß, der weiter zu Beer, der den Ball raffiniert zu Hölzenbein durchlaufen ließ. Erneut stand jedoch Weltklassetorhüter Viktor bei dem knallharten Schuß von Hölzenbein richtig. 25. Minute: Ein Foul von Schwarzenbeck an den stürmenden Verteidiger Gögh brachte dann sogar das 0:2. Den Freistoß köpfte Beckenbauer aus dem Strafraum heraus, doch genau vor die Füße von Dobias, der sofort schoß und zum 2:0 für die CSSR traf. Sepp Maier konnte erst viel zu spät reagieren, weil ihm die Sicht versperrt war. Wie schon gegen Jugoslawien mußte die deutsche Mannschaft jetzt einem 0:2-Rückstand hinterherlaufen. 28. Minute: Zum Glück hatte die deutsche Mannschaft wieder einen Müller, der einen herrlichen Steilpaß von Bonhof aufnahm und den Ball aus der Drehung unhaltbar für Viktor zum Anschlußtreffer ins tschechische Gehäuse jagte.

45. Minute: Bis zur Halbzeit blieb das Spiel ausgeglichen, mit zwei überragenden Torhütern, die weitere Treffer verhinderten.

46. Minute: Wie schon gegen Jugoslawien brachte Helmut Schön auch diesmal nach dem Seitenwechsel Flohe für Wimmer, der dem deutschen Angriff mehr Druck geben sollte. Und sofort war der Kölner auch voll im Bilde, traf jedoch mit seinem Schuß nur das Außennetz. 47. Minute: Nach einem Doppelpaß zwischen Müller und Beer schoß der an diesem Tage glücklose Berliner den herausstürzenden Viktor an.

53. Minute: Dobias erhielt für ein Foul an Flohe die gelbe Karte, doch der Freistoß von Bonhof blieb in der Mauer hängen.

83. Minute: Ganz offensichtlich wollte Beckenbauer in seinem 100. Länderspiel die Partie noch herumreißen und wurde jetzt immer offensiver. Als er unwiderstehlich in den Strafraum eindrang, wurde er von Dobias klar gefoult, aber der italienische Schiedsrichter Gonella verweigerte den eigentlich fälligen Elfmeter. Die deutschen Spieler waren empört.

90. Minute: Die recht hart spielenden Tschechoslowaken foulten erneut Flohe. Der Freistoß wurde zur Ecke abgewehrt, aber dann gelang der deutschen Mannschaft der längst verdiente Ausgleichstreffer: Die Ecke von Bonhof verlängerte Hölzenbein mit dem Hinterkopf unhaltbar zum 2:2 Ausgleich ins Netz. In letzter Sekunde hatte sich die deutsche Mannschaft wieder die Verlängerung erkämpft.

92. Minute: Gleich in den ersten Minuten bemühte sich die deutsche Mannschaft um den Führungstreffer, als der eingewechselte Bongartz nach einem herrlichen Solo in den Strafraum flankte, wo Flohe nur ganz knapp am Leder vorbeiflog. 102. Minute: Einen Freistoß von Panenka konnte Torhüter Sepp Maier reaktionsschnell zur Ecke abwehren, die nichts einbrachte. 104. Minute: Nach einem ruppigen Foulspiel an Flohe erhielt auch Modr die gelbe Karte. Kurz darauf wurden zum letztenmal die Seiten gewechselt.

120. Minute: In der letzten Viertelstunde waren die Tschechoslowaken offensichtlich stärker und dem Siegtreffer näher als die deutsche Mannschaft, letztlich fehlte jedoch auch bei ihnen die Kraft, um das entscheidende Tor zu erzielen, so daß das Spiel nach 120 Minuten mit 2:2 endete.

Nun mußte erstmals ein Elfmeterschießen über die Vergabe eines Titels entscheiden. Es zeigte sich, daß die Tschechoslowakei sichere Schützen hatten. Masny verwandelte zum 1:0, Bonhof glich aus; erneut traf Nehoda sicher zum 2:1 und Flohe zum 2:2. Dann traf der überragende tschechische Libero Ondrus zum 3:2, Bongartz erzielte wieder den Ausgleich und Jurkemin die 4:3 Führung für die Tschechoslowaken. Sepp Maier hatte bei keinem dieser 4 tschechoslowakischen Elfmeter eine Chance. Nun kam Hoeneß auf deutscher Seite, aber die Nerven ließen den Münchener im Stich. Er jagte den Ball hoch über das tschechoslowakische Tor und somit hatte Panenka als letzter Schütze der Tschechoslowaken die Chance, schon alles klar zu machen. Ganz überlegt ließ auch er Sepp Maier keine Chance, erhöhte damit auf 5:3 und die CSSR war Europameister. Insgesamt war dieser überraschende Europameistertitel für die CSSR glücklich, aber nicht unverdient.

❖

Bilanz 1976/77
9 Spiele: 6 Siege, 2 Unentschieden, 1 Niederlage, 19:2
Zuschauer: 539.029
In 9 Spielen wurden 28 Spieler eingesetzt, davon waren 9 Spieler Neulinge.

Die Spieler der Saison:

Hans-Hubert Vogts	9	Spiele
Bernard Dietz	8	"
Heinz Flohe	8	"
Rainer Bonhof	8	"
Erich Beer	7	"
Manfred Kaltz	7	"
Karl-Heinz Rummenigge	6	"
Dieter Müller	6	"
Josef Maier	6	"
Bernd Hölzenbein	6	"
Rüdiger Abramczik	5	"
Klaus Fischer	5	"
Rolf Rüßmann	5	"
Peter Nogly	4	"
Georg Volkert	4	"
Franz Beckenbauer	3	"
Georg Schwarzenbeck	2	"
Ulrich Hoeneß	2	"
Josef Heynckes	2	"
Ulrich Stielike	2	"
Rudi Kargus	2	"
Bernd Franke	2	"
Felix Magath	2	"
Franz-Josef Tenhagen	2	"
Herbert Zimmermann	1	Spiel
Rudolf Seliger	1	"
Dieter Burdenski	1	"
Hans Bongarts	1	"

Die Tore der Saison:

Klaus Fischer	7	Tore
Heinz Flohe	3	"
Dieter Müller	3	"
Rainer Bonhof	2	"
Franz Beckenbauer	1	Tor
Josef Heynckes	1	"
Erich Beer	1	"
Bernd Hölzenbein	1	"

Mannschaftsführer waren:

Hans-Hubert Vogts	6	mal
Franz Beckenbauer	3	"

2 Elfmeter für Deutschland,
verwandelt durch Bonhof (gegen Nordirland),
und Bonhof (gegen Jugoslawien)

Rangliste der besten Nationalspieler des Jahres:
1. Josef „Sepp" Maier (Bayern München)
2. Klaus Fischer (FC Schalke 04)
3. Franz Beckenbauer (Bayern München)
4. Heinz Flohe (1.FC Köln)
   Dieter Müller (1.FC Köln)
   Manfred „Manni" Kaltz (Hamburger SV)
7. Karl-Heinz Rummenigge (Bayern München)
   Rüdiger Abramczik (FC Schalke 04)
9. Berti Vogts (Borussia Mönchengladbach)
   Bernd Hölzenbein (Eintracht Frankfurt)
   Bernhard Dietz (MSV Duisburg)

1976/77

Vorbericht zum 412. Länderspiel: Nach der unglücklichen Endspielniederlage in der Europameisterschaft begann für Bundestrainer Helmut Schön bereits die Vorbereitung auf die nächste Weltmeisterschaft. Als Titelverteidiger brauchte sich die deutsche Mannschaft nicht zu qualifizieren, sondern war automatisch in Argentinien dabei. Auch ein Neuaufbau wie 1974 war nicht erforderlich, weil nur Wimmer seine Karriere mit der Vize-Europameisterschaft beendete. Noch ahnte Helmut Schön nicht, daß schon bald sein Superstar Beckenbauer ins Ausland wechseln sollte.

Zum ersten Saison-Länderspiel hatte der Bundestrainer den Kern seiner Europameisterschaftself im Aufgebot.
 Tor: Maier, Kargus
 Abwehr: Vogts, Kaltz, Beckenbauer, Schwarzenbeck, Dietz
 Mittelfeld: Hoeneß, Beer, Flohe, Stielike, H.Zimmermann
 Angriff: Rummenigge, D.Müller, Heynckes, Seliger

Es fehlte Hölzenbein und 2 Neulinge standen im Aufgebot und kamen auch gleich gegen Wales zu ihrem 1. Länderspiel, Herbert Zimmermann (1.FC Köln) und Karl-Heinz Rummenigge (Bayern München). Für den 21-jährigen neuen Stürmerstar der Bayern begann damit seine große internationale Karriere.

6.10.1976 in Cardiff

Wales - BR Deutschland 0:2 (0:1)

SR: Mathewson (England), Zuschauer: 14.029
Wales: Davies; Page (ab 89. Cartwright), Evans, Phillips, Jones; Mahoney, Yorath, Griffith, (ab 76. Flynn); James, Curtis, Mike Thomas
BRD: Kargus -2 (HSV); Vogts -74 (Bor. Mönchengladb.), Beckenbauer -101 (Bayern München), H.Zimmermann -1 (1.FC Köln), ab 46. Schwarzenbeck -42 (Bayern München), Dietz -9 (MSV Duisburg); Beer -11 (Hertha BSC), ab 62. Seliger -2 (MSV Duisburg), Stielike -5 (Bor. Mönchengladb.), Flohe -22 (1.FC Köln); Rummenigge -1 (Bayern München), Hoeneß -34 (Bayern München), ab 74. Dieter Müller -3 (1.FC Köln), Heynckes -38 (Bor. Mönchengladb.).
Mannschaftskapitän: Beckenbauer
Tore: 0:1 Beckenbauer (34.), 0:2 Heynckes (73.)
Beste Spieler: James, Curtis - Rummenigge, Beckenbauer, Heynckes, Maier
Bericht: Mit schnellen Angriffen und flüssigen Kombinationen begann die deutsche Mannschaft in den ersten Minuten gut und druckvoll.

4. Minute: Daß die Waliser nicht ungefährlich waren, konnte die deutsche Mannschaft gleich beim ersten Konter der Briten feststellen, bei dem die deutsche Abwehr große Mühe hatte.

14. Minute: Nach einem Steilpaß köpfte Curtis artistisch von der Grundlinie zurück auf den einschußbereiten Griffith, der im letzten Augenblick von Zimmermann gestoppt werden konnte. 18. Minute: Rummenigge, der in seinem ersten Länderspiel bester Mann auf dem Platz war, paßte im Strafraum zu Flohe, aber der verfehlte das Tor. Und eine glänzende Kombination über Vogts, Rummenigge und Hoeneß brachte nur eine Ecke ein.

30. Minute: Nach einem Fehler von Zimmermann, der Mittelstürmer Curtis nie in den Griff bekam, klärte Beckenbauer als letzte Rettung zur Ecke. 34. Minute: Der vorbildlich kämpfende Beckenbauer eroberte einen Ball zurück, den er schon verloren zu haben schien, und schoß überlegt an Davies vorbei zum 0:1 für die deutsche Mannschaft ins Netz.

40. Minute: Nach einem weiten Paß schoß James knapp am deutschen Tor vorbei. Zur Halbzeit führte die deutsche Mannschaft nicht unverdient mit 1:0.

52. Minute: Nach dem Seitenwechsel machten die Waliser mächtig Druck und schnürten die deutsche Mannschaft teilweise

am eigenen Strafraum ein. Eine Kombination über drei Stationen endete mit einem Flachschuß von Page in die Mitte, wo Curtis nur um Zentimeter verfehlte. 59. Minute: Nach einer Ecke rettete Berti Vogts den Kopfball von James per Kopf auf der Linie.

73. Minute: Erst jetzt kam die deutsche Mannschaft wieder zu einem gefährlichen Angriff, der jedoch auf Kosten einer Ecke abgewehrt wurde. Der Ball kam jedoch zu Heynckes, der sofort abzog und damit das 2:0 für die deutsche Mannschaft erzielte.

❖

Vorbericht zum 413. Länderspiel: Das starke Spiel der deutschen Mannschaft in Cardiff zeigte, daß Helmut Schön weiterhin auf dem richtigen Weg war. Als nächste schwere Aufgabe stand die EM-Revanche gegen die CSSR in Hannover an. Der Bundestrainer berief dazu ein 17-köpfiges Aufgebot, weil sich gleichzeitig eine Gelegenheit zu einem Kurzlehrgang anbot.
Tor: Maier, Kargus, Franke
Abwehr: Vogts, Kaltz, Beckenbauer, Schwarzenbeck, Dietz
Mittelfeld: Bonhof, Flohe, Beer, Werner Schneider
Angriff: Rummenigge, Uli Hoeneß, Dieter Müller, Heynckes, Erwin Kremers

Einziger Neuling war Werner Schneider (MSV Duisburg), der nie Nationalspieler wurde. Gleichzeitig wurde es das letzte Länderspiel für 2 große Stars dieser Zeit, Heynckes und Uli Hoeneß. Der 24-jährige Hoeneß, bereits Europa- und Weltmeister, konnte nie wieder seine frühere Form erreichen und beendete 2 Jahre später auch seine Vereinskarriere, um später als Manager des FC Bayern München große Erfolge zu feiern.

17.11.1976 in Hannover
BR Deutschland - Tschechoslowakei 2:0 (2:0)

SR: Dubach (Schweiz), Zuschauer: 60.000
BRD: Maier -71 (Bayern München); Vogts -75 (Bor. Mönchengladb.), ab 22. Kaltz -3 (HSV), Beckenbauer -102 (Bayern München), Schwarzenbeck -43 (Bayern München), Dietz -10 (MSV Duisburg); Hoeneß -35 (Bayern München), Bonhof -19 (Bor. Mönchengladb.), Flohe -23 (1.FC Köln), Rummenigge -2 (Bayern München), Beer -12 (Hertha BSC), Heynckes -39 (Bor. Mönchengladb.). Mannschaftskapitän: Beckenbauer
Tschechoslowakei: Michalik; Biros, Dvorak, Jurkemic, Gögh; Dobias, Pollak, Panenka (ab 46. Kozak); F.Vesely (ab 46. Slany), Masny, Nehoda
Tore: 1:0 Flohe (17.), 2:0 Beer (34.)
Beste Spieler: Beckenbauer, Rummenigge, Flohe, Maier - Michalik, Panenka
Bericht: Gegen den amtierenden Europameister begann die deutsche Mannschaft furios. Von der ersten Minute an setzte sie die Tschechoslowaken unter Druck und spielte, von Beckenbauer angekurbelt, einen sehenswerten Fußball.

17. Minute: Der Führungstreffer für die deutsche Mannschaft lag förmlich in der Luft. Bonhof schlug einen Eckball hart vor das Tor, der zu kurz abgewehrt wurde. Flohe legte sich fast quer in die Luft und donnerte den Ball zum 1:0 in das Netz. Es war das 1.000. Tor der deutschen Nationalmannschaft in ihrer Geschichte! Ein Jubiläumstor, wie man es sich schöner nicht wünschen konnte. Ein Tor, das zudem zusätzliche Kräfte freimachte und die Überlegenheit noch steigerte.

22. Minute: Für den am Oberschenkel verletzten Vogts kam der Hamburger Kaltz ins Spiel. 24. Minute: Nach einem Foul hielt Torhüter Michalik den von Flohe aus 18 Metern geschossenen Freistoß. Ein krasser Abwehrfehler der Tschechen in der 34. Minute führte dann zum 2:0 für die deutsche Mannschaft, als Beer den Ball an der Strafraumgrenze erhielt und Torhüter Michalik gegen seinen Gewaltschuß machtlos war. Die deutsche Mannschaft führte 2:0.

44. Minute: Die erste gute Chance für die Tschechoslowaken war eine Minute vor der Halbzeit zu verzeichnen, als der aufgerückte Dobias eine Masny-Flanke an die Latte köpfte. Die deutsche Mannschaft führte verdient zur Pause mit 2:0.

55. Minute: Nachdem sich Kaltz und Rummenigge mit schnellem Doppelpaß vor das tschechische Tor gespielt hatten, nahm Heynckes die Hereingabe direkt aus der Luft, aber mit großartiger Parade rettete Torhüter Michalik, der bester Spieler seiner Elf war.

63. Minute: Nach einem Solo kurvte Slany alleine auf Maier zu, der erst mit einem Spagat in letzter Sekunde retten konnte. 75. Minute: Beckenbauer, der sich wieder in Weltklasseform präsentierte, setzte nach einem langen Spurt über den halben Platz den Ball nur ganz knapp neben den Pfosten.

89. Minute: Nach schönem Paß scheiterte auch Rummenigge mit seinem Schuß am CSSR-Torwart Michalik.

❖

Vorbericht zum 414. Länderspiel: Das neue Jahr begann gleich mit einem schweren Spiel in Paris gegen Frankreich. Noch ahnte niemand, daß eines der größten Talente des Weltfußballs und der erfolgreichste deutsche Fußballspieler, „Kaiser" Franz Beckenbauer, sein letztes Länderspiel bestritt.
Tor: Maier, Franke
Abwehr: Vogts, Kaltz, Beckenbauer, Nogly, Körbel, Dietz
Mittelfeld: Bonhof, Beer, Flohe, Stielike
Angriff: Rummenigge, D.Müller, Hölzenbein, Seel

Einziger Neuling war der Vorstopper des HSV, Peter Nogly, der nicht nur durch gute Abwehrleistung, sondern auch durch Tore glänzte. Er kam gegen Frankreich zu seinem 1. Länderspiel.

23.2.1977 in Paris
Frankreich - Deutschland 1:0 (0:0)

SR: Sanchez Ibanez (Spanien), Zuschauer: 45.000
Frankreich: Rey; Battiston, Lopez, Rio, Janvion; Bathenay, Platini, Synaeghel (ab 72. Sahnoun); Rouyer, Lacombe (ab 46. Patrick Revelli), Amisse (ab 65. Zenier)
BRD: Maier -72 (Bayern München), Vogts -76 (Bor.Mönchengladb.), Beckenbauer -103 (Bayern München), Nogly -1 (HSV), Dietz -11 (MSV Duisburg); Bonhof -20 (Bor. Mönchengladb.), Stielike -6 (Bor. Mönchengladb.), Flohe -24 (1.FC Köln); Rummenigge -3 (Bayern München), dieter Müller -4 (1.FC Köln), ab 69. Beer -13 (Hertha BSC), Hölzenbein -26 (Eintr. Frankf.). Mannschaftskapitän: Beckenbauer
Tor: 1:0 Rouyer (53.)
Beste Spieler: Rey, Platini, Battiston - Flohe, Maier, Beckenbauer
Bericht: Die deutsche Mannschaft machte in Paris dort weiter, wo sie gegen die Tschechoslowakei aufgehört hatte. Auf kürzestem Wege wurde aus dem Mittelfeld heraus über die Flügel gespielt und das gegnerische Tor gesucht.

5. Minute: Nach einem Steilpaß auf Hölzenbein versuchte der sich im gegnerischen Strafraum mit einem raffinierten Heber gegen Battiston durchzusetzen, scheiterte jedoch. 11. Minute: Linksaußen Hölzenbein flankte von der rechten Seite in die Mitte genau auf Rummenigge, dessen Kopfballaufsetzer Torhüter Rey glänzend meisterte.

25. Minute: Ein Freistoß von Bonhof landete in der französischen Abwehr. Sofort starteten die Franzosen zu einem schnellen Konter, der auch voll gelang. Rouyer, der allein auf Maier zusteuerte, konnte jedoch den deutschen Torhüter nicht überwinden.

53. Minute: Nach dem Seitenwechsel wurden die Franzosen zusehends stärker. Einen Steilpaß erreichte Bathenay und zog aus

25 Metern sofort ab. Der Ball traf den an der Strafraumgrenze postierten Nogly auf der Brust. Rouyer war zur Stelle, nahm den abprallenden Ball direkt aus der Luft und schlenzte ihn raffiniert über den zu weit vor seinem Tor stehenden Maier zum 1:0 für Frankreich ins lange Eck. Danach war es mit dem Rhythmus der deutschen Mannschaft völlig vorbei.

70. Minute: Die erste Chance der deutschen Mannschaft in der zweiten Halbzeit hatte Rummenigge nach einem Steilpaß von Bonhof, doch er verstolperte in aussichtsreicher Position im Strafraum. 75. Minute: In der Schlußphase des Spiels wurde die deutsche Mannschaft wieder stärker, auch die Außenverteidiger rückten mit auf. Nach Doppelpaß zwischen Dietz und Beer verfehlte der Berliner von der Strafraumgrenze aus nur knapp das französische Gehäuse.

85. Minute: In eine weite Flanke von Stielike sprintete Rummenigge hinein. Er scheiterte jedoch mit einem tollen Schuß am glänzend reagierenden Rey im französischen Tor. So blieb es beim etwas glücklichen 1:0-Sieg der Franzosen.

❖

Vorbericht zum 415. Länderspiel: Mitte April schlug dann die Hiobsbotschaft, daß Franz Beckenbauer in die USA zu Cosmos New York wechseln würde, hohe Wellen. Man wollte und konnte es gar nicht glauben, daß der erst 31-jährige deutsche Weltklassespieler in eine Liga wechseln wollte, wo nur zweitklassiger Fußball gespielt wurde. Beckenbauer, der im Fußball sowohl auf Vereinsebene als auch in der Nationalmannschaft alles erreicht hatte, was ein Spieler erreichen kann, konnte noch einmal das große Geld verdienen, und das hat im Profifußball Vorrang vor möglichen Titeln und Rekorden, die Beckenbauer bereits in großer Zahl besaß. Was jedoch immer unverständlich blieb, warum von Seiten des D.F.B. nichts unternommen wurde, um Beckenbauer noch einige Jahre für die Nationalmannschaft heranziehen zu können. Bei der Leistungsstärke dieses Weltklassefußballers war die Sorge des Leistungsabfalls unberechtigt. Beckenbauer selbst bewies noch einige Jahre später beim HSV, daß er sogar noch als 35-jähriger ein guter Bundesligaspieler war. Vielleicht ließ man sich beim D.F.B. auch von den Erfolgen blenden, die die deutsche Nationalmannschaft nach dem Abgang von Beckenbauer für ein Jahr hatte. Bereits im nächsten Länderspiel gegen Nordirland, das erste nach der Beckenbauer-Ära, begann in Köln die Siegesserie.

Nach dem immer noch nicht gelösten Problem des Gerd-Müller-Nachfolgers hatte Helmut Schön jetzt auch auf einer weiteren zentralen Position, dem Liberoposten, ein unlösbares Problem, das nur durch eine andere Spielweise zum Teil geklärt werden konnte. Der erste, der dem besten Libero der Welt auf diesem Posten in der Nationalelf folgen sollte, war Kaltz vom HSV, obwohl er eigentlich Außenverteidiger spielte.

Tor: Maier, Franke, Kargus
Abwehr: Vogts, Kaltz, Nogly, Rüßmann, Dietz
Mittelfeld: Bonhof, Flohe, Tenhagen, Beer
Angriff: Rummenigge, Abramczik, Fischer, D.Müller, Hölzenbein

Mit Rüßmann, Tenhagen, Abramczik und Fischer standen gleich 4 Neulinge im Aufgebot, wovon allein 3 Schalker waren.

27.4.1977 in Köln

BR Deutschland - Nordirland 5:0 (0:0)

SR: Palotai (Ungarn), Zuschauer: 58.000
BRD: Maier -73 (Bayern München), ab 46 Franke -3 (Eintr. Braunschw.); Vogts -77 (Bor. Mönchengladb.), Kaltz -4 (HSV), Nogly -2 (HSV), Dietz -12 (MSV Duisburg); Bonhof -21 (Bor. Mönchengladb.), Flohe -25 (1.FC Köln); Abramczik -1 (Schalke 04), Fischer -1 (Schalke 04), D.Müller -5 (1.FC Köln), Hölzenbein -27 (Eintr. Frankf.). Mannschaftskapitän: Vogts

Nordirland: Jennings; Rice, Hunter, Jackson, Nelson; Hamilton, McCreery (ab 32. Cassidy), Best; McGrath, Anderson (ab 73. Spence), Armstrong
Tore: 1:0 Bonhof (55. Handelfmeter), 2:0 Fischer (58.), 3:0 D.Müller (65.), 4:0 Fischer (84.), 5:0 Flohe (90.)
Beste Spieler: Abramczik, Fischer, D.Müller, Bonhof, Maier - Best
Bericht: Die deutsche Mannschaft begann gegen Nordirland im Müngersdorfer Stadion vorsichtig, ja fast ängstlich. Dennoch hatte sie nach glänzender Zusammenarbeit der Kölner die erste gute Torgelegenheit in der 3. Minute. Flohe hatte von der Eckfahne in die Mitte geflankt, wo Müller in den Ball hineinhechtete, doch sein Kopfball flog weit am Tor vorbei.

11. Minute: Die Nordiren wurden immer kesser. Nach einem bösen Mißverständnis in der deutschen Abwehr stand Hamilton plötzlich allein vor Maier. Der Nordire hatte jedoch nicht die Nerven und vergab den Ball.

20. Minute: Der erste sehenswerte Angriff der beiden Schalker auf Rechtsaußen brachte auch gleich Gefahr. Fischer schickte Rechtsaußen Abramczik steil und war sofort zur Stelle, als die Flanke kam. Sein Kopfball verfehlte jedoch knapp das Tor von Jennings. 21. Minute: Nach einer hohen Flanke, die Torhüter Sepp Maier verpaßte, köpfte Anderson nur um wenige Zentimeter am deutschen Tor vorbei. 28. Minute: George Best, einer der trickreichsten Stürmer der Welt, ließ erneut Bonhof stehen und sein als Flanke gedachter Schuß senkte sich fast zum 0:1 in das Tor von Sepp Maier.

46. Minute: Nach der Pause kam, wie vorher abgesprochen, Franke für Maier ins Tor.

55. Minute: Nach einem Foul an Fischer flankte Flohe den Freistoß von der linken Seite hoch vor das Tor der Nordiren. Vor dem anstürmenden Müller wehrte Nelson den Ball mit der Hand ab. Den fälligen Elfmeter verwandelte Bonhof sicher zur 1:0 Führung. Jetzt spielte der Weltmeister wie entfesselt auf. 58. Minute: Nach einem Freistoß von Bonhof im Mittelfeld erwischte Fischer den Ball direkt und köpfte an Torhüter Jennings vorbei zum 2:0 ein. 61. Minute: Glück für die deutsche Mannschaft, als Franke sich bei einem Flankenball verrechnete und Hamilton völlig freistehend nur an den Pfosten knallte. 65. Minute: Nach einem tollen Solo von Flohe, der immer besser ins Spiel kam, konnte Torhüter Jennings seinen plazierten Schuß nicht festhalten und Dieter Müller war zur Stelle, um zum 3:0 für die deutsche Mannschaft abzustauben.

78. Minute: Nach einer Abramczik-Flanke wehrte Jennings den Kopfball des aufgerückten Kaltz mit großer Mühe zur Ecke ab. Den Eckball köpfte der sprunggewaltige Dieter Müller an die Latte. 84. Minute: Eine Bilderbuchflanke des brillanten Abramczik, der sich von Minute zu Minute steigerte, köpfte Fischer im Hechtsprung zum 4:0 in das Tor von Pat Jennings.

90. Minute: Nach Vorarbeit, wiederum von Abramczik, kam die Flanke zu Flohe, der den Ball direkt in die Maschen knallte. Das war das 5:0 und der Schlußpunkt unter eine großartige zweite Halbzeit der deutschen Mannschaft, die vom Publikum stürmisch gefeiert wurde.

❖

Vorbericht zum 416. Länderspiel: Schon 3 Tage nach dem grandiosen Sieg über Nordirland stand Helmut Schön mit seinem Aufgebot in Belgrad gegen Jugoslawien. Er hatte noch den Hamburger Magath nachnominiert, der in Belgard zusammen mit Tenhagen und Rüßmann zu seinem 1. Länderspiel kam.

30.4.1977 in Belgrad
Jugoslawien - BR Deutschland 1:2 (0:1)

SR: Babacan (Türkei), Zuschauer: 17.000
Jugoslawien: Katalinic; Buljan (ab 69. Nikolic), Peruzovic, Bogdan, Obradovic; Muzinic, Bogicevic, Oblak; Popivoda, Bajevic, Filipovic (ab 46. Jerkovic)
BRD: Maier -74 (Bayern München), ab 46. Kargus -3 (HSV), Tenhagen -1 (VfL Bochum), Kaltz -5 (HSV), Rüßmann -1 (Schalke 04), Vogts -78 (Bor. Mönchengladb.); Bonhof -22 (Bor. Mönchengladb.), Beer -14 (Hertha BSC), Flohe -26 (1.FC Köln), ab 46. Magath -1 (HSV); Abramczik -2 (Schalke 04), Fischer -2 (Schalke 04), D.Müller -6 (1.FC Köln). Mannschaftskapitän: Vogts
Tore: 0:1 Müller (12.), 1:1 Bajevic (60.), 1:2 Bonhof (73. Fouelfmeter)
Beste Spieler: Oblak, Buljan - Vogts, D.Müller, Flohe, Fischer
Bericht: Gleich nach dem Anpfiff des Spiels wurde eine Gedenkminute für Sepp Herberger eingelegt. Der Altbundestrainer, der 1954 die deutsche Mannschaft sensationell zur Weltmeisterschaft geführt hatte, war im Alter von 80 Jahren gestorben. Erst dann begann das Spiel richtig, wurde jedoch von beiden Seiten vorsichtig begonnen. Dabei war es die deutsche Mannschaft, die das Spiel kontrollierte.

12. Minute: Flohe sah Dieter Müller starten und spielte den Ball sofort in die Gasse. Der Kölner Torjäger nahm den Ball direkt aus 12 Metern und setzte ihn unhaltbar ins jugoslawische Netz. Das war ein Tor wie aus dem Fußballehrbuch und schien die Jugoslawen zu warnen, denn jetzt nahmen sie das Tempo aus dem Spiel.

25. Minute: Nach einer Bonhof-Flanke in den Strafraum köpfte Fischer nur ganz knapp neben das Tor. 32. Minute: Eine schöne Ballstafette der deutschen Mannschaft leitete die nächste Chance ein. Ausgehend von Beer, über Abramczik, kam der Ball zu Flohe, der weit hinüber auf die andere Seite flankte, wo Beer den Ball direkt nahm, doch Torhüter Katalinic konnte halten. 2 Minuten später köpfte Filipovic eine Oblak-Flanke frei vor Maier neben das Tor.

41. Minute: Nach einem Alleingang scheiterte Obradovic mit seinem Schuß am deutschen Torhüter. Zur Halbzeit führte die deutsche Mannschaft aufgrund der Überlegenheit in den ersten 30 Minuten verdientermaßen mit 1:0.

46. Minute: Zur zweiten Halbzeit löste Kargus absprachegemäß Torhüter Maier ab, und Magath kam für Flohe, bei dem sich die Verletzung aus dem Spiel gegen Nordirland bemerkbar machte. Torhüter Kargus bekam auch sogleich etwas zu tun, denn jetzt wurden die Jugoslawen offensiv. Viel Glück für die deutsche Mannschaft, als Oblak völlig freistehend den Ball über das deutsche Tor schoß.

60. Minute: Buljan, der immer mehr in Erscheinung trat, flankte auf das deutsche Tor. Kargus wurde von Peruzovic angesprungen, wobei er den Ball verlor und Bajevic drängte das Leder über die Linie. Das war der langersehnte Ausgleichstreffer für die Jugoslawen. 73. Minute: Die deutsche Mannschaft war jedoch stark genug, noch auf Sieg zu spielen. Ein toller Alleingang von Abramczik konnte von den Jugoslawen nur durch ein Foul im Strafraum gestoppt werden. Der türkische Schiedsrichter zeigte sofort auf den Elfmeterpunkt, wo Bonhof sich den Ball hinlegte und sicher und wuchtig zum 1:2 einschoß. Überraschend war damit schon die Moral der Jugoslawen gebrochen.

87. Minute: Kargus, der eine gute Leistung geboten hatte, machte die letzte Ausgleichschance der Jugoslawen zunichte, als er einen Schuß von Popivoda aus nächster Nähe abwehren konnte.

❖

Vorbericht zum 417. Länderspiel: Zum Abschluß der Saison hatte der D.F.B. etwas besonderes geplant. Im Hinblick auf die WM 1978 in Argentinien gab es eine Südamerikareise mit 4 Länderspielen in 10 Tagen. Von dem ursprünglich vorgesehenen 22-köpfigen Aufgebot mußten Schwarzenbeck und Seel wegen Verletzungen absagen. Für die beiden rückten Tenhagen und Bongartz nach, so daß folgendes Aufgebot mit Helmut Schön zum ersten Spiel nach Argentinien flog:
Tor: Maier, Franke, Burdenski
Abwehr: Vogts, Tenhagen, Kaltz, Rüßmann, Nogly, Dietz
Mittelfeld: Bonhof, Flohe, Beer, Bongartz, Magath
Angriff: Abramczik, Rummenigge, Fischer, D.Müller, Hölzenbein, Volkert

Das also war der neue Stamm der Nationalmannschaft, in die Volkert nach 8 Jahren zurückgekehrt war. Einziger Neuling war Torwart Burdenski (Werder Bremen), der auf dieser Südamerika-Tour auch Nationalspieler wurde. Für Bundestrainer Helmut Schön und seine Mannschaft bot diese Reise nicht nur die Möglichkeit, sich mit den klimatischen Bedingungen vertraut zu machen, sondern auch innerhalb der Mannschaft Variationen zu erproben. Im ersten und vermutlich schwersten Spiel gegen Argentinien ließ er Hölzenbein erstmals im offensiven Mittelfeld spielen.

5.6.1977 in Buenos Aires
Argentinien - BR Deutschland 1:3 (0:1)

SR: Coelho (Brasilien), Zuschauer: 63.000
Argentinien: Gatti; Pernia, Olguin, Passarella, Carascosa (ab 46. Tarantini); Ardiles, Gallego, Villa, (ab 43. Bochini); Bertoni, Luque, Larrosa (ab 77. Ortiz)
BRD: Franke -4 (Eintr. Braunschw.); Vogts -79 (Bor. Mönchengladb.), Kaltz -6 (HSV), Rüßmann -2 (Schalke 04), Dietz -13 (MSV Duisburg); Bonhof -23 (Bor. Mönchengladb.), Beer -15 (Hertha BSC), ab 70. Rummenigge -4 (Bayern München), Hölzenbein -28 (Eintr. Frankf.); Abramczik -3 (Schalke 04), Fischer -3 (Schalke 04), Volkert -7 (HSV). Mannschaftskapitän: Vogts
Tore: 0:1, 0:2 Fischer (8., 61.), 0:3 Hölzenbein (70.), 1:2 Passarella (73.)
Beste Spieler: Ardiles - Fischer, Abramczik, Volkert, Kaltz
Bericht: Ganz vorsichtig und nervös begann die deutsche Mannschaft ihr erstes Spiel auf der Südamerikareise.

8. Minute: Eine Flanke von Volkert schoß Abramczik an die Querlatte. In den zurückprallenden Ball sprang Fischer und köpfte ihn als Flugkopfball unhaltbar zum überraschenden 1:0 für die deutsche Mannschaft ein. Dieser Treffer gab der deutschen Mannschaft etwas mehr Sicherheit. 14. Minute: Einen herrlichen Paß schlug Bonhof genau zu Beer, der stoppte den Ball und schoß sofort. Mit großartiger Parade verhinderte Torhüter Gatti einen weiteren deutschen Treffer. Auf der Gegenseite rettete Rüßmann im letzten Moment auf Kosten einer Ecke gegen den durchgebrochenen Mittelstürmer Luque.

27. Minute: Glück für die Argentinier, als Hölzenbein gefoult wurde und Bonhof den Freistoß maßgerecht auf Fischer zirkelte, der diesmal per Kopf nur den Pfosten traf. Der Druck der Argentinier wurde nun zusehends stärker, aber die deutsche Abwehr behielt die Übersicht. 39. Minute: Langsam löste sich die deutsche Elf aus der zeitweisen Umklammerung. Nach einem Doppelpaß zwischen Dietz und Hölzenbein hätte der Frankfurter fast das 2:0 erzielt. In letzter Sekunde rettete ein Argentinier zur Ecke.

50. Minute: Die zweite Halbzeit begannen die Argentinier sehr stürmisch. Nach einem Steilpaß auf Bertoni hatten die Argentinier die Ausgleichschance, doch der Rechtsaußen zielte viel zu hoch. 60. Minute: Einen Freistoß köpfte Passarella nur ganz knapp über die Latte des Tores von Franke. 61. Minute: Nach einem tollen Solo von Abramczik und anschließender Flanke in den Strafraum war erneut Fischer zur Stelle und erzielte mit herrlichem Kopfball das

2:0 für die deutsche Mannschaft. 65. Minute: Gelbe Karte für Passarella, nachdem er den frei durchstürmenden Abramczik von hinten foulte.

70. Minute: Die deutsche Mannschaft war jetzt klar überlegen. Kaltz zog an der Außenlinie entlang, flankte in die Mitte, wo Hölzenbein den Ball zum 3:0 einköpfte. 73. Minute: Bei einem überraschenden Angriff der Argentinier gelang Passarella das 1:3, was jedoch nicht mehr als eine Korrektur des Ergebnisses war. Auch Abramczik erhielt nach einem Foulspiel die gelbe Karte.

80. Minute: In der eigenen Hälfte erhielt Fischer den Ball, rannte allein auf das argentinische Tor zu, aus dem Gatti herausstürzte und Fischer einen Meter vor dem Strafraum einfach umrannte. Zu Recht erhielt er dafür die gelbe Karte. 81. Minute: Die beiden ausgezeichneten deutschen Außenstürmer bildeten immer wieder eine große Gefahr für die argentinische Abwehr. Auch Volkert stürmte auf dem linken Flügel allein auf Torhüter Galli zu, der wiederum herauslief, aber der Hamburger Linksaußen hob den Ball am leeren Tor vorbei.

89. Minute: Zum Abschluß noch ein tolles Solo von Abramczik, der mehrere Argentinier stehenließ und dann nur durch ein Foul gebremst werden konnte. Das konnte jedoch nichts mehr an dem überraschenden, aber völlig verdienten 3:1-Sieg der deutschen Mannschaft ändern.

❖

Vorbericht zum 418. Länderspiel: Gegen Uruguay ließ Helmut Schön die beiden Schalker Abramczik und Fischer pausieren und brachte dafür das Kölner Tandem Flohe und Dieter Müller.

8.6.1977 in Montevideo

Uruguay - BR Deutschland 0:2 (0:1)

SR: Coerezza (Argentinien), Zuschauer: 60.000
Uruguay: Correa (ab 46. Clavijo); de los Santos, Rivadavia, Salomon, Javier; Carrasco, Pereyra, Maneiro; Rodriguez, Santelli, Oliveira (ab 61. Muhlethaler)
BRD: Burdenski -1 (Werder Bremen); Vogts -80 (Bor. Mönchengladb.), Kaltz -7 (HSV), Rüßmann -3 (Schalke 04), ab 46. Nogly -3 (HSV), Dietz -14 (MSV Duisburg); Bonhof -24 (Bor. Mönchengladb.), Flohe -27 (1.FC Köln), Magath -2 (HSV); Rummenigge -5 (Bayern München), D.Müller -7 (1.FC Köln), Volkert -8 (HSV), ab 46. Abramczik -4 (Schalke 04), ab 67. Hölzenbein -29 (Eintr. Frankf.). Mannschaftskapitän: Vogts
Tore: 0:1 Flohe (41.), 0:2 D.Müller (90.)
Beste Spieler: Clavijo - Kaltz, D.Müller, Dietz
Bericht: Nach dem 3:1 Sieg in Argentinien begann die deutsche Elf das Spiel in Montevideo sehr selbstbewußt.

5. Minute: Erster Angriff der deutschen Mannschaft, der jedoch an der massierten Deckung der Uruguayer scheiterte. Es war sofort eine optische Überlegenheit für die deutsche Elf da, weil die Uruguayer sich am und im eigenen Strafraum zurückzogen. 13. Minute: Einen Eckball köpfte Dieter Müller nur ganz knapp über das Tor.

25. Minute: Rummenigge versuchte ein Solo, der Ball wurde jedoch zur Ecke abgewehrt, die maßgerecht auf den langen Rüßmann kam, der jedoch über das Tor traf. Der erste Schuß in Richtung deutsches Tor ging in der 29. Minute weit darüber. 30. Minute: Die erste echte Chance der Uruguayer hatte Santelli nach einem tollen Solo, bei dem er Rüßmann stehen ließ, aber im letzten Augenblick wurde er von Kaltz abgeblockt. 37. Minute: Nach einer hohen Flanke auf Dieter Müller schoß der sofort, traf den Ball jedoch nicht richtig. Ein weiter Einwurf von Bonhof leitete 4 Minuten später die Führung der deutschen Mannschaft ein. Die Uruguayer bekamen den Ball nicht richtig aus der Abwehr heraus, so daß Flohe von der Strafraumgrenze aus mit links in das obere Tordreieck zum 1:0 traf.

46. Minute: Nach dem Seitenwechsel wurden die Urus offensiver. 51. Minute: Eine tolle Kombination über den eingewechselten Nogly und Dieter Müller zu Flohe hätte bereits die Vorentscheidung bedeuten können. Der völlig freistehende Kölner hob den Ball jedoch knapp über das Tor von Correa. 54. Minute: Ein flach geschossener Eckball wurde von der deutschen Abwehr verpaßt. Santelli war jedoch so überrascht, daß er den Ball am Tor vorbeischob.

87. Minute: Die mit Macht auf den Ausgleich drängenden Uruguayer hatten nun auch noch Pech, als Carrasco aus 25 Metern schoß, und Burdenski den Ball mit den Fäusten gegen die eigene Latte lenken konnte.

90. Minute: Ein langer Paß von Bonhof in den freien Raum brachte die endgültige Entscheidung. Dieter Müller ließ seinen Gegner stehen und aus halblinker Postion zog er unhaltbar zum 2:0 ab. Es war ein schwer erkämpfter Sieg, gegen eine sehr defensiv eingestellte Mannschaft aus Uruguay. Damit hatte die deutsche Elf sensationell im zweiten Spiel ihrer Südamerikareise bereits den zweiten Sieg erzielt.

❖

Vorbericht zum 419. Länderspiel: Nach den beiden ersten Spielen kam mit Brasilien noch einmal ein ganz dicker Brocken. Wieder mußten die Kölner pausieren und das Schalker Duo Abramczik/Fischer spielte im Angriff. Außerdem kamen Hölzenbein und Beer wieder in das Mittelfeld.

12.6.1977 in Rio

Brasilien - BR Deutschland 1:1 (0:0)

SR: Pestarino (Argentinien), Zuschauer: 150.000
Brasilien: Leao; Amaral, Pereira, Ze Maria, Neto; Cerezzo, Zico, Rivelino; Gil (ab 66. Marcello), Roberto, Paulo Cesar
BRD: Maier -75 (Bayern München); Vogts -81 (Bor. Mönchengladb.), Kaltz -8 (HSV), Rüßmann -4 (Schalke 04), Dietz -15 (MSV Duisburg); Hölzenbein -30 (Eintr. Frankf.), ab 79. Tenhagen -2 (VfL Bochum), Bonhof -25 (Bor. Mönchengladb.), Beer -16 (Hertha BSC), ab 79. Flohe -28 (1.FC Köln); Abramczik -5 (Schalke 04), Fischer -4 (Schalke 04), Volkert -9 (HSV), ab 70. Rummenigge -6 (Bayern München). Mannschaftskapitän: Vogts
Tore: 0:1 Fischer (54.), 1:1 Rivelino (87.)
Beste Spieler: Leao, Pereira - Maier, Kaltz, Fischer, Hölzenbein, Beer
Bericht: Die Brasilianer begannen vor 150.000 Zuschauern in Rio de Janeiro stürmisch. Von der ersten Minute an schnürten sie die deutsche Abwehr ein und jeder Ball aus der deutschen Abwehr kam postwendend zurück.

45. Minute: In der ersten Halbzeit hatte die deutsche Mannschaft absolut nichts zu bestellen. Lediglich den Glanztaten von Sepp Maier, der hervorragenden 4-Abwehrkette sowie den miserablen Schüssen der Brasilianer hatten sie es zu verdanken, daß es noch 0:0 stand.

54. Minute: Nach dem Seitenwechsel änderte sich das Bild. Offensichtlich hatten sich die Brasilianer in der ersten Halbzeit völlig verausgabt, denn jetzt bestimmten immer mehr Beer und Hölzenbein das Spiel der deutschen Mannschaft. Mit weiträumigem und schnellem Spiel öffneten sich der deutschen Mannschaft immer wieder Gassen. Ein solcher schneller Angriff über Rüßmann, Fischer und Bonhof bedeutete den Führungstreffer. Vor allem der Doppelpaß Fischer-Bonhof-Fischer war sehenswert und der Schalker ließ dann sogar noch zwei Brasilianer aussteigen, um unhaltbar für Torhüter Leao zum 1:0 einzuschießen.

70. Minute: Auch nach dem Führungstreffer beherrschte die deutsche Mannschaft klar die Brasilianer. Mehrfach waren Torchancen für Fischer und Volkert, der jetzt gegen Rummenigge ausgetauscht wurde, vorhanden. 79. Minute: Mit der Auswechslung von Hölzenbein und Beer erlitt die deutsche Mannschaft

dann jedoch einen Bruch. Die beiden spielbestimmenden Persönlichkeiten fehlten, und Tenhagen und Flohe waren nicht in der Lage an die guten Leistungen anzuknüpfen. 87. Minute: So fiel ganz überraschend noch der Ausgleich durch Rivelino, der durch zwei Abwehrspieler hindurch unhaltbar einschoß.

90. Minute: Ein bereits sicher geglaubter Sieg der deutschen Mannschaft wurde erst in den letzten Minuten verspielt. Insgesamt war aufgrund der starken ersten Halbzeit das Unentschieden für die Brasilianer jedoch gerechtfertigt. Die deutsche Mannschaft war auch in ihrem dritten Spiel der Südamerikareise ungeschlagen geblieben.

❖

Vorbericht zum 420. Länderspiel: Die kürzeste Pause lag mit 2 Tagen zwischen den Spielen in Brasilien und Mexiko. Neben der bewährten Abwehr kamen die Spieler zum Einsatz, die die meiste Kraft hatten. Dabei waren diesmal auch wieder beide Mittelstürmer, Dieter Müller und Klaus Fischer.

14.6.1977 in Mexiko

Mexiko - BR Deutschland 2:2 (2:0)

SR: Dorantes (Mexiko), Zuschauer: 45.000
Mexiko: Castrejon; Najera, Guzman, Sanchez Gaindo, Vasquez Ayala; de la Torre, Chavez (ab 46. Real Guillen), (ab 67. Martinez); Isiordia, Aceves, Cuellar
BRD: Maier -76 (Bayern München); Vogts -82 (Bor. Mönchengladb.), Kaltz -9 (HSV), Rüßmann -5 (Schalke 04), Dietz -16 (MSV Duisburg); Bongartz -3 (Schalke 04), Bonhof -26 (Bor. Mönchengladb.), ab 73. Nogly -4 (HSV), Flohe -29 (1.FC Köln), ab 46. Beer -17 (Hertha BSC); Hölzenbein -31 (Eintr. Frankf.), Fischer -5 (Schalke 04), D.Müller -8 (1.FC Köln), ab 46. Volkert -10 (HSV). Mannschaftskapitän: Vogts
Tore: 1:0 Isiordia (18.), 2:0 de la Torre (41.), 2:1 , 2:2 Fischer (52., 65.)
Beste Spieler: Castrejon, de la Torre, Guzmann - Hölzenbein, Dietz, Fischer, Maier, Beer
Bericht: Starke Regenfälle hatten den Rasen schwer bespielbar gemacht. Die Mexikaner fanden sich damit besser zurecht, aber die deutsche Mannschaft hatte die ersten Torchancen.

2. Minute: Am 16-Meter-Raum wurde Hölzenbein angespielt und schoß sofort knallhart auf das Tor von Castrejon, der große Mühe hatte, den Ball abzuwehren. 8. Minute: Nach Bongartz' Flanke verpaßten Müller und Fischer, aber Flohe war zur Stelle, sein Schuß ging jedoch am mexikanischen Gehäuse vorbei.

18. Minute: Der erste gefährliche Angriff der Mexikaner brachte auch gleich die Führung, als eine Flanke in den deutschen Strafraum mit dem Kopf zu Linksaußen Isiordia verlängert wurde und dieser schneller als Kaltz und Vogts reagierte. Sein knallharter Schuß aus 6 Meter Entfernung war für Sepp Maier unhaltbar. 22. Minute: Die deutsche Mannschaft kam nach dem Rückstand besser ins Spiel. Nach einem Bonhof-Freistoß konnte der von Fischer und Vogts bedrängte Torhüter Castrejon den Ball nicht festhalten, aber Flohe traf aus günstiger Position nur neben das Tor.

31. Minute: Fischers Kopfball nach einer Hölzenbein-Flanke strich nur knapp über das mexikanische Gehäuse. 42. Minute: Als de la Torre ganz überraschend aus 18 Metern auf das deutsche Tor schießen wollte, sprang Rüßmann in den Ball und fälschte ihn so unglücklich ab, daß er für Sepp Maier unerreichbar zum 2:0 im Netz landete. Obwohl die deutsche Mannschaft nicht schlecht gespielt hatte, lag sie zur Halbzeit unglücklich gegen die Mexikaner mit 0:2 hinten.

46. Minute: Für die beiden völlig erschöpften Kölner Flohe und Dieter Müller kamen Beer und Volkert neu in die Mannschaft, und schon wurde der Druck auf das mexikanische Tor größer. 50. Minute: Nach herrlichem Solo schoß Fischer zu unplaziert. Im Gegenzug konnte Maier einen raffinierten Schlenzer von Cuellar im Rückwärtslaufen gerade noch abwehren. 52. Minute: Von der rechten Seite flankte Hölzenbein in den Strafraum, wo Fischer in seiner unnachahmlichen Art in den Ball flog und ihn zum 2:1 einköpfte. Wieder einer seiner sehenswerten Flugkopfballtore.

65. Minute: 8 Meter vor dem mexikanischen Tor wurde Beer angespielt, der den Ball schön an Fischer weiterpaßte, bevor Torhüter Castrejon zufassen konnte. Fischer hatte keine Mühe, den Ball im leeren Tor zum 2:2 Ausgleich unterzubringen. 72. Minute: Noch einmal Glück für die deutsche Mannschaft, als Chavez mit einem Flachschuß nur knapp das deutsche Tor verfehlte. Und ein Tor von Beer in der 74. Minute wurde wegen angeblichem Foulspiels von Hölzenbein nicht anerkannt.

80. Minute: Fischers Schuß aus 20 Meter bereitete dem mexikanischen Torhüter größte Probleme. 86. Minute: Noch einmal viel Glück für die deutsche Mannschaft, als Aceves eine Flanke an den Pfosten des Gehäuses von Maier köpfte. Es blieb beim Unentschieden, das sich die deutsche Mannschaft insgesamt auch verdient hatte. Damit ging eine unglaublich erfolgreiche Südamerikareise, mit 2 Siegen und 2 Unentschieden, zu Ende.

❖

Bilanz 1977/78
14 Spiele: 6 Siege 5 Unenetschieden, 3 Niederlagen, 22:13 Tore
Zuschauer: 723.324
In 14 Spielen wurden 27 Spieler eingesetzt, davon waren 5 Spieler Neulinge.

Die Spieler der Saison:

Hans-Hubert Vogts	14	Spiele
Rainer Bonhof	14	"
Rolf Rüßmann	14	"
Josef Maier	13	"
Bernard Dietz	13	"
Manfred Kaltz	12	"
Klaus Fischer	12	"
Karl-Heinz Rummenigge	11	"
Heinz Flohe	10	"
Rüdiger Abramczik	10	"
Bernd Hölzenbein	9	"
Erich Beer	7	"
Hans Müller	6	"
Zerbert Zimmermann	5	"
Dieter Müller	4	"
Manfred Burgsmüller	3	"
Ronald Worm	3	"
Georg Volkert	2	"
Wolfgang Seel	2	"
Hans Bongarts	1	Spiel
Bernd Franke	1	"
Franz-Josef Tenhagen	1	"
Georg Schwarzenbeck	1	"
Herbert Neumann	1	"
Karlheinz Förster	1	"
Deiter Burdenski	1	"
Harald Konopka	1	"

Die Tore der Saison:

Klaus Fischer	4	Tore
Karl-Heinz Rummenigge	4	"
Heinz Flohe	3	"
Rainer Bonhof	2	"
Dieter Müller	2	"
Manfred Kaltz	1	Tor
Ronald Worm	1	"
Rolf Rüßmann	1	"
Hans Müller	1	"
Rüdiger Abramczik	1	"
Bernd Hölzenbein	1	"

Manschaftsführer war:
Hans-Hubert Vogts 14 mal

1 Platzverweis des Gegners,
für Nanninga (Holland)

1 Eigentor für Deutschland,
durch Meyer (Schweiz)

2 Eigentore gegen Deutschland,
durch Rüßmann (gegen Schweden) und Vogts (gegen Österreich)

Rangliste der besten Nationalspieler des Jahres:
1. Josef „Sepp" Maier (Bayern München)
2. Heinz Flohe (1.FC Köln)
3. Bernhard Dietz (MSV Duisburg)
4. Manfred Kaltz (Hamburger SV)
5. Karl-Heinz Rummenigge (Bayern München)
6. Berti Vogts (Borussia Mönchengladbach)
7. Dieter Müller (1.FC Köln)
8. Rainer Bonhof (Borussia Mönchengladbach)
9. Klaus Fischer (FC Schalke 04)

1977/78

Vorbericht zum 421. Länderspiel: Die neue Saison, an dessen Ende die Weltmeisterschaft in Argentinien stand, begann mit einem Spiel in Helsinki gegen Finnland. Helmut Schön berief dafür sein Aufgebot, das sich in Südamerika bewährt hatte.

Tor: Maier, Kargus
Abwehr: Vogts, Kaltz, Tenhagen, Rüßmann, Dietz
Mittelfeld: Bonhof, Beer, Hölzenbein, Bongartz
Angriff: Rummenigge, Abramczik, Fischer, Dieter Müller, Volkert

Es fehlte lediglich Flohe aus der engeren Wahl, und Neulinge waren keine dabei.

7.9.1977 in Helsinki

Finnland - BR Deutschland 0:1 (0:1)

SR: Jarkow (Sowjetunion), Zuschauer: 14.324
Finnland: Enckelman; Heikkinen, Tolsa, Vithilä, Ranta; Jantunen, Toivola, Haaskivi, Heiskanen (ab 77. Suomalainen; Rissanen, Paatelainen

BRD: Maier -77 (Bayern München); Vogts -83 (Bor. Mönchengladb.), Kaltz -10 (HSV), Rüßmann -6 (Schalke 04), Dietz -17 (MSV Duisburg); Bonhof -27 (Bor. Mönchengladb.), Hölzenbein -32 (Eintr. Frankf.); Beer -18 (Hertha BSC), ab 46. Bongartz -4 (Schalke 04), Abramczik -6 (Schalke 04), ab 83. Rummenigge -7 (Bayern München), Fischer -6 (Schalke 04), Volkert -11 (HSV). Mannschaftskapitän: Vogts

Tor: 0:1 Fischer (43.)
Beste Spieler: Tolsa, Toivola - Dietz, Volkert, Rüßmann
Bericht: Nicht wie erwartet die deutsche Mannschaft, sondern die Finnen begannen überlegen. Nach einer hohen Flanke in den Strafraum hatte Paatelainen in der 4. Minute die erste Chance, aber sein Kopfball war zu schwach.

8. Minute: Nach einer herrlichen Flanke von Beer köpfte Abramczik den Ball knapp über das Tor. Und 2 Minuten später, nach einem Foul an Volkert, schoß Bonhof den Freistoß, den der finnische Torhüter Enckelman jedoch meistern konnte. Die Finnen blieben überlegen und hatten bei mehreren Weitschüssen kein Glück.

30. Minute: Nach einem Doppelpaß zwischen Beer und Dietz versuchte sich der Duisburger mit einem Weitschuß, traf jedoch nicht das finnische Tor. 40. Minute: Erneut schaltete sich Dietz in das Angriffsspiel ein, seinen Schuß konnte Torhüter Enckelman jedoch halten. Im Gegenzug konnte Sepp Maier einen Aufsetzer von Haaskivi gerade noch abwehren. 43: Minute: Bei einem Rückpaß von Libero Tolsa spritzte Fischer, der ansonsten langsam und unbeweglich wirkte, dazwischen, umspielte auch noch den finnischen Torhüter und schoß aus spitzem Winkel zum 1:0 für die deutsche Mannschaft ein. Eine glückliche und nicht verdiente Halbzeitführung für die deutsche Mannschaft.

54. Minute: Auch nach dem Seitenwechsel änderte sich das Spiel der deutschen Mannschaft kaum. Es war nicht verwunderlich, daß es mit Vogts wieder ein Verteidiger war, der aus spitzem Winkel gefährlich auf das finnische Tor schoß.

80. Minute: Nach einem Solo von Suomalainen auf der linken Seite konnte Hölzenbein den Finnen nur durch ein Foul bremsen. Wann hatte es das einmal gegeben, daß sich eine deutsche Nationalmannschaft gegen die Finnen mit Fouls zur Wehr setzen mußte? 88. Minute: Der gerade erst eingewechselte Rummenigge scheiterte mit einem herrlichen Schuß am finnischen Torhüter. Das war die letzte Chance des Spiels. Zwar hatte die deutsche Mannschaft gewonnen, aber es fehlte der Schwung und die Harmonie der letzten Spiele.

Vorbericht zum 422. Länderspiel: Zum nächsten Länderspiel gegen Italien hatte Helmut Schön seine Kandidaten wieder für ein paar Tage zusammen. Große Veränderungen gab es im Aufgebot gegenüber dem Finnland-Spiel nicht. Lediglich Flohe und Schwarzenbeck kehrten in den Kreis der Nationalmannschaft zurück.

Tor: Maier, Kargus, Franke

Abwehr: Vogts, Kaltz, Tenhagen, Rüßmann, Schwarzenbeck, Dietz

Mittelfeld: Bonhof, Beer, Flohe, Bongartz

Angriff: Rummenigge, Fischer, Hölzenbein, Volkert und auf Abruf Abramczik

In der VBB-Schule bereitete der Bundestrainer seine Mannschaft vor. Die Abwehr ließ er unverändert, aber Flohe kam neu ins Mittelfeld und Rummenigge wieder auf Rechtsaußen.

8.10.1977 in Berlin

BR Deutschland - Italien 2:1 (1:0)

SR: Rion (Belgien), Zuschauer: 74.000

BRD: Maier -78 (Bayern München); Vogts -84 (Bor. Mönchengladb.), Kaltz -11 (HSV), Rüßmann -7 (Schalke 04), Dietz -18 (MSV Duisburg); Bonhof -28 (Bor. Mönchengladb.), Flohe -30 (1.FC Köln), Beer -19 (Hertha BSC); Rummenigge -8 (Bayern München), Fischer -7 (Schalke 04), Volkert -12 (HSV), ab 46. Hölzenbein -33 (Eintr. Frankf.). Mannschaftskapitän: Vogts

Italien: Zoff; Gentile, Facchetti, Mozzini, Tardelli; Causio (ab 67. Claudio Sala), Benetti, Zaccarelli, Antognoni; Graziani (ab 67. Pulici), Bettega

Tore: 1:0 Kaltz (32.), 2:0 Rummenigge (58.), 2:1 Antognoni (75.)

Beste Spieler: Flohe, Kaltz, Rummenigge, Rüßmann, Maier - Mozzini, Zoff, Antognoni

Bericht: Die Italiener begannen in Berlin überraschend offensiv, so daß es zu einem offenen Schlagabtausch kam.

15. Minute: In einem tollen, rasanten Spiel hatten beide Teams gleichviel Chancen, zum Torerfolg zu kommen. Aber die Stürmer auf beiden Seiten schossen am Tor vorbei oder scheiterten an den ausgezeichneten Torhütern. 19. Minute: Nach einer Mustervorlage traf Linksaußen Bettega mit einem satten Schuß nur die Latte des deutschen Gehäuses.

32. Minute: Nach einem Eckball köpfte Kaltz auf das italienische Tor, wo Mozzini den Ball so unglücklich vor dem fangbereiten Zoff wegschlug, daß der Ball erneut Kaltz vor die Füße fiel. Der Libero schoß flach und unhaltbar zum 1:0 in das italienische Tor.

58. Minute: Auch nach dem Seitenwechsel spielten beide Mannschaften weiterhin schönen Fußball. Eine herrliche Kombination, ausgehend von Rummenigge, der nach mehreren Stationen den Ball von Bonhof zugeschoben bekam, krönte der Münchener mit einem flachen Schuß in die lange Ecke zum 2:0. 70. Minute: Der 2-Tore-Vorsprung hatte der deutschen Mannschaft so viel Sicherheit gegeben, daß sie herrlich aufspielte und einem 3:0 nahe war.

75. Minute: Ein Alleingang von Benetti durch das Mittelfeld, ohne daß er angegriffen wurde, leitete den Anschlußtreffer für die Italiener ein. Benetti paßte wunderbar zu dem freistehenden Antognoni, der unhaltbar in die linke untere Ecke einschoß. 81. Minute: Lange nicht mehr hatte man die deutsche Mannschaft so begeisternden Fußball spielen sehen. Pech hatte dabei Klaus Fischer, als er mit einem Flugkopfball nur knapp das Tor verfehlte. 85. Minute: Und noch einmal eine fast identische Szene, als Fischer wieder mit einem Flugkopfball nur knapp das italienische Gehäuse verfehlte.

90. Minute: Gegen einen starken Gegner hatte die deutsche Mannschaft nicht nur verdient gewonnen, sondern endlich auch einmal wieder groß aufgespielt. Mit viel Beifall wurde die Elf von Helmut Schön verabschiedet.

Vorbericht zum 423. Länderspiel: Die deutsche Nationalelf war weiterhin auf Erfolgskurs. Inzwischen war sie seit 8 Spielen ungeschlagen und hatte teilweise ausgezeichnete Leistungen gebracht. Zum Länderspiel gegen die Schweiz in Stuttgart berief Helmut Schön im vorläufigen Aufgebot auch wieder einen Neuling, Manfred Burgsmüller von Borussia Dortmund.

Tor: Maier, Franke, Kargus

Abwehr: Vogts, Kaltz, Rüßmann, Tenhagen, Schwarzenbeck, Dietz

Mittelfeld: Bonhof, Flohe, Hölzenbein, Burgsmüller, Bongartz

Angriff: Rummenigge, Fischer, Volkert, Abramczik, Seel

Der einzige Neuling, Burgsmüller, konnte gegen die Schweiz das erste Mal das Nationaltrikot im A-Team überstreifen. Aus dem vorläufigen Aufgebot wurden einige Spieler gestrichen (Kargus, Schwarzenbeck, Bongartz, Volkert und Rummenigge) während mit Herbert Zimmermann und Herbert Neumann (beide 1.FC Köln) 2 andere nachrückten. Das endgültige Aufgebot hatte nun folgendes Aussehen:

Tor: Maier, Franke

Abwehr: Vogts, Kaltz, Tenhagen, Rüßmann, Dietz

Mittelfeld: Bonhof, Flohe, Burgsmüller, H.Zimmermann, H.Neumann

Angriff: Abramczik, Fischer, Hölzenbein, Seel

Somit war neben Burgsmüller mit Neumann noch ein zweiter Neuling dabei, der jedoch erst gegen England zu seinem ersten und einzigen Länderspiel kam.

16.11.1977 in Stuttgart

BR Deutschland - Schweiz 4:1 (3:1)

SR: Gonella (Italien), Zuschauer: 58.000

BRD: Franke -5 (Eintr. Braunschw.); Vogts -85 (Bor. Mönchengladb.), Kaltz -12 (HSV), Rüßmann -8 (Schalke 04), Dietz -19 (MSV Duisburg), ab 46. H.Zimmermann -2 (1.FC Köln); Bonhof -29 (Bor. Mönchengladb.), Burgsmüller -1 (BVB), Flohe -31 (1.FC Köln); Abramczik -7 (Schalke 04), Fischer -8 (Schalke 04), Seel -5 (Fort. Düsseld.). Mannschaftskapitän: Vogts

Schweiz: Burgener; In-Albon, Chapuisat, Bizzini, Trinchero; Barberis, Meyer, Botteron; Elsener (ab 65. Cornioley), Scheiwiler, Sulser (ab 68. Künzli)

Tore: 1:0 Meyer (13. Eigentor), 2:0 Flohe (16.), 3:0 Fischer (25.), 3:1 Meyer (45.), 4:1 Fischer (60.)

Beste Spieler: Dietz, Flohe, Fischer, Bonhof, Burgsmüller - Elsener, Sulser

Bericht: Gleich zu Beginn machte die deutsche Mannschaft Tempo und versuchte immer wieder anzugreifen. Der erste schöne Schuß auf das Schweizer Gehäuse kam von Bonhof nach 3 Minuten, der jedoch zur Ecke abgewehrt wurde. Die flach hereingegebene Ecke von Bonhof bekam Rüßmann nicht unter Kontrolle und vergab so eine gute Tormöglichkeit. Und die zweite Möglichkeit für Rüßmann in der 6. Minute, doch er köpfte den Flohe-Freistoß knapp über das schweizerische Tor. 13. Minute: Am linken Flügel wurde Seel durch ein Foul gebremst. Den fälligen Freistoß schoß Flohe, der wieder einmal zu den Besten auf dem Feld gehörte, hoch vor das Tor, wo Rüßmann den Ball mit dem Kopf zu Abramczik verlängerte. Abramczik versuchte den Ball ins Tor zu köpfen, wobei der Schweizer Meyer klären wollte, aber den Ball mit dem Kopf so unglücklich traf, daß er zum Eigentor ins Schweizer Tor ging.

16. Minute: Nach einem Doppelpaß zwischen Flohe und Fischer schoß der Kölner von der Strafraumgrenze aus flach in die untere Ecke zum 2:0 für die deutsche Mannschaft ein. Innerhalb von 3 Minuten waren die Schweizer in klaren Rückstand geraten.

22. Minute: Der erste gefährliche schweizerische Angriff endete mit einem schönen Schuß von Meyer, der jedoch knapp neben das deutsche Tor ging. 24. Minute: Verteidiger In-Albon mußte auf der Torlinie retten, als Fischer eine Abramczik-Flanke

kraftvoll auf das Tor köpfte. Direkt im Gegenzug hatte Elsener für die Schweiz eine gute Einschußmöglichkeit, verfehlte jedoch knapp das deutsche Tor. 26. Minute: Wieder war es der überragende Flohe, der mit einem sehenswerten Steilpaß Fischer auf die Reise schickte. Der Schalker Mittelstürmer stoppte den Ball im richtigen Augenblick und schoß ihn dann knallhart zum 3:0 in die lange Ecke. Nach 25 Minuten führte die deutsche Mannschaft bereits mit 3 Toren Vorsprung. 30. Minute: Die Schweizer versteckten sich keineswegs, sondern kamen ihrerseits zu einigen guten Torchancen. Der nächste war Sulzer, der jedoch an Franke scheiterte. 39. Minute: Auch Scheiwiler bot sich die Gelegenheit, das Ergebnis zu verbessern, doch er scheiterte im letzten Augenblick an Kaltz.

45. Minute: Nach einem Eckball von Elsener gelang es dann doch Meyer mit einem Weitschuß, das 1:3 zu erzielen. Torhüter Franke schien die Sicht versperrt zu sein. Zur Halbzeit entsprach das Ergebnis dem Spielverlauf.

60. Minute: Ein herrliches Tor von Klaus Fischer: Abramczik flankte auf den Mittelstürmer, der den Ball mit akrobatischem Fallrückzieher unter die Latte knallte. Es war eines der schönsten Tore, die je von der Nationalmannschaft erzielt wurden. 69. Minute: Nach einem Foul an Seel blieb der kleine Düsseldorfer am Ball und schoß auch ein Tor. Leider hatte Schiedsrichter Gonella kein Vorteil gelten lassen, sondern abgepfiffen.

88. Minute: In den letzten 20 Minuten spielte die deutsche Mannschaft verhaltener, ohne daß die Schweizer Möglichkeiten hatten, zum Torerfolg zu kommen. Im Gegenteil, mit einem Weitschuß hätte Flohe fast noch den fünften Treffer erzielt. So blieb es in diesem fairen, interessanten und teilweise auch guten Spiel beim 4:1 für die deutsche Mannschaft.

❖

Vorbericht zum 424. Länderspiel: Im letzten Länderspiel des Jahres 1977 war Wales wieder Gegner der deutschen Mannschaft. Für Helmut Schön waren die harten Briten genau der richtige Partner, um seine Elf noch einem Härtetest zu unterziehen. Allerdings paßte ihm überhaupt nicht, daß die Waliser kurz zuvor mit Malta, der Türkei und der deutschen Mannschaft in eine Gruppe der EM-Qualifikation ausgelost wurden. So hatten die Waliser noch einmal die Möglichkeit, die deutsche Mannschaft zu studieren. Zu diesem Spiel berief Helmut Schön folgendes Aufgebot:
Tor: Maier, Franke
Abwehr: Vogts, Kaltz, Tenhagen, Rüßmann, Dietz
Mittelfeld: Bonhof, Flohe, Burgsmüller, H.Zimmermann
Angriff: Abramczik, Seliger, Fischer, Hölzenbein, Seel
In diesem Spiel gab Helmut Schön auch Tenhagen einmal eine Chance als Libero, um gegebenenfalls Alternativen zu haben.

14.12.1977 in Dortmund

BR Deutschland - Wales 1:1 (0:0)

SR: Corver (Holland), Zuschauer: 51.000
BRD: Maier -79 (Bayern München); Vogts -86 (Bor. Mönchengladb.), Tenhagen -3 (VfL Bochum), Rüßmann -9 (Schalke 04), Dietz -20 (MSV Duisburg); Bonhof -30 (Bor. Mönchengladb.), Burgsmüller -2 (BVB), Flohe -32 (1.FC Köln); Abramczik -8 (Schalke 04), Fischer -9 (Schalke 04), ab 74 Seel -6 (Fort. Düsseld.), Hölzenbein -34 (Eintr. Frankf.). Mannschaftskapitän: Vogts
Wales: Davies; Page, Phillips, Joe Jones, Dave Jones; Flynn, Yorath, Harris; Curtis (ab 69. Nardiello), Deacy, James
Tore: 1:0 Fischer (46.), 1:1 Dave Jones (78.)
Beste Spieler: Fischer, Flohe, Burgsmüller - Yorath, Davies
Bericht: Die deutsche Mannschaft begann, als wollte sie die Waliser - wie 4 Wochen zuvor die Schweizer - überrennen. Dennoch dauerte es fast 10 Minuten bis Bonhof den ersten Ball auf das Waliser Gehäuse schoß.

18. Minute: Auf Rechtsaußen spurtete Abramczik los, flankte flach in die Mitte zu Fischer, der den Ball aus 14 Meter Entfernung nur knapp über das Tor der Waliser zog. 23. Minute: Nach einem langen Spurt drang Harris in den deutschen Strafraum ein, wo Vogts ihn im letzten Augenblick stoppen konnte.

31. Minute: Nach einem weiten Steilpaß von Vogts auf Fischer, schoß der Mittelstürmer den herausstürzenden Torhüter Davies an. 42. Minute: Einen Freistoß hob Flohe aus 18 Metern über das Tor von Davies. Das 0:0 zur Pause war zwar für die Waliser sehr glücklich, aber die deutsche Mannschaft hatte es versäumt, durch schnelles und direktes Abspiel zu Torerfolgen zu kommen.

46. Minute: Gleich nach Wiederanpfiff schien die deutsche Mannschaft alles nachholen zu wollen. Burgsmüller setzte wunderschön Abramczik ein, der scharf nach innen flankte, wo natürlich wieder Fischer zur Stelle war und aus kurzer Entfernung zum 1:0 für die deutsche Mannschaft ins Netz knallte. 51. Minute: Mit einer Glanzparade rettete Maier bei einem Schuß von Deacy die 1:0-Führung. Rüßmann hatte seinen Gegenspieler völlig frei zum Schuß kommen lassen.

78. Minute: Aus dem Mittelfeld heraus flankte Yorath einen Freistoß hoch vor das deutsche Tor, wo Vogts den Ball genau vor die Füße von Dave Jones köpfte, der mit einem plazierten Flachschuß das 1:1 erzielte. 82. Minute: Noch einmal machte die deutsche Mannschaft mächtig Druck. Abramczik spurtete und zog von der Strafraumgrenze aus knallhart ab. Sein Flachschuß wurde von Vogts noch abgefälscht, aber reaktionsschnell war Davies in der bedrohten Ecke und hielt den Ball mit einer Glanzparade. 84. Minute: Noch einmal hatte die deutsche Mannschaft eine gute Chance zum Siegtreffer, als Rüßmann einen Eckball von Flohe auf das walisische Tor wuchtete, aber Flynn auf der Linie für seinen bereits geschlagenen Torhüter rettete.

90. Minute: Obwohl die deutsche Mannschaft nicht gerade eine berauschende Leistung gebracht hatte, hätte sie trotzdem noch klar gegen die schwachen Waliser gewinnen müssen. Es zeigte sich aber wieder einmal, daß die Leistungen der deutschen Mannschaft sehr schwankend waren.

❖

Vorbericht zum 425. Länderspiel: Am 14.1.1978 wurden in Buenos Aires die WM-Gruppen ausgelost. Die deutsche Mannschaft hatte wieder einmal das berühmte Losglück. Polen, Mexiko und Tunesien hießen die Gegner. Das war bereits die beste Voraussetzung zum Erreichen der Finalrunde. Bis zum Beginn der WM waren es jedoch noch über 4 Monate und vorerst standen weitere Testspiele auf dem Programm. Nächster Gegner war England in München.
Tor: Maier, Franke
Abwehr: Vogts, Kaltz, Schwarzenbeck, Rüßmann, Dietz, H.Zimmermann
Mittelfeld: Bonhof, Flohe, H.Neumann, Burgsmüller
Angriff: Abramczik, Fischer, Hölzenbein, Rummenigge und nachnominiert: Worm
Seit dem Wechsel von Beckenbauer war erstmals wieder Schwarzenbeck dabei, der sich durch hervorragende Leistungen bei Bayern empfahl. Dafür fiel aber kurzfristig Fischer wegen einer Erkrankung aus, so daß auch im Angriff umdisponiert werden mußte. Der Kölner Neuling Herbert Neumann kam für Hölzenbein ins Mittelfeld, und der Frankfurter wurde Mittelstürmer.

22.2.1978 in München

BR Deutschland - England 2:1 (0:1)

SR: Wöhrer (Österreich), Zuschauer: 78.000
BRD: Maier -80 (Bayern München), Vogts -87 (Bor. Mönchengladb.), Schwarzenbeck -44 (Bayern München), Rüßmann -10

(Schalke 04), H.Zimmermann -3 (1.FC Köln); Bonhof -31 (Bor. Mönchengladb.), Flohe -33 (1.FC Köln), ab 33. Burgsmüller -3 (BVB), H.Neumann -1 (1.FC Köln), ab 72. Dietz -21 (MSV Duisburg); Abramczik -9 (Schalke 04), Hölzenbein -35 (Eintr. Frankf.), ab 75. Worm -4 (MSV Duisburg), Rummenigge -9 (Bayern München). Mannschaftskapitän: Vogts

England: Clemence; Neal, Hughes, Watson, Mills; Wilkins, Keegan (ab 82. Francis), Brooking; Coppell, Pearson, Barnes

Tore: 0:1 Pearson (41.), 1:1 Worm (79.), 2:1 Bonhof (86.)

Beste Spieler: Maier, Schwarzenbeck - Keegan, Pearson

Bericht: Die Engländer begannen sehr schnell und bauten ihr Spiel klug aus der Abwehr heraus auf. Nach einem Foul Rüßmanns an Pearson, wuchtete Watson den Ball in der 5. Minute mit dem Kopf knapp über das Tor.

16. Minute: Barnes spurtete Schwarzenbeck davon, zog den Schuß aber am deutschen Tor vorbei.

26. Minute: Ein Bonhof-Freistoß wurde von einem Engländer abgewehrt, der Ball kam genau zu Rummenigge, der ihn direkt und mit vollem Risiko an den Pfosten donnerte. Das war Glück für die Engländer. 33. Minute: Wegen einer Leistenverletzung ging Flohe und es kam Burgsmüller.

41. Minute: Nach einer hohen Flanke in den deutschen Strafraum gewann Pearson das Kopfballduell gegen Rüßmann und der Ball saß unhaltbar zum 0:1 im Netz. Damit hatte die deutsche Mannschaft ihre Quittung für das schwache Spiel gegen einen keineswegs starken Gegner bekommen.

66. Minute: Hughes setzte Keegan ein, dessen Flachschuß Sepp Maier mit einer tollen Parade abwehren konnte. 79. Minute: Als man schon von einem Sieg der cleveren Engländer ausgehen mußte, wurde der gerade eingewechselte Worm von Burgsmüller freigespielt und erzielte mit einem tollen Schuß und unhaltbar den Ausgleich zum 1:1.

86. Minute: Nach einem Foul an Burgsmüller wurde der Freistoß blitzschnell ausgeführt, der Schiedsrichter ließ ihn jedoch wiederholen. Als sich die englische Mauer nicht einig war, wer welche Lücke zu schließen hatte, lief Bonhof an und schoß zwischen zwei Engländern hindurch zum 2:1 für die deutsche Mannschaft ins Netz. Nur durch ihren großen Kampfgeist hatte die deutsche Elf glücklich mit 2:1 gegen England gewonnen.

❖

Vorbericht zum 426. Länderspiel: Nach dem keineswegs überzeugenden Sieg gegen England war die Sowjetunion in Frankfurt nächster Gegner der deutschen Mannschaft. Bundestrainer Helmut Schön stützte sich dabei auf sein bewährtes Aufgebot, das seit über einem Jahr gegen die stärksten Länder der Welt ohne Niederlage geblieben war.

Tor: Maier, Franke

Abwehr: Vogts, Kaltz, Rüßmann, Schwarzenbeck, Dietz, H.Zimmermann

Mittelfeld: Bonhof, Flohe, Hölzenbein, H.Neumann

Angriff: Abramczik, Fischer, Worm, Rummenigge

Nachdem Helmut Schön zweimal hintereinander Alternativen für Kaltz auf dem Liberoposten erprobt hatte, spielte gegen die Sowjetunion wieder der Hamburger auf diesem Posten. Auch wenn er, vor allem in der Offensive und im Spielaufbau, nicht an die Leistungen Beckenbauers heranreichen konnte, so war er doch derjenige, der innerhalb der Bundesliga der Beste für diesen Posten war.

8.3.1978 in Frankfurt

BR Deutschland - Sowjetunion 1:0 (0:0)

SR: Gordon (Schottland), Zuschauer: 55.000

BRD: Maier -81 (Bayern München); Vogts -88 (Bor. Mönchengladb.), Kaltz -13 (HSV), Rüßmann -11 (Schalke 04), Dietz - 22 (MSV Duisburg); Hölzenbein -36 (Eintr. Frankf.), Bonhof -32 (Bor. Mönchengladb.), Flohe -34 (1.FC Köln); Abramczik -10 (Schalke 04), Fischer -10 (Schalke 04), Rummenigge -10 (Bayern München). Mannschaftskapitän: Vogts

Sowjetunion: Degtjarjow; Prigoda, Jepikow, Bubnow, Machowikow; Konkow, Kolotow, Burjak (ab 79. Minajew), Weremejew (ab 79. Berejnoi); Fjedorow (ab 79. Tschesnokow)

Tor: 1:0 Rüßmann (47.)

Beste Spieler: Kaltz, Bonhof, Rüßmann - Blochin, Burjak, Degtjarow

Bericht: Die UdSSR begann sehr vorsichtig, griff jedoch die deutschen Spieler frühzeitig an, um ihr Spiel zu zerstören.

5. Minute: Rummenigge paßte zu Abramczik, dessen Schuß zur Ecke abgewehrt wurde. Der Eckball kam zu Rüßmann, der den Ball aus kurzer Entfernung an den Pfosten donnerte, und den Abpraller knallte Bonhof an das Außennetz. Im Gegenzug brauchte die deutsche Mannschaft ähnlich viel Glück, als Sepp Maier einen Eckball verpaßte, aber Bonhof im letzten Moment vor dem einschußbereiten Blochin rettete.

39. Minute: Mit einer Glanzparade verhinderte der sowjetische Torhüter einen Treffer, als Bonhof einen Flohe-Freistoß direkt verwandeln wollte. 43. Minute: Blochin spielte 3 deutsche Abwehrspieler aus, gab zu Kolotow weiter, aber dessen Schuß ins deutsche Tor wurde wegen Abseitsstellung nicht anerkannt. Zur Halbzeit stand das Spiel gerechterweise 0:0 unentschieden.

47. Minute: Auf unachahmliche Art und Weise spitzelte Flohe einen Freistoß raffiniert in den Strafraum, wo Rüßmann am höchsten sprang und den Ball mit dem Kopf zum Führungstreffer für die deutsche Mannschaft ins Netz wuchtete. Diese schnelle 1:0-Führung nach Wiederbeginn gab der deutschen Mannschaft spürbar mehr Sicherheit.

59. Minute: Bonhof flankte maßgerecht zu Fischer, der wie schon im Spiel gegen die Schweiz mit einem spektakulären Fallrückzieher unhaltbar ins Netz traf. Schiedsrichter Gordon erkannte den Treffer jedoch nicht an, sondern entschied auf gefährliches Spiel, weil ein sowjetischer Spieler in unmittelbarer Nähe stand. 63. Minute: Der Druck der deutschen Mannschaft wurde immer größer, selbst Libero Kaltz stürmte mit.

70. Minute: Zum drittenmal verpaßte Sepp Maier eine Flanke, aber zum Glück brachten auch die sowjetischen Stürmer den Ball nicht im Tor unter. 82. Minute: Nach einem schönen Doppelpaß zwischen Bonhof und Dietz konnte die sowjetische Abwehr erst in letzter Sekunde retten.

90. Minute: Rummenigge spielte sich schön durch, flankte zu Fischer, aber der vergab die gute Möglichkeit zum 2:0. So blieb es ein knapper, aber verdienter Sieg der deutschen Mannschaft, die immer dann gefährlich war, wenn sie schnell spielte und den Ball laufen ließ.

❖

Vorbericht zum 427. Länderspiel: Knapp 2 Monate vor Beginn der WM fand in Hamburg das Spiel der beiden letzten Weltmeister statt. Neben der bewährten Mannschaft hatte Helmut Schön 3 Neulinge in seinem Aufgebot.

Tor: Maier, Franke, Kargus

Abwehr: Vogts, Kaltz, Rüßmann, Dietz, Konopka, Kh.Förster

Mittelfeld: Bonhof, Flohe, Beer, Burgsmüller, Hans Müller

Angriff: Abramczik, Fischer, Rummenigge, Worm, Hölzenbein

Die beiden Neulinge vom VfB Stuttgart, Karlheinz Förster und Hansi Müller, kamen als Einwechselspieler zu ihrem 1. Länderspiel und begannen damit ihre große Karriere. Der Kölner Konopka mußte dagegen mit seinem 1. Länderspiel noch warten, denn alle Neulinge hatten es damals schwer, weil die deutsche Nationalelf seit 12 Spielen und über ein Jahr lang ungeschlagen war.

5.4.1978 in Hamburg
BR Deutschland - Brasilien 0:1 (0:0)

SR: Palotai (Ungarn), Zuschauer: 61.000
BRD: Maier -82 (Bayern München); Vogts -89 (Bor. Mönchengladb.), Kaltz -14 (HSV), Rüßmann -12 (Schalke 04), Dietz -23 (MSV Duisburg), ab 77. Kh.Förster -1 (VfB Stuttgart); Bonhof -33 (Bor. Mönchengaldb.), Flohe -35 (1.FC Köln), Beer -20 (Hertha BSC), ab 80. Worm -5 (MSV Duisburg); Abramczik -11 (Schalke 04), ab 52. H.Müller -1 (VfB Stuttgart), Fischer -11 (Schalke 04), Rummenigge -11 (Bayern München). Mannschaftskapitän: Vogts
Brasilien: Leao; Ze Maria, Amaral, Oscar, Edinho; Cerezo, Rivelino (ab 46. Batista), Dirceu, Zico; Gil, Reinaldo (ab 67. Nunez)
Tor: 0:1 Nunez (76.)
Beste Spieler: Maier, Flohe, Rummenigge - Zico, Cerezo, Edinho, Leao, Ze Maria
Bericht: Die deutsche Mannschaft begann überlegen und versuchte, mit langen Pässen Raum zu gewinnen.
5. Minute: Nach einem Abspielfehler in der deutschen Abwehr zog Linksaußen Reinaldo davon, flankte in die Mitte, wo Gil die Möglichkeit vergab, den brasilianischen Führungstreffer zu erzielen. 12. Minute: Nur mit einer Glanzparade konnte Torhüter Leao den ersten Treffer für die deutsche Mannschaft verhindern, als Fischer mit einem Paß von Flohe noch einige Meter lief und dann plaziert und hart auf das brasilianische Tor geschossen hatte. 15. Minute: Zico umspielte 2 deutsche Abwehrspieler und kam frei zum Schuß, doch der Ball ging hoch über das deutsche Tor. 18. Minute: Abramczik lief seinem Gegenspieler davon und flankte nach innen, aber Fischers Flugkopfball verfehlte das brasilianische Gehäuse.
25. Minute: Glück für die deutsche Mannschaft, als Rivelino freigespielt wurde und sein knallharter Schuß aus 20 Metern gegen die Latte donnerte. Im Gegenzug wurde Fischer durch ein Foul am Strafraum gestoppt. Den fälligen Freistoß setzte Bonhof knapp neben das brasilianische Tor. 35. Minute: Im letzten Augenblick konnte Maier dem durchgebrochenen Zico den Ball vom Fuß angeln. Und kurz darauf, nach einem Steilpaß von Rummenigge, schoß Fischer am herausstürzenden Torhüter vorbei, aber auf der Torlinie rettete Oscar.
45. Minute: Zwar hatten die Zuschauer in der ersten Halbzeit kein glanzvolles Spiel gesehen, aber zumindest einige dramatische Torraumszenen und zwei gleichwertige Mannschaften.
46. Minute: Ein tolles Solo von Rummenigge, der nur durch ein Foul von Oscar gebremst werden konnte, führte zu einem erneuten Freistoß, der jedoch abgewehrt wurde.
60. Minute: Das Spiel verflachte nun immer mehr. Die Brasilianer machten jedoch mehr aus dieser Situation, indem sie plötzlich explodierten. Nach einer Stunde führte Zico dies meisterhaft vor, indem er plötzlich aus 25 Metern einen tollen Schuß an die Querlatte des Gehäuses von Sepp Maier setzte. Erneut hatte die deutsche Mannschaft viel Glück.
71. Minute: Wieder konnte Rummenigge nur durch ein Foul gebremst werden, aber der Freistoß konnte zum wiederholten Mal nicht genutzt werden. 76. Minute: Was sich schon minutenlang andeutete, wurde dann Wirklichkeit. Eine tolle Kombination der Brasilianer endete bei Ze Maria, der aus vollem Lauf auf das deutsche Tor knallte. Maier konnte nur mit Mühe abwehren, aber Nunez war zur Stelle und donnerte den Ball zum 1:0 für Brasilien unter die Latte. 84. Minute: Nach herrlichem Paß von Flohe konnte Edinho einen Rummenigge-Schuß nur mit letztem Einsatz zur Ecke abwehren.
89. Minute: Die letzte Chance zum Ausgleich vergab der eingewechselte Neuling Karlheinz Förster, als er nach einer Kopfballvorlage Fischers aus 10 Metern weit über das Tor schoß. Aufgrund der wesentlich besseren Technik und der mannschaftlichen Geschlossenheit gewannen die Brasilianer verdient mit 1:0.

Vorbericht zum 428. Länderspiel: Spätestens nach der Heimniederlage gegen Brasilien kriselte es im D.F.B., denn jeder wußte, wie schwer es mit dieser Mannschaft ohne große Spielerpersönlichkeiten war, den WM-Titel zu verteidigen. Dazu hatte es einige Versäumnisse gegeben, die aber erst in den Tagen nach dem letzten Vorbereitungsländerspiel in Schweden allen klar wurden. Zuerst ging es nach Stockholm, wozu Bundestrainer Helmut Schön folgendes Aufgebot ausgewählt hatte:
Tor: Maier, Franke, Burdenski
Abwehr: Vogts, Kaltz, Rüßmann, Dietz, Schwarzenbeck, H.Zimmermann
Mittelfeld: Bonhof, Hölzenbein, H.Müller, Beer
Angriff: Abramczik, Fischer, Rummenigge, Worm

19.4.1978 in Stockholm
Schweden - BR Deutschland 3:1 (1:1)

SR: Burns (England), Zuschauer: 30.000
Schweden: Hellström; Borg, Aamann, R.Andersson, Erlandsson; Torstensson, Tapper, Larsson; K.Ohlsson (ab 75. Nilsson, Sjöberg, Wendt
BRD: Maier -83 (Bayern München), ab 6. Burdenski -2 (Werder Bremen); Vogts -90 (Bor. Mönchengladb.), Kaltz -15 (HSV), Rüßmann -13 (Schalke 04), H.Zimmermann -4 (1.FC Köln); Bonhof -34 (Bor. Mönchengladb.), ab 83. Dietz -24 (MSV Duisburg), Hölzenbein -37 (Eintr. Frankf.), H.Müller -2 (VfB Stuttgart, ab 59. Worm -6 (MSV Duisburg); Abramczik -12 (Schalke 04), Fischer -12 (Schalke 04), Rummenigge -12 (Bayern München). Mannschaftskapitän: Vogts
Tore: 0:1 Bonhof (23.), 1:1 Rüßmann (26. Eigentor), 2:1, 3:1 Larsson (50., 75.)
Beste Spieler: Torstensson, R.Andersson, Wendt, Sjöberg - Rummenigge, Maier
Bericht: Die Schweden begannen mit einem Blitzstart, kombinierten schnell und zielstrebig, so daß die deutsche Mannschaft in größte Schwierigkeiten kam.
2. Minute: Wendt umspielte Vogts, dann Rüßmann und knallte blitzschnell aus der Drehung auf das deutsche Tor, wo der Ball nur ganz knapp vorbeiging. 8. Minute: Hölzenbein schickte Rummenigge mit einem Steilpaß auf die Reise, doch der schoß aus 4 Metern am schwedischen Tor vorbei.
24. Minute: An der Strafraumgrenze wurde der durchgebrochene Hansi Müller durch ein Foul gebremst. Den indirekten Freistoß tippte der Stuttgarter an, Bonhof schoß, und unglücklich abgefälscht landete der Ball für Hellström unerreichbar zum 1:0 für die deutsche Mannschaft im Netz. Die Schweden ließen sich von diesem Rückstand nicht beirren. Nach einem Steilpaß sprang Rüßmann zwar höher als sein Gegenspieler Sjöberg, aber er köpfte den Ball 120 Sekunden nach der Führung ins eigene Tor zum 1:1.
42. Minute: Rummenigge, der als einziger deutscher Spieler überzeugen konnte, spazierte wieder einmal durch die schwedische Abwehr, aber im Abschluß war es nach wie vor kläglich, was der Münchener zu Wege brachte. Zur Halbzeit hatte die deutsche Mannschaft ein glückliches 1:1 erreicht.
50. Minute: Auch nach dem Wechsel dominierten klar die Schweden. Als Kaltz eine schwedische Flanke abwehrte, aber direkt vor die Füße von Larsson, hatte der keine Mühe, das 2:1 zu erzielen. 56. Minute: Glück für die deutsche Mannschaft, als Burdenski einen Ball direkt auf den Kopf von Sjöberg faustete, der jedoch nur den Pfosten traf.
65. Minute: Nach einem Alleingang flankte Rummenigge flach in den Strafraum, wo Worm den Ball an das Außennetz knallte. 75. Minute: Als Burdenski eine Flanke vor dem deutschen Tor verpaßte, konnte Larsson ungehindert zum 3:1 für Schweden einköpfen.
90. Minute: Auch in der letzten Viertelstunde bestimmten die Schweden deutlich das Spiel und hätten noch den einen oder

anderen Treffer erzielen können. Mit der 1:3-Niederlage war die deutsche Mannschaft noch gut bedient.

❖

Vorbericht zur 11. Fußball-Weltmeisterschaft. Bereits 3 Tage vor dem Schweden-Spiel wurde der FIFA das 40-köpfige deutsche Aufgebot vom D.F.B. mitgeteilt. Nie zuvor hatte es vor einer WM so heiße Diskussionen um diese Liste gegeben. Denn es standen mit Maier, Schwarzenbeck, Vogts, Bonhof, Uli Hoeneß und Hölzenbein zwar noch 6 Weltmeister von 1974 im 40er Aufgebot, aber es hätten 3 mehr sein können. Und es ging ausgerechnet um 3, die als Persönlichkeiten und Spielgestalter genau das hatten, was der deutschen Mannschaft fehlte: Führungskraft und Verantwortungsbewußtsein. Es ging um Beckenbauer, Breitner und Grabowski.

Da war vor allem der Fall Beckenbauer. Lange Zeit kümmerte sich der D.F.B. nicht um eine Freistellung, weil es ja in der deutschen Nationalmannschaft gut lief. Als man sich dann endlich bequemte, bei Cosmos New York anzufragen, waren die Amerikaner bereit, Beckenbauer exakt für die WM, aber nicht für die Vorbereitung freizugeben. Erst 2 Wochen vor der Nominierung des 40er Aufgebots wurden „konkrete" Verhandlungen über eine vorzeitige Freigabe geführt. Das war vor der ersten Saisonniederlage gegen Brasilien und es muß bezweifelt werden, ob von Seiten des D.F.B. alles getan wurde. Ein Platz im 22-köpfigen WM-Aufgebot hätte für den Weltklassefußballer immer da sein müssen. Mit Beckenbauer hätten die Versuche von Helmut Schön, den in der Bundesliga als Spielmacher von Eintracht Frankfurt überragenden Grabowski noch einmal für eine WM zu gewinnen, auch eher Erfolg gehabt. Mit diesen beiden wäre in Argentinien wahrscheinlich der Sprung in das Finale gelungen, denn seit 1962 war es nicht mehr so leicht gewesen, das Finale zu erreichen, weil vor allem das technische Niveau sehr gering war. Also ein riesiger Vorteil für zwei so brillante Techniker und Lenker.

Schließlich war da noch Breitner, der zu Saisonbeginn von Real Madrid zu Eintracht Braunschweig gewechselt war. Auch er ein brillanter Spielmacher und als Fußballer eine Persönlichkeit, der bereits wieder zu den absoluten Stars der Bundesliga gehörte. Bei ihm wurde erst gar nicht versucht, ihn wieder in die Nationalmannschaft zurückzuholen. So wurde also ein 40er Aufgebot gemeldet, in dem bereits die wichtigsten Spieler fehlten, denn auch Stielike, der zu Real Madrid gewechselt war und erstklassige Leistungen brachte, fand keine Berücksichtigung.

Tor:
Maier, Josef (Bayern München), geb. 28.2.1944, 83 Lsp.
Kargus, Rudolf (Hamburger SV), geb. 15.8.1952, 3 Lsp.
Franke, Bernd (Eintr. Braunschweig), geb. 12.2.1948, 2 Lsp.
Schumacher, Harald (1.FC Köln), geb. 6.3.1954, 0 Lsp.
Burdenski, Dieter (Werder Bremen), geb. 26.11.1950, 1 Lsp.
Abwehr:
Vogts, Hans-Hubert (Bor. Mönchengladbach), geb. 30.12.1946, 90 Lsp.
Kaltz, Manfred (Hamburger SV), geb. 6.1.1953, 15 Lsp.
Rüßmann, Rolf (Schalke 04), geb. 13.10.1948, 13 Lsp.
Dietz, Bernard (MSV Duisburg), geb. 22.3.1948, 24 Lsp.
Zimmermann, Herbert (1.FC Köln), geb. 1.7.1954, 4 Lsp.
Förster, Karl-Heinz (VfB Stuttgart), geb. 25.7.1958, 1 Lsp.
Schwarzenbeck, Hans Georg (Bayern München), geb. 3.4.1948, 44 Lsp.
Tenhagen, Franz-Josef (VfL Bochm), geb. 31.10.1952, 3 Lsp.
Lameck, Michael (VfL Bochum), geb. 15.9.1949, 0 Lsp.
Zewe, Gerd (Fort.Düsseldorf), geb. 13.6.1950, 0 Lsp.
Konopka, Harald (1.FC Köln), geb. 18.11.1952, 0 Lsp.
Gerber, Roland (1.FC Köln), geb. 20.5.1953, 0 Lsp.
Strack, Gerd (1.FC Köln), geb. 1.9.1955, 0 Lsp.
Weiner, Hans (Hertha BSC), geb. 29.11.1950, 0 Lsp.

Mittelfeld:
Bonhof, Rainer (Bor. Mönchengladbach), geb. 29.3.1952, 34 Lsp.
Flohe, Heinz (1.FC Köln), geb. 28.1.1948, 35 Lsp.
Beer, Erich (Hertha BSC), geb. 9.12.1946, 20 Lsp.
Neumann, Herbert (1.FC Köln), geb. 14.1.1953, 1 Lsp.
Burgsmüller, Manfred (Bor. Dortmund), geb. 22.12.1949, 3 Lsp.
Müller, Hans (VfB Stuttgart), geb. 27.7.1957, 2 Lsp.
Hadewicz, Erwin (VfB Stuttgart), geb. 2.4.1951, 0 Lsp.
Bongartz, Hans (Schalke 04), geb. 3.10.1951, 4 Lsp.
Cullmann, Bernd (1.FC Köln), geb. 1.1.1949, 22 Lsp.
Angriff:
Abramczik, Rüdiger (Schalke 04), geb. 18.2.1956, 12 Lsp.
Fischer, Klaus (Schalke 04), geb. 27.12.1949, 12 Lsp.
Rummenigge, Karl-Heinz (Bayern München), geb. 25.9.1955, 12 Lsp.
Müller, Dieter (1.FC Köln), geb. 1.4.1954, 8 Lsp.
Seel, Wolfgang (Fort. Düsseldorf), geb. 21.6.1948, 6 Lsp.
Worm, Ronald (MSV Duisburg), geb. 7.10.1953, 5 Lsp.
Hölzenbein, Bernd (Eintr. Frankfurt), geb. 9.3.1946, 37 Lsp.
Seliger, Rudolf (MSV Duisburg), geb. 20.9.1951, 2 Lsp.
Volkert, Georg (Hamburger SV), geb. 28.11.1945, 12 Lsp.
Toppmöller, Klaus (1.FC Kaisersl.), geb. 12.8.1951, 1 Lsp.
Hoeneß, Ulrich (Bayern München), geb. 5.1.1952, 35 Lsp.
Del Haye, Calle (Bor. Mönchengladbach), geb. 18.8.1955, 0 Lsp.

Insgesamt standen 9 Spieler ohne A-Länderspiel im Aufgebot. Ein viel größeres Manko war jedoch, daß einige Positionen schwach besetzt waren. Kaltz als Libero im Abwehrverhalten war zweifellos gut, aber die Position des freien Mannes nach vorn hin zu nutzen, war nicht seine Stärke. Noch schlimmer sah es beim Vorstopper aus, wo Rüßmann in seinen Länderspielen zwischen Welt- und Amateurklasse schwankte. Da war selbst Schwarzenbeck in seiner guten Zeit besser, und der hatte noch einen Weltklasselibero hinter sich. Über das Mittelfeld brauchte kein Wort verloren werden. Wir hatten 5 - 6 gute Arbeiter, aber keinen Dirigenten wie Grabowski, Breitner oder Beckenbauer. Jeder dieser 9 im 40er Aufgebot hätte unter der Führung einer der 3 Stars bis zu 50 Prozent mehr leisten können. Und schließlich waren da die Stürmer mit nur 2 echten Torjägern, Fischer und D.Müller, die sich gegenseitig im Weg standen. Jeder für sich, aber auch alle Stürmer zusammen, hätten mit einem Denker und Lenker im Mittelfeld wesentlich erfolgreicher sein können, als sie es letztlich waren.

Es wurden also bereits im Vorfeld nicht wiedergutzumachende Fehler begangen, die letztlich nicht ohne Folgen bleiben konnten.

Vom 1.-8.5.1978 wurde in der Sportschule Malente ein Lehrgang mit einem Testspiel durchgeführt.

Nationalelf - Amateurauswahl Schleswig-Holstein 6:1 (2:0, 3:1, 1:0)

Erstes Drittel: Kargus; Konopka, Zewe, Schwarzenbeck, Tenhagen; Cullmann, Beer, H.Müller; Seliger, Burgsmüller, Worms
Tore: 1:0 Burgsmüller (11.), 2:0 H.Müller (12.)
Zweites Drittel: Maier; Vogts, Kaltz, Rüßmann, Zimmermann; Cullmann, Flohe, Rummenigge; Abramczik, Fischer, Hölzenbein
Tore: 2:1 Jordt (35.), 3:1 Fischer (38.), 4:1 Fischer (46.), 5:1 Fischer (53.)
Drittes Drittel: Burdenski; Vogts, Kaltz, Rüßmann, Zimmermann; Zewe, Flohe, Rummenigge; Abramczik, Fischer, Hölzenbein
Tore: 6:1 Zimmermann (83.)

Nach diesem keineswegs überzeugenden Test benannte Bundestrainer Helmut Schön ein 23-köpfiges Aufgebot mit 4 Torhütern, das sich von selbst auf 22 reduzierte, weil sich der ewige Pechvogel Bernd Franke das Bein brach. Unter den Nicht-Berücksichtigten gab es viele Enttäuschte. Ganz besonders Burgsmüller, der es absolut nicht verstehen konnte.

  1 Sepp Maier (Bayern München), 34 Jahre/83 Lsp.
  2 Berti Vogts (Bor. Mönchengladbach), 31 J./90 Lsp.
  3 Bernhard Dietz (MSV Duisburg), 30 J./24 Lsp.
  4 Rolf Rüßmann (Schalke 04), 27 J./13 Lsp.
  5 Manfred Kaltz (HSV), 25 J./15 Lsp.
  6 Rainer Bonhof (Bor. Mönchengladbach), 26 J./34 Lsp.
  7 Rüdiger Abramczik (Schalke 04), 22 J./12 Lsp.
  8 Herbert Zimmermann (1.FC Köln), 23 J./4 Lsp.
  9 Klaus Fischer (Schalke 04), 29 J./12 Lsp.
 10 Heinz Flohe (1.FC Köln), 30 J./35 Lsp.
 11 Karl-Heinz Rummenigge (Bayern München), 22 J./12 Lsp.
 12 Georg Schwarzenbeck (Bayern München), 30 J./44 Lsp.
 13 Harald Konopka (1.FC Köln), 25 J./ohne Lsp.
 14 Dieter Müller (1.FC Köln), 24 J./8 Lsp.
 15 Erich Beer (Hertha BSC), 31 J./20 Lsp.
 16 Bernd Cullmann (1.FC Köln), 29 J./22 Lsp.
 17 Bernd Hölzenbein (Eintr. Frankfurt), 32 J./37 Lsp.
 18 Gerd Zewe (Fortuna Düsseldorf), 27 J./ohne Lsp.
 19 Ronald Worm (MSV Duisburg), 24 J./ 6 Lsp.
 20 Hans Müller (VfB Stuttgart), 20 J./2 Lsp.
 21 Rudi Kargus (Hamburger SV), 25 J./2 Lsp.
 22 Dieter Burdenski (Werder Bremen), 27 J./2 Lsp.

Mit Zewe und Konopka waren 2 Neulinge im Aufgebot, mit denen niemand gerechnet hatte. Ansonsten entsprach das Aufgebot den Erwartungen. Vom 16.-19.5.1978 trafen sich die 22 das letzte Mal mit Helmut Schön in Neu-Isenburg-Gravenbruch, wo auch noch ein Testspiel gegen die Hessen-Amateure durchgeführt wurde.

Nationalmannschaft - Hessen-Amateure 6:1 (3:1)
SR: Dreher (Darmstadt), Zuschauer: 16.000
Nationalmannschaft: Franke (46. Kargus); Vogts (46. Konopka), Rüßmann (46. Cullmann), Kaltz (46. Schwarzenbeck), Zimmermann; Zewe, Hansi Müller (46. Worm), Flohe (46. Beer); Abramczik (46. Rummenigge), Fischer, Dieter Müller (46. Hölzenbein)
Hessen: Friedl (Eintr. Frankf.); Luy (Hanau 93), ab 46. Drehfahl (Stadt-Griesheim), Trapp (Eintr. Frankf.); Sichmann (SSV Dillenburg), ab 46. Zeh (Eintr. Frankf.), Nachtweih (Eintr. Frankf.), Weiler (FSV Frankf.), ab 46. Köhler (SSV Dillenburg); Borchers (Eintr. Frankf.), Rohatsch (Hessen Kassel), Stary (Hessen Kassel)
Tore: 1:0 Zewe (11.), 2:0 D.Müller (30.), 2:1 Rohatsch (32.), 3:1 Fischer (36.), 4:1 Zimmermann (69.), 5:1 Hölzenbein (80.), 6:1 Konopka (89. Handelfmeter)

Am 21.5.1978 flog Bundestrainer Helmut Schön mit den 22 Spielern sowie Jupp Derwall und Erich Ribbeck nach Argentinien.

Die deutsche Nationalelf vor ihrem ersten Spiel bei der WM 1978 in Argentinien; v.l.: Vogts, Maier, Rüßmann, Kaltz, Bonhof, Abramczik, Zimmermann, Beer, Fischer, Hans Müller, Flohe

Vorbericht zum 429. Länderspiel: Im Eröffnungsspiel der 11. WM in Argentinien war Polen erster Gegner der deutschen Mannschaft. Trainer Gmoch von den Polen hatte sich fast perfekt auf dieses 1. Gruppenspiel eingestellt. Bundestrainer Helmut Schön entschied sich überraschend für Herbert Zimmermann als linken Außenverteidiger und für Bonhof, Beer, Flohe und Hans Müller im Mittelfeld. Zwar spielte der Stuttgarter Hansi Müller formell Linksaußen, aber er war ein Mittelfeldspieler, was bereits die Taktik von Helmut Schön erkennen ließ: Nur ja nicht im 1. Spiel verlieren.

1.6.1978 in Buenos Aires (WM-Vorrunde)
Polen - BR Deutschland 0:0

SR: Coerezza (Argentinien), Zuschauer: 77.000
Polen: Tomaszewski; Szymanowski, Gorgon, Zmuda, Maculewicz; Nawalka, Masztaler (ab 83. Kasperczak), Deyna; Lato, Lubanski (ab 78. Boniek), Szarmach
BRD: Maier -84 (Bayern München); Vogts -91 (Bor. Mönchengladb.), Kaltz -16 (HSV), Rüßmann -14 (Schalke 04), H.Zimmermann -5 (1.FC Köln); Bonhof -35 (Bor. Mönchengladb.), Flohe -36 (1.FC Köln), Beer -21 (Hertha BSC); Abramczik -13 (Schalke 04), Fischer -13 (Schalke 04), H.Müller -3 (VfB Stuttgart). Mannschaftskapitän: Vogts
Beste Spieler: Deyna, Gorgon, Zmuda - Maier, Vogts
Bericht: Wie schon häufiger bei WM-Eröffnungsspielen, begannen beide Mannschaften sehr vorsichtig.
2. Minute: In halbrechter Position zog Bonhof an zwei Polen vorbei, setzte Müller ein, der anstatt selbst zu schießen, zu Fischer verlängerte, der so überrascht war, daß er den Ball am Tor vorbeischoß.
9. Minute: Der erste Eckball für die Polen kam zu Nawalka, dessen Fernschuß knapp am deutschen Tor vorbeistrich. Und 4 Minuten später, nach einem Steilpaß über Lato, kam der Ball zu Lubanski, der sofort auf das deutsche Tor knallte, aber knapp daneben traf.
23. Minute: Szarmach ging an Vogts vorbei, doch sein Schuß verfehlte auch das deutsche Tor. Dann nahm Lato Rüßmann vor dem deutschen Strafraum den Ball ab und schoß sofort. Wieder hatte die deutsche Mannschaft Glück, denn der Ball ging am Tor vorbei.
39. Minute: Als Lato Zimmermann stehen ließ, war wieder große Gefahr, denn der freistehende Szarmach verpaßte die Flanke von Lato nur um Zentimeter. 42. Minute: Ein Mißverständnis in der polnischen Abwehr kam Flohe zugute, der in die Mitte flankte, wo Fischer jedoch verpaßte. Zur Halbzeit waren die Zuschauer sehr enttäuscht. Beide Mannschaften riskierten nicht viel, aber die Polen waren die eindeutig bessere Elf und hätten durchaus mit einem oder zwei Toren Vorsprung führen können.
57. Minute: Nach einem Alleingang von Deyna konnte Maier reaktionsschnell durch eine Fußabwehr das Führungstor der Polen verhindern. 67. Minute: Beer setzte sich an der rechten Seite durch, flankte scharf in die Mitte, wo Flohe mit einem Kopfball das Tor verfehlte. 77. Minute: Die desolate deutsche Mannschaft kam mit einer schönen Kombination über Hans Müller, Beer und Fischer vor das polnische Tor, doch der Schalker Mittelstürmer schoß weit darüber hinweg.
90. Minute: In der Endphase hatten die Polen noch Möglichkeiten zu gewinnen, doch auch ihre Schüsse gingen weit neben das Tor. So trennten sich beide Mannschaften torlos. Den Sieg in diesem klassearmen Spiel hätten allerdings die Polen verdient gehabt.

❖

Vorbericht zum 430. Länderspiel: Aufgrund der blamablen Leistung im Eröffnungsspiel, wo die deutsche Mannschaft noch einmal davongekommen war, war Helmut Schön gegen Mexiko zu Umstellungen gezwungen. Vor allem die beiden Schalker Stürmer hatten versagt. Fischer blieb zwar drin, aber Rummenigge und Dieter Müller kamen neu in den Angriff, und das Mittelfeld spielte mit Bonhof, Flohe und Hans Müller.

6.6.1978 in Cordoba (WM-Vorrunde)
Mexiko - BR Deutschland 0:6 (0:4)

SR: Bouzo (Syrien), Zuschauer: 38.000
Mexiko: Reyes (ab 40. Soto); Martinez, Ramos, Tena, Vasquez-Ayala; Mendizabel, de la Torre, Cuellar, Lopez Zarza (ab 46. Lugo); Rangel, Sanchez
BRD: Maier -85 (Bayern München); Vogts -92 (Bor. Mönchengladb.), Kaltz -17 (HSV), Rüßmann -15 (Schalke 04), Dietz -25 (MSV Duisburg); Bonhof -36 (Bor. Mönchengladb.), Flohe -37 (1.FC Köln), Rummenigge -13 (Bayern München), Hans Müller -4 (VfB Stuttgart); Fischer -14 (Schalke 04), Dieter Müller -9 (1.FC Köln). Mannschaftskapitän: Vogts
Tore: 0:1 Dieter Müller (14.), 0:2 Hans Müller (30.), 0:3 Rummenigge (38.), 0:4 Flohe (44.), 0:5 Rummenigge (72.), 0:6 Flohe (89.)
Beste Spieler: keiner - Flohe, Rummenigge, Vogts, D.Müller, H.Müller
Bericht: Die deutsche Mannschaft begann wieder sehr verhalten und vorsichtig. Erst in der 5. Minute erlief sich Hansi Müller einen langen Paß, doch sein Schuß ging knapp am Tor vorbei.
14. Minute: Dann jedoch zeigte Dieter Müller seine Torjäger-Qualitäten, als ihn Vogts anspielte und er blitzschnell seinen Gegenspieler aussteigen ließ. Sofort zog er flach ab, und als leichter Aufsetzer landete der Ball unhaltbar in der äußersten unteren Ecke zur 1:0-Führung für die deutsche Mannschaft.
26. Minute: Nach einer Flanke verpaßte Cuellar mit seinem Fallrückzieher das deutsche Tor. Einen Steilpaß von Flohe schoß Hansi Müller nach einer halben Stunde plaziert in die lange Ecke zum 2:0 für die deutsche Mannschaft ein.
38. Minute: Durch einen herrlichen Alleingang von Rummenigge fiel bereits eine Vorentscheidung. Der Münchener hatte die Nerven, um auch noch am mexikanischen Torhüter mit einem überlegten Schuß vorbei das 3:0 zu erzielen. Torhüter Reyes verletzte sich bei seiner Parade so sehr, daß er vom Platz getragen und ersetzt werden mußte. 43. Minute: Nach einem Foul erhielt Bonhof die gelbe Karte. 44. Minute: Nach einem Freistoß für die deutsche Mannschaft kam der Ball zu Bonhof, der sofort zu Flohe verlängerte. Der Kölner Spielmacher, der an diesem Tag groß auftrumpfte, knallte den Ball unhaltbar zur 4:0-Führung in das mexikanische Netz. Dank des schnellen und direkten Spiels führte die deutsche Mannschaft bereits so hoch, daß das Spiel schon zur Pause entschieden war.
72. Minute: Nach einer Musterkombination von Dieter Müller über Fischer zu Hans Müller, legte der den Ball Rummenigge maßgerecht vor und mit einem satten Schuß erzielte der Münchener Rechtsaußen das 5:0. 77. Minute: Viel Glück für die Mexikaner, als Flohe mit einem Gewaltschuß den rechten Pfosten traf, von wo der Ball an den linken Pfosten ging und erst dann ins Feld zurücksprang.
89. Minute: Flohe umspielte zwei Abwehrspieler und schoß den Ball mit einem herrlichen Linksschuß in die obere Torecke zum 6:0 für die deutsche Mannschaft ein. Ein Sieg, der in dieser Höhe verdient war, weil die deutsche Elf schneller und ideenreicher spielte als die Mexikaner.

❖

Vorbericht zum 431. Länderspiel: Im deutschen Lager herrschte riesiger Jubel nach dem überzeugenden 6:0 gegen Mexiko. Es wurde aber offensichtlich übersehen, daß Mexiko sehr schwach war und sogar gegen Tunesien mit 1:3 verloren hatte. Die Afrikaner waren der letzte Gegner der deutschen Mannschaft in den Gruppenspielen. Ein Unentschieden hätte der Mannschaft von Helmut Schön gereicht, um zweiter in der Gruppe 2 zu werden. Ein Sieg wäre aufgrund des vermutlich besseren Torverhältnisses der 1. Platz gewesen. In den Köpfen der Verantwortlichen und Spieler wurde bereits wieder gerechnet. Ein Sieg hätte bedeutet, mit Brasilien, Argentinien und Peru in eine Gruppe zu kommen, während der 2. Gruppenplatz mit Italien, Holland und Österreich eine europäische und vermeintlich leichtere Gruppe bedeutet hätte. So sehr solche Überlegungen immer bestritten wurden, im Unterbewußtsein spielten sie zweifellos eine Rolle.

10.6.1978 in Cordoba (WM-Vorrunde)
Tunesien - BR Deutschland 0:0

SR: Orosco (Peru), Zuschauer: 35.000
Tunesien: Naili; Dhuoib, Jebali, Jendoubi, Kaabi; Gasmi, Gommidh, Tarak, Agrebi; Temime, Akid (ab 83. Ben Aziza)
BRD: Maier -86 (Bayern München); Vogts -93 (Bor. Mönchengladb.), Kaltz -18 (HSV), Rüßmann -16 (Schalke 04), Dietz -26 (MSV Duisburg); Bonhof -37 (Bor. Mönchengladb.), Flohe -38 (1.FC Köln), Hans Müller -5 (VfB Stuttgart); Rummenigge -14 (Bayern München), Fischer -15 (Schalke 04), Dieter Müller -10 (1.FC Köln).
Mannschaftskapitän: Vogts

Beste Spieler: Naili, Temime - Maier, Dietz
Bericht: Zum drittenmal begann die deutsche Mannschaft sehr vorsichtig und diesmal auch noch nervös.

8. Minute: Nach einem Foul an Fischer schoß Bonhof den Freistoß genau auf den Kopf des Schalker Mittelstürmers, doch der verfehlte das Tor.

18. Minute: Auch nach einem Eckstoß von Bonhof köpfte Fischer, traf jedoch erneut das Tor nicht. 26. Minute: Nach einer Flanke zu Hansi Müller, zog der seinen Schuß am Tor der Tunesier vorbei.

38. Minute: Der erste Eckball der Afrikaner, bei dem Maier im letzten Moment gegen Agrebi retten konnte. 44. Minute: Noch einmal hatten die Tunesier die Führungschance, als Agrebi frei zum Schuß kam, aber knapp vorbeizielte. Zur Halbzeit war das Spiel der deutschen Mannschaft eine einzige Enttäuschung. Mit ein bißchen mehr Druck und Mut hätten die Tunesier sogar führen können.

51. Minute: In der zweiten Halbzeit wurden die Tunesier zusehends forscher, und bereits in den ersten Minuten brauchte die deutsche Mannschaft mehrfach Glück.

59. Minute: Nur einige Weitschüsse, vor allem von Bonhof, waren im deutschen Angriff zu sehen, doch Torhüter Naili konnte sich hier mit tollen Paraden auszeichnen. 61. Minute: Endlich einmal ein Alleingang von Fischer, der jedoch aus spitzem Winkel selbst schoß, statt die beiden freistehenden Hans und Dieter Müller zu sehen.

80. Minute: Dieter Müller faßte sich ein Herz und schoß aus der Distanz, doch ohne Erfolg, denn der Ball landete im Außennetz.

90. Minute: Bei einem Flankenball retteten zwei tunesische Abwehrspieler mit letztem Einsatz vor dem einschußbereiten Fischer. Mit einem gellenden Pfeifkonzert wurde die deutsche Mannschaft von den Zuschauern verabschiedet, denn es war doch sehr offensichtlich, daß sie gar nicht gewinnen wollte.

❖

Vorbericht zum 432. Länderspiel: Mit ihrer schwachen Vorstellung gegen Tunesien hatte die deutsche Mannschaft ihr Ziel erreicht. Sie stand in der Finalrunde, wo Italien, Holland und Österreich die Gegner waren. Im 1. Spiel gegen die Italiener war bereits bei Nennung der Aufstellung die erneute Defensivtaktik erkennbar. Neben Bonhof und Flohe spielte Außenverteidiger Herbert Zimmermann als zweiter Defensivspieler im Mittelfeld. Zudem kam Hölzenbein für Dieter Müller in den Angriff und der Frankfurter war ja auch nur ein offensiver Mittelfeldspieler. Bei den italienischen Abwehrkünstlern lauteten so schon vor dem Spiel alle Prognosen 0:0.

14.6.1978 in Buenos Aires (WM-Finalrunde)
Italien - BR Deutschland 0:0

SR: Maksimovic (Jugoslawien), Zuschauer: 60.000
Italien: Zoff; Gentile, Scirea, Bellugi, Cabrini; Benetti, Tardelli, Antognoni (ab 46. Zaccarelli); Causio, Rossi, Bettega
BRD: Maier -87 (Bayern München); Vogts -94 (Bor. Mönchengladb.), Kaltz -19 (HSV), Rüßmann -17 (Schalke 04), Dietz -27 (MSV Duisburg); Bonhof -38 (Bor. Mönchengladb.), Flohe -39 (1.FC Köln), ab 70. Beer -22 (Hertha BSC), H.Zimmermann -6 (1.FC Köln), ab 54. Konopka -1 (1.FC Köln); Rummenigge -15 (Bayern München), Fischer -16 (Schalke 04), Hölzenbein -38 (Eintr. Frankf.).
Mannschaftskapitän: Vogts

Beste Spieler: Bettega, Zoff Cabrini - Maier, Kaltz, Bonhof
Bericht: Überraschend begann die deutsche Mannschaft gegen Italien sehr schwungvoll und hatte bereits in der ersten Minuten durch einen Kopfball von Hölzenbein die erste Torchance.

24. Minute: Ein toller Schuß von Hölzenbein zwang Torhüter Zoff zu einer Glanzparade, um den Ball noch über die Latte zu lenken. 29. Minute: Flohe versetzte Cabrini und lupfte den Ball zu Rummenigge, der sofort schoß, aber der Ball wurde zur Ecke abgewehrt.

35. Minute: Der Italiener Bettega umkurvte die deutschen Abwehrspieler einschließlich Torhüter Maier, aber sein Schuß auf das leere deutsche Tor war so schwach, daß der zurückgelaufene Kaltz den Ball noch von der Linie befördern konnte. Viel Glück für die deutsche Mannschaft. 42. Minute: Noch einmal große Gefahr im deutschen Strafraum, als sich Kaltz bei einer Cabrini Flanke verschätzte, doch Rossi diese Riesenchance nicht nutzen konnte. Obwohl die Italiener leicht überlegen waren, blieb das 0:0 zur Halbzeit nicht unverdient.

51. Minute: Nach einem Foul an Flohe schoß Bonhof den Freistoß in die italienische Mauer. Drei Minuten später kam Konopka für den verletzten Zimmermann zu seinem ersten Länderspiel. 55. Minute: Der gerade eingewechselte Neuling verursachte einen Fehlpaß, der erneut Bettega in freie Schußposition brachte, und Kaltz mußte wieder auf der Linie für den bereits geschlagenen Sepp Maier retten.

65. Minute: Nach schönem Doppelpaß zwischen Flohe und Rummenigge verletzte sich der Kölner Spielmacher so sehr, daß er 5 Minuten später gegen Beer ausgetauscht werden mußte. Die Italiener waren in dieser Phase sehr hektisch und Bellugi hätte sogar die rote Karte sehen müssen, weil er Mittelstürmer Fischer einfach zu Boden streckte. 72. Minute: Endlich einmal eine schöne Kombination der deutschen Mannschaft von Fischer ausgehend über Rummenigge zu Konopka, der nur durch ein Foul gebremst werden konnte. Den von Bonhof getretenen Freistoß köpfte Vogts neben das Tor. 77. Minute: Bei einem tollen Schuß von Zaccarelli mußte Torhüter Sepp Maier sein ganzes Können aufbieten, um den Ball aus dem Tordreieck zu fischen.

89. Minute: Nach einem Foul an Konopka schoß Bonhof den Freistoß, den Fischer mit einem Hechtsprung um Millimeter verfehlte. So blieb es beim schmeichelhaften Unentschieden für die deutsche Elf, die wieder einmal viel zu zögernd agiert hatte.

❖

Sepp Maier (Bayern München), Weltmeister 1974, war bei der WM 1978 der große Rückhalt der Nationalelf

Vorbericht zum 433. Länderspiel: Nach dem 0:0 gegen Italien hatte die Mannschaft von Bundestrainer Helmut Schön noch alle Chancen, das Finale zu erreichen. Gegen Holland, das Österreich mit 5:1 besiegt hatte, mußte jedoch unbedingt gewonnen werden. Deshalb war eine offensivere Spielweise unverzichtbar. Da Flohe und der erfolglose Torjäger Fischer verletzt waren, blieb wieder einmal nur die Abwehr unverändert. Das Mittelfeld wurde mit Bonhof, Beer und Hölzenbein offensiv ausgerichtet und im Angriff mit Abramczik, Dieter Müller und Rummenigge eine ganz neue Konstellation gefunden.

18.6.1978 in Cordoba (WM-Finalrunde)

Holland - BR Deutschland 2:2 (1:1)

SR: Barreto (Uruguay), Zuschauer: 46.000
Holland: Schrijvers; Poortvliet, Krol, Brandts ,Wildschutz (ab 79. Nanninga); Jansen, Haan, Willy v.d.Kerkhof; Rene v.d.Kerkhof, Rep, Rensenbrink
BRD: Maier -88 (Bayern München); Vogts -95 (Bor. Mönchengladb.), Kaltz -20 (HSV), Rüßmann -18 (Schalke 04), Dietz -28 (MSV Duisburg); Bonhof -39 (Bor. Mönchengladb.), Beer -23 (Hertha BSC), Hölzenbein -39 (Eintr. Frankf.); Abramczik -14 (Schalke 04), Dieter Müller -11 (1.FC Köln), Rummenigge -16 (Bayern München). Mannschaftskapitän: Vogts
Tore: 0:1 Abramczik (3.), 1:1 Haan (27.), 1:2 Dieter Müller (70.), 2:2 Rene v.d.Kerkhof (84.)
Beste Spieler: Haan, Rep, Rene v.d.Kerkhof, Krol - Maier, Vogts, D.Müller, Kaltz
Bericht: Offensichtlich wußte jeder in der deutschen Mannschaft, worauf es ankam, denn sie begann selbstbewußt und offensiv.

3. Minute: Abramczik umkurvte 2 Holländer und schob butterweich zu Dieter Müller, der an der Strafraumgrenze umgesäbelt wurde. Freistoßspezialist Bonhof schoß knallhart auf das holländische Tor, wo Torhüter Schrijvers den Ball nur abklatschen konnte und Abramczik war im Hechtsprung da, um den abprallenden Ball zum 1:0 für die deutsche Mannschaft unter die Latte zu köpfen. Das war ein Auftakt nach Maß für die deutsche Mannschaft. 9. Minute: Nach einem Foul knallte Rensenbrink den Freistoß nur ganz knapp über das Gehäuse von Sepp Maier.

16. Minute: Einen raffiniert angeschnittenen Freistoß von Haan verpaßte Rüßmann, so daß Rensenbrink frei zum Kopfball kam, aber Sepp Maier konnte mit einer Glanzparade zur Ecke abwehren. 27. Minute: Nach einem Alleingang von Haan schoß der gefürchtete Weitschütze aus 30 Meter Entfernung unhaltbar in den Winkel zum 1:1 Ausgleich.

45. Minute: Bis zur Halbzeit blieben gute Torchancen auf beiden Seiten aus. Insgesamt hatte die deutsche Mannschaft jedoch endlich wieder einmal gut gespielt und das 1:1 war für die Holländer glücklich.

53. Minute: Nach dem Seitenwechsel wurden die Holländer überlegen. Auf Linksaußen setzte sich Rene v.d.Kerkhof durch und flankte in die Mitte, wo Rep diese herrliche Flanke nur knapp verpaßte. 57. Minute: Der nächste gefährliche Angriff der Holländer, den Rene v.d.Kerkhof mit einem Weitschuß aus 18 Metern abschloß, hätte fast die Führung für die Holländer bedeutet. Nur Zentimeter strich der Ball über das Tor. Die deutsche Abwehr wurde jetzt zusehends nervöser und machte überraschend viele Fehler.

70. Minute: Der erste gefährliche Angriff der deutschen Mannschaft in der zweiten Hälfte brachte auch gleich die Führung. Nach einem Steilpaß von Hölzenbein zu Beer, flankte der sofort auf den Elfmeterpunkt, wo Dieter Müller den Ball als Aufsetzer in die untere Ecke köpfte. Jetzt war die deutsche Mannschaft mit einem Bein im Endspiel. 72. Minute: Die Holländer warfen alles nach vorn und hatten schon 2 Minuten später die Ausgleichschance, als Rep mit einem Steilpaß auf und davon zog und einen herrlichen Schuß an die Latte donnerte.

84. Minute: Rene v.d.Kerkhof ging an seinem Bewacher vorbei und schoß knallhart auf das deutsche Tor. Für den geschlagenen Sepp Maier wollte Rüßmann mit der Hand retten, doch der Versuch war vergebens. Die Holländer hatten wieder ausgeglichen. 88. Minute: In den dramatischen Schlußminuten sah der eingewechselte holländische Stürmer Nanninga noch die rote Karte. Der so wichtige Siegtreffer wollte der deutschen Mannschaft jedoch nicht mehr gelingen, so daß es beim 2:2 blieb.

❖

Vorbericht zum 434. Länderspiel: Mit dem Unentschieden gegen Holland war der Traum vom Finale fast schon ausgeträumt. Zwar bestand noch eine theoretische Chance, wenn Italien gegen Holland gewinnen würde, aber davon konnte man nicht ausgehen. Doch mit dem erwarteten Sieg gegen Österreich war das Spiel um Platz 3 gesichert. Es gab innerhalb der deutschen Delegation zunehmend Unstimmigkeiten. Weniger innerhalb der Mannschaft, als vielmehr zwischen Helmut Schön und Präsident Neuberger. Insgesamt herrschte eine Stimmung, die alles andere als fruchtbar war. Die Enttäuschung, das Finale kaum noch erreichen zu können, war unübersehbar. Das ganze deutsche Lager glich eher einer Trauergemeinde, und so langsam war allen bewußt geworden, daß vor allem bei dem schwachen Niveau der WM die Endspielteilnahme bereits im Vorfeld verschlafen wurde.

Noch einmal vertraute Helmut Schön der Elf des Holland-Spiels gegen den alten Rivalen Österreich, der nach seinem 0:1 gegen Italien mit 0-4 Punkten hoffnungslos auf dem letzten Platz der Finalgruppe A stand.

21.6.1978 in Cordoba (WM-Finalrunde)

Österreich - BR Deutschland 3:2 (0:1)

SR: Klein (Israel), Zuschauer: 46.000
Österreich: Koncilia; Sara, Pezzey, Obermayer, Strasser; Hikkersberger, Prohaska, Kreuz, Krieger; Schachner (ab 73. Oberacher), Krankl
BRD: Maier -89 (Bayern München); Vogts -96 (Bor. Mönchengladb.), Kaltz -21 (HSV), Rüßmann -19 (Schalke 04), Dietz -29 (MSV Duisburg); Bonhof -40 (Bor. Mönchengladb.), Beer -24 (Hertha BSC), ab 46. Hans Müller -6 (VfB Stuttgart), Hölzenbein -40 (Eintr. Frankf.); Abramczik -15 (Schalke 04), Dieter Müller -12 (1.FC Köln), ab 61. Fischer -17 (Schalke 04), Rummenigge -17 (Bayern München). Mannschaftskapitän: Vogts
Tore: 0:1 Rummenigge (19.), 1:1 Vogts (59. Eigentor), 2:1 Krankl (66.), 2:2 Hölzenbein (68.), 3:2 Krankl (88.)
Beste Spieler: Krankl, Kreuz, Prohaska, Pezzey - Maier, Dietz, D.Müller
Bericht: Die deutsche Mannschaft hatte eine klare Marschroute. Sie mußte gewinnen, wenn sie das Spiel um den dritten und vierten Platz mit Sicherheit erreichen und sogar noch eine Chance auf die Finalteilnahme haben wollte. Bei einem Unentschieden wäre evtl. noch ein Spiel um Platz 3 möglich gewesen, während eine Niederlage das endgültige Aus bedeutete. Es konnte also nur ein Spiel auf Sieg sein, und die deutsche Mannschaft begann auch mit Druck nach vorn.

3. Minute: Rummenigge zog davon und wurde durch ein Foul gebremst. Der Freistoß von Hölzenbein blieb in der Abwehrmauer der Österreicher hängen. 7. Minute: Nach einem Foul von Bonhof an Hickersberger mußte sich Sepp Maier bei dem Freistoß mächtig strecken, um den Ball noch um den Torpfosten zu lenken.

19. Minute: Nach herrlichem Doppelpaß zwischen Rummenigge und Dieter Müller kam es zur erhofften schnellen Führung der deutschen Mannschaft. Rummenigge schob den Ball plaziert an Torhüter Koncilia zur 1:0-Führung vorbei.

27. Minute: Mit letztem Einsatz konnte Rüßmann nach einer Flanke vor Krankl retten. 35. Minute: Nach einem Alleingang verfehlte Beer aus 18 Metern nur knapp das Tor von Koncilia. 38.

Rainer Bonhof (Borussia Mönchengladbach) rackerte vergeblich bei der WM 1978

Klaus Fischer (Schalke 04) war Torjäger und Nachfolger von Gerd Müller, ohne jedoch dessen Klasse zu erreichen

Auch Manfred Kaltz (HSV) konnte das Ausscheiden in Argentinien nicht verhindern

Minute: Glück für die deutsche Mannschaft, als Kreuz freistehend nach einer Hickersberger-Flanke den Ball direkt nahm und nur knapp über das deutsche Tor zielte. Zur Halbzeit führte die deutsche Mannschaft nicht unverdient mit 1:0.

46. Minute: In der zweiten Halbzeit kam der junge Hansi Müller für den enttäuschenden Beer.

55. Minute: Das Spiel der Österreicher wurde zusehends härter, und damit häuften sich auch die Fouls und die Freistöße für die deutsche Mannschaft. Einen davon knallte Bonhof 10 Minuten nach der Pause an den Außenpfosten. Das hätte bereits eine Vorentscheidung sein können. 59. Minute: Auf Rechtsaußen zog Krieger mit einem Steilpaß davon und flankte auf den mitgelaufenen Kreuz. Vogts versuchte zu retten, fälschte aber dabei den Ball unglücklich ab, so daß er für Maier unerreichbar zum 1:1-Ausgleich im Netz landete. Damit nahm das Verhängnis seinen Lauf.

66. Minute: Nach einer schönen Kombination der Österreicher bekam Krankl an der Strafraumgrenze völlig freistehend den Ball, zog sofort ab, und es stand 2:1 für Österreich. 68. Minute: Zum Glück gelang schon 2 Minuten später der Ausgleich, als Hölzenbein einen Bonhof-Freistoß zum 2:2 einköpfte. Das Spiel wurde jetzt hektischer und die gesamte deutsche Abwehr wurde mehr und mehr zu einem einzigen Chaos. Nur Sepp Maier behielt die Ruhe und Übersicht.

80. Minute: Nachdem man über Radio hören konnte, daß die Holländer gegen Italien führten, mußte der deutschen Mannschaft sogar ein 2:2 zum Spiel um den dritten Platz reichen. An einen Sieg war auch gar nicht mehr zu denken, denn das Spiel nach vorne lief absolut nicht mehr und die Abwehr geriet von einer Verlegenheit in die andere. 88. Minute: Durch einen Abspielfehler Hansi Müllers kamen die Österreicher in Ballbesitz und konterten schnell. Krankl bekam den Ball und umspielte leicht seinen Gegenspieler Rüßmann und auch noch Kaltz und schoß den Ball plaziert zum 3:2 ins Netz. Der deutsche Hühnerhaufen war geschlagen, obwohl sich noch einmal eine ganz große Torchance bot, als der völlig freistehende Abramczik am Tor vorbeischoß.

90. Minute: Mit dem Schlußpfiff rissen die Österreicher die Arme in die Höhe, denn sie hatten nach mehreren Jahrzehnten zum erstenmal wieder und verdient gegen die deutsche Mannschaft gewonnen. Für Helmut Schön war es ein bitterer Abschied als Bundestrainer. Mit einer miserablen Vorstellung hatte sich die deutsche Mannschaft von dieser WM verabschiedet, bei der unter anderen Vorraussetzungen sogar der WM-Titel möglich gewesen wäre. Der Verzicht auf Beckenbauer, Grabowski, Stielike und Breitner hatte sich bitter gerächt. Man konnte nur hoffen, daß solche Fehler nie wieder gemacht würden.

❖

Gesamtbilanz 1908 - 1978
434 Siege: 239 Siege, 79 Unentschieden, 116 Niederlagen, 1.038:616 Tore
Heim 198: 119 Siege, 39 Unentschieden, 40 Niederlagen, 518:238 Tore
Auswärts 236: 120 Siege, 40 Unentschieden, 76 Niederlagen, 520:378 Tore
Zuschauer insgesamt: 19.440.233
Heim: 10.459.361, Auswärts: 8.980.872

Die meisten Länderspiele:
1. Franz Beckenbauer (Bayern München) 103 Spiele
2. Hans-Hubert Vogts (Bor. Mönchengladbach) 96 "
3. Josef Maier (Bayern München) 89 "
4. Wolfgang Overath (1.FC Köln) 81 "
5. Uwe Seeler (Hamburger SV) 72 "
6. Paul Janes (Fortuna Düsseldorf) 71 "
7. Willi Schulz (Union Grünnigfeld 3, Schalke 04 22, Hamburger SV 41) 66 "
   Horst-Dieter Höttges (Werder Bremen) 66 "
9. Ernst Lehner (Schwaben Augsburg 55, Blau Weiß Berlin 10) 65 "
10. Gerhard Müller (Bayern München) 62 "

Karl-Heinz Rummenigge (Bayern München), jahrelang Weltklassestürmer in der deutschen Nationalelf

11. Fritz Walter (1.FC Kaiserslautern)	61	"
12. Wolfgang Weber (1.FC Köln)	53	"
13. Herbert Erhardt (SpVgg Fürth 49, Bayern München 1)	50	"
14. Karl-Heinz Schnellinger (Düren 99 3, 1.FC Köln 24, AS Rom 1, AC Mailand 19)	47	"
15. Albin Kitzinger (Schweinfurt 05)	44	"
Andreas Kupfer (Schweinfurt 05)	44	"
Jürgen Grabowski (Eintracht Frankfurt)	44	"
Georg Schwarzenbeck (Bayern München)	44	"

Die meisten Tore:

1. Gerhard Müller (Bayern München)	68	Tore
2. Uwe Seeler (Hamburger SV)	43	"
3. Fritz Walter (1.FC Kaiserslautern)	33	"
4. Ernst Lehner (Schwaben Augsburg, Blau-Weiß Berlin)	30	"
5. Edmund Conen (FV Saarbrücken, Kickers Stuttgart)	27	"
6. Richard Hofmann (Meerane 07, Dresdener SC)	24	"
7. Max Morlock (1.FC Nürnberg)	21	"
Helmut Rahn (Rot-Weiß Essen, 1.FC Köln)	21	"
9. Karl Hohmann (VfL Benrath)	20	"
10. Otto Siffling (SV Waldhof)	17	"
Helmut Schön (Dresdener SC)	17	"
Wolfgang Overath (1.FC Köln)	17	"
13. Wilhelm Hahnemann (Admira Wien)	16	"
14. Hans Schäfer (1.FC Köln)	15	"
15. Gottfried Fuchs (Karlsruher FV)	14	"
Otto Harder (Hamburger SV)	14	"
Franz Beckenbauer (Bayern München)	14	"
Josef Heynckes (Bor. Mönchengladbach)	14	"

Die häufigsten Mannschaftsführer waren:

1. Franz Beckenbauer	50	mal
2. Uwe Seeler	40	"
3. Paul Janes	31	"
4. Fritz Szepan	30	"
Fritz Walter	30	"
6. Willi Schulz	20	"
Hans-Hubert Vogts	20	"
8. Herbert Erhardt	18	"
9. Hans Schäfer	16	"
10. Wolfgang Overath	14	"
11. Ludwig Leinberger	11	"
12. Adolf Jäger	10	"
Rudolf Gramlich	10	"
14. Camillo Ugi	9	"
15. Otto Harder	8	"
Reinhold Münzenberg	8	"
Helmut Rahn	8	"

52 Elfmeter für Deutschland,

40 Elfmeter verwandelt durch Förderer (1908 gegen England), Breunig (1911 gegen die Schweiz), Jäger (1913 gegen Dänemark), Jäger (1921 gegen Ungarn), Franz (1924 gegen Österreich), Ruch (1925 gegen Finnland), R.Hofmann (1932 gegen die Schweiz), Lehner (1934 gegen Polen), Gauchel (1938 gegen Luxemburg), Janes (1939 gegen Böhmen-Mähren), Binder (1939 gegen Italien), Conen (1940 gegen Bulgarien), Janes 1941 gegen Ungarn), Lehner (1941 gegen Kroatien), Burdenski (1950 gegen die Schweiz), F.Walter (1954 gegen Österreich), F.Walter (1954 gegen Österreich), Juskowiak (1955 gegen Italien), Juskowiak (1959 gegen Schottland), Juskowiak (1959 gegen die Schweiz), Szymaniak (1962 gegen Chile), Werner (1963 gegen Brasilien), Seeler (1963 gegen die Türkei), Sieloff (1965 gegen England), Sieloff (1965 gegen Zypern), Sieloff (1965 gegen Österreich), Haller 1966 gegen die Schweiz), G.Müller (1967 gegen Albanien), G.Müller (1970 gegen Bulgarien), G.Müller (1970 gegen die Türkei), Netzer (1972 gegen England), G.Müller (1973 gegen die Tschechoslowakei), G.Müller (1973 gegen Frankreich), Breitner (1974 gegen Schottland), Hoeneß (1974 gegen Schweden), Breitner (1974 gegen Holland), Ritschel (1975 gegen Bulgarien), Beer (1976 gegen Malta), Bonhoff (1977 gegen Nordirland), Bonhof (1977 gegen Jugoslawien).

12 Elfmeter verschossen durch Breunig (1910 gegen Holland), Breunig (1913 gegen Holland), Kalb (1922 gegen Österreich), Lüke (1923 gegen Finnland), Brülls (1961 gegen Chile), Krämer (1964 gegen Algerien), Höttges (1967 gegen Bulgarien), G.Müller (1973 gegen Jugoslawien), G.Müller (1974 gegen Spanien), Grabowski (1974 gegen Ungarn), Hoeneß (1974 gegen Polen), Beckenbauer (1975 gegen die Türkei).

39 Elfmeter gegen Deutschland,

28 Elfmeter verwandelt durch Dlabac (1908 Österreich), Schlosser (1912 Ungarn), Weiss (1912 Schweiz), Kuthan (1921 Österreich), Kelin (1925 Finnland), Lundahl (1929 Schweden), Christophersen (1930 Dänemark), Polgar (1934 Ungarn), Davies (1936 Irland), Stijnen (1939 Belgien), Demaria (1939 Italien), Campes (1942 Spanien), Nagymarosi (1942 Ungarn), Boequet (1951 Schweiz), Bobek (1952 Jugoslawien), Cesar (1952 Spanien), Martin 1954 Saarland), Cantwell (1956 Irland), Wagner (1957 Österreich), Dvorak (1958 Tschechoslowakei), Kopa (1958 Frankreich), Duis (1958 Frankreich), Alla (1958 Ägypten), Tichy (1959 Ungarn), Brindisi (1973 Argentinien), Bajevic (1973 Jugoslawien), Neeskens (1974 Holland), Kolev (1975 Bulgarien).

11 Elfmeter verschossen durch (1911 Schweden), (1922 Finnland), Neumann (1922 Österreich), Ramseyer (1928 Schweiz), Orsi (1930 Italien), Sobotka (1935 Tschechoslowakei), Walaschek (1941 Schweiz), Mond (1951 Luxemburg), Nestoridis (1960 Griechenland), Rinaldo (1965 Brasilien), Bremner (1973 Schottland).

13 Eigentore gegen Deutschland,

erzielt durch Breunig (1910 gegen Holland), Breunig (1912 gegen Holland), H.Müller (1924 gegen Finnland), Münzenberg (1931 gegen Frankreich), Stubb (1932 gegen Schweden), Klodt (1939 gegen Jugoslawien), Rohde (1941 gegen die Schweiz), Posipal (1951 gegen Irland), Mai (1955 gegen Italien), Erhardt (1958 gegen Tschechoslowakei), Erhardt (1961 gegen Dänemark), Rüßmann (1978 gegen Schweden), Vogts (1978 gegen Österreich).

10 Eigentore für Deutschland,

erzielt durch Lörtscher (1938 Schweiz), Albu (1938 Rumänien), Brozovic (1942 Kroatien), Horvat (1954 Jugoslawien), van der Hart (1956 Holland), Stacho (1958 Tschechoslowakei), Panayotou (1965 Zypern), Eigenstiller (1968 Österreich), Jordanoov (1973 Bulgarien), Meyer (1977 Schweiz).

5 Platzvereise gegen Deutschland:

Kalb (1928 Uruguay), R.Hofmann (1928 Uruguay), Passer (1938 Schweiz), Juskowiak (1958 Schweden), Netzer (1968 Chile).

11 Platzverweise Gegner:

Nasazzi (1928 Uruguay), Burgnich (1965 Italien), Albrecht (1966 Argentinien), Troche (1966 Uruguay), Silva (1966 Uruguay), Tschislenko (1966 Sowjetunion), Peri (1967 Frankreich), Reinoso (1968 Chile), Gemmel (1969 Schottland), Caszely (1974 Chile), Nanninga (1978 Holland)

Nationalspieler des Jahres:

1907/08 Fritz Förderer (Karlsruher FV)
1908/09 Adolf „Adsch" Werner (Holstein Kiel)
1909/10 Eugen Kipp (Spfr. Stuttgart)
1910/11 Camillo Ugi (VfB Leipzig)
1911/12 Max Breunig (Karlsruher FV)
1912/13 Adolf Jäger (Altonaer FC 93)
1913/14 Karl Wegele (Phönix Karlsruhe)
1920/21 Karl Tewes (Viktoria 89 Berlin)
1921/22 Andreas „Resi" Franz (Spvgg. Fürth)
1922/23 Leonhard „Loni" Seiderer (Spvgg. Fürth)
1923/24 Hans „Bumbas" Schmidt (1.FC Nürnberg)
1924/25 Paul Paulsen-Pömpner (VfB Leipzig)
1925/26 Otto „Tull" Harder (Hamburger SV)
1926/27 Georg Hochgesang (1.FC Nürnberg)
1927/28 „König" Richard Hofmann (Meerane 07)
1928/29 Heiner Stuhlfauth (1.FC Nürnberg)
1929/30 „König" Richard Hofmann (Dresdener SC)
1930/31 Willibald Kreß (Rot-Weiß Frankfurt)
1931/32 Stanislaus „Tau" Kobierski (Fortuna Düsseldorf)
1932/33 Oskar „Ossi" Rohr (Bayern München)
1933/34 Fritz Szepan (FC Schalke 04)
1934/35 Ernst Lehner (Schwaben Augsburg)
1935/36 Reinhold Münzenberg (Alemannia Aachen)
1936/37 Albin Kitzinger (FC Schweinfurt 05)
1937/38 Andreas „Anderl" Kupfer (FC Schweinfurt 05)
1938/39 Paul Janes (Fortuna Düsseldorf)
1939/40 Franz Binder (SC Rapid Wien)
1940/41 Fritz Walter (1.FC Kaiserslautern)
1941/42 Fritz Walter (1.FC Kaiserslautern)
1942/43 Fritz Walter (1.FC Kaiserslautern)
 August Klingler (FV Daxlanden)
1950/51 Anton „Toni" Turek (Fortuna Düsseldorf)
1951/52 Josef „Jupp" Posipal (Hamburger SV)
1952/53 Josef „Jupp" Posipal (Hamburger SV)
 Fritz Walter (1.FC Kaiserslautern)
1953/54 Fritz Walter (1.FC Kaiserslautern)
1954/55 Fritz Herkenrath (Rot-Weiß Essen)
1955/56 Fritz Herkenrath (Rot-Weiß Essen)
 Fritz Walter (1.FC Kaiserslautern)
1956/57 Erich Juskowiak (Fortuna Düsseldorf)
1957/58 Horst Szymaniak (Wuppertaler SV)
1958/59 Helmut „Boß" Rahn (Rot-Weiß Essen)
1959/60 Helmut „Boß" Rahn (1.FC Köln)
1960/61 Horst Szymaniak (Karlsruher SC)
1961/62 Karl-Heinz Schnellinger (1.FC Köln)
 Uwe Seeler (Hamburger SV)
1962/63 Uwe Seeler (Hamburger SV)
1963/64 Uwe Seeler (Hamburger SV)
1964/65 Klaus-Dieter Sieloff (VfB Stuttgart)
 Willi Schulz (FC Schalke 04)
1965/66 Franz Beckenbauer (Bayern München)
1966/67 Wolfgang Overath (1.FC Köln)
1967/68 Franz Beckenbauer (Bayern München)
1968/69 Franz Beckenbauer (Bayern München)
1969/70 Franz Beckenbauer (Bayern München)
1970/71 Franz Beckenbauer (Bayern München)
 Günther Netzer (Borussia Mönchengladbach)
1971/72 Günther Netzer (Borussia Mönchengladbach)
 Franz Beckenbauer (Bayern München)
 Gerd Müller (Bayern München)
1972/73 Franz Beckenbauer (Bayern München)
 Gerd Müller (Bayern München)
1973/74 Franz Beckenbauer (Bayern München)
1974/75 Franz Beckenbauer (Bayern München)
1975/76 Franz Beckenbauer (Bayern München)
1976/77 Josef „Sepp" Maier (Bayern München)
1977/78 Josef „Sepp" Maier (Bayern München)

Bilanz 1978/79
8 Spiele: 5 Siege, 3 Unentschieden, 0 Niederlagen, 15:6 Tore
Zuschauer: 307.000
In 8 Spielen wurden 29 Spieler eingesetzt, davon waren 12 Spieler Neulinge.

Die Spieler der Saison:

Manfred Kaltz	8	Spiele
Bernhard Cullmann	8	"
Karl-Heinz Rummenigge	7	"
Bernard Dietz	6	"
Rainer Bonhof	6	"
Klaus Allofs	6	"
Josef Maier	6	"
Karlheinz Förster	6	"
Klaus Fischer	5	"
Herbert Zimmermann	5	"
Gerd Zewe	4	"
Hans Müller	4	"
Ulrich Stielike	3	"
Dieter Burdenski	3	"
Walter Kelsch	3	"
Ronald Borchers	2	"
Klaus Toppmöller	2	"
Bernd Förster	2	"
William Hartwig	2	"
Caspar Memering	2	"
Bernd Schuster	2	"
Dieter Hoeneß	2	"
Ronald Worm	1	Spiel
Rolf Rüßmann	1	"
Bernd Martin	1	"
Harald Schumacher	1	"
Harald Konopka	1	"
Jürgen Groh	1	"

Die Tore der Saison:

Rainer Bonhof	3	Tore
Dieter Hoeneß	3	"
Klaus Fischer	2	"
Karl-Heinz Rummenigge	2	"
Walter Kelsch	2	"
Rüdiger Abramczik	1	Tor
Hans Müller	1	"
Herbert Zimmermann	1	"

Mannschaftsführer waren:

Josef Maier	6	mal
Bernard Dietz	2	"

1 Elfmeter für Deutschland,
 verwandelt durch Bonhof (gegen CSSR)

1 Elfmeter gegen Deutschland,
 verwandelt durch Masny (CSSR)

Rangliste der besten Nationalspieler des Jahres
1. Rainer Bonhof (FC Valencia)
2. Uli Stielike (Real Madrid)
3. Manfred Kaltz (Hamburger SV)
4. Bernd Cullmann (1.FC Köln)
   Josef „Sepp" Maier (Bayern München)
   Karlheinz Förster (VfB Stuttgart)
7. Karl-Heinz Rummenigge (Bayern München)
8. Bernard Dietz (MSV Duisburg)
   Walter Kelsch (VfB Stuttgart)
   Herbert Zimmermann (1.FC Köln)
   Klaus Fischer (FC Schalke 04)

1978/79

Vorbericht zum 435. Länderspiel: Das schlechte Abschneiden der deutschen Mannschaft bei der WM hatte viele Konsequenzen. Flohe und Hölzenbein erklärten ihren Rücktritt; Vogts, Beer und Dieter Müller wurden nie wieder in einem Länderspiel eingesetzt und der Unglücksrabe Rüßmann sollte ihnen bald folgen. Jupp Derwall, der neue Bundestrainer, hatte es wahrlich nicht leicht. Dennoch machte auch er gleich Fehler, die unverständlich waren. Um Torjäger wie Dieter Müller beneidete uns die ganze Welt. Auch bei der WM in Argentinien war er der gefährlichste deutsche Stürmer, und er hatte in 12 Länderspielen 9 Tore erzielt, war zweimal Bundesligatorschützenkönig und erst 24 Jahre alt. Trotzdem trug er nie wieder das Nationaltrikot, obwohl die Schwäche nicht bei ihm, sondern im deutschen Mittelfeld lag.

Für sein 1. Länderspiel berief Jupp Derwall 2 Neulinge, die Düsseldorfer Zewe und Klaus Allofs, die beide zu ihrem 1. Länderspiel kamen.

Tor: Maier, Burdenski
Abwehr: Kaltz, Zewe, Rüßmann, Karlheinz Förster, Dietz
Mittelfeld: Bonhof, Cullmann, Hansi Müller, Rummenigge
Angriff: Abramczik, Fischer, Worm, Toppmöller, Klaus Allofs

Die Abwehr stellte der neue Bundestrainer völlig um. Kaltz spielte jetzt wie beim HSV Außenverteidiger, Zewe Libero und Kh.Förster Vorstopper. K.H.Rummenigge und Hans Müller übernahmen das offensive Mittelfeld. Am erfreulichsten war jedoch, daß Derwall sofort damit aufräumte, Auslandsprofis nicht zu berücksichtigen. Er holte Bonhof, der gerade nach Spanien zum FC Valencia gewechselt war, und schon bald kehrte auch Stielike in die Nationalelf zurück.

11.10.1978 in Prag

Tschechoslowakei - BR Deutschland 3:4 (1:4)

SR: Daina (Schweiz), Zuschauer: 40.000
Tschechoslowakei: Michalik; Barmos, Ondrus, Vojacek, Gögh; Stambachr, Pollak (ab 46. Kozak), Gajdusek (ab 82. Panenka); Masny, Kroupa (ab 45. Rott), Nehoda
BRD: Maier -90 (Bayern München); Kaltz -22 (HSV), Zewe -1 (Fort. Düsseldorf), Kh.Förster -2 (VfB Stuttgart), Dietz -30 (MSV Duisburg); Bonhof -41 (FC Valencia), Cullmann -23 (1.FC Köln), Rummenigge -18 (Bayern München), H.Müller -7 (VfB Stuttgart), ab 71. Worm -7 (MSV Duisburg), ab 87. Kl.Allofs -1 (Fort. Düssel.); Abramczik -16 (Schalke 04), Fischer -18 (Schalke 04). Mannschaftskapitän: Maier
Tore: 0:1 Abramczik (8.), 0:2 Bonhof (11.), 1:2 Stambachr (15.), 1:3 Müller (35.), 1:4 Bonhof (38. Foulelfmeter), 2:4 Masny (51. Foulelfmeter), 3:4 Stambachr (60.)
Beste Spieler: Ondrus, Michalik - Bonhof, Rummenige, Maier
Bericht: Der neue Bundestrainer Jupp Derwall hatte seine Mannschaft hervorragend eingestellt, denn sie begann sehr stark.

8. Minute: Auf dem linken Flügel setzte sich der spielfreudige Bonhof durch und flankte nach innen, wo Abramczik den Ball mit dem Kopf zum 0:1 ins Netz beförderte. 11. Minute: Einen Freistoß aus 20 Metern jagte Bonhof mit unheimlicher Wucht zum 0:2 unter die Querlatte. Ein toller Anfang, wie ihn sich Jupp Derwall nicht besser wünschen konnte. 15. Minute: Etwas überraschend dann der Anschlußtreffer für die Tschechoslowaken, als Kaltz und Zewe den Ball nicht weit genug wegbekamen und Stambachr zum 1:2 einschoß.

22. Minute: Einen Zewe-Steilpaß flankte Rummenigge zu Fischer, dessen Schuß jedoch direkt in den Armen von Torhüter Michalik landete. 35. Minute: Wie beim zweiten Tor gab es einen

Freistoß aus 20 Meter Entfernung. Die tschechoslowakische Abwehr konzentrierte sich auf Bonhof, aber Müller lief an und schob den Ball gefühlvoll als Aufsetzer durch die Mauer zum 1:3 ins Netz von Michalik. 38. Minute: Nach einem herrlichen Solo konnte Rummenigge, der immer brandgefährlich war, nur durch ein böses Foul von Vojacek im Strafraum gestoppt werden. Eiskalt verwandelte Bonhof den fälligen Elfmeter zur 4:1-Führung für die deutsche Mannschaft.

45. Minute: Zur Halbzeit führte die deutsche Mannschaft auch in dieser Höhe verdient, weil sie schnell und direkt spielte und den Tschechen kaum Ruhe bei der Ballannahme ließ.

51. Minute: Nach dem Seitenwechsel machten die Tschechoslowaken Druck nach vorn und bekamen ein Elfmetergeschenk von Schiedsrichter Daina, als Karlheinz Förster und Nehoda zum Ball spurteten und Nehoda zu Fall kam, ohne daß Förster ihn berührt hatte. Beim Elfmeter verlud Masny Torhüter Maier und schob den Ball in die andere Ecke.

60. Minute: Der Druck der Tschechen wurde immer stärker. Die deutsche Abwehr wirkte dabei zunehmend unsicher, und als alle eine Masny-Flanke verfehlten, gelang erneut Stambachr, diesmal per Kopf, der Anschlußtreffer zum 3:4. 76. Minute: Die Tschechoslowaken stürmten weiter, aber die deutsche Mannschaft konterte gut. Vor allem Rummenigges Schnelligkeit machte den Tschechoslowaken schwer zu schaffen, und auch jetzt konnte er nur durch ein Foul gebremst werden. Erneut schoß Bonhof den Freistoß scharf an der Mauer vorbei, aber diesmal konnte Torhüter Michalik abwehren. Im Gegenzug mußte Sepp Maier mit einer tollen Parade nach einem Ondrus-Schuß retten.

87. Minute: Noch einmal Glück für die deutsche Mannschaft, als Nehoda einen Freistoß mit dem Kopf annahm und nur die Latte des Gehäuses von Sepp Maier traf. Mit etwas Glück überstand die deutsche Mannschaft die starke zweite Halbzeit der Tschechoslowaken und gewann mit 4:3.

❖

Vorbericht zum 436. Länderspiel: Der erfolgreiche Einstand von Jupp Derwal mit einer überragenden 1. Halbzeit versprach einiges für das nächste Länderspiel in Frankfurt gegen Ungarn. Im Aufgebot für dieses 1. Heimspiel fehlten nur Hans Müller und Worm aus der siegreichen Elf von Prag.
Tor: Maier, Burdenski
Abwehr: Kaltz, Zewe, Rüßmann, Kh.Förster, Dietz, H.Zimmermann
Mittelfeld: Bonhof, Cullmann, Rummenigge, Bongartz
Angriff: Abramczik, Fischer, Toppmüller, K.Allofs, Borchers
Mit Borchers (Eintracht Frankfurt) stand 1 Neuling im Aufgebot, der aber erst im nächsten Länderspiel erstmals zum Einsatz kam.

15.11.1978 in Frankfurt
BR Deutschland - Ungarn 0:0 abgebr.

SR: Wurtz (Frankreich), Zuschauer: 50.000
BRD: Maier -91 (Bayern München); Kaltz -23 (HSV), Zewe -2 (Fort. Düsseldorf), Rüßmann -20 (Schalke 04), Dietz -31 (MSV Duisburg); Bonhof -42 (FC Valencia), Cullmann -24 (1.FC Köln), Rummenigge -19 (Bayern München); Abramczik -17 (Schalke 04), Fischer -19 (Schalke 04), Kl.Allofs -2 (Fort. Düsseld.). Mannschaftskapitän: Maier
Ungarn: Gujdar; Martos, Kereki, Kocsis, Balint; Pal (ab 56. Zombori), Tatar, Pinter; Szokolai, Fekete, Varadi
Beste Spieler: Kaltz, Dietz - Balint, Guidar
Bericht: Vor dem Anpfiff wurde Helmut Schön offiziell von der Nationalmannschaft und dem D.F.B. verabschiedet. Er ging als einer der erfolgreichsten Trainer der Welt, mit einem Titel als Weltmeister, einmal Europameister und je einmal Vize-Weltmeister und Vize-Europameister. Gegen die Ungarn war zum zweitenmal Jupp Derwall als Bundestrainer auf der Bank und versuchte jetzt mit seiner gut eingestellten Mannschaft zum zweiten Erfolg zu kommen.

1. Minute: Der erste Angriff der deutschen Elf wurde zur Ecke abgewehrt. Allofs gab den Eckball herein, Bonhof schoß, aber mit letztem Einsatz wehrte Kocsis den Ball zur erneuten Ecke ab. 3. Minute: Eine schöne Flanke von Abramczik verpaßte der ungarische Torhüter, aber auch Fischer verfehlte den Ball. 9. Minute: Nach einer Kombination kreuzten die Ungarn zum erstenmal vor Sepp Maiers Kasten auf. Der hatte keine Mühe, den schwachen Schuß von Szokolai zu halten.

15. Minute: Ein herrlicher Paß von Fischer auf Abramczik, der zwei Ungarn stehenließ und flach auf das ungarische Gehäuse schoß, hätte fast das 1:0 für die deutsche Mannschaft bedeutet. Torhüter Gujdar konnte nur mit Mühe abwehren. 21. Minute: Ein rasanter Sololauf von Dietz mit schönem Paß auf Fischer beschwor wieder Gefahr vor dem ungarischen Gehäuse herauf. Den knallharten Fischer-Schuß konnte Gujdar gerade noch zur Ecke abwehren. Den fälligen Eckball köpfte Rüßmann wuchtig auf das ungarische Tor, wo Balint für seinen geschlagenen Torhüter auf der Linie rettete. 30. Minute: Nach einer herrlichen Rechtsflanke, die die gesamte ungarische Abwehr überflog, köpfte Fischer den Ball ins leere Tor. Wegen Abseitsstellung erkannte der Schiedsrichter den Treffer nicht an.

41. Minute: Schöne Kombinationen der Ungarn auf der rechten Seite brachten Gefahr vor das deutsche Tor, aber Zewe konnte im letzten Augenblick zur Ecke klären. Im Gegenzug verfehlte Cullmann mit dem Kopf das Tor nur um Millimeter.

45. Minute: Bis zur Halbzeit hatte die deutsche Mannschaft keineswegs schlecht gespielt, aber der Glanz der ersten Halbzeit von Prag fehlte.

60. Minute: Wegen des dichten Nebels wurde das Spiel für 15 Minuten unterbrochen. Die einzelnen Szenen des Spieles waren kaum noch zu beobachten und schließlich pfiff Schiedsrichter Wurtz das Spiel ganz ab, weil der Nebel zu dicht geworden war. Später einigten sich der D.F.B. und der ungarische Fußballverband darauf, dieses Spiel mit 0:0 in die offiziellen Statistiken aufzunehmen.

❖

Vorbericht zum 437. Länderspiel: Neben Bonhof holte Bundestrainer Jupp Derwall nun auch wieder Stielike von Real Madrid in die Nationalmannschaft zurück.
Tor: Maier, Burdenski
Abwehr: Kaltz, Zewe, Rüßmann, Kh.Förster, Dietz
Mittelfeld: Bonhof, Cullmann, Stielike, H.Zimmermann
Angriff: Abramczik, Fischer, Rummenigge, K.Allofs, Toppmöller, Borchers
Burdenski erhielt mal wieder eine Chance als Torwart und in der Abwehr spielten überraschend Bonhof Vorstopper und Stielike als defensiver Mittelfeldmann. „Ronny" Borchers kam als Einwechselspieler zu seinem 1. Länderspiel.

20.12.1978 in Düsseldorf
BR Deutschland - Holland 3:1 (1:0)

SR: Palotai (Ungarn), Zuschauer: 68.000
BRD: Burdenski -3 (Werder Bremen); Kaltz -24 (HSV), Zewe -3 (Fort. Düsseld.), Bonhof -43 (FC Valencia), Dietz -32 (MSV Duisburg); Stielike -7 (Real Madrid), Cullmann -25 (1.FC Köln), ab 57. H.Zimmermann -7 (1.FC Köln), Kl.Allofs -3 (Fort. Düsseld.); Abramczik -18 (Schalke 04), ab 79. Borchers -1 (Eintr. Frankf.), Fischer -20 (Schalke 04), Rummenigge -20 (Bayern München). Mannschaftskapitän: Dietz

Holland: Schrijvers; Poortvliet, Krol (ab 64. Metgod); Brandts, Hovenkamp; Jansen, Neeskens, W.v.d.Kerkhof; Rep, La-Ling, Koster (ab 57. Vermeulen)

Tore: 1:0 Rummenigge (32.), 2:0 Fischer (57.), 2:1 La-Ling (62.), 3:1 Bonhof (85.)

Beste Spieler: Bonhof, Zewe, Stielike, Rummenigge - Krol, Neeskens, Rep

Bericht: Von den klangvollen Namen und Titeln her war es ein interessantes Duell, das des zweifachen Vizeweltmeisters Holland und des Ex-Weltmeisters Deutschland. Bereits in den ersten Minuten begannen die Holländer auch sehr druckvoll und kombinierten schöner als die deutsche Mannschaft.

10. Minute: Erster Angriff der deutschen Mannschaft, der einen Eckball einbrachte. Den schoß Bonhof, und Abramczik köpfte den Ball über die Latte.

22. Minute: Einen Steilpaß von Rep auf La-Ling konnte Torhüter Burdenski in letzter Sekunde mit einer Fußabwehr vor dem schnellen holländischen Stürmer abwehren. 32. Minute: Ein weiter Steilpaß von Zewe in den freien Raum öffnete die Lücke für den schnellen Rummenigge. Während die Holländer auf den Abseitspfiff warteten, war der Münchener blitzschnell am Ball und schoß unhaltbar zum 1:0 für die deutsche Mannschaft ein.

44. Minute: Nach dem Rückstand hatte die Offensive der Holländer etwas nachgelassen. Nun bestimmte die deutsche Mannschaft das Spiel und hatte die größte Chance durch Fischer, als Abramczik aus vollem Lauf flankte und der Schalker Mittelstürmer den Ball nur ganz knapp am Tor vorbeiköpfte. 57. Minute: Der weit nach vorn mitgekommene Kaltz flankte butterweich auf den Kopf Fischers, der den Ball plaziert in der langen Ecke zum 2:0 für die deutsche Mannschaft unterbrachte. 62. Minute: Bei einer weiten Flanke in den deutschen Strafraum startete Burdenski aus seinem Gehäuse, blieb dann jedoch stehen und damit war es passiert: La-Ling kam mit dem Kopf an den Ball und erzielte den 2:1-Anschlußtreffer.

71. Minute: Bonhof, der ein ausgezeichnetes Spiel machte, setzte sich durch und paßte zu Klaus Allofs, dessen Schuß nur knapp am holländischen Gehäuse vorbeiging. 83. Minute: Viel Glück für die deutsche Mannschaft, als Hovenkamp freistehend einen Steilpaß bekam, sofort schoß, und Burdenski wegrutschte. Zum Glück für den deutschen Torhüter ging der Ball um Zentimeter am Tor vorbei. 85. Minute: An der Strafraumgrenze wurde Rummenigge gefoult. Den Freistoß schlenzte Bonhof raffiniert in die linke Ecke. Der Torwart, der in der anderen Ecke stand, kam nicht mehr an den Ball. Das 3:1 für die deutsche Mannschaft war die endgültige Entscheidung.

90. Minute: An dem verdienten 3:1-Sieg gab es nur wenig Kritik. Lediglich die teilweise zu lässige und überhebliche Art einiger deutscher Spieler hätten den Sieg gefährden können.

❖

Vorbericht zum 438. Länderspiel: Nach 3 Probeländerspielen wurde es erstmals für Jupp Derwall ernst. In La Valetta mußte die deutsche Mannschaft zum 1. EM-Qualifikationsspiel antreten. Von den beiden Auslandsprofis konnte diesmal nur Bonhof dabeisein.

Tor: Maier, Burdenski

Abwehr: Kaltz, Zewe, Kh.Förster, Dietz, Martin, H.Zimmermann

Mittelfeld: Rummenigge, Cullmann, Bonhof, H.Müller

Angriff: Abramczik, Fischer, K.Allofs, Toppmöller, Borchers

Martin (VfB Stuttgart) war der einzige Neuling, der 2 Monate später zu seinem einzigen Länderspieleinsatz kam. Im Trainingslager Gravenbruch, vor den Toren von Frankfurt, bereitete Jupp Derwall seine Mannschaft auf das Malta-Spiel vor. Dazu gehörte auch ein Testspiel im Frankfurter Waldstadion gegen die Eintracht.

Eintracht Frankfurt - Nationalmannschaft 0:1 (0:1)
SR: Dreher (Darmstadt), Zuschauer: 11.000

E.F.: Pahl; Müller, Neuberger, Körbel, Lorant; Pezzey, Kraus, Hölzenbein, Nachtweih (68. Schaub); Wenzel, Elsener

Nationalelf: Maier (Bayern München), ab 46. Burdenski (Werder Bremen); Kaltz (HSV), Zewe (Fort. Düsseldorf), ab 46. Allofs (Fort. Düsseldorf), Cullmann (1.FC Köln), Dietz (MSV Duisburg); Martin (VfB Stuttgart), ab 70. Rummenigge (Bayern München), H.Zimmermann (1.FC Köln), Hansi Müller (VfB Stuttgart); Abramczik (Schalke 04), Toppmöller (1.FC Kaisersl.), ab 46. Fischer (Schalke 04), Borchers (E.F.)

Tor: 0:1 Toppmöller (6.)

Toppmöller hinterließ in Frankfurt einen ausgezeichneten Eindruck und wurde im Länderspiel auch eingewechselt.

25.2.1979 in La Valetta (EM-Qualifikation)
Malta - BR Deutschland 0:0

SR: Vojtech (CSSR), Zuschauer: 10.000

Malta: Sciberras; Buckingham, Buttigieg, Holland, Ed.Ferrugia; Em.Ferrugia, Ray Xuereb, Joe Xuereb; Magro, Gonzi (ab 83. Seychell), Gg.Xuereb

BRD: Maier -92 (Bayern München); Kaltz -25 (HSV), Zewe -4 (Fort. Düsseld.), ab 68. Toppmöller -2 (1.FC Kaisersl.), Kh.Förster -4 (VfB Stuttgart), Dietz -33 (MSV Duisburg); Cullmann -26 (1.FC Köln), Bonhof -44 (FC Valencia), Hans Müller -8 (VfB Stuttgart); Abramczik -19 (Schalke 04), Fischer -21 (Schalke 04), Rummenigge -21 (Bayern München), ab 68. Kl.Allofs -4 (Fort. Düsseld.). Mannschaftskapitän: Maier

Beste Spieler: Sciberras, Gg.Xuereb, Gonzi - Maier, Bonhof, Cullmann

Bericht: Die deutsche Mannschaft begann beim Fußballzwerg Malta überraschend schwach und abwartend. Der maltesische Torhüter kam erst in der 12. Minute erstmals in Bedrängnis, als Abramczik eine hohe Flanke in den Strafraum schlug. 17. Minute: Viel Glück für die deutsche Mannschaft, als die Malteser einen Treffer erzielten, der aber wegen Abseitsstellung nicht anerkannt wurde.

31. Minute: Auch nach einer guten halben Stunde hatte die deutsche Mannschaft noch nicht zu ihrem Spiel gefunden, sondern Glück, daß ein Kopfball von Gonzi nur knapp über das deutsche Tor strich. Im Gegenzug kam der Ball über Fischer und Abramczik zu Rummenigge, der dem Towart den Ball genau in die Arme köpfte.

45. Minute: Eine Halbzeit lang hatte die deutsche Mannschaft zwar überlegen gespielt, ohne jedoch zu klaren Torchancen zu kommen. Insgesamt bot sie eine schwache Vorstellung.

57. Minute: Erneut dauerte es 12 Minuten, bis ein herrlicher Flugkopfball von Cullmann auf Bonhof-Flanke Gefahr für das maltesische Tor bedeutete. 61. Minute: Ein 30-Meter-Fernschuß der Malteser hätte fast Torhüter Maier überrascht, weil der Ball, vom starken Wind getrieben, nicht die gerade Flugbahn hielt. Bonhof setzte sich gegen zwei Gegenspieler durch und paßte zu Allofs, der den Ball aus kurzer Entfernung neben das Tor setzte.

79. Minute: Nach einer schönen Kombination kam Cullmann am Elfmeterpunkt frei zum Schuß. Für den schon geschlagenen maltesischen Torhüter rettete Emanuel Ferrugia mit letztem Einsatz auf der Linie. 89. Minute: Nach einem Freistoß holte Sepp Maier mit toller Parade dem einköpfbereiten Seychell den Ball vom Kopf. Im Gegenzug war es Sciberras, der bei einem Bonhof-Schuß aus kurzer Entfernung mit Fußabwehr klärte. Mit dem 0:0 waren die Malteser hoch zufrieden, während die deutschen Spieler ihren vergebenen Möglichkeiten nachtrauerten.

❖

Vorbericht zum 439. Länderspiel: Auch das nächste Länderspiel gegen die Türkei in Izmir war ein EM-Qualifikationsspiel. Dafür konnte Jupp Derwall wieder auf die beiden Spanien-Profis Bonhof und Stielike zurückgreifen.

Tor: Burdenski, Schumacher
Abwehr: Kaltz, Cullmann, Kh.Förster, Dietz, Martin
Mittelfeld: Bonhof, Stielike, H.Zimmermann, H.Müller, Memering
Angriff: Rummenigge, Toppmöller, Borchers, Kelsch

Überraschend waren mit Schumacher (1.FC Köln), Martin und Kelsch (VfB Stuttgart) sowie Memering (HSV), 4 Neulinge im Aufgebot, die auch alle Nationalspieler wurden. In Izmir jedoch nur Kelsch als Einwechselspieler.

1.4.1979 in Izmir (EM-Qualifikation)
Türkei - BR Deutschland 0:0

SR: Stuper (UdSSR), Zuschauer: 80.000
Türkei: Senol; Turgay, Fatih, Necati, Cem; Engin, Sedat, Önal; Necdet (ab 73. Tuna), Cemil, Mustafa
BRD: Burdenski -4 (Werder Bremen); Kaltz -26 (HSV), Stielike -8 (Real Madrid), Bonhof -45 (FC Valencia), Dietz -34 (MSV Duisburg); Cullmann -27 (1.FC Köln), H.Zimmermann -8 (1.FC Köln), ab 73. Kh.Förster -5 (VfB Stuttgart), H.Müller -9 (VfB Stuttgart); Rummenigge -22 (Bayern München), ab 69. Kelsch -1 (VfB Stuttgart), Toppmöller -3 (1.FC Kaisersl.), Borchers -2 (Eintr. Frankf.). Mannschaftskapitän: Dietz
Beste Spieler: Senol, Cemil - Stielike, Burdenski, H.Zimmermann
Bericht: Auch im zweiten EM-Qualifikationsspiel begann die deutsche Mannschaft sehr verhalten. Gleich nach dem Anpfiff wurde Zimmermann am Mittelkreis gefoult. Der Schiedsrichter ließ Vorteil gelten, und Dietz knallte den Ball aus 25 Metern auf das Tor der Türken, wo der Torwart den Ball nicht festhalten konnte. Toppmöller kam jedoch einen Schritt zu spät, um die gute Chance zu nutzen.

12. Minute: Ein Flankenlauf von Kaltz auf der rechten Seite mit einem Paß zu Zimmermann hätte die deutsche Führung sein können, denn der Kölner knallte den Ball an den Innenpfosten und von dort dem Torwart in die Arme. 22. Minute: Erster Schuß der Türken auf das deutsche Tor, wo Burdenski keine Mühe hatte und den Ball sicher fing. Auch der nächste Angriff der Türken, 11 Minuten später, lief als Konter über einen Steilpaß, doch Bonhof lenkte den Ball zur Ecke.

45. Minute: Bis zur Halbzeit hatte die deutsche Mannschaft zwar überlegen, aber alles andere als gut gespielt.

53. Minute: Nach einem Foul knallte Bonhof den fälligen Freistoß nur knapp neben das Tor. Eine schöne Kombination der deutschen Mannschaft 4 Minuten später auf der rechten Seite. Nach Steilpaß von Rummenigge auf Kaltz, flankte der in die Mitte, wo Borchers den Ball im Hechtsprung über das Tor köpfte.

70. Minute: Zimmermann versuchte es mit einem Alleingang. Die Türken konnten nur auf Kosten einer Ecke klären, die wiederum nichts einbrachte. Im Gegenzug konnte Dietz mit Mühe und Not Cemil am Torschuß hindern. 78. Minute: Ein tolles Solo von Stielike im Mittelfeld und ein Musterpaß auf Kelsch, der wenige Minuten zuvor eingewechselt worden war, hätte die Führung für die deutsche Mannschaft sein können, aber Kelsch stand bereits im Abseits.

88. Minute: Nach einem Eckball der Türken umspielte Cemil Stielike und schoß sofort. Dietz warf sich in den Schuß und wehrte ab. Auch die letzte Chance des Spieles war damit vertan. Eine enttäuschend schwache deutsche Mannschaft spielte gegen eine ebenso schwache türkische Mannschaft verdientermaßen 0:0 Unentschieden. Es war bereits das zweite Auswärts-Unentschieden in dieser EM-Qualifikation und nun durfte die Mannschaft in Wales nicht verlieren.

Vorbericht zum 440. Länderspiel: Jupp Derwall hatte zwar nach nunmehr 5 Spielen ohne Niederlage seinen Stamm, aber er wußte, daß noch einiges an einer Weltklassemannschaft fehlte, vor allem im Mittelfeld und Angriff. Er baute auf die Spieler, die sich in der Bundesliga Woche für Woche auszeichneten und probierte vor allem auf den umstrittenen Positionen neue Spieler aus.

Tor: Maier, Burdenski
Abwehr: Kaltz, Stielike, Kh.Förster, Dietz, Martin, Cullmann
Mittelfeld: Bonhof, H.Zimmermann, H.Müller, Memering
Angriff: Rummenigge, Fischer, K.Allofs, Kelsch, D.Hoeneß

Mittelstürmer Dieter Hoeneß, Bruder des Weltmeisters von 1974, Uli Hoeneß, war der einzige echte Neuling im Aufgebot. Er kam aber erst im nächsten Länderspiel zum ersten Einsatz. Dasselbe galt für Memering (HSV), der aber nicht das erste Mal im Aufgebot stand. Und der dritte Spieler ohne Länderspiel, Martin, kam in diesem EM-Qualifikationsspiel als Einwechselspieler zum ersten und letzten Länderspiel.

2.5.1979 in Wrexham (EM-Qualifikation
Wales - BR Deutschland 0:2 (0:1)

SR: Michelotti (Italien), Zuschauer: 30.000
Wales: Davies; Page, Philips, Berry, Jones; Mahoney, Yorath (ab 74. James); Thomas, Harris, Edwards (ab 58. Toshack), Curtis
BRD: Maier -93 (Bayern München); Kaltz -27 (HSV), Stielike -9 (Real Madrid), ab 88. Martin -1 (VfB Stuttgart), Kh.Förster -6 (VfB Stuttgart), Dietz -35 (MSV Duisburg); H.Zimmermann -9 (1.FC Köln), Bonhof -46 (FC Valencia), Cullmann -28 (1.FC Köln); Rummenigge -23 (Bayern München), Fischer -22 (Schalke 04), Kl.Allofs -5 (Fort. Düsseldorf). Mannschaftskapitän: Maier
Tore: 0:1 H.Zimmermann (29.), 0:2 Fischer (52.)
Beste Spieler: Davies, James - Kaltz, Stielike, Fischer, Cullmann
Bericht: Selbstbewußt begannen die Waliser das Spiel über die Flügel aufzuziehen und die deutsche Mannschaft unter Druck zu setzen.

8. Minute: Rechtsaußen Harris wurde auf walisischer Seite steil angespielt, doch sein Schuß strich knapp am deutschen Tor vorbei. Nach einer Kaltz-Flanke rettete Davies nach 11 Minuten vor Fischer. Und schließlich sah Stielike in der 16. Minute die gelbe Karte.

29. Minute: Der weit aufgerückte Kaltz flankte in die Mitte, wo Zimmermann den Ball ins Tor köpfte. Diese überraschende 1:0-Führung gab der deutschen Mannschaft Sicherheit.

43. Minute: Ein Musterpaß von Stielike auf Fischer brachte die nächste große Gefahr für das walisische Tor. Der Schalker Mittelstürmer schoß jedoch aus 10 Meter Entfernung hoch über das Tor.

52. Minute: Ein Sololauf von Kaltz, der 4 Waliser umspielte und dann butterweich auf den Kopf von Fischer flankte, bedeutete das 2:0. Mit einem herrlichen Kopfball vollendete der Schalker Torjäger.

70. Minute: Das Spiel der deutschen Mannschaft wurde nach der 2:0-Führung immer druckvoller. Überraschend konnten die Waliser sich davon nur selten befreien. 73. Minute: Nur durch ein Foul konnte der walisische Mittelstürmer Toshack gebremst werden. Der Freistoß blieb jedoch in der deutschen Mauer hängen.

81. Minute: Zum letztenmal kamen die Waliser gefährlich vor das deutsche Tor, aber der 20-Meter-Schuß von James ging hoch darüber weg. 88. Minute: Im letzten Augenblick konnte Davies vor dem durchgebrochenen Fischer retten, als er den Ball mit dem Fuß wegschlug. Ein 3:0 wäre allerdings auch zu hoch gewesen, obwohl die deutsche Mannschaft verdient gewann und vor allem in der zweiten Hälfte souverän aufspielte.

❖

Vorbericht zum 441. Länderspiel: Zum Ausklang der ersten Derwall-Saison gab es noch eine Reise in den Norden mit 2 Spielen in Irland und Island. Vorher gab es jedoch noch ein Probespiel der Nationalmannschaft gegen Borussia Mönchengladbach, mit dem der 96-fache Nationalspieler Berti Vogts seine erfolgreiche Karriere beendete.

15.5.1979 in Mönchengladbach

Borussia Mönchengladbach - Nationalelf 6:2 (4:1)
SR: Biwersi (Bliesransbach), Zuschauer: 36.000
Bor. Mönchengladb.: Kleff (46. Kneib); Ringels, Vogts, Schaeffer (46. Hannes), Wohlers (61. Amrath); Köppel, Kulik (67. Thychosen), Keegan (61. Nielsen); Simonsen (46. Schäfer), Jensen (32. Gores), Lienen
Nationalelf: Maier (46. Burdenski); Kaltz (41. Konopka), Cullmann, Schuster (46. Del'Haye), Dietz; Bonhof, Stielike, Zimmermann, Memering; Kelsch, Fischer
Tore: 0:1 Bonhof (13.), 1:1 Köppel (15.), 2:1 Lienen (20.), 3:1 Vogts (27. Elfmeter), 4:1 Wohlers (44.), 5:1 Kulik (67.), 6:1 Köppel (79. Elfmeter), 6:2 Bonhof (85.)

Das Spiel wurde zu einer Galashow der Gladbacher, die die Nationalmannschaft regelrecht auseinander nahmen. Nach dieser blamablen Vorstellung fiel es Bundestrainer Derwall nicht schwer, einige Absagen zu verkraften, weil sich hier die Möglichkeit bot, neue Spieler zu erproben. Im Aufgebot für die beiden Länderspiele standen:
Tor: Maier, Burdensi, Schumacher
Abwehr: Kaltz, Cullmann, Kh.Förster, B.Förster, Konopka, Groh
Mittelfeld: Zimmermann, H.Müller, Memering, Schuster, Hartwig
Angriff: Rummenigge, D.Hoeneß, K.Allofs, Kelsch
Mit Groh (1.FC Kaisersl.), Hartwig (HSV), Bernd Schuster und Schumacher (beide 1.FC Köln) sowie Bernd Förster und Dieter Hoeneß (beide VfB Stuttg.) standen 6 Neulinge im Aufgebot, die auch alle auf dieser Reise Nationalspieler wurden.

22.5.1979 in Dublin

Irland - BR Deutschland 1:3 (1:1)

SR: Courtney (England), Zuschauer: 20.000
Irland: Peyton; Gregg, Martin, O'Leary, Mulligan; Grealish, Giles, Brady; Givens (ab 15. Callaghan), Stapleton (ab 67. Valsh), Ryan
BRD: Maier -94 (Bayern München), ab 46. Burdenski -5 (Werder Bremen); Kaltz -28 (HSV), Cullmann -29 (1.FC Köln), Kh.Förster (VfB Stuttgart), B.Förster -1 (VfB Stuttgart); H.Zimmermann -10 (1.FC Köln), ab 70. Hartwig -1 (HSV), Schuster -1 (1.FC Köln), H.Müller -10 (VfB Stuttgart), ab 46. Kelsch -2 (VfB Stuttgart); Rummenigge -24 (Bayern München), ab 70. Memering -1 (HSV), D.Hoeneß -1 (VfB Stuttgart), Kl.Allofs -6 (Fort. Düsseld.). Mannschaftskapitän: Maier
Tore: 1:0 Ryan (26.), 1:1 Rummenigge (29.), 1:2 Kelsch (81.), 1:3 D.Hoeneß (90.)
Beste Spieler: Grealish, Giles - Kh.Förster, Schuster, Cullmann
Bericht: Von Beginn an zeigte die deutsche Mannschaft in Dublin das, was man im Abschiedsspiel von Berti Vogts so sehr vermißt hatte. Die Mannschaft kämpfte um jeden Ball und war hierin sogar den Irländern überlegen.
26. Minute: Dennoch mußte die deutsche Mannschaft überraschend den Rückstand hinnehmen, als Kaltz seinen Gegenspieler Ryan einen Moment aus den Augen ließ. 29. Minute: Schon 3 Minuten nach dem Führungstreffer für Irland kam die deutsche Mannschaft durch Rummenigge zum verdienten Ausgleich. Wieder einmal hatte der Münchener mit einem seiner langgezogenen Spurts sich freie Bahn verschafft, und Torhüter Peyton war machtlos.

46. Minute: Auch nach dem Seitenwechsel griff die deutsche Mannschaft sofort wieder an und setzte die Iren unter Druck.
70. Minute: Nur mit viel Glück überstand Irland diese Zeit ohne weitere Gegentreffer. Ein klarer Elfmeter, als Bernd Förster in den gegnerischen Strafraum vordrang und von den Beinen geholt wurde, pfiff der englische Schiedsrichter Courtney nicht, sonst wäre die deutsche Mannschaft bereits in Führung gewesen. Jupp Derwall hatte Mut und brachte mit Hartwig und Memering 20 Minuten vor Schluß noch zwei Neulinge, die auch sofort für Druck sorgten. 81. Minute: Der zur Halbzeit eingewechselte Kelsch sprang in einen leichtsinnigen Fehlpaß von Martin und lief der gesamten Abwehr Irlands davon. Mit einem tollen 16-Meter-Schuß bezwang er auch Torhüter Peyton, und erzielte somit das 2:1 für die deutsche Mannschaft.
90. Minute: Überraschend waren die Iren auch nach dem Rückstand nicht in der Lage, gegen die kämpferisch starke deutsche Mannschaft ein Übergewicht zu erspielen. Ein Befreiungsschlag von Karlheinz Förster nahm Dieter Hoeneß auf und erzielte in letzter Sekunde sogar noch das verdiente 3:1 für die deutsche Mannschaft. Zwar war es spielerisch kein glänzender deutscher Sieg, aber kämpferisch hatte die Mannschaft von Jupp Derwall voll überzeugt und verdient gewonnen.

❖

Vorbericht zum 442. Länderspiel: Gegen Island bekamen auch die anderen mitgereisten Spieler eine Chance, darunter die beiden Neulinge Groh und Harald „Toni" Schumacher, dessen große Karriere hiermit begann. Hansi Müller, der gegen Irland eine sehr schwache Vorstellung gegen den 38-jährigen Giles geboten hatte, mußte dagegen zuschauen.

26.5.1979 in Reykjavik

Island - BR Deutschland 1:3 (0:2)

SR: Hope (Schottland), Zuschauer: 9.000
Island: Olafsson; Gudlaugsson, J.Edvaldsson, Petursson, Haraldsson (ab 73. Gudmundsson); Thorbjörsson, Geirsson, Albertsson (ab 46. Ottsson); A.Edvaldsson, Ormslev (ab 46. Halldorsson), Sveinsson
BRD: Maier -95 (Bayern München), ab 46. Schumacher -1 (1.FC Köln); Konopka -2 (1.FC Köln), Cullmann -30 (1.FC Köln), Kh.Förster (VfB Stuttgart), ab 60. Kaltz -29 (HSV), B.Förster -2 (VfB Stuttgart); Groh -1 (1.FC Kaisersl.), H.Zimmermann -11 (1.FC Köln), ab 46 Hartwig -2 (HSV), Schuster -2 (1.FC Köln), Memering -2 (HSV); Kelsch -3, D.Hoeneß -2 (beide VfB Stuttgart). Mannschaftskapitän: Maier
Tore: 0:1 Kelsch (32.), 0:2, 0:3 D.Hoeneß (33., 67.), 1:3 A.Edvaldsson (83.)
Beste Spieler: A.Edvaldsson, Geirsson - Kelsch, D.Hoeneß, Kh.Förster, B.Förster
Bericht: Erwartungsgemäß begannen die Isländer sehr defensiv und machten es damit der deutschen Mannschaft schwer. Dennoch waren sie es, die bei ihren Kontern die ersten Torgelegenheiten hatten, weil auch die deutsche Mannschaft eine lange Anlaufzeit benötigte.
32. Minute: Erst nach 20 Minuten begann der Druck der deutschen Mannschaft immer stärker zu werden und wurde schließlich nach einer guten halben Stunde belohnt, aber auch durch einen krassen Fehler von Torhüter Olafsson begünstigt. Er verfehlte nämlich eine Zimmermann-Ecke, die er falsch berechnete, und Kelsch konnte aus 5 Meter Entfernung zum 1:0 eindrücken. 33. Minute: Gleich im nächsten Angriff kam die deutsche Mannschaft zur 2:0-Führung, als Dieter Hoeneß mit einem sehenswerten Schuß Torhüter Olafsson überwandt.
45. Minute: Bis zur Halbzeit hätte die deutsche Mannschaft durchaus noch das eine oder andere Tor erzielen können, doch

meistens wurde vor dem Tor der Isländer zu lange gezögert oder noch einmal abgespielt, statt direkt zu schießen.

67. Minute: Auch nach dem Seitenwechsel waren die Isländer der deutschen Mannschaft nicht gewachsen, kämpften aber vielbeinig in der Abwehr. Erst das 0:3 durch Dieter Hoeneß gab wieder mehr Selbstvertrauen, und danach sah man auch spielerisch schöne Angriffe. 69. Minute: Die größte Chance des ganzen Spiels vergab das Riesentalent Bernd Schuster, der jedoch in Reykjavik nicht so effektiv spielte wie in Dublin.

83. Minute: Als die deutsche Mannschaft sich immer mehr zurückzog und leichtsinniger wurde, gelang Edvaldsson noch der Ehrentreffer der Isländer, die an diesem Tage das 80-jährige Bestehen des Isländischen Fußballverbandes feierten.

90. Minute: Mit dem 1:3 hatte sich Island überraschend gut gehalten. Die deutsche Mannschaft gewann aber aufgrund der stärkeren kämpferischen Leistung und besseren spielerischen Mittel verdient.

❖

Bilanz 1979/80
11 Spiele: 10 Siege, 1 Unentschieden, 0 Niederlagen, 30:7 Tore
Zuschauer: 481.800
In 11 Spielen wurden 26 Spieler eingesetzt, davon waren 7 Spieler Neulinge

Die Spieler der Saison:

Manfred Kaltz	11	Spiele
Karl-Heinz Rummenigge	11	"
Hans Müller	11	"
Bernard Dietz	10	"
Bernard Cullmann	10	"
Klaus Allofs	8	"
Hans-Peter Briegel	8	"
Bernd Förster	7	"
Bernd Schuster	7	"
Harald Schumacher	6	"
Klaus Fischer	5	"
Rainer Bonhof	5	"
Ulrich Stielike	5	"
Horst Hrubesch	5	"
Herbert Zimmermann	3	"
Dieter Burdenski	3	"
Harald Nickel	3	"
Norbert Nigbur	3	"
Felix Magath	3	"
Miroslav Votava	2	"
Karl Del'Haye	2	"
Walter Kelsch	1	Spiel
Ditmar Jakobs	1	"
Lothar Matthäus	1	"
Caspar Memering	1	"

Die Tore der Saison:

Karl-Heinz Rummenigge	7	Tore
Klaus Allofs	7	"
Klaus Fischer	6	"
Horst Hrubesch	2	"
Manfred Kaltz	1	Tor
Karlheinz Förster	1	"
Herbert Zimmermann	1	"
Rainer Bonhof	1	"
Walter Kelsch	1	"
Hans Müller	1	"
Bernd Schuster	1	"

Mannschaftsführer waren:

Bernard Dietz	10	mal
Bernhard Cullmann	2	"
Karl-Heinz Rummenigge	1	"

1 Elfmeter für Deutschland,
verwandelt durch Bonhof (gegen Malta)

2 Elfmeter gegen Deutschland,
verwandelt durch Rep (Holland) und Vandereycken (Belgien)

1 Eigentor des Gegners,
durch Holland (Malta)

Rangliste der besten Nationalspieler des Jahres
 1. Karl-Heinz Rummenigge (Bayern München)
    Bernd Schuster (1.FC Köln)
 3. Manfred Kaltz (Hamburger SV)
 4. Harald Schumacher (1.FC Köln)
    Hans-Peter Briegel (1.FC Kaiserslautern)
 6. Uli Stielike (Real Madrid)
 7. Klaus Fischer (FC Schalke 04)
 8. Hansi Müller (VfB Stuttgart)
    Rainer Bonhof (FC Valencia)
    Bernd Cullmann (1.FC Köln)
    Bernard Dietz (MSV Duisburg)
    Klaus Allofs (Fortuna Düsseldorf)

1979/80

Vorbericht zum 443. Länderspiel: Nach 8 Spielen ohne Niederlage kam Weltmeister Argentinien in das Berliner Olympiastadion. Erneut konnte auch Bonhof vom FC Valencia daran teilnehmen. Dafür fehlte Sepp Maier. Der 95-fache Nationalspieler hatte sich bei einem Autounfall so schwer verletzt, daß er seine große Karriere beenden mußte. Als Torhüter der Welt- und Europameisterelf war er 12 Jahre lang Stammtorhüter der Nationalelf und hätte ohne diesen Unfall vermutlich Beckenbauer als Rekordnationalspieler mit 103 Länderspielen überholt. Jupp Derwall mußte sich jetzt für die EM einen neuen Torhüter aufbauen.
  Tor: Burdenski, Nigbur
  Abwehr: Kaltz, Cullmann, Kh.Förster, Dietz, B.Förster, Briegel
  Mittelfeld: Bonhof, H.Müller, Schuster, Memering
  Angriff: Rummenigge, Fischer, K.Allofs, Kelsch
  Mit Briegel (1.FC Kaiserslautern) stand ein Neuling im Aufgebot, der mit seiner Vielseitigkeit und unglaublichen Kraft für Furore in der Bundesliga sorgte. Er sollte schon im nächsten Länderspiel zum Einsatz kommen und damit seine internationale Karriere beginnen.

12.9.1979 in Berlin

BR Deutschland - Argentinien 2:1 (0:0)

SR: Eriksson (Schweden), Zuschauer: 45.000
BRD: Burdenski -6 (Werder Bremen); Kaltz -30 (HSV), Cullmann -31 (1.FC Köln), Kh.Förster -9 (VfB Stuttgart), Dietz -37 (MSV Duisburg); Bonhof -47 (FC Valencia), Schuster -3 (1.FC Köln), H.Müller -11 (VfB Stuttgart); Rummenigge -25 (Bayern München), Fischer -23 (Schalke 04), K.Allofs -9 (Fort. Düsseld.). Mannschaftskapitän: Dietz
  Argentinien: Vidalle; Buejedo, Passarella, Van Tuyne, Ocano; Gaspari, Gallego, Hernandez; Coscia (ab 56. Lopez), Fortunato (ab 46. Ramon Diaz), Roberto Diaz (ab 56. Castro)
  Tore: 1:0 K.Allofs (47.), 2:0 Rummenigge (58.), 2:1 Castro (84.)
  Beste Spieler: Kaltz, Cullmann, Schuster - Passarella
  Bericht: Die deutsche Mannschaft begann gegen den Weltmeister schwungvoll und überlegen.
  2. Minute: Am rechten Flügel spurtete Rummenigge in seinem Jubiläumsländerspiel auf und davon und konnte nur durch ein Foul gebremst werden. Bonhof schlug den Freistoß zu Kaltz, dessen Schuß abgewehrt wurde. 8. Minute: Eine herrliche Flanke von Kaltz köpfte Fischer über das Tor. 17. Minute: Einen Freistoß von der Strafraumgrenze schlenzte Hansi Müller raffiniert an der Mauer, aber auch am Tor vorbei.
  34. Minute: Wieder wurde Rummenigge bei einem Solo durch ein Foul von Passarella gestoppt. Den folgenden Freistoß zirkelte Bonhof genau auf Rummenigges Kopf, doch freistehend köpfte der Münchener neben das Tor. Gegen Ende der ersten Halbzeit verflachte das Spiel zusehends.
  47. Minute: Auf Rechtsaußen zog Kaltz, der bester deutscher Stürmer war, auf und davon und flankte. Torhüter Vidalle konnte den Ball nur abklatschen und Aloffs war zur Stelle, um aus 12 Metern zum 1:0 in das leere Tor zu schießen. Die längst verdiente und überfällige Führung für die deutsche Mannschaft.
  58. Minute: Erneut war es der Hamburger Kaltz, der einen guten Überblick zeigte. Er flankte von dem rechten auf den linken Flügel, wo Müller stand, der sofort in die Mitte flankte. Mit dem Kopf vollendete Rummenigge zum 2:0 für die deutsche Elf. 60. Minute: Einen der wenigen Angriffe der Argentinier schloß Hernandez mit einem Weitschuß ab. Burdenski hatte keine Mühe, den Ball zu halten. 63. Minute: Erneut kein Glück für den sehr starken Mittelstürmer Klaus Fischer, als er eine Flanke von Kaltz nur um Millimeter verpaßte. 67. Minute: Passarella schoß einen Freistoß

für die Argentinier durch die deutsche Abwehrmauer, und Burdenski mußte sein ganzes Können aufbieten, um den Ball zur Ecke abwehren zu können.

84. Minute: Nach dem 2:0 wurde das Spiel der Argentinier immer druckvoller. Eine scharfe Flanke von links verwandelte Castro unhaltbar für Burdenski zum 1:2-Anschlußtreffer.

90. Minute: Abgesehen von den letzten 15 Minuten hatte die deutsche Mannschaft den Weltmeister klar beherrscht.

❖

Vorbericht zum 444. Länderspiel: Vor dem wichtigen EM-Qualifikationsspiel gegen Wales hatten der D.F.B. und die Spieler in Hennef bei dem Vorbereitungslehrgang allen Grund zum Jubel. Die WM-Qualifikationsgruppen waren ausgelost worden und die deutsche Mannschaft hatte wieder einmal Glück. Bulgarien, Österreich, Finnland und Albanien waren die Gruppengegner. Da sich gleich 2 Mannschaften der 5er Gruppe für die WM qualifizierten, hätte es wesentlich schwerer kommen können.

Zuerst aber zählte nur die EM, die 1980 erstmals mit 8 Mannschaften in einer Endrunde in Italien ausgetragen wurde. Mit einem Sieg gegen Wales in Köln konnte schon ein entscheidender Schritt nach Italien getan werden. Zum Vorbereitungslehrgang hatte Bundestrainer Jupp Derwall folgende Spieler nach Hennef eingeladen:

Tor: Burdenski, Nigbur
Abwehr: Kaltz, Cullmann, Kh.Förster, Dietz, B.Förster, Briegel
Mittelfeld: Bonhof, Stielike, H.Müller, H.Zimmermann, Schuster
Angriff: Rummenigge, Fischer, K.Allofs, Kelsch

Nur Stielike mußte absagen, weil er von Real Madrid keine Freigabe erhielt. Für ihn kam erneut der junge Schuster zum Einsatz. Und zum 1. Länderspiel kam Briegel als Einwechselspieler.

17.10.1979 in Köln

BR Deutschland - Wales 5:1 (4:0)

SR: Keizer (Holland), Zuschauer: 61.000
BRD: Burdenski -7 (Werder Bremen); Kaltz -31 (HSV), Cullmann -32 (1.FC Köln), Kh.Förster -10 (VfB Stuttgart), Dietz -38 (MSV Duisburg); Bonhof -48 (FC Valencia), Schuster -4 (1.FC Köln), ab 64. H.Zimmermann -12 (1.FC Köln), H.Müller -12 (VfB Stuttgart); Rummenigge -26 (Bayern München), ab 75. Briegel -1 (1.FC Kaiserslautern), Fischer -24 (Schalke 04), K.Allofs -9 (Fort. Düsseld.). Mannschaftskapitän: Dietz
Wales: Davies; Stevensen, Phillipps, Dwyer, Jones (ab 15. Berry); Mahoney, James, Flynn, Nicholas; Curtis, Toshack (ab 64. Thomas)
Tore: 1:0 Fischer (22.), 2:0 Kaltz (33.), 3:0 Fischer (39.), 4:0 Rummenigge (42.), 5:0 Förster (83.), 5:1 Curtis (84.)
Beste Spieler: Kaltz, Rummenigge, Fischer, Schuster, Kh.Förster - Toshack, Davies
Bericht: Die deutsche Mannschaft begann sofort stürmisch anzugreifen. Ein Alleingang von Rummenigge wurde auf Kosten einer Ecke gestoppt. Den Eckball, von Kaltz getreten, schlenzte Allofs über den Kasten.

16. Minute: Nach einem Eckball der Waliser köpfte Berry auf das Tor. Für den schon überwundenen Burdenski rettete Dietz mit Kopfabwehr auf der Linie. 22. Minute: Cullmann stürmte mit und paßte genau zu Fischer. Aus vollem Lauf zog der Schalker ab. Unerreichbar landete der Ball im Netz zum 1:0 für die deutsche Elf.

29. Minute: Bei einem Berry-Weitschuß konnte Burdenski gerade noch mit Fußabwehr klären. 33. Minute: Auf dem rechten Flügel stürmte Kaltz wieder einmal nach vorn. Alle warteten auf eine Flanke, aber mit dem linken Fuß knallte Kaltz den Ball an den Innenpfosten, von wo er ins Tor sprang. Ein herrliches Tor zum 2:0.

39. Minute: Eine schöne Kombination zwischen Kaltz und Rummenigge leitete den nächsten Treffer ein. Fischer lief in den freien Raum, prompt kam auch der Paß und der Schalker Torjäger umdribbelte sogar noch den Torhüter und schob seelenruhig zum 3:0 ins Netz. 42. Minute: Nach einer weiten Flanke von Hansi Müller auf Kaltz, der zu Rummenigge weiterpaßte, war es erneut passiert: Der Münchener umkurvte drei Abwehrspieler und zirkelte den Ball zum 4:0 in die Maschen. Nach einem begeisternden Spiel mit herrlichen Toren führte die deutsche Mannschaft auch in dieser Höhe verdient zur Pause.

50. Minute: Wie so oft, foulte Mahoney den dribbelnden Rummenigge. Diesmal sah er dafür die gelbe Karte. Sieben Minuten später wieder ein herrlicher Alleingang von Rummenigge. Bei dessen Flanke konnte ein walisischer Abwehrspieler gerade noch dem einschußbereiten Fischer den Ball vom Fuß spitzeln.

70. Minute: Im Gefühl des sicheren Sieges hatte die deutsche Mannschaft nachgelassen, kontrollierte jedoch das Spiel und war weiterhin viel gefährlicher als die Waliser. Rummenigge konnte erneut nur durch ein Foul gestoppt werden. 72. Minute: Für Rummenigge, der ein hervorragendes Spiel geliefert hatte, jetzt aber angeschlagen war, kam Briegel in die Mannschaft. 77. Minute: Nur mit einer Glanzparade konnte Burdenski den Gegentreffer der Waliser verhindern, als Hansi Müller einen Fehlpaß im eigenen Strafraum fabrizierte.

83. Minute: Der stürmende Karlheinz Förster paßte zu Klaus Allofs, der sofort in die Mitte zu Fischer flankte. Der Mittelstürmer setzte den mitgelaufenen Karlheinz Förster ein und schon stand es durch einen satten Schuß 5:0 für die deutsche Elf. 84. Minute: Nachdem Zimmermann einem walisischen Stürmer den Ball abgenommen hatte, schob er ihn zu Burdenski zurück. Curtis spurtete dazwischen und schlenzte den Ball zum 5:1 ins Netz. 88. Minute: Die letzte Möglichkeit für die deutsche Mannschaft hatte Zimmermann, er konnte jedoch den Ball nicht im walisischen Tor unterbringen. So blieb es beim hochverdienten 5:1-Sieg der deutschen Mannschaft, die eine Stunde lang durch ihr schnelles und direktes Spiel geglänzt hatte.

❖

Vorbericht zum 445. Länderspiel: Nach Argentinien hatte die deutsche Nationalmannschaft auch im nächsten Freundschafts-Länderspiel einen schweren Gegner. In Tiflis gegen die Sowjetunion war der Derwall-Rekord (seit seinem Amtsantritt als Bundestrainer in 10 Spielen ungeschlagen) gefährdet, zumal die beiden Spanien-Profis Bonhof und Stielike ersetzt werden mußten.

Tor: Burdenski, Nigbur
Abwehr: Kaltz, Cullmann, Kh.Förster, Dietz, B.Förster, Mittelfeld: Schuster, H.Müller, H.Zimmermann, Briegel, Votava
Angriff: Rummenigge, Fischer, K.Allofs, H.Nickel

Mit Votava (Bor. Dortmund) und Harald Nickel (Bor. Mönchengladbach) standen 2 Neulinge im Aufgebot. Beide kamen in Tiflis zu ihrem 1. Länderspiel.

21.11.1979 in Tiflis

Sowjetunion - BR Deutschland 1:3 (0:1)

SR: Hirviniemi (Finnland), Zuschauer: 40.000
Sowjetunion: Gabelija; Rodin, Mirsojan, Samochin, Machowikow; Darasseljia, Chidijatulin (ab 49. Schawlo), Oganesijan, Gawrilow; Guzajew, Andrejew
BRD: Nigbur -4 (Schalke 04); Kaltz -32 (HSV), ab 74. H.Zimmermann -13 (1.FC Köln), Cullmann -33 (1.FC Köln), Kh.Förster -11 (VfB Stuttgart), Briegel -2 (1.FC Kaisersl.); Schuster -5 (1.FC Köln), ab 46. B.Förster -3 (VfB Stuttgart), H.Müller -13 (VfB Stuttgart), Dietz -39 (MSV Duisburg), ab 74. Votava -1 (Bor. Dortmund);

Rummenigge -27 (Bayern München), Fischer -25 (Schalke 04), H.Nickel -1 (Bor. Mönchengladb.). Mannschaftskapitän: Dietz

Tore: 0:1, 0:2 Rummenigge (35., 62.), 0:3 Fischer (66.), 1:3 Machowikow (83.)

Beste Spieler: Andrejew, Schawlo - Rummenigge, Kaltz, Cullmann, Fischer

Bericht: Die deutsche Mannschaft begann in Tiflis sehr vorsichtig, während die sowjetischen Spieler mit Elan loslegten, aber kaum einmal in den deutschen Strafraum kamen.

7. Minute: In halbrechter Position umdribbelte Hansi Müller zwei sowjetische Spieler. Ein Musterpaß zum mitgelaufenen Rummenigge, der aus der Drehung sofort schoß, hätte fast schon das 1:0 bedeutet. Der Ball zischte nur ganz knapp am Tor vorbei. 9. Minute: Eine weite Flanke in den sowjetischen Strafraum sorgte erneut für Gefahr. Nickel verlängerte am 5-Meter-Raum zu Fischer, der sofort schoß. Mit einer tollen Parade in die bedrohte Ecke wehrte Torhüter Gabelija den Ball ab.

22. Minute: Kaltz, der bereits in den letzten Länderspielen durch seine tollen Sololäufe an der Außenlinie entlang für Gefahr gesorgt hatte, machte dies auch in Tiflis. Gleich beim erstenmal folgte eine herrliche Fanke, die Nickel direkt aus der Luft abnahm, aber neben das Tor knallte.

30. Minute: Diesmal eine Flanke von Rummenigge auf Nickel, der den Ball überhastet über das Tor schoß. Im Gegenzug hatte Nigbur Mühe, an einen Distanzschuß mit den Fäusten heranzukommen. 35. Minute: Eine schöne Ballstafette von Hansi Müller über Harald Nickel zu Rummenigge, der blitzschnell zwei Sowjets umspielte und den Ball am herauslaufenden Gabelija vorbei ins Netz schlenzte, bedeutete das 1:0 für die deutsche Mannschaft. 37. Minute: Nach einer weiten Flanke in den deutschen Strafraum rettete Karlheinz Förster mit letztem Einsatz vor dem freistehenden Andrejew.

45. Minute: Ein herrlicher Alleingang von Müller, dessen scharfer Schuß der sowjetische Torhüter nur mit einem Hechtsprung wegfausten konnte, bildete den Abschluß einer guten ersten Halbzeit.

47.Minute: Die zweiten 45 Minuten begannen für die deutsche Mannschaft mit viel Glück, als Darasseljia einen Freistoß aus 18 Metern an die Latte knallte. 3 Minuten später wieder ein Freistoß für die UdSSR, der für Gefahr sorgte. Diesmal war es Chidijatulin, der aus fast 30 Metern den Pfosten des deutschen Tores traf.

62. Minute: Nach einem Paß von Kaltz zog Rummenigge auf und davon und schoß unhaltbar zum 2:0 für die deutsche Mannschaft ein. 66. Minute: Die sowjetischen Spieler konnten noch gar nicht ihr Pech fassen, da war es bereits wieder passiert. Nach einem herrlichen Flachpaß von Rummenigge in den Lauf von Fischer, schoß der Schalker Mittelstürmer sofort und ließ Torhüter Gabelija keine Chance. 72. Minute: Nach einer Rechtsflanke von Kaltz köpfte Rummenigge den Ball an den Pfosten. Diesmal hatten die sowjetischen Spieler Glück gehabt.

83. Minute: Nach einem Steilpaß auf Machowikow gelang der Sowjetunion wenigstens der Ehrentreffer. Der Außenverteidiger umkurvte Libero Cullmann und schoß plaziert zum 1:3 in das lange Eck. 89. Minute: Nach einem Eckball schoß der freistehende Bernd Förster den Ball genau in die Arme des sowjetischen Torhüters. Die deutsche Mannschaft hatte aufgrund ihres ideenreicheren und geschlosseneren Spiels verdient mit 3:1 in Tiflis gewonnen, und nun konnte man endgültig von einer neuen deutschen Klassemannschaft sprechen.

❖

Vorbericht zum 446. Länderspiel: Mit einem Sieg über die Türkei hatte die deutsche Nationalmannschaft bereits im vorletzten Gruppenspiel der EM-Qualifikation die Chance alles klarzumachen. Daß Jupp Derwall die Türken nicht zu leicht nahm, dokumentierte er mit der Nominierung von Bonhof und Stielike, den beiden Spanien-Profis in seinem Aufgebot.

Tor: Burdenski, Nigbur
Abwehr: Kaltz, Cullmann, Stielike, Dietz, B.Förster Mittelfeld: Bonhof, H.Müller, Schuster, H.Zimmermann, Votava
Angriff: Rummenigge, Fischer, H.Nickel, Kelsch

Von dem ursprünglichen, vorläufigen Aufgebot fehlten Briegel, Kh.Förster und Klaus Allofs, die wegen Krankheit und Verletzungen absagen mußten. So entschloß sich Jupp Derwall dazu, Bernd Förster den Vorstopperposten seines Bruders anzuvertrauen, die beiden Spanien-Profis mit Hansi Müller ins Mittelfeld zu stellen und erneut Harald Nickel für Klaus Allofs stürmen zu lassen.

22.12.1979 in Gelsenkirchen
BR Deutschland - Türkei 2:0 (1:0)

SR: Renggli (Schweiz), Zuschauer: 70.000

BRD: Nigbur -5 (Schalke 04); Kaltz -33 (HSV), Cullmann -34 (1.FC Köln), B.Förster -4 (VfB Stuttgart), Dietz -40 (MSV Duisburg); Bonhof -49 (FC Valencia), Stielike -10 (Real Madrid), ab 84. H.Zimmermann -14 (1.FC Köln), H.Müller -14 (VfB Stuttgart); Rummenigge -28 (Bayern München), Fischer -26 (Schalke 04), H.Nickel -2 (Bor. Mönchengladb.). Mannschaftskapitän: Dietz

Türkei: Senol; Turgay, Fatih, Gungör, Cem; Eksi, Önal, Sedat; Resit (ab 78. K.Mustafa), Sadullah (ab 46. Arif), Engin

Tore: 1:0 Fischer (15.), 2:0 Zimmermann (89.)

Beste Spieler: Rummenigge, Kaltz, Dietz - Önal

Bericht: Von Gastarbeitern lautstark unterstützt, legten die Türken in Gelsenkirchen los, als wollten sie die deutsche Mannschaft überrennen.

10. Minute: Einen Freistoß paßte Bonhof zu Cullmann, der sofort auf Fischers Kopf verlängerte. Torhüter Senol hatte jedoch aufgepaßt und konnte abwehren. 15. Minute: Die deutsche Mannschaft kam besser ins Spiel und brachte die Türken mit Steilangriffen in Verlegenheit. Ein solcher Angriff über Förster und Rummenigge führte auch zum 1:0. Der Münchener Rechtsaußen schlug den Ball in die Mitte zum mitgelaufenen Fischer, und gegen dessen Flachschuß aus 12 Meter Entfernung war Torhüter Senol machtlos. 21. Minute: Nach einem Flankenlauf von Hansi Müller köpfte Fischer nur ganz knapp neben das türkische Tor.

45. Minute: Bis zur Halbzeit sah man leider nur noch plan- und kraftlose Aktionen beider Mannschaften, die von den Zuschauern mit Pfiffen quittiert wurden.

57. Minute: Auch in den ersten Minuten der zweiten Halbzeit kam kein flüssiges Spiel zustande. Dann war es erneut die deutsche Mannschaft, die mit schönem Doppelpaß zwischen Fischer und Rummenigge die Initiative ergriff. Der Gladbacher hatte jedoch in der Nationalmannschaft kein Glück und traf den Ball nicht richtig.

72. Minute: Nach einem Foul schoß Hansi Müller den Freistoß auf Nickel. Mit einer Glanzparade konnte Torhüter Senol den scharfen Schuß des Gladbachers zur Ecke abwehren, die nichts einbrachte. 84. Minute: Für den angeschlagenen Stielike kam Herbert Zimmermann ins Spiel. Sofort folgte eine Riesenmöglichkeit für Fischer nach einem Bonhof-Freistoß. Der Kopfball des Schalkers landete jedoch neben dem Tor. 89. Minute: Als ein Abspiel von Zimmermann zu Rummenigge von Önal gestört wurde und der Ball erneut vor die Füße von Zimmermann kam, fiel die endgültige Entscheidung. Mit einem flachen Schuß unter dem sich werfenden Torhüter hindurch erzielte der Kölner das 2:0.

90. Minute: Die letzte Chance hatten die zweifellos starken Türken, als Memet Eksi auf das Tor köpfte und Nigbur mit einer Glanzparade den Ball über die Latte lenken konnte. Trotz der enttäuschenden Vorstellung der deutschen Mannschaft hatte sie verdient mit 2:0 gewonnen und die EM-Endrunde in Italien erreicht.

❖

Vorbericht zum 447. Länderspiel: Zu Beginn des Jahres 1980 hatte die deutsche Nationalelf mit dem EM-Qualifikationsspiel gegen Malta noch eine Pflichtaufgabe in Bremen zu erfüllen. Ein schnelles Spiel und viele Tore forderte Jupp Derwall von seinen Spielern.

Tor: Burdenski, Nigbur, Schumacher

Abwehr: Kaltz, Cullmann, Kh.Förster, Dietz, Briegel Mittelfeld: Bonhof, H.Müller, H.Zimmermann, B.Förster

Angriff: Rummenigge, Fischer, K.Allofs, H.Nickel, Kelsch

Aus dem vorläufigen Aufgebot waren Groh, Votava, D.Hoeneß und die beiden Neulinge Niedermayer (Bayern) und Del'Haye (Gladbach) gestrichen worden. Bernd Schuster war erst gar nicht dabei, und Stielike bekam keine Freigabe.

27.2.1980 in Bremen

BR Deutschland - Malta 8:0 (3:0)

SR: Rolles (Luxemburg), Zuschauer: 38.000

BRD: Burdenski -8 (Werder Bremen); Kaltz -34 (HSV), Cullmann -35 (1.FC Köln), Kh.Förster -5 (VfB Stuttgart), Dietz -41 (MSV Duisburg); Bonhof -50 (FC Valencia), B.Förster -5 (VfB Stuttgart), ab 60. Kelsch -4 (VfB Stuttgart), H.Müller -15 (VfB Stuttgart); Rummenigge -29 (Bayern München), Fischer -27 (Schalke 04), K.Allofs -9 (Fort. Düsseld.), ab 60. Nickel -3 (Bor. Mönchengladb.). Mannschaftskapitän: Dietz

Malta: Bonello; Ed.Farrugia, Buttiegieg, Holland, Camilleri (ab 45. Buckingham); Fabri, Fenech, Emm.Farrugia; Joe Xuereb, Schembri, G.Xuereb

Tore: 1:0 K.Allofs (14.), 2:0 Bonhof (19. Foulelfmeter), 3:0 Fischer (40.), 4:0 K.Allofs (55.), 5:0 Holland (61. Eigentor), 6:0 Kelsch (70.), 7:0 Rummenigge (74.), 8:0 Fischer (90.)

Beste Spieler: Bonhof, Fischer, K.Allofs, B.Förster - Bonello

Bericht: Von der ersten Minute an ließ die deutsche Mannschaft keine Zweifel daran, daß sie dieses Spiel möglichst hoch gewinnen wollte.

2. Minute: Nach einem Foul knallte Bonhof den Freistoß an der Mauer vorbei auf das Tor, in dem Bonello bereits das erste Mal eingreifen mußte 6. Minute: Nach einer herrlichen Flanke von Hansi Müller auf Fischer, schoß der Schalker Mittelstürmer aus 5 Meter nur knapp über das Tor.

14. Minute: Nach einer knappen Viertelstunde fiel das erhoffte schnelle Führungstor. Rummenigge verlängerte einen Paß von Hansi Müller auf Allofs, der aus 3 Metern zum 1:0 einschießen konnte. Im Gegenzug wäre den Maltesern fast der Ausgleich gelungen, als Joe Xuereb an Dietz und Cullmann vorbeizog und erst von Karlheinz Förster im Strafraum gebremst werden konnte. 19. Minute: Nach einer Attacke von Emmanuel Farrugia gegen Bernd Förster gab der Schiedsrichter Elfmeter. An der Berechtigung konnte man zweifeln, aber das störte Bonhof wenig, der eiskalt zum 2:0 verwandelte. 26. Minute: Ohne Mühe konnte Burdenski den ersten Schuß auf sein Tor halten.

40. Minute: Mit einer Glanzparade wehrte Bonello einen Weitschuß von Rummenigge zur Ecke ab. Den Eckball zirkelte Bonhof auf den Kopf von Fischer, der sich diese Chance zum 3:0 nicht nehmen ließ. 45. Minute: Mit den schönen Kombinationen und dem druckvollen Spiel der deutschen Mannschaft konnte man zur Pause zufrieden sein. Lediglich die Torausbeute war nach wie vor zu gering.

48. Minute: Mit einem Linksschuß von Kaltz hatte Bonelli große Mühe. Er konnte den Ball erst im Nachfassen unter Kontrolle bringen. 55. Minute: Einen tollen Schuß von Klaus Allofs konnte Maltas Torhüter nicht festhalten. Der Ball rutschte unter ihm durch zum 4:0 für die deutsche Mannschaft. 61. Minute: Nach einer Bonhof-Flanke köpfte der maltesische Kapitän Holland den Ball über seinen herausstürzenden Torhüter ins eigene Tor. Die deutsche Mannschaft führte jetzt 5:0.

70. Minute: Auch nach diesem klaren Vorsprung drängte die deutsche Mannschaft weiter. Nach einem schönen Paß von Bonhof, der wieder einmal ein hervorragendes Spiel im Nationaltrikot zeigte, hatte Kelsch keine Mühe, den Ball aus 5 Meter Entfernung zum 6:0 einzuköpfen. 74. Minute: Eine abgewehrte Müller-Flanke kam zu Rummenigge, gegen dessen Schuß aus 16 Metern Torwart Bonello machtlos war. 7:0! 82. Minute: Mit toller Parade hielt Bonello, der trotz der Tore bester Mann seiner Elf war, einen 25-Meter-Gewaltschuß von Karlheinz Förster.

90. Minute: Ein tolles Solo von Fischer setzte den Schlußpunkt. Der von Linksaußen nach innen stürmende Mittelstürmer schoß aus vollem Lauf und knallte den Ball unerreichbar für Bonello unter die Latte zum Endstand von 8:0. Endlich einmal wieder hatte die deutsche Mannschaft auch gegen einen schwachen Gegner von der ersten bis zur letzten Minute druckvoll gespielt und entsprechend dem Leistungsunterschied hoch gewonnen.

❖

Vorbericht zum 448. Länderspiel: Zwei Spiele, gegen Österreich und Polen, hatte Jupp Derwall noch als Vorbereitung auf die EM-Endrunde in Italien angesetzt. Da traf ihn jedoch 2 Wochen vor dem Österreich-Spiel ein schwerer Schlag, Mittelstürmer Fischer hatte sich das Schienbein gebrochen und fiel für viele Monate, auch für die EM in Italien, aus. So kam das „Kopfball-Ungeheuer" Horst Hrubesch (HSV) in die Nationalelf. Der ehemalige, bereits 28-jährige, Torjäger von Rot-Weiß Essen traf seit Monaten erfolgreich in der Bundesliga, lag weit vor Fischer an 3. Stelle der Bundesligatorschützenliste und gehörte zum vorläufigen Aufgebot.

Tor: Nigbur, Schumacher

Abwehr: Kaltz, Cullmann, Kh.Förster, Dietz, Briegel

Mittelfeld: Bonhof, B.Förster, H.Müller, Schuster

Angriff: Rummenigge, Hrubesch, K.Allofs, Del'Haye

Sowohl Hrubesch als auch Kalle Del'Haye kamen gegen Österreich zu ihrem 1. Länderspiel.

2.4.1980 in München

BR Deutschland - Österreich 1:0 (1:0)

SR: Vautrot (Frankreich), Zuschauer: 78.000

BRD: Nigbur -6 (Schalke 04), ab 46. Schumacher -2 (1.FC Köln); Kaltz -35 (HSV), Cullmann -36 (1.FC Köln), Kh.Förster -6 (VfB Stuttgart), Dietz -42 (MSV Duisburg), ab 16. Briegel -3 (1.FC Kaisersl.); Bonhof -51 (FC Valencia), B.Förster -6 (VfB Stuttgart), ab 46. Schuster -6 (1.FC Köln), H.Müller -16 (VfB Stuttgart); Rummenigge -30 (Bayern München), Hrubesch -1 (HSV), K.Allofs -10 (Fort. Düsseld.), ab 71. Del'Haye -1 (Bor. Mönchengladb.). Mannschaftskapitän: Dietz

Österreich: Koncilia; Pospischil, Pezzey, Mirnegg, Hintermaier; Hattenberger, Jara, Prohaska, Kreuz; Welzl (ab 71. Gasselich), Schachner

Tor: 1:0 H.Müller (34.)

Beste Spieler: Briegel, Nigbur, Schumacher, Bonhof - Schachner, Koncilia, Pezzey

Bericht: In den ersten Minuten begannen beide Mannschaften sehr vorsichtig und die Österreicher kamen nur sporadisch vor das deutsche Tor. Eine schöne Hintermaier-Flanke köpfte Pezzey in der 8. Minute an die Latte des deutschen Tores.

12. Minute: Endlich einmal war auch die deutsche Mannschaft gefährlich vor dem österreichischen Tor, als Rummenigges Kopfball auf Hrubeschs Flanke nur ganz knapp über das Tor strich. 16. Minute: Für den bereits frühzeitig verletzten Dietz kam der Lauterer Briegel ins Spiel.

30. Minute: Nach einer halben Stunde war das Spiel beider Mannschaften ziemlich verflacht. Die ersten Pfiffe von den Rängen waren unüberhörbar. 34. Minute: Im Mittelfeld führte Hansi Müller den Ball, als er keinen freien Mitspieler sah, schoß er

urplötzlich. Wie an der Schnur gezogen knallte der Ball in die rechte obere Torecke zum 1:0 für die deutsche Mannschaft.

42. Minute: Nach einem Doppelpaß mit Allofs war Rummenigge schon am Torwart vorbei, doch seinen Schuß konnte Pezzey von der Linie wegschlagen. Im Gegenzug strich ein Kreuz-Fernschuß nur ganz knapp am deutschen Tor vorbei.

46. Minute: Die deutsche Mannschaft wechselte zur Halbzeit Schumacher für Nigbur ein und Schuster für Bernd Förster.

55. Minute: Einen tollen Alleingang von Briegel konnte Mirnegg nur auf Kosten einer Ecke stoppen. Der Eckball kam zu Rummenigge, der aus 8 Metern auf das Tor knallte. Blitzschnell war Torhüter Koncilia in der bedrohten Ecke und rettete mit einer tollen Parade. 60. Minute: Nach einer schönen Flanke von Prohaska köpfte Schachner den Ball Schumacher genau in die Arme. Das Spiel beider Mannschaften wurde immer zerfahrener. Nur noch gelegentliche Vorstöße sorgten für Gefahr vor den Toren.

79. Minute: Der durchgebrochene Rummenigge wurde durch ein Foul gebremst. Den fälligen Freistoß aus 20 Metern schoß Hansi Müller in die Mauer.

89. Minute: Ein tolles Solo vom eingewechselten Del'Haye, dessen Flanke zentimetergenau zu Hansi Müller kam, hätte das 2:0 sein müssen. Mit einer Glanzparade machte Torhüter Koncilia den Müller-Schuß unschädlich. So blieb es beim 1:0 in einem Spiel, das eigentlich keinen Sieger verdient hatte. Vom Ergebnis her war der deutschen Mannschaft zwar die Revanche von Argentinien gelungen, aber spielerisch und kämpferisch war sie nicht besser als die Österreicher.

❖

Vorbericht zum 449. Länderspiel: Gegen Österreich hatte die deutsche Mannschaft ihr 250. Nachkriegsländerspiel ausgetragen, und der Sieg über Österreich war genau der 150. von diesen 250 Spielen. Außerdem war es auch der 250. Sieg im insgesamt 448. Länderspiel. Und nun wollte Jupp Derwall in seiner einjährigen Amtszeit gegen Polen den 10. Sieg in Folge erzielen.

Soweit war es aber noch nicht. Zuerst stand die Generalprobe gegen Polen an, und dafür lud er 15 Spieler nach Gravenbruch ein, darunter war nach 3 Jahren erstmals wieder der Spielmacher des HSV, Felix Magath.

Tor: Schumacher, Junghans
Abwehr: Kaltz, Cullmann, Briegel, Kh.Förster, Dietz
Mittelfeld: B.Förster, Magath, H.Müller, Schuster
Angriff: Rummenigge, Hrubesch, K.Allofs, H.Nickel

Jakobs (HSV) wurde noch nachnominiert und kam auch sofort zu seinem 1. Länderspiel als Einwechselspieler, während der andere Neuling, Torhüter Junghans (Bayern München), nie Nationalspieler wurde.

13.5.1980 in Frankfurt

BR Deutschland - Polen 3:1 (2:1)

SR: Menegali (Italien), Zuschauer: 45.000
BRD: Schumacher -3 (1.FC Köln); Kaltz -36 (HSV), Cullmann -37 (1.FC Köln), Kh.Förster -7 (VfB Stuttgart), Dietz -43 (MSV Duisburg); B.Förster -7 (VfB Stuttgart), ab 46. Schuster -7 (1.FC Köln), Magath -3 (HSV), Briegel -4 (1.FC Kaisersl.), ab 73. Jakobs -1 (HSV), H.Müller -17 (VfB Stuttgart), ab 73. Hrubesch -2 (HSV); Rummenigge -31 (Bayern München), K.Allofs -11 (Fort. Düsseld.). Mannschaftskapitän: Dietz

Polen: Mlynarczyk; Dziuba, Zmuda, Janas (ab 18. Motyka), Plaszewski (ab 73. Nawalka); Lato, Boniek, Palasz; Sybis (ab 46. Szarmach), Wojcicki, Terlecki

Tore: 1:0 Rummenigge (6.), 1:1 Boniek (35.), 2:1 K.Allofs (38.), 3:1 Schuster (58.).

Beste Spieler: Schuster, Schumacher, Dietz, Rummenigge, Magath - Lato, Boniek

Bericht: Da Jupp Derwall ohne die beiden Spanien-Profis auskommen mußte, versuchte er im Mittelfeld eine neue Variante mit vier Spielern.

1. Minute: Die deutsche Mannschaft begann sehr konzentriert. Bei einem Steilpaß auf Rummenigge wurde der bereits durch ein Foul von den Beinen geholt. Der Freistoß brachte jedoch nichts ein. 6. Minute: Mit einem Steilpaß schickte Allofs Rummenigge auf halbrechter Position auf die Reise, der spurtete an einem Polen vorbei, umkurvte einen zweiten und spurtete in die Mitte, von wo aus er flach und unhaltbar in die untere Torecke zum 1:0 für die deutsche Mannschaft einschoß. Das war ein Auftakt nach Maß. 11. Minute: Erste Gelegenheit für die Polen durch Lato, der seinen Gegenspieler blitzschnell überlief, doch sein Schuß konnte von Schumacher gehalten werden.

24. Minute: Nach einem Eckball zog Boniek den Ball mit einem tollen Fallrückzieher nur knapp am Tor vorbei. 35. Minute: Ein Freistoß für die Polen brachte den Ausgleich. Aus 20 Meter Entfernung paßte Lato zu Boniek, dessen Gewaltschuß unerreichbar für Schumacher im Torwinkel landete. 38. Minute: Rummenigge legte den Ball zurück auf Kaltz, dessen herrlich angeschnittene Flanke drückte Allofs im Hechtsprung mit dem Kopf zum 2:1 für die deutsche Mannschaft ins Tor.

46. Minute: Für Bernd Förster kam das Kölner Talent Bernd Schuster ins Spiel. 52. Minute: Ein herrlicher Zmuda-Paß auf den ungedeckten Lato, der sofort schoß, hätte fast den Ausgleich bedeutet, aber Schumacher zeigte sein hervorragendes Stellungsspiel. 56. Minute: Mit einem tollen Alleingang machte Schuster Druck nach vorn. Sein Steilpaß konnte von einem polnischen Abwehrspieler abgewehrt werden, prallte jedoch genau wieder in Richtung Schuster, der aus vollem Lauf Maß nahm und den Ball unhaltbar in das polnische Tor jagte. Ein wunderschöner Schuß zum 3:1 für die deutsche Mannschaft. 64. Minute: Der nun wie entfesselt spielende Schuster versuchte es zweimal mit Weitschüssen, bei denen der polnische Torhüter sein ganzes Können aufbieten mußte.

75. Minute: Nach einem Cullmann-Fehlpaß war Boniek plötzlich ganz allein vor Schumacher, der jedoch geschickt den Winkel verkürzte und sich vor die Füße des polnischen Stürmerstars warf. 85. Minute: Bei einem tollen Solo von Rummenigge grätschte im letzten Augenblick ein polnischer Spieler dazwischen und spitzelte den Ball weg. Hätte Karl-Heinz Rummenigge nur eine Sekunde eher abgezogen, wäre das 4:1 möglich gewesen.

90. Minute: Einen Alleingang von Lato konnte Dietz gerade noch abbremsen. Der Schlußpfiff beendete ein Spiel, in dem die deutsche Mannschaft nicht nur verdienter Sieger war, sondern wie in der ersten Halbzeit gegen Wales wieder einmal ein begeisterndes und technisch gutes Spiel gezeigt hatte. So hatte die Mannschaft auch Aussichten, in Italien bei der EM zu bestehen.

❖

Vorbericht zum 450. Länderspiel und zur 6. Europameisterschaft:

Zum erstenmal wurde die EM, ähnlich wie die WM, nur mit 8 Mannschaften aufgezogen. BR Deutschland war mit der Tschechoslowakei, Holland und Griechenland in der Gruppe A, aus der sich nur der Sieger für das Finale gegen den Sieger der Gruppe B qualifizierte. Die Gruppe B, mit Veranstalter Italien, England, Spanien und Belgien wurde allgemein stärker eingeschätzt.

Wie bei der WM war 25 Tage vor Beginn der EM eine Liste mit 40 Spielern vorzulegen, aus der 8 Tage vor der EM die 22 Teilnehmer gemeldet werden mußten. Das Aufgebot:

Torhüter:		Lsp.
Dieter Burdenski (Werder Bremen)	* 26.11.50	8
Eike Immel (Bor. Dortmund)	* 27.11.60	-
Walter Junghans (Bayern München)	* 26.10.58	-
Rudi Kargus (Hamburger SV)	* 15. 8.52	3

Norbert Nigbur (FC Schalke 04)	* 8. 5.48	6
Harald Schumacher (1.FC Köln)	* 6. 3.54	3
Abwehr:		
Klaus Augenthaler (Bayern München)	* 26. 9.57	-
Rolf Blau (VfL Bochum)	* 21. 5.52	-
Hans-Peter Briegel (1.FC Kaisersl.)	* 11.10.55	4
Bernd Cullmann (1.FC Köln)	* 1.11.49	37
Bernard Dietz (MSV Duisburg)	* 22. 3.48	42
Karlheinz Förster (VfB Stuttgart)	* 25. 7.58	13
Wilfried Hannes (Bor. Mönchengladb.)	* 17. 4.57	-
Manfred Kaltz (Hamburger SV)	* 6. 1.53	36
Karl-Heinz Körbel (Eintr. Frankfurt)	* 1.12.54	6
Bernd Martin (VfB Stuttgart)	* 10. 2.55	1
Uli Stielike (Real Madrid)	* 15.11.54	10
Herbert Zimmermann (1.FC Köln)	* 1. 7.54	14
Mittelfeld:		
Rainer Bonhof (FC Valencia)	* 29. 3.52	51
Bernd Förster (VfB Stuttgart)	* 3. 5.56	7
Jürgen Groh (1.FC Kaisersl.)	* 17. 7.56	1
Dietmar Jakobs (Hamburger SV)	* 28. 8.53	1
Felix Magath (Hamburger SV)	* 26. 7.53	3
Lothar Matthäus (Bor. Mönchengladb.)	* 21. 3.61	-
Caspar Memering (Hamburger SV)	* 1. 6.53	2
Hans Müller (VfB Stuttgart)	* 27. 7.57	17
Kurt Niedermayer (Bayern München)	* 25.11.55	-
Bernd Schuster (1.FC Köln)	* 22.12.59	7
Franz-Josef Tenhagen (VfL Bochum)	* 31.10.52	3
Miroslav Votava (Bor. Dortmund)	* 24. 3.56	1
Angriff:		
Rüdiger Abramczik (FC Schalke 04)	* 28. 2.56	19
Klaus Allofs (Fortuna Düsseld.)	* 5.12.56	11
Ronald Borchers (Eintr. Frankfurt)	* 10. 8.57	2
Calle Del'Haye (Bor. Mönchengladb.)	* 18. 8.55	1
Dieter Hoeneß (Bayern München)	* 7. 1.53	2
Horst Hrubesch (Hamburger SV)	* 17. 4.51	2
Walter Kelsch (VfB Stuttgart)	* 3. 9.55	4
Dieter Müller (1.FC Köln)	* 1. 4.54	12
Harald Nickel (Bor. Mönchengladb.)	* 21. 7.53	3
K.H. Rummenigge (Bayern München)	* 25. 9.55	31

Das Aufgebot enthielt einige Überraschungen wie die 19-jährigen Immel und Matthäus oder Dieter Müller. Die beiden Youngster wurden sogar nach München-Grünwald zum Abschlußlehrgang vom 1. - 3.6.80 eingeladen, an dem die Kölner und Düsseldorfer nicht teilnehmen konnten, weil sie noch am 4.6.1980 das Pokalfinale auszutragen hatten. Die Lehrgangsteilnehmer hatten am 3.6. noch eine Gelegenheit, sich im Abschiedsspiel für Sepp Maier auszuzeichnen.

3.6.1980 in München (Abschiedsspiel für Sepp Maier)
Bayern München - Deutsche Nationalelf 1:3 (1:1)
SR: Eschweiler (Bonn), Zuschauer: 77.000 (ausverkauft)
Bayern: Maier, ab 25. Junghans, ab 70. Müller; Weiner, ab 60. Niedermayer, Schwarzenbeck, ab 38. Dremmler, Augenthaler, Horsmann; Kapellmann, Dürnberger, ab 60. Kraus, Oblak, ab 46. Janzon, Breitner; D.Hoeneß, Uli Hoeneß, ab 60. Reisinger
Nationalelf: Immel; Kaltz, ab 46. B.Förster, Stielike, Briegel, Dietz, ab 66. Memering; Bonhof, ab 40. Votava, Rummenigge, Matthäus, Hans Müller; Del'Haye, Hrubesch, ab 46. Magath
Tore: 1:0 Breitner (37. Foulelfmeter), 1:1 Hrubesch (41.), 1:2 Briegel (51.), 1:3 H.Müller (61.)

Zur großen Enttäuschung wurde dieser Test für Bonhof, der gerade seine Zelte in Valencia abgebrochen hatte und in die Bundesliga zum 1. FC Köln zurückgekehrt war. Er mußte ausgerechnet gegen Breitner spielen, der ihn zum Statisten degradierte. Dennoch nahm ihn Jupp Derwall in sein 22-köpfiges Aufgebot.

1. Schumacher, Harald (1.FC Köln)
2. Briegel, Hans-Peter (1.FC Kaisersl.)
3. Cullmann, Bernhard (1.FC Köln)
4. Förster, Karlheinz (VfB Stuttgart)
5. Dietz, Bernard (MSV Duisburg)
6. Schuster, Bernd (1.FC Köln)
7. Förster, Bernd (VfB Stuttgart)
8. Rummenigge, Karl-Heinz (Bayern München)
9. Hrubesch, Horst (Hamburger SV)
10. Müller, Hansi (VfB Stuttgart)
11. Allofs, Klaus (Fortuna Düsseld.)
12. Memering, Caspar (Hamburger SV)
13. Bonhof, Rainer (FC Valencia)
14. Magath, Felix (Hamburger SV)
15. Stielike, Uli (Real Madrid)
16. Zimmermann, Herbert (1.FC Köln)
17. Del'Haye, Kalle (Bor. Mönchengb.)
18. Matthäus, Lothar (Bor. Mönchengb.)
19. Votava, Miroslav (Bor. Dortmund)
20. Kaltz, Manfred (Hamburger SV)
21. Junghans, Walter (Bayern München)
22. Immel, Eike (Bor. Dortmund)

21 der 22 Spieler nahm Derwall mit nach Italien. Junghans blieb auf Abruf zu Hause. Mit Immel und Matthäus gehörten überraschend 2 Neulinge zum 21er Aufgebot.
Im 1. EM-Spiel traf die deutsche Mannschaft wie im Finale 1976 auf die Tschechoslowakei. Aus der damaligen Mannschaft waren nur noch Dietz und Bonhof im deutschen Aufgebot der 22, und selbst von der WM '78 hatte Derwall nur noch 6 Spieler unter 22 dabei. Innerhalb von 2 Jahren hatte er also eine ganz neue und erfolgreiche Mannschaft aufgebaut, die seit eben dieser WM ungeschlagen war. Wie zuletzt gegen Polen erprobt, begann er das EM-Turnier gegen den Titelverteidiger mit einem 4er Mittelfeld und 2 Angreifern.

11.6.1980 in Rom (EM-Endrunde)

Tschechoslowakei - BR Deutschland 0:1 (0:0)

SR: Michelotti (Italien), Zuschauer: 15.000
CSSR: Netolicka; Barmos, Ondrus, Jurkemik, Goegh; Kozak, Stambachr, Panenka; Gajdusek, ab 66. Masny, Vizek, Nehoda
BRD: Schumacher -4 (1.FC Köln); Kaltz -37 (Hamburger SV), Cullmann -38 (1.FC Köln), Kh.Förster -8 (VfB Stuttgart), Dietz -44 (MSV Duisburg); B.Förster -8 (VfB Stuttgart), ab 60. Magath -4 (Hamburger SV), Stielike -11 (Real Madrid), Briegel -5 (1.FC Kaisersl.), H.Müller -18 (VfB Stuttgart); Rummenigge -32 (Bayern München), K.Allofs -12 (Fort. Düsseld.). Mannschaftskapitän: Dietz

Tor: 0:1 Rummenigge (55.)
Beste Spieler: Nehoda, Panenka, Vizek - Rummenigge, H.Müller, Schumacher
Bericht: Wie inzwischen schon bei großen Turnieren üblich, begannen beide Mannschaften sehr vorsichtig. Der erste Eckball für die deutsche Mannschaft, der aber nichts einbrachte, erst in der 11. Minute. Nach kurzem Dribbling schoß Rummenigge 10 Minuten später das zweite Mal auf das Tor. Ohne Probleme konnte Netolicka den Ball halten.
30. Minute: Einen raffiniert angeschnittenen Freistoß von Panenka verfehlte die gesamte deutsche Abwehr, einschließlich Torhüter Schumacher, aber zum Glück landete der Ball im Toraus.
35. Minute: Mit einem tollen Solo spielte Vizek die deutsche Abwehr aus, verlud Schumacher, aber dann schob er den Ball knapp am Tor vorbei.

45. Minute: Mit Pfiffen wurden die Spieler von den Zuschauern in die Kabinen geschickt. In der ersten Halbzeit hatten auch wahrlich beide Seiten nichts gezeigt.

55. Minute: Nach erneut schleppendem Beginn in der 2. Halbzeit häuften sich die Fouls. Man spürte förmlich, daß die deutsche Mannschaft Druck machen wollte, wurde jedoch immer wieder durch Fouls im Spielaufbau gestört. Dann aber riskierte Hansi Müller einen Alleingang und schlenzte den Ball zu Rummenigge, der am herausstürzenden Netolicka vorbei knallhart zum 1:0 einköpfte. Im Gegenzug fast der Ausgleich, doch Nehodas Schuß ging knapp neben das Tor. Endlich wurde es lebendig auf dem Spielfeld. 62. Minute: Nach einem Foul an Stielike schoß Rummenigge zwar den Freistoß an der Mauer, aber auch am Tor vorbei.

74. Minute: Das Spiel der deutschen Mannschaft wurde jetzt zusehends besser. Nach einer schönen Kombination von Müller über Magath zu Kaltz wurde dessen Schuß zur Ecke abgewehrt. Den Eckball schoß Hansi Müller zu Rummenigge, der zum freistehenden Briegel verlängerte. Mit einem tollen Hechtsprung holte Netolicka Briegel den Ball vom Fuß. 80. Minute: Nach einem Konter hatte erneut Vizek mit dem Kopf die Chance zum Ausgleich, aber er traf den Ball nicht voll. Und dann konnte Briegel 5 Minuten vor Schluß nur durch ein Foul ein Nehoda-Solo stoppen. Der anschließende Freistoß wurde jedoch sicher abgewehrt.

90. Minute: Mit tollem Einsatz erkämpfte sich Hansi Müller den Ball. Nach herrlichem Doppelpaß mit Rummenigge stand er frei vor dem Tor, doch ihm fehlte die Kraft, um diese letzte Möglichkeit zu nutzen. So blieb es bei dem glücklichen, aber nicht unverdienten 1:0-Sieg der deutschen Mannschaft, die in der 2. Halbzeit die größeren Spielanteile hatte. Der erste Schritt zum Europameisterschaftsfinale war getan.

❖

Vorbericht zum 451. Länderspiel: Nächster Gegner der deutschen Mannschaft war wieder einmal Holland, das im ersten EM-Endrundenspiel mühevoll mit 1:0 gegen die überraschend starken Griechen gewonnen hatte. Für dieses Spiel mußte Bundestrainer Jupp Derwall die Mannschaft umbauen, denn gegen die CSSR hatte es einige alarmierende Schwachpunkte gegeben. Für Cullmann ging Stielike in die Libero-Position zurück, der junge Schuster nahm im Mittelfeld den Platz von Stielike ein und auch Bernd Förster mußte draußen bleiben, denn für ihn wurde mit Hrubesch ein weiterer Stürmer aufgestellt.

14.6.1980 in Neapel (EM-Endrunde)
Holland - BR Deutschland 2:3 (0:1)

SR: Wurtz (Frankreich), Zuschauer: 25.000
Holland: Schrijvers; Wijnstekers, Krol, van de Korput, Hovenkamp, ab 46. Naninga; Willy van de Kerkhof, Haan, Stevens; Rep, Kist, ab 70. Thijssen, Rene van de Kerkhof
BRD: Schumacher -5 (1.FC Köln); Kaltz -38 (Hamburger SV), Stielike -12 (Real Madrid), Kh.Förster -9 (VfB Stuttgart), Dietz -45 (MSV Duisburg), ab 73. Matthäus -1 (Bor. Mönchengladb.); Schuster -8 (1.FC Köln), H.Müller -19, ab 65. Magath -5 (Hamburger SV), Briegel -6 (1.FC Kaisersl.); Rummenigge -33 (Bayern München), Hrubesch -3 (Hamburger SV), K.Allofs -13 (Fort. Düsseld.). Mannschaftskapitän: Dietz
Tore: 0:1, 0:2, 0:3 K.Allofs (20., 60., 66.), 1:3 Rep (80. Foulelfmeter), 2:3 W.v.d.Kerkhof (86.)
Beste Spieler: Rep, Schrijvers - Schuster, Stielike, Rummenigge, K.Allofs, H.Müller, Briegel
Bericht: Die deutsche Mannschaft begann überraschend druckvoll und nach vorn spielend. Einen Alleingang von Rummenigge bremste Hovenkamp in der 3. Minute mit einem Foul. Den Freistoß schoß Schuster über das Tor.

6. Minute: Nach einem Flankenlauf von Kaltz wurde auch durch ein Foul gestoppt. Den Freistoß führte der Hamburger selbst aus, aber Briegel köpfte neben das Tor. Im Gegenzug fing Karlheinz Förster souverän den ersten holländischen Angriff ab. 14. Minute: Als Stielike einen Steilpaß auf Hrubesch schlug, holte der holländische Torwart dem Mittelstürmer den Ball vom Kopf.

20. Minute: Ein Paß von Dietz zu Schuster leitete die deutsche Führung ein. Das große Talent aus Köln knallte den Ball aus der Drehung heraus an den Pfosten, und den Abpraller schob Klaus Allofs zum 1:0 in das Netz. 31. Minute: Zwangsläufig mußten die Holländer jetzt offensiver werden, aber ihre Schußversuche blieben alle in der deutschen Abwehr hängen. Für die deutsche Mannschaft boten sich jetzt gute Konterchancen. Der erste schnelle Gegenangriff brachte eine Ecke ein. Den Eckball erreichte, wie könnte es anders sein, Hrubesch mit dem Kopf, doch Schrijvers konnte halten.

45. Minute: Obwohl die Holländer 20 Minuten lang gestürmt hatten, war ihnen bis zur Halbzeit kein Torerfolg vergönnt. Die deutsche Mannschaft war bei ihren Kontern sogar wesentlich gefährlicher.

60. Minute: Wie die erste Halbzeit endete, so begann die zweite. Die Holländer drückten, aber außer einigen Ecken brachte ihnen das nichts ein. Dann aber wieder die deutschen Konter, bei denen sich diesmal Hansi Müller auszeichnete. Mit einem brillanten Solo und herrlichem Rückpaß auf Klaus Allofs bereitete er die 2:0-Führung vor. Der Düsseldorfer schoß sofort und der Ball schlug zum 2:0 bei den Holländern ein. 65. Minute: Magath kam für den angeschlagenen Müller ins Spiel, und sofort bot sich ihm die erste Torgelegenheit, er scheiterte jedoch an Torhüter Schrijvers. Nur eine Minute später war es Schuster, der mit einer Maßvorlage Klaus Allofs bediente, der erneut seine Torjägerqualitäten unter Beweis stellte und mit einem satten Schuß das 3:0 für die deutsche Mannschaft erzielte. Das war eine Vorentscheidung und nun stand die deutsche Mannschaft bereits mit einem Bein im Endspiel. 73. Minute: Für Kapitän Dietz kam der Neuling Matthäus ins Spiel.

81. Minute: Der Neuling hatte nicht gerade Glück in seinem ersten Länderspiel. Bei einem Alleingang von Rep foulte er den holländischen Stürmer klar vor der Strafraumgrenze, doch der Schiedsrichter verlegte das Geschehen in den Strafraum und gab somit Elfmeter. Rep selbst schoß eiskalt und es stand nur noch 1:3. 86. Minute: Nur sechs Minuten später gelang den Holländern sogar der Anschlußtreffer, als sich Willy van de Kerkhof den Ball erkämpfte und mit einem mächtigen Schuß in das deutsche Tor traf. Die verzweifelten Versuche von Stielike und Briegel, sich in den Schuß zu werfen, waren fehlgeschlagen. Jetzt wurde es noch einmal spannend für die deutsche Mannschaft.

92. Minute: Die Holländer warfen alles nach vorn und versuchten doch noch, den Ausgleich zu erzielen. Die deutsche Abwehr stand jedoch gut und spielte auch so gut aus der Abwehr heraus, daß sich Konterchancen ergaben. In der Nachspielzeit lief Rummenigge mit dem Ball am Fuß auf und davon, paßte zu dem mitgelaufenen Matthäus, doch dessen Gewaltschuß zischte knapp am holländischen Tor vorbei. Damit war aber auch das Spiel beendet und die deutsche Mannschaft hatte verdient, aber zum Schluß doch glücklich, mit 3:2 gewonnen.

❖

Vorbericht zum 452. Länderspiel: Das harte Spiel der Holländer hatte einige Verletzungsfolgen. Gegen Griechenland mußte Jupp Derwall seinen Kapitän Dietz sowie Schuster und Klaus Allofs schonen. Für diese drei kamen Bernd Förster, Cullmann und Memering neu in die Mannschaft, denn ein Unentschieden zur Endspielteilnahme reichte.

Klaus Allofs (Fortuna Düsseldorf) traf in den Gruppenspielen dreimal gegen Holland

Horst Hrubesch (Hamburger SV) war im Endspiel zweimal erfolgreich

1980 Europameister, die deutsche Nationalelf; stehend v.l. Rummenigge, Schumacher, Cullmann, Schuster, Briegel, Hrubesch, Stielike, Bundestrainer Derwall; vorne v.l.: Klaus Allofs, Kaltz, Dietz, Kh.Förster, Hansi Müller

Bundestrainer Jupp Derwall wurde nach einer sagenhaften Serie von Spielen ohne Niederlage mit seiner Mannschaft 1980 Europa-meister

17.6.1980 in Turin (EM-Endrunde)

Griechenland - BR Deutschland 0:0

SR: McGinlay (Schottland), Zuschauer: 17.000

Griechenland: Poupakis; Xanthopoulos, Gounaris, Ravousis, Pantellis; Galakos, Nikoloudis, ab 65. Koudas, Kouis; Ardizoglou, Livathinos, Mavros, ab 89. Kostikos

BRD: Schumacher -6 (1.FC Köln); Kaltz -39 (Hamburger SV), Stielike -13 (Real Madrid), Kh.Förster -10 (VfB Stuttgart), B.Förster -9 (VfB Stuttgart), ab 46. Votava -2 (Bor. Dortmund); Briegel -7 (1.FC Kaisersl.), Cullmann -39 (1.FC Köln), H.Müller -20 (VfB Stuttgart); Rummenigge -34 (Bayern München), ab 66. Del'Haye -2 (Bor. Mönchengladb.), Hrubesch -4 (Hamburger SV), Memering -3 (Hamburger SV). Mannschaftskapitän: Cullmann

Beste Spieler: Ardizoglon, Poupakis - Stielike, Briegel

Bericht: Die Griechen, Tabellenletzte mit 0:4 Punkten, hatten nichts mehr zu verlieren und begannen dementsprechend aktiv.

10. Minute: Als die deutsche Abwehr den Ball nicht aus der Gefahrenzone bringen konnte, knallte Nikoloudis den Ball aus 18 Metern über das Gehäuse. Im Gegenzug hatte Poupakis große Mühe, einen Rummenigge-Kopfball aus dem Dreieck zu holen.

43. Minute: Eine herrliche Briegel-Flanke köpfte Rummenigge aus 5 Metern nur knapp am Tor vorbei. Zur Halbzeit stand es leistungsgerecht 0:0.

50. Minute: Bei einem Gewaltschuß aus 18 Metern hatte Schumacher viel Mühe. Er konnte erst im Nachfassen vor Mavros retten.

60. Minute: Mit einem weiten Paß in den freien Raum wurde die Abseitsfalle der Griechen mattgesetzt. Der schnelle Rummenigge war völlig frei und hob den Ball über den aus seinem Tor laufenden Poupakis hinweg, doch leider auch weit am Tor vorbei.
67. Minute: Eine Glanzparade von Schumacher, der mit einer tollen Reaktion einen Schuß von Koudas aus 8 Metern abwehren konnte. 70. Minute: Ganz großes Glück für die deutsche Mannschaft, als Ardizoglou mit einem 20-Meter-Schuß nur den Pfosten des deutschen Tores traf.

82. Minute: Einen tollen Schuß von Hansi Müller aus der Drehung konnte der griechische Torhüter mit einer glänzenden Parade halten.

90. Minute: Beim Schlußpfiff konnte die deutsche Mannschaft froh sein, daß es beim Unentschieden geblieben war. Von den Torchancen her hätten die Griechen sogar gewinnen können. Es zeigte sich jetzt, daß bereits der Ausfall von 3 Leistungsträgern reichte, um der erfolgreichen deutschen Mannschaft viel Wirkung ~ehmen.

❖

...m 453. Länderspiel: Zum drittenmal hinterein- ...deutsche Mannschaft das EM-Finale erreicht. Sen- ...elgien durch das bessere Torverhältnis gegenüber ...finale gekommen. Bundestrainer Jupp Derwall war ...nur recht, denn gegen den Gastgeber wäre es kaum ...esen und die Belgier spielten einen Fußball, der seiner ...g.
...nale waren Dietz, Schuster und Klaus Allofs wiederher- ...o daß der Bundestrainer mit seiner besten Elf antreten ...im nach 1972 erneut den Titel des Europameisters nach ...land zu holen.

)80 in Rom (EM-Finale)

.gien - BR Deutschland 1:2 (0:1)

SR: Rainea (Rumänien), Zuschauer: 47.800

Belgien: Pfaff; Millecamps, Gerets, Meeuws, Renquin; Cools, andereycken, van Moer; Mommens, Ceulemans, van der Elst

BRD: Schumacher -7 (1.FC Köln); Kaltz -40 (HSV), Stielike -14 (Real Madrid), Kh.Förster -11 (VfB Stuttgart), Dietz -46 (MSV Duis-

Mit 20 Jahren bereits ein Weltstar: Bernd Schuster, der nach der EM zum CF Barcelona nach Spanien wechselte

Griechenland
1: Poupakis
2: Tsalouchilis
3: Appostolakis
4: Manolas
5: Kalantzakis
6: Karapialis
7: Dimitriadis
8: Savarakos
9: Kotidis
10: Tsiantakis
11: Nioplias

Mittelfeldstar Hansi Müller (VfB Stuttgart) wechselte später nach Italien

burg); Schuster -9 (1.FC Köln), Briegel -8 (1.FC Kaisersl.), ab 55. Cullmann -40 (1.FC Köln), H.Müller -21 (VfB Stuttgart); Rummenigge -35 (Bayern München), Hrubesch -5 (HSV), K.Allofs -14 (Fort. Düsseldorf). Mannschaftskapitän: Dietz

Tore: 0:1 Hrubesch (10.), 1:1 Vandereycken (72. Foulelfmeter), 1:2 Hrubesch (89.)

Beste Spieler: Pfaff, Ceulemans, van der Elst, Gerets - Schuster, Stielike, Hrubesch, Briegel, Schumacher

Bericht: Nur in den ersten Minuten spielten beide Mannschaften in diesem 6. Europameisterschafts-Finale vorsichtig. Dann jedoch kam immer mehr Farbe ins Spiel.

5. Minute: Einen von Rummenigge getretenen Eckball wehrte die belgische Abwehr ab. Müller nahm den Ball aus der Luft und zwang den belgischen Torhüter Pfaff zu einer Glanzparade. 10. Minute: Nach einer Traumkombination zwischen Allofs und Schuster setzte der Kölner den freistehenden Hrubesch ein, der mit einem wundervollen Aufsetzer aus 17 Metern die deutsche 1:0-Führung schoß. Im Gegenzug fast das 1:1. Nach einem Fehlpaß Schusters lief van der Elst allein auf Schumachers Tor zu, der herausstürzte und den Winkel geschickt verkürzte. Der Belgier schlenzte den Ball zwar schön am deutschen Torhüter, aber auch knapp am Tor vorbei ins Aus.

23. Minute: Immer wieder kamen die Belgier gefährlich vor das deutsche Tor, es gab jedoch kein Durchkommen. 29. Minute: Nach Doppelpaß mit Hrubesch knallte Hansi Müller den Ball aus 18 Meter Entfernung knapp über das Tor. Mit viel Mühe wehrte Pfaff 4 Minuten später einen 20-Meter-Schuß von Schuster zur Ecke ab.

34. Minute: Eine Flanke nahm Ceulemans am Elfmeterpunkt direkt aus der Luft, doch der Aufsetzer landete genau in Schumachers Armen. Bei einem Schuß von Allofs aus 20 Metern hatte Torhüter Pfaff erneut Mühe. 37. Minute: Schumacher mußte bei einer hohen Flanke weit aus seinem Tor herauskommen, um mit Faustabwehr vor dem heranstürmenden Ceulemans abzuwehren. Und dann erneut ein toller Schuß von Schuster aus 22 Metern, der nur knapp über das belgische Tor strich.

43. Minute: Die letzte Chance vor der Pause hatte Rummenigge, der jedoch etwas überhastet am Tor vorbeizielte. Aufgrund der Torchancen war die 1:0-Halbzeitführung der deutschen Mannschaft in einem ansonsten ausgeglichenen Spiel verdient.

50. Minute: Ein tolles Solo von Briegel wurde an der Strafraumgrenze durch ein Foul gestoppt. Bei dem anschließenden Freistoß von Hansi Müller lief Hrubesch in die Abseitsfalle der Belgier. 55. Minute: Briegel, der bereits in der 46. Minute durch ein Foul schwer angeschlagen war, wurde durch Cullmann ersetzt.

66. Minute: Im letzten Moment konnte Torhüter Schumacher mit Faustabwehr am Elfmeterpunkt vor dem gefährlichen Ceulemans retten. 72. Minute: Mit dem Ball am Fuß lief van der Elst dem deutschen Strafraum entgegen, Stielike grätschte mit langem Bein dazwischen, ganz offensichtlich aber nicht im Strafraum. Der rumänische Schiedsrichter Rainea sah das aber anders. Er pfiff zur Überraschung aller Akteure Elfmeter für Belgien. Kompromißlos knallte Vandereycken den Ball zum 1:1-Ausgleich ins Netz. 79. Minute: Bei einem Schuß von Hansi Müller konnte sich Renquin in letzter Sekunde in die Flugbahn des Balles werfen und retten.

82. Minute: Einen gefährlichen Schuß von Mommens konnte Schumacher zur Ecke abwehren, die jedoch nichts einbrachte. 86. Minute: Zum erstenmal zeigte der belgische Torhüter Pfaff eine Unsicherheit, aber es war keiner der deutschen Stürmer da.

89. Minute: Inzwischen hatten sich alle bereits auf eine Verlängerung eingestellt, da trat Rummenigge von der linken Seite eine Ecke in den belgischen Strafraum. Hrubesch sprang von allen Stürmern am höchsten und köpfte aus 5 Meter Entfernung zum 2:1 ein. Riesiger Jubel unter den deutschen Spielern, denn dieses zweite Tor eine Minute vor Spielende konnte nur den Sieg bedeuten.

90. Minute: Jubelnd warfen die deutschen Spieler die Arme in die Höhe, nachdem sie durch diesen schwer erkämpften Sieg zum zweitenmal den Europameistertitel nach Deutschland geholt hatten. Bundestrainer Jupp Derwall hatte innerhalb von 2 Jahren nicht nur eine neue Mannschaft aufgebaut, die wieder zu den besten der Welt zählte, sondern er hatte inzwischen auch eine sagenhafte Serie von 19 Spielen ohne Niederlage zu verzeichnen.

Bilanz 1980/81
10 Spiele: 6 Siege, 1 Unentschieden, 3 Niederlagen, 22:13 Tore
Zuschauer: 454.300
In 10 Spielen wurden 22 Spieler eingesetzt, davon waren 5 Spieler Neulinge.

Die Spieler der Saison:
Harald Schumacher	10	Spiele
Manfred Kaltz	10	"
Karlheinz Förster	10	"
Hans Müller	10	"
Hans-Peter Briegel	9	"
Felix Magath	9	"
Karl-Heinz Rummenigge	9	"
Bernard Dietz	8	"
Klaus Allofs	7	"
Horst Hrubesch	6	"
Bernd Schuster	5	"
Karl Allgöwer	5	"
Miroslav Votava	3	"
Ulrich Stielike	3	"
Wilfried Hannes	3	"
Paul Breitner	3	"
Klaus Fischer	3	"
Rainer Bonhof	2	"
Eike Immel	2	"
Ronald Borchers	2	"
Wolfgang Dremmler	2	"
Kurt Niedermayer	1	Spiel

Tore der Saison:
Manfred Kaltz	4	Tore
Klaus Fischer	4	"
Horst Hrubesch	3	"
Hans Müller	2	"
Klaus Allofs	2	"
Bernd Schuster	2	"
Hans-Peter Briegel	2	"
Felix Magath	1	Tor
Karl-Heinz Rummenigge	1	"

Mannschaftsführer waren:
Bernard Dietz	7	mal
Karl-Heinz Rummenigge	3	"

2 Elfmeter für Deutschland,
verwandelt durch Kaltz (gegen Frankreich) und Kaltz (gegen Bulgarien)

1 Elfmeter für Deutschland,
verschossen durch Breitner (gegen Brasilien)

2 Elfmeter gegen Deutschland,
verwandelt durch Botteron (Schweiz) und Larios (Frankreich)

1 Eigentor gegen Deutschland,
durch Kaltz (gegen Argentinien)

1 Eigentor des Gegners,
durch Krauss (Österreich)

Rangliste der besten Nationalspieler des Jahres
1. Bernd Schuster (CF Barcelona)
   Karl-Heinz Rummenigge (Bayern München)
   Harald „Toni" Schumacher (1.FC Köln)
4. Paul Breitner (Bayern München)
5. Manfred Kaltz (Hamburger SV)
   Uli Stielike (Real Madrid)
   Hans-Peter Briegel (1.FC Kaiserslautern)
8. Horst Hrubesch (Hamburger SV)
   Hansi Müller (VfB Stuttgart)
   Klaus Fischer (FC Schalke 04)
   Karlheinz Förster (VfB Stuttgart)

1980/81

Vorbericht zum 454. Länderspiel: Bis auf Spanien-Profi Stielike hatte Bundestrainer Jupp Derwall im 1. Saisonländerspiel seine Europameisterelf zusammen.
Tor: Schumacher, Immel
Abwehr: Kaltz, Schuster, Kh.Förster, Dietz
Mittelfeld: Briegel, H.Müller, Magath, Votava
Angriff: Rummenigge, Hrubesch, K.Allofs, Th.Allofs
Mit Immel (Borussia Dortmund) und Thomas Allofs (Fortuna Düsseldorf), dem Bruder von Klaus Allofs, standen 2 Spieler ohne Länderspiel im Aufgebot, die beide noch Nationalspieler werden sollten. Gegen die Schweiz spielte jedoch mit der Ausnahme Stielike die Europameisterelf. Schuster, das große Talent aus Köln, spielte für Stielike Libero und Magath kam neu ins Mittelfeld. Die Libero-Position für Bernd Schuster war in der Öffentlichkeit sehr umstritten, weil dem 20-jährigen ein zu großer Leichtsinn nachgesagt wurde. Aber Jupp Derwall hielt an seiner Entscheidung fest, denn er wußte nur zu gut, daß Schuster ein ähnliches Talent war wie einst Franz Beckenbauer, mit erstklassiger Technik und Übersicht, den man gerade auf spielbestimmenden Positionen einsetzen konnte.

10.9.1980 in Basel

Schweiz - BR Deutschland 2:3 (0:1)

SR: Agnolin (Italien), Zuschauer: 32.000
Schweiz: Engel (ab 46. Berbig); Wehrli, Stohler, Luedi, Balet; Tanner, Meissen, H.Hermann; Pfister, Sulser (ab 46. Ponte), Botteron
BRD: Schumacher -8 (1.FC Köln); Kaltz -41 (HSV), Schuster -10 (1.FC Köln), Kh.Förster -12 (VfB Stuttgart), Dietz -47 (MSV Duisburg); Briegel -9 (1.FC Kaisersl.), Magath -6 (HSV), H.Müller -22 (VfB Stuttgart); Rummenigge -36 (Bayern München), Hrubesch -6 (HSV), K.Allofs -15 (Fort. Düsseld.). Mannschaftskapitän: Dietz
Tore: 0:1 H.Müller (18.), 0:2 Magath (66.), 0:3 H.Müller (69.), 1:3 Pfister (84.), 2:3 Botteron (88. Foulelfmeter)
Beste Spieler: Engel, Tanner, Sulser - Schuster, H.Müller, Rummenigge
Bericht: Die deutsche Mannschaft begann ihr erstes Spiel als Europameister überlegen. Nach einem langen Paß auf Rummenigge, der mit einer geschickten Körperdrehung zwei Schweizer aussteigen ließ und dann flankte, wurde der Ball zur ersten Ecke abgewehrt.

11. Minute: Eine Kaltz-Flanke nahm Allofs direkt aus der Luft, doch seinen Schuß hielt Engel ohne Mühe. 18. Minute: Karlheinz Förster sah Rummenigge auf dem rechten Flügel starten und schlug einen herrlichen Steilpaß, den Rummenigge auch bekam. Sofort flankte der Münchener aus vollem Lauf, und in der Mitte war Hansi Müller zur Stelle, um den Ball mit dem Kopf zur 1:0-Führung für die deutsche Mannschaft ins Netz zu drücken.

32. Minute: Mit einem Paß von Hrubesch startete Allofs, wurde von zwei Schweizern bedrängt und donnerte im Fallen den Ball gegen die Latte. 41. Minute: Nach einem Freistoß kam Wehrli frei zum Schuß, aber er traf über den Kasten von Schumacher. Und kurz darauf ein schönes Kurzpaßspiel der deutschen Mannschaft auf engstem Raum, bis Rummenigge urplötzlich mit einem tollen Schuß auf die lange Ecke abschloß. Der Ball strich nur ganz knapp am Tor von Engel vorbei. Zur Halbzeit hatte die deutsche Mannschaft nicht nur gut gespielt, sondern sie führte auch hochverdient mit 1:0.

46. Minute: Mit 2 neuen Leuten versuchten die Schweizer dem Spiel noch eine Wende zu geben.

54. Minute: Bei einem Dribbling wurde Rummenigge an der Strafraumgrenze von zwei Schweizern in die Zange genommen und von den Beinen geholt. Den anschließenden Freistoß von Hansi Müller konnte Berbig nur mit Mühe abklatschen. 59. Minute: Nach herrlichem Alleingang von Rummenigge am rechten Flügel wurde seine Maßflanke von Hrubesch knapp neben das Tor geköpft. 66. Minute: Einen Eckball schob Hansi Müller kurz auf Kaltz, der zog den Ball weit vor das Tor, wo Magath den Ball im Hechtsprung mit dem Kopf über die Linie drückte. Das längst überfällige 2:0 für die deutsche Mannschaft bedeutete bereits eine Vorentscheidung. 69. Minute: Kaltz, aus dem Mittelfeld kommend, spielte steil auf Hrubesch, der verlängerte per Kopf zu Hansi Müller, dessen Volley-Schuß von der Strafraumgrenze zum 3:0 im Netz von Torhüter Engel einschlug.

77. Minute: Gegen die spielerisch glänzend aufgelegte deutsche Mannschaft fanden die Schweizer kein Gegenmittel. 84. Minute: Ein Konter über die rechte Seite, wo Tanner Dietz umkurvte und flach zurück auf Pfister paßte, führte zum 1:3. Gegen den Schuß war Torhüter Schumacher machtlos. Bei einem Zweikampf mit Dietz kam Hermann in der 88. Minute im Strafraum zu Fall und überraschend pfiff Schiedsrichter Agnolin Elfmeter. Botteron verwandelte sicher zum 2:3.

90. Minute: Gefährdet war der Sieg der deutschen Mannschaft deshalb jedoch nicht. Lediglich Leichtsinn in den letzten 10 Minuten ermöglichte den Schweizern diese Resultatsverbesserung. Insgesamt hatte die deutsche Mannschaft eine hervorragende Leistung gebracht und den Europameistertitel bestätigt.

❖

Vorbericht zum 455. Länderspiel: Kurz vor dem Länderspiel gegen Holland mußte Jupp Derwall neben Stielike auch auf Bernd Schuster verzichten. Der junge Star des 1.FC Köln war von Cosmos New York, dem Beckenbauer-Club, und vom spanischen CF Barcelona heiß umworben und wechselte schließlich auch nach Spanien. Der Bundestrainer mußte sich also erneut nach einem neuen Libero umsehen und lud mit Niedermayer (Bayern München) und Hieronymus (HSV) 2 Neulinge für diesen Posten ein.

Tor: Schumacher, Immel
Abwehr: Kaltz, Niedermayer, Hieronymus, Kh.Förster, Dietz, B.Fürster
Mittelfeld: Briegel, Magath, H.Müller, Votava
Angriff: Rummenigge, Hrubesch, K.Allofs, Allgöwer

Neben den beiden Libero-Kandidaten war Allgöwer (VfB Stuttgart) der dritte Neuling im Aufgebot und auch Immel war noch ohne Länderspiel. Der Dortmunder Torhüter und Niedermayer kamen gegen Holland zum Einsatz, während Allgöwer und Hieronymus erst später Nationalspieler wurden.

11.10.1980 in Eindhoven
Holland - BR Deutschland 1:1 (1:1)

SR: Christof (CSSR), Zuschauer: 22.000
Holland: van Breukelen; Wijnstekers (ab. 85. Molenaar), Willy van de Kerkhof, Brandts, Spelbos; Wildschut, Jol, Peters; Jonker (ab 46. Metgod), van Mierlo, Vermeulen (ab 70. Tol)
BRD: Schumacher -9 (1.FC Köln), ab 46. Immel -1 (BVB); Kaltz -42 (HSV), Niedermayer -1 (Bayern München), Kh.Förster -13 (VfB Stuttgart), Dietz -48 (MSV Duisburg); Briegel -10 (1.FC Kaisersl.), Magath -7 (HSV), H.Müller -23 (VfB Stuttgart); Rummenigge -37 (Bayern München), Hrubesch -7 (HSV), K.Allofs -16 (Fort. Düsseldorf). Mannschaftskapitän: Dietz
Tore: 0:1 Hrubesch (35.), 1:1 Brandts (40.)
Beste Spieler: Vermeulen, Brandts, W.v.d.Kerkhof - Schumacher, Immel, Hrubesch

Bericht: Erneut gab es das in den letzten Jahren hoch brisante Nachbarschaftsduell zwischen den Holländern und den Deutschen. Etwas überraschend versteckte sich die deutsche Mannschaft nicht, sondern begann in Eindhoven stark.

2. Minute: Mit einem herrlichen Paß setzte Allofs den in Mittelstürmerposition laufenden Hrubesch ein, der den Ball jedoch knapp am Tor vorbeischob.

18. Minute: Einen Freistoß zog Hansi Müller herrlich in den Strafraum, wo Hrubesch verpaßte, aber der Ball vom Knie von Hans-Peter Briegel in Richtung Torlinie sprang, wo Willy van der Kerkhof im letzten Moment klären konnte. 25. Minute: Die Holländer wurden jetzt offensiver. Schumacher hatte erstmals Mühe bei einem Kopfball von Jonker. Ein Alleingang von Magath, 10 Minuten später, wurde durch ein Foul gebremst. Den Freistoß schoß Hansi Müller auf Hrubesch, gegen dessen Flugkopfball Torhüter van Breukelen machtlos war. Der Ball landete unhaltbar zum 1:0 für die deutsche Elf im Netz.

40. Minute: Nach einem Eckstoß, der von Vermeulen hereingegeben wurde, blieben unverständlicherweise gleich 3 deutsche Abwehrspieler stehen, so daß Brandts frei zum Schuß kam. Gegen seinen plazierten Flachschuß konnte Torhüter Toni Schumacher nichts ausrichten. Nur 5 Minuten nach der deutschen Führung hatten die Holländer ausgeglichen.

90. Minute: Von zwei sehenswerten Angriffen abgesehen, bei denen Hansi Müller mit Steilpässen Allofs und Rummenigge auf die Reise geschickt hatte, die jedoch beide knapp das holländische Tor verfehlten, hatte die deutsche Mannschaft in der zweiten Halbzeit wenig zu bieten. Dem gegenüber machten die Holländer ständig Druck und Eike Immel, der zur Halbzeit neu für Schumacher ins Spiel gekommen war, konnte sich gleich mehrfach in höchster Not auszeichnen. Nur mit Mühe entging Jupp Derwall im 21. Länderspiel seiner Bundestrainer-Ära der ersten Niederlage.

❖

Vorbericht zum 456. Länderspiel: Gegen Holland hatte sich gezeigt, daß auch Jupp Derwall 2 Leistungsträger wie Stielike und Schuster nicht ersetzen konnte. Zumal, wenn sie auf 2 zentralen Positionen spielten. So mußte sich der Bundestrainer bemühen, die beiden Spanien-Profis möglichst oft freizubekommen. Für das Länderspiel gegen Frankreich gelang es ihm bei Schuster.
Tor: Schumacher, Immel
Abwehr: Kaltz, Schuster, Kh.Förster, Dietz, Niedermayer
Mittelfeld: Briegel, Magath, H.Müller, Votava
Angriff: Rummenigge, Hrubesch, K.Allofs, Allgöwer

Karl Allgöwer, der einzige Spieler im Aufgebot, der noch ohne Länderspiel war, kam gegen Frankreich zum ersten Einsatz, weil Rummenigge sich verletzt hatte. Ein ganz anderes Thema wurde jedoch in diesen Tagen viel mehr diskutiert. Franz Beckenbauer glänzte beim Abschiedsspiel von Jürgen Grabowski und kehrte in die Bundesliga zurück. Der 35-jährige wechselte zum HSV und zeigte nun, daß man 4 Jahre lang auf einen der besten deutschen Spieler verzichtet hatte. Wie alle Großen vor ihm, ob Fritz Walter oder Uwe Seeler, auch Beckenbauer hatte in diesem Alter noch Klasse, und nun wurde von allen Seiten seine Rückkehr in die Nationalmannschaft gefordert. Selbst Derwall war nicht abgeneigt, kam aber letztlich mit Beckenbauer überein, daß der Rekordnationalspieler nicht einem Neuaufbau im Wege stehen wollte. Jetzt wurde aber für alle sichtbar, daß man das Tief der Nationalmannschaft 1978 bei der WM hätte verhindern können, denn selbst 2 1/2 Jahre später hätte Beckenbauer von seiner Klasse her noch in diese Mannschaft gehört.

19.11.1980 in Hannover
BR Deutschland - Frankreich 4:1 (2:1)

SR: Nyhus (Norwegen), Zuschauer: 63.000
BRD: Schumacher -10 (1.FC Köln); Kaltz -43 (HSV), Schuster -11 (CF Barcelona), Kh.Förster -14 (VfB Stuttgart), Dietz -49 (MSV Duisburg); Briegel -11 (1.FC Kaisersl.), Votava -3 (BVB), H.Müller -24 (VfB Stuttgart); Allgöwer -1 (VfB Stuttgart), Hrubesch -8 (HSV), K.Allofs -17 (Fort. Düsseld.). Mannschaftskapitän: Dietz
Frankreich: Dropsy; Janvion, Lopez, Specht, Bossis; Tigana, Larios, Platini; Zimako, Rocheteau (ab 61. Rouyer), Amisse (ab 78. Six)
Tore: 1:0 Kaltz (6. Foulelfmeter), 2:0 Briegel (37.), 2:1 Larios (40. Foulelfmeter), 3:1 Hrubesch (63.), 4:1 K.Allofs (89.)
Beste Spieler: Hrubesch, Kaltz, Briegel, Schumacher - Larios, Drobsy, Platini
Bericht: In den ersten Minuten wirkte die deutsche Mannschaft sehr nervös und es fehlte der Zusammenhang.
6. Minute: Der durchgebrochene Allofs wurde von Janvion im Strafraum von den Beinen geholt. Den fälligen Elfmeter drosch Kaltz mit voller Wucht unter die Latte zum 1:0 für die deutsche Mannschaft. 9. Minute: Glück hatte die deutsche Mannschaft, als Zimako mit einem tollen Solo in den deutschen Strafraum eindrang, mehrere Spieler versetzte und mit einem schönen Schuß nur ganz knapp das lange Eck verfehlte.
22. Minute: Nach einem weiten Paß am linken Flügel umkurvte Rocheteau Karlheinz Förster und flankte zu dem mitstürmenden Zimako, der den Ball jedoch zu weit abprallen ließ, so daß Schumacher ohne Schwierigkeiten das Leder aufnehmen konnte. 26. Minute: Nach einem Weitschuß von Votava prallte der Ball von der französischen Abwehr direkt vor die Füße Hrubeschs, der mit einem plazierten Flachschuß Torhüter Dropsy zu einer Glanzparade zwang. Und 2 Minuten später mußte Votava in letzter Sekunde vor dem einschußbereiten Platini retten.
37. Minute: Das Kraftpaket Briegel setzte sich mit einem unwiderstehlichen Spurt im französischen Strafraum durch und erzielte mit einem plazierten, flachen Schuß das 2:0 für die deutsche Mannschaft. 40. Minute: Ein Solo von Zimako konnte Dietz nur mit der Notbremse unterbinden. Bei dem fälligen Elfmeter täuschte Larios Schumacher so geschickt, daß der deutsche Torhüter in die falsche Ecke flog und der Elfmeter sicher verwandelt war.
45. Minute: Zur Halbzeit führte die deutsche Mannschaft verdientermaßen mit 2:1, mußte aber bei den gefährlichen französischen Angriffen sehr aufpassen.
60. Minute: Der erste vielversprechende Angriff der deutschen Mannschaft lief über die linke Seite, durch den mitstürmenden Verteidiger Dietz. Der Duisburger flankte schulmäßig in die Mitte, wo Hrubesch und Dropsy zum Ball sprangen und verfehlten. Der Ball flog über beide hinweg zu Allgöwer, der ihn in das leere Tor schob. Der norwegische Schiedsrichter erkannte den Treffer jedoch nicht an, weil er ein Foul von Hrubesch an Dropsy gesehen haben wollte. 63. Minute: Nach einem Freistoß von Kaltz war Hrubesch mit dem Kopf da und vollendete zum 3:1 für die deutsche Mannschaft. 65. Minute: Bei einem herrlichen Paß von Platini in den freien Raum mußte Torhüter Schumacher Kopf und Kragen riskieren, um vor dem schnellen Rouyer am Ball zu sein. 67. Minute: Nach einem abgefälschten Müller-Schuß donnerte Allgöwer den Ball ins Netz. Erneut wurde jedoch das Tor annulliert, weil Schiedsrichter Nyhus eine Abseitsstellung von Hansi Müller gesehen haben wollte.
76. Minute: Nach einer schönen Kombination zwischen Allgöwer und Allofs konnte Torhüter Dropsy nur mit einer Glanzparade einen weiteren Gegentreffer verhindern. 86. Minute: Als Dribbelkönig Zimako erneut an Dietz vorbeigezogen war, mußte Torhüter Schumacher reaktionsschnell mit dem Fuß abwehren.
89. Minute: Den Schlußpunkt setzte Klaus Allofs, nach hervorragender Vorarbeit von Hrubesch, der an Specht vorbeizog und maßgerecht auf den Kopf von Allofs flankte. Mit dem 4:1 hatte die deutsche Mannschaft durch ihr schnelles und steiles Spiel auch in dieser Höhe verdient gewonnen.

❖

Vorbericht zum 457. Länderspiel: Vor dem 1. WM-Qualifikationsspiel in Sofia gegen Bulgarien hatte Derwall trotz der guten Leistungen einige Probleme. Schuster hatte auf dem Liberoposten enttäuscht, aber er erreichte die Freigabe von Stielike für dieses Spiel. Im Angriff, dem Sorgenkind bei und nach der WM 1978, gab es dagegen keine Probleme mehr. Nach anfänglichen Schwierigkeiten hatte es sich bezahlt gemacht, daß Jupp Derwall an Hrubesch festgehalten hatte. Im EM-Finale war der Knoten geplatzt. Seitdem hatte er nicht nur 2 weitere Treffer erzielt, sondern er verschaffte Rummenigge und Klaus Allofs den Raum für ein druckvolleres und erfolgreiches Spiel. Dieser Angriff war natürlich auch im Aufgebot für das WM-Qualifikationsspiel.
Tor: Schumacher, Immel
Abwehr: Kaltz, Stielike, Kh.Förster, Dietz, Briegel
Mittelfeld: Magath, H.Müller, Schuster, Votava
Angriff : Rummenigge, Hrubesch, K.Allofs, Allgöwer, Borchers
Vor dem Spiel gab es erstmals den noch oft folgenden Ärger mit Bernd Schuster. Er war nicht wie abgesprochen am Montag zusammen mit Uli Stielike aus Madrid kommend in Sofia eingetroffen. Erst am Dienstagnachmittag sandte Barcelona ein Fernschreiben mit der Absage, weil sich Schuster nicht wohlfühlte. So rückte Magath wieder als einziger Nicht-Europameister in die Elf.

3.12.1980 in Sofia (WM-Qualifikation)
Bulgarien - BR Deutschland 1:3 (0:2)

SR: Latanzi (Italien), Zuschauer: 60.000
Bulgarien: Christov; Zafirov, Wassilev, Rangelov, Dimitrov (ab 46. Slatkov); Iliev, Markov, Zdravkov (ab 78. Kirimov); Iontschev, Djevizov, Jeliazkov
BRD : Schumacher -11 (1.FC Köln); Kaltz -44 (HSV), Stielike -15 (Real Madrid), Kh.Förster -15 (VfB Stuttgart), Dietz -50 (MSV Duisburg); Briegel -12 (1.FC Kaisersl.), Magath -8 (HSV), ab 72. Votava -4 (BVB), H.Müller -25 (VfB Stuttgart); Rummenigge -38 (Bayern München), Hrubesch -9 (HSV), K.Allofs -18 (Fort. Düsseld.), ab 72. Borchers -2 (Eintr. Frankf.). Mannschaftskapitän: Dietz
Tore: 0:1, 0:2 Kaltz (14., 36. Foulelfmeter), 0:3 Rummenigge (53.), 1:3 Iontschev (64.)
Beste Spieler: Christov, Jeliazkov - Rummenigge, H.Müller, Stielike, Kaltz, Briegel
Bericht: Die deutsche Mannschaft ließ vom Anpfiff an keine Zweifel daran aufkommen, daß sie sich in Sofia nicht mit einem Unentschieden begnügte. Mit hohem Tempo und Steilpässen versuchte sie, zum Erfolg zu kommen.
6. Minute: Zum erstenmal Gefahr vor dem bulgarischen Tor, als Hrubesch den Ball Allofs vorlegte, der im letzten Augenblick von Dimitrov gebremst werden konnte. 14. Minute: Nach einer abgewehrten Ecke kam der Ball zu Hansi Müller, der ihn weit in den Strafraum zog. Hrubesch und Rummenigge verpaßten, aber auf Rechtsaußen stürmte Kaltz heran und knallte den Ball aus spitzem Winkel unter die Latte zum 1:0 für die deutsche Mannschaft. Der erste gefährliche bulgarische Angriff endete 5 Minuten später mit einem Schuß von Jeliazkov, der jedoch knapp am Tor vorbeiging.
29. Minute: Bei einer schwachen Rückgabe von Kaltz blieb der Ball im Morast hängen. Der herausstürzende Schumacher konnte im letzten Moment mit Fußabwehr vor zwei Bulgaren klären. 36. Minute: Hrubesch erkämpfte sich von Dimitrov den Ball und schickte Rummenigge, der an einem Verteidiger vorbeizog und auch den Torwart umkurvte, so daß das zweite Tor unvermeidbar

war. In letzter Not zog Torhüter Christov dem Münchener Rechtsaußen die Beine weg, und den fälligen Foulelfmeter verwandelte Kaltz eiskalt zum 2:0. Glück hatte die deutsche Mannschaft, als Iontschev 120 Sekunden später mit einem satten Schuß nur den Pfosten traf.

45. Minute: Bis zur Pause führte die deutsche Mannschaft verdient mit 2:0.

51. Minute: Die erste gute Torgelegenheit der zweiten Halbzeit hatten erneut die Bulgaren, aber der Ball landete am Außennetz. 53. Minute: Bei einem Rückpaß ließ Rangelov den Ball zu weit abprallen. Der schnelle Rummenigge spurtete dazwischen und schoß den Ball zum 3:0 für die deutsche Mannschaft in die Maschen. Das war bereits eine Vorentscheidung. 64. Minute: In eine verunglückte Kopfballrückgabe von Dietz lief Iontschev und konnte den Ball zwischen Stielike und Schumacher hindurch zum 1:3 ins Netz schieben.

71. Minute: Nach einem Schuß von Allofs aus 19 Metern hatten die Bulgaren Glück, als Torhüter Christov erst im Nachfassen kurz vor Hrubesch klären konnte. 78. Minute: Ein herrlicher Freistoß von Hansi Müller konnte von Torhüter Christov gerade noch über die Latte gelenkt werden. 82. Minute: Nach einem tollen Solo von Rummenigge wurde der Münchener Rechtsaußen erneut vom Torhüter von den Beinen geholt, aber dieses Mal blieb der Elfmeterpfiff überraschend aus. 84. Minute: Die letzte gute Torgelegenheit hatten die Bulgaren bei einem Freistoß, den Jeliazkov an die Latte des Gehäuses von Schumacher donnerte.

90. Minute: Es blieb beim 3:1-Erfolg der deutschen Mannschaft. Ein verdienter Sieg gegen eine kompromißlos spielende bulgarische Mannschaft, die jedoch oft die Härte übertrieb.

❖

Vorbericht zum 458. Länderspiel: Seit der Amtsübernahme von Jupp Derwall als Bundestrainer hatte die deutsche Mannschaft in 23 Spielen nie verloren und war Europameister geworden. Nun stand ihr zu Beginn des Jahres 1981 eine besonders schwere Aufgabe bevor. In Uruguay wurde die Mini-WM um den Goldpokal ausgetragen, an dem die 6 bisherigen Weltmeister Uruguay, Italien, BR Deutschland, Brasilien, England und Argentinien teilnahmen. Zusammen mit Brasilien und Argentinien in einer Gruppe hatte die deutsche Mannschaft ein sehr schweres Los gezogen. Mit einem 18-köpfigen Aufgebot flog Bundestrainer Jupp Derwall Ende des Jahres nach Montevideo.

Torhüter:
Schumacher, Harald (1.FC Köln), 26 J., 11 Lsp.
Immel, Eike (Borussia Dortmund), 20 J., 1 Lsp.
Abwehr:
Kaltz, Manfred (Hamburger SV), 27 J., 44 Lsp.
Niedermayer, Kurt (Bayern München), 25 J., 1 Lsp.
Förster, Karlheinz (VfB Stuttgart), 22 J., 21 Lsp.
Dietz, Bernard (MSV Duisburg), 32 J., 49 Lsp.
Hannes, Wilfried (Bor. Mönchengladbach), 23 J., 0 Lsp.
Mittelfeld:
Briegel, Hans-Peter (1.FC Kaiserslautern), 25 J., 12 Lsp.
Magath, Felix (Hamburger SV), 27 J., 8 Lsp.
Müller, Hans (VfB Stuttgart), 23 J., 25 Lsp.
Bonhof, Rainer (1.FC Köln), 28 J., 51 Lsp.
Dremmler, Wolfgang (Bayern München), 26 J., 0 Lsp.
Votava, Miroslav (Borussia Dortmund), 24 J., 4 Lsp.
Stürmer:
Rummenigge, Karl-Heinz (Bayern München), 25 J., 38 Lsp.
Hrubesch, Horst (Hamburger SV), 29 J., 9 Lsp.
Allofs, Klaus (Fortuna Düsseldorf), 24 J., 18 Lsp.
Allgöwer, Karl (VfB Stuttgart), 23 J., 1 Lsp.
Borchers, Ronald (Eintracht Frankfurt), 23 J., 3 Lsp.

Mit Hannes (Bor. Mönchengladbach) und Dremmler (Bayern München) standen 2 Neulinge im Aufgebot, die schon bald Nationalspieler werden sollten. Allerdings mußte der Bundestrainer auf die Spanien-Profis verzichten, was ein großes Handicap war. Dafür war erstmals wieder Bonhof dabei, der im 1. Spiel gegen Argentinien den Liberoposten übernahm.

1.1.1981 in Montevideo (Mini-WM)

Argentinien - BR Deutschland 2:1 (0:1)

SR: Castillo (Spanien), Zuschauer: 55.000
Argentinien: Fillol; Olguin, Passarella, Galvan, Tarantini; Ardiles, Gallego, Maradona; Bertoni (ab 68. Luque), Diaz, Kempes (ab 42. Valencia)
BRD: Schumacher -12 (1.FC Köln); Kaltz -45 (HSV), Bonhof -52 (1.FC Köln), Kh.Förster -16 (VfB Stuttgart), Dietz -51 (MSV Duisburg); Briegel -13 (1.FC Kaisersl.), Magath -9 (HSV), H.Müller -26 (VfB Stuttgart); Rummenigge -39 (Bayern München), Hrubesch -10 (HSV), K.Allofs -19 (Fort. Düsseld.). Mannschaftskapitän: Dietz
Tore: 0:1 Hrubesch (42.), 1:1 Kaltz (85. Eigentor), 2:1 Diaz (88.)
Beste Spieler: Passarella, Bertoni, Tarantini - Magath, Bonhof, Briegel, Förster

Bericht: Der Weltmeister gegen den Europameister, das war gleich zu Beginn der Mini-WM der Schlager schlechthin.

15. Minute: Mit unheimlich großem Druck begannen die Argentinier die erste Viertelstunde. Kaum daß die deutsche Mannschaft einmal aus ihrer eigenen Hälfte herauskam, aber andererseits hatten die Argentinier nicht eine zwingende Torgelegenheit, weil die Abwehr um Libero Bonhof hervorragend stand. 20. Minute: Langsam befreite sich die deutsche Mannschaft immer mehr von dem Druck der Argentinier und wurde ihrerseits immer gefährlicher.

42. Minute: Inzwischen beherrschte die deutsche Mannschaft den Weltmeister deutlich. So oft sich auch die Argentinier bemühten, meistens war bereits vor der Strafraumgrenze für sie Halt. Ganz das Gegenteil die deutsche Mannschaft, die mit direkten und schnellen Kombinationen immer wieder Gefahr vor das Tor von Fillol brachten. Hansi Müller zirkelte einen Eckball genau auf den Kopf von Hrubesch, der knallhart zum 1:0 einköpfte.

70. Minute: Optisch blieben die Argentinier überlegen, hatten aber nicht eine einzige klare Torgelegenheit. Demgegenüber kam die deutsche Mannschaft immer wieder durch schnelle Konter zu guten Chancen. Hrubesch mit einem prachtvollen Kopfball und zweimal Rummenigge vergaben jedoch in günstiger Postion. 83. Minute: Inzwischen hatte sich die deutsche Mannschaft immer mehr zurückgezogen, statt den Gegner weiter durch überlegtes Spiel zu beherrschen. Hansi Müller vergab die letzte große Chance, um mit einem 2:0 bereits eine Vorentscheidung zu erzwingen. 85. Minute: Bei einem Mißverständnis in der deutschen Abwehr schoß Kaltz seinem Torhüter Schumacher den Kopfball von Passarella aus den fangbereiten Händen. An dem überraschten Förster vorbei flog der Ball zum Ausgleich ins Netz. Ein klassisches Eigentor des Hamburgers. 88. Minute: Die Argentinier konnten ihr Glück kaum fassen. Nach einem herrlichen Paß von Maradona hatte Diaz die deutsche Abwehr überlaufen und knallte den Ball unerreichbar für Schumacher ins rechte obere Toreck. Innerhalb von 3 Minuten wurde der sicher geglaubte Sieg der deutschen Mannschaft in eine Niederlage verwandelt.

90. Minute: Nach 23 Spielen erlitt die Nationalelf von Jupp Derwall die erste Niederlage in seiner Amtszeit. Daß es eine völlig unnötige und unglückliche Niederlage war, änderte nichts daran.

❖

Vorbericht zum 459. Länderspiel: Nach dem Pech gegen Argentinien hatte die deutsche Mannschaft das Finale schon fast verspielt. Gegen Brasilien fehlte schließlich auch noch Hrubesch wegen Krankheit, so daß Jupp Derwall wieder dazu überging, 4

Mittelfeldspieler und 2 Angreifer aufzustellen. Votava kam neu in die Mannschaft.

7.1.1981 in Montevideo (Mini-WM)
Brasilien - BR Deutschland 4:1 (0:0)

SR: Silvagno (Chile), Zuschauer: 50.000
Brasilien: Leite; Edevaldo (ab 77. Getulio), Luizinho, Oscar, Junior; Batista, Tita (ab 57. Serginho), Cerezo; Isodoro, Socrates, Ze Sergio
BRD: Schumacher -13 (1.FC Köln); Kaltz -46 (HSV), ab 35. Dremmler -1 (Bayern München), Bonhof -53 (1.FC Köln), Kh.Förster -17 (VfB Stuttgart), Dietz -52 (MSV Duisburg); Votava -5 (BVB), Magath -10 (HSV), Briegel -14 (1.FC Kaisersl.), H.Müller -27 (VfB Stuttgart); Rummenigge -40 (Bayern München), K.Allofs -19 (Fort. Düsseld.), ab 78. Allgöwer -2 (VfB Stuttgart). Mannschaftskapitän: Dietz
Tore: 0:1 Allofs (54.), 1:1 Junior (58.), 2:1 Cerezo (62.), 3:1 Serginho (78.), 4:1 Ze Sergio (83.)
Beste Spieler: Socrates, Cerezo, Ze Sergio, Edevaldo, Junior - Schumacher
Bericht: In den ersten Minuten begannen beide Mannschaften sehr verhalten und abwartend.
8. Minute: Dann jedoch wurden die Brasilianer immer stärker. Am linken Flügel versetzte Ze Sergio Kaltz und schoß aus spitzem Winkel. Schumacher war auf dem Posten und wehrte zur Ecke ab. Den Eckball faustete der deutsche Torhüter genau vor die Füße von Oscar, dessen 17-Meter-Schuß nur knapp am Tor vorbeistrich. 35. Minute: Dremmler kam als Neuling zu seinem ersten Länderspiel für Kaltz, der eine Oberschenkelverletzung hatte. 39. Minute: Ein tolles Solo von Rummenigge, der mehrere Brasilianer stehenließ, nach innen lief und herrlich schoß, doch er hatte kein Glück. Der Ball landete weit neben dem Tor. 43. Minute: Nach einer scharfen Flanke vom offensiven Edevaldo kam Schumacher zwar mit der Faust an den Ball, aber der kam genau zu Ze Sergio, dessen Schuß aus 14 Metern nur knapp über die Latte strich. Zur Halbzeit war die deutsche Mannschaft mit dem 0:0 gut bedient.
48. Minute: Mit einer tollen Faustabwehr holte Schumacher einen knallharten 16-Meter-Schuß von Socrates aus dem Tordreieck und tauchte reaktionsschnell, um den Nachschuß zu halten.
54. Minute: Nach einem langen Spurt am rechten Flügel flankte Rummenigge zu Allofs, von dessen Kopf kam der Ball zu Hansi Müller, der einschußbereit am 5-Meter-Raum stand. Der Stuttgarter schoß scharf in die Mitte, wo Allofs den Ball aus 3 Metern ins Tor spitzelte. Die deutsche Mannschaft führte überraschend mit 1:0. 58. Minute: Bei einem Alleingang holte Bonhof Cerezo von den Beinen. Den Freistoß aus 20 Metern schoß Junior raffiniert angeschnitten in die obere linke Ecke zum 1:1-Ausgleich.
62. Minute: Am rechten Flügel zog Edevaldo auf und davon. Seine herrlich angeschnittene Flanke knallte Cerezo vom Elfmeterpunkt aus volley zum 2:1 für Brasilien ins Netz. Von der deutschen Mannschaft war jetzt überhaupt nichts mehr zu sehen.
76. Minute: Wieder war Socrates an Dietz vorbeigezogen, Schumacher warf sich dem Brasilianer entgegen, doch der schob vorher den Ball zu Serginho, dessen Schuß zum 3:1 im Netz landete. Die deutsche Mannschaft war damit endgültig besiegt. 83. Minute: Eine tolle Einzelleistung von Ze Sergio, der Förster aussteigen ließ und den herauslaufenden Schumacher umkurvte, bedeutete aus spitzem Winkel das 4:1 für die Brasilianer. Es war ein auch in dieser Höhe völlig verdienter Sieg gegen eine deutsche Elf, die besonders in der zweiten Hälfte saft-und kraftlos unterging.

❖

Vorbericht zum 460. Länderspiel: Nach den beiden Niederlagen, besonders gegen Brasilien, war die deutsche Mannschaft wieder auf dem Teppich. Auch wenn es mit den beiden Spanien-Profis sicherlich besser gelaufen wäre, war der Einbruch gegen Brasilien doch eine deutliche Warnung. Im 2. WM-Qualifikationsspiel gegen Albanien in Tirana konnte Jupp Derwall jedoch aufatmen. Beide bekamen die Freigabe und standen im Aufgebot. Nachdem Nigbur, B.Förster, Briegel, Borchers und Neuling Bittcher (Schalke 04) aus dem vorläufigen Aufgebot gestrichen wurden, blieben 16 Spieler:
Tor: Schumacher, Immel
Abwehr: Kaltz, Stielike, Kh.Förster, Dietz, Dremmler, Hannes
Mittelfeld: Schuster, Magath, H.Müller, Allgöwer
Angriff: Rummenigge, Hrubesch, K.Allofs, Fischer
Außer dem angeschlagenen Briegel hatte Jupp Derwall wieder seine Europameisterschaftself beisammen. Und erstmals war nach seinem Beinbruch wieder Fischer im Aufgebot. Einziger Neuling war Hannes, der in Tirana als Einwechselspieler zum Einsatz kam.

1.4.1981 in Tirana (WM-Qualifikation)
Albanien - BR Deutschland 0:2 (0:1)

SR: Vencl (CSSR), Zuschauer: 30.000
Albanien: Kaci; Targaj, Berisha, Hysi, Cocoei; Sahfa (ab 74. Baci, Lame, Ballgjini; Pernaska, Minga, Lieshi
BRD: Schumacher -14 (1.FC Köln); Kaltz -47 (HSV), Stielike -16 (Real Madrid), Kh.Förster -18 (VfB Stuttgart), ab 74. Hannes -1 (Bor. Mönchengladb.), Dietz -53 (MSV Duisburg); Schuster -12 (CF Barcelona), Magath -11 (HSV), H.Müller -28 (VfB Stuttgart); Rummenigge -41 (Bayern München), Hrubesch -11 (HSV), K.Allofs -21 (Fort. Düsseld.). Mannschaftskapitän: Dietz
Tore: 0:1, 0:2 Schuster (9., 70.)
Beste Spieler: Kaci - Schuster, Stielike, Rummenigge
Bericht: Die deutsche Mannschaft ließ von der ersten Minute keine Zweifel daran, daß sie in Tirana gewinnen wollte.
9. Minute: In halblinker Position wurde Schuster der Ball in den Lauf gespielt. Er lief noch einige Meter und zog dann voll ab. Torwart Kaci flog zwar in die bedrohte Ecke, aber den hart und plaziert geschossenen Ball des Spanien-Profis konnte er nicht abwehren. Die deutsche Mannschaft führte mit 1:0.
17. Minute: Nach einer Magath-Flanke köpfte Allofs den Ball ganz knapp über das albanische Tor. Das hätte bereits das 2:0 sein können. 20. Minute: Die erste Chance der Albaner. Die Gefahr kam nach einem weiten Paß zum lauernden Pernaska, der direkt schoß, doch mit einer tollen Parade faustete Schumacher den Ball ins Feld zurück. Genau dort stand Minga, aber auch dessen Nachschuß konnte Schumacher mit einer glänzenden Parade abwehren. 29. Minute: Ein Solo schloß Hrubesch mit einem 20-Meter-Schuß ab, der das Tor nur knapp verfehlte. Nach der ersten halben Stunde verflachte das Spiel zusehends. Die deutsche Mannschaft tat nicht mehr als nötig, und die Albaner konnten offensichtlich nicht mehr leisten.
55. Minute: Nach der Pause erhöhte die deutsche Elf noch einmal das Tempo, spielte aber zu eng, um zu Torchancen zu kommen. 60. Minute: Nach einem Flankenlauf schoß Kaltz, doch vom Pfosten sprang der Ball dem Torwart in die Arme. Da hatten die Albaner Glück. Umgekehrt genauso in der 65. Minute. Im Strafraum umdribbelte Lieshi Dietz, der ihn am Trikot festhielt, doch der Elfmeterpfiff blieb aus. 70. Minute: Nach einem Solo paßte Rummenigge zum mitgelaufenen Schuster, der den Ball unhaltbar zum 2:0 ins albanische Netz knallte.
80. Minute: Nach einem Weitschuß von Allofs mußte der ausgezeichnete Kaci sein ganzes Können aufbieten, um den Ball zu halten. 86. Minute: Einen herrlichen Flugkopfball von Hrubesch rettete ein albanischer Verteidiger auf der Linie für den bereits ge-

schlagenen Kaci. So blieb es beim 2:0-Sieg der deutschen Mannschaft, der eine durchschnittliche Leistung genügte, um zu gewinnen.

❖

Vorbericht zum 461. Länderspiel: Nach der insgesamt schwachen Vorstellung der deutschen Mannschaft in Tirana kam Bewegung in das Spielerkarussel der Nationalmannschaft. Sowohl Beckenbauer als auch Breitner erklärten sich bereit, wieder das Nationaltrikot zu tragen. Es ist bekannt, daß Jupp Derwall sich letztlich nur für Breitner entschied und damit vielleicht sogar Welt- und Europameisterschaftstitel vergab, weil er auf das Können und die Erfahrung von Beckenbauer verzichtete. Vorerst aber war man unter den Fans der Nationalmannschaft froh, daß mit Weltmeister Breitner der zweifellos beste Mittelfeldspieler der Bundesliga in die Nationalelf zurückkehrte. Und das genau passend zum wichtigen WM-Qualifikationsspiel gegen Österreich in Hamburg. Aus dem vorläufigen Aufgebot wurden Nigbur, Augenthaler, Dremmler, Bernd Förster, Bittcher und Hrubesch gestrichen, so daß folgendes Aufgebot zur Verfügung stand:

Tor: Schumacher, Immel
Abwehr: Kaltz, Stielike, Kh.Förster, Dietz, Hannes
Mittelfeld: Breitner, Schuster, Briegel, H.Müller, Magath
Angriff: Rummenigge, K.Allofs, Fischer, Allgöwer

Jupp Derwall ließ wieder nur mit 2 Stürmern und 4 Mittelfeldspielern antreten. Die größte Überraschung war wohl, daß der zuletzt allerdings auch schwache Kapitän Dietz nicht aufgestellt wurde, sondern Briegel linker Außenverteidiger spielte.

29.4.1981 in Hamburg (WM-Qualifikation)
BR Deutschland - Österreich 2:0 (2:0)

SR: Corver (Holland), Zuschauer: 61.000
BRD: Schumacher -15 (1.FC Köln); Kaltz -48 (HSV), Stielike -17 (Real Madrid), Kh.Förster -19 (VfB Stuttgart), Briegel -15 (1.FC Kaisersl.); Schuster -13 (CF Barcelona), Breitner -29 (Bayern München), Magath -12 (HSV), H.Müller -29 (VfB Stuttgart); Rummenigge -42 (Bayern München), Fischer -28 (Schalke 04), ab 78. Allgöwer -3 (VfB Stuttgart). Mannschaftskapitän: Rummenigge
Österreich: Koncilia; Krauss, Obermaier, Pezzey, Mirnegg; Hattenberger (ab 70. Baumeister), Prohaska, Jara, Hintermaier (ab 70. Weber); Welzl, Krankl
Tore: 1:0 Krauss (30. Eigentor), 2:0 Fischer (36.)
Beste Spieler: Schuster, Schumacher, Breitner, Fischer, Stielike - Pezzey, Brohaska, Jara, Hintermaier
Bericht: Die Starbesetzung im deutschen Mittelfeld, erstmals nach vielen Jahren wieder mit Paul Breitner, weckte große Erwartungen. Die deutsche Mannschaft begann jedoch nervös.

4. Minute: Eine weite Flanke von Jara köpfte Krankl nur dicht am deutschen Tor vorbei. Im Gegenzug versuchte es Kaltz mit einem Weitschuß aus 18 Metern, der aber klar am Tor vorbeiging. 17. Minute: Ohne Mühe hielt Schumacher einen 25-Meter-Schuß von Jara.

30. Minute: Im Mittelfeld zog Schuster los, der immer wieder das Spiel der deutschen Elf antrieb und schickte Magath steil. Krauss grätschte dazwischen und von dessen Fuß flog der Ball unhaltbar ins eigene Tor. Verdientermaßen führte die deutsche Mannschaft mit 1:0. 36. Minute: Nach einer schönen Kombination flankte Kaltz auf Rummenigge, der stieg hoch und köpfte, Koncilia wehrte ab zu Rummenigge, von dem der Ball zu Fischer sprang. Der Schalker Torjäger schob den Ball aus 2 Meter Entfernung ruhig zum 2:0 für die deutsche Mannschaft ein. 39. Minute: Glück für die Österreicher, als Rummenigge den Ball maßgerecht für Schuster bereitlegte, dessen herrlicher Gewaltschuß nur knapp am Gehäuse vorbeistrich.

65. Minute: Vor dem eigenen Strafraum rettete Schumacher vor dem steil geschickten Hattenberger mit Fußabwehr. 72. Minute: Noch einmal vollbrachte Torhüter Schumacher eine Glanzparade, als er den Ball dem einschußbereiten Pezzey vom Fuß nahm. 79. Minute: Der spielfreudige Schuster schickte mit herrlichem Paß den eben eingewechselten Allgöwer, dessen knallharter Flachschuß gegen den Pfosten donnerte.

89. Minute: Bei einem wunderbaren Jara-Freistoß rettete Stielike für Schumacher und drosch den Ball in das Feld zurück. Mit einem hochverdienten Sieg der deutschen Mannschaft, die stets gefährlich war, steil und direkt spielte, war die WM-Qualifikation schon fast geschafft.

❖

Vorbericht zum 462. Länderspiel: Der erste schwere Prüfstein für das neue Mittelfeld war Brasilien, das Gast in Stuttgart war. Nur Stielike fehlte (wegen der nicht erteilten Freigabe) gegenüber dem Österreich-Spiel.

Aus dem vorläufigen Aufgebot wurden Nigbur, Augenthaler, B.Förster, Geils und Bittcher gestrichen. Geils (Arminia Bielefeld) war davon der einzige, der vorher nie im Aufgebot stand. Das endgültige Aufgebot lautete:

Tor: Schumacher, Immel
Abwehr: Kaltz, Hannes, Kh.Förster, Briegel, Dietz, Dremmler
Mittelfeld: Schuster, Breitner, Magath, H.Müller
Angriff: Rummenigge, Fischer, Allgöwer, Borchers

Überraschend übertrug Derwall dem jungen 24-jährigen und unerfahrenen Hannes den Liberoposten. Ansonsten wurde wieder wie gegen Österreich mit einem 4-Mann-Mittelfeld und 2 Angreifern gespielt.

19.5.1981 in Stuttgart
BR Deutschland - Brasilien 1:2 (1:0)

SR: White (England), Zuschauer: 71.000
BRD: Schumacher -16 (1.FC Köln), ab 46. Immel -2 (BVB); Kaltz -49 (HSV), Hannes -2 (Bor. Mönchengladb.), Kh.Förster -20 (VfB Stuttgart), Briegel -16 (1.FC Kaisersl.); Schuster -14 (CF Barcelona), ab 46. Dietz -53 (MSV Duisburg), Breitner -30 (Bayern München), Magath -13 (HSV), H.Müller -30 (VfB Stuttgart); Rummenigge -43 (Bayern München), Fischer -29 (Schalke 04), ab 62. Allgöwer -4 (VfB Stuttgart). Mannschaftskapitän: Rummenigge
Brasilien: Valdir Perez; Edevaldo, Luizinho, Oscar, Junior; Cerezo, Socrates, Zico (ab 87. Vitor); Isidoro, Cesar (ab 68. Renato), Eder
Tore: 1:0 Fischer (30.), 1:1 Cerezo (61.), 1:2 Junior (74.)
Beste Spieler: Rummenigge, Kh.Förster, Breitner - Junior, Cerezo, Socrates, Eder
Bericht: Die deutsche Mannschaft versuchte vom Anpfiff an sofort das richtige: mit schnellem, direktem Spiel zum Erfolg zu kommen. Gleich die erste Aktion der deutschen Mannschaft brachte Gefahr vor das brasilianische Tor, als Breitner mit einem herrlichen Paß Briegel einsetzte, der bis an die Torauslinie lief und zurück in die Mitte flankte, wo Oscar gerade noch zur Ecke abwehren konnte. Bei einem Doppelpaß zwischen Zico und Eder auf der anderen Seite spritzte Hannes dazwischen und klärte.

14. Minute: Die erste Gefahr drohte der deutschen Mannschaft bei einem Eckball von Eder, den er mit viel Effet an die Latte setzte. 21. Minute: Die erste gute Chance bot sich Rummenigge, als ihn Breitner hervorragend mit einem Steilpaß einsetzte und der Münchener Rechtsaußen im Strafraum umgestoßen wurde. Der indirekte Freistoß wurde jedoch hoch über das Tor geschossen. 30. Minute: Wieder ein Steilpaß auf den pfeilschnellen Rummenigge, dessen Musterflanke Fischer zum 1:0 im Netz unterbrachte.

38. Minute: Ein herrlicher Paß von Zico auf den links stürmenden Junior, dessen Flanke Briegel in letzter Sekunde abfangen konnte. 43. Minute: Nach einer Kombination der Brasilianer wurde der Ball ideal für den nachrückenden Edevaldo vorgelegt, dessen knallharter Weitschuß nur knapp am Tor von Schumacher

vorbeizischte. Zur Halbzeit hatte sich die deutsche Mannschaft eine verdiente 1:0-Führung erkämpft.

46. Minute: Mit einem Steilpaß schickte Breitner Rummenigge, dessen herrliche Flanke Oscar vor Fischer abfing. Ein guter Auftakt der deutschen Mannschaft in die zweite Halbzeit. Von Minute zu Minute ließ die Kraft der deutschen Mannschaft nach, und die Brasilianer wurden immer druckvoller und ideenreicher.

61. Minute: Steilpaß von Junior auf Cerzo, der den Ball aus vollem Lauf aus der Luft nahm und ins Tor schmetterte. Ein Traumtor zum 1:1-Ausgleich.

74. Minute: Ein Freistoß für die Brasilianer brachte die Entscheidung. Junior knallte den Ball auf das Tor, in dem Immel die Fäuste zu spät hochriß. Die Brasilianer führten jetzt mit 2:1. 79. Minute: Nach einer Rummenigge-Flanke wehrte Luizinho den Ball mit Hilfe der Hand ab. Schiedsrichter White pfiff sofort Elfmeter und gab damit der deutschen Mannschaft die große Chance zum Ausgleich. 80. Minute: Breitner lief zum Elfmeter an, aber Perez hielt. Doch schon lange bevor Breitner überhaupt geschossen hatte, war der brasilianische Torhüter herausgelaufen, was auch dem Schiedsrichter nicht entgangen war. Er ließ den Elfmeter wiederholen. Erneut lief Breitner an, aber sein Schuß war so schwach und unplaziert, das Perez diesmal regulär halten konnte. Die große Chance zum Ausgleich war vertan. Und nach einer Ecke von Hansi Müller, 3 Minuten später, wehrte Perez einen Kopfball von Magath mit einer Glanzparade ab.

85. Minute: Bei einem Freistoß von Junior, wieder mit enormer Wucht geschlagen, fiel Immel fast mit dem Ball ins Tor. Nach einer Weltklasseleistung in der zweiten Halbzeit gewannen die Brasilianer verdient mit 2:1. Die deutsche Mannschaft war Opfer ihres eigenen Tempos geworden, weil die Kräfte in den zweiten 45 Minuten nicht mehr ausreichten.

❖

Vorbericht zum 463. Länderspiel: Nach der erneuten Niederlage gegen Brasilien kam es auch noch zum internen Krach zwischen Derwall und Schuster, weil der Spanien-Profi nicht verabredungsgemäß zur Party von Hansi Müller kam, zu der die gesamte Nationalmannschaft eingeladen war. Jupp Derwall, psychologisch nicht gerade geschickt, erklärte auch vor der Presse den Rausschmiß von Schuster aus der Nationalelf, worauf Schuster erklärte, daß er nie wieder für eine D.F.B.-Elf spielen werde. Man wünschte sich förmlich den längst verstorbenen Sepp Herberger herbei, der mit solch schwierigen Menschen wie Schuster auch einst zu tun hatte (Helmut Rahn!), aber anders damit umgehen konnte. Obwohl Schuster noch 7mal für die deutsche Nationalmannschaft spielte, insgesamt konnte sein begnadetes Talent nicht genutzt werden, weil es einfach niemanden gab, der mit ihm umgehen konnte. So fehlte Schuster im Aufgebot für das WM-Qualifikationsspiel gegen Finnland, das nur 5 Tage nach dem Brasilien-Spiel stattfand.

Tor: Schumacher, Immel
Abwehr: Kaltz, Hannes, Kh.Förster, Dietz, Dremmler
Mittelfeld: Breitner, Magath, H.Müller, Briegel
Angriff: Rummenigge, Fischer, Allgöwer, Borchers
Überraschend kam nicht Dietz für Schuster in die Mannschaft, sondern Jupp Derwall beließ es bei der Vierer-Abwehrkette und stellte Dremmler ins Mittelfeld.

24.5.1981 in Lahti (WM-Qualifikation)

Finnland - BR Deutschland 0:4 (0:3)

SR: Carpenter (Irland), Zuschauer: 10.300
Finnland: Isoaho; Houtsonen, Tolsa (ab 46. Helin), Vaittinen, Lahtinen; Kupiainen, Ikaeläinen, Virtanen, Pyykkö; Kousa, Valvee (ab 64. Ismail)
BRD: Schumacher -17 (1.FC Köln); Kaltz -50 (HSV), Hannes -3 (Bor. Mönchengladb.), Kh.Förster -21 (VfB Stuttgart), Briegel -17 (1.FC Kaisersl.); Dremmler -2 (Bayern München), Breitner -31 (Bayern München), Magath -14 (HSV), ab 76. Allgöwer -5 (VfB Stuttgart); Rummenigge -44 (Bayern München), Fischer -30 (Schalke 04), H.Müller -31 (VfB Stuttgart), ab 76. Borchers -4 (Eintr. Frankf.). Mannschaftskapitän: Rummenigge

Tore: 0:1 Briegel (26.), 0:2 Fischer (37.), 0:3 Kaltz (40.), 0:4 Fischer (80.)
Beste Spieler: Pyykkö - Fischer, Breitner, Kaltz
Bericht: Wie es Jupp Derwall gefordert hatte, ging die deutsche Mannschaft von der ersten Minute an auf Torjagd. Nach Doppelpaß mit Magath ging der Schuß des mitgestürmten Hannes nach 2 Minuten am Tor vorbei.

10. Minute: Hannes konnte nur durch ein Foul gegen den Finnen Valvee klären. Bei dem anschließenden Freistoß von Pyykkö konnte Schumacher den Ball erst im Nachfassen unter Kontrolle bringen. 14. Minute: Ein Handspiel von Förster im Strafraum übersah Schiedsrichter Carpenter.

26. Minute: Nach herrlichem Doppelpaß mit Magath knallte Briegel den Ball aus spitzem Winkel unerreichbar zum 1:0 für die deutsche Mannschaft ins lange Eck. Bei einer Flanke, 5 Minuten später, holte Isoaho Fischer den Ball vom Fuß. Und im Gegenzug gab es eine Ecke für die Finnen. Bei dem hoch hereingegebenen Eckball verschätzte sich Schumacher und kam nicht mehr an den Ball. Den Schuß von Valvee wehrte Kaltz jedoch auf der Linie ab.

37. Minute: Nach einem herrlichen Steilpaß von Dremmler auf Breitner, zog der davon und schoß so hart, daß Torhüter Isoaho nur abklatschen konnte. Fischer war zur Stelle und drückte den abgewehrten Ball über die Linie zum 2:0. 40. Minute: Ein schönes Zusammenspiel der beiden Hamburger Kaltz und Magath brachte das 3:0. Eine Kaltz-Flanke hatte Magath mit Vehemenz auf das finnische Tor geschossen, wo Ikaelainen gerade noch abwehren konnte, allerdings erneut vor die Füße von Magath, der mustergültig in die Mitte flankte, wo Kaltz im Hechtsprung das 3:0 erzielte.

80. Minute: In der Zwischenzeit hatte es auch in der deutschen Mannschaft viel Leerlauf gegeben. Erst jetzt, in der Schlußphase, drückte sie wieder mächtig auf das Tempo und kam nach einem Solo von Borchers, der hart und plaziert auf das finnische Tor geschossen hatte, zum 4:0, weil Torhüter Isoaho erneut den Ball nicht festhalten konnte und Fischer zur Stelle war, um den Ball mit der Brust einzudrücken.

90. Minute: Die deutsche Mannschaft war zwar während des ganzen Spiels überlegen, aber überzeugen konnte sie nicht. Die Finnen waren einfach zu schwach, um ein ernsthafter Konkurrent zu sein.

❖

Bilanz 1981/82
17 Spiele: 12 Siege, 2 Unentschieden, 3 Niederlagen, 46:18 Tore
Zuschauer: 1.077.000
In 17 Spielen wurden 26 Spieler eingesetzt, davon waren 6 Spieler Neulinge.

Die Spieler der Saison:
Hans-Peter Briegel	17	Spiele
Paul Breitner	17	"
Manfred Kaltz	16	"
Wolfgang Dremmler	16	"
Harald Schumacher	15	"
Klaus Fischer	15	"
Karl-Heinz Rummenigge	15	"
Karlheinz Förster	15	"
Pierre Littbarski	14	"
Ulrich Stielike	13	"
Felix Magath	10	"
Bernd Förster	10	"
Horst Hrubesch	10	"
Lothar Matthäus	8	"
Hans Müller	5	"
Wilfried Hannes	4	"
Uwe Reinders	4	"
Frank Mill	3	"
Stefan Engels	3	"
Ronald Borcher	2	"
Holger Hieronymus	2	"
Eike Immel	2	"
Bernd Franke	2	"
Jürgen Milewski	1	Spiel
Klaus Allofs	1	"
Karl Allgöwer	1	"

Die Tore der Saison:
Karl-Heinz Rummenigge	16	Tore
Klaus Fischer	9	"
Pierre Littbarski	8	"
Paul Breitner	5	"
Manfred Kaltz	2	"
Wolfgang Dremmler	2	"
Felix Magath	1	Tor
Uwe Reinders	1	"
Horst Hrubesch	1	"

Mannschaftsführer waren:
Karl-Heinz Rummenigge	14	mal
Manfred Kaltz	6	"
Klaus Fischer	1	"

3 Elfmeter für Deutschland,
verwandelt durch Breitner (gegen Albanien), Kaltz (gegen Bulgarien), Breitner (gegen CSSR)

2 Elfmeter gegen Deutschland,
1 Elfmeter verwandelt durch Platini (Frankreich), 1 Elfmeter verschossen durch Cabrini (Italien)

1 Eigentor des Gegners,
durch Humberto (Portugal)

Rangliste der besten Nationalspieler des Jahres
1. Karlheinz Förster (VfB Stuttgart)
   Uli Stielike (Real Madrid)
   Karl-Heinz Rummenigge (Bayern München)
4. Paul Breitner (Bayern München)
5. Pierre Littbarski (1.FC Köln)
6. Klaus Fischer (FC Schalke 04)
7. Hans-Peter Briegel (1.FC Kaiserslautern)
   Harald „Toni" Schumacher (1.FC Köln)
9. Wolfgang Dremmler (Bayern München)
   Lothar Matthäus (Borussia M'gladbach)

1981/82

Vorbericht zum 464. Länderspiel: Vor dem Freundschaftsspiel gegen Polen, das Jupp Derwall als Standortbestimmung sah, hagelte es serienweise Absagen wegen Verletzungen, so daß neue Gesichter im Aufgebot auftauchten.
Tor: Schumacher, Immel
Abwehr: Kaltz, Hannes, B.Förster, Briegel, Dremmler
Mittelfeld: Breitner, Magath, H.Müller, Hieronymus
Angriff: Rummenigge, Fischer, Borchers, Littbarski
Hieronymus (HSV) und Littbarski (1.FC Köln) waren Neulinge im Aufgebot. Der 22-jährige Hamburger kam bereits gegen Polen zum ersten Einsatz, während Littbarski noch einige Wochen warten mußte.

2.9.1981 in Königshütte

Polen - BR Deutschland 0:2 (0:0)

SR: Johannsson (Schweden), Zuschauer: 80.000
Polen: Mlynarczik; Dziuba, Zmuda, Janas (46. Dolny), Jalocha; Skrobowski, Buncol (72. Kapka), Kupcewicz (35. Iwan), Boniek; Ogaza, Smolarek.
BRD: Schumacher -18 (1.FC Köln); Kaltz -51 (HSV), 85. Hieronymus -1 (HSV), Hannes -4 (Bor. Mönchengladb.), B.Förster -10 (VfB Stuttgart), Briegel -18 (1.FC Kaisersl.), ab 83. Dremmler -3 (Bayern München); Breitner -32 (Bayern München), Magath -15 (HSV), H.Müller -32 (VfB Stuttgart); Borchers -5 (Eintr. Frankf.), Fischer -31 (1.FC Köln), Rummenigge -45 (Bayern München).
Mannschaftskapitän: Rummenigge
Tore: 0:1 Fischer (60.), 0:2 Rummenigge (71.)
Beste Spieler: Boniek - Rummenigge, Magath, H.Müller
Bericht: Die WM-Saison 1981/82 begann die deutsche Mannschaft sehr harmonisch. Der Ball lief schnell und schwungvoll durch ihre Reihen, und es wurde ideenreich kombiniert. Nach einem Steilpaß von Fischer auf Kaltz und dessen anschließender Flanke konnte ein polnischer Abwehrspieler in der 3. Minute gerade noch vor dem eigenen Tor klären.

11. Minute: Nach einem Solo spielte Hansi Müller an der Strafraumgrenze herrlich Briegel frei, doch der Lauterer schoß neben das Tor. 18. Minute: Eine glänzende Kombination über Fischer, Briegel und Hansi Müller endete bei Rummenigge, der sofort aus der Drehung schoß, aber leider nur den Pfosten traf. 25. Minute: Nach einem Paß versuchte es Boniek mit einem 20-Meter-Schuß, der zur Ecke abgewehrt wurde. Den scharf hereingegebenen Eckball faustete Schumacher auf den Kopf von Boniek, doch dessen Kopfball konnte Hansi Müller auf der Linie wegschlagen. Glück für die deutsche Mannschaft.

39. Minute: Einen herrlichen langen Paß in den freien Raum von Hansi Müller erreichte Rummenigge, der nach wenigen Schritten an der Strafraumgrenze von den Beinen geholt wurde. Der Münchener schoß den Freistoß selbst und zirkelte ihn mit Effet an die Querlatte. Den Abpraller konnte der völlig freistehende Borchers nicht im Tor unterbringen.

45. Minute: Zur Halbzeit hätte die deutsche Mannschaft hoch führen können, hatte aber wieder einmal zu viele Torchancen ausgelassen.

49. Minute: Nach einem Doppelpaß ging Briegels Schuß von der Strafraumgrenze weit neben das Tor. Einen gefährlichen Schuß von Dolny aus 16 Metern, 5 Minuten später, hielt Schumacher sicher.

60. Minute: Nach einem weiten Paß von Magath auf Rummenigge, der sofort in den Strafraum flankte, stand Fischer bereit, um den Ball per Kopf zum längst verdienten 1:0 ins Tor zu befördern. 70. Minute: Immer wieder war es Boniek, der seine Mitspieler einsetzte, doch der Erfolg blieb ihnen versagt. Hansi Müller

setzte sich im Gegenzug an der Strafraumgrenze gegen zwei Polen durch und paßte zu Rummenigge, der den Ball aus 5 Metern sicher verwandelte. Die deutsche Mannschaft führte verdient mit 2:0.

90. Minute: Nach dem klaren Rückstand kamen die Polen zwar etwas besser auf, sie waren aber im Strafraum viel zu umständlich, um die deutsche Abwehr vor ernsthafte Probleme zu stellen. Der Sieg der deutschen Mannschaft war deshalb auch verdient, denn sie war kämpferisch, spielerisch und taktisch im Vorteil und hätte leicht höher gewinnen können.

❖

Vorbericht zum 465. Länderspiel: Für den Rest des Jahres standen innerhalb von 2 Monaten noch 4 WM-Qualifikationsspiele an. Für das erste dieser Spiele gegen Finnland mußten Hansi Müller, Klaus Allofs und Horst Hrubesch absagen und fehlten somit im Aufgebot.

Tor: Schumacher, Immel
Abwehr: Kaltz, Stielike, Kh.Förster, Briegel, Hannes, B.Förster
Mittelfeld: Dremmler, Magath, Breitner, Hieronymus
Angriff: Rummenigge, Fischer, Borchers, Littbarski

Zum Glück für Derwall hatte Stielike die Freigabe erhalten, denn kurzfristig fiel auch noch Karlheinz Förster aus.

23.9.1981 in Bochum (WM-Qualifikation)

BR Deutschland - Finnland 7:1 (2:1)

SR: Rolles (Luxemburg), Zuschauer: 46.000
BRD: Schumacher -19 (1.FC Köln); Kaltz -52 (HSV), Stielike -18 (Real Madrid), B.Förster -11 (VfB Stuttgart), Briegel -19 (1.FC Kaisersl.); Dremmler -4 (Bayern München), Breitner -33 (Bayern München), Magath -16 (HSV), Borchers -6 (Eintr. Frankf.); Fischer -32 (1.FC Köln), Rummenigge -46 (Bayern München). Mannschaftskapitän: Rummenigge
Finnland: Isoaho; Lathinen, Dahlund, Pekonen, Houtsonen; Turunen, Ikäläinen (ab 71. Nieminen), Utriainen, Pyykkö; Jaakonsaari (ab 71. Ronkainen), Kousa
Tore: 1:0 Fischer (11.), 1:1 Turunen (41.), 2:1 Rummenigge (42.), 3:1 Breitner (54.), 4:1 Rummenigge (60.), 5:1 Breitner (67.), 6:1 Rummenigge (72.), 7:1 Dremmler (83.)
Beste Spieler: Breitner, Rummenigge, Fischer, Briegel - keiner
Bericht: Mit druckvollem Spiel versuchte die deutsche Mannschaft sofort, zum Erfolg gegen die Finnen zu kommen. Nach einem Doppelpaß am linken Flügel zwischen Kaltz und Briegel, flankte der Lauterer in die Mitte, wo Fischer mit einem Kopfball nur den Außenpfosten traf.

11. Minute: Der in den Strafraum stürmende Breitner wurde vom Ball getrennt, das Leder kam jedoch direkt vor die Füße von Rummenigge, der sofort flankte. Diese Maßflanke köpfte Fischer aus 5 Metern zum 1:0 ins Tor. Im Gegenzug holte Stielike einen Kopfball von Utriainen für den geschlagenen Schumacher von der Linie.

24. Minute: Bei einer weiten Flanke verschätzte sich Schumacher und kam nicht an den Ball. Auf der Linie klärte Kaltz den Schuß von Turunen. Zum zweitenmal hatte der deutsche Torhüter Glück, daß seine Abwehrspieler für ihn klärten. 32. Minute: Nach einer herrlichen Kombination kam Breitner aus 5 Metern zum Schuß, doch den meisterte der finnische Torhüter mit einer Glanzparade.

41. Minute: Der völlig freistehende Turunen schoß aus 7 Metern den Ausgleich. Im Gegenzug kam die deutsche Mannschaft zu einem Eckball, der scharf hereingegeben wurde und von den Finnen nicht weggebracht werden konnte. Breitner köpfte zu Rummenigge, der mit einem artistischem Scherenschlag zum 2:1 für die deutsche Mannschaft einschoß. Dennoch war das Spiel der deutschen Mannschaft bis zur Halbzeit enttäuschend, weil zu wenig Druck nach vorne kam und zu langsam gespielt wurde.

49. Minute: Nach der Halbzeit schien es besser zu werden. Vor allem Breitner und Rummenigge machten jetzt mächtig Druck und servierten Briegel die erste Torchance, die jedoch vom Lauterer knapp vergeben wurde.

54. Minute: Nach einem herrlichen Doppelpaß mit Borchers stürmte Breitner in den Strafraum und schoß aus 12 Metern sicher zum 3:1 ein. 60. Minute: Nach toller Einzelleistung schob Fischer den Ball zum besser stehenden Rummenigge, der keine Mühe hatte, den Ball zum 4:1 einzuschießen. 64. Minute: Das Spiel der deutschen Mannschaft lief jetzt hervorragend. Fischer ließ Lathinen aussteigen, aber mit seinem Schuß aus 15 Metern traf er nur den Pfosten. 67. Minute: Rummenigge, der von Fischer schön freigespielt wurde, lief bis zur Strafraumgrenze und schob den Ball zu Breitner, gegen dessen harten Schuß Torhüter Isoaho ohne Chance war. Es stand 5:1 für die deutsche Mannschaft. 72. Minute: Nach einer Traumkombination zwischen Breitner und Rummenigge schloß der Münchener Rechtsaußen mit einem Flachschuß aus 10 Metern zum 6:1 ab.

83. Minute: Eine Maßflanke von Rummenigge köpfte Dremmler zum Endstand von 7:1 ein. 89. Minute: Mit einem Steilpaß hatten auch die Finnen noch einmal eine Chance, aber Ronkainen donnerte das Leder einen Meter neben das Tor. So blieb es bei dem 7:1-Sieg der deutschen Elf gegen die amateurhaft wirkenden Finnen.

❖

Vorbericht zum 466. Länderspiel: Im 22er Aufgebot von Bundestrainer Jupp Derwall für das WM-Qualifikationsspiel in Wien gegen Österreich tauchte nur ein Neuling auf, Mill (Borussia Mönchengladbach). Er wurde jedoch ebenso gestrichen wie Franke, Hansi Müller, Allgöwer, Matthäus und Borchers, so daß sich folgendes Aufgebot ergab:

Tor: Schumacher, Immel
Abwehr: Kaltz, Stielike, Kh.Förster, Briegel, B.Förster, Hannes
Mittelfeld: Dremmler, Breitner, Magath, Hieronymus
Angriff: Rummenigge, Fischer, K.Allofs, Littbarski

Der Kölner Littbarski kam in Wien zu seinem 1. Länderspiel und begann damit eine große Karriere. Die Abwehr wurde erneut von Stielike verstärkt, so daß Bundestrainer Jupp Derwall sehr zuversichtlich nach Wien fuhr, wo die Österreicher auf Revanche hofften.

14.10.1981 in Wien (WM-Qualifikation)

Österreich - BR Deutschland 1:3 (1:2)

SR: Ponnet (Belgien), Zuschauer: 72.000
Österreich: Koncilia; Dihanich, Pezzey, Weber, Mirnegg; Hattenberger, Prohaska, Jara, Hintermaier (ab 71. Hagmayr); Schachner, Krankl
BRD: Schumacher -20 (1.FC Köln), Kaltz -53 (HSV), Stielike -19 (Real Madrid), Kh.Förster -28 (VfB Stuttgart), Briegel -20 (1.FC Kaisersl.); Dremmler -5 (Bayern München), Breitner -34 (Bayern München), Magath -17 (HSV); Littbarski -1 (1.FC Köln), Fischer -23 (1.FC Köln), Rummenigge -47 (Bayern München). Mannschaftskapitän: Rummenigge
Tore: 1:0 Schachner (16.), 1:1 Littbarski (17.), 1:2 Magath (20.), 1:3 Littbarski (77.)
Beste Spieler: Pezzey, Schachner, Jara - Littbarski, Schumacher, Stielike

Bericht: Beide Mannschaften begannen das Spiel vorsichtig und abwartend. Nach einem Alleingang wurde Rummenigge in der 5. Minute an der Strafraumgrenze von Hintermaier von den Beinen geholt. Den fälligen Freistoß schoß der Münchener selbst knapp über das Tor.

16. Minute: Bei einem Zweikampf im Mittelfeld verlor Magath den Ball an Pezzey, der mit einem weiten Schlag Schachner bediente. Dieser versetzte mit einer Körpertäuschung Briegel und

schoß Schumacher an, von dem der Ball zurückprallte, erneut zu Schachner, der mit dem Knie vollendete. Ein unglücklicher 0:1-Rückstand für die deutsche Mannschaft. 17. Minute: Eine halbhohe Flanke nahm Littbarski direkt aus der Luft und knallte den Ball zum 1:1 in die Maschen. Nur eine Minute nach der österreichischen Führung hatte die deutsche Mannschaft ausgeglichen. Aber es sollte noch besser kommen. 20. Minute: Einen Freistoß hob Kaltz auf den Elfmeterpunkt, wo Magath hochstieg und mit einem herrlichen Kopfball zum 2:1 für die deutsche Mannschaft vollendete.

32. Minute: Einen Freistoß schob Prohaska zu Jara, der aus 22 Metern den Ball nur knapp neben das deutsche Tor setzte.

52. Minute: Nach einem Rückpaß von Dremmler konnte der herauslaufende Schumacher im letzten Moment mit Fußabwehr vor dem heranstürmenden Schachner retten.

68. Minute: Der Druck der Österreicher wurde stärker. Nach einem Befreiungsschlag der deutschen Abwehr erhielt der vorn lauernde Littbarski den Ball, und seinen schönen Schuß konnte Torhüter Kocilia gerade noch mit der Faust abwehren. 74. Minute: Krankl jagte einen Ball aus 11 Metern Entfernung weit über das deutsche Tor. Im Gegenzug Ecke für die deutsche Mannschaft. Kaltz zirkelte den Eckball schön in den Strafraum, wo Littbarski an den Ball kam, aber den Torhüter anschoß. Koncilia konnte den Ball nicht festhalten und erneut reagierte Littbarski am schnellsten und drückte den Abpraller zum 3:1 für die deutsche Mannschaft ins Netz.

81. Minute: Nach einem herrlichen Solo spielte Rummenigge den Ball zu Breitner, der jedoch so schwach schoß, daß Pezzey auf der Linie klären konnte. So blieb es beim nicht unverdienten 3:1-Sieg der deutschen Mannschaft, gegen die die Österreicher erneut nicht gewinnen konnten.

❖

Vorbericht zum 467. Länderspiel: Die beiden letzten WM-Qualifikationsspiele gegen Albanien und Bulgarien waren für die deutsche Mannschaft ohne Bedeutung. Mit bisher 12-0 Punkten und 21:3 Toren lag sie uneinholbar auf dem ersten Gruppenplatz. Jetzt mußten innerhalb von 4 Tagen die beiden letzten Spiele ausgetragen werden. Aus dem 22er Aufgebot wurden lediglich Geils und Allgöwer gestrichen.

Tor: Schumacher, Immel, Franke
Abwehr: Kaltz, Stielike, Kh.Förster, Briegel, Hannes, B.Förster
Mittelfeld: Dremmler, Magath, Breitner, K.Allofs, Borchers, Matthäus
Angriff: Littbarski, Fischer, Rummenigge, Hrubesch, Milewski
Mit Milewski (HSV) stand ein Neuling im Aufgebot, der auch bereits gegen Albanien als Einwechselspieler zum 1. Länderspiel kam.

18.11.1981 in Dortmund (WM-Qualifikation)
BR Deutschland - Albanien 8:0 (5:0)

SR: Björnestad (Norwegen), Zuschauer: 40.000
BRD: Immel -3 (BVB); Kaltz -54 (HSV), ab 60. Matthäus -2 (Bor. Mönchengladb.), Stielike -20 (Real Madrid), Kh.Förster -29 (VfB Stuttgart), Briegel -21 (1.FC Kaisersl.); Dremmler -6 (Bayern München), Breitner -35 (Bayern München), Magath -18 (HSV); Rummenigge -48 (Bayern München), ab 51. Milewski -1 (HSV), Fischer -34 (1.FC Köln), Littbarski -2 (1.FC Köln). Mannschaftskapitän: Rummenigge
Albanien: Musta (ab 58. Luarasi); Targaj, Berisha, Hysi, Kola; Ragami, Popa, Lishi, H.Ballgijni; Braho, Luci
Tore: 1:0, 2:0 Rummenigge (5., 19.), 3:0 Fischer (32.), 4:0 Kaltz (36.), 5:0 Rummenigge (43.), 6:0 Littbarski (52.), 7:0 Breitner (68.Foulfmeter), 8:0 Fischer (72.)
Beste Spieler: Rummenigge, Immel, Stielike, Breitner - Musta

Bericht: Viele Tore, das war die Devise der deutschen Mannschaft, die dementsprechend sofort stürmisch und druckvoll begann. Nach einem Steilpaß von Rummenigge knallte Dremmler das Leder bereits nach 2 Minuten in die Maschen. Schiedsrichter Björnestad hatte jedoch zurecht auf Abseits erkannt.

5. Minute: Am rechten Flügel versetzte Kaltz einen Albaner und flankte in die Mitte, von wo Rummenigge mit einem Flugkopfball das 1:0 erzielte. Das war die gewünschte schnelle Führung für die deutsche Mannschaft. 15. Minute: Nach einem Kurzpaß von Rummenigge versuchte es der aufgerückte Stielike mit einem Weitschuß, aber Torhüter Musta hatte keine Mühe, den Ball zu halten. 19. Minute: Nach einem Solo auf dem linken Flügel kam Magaths Maßflanke zu Littbarski, der den Ball nicht voll traf, doch Rummenigge war zur Stelle und erzielte aus kurzer Entfernung das 2:0.

32. Minute: Littbarski hob den Ball in die Mitte auf den Kopf von Fischer, der sicher zum 3:0 einköpfte. Eine Breitner-Flanke, 4 Minuten später, verlängerte Fischer mit dem Kopf zu Kaltz, der stoppte den Ball mit der Brust und donnerte ihn dann zum 4:0 in die Maschen.

43. Minute: Die albanische Abwehr war jetzt völlig konfus. Bei einer Maßflanke von Dremmler konnte Rummenigge ungehindert zum 5:0 einköpfen.

47. Minute: Nach einem Steilpaß kam erstmals ein Albaner frei vor Immel zum Schuß, aber mit einer Glanzparade konnte der Dortmunder Torhüter vor eigenem Publikum halten. 52. Minute: Einen Freistoß schoß Littbarski scharf auf das Tor. Der Ball wurde von einem Albaner abgefälscht und landete unerreichbar für Torhüter Musta zum 6:0 im Netz. 59. Minute: Ein herrlicher Paß von Briegel auf Fischer hätte fast den nächsten Treffer bedeutet, doch der Torjäger schoß knapp neben das Tor.

68. Minute: Nach einem Solo wurde Littbarski im Strafraum umgesäbelt. Den fälligen Elfmeter verwandelte Breitner sicher zum 7:0. 72. Minute: Eine Rechtsflanke von Breitner nahm Fischer direkt aus der Luft und knallte den Ball flach zum 8:0 ein. In den letzten 18 Minuten versäumte es die deutsche Mannschaft weitere Treffer zu erzielen. 78. Minute: Fast wäre den Albanern nach einem schönen Doppelpaß sogar noch durch Lishi der Ehrentreffer gelungen, als er plötzlich allein vor Immel stand. Der Dortmunder Schlußmann konnte jedoch mit einer tollen Fußabwehr retten.

❖

Vorbericht zum 468. Länderspiel: Für das Spiel gegen Bulgarien nahm Jupp Derwall 3 Änderungen vor. Schumacher stand wieder im Tor; Hannes vertrat Stielike, weil der nur für das Albanien-Spiel freigestellt war und Hrubesch spielte nach vielen Monaten erstmals wieder im Angriff für Littbarski.

22.11.1981 in Düsseldorf (WM-Qualifikation)
BR Deutschland - Bulgarien 4:0 (1:0)

SR: Frederiksson (Schweden), Zuschauer: 55.000
BRD: Schumacher -21 (1.FC Köln); Kaltz -55 (HSV), Hannes -5 (Bor. Mönchengladb.), Kh.Förster -30 (VfB Stuttgart), Briegel -22 (1.FC Kaisersl.); Dremmler -7 (Bayern München), Breitner -36 (Bayern München), Magath -19 (HSV), ab 56. K.Allofs -22 (1.FC Köln); Rummenigge -49 (Bayern München), Hrubesch -12 (HSV), Fischer -35 (1.FC Köln). Mannschaftskapitän: Rummenigge
Bulgarien: Velinov; Nikolov, Iliev, Balevski, Bonev; Dimitrov, Kostadinov, Markov (ab 46. Lubomirov), Mladenov; Zdravkov, Iontchev
Tore: 1:0 Fischer (4.), 2:0 Rummenigge (49.), 3:0 Kaltz (62. Fouelfmeter), 4:0 Rummenigge (83.)
Beste Spieler: Rummenigge, Fischer, Kaltz, Dremmler, Breitner - Mladenov

Bericht: Die deutsche Mannschaft machte von der ersten Minute an klar, daß sie nicht bereit war, die Bulgaren gewinnen zu lassen, damit sie statt Österreich die Qualifikation für die WM schaffen würden. Eine Maßflanke von Dremmler köpfte Fischer bereits nach 4 Minuten unhaltbar zum 1:0 für die deutsche Mannschaft in die Maschen.

8. Minute: Nach schönem Doppelpaß zwischen Kaltz und Rummenigge konnten die Bulgaren gerade noch zur Ecke klären. Zehn Minuten später hatte Velinov bei einem Weitschuß von Magath aus 25 Metern wenig Mühe.

24. Minute: Nach einem Eckball schoß Markov den Ball über das deutsche Tor. Eine Traumkombination zwischen Magath und Hrubesch, 3 Minuten später, schloß der Hamburger Mittelstürmer mit einem Schuß nur knapp neben den Pfosten ab. 34. Minute: Einen Weitschuß knallte erneut Markov neben das deutsche Tor.

42. Minute: Am rechten Flügel konnte sich Rummenigge durchsetzten. Bei seinem Schuß hatte Torhüter Velinov große Mühe, den Ball abzuwehren. So blieb es beim gerechten 1:0 für die deutsche Mannschaft zur Pause.

49. Minute: Nach der Halbzeit begann die deutsche Mannschaft noch druckvoller. Nach einem Solo von Briegel konnte Velinov den Schuß nur abklatschen, und Rummenigge war zur Stelle, um blitzschnell zum 2:0 ins Netz zu spitzeln.

62. Minute: Nikolov konnte Rummenigges Alleingang nur stoppen, indem er ihn am Trikot festhielt. Den fälligen Elfmeter donnerte Kaltz sicher zum 3:0 in die Maschen und damit war eine Vorentscheidung gefallen. 68. Minute: Bei einem tollen Solo konnte Briegel nur durch ein böses Foul gestoppt werden. Den Freistoß von Rummenigge hielt Velinov sicher. 79. Minute: Glück für die deutsche Mannschaft, als die Bulgaren eine gute Freistoßchance nicht nutzen konnten. Und dann konnte wieder Briegel nur durch ein Foul gebremst werden. Aus 20 Meter Entfernung plazierte Rummenigge den Freistoß diesmal besser und traf genau ins Dreieck zum 4:0 für die deutsche Mannschaft.

90. Minute: In den letzten Minuten ließ es die deutsche Mannschaft ruhiger angehen. Es blieb beim verdienten Sieg, der bei mehr Konzentration sogar wesentlich höher hätte ausfallen können. Die deutsche Mannschaft hatte damit in 8 WM-Qualifikationsspielen 16-0 Punkte und 33:3 Tore erzielt. Eine traumhafte Bilanz gegen allerdings sehr schwache Gegner.

❖

Vorbericht zum 469. Länderspiel: Die WM-Qualifikation war mühelos geschafft, so daß sich Bundestrainer Jupp Derwall auf die WM in Spanien vorbereiten konnte. Inzwischen hatte die Auslosung der Gruppen stattgefunden und die deutsche Mannschaft war wieder einmal im Glück. Algerien, Chile und Österreich waren in der Vorrunde Gegner der deutschen Mannschaft. Das erste Vorbereitungs-Länderspiel gegen Portugal stand bereits ganz im Zeichen der WM. Bis auf Stielike waren alle WM-Kandidaten dabei.

Tor: Schumacher, Immel, Franke
Abwehr: Kaltz, Hannes, Kh.Förster, Briegel, B.Förster
Mittelfeld: Dremmler, Breitner, Magath, Matthäus
Angriff: Rummenigge, Hrubesch, Fischer, Littbarski und Allgöwer (nachnominiert)

Jupp Derwall erprobte gegen die Portugiesen eine neue Variante, indem er Rummenigge in das Mittelfeld zurücknahm, so daß die deutsche Mannschaft eigentlich mit 4 Angriffsspitzen spielte.

17.2.1982 in Hannover

BR Deutschland - Portugal 3:1 (2:1)

SR: Ponnet (Belgien), Zuschauer: 50.000
BRD: Schumacher -22 (1.FC Köln), ab 46. Franke -6 (Eintr. Braunschw.); Kaltz -56 (HSV), B.Förster -12 (VfB Stuttgart), Kh.Förster -31 (VfB Stuttgart), Briegel -37 (1.FC Kaisersl.); Dremmler -8 (Bayern München), Breitner -37 (Bayern München); Rummenigge -50 (Bayern München), Hrubesch -13 (HSV), ab 46. Matthäus -3 (Bor. Mönchengladb.), Fischer -36 (1.FC Köln), Littbarski -3 (1.FC Köln), ab 72. Allgöwer -6 (VfB Stuttgart). Mannschaftskapitän: Rummenigge

Portugal: Bento; Gabriel, Humberto, Eurico, Pietra (ab 64. Xavier); Eliseu, Romeu (ab 75. Abreu), Dito (ab 46. Pastos), Oliveira; De Matos, Jordao (ab 46. Nene)

Tore: 1:0 Fischer (24.), 2:0 Humberto (27. Eigentor), 2:1 De Matos (44.), 3:1 Fischer (51.)

Beste Spieler: Fischer, Kh.Förster, Rummenigge - Bento

Bericht: Die deutsche Mannschaft begann das WM-Jahr schwungvoll. Nach herrlichem Doppelpaß am linken Flügel zwischen Littbarski und Briegel nach 3 Minuten verfehlte Fischer dessen Maßflanke nur um Millimeter.

15. Minute: Eine Littbarski-Flanke nahm Hrubesch volley, doch der Ball ging knapp über das Tor.

24. Minute: Einen Eckball zirkelte Littbarski genau auf den Kopf von Fischer, gegen dessen plazierten Kopfstoß Torhüter Bento machtlos war. Der Ball landete zum 1:0 für die deutsche Mannschaft im Netz. 27. Minute: Am rechten Flügel versetzte Hrubesch zwei Portugiesen und flankte flach nach innen. Vor dem einschußbereiten Rummenigge war Humberto am Ball, fälschte das Leder jedoch ins eigene Tor zum 2:0 ab.

44. Minute: Nach der deutlichen Führung verflachte das Spiel der deutschen Mannschaft zusehends. Die Portugiesen kamen immer besser ins Spiel und als Oliveira Bernd Förster ausspielte und in die Mitte flankte, war De Matos zur Stelle und verkürzte auf 2:1. Das war die Quittung für die schwache letzte Viertelstunde der ersten Halbzeit.

51. Minute: Am rechten Flügel schickte Kaltz Dremmler steil, der die Abwehr überlief und in die Mitte flankte. Dort stieg Fischer am höchsten und wuchtete den Ball mit dem Kopf zum 3:1 in die Maschen. 60. Minute: Mit Mühe konnte Franke einen Distanzschuß von Romeu um den Pfosten lenken. Das Spiel beider Mannschaften wurde immer schwächer, so daß die Zuschauer „aufhören, aufhören!" riefen.

85. Minute: Bei einem Gewühl an der Strafraumgrenze schob Rummenigge den Ball zu Briegel, der lief ein paar Meter und knallte dann den Ball ins Tor. Schiedsrichter Ponnet gab den Treffer jedoch nicht, weil er Briegel im Abseits gesehen haben wollte.

90. Minute: Letztendlich gewann die deutsche Mannschaft zwar verdient, aber es gab auch sehr viel Leerlauf in ihrem Spiel, so daß es bis zur WM noch viel zu tun gab.

❖

Vorbericht zum 470. Länderspiel: Schon wieder hatte Jupp Derwall eine tolle Serie zu verzeichnen. In den letzten 7 Spielen hatte die deutsche Mannschaft 7mal gewonnen und ein Torverhältnis von 31:3 erzielt. Allerdings waren die Gegner auch nur zweit- und drittklassig. Schwer wurde es erst jetzt auf der Südamerikareise gegen Brasilien und Argentinien, zumal einige Spieler wegen Verletzungen absagen mußten, darunter Hannes und Magath aus dem vorläufigen Aufgebot. So traten die Reise an:

Tor: Schumacher, Franke, Immel
Abwehr: Kaltz, Stielike, Kh.Förster, Briegel, B.Förster
Mittelfeld: Dremmler, Breitner, H.Müller, Matthäus, Engels
Angriff: Littbarski, Hrubesch, Fischer, Rummenigge, Mill

Bei Rummenigge stellte man eine Bänderdehnung fest, so daß er zwar auf der Reise dabei, aber nicht einsatzfähig war. Mit Engels und Mill standen 2 Neulinge im Aufgebot, die auch beide als Einwechselspieler im Maracana-Stadion in Rio de Janeiro zum Einsatz kamen.

21.3.1982 in Rio de Janeiro
Brasilien - BR Deutschland 1:0 (0:0)

SR: Castilho (Spanien), Zuschauer: 170.000
Brasilien: Valdir Perez; Leandro, Oscar, Luisinho, Junior; Adilio, Vitor, Zico; Isidoro, Careca, Mario Sergio (ab 69. Eder)
BRD: Schumacher -23 (1.FC Köln); Kaltz -57 (HSV), Stielike -21 (Real Madrid), Kh.Förster -32 (VfB Stuttgart), Briegel -38 (1.FC Kaiserl.); Dremmler -9, Breitner -38 (beide Bayern München), Matthäus -4 (Bor. Mönchengladb.), Littbarski -4 (1.FC Köln), ab 85. Mill -1 (Bor.Mönchengladb.), Fischer -37 (1.FC Köln), ab 13. Hrubesch -14 (HSV), H.Müller -33 (VfB Stuttgart), ab 81. Engels -1 (1.FC Köln). Mannschaftskapitän: Kaltz
Tor: 1:0 Junior (83.)
Beste Spieler: Junior, Cerezo, Leandro - Stielike, Matthäus
Bericht: Das Spiel im riesigen Maracana-Stadion begann vorsichtig, ja sogar sehr schwach. Es wurde bereits in den ersten 10 Minuten ganz offensichtlich, daß beide Trainer ihre Karten nicht aufdecken wollten.

45. Minute: Innerhalb einer Dreiviertelstunde hatte es nicht eine einzige klare Torchance oder nennenswerte Angriffe von der deutschen Mannschaft gegeben. Die Brasilianer dagegen hatten immer wieder gezeigt, daß sie mit Leandro und Junior zwei offensive Verteidiger besaßen, deren Vorstöße nicht ungefährlich waren. Außerdem stand mit Careca ein Mittelstürmer auf dem Feld, der es Karlheinz Förster sehr schwer machte.

60. Minute: Nach dem Seitenwechsel kam die deutsche Mannschaft zusehends besser ins Spiel und konnte es ausgeglichen gestalten. Matthäus degradierte den Superstar Zico zur Bedeutungslosigkeit und auch die brasilianischen Außenstürmer konnten sich nicht mehr durchsetzen. Lediglich Careca sorgte weiterhin für Gefahr vor dem deutschen Tor, ohne daß jedoch zwingende Torchancen dabei herauskamen.

70. Minute: Erst mit der Hereinnahme von Eder wurden die Brasilianer offensiver und jetzt kam es auch zum offenen Schlagabtausch, bei dem beide Mannschaften die Entscheidung suchten. Sowohl Littbarski als auch Hrubesch konnten sich jedoch nie gegen die starke brasilianische Innenverteidigung durchsetzen.

81. Minute: Als Neuling Engels ins Spiel kam, konnte man schon von einem 0:0 ausgehen, obwohl die brasilianischen Außenverteidiger immer wieder für Gefahr vor dem deutschen Tor sorgten. 83. Minute: Nach einem erneuten Vorstoß von Linksverteidiger Junior wurden die Brasilianer für ihr moderneres Spiel belohnt. Als Junior viel zu spät angegriffen wurde, bezwang er Schumacher mit einem herrlichen Schuß ins obere Dreieck zum 1:0 für Brasilien. 85. Minute: Jupp Derwall brachte zwar auch noch den 23-jährigen Mill als zweiten Neuling, aber auch er konnte das Spiel nicht mehr herumreißen. Die Brasilianer gewannen verdient mit 1:0, obwohl beide Teams keine gute Leistung gebracht hatten.

❖

Vorbericht zum 471. Länderspiel: Gegen Weltmeister Argentinien mußte Jupp Derwall nur eine Veränderung vornehmen. Für den verletzten Fischer kam der Hamburger Hrubesch neu in die Elf.

24.3.1982 in Buenos Aires
Argentinien - BR Deutschland 1:1 (0:1)

SR: Bazan (Uruguay), Zuschauer: 69.000
Argentinien: Baley; Olguin, Passarella, Galvan, Tarantini; Barbas, Gallego, Maradona; Calderon, Diaz, Kempes (ab 78. Hernadez)
BRD: Schumacher -24 (1.FC Köln); Kaltz -58 (HSV), Stielike -22 (Real Madrid), Kh.Förster -33 (VfB Stuttgart), Briegel -39 (1.FC Kaiserl.); Dremmler -10 (Bayern München), Matthäus -5 (Bor. Mönchengladb.), Breitner -39 (Bayern München), ab 68. B.Förster -13 (VfB Stuttgart), H.Müller -34 (VfB Stuttgart); Littbarski -5 (1.FC Köln), ab 68. Mill -2 (Bor. Mönchengladb.), Hrubesch -15 (HSV), ab 78. Engels -2 (1.FC Köln). Mannschaftskapitän: Kaltz
Tore: 0:1 Dremmler (33.), 1:1 Calderon (67.)
Beste Spieler: Passarella, Diaz, Kempes - Stielike, Matthäus, Breitner
Bericht: Das Spiel gegen den Weltmeister begann ganz anders, als drei Tage zuvor gegen Brasilien. Hier spürte man von der ersten Minute an, daß die Argentinier dieses Spiel gewinnen wollten.

3. Minute: Bei einem Solo konnte Förster den schnellen Diaz nur durch ein Foul stoppen. Mit der Hacke gab Maradona den Freistoß zu Calderon, der den Ball aus 18 Metern an den linken Pfosten knallte.

12. Minute: Einen Alleingang schloß Maradona mit einem Schuß auf das deutsche Tor ab, doch der Ball ging weit darüber hinweg. 17. Minute: Nach einem Steilpaß wurde Littbarski auf Kosten einer Ecke gebremst. Den Eckball gab der Kölner kurz zu Hansi Müller, der Breitner einsetzte, dessen Schuß jedoch Torhüter Baley ohne Probleme halten konnte. 23. Minute: Nach einem Paß von Olguin ging Diaz an Förster und Matthäus vorbei, flankte zu Calderon, aber dessen Schuß war zu schwach.

33. Minute: Überaschend die deutsche Führung, als Littbarski erneut nur auf Kosten einer Ecke gebremst werden konnte. Hansi Müllers Eckball erwischte Hrubesch nicht richtig mit dem Kopf, aber der Ball kam maßgerecht zum völlig freistehenden Dremmler, gegen dessen herrlichen Schrägschuß Torhüter Baley keine Chance hatte. 1:0 für die deutsche Mannschaft!

41. Minute: Die erste argentinische Ecke gab Calderon herein, Müller verpaßte, so daß Passarella freistehend zum Schuß kam, jedoch knapp am deutschen Tor vorbeizielte. Durch ihr taktisch geschicktes Spiel lag die deutsche Mannschaft zur Halbzeit überraschend mit 1:0 in Buenos Aires vorn.

46. Minute: Sofort nach dem Wiederanpfiff versuchte es Littbarski mit einem Solo. Nachdem er drei Argentinier ausgespielt hatte, angelte ihm der herauslaufende Baley den Ball vom Fuß. 54. Minute: Im Mittelfeld verlor Hansi Müller den Ball an Barbas, dessen Steilpaß Kempes im Strafraum erreichte. Der gefährliche Stürmer schoß sofort, der Ball wurde abgewehrt, kam zu Diaz, der jedoch mit seinem Schuß an Förster scheiterte.

64. Minute: Nach einem Doppelpaß zwischen Littbarski und Briegel kam der Lauterer im Strafraum frei zum Schuß, doch der Ball landete weit neben dem Tor. 67. Minute: Nach einem herrlichen Paß von Maradona in den Lauf von Calderon, ließ der Kaltz stehen und schoß unhaltbar zum 1:1-Ausgleich ein. 70. Minute: Bernd Förster stand nach einem Doppelpaß mit Hansi Müller frei vor Torhüter Baley. Mit einer tollen Parade verhinderte der argentinische Torhüter einen erneuten Rückstand.

90. Minute: In den letzten 20 Minuten spielte sich das Geschehen meist im Mittelfeld ab, so daß es auf beiden Seiten keine zwingenden Torszenen mehr gab. Offensichtlich waren beide Seiten mit dem Ergebnis zufrieden. Hätte die deutsche Mannschaft mehr auf Angriff gespielt, so wäre der schwache Weltmeister leicht zu schlagen gewesen.

❖

Vorbericht zum 472. Länderspiel: Zum Test-Länderspiel gegen die Tschechoslowakei gab es keine Experimente mehr. Uli Stielike konnte von Real Madrid zwar nicht freigestellt werden, und Hansi Müller, Hrubesch und Magath fehlten wegen Verletzungen, aber ansonsten hatte Jupp Derwall seinen Stamm beisammen.

Tor: Schumacher, Franke
Abwehr: Kaltz, Hannes, Kh.Förster, Briegel, B.Förster
Mittelfeld: Dremmler, Breitner, Matthäus, Engels
Angriff: Rummenigge, Fischer, Littbarski, Mill

Bis auf Franke sollten auch alle zum Einsatz kommen. Enttäuscht waren viele Kritiker, daß Jupp Derwall erneut nicht die Chance nutzte, Beckenbauer zu erproben, der immer mal wieder mit Weltklasseleistungen beim HSV auffiel. Eine Verletzung des Rekordnationalspielers im Vorfeld des Länderspiels machte dann wohl die letzten Hoffnungen Beckenbauers zunichte. Jupp Derwall wollte ihn nicht, und Beckenbauer entschloß sich, seine Karriere zu beenden.

14.4.1982 in Köln
BR Deutschland - Tschechoslowakei 2:1 (1:0)

SR: Quiniou (Frankreich), Zuschauer: 57.000
BRD: Schumacher -25 (1.FC Köln); Kaltz -59 (HSV), ab 70. Engels -3 (1.FC Köln), Hannes -6 (Bor. Mönchengladb.), Kh.Förster -34 (VfB Stuttgart), Briegel -40 (1.FC Kaisersl.); Dremmler -11 (Bayern München), ab 78. B.Förster -14 (VfB Stuttgart), Breitner -40 (Bayern München), Matthäus -6 (Bor. Mönchengladb.); Rummenigge -51 (Bayern München), Fischer -38 (1.FC Köln), ab 46. Mill -3 (Bor. Mönchengladb.), Littbarski -6 (1.FC Köln). Mannschaftskapitän: Rummenigge
Tschechoslowakei: Hruska; Jakubec, Fiala, Vojacek, Kukucka; Bicovsky, Stambachr, K.Jarolim (ab 57. Danek); Janecka (ab 70. Jurkemik), Nehoda (ab 38. Kriz), Vizek
Tore: 1:0 Littbarski (22.), 1:1 Bicovsky (68.), 2:1 Breitner (88. Handelfmeter)
Beste Spieler: Littbarski, Kh.Förster, Schumacher - Hruska, Bicovsky
Bericht: Die deutsche Mannschaft begann wie es sich Bundestrainer Jupp Derwall vorgestellt hatte, schnell, druckvoll und mit direkten Kombinationen.

7. Minute: Mit einem Steilpaß schickte Rummenigge Matthäus, der flankte in die Mitte, wo Fischer den Ball nur knapp am Tor vorbeiköpfte.

18. Minute: Nach einem Foul an Littbarski schoß Kaltz den Freistoß auf den Kopf von Hannes, doch der Gladbacher köpfte knapp über die Latte. 22. Minute: Der emsige und fleißige Littbarski erkämpfte eine Ecke. Den Eckball trat Kaltz vor das Tor, wo Littbarski, alle Gegenspieler überspringend, zum 1:0 einköpfte. 29. Minute: Nach einem Freistoß von Breitner hielt Hruska einen Kopfball von Briegel.

37. Minute: Im Mittelfeld verlor Breitner den Ball an Bicovsky, der sofort zu Vizek weiterspielte, und von dort kam der Ball zum freistehenden Janecka. Dessen Schuß wehrte Schumacher mit einer Glanzparade ab.

44. Minute: Mit viel Mühe hielt Hruska einen 25-Meter-Schuß von Hannes, der eine recht vielversprechende erste Halbzeit beendete.

48. Minute: Nach einer herrlichen Kombination zwischen Breitner, Rummenigge und Mill kam der Ball wieder zu Breitner, der versetzte zwei Gegenspieler und schoß aus spitzem Winkel. Torhüter Hruska konnte den Ball nur mit einer Blitzreaktion abwehren.

60. Minute: Langsam wurde das Spiel der deutschen Mannschaft schwächer und die Tschechoslowaken kamen besser ins Spiel. Ein harter Fernschuß von Bicovsky strich knapp über das deutsche Gehäuse. 62. Minute: Nach einem Solo schlenzte Littbarski, der gefährlichster deutscher Stürmer war, den Ball raffiniert hoch ins lange Eck. Mit viel Glück konnte Hruska mit der Faust abwehren. Den abgewehrten Ball zog Breitner vor das Tor zu Matthäus, der jedoch mit seinem Schuß das Tor nicht traf. 68. Minute: Einen weiten Paß von Danek wehrte Dremmler mit einem Querschläger ab. Der Ball kam genau vor die Füße des völlig freistehenden Bicovsky, der die Nerven behielt und unter dem sich werfenden Torhüter Schumacher zum 1:1-Ausgleich einschoß. Danach lief überhaupt nichts mehr bei der deutschen Mannschaft zusammen.

88. Minute: In dem verflachten Spiel war der Faden bei der deutschen Elf gerissen. Eine zweifelhafte Entscheidung von Schiedsrichter Quiniou brachte aber doch noch den Sieg, denn er wollte gesehen haben, daß Bicovsky den Ball mit der Hand gestoppt hatte und gab deshalb Elfmeter. Paul Breitner verwandelte den Strafstoß eiskalt zum glücklichen Siegtor.

❖

Vorbericht zum 473. Länderspiel: Zum letzten Länderspiel vor der WM in Spanien hatte Bundestrainer Jupp Derwall überraschend 2 Neulinge im Aufgebot; von Heesen (HSV) und Reinders (Werder Bremen). Der Bremer wurde sogar als Einwechselspieler gegen Norwegen eingesetzt.

Tor: Schumacher, Franke, Immel
Abwehr: Kaltz, Briegel, Stielike, Kh.Förster, B.Förster, Hannes
Mittelfeld: Dremmler, Breitner, Magath, Matthäus, Hieronymus
Angriff: Rummenigge, Fischer, Littbarski, Hrubesch, Reinders

Absprachegemäß sollten Franke und Immel im letzten Testspiel noch einmal Praxis in der Nationalelf bekommen, und Bernd Förster rückte kurzfristig für den angeschlagenen Kaltz in die Elf von Oslo.

12.5.1982 in Oslo
Norwegen - Deutschland 2:4 (1:3)

SR: Johansson (Schweden), Zuschauer: 18.000
Norwegen: Frode Hansen; Berntsen, Hareide, Gröndalen, Herlovsen; Davidson (ab 77. Tom Jacobsen), Albertsen, Brandhaug (ab 46. Vidar Hansen), Lund; Ökland, Thoresen
BRD: Franke -7 (Eintr. Braunschw.), ab 46. Immel -4 (BVB); B.Förster -15 (VfB Stuttgart), ab 47. Hannes -7 (Bor. Mönchengladb.), Stielike -23 (Real Madrid), Kh.Förster -35 (VfB Stuttgart), Briegel -41 (1.FC Kaisersl.), ab 46. Hieronymus -2 (HSV); Matthäus -7 (Bor. Mönchengladb.), Breitner -41 (Bayern München), ab 62. Reinders -1 (Werder Bremen), Magath -20 (HSV); Rummenigge -52 (Bayern München), Hrubesch -16 (HSV), ab 46. Fischer -39 (1.FC Köln), Littbarski -7 (1.FC Köln). Mannschaftskapitän: Rummenigge
Tore: 0:1 Rummenigge (5.), 1:1 Ökland (17.), 1:2, 1:3 Littbarski (34., 43.), 2:3 Albertsen (80.), 2:4 Rummenigge (84.)
Beste Spieler: Ökland, Herlovsen, Thoresen - Littbarski, Hrubesch, Rummenigge
Bericht: Die deutsche Mannschaft begann mit ruhigem und überlegtem Spiel gut und selbstsicher, und drängte auch gleich nach vorn.

5. Minute: Auf der rechten Seite schickte Breitner Bernd Förster, der Thoresen versetzte und genau auf den Kopf von Hrubesch flankte. Der lange Hamburger leitete den Ball maßgerecht zu Rummenigge weiter, der nur noch ins Tor zum 0:1 verlängern brauchte.

17. Minute: Ein krasser Fehler von Stielike, der den Ball von der Brust abprallen ließ und so lange wartete, bis Herlovsen ihm den Ball abgenommen hatte, beendete den guten deutschen Start. Herlovsen schob sofort zu Ökland weiter, der mit einem satten

Schuß aus 12 Metern Torhüter Franke keine Chance ließ. Nach dem Ausgleich wurden die Norweger zusehends stärker und die deutsche Mannschaft schwächer. 34. Minute: Ganz überraschend ging die deutsche Mannschaft aber wieder in Führung, als Hrubesch bei einer Briegel-Flanke den Torhüter und zwei Abwehrspieler der Norweger störte und der abgewehrte Ball von Littbarski aus 3 Meter Entfernung ins Netz gedonnert wurde.

43. Minute: Auf der linken Seite spielten sich Briegel und Rummenigge mit einem herrlichen Doppelpaß durch, und der Münchener legte Littbarski den Ball maßgerecht vor, der aus 15 Metern flach ins lange Eck schoß. Zur Halbzeit führte die deutsche Mannschaft etwas glücklich mit 3:1.

46. Minute: Absprachegemäß kamen Immel und Fischer für Franke und Hrubesch ins Spiel. 56. Minute: Pech für Littbarski, als er einen Paß direkt nahm und sein Schuß von einem Pfosten zum anderen sprang und dann ins Feld zurück. Dann wurden die Norweger erneut stärker und machten Druck.

70. Minute: Nach einer schönen Kombination im norwegischen Angriff lupfte Hansen den Ball genau auf den Kopf des freistehenden Albertsen, dessen plazierten Kopfball Immel nur mit Mühe an den Pfosten lenken konnte. 80. Minute: Nach einer Ballstafette der Norweger erhielt der völlig freistehende Albertsen erneut den Ball. Gegen seinen knallharten Schuß aus 20 Metern in die lange Ecke sah Torhüter Immel nicht gut aus. 82. Minute: Eine weite Flanke nahm Magath auf, lief noch ein paar Schritte und knallte den Ball dann aus 20 Metern auf das norwegische Tor. Den scharf geschossenen Ball konnte Hansen nicht festhalten, sondern klatschte ihn genau vor die Füße von Rummenigge, der keine Mühe hatte zum 2:4 einzuschießen.

90. Minute: Von der ersten Viertelstunde abgesehen fehlten der deutschen Mannschaft die Ordnung im Spiel sowie Rhythmus und Spielfluß. Mit 4:2 war der Sieg zu hoch ausgefallen.

❖

Vorbericht zur 12. Fußball-Weltmeisterschaft
Am 14.5.1982, 2 Tage nach dem Norwegen-Spiel, gab der D.F.B. seine 40er Liste bei der FIFA ab.
Torhüter:
Schumacher, Harald (1.FC Köln), geb. 6.3.1954, 25 Lsp.
Immel, Eike (Borussia Dortmund), geb. 27.11.1960, 4 Lsp.
Franke, Bernd (Eintracht Braunschweig), geb. 12.2.1948, 7 Lsp.
Stein, Ulrich (Hamburger SV), geb. 23.10.1954, ohne Lsp.
Burdenski, Dieter (Werder Bremen), geb. 16.11.1950, 8 Lsp.
Abwehr:
Kaltz, Manfred (Hamburger SV), geb. 6.1.1953, 59 Lsp.
Förster, Bernd (VfB Stuttgart), geb. 3.5.1956, 15 Lsp.
Förster, Karlheinz (VfB Stuttgart), geb. 25.7.1958, 35 Lsp.
Stielike, Ulrich (Real Madrid), geb. 15.11.1954, 23 Lsp.
Hannes, Wilfried (Bor. Mönchengladbach), geb. 17.5.1957, 7 Lsp.
Briegel, Hans-Peter (1.FC Kaiserslautern), geb. 11.10.1955, 27 Lsp.
Hieronymus, Holger (Hamburger SV), geb. 22.2.1959, 2 Lsp.
Strack, Gerhard (1.FC Köln), geb. 1.9.1955, ohne Lsp.
Wehmeyer, Bernd (Hamburger SV), geb. 6.6.1952, ohne Lsp.
Geils, Karl Heinz (Arminia Bielefeld), geb. 20.5.1955, ohne Lsp.
Otten, Johny (Werder Bremen), geb. 31.1.1961, ohne Lsp.
Willmer, Holger (1.FC Köln), geb. 25.9.1958, ohne Lsp.
Mittelfeld:
Dremmler, Wolfgang (Bayern München), geb. 12.7.1954, 11 Lsp.
Matthäus, Lothar (Bor. Mönchengladbach), geb. 21.3.1961, 7 Lsp.
Engels, Stefan (1.FC Köln), geb. 6.9.1960, 3 Lsp.
Breitner, Paul (Bayern München), geb. 5.9.1951, 41 Lsp.
Magath, Felix (Hamburger SV), geb. 26.7.1953, 20 Lsp.
Müller, Hans (VfB Stuttgart), geb. 27.7.1957, 34 Lsp.
Falkenmayer, Ralf (Eintr. Frankfurt), geb. 11.2.1963, ohne Lsp.
Heesen, Thomas von (Hamburger SV), geb. 1.10.1961, ohne Lsp.
Hartwig, William (Hamburger SV), geb. 5.10.1954, 2 Lsp.
Groh, Jürgen (Hamburger SV), geb. 17.7.1956, 1 Lsp.
Allgöwer, Karl (VfB Stuttgart), geb. 5.1.1957, 6 Lsp.
Angriff:
Rummenigge, Karl-Heinz (Bayern München), geb. 25.9.1955 52 Lsp.
Hrubesch, Horst (Hamburger SV), geb. 17.4.1951, 16 Lsp.
Fischer, Klaus (1.FC Köln), geb. 27.12.1949, 39 Lsp.
Littbarski, Pierre (1.FC Köln), geb. 16.4.1960, 7 Lsp.
Mill, Frank (Bor. Mönchengladbach), geb. 23.7.1958, 3 Lsp.
Borchers, Ronald (Eintr. Frankfurt), geb. 10.8.1957, 6 Lsp.
Allofs, Klaus (1.FC Köln), geb. 5.12.1956, 22 Lsp.
Allofs, Thomas (Fort. Düsseldorf), geb. 17.11.1959, ohne Lsp
Pinkall, Kurt (Bor. Mönchengladbach), geb. 25.6.1955, ohne Lsp.
Reinders, Uwe (Werder Bremen), geb. 19.1.1955, 1 Lsp.
Worm, Ronald (Eintr. Braunschweig), geb. 7.10.1953, 7 Lsp.
Völler, Rudolf (TSV München 1860), geb. 13.4.1960, ohne Lsp.

Mit Stein, Strack, Wehmeyer, Geils, Otten, Willmer, Falkenmayer, von Heesen, Th.Allofs, Pinkall und Völler standen gleich 11 Spieler ohne Länderspiel im Aufgebot. Erwartungsgemäß fehlten mit Beckenbauer und vor allem Schuster 2 große Stars des deutschen Fußballs. Überraschend kam dagegen das Fehlen von Dietz und Bonhof, die Jupp Derwall endgültig fallengelassen hatte.

Am 1.6.1982 trat die Nationalmannschaft in Hamburg zum Abschiedsspiel von Beckenbauer an, um anschließend für eine Woche ins Trainingslager nach Schluchsee zu gehen.

Hamburger SV - Nationalmannschaft 2:4 (0:2)
SR: Eschweiler (Euskirchen), Zuschauer: 30.000
HSV: Stein; Kaltz, Hieronymus, Jakobs, Wehmeyer; Groh, Beckenbauer, Memering (ab 46. von Heesen), Magath; Hrubesch, Bastrup
Nationalelf: Schumacher; B.Förster, Hannes (ab 46. Engels), Kh.Förster, Briegel; Matthäus (ab 46. Reinders), Stielike, Breitner (ab 64. Thomas Allofs), H.Müller; Rummenigge (ab 70. Fischer), Littbarski
Tore: 0:1 Rummenigge (14.), 0:2 Müller (20.), 0:3 Beckenbauer (48. Eigentor), 0:4 Breitner (64.), 1:4 Bastrup (73.), 2:4 Beckenbauer (83.)

Mit diesem Spiel beendete der erfolgreichste und vermutlich auch beste Fußballspieler Deutschlands seine Karriere. 103mal stand der Rekordnationalspieler im Team, war Welt- und Europameister, Europacupsieger, Weltpokalgewinner, wurde mehrfach Fußballer des Jahres in Deutschland und Europa und vieles mehr. Er gewann alles, was zu gewinnen war, und bald sollte die Trainerkarriere folgen.

Schon vor dem Abschiedsspiel von Beckenbauer hatte sich Bundestrainer Derwall auf die 22 Namen für die WM festgelegt. Da es keine Verletzungen mehr gab, wurden folgende Spieler mit Rückennummern der FIFA gemeldet:
Torhüter:
1 Schumacher, Harald (1.FC Köln), 28 J./25 Lsp.
21 Franke, Bernd (Eintr. Braunschweig), 34 J./7 Lsp.
22 Immel, Eike (Borussia Dortmund), 21 J./4 Lsp.
Abwehr:
2 Briegel, Hans-Peter (1.FC Kaiserslautern), 26 J./35 Lsp.
4 Förster, Karlheinz (VfB Stuttgart), 23 J./35 Lsp.
5 Förster, Bernd (VfB Stuttgart), 26 J./15 Lsp.
12 Hannes, Wilfried (Bor. Mönchengladbach), 25 J/7 Lsp.
15 Stielike, Ulrich (Real Madrid), 27 J./23 Lsp.
20 Kaltz, Manfred (Hamburger SV), 29 J./59 Lsp.

Mittelfeld:
 3 Breitner, Paul (Bayern München), 30 J./41 Lsp.
 6 Dremmler, Wolfgang (Bayern München), 27 J./11 Lsp.
 10 Müller, Hans (VfB Stuttgart), 24 J./34 Lsp.
 14 Magath, Felix (Hamburger SV), 28 J./20 Lsp.
 18 Matthäus, Lothar (Bor. Mönchengladbach), 21 J./7 Lsp.
Stürmer:
 7 Littbarski, Pierre (1.FC Köln), 22 J./7 Lsp.
 8 Fischer, Klaus (1.FC Köln), 32 J./39 Lsp.
 9 Hrubesch, Horst (Hamburger SV), 31 J./16 Lsp.
 11 Rummenigge, Karl-Heinz (Bayern München), 26 J./52 Lsp.
 13 Reinders, Uwe (Werder Bremen), 27 J./1 Lsp.
Auf Abruf:
 16 Allofs, Thomas (Fort. Düsseldorf), 22 J./0 Lsp.
 17 Engels, Stefan (1.FC Köln), 21 J./3 Lsp.
 19 Hieronymus, Holger (Hamburger SV), 23 J./2 Lsp.
Die 3 Spieler auf Abruf waren weder mit im Trainingslager noch kamen sie mit nach Spanien. Am 4. und 6.6.1982 ließ Derwall noch 2 Trainingsspiele in Freiburg durchführen.

Nationalmannschaft - A-Jugendauswahl Südbaden 19:2 (11:1)
SR: Tritschler (Freiburg), Zuschauer: 15.000
Nationalmannschaft: Immel (ab 46. Franke); Kaltz, Stielike, Kh.Förster (ab 46. Hannes), Briegel (ab 46. B.Förster); Dremmler, Breitner, H.Müller (ab 46. Magath); Rummenigge, Hrubesch (ab 46. Fischer), Littbarski (ab 46. Reinders, ab 64. Matthäus)

Tore: 1:0 Hrubesch (8.), 2:0 Hrubesch (11.), 3:0 Hrubesch (15.), 4:0 Rummenigge (21.), 5:0 Hrubesch (23.), 6:0 Hrubesch (26.), 7:0 Breitner (30.), 8:0 Rummenigge (36.), 9:0 Rummenige (37.), 10:0 Hrubesch (39.), 10:1 Linsenmaier (40.), 11:1 Müller (41.), 12:1 Reinders (52.), 12:2 Almansa (54.), 13:2 Fischer (54.), 14:2 Magath (60.), 15:2 Hannes (74.), 16:2 Stielike (76.), 17:2 Matthäus (82.), 18:2 Magath (87.), 19:2 Fischer (88.)

Nationalmannschaft - Amat.-Auswahl Südbaden 9:0 (4:0)
SR: Tritschler (Freiburg), Zuschauer: 12.000
Nationalmannschaft: Franke (ab 46. Immel); Kaltz, Stielike, Kh.Förster, B.Förster; Dremmler (ab 46. Littbarski), Breitner (ab 60. Hannes), Magath, Briegel; Fischer (ab 46. Hrubesch), Rummenigge (ab 60. Matthäus)

Tore: 1:0 Fischer (3.), 2:0 Rummenigge (15.), 3:0 Fischer (32.), 4:0 Rummenigge (45.), 5:0 Kaltz (56.), 6:0 Briegel (60.), 7:0 Hrubesch (70.), 8:0 Stielike (83.), 9:0 Stielike (87.)

Am Dienstag, den 8.6.1982, wurde das Trainingslager beendet. Es gab noch 2 Tage Heimaturlaub und am Freitag flog das gesamte Aufgebot mit Bundestrainer Jupp Derwall und seinem Assistenten Ribbeck nach Spanien, wo die deutsche Mannschaft noch 6 Tage Zeit hatte, sich auf das erste WM-Spiel vorzubereiten.

Vorbericht zum 474. Länderspiel: Erster Gruppengegner der deutschen Mannschaft war Außenseiter Algerien in Gijon. Erwar-

1982 wurde die bundesdeutsche Mannschaft Vizeweltmeister; stehend v.l.: Breitner, Stielike, Schumacher, Briegel, K.-H.Rummenigge, Fischer; kniend v.l.: Littbarski, B.Förster, Kaltz, Dremmler, Kh.Förster

tungsgemäß gab es keine Experimente, sondern Jupp Derwall bot seine stärkste Mannschaft auf.

16.6.1982 in Gijon (WM-Vorrunde)
Algerien - BR Deutschland 2:1 (0:0)

SR: Revoredo (Peru), Zuschauer: 25.000
Algerien: Cerbah; Mansouri, Guendouz, Kourichi, Merzkane; Fergani, Dahleb, Belloumi, Zidane (ab 64. Bensaoula); Madjer (ab 88. Larbes), Assad
BRD: Schumacher -26 (1.FC Köln); Kaltz -60 (HSV), Stielike -24 (Real Madrid), Kh.Förster -36 (VfB Stuttgart), Briegel -28 (1.FC Kaisersl.); Dremmler -12 (Bayern München), Breitner -42 (Bayern München), Magath -21 (HSV), ab 82. Fischer -40 (1.FC Köln); Rummenigge -53 (Bayern München), Hrubesch -17 (HSV), Littbarski -8 (1.FC Köln). Mannschaftskapitän: Rummenigge
Tore: 1:0 Madjer (52.), 1:1 Rummenigge (68.), 2:1 Belloumi (69.)
Beste Spieler: Belloumi, Madjer, Assad - Kh.Förster, Stielike, Dremmler
Bericht: Endlich hatte das Warten ein Ende, die deutsche Mannschaft trat zu ihrem ersten Spiel gegen Algerien an und begann verhalten und abwartend.

7. Minute: Nach einem herrlichen Paß von Fergani auf den völlig freistehenden Belloumi hatte der Mühe, den Ball unter Kontrolle zu bringen, so daß Briegel im letzten Moment dazwischengehen konnte. 14. Minute: Am linken Flügel versetzte Littbarski zwei Algerier und flankte weit in den Strafraum, wo Rummenigge den Ball direkt nahm, aber nur das Außennetz traf. 20. Minute: Einen Freistoß von Kaltz lenkte Rummenigge über das Tor. Und 8 Minuten später, nach einem herrlichen Solo von Rummenigge, kam seine Maßflanke zu Hrubesch, doch dessen Schuß landete weit im Aus. Und ein gefährlicher Weitschuß von Belloumi in der 33. Minute blieb in der deutschen Abwehr hängen.

41. Minute: Eine Ecke von Kaltz schoß Karlheinz Förster aus 12 Metern neben das Tor. Und in der 44. Minute spielte Dremmler Littbarski frei, doch der schoß aus kürzester Entfernung dem algerischen Torhüter den Ball in die Arme. Trotz leichter Überlegenheit hatte die deutsche Mannschaft in der ersten Halbzeit enttäuscht, weil sie es nicht verstand, die algerische Abwehr auseinanderzureißen.

46. Minute: Nach dem Seitenwechsel spielten die Algerier schlagartig schneller und steiler, und sofort kam die deutsche Mannschaft in Schwierigkeiten.

52. Minute: Nach einem herrlichen Alleingang von Assad bediente der Belloumi, dessen Schuß Schumacher nur abklatschen konnte. Der Ball kam zum heranstürmenden Madjer, der keine Probleme hatte, aus 6 Metern an zwei deutschen Abwehrspielern vorbei zur Führung für Algerien einzuschießen.

66. Minute : Im Strafraum ließ Littbarski bei einem Solo 3 Algerier stehen, aber seinen schwachen Schuß konnte Torhüter Cerbah ohne Mühe halten. 68. Minute: Die deutsche Mannschaft mußte jetzt Druck machen und wurde auch zusehends stärker, ohne jedoch Linie ins Spiel zu kriegen. Einen Steilpaß von Karlheinz Förster nahm Magath auf, dessen scharfe Flanke Rummenigge im Fallen in das Tor spitzelte . Endlich der Ausgleich zum 1:1.

69. Minute: Nach dem Anstoß bekam Assad am linken Flügel den Ball, umdribbelte Magath und flankte in den Strafraum, wo Belloumi zur erneuten Führung für Algerien verwandelte. 73. Minute: Als Hrubesch einen Ball vertändelte, zog Merzkane mit dem Ball auf und davon, versetzte die gesamte deutsche Abwehr und scheiterte erst am herausgestürzten Schumacher, der dem Algerier geschickt den Winkel verkürzt hatte und ihm den Ball vom Fuß angelte. Das hätte bereits eine Vorentscheidung sein können.

82. Minute: Jupp Derwall brachte nun mit Fischer für Magath einen weiteren Stürmer, um doch noch ein Unentschieden zu erzielen. 83. Minute: Als Briegel bei einem Solo nur durch ein Foul von Madjer gestoppt werden konnte, wehrten die Algerier den Freistoß zur Ecke ab. Den von Breitner hereingegebenen Eckball schoß Fischer ins Tor, aber der Schiedsrichter hatte ein Foul von Briegel gesehen und gab deshalb Freistoß für Algerien.

88. Minute: Verzweifelt rannte die deutsche Mannschaft in den letzten 15 Minuten gegen das algerische Abwehrbollwerk an. Eine Fischer-Flanke köpfte Rummenigge im Hechtsprung an den Pfosten. Das war die letzte deutsche Chance. Es blieb bei dem sensationellen 2:1-Sieg der Algerier, der sogar verdient war, weil sie schnell, steil und vor allem über die Flügel spielten. Die deutsche Mannschaft dagegen spielte ideenlos und stürmte immer wieder durch die Mitte an. Damit hatte die Weltmeisterschaft ihre erste Sensation.

❖

Vorbericht zum 475. Länderspiel: Riesige Enttäuschung im deutschen Lager und bei den Fans nach der blamablen Niederlage gegen Algerien. Nicht die Niederlage an sich, sondern die Art und Weise, wie mit einem völlig einfalls- und ideenlosen Spiel verloren wurde, erregte die Gemüter. Auch Bundestrainer Jupp Derwall reagierte sauer, war sich jedoch offensichtlich darüber im klaren, daß die von ihm angeordnete vorsichtige Spielweise das falsche Rezept war. Deshalb konnte er den Spielern allenfalls mangelnden Einsatz vorwerfen. Vielleicht war es auch seine Verantwortung für diese peinliche Niederlage, die ihn dazu bewog, gegen Chile mit der gleichen Aufstellung zu beginnen und somit den Spielern eine neue Chance zu geben.

20.6.1982 in Gijon (WM-Vorrunde)
Chile - BR Deutschland 1:4 (0:1)

SR: Galler (Schweiz), Zuschauer: 35.000
Chile: Osben; Garrido, Figueroa, Valenzuela, Bigorra; Dubo, Bonvallet, Soto (ab 46. Letelier), Moscoso; Yanez, Gamboa (ab 67. Neira)
BRD: Schumacher -27 (1.FC Köln); Kaltz -61 (HSV), Stielike -25 (Real Madrid), Kh.Förster -37 (VfB Stuttgart), Briegel -29 (1.FC Kaisersl.); Dremmler -13 (Bayern München), Breitner -43 (Bayern München), ab 63. Matthäus -8 (Bor. Mönchengladb.), Magath -22 (HSV); Rummenigge -54 (Bayern München), Hrubesch -18 (HSV), Littbarski -9 (1.FC Köln), ab 80. Reinders -2 (Werder Bremen). Mannschaftskapitän: Rummenigge
Tore: 0:1, 0:2, 0:3 Rummenigge (9., 57., 67.), 0:4 Reinders (83.), 1:4 Moscoso (90.)
Beste Spieler: Figueroa, Yanez - Kh.Förster, Rummenigge, Dremmler, Stielike
Bericht: Nach der Niederlage gegen Agerien begann die deutsche Mannschaft ängstlich und nervös.

9. Minute: Der erste Steilpaß zu Littbarski brachte die überraschende und beruhigende Führung für die deutsche Mannschaft: Er schob zu Rummenigge und dessen Schuß aus 18 Metern rutschte unter dem sich werfenden chilenischen Torhüter hinweg zum 1:0 ins Netz. 13. Minute: Ein 18-Meter-Gewaltschuß von Figueroa ging knapp über das Tor.

28. Minute: Ein herrlicher Steilpaß von Littbarski auf Rummenigge, der mit einer geschickten Körpertäuschung seine Gegenspieler versetzte, brachte die nächste Chance für die deutsche Mannschaft. Der satte Schuß von Rummenigge ging jedoch knapp am Tor vorbei. Mit großer Mühe konnte Torhüter Osben 6 Minuten später einen Schuß von Magath um den Pfosten lenken.

46. Minute: Gleich der erste deutsche Angriff brachte erneut Gefahr für die Chilenen, als Hrubesch eine Littbarski-Ecke nur knapp am Tor vorbeiköpfte. 48. Minute: Mit einem Steilpaß schickte Moscoso den Ball zu Letelier, aber Breitner grätschte dazwischen und verhinderte so den Torschuß.

57. Minute: Am rechten Flügel zog Littbarski auf und davon und flankte aus vollem Lauf in die Mitte, wo Rummenigge mit

einem Flugkopfball das 2:0 für die deutsche Mannschaft erzielte. Jetzt erst kam Ruhe in das Spiel und es wurde schneller und direkter kombiniert. 67. Minute: Es wurde immer deutlicher, daß der deutschen Mannschaft nur das Selbstvertrauen gefehlt hatte. Wie gut und schön sie spielen konnte, zeigte jetzt Magath, der einen Steilpaß mit der Hacke zu Rummenigge verlängerte, der den Ball unhaltbar in die untere Ecke donnerte. Mit dem 3:0 für die deutsche Mannschaft war das Spiel bereits entschieden.

75. Minute: Eine Viertelstunde vor Schluß konnte sich Schumacher mit einer Glanzparade auszeichnen, als er einen Schuß von Yanez unschädlich machte. 83. Minute: Eine herrliche Kombination über Rummenigge und Hrubesch kam zum gerade erst eingewechselten Reinders, der sofort aus der Drehung mit dem linken Fuß abzog. Der Ball landete unhaltbar zum 4:0 für die deutsche Mannschaft in den Maschen.

90. Minute: Mit einem Steilpaß zog auf der Gegenseite Moscoso in den letzten Sekunden los, schob Kaltz den Ball durch die Beine und schoß überlegt zum 1:4 ein. Nach anfänglich großer Nervosität hatte die deutsche Mannschaft doch noch zu ihrem Spiel gefunden und kam schließlich zu einem auch in dieser Höhe verdienten Sieg, der wieder hoffen ließ.

❖

Vorbericht zum 476. Länderspiel: Nach dem Sieg gegen Chile war wieder viel Optimismus bei der deutschen Mannschaft zu spüren. Mit einem Sieg über Österreich konnte sie sich aus eigener Kraft in die Finalrunde schießen. Dann aber passierte folgendes. Die Algerier mußten bereits einen Tag vorher gegen Chile antreten und gewannen 3:2. Damit hatten sie 4-2 Punkte und 5:5 Tore. Für die deutsche Mannschaft reichte jetzt ein Sieg, während sie bei einem Unentschieden oder einer Niederlage ausgeschieden wäre. Österreich konnte sich sogar eine Niederlage leisten, aber nur mit einem Tor Unterschied. Bei einem 2:0 oder 3:1 für die deutsche Mannschaft wäre Österreich ausgeschieden.

Jupp Derwall begann auch im 3. WM-Spiel mit der gleichen Aufstellung.

25.6.1982 in Gijon (WM-Vorrunde)

Österreich - BR Deutschland 0:1 (0:1)

SR: Valentine (Schottland), Zuschauer: 40.000
Österreich: Koncilia; Krauß, Pezzey, Obermayer, Degeorgi; Hattenberger, Prohaska, Hintermaier, Weber; Schachner, Krankl
BRD: Schumacher -28 (1.FC Köln); Kaltz -62 (HSV), Stielike -26 (Real Madrid), Kh.Förster -38 (VfB Stuttgart), Briegel -30 (1.FC Kaisersl.); Dremmler -14 (Bayern München), Breitner -44 (Bayern München), Magath -23 (HSV); Rummenigge -55 (Bayern München), ab 67. Matthäus -9 (Bor. Mönchengladb.), Littbarski -10 (1.FC Köln), Hrubesch -19 (HSV), ab 69. Fischer -41 (1.FC Köln).
Mannschaftskapitän: Rummenigge

Tor: 0:1 Hrubesch (11.)
Beste Spieler: keiner - keiner
Bericht: Eigentlich begann in diesem Spiel alles normal, denn die deutsche Mannschaft bestimmte vom Anpfiff an das Spiel, machte Druck und erstickte zaghafte österreichische Konterversuche bereits im Keim.

11. Minute: Mit einem weiten Paß schickte Briegel auf der linken Seite Littbarski, der nach wenigen Metern den Ball hoch in den Strafraum flankte, wo Hrubesch am schnellsten reagierte und den Ball an Koncilia vorbei zum 1:0 für die deutsche Mannschaft einschoß. 15. Minute: Der schön freigespielte Dremmler zog allein in den Strafraum ein, schoß jedoch den herausgelaufenen Koncilia an. Damit war bereits alles Nennenswerte in diesem Spiel geschehen. Von jetzt ab gab es nur noch ein einziges Ballgeschiebe an der Mittellinie, das sich bis zur Halbzeit nicht änderte.

45. Minute: Mit einem gellenden Pfeifkonzert wurden die beiden Mannschaften in die Kabinen geschickt. Es sah alles danach aus, als wollte man genau dieses Ergebnis, das beiden für das Erreichen der Finalrunde reichte, bis zum Schlußpfiff über die Zeit bringen.

70. Minute: 25 Minuten lang schauten sich die Zuschauer dieses Spiel noch mit einem gellenden Pfeifkonzert an und dann kamen die Sprechchöre „Aufhören! Raus!" 75. Minute: Eine Viertelstunde vor Schluß wurden die Pfiffe und Sprechchöre nur dadurch unterbrochen, daß die Zuschauer „Algerien! Algerien!" riefen. Aber auch das blieb bei den Spielern ohne jeden Eindruck. Sie standen auf dem Spielfeld herum, überwiegend an der Mittellinie, und schoben sich den Ball hin und her, untereinander, aber auch manchmal locker zum Gegner, der dann bald den Ball zurückspielte.

90. Minute: Mit einem Anti-Fußballspiel und grober Unsportlichkeit gegenüber den Algeriern hatten sich Deutschland und Österreich für die Finalrunde qualifiziert. Dieses Spiel hinterließ in der ganzen Welt einen solchen Schock, daß geplant wurde, die letzten Gruppenspiele immer zur gleichen Zeit laufen zu lassen, um solche Manipulationen zu verhindern.

❖

Vorbericht zum 477. Länderspiel: Eine unglaubliche Welle der Antipathie schlug der deutschen Mannschaft nach dem „verschaukelten" Spiel gegen Österreich entgegen. Die Algerier waren betrogen worden, was das Publikum nicht verzeihen konnte. In der jetzt folgenden Finalrunde hatte die deutsche Mannschaft keine objektiven Zuschauer mehr auf ihrer Seite.

Die Vorrunde war in Spanien erstmals mit 6 Gruppen zu je 4 Ländern ausgetragen worden. Aus jeder Gruppe hatten sich 2 Mannschaften für die Finalgruppe qualifiziert, die in 4 Gruppen zu je 3 Mannschaften ausgetragen wurde. Nur die 4 Gruppensieger qualifizierten sich für das Halbfinale. Die deutsche Mannschaft war mit England und Spanien in der Gruppe B. Erster Gegner war England, und jetzt nutzten eigentlich nur noch Siege etwas. Zum erstenmal begann Jupp Derwall mit einer veränderten Aufstellung. Er brachte Bernd Förster und Hansi Müller im Mittelfeld und Reinders neu im Sturm. Dafür blieben Magath, Littbarski und Hrubesch erstmal auf der Bank.

29.6.1982 in Madrid (WM-Finalrunde)

England - BR Deutschland 0:0

SR: Coelho (Brasilien), Zuschauer: 80.000
England: Shilton; Mills, Butcher, Thompson, Sansom; Robson, Wilkins, Coppell, Rix; Francis (ab 78. Woodcock), Mariner
BRD: Schumacher -29 (1.FC Köln); Kaltz -63 (HSV), Stielike -27 (Real Madrid), Kh.Förster -39 (VfB Stuttgart), Briegel -31 (1.FC Kaisersl.); Dremmler -15 (Bayern München), B.Förster -16 (VfB Stuttgart), Breitner -45 (Bayern München), H.Müller -35 (VfB Stuttgart), ab 74. Fischer -42 (1.FC Köln); Reinders -3 (Werder Bremen), ab 63. Littbarski -11 (1.FC Köln), Rummenigge -56 (Bayern München). Mannschaftskapitän: Rummenigge

Beste Spieler: Robson, Sansom, Butcher - Kh.Förster, Schumacher, Briegel
Bericht: Als Folge des Spieles Deutschland - Österreich wurden die Engländer vom spanischen Publikum unterstützt und begannen weiträumig und druckvoll, während bei der deutschen Elf viel zu eng gespielt wurde.

20. Minute: Es dauerte jedoch lange, bis es zum ersten gefährlichen Angriff kam. Bei einer hohen Flanke in den deutschen Strafraum reklamierte Briegel Abseits, anstatt Robson anzugreifen. Dessen Kopfball konnte Schumacher im letzten Moment mit viel Mühe abwehren. 26. Minute: Nach einem herrlichen Solo von Reinders wurde der Bremer von Butcher brutal gefoult. Der Freistoß brachte jedoch nichts ein.

36. Minute: Schon bei der Ballannahme ließ Breitner zwei Engländer durch seine geschickte Körpertäuschung ins Leere laufen.

Harald "Toni" Schumacher (1.FC Köln), von 1980 bis zum Erscheinen seines Buches "Anpfiff" die unbestrittene Nr.1 im Tor der Nationalelf

Seinen scharfen Schuß aus spitzem Winkel konnte Shilton jedoch mit einer Glanzparade halten.

44. Minute: Kaltz versuchte Francis zu umspielen und verlor dabei den Ball. Der Engländer marschierte allein auf das deutsche Tor zu. Im letzten Moment bremste ihn Stielike, indem er ihn mit einem Foulspiel von den Beinen holte. Auch in diesem Fall brachte der Freistoß nichts ein und die beiden Mannschaften wurden mit einem gellenden Pfeifkonzert in die Halbzeit verabschiedet, vor allem die deutsche Mannschaft war damit gemeint.

52. Minute: Nach dem Seitenwechsel spielten die Engländer druckvoller, kamen zu zwei Ecken, die jedoch nichts einbrachten.

60. Minute: Bei einem herrlichen Paß von Hansi Müller kam Briegel einen Schritt zu spät und erreichte deshalb den Ball nicht mehr. 69. Minute: Stielike konnte Robsons Alleingang nur durch ein Foul bremsen. Dafür sah er zurecht die gelbe Karte. 77. Minute: Nach einem weiten Paß ging Robsons Kopfball weit über das deutsche Tor.

86. Minute: Die ganz große Tor- und Siegchance hatte Rummenigge, als er trickreich einen Engländer versetzte und sein Schuß aus 18 Metern an die Latte knallte. So blieb es beim leistungsgerechten Unentschieden.

❖

Vorbericht zum 478. Länderspiel: Nach dem 0:0 gegen England stand fest, daß die deutsche Mannschaft aus eigener Kraft nicht mehr ins Halbfinale kommen konnte. Sie konnte sich lediglich mit einem klaren Sieg gegen Spanien eine gute Ausgangsposition schaffen. Aber schon allein ein Sieg gegen das Gastgeberland dieser WM war schwer genug.

Mit Littbarski und Fischer brachte Jupp Derwall 2 neue Stürmer für Reinders und Hansi Müller. Ansonsten stellte er nur innerhalb der Elf um, indem er Bernd Förster als linken Verteidiger zurücknahm und den kraftvollen Briegel in das Mittelfeld stellte.

2.7.1982 in Madrid (WM-Finalrunde)

Spanien - BR Deutschland 1:2 (0:0)

SR: Casarin (Italien), Zuschauer: 90.000
Spanien: Arconada; Urquiaga, Alesanco, Tendillo, Gordillo; Alonso, Zamora, Camacho; Juanito (ab 46. Lopez Ufarte), Santillana, Quini (ab 65. Sanchez)
BRD: Schumacher -30 (1.FC Köln); Kaltz -64 (HSV), Stielike -28 (Real Madrid), Kh.Förster -40 (VfB Stuttgart), B.Förster -17 (VfB Stuttgart); Dremmler -16 (Bayern München), Breitner -46 (Bayern München), Briegel -32 (1.FC Kaisersl.), Rummenigge -57 (Bayern München), ab 46. Reinders -4 (Werder Bremen); Littbarski -12 (1.FC Köln), Fischer -43 (1.FC Köln). Mannschaftskapitän: Rummenigge
Tore: 0:1 Littbarski (51.), 0:2 Fischer (75.), 1:2 Zamora (82.)
Beste Spieler: Arconada, Gordillo, Zamora - Stielike, Breitner, Kh.Förster, Littbarski
Bericht: Bereits in den ersten Minuten begann die deutsche Mannschaft, als ginge es um die Weltmeisterschaft. Mit schnellem und direktem Spiel setzte sie die Spanier unter Druck und erspielte sich die ersten Torgelegenheiten.

15. Minute: Die ganz große Torchance hatte Rummenigge, der jedoch aufgrund seiner Verletzung nicht richtig zum Zug kam.

45. Minute: Bis zum Seitenwechsel kamen die spanischen Zuschauer aus dem Staunen nicht mehr heraus. Wie die deutsche Mannschaft die Spanier ständig unter Druck setzte, manchmal minutenlang das spanische Tor belagerte, war nach den bisherigen schwachen Leistungen der deutschen Mannschaft unfaßbar. Die Spanier hatten lediglich zwei, drei Konterchancen, aber selbst die waren nicht zwingend. Zur Halbzeit hätte die deutsche Mannschaft unbedingt schon führen müssen, aber Arconada und das Glück standen auf Seiten der Spanier.

Matthäus (Gladbach, Bayern und Inter Mailand) war ab 1982 bei allen großen Wettbewerben der Nationalmannschaft dabei

46. Minute: Für den immer noch verletzten Rummenigge kam Reinders neu ins Spiel.

51. Minute: Auch nach dem Seitenwechsel ließ die deutsche Mannschaft den Spaniern keine Zeit zum Luftholen und wurde schließlich auch dafür belohnt. Einen 20-Meter-Schuß von Dremmler konnte Torhüter Arconada nur abklatschen und Littbarski war zur Stelle, um das Leder zum längst fälligen 1:0 ins Netz zu schieben. 55. Minute: Überraschend kamen die Spanier auch nach dem Rückstand nicht mit dem schnellen und direkten Spiel der deutschen Mannschaft zurecht. Briegel hatte sogar freistehend die Chance auf 2:0 zu erhöhen, traf jedoch knapp neben das Tor. 61. Minute: Wieder eine ganz große Torchance für die deutsche Mannschaft, aber auch Reinders vergab in günstiger Position.

71. Minute: Es war zum Verzweifeln. Die deutsche Mannschaft war hoch überlegen, hatte laufend Torchancen, vergab sie aber, wie jetzt auch Littbarski nach einem tollen Solo. 73. Minute: Selbst Libero Stielike, der als Profi in diesem Stadion für Real Madrid spielte, hatte mit einem tollen Schuß das 2:0 auf dem Fuß, scheiterte aber ebenfalls an Arconada. 75. Minute: Endlich war es dann so weit. Littbarski ließ seinen Gegenspieler Tendillo stehen, bediente herrlich den völlig freistehenden Fischer in der Mitte, der in aller Ruhe zwischen zwei spanischen Abwehrspielern hindurch zum 2:0 in die untere Ecke zielte. Erst nach diesem Treffer ließ der Druck der deutschen Mannschaft etwas nach, und schon kamen die Spanier wesentlich gefährlicher.

82. Minute: Pech für die deutsche Mannschaft, als eine hohe Flanke in den Strafraum kam und niemand Stielike darauf aufmerksam machte, daß hinter ihm noch Zamora stand, der ungehindert zum 2:1 einköpfen konnte. Jetzt wurde es noch einmal spannend und hektisch, denn die Spanier warfen alles nach vorn.

90. Minute: Nach drei gelben Karten in den letzten Minuten für Briegel, Sanchez und Camacho kam der ersehnte Schlußpfiff. Die deutsche Abwehr hatte dem letzten Ansturm der Spanier standgehalten und damit den hochverdienten 2:1-Sieg gesichert. Jetzt konnte die deutsche Mannschaft nur hoffen, daß die Spanier gegen England unentschieden spielen, gewinnen, oder mit nur 0:1 verlieren würden. In diesen Fällen wäre die deutsche Mannschaft im Halbfinale.

❖

Vorbericht zum 479. Länderspiel: Nach ihrem 2:1-Sieg mußte die deutsche Mannschaft noch 3 Tage zittern. Am 5.7.1982 spielte endlich England gegen Spanien und nun hatte das Hoffen und Bangen seinen Höhepunkt: Die Engländer lagen fast ständig im Angriff und hatten auch Chancen zu Toren. Bei ihren wenigen Kontern waren jedoch die Spanier gefährlicher, und eine Viertelstunde vor Schluß wurde es langsam zur Gewißheit, daß die Engländer nicht mehr mit 2 Toren Unterschied gewinnen würden. Die deutsche Mannschaft hatte dank der kämpferischen Leistung der Spanier das Halbfinale erreicht, wo Frankreich der nächste Gegner war. Eine sehr schwere Aufgabe, denn die Franzosen hatten ein spielerisch starkes Team.

Jupp Derwall mußte eine Veränderung vornehmen. Für den immer noch verletzten Rummenigge kam Magath in die Mannschaft.

8.7.1982 in Sevilla (WM-Halbfinale)
Frankreich - BR Deutschland 3:3 (1:1, 1:1) n.V.

(BR Deutschland 5:4 Sieger nach Elfmeterschießen)
SR: Corver (Holland), Zuschauer: 60.000
Frankreich: Ettori; Amoros, Tresor, Janvion, Bossis; Genghini (ab 50. Battiston, ab 60. Lopez), Giresse, Platini, Tigana; Rocheteau, Six
BRD: Schumacher -31 (1.FC Köln); Kaltz -65 (HSV), Stielike -29 (Real Madrid), Kh.Förster -41 (VfB Stuttgart), B.Förster -18 (VfB Stuttgart); Dremmler -17 (Bayern München), Breitner -47 (Bayern München), Magath -24 (HSV), ab 73. Hrubesch -20 (HSV), Briegel -33 (1.FC Kaiserl.), ab 97. Rummenigge -58 (Bayern München); Littbarski -13 (1.FC Köln), Fischer -44 (1.FC Köln). Mannschaftskapitän: Kaltz

Tore: 0:1 Littbarski (18.), 1:1 Platini (28. Foulelfmeter), 2:1 Tresor (93.), 3:1 Giresse (99.), 3:2 Rummenigge (103.), 3:3 Fischer (108.)
Elfmeterschießen: 1:0 Giresse, 1:1 Kaltz, 2:1 Amoros, 2:2 Breitner, 3:2 Rocheteau, Stielike verschießt, Six verschießt, 3:3 Littbarski, 4:3 Platini, Bossis verschießt, 4:4 Rummenigge, 4:5 Hrubesch.
Beste Spieler: Giresse, Platini, Tigana, Amoros - Briegel, Breitner, Stielike, Littbarski
Bericht: Die deutsche Mannschaft fand sich schneller und machte dort weiter, wo sie gegen die Spanier aufgehört hatte, während die Franzosen sehr nervös wirkten.

6. Minute: Die erste gute Torgelegenheit hatten jedoch die Franzosen, als ein 16-Meter-Schuß von Giresse von einem Abwehrspieler zu ihm zurückprallte und er mit einem herrlichen Schlenzer fast Torhüter Schumacher überwunden hätte. Zum Glück für die deutsche Mannschaft ging der Ball knapp am Tor vorbei.

11. Minute: An der Strafraumgrenze wurde Littbarski angespielt und sein blitzschneller Schuß aus der Drehung ging knapp am Tor vorbei. 18. Minute: Nach einem Doppelpaß mit Dremmler lief Breitner ein paar Meter und schickte dann Fischer steil. Dessen scharfer Schuß konnte von Torhüter Ettori nur abgeklatscht werden. Der Abpraller kam zu Littbarski, der aus 18 Metern sofort schoß und das 1:0 für die deutsche Mannschaft erzielte. 28. Minute: Bei einem Zweikampf zwischen Rocheteau und Bernd Förster nahm der Deutsche seine Hände zur Hilfe. Schiedsrichter Corver zeigte sofort auf den Elfmeterpunkt. Ruhig und gelassen führte Platini aus und ließ Schumacher keine Chance.

37. Minute: Einen herrlichen Alleingang schloß Briegel mit einer Musterflanke ab, die Tresor im letzten Moment vor Fischer wegschlagen konnte. 43. Minute: Mit einer Glanzparade wehrte Ettori einen Schuß von Briegel aus spitzem Winkel ab. Für die Franzosen war das 1:1 zur Halbzeitpause glücklich.

54. Minute: Nach einem Stürmerfoul von Rocheteau pfiff der holländische Schiedsrichter zum Glück auch das Foulspiel, denn der französische Rechtsaußen hatte anschließend das Tor getroffen. 57. Minute: Die größte Chance des ganzen Spieles für die Franzosen, in Führung zu gehen, hatte Battiston, der steil geschickt wurde und völlig frei auf Schumacher zulief. Battiston schoß, traf jedoch knapp am deutschen Tor vorbei, aber der herausgelaufene Schumacher konnte nicht mehr bremsen und sprang voll gegen Battiston. Es war ein ungewolltes, aber übles Foulspiel, weil der deutsche Torhüter dabei die Beine angezogen hatte und Battiston mußte mit der Bahre vom Platz getragen werden.

70. Minute: Die Franzosen drängten mächtig auf den Führungstreffer und die deutsche Mannschaft kam nur noch selten vor das französische Gehäuse. Erst 20 Minuten vor Schluß war es Fischer, der Dremmler bediente, dessen Schuß wurde jedoch mit toller Parade von Torhüter Ettori gehalten. 81. Minute: Eine Musterflanke von Dremmler konnten weder Fischer noch Littbarski verwerten.

90. Minute: Der freigespielte Amoros traf mit seinem Gewaltschuß nur die Latte. Sekunden vor Abpfiff der regulären Spielzeit hatte die deutsche Mannschaft noch einmal Riesenglück. Jetzt ging es in die Verlängerung.

93. Minute: Einen Freistoß zirkelte Giresse zum völlig freistehenden Tresor, gegen dessen plazierten Schuß aus 8 Metern war Schumacher machtlos. Frankreich führte mit 2:1, was insgesamt dem Spielverlauf entsprach. 99. Minute: An der Strafraumgrenze nahm Giresse einen weiten Paß an und schoß sofort. Vom Innenpfosten prallte der Ball unhaltbar für Torhüter Schumacher zum 3:1 für Frankreich ins Netz. Das Spiel schien damit entschieden. 103. Minute: Eine Littbarski-Flanke verwandelte Rummenigge, der inzwischen eingewechselt worden war, mit einem herrlichen Direktschuß zum 3:2. Jetzt keimte bei der deutschen Mannschaft wieder Hoffnung auf und sie kämpfte großartig.

105. Minute: Zum letztenmal in diesem Spiel wurden die Seiten gewechselt und noch nichts war entschieden. 108. Minute: Nach einer herrlichen Kombination über Littbarski und Hrubesch kam der Ball zu Fischer, der mit einem tollen Fallrückzieher den 3:3-Ausgleich erzielte. Nun schien das Spiel doch noch zu Gunsten der deutschen Mannschaft zu kippen, die ganz offensichtlich konditionell stärker war.

120. Minute: In einem offenen Schlagabtausch mit einer überlegenen deutschen Mannschaft blieb es bis zum endgültigen Abpfiff beim 3:3-Unentschieden. Ein Elfmeterschießen mußte jetzt über den Einzug in das Finale entscheiden.

Die Franzosen begannen mit Giresse, der sicher zum 1:0 verwandelte. Kaltz schoß als erster für die deutsche Mannschaft und verwandelte ebenso sicher zum 1:1. Über das 2:1 durch Amoros zum 2:2 durch Breitner und das 3:2 durch Rocheteau verwandelten alle Spieler ihre Elfmeter sicher. Die Spannung stieg auf den Höhepunkt, aber dann scheiterte Stielike. Nun hatte Linksaußen Six von den Franzosen die große Chance auf 4:2 zu erhöhen, aber auch er vergab seinen Elfmeter und anschließend verwandelte Littbarski sicher zum 3:3. Damit war wieder alles offen. Platini erzielte dann das 4:3 für die Franzosen und Rummenigge erzielte das 4:4.

Nun kam die große Minute des Harald Schumacher im deutschen Tor, der den Elfmeter von Verteidiger Bossis mit einer fantastischen Reaktion hielt. Die große Chance für die deutsche Mannschaft, doch noch zu gewinnen. Der Hamburger Mittelstürmer Hrubesch, an sich kein Elfmeterschütze, lief an, behielt die Nerven und schoß zum 5:4 ein. Nach 120 Minuten Spielzeit und spannendem Elfmeterschießen war die deutsche Mannschaft die glücklichere und zog in das Finale gegen Italien ein.

❖

Vorbericht zum 480. Länderspiel: Zum viertenmal stand eine deutsche Nationalmannschaft im WM-Finale. Zwar mit viel Glück und nach anfänglich schwachen Leistungen, aber das war dem Endspielgegner Italien nicht viel anders ergangen. Die Italiener überstanden sogar ohne Sieg (3 Unentschieden gegen Polen, Peru und Kamerun) die Vorrunde, steigerten sich aber in der Finalrunde gewaltig. Dennoch hatten sie mit viel Glück gegen die besseren Brasilianer mit 3:2 gewonnen. Dafür setzten sie sich im Halbfinale gegen Polen mit 2:0 sicherer durch, als die deutsche Mannschaft gegen Frankreich. Nun standen beide zum 4. Mal im Finale und beide waren bereits zweimal Weltmeister.

Obwohl Rummenigge nach wie vor verletzt war, wollte Jupp Derwall im Finale nicht auf ihn verzichten. Er nahm den Münchener wieder für Magath in die Elf, ließ sonst aber alles unverändert.

11.7.1982 in Madrid (WM-Finale)
Italien - BR Deutschland 3:1 (0:0)

SR: Coelho (Brasilien), Zuschauer: 90.000
Italien: Zoff; Gentile, Scirea, Collovati, Bergomi; Cabrini, Oriali, Tardelli, Conti; Graziani (ab 8. Altobelli, ab 89. Causio), Rossi

BRD: Schumacher -32 (1.FC Köln); Kaltz -66 (HSV), Stielike -30 (Real Madrid), Kh.Förster -42 (VfB Stuttgart), B.Förster -19 (VfB Stuttgart); Dremmler -18 (Bayern München), ab 63. Hrubesch -21 (HSV), Breitner -48 (Bayern München), Rummenigge -59 (Bayern München), ab 70. H.Müller -36 (VfB Stuttgart), Briegel -34 (1.FC Kaisersl.); Littbarski -14 (1.FC Köln), Fischer -45 (1.FC Köln). Mannschaftskapitän: Rummenigge

Tore: 1:0 Rossi (57.), 2:0 Tardelli (69.), 3:0 Altobelli (81.), 3:1 Breitner (83.)

Beste Spieler: Tardelli, Gentile, Rossi, Zoff, Altobelli - B.Förster, Breitner, Fischer

Bericht: Die deutsche Mannschaft begann das WM-Finale überraschend selbstbewußt, schnell und mit direktem Spiel.

5. Minute: Einen Flankenball ließ Fischer zu Rummenigge durch, der aus der Drehung sofort schoß, aber knapp neben das Tor zielte. 14. Minute: Im letzten Augenblick konnte Stielike dem durchgebrochenen Tardelli den Ball vom Fuß spitzeln.

20. Minute: Bei einem herrlichen Solo verlud Rummenigge drei Gegner und flankte in die Mitte, wo Fischer den Ball nicht richtig traf, so daß er neben das Tor ging. 24. Minute: Bei einem Zweikampf drückte Briegel Conti mit der Hand, und der Italiener ließ sich spektakulär fallen. Schiedsrichter Coelho zeigte sofort auf den Elfmeterpunkt. 26. Minute: Es dauerte fast 2 Minuten, bis der Elfmeter ausgeführt werden konnte. Cabrini lief an, doch sein Schuß ging neben das deutsche Tor.

31. Minute: Nur durch ein böses Foul konnte Conti den deutschen Mittelstürmer Fischer bremsen und wurde mit der gelben Karte verwarnt. Den anschließenden Freistoß schoß Breitner auf Fischer, der im letzten Moment von Collovati am Torschuß gehindert wurde. 34. Minute: Einen angeschnittenen Freistoß von Breitner nahm Fischer direkt, traf jedoch knapp über das Tor. 38. Minute: Nach einer Ecke zog der aufgerückte Verteidiger Bernd Förster sofort ab, doch der Schuß zischte knapp über die Latte.

42. Minute: Nach einem Stielike-Foul an Oriali schlenzte Conti den Freistoß raffiniert um die deutsche Mauer, doch Torhüter Schumacher hatte aufgepaßt und hielt. 45. Minute: Mit einem 0:0 ging es in die Halbzeitpause.

52. Minute: Einen herrlich hereingegebenen Eckball von Littbarski traf Breitner nicht richtig, so daß der Ball weit ins Aus ging. 57. Minute: Bei einem Freistoß war die deutsche Abwehr nicht im Bilde und formierte sich zu spät. Gentile schoß scharf vor das deutsche Tor, wo Rossi blitzschnell reagierte und den Ball im Fallen mit dem Kopf in die Maschen setzte. Die Italiener führten 1:0.

61. Minute: Dremmler erhielt die gelbe Karte, nachdem er Oriali foulte. 67. Minute: Bei einer hohen Flanke von Briegel griff Torhüter Zoff neben den Ball, der zu Rummenigge kam, aber der Münchener Rechtsaußen zögerte zu lange mit dem Torschuß. 69. Minute: Die deutsche Mannschaft mußte jetzt offensiver spielen, um zum Ausgleichstreffer zu kommen, was den Italienern hervorragende Konterchancen bot. Dieses ständige Anrennen der deutschen Mannschaft kostete so viel Kraft, daß die Italiener bei ihren Gegenstößen kaum noch angegriffen wurden. Als sie sich an der deutschen Strafraumgrenze fünf-, sechsmal den Ball zuspielten, ohne richtig gestört zu werden, zog Tardelli plötzlich aus 16 Metern ab und traf genau in die linke Ecke zum 2:0 für Italien. Das war bereits eine Vorentscheidung, denn von Minute zu Minute spürte man mehr, daß die deutsche Mannschaft im Halbfinal-Spiel gegen Frankreich, mit Verlängerung, zu viel Kraft gelassen hatte.

81. Minute: Ein Konter der Italiener brachte dann die endgültige Entscheidung. Auf der rechten Seite zog Conti davon und paßte geschickt in die Mitte, wo Altobelli bereits lauerte. Mit einer Körpertäuschung ließ der italienische Mittelstürmer Kaltz und Schumacher aussteigen und konnte ohne Mühe zum 3:0 einschießen. 83. Minute: Der Ehrentreffer gelang Paul Breitner, als er eine scharfe Flanke in den italienischen Strafraum direkt aus der Luft nahm und in die untere Ecke jagte.

90. Minute: Nach einer starken zweiten Halbzeit gewann Italien zum 3. Mal die Fußball-Weltmeisterschaft. An dem verdienten Sieg der Italiener gab es nichts zu rütteln, sie waren spielerisch überlegen und hatten in der zweiten Halbzeit die größeren Kraftreserven.

❖

Gesamtbilanz 1908 - 1982
480 Spiele: 272 Siege, 86 Unentschieden, 122 Niederlagen, 1.151:660 Tore
Heim 214:133 Siege, 40 Unentschieden, 41 Niederlagen, 573:248 Tore
Auswärts 266:139 Siege, 46 Unentschieden, 81 Niederlagen, 578:412 Tore
Zuschauer insgesamt: 21.760.333
Heim: 11.357.361, Auswärts: 10.402.972

Die meisten Länderspiele:

1.	Franz Beckenbauer (Bayern München)	103	Spiele
2.	Hans-Hubert Vogts (Borussia Mönchengladbach)	96	"
3.	Josef Maier (Bayern München)	95	"
4.	Wolfgang Overath (1.FC Köln)	81	"
5.	Uwe Seeler (Hamburger SV)	72	"
6.	Paul Janes (Fortuna Düsseldorf)	71	"
7.	Willi Schulz (Union Grünnigfeld 3, Schalke 04 22, Hamburger SV 41)	66	"
	Horst-Dieter Höttges (Werder Bremen)	66	"
	Manfred Kaltz (Hamburger SV)	66	"
10.	Ernst Lehner (Schwaben Augsburg 55, Blau-Weiß Berlin 10)	65	"
11.	Gerhard Müller (Bayern München)	62	"
12.	Fritz Walter (1.FC Kaiserslautern)	61	"
13.	Karl-Heinz Rummenigge (Bayern München)	59	"
14.	Rainer Bonhof (Borussia Mönchengladbach 40, FC Valencia 11, 1.FC Köln 2)	53	"
	Bernard Dietz (MSV Duisburg)	53	"
	Wolfgang Weber (1.FC Köln)	53	"

Die meisten Tore:

1. Gerhard Müller (Bayern München) 68 Tore
2. Uwe Seeler (Hamburger SV) 43 "
3. Fritz Walter (1.FC Kaiserslautern) 33 "
4. Klaus Fischer (Schalke 04, 1.FC Köln) 32 "
5. Ernst Lehner (Schwaben Augsburg, Blau-Weiß Berlin) 30 "
   Karl-Heinz Rummenigge (Bayern München) 30 "
7. Edmund Conen (FV Saarbrücken, Kickers Stuttgart) 27 "
8. Richard Hofmann (Meerane 07, Dresdener SC) 24 "
9. Max Morlock (1.FC Nürnberg) 21 "
   Helmut Rahn (Rot-Weiß Essen, 1.FC Köln) 21 "
11. Karl Hohmann (VfL Benrath) 20 "
12. Otto Siffling (SV Waldhof) 17 "
    Helmut Schön (Dresdener SC) 17 "
    Wolfgang Overath (1.FC Köln) 17 "
15. Wilhelm Hahnemann (Admira Wien) 16 "

Die häufigsten Mannschaftsführer waren:

1. Franz Beckenbauer 50 mal
2. Uwe Seeler 40 "
3. Paul Janes 31 "
4. Fritz Szepan 30 "
   Fritz Walter 30 "
6. Willi Schulz 20 "
   Hans-Hubert Vogts 20 "
8. Bernard Dietz 19 "
9. Herbert Erhardt 18 "
   Karl-Heinz Rummenigge 18 "
11. Hans Schäfer 16 "
12. Wolfgang Overath 14 "
13. Ludwig Leinberger 11 "
14. Adolf Jäger 10 "
    Rudolf Gramlich 10 "

60 Elfmeter für Deutschland,

47 Elfmeter verwandelt durch Förderer (1908 gegen England), Breunig (1911 gegen die Schweiz), Jäger (1913 gegen Dänemark), Jäger (1921 gegen Ungarn), Franz (1924 gegen Österreich), Ruch (1925 gegen Finnland), R.Hofmann (1932 gegen die Schweiz), Lehner (1934 gegen Polen), Gauchel (1938 gegen Luxemburg), Janes (1939 gegen Böhmen-Mähren), Binder (1939 gegen Italien), Conen (1940 gegen Bulgarien), Janes 1941 gegen Ungarn), Lehner (1941 gegen Kroatien), Burdenski (1950 gegen die Schweiz), F.Walter (1954 gegen Österreich), F.Walter (1954 gegen Österreich), Juskowiak (1955 gegen Italien), Juskowiak (1959 gegen Schottland), Juskowiak (1959 gegen die Schweiz), Szymaniak (1962 gegen Chile), Werner (1963 gegen Brasilien), Seeler (1963 gegen die Türkei), Sieloff (1965 gegen Italien), Sieloff (1965 gegen Zypern), Sieloff (1965 gegen Österreich), Haller 1966 gegen die Schweiz), G.Müller (1967 gegen Albanien), G.Müller (1970 gegen Bulgarien), G.Müller (1970 gegen die Türkei), Netzer (1972 gegen England), G.Müller (1973 gegen die Tschechoslowakei), G.Müller (1973 gegen Frankreich), Breitner (1974 gegen Schottland), Hoeneß (1974 gegen Schweden), Breitner (1974 gegen Holland), Ritschel (1975 gegen Bulgarien), Beer (1976 gegen Malta), Bonhoff (1977 gegen Nordirland), Bonhof (1977 gegen Jugoslawien), Bonhof (1978 gegen die Tschechoslowakei), Bonhof (1980 gegen Malta), Kaltz (1980 gegen Frankreich), Kaltz (1980 gegen Bulgarien), Breitner (1981 gegen Albanien), Kaltz (1981 gegen Bulgarien), Breitner (1982 gegen die Tschechoslowakei).

13 Elfmeter verschossen durch Breunig (1910 gegen Holland), Breunig (1913 gegen Holland), Kalb (1922 gegen Österreich), Lüke (1923 gegen Finnland), Brülls (1961 gegen Chile), Krämer (1964 gegen Algerien), Höttges (1967 gegen Bulgarien), G.Müller (1973 gegen Jugoslawien), G.Müller (1974 gegen Spanien), Grabowski (1974 gegen Ungarn), Hoeneß (1974 gegen Polen), Beckenbauer (1975 gegen die Türkei), Breitner (1981 gegen Brasilien).

46 Elfmeter gegen Deutschland,

34 Elfmeter verwandelt durch Dlabac (1908 Österreich), Schlosser (1912 Ungarn), Weiss (1912 Schweiz), Kuthan (1921 Österreich), Kelin (1925 Finnland), Lundahl (1929 Schweden), Christophersen (1930 Dänemark), Polgar (1934 Ungarn), Davies (1936 Irland), Stijnen (1939 Belgien), Demaria (1939 Italien), Campes (1942 Spanien), Nagymarosi (1942 Ungarn), Boequet (1951 Schweiz), Bobek (1952 Jugoslawien), Cesar (1952 Spanien), Martin 1954 Saarland), Cantwell (1956 Irland), Wagner (1957 Österreich), Dvorak (1958 Tschechoslowakei), Kopa (1958 Frankreich), Duis (1958 Frankreich), Alla (1958 Ägypten), Tichy (1959 Ungarn), Brindisi (1973 Argentinien), Bajevic (1973 Jugoslawien), Neeskens (1974 Holland), Kolev (1975 Bulgarien)Masny (1978 Tschechoslowakei), Rep (1980 Holland), Vandereycken (1980 Belgien), Botteron (1980 Schweiz), Zarios (1980 Frankreich), Platini (1982 Frankreich).

12 Elfmeter verschossen durch (1911 Schweden), (1922 Finnland), Neumann (1922 Österreich), Ramseyer (1928 Schweiz), Orsi (1930 Italien), Sobotka (1935 Tschechoslowakei), Walaschek (1941 Schweiz), Mond (1944 Luxemburg), Nestoridis (1960 Griechenland), Rinaldo (1965 Brasilien), Bremner (1973 Schottland), Cabrini (1982 Italien).

14 Eigentore gegen Deutschland,

erzielt durch Breunig (1910 gegen Holland), Breunig (1912 gegen Holland), H.Müller (1924 gegen Finnland), Münzenberg (1931 gegen Frankreich), Stubb (1932 gegen Schweden), Klodt (1939 gegen Jugoslawien), Rohde (1941 gegen die Schweiz), Posipal (1951 gegen Irland), Mai (1955 gegen Italien), Erhardt (1958 gegen Tschechoslowakei), Erhardt (1961 gegen Dänemark), Rüßmann (1978 gegen Schweden), Vogts (1978 gegen Österreich), Kaltz (1981 gegen Argentinien).

13 Eigentore für Deutschland,

erzielt durch Lörtscher (1938 Schweiz), Albu (1938 Rumänien), Brozovic (1942 Kroatien), Horvat (1954 Jugoslawien), van der Hart (1956 Holland), Stacho (1958 Tschechoslowakei), Panayotou (1965 Zypern), Eigenstiller (1968 Österreich), Jordanoov (1973 Bulgarien), Meyer (1977 Schweiz), Holland (1980 Malta), Krauss (1981 Österreich), Humberto (1982 Portugal).

5 Platzverweise gegen Deutschland:

Kalb (1928 Uruguay), R.Hofmann (1928 Uruguay), Passer (1938 Schweiz), Juskowiak (1958 Schweden), Netzer (1968 Chile).

11 Platzverweise Gegner:

Nasazzi (1928 Uruguay), Burgnich (1965 Italien), Albrecht (1966 Argentinien), Troche (1966 Uruguay), Silva (1966 Uruguay), Tschislenko (1966 Sowjetunion), Peri (1967 Frankreich), Reinoso (1968 Chile), Gommel (1969 Schottland), Caszely (1974 Chile), Nanninga (1978 Holland)

Nationalspieler des Jahres:

1907/08 Fritz Förderer (Karlsruher FV)
1908/09 Adolf „Adsch" Werner (Holstein Kiel)
1909/10 Eugen Kipp (Spfr. Stuttgart)
1910/11 Camillo Ugi (VfB Leipzig)
1911/12 Max Breunig (Karlsruher FV)
1912/13 Adolf Jäger (Altonaer FC 93)
1913/14 Karl Wegele (Phönix Karlsruhe)
1920/21 Karl Tewes (Viktoria 89 Berlin)
1921/22 Andreas „Resi" Franz (Spvgg. Fürth)
1922/23 Leonhard „Loni" Seiderer (Spvgg. Fürth)
1923/24 Hans „Bumbas" Schmidt (1.FC Nürnberg)
1924/25 Paul Paulsen-Pömpner (VfB Leipzig)
1925/26 Otto „Tull" Harder (Hamburger SV)
1926/27 Georg Hochgesang (1.FC Nürnberg)
1927/28 „König" Richard Hofmann (Meerane 07)
1928/29 Heiner Stuhlfauth (1.FC Nürnberg)
1929/30 „König" Richard Hofmann (Dresdener SC)
1930/31 Willibald Kreß (Rot-Weiß Frankfurt)
1931/32 Stanislaus „Tau" Kobierski (Fortuna Düsseldorf
1932/33 Oskar „Ossi" Rohr (Bayern München)
1933/34 Fritz Szepan (FC Schalke 04)
1934/35 Ernst Lehner (Schwaben Augsburg)
1935/36 Reinhold Münzenberg (Alemannia Aachen)
1936/37 Albin Kitzinger (FC Schweinfurt 05)
1937/38 Andreas „Anderl" Kupfer (FC Schweinfurt 05)
1938/39 Paul Janes (Fortuna Düsseldorf)
1939/40 Franz Binder (SC Rapid Wien)
1940/41 Fritz Walter (1.FC Kaiserslautern)
1941/42 Fritz Walter (1.FC Kaiserslautern)
1942/43 Fritz Walter (1.FC Kaiserslautern)
August Klingler (FV Daxlanden)
1950/51 Anton „Toni" Turek (Fortuna Düsseldorf)
1951/52 Josef „Jupp" Posipal (Hamburger SV)
1952/53 Josef „Jupp" Posipal (Hamburger SV)
Fritz Walter (1.FC Kaiserslautern)
1953/54 Fritz Walter (1.FC Kaiserslautern)
1954/55 Fritz Herkenrath (Rot-Weiß Essen)
1955/56 Fritz Herkenrath (Rot-Weiß Essen)
Fritz Walter (1.FC Kaiserslautern)
1956/57 Erich Juskowiak (Fortuna Düsseldorf)
1957/58 Horst Szymaniak (Wuppertaler SV)
1958/59 Helmut „Boß" Rahn (Rot-Weiß Essen)
1959/60 Helmut „Boß" Rahn (1.FC Köln)
1960/61 Horst Szymaniak (Karlsruher SC)
1961/62 Karl-Heinz Schnellinger (1.FC Köln)
Uwe Seeler (Hamburger SV)
1962/63 Uwe Seeler (Hamburger SV)
1963/64 Uwe Seeler (Hamburger SV)
1964/65 Klaus-Dieter Sieloff (VfB Stuttgart)
Willi Schulz (FC Schalke 04)
1965/66 Franz Beckenbauer (Bayern München)
1966/67 Wolfgang Overath (1.FC Köln)
1967/68 Franz Beckenbauer (Bayern München)
1968/69 Franz Beckenbauer (Bayern München)
1969/70 Franz Beckenbauer (Bayern München)
1970/71 Franz Beckenbauer (Bayern München)
Günter Netzer (Borussia Mönchengladbach)
1971/72 Günther Netzer (Borussia Mönchengladbach)
Franz Beckenbauer (Bayern München)
Gerd Müller (Bayern München)
1972/73 Franz Beckenbauer (Bayern München)
Gerd Müller (Bayern München)
1973/74 Franz Beckenbauer (Bayern München)
1974/75 Franz Beckenbauer (Bayern München)
1975/76 Franz Beckenbauer (Bayern München)
1976/77 Josef „Sepp" Maier (Bayern München)
1977/78 Josef „Sepp" Maier (Bayern München)
1978/79 Rainer Bonhof (FC Valencia)
1979/80 Karl-Heinz Rummenigge (Bayern München)
Bernd Schuster (1.FC Köln)
1980/81 Bernd Schuster (CF Barcelona)
Karl-Heinz Rummenigge (Bayern München)
Harald „Toni" Schumacher (1.FC Köln)
1981/82 Karlheinz Förster (VfB Stuttgart)
Uli Stielike (Real Madrid)
Karl-Heinz Rummenigge (Bayern München)

Bilanz 1982/83
8 Spiele: 4 Siege, 2 Unentschieden, 2 Niederlagen, 11:6 Tore
Zuschauer: 313.000
In 8 Spielen wurden 25 Spieler eingesetzt, davon waren 7 Spieler Neulinge.

Die Spieler der Saison:

Hans-Peter Briegel	8	Spiele
Karl-Heinz Rummenigge	8	"
Harald Schumacher	7	"
Pierre Littbarski	7	"
Karlheinz Förster	7	"
Bernd Förster	7	"
Rudi Völler	6	"
Wolfgang Dremmler	5	"
Gerhard Strack	5	"
Stefan Engels	5	"
Hans Müller	5	"
Lothar Matthäus	5	"
Norbert Meier	4	"
Bernd Schuster	4	"
Wolfgang Rolff	4	"
Manfred Kaltz	3	"
Klaus Allofs	3	"
Ulrich Stielike	3	"
Jonny Otten	3	"
Wilfried Hannes	1	Spiel
Jürgen Milewski	1	"
Holger Hieronymus	1	"
Dieter Burdenski	1	"
Ulrich Stein	1	"
Herbert Waas	1	"

Die Tore der Saison:

Karl-Heinz Rummenigge	6	Tore
Norbert Meier	2	"
Rudi Völler	1	Tor
Wolfgang Dremmler	1	"
Bernd Schuster	1	"

Mannschaftsführer war:
Karl-Heinz Rummenigge 8 mal

2 Elfmeter für Deutschland,
verwandelt durch Rummenigge (1983 gegen Albanien), (1983 gegen die Türkei)

1 Elfmeter gegen Deutschland,
verwandelt durch Targaj (1983 Albanien)

Rangliste der besten Nationalspieler des Jahres:
1. Karlheinz Förster (VfB Stuttgart)
2. Karl-Heinz Rummenigge (Bayern München)
   Harald „Toni" Schumacher (1.FC Köln)
4. Bernd Schuster (CF Barcelona)
5. Ulrich Stielike (Real Madrid)
6. Rudi Völler (Werder Bremen)
7. Gerhard Strack (1.FC Köln)
8. Bernd Förster (VfB Stuttgart)
   Manfred Kaltz (Hamburger SV)

1982/83

Vorbericht zum 481. Länderspiel: Mit dem WM-Finale beendeten 3 Stammspieler ihre Länderspielkarriere, Breitner, Fischer und Hrubesch. Diese Leistungsträger, vor allem gleich 2 Torjäger, mußte Jupp Derwall jetzt ersetzen. Ansonsten fehlte im 1. Länderspiel nach der WM nur Kaltz im Aufgebot.

Tor: Schumacher, Franke
Abwehr: Dremmler, Hannes, Kh.Förster, B.Förster, Briegel
Mittelfeld: Stielike, H.Müller, Matthäus, Hieronymus, Meier
Angriff: Littbarski, Rummenigge, Milewski

Mit Norbert Meier (Werder Bremen) stand ein Neuling im Aufgebot, der aber erst im nächsten Länderspiel zu seinem ersten Einsatz kommen sollte.

22.9.1982 in München

BR Deutschland - Belgien 0:0

SR: Christov (CSSR), Zuschauer: 28.000
BRD: Schumacher -33 (1.FC Köln); Dremmler -19 (Bayern München), Hannes -8 (Bor. Mönchengladb.), Kh.Förster -43 (VfB Stuttgart), B.Förster -20 (VfB Stuttgart); H.Müller -37 (Inter Mailand), ab 46. Milewski -2 (HSV), Matthäus -10 (Bor. Mönchengladb.), Stielike -31 (Real Madrid), Briegel -35 (1.FC Kaisersl.); Littbarski -15 (1.FC Köln), Rummenigge -60 (Bayern München). Mannschaftskapitän: Rummenigge

Belgien: Pfaff; Gerets, Meeuws, Daerden, Baecke; Coeck, Vandersmissen, Verheyen; Czerniatynski (ab 83. Hoste), Ceulemans, Vercauteren (ab 75. Mommens)

Beste Spieler: Kh.Förster, Stielike, Rummenigge - Pfaff, Gerets, Coeck

Bericht: Das Spiel der deutschen Mannschaft begann langsam und es wurde zu sehr in die Breite gespielt. Aber von Minute zu Minute steigerte sie sich, spielte druckvoller und schneller.

10. Minute: Mit einem tollen 20-Meter-Schuß hätte Rummenigge fast das 1:0 für die deutsche Mannschaft erzielt. Der Ball zischte nur ganz knapp am Pfosten vorbei. 15. Minute: Nach einer verpaßten Einschußmöglichkeit von Hansi Müller blieb die deutsche Mannschaft im Ballbesitz. Eine Flanke des Ex-Stuttgarters erreichte den freistehenden Rummenigge, der unhaltbar einschoß. Schiedsrichter Christov entschied jedoch auf Abseits.

26. Minute: Ein schöner Fallrückzieher von Hansi Müller wurde vom belgischen Torhüter Pfaff gehalten. Die erste Chance für Belgien nach einer halben Stunde. Ein Schuß von Gerets verfehlte knapp das deutsche Tor.

41. Minute: Nach einem Steilpaß von Littbarski scheiterte Briegel am überragenden Torhüter Pfaff. Die bisher größte Torchance für Belgien eine Minute vor der Halbzeit, aber der freistehende Vandersmissen vertändelte den Ball. Zur Halbzeit konnten die Belgier hoch zufrieden sein, daß es immer noch 0:0 stand.

54. Minute: Die deutsche Elf blieb weiter überlegen. Ein Freistoß von Littbarski wurde erneut von Pfaff gehalten. Und dann gellende Pfiffe vom Publikum für Schiedsrichter Christov, als er erneut ein zweifelhaftes Abseits pfiff.

69. Minute: Bei einem plazierten Schuß von Rummenigge konnte sich der belgische Torhüter wiederum auszeichnen. Das Spiel wurde immer mehr ein Spiel der Abseitsfallen. Auch die Belgier vergaben ihre besten Torgelegenheiten durch Abseitsstellung. 76. Minute: Eine Riesenchance für Littbarski, aber auch er traf das Tor nicht. Noch einmal das Duell Rummenigge gegen Pfaff in der 85. Minute: Der hart geschossene Freistoß wurde vom belgischen Torhüter über die Latte gelenkt. Es blieb beim 0:0. Die drückende Überlegenheit konnte die deutsche Mannschaft gegen den belgischen Weltklassetorhüter nicht in Tore umsetzen.

❖

Vorbericht zum 482. Länderspiel: Bereits im 1. Länderspiel der Saison war deutlich geworden, welche Lücken es im Angriffszentrum der deutschen Mannschaft gab. Nun aber begann bereits die Qualifikation zur EM 1984. Mit Österreich, Nordirland, Albanien und die Türkei spielte die deutsche Mannschaft in der Qualifikationsgruppe 6. Erster Gegner war Nordirland in Belfast. Aber vorher trug die Mannschaft von Bundestrainer Jupp Derwall noch ein Spiel in London gegen England aus. Die Auslandsprofis Stielike (Real Madrid), Schuster (CF Barcelona) und Hansi Müller (Inter Mailand) standen nur für das EM-Qualifikationsspiel zur Verfügung.

Tor: Schumacher, Franke
Abwehr: Kaltz, Strack, Kh.Förster, B.Förster, Hieronymus
Mittelfeld: Dremmler, Briegel, Matthäus, Meier, Engels
Angriff: Rummenigge, K.Allofs, Littbarski, Milewski

Meier kam im Wembleystadion zu seinem 1. Länderspiel. Ebenso Neuling Strack vom 1.FC Köln.

13.10.1982 in London

England - BR Deutschland 1:2 (0:0)

SR: Palotai (Ungarn), Zuschauer: 68.000
England: Shilton; Mabbutt, Thompson, Butcher, Sansom; Armstrong (ab 82. Blisset), Wilkins, Hill, Devonshire; Regis (ab 82. Rix), Mariner (ab 82. Woodcock)
BRD: Schumacher -34 (1.FC Köln); Kaltz -67 (HSV), Strack -1 (1.FC Köln), Kh.Förster -44 (VfB Stuttgart), ab 5. Hieronymus -3 (HSV), B.Förster -21 (VfB Stuttgart); Meier -1 (Werder Bremen), ab 69. Littbarski -16 (1.FC Köln), Dremmler -20 (Bayern München), Briegel -36 (1.FC Kaisersl.), Matthäus -11 (Bor. Mönchengladb.); Rummenigge -61 (Bayern München), K.Allofs -23 (1.FC Köln), ab 89. Engels -4 (1.FC Köln). Mannschaftskapitän: Rummenigge
Tore: 0:1, 0:2 Rummenigge (73., 82.), 1:2 Woodcock (85.)
Beste Spieler: Armstrong, Butcher - Rummenigge, Schumacher, Strack
Bericht: Die Engländer begannen das Spiel gegen die deutsche Mannschaft sehr druckvoll. Nach einem Freistoß traf Mariner in der 3. Minute nur ganz knapp am deutschen Tor vorbei. 4. Minute: Nach einer unsauberen Attacke der englischen Stürmer mußte Karlheinz Förster mit einer schweren Verletzung vom Platz getragen werden. Für ihn kam der Hamburger Hieronymus ins Spiel. 12. Minute: Als Regis zum erstenmal allein vor Schumacher auftauchte, konnte der Kölner Torhüter mit einer Glanzparade retten. Und Glück für die deutsche Mannschaft, als Hill 2 Minuten später aus 7 Metern eine gute Chance vergab.

23. Minute: Die deutsche Mannschaft wurde langsam stärker. Nach einem Flankenlauf von Matthäus köpfte Meier auf das britische Tor, Shilton konnte jedoch mit der Faust retten. 35. Minute: Erneut war Torhüter Schumacher schneller am Ball als der englische Stürmer Hill und verhinderte damit einen Rückstand der deutschen Mannschaft. Und ein verdeckter Schuß von Mabbutt knallte 120 Sekunden später zum Glück für die deutsche Mannschaft an den Pfosten.

49. Minute: Auch nach dem Wechsel drängten die Engländer weiter. Der Kölner Schlußmann wehrte wieder einen Regis-Schuß ab.

55. Minute: Erneut war es Schumacher mit einer Glanzparade, der einen Rückstand der deutschen Mannschaft verhinderte. Nach einem Zusammenspiel zwischen Rummenigge und Allofs, nach einer Stunde, konnte der englische Torhüter den Schuß des Kölners halten. 64. Minute: Eine tolle Konterchance von Rummenigge, als ihn Allofs völlig freispielte, aber der Münchener aus 14 Meter Entfernung über das englische Gehäuse schoß. Die deutsche Elf wurde stärker. Rummenigge schoß 4 Minuten später aus vollem Lauf, aber erneut war Torhüter Shilton mit der Hand noch gerade am Ball. 74. Minute: Der Tordrang der deutschen Mannschaft zahlte sich aus. Eine schöne Kombination über Allofs, Littbarski und Rummenigge schloß der Münchener mit einem Heber zum 1:0 ab.

80. Minute: Schumacher rettete zweimal innerhalb von einer Minute vor dem einschußbereiten Armstrong. Dann die Vorentscheidung im Wembleystadion in der 83. Minute. Rummenigge vollendete akrobatisch eine Vorlage von Littbarski zum 2:0 für die deutsche Mannschaft. 85. Minute: Schumacher parierte einen Kopfball von Mabbutt. Bei dem anschließenden Volley-Schuß von Woodcock war der Kölner jedoch machtlos. Mit viel Glück, aber aufgrund der taktisch und spielerisch guten zweiten Halbzeit, gewann die deutsche Mannschaft überraschend mit 2:1 zum zweitenmal auf englischem Boden ein Länderspiel.

❖

Vorbericht zum 483. Länderspiel: Zwar fehlte Hansi Müller, der in Mailand Anpassungsschwierigkeiten hatte, aber Stielike und erstmals wieder Schuster standen im Aufgebot für das EM-Qualifikationsspiel in Belfast.

Tor: Schumacher, Immel
Abwehr: Kaltz, Stielike, Strack, B.Förster, Briegel
Mittelfeld: Matthäus, Schuster, Engels, Meier
Angriff: Rummenigge, Littbarski, K.Allofs, Völler, Milewski

Mit Völler stand ein erfolgreicher Bundesligatorjäger erstmals im Aufgebot und kam auch als Einwechselspieler zum Einsatz. Damit begann die große Karriere des Stürmers, die ihn zu einer der Stützen der Nationalelf werden ließ. Mit Karlheinz Förster und Dremmler fehlten allerdings Stammspieler in der Abwehr wegen Verletzung.

17.11.1982 in Belfast (EM-Qualifikation)

Nordirland - BR Deutschland 1:0 (1:0)

SR: Nyhus (Norwegen), Zuschauer: 30.000
Nordirland: Platt; Nicholl, J.O'Neill, McClelland, Donaghy; M.O'Neill, Brotherston, McIlroy; Whiteside, Hamilton, Stewart
BRD: Schumacher -35 (1.FC Köln); Kaltz -68 (HSV), Stielike -32 (Real Madrid), Strack -2 (1.FC Köln), B.Förster -22 (VfB Stuttgart); Matthäus -12 (Bor. Mönchengladb.), ab 72. Völler -1 (Werder Bremen), Schuster -15 (FC Barcelona), ab 72. Engels -5 (1.FC Köln), Briegel -37 (1.FC Kaisersl.); Rummenigge -62 (Bayern München), K.Allofs -24 (1.FC Köln), Littbarski -17 (1.FC Köln). Mannschaftskapitän: Rummenigge
Tor: 1:0 Stewart (18.)
Beste Spieler: McIlroy, Bortherston, Platt - Schumacher, Kaltz
Bericht: Das Spiel begann für die deutsche Mannschaft sehr verheißungsvoll. Von der ersten Minute an wurde schnell und druckvoll nach vorn gespielt.

2. Minute: Littbarski setzte einen Kopfball nur knapp am Tor vorbei. Und aus günstiger Position verzog Rummenigge eine gute Gelegenheit. Im Gegenzug Glück für die deutsche Mannschaft, als John O'Neill nur den Pfosten des Gehäuses von Schumacher traf.

17. Minute: Gleich zweimal mußte der deutsche Torhüter in kritischen Situationen durch schnelle Reaktionen retten. Und beim nächsten Angriff schoß Stewart aus 17 Metern den Ball mit einem tollen Aufsetzer unhaltbar zum 1:0 für Nordirland in das lange Eck. 32. Minute: Nach einem herrlichen Alleingang scheiterte Littbarski mit einem scharfen Schuß an Torhüter Platt. Als Matthäus schließlich 5 Minuten später im Strafraum etwas zu lange zögerte, war eine gute Chance vergeben.

45. Minute: Die letzte große Chance vor der Pause hatte die deutsche Mannschaft, als Briegel einen Schuster-Eckball nur ganz knapp über das nordirische Tor köpfte.

47. Minute: Die Nordiren begannen auch nach der Pause druckvoll. Schumacher rettete mit einer Glanzparade nach einem Schuß von Donaghy.

69. Minute: Littbarski erzielte einen Treffer, der jedoch wegen Abseitsstellung nicht anerkannt wurde. Aus 25 Metern zielte Allofs im Gegenzug nur ganz knapp am Gehäuse von Platt vorbei.

82. Minute: Noch eine gute Torgelegenheit für die deutsche Mannschaft, als Kaltz plötzlich aus 20 Meter Entfernung abzog und der nordirische Torhüter den Ball nur soeben über die Latte lenken konnte. Und dann die letzte Chance für die deutsche Elf 4 Minuten vor Schluß, aber Allofs schoß den Ball aus günstiger Position über das Tor. 89. Minute: Die letzte gute Torgelegenheit hatten die überlegenen Nordiren, aber Förster konnte mit einem Flugkopfball retten. Nach einem insgesamt zu einfallslosen Spiel der deutschen Mannschaft gewann Nordirland verdient das erste EM-Qualifikationsspiel gegen Deutschland mit 1:0.

❖

Vorbericht zum 484. Länderspiel: Der Einsatz der Auslandsprofis hatte sich nicht bewährt. Gegen Nordirland fehlte jegliche Harmonie in der deutschen Mannschaft, so daß Jupp Derwall zum Freundschaftsspiel in Lissabon neue Spieler in sein Aufgebot nahm, um den Kreis und die Möglichkeiten zu erweitern.

Tor: Schumacher, Immel
Abwehr: Kaltz, Hieronymus, Kh.Förster, B.Förster, Otten
Mittelfeld: Dremmler, Matthäus, Briegel, Meier, Rolff
Angriff: Rummenigge, Völler, Littbarski, K.Allofs

Rolff und Otten waren neu im Aufgebot und bekamen gegen Portugal auch ihre Chance.

23.2.1983 in Lissabon

Portugal - BR Deutschland 1:0 (0:0)

SR: Bacou (Frankreich), Zuschauer: 10.000
Portugal: Bento; Pinto, Eurico, Pereira (ab 74. Pires), Cardoso; Dito, Festas (ab 74. Murca), Pacheco; Fernandes (ab 46. Reinaldo), Gomes, Costa
BRD: Schumacher -36 (1.FC Köln); Kaltz -69 (HSV), B.Förster -23 (VfB Stuttgart), Kh.Förster -45 (VfB Stuttgart), Briegel -38 (1.FC Kaisersl.); Dremmler -21 (Bayern München), Rolff -1 (Hamburger SV), Matthäus -13 (Bor. Mönchengladb.), ab 46. Otten -1 (Werder Bremen); Rummenigge -63 (Bayern München), Völler -2 (Werder Bremen), ab 65. Meier -2 (Werder Bremen), Littbarski -18 (1.FC Köln), ab 81. K.Allofs -25 (1.FC Köln). Mannschaftskapitän: Rummenigge

Tor: 1:0 Dito (57.)
Beste Spieler: Bento, Pereira - Kh.Förster, B.Förster
Bericht: Die deutsche Mannschaft begann vielversprechend mit schönen Kombinationen, aber die erste Torgelegenheit hatten die Portugiesen.

5. Minute: Nach einem Fehlpaß von Kaltz lief Dito allein auf Torhüter Schumacher zu, verschoß jedoch diese gute Torgelegenheit. 11. Minute: Nach einem Freistoß von Rummenigge, den er schön um die Abwehrmauer herumzirkelte, hatte Torhüter Bento Mühe, den Ball unter Kontrolle zu bringen. 17. Minute: Ein langer Paß von Rummenigge erreichte Dremmler, der aber einfallslos den portugiesischen Torhüter anschoß.

26. Minute: Aus spitzem Winkel scheiterte Briegel mit einem Schuß an Torhüter Bento. Verteidiger Pinto zielte 10 Minuten später mit einem plötzlichen Schuß nur ganz knapp über die Latte des Tores von Schumacher.

43. Minute: Eine Kaltz-Ecke bekam Torhüter Bento nicht unter Kontrolle, aber der Schuß von Rummenigge wurde wieder zur Ecke abgefälscht. Bis zur Halbzeit war die deutsche Mannschaft zwar leicht überlegen, aber das war nur optisch, denn das Zusammenspiel klappte überhaupt nicht.

57. Minute: Costa flankte den Ball von der Torauslinie in den deutschen Strafraum, wo Dito den Ball direkt aus der Luft nahm und zum 1:0 für die Portugiesen unter die Latte schmetterte. 58. Minute: Nach einem Foul an Briegel bekam Pereira die gelbe Karte. Das Spiel wurde jetzt zusehends härter. Auch Littbarski erhielt nach einem Foul die gelbe Karte. 67. Minute: Erneut konnte sich der portugiesische Torhüter auszeichnen, als er einen schönen Direktschuß von Dremmler über die Latte lenkte.

90. Minute: Nach einer Dremmler-Flanke verfehlte Rummenigge nur knapp das Tor. Es blieb beim 1:0-Erfolg, der für die stark ersatzgeschwächten Portugiesen nur deshalb möglich war, weil die deutsche Mannschaft restlos enttäuschte.

❖

Vorbericht zum 485. Länderspiel: Von einem Schicksalsspiel für Bundestrainer Jupp Derwall war erstmals vor dem EM-Qualifikationsspiel gegen Albanien die Rede. Sicherlich, außer der erfolgreichen EM 1980 hatte die Nationalmannschaft wirklich wenige gute Spiele gezeigt. Aber andererseits hatte Jupp Derwall, nach noch nicht einmal 5 Jahren, fast alles mit dieser Mannschaft erreicht. Sein erstes Turnier, die EM 1980, brachte ihm den Titel und 1982 wurde man Vizeweltmeister. Von 50 Spielen unter Jupp Derwall verlor die Nationalmannschaft ganze 8. Eine hervorragende Bilanz, aber es reichten 2 Niederlagen in Nordirland und Portugal sowie unattraktiver Fußball, um seinen Rücktritt zu fordern. Vorerst machte sich Derwall darüber aber wenig Gedanken, denn noch nie mußte ein Bundestrainer vorzeitig gehen und noch war kein sich anbietender Nachfolger da.

Von den Auslandsprofis standen Schuster und Hansi Müller im Aufgebot, aber schließlich war Schuster doch nicht dabei.

Tor: Schumacher, Immel
Abwehr: B.Förster, Strack, Kh.Förster, Briegel, Otten
Mittelfeld: Schuster, H.Müller, Matthäus, Meier, Engels
Angriff: Rummenigge, Völler, Littbarski

Im Aufgebot fehlte der 69-fache Nationalspieler Manfred Kaltz. Nach seinem sehr schwachen Länderspiel in Lissabon wurde der Hamburger nie wieder in die Nationalelf berufen, obwohl er 6 Jahre später noch zu den besten deutschen Verteidigern gehörte. Es mußte einen verwundern und deutete auf mangelnde Fachkompetenz hin, wenn so ein Mann zu dieser Zeit, mit 29 Jahren, fallengelassen wurde.

30.3.1983 in Tirana (EM-Qualifikation)

Albanien - BR Deutschland 1:2 (0:0)

SR: Menegali (Italien), Zuschauer: 30.000
Albanien: Musta; Ruci, Targaj, Dimo, Ahmetaj; Ragami, Mingha, Vukatana, Baligjini; Bajaziti (ab 30. Lame), Kola
BRD: Schumacher -37 (1.FC Köln), B.Förster -24 (VfB Stuttgart), Strack -3 (1.FC Köln), Kh.Förster -24 (VfB Stuttgart), Otten -2 (Werder Bremen); Engels -6 (1.FC Köln), H.Müller -38 (Inter Mailand), Briegel -39 (1.FC Kaisersl.); Littbarski -19 (1.FC Köln), Völler -3 (Werder Bremen), ab 85 Meier -3 (Werder Bremen), Rummenigge -64 (Bayern München). Mannschaftskapitän: Rummenigge

Tore: 0:1 Völler (54.), 0:2 Rummenigge (66. Foulelfmeter), 1:2 Targaj (80. Handelfmeter)
Beste Spieler: Musta - Rummenigge, Völler
Bericht: Nach der Niederlage in Belfast durfte sich die deutsche Mannschaft in Tirana keine weitere Niederlage leisten, um nicht bereits vorzeitig in der EM-Qualifikation zu scheitern. Dementsprechend wurde das Spiel von Anfang an offensiv geführt, die Albaner unter Druck gesetzt, aber große Torchancen blieben aus.

45. Minute: Zur Halbzeit war das Spiel der deutschen Mannschaft wiederum nur eine Enttäuschung, weil viel zu umständlich operiert wurde.

54. Minute: Nach dem Seitenwechsel wurde jedoch endlich schneller und direkter kombiniert. Die Folge war das lang ersehnte 1:0. Einen abgefälschten Ball von Littbarski konnte Torhüter Musta nicht festhalten. Dadurch hatte Völler keine Mühe, den Ball zum 1:0 unterzubringen. 66. Minute: Engels wurde im Strafraum

hart genommen. Etwas überraschend zeigte Schiedsrichter Menegali auf den Elfmeterpunkt, und Rummenigge verwandelte sicher zum 2:0.

80. Minute: Die deutsche Elf zog sich in der letzten Viertelstunde gegen den Fußballzwerg Albanien überraschend in die Abwehr zurück. Die Folge war ein Gegentreffer, als Otten ein überflüssiges Handspiel unterlief, das der Schiedsrichter korrekter mit einem Elfmeter bestrafte. Torhüter Schumacher hatte gegen den plazierten Schuß keine Chance.

90. Minute: Bis zum Schlußpfiff konnte das deutsche Team die 2:1-Führung über die Zeit bringen. Dennoch war die Enttäuschung groß, denn lediglich kämpferisch konnte eine Steigerung gegenüber dem Portugal-Spiel erreicht werden.

❖

Vorbericht zum 486. Länderspiel: Nach dem Sieg in Albanien sah es wieder etwas besser um die deutsche Nationalmannschaft in der EM-Qualifikation aus. Im April folgten innerhalb von 4 Tagen zwei weitere Qualifikationsspiele in der Türkei und Österreich. Schuster und Hansi Müller waren erneut als Auslandsprofis im Aufgebot.

Tor: Schumacher, Immel

Abwehr: Kh.Förster, Briegel, B.Förster, Strack, Dremmler, Otten

Mittelfeld: Schuster, H.Müller, Engels, Rolff

Angriff: Rummenigge, Völler, Littbarski

Außer Stielike, der keine Freigabe erhielt, fehlte keiner, der zum engsten Kreis von Bundestrainer Jupp Derwall zählte.

23.4.1983 in Izmir (EM-Qualifikation)

Türkei - BR Deutschland 0:3 (0:2)

SR: Christov (CSSR), Zuschauer: 73.000
Türkei: Senol; Erdogan, Fatih, Yusuf, Hakan; Rasit, Metin (ab 76. Iskender), K.Huseyin, Keser; Hasan, Selcuk
BRD: Schumacher -38 (1.FC Köln); Dremmler -22 (Bayern München), Strack -4 (1.FC Köln), Kh.Förster -47 (VfB Stuttgart), Briegel -40 (1.FC Kaisersl.); Engels -7 (1.FC Köln), Schuster -16 (FC Barcelona), H.Müller -39 (Inter Mailand); Littbarski -20 (1.FC Köln), ab 76. Rolff -2 (Hamburger SV), Völler -4 (Werder Bremen), Rummenigge -65 (Bayern München). Mannschaftskapitän: Rummenigge
Tore: 0:1 Rummenigge (31. Foulelfmeter), 0:2 Dremmler (35.), 0:3 Rummenigge (71.)
Beste Spieler: Senol, Keser - Schuster, Kh.Förster, Völler, Dremmler
Bericht: Guter Beginn für die deutsche Mannschaft, weil das Mittelfeld bereits in den ersten Minuten starken Druck machte.

10. Minute: Die deutsche Elf bestimmte das Spiel. Nach einem abgefälschten Schuß von Strack schoß Rummenigge den Ball ins Tor, Schiedsrichter Christov entschied jedoch auf Abseitsstellung.

31. Minute: Völler konnte nur durch ein Foul im Strafraum aufgehalten werden. Den fälligen Elfmeter ließ sich Rummenigge nicht entgehen und schoß zum 1:0 für die deutsche Mannschaft ein. 35. Minute: Auch nach dem Führungstreffer blieb die deutsche Mannschaft spielbestimmend. Ein schöner Paß von Hansi Müller zum völlig freistehenden Dremmler brachte das 2:0 für die deutsche Mannschaft. Der Münchener traf unhaltbar ins äußerste lange Eck.

41. Minute: Eine Flanke von Erdogan erwischte Rasit mit dem Kopf. Nur mit einer Glanzparade verhinderte Toni Schumacher den Anschlußtreffer. Beim Seitenwechsel führte die deutsche Mannschaft dank ihrer spielerischen Überlegenheit verdient mit 2:0.

49. Minute: Auch nach dem Seitenwechsel blieb die deutsche Mannschaft spielbestimmend. Sie hatte auch die erste Torgelegenheit, als Briegel völlig freistehend den Ball über den türkischen Torhüter, allerdings auch über das Tor hob. 57. Minute: Glück für die deutsche Mannschaft, als Keser eine Ecke nur knapp über die Latte des deutschen Tores köpfte.

71. Minute: Der schönste Spielzug der deutschen Elf führte zum 3:0. Schuster schlenzte den Ball zu Müller, der das Leder direkt zu Völler weiterleitete. Völler ließ seinen Gegenspieler stehen und flankte auf Rummenigge, der mit einem Kopfball das dritte Tor für die deutsche Mannschaft erzielte.

90. Minute: Nach einem Doppelpaß mit Völler scheiterte Rummenigge an Torwart Senol. Es blieb beim verdienten 3:0-Erfolg der deutschen Mannschaft, die endlich einmal wieder so gespielt hatte, wie sie es von ihrem Leistungsvermögen konnte.

❖

Vorbericht zum 487. Länderspiel: Der Sieg von Izmir brachte die deutsche Nationalmannschaft auf dem Weg zur EM ein Stück weiter. Jupp Derwall hatte keinen Grund, die siegreiche Elf für das Spiel gegen Österreich in Wien zu verändern.

27.4.1983 in Wien (EM-Qualifikation)

Österreich - BR Deutschland 0:0

SR: McGinlay (Schottland), Zuschauer: 60.000
Österreich: Koncilia; Krauss, Obermayer, Pezzey, Degeorgi; Weber, Prohaska (ab 86. Lainer), Gasselich (ab 76. Baumeister); Schachner, Krnakl, Kienast
BRD: Schumacher -39 (1.FC Köln); Dremmler -23 (Bayern München), Strack -5 (1.FC Köln), Kh.Förster -25 (VfB Stuttgart), Briegel -41 (1.FC Kaisersl.), ab 39. B.Förster -25 (VfB Stuttgart); Engels -8 (1.FC Köln), Schuster -17 (FC Barcelona), H.Müller -40 (Inter Mailand), ab 68. Rolff -3 (HSV); Littbarski -21 (1.FC Köln), Völler -5 (Werder Bremen), Rummenigge -66 (Bayern München). Mannschaftskapitän: Rummenigge
Beste Spieler: Schachner, Koncilia, Pezzey, Krauss - Kh.Förster, Schumacher, Strack, Schuster
Bericht: Wie so oft in den letzten Jahren, standen sich die beiden alten Rivalen erneut in einem Pflichtspiel gegenüber. In dieser EM-Qualifikation standen die Chancen für Österreich gut, erstmals wieder der deutschen Mannschaft den Rang abzulaufen, denn es führte in dieser Gruppe 6 mit 6:0 Punkten.

2. Minute: Sofort die erste Chance für Österreich. Eine hohe Flanke erreichte den freistehenden Schachner, der aber den Ball im deutschen Strafraum vertändelte.

15. Minute: Nach dem guten österreichischen Auftakt wurde die deutsche Mannschaft zusehends stärker. Die größte von mehreren Möglichkeiten vergab Rummenigge, als er aus abseitsverdächtiger Position den Ball nicht richtig traf. 19. Minute: Müller schlug einen langen Paß auf Rummenigge, der von Obermayer gefoult wurde. Der Österreicher bekam dafür die gelbe Karte. Auch Hansi Müller wurde 4 Minuten später nach wiederholtem Foulspiel verwarnt.

37. Minute: Das Spiel wurde immer härter. Die dritte Verwarnung bekam diesmal Degeorgi, der Littbarski umgerissen hatte. Und die vierte gelbe Karte des Spiels bekam Littbarski, nachdem er sich an Degeorgi revanchiert hatte.

45. Minute: Zur Halbzeit hatte keine der beiden Mannschaften eine Führung verdient. In der letzten Viertelstunde war das Spiel sogar völlig zerissen und ständig durch Fouls unterbrochen.

48. Minute: Nach dem Seitenwechsel wurde auch wieder Fußball gespielt. Nach einer Ecke köpfte Völler plaziert auf das Tor, doch in Torhüter Kocilia fand er seinen Meister.

56. Minute: Erneut eine gute Torchance für die Österreicher, als Schachner nach einer Ecke frei zum Kopfball kam, aber Torhüter Schumacher blitzschnell reagierte. 65. Minute: Noch eine Riesenchance für Österreich, als Schachner Dremmler aussteigen ließ und mustergültig Krankl anspielte, dessen Schuß nur knapp am Gehäuse von Schumacher vorbeizischte. 67. Minute: Littbarski

flankte von rechts in den Strafraum. Im Flug köpfte Rummenigge das Leder ins Tor, doch Schiedsrichter McGinlay entschied unverständlicherweise auf Freistoß für Österreich.

87. Minute: Die letzten 20 Minuten brachten auf beiden Seiten viel Leerlauf. Offensichtlich war die deutsche Mannschaft mit dem 0:0 zufrieden.

❖

Vorbericht zum 488. Länderspiel: Zum Abschluß der Saison gab es noch zum 75jährigen Bestehen des Fußballverbandes von Luxemburg ein Freundschaftsspiel gegen Jugoslawien in Luxemburg. Nachdem es in der EM-Qualifikation bei 5:3 Punkten und bei noch 4 ausstehenden Heimspielen wieder recht gut aussah, konnte Jupp Derwall in diesem Freundschaftsspiel wieder neue Spieler und Varianten erproben, zumal auch H.Müller, Schuster und Stielike die Freigabe erhielten und im Aufgebot standen.

Tor: Burdenski, Stein
Abwehr: Stielike, Kh.Förster, Briegel, B.Förster, Otten
Mittelfeld: Schuster, H.Müller, Matthäus, Rolff
Angriff: Rummenigge, Völler, Meier, Waas

Dremmler und Littbarski fehlten wegen Verletzungen. Uli Stein und Herbert Waas waren die Neulinge, die auch beide zu ihrem ersten Länderspiel kamen.

7.6.1983 in Luxemburg

Jugoslawien - BR Deutschland 2:4 (0:2)

SR: Bastian (Luxemburg), Zuschauer: 14.000

Jugoslawien: Ivkovic; Jelikic, Bogdan, Jesic, Kapetanovic; Hadzibegic, Trifunovic, Kranjcar; Zoran Vujovic (ab 69. Miljanovic), Zlatko Vujovic (ab 53. Maric), Pesic (ab 88. Rusic)

BRD: Burdenski -9 (Werder Bremen), ab 46. Stein -1 (HSV); B.Förster -26 (VfB Stuttgart), ab 46. Otten -3 (Werder Bremen), Stielike -33 (Real Madrid), Kh.Förster -49 (VfB Stuttgart), Briegel -42 (1.FC Kaisersl.); Rolff -4 (HSV), Schuster -18 (FC Barcelona), H.Müller -41 (Inter Mailand), ab 67. Waas -1 (Bayer Leverk.); Rummenigge -67 (Bayern München), Völler -6 (Werder Bremen), Meier -4 (Werder Bremen), ab 46. Matthäus -14 (Bor. Mönchengladb.).
Mannschaftskapitän: Rummenigge

Tore: 0:1, 0:2 Meier (13., 20.), 1:2 Jesic (62.), 1:3 Schuster (79.), 2:3 Miljanovic (80.), 2:4 Rummenigge (87.)

Beste Spieler: Zoran Vujovic, Zlatko Vujovic - Stielike, Schuster, Meier, Burdenski, Waas

Bericht: Das Jubiläumsspiel, anläßlich des 75jährigen Bestehens des Luxemburgischen Fußballverbandes, begann mit einem Eklat. Die Jugoslawen weigerten sich anzutreten, weil versehentlich ihre Nationalhymne aus der Zeit der Monarchie (vor 1935) gespielt worden war. So mußte erst eine Schallplatte mit der richtigen Hymne besorgt werden, bevor mit halbstündiger Verspätung das Spiel beginnen konnte. Die erste Möglichkeit hatten die Jugoslawen in der 3. Minute. Burdenski parierte jedoch den Freistoß von Trifonovic.

13. Minute: Schuster ging mit einem tollen Solo an drei Jugoslawen vorbei und paßte quer auf Meier, der direkt ins rechte Tordreieck einschoß. Nach einem schönen Spielzug das verdiente 1:0 für die deutsche Mannschaft.

20. Minute: Das deutsche Team erkämpfte sich eine deutliche Überlegenheit. Meier sah, daß der jugoslawische Torhüter Ivkovic zu weit vor seinem Tor stand und hob den Ball gefühlvoll aus 22 Metern zum 2:0 ins Netz. 26. Minute: Erneut ein herrlicher Schuster-Paß, diesmal auf Rummenigge, der jedoch am herausstürzenden Torhüter der Jugoslawen scheiterte. Und in der 32. Minute konnte sich Torhüter Burdenski bei einem Fernschuß von Jesic auszeichnen. 37. Minute: Nach einem Steilpaß von Schuster stand Völler völlig frei an der Strafraumgrenze, doch sein Schuß ging weit über das Tor. Zwei Minuten später Glück für die deutsche Mannschaft. Ein Kopfball von Jelikic landete am Pfosten.

45. Minute: Zur Halbzeit konnte Jupp Derwall mit dem Spiel seiner Mannschaft zufrieden sein, die nach schwachem Beginn eine deutliche Leistungssteigerung gezeigt hatte.

53. Minute: Auch nach Wiederanpfiff bestimmte die deutsche Mannschaft das Spiel. Völler köpfte freistehend eine Müller-Flanke neben das Tor. Und Rummenigge kam in der 58. Minute frei zum Schuß, aber Torwart Ivkovic konnte zur Ecke abwehren.

62. Minute: Eine Unaufmerksamkeit in der deutschen Abwehr ermöglichte es Jelikic frei zu flanken, so daß Jesic per Kopfball den Anschlußtreffer erzielen konnte. 79. Minute: Völler schlug eine Maßflanke von links, und der technisch brillante Schuster nahm das Leder aus der Luft und schmetterte es zum 3:1 für die deutsche Mannschaft ins jugoslawische Netz. Direkt im Gegenzug konnten die Jugoslawen erneut verkürzen. Der ungedeckte Miljanovic verwertete eine Flanke zum 2:3. Gegen den Kopfball aus kurzer Distanz war Torhüter Uli Stein machtlos.

88. Minute: Der eingewechselte Neuling Waas legte den Ball auf Rummenigge, der aus 10 Meter Entfernung plaziert zum 4:2 einschoß. In der abwechselungsreichen Partie verließ die deutsche Mannschaft als verdienter Sieger den Platz. Bundestrainer Jupp Derwall hatte einige neue Erkenntnisse sammeln können, aber das Erfreulichste war, daß Schuster mit seinem glanzvollen Spiel, das an die Zeiten von Netzer, Beckenbauer und Overath erinnerte, deutlich unter Beweis gestellt hatte, daß er für die deutsche Nationalmannschaft ein unverzichtbarer Pfeiler war.

❖

Bilanz 1983/84
13 Spiele: 8 Siege, 2 Unentschieden, 3 Niederlagen, 20:10 Tore
Zuschauer: 515.391
In 13 Spielen wurden 30 Spieler eingesetzt, davon waren 9 Spieler Neulinge.

Die Spieler der Saison:
Harald Schumacher	12	Spiele
Lothar Matthäus	12	"
Karlheinz Förster	12	"
Rudi Völler	12	"
Hans-Peter Briegel	11	"
Karl-Heinz Rummenigge	11	"
Norbert Meier	10	"
Wolfgang Rolff	8	"
Ulrich Stielike	8	"
Andreas Brehme	8	"
Bernd Förster	7	"
Pierre Littbarski	7	"
Klaus Allofs	7	"
Gerhard Strack	5	"
Matthias Herget	5	"
Rudolf Bommer	5	"
Herbert Waas	4	"
Wolfgang Dremmler	4	"
Klaus Augenthaler	4	"
Bernd Schuster	3	"
Jonny Otten	3	"
Hans-Günter Bruns	3	"
Dieter Burdenski	3	"
Guido Buchwald	3	"
Jürgen Groh	1	Spiel
Hans Müller	1	"
Michael Rummenigge	1	"
Manfred Bockenfeld	1	"
Helmut Roleder	1	"
Jürgen Milewski	1	"

Die Tore der Saison:
Rudi Völler	10	Tore
Karl-Heinz Rummenigge	4	"
Ulrich Stielike	3	"
Gerhard Strack	1	Tor
Andreas Brehme	1	"
Hans-Peter Briegel	1	"

Mannschaftsführer waren:
Karl-Heinz Rummenigge	11	mal
Karlheinz Förster	2	"

2 Elfmeter für Deutschland,
verwandelt durch Rummenigge (1983 geg. die Türkei), Völler (1984 geg. Belgien)

1 Elfmeter gegen Deutschland,
verschossen durch Carrasco (Spanien)

1 Platzverweis Gegner,
für Tomori (1983 Albanien)

Rangliste der besten Nationalspieler des Jahres:
1. Harald „Toni" Schumacher (1.FC Köln)
2. Rudi Völler (Werder Bremen)
3. Uli Stielike (Real Madrid)
4. Karl-Heinz Rummenigge (Bayern München)
5. Karlheinz Förster (VfB Stuttgart)
   Bernd Schuster (CF Barcelona)
7. Hans-Peter Briegel (1.FC Kaiserslautern)
   Norbert Meier (Werder Bremen)
9. Lothar Matthäus (Borussia Mönchengladbach)

1983/84

Vorbericht zum 489. Länderspiel: Die neue Länderspielsaison wurde in Budapest gegen Ungarn eröffnet. Es war gleichzeitig das letzte Freundschaftsspiel vor den restlichen 4 EM-Qualifikationsspielen. Bundestrainer Jupp Derwall hatte in seinem Aufgebot keine Neulinge.

Tor: Schumacher, Burdenski
Abwehr: B.Förster, Kh.Förster, Strack, Briegel, Groh
Mittelfeld: Rolff, Schuster, H.Müller, Matthäus
Angriff: Littbarski, Völler, Waas, Meier

Mit Schuster und Hansi Müller waren wieder 2 Auslandsprofis im Aufgebot, von denen Schuster allerdings nicht spielen konnte.

7.9.1983 in Budapest

Ungarn - BR Deutschland 1:1 (1:0)

SR: Krchnak (CSSR), Zuschauer: 30.000
Ungarn: Zsiboras; Farkas, Kardos, Roth, Varga (ab 58. Peter); Garaba, Nyilasi, Csongradi, Curcsa; Szokolai (ab 67. Meszaros), Dajka

BRD: Schumacher -40 (1.FC Köln), ab 46. Burdenski -10 (Werder Bremen); B.Förster -27 (VfB Stuttgart), ab 46. Matthäus -15 (Bor. Mönchengladb.), Strack -6 (1.FC Köln), Kh.Förster -50 (VfB Stuttgart), Briegel -43 (1.FC Kaiserslautern); Rolff -5, Groh -2 (beide HSV), H.Müller -42 (Inter Mailand), ab 65. Waas (Bayer Leverkusen), Meier -5 (Werder Bremen); Littbarski -22 (1.FC Köln), Völler -7 (Werder Bremen). Mannschaftskapitän: Kh.Förster

Tore: 1:0 Nyilasi (42.), 1:1 Völler (66.)
Beste Spieler: Nyilasi, Garaba, Zsiboras - Völler, Waas, Schumacher

Bericht: Die Ungarn hatten den besseren Start und hätten mit etwas Glück bereits in den ersten Minuten zu einem Treffer kommen können. Die erste Chance für Deutschland in der 6. Minute. Aus 20 Metern zog Hansi Müller ab, aber der Ball knallte gegen die Latte, und das erste böse Foul an Mittelstürmer Völler nach 10 Minuten hätte eigentlich die gelbe Karte für Farkas geben müssen.

21. Minute: Der Ball lief direkt über Müller, Rolff und Völler zum freistehenden Littbarski, der jedoch auch nur den Pfosten traf. Ein wunderschöner Spielzug, der einen Treffer wert gewesen wäre.

42. Minute: Die Deckungsaufgaben der deutschen Abwehr wurden immer öfter vernachlässigt. Nach Flanke von Varga eröffnete diese Nachlässigkeit dem ungarischen Star Nyilasi die große Chance zum Führungstreffer. Er ließ sich diese Gelegenheit nicht nehmen und traf mit dem Kopf unhaltbar zum 1:0.

61. Minute: Nach der Halbzeit machten die Ungarn mehr Druck. Der eingewechselte Burdenski rettete mit einer Fußabwehr vor dem einschußbereiten Nyilasi. 66. Minute: Waas schob den Ball zu Linksaußen Meier, dessen Flanke kam genau auf den Kopf von Völler, der keine Mühe hatte, einzuköpfen. 73. Minute: Mit einem schönen Schuß prüfte Waas den ungarischen Torhüter, der sich mächtig strecken mußte. Drei Minuten später Glück für die deutsche Mannschaft, als Nyilasi mit einem Kopfball nur knapp das deutsche Tor verfehlte. 78. Minute: Die letzte Möglichkeit für die Ungarn. Nach einem Foul von Briegel wurde der folgende Freistoß von Nyilasi gerade noch zur Ecke abgefälscht.

90. Minute: Die deutsche Mannschaft tat nicht mehr als nötig und kam so zu einem allerdings kaum verdienten 1:1 Unentschieden.

❖

Vorbericht zum 490. Länderspiel: Vor dem wichtigen EM-Qualifikationsspiel gegen Österreich bot sich der Nationalmannschaft noch eine gute Gelegenheit zum Test. Sie spielte im Abschiedsspiel für Gerd Müller gegen Bayern München.

20.9.1983 in München
FC Bayern München - Nationalmannschaft 4:2 (1:0)
SR: Roth (Salzgitter), Zuschauer: 50.000
Bayern München: Müller; Martin, Beckenbauer, Augenthaler, Dürnberger (46. Beierlorzer); Nachtweih (46. Meisel), Kraus, Grobe, Pflügler; Gerd Müller (46. Mathy, 70. Dinauer), Michael Rummenigge
Nationalelf: Schumacher (46. Burdenski); Dremmler, Strack, Briegel (54. Bockenfeld), Otten; Rolff (46. Groh), Matthäus (46. Littbarski), Schuster; Waas (46. Meier), Völler (46. Gerd Müller, 51 Völler), Karl-Heinz Rummenigge
Tore: 1:0 Pflügler (17.), 2:0 Mathy (48.), 2:1 Littbarski (56. Foulelfmeter), 2:2, Littbarski (72.), 3:2 Michael Rummenigge (87.), 4:2 Meisel (89.)

Nachdem die Bayern der Nationalmannschaft eine Lektion erteilt hatten, fiel es Jupp Derwall nicht leicht, den richtigen Kader zu benennen. Erste Konsequenz war, daß Augenthaler von Bayern München neu aufgenommen wurde.
Tor: Schumacher, Burdenski
Abwehr: Dremmler, Augenthaler, Strack, Kh.Förster, Briegel, Otten
Mittelfeld: Matthäus, Schuster, Meier, Rolff
Angriff: Littbarski, Völler, K.H.Rummenigge, Waas
Hansi Müller (Inter Mailand) wurde nach seiner schwachen Vorstellung in Budapest nicht berufen, aber Bernd Schuster (FC Barcelona) war wieder dabei.

5.10.1983 in Gelsenkirchen (EM-Qualifikation)
BR Deutschland - Österreich 3:0 (3:0)

SR: Agnolin (Italien), Zuschauer: 68.000
BRD: Schumacher -41 (1.FC Köln); Dremmler -24 (Bayern München), Strack -7 (1.FC Köln), Kh.Förster -51 (VfB Stuttgart), Briegel -44 (1.FC Kaiserslautern); Rolff -6 (HSV), Augenthaler -1 (Bayern München), Schuster -19 (FC Barcelona), Meier -6 (Werder Bremen), ab 74. Matthäus -16 (Bor. Mönchengladb.); K.H.Rummenigge -68 (Bayern München), Völler -8 (Werder Bremen), ab 74. Waas -3 (Bayer Leverkusen). Mannschaftskapitän: Rummenigge
Österreich: Koncilia; Krauss (ab 79. Pregesbauer), Weber, Pezzey, Degeorgi; Lainer, Prohaska, Gasselich (ab 46. Jurtin), Baumeister; Schachner, Willfurth
Tore: 1:0 Rummenigge (4.), 2:0, 3:0 Völler (19., 21.)
Beste Spieler: Schuster, Schumacher, Völler - Koncilia
Bericht: Völlig überraschend verzichtete der österreichische Nationaltrainer Erich Hof auf seinen formschwachen Star und Torjäger Hans Krankl.
3. Minute: Ein Auftakt nach Maß für die deutsche Mannschaft: Ein Fehler von Weber brachte Rummenigge in Ballbesitz, der den Ball gefühlvoll über Torhüter Koncilia, der viel zu weit vor seinem Tor postiert war, zum 1:0 ins Netz hob. 9. Minute: Die große Ausgleichschance für die Österreicher. Nach einem Freistoß von Prohaska konnte die deutsche Abwehr das Leder nicht aus dem Strafraum befördern, doch die Österreicher vertändelten den Ball.
18. Minute: Ganz überraschend das 2:0, als Meier einen 20-Meter-Schuß riskierte, den Koncilia nicht festhalten konnte und Völler war zur Stelle, um den Ball ungehindert einzuschießen. 20. Minute: Nach einem Doppelpaß mit Rolff brachte Augenthaler den rechts stehenden Rummenigge ins Spiel. Dessen Flanke verwertete Völler mit dem Kopf zum 3:0. Das war bereits nach 20 Minuten eine Vorentscheidung im Parkstadion.
33. Minute: Nachdem Gasselich und Degeorgi an Schumacher gescheitert waren, hatten innerhalb von einer Minute Briegel und Strack die Chance zum vierten Treffer, die sie jedoch nicht nutzen konnten. 39. Minute: Nur ganz knapp ging ein raffinierter Schlenzer von Linksaußen Meier am österreichischen Tor vorbei. Und kurz vor der Halbzeit erreichte eine Flanke von Rummenigge Briegel, doch sein Schuß bereitete Koncilia wenig Mühe. Zur Halbzeit führte die deutsche Mannschaft verdient mit 3:0, hatte jedoch nach der schnellen und klaren Führung abgebaut.

51. Minute: Die Österreicher wurden jetzt stärker. Baumeister umkurvte die deutsche Abwehr, doch sein Schuß verfehlte das Ziel. Prohaska bediente 120 Sekunden später den freistehenden Willfurth, der aber am schnell reagierenden Schumacher scheiterte. Nach gut einer Stunde wieder das Duell Willfurth gegen Schumacher. Auch diesmal konnte der Kölner Torhüter parieren. 76. Minute: Schuster bekam wegen Meckerns die gelbe Karte. Und 6 Minuten später, nach einem Foul an Rummenigge, erhielt auch Baumeister eine Verwarnung.

90. Minute: Die letzte Torchance hatte Schuster, dessen Schuß jedoch von Koncilia gehalten wurde. Nach den ersten starken 20 Minuten hatte der deutschen Mannschaft eine durchschnittliche Leistung zum klaren 3:0-Sieg gereicht.

❖

Vorbericht zum 491. Länderspiel: Das wichtigste und vorentscheidende Spiel der EM-Qualifikation gegen die Türkei fand im Berliner Olympiastadion statt. Hierfür berief Jupp Derwall:
Tor: Schumacher, Burdenski
Abwehr: Dremmler, Strack, Augenthaler, Briegel, Otten
Mittelfeld: Matthäus, Stielike, Rolff, Meier
Angriff: K.H.Rummenigge, Völler, Littbarski, Waas
Jupp Derwall mußte ohne Karlheinz Förster und Schuster auskommen, aber dafür war erstmals wieder Stielike (Real Madrid) dabei. Als sich schließlich auch noch Dremmler, Rolff und Waas verletzten, wurden mit Herget und Michael Rummenigge noch 2 Neulinge nachnominiert, die als Einwechselspieler auch beide zum 1. Länderspiel kamen.

26.10.1983 in Berlin (EM-Qualifikation)
BR Deutschland - Türkei 5:1 (1:0)

SR: Sostaric (Jugoslawien), Zuschauer: 40.000
BRD: Schumacher -42 (1.FC Köln); Otten -4 (Werder Bremen), Strack -8 (1.FC Köln), Augenthaler -2 (Bayern München), Briegel -45 (1.FC Kaiserslautern), ab 81. Herget -1 (Bayer Uerdingen); Matthäus -17 (Bor. Mönchengladb.), Stielike -34 (Real Madrid), Meier -7 (Werder Bremen), ab 81. Michael Rummenigge -1 (Bayern München); Littbarski -23 (1.FC Köln), Völler -9 (Werder Bremen), K.H.Rummenigge -69 (Bayern München). Mannschaftskapitän: K.H.Rummenigge
Türkei: Adem; Ismail, Fatih, Yusuf, Erdogan; Rasit, Keser, Sedat (ab 70. Cem), Tüfekci; Hasan, Selcuk
Tore: 1:0 Völler (45.), 2:0 K.H.Rummenigge (60.), 3:0 Völler (65.), 4:0 Stielike (66.), 4:1 Hasan (67.), 5:1 K.H.Rummenigge (74. Foulelfmeter)
Beste Spieler: Schumacher, Briegel, Rummenigge, Völler - Keser
Bericht: Die Türken, noch mit einer Chance in dieser Europameisterschaftsgruppe 6, begannen in den ersten 20 Minuten überraschend offensiv und erreichten so ein ausgeglichenes Spiel.
20. Minute: Matthäus schickte das Leder zu Rummenigge, der sofort abzog. Die Türken hatten viel Glück, weil der Ball an den Pfosten knallte. 28. Minute: Die erste große Chance für die Türken: Keser konnte sich durchsetzen, doch Schumacher reagierte großartig und konnte klären. 38. Minute: Noch einmal großes Glück für die Türken, als ein Kopfball von Völler genau auf der Querlatte landete.

45. Minute: Ganz überraschend gelang der deutschen Mannschaft fast mit dem Pausenpfiff die Führung. Nach einem Doppel-

paß zwischen Littbarski und Völler zog der Bremer mit einem knallharten Schuß ab. Der Ball sprang an den Pfosten und von dort an den Oberschenkel des türkischen Torhüters und weiter ins Tor, zur 1:0-Führung der deutschen Mannschaft. Aufgrund des besseren Spiels war diese Pausenführung auch verdient.

48. Minute: Viel Glück für die Türken, als ein herrlicher Distanz-Schuß von Augenthaler nur knapp am Lattenkreuz vorbeizischte.

60. Minute: Und wieder Glück für die Türken, als ein Heber von Meier genau an die Latte ging. Eine Ecke von Meier, im nächsten Angriff, verlängerte Völler mit dem Kopf. Der freistehende Rummenigge brauchte den Ball nur noch über die Linie zum 2:0 zu befördern. 65. Minute: Jetzt ging es Schlag auf Schlag. Völler ließ 3 Gegner aussteigen und knallte das Leder zum 3:0 für die deutsche Mannschaft ins Netz. 66. Minute: Der nächste Angriff brachte Meier in Ballbesitz. Durch einen Hackentrick des Bremers kam der Ball zu Stielike, der sofort in die lange Ecke schoß, wo der Ball unhaltbar für Torhüter Adem einschlug. 67. Minute: Im Gegenzug gelang Keser mit einer Kopfballvorlage Hasan freizuspielen, der auf 1:4 verkürzen konnte. 74. Minute: Nach einem Foul am durchgebrochenen Stielike im Strafraum, zeigte Schiedsrichter Sostaric sofort auf den Elfmeterpunkt. Rummenigge ließ sich die Chance nicht entgehen und erhöhte auf 5:1.

89. Minute: Die letzte gute Torchance für die deutsche Mannschaft hatte der Neuling Herget, der jedoch mit seinem Schuß nur knapp scheiterte. Die deutsche Mannschaft hatte nach einem, vor allem in der zweiten Halbzeit, großen Spiel verdient mit 5:1 gewonnen.

❖

Vorbericht zum 492. Länderspiel: Mit einem Sieg über Nordirland konnte die deutsche Mannschaft bereits alles in der EM-Qualifikation klar machen. Jupp Derwall mußte allerdings auf den verletzten Schuster und schließlich sogar auf Völler verzichten.

Tor: Schumacher, Burdenski
Abwehr: Dremmler, Stielike, Strack, Kh.Förster, Briegel, Otten
Mittelfeld: Matthäus, Augenthaler, Herget, Rolff, Meier
Angriff: K.H.Rummenigge, Waas, Völler, Littbarski

Auch die Nordiren, die das Hinspiel mit 1:0 gewonnen hatten, mußten auf einige Spieler verzichten. Ihr Jungstar Whiteside spielte jedoch trotz einer Verletzung.

16.11.1983 in Hamburg (EM-Qualifikation)
BR Deutschland - Nordirland 0:1 (0:0)

SR: Palotai (Ungarn), Zuschauer: 62.000
BRD: Schumacher -43 (1.FC Köln); Dremmler -25 (Bayern München), Stielike -35 (Real Madrid), ab 83. Strack -9 (1.FC Köln), Kh.Förster -52 (VfB Stuttgart), Briegel -46 (1.FC Kaiserslautern); Matthäus -18 (Bor. Mönchengladb.), Augenthaler -3 (Bayern München), Rolff -7 (HSV), Meier -8 (Werder Bremen), ab 68. Littbarski -24 (1.FC Köln); K.H.Rummenigge -70 (Bayern München), Waas -4 (Bayer Leverkusen). Mannschaftskapitän: K.H.Rummenigge
Nordirland: Jennings; J.Nicholl, McClelland, McElhinney, Donaghy; Ramsey, O'Neill, Stewart; Armstrong, Hamilton, Whiteside
Tor: 0:1 Whiteside (50.)
Beste Spieler: Schumacher, Matthäus, Meier - Jennings, McClelland, O'Neill, Whiteside
Bericht: Von Beginn an hatte die deutsche Mannschaft allergrößte Schwierigkeiten mit der massierten und kompromißlosen Abwehr der Nordiren.

17. Minute: Die erste Chance des Spiels hatten auch die Nordiren, als sich Whiteside an der Strafraumgrenze durchsetzen konnte und nur am rechtzeitig herauslaufenden Schumacher scheiterte. Drei Minuten danach erneut eine gute Torchance für Nordirland, aber Stielike konnte gerade noch vor Hamilton retten. 30. Minute: Inzwischen waren die Pfiffe aus dem Publikum unüberhörbar in ein Pfeifkonzert übergegangen. Die deutsche Mannschaft hatte noch nicht eine einzige Torchance zu verzeichnen.

44. Minute: Endlich die erste große Torgelegenheit für die deutsche Elf. Jennings wehrte einen 25-Meter-Schuß von Meier ab, dann flankte Dremmler nochmals in den Strafraum zu Waas, und erst jetzt konnte Jennings den Kopfball des Mittelstürmers parieren.

50. Minute: Eine böse Überraschung für das deutsche Team: Einen Schuß von Stewart konnte Schumacher gerade noch abwehren, doch sofort war Whiteside zur Stelle und erzielte nach einer blitzschnellen Drehung unhaltbar das 1:0 für Nordirland.

67. Minute: Das Spiel der deutschen Mannschaft wurde auch nach dem Rückstand nicht wesentlich besser. Jupp Derwall mußte sich sogar böse Zurufe („Derwall raus") gefallen lassen, als er ausgerechnet den agilen Meier aus dem Spiel nahm und dafür Littbarski einwechselte.

90. Minute: Es blieb beim enttäuschenden 0:1, weil die deutsche Mannschaft der kämpferisch starken nordirischen Elf nichts Gleichwertiges entgegenzusetzen hatte.

❖

Vorbericht 493. Länderspiel: Nach der blamablen 0:1-Niederlage gegen Nordirland stand Bundestrainer Jupp Derwall wieder in der Kritik. Nur durch ihr gutes Torverhältnis konnte die deutsche Mannschaft jetzt noch aus eigener Kraft Sieger der EM-Gruppe 6 werden. Ein Sieg im letzten Heimspiel gegen Albanien war jedoch notwendig. Nur 4 Tage später trat die deutsche Mannschaft gegen den Fußballzwerg vom Balkan an. Lediglich Stielike konnte nicht mehr dabei sein. Dafür kam Bernd Förster ins Aufgebot und stand auch mit Völler zusammen in der Elf.

20.11.1983 in Saarbrücken (EM-Qualifikation)
BR Deutschland - Albanien 2:1 (1:1)

SR: Mattsson (Finnland), Zuschauer: 41.000
BRD: Schumacher -44 (1.FC Köln); B.Förster -28 (VfB Stuttgart), Strack -10 (1.FC Köln), Kh.Förster -53 (1.FC Köln), Briegel -47 (1.FC Kaiserslautern), ab 34. Otten -5 (Werder Bremen); Dremmler -26 (Bayern München), Matthäus -19 (Bor. Mönchengladb.), Meier -9 (Werder Bremen); Littbarski -25 (1.FC Köln), ab 68. Waas -5 (Bayer Leverkusen), Völler -10 (Werder Bremen), Rummenigge -71 (Bayern München). Mannschaftskapitän: Rummenigge
Albanien: Musta; Ragami, Ruci, Omuri, Ahmetaj; Lame, Ballgjini, Vukatana (ab 83. Lika), Eksarko; Minga, Tomori
Tore: 0:1 Tomori (23.), 1:1 Rummenigge (24.), 2:1 Strack (80.)
Beste Spieler: Meier, Völler, Rummenigge - Musta
Bericht: Die deutsche Mannschaft begann in Saarbrücken sehr druckvoll und schnürte die Albaner von der ersten Minute an ein.

4. Minute: Die erste Tormöglichkeit für die Mannschaft von Jupp Derwall. Nach einem Foul an Meier schoß Littbarski den fälligen Freistoß knapp am Tor vorbei. 10. Minute: Die nächste Chance hatte Rummenigge, dessen herrlicher, knallharter Schuß aus 18 Metern von Torhüter Musta zur Ecke gefaustet wurde.

23. Minute: Sensationell die Führung für die Albaner, als Ragami nach einem schnellen Konter in die Mitte flankte und Tomori den Ball an Schumacher vorbei zum 1:0 ins Netz schob. 24. Minute: Direkt im Gegenzug der Ausgleich. Nach einem indirekten Freistoß kam der Ball zu Rummenigge, der sofort abzog. Sein Schuß wurde unhaltbar für den albanischen Torhüter zum Ausgleich ins Netz abgefälscht. Und 5 Minuten später, nach einer herrlichen Flanke von Völler, verfehlte Littbarski per Kopfball nur knapp das Tor.

42. Minute: Nach einem Volleyschuß von Völler konnte sich Torhüter Musta ein weiteres Mal auszeichnen. Mit zunehmender Spieldauer wurde das Spiel immer härter. Viele Fouls zerstörten den Spielrhythmus und führten schließlich dazu, daß Tomori in der 45. Minute nach einer Tätlichkeit vom Platz gestellt wurde. Schiedsrichter Mattsson mußte insgesamt sieben Minuten in dieser ersten Halbzeit nachspielen lassen und Sekunden vor dem Halbzeitpfiff hatte die deutsche Mannschaft Pech, als Rummenigge nur den Pfosten traf.

73. Minute: Nach einem tollen Schuß von Dremmler konnte sich erneut Torhüter Musta auszeichnen. Und wieder verfehlte Rummenigge 120 Sekunden später per Kopf das albanische Tor. Inzwischen mußte man davon ausgehen, daß die deutschen Spieler an diesem Tag nicht in der Lage waren, die Albaner zu schlagen - trotz des Platzverweises von Tomori. 80. Minute: Dann doch noch das erlösende 2:1 für die deutsche Mannschaft. Karlheinz Förster paßte in den albanischen Strafraum, wo Verteidiger Ragami zu spät kam, so daß Strack ungehindert zum Führungstreffer einköpfen konnte.

90. Minute: Zwar hochverdient, aber letztlich doch mit Glück, gewann die deutsche Mannschaft mit nur 2:1 gegen den Fußballzwerg Albanien. Damit war die Europameisterschafts-Endrunde in letzter Minute erreicht.

❖

Vorbericht zum 494. Länderspiel: Mit Glück überstand die deutsche Mannschaft die EM-Qualifikation und mußte sich jetzt auf die Endrunde in Frankreich vorbereiten. Jupp Derwall hatte 5 Vorbereitungsländerspiele mit schweren Gegnern. Der leichteste und nächste Gegner war Bulgarien. Vor diesem Spiel berief Bundestrainer Jupp Derwall 22 Spieler zu einem Kurzlehrgang. Mit Schumacher, Briegel, Strack, Engels und Waas fielen aber gleich 5 Spieler aus, für die Neulinge nachrückten.

Torhüter:
Burdenski, Dieter (Werder Bremen), 33 J./10 Lsp.
Roleder, Helmut (VfB Stuttgart), 30 J./ohne Lsp.
Abwehrspieler:
Augenthaler, Klaus (Bayern München), 26 J./3 Lsp.
Bockenfeld, Manfred (Fortuna Düsseldorf), 23 J./ohne Lsp.
Brehme, Andreas (1.FC Kaiserslautern), 23 J./ohne Lsp.
Bruns, Hans-Günter (Bor. Mönchengladb.), 29 J./ohne Lsp.
Dremmler, Wolfgang (Bayern München), 29 J./26 Lsp.
Förster, Bernd (VfB Stuttgart), 27 J./28 Lsp.
Förster, Karlheinz (VfB Stuttgart), 25 J./53 Lsp.
Herget, Mathias (Bayer Uerdingen), 28 J./1 Lsp.
Schäfer, Günther (VfB Stuttgart), 21 J./ohne Lsp.
Stielike, Uli (Real Madrid), 29 J./35 Lsp.
Mittelfeldspieler:
Bommer, Rudi (Fortuna Düsseldorf), 26 J./ohne Lsp.
Matthäus, Lothar (Bor. Mönchengladb.), 22 J./19 Lsp.
Meier, Norbert (Werder Bremen), 25 J./9 Lsp.
Rolff, Wolfgang (Hamburger SV), 24 J./, 7 Lsp.
Schuster, Bernd (FC Barcelona), 24 J./19 Lsp.
Stürmer:
Allofs, Klaus (1.FC Köln), 27 J./25 Lsp.
Littbarski, Pierre (1.FC Köln), 23 J./25 Lsp.
Rummenigge, Karl-Heinz (Bayern München), 28 J./71 Lsp.
Rummenigge, Michael (Bayern München), 20 J./1 Lsp.
Völler, Rudi (Werder Bremen), 23 J./10 Lsp.
Roleder, Bockenfeld, Brehme, H.G.Bruns, G.Schäfer und Bommer waren Neulinge, von denen nur Schäfer bisher ohne Länderspiel blieb. Brehme, Bockenfeld und Bommer kamen bereits gegen Bulgarien zu ihrem ersten Länderspieleinsatz.

15.2.1984 in Varna

Bulgarien - BR Deutschland 2:3 (0:1)

SR: Wöhrer (Österreich), Zuschauer: 10.000
Bulgarien: Valov; Koev, Arabov, Dimitrov, Petrov; Zoravkov, Sadakov, Gotschev (ab 69. Eronosian), Gospodinov (ab 76. Jantschev); Iskrenov, Mladenov
BRD: Burdenski -11 (Werder Bremen); Bockenfeld -1 (Fortuna Düsseldorf), Herget -2 (Bayer Uerdingen), Kh.Förster -54 (VfB Stuttgart), Brehme -1 (1.FC Kaiserslautern); Stielike -36 (Real Madrid), Schuster -20 (FC Barcelona), Meier -10 (Werder Bremen); Bommer -1 (Fortuna Düsseldorf), Völler -11 (Werder Bremen), ab 74. Allofs -26 (1.FC Köln), K.H.Rummenigge -72 (Bayern München). Mannschaftskapitän: K.H.Rummenigge
Tore: 0:1 Stielike (2.), 0:2 Völler (67.), 0:3 Stielike (73.), 1:3, 2:3 Iskrenov (78., 80.)
Beste Spieler: Iskrenov, Valov, Mladenov - Völler, Schuster, Stielike, Brehme
Bericht: Mit den beiden Auslandsprofis Stielike und Schuster begann die deutsche Mannschaft in Bulgarien furios.

2. Minute: Völler tankte sich an der rechten Seite durch und flankte in die Mitte, wo Stielike in den Ball hineinsprang und ihn mühelos zum 1:0 einköpfte. 5. Minute: Die deutsche Mannschaft machte weiter Druck. Rummenigge setzte sich auf der linken Seite durch und paßte auf Völler, der aber Pech hatte und nur den Pfosten traf.

25. Minute: Nach einigem Leerlauf wieder eine gute Torchance, eingeleitet durch Meier, mit einem Steilpaß zu Schuster, der sofort Rummenigge in günstiger Schußposition anspielte. Leider traf der Münchener den Ball nicht richtig. 32. Minute: Eine ganz große Torchance hatte nach einer guten halben Stunde Schuster, als er von Bommer mustergültig freigespielt wurde, aber allein vor Torhüter Valov verstolperte.

42. Minute: Ganz plötzlich noch eine gute Chance für die Bulgaren, als Iskrenov freigespielt wurde, aber Burdenski geschickt den Winkel verkürzte. Die deutsche Mannschaft konnte mit dem knappen und verdienten 1:0 in die Pause gehen.

67. Minute: Endlich einmal wurde Völler schön freigespielt, der sogleich versuchte, den bulgarischen Torhüter mit einem raffinierten Heber zu überlisten. Valov konnte zwar noch einmal abwehren, aber gegen den Nachschuß des Bremer Mittelstürmers war er machtlos. Die deutsche Mannschaft führte 2:0. 73. Minute: Stielike und Bommer konterten die gesamte bulgarische Abwehr aus, und Stielike vollstreckte eiskalt zum 3:0 für die deutsche Mannschaft. 78. Minute: Nach einer Unaufmerksamkeit in der deutschen Abwehr konnte Iskrenov mit einem gefühlvollen Heber auf 1:3 verkürzen. 80. Minute: Das Tor hatte den Bulgaren mächtig Auftrieb gegeben. Ein weiter Paß aus dem Mittelfeld erreichte Iskrenov, der mit einem schnellen Antritt die deutsche Abwehr überlief und sogar noch das 2:3 erzielen konnte.

90. Minute: Der Endspurt der Bulgaren war zu spät gekommen. Die deutsche Mannschaft rettete das 3:2 und damit den verdienten Sieg über die Zeit.

❖

Vorbericht zum 495. Länderspiel: Nächster Testspielgegner war Belgien in Brüssel. Auch bei diesem Länderspiel wollte Jupp Derwall wieder probieren, denn vor allem mit der Abwehr konnte er nicht zufrieden sein.

Tor: Schumacher, Burdenski, Roleder
Abwehr: Dremmler, Herget, Kh.Förster, Brehme, B.Förster, Augenthaler
Mittelfeld: Stielike, Schuster, Meier, Matthäus, Bruns
Angriff: K.H.Rummenigge, Völler, K.Allofs, Bommer
Neuling Hans-Günther Bruns kam gegen Belgien zu seinem 1. Länderspiel, während Roleder noch 4 Wochen warten mußte.

29.2.1984 in Brüssel
Belgien - Deutschland 0:1 (0:0)

SR: Thomas (Holland), Zuschauer: 18.000
Belgien: Pfaff; Renquin (ab 46. Daerden), Meeuws, Lambrichts, Plessers; Theunis, Ceulemans, Verheyen, Vercauteren, ab 37. de Wolf; Claesen, Voordeckers
BRD: Schumacher -45 (1.FC Köln); Dremmler -27 (Bayern München), Herget -3 (Bayer Uerdingen), Kh.Förster -55 (VfB Stuttgart), ab 63. Augenthaler -4 (Bayern München), Brehme -2 (1.FC Kaiserslautern), ab 46. Bruns -1 (Bor. Mönchengladb.); Stielike -37 (Real Madrid), Schuster -21 (FC Barcelona), Matthäus -20 (Bor. Mönchengladb.); Bommer -2 (Fort. Düsseldorf), ab 46. K.Allofs -27 (1.FC Köln), Völler -12 (Werder Bremen), K.H.Rummenigge -73 (Bayern München). Mannschaftskapitän: K.H.Rummenigge
Tore: 0:1 Völler (76. Foulelfmeter)
Beste Spieler: Pfaff, Ceulemans - Schumacher, Herget, Völler, Rummenigge
Bericht: Die deutsche Mannschaft begann in Brüssel erstaunlich selbstbewußt. Bereits in der zweiten Minute sah man den ersten Paß von Schuster über 40 Meter. Die erste gute Torchance hatte jedoch Belgien in der 5. Minute. Ein zu kurzer Rückpaß von Brehme erlief sich Claesen, der jedoch an Schumacher scheiterte.

7. Minute: Die nächste große Torgelegenheit für die Belgier vergab Voordeckers. Auf der anderen Seite ein toller 30-Meter-Schuß von Brehme in der 9. Minute, der Torhüter Pfaff große Probleme bereitete.

25. Minute: Claesen verpaßte eine Hereingabe von Meeuws, aber dafür kam Voordeckers frei zum Schuß, zielte jedoch weit am Tor von Schumacher vorbei. 34. Minute: Erneut war es Rummenigge, der Pfaff mit einem herrlichen Schuß zu einer Glanzparade zwang.

76. Minute: Nach viel Leerlauf leitete ein Steilpaß von Schuster auf Rummenigge die Entscheidung ein. Der Münchener paßte direkt weiter zu Stielike, der im Strafraum zu Fall kam. Die Elfmeter-Entscheidung von Schiedsrichter Thomas war für die Belgier sehr hart. Völler behielt die Nerven und verwandelte sicher zum 1:0. 82. Minute: Wieder konnte sich Völler mit dem Ball am Fuß freispielen, doch Pfaff rettete mit Fußabwehr gegen den harten Schuß. Drei Minuten vor dem Ende, nach einem Schuster-Fehlpaß, vergab Voordeckers die große Ausgleichschance. So blieb es beim insgesamt glücklichen 1:0 für die deutsche Elf.

❖

Vorbericht zum 496. Länderspiel: Mit der Sowjetunion bekam die deutsche Mannschaft den ersten von 3 ganz starken Gegnern. Auch in diesem Spiel ging es Bundestrainer Jupp Derwall wieder darum, einige Möglichkeiten zu erproben. Diesmal vor allem im Mittelfeld, weil Stielike keine Freigabe erhielt und somit im Aufgebot fehlte.
Tor: Schumacher, Burdenski, Roleder
Abwehr: Kh.Förster, Briegel, Herget, Otten, Augenthaler, B.Förster
Mittelfeld: Rolff, Matthäus, Schuster, Meier, H.G.Bruns
Angriff: K.H.Rummenigge, Völler, K.Allofs, Milewski
Dieses Aufgebot wurde noch kurzfristig geändert. Schuster und Rummenigge sagten ab und Brehme, Briegel und Bommer wurden nachnominiert. Torhüter Roleder kam als Einwechselspieler zu seinem einzigen Länderspiel.

28.3.1984 in Hannover
BR Deutschland - UdSSR 2:1 (1:1)

SR: Namoglu (Türkei), Zuschauer: 45.000
BRD: Schumacher -46 (1.FC Köln), ab 46. Roleder -1 (VfB Stuttgart); Rolff -8 (HSV), ab 46. Otten -6 (Werder Bremen), Herget -4 (Bayer Uerdingen), Kh.Förster -56 (VfB Stuttgart), Briegel -48 (1.FC Kaiserslautern); Matthäus -21 (Bor. Mönchengladbach), Bruns -2 (Bor. Mönchengladbach), Meier -11 (Werder Bremen); Milewski -2 (HSV), ab 65. Bommer -3 (Fort. Düsseldorf), Völler -13 (Werder Bremen), K.Allofs -28 (1.FC Köln), ab 76. Brehme -3 (1.FC Kaisersl.). Mannschaftskapitän: Kh.Förster
UdSSR: Tschanow; Schischkin, Jupikow, Palow (ab 20. Januschewski), Posdnjakow; Pudischew, Aleinikow, Litowtschenko, Sigmantowitsch; Stukaschow (ab 63. Protassow), Gurinowitsch
Tore: 0:1 Litowtschenko (5.), 1:1 Völler (9.), 2:1 Brehme (89.)
Beste Spieler: Schumacher, Völler - Aleinikow, Litowtschenko
Bericht: Die deutsche Mannschaft begann in Hannover sehr vorsichtig und nervös. Bereits in der 5. Minute lenkte Milewski eine abgefälschte Flanke direkt auf den Fuß von Litowtschenko, der sofort zum 0:1 abzog.

9. Minute: Einen Kopfball von Briegel konnte Torhüter Tschanow noch abwehren, jedoch beim Nachschuß von Völler war der sowjetische Torhüter machtlos. Schon 4 Minuten nach dem Führungstreffer hatte die deutsche Mannschaft wieder ausgeglichen. 15. Minute: Für ein Foul an Völler bekam Palow die gelbe Karte. In der 23. Minute Glück für die deutsche Mannschaft, als Rolff im Strafraum Aleinikow foulte, der Pfiff des Unparteiischen jedoch ausblieb. Und nach einer Tendelei im deutschen Strafraum, durch Bruns, mußte Schumacher beim nächsten Angriff mit einer Glanzparade einen erneuten Rückstand verhindern.

30. Minute: Nach einer halben Stunde viel Glück für die Sowjetunion, als ein toller 18-Meter-Schuß von Völler an die Unterkante der Latte knallte und ins Feld zurücksprang. 32. Minute: Mit einer Blitzreaktion konnte Torhüter Tschanow gerade noch einen Kopfball von Förster aus dem Tor angeln. Und noch einmal Glück für die Sowjetunion, als Jupikow eine Minute später auf der Linie einen Kopfball von Briegel für seinen bereits geschlagenen Torhüter wegschlug.

44. Minute: Und auch noch einmal Glück für die deutsche Mannschaft, als ein Freistoß von Schischkin nur ganz knapp am deutschen Tor vorbeizischte. Zur Halbzeit konnte man zwar nicht mit dem Spiel der deutschen Mannschaft, aber mit dem Ergebnis zufrieden sein.

53. Minute: Ein zu schwacher Schuß von Matthäus war für Tschanow kein Problem. Litowtschenko bereitete Roleder 4 Minuten später mit einem Freistoßaufsetzer große Probleme.

70. Minute: Inzwischen war das Spiel völlig verflacht. Statt Beifall gab es nur noch Pfiffe und Rufe „aufhören, aufhören!"

89. Minute: Ganz überraschend dann sogar noch der Siegtreffer für die deutsche Mannschaft, als sich Völler am rechten Flügel durchsetzen und in die Mitte flanken konnte. Brehme ließ sich die Chance nicht entgehen und traf zum 2:1 ins Netz. Aber auch dieser Siegtreffer für die deutsche Mannschaft konnte nicht mehr über die schwache Leistung hinwegtäuschen.

❖

Vorbericht zum 497. Länderspiel: Knapp 2 Monate vor Beginn der EM war die deutsche Mannschaft Gast beim Veranstalter der Endrunde, Frankreich. Die Franzosen hatten inzwischen eine sehr starke Mannschaft, die zu den Favoriten der EM gehörte. Für das Aufgebot von Jupp Derwall also ein echter Prüfstein.
Tor: Schumacher, Burdenski
Abwehr: Kh.Förster, Briegel, Strack, Herget, B.Förster, Otten, H.G.Bruns
Mittelfeld: Matthäus, Rolff, Brehme, Meier, Bommer
Angriff: K.H.Rummenigge, Völler, Littbarski
Da die „Spanier" fehlten, konnte und mußte im Mittelfeld erneut getestet werden. Diesmal mit 4 Mittelfeldspieler.

18.4.1984 in Straßburg
Frankreich - BR Deutschland 1:0 (0:0)

SR: Barbaresco (Italien), Zuschauer: 42.000
Frankreich: Bats; Battiston, Bossis (ab 46. Domergue), Le Roux, Amoros; Fernandez, Bravo, Genghini; Six, Rocheteau (ab 68. Anziani), Bellone (ab 84. Ferreri)
BRD: Schumacher -47 (1.FC Köln); B.Förster -29 (VfB Stuttgart), Bruns -3 (Bor. Mönchengladb.), Kh.Förster -57 (VfB Stuttgart), Briegel -49 (1.FC Kaiserslautern); Rolff -9 (HSV), ab 76. Herget -5 (Bayer Uerd.), Matthäus -22 (Bor. Mönchengladb.), Brehme -4 (1.FC Kaisersl.), Meier -12 (Werder Bremen), ab 76. Littbarski -26 (1.FC Köln); K.H.Rummenigge -74 (Bayern München), Völler -14 (Werder Bremen). Mannschaftskapitän: K.H.Rummenigge

Tor: 1:0 Genghini (79.)
Beste Spieler: Six, Bossis, Le Roux - Schumacher, Bruns, Brehme
Bericht: Beide Mannschaften begannen sofort schwungvoll, so daß das Spiel von der ersten Minute an interessant war.

5. Minute: Six erkämpfte sich im Mittelfeld das Leder und paßte zu Fernandez, der sofort abzog. Schumacher konnte sich zum erstenmal auszeichnen.

18. Minute: Die erste gute Szene des deutschen Angriffs, als Karl-Heinz Rummenigge nach Flanke von Rudi Völler einen Fallrückzieher ansetzte, der jedoch nicht richtig gelang. 21. Minute: Nach Freistoß von Meier nahm Rummenigge den Ball direkt aus der Luft, aber der Schuß ging deutlich am Tor vorbei. 25. Minute: Ein herrlicher Schlenzer von Six strich nur ganz knapp am Tor von Schumacher vorbei. Auf der Gegenseite grätschte Völler in eine Flanke von Matthäus, doch Torhüter Bats hatte keine Mühe. 27. Minute: Bravo erhielt auf der rechten Seite den Ball und schoß direkt auf das deutsche Tor, doch Schumacher parierte mit einer tollen Parade.

32. Minute: Schon wieder ein Ballverlust der deutschen Elf. Bellone bekam das Leder und schoß auf das Tor, aber Schumacher konnte erneut abwehren. Nach einem Distanzschuß von Bossis, 2 Minuten später, hatte Schumacher durch sein gutes Stellungsspiel keine Mühe. 38. Minute: In letzter Sekunde mußte Karlheinz Förster vor dem einschußbereiten Battiston retten. Aus günstiger Position verfehlte Briegel, 4 Minuten danach, mit einem Hechtsprung nur knapp die Flanke von Bernd Förster. Zur Halbzeit stand das Spiel verdientermaßen unentschieden.

59. Minute: Die Überlegenheit der Franzosen wurde immer deutlicher. Genghini prüfte Schumacher mit einem harten Schuß. 65. Minute: Nach Kopfballvorlage von Karlheinz Förster hatte Matthäus eine der wenigen guten Torchancen für die deutsche Mannschaft, doch sein Schuß wurde abgefälscht. 67. Minute: Mit einem gefährlichen Aufsetzer von Six hatte Torhüter Schumacher einige Schwierigkeiten. Die Franzosen hatten weiterhin mehr Spielanteile. Schumacher wurde in der 69. Minute durch einen Kopfball von Le Roux geprüft. Und eine Minute später konnte sich der Kölner Torhüter bei einem Schuß von Six auszeichnen.

79. Minute: Der längst überfällige Führungstreffer der Franzosen fiel 11 Minuten vor dem Ende. Six ging an Förster vorbei und flankte zu Genghini, der den Ball direkt nahm und Schumacher dabei keine Chance ließ.

90. Minute: Das deutsche Team konnte sich bei Toni Schumacher bedanken, daß es in Straßburg nur mit 0:1 verloren hatte.

❖

Vorbericht zum 498. Länderspiel: Das letzte Vorbereitungsspiel fand in Zürich, dem Sitz der FIFA statt. Die Fußball-Weltorganisation feierte ihr 80-jähriges Bestehen und hatte dafür die beiden letzten WM-Finalisten eingeladen. Jupp Derwall hatte in diesem Spiel die Möglichkeit, seine beste Formation zu testen. Allerdings hatte er einige Probleme, denn von Hansi Müller (Inter Mailand) und Bernd Schuster (FC Barcelona) bekam er einen Korb, und die beiden Stars kehrten auch nie wieder in die Nationalelf zurück.

Tor: Schumacher, Burdenski, Roleder
Abwehr: Stielike, Kh.Förster, Briegel, B.Förster, H.G.Bruns, Buchwald
Mittelfeld: Bommer, Matthäus, Rolff, Brehme
Angriff: K.H.Rummenigge, Völler, K.Allofs, Littbarski
Mit Buchwald war ein Neuling im Aufgebot, der auch gegen Italien zu seinem 1. Länderspiel kam.

22.5.1984 in Zürich (80 Jahre FIFA)
Italien - BR Deutschland 0:1 (0:0)

SR: Coelho (Brasilien), Zuschauer: 26.700
Italien: Bordon; Bergomi, Scirea, Vierchowod, Nela (71. Gentile); Tardelli (ab 72. Fanna), Dossena, Bagni, Baresi; Conti, Altobelli (ab 77. Giordano)
BRD: Schumacher -48 (1.FC Köln), ab 46. Burdenski -12 (Werder Bremen); B.Förster -30 (VfB Stuttgart), Stielike -38 (Real Madrid), Kh.Förster -58 (VfB Stuttgart), ab 46. Matthäus -23 (Bor. Mönchengladbach), Briegel -50 (1.FC Kaiserslautern); Buchwald - 1 (VfB Stuttgart), ab 66. Bommer -4 (Fort. Düsseldorf), K.H.Rummenigge -75 (Bayern München), Rolff -10 (HSV), Brehme -5 (1.FC Kaiserslautern); Völler -15 (Werder Bremen), K.Allofs -29 (1.FC Köln). Mannschaftskapitän: K.H.Rummenigge

Tor: 1:0 Briegel (62.)
Beste Spieler: Dossena, Conti - Stielike, Kh.Förster, Schumacher, Burdenski
Bericht: Von der ersten Minute an zeigte die deutsche Mannschaft endlich einmal wieder Mut zur Offensive.

7. Minute: Dossena paßte auf den freistehenden Altobelli, der sofort abzog. Mit einem tollen Reflex parierte Torhüter Schumacher jedoch den harten Schuß. 12. Minute: Nach einem Paß von Buchwald ließ Völler seinen Gegenspieler aussteigen und legte maßgerecht auf Allofs zurück. In letzter Sekunde konnte Nela den Schuß des Kölners zur Ecke abwehren. 23. Minute: Eine Flanke von Altobelli klärte Schumacher mit einer weiten Faustabwehr.

44. Minute: Vierchowod blockte einen Schuß von Rummenigge ab, und der Nachschuß von Brehme strich nur knapp über die Latte. Zur Halbzeit konnten die Italiener froh sein, daß es noch 0:0 stand.

62. Minute: Auch nach dem Seitenwechsel dominierte die deutsche Mannschaft. Rummenigge schoß einen Freistoß gefühlvoll nach innen, wo Briegel am höchsten sprang und unhaltbar zum längst verdienten 1:0 einköpfte. 76. Minute: Auch nach dem Führungstreffer blieb die deutsche Mannschaft überlegen, aber die Konter der Italiener waren stets gefährlich. Eine knappe Viertelstunde vor Schluß kam Dossena frei zum Schuß, doch Burdenski konnte den flachen Ball abwehren.

87. Minute: Noch einmal Glück für die deutsche Mannschaft, als Baresi einen Fernschuß wagte, der nur um Zentimeter am Tor vorbeiging. Es blieb beim verdienten 1:0 für die deutsche Elf.

❖

Vorbericht zum 499. Länderspiel: Nach der guten Leistung gegen Italien war Bundestrainer Jupp Derwall recht optimistisch. Die deutsche Mannschaft hatte auch wieder das schon übliche Losglück. Portugal, Rumänien und Spanien waren die Gruppengegner, während in der Gruppe 1 mit Frankreich, Dänemark, Belgien und Jugoslawien die wesentlich stärker eingeschätzten Nationen spielten.

Am 2.6.1984 mußte Derwall sein 20-köpfiges Aufgebot benennen. Nicht dabei waren Hansi Müller (Inter Mailand) und Bernd Schuster (FC Barcelona). Beide legten keinen Wert mehr darauf, unter Derwall in der Nationalelf zu spielen, was die Leistungsstärke der deutschen Mannschaft, vor allem im Fall Schuster, minderte.

1. Schumacher (1.FC Köln), geb. 6.3.1954, 48 Lsp.
2. Briegel (1.FC Kaiserslautern), geb. 11.10.1955, 50 Lsp.
3. Strack (1.FC Köln), geb. 1.9.1955, 10 Lsp.
4. Förster, Kh. (VfB Stuttgart), geb. 25.7.1958, 58 Lsp.
5. Förster, B. (VfB Stuttgart), geb. 3.5.1956, 30 Lsp.
6. Rolff (Hamburger SV), geb. 26.12.1959, 10 Lsp.
7. Brehme (1.FC Kaiserslautern), geb. 9.11.1960, 5 Lsp.
8. Allofs, K. (1.FC Köln), geb. 5.12.1956, 29 Lsp.
9. Völler (Werder Bremen), geb. 13.4.1960, 15 Lsp.
10. Meier (Werder Bremen), geb. 20.9.1958, 12 Lsp.
11. Rummenigge, K.H. (Bayern München), geb. 25.9.1955, 75 Lsp.
12. Burdenski (Werder Bremen), geb. 26.11.1950, 12 Lsp.
13. Matthäus (Bor. Mönchengladb.), geb. 21.3.1961, 23 Lsp.
14. Falkenmayer (Eintr. Frankfurt), geb. 11.2.1963, ohne Lsp.
15. Stielike (Real Madrid), geb. 15.11.1954, 38 Lsp.
16. Bruns (Bor. Mönchengladb.), geb. 15.11.1954, 3 Lsp.
17. Littbarski (1.FC Köln), geb. 16.4.1960, 26 Lsp.
18. Buchwald (VfB Stuttgart), geb. 24.1.1961, 1 Lsp.
19. Bommer (Fort. Düsseldorf), geb. 19.8.1957, 4 Lsp.
20. Roleder (VfB Stuttgart), geb. 9.10.1953, 1 Lsp.

Einziger Neuling war das 21-jährige Talent Falkenmayer von Eintracht Frankfurt. Am 4.6.1984 trafen sich die Spieler in Gravenbruch zum Abschlußlehrgang, wo noch ein Trainingsspiel angesetzt war.

5.6.1984 in Frankfurt/Waldsportplatz
SpVgg 05 Oberrad - Nationalmannschaft 1:17
SR: Jupe (Darmstadt), Zuschauer: 3.000
Nationalmannschaft: Schumacher (46. Burdenski); B.Förster (46. Matthäus), Stielike (46. Bruns), Kh.Förster (46. Strack), Briegel; Buchwald (46. Bommer), Rolff (46. Meier), K.H.Rummenigge, Brehme; Völler (46. Littbarski), K.Allofs
Tore: 0:1 Völler (18.), 0:2 Allofs (25.), 0:3, 0:4 Völler (31., 32.), 0:5 Allofs (35.), 0:6 Rolff (43.), 0:7, 0:8 Allofs (54., 57.), 0:9, 0:10, Rummenigge (61., 63.), 0:11 Briegel (67.), 0:12 Matthäus (69.), 0:13 Littbarski (70.), 1:13 Marienfeld (72. Foulelfmeter), 1:14, 1:15 Littbarski (73., 80.), 1:16 Allofs (85.), 1:17 Meier (90.)

Einige Tage später flog die deutsche Delegation nach Paris, wo die letzten Vorbereitungen für das 1. Gruppenspiel gegen Portugal stattfanden. Dazu gehörte auch ein Trainingsspiel gegen die französische Militär-Auswahl.

10.6.1984 in Paris
Frankreich (Militär-Auswahl) - Nationalmannschaft 0:3 (0:2)
BRD: Schumacher (46. Roleder); B.Förster, Stielike, Kh.Förster (62. Strack), Briegel (62. Matthäus); Buchwald, Rolff (62. Falkenmayer), Rummenigge, Brehme (68. Bruns); Völler (62. Littbarski), Allofs (78. Bommer)
Tore: 0:1 Völler (2.), 0:2 Völler (45.), 0:3 Rummenigge (66.)

Die Aufstellung des 1. Spiels gegen Portugal zeichnete sich bereits in diesem Trainingsspiel ab.

14.6.1984 in Straßburg (EM-Endrunde)
Portugal - BR Deutschland 0:0

SR: Juschka (Sowjetunion), Zuschauer: 50.000
Portugal: Bento; Pinto, Lima, Pereira, Eurico, Alvaro; C.Manuel, Sousa, Frasco (ab 79. Veloso), Chalana, Pacheco; Jordao (ab 85. Gomes)
BRD: Schumacher -49 (1.FC Köln); B.Förster -31 (VfB Stuttgart), Stielike -39 (Real Madrid), Kh.Förster -59 (VfB Stuttgart), Briegel -51 (1.FC Kaiserslautern); Rolff -11 (HSV), ab 67. Bommer -5 (Fort. Düsseldorf), Buchwald -2 (VfB Stuttgart), ab 67. Matthäus -24 (Bor. Mönchengladbach), K.H.Rummenigge -76 (Bayern München), Brehme -6 (1.FC Kaiserslautern); Völler -16 (Werder Bremen), K.Allofs -30 (1.FC Köln). Mannschaftskapitän: K.H.Rummenigge

Beste Spieler: Jordao, Bento - Schumacher, Stielike
Bericht: Nach vorsichtigem Beginn fand die deutsche Mannschaft zuerst zu ihrem Spiel.

7. Minute: Nach einem Kopfball von Buchwald erkämpfte sich Völler den Ball, doch Torhüter Bento konnte das Leder zur Ecke abwehren.

22. Minute: Pacheco schoß knallhart aus 25 Metern auf das deutsche Tor. Nur mit einer Glanzparade konnte Torhüter Schumacher den scharfen Schuß abwehren. 28. Minute: Zum wiederholten Male konnten Flanken in den portugiesischen Strafraum von den deutschen Angreifern nicht genutzt werden. 36. Minute: Torhüter Bento unterlief eine Flanke von Karlheinz Förster. Die Direktabnahme von Klaus Allofs strich jedoch am Tor vorbei.

49. Minute: Aus 4 Meter Entfernung kam Völler frei zum Schuß, aber wie schon mehrfach, wurden die deutschen Stürmer durch die Portugiesen immer wieder abgeblockt. 51. Minute: Nach der Pause machten die Portugiesen sichtbar mehr Druck. Nach einer Vorlage von Pinto rettete Bernd Förster vor dem einschußbereiten Jordao. 55. Minute: Ein Freistoß von Allofs, aus 20 Meter Entfernung, zischte nur ganz knapp am portugiesischen Gehäuse vorbei. 60. Minute: Nach schönem Direktspiel zwischen Frasco, Manuel und Jordao, konnte Torhüter Schumacher gerade noch vor dem portugiesischen Mittelstürmer retten. Und 7 Minuten später parierte Schumacher einen 16-Meter-Schuß von Pinto.

72. Minute: Die größte Chance für die deutsche Mannschaft hatte Klaus Allofs, als er zwei Gegenspieler aussteigen ließ und mit einem herrlichen Schuß Torhüter Bento prüfte. 88. Minute: Längst waren die deutschen Zuschauer wieder dazu übergegangen, ihre Mannschaft gnadenlos auszupfeifen, als sich Völler noch einmal eine große Chance bot. Im Fallen schoß der Bremer Mittelstürmer den Ball nur ganz knapp über die Latte. So blieb es beim gerechten 0:0 Unentschieden, denn einen Sieg hatte die deutsche Mannschaft mit dieser Leistung nicht verdient.

❖

Vorbericht zum 500. Länderspiel: Nach der enttäuschenden Leistung gegen Portugal mußte die deutsche Mannschaft unbedingt gegen Rumänien gewinnen. Mit Meier für Rolff nahm Bundestrainer Jupp Derwall deshalb einen weiteren offensiven Spieler neu in die Mannschaft und ließ Karl-Heinz Rummenigge als dritte Spitze vorne spielen.

17.6.1984 in Lens (EM-Endrunde)
Rumänien - BR Deutschland 1:2 (0:1)

SR: Keizer (Holland), Zuschauer: 35.000
Rumänien: Lung; Rednic, Stefanescu, Andone, Ungureanu; Dragnea (ab 62. Ticleanu, Coras, Bölöni, Klein; Hagi (ab 46. Zare), Camataru
BRD: Schumacher -50 (1.FC Köln); B.Förster -32 (VfB Stuttgart), Stielike -40 (Real Madrid), Kh.Förster -60 (VfB Stuttgart), ab 79. Buchwald -3 (VfB Stuttgart), Briegel -52 (1.FC Kaiserslautern); Matthäus -25 (Bor. Mönchengladbach), Meier -13 (Werder Bremen), ab 65. Littbarski -27 (1.FC Köln), Brehme -7 (1.FC Kaiserslautern); K.H.Rummenigge -77 (Bayern München), Völler -17 (Werder Bremen), K.Allofs -31 (1.FC Köln). Mannschaftskapitän: K.H.Rummenigge
Tore: 0:1 Völler (25.), 1:1 Coras (46.), 1:2 Völler (66.)
Beste Spieler: Lung, Bölöni - Kh.Förster, Völler, Matthäus
Bericht: Nachdem der deutsche Mannschaftsbus von der Polizei umgeleitet worden war, kam Bundestrainer Jupp Derwall

mit seinen Spielern erst mit halbstündiger Verspätung ins Stadion. Auf dem Spielfeld setzte sich die Aufregung gleich fort. Schumacher stand richtig, als Camataru nach wenigen Sekunden einen Freistoß von links auf das deutsche Tor schoß.

10. Minute: Die erste Chance für die deutsche Mannschaft hatte Linksaußen Klaus Allofs, dessen Schuß mit seinem schwachen rechten Fuß jedoch kein Problem für den rumänischen Torhüter war.

21. Minute: Einen Freistoß von Allofs verpaßte Briegel nur ganz knapp. Vier Minuten später flankte Meier in den Strafraum auf Völler, der am höchsten sprang und unhaltbar zum 1:0 für die deutsche Mannschaft einköpfte. 30. Minute: Erneut ging von Meier die Gefahr aus, der aus 20 Meter Entfernung nur knapp über das rumänische Tor knallte. Bei einem Schuß von Brehme aus 22 Metern hatte Torhüter Lung, 120 Sekunden später, bereits größte Mühe. 36. Minute: Erneut war es Meier, dessen Schuß jedoch wieder etwas zu hoch angesetzt war. Und auch bei einem Schuß von Völler, kurz vor der Halbzeit, war der rumänische Torhüter auf dem Posten.

46. Minute: Direkt vom Wiederbeginn an der Ausgleich für die Rumänen. Matthäus unterlief eine Flanke, so daß Coras völlig freistehend aus 16 Metern unhaltbar zum Ausgleich einschießen konnte. Danach einiger Leerlauf in der deutschen Mannschaft.

66. Minute: Inzwischen hatte sich das Team von Jupp Derwall wieder erholt und drängte auf den Führungstreffer. Allofs flankte an die Strafraumgrenze, wo Rummenigge den Ball für Völler abtropfen ließ und der Bremer knallte das Leder ins rechte Eck zum 2:1 für die deutsche Mannschaft. 72. Minute: Nach einem Steilpaß von Matthäus legte Völler das Leder mit der Hacke zu Littbarski, der nur ganz knapp über das Tor schoß. 78. Minute: Allofs zog aus 18 Metern ab, doch Torhüter Lung konnte den Ball noch soeben über die Latte lenken.

86. Minute: Nach einem Fehlpaß von Bernd Förster konnte Stielike in letzter Sekunde den Ausgleich verhindern. Und in der letzten Minute ließ die deutsche Mannschaft Bölöni völlig freistehend zum Schuß kommen, doch Schumacher holte den Ball mit einer Glanzparade noch aus dem Winkel. So blieb es beim verdienten, aber keineswegs überzeugenden 2:1-Sieg der deutschen Mannschaft.

❖

Vorbericht zum 501. Länderspiel: Trotz des Sieges herrschte im deutschen Lager keine gute Stimmung. Offensichtlich war Jupp Derwall stark verunsichert, nachdem D.F.B.-Präsident Herrmann Neuberger in einem Interwiev gesagt hatte, daß der 1986 auslaufende Vertrag mit dem Bundestrainer nicht verlängert werde. Jupp Derwall hatte zwar mit dem Gewinn der Europameisterschaft 1980 und der WM-Vizemeisterschaft 1982 große Erfolge vorzuweisen, aber die schwachen Vorstellungen der Nationalelf seit 1982 wurden ihm angelastet.

Nun stand Derwall jedoch vor dem Halbfinale. Ein Unentschieden gegen Spanien reichte der deutschen Mannschaft bereits.

20.6.1984 in Paris (EM-Endrunde)
Spanien - BR Deutschland 1:0 (0:0)

SR: Christov (CSSR), Zuschauer: 47.691

Spanien: Arconada; Victor, Maceda, Goicoechea (ab 26 Salva), Camacho; Gordillo, Gallego, Senor, Alberto (ab 75. Francisco); Santillana, Carrasco

BRD: Schumacher -51 (1.FC Köln); B.Förster -33 (VfB Stuttgart), Stielike -41 (Real Madrid), Kh.Förster -61 (VfB Stuttgart), Briegel -53 (1.FC Kaiserslautern); Matthäus -26 (Bor. Mönchengladb.), Meier -14 (Werder Bremen), ab 60. Littbarski -28 (1.FC Köln), Brehme -8 (1.FC Kaiserslautern), ab 74. Rolff -12 (HSV); K.H.Rummenigge -78 (Bayern München), Völler -18 (Werder Bremen), K.Allofs -32 (1.FC Köln). Mannschaftskapitän: K.H.Rummenigge

Tor: 1:0 Maceda (90.)

Beste Spieler: Arconada, Senor, Maceda - Schumacher, Briegel

Bericht: Bei drückender Schwüle begann die deutsche Mannschaft im Pariser Prinzenparkstadion furios. Einen Eckball von Allofs köpfte Briegel nach 3 Minuten an die Latte.

15. Minute: Ungehindert konnte Senor aus 20 Meter Entfernung auf das Tor von Schumacher schießen, der sich jedoch nicht überraschen ließ. Und im Gegenzug überlief Völler Camacho und schoß hart auf das kurze Eck, wo Arconada gerade noch zur Ecke abwehren konnte.

21. Minute: Allofs setzte sich auf der linken Seite durch und flankte wunderschön in die Mitte, wo erneut Briegel zum Kopfball kam, aber auch zum zweitenmal die Latte traf. Die Spanier hatten riesiges Glück. 27. Minute: Das Pech blieb der deutschen Mannschaft treu. Brehme knallte den Ball aus 22 Metern an den Pfosten.

44. Minute: Stielike grätschte dem durchgelaufenen Salva von hinten in die Beine. Schiedsrichter Christov konnte nur auf Elfmeter entscheiden, doch Schumacher hielt den Strafstoß von Carrasco. Trotz klarer Überlegenheit der deutschen Mannschaft stand es zur Halbzeit nur 0:0.

51. Minute: Erneut war es Allofs, der als erster gefährlich auf das spanische Tor schoß. Sein 16-Meter-Schuß konnte von Arconada gerade noch zur Ecke abgewehrt werden. 57. Minute: Die Fehler in der deutschen Abwehr häuften sich und machten die Spanier stark. Meier verlor gegen Victor den Ball, der sofort an Carrasco weiterspielte, der Karlheinz Förster stehenließ, aber am herauslaufenden Schumacher scheiterte.

68. Minute: Nach einer Ecke rettete Stielike auf der Linie bei einem Kopfball von Maceda. 74. Minute: Mit einer großartigen Parade meisterte Torhüter Arconada einen knallharten Schuß aus 10 Metern von Rummenigge.

80. Minute: Glänzend hielt Schumacher einen Freistoß der Spanier von der Strafraumgrenze aus. Auf der anderen Seite machte Arconada einen 25-Meter-Schuß von Matthäus unschädlich. 85. Minute: Als Völler Allofs freigespielt hatte, traf der Kölner Linksaußen nur das Außennetz. Und 3 Minuten später noch einmal eine gute deutsche Konterchance, als Littbarski frei durch war, aber erneut an Arconada scheiterte.

90. Minute: In den letzten 20 Minuten hatten die Spanier mit der großen Offensive noch einmal alles versucht, um doch noch den für sie wichtigen Siegtreffer zu erzielen - und sie wurden in der letzten Spielminute belohnt: Maceda bestrafte die Nachlässigkeit in der deutschen Abwehr, als er nach einer Flanke von Senor ungehindert zum 1:0 einköpfen konnte. Damit war die deutsche Mannschaft sensationell aus der Europameisterschaft ausgeschieden.

Gleichzeitig war es das Ende der Ära Jupp Derwall. Zwar wurde nach der EM noch einige Tage lang von Seiten des D.F.B. und Jupp Derwall in der Öffentlichkeit dargestellt, daß der laufende Vertrag bis 1986 erfüllt würde, aber dann warf der Bundestrainer doch das Handtuch, weil die Kritik an seiner Person Überhand genommen hatte, die Atmosphäre vergiftet war und schließlich eine Demontage stattfand. Innerhalb weniger Tage wurde dann auch klar, wer Derwalls Nachfolge antreten würde. Am Anfang wurde noch vorsichtig von technischem Berater gesprochen, aber bald war er neuer Teamchef, der deutsche Rekordnationalspieler Franz Beckenbauer. In der verfahrenen Situation war er sicherlich der beste Mann für diese Aufgabe, weil er eine Leitfigur war, ein Vorbild an Können mit kämpferischer Einstellung, und Erfolg hatte er schließlich auch gehabt. Wunderdinge konnte man jedoch auch von Beckenbauer nicht erwarten, weil das Spielerpotential von einst nicht mehr vorhanden war.

❖

Bilanz 1984/85
10 Spiele: 6 Siege, 0 Unentschieden, 4 Niederlagen, 23:14 Tore
Zuschauer: 361.000
In 10 Spielen wurden 27 Spieler eingesetzt, davon waren 8 Spieler Neulinge.

Die Spieler der Saison:
Harald Schumacher	9	Spiele
Ditmar Jakobs	9	"
Lothar Matthäus	9	"
Felix Magath	9	"
Rudi Völler	9	"
Matthias Herget	9	"
Andreas Brehme	8	"
Uwe Rahn	7	"
Karlheinz Förster	6	"
Olaf Thon	6	"
Thomas Berthold	6	"
Pierre Littbarski	6	"
Michael Frontzeck	6	"
Hans-Peter Briegel	5	"
Karl-Heinz Rummenigge	5	"
Franz Mill	4	"
Ralf Falkenmayer	3	"
Klaus Allofs	3	"
Ulrich Stein	3	"
Klaus Augenthaler	2	"
Hans-Günter Bruns	1	Spiel
Rudolf Bommer	1	"
Ulrich Stielike	1	"
Christian Schreier	1	"
Thomas Kroth	1	"
Herbert Waas	1	"
Ludwig Kögl	1	"

Die Tore der Saison:
Uwe Rahn	4	Tore
Pierre Littbarski	4	"
Karl-Heinz Rummenigge	3	"
Rudi Völler	3	"
Klaus Allofs	3	"
Ditmar Jakobs	1	Tor
Karlheinz Förster	1	"
Felix Magath	1	"
Lothar Matthäus	1	"
Matthias Herget	1	"
Thomas Berthold	1	"

Mannschaftsführer waren:
Karl-Heinz Rummenigge	5	mal
Harald Schumacher	4	"
Karlheinz Förster	1	"
Felix Magath	1	"

4 Elfmeter für Deutschland,
verschossen durch Littbarski (gegen Malta), Herget (gegen Malta), Rummenigge (gegen Bulgarien) und Brehme (gegen England)

1 Elfmeter gegen Deutschland,
verwandelt durch Zdravkov (Bulgarien)

1 Elfmeter gegen Deutschland,
verschossen durch Boy (Mexico)

Rangliste der besten Nationalspieler des Jahres:
1. Matthias Herget (Bayer Uerdingen)
2. Harald „Toni" Schumacher (1.FC Köln)
   Uwe Rahn (Borussia Mönchengladbach)
4. Rudi Völler (Werder Bremen)
   Hans-Peter Briegel (1.FC Kaiserslautern)
6. Thomas Berthold (Eintracht Frankfurt)
7. Pierre Littbarski (1.FC Köln)
   Karlheinz Förster (VfB Stuttgart)
   Andreas Brehme (1.FC Kaiserslautern)

1984/85

Vorbericht zum 502. Länderspiel: Noch bevor Franz Beckenbauer die Nationalmannschaft erstmals betreuen konnte, gab es schon Ärger um seine Person. Da Beckenbauer keinen A-Schein als Trainer hatte, was in der BR Deutschland Bedingung war, um Profifußballvereine zu trainieren, wurde an seiner Ernennung viel Kritik geübt. Der Trick von D.F.B.-Präsident Neuberger, ihn zum Teamchef zu berufen und damit die fehlende Trainerlizenz zu umgehen, rief viele Neider auf den Plan. Letzlich scheiterten jedoch alle an der zweifellos vorhandenen Kompetenz von Bekkenbauer.

Der Teamchef hatte zunächst ganz andere Sorgen. Nach seiner Bereitschaft, Schuster wieder in die Mannschaft zu holen, erklärte der Spanienlegionär zum wiederholten Mal seinen Rücktritt aus der Nationalmannschaft. Da mit Briegel (Hellas Verona) und Karl-Heinz Rummenigge (Inter Mailand) 2 weitere Stars ins Ausland abgewandert waren, mußte Beckenbauer teilweise neu aufbauen.

Tor: Schumacher, Stein
Abwehr: Stielike, H.G.Bruns, Kh.Förster, Bockenfeld, Jakobs, Frontzeck, Strack, G.Schäfer
Mittelfeld: Matthäus, Brehme, Magath, Falkenmayer, Bommer, Kroth, Rolff, Lux
Angriff: K.H.Rummenigge, Völler, Mill, Rahn

Das erste Aufgebot war voller Überraschungen. Mit Frontzeck, G.Schäfer, Falkenmayer, Kroth, Lux und Rahn waren gleich 6 Spieler ohne Länderspiel. Günther Schäfer (VfB Stuttgart) und Lux (Eintr. Braunschweig) blieben auch ohne Länderspiel. Frontzeck, Falkenmayer und der nachnominierte Schreier wurden bereits gegen Argentinien erstmals eingesetzt. Interessant war aber auch, daß mit Stein, Jakobs, Bockenfeld, Mill und Magath Spieler in den Kreis der Nationalelf zurückkehrten, deren Berufung bereits einige Zeit zurücklag.

12.9.1984 in Düsseldorf
BR Deutschland - Argentinien 1:3 (0:2)

SR: Wurtz (Frankreich), Zuschauer: 45.000
BRD: Schumacher -52 (1.FC Köln); Brehme -9 (1.FC Kaiserslautern), Bruns -4 (Bor. Mönchengladbach), Jakobs -2 (HSV), Frontzeck -1 (Bor. Mönchengladbach); Bommer -6 (Fort. Düsseldorf), Matthäus -27 (Bayern München), Magath -25 (HSV), Falkenmayer -1 (Eintr. Frankfurt); Völler -19 (Werder Bremen), ab 46. Stielike -42 (Real Madrid), Mill -4 (Bor. Mönchengladbach), ab 73. Schreier -1 (Bayer Leverkusen). Mannschaftskapitän: Schumacher
Argentinien: Pumpido; Trossero, Brown (ab 54. Camino), Garre; Trobbiani (ab 77. Rinaldi), Russo, Burruchaga, Bochini, Giusti; Ponce, Gareca
Tore: 0:1, 0:2 Ponce (5., 36.), 0:3 Burruchaga (58.), 1:3 Jakobs (78.)
Beste Spieler: Schumacher, Falkenmayer - Pumpido, Burruchaga, Ponce
Bericht: Alle Aufmerksamkeit vor diesem Spiel gehörte dem neuen Teamchef Franz Beckenbauer, der nun eine neue Ära der deutschen Nationalmannschaft einleiten sollte.

5. Minute: Seinen Start hätte sich Beckenbauer sicherlich anders vorgestellt. Nach einem Foul an der Strafraumgrenze schoß Ponce den fälligen Freistoß um die deutsche Mauer herum ins kurze Eck zur überraschenden 1:0-Führung für Argentinien. 7. Minute: Bommer produzierte im Mittelfeld einen Fehlpaß, so daß Bochini mit dem Ball davonziehen konnte und zur nächsten guten Torchance kam. Aus 40 Metern versuchte er den herausstürzenden Schumacher zu überlisten, doch der Kölner Torhüter lenkte den Ball noch über die Latte. 13. Minute: Burruchaga ließ 2

deutsche Spieler aussteigen, doch erneut konnte Schumacher den Ball um den Pfosten lenken.

21. Minute: Nach einem Magath-Paß schob Matthäus das Leder an Torhüter Pumpido vorbei, aber Trossero rettete auf der Linie.

32. Minute: Ein Volleyschuß von Bommer, auf Flanke von Brehme, kam gefährlich als Aufsetzer auf das Tor von Pumpido, der gerade noch zur Ecke abwehren konnte. 36. Minute: Die deutsche Mannschaft verlor wieder einmal in der eigenen Hälfte den Ball. Trobbiani gab direkt weiter auf Ponce, der aus 8 Metern das 0:2 erzielte. Wieder war Torhüter Schumacher machtlos.

40. Minute: Endlich auch Jubel bei den deutschen Schlachtenbummlern, doch Mill stand bei seinem Kopfball im Abseits. 45. Minute: Zur Halbzeit lag die deutsche Mannschaft trotz leichter Überlegenheit mit 0:2 hinten, weil die Argentinier wesentlich effektiver spielten und auch die besseren Torchancen hatten.

47. Minute: Neuling Falkenmayer prüfte den argentinischen Torhüter mit einem 18-Meter-Direktschuß. 58. Minute: Die deutsche Mannschaft drängte jetzt energisch auf den Anschlußtreffer. Dadurch bekamen die Argentinier einige Konterchancen. Nach Flanke von Gareca konnte Falkenmayer zwar noch in den Schuß von Burruchaga rutschen, jedoch nicht mehr das 0:3 verhindern.

71. Minute: Mit einer Glanzparade verhinderte Torhüter Pumpido nach einem Direktschuß von Falkenmayer das 1:3. Eine Viertelstunde vor Schluß hatte die deutsche Mannschaft auch noch Pech, als Matthäus aus 22 Metern nur den Pfosten traf. Erst in der 78. Minute, nach einer Flanke von Magath, verwandelte Jakobs per Kopf zum 1:3. 86. Minute: Ein herrlicher Schuß von Magath wurde von Torhüter Pumpido über die Latte gelenkt. Der Ehrentreffer blieb der einzige für die deutsche Mannschaft und Beckenbauer mußte gleich in seinem ersten Spiel als Teamchef erfahren, wie schlecht es um diese Nationalmannschaft stand.

❖

Vorbericht zum 503. Länderspiel: Vom 23.-26.9.1984 lud Beckenbauer 18 Spieler zu einem Kurzlehrgang ein.

Tor: Schumacher, Stein
Abwehr: Brehme, Bruns, Frontzeck, Kh.Förster, Herget, Jakobs
Mittelfeld: Bommer, Falkenmayer, Magath, Rolff, Matthäus
Angriff: K.Allofs, Mill, Rahn, Schreier, Völler

Jakobs, Rolff und Rahn mußten ihre Teilnahme wegen Verletzung absagen. Die anderen 15 kamen und waren dabei, als zum Abschluß noch ein Trainingsspiel gegen die „U 21" durchgeführt wurde.

Nationalelf - „U 21" 4:3 (3:0)
Nationalelf: Stein; Kh.Förster, Herget, Frontzeck; Bommer, Brehme, Matthäus, Magath, Falkenmayer; Völler (31. Mill), Schreier
U 21: Immel; Bunte (31. Kohler), Schröder, Lellek, Roth (31. Lusch); Klinsmann (31. Ordenewitz), Moser (31. Theiss), Pomp, Anderbrügge; Waas (31. Wegmann), U.Müller (31. Zechel)
Tore: 1:0 Völler (6.), 2:0 Völler (10.), 3:0 Schreier (21.), 3:1 Wegmann (40.), 3:2 Schröder (45. Foulelfmeter), 4:2 Falkenmayer (52.), 4:3 Kohler (57.)

Mit dem Beginn der Beckenbauer-Ära endete auch das Losglück, das die deutsche Mannschaft so oft bei Auslosungen zur WM und EM hatte. Die WM-Qualifikationsgruppen waren allerdings noch in der Derwall-Ära ausgelost worden. Die deutsche Mannschaft hatte mit Schweden, Portugal, Tschechoslowakei und Malta eine sehr schwere Gruppe. Einziger Vorteil war, daß sich 2 Mannschaften für die WM in Argentinien qualifizieren konnten. Erster Gegner waren die Schweden in Köln, und für dieses Spiel berief Beckenbauer:

Tor: Schumacher, Stein

Abwehr: Brehme, Herget, Kh.Förster, Jakobs, Briegel
Mittelfeld: Matthäus, Falkenmayer, Magath, Bommer
Angriff: K.H.Rummenigge, Völler, Mill, K.Allofs, Rahn

Damit machte Beckenbauer auf seiner Linie weiter. Der einzige Neuling war Rahn, der auch zu seinem 1. Länderspiel kam.

17.10.1984 in Köln (WM-Qualifikation)
BR Deutschland - Schweden 2:0 (0:0)

SR: Valentine (Schottland), Zuschauer: 61.000
BRD: Schumacher -53 (1.FC Köln); Jakobs -3 (HSV), Herget -6 (Bayer Uerd.), Kh.Förster -62 (VfB Stuttgart), Briegel -54 (Hellas Verona); Brehme -10 (1.FC Kaiserslautern), Matthäus -28 (Bayern München), Falkenmayer -2 (Eintr. Frankfurt), ab 59. K.Allofs -33 (1.FC Köln), Magath -26 (HSV), ab 75. Rahn -1 (Bor. Mönchengladbach); K.H.Rummenigge -79 (Inter Mailand), Völler -20 (Werder Bremen). Mannschaftskapitän: K.H.Rummenigge

Schweden: T.Ravelli; Erlandsson (ab 33. Borg), Hysen, Dahlquist, Frederiksson; Eriksson, Strömberg, Tord Holmgren, Tom Holmgren; Corneliusson (ab 70. Holmquist), Gren
Tore: 1:0 Rahn (75.), 2:0 K.H.Rummenigge (88.)
Beste Spieler: Herget, Jakobs, Kh.Förster - Hysen, Strömberg
Bericht: Mit den beiden Italien-Profis Briegel und Rummenigge trat Teamchef Franz Beckenbauer zum ersten WM-Qualifikationsspiel gegen Schweden an. Vom Publikum großartig unterstützt, begann die deutsche Mannschaft furios. Der erste Schuß auf das schwedische Tor durch Falkenmayer nach 4 Minuten, der jedoch aus 18 Metern knapp daneben zielte.

20. Minute: Immer noch ein sehr druckvolles Spiel der deutschen Mannschaft, die bereits ein Eckenverhältnis von 5:0 erzielt hatte; was jedoch fehlte, war ein Treffer. 31. Minute: Nach einem Eckball von Falkenmayer köpften erst Karlheinz Förster und dann Briegel knapp über das Tor. Und 6 Minuten später rettete der aufmerksame Schumacher vor dem einschußbereiten Hysen.

45. Minute: Nach einem Foul an Magath bekam Holmgren die gelbe Karte. Bis zur Pause schaffte die deutsche Mannschaft es jedoch nicht, ihr Spiel den Schweden aufzuzwingen.

52. Minute: Die Partie wurde härter. Jeweils nach einem Foul bekamen zuerst Brehme und dann Borg die gelbe Karte.

62. Minute: Einen Freistoß des gerade eingewechselten Allofs köpfte Briegel an den Pfosten. Das Spiel der deutschen Elf wurde jetzt flüssiger und druckvoller. 75. Minute: Beckenbauer bewies eine glückliche Hand, als er Uwe Rahn einwechselte, und der gleich bei seinem ersten Ballkontakt mit einem Paß von Allofs davonlief und unhaltbar zum 1:0 für die deutsche Mannschaft einschoß. Kurz danach mußte Torhüter Ravelli zweimal vor dem anstürmenden Rummenigge retten.

88. Minute: Die endgültige Entscheidung in diesem hart umkämpften Spiel: Rummenigge nahm eine Flanke von Allofs auf und knallte das Leder zum 2:0 ins kurze Eck. Aufgrund der Leistungssteigerung in der zweiten Halbzeit war der Sieg der deutschen Mannschaft verdient.

❖

Vorbericht zum 504. Länderspiel: Für das nächste WM-Qualifikationsspiel gegen Malta hatte Franz Beckenbauer 20 Spieler in seinem vorläufigen Aufgebot.

Tor: Schumacher, Stein
Abwehr: Brehme, Briegel, Kh.Förster, Frontzeck, Herget, Jakobs, Wöhrlin
Mittelfeld: Bommer, Falkenmayer, Kroth, Rolff, Thon, Matthäus
Angriff: K.Allofs, Mill, Rahn, K.H.Rummenigge, Völler

Nur Bommer fiel aus diesem Aufgebot wegen Verletzung heraus. Die Neulinge Wöhrlin, Thon und Kroth waren dabei, aber nur Thon und Kroth wurden Nationalspieler.

16.12.1984 in La Valetta (WM-Qualifikation)

Malta - BR Deutschland 2:3 (1:1)

SR: Petrovic (Jugoslawien), Zuschauer: 25.000
Malta: Mifsud; Aquilina, G.Xuereb, Holland (ab 11. Alfred Azzopardi), Scicluna; Busuttil, Woods, Vella, R.Xuereb; Muskat (ab 61. Gatt), Degiorgio
BRD: Schumacher -54 (1.FC Köln); Jakobs -4 (HSV), ab 46. Thon -1 (Schalke 04), Herget -7 (Bayer Uerd.), Kh.Förster -63 (VfB Stuttgart); Brehme -11 (1.FC Kaiserslautern), Matthäus -29 (Bayern München), Rahn -2 (Bor. Mönchengladb.), Briegel -55 (Hellas Verona); K.H.Rummenigge -80 (Inter Mailand), Völler -21 (Werder Bremen), K.Allofs -34 (1.FC Köln). Mannschaftskapitän: K.H.Rummenigge

Tore: 1:0 Busuttil (11.), 1:1 Kh.Förster (43.), 1:2, 1:3 K.Allofs (69., 85.), 2:3 R.Xuereb (87.)

Beste Spieler: Mifsud - Herget, Brehme, Rahn
Bericht: Für das wichtige WM-Qualifikationsspiel gegen den Fußballzwerg Malta hatte Beckenbauer sein bestes Aufgebot zusammen. Auch die beiden Italien-Profis Briegel und Rummenigge waren mit dabei.

6. Minute: Die deutsche Mannschaft startete gut. Rummenigge konnte sich auf der rechten Seite durchsetzen und flankte auf Völler, der mit einem Flugkopfball knapp das Ziel verfehlte.

11. Minute: Der erste Angriff der Malteser führte über Xuereb zu Busuttil, der Briegel aussteigen ließ und zum überraschenden 1:0 einschoß. 17. Minute: Die deutsche Mannschaft war sichtbar geschockt und kam erst langsam wieder ins Spiel. Ein herrlicher Rummenigge-Schuß zischte nur ganz knapp am rechten Pfosten vorbei. Auch Matthäus scheiterte mit einem Fernschuß in der nächsten Minute knapp am Ziel.

32. Minute: Nach viel Leerlauf setzte sich endlich einmal wieder Rummenigge auf der rechten Seite durch, ließ drei Abwehrspieler stehen, doch Rahn und Allofs verpaßten seine Flanke. 39. Minute: Viel Glück für die Malteser, als Völler nach einem Eckball am höchsten sprang und den Ball nur Zentimeter über die Latte köpfte.

43. Minute: Kurz vor der Pause doch noch der wichtige Ausgleich. Förster köpfte einen Freistoß aus 12 Metern über Torhüter Mifsud hinweg zum 1:1.

50. Minute: Ein wunderschöner Spielzug über Linksaußen Allofs, der schulmäßig in die Mitte flankte, wo Rummenigge mit einem herrlichen Fallrückzieher nur die Latte traf. 57. Minute: Ein angeschnittener Freistoß von Herget kam wunderbar um die Mauer herum, verfehlte jedoch auch ganz knapp das Tor der Malteser.

69. Minute: Endlich die längst überfällige deutsche Führung. Eine schöne Flanke von Völler köpfte Allofs zum 2:1 ein. 75. Minute: Thon versetzte mehrere Malteser und schoß plaziert auf das Tor, doch Torhüter Mifsud rettete mit einer Glanzparade.

85. Minute: Die beruhigende 3:1-Führung für das deutsche Team: Eine Flanke von Rummenigge köpfte Rahn an die Querlatte und den Abpraller setzte Allofs ins Tor. Gleich im Gegenzug der Anschlußtreffer. Xuereb nahm das Leder direkt und ließ Schumacher mit seinem 16-Meter-Schuß keine Chance.

90. Minute: Bis zum Schlußpfiff blieb es beim knappen, aber hochverdienten 3:2-Erfolg der deutschen Elf, die endlich einmal bei einem Fußballzwerg überzeugen konnte.

❖

Vorbericht zum 505. Länderspiel: Die ersten 4 Punkte in der WM-Qualifikation hatte die deutsche Mannschaft. Bereits früh im Jahr, Ende Januar 1985, wurde bereits das erste Länderspiel ausgetragen. Teamchef Franz Beckenbauer wollte noch einmal vor dem wichtigen Spiel in Portugal testen, wie die Spieler über den Winter gekommen waren.

Tor: Schumacher, Stein
Abwehr: Brehme, Kh.Förster, Herget, Jakobs, Frontzeck, Berthold
Mittelfeld: Matthäus, Thon, Magath, Briegel, Falkenmayer, Kroth
Angriff: K.H.Rummenigge, Völler, Mill, Rahn, Littbarski

Auf die verletzten Rummenigge und Klaus Allofs mußte Beckenbauer verzichten, aber mit Berthold und Kroth bekamen 2 Neulinge eine Chance.

29.1.1985 in Hamburg

BR Deutschland - Ungarn 0:1 (0:0)

SR: Halle (Norwegen), Zuschauer: 22.000
BRD: Stein -2 (HSV), ab 46. Schumacher -55 (1.FC Köln); Berthold -1 (Eintr. Frankfurt), ab 80. Herget -8 (Bayer Uerd.), Jakobs -5 (HSV), Kh.Förster -64 (VfB Stuttgart), Briegel -56 (Hellas Verona), ab 46. Frontzeck -2 (Bor. Mönchengladbach); Littbarski -29 (1.FC Köln), ab 62. Mill -5 (Bor. Mönchengladbach), Matthäus -30 (Bayern München), Magath -27 (HSV), Thon -2 (Schalke 04), ab 46. Kroth -1 (Eintr. Frankfurt); K.H.Rummenigge -81 (Inter Mailand), Völler -22 (Werder Bremen). Mannschaftskapitän: K.H.Rummenigge

Ungarn: Disztl; Sallai, Roth, Garaba, Peter; Kardos, Nagy, Detari; Kiprich (ab 65. Bobonyi), Nyilasi, Esterhazy (ab 65. Pölöskei)

Tor: 0:1 Peter (47.)

Beste Spieler: Briegel, Kh.Förster, Thon - Disztl, Kiprich, Nyilasi, Peter
Bericht: Die Ungarn kamen gerade aus einem 3-wöchigen Trainingslager und begannen auch wesentlich besser als die deutsche Mannschaft.

7. Minute: Nach einer Ecke kam Nyilasi frei zum Kopfball, doch Torhüter Stein parierte mit einer Glanzparade. 17. Minute: Peter erhielt nach einem groben Foul an Matthäus die gelbe Karte.

21. Minute: Briegel setzte sich kraftvoll durch und bediente Völler, der mit einem tollen Schuß leider nur den Pfosten traf. 27. Minute: Glück für die deutsche Mannschaft, als Nyilasi plötzlich freie Bahn hatte und mit einem schönen Schuß nur knapp das lange Eck verfehlte.

36. Minute: Nachdem sich Magath und Berthold am rechten Flügel schön durchgespielt hatten, gab es die nächste Ecke für die deutsche Mannschaft, die Magath scharf in die Mitte schlug, wo Torhüter Disztl große Mühe hatte. 40. Minute: Bei einem ihrer gefährlichen Konter hätten die Ungarn die Führung erzielen können, aber Kiprich traf nur das Außennetz. Bis zur Pause blieb es beim torlosen Remis. Das deutsche Team fand keine Mittel, um die ungarische Deckung zu überwinden.

47. Minute: Der freistehende Peter zog aus halblinker Position ab und ließ mit einem Aufsetzer Torhüter Schumacher keine Chance. Es stand überraschend 0:1 gegen die deutsche Mannschaft. 52. Minute: Nach einem Freistoß von Littbarski leitete Magath das Leder weiter auf Förster, der aus der Drehung den ungarischen Torhüter Disztl prüfte. Und ein herrlicher Schuß von Frontzeck, 4 Minuten später, zischte nur knapp am Gehäuse der Ungarn vorbei.

71. Minute: Eine Flanke von Berthold nahm Rummenigge volley, doch Disztl lenkte das Leder über die Latte. 85. Minute: Fast wäre Peter auch das 2:0 für die Ungarn gelungen, aber im letzten Augenblick konnte Schumacher retten. Es blieb beim 1:0 für die Ungarn. Nach einer schwachen Leistung wurde die deutsche Mannschaft mit Pfiffen vom Publikum verabschiedet.

❖

Vorbericht zum 506. Länderspiel: Die Portugiesen führten in der WM-Qualifikationsgruppe 2 mit 6:2 Punkten das Fünfer-Feld vor der BR Deutschland an. Ein Sieg in Lissabon hätte deshalb bereits ein wichtiger Schritt sein können, um die Qualifikation zu schaffen. Trotz der Niederlage gegen Ungarn war Beckenbauer optimistisch, weil er es wie zu seiner aktiven Zeit hervorragend verstand, seine Spieler zum entscheidenden Zeitpunkt in Bestform zu bringen und zu motivieren.

Tor: Schumacher, Stein
Abwehr: Frontzeck, Berthold, Jakobs, Kh.Förster, Briegel, Herget
Mittelfeld: Matthäus, Magath, Thon, Falkenmayer, Kroth, Meier
Angriff: Völler, Rummenigge, Littbarski, Mill

Nach wie vor fehlte Klaus Allofs. Sonst waren alle dabei, als es bereits 5 Tage vor dem Spiel nach Portugal ging. Dort wurde noch ein Trainingsspiel gegen den portugiesischen Zweitligisten GD Torralta ausgetragen.

GD Torralta - BR Deutschland 0:9 (0:4)
BRD: Schumacher; Berthold, Jakobs, Förster, Frontzeck; Matthäus, Herget, Magath, Thon; Völler, Rummenigge (36. Littbarski)
Tore: 0:1, 0:2 Rummenigge (10., 19.), 0:3 Völler (28.), 0:4 Matthäus (32.), 0:5, 0:6 Littbarski (36., 41.), 0:7, 0:8 Völler (48., 56.), 0:9 Matthäus (59.)

Karl-Heinz Rummenigge ging bereits mit einer Grippe in dieses Spiel, die sich so verstärkte, daß sein Einsatz nicht möglich war. Auch Thon und Karlheinz Förster erwischte es, so daß Teamchef Franz Beckenbauer umdisponieren mußte. Zum Glück hatte er ein großes Aufgebot mitgenommen.

24.2.1985 in Lissabon (WM-Qualifikation)
Portugal - BR Deutschland 1:2 (0:2)

SR: Casarin (Italien), Zuschauer: 60.000
Portugal: Bento; Pinto, Lima Pereira (ab 78. Sousa), Eurico, Inacio; Magalhaes, Andre (ab 46. Diamantino), Carlos Manuel, Pacheco; Gomes, Futre
BRD: Schumacher -56 (1.FC Köln); Berthold -2 (Eintr. Frankfurt), Herget -9 (Bayer Uerd.), Jakobs -6 (HSV), Frontzeck -3 (Bor. Mönchengladbach); Matthäus -31 (Bayern München), Falkenmayer -3 (Eintr. Frankf.), Magath -28 (HSV), Briegel -57 (Hellas Verona); Littbarski -30 (1.FC Köln), Völler -23 (Werder Bremen). Mannschaftskapitän: Schumacher
Tore: 0:1 Littbarski (28.), 0:2 Völler (37.), 1:2 Diamantino (57.)
Beste Spieler: Futre, Diamantino - Völler, Briegel, Littbarski, Berthold
Bericht: Die deutsche Mannschaft begann in Lissabon zwar vorsichtig, aber sie versteckte sich nicht. Die erste gute Aktion für die deutsche Mannschaft nach 7 Minuten brachte einen Freistoß, den Littbarski jedoch in die Mauer schoß. Sechs Minuten später verlor Magath den Ball gegen Futre, doch im letzten Moment rettete Herget.

20. Minute: Nach einer zu kurzen Rückgabe von Berthold konnte Schumacher vor dem einschußbereiten Gomes klären. 28. Minute: Die überraschende Führung der deutschen Elf. Ein Steilpaß von Herget erreichte Völler, dessen Flanke Littbarski unhaltbar ins Tor schoß. Das Tor gab der deutschen Mannschaft sichtbar Auftrieb. Völler tankte sich 2 Minuten später durch die portugiesische Abwehr, doch sein Schuß wurde von Pereira abgeblockt.

37. Minute: Nach einem Solo legte Briegel den Ball in den Lauf von Völler, dessen Schuß unter Bento hindurch ins Netz rutschte. Das war die überraschende 2:0 Führung.

50. Minute: Auch nach dem Seitenwechsel war die deutsche Mannschaft bei ihren Kontern sehr gefährlich. Unwiderstehlich zog Rudi Völler auf und davon, aber seine scharfe Flanke in die Mitte verpaßten Falkenmayer und Matthäus. 52. Minute: Der Druck der deutschen Mannschaft wurde immer größer. Littbarski umkurvte 3 Portugiesen und schoß auf das Tor, wo Bento jedoch großartig hielt. 57. Minute: Nachdem die deutsche Mannschaft den Ball nicht aus dem Strafraum befördern konnte, bekam der eingewechselte Diamantino das Leder und schoß zum Anschlußtreffer ein.

65. Minute: Ein tolles Solo von Völler, über 60 Meter bis an die Torauslinie, wo der Mittelstürmer der deutschen Nationalmannschaft zu Fall gebracht wurde. Unverständlicherweise gab es nur Eckball für die deutsche Elf, der nichts einbrachte. 73. Minute: Magath zog einen Freistoß nur knapp am portugiesischen Gehäuse vorbei. Und 5 Minuten später Pech für Briegel, der hervorragend von Völler eingesetzt wurde, aber mit seinem Schlenzer knapp das Tor verfehlte.

86. Minute: Die letzte Chance für Portugal. Herget foulte Futre an der Strafraumgrenze, doch der fällige Freistoß blieb in der Mauer hängen. Mit einer tollen Leistung hatte die deutsche Mannschaft überraschend mit 2:1 in Lissabon gewonnen und damit einen großen Schritt in Richtung der nächsten WM getan.

❖

Vorbericht zum 507. Länderspiel: Gegen Malta wollte Teamchef Franz Beckenbauer mit seiner Mannschaft nicht nur das Punktekonto auf 8:0 erhöhen, sondern auch etwas für das Torverhältnis tun. Deshalb war sein Aufgebot auch bereits offensiv ausgerichtet.

Tor: Schumacher, Stein
Abwehr: Berthold, Herget, Kh.Förster, Jakobs, Frontzeck
Mittelfeld: Matthäus, Briegel, Magath, Thon, Brehme
Angriff: K.H.Rummenigge, Völler, Littbarski, Rahn, Mill

Franz Beckenbauer begann mit 3 Stürmern und 2 offensiven Mittelfeldspielern.

27.3.1985 in Saarbrücken (WM-Qualifikation)
BR Deutschland - Malta 6:0 (5:0)

SR: Tokat (Türkei), Zuschauer: 45.000
BRD: Schumacher -57 (1.FC Köln); Berthold -3 (Eintr. Frankfurt), Herget -10 (Bayer Uerd.), Kh.Förster -65 (VfB Stuttgart), Frontzeck -4 (Bor. Mönchengladbach); Rahn -3 (Bor. Mönchengladb.), ab 66. Thon -3 (Schalke 04), Briegel -58 (Hellas Verona), ab 76. Brehme -12 (1.FC Kaiserslautern), Magath -29 (HSV); Littbarski -31 (1.FC Köln), Völler -24 (Werder Bremen), K.H.Rummenigge -82 (Inter Mailand). Mannschaftskapitän: K.H.Rummenigge
Malta: Bonello; Woods, Holland, Buttigieg, Al.Azopardi; Degiorgio, Vella, Busuttil, E.Farrugia (ab 58. Aquillina); L.Farrugia, Mizzi (ab 82. R.Xuereb)
Tore: 1:0 Rahn (10.), 2:0 Magath (13.), 3:0 Rahn (17.), 4:0 Littbarski (18.), 5:0 Rummenigge (44.), 6:0 Rummenigge (66.)
Beste Spieler: Frontzeck, Magath, Rahn - Bonello
Bericht: Von der ersten Minute an war das Spiel der deutschen Mannschaft im Saarbrücker Ludwigspark auf Tore ausgerichtet. Einen knallharten 25-Meter-Freistoß von Littbarski, nach 4 Minuten, konnte Torhüter Bonello noch mit Mühe halten.

10. Minute: Als Völler einen Eckball von Littbarski auf Rahn verlängerte, war es aber passiert. Der Gladbacher traf aus kurzer Distanz zum 1:0. 13. Minute: Die deutsche Elf drückte weiter auf das Tempo. Der anstürmende Völler wurde im Strafraum gefoult, und Schiedsrichter Tokat zeigte sofort auf den Elfmeterpunkt. Littbarski schoß den Elfmeter zwar sehr hart, aber an den Pfosten. Erst im Nachschuß ließ Magath dem maltesischen Torhüter keine Chance. 17. Minute: Frontzeck setzte sich am linken Flügel durch und flankte auf Rahn, der zum 3:0 einköpfte. Die Zuschauer kamen weiter auf ihre Kosten: Littbarski erzielte 60 Sekunden später mit einem Flachschuß das 4:0.

27. Minute: Nach einem Foul an Rahn erhielt Degiorgio die gelbe Karte. Und in der 28. Minute konnte Torhüter Bonello einen 30-Meter-Freistoß von Littbarski erst im Nachfassen halten. 36. Minute: Die ganz große Torchance für Briegel zum 5. Treffer, aber er verzog aus kurzer Distanz. Und in der 40. Minute, nach einem Eckball von Rummenigge, köpfte Briegel nur an den Pfosten.

44. Minute: Frontzeck flankte auf Rummenigge, der mit dem Außenrist das 5:0 erzielte. Zur Pause wurde das deutsche Team mit viel Beifall verabschiedet.

56. Minute: Nach der Pause waren die Malteser offensichtlich besser eingestellt, fabrizierten aber fast ein Eigentor. Ein herrlicher, angeschnittener Ball von Rummenigge strich 3 Minuten später nur knapp am Maltesischen Tor vorbei.

66. Minute: Aus spitzem Winkel traf Littbarski nur die Latte. Die folgende Ecke konnte der freistehende Rummenigge zum 6:0 nutzen. 71. Minute: Eine gute Chance für Rudi Völler, der jedoch am Tor vorbeizog. Und eine Viertelstunde vor Schluß wehrte Schumacher den ersten gefährlichen Schuß der Malteser, von Busuttil, zur ersten Ecke ab. 78. Minute: Erneut scheiterte der Bremer Mittelstürmer Völler mit einem Schuß nur knapp. Und noch einmal hatte Völler, 120 Sekunden später, die Chance zu einem Treffer zu kommen, aber zielte wieder knapp vorbei. 84. Minute: Zum drittenmal traf die deutsche Mannschaft nur Aluminium, als Völler aus 5 Metern den Pfosten traf. Und als Rummenigge 2 Minuten später im Strafraum gefoult wurde, schien das 7. Tor für die deutsche Mannschaft unvermeidbar. Die Zuschauer forderten Völler als Elfmeterschützen, doch Herget lief an und schoß den Ball in die Arme von Torhüter Bonello. Bereits der zweite vergebene Elfmeter in diesem Spiel.

88. Minute: Die einzige große Chance für die Malteser. Emanuel Farrugia hatte jedoch keine Nerven, freistehend Torhüter Schumacher zu überwinden. So gewann die deutsche Mannschaft hochverdient mit 6:0 und hätte eigentlich sogar zweistellig gewinnen müssen.

❖

Vorbericht zum 508. Länderspiel: Vor dem nächsten WM-Qualifikationsspiel konnte Franz Beckenbauer noch einmal im Freundschaftsspiel gegen Bulgarien verschiedene Variationen testen. Erneut hatte er auch die beiden Italien-Profis im Aufgebot.

Tor: Schumacher, Stein
Abwehr: Jakobs, Berthold, Herget, Kh.Förster, Frontzeck, Brehme
Mittelfeld: Rahn, Briegel, Magath, Thon, Matthäus
Angriff: K.H.Rummenigge, Völler, Littbarski

Diesmal ging Teamchef Franz Beckenbauer noch einen Schritt weiter und spielte mit 3 Angreifern und 3 offensiven Mittelfeldspielern.

17.4.1985 in Augsburg

BR Deutschland - Bulgarien 4:1 (2:1)

SR: Galler (Schweiz), Zuschauer: 31.000
BRD: Schumacher -58 (1.FC Köln), ab 46. Stein -3 (HSV); Brehme -13 (1.FC Kaiserslautern), Herget -11 (Bayer Uerd.), Kh.Förster -66 (VfB Stuttgart), Frontzeck -5 (Bor. Mönchengladbach), ab 46. Berthold -4 (Eintr. Frankfurt); Matthäus -32 (Bayern München), Magath -30 (HSV), Rahn -4 (Bor. Mönchengladbach), ab 76. Jakobs -7 (HSV); Littbarski -32 (1.FC Köln), Völler -25 (Werder Bremen), K.H.Rummenigge -83 (Inter Mailand), ab 46. Thon -4 (Schalke 04). Mannschaftskapitän: K.H.Rummenigge
Bulgarien: Michailov; Nikolov, Dimitrov, Petrov, Iliev; Zdravkov, Sadakov, Getov (ab 67. Tanev); Paschev (ab 46. Velitschkov), Zelyaskov (ab 60. Sirakov), Mladenov (ab 84. Jantschev)
Tore: 1:0 Völler (7.), 1:1 Zdravkov (14. Foulelfmeter), 2:1 Rahn (21.), 3:1 Littbarski (74.), 4:1 Völler (89.)

Beste Spieler: Herget, Völler, Brehme, Rahn, Matthäus - Michailov
Bericht: Nach hektischem Beginn fand die deutsche Mannschaft zuerst zu ihrem Spiel. Förster flankte nach 7 Minuten von rechts auf den kurzen Pfosten, wo Völler zur Stelle war und zum 1:0 für die deutsche Mannschaft einköpfte.

14. Minute: Der Ausgleich für die Bulgaren. Förster ließ im Strafraum den anstürmenden Mladenov über sein Bein fallen, und den fälligen Elfmeter schoß Zdravkov zum 1:1-Ausgleich.

20. Minute: Die deutsche Mannschaft machte weiter Druck. Nach dem 4. Eckball zielte Völler nur ganz knapp am bulgarischen Gehäuse vorbei. 21. Minute: In einem Abwehrgewirr im bulgarischen Strafraum behielt Rahn die Übersicht und schlenzte den Ball über Torhüter Michailov hinweg zum 2:1 für die deutsche Mannschaft ins Netz. 29. Minute: Glück für die Bulgaren, als ein herrlicher Rummenigge-Kopfball, nach Flanke von Matthäus, gerade noch von Torhüter Michailov aus der bedrohten Ecke gefischt werden konnte. 33. Minute: Als sich Völler durchtankte, konnte der bulgarische Torhüter nur durch eine Prachtparade ein erneutes Gegentor verhindern.

40. Minute: Einen langen Paß von Herget erreichte Littbarski, der sich durchsetzen konnte, doch Petrov rettete auf der Linie. Zur Halbzeit führte die deutsche Mannschaft hochverdient mit 2:1.

57. Minute: Ein herrlicher, knallharter Direktschuß von Matthäus, aus gut 20 Metern, strich nur Millimeter am bulgarischen Gehäuse vorbei. 60. Minute: Nach einem Foul an Rahn konnte Schiedsrichter Galler nur auf den Elfmeterpunkt zeigen. Rummenigge schoß den fälligen Strafstoß jedoch zu schwach, so daß Torhüter Michailov halten konnte.

74. Minute: Rahn konnte sich durchsetzen, der herauslaufende Michailov wehrte ab, doch Littbarski stand goldrichtig und schob das Leder ins leere Tor zum 3:1 für die deutsche Mannschaft. 85. Minute: Eigentlich hätte es noch einen weiteren Elfmeter für die deutsche Mannschaft geben müssen, als Herget mit nach vorn stürmte und im Strafraum zu Fall gebracht wurde.

89. Minute: Völler stürmte auf das bulgarische Tor, ließ Torhüter Michailov aussteigen und vollstreckte zum verdienten 4:1-Enderfolg für die deutsche Mannschaft.

❖

Vorbericht zum 509. Länderspiel: Nach dem Test gegen Bulgarien mußte die deutsche Mannschaft nach Prag reisen, wo das vorentscheidende WM-Qualifikationsspiel gegen die CSSR anstand. Bei einem Sieg wäre die WM-Qualifikation fast sicher. Nach den zuletzt guten Leistungen stützte sich Beckenbauer wieder auf seinen bewährten Stamm.

Tor: Schumacher, Stein
Abwehr: Jakobs, Berthold, Herget, Kh.Förster, Brehme, Frontzeck
Mittelfeld: Matthäus, Briegel, Magath, Thon, Rahn
Angriff: K.H.Rummenigge, Völler, Littbarski, K.Allofs

Kurz vor dem Spiel hatte der Teamchef Sorgen. Die beiden „Italiener", Briegel und Karl-Heinz Rummenigge, waren nicht einsatzfähig. So entschloß sich Beckenbauer, Herget im Mittelfeld als Spielmacher einzusetzen, was zu einem Volltreffer werden sollte.

30.4.1985 in Prag (WM-Qualifikation)

Tschechoslowakei - BR Deutschland 1:5 (0:4)

SR: Quiniou (Frankreich), Zuschauer: 36.000
Tschechoslowakei: Borovicka; Hasek, Fiala, Prokes, Kuckuka; Chaloupka (ab 64. Zelensky), Berger, Sloup (ab 46. Chovanec); Vizek, Griga, Janecka

BRD: Schumacher -59 (1.FC Köln); Berthold -5 (Eintr. Frankfurt), Jakobs -8 (HSV), Kh.Förster -67 (VfB Stuttgart), Brehme -14 (1.FC Kaiserslautern); Matthäus -33 (Bayern München), ab 81. Thon -5 (Schalke 04), Herget -12 (Bayer Uerd.), Magath -31 (HSV), Rahn -5 (Bor. Mönchengladb.), ab 70. Kl. Allofs -35 (1.FC Köln); Littbarski -33 (1.FC Köln), Völler -26 (Werder Bremen). Mannschaftskapitän: Schumacher

Tore: 0:1 Berthold (8.), 0:2 Littbarski (22.), 0:3 Matthäus (37.), 0:4 Herget (43.), 0:5 K.Allofs (82.), 1:5 Griga (86.)

Beste Spieler: Borovicka, Vizek - Berthold, Littbarski, Schumacher, Rahn

Bericht: Franz Beckenbauer hatte seine Mannschaft hervorragend eingestellt. Von der ersten Minute an spielte sie druckvoll nach vorn und ließ die Tschechoslowaken überhaupt nicht zur Entfaltung kommen.

7. Minute: Berthold wurde am rechten Flügel gefoult. Littbarski schoß den Freistoß in den Strafraum, wo Berthold mit einem plazierten Kopfball das 1:0 erzielte. 10. Minute: Torhüter Borovikka konnte sich zum erstenmal auszeichnen, als Rahn mit einem tollen Schuß das 2:0 auf dem Fuß hatte.

17. Minute: Nach einem Fehler von Jakobs scheiterte der durchgelaufene Vizek an Torhüter Schumacher. 22. Minute: Littbarski ließ mehrere Abwehrspieler aussteigen und knallte aus 22 Metern das Leder unhaltbar zum 2:0 für die deutsche Mannschaft ins Netz. Ein Auftakt nach Maß für die Elf von Beckenbauer.

37. Minute: Die Vorentscheidung in Prag, als Rahn den Ball für Völler vorlegte, der über 50 Meter quer zu Berthold paßte, und dessen Flanke nahm Matthäus direkt und verwandelte zum 3:0. 43. Minute: Herget zirkelte einen Freistoß zum 4:0 für die deutsche Mannschaft in das linke obere Dreieck. Mit diesem sicheren Vorsprung ging die deutsche Mannschaft in die Halbzeitpause.

54. Minute: Völler konnte sich durchsetzen, doch sein Schuß landete am Pfosten. Pech für die deutsche Elf.

72. Minute: Die deutsche Mannschaft kontrollierte jetzt das Spiel und wäre fast zu einem weiteren Treffer gekommen, als Völler und Littbarski sich im Doppelpaß durchsetzten und Völler nur die Latte traf. 77. Minute: Janecka zog an Jakobs vorbei und schoß auf das Tor, wo Schumacher sich nach langer Zeit erstmals wieder auszeichnen konnte. 82. Minute: Nachdem Torhüter Borovicka einen Schuß von Völler nur abwehren konnte, war Allofs zur Stelle und schoß den Abpraller zum 5:0 für die deutsche Mannschaft ein.

86. Minute: Griga erzielte den Ehrentreffer der Tschechen, die bei dieser 1:5 Niederlage ohne Chance gegen eine ausgezeichnet spielende deutsche Mannschaft waren.

❖

Vorbericht zum 510. Länderspiel: Mit dem Sieg in Prag hatte die deutsche Nationalelf fast die WM-Qualifikation geschafft. Franz Beckenbauer konnte seine Mannschaft jetzt langsam auf die WM vorbereiten. Fester Bestandteil dieser Vorbereitung war eine Reise nach Mexiko, dem Veranstalter der WM 1986. Dort waren 2 Länderspiele vorgesehen. Gegen England, das sich zur gleichen Zeit in Mexiko aufhielt und gegen das Gastgeberland. Im Aufgebot für diese beiden Länderspiele fehlten Briegel und Rummenigge, die noch Pflichtspiele in Italien auszutragen hatten.

Tor: Schumacher, Stein
Abwehr: Berthold, Herget, Jakobs, Brehme, Frontzeck, Augenthaler
Mittelfeld: Matthäus, Magath, Rahn, Thon
Angriff: Littbarski, Völler, K.Allofs, Mill, Waas, Kögl

Mit Kögl, dem kleinen trickreichen Linksaußen von Bayern München, stand ein Neuling im Aufgebot, der auf dieser Reise auch zu seinem 1. Länderspiel kam.

12.6.1985 in Mexico City

England - BR Deutschland 3:0 (1:0)

SR: Leanza (Mexiko), Zuschauer: 8.000

England: Shilton; Stevens, Butcher, Wright, Sansom; Hoddle, Robson (ab 72. Bracewell), Waddle; Lineker (ab 60. Barnes), Dixon

BRD: Schumacher -60 (1.FC Köln); Berthold -6 (Eintr. Frankfurt), Herget -13 (Bayer Uerd.), Jakobs -9 (HSV), Augenthaler -5 (Bayern München), Brehme -15 (1.FC Kaiserslautern); Matthäus -34 (Bayern München), Magath -32 (HSV), ab 60. Thon -6 (Schalke 04), Rahn -6 (Bor. Mönchengladb.); Littbarski -34 (1.FC Köln), ab 73. Waas -6 (Bayer Leverkusen), Mill -6 (Bor. Mönchengladbach). Mannschaftskapitän: Schumacher

Tore: 1:0 Robson (34.), 2:0, 3:0 Dixon (54., 67.)

Beste Spieler: Hoddle, Robson, Dixon - Schumacher

Bericht: Die Engländer waren bereits 14 Tage in Mexiko und hatten sich schon an das Klima gewöhnt. Bereits von der ersten Minute an merkte man diesen Unterschied zwischen der deutschen und englischen Elf.

8. Minute: Zum erstenmal mußte Schumacher sich strecken, als Hoddle vom rechten Strafraumeck aus einen knallharten Schuß auf das deutsche Tor abgab. 15. Minute: Nach einem Solo von Littbarski konnte Torhüter Shilton den Schuß gerade noch zur Ecke lenken. Und 10 Minuten später ließ Lineker Augenthaler aussteigen, doch seinen Schuß konnte Schumacher parieren.

34. Minute: Das Führungstor der Engländer. Dixon verlängerte eine Flanke zu Robson, der im Strafraum ungehindert zum 1:0 einschießen konnte. 43. Minute: Uwe Rahn wurde im Strafraum von Wright gefoult. Den fälligen Elfmeter schoß Brehme, aber auch er, als 4. Elfmeterschütze in dieser Saison, scheiterte an Shilton. Zur Halbzeit wäre durchaus ein Unentschieden möglich gewesen.

55. Minute: Nach einem Fehler von Augenthaler bekam Butcher das Leder und legte quer auf Dixon, der nur noch zum 2:0 einzuschieben brauchte. 56. Minute: Matthäus paßte auf Mill, der direkt aus 16 Metern abzog. Die Querlatte verhinderte den Anschlußtreffer.

67. Minute: Die Entscheidung im Aztekenstadion. Eine hohe Flanke von Barnes kam in den Strafraum, wo Dixon höher sprang als Jakobs und unhaltbar zum 3:0 einköpfte. 72. Minute: Nach einem Deckungsfehler in der deutschen Abwehr konnte Schumacher nur mit letztem Einsatz vor dem freistehenden Robson klären.

82. Minute: Waas flankte auf Rahn, der in aussichtsreicher Position nicht richtig den Ball traf. Es blieb beim 3:0-Sieg der Engländer. Zwar war der Sieg verdient, aber unter Berücksichtigung, daß die deutsche Mannschaft sich noch nicht an das Klima gewöhnt hatte, war ihre Leistung durchaus zufriedenstellend.

❖

Vorbericht zum 511. Länderspiel: Nur 3 Tage Ruhepause blieb der Mannschaft von Beckenbauer, dann war Mexiko nächster Gegner. Natürlich reichte diese Zeit nicht aus, um sich an das Klima zu gewöhnen. Eine weitere Niederlage mußte also einkalkuliert werden. Mit Völler und Kögl bot Beckenbauer nur 2 Veränderungen gegenüber dem England-Spiel auf. Ludwig „Wiggerl" Kögl war gleichzeitig Neuling und der 700. Nationalspieler seit 1908.

15.6.1985 in Mexico City
Mexiko - BR Deutschland 2:0 (1:0)

SR: Hackett (England), Zuschauer: 28.000

Mexiko: Heredia; Trejo, Quirarte, Barbosa, Amador; de los Cobos, Espana, Negrete (ab 70. Dominguez), Boy (ab 78. Hermosillo); Aguirre, Flores

BRD: Stein -4 (HSV); Matthäus -35 (Bayern München), Augenthaler -6 (Bayern München), ab 65. Frontzeck -6 (Bor. Mönchengladbach), Jakobs -10 (HSV), Brehme -16 (1.FC Kaiserslautern); Rahn -7 (Bor. Mönchengladbach), Herget -14 (Bayer Uerd.), Magath -33 (HSV); Mill -7 (Bor. Mönchengladb.), Völler -27 (Werder Bremen), Kögl -1 (Bayern München). Mannschaftskapitän: Magath

Tore: 1:0 Negrete (3.), 2:0 Flores (46.)

Beste Spieler: Negrete, Boy, Flores - Stein

Bericht: Die Mexikaner begannen das Spiel mit viel Druck. Stein verfehlte nach 3 Minuten einen Eckball von Boy, was Negrete ausnutze und zum 1:0 für Mexiko einköpfte.

15. Minute: Brehme konnte Flores nur noch durch ein Foul im Strafraum vom Ball trennen. Boy schoß den Strafstoß plaziert auf das Tor, doch Stein hielt mit einer Glanzparade. 18. Minute: Die erste gute Chance für die deutsche Mannschaft hatte Mill, der eine Flanke von Rahn jedoch knapp am Tor vorbeiköpfte. 20. Minute: Dann wieder Glück für die deutsche Mannschaft, als Jakobs eine Flanke verpaßte und ein Schuß von Flores nur knapp am langen Eck vorbeistrich. 26. Minute: Nach einem Fehlpaß von Rahn wurde Flores vor dem Strafraum von Augenthaler gefoult. Negrete setze den Freistoß an den Pfosten.

38. Minute: Boy zog aus 25 Metern ab, doch Stein konnte das Leder um den Pfosten lenken. Zur Halbzeit war die deutsche Mannschaft mit dem 0:1 noch gut bedient. Im Gegensatz zum Spiel gegen England lief nicht viel zusammen.

47. Minute: Kurz nach der Pause bereits die Vorentscheidung. Nach einem Steilpaß von Boy war Flores schneller am Ball als Augenthaler und schoß aus 14 Metern zum 2:0 ein. Vier Minuten später paßte Magath auf Mill, der sich gegen zwei Gegenspieler durchsetzte, bevor Heredia abwehren konnte.

55. Minute: Mit einer Glanztat verhinderte Stein einen weiteren mexikanischen Treffer, als Boy einen gefährlichen Freistoß als Aufsetzer auf das deutsche Tor zog. Auf der Gegenseite war es wieder Mill, der mit einem Kopfball Pech hatte. 60. Minute: Noch einmal mußte Torhüter Stein eingreifen, als Trio aus 5 Meter Entfernung fast das dritte Tor für die Mexikaner erzielt hätte. 71. Minute: Völler wurde nach einem Alleingang gefoult. Der Freistoß von Matthäus wurde jedoch eine sichere Beute von Heredia.

86. Minute: Als Stein bei einer Ecke wieder Probleme beim Herauslaufen hatte, vergaben die Mexikaner die günstige Gelegenheit zum dritten Treffer. 88. Minute: Einen Freistoß von Dominguez aus 25 Metern wurde zu einem gefährlichen Aufsetzer, den Stein gerade noch zur Ecke lenken konnte. Die deutsche Mannschaft konnte sich bei ihrem Torhüter bedanken, daß die Niederlage nicht höher ausgefallen war. Insgesamt hatte die Mittelamerikareise zwei Niederlagen und 0:5 Tore eingebracht, aber für Teamchef Franz Beckenbauer hatte sie auch viele Hinweise für die weitere Vorbereitung der Nationalmannschaft gegeben.

❖

1985/86

Bilanz 1985/86
16 Spiele: 8 Siege, 4 Unentschieden, 4 Niederlagen, 21:16 Tore
Zuschauer: 691.957
In 16 Spielen wurden 30 Spieler eingesetzt, davon waren 4 Spieler Neulinge.

Die Spieler der Saison:
Harald Schumacher	14	Spiele
Karlheinz Förster	14	"
Hans-Peter Briegel	14	"
Lothar Matthäus	13	"
Thomas Berthold	12	"
Adreas Brehme	12	"
Klaus Allofs	12	"
Karl-Heinz Rummenigge	12	"
Pierre Littbarski	11	"
Felix Magath	10	"
Rudi Völler	10	"
Ditmar Jakobs	10	"
Norbert Eder	9	"
Matthias Herget	8	"
Klaus Augenthaler	7	"
Wolfgang Rolff	7	"
Olaf Thon	4	"
Guido Buchwald	4	"
Heinz Gründel	4	"
Karl Allgöwer	4	"
Dieter Hoeneß	4	"
Norbert Meier	2	"
Uwe Rahn	2	"
Frank Mill	2	"
Ulrich Stein	2	"
Thomas Allofs	1	Spiel
Michael Frontzeck	1	"
Ludwig Kögl	1	"
Ralf Falkenmayer	1	"
Wolfgang Funkel	1	"

Die Tore der Saison:
Rudi Völler	7	Tore
Matthias Herget	3	"
Klaus Allofs	3	"
Lothar Matthäus	2	"
Andreas Brehme	2	"
Karl-Heinz Rummenigge	2	"
Hans-Peter Briegel	1	Tor
Dieter Hoeneß	1	"

Mannschaftsführer waren:
Karl-Heinz Rummenigge	9	mal
Harald Schumacher	7	"
Karl-Heinz Förster	1	"
Felix Magath	1	"
Hans-Peter Briegel	1	"

1 Elfmeter für Deutschland,
verwandelt durch Matthäus (gegen Italien)

1 Elfmeter gegen Deutschland,
verwandelt durch J.Olsen (Dänemark)

2 Platzverweise Gegner,
für Arnesen (Dänemark), Aguirre (Mexico)

1 Platzverweis Deutschland,
für Berthold (gegen Mexico)

Rangliste der besten Nationalspieler des Jahres:
1. Harald „Toni"Schumacher (1.FC Köln)
   Karlheinz Förster (VfB Stuttgart)
3. Hans-Peter Briegel (1.FC Kaiserslautern)
4. Lothar Matthäus (Bayern München)
5. Karl-Heinz Rummenigge (Inter-Mailand)
   Andreas Brehme (1.FC Kaiserslautern)
7. Thomas Berthold (Eintracht Frankfurt)
8. Rudi Völler (Werder Bremen)
   Ulrich Stein (Hamburger SV)
   Pierre Littbarski (1.FC Köln)
   Ditmar Jakobs (Hamburger SV)
   Klaus Allofs (1.FC Köln)

Vorbericht zum 512. Länderspiel: Die deutsche Nationalelf begann die neue Saison in Moskau gegen die Sowjetunion. Teamchef Franz Beckenbauer mußte auf die „Italien-Profis"verzichten und sein Aufgebot enthielt auch keine Überraschungen.

Tor: Schumacher, Stein

Abwehr: Berthold, Herget, Kh.Förster, Brehme, Jakobs, Augenthaler

Mittelfeld: Matthäus, Magath, Rahn, Thon, Meier

Angriff: Littbarski, Völler, K.Allofs, Mill

Beckenbauer zog Littbarski in das Mittelfeld zurück und spielte nur mit 2 echten Spitzen.

28.8.1985 in Moskau

Sowjetunion - BR Deutschland 1:0 (0:0)

SR: Ravander (Finnland), Zuschauer: 82.000

Sowjetunion: Dassajew; Tschiwadse; Morosow, Bubnow, Demjanenko; Aleijnikow, Sigmantowitsch, Gozmanow (ab 74. Larionow), Tscherenkow (ab 74. Gawrilow); Protassow (ab 85, Kondratjew), Blochin

BRD: Schumacher -61 (1.FC Köln); Herget -15 (Bayer Uerdingen); Berthold -7 (Eintr. Frankfurt), Kh.Förster -68 (VfB Stuttgart), Brehme -17 (1.FC Kaiserslautern); Littbarski -35 (1.FC Köln), Matthäus -36 (Bayern München), Magath -34 (HSV), Rahn -8 (Bor. Mönchengladb.); Völler -28 (Werder Bremen), K.Allofs -36 (1.FC Köln), ab 25. Meier -15 (Werder Bremen). Mannschaftskapitän: Schumacher

Tor: 1:0 Sigmantowitsch (63.)

Beste Spieler: Protassow, Blochin, Tschiwadse - Schumacher, Brehme

Bericht: Die Mannschaft der Sowjetunion begann erwartungsgemäß offensiv und drängte die Elf von Franz Beckenbauer zurück.

7. Minute: Die erste Chance des Spiels hatte jedoch die deutsche Mannschaft, als Völler nach Flanke von Brehme völlig frei vor dem Tor von Dassajew den Ball nicht im Tor unterbringen konnte. Und in der 11. Minute, nach einer Drehung, kam Blochin frei zum Schuß, doch Schumacher parierte mit einem tollen Reflex.

24. Minute: Ein herrlicher Hackentrick von Protassow bereitete Schumacher große Schwierigkeiten. Zwei Minuten später nahm Herget einen Paß von Littbarski aus vollem Lauf, aber Dassajew konnte zur Ecke klären. 34. Minute: Nach einem groben Foul an Völler erhielt Bubnow die gelbe Karte.

41. Minute: Glück für die deutsche Mannschaft, als Protassow völlig allein vor Schumacher auftauchte, aber vom Schiedsrichter wegen Abseits zurückgepfiffen wurde, weil der Unparteiische übersehen hatte, daß Herget den Ball zuletzt berührt hatte. 45. Minute: Noch einmal eine ganz große Chance für die Sowjetunion durch Blochin, der jedoch völlig freistehend am Tor vorbeizog. Zur Halbzeit konnte die deutsche Mannschaft mit dem 0:0 hoch zufrieden sein.

47. Minute: Ein guter Start der deutschen Mannschaft in die zweite Halbzeit, als Littbarski eine Meier-Flanke volley über das Tor jagte. 50. Minute: Glück für die deutsche Mannschaft, als Berthold Blochin foulte und der anschließende Freistoß von Libero Tschiwadse knapp daneben geschossen wurde. In der 55. Minute war Protassow schneller am Ball als Förster und Herget, und köpfte knapp über die Latte.

63. Minute: Die längst verdiente Führung für die Sowjetunion. Littbarski verlor das Leder an Tscherenkow, der in den Strafraum flankte und Sigmantowitsch war zur Stelle, um unhaltbar zum 1:0 einzuschießen. 66. Minute: Nach dem Führungstreffer

machten die sowjetischen Spieler noch mehr Druck. Herget konnte in letzter Sekunde gegen Blochin retten.

71. Minute: Gleich zweimal innerhalb von einer Minute hatte Rahn, per Kopf und mit einem Schuß, die Chance zum Ausgleichstreffer, verfehlte jedoch beide Male das Tor von Dassajew. 76. Minute: Nach einem Dribbling von Littbarski kam der Ball zu Völler, der mit einem Kopfball Torwart Dassajew prüfte. 82. Minute: Als Torhüter Schumacher schon geschlagen war, war Karlheinz Förster zur Stelle, um in allerhöchster Not vor Protassow zu retten. 60 Sekunden später wehrte Schumacher einen Schrägschuß von Gawrilow ab, und Protassow konnte den Abpraller nicht verwerten.

90. Minute: Nach einer erneut schwachen, fast lustlosen Partie der deutschen Mannschaft, gewann die Sowjetunion hoch verdient mit 1:0.

❖

Vorbericht zum 513. Länderspiel: Mit Gegner Schweden begann die entscheidende Phase der WM-Qualifikation. Die deutsche Mannschaft führte in ihrer Gruppe klar mit 10:0 Punkten, vor Schweden und Portugal mit je 6:4 Punkten. Ein Unentschieden in Stockholm war also praktisch die Fahrkarte nach Mexiko, zumal die deutsche Mannschaft das beste Torverhältnis hatte.

Tor: Schumacher, Stein

Abwehr: Herget, Jakobs, Kh.Förster, Brehme, Augenthaler, Buchwald

Mittelfeld: Littbarski, Berthold, Thon, Magath, Briegel, Allgöwer, Meier

Angriff: K.H.Rummenigge, Völler, Mill

Die beiden „Italiener" Briegel und Rummenigge waren bei diesem wichtigen Spiel wieder dabei. Überraschend kehrten auch Buchwald und nach langer Zeit Allgöwer in das Aufgebot zurück. Dafür fehlten mit Rahn und Klaus Allofs 2 Spieler, die in der vergangenen Saison zum Stamm gehört hatten.

25.9.1985 in Stockholm

Schweden - BR Deutschland 2:2 (0:2)

SR: van Langenhove (Belgien), Zuschauer: 39.157

Schweden: Th.Ravelli; Hysen; Erlandsson, Dahlquist, Fredrikson; A.Ravelli (ab 89. M.Magnusson), Prytz, Strömberg, Svensson (ab 77. Holmquist); Corneliusson, Nilsson

BRD: Schumacher -62 (1.FC Köln); Augenthaler -7 (Bayern München); Berthold -8 (Eintr. Frankfurt), Kh.Förster -69 (VfB Stuttgart), Jakobs -11 (HSV); Littbarski -36 (1.FC Köln), Herget -16 (Bayer Uerdingen), Briegel -59 (Hellas Verona), Brehme -18 (1.FC Kaiserslautern); K.H.Rummenigge -84 (Inter Mailand), Völler -29 (Werder Bremen). Mannschaftskapitän: K.H.Rummenigge

Tore: 0:1 Völler (23.), 0:2 Herget (40.), 1:2 Corneliusson (63.), 2:2 M.Magnusson (90.)

Beste Spieler: Corneliusson, Strömberg, Svensson - Schumacher, Littbarski, Jakobs, Brehme

Bericht: Die deutsche Mannschaft begann vorsichtig und abwartend. Bereits der erste Konter der deutschen Mannschaft nach 4 Minuten brachte jedoch Gefahr für das schwedische Tor, als Völler sich blitzschnell drehte und nur knapp über das Tor zielte.

10. Minute: Auch die nächste gute Torgelegenheit hatte die deutsche Mannschaft, als Rummenigge schulmäßig flankte und Völler völlig frei zum Kopfball kam, aber den Ball nicht richtig traf. Und in der 14. Minute, nach einer Flanke von Strömberg, konnte Augenthaler vor dem einschußbereiten Corneliusson abwehren.

23. Minute: Littbarski zog einen Eckball auf den kurzen Pfosten, wo Völler am schnellsten reagierte und den Ball zum 1:0 einköpfte. 33. Minute: Trotz der schwedischen Überlegenheit hatte die deutsche Mannschaft bei ihren Kontern die besseren Chancen. Littbarski verfehlte eine Vorlage von Brehme nur ganz knapp.

40. Minute: Littbarski ließ Hysen aussteigen und legte quer auf Herget, der aus vollem Lauf in die linke untere Ecke schoß. Zur Halbzeit führte die deutsche Mannschaft überraschend mit 2:0 und hatte die Fahrkarte nach Mexiko schon fast sicher.

49. Minute: Nach dem Seitenwechsel machten die Schweden wesentlich mehr Druck. Ein Schuß des aufgerückten Verteidigers Fredrikson zischte nur knapp am Torpfosten vorbei. 52. Minute: Corneliusson ging an 3 deutschen Abwehrspielern vorbei und paßte in den Strafraum. Fast wäre Jakobs bei dem Abwehrversuch ein Eigentor unterlaufen.

63. Minute: Der Anschlußtreffer der Schweden. Nilsson setzte sich auf der linken Seite durch und flankte zur Mitte auf Corneliusson, der an Förster vorbeizog und unhaltbar zum 1:2 einschoß.

68. Minute: Herget erhielt nach einem Foul die gelbe Karte.

77. Minute: Rummenigge war nach einem Steilpaß durchgelaufen, aber sein Schuß war zu schwach, um Torhüter Ravelli zu überlisten. 79. Minute: Wieder ein gefährlicher Konter der deutschen Mannschaft über Rummenigge, der maßgerecht in die Mitte flankte, wo jedoch Briegel und Littbarski die günstige Chance verpaßten.

90. Minute : Kurz vor dem Abpfiff fiel doch noch der Ausgleich. Der gerade eingewechselte Magnusson erlief sich einen Steilpaß von Nilsson und knallte das Leder unhaltbar ins Netz. Durch die druckvolle zweite Halbzeit hatten sich die Schweden das Unentschieden auch verdient, und der deutschen Mannschaft reichte dieser Punkt zur Teilnahme in Mexiko, weil die Portugiesen zur gleichen Zeit mit 0:1 in der Tschechoslowakei unterlagen.

❖

Vorbericht zum 514. Länderspiel: Durch das 2:2 in Stockholm war die deutsche Mannschaft für die WM 1986 in Mexiko qualifiziert. Teamchef Franz Beckenbauer konnte jetzt gezielt mit den Vorbereitungen beginnen. Bereits im nächsten WM-Qualifikationsspiel gegen Portugal, das jetzt ohne Bedeutung war, zeigte sich im Aufgebot der vorbereitende Charakter dieses Spiels.

Tor: Schumacher, Stein

Abwehr: Jakobs, Berthold, Kh.Förster, Brehme, Buchwald

Mittelfeld: Herget, Meier, Briegel, Allgöwer, Rahn

Angriff: K.H.Rummenigge, Völler, Thomas Allofs, Gründel

Mit Gründel und Th.Allofs waren 2 Neulinge im Aufgebot, die gegen Portugal auch beide zu ihrem 1. Länderspiel kamen. Mit Augenthaler, Littbarski, Thon, Magath, K.Allofs und Mill fehlten jedoch einige Stammspieler der letzten Zeit.

16.10.1985 in Stuttgart

BR Deutschland - Portugal 0:1 (0:0)

SR: Hackett (England), Zuschauer: 55.000

BRD: Schumacher -63 (1.FC Köln); Jakbos -12 (HSV), ab 46. Gründel -1 (HSV); Berthold -9 (Eintr. Frankfurt), Kh.Förster -70 (VfB Stuttgart), Brehme -19 (1.FC Kaiserslautern); Allgöwer -7 (VfB Stuttgart), Herget -17 (Bayer Uerd.), Meier -16 (Werder Bremen), Briegel -60 (Hellas Verona); Littbarski -37 (1.FC Köln), ab 63. Th.Allofs -1 (1.FC Kaiserslautern), K.H.Rummenigge -85 (Inter Mailand). Mannschaftskapitän: K.H.Rummenigge

Portugal: Bento; Joao Pinto, Frederico, Venancio, Inacio; Carlos Manuel (ab 80. Litos), Veloso, Antonio, Pacheco; Gomes (ab 84. Rafael), Fernandes

Tor: 0:1 Carlos Manuel (54.)

Beste Spieler: K.H.Rummenigge, Förster - Bento, Carlos Manuel, Pacheco

Bericht: Beide Mannschaften begannen sehr vorsichtig und zerfahren.

8. Minute: Inacio zog an Berthold vorbei und flankte zur Mitte, wo Brehme im letzten Moment klären konnte. 16. Minute: Der erste vielversprechende Angriff der deutschen Mannschaft über Rummenigge wurde an der Strafraumgrenze durch ein Foul von Antonio unterbunden.

40. Minute: Ein Steilpaß von Briegel erreichte Rummenigge, der jedoch mit einem Direktschuß an Torhüter Bento scheiterte. Zur Halbzeit wurde die deutsche Mannschaft mit Pfiffen vom Publikum verabschiedet. Sie hatte nicht nur schwach gespielt, sondern auch keine zwingende Torchance herausgespielt.

54. Minute: Nach dem Seitenwechsel spielte die deutsche Mannschaft sehr schwach weiter und bekam prompt die Quittung. Manuel nutzte einen Fehler von Littbarski, ließ Meier aussteigen und knallte das Leder aus 20 Metern genau in den Winkel. Torhüter Schumacher war gegen dieses 0:1 machtlos. 58. Minute: Nach dem Rückstand wurde die deutsche Mannschaft endlich stärker. Bento konnte gerade noch durch rechtzeitiges Herauslaufen vor Rummenigge klären.

70. Minute: Eine große Chance für Allgöwer, nach einem Freistoß von Herget. Der herrliche Kopfball des Stuttgarters ging nur knapp über die Querlatte. 72. Minute: Eine Riesenchance nach einer Brehme-Flanke für Berthold, der den Ball jedoch zu lässig auf das portugiesische Tor schoß. 77. Minute: Allgöwer nahm eine Ecke von Gründel volley, aber Bento war auf dem Posten. Zwei Minuten später verlängerte Förster eine Ecke auf Briegel, der mit einem Kopfball nur die Latte traf.

84. Minute: Berthold nahm eine Flanke mit dem Kopf, doch die Latte stand schon wieder im Weg. Und gleich noch ein dritter Lattentreffer für die deutsche Mannschaft. Diesmal zielte wieder Briegel zu ungenau, der bereits eine Vielzahl an Latten- und Pfostenschüssen in der Nationalmannschaft zu verzeichnen hatte.

90. Minute: Es blieb beim 1:0-Sieg für Portugal. Die deutsche Mannschaft enttäuschte auf der ganzen Linie und zeigte erst nach dem Rückstand, was in ihr steckte. Diese Niederlage war damit die erste einer deutschen Nationalmannschaft in einem WM-Qualifikationsspiel.

❖

Vorbericht zum 515. Länderspiel: Für das letzte WM-Qualifikationsspiel gegen die Tschechoslowakei hatte Franz Beckenbauer ein 22-köpfiges vorläufiges Aufgebot berufen.

Tor: Schumacher, Stein
Abwehr: Brehme, Kh.Förster, Herget, Jakobs, Augenthaler, Buchwald, Frontzeck
Mittelfeld: Briegel, Magath, Rolff, Rahn, Thon, Allgöwer, Meier, Th.Allofs
Angriff: K.H.Rummenigge, Littbarski, Mill, Gründel, Kuntz

Nur Völler und Matthäus fehlten vom Stamm der Nationalmannschaft. Aus dem vorläufigen Aufgebot wurden Buchwald, Magath, Meier, Mill und Neuling Kuntz (VfL Bochum) gestrichen. Kögl (Bayern München) wurde nachnominiert.

17.11.1985 in München (WM-Qualifikation)

BR Deutschland - Tschechoslowakei 2:2 (1:0)

SR: Thime (Norwegen), Zuschauer: 22.000
BRD: Schumacher -64 (1.FC Köln); Augenthaler -8 (Bayern München); Brehme -20 (1.FC Kaiserslautern), Kh.Förster -71 (VfB Stuttgart), Briegel -61 (Hellas Verona), ab 46. Frontzeck -7 (Bor. Mönchengladbach); Rolff -13 (HSV), Thon -7 (Schalke 04), Allgöwer -8 (VfB Stuttgart); Littbarski -38 (1.FC Köln), ab 79. Rahn -9 (Bor. Mönchengladbach), K.H.Rummenigge -86 (Inter Mailand), Kögl -2 (Bayern München). Mannschaftskapitän: K.H.Rummenigge

Tschechoslowakei: Miklosko; Ondra; Levy, Straka, Hasek; Novak, Chovanec, Berger, K.Kula; Vizek, Lauda (ab 73. Luhovy)
Tore: 1:0 Brehme (1.), 1:1 Novak (52.), 1:2 Lauda (61.), 2:2 K.H.Rummenigge (86.)
Beste Spieler: K.H.Rummenigge - Chovanec, Vizek
Bericht: Mit einer auf einigen Posten veränderten Mannschaft begann das Team von Franz Beckenbauer druckvoll gegen die Tschechoslowakei.

1. Minute: Als Thon 20 Meter vor dem tschechoslowakischen Tor gefoult wurde, ging die deutsche Mannschaft bereits in Führung. Rummenigge schob den Freistoß zu Brehme, der das Leder knallhart ins Tor schmetterte. 7. Minute: Ondra erhielt nach einem groben Foul an Brehme die gelbe Karte. Drei Minuten später konnte ein herrlicher, knallharter Schuß von Littbarski vom CSSR-Torhüter gerade noch abgewehrt werden.

20. Minute: Mit einer Glanzparade mußte Torhüter Schumacher nach einem tollen 20-Meter-Schuß von Berger halten. Und 3 Minuten später Glück für die Tschechoslowaken, daß Torhüter Miklosko rechtzeitig aus seinem Tor herauskam und Rummenigge kurz vor der Strafraumgrenze foulte. 31. Minute: Noch einmal Glück für die CSSR, als ein Rückzieher von Allgöwer nur zur Ecke abgewehrt werden konnte.

45. Minute: Bis zur Halbzeit bestand vor beiden Toren keine große Gefahr mehr. Die unzufriedenen Zuschauer machten sich durch Pfiffe bemerkbar.

52. Minute: Lauda konnte sich geschickt durchsetzen und legte den Ball Novak maßgerecht vor, der aus 14 Meter Entfernung zum 1:1-Ausgleich traf. 57. Minute: Brehmes herrlicher Freistoß zog nur knapp am Tor vorbei. Und 120 Sekunden später Glück für die deutsche Mannschaft, daß Schiedsrichter Thime keinen Elfmeter pfiff, als Förster Novak im Strafraum festhielt. Aber ein katastrophaler Fehler von Brehme ermöglichte Lauda dann doch, das 2:1 für die Tschechen zu erzielen.

79. Minute: Der herauslaufende Schumacher rettete vor dem einschußbereiten Chovanec. 86. Minute: Der Ausgleich für die deutsche Elf. Aus einem Getümmel im Strafraum schoß Rummenigge aus kurzer Distanz das 2:2. Nach einer äußerst schwachen Leistung hatte die deutsche Mannschaft mit Glück noch ein 2:2 Unentschieden erreicht.

❖

Vorbericht zum 516. Länderspiel: Nach dem schwachen Spiel gegen die Tschechoslowakei wußte Teamchef Franz Beckenbauer, daß er noch viel Arbeit hatte. Und das Losglück gab es auch nicht mehr, wie sich Mitte Dezember ein weiteres Mal bei der Auslosung der 6 Gruppen für die WM zeigte. Mit Uruguay, Schottland und Dänemark hatte die deutsche Mannschaft sogar ein sehr schweres Los gezogen. Allerdings qualifizierten sich die beiden Gruppenersten für das Achtelfinale. Und selbst für 4 Gruppendritte der 6 Gruppen bestand noch die Möglichkeit, sich aufgrund vieler Punkte für das Achtelfinale zu qualifizieren. Das bedeutete, daß man sich aller Wahrscheinlichkeit nach auch als Gruppendritter mit 3:3 Punkten noch qualifizieren konnte.

Am 27./28.1.1986 begann Franz Beckenbauer das WM-Jahr mit 24 Kandidaten in einem Kurzlehrgang. Dann stand mit Weltmeister Italien die erste schwere Prüfung der Vorbereitungsspiele an. Das Aufgebot hierfür lautete:

Tor: Schumacher, Stein
Abwehr: Herget, Kh.Förster, Augenthaler, Buchwald, Briegel
Mittelfeld: Littbarski, Matthäus, Magath, Rolff, Allgöwer, Falkenmayer, Thon
Angriff: K.H.Rummenigge, K.Allofs, Mill, Gründel

Wegen Verletzung fehlten Brehme, Völler und Jakobs, die der Teamchef jedoch voll in seiner WM-Planung hatte.

5.2.1986 in Avellino
Italien - Deutschland 1:2 (1:1)

SR: Igna (Rumänien), Zuschauer: 36.000
Italien: Galli (ab 46. Tancredi); Tricella; Bergomi, Vierchowod, Cabrini; Conti (ab 46. Vialli), G.Baresi, Ancelotti, Bagni (ab 86. Galderisi); Altobelli (ab 66. Massaro), Serena

BRD: Schumacher -65 (1.FC Köln); Augenthaler -9 (Bayern München); Buchwald -4 (VfB Stuttgart), Herget -18 (Bayer Uerd.), Kh.Förster -72 (VfB Stuttgart); Matthäus -37 (Bayern München), Rolff -14 (HSV), Magath -35 (HSV), Briegel -62 (Hellas Verona); K.Allofs -37 (1.FC Köln), ab 46. Gründel -2 (HSV), K.H.Rummenigge -87 (Inter Mailand). Mannschaftskapitän: K.H.Rummenigge

Tore: 1:0 Serena (21.), 1:1 Herget (36.), Matthäus (76. Foulelfmeter)

Beste Spieler: Cabrini, Conti, Altobelli - Briegel, Schumacher, Herget

Bericht: Der Weltmeister begann gegen den Vize-Weltmeister wesentlich besser und druckvoller. Ancelotti kam nach 5 Minuten zu einem Distanzschuß, doch Schumacher konnte abwehren.

15. Minute: Zum erstenmal kam die deutsche Mannschaft gefährlich vor das italienische Tor. Nach einer Flanke von Magath köpfte Rummenigge das Leder auf das Tor, und Galli konnte den Ball nur soeben um den Pfosten herumlenken.

21. Minute: Altobelli nutze einen Abwehrfehler aus und schoß an den Pfosten des Gehäuses von Schumacher. Den zurückprallenden Ball schob Serena unbedrängt zum 1:0 für die Italiener über die Linie. 29. Minute: Nachdem Matthäus an der Strafraumgrenze gefoult wurde, hatte er selbst nach dem Freistoß die Chance zum Ausgleichstreffer, köpfte jedoch knapp am Tor vorbei. 36. Minute: Der Ausgleich für die deutsche Elf: Einen Freistoß aus 18 Metern verwandelte Herget mit einem hart geschossenen, aber trotzdem genau gezirkelten Ball in den linken oberen Winkel. Zur Halbzeit hatte die deutsche Mannschaft sich durch eine gute Leistung das Unentschieden verdient.

54. Minute: Nach einem Dribbling von Rummenigge konnte Torhüter Galli den Ball in letzter Sekunde abfangen. 61. Minute: Einen Freistoß von Altobelli köpfte Vialli knapp am deutschen Tor vorbei. Zehn Minuten später bekam Serena nach einem bösen Foul an Matthäus die gelbe Karte.

86. Minute: Kurz vor Schluß das überraschende deutsche Siegtor. Briegel wurde im Strafraum von Baresi gefoult, so daß Schiedsrichter Igna keine andere Wahl blieb, als Elfmeter zu pfeifen. Matthäus verwandelte sicher zum 2:1. 90. Minute: Aufgrund der kämpferischen Leistung hatte die deutsche Mannschaft einen unerwarteten, aber nicht unverdienten Sieg beim Weltmeister erzielt.

❖

Vorbericht zum 517. Länderspiel: Mit Brasilien erwartete das Team von Beckenbauer gleich die nächste schwere Aufgabe. Nach seiner Operation stand Rudi Völler noch nicht wieder zur Verfügung. Außerdem fielen Augenthaler und Littbarski mit Verletzungen aus.

Tor: Schumacher, Stein
Abwehr: Jakobs, Herget, Kh.Förster, Brehme, Buchwald
Mittelfeld: Matthäus, Magath, Briegel, Rolff, Thon, Allgöwer
Angriff: K.H.Rummenigge, K.Allofs, Mill, Gründel
Kurzfristig fiel dann auch noch Karlheinz Förster mit einer Verletzung aus, so daß Beckenbauer die Elf des Italien-Spiels auf 4 Positionen verändern mußte.

12.3.1986 in Frankfurt/M.
BR Deutschland - Brasilien 2:0 (1:0)

SR: Agnolin (Italien), Zuschauer: 52.000
BRD: Schumacher -66 (1.FC Köln); Herget -19 (Bayer Uerd.); Brehme -21 (1.FC Kaiserslautern), Jakobs -13 (HSV), ab 46. Buchwald -5 (VfB Stuttgart), Briegel -63 (Hellas Verona); Matthäus -38 (Bayern München), Rolff -15 (HSV), Magath -36 (HSV), Thon -8 (Schalke 04); Mill -8 (Bor. Mönchengladb.), ab 79. Gründel -3 (HSV), K.H.Rummenigge -88 (Inter Mailand), ab 46. K.Allofs -38 (1.FC Köln). Mannschaftskapitän: K.H.Rummenigge

Brasilien: Carlos; Edson, Oscar, Mozer, Dida; Müller (ab 74. Marinho), Socrates, Casagrande, Falcao; Careca, Sidney (ab 46. Eder)

Tore: 1:0 Briegel (2.), 2:0 K.Allofs (88.)

Beste Spieler: Schumacher, Briegel, Thon, Herget - Socrates, Careca, Müller

Bericht: Sofort begann die deutsche Mannschaft mit schnellem Spiel den dreifachen Weltmeister zurückzudrängen. Ein Eckball von Matthäus kam nach 2 Minuten auf den kurzen Pfosten, wo Briegel mit einem Kopfball das 1:0 erzielte. Das war ein Auftakt nach Maß.

4. Minute: Erneut war es ein Eckball von Matthäus, der Gefahr für die Brasilianer brachte. Der schöne Schuß von Thon konnte jedoch erneut zur Ecke abgelenkt werden.

14. Minute: Socrates spielte den Ball in den Lauf von Müller, der sofort abzog. Mit einer Glanzparade lenkte Schumacher den Ball um den Pfosten. 16. Minute: Fast hätte es eine weitere gute Torgelegenheit gegeben, als Torhüter Carlos nur um Bruchteile einer Sekunde vor Matthäus an eine Magath-Flanke kam.

33. Minute: Nach einem Steilpaß von Magath strebte Rummenigge allein dem brasilianischen Tor zu und wurde von Edson gefoult. Der Freistoß brachte leider nichts ein. 41. Minute: Müller paßte auf Careca, dessen Schuß Schumacher über das Tor lenken konnte. Und noch einmal eine gute Chance für die Brasilianer 60 Sekunden später, als Müller einen Paß von Falcao aufnahm und aus 16 Metern nur knapp das deutsche Tor verfehlte. Zur Halbzeit führte die deutsche Mannschaft nicht unverdient mit 1:0.

50. Minute: Mill erhielt auf der rechten Seite den Ball und paßte zur Mitte, wo Rolff um einen Schritt zu spät kam. In der 57. Minute schlug Thon einen Steilpaß auf Briegel, der aber das Leder nicht richtig traf. Und 5 Minuten später spielte Socrates Dida frei, aber dessen Schuß wurde vom herauslaufenden Schumacher abgewehrt.

83. Minute: Noch einmal eine gute Torchance für die deutsche Mannschaft, als Matthäus schulmäßig in die Mitte flankte und der junge Olaf Thon den Ball volley aus der Luft nahm. Edson warf sich in den Ball und verhinderte damit einen weiteren Treffer. 88. Minute: Dann aber doch die endgültige Entscheidung im Frankfurter Waldstadion. Gründel konnte sich einen Fehlpaß von Falcao erlaufen und paßte auf Allofs, der unhaltbar zum 2:0 einschoß.

90. Minute: Über weite Strecken des Spiels war das deutsche Team spielbestimmend und gewann deshalb auch verdient mit 2:0, wodurch esnach dem Sieg in Italien einen zweiten international beachteten Erfolg erzielte.

❖

Vorbericht zum 518. Länderspiel: Für das Länderspiel gegen die Schweiz holte Teamchef Franz Beckenbauer zwei frühere Nationalspieler zurück, die sich durch hervorragende Leistungen in der Bundesliga empfohlen hatten, Immel und Dieter Hoeneß.

Tor: Stein, Immel
Abwehr: Berthold, Kh.Förster, Augenthaler, Briegel, Jakobs, Buchwald
Mittelfeld: Matthäus, Magath, Brehme, Thon, Falkenmayer, Rolff

Angriff: Allgöwer, D.Hoeneß

Wegen Terminnot der Kölner verzichtete Beckenbauer auf deren Berufung. Hinzu kamen die Verletzungen von Völler, Rummenigge, Gründel, Mill und Rahn, so daß mit Dieter Honeß nur ein echter Stürmer im Aufgebot stand.

9.4.1986 in Basel

Schweiz - BR Deutschland 0:1 (0:1)

SR: Quiniou (Frankreich), Zuschauer: 25.000
Schweiz: Brunner; Botteron (ab 64. Weber), Egli, In-Albon, Ryf; Wehrli, Perret (ab 72. Bregy), Hermann, Decastel (ab 78. Maissen); Halter (ab 82. Matthey), Sulzer
BRD: Stein -5 (HSV); Augenthaler -10 (Bayern München); Berthold -10 (Eintr. Frankfurt), Kh.Förster -73 (VfB Stuttgart), ab 46. Jakobs -14 (HSV), Briegel -64 (Hellas Verona), ab 77. Buchwald -6 (VfB Stuttgart); Falkenmayer -4 (Eintr. Frankfurt), ab 61. Brehme -22 (1.FC Kaiserslautern), Matthäus -39 (Bayern München), Magath -37 (HSV), Rolff -16 (HSV); D.Hoeneß -3 (Bayern München), Thon -9 (Schalke 04), ab 46. Allgöwer -9 (VfB Stuttgart). Mannschaftskapitän: Kh.Förster

Tore: 0:1 D.Hoeneß (34.)
Beste Spieler: Hermann, Brunner - Briegel, Stein, D.Hoeneß
Bericht: Die deutsche Mannschaft versteckte sich in Basel keineswegs, sondern übernahm von der ersten Minute an die Initiative. Durch energischen Einsatz konnte Hoeneß in der 2. Minute die erste Ecke für die deutsche Mannschaft herausholen, die jedoch nichts einbrachte. Und Thon scheiterte 3 Minuten später mit einem schönen Schuß am schweizerischen Torhüter Brunner.

15. Minute: Nach einer zu kurzen Abwehr konnte Magath aus 20 Metern abziehen, doch der Schuß landete an der Oberkante der Latte. Fünf Minuten später erhielt Egli nach einem Foul an Briegel die gelbe Karte. 34. Minute: Einen Eckball von Falkenmayer verlängerte Thon auf Hoeneß, der unhaltbar zum 1:0 einköpfte.

42. Minute: Förster verlor im Mittelfeld das Leder. Der Konter führte zum freistehenden Halter, der aus spitzem Winkel abzog, doch Torhüter Stein konnte parieren. Zur Halbzeit führte die deutsche Mannschaft verdient mit 1:0, ohne jedoch zu überzeugen.

49. Minute: Nachdem sich Augenthaler und Jakobs gegenseitig behinderten, hatte Sulzer die große Chance zum Ausgleichstreffer, traf den Ball jedoch nicht richtig. 53. Minute: Matthäus legte einen Freistoß quer auf Magath, der das Leder nur knapp über die Latte jagte. Vier Minuten später kam Hoeneß aus 20 Metern frei zum Schuß, aber Torwart Brunner lenkte den Ball um den Pfosten. Und nach einer Stunde bekam Jakobs die gelbe Karte für ein rüdes Foul.

74. Minute: Der weit herausgeeilte Stein spielte das Leder direkt in die Füße von Hermann, der sofort auf Sulzer paßte, dessen Schuß Augenthaler erst auf der Linie abwehren konnte.

86. Minute: Weber schoß plaziert auf das deutsche Tor, aber erneut konnte Stein glänzend halten. So blieb es beim verdienten 1:0 Sieg der deutschen Mannschaft, der durch eine kämpferisch starke Leistung erzielt wurde.

❖

Vorbericht zum 519. Länderpsiel: Ende April gab Franz Beckenbauer sein 26er Aufgebot bekannt, das sich am 5.5.1986 in der Sportschule Malente traf.
Tor:
Immel, Eike (Borussia Dortmund), geb. 27.11.1960, 4 Lsp.
Schumacher, Harald (1.FC Köln), geb. 6.3.1954, 66 Lsp.
Stein, Ulrich (Hamburger SV), geb. 23.10.1954, 5 Lsp.
Abwehr:
Augenthaler, Klaus (B. München), geb. 26.9.1957, 10 Lsp.
Berthold, Thomas (Eintr. Frankf.), geb. 12.11.1964, 10 Lsp. Brehme, Andreas (1.FC Kaisersl.), geb. 9.11.1960, 22 Lsp.
Briegel, Hans-Peter (Hellas Verona), geb. 10.11.1955, 64 Lsp.
Buchwald, Guido (VfB Stuttgart), geb. 24.1.1961, 6 Lsp.
Eder, Norbert (Bayern München), geb. 7.11.1955, ohne Lsp.
Förster, Karlheinz (VfB Stuttgart), geb. 25.7.1958, 73 Lsp
Funkel, Wolfgang (Bayer Uerdingen), geb. 10.8.1058, ohne Lsp.
Herget, Matthias (Bayer Uerdingen), geb. 14.11.1955, 19 Lsp.
Jakobs, Ditmar (Hamburger SV), geb. 28.8.1953, 14 Lsp.
Mittelfeld:
Allgöwer, Karl (VfB Stuttgart), geb. 5.1.1957, 9 Lsp.
Matthäus, Lothar (Bayern München), geb. 21.3.1961, 39 Lsp.
Magath, Felix (Hamburger SV), geb. 26.7.1953, 37 Lsp.
Rahn, Uwe (Bor. Mönchengladb.), geb. 21.5.1962, 9 Lsp.
Rolff, Wolfgang (Hamburger SV), geb. 26.12.1959, 16 Lsp.
Thon, Olaf (Schalke 04), geb. 1.5.1966, 9 Lsp.
Angriff:
Allofs, Klaus (1.FC Köln), geb. 5.12.1956, 38 Lsp.
Gründel, Heinz (Hamburger SV), geb. 13.2.1957, 3 Lsp.
Hoeneß, Dieter (Bayern München), geb. 7.1.1953, 3 Lsp.
Littbarski, Pierre (1.FC Köln), geb. 16.4.1960, 38 Lsp.
Mill, Frank (Bor. Mönchengladb.), geb. 23.7.1958, 8 Lsp.
Rummenigge, Karl-Heinz (Inter Mailand), geb. 25.9.1955, 88 Lsp. Völler, Rudi (Werder Bremen), geb. 13.4.1960, 29 Lsp.

Lediglich die 3 Kölner und Eike Immel konnten wegen Pflichtspielen am 5.5. noch nicht dabeisein. Enttäuschung herrschte bei Frontzeck, Falkenmayer und Waas, daß sie noch nicht einmal beim Vorbereitungslehrgang dabei waren. Dafür überraschte die Nominierung von Eder (Bayern München) und Funkel (Bayer Uerdingen), die bisher nicht einmal in einem Länderspielaufgebot standen. Beide sollten in den zwei letzten Test-Länderspielen zum Einsatz kommen.

Gegen Jugoslawien war, nach seiner schweren Verletzung, erstmals wieder Rudi Völler dabei und Hans Eder kam zu seinem 1. Länderspiel. Karl-Heinz Rummenigge fehlte wegen Verletzung.

11.5.1986 in Bochum

BR Deutschland - Jugoslawien 1:1 (0:1)

SR: Eriksson (Schweden), Zuschauer: 30.000
BRD: Schumacher -67 (1.FC Köln); Augenthaler -11 (Bayern München); Buchwald -7 (VfB Stuttgart), ab 46. Berthold -11 (Eintr. Frankfurt), Kh.Förster -74 (VfB Stuttgart), Eder -1 (Bayern München); Matthäus -40 (Bayern München), Herget -20 (Bayer Uerdingen), ab 62. K.Allofs -39 (1.FC Köln), Thon -10 (Schalke 04), Briegel -65 (Hellas Verona); D.Hoeneß -4 (Bayern München), ab 62. Littbarski -39 (1.FC Köln), Völler -30 (Werder Bremen). Mannschaftskapitän: Schumacher

Jugoslawien: Ljukovcan; Radanovic, Miljus, Elsner, Baljic; Jankovic, Grazan, Sliskovic (ab 63. Gudelj), Bazdarevic; Skoro, Zl.Vujovic

Tore: 0:1 Skoro (6.), 1:1 Völler (61.)
Beste Spieler: Berthold, Schumacher, Briegel - Skoro, Ljukovcan

Bericht: Auf beiden Seiten begann das Spiel offensiv und druckvoll. Nach einem Foul an Völler in der 4. Minute schoß Herget den Freistoß in die Mauer. Den Abpraller nahm Augenthaler volley, doch Torwart Ljukovcan wehrte ab.

6. Minute: Die schnelle Führung der Jugoslawen. Einen Konter über 4 Stationen konnte Schumacher noch abwehren, aber den Nachschuß verwertete Skoro zum 0:1. 15. Minute: Nach einer Viertelstunde hatte die deutsche Mannschaft das Spiel im Griff und drängte auf den Ausgleichstreffer.

26. Minute: Noch immer war die deutsche Mannschaft hoch überlegen. Briegel setzte sich durch und kam frei zum Schuß, aber der Ball traf nur das Außennetz. 33. Minute: Nach einer Ecke

flankte Völler das Leder in den Strafraum, wo Hoeneß nur knapp neben das Tor köpfte.

42. Minute: Jankovic überwandt die deutsche Abseitsfalle und stürmte allein auf das Tor zu, wo Schumacher jedoch geschickt den Winkel verkürzte und abwehren konnte. Die Jugoslawen führten zur Halbzeit sehr glücklich mit 1:0.

50. Minute: Die erste Chance der zweiten Halbzeit hatten die Jugoslawen, als der aufgerückte Baljic völlig frei zum Kopfball kam, aber neben das Tor zielte.

60. Minute: Nach einem Alleingang schoß Berthold plaziert auf das Tor, Ljukovcan wehrte ab, und den Nachschuß donnerte Briegel an die Latte. Wieder hatte der ehemalige Zehnkämpfer in der Nationalmannschaft mit einem Lattenschuß Pech. 61. Minute: Noch einmal konnte sich Berthold auf der rechten Seite durchsetzen und paßte zu Völler, der aus kurzer Distanz den längst fälligen 1:1-Ausgleich schoß. 68. Minute: Littbarski zog von der Strafraumgrenze ab, doch der jugoslawische Torhüter konnte glänzend parieren. Und ein Heber von Skoro ging eine Viertelstunde vor Schluß nur ganz knapp über das deutsche Tor. Es blieb beim für die Jugoslawen sehr glücklichen 1:1, aber die deutsche Mannschaft hatte trotz teilweise guter Leistungen nicht überzeugen können.

❖

Vorbericht zum 520. Länderspiel: Im letzten Testspiel gegen Holland ließ Beckenbauer statt Augenthaler und Eder die beiden Uerdinger Herget und W.Funkel (als Einwechselspieler) als Libero und Vorstopper spielen. Außerdem bekam Torhüter Stein noch einmal Länderspielpraxis.

14.5.1986 in Dortmund
BR Deutschland - Holland 3:1 (2:0)

SR: Wöhrer (Österreich), Zuschauer: 36.000
BRD: Stein -6 (HSV); Herget -21 (Bayer Uerd.); Berthold -12 (Eintr. Frankfurt), Eder -2 (Bayern München), ab 46. W.Funkel -1 (Bayer Uerd.), Briegel -66 (Hellas Verona); Matthäus -41 (Bayern München), ab 81. Allgöwer -10 (VfB Stuttgart), Rolff -17 (HSV), Littbarski -40 (1.FC Köln), ab 46. Gründel -4 (HSV), Brehme -23 (1.FC Kaiserslautern); Völler -31 (Werder Bremen), ab 75. Mill -9 (Bor. Mönchengladbach), Kl.Allofs -40 (1.FC Köln). Mannschaftskapitän: Briegel
Holland: van Breukelen; Koeman; Blind (ab 65. Suvrijn), Silooy, van Tiggelen; Wouters, Vanenburg, Boeve, de Wit (ab 65. Bosman); Gullit, van't Schip
Tore: 1:0, 2:0 Völler (39., 42.), 2:1 van't Schip (80.), 3:1 Herget (90.)
Beste Spieler: Völler, Briegel, Matthäus, Stein, Eder - Gullit, van't Schip, Wouters
Bericht: Bereits in den ersten Minuten begann die deutsche Mannschaft sehr stark, spielte ein hohes Tempo und riskierte auch lange Bälle.

15. Minute: Die erste gute Torgelegenheit hatte die deutsche Mannschaft, aber Briegel zog den Ball am langen Eck vorbei. Und in der 19. Minute, nach einer Ecke von Littbarski, prüfte Brehme mit einem knallharten Schuß Torhüter van Breukelen. 26. Minute: Gullit flankte auf van't Schip, dessen Kopfball konnte Stein parieren.

35. Minute: Matthäus schlug den Ball in den Strafraum, wo Völler mit einem Flugkopfball an Torhüter van Breukelen scheiterte. 39. Minute: Das 1:0 für die deutsche Elf. Eine Ecke von Matthäus verwandelte Völler mit dem Hinterkopf ins lange Eck. 42. Minute: Berthold flankte auf Briegel, der mit dem Kopf zu Völler weitergab. Gegen den Flachschuß des Bremers war Torhüter van Breukelen machtlos. Beide Mannschaften wurden nach einer hochklassigen ersten Halbzeit mit viel Beifall in die Kabinen verabschiedet.

48. Minute: Viel Glück für die deutsche Mannschaft, als Gullit mit seinem Freistoß nur ganz knapp am deutschen Tor vorbeizielte.

56. Minute: Auf der anderen Seite verpaßte Wolfgang Funkel, nach einem Freistoß von Matthäus, mit einem Kopfball nur knapp das Tor. 66. Minute: Die Holländer machten mehr Druck. Zuerst versuchten es Gullit mit einem Volleyschuß, dann parierte Stein einen Schuß von Bosman. 74. Minute: Mit einer Glanztat verhinderte van Breukelen nach einem Schuß von Brehme einen weiteren deutschen Treffer.

80. Minute: Der Anschlußtreffer der Holländer. Stein konnte einen Schuß von Gullit abwehren, aber beim Nachschuß von van't Schip war der Hamburger machtlos. Und in der 86. Minute kam ein Querpaß von Gullit zum freistehenden van't Schip, der das Leder jedoch über das Tor schoß.

90. Minute: Die endgültige Entscheidung. Gründel schob den Ball zu Klaus Allofs, dessen Flanke Herget erreichte, der unhaltbar zum 3:1 für die deutsche Mannschaft einschoß. Mit diesem Erfolg zählte die deutsche Mannschaft zweifellos zu den WM-Favoriten, denn trotz des starken Gegners zeigte sie über weite Strecken eine Weltklasseleistung.

❖

Vorbericht zur 13. Fußballweltmeisterschaft: Nach dem Länderspiel gegen Holland gab Franz Beckenbauer sein 22er Aufgebot bekannt:
 1 Harald Schumacher (1.FC Köln), geb. 6.3.1954, 67 Lsp.
 2 Hans-Peter Briegel (Hellas Verona), geb. 11.10.1955, 66 Lsp.
 3 Andreas Brehme (1.FC Kaiserslautern), geb. 9.11.1960, 23 Lsp.
 4 Karlheinz Förster (VfB Stuttgart), geb. 25.7.1958, 74 Lsp.
 5 Matthias Herget (Bayer Uerdingen), geb. 14.11.1955, 21 Lsp.
 6 Norbert Eder (Bayern München), geb. 7.11.1955, 2 Lsp.
 7 Pierre Littbarski (1.FC Köln), geb. 16.4.1960, 40 Lsp.
 8 Lothar Matthäus (Bayern München), geb. 21.3.1961, 41 Lsp.
 9 Rudi Völler (Werder Bremen), geb. 13.4.1960, 31 Lsp.
10 Felix Magath (Hamburger SV), geb. 26.7.1953, 37 Lsp.
11 Karl-Heinz Rummenigge (Inter Mailand), geb. 25.9.1955, 88 Lsp.
12 Ulrich Stein (Hamburger SV), geb. 23.10.1954, 6 Lsp.
13 Karl Allgöwer (VfB Stuttgart), geb. 5.1.1957, 10 Lsp.
14 Thomas Berthold (Eintr. Frankfurt), geb. 12.11.1964, 12 Lsp.
15 Klaus Augenthaler (Bayern München), geb. 26.9.1957, 11 Lsp.
16 Olaf Thon (Schalke 04), geb. 1.5.1966, 10 Lsp.
17 Ditmar Jakobs (Hamburger SV), geb. 28.8.1953, 14 Lsp.
18 Uwe Rahn (Bor. Mönchengladbach), geb. 21.5.1962, 9 Lsp.
19 Klaus Allofs (1.FC Köln), geb. 5.12.1956, 40 Lsp.
20 Dieter Hoeneß (Bayern München), geb. 7.1.1953, 4 Lsp.
21 Wolfgang Rolff (Hamburger SV), geb. 26.12.1959, 17 Lsp.
22 Eike Immel (Borussia Dortmund), geb. 27.11.1960, 4 Lsp.

Buchwald, Funkel, Gründel und Mill fielen also noch aus dem 26er Aufgebot heraus. Insgesamt wurde die Wahl von Teamchef Franz Beckenbauer akzeptiert. Am 19.5.1986 flog die Equipe mit Assistenztrainer Horst Köppel und Teamchef Franz Beckenbauer von Frankfurt aus nach Mexico City und von dort nach Morelia, dem Quartier der deutschen Mannschaft.

Eike Immel fehlte vorerst noch, weil er mit Borussia Dortmund noch in den Relegationsspielen gegen Fortuna Köln spielen mußte. Einziger und seit langem Dauerverletzter war Karl-Heinz Rummenigge. Er konnte deshalb auch 5 Tage vor dem ersten Spiel gegen Uruguay beim Trainingsspiel nicht dabeisein.

31.5.1968 in Querataro (6.000)
Queretaro (Juniorenauswahl) - Nationalelf 1:12
1. Halbzeit: Stein; Augenthaler; Berthold, Jakobs, Brehme; Allgöwer, Rahn, Rolff, Thon; Littbarski, D.Hoeneß
2. Halbzeit: Schumacher; Eder, Kh.Förster, Berthold; Matthäus, Herget, Magath, Littbarski, Briegel; Völler, K.Allofs

Bester Spieler war Rudi Völler, der auch mit 3 Toren glänzte. Darunter einem Treffer mit der Hacke, der beim Publikum natürlich besonders Beifall fand.

❖

Vorbericht zum 521. Länderspiel: Bis kurz vor dem Anpfiff des ersten WM-Spiels für die deutsche Mannschaft hielt sich Teamchef Franz Beckenbauer bedeckt. Überraschend war es dann schon, daß Herget fehlte, aber 6 Abwehrspieler (!) aufgeboten wurden. Denn Eder und Brehme waren im Mittelfeld in erster Linie Defensivspieler. Wieder einmal hieß also die Devise: nur nicht verlieren.

4.6.1986 in Querataro (WM-Vorrunde)

Uruguay - BR Deutschland 1:1 (1:0)

SR: Christov (CSSR), Zuschauer: 25.000
Uruguay: Alvez; Acevedo; Diogo, Gutierrez, Batista; Barrios (ab 57. Saralegui), Bossio, Santin, Francescoli; Alzamendi (ab 82. Ramos), da Silva
BRD: Schumacher -68 (1.FC Köln); Augenthaler -12 (Bayern München); Berthold -13 (Eintr. Frankfurt), Kh.Förster -75 (VfB Stuttgart), Briegel -67 (Hellas Verona); Matthäus -42 (Bayern München), ab 70. K.H.Rummenigge -89 (Inter Mailand), Eder -3 (Bayern München), Magath -38 (HSV), Brehme -24 (1.FC Kaiserslautern), ab 46. Littbarski -41 (1.FC Köln); K.Allofs -41 (1.FC Köln), Völler -32 (Werder Bremen). Mannschaftskapitän: Schumacher
Tore: 1:0 Alzamendi (5.), K.Allofs (85.)
Beste Spieler: Alzamendi, Alvez - Kh.Förster, Schumacher, Berthold
Bericht: Die größte Gefahr drohte der deutschen Mannschaft in ihrem ersten WM-Spiel von der Härte der Uruguayer.
1. Minute: Die erste Aktion von Diogo war es auch gleich, Rudi Völler mit einem groben Foul zu stoppen. Er wurde dafür vom Schiedsrichter ermahnt. 5. Minute: Ein früher Rückstand für die deutsche Elf: Nach einem zu kurzen Rückpaß von Matthäus angelte sich Alzamendi das Leder und schoß unhaltbar zum 0:1 ein. 9. Minute: Alvez konnte einen 25-Meter-Schuß von Matthäus um den Pfosten lenken. Auch Rudi Völler scheiterte 3 Minuten später mit einem Schuß am Torhüter von Uruguay.
17. Minute: Als Silva Alzamendi freispielte, wäre fast das 0:2 möglich gewesen, aber der Schuß des gefährlichsten Stürmers der Urus strich knapp über die Querlatte. 20. Minute: Nachdem Francescoli Augenthaler überspurtet hatte, konnte der Münchener ihm nur im letzten Augenblick das Leder vom Fuß spitzeln. 27. Minute: Als Diogo den vorstürmenden Berthold von den Beinen holte, gab es die erste gelbe Karte. Nach einer halben Stunde paßte Augenthaler auf Briegel, der sofort abzog, doch Torwart Alvez konnte erneut parieren.
40. Minute: Wieder kam Alzamendi frei zum Schuß auf das deutsche Tor, verzog jedoch, so daß keine Gefahr entstand.
In den ersten 45 Minuten hatte die deutsche Mannschaft klar mehr vom Spiel, konnte sich jedoch nicht entscheidend gegen die stabile Abwehr der Urus durchsetzen.
52. Minute: Nach der Pause massierten die Südamerikaner ihre Abwehr noch mehr. Völler und Magath kamen mit ihren Schußversuchen überhaupt nicht durch die gegnerische Abwehr.
61. Minute: Saralegui bekam nach einem Foul an Berthold die nächste gelbe Karte. 68. Minute: Allofs schob den Ball maßgerecht in die Mitte zu Augenthaler, der zu einem seiner gefürchteten Fernschüsse ansetzte. Krachend knallte der Ball an die Latte und sprang ins Feld zurück. Pech für die klar überlegene deutsche Mannschaft.
81. Minute: Glück für die deutsche Mannschaft, als Saralegui aus klarer Abseitsstellung allein auf Schumacher zulief, der Abseitspfiff jedoch ausblieb. Zum Glück konnte Torhüter Schumacher retten. 82. Minute: Die deutsche Elf drängte auf den Ausgleich. Rummenigge flankte auf Berthold, doch dessen herrlicher Kopfball wurde mit einer glänzenden Parade von Alvez vereitelt. 85. Minute: Endlich der erlösende Ausgleich. Aus kurzer Distanz kam Allofs frei zum Schuß und knallte das Leder unhaltbar ins Tor.
90. Minute: Trotz klarer Überlegenheit reichte es für die deutsche Mannschaft zum Schluß noch glücklich zum 1:1 Unentschieden. Es hatte sich gezeigt, wie schwer sich diese Mannschaft von Franz Beckenbauer gegen eine total defensiv eingestellte und sehr hart spielende Mannschaft, wie es die Urus waren, tat.

❖

Vorbericht zum 522. Länderspiel: Nach dem Unentschieden gegen Uruguay benötigte die deutsche Mannschaft gegen Schottland unbedingt einen Sieg. Da die Mannschaft nicht enttäuscht hatte, sah Franz Beckenbauer keinen Grund zu wesentlichen Änderungen. Auf den immer noch nicht wieder ganz hergestellten Karl-Heinz Rummenigge mußte er sowieso verzichten. Aber für Brehme brachte er diesmal von Anfang an Littbarski, um mehr Druck zu machen.

8.6.1986 in Queretaro (WM-Vorrunde)

Schottland - BR Deutschland 1:2 (1:1)

SR: Igna (Rumänien), Zuschauer: 30.000
Schottland: Leighton; Miller; Gough, Narey, Malpas; Souness, Strachan, Aitken, Nicol (ab 61. McAvennie), Bannon (ab 76. Cooper); Archibald
BRD: Schumacher -69 (1.FC Köln); Augenthaler -13 (Bayern München); Berthold -14 (Eintr. Frankfurt), Eder -4 (Bayern München), Kh.Förster -76 (VfB Stuttgart), Briegel -68 (Hellas Verona), ab 64. Jakobs -15 (HSV); Littbarski -42 (1.FC Köln), ab 77. K.H.Rummenigge -90 (Inter Mailand), Matthäus -43 (Bayern München), Magath -39 (HSV); K.Allofs -42 (1.FC Köln), Völler -33 (Werder Bremen). Mannschaftskapitän: Schumacher
Tore: 1:0 Strachan (18.), 1:1 Völler (22.), 1:2 K.Allofs (50.)
Beste Spieler: Strachan, Leighton, Souness - K.Allofs, Schumacher, Kh.Förster, Littbarski
Bericht: Die deutsche Mannschaft begann schwungvoll und überlegen gegen das schottische Team.Nach einem schönen Spielzug flankte Magath nach 3 Minuten auf Allofs, dessen Kopfball Torhüter Leighton gerade noch um den Pfosten lenken konnte. Und nach einer Ecke von Klaus Allofs, 60 Sekunden später, setzte Völler einen herrlichen Kopfball auf das schottische Gehäuse, der gerade noch auf der Linie abgewehrt werden konnte.
11. Minute: Die erste gute Chance für die schottische Mannschaft, nachdem Schumacher nur per Faustabwehr klären konnte, aber Malpas das Leder weit über das Tor schoß. 16. Minute: Noch einmal mußte Schumacher hervorragend reagieren, als ein 25-Meter-Schuß von Bannon auf sein Tor kam. 18. Minute: Wieder eine Unaufmerksamkeit in der deutschen Deckung. Strachan bekam freistehend den Ball und schoß aus 5 Metern unhaltbar zum 1:0 ins kurze Eck. Erneut lag die deutsche Mannschaft im Rückstand. 22. Minute: Zum Glück der schnelle Ausgleich. Littbarski spielte in den Lauf von Allofs, der maßgerecht auf Völler zurückspielte. Gegen den knallharten Schuß war Torhüter Leighton machtlos.
31. Minute: Nach einem rüden Foul erhielt Archibald die gelbe Karte. Aber dann Glück für die deutsche Mannschaft, als in der 36. Minute ein herrlicher Schuß von Souness nur ganz knapp über das Lattenkreuz fegte. 44. Minute: Noch einmal eine gute Torge-

legenheit für die deutsche Mannschaft, als Völler allein auf und davon zog, aber ihm im Abschluß die Kraft fehlte. Zur Halbzeit stand es gerechterweise 1:1 Unentschieden.

50. Minute: Nach einem Solo von Völler kam das Leder zu Allofs, der aus kurzer Distanz das 2:1 erzielen konnte. Zehn Minuten später die große Ausgleichschance der Schotten. Aitken und Strachan behinderten sich jedoch gegenseitig beim Versuch, auf das deutsche Tor zu schießen.

69. Minute: Nach schönem Doppelpaß zwischen Völler und Matthäus konnte die schottische Abwehr in letzter Sekunde vor dem einschußbereiten Bremer retten. 71. Minute: Ein herrlicher Allofs-Schuß konnte von Torhüter Leighton mit einer Glanzparade gehalten werden. Die Schotten warfen jetzt alles nach vorn und bedrängten das deutsche Tor. McAvennie versuchte sich eine Viertelstunde vor Schluß vergeblich durch die dicht gestaffelte deutsche Abwehr zu spielen. 84. Minute: Noch einmal Glück für die deutsche Mannschaft, als Cooper von der Grundlinie auf Gough flankte, der mit einem Kopfball nur knapp das Ziel verfehlte. Und noch eine gute Chance für die Schotten in der 86. Minute, aber der Schuß von Strachan ging am langen Pfosten vorbei.

90. Minute: Es blieb beim verdienten 2:1-Erfolg der deutschen Mannschaft. Über Kampfkraft hatte sie zu ihrem Spiel gefunden und auch nach dem Führungstor den Angriffen der Schotten standgehalten.

❖

Vorbericht zum 523. Länderspiel: Der Sieg über Schottland sowie die nunmehr 3:1 Punkte bedeuteten für die deutsche Mannschaft schon das Achtelfinale. Uruguay hätte bei einer Niederlage der Elf von Beckenbauer schon mit 5 Toren Unterschied gegen Schottland gewinnen müssen, um noch Gruppenzweiter zu werden, denn durch ihre 1:6 Niederlage gegen Dänemark war ihr Torverhältnis miserabel. Damit war aus der Spitzenbegegnung zwischen Dänemark und Deutschland ein fast unbedeutendes Spiel geworden. Unter Umständen hatte es der Verlierer sogar leichter als der Gruppenerste.

Mit Herget, Rolff, Brehme und Jakobs brachte Franz Beckenbauer deshalb auch 4 neue Spieler.

13.6.1986 in Queretaro (WM-Vorrunde)

Dänemark -BR Deutschland 2:0 (1:0)

SR: Ponnet (Belgien), Zuschauer: 35.000
Dänemark: Hoegh; M.Olsen; Sivebaek, Busk; Moelby, Arnesen, Andersen, J.Olsen (ab 72. Simonsen), Lerby; Elkjaer-Larsen (ab 46. Eriksen), Laudrup
BRD: Schumacher -70 (1.FC Köln); Jakobs -16 (HSV); Berthold -15 (Eintr. Frankfurt), Eder -5 (Bayern München), Kh.Förster -77 (VfB Stuttgart), ab 71. K.H.Rummenigge -91 (Bayern München), Brehme -25 (1.FC Kaiserslautern); Matthäus -44 (Bayern München), Rolff -18 (HSV), ab 46. Littbarski (1.FC Köln), Herget -22 (Bayer Uerdingen); K.Allofs -43 (1.FC Köln), Völler -34 (Werder Bremen). Mannschaftskapitän: Schumacher
Tore: 1:0 J.Olsen (44. Foulelfmeter), 2:0 Eriksen (63.)
Beste Spieler: M.Olsen, Lerby, Laudrup, J.Olsen - Kh.Förster, Schumacher
Bericht: Dänemark hatte zur Zeit eine Klassemannschaft und galt als einer der WM-Favoriten. Auch gegen die deutsche Elf waren sie Favorit und wurden dieser Rolle von der ersten Minute an gerecht.

8. Minute: Schumacher konnte einen 16-Meter-Schuß von Lerby gerade noch über die Latte lenken. 18. Minute: Als sich Allofs am linken Flügel durchsetzte, parierte Hoegh seinen Schuß.

28. Minute: Brehme kam aus 25 Metern frei zum Schuß, aber die Latte verhinderte die mögliche deutsche Führung. Das war Pech. 37. Minute: Bei einem Schuß von Matthäus war Hoegh auf dem Posten und konnte klären.

44. Minute: Kurz vor der Pause die Führung der Dänen. Nach einem Durchmarsch von Morten Olsen holte Rolff den dänischen Libero im Strafraum von den Beinen. Den fälligen Elfmeter verwandelte Jan Olsen sicher zum 1:0 für Dänemark. Bis zu diesem Zeitpunkt hatte die deutsche Mannschaft noch gut mitspielen können, aber die Führung der Dänen war nicht unverdient.

62. Minute: Auch nach dem Seitenwechsel waren die Dänen überlegen und der deutschen Mannschaft blieben nur vereinzelte Konter. Ein solcher hätte fast zum Ausgleich geführt, als Herget Matthäus freispielte, der jedoch an Torhüter Hoegh scheiterte. 63. Minute: Als Arnesen von der rechten Seite zur Mitte flankte, fiel die Vorentscheidung. Eriksen konnte mühelos das Leder zum 2:0 über die Linie drücken. Die Dänen ließen sich das Spiel jetzt nicht mehr aus der Hand nehmen.

89. Minute: Zum Abschluß des Spiels ließ sich Arnesen noch zu einem rüden Foul an Matthäus hinreißen, was ihm auch prompt einen Platzverweis einbrachte. 90. Minute: Dennoch hatte Dänemark verdient mit 2:0 gewonnen. Die deutsche Elf war während der gesamten 90 Minuten mit den schnellen Angriffen der Dänen nicht fertiggeworden.

❖

Vorbericht zum 524. Länderspiel: Die Mannschaft von Franz Beckenbauer war nach der 0:2-Niederlage gegen Dänemark erwartungsgemäß Gruppenzweiter und hatte damit keine schlechte Ausgangsposition. Während Dänemark gegen Spanien spielen mußte, traf die deutsche Mannschaft im Achtelfinale auf Marokko. Daß dies aber keine leichte Aufgabe war, konnte man schon daran erkennen, daß die Marokkaner ungeschlagen Gruppenerster geworden waren, und das gegen England, Polen und Portugal. Dennoch war man im deutschen Lager optimistisch, zumal auch erstmals Karl-Heinz Rummenigge von Beginn an dabeisein konnte.

17.6.1986 in Monterrey (WM-Achtelfinale)

Marokko - BR Deutschland 0:1 (0:0)

SR: Zoran Petrovic (Jugoslawien), Zuschauer: 22.000
Marokko: Zaki Badou; Bouyahiaoui; Labid Khalifa, Hcina Oudani, Lamriss; El Hadaoui, Dolmy, Bouderbala, Timoumi; Khairi, Merry Krimou
BRD: Schumacher -71 (1.FC Köln); Jakobs -17 (HSV); Berthold -16 (Eintr. Frankfurt), Eder -6 (Bayern München), Kh.Förster -78 (VfB Stuttgart), Briegel -69 (Hellas Verona); Matthäus -45 (Bayern München), Magath -40 (HSV); K.H.Rummenigge -92 (Inter Mailand), Völler -35 (Werder Bremen), ab 46. Littbarski -44 (1.FC Köln), K.Allofs -44 (1.FC Köln), Mannschaftskapitän: K.H.Rummenigge
Tor: 0:1 Matthäus (88.)
Beste Spieler: Zaki Badou, Timoumi - Kh.Föster, Matthäus, Schumacher
Bericht: Wie schon so oft gegen sogenannte „Kleine" tat sich die deutsche Mannschaft von Anfang an gegen Marokko sehr schwer. Bereits nach 3 Minuten hatte Schumacher größte Mühe, einen Fernschuß aus 30 Metern zur Ecke abzuwehren. Und 4 Minuten später konnte der marokkanische Torhüter einen Distanzschuß von Jakobs abwehren.

28. Minute: Nach dem dritten Foul an Berthold erhielt Lamriss die gelbe Karte. Den Freistoß von Matthäus verpaßte Rummenigge nur knapp.

44. Minute: Allofs flankte auf Rummenigge, der aus 4 Metern am glänzend reagierenden marokkanischen Torhüter scheiterte. Mit einem enttäuschenden 0:0 ging es in die Pause.

50. Minute: Nach dem Seitenwechsel schien die deutsche Mannschaft besser ins Spiel zu kommen. Eine Förster-Flanke

nahm Rummenigge per Fallrückzieher, aber der Ball ging über die Latte. 57. Minute: Die unentschlossenen deutschen Stürmer vergaben eine weitere gute Torgelegenheit, als zuerst Allofs und dann Rummenigge den Ball weitergaben, statt selbst auf das Tor zu schießen.

66. Minute: Khalifa holte den davonziehenden Matthäus von den Beinen und erhielt dafür zurecht die gelbe Karte. Kurz darauf parierte der marokkanische Torhüter einen 16-Meter-Schuß von Allofs. 75. Minute: Die erste Chance für Marokko nach dem Seitenwechsel. Bouderbala schoß einen Freistoß plaziert auf das deutsche Tor, doch Schumacher konnte glänzend abwehren. Nach einem Eckball von Matthäus köpfte Rummenigge in der 78. Minute über die Latte.

86. Minute: Die ganz große Chance des Spiels hatte Matthäus, als er völlig frei vor dem marokkanischen Torhüter auftauchte, aber den Ball nicht an ihm vorbeibrachte. 88. Minute: Als bereits jeder mit einer Verlängerung rechnete, schoß Matthäus einen 30-Meter-Freistoß um die marokkanische Mauer herum. Der Ball setzte kurz vor Torhüter Zaki Badou noch einmal auf und schlug damit unhaltbar im Tor ein. Mit einer schwachen Vorstellung erreichte das deutsche Team mit 1:0 über Marokko das Viertelfinale.

❖

Vorbericht zum 525. Länderspiel: Während mit der Sowjetunion und Dänemark die beiden spielerisch besten Teams der Vorrunde im Viertelfinale an Belgien und Spanien gescheitert waren, hatte die deutsche Mannschaft mühsam das Viertelfinale erreicht. Nächster Gegner war Gastgeber Mexiko, was vor heimischem Publikum bestimmt keine leichtere Aufgabe war als gegen Marokko.

Bevor es jedoch zum Viertelfinalspiel kam, mußte erst einmal ein Krach im deutschen Lager bereinigt werden. Ersatztorhüter Uli Stein war der Auslöser, weil er sich für besser hielt als Toni Schumacher und unbedingt spielen wollte. Franz Beckenbauer blieb schließlich keine andere Wahl, als hart durchzugreifen. Der Hamburger Torhüter wurde als erster deutscher Spieler von einem Turnier nach Hause geschickt, und damit war die Karriere des Uli Stein als Nationalspieler zu Ende.

Für das Spiel gegen Mexiko hatte der Teamchef andere Sorgen, denn Völler war angeschlagen. So mußte Karl-Heinz Rummenigge wieder von Anfang an spielen, obwohl auch er immer noch nicht fit war.

21.6.1986 in Monterrey (WM-Viertelfinale)
Mexiko - BR Deutschland 0:0 n.V., und 1:4 im Elfmeterschießen

SR: Diaz (Kolumbien), Zuschauer: 44.000
Mexiko: Larios; Felix Cruz; Amador (ab 70. Francisco Javier Cruz), Quiriarte, Servin; Munoz, Aguirre, Espana, Boy (ab 32. de los Cobos); Negrete, Sanchez
BRD: Schumacher -72 (1.FC Köln); Jakobs -18 (HSV); Berthold -17 (Eintr. Frankfurt), Eder -7 (Bayern München), ab 115. Littbarski -44 (1.FC Köln), Kh.Förster -79 (VfB Stuttgart), Briegel -70 (Hellas Verona); Matthäus -46 (Bayern München), Magath -41 (HSV), Brehme -26 (1.FC Kaiserslautern); K.H.Rummenigge -93 (Inter Mailand), ab 58. D.Hoeneß -5 (Bayern München), K.Allofs -45 (1.FC Köln). Mannschaftskapitän: K.H.Rummenigge
Tore aus dem Elfmeterschießen: 0:1 K.Allofs, 1:1 Negrete, 1:2 Brehme, Quiriartes Strafstoß hält Schumacher, 1:3 Matthäus, Servin Strafstoß hält Schumacher, 1:4 Littbarski
Beste Spieler: Boy, Negrete -Schumacher, Matthäus, Kh.Förster
Bericht: Beide Mannschaften begannen sehr vorsichtig und zurückhaltend.

16. Minute: Die Mexikaner hatten die erste Torchance, als Brehme im Mittelfeld ausrutschte und den Ball an Sanchez verlor. Der spielte direkt auf Boy, doch Jakobs konnte den Schuß abblocken.

32. Minute: Über eine halbe Stunde dauerte es, bevor die deutsche Mannschaft zu ihrer ersten Torgelegenheit kam. Ein Freistoß von K.Allofs ging nur ganz knapp am Tor vorbei.

43. Minute: Magath schlug einen weiten Paß auf Rummenigge, der direkt auf Allofs köpfte. Dessen Volleyschuß konnte Torhüter Larios abwehren. 44. Minute: Die Situation war für die Mexikaner noch nicht bereinigt, als Berthold von rechts flankte und Torhüter Larios weit aus seinem Tor heraus mußte, um den Ball vor Allofs wegzufausten. Karlheinz Förster erkannte die Situation und hob den Ball aus 40 Meter Entfernung auf das Gehäuse der Mexikaner, wo Larios den Ball im Rückwärtslaufen noch fangen konnte. Bis zur Halbzeit stand es leistungsgerecht 0:0 Unentschieden.

55. Minute: Nach einem Freistoß von Sanchez bekam Servin freistehend den Ball, doch Schumacher konnte dessen Schuß parieren. 66. Minute: Berthold revanchierte sich nach einem Foul von Quiriarte und erhielt dafür die rote Karte. Die Mexikaner versuchten den Vorteil auszunutzen. Negrete zog 120 Sekunden später aus 14 Metern ab, doch Schumacher parierte glänzend.

85. Minute: Eine Flanke vom Rechtsaußen nahm Servin direkt aus der Luft, aber Schumacher rettete mit einem Reflex das Unentschieden.

90. Minute: Mit 10 Spielern mußte die deutsche Mannschaft jetzt in die Verlängerung. Nach einer kurzen Erfrischungspause mußten die 10 deutschen Spieler bei Temperaturen um 50 Grad noch einmal eine halbe Stunde gegen die hitzegewohnten Mexikaner spielen.

99. Minute: Nach einem bösen Foul an Matthäus erhielt auch Aguirre die rote Karte von Schiedsrichter Diaz. Damit spielten nur noch 10 gegen 10 auf dem Platz. 103. Minute: Die deutsche Mannschaft wurde jetzt zusehends stärker. Bei einer Ecke griff Torhüter Larios daneben, aber kein Spieler war zur Stelle, um den Ball ins mexikanische Gehäuse zu befördern.

105. Minute: Zum letztenmal wurden die Seiten gewechselt und jetzt konnte man innerhalb der deutschen Mannschaft sogar noch auf den Sieg hoffen. 111. Minute: Inzwischen verteidigten die Mexikaner mit 8 Spielern, denn der Druck der deutschen Mannschaft wurde zusehends größer. 117. Minute: Noch einmal hatte die deutsche Mannschaft eine gute Chance durch den eingewechselten Hoeneß, der jedoch über das mexikanische Gehäuse köpfte.

120. Minute: Alle Versuche der deutschen Mannschaft brachten keine Entscheidung mehr, so daß jetzt ein Elfmeterschießen über den Einzug in das Halbfinale entscheiden mußte. Erster Schütze war Allofs, der sicher zum 1:0 verwandelte. Negrete konnte im Anschluß daran für die Mexikaner ausgleichen. Als Nächster verwandelte Brehme knallhart zum 2:1 für die deutsche Mannschaft. Bis jetzt war alles normal gelaufen, aber dann hielt Schumacher einen unplazierten Schuß von Quiriarte. Als Nächster war Matthäus auf deutscher Seite an der Reihe und verwandelte mit einem satten Schuß sicher zum 3:1. Dann die Vorentscheidung. Den Elfmeter von Servin konnte Schumacher, die Ecke ahnend, parieren. Nun lag die endgültige Entscheidung bei Littbarski. Mit einem flachen Schuß überwand er den mexikanischen Torhüter und das deutsche Team stand im Halbfinale.

❖

Vorbericht zum 526. Länderspiel: Frankreich, das im Achtelfinale Italien ausgeschaltet hatte und im Viertelfinale wie die deutsche Mannschaft ein Elfmeterschießen gegen England benötigte, war der Halbfinalgegner der Beckenbauer-Elf. Daß die Franzosen damals zur Weltspitze gehörten und aufgrund ihrer technischen Klasse besser als die deutsche Mannschaft waren, stand außer

Frage. In einem solchen Turnier entschieden aber auch andere Faktoren wie die Kondition und Leistungssteigerung. Auf diese Tugenden mußte Franz Beckenbauer bauen. Mit Rolff, für den durch seinen Platzverweis gesperrten Berthold, begann der Teamchef das Spiel gegen die Franzosen.

25.6.1986 in Guadalajara (WM-Halbfinale)
Frankreich - BR Deutschland 0:2 (0:1)

SR: Agnolin (Italien), Zuschauer: 44.000
Frankreich: Bats; Battiston; Ayache, Bossis, Amoros; Tigana, Giresse (ab 72. Vercruysse), Platini, Fernandez; Stopyra, Bellone (ab 66. Xuereb)
BRD: Schumacher -73 (1.FC Köln); Jakobs -19 (HSV); Brehme -27 (1.FC Kaiserslautern), Eder -8 (Bayern München), Kh.Förster -80 (VfB Stuttgart), Briegel -71 (Hellas Verona); Matthäus -47 (Bayern München), Rolff -19 (HSV), Magath -42 (HSV); K.H.Rummenigge -94 (Inter Mailand), ab 57. Völler -36 (Werder Bremen), K.Allofs -46 (1.FC Köln). Mannschaftskapitän: K.H.Rummenigge
Tore: 0:1 Brehme (9.), 0:2 Völler (90.)
Beste Spieler: Platini, Tigana, Battiston, Bossis - Kh.Förster, Schumacher, Brehme, Jakobs, Magath, Rolff
Bericht: Erwartungsgemäß begannen die Franzosen druckvoll und offensiv. Der erste Konter durch Rummenigge wurde in der 8. Minute: kurz vor der Strafraumgrenze von Battiston durch ein Foul gestoppt.
9. Minute: Nach kurzer Unterbrechung führte Magath den Freistoß aus, schob kurz zu Brehme, der aus 19 Meter Entfernung auf das französische Gehäuse schoß. Den harten Schuß ließ Torhüter Bats unter seinem Körper hindurchrutschen und so trudelte der Ball zum 1:0 für die deutsche Mannschaft über die Linie. Ein glückliches Tor, was der deutschen Mannschaft jedoch enormen Auftrieb gab. 16. Minute: Platini überspielte die halbe deutsche Abwehr, scheiterte aber am glänzend reagierenden Schumacher.
25. Minute: Die deutsche Mannschaft war inzwischen überlegen und spielte druckvoll nach vorn. Lediglich vor dem französischen Tor wurde es versäumt, zu einem weiteren Treffer zu kommen. Matthäus, Allofs, Magath und Rummenigge vergaben hintereinander die Chance zu einem Torschuß, weil jeder den Ball zum nächsten weiterleitete. 30. Minute: Die deutsche Elf machte weiter Druck. Nach einem Doppelpaß zwischen Briegel und Eder kam der Ball zu Rummenigge, dessen Schuß jedoch von Torhüter Bats gehalten wurde. 38. Minute: Jakobs fälschte einen Schuß von Tigana ab, doch Schumacher rettete mit einem Reflex. Im Gegenzug hatte Rummenigge nach einer schönen Allofs-Flanke die Chance zum zweiten Treffer, vergab jedoch überhastet.
40. Minute: Gleich im nächsten Angriff verfehlte Brehme mit einem tollen 16-Meter-Schuß nur knapp das Ziel. Bis zur Pause blieb es beim 1:0. Nach dem Führungstreffer hatte die deutsche Mannschaft klar das Spielgeschehen bestimmt.
53. Minute: Rolff zog überraschend aus 30 Metern ab, doch Torhüter Bats fischte das Leder aus dem Winkel. Zehn Minuten später überlief Stopyra die deutsche Abwehr, scheiterte aber erneut an Torhüter Schumacher.
80. Minute: Inzwischen waren die Franzosen klar überlegen, aber die deutsche Mannschaft hatte Konterchancen. Ein solcher Konter über Magath brachte eine gute Chance, aber der Hamburger brachte den Ball nicht unter Kontrolle. 88. Minute: Die Franzosen hatten inzwischen alles nach vorne geworfen, um doch noch den Ausgleich und damit die Verlängerung zu schaffen. Förster konnte erst im letzten Augenblick vor Stopyra retten. 89. Minute: Abwehrspieler Bossis hatte den Ausgleich auf dem Fuß, traf jedoch nicht richtig. Direkt im Gegenzug die endgültige Entscheidung: Völler nahm einen langen Paß auf, konnte den Ball über den herausstürzenden Bats hinwegspitzeln und dann in aller Ruhe zum 2:0 einschieben. Damit war der Einzug ins Finale gesichert. Mit einer überraschend starken Leistung hatte die deutsche Mannschaft auch verdient gewonnen.

❖

Vorbericht zum 527. Länderspiel: Die Mannschaft von Franz Beckenbauer hatte das und lange Zeit nicht mehr erwartete Endspiel erreicht. Zudem mit einer so glanzvollen kämpferischen Leistung gegen Frankreich, daß sogar der Weltmeistertitel möglich war. Allerdings war im Finale mit Argentinien der Weltmeister von 1978 der Gegner. Die Argentinier waren das Klima gewöhnt und hatten das Publikum auf ihrer Seite. Zudem hatten sie mit Maradona den Superstar dieser WM, der nur schwer auszuschalten war.

Für Franz Beckenbauer war die Entscheidung nicht leicht, wen er im Finale einsetzen sollte. Berthold war wieder spielberechtigt und kam für seinen Ersatzmann Rolff in die Mannschaft. Im Angriff ließ er Völler, wie gegen Frankreich, erstmal draußen.

29.6.1986 in Mexico-City (WM-Finale)
Argentinien - BR Deutschland 3:2 (1:0)

SR: Arppi Filho (Brasilien), Zuschauer: 114.800
Argentinien: Pumpido; Brown; Cuciuffo, Ruggeri, Olarticoechea; Giusti, Batista, Maradona, Enrique; Burruchaga (ab 89. Trobbiani), Valdano
BRD: Schumacher -74 (1.FC Köln); Jakobs -20 (HSV); Berthold -18 (Eintr. Frankfurt), Kh.Förster -81 (VfB Stuttgart), Briegel -72 (Hellas Verona); Matthäus -48 (Bayern München), Brehme -28 (1.FC Kaiserslautern), Magath -43 (HSV), ab 61. D.Hoeneß -6 (Bayern München), Eder -9 (Bayern München); K.H.Rummenigge (Inter Mailand), K.Allofs -47 (1.FC Köln), ab 46. Völler -37 (Werder Bremen). Mannschaftskapitän: K.H.Rummenigge
Tore: 1:0 Brown (23.), 2:0 Valdano (52.), 2:1 K.H.Rummenigge (74.), 2:2 Völler (83.), 3:2 Burruchaga (85.)
Beste Spieler: Maradona, Burruchaga, Brown, Ruggeri - Kh.Förster, Matthäus, Briegel
Bericht: Zum fünftenmal stand die deutsche Nationalmannschaft in einem WM-Finale, aber noch nie hatte sie es so schwer wie jetzt auf mittelamerikanischem Boden. Die Argentinier waren klarer Favorit und übernahmen auch in den ersten Minuten die Initiative.
5. Minute: Mit ihrem druckvollen Beginn brachten die Südamerikaner die deutsche Mannschaft gleich in Schwierigkeiten. Einen Eckball von Maradona erreichte Batista, der jedoch den Ball nicht richtig traf.
11. Minute: Der erste energische Angriff der deutschen Mannschaft kam über Berthold auf der rechten Seite, brachte jedoch nur einen Eckball ein. 16. Minute: Nach einem umstrittenen Foul an Briegel bekamen die Deutschen einen Freistoß zugesprochen. Maradona reklamierte und erhielt dafür die gelbe Karte, während der Freistoß nichts einbrachte.
22. Minute: Nach wiederholtem Foulspiel erhielt auch Matthäus die gelbe Karte. 23. Minute: Ausgerechnet der ansonsten beste deutsche Spieler, Torhüter Schumacher, leitete die argentinische Führung ein, als er einen langgezogenen Freistoß von Burruchaga unterlief und Libero Brown freistehend zum 1:0 einköpfen konnte. 26. Minute: Gleich die nächste Chance für die Argentinier, aber Schumacher konnte den Schuß von Giusti halten.
34. Minute: Nach einer schönen Kombination wurde Maradona per Hackentrick freigespielt, doch der herausstürzende Schumacher konnte abwehren.
45. Minute: Die letzte Chance für die deutsche Mannschaft vor dem Wechsel brachte nichts ein, weil die herrliche Flanke von Brehme, von den zu langsam nachgerückten Stürmern nicht erreicht wurde. Argentinien führte somit zur Halbzeit verdient mit 1:0.

WM 1986 in Mexiko: Beckenbauers Mannschaft wurde Vize-Weltmeister. Vor dem Finale stehend v.l.: Schumacher, Berthold, Briegel, K.-H.Rummenigge, Jakobs, Magath; vorne v.l.: Kh.Förster, Brehme, K.Allofs, Eder, Matthäus

52. Minute: In der zweiten Halbzeit begannen beide Mannschaften sehr vorsichtig, bis die deutsche Mannschaft den zweiten Rückschlag erfahren mußte. Maradona eroberte sich im Mittelfeld den Ball und spielte in den Lauf von Valdano, der ungehindert in den Strafraum eindringen konnte und flach ins linke untere Eck zum 2:0 für Argentinien einschoß. Nur die kühnsten Optimisten glaubten jetzt noch an einen Sieg der deutschen Mannschaft.

62. Minute: Beckenbauer riskierte jetzt alles und brachte mit Hoeneß für Magath einen dritten Stürmer. 64. Minute: Wegen Reklamierens bekam Briegel die gelbe Karte. 67. Minute: Nach einem Eckball kam Berthold nicht richtig an den Ball und damit war wieder eine Chance vertan. Die deutsche Mannschaft wurde jetzt jedoch immer stärker, war hinten allerdings auch offener für argentinische Konter. 68. Minute: Valdano überlief die aufgerückte deutsche Deckung, flankte auf Enrique, der jedoch mit einem Kopfball das deutsche Tor verfehlte. Und im Gegenzug blieb erneut ein deutscher Angriff an der dicht gestaffelten argentinischen Deckung hängen.

72. Minute: In letzter Sekunde konnte Eder vor dem heranstürmenden Burruchaga retten. 74. Minute: Endlich das lang ersehnte Anschlußtor für die deutsche Elf. Völler verlängerte einen Eckball zu Rummenigge, der im Fallen das Leder zum 2:1 über die Linie beförderte. 78. Minute: Mit Olarticoechea bekam ein Argentinier wegen Zeitschindens die gelbe Karte. Zwei Minuten später bekam auch Enrique die gelbe Karte, weil er das Spiel ständig verzögerte.

82. Minute: Nach einem erneuten Eckball von Brehme verlängerte Eder weiter auf Völler, der den Ball zum 2:2 ins Netz schoß. Die deutsche Mannschaft hatte das Unmögliche möglich gemacht und ausgeglichen. 85. Minute: Das Team von Franz Beckenbauer versäumte es nach dem Ausgleichstreffer wieder umzuschalten und nicht mehr so offensiv zu operieren. Burruchaga nutzte die Gelegenheit, überlief am linken Flügel die deutsche Abwehr und schob aus 14 Metern zum 3:2 für Argentinien ins Netz. 86. Minute: Auch der argentinische Torhüter Pumpido bekam wegen Zeitschindens die gelbe Karte.

90. Minute: Mit Zeitschinden und einer weiteren Auswechslung gelang es den Argentiniern, auch die letzten 4 Minuten zu überstehen. Mit 3:2 wurden sie zum zweitenmal Weltmeister. Die Kampfkraft der deutschen Elf hatte nicht genügt, um die technisch besseren Argentinier zu stoppen. Der Sieg der Argentinier war jedenfalls nicht unverdient.

❖

Gesamtbilanz 1908 - 1986
527 Spiele: 298 Siege, 94 Unentschieden, 135 Niederlagen, 1226:706 Tore
Heim 230 Spiele: 142 Siege, 43 Unentschieden, 45 Niederlagen, 606:262 Tore
Auswärts 297 Spiele: 156 Siege, 51 Unentschieden, 90 Niederlagen, 620:444 Tore

Zuschauer insgesamt: 23.641.681,
Heim 12.040.361, Auswärts: 11.601.320

Die meisten Länderspiele:

1. Franz Beckenbauer (Bayern München)	103	Spiele
2. Hans-Hubert Vogts (Borussia Mönchengladbach)	96	"
3. Josef Maier (Bayern München)	95	"
Karl-Heinz Rummenigge (Bayern München 78, Inter-Mailand 17)	95	"
5. Wolfgang Overath (1.FC Köln)	81	"
Karlheinz Förster (VfB Stuttgart)	81	"
7. Harald Schumacher (1.FC Köln)	74	"
8. Uwe Seeler (Hamburger SV)	72	"
Hans-Peter Briegel (1.FC Kaisersl. 53, Hellas Verona 19)	72	"
10. Paul Janes (Fortuna Düsseldorf)	71	"
11. Manfred Kaltz (Hamburger SV)	69	"
12. Willi Schulz (Union Günnigfeld 3, Schalke 04 22, Hamburger SV 41)	66	"
Horst-Dieter Höttges (Werder Bremen)	66	"
14. Ernst Lehner (Schwaben Augsburg 55, Blau-Weiß Berlin 10)	65	"
15. Gerhard Müller (Bayern München)	62	"

Die meisten Tore:
1. Gerhard Müller (Bayern München) 68 Tore
2. Karl-Heinz Rummenigge (Bayern München) 45 "
3. Uwe Seeler (Hamburger SV) 43 "
4. Fritz Walter (1.FC Kaiserslautern) 33 "
5. Klaus Fischer (Schalke 04, 1.FC Köln) 32 "
6. Ernst Lehner (Schwaben Augsburg, Blau-Weiß Berlin) 30 "
7. Edmund Conen (FV Saarbrücken, Kickers Stuttgart) 27 "
8. Richard Hofmann (Meerane 07, Dresdener SC) 24 "
9. Max Morlock (1.FC Nürnberg) 21 "
   Helmut Rahn (Rot-Weiß Essen, 1.FC Köln) 21 "
   Rudi Völler (Werder Bremen) 21 "
12. Karl Hohmann (VfL Benrath) 20 "
13. Otto Siffling (SV Waldhof) 17 "
    Helmut Schön (Dresdener SC) 17 "
    Wolfgang Overath (1.FC Köln) 17 "

Die häufigsten Mannschaftsführer waren:
1. Karl-Heinz Rummenigge 51 mal
2. Franz Beckenbauer 50 "
3. Uwe Seeler 40 "
4. Paul Janes 31 "
5. Fritz Szepan 30 "
   Fritz Walter 30 "
7. Willi Schulz 20 "
   Hans-Hubert Vogts 20 "
9. Bernard Dietz 19 "
10. Herbert Erhardt 18 "
11. Hans Schäfer 16 "
12. Wolfgang Overath 14 "
13. Ludwig Leinberger 11 "
    Harald Schumacher 11 "
15. Adolf Jäger 10 "
    Rudolf Gramlich 10 "

69 Elfmeter für Deutschland,
47 Elfmeter verwandelt durch Förderer (1908 gegen England), Breunig (1911 gegen die Schweiz), Jäger (1913 gegen Dänemark), Jäger (1921 gegen Ungarn), Franz (1924 gegen Österreich), Ruch (1925 gegen Finnland), R.Hofmann (1932 gegen die Schweiz), Lehner (1934 gegen Polen), Gauchel (1938 gegen Luxemburg), Janes (1939 gegen Böhmen-Mähren), Binder (1939 gegen Italien), Conen (1940 gegen Bulgarien), Janes 1941 gegen Ungarn), Lehner (1941 gegen Kroatien), Burdenski (1950 gegen die Schweiz), F.Walter (1954 gegen Österreich), F.Walter (1954 gegen Österreich), Juskowiak (1955 gegen Italien), Juskowiak (1959 gegen Schottland), Juskowiak (1959 gegen die Schweiz), Szymaniak (1962 gegen Chile), Werner (1963 gegen Brasilien), Seeler (1965 gegen die Türkei), Sieloff (1965 gegen Italien), Sieloff (1965 gegen Zypern), Sieloff (1965 gegen Österreich), Haller 1966 gegen die Schweiz), G.Müller (1967 gegen Albanien), G.Müller (1970 gegen Bulgarien), G.Müller (1970 gegen die Türkei), Netzer (1972 gegen England), G.Müller (1973 gegen die Tschechoslowakei), G.Müller (1973 gegen Frankreich), Breitner (1974 gegen Schottland), Hoeneß (1974 gegen Schweden), Breitner (1974 gegen Holland), Ritschel (1975 gegen Bulgarien), Beer (1976 gegen Malta), Bonhoff (1977 gegen Nordirland), Bonhof (1977 gegen Jugoslawien), Bonhof (1978 gegen die Tschechoslowakei), Bonhof (1980 gegen Malta), Kaltz (1980 gegen Frankreich), Kaltz (1980 gegen Bulgarien), Breitner (1981 gegen Albanien), Kaltz (1981 gegen Bulgarien), Breitner (1982 gegen die Tschechoslowakei), Rummenigge (1983 geg. Albanien), Rummenigge (1983 geg. die Türkei), Rummenigge (1983 geg. die Türkei), Völler (1984 geg. Belgien), Matthäus (1986 geg. Italien).

17 Elfmeter verschossen durch Breunig (1910 gegen Holland), Breunig (1913 gegen Holland), Kalb (1922 gegen Österreich), Lüke (1923 gegen Finnland), Brülls (1961 gegen Chile), Krämer (1964 gegen Algerien), Höttges (1967 gegen Bulgarien), G.Müller (1973 gegen Jugoslawien), G.Müller (1974 gegen Spanien), Grabowski (1974 gegen Ungarn), Hoeneß (1974 gegen Polen), Beckenbauer (1975 gegen die Türkei), Breitner (1981 gegen Brasilien), Littbarski (1985 geg. Malta), Herget (1985 geg. Malta), Rummenigge (1985 geg. Bulgarien), Brehme (1985 geg. England).

51 Elfmeter gegen Deutschland,
37 Elfmeter verwandelt durch Dlabac (1908 Österreich), Schlosser (1912 Ungarn), Weiss (1912 Schweiz), Kuthan (1921 Österreich), Kelin (1925 Finnland), Lundahl (1929 Schweden), Christophersen (1930 Dänemark), Polgar (1934 Ungarn), Davies (1936 Irland), Stijnen (1939 Belgien), Demaria (1939 Italien), Campes (1942 Spanien), Nagymarosi (1942 Ungarn), Boequet (1951 Schweiz), Bobek (1952 Jugoslawien), Cesar (1952 Spanien), Martin 1954 Saarland), Cantwell (1956 Irland), Wagner (1957 Österreich), Dvorak (1958 Tschechoslowakei), Kopa (1958 Frankreich), Duis (1958 Frankreich), Alla (1958 Ägypten), Tichy (1959 Ungarn), Brindisi (1973 Argentinien), Bajevic (1973 Jugoslawien), Neeskens (1974 Holland), Kolev (1975 Bulgarien)Masny (1978 Tschechoslowakei), Rep (1980 Holland), Vandereycken (1980 Belgien), Botteron (1980 Schweiz), Zarios (1980 Frankreich), Platini (1982 Frankreich), Platini (1982 Frankreich), Targai (1983 Albanien), Zdravkov (1985 Bulgarien), J.Olsen (1986 Dänemark)

14 Elfmeter verschossen durch (1911 Schweden), (1922 Finnland), Neumann (1922 Österreich), Ramseyer (1928 Schweiz), Orsi (1930 Italien), Sobotka (1935 Tschechoslowakei), Walaschek (1941 Schweiz), Mond (1951 Luxemburg), Nestoridis (1960 Griechenland), Rinaldo (1965 Brasilien), Bremner (1973 Schottland), Cabrini (1982 Italien), Carrasco (1984 Spanien), Boy (1985 Mexico).

14 Eigentore gegen Deutschland,
erzielt durch Breunig (1910 gegen Holland), Breunig (1912 gegen Holland), H.Müller (1924 gegen Finnland), Münzenberg (1931 gegen Frankreich), Stubb (1932 gegen Schweden), Klodt (1939 gegen Jugoslawien), Rohde (1941 gegen die Schweiz), Posipal (1951 gegen Irland), Mai (1955 gegen Italien), Erhardt (1958 gegen Tschechoslowakei), Erhardt (1961 gegen Dänemark), Rüßmann (1978 gegen Schweden), Vogts (1978 gegen Österreich), Kaltz (1981 gegen Argentinien)

13 Eigentore für Deutschland,
erzielt durch Lörtscher (1938 Schweiz), Albu (1938 Rumänien), Brozovic (1942 Kroatien), Horvat (1954 Jugoslawien), van der Hart (1956 Holland), Stacho (1958 Tschechoslowakei), Panayotou (1965 Zypern), Eigenstiller (1968 Österreich), Jordanoov (1973 Bulgarien), Meyer (1977 Schweiz), Holland (1980 Malta), Krauss (1981 Österreich), Humberto (1982 Portugal)

6 Platzverweise gegen Deutschland:
Kalb (1928 Uruguay), R.Hofmann (1928 Uruguay), Passer (1938 Schweiz), Juskowiak (1958 Schweden), Netzer (1968 Chile), Berthold (1986 Mexico)

14 Platzverweise Gegner:
Nasazzi (1928 Uruguay), Burgnich (1965 Italien), Albrecht (1966 Argentinien), Troche (1966 Uruguay), Silva (1966 Uruguay), Tschislenko (1966 Sowjetunion), Peri (1967 Frankreich), Reinoso (1968 Chile), Gemmel (1969 Schottland), Caszely (1974 Chile), Nanninga (1978 Holland),
Tomori (1983 Albanien), Arnesen (1986 Dänemark), Aguirre (1986 Mexico)

Nationalspieler des Jahres:
1907/08 Fritz Förderer (Karlsruher FV)
1908/09 Adolf „Adsch"Werner (Holstein Kiel)
1909/10 Eugen Kipp (Spfr. Stuttgart)
1910/11 Camillo Ugi (VfB Leipzig)
1911/12 Max Breunig (Karlsruher FV)
1912/13 Adolf Jäger (Altonaer FC 93)
1913/14 Karl Wegele (Phönix Karlsruhe)
1920/21 Karl Tewes (Viktoria 89 Berlin)
1921/22 Andreas „Resi"Franz (Spvgg. Fürth)
1922/23 Leonhard „Loni"Seiderer (Spvgg. Fürth)
1923/24 Hans „Bumbas"Schmidt (1.FC Nürnberg)
1924/25 Paul Paulsen-Pömpner (VfB Leipzig)
1925/26 Otto „Tull"Harder (Hamburger SV)
1926/27 Georg Hochgesang (1.FC Nürnberg)
1927/28 „König"Richard Hofmann (Meerane 07)
1928/29 Heiner Stuhlfauth (1.FC Nürnberg)
1929/30 „König"Richard Hofmann (Dresdener SC)
1930/31 Willibald Kreß (Rot-Weiß Frankfurt)
1931/32 Stanislaus „Tau"Kobierski (Fortuna Düsseldorf)
1932/33 Oskar „Ossi"Rohr (Bayern München)
1933/34 Fritz Szepan (FC Schalke 04)
1934/35 Ernst Lehner (Schwaben Augsburg)
1935/36 Reinhold Münzenberg (Alemannia Aachen)
1936/37 Albin Kitzinger (FC Schweinfurt 05)
1937/38 Andreas „Anderl"Kupfer (FC Schweinfurt 05)
1938/39 Paul Janes (Fortuna Düsseldorf)
1939/40 Franz Binder (SC Rapid Wien)
1940/41 Fritz Walter (1.FC Kaiserslautern)
1941/42 Fritz Walter (1.FC Kaiserslautern)
1942/43 Fritz Walter (1.FC Kaiserslautern)
August Klingler (FV Daxlanden)
1950/51 Anton „Toni"Turek (Fortuna Düsseldorf)
1951/52 Josef „Jupp"Posipal (Hamburger SV)
1952/53 Josef „Jupp"Posipal (Hamburger SV)
Fritz Walter (1.FC Kaiserslautern)
1953/54 Fritz Walter (1.FC Kaiserslautern)
1954/55 Fritz Herkenrath (Rot-Weiß Essen)
1955/56 Fritz Herkenrath (Rot-Weiß Essen)
Fritz Walter (1.FC Kaiserslautern)
1956/57 Erich Juskowiak (Fortuna Düsseldorf)
1957/58 Horst Szymaniak (Wuppertaler SV)
1958/59 Helmut „Boß"Rahn (Rot-Weiß Essen)
1959/60 Helmut „Boß"Rahn (1.FC Köln)
1960/61 Horst Szymaniak (Karlsruher SC)
1961/62 Karl-Heinz Schnellinger (1.FC Köln)
Uwe Seeler (Hamburger SV)
1962/63 Uwe Seeler (Hamburger SV)
1963/64 Uwe Seeler (Hamburger SV)
1964/65 Klaus-Dieter Sieloff (VfB Stuttgart)
Willi Schulz (FC Schalke 04)
1965/66 Franz Beckenbauer (Bayern München)
1966/67 Wolfgang Overath (1.FC Köln
1967/68 Franz Beckenbauer (Bayern München)
1968/69 Franz Beckenbauer (Bayern München)
1969/70 Franz Beckenbauer (Bayern München)
1970/71 Franz Beckenbauer (Bayern München)
Günther Netzer (Borussia Mönchengladbach)
1971/72Günther Netzer (Borussia Mönchengladbach)
Franz Beckenbauer (Bayern München)
Gerd Müller (Bayern München)
1972/73Franz Beckenbauer (Bayern München)
Gerd Müller (Bayern München)
1973/74 Franz Beckenbauer (Bayern München)
1974/75 Franz Beckenbauer (Bayern München)
1975/76 Franz Beckenbauer (Bayern München)
1976/77 Josef „Sepp"Maier (Bayern München)
1977/78 Josef „Sepp"Maier (Bayern München)
1978/79 Rainer Bonhof (FC Valencia)
1979/80 Karl-Heinz Rummenigge (Bayern München)
Bernd Schuster (1.FC Köln)
1980/81 Bernd Schuster (CF Barcelona)
Karl-Heinz Rummenigge (Bayern München)
Harald „Toni"Schumacher (1.FC Köln)
1981/82 Karlheinz Förster (VfB Stuttgart)
Uli Stielike (Real Madrid)
Karl-Heinz Rummenigge (Bayern München)
1982/83 Karlheinz Förster (VfB Stuttgart)
1883/84 Harald „Toni"Schumacher (1.FC Köln)
1984/85 Matthias Herget (Bayern Uerdingen)
1985/86 Harald „Toni"Schumacher (1.FC Köln)
Karlheinz Förster (VfB Stuttgart)

1986/87

Bilanz 1986/87
5 Spiele: 2 Siege, 2 Unentschieden, 1 Niederlage, 7:6 Tore
Zuschauer: 220.000
In 5 Spielen wurden 25 Spieler eingesetzt, davon waren 7 Spieler Neulinge.

Die Spieler der Saison:
Guido Buchwald	5	Spiele
Lothar Matthäus	5	"
Thomas Hörster	4	"
Herbert Waas	4	"
Jürgen Kohler	4	"
Michael Frontzeck	4	"
Olaf Thon	4	"
Wolfgang Rolff	4	"
Rudi Völler	4	"
Thomas Berthold	3	"
Uwe Rahn	3	"
Klaus Allofs	3	"
Eike Immel	3	"
Harald Schumacher	2	"
Wolfram Wuttke	2	"
Hans Pflügler	2	"
Klaus Augenthaler	1	Spiel
Roland Wohlfarth	1	"
Dieter Eckstein	1	"
Wolfgang Funkel	1	"
Michael Rummenigge	1	"
Andreas Brehme	1	"
Matthias Herget	1	"
Stefan Reuter	1	"
Pierre Littbarski	1	"

Die Tore der Saison:
Olaf Thon	2	Tore
Klaus Allofs	1	Tor
Uwe Rahn	1	"
Herbert Waas	1	"
Rudi Völler	1	"
Lothar Matthäus	1	"

Mannschaftsführer waren:
Harald Schumacher	2	mal
Klaus Allofs	2	"
Lothar Matthäus	1	"

1 Elfmeter für Deutschland,
   Verwandelt durch Matthäus (gegen Israel)

3 Elfmeter gegen Deutschland,
   verwandelt durch Goicochea (Spanien), Polster (Österreicher), Polster (Österreich)

1 Platzverweis gegen Deutschland,
   für Matthäus (gegen Österreich)

Rangliste der besten Nationalspieler des Jahres
1. Olaf Thon (FC Schalke 04)
2. Thomas Hörster (Bayer Leverkusen)
3. Lothar Matthäus (Bayern München)
   Herbert Waas (Bayer Leverkusen)
   Jürgen Kohler (1.FC Köln)
   Klaus Allofs (1.FC Köln)
7. Pierre Littbarski (1.FC Köln)
   Rudi Völler (Werder Bremen)
   Wolfram Wuttke (1.FC Kaiserslautern)
   Uwe Rahn (Bor. Mönchengladbach)

Vorbericht zum 528. Länderspiel: Nach der Vizeweltmeisterschaft in Mexiko mußte Teamchef Franz Beckenbauer mehr als die Hälfte seiner Nationalmannschaft ersetzen. Jakobs, Briegel, Eder, Magath, D.Hoeneß und K.H.Rummenigge beendeten ihre Karriere in der Nationalmannschaft. Karlheinz Förster wechselte nach Frankreich zu Marseille und tauchte auch nicht mehr im Nationaltrikot auf.

Für das erste Länderspiel der Saison fielen auch noch Brehme und Herget wegen Verletzungen aus, so daß im Aufgebot zwangsläufig einige Neulinge standen.

Tor: Schumacher, Immel
Abwehr: Berthold, Augenthaler, Buchwald, Frontzeck, Hörster, Kohler
Mittelfeld: Matthäus, Rahn, Wuttke, Rolff, Thon
Angriff: Völler, K.Allofs, Waas, Eckstein

Mit Hörster, Kohler, Wuttke und Eckstein standen 4 Neulinge im Aufgebot, die auch alle Nationalspieler wurden. Hörster und Kohler bereits im Spiel gegen Dänemark, mit dem die neue Saison begann.

24.9.1986 in Kopenhagen

Dänemark - BR Deutschland 0:2 (0:2)

SR: Frederiksson (Schweden), Zuschauer: 45.000
Dänemark: Qvist; Morten Olsen; Sivebaek, Nielsen, Andersen (ab 80. Jensen); Berggreen, Bertelsen, Simonsen (ab 20. Erkiksen), Jesper Olsen; Elkjaer-Larsen, Laudrup
BRD: Schumacher -75 (1.FC Köln); Hörster -1 (Bayer Leverkusen); Berthold -19 (Eintr. Frankfurt), Kohler -1 (Waldhof Mannheim), Buchwald -8 (VfB Stuttgart), Frontzeck -8 (Bor. Mönchengladbach); Matthäus -49 (Bayern München), Thon -11 (Schalke 04), ab 69. Rahn -10 (Bor. Mönchengladbach), Rolff -20 (Bayer Leverkusen); Völler -38 (Werder Bremen), K.Allofs -48 (1.FC Köln), ab 83. Waas -7 (Bayer Leverkusen). Mannschaftskapitän: Schumacher

Tore: 0:1 Thon (24.), 0:2 K.Allofs (43.)
Beste Spieler: Laudrup, M.Olsen, J.Olsen - Kohler, Hörster, Matthäus, Thon

Bericht: Die deutsche Mannschaft begann in Kopenhagen überraschend offensiv und überlegen. Eine Flanke von Völler in der 4. Minute konnte Morten Olsen nur zur Ecke abwehren. Die scharf hereingegebene Ecke von Allofs verfehlte Frontzeck nur knapp.

5. Minute: Die erste gute Chance für die deutsche Mannschaft durch Matthäus, der aus 25 Metern auf das Tor knallte, wo Qvist nur mit Mühe abwehren konnte.

20. Minute: Glück für die deutsche Mannschaft, als Förster im Strafraum ausrutschte und mit dem Arm auf den Ball fiel, Schiedsrichter Frederiksson jedoch weiterspielen ließ. 24. Minute: Völler setzte sich am linken Flügel durch und flankte auf Thon, der mit einem Kopfball das 0:1 erzielte. 31. Minute: Nach einem schweren Foul an Bertelsen erhielt Rolff zurecht die gelbe Karte.

43. Minute: Nachdem die Dänen eine Viertelstunde lang immer wieder an der deutschen Abwehr gescheitert waren, erwischte sie ein eiskalter Konter. Völler flankte wieder auf Thon, der diesmal auf Allofs verlängerte und der Kölner Linksaußen schoß zum 0:2 ein. Besser hätte es für die deutsche Mannschaft in der ersten Halbzeit nicht laufen können.

54. Minute: Kohler rettete vor dem einschußbereiten Elkjaer-Larsen. Zwei Minuten später verlängerte Hörster unglücklich einen Eckball der Dänen an den eigenen Pfosten.

68. Minute: Erneut war es der gefährliche Elkjaer-Larsen, der den Ball in den Lauf gespielt bekam, aber an Kohler scheiterte. 75.

Minute: Mit einem überraschenden Schuß verfehlte Allofs nur ganz knapp das dänische Gehäuse.

89. Minute: Nach einer schönen Kombination des eingewechselten Waas mit Völler wurde der Ball nur zur Ecke abgewehrt, die nichts mehr einbrachte. Die deutsche Mannschaft gewann sensationell und sogar verdient mit 2:0 bei den Dänen.

❖

Vorbericht zum 529. Länderspiel: Mit dem Sieg in Dänemark war ein guter Neuanfang gemacht. Teamchef Franz Beckenbauer hatte jetzt Zeit, um auf dieser Linie weiterzumachen, denn die Europameisterschaft 1988 fand in der BR Deutschland statt, die sich als Gastgeber nicht zu qualifizieren brauchte.

Experimentieren mußte Beckenbauer auch gegen Spanien, weil nach Brehme und Herget auch noch Völler und Klaus Allofs wegen Verletzungen ausfielen.

Tor: Schumacher, Immel
Abwehr: Kohler, Hörster, Buchwald, Frontzeck, Augenthaler, Pflügler
Mittelfeld: Berthold, Matthäus, Thon, Rolff, Wuttke, Rahn, M.Rummenigge
Angriff: Waas, K.Allofs, Gründel, Eckstein, Wohlfarth

Wieder waren mit Pflügler, Wuttke, Eckstein und Wohlfarth 4 Spieler ohne Länderspiel im Aufgebot, die aber alle Nationalspieler wurden. Außer Pflügler sogar schon alle gegen Spanien, dem nächsten Länderspielgegner.

15.10.1986 in Hannover

BR Deutschland - Spanien 2:2 (0:1)

SR: Sawtschenko (Sowjetunion), Zuschauer: 50.000
BRD: Schumacher -76 (1.FC Köln); Hörster -2 (Bayer Leverkusen), ab 46. Augenthaler -14 (Bayern München); Berthold -20 (Eintr. Frankfurt), Kohler -2 (Waldhof Mannheim), Buchwald -9 (VfB Stuttgart), Frontzeck -9 (Bor. Mönchengladb.); Matthäus -50 (Bayern München), Rahn -11 (Bor. Mönchengladb.), Rolff -21 (Bayer Leverkusen), ab 46. Wuttke -1 (1.FC Kaisersl.); Wohlfarth -1 (Bayern München), Waas -8 (Bayer Leverkusen), ab 71. Eckstein -1 (1.FC Nürnberg). Mannschaftskapitän: Schumacher
Spanien: Zubizarreta; Gallego; Tomas, Goicoechea, Camacho; Michel, Francisco (ab 74. Senor), Victor, Gordillo (ab 74. Julio Alberto); Butragueno, Salinas (ab 80. Uralde)
Tore: 0:1 Butragueno (45.), 1:1 Waas (61.), 2:1 Rahn (70.), 2:2 Goicoechea (78. Foulelfmeter)
Beste Spieler: Waas, Wuttke, Rahn - Michel, Butragueno
Bericht: Das harte und frühe Stören der Spanier bereitete der deutschen Mannschaft von Anfang an Schwierigkeiten. In der 6. Minute Turbulenzen im deutschen Strafraum, doch Matthäus konnte abwehren.

19. Minute: Als Kohler druckvoll nach vorn stürmte, mußte er bereits weit vor dem Strafraum abbremsen, weil kein Stürmer mitkam.

28. Minute: Wohlfahrt flankte auf Rahn, dessen herrlicher Flugkopfball nur knapp das Ziel verfehlte. Und direkt danach Pech für Matthäus, der einen schönen Angriff über Hörster, Rahn und Waas mit einem Schuß knapp neben den Pfosten abschloß. 31. Minute: Hörster ließ den Ball lässig vorbeispringen, so daß sich Schumacher mächtig strecken mußte, um das spanische Führungstor zu verhindern. 37. Minute: Aus 11 Meter Entfernung versuchte Berthold sich mit einem Schuß, der jedoch abgefälscht wurde. 39. Minute: Nach einem groben Foul an Matthäus erhielt Victor die gelbe Karte.

45. Minute: Fast mit dem Pausenpfiff die überraschende Führung der Spanier. Butragueno zog an Kohler vorbei und schoß aus spitzem Winkel das 0:1 und damit die glückliche Halbzeitführung.

52. Minute: Durch den eingewechselten Wuttke wurde das deutsche Spiel druckvoller. Waas nahm ein Zuspiel des Neulings auf und schoß knapp am Tor vorbei. 59. Minute: Aus der Drehung heraus knallte Wohlfahrt das Leder an den Pfosten. Dann aber endlich der verdiente Ausgleich für das deutsche Team. Wuttke spielte per Hacke genau in den Lauf von Waas, der 2 Spanier stehenließ und unhaltbar ins Netz einschoß.

70. Minute: Berthold flankte von rechts zur Mitte, wo Rahn ungehindert zum 2:1 für die deutsche Mannschaft einköpfen konnte. Eine Viertelstunde vor Schluß konnte Schumacher einen 20-Meter-Schuß von Victor abwehren. 78. Minute: Der Ausgleich für Spanien. Kohler konnte den davoneilenden Salinas nur unfair bremsen. Den fälligen Elfmeter verwandelte Goicoechea zum 2:2. Bis zum Schluß blieb es bei dem für die Spanier glücklichen Unentschieden.

❖

Vorbericht zum 530. Länderspiel: Gegen Österreich waren Brehme, Völler und Klaus Allofs nach ihren verletzungsbedingten Pausen wieder dabei, so daß Teamchef Beckenbauer sein bestes Aufgebot zur Verfügung hatte.

Tor: Schumacher, Immel
Abwehr: Berthold, Buchwald, Hörster, Frontzeck, W.Funkel
Mittelfeld: Matthäus, Rahn, Brehme, Thon, Rolff, M.Rummenigge
Angriff: Völler, K.Allofs, Waas

Während einige der Jungnationalspieler fehlten, konnte Beckenbauer in Wien mit Immel den Torhüter Nr. 2 erproben.

29.10.1986 in Wien

Österreich - BR Deutschland 4:1 (0:0)

SR: Agnolin (Italien), Zuschauer: 55.000
Österreich: Lindenberger; Weber; Piesinger, Meßlender, Weinhofer; Zsak, Kienast, Baumeister (ab 46. Spielmann), Werner; Ogris, Polster
BRD: Immel -5 (VfB Stuttgart); Hörster -3 (Bayer Leverk.); Berthold -21 (Eintr. Frankf.), Buchwald -10 (VfB Stuttgart), W.Funkel -2 (Bayer Uerd.), Frontzeck -10 (Bor. Mönchengladb.), ab 46. Völler -39 (Werder Bremen); Rolff -22 (Bayer Leverk.), Matthäus -51 (Bayern München), Thon -12 (Schalke 04), 71. M.Rummenigge -2 (Bayern München); Waas -9 (Bayer Leverk.), K.Allofs -49 (1.FC Köln). Mannschaftskapitän: K.Allofs
Tore: 1:0 Polster (57. Handelfmeter), 1:1 Völler (59.), 2:1 Polster (63. Foulelfmeter), 3:1, 4:1 Kienast (68., 76.)
Beste Spieler: Polster, Kienast, Lindenberger - K.Allofs, Hörster, Völler
Bericht: Im Duell der beiden ehemaligen Erzrivalen begann das Spiel eher langweilig. In der 6. Minute leistete sich der Österreicher Weinhofer das erste böse Foul gegen Berthold.

16. Minute: Die erste Torchance hatte die deutsche Mannschaft, als Klaus Allofs maßgerecht auf Buchwald flankte, der jedoch nicht das Tor traf. 24. Minute: So lange dauerte es, bis die Österreicher zum erstenmal gefährlich vor das deutsche Tor kamen, wo Buchwald im letzten Augenblick klären konnte. 26. Minute: Ein Zuspiel von Allofs leitete Matthäus weiter auf Waas, der aber nicht an Torhüter Lindenberger vorbeikam. Die ganz große Chance zur Führung war vergeben.

42. Minute: Nach vielen weiteren Fouls und einigem Leerlauf innerhalb beider Mannschaften, zog Allofs nach einem Steilpaß von Waas sofort aus 16 Metern ab und traf die Latte des Gehäuses von Lindenberger. Zur Halbzeit wurden die Mannschaften mit Pfiffen aus dem Publikum bedacht, weil beide nur eine sehr schwache Leistung geboten hatten.

57. Minute: Der Höhepunkt einer miesen Schiedsrichterleistung war der Elfmeterpfiff von Agnolin, nachdem er sehr viele Fouls der Österreicher hatte durchgehen lassen: Thon hatte ange-

blich den Ball mit dem Ellbogen berührt. Polster verwandelte sicher zum 1:0 für Österreich. 59. Minute: Die deutsche Elf antwortete sofort im Gegenangriff. Matthäus setzte sich links durch und paßte auf Völler, der mit einem Kopfball das 1:1 erzielte. 63. Minute: Schon wieder ein Elfmeter für Österreich. Als Funkel Polster im Strafraum ungeschickt angriff, ließ sich der österreichische Stürmer fallen und Schiedsrichter Agnolin gab erneut Elfmeter, den Polster zum 2:1 verwandelte. Matthäus wurde nach heftigen und verständlichen Protesten vom Platz gestellt. Fünf Minuten später die Vorentscheidung. Werner flankte auf Kienast, der unbehindert zum 3:1 einköpfen konnte.

76. Minute: Die deutsche Deckung spielte jetzt sehr unkonzentriert. Nach einer gekonnten Kombination erhöhte Kienast mit einem Direktschuß auf 4:1.

86. Minute: Allofs traf zum zweitenmal in diesem Spiel die Latte und vergab die letzte Chance. Auch wenn die deutsche Mannschaft in Wien sehr schwach gespielt hatte, hatte nicht sie, sondern der Schiedsrichter das Spiel für die deutsche Mannschaft verloren. Der Italiener Agnolin hatte nicht nur zwei zweifelhafte Elfmeter gegen die deutsche Mannschaft gepfiffen und Matthäus vom Platz gestellt, sondern auf der anderen Seite hatte er alle Fouls der Österreicher, unter denen gleich serienweise platzverweisreife Fouls an durchgebrochenen Spielern waren, nicht geahndet. Mit diesem 12. Mann waren die Österreicher an diesem Tag nicht zu besiegen.

❖

Vorbericht zum 531. Länderspiel: Bis zum ersten Länderspiel 1987 hatte sich einiges getan. Nationaltorhüter Schumacher hatte sein Buch „Anpfiff" auf den Markt gebracht und war dafür aus der Nationalelf verbannt worden, weil er u. a. behauptete, daß sich einige Spieler dopen. So mußte sich Franz Beckenbauer um einen Nachfolger kümmern. Mitte März, bei einem Kurzlehrgang, waren Immel und Zumdick (VfL Bochum) die beiden Kandidaten. Sie wurden auch für das Aufgebot des ersten Länderspiels in Israel nominiert.

Tor: Immel, Zumdick
Abwehr: Buchwald, Hörster, Kohler, Frontzeck, Pflügler, Reuter
Mittelfeld: Matthäus, Rahn, Thon, Brehme, Rolff, Wuttke
Angriff: Völler, K.Allofs, Waas

Mit Zumdick, Pflügler und Reuter standen 2 Neulinge im Aufgebot. Pflügler kam gegen Israel zum 1. Länderspiel und Reuter folgte ihm beim nächsten. Zumdick war dagegen nach langer Zeit wieder ein Spieler im Aufgebot, der nie Nationalspieler wurde.

25.3.1987 in Tel Aviv

Israel - BR Deutschland 0:2 (0:1)

SR: Gächter (Schweiz), Zuschauer: 15.000
Israel: Ran; A.Cohen; Ovadia, Shimonov, Marili; Klinger, Briyalovsky, Malmilian, Tiqva (ab 46. Sinay); Dricks, Ohana
BRD: Immel -6 (VfB Stuttgart); Hörster -4 (Bayer Leverk.); Kohler -3 (Waldhof Mannheim), Buchwald -11 (VfB Stuttgart), Pflügler -1 (Bayern München); Brehme -29 (Bayern München), Matthäus -52 (Bayern München), Rahn -12 (Bor. Mönchengladb.), Thon -13 (Schalke 04); Waas -10 (Bayer Leverk.), Völler -40 (Werder Bremen), ab 51. Wuttke -2 (1.FC Kaiserslautern). Mannschaftskapitän: Matthäus
Tore: 0:1 Thon (10.), 0:2 Matthäus (79. Foulelfmeter)
Beste Spieler: Ran - Thon, Hörster, Matthäus
Bericht: In besonders herzlicher Atmosphäre wurde das erste Länderspiel gegen Israel ausgetragen, indem die Israelis von der ersten Minute an gut mitspielten. Bereits in der 3. Minute zischte ein 30-Meter-Freistoß nur knapp am Tor von Immel vorbei.

10. Minute: Ein schnelles Führungstor für die deutsche Elf. Nach einem Steilpaß von Brehme flankte Waas in den Strafraum, wo Thon das Leder aus vollem Lauf in die untere Ecke jagte. 12. Minute: Die deutsche Mannschaft drückte jetzt weiter auf das Tempo. Brehme schlug eine Flanke auf Thon, der mit einem Kopfball nur die Latte traf.

21. Minute: Thon paßte in den freien Raum zu Waas, der freistehend an Torwart Ran scheiterte. Drei Minuten später war es erneut der sehr agile Thon, der für Gefahr vor dem israelischen Gehäuse sorgte. Mit seinem Schuß traf der Schalker jedoch nur das Außennetz.

39. Minute: Nach Flanke von Brehme, die Völler mit dem Kopf verlängerte, vergaben Rahn und Thon die Chance zu einem weiteren Treffer. 41. Minute: Thon ließ Ovadia aussteigen und zog aus 18 Metern ab, doch der israelische Torhüter konnte abwehren. Nach herrlichem Paß von Matthäus schoß Rahn aus der Drehung, zielte jedoch einen halben Meter zu hoch. Zur Halbzeit führte die deutsche Mannschaft hoch verdient mit 1:0.

57. Minute: In der zweiten Halbzeit wurde das Spiel der deutschen Mannschaft schwächer. Der eingewechselte Wuttke brachte jedoch vorübergehend neuen Elan, als er an seinem Gegenspieler vorbeiging und in die rechte untere Ecke schoß. Torhüter Ran war jedoch rechtzeit unten und konnte abwehren. 60. Minute: Ein knallharter Schuß von Thon wurde von Klinger abgefälscht, aber erneut konnte sich der israelische Torhüter auszeichnen.

72. Minute: Nach einem Steilpaß von Wuttke überlief Matthäus 2 Abwehrspieler, doch Klinger konnte im letzten Moment den Ball abblocken. 78. Minute: Die Entscheidung in Tel Aviv: Klinger zog gegen Rahn im Strafraum die Notbremse, so daß Schiedsrichter Gächter nur auf Elfmeter entscheiden konnte. Matthäus verwandelte sicher zum 2:0 für die deutsche Elf.

88. Minute: Die letzte Chance für das deutsche Team. Nach einem Alleingang über das halbe Spielfeld zog Wuttke aus 18 Metern ab, doch erneut konnte der ausgezeichnete israelische Torhüter Ran parieren. Es blieb beim verdienten 2:0-Erfolg der deutschen Mannschaft.

❖

Vorbericht zum 532. Länderspiel: Im letzten Länderspiel der Saison erwartete die deutsche Mannschaft noch einmal ein ganz schwerer Brocken, die Italiener. Erstmals stand seit der WM mit Littbarski, der inzwischen in Frankreich spielte, wieder ein Auslandsprofi im deutschen Aufgebot.

Tor: Immel, Illger
Abwehr: Kohler, Hörster, Buchwald, Pflügler, Frontzeck, Reuter
Mittelfeld: Brehme, Littbarski, Matthäus, Thon, Rolff
Angriff: Völler, K.Allofs, Waas
und Herget wurde nachnominiert

Mit Illgner und Reuter standen 2 Neulinge im Aufgebot, die auch beide Nationalspieler wurden. Reuter kam als Einwechselspieler gegen Italien zu seinem ersten Einsatz, während der erst 20-jährige Illgner, Nachfolger von Schumacher beim 1.FC Köln, noch etwas warten mußte, dann jedoch Stammtorhüter im Beckenbauer-Team wurde.

18.4.1987 in Köln

BR Deutschland - Italien 0:0

SR: Albert Thomas (Holland), Zuschauer: 55.000
BRD: Immel -7 (VfB Stuttgart); Herget -23 (Bayer Uerd.); Kohler -4 (Waldhof Mannheim), Buchwald -12 (VfB Stuttgart), Pflügler -2 (Bayern München), ab 46. Frontzeck -11 (Bor. Mönchengladbach); Rolff -23 (Bayer Leverk.), ab 63. Reuter -1 (1.FC Nürnberg), Littbarski -46 (Racing Paris), Matthäus -53 (Bayern München), Thon -14 (Schalke 04); Völler -41 (Werder Bremen), K.Allofs -50 (1.FC Köln). Mannschaftskapitän: K.Allofs

Italien: Zenga; Tricella; Bergomi, Ferri, Nela; Mancini (ab 73. Bagni), Giannini, De Napoli, Dossena (ab 57. Matteoli); Vialli, Altobelli (ab 46. Donadoni)

Beste Spieler: Thon, Littbarski, Herget - Zenga, Bergomi, Giannini

Bericht: Die deutsche Mannschaft begann druckvoll und selbstbewußt gegen die Italiener. Nach einem Durchmarsch in der 5. Minute über das ganze Spielfeld, zog Kohler aus 17 Metern ab. Torhüter Zenga konnte den Aufsetzer nur mit viel Mühe abwehren.

10. Minute: Thon setzte sich gegen de Napoli durch und schoß auf das Tor, wo Zenga jedoch auf dem Posten war. 23. Minute: Der erste gefährliche Angriff der Italiener. Immel lenkte einen Kopfball von Vialli über die Latte. 33. Minute: Nach einem Schuß von Pflügler konnte Torhüter Zenga das Leder nicht festhalten, doch Völler und Thon kamen einen Schritt zu spät. Zwei Minuten später stand erneut Torhüter Zenga im Blickpunkt. Mit einer Glanzparade parierte er einen 18-Meter-Schuß von Olaf Thon.

43. Minute: Vialli kam freistehend zu einem Volleyschuß, doch Immel war rechtzeitig in die bedrohte Ecke getaucht. Zur Halbzeit konnten die Italiener mit dem 0:0 hoch zufrieden sein.

54. Minute: Während die Italiener nach dem Seitenwechsel stärker wirkten, hatte die deutsche Mannschaft durch Allofs die erste Torgelegenheit. Ein Freistoß zischte nur Zentimeter über das Tor.

61. Minute: Auf der anderen Seite war es Giannini, der mit einem Freistoß an der deutschen Mauer scheiterte. Den Nachschuß setzte de Napoli nur knapp am rechten Pfosten vorbei. 70. Minute: Allofs flankte auf Reuter, der bei einem Kopfballversuch von Ferri weggestoßen wurde, aber Schiedsrichter Thomas ließ weiterspielen.

90. Minute: In den letzten 20 Minuten tat sich nicht mehr viel und es blieb beim torlosen Remis. In einem abwechslungsreichen und interessanten Spiel hatten lediglich die Tore als Salz in der Suppe gefehlt.

❖

Bilanz 1987/88
15 Spiele: 7 Siege, 5 Unentschieden, 3 Niederlagen, 18:10 Tore
Zuschauer: 616.788
In 15 Spielen wurden 29 Spieler eingesetzt, davon waren 10 Spieler Neulinge.

Die Spieler der Saison:

Matthias Herget	15	Spiele
Jürgen Kohler	15	"
Olaf Thon	14	"
Eike Immel	12	"
Lothar Matthäus	12	"
Rudi Völler	12	"
Wolfgang Rolff	11	"
Andreas Brehme	11	"
Pierre Littbarski	11	"
Jürgen Klinsmann	9	"
Stefan Reuter	8	"
Guido Buchwald	8	"
Klaus Allofs	6	"
Thomas Berthold	6	"
Ulrich Borowka	6	"
Michael Frontzeck	5	"
Hans Dorfner	5	"
Dieter Eckstein	5	"
Hans Pflügler	5	"
Manfred Schwabl	4	"
Frank Mill	4	"
Bodo Illgner	3	"
Uwe Rahn	2	"
Christian Hochstätter	2	"
Frank Ordenewitz	2	"
Franco Foda	2	"
Wolfram Wuttke	2	"
Frank Neubarth	1	Spiel
Armin Görtz	1	"

Tore der Saison:

Rudi Völler	5	Tore
Pierre Littbarski	3	"
Lothar Matthäus	3	"
Jürgen Klinsmann	2	"
Wolfram Wuttke	1	Tor
Stefan Reuter	1	"
Klaus Allofs	1	"
Andreas Brehme	1	"
Olaf Thon	1	"

Mannschaftsführer waren:

Lothar Matthäus	10	mal
Klaus Allofs	6	"

1 Elfmeter für Deutschland,
verwandelt durch Matthäus (gegen Holland)

1 Elfmeter gegen Deutschland,
durch R.Koemann (Holland)

1 Eigentor gegen Deutschland,
durch Immel (gegen Jugoslawien)

Rangliste der besten Nationalspieler des Jahres:
1. Matthias Herget (Bayern Uerdingen)
2. Lothar Matthäus (Bayern München)
3. Jürgen Klinsmann (VfB Stuttgart)
4. Klaus Allofs (Olympique Marseille)
   Jürgen Kohler (1.FC Köln)
   Eike Immel (VfB Stuttgart)
7. Rudi Völler (AS Rom)
   Pierre Littbarski (1.FC Köln)
9. Bodo Illgner (1.FC Köln)
   Stefan Reuter (1.FC Nürnberg)

1987/88

Vorbericht zum 533. Länderspiel: Mit dem frühen Saison-Länderspiel gegen Frankreich begann die Vorbereitung auf die Europameisterschaft. Insgesamt 11 Test-Länderspiele wollte die deutsche Mannschaft vor Beginn der EM absolvieren. Teamchef Franz Beckenbauer hatte es insofern schwerer, weil mit Völler (AS Rom) und Klaus Allofs (Olympique Marseille) 2 weitere Spieler ins Ausland gewechselt waren. Gegen Frankreich standen beide, wie auch Littbarski, zur Verfügung.

Tor: Immel, Illgner
Abwehr: Herget, Kohler, Buchwald, Pflügler, Hörster, Frontzeck, Reuter
Mittelfeld: Brehme, Matthäus, Littbarski, Rolff, Dorfner
Angriff: Völler, K.Allofs

Nur Dorfner und Illgner waren aus diesem Aufgebot ohne Länderspiel, was sich jedoch bald änderte. Dorfner spielte bereits gegen Frankreich für den verletzten Thon, und Illgner kam im übernächsten Länderspiel gegen Dänemark zum Einsatz.

12.8.1987 in Berlin

BR Deutschland - Frankreich 2:1 (2:1)

SR: Henning Lund-Sörensen (Dänemark), Zuschauer: 31.000
BRD: Immel -8 (VfB Stuttgart); Herget -24 (Bayer Uerd.); Kohler -5 (1.FC Köln), Buchwald -13 (VfB Stuttgart), ab 69. Rolff -24 (Bayer Leverk.), Pflügler -3 (Bayern München); Brehme -30 (Bayern München), ab 67. Reuter -2 (1.FC Nürnberg), Matthäus -54 (Bayern München), Rahn -13 (Bor. Mönchengladbach), Dorfner -1 (Bayern München); Völler -42 (AS Rom), ab 67. Littbarski -47 (Racing Paris), K.Allofs -51 (Olympique Marseille). Mannschaftskapitän: K.Allofs

Frankreich: Bats (ab 86. Martini); Battiston; Ayache, Le Roux, Amoros; Fernandez, Passi, Poullain, Touré; Cantona, Papin (ab 55. Buscher)

Tore: 1:0, 2:0 Völler (4., 9.), 2:1 Cantona (42.)
Beste Spieler: K.Allofs, Völler, Immel, Herget - Battiston, Amoros, Papin

Bericht: Die deutsche Mannschaft begann sehr druckvoll und bestimmte sofort das Tempo. Der stürmische Auftakt wurde bereits in der 4. Minute belohnt. Völler nahm einen Fehlpaß auf, ließ zwei Gegenspieler aussteigen und schoß durch die Beine von Torhüter Bats zum 1:0 ein.

9. Minute: Eine Ecke von Allofs erreichte Völler, der mit einem Kopfball das 2:0 erzielte. Riesige Stimmung im Berliner Olympiastadion nach diesen beiden schnellen Toren. 14. Minute: Der erste gefährliche Angriff der Franzosen. Immel lenkte einen 25-Meter-Schuß von Passi über die Latte. 17. Minute: Eine große Chance für Klaus Allofs zum dritten Treffer, als ihn Ayache mit einem Fehlpaß bediente. Freistehend konnte der Kapitän der deutschen Mannschaft aus 14 Metern abziehen, traf jedoch nicht das französische Tor. 34. Minute: Völler nahm einen Einwurf von Pflügler auf und legte zu Allofs weiter, der erneut aus 14 Metern an Torhüter Bats scheiterte.

36. Minute: Nach einem Eckball von Allofs zappelte der Ball zum drittenmal im französischen Netz, aber Schiedsrichter Lund-Sörensen gab den Treffer nicht, weil er eine Behinderung von Buchwald gegenüber Torhüter Bats gesehen haben wollte. 40. Minute: Und noch einmal viel Glück für die Franzosen, als Völler im Strafraum von Ayache gefoult wurde, der Unparteiische jedoch den Ball an die Strafraumgrenze legte. 42. Minute: Cantona nutzte ein Mißverständnis zwischen Kohler und Buchwald und erzielte mit einem plazierten Schuß den Anschlußtreffer. Zur Halbzeit führte die deutsche Mannschaft hoch verdient mit 2:1.

Werden zu den neuen Stars der Nationalelf gezählt:
Thomas Berthold (Eintracht Frankfurt)

Olaf Thon (FC Schalke 04)

Rudi Völler (Werder Bremen)

48. Minute: Die zweiten 45 Minuten begann die französische Mannschaft besser. Nach einem herrlichen Doppelpaß zwischen Touré und Passi rettete Kohler in letzter Sekunde. 52. Minute: Nach einem erneuten Abwehrfehler verfehlte Cantona mit einem Fallrückzieher das deutsche Tor.

62. Minute: Dorfner legte quer auf Völler, der nur knapp über die Latte des französischen Gehäuses zielte. 75. Minute: Kurz vor der Strafraumgrenze foulte Herget den durchgelaufenen Poullain. Den Freistoß parierte Immel mit einer Glanzparade.

87. Minute: Ersatztorhüter Martini rettete in letzter Sekunde vor dem heranstürmenden Dorfner. Und die letzte gute Torgelegenheit des Spiels hatten die Franzosen Sekunden vor Schluß, als Cantona völlig frei vor Immel auftauchte. Der Stuttgarter Torhüter verkürzte jedoch geschickt den Winkel und konnte so den Sieg der deutschen Mannschaft retten. Über weite Strecken hatten die Zuschauer ein hochklassiges Spiel beider Mannschaften gesehen.

❖

Vorbericht zum 534. Länderspiel: Auch zum nächsten Länderspiel gegen England hatte Franz Beckenbauer wieder seine Auslandsprofis dabei. Allerdings waren das nur noch Völler und Allofs, denn Littbarski war nach einem Blitztransfer zum 1.FC Köln zurückgekehrt.

Matthias Herget (Bayer Uerdingen)

Tor: Immel, Illgner
Abwehr: Herget, Kohler, Buchwald, Pflügler, Frontzeck, Reuter
Mittelfeld: Brehme, Littbarski, Thon, Rolff, Dorfner, Wuttke
Angriff: Völler, K.Allofs

Im Aufgebot fehlten der verletzte Matthäus und der formschwache Rahn. Dafür spielten Thon und Littbarski gegen England im Mittelfeld.

9.9.1987 in Düsseldorf

BR Deutschland - England 3:1 (2:1)

SR: Casarin (Italien), Zuschauer: 50.000

BRD: Immel -9 (VfB Stuttgart); Herget -25 (Bayer Uerd.); Brehme -31 (Bayern München), ab 61. Reuter -3 (1.FC Nürnberg), Kohler -6 (1.FC Köln), Buchwald -14 (VfB Stuttgart), Frontzeck -12 (Bor. Mönchengladbach); Littbarski -48 (1.FC Köln), Thon -15 (Schalke 04), Dorfner -2 (Bayern München); Völler -43 (AS Rom), ab 78. Wuttke -3 (1.FC Kaiserslautern), K.Allofs -52 (Olympique Marseille). Mannschaftskapitän: K.Allofs

England: Shilton; Anderson, Mabbutt, Adams, Sansom (ab 76. Pearce); Waddle (ab 51. Hateley), Reid, Hoddle (ab 65. Webb), Barnes; Lineker, Beardsley

Tore: 1:0, 2:0 Littbarski (24., 33.), 2:1 Lineker (42.), 3:1 Wuttke (84.)

Beste Spieler: Herget, Littbarski, Immel - Barnes, Hoddle, Adams

Bericht: Mit schönem Direktspiel begann die deutsche Mannschaft offensiv gegen die Engländer. Nach einem Alleingang über das halbe Spielfeld schoß Völler bereits in der 2. Minute aus halbrechter Postion knapp über das Tor. Und 5 Minuten später nahm Allofs einen Rückpaß der Engländer auf und traf aus 8 Metern nur den Außenpfosten.

13. Minute: Der deutsche Angriffswirbel ging weiter. Herget setzte Völler mit einem Hackentrick schön ein, der Ex-Bremer leitete weiter zu Allofs, dessen Schuß vom langen Adams zur Ecke abgeblockt wurde. 14. Minute: Die Ecke führte Littbarski aus und bereitete Torhüter Shilton große Mühe, der den Ball nur abklatschen konnte. Leider rutschte Thon aus, sonst hätte er diese günstige Gelegenheit nutzen können.

24. Minute: Littbarski bekam auf der linken Seite den Ball, lief nach innen und traf aus 20 Metern genau in den linken oberen Torwinkel zum 1:0 für die deutsche Mannschaft. 30. Minute: Völler nahm einen Paß von Dorfner auf, ging in den Strafraum und zog ab, doch Shilton rettete mit einer Glanzparade. 33. Minute: Littbarski zirkelte einen Eckball scharf vor das Tor, und zur Überraschung aller landete der Ball direkt im Netz zum 2:0 für die deutsche Mannschaft.

42. Minute: Buchwald verlor im Zweikampf mit Reid das Leder. Beardsley kam an den Ball und paßte auf Lineker, der aus 10 Metern den Anschlußtreffer erzielen konnte. Bis zur Halbzeit hatten die Zuschauer ein gutes Spiel der deutschen Mannschaft mit einer verdienten 2:1-Führung gesehen.

46. Minute: Sofort nach Wiederanpfiff bot sich den Engländern die Ausgleichschance, als Barnes an Brehme vorbeizog und schulmäßig in die Mitte flankte, wo Lineker jedoch knapp den Ball verfehlte. Erneut konnte sich Barnes in der 50. Minute gegen Brehme durchsetzen, doch sein Schuß strich am langen Eck vorbei. 51. Minute: Hateley ließ Buchwald aussteigen und schoß aus spitzem Winkel auf das Tor von Immel, der gerade noch abwehren konnte. Auch der Nachschuß von Reid wurde von dem Stuttgarter abgewehrt.

64. Minute: Nach einem Foul an Allofs setzte Herget den Freistoß knapp über das englische Tor. 73. Minute: Wieder eine gute Torgelegenheit für die deutsche Mannschaft, als Allofs mit einem Traumpaß Thon freispielte, der jedoch zu lange mit dem Schuß zögerte. 78. Minute: Die letzte Chance für die Engländer zum Aus-

gleich vergab Anderson, der nach einem Freistoß von Barnes neben das Tor köpfte.

84. Minute: Das alles entscheidende 3:1 für die deutsche Mannschaft: Herget flankte auf Thon, der sich gegen zwei Engländer durchsetzte und auf Wuttke weitergab. Der Lauterer kurvte nach innen und schoß aus 18 Metern unhaltbar ins lange Eck. 88. Minute: Fast sogar noch der vierte Treffer für die deutsche Mannschaft, als Littbarski wunderschön Reuter freispielte, der jedoch mit dem Torschuß zu lange zögerte. Nach einer ausgezeichneten Leistung gewann die deutsche Mannschaft verdient mit 3:1 gegen England.

❖

Vorbericht zum 535. Länderspiel: Nach den beiden erfolgreichen Freundschaftsspielen gegen Frankreich und England wartete mit Dänemark eine weitere Spitzenmannschaft auf das deutsche Team.

Tor: Immel, Illgner
Abwehr: Herget, Kohler, Buchwald, Frontzeck, Pflügler
Mittelfeld: Reuter, Littbarski, Rahn, Thon, Brehme, Rolff, Wuttke
Angriff: Völler, K.Allofs

Erneut hatte Beckenbauer mit Völler und Allofs nur die beiden Auslandsprofis als Stürmer nominiert. Das Fehlen guter Stürmer wurde offensichtlich. Auch die Torwartfrage war zu diesem Zeitpunkt noch nicht geklärt. Gegen Dänemark stand erstmals der 20-jährige Illgner zwischen den Pfosten. Und schließlich kam auch noch der nachnominierte 21-jährige Schwabl vom „Club" aus Nürnberg als Einwechselspieler zu seinem ersten Länderspieleinsatz.

23.9.1987 in Hamburg
BR Deutschland - Dänemark 1:0 (1:0)

SR: Brummeier (Österreich), Zuschauer: 45.000
BRD: Illgner -1 (1.FC Köln); Herget -26 (Bayer Uerd.); Reuter -4 (1.FC Nürnberg), Kohler -7 (1.FC Köln), Buchwald -15 (VfB Stuttgart), Frontzeck -13 (Bor. Mönchengladb.); Littbarski -49 (1.FC Köln), Rolff -25 (Bayer Leverk.), Thon -16 (Schalke 04), ab 73. Schwabl -1 (1.FC Nürnberg); Völler -44 (AS Rom), K.Allofs -53 (Olympique Marseille), ab 46. Rahn -14 (Bor. Mönchengladb.). Mannschaftskapitän: K.Allofs
Dänemark: Högh; Morten Olsen; Heintze, Ivan Nielsen, Busk (ab 46. Frimann); Berggreen (ab 71. Povlsen), Jesper Olsen, Jensen, Lerby (ab 80. Lars Olsen); Laudrup, Elkjaer-Larsen (ab 65. Claus Nielsen)
Tore: 1:0 Völler (33.)
Beste Spieler: Völler, K.Allofs, Littbarski - J.Olsen, Laudrup, M.Olsen
Bericht: Die deutsche Mannschaft begann in Hamburg so richtig nach dem Geschmack der Zuschauer. In der 1. Minute hatte Torhüter Högh bereits große Mühe, einen Freistoß von Littbarski über die Latte zu lenken.

17. Minute: Zum erstenmal kamen die Dänen gefährlich vor das deutsche Tor. Ein Schuß von Jesper Olsen konnte abgeblockt werden, aber den Abpraller erwischte Elkjaer-Larsen, und donnerte ihn mit Vehemenz an die Latte des Gehäuses von Illgner. 33. Minute: Das Führungstor für die deutsche Mannschaft. Littbarski paßte in den Lauf von Völler, der noch einige Schritte lief und dann mit dem Außenrist flach in die rechte untere Ecke zum 1:0 einschoß.

43. Minute: Frontzeck flankte auf den freistehenden Reuter, der aus kurzer Distanz am Tor vorbeiköpfte. Mit 3 gefährlichen Eckbällen verabschiedete sich die deutsche Mannschaft zur Halbzeit in die Kabinen. Sie führte verdient mit 1:0 gegen die bei ihren Kontern stets gefährlichen Dänen.

56. Minute: Als Laudrup Buchwald bedrängte, wäre dem Stuttgarter fast ein Eigentor unterlaufen. Nur mit vereinten Kräften konnten Herget und Kohler, 7 Minuten später, einen gefährlichen Angriff der Dänen abblocken.

75. Minute: In der ersten halben Stunde der zweiten Halbzeit bestimmten die Dänen das Spiel, konnten sich jedoch nicht entscheidend gegen die deutsche Abwehr durchsetzen. 80. Minute: Noch einmal forcierten die Dänen das Tempo. Povlsen kam frei zum Schuß, doch Illgner konnte parieren. Und 4 Minuten später die größte Tat von Torhüter Illgner, als die Dänen gefährlich über den rechten Flügel kamen, und der Kölner Torhüter den Ball vor dem einschußbereiten Frimann abfangen konnte. 87. Minute: Der Ausgleich der Dänen lag in der Luft. Völlig freistehend verfehlte Nielsen aus 5 Metern das Leder. Die letzte Chance war vertan.

89. Minute: Zum Abschluß noch eine Konterchance für die deutsche Mannschaft. Nach einer Völler-Flanke kam Kohler nur um eine 10tel Sekunde zu spät.

❖

Karlheinz Förster (VfB Stuttgart)

Uwe Rahn (Borussia Mönchengladbach)

Vorbericht zum 536. Länderspiel: Teamchef Franz Beckenbauer hatte seiner Mannschaft vor der EM im eigenen Land keine leichten Aufgaben gestellt. Mit Schweden bekam sie nach dem Dänemark-Spiel einen sehr unbequemen Gegner in Gelsenkirchen. Im Aufgebot für dieses Spiel war neben Völler und Allofs - erstmals seit der WM - auch wieder Thomas Berthold, der inzwischen ebenfalls in Italien bei Hellas Verona spielte.

Tor: Immel, Illgner

Abwehr: Herget, Buchwald, Kohler, Pflügler, Frontzeck, Reuter

Mittelfeld: Berthold, Littbarski, Thon, Dorfner, Brehme, Rahn, Rolff, Schwabl

Angriff: Völler, K.Allofs

Erneut erhielt der junge Illgner im Tor den Vorzug vor Immel, und im Mittelfeld spielten wieder Thon und Dorfner. Matthäus fehlte weiterhin nach seiner Verletzung.

14.10.1987 in Gelsenkirchen
BR Deutschland - Schweden 1:1 (1:0)

SR: Sanchez-Arminio (Spanien), Zuschauer: 31.000
BRD: Illgner -2 (1.FC Köln); Herget -27 (Bayer Uerd.); Berthold -22 (Hellas Verona), ab 46. Brehme -32 (Bayern München), Kohler -8 (1.FC Köln), Buchwald -16 (VfB Stuttgart), Pflügler -4 (Bayern München); Littbarski -50 (1.FC Köln), Thon -17 (Schalke 04), Dorfner -3 (Bayern München); Völler -45 (AS Rom), K.Allofs -54 (Olympique Marseille). Mannschaftskapitän: K.Allofs

Schweden: Th.Ravelli; R.Nilsson, Hysen, Larsson, Persson; Thern, Prytz, Strömberg, Pettersson; Ekström, Gren (ab 84. Limpar)

Tore: 1:0 Littbarski (17.), 1:1 Hysen (62.)
Beste Spieler: Illgner, Herget - Hysen, Prytz, Strömberg

Bericht: Beide Mannschaften hatten Schwierigkeiten, ihren Rhythmus zu finden. Die erste Torszene hatte die deutsche Mannschaft in der 8. Minute, als Völler in den freien Raum auf Allofs spielte, der aus spitzem Winkel am Tor vorbeizielte. 11. Minute: Auch die zweite gute Aktion ging von Rudi Völler aus, der nach Doppelpaß mit Dorfner den Ball aus 15 Metern über das Tor schoß. 17. Minute: Das 1:0 für die deutsche Mannschaft. Littbarski wurde von Allofs angespielt, umkurvte seinen Gegenspieler und schoß aus 20 Metern in den rechten oberen Torwinkel.

30. Minute: Nach viel Leerlauf paßte Prytz auf den ungedeckten Strömberg, der direkt vor das deutsche Tor flankte, wo Gren aber einen Schritt zu spät kam. 33. Minute: Nach einem schönen Steilpaß von Thon auf Allofs hatte der Linksaußen eine gute Chance, zielte jedoch aus 18 Metern am Tor vorbei. 40. Minute: Nach einem Doppelpaß mit Völler zog Littbarski aus 18 Metern ab, doch Torhüter Ravelli lenkte das Leder um den Pfosten.

44. Minute: Noch einmal Glück für die Schweden, als Völler einen Eckball mit dem Kopf auf das Tor der Schweden verlängerte, aber Persson auf der Linie klären konnte. Zur Halbzeit führte die deutsche Mannschaft glücklich mit 1:0.

50. Minute: Glück auch zu Beginn der 2. Halbzeit für die deutsche Mannschaft, als Buchwald Gren im Strafraum foulte, aber Schiedsrichter Sanchez weiterspielen ließ. 52. Minute: Larsson konnte nach einer Flanke ungehindert köpfen, aber Illgner parierte mit einer glänzenden Reaktion. Die Schweden wurden immer stärker. Prytz zog im nächsten Angriff aus 10 Metern ab, Illgner konnte jedoch abwehren und auch der Nachschuß von Ekström wurde vom Kölner Torhüter pariert. 62. Minute: Nach einem Steilpaß von Persson schraubte sich Hysen höher als Pflügler und köpfte aus 10 Metern zum längst verdienten 1:1-Unentschieden ein.

83. Minute: Dorfner legte einen indirekten Freistoß für Brehme vor, der aus 18 Metern das Tor verfehlte. In den letzten Minuten verflachte das Spiel zusehends. Die Schweden begnügten sich mit dem verdienten Unentschieden, und die deutsche Mannschaft hatte an diesem Tag nicht die Kraft, dem Spiel noch eine Wende zu geben.

❖

Vorbericht zum 537. Länderspiel: Zum Abschluß des Jahres standen noch 3 Auswärtsspiele an. Das erste gegen Ungarn in Budapest, wo Beckenbauer auf den verletzten Völler verzichten mußte. Dafür war Matthäus wieder dabei.

Tor: Immel, Illgner

Abwehr: Herget, Berthold, Buchwald, Pflügler, Kohler, Frontzeck

Mittelfeld: Matthäus, Reuter, Rolff, Littbarski, Thon

Angriff: K.Allofs, Eckstein

Mit Eckstein hatte Beckenbauer wieder einen der vielen jungen Stürmerhoffnungen nominiert, die sich mit glanzvollen Leistungen in der Olympia-Auswahl hervorgetan hatten.

18.11.1987 in Budapest

Ungarn - BR Deutschland 0:0

SR: Krchnak (Tschechoslowakei), Zuschauer: 25.000
Ungarn: Disztl; Sallai, Toma, Garaba, Sass; Farkas, Berczy (ab 46. Fitos), Detari, Bognar; Kiprich, Kovacs
BRD: Immel -10 (VfB Stuttgart); Herget -28 (Bayer Uerd.); Berthold -23 (Hellas Verona), Kohler -9 (1.FC Köln), Frontzeck -14 (Bor. Mönchengladb.); Rolff -26 (Bayer Leverk.), Matthäus -55 (Bayern München), ab 46. Eckstein -2 (1.FC Nürnberg), Thon -18 (Schalke 04), Reuter -5 (1.FC Nürnberg); Littbarski -51 (1.FC Köln), K.Allofs -55 (Olympique Marseille). Mannschaftskapitän: K.Allofs
Beste Spieler: Disztl, Garaba, Kiprich - Kohler, Rolff, Matthäus, Herget
Bericht: Überraschend begann die deutsche Mannschaft in Budapest sehr offensiv. Berthold setzte sich nach 4 Minuten auf der rechten Seite durch und flankte zur Mitte, wo Torhüter Disztl vor dem heranstürmenden Thon retten konnte. 8. Minute: Nach einer schönen Kombination zwischen Thon und Littbarski schoß Reuter zu schwach, um Torhüter Disztl überwinden zu können. 17. Minute: Im Zweikampf behielt Allofs die Oberhand und zog aus 18 Metern ab. Erneut konnte Torhüter Disztl mit einer Glanzparade einen Rückstand der Ungarn verhindern. 18. Minute: Nach einem Doppelpaß zwischen Allofs und Matthäus zog der Münchener plötzlich ab und traf aus spitzem Winkel nur den Pfosten. 20. Minute: Die deutsche Mannschaft blieb spielbestimmend. Auch Littbarski setzte einen herrlichen Schuß aus 15 Metern auf das ungarische Tor, verfehlte jedoch knapp den Winkel. Danach baute leider auch die deutsche Mannschaft stark ab und es dauerte bis zur letzten Minute der ersten Halbzeit, bevor wieder eine torreife Szene zu notieren war.
47. Minute: Nach dem Seitenwechsel begann die deutsche Mannschaft erneut druckvoll. Nach einem Abwehrfehler bekam Eckstein das Leder und drang allein in den Strafraum ein, wo ihm Disztl geschickt den Winkel verkürzte und abwehren konnte.
68. Minute: Erneut vergingen 20 Minuten mit Leerlauf auf beiden Seiten. Erst ein Eckball von Allofs und Kopfball von Eckstein, der nur ganz knapp am Tor vobeistrich, brachte wieder Farbe ins Spiel. 72. Minute: Kiprich flankte auf den ungedeckten Sallai, der von der Strafraumgrenze aus abzog und Torhüter Immel zu einer Glanzparade zwang. 76. Minute: Der ungedeckte Eckstein erhielt auf der rechten Seite den Ball und flankte flach nach innen, wo Allofs an Torhüter Disztl scheiterte. Leider folgte auch nach diesem Aufflammen wieder eine große Leere im Spiel beider Mannschaften.
90. Minute: Nach einem insgesamt enttäuschenden Spiel mit wenigen Torszenen wurden beide Mannschaften mit Pfiffen der Zuschauer verabschiedet.

❖

Vorbericht zum 538. Länderspiel: Vor der Bundesliga-Winterpause reiste Franz Beckenbauer mit seinem jungen Aufgebot nach Südamerika, wo Spiele gegen Brasilien und Argentinien auf dem Programm standen. Für den Teamchef war es die ideale Möglichkeit zu weiteren Tests, denn er mußte auf die Auslandsprofis verzichten.
Tor: Immel, Illgner
Abwehr: Herget, Reuter, Kohler, Buchwald, Pflügler, Foda, Frontzeck
Mittelfeld: Brehme, Matthäus, Thon, Rolff, Schwabl, Hochstätter
Angriff: Klinsmann, Ordenewitz
Mit Foda, Hochstätter, Klinsmann und Ordenewitz standen 4 Neulinge im Aufgebot, die alle im ersten Spiel gegen Brasilien zum Einsatz kamen.

12.12.1987 in Brasilia

Brasilien - BR Deutschland 1:1 (0:0)

SR: Elias Racomin (Ecuador), Zuschauer: 20.000
Brasilien: Gilmar; Ze Teodoro, Luizinho, Batista, Nelsinho (ab 79. Eduardo); Pita (ab 82. Uidemar), Rai (ab 65. Sergio Araujo), Douglas; Müller (ab 46. Washington), Renato, Valdo
BRD: Immel -11 (VfB Stuttgart); Reuter -6 (1.FC Nürnberg), Kohler -10 (1.FC Köln), Buchwald -17 (VfB Stuttgart), Brehme -33 (Bayern München), ab 46. Hochstätter -1 (Bor. Mönchengladb.); Herget -29 (Bayer Uerd.), Schwabl -2 (1.FC Nürnberg), ab 82. Ordenewitz -1 (Werder Bremen), Matthäus -56 (Bayern München), Frontzeck -15 (Bor. Mönchengladb.), ab 82. Foda -1 (1.FC Kaisersl.); Klinsmann -1 (VfB Stuttgart), Thon -19 (Schalke 04). Mannschaftskapitän: Matthäus
Tore: 1:0 Batista (68.), 1:1 Reuter (90.)
Beste Spieler: Batista, Luizinho - Herget, Reuter, Schwabl
Bericht: Die deutsche Mannschaft begann in Brasilia sehr vorsichtig und hielt den Ball in den eigenen Reihen.
8. Minute: Dann jedoch die erste gute Torchance, als Matthäus aus 30 Metern abzog und Torhüter Gilmar den Aufsetzer nur mit Mühe abwehren konnte.
21. Minute: Der herauslaufende Immel rettete vor dem steil angespielten Renato. Und im letzten Augenblick konnte Kohler, 6 Minuten später, dem anstürmenden Müller den Ball vom Fuß spitzeln.
44. Minute: Nach einem Steilpaß war Kohler erneut einen Schritt schneller als Müller und konnte zum Torhüter zurückgeben. Ein langweiliges Spiel stand zur Halbzeit 0:0 Unentschieden.
52. Minute: Wieder erwischte die deutsche Mannschaft den besseren Start, als Torhüter Gilmar mit einer Matthäus-Flanke hinter die Torauslinie fiel, der Eckball jedoch nichts einbrachte. 56. Minute: Thon kam 20 Meter vor dem brasilianischen Gehäuse in Ballbesitz und traf den Ball nicht richtig, so daß Gilmar keine Mühe hatte, den Schuß zu halten.
68. Minute: Eine Ecke von Pita wurde von Torhüter Immel unterlaufen, so daß der völlig freistehende Batista aus 6 Metern ins leere Tor köpfen konnte. Die Brasilianer führten mit 1:0. 77. Minute: Renato erreichte einen Steilpaß und flankte auf Batista, der über das deutsche Tor köpfte.
90. Minute: Kurz vor dem Abpfiff doch noch der Ausgleich für die deutsche Mannschaft. Klinsmann köpfte eine Flanke zu Kohler, und als die Brasilianer den Ball nicht wegbekamen, landete er direkt vor den Füßen von Reuter, der aus 10 Metern das gerechte 1:1 Unentschieden erzielte. Trotz des Achtungserfolges hatten weder die deutsche noch die brasilianische Nationalmannschaft gut gespielt.

❖

Vorbericht zum 539. Länderspiel: Mit Pflügler und Rolff schickte Franz Beckenbauer gegen Argentinien 2 frische Spieler ins Feld, die das deutsche Spiel beleben sollten. Die 4 Neulinge des Spiels gegen Brasilien bekamen ebenfalls wieder eine Bewährungschance, und Illgner spielte für Immel im Tor.
Die Argentinier spielten mit ihrer stärksten Elf, also mit den „Europa-Profis" Brown, Maradona, Valdano und Burruchaga.

16.12.1987 in Buenos Aires

Argentinien - BR Deutschland 1:0 (0:0)

SR: Coelho (Brasilien), Zuschauer: 50.000
Argentinien: Pumpido; Brown; Cucciuffo, Ruggeri, Fabri; Sensini, Batista, Maradona; Valdano (ab 88. Dertycia), Burruchaga (ab 75. Siviski), Rodriguez (ab 65. Troglio)
BRD: Illgner -3 (1.FC Köln); Herget -30 (Bayer Uerd.); Reuter -7 (1.FC Nürnberg), ab 65. Foda -2 (1.FC Kaiserslautern), Kohler -11

(1.FC Köln), Pflügler -5 (Bayern München); Rolff -27 (Bayer Leverkusen), Matthäus -57 (Bayern München), Thon -20 (Schalke 04), Schwabl -3 (1.FC Nürnberg), ab 73. Hochstätter -2 (Bor. Mönchengladb.); Klinsmann -2 (VfB Stuttgart), Ordenewitz -2 (Werder Bremen). Mannschaftskapitän: Matthäus

Tor: 1:0 Burruchaga (55.)

Beste Spieler: Brown, Maradona, Burruchaga - Herget, Reuter, Illgner

Bericht: Die deutsche Mannschaft legte gleich richtig los. Pflügler nahm in der ersten Minute einen Freistoß von Matthäus auf und flankte zu Ordenewitz, der knapp über das Tor köpfte.

13. Minute: Fabri erhielt nach einem Foul an Matthäus die gelbe Karte. Zwei Minuten später, nach einem Fehlschlag von Kohler, lief Rodriguez allein auf Torhüter Illgner zu, der aber den Ball mit einer Glanzparade abwehren konnte.

25. Minute: Ein sehenswerter Angriff der deutschen Elf. Reuter spielte Klinsmann frei, der mit einem Hackentrick zurückgab, doch Pumpido lenkte den Lupfer von Reuter zur Ecke ab. Der Eckball kam auf Klinsmann, der mit einem Kopfball nur den Pfosten traf. Viel Glück für die Argentinier in dieser Phase. 34. Minute: Als sich Fabri einen Querschläger leistete, mußte Pumpido vor Thon retten.

40. Minute: Bei einem Solo von Klinsmann, über das halbe Spielfeld, ging ein erstauntes Raunen durch das Publikum. Immer wieder konnte der junge Sturmführer der deutschen Mannschaft mit solchen Solos glänzen. Mit etwas Glück wäre sogar eine Führung zur Halbzeit für die deutsche Mannschaft möglich gewesen.

48. Minute: Ein traumhafter Paß von Maradona in den freien Raum zu Sensini hätte fast die Führung bedeutet, aber Kohler hatte aufgepaßt. 51. Minute: Matthäus verlängerte eine Flanke auf Pflügler, dessen Direktschuß Torhüter Pumpido halten konnte. Drei Minuten später mußte Torhüter Illgner auf der anderen Seite einen 20-Meter-Schuß von Burruchaga abwehren. 55. Minute: Maradona ließ Rolff und Herget aussteigen und legte quer auf Burruchaga, der aus kurzer Distanz zum argentinischen Führungstreffer vollstreckte.

64. Minute: Matthäus knallte aus halbrechter Position auf das Tor, doch Pumpido reagierte glänzend. 69. Minute: Glück für die deutsche Mannschaft, als die Argentinier mit einem schnellen Konter durch Maradona zu einer weiteren Torchance kamen. Der Schlenzer des Weltstars strich nur knapp am langen Eck vorbei.

84. Minute: Ein Rückpaß von Kohler kam zu kurz, so daß sich Siviski eine gute Torchance bot. Zum Glück hatte jedoch Herget aufgepaßt und konnte retten.

90. Minute: Mit etwas Glück gewann die argentinische Mannschaft mit 1:0 gegen ein deutsches Team, das sich gegenüber dem Brasilien-Spiel erheblich gesteigert hatte, ohne jedoch zu überzeugen.

❖

Vorbericht zum 540. Länderspiel: Zum Auftakt des EM-Jahres gab es ein 4-Länder-Turnier mit Argentinien, der Sowjetunion, Schweden und der BR Deutschland in Berlin. Grund für dieses Turnier war die umstrittene Position Berlins im Ost-West-Konflikt. Nur unter Verzicht auf Berlin als Spielort hatte der D.F.B. die Europameisterschaft in die BR Deutschland holen können. Als Ausgleich bekam Berlin neben den 5 nächsten Pokalendspielen dieses erstklassig besetzte Turnier.

Das Los entschied, die deutsche Mannschaft spielte im Halbfinale gegen Schweden. Teamchef Franz Beckenbauer berief 25 Spieler in sein Aufgebot für dieses Turnier, das als erste richtige Vorbereitung zur EM diente.

Tor: Immel (VfB Stuttgart), Illgner (1.FC Köln), Köpke (1.FC Nürnberg)

Abwehr: Berthold (Hellas Verona), Borowka (Werder Bremen), Brehme (Bayern München), Buchwald (VfB Stuttgart), Frontzeck (Borussia Mönchengladbach), Herget (Bayer Uerdingen), Hörster (Bayer Leverkusen), Kohler (1.FC Köln), Pflügler (Bayern München)

Mittelfeld: Littbarski (1.FC Köln), Matthäus (Bayern München), Reuter (1.FC Nürnberg), Schwabl (1.FC Nürnberg), Rolff (Bayer Leverkusen), Thon (Schalke 04), Wuttke (1.FC Kaiserslautern)

Angriff: K.Allofs (Olympique Marseille), Eckstein (1.FC Nürnberg), Klinsmann (VfB Stuttgart), Mill (Borussia Dortmund), Neubarth (Werder Bremen), Völler (AS Rom)

Mit Köpke, Borowka und Neubarth standen 3 Neulinge im Aufgebot. Alle 3 sowie Mill, Wuttke und Klinsmann standen jedoch im Spiel gegen Schweden nicht zur Verfügung, weil sie tags zuvor mit der Olympia-Auswahl ein Qualifikationsspiel zu absolvieren hatten. Da alle 6 nicht unbedingt zur besten Elf gehörten, konnte Beckenbauer seine vermeintlich beste Mannschaft, mit den 3 Auslandsprofis, im Halbfinale einlaufen lassen.

31.3.1988 in Berlin (4-Länder-Turnier/Halbfinale)

BR Deutschland - Schweden 1:1 (1:0), Elfmeterschießen 2:4 verloren

SR: Hartman (Ungarn), Zuschauer: 25.000

BRD: Immel -12 (VfB Stuttgart); Herget -31 (Bayer Uerd.); Berthold -24 (Hellas Verona), ab 75. Reuter -8 (1.FC Nürnberg), Kohler -12 (1.FC Köln), Buchwald -18 (VfB Stuttgart), Frontzeck -16 (Bor. Mönchengladb.); Matthäus -58 (Bayern München), Littbarski -52 (1.FC Köln), ab 75. Rolff -28 (Bayer Leverk.), Thon -21 (Schalke 04); Völler -46 (AS Rom), K.Allofs -56 (Olympique Marseille). Mannschaftskapitän: K.Allofs

Schweden: Möller; R.Nilsson, Hysen, Larsson, Schiller; Thern, Prytz, Strömberg, Holmquist; Ekström (ab 69. J.Nilsson), Gren (ab 61. Truedsson, ab 83. Rehn)

Tore: 1:0 K.Allofs (42.), 1:1 Truedsson (74.)

Elfmeterschießen: 0:1 Prytz, 1:1 Thon, 1:2 Larsson, 2:2 Eckstein, 2:3 Strömberg, Matthäus (drüber), 2:3 Thern, Völler (gehalten)

Beste Spieler: K.Allofs, Immel - Hysen, Prytz, Strömberg, Holmquist

Bericht: Das 4-Länder-Turnier begann für die deutsche Mannschaft enttäuschend. Immer wieder wurde der Ball quer und zurück gespielt. Ständig unterbrachen Fehlpässe den Spielfluß, und schon bald begann das Publikum die deutsche Mannschaft erbarmungslos auszupfeifen. Bis zur 42. Minute dauerte es, bevor die erste nennenswerte Torgelegenheit zustande kam. Dem langen schwedischen Kapitän Hysen unterlief im Strafraum ein Handspiel, aber der Schiedsrichter verlegte es an die Strafraumgrenze, wo sich Klaus Allofs den Ball zurechtlegte und den Freistoß unerreichbar ins linke Tordreieck zirkelte. Die deutsche Mannschaft führte völlig unverdient mit 1:0 zur Pause.

60. Minute: Auch nach dem Seitenwechsel änderte sich nichts am Spiel der deutschen Mannschaft. Die Schweden wurden jetzt zusehends stärker und versetzten ein ums andere Mal die deutsche Abwehr. Nur mit viel Glück führte die deutsche Mannschaft nach einer Stunde immer noch mit 1:0.

74. Minute: Endlich gelang den Schweden der längst verdiente Ausgleich, nachdem Hysen per Kopfball Truedsson freigespielt hatte, der blitzschnell reagierte und zum 1:1 verwandelte. Auch danach war innerhalb der deutschen Mannschaft keine Leistungssteigerung zu erkennen.

90. Minute: Nur mit viel Glück hatte das Team von Franz Beckenbauer das Spiel unentschieden über die Zeit gebracht. Aufgrund der starken zweiten Halbzeit, und inzwischen auch vom Berliner Publikum lautstark unterstützt, hätten die Schweden längst verdient gewinnen müssen. Entsprechend dem vorher vereinbarten Reglement wurde jetzt als Entscheidung ein Elfmeter-

schießen ausgetragen. Hier krönte die deutsche Mannschaft ihre miserable Leistung, als mit Matthäus und Völler zwei Leistungsträger in der entscheidenden Phase ihre Elfmeterchance vergaben. Schweden hatte völlig verdient das Finale erreicht, während die deutsche Mannschaft gegen Argentinien um den 3. Platz spielen mußte.

❖

Vorbericht zum 541. Länderspiel: Nach der blamablen Vorstellung gegen Schweden zog Beckenbauer Konsequenzen. Er nahm Frontzeck, Buchwald, Littbarski und den verletzten Allofs aus der Mannschaft und brachte dafür Neuling Borowka, Rolff, Klinsmann und Eckstein. Als Einwechselspieler kam mit Neubarth schließlich sogar ein weiterer Neuling zum Einsatz.

2.4.1988 in Berlin (4-Länder-Turnier/um Platz 3)
BR Deutschland - Argentinien 1:0 (1:0)

SR: Röthlisberger (Schweizer), Zuschauer: 25.000
BRD: Immel -13 (VfB Stuttgart); Herget -32 (Bayer Uerd.); Berthold -25 (Hellas Verona), ab 46. Brehme -34 (Bayern München), Kohler -13 (1.FC Köln), ab 59. Pflügler (1.FC Nürnberg), Borowka -1 (Werder Bremen); Matthäus -59 (Bayern München), Thon -22 (Schalke 04), Rolff -29 (Bayer Leverkusen); Klinsmann -3 (VfB Stuttgart), Völler (AS Rom), Eckstein -4 (1.FC Nürnberg), ab 81. Neubarth -1 (Werder Bremen). Mannschaftskapitän: Matthäus
Argentinien: Pumpido; Sensini (ab 73. Rodriguez), Battista, Brown, Ruggeri; Diaz, Troglio, Giusti; Monzon, Maradona, Caniggia
Tor: 1:0 Matthäus (30.)
Beste Spieler: Matthäus, Klinsmann, Eckstein - Brown, Ruggeri
Bericht: Im Spiel um den 3. und 4. Platz beim 4-Länder-Turnier traf die deutsche Mannschaft auf Weltmeister Argentinien, das mit 0:2 gegen die Sowjetunion verloren hatte. Zum Glück für die deutsche Mannschaft war die argentinische Elf ähnlich schlecht motiviert wie die deutsche Elf gegen Schweden.
30. Minute: So konnte Beckenbauers Elf das Spiel in der ersten halben Stunde gestalten, ohne jedoch zu überzeugen. Ein herrlicher Schuß von Matthäus führte zum 1:0.
45. Minute: Es waren jedoch weniger die alten erfahrenen Spieler, die dem Spiel den Stempel aufdrückten, sondern vor allem die beiden schnellen Stürmer Klinsmann und Eckstein, die für viel Schwung sorgten.
60. Minute: Auch nach dem Seitenwechsel blieb die deutsche Mannschaft überlegen, tat sich jedoch gegen die massierte argentinische Abwehr sehr schwer. Immer wieder war das Bein eines Abwehrspielers dazwischen, wenn die deutschen Stürmer auf das Tor zielten. Kamen sie doch einmal frei zum Schuß, wurde meist so schlecht geschossen, daß Torhüter Pumpido keine Schwierigkeiten hatte.
90. Minute: Nach einem für die deutsche Mannschaft insgesamt sehr enttäuschenden Turnierverlauf, mußte Franz Beckenbauer erkennen, daß ihn bis zur Europameisterschaft noch viel Arbeit erwartete. Andererseits hatte er mit Borowka, Klinsmann und Eckstein drei junge Spieler, die als einzige in diesem Turnier nicht enttäuschten.

❖

Vorbericht zum 542. Länderspiel: Die schlechten Erfahrungen beim 4-Länder-Turnier in Berlin zwangen Teamchef Franz Beckenbauer zu neuen Überlegungen. Vor allem mit seinen Stars, die völlig versagt hatten, mußte er hart ins Gericht gehen. Mit Berthold, Pflügler, Frontzeck und Klaus Allofs (verletzt) fehlten 4 Spieler, die bisher zum Stamm der Mannschaft gehört hatten, im Aufgebot für das Länderspiel gegen die Schweiz.

Tor: Immel, Illgner
Abwehr: Herget, Brehme, Kohler, Buchwald, Augenthaler, Görtz
Mittelfeld: Matthäus, Thon, Rolff, Dorfner, Reuter, Littbarski, Schwabl
Angriff: Klinsmann, Völler, Neubarth
Mit Görtz stand auf dem linken Außenverteidigerposten ein Neuling im Aufgebot, der gegen die Schweiz auch gleich seine Chance bekam.

27.4.1988 in Kaiserslautern
BR Deutschland - Schweiz 1:0 (0:0)

SR: Blankenstein (Holland), Zuschauer: 30.150
BRD: Immel -14 (VfB Stuttgart); Herget -33 (Bayer Uerd.); Brehme -35 (Bayern München), Kohler -14 (1.FC Köln), Görtz -1 (1.FC Köln), ab 68. Reuter -9 (1.FC Nürnberg); Matthäus -60 (Bayern München), Rolff -30 (Bayer Leverk.), Thon -23 (Schalke 04), ab 46. Littbarski -53 (1.FC Köln), Dorfner -4 (Bayern München), ab 80. Schwabl -4 (1.FC Nürnberg); Klinsmann -4 (VfB Stuttgart), Völler -48 (AS Rom). Mannschaftskapitän: Matthäus
Schweiz: Corminbeouf; Andermatt; Tschuppert, Weber, Maissen; Perret, Hermann, Bickel; B.Sutter, Zwicker (ab 70. Turkyilmaz), Bonvin
Tor: 1:0 Klinsmann (58.)
Beste Spieler: Herget, Klinsmann, Matthäus - Hermann, Corminbeouf
Bericht: Die deutsche Mannschaft bemühte sich von der ersten Minute an, um Wiedergutmachung für das schlechte 4-Länder-Turnier.
9. Minute: Die erste Chance hatte Völler, der nach einem Eckball von Brehme hart bedrängt, mit dem Kopf nur knapp das Tor verfehlte. Nach einem Steilpaß von Herget, 2 Minuten später, flankte Klinsmann auf Völler, doch der Schweizer Torhüter konnte abblocken.
21. Minute: Dorfner erkämpfte sich den Ball und bediente Völler, der mit einem Spurt auf und davon war, doch erneut reagierte der Schweizer Torhüter glänzend. 25. Minute: Ein abgewehrter Freistoß von Görtz kam zu Brehme, der den Ball volley aus der Luft nahm und nur ganz knapp das lange Eck verfehlte. Ein Freistoß von Görtz kam kurz darauf zu Völler, der mit einem Kopfball am Torhüter des Gegners scheiterte. 28. Minute: Im Gegenzug köpfte der ungedeckte Hermann plaziert auf das deutsche Tor, aber auch Immel konnte parieren.
57. Minute: Nach einigem Leerlauf in der zweiten Halbzeit hatte Völler die erste Torgelegenheit für die deutsche Mannschaft, als er eine Littbarski-Flanke als Kopfballaufsetzer knapp am schweizerischen Tor vorbeiköpfte. 58. Minute: Kohler nahm einen Fehlpaß auf und schickte Klinsmann mit einem Steilpaß in den freien Raum. Der Stuttgarter versetzte seinen Gegenspieler und schoß unhaltbar zum 1:0 für die deutsche Mannschaft ein.
72. Minute: Der eingewechselte Littbarski verfehlte mit einem Hinterhaltschuß knapp das schweizerische Tor. Auf der Gegenseite war Littbarski 4 Minuten später weit zurückgeeilt und konnte auf Kosten einer Ecke vor dem einschußbereiten Sutter retten. 78. Minute: Und noch einmal war Littbarski Ausgangspunkt einer guten Aktion. Er spielte das Leder in den Lauf von Klinsmann, doch erneut konnte der schweizerische Torhüter Corminbeouf gegen den Stuttgarter retten.
90. Minute: Die große Ausgleichschance der Schweiz. Turkyilmaz umspielte Torhüter Immel und schoß auf das leere Tor, wo Reuter auf der Linie retten konnte. So blieb es beim knappen, aber verdienten 1:0-Erfolg der deutschen Mannschaft, die nach wie vor viele Wünsche offen ließ.

❖

Vorbericht zur 8. Europameisterschaft: Nach dem Spiel gegen die Schweiz waren alle Vorbereitungen auf die EM ausgerichtet. Vom 8.-10.5.1988 hatte Beckenbauer einen 18er Kader zum Kurzlehrgang in der Sportschule Wedau.

Tor: Illgner, Köpke

Abwehr: Brehme, Herget, Reuter, Augenthaler, Borowka, Görtz, Sauer

Mittelfeld: Matthäus, Dorfner, Schwabl, Littbarski, Wuttke, Hermann

Angriff: Völler, Mill, Ordenewitz

Mit Sauer und Günter Hermann (beide Werder Bremen) standen 2 Neulinge im Aufgebot, von denen Hermann nach der EM Nationalspieler wurde. Am Ende des Lehrgangs spielte die Nationalelf zum Abschied von Bernard „Enatz" Dietz gegen die EM-Elf von 1980.

10.5.1988 in Duisburg

EM-Elf 1980 - Nationalelf 1988 1:2 (1:2)

SR: Hennig (Duisburg), Zuschauer: 23.000

EM-Elf 1980: Schumacher (46. Burdenski); Cullmann; Bernd Förster, Dietz (55. Bonhof); Kaltz, Votava, Stielike (46. Del'Haye), Zimmermann (71. Memering), Magath, Briegel; Fischer

Nationalelf 1988: Illgner (1.FC Köln), ab 46. Köpke (1.FC Nürnberg); Sauer (Werder Bremen); Borowka (Werder Bremen); Brehme (Bayern München), ab 46. Reuter (1.FC Nürnberg); Matthäus (Bayern München), ab 46. Littbarski (1.FC Köln), Wuttke (1.FC Kaiserslautern), Herget (Bayer Uerdingen), ab 46. Görtz (1.FC Köln), Schwabl (1.FC Nürnberg), Hermann (Werder Bremen); Völler (AS Rom), ab 46. Ordenewitz (Werder Bremen), Mill (Borussia Dortmund)

Tore: 0:1 Mill (9.), 1:1 Dietz (25. Foulelfmeter), 1:2 Mill (28.)

Am 23.5.88 ging es mit dem ersten EM-Lehrgang in Hennef weiter. Für die 4 Tage hatte Teamchef Franz Beckenbauer 20 Spieler eingeladen.

 1 Eike Immel (VfB Stuttgart), geb. 27.11.1960, 3 Lsp.
 2 Guido Buchwald (VfB Stuttgart), geb. 24.1.1961, 18 Lsp.
 3 Andreas Brehme (Bayern München), geb. 9.11.1960, 35 Lsp.
 4 Jürgen Kohler (1.FC Köln), geb. 6.10.1965, 14 Lsp.
 5 Matthias Herget (Bayer Uerdingen), geb. 14.11.1955, 33 Lsp.
 6 Ulrich Borowka (Werder Bremen), geb. 19.5.1962, 1 Lsp.
 7 Pierre Littbarski (1.FC Köln), geb. 16.4.1960, 53 Lsp.
 8 Lothar Matthäus (Bayern München), geb. 31.3.1961, 60 Lsp.
 9 Rudi Völler (AS Rom), geb. 13.4.1960, 48 Lsp.
10 Olaf Thon (Schalke 04), geb. 1.5.1966, 23 Lsp.
11 Frank Mill (Borussia Dortmund), geb. 23.7.1956, 9 Lsp.
12 Bodo Illgner (1.FC Köln), geb. 7.4.1967, 3 Lsp.
13 Wolfram Wuttke (1.FC Kaiserslautern), geb. 17.11.1961, 3 Lsp.
14 Thomas Berthold (Hellas Verona), geb. 12.11.1964, 25 Lsp.
15 Hans Pflügler (Bayern München), geb. 27.3.1960, 6 Lsp.
16 Dieter Eckstein (1.FC Nürnberg), geb. 12.3.1964, 4 Lsp.
17 Hans Dorfner (Bayern München), geb. 3.7.1965, 4 Lsp.
18 Jürgen Klinsmann (VfB Stuttgart), geb. 30.7.1964, 4 Lsp.
19 Gunnar Sauer (Werder Bremen), geb. 11.6.1964, ohne Lsp.
20 Wolfgang Rolff (Bayer Leverkusen), geb. 26.12.1959, 30 Lsp.

Überraschend war die Nominierung von Sauer, der gerade erst in den Kreis der Nationalelf gestoßen war. Ebenso überraschend das Fehlen von Frontzeck, Schwabl und Klaus Allofs. Auslandsprofi Allofs hatte von sich aus verzichtet, weil er nach seiner Verletzung noch nicht wieder fit war.

Am 28.5.1988 konnten die Spieler für einen Tag nach Hause, um sich am 29.5.1988 in der Sportschule Malente wiederzutreffen. Hier blieb die Mannschaft bis zum 5.6.1988, bevor sie für die beiden ersten Gruppenspiele nach Kaiserau umzog.

❖

Vorbericht zum 543. Länderspiel: Aus dem Trainingslager heraus war Jugoslawien der letzte Testgegner vor dem Beginn der EM. Teamchef Franz Beckenbauer ließ seine vermeintlich beste Elf aus dem 20er Kader im Bremer Weserstadion einlaufen.

4.6.1988 in Bremen

BR Deutschland - Jugoslawien 1:1 (0:1)

SR: Spirin (Sowjetunion), Zuschauer: 13.000

BRD: Immel -15 (VfB Stuttgart); Herget -34 (Bayer Uerd.); Berthold -26 (Hellas Verona), ab 31. Dorfner -5 (Bayern München), Kohler -15 (1.FC Köln), Borowka -2 (Werder Bremen); Matthäus -61 (Bayern München), Rolff -31 (Bayer Leverk.), Thon -24 (Schalke 04), ab 46. Eckstein -5 (1.FC Nürnberg), Brehme -36 (Bayern München); Klinsmann -5 (VfB Stuttgart), Völler -49 (AS Rom), ab 46. Mill -10 (BVB). Mannschaftskapitän: Matthäus

Jugoslawien: Radaca; Hadzibegic; Krivokapic, Vulic, Baljic; Katanec, Bazdarevic, Skoro, Brnovic; Djukic (ab 88. Miljanovic), Mihaijlovic (ab 81. Boban)

Tore: 0:1 Immel (15. Eigentor), 1:1 Matthäus (66.)

Beste Spieler: Herget, Eckstein, Matthäus - Radaca, Mihaijlovic

Bericht: Die deutsche Mannschaft begann ihr letztes Testspiel sehr vorsichtig. In der ersten Viertelstunde fehlte der nötige Druck nach vorn und die Abwehr war anfällig gegen die schnellen Konter der Jugoslawen.

15. Minute: Thomas Berthold foulte an der Strafraumgrenze den heranstürmenden Verteidiger Baljic. Den Freistoß setzte der Jugoslawe an den Innenpfosten, von wo er an die Schulter von Immel und ins Netz sprang. Die deutsche Mannschaft lag 0:1 hinten.

30. Minute: Inzwischen häuften sich die Pfiffe aus dem Publikum, weil die deutsche Mannschaft ständig nur quer spielte oder den Ball zurückpaßte. Erst ein Schuß von Olaf Thon, nach Vorarbeit von Matthäus und Klinsmann, brachte erstmals Gefahr für das jugoslawische Tor. Der Schalker zielte jedoch eine Etage zu hoch und vergab damit diese günstige Gelgenheit.

45. Minute: Noch einmal hatte die deutsche Mannschaft eine Ausgleichschance, als Völler Klinsmann freispielte, der Stuttgarter Jungnationalspieler jedoch mit seinem Solo an Torhüter Radaca scheiterte. Aufgrund der viel zu langsamen Spielweise der deutschen Mannschaft führten die Jugoslawen zur Halbzeit nicht unverdient mit 1:0.

50. Minute: Nach dem Seitenwechsel ein ganz anderes Bild. Mit der Einwechselung des schnellen Eckstein bekam die deutsche Mannschaft auf einmal Druck nach vorn. Immer wieder lief der Nürnberger seinen Gegenspielern davon und brachte Gefahr vor das jugoslawische Tor. 52. Minute: Was Linksaußen Eckstein vor allem fehlte, wurde in dieser Situation deutlich, als er allein auf Torhüter Radaca zulief, den Ball jedoch am Tor vorbeischoß. Und dann 5 Minuten später fast das gleiche Bild wie zuvor, nur daß Eckstein diesmal an Torhüter Radaca scheiterte.

66. Minute: Endlich einmal explodierte Matthäus. Unwiderstehlich zog er an den Jugoslawen vorbei, kurvte in den Strafraum, wo er auch noch Katanec versetzte, und dann Torhüter Radaca mit einem plazierten Flachschuß aus 12 Metern keine Chance ließ. Das inzwischen längst verdiente 1:1 Unentschieden gab der deutschen Mannschaft weiteren Auftrieb. 73. Minute: Erneut war es der Nürnberger Eckstein, der über die linke Seite kam und schulmäßig in die Mitte flankte, wo jedoch Mill und Thon verpaßten. 83. Minute: Noch einmal große Gefahr vor dem jugoslawischen Tor, als Klinsmann zu einem tollen Solo startete und in die Mitte flankte, wo jedoch Eckstein den Ball nicht im Tor unterbringen konnte.

90. Minute: Die Jugoslawen waren der erwartet schwere Gegner für die deutsche Mannschaft, hatten aber letztlich Glück, daß sie das 1:1 retten konnten.

Vorbericht zum 544. Länderspiel: Mit Spanien, Italien und Dänemark hatte die deutsche Nationalmannschaft die sehr schwere Gruppe 1. Erster Gegner waren die Italiener, die es der deutschen Mannschaft schon oft bei internationalen Turnieren gezeigt hatten. Vor allem die Härte und Abwehrstärke der Südeuropäer war gefürchtet.

Erwartungsgemäß baute Franz Beckenbauer gegen Italien auf eine starke Abwehr. Gegenüber dem Jugoslawien-Spiel nahm er Borowka und Rolff aus der Mannschaft, brachte dafür Buchwald und Littbarski, spielte aber mit 5 Abwehrspielern.

10.6.1988 in Düsseldorf (EM-Endrunde)

Deutschland - Italien 1:1 (0:0)

SR: Hackett (England), Zuschauer: 68.000

BRD: Immel -16 (VfB Stuttgart); Herget -35 (Bayer Uerd.); Berthold -27 (Hellas Verona), Buchwald -19 (VfB Stuttgart), Kohler -16 (1.FC Köln), Brehme -37 (Bayern München), ab 76. Borowka -3 (Werder Bremen); Matthäus -62 (Bayern München), Littbarski -54 (1.FC Köln), Thon -25 (Schalke 04); Klinsmann -6 (VfB Stuttgart), Völler -50 (AS Rom), ab 82. Eckstein -6 (1.FC Nürnberg). Mannschaftskapitän: Matthäus

Italien: Zenga; Baresi; Bergomi, Ferri, Maldini; Donadoni, de Napoli (ab 87. de Agostini), Giannini, Ancelotti; Mancini, Vialli (ab 89. Altobelli)

Tore: 0:1 Mancini (53.), 1:1 Brehme (56.)

Beste Spieler: Kohler, Brehme, Immel - Baresi, Bergomi, Giannini, Donadoni

Bericht: Von der ersten Minute an bemühte sich die deutsche Mannschaft, das Spiel in den Griff zu bekommen.

10. Minute: Der erste verheißungsvolle Angriff der Beckenbauer-Elf über Brehme scheiterte an Torhüter Zenga, der seinen Strafraum beherrschte.

30. Minute: Nach einer halben Stunde konnten keine weiteren zwingenden Torchancen registriert werden. Die Italiener verstanden es ausgezeichnet, die deutschen Angriffe frühzeitig, teilweise schon an der Mittellinie, abzufangen. Mit schnellen Kontern waren sie dann meist sogar gefährlicher als die deutsche Mannschaft.

45. Minute: Das Spiel hatte in der ersten Halbzeit nur von der Spannung gelebt. Es fehlten sowohl die dramatischen Torszenen als auch der Druck nach vorn. Bei beiden Mannschaften hatte Vorsicht die erste Rolle gespielt.

53. Minute: Nach der Halbzeit zunächst das gleiche Bild, bis Matthäus und Herget ein grober Schnitzer unterlief. Matthäus spielte zum bedrängten Herget zurück, der zu Torhüter Immel zurückgeben wollte, aber Mancini lief in den Ball hinein und ließ dem Dortmunder Schlußmann keine Chance. Nun mußte die deutsche Mannschaft dem Rückstand hinterherlaufen. 56. Minute: Beckenbauer reagierte sofort. Wuttke und Eckstein mußten sich an der Seitenlinie warmlaufen. Da aber war das Glück mit der deutschen Mannschaft. Als Zenga den Ball zu lange hielt, pfiff Schiedsrichter Hackett indirekten Freistoß, was regelgerecht war, aber von den meisten Schiedsrichtern nicht geahndet wurde. Der Ball wurde nur kurz angetippt und dann jagte ihn Brehme durch die italienische Mauer zum 1:1-Ausgleich ins Netz. Leider versäumte es Beckenbauer in dieser Phase, zwei neue Spieler zu bringen, die für mehr Dampf sorgen konnten.

90. Minute: Das Spiel blieb zwar spannend, aber weiterhin fehlten die guten Torgelegenheiten. Offensichtlich waren die Italiener mit dem Unentschieden zufrieden und verzichteten auf ihre gefährlichen Konter. Dabei wäre an diesem Tag durchaus ein Sieg für sie möglich gewesen.

❖

Vorbericht zum 545. Länderspiel: Gegenüber dem Italien-Spiel nahm Beckenbauer nur eine Veränderung vor. Für Berthold kam Rolff neu in die Elf gegen Dänemark.

Die Dänen hatten nach einem großen Spiel mit 2:3 gegen Spanien verloren und konnten nur noch mit einem Sieg über die deutsche Mannschaft ihre Chance auf die Endspielteilnahme wahren. Da auch die Elf von Teamchef Franz Beckenbauer nach ihrem Auftakt-Unentschieden gewinnen mußte, konnte man ein besseres Spiel als gegen Italien erwarten.

14.6.1988 in Gelsenkirchen (EM-Endrunde)

BR Deutschland - Dänemark 2:0 (1:0)

SR: Valentine (Schottland), Zuschauer: 70.000

BRD: Immel -17 (VfB Stuttgart); Herget -36 (Bayer Uerd.); Buchwald -20 (VfB Stuttgart), ab 33. Borowka -4 (Werder Bremen), Kohler -17 (1.FC Köln), Brehme -38 (Bayern München); Rolff -32 (Bayer Leverk.), Littbarski -55 (1.FC Köln), Matthäus -63 (Bayern München), Thon -26 (Schalke 04); Klinsmann -7 (VfB Stuttgart), Völler -51 (AS Rom), ab 75. Mill -11 (BVB). Mannschaftskapitän: Matthäus

Dänemark: Schmeichel; Lars Olsen; Sivebaek, Iwan Nielsen, Heintze; Morten Olsen, Lerby, M.Laudrup (ab 63. Eriksen); Vilfort (ab 73. Berggren), Povlsen, Elkjaer-Larsen

Tore: 1:0 Klinsmann (10.), 2:0 Thon (87.)

Beste Spieler: Thon, Herget, Matthäus, Klinsmann - Povlsen, M.Laudrup

Bericht: Die deutsche Mannschaft begann gegen Dänemark ganz anders als gegen Italien. Von der ersten Minute an wurde Druck nach vorn gemacht, schneller abgespielt und um jeden Ball gekämpft.

10. Minute: Schon relativ früh wurde das Team von Franz Beckenbauer für seine Offensive belohnt. In eine verunglückte Kopfballrückgabe von Lerby liefen Völler und Klinsmann, die sich im Duett durchsetzten und dann schloß der Stuttgarter mit einem schönen Schuß zum 1:0 ab.

30. Minute: Eigentlich hätte man erwarten können, daß sich die Dänen nach dem Rückstand nach vorn orientieren würden, aber immer wieder blieben sie frühzeitig im deutschen Mittelfeld

Nicht von allen geliebt, aber erfolgreich in seiner Arbeit als D.F.B - Präsident: Hermann Neuberger

oder vor dem Strafraum an der Abwehr hängen. Zwar konnte sich auch die Mannschaft von Franz Beckenbauer nicht entscheidend durchsetzen, aber ein paar sehenswerte Schüsse zischten nur knapp am dänischen Tor vorbei.

45. Minute: Mit einem verdienten 1:0 ging die deutsche Mannschaft in die Pause und wurde vom Publikum mit Beifall bedacht. Auch wenn sie noch nicht zu großer Form aufgelaufen war, beherrschte sie ihren Gegner doch klar.

57. Minute: Nach der Halbzeit das gleiche Bild. Die erste gute Chance für die deutsche Mannschaft vergab Rolff, der zu unkonzentriert schoß.

70. Minute: Nicht die Dänen, sondern überraschend die deutsche Mannschaft wurde immer stärker. Aus günstiger Position vergab Matthäus die große Chance zum vorentscheidenden 2:0. 83. Minute: Je länger das Spiel dauerte, umso überlegener wurde die deutsche Mannschaft. Pech für den eingewechselten Mill, der mit einem Kopfball nur den Pfosten traf. Noch einmal großes Glück für die Dänen, als auch Thon 60 Sekunden später am Aluminium scheiterte.

87. Minute: Die Entscheidung im Parkstadion in Gelsenkirchen: Eine Ecke von Littbarski köpfte ausgerechnet der kleinste, aber beste Spieler auf dem Platz, Olaf Thon, zum 2:0 für die deutsche Mannschaft unter die Latte. Mit einer deutlichen Leistungssteigerung, vor allem in der zweiten Halbzeit, hatte die deutsche Mannschaft verdient mit 2:0 gewonnen und war dem Ziel, das Halbfinale zu erreichen, ein ganzes Stück näher gekommen.

❖

Vorbericht zum 546. Länderspiel: Mit dem Sieg über Dänemark hatte die deutsche Nationalmannschaft einen wichtigen Schritt in Richtung Halbfinale getan. Aber sie war gewarnt. Auch 4 Jahre zuvor bei der EM hätte ihr ein Unentschieden gegen die Spanier gereicht, aber sie verlor in der letzten Spielminute mit 0:1. Deshalb gab Teamchef Franz Beckenbauer die klare Devise aus, auf Sieg zu spielen. Er mußte die Elf nur auf einer Position ändern. Borowka spielte von Beginn an für Buchwald, der sich so sehr verletzt hatte, daß für ihn bereits die EM vorbei war.

17.6.1988 in München (EM-Vorrunde)
BR Deutschland - Spanien 2:0 (1:0)

SR: Vautrot (Frankreich), Zuschauer: 72.308
BRD: Immel -18 (VfB Stuttgart); Herget -37 (Bayer Uerd.); Borowka -5 (Werder Bremen), Kohler -18(1.FC Köln), Brehme -39 (Bayern München); Matthäus -64 (Bayern München), Littbarski -56 (1.FC Köln), ab 63. Wuttke -4 (1.FC Kaiserslautern), Rolff -33 (Bayer Leverk.), Thon -27 (Schalke 04); Klinsmann -8 (VfB Stuttgart), ab 85. Mill -12 (BVB), Völler -52 (AS Rom). Mannschaftskapitän: Matthäus
Spanien: Zubizarreta; Tomas, Andrinua, Soler, Camacho; Sanchis, Gallego, Victor, Gordillo; Butragueno (ab 51. Salinas), Bakero
Tore: 1:0, 2:0 Völler (30., 50.)
Beste Spieler: Herget, Matthäus, Kohler, Völler, Klinsmann, Brehme - Bakero, Victor
Bericht: Die Spanier begannen in München überraschend stark und setzten die deutsche Mannschaft unter Druck.

13. Minute: Ganz großes Glück für die Beckenbauer-Elf, als die Spanier urplötzlich vor dem deutschen Tor auftauchten, aber freistehend vor Immel die große Chance vergaben. 20. Minute: Die deutsche Mannschaft wurde nach der vorsichtigen Viertelstunde von Minute zu Minute stärker und setzte nun ihrerseits die Spanier unter Druck. 30. Minute: Nach herrlicher Vorarbeit von Klinsmann, der Völler den Ball maßgerecht in den Lauf legte, wurde die deutsche Mannschaft für ihr offensives Spiel belohnt. Mit einem flachen, unhaltbaren Schuß vollendete Völler zum 1:0.

45. Minute: Erstaunlicherweise blieb die deutsche Mannschaft auch nach dem Führungstreffer klar überlegen. Die Spanier kamen nur gelegentlich gefährlich mit Kontern vor das deutsche Tor, wo vor allem Borowka mit Bakero große Mühe hatte. An der verdienten Halbzeitführung gab es jedoch keine Zweifel.

50. Minute: Die zweite Halbzeit war noch keine 5 Minuten alt, da setzte Matthäus zu einem unwiderstehlichen Solo an, sprintete über 60 Meter und gab dann maßgerecht zu Völler, der zum 2:0 für die deutsche Mannschaft vollendete. 60. Minute: Immer mehr bestimmte die deutsche Mannschaft das Spiel, scheiterte jedoch an Torhüter Zubizarreta oder hatte Pech bei den Distanzschüssen.

90. Minute: Bis zum Schlußpfiff kam die Beckenbauer-Elf nie mehr in Gefahr. Sie beherrschte die Spanier eindeutig und hätte mit etwas mehr Druck sogar weitere Treffer erzielen können. Der 2:0-Sieg war hoch verdient und bedeutete das Halbfinale, wo jetzt die Holländer nächster Gegner waren.

❖

Vorbericht zum 547. Länderspiel: Ausgerechnet gegen Holland mußte die deutsche Nationalelf ihr Halbfinalspiel in Hamburg austragen. Die Holländer hatten nach der 0:1-Auftaktniederlage gegen die Sowjetunion mühsam gegen England und Irland gewonnen und waren Gruppenzweiter geworden. Franz Beckenbauer konnte nur hoffen, daß seine Elf sich gegenüber dem Spanien-Spiel nochmals steigern würde.

Gegen die Holländer gab es eine Veränderung in der Mannschaft. Der schwache Littbarski wurde durch Mill ersetzt. Damit hatte Beckenbauer erstmals 3 Stürmer aufgeboten und war erstaunlich offensiv ausgerichtet.

21.6.1988 in Hamburg (EM-Halbfinale)
BR Deutschland - Holland 1:2 (0:0)

SR: Igna (Rumänien), Zuschauer: 61.330
BRD: Immel -19 (VfB Stuttgart); Herget -38 (Bayer Uerd.), ab 45. Pflügler -7 (Bayern München); Brehme -40 (Bayern München), Kohler -19 (1.FC Köln), Borowka -6 (Werder Bremen); Matthäus -65 (Bayern München), Thon -28 (Schalke 04), Rolff -34 (Bayer Leverk.), Mill -13 (BVB), ab 85. Littbarski -57 (1.FC Köln); Klinsmann -9 (VfB Stuttgart), Völler -53 (AS Rom). Mannschaftskapitän: Matthäus
Holland: van Breukelen; R.Koeman, van Arle, Rijkaard, van Tiggelen; Vanenburg, E.Koeman (ab 90. Survijn), Wouters, A.Mühren (ab 59. Kieft); Gullit, van Basten
Tore: 1:0 Matthäus (55. Foulelfmeter), 1:1 R.Koeman (74. Foulelfmeter), 1:2 van Basten (89.)
Beste Spieler: Klinsmann, Littbarski - Gullit, Rijkaard, van Basten, R.Koeman
Bericht: Die deutsche Mannschaft wirkte in den ersten Minuten des Halbfinalspiels sehr nervös.

12. Minute: 35 Meter vor dem deutschen Tor riß Kohler van Basten um, aber den fälligen Freistoß von Ronald Koeman hielt Immel sicher. 17. Minute: Die erste gute Chance für die deutsche Mannschaft hatte Völler, der eine Flanke von Klinsmann 2 Meter über das holländische Tor köpfte. Einer der gefürchteten Fernschüsse von Koeman, 60 Sekunden später, zischte nur einen Meter am Pfosten des deutschen Tores vorbei.

27. Minute: Erneut hatten die Holländer eine Chance, als van Basten eine Flanke von Vanenburg auf das Tor von Immel köpfte, der jedoch sicher hielt. 28. Minute: Auf der anderen Seite hatte der Gegenspieler von van Basten, Kohler, nach Flanke von Thon ebenfalls eine Kopfballchance, zielte aber auch zu hoch.

43. Minute: Viel Pech für die deutsche Mannschaft, als Gullit und Herget am deutschen Strafraum zusammenprallten und der deutsche Libero ausscheiden mußte. 45. Minute: Die letzte Chance vor der Halbzeit hatte van Basten, der von Mill und Kohler im

letzten Moment gebremst werden konnte. Insgesamt war es zweifellos ein sehr aufregendes Spiel, dem jedoch die große Klasse noch fehlte. 50. Minute: Nach einem herrlichen Steilpaß von Vanenburg konnte Immel in letzter Sekunde gegen den heranstürmenden Erwin Koeman retten. 53. Minute: Mit einem unwiderstehlichen Solo zog Klinsmann an zwei holländischen Abwehrspielern vorbei und wurde im Strafraum klar von Rijkaard gefoult. Schiedsrichter Igna deutete sofort auf den Elfmeterpunkt. 55. Minute: Es dauerte einige Zeit, bis sich die Gemüter beruhigt hatten, dann konnte Lothar Matthäus zur Ausführung schreiten. Halbhoch schoß er plaziert in die rechte Ecke des holländischen Tores, in die sich van Breukelen schon viel zu früh bewegt hatte. Van Breukelen war zwar mit den Händen am Ball, halten jedoch konnte er das Leder nicht mehr. Der Ball prallte zum 1:0 für die deutsche Mannschaft ins Netz. 59. Minute: Fast das 2:0 für die deutsche Mannschaft, als Matthäus sich auf der rechten Seite durchtankte, an der Strafraumgrenze auf Klinsmann paßte, der sofort abzog und nur ganz knapp das holländische Gehäuse verfehlte.

66. Minute: Glück auch für die deutsche Mannschaft, als ein herrlicher Schuß von van Basten nur knapp über das deutsche Tor zischte. Und einen Freistoß aus 25 Meter Entfernung hämmerte Ronald Koeman kurz darauf nur knapp über das deutsche Tor. 73. Minute: Van Basten spielte sich an Kohler vorbei und drang in den deutschen Strafraum ein, wo Kohler verzweifelt in den Ball hineingrätschte. Van Basten fiel, und der Schiedsrichter gab zur Überraschung aller einen Elfmeter für Holland. Da er keine Zeitlupe zur Verfügung hatte, war für ihn natürlich auch nicht deutlich sichtbar, daß Kohler den Ball gespielt hatte. Ronald Koeman schob den Ball eiskalt zum 1:1 in die linke untere Torecke von Immel.

80. Minute: Die Holländer machten weiter Druck und waren die stärkere Mannschaft. Wouters knallte aus 20 Metern am deutschen Tor vorbei. 87. Minute: Noch einmal Glück für die Holländer, als Ronald Koeman in letzter Sekunde mit dem Kopf vor Rudi Völler am Ball war.

89. Minute: Wouters spielte sich auf der rechten Seite durch und gab maßgerecht nach innen, wo Torjäger van Basten in den Ball hineinsprang und Kohler zu spät kam. Der Ball rollte unhaltbar für Immel in die lange Ecke zum 2:1 für die Holländer. Ein Tor, so kurz vor Schluß, war natürlich für die deutsche Mannschaft nicht mehr aufholbar. Damit hatten die Holländer das Finale erreicht, in dem sie gegen die Sowjetunion mit einem glanzvollen 2:0-Sieg Europameister wurden. Die deutsche Mannschaft mußte neidlos anerkennen, daß die Holländer an diesem Tag die stärkere Mannschaft waren und verdient mit 2:1 gewonnen hatten.

❖

1988 im eigenen Land am späteren Europameister Holland gescheitert: Die deutsche Elf, stehend v.l.: Herget, Borowka, Kohler, Völler, Immel, Klinsmann; vorne v.l.: Thon, Brehme, Mill, Rolff, Matthäus

Bilanz 1988/89
6 Spiele: 3 Siege, 3 Unentschieden, 0 Niederlagen, 8:2 Tore
Zuschauer: 235.000
In 6 Spielen wurden 26 Spieler eingesetzt, davon waren 7 Spieler Neulinge.

Die Spieler der Saison:
Bodo Illgner	6	Spiele
Guido Buchwald	6	"
Jürgen Kohler	5	"
Andreas Brehme	5	"
Thomas Häßler	5	"
Rudi Völler	5	"
Lothar Matthäus	4	"
Holger Fach	4	"
Karl-Heinz Riedle	4	"
Andreas Möller	4	"
Thomas Berthold	4	"
Pierre Littbarski	3	"
Wolfgang Rolff	3	"
Stefan Reuter	3	"
Jürgen Klinsmann	3	"
Armin Görtz	1	Spiel
Dieter Eckstein	1	"
Matthias Herget	1	"
Hans Pflügler	1	"
Knut Reinhardt	1	"
Günter Hermann	1	"
Thomas Allofs	1	"
Herbert Waas	1	"
Olaf Thon	1	"
Frank Mill	1	"
Alois Reinhardt	1	"

Die Tore der Saison:
Rudi Völler	3	Tore
Karl-Heinz Riedle	2	"
Lothar Matthäus	1	Tor
Pierre Littbarski	1	"

Mannschaftsführer waren:
Lothar Matthäus	4	mal
Pierre Littbarski	1	"
Rudi Völler	1	"

1 Eigentor des Gegners durch,
  Schmatowalenko (Sowjetunion)

Rangliste der besten Nationalspieler des Jahres:
1. Thomas Häßler (1.FC Köln)
2. Andreas „Andy" Möller (Borussia Dortmund)
3. Jürgen Kohler (1.FC Köln)
4. Rudi Völler (AS Rom)
5. Lothar Matthäus (Inter Mailand)
   Karl-Heinz Riedle (Werder Bremen)
   Wolfgang Rolff (Bayer Leverkusen)
8. Bodo Illgner (1.FC Köln)
   Andreas Brehme (Inter Mailand)
   Holger Fach (Bayer Uerdingen)
   Stefan Reuter (Bayern München)

1988/89

Vorbericht zum 548. Länderspiel: Viel Zeit blieb Teamchef Franz Beckenbauer nicht, dem Ausscheiden im Halbfinale der EM nachzutrauern. Denn es war eigentlich viel schlimmer, daß ausgerechnet Holland und die BR Deutschland in einer Gruppe um die Qualifikation zur WM 1990 in Italien aufeinander trafen. Bei der derzeitigen Klassemannschaft der Holländer eine kaum lösbare Aufgabe, wenn nicht die Mannschaft von Franz Beckenbauer selbst um eine Klasse besser wurde. Nur der Gruppenerste würde sich direkt für die WM qualifizieren, während der zweite zittern mußte, ob er zu den Punktbesten der Vierer-Qualifikationsgruppen gehört.

Neben Holland gehörten auch Wales und Finnland zur WM-Gruppe. Beide waren nicht zu unterschätzen, vor allem vor heimischem Publikum. Erster Gegner der deutschen Mannschaft war Finnland in Helsinki. Franz Beckenbauer stützte sich für dieses Spiel im wesentlichen auf seinen EM-Kader.

Tor: Immel, Illgner
Abwehr: Rolff, Kohler, Buchwald, Görtz, Sauer, Fach
Mittelfeld: Matthäus, Brehme, Thon, Wuttke, Littbarski, Hermann, Häßler
Angriff: Völler, Riedle, Eckstein

Erfreulicherweise standen die drei Italienprofis Völler (AS Roma) sowie Matthäus und Brehme (beide Inter Mailand) zur Verfügung. Dafür fehlten Klinsmann, Mill, Borowka, Herget, Pflügler und Berthold, die teilweise verletzt oder außer Form waren. Sauer (Werder Bremen), Fach (Bayer Uerdingen), Häßler (1.FC Köln) und Riedle (Werder Bremen) waren noch ohne Länderspiel. Außer Sauer kamen alle gegen Finnland zum Einsatz. Vor allem die Nominierung von Fach als Libero in einem so wichtigen Spiel rief Erstaunen hervor. Teamchef Franz Beckenbauer wußte jedoch, was er wollte.

31.8.1988 in Helsinki (WM-Qualifikation)

Finnland - BR Deutschland 0:4 (0:2)

SR: Juk (Sowjetunion), Zuschauer: 22.000
Finnland: Laukkanen; Europaeus; Haennikaeinen, Lahtinen, Petaejae; Myyry, Pekonen, Ukkonen (44. Lipponen, 63. Alatensioe), Hjelm; Rantanen, Paatelainen
BRD: Illgner -4 (1.FC Köln); Fach -1 (Bayer Uerdingen); Kohler -20 (1.FC Köln), Buchwald -21 (VfB Stuttgart), ab 27. Rolff -35 (Bayer Leverkusen); Brehme -41, Matthäus -66 (beide Inter Mailand), Häßler -1, Görtz -2 (beide 1.FC Köln); Littbarski -58 (1.FC Köln), Völler -54 (AS Roma), Eckstein -7 (1.FC Nürnberg), ab 76. Riedle -1 (Werder Bremen). Mannschaftskapitän: Matthäus
Tore: 0:1, 0:2 Völler (7., 15.), 0:3 Matthäus (52.), 0:4 Riedle (87.)
Beste Spieler: Myyry - Häßler, Matthäus, Völler, Brehme, Kohler, Littbarski
Bericht: Die deutsche Mannschaft ließ von der ersten Minute an keine Zweifel daran, daß sie dieses Spiel gewinnen wollte. Ein Aufsetzer von Matthäus zischte nach 4 Minuten nur knapp am Pfosten vorbei.

7. Minute: Nach schönem Paß von Matthäus in die Gasse hob Völler gefühlvoll über Laukkanen hinweg, zum 1:0 für die deutsche Mannschaft ins Netz. 15. Minute: Das Spiel der Beckenbauer-Elf lief weiterhin flüssig. Nach Görtz-Flanke aus vollem Lauf spitzelte Völler den Ball ins kurze Eck. 2:0 nach einer Viertelstunde, das gab Sicherheit.

26. Minute: Nach einer herrlichen Kombination zwischen Häßler und Völler legte der Römer mit der Hacke zurück auf Matthäus, doch dessen Schuß wurde von zwei Finnen abgeblockt. 34. Minute: Littbarski drehte einen Freistoß aus 18 Metern auf das

lange Eck, aber Torhüter Laukkanen lenkte das Leder um den Pfosten.

45. Minute: Zur Halbzeit konnte Franz Beckenbauer sehr zufrieden sein. Herrliche Kombinationen und Spielzüge hatte die deutsche Elf gezeigt und die Führung war hoch verdient.

51. Minute: Häßler flankte auf den ungedeckten Eckstein, der aus 17 Meter Entfernung nur den Pfosten traf. Eine Minute später war es aber wieder soweit. Völler ließ Petaejae aussteigen und legte quer auf Matthäus, der aus vierzehn Metern auf 3:0 erhöhte. Das war die endgültige Entscheidung. 68. Minute: Die erste Chance für Finnland: Europaeus kam nach einer Flanke von Rantanen frei zum Kopfball, doch Illgner konnte mit einem Reflex zur Ecke abwehren.

87. Minute: Die Krönung einer seit langem erstmals wieder überzeugenden deutschen Elf. Auf eine Linksflanke des überragenden Häßler verpaßten Völler und Laukkanen den Ball, so daß Riedle abstauben konnte. Die deutsche Elf war dem Gegner jederzeit überlegen und konnte das Spiel nach Belieben kontrollieren. In dem klaren 4:0 spiegelte sich die Sicherheit wieder.

❖

Vorbericht zum 549. Länderspiel: Die Bundesliga-Spielpause durch das Olympische Fußballturnier nutzte Franz Beckenbauer zu einem Freundschafts-Länderspiel gegen die Sowjetunion in Düsseldorf. Zwar standen ihm die „Olympia-Amateure" und Italien-Profis nicht zur Verfügung, aber er konnte einige Spieler in den Kreis der Nationalmannschaft holen, die sonst immer knapp gescheitert waren.

Tor: Illgner, Aumann
Abwehr: Herget, Reuter, Kohler, Pflügler, K.Reinhardt, Buchwald, Foda
Mittelfeld: Littbarski, Rolff, Schwabl, Hermann, Möller
Angriff: Eckstein, Waas, Thomas Allofs

Aus diesem Aufgebot waren Aumann (Bayern München), Knut Reinhardt (Bayer Leverkusen), Hermann (Werder Bremen) und Andreas Möller (Borussia Dortmund) ohne Länderspiel. Möller, Hermann und Reinhardt kamen jedoch gegen die Sowjetunion zu ihrem ersten Einsatz.

21.9.1988 in Düsseldorf

BR Deutschland - Sowjetunion 1:0 (0:0)

SR: Galler (Schweiz), Zuschauer: 16.000
BRD: Illgner -5 (1.FC Köln); Herget -39 (Bayer Uerdingen); Reuter -10 (Bayern München), Kohler -21 (1.FC Köln), ab 64. Buchwald -22 (VfB Stuttgart), Pflügler -8 (Bayern München), ab 46. Knut Reinhardt -1 (Bayer Leverkusen); Rolff -36 (Bayer Leverkusen), Möller -1 (BVB), Hermann -1 (Werder Bremen); Littbarski -59, Th.Allofs -2 (beide 1.FC Köln), Waas -11 (Bayer Leverkusen).
Mannschaftskapitän: Littbarski
UDSSR: Tschanow; Alejnikow; Demjanenko, Kusnetzow, Schmatowalenka (71. Sukristow); Sigmantowitsch, Litowtschenko Tschernenkow (46. Raz); Belanow, Protassow, Blochin (46. Gozmanow)
Tor: 1:0 Schmatowalenko (58. Eigentor)
Beste Spieler: Möller, Rolff, Illgner - Alejnikow, Demjanenko
Bericht: Bereits nach 4 Minuten die erste Torchance für die deutsche Elf. Nach einem Abwehrfehler kam Allofs an das Leder, zog aus 14 Metern ab, doch der Ball ging knapp am langen Eck vorbei.

23. Minute: Ein sowjetischer Angriff lief über Blochin, der aus 18 Metern auf das deutsche Tor schoß. Illgner konnte jedoch abwehren.

45. Minute: Die Zuschauer sahen eine schwache erste Halbzeit, bei der keine Mannschaft einen Vorteil erzwingen konnte.

58. Minute: Nach dem Seitenwechsel spielte die deutsche Mannschaft druckvoller, ohne jedoch an die Leistungen des Finnland-Spiels anknüpfen zu können. Das Tor des Tages war dann auch sehr glücklich. Nach einer Flanke von Waas erzielte Schmatowalenko mit dem rechten Oberschenkel ein Eigentor. 63. Minute: Nur fünf Minuten später die große Ausgleichschance für Belanow, der jedoch allein vor Illgner nur das Außennetz traf. Auf beiden Seiten wurde jetzt offensiver gespielt. Fast wäre auch Hermann ein Eigentor unterlaufen.

79. Minute: Ein Schuß von Thomas Allofs konnte gerade noch zur Ecke abgewehrt werden. Nach der Ecke, ausgeführt von Littbarski, köpfte Buchwald ins Tor. Da sich Buchwald aufgestützt hatte, wurde das Tor jedoch von Schiedsrichter Galler nicht gegeben. 86. Minute: Nach Flanke von Belanow die letzte Ausgleichschance für die sowjetische Elf. Illgner wehrte mit einem tollen Reflex den Kopfball von Sukristow aus sechs Metern ab und war auch mit dem Nachschuß nicht zu überwinden.

90. Minute: Es blieb beim 1:0-Erfolg der deutschen Elf, in dem vor allem der Neuling Möller durch eine Glanzvorstellung in den Kreis der Nationalmannschaft aufrückte.

❖

Vorbericht zum 550. Länderspiel: Das schwerste Spiel zum Ende des Jahres war zweifellos die WM-Qualifikationsbegegnung mit Holland in München. Franz Beckenbauer hatte im Vorfeld einiges zu regeln. Während der unzufriedene Wuttke in Warteslellung ging, wurde Torhüter Eike Immel nicht damit fertig, daß Bekkenbauer ihn nicht zur Nummer 1 auswählte, sondern den Konkurrenzkampf mit Illgner haben wollte und förderte. Der Stuttgarter Torhüter warf daraufhin das Handtuch und gehörte nicht mehr zum Kreis der Nationalspieler. Hinein rutschte aber Michael Schulz vom 1. FC Kaiserslautern, der eine glanzvolle Vorstellung beim Olympischen Fußballturnier geboten hatte. Er gehörte ebenso zum vorläufigen Aufgebot wie die „Italiener".

Tor: Bodo Illgner (1.FC Köln), Andreas Köpke (1.FC Nürnberg)
Abwehr: Andreas Brehme (Inter Mailand), Guido Buchwald (VfB Stuttgart), Holger Fach, Matthias Herget (beide Bayer Uerdingen), Jürgen Kohler (1.FC Köln), Stefan Reuter (Bayern München), Michael Schulz (1.FC Kaiserslautern)
Mittelfeld: Thomas Häßler (1.FC Köln), Günter Hermann (Werder Bremen), Lothar Matthäus (Inter Mailand), Wolfgang Rolff (Bayer Leverkusen), Olaf Thon (Bayern München)
Angriff: Jürgen Klinsmann (VfB Stuttgart), Pierre Littbarski (1.FC Köln), Frank Mill (Borussia Dortmund), Karlheinz Riedle (Werder Bremen), Rudi Völler (AS-Rom)

Es fehlte „Andy" Möller und Knut Reinhardt, die für das Länderspiel der „U 21" aufgeboten wurden.

Das Spiel der Spiele gegen Holland wurde von Franz Beckenbauer gut vorgeplant, und bereits eine Woche vor dem Spiel hatte er sein endgültiges Aufgebot am Tegernsee versammelt.

Tor: Illgner, Köpke
Abwehr: Reuter, Brehme, Buchwald, Fach, Herget, Kohler, Schulz
Mittelfeld: Häßler, Hermann, Matthäus, Rolff, Thon, Littbarski
Angriff: Völler, Klinsmann, Mill, Riedle

Am 15.10. stand ein Trainingsspiel auf dem Programm:
FC Rottach-Egern - Nationalelf 2:14 (1:8)
SR: Schmidhuber (München), Zuschauer: 2.500
Nationalelf: Illgner (46. Köpke); Fach (60. Herget); Buchwald; Reuter (77. Häßler), Rolff, Thon, Hermann, Schulz; Riedle, Klinsmann (60. Littbarski), Mill
Tore: 0:1 Mill (1. Foulelfmeter), 0:2 Hermann (13.), 0:3 Riedle (14.), 0:4 Mill (17.), 1:4 Brettner (28.), 1:5 Mill (30.), 1:6 Fach (34.),

*Jungstars der Zukunft: Jürgen Klinsmann
(VfB Stuttgart)*

1:7 Riedle (35.), 1:8 Mill (38.), 1:9 Klinsmann (50.), 1:10 Riedle (58.), 1:11 Mill (72.), 2:11 Pfluger (75.), 2:12 Riedle (77.), 2:13 Littbarski (84.), 2:14 Mill (88.)

Bei diesem Spiel zog sich Reuter einen Muskelfaserriß zu und fiel damit in der weiteren Planung für das Holland-Spiel aus. Mit der Bekanntgabe der Aufstellung hielt sich Beckenbauer bis kurz vor Spielbeginn zurück.

19.10.1988 in München (WM-Qualifikation)
BR Deutschland - Holland 0:0

SR: D'Elia (Italien), Zuschauer: 73.000

BRD: Illgner -6 (1.FC Köln); Fach -2 (Bayern Uerdingen); Kohler -22 (1.FC Köln), Berthold -28 (Hellas Verona), Buchwald -23 (VfB Stuttgart); Brehme -42, Matthäus -67 (beide Inter Mailand), Thon -29 (Bayern München), Häßler -2 (1.FC Köln); Klinsmann -10 (VfB Stuttgart), ab 68. Mill -14 (BVB), Völler -55 (AS Roma). Mannschaftskapitän: Matthäus

Holland: van Breukelen; R.Koeman; van Aerle (19. Winter), Rijkaard, van Tiggelen; Vanenburg, Wouters, E.Koeman, Silooy; van Basten, Bosman

Beste Spieler: Thon, Häßler, Kohler, Fach - Vanenburg, Wouters, R.Koeman

Bericht: Beide Mannschaften kannten sich zu gut und hatten einen gehörigen Respekt voreinander, so daß vorsichtig taktiert wurde.

9. Minute: Erster guter Schuß von Matthäus, aber van Breukelen wehrte ab. Zwei Minuten später die gelbe Karte für van Tiggelen, der Klinsmann bei einem tollen Solo zu Fall brachte.

24. Minute: Nach Doppelpaß Thon- Völler, schoß der Ex-Bremer, aber erneut konnte Torhüter van Breukelen abwehren. 4 Minuten später eine große Chance für den freistehenden Fach, aber der Schiedsrichter hatte Abseits gepfiffen.

39. Minute: Nach einem schnellen holländischen Konter über van Basten hatte der freistehende E.Koemann die große Chance aus 15 Metern, vergab jedoch kläglich. 43. Minute: Pech für Olaf Thon. Er schoß aus günstiger Position klar über den Kasten, so daß es beim 0:0 bis zur Pause blieb.

49. Minute: Nach dem Seitenwechsel die ganz große Chance für die deutsche Elf. Thon nahm einen Einwurf von Völler auf und zog aus 18 Meter Entfernung ab. Der Ball donnerte jedoch gegen die Querlatte. Pech für die deutsche Mannschaft, Glück für die Holländer.

60. Minute: Ein weiteres böses Foul von van Tiggelen, der schon Gelb gesehen hatte. Schiedsrichter D'Elia gab nur Freistoß. Noch in der gleichen Minute ein schweres Foul von Rijkaard an Völler. Auch er sah die gelbe Karte. Zehn Minuten später ebenso Gelb für Matthäus, nachdem er mit einer Notbremse einen Konter verhinderte. 77. Minute: Die letzte Chance der Holländer, aber Torjäger van Basten konnte sie nicht nutzen.

90. Minute: Es blieb beim 0:0. Mit ein wenig Glück hätte die deutsche Elf den Platz als Sieger verlassen können. Bei den Hol-

Andy Möller (Borussia Dortmund)

Karlheinz Riedle (Werder Bremen)

ländern hatte sich doch deutlich bemerkbar gemacht, daß ihr Superstar Gullit wegen Verletzung fehlte.

❖

Vorbericht zum 551. Länderspiel: Nach der Winterpause spielte die deutsche Nationalelf in Sofia gegen Bulgarien. Es sollte ein Vorbereitungsspiel für das schwere Rückspiel in Rotterdam gegen Holland werden.

Tor: Illgner, Aumann
Abwehr: Berthold, Brehme, Buchwald, Fach, Kohler, Schulz
Mittelfeld: Häßler, Matthäus, Rolff, Möller, Littbarski, Hermann
Angriff: Eckstein, Völler, Riedle

Erneut waren mit Berthold, Matthäus, Brehme und Völler alle 4 Italien-Profis dabei. Dazu die Jungstars Häßler, Möller und Schulz. Lediglich Klinsmann fehlte aus dem derzeit besten Aufgebot wegen Verletzung.

21.3.1989 in Sofia
Bulgarien - BR Deutschland 1:2 (0:0)

SR: Krchnak (CSSR), Zuschauer: 39.000
Bulgarien: Valov (46. Donev); Kiriakow (74. Voinov), Dotschev, Hiev, Bezinski; Kirov (59. Todorov), Sadkov, Balakov (74. Jordanov); Kostadinov, Penev, Stoitschkov
BRD: Illgner -7 (1.FC Köln); Berthold -23 (Hellas Verona), Kohler -23 (1.FC Köln), Buchwald -24 (VfB Stuttgart), Brehme -43 (Inter Mailand); Häßler -3 (1.FC Köln), Fach -3 (Bayer Uerdingen), ab 46. Littbarski -60 (1.FC Köln), Matthäus -68 (Inter Mailand), Möller -2 (BVB); Riedle -2 (Werder Bremen), Völler -56 (AS Roma).
Mannschaftskapitän: Matthäus
Tore: 1:0 Iliev (46.), 1:1 Völler (72.), 1:2 Littbarski (87.)
Beste Spieler: Iliev, Donev - Völler, Möller, Kohler, Häßler
Bericht: Auf deutscher Seite war man sehr gespannt wie sich das neue, offensiv orientierte Mittelfeld zurecht finden würde.
12. Minute: Nach einem Foul zirkelte Sadkov den Freistoß aus halbrechter Position an die Oberkante der Latte.
21. Minute: Stoitschkov nahm eine flache Hereingabe auf und schoß aus sieben Metern auf das deutsche Tor, wo Illgner glänzend parierte. 26. Minute: Nach einem Handspiel von Dotschev schoß Matthäus den Freistoß aus 17 Metern nur knapp am Tor vorbei.
45. Minute: Durch das frühe Angreifen der Bulgaren konnte das deutsche Offensiv-Spiel in der 1. Halbzeit nicht zur Entfaltung kommen. Bis hierhin war die Leistung des neuen Mittelfeldes unbefriedigend.
46. Minute: Kurz nach dem Wiederanpfiff das Führungstor der Bulgaren. Iliev nahm eine Flanke an der Strafraumgrenze auf und knallte das Leder flach ins rechte untere Eck zur 1:0-Führung.
62. Minute: Eine Ecke von Matthäus wurde von den Bulgaren abgewehrt, den Abpraller nahm Brehme aus 25 Metern direkt, doch Torhüter Donev parierte glänzend. 67. Minute: Berthold spielte steil in den Lauf von Völler, der aus acht Metern abzog, aber erneut konnte Donev glänzend reagieren. 71. Minute: Der längst verdiente Ausgleich der deutschen Elf. Littbarski flankte von rechts in den Strafraum auf Völler, der aus kurzer Distanz zum 1:1 einköpfte.
86. Minute: Riedle paßte auf Littbarski, der kurz wartete und dann mit einem satten Linksschuß Torwart Donev zum zweitenmal überwand. 89. Minute: Sadkov ließ Brehme aussteigen und zog plötzlich aus 16 Metern ab, doch Illgner konnte mit einer Fußabwehr klären. Es blieb beim glanzlosen 2:1-Sieg der deutschen Elf, die jedoch bewiesen hatte, daß sie auch gegen eine massierte Abwehr zum Torerfolg kam.

❖

Vorbericht zum 552. Länderspiel: In München hatten die Holländer ein glückliches 0:0 im WM-Qualifikationsspiel gegen die BR Deutschland erreicht. Im „Länderspiel des Jahres" mußte das Beckenbauer-Team jetzt in Rotterdam antreten. Jedem war klar, daß eine Niederlage schon fast das Aus für die WM bedeutete. Deshalb war die Vorbereitung auch wieder besonders intensiv. Am 20.4.1989, eine Woche vor dem entscheidenden WM-Qualifikationsspiel, zog Teamchef Franz Beckenbauer sein 20-köpfiges Aufgebot in der Sportschule Kaiserau zusammen.

Tor: Bodo Illgner (1.FC Köln), Raimond Aumann (Bayern München)
Abwehr: Klaus Augenthaler (Bayern München), Thomas Berthold (Hellas Verona), Guido Buchwald (VfB Stuttgart), Holger Fach (Bayer Uerdingen), Jürgen Kohler (1.FC Köln), Stefan Reuter (Bayern München), Wolfgang Rolff (Bayer Leverkusen)
Mittelfeld: Andreas Brehme, Lothar Matthäus (beide Inter Mailand), Günter Hermann (Werder Bremen), Thomas Häßler, Pierre Littbarski (beide 1.FC Köln), Andreas Möller (Borussia Dortmund), Olaf Thon (Bayern München)
Angriff: Karlheinz Riedle (Werder Bremen), Jürgen Klinsmann (VfB Stuttgart), Frank Mill (Borussia Dortmund), Rudi Völler (AS Rom)

Am 22.4.89 gab es ein Trainingsspiel, bei dem alle Spieler vor Ehrgeiz und Selbstbewußtsein strotzten.
Nationalmannschaft - VfL Kamen/SuS Kaiserau 16:0 (11:0)
SR: Löwer (Unna), Zuschauer: 5.000
Nationalmannschaft: Illgner (46. Aumann); Rolff; Berthold, Kohler; Häßler (46. Hermann), Matthäus (46. Thon), Möller, Brehme, Littbarski; Riedle (46. Klinsmann), Völler (46. Mill)
Tore: 1:0 Brehme (4.), 2:0 Riedle (5.), 3:0 Häcker (8. Eigentor), 4:0 Matthäus (11.), 5:0 Riedle (13.), 6:0 Möller (19.), 7:0 Völler (29.), 8:0 Völler (33.), 9:0 Möller (37.), 10:0 Möller (39.), 11:0 Berthold (42.), 12:0 Thon (63.), 13:0 Littbarski (65. Foulelfmeter), 14:0 Klinsmann (73.), 15:0 Möller (74.), 16:0 Thon (87.)

Sorgen gab es für Teamchef Franz Beckenbauer genug. Er stand ohne Libero da, nachdem sowohl Fach als auch Augenthaler nicht rechtzeitig von ihren Verletzungen geheilt werden konnten. Beckenbauer hüllte sich in Schweigen, wenn es darum ging, eine Lösung zu präsentieren. Aber es war erstaunlich, mit welchem Optimismus der Teamchef und seine Mannschaft nach Rotterdam fuhren. Während die Holländer um ihren Superstar Gullit bangten, der ebenfalls verletzt war, konnte Beckenbauers Optimismus auch durch die Verletzten nicht getrübt werden. Er war sicher, daß seine Mannschaft in Superform war.

Erst eine Stunde vor Spielbeginn gab er seine Aufstellung bekannt, und die war zumindestens auf einer Position eine Sensation: Er bot Thomas Berthold als Libero auf, womit niemand gerechnet hatte. Eine Überraschung war auch die Nominierung von Reuter in der Abwehr und das Super-Mittelfeld.

26.4.1989 in Rotterdam (WM-Qualifikation)
Holland - BR Deutschland 1:1 (0:0)

SR: Fredriksson (Schweden), Zuschauer: 55.000
Holland: Hiele; R.Koeman; van Tiggelen, Rijkaard, E.Koeman; van Aerle, Vanenburg, Hofkens (84. Rutjes), Huistra (74. Eijkelkamp); van Basten, Winter
BRD: Illgner -8 (1.FC Köln); Berthold -30 (Hellas Verona); Reuter -11 (Bayern München), Buchwald -25 (VfB Stuttgart), Kohler -24 (1.FC Köln), ab 74. Rolff -37 (Bayer Leverkusen); Matthäus -69 (Inter Mailand), Möller -3 (BVB), Häßler -4 (1.FC Köln), Brehme -44 (Inter Mailand); Riedle -3 (Werder Bremen), Völler -57 (AS Roma), ab 34. Klinsmann -11 (VfB Stuttgart). Mannschaftskapitän: Matthäus
Tore: 0:1 Riedle (68.), 1:1 van Basten (87.)

Beste Spieler: Vanenburg, van Basten, R.Koeman - Häßler, Riedle, Kohler, Reuter, Berthold

Bericht: Bereits nach wenigen Minuten war erkennbar, daß dies eine andere Nationalmannschaft war, als in den letzten Spielen. Selbstbewußt ergriff sie die Initiative und ließ die Holländer kaum zur Entfaltung kommen.

11. Minute: Riedle bekam freistehend das Leder und zog aus 14 Metern ab, doch Koeman konnte den Flachschuß abblocken. Drei Minuten später konnte Kohler nach einer Flanke von van Basten klären.

22. Minute: Die erste gute Torchance für die Holländer. Vanenburg prüfte Torhüter Illgner mit einem 25-Meter-Schuß.

33. Minute: Die Holländer machten mehr Druck. Vanenburg setzte sich gegen mehrere Abwehrspieler durch und legte mit dem Absatz auf Rijkaard, der aus knapp 25 Metern auf das deutsche Tor schoß, wo Torhüter Illgner jedoch keine Schwierigkeiten hatte.

34. Minute: Bereits zum drittenmal wurden dem durchgebrochenen Völler die Beine weggezogen. Diesmal hatte es den Römer so schwer erwischt, daß er gegen Klinsmann ausgetauscht werden mußte. 36. Minute: Möller drang in den holländischen Strafraum ein und schoß auf das Tor, wo Rijkaard gerade noch zur Ecke abwehren konnte.

45. Minute: Noch einmal versuchte es Ronald Koeman mit einem Fernschuß, konnte jedoch Torhüter Illgner nicht überraschen. In dem kämpferisch stark betonten Spiel konnten die Holländer zur Halbzeitpause froh sein, daß es noch 0:0 stand. Denn die deutschen Konter waren fast immer gefährlich und konnten fast nur durch Fouls unterbunden werden.

49. Minute: Torhüter Hiele lief dem allein heranstürmenden Riedle entgegen und zog ihm an der Strafraumgrenze die Beine weg. Zurecht erhielt er dafür die gelbe Karte, die bereits vor ihm einige holländische Abwehrspieler hätten bekommen müssen. Der Freistoß brachte leider nichts ein. 54. Minute: Der erste gefährliche Schuß der Holländer in der zweiten Halbzeit kam von van Aerle, aber erneut zeigte sich das hervorragende Stellungsspiel von Torhüter Illgner.

68. Minute: Die deutsche Führung. Möller schoß einen Freistoß aus 35 Metern über die gesamte holländische Abwehr hinweg und Riedle sprang in den Ball und erzielte mit einem herrlichen Flugkopfball das längst überfällige 1:0 für die deutsche Mannschaft. 74. Minute: Ronald Koeman, der Mann mit dem gefürchteten Schuß, zog aus 30 Metern ab, verfehlte jedoch knapp den linken Pfosten. Zwei Minuten später wieder eine Chance für die Holländer, als Berthold eine Flanke von Hofkens unterlief und Eijkelkamp völlig frei zum Kopfball kam. Auch er verfehlte das Tor von Illgner.

81. Minute: Reuter schickte Häßler steil, der mit dem Ball nach innen drang und aus 18 Metern abzog. Nur ganz knapp verfehlte der Ball das Ziel. 86. Minute: Und noch einmal riesiges Glück für die Holländer, als Häßler Möller freispielte, der aus halbrechter Position nur um Zentimeter das holländische Tor verfehlte. 87. Minute: Kurz vor Schluß doch noch der unverdiente Ausgleich für die Holländer. Eijkelkamp legte quer auf Koeman, dessen 18-Meter-Schuß von van Basten zum 1:1 verlängert wurde.

90. Minute: Bis zum Schlußpfiff blieb es beim Unentschieden. Das Remis hatte die deutsche Elf verdient, weil sie sich ein Übergewicht im sehr starken Mittelfeld erspielen konnte und die wesentlich besseren Torgelegenheiten hatte. Ohne einige böse Fouls der Holländer wäre dieses Spiel bereits frühzeitig entschieden gewesen. Aber auch mit dem Unentschieden konnte die deutsche Mannschaft leben, denn jetzt hatte sie es wieder selbst in der Hand, sich für die Weltmeisterschaft in Italien zu qualifizieren.

❖

Vorbericht zum 553. Länderspiel: Auch vor dem schweren WM-Qualifikationsspiel in Cardiff gegen Wales hatte Franz Beckenbauer seinen Kader eine Woche lang zusammen. Probleme hatte der Teamchef, weil Matthäus (2. gelbe Karte) und Kohler (verletzt) ausfielen. So mußte im Abwehrzentrum mit Neuling Alois Reinhardt gespielt werden.

Tor: Illgner, Aumann
Abwehr: Fach, Reuter, A.Reinhardt, Buchwald, Brehme
Mittelfeld: Häßler, Berthold, Möller, Rolff, Hermann
Angriff: Völler, Riedle, Klinsmann, Littbarski

Das Fehlen einiger Spieler machte es unmöglich, auch in Cardiff mit dem Super-Mittelfeld anzutreten, das selbst die starke holländische Mittelfeldachse beherrscht hatte. Für die ersatzgeschwächte deutsche Elf ging es auf der Insel nur noch darum, bis zum Umfallen zu kämpfen und somit eine Niederlage zu verhindern.

31.5.1989 in Cardiff (WM-Qualifikation)
Wales - BR Deutschland 0:0

SR: da Silva Valente (Portugal), Zuschauer: 30.000

Wales: Southall; Blackmore (81. Bowen), Ratcliffe, Aizlewood, Phillips; Nicholas, Home, Williams (81. Pascoe), Sounders; Hughes, Rush

BRD: Illgner -9 (1.FC Köln); Berthold -31 (Hellas Verona); A.Reinhardt -1 (Bayer Leverkusen), Buchwald -26 (VfB Stuttgart); Reuter -12 (Bayern München), Möller -4 (BVB), Fach -4 (Bayer Uerdingen), Häßler -5 (1.FC Köln), Brehme -45 (Inter Mailand); Riedle -4 (Werder Bremen), ab 78. Klinsmann -12 (VfB Stuttgart), Völler -58 (AS Roma). Mannschaftskapitän: Völler

Beste Spieler: Blackmore, Hughes, Rush - Möller, Häßler, A.Reinhardt

Bericht: Wie zu befürchten war, setzten die Waliser die deutsche Mannschaft sofort unter Druck. Nach 4 Minuten hatten sie auch die erste Torgelegenheit. Rush zog von der Strafraumgrenze ab, doch der Flachschuß strich am Gehäuse vorbei.

17. Minute: Möller setzte sich auf der linken Seite durch und legte quer auf Völler, der direkt zu Häßler weitergab. Der kleine Kölner sah den völlig freistehenden Reuter, dessen Schuß jedoch abgeblockt wurde.

45. Minute: In der letzten Minute der ersten Halbzeit mußte die deutsche Mannschaft noch einmal zittern. Zuerst rettete Illgner gegen Sounders, aber den Abpraller verfehlte Rush, so daß Reinhardt im letzten Moment die Situation bereinigen konnte. Zur Halbzeit war das 0:0 für die deutsche Mannschaft zweifellos glücklich.

50. Minute: Nach einem Foul an Hughes erhielt Brehme die gelbe Karte. Drei Minuten später nahm Häßler einen abgeprallten Ball direkt aus 17 Metern, doch das Leder strich knapp am Tor vorbei. 66. Minute: Berthold konnte Hughes nur durch ein Foul stoppen und bekam dafür ebenfalls die gelbe Karte.

80. Minute: Wieder war es Häßler mit seinem Drang nach vorne, der mit dem Ball in die Mitte kurvte und dann wunderbar aus 22 Metern schoß. Mit einer Glanzparade konnte Torhüter Southall den Ball parieren.

90. Minute: Es blieb beim 0:0. Dem deutschen Team fehlte die klare spielerische Linie und die nötige Konsequenz im Abschluß. Insgesamt konnte sie jedoch mit dem Unentschieden sehr zufrieden sein, denn die konditionell sehr starken Briten waren ständig überlegen und hätten mit etwas Glück auch gewinnen können.

Die Perspektive für die neue Beckenbauer-Elf ist nach diesem Unentschieden gegen Wales eigentlich ideal. In den beiden letzten Heimspielen der WM-Qualifikation gegen Finnland und Wales sollte sie sich ohne größere Schwierigkeiten für die WM 1990 in Italien qualifizieren. Nach fünf Jahren Arbeit als Team-Chef muß man Franz Beckenbauer bescheinigen, daß er langsam und behutsam eine neue Mannschaft aufgebaut hat, die zweifellos ganz große Perspektiven hat. Das 1:1 Unentschieden in Rotterdam, in dem die deutsche Mannschaft modernsten Fußball und eine Leistung brachte, wie sie seit den großen Zeiten der aktiven Beckenbauer-Ära nicht mehr gezeigt wurde, lassen für die Zukunft viel erhoffen. Denn diese Mannschaft ist nicht nur sehr jung, sondern sie hat mit Matthäus, Brehme, Häßler und Möller ein so starkes Mittelfeld, daß sie jedes Spiel bestimmen und gewinnen kann. Wenn diese Entwicklung weitergeht und das Selbstvertrauen noch wächst, ist diese Mannschaft sogar in der Lage, 1990 Fußball-Weltmeister zu werden.

❖

Bodo Illgner (1. FC Köln): Gelingt der Anschluß an die großen Erfolge der Vorgänger?

Gesamtbilanz 1908-1989
553 Spiele: 310 Siege, 104 Unentschieden, 139 Niederlagen, 1259:724 Tore
Heim: 246 Spiele: 150 Siege, 49 Unentschieden, 47 Niederlagen, 626:272 Tore
Auswärts: 307 Spiele: 160 Siege, 55 Unentschieden, 92 Niederlagen, 633:452 Tore
Zuschauer insgesamt: 24.713.469, Heim: 12.756.149, Auswärts: 11.957.320

Die meisten Länderspiele:
1. Franz Beckenbauer (Bayern München) — 103 Spiele
2. Hans-Hubert Vogts (Bor. Mönchengladbach) — 96 "
3. Josef Maier (Bayern München) — 95 "
   Karl-Heinz Rummenigge (Bayern München 78, Inter Mailand 17) — 95 "
5. Wolfgang Overath (1.FC Köln) — 81 "
   Karlheinz Förster (VfB Stuttgart) — 81 "
7. Harald Schumacher (1.FC Köln) — 76 "
8. Uwe Seeler (Hamburger SV) — 72 "
   Hans-Peter Briegel (1.FC Kaiserslautern 53, Hellas Verona 19) — 72 "
10. Paul Janes (Fortuna Düsseldorf) — 71 "
11. Manfred Kaltz (Hamburger SV) — 69 "
    Lothar Matthäus (Borussia Mönchengladbach 26, Bayern München 39, Inter Mailand 4) — 69 "
13. Willi Schulz (Union Günnigfeld 3, Schalke 04 22, Hamburger SV 41) — 66 "
    Horst-Dieter Höttges (Werder Bremen) — 66 "
15. Ernst Lehner (Schwaben Augsburg 55, Blau-Weiß Berlin 10) — 65 "
16. Gerd Müller (Bayern München) — 62 "
17. Fritz Walter (1.FC Kaiserslautern) — 61 "
18. Pierre Littbarski (1.FC Köln 59, Racing Paris 1) — 60 "
19. Rudolf Völler (Werder Bremen 41, AS Rom 17) — 58 "
20. Klaus Allofs (Fortuna Düsseld. 21, 1.FC Köln 29, Olympique Marseille 6) — 56 "
21. Rainer Bonhof (Bor. Mönchengladbach 40, FC Valencia 11, 1.FC Köln 2) — 53 "
    Bernhard Dietz (MSV Duisburg) — 53 "
    Wolfgang Weber (1.FC Köln) — 53 "
24. Herbert Erhardt (Spvgg. Fürth 49, Bayern München 1) — 50 "

Die meisten Tore:
1. Gerhard Müller (Bayern München) — 68 Tore
2. Karl-Heinz Rummenigge (Bayern München, Inter Mailand) — 45 "
3. Uwe Seeler (Hamburger SV) — 43 "
4. Fritz Walter (1.FC Kaiserslautern) — 33 "
5. Klaus Fischer (Schalke 04, 1.FC Köln) — 32 "
6. Ernst Lehner (Schwaben Augsburg, BW Berlin) — 30 "
   Rudi Völler (Werder Bremen, AS Rom) — 30 "
8. Edmund Conen (FV Saarbrücken, Kickers Stuttgart) — 27 "
9. Richard Hofmann (Meerane 07, Dresdener SC) — 24 "
10. Max Morlock (1. FC Nürnberg) — 21 "
    Helmut Rahn (Rot-Weiß Essen, 1.FC Köln) — 21 "
12. Karl Hohmann (VfL Benrath) — 20 "
13. Otto Siffling (SV Waldhof) — 17 "
    Helmut Schön (Dresdener SC) — 17 "
    Wolfgang Overath (1.FC Köln) — 17 "
    Klaus Allofs (Fortuna Düsseldorf, 1.FC Köln, Olympique Marseille) — 17 "
17. Willi Hahnemann (Admira Wien) — 16 "
    Pierre Littbarski (1.FC Köln, Racing Paris) — 16 "
19. Hans Schäfer (1.FC Köln) — 15 "
20. Gottfried Fuchs (Karlsruher FV) — 14 "
    Otto Harder (Hamburger SV) — 14 "
    Franz Beckenbauer (Bayern München) — 14 "
    Josef Heynckes (Bor. Mönchengladbach, Hannover 96) — 14 "

Die häufigsten Mannschaftsführer waren:
1. Karl-Heinz Rummenigge — 51 mal
2. Franz Beckenbauer — 50 "
3. Uwe Seeler — 40 "
4. Paul Janes — 31 "
5. Fritz Szepan — 30 "
   Fritz Walter — 30 "
7. Willi Schulz — 20 "
   Hans Hubert Vogts — 20 "
9. Bernhard Dietz — 19 "
10. Herbert Erhardt — 18 "
11. Hans Schäfer — 16 "
12. Lothar Matthäus — 15 "
13. Wolfgang Overath — 14 "
14. Harald Schumacher — 13 "
15. Ludwig Leinberger — 11 "
16. Adolf Jäger — 10 "
    Rudolf Gramlich — 10 "

71 Elfmeter für Deutschland,
54 Elfmeter verwandelt durch Förderer (1908 gegen England), Breunig (1911 gegen die Schweiz), Jäger (1913 gegen Dänemark), Jäger (1921 gegen Ungarn), Franz (1924 gegen Österreich), Ruch (1925 gegen Finnland), R.Hofmann (1932 gegen die Schweiz), Lehner (1934 gegen Polen), Gauchel (1938 gegen Luxemburg), Janes (1939 gegen Böhmen-Mähren), Binder (1939 gegen Italien), Conen (1940 gegen Bulgarien), Janes 1941 gegen Ungarn), Lehner (1941 gegen Kroatien), Burdenski (1950 gegen die Schweiz), F.Walter (1954 gegen Österreich), F.Walter (1954 gegen Österreich), Juskowiak (1955 gegen Italien), Juskowiak (1959 gegen Schott-

land), Juskowiak (1959 gegen die Schweiz), Szymaniak (1962 gegen Chile), Werner (1963 gegen Brasilien), Seeler (1963 gegen die Türkei), Sieloff (1965 gegen Italien), Sieloff (1965 gegen Zypern), Sieloff (1965 gegen Österreich), Haller 1966 gegen die Schweiz), G.Müller (1967 gegen Albanien), G.Müller (1970 gegen Bulgarien), G.Müller (1970 gegen die Türkei), Netzer (1972 gegen England), G.Müller (1973 gegen die Tschechoslowakei), G.Müller (1973 gegen Frankreich), Breitner (1974 gegen Schottland), Hoeneß (1974 gegen Schweden), Breitner (1974 gegen Holland), Ritschel (1975 gegen Bulgarien), Beer (1976 gegen Malta), Bonhoff (1977 gegen Nordirland), Bonhof (1977 gegen Jugoslawien), Bonhof (1978 gegen die Tschechoslowakei), Bonhof (1980 gegen Malta), Kaltz (1980 gegen Frankreich), Kaltz (1980 gegen Bulgarien), Breitner (1981 gegen Albanien), Kaltz (1981 gegen Bulgarien), Breitner (1982 gegen die Tschechoslowakei), Rummenigge (1983 geg. Albanien), Rummenigge (1983 gegen die Türkei), Rummenigge (1983 gegen die Türkei), Völler (1984 gegen Belgien), Matthäus (1986 gegen Italien), Matthäus (1987 gegen Israel), Matthäus (1988 gegen Holland)

17 Elfmeter verschossen durch Breunig (1910 gegen Holland), Breunig (1913 gegen Holland), Kalb (1922 gegen Österreich), Lüke (1923 gegen Finnland), Brülls (1961 gegen Chile), Krämer (1964 gegen Algerien), Höttges (1967 gegen Bulgarien), G.Müller (1973 gegen Jugoslawien), G.Müller (1974 gegen Spanien), Grabowski (1974 gegen Ungarn), Hoeneß (1974 gegen Polen), Beckenbauer (1975 gegen die Türkei), Breitner (1981 gegen Brasilien), Littbarski (1985 gegen Malta), Herget 1985 gegen Malta), Rummenigge (1985 gegen Bulgarien), Brehme (1985 gegen England)

55 Elfmeter gegen Deutschland,
41 Elfmeter verwandelt durch Dlabac (1908 Österreich), Schlosser (1912 Ungarn), Weiss (1912 Schweiz), Kuthan (1921 Österreich), Kelin (1925 Finnland), Lundahl (1929 Schweden), Christophersen (1930 Dänemark), Polgar (1934 Ungarn), Davies (1936 Irland), Stijnen (1939 Belgien), Demaria (1939 Italien), Campes (1942 Spanien), Nagymarosi (1942 Ungarn), Boequet (1951 Schweiz), Bobek (1952 Jugoslawien), Cesar (1952 Spanien), Martin 1954 Saarland), Cantwell (1956 Irland), Wagner (1957 Österreich), Dvorak (1958 Tschechoslowakei), Kopa (1958 Frankreich), Duis (1958 Frankreich), Alla (1958 Ägypten), Tichy (1959 Ungarn), Brindisi (1973 Argentinien), Bajevic (1973 Jugoslawien), Neeskens (1974 Holland), Kolev (1975 Bulgarien)Masny (1978 Tschechoslowakei), Rep (1980 Holland), Vandereycken (1980 Belgien), Botteron (1980 Schweiz), Zarios (1980 Frankreich), Platini (1982 Frankreich), Targaj (1983 Albanien), Zdravkov (1985 Bulgarien), J.Olsen (1986 Dänemark), Goicochea (1986 Spanien), Polster (1986 Österreich), Polster (1986 Österreich), R.Koemannn (1988 Holland)

14 Elfmeter verschossen durch (1911 Schweden), (1922 Finnland), Neumann (1922 Österreich), Ramseyer (1928 Schweiz), Orsi (1930 Italien), Sobotka (1935 Tschechoslowakei), Walaschek (1941 Schweiz), Mond (1951 Luxemburg), Nestoridis (1960 Griechenland), Rinaldo (1965 Brasilien), Bremner (1973 Schottland), Cabrini (1982 Italien), Carrasco (1984 Spanien), Boy (1985 Mexiko)

15 Eigentore gegen Deutschland,
erzielt durch Breunig (1910 gegen Holland), Breunig (1912 gegen Holland), H.Müller (1924 gegen Finnland), Münzenberg (1931 gegen Frankreich), Stubb (1932 gegen Schweden), Klodt (1939 gegen Jugoslawien), Rohde (1941 gegen die Schweiz), Posipal (1951 gegen Irland), Mai (1955 gegen Italien), Erhardt (1958 gegen Tschechoslowakei), Erhardt (1961 gegen Dänemark), Rüßmann (1978 gegen Schweden), Vogts (1978 gegen Österreich), Kaltz (1981 gegen Argentinien), Immel (1988 gegen Jugoslawien)

14 Eigentore für Deutschland,
erzielt durch Lörtscher (1938 Schweiz), Albu (1938 Rumänien), Brozovic (1942 Kroatien), Horvat (1954 Jugoslawien), van der Hart (1956 Holland), Stacho (1958 Tschechoslowakei), Panayotou (1965 Zypern), Eigenstiller (1968 Österreich), Jordanoov (1973 Bulgarien), Meyer (1977 Schweiz), Holland (1980 Malta), Krauss (1981 Österreich), Humberto (1982 Portugal), Schmatowalenko (1988 Sowjetunion)

7 Platzverweise gegen Deutschland:
Kalb (1928 Uruguay), R.Hofmann (1928 Uruguay), Passer (1938 Schweiz), Juskowiak (1958 Schweden), Netzer (1968 Chile), Berthold (1986 Mexiko), Matthäus (1986 Österreich)

14 Platzverweise Gegner:
Nasazzi (1928 Uruguay), Burgnich (1965 Italien), Albrecht (1966 Argentinien), Troche (1966 Uruguay), Silva (1966 Uruguay), Tschislenko (1966 Sowjetunion), Peri (1967 Frankreich), Reinoso (1968 Chile), Gemmel (1969 Schottland), Caszely (1974 Chile), Nanninga (1978 Holland), Tomori (1983 Albanien), Arnesen (1986 Dänemark), Aguirre (1986 Mexiko)

Am häufigsten Nationalspieler des Jahres waren:
1. Franz Beckenbauer (Bayern München)	10	mal
2. Fritz Walter (1.FC Kaiserslautern)	6	mal
3. Uwe Seeler (Hamburger SV)	3	mal
Karl-Heinz Rummenigge (Bayern München)	3	mal
Harald Schumacher (1.FC Köln)	3	mal
Karlheinz Förster (VfB Stuttgart)	3	mal
7. Richard Hofmann (Meerane, Dresdener SC)	2	mal
Jupp Posipal (Hamburger SV)	2	mal
Fritz Herkenrath (Rot-Weiß Essen)	2	mal
Helmut Rahn (Rot-Weiß Essen, 1.FC Köln)	2	mal
Horst Szymaniak (Wuppertaler SV, Karlsruher SC)	2	mal
Günther Netzer (Borussia Mönchengladbach)	2	mal
Gerhard Müller (Bayern München)	2	mal
Bernd Schuster (1.FC Köln)	2	mal
Matthias Herget (Bayer Uerdingen)	2	mal

Nationalspieler des Jahres:
1907/08 Fritz Förderer (Karlsruher FV)
1908/09 Adolf „Adsch" Werner (Holstein Kiel)
1909/10 Eugen Kipp (Spfr. Stuttgart)
1910/11 Camillo Ugi (VfB Leipzig)
1911/12 Max Breunig (Karlsruher FV)
1912/13 Adolf Jäger (Altonaer FC 93)
1913/14 Karl Wegele (Phönix Karlsruhe)
1920/21 Karl Tewes (Viktoria 89 Berlin)
1921/22 Andreas „Resi" Franz (Spvgg. Fürth)
1922/23 Leonhard „Loni" Seiderer (Spvgg. Fürth)
1923/24 Hans „Bumbas" Schmidt (1.FC Nürnberg)
1924/25 Paul Paulsen-Pömpner (VfB Leipzig)
1925/26 Otto „Tull" Harder (Hamburger SV)
1926/27 Georg Hochgesang (1.FC Nürnberg)
1927/28 „König" Richard Hofmann (Meerane 07)
1928/29 Heiner Stuhlfauth (1.FC Nürnberg)
1929/30 „König" Richard Hofmann (Dresdener SC)
1930/31 Willibald Kreß (Rot-Weiß Frankfurt)
1931/32 Stanislaus „Tau" Kobierski (Fortuna Düsseldorf)
1932/33 Oskar „Ossi" Rohr (Bayern München)
1933/34 Fritz Szepan (FC Schalke 04)
1934/35 Ernst Lehner (Schwaben Augsburg)
1935/36 Reinhold Münzenberg (Alemannia Aachen)
1936/37 Albin Kitzinger (FC Schweinfurt 05)
1937/38 Andreas „Anderl" Kupfer (FC Schweinfurt 05)
1938/39 Paul Janes (Fortuna Düsseldorf)
1939/40 Franz Binder (SC Rapid Wien)
1940/41 Fritz Walter (1.FC Kaiserslautern)
1941/42 Fritz Walter (1.FC Kaiserslautern)
1942/43 Fritz Walter (1.FC Kaiserslautern)
August Klingler (FV Daxlanden)
1950/51 Anton „Toni" Turek (Fortuna Düsseldorf)
1951/52 Josef „Jupp" Posipal (Hamburger SV)
1952/53 Josef „Jupp" Posipal (Hamburger SV)
Fritz Walter (1.FC Kaiserslautern)
1953/54 Fritz Walter (1.FC Kaiserslautern)
1954/55 Fritz Herkenrath (Rot-Weiß Essen)
1955/56 Fritz Herkenrath (Rot-Weiß Essen)
Fritz Walter (1.FC Kaiserslautern)
1956/57 Erich Juskowiak (Fortuna Düsseldorf)
1957/58 Horst Szymaniak (Wuppertaler SV)
1958/59 Helmut „Boß" Rahn (Rot-Weiß Essen)
1959/60 Helmut „Boß" Rahn (1.FC Köln)
1960/61 Horst Szymaniak (Karlsruher SC)
1961/62 Karl-Heinz Schnellinger (1.FC Köln)
Uwe Seeler (Hamburger SV)
1962/63 Uwe Seeler (Hamburger SV)
1963/64 Uwe Seeler (Hamburger SV)
1964/65 Klaus-Dieter Sieloff (VfB Stuttgart)
Willi Schulz (FC Schalke 04)
1965/66 Franz Beckenbauer (Bayern München)
1966/67 Wolfgang Overath (1.FC Köln)
1967/68 Franz Beckenbauer (Bayern München)
1968/69 Franz Beckenbauer (Bayern München)
1969/70 Franz Beckenbauer (Bayern München)
1970/71 Franz Beckenbauer (Bayern München)
Günther Netzer (Borussia Mönchengladbach)
1971/72 Günther Netzer (Borussia Mönchengladbach)
Franz Beckenbauer (Bayern München)
Gerd Müller (Bayern München)
1972/73 Franz Beckenbauer (Bayern München)
Gerd Müller (Bayern München)
1973/74 Franz Beckenbauer (Bayern München)
1974/75 Franz Beckenbauer (Bayern München)
1975/76 Franz Beckenbauer (Bayern München)
1976/77 Josef „Sepp" Maier (Bayern München)
1977/78 Josef „Sepp" Maier (Bayern München)
1978/79 Rainer Bonhof (FC Valencia)
1979/80 Karl-Heinz Rummenigge (Bayern München)
Bernd Schuster (1.FC Köln)
1980/81 Bernd Schuster (CF Barcelona)
Karl-Heinz Rummenigge (Bayern München)
Harald „Toni" Schumacher (1.FC Köln)
1981/82 Karlheinz Förster (VfB Stuttgart)
Uli Stielike (Real Madrid)
Karl-Heinz Rummenigge (Bayern München)
1982/83 Karl-Heinz Förster (VfB Stuttgart)
1983/84 Harald „Toni" Schumacher (1.FC Köln)
1984/85 Matthias Herget (Bayer Uerdingen)
1985/86 Harald „Toni" Schumacher (1.FC Köln)
Karlheinz Förster (VfB Stuttgart)
1986/87 Olaf Thon (FC Schalke 04)
1987/88 Matthias Herget (Bayer Uerdingen)
1988/89 Thomas Häßler (1.FC Köln)

Die 50 Länderspielgegner in der Übersicht

(WM) für Weltmeisterschafts-Endrundenspiele
(EM) für Europameisterschafts-Endrundenspiele
(OS) für Olympische Spiele

Ägypten:
28.12.1958	Kairo	1:2
1 Spiel:		1:2 Tore
1 Niederlage		

Albanien:
8.4.1967	Dortmund (EM-Qual.)	6:0
17.12.1967	Tirana (EM-Qual.)	0:0
17.2.1971	Tirana (EM-Qual.)	1:0
12.6.1971	Karlsruhe (EM-Qual.)	2:0
1.4.1981	Tirana (WM-Qual.)	2:0
18.11.1981	Dortmund (WM-Qual.)	8:0
30.3.1983	Tirana (EM-Qual.)	2:1
20.11.1983	Saarbrücken (EM-Qual.)	2:1
8 Spiele:		23:2 Tore
7 Siege, 1 Unentschieden		

Algerien:
1.1.1964	Algier	0:2
16.6.1982	Gijon (WM)	1:2
2 Spiele:		1:4 Tore
2 Niederlagen		

Argentinien:
8.6.1958	Malmö (WM)	3:1
16.7.1966	Birmingham (WM)	0:0
14.2.1973	München	2:3
5.6.1977	Buenos Aires	3:1
12.9.1979	Berlin	2:1
1.1.1981	Montevideo (Mini-WM)	1:2
24.3.1982	Buenos Aires	1:1
12.9.1984	Düsseldorf	1:3
29.6.1986	Mexiko City (WM)	2:3
16.12.1987	Buenos Aires	0:1
2.4.1988	Berlin	1:0
11 Spiele:		16:16 Tore
4 Siege, 2 Unentschieden, 5 Niederlagen		

Australien:
18.6.1974	Hamburg (WM)	3:0
1 Spiel:		3:0 Tore
1 Sieg		

Belgien:
16.5.1910	Duisburg	0:3
23.4.1911	Lüttich	1:2
23.11.1913	Antwerpen	2:6
22.10.1933	Duisburg	8:1
27.5.1934	Florenz (WM)	5:2
28.4.1935	Brüssel	6:1
25.4.1937	Hannover	1:0
29.1.1939	Brüssel	4:1
26.9.1954	Brüssel	0:2
23.12.1956	Köln	4:1
2.3.1958	Brüssel	2:0
8.3.1961	Frankfurt	1:0
6.3.1968	Brüssel	3:1
14.6.1972	Antwerpen (EM)	2:1
22.6.1980	Rom (EM)	2:1
22.9.1982	München	0:0
29.2.1984	Brüssel	1:0
17 Spiele:		42:22 Tore
12 Siege, 1 Unentschieden, 4 Niederlagen		

Böhmen/Mähren:
12.11.1939	Breslau	4:4
1 Spiel:		4:4 Tore
1 Unentschieden		

Brasilien:
5.5.1963	Hamburg	1:2
6.6.1965	Rio de Janeiro	0:2
16.6.1968	Stuttgart	2:1
14.12.1968	Rio de Janeiro	2:2
16.6.1973	Berlin	0:1
12.6.1977	Rio de Janeiro	1:1
5.4.1978	Hamburg	0:1
7.1.1981	Montevideo (Mini-WM)	1:4
19.5.1981	Stuttgart	1:2
21.3.1982	Rio de Janeiro	0:1
12.3.1986	Frankfurt	2:0
12.12.1987	Brasilia	1:1
12 Spiele:		11:18 Tore
2 Siege, 3 Unentschieden, 7 Niederlagen		

Bulgarien:
20.10.1935	Leipzig	4:2
22.10.1939	Sofia	2:1
20.10.1940	München	7:3
19.7.1942	Sofia	3:0
21.12.1958	Augsburg	3:0
23.11.1960	Sofia	1:2
22.3.1967	Hannover	1:0
24.9.1969	Sofia	1:0
7.6.1970	Leon (WM)	5:2
12.5.1973	Hamburg	3:0
27.4.1975	Sofia (EM-Qual.)	1:1
19.11.1975	Stuttgart (EM-Qual.)	1:0
3.12.1980	Sofia (WM-Qual.)	3:1
22.11.1981	Düsseldorf (WM-Qual.)	4:0
15.2.1984	Varna	3:2
17.4.1985	Augsburg	4:1
22.3.1989	Sofia	2:1
17 Spiele:		48:16 Tore
15 Siege, 1 Unentschieden, 1 Niederlage		

Chile:
23.3.1960	Stuttgart	2:1
26.3.1961	Santiago	1:3
6.6.1962	Santiago (WM)	2:0
18.12.1968	Santiago	1:2
14.6.1974	Berlin (WM)	1:0
20.6.1982	Gijon (WM)	4:1
6 Spiele:		11:7 Tore
4 Siege, 2 Niederlagen		

DDR:
22.6.1974	Hamburg (WM)	0:1
1 Spiel:		0:1 Tore
1 Niederlage		

Dänemark:
6.10.1912	Kopenhagen	1:3
26.10.1913	Hamburg	1:4
2.10.1927	Kopenhagen	1:3
16.9.1928	Nürnberg	2:1
7.9.1930	Kopenhagen	3:6
27.9.1931	Hannover	4:2
7.10.1934	Kopenhagen	5:2
16.5.1937	Breslau	8:0
25.6.1939	Kopenhagen	2:0
17.11.1940	Hamburg	1:0
16.11.1941	Dresden	1:1
24.9.1958	Kopenhagen	1:1
20.9.1961	Düsseldorf	5:1
30.6.1971	Kopenhagen	3:1
13.6.1986	Queretaro (WM)	0:2
24.9.1986	Kopenhagen	2:0
23.9.1987	Hamburg	1:0
14.6.1988	Gelsenkirchen (EM)	2:0
18 Spiele:		43:27 Tore
11 Siege, 2 Unentschieden, 5 Niederlagen		

England:
20.4.1908	Berlin	1:5
16.3.1909	Oxford	0:9
14.4.1911	Berlin	2:2
21.3.1913	Berlin	0:3
10.5.1930	Berlin	3:3
4.12.1935	London	0:3
14.5.1938	Berlin	3:6
1.12.1954	London	1:3
26.5.1956	Berlin	1:3
12.5.1965	Nürnberg	0:1
23.2.1966	London	0:1
30.7.1966	London (WM) n.V.	2:4
1.6.1968	Hannover	1:0
14.6.1970	Leon (WM) n.V.	3:2
29.4.1972	London (EM)	3:1
13.5.1972	Berlin (EM)	0:0
12.3.1975	London	0:2
22.2.1978	München	2:1
29.6.1982	Madrid (WM)	0:0
13.10.1982	London	2:1
12.6.1985	Mexiko City	0:3
9.9.1987	Düsseldorf	3:1
22 Spiele:		27:54 Tore
6 Siege, 4 Unentschieden, 12 Niederlagen		

Estland:
15.9.1935	Stettin	5:0
29.8.1937	Königsberg (WM-Qual.)	4:1
29.6.1939	Tallinn	2:0
3 Spiele:		11:1 Tore
3 Siege		

Finnland:
18.9.1921	Helsinki	3:3
12.8.1923	Dresden	1:2
26.6.1925	Helsinki	5:3
20.10.1929	Hamburg	4:0
1.7.1932	Helsinki	4:1
18.8.1935	München	6:0
29.6.1937	Helsinki (WM-Qual.)	2:0
1.9.1940	Leipzig	13:0
5.10.1941	Helsinki	6:0
7.6.1964	Helsinki	4:1
7.9.1977	Helsinki	1:0
24.5.1981	Lahti (WM-Qual.)	4:0
23.9.1981	Bochum (WM-Qual.)	7:1
31.8.1988	Helsinki (WM-Qual.)	4:0
14 Spiele:		64:11 Tore
12 Siege, 1 Unentschieden, 1 Niederlage		

Frankreich:
15.3.1931	Paris	0:1
19.3.1933	Berlin	3:3
17.3.1935	Paris	3:1
21.3.1937	Stuttgart	4:0
5.10.1952	Paris	1:3
16.10.1954	Hannover	1:3
28.6.1958	Göteborg (WM)	3:6
26.10.1958	Paris	2:2
24.10.1962	Stuttgart	2:2
27.9.1967	Berlin	5:1
25.9.1968	Marseille	1:1
13.10.1976	Gelsenkirchen	2:1
23.2.1977	Paris	0:1
19.11.1980	Hannover	4:1
8.7.1982	Sevilla (WM) n.V.	3:3*
	*Elfmeterschießen 5:4 für Deutschland	
18.4.1984	Straßburg	0:1
25.6.1986	Guadalajara (WM)	2:0
12.8.1987	Berlin	2:1
18 Spiele:		38:31 Tore
8 Siege, 4 Unentschieden, 6 Niederlagen		
*) wird als Sieg gewertet		

Griechenland:
20.11.1960	Athen (WM-Qual.)	3:0
22.10.1961	Augsburg (WM-Qual.)	2:1
22.11.1970	Athen	3:1
20.11.1974	Piräus (EM-Qual.)	2:2
11.10.1975	Düsseldorf (EM-Qual.)	1:1
17.6.1980	Turin (EM)	0:0
6 Spiele:		11:5 Tore
3 Siege, 3 Unentschieden		

Holland:

24.4.1910	Arnheim	2:4
16.10.1910	Kleve	1:2
24.3.1912	Zwolle	5:5
17.11.1912	Leipzig	2:3
5.4.1914	Amsterdam	4:4
10.5.1923	Hamburg	0:0
21.4.1924	Amsterdam	1:0
29.3.1925	Amsterdam	1:2
18.4.1926	Düsseldorf	4:2
31.10.1926	Amsterdam	3:2
20.11.1927	Köln	2:2
26.4.1931	Amsterdam	1:1
4.12.1932	Düsseldorf	0:2
17.2.1935	Amsterdam	3:2
31.1.1937	Düsseldorf	2:2
14.3.1956	Düsseldorf	1:2
3.4.1957	Amsterdam	2:1
21.10.1959	Köln	7:0
23.3.1966	Rotterdam	4:2
7.7.1974	München (WM)	2:1
17.5.1975	Frankfurt	1:1
18.6.1978	Cordoba (WM)	2:2
20.12.1978	Düsseldorf	3:1
14.6.1980	Neapel (EM)	3:2
11.10.1980	Eindhoven	1:1
14.5.1986	Dortmund	3:1
21.6.1988	Hamburg (EM)	1:2
19.10.1988	München (WM-Qual.)	0:0
26.4.1989	Rotterdam (WM-Qual.)	1:1
29 Spiele:		62:50 Tore

11 Siege, 11 Unentschieden, 7 Niederlagen

Republik Irland (Eire):

8.5.1935	Dortmund	3:1
17.10.1936	Dublin	2:5
23.5.1939	Bremen	1:1
17.10.1951	Dublin	2:3
4.5.1952	Köln	3:0
28.5.1955	Hamburg	2:1
25.11.1956	Dublin	0:3
11.5.1960	Düsseldorf	0:1
4.5.1966	Dublin	4:0
9.5.1970	Berlin	2:1
22.5.1979	Dublin	3:1
11 Spiele:		22:17 Tore

6 Siege, 1 Unentschieden, 4 Niederlagen

Island:

3.8.1960	Reykjavik	5:0
26.5.1979	Reykjavik	3:1
2 Spiele:		8:1 Tore

2 Siege

Israel:

25.3.1987	Tel Aviv	2:0
1 Spiel:		2:0 Tore

1 Sieg

Italien:

1.1.1923	Mailand	1:3
23.11.1924	Duisburg	0:1
28.4.1929	Turin	2:1
2.3.1930	Frankfurt	0:2
1.1.1933	Bologna	1:3
15.11.1936	Berlin	2:2
26.3.1939	Florenz	2:3
26.11.1939	Berlin	5:2
5.5.1940	Mailand	2:3
30.3.1955	Stuttgart	1:2
18.12.1955	Rom	1:2
31.5.1962	Santiago (WM)	0:0
13.3.1965	Hamburg	1:1
17.6.1970	Mexiko (WM) n.V.	3:4
26.2.1974	Rom	0:0
8.10.1977	Berlin	2:1
14.6.1978	Buenos Aires (WM)	0:0
11.7.1982	Madrid (WM)	1:3
22.5.1984	Zürich (80 Jahre FIFA)	1:0
5.2.1986	Avellino	2:1
18.4.1987	Köln	0:0
10.6.1988	Düsseldorf (EM)	1:1
22 Spiele:		28:35 Tore

5 Siege, 7 Unentschieden, 10 Niederlagen

Jugoslawien:

26.2.1939	Berlin	3:2
15.10.1939	Zagreb	5:1
14.4.1940	Wien	1:2
3.11.1940	Zagreb	0:2
21.12.1952	Ludwigshafen	3:2
27.6.1954	Genf (WM)	2:0
25.9.1955	Belgrad	1:3
19.6.1958	Malmö (WM)	1:0
20.12.1959	Hannover	1:1
10.6.1962	Santiago (WM)	0:1
30.9.1962	Zagreb	3:2
23.6.1966	Hannover	2:0
3.5.1967	Belgrad (EM-Qual.)	0:1
7.10.1967	Hamburg (EM-Qual.)	3:1
13.5.1970	Hannover	1:0
18.11.1970	Zagreb	0:2
9.5.1973	München	0:1
26.6.1974	Düsseldorf (WM)	2:0
17.6.1976	Belgrad (EM) n.V.	4:2
30.4.1977	Belgrad	2:1
7.6.1983	Luxemburg	4:2
11.5.1986	Bochum	1:1
4.6.1988	Bremen	1:1
23 Spiele:		40:28 Tore

13 Siege, 3 Unentschieden, 7 Niederlagen

Kroatien:

15.6.1941	Wien	5:1
18.1.1942	Agram	2:0
1.11.1942	Stuttgart	5:1
3 Spiele:		12:2 Tore

3 Siege

Lettland:

13.10.1935	Königsberg	3:0
25.6.1937	Riga	3:1
2 Spiele:		6:1 Tore

2 Siege

Luxemburg:

11.3.1934	Luxemburg (WM-Qual.)	9:1
18.8.1935	Luxemburg	1:0
4.8.1936	Berlin (OS)	9:0
27.9.1936	Krefeld	7:2
21.3.1937	Luxemburg	3:2
20.3.1938	Wuppertal	2:1
26.3.1939	Differdingen	1:2
23.12.1951	Essen	4:1
20.4.1952	Luxemburg	3:0
9 Spiele:		39:9 Tore

8 Siege, 1 Niederlage

Malta:

22.12.1974	La Valetta (EM-Qual.)	1:0
28.2.1976	Dortmund (EM-Qual.)	8:0
25.2.1979	La Valetta (EM-Qual.)	0:0
27.2.1980	Bremen (EM-Qual.)	8:0
16.12.1984	La Valetta (WM-Qual.)	3:2
27.3.1985	Saarbrücken (WM-Qual.)	6:0
6 Spiele:		26:2 Tore

5 Siege, 1 Unentschieden

Marokko:

29.12.1963	Casablanca	4:1
22.2.1967	Karlsruhe	5:1
3.6.1970	Leon (WM)	2:1
17.6.1986	Monterrey (WM)	1:0
4 Spiele:		12:3 Tore

4 Siege

Mexiko:

22.12.1968	Mexiko City	0:0
8.9.1971	Hannover	5:0
14.6.1977	Mexiko City	2:2
6.6.1978	Cordoba (WM)	6:0
15.6.1985	Mexiko City	0:2
21.6.1986	Monterrey (WM) n.V.	0:0*

* Elfmeterschießen 4:1 für Deutschland

6 Spiele		13:4 Tore

3 Siege, 2 Unentschieden, 1 Niederlage
*) wird als Sieg gewertet

Nordirland:

15.6.1958	Malmö (WM)	2:2
26.10.1960	Belfast (WM-Qual.)	4:3
10.5.1961	Berlin (WM-Qual.)	2:1
7.5.1966	Belfast	2:0
27.4.1977	Köln	5:0
17.11.1982	Belfast (EM-Qual.)	0:1
16.11.1983	Hamburg (EM-Qual.)	0:1
7 Spiele:		15:8 Tore

4 Siege, 1 Unentschieden, 2 Niederlagen

Norwegen:

4.11.1923	Hamburg	1:0
15.6.1924	Christiania	2:0
23.10.1927	Hamburg	6:2
23.9.1928	Oslo	2:0
2.11.1930	Breslau	1:1
21.6.1931	Oslo	2:2
5.11.1933	Magdeburg	2:2
27.6.1935	Oslo	1:1
7.8.1936	Berlin (OS)	0:2
24.10.1937	Berlin	3:0
22.6.1939	Oslo	4:0
19.8.1953	Oslo (WM-Qual.)	1:1
22.11.1953	Hamburg (WM-Qual.)	5:1
16.11.1955	Karlsruhe	2:0
13.6.1956	Oslo	3:1
19.11.1966	Köln	3:0
22.6.1971	Oslo	7:1
12.5.1982	Oslo	4:2
18 Spiele:		49:16 Tore

12 Siege, 5 Unentschieden, 1 Niederlage

Österreich:

7.6.1908	Wien	2:3
9.10.1911	Dresden	1:2
29.6.1912	Stockholm (OS)	1:5
26.9.1920	Wien	2:3
5.5.1921	Dresden	3:3
23.4.1922	Wien	2:0
13.1.1924	Nürnberg	4:3
24.5.1931	Berlin	0:6
13.9.1931	Wien	0:5
7.6.1934	Neapel (WM)	3:2
23.9.1951	Wien	2:0
22.3.1953	Köln	0:0
30.6.1954	Basel (WM)	6:1
10.3.1957	Wien	3:2
19.11.1958	Berlin	2:2
9.10.1965	Stuttgart	4:1
13.10.1968	Wien (WM-Qual.)	2:0
10.5.1969	Nürnberg (WM-Qual.)	1:0
21.9.1969	Wien	1:1
10.10.1973	Hannover	4:0
3.9.1975	Wien	2:0
21.6.1978	Cordoba (WM)	2:3
2.4.1980	München	1:0
29.4.1981	Hamburg (WM-Qual.)	2:0
14.10.1981	Wien (WM-Qual.)	3:1
25.6.1982	Gijon (WM)	1:0
27.4.1983	Wien (EM-Qual.)	0:0
5.10.1983	Gelsenkirchen (EM-Qual.)	3:0
29.10.1986	Wien	1:4
29 Spiele:		58:47 Tore

16 Siege, 5 Unentschieden, 8 Niederlagen

Peru:

10.6.1970	Leon (WM)	3:1
1 Spiel:		3:1 Tore

1 Sieg

Polen:

3.12.1933	Berlin	1:0
9.9.1934	Warschau	5:2
15.9.1935	Breslau	1:0
13.9.1936	Warschau	1:1
18.9.1938	Chemnitz	4:1
20.5.1959	Hamburg	1:1
8.10.1961	Warschau	2:0
10.10.1971	Warschau (EM-Qual.)	3:1
17.11.1971	Hamburg (EM-Qual.)	0:0
3.7.1974	Frankfurt (WM)	1:0
1.6.1978	Buenos Aires (WM)	0:0
13.5.1980	Frankfurt	3:1
2.9.1981	Königshütte	2:0
13 Spiele:		24:7 Tore

9 Siege, 4 Unentschieden

Portugal:

27.2.1936	Lissabon	3:1
24.4.1938	Frankfurt	1:1
19.12.1954	Lissabon	3:0
27.4.1960	Ludwigshafen	2:1
17.2.1982	Hannover	3:1
23.2.1983	Lissabon	0:1
14.6.1984	Straßburg (EM)	0:0
24.2.1985	Lissabon (WM-Qual.)	2:1
16.10.1985	Stuttgart (WM-Qual.)	0:1
9 Spiele:		14:7 Tore

5 Siege, 2 Unentschieden, 2 Niederlagen

Rumänien:

25.8.1935	Erfurt	4:2
25.9.1938	Bukarest	4:1
14.7.1940	Frankfurt	9:3
1.6.1941	Bukarest	4:1
16.8.1942	Beuthen	7:0
1.6.1966	Ludwigshafen	1:0
22.11.1967	Bukarest	0:1
8.4.1970	Stuttgart	1:1
17.6.1984	Lens (EM)	2:1
9 Spiele:		32:10 Tore

7 Siege, 1 Unentschieden, 1 Niederlage

Saarland:

11.10.1953	Stuttgart (WM-Qual.)	3:0
28.3.1954	Saarbrücken (WM-Qual.)	3:1
2 Spiele:		6:1 Tore

2 Siege

Schottland:

1.6.1929	Berlin	1:1
14.10.1936	Glasgow	0:2
22.5.1957	Stuttgart	1:3
6.5.1959	Glasgow	2:3
12.5.1964	Hannover	2:2
16.4.1969	Glasgow (WM-Qual.)	1:1
22.10.1969	Hamburg (WM-Qual.)	3:2
14.11.1973	Glasgow	1:1
27.3.1974	Frankfurt	2:1
8.6.1986	Queretaro (WM)	2:1
10 Spiele:		15:17 Tore

3 Siege, 4 Unentschieden, 3 Niederlagen

Schweden:

18.6.1911	Stockholm	4:2
29.10.1911	Hamburg	1:3
29.6.1923	Stockholm	1:2
31.8.1924	Berlin	1:4
21.6.1925	Stockholm	0:1
20.6.1926	Nürnberg	3:3
30.9.1928	Stockholm	0:2
23.6.1929	Köln	3:0
17.6.1931	Stockholm	0:0
25.9.1932	Nürnberg	4:3
31.5.1934	Mailand (WM)	2:1
30.6.1935	Stockholm	1:3
21.11.1937	Hamburg (WM-Qual.)	5:0
5.10.1941	Stockholm	2:4
20.9.1942	Berlin	2:3
30.6.1956	Stockholm	2:2
20.11.1957	Hamburg	1:0
24.6.1958	Göteborg (WM)	1:3
3.11.1963	Stockholm	1:2
4.11.1964	Berlin	1:1
26.9.1965	Stockholm	2:1
27.6.1971	Göteborg	0:1
1.5.1974	Hamburg	2:0
30.6.1974	Düsseldorf (WM)	4:2
19.4.1978	Stockholm	1:3
17.10.1984	Köln	2:0
25.9.1985	Stockholm	2:2
13.10.1987	Gelsenkirchen	1:1
31.3.1988	Berlin	1:1
	Elfmeterschießen 4:3 für Schweden	
29 Spiele:		50:50 Tore

10 Siege, 6 Unentschieden, 13 Niederlagen

Schweiz:

5.4.1908	Basel	3:5
4.4.1909	Karlsruhe	1:0
3.4.1910	Basel	3:2
26.3.1911	Stuttgart	6:2
5.5.1912	St. Gallen	2:1
18.5.1913	Freiburg	1:2
27.6.1920	Zürich	1:4
26.3.1922	Frankfurt	2:2
3.6.1923	Basel	2:1
14.12.1924	Stuttgart	1:1
25.10.1925	Basel	4:0
12.12.1926	München	2:3
15.4.1928	Bern	3:2
28.5.1928	Amsterdam (OS)	4:0
10.2.1929	Mannheim	7:1
4.5.1930	Zürich	5:0
6.3.1932	Leipzig	2:0
19.11.1933	Zürich	2:0
27.1.1935	Stuttgart	4:0
2.5.1937	Zürich	1:0
6.2.1938	Köln	1:1
4.6.1938	Paris (WM) n.V.	1:1
9.6.1938	Paris (WM)	2:4
9.3.1941	Stuttgart	4:2
20.4.1941	Bern	1:2
1.2.1942	Wien	1:2
18.10.1942	Bern	5:3
22.11.1950	Stuttgart	1:0
15.4.1951	Zürich	3:2
9.11.1952	Augsburg	5:1
25.4.1954	Basel	5:3
21.11.1956	Frankfurt	1:3
4.10.1959	Bern	4:0
3.6.1962	Santiago (WM)	2:1
23.12.1962	Karlsruhe	5:1
26.5.1965	Basel	1:0
12.7.1966	Sheffield (WM)	5:0
17.4.1968	Basel	0:0
15.11.1972	Düsseldorf	5:1
4.9.1974	Basel	2:1
16.11.1977	Stuttgart	4:1
10.9.1980	Basel	3:2
9.4.1986	Basel	1:0
27.4.1988	Kaiserslautern	1:0
44 Spiele:		119:57 Tore

31 Siege, 5 Unentschieden, 8 Niederlagen

Slowakei:

27.8.1939	Preßburg	0:2
3.12.1939	Chemnitz	3:1
15.9.1940	Preßburg	1:0
7.12.1941	Breslau	4:0
22.11.1942	Preßburg	5:2
5 Spiele:		13:5 Tore

4 Siege, 1 Niederlage

Sowjetunion (früher Rußland):

1.7.1912	Stockholm (OS)	16:0
21.8.1955	Moskau	2:3
15.9.1956	Hannover	1:2
25.7.1966	Liverpool (WM)	2:1
26.5.1972	München	4:1
18.6.1972	Brüssel (EM)	3:0
5.9.1973	Moskau	1:0
9.3.1978	Frankfurt	1:0
21.11.1979	Tiflis	3:1
28.3.1984	Hannover	2:1
28.8.1985	Moskau	0:1
21.9.1988	Düsseldorf	1:0
12 Spiele:		36:10 Tore

9 Siege, 3 Niederlagen

Spanien:

12.5.1935	Köln	1:2
23.2.11936	Barcelona	2:1
12.4.1942	Berlin	1:1
28.12.1952	Madrid	2:2
19.3.1958	Frankfurt	2:0
20.7.1966	Birmingham (WM)	2:1
11.2.1970	Sevilla	0:2
24.11.1973	Stuttgart	2:1
23.2.1974	Barcelona	0:1
24.4.1976	Madrid (EM)	1:1
22.5.1976	München (EM)	2:0
2.7.1982	Madrid (WM)	2:1
20.6.1984	Paris (EM)	0:1
15.10.1986	Hannover	2:2
17.6.1988	München (EM)	2:0
15 Spiele:		21:16 Tore

7 Siege, 4 Unentschieden, 4 Niederlagen

Tschechoslowakei:

3.6.1934	Rom (WM)	1:3
26.5.1935	Dresden	2:1
27.9.1936	Prag	2:1
2.4.1958	Prag	2:3
11.6.1958	Hälsingborg (WM)	2:2
29.4.1964	Ludwigshafen	3:4
28.3.1973	Düsseldorf	3:0
20.6.1976	Belgrad (EM) n.V.	2:2*
	* Elfmeterschießen 5:3 für CSSR	
17.11.1976	Hannover	2:0
11.10.1978	Prag	4:3
11.6.1980	Rom (EM)	1:0
14.4.1982	Köln	2:1
30.4.1985	Prag (WM-Qual.)	5:1
17.11.1985	München (WM-Qual.)	2:2
14 Spiele:		33:23 Tore

8 Siege, 2 Unentschieden, 4 Niederlagen
*) wird als Niederlage gewertet

Tunesien:

10.6.1978	Cordoba (WM)	0:0
1 Spiel:		0:0 Tore

1 Unentschieden

Türkei:

17.6.1951	Berlin	1:2
21.11.1951	Istanbul	2:0
17.6.1954	Bern (WM)	4:1
23.6.1954	Zürich (WM)	7:2
28.9.1963	Frankfurt	3:0
12.10.1966	Ankara	2:0
17.10.1970	Köln (EM-Qual.)	1:1
25.4.1971	Istanbul (EM-Qual.)	3:0
20.10.1975	Istanbul (EM-Qual.)	5:0
1.4.1979	Izmir (EM-Qual.)	0:0
22.12.1979	Gelsenkirchen (EM-Qual.)	2:0
23.4.1983	Izmir (EM-Qual.)	3:0
26.10.1983	Berlin (EM-Qual.)	5:1
13 Spiele:		38:7 Tore

10 Siege, 2 Unentschieden, 1 Niederlage

Ungarn:

4.4.1909	Budapest	3:3
17.12.1911	München	1:4
14.4.1912	Budapest	4:4
3.7.1912	Stockholm (OS)	1:3
24.10.1920	Berlin	1:0
5.6.1921	Budapest	0:3
2.7.1922	Bochum	0:0
21.9.1924	Budapest	1:4
28.9.1930	Dresden	5:3
30.10.1932	Budapest	1:2
14.1.1934	Frankfurt	3:1
15.3.1936	Budapest	2:3
20.3.1938	Nürnberg	1:1
24.9.1939	Budapest	1:5
7.4.1940	Berlin	2:2
6.10.1940	Budapest	2:2
6.4.1941	Köln	7:0
3.5.1942	Budapest	5:3
20.6.1954	Basel (WM)	3:8
4.7.1954	Bern (WM)	3:2
22.12.1957	Hannover	1:0
8.11.1959	Budapest	3:4
9.9.1970	Nürnberg	3:1
29.3.1972	Budapest	2:0
17.4.1974	Dortmund	5:0
15.11.1978	Frankfurt (abgebrochen)	0:0
7.9.1983	Budapest	1:1
29.1.1985	Hamburg	0:1
18.11.1987	Budapest	0:0
29 Spiele:		61:60 Tore

10 Siege, 9 Unentschieden, 10 Niederlagen

Uruguay:

3.6.1928	Amsterdam (OS)	1:4
11.4.1962	Hamburg	3:0
23.7.1966	Sheffield (WM)	4:0
20.6.1970	Mexiko (WM)	1:0
8.6.1977	Montevideo	2:0
4.6.1986	Queretaro (WM)	1:1
6 Spiele:		12:5 Tore

4 Siege, 1 Unentschieden, 1 Niederlage

Wales:

8.5.1968	Cardiff	1:1
26.3.1969	Frankfurt	1:1
6.10.1976	Cardiff	2:0
14.12.1977	Dortmund	1:1
2.5.1979	Wrexham	2:0
17.10.1979	Köln	5:1
31.5.1989	Cardiff	0:0
7 Spiele:		12:4 Tore

3 Siege, 4 Unentschieden

Zypern:
24.4.1965	Karlsruhe (WM-Qual.)	5:0
14.11.1965	Nikosia (WM-Qual.)	6:0
23.11.1968	Nikosia (WM-Qual.)	1:0
21.5.1969	Essen (WM-Qual.)	12:0

4 Spiele: 24:0 Tore
4 Siege

Alle A-Nationalspieler und ihre Einsätze

Die Aufstellung umfaßt alle 728 eingesetzten Spieler in den 553 Länderspielen vom 5.4.1908 bis zum 31.5.1989.
Die Abkürzungen hinter den Namen der Spieler bezeichnen die Länder, gegen die sie eingesetzt wurden:

A	Argentinien
Ä	Ägypten
Ab	Albanien
Al	Algerien
Aus	Australien
Bg	Belgien
Bö	Böhmen/Mähren
Br	Brasilien
Bu	Bulgarien
Ch	Chile
D	Dänemark
DDR	Deutsche Demokratische Republik
E	England
Est	Estland
Fi	Finnland
Fr	Frankreich
G	Griechenland
H	Holland
Ir	Irland
Is	Island
Isr	Israel
It	Italien
Jg	Jugoslawien
Kro	Kroatien
Le	Lettland
Lu	Luxemburg
Ma	Marokko
Mal	Malta
Me	Mexiko
N	Norwegen
NI	Nordirland
Ö	Österreich
Pe	Peru
PI	Polen
Pg	Portugal
Rum	Rumänien
Ruß	Rußland (später SU = Sowjetunion)
Sa	Saarland
Sd	Schweden
Sl	Slowakei
Sp	Spanien
Sz	Schweiz
Scho	Schottland
Tsch	Tschechoslowakei
Tun	Tunesien
T	Türkei
U	Ungarn
Uy	Uruguay
Wa	Wales
Z	Zypern

A

19 Abramczik Rüdiger (Schalke 04), * 18.2.1956
1977 Ni, Jg, A, Uy, Br, Fi, Sz, Wa - 1978 E, SU, Br, Sd, Pl, H, Ö, Tsch, U, H - 1979 Mal
3 Adam Karl (TuS Neuendorf), * 5.2.1924
1951 T - 1952 Lu, Ir
2 Adamkiewicz Edmund (Hamburger SV), * 21.4.1920
1942 Kro, Sl
1 Albrecht Erich (Wacker Leipzig), * 31.3.1889
1909 E
17 Albrecht Ernst (Fortuna Düsseldorf), * 12.11.1907
1928 Sz, Sz, Uy, N, Sd - 1929 It, Sd, Fi - 1930 It, U, N - 1931 H - 1932 U, H - 1933 Bg, N - 1934 Lu
10 Allgöwer Karl (VfB Stuttgart), * 5.1.1957
1980 Fr - 1981 Br, Ö, Br, Fi -1982 Pg - 1985 Pg, Tsch - 1986 Sz, H
56 Allofs Klaus (Fortuna Düsseldorf 21, 1.FC Köln 29, Olympique Marseille 6), * 5.12.1956
1978 Tsch, U, H -1979 Mal, Wa, Ir,A,Wa 1980 Mal, Ö, Pl, Tsch, H, Bg, Sz, H, Fr, Bu - 1981 A, Br, Ab, Bu - 1982 E, NI - 1983 Pg - 1984 Bu, Bg, SU, It, Pg, Rum, Sp, Sd, Mal - 1985 Tsch, SU - 1986 It, Br, Jg, H, Uy, Scho, D, Ma, Me, Fr, A, D, Ö - 1987 It, Fr, E, D, Sd, U - 1988 SD
2 Allofs Thomas (1.FC Kaiserslautern 1, 1.FC Köln 1), * 17.11.1959
1985 Pg - 1988 SU
1 Altvater Heinrich (Wacker München), * 27.8.1902
1922 Sz
5 Appel Hans (Berliner SV 92), * 8.6.1911
1933 PI - 1935 Sz, Le - 1937 Lu - 1938 Rum
11 Arlt Willi (SV Riesa), * 27.10.1919
1939 Bg, Lu, Ir, D, Est, Bö, Sl - 1940 Rum, Fi, Jg - 1942 Bu
1 Ascherl Willy (SpVgg Fürth), * 7.1.1902
1924 H
1 Au Alfred (VfR Mannheim), * 14.12.1898
1921 Fi
3 Auer Karl (SpVgg Fürth), * 12.8.1898
1924 Ö, H - 1926 Sd

4 Augenthaler Klaus (Bayern München), * 26.9.1957
1983 Ö, T, NI - 1984 Bg - 1985 E, Me, Sd, Tsch - 1986 It, Sz, Jg, Uy, Scho, Sp

B

2 Bache Fritz (Wacker 04 Berlin), * 29.3.1898
1923 N - 1924 Sd
1 Balogh Fritz (VfL Neckarau), * 16.12.1920
1950 Sz
1 Bantle Ernst (FC Freiburg), * 16.2.1901
1924 U
3 Barufka Karl (VfB Stuttgart), * 15.5.1921
1950 Sz, Ö - 1951 Sz, Ö
1 Bäse Joachim (Eintracht Braunschweig), * 2.9.1939
1968 Wa
5 Bauer Hans (Bayern München), * 28.7.1927
1951 Lu - 1952 Lu - 1954 U, T - 1958 Fr
2 Baumann Gunter (1.FC Nürnberg), * 19.1.1921
1950 Sz - 1951 Sz
1 Baumgarten Fritz (Germania Berlin), * 21.12.1886
1908 Sz
4 Baumgärtner Willy (SV 04 Düsseldorf), * 23.12.1890
1908 Sz, E, Ö - 1909 E
1 Bäumler Erich (Eintracht Frankfurt), * 6.1.1930,
1956 N
1 Bauwens Peco (SC 99 Köln), * 24.12.1886
1910 Bg
1 Beck Alfred (FC St. Pauli Hamburg) * 12.4.1925
1954 E
103 Beckenbauer Franz (Bayern München), * 11.9.1945
1965 Sd, Ö, Z - 1966 E, H, Ir, NI, Jg, Sz, A, Sp, Uy, SU,E, N - 1967 Ma, Ab, Jg, Fr, Rum - 1968 Bg, Sz, E, Br, Fr, Ö, Br, Ch, Me - 1969 Sch, Ö, Z, Ö, Bu, Scho - 1970 Rum, Ir, Jg, Ma, Bu, Pe, E, It, U, T, Jg, G - 1971 Ab, T, Al, N, Sd, D, Me, Pl, PI - 1972 U, E, E, SU, Bg, SU, Sz - 1973 A, Tsch, Jg, Bu, Br, SU, Ö, Fr, Scho, Sp - 1974 Sp, It, Scho, U, Sd, Ch, Aus, DDR, Jg, Sd, Pl, H, Sz, G, Mal - 1975 E, Bu, H - 1976 Mal, Sp, Sp, Jg, Tsch, Wa, Tsch - 1977 Fr
1 Becker Fritz (Kickers Frankfurt), * 13.9.1888
1908 Sz
24 Beer Erich (Hertha BSC Berlin), * 9.12.1946
1975 H, Ö, G, Bu, T - 1976 Mal, Sp, Sp, Jg, Tsch, Wa, Tsch - 1977 Fr, Jg, A, Br, Me, Fi, It - 1978 Br, Pl, It, H, Ö
11 Beier Albert (Hamburger SV), * 28.9.1900
1924 Sz - 1925 H, Sd - 1926 Sz - 1928 Sz, Uy, D, Sd - 1929 It, Fi - 1931 Ö
4 Bella Michael (MSV Duisburg), * 29.9.1945
1968 Ch, Me - 1970 G - 1971 Ab
9 Bender Jakob (Fortuna Düsseldorf), * 23.3.1910
1933 Bg, N, Pl - 1934 Tsch, Ö, Pl - 1935 Ir, Sp, Sd
8 Benthaus Helmut (Westfalia Herne), * 5.6.1935
1958 Bu, Ä - 1959 Scho, Sz, H, U - 1960 Ch, Bg
1 Berg Walter (Schalke 04), * 21.4.1916
1938 Lu
1 Berghausen Alfred (Preußen Duisburg), * 9.12.1889,
1910 Bg
8 Bergmaier Josef (Bayern München), * 5.3.1909
1930 Sz, E - 1931 Fr, Ö, Sd, N - 1932 Sd - 1933 It
5 Bernard Günter (Schweinfurt 05 2, Werder Bremen 3), * 4.11.1939
1962 Fr, Sz - 1966 H, NI - 1968 Wa
2 Bernard Robert (VfR Schweinfurt), * 10.3.1913
1936 Lu, N
3 Berndt Hans (Tennis Borussia Berlin), * 30.10.1913
1937 Le, Est - 1938 U
1 Bert (Friedrich) Adalbert (VfB Leipzig), * 10.6.1884
1910 Bg
1 Berthold Rudolf (Dresdner SC), * 1.4.1903
1928 Sz
31 Berthold Thomas (Eintracht Frankfurt 21, Hellas Verona 10), * 12.11.1964
1985 U, Pg, Mal, Bu, Tsch, E, SU, Sd, Pg - 1986 Sz, Jg, H, Uy, Scho, D, Ma, Me, A. D, Sp, Ö - 1987 Sd, U - 1988 Sd, A, Jg, It, H - 1989 Bu, H, Wa
3 Biallas Hans (Duisburg 48/49), * 14.10.1918
1938 Rum - 1939 Jg, D
7 Biesinger Ulrich (BC Augsburg), * 6.8.1933
1954 Bg - 1955 It, N - 1956 N, Sd, Sz - 1958 A
1 Billen Matthias (VfL Osnabrück), * 29.3.1910
1936 Lu
11 Billmann Willi (1.FC Nürnberg), * 15.1.1911
1937 Sz - 1938 U - 1939 Jg, Bu, Bö, It, Sl - 1940 U, It - 1941 Rum, Sd
9 Binder Franz (Rapid Wien), * 1.12.1911
1939 Bg, SI, Bö, It - 1940 U, Jg, It, D - 1941 Rum
2 Bleidick Hartwig (Borussia Mönchengladbach), * 26.12.1944
1971 Ab, N
1 Blum Ernst (VfB Stuttgart), * 25.1.1904
1927 D
1 Blunk Wilhelm (Hamburger SV), * 12.12.1902
1929 Fi

1 Bockenfeld Manfred (Fortuna Düsseldorf), * 23.7.1960
1984 Bu
1 Bögelein Karl (VfB Stuttgart), * 28.1.1927
1951 Lu
1 Bökle Otto (VfB Stuttgart), * 17.2.1912
1935 Le
1 Bollmann Albert (Schwarz-Weiß Essen), * 5.10.1889
1914 H
6 Bommer Rudolf (Fortuna Düsseldorf), * 19.8.1957
1984 Bu, Bg, U, It, Pg, A
4 Bongartz Hans (Schalke 04), * 3.10.1951
1976 Mal, Tsch - 1977 Me, Fi
53 Bonhof Rainer (Borussia Mönchengladbach 40, FC Valencia 11, 1.FC Köln 2), * 29.3.1952
1972 SU - 1973 Sp - 1974 U, Sd, Jg, Sd, Pl, H, Sz, Mal - 1975 E, Bu, H, T - 1976 Sp, Sp, Jg, Tsch, Tsch - 1977 Fr, NI, A, Uy, Br, Me, Fi, It, Sz, Wa - 1978 E, SU, Br, Sd, Pl, Me, Tun, It, H, Ö, Tsch, U, H - 1979 Mal, T, Wa, A, Wa, T - 1980 Mal, Ö - 1981 A, Br
6 Borchers Ronald (Eintracht Frankfurt), * 10.8.1957
1978 H - 1979 T - 1980 Bu - 1981 Fi, Pl, Fi
1 Borck Walter (MTV München), * 1.5.1891
1911 U
1 Borkenhagen Kurt (Fortuna Düsseldorf), * 30.12.1919
1952 Fr
6 Borowka Ulrich (Werder Bremen), * 19.5.1962
1988 A, Jg, It, D, Sp, H
5 Bosch Hermann (Karlsruher FV), * 10.3.1891
1912 Ö, U, D, H - 1913 Sz
45 Brehme Andreas (1. FC Kaiserslautern 28, Bayern München 12, Inter Mailand 5), * 9.11.1960
1984 Bu, Bg, SU, Fr, It, Pg, Rum, Sp, A, Mal - 1985 Mal, Bu, Tsch, E, Me, SU, Sd, Pg, Tsch - 1986 Br, Sz, H, Uy, D, Me, Fr, A - 1987 Isr, Fr, E, Sd, Br - 1988 A, Sz, Jg, It, D, Sp, H, Fi, H - 1989 Bu, H, Wa
48 Breitner Paul (Bayern München 46, Real Madrid 2), * 5.9.1951
1971 N, Pl - 1972 U, E, E, SU, Bg, SU, Sz - 1973 A, Tsch, Jg, Bu, Br, SU - 1974 Sp, It, Scho, Sd, Ch, Aus, DDR, Sd, Pl, H - 1975 Bu, G - 1981 O, Br, Fi, Pl, Fi, Ö, Ab, Bu - 1982 Pg, Br, A, Tsch, N, Al, Ch, Ö, E, Sp, Fr, It
1 Brenninger Dieter (Bayern München), * 16.2.1944
1969 Ö
2 Breuer Theo (Fortuna Düsseldorf), * 15.3.1909
1933 Bg, N
9 Breunig Max (Karlsruher FV 7, 1.FC Pforzheim 2), * 12.11.1888
1910 H - 1911 Sz, Bg, Ö - 1912 H, Ö, H - 1913 D, Bg
1 Breynk Andreas (Preußen Duisburg), * 4.7.1890
1910 Bg
72 Briegel Hans-Peter (1.FC Kaiserslautern 53, Hellas Verona 19), * 11.10.1955
1979 Wa, SU, 1980 Ö, Pl, Tsch, A, Bg, Sz, H, Fr, Bu - 1981 A, Br, Ö, Fi, Fi, Pl, Ö, Ab, Bu - 1982 Pg, Br, A, Tsch, N, Al, Ch, Ö, E, Sp, Fr, It, Bg, E, NI - 1983 Pg, b, T, Ö, Jg, U, Ö, T, NI, Ab - 1984 SU, Fr, It, Pg, Rum, Sp, Sd, Mal - 1985 U, Pg, Mal, Sd, Pg, Tsch - 1986 It, Br, Sz, Jg, H, Uy, Scho, Ma, Me, Fr, A
25 Brülls Albert (Borussia Mönchengladbach 22, AC Brescia 3), * 26.3.1937
1959 Sz, H, U, Jg - 1960 Ch, Pg, Ir, Is, Nl, G, Bu - 1961 Bg, Ch, Nl, D, Pl, G - 1962 Uy, It, Sz, Ch, Jg - 1966 H, Sz, A
7 Brunke Hans (Tennis Borussia Berlin), * 1.10.1904
1927 D, N - 1929 Scho - 1930 D - 1931 Sd, N, Ö
5 Brunnenmeier Rudolf (TSV 1860 München), * 11.2.1941
1964 Sd - 1965 It, Sd, Ö, Z
4 Bruns Hans-Günter (Borussia Mönchengladbach), * 15.11.1954
1984 Bg, SU, Fr, A,
17 Buchloh Fritz (VfB Speldorf), * 26.11.1909
1932 H, 1933 It, Bg, N - 1934 Lu, Pl, D - 1935 Ir, Sp, Sd, Rum, Bu - 1936 Pg, Lu, Pl
26 Buchwald Guido (VfB Stuttgart), * 24.1.1961
1984 It, Pg, Rum - 1986 It, Br, Sz, Jg, D, Sp, Ö - 1987 Isr, It, Fr, E, D, Sd, Br - 1988 Sd, It, D, Fi, SU, H - 1989 Bu, H, Wa
1 Budzinsky Lothar (Duisburger SV), * 7.8.1886
1910 Bg
1 Bülte Otto (Eintracht Braunschweig), * 4.9.1886
1910 H
12 Burdenski Dieter (Werder Bremen), * 26.11.1950
1977 Uy - 1978 Sd, H - 1979 T, Ir, A, Wa - 1980 Mal - 1983 Jg, U - 1984 Bu, It
5 Burdenski Herbert (Schalke 04 3, Werder Bremen 2), * 19.5.1922
1941 Fi - 1942 Bu, Rum - 1950 Sz - 1951 Sz
11 Burger Karl (SpVgg Fürth), * 26.12.1883
1909 Sz - 1911 Sz, E, Bg, Sd, Sd - 1912 H, Sz, Ruß
3 Burgsmüller Manfred (Borussi Dortmund), * 22.12.1949
1977 Sz, Wa - 1978 E
1 Burkhardt Theodor (Germania Brötzingen), * 31.1.1905
1930 N
13 Busch Willy (Duisburg 99), * 4.1.1907
1933 Bg, N - 1934 Sd, Tsch, Ö, Pl - 1935 H, Fr, Bg, Sp, Lu - 1936 Lu

C

7 Cieslarczyk Hans (SV Sodingen 5, Borussia Dortmund 2), * 3.5.1937
1957 U - 1958 Sp, Tsch, Sd, Fr, D, Fr
2 Claus-Oehler Walter (Arminia Bielefeld), * 7.5.1897
1923 H, Fi
28 Conen Edmund (FV Saarbrücken 14, Kickers Stuttgart 14), * 10.11.1914
1934 U, Bg, Sd, Tsch, Ö - 1935 Sz, H, Fr, Sp, Tsch, N, Sd, Fi, Pl - 1939 D, Jg, Bu, It - 1940 U, Fi, SI, U, Bu - 1941 D, SI - 1942 U, Sp, Kro
40 Cullmann Bernhard (1.FC Köln), * 1.11.1949
1973 A, Tsch, Bu, Br, Ö, Fr, Scho, Sp - 1974 It, Sch, U, Sd, Ch, Aus, DDR, Sz, G, Mal - 1975 D, H - 1976 Mal, Sp - 1978 Tsch, U, H - 1979 Mal, T, Wa, Ir, Is, A, Wa, SU, T - 1980 Mal, Ö, Pl, G, Bg

D

3 Damminger Ludwig (Karlsruher FV), * 29.10.1913
1935 Bg, Ir, Est
6 Danner Dietmar (Borussia Mönchengladbach), * 29.11.1950
1973 Sz - 1975 Ö, Bu, T - 1976 Sp, Jg
8 Decker Karl (Vienna Wien), * 5.11.1921
1942 Kro, Sz, Sp, U, Bu, Rum, Sd, SI
1 Deike Fritz (Hannover 96), * 24.6.1913
1935 Rum
2 Del'Haye Karl (Borussia Mönchengladbach) * 18.8.1955
1980 Ö, G
2 Derwall Josef (Fortuna Düsseldorf), * 10.3.1927
1954 E, Pg
1 Deyhle Erwin (Kickers Stuttgart), * 19.1.1914
1939 Est
4 Diemer Kurt (Britannia Berlin), * 17.5.1893
1912 D, H - 1913 E, Sz
1 Dietrich Peter (Borussia Mönchengladbach), * 6.3.1944
1970 Ir
53 Dietz Bernhard (MSV Duisburg), * 22.3.1948
1974 Mal - 1975 Bu, T -1976 Mal, SP, Ap, Jg, Tsch, Wa, Tsch - 1977 Fr, NI, A, Uy, Br, Me, Fi, It, Sz, Wa - 1978 E, SU, Br, Sd, Me, Tun, It, H, Ö, Tsch, U, H - 1979 Mal, T, Wa, A, Wa, SU, T - 1980 Mal, Ö, Pl, Tsch, H, Bg, H, Fr, Bu - 1981 A, Br, Ab, Br
3 Ditgens Heinz (Borussia Mönchengladbach) * 3.7.1914
1936 Lu, N - 1938 Lu
15 Dörfel Bernd (Hamburger SV 4, Eintracht Braunschweig 11), * 18.12.1944
1966 N - 1967 Ab - 1968 E, Br, Fr, Ö, Z, Br, Ch, Me - 1969 Wa, Scho, Ö, Bu
2 Dörfel Friedrich (Hamburger SV), * 19.2.1915
1942 Sp, U
11 Dörfel Gerd (Hamburger SV), * 18.9.1939
1960 Is, NI, G - 1961 Bg, Ch - 1963 Br, T, Sd - 1964 Scho, Sd
2 Dörner Herbert (1.FC Köln), * 14.7.1930
1956 N, Sd
5 Dorfner Hans (Bayern München), * 3.7.1965
1987 Fr, E, Sd - 1988 Sz, Jg
27 Dremmler Wolfgang (Bayern München), * 12.7.1954
1981 Br, Fi, Pl, Fi, Ö, Ab, Bu - 1982 Pg, Br, A, Tsch, Al, Ch, Ö, E, Sp, Fr, It, Bg, E - 1983 Pg, T, Ö, Ö, NI, Ab - 1984 Bg
1 Droz Rudolf (Preußen Berlin), * 9.1.1888
1911 SD
2 Dumke Otto (Viktoria 89 Berlin), * 29.4.1887
1911 Sd, Sd
6 Durek Ludwig (FC Wien), * 27.1.1921
1940 SI - 1941 SI - 1942 U, Sp, Kro, Sz
1 Dutton Edwin (Preußen Berlin), * 8.4.1890
1909 U
3 Dzur Walter (Dresdner SC), * 18.11.1919
1940 Fi, SI - 1941 Fi

E

32 Eckel Horst (1.FC Kaiserslautern), * 8.2.1932
1952 Sz, Jg, Sp - 1953 Ö, N, Sa, N - 1954 Sz, T, U, T, Jg, Ö, U - 1955 SU, Jg, It - 1956 H, Sd, SU, Sz, Ir - 1957 U - 1958 Bg, Sp, Tsch, A, NI, Jg, Sd, Ö
1 Eckert Jakob (Wormatia Worms), * 19.9.1916
1937 Sz
7 Eckstein Dieter (1.FC Nürnberg), * 12.3.1964
1986 Sp - 1987 U - 1988 Sd, A, Jg, It, Fi
9 Eder Norbert (Bayern München), * 7.11.1955
1986 Jg, H, Uy, Scho, D, Ma, Me, Fr, A
3 Edy (Pendorf) Eduard (VfB Leipzig), * 18.10.1892
1913 E - 1922 Sz, Ö
1 Ehrmann Kurt (Karlsruher FV), * 7.6.1922
1952 Lu

1 Eiberle Fritz (TSV 1860 München), * 17.9.1904
1933 Sz
2 Eichelmann Paul (Union 92 Berlin), * 11.10.1879
1908 E, Ö
3 Eikhof Ernst (Victoria Hamburg), * 16.5.1892
1923 H, Sz, Fi
8 Elbern Franz (SV 06 Beuel), * 1.11.1910
1935 Lu - 1936 Lu, Pl, Tsch, Scho, It - 1937 Le
3 Emmerich Heinz (Tennis Borussia Berlin), * 25.2.1908
1931 Sd, N, Ö
5 Emmerich Lothar (Borussia Dortmund), * 29.11.1941
1966 H, Sp, Uy, SU, E
8 Engels Stefan (1.FC Köln), * 6.9.1960
1982 Br, A, Tsch, E, NI - 1983 Ab, T, Ö
3 Eppenhoff Hermann (Schalke 04), * 19.5.1919
1940 SI -1941 Fi - 1942 Ab
50 Erhardt Herbert (SpVgg Fürth 49, Bayern München 1) * 6.7.1930
1953 Sa - 1954 Bg, Fr, E, Pg - 1955 Ir - 1956 N, Sd, SU, Ir - 1957 Ö, H, Sd, U - 1958 Sp, Tsch, A, Tsch, NI, Jg, Sd, Fr, D, Fr, Ö, Bu - 1959 Scho, Pl, Sz, H, U, Jg - 1960 Ch, Pg, Ir, Is, It, G, Bu - 1961 Bg, Ch, NI, Pl, G - 1962 It, Sz, Ch, Jg, Jg
7 Ertl Georg (Wacker München), * 17.3.1901
1925 Sa, Fi, Sz - 1926 H, H, Sz - 1927 E
1 Eschenlohr Albert (Tennis Borussia Berlin), * 10.3.1898
1924 Sd
1 Esser Franz (Holstein Kiel), * 20.1.1900
1922 U
1 Euler Georg (Köln Sülz 07), * 23.12.1905
1936 Pl
4 Ewert Fritz (1.FC Köln), * 9.2.1937
1959 H - 1960 Bu - 1963 Ma - 1964 Al

F

1 Faas Robert (1.FC Pforzheim), * 3.4.1889
1910 Bg
4 Fach Holger (Bayer Uerdingen), * 6.9.1962
1988 Fi, H - 1989 Bu, Wa
1 Faeder Helmut (Hertha BSC Berlin), * 3.7.1935
1958 A
10 Fahrian Wolfgang (Ulmer TSG 1846), * 31.5.1941,
1962 Uy, It, Sz, Ch, Jg, Jg, Fr - 1963 Br, T - 1964 Tsch
1 Falk Wilhelm (Wacker München), * 3.7.1898
1927 H
4 Falkenmayer Ralf (Eintracht Frankfurt), * 11.2.1963
1984 A, Sd - 1985 Pg - 1986 Sz
13 Fath Josef (Wormatia Worms), * 27.12.1911
1934 Pl, D, 1935 Bg, Ir, Sp, Tsch, N, Fi, Pl, E - 1936 Sp - 1938 U, Pg
2 Ferner Diethelm (Werder Bremen), * 13.7.1941
1963 Ma - 1964 Al
23 Fichtel Klaus (Schalke 04), * 19.11.1944
1967 Ma, Bu, Jg - 1968 Bg, Sz, Wa, E, Br, Fr - 1969 Ö, Bu, Scho - 1970 Jg, Ma, Bu, Pe, E, Uy, U, T - 1971 Me, Pl, Pl
1 Fick Willy (Holstein Kiel), * 17.2.1891
1910 H
6 Fiederer Hans (SpVgg Fürth), * 21.1.1920
1939 Lu, SI - 1940 Rum, Jg - 1941 Kro, D
1 Fiederer Leo (SpVgg Fürth), * 4.4.1897
1920 U
2 Fischer Erich (1.FC Pforzheim), * 31.12.1909
1932 FI - 1933 Fr
45 Fischer Klaus (Schalke 04 30, 1.FC Köln 15), * 27.12.1949
1977 NI, Jg, A, Br, Me, Fi, It, Sz, Wa -1978 SU, Sd, Pl, Me, Tun, It, Ö, Tsch, U, H - 1979 Mal, Wa, A,Wa, SU, T - 1980 Mal - Ö, Br, Fi, PL, Fi, Ö, Ab, Bu - 1982 Pg, Pr, Tsch, N, Al, Ö, E, Sp, Fr, It
1 Fischer Paul (Viktoria 89 Berlin), * 6.9.1882
1908 E
5 Fischer Walter (Duisburger SV), * 21.2.1889
1911 Sz, Bg - 1913 E, Bg - 1914 H
1 Fleischmann Hans (VfR Mannheim), * 11.5.1898
1924 It
1 Flick Hermann (Duisburg 99), * 22.11.1905
1929 Fi
1 Flink Karl (Kölner BC), * 7.12.1895
1922 U
39 Flohe Heinz (1.FC Köln), * 28.1.1948
1970 G - 1971 T, D - 1972 U, E - 1973 Tsch, Jg, Bu, Br, SU, Ö, Fr, Scho - 1974 U, DDR, Jg, Sd, Mal - 1975 E - 1976 Ap, Tsch, Wa, Tsch - 1977 Fr, NI, Jg, Uy, Br, Me, Sz, Wa - 1978 E, SU, Br, Pl, Me, Tun, It
1 Flotho Heinz (VfL Osnabrück), * 23.2.1915
1939 Lu
2 Foda Franco (1.FC Kaiserslautern), * 23.4.1966
1987 Br, A
11 Förderer Fritz (Karlsruher FV), * 5.1.1888
1908 Sz, E - 1909 Sz - 1911 Sz, Bg, U - 1912 H, Ruß, U, E - 1913 D

33 Förster Bernd (VfB Stuttgart), * 3.5.1956
1979 Ir, Is, SU, T - 1980 Mal, Ö, Pl, Tsch, G - 1981 Pl, Fi - 1982 Pg, A, Tsch, N, E, Sp, Fr, It, Bg, E, Nl - 1983 Pg, Ab, Ö, Jg, U, Ab - 1984 Fr, It, Pg, Rum, Sp
81 Förster Karlheinz (VfB Stuttgart), * 25.7.1958
1978 Br, Tsch - 1979 Mal, T, Wa, Ir, Is, A, Wa, SU - 1980 Mal, Ö, Pl, Tsch, H, G, Bg, Sz, H, Fr, Bu - 1981 A, Br, Ab, Ö, Fr, Fi, Ö, Ab - 1982 Pg, Br, A, Tsch, N, Al, Ch, Ö, E, Sp, Fr, Bg, E - 1983 Pg, Ab, T, Ö, Jg, U, Ö, Nl, Ab - 1984 Bu, Bg, SU, Fr, It, Pg, Rum, Sp, Sd, Mal - 1985 U, Mal, Bu, Tsch, SU, Sd, Pg, Tsch - 1986 It, Sz, Jg, Uy, Scho, D, Ma, Me, Fr, A
1 Forell Paul (1.FC Pforzheim), * 14.1.1892
1920 U
4 Frank Georg (SpVgg Fürth), * 14.12.1907
1927 D - 1929 Sz, It - 1930 It
7 Franke Bernd (Eintracht Braunschweig), * 12.2.1948
1973 Tsch, Bu - 1977 Nl, A, Sz - 1982 Pg, N
10 Franz Andreas (SpVgg Fürth), * 27.6.1897
1922 Sz, U -1923 It, Sa - 1924 Ö, H, It, Sz - 1925 Sz - 1926 Sd
1 Fricke Willi (Arminia Hannover), * 16.1.1913
1935 Lu
1 Friedel Georg (1.FC Nürnberg), * 6.9.1913
1937 H
1 Fritzsche Walter (Vorwärts Berlin), * 19.12.1895
1921 Ö
16 Frontzeck Michael (Borussia Mönchengladbach), * 26.3.1964
1984 A - 1985 U, Pg, Mal, Bu, Me, Tsch - 1986 D, Sp, Ö - 1987 It, E, D, U, Br - 1988 Sd
6 Fuchs Gottfried (Karlsruher FV), * 3.5.1889
1911 Sz, Bg - 1912 H, Ruß, U - 1913 Bg
1 Fürst Fritz (Bayern München), * 3.7.1891
1913 Sz
2 Funkel Wolfgang (Bayer Uerdingen), * 10.8.1958
1986 H, Ö

G

4 Gablonsky Max (Bayern München), * 1.1.1890
1910 Bg - 1911 Sz, Ö, Sd
1 Gaebelein Arthur (Hohenzollern Halle), * 29.3.1891
1912 H
2 Garrn (Ehlers) Hermann (Victoria Hamburg), * 11.3.1888
1908 Ö - 1909 E
3 Gärtner Ludwig (Olympia Lorsch), * 19.4.1919
1939 Sl - 1940 Bu - 1941 Sd
16 Gauchel Josef (TuS Neuendorf), * 11.9.1916
1936 Lu, Pl - 1937 Lu, Lie, E, Sz, Pl - 1939 Jg, It, Ir, D, Est - 1940 Jg - 1942 Bu
2 Gedlich Richard (Dresdner SC), * 17.2.1900
1926 H - 1927 D
2 Gehlhaar Paul (Hertha BSC Berlin), * 27.8.1905
1928 Sd - 1931 D
2 Gehrts Adolf (Victoria Hamburg), * 30.10.1886
1908 E - 1910 H
6 Geiger Hans (ASV Nürnberg 2, 1.FC Nürnberg 4), * 24.12.1905
1926 H, Sz - 1929 Sz, It, Scho, Sd
8 Geiger Rolf (Stuttgarter Kickers 1, VfB Stuttgart 7), * 16.10.1934
1956 Bg - 1958 Fr, Bu - 1959 Scho, Pi - 1964 Tsch, Scho, Fi
20 Gellesch Rudolf (Schalke 04), * 1.5.1914
1935 Lu - 1936 U, Tsch, Scho, It - 1937 H, Fr, D, Fi, N, Sd - 1938 Sz, Pg, E, Sz - 1939 Bg, N, U, Bu - 1941 Fi
1 Gerdau Willi (Heider SV), * 12.2.1929
1957 Scho
4 Gerritzen Felix (Preußen Münster), * 6.2.1927
1951 Sz, T, Ö, Ir
1 Gersdorff Bernd (Eintracht Braunschweig), * 18.11.1946
1975 Ö
6 Gerwien Klaus (Eintracht Braunschweig), * 11.9.1940
1963 Ma - 1964 Al - 1968 Z, Br, Ch, Me
4 Geye Rainer (Fortuna Düsseldorf), * 22.11.1949
1972 Sz - 1973 A - 1974 Sz, G
14 Giesemann Willi (Bayern München 11, Hamburger SV 3), * 2.9.1937
1960 Ir, Nl, G - 1961 Bg, Ch, D, Pl, G - 1962 Ch, Jg - 1964 Scho, Sd - 1965 Br
5 Glaser Josef (Freiburger FC), * 11.5.1887
1909 E, Sz - 1910 Bg - 1912 Sz, Ruß
1 Goede Erich (Berliner SV 92), * 24.5.1916
1939 Sl
2 Görtz Armin (1.FC Köln), * 30.8.1959
1988 Sz, Fi
39 Goldbrunner Ludwig (Bayern München), * 5.3.1908
1933 D - 1934 U - 1935 Sz, Bg, Ir, Tsch, N, Fi, Pl, Bu, E - 1936 Sp, Pg, Lu, N, Tsch, Scho, Ir, It - 1937 H, Fr, Bg, Sz, D, Fi, Est, N, Sd - 1938 U, Pg, E, Sz, Pl - 1939 Pg, It, N, U - 1940 U, Bu
1 Göttinger Richard (SpVgg Fürth), * 4.6.1926
1953 Sa
44 Grabowski Jürgen (Eintracht Frankfurt), * 7.7.1944
1966 Ir, Nl, Rum, T - 1970 Sp, Rum, Ir, Ma, Bu, Pe, E, It, U, Ir - 1971 Ab, T, Ab, N, Sd, D, Me, Pl, I - 1972 E, Bg - 1973 Jg, Bu, SU, Ö, Fr, Scho, Sp - 1974 Scho, U, Sd, Ch, Aus, DDR, Sd, Pl, H

3 Gramlich Hermann (Villingen 08), * 24.4.1913
1935 Lu, Rum, Pl
22 Gramlich Rudolf (Eintracht Frankfurt), * 6.6.1908
1931 D - 1932 Sz, Fi - 1933 It, Fr, Sz - 1934 U, Sd, D - 1935 Sz, H, Fr, Bg, Sp, Tsch, N, Fl, Pl, Bu, E - 1936 Sp, N
1 Gröner Emil (SC Stuttgart), * 25.3.1892
1921 U
2 Groh Jürgen (1.FC Kaiserslautern 1, Hamburger SV 1), * 17.7.1956
1979 Is - 1983 U
1 Gros Wilhelm (Karlsruher FV), * 6.7.1892
1912 H
1 Groß Volkmar (Hertha BSC Berlin), * 31.1.1948
1970 G
2 Grosser Peter (TSV 1860 München), * 20.9.1938
1965 Sd - 1966 Nl
1 Gruber Hans (Duisburger SV), * 4.6.1905
1929 Scho
4 Gründel Heinz (Hamburger SV), * 13.2.1957
1985 Pg - 1986 It, Br, H
4 Günther Walter (Duisburg 99), * 18.11.1915
1935 Lu - 1936 Pl, Lu - 1937 H

H

4 Haferkamp Hans (VfL Osnabrück), * 11.10.1921
1951 T, Ö, T - 1952 Lu
1 Haftmann Martin (Dresdner SC), * 16.7.1899
1927 D
12 Hagen Hans (SpVgg Fürth), * 15.7.1894
1920 Ö - 1922 Sz - 1923 It, Sd - 1924 Ö, H, It, Sz - 1925 H - 1929 Fi - 1930 It, Sz
23 Hahnemann Wilhelm (Admira Wien), * 14.1.1914
1938 Sz, Sz, Pl, Rum - 1939 Bg, Jg, H, Ir, D, It - 1940 Jg, It,Rum, Fi, Sl, U - 1941 Sz, U, Kro, Sd, D, Sl
33 Haller Helmut (BC Augsburg 19, FC Bologna 8, Juventus Turin 6), * 21.7.1939
1958 D, Fr, Ö, Bu - 1959 Pl - 1960 Ch, Pg, Ir, Is, G, Bu - 1961 Bg, D, Pl, G - 1962 Uy, It, Sz, Jg - 1964 Sd - 1966 Ir, Jg, Sz, A, Uy, SU, E - 1969 Scho, Z, Scho - 1970 Sp, Rum, Ma
1 Hammerl Franz (Post-SV München), * 9.10.1919
1940 Bu
3 Hänel Erich (BC Hertha), * 31.10.1915
1939 Lu, Est, Sl
1 Hanke Richard (FV Breslau 06), * 18.3.1910
1930 N
8 Hannes Wilfried (Borussia Mönchengladbach) * 17.5.1957
1981 Ab, Br, Fi, Pl, Bu - 1982 Tsch, N, Bg
7 Hanreiter Franz (Admira Wien), * 4.11.1913
1940 Jg - 1941 Sz, U, Sz, Kro - 1942 Kro, Sz
3 Hanssen Karl (Altona 93), * 5.7.1887
1910 H - 1911 E, Sz
2 Hantschick Otto (Union 92 Berlin), * 11.2.1884
1908 E - 1909 E
15 Harder Otto (Hamburger SV), * 25.11.1892
1914 H, 1920 Sch, Ö, U - 1923 N - 1924 N, Sd, U, Sz, H - 1925 Sz - 1926 H, Sd, H, Sz
15 Haringer Sigmund (Bayern München 11, Wacker München 4), * 9.12.1908
1931 Fr - 1932 Sz - 1933 It, Fr, Sz - 1934 U, Lu, Bg, Sd, Tsch - 1935 Pl, Bu, E - 1937 Bg
6 Harpers Gerhard (SV Sodingen), * 12.3.1928
1953 Ö, 1954 E, Fr - 1955 Fr, It, SU, N
4 Hartmann Carl (Union Potsdam 3, Victoria Hamburg 1), * 8.2.1894
1923 N, Sz, Fi - 1924 Sd
2 Hartwig William (Hamburger SV), * 5.10.1954
1979 Ir, Is
5 Häßler Thomas (1.FC Köln), * 30.5.1966
1988 Fi, H - 1989 Bu, H, Wa
1 Heibach Hans (Fortuna Düsseldorf), * 1.12.1918
1938 Lu
3 Heidemann Hartmut (MSV Duisburg), * 5.6.1941
1966 T, N - 1968 Sz
3 Heidemann Matthias (Bonner FV 1, Werder Bremen 2), * 7.2.1912
1933 Sz - 1934 Ö - 1935 Le
9 Heidkamp Conrad (SC 99 Düsseldorf 1, Bayern München 8) * 27.9.1905
1927 H - 1928 D, N, Sz - 1929 Scho - 1930 It, Sz, E, U
8 Heiß Alfred (TSV 1860 München), * 5.12.1940
1962 Sz - 1963 Br - 1965 It, Sz, Br, Z - 1966 E, Nl
41 Held Siegfried (Borussia Dortmund 35, Kickers Offenbach 6), * 7.8.1942
1966 E, H, Rum, Jg,Sz, A, Sp, Uy, SU, E, N - 1967 Ma, Jg, Ab - 1968 Sd, Sz, Br, E, Pe, B, R, I - 1969 Wa, Scho, N - 1970 Ir, Ma, It, Uy, Jg - 1971 Ab, N, Sd, D - 1972 U, E, E - 1973 Jg, Scho
11 Hempel Walter (Sportfreunde Leipzig), * 12.8.1887
1908 Sz - 1910 Sz, H - 1911 E, Sd, Ö, Sd, U - 1912 U, Sz, Ruß
1 Hense Robert (Kölner BC), * 17.11.1885
1910 H
1 Hensel Gustav (FV Kassel), * 23.10.1884
1908 Sz

3 Herberger Josef (SV Waldhof 1, VfR Mannheim 2), * 28.3.1897
1921 Fi - 1924 It - 1925 H
5 Hergert Heinrich (FK Pirmasens), * 21.2.1904
1930 Sz, D, U - 1931 Fr - 1933 Fr
39 Herget Matthias (Bayer Uerdingen)
1983 T - 1984 Bu, Bg, SU, Fr, Mal - 1985 U, Pg, Mal, Bu, Tsch, E, Me, SU, Sd, Pg - 1986 Fr, It, Sz, Jg, H, D - 1987 It, Fr, E, D, Sd, U, Br, A - 1988 Sd, A, Sz, Jg, It, D, Sp, H, SU
21 Herkenrath Fritz (Rot-Weiß Essen), * 9.9.1928
1954 Bg, E, Pg - 1955 It, SU, Jg, N, It - 1956 H, E, SU - 1957 Ö, U - 1958 Bg, Sp, A, Tsch, Nl, Jg, Sz, D
1 Hermann Günter (Werder Bremen), * 5.12.1960
1988 SU
9 Herrmann Günter (Karlsruher SC 7, Schalke 04 2), * 1.9.1939
1960 Nl, Bu - 1961 Ch, Nl, D, Pl, G - 1967 Ma, Bu
8 Herrmann Richard (FSV Frankfurt), * 28.1.1923
1950 Sz, 1951 T, Ö, Ir - 1952 Ir - 1953 N - 1954 Sz, U
5 Herzog Dieter (Fortuna Düsseldorf), * 15.7.1946
1974 Sp, Scho, Jg, Sd, Sz
39 Heynckes Josef (Borussia Mönchengladbach 38, Hannover 96 1), * 9.5.1945
1967 Ma, Bu - 1969 Ö - 1970 T, Jg, G - 1971 Ab, T, Ab, Sd, D, Me, Pl - 1972 U, E, SU, Bg, SU, Sz - 1973 A, Tsch, Br, SU, Scho, Sp - 1974 Sp, It, Sd, Ch, Aus, G - 1975 E, Bu, G, Bu, T - 1976 Mal, Wa, Tsch
3 Hieronymus Holger (Hamburger SV), * 22.2.1959
1981 Pl, 1982 N, E
4 Hiller II Arthur (1.FC Pforzheim), * 3.10.1881
1908 Sz, E, Ö - 1909 Sz
3 Hiller III Marius (1.FC Pforzheim), * 5.8.1892
1910 Sz - 1911 E, Ö
7 Hirsch Julius (Karlsruher FV 4, SpVgg Fürth 3), * 7.4.1892
1911 U - 1912 H, Ö, U - 1913 Sz, D, Bg
1 Hirth Herbert (Hertha BSC Berlin), * 23.1.1884
1909 H
6 Hochgesang Georg (1.FC Nürnberg), * 3.11.1897
1924 N, U - 1925 Sz - 1926 H, Sz - 1927 N
2 Hochstätter Christian (Borussia Mönchengladbach), * 19.10.1963
1987 Br, A
6 Hoeneß Dieter (VfB Stuttgart 2, Bayern München 4), * 7.1.1953
1979 Ir, Is - 1986 Sz, Jg, Me, A
35 Hoeneß Ulrich (Bayern München), * 5.1.1952
1972 U, E, E, SU, Bg, SU, Sz - 1973 Tsch, Jg, Br, SU, Ö, Fr, Scho, Sp - 1974 Sp, It, Scho, U, Sd, Ch, Aus, DDR, Jg, Sd, Pl, H, Sz, G - 1975 Bu, G, Bu - 1976 Sp, Jg, Tsch, Wa, Tsch
4 Höger Karl (SV Waldhof 1, VfR Mannheim 2), * 27.5.1897
1921 U, Fi - 1924 It, Sz
40 Hölzenbein Bernd (Eintracht Frankfurt), * 9.3.1946
1973 Ö, Sp, Ö, Sd, Ch, Aus, Jg, Sd, Pl, H, Sz, G, Mal - 1975 E, Bu, H, Ö, G, Sd, T - 1976 Mal, Sp, Jg, Tsch - 1977 Fr, Nl, A, Uy, Br, Me, Fi, It, Wa - 1978 E, SU, Sd, It, H, Ö
4 Hörster Thomas (Bayer Leverkusen), * 27.11.1956
1986 D, Sp, Ö - 1987 Isr
1 Höschle Adolf (Kickers Stuttgart), * 20.7.1899
1920 N
66 Höttges Horst-Dieter (Werder Bremen), * 10.9.1943
1965 It, Z, E, Sz, Br, Sd, Ö, Z - 1966 H, Ir, Nl, Rum, Jg, Sz, A, Sp, Uy, E, T, N - 1967 Ma, Bu, Ab, Fr, Jg, Ab - 1968 Bg, Wa, Br, Ö, Z - 1969 Wa, Ö, Z, Ö, Bu, Scho - 1970 Rum, Jg, Ma, Bu, Pe, E, U, T, Jg, G - 1971 Pl - 1972 U, E, E, Bg, SU, U - 1973 A, Jg, Bu, SU, Pl, Fr, Scho, Sp - 1974 Sp, It, DDR
1 Hofer Franz (Rapid Wien), * 4.9.1918
1939 Sl
1 Hoffmann Rudolf (Viktoria Aschaffenburg), * 11.2.1935
1955 Ir
18 Hofmann Ludig (Bayern München), * 9.6.1900
1926 H, Sd, Sz - 1927 N, H - 1928 Sz, Sz, Uy, D, Sd - 1929 Sz, It, Scho, Sd - 1930 It, U, E - 1931 Fr
25 Hofmann Richard (Meerane 07 6, Dresdner SC 19), * 8.2.1906
1927 D, N, H - 1928 Sz, Sz, Uy - 1929 Scho, Sd, Fi - 1930 Sz, E, D, U, N - 1931 Fr, H, Ö, Ö, D - 1932 Sz, Fi, Sd, U, H - 1933 Fr
2 Hofmeister Ludwig (Bayern München 1, Stuttgarter Kickers 1), * 5.12.1887
1912 H - 1914 H
1 Hofstätter Johann (Rapid Wien), * 12.1.1913
1940 Jg
26 Hohmann Karl (VfL Benrath), * 18.6.1908
1930 D, N - 1931 Ö - 1933 Bg, Sz, N, Pl - 1934 Lu, Bg, Sd, Pl, D - 1935 H, Fr, Bg, Rum, Est, E - 1936 Pg, Lu, Ir - 1937 H, Lu, Bg, Le
6 Hollstein Ernst (Karlsruher FV), * 9.12.1886
1910 H - 1911 Sz, Bg - 1912 H, Ö, U
1 Holz Friedel (Duisburg 99), * 21.2.1920
1938 Lu
3 Horn Franz (Hamburger SV), * 26.8.1904
1928 D - 1929 Sd, Fi
5 Hornauer Josef (TSV 1860 München 3, 1.FC Nürnberg 2),* 14.1.1908
1928 Sz, Sz, Uy - 1929 It - 1931 D
7 Hornig Heinz (1.FC Köln), * 28.9.1937
1965 It, Z, E, Z - 1966 E, Ir, Rum
21 Hrubesch Horst (Hamburger SV), * 17.4.1951
1980 Ö, Pl, H, G, Bg, Sz, H, Fr, Bu - 1981 A, Ab, Bu - 1982 Pg, Br, A, N, Al, Ch, Ö, Fr, It
1 Huber Alfred (SV 04 Rastatt), * 29.1.1910
1930 Sz

1 Huber Lorenz (Karlsruher FV), * 24.2.1906
1932 U
8 Hunder Paul (Viktoria 89 Berlin), * 12.1.1884
1909 E, U - 1910 Sz - 1911 E, Sd, Ö, Sd, U
3 Hundt Eduard (Schwarz-Weiß Essen), * 3.8.1909
1933 Bg, N - 1934 Lu
2 Hutter Willi (SV Waldhof 1, SV Saar 05 1), * 3.11.1896
1921 Fi - 1922 Sz

I

9 Illgner Bodo (1.FC Köln), * 7.4.1967
1987 D, Sd, A - 1988 Fi, SU, H - 1989 Bu, H, Wa
1 Ilmer Eberhardt (FV Straßburg), * 30.1.1888
1909 Sz
19 Immel Eike (Borussia Dortmund 4, VfB Stuttgart 15), * 27.11.1960
1980 H - 1981 Br, Ab - 1982 N - 1986 Ö - 1987 Isr, It, Fr, E, U, Br - 1988 Sd, A, Sz, Jg, It, D, Sp, H
2 Immig Franz (Karlsruher FV), * 3.2.1926
1939 Lu, Sl
1 Islacker Franz (Rot-Weiß Essen), * 3.2.1926
1954 Fr

J

18 Jäger Adolf (Altona 93), * 31.3.1889
1908 Ö - 1911 Sd - 1912 U, Ö, D, H - 1913 E, D, Bg - 1914 H - 1920 Sz, Ö, U - 1921 U - 1922 Ö, U - 1924 Sz
1 Jäger Günter (Fortuna Düsseldorf), * 21.12.1935
1958 D
17 Jahn Helmut (Berliner SV 92), * 20.10.1917
1939 Sl - 1940 Sl, D - 1941 Kro, Fi, D, Sl - 1942 Sz, Kro, Sp, U, Bu, Rum, Sd, Sz, Kro, Sl
38 Jakob Hans (Jahn Regensburg), * 16.6.1908
1930 N - 1932 Fi, Sd, U - 1933 It, Fr, Sz, Pl - 1934 Ö - 1935 Fr, Bg, Tsch, N, Fi, Pl, E - 1936 Sp, Pg, N, Tsch, Scho, Ir, It - 1937 H, Fr, Bg, Sz, D, Fi, Est, N, Sd -1938 U, Pg, E, Pl - 1939 Ir, U
20 Jakobs Ditmar (Hamburger SV), * 28.8.1953
1980 Pl - 1984 A, Sd, Mal - 1985 U, Pg, Bu, Tsch, E, Me, Sd, Pg - 1986 Br, Sz, Scho, Ma, Me, Fr, A
1 Jakobs Johannes (Hannover 96), * 1.7.1917
1939 Est
71 Janes Paul (Fortuna Düsseldorf), * 11.3.1912
1932 U -1933 Bg, N, Pl - 1934 Lu, Bg, Ö, Pl, D - 1935 H, Fr, Ir, Sp, Tsch, N, Sd, Fi, E - 1936 Sp, Pg, U, Pl, Scho, It - 1937 H, Fr, D, Fr, Est, N, Sd - 1938 Sz, Pg, E, Sz, Pl - 1939 Jg, It, Ir, N, D, Est, U, Jg, Bu, Bö, It - 1940 U, Jg, It, Rum, Sl, U, Jg, D - 1941 Sz, U, Sz, Rum, Sd, D, I - 1942 Sp, U, Bu, Rum, Sd, Sz, Kro, Sl
1 Jellinek Franz (Wiener SK), * 10.7.1922
1940 Sl
1 Joppich Karl (SV Hoyerswerda), * 6.1.1908
1932 U
1 Jordan Ernst (Cricket-Victoria Magdeburg), * 18.5.1883
1908 Sz
1 Jungtow Otto (Hertha BSC Berlin), * 29.12.1892
1913 E
6 Jürissen Willy (Rot-Weiß Oberhausen), * 13.5.1912
1935 Lu, Le - 1936 Lu - 1937 Le - 1938 Sz - 1939 Sl
31 Juskowiak Erich (Rot-Weiß Oberhausen 1, Fortuna Düsseldorf 30), * 7.9.1926
1951 Lu - 1954 Pg - 1955 It, SU, It - 1956 H, E, N, Sd, SU, Sz, Ir, Bg - 1957 Ö, H, Scho, U - 1958 Bg, Sp, Tsch, A, Tsch, Nl, Jg, Sd, D - 1959 Scho, Pl, Sz, H, U

K

1 Kaburek Matthias (Rapid Wien), * 9.2.1911
1939 Sl
15 Kalb Hans (1.FC Nürnberg), * 3.8.1899
1920 Sz - 1921 Fi - 1922 Ö - 1923 N - 1924 Ö, H, N, U, It, Sz - 1926 H - 1927 N, H - 1928 Sz, Uy
9 Kaltz Manfred (Hamburger SV), * 6.1.1953
1975 Ö, G - 1976 Tsch - 1977 Nl, Jg, A, Uy, Br, ME, Fi, It, Sz - 1978 SU, Br, Sd, Pl, Me, Tun, It, H, Ö, Tsch, U, H - 1979 Mal, T, Wa, Ir, Is, A, Wa, SU, T - 1980 Mal, Ö, Pl, Tsch, H, G, Bg, Sz, H, Fr, Bu - 1981 A, Br, Ab, Ö, Br, Fi, Pl, Fi, Ö, Ab, Bu - 1982 Pg, Br, A, Tsch, Al, Ch, Ö, E, Sp, Fr, It, E, Nl - 1983 Pg
5 Kapellmann Hans-Josef (1.FC Köln 2, Bayern München 3), * 19.12.1949
1973 Bu, Br, Ö - 1974 Sz, G
1 Kapitulski Helmut (FK Pirmasens), * 29.9.1934
1958 Ö
3 Kargus Rudi (Hamburger SV), * 15.8.1952
1975 T - 1976 Wa - 1977 Jg
5 Kauer Erich (Tennis Borussia), * 8.1.1908
1930 N - 1931 H, Sd, N, Ö
1 Kaufhold Gerhard (Kickers Offenbach), * 2.12.1928
1954 E
6 Kelbassa Alfred (Borussia Dortmund), * 21.4.1925
1956 Bg - 1957 Scho, Sd, U - 1958 Bg, Fr
1 Keller Ferdinand (TSV 1860 München), * 30.7.1946
1975 Ö
4 Kelsch Walter (VfB Stuttgart), * 3.8.1955
1979 T, Ir, Is - 1980 Mal
2 Kießling Georg (SpVgg Fürth), * 7.3.1903
1927 D - 1928 N
18 Kipp Eugen (Sportfreunde Stuttgart 16, Kickers Stuttgart 2), * 26.2.1885
1908 Sz, Ö - 1909 Sz - 1910 Sz, H - 1911 Sz, E, Sd, Ö - 1912 U, Sz, Ö, D, H - 1913 E, Sz, D, Bg
1 Kirsei Willi (Hertha BSC Berlin), * 3.12.1903
1924 SD
44 Kitzinger Albin (Schweinfurt 05), * 1.12.1912
1935 Rum - 1936 Pg, U, Pl, Sch, Scho, Ir, It - 1937 H, Fr, Bg, Sz, D, Fi, N - 1938 U, Pg, E, Sz, Pl - 1939 Jg, It, Ir, N, D, U, Jg, Bu, It, Sl - 1940 U, It, Rum, Fi, U, Jg, D - 1941 Sz, U, Sz, Rum, Sd - 1942 Sp, U
1 Klaas Werner (SV Koblenz), * 10.5.1914
1937 Lu
6 Kleff Wolfgang (Borussia Mönchengladbach), * 16.11.1946
1971 N - 1972 SU - 1973 SU, Ö, Fr, Scho
1 Kliemann Uwe (Hertha BSC Berlin), * 30.6.1949
1975 H
1 Kling Eugen (TSV 1860 München), * 14.2.1899
1927 D
5 Klingler August (FV Daxlanden), * 24.2.1918
1942 Rum, Sd, Sz, Sl, Kro
12 Klinsmann Jürgen (VfB Stuttgart), * 30.7.1964
1987 Br, A - 1988 A, Sz, Jg, It, D, Sp, H - 1989 H, Wa
2 Klöckner Theo (Schwarz-Weiß Essen), * 19.10.1934
1958 Ä - 1959 Pl
19 Klodt Bernhard (Schalke 04), * 26.10.1926
1950 Sz - 1951 Sz - 1952 Lu, Ir, Sz - 1954 T, T, Bg, Fr, Pg - 1956 H, Sd - 1957 Sd - 1958 Bg, Sp, Tsch, Nl - 1959 Pl
17 Klodt Hans (Schalke 04), * 10.6.1914
1938 Lu - 1939 Jg, N, D, Jg, Bu - 1940 U, It, Fi, U, Bu, Jg - 1941 U, Sz, Rum, Sd
2 Knesebeck Willi (Viktoria 89 Berlin), * 31.3.1887
1911 U - 1912 D
23 Knöpfle Georg (SpVgg Fürth 3, FSV Frankfurt 20), * 16.5.1904
1928 Sz, Uy, D, N, Sd - 1929 Sz, It, Sz - 1930 It - 1931 Fr, H, Ö, Sd, N, Ö, D - 1932 Sz, Fi, Sd, U, H - 1933 It
26 Kobierski Stanislaus (Fortuna Düsseldorf), * 15.11.1910
1931 D - 1932 Fi, U, H, Sz, Sd - 1933 It, Fr, Bg, N, Pl - 1934 Lu, Bg, Sd, Tsch - 1935 H, Fr, Sd - 1936 Tsch, Ir - 1941 U, Rum, Fi, Sz
1 Köchling Willi (Rot-Weiß Essen), * 30.10.1924
1956 Bg
1 Koenen Theo (FV Bonn), * 11.2.1890
1911 U
2 Kögl Ludwig (Bayern München), * 7.3.1966
1985 Me, Tsch
1 Köhl Georg (1.FC Nürnberg), * 19.11.1910
1937 Lu
5 Köhler Georg (Dresdner SC), * 1.2.1900
1925 Sz - 1926 H, Sd, Sz - 1928 Sd
11 Köppel Horst (VfB Stuttgart 7, Borussia Mönchengladbach 4), * 17.5.1948
1968 Bg, Sz, Wa - 1971 T, Ab, D, Me, Pl, Pl - 1973 Bu, SU
1 Köpplinger Emil (1.FC Nürnberg), * 19.12.1897
1927 N
6 Körbel Karl-Heinz (Eintracht Frankfurt), * 1.12.1954
1974 Mal - 1975 E, Bu, H, Ö, G
1 Kördel Heinz (Schalke 04), * 8.1.1932
1958 Ä
24 Kohler Jürgen (SV Waldhof Mannheim 4, 1.FC Köln 15), * 6.10.1965
1986 D - Sp - 1987 Isr, It, Fr, E, D, Sd, U, Br, A - 1988 Sd, A, Sz, Jg, It, D, Sp, H, Fi, SU, H - 1989 Bu, H
22 Kohlmeyer Werner (1.FC Kaiserslautern), * 19.4.1924
1951 T, Ö, Ir, T - 1952 Ir, Jg, Sp - 1953 Ö, N, N - 1954 Sa, Sz, T, U, Bg, Fr, E - 1955 It
9 Konietzka Friedhelm (Borussia Dortmund), * 2.8.1938
1962 Jg, Fr - 1963 Br, T, Ma - 1964 Al, Fi - 1965 It, Z
2 Konopka Harald (1.FC Köln), * 18.11.1952
1978 It - 1979 Is
3 Koslowski Willi (Schalke 04), * 17.2.1937
1962 Uy, Sz, Jg

3 Kostedde Erwin (Kickers Offenbach 2, Hertha BSC Berlin 1), * 21.5.1946
1974 Mal - 1975 E, G
13 Krämer Werner (MSV Duisburg), * 23.3.1940
1963 T, Sd, Ma - 1964 Al - 1965 E, Br, Sd, Ö, Z - 1966 E, Jg, Sp 1967 Bu
9 Kraus Engelbert (Kickers Offenbach 8, TSV 1860 München 1), * 30.7.1934
1955 Jg, N - 1957 Ö, H - 1958 D - 1962 Ch, Jg, Sz - 1964 Fi
1 Krause Emil (Hertha BSC Berlin), * 21.1.1908
1933 Pl
6 Krause Walter (Victoria Hamburg 1, Holstein Kiel 5), * 14.3.1896
1920 U - 1921 Fi - 1923 H, Fi, N - 1924 N
2 Krauß Willy (Carl Zeiss Jena), * 10.2.1886
1911 Sz - 1912 U
15 Kremers Erwin (Schalke 04), * 24.3.1949
1972 SU, Bg, SU, Sz - 1973 A, Tsch, Jg, Bu, Br, SU, Ö, Fr, Scho - 1974 U, Sd
8 Kremers Helmut (Schalke 04), * 24.3.1949
1973 Ö, Fr -1974 Sp, It, U, Sz, G - 1975 E
1 Kreß Anton (1.FC Pforzheim), * 8.6.1899
1921 U
9 Kreß Richard (Eintracht Frankfurt), * 6.3.1925
1954 Pg - 1960 Nl, G, Bu - 1961 Ch, Nl, D, Pl, G
16 Kreß Willibald (Rot-Weiß Frankfurt 12, Dresdner SC 4), * 13.11.1906
1929 Sz, Sd - 1930 Sz, E, U - 1931 Fr, H, Sd, N, Ö, D - 1932 Sz - 1934 U, Bg, Sd, Tsch
3 Krogmann Georg (Holstein Kiel), * 4.9.1886
1912 U, Ö, U
1 Kroth Thomas (Eintracht Frankfurt), * 26.8.1959
1985 U
1 Krüger Kurt (Fortuna Düsseldorf), * 4.10,1920
1940 Rum
2 Krumm Franz (Bayern München), * 16.10.1909
1932 Sd - 1933 It
3 Kubsch Heinz (FK Pirmasens), * 20.7.1930
1954 Sz - 1955 Ir - 1956 Sz
1 Kubus Richard (Vorwärts-Rasensport Gleiwitz), * 30.3.1914
1939 Sl
7 Kugler Anton (1.FC Nürnberg), * 28.3.1898
1923 It - 1924 Ö, H, N, It - 1927 N, H
2 Kugler Paul (Viktoria 89 Berlin), * 24.9.1889
1911 Sd - 1913 Sz
2 Kühnle Paul (Kickers Stuttgart), * 10.4.1885
1910 Sz - 1911 Sz
1 Kuhnt Werner (Norden-Nordwest Berlin), * 27.10.1893
1924 Sd
2 Kund Willi (1.FC Nürnberg), * 11.3.1908
1930 D - 1931 Ö
44 Kupfer Andreas (Schweinfurt 05), * 7.5.1914
1937 Lu, Bg, Sd, D, Fi, N - 1938 Sz, Pg, E, Sz, Pl - 1939 Jg, It, Ir, N, D, U, Jg, Bu, Bö, It - 1940 U, It, Rum, Fi, U, Bu, Jg, D - 1941 Sz, U, Sz, Rum, Sd - 1942 Bu, Rum, Sd, Sz, Kro, Sl - 1950 Sz
7 Küppers Hans (TSV 1860 München), * 24.12.1938
1962 Sz - 1965 T, Sz, Br - 1966 T - 1967 Jg, Ab
5 Kurbjuhn Jürgen (Hamburger SV), * 26.7.1940
1962 Uy - 1963 Sd, Ma - 1964 Al - 1966 Ir
8 Kutterer Emil (Bayern München), * 11.11.1898
1925 Sd, Fi, Sz - 1926 H, Sd, H - 1928 Sz
12 Kuzorra Ernst (Schalke 04), * 16.10.1905
1927 H - 1928 N, Sd - 1930 Sz, E - 1931 D - 1932 Sz, Fi, H -1936 Lu - 1938 U
4 Kwiatkowski Heinz (Borussia Dortmund), * 16.7.1926
1954 U - 1956 Ir, Bg - 1958 Fr

L

4 Laband Fritz (Hamburger SV), * 1.11.1925
1954 Sz, T, T, Jg
8 Lachner Ludwig (TSV 1860 München), * 27.7.1910
1930 U, N - 1931 H - 1932 U - 1933 Fr, Sz, Pl - 1934 U
10 Lang Hans (SpVgg Fürth 2, Hamburger SV 8), * 8.2.1899
1922 Sz - 1923 It - 1924 N, Sd, U - 1925 H, Sd, Fi, Sz - 1926 H
2 Langenbein Kurt (VfR Mannheim), * 4.11.1910
1932 Sz - 1935 Le
2 Laumen Herbert (Borussia Mönchengladbach), * 11.8.1943
1968 Bg, Wa
65 Lehner Ernst (Schwaben Augsburg 55, Blau-Weiß Berlin 10), * 7.11.1912
1933 Sz, Pl - 1934 U, Bg, Sd, Tsch, Ö, Pl, D - 1935 Sz, H, Fr, Bg, Ir, Sp, Tsch, N, Sd, Fi, Pl, Bu, E - 1936 Sp, Pg, N, Ir - 1937 H, Fr, Bg, Sz, D, Fi, Est, N - 1938 Sz, U, Pg, E, Sz, Sz - 1939 Bg, It, Ir, N, Est, U, Jg, Bu, Bö, It, Sl - 1940 U, Jg, It, U, Bu, Jg, D - 1941 Rum, Kro, Sd - 1942 Sd, Sz, Kro
24 Leinberger Ludwig (SpVgg Fürth), * 21.5.1903
1927 D - 1928 Sz, Uy, D, N - 1929 D, It, Sd - 1930 It, Sz, E, U - 1931 Fr, H, Sd, N, Ö, D - 1932 Sz, Fi, Sd, U, H - 1933 It

3 Leip Rudolf (Guts Muths Dresden), * 8.6.1890
1923 Fi, N - 1924 Sd
14 Lenz August (Borussia Dortmund), * 29.11.1910
1935 Bg, Ir, Tsch, N, Rum, Pl, Le - 1936 Sp, U, N, Tsch - 1937 Fr, Bg - 1938 Lu
26 Libuda Reinhard (Schalke 04 24, Borussia Dortmund 2), * 10.10.1943
1963 T, Sd, Ma - 1964 Al, Tsch, Scho - 1965 Br - 1967 Fr, Rum - 1969 Wa, Z, Ö, Scho - 1970 Sp, Jg, Bu, Pe, E, It, Uy, U, T, Jg, G - 1971 Me, Pl
16 Liebrich Werner (1.FC Kaiserslautern), * 18.1.1927
1951 T - 1952 Fr - 1954 Sa, U, Jg, Ö, U, Bg, Fr, E, Pg - 1955 SU, Jg, N, It - 1956 Sz
1 Lindner Willi (Eintracht Frankfurt), * 27.6.1910
1933 Fr
60 Littbarski Pierre (1.FC Köln 56, Racing Paris 1), * 16.4.1960
1981 Ö, Ab - 1982 Pg, Br, A, Tsch, N, Al, Ch, Ö, Sp, Fr, It, Bg, E, Nl - 1983 Pg, Ab, T, Ö, U, T, Nl, Ab - 1984 Fr, Rum, Sp - 1985 U, Pg, Mal, Bu, Tsch, E, SU, Sd, Pg, Tsch - 1986 Jg, H, Uy, Scho, D, Ma, Me - 1987 It, Fr, E, D, Sd, U - 1988 Sd, Sz, It, D, Sp, H, Fi, SU - 1989 Bu
4 Löble Otto (Kickers Stuttgart), * 27.10.1888
1909 Sz - 1910 Sz - 1912 Sz - 1913 E
20 Löhr Johannes (1.FC Köln), * 5.7.1942
1967 Ma, Bu, Ab, Jg, Fr, Jg, Rum, Ab - 1968 Bg, Sz, E - 1970 Ir, Jg, Ma, Bu, Pe, E, It, Uy, U
1 Lohneis Hans (MTV Fürth), * 12.4.1895
1920 Ö
3 Lohrmann Theodor (SpVgg Fürth), * 7.8.1898
1920 U - 1922 Sz, U
19 Lorenz Max (Werder Bremen 17, Eintracht Braunschweig 2), * 19.8.1939
1965 Z, E, Sz, Ö - 1966 E, H - 1968 E, Br, Fr, Z, Br, Ch, Me - 1969 Wa, Scho, Z - 1970 Rum, Uy
1 Ludewig Heinz (Duisburger SV), * 24.12.1889
1914 H
3 Ludwig Johann (Holstein Kiel), * 8.6.1903
1930 U - 1931 Sd, N
1 Ludwig Karl (SC 99 Köln), * 14.5.1886
1908 Sz
2 Lüke Josef (Turu Düsseldorf), * 13.3.1899
1923 H, Fi
12 Lutz Friedel (Eintracht Frankfurt), * 21.1.1939
1960 Is, Bu - 1961 Bg, Ch - 1964 Al, Fi - 1966 E, Ir, Nl, Rum, SU
3 Lux Hermann (Tennis Borussia Berlin), * 20.9.1893
1924 Sd - 1925 H, Fi

M

3 Maas Erich (Eintracht Braunschweig), * 24.12.1940
1968 Bg - 1969 Bu - 1970 Rum
43 Magath Felix (Hamburger SV), * 26.7.1953
1977 Jg, Uy - 1980 Pl, Tsch, H, Sz, H, Bu - 1981 A, Br, Ab, Ö, Br, Fi, Pl, Fi, Ö, Ab, Bu - 1982 N, Al, Ch, Ö, Fr - 1984 A, Sd - 1985 U, Pg, Mal, Bu, Tsch, E, Me, SU - 1986 It, Br, Sz, Uy, Scho, Ma, Me, Fr, A
1 Mahlmann Carl-Heinz (Hamburger SV), * 17.9.1907
1932 H
21 Mai Karl (SpVgg Fürth 18, Bayern München 3), * 27.7.1928
1953 Sa, N - 1954 Sz, T, T, Jg, Ö, U, Bg, Fr - 1955 It, It - 1956 E, N, Sz, Ir - 1957 Sd - 1958 Bu, A - 1959 Fr
95 Maier Josef (Bayern München), * 28.2.1944
1966 Ir, T, N - 1967 Bu, Jg, Jg, Jg - 1968 Bg, Fr, Ö, Br, Me - 1969 Wa, Scho, Ö, Z, Bu, Scho - 1970 Rum, Ma, Bu, Pe, E, It, U, T, Jg - 1971 Ab, , Ab, Sd, D, Me, Pl, Pl - 1972 U, E, E, SU, Bg, SU, Sz - 1973 A, Jg, Br, Scho, Sp - 1974 It, Scho, Sd, Ch, Aus, DDR, Sd, Pl, H, Sz, G - 1975 E, Bu, H, Ö, G, Bu - 1976 Mal, Sp, Sp, Pl, Tsch - 1977 Fr, Nl, Jg, Br, Me, Fi, It, Wa - 1978 E, SU, Br, Sd, Pl, Me, Tun, It, H, Ö, Tsch, U - 1979 Mal, Wa, Ir, Is
5 Malecki Edmund (Hannover 96), * 1.11.1914
1935 Rum, Est - 1936 Lu - 1937 Lu - 1939 Lu
2 Malik Richard (Beuthen 09), * 10.12.1909
1932 U - 1933 It
1 Maneval Hellmut (Kickers Stuttgart), * 13.11.1898
1923 H
4 Manglitz Manfred (MSV Duisburg 2, 1.FC Köln 2), * 8.3.1940
1965 It, Z - 1970 Sp, Jg
5 Männer Ludwig (Hannover 96), * 11.7.1912
1937 Le - 1939 Lu, Est, Bö - 1940 Sl
5 Mantel Hugo (Eintracht Frankfurt 4, Dresdner SC 1), * 14.5.1907
1927 D - 1930 It, E, D - 1933 Fr
1 Marischka Otto (Admira Wien), * 31.5.1912
1939 Sl
1 Marohn Arthur (Viktoria 89 Berlin), * 14.6.1893
1921 U
1 Martin Bernd (VfB Stuttgart), * 10.2.1955
1979 Wa
1 Martinek Alexander (Wacker Wien), * 25.4.1919
1940 Rum
6 Martwig Otto (Tennis Borussia Berlin), * 24.2.1903
1925 Sd, Fi, Sz - 1926 Sd, H - 1927 N

1 Marx Joseph (SV Sodingen), * 20.11.1934
1960 Is
1 Massini Erich (Preußen Berlin), * 13.9.1889
1909 E
2 Mathies Paul (Preußen Danzig), * 12.1.1911
1935 Est, Le
69 Matthäus Lothar (Borussia Mönchengladbach 26, Bayern München 39, Inter Mailand 4), * 21.3.1961
1980 H - 1982 Ab, Pg, Br, A, Tsch, N, Ch, Ö, Bg, E, Nl - 1983 Pg, U, Ö, T, Nl, Ab - 1984 Bg, SU, Fr, It, Pg, Rum, Sp, A, Sd, Mal - 1985 U, Pg, Mal, Bu, Tsch, E, SU - 1986 It, Br, Sz, Jg, H, Uy, Scho, D, Ma, Me, Fr, A, D, Sp, Ö - 1987 Isr, It, Fr, U, Br, A - 1988 Sd, A, Sz, Jg, It, D, Sp, H, Fi, H - 1989 Bu, H
1 Matthes Paul (Viktoria 96 Magdeburg), * 6.3.1879
1908 E
1 Mauch Paul (VfB Stuttgart), * 8.5.1897
1922 Ö
1 Mauritz Matthias (Fortuna Düsseldorf), * 13.11.1924
1959 Pl
6 Mebus Paul (VfL Benrath 1, 1.FC Köln 5), * 9.6.1920
1951 Sz, Ö, Ir, T, Lu - 1954 U
2 Mechling Heinrich (FC Freiburg), * 25.2.1891
1912 Sz - 1913 Sz
2 Mehl Paul (Fortuna Düsseldorf), * 16.4.1912
1936 Lu, Pl
16 Meier Norbert (Werder Bremen), * 20.9.1958
1982 E - 1983 Pg, Ab, Jg, U, Ö, T, Nl, Ab - 1984 Bu, SU, Fr, Rum, Sp - 1985 SU, Pg
1 Meißner Kurt (VfR Mannheim), * 11.12.1897
1924 It
3 Memering Caspar (Hamburger SV), * 1.6.1953
1979 Ir, Is - 1980 G
1 Mengel Hans (Turu Düsseldorf), * 6.2.1917
1938 U
1 Merkel Max (Wiener SK), * 7.12.1918
1939 Sl
2 Metzner Karl-Heinz (Hessen Kassel), * 9.1.1923
1952 Sp - 1953 Sa
1 Meyer Peter (Borussia Mönchengladbach), * 18.2.1940
1967 Ab
14 Mill Frank (Borussia Mönchengladbach 9, Borussia Dortmund 4), * 23.7.1958
1982 Br, A, Tsch - 1984 A - 1985 U, E, Me - 1986 Br, H - 1988 Jg, D, Sp, H, H
3 Milewski Jürgen (Hamburger SV), * 19.10.1957
1981 Ab - 1982 Bg - 1984 SU
12 Miller Karl (FC St. Pauli Hamburg), * 2.10.1913
1941 U, Sz, Fi, D, Sl - 1942 Sp, U, Bu, Rum, Sa, Sz, Sl
2 Miltz Jakob (TuS Neuendorf), * 23.9.1928
1954 Pg - 1956 Ir
5 Mock Hans (Austria Wien), * 30.8.1915
1938 Sz, Rum - 1941 Kro - 1942 Kro, Sz
4 Möller Andreas (Borussia Dortmund), * 2.9.1967
1988 SU - 1989 Bu, H, Wa
9 Möller Ernst (Holstein Kiel), * 19.8.1891
1911 E, Sd, Ö, Sd - 1912 U, D - 1913 E, D, Bg
5 Mohns Arthur (Norden-Nordwest Berlin), * 4.12.1896
1920 U - 1921 Ö, Fi - 1922 U
4 Montag Otto (Norden-Nordwest Berlin), * 12.10.1897
1923 Sz, Sd - 1925 Sd, Fi
7 Moog Alfons (VfL 99 Köln), * 14.2.1915
1939 Est - 1940 Rum, Fi, Sl, Bu, D, U
26 Morlock Max (1.FC Nürnberg), * 11.5.1925
1950 Sz - 1951 Ö, Ir, T - 1952 Sz, Jg, Sp - 1953 Ö, N, Sa, N - 1954 Sz, T, T, Jg, Ö, U, Bg - 1955 It, SU, Jg - 1956 E, Ir - 1958 Bu, A
12 Müller Dieter (1.FC Köln), * 1.4.1954
1976 Jg, Tsch, Wa - 1977 Fr, Nl, Jg, Uy, Me - 1978 Me, Tun, H, Ö
1 Müller Ernst (Hertha BSC Berlin), * 13.7.1901
1931 Ö
2 Müller Friedrich (Dresdner SC), * 7.12.1907
1931 H, Ö
62 Müller Gerhard (Bayern München), * 3.11.1945
1966 T - 1967 Ab, Jg, Fr, Jg - 1968 Fr, Ö, Z - 1969 Wa, Scho, Ö, Z, Ö, Bu, Scho - 1970 Sp, Rum, Ir, Jg, Ma, Bu, Pe, E, It, Uy, U, T - 1971 Ab, T, N, Sd, D, Me, Pl, Pl - 1972 U, E, E, SU, Bg, SU, Sz - 1973 Tsch, Jg, Br, SU, Ö, Fr, Sp - 1974 Sp, It, Scho, U, Sd, Ch, Aus, DDR, Jg, Sd, Pl, H
42 Müller Hans (VfB Stuttgart 36, Inter Mailand 6), * 27.7.1957
1978 Br, Sd, Pl, Me, Tun, Ö, Tsch - 1979 Mal, T, Ir, A, Wa, SU, T - 1980 Mal, Ö, Pl, Tsch, H, G, Bg, Sz, H, Fr, Bu - 1981 A, Br, Ab, Ö, Br, Fi, Pl - 1982 Br, A, E, It, Bg - 1983 Ab, T, Ö, Jg, U
9 Müller Henry (Victoria Hamburg), * 12.8.1896
1921 U - 1922 Ö, U - 1923 H, Sz, Fi - 1924 It - 1928 N
12 Müller Josef (Phönix Ludwigshafen 1, SpVgg Fürth 10, FV 04 Würzburg 1), * 6.5.1893
1921 Fi - 1922 Sz - 1923 It - 1924 Ö, H, It, Sz - 1925 H, Sz - 1926 H, H - 1928 Sz
6 Müller Ludwig (1.FC Nürnberg 5, Borussia Mönchengladbach 1), * 25.8.1941
1968 E, Br, Fr - 1969 Wa, Z, Bu
41 Münzenberg Reinhold (Alemannia Aachen), * 25.1.1909
1930 D, N - 1931 Fr, Ö - 1934 Ö, Pl, D - 1935 H, Fr, Sp, Sd, Rum, Est, Bu, Le - 1936 Lu, Pl, U, Tsch, Scho, Ir, It - 1937 H, Fr, Bg, Sz, D, Le, Fi, Est, N, Sd - 1938 Sz, U, Pg, E, Pl - 1939 Lu
8 Munkert Andreas (1.FC Nürnberg), * 7.3.1908
1935 Bg, Fi - 1936 Sp, U, Tsch, Scho, Ir, It

N

1 Natziger Rudolf (Bayern München), * 11.8.1945
1965 Ö
1 Nagelschmitz Ernst (Bayern München), * 1.5.1902
1926 H
3 Neiße Hermann (Eimsbütteler TV), * 5.12.1889
1910 H - 1911 E, Bg
37 Netzer Günter (Borussia Mönchengladbach 31, Real Madrid 6), * 14.9.1944
1965 Ö, Z - 1966 E, T - 1967 Bu, Ab - 1968 Bg, Sz, Wa, Fr, Ö, Br, C -, 1970 Sp, Jg, G - 1971 Ab, T, Ab, N, Sd, D, Me, Pl - 1972 U, E, E, SU, Bg, SU, Sz - 1973 Scho - 1974 It, Sd, DR - 1975 Bu, G
1 Neubarth Frank (Werder Bremen), * 29.7.1962
1988 A
2 Neuberger Willi (Borussia Dortmund), * 15.4.1946
1968 Wa, Br
3 Neumaier Robert (Phönix Karlsruhe), * 14.4.1885
1909 Sz - 1910 Bg - 1912 Sz
1 Neumann Arno (Dresdner SC), * 7.2.1885
1908 E
1 Neumann Herbert (1.FC Köln), * 14.11.1953
1978 E
1 Neumer Leopold (Austria Wien), * 8.2.1919
1938 Sz
1 Neuschäfer Hans (Fortuna Düsseldorf), * 23.11.1931
1956 N
1 Nicodemus Otto (SV Wiesbaden), * 21.6.1886
1909 Sz
1 Nickel Bernd (Eintracht Frankfurt), * 15.3.1946
1974 Mal
3 Nickel Harald (Borussia Mönchengladbach), * 21.7.1953
1979 SU, T - 1980 Mal
1 Niederbacher Max (Kickers Stuttgart), * 22.6.1899
1925 Sd
1 Niedermayer Kurt (Bayern München), * 25.11.1955
1980 H
6 Nigbur Norbert (Schalke 04), * 8.5.1948
1974 Sp, U, Mal - 1979 SU, T - 1980 Ö
3 Noack Rudolf (Hamburger SV), * 30.3.1913
1934 U, Tsch - 1937 Sz
4 Nogly Peter (Hamburger SV), * 14.1.1947
1977 Fr, Nl, Uy, Me
15 Nowak Hans (Schalke 04), * 9.8.1937
1961 D, Pl, G - 1962 It, Sz, Ch, Jg, Sz - 1963 Br, T, Sd, Ma - 1964 Tsch, Scho, Sd

O

5 Oberle Emil (Phönix Karlsruhe), *16.11.1889
1909 Sz - 1912 H, Sz, Ruß, U
3 Oehm Richard (1.FC Nürnberg), * 22.6.1909
1932 Sz - 1934 U, Lu
1 Ohlhauser Rainer (Bayern München), * 6.1.1941
1968 Ch
1 Olk Werner (Bayern München), * 18.1.1938
1961 Pl
2 Ordenewitz Frank (Werder Bremen), * 25.3.1965
1987 Br, A
6 Otten Jonny (Werder Bremen), * 31.1.1961
1983 Pg, Ab, Jg, T, Ab - 1984 SU
81 Overath Wolfgang (1.FC Köln), * 29.9.1943
1963 T, Sd, Ma - 1964 Al, Tsch, Fi, Sd - 1965 Z, E, Sz, Br - 1966 H, Ir, Nl, Rum, Jg, Sz, A, Sp, Uy, SU, E, T, N - 1967 Ma, Bu, Ab, Jg, Fr, Ab, Rum - 1968 Wa, E, Br, Fr, Z, Br, Ch, Me - 1969 Scho, Ö, Ö, Bu, Scho - 1970 Rum, Ir, Jg, Ma, Bu, Pe, E, It, Uy, T, Jg, G - 1971 Ab, Ab, N, Sd, D, Pl - 1973 A, Tsch, Jg, Bu, Br, Ö, Fr, Sp - 1974 Sp, It, Ch, Aus, DDR, Jg, Sd, Pl, H

P

1 Panse Herbert (Eimsbütteler TV), * 6.3.1914
1935 Le
24 Patzke Bernd (TSV 1860 München 18, Hertha BSC Berlin 6), * 24.3.1943
1965 It, Z - 1967 Ma, Bu, Ab, Jg, Fr, Jg, Rum, Ab - 1968 Z, Br, Ch, Me - 1969 Wa, Scho, Ö, Z - 1970 Ir, Pe, It, Uy - 1971 Ab, T
6 Paulsen (Pömpner) Paul (VfB Leipzig), * 28.12.1892
1924 Sd, It, Sz - 1925 H, Sd, Fr
1 Pekarek Josef (Wacker Wien), * 2.1.1913
1939 Sl
12 Pesser Hans (Rapid Wien), * 7.11.1911
1938 E, Sz, Pl, Rum - 1939 It, U, It - 1940 U, Jg, It, U, D
1 Peters Wolfgang (Borussia Dortmund), * 8.1.1929
1957 Sd

7 Pfaff Alfred (Eintracht Frankfurt), * 16.7.1926
1953 N - 1954 U, Pg - 1956 E, N, Sd, Sz
1 Pfeiffer Michael (Alemannia Aachen), * 19.7.1925
1954 E
8 Pflügler Hans (Bayern München), * 27.3.1960
1987 Isr, It, Fr, Sd, A - 1988 A, H, SU
2 Philipp Ludwig (1.FC Nürnberg), * 20.12.1889
1910 Sz, H
1 Picard Alfred (SSV Ulm), * 21.3.1913
1939 Lu
6 Piontek Josef (Werder Bremen), * 5.3.1940
1965 It, E, Sz, Br, Z - 1966 Nl
2 Pirrung Josef (1.FC Kaiserslautern), * 24.7.1949
1974 G, Mal
2 Platzer Peter (Admira Wien), * 29.5.1910
1939 Bg, It
2 Plener Ernst (Vorwärts Rasensport Gleiwitz), * 21.2.1919
1940 Rum, It
3 Poetsch Ernst (Union 92 Berlin), * 29.6.1883
1908 Ö - 1909 U - 1910 H
2 Pohl Erich (SC 99 Köln), * 15.1.1894
1923 H, Fi
2 Pohl Herbert (Dresdner SC), * 18.9.1916
1941 Fi, Sl
1 Pöhler Ludwig (Hannover 96), * 11.1.1916
1939 Lu
1 Politz Karl (Hamburger SV), * 14.8.1903
1934 U
5 Popp Luitpold (1.FC Nürnberg), * 7.3.1893
1920 L - 1921 Ö - 1923 Sd - 1924 U - 1926 Sd
1 Poppe Walter (Eintracht Braunschweig), * 5.3.1886
1908 E
1 Porges Ingo (FC St. Pauli Hamburg), * 22.8.1938
1960 Ir
3 Pörtgen Ernst (Schalke 04), * 25.1.1912
1935 Bu - 1936 Lu - 1937 Lu
32 Posipal Josef (Hamburger SV), * 20.6.1927
1951 T, Ö, Ir, T - 1952 Lu, Ir, Fr, Sz, Jg, Sp - 1953 Ö, N, Sd, N - 1954 Sa, Sz, T, U, T, Ö, U, g, Fr, E, Pg - 1955 It, SU, Jg, N, It - 1956 H, SU
3 Pott Fritz (1.FC Köln), * 23.4.1939
1962 Fr - 1963 T - 1964 Tsch
14 Pöttinger Josef (Bayern München), * 16.4.1903
1926 H, Sd - 1927 N, H - 1928 Sz, Sz, Uy, D, Sd - 1929 Sz, It, Scho - 1930 It, E
2 Preißler Alfred (Preußen Münster), * 9.4.1921
1951 Ö, Ir
1 Pyka Alfred (Westfalia Herne), * 28.6.1934
1958 Ö

Q

3 Queck Richard (Eintracht Braunschweig), * 4.11.1888
1909 U - 1910 H - 1914 H

R

6 Raftl Rudolf (Rapid Wien), * 7.2.1911
1938 Sz, Rum - 1939 Bö, It - 1940 Jg
40 Rahn Helmut (Rot-Weiß Essen 34, 1.FC Köln 6), * 16.8.1929
1951 T, Lu - 1952 Fr, Jg, Sp - 1953 Ö, N, Sa, N - 1954 Sa, U, Jg, Ö, U, Bg - 1955 It, SU, It - 1956 Ir, 1957 Ö, H, Scho - 1958 A, Tsch, Nl, Jg, Sd, Fr, D, Fr, Ö, Bu, Ä - 1959 Scho, Sz, H, U, Jg - 1960 Ch, Pg
14 Rahn Uwe (Borussia Mönchengladbach), * 21.5.1962
1984 Sd, Mal - 1985 Mal, Bu, Tsch, E, Me, SU, Tsch - 1986 D, Sp - 1987 Isr, Fr, D
9 Rasselnberg Josef (VfL Benrath), * 18.12.1912
1933 Bg, N, Sz, Pl - 1934 Lu - 1935 Sp, Rum, Est, E
2 Rebele Hans (TSV 1860 München), * 26.1.1943
1965 Sz - 1969 Wa
1 Redder Theo (Borussia Dortmund), * 19.11.1941
1964 Fi
1 Reese Hans (Holstein Kiel), *17.9.1891
1912 Ruß
2 Reichel Peter (Eintracht Frankfurt), * 30.11.1951
1975 T - 1976 Sp
4 Reinders Uwe (Werder Bremen), * 19.1.1955
1982 N, Ch, E, Sp
1 Reinhardt Alois (Bayer Leverkusen), * 18.11.1961
1989 Wa
1 Reinhardt Knuth (Bayer Leverkusen), * 27.4.1968
1988 SU
4 Reinmann Baptist (1.FC Nürnberg), * 31.10.1903
1927 N, H - 1928 D - 1929 Sz
9 Reisch Stefan (1.FC Nürnberg), * 29.11.1941
1962 Jg, Fr, Sz - 1963 T, Sd, Ma - 1964 Al, Tsch, Scho
1 Reiser Otto (Phönix Karlsruhe), * 24.12.1884
1911 Bg
1 Reislant Otto (Wacker Leipzig), * 31.5.1883
1910 Bg
1 Reißmann Martin (Guts Muths Dresden), * 29.9.1900
1923 N

1 Reitermaier Ernst (Wacker Wien), * 26.12.1918
1939 Sl
1 Reitgaßl Willy (Karlsruher SC), * 29.2.19136
1960 Is
14 Retter Erich (VfB Stuttgart), * 17.2.1925
1952 Lu, Ir, Fr, Sz, Jg, Sp - 1953 Ö, N, Sa, N - 1954 Sa, Sz - 1955 Ir - 1956 E
1 Retter Fritz (Sportfreunde Stuttgart), * 2.7.1896
1922 Sz
12 Reuter Stefan (1.FC Nürnberg 9, Bayern München 3), * 16.10.1966
1987 It, Fr, E, D, U, Br, A - 1988 Sd, Sz, SU - 1989 H, Wa
1 Richter Leopold (VfB Leipzig), * 22.5.1885
1909 U
1 Richter Lothar (Chemnitzer BC), * 9.6.1912
1941 Fi
4 Riedle Karl-Heinz (Werder Bremen), * 16.9.1965
1988 Fi - 1989 Bu, H, Wa
7 Riegel Carl (1.FC Nürnberg), * 6.1.1897
1920 Sz, Ö, U - 1921 Ö - 1922 Ö - 1923 Sz, Sd
2 Rieger Franz (Austria Wien), * 30.8.1915
1941 Sl - 1942 Kro
1 Ringel Karl (Borussia Neunkirchen), * 30.9.1932
1958 Ä
1 Riso Hans II (Wacker Leipzig), * 16.3.1889
1910 Sz
2 Riso Heinrich I (VfB Leipzig), * 30.6.1882
1908 Ö - 1909 U
8 Risse Walter (SC 99 Düsseldorf 5, Hamburger SV 3), * 2.12.1893
1923 H, Sz, Sd, Fi, N - 1924 N, Sd - 1928 N
3 Ritschel Manfred (Kickers Offenbach), * 7.6.1946
1975 E, Bu, H
1 Ritter Oskar (Holstein Kiel), * 30.9.1901
1925 Sd
3 Rodekamp Walter (Hannover 96), * 13.1.1941
1965 E, Sz, Br
3 Rodzinski Josef (Hamborn 07), * 29.8.1907
1936 N, Tsch, Ir
12 Röhrig Josef (1.FC Köln), * 28.2.1925
1950 Sz - 1951 Sz, T - 1952 Ir - 1953 Ö - 1954 Sa - 1955 Ir, SU, Jg, N, It - 1956 H
25 Rohde Hans (Eimsbütteler TV), * 7.12.1914
1936 Lu - 1939 Bg, Lu, Ir, D, Est, It, Sl - 1940 U, It, Jg, D - 1941 Sz, U, Rum, Sd, D, Sl - 1942 Sp, U, Sd, Sz, Kro, Sl
4 Rohr Oskar (Bayern München), * 24.4.1912
1932 Sz, Sd - 1933 It, Fr
5 Rohwedder Otto (Eimsbütteler TV), * 3.12.1909
1934 D - 1935 Sz, H, Sd - 1937 Bg
1 Rokosch Ernst (SpVgg Leipzig), * 26.2.1889
1914 H
1 Roleder Helmut (VfB Stuttgart), * 9.10.1953
1984 SU
37 Rolff Wolfgang (Hamburger SV 19, Bayer Leverkusen 18), * 26.12.1959
1983 Pg, T, Ö, Jg, U, Ö, Nl - 1984 SU, Fr, It, Pg, Sp - 1985 Tsch - 1986 It, Br, Sz, H, D, Fr, D, Sp, Ö - 1987 It, Fr, D, U, A - 1988 Sd, A, Sz, Jg, D, Sp, H, Fi, SU - 1989 H
1 Roller Gustav (1.FC Pforzheim), * 19.2.1895
1924 U
10 Röpnack Helmut (Viktoria 89 Berlin), * 23.9.1884
1909 E - 1911 Ö - 1912 H, U, Ö, U, H - 1913 Sz, D, Bg
1 Rose Walter (SpVgg Leipzig), * 5.11.1912
1937 Est
4 Roth Franz (Bayern München), * 27.4.1944
1967 Jg - 1970 Rum, Jg, G
3 Ruch Hans (Union 92 Berlin 2, Hertha BSC Berlin 1), * 8.9.1898
1925 Sd, Fi - 1929 Scho
1 Ruchay Fritz (Prussia Samland Königsberg), * 12.12.1909
1935 Le
20 Rüßmann Rolf (Schalke 04), * 13.10.1950
1977 Jg, A, Uy, Br, Me, Fi, It, Sz, Wa - 1978 E, SU, Br, Sd, Pl, Me, Tun, It, H, Ö, U
95 Rummenigge Karl-Heinz (Bayern München 78, Inter Mailand 17), * 25.9.1955
1976 Wa, Tsch - 1977 Fr, A, Uy, Br, Fi, It - 1978 E, SU, Br, Sd, Me, Tun, It, H, Ö, Tsch, U, H - 1979 Mal, T, Wa, Ir, A, Wa, SU, T - 1980 Mal, Ö, Pl, Tsch, H, G, Bg, Sz, H, Bu - 1981 A, Br, Ab, Ö, Pl, Fi, Ö, Bu, A - 1982 Pg, Tsch, N, Al, Ch, Ö, E, Sp, Fr, It, Bg, E, Nl - 1983 Pg, Ab, T, Ö, Jg, Ö, T, Nl, Ab - 1984 Bu, Bg, Fr, It, Pg, Rum, Sp, Sd, Mal - 1985 U, Mal, Bu, Sd, Pg, Tsch - 1986 It, Br, Uy, Scho, D, Ma, Me, Fr, A
2 Rummenigge Michael (Bayern München), * 3.2.1964
1983 T - 1986 Ö
1 Rupp Bernd (Borussia Mönchengladbach), * 24.2.1942
1966 T
1 Rutz Willi (VfB Stuttgart), * 7.1.1907
1932 Fi

S

1 Sabeditsch Ernst (Vienna Wien), * 6.5.1920
1939 Sl
4 Sackenheim August (Guts Muths Dresden), * 5.8.1905
1929 Fi - 1930 Sz - 1931 Sd, N
10 Sawitzki Günter (SV Sodingen 2, VfB Stuttgart 8), * 22.11.1932
1956 N, Sd - 1957 Sd - 1958 Tsch, Bu - 1959 Scho, Pl, Jg - 1960 Ir - 1963 Sd
3 Schade Horst (SpVgg Fürth 2, 1.FC Nürnberg 1), * 10.7.1922
1951 Sz, T - 1953 Sa
4 Schädler Erwin (Ulmer FV 94), * 8.4.1917
1937 Lu, Le, Est - 1938 Lu
39 Schäfer Hans (1.FC Köln), * 19.10.1927
1952 Sz - 1953 Ö, N, Sa - 1954 Sa, Sz, T, T, Jg, Ö, U - 1955 It, Ir, SU, Jg, It - 1956 H, E, SU, Sz, Ir - 1957 Ö, Sd, U - 1958 Bg, Sp, Tsch, A, Tsch, Nl, Jg, Sd, Fr - 1959 Scho - 1962 Uy, It, Sz, Ch, Jg
1 Schäfer Herbert (Sportfreunde Siegen), * 16.8.1927
1957 Sd
1 Schäfer Max (TSV 1860 München), * 17.1.1907
1934 U
2 Schaletzki Reinhard (Vorwärts Rasensport Gleiwitz), * 21.5.1919
1939 N, Est
14 Schanko Erich (Borussia Dortmund), * 4.10.1919
1951 T, Ö, Ir, T, Lu - 1952 Lu, Ir, Fr, Sz, Jg, Sp - 1953 Ö, N - 1954 Sa
2 Scherm Karl (ASV Nürnberg), * 8.4.1904
1926 H, Sz
2 Schilling Christian (Duisburger SV), * 11.10.1879
1910 Bg, H
2 Schlesbrowski Elwin (Borussia Dortmund), * 31.8.1925
1956 Ir, Bg
3 Schlienz Robert (VfB Stuttgart), * 3.2.1924
1955 Ir - 1956 H, E
1 Schlösser Karl (Dresdner SC), * 29.1.1912
1931 H
10 Schmaus Willibald (Vienna Wien), * 16.6.1911
1938 Sz, Rum, 1939 Bg, It, U, N - 1940 Jg - 1941 Kro - 1942 Kro, Sz
25 Schmidt Alfred (Borussia Dortmund), * 5.9.1935
1957 H, Scho, Sd, U - 1958 Bg, Sp, Tsch, A, Jg, D, Fr, Ö - 1959 Scho, Pl, Sz, H, U, Jg - 1960 Ch, Ir - 1963 T, Ma - 1964 Al, Scho, Fo
3 Schmidt Christian (Concordia 95 Berlin 1, Kickers Stuttgart 2), * 1890
1910 H - 1913 E, Sz
1 Schmidt Hans (Germania Berlin), * 2.11.1887
1908 Ö
16 Schmidt Hans (SpVgg Fürth 1, 1860 Fürth 1, 1.FC Nürnberg 14), * 23.12.1893
1913 Sz - 1920 Sz - 1922 U - 1923 It, Sz, N - 1924 Ö, H, N, U, It, Sz - 1925 Sz - 1926 Sd, H, Sz
9 Schmidt Karl (1.FC Kaiserslautern), * 5.3.1932
1955 Jg, N, It - 1956 H, SU, Sz - 1957 Ö, H, Sd
2 Schmitt Josef (1.FC Nürnberg), * 21.3.1908
1928 D, N
3 Schneider Georg (Bayern München), * 22.4.1892
1920 Sz, U - 1921 U
1 Schneider Helmut (SV Waldhof), * 17.7.1913
1940 Fi
2 Schneider Johannes (VfB Leipzig), * 5.8.1887
1913 D, Bg
47 Schnellinger Karl-Heinz (Düren 93 3, 1.FC Köln 24, AS Rom 1, AC Mailand 19), * 31.3.1939
1958 Tsch, Tsch, Rr, Ö, Bu, A - 1959 Scho, Jg - 1960 Ch, Pg, Is, Nl, G, Bu - 1961 Bg, Nl, D, G - 1962 Uy, It, Sz, Jg, Jg, Fr, Sz - 1963 Br - 1964 Sd - 1965 Sd - 1966 Rum, Jg, Sz, A, Sp, Uy, Sp, E - 1969 Scho - 1970 Sp, Rum, Jg, Bu, Pe, E, It, Uy - 1971 Ab
1 Schnürle Fritz (Germania Frankfurt), * 23.2.1898
1921 U
16 Schön Helmut (Dresdner SC), * 15.9.1915
1937 Sd - 1938 Pl, Rum - 1939 Bg, It, Ir, N, U, Jg, Bö, Sl - 1940 D, 1941 Sz, U, Sz, Sd
1 Schönhöft Theo (VfL Osnabrück), * 9.5.1932
1956 N
1 Schreier Christian (Bayer Leverkusen), * 4.2.1959
1984 A
1 Schröder Erich (VfR Köln), * 20.11.1898
1931 H
1 Schröder Hans (Tennis Borussia Berlin), * 4.9.1906
1926 H
12 Schröder Willi (Bremen 1860 2, Werder Bremen 10), * 28.12.1928
1951 Lu - 1952 Lu - 1955 SU, N - 1956 N, Sd, SU, Bg - 1957 Ö, H, Scho, Sd
3 Schubert Helmut (Dresdner SC), * 17.2.1916
1941 Fi, D, Si
1 Schulz Fritz (Hertha BSC Berlin), * 9.11.1886
1909 U
1 Schulz Karl (Viktoria 89 Berlin), * 10.5.1901
1929 Fi
2 Schulz Karl (Holstein Kiel), * 11.8.1901
1925 Sd, Fi
4 Schulz Werner (Arminia Hannover), * 22.6.1913
1935 Bg, Fi, Est - 1938 Lu
66 Schulz Willi (Union Günnigfeld 3, Schalke 04 22, Hamburger SV 41), * 4.10.1938
1959 Jg - 1960 Pg, Ir, Is - 1961 D, Pl, G - 1962 Uy, It, Sz, Ch, Jg, Jg, Fr - 1963 Br, T, Sd, Ma - 1964 Al, Tsch, Fi - 1965 Z, E, Sz, Br, Sd - 1966 E, H, Ir, Nl, Jg, Sz, A, Sp, Uy, SU, E, T, N - 1967 Ma, Bu, Ab, Jg, Fr, Jg, Rum, Ab - 1968 Bg, Sz, Fr, Ö, Z, Br, Ch - 1969 Wa, Scho, Ö, Z, Ö, Bu, Scho - 1970 Sp, Ir, Ma, E, It

76 Schumacher Harald (1.FC Köln), * 6.3.1954
1979 Is - 1980 Ö, Pl, Tsch, H, G, Bg, Sz, H, Fr, Bu - 1981 A, Br, Ab, Ö, Br, Fi, Fi, Ö, Bu - 1982 Pg, Br, A, Tsch, Al, Ch, Ö, E, Sp, Fr, It, Bg, E, Nl - 1983 Pg, Ab, T, Ö, U, Ö, T, Nl, Ab - 1984 Bg, SU, Fr, It, Pg, Rum, Sp, A, Sd, Mal - 1985 U, Pg, Mal, Bu, Tsch, E, SU, Sd, Pg, Tsch - 1986 It, Br, Jg, Uy, Scho, D, Ma, Me, F, A, D, Sp
1 Schumann Georg (Vorwärts Berlin), * 17.8.1898
1924 Sd
5 Schümmelfelder Josef (Bonner FV), * 31.10.1891
1913 D, Bg - 1914 H - 1921 Ö, U
21 Schuster Bernd (1.FC Köln 10, FC Barcelona 11), * 22.12.1959
1979 Ir, Is, A, Wa, SU - 1980 Ö, Pl, H, Bg, Sz, Fr - 1981 Ab, Ö, Br - 1982 Nl - 1983 T, Ö, Jg, Ö - 1984 Bu, Bg
11 Schütz Franz (Eintracht Frankfurt), * 6.12.1900
1929 Sz, Scho, Sd - 1930 Sz, E, U - 1931 Fr, D - 1932 Sz, Fi, H
6 Schütz Jürgen (Borussia Dortmund), * 1.7.1939
1960 Pg, Pg - 1962 Jg, Fr, Sz - 1963 Br
4 Schwabl Manfred (1.FC Nürnberg), * 18.4.1966
1987 D, Br, A - 1988 Sz
2 Schwartz Hans (Victoria Hamburg), * 1.3.1913
1934 Bg, D
44 Schwarzenbeck Georg (Bayern München), * 3.4.1948
1971 Ab, N, Sd, D, Me, Pl, Pl - 1972 U, E, E, SU, Bg, SU, Sz - 1973 A, Tsch, Jg, SU, Sp - 1974 It, Scho, U, Sd, Ch, Aus, DDR, Tsch, Sp - 1975 Bu, Ö, Bu, T - 1976 Mal, Sp, Sp, Jg, Tsch, Wa, Tsch - 1978 E
1 Schwedler Willy (VfB Pankow), * 4.8.1894
1921 Fi
1 Schweikert Hermann (1.FC Pforzheim), * 14.11.1885
1909 Sz
6 Seel Wolfgang (Fortuna Düsseldorf), * 21.6.1948
1974 Sz - 1975 Bu, H, Ö - 1977 Sz, Wa
72 Seeler Uwe (Hamburger SV), * 5.11.1936
1954 Fr, E, 1955 It - 1956 H - 1958 A, Tsch, Nl, Jg, Sd, D, Fr, Ö, Bu - 1959 Scho, Sz, H, U, Jg, 1960 Ch, Pg, Is, Nl, G - 1961 Bg, Ch, Nl, D, Pl, G - 1962 Uy, It, Sz, Ch, Jg, Fr, Sz - 1963 Br, T, Sd - 1964 Tsch, Scho, Sd - 1965 Sd - 1966 H, Ir, Nl, Rum, Jg, Sz, A, Sp, Uy, SU, E, N - 1967 Fr, Jg, Rum - 1968 Sz - 1969 Ö, Bu, Scho - 1970 Sp, Ir, Jg, Ma, Bu, Pe, E, It, Uy, U
8 Seiderer Leonhard (SpVgg Fürth), * 1.11.1895
1920 Sz, Ö, 1921 Ö - 1922 Sz - 1923 It, Sz - 1924 Ö, H
2 Seliger Rudolf (MSV Duisburg), * 20.9.1951
1974 Mal - 1976 Wa
3 Sesta Karl (Austria Wien), * 18.3.1906
1941 Kro - 1942 Kro, Sz
6 Siedl Gerhard (Karlsruher SC 2, Bayern München 4), * 22.3.1929
1957 H, Scho - 1959 Sz, H, U, Jg
14 Sieloff Klaus-Dieter (VfB Stuttgart 8, Borussia Mönchengladbach 6), * 27.2.1942
1964 Fi - 1965 It, Z, Sz, Br, Sd, Ö - 1970 Rum, U, T, G - 1971 Ab, N
3 Siemensmeyer Hans (Hannover 96), * 23.9.1940
1967 Fr, Jg, Rum
1 Sievert Helmut (Hannover 96), * 12.5.1914
1936 Lu
31 Siffling Otto (SV Waldhof), * 3.8.1912
1934 Bg, Sd, Tsch, Ö, Pl - 1935 Sz, Pg, Ir, Tsch, N, Sd, Fi, Pl, Bu - 1936 Sp, Pg, N, Tsch, Scho, Ir, It - 1937 Fr, D, Le, Fi, N, Sd - 1938 Sz, U, Pg
8 Simetsreiter Wilhelm (Bayern München), * 6.3.1915
1935 Rum, Rst, Bu - 1936 Pg, Lu, N - 1937 Le, Est
9 Sing Albert (Kickers Stuttgart), * 7.4.1917
1940 Kro - 1942 Sp, U, Bu, Rum, Sd, Sz, Kro, Sl
3 Skoumal Stefan (Rapid Wien), * 29.11.1909
1938 Sz, Rum - 1940 Jg
10 Sobek Hans (Alemannia Berlin 2, Hertha BSC 8), * 18.3.1900
1923 Sz - 1925 H - 1928 Sd - 1929 Sz, Scho, Sd - 1930 D - 1931 Ö, Sd, N
12 Sold Wilhelm (FV Saarbrücken 6, 1.FC Nürnberg 3, Tennis Borussia Berlin 3), * 19.4.1911
1935 Lu - 1936 U - 1937 Lu, Le - 1938 Sz, Lu - 1939 Jg, Bu, Bö - 1942 Bu, Rum, Sd
2 Solz Wolfgang (Eintracht Frankfurt), * 12.2.1940
1962 Fr - 1964 Tsch
2 Sonnrein Heinrich (Hanau 93), * 28.3.1911
1935 Est - 1936 U
1 Sorkale Walter (Preußen Berlin), * 17.1.1890
1911 Sd
2 Steffen Bernhard (Fortuna Düsseldorf), * 1.6.1937
1958 Tsch - 1960 Ir
1 Steffenhagen Arno (Hertha BSC Berlin), * 24.9.1949
1971 Me
1 Stein Erwin (Griesheim 02), * 10.6.1935
1959 Pl
6 Stein Ulrich (Hamburger SV), * 23.10.1954
1983 Jg - 1985 U, Bu, Me - 1986 Sz, H
1 Steiner Rudolf (TSV 1860 München), * 7.4.1937
1964 Scho
3 Steinmann Heinz (Schwarz-Weiß Essen 1, Werder Bremen 2), * 1.2.1938
1962 Fr - 1965 It, E
1 Stephan Günter (Schwarz-Weiß Essen), * 8.10.1912
1935 Lu
42 Stielike Ulrich (Borussia Mönchengladbach 6, Real Madrid 36), * 15.11.1954
1975 Ö, Bu, T - 1976 Mal, Wa - 1977 Fr -1978 H - 1979 T, Wa, T - 1980 Tsch, H, G, Bg, Bu - 1981 Ab, Ö, Fi, Ö, Ab - 1982 Br, A, Nl, Al, Ch, Ö, E, Sp, Fr, It, Bg, Nl - 1983 Jg, T, Nl - 1984 Bu, Bg, It, Pg, Rum, Sp, A

23 Stollenwerk Georg (Düren 99 4, 1.FC Köln 19), * 19.12.1929
1951 Lu - 1952 Lu, Ir, Fr - 1955 It - 1957 Scho, U - 1958 Sp, A, Tsch, Nl, Jg, Sd, Fr, D, Fr, Ö, Bu - 1959 Sz, H, U, Jg, 1960 Ch
1 Stössel Kurt (Dresdner SC), * 26.12.1907
1931 H
10 Strack Gerhard (1.FC Köln), * 1.9.1955
1982 E, Nl - 1983 Ab, T, Ö, U, Ö, T, Nl, Ab
2 Straßburger Wilhelm (Duisburger SV), * 12.7.1907
1930 D, N
4 Strehl Heinz (1.FC Nürnberg), * 20.7.1938
1962 Jg, Fr - 1963 Br - 1965 Z
15 Streitle Jakob (Bayern München), * 11.12.1916
1938 Sz - 1939 Bg, Jg, Ir, D - 1940 Bu, Jg - 1941 Sz - 1950 Sz - 1951 Sz, T, Ö, Ir, T - 1952 Ir
3 Striebinger Karl (VfR Mannheim), * 2.8.1913
1937 Lu, Bg - 1938 Sz
4 Strobel Wolfgang (1.FC Nürnberg), * 17.10.1896
1922 Ö, U - 1924 N, U
4 Stroh Josef (Austria Wien), * 5.3.1913
1938 Sz, Pl, Rum - 1939 Jg
10 Stubb Hans (Eintracht Frankfurt), * 8.10.1906
1930 Sz, E, D, N - 1931 D - 1932 Sz, Fi, Sd, H - 1934 U
21 Stuhlfauth Heinrich (1.FC Nürnberg), * 11.1.1896
1920 Ö - 1921 Ö, U - 1923 It, N - 1924 Ö, H, N, U, E, Sz - 1926 Sd - 1927 N, H - 1928 Sz, Uy, N - 1929 It, Scho - 1930 It
3 Stührk Erwin (Eimsbütteler TV), * 4.7.1910
1935 Sz, H, Le
3 Sturm Hans (1.FC Köln), * 3.9.1935
1958 Tsch, Fr - 1962 It
1 Sturm Wilhelm (Borussia Dortmund), * 8.2.1940
1964 Fi
2 Stürmer Klaus (Hamburger SV), * 9.8.1935
1954 Fr - 1961 Nl
1 Sukop Albert (Eintracht Braunschweig), * 24.11.1912
1935 Est
1 Sundermann Hans Jürgen (Rot-Weiß Oberhausen), * 25.1.1940
1960 Ch
12 Sutor Hans (1.FC Nürnberg), * 28.6.1895
1920 Ö - 1921 Ö - 1922 Ö - 1923 It, Sz, Sd, Fi, N - 1924 Ö, N, U - 1925 Sz
34 Szepan Fritz (Schalke 04), * 2.9.1907
1929 Fi - 1930 It - 1931 D - 1934 Lu, Bg, Sd, Tsch, Ö, Pl, D - 1935 Fi, Bu, E - 1936 Sp, Pg, U, Scho, Ir, It - 1937 H, Fr, Sz, D, Fi, Est, N, Sd - 1938 Sz, Pg, E, Sz - 1939 U, Jg, Bu
43 Szymaniak Horst (Wuppertaler SV 20, Karlsruher SC 12, CC Catania 5, Internazionale Mailand 1, FC Varese 1, Tasmania Berlin 4), * 29.8.1934
1956 Fr, Bg - 1957 Ö, H, Scho, Sd, U - 1958 Bg, Sp, A, Tsch, Nl, Jg, Sd, Fr, D, Fr, Ö - 1959 Scho, Pl, Sz, H, U, Jg - 1960 Pg, Is, Nl, G, Bu - 1961 Bg, Ch, Nl - 1962 Uy, It, Sz, Ch, Jg - 1964 Scho, Sd - 1965 Sd, Z - 1966 E, Rum

T

1 Tänzer Willy (Berliner SC), * 12.12.1889
1908 Ö
3 Tenhagen Franz-Josef (VfL Bochum), * 31.10.1952
1977 Jg, Br, Wa
7 Termath Bernhard (Rot-Weiß Essen), * 26.8.1928
1951 T, Lu - 1952 Ir, Fr, Jg, Sp - 1954 Fr
6 Tewes Karl (Viktoria 89 Berlin), * 18.8.1886
1920 Ö, U - 1921 Ö, U, Fi - 1922 U
2 Thiel Otto (Preußen Berlin), * 23.11.1891
1911 U - 1912 Ruß
2 Thielen Karl-Heinz (1.FC Köln), * 2.4.1940
1964 Tsch - 1965 E
29 Thon Olaf (Schalke 04 28, Bayern München 1), * 1.5.1966
1984 Mal - 1985 U, Mal, Bu, Tsch, E, Tsch - 1986 Br, Sz, Jg, D, Ö - 1987 Isr, It, E, D, Sd, U, Br, A - 1988 Sd, A, Sz, Jg, It, D, Sp, H, H
1 Tibulski Hans (Schalke 04), * 22.2.1909
1931 Dä
2 Tibulski Otto (Schalke 04), * 15.12.1912
1936 Lu - 1939 Jg
7 Tiefel Willi (Eintracht Frankfurt), * 14.7.1911
1935 Ir, Tsch, N, Sd, Est, Le - 1936 Pg
39 Tilkowski Hans (Westfalia Herne 18, Borussia Dortmund 21), * 12.7.1935
1957 H, Scho, 1958 Fr, Ö, Ä, 1959 Sz, U - 1960 Ch, Pg, Is, Nl, G - 1961 Bg, Ch, Nl, D, Pl, G - 1964 Al, Scho, Fi, Sd - 1956 It, Bg, Sz, Br, Sd, Ö, Z - 1966 E, Rum, Jg, Sz, A, Sp, Uy, SU, E - 1967 Ab
3 Toppmöller Klaus (1.FC Kaiserslautern), * 12.8.1951
1976 Sp - 1979 Mal, T
6 Träg Heinrich (1.FC Nürnberg), * 3.1.1893
1921 Ö - 1922 Ö, U - 1923 It - 1924 H - 1926 H
1 Trautmann Wilhelm (Viktoria Mannheim), * 6.12.1888
1910 Sz
1 Trimhold Horst (Schwarz-Weiß Essen), * 4.2.1941
1962 Jg
20 Turek Anton (Fortuna Düsseldorf), * 18.1.1919
1950 Sz - 1951 Sz, T, Ö, Ir - 1952 Fr, Sz, Jg, Sp - 1953 Ö, N, Sa, N - 1954 Sa, T, T, Jg, Ö, U, Fr

U

15 Ugi Camillo (VfB Leipzig 14, Sportfreunde Breslau 1), * 21.12.1884
1909 E, U - 1910 Bg, H - 1911 E, Bg, Sd, Sd, U - 1912 U, Sz, Ruß, D, H
1 Uhle Karl (VfB Leipzig), * 16.7.1887
1912 Ruß
10 Ulsaß Lothar (Eintracht Braunschweig), * 9.9.1940
1965 Z, Ö - 1966 Rum, N - 1967 Ma, Ab - 1968 Ö, Ch, Me - 1969 Wa
1 Umbach Josef (SC Mönchengladbach), * 8.12.1889
1910 H
1 Unfried Gustav (Preußen Berlin), * 24.3.1889
1910 H
21 Urban Adolf (Schalke 04), * 9.1.1914
1935 Lu - 1936 U, Lu, N, Scho, It - 1937 Fr, D, i, N, Sd - 1938 Sz - 1939 Jg, N, Jg, Bu, Bö - 1940 It - 1942 Sz, Kro
1 Urbanek Hans (Admira Wien), * 10.10.1910
1941 Kro

V

96 Vogts Hans-Hubert (Borussia Mönchengladbach), * 30.12.1946
1967 Jg, Rum - 1968 Bg, Sz, Wa, E, Br, Fr, Ö, Z, Br, Ch, Me - 1969 Wa, Scho, Ö, Z, Ö, Bu, Scho - 1970 Sp, Rum, Ir, Jg, Ma, Bu, Pe, E, It, Uy, U, T, Jg, G - 1971 Ab, T, Ab, N, Sd, D, Me - 1972 Sz - 1973 A, Tsch, Br, Scho, Sp - 1974 Sp, Scho, Sd, Ch, Aus, DDR, Jg, Sd, Pl, H, Sz, G, Mal - 1975 E, Bu, H, Ö, G, Bu, T - 1976 Mal, Sp, Sp, Jg, Tsch, Wa, Tsch - 1977 Fr, Nl, Jg, A, Uy, Br, Me, Fi, It, Sz, Wa - 1978 E, SU, Br, Sd, Pl, Me, Tun, It, H, Ö
1 Völker Otto (Preußen Berlin), * 2.3.1893
1913 E
1 Völker Willi (Hertha BSC Berlin), * 13.10.1906
1929 Fi
1 Völker Willy (VfB Leipzig), * 20.12.1889
1914 H
58 Völler Rudi (Werder Bremen 41, AS Rom 17), * 13.4.1960
1982 Nl - 1983 Pg, Ab, T, Ö, Jg, U, Ö, T, Ab - 1984 Bu, Bg, SU, Fr, It, Pg, Rum, Sp, A, Sd, Mal - 1985 U, Pg, Mal, Bu, Tsch, Me, SU, Sd - 1986 Jg, H, Uy, Scho, D, Ma, Fr, A, D, Ö - 1987 Isr, It, Fr, E, D, Sd - 1988 Sd, A, Sz, Jg, It, D, Sp, H, Fi, H - 1989 Bu, H, Wa
12 Volkert Georg (1.FC Nürnberg 6, Hamburger SV 6), * 28.11.1945
1968 Bg, Sz, E, Br, Me - 1969 Ö - 1977 A, Uy, Br, Me, Fi, It
12 Vollmar Heinz (SV St.Ingbert 7, 1.FC Saarbrücken 5), * 26.4.1936
1956 Sd, SU, Sz, Ir, Bg - 1957 Ö, U - 1959 Sz, Jg - 1960 Ir, Bu - 1961 Bg
2 Voß Kurt (Holstein Kiel), * 8.7.1900
1925 H, Fi
5 Votava Miroslav (Borussia Dortmund), * 24.3.1956
1979 SU - 1980 G, Fr, Bu - 1981 Br

W

11 Waas Herbert (Bayer Leverkusen), * 8.9.1963
1983 Jg, U, Ö, Nl, Ab - 1985 E - 1986 D, Sp, Ö - 1987 Isr - 1988 SU
3 Wagner Franz (Rapid Wien), * 23.9.1911
1938 Rum - 1942 Kro, Sz
13 Waldner Erwin (VfB Stuttgart), * 24.1.1933
1954 Fr - 1955 It, Jg, N - 1956 H, E, SU, Bg - 1957 Ö - 1958 Bg, Tsch, Bu
61 Walter Fritz (1.FC Kaiserslautern), * 31.10.1920
1940 Rum, Fi, Bu, Jg, D - 1941 Sz, Sz, Rum, Kro, Sd, D, Sl - 1942 Kro, Sz, Sp, U, Bu, Rum, Sd, Sz, Kro, Sl - 1951 Sz, T, Ö, Ir, T, Lu - 1952 Fr, Sz, Jg, Sp - 1953 Ö, N, N - 1954 Sa, Sz, T, U, T, Jg, Ö, U - 1955 It, SU, Jg, N, It - 1956 H, E, SU, Sz - 1958 Sp, Tsch, A, Tsch, Nl, Jg, Sd
21 Walter Ottmar (1.FC Kaiserslautern), * 6.3.1924
1950 Sz - 1951 Sz - 1952 Ir, Fr, Sz, Jg, Sp - 1953 Ö, N, N - 1954 Sa, Sz, T, T, Jg, Ö, U, Bg, Fr - 1955 Jg - 1956 E
1 Warnken Heinz (Komet Bremen), * 28.12.1912
1935 Bu
3 Weber Albert (Vorwärts Berlin), * 21.11.1888
1912 Sz, Ö, D
12 Weber Heinrich (Kurhessen Kassel), * 21.6.1900
1928 Sz, Uy, D, Sz - 1929 Sz, It, Sd - 1930 It, N - 1931 Fr, H, Ö
1 Weber Josef (Wacker München), * 18.4.1898
1927 H
53 Weber Wolfgang (1.FC Köln), * 26.6.1944

1964 Tsch, Scho, Fi, Sd - 1965 It, Ö, Z - 1966 E, H, Nl, Rum, Jg, Sz, A, Sp, Uy, SU, E, T, N - 1967 Bu, Ab, Fr, Jg, Rum, Ab - 1968 Sz, Wa, E, Br, Ö, Z, Br - 1969 Ö - 1970 Sp, Rum, Ir, Bu, Uy, U, T, Jg - 1971 Ab, T, Sd, D, Me, Pl - 1973 Ö, Fr, Scho, Sp - 1974 Sp
15 Wegele Karl (Phönix Karlsruhe), * 27.8.1887
1910 Sz, H - 1911 U - 1912 H, U, Sz, Ö, U, D, H - 1913 E, Sz, D, Bg - 1914 H
1 Weilbächer Hans (Eintracht Frankfurt), * 23.10.1933
1955 Ir
1 Weiß Leonhard (1.FC Nürnberg), * 26.7.1907
1931 Ö
1 Weißenbacher Viktor (1.FC Pforzheim), * 15.7.1897
1922 Ö
1 Welker Hans (Bayern München), * 21.8.1907
1931 Fr
1 Wellhöfer Georg (SpVgg Fürth), * 16.3.1893
1922 Sz
1 Welsch Kurt (Borussia Neunkirchen), * 21.6.1917
1937 Le
4 Wenauer Ferdinand (1.FC Nürnberg), * 26.4.1939
1960 Ir - 1961 D, Pl - 1962 Uy
5 Wendl Josef (TSV 1860 München), * 17.12.1906
1930 N - 1932 U - 1933 It, Fr, Sz
2 Wentorf Hans (Altona 93), * 6.4.1899
1928 Sz, D
1 Wenz Ludwig (ASV Nürnberg), * 24.8.1906
1930 D
13 Werner Adolf (Holstein Kiel 9, Victoria Hamburg 4), * 19.10.1886
1909 E, U - 1910 H - 1911 Sz, E, Bg, Sd, Ö, Sd - 1912 H, U, Ruß, U
2 Werner August (Holstein Kiel), * 6.3.1896
1925 Sd, Fi
1 Werner Heinz (SV Jena), * 17.8.1910
1935 Rum
4 Werner Jürgen (Hamburger SV), * 15.8.1935
1961 Ch, Nl - 1962 Sz - 1963 Br
1 Wetzel Fritz (1.FC Pforzheim), * 12.12.1894
1922 Ö
12 Wewers Heinz (Rot-Weiß Essen), * 27.7.1927
1951 Lu - 1956 E, N, Sd, Ir, Bg - 1957 Ö, H, Scho, U - 1958 Ä
4 Weymar Hans (Victoria Hamburg), * 1.2.1886
1908 Sz, E, Ö - 1910 H
2 Widmayer Werner (Holstein Kiel), * 17.5.1909
1931 Sd, N
6 Wieder Ludwig (1.FC Nürnberg), * 22.3.1900
1923 Sz, Sd, N - 1924 Ö, N - 1926 H
2 Wientjes Clemens (Rot-Weiß Essen), * 8.2.1920
1952 Lu, Fr
1 Wiggers Hermann (Victoria Hamburg), * 7.4.1880
1911 Sd
4 Wigold Willi (Fortuna Düsseldorf), * 10.12.1909
1932 H - 1933 Bg, N - 1934 Lu
15 Wilden Leo (1.FC Köln), * 3.7.1936
1960 Ch, Pg, Nl - 1961 Ch, Nl - 1962 Jg, Fr, Sz - 1963 Br, T, Sd, Ma - 1964 Al, Tsch
8 Willimowski Ernst (PSV Chemnitz 4, TSV 1860 München 4), * 23.6.1916
1941 Fi, D, Rum, Kro - 1942 Rum, Sz, Sl, Kro
36 Wimmer Herbert (Borussia Mönchengladbach), * 9.11.1944
1968 Z, Br, Ch, Me - 1971 T, Ab, N, Sd, D, Pl, Pl - 1972 U, E, E, SU, Bg, SU, Sz - 1973 A, Scho - 1974 Sp, Scho, U, Aus, Jg, G - 1975 E, H, Ö, Bu, T - 1976 Mal, Sp, Jg, Tsch
1 Winkler Paul (Schwarz-Weiß Essen), * 22.8.1913
1938 Lu
1 Winkler Willi (Wormatia Worms), * 24.8.1903
1928 N
1 Wohlfarth Roland (Bayern München), * 11.1.1963
1986 Sp
1 Wolpers Eduard (Hamburger SV), * 24.8.1900
1926 Sz
13 Wolter Horst (Eintracht Braunschweig), * 8.6.1942
1967 Ma, Rum, Ab - 1968 Sz, Wa, E, Br, Z, Ch - 1969 Scho, Ö - 1970 Ir, Uy
3 Wolter Karl (Vorwärts Berlin), * 2.8.1894
1912 D - 1920 Sz - 1921 Fi
7 Worm Ronald (MSV Duisburg), * 7.10.1953
1975 T - 1976 Mal, Sp - 1978 E, Br, Sd, Tsch
9 Worpitzky Willi (Viktoria 89 Berlin), * 25.8.1886
1909 U - 1910 H - 1911 E, Sd, Ö, U - 1912 U, Ö, D
1 Wunder Klaus (MSV Duisburg), * 13.9.1950
1973 SU
5 Wunderlich Georg (1860 Fürth 1, Helvetia Bockenheim 2, Stuttgarter Kickers 2), * 31.10.1893
1920 Sz, Ö - 1921 Ö - 1923 It, H
4 Wuttke Wolfram (1.FC Kaiserslautern), * 17.11.1961
1986 Sp - 1987 Isr, E - 1988 Sp

Z

1 Zaczyk Klaus (Karlsruher SC), * 25.5.1945
1967 Ma
1 Zastrau Walter (Rot-Weiß Essen), * 30.5.1935
1958 Ä
1 Zeitler Hans (VfB Bayreuth), * 30.4.1927
1952 Lu
1 Zembski Dieter (Werder Bremen), * 6.11.1946
1971 Me
4 Zewe Gerd (Fortuna Düsseldorf), * 30.6.1950
1978 Tsch, U, H - 1979 Mal
15 Zielinski Paul (Union Hamborn), * 20.11.1911
1934 Bg, Sd, Tsch, Ö, Pl, D - 1935 H, Fr, Ir, Tsch, N, Sd, Lu, Pl - 1936 Lu
1 Zilgas Karl (Victoria Hamburg), * 2.3.1882
1913 D
14 Zimmermann Herbert (1.FC Köln), * 1.7.1954
1976 Wa - 1977 Sz - 1978 E, Sd, Pl, It, H - 1979 T, Wa, Ir, Is, Wa, SU, T
1 Zolper Karl (CfR Köln), * 30.4.1901
1925 H
4 Zörner Karl (SC 99 Köln), * 18.6.1897
1923 H, Sz, Sd, Fi
2 Zwolanowski Felix (Fortuna Düsseldorf), * 12.7.1912
1940 Sl, Jg

Rangliste der Vereine

(mit mehr als 50 Berufungen)

FC Bayern München: 772 Berufungen (47 Nationalspieler)
Beckenbauer 103, Maier 95, K.-H. Rummenigge 78, G.Müller 62, Breitner 46, Schwarzenbeck 44, Goldbrunner 39, Matthäus 39, U.Hoeneß 35, Dremmler 27, L.Hofmann 18, Streitle 15, Augenthaler 14, Pöttinger 14, Brehme 12, Giesemann 11, Haringer 11, Eder 9, Bergmaier 8, Heidkamp 8, Kutterer 8, Simetsreiter 8, Pflügler 8, Bauer 5, Dorfner 5, Gablonsky 4, D.Hoeneß 4, Rohr 4, Roth 4, Siedl 4, Kapellmann 3, Mai 3, Schneider 3, Reuter 3, Kögl 2, Krumm 2, M.Rummenigge 2, Brenninger 1, Fürst 1, Hofmeister 1, Erhardt 1, Nafziger 1, Nagelschmitz 1, Niedermayer 1, Ohlhauser 1, Olk 1, Welker 1, Wohlfarth 1, Thon 1

1.FC Köln: 661 Berufungen (40 Nationalspieler)
Overath 81, Schumacher 76, Littbarski 60, Weber 53, Cullmann 40, Flohe 39, Schäfer 39, Kl.Allofs 29, Kohler 24, Schnellinger 24, Löhr 20, Stollenwerk 19, Fischer 15, Wilden 15, Zimmermann 14, D.Müller 12, Röhrig 12, Schuster 10, Strack 10, Illgner 9, Engels 8, Hornig 7, Rahn 6, Mebus 5, Häßler 5, Ewert 4, Pott 3, Sturm 3, Bonhof 2, Dörner 2, Kapellmann 2, Konopka 2, Manglitz 2, Thielen 2, Görtz 2, Euler 1, Flink 1, Hense 1, Neumann 1, Th.Allofs 1

Hamburger SV: 436 Berufungen (37 Nationalspieler)
Uwe Seeler 72, Kaltz 69, Magath 43, W.Schulz 41, Posipal 32, Hrubesch 21, Jakobs 20, Rolff 19, Harder 15, Beier 11, G.Dörfel 11, Lang 8, Stein 6, Volkert 6, Kurbjuhn 5, B.Dörfel 4, Gründel 4, Laband 4, Nogly 4, J.Werner 4, Giesemann 3, Hieronymus 3, Horn 3, Kargus 3, Memering 3, Milewski 3, Noack 3, Risse 3, Adamkiewicz 2, Fr.Dörfel 2, Hartwig 2, Stürmer 2, Blunk 1, Mahlmann 1, Politz 1, Wolpers 1, Groh 1

Borussia Mönchengladbach: 386 Berufungen (27 Nationalspieler)
Vogts 96, Bonhof 40, Heynckes 38, Wimmer 36, Netzer 31, Matthäus 26, Brülls 22, Rahn 14, Frontzeck 16, Mill 9, Hannes 8, Danner 6, Kleff 6, Sieloff 6, Stielike 6, Köppel 4, Bruns 4, Ditgens 3, H.Nickel 3, Bleidick 2, Del'Haye 2, Hochstätter 2, Laumen 2, Dietrich 1, Meyer 1, L.Müller 1, Rupp 1

FC Schalke 04: 356 Berufungen (27 Nationalpsieler)
Szepan 34, Fischer 30, Thon 28, Libuda 24, Fichtel 23, W.Schulz 22, Urban 21, Gellesch 20, Rüßmann 20, Abramczyk 19, B.Klodt 19, H.Klodt 17, E.Kremers 15, Nowak 15, Kuzorra 12, H.Kremers 8, Nigbur 6, Bongartz 4, Burdenski 3, Eppenhoff 3, Koslowski 3, Pörtgen 3, Herrmann 2, O.Tibulski 2, Berg 1, Kördell 1, H.Tibulski 1

VfB Stuttgart: 289 Berufungen (24 Nationalspieler)
Kh.Förster 81, H.Müller 36, B.Förster 33, Buchwald 26, Immel 15, Retter 14, Waldner 13, Klinsmann 12, Allgöwer 10, Sawitzki 8, Sieloff 8, Geiger 7, Köppel 7, Kelsch 4, Barufka 3, Schlienz 3, D.Hoeneß 2, Blum 1, Bögelein 1, Bökle 1, Martin 1, Mauch 1, Roleder 1, Rutz 1

1.FC Kaiserslautern: 255 Berufungen (14 Nationalspieler)
Fritz Walter 61, Briegel 53, Eckel 32, Brehme 28, Kohlmeyer 22, O.Walter 21, Liebrich 16, K.Schmidt 9, Wuttke 4, Toppmöller 3, Foda 2, Pirrung 2, Th.Allofs 1, Groh 1

Fortuna Düsseldorf: 240 Berufungen (25 Nationalspieler)
Janes 71, Juskowiak 30, Kobierski 26, Kl.Allofs 21, Turek 20, Albrecht 17, Bender 9, Seel 6, Bommer 6, Herzog 5, Geye 4, Wigold 4, Zewe 4, Breuer 2, Derwall 2, Mehl 2, Steffen 2, Zwolanowski 2, Borkenhagen 1, Heibach 1, Jäger 1, Krüger 1, Mauritz 1, Neuschäfer 1, Bockenfeld 1

1.FC Nürnberg: 225 Berufungen (36 Nationalspieler)
Morlock 26, Stuhlfauth 21, Kalb 15, H.Schmidt 14, Sutor 12, Billmann 11, Reisch 9, Reuter 9, Munkert 8, Kugler 7, Riegel 7, Eckstein 7, Hochgesang 6, Träg 6, Wieder 6, Volkert 6, Popp 5, L.Müller 5, Geiger 4, Reinmann 4, Schwabl 4, Strehl 4, Strobel 4, Wenauer 4, Oehm 3, Sold 3, Hornauer 2, Kund 2, Philipp 2, J.Schmitt 2, Baumann 2, Friedel 1, Köhl 1, Köpplingen 1, Weiß 1, Schade 1

Eintracht Frankfurt: 213 Berufungen (22 Nationalspieler)
Grabowski 44, Hölzenbein 40, Gramlich 22, Berthold 21, Lutz 12, Schütz 11, Stubb 10, Kreß 9, Pfaff 7, Tiefel 7, Körbel 6, Borchers 6, Falkenmayer 4, Mantel 4, Reichel 2, Solz 2, Becker (für Kickers Frankfurt, Vorläufer der Eintracht) 1, Bäumler 1, Kroth 1, Lindner 1, B.Nickel 1, Weilbächer 1

SV Werder Bremen: 204 Berufungen (20 Nationalspieler)
Höttges 66, Völler 41, Lorenz 17, Meier 16, D.Burdenski 12, W.Schröder 10, Borowka 6, Otten 6, Piontek 6, Reinders 4, Riedle 4, Bernard 3, H.Burdenski 2, Ferner 2, Heidemann 2, Ordenewitz 2, Steinmann 2, Neubarth 1, Zembski 1, Hermann 1

Spielvereinigung Fürth: 175 Berufungen (22 Nationalspieler)
Erhardt 49, Leinberger 24, Mai 18, Hagen 12, Burger 11, A.Franz 10, J.Müller 10, Seiderer 8, H.Fiederer 6, Frank 4, Auer 3, Knöpfle 3, Lohrmann 3, Hirsch 3, Kießling 2, Lang 2, Deubzer 2, Ascherl 1, L.Fiederer 1, H.Schmidt 1, Wellhöfer 1, Gottinger 1

Borussia Dortmund: 171 Berufungen (22 Nationalspieler)
Held 35, A.Schmidt 25, Tilkowski 21, Lenz 14, Schanko 14, Konietzka 9, Kelbassa 6, Schütz 6, Emmerich 5, Votava 5, Mill 5, Immel 4, Kwiatkowski 4, Möller 4, Burgsmüller 3, Cieslarczyk 2, Libuda 2, Neuberger 2, Schlebrowski 2, Peters 1, Redder 1, W.Sturm 1

1.FC Schweinfurt 05: 90 Berufungen (3 Nationalspieler)
Kitzinger 44, A.Kupfer 44, G.Bernard 2

MSV Duisburg: 85 Berufungen (8 Nationalspieler)
Dietz 53, Krämer 13, Worm 7, Bella 3, Heidemann 3, Manglitz 2, Seliger 2, Wunder 1

Rot-Weiß Essen: 79 Berufungen (8 Nationalspieler)
Rahn 34, Herkenrath 21, Wewers 12, Termath 7, Wientjes 2, Islacker 1, Köchling 1, Zastrau 1

TSV 1860 München: 68 Berufungen (16 Nationalspieler)
Patzke 18, Lachner 8, Heiß 8, Küppers 7, Wendl 5, Brunnenmeier 5, Willimowski 4, Hornauer 3, Grosser 2, Rebele 2, Eberle 1, Kling 1, Schäfer 1, Kraus 1, Steiner 1, Keller 1

Dresdner Sport-Club: 62 Berufungen (15 Nationalspieler)
R.Hofmann 19, Schön 16, Köhler 5, W.Kreß 4, Dzur 3, Schubert 3, Gedlich 2, Müller 2, Pohl 2, Berthold 1, Haftmann 1, Mantel 1, Neumann 1, Schlösser 1, Stössel 1

BTSV Eintracht Braunschweig: 60 Berufungen (13 Nationalspieler)
Wolter 13, B.Dörfel 11, Ulsaß 10, Franke 7, Gerwien 6, Queck 3, Maas 3, Lorenz 2, Bülte 1, Poppe 1, Sukop 1, Bäse 1, Gersdorff 1

Schwaben Augsburg: 55 Berufungen (1 Nationalspieler)
Lehner 55

Hertha BSC Berlin: 53 Berufungen (17 Nationalspieler)
Beer 24, Sobek 8, Patzke 6, Gehlhaar 2, Faeder 1, Hirth 1, Jungtow 1, Kirsel 1, Krause 1, E.Müller 1, Ruch 1, F.Schulz 1, Völker 1, Groß 1, Steffenhagen 1, Kliemann 1, Kostedde 1

Alle Torschützen der A-Länderspiele

(in alphabetischer Reihenfolge)

2 Abramczik
1 Adamkiewicz
4 Albrecht Ernst
17 Allofs Klaus
2 Arlt
2 Auer
1 Bäumler
1 Beck
14 Beckenbauer
2 Becker Fritz
7 Beer
1 Bergmaier
2 Berndt
1 Berthold
1 Biallas
2 Biesinger
10 Binder
9 Bonhof
4 Brehme
10 Breitner
1 Breunig
4 Briegel
9 Brülls
3 Brunnenmeier
2 Burdenski Herbert
1 Burger
3 Cieslarczyk
1 Claus-Oehler
27 Conen
6 Cullmann
5 Damminger
8 Decker
2 Dörfel Bernd
1 Dörfel Friedo
7 Dörfel Gert
3 Dremmler
3 Dumke
2 Durek
2 Elbern
2 Emmerrich Lothar
3 Eppenhoff
1 Erhardt
7 Fath
1 Fick
1 Fichtel
3 Fiederer Hans
32 Fischer Klaus
8 Flohe
10 Förderer
2 Förster Karlheinz
5 Frank
4 Franz
14 Fuchs
1 Gärtner
13 Gauchel
2 Geiger Rolf
1 Gellesch
1 Gerritzen
1 Gerwien
1 Geye
5 Grabowski
2 Günther W.
1 Hänel
2 Haferkamp
16 Hahnemann
13 Haller
1 Hanke

14 Harder
2 Hartmann K.
1 Heidkamp
2 Heiß
5 Held
2 Herberger
4 Herget
1 Herrmann Günter
1 Herrmann Richard
14 Heynckes
1 Hiller III
4 Hirsch
5 Hölzenbein
4 Hochgesang
5 Hoeneß Uli
4 Hoeneß Dieter
4 Hofmann Ludwig
24 Hofmann Richard
20 Hohmann
1 Höttges
3 Hornauer
6 Hrubesch
1 Jakobs
7 Janes
11 Jäger Adolf
4 Juskowiak
2 Kalb Hans
8 Kaltz
2 Kelbassa
3 Kelsch
1 Kießling
10 Kipp
2 Kitzinger
6 Klingler
2 Klinsmann
3 Klodt Berni
9 Kobierski
3 Konietzka
2 Köppel
1 Koslowski
3 Krämer Werner
3 Kraus Engelbert
3 Kremers Erwin
2 Kreß Richard
1 Krumm
1 Kund
1 Kupfer
2 Küppers
7 Kuzorra
4 Lachner
1 Langenbein
1 Laumen
30 Lehner
9 Lenz
3 Libuda
16 Littbarski
5 Löhr
1 Lorenz
2 Ludwig Joh.
3 Magath
1 Mai
2 Malecki
1 Malik
1 Marx
8 Matthäus
2 Meier
1 Mechling
4 Möller Ernst

21 Morlock
9 Müller Dieter
68 Müller Gerd
5 Müller Hans
1 Neuschäfer
1 Noack
6 Netzer
1 Oberle
17 Overath
1 Panse
3 Paulsen
2 Pesser
2 Pfaff
2 Plener
5 Pörtgen
8 Pöttinger
1 Popp Luitpold
1 Posipal
2 Queck
21 Rahn Helmut
5 Rahn Uwe
8 Rasselnberg
1 Reinders
1 Reitgaßl
1 Reuter
2 Riedle
1 Ritschel
1 Rodekamp
2 Röhrig
5 Rohr Ossi
2 Ruch
45 Rummenigge K.-H.
1 Rupp
1 Rüßmann
1 Rutz
2 Sackenheim
1 Schade
15 Schäfer Hans
1 Schaletzki
1 Scherm
1 Schlösser
8 Schmidt Alfred
1 Schmitt J.
1 Schnellinger
17 Schön
1 Schönhöft
3 Schröder Willi
2 Schütz Jürgen
4 Schuster Bernd
43 Seeler Uwe
5 Seiderer
3 Siedl
5 Sieloff
2 Siemensmeyer
17 Siffling
8 Simetsreiter
1 Sing
2 Sobeck
1 Stein Erwin
1 Steinmann
3 Stielike
2 Stollenwerk
1 Strack
4 Strehl
2 Striebinger
1 Stroh
1 Stupp
1 Stürmer Klaus
2 Sutor
8 Szepan
2 Szymaniak
4 Termath
3 Thon
1 Toppmöller
1 Träg
1 Ugi
8 Ulsaß
11 Urban
1 Vogts
2 Volkert
30 Völler
3 Vollmar
2 Voß
1 Waas
2 Waldner
33 Walter Fritz
10 Walter Ottmar
2 Weber Wolfg.
2 Wegele
1 Weißenbacher
2 Werner Jürgen
1 Wewers
2 Wieder
3 Wigold
13 Willimowski
4 Wimmer
5 Worm
5 Worpitzky
1 Wuttke
1 Zaczyk
1 Zeitler
2 Zimmermann H.

14 Eigentore des Gegners

Jubiläen und Serien

1. Tor: Fritz Becker (Kickers Frankfurt), 1908 gegen die Schweiz (3:5), 1. Lsp.
25. Tor: Fritz Förderer (Karlsruher FV), 1911 gegen Belgien (1:2), 13. Lsp.
50. Tor: Fritz Förderer (Karlsruher FV), 1911 gegen Rußland (16:0), 22. Lsp.
100. Tor: Otto Harder (Hamburger SV), 1924 gegen Schweden (1:4), 49. Lsp.
200. Tor: Ossi Rohr (Bayern München), 1933 gegen Frankreich (3:3), 94. Lsp.
300. Tor: Ernst Lehner (Schwaben Augsburg), 1936 gegen Portugal (3:1), 125. Lsp.
400. Tor: Ernst Lehner (Schwaben Augsburg), 1939 gegen Ungarn (1:5), 164. Lsp.
500. Tor: Albert Sing (Stuttgarter Kickers), 1942 gegen Ungarn (5:3), 192. Lsp.
600. Tor: Helmut Rahn (Rot-Weiß Essen), 1954 gegen Ungarn (3:2), 223. Lsp.
700. Tor: Günter Herrmann (Karlsruher SC), 1961 gegen Chile (1:3), 275. Lsp.
800. Tor: Lothar Ulsaß (Eintr. Braunschweig), 1967 gegen Marokko (5:1), 319. Lsp.
900. Tor: Gerd Müller (Bayern München), 1971 gegen Mexiko (5:0), 365. Lsp.
1000. Tor: Heinz Flohe (1.FC Köln), 1976 gegen die CSSR (2:0), 413. Lsp.
1100. Tor: Klaus Fischer (FC Schalke 04), 1981 gegen Österreich (2:0), 461. Lsp.
1200. Tor: Rudi Völler (Werder Bremen), 1985 gegen Bulgarien (4:1), 508. Lsp.

Die jüngsten Nationalspieler waren:

17,4 Jahre: Baumgärtner (Düsseldorf 99)
17,8 Jahre: Marius Hiller (1.FC Pforzheim)
17,11 Jahre: Uwe Seeler (Hamburger SV)

Die ältesten Nationalspieler waren:

37,8 Jahre: Fritz Walter (1.FC Kaiserslautern)
36,5 Jahre: Anderl Kupfer (FC Schweinfurt 05)
36,0 Jahre: Karl Tewes (Viktoria 89 Berlin)

Die längsten Länderspiel-Karrieren hatten:

18,0 Jahre: Fritz Walter (1.FC Kaiserslautern)
16,5 Jahre: Adolf Jäger (Altonaer FC 93)
15,11 Jahre: Uwe Seeler (Hamburger SV)

Serien der Nationalmannschaft

Am längsten ungeschlagen:
23 Spiele (18 Siege, 5 Unentschieden), vom 11.10.1978 bis 3.12.1980 (unter Derwall)
16 Spiele (11 Siege, 5 Unentschieden), vom 15.11.1936 bis 24.4.1938 (unter Herberger)
12 Spiele (9 Siege, 3 Unentschieden), vom 27.4.1977 bis 19.4.1978 (unter Schön)

Die längsten Siegesserien:
12 Siege, vom 2.5.1979 - 17.6.1980 (unter Derwall)
10 Siege, vom 21.3.1937 -21.11.1937 (unter Herberger)
8 Siege, vom 7.6.1934 - 8.5.1935 (unter Nerz)

Am längsten verloren:
7 Niederlagen, vom 3.7.1912 - 23.11.1913

Am längsten ohne Sieg:
10 Spiele (9 Niederlagen, 1 Unentschieden), vom 3.7.1912 bis 26.9.1920
7 Spiele (3 Niederlagen, 4 Unentschieden), vom 2.11.1930 bis 13.9.1931
6 Spiele (5 Niederlagen, 1 Unentschieden), vom 31.8.1924 bis 21.6.1925
6 Spiele: (4 Niederlagen, 2 Unentschieden), vom 12.6.1985 bis 17.11.1985

Bilanz aller Nationaltrainer (Verantwortlichen)

Verantwortlich: DFB-Spielausschuß (vom 5.4.1908 - 20.6.1926)
58 Länderspiele: 16 Siege, 12 Unentschieden, 30 Niederlagen, 119:146 Tore

Verantwortlich: Prof.Dr.Otto Nerz (vom 31.10.1926 - 7.8.1936)
70 Länderspiele: 42 Siege, 10 Unentschieden, 18 Niederlagen, 183:111 Tore
WM-Dritter 1934

Verantwortlich: Josef "Seppl" Herberger (vom 13.9.1936 - 7.6.1964)
167 Länderspiele: 94 Siege (und 6 als Assistent von Nerz), 27 Unentschieden, 46 Niederlagen, 444:252 Tore
Weltmeister 1954, WM-Dritter 1958, Schöpfer der "Breslauer Elf" (1937-1938) und Kriegs-Nationalmannschaft (1940-1942)

Verantwortlich: Helmut Schön (vom 4.11.1964 - 21.6.1978)
139 Länderspiele: 87 Siege, 31 Unentschieden, 21 Niederlagen, 292:107 Tore
Weltmeister 1974, WM-Zweiter 1966, WM-Dritter 1970
Europameister 1972, EM-Zweiter 1976

Verantwortlich: Josef "Jupp" Derwall (vom 11.10.1978 - 20.6.1984)
67 Länderspiel: 45 Siege, 10 Unentschieden, 12 Niederlagen, 144:60 Tore
WM-Zweiter 1982
Europameister 1980

Verantwortlich: Franz Beckenbauer (vom 12.9.1984 - Stand: 31.5.1989)
52 Länderspiele: 26 Siege, 14 Unentschieden, 12 Niederlagen, 77:48 Tore
WM-Zweiter 1986

Wer stand im Aufgebot und wurde nie Nationalspieler

2 Armbruster (FSV Frankfurt), Länderspiel Nr. 71, 75
1 Pesch (Fortuna Düsseldorf), Nr. 82
1 Brink (Berlin), Nr. 83
1 Helmchen (PSV Chemnitz), Nr. 83
1 Suchy (Hamborn 07), Nr. 100
1 Kramer, Dr. (Holstein Kiel), Nr. 105
2 Kath (Victoria Hamburg), Nr. 106, 118
1 Fink (Bayern München), Nr. 107
1 Edelmann (SV Waldhof), Nr. 107
2 Konrad (1.FC Kaisersl., Eintr. Frankf.), Nr. 107, 110
2 Lippert (VfB Gießen 1900), Nr. 107, 110
1 Wiesner (ASV Nürnberg), Nr. 107
1 Heermann (SV Waldhof), Nr. 107
1 Berner (Berliner SV 92), Nr. 107
1 Förschler (SV Feuerbach), Nr. 107
1 Bauer (Burghausen am Inn), Nr. 107
1 Becher (SpVgg. Fürth), Nr. 107
1 Heim (Tost SV Würzburg), Nr. 107
1 Dommel (BC Augsburg), Nr. 107
1 Linken (Turu Düsseldorf), Nr. 108
2 Reimann (Germania Ilmenau), Nr. 110, 118
2 Eufinger (FC Hanau 93), Nr. 116, 117
2 Seitz (Kornwestheim), Nr. 116, 117
1 Pickartz (VfL Benrath), Nr. 116, 117
2 Graf (Turu Düsseldorf), Nr. 116, 117
2 Schlawitzki (CFR Köln), Nr. 116, 117
2 Ittel (Kickers Frankenthal), Nr. 116, 117
1 Warnke (Komet Bremen), Nr. 118
1 Böttger (Merseburg), Nr. 118
1 Bauer (Breslau), Nr. 119
3 Franke (Blau-Weiß 90), Nr. 119, 122, 123
1 Koppa (Vorwärts Rsp. Gleiwitz), Nr. 119
1 Kutz (SC Stettin), Nr. 120
1 Müller (SC Stettin), Nr. 120
1 Thiele (Nowawes 03), Nr. 123
1 Emil Krause (Hertha BSC), Nr. 123
1 Bien (Blau-Weiß 90), Nr. 123
1 Steffen (Danzig), Nr. 143
1 Moll (Bayern München), Nr. 147
1 Remmert (Köln), Nr. 154
1 Kubus (VR Gleiwitz), Nr. 154
1 Weyer (Köln), Nr. 154
1 Abromeit (Duisburg), Nr. 158
1 Kalwitzki (FC Schalke 04), Nr. 164
3 Baumann (VfB Leipzig, Stendal), Nr. 170, 173, 174
1 Zöhrer (Austria Wien), Nr. 171
1 Pfänder (1.FC Nürnberg),Nr.173
1 Fink (Bayern München), Nr. 177
1 Bayerer (1860 München), Nr. 177
1 Erb (SV Waldhof), Nr. 177
1 Haas (Wilhelmshaven), Nr. 179
1 Dörfel, R. (Hamburger SV), Nr. 179
3 Kolb (Eintracht Frankfurt), Nr. 180, 195, 196
2 Hempel (Dresdener SC), Nr. 187, 188
1 Carstens (Dresdener SC), Nr. 187
1 Kronsbein (Marten), Nr. 188
1 Ploe (Vienna Wien), Nr. 189
1 Purtz (Vienna Wien), Nr. 189
1 Bergmann (Eimsbüttel), Nr. 195
1 Pliska (Holzminden), Nr. 195
2 Voigtmann (SC Planitz), Nr. 195, 196
1 Herrmann (PSV Chemnitz), Nr. 195
1 Krückeberg (1860 München), Nr. 196
1 Kraft (VfB Stuttgart), Nr. 197
1 Fischer (1.FC Nürnberg), Nr. 199
1 Blessing (VfB Stuttgart), Nr. 199
1 Steinbeck (Tennis Borussia), Nr. 201
1 Podratz (Tennis Borussia), Nr. 201
1 Junik (Tennis Borussia), Nr. 201
1 Schaffer (1.FC Nürnberg), Nr. 201
3 Hoffmann, K. (SC Cronenburg), Nr. 201, 205, 206
1 Sommerlatt (Phönix Karlsruhe), Nr. 205
1 Gommans (SW Essen), Nr. 205
2 Klug (Sterkrade), Nr. 205, 206
2 Schönbeck (1.FC St.Pauli), Nr. 206, 207
1 Brandmaier (Bayern München), Nr. 206
1 Henig (Eintracht Frankfurt), Nr. 213
1 Klemm (FSV Frankfurt), Nr. 213
2 Lipponer (SV Waldhof), Nr. 214, 215
1 Geißler (Fürth), Nr, 217
1 Deinert (Tennis Borussia), Nr. 217
1 Hutfles (Hessen Kassel), Nr. 217
1 Schicks (Borussia Mönchengladbach), Nr. 225
1 Schreiner (Kickers Offenbach), Nr. 227
1 Baureis (Karlsruher SC), Nr. 228
1 Link (1860 München), Nr. 229
1 Haase (Werder Bremen), Nr. 229
1 Buchenau (FSV Frankfurt), Nr. 229
3 Höfer (Eintracht Frankfurt), Nr. 231, 236, 237
1 Kaniber (Kickers Würzburg), Nr. 232
2 Laumann (VfR Mannheim), Nr. 234, 241
1 Posinski (Tasmannia Berlin), Nr. 236
3 Görtz (Düsseldorf), Nr. 236, 237, 244
1 Rudolph (Berliner SV 92), Nr. 236
1 Wilhelm (Wuppertaler SV), Nr. 238
1 Graetsch (SpVgg. Herten), Nr. 241
2 Semmelmann (SpVgg. Bayreuth), Nr. 241, 243
1 Jagielski (FC Schalke 04), Nr. 242
3 Borutta (FC Schalke 04), Nr. 242, 243, 247
3 Soya (FC Schalke 04), Nr. 247, 248, 249
1 Nuber (Kickers Offenbach), Nr. 247
2 Späth (1.FC Kaiserslautern), Nr. 248, 249
1 Klose (Fortuna Düsseldorf), Nr. 256
1 Barwenczik (SpVgg. Herten), Nr. 257
1 Knöfel (Spandauer SV), Nr. 258

2 Müller, Chr. (1.FC Köln), Nr. 264, 265
1 Rühl (Viktoria Köln), Nr. 269
4 Schnorr (Hamburger SV), Nr. 270, 274, 275, 276
1 Kröpelin (Hamburger SV), Nr. 270
1 Lindner (Eintracht Frankfurt), Nr. 270
4 Schulz, Kurt (Tasmannia Berlin, Wuppertaler SV), Nr. 271, 275, 276, 277
1 Rihm (Karlsruher SC), Nr.272
1 Mühlhausen (Borussia Mönchengladbach), Nr. 272
3 Stinka (Eintracht Frankfurt), Nr. 274, 276, 277
1 Straschitz (Fortuna Düsseldorf), Nr. 274
1 Flachenecker (1.FC Nürnberg), Nr. 276
1 Iptz (FC Schalke 04), Nr. 279
1 Traska (Rot-Weiß Oberhausen), Nr. 285
1 Landerer (Eintracht Frankfurt), Nr. 288
1 Görts (Bayer Leverkusen), Nr. 288
1 Scheid (Westfalia Herne), Nr. 295
1 Zebrowski (Werder Bremen), Nr. 297
1 Schumacher, Toni (1.FC Köln), Nr. 298
1 Schmidt, Walter (Eintracht Braunschweig), Nr. 318
1 Görts (Werder Bremen), Nr. 323
2 Rynio (Karlsruher SC), Nr. 331, 341
1 Bertl (Hannover 96), Nr. 361
1 Zimmermann, Gerd (Fortuna Düsseldorf), Nr. 403
1 Schneider, Werner (MSV Duisburg), Nr. 413
1 Junghans (Bayern München), Nr. 449
2 Günther Schäfer (VfB Stuttgart), Nr. 494, 502
1 Lux (Eintr. Braunschweig), Nr. 502
1 Wöhrlin (Bayer Uerdingen), Nr. 504
1 Zumdick (VfL Bochum), Nr. 531
3 Köpke (1.FC Nürnberg), Nr. 540, 541, 550
6 Sauer (Werder Bremen), Nr. 543, 544, 545, 546, 547, 548
4 Aumann (Bayern München), Nr. 549, 551, 552, 553
2 Schulz (1.FC Kaiserslautern), Nr. 550, 551

Die Bilanz der B-Länderspiele

Gegner	Spiele	S	U	N	Tore
Belgien	2	1	0	0	2:1
England	3	0	1	2	2:7
Finnland "A"	1	1	0	0	6:0
Frankreich	2	1	0	1	1:1
Holland	5	2	2	1	8:7
Honduras	1	1	0	0	3:1
Irland "A"	2	1	0	1	3:1
Italien	3	2	0	1	3:2
Jamaika	1	0	1	0	1:1
Jugoslawien	1	0	0	1	0:8
Luxemburg "A"	4	3	0	1	16:4
Norwegen "A"	1	1	0	0	3:0
Österreich	6	4	1	1	12:4
Polen	2	2	0	0	3:1
Portugal	2	2	0	0	3:0
Rumänien	3	2	1	0	5:2
Schweden	2	2	0	0	4:2
Schweden (Olympiateam)	1	1	0	0	3:0
Schweiz	9	5	0	4	14:10
Sowjetunion	3	2	0	1	5:3
Spanien	2	2	0	0	10:4
Tschechoslowakei	2	1	0	1	2:2
Ungarn	4	3	1	0	9:3
USA	1	1	0	0	4:1
Gesamt:	62	40	7	15	122:65

Deutschlands B-Aufstellungen

1951: 3 Spiele: 1 Sieg, 1 Unentschieden, 1 Niederlage

14.4.1951 in Karlsruhe
1
Bundesrepublik Deutschland - Schweiz 0:2
Rado; Retter, Knoll; Haferkamp, Matzkowski, Trenkel; Kaufhold, Schreiner, Lipponer, Buhtz, Blessing
SR: Sautel (Frankreich)

22.9.1951 in Augsburg
2
Bundesrepublik Deutschland - Österreich 1:1
Schaffer; Mirsberger (Steimle), Bauer; Bergner, Struzina, Röhrig (Ucko); Krüger, Stollenwerk, Schröder (1), Baitinger, Blessing
SR: Scherz (Schweiz)

14.10.1951 in Basel
3
Schweiz - Bundesrepublik Deutschland 0:2
Schaffer; Mirsberger, Bauer; Sommerlatt, Struzina, Ucko; Mauritz (1), Stollenwerk, Schröder (1), Röhrig, Schäfer
SR: Grill (Österreich)

1952: 1 Spiel: 1 Sieg

9.11.1952 in Basel
4
Schweiz - Bundesrepublik Deutschland 0:2
Kubsch; Eberle, Bauer; Sommerlatt, Schäfer, Harpers; Gerritzen, Preißler, Schröder (2), Weber, Flügel
SR: Bauwens (Belgien)

1953: 2 Spiele: 1 Sieg, 1 Niederlage

22.3.1953 in Wien
5
Österreich - Bundesrepublik Deutschland 3:1
Bögelein; Mirsberger, Niebel; Sommerlatt, Schäfer, Derwall; Gerritzen, Preißler (1), Schröder, Islacker (Blessing), Termath
SR: Derfflinger (Schweiz)

14.6.1953 in Düsseldorf
6
Bundesrepublik Deutschland - Spanien 5:2
Henig; Rößling, Erhardt; Metzner, Sommer (Mebus), Gottinger; Hellwig (Biesinger), Röhrig, Lipponer, Pfaff (2), Schäfer (3)
SR: van der Meer (Holland)

1954: 2 Spiele: 2 Niederlagen

24.3.1954 in Gelsenkirchen
7
Bundesrepublik Deutschland - England 0:4
Kwiatkowski; Deinert, Erhardt; Lang, Schäfer, Harpers; Ernst, Lettl, Kreß, Laszig, Krämer
SR: Schnipper (Holland)

24.4.1954 in Offenburg
8
Bundesrepublik Deutschland - Schweiz 1:3
Kwiatkowski; Liebrich, Bauer (Kohlmeyer); Mebus, Hutfleß, Meinke (Harpers); Klodt, Metzner (Gerritzen), Biesinger, Wade, Pfaff (1)
SR: Fauquemberghe (Frankreich)

1955: 2 Spiele - 1 Unentschieden, 1 Niederlage

23.3.1955 in Sheffield
9
England - Bundesrepublik Deutschland 1:1
Kubsch; H.Hofmann, Juskowiak (1); Link, Hoffmann (Baureis), Gottinger; Schlump, Biesinger, Meyer, Demski, Haase
SR: Clough (England)

25.9.1955 in Laibach
10
Jugoslawien - Bundesrepublik Deutschland 8:0
Schnoor; Sattler, Klepacz; Lang, Schäfer, Amann; Habig, Stürmer (Neuschäfer), Uwe Seeler, Schröder, Auernhammer (Hofmann)
SR: Cujic (Tschechoslowakei)

1956: 4 Spiele: 2 Siege, 2 Niederlagen

21.4.1956 in Enschede
11
Holland - Bundesrepublik Deutschland 1:0
Kwiatkowski; Koll, Konopczinski; Karl Hoffmann, Rudi Hoffmann (Kaniber), Dörner; Kraus, Waldner (Biesinger), Neuschäfer, Laumann, Termath
SR: Schwinte (Frankreich)

31.5.1956 in Barcelona
12
Spanien - Bundesrepublik Deutschland 2:5
Sawitzki; Rößling, Erhardt; Dörner, Wewers, Harpers; Gerritzen (Szymaniak), Miltz (1), Biesinger (2), Schröder (1), Bäumler (1)
SR: Campos (Portugal)

15.9.1956 in Moskau
13
Sowjetunion - Bundesrepublik Deutschland 3:1
Kubsch; Stollenwerk, Keck (Gerdau); Schlienz, Hesse, Dörner; Klodt, Stürmer (Miltz), Seeler, Sommerlatt, Termath (1) (Bäumler)
SR: Matzkow (CSSR)

21.11.1956 in Zürich
14
Schweiz - Bundesrepublik Deutschland 1:2
Tilkowski; Geruschke, Keck; Morlock, Hesse, Stollenwerk (Graetsch); Pfeiffer, Miltz (1), O.Walter (1), Laumann (Schicks), Haase
SR: Bernardi (Italien)

1957: 3 Spiele: 1 Sieg, 2 Unentschieden

6.3.1957 in München
15
Bundesrepublik Deutschland - Österreich 4:0
Tilkowski; Mechnig, Keck; Borutta, Rudi Hoffmann, Semmelmann; Rahn (2) (Waldner), A.Schmidt (1), Kraus (1) (Seeler), H.Müller, Siedl
SR: Gulde (Schweiz)

27.3.1957 in Essen
16
Bundesrepublik Deutschland - Holland 3:3
Tilkowski; Mechnig, Keck (Dimmel); Borutta, Hesse, Semmelmann (Haase); Klodt (2), Jagielski, Glomb, H.Müller, Siedl (1)
SR: Grandain (Belgien)

21.12.1957 in Budapest
17
Ungarn - Bundesrepublik Deutschland 2:2
Sawitzki; Konopczinski, Sandmann; Borutta, Laag, Krämer (Weilbächer); Kraus, Kreß, Biesinger, Pfeiffer (2), Nazarenus
SR: Macko (Tschechoslowakei)

1958: 2 Spiele: 1 Sieg, 1 Niederlage

1.5.1958 in Luxemburg
18
Luxemburg - Bundesrepublik Deutschland 4:1
Sawitzki; Zastrau, Keck; Mai, R.Hoffmann (Weilbächer), Lang; Kreß (Hohmann), Pfeiffer, Biesinger (1), Schröder, Scheidt
SR: van Leeuwen (Holland)

22.10.1958 in Karlsruhe
19
Bundesrepublik Deutschland - Österreich 1:0
Sawitzki; Preis, Barwenczik (Dimmel); Ruppenstein, Pyka (R.Hoffmann), Benthaus; Koslowski, Faeder (1), Waldner, Herrmann, Grosser
SR: Dienst (Schweiz)

1959: 2 Spiele: 1 Sieg, 1 Niederlage

3.10.1959 in Konstanz
20
Schweiz - Bundesrepublik Deutschland 1:0
Ewert; Lutz, Giesemann; Schulz, Wenauer, Stinka; Feigenspan (Lindner), Kölbl, Strehl, Pfeiffer, Cieslarczyk
SR: Moriconi (Italien)

8.11.1959 in Saarbrücken
21
Bundesrepublik Deutschland - Ungarn 2:1
Schnoor; Witlatschil, Späth; Nuber, Koll, Dieter Seeler; Grosser (Reitgaßl, 1), Feigenspan (1), Kölbl, Kapitulski, Klöckner
SR: Dienst (Schweiz)

1965: 2 Spiele: 1 Sieg, 1 Unentschieden

10.3.1965 in Hannover
22
Bundesrepublik Deutschland - Holland 1:1
Manglitz; Blusch, Redder; Luttrop, Wilden, Walter, Schmidt; Natziger, Ulsaß (Strehl), Rodekamp, Netzer (Bekkenbauer), Zebrowski
SR: Treichel (Berlin)

1.9.1965 in Köln
23
Bundesrepublik Deutschland - Sowjetunion 3:0
Tilkowski; Piontek, Höttges; Szymaniak, Beckenbauer, Weber; Heiß, Grosser, Brunnenmeier (2), Krämer (1), Hornig
SR: Campanati (Italien)

1972: 2 Spiele: 2 Siege

29.3.1972 in Tatabanya
24
Ungarn - Bundesrepublik Deutschland 0:2
Franke (Burdenski); Baltes (Rohrbach), Konopka; Neuberger, Seelmann, Hölzenbein; Geye, Danner, Wunder, Frank (Haun, 1), Reimann (1)
SR: Wöhrer (Österreich)

14.11.1972 in Winterthur
25
Schweiz - Bundesrepublik Deutschland 1:3
Welz; Kapellmann, Konopka; Cullmann, H.Kremers, Zobel; Hitzfeld (2), Köppel, Wunder, Handschuh (W.Schäfer), Herzog (Seel)
SR: Rolles (Luxemburg)

1974: 2 Spiele: 2 Siege

30.4.1974 in Kiel
26
Bundesrepublik Deutschland - Schweden 3:2
Kleff (Franke); Höttges (Konopka), Hein; H.Kremers (1), Zimmermann (1), Kapellmann; Geye, Seel (1) (Brei), Wunder, Flohe, Herzog
SR: Ohlson (Dänemark)

3.9.1974 in Luxemburg
27
Luxemburg - Bundesrepublik Deutschland 0:5
Franke (Kargus); Kaltz, Dietz (Konopka); Körbel (Bongartz), Zimmermann, Trinklein; Seliger, Schäfer, Reimann (1) (Ohlicher, 2), Nickel (2), Worm
SR: Racin (Schweiz)

1975: 4 Spiele: 3 Siege, 1 Niederlage

11.3.1975 in Dublin
28
Irland - Bundesrepublik Deutschland 1:0
Kargus; Kaltz, Konopka; Zimmermann, Kliemann, Beer; Pirrung, Seel, D.Müller, Nickel, Keller
SR: Homewood (England)

25.4.1975 in Offenbach
29
Bundesrepublik Deutschland - Finnland 6:0
Franke; Glowacz (Kaltz), Konopka; Skala, Kliemann (1), Zimmermann; Geye (1 / Grau, 1), Beer, Burgsmüller (2), Nickel (1), Worm (Janzon)
SR: Machin (Frankreich)

2.9.1975 in Augsburg
30
Bundesrepublik Deutschland - Österreich 2:0
Kargus (Nigbur); Dürnberger (1), Dietz (Baltes); Hahn, Kliemann, Kapellmann, Rummenigge, Memering (Dremmler), Keller (1, Thies), Nickel, Worm
SR: Dörflinger (Schweiz)

8.10.1975 in Duisburg
31
Bundesrepublik Deutschland - Rumänien 2:0
Nigbur; Sziedat, Konopka (Neues); Hollmann, Hahn, Dietz (1); Geye (Worm, 1), Handschuh (Magath), Graul, Gersdorff, Pirrung
SR: Keizer (Holland)

1976: 2 Spiele: 1 Unentschieden, 1 Niederlage

25.2.1976 in Essen
32
Bundesrepublik Deutschland - Italien 0:1
Kargus (Franke); Reichel, H.Kremers; Zimmermann (Tenhagen), Cullmann, Körbel; Bast, Bongartz (Magath), Seel, Nickel, Worm (Schäfer)
SR: Ericsson (Schweden)

17.11.1976 in Timisoara
33
Rumänien - Bundesrepublik Deutschland 1:1
Burdenski (Kneib); Glowacz, Konopka, Schäffer (Magath), Cullmann, Dürnberger; Bongartz (Abramczik), Schäfer (Granitza), Frank, Wohlers, Worm (1)
SR: Velebov (Jugoslawien)

1977: 8 Spiele: 6 Siege, 1 Unentschieden, 1 Niederlage

22.2.1977 in Orleans
34
Frankreich - Bundesrepublik Deutschland 1:0
Kargus; Schneider, Lameck; Hollmann (Segler), Cullmann, Tenhagen; Bast (Abramczik), Bongartz, Worm, Riedl, E.Kremers
SR: De la Bruna (Schweiz)

26.4.1977 in Aachen
35
Bundesrepublik Deutschland - Belgien 2:1
Burdenski; Reichel, H.Zimmermann; Körbel, Gerber, Jakobs (Burgsmüller, 1); Pirrung (Geyer), Bongartz, Frank, Magath (1), Seel
SR: Wellinga (Holland)

5.6.1977 in Chicago
36
USA - Bundesrepublik Deutschland 1:4
Ferner; Reichel, Lameck; Körbel, Gerber, Kraus; Geyer (1), Burgsmüller (1), Frank (1), H.Müller (Memering, Stegmayer (Wenzel, 1)
SR: Johnson (USA)

12.6.1977 in Tegucigalpa
37
Honduras - Bundesrepublik Deutschland 1:3
Koitka; Reichel, Klinkhammer (Lameck); Körbel, Gerber, Kraus (Wenzel); Geyer, Burgsmüller (1), Frank (2), H.Müller (Memering), Stegmayer
SR: Soto (Costa Rica)

14.6.1977 in Kingston
38
Jamaika - Bundesrepublik Deutschland 1:1
Ferner (Kneib); H.Zimmermann, Lameck (Reichel); Körbel, Jakobs (H.Müller); Pirrung (Wenzel), Memering, Frank, Burgsmüller (1), Geyer
SR: Chaplin (Jamaika)

7.9.1977 in Nürnberg
39
Bundesrepublik Deutschland - Tschechoslowakei 1:0
Franke (Burdenski); Reichel, Zimmermann; Bast Bittcher), Gerber, Lameck (Groh); Geye, Burgsmüller (1), Worm, Neumann, Seel (Geyer)
SR: Kuston (Polen)

7.10.1977 in Bremen
40
Bundesrepublik Deutschland - Italien 1:0
Burdenski; Reichel, Zimmermann; Bast (Seliger), Gerber, Lameck; Geye (1), Röber, D.Müller (Wenzel), Burgsmüller, Seel
SR: Nyhus (Norwegen)

15.11.1977 in Kaiserslautern
41
Bundesrepublik Deutschland - Schweiz 4:0
Burdenski; Konopka, Huber; Röber (H.Müller), Gerber, Lameck (Strack); Seliger, Bongartz, Toppmöller, Geye (Geyer, 1), D.Müller (3)
SR: Vigliani (Frankreich)

1978: 5 Spiele: 3 Siege, 2 Niederlagen

21.2.1978 in Augsburg
42
Bundesrepublik Deutschland - England 1:2
Burdenski; Lameck, Bierofka; Hadewicz, Zewe, Kh.Förster; Seliger, Bongartz, H.Müller (Lienen), Beer (Worm, 1), Seel
SR: Ericsson (Schweden)

18.4.1978 in Norrköping
43
Schweden - Bundesrepublik Deutschland 0:1
Burdenski (Kargus); Konopka (Weiner), Lameck; Tenhagen, Zewe, Kh.Förster; Seel (Worm), Cullmann (Hadewicz), Burgsmüller (1), Bongartz, Seliger
SR: Grey (England)

10.10.1978 in Pilsen
44
Tschechoslowakei - Bundesrepublik Deutschland 2:1
Kargus (Schumacher); Martin, Elmer; Röber, Gerber, Körbel, Borchers (Kelsch), Dürnberger (Hartwig), Nickel, Bongartz, Eggeling (1 / Schröder); - K: Bongartz
SR: Geiler (Schweiz)

14.11.1978 in Karlsruhe
45
Bundesrepublik Deutschland - Ungarn 3:0
Kargus (Schumacher); Martin (Kruse), Elmer (Jakobs); Hartwig (Schröder), Körbel, Briegel; Del'Haye, Groh, Hrubesch, Eggert, Nickel (3); - K: Körbel
SR: Herrmann (Luxemburg)

19.12.1978 in Bochum
46
Bundesrepublik Deutschland - Holland 2:1
Kargus; Martin, Elmer (1); Jakobs, Melzer, Eggert; Kelsch (Del'Haye), Groh, Hrubesch (Milewski 1), Memering, Eggeling; - K: Jakobs
SR: Landauer (USA)

1979: 4 Spiele: 4 Siege

28.3.1979 in Aachen
47
Bundesrepublik Deutschland - Norwegen "A" 3:0
Kargus; Malzer (Th.Allofs), Elmer, Memering (1), Körbel, Briegel (1); Milewski, Memering (B.Förster), D.Hoeneß (1), Nickel (Hrubesch), Kelsch (Wenzel); - K: Körbel
SR: Weiten (Luxemburg)

11.9.1979 in Kaiserslautern
48
Bundesrepublik Deutschland - Rumänien 2:1
Kargus; Melzer, Groh; Hartwig, Körbel, Jakobs (Augenthaler); Vöge, Toppmöller (Kruse), Milewski (1), Magath (1 / Votava), Willmer; - K: Körbel
SR: Bastian (Luxemburg)

16.10.1979 in Koblenz
49
Bundesrepublik Deutschland - Luxemburg "A" 9:0
Schumacher (Junghans); Blau, Groh; Hartwig (1), Augenthaler (1), Niedermayer; Milewski (1 / Martin), Votava (1), Nickel (2), Geyer (1), Vöge (1 / Kempe); - K: Hartwig
SR: Dellmer (Frankreich)

19.12.1979 in Genua
50
Italien - Bundesrepublik Deutschland 1:2
Junghans; Martin, Groh; Augenthaler, Hannes, Blau (Matthäus); Del'Haye, Niedermayer, D.Hoeneß (1), Dürnberger, Vöge (1 / Dressel); - K: Groh
SR: Christov (CSSR)

1980: 5 Spiele: 4 Siege, 1 Niederlage

1.4.1980 in Bayreuth
51
Bundesrepublik Deutschland - Österreich 1:0
Burdenski (Junghans); Martin (Blau), Hannes, Augenthaler, H.Zimmermann; Hartwig, Votava (Dürnberger), Groh; Kelsch (Borchers), Nickel (1), Dressel (Milewsky); - K: Hartwig
SR: Christov (CSSR)

14.5.1980 in Kassel
52
Bundesrepublik Deutschland - Polen 2:1
Junghans; Martin, Hannes, Augenthaler, H.Zimmermann; Matthäus (1 / Jakobs), Groh (Blau), Borchers (Votava); Del'Haye (1), Nickel, Memering; - K: H.Zimmermann
SR: Jourquin (Belgien)

9.9.1980 in Luzern
53
Schweiz - Bundesrepublik Deutschland 2:0
Immel; Martin, Niedermayer, B.Förster, Groh; Blau, Hieronymus (Matthäus), Memering (Hannes); Littbarski, Klotz, Dressel (Völler); - K: Memering/Groh
SR: Brummeier (Österreich)

7.10.1980 in Kerkrade
54
Holland - Bundesrepublik Deutschland 1:2
Koitka (Roleder); Martin, Hannes, Dusek, Saborowski, Dremmler, Eilenfeldt (Kanders), Allgöwer (1); Th.Allofs, Klotz (1), Völler; - K: Martin
SR: Koster (Luxemburg)

18.11.1980 in Braunschweig
55
Bundesrepublik Deutschland - Frankreich 1:0
Roleder (Koitka); Saborowski, Hannes (1), Koch, Willmer, Eder, Bittcher, Borchers (Schröder); Milewski (Beierlorzer), Vöge (Eilenfeldt), Völler; - K: Borchers/Eder
SR: Lund-Sörensen (Dänemark)

1981: 5 Spiele: 5 Siege

31.3.1981 in Kassel
56
Bundesrepublik Deutschland - Sowjetunion 1:0
Nigbur, Geils, Augenthaler, Steiner, B.Förster; Bittcher (Kanders), Funkel, Schröder; Vöge, D.Müller (1), Kelsch (Pinkall); - K: D.Müller
SR: Frederiksson (Schweden)

28.4.1981 in Coimbra
57
Portugal - Bundesrepublik Deutschland 0:2
Nigbur (Junghans); Geils, Augenthaler (Kanders), Steiner, Fleer (Groß); Dremmler, Schröder (Wiesner), Bittcher; Del'Haye, D.Müller (2), Willmer (Vöge); - K: D.Müller
SR: Sariano-Aladren (Spanien)

21.5.1981 in Bremen
58
Bundesrepublik Deutschland - Irland "A" 3:0
Nigbur (Junghans); Geils, Koch, Steiner, Fleer; Bittcher, Funkel (1 / Groß), Schröder (1); Del'Haye (1), D.Müller (Wiesner), Willmer (Pinkall); - K: D.Müller/Schröder
SR: Frickmann (Dänemark)

2.9.1981 in Tschenstochau
59
Polen - Bundesrepublik Deutschland 0:1
Roleder (Stein), Geils, Strack, Steiner (Groß), Willmer; Funkel, Bittcher, Schröder (Matthäus); Kelsch, Worm (1 / Eilenfeldt, Meier; - K: Strack
SR: Jossifov (Bulgarien)

22.9.1981 in Luxemburg
60
Luxemburg "A" - Bundesrepublik Deutschland 0:1
Roleder (Stein); Geils, Strack, Steiner (Augenthaler), Groß; Bittcher, Funkel, Votava (Schröder); Abramczik, Worm (1), Meier; -K: Strack
SR: Macheret (Schweiz)

1982: 1 Spiel: 1 Sieg

16.2.1982 in Mannheim
61
Bundesrepublik Deutschland - Portugal 1:0
Greiner; Geils, Strack (1), Gruber (Groß), Otten; Engels (M.Jakobs), Th.Allofs, Allgöwer (Meier); Willmer; Reinders, Pinkall; - K: Strack
SR: Gatter (Schweiz)

1986: 1 Spiel: 1 Sieg

28.10.1986 in Essen
62
Bundesrepublik Deutschland - Schweden (Olympiateam) 3:0
Vollack (Zumdick); Kempe; Roth (Kree), A.Reinhardt, Sievers; Bommer, Grahammer (Zietsch, Schön), Schreier, Engels (Zorc); Th.Allofs (1), Kuntz (2); - K: Bommer
SR: Gilson (Luxemburg)

Zu B-Spielen wurden berufen

A

3 Abramczik Rüdiger (Schalke 04 2, Borussia Dortmund 1) 1976 Rum - 1977 Fr - 1981 Lu
2 Allgöwer Karl (VfB Stuttgart) 1980 H - 1982 Pg
4 Allofs Thomas (Fortuna Düsseldorf 3, 1.FC Köln 1) 1979 N - 1980 H - 1982 Pg - 1986 Sd
1 Amann Horst (Phönix Ludwigshafen) 1955 Jg
1 Auernhammer Johann (1860 München), 1955 Jg
8 Augenthaler Klaus (Bayern München), 1979 Rum, Lu, It - 1980 Ö, Pl - 1981 SU, Pg, Lu

B

1 Baitinger Otto (VfB Stuttgart), 1951 Ö
2 Baltes Heiner (Fortuna Düsseldorf), 1972 U - 1975 Ö
1 Barwenczik Julius (SpVgg Herten), 1958 Ö
4 Bast Dieter (Rot-Weiß Essen 2, VfL Bochum 2), 1976 It - 1977 Fr, Tsch, It
4 Bauer Hans (Bayern München), 1951 Ö, Sz - 1952 Sz - 1954 Sz
2 Bäumler Erich (Eintracht Frankfurt), 1956 Sp SU
1 Baureis Walter (Karlsruher SC), 1958 Ö
2 Beckenbauer Franz (Bayern München), 1965 H, SU
3 Beer Erich (Hertha BSC Berlin), 1975 Ir, Fi - 1978 E
1 Beierlorzer Bertram (1.FC Nürnberg), 1980 Fr
1 Benthaus Helmut (Westfalia Herne), 1958 Ö
1 Bergner Gerhard (1.FC Nürnberg), 1958 Ö
1 Bierofka Wilhelm (München 1860), 1978 E
7 Biesinger Ulrich (BC Augsburg), 1953 Sp - 1954 Sz - 1955 E, 1956 H, Sp - 1957 U - 1958 Lu
7 Bittcher Ulrich (FC Schalke 04), 1977 Tsch - 1980 Fr - 1981 SU, Pg, Ir, Pl, Lu
5 Blau Rolf (VfL Bochum), 1979 Lu, It - 1980 Ö, Pl, Sd
3 Blessing Rolf (VfB Stuttgart), 1951 Sz, Ö - 1953 Ö
1 Blusch Peter (Eintracht Frankfurt), 1965 H
1 Bögelein Karl (VfB Stuttgart), 1953 Ö
1 Bommer Rudi (Bayer Uerdingen), 1986 Sd
9 Bongartz Hans (FC Schalke 04 8, 1.FC Kaiserslautern 1), 1974 Lu - 1976 It, Rum - 1977 Fr, Bg, Sz - 1978 E, Sd, Tsch
4 Borchers Ronald (Eintracht Frankfurt), 1978 Tsch - 1980 Ö, Pl, Sz
3 Boruttka Karl (FC Schalke 04), 1957 Ö, H, U
1 Brei Dieter (Fortuna Düsseldorf), 1974 Sd
2 Briegel Hans-Peter (1.FC Kaiserslautern), 1978 U - 1979 N
1 Brunnenmeier Rudi (TSV 1860 München), 1965 SU
1 Buhtz Horst (Karlsruher SC), 1951 Sz
9 Burdenski Dieter (Arminia Bielefeld 1, Werder Bremen 8), 1972 U - 1976 Rum - 1977 Bg, Tsch, It, Sz - 1978 E, Sd - 1980 Ö
8 Burgsmüller Manfred (Rot-Weiß Essen 1, Borussia Dortmund 7), 1975 Fi - 1977 Bg, USA, Hod, Jam, Tsch, It - 1978 Sd

C

1 Cieslarczyk Hans (Borussia Dortmund), 1959 Sz
5 Cullmann Bernd (1.FC Köln), 1972 Sz - 1976 It, Rum - 1977 Fr - 1978 Sd

D

1 Danner Dietmar (Borussia Mönchengladbach), 1972 U
1 Deinert Rudolf (Tennis Borussia Berlin), 1954 E
6 Del'Haye Karl (Borussia Mönchengladbach 4, Bayern München 2), 1978 U, H - 1979 It - 1980 Pl - 1981 Pg, Ir
1 Derwall Josef (Alemannia Aachen), 1953 Ö
1 Demski Willi (SV Solingen), 1955 E
3 Dietz Bernard (MSV Duisburg), 1974 Lu - 1975 Ö, Rum
2 Dimmel Wilhelm (Karlsruher SC), 1957 H - 1958 Ö
1 Dörner Herbert (1.FC Köln), 1956 N, Sp, SU
3 Dremmler Wolfgang (Eintracht Braunschweig 1, Bayern München 2), 1975 Ö - 1980 H - 1981 Pg
3 Dressel Werner (Werder Bremen 2, Hamburger SV 1), 1979 It - 1980 Ö, Sz
1 Dusek Michael (1.FC Kaiserslautern), 1980 H
5 Dürnberger Bernd (Bayern München), 1975 Ö - 1976 Rum - 1978 Tsch - 1979 It - 1980 Ö

E

1 Eberle Hans (Ulm 46), 1952 Sz
1 Eder Norbert (1.FC Nürnberg), 1980 Fr
2 Eggeling Heinz-Werner (VfL Bochum), 1978 Tsch, H
1 Eggert Michael (VfL Bochum), 1978 U, H
4 Eilenfeldt Norbert (Arminia Bielefeld 2, 1.FC Kaiserslautern 2), 1980 H, Fr - 1981 Pl, Lu
1 Elmer Markus (VfB Stuttgart), 1978 Tsch, U, H - 1979 N
2 Engels Stefan (1.FC Köln), 1982 Pg - 1986 Sd
3 Erhardt Herbert (SpVgg Fürth), 1953 Sp - 1954 E,- 1956 Sp
1 Ernst Otto (TSV Straubing), 1954 E
1 Ewert Fritz (1.FC Köln), 1959 Sz

F

1 Faeder Helmut (Hertha BSC Berlin), 1958 Ö
2 Feigenspan Ekkehard (TSV 1860 München), 1959 Sz, U
2 Ferner Dieter (1.FC Saarbrücken), 1977 USA, Jam
2 Fleer Jürgen (Borussia Mönchengladbach), 1981 Pg, Ir
1 Flohe Heinz (1.FC Köln), 1974 Sd
1 Flügel Hans (Borussia Dortmund), 1952 Sz
3 Förster Bernd (VfB Stuttgart), 1979 N - 1980 Sz - 1981 SU
2 Förster Karlheinz (VfB Stuttgart), 1978 E, Sd
6 Frank Wolfgang (VfB Stuttgart 1, Eintracht Braunschweig 5), 1972 U - 1976 Rum - 1977 Bg, USA, Hod, Jam
6 Franke Bernd (Eintracht Braunschweig), 1972 U - 1974 Sd, Lu - 1975 Di - 1976 It - 1977 Tsch
4 Funkel Friedhelm (1.FC Kaiserslautern), 1981 SU, Ir, Pl, Lu

G

6 Geils Karl-Heinz (Arminia Bielefeld), 1981 SU, Pg, Ir, Pi, Lu - 1982 Pg
8 Gerber Roland (1.FC Köln), 1977 Bg, USA, Hod, Jam, Tsch, It, Sz - 1978 Tsch
1 Gerdau Willi (Heider SV), 1956 SU
4 Gerritzen Felix (Preußen Münster), 1952 Sz - 1953 Ö - 1954 Sz - 1956 Sp
1 Gersdorff Bernd (Eintracht Braunschweig), 1975 Rum
1 Geruschke Helmut (Hannover 96), 1956 Sz
7 Geye Reiner (Fortuna Düsseldorf 4, 1.FC Kaiserslautern 3), 1972 U - 1974 Sd - 1975 Fi, Rum - 1977 Tsch, It, Sz
3 Geyer Peter (Borussia Dortmund), 1977 Bg, USA, Hod, Jam, Tsch, Sz - 1979 Lu
1 Giesemann Willi (FC Bayern München), 1959 Sz
1 Glomb Günter (1.FC Nürnberg), 1957 H
2 Glowacz Jürgen (1.FC Köln), 1975 Fi - 1976 Rum
2 Gottinger Richard (SpVgg Fürth), 1953 Sp - 1955 E
1 Graetsch Günter (Werder Bremen), 1956 Sz
1 Grahammer Roland (1.FC Nürnberg), 1986 Sd
1 Granitza Karl-Heinz (Hertha BSC Berlin), 1976 Rum
1 Grau Gerhard (Hertha BSC Berlin), 1975 Fi
1 Graul Volker (Arminia Bielefeld), 1975 Rum
1 Greiner Uwe (Bayer Leverkusen), 1982 Pg
9 Groh Jürgen (1.FC Kaiserslautern 8, Hamburger SV 1), 1977 Tsch - 1978 U, H - 1979 Rum, Lu, It - 1980 Ö, Pl, Sz
5 Groß Stefan (Karlsruher SC), 1981 Pg, Ir, Pl, Lu - 1982 Pg
3 Grosser Peter (FC Bayern München 2, 1860 München 1), 1958 Ö - 1959 U - 1965 SU
1 Gruber Rigobert (Werder Bremen), 1982 Pg

H

2 Hadewicz Erwin (VfB Stuttgart), 1978 E, Sd
3 Haase Erich (SV Wuppertal 2, Werder Bremen 1), 1955 E - 1956 Sz - 1957 H
1 Habig Ernst-Günter (Union Köln), 1955 Jg
1 Haferkamp Hans (VfL Osnabrück), 1951 Sz
2 Hahn Paul (Bayer 05 Uerdingen), 1975 Ö, Rum
2 Handschuh Karlheinz (VfB Stuttgart 1, Eintracht Braunschweig 1), 1972 Sz - 1975 Rum
6 Hannes Wilfried (Borussia Mönchengladbach), 1979 It - 1980 Ö, Pl, Sz, H, Fr
4 Harpers Gerhard (SV Sodingen), 1952 Sz - 1954 E, Sz - 1956 Sp
6 Hartwig Wilhelm (Hamburger SV), 1978 Tsch, U - 1979 N, Rum, Lu - 1980 Ö
1 Haun Eberhard (Eintracht Braunschweig), 1972 U
1 Hein Herbert (1.FC Köln), 1974 Sd
1 Heiß Alfred (TSV 1860 München), 1965 SU
3 Hellwig Karl-Heinz (Arminia Bielefeld), 1953 Sp
1 Henig Helmut (Eintracht Frankfurt), 1953 Sp
1 Herrmann Günter (Karlsruher SC), 1958 Ö
2 Herzog Dieter (Fortuna Düsseldorf), 1972 Sz - 1974 Sd
3 Hesse Werner (Karlsruher SC), 1956 SU, Sz - 1957 H
1 Hieronymus Holger (Hamburger SV), 1980 Sz
1 Hitzfeld Ottmar (FC Basel), 1972 Sz
2 Hoeneß Dieter (VfB Stuttgart 1, Bayern München 1), 1979 N, It
1 Hölzenbein Bernd (Eintracht Frankfurt), 1972 U
2 Höttges Horst-Dieter (Werder Bremen), 1965 SU - 1974 Sd
1 Hoffmann Karl (Fortuna Düsseldorf), 1956 H
5 Hoffmann Rudolf (Viktoria Aschaffenburg 3, VfB Stuttgart 2), 1955 E - 1956 H - 1957 Ö - 1958 Lu, Ö
2 Hofmann Herbert (Eintracht Braunschweig), 1955 E, Jg
1 Hohmann Heinz (SV Waldhof), 1958 Lu
2 Hohmann Reiner (Eintracht Braunschweig), 1975 Rum - 1977 Fr
1 Hornig Heinz (1.FC Köln), 1965 SU
3 Hrubesch Horst (Hamburger SV), 1978 U, H - 1979 N
1 Huber Lothar (Borussia Dortmund), 1977 Sz
1 Hutfleß Karl (Hessen Kassel), 1954 Sz

I

1 Immel Eike (Borussia Dortmund), 1980 Sz
1 Islacker Franz (Rot-Weiß Essen), 1953 Ö

J

1 Jagielski Helmut (Schalke 04), 1957 H
6 Jakobs Dietmar (Tennis Borussia Berlin 2, MSV Duisburg 2, Hamburger SV 2), 1977 Bg, Jam - 1978 U, H - 1979 Rum - 1980 Pl
1 Jakobs Michael (VfL Bochum), 1982 Pg
1 Janzon Norbert (Kickers Offenbach), 1975 F
6 Junghans Walter (Bayern München), 1979 Lu, It - 1980 Ö, Pl - 1981 Pg, Ir
1 Juskowiak Erich (Fortuna Düsseldorf), 1955 E

K

3 Kaltz Manfred (Hamburger SV), 1974 Lu - 1975 Ir, Fi
3 Kanders Ludger (Bayer Uerdingen), 1980 H - 1981 SU, Pg
1 Kaniber Erich (Kickers Würzburg), 1956 H
3 Kapellmann Josef (1.FC Köln 1, Bayern München 2), 1972 Sz - 1974 Sd - 1975 Ö
1 Kapitulski Helmut (FK Pirmasens), 1959 U
11 Kargus Rudi (Hamburger SV), 1974 Lu - 1975 Ir, Ö - 1976 It - 1977 Fr - 1978 Sd, Tsch, U, H - 1979 N, Rum
1 Kaufhold Gerhard (Kickers Offenbach), 1951 Sz
5 Keck Albert (1.FC Saarbrücken), 1956 SU, Sz - 1957 Ö, H - 1958 Lu
2 Keller Ferdinand (TSV 1860 München), 1975 Ir, Ö
7 Kelsch Walter (VfB Stuttgart), 1978 Tsch, U, H - 1979 N - 1980 Ö - 1981 SU, Pl
2 Kempe Thomas (MSV Duisburg 1, VfL Bochum 1), 1979 Lu - 1986 Sd
1 Kleff Wolfgang (Borussia Mönchengladbach) 1974 Sd
1 Klepacz Franz (Hamburger SV), 1955 Jg
3 Kliemann Uwe (Hertha BSC Berlin), 1975 Ir, Fi, Ö
1 Klinkhammer Hans (Borussia Mönchengladbach), 1977 Hod
1 Klöckner Theo (Schwarz-Weiß Essen), 1959 U
1 Klodt Bernhard (Schalke 04), 1954 Sz - 1956 SU - 1957 H
2 Klotz Bernd (VfB Stuttgart), 1980 Sz, H
2 Kneib Wolfgang (Borussia Mönchengladbach) 1976 Rum - 1977 Jam
1 Knoll Adolf (SpVgg Fürth), 1951 Sz

2 Koch Meinolf (Borussia Dortmund), 1980 Fr - 1981 Ir
2 Kölbl Rudolf (TSV 1860 München), 1959 Sz, U
1 Köppel Horst (VfB Stuttgart), 1972 Sz
10 Körbel Karl-Heinz (Eintracht Frankfurt), 1974 Lu - 1976 It - 1977 Bg, USA, Hod, Jam - 1978 Tsch, U - 1979 N, Rum
1 Kohlmeyer Werner (1.FC Kaiserslautern), 1954 Sz
3 Koitka Heinz-Josef (Eintracht Frankfurt 1, Hamburger SV 2), 1977 Ho - 1980 H, Fr
2 Koll Willi (Duisburger SV), 1956 H - 1959 U
1 Kree Martin (VfL Bochum), 1986 Sd
2 Konopczinski Leo (SV Sodingen), 1956 H, 1957 U
10 Konopka Harald (1.FC Köln), 1972 U, Sz - 1974 Sd, Lu - 1975 Ir, Fi, Rum - 1976 Rum - 1977 Sz - 1978 Sd
1 Koslowski Willi (FC Schalke 04), 1958 Ö
1 Krämer Hans (Schalke 04), 1954 E
1 Krämer Werner (Meidericher SV), 1965 SU
1 Krämer Willi (Alemannia Aachen), 1957 U
3 Kraus Engelbert (Kickers Offenbach), 1956 H - 1957 Ö, U
2 Kraus Wolfgang (Eintracht Frankfurt), 1977 USA, Hod
1 Kremers Erwin (Schalke 04), 1977 Fr
3 Kremers Helmut (Schalke 04), 1972 Sz - 1974 Sd - 1976 It
3 Kreß Richard (Eintracht Frankfurt), 1954 E - 1957 U - 1958 Lu
2 Kruse Thomas (Schalke 04), 1978 U - 1979 Rum
1 Krüger Manfred (Hamburger SV), 1951 Ö
3 Kubsch Heinz (Spfr Katernberg 1, FK Pirmasens 2), 1952 Sz - 1955 E - 1956 SU
1 Kuntz Stefan (Bayer Uerdingen), 1986 Sd
3 Kwiatkowski Heinz (Borussia Dortmund), 1954 E, Sz - 1956 H

L

1 Laag Hermann (FK Pirmasens), 1957 U
9 Lameck Michael (VfL Bochum), 1977 Fr, USA, Hod, Jam, Tsch, It, Sz - 1978 E, Sd
3 Lang Werner (Bremerhaven 93), 1954 E - 1955 Jg - 1958 Lu
1 Laszig Otto (Schalke 04), 1954 E
2 Laumann Theodor (VfR Mannheim), 1956 H, Sz
1 Lettl Heinz (Bayern München), 1954 E
1 Liebrich Werner (1.FC Kaiserslautern), 1954 Sz
1 Lienen Ewald (Borussia Mönchengladbach), 1978 E
1 Lindner Dieter (Eintracht Frankfurt), 1959 Sz
1 Link Max (TSV 1860 München), 1955 E
2 Lipponer Paul (SV Waldhof), 1951 Sz - 1953 Sp
1 Littbarski Pierre (1.FC Köln), 1980 Sz
1 Luttrop Otto (TSV 1860 München), 1965 H
1 Lutz Friedel (Eintracht Frankfurt), 1959 Sz

M

5 Magath Felix (1.FC Saarbrücken 2, Hamburger SV 3), 1975 Rum - 1976 It, Rum - 1977 Bg - 1979 Rum
1 Mai Karl (SpVgg Fürth), 1958 Lu
1 Manglitz Manfred (Meidericher SV), 1965 H
9 Martin Bernd (VfB Stuttgart), 1978 Tsch, U, H - 1979 Lu, It - 1980 Pl, Sz, H
4 Matthäus Lothar (Borussia Mönchengladbach), 1979 It - 1980 Pl, Sz - 1981 Pl
1 Matzkowski Paul (Schalke 04), 1951 Sz
1 Mauritz Matthias (Fortuna Düsseldorf), 1951 Sz
2 Mebus Paul (1.FC Köln), 1953 Sp - 1954 Sz
2 Mechnig Hans (Wormatia Worms), 1957 Ö, H
3 Meier Norbert (Werder Bremen), 1981 Pl, Lu - 1982 Pg
1 Meinke Jochen (Hamburger SV), 1954 Sz
1 Melzer Werner (1.FC Kaiserslautern), 1978 H - 1979 N, Rum
8 Memering Caspar (Hamburger SV), 1975 Ö - 1977 USA, Hod, Jam - 1978 H - 1979 N - 1980 Pl, Sz
2 Metzner Karl-Heinz (Hessen Kassel), 1953 Sp - 1954 Sz
1 Meyer Otto (VfR Mannheim), 1955 E
6 Milewski Jürgen (Hertha BSC Berlin 4, Hamburger SV 2), 1978 H - 1979 N, Rum, Lu - 1980 Ö, Fr
1 Miltz Jakob (TuS Neuendorf), 1956 Sp, SU, U
3 Mirsberger Alfred (1.FC Nürnberg), 1951 Ö, Sz - 1953 Ö
1 Morlock Max (1.FC Nürnberg), 1956 Sz
6 Müller Dieter (1.FC Köln), 1975 Ir - 1977 It, Sz - 1981 SU, Pg, Ir
5 Müller Hans (VfB Stuttgart), 1977 USA, Hod, Jam, Sz - 1978 E
2 Müller Heinrich (1.FC Nürnberg), 1957 Ö, H

N

1 Nafziger Rudolf (FC Bayern München), 1965 H
1 Nazarenus II Hermann (Kickers Offenbach), 1957 U
1 Netzer Günter (Borussia Mönchengladbach), 1965 H
1 Neuberger Willi (Werder Bremen), 1972 U
1 Neues Hans-Günter (Rot-Weiß Essen), 1975 Rum
1 Neumann Herbert (1.FC Köln), 1977 Tsch
2 Neuschäfer Hans (Viktoria Aschaffenburg), 1955 Jg - 1956 H
5 Nickel Bernd (Eintracht Frankfurt), 1974 Lu - 1975 Ir, Fi, Ö - 1976 It
2 Nickel Harald (Eintracht Braunschweig 2, Borussia Mönchengladbach 3), 1978 Tsch - 1979 N, Lu - 1980 Ö, Pl
1 Niebel Werner (FSV Frankfurt), 1953 Ö
3 Niedermayer Kurt (Bayern München), 1979 Lu, It - 1980 Sz
5 Nigbur Norbert (FC Schalke 04), 1975 Ö, Rum - 1981 SU, Pg, Ir

1 Nuber Hermann (Kickers Offenbach), 1959 U

O

1 Ohlicher Hermann (VfB Stuttgart), 1974 Lu
1 Otten Johnny (Werder Bremen), 1982 Pg

P

2 Pfaff Alfred (Eintracht Frankfurt), 1953 Sp - 1954 Sz
1 Pfeiffer Hans (1.FC Köln), 1956 Sz
3 Pfeiffer Michael (Alemannia Aachen 2, Rot-Weiß Essen 1), 1957 U - 1958 Lu - 1959 Sz
3 Pinkall Kurt (VfL Bochum 2, Borussia Mönchengladbach 1), 1981 SU, Ir - 1982 Pg
1 Piontek Josef (Werder Bremen), 1965 SU
4 Pirrung Josef (1.FC Kaiserslautern), 1975 Ir, Rum - 1977 Bg, Jam
1 Preis Albert (SV Waldhof), 1958 Ö
2 Preißler Alfred (Borussia Dortmund), 1952 Sz - 1953 Ö
1 Pyka Alfred (Westfalia Herne), 1958 Ö

R

1 Rado Willi (FSV Frankfurt), 1951 Sz
1 Rahn Helmut (Rot-Weiß Essen), 1957 Ö
1 Redder Theo (Borussia Dortmund), 1965 H
7 Reichel Peter (Eintracht Frankfurt), 1976 It - 1977 Bg, USA, Hod, Jam, Tsch, It
2 Reimann Willi (Hannover 96 1, Hamburger SV 1), 1972 U - 1974 Lu
1 Reinders Uwe (Werder Bremen), 1982 Pg
1 Reinhardt Alois (Bayer Leverkusen), 1986 Sd
1 Reitgaßl Willi (Karlsruher SC), 1959 U
1 Retter Erich (VfB Stuttgart), 1951 Sz
1 Riedl Hannes (1.FC Kaiserslautern), 1977 Fr
3 Röber Jürgen (Werder Bremen), 1977 It, Sz - 1978 Tsch
1 Rodekamp Walter (Hannover 96), 1965 H
1 Rohrbach Thomas (Eintracht Frankfurt), 1972 U
3 Röhrig Josef (1.FC Köln), 1951 Ö, Sz - 1953 Sp
1 Rößling Fritz (SV Waldhof), 1953 Sp - 1956 Ry
4 Roleder Helmut (VfB Stuttgart), 1980 H, Fr - 1981 Pl, Lu
1 Roth Dietmar (Schalke 04), 1986 Sd
1 Rummenigge Karl-Heinz (FC Bayern München), 1975 Ö
1 Ruppenstein Heinz (Karlsruher SC), 1958 Ö

S

2 Saborowski Frank (MSV Duisburg), 1980 H, Fr
1 Sandmann Herbert (Borussia Dortmund), 1957 U
1 Sattler Helmut (Kickers Offenbach), 1955 Jg
4 Sawitzki Günter (SV Sodingen 1, VfB Stuttgart 3), 1956 Sp - 1957 U - 1958 Lu, Ö
2 Schäfer Hans (1.FC Köln), 1951 Sz - 1953 Sp
4 Schäfer Herbert (Spfr Siegen), 1952 Sz - 1953 Ö - 1954 E - 1955 Jg
4 Schäfer Winfried (Kickers Offenbach 2, Karlsruher SC 2), 1972 Sz - 1974 Lu - 1976 Ir, Rum
1 Schäffer Frank (Borussia Mönchengladbach), 1976 Rum
2 Schaffer Eduard (1.FC Nürnberg), 1951 Ö, Sz
1 Scheidt Adolf (Preußen Münster), 1958 Lu
1 Schicks Friedel (Hannover 96), 1956 H
1 Schlienz Robert (VfB Stuttgart), 1956 SU
1 Schlump Ludwig (BC augsburg), 1955 E
1 Schmidt Alfred (Borussia Dortmund), 1957 Ö
1 Schmidt Walter (Eintracht Braunschweig), 1965 H
1 Schneider Werner (MSV Duisburg), 1977 Fr
2 Schnoor Horst (Hamburger SV), 1955 Jg - 1959 U
1 Schön Alfred (SV Waldhof Mannheim), 1986 Sd
1 Schreier Christian (Bayer Leverkusen), 1986 Sd
1 Schreiner Kurt (Kickers Offenbach), 1951 Sz
8 Schröder Helmut (Arminia Bielefeld), 1978 Tsch, U - 1980 Fr - 1981 SU, Pg, Ir, Pl, Lu
7 Schröder Willi (Bremen 1860 5, Werder Bremen 2), 1951 Ö, Sz - 1952 Sz - 1953 Ö - 1955 Jg - 1956 Sp - 1958 Lu
1 Schulz Willi (Union Günnigfeld), 1959 Sz
3 Schumacher Harald (1.FC Köln), 1978 Tsch, U - 1979 Lu
9 Seel Wolfgang (1.FC Kaiserslautern 1, Fortuna Düsseldorf 8), 1972 Sz - 1974 Sd - 1975 Ir - 1976 It - 1977 Bg, Tsch, It - 1978 E, Sd
1 Seeler Dieter (Hamburger SV), 1959 U
3 Seeler Uwe (Hamburger SV), 1955 Jg - 1956 SU - 1957 Ö
1 Seelmann Hans-Dieter (TSV 1860 München), 1972 U
1 Segler Burghard (Borussia Dortmund), 1977 Fr
5 Seliger Rudolf (MSV Duisburg), 1974 Lu - 1977 It, Sz - 1978 E, Sd
2 Semmelmann Fritz (SpVgg Bayreuth), 1957 Ö, H
2 Siedl Gerhard (Karlsruher SC), 1957 Ö, H
1 Sievers Ralf (Eintracht Frankfurt), 1986 Sd
1 Skala Lothar (Kickers Offenbach), 1975 Fi
1 Sommer Fritz (1860 München), 1953 Sp
4 Sommerlatt Kurt (Karlsruher SC), 1951 Sz - 1952 Sz - 1953 Ö - 1956 SU
1 Späth Friedel (Karlsruher SC), 1959 U
2 Stegmayer Roland (1.FC Saarbrücken), 1977 USA, Hod
1 Steimle Richard (VfB Stuttgart), 1951 Sz
2 Stein Ulrich (Hamburger SV), 1981 Pl, Lu
5 Steiner Paul (MSV Duisburg 3, 1.FC Köln 2), 1981 SU, Pg, Ir, Pl, Lu
1 Stinka Dieter (Eintracht Frankfurt), 1959 Sz

4 Stollenwerk Georg (Düren 99 2, 1.FC Köln 2), 1951 Ö, Sz - 1956 H, Sz
4 Strack Gerd (1.FC Köln), 1977 Sz - 1981 Pl, Lu - 1982 Pg
2 Strehl Heinz (1.FC Nürnberg), 1959 Sz - 1965 H
2 Struzina Peter (Schwaben Augsburg), 1951 Ö, Sz
2 Stürmer Klaus (Hamburger SV), 1955 Jg - 1956 SU
1 Sziedat Michael (Hertha BSC Berlin), 1975 Rum
2 Szymaniak Horst (Wuppertaler SV 1, Tasmania Berlin 1), 1956 Sp - 1965 SU

T

3 Tenhagen Franz-Josef (VfL Bochum), 1976 It - 1977 Fr - 1978 Sd
3 Termath Bernhard (Rot-Weiß Essen 1, Karlsruher SC 2), 1953 Ö - 1956 H, SU
1 Thies Klaus (MSV Duisburg), 1975 Ö
4 Tilkowski Hans (Westfalia Herne 3, Borussia Dortmund 1), 1956 Sz - 1957 Ö, H, 1965 SU
2 Toppmöller Klaus (1.FC Kaiserslautern), 1977 Sz - 1979 Rum
1 Trenkel Heinz (Karlsruher SC), 1951 Sz
1 Trinklein Gerd (Eintracht Frankfurt), 1974 Lu

U

2 Ucko Kurt (1.FC Nürnberg), 1951 Ö, Sz
1 Ulsaß Lothar (Eintracht Braunschweig), 1965 H

V

6 Völge Wolfgang (Borussia Dortmund 3, Bayer Leverkusen 3), 1979 Rum, Lu, It - 1980 Fr - 1981 SU, Pg
3 Völler Rudi (1860 München), 1982 Sz, H, Fr
1 Vollack Werner (Bayer Uerdingen), 1986 Sd
5 Votava Miroslav (Borussia Dortmund), 1979 Rum, Lu - 1980 Ö, Pl - 1981 Lu

W

1 Wade Ernst (Kickers Offenbach), 1954 Sz
3 Waldner Erwin (VfB Stuttgart), 1956 H - 1957 Ö - 1958 Ö
1 Walter Ottmar (1.FC Kaiserslautern), 1956 Sz
1 Weber Willi (Kickers Offenbach), 1952 Sz
1 Weber Wolfgang (1.FC Köln), 1965 SU
2 Weilbächer Hans (Eintracht Frankfurt), 1957 U - 1958 Lu
1 Weiner Hans (Hertha BSC Berlin), 1978 Sd
1 Welz Gerhard (1.FC Köln), 1978 Sd
1 Wenauer Ferdinand (1.FC Nürnberg), 1959 Sz
5 Wenzel Rüdiger (Eintracht Frankfurt), 1977 USA, Hod, Jam, It - 1979 N
1 Wewers Heinz (Rot-Weiß Essen), 1956 Sp
2 Wiesner Martin (Karlsruher SC), 1981 Pg, Ir
1 Wilden Leo (1.FC Köln), 1965 H
6 Willmer Holger (1.FC Köln), 1979 Rum - 1980 Fr - 1981 Pg, Ir, Pl - 1982 Pg
1 Witlatschil Gustav (Karlsruher SC), 1959 U
1 Wohlers Horst (Borussia Mönchengladbach), 1976 Rum
12 Worm Ronald (MSV Duisburg 10, Eintracht Braunschweig 2), 1974 Lu - 1975 Fi, Ö, Rum - 1976 It, Rum - 1977 Fr, Tsch - 1978 E, Sd - 1981 Pl, Lu
3 Wunder Klaus (MSV Duisburg), 1972 U, Sz - 1974 Sd

Z

1 Zastrau Walter (Rot-Weiß Essen), 1958 Lu
1 Zebrowski Gerhard (Werder Bremen), 1965 H
2 Zewe Gerd (Fortuna Düsseldorf), 1978 E, Sd
1 Zietsch Rainer (VfB Stuttgart), 1986 Sd
5 Zimmermann Gerhard (Fortuna Köln 1, Fortuna Düsseldorf 4), 1974 Sd, Lu - 1975 Ir, Fi - 1976 Ir
6 Zimmermann Herbert (1.FC Köln), 1977 Bg, Jam, Tsch, It - 1980 Ö, Pl
1 Zobel Rainer (FC Bayern München), 1972 Sz
1 Zorc Michael (Borussia Dortmund), 1986 Sd
1 Zumdick Ralf (VfL Bochum), 1986 Sd

Die meisten B-Länderspiele:

1. Worm (Braunschw., MSV) 12 Spiele
2. Kargus (HSV) 11 "
3. Körbel (E.Frankfurt) 10 "
   Konopka (1.FC Köln) 10 "
5. Groh (Kaisersl., HSV) 9 "
   Martin (VfB Stuttgart) 9 "
   Lameck (VfL Bochum) 9 "
   Seel (Kaisersl., F.Düsseldorf) 9 "
   Burdenski (A.Bielef, W.Bremen) 9 "
10. Augenthaler (Bayern München) 8 "
    Bongartz (Schalke, Kaisersl.) 8 "
    Burgsmüller (RWE, BVB) 8 "
    R.Gerber (1.FC Köln) 8 "
    Memering (HSV) 8 "
    H.Schröder (A.Bielef.) 8 "
16. Bittcher (Schalke) 7 "
    Biesinger (BC Augsburg) 7 "
    Geye (F.Düssel., Kaisersl.) 7 "
    Geyer (BVB) 7 "
    Kelsch (VfB Stuttgart) 7 "
    Reichel (E.Frankfurt) 7 "
    W.Schröder (Bremen 1860, W.Bremen) 7 "

Rangliste aller Torschützen der B-Länderspiele:

1. Burgsmüller (RWE, BVB) 8 Tore
2. D.Müller (1.FC Köln) 6 "
3. W.Schröder (Bremen 1860, W.Bremen) 5 "
   Worm (MSV, Braunschw.) 5 "
5. Biesinger (BC Augsburg) 3 "
   Frank (VfB Stuttg., Braunschw.) 3 "
   Geyer (BVB) 3 "
   Kelsch (VfB Stuttg.) 3 "
   Milewski (Hertha, HSV) 3 "
   B.Nickel (E.Frankfurt) 3 "
   H.Nickel (Braunschw., Gladbach) 3 "
   Pfaff (E.Frankfurt) 3 "
   Hans Schäfer (1.FC Köln) 3 "
14. Brunnenmeier (1860 München) 2 "
    Del'Haye (Gladbach, Bayern M.) 2 "
    Geye (F.Düssel., Kaisersl.) 2 "
    Hartwig (HSV) 2 "
    D.Hoeneß (VfB Stuttg., Bayern M.) 2 "
    B.Klodt (Schalke) 2 "
    Köppel (VfB Stuttg.) 2 "
    Kuntz (Uerdingen) 2 "
    Magath (1.FCS, HSV) 2 "
    Martin (VfB Stuttg.) 2 "
    Miltz (TuS Neuendorf) 2 "
    Ohlicher (VfB Stuttg.) 2 "
    M.Pfeiffer (A.Aachen, RWE) 2 "
    Rahn (RWE) 2 "
    Reimann (H.96, HSV) 2 "
    Vöge (BVB, Leverkusen) 2 "
30. Allgöwer (VfB Stuttg.) 1 Tor
    Th.Allofs (F.Düssel., 1. Köln) 1 "
    Augenthaler (Bayern M.) 1 "
    Bäumler (E.Frankfurt) 1 "
    Briegel (Kaisersl.) 1 "
    Dietz (Kaisersl.) 1 "
    Dürnberger (Bayern M.) 1 "
    Eggeling (Bochum) 1 "
    Elmer (VfB Stuttg.) 1 "
    Faeder (Hertha) 1 "
    Feigenspan (1860 München) 1 "
    Funkel (Kaisersl.) 1 "
    Grau (Hertha) 1 "
    Groh (Kaisersl., HSV) 1 "
    Hannes (Gladbach) 1 "
    Haun (Braunschw.) 1 "
    Hitzfeld (FC Basel) 1 "
    Juskowiak (F.Düssel.) 1 "
    Keller (1860 München) 1 "
    Kliemann (Hertha) 1 "
    Klotz (VfB Stuttg.) 1 "
    Werner Krämer (Meidericher SV) 1 "
    E.Kraus (K.O.) 1 "
    H.Kremers (Schalke) 1 "
    Luttrop (1860 Mümchen) 1 "
    Matthäus (Gladbach) 1 "
    Mauritz (F.Düssel.) 1 "
    Preißler (BVB) 1 "
    Reitgas (KSC) 1 "
    Seel (Kaisersl., F.Düssel.) 1 "
    Siedl (KSC) 1 "
    A.Schmidt (BVB) 1 "
    H.Schröder (A.Bielef.) 1 "
    Strack (1.FC Köln) 1 "
    Termath (RWE, KSC) 1 "
    Votava (BVB) 1 "
    O.Walter (Kaisersl.) 1 "
    Wenzel (E.Frankf.) 1 "
    G.Zimmermann (F.Köln, F.Düsseld.) 1 "

In regionale Auswahlspiele wurden berufen:

(Abkürzungen: B = Berlin, N = Nord, W = West, SW = Südwest, S = Süd, Saar = Saarland, NW = Nordwest)

A

1 Alm (Victoria Hamburg), 1948 W
5 Appel (FC St. Pauli), 1948 W, S - 1949 S, W, S
3 Adamkiewicz (Hamburger SV), 1948 W, S - 1949 S
1 Arens (VfL Osnabrück), 1948 S
1 Appis (SpVgg Fürth), 1951 W
2 Adam (TuS Neuendorf), 1951 S - 1952 W
3 Albert (Tura Ludwigshafen 2, 1.FC Saarbrücken 1), 1954 N - 1955 N - 1958 B
1 Aumeier (FC Schweinfurt 05), 1957 N
4 Auernhammer (1860 München), 1957 SW - 1959 N, SW - 1960 W
1 Altendorf (Hertha BSC), 1961 W
1 Assmy (Tennis Borussia), 1961 W
1 Augustat (SV Wuppertal), 1962 B

B

7 Barufka (VfB Stuttgart), 1946 W, W - 1948 N - 1949 N - 1950 W - 1951 SW - 1952 B
4 Burdenski (FC Schalke 04 1, Werder Bremen 3), 1946 S - 1950 W - 1951 S - 1952 W
1 Biallas (Duisburg 48/99), 1946 S
4 Binkert (Phönix Karlsruhe 1, VfB Stuttgart 1, 1.FC Saarbrücken 2), 1946 W - 1948 NW - 1952 W - 1958 B
5 Baumann (Stuttgarter Kickers 1, 1.FC Nürnberg 4), 1949 N, N - 1950 SW - 1951 W, SW
3 Buhtz (Kickers Offenbach 1, VfB Mühlburg 2), 1949 N - 1951 N - 1952 B
1 Borkenhagen (Fortuna Düsseldorf), 1949 N
1 Brenske (SpVgg Fürth), 1949 N
3 Boller (FC St. Pauli), 1949 S - 1951 S, W
2 Beck (FC St. Pauli), 1949 S - 1952 W
2 Blankenberger (Wormatia Worms), 1950 S - 1951 S
1 Balogh (VfL Neckarau), 1950 SW
1 Baitinger (VfB Stuttgart), 1950 SW
3 Blessing (VfB Stuttgart), 1950 W - 1951 SW - 1957 SW
2 Bergner (1.FC Nürnberg), 1951 W - 1952 B
5 Bögelein (VfB Stuttgart), 1951 SW - 1952 B - 1955 N
1 Birkner (Hertha BSC), 1952 S
1 Bernhardt (Spandauer SV), 1952 S
2 Borcherding (SV Saar 05), 1952 W
1 Balzert (1.FC Saarbrücken), 1952 W
2 Böhnke (Minerva 93 1, Berliner SV 92 1), 1954 W - 1961
1 Brüggen (FC St. Pauli), 1954 SW
2 Basler (1.FC Kaiserslautern), 1954 N - 1955 N
2 Bothe (Hannover 96), 1955 S, SW - 1956 W
3 Buchenau (FSV Frankfurt), 1955 N - 1957 N
3 Biesinger (BC Augsburg), 1955 N - 1957 SW - 1959 N
2 Butscheidt (Eintracht Trier), 1956 W - 1957 S - 1960 N
1 Barwenczik (SpVgg Herten), 1956 SW
1 Burkhardt (Westfalia Herne), 1957 B
1 Bergmeier (VfL Bochum), 1957 B
1 Börstler (1860 München), 1957
1 Baureis (Karlsruher SC), 1957 SW
1 Bornemann (Holstein Kiel), 1959 S
2 Benthaus (Westfalia Herne), 1960 S, N
2 Brülls (Borussia Mönchengladbach), 1960 S - 1961 B
1 Berz (Schalke 04), 1960 N
1 Beeckmann (Viktoria 89), 1961 W
1 Bockisch (Preußen Münster), 1962 B
1 Becker (Tasmania), 1962 W
1 Bruske (Tennis Borussia), 1962 W

C

1 Coenen (Alemannia Aachen), 1957 B
1 Cieslarczyk (SV Sodingen), 1957 B
3 Clemens (SV Saar 05), 1957 S - 1958 B - 1960 N
1 Cyliax (Borussia Dortmund), 1962 S

D

2 Dokter (Rot-Weiß Essen), 1946 S - 1948 N
1 Dziarstek (Schwaben Augsburg), 1946 W
2 Dargaschewski (FC Schalke 04), 1948 N, S
5 Dzur (FC St. Pauli), 1948 W - 1949 S, W, S - 1951 W
1 Dannenmeier (VfB Mühlburg), 1950 W
1 Dongmann (Hamborn 07), 1951 W
3 Deinert (Tennis Borussia), 1954 W - 1961 W - 1962 W
2 Dächert (Phönix Ludwigshafen), 1955 N - 1959 S
1 Demski (FK Pirmasens), 1955 N
2 Dehn (Blankenese 1, Hamburger SV 1), 1956 W - 1960 W
2 Dörfel, G. (Hamburger SV), 1960 SW, W

E

1 Ebeling (Hamburger SV), 1948 W
1 Erdmann (Borussia Dortmund), 1951 S
5 Eckel (1.FC Kaiserslautern), 1952 W - 1954 N - 1955 N - 1956 W - 1959 S
2 Eppenhoff (FC Schalke 04), 1952 Saar, N
1 Eccarius (Arminia Hannover), 1954 SW
3 Erb (Altonaer FC 93), 1954 SW - 1955 S, SW
1 Ertel (FK Pirmasens), 1955 N
1 Ehlers (Holstein Kiel), 1957 S
3 Erhardt (SpVgg Fürth), 1959 N - 1960 W - 1962 W
1 Emser (Borussia Neunkirchen), 1959 S
2 Eder (Tennis Borussia), 1961 W - 1962 W
1 Engler (Tasmania), 1962 W

F

4 Flotho (VfL Osnabrück), 1948 S, S - 1949 S, W
1 Fischer (1.FC Nürnberg), 1950 SW
1 Fischer M. (VfB Mühlburg), 1951 W
2 Flügel (Borussia Dortmund), 1952 SW, N
1 Fottner, H. (SV Saar 05), 1952 W
1 Fottner (Rot-Weiß Essen), 1956 W
3 Faeder (Hertha BSC), 1957 W - 1961 W - 1962 W
1 Foitzik (Eintracht Trier), 1957 S
1 Frisch (Borussia Neunkirchen), 1958 B
1 Fischer (Hannover 96), 1960 W
2 Flieger (SV Sodingen), 1960 N - 1962 B
1 Fahrian (Ulm 46), 1962 W
1 Foit (Tennis Borussia), 1962 W

G

2 Günther (Rot-Weiß Oberhausen), 1946 S - 1948 N
5 Gawliczek (FC Schalke 04 1, Meidericher SpV 3, 1.FC Köln 1), 1946 S - 1948 N - 1949 N - 1952 Saar
1 Gauchel (TuS Neuendorf), 1946 S
4 Gebhardt (1.FC Nürnberg), 1946 W - 1948 NW - 1949 N, N
3 Gottschalk (Rot-Weiß Essen), 1948 N, S - 1949 N
2 Gleixner (VfL Osnabrück), 1948 S - 1950 N
2 Gernhardt (Werder Bremen), 1949 S, W
1 Gottinger (SpVgg Fürth), 1949 N
7 Gerritzen (VfB Oldenburg 1, Preußen Münster 6), 1950 W, S - 1951 S, N - 1952 N - 1954 B - 1957 B
1 Gärtner (VfB Mühlburg), 1950 W
2 Graf (1.FC Köln), 1950 S - 1951 N
1 Gunkel (Göttingen 05), 1951 S
1 Göbel (Rot-Weiß Essen), 1951 S
1 Güttgemanns (Rheydter SpV), 1951 S
1 Grewenig (FK Pirmasens), 1951 S
1 Grunewald (Holstein Kiel), 1951 W
1 Gaulke (Viktoria 89), 1952 S
2 Gommans (Schwarz-Weiß Essen), 1952 SW - 1956 N
1 Geruschke (Hannover 96), 1952 W - 1956 W
1 Graf (Tennis Borussia), 1954 W
5 Graetsch (SpVgg Herten), 1956 N, SW - 1957 B - 1961 B - 1962 B
1 Grewer (Rot-Weiß Essen), 1956 N
2 Gehling (FC Schweinfurt 05), 1957 N - 1959 S
1 Gronau (Concordia), 1957 S
1 Gralow (Berliner SV 92), 1958 Saar
4 Giesemann (VfL Wolfsburg 1, Bayern München 3), 1958 S - 1959 SW - 1960 W - 1962 W
3 Geiger (VfB Stuttgart), 1959 N - 1960 W - 1962 W
2 Groh (Viktoria Aschaffenburg), 1959 SW - 1960 W
1 Gerhardt (Schalke 04), 1960 N
1 Groß, L. (Hertha BSC), 1962 W

H

5 Hinz (FC Schalke 04 2, TuS Lübbecke 2, Rot-Weiß Essen 1), 1946 S, S - 1948 N, S - 1951 S
4 Hetzel (Meidericher SpV), 1946 S - 1950 S - 1951 N - 1952 SW
2 Holdt (Hamburger SV), 1948 W, S
6 Hempel (FC St. Pauli), 1948 W, S - 1949 S, W, S - 1950 W
2 Hädelt (Bayern München), 1948 NW - 1949 N
4 Herrmann,R. (FSV Frankfurt), 1948 NW - 1950 W - 1951 SW - 1952 B
4 Hagenacker (Eintracht Braunschweig 1, Werder Bremen 3), 1949 S, W, S - 1950 W
1 Hammerl (1860 München), 1949 N
2 Herkenrath (Preußen Dellbrück 1, 1.FC Köln 1), 1950 N - 1951 N
3 Haferkamp (VfL Osnabrück), 1950 W - 1951 S, W
1 Höger (SpVgg Fürth), 1950 W
1 Herbolsheimer (1.FC Nürnberg), 1951 W
1 Hoffmann (SpVgg Fürth), 1951 SW
3 Heyduck (Arminia Hannover), 1951 W - 1952 W - 1955 SW
1 Hänel, E. (Bremer SV), 1951 W
1 Harden (Hamburger SV), 1951 W
1 Horter (Viktoria 89), 1952 S
1 Heitkamp (FC St. Pauli), 1952 W
1 Hähnert (Tennis Borussia), 1954 W
1 Harper (SV Sodingen), 1954 B
3 Haase (Werder Bremen), 1954 SW - 1955 S, SW
1 Herrmann (Minerva 93), 1954 W
1 Hoffmann,K. (Fortuna Düsseldorf), 1954 B
1 Hölz (1.FC Kaiserslautern), 1955 N
1 Hundertmark (Hannover 96), 1956 W
1 Hölzemann (TuS Neuendorf), 1956 W
1 Hoffmann, R. (Viktoria Aschaffenburg), 1955 N
5 Höfer (Eintracht Frankfurt), 1957 N, SW - 1959 N, SW - 1962 W
1 Hesse (Karlsruher SC), 1957 N
1 Haller (BC Augsburg), 1959 N - 1960 W - 1962 SW
1 Horn (Bayern Hof), 1959 SW
1 Heiser (Hannover 96), 1960 W
1 Höher (Leverkusen), 1961 B
1 Horst (FC Schalke 04), 1962 S
2 Hänel (Werder Bremen), 1960 SW, W
1 Herrmann, G. (Karlsruher SC), 1962 W

I

2 Ilic (Werder Bremen), 1950 W - 1956 W
2 Ihns (Eimsbütteler TV), 1950 W - 1951 S
2 Islacker (Rheydter SpV 1, Rot-Weiß Essen 1), 1951 N - 1954 B

J

1 Jürissen (Rot-Weiß Oberhausen), 1946 S
4 Janes (Fortuna Düsseldorf), 1946 S - 1948 N, S - 1949 N
2 Jahn (Stuttgarter Kickers 1, TuS Neuendorf 1), 1948 NW - 1950 S
1 Janda (1860 München), 1949 N
4 Jonas (Viktoria 89), 1952 S - 1954 W - 1958 Saar
1 Jenatschek (Preußen Münster), 1952 SW
1 Jirasek (Borussia Neunkirchen), 1952 W
3 Juskowiak (Rot-Weiß Oberhausen 1, Fortuna Düsseldorf 2), 1952 Saar, N - 1961 B
1 Janzon (Minerva 93), 1954 W
1 Jagielski (FC Schalke 04), 1956 N
1 Jesner (Duisburger SpV), 1960 S
1 Jann (Wacker 04), 1962 W

K

5 Kupfer (FC Schweinfurt 05), 1946 W, W - 1948 NW, N - 1950 SW
4 Kennemann (1.FC Nürnberg), 1946 W - 1948 NW, N - 1949 N
2 Kitzinger (FC Schweinfurt 05), 1946 W, W
1 Kuzorra (FC Schalke 04), 1946 S
1 Kircher (FSV Frankfurt), 1948 NW
7 Knoll (1.FC Nürnberg 3, SpVgg Fürth 4), 1948 N - 1949 N, W - 1950 W - 1951 W, SW - 1952 B
7 Klodt (STV Horst 2, FC Schalke 04 5), 1949 N - 1950 N, S - 1951 N - 1952 SW
1 Koschmieder (Borussia Dortmund), 1950 N
1 Klug (Sterkrade 06/07), 1950 N
4 Kohlmeyer (1.FC Kaiserslautern), 1950 S - 1951 S - 1952 W - 1954 B
1 Keuerleber (VfR Mannheim), 1950 SW
2 Kaufhold (Kickers Offenbach), 1950 W - 1952 B
1 Krüger (Fortuna Düsseldorf), 1950 S
1 Kunkel (VfB Mühlburg), 1951 W
2 Kisker (Hamborn 07), 1951 S, N
1 Komorowski (SpVgg Erkenschwick), 1951 S
3 Kasperski (Borussia Dortmund 2, Schwarz-Weiß Essen 1), 1951 S - 1952 Saar - 1956 SW
1 Kallenborn (1.FC Nürnberg), 1951 W
1 Knobloch (Holstein Kiel), 1951 W
1 Krüger (Hamburger SV), 1951 W
1 Kronenbitter, S. (Stuttgarter Kickers), 1952 B
1 Keck (1.FC Saarbrücken), 1952 W
3 Kwiatkowski (Borussia Dortmund), 1952 Saar, N - 1956 SW
2 Köchling (Rot-Weiß Essen), 1952 N - 1956 N
1 Kempchen (SFV Horst), 1952 Saar
1 Kern (Fortuna Düsseldorf), 1952 Saar
3 Kelbassa (STV Horst 2, Borussia Dortmund 1), 1952 N - 1954 B - 1957 B
4 Krämer (Hannover 96), 1954 SW - 1955 S, SW - 1959 S
3 Kubsch (FK Pirmasens), 1954 N - 1959 S - 1960 N
3 Klepacz (Hamburger SV), 1955 S, SW
3 Kraus (Kickers Offenbach), 1955 N - 1957 SW - 1960 W
1 Kempf (Phönix Ludwigshafen), 1956 W
1 Küchmeister (SpVgg Herten), 1956 W
4 Kapitulski (Borussia Dortmund 1, FK Pirmasens 3), 1957 B, S - 1959 S - 1960 N
1 Kuley (Viktoria 89), 1957 W - 1958 Saar
2 Knöfel (Spandauer SV), 1957 W - 1958 Saar
1 Krug (Hamburger SV), 1957 S - 1959 S - 1960 W
2 Kraft (Tura Ludwigshafen 1, 1.FC Kaiserslautern 1), 1957 S - 1959 S
1 Kreß (Eintracht Frankfurt), 57 SW
1 Klein (Saar 05), 1958 B
1 Keresztes (1.FC Saarbrücken), 1958 B
1 Krüger (Berliner SV 92), 1958 Saar
1 Kasperski (1.FC Kaiserslautern), 1959 S
1 Kölbl (1860 München), 1960 W
2 Konietzka (Borussia Dortmund), 1960 S, N - 1962 S
2 Kurbjuhn (SV Buxtehude), 1960 SW, W
1 Kremer (Viktoria 04 Köln), 1961 B
2 Koslowski (Schalke 04), 1962 S, B
2 Krämer (Meidericher SV), 1962 S, B

L

1 Lehner (Schwaben Augsburg), 1946 W
1 Ludorf (SpVgg Erkenschwick), 1946 S
1 Lechner (Schwaben Augsburg), 1946 W
1 Liese (Eintracht Braunschweig), 1948 S
2 Läpple (VfB Stuttgart), 1948 N - 1950 SW
4 Liebrich, W. (1.FC Kaiserslautern), 1950 S - 1951 S - 1952 W 1955 S
4 Laag (FK Pirmasens), 1950 S - 1951 S - 1954 N - 1957 S
2 Lipponer (Phönix Ludwigshafen 1, SV Waldhof 1), 1950 S - 1951 N
1 Langlotz (VfR Mannheim), 1950 SW
3 Lesch (Preußen Münster 2, Eintracht Nordhorn 1), 1950 S - 1951 N - 1957 S
1 Lammers (Preußen Münster), 1951 N
5 Laband (Hamburger SV 4, Werder Bremen 1), 1952 W - 1954 SW - 1955 S, SW - 1956 W
7 Lang (Bremerhaven 93), 1952 W - 1954 SW - 1955 S, SW - 1956 W - 1957 S - 1959 S
1 Lingen (Hertha Zehlendorf), 1954 W
1 Laszig, O. (FC Schalke 04), 1956 N
1 Lange (Hertha BSC), 1957 SW
1 Loy (Eintracht Frankfurt), 1957 SW
1 Lauck (Borussia Neunkirchen), 1959 S
2 Lutz (Eintracht Frankfurt), 1959 SW - 1962 W
1 Luttrop (Westfalia Herne), 1962 B

M

8 Morlock (1.FC Nürnberg), 1946 W, W - 1948 N - 1949 N - 1950 W - 1951 W, SW - 1955 W
1 Moog, A. (VfL 99 Köln), 1946 W
5 Michallek (Borussia Dortmund), 1946 S - 1948 S - 1950 N - 1951 S, W
3 Mierzowski (Preußen Münster), 1948 N - 1949 N - 1950 N
1 Michael (FC St. Pauli), 1948 S
2 Mebus (VfL Benrath), 1949 N - 1950 S
3 Matzkowski (FC Schalke 04), 1949 N - 1950 N, S
1 Mauritz (Fortuna Düsseldorf), 1949 N
1 Manja I (Elmsbütteler TV), 1949 N
1 Matzek (FC Schalke 04), 1950 N
1 Meyer (VfL Osnabrück), 1950 W
6 Miltz (TuS Neuendorf), 1950 S - 1951 S - 1952 W - 1954 N - 1955 N - 1956 W
2 Müller (Wormatia Worms), 1950 S - 1956 W
1 Müller (Göttingen 05), 1951 S
3 Mechnig (Wormatia Worms), 1951 S - 1956 W - 1957 S
1 Morgner (Holstein Kiel), 1951 W - 1956 W
2 Mikuda (Borussia Dortmund 1, Schwarz-Weiß Essen 1), 1951 N - 1954 B
2 Merz (FC Schwweinfurt 05), 1952 B - 1955 N
1 Momber (1.FC Saarbrücken), 1952 W
3 Martin (1.FC Saarbrücken), 1952 W - 1958 B - 1960 N
1 Müller (Fortuna Düsseldorf), 1952 Saar
1 Müller (Hannover 96), 1952 W
4 Meinke (Hamburger SV), 1955 S, SW - 1957 S - 1959 S
3 Mai (SpVgg Fürth 2, Bayern München 1), 1955 N - 1957 N - 1959 N
1 Mohrs (TuS Neuendorf), 1956 W
1 Müller, H. (1.FC Nürnberg), 1957 SW
1 Mehlmann (Viktoria 89), 1958 Saar
2 May (Eintracht Trier), 1959 S - 1960 N
1 Müller, Chr. (1.FC Köln), 1960 S
1 Marx (SV Sodingen), 1960 N - 1961 B

N

1 Nienhaus (VfL Osnabrück), 1951 W
1 Neuendorf (Blau-Weiß), 1952 S
2 Niepiekło (Borussia Dortmund), 1952 Saar, N
1 Niedzwiadek (Viktoria 89), 1954 W
2 Nolden I (Meidericher SV), 1956 SW - 1962 S
3 Nocht (Viktoria 89), 1957 W - 1958 Saar - 1961 W
1 Nothnick (Kickers Offenbach), 1957 N
1 Nuber (Kickers Offenbach), 1957 SW

O

2 Oettler (VfL Osnabrück), 1951 S, W
1 Oles (ASV Durlach), 1951 W
1 Otto (1.FC Saarbrücken), 1952 W
1 Orzessek (FC Schalke 04), 1956 N
1 Osterhoff (FC St. Pauli), 1960 SW

P

3 Pöschl (1.FC Nürnberg), 1948 NW, N - 1949 N
3 Platzer (BC Augsburg), 1948 N - 1949 N - 1951 N
7 Preißler (Borussia Dortmund 2, Preußen Münster 2 Borussia Dortmund 3), 1949 N - 1950 N, S - 1951 N - 1952 SW, N - 1957 B
1 Pledl (1860 München), 1949 N
6 Posipal (Hamburger SV), 1949 S - 1951 S, W - 1954 SW - 1955 S - 1957 S
1 Preuße (Werder Bremen), 1950 W
2 Plawky (SpVgg Fürth), 1950 SW - 1951 W
2 Picard (Kickers Offenbach), 1950 W - 1951 W
2 Peper (Holstein Kiel), 1951 S - 1952 W
1 Pfaff (Rheydter SpV), 1952 B
1 Post (Rheydter SpV), 1952 W
1 Puff (1.FC Saarbrücken), 1952 W
2 Philippi (1.FC Saarbrücken), 1952 W - 1958 B
2 Pohnke (Preußen Münster), 1952 N - 1954 B
1 Paul (Berliner SV 92), 1954 W
1 Patzig (VfB Lübeck), 1954 SW
1 Peters (Borussia Dortmund), 1956 SW
1 Pfeiffer (Alemannia Aachen), 1956 SW
2 Pyka (Westfalia Herne), 1957 B - 1960 S
1 Pawlak (VfL Bochum), 1957 B
1 Posinski (Tasmania), 1957 W
1 Pörschke (Minerva 93), 1958 Saar
1 Prauß (1.FC Saarbrücken), 1958 B
1 Piechowiak (Hamburger SV), 1959 S
1 Praxl (VfB Stuttgart), 1959 N
1 Paproth (Saar 05), 1960 N
2 Porges (1.FC St. Pauli), 1960 SW, W
2 Peters (Bayer Leverkusen), 1962 S, B

R

6 Rachuba (SpVgg Erkenschwick 3, Preußen Münster 3), 1946 S - 1948 N, S - 1951 S, N - 1952 SW
3 Rohrberg (Eintracht Braunschweig 1, Hamburger SV 2), 1948 S - 1949 S, W
1 Reinhardt (Hamburger SV), 1948 S
1 Rath (Werder Bremen), 1949 W
1 Rupieta (Hamborn 07), 1950 N
2 Röhrig (Zündort 1, 1.FC Köln 1), 1950 N, S
3 Retter (VfB Stuttgart), 1950 SW - 1951 SW - 1955 N - 1957 SW
1 Rendler (SV Waldhof), 1951 N
1 Ritter (Spandauer SV), 1951 S
2 Rahn (Rot-Weiß Essen 1, 1.FC Köln 1), 1956 N - 1960 S
1 Roßbach (Alemannia Aachen), 1956 SW
1 Reuter (Hamburger SV), 1957 S
1 Rudolph (Berliner SV 92), 1958 Saar
2 Rosenbaum (Saar 05), 1958 B
3 Rohe (1.FC Saarbrücken), 1958 B - 1959 S - 1960 N
1 Ringel (Borussia Neunkirchen), 1958 B
2 Roos (FK Pirmasens), 1959 S - 1960 N
2 Ruppenstein (Karlsruher SC), 1959 SW - 1960 W
1 Reitgaßl (Karlsruher SC), 1959 SW
1 Rühl (Viktoria Köln), 1961 B - 1962 B
1 Rausch (Meidericher SV), 1962 W
1 Reisch (1.FC Nürnberg), 1962 W
1 Rummel (Schwarz-Weiß Essen), 1962 B
1 Rosenfeldt (Tasmania), 1962 W

S

3 Schmid (VfB Stuttgart), 1946 W, W - 1949 N
2 Schneider (SV Waldhof), 1946 W, W
5 Streitle (Bayern München), 1946 W, W - 1948 NW - 1949 N - 1952 B
6 Schlienz (VfB Stuttgart), 1946 W, W - 1948 NW - 1951 SW - 1952 B - 1955 N
1 Schweißfurt (FC Schalke 04), 1946 S
1 Schneider (VfL Bochum), 1946 S
1 Szepan (FC Schalke 04), 1946 S
1 Schröter (Duisburg), 1946 S
3 Schmidt (Preußen Dellbrück), 1946 S - 1948 S - 1950 S
2 Schaffer (FC St. Pauli), 1948 W, S
8 Spundflasche (Hamburger SV 6, Altonaer FC 93 2), 1948 W, S - 1949 S, W, S - 1951 S - 1954 SW - 1955 SW
1 Siegel (SV Waldhof), 1948 NW, N
1 Simon (Rhenania Würselen), 1948 S

2 Schmidt (Eintracht Frankfurt 1, Kickers Offenbach 1), 1948 N - 1949 N
1 Seeler, E. (Hamburger SV), 1948 S
3 Stender (FC St. Pauli), 1949 S, W, S
2 Schmeißer (Hamburger SV), 1949 S, W
5 Schanko (Borussia Dortmund) 1949 N - 1951 S, N - 1952 N - 1954 B
4 Schade (SpVgg Fürth), 1949 N - 1950 W - 1951 W, SW
3 Schäfer (1.FC Köln), 1950 N, S - 1952 Saar
9 Schröder (Bremen 1860 2, Werder Bremen 7), 1950 W - 1951 S - 1955 S, SW - 1956 W - 1957 S - 1959 S - 1960 SW, W
1 Schreiner (Kickers Offenbach), 1950 W
1 Skudlarek (SV Waldhof), 1951 N
1 Schlump (BC Augsburg), 1951 N
1 Stiefvater (VfR Mannheim), 1951 W
1 Schönbeck (FC St. Pauli), 1951 W
1 Schnieke (Bremer SV), 1951 W
2 Schmidt (Meiderischer SV), 1951 N - 1952 Saar
1 Schaffer (1.FC Nürnberg), 1951 W
1 Schneider (Eintracht Trier), 1951 S
1 Selter (Union 06), 1952 S
1 Sendritzki (Union 06), 1952 S
1 Schulz, G. (Union 06), 1952 S
1 Schulz, H. (Union 06), 1952 S
2 Schlebrowski (Borussia Dortmund), 1952 SW - 1956 SW
1 Schulz (Preußen Münster), 1952 SW
4 Strehlow (Union 06 2, Viktoria 89 2), 1952 S - 1954 W - 1957 W -1958 Saar
1 Scheffler (1.FC Kaiserslauter), 1952 W
2 Schmutzler (TuS Neuendorf), 1952 W - 1954 N
4 Siedl (Borussia Neunkirchen 1, Karlsruher SC 1, Bayern München 2), 1952 W - 1957 N - 1959 SW - 1960 W
3 Sahm (STV Horst 2, SpVgg Herten 1), 1952 N - 1954 B - 1956 SW
1 Schlegel (Hamburger SV), 1952 W
1 Strzalka (Spandauer SV), 1954 W
1 Schultz (Bayer Leverkusen), 1954 B
1 Sanmann (Concordia Hamburg), 1955 S
5 Seeler, Uwe (Hamburger SV), 1955 S, SW - 1956 W - 1957 S - 1959 S
3 Stürmer (Hamburger SV), 1955 S, SW - 1959 S
2 Schmidt (Viktoria 89), 1954 W - 1957 W
5 Schroer (1.FC Kaiserslautern 2, FK Pirmasens 3), 1955 N - 1956 W - 1957 S - 1959 S -1960 N
1 Schicks (Hannover 96), 1956 W
1 Schönhöft (VfL Osnabrück), 1956 W
1 Seemann (Rot-Weiß Essen), 1956 N
1 Sorger (TuS Neuendorf), 1956 W
1 Seib (VfR Kaiserslautern), 1956 W
1 Schumacher (Preußen Dellbrück), 1956 SW
3 Szymaniak (Wuppertaler SV 1, Karlsruher SC 2), 1956 SW - 1959 SW - 1960 W
2 Schmidt, K. (1.FC Kaiserslautern), 1956 W - 1960 N
4 Schmidt, A. (Borussia Dortmund), 1956 SW - 1957 B - 1960 S - 1961 B
3 Schimmöller (Hertha BSC), 1957 W - 1961 W - 1962 W
4 Dr. Schüler (Hertha BSC), 1957 W - 1958 Saar - 1961 W - 1962 W
1 Schwedeck (Spandauer SV), 1957 W
2 Schulz, K. (Blau-Weiß 1, Tasmania 1), 1957 W - 1961 W
3 Sawitzki (VfB Stuttgart), 1957 N - 1959 N - 1962 W
1 Schultheis (Kickers Offenbach), 1957 N
1 Semmelmann (SpVgg Bayreuth), 1957 N
1 Sommerlatt (Karlsruher SC), 1957 N
3 Schnoor (Hamburger SV), 1957 S - 1960 SW, W
1 Schmuck (Holstein Kiel), 1957 S
1 Sommerfeld (FC St. Pauli), 1957 S
1 Späth (1.FC Kaiserslautern), 1957 S
1 Schmitt (FK Pirmasens), 1957 S
1 Simon (VfB Stuttgart), 1957 SW
3 Seeler, D. (Hamburger SV), 1959 S - 1960 SW, W
2 Schütz, A. (Werder Bremen), 1959 S - 1960 SW, W
1 Seibold (VfB Stuttgart), 1959 N
2 Seebach (FK Pirmasens), 1959 S - 1960 N
1 Stein (Eintracht Frankfurt), 1959 SW
2 Schütz, J. (Borussia Dortmund), 1960 S, N - 1961 B
2 Schnellinger (1.FC Köln) 1960 S, N
1 Schulz, W. (Union Günnigfeld), 1960 S
1 Schimeczek (Werder Bremen), 1960 SW
2 Sundermann (Rot-Weiß Oberhausen), 1960 N - 1961 B
1 Steffen (Fortuna Düsseldorf), 1960 N
1 Steinert (Hertha BSC), 1961 W
1 Steinmann (Schwarz-Weiß Essen), 1962 S
1 Sturm, H. (1.FC Köln), 1962 S
1 Strehl (1.FC Nürnberg), 1962 W
1 Schämer (Eintracht Frankfurt), 1962 W
1 Sauer (SV Wuppertal), 1962 B

T

6 Turek (Duisburg 48/99 1, TSG Ulm 46 2, Fortuna Düsseldorf 3), 1946 S - 1948 N - 1949·N - 1950 S - 1952 SW - 1954 B
4 Tibulski (FC Schalke 04) 1946 S, S - 1948 N, S
3 Trenkel (Hamburger SV 2, VfB Mühlburg 1), 1948 W - 1949 S - 1951 N
1 Tkotz (Hannover 96), 1949 S
1 Tauchert (Blau-Weiß), 1954 W
5 Tilkowski (Westfalia Herne), 1957 B - 1960 S, N - 1961 B - 1962 S
1 Trede (Holstein Kiel), 1957 S
2 Trimhold (Schwarz-Weiß Essen), 1960 N - 1962 S
1 Traska (Rot-Weiß Oberhausen), 1962 B
1 Tönges (SV Wuppertal), 1962 B

U

1 Uppenkamp (Hannover 96), 1950 W
2 Ucko (1.FC Nürnberg), 1951 W - 1952 B
3 Unkelbach (TuS Neuendorf), 1951 S - 1952 W - 1954 N

V

4 Voigtmann (TuS Neuendorf), 1950 S - 1951 S - 1952 W - 1955 N
1 de la Vigne (VfR Mannheim), 1950 SW
1 Vordenbäumen (Rot-Weiß Essen), 1956 N

W

7 Walter, F. (1.FC Kaiserslautern), 1946 W - 1950 S - 1951 S - 1952 W - 1954 N - 1955 N - 1957 S
1 Winkler (FC Schalke 04), 1948 N
1 Werner, H. (Hamburger SV), 1948 W
2 Wientjes (SV Verden 1, Rot-Weiß Essen 1), 1948 S - 1949 N
2 Weber (Kickers Offenbach), 1948 N - 1949 N
1 Warning (Hamburger SV), 1949 S
1 Weisweiler (1.FC Köln), 1950 N
1 Wettig (1.FC Kaiserslautern) 1950 S
4 Walter, O. (1.FC Kaiserslautern), 1950 S - 1954 N - 1955 N - 1957 S
1 Woitkowiak (Hamburger SV), 1951 S
2 Wewers (Rot-Weiß Essen), 1951 S - 1956 N
3 Warth (TuS Neuendorf), 1951 S - 1952 W - 1954 N
1 Wenske (Hertha BSC), 1952 S
1 Wulf (Schwarz-Weiß Essen), 1952 SW
1 Wanger (1.FC Kaiserslautern), 1952 W
2 Wewetzer (Hannover 96), 1952 W - 1956 W
1 Woziakowski (Eintracht Braunschweig), 1954 SW
1 Waldner (VfB Stuttgart) 1955 N - 1959 S - 1960 W
1 Wedemeyer (Göttingen 05), 1956 W
2 Wenzel (1.FC Kaiserslautern), 1956 W -1957 S
1 Wade (Kickers Offenbach), 1957 W
1 Weber (FK Pirmasens), 1957 S
1 Weilbächer (Eintracht Frankfurt), 1959 N
1 Weise (VfB Stuttgart), 1959 N
3 Werner, J. (Hamburger SV), 1959 S - 1960 SW,W
1 Wenauer (1.FC Nürnberg), 1960 W - 1962 W
2 Wilden (1.FC Köln), 1960 S, N
1 Weißhaar (FK Pirmasens), 1960 N
1 Wilmovius (Werder Bremen), 1960 W
1 Wolff (Hertha BSC), 1961 W

Z

1 Zaro (Rot-Weiß Essen), 1950 N
1 Zwickhofer (FC Schalke 04), 1952 SW
1 Zenger (1.FC Nürnberg), 1957 SW
1 Zastrau (FC Schalke 04), 1961 B
1 Zeiser (Hertha BSC), 1962 W

Torschützenliste der regionalen Auswahlspiele

1. Morlock (1.FC Nürnberg) — 10 Tore
2. Seeler Uwe (Hamburger SV) — 7 Tore
3. Schröder (Bremen 1860 3, W.Bremen 2) — 5 Tore
4. Schade (SpVgg Fürth)
   Walter, F. (1.FC Kaiserslautern)
   Hetzel (Meidericher SV)
   Gerritzen (Preußen Münster)
   Walter, O. (1.FC Kaiserslautern) je 4 Tore
9. Lipponer (Ph.Ludwigsh. 2, W.Mannh. 2)
   Haase (Werder Bremen)
   Klodt (STV H.Emscher 1, FC Schalke 04 2)
   Schönhöft (VfL Osnabrück)
   Albert (Tura Ludwigsh. 1, 1.FC Saarbr. 2)
   Schroer (1.FC Kaiserslautern)
   Schmidt, A. (Borussia Dortmund) je 3 Tore
16. Lechner (Schwaben Augsburg)
   Tibulski (FC Schalke 04)
   Gottschalk (Rot-Weiß Essen)
   Pöschl (1.FC Nürnberg)
   Preißler (Borussia Dortmund)
   Ihns (Eimsbüttler TV)
   Buhtz (VfB Mühlburg)
   Boller (FC St.Pauli)
   Rachuba (Preußen Münster)
   Scheffler (1.FC Kaiserslautern)
   Schmutzler (TuS Neuendorf)
   Kasperski (Borussia Dortmund)
   Niepieklo (Borussia Dortmund)
   Kern (Fortuna Düsseldorf)
   Islacker (Rot-Weiß Essen)
   Stürmer (Hamburger SV)
   Kelbassa (STV H.Emscher 1, Bor.Dortm. 1)
   Bergmeier (VfL Bochum)
   Wenzel (1.FC Kaiserslautern)
   Weise (VfB Stuttgart)
   Waldner (VfB Stuttgart)
   Rahn (Rot-Weiß Essen 1, 1.FC Köln 1)
   Koslowski (FC Schalke 04)
   Strehl (1.FC Nürnberg)
   Faeder (Hertha BSC Berlin)
   Rühl (Viktoria 04 Köln)
   Peters (Bayer Leverkusen) je 2 Tore
43. Günther (Rot-Weiß Oberhausen)
   Barufka (VfB Stuttgart)
   Dokter (Rot-Weiß Essen)
   Weber (Kickers Offenbach)
   Michael (FC St.Pauli)
   Spundflasche (Hamburger SV)
   Hagenacker (Werder Bremen)
   Adamkiewicz (Hamburger SV)
   Klug (Sterkrade 06/07)
   Balogh (VfL Neckarau)
   Langlotz (VfR Mannheim)
   Gärtner (VfB Mühlburg)
   Blessing (VfB Stuttgart)
   Herrmann (FSV Frankfurt)
   Schäfer (1.FC Köln)
   Woitkowiak (Hamburger SV)
   Kunkel (VfB Mühlburg)
   Herboldsheimer (1.FC Nürnberg)
   Appis (SpVgg Fürth)
   Kallenborn (1.FC Nürnberg)
   Grewenig (FK Pirmasens)
   Krüger, M. (Hamburger SV)
   Ritter (Spandauer SV)
   Kronenbitter, S. (Stuttgarter Kickers)
   Flügel (Borussia Dortmund)
   Wagner (1.FC Kaiserslautern)
   Niedzwiadek (Viktoria 89 Berlin)
   Sahm (STV Horst-Emscher)
   Voigtmann (TuS Neuendorf)
   Jagielski (FC Schalke 04)
   Hölzemann (TuS Neuendorf)
   Knöfel (Spandauer SV)
   Aumeier (Schweinfurt 05)
   Buchenau (FSV Frankfurt)
   Kreß (Eintracht Frankfurt)
   Kraus (Kickers Offenbach)
   Krüger (Berliner SV 92)
   Achütz (Werder Bremen)
   Horn (Bayern Hof)
   Siedl (Bayern München)
   Konietzka (Borussia Dortmund)
   Schulz (Tasmania 1900 Berlin)
   Juskowiak (Fortuna Düsseldorf)
   Schütz, J. (Borussia Dortmund)
   Höfer (Eintracht Frankfurt)
   Geiger (VfB Stuttgart)
   Schämer (Eintracht Frankfurt)
   Rosenfeldt (Tasmania 1900 Berlin) je 1 Tor

Insgesamt trafen 90 Spieler in den regionalen Auswahlspielen das Tor. Sie erzielten zusammen 165 Treffer. Dazu kamen noch 6 Eigentore.

Die Eigentore erzielten: Stelter (Union 06 Berlin)
Philippi (1.FC Saarbrücken)
Posipal (Hamburger SV)
Roos (FK Pirmasens)
Flieger (SV Sodingen)
Schimmöller (Hertha BSC Berlin)

Die offiziellen Fußball-Länderspiele des Saarlandes

Der saarländische Fußball-Bund war vom 25.7.1948 bis zum 7.7.1956 ein selbständiger Fußball-Verband, der auch Länderspiele austrug.

1950/51

22.11.50 in Saarbrücken
1
Saarland - Schweiz B 5:3 (3:0)
SR: Boes (Frankreich), Zuschauer: 20.000
Strempel; Biewer, Schmidt; Berg, Momber, Philippi (alle 1.FC Saarbrücken); Follmann (Bor. Neunkirchen), Clemens, Martin (beide 1.FC Saarbrücken), Leibenguth, Schirra (beide Bor. Neunkirchen)
Tore: Leibenguth 2, Martin 2, Berg 1

27.5.50 in Saarbrücken
2
Saarland - Österreich B 3:2 (3:0)
SR: Franken (Belgien), Zuschauer: 20.000
Strempel; Biewer, Puff; Berg, Momber, Philippi (alle 1.FC Saarbrücken); Bild (Bor. Neunkirchen), Martin (beide 1.FC Saarbrücken), Leibenguth (Bor. Neunkirchen), Balzert (1.FC Saarbrücken)
Tore: Leibenguth 2, Binkert 1

1951/52

15.9.1951 in Bern
3
Schweiz B - Saarland 2:5 (1:1)
SR: Carpani (Italien), Zuschauer: 6.500
Strempel; Immig, Puff; Berg, Biewer, Philippi (alle 1.FC Saarbrücken); Siedl (Bor. Neunkirchen), Martin, Binkert, Balzert (alle 1.FC Saarbrücken), Leibenguth (Bor. Neunkirchen)
Tore: Martin 2, Binkert, Leibenguth, Siedl

14.10.51 in Wien
4
Österreich B - Saarland 4:1 (2:0)
SR: Podupsky (Jugoslawien), Zuschauer: 25.000
Strempel; Immig, Puff (alle 1.FC Saarbrücken); Wilhelm (Bor. Neunkirchen), Biewer, Philippi (beide 1.FC Saarbrücken); Siedl (Bild) (beide Bor.Neunkirchen), Martin, Binkert, Balzert (alle 1.FC Saarbrücken), Leibenguth (Bor. Neunkirchen)
Tore: Siedl

20.4.52 in Saarbrücken
5 Saarland - Frankreich B 0:1 (0:1)
SR: Baumberger (Schweiz), Zuschauer: 28.000
Strempel; Immig, Puff (alle 1.FC Saarbrücken); Berg, Biewer, Philippi (alle 1.FC Saarbrücken); Siedl (Bor. Neunkirchen), Martin, Binkert (beide 1.FC Saarbrücken), Clemens (FC Nancy), Leibenguth (Bor. Neunkirchen)

1952/53

5.10.52 in Straßburg
6
Frankreich B - Saarland 1:3 (1:2)
SR: Doerflinger (Schweiz), Zuschauer: 30.000
Strempel (1.FC Saarbrücken); Schussig (Saar 05 Saarbrücken), Puff (1.FC Saarbrücken); Clemens (FC Nancy), Biewer, Philippi; Otto, Martin, Binkert (alle 1.FC Saarbrücken), Siedl (Bor. Neunkirchen), Balzert (1.FC Saarbrücken)
Tore: Binkert 2, Martin

24.6.53 in Oslo
7
Norwegen A - Saarland 2:3 (2:2)
SR: Bronkhorst (Holland), Zuschauer: 21.000
Strempel; Puff (Berg), Keck (alle 1.FC Saarbrücken); Clemens (Saar 05 Saarbrücken), Momber, Philippi; Otto, Martin, Binkert (alle 1.FC Saarbrücken), Siedl, Schirra (beide Bor. Neunkirchen)
Tore: Binkert, Otto, Siedl

1953/54

11.10.53 in Stuttgart
8
Deutschland A - Saarland 3:0 (1:0)
SR: van der Meer (Holland), Zuschauer: 55.000
Strempel; Biewer, Keck; Berg, Momber, Philippi; Otto, Martin, Balzert (alle 1.FC Saarbrücken), Clemens (Saar 05 Saarbrücken), Siedl (1.FC Saarbrücken)

8.11.53 in Saarbrücken
9
Saarland - Norwegen A 0:0
SR: Horn (Holland), Zuschauer: 40.000
Strempel; Biewer, Puff (alle 1.FC Saarbrücken); Clemens (Saar 05 Saarbrücken), Momber, Philippi; Otto, Martin, Balzert, Siedl (alle 1.FC Saarbrücken), Fottner (Saar 05 Saarbrücken)

28.3.1954 in Saarbrücken
10
Saarland - Deutschland A 1:3 (0:1)
SR: Bronkhorst (Holland), Zuschauer: 50.000
Strempel; Biewer, Keck (alle 1.FC Saarbrücken); Clemens (Saar 05 Saarbrücken), Momber, Philippi; Otto, Martin, Binkert, Siedl, Schirra (alle 1.FC Saarbrücken)
Tor: Martin

5.6.54 in Saarbrücken
11
Saarland - Uruguay A 1:7 (1:3)
SR: Dusch (Kaiserslautern), Zuschauer: 15.000
Jirasek (Bor. Neunkirchen), später Klauck (1.FC Saarbrücken); Sippel (Bor. Neunkirchen), später Biewer, Keck; Berg, Momber, Philippi (alle 1.FC Saarbrücken), später Fottner; Niederkirchner II (beide Bor. Neunkirchen), Martin (1.FC Saarbrücken), Emser (Bor. Neunkirchen), Binkert, Schirra (beide 1.FC Saarbrücken)
Tor: Niederkirchner II

1954/55

26.9.54 in Saarbrücken
12
Saarland - Jugoslawien 1:5 (1:1)
SR: Smits (Belgien), Zuschauer: 16.000
Borcherding (Saar 05 Saarbrücken); Sippel (Bor. Neunkirchen), Keck; Siedl, Biewer, Philippi; Otto, Martin (alle 1.FC Saarbrücken), Monter (Saar 05 Saarbrücken), Emser (Bor. Neunkirchen), Schirra (1.FC Saarbrücken) (Altmeyer) (Saar 05 Saarbrücken)
Tor: Emser

17.10.54 in Lyon
13
Frankreich B - Saarland 4:1 (1:1)
SR: Baumberger (Schweiz), Zuschauer: 15.000
Strempel; Puff, Keck; Berg (alle 1.FC Saarbrücken), Sippel (Bor. Neunkirchen), Philippi (1.FC Saarbrücken); Altmeyer (Saar 05 Saarbrücken), Martin (1.FC Saarbrücken), Emser (Bor. Neunkirchen), Siedl, Schirra (beide 1.FC Saarbrücken)
Tor: Altmeyer

1.5.55 in Lissabon
14
Portugal B - Saarland 6:1 (3:1)
SR: Tamarit (Spanien), Zuschauer: 20.000
Strempel (1.FC Saarbrücken); Sippel (Bor. Neunkirchen), später Riedschy (Saar 05 Saarbrücken), Keck; Berg, Momber, Philippi (alle 1.FC Saarbrücken); Altmeyer (Saar 05 Saarbrücken), Martin, Binkert, Siedl (alle 1.FC Saarbrücken), Clemens, später Monter (beide Saar 05 Saarbrücken)
Tor: Binkert

1955/56

9.10.55 in Saarbrücken
15
Saarland - Frankreich B 7:5 (5:3)
SR: Horn (Holland), Zuschauer: 22.000
Strempel (Bor. Neunkirchen); Schussig (Saar 05 Saarbrücken), Keck (1.FC Saarbrücken); Lauck (Bor. Neunkirchen), Momber, Philippi (beide 1.FC Saarbrücken); Follmann (Bor. Neunkirchen), Altmeyer (Saar 05 Saarbrücken), Krieger, Binkert (beide 1.FC Saarbrücken), Vollmar (SV St.Ingbert)
Tore: Vollmar 3, Altmeyer 2, Momber, Krieger

16.11.55 in Saarbrücken
16
Saarland - Holland A 1:2 (1:1)
SR: van Nuffel (Belgien), Zuschauer: 12.000
Strempel (Bor. Neunkirchen); Schussig (Saar 05 Saarbrücken), Keck; Siedl (1.FC Saarbrücken), Lauck (Bor. Neunkirchen), Philippi (1.FC Saarbrücken); Follmann (Bor. Neunkirchen), Altmeyer (Saar 05 Saarbrücken), Krieger, Martin (beide 1.FC Saarbrücken), Vollmar (SV St.Ingbert)
Tor: Follmann

1.5.56 in Saarbrücken
17
Saarland - Schweiz A 1:1 (0:1)
SR: Horn (Holland), Zuschauer: 12.000
Borcherding (Saar 05 Saarbrücken); Philippi, Puff (beide 1.FC Saarbrücken); Clemens (Saar 05 Saarbrücken), später Momber (1.FC Saarbrücken), Lauck (Bor. Neunkirchen), Krieger, Siedl, Martin, Ebert, Binkert (alle 1.FC Saarbrücken), später Altmeyer (Saar 05 Saarbrücken), Vollmar (SV St.Ingbert)
Tor: Siedl

3.6.56 in Saarbrücken
18
Saarland - Portugal B 0:0
SR: Versyp (Belgien), Zuschauer: 10.000
Neuerburg (Spfr. Saarbrücken); Keck, Puff (beide 1.FC Saarbrücken); Lauck (Bor. Neunkirchen), Prauß (SC Herrensohr), Philippi (1.FC Saarbrücken); Herrmann (Spfr. Saarbrücken), Honnecker (Saar 05 Saarbrücken), Ebert, später Siedl (beide 1.FC Saarbrücken), später Kunkel (AS Dudweiler), Ringel (Bor. Neunkirchen), Zägel (1.FC Saarbrücken)

6.6.56 in Amsterdam
19
Holland A - Saarland 3:2 (2:1)
SR: Zsolt (Ungarn), Zuschauer: 65.000
Borcherding (Saar 05 Saarbrücken); Keck, Puff (beide 1.FC Saarbrücken); Clemens (Saar 05 Saarbrücken), Lauck (Bor. Neunkirchen), Philippi (alle 1.FC Saarbrücken), später Ringel (Bor. Neunkirchen), Krieger, Binkert (beide 1.FC Saarbrücken), Vollmar (SV St.Ingbert)
Tore: Vollmar, Ringel

Das einzige B - Länderspiel

1.5.55 in Neunkirchen
1
Saarland - Holland B 4:2 (2:0)
SR: Blitgen (Luxemburg), Zuschauer: 5.000
Jirasek (Bor. Neunkirchen), Schussig (Saar 05 Saarbrücken), Puff (1.FC Saarbrücken); Zache (Saar 05 Saarbrücken), Lauck, Boussonville (beide Bor. Neunkirchen); Herrmann (Spfr. Saarbrücken), Ringel, Emser (beide Bor. Neunkirchen), Zägel, Schirra (beide 1.FC Saarbrücken)
Tore: Zägel 2, Herrmann, Schirra

Die inoffiziellen Länderspiele (Auswahlspiele)

7.4.51 in Essen
1
Deutsche Auswahl - Saarland 7:1
Strempel (Brademann); Biewer, Puff (Keck); Philippi, Momber, Wilhelm; Fottner (Otto), Martin, Binkert, Leibenguth, Schirra

9.11.52 in Homburg/Saar
2
Saarland - Deutsche Auswahl 3:4
Strempel; Schussig, Puff; Berg, Biewer, Philippi; Otto, Martin, Binkert, Siedl, Schirra (Balzert)

17.3.56 in Homburg/Saar
3
Saarland - Deutsche Auswahl 1:4
Borcherding; Dinger, Puff; Clemens (Wilhelm), Monter, Lauck; Siedl, Martin, Krieger, Altmeyer (Ringel), Vollmar

Abstellungen der Vereine

1.FC Saarbrücken:
20 A-Spieler mit 151 Berufungen, 3 B-Spieler mit 3 Berufungen.
Philippi 18, Martin 17, Strempel 12, Binkert 12, Puff 12 und 1 B, Siedl 11, Biewer 11, Keck 11, Momber 10, Berg 9, Balzert 6, Otto 6, Schirra 4 und 1 B, Krieger 4, Immig 3, Ebert 2, Zägel 1 und 1 B, Clemens 1; Klauck 1, Schmidt 1

Borussia Neunkirchen:
12 A-Spieler mit 35 Berufungen, 5 B-Spieler mit 5 Berufungen.
Lauck 5 und 1 B, Siedl 5, Leibenguth 5, Sippel 4, Emser 3 und 1 B, Follmann 3, Ringel 2 und 1 B, Strempel, Schirra je 2, Bild 2, Jirasek 1 und 1 B, Wilhelm 1, Boussonville 1 B

Saar 05 Saarbrücken:
9 A-Spieler mit 26 Berufungen, 2 B-Spieler mit 2 Berufungen.
Clemens 7, Altmeyer 6, Schussig 3 und 1, Borcherding 3, Monter 2, Fottner 2, Riedchy 1, Niederkirchner II 1, Honnecker 1, Zache 1 B

Sportfreunde Saarbrücken:
2 A-Spieler mit 2 Berufungen, 1 B-Spieler mit 1 Berufung
Herrmann 1 und 1 B, Neuerburg 1

SV St.Ingbert:
1 A-Spieler mit 4 Berufungen: Vollmar 4

FC Nancy:
1 A-Spieler mit 2 Berufungen: Clemens 2

ASC Dudweiler:
1 A-Spieler mit 1 Berufung: Kunkel 1

SC Herrensohr:
1 A-Spieler mit 1 Berufung: Prauß 1

Die Nationalspieler des Saarlandes

A

6 Altmeyer Fritz, * 26.11.1928 (Saar 05 Saarbrücken)
1954 Jg, Fr - 1955 Pg, Fr, H - 1956 SZ

B

6 Balzert Jakob, * 6.1.1918 (1.FC Saarbrücken)
1951 Ö, Sz, Ö - 1952 Fr - 1953 Deu, N
9 Berg Karl, * 12.1.1921 (1.FC Saarbrücken)
1950 Sz - 1951 Ö, Sz - 1952 Fr - 1953 N, Deu - 1954 Uy, Fr - 1955 Pg
11 Biewer Nikolaus, * 24.1.1922 (1.FC Saarbrücken)
1950 Sz - 1951 Ö, Sz, Ö - 1952 Fr, Fr - 1953 Deu, N - 1954 Deu, Uy, Jg
2 Bild Hans, * 28.1.26 (Borussia Neunkirchen)
1951 Ö, Ö
12 Binkert Herbert, * 3.9.23 (1.FC Saarbrücken)
1951 Ö, Sz,   Ö - 1952 Fr, Fr - 1953 N - 1954 Deu, Uy - 1955 Pg, Fr - 1956 Sz, H
3 Borcherding Horst, * 8.10.1930 (Saar 05 Saarbrücken)
1954 Jg - 1956 Sz, H

C

10 Clemens Kurt, * 7.11.1925 (1.FC Saarbrücken 1, FC Nancy 2, Saar 05 Saarbrücken 7 Spiele)
1950 Sz - 1952 Fr, Fr - 1953 N, Deu, N - 1954 Deu -1955 Pg - 1956 Sz, H

E

2 Ebert Manfred, * 6.12.1935 (1.FC Saarbrücken)
1956 Sz, Pg
3 Emser Werner, * 11.10.1920 (Borussia Neunkirchen)
1954 Uy, Jg, Fr

F

3 Follmann Ewald , * 28.1.1926 (Borussia Neunkirchen)
1950   Sz - 1955 Fr, H
2 Fottner Helmut, * 24.12.1927 (Saar 05)
1953 N - 1954 Uy

H

1 Herrmann Günter, * 2.9.1934 (Sportfrde. Saarbrücken)
1956 Pg
1 Honnecker Dieter, * 23.10.1930 (Saar 05)
1956 Pg

I

3 Immig Franz, * 10.9.1918 (1.FC Saarbrücken)
1951 Sz, Ö - 1952 Fr

J

1 Jirasek Ladislav, * 24.6.1927 (Bor. Neunkirchen)
1954   Uy

K

10 Keck Albert, * 4.8.1930 (1.FC Saarbrücken)
1953 N - 1954 Deu, Uy, Jg, Fr - 1955 Pg, Fr, H - 1956 Pg, H
1 Klauck Horst, * 30.9.1931 (1.FC Saarbrücken)
1954 Uy
4 Krieger Peter, * 30.11.1929 (1.FC Saarbrücken)
1955 Fr, H - 1956 Sz, H
1 Kunkel K.-Heinz, * 4.9.1926 (ASC Dudweiler)
1956 Pg

L

5 Lauck Gerd, * 5.7.1931 (Borussia Neunkirchen)
1955 Fr, H   1956 Sz, Pg, H
5 Leibenguth Erich, * 31.3.1917 (Borussia Neunkirchen)
1950 Sz - 1951 Ö, Sz, Ö - 1952 Fr

M

17 Martin Herbert, * 29.8.1925 (1.FC Saarbrücken)
1950 Sz - 1951 Ö, Sz, Ö - 1952 Fr, Fr - 1953 N, Deu, N - 1954 Deu, Uy, Jg, Fr - 1955 Pg, H - 1956 Sz, H
10 Momber Peter, * 4.1.1921 (1.FC Saarbrücken)
1950 Sz   - 1951 Ö - 1953 N, Deu, N - 1954 Deu, Uy - 1955 Pg, Fr - 1956 Sz
2 Monter Herrmann, * 13.12.1926 (Saar 05)
1954 Jg - 1955   Pg

N

1 Neuerburg Hans, * 2.11.1932 (Sportfreunde Saarbrücken)
1956 PG
1 Niederkirchner Robert, * 6.61924 (Saar 05)
1954 Uy

O

6 Otto Werner, * 3.1.1929 (1.FC Saarbrücken)
1952 Fr -   1953 N, Deu, N - 1954 Deu, Jg

P

18 Philippi Waldemar, * 13.4.1929 (1.FC Saarbrücken)
1950   Sz - 1951 Ö, Sz, Ö - 1952 Fr, Fr - 1953 N, Deu, N - 1954   Deu, Jg, Fr - 1955 Pg, Fr, H - 1956 Sz, PG, H
1 Prauß Werner, * 26.10.1933 (SC Herrensohr)
1956 Pg
12 Puff Theo, * 21.11.1927 (1.FC Saarbrücken)
1951 Ö, Sz,   Ö - 1952 Fr, Fr - 1853 N, Deu, N - 1954 Fr - 1956 Sz, PG,   H

R

1 Riedschy Walter, * 16.4.1925 (Saar 05)
1955 Pg
2 Ringel Karl, * 30.9.1932 (Borussia Neunkirchen)
1955 Pg,H

S

6 Schirra Karl, * 16.10.1928 (Borussia Neunkirchen 2, 1.FC Saarbrücken 4 und 1 B)
1950 Sz - 1953 N - 1954 Deu, Fr, Uy, Pg
1 Schmidt Heinrich, * 10.1.1912 (1.FC Ssarbrücken)
1950 Sz
3 Schussig Heinz, * 9.10.1926 (Saar 05)
1952 Fr - 1955 Fr,   H
16 Siedl Gerhard, * 22.3.1929 (Borussia Neunkirchen 5, 1.FC Saarbrücken 11)
1951 Sz,Ö - 1952 Fr, Fr - 1953 N, Deu,   N - 1954 Deu, Uy, Jg, Fr - 1955 Pg, H - 1956 Sz, Pg, H
4 Sippel Willi, * 20.3.1929 (Borussia Neunkirchen)
1954   Uy, Jg, Fr - 1955 Pg
14 Strempel Erwin, * 6.1.1924 (1.FC Saarbrücken 12,   Borussia Neunkirchen 2)
1950 Sz - 1951 Ö, Sz, Ö - 1952 Fr, Fr - 1953 N, Deu, N - 1954 Deu, Fr - 1955 Pg, Fr, H

V

4 Vollmar Heinz, * 26.4.1936 (SV St.Ingbert)
1955 Fr, H -   1956 Sz, H

W

1 Wilhelm Erwin, * 6.9.1926 (Borussia Neunkirchen)
1951 Ö

Z

1 Zägel Ernst, * 5.3.1936 (1.FC Saarbrücken)
1956 Pg

Gesamtbilanz:
19 Spiele: 6 Siege, 3 Unentsch., 10 Niederl., 36:54 Tore

Trainer: Helmut Schön

Die meisten Länderspiele:
1.	Philippi (1.FC Saarbrücken)	18	Spiele
2.	Martin (1.FC Saarbrücken)	17	"
3.	Siedl (Bor.Neunk. 5/ 1.FC Saarbr.11)	16	"
4.	Strempel (1.FC Saarbrücken 12/ Bor. Neunkirchen 2)	14	"
5.	Binkert (1.FC Saarbrücken)	12	"
	Puff (1.FC Saarbrücken)	12	"
7.	Biewer (1.FC Saarbrücken)	11	"
8.	Momber (1.FC Saarbrücken)	10	"
	Clemens (1.FC Saarbr. 1/ FC Nancy 2/ Saar 05 Saarbrücken 7)	10	"
	Keck (1.FC Saarbrücken)	10	"

Rangliste aller Torschützen:
1.	Martin (1.FC Saarbrücken)	6	Tore
	Binkert (1.FC Saarbrücken)	6	"
3.	Leibenguth (Borussia Neunkirchen)	5	"
4.	Siedl (Borussia Neunkirchen)	4	"
	Vollmar (SV St.Ingbert)	4	"
6.	Altmeyer (Saar 05 Saarbrücken)	3	"
7.	Emser (Borussia Neunkirchen)	1	"
	Follmann (Borussia Neunkirchen)	1	"
	Ringel (Borussia Neunkirchen)	1	"
	Niederkirchner II (Saar 05)	1	"
	Krieger (1.FC Saarbrücken)	1	"
	Otto (1.FC Saarbrücken)	1	"
	Berg (1.FC Saarbrücken)	1	"
	Momber (1.FC Saarbrücken)	1	"

Alle Schiedsrichter der deutschen A-Länderspiele

A

1 Aalbrecht (Holland) 1966 N
1 Agostini, d' (Italien) 1968 Sz
5 Agnolin (Italien) 1980 Sz - 1983 O - 1986 Br, Fr - 1986 O
1 Ahlfors (Finnland) 1940 D
1 Albihn, E. (Schweden) 1921 Fi
7 Andersen, L. (Dänemark) 1925 Sd - 1926 H, Sd - 1927 N - 1928 N - 1929 Sz - 1930 V
1 Anderssen, J. (Schweden) 1932 Fi
1 Aquilar (Mexiko) 1970 Pe
1 Aussum (Holland) 1953 N

B

2 Babacan (Türkei) 1974 Ch - 1977 Jg
1 Bacou (Frankreich) 1983 Pg
1 Baeckström, R. (Schweden) 1934 D
8 Baert, L. (Belgien) 1933 It - 1934 U - 1935 Fr, Lu - 1937 Sz - 1939 It - 1940 U - 1951 Lu
1 Bahri (Tuniesien) 1964 Al
1 Ballint, L. (Ungarn) 1920 Sz
1 Barbaresco (Italien) 1948 Fr
1 Baretti, C. (Frankreich) 1913 Sz
1 Baretto (Peru) 1978 Tun
9 Barlassina, R. (Italien) 1932 Sd - 1933 Sz - 1934 Sd - 1934 Tsch - 1937 Fr - 1938 Pg - 1939 Jg - 1942 Sp, U
1 Barton, Dr. A.W. (England) 1936 N
1 Bastian (Luxemburg) 1983 Jg
2 Bauwens (Belgien) 1952 Lu - 1953 O
1 Bazan (Uruguay) 1982 A
1 Bazant (Kroatien) 1942 Sl
1 Bech, B.H. (Norwegen) 1929 Fi
7 Bello, Lo (Italien) 1958 Ä - 1966 SU - 1967 Jg - 1969 Wa, O - 1972 U - 1973 A
1 Bentu (Rumänien) 1970 G
1 Benzer, O. (Schweden) 1925 Fi
1 Bergquist, A. (Schweden) 1931 H
1 Betschirov (Bulgarien) 1971 Ab
1 Bizic (Slowakei) 1941 Rum
2 Björklund, A. (Schweden) 1923 H - 1924 N
1 Björnestad (Norwegen) 1981 Ab
1 Blankenstein (Holland) 1988 Sz
1 Boas, W. (Holland) 1922 Sz
2 Boekmann, H.S. (Holland) 1930 N - 1932 Sz
1 Bonett (Malta) 1970 T
1 Boosten (Holland) 1971 D
1 Bostroem (Schweden) 1970 Ir
1 Bouzo (Syrien) 1978 Me
2 Braun, E. (Österreich) 1925 Sz - 1929 Sd
4 Bronkhorst (Holland) 1954 Sa, Bg - 1956 Bg - 1957 O
1 Brozzi (Argentinien) 1958 Fr
1 Brummeier (Österreich) 1987 D
1 Bucheli (Schweiz) 1974 It
1 Buchwald, C. (Dänemark) 1911 Sd
1 Bueno (Spanien) 1965 Sz
1 Burns (England) 1978 Sd
1 Buzek (Österreich) 1973 Jg

C

2 Campas (Portugal) 1958 NI - 1959 Pl
1 Carpani (Italien) 1951 T
1 Carpenter (Irland) 1981 Fi
2 Carraro, A. (Italien) 1932 U - 1934 O
1 Casarin (Italien) 1982 Sp - 1985 Pg - 1987 E
2 Castillo (Spanien) 1981 A - 1982 Br
1 Charlier (Belgien) 1939 Lu
5 Christov (CSSR) 1980 H - 1982 Bg - 1983 T - 1984 Sp - 1986 Uy
5 Coelho (Brasilien) 1977 A - 1982 E, It - 1984 It - 1987 A
3 Coerezza (Argentinien) 1970 E - 1977 Uy - 1978 Pl
1 Colling (Luxemburg) 1969 Z
3 Corver (Holland) 1977 Wa - 1981 O - 1982 Fr
1 Costa, da (Portugal) 1954 T
1 Courtney (England) 1979 Ir
2 Crew, T. (England) 1931 Fr - 1933 Fr

D

2 Dagnall (England) 1965 Sd - 1966 H
1 Daina (Schweiz) 1978 Tsch
1 Da Silva Valente (Portugal) 1989 Wa
3 Dattilo (Italien) 1939 U - 1940 Jg, U
2 Davidson (Schottland) 1962 It, Ch
2 Delcourt (Belgien) 1973 O - 1976 Jg
1 D'Elia (Italien) 1988 H
3 Devitte, H.P (Schweiz) 1908 Sz - 1910 Sz - 1912 Sz
6 Dienst (Schweiz) 1957 Scho - 1960 Ch - 1963 Br - 1964 Sd - 1965 O - 1966 E
1 Dileg Talaz (Türkei) 1969 Bu
1 Dorantes (Mexiko) 1977 Me
1 Droz (Schweiz) 1969 Scho
1 Dubach (Schweiz) 1975 Bu - 1976 Tsch

E

1 Ecksztain (Polen) 1968 O
1 Ehrlich (Jugoslawien) 1960 G
5 Eklind, I. (Schweden) 1931 N - 1938 Sz - 1939 N - 1941 Fi, D
3 Eklöw, R. (Schweden) 1936 Pl, It - 1939 Bg
12 Ellis (England) 1950 Sz - 1951 Sz, T - 1952 Ir, Jg - 1955 It - 1956 Su - 1958 Sp, Tsch, Fr - 1959 Scho - 1960 Ir
2 Emsberger (Ungarn) 1970 Rum - 1974 Mal
3 Eriksson (Schweden) 1979 A - 1981 Bu - 1986 Jg
4 Escartin, P. (Spanien) 1936 Pg - 1939 It - 1941 U - 1942 Sz
2 Evans (England) 1951 O - 1952 Fr
2 Eymers, W. (Holland) 1921 O - 1928 Sz

F

1 Fehery, L. (Ungarn) 1920 O
2 Fencl (Tschechoslowakei) 1958 D, O
1 Fiala (CSSR) 1969 O
1 Filho, Arppi (Brasilien) 1986 A
1 Finney (England) 1966 Uy
1 Flisberg, S. (Schweden) 1935 N
1 Francesconi (Italien) 1965 Z
2 Frederiksson (Schweden) 1986 D - 1988 SU

G

1 Gächter (Schweiz) 1987 Isr
2 Galba (Tschechoslowakei) 1959 H - 1961 Pl
3 Galler (Schweiz) 1982 Ch - 1985 Bu - 1988 SU
1 Gardeazalbal (Spanien) 1963 Ma - 1969 Scho
1 Gemert, van (Holland) 1973 Br
1 Gerö, F. (Ungarn) 1922 Ö
2 Gonella (Italien) 1976 Tsch - 1977 Sz
1 Gordon (Schottland) 1978 Su
1 Gray, E. (England) 1929 It
2 Griffiths (Wales) 1954 Sz, Fr
2 Groothoff, C.J. (Holland) 1912 Ruß, U
1 Gugulovic (Jugoslawien) 1972 E
1 Gulde (Schweiz) 1961 Bg

H

3 Hackett (England) 1985 Me, Pg - 1988 It
1 Halle (Norwegen) 1985 U
1 Hannet (Belgien) 1964 Tsch
1 Hansen, S. (Dänemark) 1928 Sd
1 Hartmann (Ungarn) 1985 Pg
1 Hebak, E. (Tschechoslowakei) 1924 O
1 Heliet (Frankreich) 1972 E
2 Herren, F. (Schweiz) 1924 H, Sd - 1925 H
1 Hertzka, van P. (Ungarn) 1936 Lu
1 Herzog, E. (Ungarn) 1912 H
1 Hirrle, E. (Schweiz) 1920 U
2 Hirviniemi (Finnland) 1967 Ab - 1979 Su
1 Hope (Schottland) 1979 Is
4 Horn (Holland) 1960 Nl - 1962 Uy, Sz - 1963 Sd
3 Howcroft, J.T. (England) 1910 H - 1912 H - 1914 H
1 Howley (England) 1960 Pg
1 Hungerbühler (Schweiz) 1975 H

I

3 Igna (Rumänien) 1986 It, Scho - 1988 H
2 Istaxe, H. (Belgien) 1910 H - 1911 Sz
2 Ivancsics, M. (Ungarn) 1935 Bu - 1940 It

J

1 Jarkow (Sowjetunion) 1977 Fi
1 Jewell, A.J. (England) 1937 Bg
2 Johannsen (Schweden) 1981 Pl - 1982 N
1 Johansen (Norwegen) 1939 D
1 Jonsson (Schweden) 1973 Bu
1 Jürgens (Lettland) 1939 Est
1 Juk (Sowjetunion) 1988
1 Jurea (CSSR) 1974 Sp
1 Juschka (UDSSR) 1984 Pg

K

1 Kamel (Ägypten) 1974 Aus
1 Kasakow (Sowjetunion) 1974 Sd
1 Keizer (Holland) 1979 Wa - 1984 Rum
1 Keller (Schweiz) 1973 Tsch
1 Kiss (Ungarn) 1940 Bu
1 Kitabdjan (Frankreich) 1974 Sd
1 Klein (Israel) 1978 O
1 Kowal (Polen) 1960 Bu
3 Krchnak (CSSR) 1983 U - 1987 U - 1989 BU
4 Krist, A. (Tschechoslowakei) 1935 Ir - 1936 U - 1937 D, Le
1 Kroft, van der (Holland) 1972 Sz
1 Kroner (Rumänien) 1941 Sl
1 Kruaschwili (Sowjetunion) 1971 T
1 Kusten (Polen) 1976 Mal
1 Kyle, T. (England) 1909 E

L

1 Langenhove, van (Belgien) 1985 Bg
7 Langenus, J. (Belgien) 1931 Sd - 1935 Sp, Tsch - 1936 Sp - 1938 U, E, Sz
1 Latanzi (Italien) 1980 Bu
1 Latsios (Griechenland) 1971 Ab
1 Latyschew (Sowjetunion) 1958 Tsch
2 Laursen (Dänemark) 1941 Sd - 1942 Sd
4 Leafe (England) 1956 H - 1957 H - 1958 Bg, A
1 Leanza (Mexiko) 1985 E
1 Leclercq, L. (Frankreich) 1935 Sz - 1937 H
1 Linemayr (Österreich) 1974 Pl
4 Ling (England) 1951 Ir - 1954 U, U - 1955 SU
4 Lindberg (Schweden) 1961 Nl - 1964 Scho, Fi - 1968 Wa
3 Lööw (Schweden) 1966 Jg - 1968 Br - 1971 N, Me
1 Lund-Sörensen (Dänemark) 1987 Fr
Luty (England) 1953 N

M

1 Machin (Frankreich) 1967 Bu
2 MacKenzie (Schottland) 1973 Sp - 1975 Bu
1 Maksimovic (Jugoslawien) 1978 It
1 Malmström, E. (Schweden) 1935 Est
1 Marchi, de (Italien) 1967 Ma
1 Marques (Brasilien) 1966 Sp - 1972 SU - 1974 Jg
4 Marschall (Österreich) 1967 Ab - 1970 U - 1971 Pl - 1972 SU
3 Martens (Holland) 1957 U - 1959 Jg - 1961 D
1 Mathewson (England) 1976 Wa
1 Mattea, F. (Italien) 1934 Bg
1 Mattsson (Finnland) 1983 Ab
1 Mauro, G. (Italien) 1923 Sz
2 Mayer (Österreich) 1966 Rum - 1967 Rum
2 McGinley (Schottland) 1980 G - 1983 O
4 Meer, van der (Holland) 1953 Sa - 1954 Pg - 1955 Ir - 1956 N
3 Meisl, H. (Österreich) 1909 U - 1911 U - 1912 U
3 Mendibil, de (Spanien) 1967 Jg - 1968 Fr - 1970 Bu
2 Menegali (Italien) 1980 Pl - 1983 Ab
1 Michaelsen (Dänemark) 1965 It
3 Michelotti (Italien) 1975 T - 1979 Wa - 1980 Tsch
1 Miesz, A. (Österreich) 1931 D
1 Mieß (Deutschland) 1941 Kro
1 Mladenovic (Jugoslawien) 1973 SU
1 Mohammed, Youssef (Ägypten) 1928 Uy
1 Moler (Slowakei) 1942 Kro, Bu, Rum
1 Monti (Italien) 1967 Fr
5 Moorsel, Dr. J.F. van (Holland) 1933 N - 1935 Bg, Rum - 1936 Tsch
1 Mootz (Luxemburg) 1965 Z
3 Mullen (Schottland) 1966 Ir - 1971 Pl - 1972 Bg
1 Murdock (England) 1956 Ir
4 Mutters, J. (Holland) 1923 Fi - 1924 Sz - 1926 Sz - 1930 E

N

1 Namoglu (Türkei) 1984 SU
1 Nattras, H. (England) 1936 Scho
1 Neumann, P. (Deutschland) 1908 E
1 Nilsen (Norwegen) 1961 G
2 Nyhus (Norwegen) 1980 Fr 1982 NI

O

12 Olssen, O. (Schweden) 1929 Scho - 1930 D - 1931 O, O - 1932 H - 1933 Bg, Pl - 1934 Pl - 1935 H, Pl, E - 1936 Lu
4 Orlandini (Italien) 1952 Sz, Sp - 1954 O - 1954 E
1 Ovozco (Peru) 1978 Tun

P

6 Palotai (Ungarn) 1975 O - 1977 NI - 1978 Br, H - 1982 E - 1983 NI
1 Pestarino (Argentinien) 1977 Br
2 Petrovic (Jugoslawien) 1984 Mal - 1986 Ma
3 Pfitzner, B. (Tschechoslowakei) 1935 Fi - 1937 Est, Sd
1 Palasti (Ungarn) 1942 Kro
2 Philips (Schottland) 1966 NI, Sz
1 Pirvu (Rumänien) 1968 Z
1 Ponnet (Belgien) 1981 O - 1982 Pg - 1986 D
3 Popovich (Jugoslawien) 1938 Rum - 1939 Sl, Bö
1 Praddaude (Argentinien) 1961 Ch
2 Prince Cox, A.J. (England) 1926 H - 1927 H

Q

3 Quiniov (Frankreich) 1982 Tsch - 1985 Tsch - 1986 Sz

R

1 Racomin (Ecvador) 1987 Br
2 Rainea (Rumänien) 1974 G - 1980 Bg
1 Ravander (Finnland) 1985 Su
1 Ravens, van (Holland) 1968 E - 1970 Ma
4 Remke, Dr. (Dänemark) 1937 Fi - 1939 Ir, Sl - 1940 Fi
1 Renggli (Schweiz) 1979 T
3 Retschury H. (Österreich) 1921 U - 1922 U - 1924 U
1 Revoredo (Peru) 1982 Al
2 Rigato (Italien) 1962 Jg - 1963 T
1 Rion (Belgien) 1977 It
1 Riveros (Peru) 1965 Br
1 Robbies (Chile) 1968 Ch
1 Robles (Guatemala) 1968 Me
1 Röthlisberger (Schweiz) 1988 A
2 Rolles (Luxemburg) 1980 Mal - 1981 Fi
1 Romantscher (Bulgarien) 1966 T
2 Roomer (Holland) 1962 Sz - 1966 E
2 Rous, S.F. (England) 1928 Sz - 1930 Sz
1 Rudd, G. (England) 1938 Sz
1 Ruiz (Uruguay) 1974 DDR
2 Ruoff, P. (Schweiz) 1928 D - 1930 It
2 Rutkowski, M. (Polen) 1935 Le - 1939 Jg

S

1 Sanchez, Arminio (Spanien) 1987 Sd
1 Sanchez, Ibanez (Spanien) 1977 Fr
1 Sawtschenko (Sowjetunion) 1986 Sp
1 Sar (Sowjetunion) 1959 U
1 Sbardella (Italien) 1970 Uy
4 Scarpi (Italien) 1940 Sl, Jg - 1941 Sz - 1942 Sz
2 Scorzoni (Italien) 1940 Rum - 1941 Sz
5 Seipelt (Österreich) 1955 N - 1956 Sz - 1958 Bu - 1959 Sz - 1962 Fr
1 Silvagnol (Chile) 1981 Br
2 Smedvik, R. (Norwegen) 1923 Sd - 1927 D
1 Snape, P. (England) 1937 N
1 Sohn, A. (Deutschland) 1909 Sz
1 Sostaric (Jugoslawien) 1983 T
1 Spirin (Sowjetunion) 1988 Jg

Sch

2 Schaut (Belgien) 1974 U - 1975 E
3 Scheurer (Schweiz) 1968 Bg - 1970 Jg - 1973 Fr
2 Schiller (Österreich) 1974 Scho, Sz
1 Schippers (Holland) 1956 Sd
1 Schumacher, J.P. (England) 1911 Bg

St

1 Stefanowitsch (Jugoslawien) 1939 Bu
1 Stuper (UdSSR) 1979 T
1 Stutz, E. (Schweiz) 1923 It

T

3 Taylor, J.K. (England) 1973 Scho - 1974 H - 1976 Sp
1 Terwogt, H.A.M. (Holland) 1913 Bg
1 Thime (Norwegen) 1985 Tsch
1 Thomas (Wales) 1975 G
2 Thomas (Holland) 1984 Bg - 1987 It
1 Tokat (Türkei) 1985 Mal

U

1 Ulrich, E. (Dänemark) 1935 Sd

V

3 Valentine (Schottland) 1982 O 1984 Sd - 1988 D
2 Vautrot (Frankreich) 1980 O - 1988 Sp
1 Venci (CSSR) 1981 Ab
1 Vincenti (Frankreich) 1954 T
1 Vigliani (Frankreich) 1970 Sp
1 Vizhanyo (Ungarn) 1970 Jg
1 Vojtech (CSSR) 1979 Mal

W

1 Wagstaffe Simons, G. (England) 1908 O
1 Webb, W. (Schottland) 1936 Ir
2 Wharton (Schottland) 1960 Is - 1971 Sd
1 White (England) 1981 Br
8 Willing, H.J. (Holland) 1910 Bg - 1911 E, O, Sd - 1912 O, D - 1913 E, D
3 Wöhrer (Österreich) 1978 E - 1984 Bu - 1986 H
1 Wolf, Th. de (Holland) 1934 Lu
2 Wüthrich (Schweiz) 1938 Lu, Pl
1 Wunderlin, K. (Schweiz) 1937 Lu
4 Wurtz (Frankreich) 1976 Sp - 1978 U - 1980 H - 1984 A
1 Wyssling (Schweiz) 1958 Jg

Y

1 Yamasaki (Peru) 1962 Jg
1 Yamasaki (Mexiko) 1970 It

Z

1 Zecevic (Jugoslawien) 1966 A
8 Zsolt (Ungarn) 1954 Jg - 1955 It, Jg - 1956 E - 1957 Sd - 1958 Sd - 1965 E - 1968 Br
2 Zwieteren, Th. van (Holland) 1923 N - 1924 It

Am häufigsten waren Schiedsrichter:

12 Olssen (Schweden)
12 Ellis (England)
9 Barlassina (Italien)
8 Willing (Holland)
8 Baert (Belgien)
8 Zsolt (Ungarn)
7 Langenus (Belgien)
7 Lo Bello (Italien)
7 Andersen (Dänemark)
6 Dienst (Schweiz)
6 Palotai (Ungarn)

Die Fußball-Weltmeisterschaften

1930 in Uruguay

Alle Spiele vom 13.-30. Juli in Montevideo

Gruppe I: Argentinien
Frankreich - Mexiko 4:1, Argentinien - Chile 3:1, Frankreich - Chile 0:1, Mexiko - Argentinien 3:6, Frankreich - Argentinien 0:1, Mexiko - Chile 0:3

Gruppe II: Jugoslawien
Jugoslawien - Brasilien 2:1, Jugoslawien - Bolivien 4:0, Brasilien - Bolivien 4:0

Gruppe III: Uruguay
Rumänien - Peru 3:1, Uruguay - Peru 1:0, Uruguay - Rumänien 4:0

Gruppe IV: USA
USA - Belgien 3:0, USA - Paraguay 3:0, Paraguay - Belgien 1:0

Halbfinale:
Argentinien - USA 6:1, Uruguay - Jugoslawien 6:1

Endspiel, 30.7.1930 in Montevideo
Uruguay - Argentinien 4:2 (1:2)
SR: Langenus (Belgien), Zuschauer: 80.000
Uruguay: Ballesteros; Mascheroni, Nasazzi; Andrade, Fernandez, Gestido, Dorado, Scarone (1), Castro (1), Cea (1), Iriarte (1)
Argentinien: Botasso; Della Torre, Paternoster; J.Evaristo, Monti, Juarez, Peucelle (1), Varallo, Stabile (1), Ferreeyra, M.Evaristo

1934 in Italien

Qualifikationsspiele:

Gruppe I: Mexiko
Haiti - Kuba 1:3, Haiti - Kuba 1:1, Haiti Kuba 0:6, Mexiko - Kuba 3:2, Mexiko - Kuba 5:0, Mexiko - Kuba 4:1

Gruppe II: Brasilien
Peru trat gegen Brasilien nicht an.
Gruppe III: Argentinien
Chile trat gegen Argentinien nicht an.
Gruppe IV: Ägypten
Ägypten - Palästina 7:1, Palästina - Ägypten 1:4
Gruppe V: Schweden
Schweden - Estland 6:2, Litauen - Schweden 0:2
Gruppe VI: Spanien
Spanien - Portugal 9:0, Portugal - Spanien 1:2
Gruppe VII: Italien
Italien - Griechenland 4:0
Gruppe VIII: Ungarn und Österreich
Bulgarien - Ungarn 1:4, Österreich - Bulgarien 6:1, Ungarn - Bulgarien 4:1
Gruppe IX: Tschechoslowakei
Polen - Tschechoslowakei 1:2
Gruppe X: Rumänien und Schweiz
Jugoslawien - Schweiz 2:2, Schweiz - Rumänien 2:2 (für Schweiz als gewonnen gewertet), Rumänien - Jugoslawien 2:1
Gruppe XI: Holland und Belgien
Irland - Belgien 4:4, Holland - Irland 5:2, Belgien - Holland 2:4
Gruppe XII: Deutschland und Frankreich
Luxemburg - Deutschland 1:9, Luxemburg - Frankreich 1:6

Alle Endrundenspiele 27.5.-10.6.1934 in Italien

Qualifikationsspiel in Rom (24.5.1934): USA - Mexiko 4:2

Achtelfinale:
Österreich - Frankreich 3:2 n.Verl. (Turin), Ungarn - Ägypten 4:2 (Neapel), Brasilien - Spanien 1:3 (Genua), Italien - USA 7:1 (Rom), Deutschland - Belgien 5:2 (Florenz), Argentinien - Schweden 2:3 (Bologna), Holland - Schweiz 2:3 (Mailand), Tschechoslowakei - Rumänien 2:1 (Triest)

Viertelfinale:
Österreich - Ungarn 2:1 (Bologna), Spanien - Italien 1:1 n.V. und 0:1 (Florenz), Deutschland - Schweden 2:1 (Mailand), Schweiz - Tschechoslowakei 2:3 (Turin)

Halbfinale:
Österreich - Italien 0:1 (Mailand), Deutschland - Tschechoslowakei 1:3 (Rom)

Um den dritten Platz:
Deutschland - Österreich 3:2 (Neapel)

Endspiel, 10.6.1934 in Rom
Italien - Tschechoslowakei 2:1 (1:1, 0:0) nach Verlängerung
SR: Eklind (Schweden), Zuschauer: 40.000
Italien: Combi; Monzeglio, Allemandi; Ferraris IV, Monti, Bertolini; Guaita, Meazza, Schiavio (1), Ferrari, Orsi (1)
Tschechoslowakei: Planicka; Zenicek, Ctyroky; Kostalek, Cambal, Krcil; Junek, Svoboda, Sobotka, Nejedly, Puc (1)

1938 in Frankreich

Qualifikationsspiele:

Gruppe I: Deutschland und Schweden
Schweden - Finnland 4:0, Schweden - Estland 7:2, Finnland -Deutschland 0:2, Finnland - Estland 0:1, Deutschland - Estland 4:1, Deutschland - Schweden 5:0
Gruppe II: Polen und Norwegen
Polen - Jugoslawien 4:0, Jugoslawien - Polen 1:0, Norwegen - Eire 3:2, Eire - Norwegen 3:3
Gruppe III: Rumänien
Ägypten trat nicht an.
Gruppe IV: Schweiz
Schweiz - Portugal 2:1
Gruppe V: Ungarn
Palästina - Griechenland 1:3, Griechenland - Palästina 1:0, Ungarn - Griechenland 11:1
Gruppe VI: Tschechoslowakei
Bulgarien - Tschechoslowakei 1:1, Tschechoslowakei - Bulgarien 6:0
Gruppe VII: Österreich
Lettland - Litauen 4:2, Littauen - Lettland 1:56, Österreich Lettland 2:1
Gruppe VIII: Holland und Belgien
Holland - Luxemburg 4:0, Luxemburg - Belgien 2:3, Belgien -Holland 1:1
Gruppe IX: Brasilien und Kuba
Keine Ausscheidungsspiele
Gruppe X: Niederländisch-Indien
Japan trat nicht an.

Alle Endrundenspiele 4.-19.6.1938 in Frankreich

Achtelfinale:
Italien - Norwegen 2:1 n.V. (Marseille), Frankreich - Belgien 3:1 (Paris), Brasilien - Polen 6:5 n.V. (Straßburg), Tschechoslowakei - Holland 3:0 n.V. (Le Havre), Deutschland - Schweiz 1:1 n.V. und 2:4 (Paris), Ungarn - Niederländisch-Indien 6:0 (Reims), Kuba - Rumänien 3:3 n.V. und 2:1 (Toulouse), Österreich war gegen Schweden ausgelost gewesen, jedoch fand das Spiel nicht statt, weil Österreich jetzt Deutschland angeschlossen war.

Viertelfinale:
Frankreich - Italien 1:3 (Paris), Brasilien - Tschechoslowakei 1:1 n.V. und 2:1 (Pordeaux), Schweiz -Ungarn 0:2 (Lille), Schweden - Kuba 8:0 (Antibes)

Vorschlußrunde:
Italien - Brasilien 2:1 (Marseille), Ungarn - Schweden 5:1 (Paris)

Um den dritten Platz:
Brasilien - Schweden 4:2 (Bordeaux)

Endspiel, 19.6.1938 in Paris
Italien - Ungarn 4:2 (3:1)
SR: Capderville (Frankreich), Zuschauer: 60.000
Italien: Olivieri; Foni, Rava; Serantoni, Andreolo, Locatelli; Biavati, Meazza, Piola (2), Ferrari, Colaussi (2)
Ungarn: Szabo; Polgar, Biro; Szalay, Szycs, Lazar; Sas, Vincze, Dr.Sarosi (1), Szengeller, Titkos (1)

1950 in Brasilien

Qualifikationsspiele:

Gruppe I: Kein Teilnehmer
Türkei - Syrien 7:0, Österreich trat nicht gegen die Türkei an. Als auch die Türkei verzichtete erhielt Portugal die Chance, in Brasilien zu spielen. Es lehnte ebenfalls ab.
Gruppe II: Jugoslawien
Jugoslawien - Israel 6:0, Israel - Jugoslawien 2:5, Frankreich - Jugoslawien 1:1 n.V., Jugoslawien - Frankreich 1:1 n.V., Jugoslawien - Frankreich (in Italien) 3:2
Gruppe III: Schweiz
Schweiz - Luxemburg 5:2, Luxemburg - Schweiz 2:3
Gruppe IV: Schweden
Irland - Finnland 3:0, Finnland - Irland 1:1, Schweden - Irland 3:1, Irland - Schweden 1:3
Gruppe V: Spanien
Spanien - Portugal 5:1, Portugal - Spanien 2:2
Gruppe VI: England
Enland - Schottland 1:0, Nordirland - Wales 0:0, England - Wales 4:1, Schottland - Nordirland 8:2, England - Nordirland 9:2, Wales - Schottland 1:3, Wales 2:0, Schottland und das daraufhin genannte Frankreich verzichteten.

Gruppe Südamerika 1: Chile und Bolivien
Argentinien trat nicht an.
Gruppe Südamerika 2: Uruguay und Paraguay
Ecuador und Peru traten nicht an.
Gruppe Mittelamerika: USA und Mexiko
USA - Mexiko 0:6, Mexiko - USA 6:2, Kuba USA 1:1, USA - Kuba 5:2, Kuba - Mexiko 0:3, Mexiko - Kuba 0:2

Alle Endrundenspiele 24.6.-16.7.1950 in Brasilien

Gruppe 1: Brasilien
Brasilien - Mexiko 4:0, Jugoslawien - Schweiz 3:0, Brasilien - Jugoslawien 2:0, Mexiko - Schweiz 1:2, Brasilien - Schweiz 2:2, Mexiko - Jugoslawien 1:4
Gruppe 2: Spanien
Chile - England 0:2, USA - Spanien 1:3, USA - England 1:0, Chile - Spanien 0:2, England - Spanien 0:1, Chile - USA 5:2
Gruppe 3: Schweden
Schweden - Italien 3:2, Paraguay - Italien 0:2, Paraguay - Schweden 2:2
Gruppe 4: Uruguay
Ergebnis: Uruguay - Bolivien 8:0
Endrunde der Gruppensieger:
Brasilien - Schweden 7:1 (Rio de Janeiro), Uruguay - Spanien 2:2 (Sao Paulo), Brasilien - Spanien 6:1 (Rio), Uruguay - Schweden 3:2 (Sao Paulo), Schweden - Spanien 3:1 Sao Paulo), Brasilien - Uruguay 1:2 (Rio)

1. Uruguay: Maspoli; M.Gonzales, Tejera; Gambetta, Varela, Andrade; Ghiggia, Perez, Miguez, Schiaffino, Moran
2. Brasilien: Barbosa; Augusto, Juvenal; Bauer, Dnailo, Bigode; Friaca, Zezinho, Ademir, Jair, Chico
3. Schweden: K.Svensson; Samuelson, Nilsson; Andersson, Johansson, Gaerd; Jonsson, Mellberg, Jepsson, Palmer, Sundqvist
4. Spanien: Romallets; Alonso, Gonzalvo II; Gonzalvo III, Parra, Buchades; Basora, Igos, Zarra, Panizo, Gainza

1954 in der Schweiz

Qualifikationsspiele:

Gruppe I: Deutschland
Norwegen - Saar 2:3, Saar - Norwegen 0:0, Deutschland - Saar 3:0, Saar - Deutschland 1:3, Norwegen - Deutschland 1:1, Deutschland - Norwegen 5:1
Gruppe II: Belgien
Finnland - Belgien 2:4, Belgien - Finnland 2:2, Schweden - Belgien 2:3, Belgien - Schweden 2:0, Finnland - Schweden 3:3, Schweden - Finnland 4:0
Gruppe III: England und Schottland
Nordirland - Schottland 1:3, Wales - England 1:4, Schottland - Wales 2:2, England - Nordirland 3:1, Wales - Nordirland 1:2, Schottland - England 2:3
Gruppe IV: Frankreich
Luxemburg - Frankreich 1:6, Frankreich - Luxemburg 8:0, Irland - Luxemburg 4:0, Luxemburg - Irland 0:1, Frankreich - Irland 5:3, Irland - Frankreich 0:1
Gruppe V: Österreich
Österreich - Portugal 9:1, Portugal - Österreich 0:0
Gruppe VI: Türkei
Spanien - Türkei 4:1, Türkei - Spanien 1:0, Türkei - Spanien (in Rom) 2:2 nach Verlängerung, Losentscheid zugunsten der Türkei.
Gruppe VII: Ungarn
Polen trat nicht an.
Gruppe VIII: Tschechoslowakei
Tschechoslowakei - Rumänien 2:1, Rumänien - Tschechoslowakei 0:1, Tschechoslowakei - Bulgarien 2:1, Bulgarien - Tschechoslowakei 0:0, Rumänien - Bulgarien 3:1, Bulgarien - Rumänien 1:2
Gruppe IX: Italien
Ägypten - Italien 1:2, Italien - Ägypten 5:1
Gruppe X: Jugoslawien
Israel - Jugoslawien 0:1, Jugoslawien - Israel 1:0, Jugoslawien - Griechenland 1:0, Griechenland - Jugoslawien 0:1, Israel - Griechenland 0:2, Griechenland Israel 1:0
Gruppe XI: Mexiko
Mexiko - Haiti 8:0, Haiti - Mexiko 0:4, Mexiko - USA 3:1, USA - Mexiko 0:4, USA - Haiti 3:0, Haiti - USA 2:3
Gruppe XII: Brasilien
Paraguay - Chile 4:0, Chile - Paraguay 1:3, Brasilien - Chile 2:0, Chile - Brasilien 0:1, Brasilien Paraguay 4:1, Paraguay - Brasilien 0:1
Gruppe XIII: Südkorea
Japan - Südkorea 1:5, Südkorea - Japan 2:2 (China verzichtete)

Alle Endrundenspiele 16.6.-4.7.1954 in der Schweiz

Gruppe 1: Brasilien und Jugoslawien
Jugoslawien - Frankreich 1:0 (Lausanne), Brasilien - Mexiko 5:0 (Genf), Frankreich - Mexiko 3:2 (Genf), Brasilien - Jugoslawien 1:1 n.V. (Lausanne)
Gruppe 2: Ungarn und Deutschland
Ungarn - Südkorea 9:0 (Zürich), Deutschland - Türkei 4:1 (Bern), Ungarn - Deutschland 8:3 (Basel), Türkei - Südkorea 7:0 (Genf), Entscheidungsspiel: Deutschland - Türkei 7:2 (Zürich)
Gruppe 3: Uruguay und Österreich
Uruguay - Tschechoslowakei 2:0 (Bern), Österreich - Schottland 1:0 (Zürich), Uruguay - Schottland 7:0 (Basel), Österreich - Tschechoslowakei 5:0 (Zürich)
Gruppe 4: England und Schweiz
England - Belgien 4:4 n.V. (Basel), Schweiz - Italien 2:1 (Lausanne), Schweiz - England 0:2 (Bern), Italien -Belgien 4:1 (Lugano), Entscheidungsspiel: Schweiz - Italien 4:1 (Basel)

Viertelfinale:
Uruguay - England 4:2 (Basel), Schweiz - Österreich 5:7 (Lausann), Deutschland - Jugoslawien 2:0 (Genf), Ungarn - Brasilien 4:2 (Bern)

Vorschlußrunde:
Deutschland - Österreich 6:1 (Basel), Ungarn - Uruguay 4:2 n.V. (Lausanne)

Um den dritten Platz:
Österreich - Uruguay 3:1 (Zürich)

Endspiel, 4.7.1954 in Bern
Deutschland - Ungarn 3:2 (2:2)
SR: Ling (England), Zuschauer: 65.000
Deutschland: Turek; Posipal, Kohlmeyer; Eckel, Liebrich, Mai; Rahn (2), Morlock (1), O.Walter, F.Walter, Schäfer
Ungarn: Grosics; Buzansky, Lantos; Bozsik, Lorant, Zakarias; Czibor (1), Kocsis, Hidegkuti, Puskas (1), M.Toth

1958 in Schweden

Qualifikationsspiele:

Europa I: England
Irland - Dänemark 2:1, England - Dänemark 5:2, England - Irland 5:1, Dänemark - England 1:4, Irland - England 1:1, Dänemark - Irland 0:2
Europa II: Frankreich
Frankreich -Belgien 6:3, Frankreich - Island 8:0, Belgien - Island 8:3, Island - Frankreich 1:5, Island - Belgien 2:5, Belgien - Frankreich 0:0
Europa III: Ungarn
Norwegen - Bulgarien 1:2, Norwegen - Ungarn 2:1, Ungarn - Bulgarien 4:1, Bulgarien - Ungarn 1:2, Bulgarien - Norwegen 7:0, Ungarn - Norwegen 5:0
Europa IV: Tschechoslowakei
Wales - Tschechoslowakei 1:0, DDR - Wales 2:1, Tschechoslowakei - Wales 2:0, Tschechoslowakei - DDR 3:1 Wales DDR 4:1, DDR - Tschechoslowakei 1:4
Europa V: Österreich
Österreich - Luxemburg 7:0, Holland - Luxemburg 4:1, Österreich - Holland 3:2, Luxemburg - Holland 2:5, Holland - Österreich 1:1, Luxemburg - Österreich 0:3
Europa VI: Sowjetunion
Sowjetunion - Polen 3:0, Finnland - Polen 1:3, Sowjetunion - Finnland 2:1, Finnland - Sowjetunion 0:10, Polen - Sowjetunion 2:1, Polen - Finnland 4:0, Entscheidungsspiel: Sowjetunion - Polen 2:0
Europa VII: Jugoslawien
Griechenland - Jugoslawien 0:0, Griechenland - Rumänien 1:2, Rumänien - Jugoslawien 1:1, Rumänien - Griechenland 3:0, Jugoslawien - Rumänien 4:1, Jugoslawien - Rumänien 2:0
Europa VIII: Nordirland
Portugal - Nordirland 1:1, Italien - Nordirland 1:0, Nordirland - Portugal 3:0, Portugal - Italien 3:0, Italien - Portugal 3:0, Nordirland - Italien 2:1
Europa IX: Schottland
Spanien - Schweiz 2:2, Schottland - Spanien 4:2, Schweiz - Schottland 1:2, Spanien - Schottland 4:1, Schottland - Schweiz 3:2, Schweiz - Spanien 1:4

Südamerika I: Brasilien
Peru - Brasilien 1:1, Brasilien - Peru 1:0
Südamerika II: Argentinien
Chile - Bolivien 2:1, Bolivien - Chile 3:0, Bolieven - Argentinien 2:0, Chile - Argentinien 0:2, Argentinien - Chile 4:0, Argentinien - Bolivien 4:0
Südamerika III: Paraguay
Kolumbien - Uruguay 1:1, Kolumbien - Paraguay 2:3, Uruguay - Kolumbien 1:0, Kolumbien - Paraguay 3:0, Paraguay - Uruguay 5:0, Uruguay - Paraguay 2:0

Mittel- und Nordamerika: Mexiko
Untergruppe 1: Guatemala - Costa Rica 2:6, Costa Rica - Guatemala 3:1, Costa Rica - Curacao 4:0, Curacao - Costa Rica 1:3, Curacao - Costa Rica 1:2 (Guatemala trat zum Rückspiel in Curacao nicht an)
Untergruppe 2: Mexiko - USA 6:0, USA - Mexiko 2:7, Kanada -USA 5:1, Mexiko - Kanada 3:0, Kanada - Mexiko 0:2 (Spiel fand ebenfalls in Mexiko statt), USA - Kanada 2:3
Entscheidungsspiele der Gruppensieger:
Mexiko - Costa Rica 2:0, Costa Rica - Mexiko 0:0

Asien/Afrika: Israel
Untergruppe 1: Indonesien
Indonesien - China 2:0, China - Indonesien 4:3, Entscheidungsspiel: Indonesien - China 0:0 (durch besseres Torverhältnis Indonesien Gruppensieger)
(Taiwan nicht angetreten)
Untergruppe 2: Türkei trat zu den Ausscheidungsspielen gegen Israel nicht an.
Untergruppe 3: Zypern erhielt von den britischen Behörden keine Reiseerlaubnis und mußte auf die Spiele gegen Ägypten verzichten
Untergruppe 4: Sudan
Sudan - Syrien 1:0, Syrien - Sudan 1:1
Entscheidungsspiele: Da Indonesien nur auf neutralem Boden gegen Israel antreten wollte, Ägypten und Sudan sich überhaupt weigerten, mit Israel zu spielen, wurde Israel zum Sieger der Asien/Afrika-Gruppe proklamiert,

hatte aber zu Qualifikationsspielen gegen Wales (durch Los aus den europäischen Gruppenzweiten ermittelt) anzutreten.
Israel - Wales 0:2, Wales - Israel 2:0

Alle Endrundenspiele 8.-29.6.1958 in Schweden

Gruppe 1: Deutschland und Nordirland
Deutschland - Argentinien 3:1 (Malmö), Deutschland - Tschechoslowakei 2:2 (Hälsingborg), Deutschland - Nordirland 2:2 (Malmö), Nordirland - Tschechoslowakei 1:0 (Halmstad), Nordirland - Argentinien 1:3 (Halmstad), Tschechoslowakei - Argentinien 6:1 (Hälsingborg); Entscheidungsspiel um Platz 2: Nordirland - Tschechoslowakei 2:1 n.V. (Malmö)
Gruppe 2: Frankreich und Jugoslawien
Frankreich - Jugoslawien 2:3 (Västeras), Frankreich - Paraguay 7:3 (Norrköping), Frankreich - Schottland 2:1 (Orebro), Jugoslawien - Paraguay 3:3 (Eskilstuna), Jugoslawien - Schottland 1:1 (Västeras), Paraguay - Schottland 3:2 (Norrköping)
Gruppe 3: Schweden und Wales
Schweden - Wales 0:0 (Stockholm), Schweden - Ungarn 2:1 (Stockholm), Schweden - Mexiko 3:0 (Stockholm), Wales - Ungarn 1:1 (Sandviken), Wales - Mexiko 1:1 (Stockholm), Ungarn - Mexiko 4:0 (Andviken); Entscheidungsspiel um Platz 2: Wales - Ungarn 2:1 (Stockholm)
Gruppe 4: Brasilien und Sowjetunion
Brasilien - Sowjetunion 2:0 (Göteborg), Brasilien - England 0:0 (Göteborg), Brasilien - Österreich 3:0 (Uddevalla), Sowjetunion - England 2:2 (Göteborg), Sowjetunion - Österreich 2:0 (Boras), England - Österreich 2:2 (Boras); Entscheidungsspiel: Sowjetunion - England 1:0 (Göteborg)

Viertelfinale:
Deutschland - Jugoslawien 1:0 (Malmö), Schweden - Sowjetunion 2:0 (Stockholm), Frankreich - Nordirland 4:0 (Norrköping), Brasilien - Wales 1:0 (Göteborg)

Vorschlußrunde:
Schweden - Deutschland 3:1 (Göteborg), Brasilien -Frankreich 5:2 (Stockholm)

Um den dritten Platz:
Frankreich - Deutschland 6:3 (Göteborg)

Endspiel, 29.6.1958 in Stockholm
Schweden - Brasilien 2:5 (1:2)
SR: Guige (Frankreich), Zuschauer: 50.000
Schweden; K.Svensson; Bergmark, Axbom; Börjesson, Gustavsson, Parling; Hamrin, Gren, Simonsson (1), Liedholm (1), Skoglund
Brasilien: Gylmar; D.Santos, N.Santos; Zito, Bellini, Orlando; Garrincha, Didi, Vava (2), Pele (2), Zagalo (1)

1962 in Chile

Qualifikationsspiele:

Europa I: Schweiz
Schweden - Belgien 2:0, Belgien - Schweiz 2:4, Schweiz - Belgien 2:1, Schweden - Schweiz 4:0, Belgien - Schweden 0:2, Schweiz - Schweden 3:2; Entscheidungsspiel: Schweiz - Schweden (in Berlin) 2:1
Europa II: Bulgarien
Finnland - Frankreich 1:2, Frankreich - Bulgarien 3:0, Finnland - Bulgarien 0:2, Frankreich - Finnland 5:1, Bulgarien - Finnland 3:1, Bulgarien - Frankreich 1:0; Entscheidungsspiel: Bulgarien - Frankreich (in Mailand) 1:0
Europa III: Deutschland
Nordirland - Deutschland 3:4, Griechenland - Deutschland 0:3, Griechenland - Nordirland 2:1, Deutschland - Nordirland 2:1, Nordirland - Griechenland 2:0, Deutschland - Griechenland 2:1
Europa IV: Ungarn
Ungarn - DDR 2:0, Holland - Ungarn 0:3, DDR - Holland 1:1, DDR Ungarn 2:3, Ungarn - Holland 3:3; das Rückspiel Holland - DDR fiel wegen Visumschwierigkeiten aus.
Europa V: Sowjetunion
Norwegen - Türkei 0:1, Sowjetunion - Türkei 1:0, Sowjetunion - Norwegen 5:2, Norwegen - Sowjetunion 0:3, Türkei - Norwegen 2:1, Türkei - Sowjetunion 1:2
Europa VI: England
Luxemburg - England 0:9, Portugal - Luxemburg 6:0, Portugal - England 1:1, England - Luxemburg 4:1, Luxemburg - Portugal 4:2, England - Portugal 2:0
Europa VII: Israel - Italien 2:4, Italien - Israel 6:0
Europa VIII: Tschechoslowakei
Schottland - Irland 4:1, Irland - Schottland 0:3, Tschechoslowakei - Schottland 4:0, Schottland - Tschechoslowakei 3:2, Irland - Tschechoslowakei 1:3, Tschechoslowakei - Irland 7:1; Entscheidungsspiel: Tschechoslowakei - Schottland (in Brüssel) 4:2 nach Verlängerung
Europa IX: Spanien
Wales - Spanien 1:2, Spanien - Wales 1:1, Spanien mußte noch gegen Sieger Afrika, Marokko, antreten: Marokko - Spanien 0:1, Spanien - Marokko 3:2
Europa X: Jugoslawien
Jugoslawien - Polen 2:1, Polen Jugoslawien 1:1, Jugoslawien mußte noch gegen Sieger Asien, Südkorea, antreten: Jugoslawien - Südkorea 5:1, Südkorea - Jugoslawien 1:3

Südamerika I: Argentinien
Ecuador - Argentinien 3:6, Argentinien - Ecuardor 5:0
Südamerika II: Uruguay
Bolivien - Uruguay 1:1, Uruguay - Bolivien 2:1
Südamerika III: Kolumbien
Kolumbien - Peru 1:0, Peru - Kolumbien 1:1
Südamerika IV: Mexiko
Paraguay war gesetzt, als Sieger der Untergruppe Nord- und Mittelamerika kam Mesiko hinzu. Ergebnisse: Mexiko - Paraguay 1:0, Paraguay - Mexiko 0:0

Nord- und Mittelamerika: Mexiko
Untergruppe 1: Mexiko
Ergebnisse: USA - Mexiko 3:3, Mexiko - USA 3:0
Untergruppe 2: Costa Rica
Ergebnisse: Costa Rica - Honduras 5:0, Guatemala - Costa Rica 4:4, Honduras - Costa Rica 2:1, Costa Rica - Guatemala 5:0, Honduras - Guatemala 1:1, Guatemala - Honduras 0:2 (abgebrochen); Entscheidungsspiel: Honduras - Costa Rica 0:1
Untergruppe 3: Niederl.Antillen
Ergebnisse: Surinam - Niederl.Antillen 1:2, Niederl.Antillen - Surinam 0:0
Endrunde der Untergruppensieger: Mexiko
Ergebnisse: Costa Rica - Mexiko 1:0, Costa Rica - Niederl.Antillen 6:0, Mexiko - Niederl.Antillen 7:0, Mexiko - Costa Rica 4:1, Niederl.Antillen - Costa Rica 2:0, Niederl.Antillen - Mexiko 0:0

Naher Osten/Afrika: Israel
Zypern - Israel 1:1, Israel - Zypern 6:1, Israel als Sieger traf auf Äthiopien, beide Spiele in Israel: Israel - Äthiopien 1:0 und 3:2.

Afrika: Marokko
Untergruppe 1: Sudan und Ägypten zogen ihre Meldungen zurück.
Untergruppe 2: Marokko
Ergebnisse: Marokko - Tunesien 2:1, Tunesien - Marokko 2:1; Entscheidungsspiel: Marokko - Tunesien (in Palermo) 1:1 nach Verlängerung, Los für Marokko.
Untergruppe 3: Ghana
Ergebnisse: Ghana - Nigeria 4:1, Nigeria - Ghana 2:2
Endrunde der Untergruppensieger: Marokko
Ergebnisse: Ghana - Marokko 0:0, Marokko Ghana 1:0

Asien: Südkorea
Südkorea - Japan 2:1, Japan - Südkorea 0:2

Alle Endrundenspiele 30.5.-17.6.1962 in Chile

Gruppe A (in Arica): Sowjetunion und Jugoslawien
Uruguay - Kolumbien 2:1, Sowjetunion - Jugoslawien 2:0, Uruguay - Jugoslawien 1:3, Kolumbien - Sowjetunion 4:4, Uruguay - Sowjetunion 1:2, Kolumbien - Jugoslawien 0:5
Gruppe B (in Santiago): Deutschland und Chile
Chile - Schweiz 3:1, Deutschland - Italien 0:0, Chile - Italien 2:0, Deutschland - Schweiz 2:1, Deutschland - Chile 2:0, Schweiz - Italien 0:3
Gruppe C (in Vina del Mar): Brasilien und Tschechoslowakei
Brasilien - Mexiko 2:0, Spanien - Tschechoslowakei 0:1, Brasilien - Tschechoslowakei 0:0, Mexiko - Spanien 0:1, Brasilien - Spanien 2:1, Mexiko - Tschechoslowakei 3:1
Gruppe D (in Rancagua): Ungarn und England
Argentinien - Bulgarien 1:0, Ungarn - England 2:1, Argentinien - England 1:3, Bulgarien - Ungarn 1:6, Argentinien - Ungarn 0:0, Bulgarien - England 0:0

Viertelfinale:
Chile - Sowjetunion 2:1 (Arica), Deutscchland - Jugoslawien 0:1 (Santiago), Brasilien - England 3:1 (Vina del Mar), Ungarn - Tschechoslowakei 0:1 (Rancagua)

Halbfinale:
Chile - Brasilien 2:4 (Santiago), Tschechoslowakei - Jugoslawien 3:1 (Vina del Mar)

Um den dritten Platz:
Chile - Jugoslawien 1:0 (Santiago)

Endspiel, 17.6.1962 in Santiago
Brasilien - Tschechoslowakei 3:1 (1:1)
SR: Latyschew (Sowjetunion), Zuschauer: 69.000
Brasilien: Gylmar; Djalma Santos, Nilton Santos; Zito (1), Mauro, Zozimo; Garrincha, Didi, Vava (1), Amarildo (1), Zagalo
Tschechoslowakei: Schroif; Tichy, Novak; Masopust (1), Popluhar, Pluskal; Pospichal, Scherer, Kadraba, Kvasnak, Jelinek

1966 in England

Qualifikationsspiele:

Europa I: Bulgarien
Belgien - Israel 1:0, Bulgarien - Israel 4:0, Bulgarien - Belgien 3:0, Belgien - Bulgarien 5:0, Israel - Bulgarien 1:2; Entscheidungsspiel in Florenz: Bulgarien - Belgien 2:1
Europa II: Deutschland
Deutschland - Schweden 1:1, Deutschland - Zypern 5:0, Schweden - Zypern 3:0, Schweden - Deutschland 1:2, Zypern - Schweden 0:5, Zypern - Deutschland 0:6
Europa III: Frankreich
Jugoslawien - Luxemburg 3:1, Luxemburg - Frankreich 0:2, Luxemburg - Norwegen 0:2, Frankreich - Norwegen 1:0, Jugoslawien - Frankreich 1:0, Norwegen - Luxemburg 4:2, Norwegen - Jugoslawien 3:0, Norwegen - Frankreich 0:1, Luxemburg - Jugoslawien 2:5, Frankreich - Jugoslawien 1:0, Frankreich - Luxemburg 4:1, Jugoslawien - Norwegen 1:1
Europa IV: Portugal
Portugal - Türkei 5:1, Türkei - Portugal 0:1, Tschechoslowakei - Portugal 0:1, Rumänien - Türkei 3:0, Rumänien - Tschechoslowakei 1:0, Portugal - Rumänien 2:1, Tschechoslowakei - Rumänien 3:1, Türkei - Tschechoslowakei 0:6, Türkei - Rumänien 2:1, Portugal - Tschechoslowakei 0:0, Tschechoslowakei - Türkei 3:1, Rumänien - Portugal 2:0
Europa V: Schweiz
Holland - Albanien 2:0, Nordirland - Schweiz 1:0, Albanien - Holland 0:2, Schweiz - Nordirland 2:1, Nordirland - Holland 2:1, Holland - Nordirland 0:0, Albanien - Schweiz 0:2, Schweiz - Albanien 1:0, Nordirland - Albanien 4:1, Holland - Schweiz 0:0, Schweiz - Holland 2:1, Albanien - Nordirland 1:1
Europa VI: Ungarn
Österreich - DDR 1:1, DDR - Ungarn 1:1, Österreich - Ungarn 0:1, Ungarn - Österreich 3:0, Ungarn - DDR 3:2, DDR - Österreich 1:0
Europa VII: Sowjetunion
Dänemark - Wales 1:0, Griechenland - Dänemark 4:2, Griechenland - Wales 2:0, Wales - Griechenland 4:1, Sowjetunion - Griechenland 3:1, Sowjetunion - Wales 2:1, Sowjetunion - Dänemark 6:0, Griechenland - Sowjetunion 1:4, Dänemark - Sowjetunion 1:3, Dänemark - Griechenland 1:1, Wales - Sowjetunion 2:1, Wales - Dänemark 4:2
Europa VIII: Italien
Schottland - Finnland 3:1, Italien - Finnland 6:1, Polen - Italien 0:0, Polen - Schottland 1:1, Finnland - Schottland 1:2, Finnland - Italien 0:2, Finnland - Polen 2:0, Schottland - Polen 1:2, Polen - Finnland 7:0, Italien - Polen 6:1, Schottland - Italien 1:0, Italien - Schottland 3:0
Europa IX: Spanien
Irland - Spanien 1:0, Spanien - Irland 4:1; Entschiedungsspiel in Paris: Spanien - Irland 1:0 (Syrien zog Meldung zurück.)

Südamerika I: Ururguay
Peru - Venezuela 1:0, Uruguay 1:0, Uruguay - Venezuela 5:0, Venezuela - Uruguay 1:3, Venezuela - Peru 3:6, Peru - Uruguay 0:1, Uruguay - Peru 2:1
Südamerika II: Chile
Kolumbien - Ecuador 0:1, Ecuador - Kolumbien 2:0, Chile - Kolumbien 7:2, Kolumbien - Chile 2:0, Ecuador - Chile 2:2, Chile - Ecuador 3:1; Entscheidungsspiel in Lima: Chile - Ecuador 2:1
Südamerika III: Argentinien
Paraguay - Bolivien 2:0, Argentinien - Paraguay 3:0, Paraguay - Argentinien 0:0, Argentinien - Bolivien 4:1, Bolivien - Paraguay 2:1, Boliven - Argentinien 1:2

Nord- und Mittelamerika: Mexiko
Untergruppe 1: Jamaica
Jamaica - Kuba 1:0, Kuba - Niederl.Antillen 1:1, Jamaica - Niederl.Antillen 2:0, Niederl.Antillen - Kuba 1:0, Niederl.Antillen - Jamaica 0:0, Kuba - Jamaica 2:1
Untergruppe 2: Costa Rica
Trinidad - Surinam 4:1, Costa Rica - Surinam 1:0, Costa Rica - Trinidad 4:0, Surinam - Costa Rica 1:3, Trinidad - Costa Rica 0:1, Surinam - Trinidad 6:1
Untergruppe 3: Mexiko
Honduras - Mexiko 0:1, Mexiko - Honduras 3:0, USA - Mexiko 2:2, Mexiko - USA 2:0, Honduras - USA 0:1, USA - Honduras 1:1
Endrunde der Untergruppensieger: Mexiko
Costa Rica - Mexiko 0:0, Jamaica - Mexiko 2:3, Mexiko - Jamaica 8:0, Costa Rica - Jamaica 7:0, Mexiko - Costa Rica 1:0, Jamaica - Costa Rica 1:1

Asien/Afrika: Nordkorea
Alle 15 afrikanischen Verbände, die gemeldet hatten, zogen ihre Meldungen zurück, ebenso Südkorea; Südafrika wurde von der FIFA suspendiert.
Die beiden verbliebenen Länder, Nordkorea und Australien, ermittelten in zwei Spielen auf neutralem Boden in Pnom Penh (Kambodscha) den Vertreter der Gruppe Asien/Afrika. Nordkorea gewann beide Spiele mit 6:1 und 3:1.

Alle Endrundenspiele 11.-30.7.1966 in England

Gruppe A (in London): England und Uruguay
England - Uruguay 0:0, Frankreich - Mexiko 1:1, Uruguay - Frankreich 2:1, England - Mexiko 2:0, Mexiko - Uruguay 0:0, England - Frankreich 2:0
Gruppe B (in Birmingham und Sheffield): Deutschland und Argentinien
Deutschland - Schweiz 5:0, Argentinien - Spanien 2:1, Spanien - Schweiz 2:1, Argentinien - Deutschland 0:0, Argentinien - Scheiz 2:0, Deutschland - Spanien 2:1
Gruppe C (in Liverpool und Manchester): Portugal und Ungarn
Brasilien - Bulgarien 2:0, Portugal - Ungarn 3:1, Ungarn - Brasilien 3:1, Portugal - Bulgarien 3:1, Portugal - Brasilien 3:1, Ungarn - Bulgarien 3:1
Gruppe D: (in Middlesbrough und Sunderland): Sowjetunion und Nordkorea
Sowjetunion - Nordkorea 3:0, Italien - Chile 2:0, Nordkorea - Chile 1:1, Sowjetunion - Italien 1:0, Nordkorea - Italien 1:0, Sowjetunion - Chile 2:1

Viertelfinale:
England - Argentinien 1:0 (London), Deutschland - Uruguay 4:0 (Sheffield), Portugal - Nordkorea 5:0 (Liverpool), Sowjetunion - Ungarn 2:1 (Sunderland)

Halbfinale:
Deutschland - Sowjetunion 2:1 (Liverpool), England - Portugal 2:1 (London)

Endspiel, 30.7.1966 in London
England - Deutschland 4:2 n.Verlg. (2:2, 1:1)
Sr: Dienst (Scheiz), Zuschauer: 97.000
England: Banks; Cohen, J.Charlton, Moore, Wilson; Stiles, R.Charlton, Peters (1); Ball, Hunt, Hurst (3)
Deutschland: Tilkowski; Höttges, Schulz, Weber (1), Schnellinger; Beckenbauer, Overath; Haller (1), Seeler, Held, Emmerich

1970 in Mexiko

Qualifikationsspiele:

Europa I: Rumänien
Schweiz - Griechenland 1:0, Portugal - Rumänien 3:0, Rumänien - Schweiz 2:0, Griechenland - Portugal 4:2, Portugal - Schweiz 0:2, Griechenland - Rumänien 2:2, Portugal - Griechenland 2:2, Schweiz -Rumänien 0:1, Rumänien - Portugal 1:0, Griechenland - Schweiz 4:1, Schweiz - Portugal 1:1, Rumänien - Griechenland 1:1
Europa II: Tschechoslowakei
Dänemark - CSSR 0:3, CSSR - Dänemark 1:0, Irland - CSSR 1:2, Ungarn - CSSR 2:0, Dänemark - Irland 2:0, Irland - Ungarn 1:2, Dänemark - Ungarn 3:2, CSSR - Ungarn 3:3, CSSR - Irland 3:0, Irland - Dänemark 1:1, Ungarn - Dänemark 3:0, Ungarn - Irland 4:0; Entscheidungsspiel in Marseille: CSSR - Ungarn 4:1
Europa III: Italien
Wales - Italien 0:1, DDR - Italien 2:2, DDR - Wales 2:1, Wales - DDR 1:3, Italien - Wales 4:1, Italien - DDR 3:0
Europa IV: Sowjetunion
Nordirland - Türkei 4:1, Türkei - Nordirland 0:3, Nordirland - Sowjetunion 0:0, Sowjetunion - Türkei 2:0, Sowjetunion - Nordirland 2:0, Türkei - Sowejetunion 1:3
Europa V: Schweden
Schweden - Norwegen 5:0, Frankreich - Norwegen 0:1, Norwegen - Schweden 2:5, Norwegen - Frankreich 1:3, Schweden - Frankreich 2:0, Frankreich - Schweden 3:0
Europa VI: Belgien
Finnland - Belgien 1:2, Jugoslawien - Finnland 9:1, Belgien - Finnland 6:1, Belgien - Jugoslawien 3:0, Jugoslawien - Spanien 0:0, Spanien - Belgien 1:1, Belgien - Spanien 2:1, Spanien - Jugoslawien 2:1, Finnland - Jugoslawien 1:5, Finnland - Spanien 2:0, Spanien - Finnland 6:0, Jugoslawien - Belgien 4:0
Europa VII: Deutschland
Österreich - Zypern 7:1, Österreich - Deutschland 0:2, Schottland - Österreich 2:1, Zypern - Deutschland 0:1, Zypern - Schottland 0:5, Schottland - Deutschland 1:1, Zypern - Österreich 1:2, Deutschland - Österreich 1:0, Schottland - Zypern 8:0, Deutschland - Zypern 12:0, Deutschland - Schottland 3:2, Österreich - Schottland 2:0
Europa VIII: Bulgarien
Luxemburg - Holland 0:2, Bulgarien - Holland 2:0, Holland - Luxemburg 4:0, Polen - Luxemburg 8:1, Bulgarien - Luxemburg 2:1, Holland - Polen 1:0, Bulgarien - Polen 4:1, Polen - Holland 2:1, Luxemburg - Polen 1:5, Holland - Bulgarien 1:1, Polen - Bulgarien 3:0, Luxemburg - Bulgarien 1:3

Südamerika I: Peru
Bolivien - Argentinien 3:1, Peru - Argentinien 1:0, Bolivien - Peru 2:1, Peru - Bolievien 3:0, Argentinien - Bolivien 1:0, Argentinien - Peru 2:2
Südamerika II: Brasilien
Kolumbien - Venezuela 3:0, Venezuela - Kolumbien 1:1,Venezuela - Paraguay 0:2, Kulumbien - Brasilien 0:2, Venezuela -Brasilien 0:5, Kolumbien - Paraguay 0:1, Paraguay - Brasilien 0:3, Brasilien - Kolumbien 6:2, Paraguay - Venezuela 1:0, Paraguay - Kolumbien 2:1, Brasilien - Venezuela 6:0, Brasilien - Paraguay 1:0
Südamerika III: Uruguay
Ecuador - Uruguay 0:2, Chile - Uruguay 0:0, Uruguay - Ecuador 1:0, Chile - Ecuador 4:1, Ecuador - Chile 1:1, Uruguay - Chile 2:0

Zentral- und Nordamerika: El Salvador
Untergruppe A: Honduras
Costa Rica - Jamaica 3:0, Jamaica - Costa Rica 1:3, Honduras - Jamaica 3:1, Jamaica - Honduras 0:2, Honduras - Costa Rica 1:0, Costa Rica - Honduras 1:1
Untergruppe B: Haiti
Guatemala - Trinidad 4:0, Trinidad - Guatemala 0:0, Trinidad - Haiti 0:4, Haiti - Trinidad 2:4, Haiti - Guatemala 2:0, Guatemala - Haiti 1:1
Untergruppe C: El Salvador
Surinam - Niederl.Antillen 6:0, El Salvador - Surinam 6:0, Niederl.Antillen - Surinam 2:0, El Salvador - Niederl.Antillen 1:0, Niederl.Antillen - El Salvador 1:2, Surinam - El Salvador 4:1
Untergruppe D: USA
Kanada - Bermudas 4:0, Kanada - USA 4:2, Bermudas - Kanada 0:0, USA - Kanada 1:0, USA - Bermudas 6:2, Bermudas - USA 0:2
Halbfinalspiele: Haiti - USA 2:0 und 1:0; Honduras - El Salvador 1:0 und 0:3; Entscheidungsspiel in Mexico City: El Salvador - Honduras 3:2 n.Verlg.
Endspiele: Haiti - El Salvador 1:2 und 3:0; Entscheidungsspiel in Kingston/Jamaica: El Salvador - Haiti 1:0 n.V.

Asien und Ozeanien: Israel
Turnier in Seoul: Australien
Japan - Australien 1:3 und 1:1, Südkorea - Japan 2:2 und 2:0, Südkorea - Australien 1:2 und 1:1
Qualifikation in Laurenco Marques: Australien - Rhodesien 1:1, 0:0 und 3:1
Turnier in Tel Aviv: Israel
Israel - Neuseeland 4:0 und 2:0
Endspiele: Israel - Australien 1:0 und 1:1

Afrika: Marokko
Untergruppe A: Algerien - Tunesien 1:2 und 0:0
Untergruppe B: Marokko - Senegal 1:0 und 1:2; Entscheidungsspiel in Las Palmas (weil der Schiedsrichter entgegen dem Reglement das zweite Spiel gegen Senegal und Marokko nicht verlängern ließ), Marokko - Senegal 2:0
Untergruppe C: Libyen - Äthiopien 2:0 und 1:5
Untergruppe D: Zambia - Sudan 4:2 und 2:4 n.V. (Sudan qualifiziert)
Untergruppe E: Nigeria - Kamerung 1:1 und 3:2
Untergruppe F: Ghana (Freilos)
Halbfinalspiele: Tunesien - Marokko 0:0 und 0:0, Entscheidungsspiel in Marseille 2:2 n.V., Los für Marokko; Äthiopien - Sudan 1:1 und 1:3, Nigeria Ghana 2:1 und 2:1
Endrunde: Marokko
Nigeria - Sudan 2:2, Marokko - Nigeria 2:1, Sudan - Nigeria 3:3, Sudan - Marokko 0:0, Marokko - Sudan 3:0, Nigeria - Marokko 2:0; Marokko qualifiziert

Alle Endrundenspiele 31.5.-21.6.1970 in mexikanischen Städten

Gruppe I (In Mexico City): UdSSR und Mexiko
UdSSR - Mexiko 0:0, Belgien - El Salvador 3:0, UdSSR - Belgien 4:1, Mexiko - El Salvador 4:0, UdSSR -El Salvador 2:0, Mexiko - Belgien 1:0
Gruppe II (Puebla und Toluca): Italien und Uruguay
Uruguay - Israel 2:0, Italien - Schweden 1:0, Uruguay - Italien 0:0, Schweden - Israel 1:1, Uruguay - Schweden 0:1, Italien - Israel 0:0
Gruppe III (Guadalajara): Brasilien und England
Rumänien - England 0:1, CSSR - Brasilien 1:4, Rumänien - CSSR 2:1, England - Brasilien 0:1, Rumänien - Brasilien 2:3, England - CSSR 1:0
Gruppe V (Leon): Deutschland und Peru
Peru - Bulgarien 3:2, Marokko - Deutschland 1:2, Peru - Marokko 3:0, Bulgarien - Deutschland 2:5, Peru - Deutschland 1:3, Bulgarien - Marokko 1:1

Viertelfinale:
Sowjetunion - Uruguay 0:1 n.V. (Mexico City), Italien - Mexiko 4:1 (Toluca), Brasilien - Peru 4:2 (Guadalajara), Deutschland - England - 3:2 n.V. (Leon)

Halbfinale:
Deutschland - Italien 3:4 n.V. (Mexico City), Brasilien - Uruguay 3:1 (Guadalajara)

Um den dritten Platz:
Deutschland - Uruguay 1:0 (Mexico City)

Endspiel, 21.6.1970 in Mexiko
Brasilien - Italien 4:1 (1:1)
SR: Glöckner (DDR), Zuschauer: 107.000
Brasilien: Felix; Carlos Alberto (1), Brito, Piazza, Everaldo; Clodoaldo, Gerson (1); Jairzinho (1), Tostao, Pele (1), Rivelino
Italien: Albertosi; Burgnich, Cera, Bertini (Juliano), Rosato, Facchetti; Domenghini, De Sisti, Mazola; Boninsegna (1) (Rivera), Riva

1974 in Deutschland

Qualifikationsspiele:

Europa I: Schweden
Malta - Ungarn 0:2, Österreich - Malta 4:0, Ungarn - Malta 3:0, Schweden - Ungarn 0:0, Österreich - Schweden 2:0, Österreich - Ungarn 2:2, Schweden - Malta 7:0, Malta - Österreich 0:2, Ungarn - Österreich 2:2, Schweden - Österreich 3:2, Ungarn - Schweden 3:3, Malta - Schweden 1:2; Entscheidungsspiel in Gelsenkirchen: Schweden - Österreich 2:1
Europa II: Italien
Luxemburg - Italien 0:4, Schweiz - Italien 0:0, Luxemburg - Türkei 2:0, Türkei - Luxemburg 3:0, Italien - Türkei 0:0, Türkei - Italien 0:1, Italien - Luxemburg 5:0, Luxemburg - Schweiz 0:1, Schweiz - Türkei 0:0, Schweiz - Luxemburg 1:0, Italien - Schweiz 2:0, Türkei - Schweiz 2:0
Europa III: Holland
Belgien - Island 4:0, Island - Belgien 0:4, Norwegen - Island 4:1, Norwegen - Belgien 0:2, Holland - Norwegen 9:0, Belgien - Holland 0:0, Island - Norwegen 0:4, Holland - Island 5:0, Island - Holland (in Holland) 1:8, Norwegen - Holland 1:2, Belgien - Norwegen 2:0, Holland - Belgien 0:0
Europa IV: DDR
Finnland - Albanien 1:0, Finnland - Rumänien 1:1, DDR - Finnland 5:0, Rumänien - Albanien 2:0, DDR - Albanien 2:0, Albanien - Rumänien 1:4, Rumänien - DDR 1:0, Finnland - DDR 1:5, DDR - Rumänien 2:0, Albanien - Finnland 1:0, Rumänien - Finnland 9:0, Albanien - DDR 1:4
Europa V: Polen
Wales - England 0:1, England - Wales 1:1, Wales - Polen 2:0, Polen - England 2:0, Polen - Wales 3:0, England - Polen 1:1
Europa VI: Bulgarien
Portugal - Zypern 4:0, Zypern - Portugal 0:1, Bulgarien - Nordirland 3:0, Zypern - Bulgarien 0:4, Zypern - Nordirland 1:0, Nordirland - Portugal 1:1, Bulgarien - Portugal 2:1, Nordirland - Zypern 3:0, Nordirland - Bulgarien 0:0, Portugal - Bulgarien 2:2, Portugal - Nordirland 1:1, Bulgarien - Zypern 2:0
Europa VII: Jugoslawien
Spanien - Jugoslawien 2:2, Jugoslawien - Griechenland 1:0, Griechenland - Spanien 2:3, Spanien - Griechenland 3:1, Jugoslawien - Spanien 0:0, Griechenland - Jugoslawien 2:4; Entscheidungsspiel in Frankfurt: Jugoslawien - Spanien 1:0
Europa VIII: Schottland
Dänemark - Schottland 1:4, Schottland - Dänemark 2:0, Dänemark - Tschechoslowakei 1:1, Tschechoslowakei - Dänemark 6:0, Schottland - Tschechoslowakei 2:1, Tschechoslowakei - Schottland 1:0
Europa IX: Sowjetunion
Frankreich - Sowejetunion 1:0, Irland - Sowjetunion 1:2, Irland - Frankreich 2:1, Sowjetunion - Irland 1:0, Frankreich - Irland 1:1, Sowjetunion - Frankreich 2:0
Entscheidungsspiele Europa IX - Südamerika III
Sowjetunion - Chile O:0, Chile - Sowjetunion (Sowjetunion nicht angetreten, Chile für die Endrunde qualifiziert)

Südamerika I: Uruguay
Kolumbien - Ecuador 1:1, Kolumbien - Urugugay 0:0, Ecuador - Kolumbien 1:1, Ecuador - Uruguay 1:2, Uruguay - Kolumbien 0:1, Uruguay - Ecuador 4:0
Südamerika II: Argentinien
Bolivien - Paraguay 1:2, Argentinien - Bolivien 4:0, Paraguay - Argentinien 1:1, Bolivien - Argentinien 0:1, Paraguay - Bolivien 4:0, Argentinien - Paraguay 3:1
Südamerika III: Chile
Peru - Chile 2:0, Chile - Peru 2:0; Entscheidungsspiel in Montevideo: Chile - Peru 2:1

Zentral - und Nordamerika: Haiti
Untergruppe 1: Mexiko
Kanada - USA 3:2, Kanada - Mexiko 0:1, USA - Kanada 2:2, Mexiko - USA 3:1, Mexiko - Kanada 2:1, USA - Mexiko 1:2
Untergruppe 2: Guatemala
Guatemala - El Salvador 1:0, El Salvador - Guatemala 0:1
Untergruppe 3: Honduras
Honduras - Costa Rica 2:1, Costa Rica - Honduras 3:3
Untergruppe 4: Niederländisch Antillen (Jamaica verzichtete)
Untergruppe 5: Haiti
Haiti - Puerto Rico 7:0, Puerto Rico - Haiti 0:5
Untergruppe 6: Trinidad
Trinidad - Antigua 11:1, Antigua - Trinidad 1:2, Surinam - Trinidad 1:1, Trinidad - Surinam 2:1, Antigua - Surinam 0:6, Surinam - Antigua 3:1
Endrundenspiele in Port-au-Prince/Haiti: Haiti
Honduras - Trinidad 2:1, Mexiko - Guatemala 0:0, Haiti - Niederländisch Antillen 3:0, Honduras - Mexiko 1:1, Haiti - Trinidad 2:1, Niederländisch Antillen 3:0, Honduras - Mexiko 1:1, Haiti - Trinidad 2:1, Niederländisch Antillen - Guatemala 2:2, Haiti - Honduras 1:0, Mexiko - Niederländisch Antillen 8:0, Trinidad - Guatemala 1:0, Honduras - Niederländisch Antillen 2:2, Haiti - Guatemala 2:1, Trinidad - Mexiko 4:0, Honduras - Guatemala 1:1, Trinidad - Niederländisch Antillen 4:0, Haiti - Mexiko 0:1

Asien und Ozeanien: Australien
Einteilungsspiele in Seoul: Südvietnam - Thailand 1:0, Israel - Japan 2:1, Hongkong - Malaysia 1:0
Untergruppe A/1 (Turnier in Seoul): Hongkong
Ergebnisse: Japan - Südvietnam 4:0, Hongkong - Japan 1:0, Hongkong - Südvietnam 1:0
Untergruppe A/2 (Turnier in Seoul): Israel
Ergebnisse: Südkorea - Thailand 4:0, Israel - Malaysia 3:0, Südkorea - Malaysia 0:0, Israel - Thailand 6:0, Südkorea - Israel 0:0, Malaysia - Thailand 2:0
Halbfinale: Südkorea - Hongkong 3:1, Israel - Japan 1:0 n.V.
Endspiel der Untergruppe A: Südkorea - Israel 1:0 n.V.
Untergruppe B/1 (Turnier in Australien): Australien
Ergebnisse: Australien - Neuseeland 1:1, Australien - Irak 3:1, Neuseeland - Indonesien 1:1, Australien - Indonesien 2:1, Irak - Neuseeland 2:0, Australien - Neuseeland 3:3, Irak - Indonesien 1:1, Australien - Irak 0:0, Indonesien - Neuseeland 1:0, Irak - Indonesien 3:2, Australien - Indonesien 6:0, Irak - Neuseeland 4:0
Gruppe B/2 (Turnier in Teheran): Iran
Ergebnisse: Iran - Nordkorea 0:0, Syrien - Kuwait 2:1, Iran - Kuwait 2:1, Nordkorea - Syrien 1:1, Nordkorea - Kuwait 0:0, Iran - Syrien 1:0, Iran - Kuwait 2:1, Syrien - Kuwait 2:0, Iran - Kuwait 2:0, Nordkorea - Syrien 3:0, Syrien - Iran 1:0, Kuwait - Nordkorea 2:0
Endspiele der Untergruppe B: Australien - Iran 3:0, Iran - Australien 2:0
Endspiele: Australien - Südkorea 0:0, Südkorea - Australien 2:2, Entscheidungsspiel in Hingkong: Australien - Südkorea 1:0

Afrika: Zaire
Vorrunde:
Gruppe 1: Marokko - Senegal 0:0 und 2:1; Gruppe 2: Algerien - Guinea 1:0 und 1:5; Gruppe 3: Ägypten - Tunesien 2:1 und 0:2; Gruppe 4: Sierre Leone - Elfenbeinküste 0:1 und 0:2; Gruppe 5: Kenie - Sudan 2:0 und 0:1; Gruppe 6: Madagaskar verzichtet gegen Mauritius; Gruppe 7: Äthiopien - Tansania 0:0, 1:1 und 3:0; Gruppe 8: Lesotho - Zambia 0:0 und 1:6; Gruppe 9: Nigeria - Kongo 2:1 und 1:1; Gruppe 10: Dahomey - Ghana 0:5 und 1:5; Gruppe 11: Togo - Zaire 0:0 und 0:4; Gruppe 12: Gabun verzichtet gegen Kamerun
Zwischenrunde:
Gruppe 1: Guinea - Marokko 1:1 und 0:2; Gruppe 2: Tunesien - Elfenbeinküste 1:1 und 1:2; Gruppe 3: Mauritius - Keniea 1:3 und 2:2; Gruppe 4: Äthiopien - Zambia 0:0 und 2:4; Gruppe 5: Nigeria - Ghana 2:3 abgebrochen (wurde mit 2:0 Toren für Ghana gewertet) und 0:0; Gruppe 6: Kamerun - Zaire 0:1, 1:0 und 0:2

Vorschlußrunde:
Gruppe 1: Elfenbeinküste Marokko 1:1 und 1:4; Gruppe 2: Zambia - Kenia 2:0 und 2:2; Gruppe 3: Ghana - Zaire 1:0 und 1:4
Endrunde:
Zambia - Marokko 4:0, Zambia - Zaire 0:2, Zaire - Zambia 2:1, Marokko - Zambia 2:0, Zaire - Marokko 3:0, Marokko - Zaire (Marokko verzichtet, Spiel wurde mit 2:0 Toren für Zaire gewertet.

Alle Endrundenspiele 13.6.-7.7.1974 in deutschen Städten

1. Finalrunde
Gruppe I (in Berlin und Hamburg): DDR und Deutschland
Deutschland - Chile 1:0, DDR - Australien 2:0, Chile - DDR 1:1, Australien - Deutschland 0:3, Australien - Chile 0:0, DDR - Deutschland 1:0
Gruppe II (in Frankfurt, Dortmund und Gelsenkirchen): Jugoslawien und Brasilien
Brasilien - Jugoslawien 0:0, Zaire - Schottland 0:2, Jugoslawien - Zaire 9:0, Schottland - Brasilien 0:0, Zaire - Brasilien 0:3, Schottland - Jugoslawien 1:1
Gruppe III (in Düsseldorf, Hannover und Dortmund): Holland und Schweden
Schweden - Bulgarien 0:0, Uruguay - Holland 0:2, Holland - Schweden 0:0, Bulgarien - Uruguay 1:1, Bulgarien - Holland 1:4, Schweden - Uruguay 3:0
Gruppe IV (in München und Stuttgart): Polen und Argentinien Italien - Haiti 3:1, Polen - Argentinien 3:2, Haiti - Polen 0:7, Argentinien - Italien 1:1, Argentinien - Haiti 4:1, Polen - Italien 2:1

2. Finalrunde
Gruppe A (in Gelsenkirchen, Hannover und Dortmund): Holland
Holland - Argentinien 4:0, Brasilien - DDR 1:0, DDR - Holland 0:2, Argentinien - Brasilien 1:2, Holland - Brasilien 2:0, Argentinien - DDR 1:1
Gruppe B (in Düsseldorf, Stuttgart und Frankfurt): Deutschland
Jugoslawien - Deutschland 0:2, Schweden - Polen 0:1, Polen - Jugoslawien 2:1, Deutschland - Schweden 4:2, Polen - Deutschland 0:1, Schweden Jugoslawien 2:1

Um den dritten Platz:
Polen - Brasilien 1:0 (0:0) in München

Endspiel, 7.7.1974 in München
Deutschland - Holland 2:1 (2:1)
SR: Taylor (England), Zuschauer: 80.000
Deutschland: Maier; Vogts, Beckenbauer, Schwarzenbeck, Breitner (1); Hoeneß, Bonhof, Overath; Grabowski, Müller (1), Hölzenbein
Holland: Jongbloed; Suurbier, Rijsbergen, Haan, Krol; Jansen, Neeskens (1), van Hanegem; Reep, Cruyff, Rensenbrink (René van de Kerkhof)

1978 in Argentinien

Qualifikationsspiele:

Europa I: Polen
Zypern - Dänemark 1:5, Portugal - Polen 0:2, Dänemark - Zypern 5:0, Polen - Zypern 5:0, Portugal - Dänemark 1:0, Zypern - Portugal 1:2, Dänemark - Polen 1:2, Zypern - Polen 1:3, Polen - Dänemark 4:1, Dänemark - Portugal 2:4, Polen - Portugal 1:1, Portugal - Zypern 4:0
Europa I: Italien
Finnland - England 1:4, Finnland - Luxemburg 7:1, England -Finnland 2:1, Luxemburg - Italien 1:4, Italien - England 2:0, England - Luxemburg 5:0, Luxemburg - Finnland 0:1, Finnland - Italien 0:3, Luxemburg - England 0:2, Italien - Finnland 6:1, England - Italien 2:0, Italien - Luxemburg 3:0
Europa III: Österreich
Türkei - Malta 4:0, DDR - Türkei 1:1, Malta - Österreich 0:1, Malta - DDR 0:1, Österreich - Türkei 1:0, Österreich - Malta 9:0, Österreich - DDR 1:1, DDR - Österreich 1:1, DDR - Malta 9:0, Türkei - DDR 1:2, Malta - Türkei 0:3
Europa IV: Holland
Island - Belgien 0:1, Island - Holland 0:1, Holland - Nordirland 2:2, Belgien - Nordirland 2:0, Belgien - Holland 0:2, Island - Nordirland 1:0, Holland - Island 4:1, Belgien - Island 4:0, Nordirland - Island 2:0, Nordirland - Holland 0:1, Holland - Belgien 1:0, Nordirland - Belgien 3:0
Europa V: Frankreich
Bulgarrien - Frankreich 2:2, Frankreich - Irland 2:0, Irland - Frankreich 1:0, Bulgarien - Irland 2:1, Irland - Bulgarien 0:0, Frankreich - Bulgarien 3:1
Europa VI: Schweden
Schweden - Norwegen 2:0, Norwegen - Schweiz 1:0, Schweiz - Schweden 1:2, Schweden - Schweiz 2:1, Norwegen - Schweden 2:1, Schweiz - Norwegen 1:0
Europa VII: Schottland
CSSR - Schottland 2:0, Schottland - Wales 1:0, Wales - CSSR 3:0, Schottland - CSSR 3:1, Wales - Schottland 0:2, CSSR -Wales 1:0
Europa VIII: Spanien
Spanien - Jugoslawien 1:0, Rumänien - Spanien 1:0, Jugoslawien - Rumänien 0:2, Spanien - Rumänien 2:0, Rumänien - Jugoslawien 4:6, Jugoslawien - Spanien 0:1
Europa IX: Ungarn
Griechenland - Ungarn 1:1, Sowjetunion - Griechenland 2:0, Ungarn - Sowjetunion 2:1, Griechenland - Sowjetunion 1:0, Sowjetunion - Ungarn 2:0, Ungarn - Griechenland 3:0
Entscheidungsspiel Europa IX - 3. Südamerika
Ungarn - Bolivien 6:0, Bolivien - Ungarn 2:3

Südamerika I: Brasilien
Kolumbien - Brasilien 0:0, Kolumbien - Paraguay 0:1, Paraguay - Kolumbien 1:1, Brasilien - Kolumbien 6:0, Paraguay - Brasilien 0:1, Brasilien - Paraguay 1:1
Südamerika II: Bolivien
Venezuela - Uruguay 1:1, Bolivien - Uruguay 1:0, Venezuela - Bolivien 1:3, Bolivien - Venezuela 2:0, Uruguay -Venezuela 2:0, Uruguay - Bolivien 2:2
Südamerika III: Peru
Ecuador - Peru 1:1, Ecuador - Chile 0:1, Chile - Peru 1:1, Peru - Ecuador 4:0, Chile - Ecuador 3:0, Peru - Chile 2:0
Südamerika, Endrunde in Cali/Kolumbien: Brasilien und Peru
Ergebnisse: Brasilien - Peru 1:0, Brasilien - Bolivien 8:0, Peru - Bolivien 5:0

Nord-/Zentralamerika/Karibik: Mexiko
Gruppe 1 (Nordamerika): Mexiko, Kanada
Kanada - USA 1:1, USA - Mexiko 0:0, Kanada - Mexiko 1:0, Mexiko - USA 3:0, USA - Kanada 2:0, Mexiko - Kanada 0:0; Entscheidungsspiel in Haiti: Knada - USA 3:0
Gruppe 2 (Zentralamerika): Guatemala, El Salvador
Panama - Costa Rica 3:2, Panama - El Salvador 1:1, Costa Rica - Panama 3:0, El Salvador - Panama 4:1, Panama - Guatemala 2:4, Guatemala - Panama 7:0, El Salvador - Costa Rica 1:1, Costa Rica - Guatemala 0:0, Guatemala - El Salvador 3:1, Guatemala - Costa Rica 1:1, Costa Rica - El Salvador 1:1, El Salvador - Guatemala 2:0
Gruppe 3 (Karibik): Haiti, Surinam
Ausscheidungsrunde: Haiti - St.Domingo 3:0, 3:0
1. Runde: Gruppe 1: Guyana - Surinam 2:0 und 0:3; Gruppe 2: Barbados - Trinidad 2:1, 0:1 und 1:3; Gruppe 3: Niederl.Antillen - Haiti 1:2 und 0:7; Gruppe 4: Jamaica - Kuba 1:3 und 0:2
2. Runde: Gruppe 1: Surinam - Trinidad 1:1, 2:2 und 3:2 n.V.; Grupe 2: Kuba - Haiti 1:1, 1:1 und 0:2
Endrunde in Mexiko: Mexiko
Guatemala - Surinam 3:2, El Salvador - Kanada 2:1, Mexiko -Haiti 4:1, Mexiko - El Salvador 3:1, Kanada - Surinam 2:1, Haiti - Guatemala 2:1, Mexiko - Surinam 8:1, Haiti - El Salvador 1:0, Kanada - Guatemala 2:1, Mexiko - Guatemala 2:1, El Salvador - surinam 3:2, Kanada - Haiti 1:1, Mexiko - Kanada 3:1, Haiti - Surinam 1:0, Guatemala - El Salvador 2:2

Asien und Ozeanien: Iran
Asien, Gruppe 1 (Turnier in Singapur): Hongkong
Singapur - Thailand 2:0, Hongkong - Indonesien 4:1, Malaysia - Thailand 6:4, Singapur - Hongkong 2:2, Indonesien - Malaysia 0:0, Hongkong - Thailand 2:1, Singapur - Malaysia 1:0, Thailand - Indonesien 3:2, Hingkong - Malaysia 1:1, Singapur - Indonesien 0:4, Entscheidungsspiel Erster - Zweiter: Hongkong - Singapur 1:0
Asien, Gruppe 2: Südkorea
Israel - Südkorea 0:0, Israel - Japan 2:0 und 2:0, Südkorea - Israel 3:1, Japan - Südkorea 0:0, Südkorea - Japan 1:0
Asien, Gruppe 3: Iran
Saudi-Arabien - Syrien 2:0, Syrien - Saudi-Arabien 2:1, Saudi-Arabien - Iran 0:3, Syrien - Iran 0:1, Iran - Syrien (kampflos 2:0), Iran - Saudi-Arabien 2:0
Asien, Gruppe 4 (Turnier in Dohe/Katar): Kuwait
Kuwait - Bahrein 2:0, Katar - Bahrein 2:0, Katar - Kuwait 0:2, Kuwait - Bahrein 2:1, Katar - Bahrein 0:3, Katar - Kuwait 1:4
Ozeanien: Australien
Australien - Taiwan 3:0, Taiwan - Australien 1:2, Neuseeland - Taiwan 6:0 und 6:0, Australien - Neuseeland 3:1, Neuseeland - Australien 1:1
Endrunde:
Hongkong - Iran 0:2, Hongkong - Südkorea 0:1, Südkorea - Iran 0:0, Australien - Hongkong 3:0, Australien - Iran 0:1, Australien - Südkorea 2:1, Hongkong - Kuwait 1:3, Südkorea - Kuwait 1:0, Australien - Kuwait 1:2, Südkorea - Australien 0:0, Iran - Kuwait 1:0, Hongkong - Australien 2:5, Kuwait - Südkorea 2:2, Iran - Südkorea 2:2, Kuwait Hongkong 4:0, Iran - Hongkong 3:0, Kuwait - Australien 1:0, Iran - Australien 1:0, Kuwait - Iran 1:2, Südkorea - Hongkong 5:2

Afrika: Tunesien
Ausscheidungsrunde:
Sierra Leone - Niger 5:1, Obervolta - Mauretanien 1:1 und 2:0
1. Runde:
Gruppe 1: Algerien - Libyen 1:0 und 0:0; Gruppe 2: Marokko - Tunesien 1:1, 1:1 n.V. (Elfmeterschießen 4:2 f.Tunesien); Gruppe 3: Togo - Senegal 1:0 und 1:1; Gruppe 4: Ghana - Guinea 2:1, 1:2 und 0:2; Gruppe 5: Zaire kampflos Sieger gegen Zentralafrika; Gruppe 6: Sierra Leone - Nigeria 0:0, 2:6; Gruppe 7: Kongo - Kamerun 2:2 und 2:1 abgebr. (Kongo z. Sieger erklärt); Gruppe 8: Obervolta - Elfenbeinküste 1:1 und 0:2; Gruppe 9: Ägypten - Äthiopien 3:0 und 2:1; Gruppe 10: Kenia kampflos Sieger gegen Sudan; Gruppe 11: Uganda kampflos Sieger gegen Tansania; Gruppe 12: Sambia - Malawi 4:0 und 1:0
2. Runde:
Gruppe 1: Tunesien - Algerien 2:0 und 1:1; Gruppe 2: Togo - Guinea 0:2 und 1:2; Gruppe 3: Nigeria kampflos Sieger gegen Zaire; Gruppe 4: Elfenbeinküste - Kongo 3:2 und 3:1; Gruppe 5: Kenia - Ägypten 0:0 und 0:1; Gruppe 6: Uganda - Sambia 1:0 und 2:4 n.V.
3. Runde:
Gruppe 1: Guinea - Tunesien 1:0 und 1:3; Gruppe 2: Nigeria - Elfenbeinküste 4:0 und 2:2; Gruppe 3: Ägypten - Sambia 2:0 und 0:0
Endrunde: Tunesien
Tunesien - Nigeria 0:0, Nigeria - Ägypten 4:0, Ägypten - Nigeria 3:1, Nigeria - Tunesien 0:1, Ägypten - Tunesien 3:2, Tunesien - Ägypten 4:1

Alle Endrundenspiele 1.6.-25.6.1978 in Argentinien

1. Finalrunde:
Gruppe I (in Mar del Plata und Buenos Aires): Italien und Argentinien
Italien - Frankreich 2:1, Argentinien - Ungarn 2:1, Italien - Ungarn 3:1, Argentinien - Frankreich 2:1, Frankreich - Ungarn 3:1, Argentinien - Italien 0:1
Gruppe II (in Rosario, Cordoba und Buenos Aires): Polen und Deutschland
Deutschland - Polen 0:0, Tunesien - Mexiko 3:1, Polen - Tunesien 1:0, Deutschland - Mexiko 6:0, Polen - Mexiko 3:1, Deutschland - Tunesien 0:0
Gruppe III (in Buenos Aires und Mar del Plata): Österreich und Brasilien
Österreich - Spanien 2:1, Brasilien - Schweden 1:1, Österreich - Schweden 1:0, Brasilien - Spanien 0:0, Spanien - Schweden 1:0, Brasilien - Österreich 1:0
Gruppe IV (in Cordoba und Mendoza): Peru und Holland
Peru - Schottland 3:1, Holland - Iran 3:0, Schottland - Iran 1:1, Peru - Holland 0:0, Peru - Iran 4:1, Schottland - Holland 3:1

2. Finalrunde
Gruppe A (in Buenos Aires und Cordoba): Holland
Deutschland - Italien 0:0, Holland - Österreich 5:1, Deutschland - Holland 2:2, Italien - Österreich 1:0, Holland - Italien 2:1, Österreich - Deutschland 3:2
Gruppe B (in Mendoza und Rosario): Argentinien
Brasilien - Peru 3:0, Argentinien - Polen 2:0, Polen - Peru 1:0, Argentinien - Brasilien 0:0, Brasilien - Polen 3:1, Argentinien - Peru 6:0

Um den dritten Platz:
Brasilien - Italien 2:1 (0:1) in Buenos Aires

Endspiel, 25.6.1978 in Buenos Aires
Argentinien - Holland 3:1 n.V (1:1, 1:0)
SR: Gonella (Italien), Zuschauer: 78.000
Argentinien: Fillol; Olguin, Luis Galvan, Passarella, Tarantini; Ardiles (Larossa), Gallego, Kempes (2); Bertoni (1), Luque, Ortis (Houseman)
Holland: Jongbloed; Poortvliet, Krol, Brandts, Jansen (Suurbier); Neeskens, Haan, Willy van de Kerhof; Rene van de Kerhof, Rep (Nanninga 1), Rensenbrink

1982 in Spanien

Qualifikationsspiele:

Europa I: Deutschland, Österreich
Deutschland - Österreich 2:0, 3:1; Deutschland Bulgarien 4:0, 3:1; Deutschland - Albanien 8:0, 2:0; Deutschland - Finnland 7:1, 4:0; Österreich - Bulgarien 2:0, 0:0; Österreich - Albanien 5:0, 1:0; Österreich - Finnland 5:1, 2:0; Bulgarien - Albanien 2:1, 2:0; Bulgarien - Finnland 4:0, 2:0; Albanien - Finnland 2:0, 1:2
Europa II: Belgien, Frankreich
Belgien - Frankreich 2:0, 2:3; Belgien - Irland 1:0, 1:1; Belgien - Holland 1:0, 0:3; Belgien - Zypern 3:2, 2:0; Frankreich - Irland 2:0, 2:3; Frankreich - Holland 2:0, 0:1; Frankreich - Zypern 4:0, 7:0; Irland - Holland 2:1, 2:2; Irland - Zypern 6:0, 3:2; Holland - Zypern 3:0, 1:0
Europa III: Sowjetunion, CSSR
Sowjetunion CSSR 2:0, 1:1; Sowjetunion - Wales 3:0, 0:0; Sowjetunion - Island 5:0, 2:1; Sowjetunion - Türkei 4:0, 3:0; CSSR - Wales 2:0, 0:1; CSSR - Island 6:1, 1:1; CSSR - Türkei 2:0, 3:0; Wales - Island 2:2, 4:0; Wales - Türkei 4:0, 1:0; Island - Türkei 2:0, 3:1
Europa IV: Ungarn, England
Ungarn - England 1:3, 0:1; Ungarn - Rumänien 1:0, 0:0; Ungarn - Schweiz 3:0, 2:2; Ungarn - Norwegen 4:1, 3:1; England - Rumänien 0:0, 1:2; England - Schweiz 2:1, 1:2; England - Norwegen 4:0, 1:2; Rumänien - Schweiz 1:2, 0:0; Rumänien - Norwegen 1:0, 1:1; Schweiz - Norwegen 1:2, 1:1
Europa V: Jugoslawien, Italien
Jugoslawien - Italien 1:1, 0:2; Jugoslawien - Dänemark 2:1, 2:1; Jugoslawien - Grichenland 5:1, 2:1; Jugoslawien - Luxemburg 5:0, 5:0; Italien - Dänemark 2:0, 1:3; Italien - Griechenland 1:1, 2:0; Italien - Luxemburg 1:0, 2:0; Dänemark - Griechenland 0:1, 3:2; Dänemark - Luxemburg 4:0, 2:1; Griechenland - Luxemburg 2:0, 2:0
Europa VI: Schottland - Nordirland
Schottland - Nordirland 1:1, 0:0; Schottland - Schweden 2:0, 1:0; Schottland - Portugal 0:0, 1:2; Schottland - Israel 3:1, 1:0; Nordirland - Schweden 3:0, 0:1; Nordirland - Portugal 1:0, 0:1; Nordirland - Israel 1:0, 0:0; Schweden - Portugal 3:0, 2:1; Schweden - Israel 1:1, 0:0; Portugal - Israel 3:0, 1:4
Europa VII: Polen
Polen - DDR 1:0, 3:2; Polen - Malta 6:0, 2:0; DDR - Malta 5:1, 2:1
Spanien als Veranstalterland ist automatisch qualifiziert.

Südamerika I: Brasilien
Brasilien - Bolivien 3:1, 2:1; Brasilien - Venezuela 5:0, 1:0; Bolivien - Venezuela 3:0, 0:1
Südamerika II: Peru

Kolumbien - Peru 1:1, Uruguay - Kolumbien 3:2, Peru - Kolumbien 2:0, Uruguay - Peru 1:2, Peru - Uruguay 0:0, Kolumbien - Uruguay 1:1
Südamerika III: Chile
Chile - Ecuador 2:0, 0:0; Chile - Paraguay 3:0, 1:0; Ecuador - Paraguay 1:0, 1:3
Argentinien als letzter Weltmeister ist automatisch qualifiziert.

Nord-/Mittelamerika: Honduras, El Salvador
Qualifikationen:
Nordzone: Kanada
Kanada - Mexiko 1:1, 1:1; Kanada - USA 2:1, 0:0; Mexiko - USA 5:1, 1:2
Karibikzone: Qualifikation: Guyana - Grenada 5:2 und 3:2
Gruppe A: Kuba
Kuba -Surinam 3:0, 0:0; Kuba - Guyana 1:0, 3:0; Surinam - Guyana 4:0, 1:0
Gruppe B: Haiti
Haiti - Trinidad 2:0, 0:1; Haiti - Niederl.Antillen 1:0, 1:1; Trinidad - Niederl.Antillen 0:0, 0:0
Zentralzone: Honduras
Honduras - El Salvador 2:0, 1:2; Honduras - Guatemala 0:0, 1:0; Honduras - Costa Rica 1:1, 3:2; Honduras - Panama 5:0, 2:0; El Savador - Guatemala 1:0, 0:0; El Salvador - Costa Rica 0:0, 2:0 nach FIFA-Urteil, da Costa Rica nicht angetreten; El Salvador - Panama 4:1, 3:1; Guatemala - Costa Rica 0:0, 3:0; Guatemala - Panama 5:0, 2:0; Costa Rica - Panama 2:0, 1:1
Endrunde (Turnier in Honduras): Honduras, El Salvador
Honduras - El Salvador 0:0, Honduras - Mexiko 0:0, Honduras - Kanada 2:1, Honduras - Kuba 2:0, Honduras - Haiti 4:0, El Salvador - Mexiko 1:0, El Salvador - Kanada 0:1, El Salvador - Kuba 0:0, El Salvador - Haiti 1:0, Mexiko - Kanada 1:1, Mexiko - Kuba 4:0, Mexiko - Haiti 1:1, Kanada -Kuba 2:2, Kanada - Haiti 1:1, Kuba - Haiti 2:0

Afrika: Algerien, Kamerun
1. Runde:
Libyen - Gambia 2:1, 0:0; Äthiopien - Sambia 0:0, 0:4; Sierra Leone - Algerien 2:2, 1:3; Senegal - Marokko 0:1, 0:0; Guinea - Lesotho 3:1, 1:1; Kamerun - Malawi 3:0, 1:1; Tunesien - Nigeria 2:0, 0:2 n.V., Nigeria 4:3-Sieger im Elfmeterschießen; Kenia - Tansania 3:1, 0:5; Zaire - Mosambik 5:2, 2:1; Niger - Somalia 0:0, 1:1; Ghana verzichtet gegen Ägypten, Uganda verzichtet gegen Madagaskar; Freilose: Sudan, Liberia, Tigo und Zimbabwe
2. Runde:
Kamerun - Zimbabwe 2:0, 0:1; Marokko - Sambia 2:0, 0:2, Marokko 5:4-Sieger im Elfmeterschießen; Madagaskar - Zaire 1:1, 2:3; Nigeria - Tansania 1:1, 2:0; Liberia - Guinea 0:0, 0:1; Algerien - Sudan 2:0, 1:1; Niger - Togo 0:1, 2:1; Libyen verzichtet gegen Ägypten
3. Runde:
Algerien - Niger 4:0, 0:1; Guinea - Nigeria 1:1, 0:1; Marokko - Ägypten 1:0, 0:0; Zaire - Kamerun 1:0, 1:6
4. Runde:
Nigeria - Algerien 0:2, 1:2; Marokko - Kamerun: 0:2, 1:2

Asien/Ozeanien: Kuwait, Neuseeland
Gruppe 1: Neuseeland
Neuseeland - Australien 3:3, 2:0; Neuseeland - Indonesien 5:0, 2:0; Neuseeland - Taiwan 2:0, 0:0; Neuseeland - Fidschi 13:0, 4:0; Australien - Fidschi 10:0, 4:1; Australien - Taiwan 3:2, 0:0; Australien - Indonesien 2:0, 0:1; Indonesien - Taiwan 1:0, 0:2; Indonesien - Fidschi 3:3, 0:0; Taiwan - Fidschi 0:0, 1:2
Gruppe 2: Turnier in Riad/Saudi-Arabien): Saudi-Arabien
Katar - Irak 0:1, Syrien - Bahrein 0:1, Irak - Saudi-Arabien 0:1, Katar - Bahrein 3:0, Syrien - Saudi-Arabien 0:2, Irak - Bahrein 2:0, Katar - Syrien 2:1, Bahrein - Saudi-Arabien 0:1, Irak - Syrien 2:1, Katar - Saudi-Arabien 0:1
Gruppe 3 (Turnier in Kuwait): Kuwait
Malaysia - Südkorea 1:2, Kuwait - Thailand 6:0, Südkorea - Thailand 5:1, Kuwait - Malaysia 4:0, Malaysia - Thailand 2:2, Kuwait - Südkorea 2:0
Gruppe 4 (Turnier in Hongkong):
Qualifikationsspiele: Hongkong - China 0:1, Nordkorea - Macao 3:0, Singapur - Japan 0:1
Gruppe A: China
China - Macao 3:0, China - Japan 1:0, Japan - Macao 3:0
Gruppe B: Nordkorea
Hongkong - Singapur 1:1, Hongkong - Nordkorea 2:2, Nordkorea - Singapur 1:0
Halbfinale: China - Hingkong 0:0 n.V., China 5:4-Sieger im Elfmeterschießen, Nordkorea - Japan 1:0 n.V.
Endspiel: China - Nordkorea 4:2 n.V.
Endrunde:
China - Neuseeland 0:0 und 0:1, Neuseeland - Kuwait 1:2 und 2:2, China - Kuwait 3:0 und 0:1, Saudi-Arabien - Kuwait 0:1 und 0:2, Saudi-Arabien - China 2:4 und 0:2, Neuseeland - Saudi-Arabien 2:2 und 5:0
Entscheidungsspiel in Singapur: Neuseeland - China 2:1

Alle Endrundenspiele 13.6.-11.7.1982 in Spanien

1. Finalrunde:
Gruppe 1 (in Vigo und La Coruna): Polen und Italien
Italien - Polen 0:0, Polen - Kamerun 0:0, Peru - Kamerun 0:0, Italien - Peru 1:1, Polen - Kamerun 0:0, Polen - Peru 5:1, Italien - Kamerun 1:1
Gruppe 2 (in Gijon und Oviedo): Deutschland und Österreich
Deutschland - Algerien 1:2, Chile - Österreich 0:1, Deutschland - Chile 4:1, Algerien -Österreich 0:2, Algerien - Chile 3:2, Deutschland - Österreich 1:0
Gruppe 3 (in Barcelon, Elche, Alicante): Belgien und Argentinien
Argentinien - Belgien 0:1, Ungarn - El Salvador 10:1, Argentinien - Ungarn 4:1, Belgien - El Salvador 1:0, Belgien - Ungarn 1:1, Argentinien - El Salvador 2:0
Gruppe 4 (in Bilbao und Valladolid): England und Frankreich
England - Frankreich 3:1, CSSR - Kuwait 1:1, England - CSSR 2:0, Frankreich - Kuwait 4:1, Frankreich - CSSR 1:1, England - Kuwait 1:0
Gruppe 5 (in Valancia, Saragossa): Nordirland und Spanien
Spanien - Honduras 1:1, Jugoslawien - Nordirland 0:0, Spanien - Jugoslawien 2:1, Honduras - Nordirland 1:1, Honduras - Jugoslawien 0:1, Spanien - Nordirland 0:1
Gruppe 6 (in Sevilla und Malaga): Brasilien und UdSSR
Brasilien - UdSSR 2:1, Schottland - Neuseeland 5:2, Brasilien - Schottland 4:1, UdSSR - Neuseeland 3:0, UdSSR - Schottland 2:2, Brasilien - Neuseeland 4:0

2. Finalrunde:
Gruppe A (Barcelona, Stadion Nou Camp): Polen
Polen - Belgien 3:0, Belgien - Sowjetunion 0:1, Polen - Sowjetunion 0:0
Gruppe B (Madrid, Bernebeu-Stadion): Deutschland
Deutschland - England 0:0, Deutschland - Spanien 2:1, England - Spanien 0:0
Gruppe C (Barcelona, Stadion Sarria): Italien
Italien - Argentinien 2:1, Brasilien - Argentinien 3:1, Italien - Brasilien 3:2
Gruppe D (Madrid, Stadion Vicente Calderon): Frankreich
Österreich - Frankreich 0:1, Nordirland - Österreich 2:2, Nordirland - Frankreich 1:4

Halbfinale
Polen - Italien 0:2 (Barcelona), Deutschland - Frankreich 3:3 n.V., Deutschland 5:4-Sieger im Elfmeterschießen (Sevilla)

Um den 3. Platz:
Frankreich - Polen 2:3 (1:2) in Alicante

Endspiel, 11.7.1982 in Madrid
Italien - Deutschland 3:1 (0:0)
SR: Coelho (Brasilien), Zuschauer: 90.000
Italien: Zoff; Gentile, Scirea, Collovati, Bergomi; Cabrini, Oriali, Tardelli (1), Conti; Graziani (Altobelli (1), Causio), Rossi (1)
Deutschland: Schumacher; Kaltz, Stielike, Kh.Förster, B.Förster; Dremmler (Hrubesch), Breitner (1), Rummenigge (H.Müller), Briegel; Littbarski, Fischer
Tore: Rossi, Tardelli, Altobelli - Breitner

1986 in Mexiko

Qualifikationsspiele:

Europa I: Polen, Belgien
Polen - Belgien 0:0, 0:2; Polen - Albanien 2:2, 1:0; Polen - Griechenland 3:4, 4:1; Belgien - Albanien 3;1, 0:2; Belgien - Griechenland 2:0, 0:0; Albanien - Griechenland 1:1, 0:2
Europa II: Deutschland, Portugal
Deutschland - Portugal 0:1, 2:1; Deutschland - Schweden 2:0, 2:2; Deutschland - CSSR 2:2, 5:1; Deutschland - Malta 6:0, 3:2; Portugal - Schweden 1:3, 1:0; Portugal - CSSR 2:1, 0:1; Portugal - Malta 3:2, 3:1; Schweden - CSSR 2:0, 1:2; Schweden - Malta 4:0, 2:1; CSSR - Malta 4:0, 0:0
Europa III: England, Nordirland
England - Nordirland 0:0, 1:0; England - Rumänien 1:1, 0:0; England - Finnland 5:0, 1:1; England - Türkei 5:0, 8:0; Nordirland - Rumänien 3:2, 1:0; Nordirland - Finnland 2:0, 0:1; Nordirland - Türkei 2:0, 0:0; Rumänien - Finnland 2:0, 1:1; Rumänien - Türkei 3:0, 3:1; Finnland - Türkei 1:0, 2:1
Europa IV: Frankreich, Bulgarien
Frankreich - Bulgarien 1:0, 0:2; Frankreich - DDR 2:0, 0:2; Frankreich - Jugoslawien 2:0, 0:2; Frankreich - Luxemburg 6:0, 4:0; Bulgarien - DDR 1:0, 1:2; Bulgarien - Jugoslawien 2:1, 0:0; Bulgarien - Luxemburg 4:0, 3:1; DDR - Jugoslawien 2:3, 2:1; DDR - Luxemburg 3:1, 5:0; Jugoslawien - Luxemburg 1:0, 1:0
Europa V: Ungarn
Ungarn - Holland 0:1, 2:1; Ungarn - Österreich 3:1, 3:0; Ungarn - Zypern 2:0, 2:1; Holland - Österreich 1:1, 0:1; Holland - Zypern 7:1, 1:0; Österreich - Zypern 4:0, 2:1
Europa VI: Dänemark, Sowjetunion
Dänemark - Sowjetunion 4:2, 0:1; Dänemark - Schweiz 0:0, 0:1; Dänemark - Irland 3:0, 4:1; Dänemark - Norwegen 1:0, 5:1; Sowjetunion - Schweiz 4:0, 2:2; Sowjetunion - Irland 2:0, 0:1; Sowjetunion - Norwegen 1:0, 1:1; Schweiz - Irland 0:0, 0:3; Schweiz - Norwegen 0:0, 0:1
Europa VII: Spanien, Schottland
Spanien - Schottland 1:0, 1:3; Spanien - Wales 3:0, 0:3; Spanien - Island 2:1, 2:1; Schottland - Wales 0:1, 1:1; Schottland - Island 3:0, 1:0; Wales - Island 2:1, 0:1
Zusätzliche Qualifikation: Belgien (Zweiter Europa I) - Holland (Zweiter Europa V) 1:0, 1:2; Schottland (Zweiter Europa VII) - Australien (Sieger Ozeanien-Gruppe) 2:0, 0:0
Italien als Weltmeister 1982 ist automatisch qualifiziert.

Südamerika I: Argentinien
Argentinien - Peru 2:2, 0:1; Argentinien - Kolumbien 1:0, 3:1; Argentinien - Venezuela 3:0, 3:2; Peru - Kolumbien 0:0, 0:1; Peru - Venezuela 4:1, 1:0; Kolumbien - Venezuela 2:0, 2:2
Südamerika II: Uruguay
Uruguay - Chile 2:1, 0:2; Uruguay - Ecuador 2:1, 2:0; Chile - Ecuador 6:2, 1:1
Südamerika III: Brasilien
Brasilien - Paraguay 1:1, 2:0; Brasilien - Bolivien 1:1, 2:0; Paraguay - Bolivien 3:0, 1:1
Qualifikation um den 4. Endrundenteilnehmer: Paraguay
Halbfinale: Paraguay - Kolumbien 3:0, 1:2; Chile - Peru 4:2, 1:0; Endspiele: Paraguay - Chile 3:0, 2:2

Nord-/Mittelamerika: Kanada und Mexiko (Veranstalter)
1. Qualifikationsrunde (K.-o.-Runde):
El Salvador - Puerto Rico 5:0, 3:0; USA - Niederländisch Antillen 4:0, 0:0; Honduras - Panama 1:0, 3:0; Haiti - Antigua 1:2, 4:0; Surinam - Guinea 1:0, 1:1; Jamaica verzichtet gegen Kanada; Grenada verzichtet gegen Trinidad/Tobago; Barbados verzichtet gegen Costa Rica; Guatemala (Freilos)
2. Runde
Gruppe 1: Honduras
Honduras - El Salvador 0:0, 2:1; Honduras - Surinam 2:1, 1:1; El Salvador - Surinam 3:0, 3:0
Gruppe 2: Kanada
Kanada - Guatemala 2:0, 1:1; Kanada - Haiti 2:0, 2:0; Guatemala - Haiti 4:0, 1:0
Gruppe 3: Costa Rica
Rosta Rica - USA 1:1, 1:0; Costa Rica - Trinidad/Tobago 1:1, 3:0; USA - Trinidad/Tobago 1:0, 2:1
3. Runde:
Endrunde: Kanada
Kanada - Honduras 2:1, 1:0; Kanada - Costa Rica 1:1, 0:0; Honduras - Costa Rica 3:1, 2:2

Ozeanien: Australien
Australien - Israel 1:1, 2:1; Australien - Neuseeland 2:0, 0:0; Australien - Taiwan 7:0, 8:0; Israel - Neuseeland 3:0, 1:3; Israel - Taiwan 6:0, 5:0; Neuseeland - Taiwan 5:1, 5:0; Taiwan verzichtete auf sein Heimreicht und spielte beim gegnerischen Gegner
Qualifikation gegen Schottland (Zweiter Europa VII): Schottland - Australien 2:0, 0:0

Afrika: Marokko und Algerien
1. Runde:
Ägypten - Simbabwe 1:0, 1:1; Kenia - Äthiopien 2:1, 3:3; Mauritius - Malawi 0:1, 0:4; Sambia - Uganda 3:0, 0:1; Tansania - Sudan 1:1, 0:0; Sierra Leone - Marokko 0:1, 0:4; Benin - Tunesien 0:2, 0:4; Elfenbeinküste - Gambia 4:0, 2:3; Nigeria - Liberia 3:0, 1:0; Angola - Senegal 1:0, 0:1 n.V., Angola 4:3-Sieger im Elfmeterschießen; Lesotho verzichtet gegen Madagaskar; Niger verzichtet gegen Libyen; Togo verzichtet gegen Guinea; Freilos erhielten für die 1. Runde Algerien, Kamerun (beide WM-Teilnehmer 1982) und Ghana (Afrika-Meister)
2. Runde:
Sambia - Kamerun 4:1, 1:1; Marokko - Malawi 2:0, 0:0; Angola - Algerien 0:0, 2:3; Kenia - Nigeria 0:3, 1:3; Ägypten - Madagaskar 1:0, 0:1 n.V., Ägypten 4:2-Sieger im Elfmeterschießen; Guinea - Tunesien 1:0, 0:2; Sudan - Libyen 0:0, 0:4; Elfenbeinküste - Ghana 0:0, 0:2
3. Runde:
Algerien - Sambia 2:0, 1:0; Nigeria - Tunesien 1:0, 0:2, Ghana - Libyen 0:0, 0:2; Ägypten - Marokko 0:0, 0:2
4. Runde:
Tunesien - Algerien 1:4, 0:3; Marokko - Libyen 3:0, 0:1

Asien: Südkorea und Irak
1. Runde:
Gruppe 1:
Untergruppe 1A: Saudi-Arabien - VA Emirate 0:0, 0:1; Oman verzichtet
Untergruppe 1B: Irak
Irak - Katar 2:1, 0:3; Irak - Jordanien 2:0, 3:2; Katar - Jordanien 2:0, 0:1; Libanon verzichtet
Gruppe 2:
Untergruppe 2A: Syrien
Syrien - Kuwait 1:0, 0:0; Syrien - Nordjemen 3:0, 1:0; Kuwait - Nordjemen 5:0, 3:1
Untergruppe 2B: Südjemen - Bahrein 1:4, 3:3; Iran wurde wegen der Weigerung, seine Heimspiele auf neutralen Plätzen auszutragen, disqualifiziert.
Gruppe 3:
Untergruppe 3A: Südkorea
Südkorea - Malaysia 2:0, 0:1; Südkorea - Nepal 4:0, 2:0; Malaysia - Nepal 5:0, 0:0
Untergruppe 3B: Indonesien
Indonesien - Indien 2:1, 1:1; Indonesien - Thailand 1:0, 1:0; Indonesien - Bangladesch 2:0, 1:2; Indien - Thailand 1:1, 0:0; Indien - Bangladesch 2:1, 2:1; Thailand - Bangladesch 3:0, 0:1
Gruppe 4:
Untergruppe 4A: Hongkong
Hongkong - China 0:0, 2:1; Hongkong - Macao 2:0, 2:0; Hongkong - Brunei 8:0, 5:1; China - Macao 6:0, 4:0; China - Brunei 8:0, 4:0; Macao - Brunei 2:0, 2:1
Untergruppe 4B: Japan
Japan - Nordkorea 1:0, 0:0; Japan - Singapur 5:0, 3:1; Nordkorea - Singapur 2:0, 1:1
2. Runde:
Vereinigte Arabische Emirate - Irak 2:3, 2:1; Bahrein - Syrien 1:1, 0:1; Südkorea - Indonesien 2:0, 4:1; Japan - Hongkong 3:0, 2:1
3. Runde:
Syrien - Irak 0:0, 1:3; Japan - Südkorea 1:2, 0:1; Irak absolvierte alle Heimspiele auf neutralen Plätzen.

Alle Endrundenspiele 31.5.-29.6.1986 in Mexiko

Gruppenspiele der 1. Finalrunde:
Es qualifizierten sich die beiden Gruppenersten sowie die vier besten Gruppen-Dritten.
Gruppe A (Mexico City, Puebla): Argentinien, Italien, Bulgarien

Bulgarien - Italien 1:1, Argentinien - Südkorea 3:1, Italien - Argentinien 1:1, Südkorea - Bulgarien 1:1, Südkorea - Italien 2:3, Argentinien - Bulgarien 2:0
Gruppe B (Mexico City, Toluca): Mexiko, Paraguay, Belgien
Belgien - Mexiko 1:2, Paraguay - Irak 1:0, Mexiko - Paraguay 1:1, Irak - Belgien 1:2, Irak - Mexiko 0:1, Paraguay - Belgien 2:2
Gruppe C (Leon, Irapuato): Sowjetunion, Frankreich
Kanada - Frankreich 0:1, Sowjetunion - Ungarn 6:0, Frankreich - Sowjetunion 1:1, Ungarn - Kanada 2:0, Ungarn - Frankreich 0:3, Sowjetunion - Kanada 2:0
Gruppe D (Guadelajara, Monterrey): Brasilien, Spanien
Spanien - Brasilien 0:1, Algerien - Nordirland 1:1, Brasilien - Algerien 1:0, Nordirland - Spanien 1:2, Nordirland - Brasilien 0:3, Algerien - Spanien 0:3
Gruppe F (Queretaro, Nezahualcoyotl): Dänemark, Deutschland, Uruguay
Uruguay - Deutschland 1:1, Schottland - Dänemark 0:1, Deutschland - Schottland 2:1, Dänemark - Uruguay 6:1, Dänemark - Deutschland 2:0, Schottland Uruguay 0:0
Gruppe F (Monterrey, Guadalajara): Marokko, England, Polen
Marokko - Polen 0:0, Portugal - England 1:0, England - Marokko 0:0, Polen - Portugal 1:0, Portugal - Marokko 1:3, England - Polen 3:0

Achtelfinale (ab hier K.-o.-System):
Mexiko - Bulgarien 2:0 (Mexico City), Sowjetunion - Belgien 3:4 n.V. (Leon), Brasilien - Polen 4:0 (Guadalajara), Argentinien - Uruguay 1:0 (Puebla), Italien - Frankreich 0:2 (Mexico City), Marokko - Deutschland 0:1 (Monterrey), England - Paraguay 3:0 (Mexico City), Dänemark - Spanien 1:5 (Queretaro)

Viertelfinale:
Brasilien - Frankreich 1:1 n.V., 3:4 im Elfmeterschießen (Guadalajara), Deutschland - Mexiko 0:0 n.V., 4:1 im Elfmeterschießen (Monterrey), Argentinien - England 2:1 (Mexico City), Spanien - Belgien 1:1 n.V., 4:5 im Elfmeterschießen

Halbfinale:
Frankreich - Deutschland 0:2 (Guadalajara), Argentinien - Belgien 2:0 (Mexico City)

Um den 3. Platz:
Frankreich - Belgien 4:2 n.V (Puebla)

Endspiel, 29.6.1986 in Mexico City
Argentinien - Deutschland 3:2 (1:0)
SR: Arppi Filho (Brasilien), Zuschauer: 114.800
Argentinien: Pumpido; Brown (1), Cuciuffo, Ruggeri, Olarticoechea; Giusti, Batista, Maradona, Enrique; Burruchaga (1) (Trobbiani), Valdano (1)
Deutschland: Schumacher; Jakobs, Berthold, Kh.Förster, Briegel; Matthäus, Brehme, Magath (D.Hoeneß), Eder; K.H.Rummenigge (1), K.Allofs (Völler 1)

Die Fußball-Olympiaturniere

1900 in Paris: England

England - Frankreich 4:0
England (vertreten durch Upton Park London): Jones; Bukkenham, Grosling; Chalk, Buridge, Quash; Turner, Spackmann, Nicholas, Zealley, Haslom

1904 in St.Louis: Kanada

Kanada - USA 7:0
Kanada (vertreten durch Football-Club Galt/Ontario): Linton; Ducker, Gourley; Lane, Johnson, Fraser; Taylor, Steep, Hall, Twaits, McDonald

1906 in Athen (Zwischen-Olympiade): Dänemark

Griechenland - Dänemark 0:9
Dänemark: v.Andersen; P.Petersen, Buchwald; Ferslew, Rasmussen, A.Andersen; O.Nielsen, C.Pedersen, Frederiksen, Lindgren, Rambusch

(Die ersten drei Olypischen Fußballturniere waren inoffizielle Vorführungswettbewerbe)

1908 in London: England

England - Dänemark 2:0
England: Bailey; Corbett, H.Smith; Hunt, Chapman, Hawkes; Berry, Woodward, Stapley, Purnell, Hardman

1912 in Stockholm: England

Vorrunde:
Deutschland - Österreich 1:5, Finnland - Italien 3:2 n.V., Schweden - Holland 3:4, n.V.
Zwischenrunde:
Finnland - Rußland 2:1, England - Ungarn 7:0, Holland - Österreich 3:1, Dänemark - Norwegen 7:0
Vorschlußrunde:
Finnland - England 0:4, Dänemark - Holland 4:1
Um den 3. Platz:
Finnland - Holland 0:9

Endspiel:
Dänemark - England 2:4
England: Brebner; Burn, Knight; Littlewort, McWhirter, Dines; Berry, Woodward, Walden, Hoare, Sharpe

1920 in Antwerpen: Belgien

Vorrunde:
Italien - Ägypteen 2:1, Tschechoslowakei - Jugoslawien 7:0, Norwegen - England 3:1, Holland - Luxemburg 3:0, Schweden -Griechenland 9:0, Spanien - Dänemark 1:0
Zwischenrunde:
Frankreich - Italien 3:1, Tschechoslowakei -Norwegen 4:0, Holland - Schweden 5:4 n.V., Belgien - Spanien 3:1
Vorschlußrunde:
Tschechoslowakei - Frankreich 4:1, Belgien - Holland 3:0
Um den 2. Platz (Tschechoslowakei disqualifiziert) Italien - Norwegen 2:1 n.V., Spanien - Schweden 2:1, Spanien - Italien 2:0, Spanien - Holland 3:1;
2. Spanien, 3. Holland

Endspiel:
Belgien - Tschechoslowakei 2:0 abgebr. Die Tschechoslowakei ging aus Protest gegen den Schiedsrichter und das Publikum vom Platz;
Belgien: Debie; Swartenbroeks, Verbeeck; Fierens, Hause, Masch; van Hege, Coppée, Bragard, Lamoe, Bastin

1924 in Paris: Uruguay

Qualifikation:
Italien - Spanien 1:0, Schweiz - Litauen 9:0, USA - Estland 1:0, Tschechoslowakei - Türkei 5:0, Uruguay - Jugoslawien 7:0, Ungarn - Polen 5:0
Vorrunde:
Holland - Rumänien 6:0, Frankreich - Lettland 7:0, Irland - Bulgarien 1:0, Schweiz - Tschechoslowakei 1:1 n.V. und 1:0, Schweden - Belgien 8:1, Italien - Luxemburg 2:0, Uruguay - USA 3:0, Ägypten - Ungarn 3:0
Zwischenrunde:
Uruguay - Frankreich 5:1, Schweden - Ägypten 5:0, Holland -Irland 2:1 n.V., Schweiz - Italien 2:1

Vorschlußrunde:
Schweiz - Schweden 2:1, Uruguay - Holland 2:1
Um den 3. Platz:
Schweden - Holland n.V. und 3:1

Endspiel:
Uruguay - Schweiz 3:0
Uruguay: Mazalli; Nasazzi, Tomasina; Andrade, Vidal, Ghierra; A.Urdinaran, Scarone, Petrone, Cea, Romano

1928 in Amsterdam: Uruguay

Qualifikation:
Portugal - Chile 4:2
Vorrunde:
Belgien - Luxemburg 5:3, Deutschland -Schweiz 4:0, Ägypten - Türkei 7:1, Portugal - Jugoslawien 2:1, Italien - Frankreich 4:3, Uruguay - Holland 2:0, Argentinien - USA 11:2, Spanien - Mexiko 7:1
Zwischenrunde:
Italien - Spanien 1:1 n.V. und 7:1, Argentinien - Belgien 6:3, Ägypten - Portugal 2:1, Uruguay - Deutschland 4:1
Vorschlußrunde:
Argentinien - Ägypten 6:0, Uruguay - Italien 3:2
Um den 3. Platz:
Italien - Ägypten 11:3

Endspiel:
Uruguay - Argentinien 1:1 n.V. und 2:1
Uruguay: Mazalli; Arispe, Nasazzi; Gestido, Fernandez, Andrade; Arremon, Cea, Borjas, Scarone, S.Urdinaran

1936 in Berlin: Italien

Vorrunde:
Norwegen - Türkei 4:0, Italien - USA 1:0, Japan - Schweden 3:2, Deutschland - Luxemburg 9:0, Österreich - Ägypten 3:1, Polen - Ungarn 3:0, Peru - Finnland 7:3, Großbritannien - China 2:0
Zwischenrunde:
Norwegen - Deutschland 2:0, Italien - Japan 8:0, Polen - Großbritannien 5:4, Österreich - Peru 2:4 (Dieses Spiel wurde auf Einspruch Österreichs neu angesetzt, Peru trat aber nicht an, so daß Österreich kampflos eine Runde weiterkam!)
Vorschlußrunde:
Italien - Norwegen 2:1 n.V., Österreich - Polen 3:1
Um den 3. Platz:
Norwegen - Polen 3:2

Endspiel:
Italien - Österreich 2:1 n.V.
Italien: Venturini, Foni, Rava; Baldo, Piccini, Locatelli; Frossi, Marchin, Scarabello, Biagi, Chapelli

1948 in London: Schweden

Qualifikation:
Holland - Irland 3:1, Luxemburg -Afganistan 6:0
Vorrunde:
Dänemark - Ägypten 3:1 n.V., Frankreich - Indien 2:1, Jugoslawien - Luxemburg 6:1, England - Holland 4:3 n.V., Italien - USA 9:0, Türkei - China 4:0, Korea - Mexiko 5:3, Schweden - Österreich 3:0
Zwischenrunde:
England - Frankreich 1:0, Dänemark - Italien 5:3, Schweden - Korea 12:0, Jugoslawien - Türkei 3:1
Vorschlußrunde:
Schweden - Dänemark 4:2, Jugoslawien - England 3:1
Um den 3. Platz:
Dänemark - England 5:3

Endspiel:
Schweden - Jugoslawien 3:1
Schweden: Lindberg; K.Nordahl, Nilsson; Rosengren, B.Nordahl, Andersson; Rosen, Gren, G.Nordahl, Carlsson, Liedholm

1952 in Helsinki: Ungarn

Qualifikation:
Holland - Brasilien 1:5, USA - Italien 0:8, Ägypten - Chile 5:4, Bulgarien - Sowjetunion 1:2 n.V., Jugoslawien - Indien 10:1, Dänemark - Griechenland 2:1, Rumänien - Ungarn 1:2, Luxemburg - Großbritannien 5:3 n.V., Polen - Frankreich 2:1
Vorrunde:
Deutschland - Ägypten 3:1, Ungarn - Italien 3:0, Türkei - Antillen 2:1, Österreich - Finnland 4:3, Schweden - Norwegen 4:1, Brasilien - Luxemburg 2:1, Dänemark - Polen 2:0, Jugoslawien - Sowjetunion 4:4 n.V. und 3:1
Zwischenrunde:
Deutschland - Brasilien 4:2 n.V., Türkei - Ungarn 1:7, Dänemark - Jugoslawien 3:5, Schweden - Österreich 3:1
Vorschlußrunde:
Jugoslawien - Deutschland 3:1, Ungarn - Schweden 6:0
Um den 3. Platz:
Schweden - Deutschland 2:0

Endspiel:
Ungarn - Jugoslawien 2:0
Ungarn: Grosics; Buzanski, Lantos; Bozsik, Lorant, Zakarias; Hidegkuti, Kocsis, Palotas, Puskas, Czibor

1956 in Melbourne: Sowjetunion

Vorrunde:
Sowjetunion - Deutschland 2:1, Australien - Japan 2:0, Großbritannien - Thailand 9:0
Zwischenrunden:
Bulgarien - Großbritannien 6:1, Sowjetunion - Indonesien 0:0 n.V. und 4:0, Jugoslawien - USA 9:1, Australien - Indien 2:4
Vorschlußrunde:
Sowjetunion - Bulgarien 2:1 n.V., Jugoslawien - Indien 4:1
Um den 3. Platz:
Bulgarien - Indien 3:0

Endspiel:
Sowjetunion - Jugoslawien 1:0
Sowjetunion: Jaschin; Kusnezow, Ogonkow; Masionkin, Baschaschkin, Netto; Tatuschin, issajew, Simonjan, Salnikow, Illjin

1960 in Rom: Jugoslawien

Gruppe I: Jugoslawien
Jugoslawien - Bulgarien 3:3, Jugoslawien - Ver.Arabische Republik 6:1, Jugoslawien - Türkei 4:0, Bulgarien - Ver.Arab.Republik 2:0, Bulgarien - Türkei 3:0, Ver.Arab.Republik - Türkei 3:3
Gruppe II: Italien
Italien - Brasilien 3:1, Italien - Großbritannien 2:2, Italien - Formosa 4:1, Brasilien - Großbritannien 4:3, Brasilien - Formosa 5:0, Großbritannien - Formosa 3:2
Gruppe III: Dänemark
Dänemark - Argentinien 3:2, Dänemark Polen 2:1, Dänemark - Tunesien 3:1, Argentinien - Polen 2:0, Argentinien - Tunesien 2:1, Polen - Tunesien 6:1
Gruppe IV: Ungarn
Ungarn - Frankreich 7:0, Ungarn - Peru 6:2, Ungarn - Indien 2:1, Frankreich - Peru 2:1, Frankreich - Indien 1:1, Peru -Indien 3:1
Vorschlußrunde:
Italien - Jugoslawien 1:1 n.V. (Los für Jugoslawien), Dänemark - Ungarn 2:0
Um den 3. Platz:
Ungarn - Italien 3:1

Endspiel:
Jugoslawien - Dänemark 3:1
Jugoslawien: Vidinic; Raganovic, Jusufi; Zanetic, Durkovic, Perusic; Ankovic, Matous, Galic, Knez, Kostic

1964 in Tokio: Ungarn

Gruppe I: Deutschland (vertreten durch DDR) und Rumänien
Deutschland - Iran 4:0, Rumänien - Mexiko 3:1, Deutschland - Rumänien 1:1, Iran - Mexiko 1:1, Deutschland - Mexiko 2:0, Rumänien - Iran 1:0
Gruppe II: Ungarn und Jugoslawien
Ungarn - Marokko 6:0, Jugoslawien - Marokko 3:1, Ungarn - Jugoslawien 6:5
Gruppe III: Tschechoslowakei und VAR
Tschechoslowakei - Brasilien 1:0, Tschechoslowakei - Südkorea 6:1, Tschechoslowakei - Vereinigte Arabische Republik 5:1, Brasilien - Vereinigte Arabische Republik 1:1, Brasilien - Südkorea 4:0, Vereinigte Arabische Republik - Südkorea 10:0
Gruppe VI: Ghana und Japan
Japan - Argentinien 3:2, Argentinien - Ghana 1:1, Ghana - Japan 3:2
Zwischenrunde:
Tschechoslowakei - Jugoslawien 1:0, Ungarn - Rumänien 2:0, Tschechoslowakei - Japan 4:0, Vereinigte Arabische Republik - Ghana 5:1
Vorschlußrunde:
Tschechoslowakei - Deutschland 2:1, Ungarn - Vereinigte Arabische Republik 6:0

Um den 3. Platz:
Deutschland - Vereinigte Arabische Republik 3:1

Endspiel:
Ungarn - Tschechoslowakei 2:1
Ungarn : Szentmihalyi; Nowak, Ihasz; Szepesi, Orban, Nogradi; Farkas, Csernai, Bene, Komora, Katona

1968 in Mexiko: Ungarn

Gruppe I: Frankreich und Mexiko
Mexiko - Kolumbien 1:0, Frankreich - Guinea 3:1, Guinea - Kolumbien 3:2, Frankreich - Mexiko 4:1, Kolumbien - Frankreich 2:1, Mexiko - Guinea 4:0
Gruppe II: Spanien und Japan
Spanien - Brasilien 1:0, Japan - Nigeria 3:1, Brasilien - Japan 1:1, Spanien - Nigeria 3:0, Spanien - Japan 0:0, Brasilien - Nigeria 3:3
Gruppe III: Ungarn und Israel
Ungarn - El Salvador 4:0, Israel - Ghana 5:3, Ungarn - Ghana 2:2, Israel - El Salvador 3:1, Ungarn - Israel 2:0, El Salvador - Ghana 1:1
Gruppe IV: Bulgarien und Guatemala
Guatemala - Tschechoslowakei 2:2, Bulgarien - Thailand 7:0, Guatemala - Thailand 4:1, Bulgarien - Tschechoslowakei 2:2, Bulgarien - Guatemala 2:1, Tschechoslowakei - Thailand 8:0
Zwischenrunde:
Japan - Frankreich 3:1, Ungarn - Guatemala 1:0, Mexiko - Spanien 2:0, Bulgarien - Israel 1:1 n.V., Los für Bulgarien
Vorschlußrunde:
Ungarn - Japan 5:0, Bulgarien - Mexiko 3:2
Um den 3. Platz:
Japan - Mexiko 2:0

Endspiel:
Ungarn - Bulgarien 4:1
Ungarn: Fater (Szarka); Novak, L.Dunai, Pancsis, Nasko, Szücs, Johasz, Fazekas, Menczel, A.Dunai, Nagy, G.Dunai, Kocsis

1972 in München: Polen

Gruppe 1: Deutschland und Marokko
Deutschland - Malaysia 3:0, Marokko - USA 0:0, Deutschland - Marokko 3:0, Malaysia - USA 3:0, Deutschland - USA 7:0, Marokko - Malaysia 6:0
Gruppe 2: Sowjetunion und Mexiko
Sowjetunion - Burma 1:0, Mexiko - Sudan 1:0, Sowjetunion - Sudan 2:1, Mexiko - Burma 1:0, Sowjetunion - Mexiko 4:1, Burma - Sudan 2:0
Gruppe 3: Ungarn und Dänemark
Ungarn - Iran 5:0, Dänemark - Brasilien 2:2, Dänemark - Iran 4:0, Ungarn - Dänemark 2:0, Iran - Brasilien 1:0, Ungarn - Brasilien 2:2
Gruppe 4: Polen und DDR
DDR - Ghana 4:0, Polen - Kolumbien 5:1, DDR - Kolumbien 6:1, Polen - Ghana 4:0, Polen - DDR 2:1, Kolumbien - Ghana 3:1
Zwischenrunde:
Gruppe A: Ungarn und DDR
Deutschland - Mexiko 1:1, Ungarn - DDR 2:0, DDR - Mexiko 7:0, Ungarn - Deutschland 4:1, Ungarn - Mexiko 2:0, DDR - Deutschland 3:2
Gruppe B: Polen und Sowjetunion
Sowjetunion - Marokko 3:0, Polen - Dänemark 1:1, Dänemark -Marokko 3:1, Polen - Sowjetunion 2:1, Polen - Marokko 5:0, Sowjetunion - Dänemark 4:0
Um den 3. Platz
Sowjetunion - DDR 2:2 n.V.

Endspiel:
Polen - Ungarn 2:1
Polen: Kostka; Gut, Gorgon, Cmikiewicz, Anzok; Szoltysik, Masczyk; Kraska, Deyna (Szynczak), Lubanski, Gadocha

1976 in Montreal: DDR

Gruppe A: Brasilien und DDR
Brasilien - DDR 0:0, Brasilien - Spanien 2:1, DDR - Spanien 1:0
Gruppe B: Frankreich und Israel
Frankreich - Israel 1:1, Frankreich - Mexiko 4:1, Frankreich - Guatemala 4:1, Israel - Mexiko 2:2, Israel - Guatemala 0:0, Mexiko - Guatemala 1:1
Gruppe C: Polen und Iran
Polen - Iran 3:2, Polen - Kuba 0:0, Iran - Kuba 1:0
Gruppe D: Sowjetunion und Nordkorea
Sowjetunion - Nordkorea 3:0, Sowjetunion - Kanada 2:1, Nordkorea - Kanada 3:1
Zwischenrunde:
DDR - Frankreich 4:0, Sowjetunion - Iran 2:1, Polen - Nordkorea 5:0, Brasilien - Israel 4:1
Vorschlußrunde:
DDR - Sowjetunion 2:1, Polen - Brasilien 2:0
Um den 3. Platz:
Sowjetunion - Brasilien 2:0

Endspiel:
DDR - Polen 3:1
DDR: Croy; Kurbjuweit, Dörner, Weise, Kische; Lauck, Häfner, Schade; Riediger (Bransch), Löwe (Gröbner), Hoffmann

1980 in Moskau: Tschechoslowakei

Gruppe A: UdSSR und Kuba
Ergebnisse: UdSSR - Venezuela 4:0, Sambia - Kuba 0:1, UdSSR - Sambia 3:1, Kuba - Venezuela 2:1, UdSSR - Kuba 8:0, Venezuela - Sambia 2:1
Gruppe B: CSSR und Kuwait
CSSR - Kolumbien 3:0, Nigeria - Kuwait 1:3, Kolumbien - Kuwait 1:1, CSSR - Nigeria 1:1, CSSR - Kuwait 0:0, Kolumbien - Nigeria 1:0
Gruppe C: DDR und Algerien
Spanien - DDR 1:1, Algerien - Syrien 3:0, DDR - Algerien 1:0, Spanien - Syrien 0:0, DDR - Syrien 5:0, Spanien - Algerien 1:1
Gruppe D: Jugoslawien und Irak
Jugoslawien - Finnland 2:0, Irak - Costa Rica 3:0, Jugoslawien - Costa Rica 3:2, Finnland - Irak 0:0, Jugoslawien - Irak 0:0, Jugoslawien - Irak 1:1, Finnland - Costa Rica 3:0
Zwischenrunde:
CSSR - Kuba 3:0, DDR - Irak 4:0, UdSSR - Kuwait 2:1, Jugoslawien - Algerien 3:0
Vorschlußrunde: UdSSR - DDR 0:1, CSSR - Jugoslawien 2:0
Um den 3. Platz:
UdSSR - Jugoslawien 2:0

Endspiel:
Tschechoslowakei - DDR 1:0
Tschechoslowakei: Seman; Rygel, Radimec, Macela, Mazura; Berger, Rott, Popkluda (Nemec), Stambachr; Vizek (Svoboda), Licka - Während des Turniers noch eingesetzt: Sreiner, Kunzo, Vaclavicek

1984 in Los Angeles: Frankreich

Gruppe A: Frankreich und Chile
Norwegen - Chile 0:0, Frankreich - Katar 2:2, Norwegen - Frankreich 1:2, Chile - Katar 1:0, Katar - Norwegen 0:2, Chile - Frankreich 1:1
Gruppe B: Jugoslawien und Kanada
Kanada - Irak 1:1, Jugoslawien - Kamerun 2:1, Kamerun - Irak 1:0, Jugoslawien - Kanada 1:0, Kamerun - Kanada 1:3, Irak - Jugoslawien 2:4
Gruppe C: Brasilien und Deutschland
Marokko - Deutschland 0:2, Brasilien - Saudi-Arabien 3:1, Deutschland - Brasilien 0:1, Marokko - Saudi-Arabien 1:0, Deutschland - Saudi-Arabien 6:0, Brasilien - Marokko 2:0
Gruppe D: Italien und Ägypten
USA - Costa Rica 3:0, Italien - Ägypten 1:0, Ägypen - Costa Rica 4:1, Italien - USA 1:0, Ägypten - USA 1:1, Costa Rica - Italien 1:0
Zwischenrunde:
Deutschland - Jugoslawien 2:5, Italien - Chile 1:0 n.V., Frankreich - Ägypten 2:0, Brasilien 4:2-Sieger im Elfmeterschießen.
Vorschlußrunde:
Frankreich - Jugoslawien 4:2 n.V., Brasilien - Italien 2:1 n.V.
Um den 3. Platz:
Jugoslawien - Italien 2:1

Endspiel:
Frankreich - Brasilien 2:0
Frankreich: Rust; Ayache, Jeannol, Bibard, Zanon; Rohr, Lemoult, Bijotat; Lacombe, Xuereb (Cubanynes), Brisson (Garande)

1988 in Seoul: UdSSR

Gruppe A: Schweden und Deutschland
China - Deutschland 0:3, Schweden - Tunesien 2:2, Tunesien - Deutschland 1:4, Schweden - China 2:0, Tunesien - China 0:0, Schweden Deutschland 2:1
Gruppe B: Sambia und Italien
Sambia - Irak 2:2, Italien - Guatemala 5:2, Irak - Guatemala 3:0, Sambia - Italien 4:0, Sambia - Guatemala 4:0, Irak - Italien 0:2
Gruppe C: UdSSR und Argentinien
Südkorea - UdSSR 0:0, USA - Argentinien 1:1, Südkorea - USA 0:0, UdSSR - Argentinien 2:1, Südkorea - Argentinien 1:2, UdSSR - USA 4:2
Gruppe D: Brasilien und Australien
Brasilien - Nigeria 4:0, Australien - Jugoslawien 1:0, Jugoslawien - Nigeria 3:1, Australien - Brasilien 0:3, Jugoslawien - Brasilien 1:2, Australien - Nigeria 1:0
Viertelfinale:
Schweden - Italien 1:2 n.V., Sambia - Deutschland 0:4, UdSSR - Australien 3:0, Brasilien - Argentinien 1:0
Halbfinale:
Italien - UdSSR 2:3 n.V, Deutschland - Brasilien 1:1 n.V (2:3 n.Elfmeterschießen)
Um den 3. Platz:
Deutschland - Italien 3:0

Endspiel:
UdSSR - Brasilien 2:1 n.V.
Charin; Gorlukowitsch, Lossew, Kitaschwili, Jarowenko, Kuznetzow, Narbekowas (Sawitschew 1), Michailitschenko, Dobrowolski (1), Ljutij (Skliarow), Tatartschuk

Die Fußball-Europameisterschaften

Dieser Wettbewerb hieß 1959/60 und 1963/64 "Europapokal der Länder". Ab 1967/68 trägt er den offiziellen Namen "Europameisterschaft".

1959/60: Sowjetunion

Qualifikation:
Tschechoslowakei - Irland (Eire) 0:2, 4:0
Achtelfinale:
Sowjetunion - Ungarn 3:1, 1:0; Spanien - Polen 4:2, 3:0; Rumänien - Türkei 3:0, 0:2; Tschechoslowakei - Dänemark 2:2, 5:1; Portugal - DDR 2:0, 3:2; Jugoslawien - Bulgarien 2:0, 1:1; Frankreich - Griechenland 7:1, 1:1; Österreich - Norwegen 1:0, 5:2
Viertelfinale:
Tschechoslowakei - Rumänien 2:0, 3:0; Jugoslawien - Portugal 1:2, 5:1; Frankreich - Österreich 5:2, 4:2; Sowjetunion - Spanien kampflos durch spanischen Verzicht für die Sowjetunion.
Halbfinale:
Sowjetunion - Tschechoslowakei 3:0; Jugoslawien - Frankreich 5:4
Um den 3. Platz:
Tschechoslowakei - Frankreich 2:0 in Marseille

Endspiel, am 10.7.1960 in Paris
Sowjetunion - Jugoslawien 2:1 n.Verl.
SR: Ellis (England), Zuschauer: 18.000
Sowjetunion: Jaschin; Tschocheli, Krutikow, Woinow, Masljonkin, Netto; Metreweli, Iwanow, Ponedjelnik, Bubukin, Meschi
Tore: Metreweli, Ponedjelnik - Galic

1963/64: Spanien

Qualifikation:
Norwegen - Schweden 0:2, 1:1; Dänemark - Malta 6:1, 3:1; Eire - Island 4:2, 1:1; England - Frankreich 1:1, 2:5; Polen - Nordirland 0:2, 0:2; Spanien - Rumänien 6:0, 1:3; Jugoslawien - Belgien 3:2, 1:0; Ungarn - Wales 3:1, 1:1; Bulgarien - Portugal 3:1, 1:3, 1:0 (3. Spiel in Rom); Holland - Schweiz 3:1, 1:1; DDR - Tschechoslowakei 2:1, 1:1; Italien - Türkei 6:0, 1:0
Achtelfinale:
Spanien - Nordirland 1:1, 1:0; Jugoslawien - Schweden 0:0, 2:3; Dänemark - Albanien 4:0, 0:1; Österreich - Eire 0:0, 2:3; Luxemburg - Holland 1:1, 2:1 (beide Spiele in Holland); Bulgarien - Frankreich 1:0, 1:3; Sowjetunion - Italien 2:0, 1:1; DDR - Ungarn 1:2, 3:3
Viertelfinale:
Luxemburg - Dänemark 3:3, 2:2, 0:1 (3. Spiel in Amsterdam); Spanien - Eire 5:1, 2:0; Frankreich - Ungarn 1:3, 1:2; Schweden - Sowjetunion 1:1, 1:3
Halbfinale:
Spanien - Ungarn 2:1 n.Verl. (Madrid); Sowjetunion - Dänemark 3:0 (Barcelona)
Um den 3. Platz:
Ungarn - Dänemark 3:1 n.Verl.

Endspiel, am 21.6.1964 in Madrid
Spanien - Sowjetunion 2:1
SR: Holland (England), Zuschauer: 105.000
Spanien: Iribar; Rivilla, Calleja; Zocco, Olivella, Fuste; Amancio, Pereda, Marcelino, Suarez, Lapetra
Tore: Pereda, Marcelino - Chusainow

1966/68: Italien

Gruppe I: Spanien
Spanien - Irland 2:0, 0:0; Spanien - Türkei 2:0, 0:0; Spanien - Tschechoslowakei 2:1, 0:1; Tschechoslowakei - Irland 2:0, 1:2; Türkei - Tschechoslowakei 0:0, 0:3; Irland - Türkei 2:1, 1:2
Gruppe II: Bulgarien
Bulgarien - Schweden 3:0, 2:0; Portugal - Bulgarien 0:0, 0:1; Bulgarien - Norwegen 4:2, 0:0; Portugal - Schweden 1:2, 1:1; Schweden - Norwegen 5:2, 1:3; Portugal - Norwegen 2:1, 2:1
Gruppe III: Sowjetunion
Sowjetunion - Finnland 2:0, 5:2;Griechenland - Sowjetunion 0:1, 0:4; Sowjetunion - Österreich 4:3, 0:1; Griechenland -Finnland 2:1, 1:1; Österreich - Finnland 2:1, 0:0; Österreich - Griechenland 1:1, abgebrochen (in der Tabelle nicht gewertet), 1:4
Gruppe IV: Jugoslawien - Deutschland 1:0, 1:3; Jugoslawien - Albanien 4:0, 2:0; Deutschland - Albanien 6:0, 0:0
Gruppe V: Ungarn
Ungarn - DDR 3:1, 0:1; Ungarn - Holland 2:1, 2:2; Ungarn - Dänemark 6:0, 2:0; Holland - DDR 4:3, 0:0; DDR - Dänemark 3:2, 1:1; Holland - Dänemark 2:0, 2:3
Gruppe VI: Italien
Italien - Rumänien 3:1, 1:0; Schweiz - Italien 2:2, 0:4; Italien - Zypern 5:0, 2:0; Schweiz - Zypern 5:0, 1:2; Schweiz - Rumänien 7:1, 2:4; Rumänien - Zypern 7:0, 5:1
Gruppe VII: Frankreich
Frankreich - Belgien 1:1, 1:2; Frankreich - Polen 2:1, 4:1; Frankreich - Luxemburg 3:1, 3:0; Belgien - Luxemburg 3:0, 5:0; Polen - Belgien 3:1, 4:2; Polen - Luxemburg 4:0, 0:0
Gruppe VIII: England
England - Schottland 2:3, 1:1; England - Nordirland 2:0, 2:0; England - Wales 5:1, 3:0; Schottland - Wales 3:2, 1:1; Schottland - Nordirland 2:1, 0:1; Wales - Nordirland 2:0, 0:0
Die Spiele dieser Gruppe zählten zugleich auch als britische Meisterschaft.
Viertelfinale:
Frankreich - Jugoslawien 1:1, 1:5; Bulgarien - Italien 3:2, 0:2; Ungarn - Sowjetunion 2:0, 0:3; England - Spanien 1:0, 2:1

Endturnier in Italien
Halbfinale:
Italien - Sowjetunion 0:0 n.Verlg., Los für Italien; Jugoslawien - England 1:0 (0:0)
Spiel um 3. Platz:
England - Sowjetunion 2:0 (1:0)

Endspiel, am 6.6.1968 in Rom
Italien - Jugoslawien 1:1 n.Verl. (1:1, 0:1)
SR: Dienst (Schweiz), Zuschauer: 80.000
Italien: Zoff; Burgnich, Guarneri, Castano, Facchetti; Ferrini, Juliano, Lodetti; Domenghini, Anastasi, Prati
Jugoslawien: Pantelic; Fazlagic, Paunovic, Holcer, Damjanovic; Pavlovic, Acimovic, Trivic; Petkovic, Musemic, Dzajic
Tore: Dzajic, Domenghini

Endspiel-Wiederholung, am 10.6.1968 in Rom
Italien - Jugoslawien 2:0 (2:0)
SR: De Mendibil (Spanien), Zuschauer: 55.000
Italien: Zoff; Burgnich, Guarneri, Rosato, Facchetti; De Sisti, Mazzola, Salvadore; Domenghini, Anastasi, Riva
Jugoslawien: Pantelic; Fazlagic, Paunovic, Holcer, Damjanovic; Pavlovic, Acimovic, Trivic; Petkovic, Musemic, Dzajic
Tore: Riva, Anastasi

1970/72: Deutschland

Gruppe 1: Rumänien
Rumänien - Tschechoslowakei 2:1, 0:1; Rumänien - Wales 2:0, 0:0; Rumänien - Finnland 3:0, 4:0; Tschechoslowakei - Wales 1:0, 3:1; Tschechoslowakei - Finnland 1:1, 4:0; Wales - Finnland 3:0, 1:0
Gruppe 2: Ungarn
Ungarn - Bulgarien 2:0, 0:2; Ungarn - Frankreich 1:1, 2:0; Ungarn - Norwegen 4:0, 3:1 Bulgarien - Frankreich 2:1, 1:2; Bulgarien - Norwegen 9:1, 4:1; Frankreich - Norwegen 3:1, 3:1
Gruppe 3: England
England - Schweiz 1:1, 3:2; England - Griechenland 3:0, 2:0; England - Malta 5:0, 1:0; Schweiz - Griechenland 1:0, 1:0; Schweiz - Malta 5:0, 0:0; Griechenland - Malta 2:0, 1:1
Gruppe 4: Sowjetunion
Sowjetunion - Spanien 2:1, 0:0; Sowjetunion - Nordirland 1:0, 1:1; Sowjetunion - Zypern 6:1, 3:1; Spanien - Nordirland 3:0, 1:1; Spanien - Zypern 7:0, 2:0; Nordirland - Zypern 5:0, 3:0
Gruppe 5: Belgien
Belgien - Portugal 3:0, 1:1; Belgien - Schottland 3:0, 0:1; Belgien - Dänemark 2:0, 2:1; Portugal - Schottland 2:0, 1:2; Portugal - Dänemark 5:0, 1:0; Schottland - Dänemark 1:0, 0:1
Gruppe 6: Italien
Italien - Österreich 2:2, 2:1; Italien - Schweden 3:0, 0:0; Italien - Irland 3:0, 2:1; Österreich - Schweden 1:0, 0:1; Österreich - Irland 6:0, 4:1; Schweden - Irland 1:0, 1:1
Gruppe 7: Jugoslawien
Jugoslawien - Holland 2:0, 1:1; Jugoslawien - DDR 0:0, 2:1; Jugoslawien - Luxemburg 0:0, 2:0; Holland - DDR 3:2, 0:1; Holland - Luxemburg 6:0, 8:0; DDR - Luxemburg 2:1, 5:0
Gruppe 8: Deutschland
Deutschland - Polen 0:0, 3:1; Deutschland - Türkei 1:1, 3:0; Deutschland - Albanien 2:0, 1:0; Polen - Türkei 5:1, 0:1; Polen - Albanien 3:0, 1:1; Türkei - Albanien 2:1, 0:3
Viertelfinale:
England - Deutschalnd 1:3 und 0:0; Italien - Belgien 0:0 und 1:2; Jugoslawien - Sowjetunion 0:0 und 0:3; Ungarn - Rumänien 1:1, 2:2 und 2:1

Endturnier in Belgien
Halbfinale:
Sowjetunion - Ungarn 1:0; Belgien - Deutschland 1:2
Spiel um den 3. Platz:
Belgien - Ungarn 2:1

Endspiel, am 18.6.1972 in Brüssel
Deutschland - Sowjetunion 3:0 (1:0)
SR: Marschall (Österreich), Zuschauer: 40.000
Deutschland: Maier; Höttges, Schwarzenbeck, Beckenbauer, Breitner; Hoeneß, Netzer, Wimmer; Heynckes, Gerd Müller, Erwin Kremers

Sowjetunion: Rudakow; Dsodsuaschwili, Churtsilawa, Kaplitschni, istomin; Kolotow, Troschkin, Konkow (Dolmatow); Baidatschni, Banischefski (Kosinkewitsch), Onischenko
Tore: Müller (2), Wimmer

1974/76: CSSR

Gruppe 1: CSSR
CSSR - England 2:1, 0:3; CSSR - Portugal 5:0, 1:1; CSSR - Zypern 4:0, 3:0; England - Portugal 0:0, 1:1; England - Zypern 5:0, 1:0; Portugal - Zypern 1:0, 2:0
Gruppe 2: Wales
Wales - Ungarn 2:0, 1:1; Wales - Österreich 1:0, 1:2; Wales - Luxemburg 5:0, 3:1; Ungarn - Österreich 2:1, 0:0; Ungarn - Luxemburg 8:1, 4:2; Österreich - Luxemburg 6:2, 2:1
Gruppe 3: Jugoslawien
Jugoslawien - Nordirland 1:0, 0:1; Jugoslawien - Schweden 3:0, 2:1; Jugoslawien - Norwegen 3:1, 3:1; Nordirland - Schweden 1:2, 2:0; Nordirland - Norwegen 3:0, 1:2; Schweden - Norwegen 3:1, 2:0
Gruppe 4: Spanien
Spanien - Rumänien 1:1, 2:2; Spanien - Schottland 1:1, 2:1; Spanien - Dänemark 2:0, 2:1; Rumänien - Schottland 1:1, 1:1; Rumänien - Dänemark 6:1, 0:0; Schottland - Dänemark 3:1, 1:0
Gruppe 5: Holland
Holland - Polen 3:0, 1:4; Holland - Italien 3:1, 0:1; Holland - Finnland 4:1, 3:1; Polen - Italien 0:0, 0:0; Polen - Finnland 3:0, 1:1; Italien - Finnland 0:0, 1:0
Gruppe 6: Sowjetunion
Sowjetunion - Irland 2:1, 0:3; Sowjetunion - Türkei 3:0, 0:1; Sowjetunion - Schweiz 4:1, 1:0; Irland - Türkei 4:0, 1:1; Irland - Schweiz 2:1, 0:1; Türkei - Schweiz 2:1, 1:1
Gruppe 7: Belgien
Belgien - DDR 1:2, 0:0; Belgien - Frankreich 2:1, 0:0; Belgien - Island 1:0, 2:0; DDR - Frankreich 2:2, 1:2; DDR - Island 1:1, 1:2; Frankreich - Island 3:0, 0:0
Gruppe 8: Deutschland
Deutschland - Griechenland 1:1, 2:2; Deutschland - Bulgarien 1:0, 1:1; Deutschland - Malta 8:0, 1:0; Griechenland - Bulgarien 2:1, 3:3; Griechenland - Malta 4:0, 0:2; Bulgarien - Malta 5:0, 2:0
Viertelfinale:
Spanien - Deutschland 1:1, 0:2; Holland - Belgien 5:0, 2:1; Jugoslawien - Wales 2:0, 1:1; CSSR - Sowjetunion 2:0, 2:2

Endturnier in Jugoslawien
Halbfinale:
CSSR - Holland 3:1 n.V., Jugoslawien - Deutschland 2:4 n.V.
Spiel um den 3. Platz:
Jugoslawien - Holland 2:3 n.V.

Endspiel, am 20. Juni in Belgrad
CSSR - Deutschalnd 2:2 (2:2, 2:1) n.V.
CSSR 5:3-Sieger im Elfmeterschießen
SR: Gonella (Italien), Zuschauer: 35.000
CSSR: Viktor; Pivarnik, Ondrus, Capkovic, Gögh; Dobias (Vesely), Panenka, Modr; Masny, Svehlik (Jurkemin), Nehoda
Deutschland: Maier; Vogts, Beckenbauer, Schwarzenbeck, Dietz; Wimmer (Flohe), Bonhof, Beer (Bongartz); Hoeneß, Dieter Müller, Hölzenbein
Tore: Svehlik, Dobias - Dieter Müller, Hölzenbein
Elfmeterschießen: 1:0 Masny, 1:1 Bonhof, 2:1 Nehoda, 2:2 Flohe, 3:2 Ondrus, 3:3 Bongartz, 4:3 Jurkemin, verschossen Hoeneß, 5:3 Panenka

1978/80: Deutschland

Gruppe 1: England
Dänemark - Irland 3:3, 0:2; Irland - Nordirland 0:0, 0:1; Dänemark - England 3:4, 0:1; Dänemark -Bulgarien 2:2, 0:3; Irland - England 1:1, 2:0; Nordirland - Dänemark 2:1, 0:0; Bulgarien - Nordirland 0:2, 0:2; Bulgarien - Irland 1:0, 0:3; England - Nordirland 4:0, 5:1; Bulgarien - England 0.3, 0:2
Gruppe 2: Belgien
Norwegen - Österreich 0:2, 0:4; Belgien - Norwegen 1:1, 2:1; Belgien - Schottland 3:2, 1:1; Portugal - Belgien 1:1, 0:2; Schottland - Norwegen 3:2, 4:0; Österreich - Portugal 1:2, 2:1; Portugal - Schottland 1:0, 1:4; Belgien - Österreich 1:1, 0:0; Norwegen - Portugal 0:1, 1:3; Belgien - Schottland 2:0, 3:1
Gruppe 3: Spanien
Jugoslawien - Spanien 1:2, 1:0; Rumänien - Jugoslawien 3:2, 1:2; Spanien - Rumänien 1:0, 0:2; Spanien - Zypern 5:0, 3:1; Zypern - Jugoslawien 0:3, 0:5; Zypern - Rumänien 1:1, 0:2
Gruppe 4: Holland
Island - Polen 0:2, 0:2; Holland - Island 3:0, 4:0; Holland - Island 3:1, 3:0; Schweiz - Holland 1:3, 0:3; Holland - DDR 3:0, 3:2; Polen - Schweiz 2:0, 2:0; DDR - Polen 2:1, 1:1; Polen - Holland 2:0, 1:1; Schweiz - DDR 0:2, 2:5; Schweiz - Island 2:0, 2:1

Gruppe 5: Tschechoslowakei
Frankreich - Schweden 2:2, 3:1; Schweden - CSSR 1:3, 1:4; Luxemburg - Frankreich 1:3, 0:3; CSSR - Frankreich 2:0, 1:2; Luxemburg - CSSR 0:3, 0:4; Schweden - Luxemburg 3:0, 1:1
Gruppe 6: Griechenland
Finnland - Griechenland 3:0, 1:8; Finnland - Ungarn 2:1, 1:3; UdSSR - Griechenland 2:0, 0:1; Ungarn - UdSSR 2:0, 2:2; Griechenland - Ungarn 4:1, 0:0; Finnland - UdSSR 1:1, 2:2
Gruppe 7: Deutschland
Malta - Deutschland 0:0, 0:8; Türkei - Deutschland 0:0, 0:2; Wales - Deutschland 0:2, 0:5; Wales - Malta 7:0, 2:0, Wales - Türkei 1:0, 0:1; Türkei - Malta 2:1, 2:1
Italien als Veranstalterland automatisch teilnahmeberechtigt.

Endturnier in Italien (erstmals mit 8 Mannschaften)
Gruppe 1: Deutschland
Deutschland - Tschechoslowakei 1:0, Griechenland - Holland 0:1, Deutschland - Holland 3:2, Tschechoslowakei - Griechenland 3:1, Deutschland - Griechenland 0:0, Tschechoslowakei - Holland 1:1
Gruppe 2: Belgien
Belgien - England 1:1, Spanien - Italien 0:0, Spanien - Belgien 1:2, Italien - England 1:0, Spanien - England 1:2, Italien - Belgien 0:0
Spiel um den 3. Platz:
Tschechoslowakei - Italien 1:1, Elfmeterschießen 9:8 für die Tschechoslowakei

Enspiel:
am 22. Juni 1980 in Rom
Deutschland - Belgien 2:1 (1:0)
SR: Rainea (Rumänien), Zuschauer: 47.800
Deutschland: Schumacher; Kaltz, Stielike, Kh.Förster, Dietz; Schuster, Briegel (Cullmann), H.Müller; Rummenigge, Hrubesch, Kl.Allofs
Belgien: Pfaff; Millecamps, Gerets, Meeuws, Renquin; Cools, Vandereychen, van Moer; Mommens, Ceulemans, van der Elst
Tore: Hrubesch (2) - Vandereycken

1982/84: Frankreich

Gruppe 1: Belgien
Schottland - DDR 2:0, 1:2; Belgien - Schweiz 3:0, 1:3; Schweiz - Schottland 2:0, 2:2; Belgien - Schottland 3:2, 1:1; DDR - Belgien 1:2, 1:2; Schweiz - DDR 0:0, 0:3
Gruppe 2: Portugal
Finnland - Polen 2:3, 1:1; Finnland - Portugal 0:2, 0:5; Portugal - Polen 2:1, 1:0; Sowjetunion - Portugal 5:0, 0:1; Sowjetunion - Finnland 2:0, 1:0; Polen - Sowjetunion 1:1, 0:2
Gruppe 3: Dänemark
Luxemburg - Griechenland 0:2, 0:1; Dänemark - England 2:2, 1:0; Luxemburg - Dänemark 1:2, 0:6; Griechenland - England 0:3, 0:0; England - Luxemburg 9:0, 4:0; Luxemburg - Ungarn 2:6, 2:6; England - Ungarn 2:0, 3:0; Dänemark - Griechenland 1:0, 2:0; Ungarn - Griechenland 2:3, 2:2; Dänemark - Ungarn 3:1, 0:1
Gruppe 4: Jugoslawien
Wales - Norwegen 1:0, 0:0; Norwegen - Jugoslawien 3:1, 1:2; Bulgarien - Norwegen 2:2, 2:1; Bulgarien - Jugoslawien 0:1, 2:3; Jugoslawien - Wales 4:4, 1:1; Wales -Bulgarien 1:0, 0:1
Gruppe 5: Rumänien
CSSR - Schweden 2:2, 0:1; Rumänien - Zypern 3:1, 1:0; Italien - CSSR 2:2, 0:2; Zypern - Schweden 0:1, 0:5; Rumänien - Schweden 2:0, 1:0; Italien - Rumänien 0:0, 0:1; Zypern - Italien 1:1, 1:3; Zypern - CSSR 1:1, 0:6; Rumänien - CSSR 0:1, 1:1; Schweden - Italien 2:0, 3:0
Gruppe 6: Deutschland
Österreich - Albanien 5:0, 2:1; Österreich - Nordirland 2:0, 1:3; Albanien - Nordirland 0:0, 0:1; Nordirland -Türkei 2:1, 0:1; Albanien - Deutschland 1:2, 1:2; Türkei - Deutschalnd 0:3, 1:5; Österreich - Deutschland 0:0, 0:3
Gruppe 7: Spanien
Malta - Island 2:1, 0:1; Island - Holland 1:1, 0:3; Holland - Irland 2:1, 3:2; Irland - Island 2:0, 3:0; Spanien - Island 1:0, 1:0; Irland - Spanien 3:3, 0:2; Malta - Holland 0:6, 0:5; Spanien - Holland 1:0, 1:2; Malta - Spanien 2:3, 1:12; Malta - Irland 0:1, 0:8
Frankreich als Verstalterland automatisch teilnahmeberechtigt.

Endturnier in Frankreich (12.-27.6.1984)
Gruppe 1: Frankreich, Dänemark
Frankreich - Dänemark 1:0, Belgein - Jugoslawien 2:0, Frankreich - Belgien 5:0, Dänemark - Jugoslawien 5:0, Frankreich - Jugoslawien 3:2, Dänemark - Belgien 3:2
Gruppe 2: Spanien, Portugal
Deutschland - Portugal 0:0, Rumänien - Spanien 1:1, Deutschland - Rumänien 2:1, Portugal - Spanien 1:1, Deutschland - Spanien 0:1, Portugal - Rumänien 1:0
Halbfinale:
Frankreich - Portugal 3:2 n.V., Spanien - Dänemark 1:1 n.V., Spanien 5:4-Sieger im Elfmeterschießen

Endspiel, am 27. Juni 1984 in Paris
Frankreich - Spanien 2:0 (0:0)
SR: Christov (CSSR), Zuschauer: 47.368
Frankreich: Bats; Battiston (Amoros), Bossis, Le Roux, Domergue; Tigana, Giresse, Platini, Fernandez; Lacombe (Ghengini), Bellone
Tore: Platini, Bellone

1986/88: Holland

Gruppe 1: Spanien
Rumänien - Österreich 4:0, 0:0; Österreich - Albanien 3:0, 1:0; Spanien - Rumänien 1:0, 1:3; Albanien - Spanien 1:2, 0:5; Rumänien - Albanien 5:1, 1:0; Österreich - Spanien 2:3, 0:2
Gruppe 2: Italien
Schweden - Schweiz 2:0, 1:2; Portugal - Schweden 1:1, 1:0; Schweiz - Portugal 1:1, 0:0; Italien - Schweiz 3:2, 0:0; Malta - Schweden 0:5, 0:1; Malta - Italien 0:2, 0:5; Portugal - Italien 0:1, 0:3; Portugal - Malta 2:2, 1:0; Schweiz - Malta 4:1, 1:1; Schweden - Italien 1:0, 1:2
Gruppe 3: Sowjetunion
Island - Frankreich 0:0, 0:2; Island - Sowjetunion 1:1, 0:2; Norwegen - DDR 0:0, 1:3; Frankreich - Sowjetunion 0:2, 1:1; DDR - Island 2:0, 6:0; Sowjetunion - Norwegen 4:0, 1:0; DDR - Frankreich 0:0, 1:0; Sowjetunion - DDR 2:0, 1:1; Norwegen - Frankreich 2:0, 1:1; Island - Norwegen 2:1, 1:0
Gruppe 4: England
Nordirland - England 0:3, 0:2; Jugoslawien - Türkei 4:0, 3:2; England - Jugoslawien 2:0, 4:1; Türkei - Nordirland 0:0, 0:1; Türkei - England 0:0, 0:8; Nordirland - Jugoslawien 1:2, 0:3
Gruppe 5: Holland
Ungarn - Holland 0:1, 0:2; Polen - Griechenland 2:1, 0:1; Griechenland - Ungarn 2:1, 0:3; Holland - Polen 0:0, 2:0; Zypern - Griechenland 2:4, 1:3; Zypern - Holland 0:2, 0:4; Zypern - Ungarn 0:1, 0:1; Holland - Griechenland 1:1, 0:3; Polen - zypern 0:0, 1:0; Ungarn - Polen 5:3, 2:3
Gruppe 6: Dänemark
Finnland - Wales 1:1, 0:4; CSSR - Finnland 3:0, 0:3; Dänemark - Finnland 1:0, 1:0; CSSR - Dänemark 0:0, 1:1; Wales - CSSR 1:1, 0:2; Wales - Dänemark 1:0, 0:1
Gruppe 7: Irland
Belgien - Irland 2:2, 0:0; Schottland - Bulgarien 0:0, 1:0; Irland - Schottland 0:0, 1:0; Luxemburg - Belgien 0:6, 0:3; Schottland - Luxemburg 3:0, 0:0; Belgien - Bulgarien 1:1, 0:2; Bulgarien - Irland 2:1, 0:2; Belgien - Schottland 4:1, 0:2; Luxemburg - Bulgarien 1:4, 0:3, Luxemburg - Irland 0:2, 1:2
Deutschland als Veranstalterland automatisch teilnahmeberechtigt.

Endturnier in Deutschland (10.-25.6.1988)
Gruppe 1: Deutschland, Italien
Deutschland - Italien (Düsseldorf) 1:1, Dänemark - Spanien (Hannover) 2:3, Deutschland - Dänemark (Gelsenkirchen) 2:0, Italien - Spanien (Frankfurt) 1:0, Deutschland - Spanien (München) 2:0, Italien - Dänemark (Köln) 2:0
Gruppe 2: Sowjetunion, Holland
England - Irland (Stuttgart) 0:1, Holland - Sowjetunion (Köln) 0:1, England - Holland (Düsseldorf) 1:3, Irland - Sowjetunion (Hannover) 1:1, England - Sowjetunion (Frankfurt) 1:3, Irland - Holland (Gelsenkirchen) 0:1
Halbfinale:
Deutschland - Holland (Hamburg) 1:2, Sowjetunion - Italien (Stuttgart) 2:0

Endspiel, am 25. Juni 1988 in München
Holland - Sowjetunion 2:0 (1:0)
SR: Vautrot (Frankreich), Zuschauer: 77.000
Holland: van Breukelen; van Aerle, R.Koeman, Rijkaard, van Tiggelen; Wouters, Gullit, A.Mühren, E.Koeman; Vanenburg, van Basten
Tore: Gullit, van Basten

"Das umfangreichste Fußball-Buch, das bisher erschienen ist"

"Kicker-Sportmagazin"

125 Jahre Fußball-History

Das Superbuch des Fußballs! Auf über 1.000 Seiten im Großformat ein einmaliges Nachschlagewerk über die großen Fußballnationen der Welt. Über 20.000 Mannschaftsaufstellungen, über 300.000 Fußballspielernamen.

Mannschaften und ihre Fußballspieler haben den Fußballsport weltweit groß und beliebt gemacht. Und den finden Sie hier so komplett wie noch nie.

Die Mannschaftskader und Aufstellungen der Nationalmannschaften, Landesmeister und Pokalsieger ab 1862.

Der deutsche Fußball mit allen Kadern der Nationalmannschaft, allen Spitzenvereinen ab 1903, aus allen Oberligen, Regionalligen, 1. und 2. Bundesliga.

Alle Endspiele der internationalen Wettbewerbe einschließlich den großen Vereinen Europas ab den 20er Jahren mit Mannschaftskadern. Und schließlich die Einzelauflistung aller WM-Spiele ab 1930 mit Aufstellung und Torschützen.

Der gesamte deutsche Fußball:

- Alle Mannschaftsaufstellungen der Deutschen Meister von 1903 - 1963
- Alle Mannschaftsaufstellungen der Endrundenteilnehmer 1903 - 1963
- Alle Mannschaftsaufstellungen der Pokalsieger und Pokalfinalisten
- Alle Mannschaftskader der Oberliga Süd, West, Nord und Südwest ab 1946
- Alle Bundesligakader 1963 - 1987
- Alle Regionalligakader 1963 - 1972
- Alle Kader der 2. Bundesliga ab 1973
- Dazu alle Länderspielkader der deutschen Nationalmannschaft von 1908 - 1987

Und auch der Auslandsfußball ist eine wahre Fundgrube:

- Alle englischen und schottischen Pokalfinalisten 1873 - 1986
- Die kompletten Mannschaftskader der Ländermannschaften von England, Nordirland, Schottland, Wales ab 1873
- Alle Aufstellungen der Meister 1933 - 1987 und Pokalfinalisten ab 1918 in Frankreich sowie die Länderspielkader von 1904 - 1987
- Alle Aufstellungen der Meister 1898 - 1986 und Pokalsieger 1922 - 1987 in Italien sowie alle Länderspielkader 1910 - 1987.
- Und außerdem: Die Mannschaftskader der berühmten Mannschaften der 20er und 30er Jahre aus England, CSSR, Österreich usw., sowie die kompletten Länderspielkader der Schweiz, DDR, Ungarn, CSSR, Österreich und viele mehr. Unzählige Vereinsmannschaften und Länderspielkader aus vielen Ländern Europas und Südamerikas aus den letzten 125 Jahren. Dazu die Mannschaftsaufstellungen aller WM-Spiele 1930 - 1986; aller Europameisterschaftsfinalisten; Europapokalfinalisten der Landesmeister, Pokalsieger, UEFA-Cup; die Aufstellungen der Mitropa-Cup-Sieger (Vorläufer des Europapokals) ab 1926 und vieles mehr.

Ein solch umfangreiches Buch ist eigentlich nicht bezahlbar und nur durch unzählige Stunden freiwilliger Helfer ermöglicht worden.

Das umfangreichste Fußballbuch aller Zeiten f. DM 100,00 einschließlich Versandkosten. Nur noch wenige Exemplare am Lager! Nur im Direktversand vom Sport- und Spiel-Verlag, Postfach 1559, 5030 Hürth. Vorauszahlung per Scheck oder Überweisung auf: Commerzbank Köln, BLZ 370 400 44, Konto-Nr. 2000859. Oder per Nachnahme zuzüglich DM 6,00 Nachnahmekosten.

Sport- und Spiel-Verlag

"Eine umfassende Dokumentation, faszinierend vollständig"

„Lübecker Nachrichten"

Die deutsche Oberliga 1946 - 1963

Super: Die ganze deutsche Oberliga komplett in 2 Büchern!

Darauf haben Sie lange gewartet: Die vollständige Erfassung der goldenen 50er Fußballjahre. In zwei Büchern sind alle Oberliga-Spiele aus Berlin, Nord, West, Südwest und Süd sowie die Endrundenspiele um die deutsche Meisterschaft in Einzelauflistung festgehalten. Sie finden an jedem Spieltag die Aufstellungen, Ergebnisse, Schiedsrichter, Zuschauerzahlen, Torschützen, Torminuten. Nach jedem Spieltag die aktuelle Tabelle und Torschützenliste. Am Ende einer jeden Saison alle eingesetzten Spieler, die Anzahl ihrer Spiele und Tore, die „Ewige Tabelle", die Rangliste für die meisten Spiele und Tore. Und schließlich viele Fotos aus der guten alten Zeit der Oberliga. Da sind sie alle wieder: Rahn, Schnellinger, Seeler, Szymaniak, Fritz Walter...

Insgesamt über 1.200 Seiten, Großformat. Beide Bände komplett DM 100,00 einschließlich Porto und Verpackung.

Nur im Direktversand vom Sport- und Spiel-Verlag, Postfach 1559, 5030 Hürth. Vorauszahlung per Scheck oder Überweisung auf: Commerzbank Köln, BLZ 370 400 44, Konto-Nr. 2000859. Oder per Nachnahme zuzüglich DM 6,00 Nachnahmekosten.

Sport- und-Spiel-Verlag

„Eine immense Fleißarbeit in Sachen Fußball"

„Der Tagesspiegel", Berlin

Die deutsche Pokal-Geschichte 1935 - 1988

Mit den Mannschaftsfotos der Pokalfinalisten. Eine einmalige Fußballchronik des deutschen Pokals ab 1935.

Vor jeder Pokalsaison Auflistung aller regionalen Spieler mit Ergebnissen. Einzelauflistung ab der 1. Hauptrunde: Ergebnisse und Schiedsrichter, Zuschauerzahlen und Aufstellungen, Torschützen und Kurzberichte, ausführliche Berichte der Endspiele, nach jeder Saison eine Bilanz mit Torschützenliste.

Eine echte Rarität, weil hier von 1935 - 1988 fast keine statistische Information fehlt. Ganze Fußballgenerationen von Szepan, Kuzorra, über Fritz Walter, Uwe Seeler, Beckenbauer und Gerd Müller bis hin zu den heutigen Stars finden Sie in dieser Pokalgeschichte wieder. Über 400 Seiten, Großformat. Preis: DM 70,00 einschl. Versandkosten.

Nur im Direktversand vom Sport- und Spiel-Verlag, Postfach 1559, 5030 Hürth. Vorauszahlung per Scheck oder Überweisung auf: Commerzbank Köln,
BLZ 370 400 44, Konto-Nr. 2000859. Oder per Nachnahme zuzüglich DM 6,00 Nachnahmekosten.

Sport- und Spiel-Verlag

GFA · GERMAN·FOOTBALL·ARCHIV
POSTFACH 1268
6442 ROTENBURG/F.

GERMAN FOOTBALL ARCHIV, Postfach 1268, 6442 Rotenburg/F

Die Fußball - Chronik
Das Sammelwerk in Ringordnern

Nach der Teilung des Sport- und Spielverlages erstellen wir weiterhin den Inhalt der Bücher. Vor allem haben wir dadurch Zeit, noch bessere Arbeit zu leisten. Auf vielfachem Wunsch können wir damit auch eine Arbeit beginnen, die vor allem von Journalistenseite angeregt wurde:

Die Fußball-Chronik
Das Sammelwerk in Ringordnern

Ende September bringen wir erstmals 50 Probeblätter aus verschiedenen Ländern und Wettbewerben heraus. Ab Januar 1990 dann 10 mal im Jahr 50 Blätter.

Was wird dies Sammelwerk enthalten?
Unter den 50 Seiten wird immer das neueste aus dem deutschen Fußball sein. Also die letzten Bundesliga-, Zweitliga-, Pokal- und Länderspiele, mit Aufstellung, Torschützen usw., wie Sie es aus unseren Büchern gewohnt sind. Allerdings viel umfangreicher. Hinter jedem Spieler die jeweils aktuelle Zahl seiner Einsätze und Tore. Alle Besonderheiten des Spiels, Eckenverhältnis, Latten- und Pfostenschüsse, verschossene Elfmeter usw.

Neben dem aktuellen Teil wird es mit der gleichen Vollständigkeit eine Aufarbeitung des deutschen Fußballs geben, also z.B. Bundesliga, Länderspiele usw. Für diejenigen, die unsere bisher erschienenen Bücher bereits haben, ist das also eine Ergänzung von Details. Wir werden diesen Teil in den kommenden Jahren auch möglichst kurz halten.

Mindestens 50 % soll dem internationalen Fußball gewidmet werden. Im Januar beginnen wir mit Italien. Alle Ligaeinsätze, Tore usw. Und natürlich liefern wir dann auch alle internationalen Wettbewerbe mit Aufstellungen, Tore usw.

Einen erheblichen Teil des In- und Auslandteiles wird schließlich den Biographien gewidmet. Wir wollen versuchen, möglichst viele der je in unseren Büchern erfaßten Namen und Vereine in den nächsten Jahren zu erfassen.

Ausführung

Der abgeschlossene Inhalt wird auf speziellem Papier gedruckt, so daß die Schrift nicht verwischen kann. Sämtliche Informationen, die jedes Jahr erneuert werden (Liste der meisten Länderspiele, ewige Torschützenliste der Bundesliga usw.) werden auf normalem Papier gedruckt und geliefert. Alle Fotos werden schwarz/weiß sein. Die Ringordner sind im Preis enthalten und werden sobald erforderlich mitgeschickt. Dazu gibt es vorgedruckte Aufkleber für jeden einzelnen Ordner.

Lieferbedingungen, Preis und Garantie

Ein Abonnement gilt immer für 1 Jahr und kann 3 Monate vor Ende schriftlich zum Ablauf des Abo-Jahres gekündigt werden. Der Preis für ein privates Abo beträgt DM 200,- im Jahr, für Archive, Universitäten und Bibliotheken DM 300,- im Jahr und für die kommerzielle Nutzung (Presse, Rundfunk, Fersehen usw.) DM 500,- im Jahr, vorauszahlbar.

Damit liegen wir im Preis bis zu 70 % unter vergleichbaren Publikationen. Und wir bieten Ihnen eine einzigartige Garantie. Sie haben sich alle schon oft über kleine und gravierende Fehler bei derartigen Sammelblättern geärgert. Wir bieten und garantieren Ihnen, daß wir angezeigte Fehler überprüfen. Relevante Fehler werden durch Neudruck des entsprechenden Blattes korrigiert und an alle Abonnenten bei der nächsten Lieferung kostenlos mitgeschickt. Schon ein falsches Ergebnis (z.B. 2:1 statt 2:0 oder das Vergessen eines Tores) wird zur Folge haben, daß wir das Blatt für Sie neu drucken.

Ein solches Werk, mit diesen Garantien und zu diesem Preis, ist einmalig und ohne Konkurrenz. Sie können schon jetzt auf dem Coupon bestellen. Wir werden uns dann rechtzeitig vor dem Erscheinen der ersten Blätter bei Ihnen melden.

Bestellschein

Hiermit bestelle ich die Fußball-Chronik, das Sammelwerk im Ringordner.

Anzahl: nur für den Privatgebrauch: (DM 200,-)   Absender:

          Archive, Uni's, Bibliothek   (DM 300,-)

          Presse, Rundfunk, Fernsehen: (DM 500,-)
                                                           ....
                                                           ....
                                                           ....
                                                           Postleitzahl + Ort

(Alter)   (Ort und Datum)   (Unterschrift)   (Land)